FRIEDRICH SENGLE

Biedermeierzeit

DEUTSCHE LITERATUR

IM SPANNUNGSFELD ZWISCHEN RESTAURATION

UND REVOLUTION 1815–1848

BAND III

Die Dichter

J.B. METZLER STUTTGART

MCMLXXX

CIP-Kurztitelaufnahme der Deutschen Bibliothek

Sengle, Friedrich:
Biedermeierzeit: dt. Literatur im Spannungs-
feld zwischen Restauration u. Revolution
1815–1848 / Friedrich Sengle. – Stuttgart:
Metzler.
Bd. 3. Die Dichter. – 1980.
 ISBN 3-476-00438-4

ISBN 3 476 00438 4

©

J.B. Metzlersche Verlagsbuchhandlung und Carl Ernst Poeschel Verlag GmbH
in Stuttgart 1980. Satz und Druck: Gulde-Druck, Tübingen
Printed in Germany

3476001822

VORWORT

Entstehungsgeschichte gilt als langweilig. Aber der Leser hat vielleicht doch den Anspruch auf eine Erklärung zu diesem Thema; denn der Verlag erhielt zahlreiche Anfragen von den Käufern der ersten Bände, wann denn nun endlich der dritte und letzte Band erscheine. Als die ersten beiden Bände gedruckt wurden, war der dritte Band, der, abgesehen von den Eingangskapiteln des ersten Bandes, zuerst in Angriff genommen worden war, längst abgeschlossen – in erster Fassung. Ich hatte ihn noch in meiner Marburger Zeit, d. h. vor dem 50. Geburtstag fertig geschrieben. Fertig? Ja, in einem literarischen und buchhändlerischen Sinne sehr fertig, etwas über 500 Seiten, prägnant, dezidiert, sehr geschlossen, kurz das Werk meiner »besten Jahre«. Meine Arbeit als Wielandbiograph wirkte in den freilich sogleich bewußt abstrahierten (soziologisierten) lebensgeschichtlichen Elementen der Dichterkapitel nach.

Diese Seite des Werks fand auch nach 1972 meine Billigung. Trotzdem konnte ich mich zunächst weder zur Veröffentlichung noch zur Zerstörung der Fassung von 1959 entschließen. Die Germanistik hatte seit der »Studentenrevolution« den »Vormärz« neu entdeckt. Die progressive Seite der Epoche, besonders die »Gesellschaftskritik« Heines, Büchners, Nestroys, war dabei überbetont worden; aber es hatte auch christliche und sogenannte bürgerliche Reaktionen auf die marxistische Unterwanderung der genannten Dichterphilologien gegeben. *Die Epoche war durch diese Diskussion insgesamt in Bewegung geraten, ja in gewisser Weise in den Vordergrund des Interesses getreten.* Dies reizte zu einer neuen eigenen Stellungnahme. Ich selbst hatte durch die neuen Kapitel zum ersten Band und durch die intensiven Studien zum zweiten viel dazu gelernt. Die antiästhetische Tendenz der akademischen Jugendbewegung reizte meinen auf Ausgleich bedachten Sinn zum Widerspruch – wie früher das ästhetizistisch-antihistorische Dogma der Phänomenologen – und bestärkte mich in dem schon länger gefaßten Beschluß, die durchaus sinnvolle Methode der »immanenten Interpretation«, wenigstens in der Form kürzerer Werkanalysen, in meine Dichterkapitel zu integrieren. Außerdem – ich muß es gestehen – hatte sich meine didaktische Neigung eben durch die schwieriger gewordene Lehre verstärkt. Ich wollte im dritten Bande nicht nur den Nachwuchsgermanisten vom Doktoranden bis zum jungen Ordinarius (den beinahe einzigen Lesern der ersten beiden Bände), sondern auch den jüngeren Studenten und den wissenschaftlich oft unterschätzten Schulgermanisten aller Jahrgänge dienen. Kurz, ich erkannte nach reiflicher Überlegung – nicht zu meiner Freude! –, daß eine vollständige Umarbeitung notwendig war. Diese Aufgabe fesselte mich noch einmal für sieben Jahre an das schon fertig geglaubte »Lebenswerk«.

Die Spezialisten der von mir einbezogenen Dichterphilologien mögen mir verzeihen, wenn ich in diesem Band nicht nur weniger bekannte Zitate ans Licht gezogen, sondern auch die jedem Kenner vertrauten Zentraläußerungen der Autoren wiedergegeben habe – zur Unterrichtung der Nichtspezialisten. Der Zweck dieses Bandes ist es jedoch nicht, die zahlreichen Biographien und sonstigen Monographien, die es zu *jedem* der hier vorgestellten fünfzehn Autoren gibt, zu ersetzen. Ich weise nicht nur fleißig auf die Titel dieser Spezialliteratur hin, sondern ich zitiere sie auch ausführlich, nicht zuletzt da, wo ich anderer Meinung bin, um dem Leser die selbständige Urteilsbildung zu erleichtern. Ich bevorzugte solche Meinungen, die typisch, weil in dem Dichter selbst begründet sind und wahrscheinlich immer wieder in etwas veränderter Gestalt auftreten werden. Da sich meine eigenen Einsichten und Werturteile im Laufe der langen Arbeitszeit oft spürbar verändert hatten, glaubte ich, durch *vielseitige Dokumentation* dem Werk am ehesten eine gewisse Dauer verleihen zu können. Ein alter Forscher weiß, daß sich in der Geisteswissenschaft vieles im Kreise bewegt, daß die vermeintlichen Fortschritte, auch ohne Wissen der Autoren, oft nur die Erneuerung älterer, ebenfalls vertretbarer Lehrmeinungen *in einer neuen Sprache* sind.

Meine erste Fassung des dritten Bandes war ein Buch mit strenger Urteilsbildung, nicht so geschlossen wie Friedrich Gundolfs »Romantiker« – ich hatte sie vor dem Kriege gelesen –, aber im Anspruch wohl doch noch ein wenig durch sie geprägt. Bei einer neuen Gundolf-Lektüre stellte ich fest, daß diese Dichteressays, eben durch ihre ideologische Geschlossenheit, trotz ihrer hervorragenden literarischen Qualität, hoffnungslos veraltet waren. So entschloß ich mich zu der stärker dokumentarischen und damit offeneren Form. Diese entspricht, wie die Didaktik, wohl auch dem höheren Alter und zugleich, ich hoffe es, dem kritischen Stil unserer Zeit.

Darf ich den Spezialisten vorschlagen, doch nicht immer nur das Kapitel über *den* Dichter, den sie besser kennen, zu lesen, sondern auch die Partien über andere, benachbarte und daher vergleichbare Autoren? Und ist es in unserem Fach wirklich schon zu viel verlangt, wenn ich bitte, daß sich nur solche Germanisten zur Rezension berufen fühlen, die mehr als einen der fünfzehn Dichter kennen? Zwar hoffe ich, auch den einzelnen Philologien, durch meine bessere Kenntnis der großen Zusammenhänge, manchen Hinweis, z. B. struktureller Art, gegeben zu haben; denn wie ich in den fünfziger Jahren mich auf dem Wege über die Mikrostrukturen einzelner Dichter in die Makrostruktur der Epoche eingearbeitet hatte, so konnte ich jetzt aus der Makrostruktur für die Mikrostruktur der Autoren wiederum manches lernen. *Der eigentliche wissenschaftliche Sinn dieses Bandes ist es aber, die aus regionalen (partikularpatriotischen), politischen, sozialen, religiösen oder ästhetischen Gründen traditionellerweise sehr weit voneinander getrennten Philologien der Biedermeierzeit zusammenzuführen und einen Anfang mit der erkenntnisfördernden wechselseitigen Erhellung dieser Dichter zu machen.* Ich glaube nicht, daß der durchschnittliche Brentano- oder Raabeforscher von den andern Dichtern der Romantik und des bürgerlichen Realismus so wenig weiß wie der durchschnittliche Gotthelf-, Heine-, Droste-, Raimund- oder Mörikeforscher von den andern Dichtern der Biedermeierzeit. Zugegeben: die Ausbildung der Dichterpersönlichkeiten war in dieser geographisch und ideologisch partikularistischen, bis in ihren letzten Grund *zerstrittenen* Zeit besonders kräftig. Darin lag die erste Faszination, die die Epoche auf mich ausübte. *Trotzdem kann ich mit Sicherheit sagen, daß ohne den Rückgriff auf die Struktur der Epoche und ohne gründliche Vergleiche mit stilistisch, gattungsgeschichtlich und inhaltlich benachbarten Dichtern die Erkenntnismöglichkeiten in den einzelnen Philologien nicht ausgeschöpft werden.* Mikrostruktur und Makrostruktur der Geschichte stehen in einem unausweichlichen gegenseitigen Abhängigkeitsverhältnis, und es scheint mir gerade die richtig verstandene Aufgabe der bundesdeutschen Geisteswissenschaft zu sein, das Spezialistentum und die naiv oder institutionell fixierten speziellen Ideologien der östlichen und westlichen Welt (Liberalismus, Marxismus usw.) durch den Hinweis auf größere Zusammenhänge und mit Hilfe einer umfassenderen Geschichtskonzeption aufzulockern oder zu ergänzen.

Die einzelnen Dichter erscheinen in der Reihenfolge der Gattungen, die ich für Band II wählte. Bestimmend für die Einordnung war die gattungsgeschichtliche Schwerpunktleistung des Autors. Immermann z. B. erscheint unter den Prosaerzählern, Mörike unter den Lyrikern, Hebbel unter den Dramatikern, obwohl ich es mir selbstverständlich zur Pflicht machte, auch ihre Beiträge zu anderen Gattungen angemessen zu berücksichtigen. Innerhalb der Gattungen entschied das Geburtsjahr über die Anordnung. So folgen z. B. Büchner und Hebbel aufeinander, die beide 1813 geboren sind und spürbar zu den jüngeren Dichtern ihrer Generation gehören. Mörike steht am Ende der Lyrikergruppe, Stifter beschließt die Reihe der Erzähler, beides Dichter, die, erfolgreicher als die älteren der Generation, sich mit der Rhetoriktradition auseinandersetzten. Der Unterschied innerhalb der hier vorgestellten Dichtergeneration (1790–1813) wird deutlich, wenn man die Ältesten nennt: Raimund, Grillparzer, Postl-Sealsfield. Marxisten hätten vielleicht eine Reihenfolge von links nach rechts, mit immer kleineren Kapiteln, Staats- oder Stammesgläubige eine literaturgeographische Einteilung gewählt. Bei einer regionalen Gliederung hätte dem Österreich Metternichs mit sechs Dichtern die Spitze gebührt (Raimund, Grillparzer, Postl-Sealsfield, Nestroy, Lenau, Stifter). Ihnen hätte sich die damalige österreichische Einflußsphäre in Südwestdeutschland, zu der auch die Schweiz gehörte, anschließen lassen (Platen, Gotthelf, Mörike, Büchner). Den ebenfalls bedeutenden Schluß der Reihe hätten die nordwestdeutschen Dichter gebildet (Immermann, Heine, Droste-Hülshoff, Grabbe, Hebbel). Ich kann jedoch, ehrlich gesagt, nicht viel Einheit innerhalb der drei regionalen Gruppen erkennen. Sogar die Österreicher unterscheiden sich durch ausgeprägte Individualität voneinander. Vielleicht ermöglichen die nach *literarischen* Kategorien zusammengestellten Gruppen doch am ehesten den von mir vorgeschlagenen Vergleich benachbarter Dichter. So scheint mir z. B. Raimund mit seinen elementaren Mißgriffen in Dichtung und Leben viel eher dem hilflosen und ebenso kleinbürgerlichen »Genie« Grabbe zu ähneln als seinem immer sicheren, virtuosen, großbürgerlichen Konkurrenten im auslaufenden Alt-Wiener Volkstheater, Nestroy. Reizvoll mag es auch erscheinen, daß Platen und Heine, die berüchtigten literarischen Feinde, aufeinander folgen und daß sich Gotthelf an den anderen großen Dorfgeschichtenerfinder, Immermann, anschließt. Die Schlußkapitel über Gotthelf und Stifter führen erst recht zwei benachbarte, öfters verglichene Erzähler zusammen, während Stifter mit dem anderen österreichischen Erzähler dieses Bandes, Postl-Sealsfield, niemals ohne Gewaltsamkeit zusammengesehen wurde. Nun, es ist bekannt, daß jede Art von Anordnung Nachteile hat. Wir wollen daher unser Zusammensetzspiel nicht weitertreiben, sondern nur noch bemerken, daß Rezensenten meiner Epochendarstellung vorwarfen, sie vernachlässige die einzelnen Dichter »strukturalistisch«. Diese Kollegen haben also nicht einmal das Vorwort zum zweiten Bande gelesen, in dem ich den dritten Band mit seinen Dichterkapiteln ankündige. Dies nur als prägnantes Beispiel für das glorreiche Rezensionswesen in dem Fach »Geschichte der neueren deutschen Literatur«, so wie es sich neuerdings herausgebildet hat. Ich kann nicht umhin, auch in den Sternanmerkungen der Dichterkapitel hie und da symptomatische Beispiele für einen schlecht fundierten oder gar leichtfertigen Umgang mit neugermanistischen Themen und Problemen zu geben; denn dieser bezeichnet *die derzeitige Gefährdung unseres Fachs.* Jeder aufmerksame Leser wird jedoch erkennen, daß meine Kritik nicht so sehr Personen als die neuere Germanistik in ihrem gegenwärtigen, quantitativ großartigen, qualitativ oft mehr als bescheidenen Zustande treffen will.

Die Auswahl der Dichter, über die man selbstverständlich stets streiten kann, begründete ich schon im Vorwort zu Band II (S. VIf.). Dort ist von vierzehn Dichtern die Rede, weil ich den Hebbel-Abschnitt in Fritz Martinis Realismusdarstellung, die mit meiner »Biedermeierzeit« zunächst in der gleichen Epochenreihe stand, besonders gut fand und mein Interesse für den abstrakten Dramatiker noch gering war. Inzwischen ist mir seine Verwurzelung in der Biedermeierzeit klarer geworden; so schrieb ich ein Kapitel ganz neu über ihn. Die Feststellung, daß der Raum, den ich den einzelnen Dichtern widme, eine »indirekte Wertung« darstellen soll (Bd. II, S. VII), war von vornherein ein frommer Wunsch; denn Dichter, die ich hochschätze (wie Wilhelm Müller, Rückert, Alexis, Auerbach oder der alte Tieck), konnten in den Gattungskapiteln des zweiten Bandes eben doch nicht so viel Raum finden, wie ihn die vielseitige und abgerundete Darstellung der Dichter in Band III bietet. Heute sehe ich mich genötigt, die beabsichtigte Symbolik der Umfänge ganz zu widerrufen. Ich ließ mich nämlich durch intensive und streitlustige Philologien (Nestroy, Büchner und besonders Heine) zu einer ausführlicheren Stellungnahme herausfordern. Angesichts einer auf weiten Strecken *dichtungsfremd* gewordenen neugermanistischen Forschung freue ich mich darüber, daß durch diesen dritten Band die Dichter der Biedermeierzeit – meistens kräftig ausgeprägte Gestalten! – starke Betonung erhalten und so das nötige Gegengewicht gegen die geschichtlichen, manchmal völlig überpersönlichen Strukturen der ersten beiden Bände bilden. Diese Hervorhebung der *Dichter* bedeutet gewiß nicht, daß ich meinen alle Formen umfassenden Literaturbegriff aufgegeben habe – auch zweckliterarische Leistungen der fünfzehn Autoren werden gewürdigt –; doch entstand die zweite Fassung dieses Bandes im bewußten Widerspruch gegen den amusischen Trotz, gegen die prinzipielle Respektlosigkeit, mit der heute nicht wenige, auch hochbegabte jüngere Germanisten in Westdeutschland anerkannte deutsche Dichter behandeln.

Manches Persönliche, was sonst noch im Vorwort erwähnt werden mag, findet der Leser am Ende dieses Bandes im »Schluß« der gesamten Epochendarstellung. Die Anregung zu diesem Teil gaben von mir geschätzte ausländische Rezensenten, die mich – sehr praktisch und angelsächsisch! – baten, Band I und II für ihre Studenten am Ende von Band III zusammenzufassen. Im traditionellen Sinne konnte ich diesen Wunsch nicht erfüllen;

denn die Zusammenfassung eines so gewaltigen Materials wäre nur mit Hilfe einer sehr großen, didaktisch sicher *nicht* erwünschten Abstraktion möglich gewesen. Statt dessen führte ich die Diskussion von Problemen, die im ersten Band oft zu flüchtig gewesen war, weiter. Die Einfügung der deutschen Biedermeierzeit in die europäische Romantik versuchte ich auf Grund fremder und eigener Erkenntnisfortschritte entschiedener zu begründen. *Dabei war es notwendig, auf den von der Forschung immer noch erstaunlich gleichgültig behandelten programmatischen Realismus, der präzis 1848 einsetzte, zurückzukommen.* Auch Fragen der Literaturkritik, z. B. die Bewertung des neuerdings umstrittenen »bürgerlichen Realismus« und die Bedeutung oder Funktion der von mir angeblich zu schlecht behandelten Jungdeutschen, wurden neu diskutiert. Schließlich benützte ich gelegentliche Rückblicke auf die von mir selbst erlebte Geschichte unseres Fachs in den letzten fünfzig Jahren zu einer Art Wiederholung der Ergebnisse und Thesen, die ich in meiner Epochendarstellung erarbeitet habe. Ich hoffe auf diese Weise, ohne übertriebene schulmäßige (und »deutsche«) Abstraktion, dem Wunsch der ausländischen Kollegen einigermaßen entsprochen und gleichzeitig die Diskussion über die Literatur des 19. Jahrhunderts noch durch einige mehr essayistisch vorgetragene Ideen bereichert zu haben.

In den letzten Sätzen dieses »Schlusses« entschuldige ich mich bei den Verehrern der konservativen oder revolutionären Dichter, weil ich mich mit keinem der Autoren und noch weniger mit einer Richtung der Biedermeierzeit *identifizieren* kann, sondern vor allem unsern *Abstand* von der Zeit der ersten Eisenbahnen und von den reichlich naiven Alternativen, um die man sich stritt, empfinde. In meinen Augen geht es heute nicht mehr um die Vormärzfrage Freiheit oder Ordnung, sondern nur noch um den *richtigen* Weg zu einer begrenzten Freiheit in einer erträglichen Ordnung, – auch wenn die jüngere Generation da und dort dieser welthistorisch naheliegenden Erkenntnis noch bedauerlich ferne steht. Die Zahl der »Vormärz«-Verehrer hat sich seit meiner Jugend erstaunlich vermehrt, und so mag es manchem Leser undankbar erscheinen, wenn ich mich eigentlich nur als interpretierender und kritischer Historiker auf die verschiedenen, oft entgegengesetzten Dichterpersönlichkeiten »eingestellt« habe. Im stillen hoffe ich, daß meine ideologische Nüchternheit auf die Dauer zur Neutralisierung der Fragen beiträgt, um die man sich immer noch – wahrscheinlich anachronistisch – streitet, und daß dadurch alle Dichter der Biedermeierzeit zu *der* Wirkung kommen, die *heute* legitim ist. Ein Literaturhistoriker jedenfalls, der nur über seinen Lieblingsdichter arbeitet, kann auch diesen nicht richtig sehen; er verfehlt seine geschichtliche Aufgabe.

Dankbarkeit empfinde ich gegenüber allen, die mich in der Treue zu dieser Lebensarbeit bestärkt haben und mir auf die eine oder andere Weise bei der Fertigstellung des Werks behilflich waren. Es ist mir ein Bedürfnis, heute an erster Stelle der Deutschen Forschungsgemeinschaft zu danken, ihren Fachvertretern, Organisatoren und Hauptausschußmitgliedern; denn von ihr wurde diese Epochendarstellung durch ein Vierteljahrhundert und bis zuletzt unterstützt, obwohl meine zahlreichen Verlängerungsanträge genug Gelegenheit geboten hätten, die Förderung früher zu beenden. Angesichts der stark gewachsenen Zahl der Universitätsgermanisten in Deutschland und der dadurch verursachten Überschwemmung mancher Dichterphilologien durch sehr verschiedenwertige

Forschungsbeiträge wurde die Hilfe bei den Bibliotheksarbeiten und beim auslesenden Exzerpieren immer wichtiger. Es ist mir heute völlig klar, daß ich in dieser außerordentlich schwierig gewordenen Situation *nur* mit Hilfe der mir ständig zur Verfügung stehenden Forschungshilfskraft den Abschluß meiner Epochendarstellung erleben konnte.

An zweiter Stelle danke ich den Spezialisten, die mich durch Durchsicht einzelner Dichterkapitel vor manchem Fehler bewahrt und mir manche wichtige Anregung gegeben haben. In der heutigen Theoriegläubigkeit vergißt man oft, daß in jeder Kritik Theorie steckt und daß diese Art von Theorie für den praktischen Historiker, überhaupt für den Fachwissenschaftler, wahrscheinlich die legitimste ist. Zu danken habe ich folgenden Kolleginnen und Kollegen: Günter Häntzschel (Lenau, Platen), Jürgen Hein (Raimund, Nestroy), Herbert Seidler (Grillparzer, Stifter), Eva Becker (Heine), Helmut Bergner (Stifter), Richard Dove (Platen), Karl Fehr (Gotthelf), Werner Hahl (Gotthelf), Peter Hasubek (Immermann), Wolfgang Hegele (Grabbe), Renate von Heydebrand (Mörike), Helmut Kreuzer (Hebbel), Alexander Ritter (Postl-Sealsfield), Winfried Woesler (Droste-Hülshoff). Bei der Frage, ob die zunächst vorgesehene Auswahlbibliographie zur Biedermeierzeit sinnvoll und zweckmäßig ist, hat mich Arthur Brall in Gießen fachmännisch beraten. Wir kamen, in Übereinstimmung mit dem Verlag, zu dem Ergebnis, daß eine *nicht* willkürliche Auswahl von Titeln heute sehr groß sein müßte und daher zu einer unerwünschten Erhöhung des Preises von Band III führen müßte. Die Frage, ob eine gesonderte Epochenbibliographie zweckmäßig und buchhändlerisch möglich ist, wird noch geprüft.

Die Forschungshilfskräfte, die mich bei diesem Band nacheinander, verschieden lang und mit verschiedenem, zum Teil aber ganz ausgezeichnetem Erfog, unterstützten, heißen: Thomas Anz, Karl-Heinz Fallbacher, Carla Freudenreich, Hans Göttler, Joachim Horn, Jens Jessen, Martin Kern, Hans Michael Loesch, Werner Lord, Peter Orzechowski, Gottfried Rauh. Der ganz besondere Dank gehört diesmal meiner ehemaligen Seminarsekretärin Marlies Schindler; denn sie war mir nach unser beider Pensionierung weiter eine stets zuverlässige Stütze und hat auch durch manchen wissenschaftlichen Hilfsdienst für diesen Band am Abschluß meiner Epochendarstellung mitgewirkt.

Seefeld bei München, im August 1979 FRIEDRICH SENGLE

INHALTSVERZEICHNIS

Inhaltsverzeichnis

XIII

Inhaltsverzeichnis

Nikolaus Lenau (1802–1850)

Eduard Mörike (1804–1875)

Karl Postl / Charles Sealsfield (1793–1864)

Inhaltsverzeichnis

SCHLUSS: ZUR ABGRENZUNG, ZUM GESAMTBILD UND ZUR BEWERTUNG
DER BIEDERMEIERZEIT UND IHRER RICHTUNGEN

FERDINAND RAIMUND (1790–1836)

Kritik des neuromantischen Raimund-Mythos

Mehr noch als andere Gestalten des partikularistischen Biedermeiers umgibt den Schauspieler und Theaterschriftsteller Raimund ein Mythos, den seine Landsleute, in der Erinnerung an die gute alte Zeit, erträumt haben. Hugo von Hofmannsthal verleiht ihm in der Einleitung zu einer Sammlung von Raimunds Lebensdokumenten (1920) besonders beredten Ausdruck[1]. Danach besteht bei diesem Wiener eine völlig naive Einheit von Leben und Werk, Werk und Umwelt. Er ist die »Blüte«, die in seltenen Augenblicken der Geschichte »ein soziales Ganzes schicksalhaft und, man möchte sagen mühelos« zu treiben pflegt. »An seiner Produktion wie an seinem ganzen Dasein ist etwas Vegetatives.« »Raimund hat vielleicht keine Szene geschrieben, die nicht aus einer wirklichen Vision hervorgegangen wäre.« Die »wunderbare Einheit« eines volkstümlichen Theaters, die die Goethezeit nur noch in der Vergangenheit suchen konnte, war in dem Augenblick der Wiener Volksbühne, den Raimund repräsentiert, beglückende Gegenwart.

Nicht nur die Dichter, auch die Gelehrten Wiens tragen ihr Wunschbild in die Biedermeierzeit hinein und lassen es sich durch keine Kritik rauben. Selbst ein so kenntnisreicher und nüchterner Forscher wie Otto Rommel findet im Raimundkapitel seiner Darstellung *Die Alt-Wiener Volkskomödie* (Wien 1952) jene wunderbare Einheit Hofmannsthals wieder: Raimund war nicht nur, wie seine Vorgänger, ein Theatraliker, sondern »ein wirklicher und wahrhafter Dichter«. Man kann nach Rommels Meinung dem Österreicher, der bekanntlich sehr stark von Stimmungen abhängig, ja »schizoid« war (Rommel), nur gerecht werden, wenn man »das gesamte Schaffen als eine Einheit zu begreifen versucht«. »Seine leidende Seele erlöste sich in groß geschauten Bildern, in denen wir nicht ›Verstiegenheiten‹ zu beklagen, sondern letzte und höchste Offenbarungen barocker Phantasie zu bewundern haben«[2]. Rommel meint an dieser Stelle Raimunds Vorstoß zu einer dem Volkstheater fremden, ernsteren Form des Dramas, den die Mehrzahl der Kenner für einen Irrweg hält. Es soll uns also nicht erlaubt sein, zwischen starken und schwachen Dramen zu unterscheiden, was wir doch selbst bei Goethe tun, wenn wir den Urfaust höher als *Clavigo* schätzen. Der Grund für diese Vorstellung von einem *gleichwertigen* Gesamtwerk Raimunds – sie paßt schlecht zu einem bewußt experimentierenden Dichter – liegt wohl in dem bekannten, am Ende von Rommels Raimund-Kapitel zitierten Ausspruch Grillparzers: »Raimunds großes Talent ungeschmälert, hat das Publikum ebensoviel daran gedichtet als er selbst. Der Geist der Masse war es, in dem seine halb unbewußte Gabe wurzelte.« Der klassizistische Dichter meint gewiß nicht den sagenhaften österreichischen Volksgeist, in dem der neuromantische Raimund-Mythos wurzelt, sondern das Publikum des Volkstheaters, von dem sich der ehrgeizige Schauspieler-Dichter gegen Grillparzers ausdrücklichen Rat zu entfernen versuchte. Rommel verschweigt auch, wie so viele Raimund-Verehrer, daß der österreichische Klassiker nur dem in der Molièretradition stehenden Volksdichter ganz gerecht werden konnte *(Der Alpenkönig und der Menschenfeind),* während die heutigen Raimundkenner stets drei, vier oder fünf von den acht Stücken Raimunds für vollwertige Meisterwerke halten*.

Man kann seinen historischen Ort unmöglich richtig erkennen, wenn man nicht von der Tatsache ausgeht, daß er zu den ältesten Dichtern der Biedermeierzeit gehört. Er ist ein Jahr älter als Grillparzer. Hebbel und Büchner (geb. 1813) sind 23 Jahre jünger und selbst Nestroy (geb. 1801), an dem er heute oft zu Unrecht gemessen wird, ist 11 Jahre nach ihm geboren. Nimmt man den biographischen Umstand dazu, daß er in der Jugend als Schauspieler, wegen eines Sprachfehlers und seines wenig imposanten Äußeren, außerordentlich schwer um seinen Aufstieg ringen mußte und auch als erfolgreicher Star und Regisseur des beliebten Leopoldstädter Theaters noch Hemmungen gegenüber dem literarischen Handwerk zu überwinden hatte, so ergibt sich das Bild eines Mannes, der erst als ausgereifter Dreißiger, erfahren in allen Fragen der Dramaturgie und Regie, seine Werke schrieb, erfolgreiche und, wie mir scheint, *wertvolle Stücke von Anfang an.* Sie entstehen in rascher Folge während der 1820er Jahre. Raimund gefährdet dann, wie wir schon wissen, seinen gewaltigen Erfolg als Volkstheaterdichter durch anspruchsvolle Dichtungen. Diese übersteigen seine zarten Kräfte, gefährden und verzehren sie fast, so daß ihm nach der Aufführung des »tragisch-komischen Original-Zauberspiels« *Die unheilbringende Zauberkrone* (4. Dez. 1829) eine schöpferische Pause zum dringenden Bedürfnis wird. Auch die Gastspiele, auf die er sich seit 1830 als Schauspieler beschränkt, kündigen, so erfolgreich sie sind, eine gewisse Erschöpfung an, eine Abneigung gegen die regelmäßige Arbeit im Theater und sind, genau besehen, ein Weg in die Einsamkeit. Es folgt nur noch *Der Verschwender* (1834). Man sollte die »modernen« Elemente dieses letzten Stücks nicht so stark betonen, wie man dies unter realistischen Gesichtspunkten (halber Abbau des Zauberwesens) meistens tut. Denn gerade die berühmte Figur des rüh-

---

* *Grillparzer* schreibt, nach dem Erscheinen des ersten Bandes von Raimunds Werken, Wien 1837, in der sonst viel zitierten Rezension gegen Ende: »Hätte Raimund drei Stücke geschrieben von dem Werte des Alpenkönigs, sein Name würde nie vergessen werden in der Geschichte der deutschen Poesie, so wenig wie Gozzis Name in den Jahrbüchern der italienischen« (Ferdinand *Raimund,* nach Aufzeichnungen usw. gesammelt von Richard *Smekal,* eingeleitet von Hugo von Hofmannsthal, Wien, Berlin 1920, S. 58). Man darf bei Dichtern stets von einer mangelhaften Kenntnis ihrer zeitgenössischen Rivalen ausgehen. Außerdem rezensiert Grillparzer hier nur den ersten Band der ersten Raimund-Ausgabe. Allerdings ist sein Urteil über *Der Diamant des Geisterkönigs* – der Band enthielt nur dies Stück und den *Alpenkönig* – recht zurückhaltend, während dies frühe, noch stark in der Volkstheatertradition stehende Spiel von vielen heutigen Raimundkennern und auch von mir höher geschätzt wird als die späteren zu ehrgeizigen dichterischen Experimente. Auch ohne dies Werk mitzurechnen, ist die von Grillparzer gestellte Bedingung (drei Stücke) erfüllt *(Alpenkönig, Der Bauer als Millionär, Der Verschwender).* Ist das in einer dichterisch reichen Epoche wirklich so wenig? Die drei Spiele kann man als Reclambändchen kaufen. Die nächste Informationsstufe ist die einbändige Ausgabe von Raimunds Sämtlichen Werken im Winkler-Verlag, München 1966, mit einem Nachwort von Friedrich Schreyvogl. Eine ausgezeichnete Einführung in die wissenschaftlichen Raimundprobleme und -hilfsmittel gibt Jürgen *Hein,* Ferdinand Raimund, Stuttgart 1970 (Sammlung Metzler).

renden treuen Tischlers Valentin gehört noch ganz zur frühbiedermeierlichen Moral-
und Gemütskultur. Man hat die Kluft zwischen diesem Besserungsstück und Nestroys
motivähnlichem *Lumpazivagabundus* (1833) immer wieder richtig erkannt. Sogar die
Altmarxisten führten die »kleinbürgerliche« Zufriedenheit, d. h. die fehlende Sozialkritik
des Dichters, auf seine Verwurzelung in der frühen Restaurationszeit zurück und ent-
schuldigten ihn so: »Raimund gehört mit seiner Auffassung menschlicher Probleme und
Schicksale zur Zeit vor 1830…, wo die kapitalistische Entwicklung in Österreich und
daher auch die soziale Differenzierung noch in den ersten Anfängen war« [3].

Verwurzelung in der biedermeierlichen Gemütskultur

Wenn heute, teils unter psychoanalytisch-werkfremden, teils unter neomarxistisch-
parteilichen Vorzeichen die moralische oder metaphysische und »die sentimental-biedermeierliche Interpretation« Raimunds beseitigt werden soll [4], so ist eine Verfälschung des Dichters zu erwarten, die die patriotisch-österreichische noch bei weitem
übertrifft; denn die Österreicher verschlossen sich nicht prinzipiell den seelischen und
sittlichen Werten, auf die Raimunds Dichtung gegründet ist und die man wenigstens als
historische Größe anerkennen muß, wenn man etwas Wahres über den Dichter sagen
will. Ich beginne daher mit dem Raimundproblem, das man heute am wenigsten sehen
will, nämlich mit seiner Verwurzelung in *der* Seelenkultur, die vor dem Jungen Deutschland und noch vor dem Realismus mächtig gewesen ist. Ein unverdächtiger Zeuge für die
Art, wie man den Dichter ursprünglich erlebte, ist Heinrich Heine. In der Vorrede zur
zweiten Auflage des *Buches der Lieder* (1837), das in der gleichen frühbiedermeierlichen
Empfindsamkeit wie Raimunds ursprünglicher Antrieb wurzelt (1. Aufl. 1827), wird
dem ebenfalls früh verbrauchten Deutschen in Paris – er ist gerade 40jährig – die berühmteste Szene Raimunds zum Symbol für sein eigenes Altern: »Ich habe ein Recht müde zu
seyn…

> Und scheint die Sonne noch so schön,
> Am Ende muß sie untergehn!

Die Melodie dieser Verse summt mir schon den ganzen Morgen im Kopfe und klingt vielleicht wieder aus allem was ich so eben geschrieben. In einem Stücke von Raymund, dem
wackeren Komiker, der sich unlängst aus Melancholie todtgeschossen, erscheinen Jugend und Alter als allegorische Personen und das Lied, welches die Jugend singt, wenn sie
von dem Helden Abschied nimmt, beginnt mit den erwähnten Versen. Vor vielen Jahren,
in München, sah ich dieses Stück, ich glaube es heißt ›der Bauer als Millionär‹. Sobald die
Jugend abgeht, sieht man wie die Person des Helden, der allein auf der Scene zurück
bleibt, eine sonderbare Veränderung erleidet. Sein braunes Haar wird allmählich grau
und endlich schneeweiß; sein Rücken krümmt sich, seine Knie schlottern; an die Stelle
des vorigen Ungestüms, tritt eine weinerliche Weichheit… das Alter erscheint. Naht
diese winterliche Gestalt auch schon dem Verfasser dieser Blätter? Gewahrst du schon,
theurer Leser, eine ähnliche Umwandlung an dem Schriftsteller, der immer jugendlich,

fast allzu jugendlich in der Literatur sich bewegte?«[5]. Noch Erich Schmidt (Essay *Ferdinand Raimund*, 1882), der zu den literaturwissenschaftlichen Entdeckern Raimunds gehört und das Heine-Zitat natürlich kennt, spricht von »Versen, die man sich nicht natürlicher, nicht melodischer denken kann«[6], während der Raimundverehrer sie heute eher zum Sentimental- und Trivialbiedermeier rechnen und verschweigen würde. Sie haben aber, im Unterschied zu manchen andern Versen, alten und modernen, den Vorteil, daß sie eine *Wahrheit* aussprechen, die ebenso banal wie unbestreitbar ist, und diese schlichte Selbstverständlichkeit ist es eben, zu der das Biedermeier ja sagt und von der es sich »ergreifen« läßt. Heine hat aus dem Gedächtnis und daher nicht genau zitiert. Zitiert man genauer und die ganze Strophe, so versteht man den Zauber, der von den Versen ausging, schon besser, zumal wenn man sich die Musik dazudenkt, die – anders als bei Nestroy! – stets zu Raimunds Spielen gehört[7]:

> Brüderlein fein, Brüderlein fein,
> Mußt mir ja nicht böse sein!
> Scheint die Sonne noch so schön,
> Einmal muß sie untergehn.
> Brüderlein fein, Brüderlein fein,
> Mußt nicht böse sein.
> (Duett II,6)*

Nach dem Lob einer andern beliebten Szene (*Alpenkönig, I, 15/16 Köhlerhütte*) rühmt Grillparzer den Volksdichter, weil er »das ganze Gemüt des Zusehers in den bunten Kreis

---

* Wie man an Hofmannsthals Raimund-Bild in raum-zeitlicher Hinsicht zweifeln kann, so auch in sprachlicher. Der Dialekt wird zu einem mythischen Kriterium, wenn er sagt: »Der bezeichnende Zug von Raimunds Sprache überall dort, wo sie den Dialekt verläßt, ist Unmündigkeit« (Ferdinand Raimund, Lebensdokumente, hg. v. Richard *Smekal*, eingeleitet von *Hugo von Hofmannsthal*, Wien und Berlin 1920, S. IX f.). Dem Bauern Wurzel demonstriert das Alter seine Abhängigkeit im Dialekt; gerade auch die Einbettung in die Sprache des Volks entfernt den Dichter von »dem kühnen, selbstsicheren Element«, das Hofmannsthal bei Lessing findet und bei dem völlig anderen Raimund ohne das rechte Verständnis vermißt. Wenn Grillparzer die »natürlich anmutigen Werke« Raimunds rühmt (ebd., S. 58), so denkt er dabei gewiß auch an hochdeutsche Partien wie »Brüderlein fein«. Die Anmut entsteht hier durch die Verbindung des naiven Tons (»mußt nicht böse sein«) mit dem sentimentalen, während Raimunds hohe Dichtung meistens völlig empfindsam ist. Besser als Hofmannsthal versteht Herbert *Cysarz,* einer der Entdecker der Barockdichtung, Raimunds Sprache: »Bei alledem ist Raimund kein Sprachschöpfer. Sein Wort bleibt mehr Gebärde als Inbegriff des Lebens. Er strebt nach der Ergänzung des Bilds durch das Wort, eben daher enträt dieses der vollen Eigenständigkeit...« (Ferdinand Raimund und die Metaphysik des Wiener Theaters, in: H. *Cysarz,* Welträtsel im Wort, Wien 1948, S. 234 f.) »...Nestroys Wortspiel, so magisch wie aphoristisch, gesellt den ineinsfassenden die eigenmächtigeren Züge. Raimunds Wort leitet nach der Wirklichkeit hin, doch niemals erstellt und vertritt es sie selbst. Das Wort als Wort bleibt immer unvollständig, ja trügerisch; alles kommt darauf an, was es bewegt und durchläßt. So machen es Raimunds Komödien zum theatralischen Medium eines unsäglichen Lichts« (ebd., S. 238). Wo realistische oder gar impressionistische Wertungskriterien zum Zug kommen, ist Raimund für die Literaturgeschichte verloren. Die Schwierigkeit der Raimund-Wertung ergibt sich, wie immer in der Biedermeierzeit, daraus, daß man ihm den Sprachkonservatismus, d. h. die Weiterbildung der rhetorischen Töne und ihrer Mischung, grundsätzlich gelten lassen muß, daß aber innerhalb des rhetorischen Systems nur für das einzelne Werk, ja sogar nur für die einzelne Partie entschieden werden kann, wo Neubildung, vielleicht geniale Innovation und wo bloßes Epigonentum vorliegt. Das Wertungsproblem liegt bei Raimunds Bewunderer Heine, trotz anderer Inhalte, ähnlich.

hineinbannt« [8]. Auch diese Raimund-Szene wäre nicht rund ohne den musikalisch-lyrischen Abschluß, obwohl dieser, wie man schon öfter bemerkt hat, weniger die Stimmung der armen Köhlerfamilie wiedergibt, als das Abschiedsgefühl, das man beim Verlassen eines Hauses immer hat. Die musikalische Einlage ist wie das Duett Wurzels und der Jugend *allgemeingültig:*

Rappelkopf: So fahrt hinaus.
Salchen: So müssen wir denn wirklich fort, aus unsern lieben Haus –
Christoph (weint): Wo wir alle geboren und verzogen sein.
Salchen: Meiner Seel, der Herr kanns nicht verantworten, was der Herr mit seinen (sic!) Geld für ein
    Unheil anstift.
Sextett

Salchen: So leb denn wohl, du stilles Haus,/Wir ziehn betrübt aus dir hinaus.
Alle (bis auf Rappelkopf): So leb denn wohl, du stilles Haus,/Wir ziehn betrübt aus dir hinaus.
  Salchen: Und fänden wir das höchste Glück,/Wir dächten doch an dich zurück.
Alle: Und fänden wir das höchste Glück,/Wir dächten doch an dich zurück.
Alle Paar und Paar ab.
Sie sehen sich im Abgehen betrübt um, auch der Hund. (Der Alpenkönig I,16)

Der Kapitalist hat einer armen Familie das Haus abgekauft und so ihr ohnehin bescheidenes Glück gefährdet. Doch kommt es im Volkstheater nicht darauf an, das damit angetippte Sozialproblem zu diskutieren, sondern den Zuschauern ein stimmungsvolles Lied mitzugeben, das sie selbst singen können und mit dem sie sich bei passender Gelegenheit genauso trösten können wie Heine mit der von der Jugend gesungenen Wahrheit, daß alles vergänglich ist. Grillparzer: »Um wie viel leichteres Spiel ein Verfasser hat, der sich alles erlauben darf, sei übrigens gegenüber den ehrenwerten Bestrebungen, die zugleich die Ansprüche der Bildung und eines vorgerückten Bewußtseins im Auge haben, keineswegs vergessen« [9]. Das »vorgerückte Bewußtsein«, das Grillparzer, Hebbel, und auch der prominenteste Lustspieldichter des Burgtheaters, Bauernfeld (vgl. Bd. II, S. 423 f.), besaßen, war nicht Raimunds Erbteil. Eben deshalb blieb der Weg zum Burgtheater, den er einschlug, eine fata morgana. Es lag nicht so sehr an der Schulbildung, zu deren Abbruch der frühe Tod des Vaters führte – das beweist der mächtige geistige Aufstieg Hebbels, der ganz ähnlich als deklassierter Kleinbürgersohn begann –, sondern eben an dem wenig »vorgerückten Bewußtsein«, an der überwiegend mimischen, bildhaften, musikalischen, kurz irrationaleren Begabung des Schauspielers. Nur in diesem Sinn ist die Vorstellung von Raimunds Naivität gerechtfertigt*. Es gibt kaum eine zeitgenössische Rezension sei-

---

* Bauernfeld, der hervorragende Charakteristiker und einer der wenigen (halben) Freunde Raimunds, gibt in einem Vergleich zwischen Grillparzer und Raimund eine differenzierte Beschreibung von Raimunds (begrenzter) Naivität: »Beide... echte Österreicher Naturen, nichts Gemachtes an ihnen, alles einfach, Raimund mehr primitiv, ein wunderliches Gemisch von Naivem und Sentimentalem [!] in seinem ganzen Wesen. Sein Humor war im Grunde harmlos, seine Scherze ab und zu kindlich; der tragische Grillparzer, weit schärfer in seiner Satire, hatte dagegen einen aufmerksamen Blick für alles Lächerliche und Verkehrte« (Ferdinand Raimund, Lebensdokumente, hg. v. Richard *Smekal*, Wien, Berlin 1920, S. 45). Durch den letzten Satz wird für unser Geschichtsbild eine Brücke zwischen dem Tragiker Grillparzer und dem satirischen Possendichter Nestroy geschlagen. Raimund steht, verglichen mit beiden Zeitgenossen, dem 18. Jahrhundert (Empfindsamkeit, Moral, Idealismus) noch näher.

nes Spiels und seiner Dichtungen, in denen nicht sein »Gemüt« gerühmt wird. Es ist die Kraft, die ihn zur Erneuerung des Volkstheaters befähigte[10], zum Sieg über die »Großen Drei« führte, Epoche machte, nach 1830 freilich auch schon Reaktionen gegen so viel »Naivität« hervorrief und, im dialektischen Wechsel, Nestroys Rationalismus schärfte. Der Ton, in dem man dem rechtzeitig abgetretenen Schauspieler und Dichter nachtrauerte, sei durch die Worte eines wiederum ganz unverdächtigen Zeugen und Theaterkenners, Franz Dingelstedt, vergegenwärtigt: »Du Mann des Volkes, du Poet der Armen, dich, mein Raimund! wie vermiss' ich dich! Raimund war es, der im eigentlichsten Sinne für eine Volksbühne dichtete; sein Herz. – Denn diesem entströmte warm und rot jede einzelne Produktion des selten begabten Mannes – sein Herz war ein reiner – ein reicher Quell, tief und unergründlich, aber lauter in jedem Tropfen, der von innen herausperlte. Raimund riß keine Witze, wie die Dichter der Staberl, und brauchte keine Sprünge, wie die Dichter des Affen; er wirkte durch den echten Volkshumor, der von der Seele kam und zur Seele drang« (*Frankfurter Telegraf* 1837)[11]. Man sieht: *die soziale Leistung des Dichters wird klar erkannt; aber die Zeitgenossen suchen diese in den volkstümlichen Dichtungen selbst,* nicht in irgendwelchen Nebenzwecken, bestimmten »Tendenzen«, die das Bewußtsein fordert (s. u.).

Wer Raimunds Briefe und seine lyrischen Gedichte kennt, weiß, daß es in diesen Dokumenten kaum Reflexionen, kaum Humor und auch nur selten gegenständliche Erzählungen oder Schilderungen gibt, daß sie also für den Psychologen ergiebiger erscheinen als für den Historiker. Stilgeschichtlich sind sie nicht uninteressant; denn sie belegen die teils idealistisch-empfindsame, teils melancholische Grundtendenz des Dichters besonders klar. Dafür einige Beispiele: »Du weist, daß ich mein ganzes Lebensglück in deine *reine* Liebe gesezt habe, daß deine treue und innige Anhänglichkeit, dein modestes Betragen und deine Liebe zur Tugend, die Haupttriebfedern sind, daß mein ganzes Ich nur in dir lebt, daß dir also dein Selbstgefühl sagen muß, daß dir ebendeßwegen mein Herz ewig bleiben muß, weil du dich so fühlst, und daß so langjährige Bande, die die Dankbarkeit von beyden Seiten noch fester an die Liebe schließt, und sich auf Edelmuth gründet, nur einmahl in unserem kurzen Leben kommen können« (an Toni Wagner 1823)[12]. Ein so ernsthafter Schauspieler war im biedermeierlichen Wien ein ungewöhnliches Wesen. Das hatte sich fünf Jahre vor dem zitierten Brief gezeigt, als er die Liebe der leichten Soubrette Therese Grünthal ernstgenommen und sie öffentlich geschlagen hatte, da sie ihm untreu erschien. Raimund ist »heißblütig« (August Sauer). »Die Heftigkeit seines Temperaments« beschäftigte die Polizei noch, als er zum Direktor des Leopoldstädter Theaters vorgeschlagen war. Fortschritte in der »Gelassenheit« wurden ihm polizeilich bescheinigt[13]; aber er war und blieb ein stets von Stimmungen heftig bedrohter Gemütsmensch. »Ach meine Toni – ich komme heute nicht nur als Geliebter, ich komme zu dir als *Freund,* zu meiner *einzigen innigsten Freundinn,* um dir zu klagen, daß sich seidt einigen Tagen wieder eine unnennbare Traurigkeit meiner Seele bemeistert hat... Jezt in diesem Augenblick, wo ich dir schreibe, lösen sich alle meine Gedanken in einen unbegreiflichen melancholischen Schmerz auf, der mich in Zweifel sezt ob dieß eine Krankheit der Seele oder des Körpers ist. Ach meine Toni, wenn werden meine Leiden enden auf dieser Erde« (an Toni Wagner 1823)[14]. Wie sehr die *Begriffe,* die freundlichen und die feindlichen, lebendige Wesen für den Dichter sind, kann man schon in den Briefen erkennen: »Der Unfriede hat sein Haus in deinem Busen erbaut, um ewig darinn zu wohnen.« Ihr Brief hat ihm gezeigt: es bleibt »eine vergebene Hoffnung…, Ruhe und Friede in deine Brust zu pflanzen, und die Blume der Einigkeit in den Kranz unserer Liebe zu flechten« (an Toni Wagner 1823) [15]. Von da ist es nicht allzu weit zu den ernsten Dichtungen Raimunds; denn in diesen erscheinen nicht nur allegorische Personen, sondern die Allegorese durchformt die ganze Sprache. Hermione, die Königin der Dichter-Halbinsel Flora, die sich dem besten Dichter vermählen will, gibt die folgende Anweisung zum Dichten (*Gefesselte Phantasie* I,7): »Die Phantasie trag euch die Fahne vor, Vernunft steckt auf den Helm, der Witz sei euer Pfeil, die Verse stellt in dichte Reihen, statt der Trompete laßt den Reim erklingen«, und ihr geliebter Amphio, dem Apollo die Phantasie persönlich zu Hilfe schickt, versichert der Königin (I,9): »Verzeih, die Freude tanzt mit meinen Sinnen… mein wird der Sieg, ich kämpfe ja um dich, darum ist das Gefühl der Dichter deines Landes ein Tau gegen das Meer meiner Empfindungen.« *Dieser kunstvolle (»hohe«) Stil ist paradoxerweise so etwas wie die natürliche Sprache des Dichters.* Dagegen ist der einfach-rührende oder komische Stil, zu dem er in seinen volkstheaternahen Stücken findet, ein Kompromiß zwischen seiner persönlichen Sprache und dem »Geist der Masse«, d. h. des Volkstheaterpublikums. »So will ich mein Vertraun mit deinem Hoffen denn vermählen und einen Sohn erwarten, der Erfüllung heißt«, das sagt der hohe Dichter Amphio (*Gefesselte Phantasie* II,8). Das Publikum dagegen hielt sich und hält sich noch immer an den niederen Dichter, den Harfenisten Nachtigall aus Wien, der in einem ganz anderen Tone spricht (I, 15):

> Nichts Schöners auf der ganzen Welt
> Als wie ein Harfenist,
> Wenn er nur seinen Gästen gfällt
> Und allweil lustig ist.
> Trinkt er sich auch ein Räuschel an,
> Dann singt er erst recht frisch,
> Und wenn er nimmer singen kann,
> So fallt er untern Tisch.

Die Stilmischung gehört zu den Freiheiten des Volkstheaterdichters, »der sich alles erlauben darf« (Grillparzer). Die Tatsache, daß sie Raimund in manchen Stücken, und ganz neu und souverän, handhabe, brachte ihm den, freilich sogleich umstrittenen, Titel eines österreichischen Shakespeares ein. Aber in den verschiedenen Arten ihrer Handhabung liegt auch das stilgeschichtliche Hauptproblem der Raimundforschung und -wertung (s. u.).

Die Person und das persönliche Schicksal Raimunds

Ohne die strenge gesellschaftliche Bindung, die das Volkstheater dem Schauspieler-Dichter bis zuletzt gewährte und auferlegte, hätte Raimund ein zweiter, wahrscheinlich schlechterer Lenau werden können*. Beim Vergleich von Grillparzers *Traum, ein Leben* mit seinem eigenen *Bauer als Millionär,* zwei Stücken, die Raimund motivähnlich fand, erkennt der Volksdichter selbst resigniert seine literarische Schwäche: »Nur die vielen schönen Worte habe ich nicht… Es ist ewig schad um mi'!« [16]. Lenau dagegen stellt Raimund, auf Grund seiner größeren Natürlichkeit [17], sicher auch weil er sich ihm seelisch verwandter fühlt, über Grillparzer. Beide schützte der Ruhm, der überschwengliche Beifall ihrer Zeitgenossen nicht vor der Schwermut. Beiden war auf der Höhe ihres Erfolges ein verhältnismäßig früher Untergang beschieden. Raimund legte, äußerlich gesehen, infolge eines Mißverständnisses Hand an sich. Er glaubte sich nach dem Biß seines Hundes von der Tollwut befallen. Aber schon Heine erkannte, wie wir sahen, richtig, daß er sich »aus Melancholie« erschoß. Für dieses Schicksal ist nicht nur irgendeine krankhafte »Anlage«, sondern auch die seelengeschichtliche Situation der Biedermeierzeit verantwortlich zu machen (vgl. Bd. I, S. 5 f.). Die speziellen biographischen Umstände des Dichters sollte man, wie mir scheint, in diesem Zusammenhang nicht so stark betonen. Der bekannte Liebesroman Raimunds ist bezeichnend für sein »heftiges Temperament«, aber kaum die Ursache seines vorzeitigen Endes. Das Verhältnis zu Toni Wagner darf im Sinne einer Epoche, die von den Institutionen einen sehr verinnerlichten Begriff hatte, als vollgültige Ehe angesprochen werden, obwohl die offizielle Legitimierung wegen einer früheren Ehe (s. u.) nach dem katholischen Kirchengesetze nicht möglich war und obwohl die Lebensstellung beider Gatten – Toni war die Tochter eines erfolgreichen Kaffeehausbesitzers – auch die inneren Konflikte begünstigte. Entscheidend ist das oft erneuerte Treuegelöbnis vor einer Mariensäule und die schließlich erlangte Zustimmung von Tonis Familie. Mit der marianischen Gewissensehe** berühren wir Rai-

---

* Die *Lyrik* Raimunds ist erst neuerdings beachtet worden (Fred *Krügel,* Ferdinand Raimunds Gutenstein Poems, in: Essays on German Literature in Honour of G. Joyce Hallamore, ed. by Michael S. *Batts* and Marketa *Goetz Stankiewicz,* Toronto 1968, S. 128–151). Krügel sieht, sicher nicht ganz zu Unrecht, in den Gedichten einen Niederschlag von Raimunds tragischem Leben. Gewiß, sie bestätigen den melancholisch-empfindsamen Stil als seine *Grundhaltung.* Aber es gibt mindestens ein Gedicht, das als humoristisch anzusprechen ist *(Hüons Glückwunsch).* Da Hüon der Held in Wielands Oberon und zugleich der Hund Toni Wagners ist – der Dichter legt ihm seinen Geburtstagsglückwunsch in den Mund – hat das Gedicht sogar stilgeschichtliche Bedeutung. Offenbar ist Wieland, der als Klassiker des niederen Stils galt und an den Raimund zunächst anknüpfte, in den Augen des von Schiller begeisterten Dramatikers (vgl. Das Gedicht An Schillers Nachruhm 1835), kein ganz befriedigendes Vorbild. Empfindsame Gedichte Raimunds sind die Regel. Doch sind nicht alle Gutenstein-Gedichte so pathetisch und weltschmerzlich wie *An die Dunkelheit* oder *Das letzte Lied.* Sie haben zum Teil auch eine idyllische Funktion, wie der Landsitz Gutenstein selbst. Der Dichter sagt zu dieser Zuflucht sogar: »So hab ich dich zu meiner Braut erkoren« *(An Gutenstein* 1827). Die idyllische Heimat soll ihm das schenken, was ihm die geliebte, aber streitsüchtige Toni nicht schenken kann: Die gleiche Vorstellung von Gutenstein (»mein süßes Lieb«) findet man in dem Eintrag »In das Fremdenbuch des Thalhofes zu Reichenau«. Mit einem Wort: auch Raimunds Lyrik ist Dichtung, sogar eine verhältnismäßig originale. Und wie alle seine Dichtungen ist sie Kompensation, Trost in einem unglückseligen Leben, etwa im Sinne der folgenden Verse aus dem Gedicht *An Gutenstein* (1833):

> Mag man mich immer einen Träumer nennen,
> O! dürft ich nie von meinem Traum mich trennen!
> Wohl dem, der seine Träume lange liebt!
> Traum schenkt noch Glück, wenn Wirklichkeit zerstiebt!

Auch die große Bedeutung, die die Lieder und die Musik in Raimunds Dramen haben, lassen eine Einbeziehung der Lyrik in die Gesamtinterpretation von Raimunds Dichtung wünschenswert erscheinen, besonders als *Korrektiv gegen eine bloß mimische Deutung.* Von der Aktion aus gesehen erscheint z. B. Grabbes Drama fast mimischer.

** »Dein Ferdinand wird es sich gewiß zur süßen Pflicht machen, dir zu vergelten, was deine Tugend ihm zum Opfer bringt. Hat uns doch die heilige Mutter bis jezt schützend umschwebt, sie

munds innersten Kreis und seine metaphysische Existenz. An dieser Stelle wird die Wertewelt, die auch seine Dichtung prägte und sie über die Weltschmerzelegik erhob, biographisch greifbar. Es gab etwas, in dem er, wie alle Biedermeierdichter, nicht völlig verlassen und ungeborgen war. Die Sakramente entschieden nicht mehr über den Wert des menschlichen Lebens; aber eine josephinisch abgeklärte Katholizität prägte Leben und Werk des Dichters immer deutlicher. Sie tritt auch in der sicher bezeugten Reue über seinen Freitod klar vor unsere Augen[18]. Im äußeren Leben war er unglücklich; er konnte den Normen nicht genügen. Aber diese selbst, alle »höheren Bereiche« des »Ideals«, der Sittlichkeit, der »Kunst«, der »Phantasie« hatten noch einen verhältnismäßig gut gesicherten Grund. Diese *prinzipielle Festigkeit* wird auch durch Raimunds Schiller-Verehrung bezeugt. Günther Erken sagt sogar: »Raimund nimmt der Biedermeiermoral alles Kleinliche und verleiht ihren Tugendbegriffen etwas Lapidares.«[19]

Dagegen läßt sich die ausgesetzte Stellung, die er in der Gesellschaft einnahm, nicht so leicht überschätzen. Anläßlich des Versuchs, sich von einer Braut (Luise Gleich), die ihm mit den gröbsten Methoden aufgedrängt worden war, zu befreien, geriet er mit dem aufgehetzten, vermeintlich die Unschuld verteidigenden Theaterpublikum und sogar mit dem offiziellen Wien in Konflikt. Daß die Braut (»eine recht hübsche Person mit reizender Körperfülle«, »eben nicht als eine Priesterin der Vesta bekannt«[20]) eine Mätresse hoher Aristokraten war, durfte er öffentlich nicht sagen. Er benahm sich in diesem Handel nicht gerade als Held, was ihm die geliebte Toni nie verziehen hat[21]. Er beugte sich der Ordnung äußerlich und vorübergehend. Eben die so geschlossene Ehe war es, die ihm, obwohl die Trennung von Tisch und Bett offiziell bald anerkannt wurde, eine Legitimierung seiner Liebe zu Toni Wagner unmöglich machte. Der ganze Vorgang dürfte seinen, vielleicht zunächst naiven, Autoritätsglauben mehr erschüttert haben, als seine Dichtungen verraten. In seinen Briefen führt Raimund gelegentlich eine recht verächtliche Sprache gegenüber den Repräsentanten der Ordnung, den Kaiser nicht ausgenommen. Und dies Verhalten ist nur ein Symptom für *die ganz allgemeine Spannung zur Tradition, die ihn und seine Dichtung prägt**.

Auch innerhalb des Theaters gerät er in zahllose Konflikte, weil er sich der Konvention der Volksbühne und ihrem bescheidenen Ensemblegeist nicht fügen kann. An Raimunds Entwicklung ist die zeittypische Gefahr des Starwesens (vgl. Bd. I, S. 70), ähnlich wie bei der Lenaus, recht deutlich zu beobachten. Der Verzicht auf eine feste Stellung, die Gastspielreisen nach München, Berlin, Hamburg, Prag bedeuten, daß er auch auf dem Wiener Theater zum Gast wird. Er ist jetzt, wie etwa sein Vertrag mit Hamburg oder seine Verhandlungen mit Stuttgart beweisen, überaus schwierig und anspruchsvoll. Nicht nur die Ehre, auch das Geld spielt dabei eine auffallend große Rolle. Er will reich werden. Er kauft sich den Landsitz Gutenstein im Wiener Wald; denn nur noch in solcher Abgeschiedenheit, inmitten der Blumen und Berge, findet er seine Ruhe und Heiterkeit wieder, richtiger: er hofft, hier die so innig begehrte »Zufriedenheit« zu finden. Ein großes Vermögen soll einst die völlige Unabhängigkeit gewährleisten. Er denkt dabei auch an Tonis Zukunft. Eifersüchtig hütet er seinen Ruhm gegenüber älteren und jüngeren Rivalen. Der ausgeprägte Ehrbegriff der Wiener Künstler gehört gewiß auch zur »Barocktradition«; aber er erfährt bei Raimund eine alle befremdende Über-

---

wird es ja auch noch ferner thun, wenn wir uns ihre[s] Schutzes nicht unwürdig zeigen. Und das werden wir nicht, nicht wahr meine Toni?« (HKA, Bd. 4, S. 156, vgl. auch ebd., S. 159, an Toni Wagner 1824). Es gibt auch einen naiven Vorwurf gegenüber der Mutter Gottes (Gedicht *An die Ungetreue*, HKA, Bd. 3, S. 234).

* Nach einem Gastspiel in dem Kurort Baden berichtet er der Geliebten, daß »besonders der Kaiser und die Kaiserin außerordentlich vergnügt waren«. Das sei ihm nur wegen des Publikums wichtig: »Es hat viele Leute im Theater gegeben, die unaufhörlich nur auf die Miene des Kaisers, nicht auf die Komödie geschaut haben, ich darf also dem Glücke dankbare Blumen streuen, daß eine glückliche Verdauung vieleicht mir den Sieg über die ernste Miene Sr Majestät erleichtert hat. Von solchen Dingen hängt oft leider das Glück eines Künstlers ab« (1823, HKA, Bd. 4, S. 99). Es folgt eine heftige weltschmerzliche Klage, – Beleg für meine Hypothese, daß ein struktureller Zusammenhang zwischen Zerrissenheit und Gesellschaftskritik besteht (vgl. Bd. I, S. 235). Zum Verhältnis zwischen Franz I. und Raimund vgl. u. S. 54.

steigerung. In der handfesten Welt des Wiener Theaters und gar des Volkstheaters fühlt er sich als Ausnahme, und er ist es auch; denn auf diesen alten Bühnen gilt vor allem das Spiel, nicht der Ernst, die handwerkliche Leistung und die Einordnung ins Ensemble, der Dienst am Publikum, nicht das einsame Gefühl und die persönliche Verantwortung. »Überhaupt habe ich hier wieder Gelegenheit, die Gemeinheit des Theaterwesens mit Eckel zu betrachten, ich komme mir unter diesen egoistischen, nur ihre gemeinen Freuden liebenden Menschen vor, wie ein Wesen aus einer andern Welt, das nicht begreifen kann, wie Leuten zu Muthe ist, die auf dieser geboren sind« (an Toni Wagner 1828)[22]. Äußerungen solcher Art verraten immer wieder, daß die »wunderbare Einheit« des Volkstheaters, von der Hofmannsthal schwärmend erzählt, *gerade bei Raimund* in eine Krise geraten ist, daß sich das Tasso-Erlebnis des modernen Künstlers auch in Wien auszuwirken beginnt, nicht nur, wie Grillparzers Beispiel zeigt, im Burgtheater, sondern ganz ähnlich in der angeblich so naiven Sphäre des Volkstheaters. *Es gibt keine autonome Wiener Welt.* Auch hier ist die Barocktradition, so hartnäckig sie sein mag, der alles verwandelnden oder doch alles überformenden Zeit ausgesetzt. Raimund jammert über den Egoismus der andern. In Wirklichkeit handelt es sich um den Individualismus aller, der insgeheim die Tradition bedroht. Die Kollegen und sogar die Journalisten klagten darüber, daß Raimunds Name größer als die Namen der andern auf dem Theaterzettel gedruckt wurde[23]. Das mag eine Spekulation des Theaterdirektors auf den Star Raimund gewesen sein; aber er duldete es, er übertraf die andern nicht nur an Können, sondern auch an Ehrgeiz. Besonders interessant, wieder ein Beweis für die Grenzen seiner Naivität, ist die Tatsache, daß er sogar den Zusammenhang zwischen seiner Zerrissenheit und seiner Produktivität erkannte*.

Die restaurierte und moralisierte Barocktradition

Man hat in der Wiener Forschung, wie es bei Neuentdeckungen zu gehen pflegt, die Barocktradition zunächst überschätzt. Man glaubte, wie es schon das Wort Tradition andeutet, an eine ununterbrochene Überlieferung im »österreichischen Geiste«. Man wird kaum daran zweifeln dürfen, daß die Wiener in der Wiederbelebung der barocken Kunstmittel führend waren; aber es handelte sich genauer, wie überall auf dem deutschen Theater, um eine Barockrestauration, die im Zusammenhang der allgemeinen, politischen und gesellschaftlichen Restauration zu sehen ist (vgl. Bd. II, S. 335 ff.); auch auf diesem Gebiet war Österreich bekanntlich die führende Macht (vgl. Bd. I, S. 73). Verräterisch ist schon die enge Verquickung der Allegorien mit dem Geister- und Zauberspiel, das seit 1818, d. h. seit den ersten Jahren der Restauration, plötzlich eine neue Blüte auf dem Volkstheater erlebte[24]. Niemand bestreitet, daß die Geister durch Ironie und Parodie und durch die diesen Stilformen zuzuordnende Verwienerung ermöglicht werden. Auf diesem Gebiet behauptete sich der Josephinismus, genauer die Witzkultur der Aufklärung durchaus. Auch die antike Mythologie des Volkstheaters erinnert auf Schritt und Tritt an Wielands *Komische Erzählungen*, d. h. an eine höchst respektlose, »frivole« Behandlung der Götter. Dem entspricht, daß die christliche Mythologie – sehr im Gegensatz zum Jesuitentheater – von der Zensur verboten ist und daher ängstlich vermieden

---

* Costenoble sagt 1834 zu Raimund: »Könnt' ich Ihnen nur einmal so alle Gedärme umkehren und alles Krankhafte herausputzen, was Ihr Leben schwarz macht. Raimund erwiederte sehr bestimmt: ›Es kunt schon sein, daß Sie mi herstölleten von meiner Hypochondrie; aba vielleicht putzeten Sie mir auch alles mit heraus, wovon ich meine Komödien schreib.‹ Das war ein gewichtiges Wort! Alle sollen nicht alles haben vom Himmel« (HKA, Bd. 5/2, S. 672). Auch sein berüchtigtes »Temperament« verteidigt er unter Hinweis auf seine Kunst.

wird; sie könnte in den allgemeinen Sog der Lächerlichkeit, der auf dem Volkstheater herrscht, geraten. Wenn einmal eine Stimme von oben kommt und damit Gott gemeint ist, wie in Raimunds Dichtung *Moisasurs Zauberfluch,* so befinden wir uns bereits in einem ernsten Drama und damit in beträchtlicher Entfernung vom Volkstheater. Bemerkenswert ist, daß selbst in einem solchen, nur stellenweise zum Lachen reizenden Stück der Name Gottes, durchaus im Geiste der Aufklärung abstrakt umschrieben wird: »hoher Geist«, »unnennbarer Geist«, »Ewigkeit« usw. (II,4). Höher als der Zauber und die Zauberer selbst stehen oft die Feen. Sie bilden einen Übergang zu den Allegorien im Sinne von Begriffspersonifikationen; sie sind schon Embleme für die sittlichen Mächte. Die Begriffspersonifikationen selbst müssen nicht immer so ernst und pathetisch sein wie beispielsweise der mächtige Genius der Tugend in *Moisasurs Zauberfluch.* Auch sie können verwienert werden, wie z. B. das Alter im *Mädchen aus der Feenwelt.* Sie können selbst in komische Situationen geraten, wie die Phantasie in der *Gefesselten Phantasie.* Aber sie werden bei Raimund kaum der absoluten Ironisierung ausgesetzt. Wer das Alter im *Bauer als Millionär* nur komisch spielt, der verfehlt die Rolle; denn es soll und muß den mit der irdischen Vergänglichkeit gegebenen transzendenten und numinosen Charakter bewahren; die Szene ist auf einen Vanitas-Schauereffekt angelegt. Das läßt sich bei einiger Kenntnis des Biedermeierstils mit Sicherheit sagen. Ebenso liegt es einem Dichter wie Raimund völlig fern, die Phantasie zu erniedrigen. Sie ist die Dienerin Apollos und insofern nicht so hoch wie dieser Gott – er krönt die *Gefesselte Phantasie* als deus ex machina –; aber sie kann nicht in den Dienst Nachtigalls, d. h. des niederen Stils, des von Raimund so genannten »Jokus« gezwungen werden. Ja, man darf sogar behaupten: *der Phantasiebegriff ist so zentral für Raimund, daß in ihm die Grundlage der Allegorien zu sehen ist*.* Die Phantasie erlaubt jede Art von Idealität der Szenen- und Figurengestal-

---

* Es ist die Phantasie ein goldner Zauberbrunnen,
   Aus dem wir der Gedanken Nektar schöpfen.
   Er reichet vom Olymp bis in des Orkus tiefsten Schlund,
   Mit seinem Ring umschließet er die Welt,
   Und unausschöpfbar ist sein ewger Born.
   (Stammbuchblatt, München 5. 11. 1835, HKA, Bd. 3, S. 253 f.)
   Im Hinblick auf den Wiener Welttheater-Mythos (s. u.) ist vor allem die transzendentale Dimension von Raimunds Phantasiebegriff zu betonen. Romantik? Gewiß auch das. Man kann das Biedermeier als Teil der europäischen Romantik sehen (vgl. Bd. I, S. 222 und den Schluß dieses Bandes (S. 1026–1036). Es genügt aber auch die Erinnerung an die Schweizer Poetik, die die Allegorie, Mythologie, »Fabel« unter dem Begriff des Wunderbaren zusammensah und damit dem wunderfeindlichen, klassizistischen Vorstoß der sächsischen Literarästhetik begegnete. Man muß sich darüber klar sein, daß dieser klassizistische Rationalismus auch in Wien ungebrochen weiterlebte. Durch das Tagebuch von Costenoble geistert Ignaz *Jeitteles* als Raimund-Kritiker (Ich erwähne seine Autorität in Bd. I und II neunzehnmal). Auch *Costenoble* selbst hält, bei aller Freundschaft für Raimund, 1835 die Allegorie für veraltet: »Es ist wahr – Raimund bedient sich immer noch der Feenkräfte und kränkelt an poetischen Allegorien – Erzeugnisse jener Zeit, als die dramatische Dichtkunst noch in der Wiege lag« (HKA, Bd. 5/2, S. 686). Er macht an dieser Stelle nur den *Alpenkönig* und den *Verschwender* geltend, in denen es nichtallegorische Hauptbelden gibt, um Raimund gegen den aufsteigenden Nestroy *(Zu ebener Erde und erster Stock)* zu verteidigen. Im gleichen Jahr schrieb der Publizist *Saphir* (vgl. Bd. II, S. 75 f.), obwohl selbst ein Freund der (humoristischen) Allegorese, über die anspruchsvollen Dramen des Dichters in der Theaterzeitung: »Den Weg der Volkspoesie hat er

tung. Das widerspricht nicht der Barock*tradition* – schon im Rokoko gibt es diesen Phantasiekult –; ob aber nicht doch dem eigentlichen Barock, in dem der mittelalterliche Begriffsrealismus nachwirkt? Im *Cenodoxus* stehen die Personifikationen menschlicher Eigenschaften auf *einer* Ebene mit der christlichen Mythologie, während sie im Volkstheater mit der *nicht* geglaubten niederen Mythologie zusammenspielen. Die Vermittlung zwischen den beiden Bereichen haben die Feen, wahrscheinlich im Anschluß an Wielands Feenkönig Oberon, der, im Unterschied zu den Göttern und Göttinnen der *Komischen Erzählungen,* ein ernsthaftes sittliches Wesen ist. Vielleicht wäre es also historisch richtiger, von Rokokotradition statt von Barocktradition zu sprechen. Winckelmann hat die Allegorie ausdrücklich anerkannt, weshalb auch in der bildenden Kunst diese Art von Barocktradition in ästhetischer Form weiterlebt. Rokokotradition ist das Volkstheater schon als *Spaßkultur;* denn diese ist die verbiedermeierte oder verbürgerte Form der »Witzkultur« (Böckmann) des 18. Jahrhunderts (vgl. Bd. I, S. 633). Raimunds Versuche in einem ernsten oder doch überwiegend ernsten allegorischen Volksdrama wären so gesehen der anachronistische Versuch, die schon durch das Rokoko unterbrochene *ernste* Barocktradition zu restaurieren. Man könnte, wenn die komischen Zwischenszenen nicht wären, fast von einer Parallele zu Klopstock sprechen, an den schon die empfindsame, oft die Metrik sprengende Diktion erinnert. Auch Raimunds Schillerverehrung gewinnt, so gesehen, einen geschichtlichen Sinn – wenigstens als Teil seiner konservativen Donquichotterie. Ist es nicht doch zuviel verlangt, wenn wir in Raimunds Biedermeier mehr als einen teils moralischen, teils spaßhaften Nachklang des barocken Welttheaters erblicken sollen? Sogar Cysarz, der als Autor selbst gerne barockisiert, und sonst zu viel Pedal gibt, unterscheidet Raimunds *kleines* Welttheater vom großen Shakespeares. Ist ein kleines Welttheater nicht ein Widerspruch in sich selbst*?

---

verlassen, und hat ein neues Genre erschaffen: die *Allegorienspiele* ... Alle [!] Allegorien lassen kalt, die Ansichten des Lebens, seine Zwischen- und Wechselfälle von Licht und Schatten sind nur gewaltsam gepfropfte Früchte auf dem Allegorienbaum«. Besonders beklagt er das »Heer von Nachahmern« Raimunds, »die den Allegorienbaum abraupen« (HKA, Bd. 5, S. 685). Man wird fragen: Wieso »ein neues Genre« (*Saphir* s. o.)? Es gibt doch so viel Allegorie im Volkstheater! Saphir hat recht: Es ist ein wesentlicher Unterschied, ob man die Allegorie und alles Wunderbare *als ein meistens komisches Nebenelement mitführt* (vgl. Bd. I, S. 334–337) *oder ob man daraus wieder der Hauptsache macht* (Saphir nennt *Die gefesselte Phantasie*). Im Grunde besagt die traditionelle Ablehnung der Allegorie damals wenig über die *Qualität* von Biedermeierspielen. Gemeint ist wohl die dem *Ernst* der »Allegorienspiele« nicht gewachsene *Sprache* Raimunds (s. u.).

* »Das Welt-Theater, das große Shakespeares und das kleine Raimunds, stellt die Welt zur Schau, nicht zur Frage; ein Ganzes, dessen der Mensch zwar nie habhaft, stets aber inne werden kann: eine materiale Seinsordnung, nicht formale Betriebsvorschrift... In den menschlichen Bildwerdungen verflechten sich alle Sphären der Sachen- und Geisteswelt. Auch in den Verstrickungen der Komödie wird die Welt-Gelenktheit der Menschendinge einleuchtend: Eben der sinnlichsten Vergegenwärtigung wohnt die ausgreifendste Bedeutung bei – anders als in der rational-formalen Logik, wo je weiterer Umfang desto ärmeren Inhalt bedingt... So verleiht Raimunds Kunst den leibhaftesten Szenen die beredteste Transparenz und die fernstgerichtete Konvergenz. Hier ist nicht nur Metaphysik des Theaters, sondern auch Beisteuer des Theaters zu jeglicher Metaphysik und Ontologie« (Herbert *Cysarz,* Welträtsel im Wort, Studien zur europäischen Dichtung und Philosophie, Wien 1948, S. 240).

Ich habe nichts gegen die, von jüngeren Raimundforschern, unter dem Einfluß des Auslandes, verabscheute »Metaphysik«. *Sie gehört zum Biedermeier;* ich gebrauchte bei meiner Beschreibung dieser Richtung sogar selbst das in dem Cysarz-Zitat vorkommende Wort (religiöse) »Transparenz« (vgl. Bd. I, S. 125). Aber worin besteht die Transzendenz oder Metaphysik in Raimunds Dramen? Ist es wirklich eine »materiale Seinsordnung« (Cysarz), wie (vielleicht noch) im Barock? Von der gesamten überlieferten transzendenten Welt ist doch eigentlich nur die vanitas geblieben, die als launische fortuna, Alter, Tod, Verarmung usw., auch als »Genius der Vergänglichkeit« erscheint. Die Transzendenz ist hier, um mich raimundisch auszudrücken, eine Schwester des Weltschmerzes, weil sie kaum mehr einen konkreten christlichen Inhalt besitzt. Raimunds Dramen bleiben, wenn man von den im Volkstheater obligaten märchenhaften Schlüssen absieht, im Weltschmerz stecken; und das gilt vor allem für seine besten Stücke. Natürlich nehmen es eifernde Gesellschaftskritiker[25] dem Dichter schon übel, wenn er singt (27. 1. 1833 im Theater in der Josephstadt)[26]:

> Die Erde lebt im Streit
> *Dort* ist Zufriedenheit
> Kein Aschen mehr!

Aber ein derartiger Hinweis auf den Himmel bedeutet seit der symbolisch das Christentum verinnerlichenden Empfindsamkeit nicht mehr viel. Unter »dort« kann sich jeder vorstellen, was er will. *Raimunds Religion bleibt ziemlich unbestimmt.* Dagegen erscheint mir der weitverbreitete Zweifel an Raimunds Moral unbegründet zu sein. Wenn man behauptet, ein so unzufriedener Mensch könne unmöglich die Zufriedenheit verehren, so steht dahinter eine völlig falsche Vorstellung von der Biedermeierdichtung, von der Dichtung überhaupt. Er lehrt die Zufriedenheit, er stellt sie im *Mädchen aus der Feenwelt* allegorisch, im Diener Valentin emblematisch dar, *weil* er unzufrieden ist und diese Stimmung überwinden will. Sein Ende belegt, daß er allen Grund hatte, die Unzufriedenheit wie die Pest zu fürchten, nicht etwa nur als Untertan, sondern als Mensch. Auch die im *Alpenkönig* vorgeführte Abwendung von der Misanthropie war eine Schicksalsfrage für ihn. Vielleicht erhebt dieser Erlebnishintergrund Raimunds Stücke über andere biedermeierliche Lehrdichtungen, z.B. über die gelegentlich pfarrherrlichen eines Gotthelf; aber Besserungsstücke bleiben deshalb doch Besserungsstücke, und wer das nicht zugibt, sollte lieber die Hand von solchen Dichtungen lassen*. Alle Erzählungen der Zeitgenossen bezeugen uns Raimunds sittlichen Ernst. Er war ein unerhört fleißiger Schauspieler. Als Regisseur seiner Stücke konnte er alle Rollen auswendig. Das Vermögen, das er erwarb, belegt eindeutig die bekannte »bürgerliche« Sparsamkeit. Sein Ver-

---

* Günther Erken hat völlig recht, wenn er die traditionelle erlebnispoetische Interpretation Raimunds, z.B. bei Rommel, kritisiert (Ferdinand Raimund, in: Deutsche Dichter des 19. Jahrhunderts, Ihr Leben und Werk, hg. v. Benno von *Wiese,* Berlin 1969, S. 308 f.). Sie ist im Bereich der Rokokotradition und des Volkstheaters schon aus strukturellen Gründen ein Irrweg. Gemeint ist hier nur, daß objektive (vom Dichter unabhängige) Gestalten eines Dramas, z.B. die Zufriedenheit oder der Menschenfeind, mehr oder weniger »erfüllt« und damit überzeugend sein können. Das gilt auch für die vorindividualistische Dichtung, z.B. wenn ein Jurist einen *Papinianus* schreibt oder ein derber Erotiker eine *Geharnschte Venus* oder ein Fürst einen heroisch-galanten Roman.

hältnis zu den Frauen wurde im Laufe der Zeit immer strenger, nach Rommel sogar spartanisch. Auch sein Verzicht auf billige Triumphe, sein Streben nach der hohen Kunst läßt sich nicht leugnen, ob man nun seine Entfernung vom Volkstheater begrüßt oder bedauert. Die Belege für sein künstlerisches Ethos sind so eindeutig[27], daß man sich an die Artisten der Epoche, an Lenau, ja an Platen erinnert fühlt. So zweifelhaft also Raimunds positives Christentum, über die von mir anerkannte allgemeine Katholizität hinaus, erscheint, so offenkundig ist sein entschiedenes sittliches Bewußtsein. Es erscheint sogar an Stellen, wo es eher störend wirkt, so in dem Gedicht *An die Dunkelheit,* in dem wir uns eine rein erlebnispoetische Aussage erhoffen; auch hier findet man moralische Allegorien (»Reinheit«, »verkannter Tugend Ruhm«, »des Undanks übermütiger Sohn«). Daß dieser Moralismus sich in der Volkskomödie, vor allem in einer *Wiener* Volkskomödie, nicht rigoros äußern darf, ist ganz selbstverständlich. Der Unterschied zwischen Gotthelf und Raimund ergibt sich, was die Moral betrifft, schon aus der Konfession, dem Land und dem Beruf der beiden Dichter; aber der gemeinsame biedermeierlich-didaktische Hintergrund der beiden Volksdichter kann nur von bewußt modernisierenden und damit unhistorischen Interpreten geleugnet werden.

Die Funktion des Lokalen

Wenn in dieser Weise Raimunds *universaler* Ansatz unzweideutig festgelegt ist, kann auch das außerordentlich wichtige *lokale* Element seiner Dichtung in seiner Funktion richtig erkannt werden. Der bei manchen Autoren gleichzeitige Mythos vom Welttheater oder von der Barocktradition und vom österreichischen oder Wiener Geist war, genau besehen, ein Widerspruch; denn die Forschung, besonders die kunstgeschichtliche, betont, daß Österreich sich unmöglich als hauptsächlicher oder gar einziger Sitz der deutschen Barock-Kultur betrachten kann (vgl. Bd. I, S. 114 f.). Die gegenseitige, mehr oder weniger spannungsreiche *Durchdringung des Universalen und Lokalen* ist ein allgemeines Kennzeichen des Biedermeiers (vgl. Bd. I, S. 124 f.). Wenn Gotthelf die Sage von der schwarzen Spinne in der Schweiz lokalisiert und ihr sogar einen behäbigen Rahmen mit Bauern des Kantons Bern gibt, so will er damit nicht sagen, daß die schwarze Spinne eine Schweizer Spezialität ist, sondern er will die allgemeinmenschliche Gefahr des Bösen und die strenge Notwendigkeit, dem Bösen zu widerstehen, wirksam nahebringen, vergegenwärtigen. Nicht anders verfährt Raimund mit seinen Universalia. Gluthahn, dessen »hohes[!] Bauernhaus« wenig realistisch »auf dem Rücken einer Alpe« liegt, hat die Interpreten immer wieder an die Bauern Anzengrubers erinnert. Aber das ist ein Kurzschluß nach dem gedankenlosen realistischen Schema. Die Alpe, das »hohe Bauernhaus« sind zunächst Embleme für Gluthahns superbia und Bosheit. Er ist ein geistiger Bruder der Titelfigur in *Moisasurs Zauberfluch,* auch ein »Dämon des Übels« (Personenverzeichnis). Nach dem Verschwinden Moisasurs ist er sozusagen sein Stellvertreter im österreichischen Alpenland; er will die perlenweinende indische Fürstin Alcinde teuer verkaufen. Dem reichen bösen Bauern steht, wie es sich gehört, das arme gute Paar, der Steinbrucharbeiter Hans und sein Weib Mirzel, gegenüber. Zuerst kommt das Gut- und das Bösesein, und dann kommt ein bißchen Folkloristik, die gut biedermeierlich, aber deshalb noch lange nicht realistisch ist:

Duett (*Moisasurs Zauberfluch* I,7)

Mirzel: Heißa juhe! Heißa juhe!
Jetzt ziehn wir in Steinbruch hinaus.
Hans: Vivat juhe! Vivat juhe!
Ich kenn mich vor Freuden nicht aus.
Beide: Fröhliches Herz kennt keinen Schmerz,
Tauschet mit Königen nicht.
Hans: Hätt ich auch tausendfünfhundert Millionen,
Möcht ich doch außer den Bergen nicht wohnen.
Mirzel: Ich baute von Marmor ein herrliches Haus.
Hans: Und ich putz die Wirtschaft aufs nobelste 'raus.

Der Mann macht zufällig den Haushalt und die Frau baut zufällig das Haus. Das ist im Volkstheater halt so. Und das Klassenbewußtsein beider ist so unterentwickelt, daß die Marxisten nur auf einem großen Umweg ihr fixes Ziel erreichen können: Raimunds »gleichnishafte Handlungen spielen in einem eigengesetzlichen, nur in sich deutbaren Raum, der kaum direkte und konkret formulierbare Rückschlüsse auf die gesellschafts-politische oder aktuelle Wirklichkeit zuläßt. Die Frage nach der gesellschaftspolitischen Bedeutung muß schon vorher ansetzen: bei der Tatsache des Zaubertheaters. Es bezeich-net bei aller Komik und Poesie, die es entwickelt hat, einen Zustand der Zensur und gei-stigen Unterdrückung[!]. Der Siebenmeilenschritt ins Zaubermärchen ist auch ein Rück-zug aus der politischen Wirklichkeit ins Phantastische, Allgemein-Ethische und Private. … Die Zufriedenheit, Raimunds personifiziertes Lebensideal, sucht sich in dem vom Staat zugewiesenen unpolitischen Raum einzurichten und erfüllt damit eine eminent po-litische Funktion. Die Zufriedenheit zeigt dem Volk: Denen da droben geht's auch nicht besser. Auf der ›Alpe des Reichtums‹ und dem ›Großglockner des Ruhmes‹ herrscht der ›Sturmwind des Neides‹ (»Bauer« II,3)« [28]. Vorläufig nur die Frage: Warum erscheint Raimund den Zeitgenossen als »Poet der Armen« (Dingelstedt s. o.)? Das sozialge-schichtliche Problem soll uns zum Schluß beschäftigen. In unserm Zusammenhang überwiegt die Genugtuung darüber, daß hier aus Raimund kein sozialer Realist gemacht wird. Das zitierte Duett soll zeigen, daß es in Österreich das *Wunder* zufriedener Schwer-arbeiter gibt, daß die heimatlichen Alpen diese wunderbare Hüttenidyllik begünstigen, daß man im übrigen ja vom Reichtum träumen darf und – wenn man gut ist – durch ihn beglückt werden kann, während der schlimme Gluthahn dem zuständigen Amtmann in »Alpenmarkt« längst aufgefallen ist und jetzt endlich verhaftet werden kann. Der »Ge-nius der Tugend« – er steht an erster Stelle des Personenverzeichnisses – ist allgegenwär-tig und siegt in Österreich genauso wie in Indien. Die fröhliche Armut wäre freilich nur halb so schön, wenn sie nicht gesungen würde, und die Tugendgeister erschienen lange nicht so imposant, wenn es nicht die Theaterbeleuchtung gäbe. »Alzinde und Hoanghu knien nieder, der Genius der Tugend steht in ihrer Mitte und blickt gegen Himmel, von oben schweben Genien herab mit einer Lilienkrone und bleiben in der Mitte der Bühne hängen. Das Opferfeuer im Tugendtempel flammt hoch auf. Priester, Volk und Tugend-geister bilden eine Gruppe, die von griechischem Feuer beleuchtet wird. Der Vorhang

15

fällt.« Der Regisseur, der Theatertechniker erfahren genau, was sie zu tun haben: Ein Dichter vom Bau, präzisestes Handwerk. Hofmannsthal sieht den Dichter, der zugleich Schauspieler war, nicht so nüchtern: »Es liegt auf allen diesen Szenen ein zartes, nicht unwirkliches, aber überwirkliches, fast heiliges Licht wie vom Sonnenaufgang.« Es folgt die bekannte Geschichte von dem auf Bäumen dichtenden Raimund, »ein großes Tintenfaß an einer Schnur um den Hals gebunden... So entsteht eine Phantasmagorie, mit der verglichen die reizenden Märchen von Gozzi nur von Theaterlampen erleuchtet scheinen« [29]. Mir scheint: die Theaterbeleuchtung ist auch in Wien unentbehrlich.

Der vergleichende Literarhistoriker Roger Bauer glaubt, ähnlich wie Kurt Wais, ebenfalls Komparatist (vgl. Bd. II, S. 450), nicht an die patriotische Legende, »der Einfluß Gozzis auf das Wiener Volkstheater sei nur äußerlich gewesen«: »Selbst wenn sich diese Kontinuitäten vornehmlich als ›theatralische‹, d.h. von der Spieltradition her erklären ließen, behielten darauf gerichtete Untersuchungen ihren Sinn« [30]. Roger Bauer betont nicht nur das Universale des Volkstheaters, er gibt auch dem Lokalen eine universale Bedeutung mit Hilfe einer sozialen Interpretation: »Durch welche Aspekte des Textes oder des Spiels wurde eine gewisse ›Volkstümlichkeit‹ oder – wenn man will – ›Trivialität‹ erreicht? Ohne Zweifel auch und vielleicht dadurch, daß dort wienerisch gesprochen wurde, Figuren auftraten, die sich in einem Milieu bewegten, das auch dem breiteren ›niederen‹ Teil des Publikums vertraut war. ... Im Grunde wird hier eine Praxis weitergeführt, die zum eisernen Bestand des komischen Theaters gehört. Auch für den späten Goldoni... ist die Lokalisierung der Handlung, der Sprache, der Personen, ein bewährter, erlaubter literarischer Kunstgriff« [31]. Goldoni trug diese halbliterarische, »romantische« Komödie später nach Paris, und schon lange vorher (z.B. bei Gryphius) war der Dialekt ein Mittel »naiver«, d.h. volkstümlicher oder wenigstens volkstümlich stilisierter Komik. Wien und den Wiener Dialekt gibt es nur einmal, aber das Lokale und den Dialekt gibt es überall, und dieser Provinzialismus – ich gebrauche das Wort nicht pejorativ – war in der deutschen Literatur niemals so beliebt wie im partikularistischen Biedermeier. Auch die Hebung des Dialekts, die eine gewichtige Wiener Leistung Raimunds darstellt, gab es seit Hebel (vgl. Bd. I, S. 391 ff.) in vielen Landschaften des deutschen Sprachgebiets. Aus dem komischen Bauern der Tradition wird ein respektabler Bauer oder ein Bauer mit viel Freud und Leid wie Wurzel im *Mädchen aus der Feenwelt,* vielleicht auch ein schlimmer Dorftyrann, wie Gluthahn, jedenfalls ein *ernst zu nehmender* Standesvertreter, und das gleiche gilt für den Handwerker. Für den kleinbürgerlichen Teil des Volkstheaterpublikums wird der Handwerker zur Identifikationsfigur, für die höheren Stände teils zum Spaß, teils – wie das Steinbrechereheepaar – zum idyllischen Vorbild: Wenn die Vornehmen alle so gut wären wie das einfache Volk, hätte man nicht zu klagen. Die Tugenden und Laster werden durch die exemplarischen Dialekt sprechenden Personen realer als durch die Allegorien. Auch auf die »psychologische Vertiefung« kann bei Typen, die jeder kennt, nicht verzichtet werden; denn wenn einer auch ein harter Neureicher ist oder ein extremer Verschwender oder ein hypochondrischer Menschenfeind, auch wenn er in *erster Linie* einen abschreckenden Typus darstellt, so muß er doch so glaubhaft charakterisiert werden, daß der Zuschauer Anteil nehmen und ein eigenes mögliches Schicksal in dieser Figur erleben kann. *Raimund ist in dieser Beziehung wei-*

tergekommen als Nestroy, weil er weniger satirisch war; das ist mit dem bekannten Wort vom Humoristen Raimund mitgemeint. Seine Normen zerstören, ähnlich wie bei Gotthelf, den psychologischen Blick für bestimmte Personen keineswegs. Der im katholischen Wien ausgeprägte christliche Naturalismus (vgl. Bd. I, S. 35) und das moralisch überaus gemischte Volkstheaterpublikum (s. u.) erfordern sogar eine gewisse humoristische Toleranz für die menschlichen Unzulänglichkeiten. Aber dieser Realismus betrifft immer nur Einzelheiten, er ist auch da, wo er in Charakteren erscheint, Detailrealismus (vgl. Bd. I, S. 287 ff.); *die ganze Wirklichkeit,* die der Realismus zu einer autonomen Größe verklärt und die der Naturalismus möglichst uninterpretiert beschreiben will, *erscheint im Volkstheater nirgends;* ja, man verkennt seine geschichtliche Struktur, wenn man nicht von seinem phantastischen und ideologischen »Überbau« *ausgeht.* Es ist schon ein beträchtlicher Forschungsfortschritt, wenn man, wie der oben zitierte, politische Kritiker Raimunds, erkennt, daß man erst vom *Gesamtphänomen* des Zauberstücks aus auf die reale Funktion des Volkspoeten zurückschließen kann*.

Die durch den angelsächsischen Empirismus geprägte Raimundforscherin Dorothy Prohaska gelangt zu einer fast noch skeptischeren Auffassung des lokalen Realismus bei Raimund als ich selbst: »It is not enough to say then that the local parodist himself viewed the Viennese scene from the standpoint of the common man; it must be understood that all his characters did so too, whether they were ... real or supernatural, noble or bourgeois. Furthermore none of them looked beneath the surface. No more than superficial details[!] were derived by the local parodist even from the life of the city's common men themselves, so that the characters who appeared in their guise were neither more nor less ›real‹ than the rest. The characters of local burlesque were in effect all of a kind, dramatically, linguistically and socially: they were figures of fun« [32]. Lapidarer sagt es Raimund: »Ich will gar keine *Lokal*stücke schreiben« [33]. Rommel: »Ihm ging es nicht nur um das Wienerische, sondern um das Menschliche« [34]. Raimunds Spiele waren kein barockes Welttheater, aber großes Theater aus der Kaiserstadt. Deshalb waren sie, nach Grillparzers Tragödien, die ersten österreichischen Dramen, die die deutschen Bühnen im Sturm eroberten, den höchsten Beifall erhielten und zwar keineswegs nur anläßlich von Raimunds Gastspielen. Lachend und weinend liebten die Deutschen diesen tiefsinnigen Possendichter; er beglückte sie ähnlich wie Jean Paul. Jetzt begannen die deutschen Komiker, den Wiener Dialekt zu studieren**.

---

* Ähnlich der ebenso repräsentative Raimund-Forscher Jürgen *Hein:* »Die Rücksicht auf ein breites Publikum und die jeweiligen Aufführungsbedingungen (z.B. Zensur) erforderten eine bestimmte Dramaturgie der in der Unterhaltung integrierten Kritik und Aufklärung, ein Zusammenspiel von Tarnung, Illusion und Enthüllung, Desillusion. Dies macht es auch für uns heute so schwer, die Stücke des Wiener Volkstheaters, aus dem das deutschsprachige Volksstück hervorgegangen ist, in ihrer Wirklichkeitsbeziehung zu erkennen« (Das Volksstück, in: Theater und Gesellschaft, hg. v. Jürgen *Hein,* Düsseldorf 1973, S. 12).
** Die Auflösung des Widerspruchs zwischen dem Lokalen und Universalen erfordert prinzipielle Erwägungen, für die hier kein Raum ist. Als Anregung zum Weiterdenken zitiere ich den letzten Absatz von Dorothy *Prohaskas* Buch (Raimund and Vienna, Cambridge 1970, S. 195): »There is then no paradox in Raimund's being at once the most ›local‹ and the most ›universal‹ of his contemporaries in the Viennese Popular Theatre of the eighteen twenties. His comedy did not achieve its

Aufbau und Sprache. Stilmischung als geschichtliche Leistung

Wir erinnerten nicht umsonst an bestimmte Szenen Raimunds. Sein Fleiß und seine Sorgfalt scheinen vor allem darauf gerichtet gewesen zu sein, die einzelnen, durch die verschiedenen Gesangseinlagen sehr mannigfaltigen Partien der Possen eindrucksstark zu gestalten. »Nicht wahrscheinlich ist, daß er zu seinen Stücken Pläne oder Szenarien entworfen habe«[35]. Er hat im einzelnen wohl fleißiger gefeilt als Gotthelf. Aber die Sorglosigkeit in der Behandlung des *Gesamtaufbaus* scheinen die beiden Volksdichter gemeinsam gehabt zu haben. Wenn zu Beginn der meisten Stücke ein Ziel genannt oder Erlösungsbedingungen von einem Fluch u. dgl. angegeben werden, so hat dies den dramaturgischen Sinn, wenigstens einen schlichten, äußeren Abschluß sicherzustellen[36]. Wer sagt, Raimund sei unfähig gewesen, wirkungsvolle Intriguen zu erfinden[37], geht im Grunde von einer Form des Dramas aus, die vom Possendichter des Volkstheaters nicht zu erwarten ist. Möglich erscheint, daß Nestroy ein Meister der Intrigue war[38]; aber damit verwischt er auch den Unterschied zwischen Posse und Lustspiel. Andererseits arbeitete Nestroy ganz im Geiste des Volkstheaters, wenn er sich den Aufbau ganzer Lustspiele aus mittelmäßigen Pariser Theaterstücken holte und nur darauf bedacht war, die einzelnen Teile szenisch und sprachlich bedeutender zu machen (vgl. u. S. 212 f.). Raimund hat diese bequeme Art des Arbeitens verabscheut, auch da wo er die Gattungsbezeichnung »Original-Zauberspiel« nicht verwendete. Er dramatisierte im Anfang Märchen; aber dramatische Vorlagen verschmähte er. Das bedeutete einmal, daß er nicht so rasch arbeiten konnte wie Nestroy. Zum andern sind so alle seine Stücke ein Ausdruck der irrationalen Art seines Geistes und damit dem offenen Drama zuneigend. Hier besteht eine gewisse Ähnlichkeit mit Grabbe, der auf Grund der gleichen mimischen Leidenschaft nur dem offenen Drama gewachsen und auf diesem Gebiet ein gewaltiger Experimentator war (vgl. u. S. 180 ff.). Allerdings darf man diese Verwandtschaft nicht überbetonen, da der norddeutsche Dichter, getrieben von seinem revolutionär-dramaturgischen Instinkte, mindestens zeitenweise nur mit schlechtem Gewissen von der geschlossenen dramatischen Form Schillers abwich (vgl. u. S. 159 f.), während dem österreichischen Possendichter im Volkstheater überwiegend Stücke mit offener Form vor Augen standen. Der lockere Aufbau ergab sich ja schon aus der Kombination von Arien, Duetten, Chören, gesprochenen Partien und gewaltigen pantomimischen, mit Hilfe der Theatermaschinen aufgebauten Szenenbildern (vgl. o. S. 15 f. das Schlußbild von *Moisasurs Zauberfluch*). Im Volkstheater herrscht ursprünglich das *Gesetz des Punktuellen* (vgl. Bd. II, S. 440). Nestroys Weg zum eigentlichen Lustspiel bedeutete zugleich eine Einschränkung der musikalischen Partien und der pantomimischen Effektszenen.

Die »Komposition« ist im Grund ein Problem des klassizistischen Theaters; im Volkstheater darf man sie nicht so ernst nehmen, wie dies in der Raimund-Philologie hie und da geschieht. Das gleiche gilt traditionellerweise für die *Sprache* im Bereich des österreichischen Mimus. Für Raimund jedoch gilt dies nicht. Bei diesem Dichter sind die *Stil-*

---

degree of universal effectiveness by ceasing to be local, but rather by becoming more fundamentally effective as local drama. Raimund went beneath the surface of the man of his age and of his city, and in so doing he touched in comic-sad moments the heart of man«.

probleme von erstrangiger Bedeutung. Das Volkstheater ist normalerweise das Theater niederen Stils (vgl. Bd. II, S. 342), wie umgekehrt im Burgtheater der höhere und (im Lustspiel) der mittlere Stil verbindlich ist*. Grillparzer rät Raimund bekanntlich: »Das Ernste ist Ihnen blos bildlose Melancholie… Im Komischen haben Sie mehr Freiheit und gewinnen Gestalten. Dahin sollte Ihre Tätigkeit gehen« [39]. Soweit hier die Warnung vor dem ernsten oder fast ganz ernsten Drama höheren Stils gemeint ist, hat Grillparzer nach der Meinung der meisten Raimundforscher recht. Es ist aber zu bedenken, daß Grillparzer, klassizistisch orientiert, den Dichter wahrscheinlich auf den rein komischen Stil des Volkstheaters zurückwerfen wollte; sonst hätte er (s. o.) drei gelungene Dramen Raimunds gefunden. Wenn der Volksdichter diesen Rat befolgt hätte, wäre er seiner geschichtlichen Aufgabe, nämlich der *Überwindung der Stiltrennung* untreu geworden. Daß sie auch in Wien – trotz Nestroys Rückfall in den niederen Stil – an der Zeit war, läßt die einfache Erinnerung an Wieland, Raimunds frühes Vorbild, erkennen. Schon um 1812 fällt der Name in einer Theatervorrede [40]. Die ersten Volkskomödien Raimunds 1823/24 stehen in seinem Bann. Auch in der folgenden Zeit konnte er mit Wieland sympathisieren [41]; denn *Oberon*, auf dem der Ruhm des Frühklassikers im Biedermeier zuerst beruhte, galt als Vorbild für eine *würdige Mischung des Ernstes und des Komischen,* weshalb er in den Poetiken stets, nach Nibelungenlied und Ariost, als letztes (alt-)»romantisches Epos« aufgeführt wird. Es erscheint mir wahrscheinlich, daß Raimund in der Rokokotradition des Wiener Volkstheaters das sein wollte, was Wieland im deutschen Rokoko war: eine Aufgipfelung zu einer Art humoristischer Klassik. Jedenfalls darf man

---

* Roger *Bauer,* immer bemüht, eine Besonderheit für Wien herauszufinden, entwickelt die interessante Hypothese, die stilistische »Barriere« des Burgtheaters gegenüber dem Volkstheater sei »von außen her – von Leipzig und Weimar aus, bei vermittelnder Tätigkeit gewisser aufgeklärter ›Theoretiker‹ wie Sonnenfels… errichtet« worden (Das Wiener Volkstheater, in: Theater und Gesellschaft, hg. v. Jürgen *Hein,* Düsseldorf 1973, S. 40). Das mag richtig sein. Aber woher kommt das sächsisch-thüringische Theater? Die Abstammung vom französischen Hoftheater ist eindeutig zu belegen. Roger Bauer erwähnt kurz vorher selbst, daß sich Gozzi gegen das *französische* Theater richtet. Das Théâtre italien in Paris hätte wenig Sinn, wenn es die im Théâtre français herrschende *klassizistische Stiltrennung* nicht korrigieren wollte. Noch Victor *Hugo* versteht in seiner berühmten Vorrede zum Cromwell (1827) die Romantik vor allem als Überwindung dieser Stiltrennung (vgl. Bd. II, S. 392). Johann *Hüttner* (Literarische Parodie und Wiener Vorstadtpublikum vor Nestroy, in: Maske und Kothurn, Bd. 18, 1972, S. 99–139) weist mit guten Belegen nach, daß die Wiener um 1800 ihr vielfältig abgestuftes Theaterleben als eine Parallele der Pariser Theaterverhältnisse sahen, während die Theatergeschichte bisher eher zu einer Isolierung Wiens neigte. Diese berechtigte Mahnung ist durch den Hinweis auf die generell noch bestehende europäische Kultureinheit zu ergänzen. Der eigentliche Grund der Stiltrennung liegt bekanntlich weder in Leipzig noch in Paris, sondern in der *Rhetorik,* die von den Professoren der Beredsamkeit in Schule und Universität (auch von den Mitgliedern der Französischen Akademie?) bis etwa 1848 mit Erfolg gepredigt wird. In diesem stilistischen Konservativismus dürften die *Franzosen,* jedenfalls im Vergleich mit England und Deutschland (mit Österreich-Ungarn), führend gewesen sein. *Hugo beruft sich auf englische und deutsche Vorbilder.* Die Sachsen und Thüringer (bayerisch »Preißen«) sollten wir, meine ich, in der Germanistik doch nicht zum Sündenbock machen. Gottsched war aus theatralischen Gründen genötigt, das Literaturtheater scharf vom Possentheater abzuheben; schon Lessing dagegen gab in *Minna von Barnhelm* ein hervorragendes und viel nachgeahmtes Beispiel der Stilmischung. Er war ein Sachse, zugleich der Schöpfer der im protestantischen Deutschland lange gültigen dramatischen Vorbilder.

behaupten, *daß er in stilistischer Hinsicht revolutionärer als Nestroy war,* was doch einige Folgen realgeschichtlicher Art gehabt haben dürfte (s. u.). Innerhalb einer konservativen Theaterwelt, die auf dem Prinzip der Stiltrennung aufgebaut war, erzielte Raimund den Durchbruch, den in Deutschland um 1800 nach Sturm und Drang, Jean Paul usw. die sogenannte neue Romantik (vgl. Bd. I, S. 243 f.) gegen den Klassizismus vollendete. Damit soll der Abstand des Österreichers von der transzendentalen Romantik der Deutschen, der oft nachgewiesen wurde, nicht geleugnet werden. Mit dem deutschen Novalis-Idealismus hat Raimund nichts zu tun. Dazu fehlt ihm nicht nur das »vorgerückte Bewußtsein« (Grillparzer s. o.), sondern auch die gesellschaftliche Exklusivität; deutsche Romantiker schwärmen, wie noch Hebbel, immer von etwas »Höherem« und versagen als Theatraliker*. Trotz dieses Abstandes von der frühen deutschen Romantik kann Raimund, vom europäischen Theater her gesehen, als Romantiker eingeordnet werden. Durch die Überwindung der klassizistischen Stiltrennung leistet er, vom niederen Stil ausgehend, das, was dem französischen Romantiker Victor Hugo, von Shakespeare, Schiller und Goethe herkommend, gelingt. Das Vorbild Gozzis, der 13 Jahre älter als Wieland war und von dessen theatralischen Werken, z. B. den Märchendramen (»Fiabe«), schon 1775 die zweite Übersetzung erschienen war, scheint nicht direkt nachweisbar zu sein, im Gegensatz zum Einfluß Wielands; aber *grundsätzlich ist zu sagen, daß dieses geschichtliche Ineinandergreifen von Spätrokoko und Romantik auch sonst zu belegen ist und in der Stilmischung, der eine Mischung von Phantastik und Alltag entspricht, seine wichtigste literarhistorische Grundlage hat.* Bekannt ist vor allem Hoffmanns Orientierung am italienischen Theater[42], und gerade dieser Deutsche hat ja überaus stark auf die europäische Romantik gewirkt. Wo der Blick für die übergreifenden formengeschichtlichen Zusammenhänge nicht durch den Wiener Mythos getrübt wurde, erkannte man auch in Österreich die Parallele von Hoffmanns und Raimunds Märchen-Innovation[43]. In einer zeitgenössischen Kritik liest man schon: »Wie Hoffmann in der Novelle, hat Raimund im Drama versucht, die Poesie des Märchens mit der neueren Alltagswelt zu verweben, und beiden ist es gelungen... Sein Scherz selbst, sehr irrtümlich im allgemeinen für Wiener Spaß genommen, enthält mehr Bitterkeit der Ironie als Lachstoff, und auch an ihn lassen sich in der Regel ernste Gedanken knüpfen. ... Es ist mehr als ein-

---

* Walter *Höllerer* (Zwischen Klassik und Moderne, Stuttgart 1958, S. 165): »Das ist ein anderes Verhältnis zum Wunderbaren. ... Dies stimmt überein mit der Beobachtung des Barock-Theatralischen dieser Wunderwelt. ›Sanfte Musik‹ wird in den szenischen Anmerkungen gefordert; sie soll die Verwandlung der Bühne in die Feenwelt untermalen. Magische Beleuchtung, griechisches Feuer helfen mit. Diese Feenwelt hat wenig Ungreifbares an sich. Sie funktioniert gegenständlich und mit scharf umrissenen Konturen, und ihre Wunder sind logisch begründet, stehen im Dienste des Jetzt und Hier, während die Romantiker dieses Hier und Heute emporzuheben versuchen.« – Den engen Zusammenhang von Text und Musik bei Raimund und seine tiefe Verwurzelung in der Wiener Opern- und Singspieltradition des 18. Jahrhunderts beweist mit guten Argumenten und Materialien neuerdings Herbert Zeman (Die Liedeinlagen in den Märchen- und Zauberspielen Ferdinand Raimunds, in: Die andere Welt, Aspekte der österreichischen Literatur des 19. und 20. Jahrhunderts, Fs. für Hellmuth Himmel, Bern und München 1979, S. 107–131, bes. S. 117 ff.). Der Zusammenhang mit der biedermeierlichen Empfindsamkeitstradition wird auch in diesem sehr fachmännischen Aufsatz deutlich: »Die Bewegtheit der Seele, des Gemüts ist die entscheidende Instanz des Theaterliedes von Schikaneder bis Raimund« (ebd. S. 122).

mal erprobt worden, daß jenes fremde Gesicht uns zu heftigem Lachen und zu innigen Tränen bewegt hat«[44]. Diese norddeutsche Kritik ist ein Beispiel für *Raimunds Wirkung im gesamten deutschen Sprachgebiet und belegt, daß die Mischung von Märchen und Alltag, Ernst und Lachen das Neue war*. Auch an Jean Paul fühlen sich die Rezensenten erinnert, wobei wiederum die »humoristische« Mischung von Empfindsamkeit und Komik die Grundlage des Vergleiches bildet. Mit dieser stilgeschichtlichen Argumentation soll die übliche Meinung, daß Raimunds »Schwermut«, genauer wohl seine »manisch-depressive« Seelenverfassung, die Grundlage der sogenannten Veredlung des Volkstheaters bildete, nicht widerlegt werden. Möglicherweise hat Rommel sogar recht, wenn er andeutet, die »düster-grandiosen Bilder« der erfolglosen Dramen seien für den Dichter eine unausweichliche psychologische Notwendigkeit gewesen[45]. Aber die literarhistorischen Voraussetzungen seiner theatergeschichtlichen Schöpfung müssen mitgesehen werden; denn seelische Zwänge besagen noch nichts über die Notwendigkeit und das Gelingen einer historischen Leistung. Aus Raimunds Briefen und aus den Erzählungen seiner Zeitgenossen geht hervor, daß ihn die Schwermut und – das ist sehr wichtig – der Übergang von der Schwermut zu einer »Freude…, die andre Leute nur den Nahmen nach kennen« (an Toni Wagner 1822)[46], und, im Gespräch, der Wechsel zwischen Weinen und Lachen ganz natürlich war[47]. In der *Gefesselten Phantasie* (I,11) definiert sich die Titelheldin, als »Ein Kind mit tausend Launen, / Das Niedres mit dem Höchsten paart«. In der Raimund-*Kritik* erscheint die Stilmischung als »Rührei von Possen und Sentiments, Lokalspäßen und geschwollenen Redensarten« (Lewalds *Europa*)[48]. Dieser zeitgenössische Spott ist verständlich, angesichts gewaltiger klassizistischer Autoritäten. Weniger verständlich ist es, wenn heute noch vom »Stilmischmasch« Raimunds als der »besten Charakterisierung« gesprochen wird[49]. Gewagt ist es gewiß, der Sprache Raimunds, wegen ihres Reichtums, den »längeren Atem« (im Vergleich zu Nestroy) zuzusprechen, obwohl ihr die bei Nestroy imponierende »Gewalt des Zündens« fehlt (Günther Erken)[50]. Ähnliche Meinungen hat freilich schon Cysarz in seinem geschraubten Deutsch vertreten. Ich finde, daß diese Hypothese eine weitere Diskussion auf der hier aufgewiesenen stilgeschichtlichen Basis verdient; denn es wäre ganz falsch, über den heute so geschätzten Reizen des geistreichen Nestroy die besonderen, auch seelischen Vorzüge Raimunds zu vergessen*.

---

* Den Österreichern scheint der gemütvolle Dichter immer noch näher zu stehen als der intellektuelle Nestroy. Mitten in der deutschen Nestroy-Renaissance lehrt ein österreichisches Standardwerk: »Durch Ferdinand Raimund wurde das Wiener Volksstück von diesem Ballast [Derbheit, Drastik, Frivolität, Zoten] gereinigt, auf seine absolute[!] Höhe und zugleich zu seinem Abschluß geführt« (August *Obermayer, Ferdinand Raimund*, in: Tausend Jahre Österreich, Bd. 2, Vom Biedermeier bis zur Gründung der modernen Parteien, hg. v. Walter *Pollack,* Wien und München 1973, S. 39). Unter Anspielung auf Nestroys größere Modernität – man kann auch sagen: er entsprach stärker der Volkstheater*tradition!* – heißt es: »Mit Raimund wird ein Zeitalter theatralischer Naivität und weitgehender sozialer Sprachlosigkeit in Österreich zu Grabe getragen« (ebd. S. 44). Ich selbst halte Raimunds Naivität für begrenzt (s. o.) und seine soziale Bedeutung für groß (s. u.). Der Halt und das Erfolgserlebnis, das die Heimatstadt dem von an Anfang gefährdeten Außenseiter schenkte, wird vor allem deutlich, wenn man an den sozial und intellektuell vergleichbaren Grabbe denkt. Bei Raimund ein von Schwermut erfülltes, aber an Werten orientiertes und gesellschaftlich

Die zeitgenössischen Rezensenten haben vor allem nach der Aufführung des *Verschwender* die stilgeschichtliche Leistung des Dichters erkannt. »Im gleichen Moment erweckt der Meister die Träne der Rührung und das Lächeln der Lust«[51]. Das Komische »bildet keinen störenden, sondern wohltuenden Kontrast durch die Gemütlichkeit [Seelenhaftigkeit], die jeder, auch der drolligsten Äußerung zum Grunde liegt«[52]. Solche Äußerungen sind häufig. Nach Alexis, der einer der bedeutendsten Kritiker der Epoche war, ist Raimund wie Shakespeare ein »Dichter, der es nicht verschmäht, auch Monströses durch seinen göttlichen Hauch zu erzeugen«[53]. Zu diesen übertriebenen Vergleichen mit Shakespeare, der das Vorbild (alt-)romantischen Dichtertums war, verführte gewiß vor allem das beiden gemeinsame Prinzip der Stilmischung, die Abneigung gegen die »künstliche« (rhetorische), »lebensfremde« Unterscheidung von drei Stilebenen. Es ist nicht falsch, wenn man dieses Lächeln und Weinen mit dem Biedermeier zusammenbringt[54]; denn auch bei Mörike, Gotthelf, beim frühen Stifter und der Droste gibt es solche Stilspannungen. Doch ist es ein großer Unterschied, ob die stilistische Revolution in der ganz freien Prosa und in der relativ freien Lyrik oder aber *in dem durch viele poetologische und institutionelle Barrieren geschützten Bereich des Theaters stattfindet. Auch von daher gesehen erscheint Raimund als wagemutiger Pionier.* Seine Grenze liegt nur darin, daß er eine *gleichberechtigte* Mischung des komischen und ernsten Stils niemals voll anerkannt und entsprechend auch den Typus *Mädchen aus der Feenwelt* niemals als sein eigenständiges Genre kultiviert hat. In diesem Punkte war Heine konsequenter, sicherer und daher größer – wenn er auch durch die von ihm bevorzugten Gattungen (Lyrik, Epik, Feuilleton) viel freier war. Typisch für Raimunds Haltung ist der *Gruß und Abschied* für einen Klaviervirtuosen:

> Glaube doch nicht, weil dem Jokus ich diene,
> Fehle mir Ernst in der männlichen Brust[55].

(im Theater) integriertes Leben und Werk, bei Grabbe interessante, aber meist trostlose Dramen und ein in die trostloseste Isolierung führendes Leben. Was das Wiener Volkstheater samt »Derbheit« und »Frivolität« (s. o.) für seine Dichter bedeutete, vergegenwärtigt am besten der Versuch, es in Berlin nachzuahmen (Königstädter Theater). Alexis, der selbst davon träumte, die Tradition durch den berühmten Berliner »Geist« ersetzen zu können, begründet das Scheitern des Unternehmens mit einem Argument, das an Immermanns Problematik als Dramatiker und Theaterleiter erinnert: »Bei dem Chaos von Vorstellungen, die wir alle, Directoren und Dichter, Actionäre und Publicum, von dem Werdenden hatten, wie hätte das Lustspiel gestaltet sein müssen, das Allen genügen sollte! Einer dachte an den alten Hanswurst, der andere an Shakespeare's phantastische Lustspiele, der an Gozzi, der an Hans Sachs, dieser an Calderon und jener an Kotzebue... Es fehlte an Gegenständen und an Dichtern, an Eintracht und an Zusammenhang.« So gab es eben die Theaterware von Julius von Voss (vgl. Bd. II, S. 421) und Angely (vgl. Bd. II, S. 462 f.), im besten Fall noch Holteis Liederspiele (vgl. Bd. II, S. 463) anstelle von Raimunds und Nestroys Meisterwerken. Saphir, der aus Wien importierte journalistische Spaßmacher (vgl. Bd. II, S. 75 f.), siegte, nach Alexis, über dreizehn Bühnendichter Berlins. Eine besondere, komische Pointe gewann die Berliner Tragikomödie noch dadurch, daß die geistesstolzen Hegelianer gemeinsame Sache mit dem langweilig-witzigen Saphir machten: »An den Saphirschen Blättern arbeiteten Gans und Hegels Lieblingsschüler mit« (zuerst in Alexis' »Theater-Erinnerungen« in einem Taschenbuch, 1841, zitiert nach Willibald *Alexis*, Erinnerungen, hg. v. Max *Ewert*, Berlin 1905, S. 362, 366, 376, 381, 383). In Wien versuchte Saphir später Nestroy auszuschalten – mit wenig Erfolg (s. u.).

Wieland scheute sich nicht, als Klassiker des niederen Stils angesprochen zu werden. Bei Raimund wirkte spürbar die klopstockianisch-deutsche *grundsätzliche* Verachtung der Komik nach Österreich-Ungarn hinüber, die Lehre von den empfindungsvollen »edlen Geistern«, die den alten Adel ersetzen. Wenig »vorgerücktes Bewußtsein«? Nachwirken des alten, mit dem hohen Stil verbundenen gesellschaftlichen Anspruchs? Dieses sicher nicht nur in seiner Schwermut begründete *Mißtrauen gegenüber dem »Jokus«* hatte jedenfalls ernste Folgen für sein Lebenswerk*.

Zur Aufwertung von Raimunds ersten Possen

Die beiden ersten Zauberpossen des Dichters verdienen eine Aufwertung. Sogar Rommel, der den ernsten Raimund überbetont und daher seine heiteren wielandischen Anfänge etwas kurz abtut, gibt zu, daß man in Wien sogleich »den Hecht im Karpfenteiche spürte« [56]. Zu dieser Zeit plagte den Schauspieler glücklicherweise noch kein übertriebener literarischer Ehrgeiz, sondern nur Verzweiflung über die nach seinem Geschmack auf dem Volkstheater nicht spielbaren Stücke der »Großen Drei« (vgl. Bd. II, S. 460 ff.): »Freund Raimund jammerte oft darüber wie er mit den Lokaldichtern seine Plage habe, bevor er eines ihrer Undinge auf die Bühne zu bringen vermöge. – ›Da ist erstlich‹, sagte Raimund, ›der Esel, mein Schwiegervater, der Gleich, und dann der Beamte Meisl; die Kerls übergeben mir ihren Mist zur Durchsicht, und ich muß zwei Akte kassieren, eh' ich einen halben von ihrem Geschmier brauchen kann. Und wenn ihre Pastete fertig ist, so muß ich sie erst anfüllen mit meinen Ingredienzien, wenn sie genießbar werden soll. So ist mir's gegangen mit dem ›Gespenst auf der Bastei‹, mit dem ›Adler, Fisch und Bär‹ und mit den ›Drei Wünschen‹ und mit allen andern Lokalstücken. Es ist halt ein Elend!‹« [57]. Der Dichter braucht einen bestimmten Anlaß, nämlich das Versagen des erwähnten »Beamten« und Theaterfabrikanten Karl Meisl, der bei einer finanziell besonders wichtigen Aufführung, einer »Benefiz-Vorstellung« für Raimund persönlich, ein Dschinnistan-Märchen des »liebgeschwätzigen Wieland allen wohl bekannt« *(Die Prin-*

---

* Ein Zeitgenosse hat Raimunds Stilmischung schon als »gesund« von der deutschen Empfindsamkeit abtrennen wollen. Diese Hypothese mag im Vergleich zur reinen Empfindsamkeit – obwohl es sie auch in Österreich gibt! –, vielleicht auch im Hinblick auf Iffland und seine Schule (s. u.) richtig sein; aber im Vergleich mit deutschen Meistern der Stilmischung (von Wieland über Jean Paul bis Raabe) läßt sich diese patriotische Hypothese nicht halten. Auch Raimund wurde, sogar von Landsleuten, als kränklich empfunden (vgl. z. B. u. S. 55). Die freundliche zeitgenössische Äußerung lautet so: » Wo sich diese beiden Koeffizienten [Ernst und Humor] so scharf berühren, daß ihre Strahlen in einander fließen, begegnen wir jener humoristischen Sentimentalität[!], die gesund und kräftig, nicht siech und nebelnd, wie ihre tränenreiche deutsche Stiefschwester, in Raimund, so zu sagen, ihren Erfinder hat.« Die Stilmischung ist eine Tendenz der gesamten europäischen Stilgeschichte. Dagegen scheint der Dichter sie für das *Wiener Volkstheater* tatsächlich erfunden zu haben (HKA, Bd. 5/2, S. 611 f.). Ansätze dazu mag es bei Philipp Hafner geben (persönlicher Hinweis von Jürgen *Hein*): Dies wäre eine historische Parallele zu *Minna von Barnhelm*. Wie wenig selbstverständlich die Stilmischung gerade in Wien war, belegt noch das theatralische Schicksal von Grillparzers gleichzeitig possenhaftem und tiefsinnigem Lustspiel *Weh dem, der lügt* (vgl. u. S. 94 ff.).

zessin mit der langen Nase) [58] dramatisieren sollte. Raimund griff endlich selbst zur Feder – dreiunddreißigjährig, also noch sechs Jahre älter als der Verfasser der *Judith: Der Barometermacher auf der Zauberinsel* (1823). Was bei diesem unbegreiflich lange hinausgezögerten Entschluß zum Selberschreiben herauskam, war nach dem Urteil der sachkundigen »Theaterzeitung« »eines der gelungensten Lokalstücke im Zaubergebiete…, dem überall und immer reicher Beifall zuteil werden wird, sowohl des Humors der Sprache, als der glücklich herbeigeführten Situationen und der reichen Handlung wegen« [59]. Und der ebenfalls sachkundige Costenoble schrieb begeistert in sein Tagebuch: »Heil der Kunst, daß Raimund endlich selber die Feder ergriffen hat, um für sich Rollen zu schreiben« [60]. Die Kritik rühmte nicht zuletzt die »Spässe, Lazzi, Bonmots«, die witzigen »Volkslieder«. »Außer dem, daß das Stück wirklich einen folgerechten Gang der Handlung hat, strotzt es durchaus von lustigen Einfällen« [61]. Entscheidend ist in der Posse, wie auch diese Rezension belegt, das Punktuelle. Man kann darüber hinaus sagen, daß mit dem Wiener Barometermacher, der an die Stelle des wielandischen Prinzen tritt, nicht nur das Lokale und das Parodistische, sondern auch das Bürgerliche und das Moralische seinen Einzug in Wielands Märchen hält. Der Wiener Handwerker Bartholomäus Quecksilber ist verzeihlicherweise von der koketten Prinzessin Zoraide beeindruckt; das kann bei einem Kleinbürger nicht anders sein, zumal wenn er noch ein wenig den dummen Hanswurst spielen muß. So verliert er die Zauberwerkzeuge an die Prinzessin. Er gewinnt sie aber mit Hilfe des edlen Einsiedlers Zadi – »ich brauche nichts« – und durch die List der ebenso klugen wie treuen Zofe Linda wieder. Bleibe im Stande und nähre dich redlich! Es ist fast schon zu viel »Vertiefung« der Posse, wenn man sagt, der Barometermacher müsse erst Linda als treues Weib erkennen, ehe er der Prinzessin gewachsen sei [62]. Der *Barometermacher* ist kein »Besserungsstück«. Man hat mit halbem Recht vor der traditionellen Vertiefungssucht gewarnt [63]. Sicher verfehlt ist es jedoch, wenn man in Zoraide die leichte Luise Gleich und in Linda die treue Toni Wagner wiedererkennt und wenn einen gar noch der Chor der Posse an die griechische Tragödie erinnern soll [64]. Nein, so geht es bei einer komischen Gattung mit festen moralischen und stilistischen Schemata nicht. Eher erlaubt wäre in dieser *ersten* Raimundschen Posse noch die sozialgeschichtliche Interpretation. Der Bürger Quecksilber erobert als »General« (I,15) das Schloß des Königs Tutu, und dieser immer schläfrige Monarch erscheint als die vollendete Parodie eines Fürsten. Gewiß, es sind Zaubersoldaten, die da angreifen, und Tutu residiert, trotz des Wieners Quecksilber, nicht in der Kaiserstadt, sondern er ist »Beherrscher einer Zauberinsel« (Personenverzeichnis). Trotzdem ist zu vermuten, daß der zuständige Zensor durch den schläfrigen Tutu ergötzt oder auch ein wenig schläfrig wurde. Costenoble: »Korntheuer war herrlich als König Tutu. Befremdend ist es, daß die sonst strenge Zensur, die im Unschuldigsten etwas Verdächtiges findet, diesen König Tutu passieren lassen konnte« [65]. Man dachte vielleicht auch, der bewährte Beamte Meisl habe das Stück geschrieben und ließ es ungelesen passieren. Man ist nicht totalitär. Raimund bekannte sich erst nach dem Erfolg als Verfasser. Außerdem hatte er in einem Duett Lindas und Quecksilbers (II,10) sehr geschickt noch den üblichen, aus Grillparzers Dramen bekannten Theaterpatriotismus (vgl. u. S. 90 ff.) angebracht:

Linda: Die Binde hier trägt uns mit flüchtigem Sinn
Quecksilber: In einem Tag durch die vier Weltteile hin.
Linda: Im Morgenland nehmen das Frühstück wir ein,
Quecksilber: Und ich trink in Grünzing geschwind ein Glas Wein.
Linda: Dann bleibn wir in Holland ein wenig zu Haus
Quecksilber: Und schaun in Brasilien zum Fenster heraus.
Linda: Des Mittags, da speisen wir beide allein,
Quecksilber: Da kehrn wir beim Sperl in Afrika ein.
Linda: Ein Gfrornes sollt halt auf die Jausen wohl sein.
Quecksilber: Da setz ich dich mitten ins Eismeer hinein.
Linda: Und wanns zum Soupieren aufn Abend wird kühl,
Quecksilber: Da essn wir in Ofen, so friert uns nicht viel.
Linda: Doch gehen wir schlafen, das fällt mir nicht ein,
Wo wird unsre Ruhe am sichersten sein?
Quecksilber: Das sollst du schon wissen, das ist ja bekannt,
Am sichersten ruht sichs im Östreicher Land.

Wie sich in diesem Text das Hochdeutsche und das Wienerische zwanglos miteinander verbinden, so verschmilzt die phantastische Allgegenwart der Zauberwelt mit dem selbstverständlichen Stolz auf die Sicherheit des eigenen Vaterlands. Ruhe und Sicherheit – das war die andere, erfreulichere Seite eines schläfrigen Monarchen und seines Polizeistaats. Saphir, der etwas törichte Journalist, der nicht einmal verstand, warum das Zauberspiel als Parodie des Zaubermärchens angekündigt worden war, nannte in seiner lahmen Rezension des Stücks die »Behandlung... ziemlich besonnen und das Ganze wohl angelegt« [66]. Ja, es war eine *vollkommen ausgewogene,* in diesem Sinn meisterhafte und kühn an die Zensurgrenzen vorstoßende Theaterarbeit, wie sie ein Anfänger ohne Theaterkenntnis oder einer der bloß routinierten »Großen Drei« nie hätte schreiben können.

Auch beim zweiten Zauberspiel *Der Diamant des Geisterkönigs* (1824) pflegt man die traditionellen Elemente, vor allem den munteren Diener Florian und sein Bräutchen Mariandl zu betonen. Das Paar erinnert an Harlekin und Colombine. Aber stehen die beiden wirklich »ganz [!] in der Tradition« [67]? Sind sie nicht schon höchst anmutige Raimundsche Figuren? Es ist oft beobachtet worden, daß der Dichter nur dann sein Bestes gibt, *wenn er die Tradition fortbildet.* Erich Schmidt, dem man als Berliner Professor keine Voreingenommenheit für die erste deutsche Kaiserstadt nachsagen kann – »die beliebte Selbstverherrlichung des alten Wienertums«* hält er für »gefährliche Schmeicheleien« –

---

* Aus II,14:
   Drum will ich lustig sein
   Und mich des Lebens freun!
   Nur in dem Landel,
   Wo mein Mariandel
   Sehnsuchtsvoll wartet,
   Möcht ich schon sein.

   Denn mir liegt nichts an Stammersdorf und an Paris,
   Nur in Wien ists am besten, das weiß man schon gwiß.
   Man weiß, daß in hundert Jahrn auch noch so is!
   Aber, ob wir nicht gstorbn sein, das weiß man nicht gwiß.

sieht das Liebespaar wohl historisch richtiger, wenn er sagt: »Schon gelingt es Raimund… im Florian einen zugleich komischen und rührenden Burschen vorzuführen, der den Valentin wenigstens ahnen läßt… An die Stelle des heimatlosen Paares Harlekin und Colombine treten Florian und Mariandel als echte Wiener… Diese Volksmäßigkeit findet einen Heilsweg zwischen dem sentimentalen Schäfertum der Kunstidyllen und den alten Harlekinsarien.« Man muß bedenken, daß auf dem Volkstheater schon die Abschaffung der Zote, die wohl nicht erst Raimund durchgesetzt hat, ein Schritt in die Richtung des moralischen und bürgerlichen Biedermeiers war. Ob wir noch verpflichtet sind, mit Erich Schmidt die »einfältige Herzensgüte Valentins« gegen »Florians drollige Pudeltreue« auszuspielen [68], erscheint mir zweifelhaft; denn man weiß, daß Valentins *moralische Überlegenheit* über seinen Herrn das gesteigerte Selbstbewußtsein des Bürgertums nach 1830 voraussetzt (s. u.). Florian und Mariandel sind rokokonäher, wielandähnlicher, vielleicht auch mozartnäher als Valentin, der bürgerliche Tugendheld. Man vergleiche etwa das überaus beliebte Duett I,22 mit Valentins Hobellied:

> *Florian:* Mariandel, Zuckerkandel
> Meines Herzens, bleib gesund.
> *Mariandl:* Floriani, um dich wan i,
> Wenn du fort bist, jede Stund.
> *Florian:* Selbst mein Leben will ich geben,
> Wenn ich tot bin, für dich hin.
>
> Beide
>
> *Mariandl:* Selbst sein Leben will er geben,
> Wenn er tot ist, für mich hin.
> *Florian:* Selbst mein Leben will ich geben,
> Wenn ich tot bin, für dich hin.
> *Mariandl:* Wirst du, mein Florel, treu mir bleiben,
> Weil dich mein Herz auch nie vergißt?
> *Florian:* Ich werd mit nächster Post dir schreiben,
> Daß du mein Herzensbünkerl bist.
> *Mariandl:* Ich mache dich zum einzgen Erben,
> Wenn dich mein Auge nimmer sieht.
> *Florian:* Wann du vielleicht derweil willst sterben,
> So gib mir lieber alls gleich mit.
> *Mariandl:* Erst wenn ich kann ans Herz dich drücken,
> Dann strahlt mein Auge hell und klar.
> *Florian:* Da wirst du gwiß nichts Neus erblicken,
> Denn ich bleib stets der alte Narr.

Erich *Schmidt,* (Ferdinand Raimund, in: Charakteristiken Reihe 1, Berlin²1902, S. 372), zitiert den letzten Vers nicht mehr, obwohl die Transparenz gegenüber der Vergänglichkeit dieses Wienlob erst zu einem Raimundschen und biedermeierlichen macht. Man weiß, daß Fremde, so der Schwabe Bäuerle, an der Schaffung des Wien-Mythos stark beteiligt waren. Das ist selbstverständlich bei einer Stadt, die nicht irgendeine Residenz, sondern eben die *eine* Kaiserstadt war. Das Ineinandergreifen des Universalen und Lokalen wird an diesem Punkte erneut deutlich. In der Folgezeit prägte wohl vor allem Raimund das österreichische Selbstverständnis, wie die Droste das westfälische oder Mörike das schwäbische oder Gotthelf das schweizerische. Das Biedermeier ist die Gründerzeit der Stammes- und Landesmythen.

Die gängige Stilbezeichnung für diesen Ton ist naiv-komisch. Die Sentimentalität des Pärchens wird stets eingeschränkt durch die volkstümlich-zweideutigen Formulierungen Florians, die dem aufmerksamen Hörer einen Doppelsinn verraten und dem Duett vom puren Idealismus *die* Distanz geben, die man Schalkhaftigkeit nannte. Es ist anzunehmen, daß Grillparzer auch an solche Lieder dachte, wenn er Raimunds natürliche Anmut rühmte. Im übrigen hat gerade er dem Ansehen dieser Posse geschadet, wenn er sie zu den bloßen »Theaterstücken« rechnete und meinte, erst die »unnachahmliche Krones« habe »Naturwahrheit und Grazie« in die Rolle der Mariandl gelegt[69]. Solche Tagesurteile sind für uns nicht mehr verbindlich.

Die Spitze der Posse, der mächtige Geisterkönig Longimanus ist diesesmal ein guter, aktiv menschenfreundlicher Machthaber; aber er ist gleichzeitig der gemütliche und lockere Wiener, der den Frühling, ein »junges Gärtnermädchen«, in die Wange kneipt und ihm ein Goldstück gibt. Die Diener- und die Herrschersphären sind also sehr glücklich durch die Wiener Lokalkomik verschmolzen. Auch der »Genius Kolibri«, eine Art Merkur, der den Kutscher zwischen dem Wolkenschloß des Geisterkönigs und der Erde spielt, ist, wie sein Name andeutet, leicht, schalkhaft, behend. Unerfreulich erscheinen dem Schauspieler-Dichter nicht nur die bösen Geister, sondern auch die Wahrheits- und Göttlichkeitsfanatiker auf der »Insel der Wahrheit«; denn sie sind Heuchler. Eine Nachwirkung von Wielands Skepsis spürt man auch an dieser Stelle. Vielleicht hat der Dichter, um seinen Angriff auf den Puritanismus zu mildern, aus Amine, der Braut des »hohen« Helden Eduard, eine Engländerin gemacht. *Die satirische Frische der Rokokotradition* ist auch in der Szene I,9 zu erkennen, in der der Geisterkönig die Rückkehr der Druden in das Schrifttum nicht gestattet: Die romantischen Geisterseher, die Dunkelmänner sind wohl gemeint; denn die zwei Larven sind in »schmutziges Grau gekleidet«. »Anno 1824 eine Drud! Die Leute müßten einem [sic] nur auslachen«, sagt Longimanus. Er ist spürbar ein Anhänger des Josephinismus und entläßt die Druden ungetröstet: »Ja, das ist wahr, ihr wart brave Druden, habt die Leute sekkiert, daß es eine Schand und ein Spott war. Aber jetzt ists vorbei, ihr habts eure Pension, und da könnts zufrieden sein. Und jetzt hinaus an der Stell!« Man kann sich gewiß mancherlei unter den Druden vorstellen, auch pietistische Traktätchenschreiber und die entsprechenden katholischen Volksliteraten, Kurpfuscher, Gesundbeterinnen usw. Die Mythologie ist eine vorzügliche Tarnung. Klar ist nur, daß es sich um eine niedrige, häßliche, offiziell verbotene Gruppe der Gesellschaft handelt, daß der Dichter in dieser Zeit noch nicht so »metaphysisch« ist, sondern noch näher beim gleichzeitigen Heine und beim späteren Nestroy steht. Nachträglich gesteht er – wenn die Autobiographie echt ist –, er habe sich bemüht, das Stück »so viel als möglich mit komischen Szenen zu durchflechten«, weil das Publikum seines Theaters (Leopoldstadt) »in solchen Stücken kein ernstes Liebesverhältnis« mehr dulden wollte[70].

Ferdinand Raimund

Der Bauer als Millionär

An der gleichen Stelle behauptet er freilich, auch die dritte Posse, *Das Mädchen aus der Feenwelt oder Der Bauer als Millionär* (1826), enthalte »viele läppische Kleinigkeiten«, die er mit Rücksicht auf das Lachbedürfnis des Publikums »angebracht habe«. Der Dichter selbst rechtfertigt also keineswegs den großen Unterschied, den man heute zwischen dem zweiten und dritten Stück macht. Wie reagierten die Rezensenten und das Publikum*? Eine ausgezeichnete, die historische Situation genau erfassende Rezension erschien am 10. November 1826 in der Wiener »Theaterzeitung« [71]. Voraussetzung für diesen Durchbruch in der Kritik war die *Autorität, die sich Raimund auch als Dichter längst erworben hatte.* Der Rezensent nennt die »vorangegangenen heitern Erzeugnisse seiner Muse ... sowohl in der Anlage als Ausführung vollkommen« [!]. An Raimunds »Mädchen« erfaßt er sogleich das Wesentliche: »Dieses neue Produkt ruht auf einem ernsteren Elemente.« Ausdrücklich wird, wie in fast allen zeitgenössischen Rezensionen, nicht nur die »ernstere Gestalt der Allegorie«, sondern auch die »freundliche Moral« *gelobt;* denn der Fortschritt zum bürgerlichen Biedermeier beruht, im Vergleich mit den früheren Stücken, auch darauf. Man darf sogar annehmen, daß die oft gelobte »sittliche Tendenz« ein Hauptgrund dafür war, daß sich diesem Stück auf den Gastspielreisen Raimunds die Hoftheater öffneten. Eine Kürzung des »moralischen Teils der Allegorien« wurde, wenn ich recht sehe, nur in Berlin vorgeschlagen [72]. Der vortreffliche Wiener Rezensent, den ich erwähnte, spricht ohne jede Ironie von »Glanzgemälden der Moral«, lobt aber auch – dies ist für die späteren Stücke des Dichters festzuhalten –, daß Raimund »bei den ernsten Grundzügen seiner Dichtung die Anforderungen, welche das Publikum seit Jahren an diese Volksbühne zu machen gewohnt ist, keineswegs außeracht gelassen«. »Verstand und Gemüt« allein, sagt er richtig, genügen im Volkstheater nicht: »Daher ist Sorge getragen, daß aus den ernsten Gruppen dieses Zaubermärchens abwechselnd komische Gestalten hervortreten, welche der Lachlust reichhaltigen Nahrungsstoff bieten. Diese Abwechslung von heiterem Scherz und belehrendem Ernst; diese Anregung der Phantasie und des Herzens, kurz diese pikante [!] Vermischung des Rührenden mit dem Lächerlichen, wird dieser Erscheinung... noch lange das Übergewicht über viele der übrigen Produkte zusichern.« Der Rezensent erkennt den Zusammenhang aller nicht-realen Elemente als eine dem »Phantasiestück« eigentümliche »Bilderschrift«. Daher wird sogar die Einbeziehung von Amor und Hymen, die ein anderer Rezensent tadelt – »Wie kommen Amor und Hymen in ein Feenmärchen?« [73] –, gerechtfertigt. Für »Witzspie-

---

* Jürgen *Hein* vermerkt dankenswerterweise in dem Metzler-Band »Ferdinand Raimund«, Stuttgart 1970, bei jedem Drama nicht nur die Entstehungszeit und das Datum der ersten Aufführung, sondern zugleich die Stelle in der HKA, hg. v. F. *Brukner* und E. *Castle* u. a., 6 Bde., 1924–34, die über die »Wirkung« (Rezensionen u. dgl.) orientiert. Auch die ältere Forschung wußte also, daß die geschichtliche Interpretation ohne die Beachtung der Wirkung unmöglich ist. Ob die Materialsammlung zu Raimund in der HKA für das gesamtdeutsche Gebiet so umfassend ist wie z. B. die Bergmanns zu Grabbe, bezweifle ich allerdings. Hingewiesen sei auch auf den ausgezeichnet gearbeiteten Komedia-Band des *Mädchen aus der Feenwelt* von Urs *Helmensdorfer* (Berlin 1966). Der Herausgeber bemüht sich in einem großen »Anhang«, am Beispiel von Raimunds Stück zugleich eine vielseitige Einführung in das Wiener Volkstheater zu geben.

le« ist der Kritiker, wie die meisten Rezensenten, dankbar. Denkwürdig ist, daß selbst dieser verständnisvolle Kritiker die gut Raimundsche Verdüsterung der Verlobung von Karl und Lottchen (III,7) bedauert. Transparenz der Brautschaft gegenüber der Vergänglichkeit, in einem Drama mit freundlichem Ausgang, – das war unerhört:

Lottchen (erwacht): Karl, ich danke dir!
Karl: Lottchen, du bist mein!
Wurzel (der eingeschlafen war und durch den Donner erwachte, ruft): Ein Aschen!
Karl und *Lottchen* (sehen sich um): Wer ist das?
Zufriedenheit: Der bestrafte Fortunatus.
Wurzel: Ich segne euch!
Zufriedenheit: Und Hymen soll euch verbinden. (Winkt).
Hymen (kommt aus der Versenkung mit einem kleinen Opferaltar, tritt in ihre Mitte und spricht):
    Auf ewig!
Wurzel: Ein Aschen!

Der nüchterne, immer scharf blickende Bauernfeld erkannte sogleich, daß hier nicht nur eine neue Technik des Volksstücks erfunden worden war, sondern auch ein neuer anthropologischer Hintergrund bestand: »Das Raimundsche neue Stück ist merkwürdig. Er hat seine ganze Melancholie in das Possenspiel gebracht, mit wirklich poetischen Anklängen« [74]. Ein Hamburger Rezensent behauptet, nach einem Gastspiel Raimunds, im Sinn der klassizistischen Stiltrennung, »daß Ernst und Scherz unablässig einander gegenseitig stören, und man irre wird«, meint aber dann doch, daß das »Gemütlich [seelenvoll] – Naive« »jeden Streit der Empfindungen schlichtet«. Auch er sieht, »wie innig das Charakteristische seiner Dichtungen mit seinem persönlichen Wesen verbunden ist; noch in den Ergießungen der heitersten, ausgelassensten Laune regt sich der Anklang des Ironisch-Wehmütigen, sowie in der Versinnlichung der tiefsten Trauer und des bittersten Schmerzes stets etwas Begütigendes, das seine nahe Verwandtschaft mit dem Drolligen nicht zu bergen vermag...« [75]. Oft fällt bei der Kennzeichnung von Raimunds Ernst sogar das Wort tragisch. Im Vordergrund steht dabei allerdings der als Charakterkomödie leichter zugängliche *Alpenkönig* (s.u.). Wo Beeinträchtigungen des Erfolgs, etwa wegen des »etwas stark aufgetragenen Spiels« von Raimund[76], erwähnt werden, folgt in der Rezension der Bericht über den Durchbruch zum Erfolg in *der* Szene, da sich Raimund aus einem jovialen Bauern zu einem steinalten Mann verwandelt. Er war erfahren in solchen Verwandlungen, er hatte sich sogar darauf spezialisiert. Diese Alterungsszene war ihm also auf den Leib geschrieben. Der plötzliche Einbruch der Vergänglichkeit in ein behagliches Leben erschütterte. Fast noch erfolgreicher war fast überall das Aschenlied. Raimund dichtete immer neue Strophen während seiner Reisen, so daß heute über 60 bekannt sind[77]. Nicht jeder Theaterort freilich war der neuen besinnlichen und pädagogischen Art von Posse gewachsen. Es gab zurückhaltende Rezensionen, gerade auch in der österreichischen Provinz (Pest[78], Prag[79]). In Wien dagegen war *Der Bauer als Millionär* eine unbeschreibliche Sensation: Im April 1828 wurde die Posse zum hundertsten Male gegeben[80]. An dieser Stelle finde ich einen der wenigen Höhepunkte der *frühen* Biedermeierdichtung. Man darf vielleicht behaupten, daß die Millioneneinnahmen aus diesem Stück und Raimunds spätere Erfolge *(Alpenkönig, Verschwender)* das Abgleiten des Volkstheaters zum rein kapitalistischen Geschäftsunternehmen im

Stile des hart umstrittenen Direktors Carl *verzögerten*. Der Kontakt zum ernster und bürgerlicher werdenden (biedermeierlichen) Publikum wurde durch die Beseelung und Versittlichung des Lachtheaters und durch Moral noch einmal fast vollständig hergestellt*. Schon im Dezember 1827 hatte die Wiener Abendzeitung geschrieben: »Raimunds ›Mädchen aus der Feenwelt‹ hat... bereits ein Viertelhundert Vorstellungen erlebt, und noch immer meldet man sich bei dem Logenmeister zu Vormerkungen auf Logen und Sperrsitze zu folgenden Vorstellungen. Die vorzüglichsten Charaktere aus diesem Stücke... sind lithographiert mit Porträtähnlichkeit bei unsern Kunsthändlern erschienen, die Lieder, welche Raimund singt, werden überall verkauft, und an allen Ecken kündigt man Walzer nach den Motiven dieser Lieder komponiert an. Kurz, es ist ein vollständiger Triumph, welchen Raimund errungen hat« [81]. Raimunds Gesamtkunstwerk machte Wien, so scheint es, zu dem Gesamtkunstwerk, als das es sich seither fühlt.

Auf den außerordentlich komplizierten plot des »romantischen Original-Zaubermärchens« wollen wir im einzelnen nicht eingehen. Die ersten Stücke trugen noch den normalen Untertitel »Zauberposse« oder »Zauberspiel«. »Romantisch« meint die Stilmischung, »Original« zunächst einfach die selbständige Erfindung der Handlung – wenn auch unter Benützung zahlreicher überlieferter Schemata. Mit Recht ist bemerkt worden, im *Mädchen aus der Feenwelt* vereinigten sich die verschiedenen Gattungen, die Rommel unterschieden hat, besonders das Zauberspiel und das Besserungsstück. Wenn der gleiche Interpret meint, Raimund habe »das Rad der Geschichte gleichsam zurückgedreht« [82], so liegt darin ein Widerspruch. Der Rückschritt läßt sich höchstens auf die allegorischen und mythologischen Wesen, die in der Original-Zauberposse auftreten, beziehen; aber bei näherem Vergleich würde sich herausstellen, *daß eine meisterhafte Wiederaufnahme alter Stilmittel immer zugleich eine Weiterentwicklung ist***.

In seinem gehaltlichen Kern ist *Das Mädchen* wie später *Der Verschwender* eine Auseinandersetzung mit dem Ideal des Reichtums, das in der Zeit des aufsteigenden Kapitalismus besonders aktuell war und Raimund selbst so nahe berührte. Ganz im Geiste des Biedermeiers wird der Geldsucht und der aus ihr folgenden Härte das Ideal der Liebe und eines kleinbürgerlich oder bäuerlich eingeschränkten, aber harmonischen und gesunden Lebens entgegengesetzt. Die Methode, mit der dies Problem ins Spiel gebracht und gelöst wird, ist im ersten »romantischen Original-Zaubermärchen« altmodischer als im *Verschwender,* hat aber auch besondere Reize, die im Realismus oft übersehen wurden und auch heute nicht immer gewürdigt werden. *Das Mädchen aus der Feenwelt oder Der*

---

* Man liest von Einnahmen bis 1500 fl. pro Abend (HKA Bd. 5/1, S. 329). Wenn wir 1000 fl. im Durchschnitt und nur die 100 Aufführungen rechnen, kommen wir nach heutigem Geldwert allein beim *Mädchen* zu einer Gesamteinnahme von etwa 1,5 Millionen D-Mark.

** Ich vermisse *theoretische* Arbeiten zur nachbarocken Allegorie. K. Ludwig *Pfeifer* (Struktur- und Funktionsprobleme der Allegorie, in: DVjs Bd. 51, 1977, S. 575–606) bricht seine Überlegungen im Umkreis des »Robinson Crusoe« ab: »Die Allegorie dankt als literarische Form ab, wo der Relevanzgrad der Lebenswirklichkeit derart steigt, daß ihre Situationen nicht mehr als bloße Konkretisationen nichtempirischer Grundmuster verstanden werden können« (S. 609). Für die deutsche Literatur und Kunst ist zu sagen: Jetzt werden die Allegorie-Probleme erst richtig interessant und machen das systematisch-historische Nachdenken unentbehrlich.

Bauer als Millionär hält, wie schon der Titel andeutet, an dem traditionellen Feenrahmen, das heißt am Kampf der guten und bösen Geister oder der guten und bösen Allegorien fest. Man kann hier deutlich beobachten, daß das sentimentalische Anliegen Raimunds der Verwendung der Allegorie nicht widerspricht. Während die wundertätigen Figuren (z. B. die mächtige Fee Lacrimosa und der schwäbische Magier Ajaxerle) schattenhaft oder parodistisch gegeben werden – denn Raimunds Weltbild ist nicht im deutsch-romantischen Sinne mythisch –, treten die allegorischen Figuren, besonders die des Hasses und der Zufriedenheit »sinnreich«, mit substantieller Würde ausgestattet, ins Spiel. Es geht – entsprechend Raimunds Anteil an der josephinischen Aufklärung – zuerst um moralische Besserung, so sehr es dazu der höheren Hilfe bedarf. Die Feenwelt wirkt nicht nur von oben als deus ex machina, sie bedient sich zugleich des Naturgesetzes, wie es ja überhaupt dem Geiste des Biedermeiers entspricht, Natürliches und Übernatürliches zusammenzusehen (vgl. Bd. I, S. 125 ff.). Gerade das Auftreten der *biologischen* Allegorien (Alter und Jugend) bildet nicht zufällig die berühmte Glanzstelle des Stücks. Die Lebensalter-Figuren sind so weit entfernt von der alten objektiven Allegorie, sie sind so suggestiv, so wirklich und in diesem Sinne so »mythisch« gestaltet, daß der Zuschauer und selbst der Leser erschauert. Hier nähert sich Raimund wie Gotthelf und die Droste jener »surrealistischen« Darstellungsform, die dem modernen Menschen das Biedermeier so vertraut werden läßt. Freilich gelingen diese Szenen bei Raimund gerade deshalb so gut, weil sie sich ohne Bruch mit dem komischen Element des Stücks verbinden. Der durch böse Mächte zum Millionär gemachte Bauer Fortunatus Wurzel war der Versuchung durch den Reichtum nicht gewachsen. Er widersetzte sich der reinen, unberechnenden Liebe seiner Ziehtochter, Lottchen, an der der höheren Welt so viel gelegen ist. Durch das plötzlich eintretende Alter wird Wurzel an seine Abhängigkeit von übermenschlichen Mächten erinnert. Und eben diese Abhängigkeit, diese Kreatürlichkeit vermag Raimunds heiter-ernste Gestaltung überzeugend zu vergegenwärtigen. Nur eine kurze Stilprobe aus der berühmten Szene (II,7):

Alter: Wenn wir eine Weile bekannt sind, werden schon meine Verwandten auch ihre Aufwartung machen. Mein liederlicher Vetter, der verdorbene Magen, das wird der erste sein, der Ihnen die Honneurs machen wird, und meine Cousine, die Gicht, die hat mich schon versichert, sie kanns gar nicht erwarten, Sie an ihr gefühlvolles Herz zu drücken. Oh, hören S', das ist eine unterhaltliche Person, ich sieh Ihnen schon ordentlich nach Pistyan ins Bad mit ihr reisen, und treu ist sie –
Wurzel: Ich weiß, man bringt s' gar nicht los. Ein jeder sagt: da hast du s', ich mag s' nicht.
Alter: Und was tun Sie denn, mein lieber Herr von Wurzel? Was gehen S' mir denn so kühl herum? Werden S' gleich ein Schlafrock anziehen? Sapperment hinein! so schauts doch auf euren Herrn! Ist ja ein alter Herr, müßt ja hübsch acht geben auf ihm. Wenn er euch stirbt, seids brotlos. Gleich bringts ihm ein Schlafrock!

(Bediente wollen fort.)
Wurzel: Nicht unterstehen – oder ich schlag einen hinters Ohr!
Alter: Was, schlagen? Gleich niedersetzen! (Er nimmt ihn an der Hand und setzt ihn in einen Stuhl.)
Wurzel: Himmel! wie wird mir?
Alter: Nicht unterstehn und schlagen. Die Pferd schlagen aus, nicht die Leut. Damit Sie aber nimmer ausschlagen (berührt sein Haupt, und Wurzel bekommt ganz weißes Haar) – So, jetzt ist aus dem Bräunl ein Schimmel worden. So! hato! mein Schimmerl! Nu, nichts hato?

Die allegorische Figur des Alters treibt weitere Allegorien aus sich heraus (»mein liederli-cher Vetter, der verdorbene Magen«, »meine Cousine, die Gicht«), aber alle diese Allego-rien beziehen sich wie das theatralische »Wunder«, das die Hand des Alters bewirkt, auf eine Wirklichkeit, die nicht zu leugnen ist. An der Sprachform ist nicht wesentlich, daß sie sich dem *Wiener* Dialekt nähert – die Wiener Volksbühne bedient sich darum auch ande-rer komischer Sprachformen, z. B. des Schwäbischen und des Ausländerdeutsch –; wich-tig ist nur die *alltäglich-triviale Sprachebene*. Indem sich auch die allegorische Figur in ihr bewegt, wird sie zum überzeugenden Spielpartner des kreatürlich-komischen Menschen. Der komische Vorgang steht nicht neben der allegorischen Lehre, sondern wird selber »tief«. Der milde Geist des Biedermeiers macht es natürlich notwendig, daß die komische Grausamkeit der 130 Jahre, die das Alter dem Millionär zudiktiert, nach dem Einlenken und der Buße des Verstockten von der am Ende erscheinenden Fee Lacrimosa wieder auf-gehoben wird. Auch das finanzielle Problem wird auf der obligaten mittleren Linie eines »Fischerguts mit ewig reichem Fang« gelöst. Schließlich spendet »die Zufriedenheit« al-len einen Becher aus der »Quelle der Vergessenheit des Üblen«, und der Schlußgesang Wurzels feiert sie als das verläßlichste »Kapital«. Obwohl also am Ende die Komödie ganz ins »Sinnreiche« und Moralische hinübergespielt wird, verschwindet doch die »Schalkhaftigkeit« niemals ganz aus ihr. Dafür sorgt schon die traditionelle Figur des Haupthelden, der komische Bauer Fortunatus Wurzel.

Es ist gewiß ein Forschungsfortschritt, wenn heute das Realismusproblem im *Mädchen aus der Feenwelt,* z. B. die psychologische Gestaltung Wurzels, nicht mehr so stark betont wird wie früher; denn die Maßstäbe des späteren 19. Jahrhunderts sind für die Zeit vor 1848 nicht verbindlich. Aus dem realistischen und psychologistischen Trend ergab sich die kaum berechtigte Zurücksetzung des Stücks gegenüber den stärker auf *eine* Person bezogenen Spielen Raimunds *(Der Alpenkönig und der Menschenfeind, Der Verschwen-der).* Ein zu bessernder Narr des Glücks wie der Bauer Wurzel hat im Biedermeier stets eine beispielhafte Funktion. Die Nähe zu Gotthelfs Dorfgeschichten läßt sich auch an dieser Stelle nicht übersehen. Obwohl die breitere Form des Romans die Einbeziehung der Psychologie erleichtert – man denke z. B. an *Geld und Geist* – bleibt die gemeinsame didaktische Struktur, besonders die Auseinandersetzung mit dem »kapitalistischen« Streben nach einem vollrationalisierten, herzlosen, unsittlichen Geschäft. Sehr richtig finde ich die Erkenntnis von Jürgen Hein, daß kein absoluter Unterschied zwischen den irrealen und den vermeintlich realen Personen besteht: »So, wie sich die Figur Wurzels einer Allegorie nähert, erhält die Allegorie der Zufriedenheit die Gestalt eines menschli-chen Wesens (etwa eines Bauernmädchens). Figuren und Allegorien treffen sich auf der mittleren Ebene des Beispielhaften, Sinnbildlichen« [83]. Die überzeugende Einheit des kompliziert komponierten und personenreichen Stücks liegt im Beispielhaften, Emble-matischen; alle scheinbar realen Details sind ihm untergeordnet. Die »Vertiefung« der schlichten Ermahnung zu Güte, Zufriedenheit und Liebe liegt nicht in den möglichen psychologischen Zutaten der Schauspieler, sondern in der Metaphysik, die der Text selbst enthält, in dem *Hinweis auf die Vergänglichkeit, vor der alle Menschen gleich sind.* Der Regisseur oder Interpret, der aus modischer Abneigung gegen das im Biedermeier noch ganz selbstverständliche Vanitas-Pathos die surreale Dimension von Raimunds Meisterstück vernachlässigt, wird seiner Aufgabe nicht gerecht*.

Der mißglückte Griff nach Burgtheaterehren: die »Halbtragödien«

Die neuen Bezeichnungen »Original-Zauberspiel« oder »Original-tragisch-komisches Zauberspiel« halten der historischen Nachprüfung stand. Die Österreicher hören es nicht gerne, *daß der Originalitätsbegriff des Sturm und Drang und der Romantik auch in die Wiener Rokokotradition einbricht und zugleich mit ihm der dichterische Anspruch,* der dem ursprünglichen Volkstheater, einer typischen Verkörperung des vorliterarischen »Mimus«, denkbar fern lag. Raimund ist als Schauspieler und Dichter zum »Star« geworden; aber der begrenzte Wirkungskreis eines wie immer erfinderischen Volkstheaterspezialisten genügt ihm nicht mehr. Als er sieht, daß er Stücke schreiben kann, die in ganz Deutschland, auch von sehr verständigen Kritikern als Meisterwerke anerkannt werden, will er den flüchtigen Ruhm des Stars mit dem unvergänglichen Lorbeer des poetischen Genies kombinieren. *Er will in allem Ernst eine Art Shakespeare werden.* Wir können diese Entwicklung nicht genau verfolgen, da sich verhältnismäßig wenig Lebensdokumente zu diesem Problem erhalten haben. Wenn er sich aber selbst in den Briefen an die Geliebte auf seinen »Genius« beruft, so darf man wohl auf ein ausgeprägtes Geniebewußtsein schließen. Merkwürdige Parallelen zur gleichzeitigen deutschen Dichtung (Grabbe, Platen) eröffnen sich bei einem Dichter, der nur den Wiener Geist verkörpern soll**.

---

* Ich meine hier nicht die dialektischen Materialisten, sondern eine Aufführung des Wiener »Volkstheaters«, im Rahmen der Wiener Festwochen, am 7. Juni 1973. Das hohe Alter spielte hämisch, boshaft, ohne jede Größe, fast so als ob es sich um eine Intrigantenrolle handle. Man sollte an Dramatiker wie Paul Claudel, Max Mell oder Barlach denken, um in der Regie die surreale Dimension zu erreichen. Moderne Zusatzstrophen zum Aschenlied sind theatralisch völlig legitim. Doch enthielten auch diese sehr wenig von der grandiosen, bestimmt nicht überholten Melancholie Raimunds.

** Auch der gewissenhafte *Rommel* sagt, ohne allerdings die Konsequenzen seiner Feststellung genau zu bedenken: »Lebensinhalt und stärkster Halt war ihm die Kunst« (Die Alt-Wiener Volkskomödie, Wien 1952, S. 902). Er zitiert (ebd.) Briefstellen von 1826, dem Schicksalsjahr, in dem der ehrgeizige Dichter zu seinem poetischen Ikarusflug ansetzte: »Ich lasse mich nie von einer Bahn abbringen die ich freywillig betrete, denn ich betrete sie nicht wenn nicht mein Genius mich hingeleitet hat« (HKA, Bd. 4, S. 229). »Ich gehöre nicht *mir* ich gehöre meiner Kunst, und wenn ich für Sie untergehe, so habe ich mich für etwas geopfert, das treu an mir gehalten, und das nie die Schmeicheley eines andern mir entreißen kann, und wenn ich sterbe so stirbt sie mit mir« (ebd., S. 248). Der Ehrgeiz läßt sich wie bei Grabbe als *Kompensation der kleinbürgerlichen Herkunft* verstehen. Das Reflexionsvermögen der beiden Dichter ist, im Gegensatz zu dem des ebenfalls kleinbürgerlich geborenen Hebbels, so begrenzt, daß es zum Abfangen der starken weltschmerzlichen, ja todessüchtigen Emotionen und zur richtigen, selbstkritischen Einordnung in die literarische Welt ihrer Zeit *nicht* ausreicht. Zu *Grabbe,* vgl. u. S. 140 f., zu *Hebbel,* vgl. u. S. 341 f. Merkwürdig bei Raimund erscheint, daß er noch mit 36 Jahren, als anerkannter Meister des Volkstheaters, die ihm gemäße Bahn verläßt. Das ist, wie wenn der Wahlwiener Hebbel, vom Volkstheater fasziniert, sich nach »Herodes und Mariamne« auf eine Konkurrenz mit Nestroy eingelassen hätte. Man wird an Hebbels mißglückte Komödien erinnern. Ihr überraschend *mimischer* Hauptteil und sogar die Titel (»Diamant«, »Rubin«) lassen es möglich erscheinen, daß Hebbel den berühmten Raimund wie fast alle seine Zeitgenossen (vgl. u. S. 376 f.) zu übertreffen versuchte. Er wollte aber zweifellos einen »höheren Diamanten« (ohne Geisterkönig) schreiben und sich nicht auf die Volkstheaterebene herablassen. Auch widmete sich Hebbel immer eindeutiger seinem Beruf als Tragiker. Die ungebrochene *soziale* Anziehungskraft des durch Goethe und Schiller geadelten »hohen« Dramas belegen alle drei kleinbürgerlichen Dramatiker Raimund, Grabbe, Hebbel.

Die zentrale Frage ist bei Raimund wie bei Grabbe und Platen, ob er den gewaltigen Anspruch erfüllt hat, ob er wirklich ein Genie oder wie jene Schriftsteller eine Art Don Quichote, ein zweitrangiger Dichter mit übersteigertem Selbstbewußtsein gewesen ist. Schon sein geschichtlicher Ort, die *frühe* Biedermeierzeit, der es noch an der Einsicht in die Epigonenproblematik fehlte (vgl. u. Immermann, S. 844 ff.), legt die zweite Möglichkeit nahe. Doch liegt es im Wesen eines so ehrgeizig experimentierenden Werks, daß es nicht als Einheit, sondern nur von Fall zu Fall, mit kritischer Unterscheidung, beurteilt werden kann. Dies ist ja nicht nur bei Grabbe und Platen, sondern bei den meisten Dichtern dieser experimentierfreudigen, ebenso kühnen, wie gefahrenreichen Literaturepoche der Fall. Man denkt vor allem an Immermann, aber auch an Mörike, die Droste, Sealsfield und selbst Stifter. Grillparzer, der Dichter des vornehmen, klassizistischen Burgtheaters, hatte in dem für Raimund so wichtigen Jahr 1826 die Tradition des ernsten Dramas mit seinem vorwiegend tragischen Werk entschieden bestätigt. Man muß bedenken, daß seine bereits zitierte Warnung Raimunds (vor »dem Ernsten« s. o.) frühestens aus dem Jahre 1829 stammt[84] und damit für Raimund zu spät kam. Dieser scheint ganz schlicht Schwermut und Tragik miteinander verwechselt zu haben. Da Raimund stets in sittlichen Kategorien denkt, konnte er von der begrenzten Unstimmigkeit der Welt, die die Tragödie nachweist, kaum eine Ahnung haben. Typisch für ihn ist, was der Genius der Tugend in *Moisasurs Zauberfluch* (I,10) doziert:

> Tugend darf im Kampfe wanken,
> Eigne[!] Schuld ist, wenn sie fällt.
> Jedem[!] ward die Kraft hiernieden,
> Der Verführung Trotz zu bieten,
> Nur der Schwache sinkt im Krieg,
> Doch den Starken krönt der Sieg.

Das ist trivialstes Biedermeier – in einem Stück mit großem Anspruch, den z. B. selbst Claude David ausdrücklich unterstützte. Das ist Tugendpathos ohne jede Einschränkung, daher nicht mehr glaubwürdig. Andrerseits bezeugt das Biedermeier an vielen Stellen, daß sich Moral und Komik nicht zu widersprechen brauchen, sondern sozusagen aufeinander angewiesen sind. Da im Ganzen der Welt Ordnung herrscht, kann nur der einzelne Mensch »zerrissen« sein, nicht die Welt, und der einzelne läßt sich durch satirisch-komische Korrektur ändern. Der gläubig Aufblick zu solcher Ordnung, die willige Einordnung in die von liebevollen Geistern beherrschte Menschenwelt ist auch für Raimund persönlich die einzige Möglichkeit, weiterzuleben. Man muß, wie bei Mörike (vgl. u. S. 704 f.) die Krankheit des Dichters kennen, um seine Lebensleistung für sich und die vielen anderen Zerrissenen der Zeit würdigen zu können. Das komische Spiel ist bei soviel Schwermut keineswegs selbstverständlich. Raimunds Komödien sind ein Versuch zur geistigen Überwindung der Weltschmerzproblematik. Wie im Leben, durch sein Landgut und die Reisen, so schafft er auch im Werk Inseln der Heiterkeit und Güte, die an die letztliche Harmonie der Weltordnung, an die gnädige Führung Gottes erinnern.

Die gefesselte Phantasie (verf. 1826, Uraufführung 1828) ist das erste der umstrittenen Dramen, ein rührendes, wirklich »unschuldiges« (Raimund) Stück*. Dagegen kann ich Rommel nicht zustimmen, wenn er von einem »Programmstück« spricht[85], nicht zu reden von Kindermanns Mei-

---

* In der Autobiographie führt der Dichter die Entstehung des Dramas auf den Ärger über die »Neider« zurück, die ihn als Verfasser von »Das Mädchen aus der Feenwelt« anzweifelten. Dabei hatte er nicht nur das Stück, sondern auch die Melodien »vieler Lieder« selbst gemacht! Nun wollte er »beweisen..., daß man auch, ohne ein Gelehrter zu seyn[!], ein unschuldiges Gedicht ersinnen könne. Dieses Stück wurde zwar belobt, konnte sich aber keines solchen Zulaufs erfreuen, wie die früheren. Was ich schon früher befürchtete, traf hier ein. Es war dem Publikum nicht komisch genug und die Idee nicht populär« (HKA Bd. 5/2, S. 725 f.). Was das für eine Idee sein soll, sagt er meines Wissens auch sonst an keiner Stelle. So enthält z. B. der Brief an den Theaterdirektor Stěpanek vom 26. 6. 1829, abgesehen vom rein Theatralischen, nur den einzigen interessanten Satz: »So ist es mir nicht in den Sinn gekommen, sie [Die gefesselte Phantasie] umzuarbeiten, und ihr durch eingelegte

nung, die »letzten Existenzfragen der Dichtung« seien in Raimunds Utopie berührt. Die Herrscherin der Insel, Flora, die wie alles Schöne wehrlos ist, heiratet mit direkter Hilfe Apollos und der von ihm entsandten Phantasie den Hirten Amphio, weil er das schönste Gedicht gemacht hat. Es stellt sich aber, wie bei so vielen Lustspielhelden des Biedermeiers, heraus, daß in dieser Liebe eine prästabilierte Harmonie waltet. Der vermeintliche Hirte ist der Sohn des mächtigen Königs Athunt, des potentiellen Feindes der Dichterinsel, die in Wirklichkeit doch nur eine »Halbinsel« (Personenverzeichnis) ist, d. h. an das reale, von der Dichtung nicht beherrschte Leben grenzt. Ist also der Bund des Geistes mit der Macht gemeint? Oder bloß das Mäzenatentum der machthabenden Könige über die ihnen anvertrauten wehrlosen Dichter. Man wagt kaum, solche Vermutungen anzustellen; denn alles bleibt unbestimmt, während die komischen Gestalten, vor allem der Wiener Harfenist Nachtigall, an zweiter Stelle der Hofpoet Distichon und der mit ihm streitende shakespearesche Hofnarr, ein wenig auch noch die streitbaren und bösen Zauberschwestern Vipria und Arrogantia, die die Phantasie fesseln, ganz nach Grillparzers späteren Worten *nicht* in »unkörperliche Luft« zerfließen wie die Königin und der Prinz, sondern eine gewisse Gestalt gewinnen. Amphio macht das beste Gedicht. Es wird zitiert – das war ein unglückseliger Einfall des Dichters; denn nun kann jeder ganz konkret feststellen, daß Raimund ein so vortreffliches Gedicht gar nicht zustande bringt. »Brüchigkeit der Aussage« [86] nennt man so etwas, um den nötigen Respekt zu wahren. Dabei ist der Theaterdichter in diesen armseligen Sängerkrieg nur hineingeraten, weil er einen spannenden Abschluß, in Analogie zur bewährten theatralischen Gerichtsszene, brauchte, um wenigstens nach dem Rezept »Ende gut alles gut« das durch den überwiegenden Ernst enttäuschte Publikum zu freundlichem Beifall zu bewegen. Die von Raimund erstrebte »Einfachheit« (s. o.), die griechische Umwelt und der das Stück beherrschende Gott Apollo verraten, daß der Dichter nach einer gewissen *Klassizität* strebte: Nach der »romantischen« Vielstimmigkeit und Tiefe des *Mädchens aus der Feenwelt* die etwas vordergründige edle Einfalt. Raimund dachte vielleicht an seinen Schiller, bei dem die »romantische« *Jungfrau von Orleans* und die klassizistische *Braut von Messina* friedlich nebeneinanderstehen. Erwägt man die möglichen Dramen, die aus dieser epigonenhaften Konzeption hätten entstehen können und z. B. beim jungen Immermann entstanden sind – von Schlimmerem gar nicht zu reden –, so wird man die vernichtenden Urteile, die *Die gefesselte Phantasie* getroffen haben [87], vermeiden und das liebenswürdig-unschuldige Stück zwar nicht den Theaterregisseuren und Deutschlehrern, aber den Liebhabern des österreichischen Biedermeiers empfehlen. Der Dichter erscheint hier als verwienerter und verbürgerter Schiller oder Wieland. Das Entscheidende ist, daß Raimund doch den künstlerischen Takt besaß, die »Narreteien« nicht *ganz* auszurotten, sondern dem ernsteren Stück noch so viel Lustiges mitzugeben, daß es erträglich blieb. Will man lieber die Tradition des Rokokotheaters und der barocken Schäfereien akzentuieren – darauf verweist sowohl der Hirte wie das Thema der Poesie –, so wird man es sogar als ein munter-idyllisches Biedermeier-Singspiel gelten lassen können:

> Der Heurige kennt kein Parteilichkeit nicht,
> Er laßt sich nicht spicken, er tut seine Pflicht,
> Seis Graf oder Bettler, da schützt gar kein Nam,
> Der Heurige packt ihn und reißt ihn zusamm.
> Drum, Brüderln, ich rat engs, ein Heurigen trinkts! (I,15)

Als ein einzelner Ausflug in ernstere Bereiche würde das Stück nicht weiter auffallen. Aber das nächste Jahr brachte wieder eine Frucht von Raimunds edlem Streben: *Moisasurs Zauberfluch* (Uraufführung 1827). Wir haben die scheinbar realen Personen des Dramas, den bitterbösen Gluthahn und das ganz und gar gute Steinbrecher-Paar im strukturellen ersten Teil schon kennengelernt. Hier fragen wir nach dem ganzen Drama. Ich kenne keine überzeugende Interpretation des Stücks, wofür nicht die Interpreten, sondern der Dichter selbst verantwortlich zu machen ist. Sogleich erhob sich

---

Narredeyen und episodische Scenen die Einfachheit [!] zu rauben, welche ich bey ihrer Verfassung im Auge hatte.«

der Vorwurf, »es herrsche in dieser Dichtung viel Verworrenheit der Ideen« [88]. Nicht einmal über die Frage, ob es sich um eine Tragödie mit komischen Elementen oder um ein Lustspiel mit ernsten Untertönen handelt, herrscht Einigkeit. Der Grund liegt darin, daß man nach dem Wortlaut des Schlusses auf einen gemeinsamen Opfertod des Königs Hoanghu und seiner Gemahlin für ihr Land schließen kann:

> *Hoanghu:*   Nie soll uns der Tod mehr trennen!
> *Alzinde:*   Denn wir sterben im Verein!

Geht man dagegen von der allegorischen Zentralszene des Stücks, dem Streitgespräch zwischen dem Genius der Vergänglichkeit und dem Genius der Tugend aus (II,4), so gelangt man zur Idee eines freundlicheren Ausgangs. Denn dort schlichtet die »Stimme von oben« den Streit ganz eindeutig zugunsten des Genius der Tugend, der den allgewalt'gen Tod »zur Milde zwingen« will. Kann der Ausgang eines Volkstheaterstücks dem Befehl der Ewigkeit (»Gehorche Sklav!«) widersprechen? Die Frage traut dem Dichter und dem Volkstheater wahrscheinlich zu viel Konsequenz, zu viel »Einheit« in der Komposition zu. Die österreichischen Interpreten entschieden sich meist für eine Raimundsche Rebarockisierung, z. B. für den Charakter eines Märtyrerdramas (Wilhelm Bietak) [89]. Die neuere Germanistik, die die deutschsprachige Komödie von ihrem schlechten Ruf befreien will, mißtraut dem älteren Tragismus. Claude David macht den Versuch, *Moisasurs Zauberfluch,* im Rahmen einer Pariser Vortragsreihe über das deutsche Lustspiel, als Ausdruck aufgeklärten Immanenzdenkens zu verstehen und aufzuwerten [90]. Auch hier geht es um den Versuch, Raimund vom Verdacht »sentimentaler Biederkeit«, »rührseliger Gemütlichkeit« zu befreien. Tatsächlich »übersteigt die Zahl der komischen Szenen bei weitem die der ernsten«. Es lassen sich überdies aus *Moisasurs Zauberfluch* hinreichend Stellen zitieren, die einen komödienhaften Ausgang erwarten lassen. Richtig ist sicher auch die Feststellung, daß das Drama originaler ist als die von Rommel bevorzugte »Unheilbringende Krone«, insofern die Königin Alcinde, obwohl sie sicher auch eine halballegorische Figur ist, doch zugleich menschliche Züge gewinnt: »In ›Die unheilbringende Krone‹ lenkt die Göttin Lucina ganz allein das Spiel. In Moisasur findet Alcinde von sich aus den Weg zum Heil, und nur von fern steht ihr der Geist der Tugend bei.« David vergleicht sie in diesem Punkt mit Flottwell und mit Rappelkopf, d. h. mit allgemein geschätzten Figuren des Dichters. Die Schwierigkeit, dies »höhere« Drama, das Raimund dem (auch) Tragödien spielenden Theater an der Wien anvertraute, als Komödie zu verstehen, liegt darin, daß diese Interpretation der Auffassung des Dichters und seiner Zeitgenossen widerspricht*. Man könnte darauf erwidern, daß Raimund und seine Umgebung gar nicht wußten, was eine Tragödie war. Dem würde die Stimme des hochgebildeten, sogar die komischen Teile des Spiels klassizistisch ablehnenden Ernst von Feuchtersleben widersprechen. Mit Sicherheit darf man nur annehmen, daß das Stück ernst, ja feierlich gespielt wurde und daß es auch heute so gespielt werden kann. Wenn es ein Lustspiel ist, so ist es jedenfalls eine comédie larmoyante (s. u.). Man muß bedenken, daß nach dem Ordnungsbegriff des Biedermeiers nicht einmal der Bauer Gluthahn als rein komische Figur gespielt werden konnte, weil das Lustspiel nicht für eine Inkarnation des Bösen – der reiche Bauer betreibt ja habgierigen Menschenhandel –, sondern nur für harmlose Ordnungswidrigkeiten zuständig war. Die Rezensionen berühren dieses Problem wiederholt und kennzeichnen damit die überlegene Kunst von Raimund, die auch in diesem, sonst der Komik vorbehaltenen Bereich, wie schon im *Bauer als Millionär,* die Stilmischung einführt. Ein verständnisloser Kritiker sagt: »In der Tat verletzt dieser Charakter [Gluthahn] mehr als er ergötzt, was besonders von den Szenen mit dem Juwelier gilt« [91]. Ein klü-

---

* Autobiographie: »ein tragisches [!] Original-Märchen ›Moisasurs Zauberfluch‹, welches noch ernster war«, als »Die gefesselte Phantasie« (HKA Bd. 5/2, S. 726). Epilog zu »Moisasurs Zauberfluch«: »Denn hab' ich heut' die Saiten kräft'ger angeschlagen,/ Hab' ich's gewagt, im düstern Trauermantel [!] zu erscheinen,/ Der mit des Scherzes Flittergold nur leicht verbrämt,/ So hab' ich diesen Mut/ Ja Ihrer Güte nur zu danken« (HKA 5/1, S. 382 f.). *Feuchtersleben:* »Nach Shakespearescher Art ist dem Stück auch eine komische Person (doch im tragischen Sinne) beigegeben. Dies ist das minder Gelungene« (ebd., S. 384).

gerer Rezensent meint: »Der einzige Vorwurf, der dem Dichter... gemacht werden könnte, ist, daß er das Gemälde in seinen ernsten Partien zu trübe gehalten, – ja selbst im Komischen (in der Rolle des Gluthahn) grau in grau gemalt habe.« Dieser Vorwurf wird im Folgenden von dem Kritiker selbst zurückgewiesen: »Sehr zart sind die grellen Lichtmassen unter die großen Schattenpartien verteilt, und das Ganze, umzogen mit dem Rahmen der Feerei, und verdeckt hinter dem geheimnisvollen Vorhange der Geisterwelt, bietet ein eben so liebliches, als imposantes Bild dar.« Entsprechend wird dann das Spiel des Direktors Carl gelobt, der dieser Stilmischung gerecht wird und in der Darstellung Gluthahns »mit dem höchsten Grade der Bosheit die bitterste, treffendste Komik verschmilzt« [92]. Man wird gleichwohl dabei bleiben müssen, daß das Drama, das mit dem vollen Ernst der Zeit den Sieg des Guten, das noch immer »Tugend« heißen darf, über »Moisasur, den Dämon des Übels«, – mit der Hilfe »von oben«! – demonstriert, *gedanklich* nicht mit der Klarheit gearbeitet ist, die von einem so anspruchsvollen Stil erwartet werden darf – hier setzen Hofmannsthals ernste Spiele ergänzend und damit Raimund übertreffend an –; aber als einen experimentierenden Vorgriff in dieser Richtung wird man das Drama gelten lassen können. Schon ein Zeitgenosse, der mit einem gewissen Recht den Widerspruch zwischen dem traditionellen Märchenstoff und der tragischen Absicht erkennt und den Dichter ermahnt, sein »dichterisches Vermögen... zweckmäßig [zu] gebrauchen« – er meint im Stile eines veredelten Volkstheaters –, führt am Ende sein strenges Urteil auf eine mittlere Ebene zurück: »Jedenfalls bleibt diese Erscheinung immer merkwürdig, selbst in ihren Mängeln merkwürdig« [93]. Ein anderer Rezensent, der Raimunds Abwendung vom Komischen noch ehrlicher bedauert, anerkennt wenigstens den Versuch, »das Publikum – ich meine das weniger gebildete – auf einen höhern, edlern Punkt der Anschauung zu bringen« [94]. 1827 ließ sich die Restauration des Volkstheaters als einer Bühne des niederen Stils durch Nestroy noch nicht ahnen. Auch David erkennt am Ende seiner Interpretation das empfindliche, aber »kostbare Gleichgewicht des Raimundschen Theaters«, das Nestroy zerstörte*.

Wir schließen hier, um im Zusammenhang der »Halbtragödien« (Roger Bauer) [95], der »Allegorienspiele« (s. o.) zu bleiben, Raimunds anspruchsvollstes Drama an, das tragisch-komische »Original-Zauberspiel« *Die unheilbringende Zauberkrone* (Uraufführung 1829). Der ursprüngliche Titel hieß »Die Unheil bringende Krone«; man vermutet, daß er der Zensur verdächtig schien, weil man dabei ein Tendenzstück erwarten konnte. Betrachtet man den Träger der unheilbringenden Krone, den Feldherrn Phalarius, so findet man einen Menschen, der fast an den Helden des chronologisch vorangehenden Dramas, Rappelkopf, erinnert. Die Lage des Phalarius ist mit der Wallensteins vergleichbar, aber keine Spur von seiner Größe! Nur niedriger, häßlicher Ehrgeiz beherrscht ihn, und so nimmt er aus der Hand des Hades die Krone, die ihn aus der Liebesgemeinschaft der Menschen ausschließt und zum Werkzeug der Hölle macht. Selbst wenn man ihn mit Grillparzers Ottokar, ja mit den Tyrannen der Barocktragödie vergleicht, ist der Unterschied eindeutig. Phalarius ist nichts weiter als ein Rappelkopf, und wenn man ihn zum tragischen Helden erhöht, so muß sein Pathos im Spiel »bildlos« (Grillparzer s. o.), konturlos und hohl erscheinen, z.B. so (II,3):

Bringt mir den Löwen fort, ich kann ihn nicht mehr sehen.

(Der Löwe wird fortgebracht. Er steht nachdenkend mit verschlungenen Armen.)

---

* An anderer Stelle der Interpretation wird dies Gleichgewicht ganz in dem hier vertretenen Sinne, d. h. im ausdrücklichen Abstand vom Lustspiel gesehen: »Dieser Stilbruch, dieses unvermutete Gefälle, das uns immer wieder aus den Höhen in das Niedere stürzt, das uns die Nachbarschaft vom Erhabenen und Gemeinen bewußt macht, das Schwulst und lyrischen Schwung entlarvt, ist geradezu Grundregel des Raimundschen Theaters« (Claude *David,* Ferdinand Raimund: Moisasurs Zauberfluch, in: Das deutsche Lustspiel I, Göttingen 1968, S. 137). Die Motive von »Moisasurs Zauberfluch« haben von jeher an Wielands »Alceste« erinnert (Opferung für den Gatten). Auch im Programm der Stilhebung knüpft Raimund an die »Alceste« an (vgl. Friedrich *Sengle,* Wieland, Stuttgart 1949, S. 285).

37

Wozu nützt mir Gewalt, wenn sie mich so erhebt?
Könnt ich die Erde leicht gleich einer Spindel drehen,
Es wäre kein Triumph, weil sie nicht widerstrebt.
Aspasia tot, durch meiner Krone Dolch entseelt!
Abscheulge Hölle, so erfüllst du mein Begehren?
Wer war noch glücklich je, dem Liebe hat gefehlt?
Die größte Lust ist Ruhm, doch Lieb kann sie vermehren.
Doch meine Lieb heißt Tod, wer mich umarmt, erblaßt.
Unselges Diadem, daß du mein Aug entzücktest!
Tiefquälendes Geschenk, schon wirst du mir verhaßt.
Ich war noch *glücklicher,* als du mich *nicht* beglücktest.
Äol, der oft die Majestät der Eichen bricht
Und so am Haupt des Walds zum Kronenräuber wird,
Sag, warum sendest du die geile Windsbraut nicht,
Daß sie die Kron als glühnden Bräutigam entführt?

Es bedarf wohl kaum eines Nachweises, daß ein derartiger Text keine gültige Barocktradition, sondern eher Barockepigonentum ist. Die Verse verhalten sich zum barocken Vers etwa so wie Grabbes Jambus zum klassischen. Und nicht nur die Alexandriner sind dilettantisch und brüchig. Auch die Gestalt des Helden, die hinter dem Monolog erscheint, ist verschwommen und nur mit Mühe einigermaßen heroisch stilisiert. »Die größte Lust ist Ruhm, doch Lieb kann sie vermehren«: Wo spricht ein tragischer Held in diesem Ton? Schon die Tatsache, daß er durch Zauber zum König geworden ist, nimmt ihm die prinzipielle Freiheit, die zum tragischen Helden gehört, macht ihn spannungslos, zu einer Jammerbase. Neben den tragischen Phalarius-Szenen stehen die komischen Simplizius-Szenen der »Unheilbringenden Krone«. Man hat diesen Teil, besonders die komische Figur des Simplizius selbst, mit vollem Recht gerühmt. Auch dieser Schneider ist zwar ein Held, der seine ungeheure Kraft dem Zauber verdankt. Doch bleibt er bei alledem der feige Schneider, und so wird sein geliehenes Heldentum traditionsgemäß zu einem Mittel der Komik. Die hier gegebene Parodie des Heldentums wirkt in die tragische Schicht des Dramas hinüber, so daß diese manchmal zu einer unfreiwilligen Parodie wird, wie ja Raimund auch als tragischer Schauspieler komisch wirkte. Die tragische Überschichtung des Komischen, will sagen die Restauration der barocken Einheit von Tragik und Komik ist hier, wie mir scheint, eindeutiger als in *Moisasurs Zauberfluch* mißlungen. Das »original-tragisch-komische Zauberspiel« ist wie so viele Dramen der zwanziger Jahre ein Epigonenwerk. Vor dieser Kritik kann den Dichter seine österreichische Herkunft nicht schützen.

Damit soll nicht gesagt sein, daß die realistische Ablehnung des Stücks als Allegorienspiel berechtigt war. Es gibt auch innerhalb des allegorischen Bereichs gute Partien. Raimund handhabt das alte dichterische Mittel mit einer gewissen Selbstverständlichkeit und Zwanglosigkeit. Otto Rommel sagt mit Recht: »Will man Raimunds Dichtung verstehen, so muß man sich klarmachen, daß die Allegorie für ihn nicht eine veraltete Mode, sondern eine lebendige Grundform seines künstlerischen Erlebens war« [96]. Diese Feststellung gilt, wie wir wissen, mehr oder weniger für die ganze Biedermeierzeit, und sie gilt vor allem auch für die Komödie der Barocktradition; denn im komischen (parodistischen) Bereich sind künstlerische Mittel, die außer Gebrauch kommen, viel länger verwendbar als im tragischen (vgl. Bd. I, S. 349 ff.). Wenn Rommel jedoch mit dem Hinweis auf die historische Legitimität der allegorischen Darstellungsweise vor 1830 alle ernsten Stücke Raimunds als gelungen und gültig erweisen will, so geht er an dem eigentlichen Problem vorüber, *ob nämlich Raimund in der, bei ernsten poetischen Darstellungen unweigerlich relevanten, sprachlichen Sphäre besteht.* Die Sprache der »halben Tragödien« hat auch sonst nicht selten die Brüchigkeit, die wir bei der *Unheilbringenden Krone* beobachteten. Wir erwähnten schon das Preislied Amphios in der *Gefesselten Phantasie,* als in künstlerischer Hinsicht verräterisch und peinlich. Raimunds Sprache gebärdet sich, auch wenn die Verse nicht ausdrücklich abgesetzt werden, mit Vorliebe rhythmisch. Der wenig kritische Dichter meint offenbar, damit sei die »Poesie« der Dramen gewährleistet. Aber es entsteht auch hier nur ein verspäteter Aufguß alter Sprechweisen. In dem folgenden Monolog der

Königin Alcinde (*Moisasurs Zauberfluch* II,10) wäre es außerordentlich schwierig, eine originale Überformung der empfindsam-idealistischen Tradition nachzuweisen. Wenn man das gleichzeitige Drama genauer kennt, glaubt man den Monolog schon hundertmal gelesen zu haben: *Hier kerkert man mich ein, und zur Gefährtin gibt man mir die Finsternis. Seid mir gegrüßt, ihr Unglücksmauern, aufgebaut, um Elend zu betrachten! Du feuchter Boden, von den Reuezähren der Verbrecher naß! Sei mir gegrüßt, du melancholscher Ort, ich weihe dich zu meinem Prunksaal ein. Hier will ich meinen Gram mit düstern Bildern säugen, hier will ich herrschen über kriechendes Gewürm, von meinen Tränen will ich eine Krone flechten und denken, daß ich sei des Schmerzes Königin. Ich leb allein von allen meinen Lieben. Mein Volk ist tot, versteinert ists, und mein Gemahl – o mein Gemahl, der Erste stets an deines Heeres Spitze, betratest du den mörderischen Boden deines Reiches? – ja, auch er ist tot, alles tot, alles! (Springt auf). So ists recht, Alzinde, so ists recht – denn herunter muß das Leben, wenn der Geist sich schwingen soll. Oh, wie stärkt ein rein Gewissen! Götter, fordert meinen Geist, jetzt bin ich dazu bereitet. (Kurze klagende Musik).*
Die Regiebemerkung am Schluß verrät das schlechte Gewissen des Dichters – wie die Musikbegleitung in gewissen modernen Dramen. *Die Sprache allein trägt nicht.* Man mag beahupten, daß für den Theaterdichter die Literaturkritik grundsätzlich unzuständig ist. Ohne Zweifel: hier liegt das schwierigste Problem bei der Bewertung von Raimunds »Halbtragödien«. Die Konsequenz einer so entschiedenen Trennung von Literatur- und Theaterwissenschaft wäre jedoch unübersehbar; denn Theaterdichtung im Rang der *Unheilbringenden Krone* gibt es damals im gesamten deutschen Sprachgebiet in unübersehbaren Mengen. Man weiß heute, daß die germanistische Sozialgeschichte die zweit- und drittrangige Literatur in allen Gattungen mitberücksichtigen sollte. Aber das bedeutet nur für amusische Literaturhistoriker, daß die alte Unterscheidung von guter und schlechter Dichtung hinfällig ist*.

Raimunds Stücke sind nicht gleichwertig

Man muß, wenn man Raimund wirklich »retten« will, ähnlich wie bei Heine, Immermann, Platen, Grabbe, Postl-Sealsfield und wie bei vielen weniger erfolgreichen Dichtern beträchtliche Unterschiede zwischen den einzelnen Werken machen. Indem man sich, wie Rommel, verführt durch die Leitidee eines genialen oder naiven *Gesamtschaffens,* an die ernsten Werke klammert, schadet man dem Dichter nur. Allerdings ist dieser Verzicht nicht so zu verstehen, als ob der Ernst in seinen bedeutenderen Werken überhaupt keine Rolle spiele. Raimund hat sich spätestens seit dem *Mädchen aus der Feenwelt* von der Tradition des Volkstheaters und damit von der reinen Posse oder Parodie allzuweit entfernt, als daß die unvermischte komische Darstellung noch eine Möglichkeit für ihn wäre. Man weiß, daß er in seiner späteren Zeit die Parodie und den zur Parodie neigenden Nestroy prinzipiell ablehnte. Ein Moment der Besinnlichkeit und Empfindsamkeit, der persönlichen »Tiefe« und Weisheit ist durch Raimunds isolierte Existenz, durch die Beru-

---

* Es fällt mir auf, daß sozialistisch orientierte Germanisten wie Frank *Schaumann* und Reinhard *Urbach* infolge dieses Kurzschlusses zu einer gewissen Aufwertung der »Unheilbringenden Zauberkrone« neigen. Auch sozialgeschichtlich gesehen sind jedoch die anerkannten Dramen Raimunds unvergleichlich wichtiger als seine »Halbtragödien«. Genau besehen ist hier der Dichter in das *Niemandsland* zwischen dem großen poetischen Drama vom Typus »Natürliche Tochter« und der großen Theaterdichtung geraten. Ich lehne empfindsame Dichtung *nicht grundsätzlich* ab (vgl. Bd. I, S. 242 f.). Man muß auch hier zwischen Innovation und Tradition und purem Epigonentum unterscheiden. Wer den Briefwechsel Raimunds und Lenaus hintereinander liest, bemerkt schon da, welcher der beiden Dichter die empfindsame Sprache originaler fortbildet: sicherlich Lenau.

fung auf seinen »Genius« (s. o.), durch die geistigen und metaphyischen Rettungsversuche, die seine gefährdete psychische Lage zur Notwendigkeit machte, seit der Nervenkrise von 1824 natürlich und selbstverständlich. Doch kommt es wie bei so vielen Dichtern der Zeit darauf an, ob er dies Eigene oder Neue mit der Tradition zu versöhnen versteht, und das bedeutet in seinem Fall, ob er den besinnlichen Ernst, die Wärme des Gefühls, die sanfte Belehrung und verhaltene Schwermut, kurz all die Eigenschaften, die er mit dem heraufsteigenden bürgerlichen Biedermeier teilt, *im Rahmen der Volkskomödie zu integrieren versteht.* Diese biedermeierliche Überformung der Barocktradition hat Raimund in einer Reihe von ˙. ˙cken – über die Zahl läßt sich streiten – ohne Zweifel geleistet. *In neuartiger Weise* und im direkten Anschluß an ältere Vorbilder (Wielands *Oberon,* Lessings *Minna von Barnhelm* [97]) *wiederholt sich bei ihm der Vorgang, der sich im veredelten komischen Epos und in der comédie larmoyante des 18. Jahrhunderts vollzogen hatte.* In beiden Fällen führt die Veränderung der vorkünstlerischen (metaphysischen und seelischen) Grundlagen zu einem Mißvergnügen an den überlieferten satirisch-komischen Schemata und dementsprechend zu »originalen« Gestaltungsexperimenten. Kennzeichnend für Raimunds Komödie ist also nicht die »Naivität« des Gestaltens, sondern der *bewußte Versuch, das Sentimentalische in die handfeste Tradition des komischen Zaubertheaters einzubeziehen.* Die Kritik mancher Germanisten an dem *auch* sentimentalen Raimund beruht daher auf einer völligen Verkennung der stil- und seelengeschichtlichen Voraussetzungen: Tränen sind für Raimunds Zeit, wie für die empfindsame Epoche (und selbst Lessing), ein positives Wertkriterium, ein humanum. Da das Phänomen der Stilmischung selbst bereits ausführlich belegt wurde, veranschaulichen wir diese biedermeierliche Wonne gemischter Stillagen und gemischter Gefühle nur noch durch eine einzige zeitgenössische Bewertung seiner Leistung. »Was er selbst und namentlich in seinen eigenen Bühnenstücken geleistet, das ist über alles Lob erhaben; man durfte buchstäblich behaupten, daß bei einer Vorstellung Raimunds das Publikum fortwährend Tränen vergoß, entweder vor Lachen oder vor Rührung« [98]. Man erkennt aus solchen Äußerungen klar genug die seelengeschichtlichen Gründe für Raimunds gewaltigen Ruhm.

Der Alpenkönig und der Menschenfeind

Ich habe durch die Distanzierung von Grillparzers klassizistischen Maßstäben und durch die Hervorhebung des eigentlichen Durchbruchs zur Stilmischung in *Das Mädchen aus der Feenwelt* schon angedeutet, daß ich an keinen künstlerischen Fortschritt des ausgereiften Dramatikers Raimund glaube. Dagegen kann niemand bestreiten, daß *Der Alpenkönig und der Menschenfeind,* »Romantisch-komisches Original-Zauberspiel« (Uraufführung 1828), zum Raimund-Kanon und zum deutschsprachlichen Komödien-Kanon gehört. Das »*tragisch*-komisch« der *Unheilbringenden Zauberkrone* fehlt im Untertitel, worüber die Interpreten nicht einfach hinwegsehen sollten. Raimund will wieder ein Lustspiel schreiben, wie immer »vertieft« die Gattung auch sein mag. Es ist bemerkenswert, daß die Zeitgenossen öfters an *Das Mädchen aus der Feenwelt* zurückdachten und sich überlegten, ob dem Fortschritt in der dramaturgischen und psychologischen Einheit nicht auch ein Verlust entspreche: Was tut der Alpenkönig in einer Charakterkomödie? Manchmal wird allerdings auch richtig erkannt, daß das übertriebene Gehabe des Menschenfeindes Rappelkopf im I. Akt nicht mehr rein psychologisch zu erklären, sondern aus den »sich willkürlich spielenden Capriccios« [99] des ehemaligen Possendichters abzuleiten ist. Dem entspricht die Interpretation von Raimunds Spiel, das auch in diesem Stück *wenig* realistisch war: »Nur dadurch, daß er [Raimund] ihn [Rappelkopf] ins Übertriebene, Karikierte zieht, [paßt] der Menschenfeind in ein Spektakelstück dieser Art [Zauberspiel], wo von keiner unmittelbaren Charakterdurchführung die Rede sein kann« [100]. Raimunds *Alpenkönig* ist, wie der Amerikaner Michalski feststellt, sein einziger Beitrag zum Drama der Weltliteratur [101]. Ich möchte mit Claude David sagen, daß diese Allgemeingültigkeit kein negatives, aber auch nicht unbedingt ein positives Wertkriterium ist [102]. Niemand bestreitet die Vortrefflichkeit des Stücks, ja viele Zeitgenossen sagen, es sei sein bestes Stück; aber sie spüren auch, daß hier von Raimunds Einzigartigkeit schon ein wenig verlorengegangen ist. Wir könnten behaupten, daß ein Schritt zu Nestroy hin getan ist. Dieser spielte die Rolle des Rappelkopfs gern. Die Moral war, wiederum mit der Ausnahme von Berlin [103], nicht das Anstößige; sie wurde sogar anläßlich der Londoner Aufführung als unwiderstehlich und handgreiflich gepriesen (Court-Journal 1831) [104]. Aber man vermißte ein wenig die Innigkeit, die Poesie*. Hoftheaterreife hatte der Dichter mit dieser Komödie ohne jeden Zweifel erreicht. Soviel ich sehe, ist es das einzige Stück Raimunds, das »auf allerhöchsten Befehl« (Franz I.) aufgeführt wurde, – während eines Aufenthalts des Kaiserpaares in Linz [105]. Nicht hoftheaterfähig war allein die Szene in der Köhlerhütte (I,15/16), in der ein Junge seinen betrunkenen Vater verspottet. Sie war nach den Begriffen der Zeit ein niederländisches Genrebild. Das stellt nicht nur Grillparzer fest. Aber diese ganz entschiedene Stilsenkung war umstritten. In Pest nennt ein Rezensent die Szene »naturgemäß – doch höchst unpoetisch« [106]. Einen interessanten Hinweis auf die Musiknähe von Raimunds Spiel – man darf die Beobachtung auf seine Dichtung übertragen – gibt ein Berliner, der offenbar die Wiener Singspielgewohnheiten nicht kannte: »Die Art, wie er zur Musik *rezitiert,* den Vortrag zwischen Gesang und Deklamation mitten inne haltend, mit Rücksicht auf die Tonart der Begleitung, verdient noch als besonderes Verdienst ausgezeichnet zu werden« [107]. Man sollte also auch bei diesem Drama in Interpretationen und Aufführungen Raimunds Realismus nicht überbetonen. So wie in der Hütten-Szene grellste Effekte gesucht werden, so an andern Stellen sanfte; ja, schon das echoartige Verklingen des Liedes der abziehenden Köhlerfamilie setzt bewußt einen Kontrast zu der »derbkomischen«, keineswegs naturalistischen Szene.

---

* In einem Dialog des Grafen Heusenstamm über das Stück liest man: ›Ich gestehe, das ›Mädchen aus der Feenwelt‹ hat mich inniger befriedigt, wenn ich gleich die Fortschritte nicht verkenne, die mit dieser neuesten Schöpfung geschehen« (HKA, Bd. 5/1, S. 447). Vielleicht vermißte man auch das Wienerische ein wenig. In einer Hamburger Rezension liest man: »Der Alpenkönig... gehört nicht zu den besten Dichtungen des originellen Raimund. Sein Mädchen aus der Feenwelt ist ungleich poetischer und das Ganze glücklicher gelöst« (ebd., S. 470). In Lemberg wurde übrigens sowohl der »Karpathenkönig« wie das »Mädchen aus der Feenwelt« ins Polnische übersetzt (ebd., S. 479). Auch sonst müssen diese Spiele in Österreich-Ungarn übernationale Geltung gehabt haben.

Raimund hat sich im *Alpenkönig* nicht so weit vom Volkstheater entfernt, wie es zunächst scheint, und das bedeutet, daß er auch kein Bekenntnisdrama schrieb, wie oft vermutet wurde, sondern sogar zu einer gattungsgerechteren Form des Besserungsstücks zurückgekehrt ist als in *Das Mädchen aus der Feenwelt*. Nicht an Shakespeares *Timon von Athen* ist zuerst zu denken – der ist ein wirklicher Menschenfeind, und er bessert sich nicht. Mit Molières *Misanthrope* und dessen deutschen Nachahmungen, z. B. Kotzebues *Menschenhaß und Reue* – übrigens ein Drama mit Welterfolg –, hat Raimunds Menschenfeindkomödie noch weniger zu tun; denn bei Molière und seinem Gefolge ergibt sich der Menschenhaß *aus konkreten Erfahrungen in der unmittelbaren Umwelt des Helden*. Rappelkopfs Umwelt dagegen ist die ideale Biedermeierfamilie; jedermann liebt ihn, wenn er auch völlig unausstehlich ist. Das erfährt er, als er in der Gestalt seines Schwagers in seine Familie zurückkehrt, und schon diese Erfahrung, daß ihn seine Familie unerschütterlich liebt, leitet das Werk der Besserung ein, nicht erst die Rappelkopf-Rolle, die der Alpenkönig spielt, der der Menschenfeind auf Befehl seines hohen Erziehers zuschauen muß und die seine Bekehrung aus einem »Halbmenschen«, aus einem »Tier« (I,21) zum *Menschen* vollendet. Die Familienszenen sind wichtig; denn nicht nur Rappelkopf – »eher ein Verrückter als ein Menschenfeind« – [108], sondern auch seine Familie ist bedroht. Das bringen die verschiedenen Frauen, die er schon hinter sich gebracht hat, zum Ausdruck. Allerdings ist auch hier weniger an »Charakterisierung« als an das primitive Gesetz der Posse zu denken; denn die Frauen erscheinen in reichlich grotesker Szene dem Verwirrten in der Köhlerhütte. Diese hat er als Idyll gekauft, der Alpenkönig verwandelt sie aber in eine Art Fegefeuer. Bedroht ist auch die Tochter Malchen; denn Rappelkopf, »ein reicher Gutsbesitzer« (Personenverzeichnis) – wiederholt ist von seinem »Schloß« die Rede –, will den Maler August Dorn, den Malchen liebt, nicht zum Schwiegersohn haben, obgleich dieser durch ein kleines Vermögen gut biedermeierlich allen Bohème-Vorstellungen entrückt wird. In Rappelkopfs Einbildung sind er selbst und seine Familie auch finanziell bedroht; aber alle diese Gefahren für das Familienglück werden am Ende durch Rappelkopfs *Weg zum Tempel der Selbsterkenntnis* beseitigt. In erster Linie die »höhere Macht«, dann aber auch die rücksichtsvolle Familie ermöglichen Rappelkopfs Besserung und *Rückkehr in die Gesellschaft**.

Das Wort Alpenkönig erweckt idyllische Vorstellungen; aber nicht die heilende Natur ist gemeint, sondern ähnlich wie in Gotthelfs *Jakob,* die Wirkung einer absolut überlegenen Macht. Daher das häßliche Bild von der Köhlerfamilie, daher die Geister der gestorbenen Frauen, daher die Überschwemmung, in der der Patient fast ertrinkt. Gemeint ist die unerläßliche Überwindung des Egoismus, die strenge Erziehung zur »Menschenlie-

---

  * An Wendelin Schmidt-Denglers Interpretation (Raimund: Der Alpenkönig und der Menschenfeind, in: Die deutsche Komödie, hg. v. Walter *Hinck,* Düsseldorf 1977, S. 160–174) fällt mir auf, daß er gegen *Politzer* das »Besserungsstück« betont, sich auch des großen Abstands von den weniger freundlich endenden Misanthropdramen der Weltliteratur bewußt ist und es doch vermeidet, diese Züge mit dem Wiener Biedermeier in Verbindung zu bringen. Die Psychologisierung *Politzers* weist er zurück; aber er übernimmt die nicht weniger modernisierende Soziologisierung *Urbachs:* In dem idealen Herrscher Alpenkönig soll eine »gesellschaftskritische Komponente« enthalten sein (S. 173). Er ist aber kein Musterkönig, sondern die über dem Irdischen stehende Macht.

be«, zur Familiengemeinschaft. Aus Prag wurde der Wiener Theaterzeitung gemeldet: »Sie nennen ihn den Iffland der Zauberspiele. Es ist immer ein tiefgedachtes, aus dem Widerschein des Lebens auf die Bühne hingehauchtes Farbenbild, was Raimund darstellt« [109]. Erich Schmidt, der diese Stelle noch kaum kennen konnte, dem aber das vielgeliebte Familienschauspiel Ifflands noch vertraut war, sagt entsprechend: »Das Liebespaar, die edle leidende Gattin, ein guter Onkel stammen aus Ifflands Familie, die Dienerschaft aus der Wiener Posse, die schon bei Prehauser eine schwäbische Köchin, schon bei Meisl einen Bedienten Habakuk kennt« [110].

Zu den von Schmidt erwähnten Vorbildern treten Stücke des Volkstheaters, an die der Dichter noch unmittelbarer anschließen konnte (Meisl, *Der Esel des Timon,* auf den der Text I,20 anspielt [111]; Gleich, *Der Berggeist* [!] *oder die drei Wünsche,* mit dem Herrn von Mißmut; Gleich, *Ydor, der Wanderer aus dem Wasserreiche,* in dem die Überschwemmung schon vorgebildet ist). Wenn man erkannt hat, daß Raimunds Leistung *innerhalb* der Volkstheatertradition ihre Höhepunkte erreichte, muß man wohl noch genauer und unbefangener mit diesen Vorlagen vergleichen, als bisher geschehen ist, um Raimunds Originalität exakt zu bestimmen. So liest man z. B. bei Rommel, Raimund habe öfters den Herrn von Mißmut in Gleichs *Berggeist* gespielt; auch dieser werde vom Berggeist barmherzig gerettet: »Aber Raimunds weiser Dämon denkt nicht daran, abenteuerliche Mittel anzuwenden, welche die Kausalität der Wirklichkeit aufheben. Er projiziert wieder nur seelische Erlebnisse nach außen auf die Bühne ins Überlebensgroße« [112]. Mit dieser an Goethe orientierten symbolisch-psychologischen Deutung wird man dem effektreichen Theater des Volksdichters nicht gerecht. Sogar Wiener Rezensenten, gewiß nicht zimperlich, tadeln den Pudel, der mit der Köhlerfamilie ausrückt, und die groteske Versetzung des anreisenden Onkels, des Herrn von Silberkern, auf eine Bergspitze, – weil er vorläufig durch Rappelkopf ersetzt werden und erst zum Schluß das Märchen durch die Nachricht von einem Millionengewinn (100 000 fl.) vollständig machen soll.

Man äußerte schon in den Rezensionen naive Zweifel an Rappelkopfs Besserung. Wenn man heute solche Zweifel in der Germanistik weiterspinnt, besitzt man eine merkwürdige Vorstellung von der Funktion der Besserungsstücke. Plötzliche Bekehrungen hielt man zwar für möglich – der charakterologische Determinismus war noch nicht so weit fortgeschritten wie in der folgenden biologistischen und materialistischen Zeit –; aber man nahm die Bekehrung so wenig zu Herzen wie irgendein konventionelles Predigtmärlein. Wenn Michalski, gut amerikanisch, meint, Raimunds positive Lösung sei im humanistischen Sinne ergiebiger als die Shakespeares im *Timon von Athen* [113], so freut sich der Biedermeierforscher über das (in Deutschland seltene) Verständnis für die herrschende Richtung der Epoche; aber dem *Spielcharakter* des Stücks wird diese Meinung fast ebensowenig gerecht wie die traditionelle Gleichsetzung von Rappelkopf und Raimund. Wenn ich richtig sehe, verschwindet diese hartnäckige biographische Naivität allmählich aus der Forschung. Harding, der den ersten gründlichen Vergleich zwischen Raimunds und Nestroys dramatischer Kunst vorgelegt hat, warnt nach der Nennung von Politzer, Hans Weigel und Martin Nash vor der biographischen Deutung von Raimunds Werk und erinnert an den *Reichtum der komischen Erfindung,* in dem Raimunds Zeit die unsere übertraf [114]. *Ja, die ungebrochene Wiener Komödientradition verbietet eine erlebnispoetische Ausdeutung.* Auch Jürgen Hein sieht, unter Berufung auf Wolfgang Bender, in der »Identifikation des Autors mit seiner Hauptfigur« nur eine Belastung der Interpretation [115]. Es ist selbstverständlich, daß Raimund den Psychopathen Rappelkopf nicht so überzeugend gedichtet und als Schauspieler dargestellt hätte, wenn er nicht selbst mit seinem seelischen Leiden zu ringen gehabt hätte. Rappelkopf ist, wie im Text ausdrücklich festgestellt wird, kein »schändlicher Mensch«, sondern »ein unglücklicher Mensch« (II,4), und sein Diener Habakuk empfiehlt sogar die damals übliche Wasserkur* für ihn, also ein homöopathisch-medizinisches Heilmittel (vgl. Bd. I, S. 39 f.). Rappelkopf – das braucht man nicht zu leugnen – ist in einer Neurose, ja er hat einen Tobsuchtsanfall (I,14). Aber Psychisches und Moralisches werden im Biedermeier nicht scharf voneinander getrennt; denn man glaubt an die Überlegenheit der »höheren Macht«, der göttlichen Liebe und an die Wirksamkeit der Selbsterkenntnis. Es hätte wenig Sinn, Rappelkopf mit Büchners Woyzeck oder Lenz zu vergleichen; denn in Büchners Dichtungen verlieren die Gattungsschemata einen großen Teil ihrer traditionellen Macht. Bei Rappelkopf ist schon der harmlos-komische Name glückverheißend. Sein Schicksal ist in den Rahmen eines Zauberspiels und einer Besserungs*komödie* eingespannt.

Die ernsten Aspekte sind freilich zunächst vorhanden. Der 1. Akt war für die Rezensenten oft befremdend, auch wegen der Ernsthaftigkeit, mit der ihn Raimund spielte. Aber im II. Akt lösen sich die Krankheit und der Familienkonflikt in einem virtuosen komischen Spiel auf; sie lösen sich *völlig* auf. Dem Wunschbild der Biedermeierfamilie wird bis in die Einzelheiten hinein entsprochen. Das ist die Beglückung, die das Zauberspiel einem Publikum vorgaukelt, das noch streng zwischen Norm und Erfahrung, Phantasiewelt und Wirklichkeit unterscheiden kann und von Ibsens naturalistischen *Gespenstern* durch einen historischen Weltuntergang (1830, 1848) getrennt ist. Alles, was man heute über den glücklichen Schluß hinaus denkt, ist unverbindlich, weil Rappelkopfs Krankheit (»unglücklich«, nicht »schändlich«), im Gegensatz zu Gluthahns Bosheit, zu den läßlichen Ordnungswidrigkeiten gehört, die korrigiert und am Ende von allen Beteiligten völlig verziehen werden können. Die Rezensenten, die Rappelkopfs anfängliches Benehmen »übertrieben« fanden, kritisierten das nicht ganz komödiengerechte Theater. Andere erkannten wieder gerade die Mischung von Komik und Ernst als Raimunds Hauptleistung: »Da folgt Scherz auf Scherz, der, wenn man will [!], auch ernsthaft betrachtet werden kann« [116]. Der *Alpenkönig* ist wohl die *geschlossenste* Komödie des Dichters; als solche muß er zunächst interpretiert werden, ehe man nach dem Hintergrund fragt. Die gemischten Gefühle, die Raimund als *Mensch* erfüllten, kommen in der »Abdankung«, d. h. in der Verabschiedung vom Publikum nach einer langen Serie von Vorführungen zum Ausdruck (8. 11. 1828). Man sollte darin nicht nur die Schmeichelei für seine dankbare Hörer-Gemeinde sehen, sondern zugleich das aufrichtige Bekenntnis zur Macht der Liebe, das ihn mit dem Publikum verband und das auch hinter dem *Alpenkönig* als höchster Wert dieser Zeit steht:

> Ich hab' der Menschenlieb' zu viel zu danken,
> Dieß zog um meine Phantasie die Schranken
> Daß ich zum Menschenhaß nicht konnt' gelangen,
> Weil *Ihre* Lieb' die *meine* hielt gefangen.
> Doch was für Fehler auch mein Werk umschließt,
> Ich hab' durch manche Qual sie abgebüßt,
> Und gern leg' ich die heut'ge Rolle nieder,
> Gleich wie ein Hirsch die mattgehetzten Glieder,
> Denn alles Üble, was ich schwer empfunden,
> Ist mit ihr leicht aus dem Gemüth entschwunden:
> Verachtung, Zorn, mistrauisches Erbeben,
> Der Rache Wuth, die Unlust zu dem Leben,
> Beschämung, Reu', kurz Leiden unermessen,
> Des Dichters Angst nur ja nicht zu vergessen,
> All dieß ist wie ein Zaubertraum erblichen,
> Die Leidenschaften sind der Brust entwichen. [117]

---

* »Es gibt ihm alles nach, das ist gar nichts nutz, da wird er nie kuriert. Ich versteh nichts von der Medizin, aber ich glaub, wenn er einmal recht durchgewassert wurd, es müßte sich seine ganze Natur umkehren« (II,6).

Zu den Raffinessen des *Alpenkönigs* – ich wähle das Fremdwort mit Überlegung – paßt es, daß auch die Dienstboten, ein traditioneller Bestandteil des komischen Theaters, mit besonderer Sorgfalt ausgebildet sind. Wie der Dichter in diesem Stück die romantische Doppelgängerrolle (E. T. A. Hoffmann) in handfestes Wiener Theater umwandelt[118], so benützt er die »Stimmungsbrüche« des romantischen Dramas (Tieck) zur Verlebendigung der Bedientenrollen. In II,7 singt Lieschen das beim Thema der Komödie obligate Lied gegen den Menschenfeind. Es endet mit einer Strophe, die der humanen Liebesreligion Ausdruck verleiht; aber Rappelkopfs Reaktion ist ganz ungewöhnlich:

> Sieht man nur die goldne Sonne,
> Wenn sie auf am Himmel steigt,
> Wie sie schon mit holder Wonne
> Allen Wesen ist geneigt:
> Dann kann man die Welt nicht hassen,
> Die's im Grund nicht böse meint,
> Man muß nur die Lieb nicht lassen,
> Wird man nie zum Menschenfeind. (Ab.)

Rappelkopf (allein): Schrecklich! Muß ich mich auch noch ansingen lassen! Das sind Beleidigungen nach den Noten, und ich darf den Takt nicht dazu schlagen. Und alles bleibt auf einem Wort!

Malchens Kammerkätzchen wird geadelt, indem sie die Mahnung des Stücks so ernst auf den Begriff bringen darf, und Rappelkopf wird noch komischer, da er die Mahnung nicht einmal im Lied, der Wonne von Raimunds Publikum, annehmen will. Ähnlich raffiniert verfährt der Dichter, wenn er das überaus traditionelle Mittel der komischen Wiederholung (Habakuk: »Ich war zwei Jahre in Paris«) dadurch erträglich macht, daß Astragalus in der Rolle Rappelkopfs den komischen Bedienten plötzlich in der Rede (»daß ich zwei Jahre in –«) unterbricht, am Hals faßt und sagt: »Ich erdroßle Ihn, wenn Er noch einen Buchstaben mehr dazu sagt« (II,10). Ja, der Dichter geht so weit, aus diesem Verbot des komischen Tricks eine Parodie des halbverrückten Haupthelden abzuleiten; denn als Rappelkopf den Bedienten fragt, was er denn davon habe, wenn er immerfort seine Pariser Jahre erwähne, erwidert Habakuk (II,12): »Unendlich viel, es hat alles viel mehr Achtung vor einem. Das hab ich schon viel hundertmal an andern bemerkt. Kurz, wenn ich das verschweigen muß, ich bekomme eine Gemütskrankheit, ich geh drauf.« Der muntere Diener-Hanswurst mit Gemütskrankheit! Das war ein Einfall, der die Verwendung des überalterten komischen Mittels balancierte und noch ermöglichte.

Der Verschwender

Auch der berühmte Valentin, der in Raimunds letztes Stück *Der Verschwender* (Uraufführung 1834) so viel biedermeierliche Gemüthaftigkeit bringt, sollte ursprünglich noch ein derartiger Diener-Hanswurst sein; aber er avanciert im Laufe der Entstehungsgeschichte nicht nur zu einem Kleinbürger (Tischler), sondern sogar zum Retter seines ehemaligen, inzwischen verarmten Dienstherrn, was selbstverständlich zu erheblichen Veränderungen der Rolle in den früheren Auftritten, ja wohl sogar zu einer endgültigen Uneinheitlichkeit der Valentin-Figur führte[119]. Der klassizistische Begriff der »Einheit« erscheint, wie wir schon wissen, der Volkskomödie wenig angemessen, und entsprechend ist seine mangelhafte Ausbildung kein gewichtiges Wertkriterium. Die Tatsache, daß Raimund hier keine, wenigstens in seinem eigenen Gesamtwerk, neue Gestalt wie Rappelkopf wählt, sondern zu dem alten bewährten Thema des zerronnenen Reichtums *(Bauer als Millionär)* zurückkehrt, bedeutet vielleicht, daß das Problem des Kapitalismus in den kritischen Jahren nach 1830 noch aktueller geworden war; die Stoffwahl kann aber auch ein Ausdruck der Erschöpfung sein, die sich schon in der fünfjährigen Pause zwischen der *Unheilbringenden Zauberkrone* und dem *Verschwender* ankündigt. Der Held des neuen Besserungsstücks ist *ein zur bürgerlichen Rationalität unfähiger Adeliger,* der Herr von Flottwell; jetzt heißt es im Personenverzeichnis sogar ausdrücklich: ein »reicher Edelmann«. Schon Rappelkopf machte seine krankhafte Behandlung der Bedienten durch das Austeilen größerer Geldsummen wett. Auch die Köhlerhütte kaufte er nicht zum Marktpreis*. Jetzt wird die gutmütige, aber vom Dichter und seinem Publikum als »unbescheiden« verurteilte Verschwendung zum Hauptmotiv der Besserungskomödie. Die Tradition der comédie larmoyante ist diesmal direkt erkenntlich; denn die Verschwenderstücke des Volkstheaters gingen nach August Sauer letzten Endes auf ein von der Gottschedin übersetztes Stück des Destouches zurück *(Le Dissipateur).* Die moralische Absicht ist wiederum sehr deutlich. Ursprünglich sollte Flottwell im Sinne des alten Fortunabegriffs das Vermögen durch Zufall verlieren; im vorliegenden Text verspielt er es unverständig[120]. In einem Brief an den Theaterdirektor Schmidt (20. 12. 1835) wendet Raimund sich gegen einen großartigen Schluß des Besserungsstücks, unter Hinweis auf Flottwells Schuld. Auch der Vertreter des absolut Bösen, der im *Alpenkönig* schon verschwunden war, erscheint wieder, in dem Kammerdiener Wolf, der im Laufe der Zeit Flottwells Schloß durch Betrug an sich bringt. Der böse Diener *mildert,* unter der bürgerlichen Perspektive Raimunds, höchstens die Schuld großspurigen Leichtsinns, die auf dem Edelmann lastet; reingewaschen wird er nicht.

Diesmal hat ein *guter* Geist, die Fee Cheristane, den Reichtum gespendet, aber Flottwell ist nicht fähig, ihn zu bewahren. Von der gesamten Geisterwelt erscheint dieses Mal nur diese Fee mit ihren dienstbaren Geistern, ja man glaubt zu bemerken, daß Raimund auch diesen Feenzauber absichtlich zurückdrängt; denn er läßt das Stück gegen die Tradition (vgl. noch den *Alpenkönig*) im alltäglichen Bereich, auf Flottwells Schloß, beginnen, und das erste Auftreten der Fee hat zunächst den Charakter einer idyllischen Einlage: sie erscheint dem Geliebten als liebliches Bauernmädchen. Das wirkungsmächtige Motiv des Alters läßt sich der Dichter auch hier nicht entgehen; zwischen dem ersten und dem dritten Aufzug liegen 23 Jahre. Aber er vermeidet, wie in diesem Stück überhaupt, die direkte Verwendung der Allegorie. Er verbindet das Motiv des Alters mit dem uralten Doppelgängermotiv, das schon die Romantik ins Mystische »vertieft« und dessen theatralische Kraft Raimund im *Alpenkönig* erprobt hatte. Doch verlieren beide Motive im *Verschwender* ihre komische Funktion. Dem Verschwender erscheint, als er noch jung und reich ist, sein künftiges Ebenbild, die unheimliche Gestalt eines alten Bettlers. Die Unheimlichkeit wird dadurch gesteigert, daß nur Flottwell den überirdischen Bettler sieht. Diese Technik entspricht Tiecks Ratschlägen in dem Aufsatz über Shakespeares Behandlung des Wunderbaren und ist alles andere als naiv. Die Fee Cheristane hat ihren dienstbaren Geist Azur in dieser ärmlichen Bettlerkleidung gesandt, um Flottwell vor der Unbe-

---

* I,16: »O mein, Euer Gnaden! So viel Geld kanns ja gar nicht geben auf der Welt, da wären wir ja versorgt auf unser Lebtag.« Der Kauf erscheint trotzdem als gewissenlos, da die Hütte eine sichere Existenzgrundlage der Familie ist, während das Geld von dem Vater, der betrunken vorgeführt wird, bald vertan sein wird.

sonnenheit zu warnen und um die Güte, die trotz aller Leidenschaft in seiner Verschwendung verborgen liegt, für die Tage seiner Not gnädig nutzbar zu machen. Die reale Welt wird, ähnlich wie durch das Auftreten des Alters im *Mädchen aus der Feenwelt,* transparent für die überall heimlich gegenwärtige Vergänglichkeit. Die theatralische Darstellung des Bettlers muß wiederum der numinosen Schicht in Raimunds Dichtung gerecht werden; sie entscheidet darüber, ob die Tiefe in seiner Dichtung erfaßt wird oder nicht. Wie im *Mädchen aus der Feenwelt* gibt es am Ende eine mittlere, idyllische (bürgerliche) Lösung des Geldproblems. Flottwell erhält die dem alten Bettler reichlich gespendeten Almosen zurück und wird mit der Familie Valentins, der ihm in der Not als einziger die Treue bewahrte, sein Leben in Zufriedenheit beschließen.

Der Ernst ist in diesem Stück nicht so stark mit den komischen Partien verbunden wie im *Alpenkönig* und im *Bauer als Millionär.* Dementsprechend tritt Raimunds sprachliche Schwäche stärker hervor als in den erwähnten Meisterwerken. Ob der *Verschwender* wirklich sein bestes Stück ist, wie es die Ideologie fortschreitender »Entwicklung« fordert, darüber läßt sich also mit guten Gründen streiten. Dem elegischen Thema des Reichen, der nicht rechnen kann, ist Raimunds Sprache nur bedingt gewachsen. Doch scheint er sich diesmal seiner Schwäche bewußt gewesen zu sein. Wie Lessing seinen großmütigen Tellheim, so umgibt Raimund seinen edlen Verschwender mit Figuren, die das komische Spiel in Gang halten. Wir wissen, daß er die unvergleichlich komische Dumont-Szene (II,7) »nur eingefügt« hat, »weil es ihm selbst vorgekommen, der zweite Akt habe nicht Leben und Interesse genug« [121]. Noch wichtiger als ein derartiges nachträgliches Bessern ist die Beobachtung, daß sich Raimund überhaupt bemüht, die Sentimentalität nicht überhand nehmen zu lassen. So folgt z. B. auf das rührende Wiedersehen zwischen dem treuen Diener und seinem zum Bettler herabgesunkenen alten Herrn und auf das dazugehörige »naive« Genrebild von Valentins Kindern die volkstümlich-derbe, an die Köhlerhüttenszene erinnernde Komik der Rosa-Szenen. Valentins Frau will den Bettler nicht ins Haus nehmen. Sie spielt die geizige Kleinbürgerin. Das alte Komödienmotiv von der *Widerspenstigen Zähmung* tritt in Funktion, in durchaus possenhafter Weise, wiewohl es natürlich im Geiste des Biedermeiers von vornherein humanisiert und schließlich ins Trauliche hinübergespielt wird*. Auf solche Weise erreichte Raimund auch in seinem letzten Stück das Gleichgewicht von Komik und »Sinnigkeit«, von rokokohafter Possenhaftigkeit und biedermeierlicher Verständigkeit, das wir in seinen besten Werken bewundern.

Von ihrem theatralischen Boden dürfen auch die Meisterwerke dieses Schauspielers niemals losgelöst werden, wenn man sie ganz verstehen will [122]. Als Leser und philolo-

---

* III,9: *Valentin:* Gelt, Alte, ja, wir behalten ihn da im Haus. Du wirst es sehen, ich werd recht fleißig arbeiten. ... *Rosa* (nach einem kurzen Kampf): Nu meinetwegen. So solls denn sein. *Valentin* (springt vor Freude): Bravo Rosel! das hab ich auch von dir erwartet. Ich hätt dich nicht verlassen, wenn ich auch heut fortgegangen wär. Oh! morgen auf die Nacht wär ich schon wieder nach Haus gekommen. Jetzt ist aber alles in der Ordnung. Kinder! kommts herein zum letzten Mal. (Alle Kinder). Kinder, legt alles wieder hin. Wir ziehen nicht aus. Ich hab mit der Hausfrau da einen neuen Kontrakt abgeschlossen. Vater und Muter sind versöhnt. Der gnädige Herr kommt ins Haus. *Kinder* (alle freudig): Das ist gscheid! das ist gscheid!

gischer Interpret muß man sich immer die Szene und die Musik dazuphantasieren. Raimund erleichtert uns diesen Akt durch ausführliche, meisterhaft präzise Regieanweisungen. *Man muß von vornherein Verständnis dafür haben, daß seine szenische Vision häufig die wortkünstlerische Kraft übersteigt.* Eine bestimmte Dosis seelischen, moralischen, metaphysischen Effekts, der sprachlich nicht ganz bewältigt ist, muß immer wieder in Kauf genommen werden. Der im strengen Sinn poetische Anspruch Raimunds ist ein Ausdruck seiner beschränkten Selbstkritik. Man darf ihn nicht beim Wort nehmen. Es ist auch zu bedenken, daß der Poesiebegriff der Romantik, der ihn – man sollte es nicht dogmatisch leugnen – doch ein wenig beeinflußt hat, viel weiter ist als unser Begriff der Wortkunst; denn er schließt ja die Musik, die Weisheit, die Ironie, ja selbst das Leben und die Volkstümlichkeit in sich. Daraus ergibt sich eine besondere *Möglichkeit* der Dichtung. Doch liegt darin auch die *Grenze,* die uns die aus weniger gelungenen Stücken zitierten Textpartien bereits deutlich machten. Dies Sprachproblem sollte man bedenken, ehe man Raimund wegen seines »genialen« und »idealen« Strebens gegen Johann Nestroy ausspielt. Er hatte bis vor kurzem *wegen* seiner Romantik- und Biedermeiernähe einen viel besseren Platz in der deutschen Literaturgeschichte als Nestroy. So heißt es zum Beispiel in Richard M. Meyers weit verbreitetem, verständigem und keineswegs besonders »irrationalistischem« Buch über *Die deutsche Literatur des neunzehnten Jahrhunderts* nach der Erwähnung des *Verschwenders:* »Während dies Stück ganz Deutschland mit dem Namen des Dichters erfüllte…, steht der Neid vor der Tür und verletzt das empfindliche Gemüt des Dichters mit bitteren Spottworten. Nestroy, dessen abgrundtiefe Frivolität ihm verhaßt war, beginnt ihn von der Bühne zu verdrängen.« Dem »naiven Genie« Raimund werden immerhin vier Seiten gewidmet – viel in einer so personenreichen Epochendarstellung –; Nestroy muß sich mit *einer* Seite begnügen, und diese wird zum Teil noch mit gehässigen Zitaten ausgefüllt, von F. Th. Vischer (»Schmutzfaß«) und von Hebbel: »Wenn der an einer Rose nur gerochen hat, so stinkt sie« [123]. Da seit der »Nestroy-Renaissance« – der Begriff ist wohl nur für das deutsche Sprachgebiet zutreffend – die Bewertung eher umgekehrt ist, da man bei Raimund die unentbehrliche Gesellschaftskritik vermißt oder ihn gar zum »Metternich auf dem Theater« macht (s. u.), will ich zum Schluß noch versuchen, eine wenigstens vorbereitende sozialgeschichtliche Interpretation von Raimunds Dichtung zu geben*.

Fragment einer sozialgeschichtlichen Raimund-Interpretation

Festzustellen ist, daß wir uns hier in einem unterentwickelten und wohl auch besonders schwierigen Forschungsbereich bewegen. Dagegen glaube ich nicht, daß es in diesem

---

* Es ist vielleicht ganz nützlich, wenn ich gestehe, daß ich um 1962 (Nestroys 100. Todesjahr) selbst an der Nestroy-Renaissance stark beteiligt war – wie schon vorher an der Aufwertung Wielands und Heines. Heute bemühe ich mich darum, *allen* Dichtern der weit entfernten Epoche gerecht zu werden; denn der Wechsel der »Töne«, z. B. die Bevorzugung des zynischen Tons, bewegt sich, nach meinen persönlich erlebten Erfahrungen und historischen Beobachtungen, langsam oder schneller *im Kreise,* sollte also nicht zum Wertkriterium gemacht werden.

»papierenen Zeitalter« [124] an sozialgeschichtlichen Quellen fehlt. Man hat sie – wie im Grunde auf allen Gebieten der neueren Germanistik! – nur noch nicht in der wünschenswerten Menge ermittelt. Zu warnen ist vor kurzschlüssigen Behauptungen, die auf die dilettantische Soziologitis der Germanisten und wohl auch einfach auf die durch die Diffamierung der »Bürgerlichen Wissenschaft« da und dort entstandene *Faulheit* in unserem Fach zurückgeführt werden muß. So ist z. B. die Vorstellung von dem Volkstheater als einer »exklusiven Anstalt« haarsträubend: »Das Theater scheidet arm von reich, es ist kein öffentliches Vergnügen. Auch das Theater in der Leopoldstadt war nicht das, was heute das Kino ist. Es war nicht billig. Die kleinen Leute, wie Valentin einer war, konnten nicht ins Theater gehen, auf dessen Bühne sie die Hauptpersonen waren. Sie mußten sich mit dem Harfenisten in der heimischen Vorstadt oder mit den großen Feuerwerken mit Szenen aus den berühmten Theaterstücken im Prater begnügen. Das Theater ist von der Außenwelt durch die Kasse abgeschirmt.« Das hört sich kundig an. Schlägt man aber nach, wer der Gewährsmann des Verfassers ist, so findet man Jürgen Habermas, *Strukturwandel der Öffentlichkeit* (5. Aufl. 1971). Im nächsten Satz findet man die zeitgenössische Feststellung: »Raimund macht sehr volle Häuser, es ist immer der ganze Platz vor dem Theater voll Herrschaften-Equipagen.« Daraus folgert der Verfasser im übernächsten Satz: »Raimund konnte mit einem gebildeten Liebhaberpublikum rechnen« [125]. Es ist erstaunlich, zu welcher edlen Einfalt die Germanistik zurückkehrt, während die andern Wissenschaften immer komplizierter werden, – um der Wirklichkeit halbwegs zu genügen. In einem andern Aufsatz, der für die Festschrift des deutsch-amerikanischen Germanisten Politzer geschrieben wurde, hören wir den gleichen Verfasser mit Erstaunen Raimunds Zufriedenheit im *Mädchen aus der Feenwelt* preisen: die Biedermeierforscher hätten dieses nützliche Heilmittel der Zerrissenheit noch nicht entdeckt. Mißtrauisch stimmt auch die Ausdeutung der schlichten Tatsache, daß Lottchen nicht auf ihren Karl verzichten will: »Zufriedenheit bedeutet also nicht: Du sollst nichts wünschen, also resignieren! Sondern: Du sollst das Richtige, das Angemessene, das Notwendige wünschen und nicht das Überflüssige!« Richtig: die Liebe ist in dieser Zeit das Wichtigste. Aber zu dieser allumfassenden Liebe gehört bei Raimund, wie wir schon wissen, auch die Liebe des Publikums, der warme Beifall. Und an diesem Punkt hört die Begeisterung des Verfassers für die Zufriedenheit bereits auf: »Damit [mit der Bitte um »Anerkennung durch sein Publikum«] gleicht die Zufriedenheit als Gunstbezeugung des Publikums formal der biedermeierlichen Tugend, die von der Obrigkeit der Restaurationszeit forciert wird: Zufriedenheit ist Pflicht, sie wird verordnet... Die verblüffende Konsequenz: Mit der Aufforderung an das Publikum: ›Zufrieden muß man sein‹ macht sich Raimund zum Metternich auf dem Theater.« Quod erat demonstrandum. Der Schauspieler, der, wie kaum ein anderer Stand, von der *unmittelbaren* Zustimmung seiner »Untertanen« – das Wort wird benützt – abhängig ist, wird mit dem Machthaber verglichen, den ein riesiger Beamten- und Polizeiapparat vom Volk abschirmt! [126].

Sehen wir uns nach solideren Arbeiten um, so fällt der Blick zuerst auf das Buch von Dorothy Prohaska, das viel mehr hält als der Titel verspricht: *Raimund and Vienna**.

---

* A Critical Study of Raimund's Plays in their Viennese Setting, Cambridge 1970, 211 S., große

Mir ist bei der Musterung der österreichischen Dialektlyrik aufgefallen, daß sie erstaunlich kaisertreu ist (vgl. Bd. II, S. 778 ff.). Es wäre also eine ganz falsche Vorstellung, wenn man annehmen wollte, das Burgtheater, d. h. das Hof- und Nationaltheater, sei abhängiger als das Volkstheater. Die josephinische Oberschicht, die Beamten, Professoren, Offiziere, der Adel und auch die reichen Geschäftsleute, die von dem gesteigerten Konsum dieser Schicht und der zahlreichen auswärtigen, in Wien splendiden Gäste abhängig sind, haben ein Selbstbewußtsein, das – wenn auch mit Maß! – den Widerstand gegen Metternichs Regime in sich enthält. *Daher werden – man hat es auch vom Volkskaiser Napoleon gelernt – die Beziehungen zum Mittelstand sorgfältig gepflegt.* Das ständige Lob Österreichs – Raimund baut es, dichterisch ehrgeiziger werdend, ab! – ist in diesem Zusammenhang zu sehen. Wir wissen schon, was der Beifall des Kaisers bedeutete. Die höchsten Herrschaften sind »Vorklatscher« (Hebbel). Der scharfblickende liberale Burgtheaterdichter Bauernfeld kennzeichnet bei einer Gelegenheit kurz und bündig diese Propaganda des Volkstheaters für den biedermeier-patriarchalischen Kaiserkult: »Schlechtes Stück im Leopoldstädtertheater: *Glück in Wien,* mit den ekelhaftesten Anspielungen auf den Kaiser. Sogar *Raimund* mußte gerührt tun« [127]. Auffallend ist auch die kapitalistische Beteiligung des Hochadels, z. B. des Grafen Palffy, am Volkstheaterwesen [128]. Dieser »vorkapitalistische« Zustand hatte nicht nur Nachteile. Ja, man könnte den Liebesgeist von Raimunds Theater bei etwas kühner Argumentation vielleicht sogar mit dem patriarchalischen Programm des frühen Biedermeier in Verbindung bringen. Als der Direktor Carl, der ein routinierter Theatermann war, aber kaum ein höheres Ziel als Reichtum hatte, 1827 die Hand nach dem Leopoldstädter Theater mit Raimund, Therese Krones, Ignaz Schuster ausstreckte, nahmen es der Theaterdichter und Journalist *Bäuerle, Raimund und einige andere nicht ganz arme Mitglieder des Ensembles in Pacht.* Sie hatten keinen Dauererfolg [129]. Doch verstand der Pächter Rudolf Steinkeller, der jetzt das kaiserliche Privileg erhielt, wenigstens nichts vom Fach, so daß Raimund sein Theater im alten Geiste noch ein paar Jahre als Direktor weiterführen konnte. Es ist wohl kein Zufall, daß Ignaz Schuster und Raimund im August 1830, also einen Monat nach der Julirevolution (»enrichissez vous«) vor dem sich verschärfenden Geschäftsgeist kapitulierten und das Theater verließen. Die Gastspielreisen, die Raimund in den folgenden Jahren unternahm, stellen zwar selbstverständlich einen Kompromiß mit dem Geist des Kapitalismus dar. Raimund verdiente bei weniger Arbeit mehr Geld. Aber es zeigten sich dabei auch schon die Vorteile der neuen, die Länder übergreifenden ökonomischen Rationali-

---

Bibliographie, auch der Reisejournale, Tagebücher, Memoiren; denn auf diese Quellen kommt es, weit über das in die HKA übernommene Material, an. Ich stütze mich im folgenden vor allem auf die von Prohaska gefundenen Äußerungen. Mit Beschämung muß ich feststellen, daß auch die selbstverständlich sozialgeschichtlich orientierte Einleitung von Rosalinde Gothe zur Raimund-Ausgabe des Aufbauverlags (DDR) ein hohes Maß an historischer Besonnenheit wahrt. Unentbehrlich ist ferner, wegen eines außerordentlich fleißigen Quellenstudiums, Erich Joachim *May,* Wiener Volkskomödie und Vormärz (Berlin – DDR – 1975). Vormärz meint hier die Zeit nach 1840, so daß Raimund nur als Repräsentant der »Backhendl-Zeit«, des Biedermeiers, und damit als Angehöriger der »konservativen« Gruppe, auf die Nestroy, Kaiser, Haffner als angeblich »konsequent gesellschaftskritische« Gruppe folgen, erscheint. Raimund wird geschont, insofern der Verfasser kleinere Dichter (Told, Schickh) häufiger kritisch erwähnt. Zur Beurteilung von E. J. *Mays* Buch s. u. S. 199.

sierung. Sein, bei aller Liebe zur Heimat, universal gedachtes Theater begann schon eine breite Ausstrahlung zu gewinnen. *Raimund wurde unabhängiger von Wien.*

Wer besuchte das Volkstheater? Roger Bauer hat nachgewiesen – materialmäßig ist es erst ein Anfang –, daß die Vorstadttheater, besonders das Leopoldstädter, sich nicht umsonst diesen Ehrentitel zulegten, daß die Fremden Raimunds Theater und nicht das Burgtheater für das »eigentliche Nationaltheater« (Pückler-Muskau) hielten, daß es gerade in dieser Eigenschaft für Deutschland »einzig in seiner Art« war (Atterbom aus Schweden). Bauer kommt zu einer klaren Zusammenfassung: »Für die Zeitgenossen ist das *Theater in der Leopoldstadt,* d. h. die wichtigste der Wiener Vorstadtbühnen, das ›eigentliche‹ österreichische Volkstheater, womit zugleich kritisch Abstand genommen wird vom *Nationaltheater* nächst der Burg. Diese allgemeine Beliebtheit des Kasperltheaters aber bedingt der Umstand, daß dort die sozial-bildungsmäßige Absonderung einer angeblich ›besseren‹ Gesellschaft (noch?) bedeutungslos ist. Selbst der Kaiser und seine Suite kommen in die Leopoldstadt« [130]. Zu ergänzen ist, daß selbstverständlich nach alter Sitte die »Absonderung« der Stände *im Theater selbst* stattfindet. Über den Kasperl Laroche lesen wir 1789: »Er kennt so den Geschmak des Publikums; weiß mit seinen Geberden, Gesichterschneiden, seinem Stegreifwitz, die Hände der in den Logen anwesenden hohen Adelichen, der auf dem zweiten Parterre versammelten Beamten und Bürger, und des im dritten Stock gepreßten Janhagels, so zu elektrisiren, daß des Klatschens kein Ende ist« [131]. So etwa muß man sich auch noch Raimunds Publikum vorstellen. Die Equipagen, die vor dem Theater warten, bedeuten nicht, daß die Unterschicht oder gar Handwerker wie Valentin sich das Theater nicht leisten können. Die Logen sind selbstverständlich so teuer, daß sie nur für die Oberschicht in Betracht kommen. Doch hängen die Preise auch von der einzelnen Vorstellung ab, und es ist möglich, daß Gastspiele Raimunds da und dort besonders viel kosteten (s. u.). Wenn ein Benefiziant, der die Gesamteinnahme bekommt, für die Logen ersten Ranges 15 fl. (mindestens DM 300) fordert, dann werden kaum Logenplätze [132] verkauft; aber 8 fl. (etwa DM 160) dürfen sie kosten, – wie ja auch heute noch in manchen europäischen Ländern solche Spitzenpreise nichts Besonderes sind. Einen guten Sperrsitz des Parterres erhascht Costenoble für einen »Gulden Silber« (wohl mehr als DM 20) [133]. Danach ist anzunehmen, daß die billigen, wenn auch sehr engen Plätze im dritten Stock nicht mehr als eine heutige Kinokarte kosteten. *Für den Schauspieler war es das Problem, alle drei Klassen anzusprechen,* was die Rezensenten manchmal nicht begriffen. Der Pudel und die Geisterfahrt auf die Alpenspitze im *Alpenkönig* waren, grob gesprochen, für den dritten Stock, die Familie und die Moral für das Parterre und das ausgesetzte Schicksal der Herren von Rappelkopf und Flottwell für die Logen. Im übrigen war *freundliche* Herablassung die absolute Pflicht der Logensitzer im Wiener Biedermeier. Aus diesem Grund kam es, wenn nicht gerade der Kaiser anwesend war, wahrscheinlich in erster Linie auf den Beifall der »im zweiten Parterre versammelten Beamten und Bürger« (s. o.) an. Dort saßen höchst wahrscheinlich auch die sich sehr vornehm fühlenden *höheren* Bedienten, die Kammerherren und Kammerfrauen der Kaiserstadt und der vielen hohen Besucher aus der Provinz*. Ein Mann

---

* Die Hauptsäule des Volkstheaters ist, trotz des Hochadels und des »Janhagels«, doch wohl der

wie der Diener Habakuk durfte schon komisch sein, aber ihn unsympathisch zu halten, war wenig empfehlenswert. Dazu mußte er ein ganz entarteter Kammerdiener wie Wolf im *Verschwender* sein; denn mit ihm identifizierte sich niemand. Er war der beliebte Sündenbock des Mittelstands. Es ist anzunehmen, daß die Mittelschicht vom Kammerdiener über die Beamten bis zu den Geschäftsinhabern auch die finanzielle Hauptsäule des Theaters war; aber hier sind weitere Nachweise nötig und sicher auch möglich.

Es war sehr böse, wenn norddeutsche Moralisten die Volkstheater Mädchenbörsen nannten. Aber daß die Attraktion der Volkstheater nicht *nur* auf den Stücken beruhte, versteht sich in der ausgehenden Feudalkultur ganz von selbst. Man denke nur an die fürstliche Mätresse, die man Raimund als Ehefrau unterschob. Selbst die Freudenmädchen gehörten zum Volkstheater, wodurch es für den Biedermeier-Bürger ein verruchtes flair gewann. Eine »gewisse Zahl« von ihnen erhielt sogar Freibilletts. »Bühne und Haus sind nichts weniger als geräumig, und das letztere wird zugunsten der *Freudenmädchen* nicht erleuchtet« [134]. Die Zahl der Theaterliebhaber aller Stände muß begrenzt gewesen sein, nicht wegen des wenig geräumigen Theaters – heute spielt man in den Metropolen beliebte Stücke jahrelang –, sondern wegen der unglaublich großen Zahl der Stücke. »Allein im Leopoldstädter Theater gelangten von 1781 bis 1860 900 Autoren zur Aufführung mit ca. 28 000 Vorstellungen« [135]. Bei Grillparzers »Geist der Masse« darf man die pejorative Bedeutung des heutigen Wortes – Ergebnis des Aristokratismus seit Nietzsche – nicht mithören. Es muß *ein kleines, auf das Volkstheater spezialisiertes Publikum gewesen sein,* das die Schauspieler bis in die letzte Bewegung hinein beurteilen konnte und auf die Dauer keine Klassiker – Raimund eingeschlossen –, sondern *dauernd etwas Neues* haben wollte, das aber eben deshalb auch ein Instrument war, auf dem große Schauspieler souverän spielen und aus dem sie – wie Raimund – das Edelste herausholen konnten. Das Publikum dürfte, abgesehen von den mehr oder weniger leichten Mädchen, überwiegend männlich gewesen sein [136]. Man kannte sich, man lumpte wohl auch zusammen, ohne an den Normen der Gesellschaft zu rütteln; aber alle waren leidenschaftliche Theaternarren, die noch nichts von den steifen Besuchern des bürgerlichen Bildungstheaters an sich hatten. Die Fremden mußten Raimund sehen, ob auch alle Gebildeten Wiens, erscheint mir zweifelhaft.

Raimunds Verhältnis zu den Gebildeten dürfte kompliziert gewesen sein und wäre einer eigenen Untersuchung wert. Die schon erwähnte *zwiespältige* Haltung des Ignaz Jeitteles, über den man in Costenobles Tagebüchern manches hört und der in Raimunds letztem Lebensjahr ein *Ästhetisches Lexikon* herauszugeben begann (2 Bände 1835–37, 2. Aufl. 1839), ist wohl typisch. Einerseits hört man, daß der Schauspieler Raimund »vorzüglich den Beifall der *Gebildeten* errang« [137]. Man honorierte wohl zeitweise sein edles Streben; aber dann spielte er wieder zu derb, so daß man an ihm irre wurde [138]. Ähnlich ist wohl die Rezeption seiner Dichtung gewesen. Als »Volkspoesie«

»gemeine Mann«: »So nenne ich, nicht den letzten Pöbel, sondern den Bürger, oder um es eigentlicher auszudrücken, den Professionisten und Handwerksmann, den Hof- und Herrschaftsbedienten von der untern Klasse, ... den Kleinhändler, kurz die gewöhnliche Menschengattung zwischen Adel und Domestiken«, d. h. den *niederen* Bedienten (nach Dorothy *Prohaska,* Raimund and Vienna, a Critical Study of Raimund's Plays in their Viennese Setting. Cambridge 1970, S. 175).

war sie im Zeitalter der Gebrüder Grimm interessant; denn es ist eine viel zu einfache Vorstellung, wenn man meint, die Barocktradition habe Österreich hermetisch gegen die Einflüsse der Romantik abgeschlossen. Schon durch Wielands Shakespeare-Übersetzung, seine Romane, *Oberon* usw. war die klassizistische Stiltrennung bedroht und auch in Österreich ein breiter Einbruch zugunsten der »alten Romantik« erzielt worden; gerade auch die stilmischenden Spanier, die Joseph Schreyvogel im Burgtheater spielen ließ, erschütterten das klassizistische Dogma, bedeuteten indirekt eine Vorbereitung Raimunds und machen es verständlich, daß dieser hoffte, durch die Veredlung des Volkstheaters Burgtheaterehren zu gewinnen. Wenn die Wiener Theaterzeitung nach einem Raimundschen Gastspiel im königlichen Hoftheater München das dort gefallene Wort »österreichischer Shakespeare« aufgriff und meinte, »ein so bescheidener, gemütlicher Mann« habe gewiß kein Gefallen »an einer so exzentrischen Äußerung«[139], so täuschte sie sich gewiß. Auch in der Rezeption durch die Gebildeten geriet der Dichter in ein Niemandsland; denn sie liebten kaum die durch die Klassik und Romantik zurückgedrängte, womöglich lächerlich gemachte Moral und Empfindsamkeit der bürgerlichen Aufklärung, die in Raimunds Stücken wiedererstand. Wenn schon Komödie, dann wenigstens konsequent, wie sie es im Rhetorikunterricht des Gymnasiums gelernt hatten! Es ist anzunehmen, daß gerade in Wien, wo das klassizistische Gymnasium noch großen Einfluß ausübte, die meisten Gebildeten den leichtsinnigen *Lumpazivagabundus* höher schätzten als den moralischen *Verschwender*. Nicht nur Adelige wie Eichendorff, sondern auch Akademiker haben immer wieder eine besondere Schwäche für Taugenichtse. Auch damit distanziert man sich vom »Kleinbürger«*.

Roger Bauer hat gesagt, Raimunds Wille, das Volkstheater zu veredeln, sei keinem lächerlichen Ehrgeiz entsprungen, sondern einer inneren Notwendigkeit[140]. Ich würde sagen: den deklassierten Kleinbürger trieb wie Hebbel ein notwendiger *großer* Ehrgeiz, während seine Vorgänger Gleich, Bäuerle, Meisl aus dem Bürgertum stammten, das Gymnasium durchliefen und das Volkstheater ließen, wie es war. Der brennende Ehrgeiz Raimunds ist zu betonen, er war vielen anstößig. Das Tagebuch Costenobles bezeugt, daß auch dieser Freund Anstoß nahm, etwa an der Tatsache, daß Raimund mit Ignaz Schuster, seinem älteren Rivalen, nicht auskommen konnte oder daß ihn »die Stimme [der] ganzen Volksmenge deutscher Hauptstädte nur wenig« erfreute, wenn ihn einzelne Rezensenten tadelten[141]. Saphir ärgerte sich über eine, wie mir scheint, dichterisch hochinteressante Partie in der *Gefesselten Phantasie*:

> Ich steck' die Sonne auf den Hut,
> Und würfle mit den Sternen[!],
> Doch vor des *Beifalls Harmonie*
> *Beugt sich selbst die Phantasie!!!*[142]

---

* Selbst die heutigen Literarhistoriker haben, soweit sie ehrlich sind und nicht einfach das sentimental-biedermeierliche Element in Raimund wegschwindeln, Schwierigkeiten, sein Kleinbürgertum anzunehmen: »The great moments in Raimund's plays are often unashamedly sentimental, their language always simple, and their thought often naïve, even banal, yet they create unforgettable images in the mind of the audience« (Dorothy *Prohaska*, Raimund and Vienna, S. 194).

Großer Ehrgeiz! Wie man sich diesen Beifall vorstellen muß, veranschaulicht ein Bericht aus München, wo er den Kleinbürger Valentin im *Verschwender* spielte: »Raimund war, als ein Kranz im dritten Akt nach dem Vortrag seines herrlichen Tischlerliedes auf die Bühne flog, bis zu Tränen gerührt. Das Hervorrufen am Ende war ein tausendstimmiger Herzensjubel.« Auch Gedichte zu seiner Ehre »flatterten in vielen hundert Abdrücken auf das gedrängt volle Parterre herab«[143]. Er war kein Dichterfürst wie Schiller und Goethe, aber etwas wie ein deutscher Ersatz-Bürgerkönig. Die Fürsten und Adeligen ehrten in ihm das Volk. Bei einem früheren Gastspiel im volkstümlichen München (1831) heißt es, daß er »in Gegenwart des ganzen allerhöchsten Hofes, und mit dem beseeligenden Beifall aller erlauchten Personen desselben beehrt« auftrat[144]. In Berlin erklärt er 1832 der Direktion des Königstädtischen Theaters, er werde »*nicht auftreten...*, *wenn nicht die Preiserhöhungen wegfielen*«. Man versteht: Im romantischen Berlin droht Raimund eine Sensation für »die vornehme, gebildete Welt«[145] *allein* zu werden. Er weiß aber bereits, wie wenig dies bedeutet; er will der Bürgerkönig sein. Oft wird er von den Rezensenten für die bescheidenen und innigen Worte belobt, mit denen er am Schluß für den Beifall des Publikums dankt. Auch in Wien ehrt man in Raimund das Bürgertum. Man sieht mit Genugtuung den Schauspieler im Leopoldstädter Theater Arm in Arm mit einem Fürsten[146]. Wenn der österreichische Kaiser, der den Volksfreund virtuos spielte, wirklich »einen unbegreiflichen Widerwillen gegen Raimund« hegte, so daß ihm das Burgtheater verschlossen blieb[147] – auch Rommel ist dieser Meinung[148] –, dann mag die Eifersucht auf den heimlichen Bürgerkönig der Grund dafür gewesen sein. Man hat, um die »Zeitlosigkeit« von Raimunds Theater zu kennzeichnen, gesagt, man sehe die Handwerker nie bei der Arbeit, Valentins Tischlerwerkzeug sei »lediglich Hintergrundsdekoration für ein idyllisches Familienleben«[149]. Diese Beobachtung erfaßt den vorrealistischen Stilwillen sehr treffend. Das Biedermeier zeigt das Volk mit Vorliebe beim Feiern (vgl. Bd. I, S. 126 f.). Aber darf man daraus sozialgeschichtliche Folgerungen ziehen?

Das ständige Lob des Handwerkers in Raimunds Stücken* bedeutet gewiß nicht den bürgerlichen Klassenkampf; aber prinzipielle Feststellungen, Wahrheiten – er bekannte sich leidenschaftlich zur Wahrheit – haben auch ihre Wirkung in der Zeit. Mit Recht zitierte der Altkommunist Paul Reimann einst eine sehr banale, aber unbestreitbare Feststellung des Dichters:

> Man muß stets lustig sein,
> Und sich des Lebens freu'n,
> Außer man hat kein Geld,
> Nachher ist's freilich g'fehlt!
> Hab' ich nicht recht?
> Nu, wenn S' erlaub'n![150]

---

* Ein Beispiel:
«Ein schöner Stand ist doch auf Ehr
Ein wackrer Handwerksmann
Seis Schneider, Schuster, seis Friseur
Ich biet das Glas ihm an.«
Nach Dorothy *Prohaska*, Raimund and Vienna, S. 157, weitere Beispiele ebd.

Das war Materialismus vor den deutsch-materialistischen Systemen; für Raimund selbst gewiß nicht die letzte Wahrheit, aber eine einprägsame, nicht zu verachtende Feststellung, die von Mund zu Mund ging, eine Warnung vor jedem extremen Spiritualismus idealistischer oder christlicher Art. Und ebenso gültig war die Warnung vor dem übertriebenen, den Besitzer selbst gefährdenden Reichtum einzelner. Der Widerstand gegen den Direktor Carl, das Ultimatum gegen überhöhte Preise für Theaterkarten in Berlin, der ständige Hinweis auf den Wert des *bescheidenen* Glücks im *Mädchen aus der Feenwelt* und im *Verschwender*, die warnenden adeligen Exempel Rappelkopf und Flottwell und umgekehrt, die sympathischen kleinbürgerlichen Figuren von Barometermacher Quecksilber bis zum Tischler Valentin, auch die Sorge, selbst ausgenutzt zu werden*, und das entschlossene persönliche Gewinnstreben (Gastspielreisen statt festem Engagement) zeigen Raimund als einen entschiedenen Repräsentanten und Lehrer des aufsteigenden Klein- und Mittelbürgertums. *Als solcher hat er das ursprünglich leichtfertige und kalte Hanswursttheater versittlicht und gemütvoll gemacht, d.h. verbürgert.* Man nimmt ihm heute übel, daß er nicht entschiedener die Konfrontation suchte, wozu er zweifellos die Macht gehabt hätte[151]. Aber man verkennt dabei den *Friedenswillen aller Stände*, der in der Kaiserstadt herrschte und der Österreich-Ungarn zu dieser Zeit (»Backhendl-Zeit«) stark machte[152]. Es ist auch völlig selbstverständlich, daß er nicht die Herrschaft des Bürgertums, sondern *eine möglichst große Gleichheit* in der Gesellschaft anstrebte. Der ständige Hinweis auf die Vergänglichkeit hat gewiß zunächst einen religiösen Sinn; aber der Tod, die Krankheit, das Alter, ja selbst der Alkohol sollen auch die letztliche Gleichheit der Menschen demonstrieren. Man rühmt Nestroy, weil er aggressiver ist; aber sein Rückgriff auf die stark ironisch-satirische Rokokotradition, die bloße Skepsis, die Negation, war im stil- und sozialgeschichtlichen Sinne möglicherweise weniger mutig als das Experiment eines Bürgertheaters, das Raimund mit sichtbarem Erfolg unternahm. Sehr bezeichnend ist es, daß der Fürst Friedrich Schwarzenberg den älteren Dichter gerade unter dem Gesichtspunkt seiner Bürgerlichkeit abgelehnt hat: Nestroy »dünkt mich weit über Raimund zu stehen, dessen krankhafte zimpferliche Sentimentalität nicht mit der Volksnatur zusammenpaßte: Raimund paßt für den eigentlichen Mittelstand, er ist ein philosophischer, aber weinerlicher Hanswurst, in Nestroy aber lebt ein wirklich Shakespearescher Geist, Humor und Witz«. Das steht im *Wanderbuch eines verabschiedeten Lanzenknechtes* (Wien 1844–48, vgl. Bd. II, S. 254f.)[153], d.h. eines aristokratischen Militärs, der unter »Volk« muntere, zum Militärdienst geeignete Bauernburschen verstand und daher der geborene Feind des heimlichen Bürgerkönigs war.

Raimund war sich seiner Volkslehrerrolle bewußt. In dem Gedicht *An Löwe*, den Burgtheaterschauspieler, lesen wir:

> Die Kunst hat bei [sic!] dem Leben viel voraus,
> Sie *soll* nicht wahr sein bloß, sie *darf* es auch![154]

---

* »Es schadet nichts wenn sie sehen, durch wem [sic] das Geld hereinkommt. Ich bin nicht allein gut besoldet, und soll doch fast alle Tage spielen, ich bin ohnehin zu gutmüthig, gegen diese falschen, undankbaren Menschen« (an Toni Wagner, HKA, Bd. 4, S. 123). Auch als Künstler kämpft er von Anfang an »gegen die Kabalen dieser theatralischen Buschklepper« (an Toni Wagner, ebd., S. 169).

Im Leben konnte er dem Ideal bürgerlicher Zufriedenheit nicht entsprechen. Ob er sich einen Kutscher hält, ehe er es sich leisten kann, und sich dafür vor seiner Toni rechtfertigen muß [155], oder ob er erst Ignaz Schuster und später Nestroy nicht neben sich als Star dulden kann, sein unbändiger Ehrgeiz läßt ihn nicht in Frieden leben. Man kann sich Raimund nicht auf die Dauer auf seinem idyllischen Landsitz Gutenstein vorstellen, alternd und dichtend wie Wieland, Goethe, Tieck oder Stifter. Er war und blieb – hierin ganz wie Nestroy! – Schauspieler, d. h. abhängig vom unmittelbaren Beifall der Gesellschaft. Positiv ausgedrückt: *Er hatte durch seine Verbundenheit mit dem Theaterpublikum noch Anteil an der vorindividualistischen* Kultur. Die Ehre, die für die alte Gesellschaft ein so zentraler Begriff war, ist auch für ihn ein hoher und höchster Wert: »Mein phisisches [sic!] und moralisches Leben ist von meiner Ehre unzertrennlich«, schreibt er an die Geliebte [156]. Mit Wiltschko bin ich der Meinung, daß man den Einfluß des Publikums auf Raimund »kaum überschätzen« kann [157]. Holtei hat wohl das oft wiederholte Wort erfunden, Raimund sei an Nestroy gestorben. Das ist um der Pointe willen so formuliert; aber der bescheidene Verfasser von *Lorbeerbaum und Bettelstab* (vgl. Bd. II, S. 362), der selbst ein Mann des Theaters war, traf etwas Richtiges, wenn er auf Raimunds dämonischen Ehrgeiz anspielte. Nur *einer* kann Theater-König sein. So mußte es an irgendeinem Punkt von Raimunds Lebensweg, früher oder später, zur Katastrophe kommen. Die erkannte Wahrheit rettete den leidenschaftlichen Künstler so wenig wie Grabbe, der umgekehrt die Hilfe der Religion und der Lebensweisheit von Jugend an verschmähte. Die anerkannten Normen des Österreichers verzögerten nur den Untergang ein wenig. Der Selbstmörder war nach den Begriffen des Biedermeiers, wie das Wort heute noch andeutet, ein Verbrecher. Als die Freunde den Dichter noch einmal sehen wollten, »fehlte der obere Teil der Schädeldecke, welche der Wundarzt von Baden, der die Sektion vorgenommen hat, besitzen soll«. Raimund hatte es oft erlebt, daß das Volk in Wirtshäusern seine Lieder sang. Jetzt ehrte es den Toten, als seine Leiche nach Gutenstein gebracht wurde: »Alle Bauern aus der Umgegend, Weiber, Kinder, Greise und Kranke schlossen sich weinend dem Zuge an. Überall ertönten Klagen der Leute: Ach, der arme Herr – er war so gut...« [158]. Das Wort vom Volksdichter war im Falle Raimunds nicht nur eine romantische Floskel, sondern sozialgeschichtliche Wirklichkeit.

FRANZ GRILLPARZER (1791–1872)

Allmähliche Abklärung des Grillparzerbildes

Der österreichische Meister, dessen dichterische Kernleistung ungefähr gleichzeitig mit der Metternichschen Restauration verspätet beginnt und bald nach der Revolutionszeit von 1848 verfrüht endet, hat nichts von der erobernden Geistigkeit Schillers, von der beharrlichen Weltfrömmigkeit Goethes, von der Entschiedenheit und dem herrischen Schwung Heinrich von Kleists. Er war durch sein ganzes Leben hindurch, wie so viele seiner Zeitgenossen, ein Gehemmter, ein Gespaltener, ein Mensch, der an der Zensur, am »Chaos« der Zeit, noch mehr aber an sich selbst litt. Man kann sich sein Schaffen weder im Zeitalter der Französischen Revolution und Napoleons noch in der erneut vorwärtsdrängenden Epoche des bürgerlichen Realismus, der wirtschaftlichen und politischen Gründerzeit vorstellen, sondern nur in dieser Metternichschen, österreichischen Pause, die, ohne Fortschrittsideologie betrachtet, freilich doch mehr als »Reaktion« und »Übergangsperiode« war. Will man seine Stellung unter den Dichtern, über die in diesem Band berichtet wird, näher bestimmen, so muß man hinzufügen, daß er 22 Jahre älter als Büchner, aber nur vierzehn Jahre jünger als Kleist gewesen ist und als frühreifer, sehr gelehriger Schüler der deutschen und österreichischen Klassizisten (Goethe, Schiller, Heinrich von Collin) das dramatische Handwerk zeitig erlernt hatte (*Blanka von Kastilien* 1809)[1]. Auch wenn man sein oft betontes, manchmal überbetontes Liebäugeln mit dem Vorstadttheater hinzunimmt, war sein Ansatz kaum moderner als die österreichische Restauration. Die Möglichkeit eines papierenen Epigonentums, eines »gymnasialen Dilettantismus« (Karl Kraus), die man unter dem Einfluß des Naturalismus und Expressionismus bis vor kurzem in ihm verwirklicht sah, war ohne einen kraftvollen historischen Hintergrund durchaus gegeben. Deshalb wird man behaupten dürfen, daß den Gehemmten nicht nur Josef Schreyvogel († 1832) zum Dichter des Burgtheaters machte und ihn wie keinen anderen in dessen »Blütezeit« brauchen konnte, sondern daß auch der Dichter selbst auf diese oft beklagte und in jungen Jahren heftig geschmähte Epoche angewiesen war. Wie hätte dieser Dichter, der nichts vom Prometheus hatte, in einer mit idealistischer Kühnheit oder mit realistischem Optimismus handelnden und »fortschreitenden« Epoche bestehen sollen, er, der von Anfang an die Selbstzufriedenheit am wenigsten kannte und schließlich, ganz im Unterschied zu dem selbstbewußten deutschen Genietyp Klopstockschen Ursprungs, die Demut als den »Oberen und Einen« der Götter pries.

Grillparzer beugte sich unter die strengsten Normen der Dichtkunst und fand von Anfang an in seinen besten Werken der Fehler genug. Er hat verständnislosen Kritikern, mehr als jeder andere, die Waffen selbst in die Hand gegeben. Einige bedienen sich ihrer noch immer gegen den Wehrlosen, statt zu erkennen, daß er einer der wenigen war, der in einer tiefen, aber auch die Kunst tief gefährdenden, »zerrissenen« Epoche zu ganzer Meisterschaft gelangte. Wenn es das Kennzeichen der Klassik ist, in einer bedeutenden Epoche Vollendetes ohne zwischenmenschliche Verengung und weltanschauliche Verflachung zu schaffen – und welchen Sinn hätte dieser Begriff sonst noch nach der Widerlegung des naiven Antikekults –, dann ist das Wort vom Klassiker Grillparzer nicht nur der Anspruch österreichischer Patrioten, sondern eine Wahrheit, der auch die deutsche Literaturgeschichte ohne Vorurteil Rechnung tragen muß.

Die Voraussetzung für jede sinnvolle Bewertung ist freilich, daß man mit seiner Zeitgenossenschaft wirklich Ernst macht und ihn nicht einseitig in der Richtung auf deutsche Klassik oder bürgerlichen Realismus, auf katholischen Barock oder Wiener Impressionismus stilisiert. Alles das ist möglich, wenn man in Bausch und Bogen verfährt und die Nuancen nicht beachtet. *Aber Grillparzers Werk ist, wie wohl jede klassische Leistung, ein zu vielschichtiges Gebilde, als daß man auf diese Weise mehr als Einzelelemente erfassen könnte* [2]. Besonders das Heranrücken an die Zeit um 1900, das ihn zu schnell mit Hofmannsthal verbindet, oder die Orientierung an einem modernen (nicht deutschen) Österreichertum, das ihn »näherbringen« soll, hat sich längere Zeit als größte Hemmung für das Verständnis und damit auch für eine gerechte Bewertung des Dichters erwiesen. Die altväterisch-klare, spröde, vorrealistische und vorexistentialistische Struktur seiner Dichtung kann aus solcher Sicht nur als Nachteil erscheinen [3], während durch Josef Nadlers These (»Schlußstein über einer tausendjährigen Entwicklung«) [4] wenigstens Grillparzers synthetische Leistung gewürdigt wird*.

---

* Ich vermeide die früher von mir aufgenommene Formulierung August *Sauers* (»der letzte [!] Klassiker Europas«), weil darin ein klassizistisches Vorurteil liegt. Auch wenn wir von einer Übergangserscheinung wie Stifter absehen – er hat nach eigenem Zeugnis »viel von dem, was an Haltung in ihm ist« aus Grillparzers Werken geschöpft (Brief vom 15. 1. 1860) – ist nicht zu übersehen, daß immer mehr *Prosaerzähler* der realistischen Zeit den Rang von Klassikern gewinnen. Diese Entwicklung gilt nicht nur für Rußland, das seine großen Realisten offiziell fördert, sondern ergibt sich auch als Reaktion auf gewisse antirealistische Kunstdogmen der Moderne, die Fehlentwicklungen einleiteten. Die beste Einführung in die moderne Grillparzerforschung bis zum 100. Todestag (1972) gibt der Wiener Germanist Herbert *Seidler* in einer Reihe von Forschungsberichten. Wer an der Germanistik als Wissenschaft zweifelt – verständlich ist dies schon –, kann am Beispiel dieser vorbildlichen Referate erkennen, daß die »Subjektivität der Geisteswissenschaften« mit parteilicher oder bewußt modernisierender Willkür nichts zu tun hat. Seidler vermittelt z.B. in überlegener Weise zwischen der früher üblichen halbwahren Vorstellung vom »Erben der deutschen Klassik« und dem ebenso halbwahren Bild von einem rein österreichischen Dichter, das nicht der historischen Perspektive des von Österreich-Ungarn geführten »Deutschen Bundes«, sondern der Aktualität Deutsch-Österreichs entspricht: »Frei konnte der Weg zu einem angemessenen Grillparzer-Bild erst werden, wenn der ausschließliche Blick von der deutschen Klassik (und auch von der Romantik) her aufgegeben wurde... Das war aber erst möglich, als man begann, die geistige und literarische Entwicklung des deutschen Raumes der Habsburger-Monarchie in ihrer Eigenart und in ihrem Zusammenhang zu sehen... Freilich zeichneten sich so auch bald Verengungen ab: Völlige Ausschaltung jedes Bezugs zur deutschen Klassik ist von biographischen und literaturgeschichtlichen Tatsachen her unmöglich; es gilt nur, diese Bezüge im rechten Maße ins Gesamtbild einzuordnen.« (Herbert *Seidler,* Die Entwicklung des wissenschaftlichen Grillparzer-Bildes im deutschen Sprachraum, in: Das Grillparzer-Bild des 20. Jahrhunderts, Festschrift der Österreichischen Akademie der Wis-

Wie überhaupt in der Restaurationsepoche so laufen auch in ihren Dichtern die verschiedensten Traditionen aus. Aber das bedeutet unmöglich, daß nicht auch Neues hinzugewonnen wurde; denn sonst wäre Grillparzer wirklich der kümmerliche, magere, der im modernen Sinne des Wortes »bescheidene«, d. h. unschöpferische Dichter, als der er früher im »anspruchsvollen« protestantischen und philosophischen Deutschland zu erscheinen pflegte. Die ungezwungene, wohl in allen katholischen Ländern und Landschaften lebendige Tradition ist ja immer zugleich Erneuerung.

Orientierung am Bleibenden trotz Psychologie und Zerrissenheit

Die ältere Grillparzerforschung sah in der psychologischen Darstellungsgabe des Dichters sein Hauptverdienst. In den angelsächsischen Ländern, die eine stärkere empiristische Tradition besitzen, erscheint der »österreichische Klassiker« noch heute überwiegend unter dem Gesichtspunkt des psychologischen Künstlers[5]. Besonders im Vergleich mit Schiller, der ihm sonst als ein eigentlich dramatischer und nicht nur »poetischer« Dichter ähnlich ist, springt Grillparzers Fortschritt in die Augen. Der österreichische Dichter versteht es, seine Personen mit großer Einfühlungsgabe, suggestiv ansprechend, gegenwärtig zu machen. Sie haben nicht nur eine Funktion im Spiel, sondern sind auch etwas für sich. Wir glauben den Kaiser Rudolf II. oder den Statthalter Bancban wie einen Menschen des wirklichen Lebens in seinem »Charakter« vollkommen zu kennen. Vor allem war man darüber entzückt, daß uns Grillparzer, im Unterschied zu Schiller, auch Mädchen und Frauen vergegenwärtigt. Von Sappho über Kunigunde, Erny und Hero bis zu Libussa und der Jüdin von Toledo reicht die Reihe der unvergeßlichen, »intim belauschten« und keineswegs immer tugendhaften Frauengestalten des Dichters. Der verbissene Junggeselle scheint von dem »Rätsel« der Frau fast noch mehr gewußt zu haben als Goethe und Kleist. Er muß bei solchem Scharfblick, meinte man, zweifellos schon ein realistischer, ja im Grunde fast ein moderner Dichter gewesen sein, wobei man nur übersah, daß schon Aufklärer wie Wieland, Lichtenberg, Lessing *(Emilia Galotti)*, K. Ph. Moritz Bahnbrecher der Psychologie gewesen sind, daß Grillparzer im Gefolge des Josephinismus von den verschiedensten Erscheinungsformen des 18. Jahrhunderts gelernt hat und daß die ganze Biedermeierzeit an die psychologischen wie an alle empirischen Errungenschaften des vorangehenden Jahrhunderts wiederanknüpfte, sie *fortführte**.

---

senschaften zum 100. Todestag von Franz Grillparzer, hg. v. Heinz *Kindermann,* Wien 1972, S. 49 f.). Wenn Zdenko Škreb mit großer Leidenschaft die österreichische und barocke Interpretation des Dichters tadelt, weil er der Weltliteratur und der Gegenwart angehöre (Grillparzer, eine Einführung in das dramatische Werk, Kronberg/Ts 1976), so ist dies bei dem Angehörigen einer früher von den Österreichern beherrschten Nation verständlich, ähnlich wie die Kritik des Habsburgermythos durch den Italiener Magris. Aber die *heutige,* von Seidler repräsentierte österreichische Grillparzerforschung wird davon kaum mehr berührt. Übrigens Weltliteratur? Die Berichte in der Grillparzer-Festschrift der Österr. Akad. d. Wiss. (s. o.) zu diesem Punkt sind z. T. sehr ernüchternd.

* August *Sauer* rechnete die von ihm und Fritz Strich entdeckte Traditionslinie Lichtenberg/Grillparzer zu den wichtigsten Ergebnissen seiner Editionsarbeit; vgl. dazu Eckart *Henning* (Untersuchungen an den Tagebüchern von F. Grillparzer, in: Jb. d. Grillp.-Ges. 3. Folge, Bd. 9, Wien

Die psychologischen Vorarbeiten, die der Dichter für seine dramatischen Studien leistet, verraten unübersehbar die Tradition der Aufklärung. Von »anthropologischem Heißhunger« spricht er in dem Rahmen des *Armen Spielmann,* wobei zu beachten ist, daß der Erzähler sagt, ihm »selbst als dramatischem Dichter« sei das Studium der Menschen so interessant, daß er also klar zwischen sich und dem rührenden Stümper unterscheidet (s. u.). Wie er in der Novelle nach seinen eigenen Worten ein selbstbeobachtetes »Original« vorstellt – von dem höheren Sinnzusammenhang sehen wir vorläufig ab –, so hat er überhaupt Jagd auf Originale, auf »charakteristische« Züge und auf einmalige Gebärden und Situationen gemacht. Sein Tagebuch verrät die ihm eigene, auch in seiner Zeitkritik hervortretende analytische und diagnostische Begabung, obwohl er den künstlerischen Hintergrund seiner psychologischen Studien nie aus den Augen verliert und normative Gesichtspunkte häufig zu finden sind. Ohne diese hartnäckigen Studien ist paradoxerweise die unvergleichliche Frische und Einmaligkeit vieler Grillparzerscher Szenen nicht zu denken. So wird z. B. der Abschied Leanders von Hero, der durch seine »Unmittelbarkeit« jeden Leser oder Zuschauer bezaubert, durch die folgende im Tagebuch festgehaltene Modellbeobachtung vorbereitet: »Wie sie trotzig war den ganzen Abend und höhnisch fast und unhöflich, beim Fortgehen aber das Licht auf den Boden setzte und sprach: ich muß dich küssen und mich nun umfing und an sich drückte mit all der verzehrenden Glut der Leidenschaft und des Verlangens. Studiere diesen Charakter genau« (Tagebuch, Nr. 607, 1819). Schon die Psychologen des 18. Jahrhunderts kennen den Unterschied zwischen Bewußtsein und Unterbewußtsein. Sie entlarven das ohnmächtige Bewußtsein mit Vorliebe, und zeigen so, oft mit gesellschaftskritischer Absicht, die Macht der »rohen«, durch konventionelle Ideale nicht zu bändigenden Natur[6]. Der Haupterbe dieser Desillusionisten ist Heine. Grillparzer steht ihm näher, als man auf den ersten Blick erwartet. Voltaire, dessen Erben in Deutschland Wieland und Heine gewesen sind, war auch Grillparzers erstes starkes Bildungserlebnis[7]. Der Franzose wird meistens nur erwähnt, wenn man die Quelle von *Der Traum ein Leben,* Voltaires *Le blanc et*

1972, S. 94), der sogar die ungezwungene Form von Grillparzers Tagebüchern in der Tradition von Lichtenbergs Sudelbüchern sieht. Auch Gerhart *Baumann* (Franz Grillparzer, sein Werk und das österreichische Wesen, Freiburg/Wien 1954), erwähnt öfters dies Vorbild; es ist für den jungen Mörike ebenso wichtig (vgl. u. S. 697). Das Emilia Galotti-Vorbild wird in den Interpretationen von »Ein treuer Diener seines Herrn« (Erny!) ständig erwähnt. Trotz dieser Tatsachen dient Grillparzers Psychologie ständig als Beweis für seine Einordnung in den »Realismus des 19. Jahrhunderts«. Das Beispiel scheint mir umgekehrt zu beweisen, daß der Realismus-Begriff historisch ins Uferlose führt, ehe man ihn auf *die* Zeit anwendet, in der er programmatisch entwickelt, zum Schlagwort wurde und in der Grillparzer bekanntlich, unter ständigen Hinweisen auf den »Zerfall« der Dichtung, verstummte. Wenn man Grillparzers psychologiegeschichtlichen Ort näher bestimmen will, ist große Vorsicht empfehlenswert. Der geistvollste Vertreter der ahistorischen, psychologischen und psychoanalytischen Grillparzerforschung war in der letzten Zeit wohl Heinz *Politzer:* Franz Grillparzer oder das abgründige Biedermeier, Wien u. a. [1]1972. Es ist wohl nicht zuviel gesagt, wenn man behauptet, daß diesen Autor die psychologische Entdeckerfreude so weit führt, daß die Figuren Grillparzers aus ihren Dramen heraustreten und wie heutige Menschen unter uns leben. Dagegen ist dramaturgisch sowohl wie historisch sehr viel einzuwenden; aber es bleibt erstaunlich und faszinierend, wieviel Anlaß Grillparzers dichterische und theoretische Äußerungen zu so gekonnter Modernisierung bieten.

le noir, angibt. Man sollte sich aber immer vor Augen halten, daß die Anpassung an die Metternichsche Restauration bei einem Dichter, der Voltaire gelesen hatte und 1819 (Karlsbader Beschlüsse) schon 28jährig war, nicht dasselbe bedeutete wie bei Stifter, der mit 14 Jahren das Einsetzen der Reaktion erlebte. *Irgendwo in der Tiefe seiner Seele blieb der Österreicher nicht nur Josephinist, sondern überwiegend kritisch, skeptisch, ja zynisch.* Nicht umsonst klagte er bei den verschiedensten Gelegenheiten, die Verstandesschärfe sei ein unüberwindlicher Teil seines Wesens. So kann er etwa schon 1829 feststellen: »Es sind zwei Seelen in mir. Die eine ist empört, daß die andere so unempfindlich ist« (Tagebuch, Nr. 1736, 1829). Entsprechend gewann das kritische Element nach 1848, in einer ohnehin durch Abkühlung geprägten Epoche, die Oberhand über den Alternden und ließ von dem Dichter nur den bissigen Epigrammatiker, der er immer gewesen war, übrig*.

Verwandtschaft mit Heine und vielen andern Zeitgenossen besteht durch die *Gespaltenheit,* die den Pantheismus der Goethezeit zerstörte und ein neues, wie immer von Zweifeln bedrohtes Verständnis für den alten, jüdisch-christlichen Dualismus herbeiführte[8]. Die biologische Grundlage dafür ist zwar das allen Grillparzerforschern bekannte Familienerbe des Dichters, die von ihm selbst so genannte, stetige Vorsicht erfordernde »Familienkrankheit« (Brief vom 30. 6. 1836). Doch paßt der Dichter auch mit dieser Anlage in die Restaurationszeit, die, seelen- und religionsgeschichtlich gesehen, eine »Weltschmerzperiode« war (Berthold Auerbach, vgl. Bd. I, S. 3). Einen an sich wenig wichtigen Empfehlungsbrief an Grillparzer (13. 11. 1833) benutzt Heine, um ihm zu sagen: »Ich habe Sie von jeher sehr gut verstehen und darum verehren können.« Das Wort ist glaubhaft, obwohl es unerwartet sein mag, – drei Jahre nach dem Erscheinen von *Ein treuer Diener seines Herrn.*

Der Unterschied zwischen Grillparzer und Heine liegt bereits darin, daß der Österreicher nie ein Prinzip aus seiner Zerrissenheit macht und daher die »Kunstperiode« nicht bekämpft, sondern aus eigener Kraft und aus den Kräften seines Landes entschieden fortsetzt. In Grillparzers poetischen Werken fehlt die direkte Gesellschaftskritik so gut wie der »Zynismus«, denn als Dichter will er nicht kritisieren, sondern, so rein wie möglich, erkennen und darstellen. Er glaubt, nur auf diese Weise ein würdiger Nachfolger Shakespeares, Lopes, Racines und Goethes werden zu können. *Er orientiert sich am Bleibenden.* Daher ist er ein so erbitterter Feind des Historismus und des aus ihm abgeleiteten Begriffs der immer wechselnden »modernen« Dichtung, den die Jungdeutschen, Heine und sein Gefolge, vertreten. Wie aber Grillparzer in der Stille ein tiefer, vielleicht nur noch von Immermann erreichter Kritiker seiner Zeit gewesen ist, so macht er sich insgeheim auch als Dichter die Methode der psychologischen Desillusionisten zu eigen. Er nimmt das

---

* Es ist erstaunlich, wie kritisch der Dichter von zwei Habsburgerdramen sich ausnimmt, wenn man einmal von der Dichtung absieht und sein Verhältnis zur Umwelt nur aus prosaischen und epigrammatischen Äußerungen ableitet (Margret *Dietrich,* Grillparzer und die Gesellschaft seiner Zeit, in: Grillparzerfeier der Akademie 1972, Sitzungsberichte der Österr. Akad. d. Wiss., Phil.-hist. Klasse, 280. Band, Wien 1972, S. 35–67). Man darf vielleicht behaupten, daß dieser rationale, wissenschaftliche Grillparzer zur Zeit erst ganz entdeckt wird, – womit man freilich die von dem Dichter selbst erkannte Spaltung (Schizothymie) nicht widerlegt.

Menschenbild, das durch die Entlarvungen erschlossen wurde, als zunächst gegeben hin. Die psychologische Erkenntnis bestätigt ihm die Abhängigkeit, die mangelnde Autonomie des Menschen, die der Demütige als Angehöriger eines alten, in seiner Existenz bedrohten Reiches und als selbst Bedrohter von Anfang an erlebte. Aber eben diese *teilnehmende Demut* verhindert auch, daß er aus dem Narrentum des Menschen komische Lustbarkeiten, groteske Possen, satirische Romane oder zynische Lieder in der überlegenen Stilhaltung eines Spielers und Spötters bildet. Sogar vom Wiener Volkstheater und damit von dem Weg Nestroys distanziert er sich wiederholt unmißverständlich. Die Tatsache, daß er als Satiriker beginnt und endet, verrät zwar die Möglichkeit eines solchen Weges, und wer weiß, was aus ihm bei einem anderen Schicksal geworden wäre.

Indem er aber in seiner besten Zeit dem Rufe Schreyvogels folgt und sich dazu entschließt, dem Burgtheater trotz aller Schikanen zu dienen, muß er auch versuchen, jenseits von psychologischer Entlarvung und Zerrissenheit den hohen Auftrag eines Tragödiendichters zu erfüllen. In dem berühmten Schreiben vom Dezember 1823 an den Grafen von Sedlnitzky, Metternichs Polizeiminister, anläßlich der Ottokarzensur, umschreibt der Dichter seine Lebensentscheidung mit klaren und gar nicht so bescheidenen Worten, – wie immer, wenn er die Träger von Macht anspricht: »Ich habe mich nie unter die Schriftsteller des Tages gereiht. Kein Journal hat Beiträge von mir aufzuweisen. All die Korrespondenz-Nachrichten und Tagesneuigkeiten, wodurch andere Literatoren so leichten und so reichlichen Gewinn finden, habe ich verachtend von mir gewiesen, meine Kräfte anhaltend, ernsten Studien, meine Zeit der Hervorbringung weitaussehender Werke gewidmet und von der Anerkennung meines Vaterlandes jenen Lohn erwartet, der der Ehre nichts benimmt… Ich habe ein *Recht* auf Berücksichtigung von Seiten der Zensur. Wenn E. E. meinen Ottokar verbieten, rauben Sie mir die Frucht jahrelanger Arbeiten, meine Aussicht auf die Zukunft, vernichten mich, und in mir vielleicht eine Reihe aufkeimender Talente, die mein Beispiel sich zur Warnung nehmen und sich zur Gemeinheit der Journale oder der Posse der Leopoldstädterbühne flüchten werden.«

Es ist immer wieder aufgefallen, mit welcher Hochachtung Grillparzer von Lessing spricht[9]. In gewisser Weise nimmt er die Tragödie da wieder auf, wo sie vor den Humanitätsdramen *Nathan, Don Carlos* und *Iphigenie* stehengeblieben war. Emilia Galottis »peinliche« Befürchtung, sie könne in der Hofluft verführt werden, ist innerhalb der gesamten idealistischen Tradition, von 1780 bis in unsere Lebenszeit, ebensowenig verstanden worden, wie das plötzliche »herzlose« Erkalten des Königs Alfons, da er die tote Geliebte erblickt *(Jüdin von Toledo)*. Ein Charakter, in dem so jähe, abstoßende Ausschläge möglich sind, war weder »autonom«, noch organisch, noch deutsch. Sogar Heinrich Laube, liberaler Burgtheaterdirektor und Grillparzers Gönner nach 1848, findet, daß der »spanische Stil« jene »psychologische Wendung« am Schluß der Jüdin von Toledo hervorbringt: sie »reicht bei uns vollständig aus, unsere Teilnahme an dem Stücke zu vernichten«[10]. Laube spielt auf die spanische Vorlage, Lope de Vegas Drama, vielleicht auch auf die den Jungdeutschen stets bedenklich erscheinende, »romantische« Vorliebe für die großen Spanier an. In der Tat, es handelt sich, wie bei der *Emilia Galotti,* um *die* Art von Psychologie, die sich innerhalb der Barocktradition entwickelt hatte.

Die Psychologie fiel in der Zeit der ästhetizistischen und phänomenologischen Literaturwissenschaft in Ungnade. Grillparzers Seelenkunde wurde damals, wenigstens im ideologieanfälligen Deutschland, meistens zum Hinweis auf seinen Abstand von der »Goethezeit«, auf seine negativ zu bewertende Modernität. Die Psychologie, so lautete das Dogma, löst das Drama auf. Lessings Beispiel jedoch erinnert daran, daß sich das neuzeitliche Drama von jeher um die Kenntnis des Menschen bemühte, ja daß das Bedürfnis nach einer tieferen Erfassung des Menschen einer seiner wesentlichen Triebkräfte war (Affektenlehre!). Die Psychologie als solche, als bloßes Element der Darstellung zerstört das Drama nicht. Es kommt also alles darauf an, die Begrenzung des Psychologischen in Grillparzers dramatischem Werk näher zu bestimmen. Bei einem solchen Versuch findet sich zwanglos eine ganze Stufenfolge von Faktoren, die in Grillparzers Dramatik einer psychologischen »Zerfaserung« und Relativierung impressionistischer Art kräftig, wenn nicht entscheidend entgegenwirkten. Man hat den Dichter unter diesem Gesichtspunkt sogar vom »Psychologismus« des 19. Jahrhunderts trennen und, wie üblich bei Biedermeierdichtern, neben Kafka, Musil und Broch stellen wollen, damit er endlich »weltliterarische Bedeutung« gewinnt[11].

Erlebnisdichtung? Goethe-Nachfolge?

Unter den bedeutenden Dramatikern der Biedermeierzeit hat Grillparzer die relativ stärkste Neigung zu jener Schaffensart eines »subjektiven Erlebnisdichters«, die vor allem von Goethe entwickelt worden ist. Er unterscheidet sich in dieser Beziehung nicht nur von den Theaterdichtern der engeren Barocktradition (Raimund, Nestroy), sondern auch von Grabbe und Büchner. Es lag gerade für die modernen Geister dieser Zeit sehr nahe, den vielgeschmähten »Egoismus« Goethes in ihrer Dichtung, besonders im Drama zu vermeiden und überindividuelle, »historische« Probleme an seine Stelle zu setzen. Auch Grillparzer nimmt, wie jedermann bekannt ist, an diesem Ethos zeitweise starken Anteil; aber es bezeichnet die überaus komplexe Struktur seiner Persönlichkeit und seines Werkes, daß er sich zugleich an Goethe orientiert. Die ältere Grillparzerforschung hat, auch nach kritischer Einschränkung ihrer Ergebnisse, viele unbestreitbare Beziehungen zwischen seinen persönlichen Erlebnissen und seiner Dichtung nachgewiesen. Zuerst ist es kein Zufall, daß er in seiner *Sappho* die von Goethe begründete Form des Künstlerdramas, wenn auch in einem entschieden neuen Stil und Geiste, fortsetzte. Wir wissen, daß er in dieser Tragödie sein eigenes entsagungsreiches Verhältnis zum »Leben« überraschend klar, divinatorisch antizipierend ausgesprochen hat. Seit der vollen Entfaltung des Biedermeiergeistes in Österreich vermied er so leicht zu entschlüsselnde, am deutschen Geniewesen orientierte Bekenntnisse. Aber in versteckter Form taucht seine höchst persönliche Lebensproblematik immer wieder auf. In Heros Schwanken zwischen »Sammlung« und Hingabe, in Libussas Zurückschrecken vor einer nur rationalen und juristischen Ordnung, in Bancbans tragischer Dienertreue und vor allem in der gebrochenen, machtlos-prophetischen Gestalt Kaiser Rudolfs II. hat man von jeher persönliche Bekenntnisse Grillparzers erkannt. Die Entstehungsgeschichte vieler Werke bestätigt Grillparzers Anteil an Goethes organischem Dichtungsbegriff. Das hartnäckige Festhalten an einmal aufgenommenen Stoffen ist nur so zu verstehen, daß Grillparzer sie allmählich zum Symbol persönlicher Probleme umbilden, daß er sie nicht nur ästhetisch formen, dramatisch neukonstruieren, sondern zum intimen seelischen Besitz machen wollte. Durch dies Abweichen von der Barocktradition wird Grillparzers Produktionsprozeß viel mühseliger, als es die so beliebte Vorstellung von einem »Wiener Theaterdichter« vermuten läßt. Es gibt Ausnahmen, Dramen, die nichts als Theaterstücke sind. Aber aufs Gesamtwerk gesehen, arbeitet selbst Grabbe rascher und handwerklicher, von Nestroy gar nicht zu reden*.

»Empfindung« als Grund der Poesie

Grillparzer identifiziert sich bis zu einem gewissen Grade mit seinen Helden. Es ist selbstverständlich, daß schon damit eine starke Einschränkung der psychologischen Analyse gegeben ist, denn deren Wesen besteht ja gerade in einem objektivierenden Abrücken der Personen von ihrem Schöpfer. Vereinfachend wirkte die Einbeziehung der eigenen Erfahrung kaum. Eher erhebt sich die Frage, ob ein von so entgegengesetzten Tendenzen beherrschtes Schaffen überhaupt zu einheitlichen Werken gelangen konnte. Es gibt Forscher, die die klassische Vollendung in seinen Dramen nicht mehr finden können, sie also für unabgeschlossen und in diesem Sinne für modern halten (s. u.). Der Dichter selbst führt die häufigen Produktionsstörungen, die ihn heimsuchen, immer wieder auf ein Erkalten seines »Gefühls«, seiner »Empfindung« zurück. Grillparzer hat, wie wir sehen werden, zugleich »die Form« betont. Als das innere Leben der Dichtung jedoch bezeichnet er wiederholt die Empfindung, und er kann, im Widerspruch zu den »prosaischen« Tendenzen seines Zeitalters, geradezu feststellen, daß »nichts poetisch ist als die Empfindung« (Tagebuch, Nr. 2768, Frühjahr 1835). Es ist nicht ganz leicht zu sagen, welchen Bedeutungsumfang das Wort für Grillparzer hat. Sicherlich meint er damit zunächst den Instinkt, der uns, wie er ziemlich naiv glaubt, daran hindert, so zu irren und die Welt so zu verfehlen, wie man dies auf Grund von Abstraktionen kann. Empfindung haben die Österreicher, die Hegelianer dagegen nicht; deshalb vergreifen diese sich, sie sind wie die »Zensoren«, »Kerkermeister des Lebens«[12]. Empfindung ist auch Empfindsamkeit, das Gegenteil einer weltzugewandten Haltung. Empfindung ist z. B. die »Rührung«, die ihn in Weimar beim »Vater« und »König« Goethe ergriff, die dazu führte, daß er beinahe seiner »nicht Herr war, und alle Mühe hatte, nicht in Tränen auszubre-

---

* Auch Herbert *Seidler* ist in letzter Zeit zu einer verhältnismäßig starken Betonung des Goethe-Vorbilds gelangt: »Jedenfalls kommt es in dem dauernden, unter höchster geistiger Spannung stehenden Verhältnis des einsamen Dichterindividuums Grillparzer zu dem von ihm gerade als großen Einzelnen erlebten Goethe zu einer Wirkung Goethes im österreichischen Raum, die über eine individuelle Begegnung hinausgeht. Grillparzer sieht in Goethe die Höhe einer formbewußten Dichtung im Rahmen des seit der Aufklärung europaweiten Klassizismus und sieht sich von ihm dauernd im eigenen Schaffen angeregt und bestätigt, zugleich aber kommt Grillparzer in der Auseinandersetzung mit Goethe zum Verständnis und zur Leistungsmöglichkeit seiner eigenen Art, damit aber vollzieht sich in Grillparzers Schaffen auch eine starke Entfaltung des Dichterischen in Österreich« (Grillparzer-Forum Forchtenstein 1973, Eisenstadt 1974, S. 73).

chen« (Brief an Katharina Fröhlich 5. 10. 1826), die ihn daran hinderte, ein unbefangenes Gespräch allein mit Goethe zu führen. Von hier aus ist es nicht mehr allzu weit zur alten »Begeisterung«, die, nach Grillparzer, die Quelle für »alles Große und Edle im Leben« und »nichts ist als das Selbstvergessen des Menschen gegenüber dem Ewigen, dem Rechten, dem Wahren« (Brief an Erzherzog Ferdinand Maximilian im Mai 1850). Es mag erstaunlich erscheinen, wenn Ingrid Strohschneider-Kohrs Grillparzers Wirklichkeitsvorstellung streng vom empiristisch-naturwissenschaftlichen Begriff der Faktizität trennt und den vermeintlichen Realisten der neuplatonischen Tradition, in der ja auch die Empfindsamkeit des 18. Jahrhunderts stand, zuordnet*. Aber ohne den Verzicht auf liebgewordene Vorstellungen ist die Biedermeierzeit im ganzen und gerade dieser Dichter nicht zu verstehen. Die Empfindung muß nach Grillparzers Meinung nicht etwa nur für die Lyrik, sondern auch für das Drama höheren Rangs die integrierende Grundschicht bilden. Der Zerfall nach 1848 beruht nach seiner Meinung ganz wesentlich darauf, daß »die jüngere Generation« diese naturgegebene Empfindung, »die die Grundlage aller Poesie, namentlich [!] der dramatischen ausmacht«, eingebüßt hat (Brief an Moritz August von Bethmann-Hollweg 3. 1. 1860). Auch seinen eigenen Niedergang als Dichter führt er hartnäckig auf das Erkalten dieser Gottesgabe zurück. Man kann es nicht leugnen: Grillparzer hat, wie so viele, gerade auch österreichische Dichter der Zeit, Anteil an der empfindsamen Tradition.

Selbstverständlich erscheint diese nicht mehr in der hochgemuten pathetischen Form des von ihm als Bahnbrecher anerkannten Klopstock, sondern in der elegischen und weltschmerzlichen Weiterbildung, die sich schon seit den 1770er Jahren nachhaltig durchsetzt; sie erscheint auch in einer mimisch-konkretisierten Sprache des Gemüts (Sappho, Hero) und in einer zeittypischen, aber für Grillparzer besonders bezeichnenden Mischung von »Prunkrede« und knapper, handlungsorientierter Diktion [13]. Trotzdem ist dieses gesteigerte Seelentum für das Leben und Werk des Dichters nicht nur ein zufälliges, sondern ein konstituierendes Element. Grillparzers Unfähigkeit, zur Alltäglichkeit der Ehe hinabzusteigen, sein unromantischer, im Rokoko wurzelnder Sinn für den Unterschied von Eros und Ehe, andrerseits sein Festhalten an der einmal erwählten Seelenbraut Kathi, seine spätere, nachsommerliche Hausgenossenschaft mit den Fröhlich-Schwe-

---

* »Grillparzer spricht von einem im neuplatonischen Sinne gedachten Zusammenhang, an dem teilzuhaben, in dem zu sein, dem *wirklich existierenden Staubkörnchen* ebenso wie dem ehrfürchtigen Denken und der Poesie zukommt. Ihr Bestehen und ihre Überzeugungskraft, ihr allem Erklärten überlegenes *Es ist: erweislos, weil selber Erweis* – scheinbar also ein esse per se –, bedeutet für Grillparzer das Wirklichsein als *Teil* eines Seins nur im Ganzen und aus dem Ganzen.« (Wirklichkeit und Erweis. Notizen zu einem Problem im Denken Grillparzers, in: Unterscheidung und Bewahrung. Festschrift für Hermann *Kunisch* zum 60. Geburtstag, Berlin 1961, S. 379 f.). Man wird es zunächst für eines der bekannten Phantasieprodukte Josef *Nadlers* halten, wenn er eine Verbindung zwischen Hamann und Grillparzer herstellt. Aber der kritische Österreicher Viktor *Suchy* (Hamann und Grillparzer, in: Johann Georg *Hamann,* Acta des Internationalen Hamann-Colloquiums in Lüneburg 1976, hg. v. Bernhard *Gajek,* Frankfurt/M. 1978, S. 340–348) gelangt, nach sorgfältiger Prüfung, zu einer Bestätigung von Nadlers These. Er erkennt vor allem »gewisse Übereinstimmungen« in Grillparzers sprachphilosophischen Überlegungen und Mythenforschungen (S. 347). Es handelt sich also nicht nur um ein Weiterwirken der empfindsamen Stiltradition, sondern um eine tiefere Verwurzelung im Neuplatonismus des 18. Jahrhunderts.

stern, – dies sind zunächst private Indizien. Aber auch sein Verhältnis zum Theater verrät diesen empfindsamen Dualismus. Auf der einen Seite die rousseauistische Begeisterung für die rohe »sinnliche« Menge, das Ausspielen des Publikums, des Volks gegen die intellektuelle Kritik. Auf der andern Seite die ständige Scheu, sich zu prostituieren, die Überempfindlichkeit bei mangelndem Beifall und endlich der gekränkte Rückzug vom Theater in seinen besten Jahren, der endgültig war und mit dem Theaterabschied des 68jährigen Goethe nicht zu vergleichen ist. An dieser Stelle vor allem erscheint *die Grenze von Grillparzers österreichischer Urbanität.* Der Hofmann in Weimar war kühler als der Theaterdichter der Kaiserstadt. Die »Empfindung« ist das innerste Heiligtum, vor dessen Entweihung der gefeierte und dann erst recht der umstrittene und vereinsamende Dichter ständig zittert.

Auf dem empfindsamen Dualismus beruht auch die oft beobachtete Passivität von Grillparzers dramatischen Personen. Stets gibt es einen unantastbaren Bereich der Innerlichkeit: das Heiligtum der Kunst, das ohne Katastrophe nicht zu verlassen ist *(Sappho),* das Heiligtum der Jungfräulichkeit, schon im Tempel symbolisiert, das mit der Leidenschaft sinnlicher Liebe nicht zu versöhnen ist *(Des Meeres und der Liebe Wellen),* die absolute Gerechtigkeit Bancbans, von der kein Weg zum erfolgreichen politischen Handeln führt *(Ein treuer Diener seines Herrn),* schließlich die Heiligkeit des Herrscheramtes, mit der keine Selbstsucht *(Ottokar),* keine Mätressenwirtschaft *(Jüdin von Toledo),* kein zielbewußtes Handeln *(Bruderzwist),* kein utilitaristischer Staatsaufbau *(Libussa)* zu vereinbaren ist. Grillparzer läßt zwar die von der älteren Empfindsamkeit oft übersehenen »niederen« Triebkräfte des Menschen (Ehrgeiz, Machtgier, Sexualität, Fanatismus, Rationalität usw.) nicht aus; auf Grund seiner psychologischen Einsichten verleiht er ihnen sogar den Charakter eines unwiderstehlichen Reizes, einer Art irdischer Allmacht. Seine Empfindsamkeit ist nicht hymnisch, sondern durch Berücksichtigung des von Wieland, Lessing, Lichtenberg, Goethe erschlossenen und selbständig fortgeführten Wirklichkeits- und Erlebnisbereiches tragisch gebrochen. Ohne diesen tragischen Bruch in seinem Seelenleben wäre die (bedingte) Wiederanknüpfung an die barocke Formen- und Motivwelt gar nicht möglich. Sucht man aber die höhere und tragende Schicht seiner Tragödie, so findet man sie in einer spirituellen Wertewelt (Kunst, Unschuld, Gerechtigkeit, Selbstlosigkeit, »Sammlung«, Königtum, Habsburgerstaat), die zwar eigentlich menschlichen und irdischen Ursprungs ist, aber durch empfindsame Überhöhung einen fast absoluten Charakter erhalten hat.

Der empfindsame Grundton von Grillparzers Dichtung ist nicht nur in der *Ahnfrau,* in der *Sappho* und beim reuigen *Ottokar* zu vernehmen. Er führt in der Herotragödie zu einem einzigartigen lyrisch-mimischen Gebilde, und noch in den Altersdramen, besonders im *Bruderzwist,* ist er trotz aller Verhaltenheit nicht zu überhören; er bindet hier die abstrakten und die mimischen Details immer noch zu einer überzeugenden *Stimmungseinheit* zusammen. Dies ist es wohl, was Hofmannsthal spürt, wenn er sagt: »Der starke Punkt seiner Sachen: sie sind unglaublich gefühlt« [14]. Der Abbau dieser intensiven, wenn auch biedermeierlich »verhaltenen« Seelenkultur, der nach 1848 überall zu beobachten ist, dürfte dann, wie bei Mörike, der wichtigste Grund für das Verstummen des Dichters gewesen sein. Die Kälte, die er längst außer sich und in sich empfunden und beklagt hatte, wurde durch die wirtschaftliche Gründerzeit in den 1850er Jahren, durch die Technik und durch das gesteigerte Objektivitätsstreben der Jüngeren, der »Realisten«, zum herrschenden Klima, in dem er zwar noch Epigramme aber keine Poesie mehr schreiben konnte. Man vergleiche unter diesem Gesichtspunkt *Die Jüdin von Toledo* mit der motivähnlichen *Agnes Bernauer*. Nicht nur die nüchterne Prosa, sondern der herzlose, unchristliche, ideologisch begründete Grundzug der Hebbelschen Tragödie mußte für den älteren Dichter erschreckend sein.

Man hat in Grillparzers Sprache trotz ihrer offenkundigen mimischen Bestandteile, trotz ihrer »Lebensnähe« immer wieder die Farbigkeit und Unmittelbarkeit anderer, ihm scheinbar verwandter Dichter vermißt. Nicht erst vom Impressionismus, schon von Goethe und seinem realistischen Gefolge her gesehen, ist Grillparzers Stil verhältnismäßig arm und förmlich. Auch diese abstrahierende Tendenz jedoch erklärt sich, wie beim alten Stifter (vgl. u. S. 1005 f.), aus dem Fortleben eines empfindsamen Stilgefühls. Wenn man dafür Klassizismus setzt und diesen auf Winckelmanns empfindsames Stilideal bezieht, so ist damit etwas Ähnliches gesagt. Die an sich einfache, spröde, unelegante, sogar »kanzleimäßig« gescholtene Sprache wird durch einen Grundton überhöht, der ein Unsagbares jenseits der Worte meint, der mehr in der Gesamtführung der Sätze als in den einzelnen Wendungen zu erkennen ist und die Sprache nicht ganz individuell, nicht ganz »plastisch« werden läßt. Ein Beispiel (*Bruderzwist,* IV. Akt):

> *Don Cäsar:* So seid ihr Heuchlerin?
> *Lukrezia:* Ich war es nie.
> *Don Cäsar:* Ich fürchte doch: ein bißchen, holde Maid.
> Als ich, nun lang, zum erstenmal euch sah,
> Da schien mir alle Reinheit, Unschuld, Tugend
> Vereint in eurem jungfräulichen Selbst;
> Zeigt wieder euch mir also, laßt mich glauben!
> Und wie der Mann, der abends schlafen geht,
> Von eines holden Eindrucks Macht umfangen,
> Er träumt davon die selig lange Nacht,
> Und beim Erwachen tritt dasselbe Bild
> Ihm mit dem Sonnenstrahl zugleich vors Auge:
> So gebt mir euch, euch selber auf die Reise,
> Von der zurück der Wandrer nimmer kehrt.
> Kein Weib, ein Engel; nicht geliebt, verehrt.

Ein Lasterhafter, ein Selbstsüchtiger, ein Verzweifelter, der kurz darauf zur Gewalttat schreitet, ist der Hauptsprecher. Aber seine Trivialität und Sinnlichkeit kommt vorläufig nur in dem mimischen Eingang der langen Dialogpartie zur Geltung. Da ist der Grillparzer, den jeder schätzt. Doch nicht weniger bezeichnend ist es für ihn, daß er den Lasterhaften das Bild der Reinheit in einer enthusiastischen Sprache beschwören läßt. Die Häufung der Abstrakta, das von dem Dichter oft gebrauchte substantivierte Selbst, der breit ausgesponnene Vergleich, der vorangestellte Genitiv, die Wiederholung des Personalpronomens, die parallelen Antithesen im letzten Vers, die wiederholten Zäsuren – alles das macht einen etwas alexandrinerhaften, »rhetorischen«, »konventionellen« Eindruck, *wenn man die dahinterstehende Inbrunst und Wertung nicht ernst nimmt.* Dem Egoisten erscheint vor seinem endgültigen Fall nicht nur irgendeine »holde Maid«, sondern das »Bild« der Unschuld selbst; aber er kann es, verwirrt wie er ist, in der irdischen Erscheinung Lukrezias nicht erkennen. Einem so beschaffenen Dualismus zwischen Ideal und Wirklichkeit wäre in einer anderen Sprache kaum gerecht zu werden. Eine adäquate Interpretation ist erst möglich, wenn man von Grillparzers Auseinandersetzung mit der überall noch bestehenden Rhetoriktradition ausgeht und diese nicht von vornherein verurteilt*.

Dramaturgie: nur kleine Zugeständnisse an die offene Form

Goethesche oder an ihm orientierte realistische Maßstäbe darf man schon deshalb nicht an Grillparzer anlegen, weil er in einem viel bestimmteren Sinne *Dramatiker* sein wollte und es auch gewesen ist. Grillparzer sagt: »Göthe ist als *Dichter* in allem unendlich groß, was er macht; als *dramatischer* Dichter scheint er mir durchaus ohne Belang« (Tagebuch, Nr. 225, 1817). »Göthe verehren und ihn nachahmen, sind verschiedne Dinge. Schiller kann und soll man nachahmen, weil er der Höchste einer *Gattung* ist und daher ein Muster für alle seiner Gattung. Göthe dagegen ist ein Ausnahms-Mensch . . .« (Tagebuch, Nr. 3211, 1836). Der Kantianer, der Antiromantiker Grillparzer äußert sich oft in dieser Weise. Eine neue wesentliche Seite seines Künstlertums deutet sich damit an. Er will nicht nur wirklichkeitstreu, auch nicht nur aus der Empfindung heraus, sondern *gattungsgerecht dichten.* Den »geistreichen Skizzismus« eines Tieck lehnt der Dichter mit großer Heftigkeit als Ausdruck eines »haltlosen Geistes« ab (Tagebuch, Nr. 1314, 1824). Seine Abwehr wäre kaum so entschieden gewesen, wenn er nicht aus eigener Erfahrung gewußt hätte, wie leicht man durch einen nur persönlichen Anteil am Stoff, durch das Bestehen auf einer momentanen Stimmung wie auch durch psychologischen und historischen Empirismus ins Skizzenhafte und Fragmentarische geraten kann. Wie Heine sich auf Grillparzer verstand, so war wahrscheinlich auch dem Österreicher der Verfasser der *Reisebilder* als solcher keineswegs völlig wesensfremd, – und wie ferne steht Heine dem

---

* Das Beispiel belegt, daß Kritik und Geschichte nicht voneinander getrennt werden dürfen. Karl Kraus beschimpft in seinem Grillparzer-Pamphlet (Die Fackel, März 1922) zugleich »die Literarhistoriker, die berufsmäßig von Kunst weniger wissen als der naivste Leser«; aber gerade ihm unterlaufen Interpretationsfehler, die von dem stets vergleichenden Literarhistoriker normalerweise vermieden werden. Man nehme die folgende Behauptung: »So problematisch etwa die Erscheinung Hebbels sein mag, so bietet sie doch – nebst aller nicht kunstgelösten Problematik wenigstens ein Problem gegenüber der papiernen Ebenheit der Welt Grillparzers, den die Literarhistoriker in die Nähe jenes rücken, um ihn von Halm, dem Verwandten seiner Blutleere, abzusondern« (zitiert nach Paul *Wimmer,* Grillparzer in der Sicht des zwanzigsten Jahrhunderts, in: Jb. d. Grillp.-Ges., 3. F. Bd. 10, Wien 1973, S. 111). Friedrich *Halm* (Pseud. für Reichsfreiherr Elegius von Münch-Bellinghausen), 15 Jahre jünger als Grillparzer (geb. 1806), war der erfolgreiche Konkurrent des größeren Dichters, als Beamter *und* als Theaterdichter, nicht nur wegen seines Adels, sondern sicher auch wegen der größeren, »spanischen« Glut seiner Rhetorik. *Bei ihm fehlte die intensive Auseinandersetzung mit der Barocktradition (Rhetorik),* die sich bei Grillparzer auf dem Weg von der »Ahnfrau« und »Sappho« zu »Des Meeres und der Liebe Wellen« und »Weh dem, der lügt!« beobachten läßt. Der Vergleich mit Erfolgsdramatikern wie Halm oder Raupach bietet den besten Zugang zu Grillparzers Eigenleistung. Auch Hebbels Auseinandersetzung mit der Rhetorik war wohl weniger intensiv (vgl. S. 380 f., 403).

eigentlichen Drama! Die »Empfindung« im Sinne einer generellen, an heiligen Werten orientierten Lebensstimmung und Stilhaltung war vielleicht ein Gegengewicht gegen den Skizzismus, aber auch sie hatte, wie nicht nur Klopstocks Beispiel zeigt, zunächst zu einer Verwirrung der Gattungsnormen geführt. Noch in *Iphigenie* und *Tasso* waren die empfindsamen Bestände ein Hauptgrund für den wenig ausgeprägten Gattungscharakter dieser Dramen gewesen. Die Begriffe »Form«, »Formgebung«, »Darstellung«, die Grillparzer immer erneut betont, gewinnen aus diesem Grund für ihn, wie schon für Goethe, manchmal den Charakter eines Rettungsankers. Sie sind ihm nicht naiv mit der Tradition des Burgtheaters gegeben, sondern haben innerhalb seines Schaffens einen stilrestaurativen Sinn.

Unter diesem Gesichtspunkt ist Grillparzers *Ästhetik,* deren klassizistische Prägung schon Fritz Strich mit Sorgfalt herausgearbeitet hat[15], in das komplizierte Gleichgewichtssystem, das seine Gesamtstruktur bildet, einzubeziehen. Das Streben nach »Anschauung«, »Natur«, »Klarheit« soll die in ihm herrschende Empfindung, Abstraktion und Vielstimmigkeit kompensieren. Zwar sieht Grillparzer, im Unterschied zu Winckelmann und Goethe, mit vollkommener Bestimmtheit, daß wir nicht mehr antik dichten können. Der Vorbilderkanon verlegt sich daher von der Antike auf die Moderne. Doch läßt er, im Unterschied zu Tieck, nicht nur *die* Dichter gelten, die in der Tradition des offenen mittelalterlichen Mimus stehen. Alle großen Dramatiker der Neuzeit haben eine bestimmte Funktion bei der Herstellung des Gleichgewichts, das ihm für sein Drama vorschwebt. Lope de Vega zeigt, was urwüchsige Frische, Phantasie und Anschauung im Drama ist. Calderon klärt das Spanische zu einer gewissen »Klassizität« ab. In Shakespeare bewundert Grillparzer, wie das 18. Jahrhundert, trotz aller »Fehler«, den genialen Kenner der menschlichen Natur. Die Franzosen dagegen bleiben stets »Muster in der Form«. Man hat mit Recht bemerkt, daß dies Abrücken von der deutschen Verachtung der französischen Klassiker das Österreichertum des Dichters besonders scharf bezeichnet[16]. Es bezeichnet auch seinen Klassizismus, in dem Sinne, daß er *nur eine gewisse Erweiterung der dramatischen Form, nach Schillers Vorbild, gestattet,* dagegen die Steigerung der Shakespeareschen Historie zur offenen Form als unkünstlerische Übertreibung ablehnt. Auch die Jungdeutschen (Gutzkow, Laube) und erst recht die Junghegelianer (Mosen, Hebbel) sind vom offenen, damals noch kaum spielbaren Drama abgerückt. Österreichs Verdienst lag nicht zuletzt im kontinuierlichen Festhalten am geschlossenen Drama*. Obwohl Grillparzer Hegel ingrimmig ablehnt und die Auswirkungen seiner Philosophie für den Niedergang der deutschen Kultur verantwortlich macht, verfügt er doch in vergleichbarer Weise über die verschiedenen historischen Inhalte, um daraus seine Synthese aufzubauen. Die Heftigkeit des Tons, den er gegen Hegel anschlägt, entspricht nicht nur seinem Österreichertum, sondern auch der Bemühung um Festigung seines Standorts als *Künstler,* – einer Aufgabe, an der sich viele deutsche Dichter nach Hegels ungünstiger Prognose für die Gegenwartsdichtung beteiligt haben.

---

* »Seine [Schillers] Form [ist] geradezu musterhaft. Zwischen dem Allzuweiten der Engländer und dem Engen der ältern Franzosen bildet sie gerade jene Mitte, welche einerseits jeder Entwicklung Raum gibt, und andererseits ein durch literarische Genüsse abgenütztes Publikum hinlänglich festhält« (Grillparzer an den Schiller-Verein in Leipzig 15. 6. 1855).

Die Grillparzerforschung ist in der Gefahr, den Gegensatz zwischen dem »preußischen Philosophen« und dem österreichischen Dichter ungebührlich zu isolieren. Der Streit zwischen naiven und sentimentalischen Programmatikern durchzieht die gesamte Geschichte der Künste vom 18. Jahrhundert bis heute, und Grillparzers Hegelkritik ist nur eine Etappe in diesem Streit. Seine Polemik wäre nicht so grob, wenn der Dichter nicht selbst gewußt hätte, daß die Reflexion ein *unausweichliches* Element der Zeit – nicht nur in Norddeutschland – war: »Sich immer auf dem Standpunkt der Anschauung zu erhalten, wird schwer in unserer auf Untersuchung gestellten Zeit.« Diese Feststellung folgt in der Selbstbiographie auf die bekannte Distanzierung Grillparzers von den »neuern Bildungsdichtern, selbst Schiller und Goethe mitgerechnet« [17]. Grillparzer war nicht naiv, obwohl er es sein wollte. Er war, trotz der größeren Theaternähe in seiner Jugend, selbst ein Bildungsdichter, – wenn man reflektierende Dichter mit einem so problematisch gewordenen Begriff bezeichnen will. Selbst für Laube, der sich durch die Rehabilitation Grillparzers bei den Österreichern beliebt machen wollte, war die *Libussa* nicht aufführbar (vgl. seinen Brief an Grillparzer vom 3. 2. 1854). Mit großer Leidenschaft vertrat Grillparzer das Programm einer gefühlten, anschaulichen, lebendigen und damit auch klassischen Poesie gegen das in einer bestimmten Geschichtsphilosophie begründete Abstraktionsdogma Hegels. Sein Programm berührt sich mit dem »Realismus«, den Julian Schmidt und Gustav Freytag in den *Grenzboten* durchzusetzen versuchten. Auch dort die Forderung der Anschaulichkeit und Konkretion, auch dort der Anschluß an die klassizistische Ästhetik. Es scheint, das Programm war an der Zeit. *Aber der alternde Dichter konnte ihm unmöglich entsprechen.* Eben durch diese klassizistisch-realistische Dogmatik schloß Grillparzer in seiner letzten Lebensepoche sich selbst von der Dichtung aus.

Wie mühsam es oft für Grillparzer war, von der Detailbeobachtung zum Werk, von der einzelnen Empfindung oder Reflexion zur vollendeten Darstellung zu gelangen, verrät schon der flüchtigste Blick in seine Werkstatt. Der Kampf um die humanistische Dramenform ist zwar noch nicht so hoffnungslos wie bei Otto Ludwig, aber doch schon überaus hart. Helmut von Wartburg, der die zahlreichen Fragmente und Pläne Grillparzers eingehend untersucht, kommt nach einem Vergleich mit Schiller und Otto Ludwig zu folgendem Ergebnis: »In ihm sind beide Seiten, das leidenschaftliche Verwachsensein mit dem Stoff und die Fähigkeit, diesem das Gepräge des eigenen Geistes zu geben, in harmonischer Ausgeglichenheit vorhanden und halten sich gegenseitig die Waage« [18]. Wie schwer die Balance zu halten war, zeigt der Verfasser auch. Grillparzer hat oft plötzlich jede Beziehung zu einer begonnenen Dichtung verloren, oder irgend ein Problem erscheint ihm unlösbar, so daß er den Plan aufgibt, wenigstens für lange Jahre beiseitelegt. Der Maßstab, der ihm vorschwebt, ist so hoch, er wird dem Alternden auch so fremd, daß, je länger, je mehr, alle Naivität des Schaffens verloren geht, sehr im Unterschied zu der Naivität des Wiener Publikums, die Grillparzer gutheißt und der er grundsätzlich genügen will. Wenn wir hören, daß im Tagebuch nach und nach von 37 Lustspielplänen die Rede ist, so ermessen wir den Abstand zwischen Wollen und Vollbringen, unter dem der Dichter zeit seines Lebens litt, und wir verstehen die Niedergeschlagenheit, die sich vor allem nach der mißglückten Uraufführung des Lustspiels *Weh dem, der lügt!* seiner bemächtigte. Schon die Tatsache, daß Grillparzer der Tragödie eher als des Lustspiels Herr wurde, stellt ihn deutlich in die deutsche Tradition. Sein empfindsamer Ernst, seine verbissene Gründlichkeit, seine ständige Orientierung an den großen Meistern, sein Knieen vor der Kunst trennen ihn von den Beherrschern des damaligen Wiener Theaters, vielleicht mit der Ausnahme Raimunds, und verbinden ihn schließlich doch mit deutschen Dichtern wie Klopstock, Hölderlin, Goethe, Schiller, Kleist*.

Abgrenzung von gescheiterten Dichtern der Zeit: Das bescheidene Amt als Rettung

Unter den deutschen Zeitgenossen berührt er sich spürbar mit Platen. Hier wie dort ein ständiges Tasten, über das ein Tagebuch gewissenhaft Rechenschaft gibt, Ansätze über Ansätze und wenig Werke. Hier wie dort der Groll auf die Zeit, die der klassischen Kunst so wenig würdig ist, und Epigramme, in denen er sich entlädt. Ins eigentliche poetische Werk dringt die Kritik bei Grillparzer noch weniger als bei Platen, der streitbarer und im Grunde seines Herzens nicht so demütig ist. Hier wie dort die Orientierung des ganzen Lebens an der Kunst, die Opferung des ganzen Lebens für die Kunst. Bei dem Verzicht auf die Ehe mit Kathi spielt, wie Grillparzers Tagebuch verrät, die Kunst eine wesentliche Rolle. Und die Klagen über den Niedergang seiner Kunst begleitet nicht selten die Versicherung, daß damit auch sein Leben selbst den Sinn verloren hat. Unter den österreichischen Dichtern erinnert seine Askese für die Kunst an Lenau (vgl. u. S. 650 f.), der bekanntlich unter einem besonders starken deutschen (schwäbischen) Einfluß stand.

Bei Grillparzers geheimer Verwandtschaft mit Platen muß man es nicht nur als eine Heimsuchung, sondern zugleich als eine Gnade betrachten, daß er weder eine Sinekure oder vorzeitige Pension noch eine höhere Stellung in der Wiener Bürokratie, z.B. die begehrte Hofbibliotheksdirektion, erlangte, sondern nur ein Amt, das damals recht bescheiden war (Archivdirektor). Die durch diese feste Stellung erreichte Lebenssicherung und die, im Vergleich zu Platens italienischer Existenz, erzwungene relative Lebensnähe war eine gute Grundlage seiner Kunstübung. *Der gesunde Menschenverstand, der im*

---

* Hier einige in der Grillparzerforschung selten zitierte Äußerungen: An Professor Dr. Wilhelm Roscher, Leipzig, 17. 11. 1859: »Ja, mein Herr! wenn meine Arbeiten nur irgendeinen Wert haben, so haben sie ihn dadurch, daß ich – ohne mich durch Spekulationen und falsche Gründlichkeit irremachen zu lassen – immer den Weg gegangen bin, den Schiller uns Deutschen für lange, lange Zeit, wohl gar für jede künftige, vorgezeichnet hat.« An Ottilie von Goethe 13. 10. 1835: » ... da Ihr verewigter Vater mir nicht bloß ein strahlender Leitstern, sondern mitunter auch ein strenger Mahner ist, und ich Ihnen gegenüber mich mit halbem Schauder kaum des Gedankens erwehren konnte, er selbst blicke aus Ihren Augen mich an, Ernst gebietend und das Unbedeutende ablehnend nach dem Tode wie im Leben.« An die deutsche Kaiserin Augusta, etwa 20. 1. 1871, d.h. kurz nach der Reichsgründung: »... Zuerst die Ehrfurcht vor der Kaiserin und Königin. Dann ist aber noch etwas was hundertfältig in meinem Herzen widerklingt: Die Tochter Weimars! Ja Majestät! Dort ist trotz Main- und Rheinlinie das wahre Vaterland jedes gebildeten Deutschen und als solchen mich erachtend unterzeichne ich mich als Ihr tiefergebener ja gewissermaßen Ihr Untertan ehrfurchtsvoll [Grillparzer].« Auch dann, wenn es um das Dichten für das Theater geht, begrenzt die österreichische Hauptstadt nicht den Horizont Grillparzers: »Ich fühle mich aber gerade [als] jenes Mittelding zwischen Goethe und Kotzebue, wie ihn das Drama braucht. Die Deutschen könnten vielleicht ein Theater bekommen, wenn mein Streben nicht ohne Erfolg bleibt« (Tgb. Nr. 1626, 1828).

vielgeschmähten biedermeierlichen Österreich herrschte, bezeugt sich in dieser Form der Eingliederung ebenso wie die innere Bescheidenheit des »Raunzers«. Man vergleiche damit das Schicksal Grabbes, der ein zerstreuendes, für einen Dichter weniger geeignetes Amt erhielt und nicht an ihm festhielt. Schon Heinrich Laube, der seine Jugend in einem zersplitternden Berufsschriftstellertum vertan hatte, verteidigte die Lösung der Wiener Regierung gegen einen Kritiker (Rizy) mit gültiger Begründung: »Ohne Vermögen, wie er war, poetischer Schriftsteller zu werden, das war sicherlich höchst gefährlich für ihn. Ohne Anhalt wäre er wohl bei der unvermeidlichen Stockung der Inspiration gefährlichen Schritten ausgesetzt gewesen« [19]. Er wäre – Grillparzers Familie gibt manchen Hinweis auf diese Möglichkeit – wie Grabbe und Platen zugrunde gegangen, oder er wäre, was bei seinem Charakter weniger wahrscheinlich ist, ein Laube, ein Raupach, ein Friedrich Halm geworden. Das klassische Maß, das ihm so sehr am Herzen lag, war, genau besehen, nur auf diesem bescheidenen Weg zu erreichen, und so ist er ihn trotz allen Murrens geduldig gegangen. Man darf zur Ehre Österreich-Ungarns hinzufügen, daß der Beamte Grillparzer immer auch der Dichter war, der sich als Ausnahme betrachten durfte. Urlaubsüberschreitungen gestattet er sich häufig. Wenn er in Paris, vor seiner Abreise nach London, erkennt, daß sein Urlaub nicht ausreichen wird, so schreibt er nicht einmal selbst den Verlängerungsantrag, sondern beauftragt einen Wiener Freund damit (vgl. Brief an Theodor Georg von Karajan 13. 5. 1836). Das Schlimmste an der Nichtbeförderung zum Kustos der Hofbibliothek (1844) war nicht die Anonymität des Vorgangs, wie wir heute vermuten würden, sondern umgekehrt die Berücksichtigung seines literarischen Konkurrenten, des Freiherrn von Münch-Bellinghausen (Pseud. Friedrich Halm s. o.). Man überlegte ganz offensichtlich nicht, wer der bessere Beamte sein könnte, sondern man gab die halbe Sinekure dem vornehmeren und gerade erfolgreicheren Theaterdichter. Der biedermeierliche Personalismus (vgl. Bd. I, S. 49) stand in voller Blüte, und davon profitierten die Schriftsteller so sehr, daß es heute noch österreichische Beamte gibt, die die Bevorzugung der Alt-Wiener Dichter übelnehmen.

Schreyvogel: Die Erziehung durch das Theater

Ein weiteres Gegengewicht gegen die Gefahren einer so entschiedenen Künstlerexistenz bildete die Heimat in der Gestalt der *Theaterstadt* Wien. Über diesen Punkt dürften sich die heutigen Grillparzerforscher einig sein, wenn sie auch manchmal dazu neigen, Grillparzer allzu ausschließlich als Theaterdichter zu sehen. Besonders im Vergleich mit Hebbel, der eine Burgtheater-Schauspielerin heiratet und in das fremde Wien übersiedelt, um dem Theater nahe zu sein, aber dem Theater und der Stadt immer fremd bleibt, fällt Grillparzers begnadetes Schicksal in die Augen. Er war in der großen Theaterstadt zu Hause. Der glückliche Stern, der über Grillparzers Künstlerlaufbahn steht, zeigt sich auch in dem Umstand, daß es gerade Schreyvogel, der hochstrebende Vertreter einer im weitesten Sinne klassischen Literaturbühne war, der ihm seinen Weg zum Burgtheater bahnte. Eine sensible Amerikanerin möchte beweisen, daß Schreyvogel einen verhängnisvollen Einfluß auf Grillparzers dramatisches Werk ausgeübt hat und keineswegs sein

»väterlicher Freund« gewesen ist[20]. Doch für den, der weiß, daß die Welt und in ihr nicht zuletzt das Theater kein Mädchen-College ist, verwandelt sich diese kritisch erzählte Freundschaftsgeschichte in ein ergreifendes Denkmal für die beiden Kampfgefährten. Denn was besagt Schreyvogels Meisterung des Anfängers – er rät ihm, die *Ahnfrau* in ein zeitgemäßes Schicksalsdrama zu verwandeln –, sein klassizistischer Abstand von einem schließlich sehr erfolgreichen Nebenwerk *(Der Traum, ein Leben)* oder das übliche Brummen Grillparzers, wenn ihm etwas an Schreyvogel nicht paßt, gegenüber der Tatsache, daß Schreyvogel den schwierigen Dichter, der nach der Abweisung seiner *Blanka von Kastilien* in Lethargie verfallen war, überhaupt für das dramatische Schaffen gewinnt, daß er ihn gegen alle Welt verteidigt, und daß Grillparzer immer nur ihm, dem väterlichen Freund, seine fertigen Manuskripte zur Aufführung anvertraut, daß er sich von keiner Zensur und keiner kaiserlichen Willkür von der Fortsetzung seiner Arbeit für Schreyvogels Burgtheater abhalten läßt. Freilich offenbart diese sehr persönliche Zusammenarbeit zugleich, wie gefährdet Grillparzers Verhältnis zum Theater, als einer objektiven Institution, war. Für ihn gibt es, im Unterschied zu Schiller in Weimar, keinen Iffland, der ihn vom mächtigen örtlichen Theaterleiter unabhängiger macht. Grillparzers Beziehungen zu Müllner, der vorübergehend ein Herr des Theaters war (vgl. Bd. II, S. 357), lösen sich rasch wieder auf. Auch mit »Isar-Athen«, der Kunststadt Ludwigs I., entsteht, trotz einiger Anknüpfungsversuche (Briefe an Eduard von Schenk und Peter Cornelius 1827) keine dauerhafte Verbindung. Wer den Ursprung von Grillparzers Beziehungen zum Theater bedenkt, der kann sich über ihr frühes Ende nicht wundern. *Sie überlebten Schreyvogel nur um wenige Jahre.* Die Neuinszenierungen Laubes waren kein aktuelles Theater mehr, sondern galten schon dem repräsentativen österreichischen Klassiker*.

Daß Grillparzers Spätwerke in dem typisch deutschen Abstand von der zeitgenössischen Bühne standen, tatsächlich, nicht nur in der Meinung des pessimistischen Dichters, weiß jeder, der das Theater des 19. Jahrhunderts kennt und sich nicht durch die Aufführungen des abstrakteren 20. Jahrhunderts täuschen läßt (vgl. o. das Urteil Laubes). Auch das Theater war in Grillparzers komplizierter dichterischer Welt nur ein Element, das er sich zeitweilig mehr oder weniger vollständig assimilierte, eher ein Gegengewicht gegen die ihn stets bedrohende Abstraktion und Einsamkeit als seine eigentliche Basis. Die Zeiten Calderons und Shakespeares waren – wer will es ernsthaft leugnen? – auch in Wien vorüber; denn das Volkstheater verwaltete nur die eine Seite des barocken Erbes. Wer das

---

* Auch W. E. Yates, einer der bedeutendsten Kenner der Biedermeierzeit im anglo-amerikanischen Bereich, weist die Herabsetzung der Grillparzer/Schreyvogel-Beziehung zurück, und er denkt dabei nicht nur an die strenge, gut österreichische Erziehung zur Bühne, sondern zugleich an die Vermittlung von deutschem Geistesgut: »What Grillparzer found in him [Schreyvogel] above all was a man saturated in the ideals of the eighteenth century. His critical and philosophical outlook, formed largely in his Jena years and developed in the pages of the *Sonntagsblatt,* remained fundamentally consistent« (Josef Schreyvogel, Critic and Mentor: an enquiry into aspects of Schreyvogel's influence on Grillparzer, in: Publications of the English Goethe Society, Bd. 44, 1973/74, S. 92). Noch enger sieht W. E. Yates die Verbindung zwischen Grillparzer und Schreyvogel in dem Aufsatz Dramaturg and Dramatist: on the relation of Schreyvogel to Grillparzer's mature dramas, in: GLL N.S. 31 (1977/78), S. 106–114.

große Theater der Elisabethaner, der spanischen Blütezeit und des klassischen Frankreich im Auge behält, wird zugeben, daß Österreich, wie die anderen deutschen Länder, mit seinem *literarischen* Theater zu spät kam. Doch selbst als bloßes Gegengewicht ist der theatralische Einschlag in Grillparzers Werk wichtig. Das Theater erzog ihn wirksamer zur »Anschauung« als die Ästhetik Kants oder die Lektüre Lope de Vegas. Die prächtigen Aufzüge und Repräsentationsszenen, überhaupt die pantomimischen Elemente in Grillparzers Dramen sind in dieser Beziehung noch das Wenigste. Sie findet man auch in Schillers Dramen, zum Teil sogar in denen Goethes. Worin ihn aber kein deutscher Dramatiker erreicht, das ist die Kunst, mit der er die Gebärde in die Sprache hineinnimmt. Die Mimik ist für den Grillparzerregisseur und -schauspieler kein zusätzliches Element, das er sich erst selbst erfinden muß, sondern sie ergibt sich aus der Hingabe an den Text ganz von selbst. Ein Beispiel aus Heros großem Monolog im IV. Akt:

> Genau besehn, wollt ich, er käme nicht.
> Ihr Argwohn ist geweckt, sie lauern, spähn.
> Wenn sie ihn träfen – Mitleidsvolle Götter!
> Drum wär es besser wohl, er käme nicht.
> Allein er wünschts, er flehte, bat. Er wills.
> Komm immer denn, du guter Jüngling, komm!
> Ich will dich hüten, wie der Jungen Schar
> Die Glucke schützt, und niemand soll dir nahn,
> Niemand, als ich allein; und nicht zu schädgen;
> Bewahr! Bewahr! – Ich bin doch müd.
> Es schmerzt der Fuß. Löst niemand mir die Schuh?

Wir haben hier alle Elemente der Grillparzerschen Kunst: die psychologische Genauigkeit, mit der der abständige Beobachter die feinsten Seelenregungen registriert (z.B. »niemand, als ich allein«), die teilnehmende Empfindung, durch welche die sehr genau erfaßten Regungen des sinnlichen Liebesbedürfnisses in die Wertsphäre »natürlicher Unschuld« erhoben werden, auch die rhetorischen Bestandteile (z.B. der Vergleich mit der Glucke). Am deutlichsten aber ist an diesem Beispiel seine Kunst, das Spiel Heros in der Sprache vorzuformen. Die jeweilige Lautstärke, die Pausen, die Verdüsterung oder das Leuchten von Heros Augen, die Bewegung des Körpers – alles ist ziemlich eindeutig festgelegt. Das Versmaß macht sich wegen der vielen Pausen kaum bemerkbar, es folgt der Bewegung des Mimischen sanft (vgl. den vorletzten Vers); aber eben deshalb führt die gesteigerte Mimik Grillparzers im Unterschied zu der Grabbes nicht zur Auflösung des Verses. Die Form wird nur, wie es Grillparzer oft als sein Ideal bezeichnet, vollkommen mit »dem Leben« vermählt. Der Vers, der bei so manchem Jambenschmied des 19. Jahrhunderts leer bleibt, wird restlos erfüllt.

Das Gegengewicht Österreich-Ungarn

Es ist kaum zu leugnen, daß Grillparzers Heimat auch in der Gestalt des *Habsburgerstaates* und des Kaisertums ein Gegengewicht gegen die psychologistischen und ästhetizistischen Tendenzen seiner Kunst bildete. Die repräsentative Gestalt des ersten Rudolf *darf* nicht so psychologisch, so »intim« dargestellt werden wie Jason, Bancban, Hero und selbst Ottokar. Der Kaiser ist nicht nur ein »Stoff« der Kunst, sondern, durch die Macht des noch immer regierenden Hauses, eine Wirklichkeit, die die Freiheit der Gestaltung einschränkt. So ist es z.B. nicht möglich, den Abfall der Rosenberger, der eine Hauptursache von Ottokars Machtverlust im eigenen Lande ist, mit Rudolfs I. bekannter Diplomatie in Verbindung zu bringen; der schon im 18. Jahrhundert obligate »mittlere Charakter« ist dem Ahnherrn des Habsburger-Hauses nicht angemessen. Die »Barocktradition« ergibt sich hier ganz schlicht aus der Absicht, die Tragödie dem kaiserlichen Hoftheater akzeptabel zu machen. Als Schüler Lessings stand der Dichter dem Geschichtsdrama zunächst ablehnend gegenüber. Aber die erstarkende Restauration, deren Wesen die Anerkennung heiliger, rational nicht zu widerlegender Ursprünge und Offenbarungen war, zog auch ihn in seinen Bann, und eben das Josephinertum Grillparzers, seine Ablehnung des Ultramontanismus, seine prinzipielle Hinwendung zum Diesseitigen begünstigte die Vorstellung einer sakralen *staatlichen* Ordnung. In den späten Dramen, besonders im *Bruderzwist,* gelingt dem Dichter eine psychologische Behandlung der Herrscherfiguren, ohne daß dadurch ihre weltentrückte, heilige Ordnungsfunktion angetastet würde. Aus dieser Sublimierung des Kaisertums und des Habsburgerreiches – sie ist eine Folge der Metternichschen Ideenpolitik – ergibt es sich, daß Grillparzer die eigensüchtige Gewalt, wie sie in Aietes und im Rustan des Traumes, in Ottokar oder Ferdinand hervortritt, ohne Einschränkung ablehnt, auch dann, wenn sie den Zwecken einer Nation oder Kirche zu dienen vorgibt. Die Sakralisierung des Staates macht ein ausschließlich politisches oder gar militärisches Drama in der Art Grabbes undenkbar. Grillparzers Hannibalszene, die kein Fragment, sondern ein selbständiges Stück Dichtung ist, läßt besonders deutlich den Gegensatz in der Bewertung des Gewalthabers erkennen. Es kommt nicht auf die Genialität eines Individuums, sondern auf die vom Feldherrn oder Regenten repräsentierte objektive Ordnung an. Der Kaiserstaat steht über der Zeit und der Wirklichkeit: »Habsburg für immer.« Auch die Nationen des Reiches oder die Mängel seiner Verfassung sind ohne entscheidendes Gewicht. Sogar den sich entwickelnden Rechtsstaat als ein rein rationales und utilitaristisches Gebilde lehnt der Dichter ähnlich wie Gotthelf (vgl. u. S. 920 f.) mit wachsender Entschiedenheit ab (vgl. die Spätdramen). Grillparzers Staatsbegriff ist vorrealistisch und vorspezialistisch, wobei übrigens empfindsame und romantische Vorstellungen mit barocken zu der für das Biedermeier charakteristischen neuen, unauflöslichen Einheit zusammengehen. Zumal die Konzentration auf den Monarchen, die personalistische Staatsauffassung (mit starken Gefühlsakzenten!) ist gut biedermeierlich. Geschichtsdrama ist daher bei Grillparzer immer auch ein persönliches Drama. Ottokars Ungehorsam gegenüber dem Kaiser verrät die gleiche Unordnung wie sein Ehebruch. Die Tradition des klassizistischen Dramas, in dem auch das Politische in »allgemeinmenschlicher« Gestalt erschien, war auf dieser erlebten, patriotischen Grundlage mehr als Epigonentum.

Franz Grillparzer

Zwei Gruppen von Dramen (Grillparzers Vorschlag)

Man kann darüber streiten, ob es sinnvoll ist, unter Grillparzers Dramen Gruppen zu bilden; denn jedes seiner Stücke kann als eigenes, mehr oder weniger geglücktes Experiment betrachtet werden (s. u.). Wenn man schon Gruppen bildet, so sollte man sich wenigstens an des Dichters eigene Hinweise halten; denn diese sind immer wichtiger als die Kategorien, die der Interpret der eigenen Zeit entnimmt. Grillparzer unterscheidet in seiner Autobiographie zwischen den »historischen« und den »reinen Empfindungs- und Leidenschaftstragödien«, Das Beiwort »rein« besagt, was uns bereits bekannt ist, daß nämlich auch die historischen Dramen das »Menschliche«, die »Empfindung« mitenthalten müssen, wenn sie überhaupt poetisch sein sollen. Die Unterscheidung der beiden Tragödienformen ist zum mindesten unter *den* schaffenspsychologischen und lebensgeschichtlichen Gesichtspunkten interessant, die uns bereits beschäftigt haben; denn er sagt schon im Tagebuch von 1829: »Und wenn die Innigkeit des Gefühles abnähme, so müßte man Stoffe wählen, zu deren Ausführung diese köstliche Eigenschaft minder nothwendig wäre« (Tagebuch, Nr. 1739, 1829). Dem entspricht die Tatsache, daß die Liebes- und Leidenschaftstragödien mehr in der Jugend, die König- und Staatsdramen mehr im Alter liegen. Man bekommt, unter Auslassung besonders stark gemischter Fälle, die folgenden Reihen:

1. *Ahnfrau, Sappho, Das goldene Vließ, Des Meeres und der Liebe Wellen,*
2. *Ottokars Glück und Ende, Ein treuer Diener seines Herrn, Ein Bruderzwist in Habsburg, Libussa.*

Die beiden Reihen laufen nur in der Mitte von Grillparzers Schaffenszeit nebeneinander her, so daß in der Gesamtentwicklung tatsächlich, ganz im Sinne der erwähnten Tagebuchstelle, eine allmähliche Abwendung von der reinen Leidenschaftstragödie und ein zunehmender Anteil am Staatsdrama festzustellen ist. Man kann vielleicht auch sagen, daß die zunehmende Politisierung der Epoche, die sich aus dem herausfordernden Gedanken der Metternichschen Restauration ergab, in der Entwicklung von Grillparzers Drama ihren Niederschlag gefunden hat. *Es fällt mir auf, wie wenig die Spätdramen von ihren Interpreten auf den revolutionären Vormärz bezogen werden, obwohl sie doch deutlich Antwort auf ihn geben.* Der Grund liegt in unserer deutschen Gewohnheit, nur revolutionäre Literaturwerke als Tendenzdichtung anzusprechen. Für den Tragiker Grillparzer kann zwar der Kampf der Staatskonzeptionen unmöglich den Verzicht auf die Tragödie bedeuten; aber er verstärkt bei ihm das Bedürfnis nach einer übertragischen Ordnung oder Substanz. Für den Österreicher kann der Sinn eines tragischen Geschehens nicht in der Verabsolutierung der Leidenschaft, der »Selbstheit«, der Existenz gefunden werden. Der einzige Versuch in dieser Richtung ist *Des Meeres und der Liebe Wellen;* bezeichnenderweise verstummt an dieser Stelle die Kritik des Existentialisten Gerhard Frikke[21]. Aber der im Aufblick zu Goethe unternommene Versuch Grillparzers erreichte nicht sein übertragisches Ziel. Der Ausgang der Tragödie hinterließ, wie in den Jugenddramen, womöglich noch gesteigert, das Gefühl der Verzweiflung, der Verlassenheit in einem kalten, nur noch kosmischen und daher unmenschlichen »All«. Besonders im Blick auf diese Tragödie wird deutlich, was Grillparzer im Bilde eines patriarchalischen Staates und eines Königtums von Gottes Gnaden suchte: die göttliche Ordnung selber. Schon Rudolf I. ist der Kaiser, »der niemals stirbt«. In den Spätdramen wird eben durch die menschliche Schwäche der Herrscher die Ordnung der Monarchie noch mehr ins Absolute entrückt, so daß nun der christusähnliche Kaiser Rudolf II. ganz eindeutig sagen kann: »Nicht ich, nur Gott.« Die übliche Frage nach Grillparzers »Staatslehre« ist zu modern (hegelianisch), als daß sie an den Kern seiner Weltanschauung heranführen könnte [22].

Das Problem eines katholischen Josephinismus

Man muß Grillparzer trotz seines Josephinismus vom Katholizismus her sehen, worauf schon Benno von Wiese in seiner Geschichte der deutschen Tragödie hingewiesen hat. In neuerer Zeit ist die Sonderstellung Österreichs am kenntnisreichsten und konsequentesten, wenn auch nicht ohne Übertreibung, von Roger *Bauer* nachgewiesen worden [23]. Grillparzers Katholizität erklärt nicht nur sein unüberwindliches, ja immer entschiedener hervortretendes Mißtrauen gegen die »Selbstheit«, gegen jede Form des eigenmächtigen, revolutionären, leidenschaftlichen Lebens oder gar Handelns, sondern auch die hierarchische Form, in der bei ihm das Absolute, die letzte Ordnung erscheint: Der Kaiser wird zum Statthalter Gottes, der Staat zu einer heiligen Liebesgemeinschaft, die durch Zwang und Recht in ihrem ursprünglichen Wesen bedroht ist *(Libussa)*. Während bei den Protestanten der Goethezeit die »Freiheit des Christenmenschen« den zentralen Ausgangspunkt der Säkularisation bildet, ist es bei dem Katholiken Grillparzer die Universalkirche mit ihrem Papst. Der Staat, die »Krone« tritt ihr heiliges Erbe an. Ob für einen Dichter, der zuvor so ausweglose Tragödien geschrieben hatte, der auch als Mensch zutiefst von Weltschmerz und Nihilismus bedroht war, dieses Ordnungsbild volle Verbindlichkeit besaß, ob es nicht auch eine »Form«, ein dem heraufziehenden Chaos bewußt entgegengesetzter Kunstglaube war, sollte nicht nur im Ausland und in der DDR, sondern auch in Westdeutschland und in Österreich gründlicher diskutiert werden, – obwohl die Frage fast an alle politischen, philosophischen und künstlerischen Ordnungsbilder der Neuzeit zu richten ist. Bei einem Dichter, der es so ernst mit der Wahrheit genommen hat, darf man sich nicht damit begnügen, zu zeigen, welche Funktion der Habsburgerstaat in seinem »Gleichgewichtssystem« besaß. Man wird auch nach der persönlichen und objektiven Gültigkeit von Grillparzers Staatskonzeption fragen dürfen.

Die marxistische Forschung zitiert Mehring, um Grillparzer zu entschuldigen: »Revolutionäre Titanen konnten in dem Österreich Metternichs nicht gedeihen« [24]. Nun, es gab Liberale genug, auch liberale Dichter; aber es ist selbstverständlich, daß der zunächst gar nicht so resignierte, sondern (mit Grund) auf berufliche Entlastung hoffende Beamte Grillparzer *Loyalitätspflichten* hatte, die die liberale Literaturgeschichte nicht ernst nehmen konnte. Grillparzers Briefe an alle Stellen der Regierung haben sittliches Gewicht, sie bejahen die Verantwortung gegenüber Kaiser und Staat und eben deshalb können sie auch auf dem eigenen »Recht« im Vaterland insistieren. Grillparzer unterscheidet sich in diesem Punkt wenig von Biedermeierdichtern wie Mörike, Gotthelf, Droste-Hülshoff, Stifter. Zur Loyalität gehört auch die »Pietät« im religiösen Sinn. Man muß zwar nicht an das Christentum positiv glauben; aber man darf es auf keinen Fall entschieden verneinen, weil es im Biedermeier als unentbehrliche Stütze aller Kulturbereiche betrachtet wird. Dieser Normalhaltung entspricht eine Äußerung Grillparzers, die von Emil Staiger mit Recht hervorgehoben worden ist: »Wenn man einmal die Sterblichkeit der Seele und das Nicht-Dasein Gottes glaubte, dann wäre es allerdings traurig, und um alles Heil und Glück [!], um Tugend und Kunst [!] geschehen; solang man aber vielleicht nur die Unsterblichkeit der erstern und das Dasein des letztern nicht glaubt, hat es nicht viel zu bedeuten, und es geht alles seinen gehörigen Gang« [25]. Man muß angesichts des Weltschmerzes so vieler entwurzelter Zeitgenossen feststellen, daß die damaligen Menschen nicht einmal *seelisch* fähig waren, im »gehörigen Gang« zu bleiben, ohne einen gewissen religiösen Halt. Dies ist der Hintergrund für den Mythos der Hoffnung, so wie er etwa in »Urworte, orphisch«, dem bekannten Kerngedicht des alten Goethe, erscheint. Auch bei Goethe gibt es merkwürdige Äußerungen über die Unsterblichkeit. Trotz dieser *vor* Feuerbach ziemlich allgemein gegebenen seelengeschichtlichen Situation ist Grillparzers Wort, objektiv gesehen, sophistisch. Ich möchte daher, auch im Hinblick auf Sappho und Hero (s. o.), der marxistischen Meinung nicht widersprechen, daß schon in dem »Abrücken von der katholischen Willensfreiheit« und in dem »Rückgriff auf die antike Moira«, welcher die *Ahnfrau* kennzeichnet, ein Beweis für das säkularistische Denken Grillparzers liegt [26]. Auch das ungefähr gleichzeitige Gedicht »Campo vaccino« (s. u.) könnte man zum Beweis anführen.

Der weltschmerzlich gefärbte Nullpunkt von Grillparzers Anfängen läßt den »Aufbau« erkennen, den er, gleichzeitig mit Metternichs Restauration, seit der christlichen Stilisierung der Medea-Tragödie und *Ottokars Glück und Ende* geleistet hat. Es spricht für Grillparzers Wahrhaftigkeit, daß er dem Gottesgnadentum, das in der frühen Restaurationszeit in einem ganz anachronistischen, panegyrisch-barocken Glanze erscheint (Rudolf I. in der Ottokar-Tragödie), nach 1830 tragische Züge verleiht. Libussa, Alfons, Rudolf II., alle Vertreter des Gottesgnadentums in den Spätdramen, *versagen* bei der Ausübung ihrer Herrschaft eindeutig und können nur in einem immer wieder anders gearteten, nicht unbedingt überzeugenden Jenseits ihrer vor Augen stehenden Regierung gerechtfertigt werden. Diese Anerkennung einer tragisch-gebrochenen Monarchie würde ich allerdings nicht »anachronistisch« nennen, – im Gegensatz zur marxistischen Wertung [27]; denn die Monarchie war während des ganzen 19. Jahrhunderts in Mitteleuropa noch lebendig. *Die Vermeidung eines Weltkrieges für 100 Jahre (1815–1914) ist ohne die stabilisierende Funktion des alten Systems kaum denkbar, und eben dieser Friede war ja für Grillparzer, wie der Bruderzwist verrät, ein Hauptgesichtspunkt, – hier völlig in Übereinstimmung mit der Metternichschen Politik.* Es war historisch durchaus möglich, sich vor und um 1848 letzten Endes – mit allen Einschränkungen hinsichtlich der Person des Herrschers – zur Monarchie zu bekennen, während die ständige klassenkämpferische Frage nach dem Bürgertum, die den Marxismus kennzeichnet, bei einem Beamten der habsburgischen Kaiser anachronistisch erscheint und jedenfalls nicht in den Kern von Grillparzers Denken hineinführt. Ähnlich vage bleibt eine allgemein-katholische Interpretation des Dichters, die seine besondere Lage in Raum und Zeit zu wenig berücksichtigt [28].

Will man den historischen Ort von Grillparzers habsburgischem Gottesgnadentum, das zweifellos ein »Mythos« (Magris) war, noch näher bestimmen, so muß man sich daran erinnern, daß auch der Frühliberalismus ein Mythos war, der mit Hilfe der christlichen Metaphorik und Symbolik zu verstehen gab, daß mit dem Verschwinden des staatlichen Zwanges ein Paradies auf Erden beginnen werde. Diese Fortschrittsreligion durchschaute Grillparzer als Tragiker, Skeptiker und geheimer Zyniker (s. o.) durch und durch, schon vor der März-Revolution, und es lag für einen friedliebenden Dichter sehr nahe, einen christlich-monarchischen Reichsmythos gegen den wirklichkeitsfremden Vormärz-Liberalismus aufzubauen. Grillparzers Habsburgmythos ist nur eine Variante der konservativen, *spätbiedermeierlichen Ideologie,* die sich überall, selbst in der Schweiz (Gotthelf), beobachten läßt, aber, wie es scheint, noch wenig erforscht und jedenfalls den Grillparzerforschern kaum bekannt ist.

Das Ende des Tragikers

Die Märzrevolution ist ein tiefer Einschnitt. Sie führte zu einer völligen Entzauberung der altliberalen und altkonservativen Ideologie, des Fortschrittsparadieses und der Monarchie von Gottesgnaden. An ihre Stelle trat der realistische Kompromiß der konstitutionellen Monarchie, der heute von den Marxisten als Verrat an der bürgerlichen Revolution angesprochen, aber historisch, als Übergangslösung zwischen Monarchie und Demokratie und selbst als Läuterungsperiode der sozialdemokratischen Partei, keineswegs anachronistisch war, sondern dem in Deutschland herrschenden, nicht nur schädlichen organologischen Denken entsprach. Realistisch war die Zeit nach 1848 schon dadurch, daß der Ideenkampf durch militärische Auseinandersetzungen abgelöst wurde. Grillparzer bejahte diese neue Realpolitik ausdrücklich durch sein Gedicht für den Feldmarschall Radetzky. Man kann sich nach diesem Gedicht mystisch-christliche Königstragödien nicht einmal mehr im Ansatz vorstellen; denn Radetzkys Sieg bedeutete doch, daß Österreich-Ungarn in Zukunft von der Stärke der k. k. Armee abhing. Der Feldmarschall dankte dem Dichter, aus dem Hauptquartier in Verona, schon am 15. 6. 1848; er beschwor in seinem Schreiben noch einmal den aus den Befreiungskriegen bekannten Mythos von Leier und Schwert: »Fahre fort, so zu singen edler Barde, Deine Gesänge werden die Herzen ergreifen, zu Kraft, Energie und Vaterlandsliebe fortreißen. Es ist ja ein Vorrecht des begeisterten Sängers, daß die Töne seiner Lieder oft glänzendere Siege erfechten, als das Schwert des Kriegers, denn sie dringen zum Herzen und führen zurück auf den Pfad der Tugend und Ehre. Ohne den geweihten Sänger ist der Krieger nichts; das wußten sie wohl, die Helden der alten klassischen Zeit. Wirken Sie im Vaterlande, während ich in der Fremde [!] kämpfe. Leier und Schwert miteinander verbunden, sind eine große Macht.« Der Brief bestätigt noch einmal die Einheit von Macht und Geist, auf die Metternich setzte, und das Ansehen der Dichter im damaligen Österreich-Ungarn. Sogar der Feldmarschall steht im Banne des österreichischen Klassizismus, eifert den antiken Helden nach. Aber der Verfasser des *Bruderzwist* konnte den Brief wohl kaum anders lesen, als wir es tun. Was soll der Dichter, wenn die Front nicht in Leipzig wie anno 1813, sondern südlich von Verona liegt? Dort »in der Fremde« sprechen ausschließlich die Waffen*. Radetzkys Schreiben war im Inhalt so anachronistisch wie stilgeschichtlich die Bilder vom »Schwert des Kriegers« und vom »Pfad der Tugend«. Dieser Brief konnte den Dichter unmöglich dazu bewegen, der Monarchie auch weiterhin ein frommes Mäntelchen umzuhängen. Und der realistische Zugriff, der nun fällig gewesen wäre, z.B. die Darstellung des Nationalitätenproblems, war dem empfindungsgläubigen Dichter nur in der gattungsgerechten Form des satirischen Epigramms vergönnt. Im übrigen hatte er, nach der klaren Entscheidung für Österreich-Ungarn, die Rolle des gefeierten österreichischen Klassikers mit allen Orden und Ehrenzeichen und mit einer Extrapension zu spielen. Man kann sicher sein, daß selbst der klug berechnende Intendant Laube sich nicht für Grillparzer gerührt hätte, wenn der Dichter in dem Zwielicht geblieben wäre, in das ihn das zu Beginn der eigentlichen Restaurationszeit (1819) geschriebene antikirchliche Gedicht *Campo vaccino* für Jahrzehnte gebracht hatte. Das Loblied auf den Feldmarschall beendete Grillparzers gespaltenes Verhältnis zu seiner österreichischen Umwelt, bedeutete aber auch das Ende des Tragikers.

DIE EINZELNEN DRAMEN

Die Folge der einzelnen Werke zeigt trotz der allgemeinen Richtung auf einen immer tieferen Ordnungsbegriff wenig Kontinuität, was in der Grillparzerliteratur wiederholt festgestellt worden ist**. Der Grund dafür dürfte nach dem Gesagten leicht einzusehen sein. Grillparzers Werk wäre fast ebenso abstrakt wie meine bisherigen Ausführungen über ihn, wenn er in jedem Werk eine gleichartige, vollständige Synthese der zahlreichen

---

* Zu einem Politikum wurde das Gedicht besonders dadurch, daß es im Gegensatz stand zu der von der Reichstagsmehrheit eingenommenen Haltung gegenüber den österreichischen Siegen in Italien (Erich *Zöllner,* Geschichte Österreichs, München ⁴1970, S. 359). Es war damit eine Absage an den Willen des Volks und eine Zustimmung zu der reinen Machtpolitik, die nach dem Scheitern von Metternichs Ideenpolitik übrigblieb, wenn, wie in Klein-Deutschland, die *Einheit des Staates* vor allen andern Werten rangierte. Ähnlich interpretiert Ernst *Fischer* (Von Grillparzer zu Kafka, Suhrkamp-Taschenbuch Nr. 284, 1975, S. 64): »Als Habsburg siegte, begann der Dichter Habsburgs zu verstummen.«

** Es fällt mir auf, daß dieses Ergebnis der *älteren* Grillparzerforschung zur Zeit gefährdet ist, und zwar auf zweierlei Weise. 1. Sicher ist es sehr anregend, wenn man das gesamte dramatische Werk des Dichters sozusagen auf einen Begriff bringen will (s. u.). Die Abweichungen werden auf diese Weise deutlicher. 2. Auch das Bestreben zahlreicher Forscher, in Einzelinterpretationen den Dichtungen jede Gerechtigkeit zuteil werden zu lassen, ist an sich löblich. Die Isolierung der Werke führt aber leicht zum Verlust des Augenmaßes, zu einer Art philologischer »Betriebsblindheit«. Es sei nicht verschwiegen, daß deutsche und österreichische Interpreten von der Manie, schlechterdings alles an ihrem Helden gut zu finden, mehr als fremdsprachliche Germanisten bedroht sind. Der folgende, notwendigerweise allzu knappe Überblick versucht klare Wertakzente zu setzen. Er berücksichtigt sorgfältig Grillparzers Selbstinterpretation im Anschluß an Karl *Pörnbachers* verdienstvolle Materialsammlung in der Reihe »Dichter über ihre Dichtungen«, hg. v. Rudolf *Hirsch* und Werner *Vordtriede* (Franz Grillparzer, München 1970).

in ihm wirkenden Antriebe und der ihm zugänglichen Darstellungsformen geben wollte. Der besondere Reiz der späten Tragödie *Bruderzwist* dürfte *für uns* nicht zuletzt darauf beruhen, daß etwas Derartiges versucht wird. Hier gelangt Grillparzer in die Nähe Hebbels und der modernen Filtrierkünstler. Im allgemeinen aber rettet sich der österreichische Dramatiker dadurch vor einem theatralischen Zuviel, *daß er die Schwerpunkte innerhalb seiner geistigen Welt wechselt und so immer wieder neu ansetzt.* Dies Verfahren erinnert weniger an den Impressionismus als an Goethe; denn die wechselnden Motive, Formen und Ideen haben eine Mitte, um die sie kreisen und die, wie ich zu zeigen versuchte, in einem labilen System einigermaßen zu erfassen ist. Die Redlichkeit des Dichters macht eine Interpretation – auch hinsichtlich der Analogien zum Metternichschen System – verhältnismäßig leicht möglich, – im Unterschied zu späteren Dichtern, ja schon im Vergleich mit Brentano oder Mörike. Das »Medusenhafte«, »Unheimliche«, das Hofmannsthal bei Grillparzer findet, ist neuromantische Dämonisierung[29].

Die Ahnfrau

Die meisten Grillparzerforscher stimmen heute in der Meinung überein, daß schon *Die Ahnfrau* (1817) ein wesenhafter Ausdruck von Grillparzers geistiger Welt ist, obwohl das Stück in der Tradition der trivialen »Schicksalstragödie« steht und dadurch dem Ansehen des Dichters lange Zeit schwer geschadet hat. Gegen alle Verwahrungen des Dichters und der ihm gehorsamen Literarhistoriker braucht man nur auf Grillparzers Brief an Müllner vom 21. 1. 1818 hinzuweisen, in dem er den Effektdramatiker »den Stammhalter der deutschen Tragödie seit Schillers physischem und Goethes literarischem Tode« nennt. Mit umfassender historischer Begründung hat Roger Bauer den Zusammenhang zwischen der *Ahnfrau* und Müllners »Schuld« wiederhergestellt[30]. Der junge Dichter wurde, wie so viele seiner Zeitgenossen, vom sog. Schicksalsdrama *fasziniert*. Dies spricht nicht gegen, sondern für die These, daß er Eignes in dieser Tragödie investierte und daß sie nicht nur eine handwerkliche Übung unter Anleitung Schreyvogels war. Ob man die Tragödie aus dem Erlebnis der eigenen, schwer belasteten Familie, aus dem christlich-barocken Sinn für Schuld und Sühne oder als Ausdruck eines totalen Fatalismus deutet, – der desillusionistische Ansatz des Dichters wird in jedem Falle deutlich. Die leidenschaftliche, »spanische«, in klangvollen Trochäen vorüberrauschende Rhetorik der Helden, zumal des Räubers Jaromir, hat nur die Funktion, den Sturz in die Vernichtung um so tiefer zu machen. Die für ein Schicksalsdrama obligaten Schauerrequisiten und Stimmungseffekte (Dolch, Nacht, Inzestmotiv, Geistererscheinung usw.) gewinnen durch die symbolische Ausdeutung des begabten Anfängers gelegentlich eine höhere Bedeutung. Doch konnte und sollte dadurch die grelle, erschreckende Wirkung des Stücks nicht verhindert werden. Der junge Grillparzer brauchte einen eindeutigen Erfolg beim »großen Publikum«, und dieser Durchbruch war mit Hilfe einer Schauertragödie am sichersten zu erreichen[31]. »Die Ahnfrau strotzt von dramatischem Talente«, sagt Laube. Dies Urteil bestätigte damals wohl jeder Theaterfachmann*.

---

* Die Vorstellung von der *Verschiedenwertigkeit* eines Lebenswerks, der Widerspruch gegen die

Die neuere Forschung über *Die Ahnfrau,* im Zeichen der schon erwähnten völligen Rehabilitierung von Grillparzers Werken, ist oft lustig zu lesen. Über den Tiefsinn, der dabei aufgewandt wurde, hörte man schon von deutsch-amerikanischer Seite das Nötige[32]. Es gibt aber auch – im Gefolge Grillparzers natürlich – die schlichte Umkehrung der These von einer fatalistischen Tragödie, denn der Germanistik ist nichts unmöglich: »Fülleborns These jedoch, daß der Zufall das Konstituens dieses Dramas überhaupt sei, kann nicht als schlüssige Lösung angesprochen werden. Wir sehen in Grillparzers *Ahnfrau* ein Drama, in dem sich entgegen allen Vorurteilen die Freiheit im Handeln manifestiert!«[33] Grillparzer hätte sich über einen so radikalen Apologeten aus einem besseren Grunde gefreut als wir heute; denn dem außerordentlich kenntnisreichen Bericht Roger Bauers über den damaligen Streit um die *Ahnfrau* können wir entnehmen, daß es nicht um die Schauertragödie ging, sondern um sehr viel ernstere Fragen. Grillparzer wurde von orthodoxen Literaten angeklagt, die christliche Willensfreiheit geleugnet, heimlich also dem heidnischen Fatalismus gehuldigt zu haben[34]. In dem barock-romantischen Klima, in dem die Schicksalstragödie wurzelt (vgl. Bd. II, S. 356), fand Grillparzer viele Verteidiger, die die alte Brücke vom verbotenen Schicksalsglauben zum erlaubten Vorsehungsmythos schlugen. Aber der Angriff war in den frühen Jahren der Restaurationszeit gefährlich genug, weshalb man Grillparzers Äußerungen mißtrauen darf, genauso wie seiner Interpretation von *Campo vaccino* gegenüber dem Polizeiminister.

Die Sache hatte auch eine soziale Seite. Der Stoff war, wie Grillparzer sagt, »höchstens für die Vorstadttheater geeignet«[35], was man wohl dahin verstehen darf, daß das Anknüpfen an den Volksaberglauben dem rationalen, klassizistisch-vornehmen Geiste des Burgtheaters wenig entsprach. Das gleiche gilt vielleicht für die etwas laute Trochäen-Diktion. Wenn Grillparzer später dem Literarhistoriker Karl Goedeke versicherte (19. 11. 1868), er halte selbst, im Gegensatz zum Adressaten, »auf diese ›Ahnfrau‹ große Stücke«, so darf man annehmen, daß er, wie nachweislich Hebbel (vgl. Bd. I, S. 616) und Mörike (vgl. u. S. 701 f.), das »Nachtstück« als legitime Gattung anerkannte und sich dem Verbot der Schauerliteratur durch die realistischen Programmatiker nicht beugte. Es ist jedoch eine moderne Vorstellung, wenn man glaubt, es sei beim Streit um die *Ahnfrau* nur um eine literarische Geschmacksfrage gegangen. Es ging, wie gesagt, in erster Linie um die Staatsreligion, in zweiter Linie um die Würde des Hoftheaterdichters Grillparzer. Man führt die Tragödie gerne als Beweis für Grillparzers Nähe zum Volkstheater an. Aber dem widerspricht die Tatsache, daß ihr Stil höher und damit weniger mimisch als in anderen Dramen des Dichters ist, während ja das Volkstheater nicht nur die Komik, sondern die niedere Komik (Posse) kultivierte. Grillparzer selbst spricht in der zitierten Äu-

---

Vorstellung von gleichmäßig genialen Hervorbringungen eines großen Dichters kann sich auf Grillparzer selbst berufen: »Wenn ich von... derlei Hervorbringungen Lope de Vegas abschätzig zu sprechen scheine, so möchte ich mich nur vor der deutschen Erbsünde bewahren, an einem Lieblingsschriftsteller alles für gut zu finden« (SW. I, 15, S. 124 f. nach Friedrich *Kainz,* Grillparzer als Denker, Der Ertrag seines Werks für die Welt- und Lebensweisheit, Wien 1975, S. 136). Besonders in der Goethe-Nachfolge (*Stella, Bürgergeneral* usw.) hält sich jeder Dichter für berechtigt, durch zweitrangige Werke ein bestimmtes, in der Gesellschaft erkennbares Bedürfnis nach dem Vorbild des Meisters zu befriedigen.

ßerung nur vom »Stoff«. Hervorragend eignete sich das hochgestochene Stück für die Parodie im Volkstheater. Schon am 5. 9. 1817 konnte man im Leopoldstädtischen Theater Meisls Spott hören:

> Vom Schicksal – das ist heutzutag ein berühmtes Haus
> Wie ich hör' – so ziehn viele Leut' ihre Revenuen draus!

Einen Begriff von der anhaltenden theatralischen Wirkung der Schauertragödie gibt die Tatsache, daß Nestroy noch 1837 in einer *Die Ahnfrau* verulkenden Posse mit großem Beifall die Räuberbraut Berta spielte[36]. Parodien bedeuteten in Wien nur lustige Abwandlungen, keine Widerlegungen eines erfolgreichen Werks. Der Theatererfolg blieb dem Nachtstück Grillparzers auch in den folgenden Jahrzehnten treu.

Sappho

Der vielumstrittene Schluß der *Sappho* (1818) läßt sich nur verstehen, wenn man weiß, daß es dem jungen Dichter nach den Angriffen auf *Die Ahnfrau* immer noch um den eindeutigen Erfolg auf dem Theater ging, jetzt allerdings ganz im Sinne des Burgtheaters und im Widerspruch zu Müllner: »Ich könnte nur Schauergeschichten schreiben, hieß es. Nun die Sappho ist keine Gespenstergeschichte«[37]. Müllner bemerkte die Emanzipation. Er fand den selbständigsten Teil der Tragödie, nämlich den Anfang, langweilig und riet dem Dichter, ihn »zu zerreißen«. Der Verteidigungsbrief, den der Anfänger an den Theatergewaltigen schrieb, war schon *ein Werk des denkenden Künstlers, des Meisters* und ist die beste *Sappho*-Interpretation geblieben. Jetzt sieht er *Die Ahnfrau* als »wirbelnden Tanz«, in dem der Ballettmeister mittanzte: »Ich schämte mich.« »Ich habe die beiden ersten Akte [der *Sappho*] und die erstere Hälfte des 3ten mit einer Besonnenheit, mit einer Berechnung der kleinsten Triebfedern [!] geschrieben, die mir Freude machen würde, selbst wenn ihre Frucht mißglückt wäre... Aber selbst in *dramatischer* Beziehung läßt sich, wie mir dünkt, manches zu Gunsten der Art sagen, auf welche die ersten Akte behandelt sind. Wenn die Idee[n], deren Versinnlichung ich mir vorgenommen hatte, gehörig herausgehoben werden, wenn das Ende Sapphos all den Eindruck machen sollte, den ich mir vorgesetzt hatte, so mußte ihr erstes Auftreten in der Fülle aller innern und äußern Bedingungen geschehen, welche das Glück des Menschen sonst begründen. Daher der Triumphzug, daher der Jubel des Volks, daher diese gesättigte Ruhe mit der sie auftritt. Auf diese Höhe hat sie die Bildung ihres Geistes, die Kunst gestellt; sie wagt einen Wunsch an das Leben und ist verloren« (an Adolf Müllner, Ende Februar oder Anfang März 1818). Sappho muß zuerst als Dichterin erscheinen, damit sie als eifersüchtiges Weib kein »ekelhafter Gegenstand« wird. Auch dadurch muß die Trivialität vermieden werden, daß Phaon und Melitta »unschuldig« bleiben, daß sie sich unbewußt lieben, und Phaon erst klar sieht, als er Melitta vor Sapphos Dolch schützen muß. Noch weniger denkt Melitta an die Liebe: „Man muß so unschuldig ja *geistesarm* sein als Melitta, um noch nicht zu merken woran man ist. Ich wage es kaum zu gestehen, daß ich mir auf den zweiten Akt was eingebildet habe« (ebd.). Durch das bewußte Abstandnehmen vom Effekttheater Müllnerscher Prägung entstand wohl kaum eine »wesentlich statische Struktur« [38] der Tragödie, aber ein gewisses Eigengewicht der Szenen, eine halboffene Form, die die dramatische Engführung milderte. Die *Lockerung* entsprach nicht nur einem Zug Grillparzers, sondern auch dem Geschmack der sich herausbildenden, eher (mit Maß) behaglichen als formenstrengen Biedermeierzeit. Die berühmte Rosenszene im II. Aufzug, in der sich Phaon und Melitta finden, darf schon als vollkommenes und unverwechselbares Beispiel von Grillparzers Kunst gelten. Eine solche Anmut und sinnliche Fülle, so viel Mozart hatte es bis dahin in der deutschen Tragödie nirgends gegeben. Ein Schuß Empfindsamkeit gehört bei Grillparzer freilich dazu (s. o.). Emil Staiger, der vor allem an dieser Szene das »Unausgesprochene« in Grillparzers Drama verdeutlicht, meint: die Rosen »bringen zugleich eine leise Spur von biedermeierlicher Sentimentalität in das Seelengemälde hinein« [39]. *Dieser ruhige und zarte Anfang der Tragödie ist für die Epoche, die beginnt, sehr bezeichnend.* Heinz Kindermann sieht in der *Sappho* den Anfang des eigentlichen Burgtheaterstils, der im Gegensatz zum Weimarer Stil der schönen Haltung und zum »Berliner Effekttheater Ifflands« durch eine »hohe Stimmungskunst« ausgezeichnet ist [40]. Die von Müllner beanstandeten ersten Akte der *Sappho* waren demnach in jeder Weise epochemachend. Grillparzers großem Brief an Müllner ist auch zu entnehmen, daß er ganz bewußt von den bisherigen, sozial orientierten Künstlerdramen Abstand nahm: »Es lag in meinem Plane nicht die Mißgunst, das Ankämpfen des Lebens gegen die Kunst zu schildern wie in *Correggio* oder *Tasso*, sondern die natürliche Scheidewand, die zwischen beiden befestigt ist.« Die unmittelbare Anregung gab wohl der kurz vorher bei Cotta erschienene *Correggio* (1816) des Dänen Adam Oehlenschläger, der, wie Müllner, ein erfolgreicher Theaterpraktiker war. Auch Hebbel, dessen Gönner er in Kopenhagen war, mußte sich noch mit Oehlenschlägers schnellfertiger Dramatik auseinandersetzen (vgl. u. S. 392). Correggio ist bereits der hungernde Künstler. In sozialer Hinsicht war daher eine Steigerung des Künstlerdramas kaum mehr möglich; diese wäre im Burgtheater ebenso »ekelhaft« (s. o.) erschienen wie ein planmäßiges Ausspannen von Sapphos Liebhaber durch die Jüngere. Sappho wird mit Reichtum, ja mit Macht ausgestattet; alle Träume vom Dichterfürsten werden erfüllt, damit der innere Konflikt um so stärker wirken kann. Es ist wie im *Tasso* der selbsterlebte Zwiespalt des Dichters. Man darf aber nicht vergessen, daß *Sappho* individualgeschichtlich eher *Werthers Leiden* als Goethes *Tasso* entspricht, daß man also vom jungen Grillparzer unmöglich die naheliegende Resignationstragödie Racinescher Prägung erwarten darf. Diese hätte im damaligen Wien den Weg zum Ruhm nicht eröffnet. Für einen Müllner- und Oehlenschläger-Rest im Ausgang der Tragödie muß man Verständnis haben. Dazu gehört auch die jugendliche »Überzeugung von der Sagbarkeit der Welt«, das rhetorische Element der Tragödie, das einem Grillparzerforscher aufgefallen ist [41].

Goethes Lob für die *Sappho* während des Besuchs in Weimar kommentiert Grillparzer in der *Selbstbiographie* mit den Worten: »Ich hatte so ziemlich mit seinem Kalbe gepflügt.« Dies ist insofern richtig, als der spätere Grillparzer eine so leicht zu entschlüsselnde Bekenntnisdichtung niemals wieder geschrieben hat. In der *Selbstbiographie* behauptet er gar, er sei »immer ein Feind der Künstler-Dramen« gewesen. Daraus darf man nicht schließen, Grillparzers *Sappho* sei in erster Linie eine »Eifersuchtstragödie« [42];

dagegen ist der Abstand zur späteren, völlig selbständigen Dichtung des Österreichers deutlich. In *Des Meeres und der Liebe Wellen* und im *Armen Spielmann* maskiert er sich viel sorgfältiger, indem er die Dichterin durch naivere Figuren ersetzt. Trotzdem eröffnet Grillparzers Künstlerdrama auch hinsichtlich des Problems die Biedermeierzeit, dadurch vor allem, daß die Kunst in dem Konflikt mit dem Leben nicht mehr die klare Wertüberlegenheit besitzt, die sie in den romantischen Künstlerdichtungen hatte. Das bloße Dasein, das naive, sinnliche, sogar etwas banal gesehene Leben hat in den Augen der Künstlerin so stark an Bedeutung gewonnen, daß sie alles dafür einsetzt und daß – wenn wir den unbestimmten Schluß so ausdeuten dürfen – nach dem Verlust Phaons, der ihr der Inbegriff dieses Lebens war, selbst die Kunst sie nicht mehr zu trösten vermag. Richtig ist es wohl auch, wenn man das »despotische Regime Sapphos« [43], die egoistische, nach biedermeierlichen Begriffen ganz unmögliche Verfolgung des jungen Liebespaares betont. Sappho stürzt in den Riß, der sich zwischen Kunst und Leben aufgetan hat und den eine übergreifende Wertsphäre sittlich-religiöser Art oder wenigstens eine gesellschaftliche Ordnung, wie der Musenhof in Goethes *Tasso,* nicht mehr schließt: »Und *leben* ist ja doch des Lebens höchstes Ziel.« Man darf das vielzitierte Wort, meine ich, noch nicht im Sinn des späteren Vitalismus verstehen; es ist nur die uns schon bekannte »Empfindung«, mit der der Geist in allen seinen Gestalten nicht wetteifern kann. Hier liegt die tiefste Wurzel der oft beobachteten lyrischen Überformung des Dramas, die besonders gegen Ende etwas aufdringlich wird, – nicht für die damalige Zeit, aber für unsern Geschmack. Vergleiche mit der *Jüdin von Toledo* haben ergeben, daß sich der Dichter in dem Jugenddrama noch sehr unbefangen des ornatus bedient [44], z. B.: »Hier, wo Zypressen von der Eltern Grab / Mir leisen Geistergruß herüberlispeln« (I,2), oder: »Enthüll' der Augen schimmernden Kristall / Daß sie dir blicken in die fromme Brust« (V,3). Man muß die sonst noch ungeniertere Rhetorik der frühen Biedermeierzeit kennen und vielleicht auch schon alt sein, um dies jugendliche Werk wieder zu lieben. »Das ist Theater, großes Theater, Musiktheater« [45], sagt der Österreicher Politzer schlicht und wird damit dem Werk gerecht. Genau dies wollte der ehrgeizige 26jährige Dichter. So wurde er der dramatische Star des Burgtheaters und, durch Übersetzung in viele Sprachen, eine europäische Berühmtheit. Dies vaterländische Verdienst hob er in seinen Schreiben an die Obrigkeit gerne hervor. *Die Tragödie war tatsächlich, scheint mir, der große Einsatz einer Wiener Dichtung von unverkennbarer Einmaligkeit.* Die oft getadelte Süßigkeit, der Charme, die komödienhaften Elemente, die Effekte in der Mitte und am Ende – alles dies gehörte zu dem neuen österreichischen Stil*.

---

* Während der inhaltliche Unterschied zwischen *Sappho* und *Tasso,* das zugleich Moderne und Wienerische von Grillparzers Künstlertragödie, jedermann in die Augen fällt, scheint Grillparzers *stilistischer* Abstand vom Jambendrama Weimars, zumindest für Ausländer, schwer erkennbar zu sein. Selbst bei Zdenko Škreb, der die Modernität Grillparzers überbetont, liest man mit Erstaunen: »Hat also Grillparzer ein neues Drama geschaffen? Man dürfte kaum der Erkenntnis damit dienen, wenn man Grillparzers Eigenart und Originalität mit dem Oberbegriff eines ›neuen Dramas‹ bezeichnet. Die klassische deutsche, von Goethe und Schiller geschaffene Verstragödie ist ein Dramenschema von so ausgeprägter Eigenart in Komposition und Sprache [!], und dabei so offen im Hinblick auf Menschendarstellung, Umweltgestaltung und Handlungsführung, daß es jedem Neuschöpfer erlaubt, seine Originalität darin völlig auszuleben, ohne den Eindruck eines ›neuen Dra-

Franz Grillparzer

Das goldene Vließ

Das Goldene Vließ (1822) hat eine viel längere Entstehungsgeschichte als die frühen Tragödien; hier ist schon der grübelnde, feilende und niemals ganz zufriedene Dichter am Werk. Grillparzers vielerwähnte Selbstbezichtigungen beweisen nur den ungeheuren Maßstab, unter den er schon dieses Werk gestellt hat. Das Streben nach einer nicht unbedingt theatralischen Fülle und Weite ist schon am Umfang zu erkennen. Die beiden weit voneinander entfernten, wenn auch einander antithetisch zugeordneten Schauplätze (Kolchos und Korinth) und der große Zeitraum, in dem sich das äußere und seelische Geschehen entwickelt, mögen zur Sprengung der humanistischen Normalform geführt haben. Es ist übrigens – wie der *Wallenstein* für Schiller – Grillparzers einziges Experiment dieser Art. Die Anpassung an die durch die deutschen Klassiker legitimierte Form der Trilogie ist nicht allzu ernst zu nehmen, obwohl Grillparzer den Begriff Trilogie selbst benützt hat[46]. Denn *Der Gastfreund, Trauerspiel in einem Aufzug* und *Die Argonauten, Trauerspiel in vier Aufzügen* bilden im Grunde einen einzigen Fünfakter[47], der den Titel »Aietes« tragen könnte. Gewiß enthalten *Die Argonauten* auch Motive, die das Trauerspiel *Medea* vorbereiten, das liegt im Wesen eines Doppeldramas, aber der Schluß der ersten fünf Akte bezieht sich direkt auf den ersten Akt zurück, insofern hier die Sühne an Aietes (für die Ermordung des Gastfreundes Phryxus) vollzogen wird*.

---

mas‹ zu hinterlassen, so lange er an die Bausteine des Schemas nicht rührt. Bewußt hat Grillparzer daran nicht gerührt, hat er nicht daran rühren wollen« (Grillparzer, eine Einführung in das dramatische Werk, Kronberg/Ts. 1976, S. 234). Wir halten gerne fest, daß man der Erkenntnis wenig dient, wenn man Grillparzer modernisiert: sein Drama ist eine neuschöpferische Spielart des deutsch-klassischen. Wir lassen hier beiseite, was Škreb nicht gerne hört, daß nämlich die neue Schöpfung auch auf Grillparzers Wienertum, nicht nur auf seinem Genie beruht. Aber wie sieht dieser neue schöpferische Stil konkret aus? Herbert *Seidler* hat durch einen sorgfältigen Vergleich mit Goethes *Iphigenie* diese Frage beantwortet (Das sprachliche Bild in Goethes *Iphigenie* und Grillparzers *Sappho*, in: Studien zu Grillparzer und Stifter, Wien u. a. 1970, S. 19–84). Er kommt zu dem folgenden Ergebnis: »Die Gestalten des Goetheschen Schauspiels leben in einer über den Alltag emporgehobenen, das Wesentliche sichtbar machenden Atmosphäre; die dramatische Handlung entfaltet sich aber doch ausschließlich aus ihrer Wesensart als Persönlichkeiten. In der völligen Harmonie von Wesenhaftigkeit und Einzelindividualität besteht die hohe Kunst, die auch Aufbau und Ablauf bestimmt. In Grillparzers *Sappho* zeigen sich, gerade an der Beobachtung des sprachlichen Bildes, deutliche Züge eines Realismus, der die Vereinzelung und Einmaligkeit eines Individuums stärker erlebt und gestaltend in den Vordergrund rückt; das geschieht besonders dadurch, daß die Menschen mehr in die Alltäglichkeit und Gewöhnlichkeit ihrer Umwelt verflochten sind. Aber anderseits verlieren diese Personen gerade gegen Ende [!] die individuellen Züge und werden zu Funktionen des stimmungs- und gehaltmäßigen Aufbaus: sie werden Figuren einer architektonisch stark gerundeten Handlung. Weltanschaulich gesehen, ahnt man hier eine Menschenauffassung, die den Menschen in seiner Individualität zurückdrängt und ihn völlig einordnet in eine ihn umgreifende Seinsordnung. Es ist der Zwiespalt in Grillparzers künstlerischer Art, die noch in den großen Traditionen des vergangenen Barock wurzelt, aber doch schon den Bedrängnissen des 19. Jahrhunderts und ihren Lösungen offen ist« (S. 45 f.). Die von *Seidler* beobachtete sprachliche und kompositionelle »Breite« des Schlusses ist das konventionelle Element der Tragödie und paßt zum Insistieren des Dichters auf der künstlerischen Notwendigkeit der nicht ebenso *rhetorisch* gearbeiteten ersten Hälfte des Dramas (s. o.).

* Grillparzer nennt die Trilogie nachträglich eine »schlechte Form«, denn sie gebe dem Ganzen

Die *Medea* selbst pflegt man die erste deutsche Ehetragödie zu nennen, wobei hinzuzufügen ist, daß die Untreue- und Scheidungsproblematik von der erzählenden Literatur
schon früher erobert worden war. Grillparzer holt sie ins Drama; dabei ist es für seinen
historischen Ort bezeichnend, daß nicht die *Wahlverwandtschaften* oder *Die Gräfin Dolores*, sondern Wielands *Novelle ohne Titel* den Ausgangspunkt bildet. Schon dort gibt es
den Mann zwischen einer Wilden und einer Sanften und die Entscheidung für die Sanfte.
Auch die kulturpsychologische Seite der Tragödie Medeens (die Verschmähung der Barbarin durch den Griechen) erinnert stärker an das Entwicklungsdenken der Aufklärung
als an die Humanität der Klassiker. Nur ist der Optimismus beider Richtungen durch den
konservativen Zweifel an der Perfektibilität des Menschen ersetzt worden. Man kann die
Medea in dieser Hinsicht fast eine Anti-Iphigenie nennen. An die Stelle der allgemeinen
Menschenliebe der Iphigenie ist die elementare erotische Bezauberung Medeas durch
einen Fremden getreten, die im griechischen Alltag zur Vernachlässigung der Barbarin
führt und schließlich in Haß umschlägt. Wir wissen aus Grillparzers Biographie (Verhältnis zu Charlotte Paumgarten), daß sich hinter dem Barbarentum Medeas noch eine
Fremdheit anderer Art verbirgt. Zur Symbolisierung so vielschichtiger anthropologischer Probleme bedient sich der Dichter, klassizistischer Tradition getreu, der antiken
Mythologie. Wie seine Äußerungen beweisen, war die psychologische und künstlerische
Aneignung des Vließmythos *die* Seite seiner Aufgabe, die ihm am meisten Mühe machte
und die ihm nach seiner Meinung nicht ganz gelungen ist.

Die neueren Interpreten des *Goldenen Vließes* neigen eher zur Über- als zur Unterschätzung der Tragödie. Die Ausweitung des euripideischen Dramas wird als die »zum
erstenmal in vollem Umfang erstrebte Gestaltung der Entwicklung eines Menschenlebens« gerühmt[48], was etwas übertrieben ist, da ja nur der Schritt vom jungen Helden
zum berechnenden Mann, die Entzauberung der Jugend durch die »Prosa« des Lebens
(Kinder, ökonomische Sorgen) an einem katastrophalen Beispiel dargestellt wird. Ein
ganzes Menschenleben von der Jugend bis ins Alter wird ja wohl erst in Goethes *Faust*
dramatisiert. Grillparzers Tragödie ist allerdings – auch durch die bewußte Verbindung
klassischer und romantischer Motive (s. o.) – ein Schritt in gleicher Richtung. Bedenkli-

---

»etwas Episches, wodurch es vielleicht an Großartigkeit gewinnt, aber an Wirklichkeit und Prä-
gnanz verliert« (Dichter über ihre Dichtungen: Grillparzer, hg. v. Karl *Pörnbacher,* München 1970,
S. 138). Glaubhaft versichert er, daß ihm »die Vorspiele und Nachspiele von jeher zuwider waren«.
Aber es habe ihn »zur Ausführung unwiderstehlich hingezogen« (ebd., S. 137). Der Grund für die
Anziehungskraft scheint der Stoff gewesen zu sein, »dieser ungeheure, eigentlich größte den je ein
Dichter behandelt« (ebd.). »Vielleicht war es gerade die Ausdehnung und Schwierigkeit der Aufgabe, die mich anzog« (ebd., S. 138). Man denkt an den Fauststoff, der so viele Dichter dieser Zeit zum
Wettkampf verlockt hat. Auch kann man die Möglichkeit nicht ausschließen, daß er den Ehrgeiz
hatte, die von Goethe geforderte, nach 1815 sehr naheliegende Versöhnung von Klassik und Romantik (vgl. Bd. I, S. 251 f.) beispielhaft durchzuführen; denn er betont wiederholt sein Bemühen,
die ersten beiden Teile »so barbarisch und romantisch... als möglich« (ebd., S. 138), die *Medea* jedoch hellenisch zu halten. Später spricht er von einer »barocken aber von vornherein gewollten
Vermengung des sogenannten Romantischen mit dem Klassischen« (ebd., S. 140), ja von einem
»Monstrum« (ebd., S. 141). Die Tragödie habe »vielleicht mit Recht« nur einen Achtungserfolg gehabt (ebd., S. 141 f.). Ärgerlich war ihm auch, daß in Deutschland und Österreich fast immer nur die
Medea gespielt wurde. »Ich fühlte wohl, daß ich meine Kräfte überschätzt hatte« (ebd., S. 143).

cher erscheint mir der Versuch heutiger Grillparzerforscher, die Griechen zu belasten und Medea nach Möglichkeit zu entlasten. Ich fürchte, daß Anouilhs *Medea* insgeheim diese Interpreten beeinflußt hat. Jason ist sicherlich ein reichlich negativer Held, ein Mann, den mehr der Egoismus als ein sittlich-heroischer Wille in sein Abenteuer geführt hat. Später ist aus dem Pseudo-Helden in konsequenter Entlarvung ein »Klügler« (Grillparzer)[49] geworden. Man darf ihn sogar einen Schwätzer nennen. Ich meine, daß in dieser Figur der Dichter schon eine sehr ernste Auseinandersetzung mit der Rhetorik durchführt. In den Jugenddramen hatte er die »schönen Stellen« noch ohne Skrupel angebracht. Jetzt neigt er, wo keine bestimmte Charakterisierungsabsicht wie bei Jason besteht, eher zur sprachlichen Komprimierung[50] und zur charakterologischen Aufrauhung. Kreon, der sich um Verständigkeit und Gerechtigkeit bemüht, wird zugleich in seiner Härte gezeigt. Trotzdem erscheint mir die Behauptung übertrieben, Medeas Tat werde »zum Gericht an einer modernen, aufgeklärten, zivilisierten und selbstgerechten Welt, die ohne tieferes Wissen um ewig gültige Maßstäbe und Grenzen einer heillosen Mechanik und Relativität… zu erliegen droht«[51]. Man kann selbstverständlich feindselige Äußerungen Medeas und Goras über die Welt der Griechen wie auch über Jason und Kreon zitieren. Ich kenne aber keine Stelle außerhalb dieser *parteiischen* Reden, in denen der Dichter selbst die Überlegenheit der griechischen Kultur anzweifelt. Gewiß, er kann nicht mehr so naiv wie Euripides die Barbarin *unter* die Griechen stellen. Er muß als Psychologe ihre Tat verständlicher machen. Der eigentliche Ansatz dieser Psychologisierung – schon in der ersten Notiz zur Medea – scheint der Einfall zu sein, daß Jasons Kinder vor ihrer Mutter Angst haben und so Medea diese ebenso wie die Griechen zu hassen beginnt. Der Grund der Kinderangst ist aber das finstere barbarische Wesen der Mutter; die Kinder nähern sich der freundlichen, kultivierteren Kreusa. Grillparzers Äußerungen über Kreusa belegen eindeutig, daß er sie als Idealfigur aufgefaßt wissen will: »Fast überirdisch rein. Leidenschaftslos.« »Hohe *Einfach*heit ihres Wesens.« »Naivität der Reinheit.« Besonders Kreusas Einfachheit wird öfters betont, im Gegensatz zu Medeas Gespaltenheit und Vielseitigkeit, die ihr ein »tiefes Gemüt« geben, sie aber auch auf Irrwege führen[52]. Wenn bei einem andern Interpreten sogar diese im Stil des älteren Griechenkultes (Iphigenie) gestaltete Biedermeierjungfrau in den Sog der Hellenen- und Zivilisationskritik gerät, und der II. Akt, in dem Medea ihre Unfähigkeit zur Kultur durch die Zerstörung des Saitenspiels jedem Zuschauer deutlich macht, zum »Exerzitium der Grausamkeit« umstilisiert wird[53], so kann ich nur sagen: es rächt sich, wenn man keine Vorstellung von der Biedermeierkultur und ihren Idealen hat. Es war auf dem klassizistischen Alt-Wiener Burgtheater noch absolut unmöglich, die griechische Kultur in dieser Weise zu entwerten. In seinen Notizen ermahnt sich der Dichter stets, nicht zu vergessen, daß Medea die »Wilde« ist und daß die »hündische Demut«, die sie nach ihrem Entschluß zur Rache heuchelt, ein Zeichen ihres Barbarentums ist: »Sie ist nur demütig, um Jason alles Frühere vergessen zu machen, um das Geschick um die Strafe zu betrügen«[54]. Man kann das Geschick, nach der Meinung des Dichters und seiner Zeit, nicht um die Strafe betrügen, wenn man so wie Medea in Schuld verstrickt ist. Auch das Festhalten an der Ehe, das von Interpreten betont wird, läßt sich kaum als Zeichen von Medeas sittlicher Existenz interpretieren, wenn auch Jasons Ehebruch eine Voraussetzung ihrer letzten eindeutigen

Mordtaten ist. *Ihre Verbrechen sollen durch die Schuld der Griechen nicht entschuldigt, sondern nur im Sinne der allgemeinen Sündigkeit, der Erbsünde verständlicher gemacht werden, ähnlich wie später die Ermordung der Jüdin von Toledo.* Man mag den christlichen Schluß auch im Sinne der theatralischen »Versinnlichung« interpretieren. In seiner säkularisierten Gestalt jedenfalls bleibt der Vergeltungsgedanke für Grillparzer, wie für fast alle Dichter der Biedermeierzeit, verbindlich: »Halte dir immer gegenwärtig, daß das Stück eigentlich nichts ist als eine Ausführung des Satzes: Das eben ist der Fluch der bösen Tat, daß sie, fortzeugend, Böses muß gebären. Dieser Satz ist so wichtig als irgendeiner in der Welt [!]. Das Vlies ist nur ein *sinnliches Zeichen* dieses Satzes. Es ist da nicht vom *Schicksal* die Rede. Ein Unrecht hat ohne Nötigung das andre zur Folge [!] und das Vlies *begleitet* sinnbildlich die Begebenheiten ohne sie zu *bewirken*«[55]. Auch wenn man, statt die Mörderin Medea zu entlasten, ihr umgekehrt das Recht abspricht, Jason Vorwürfe zu machen und am Ende gar zu belehren[56], verfehlt man den *überpersönlichen* Schuld- und Sühnezusammenhang und damit den Ordnungsgedanken, auf den es dem österreichischen Dichter schon in dieser Tragödie ankam*.

Das Goldene Vließ ist – ob nun vollkommen gelungen oder nicht – ein gewaltiger Versuch. Auch der häufige Versmaßwechsel, der nicht den »musikalischen« Ton des romantischen Dramas hat, verrät diesen Experimentcharakter. Zu den freien Rhythmen, die vor allem in der Zaubersphäre Medeas und Goras Verwendung finden, könnte den Lessingschüler der bekannte Vorschlag in den Literaturbriefen geführt haben. Das Publikum freilich hatte für die Tiefe und den Reichtum des Werkes nicht den richtigen Blick. Grillparzer stieß hier bereits an die Grenze seiner theatralischen Wirkungsmöglichkeit, auf die

---

* In dieser Betonung des christlichen Schlusses stimme ich mit Ulrich *Fülleborn* überein, der vor der Behauptung warnt, Grillparzer habe »eine moderne, seiner Zeit vorauseilende Ehetragödie« verfaßt (Zu Grillparzers *Goldenem Vließ*: Der Sinn der Raum- und Zeitgestaltung, in: Jb. d. Grillp.-Ges. Folge 3, Bd. 12, 1976, S. 39–59, Zitat S. 58). *Fülleborn* betont die Nähe zum geschichtlichen Trauerspiel, die dies Drama, trotz seines mythischen Stoffes, bereits kennzeichnet, und den Abstand zu Hebbels modernerer Geschichtstragödie: »Grillparzer nimmt zwar Geschichte und Geschichtlichkeit ganz ernst, doch er verabsolutiert sie nicht auf irrationale Weise und mündet nicht in den Historismus des 19. Jahrhunderts ein. Man kann ihn also nach meinem Urteil nicht für die Verbreitung eines neuen literarischen Mythos der Geschichte mitverantwortlich machen. Sein barockes und aufklärerisches Erbe haben ihn davor bewahrt. Hebbel dagegen, dem es bei Gestaltung historischen Wandels ebenfalls häufig auf den Übergang von mythischer Gebundenheit zur Bewußtseinsstufe einer höheren Entwicklungsstufe der Menschheit ankam, hat gleichwohl mit zunehmender Strenge die Form der klassischen Tragödie realisiert, das bedeutet aber, daß bei ihm Geschichte selbst wieder zum Mythos tendiert« (ebd. S. 57 f.). Der Verfasser geht von Walter Benjamins Unterscheidung zwischen christlichem Trauerspiel und Tragödie aus, die »nach Benjamin der mythisch gebundenen, vor-geschichtlichen Welt verhaftet« bleibt (ebd. S. 56). Ich halte von spekulativen Gattungsunterscheidungen dieser Art nicht viel. Sicher ist aber, daß Grillparzers Geschichtsdenken in einem *übergeschichtlichen* Grunde wurzelt, während der Ausgangspunkt von Hebbels Geschichtsdrama das durch den Historismus entstandene *Krisenbewußtsein* ist. Da wir die künftigen Normen nicht kennen, kann nach Hebbel in tragischen Katastrophen sich vollziehende Normen-Wechsel nur im Gleichnis *historischer* Krisen dargestellt werden. Bei Grillparzer gibt es diese historische Relativierung der Normen noch nicht; aber, im Laufe seiner Entwicklung, eine starke Abschwächung der barocken Vorstellung von der Realität der Ideen und damit vom letztlichen *Übergewicht* der Normen oder Werte und der gesamten göttlichen Ordnung (s. u.).

wir hingewiesen haben, und diese Erfahrung hatte bestimmte Folgen: »Die harmlose Zuversicht, mit der ich an meine bisherigen Werke ging, fing an sich zu verlieren« [57]. In dieser Lage griff er zu einer Ausflucht, die schon im Gegensatz zwischen der *Ahnfrau* und der *Sappho* zu erkennen war, die er jedoch jetzt bewußt gerechtfertigt zu haben scheint – wahrscheinlich nach Goethes Vorbild. In der mittleren Periode seines Schaffens wird sein Werk zweisträngig. *Auf der einen Seite: Theaterstücke, die nach allen menschlichen Berechnungen erfolgreich sein müssen, auf der anderen Seite Weiterbauen auf dem tragischen Grunde, der im Goldenen Vließ gelegt war.* Die Zweisträngigkeit ist nicht so ausgeprägt wie bei Goethe (z. B. *Urfaust* – *Clavigo, Tasso* – *Großcophta*), aber doch klar zu erkennen.

König Ottokars Glück und Ende

Auf dem Gebiete des eigentlichen Theaterschaffens wird der Dichter durch seinen Anpassungswunsch in einem deutlicheren Sinne biedermeierlich. Es ist immer wieder aufgefallen, daß *König Ottokars Glück und Ende* (1825), von den eigentlichen Grillparzerschen Tragödien her gesehen, eine gewisse Verflachung darstellt. Die entschiedene Idealisierung Kaiser Rudolfs, der menschliche Ruin und die christliche Reue Ottokars, der ziemlich dick aufgetragene Patriotismus (»Heil! Heil! Hoch Österreich! Habsburg für immer!«), die großen Repräsentationsszenen, die unverkennbare Beziehung auf Napoleon und die Freiheitskriege geben dem Stück den Charakter der aktuellen Haupt- und Staatsaktion. Die barocke Tyrannentragödie wirkt nach, sie ist jedoch biedermeierlich überformt, dadurch, daß dem Tyrannen Ottokar, je näher er seinem Untergang kommt, um so mehr rührende und fromme Züge beigemischt werden, daß ebenso Rudolf als patriarchalischer Herrscher mit Hilfe genrehafter Volksszenen dem Publikum »nahegebracht« wird, daß ferner die geschichtlichen Quellen sorgfältig beachtet werden, – in einem äußeren, detailrealistischen Sinne; denn die Grund-Antithese zwischen dem guten deutschen Kaiser und dem übermütigen böhmischen König wird durch eine relativierende historische Betrachtung an keiner Stelle gefährdet. Die Zensurbehörde, die die Aufführung des Stücks wegen der zu befürchtenden tschechischen Reaktionen verhindern wollte, sah tiefer als der junge Dichter und das umschmeichelte kaiserliche Paar*.

---

* Die frühere Forschung, auch meine eigene (vgl. »Das historische Drama in Deutschland«, 2. Aufl. Stuttgart 1974, Grillparzer-Kapitel), stand unter dem Einfluß des angesehenen Historikers Oswald *Redlich,* der die historischen Studien des Dichters sehr hoch bewertete. Inzwischen hat dieser Respekt ins Gegenteil umgeschlagen. Hanns Leo *Mikoletzky* (Die Historie im Werk Franz Grillparzers, in: Österreich in Geschichte und Literatur, Jg. 16, 1972, S. 4–16), behandelt den Historiker Grillparzer sehr sarkastisch, mit Hilfe vieler Zitate, auch von Grillparzer selbst, die belegen, daß er nichts als Dichter war: »Für die Wirklichkeit...hatte der streng Konservative wenig Sinn.« »Er war zu emotionell.« »Für solche Naturen ist die Beschäftigung mit der Geschichte ähnlich der Tätigkeit eines Bildhauers in einem Marmorsteinbruch« (S. 9). Zu einem ähnlichen Ergebnis kommen die Literarhistoriker, wenn sie den »parabolischen« Charakter des ›Ottokar‹ (Ulrich *Fülleborn,* Das dramatische Geschehen im Werk Franz Grillparzers, München 1966, S. 163 f.) oder gar seine Märchenhaftigkeit betonen (Zdenko *Škreb,* Grillparzer. Eine Einführung in das dramatische Werk, Kronberg/Ts. 1976, S. 231 f.). Mich selbst haben meine Biedermeierstudien darüber belehrt, daß die Verwendung beobachteter *Details* noch kein Realismus im Sinne des Nachmärz, sondern eher ein Hinweis auf die strukturell erstrebte Transparenz für die »höhere Welt« ist. Im Falle des »Ottokar« ist die höhere Welt der »deutsche« und habsburgische Kaiser von Gottesgnaden. Selbst Stifter, der Österreich-Ungarn, wie Grillparzer, als Erbschaft des Heilig-römischen Reiches anerkannte und feierte, hat sich im »Witiko« sehr viel mehr Mühe gegeben, den Tschechen gerecht zu werden und ihre

Auch die Psychologie kann diese dualistische Struktur nicht gefährden, denn sie wird jetzt in die Nebenhandlung (Zawisch–Kunigunde) abgedrängt. Die Figur des Zawisch wurde von den Schauspielern von jeher am liebsten gespielt, und es ist wohl, bei einem sonst so braven Stück, keine Modernisierung, wenn Politzer sie betont[58]. Da der Kaiser von Gottesgnaden nichts Böses tun darf und es schon für den jungen Grillparzer zweifelhaft ist, ob Macht ohne böse Gewalt zum politischen Siege führt, wird dem Rebellen mit Zawisch ein diabolischer Feind in den Rücken gesetzt. Die inneren Feinde, die Rosenberger, die dem böhmischen König eine Verwandte, Berta, Beneschs Tochter, als Gattin, anstelle der Margarete von Österreich, unterschieben wollten und damit nicht zum Ziel kamen, bringen ihn durch Verrat zur Strecke. Zawisch nun, der intelligenteste Rosenberger, ist nicht nur der Meister der politisch-militärischen Intrige, sondern er bricht auch Ottokars Stolz unmittelbar dadurch, daß er ihm die zweite Gemahlin, die feurige Ungarin Kunigunde, abspenstig macht. Was der böhmische König der alternden Margarete antat, das tut dem alternden König die zweite Gemahlin an. In diesem mehrfachen Schuldzusammenhang (Margarete/Ottokar, Ottokar/Berta, Kunigunde/Zawisch) erinnert *Ottokars Glück und Ende* an die Ehetragödie Jason/Medea, – ein Hinweis auf die Wichtigkeit des privaten, nur bedingt historischen Bereichs. Zawisch ist ein gesteigerter Jason. Während nämlich der Gatte Medeas immerhin soziale Gründe für seine Untreue anführen kann (die Last, die Medea für ihn bedeutet, die Zukunft der Kinder), ist Zawisch der absolute Spieler, innerhalb des deutschen Dramas wohl der erste seit Mephistopheles. Man verstünde Zawisch falsch, wenn man in ihm nur das Werkzeug der Rosenberger-Rache an Ottokar erkennen wollte. Das Spiel mit dem Eros ist ebenso wichtig. Daher ist er auch Dichter und Musiker, ein Minnesänger, eine Vorform des absoluten Künstlers, den Grillparzer schon versteht, den er aber, um jeden Preis, selbst noch nicht spielen will. Zawisch hat ganz die Rolle, die der Herr im Vorspiel des *Faust* dem Teufel zuweist, er will das Böse und schafft das Gute, nämlich den Sieg des Habsburger Kaisers. Während bei Grabbe bereits Nihilisten wie Gothland und Heinrich VI. zum Herrscher aufsteigen, hilft sich der Österreicher mit einer prästabilierten Harmonie des Göttlichen und des Teuflischen. Mir persönlich erscheint die *Unterordnung* des Teufelskünstlers unter den Kaiser als ein Verdienst. Die Normen verrät der Katholik Grillparzer, im Unterschied zu Grabbe und Büchner, nicht. Aber man kann im Blick auf Zawisch schon verstehen, wenn jetzt ein österreichischer Forscher plötzlich Grillparzers Abstand vom Barock betont und über das Thema »Der Herrscher, ein trüber Spiegel der absoluten Ordnung« schreibt[59]. Latent ist der Nihilismus auch in der Ottokar-Tragödie anwesend.

Um so großartiger kann sich – es ist fast ein dialektisches Gesetz – die Form entfalten, der Aufbau und das dramatische Spiel im einzelnen. Nicht nur der I. Aufzug, der schon von Hebbel tief bewundert wurde und von jeher als Muster einer Exposition berühmt war, – das ganze Schauspiel zeigt trotz der zahlreichen Fäden, die nebeneinander herlaufen, eine solche Klarheit, Anschaulichkeit und Abrundung, daß es manche Kritiker noch immer für Grillparzers Meisterstück halten. Auch der theatralische Augenblickserfolg und der Verkauf der gedruckten Tragödie auf dem Buchmarkt war

---

Unterordnung unter die Deutschen zu begründen (vgl. u. S. 1004). Die Aktualisierung des geschichtlichen Stoffes betont auch Harald *Steinhagen* (Grillparzers *König Ottokar*, Drama, Geschichte und Zeitgeschichte, in: Jb. der Schillerges. Bd. XIV, 1970, S. 456–487). Doch geht er sicher zu weit, wenn er meint, »daß bereits die im Sinne des Josephinismus idealisierte Herrschaft Rudolfs I. als kritisches [!] Gegenbild zum zeitgenössischen Herrschaftssystem verstanden wurde und darum der wirkliche Grund für das Aufführungsverbot war« (S. 487). Rudolf I. ist ganz der *biedermeierliche Volkskaiser*, den der regierende Kaiser Franz mit erheblicher schauspielerischer Kunst den Wienern in seiner Kutsche vor Augen führte. Die Kaiserin veranlaßte ja die Aufführung des Stücks. Es war der tschechische Nationalismus, der, nach der richtigen Meinung der Polizei-Hofstelle, durch Ottokar-Aufführungen unnötig geschürt wurde. Man hat eine ganz falsche Vorstellung von dem kleinen und daher *sehr exklusiven* Publikum im alten Burgtheater, wenn man meint, Grillparzer habe es zum Nachdenken über das »zeitgenössische Herrschaftssystem« veranlassen wollen. Eher war zu befürchten, daß Rudolfs Sieg über den tschechischen König von dieser Elite lauter beklatscht wurde, als der habsburgischen Staatsraison entsprach.

großartig. Nur führte der übersteigerte deutsch-österreichische Patriotismus frühzeitig zu den schon angedeuteten unliebsamen Konsequenzen, die der Dichter nicht vorausgesehen hatte, die aber ihn und jeden, der die Zeichen der Zeit verstand, über die gewaltige Sprengkraft des Nationalismus im restaurierten Vielvölkerstaat belehrten. Die späteren Königsdramen sind keine »dynastische(n) Weihespiel(e)« [60] mehr*.

Der Traum, ein Leben. Melusina

Noch näher an den Geschmack und das Ethos des biedermeierlichen Publikums führte das Besserungsdrama *Der Traum, ein Leben* (Uraufführung 1834, Erstdruck 1840) heran, Grillparzers erfolgreichstes Theaterstück. Hier berührt er sich mit Raimund, dessen *Verschwender* im gleichen Jahr aufgeführt wurde, am nächsten. Mit Calderons bekanntem Schauspiel hat das Stück eigentlich nur im Titel zu tun. Denn nicht das ganze irdische Leben ist Traum, sondern nur der Wunsch nach unrechtmäßiger Größe und Macht. Das Biedermeierglück im stillen Hause ist kein Traum. Vielmehr erwacht Rustan aus seinen bösen ehrgeizigen Träumen zu einem solchen Glück. Und es liegt ganz im Sinne des Biedermeier, wenn sein Bäschen Mirza dafür sorgen wird, daß er nicht wieder von »Größe« und »Ruhm« zu träumen beginnt. Wenn man behauptet, man könne auch den Rahmen, statt der katastrophalen Binnenhandlung, für einen Traum halten [61], so modernisiert man das handfest gearbeitete »Traumstück« zu einem impressionistisch verschwimmenden Experiment. Keine romantische Traumvorstellung, sondern die Geschichtsskepsis Voltaires, vielleicht auch eine Spur des orientalischen Quietismus [62] bildet den Ausgangspunkt des Dichters. Grillparzer hat hier für die breite, zur »Behaglichkeit« neigende Masse des Publikums ein Stück mit einem wohlberechneten *bürgerlichen* Schlußeffekt geschrieben. *Neben das Staatsbiedermeier des Ottokar ist das Familienbiedermeier getreten.* Aber das geträumte Stück ist der moralischen Ottokartragödie geistig verwandt, wenn es auch nur die negative Seite des staatlichen Lebens darstellt und auf den grellen Stil der *Ahnfrau* zurückgreift. An sie erinnert auch der »spanische« Vers (vier Trochäen). Vor einer su-

---

* Erwähnt sei noch die Szene »Hannibal«, die nach mehreren Zeugnissen Grillparzers kein Fragment, sondern eine selbständige Dichtung, »ich möchte fast sagen [ein] Gespräch« ist (Dichter über ihre Dichtungen: Grillparzer hg. v. Karl *Pörnbacher,* München 1970, S. 215). Der Dialog ist eine eigene, in der Biedermeierzeit noch lebendige Gattung (vgl. Bd. II, S. 282 ff.). Die kleine Dichtung steht gleichwohl in engem Zusammenhang mit der Ottokar-Tragödie, insofern Hannibal, wie der böhmische König, ein einzelner großer Held ist, Scipio der Jüngere dagegen, wie Kaiser Rudolf I., als überlegener Repräsentant einer festgefügten Gemeinschaft erscheint. Man könnte hier versucht sein, von einem Staatsbegriff, sogar von einem demokratischen, abseits des Dynastischen, zu sprechen; denn Scipio vertritt ja die römische Republik. Aber erstens bevorzugte der Dichter in seinen eigentlichen Dramen doch die monarchischen Stoffe, zweitens distanziert er sich später von dem didaktischen Dialog, in dem Hannibal »wie ein Schulbube heruntergemacht wird«: »Hannibal ist doch größer als Scipio, trotzdem dieser siegt. Er ist der Napoleon seiner Zeit« (ebd., S. 216). Die beiden letzten Äußerungen stammen aus dem Jahre 1869 und lassen erkennen, daß der Österreicher, schon auf Grund seiner eigenen Mißerfolge, dem *tragischen* Geniebegriff und damit dem protestantisch-norddeutschen Grabbe, dem Dichter der Tragödien »Napoleon« und »Hannibal« nicht ganz so fern stand, wie man denkt und wie ich früher selbst gedacht habe (vgl. »Das historische Drama« 2. Aufl. 1974, S. 127 f.). Auch bei Grillparzer ist, wie es scheint, ein entschiedener, fast zum Pantragismus führender Geniekult latent vorhanden. Nur in seiner mittleren Zeit, vom »Ottokar« bis zum »Bruderzwist«, tritt der Ordnungsgedanke so imposant hervor, weshalb dieser, meine ich, *stärker mit der Metternichschen Restauration verbunden und damit relativiert werden sollte, als in der konservativen Grillparzerforschung üblich ist.* Die Nachmärzdramen des Dichters waren vielleicht auch deshalb unmöglich, weil sie ganz anders hätten aussehen müssen als die uns vorliegenden Vormärz-Stücke.

perklugen Überinterpretation und Überbewertung des Kassenschlagers ist, wie bei der *Ahnfrau,* zu warnen.

Die Anregung zu dem Libretto *Melusina* (verf. 1817–27, 1. Druck 1833) gab nach Grillparzers Angaben Beethoven über den Grafen Dietrichstein, den Oberleiter der beiden Hoftheater. Grillparzer wollte sich dem »großen Manne« nicht versagen, obwohl er einige Zweifel an der Zusammenarbeit hatte. Er wählte aus den Plänen zu »drei Stücke[n] einer leichtern Gattung« [63] den Melusinenstoff aus. Damit geriet er in die Nachfolge von Karl Friedrich Henslers beliebtem *Donauweibchen* (1798), in die Sphäre des Zauberstücks, des Volkstheaters [64]. Unverkennbar ist gleichwohl sein Bestreben, sich an die Schwere und Wucht von Beethovens musikalischem Stil anzupassen. Die Leichtigkeit von Goethes *Neuer Melusine* (1817), die dem ursprünglichen Ansatz (s. o.) entsprochen hätte, erstrebt er offensichtlich nicht. Während er die Stilhöhe der Künstlertragödie und des national-historischen Trauerspiels in österreichischer Weise durch Schauszenen und mimische Überformung der Sprache eher gesenkt hatte, bemüht er sich im Zauberstück *Melusina* um eine ungewöhnlich weitgehende Vermeidung der possenhaften Elemente. Nur in der Gestalt von Troll, dem Diener des Ritters Raimund, macht sich das komische Element vorsichtig geltend. Bemerkenswert ist aber, daß Troll unerwartet aufgeklärt ist und die Funktion hat, auf das Fiktive und damit eigentlich Problematische der Feenwelt hinzuweisen. Grillparzers Märchenstück hat einen »josephinisch-rationalistischen Untergrund« [65].

Melusina ist – diese Hinweise gibt der Text – ebenso Göttin wie Tier und damit unmenschlich. Sie verkörpert wohl weniger den naturhaften Eros, »die Quellen des Lebens«, als das Reich der Fiktion, der Phantasie: »In Wort und Ton, in Bild und Gebärde breitete ich [Melusina] vor dir [Raimund] aus der Künste unendliches Reich.« »Schaum ist unsre Kost... Traum umgibt uns, die wir Träume sind.« Der Graf von Forst und seine Schwester Berta versuchen, den Ritter Raimund im irdischen, menschlichen oder ritterlichen Bereich, wo es die »Tätigkeit« und die gewöhnlichen Freuden des Lebens gibt, festzuhalten. Aber die Liebe zu Melusina ist stärker. Sie ist schließlich unwiderstehlich, obwohl Raimund die Nixe nur durch das Opfer seines Lebens festhalten kann. So endet der Operntext mit einer Todesvermählung und Apotheose des Paars. Die Nähe zur *Sappho* ist unverkennbar [66]. Man sollte die Dichtung weder neuromantisch überschätzen (Josef Nadler, Viktor Suchy) [67] noch ganz aus dem Auge lassen; denn in einzelnen lyrischen Versen lebt der beste Grillparzer. Als Ganzes gehört *Melusina* zu den Studien, in denen der Dichter bewußt zum Theater hinabstieg. Er hätte auch die Änderungswünsche des »großen Mannes« erfüllt: »Ich bin zu allem bereit«, sagt er in diesem Fall [68]. Trotzdem hatte der Komponist der Symphonien und Quartette, als es ernstlich darauf ankam, keine Lust, dem Österreicher auf dem bescheidenen Weg zum Theater zu folgen.

Weh dem, der lügt!

Vielleicht war das Lustspiel *Weh dem, der lügt!* (1838) als ein Ausgleich der beiden Schaffensstränge gedacht. Dies würde die große Wirkung erklären, die der Mißerfolg dieses Stücks auf Grillparzers Verhältnis zum Theater hatte. Seine Grundfrage, ob man nämlich erfolgreich handeln kann, wenn man ganz wahr bleibt, verbindet das Lustspiel mit Grillparzers Tragödie, besonders mit dem *Treuen Diener* und dem *Bruderzwist.* Es ist zugleich die Frage, vor die sich Grillparzer als Theaterdichter gestellt sieht. Schon dieses ernstliche Anfassen eines Problems bedeutete, im Vergleich mit *Ottokar* und *Traum, ein Leben,* ein Wagnis beim Publikum. In einem höheren Sinne biedermeierlich ist das Stück zweifellos, eben durch das Moment liebenswürdiger Besinnung, das im Rahmen zum Ausdruck kommt, in dem Auftrag, den der Bischof Gregor dem Küchenjungen Leon gibt und der nach dem äußeren Erfolg der Befreiungsaktion am Ende des Stücks christlich relativiert wird:

Nu, gar so rein ging's freilich denn nicht ab;
Wir haben uns gehütet, wie wir konnten.
Wahr stets und ganz war nur der Helfer: Gott.

Der Rahmen hat wie in *Der Traum, ein Leben* eine didaktische Funktion, aber er wird diesmal mit Leichtigkeit und Anmut ausgestaltet. In der Kernhandlung des Stückes, dem abenteuerlichen Unternehmen Leons, gibt es auch possenhafte Elemente; der barbarische (germanische) Schauplatz, in dem die Handlung stattfindet, hat, im Unterschied zum *Goldenen Vließ* (vgl. o.), keine romantische, sondern vor allem derbkomische Funktion. Die Schauspieler spielten diese Seite des Stücks nach Grillparzers Urteil zu stark aus. Man wird aber zugeben müssen, daß die Figur des Galomir, der nicht einmal richtig sprechen kann, eine derbe Komik nahelegte und damit die Stilgesetze des Burgtheaters überschritt. An dieser Stelle wirkte sich wohl die Nähe des Volkstheaters verhängnisvoll aus[69]. Ähnlich befremdend mochte der Gegensatz zwischen dem klugen Küchenjungen Leon und den unbeholfenen männlichen Mitgliedern der gräflichen Familie Kattwald sein. Man konnte versteckten Klassenkampf im Hoftheater wittern; denn die Juli-Revolution hatte den Adel nervös gemacht. Der Grundcharakter des Lustspiels ist eher schalkhaft und biedermeierlich-verspielt als polemisch und possenhaft. Auch die erotischen Szenen mit Edrita, der Tochter des Grafen Kattwald – sie wird von Leon entführt – sind mit anmutiger Zartheit und nicht ohne »Empfindung« gegeben. Die Behauptung, das Stück sei durch die Beimischung eines gewissen Ernstes zu schwer oder zu abstrakt geworden, erscheint jedoch nicht richtig; denn der Zauber von Grillparzers mimischer Kunst ist überall, sogar im Rahmen am Werk. Er war im Recht, wenn er von zahlreichen Lustspielplänen gerade diesen vollendete und zur Aufführung brachte. *Weh dem, der lügt!* ist dem Biedermeier gewissermaßen auf den Leib geschrieben und hätte unter anderen Umständen, wie Nestroys *Lumpazivagabundus* oder *Talisman,* ein Repertoirestück des damaligen Theaters werden können. Grillparzers Komödie erscheint als *die* Mischung von Dichtung und Theatralik, die er verantworten konnte; man darf auch heute, historisch zurückblickend, behaupten, daß sie dem Zeit- und Raumgeist am besten entsprach. Trotz Bauernfelds Geschicklichkeit im Salonlustspiel und Raimunds ehrgeizigen Versuchen im vertieften Volksstück hat der Tragiker mit *Weh dem, der lügt!* auf dem Gebiet der höheren Komödie doch wohl die gültigste Leistung des Biedermeiers erbracht. Der Mißerfolg dieses Meisterwerks war *objektiv,* nicht nur in der Interpretation des empfindlichen Dichters, ein *Hinweis auf die Verschleuderung von Schreyvogels Erbe, ein Zeichen für den beginnenden Niedergang des Wiener Theatergeistes.*

Da sich das Lustspiel heute vollkommen durchgesetzt, viele Interpretationen und Überinterpretationen erlebt hat, ja sogar schon zum Mittelpunkt eines Forums in Forchtenstein gemacht wurde[70], sei hier die Frage nach dem Grund der unfreundlichen Aufnahme durch die Wiedergabe und Analyse einiger *Dokumente* erörtert; denn diese Frage, sicherlich ein *historisches* Problem, wurde noch nicht gelöst[71]. Saphir, ein sehr einflußreicher Journalist (vgl. Bd. II, S. 75 ff.), der auch dem Beherrscher des Possentheaters, Nestroy, schwer zu schaffen machte (vgl. u. S. 207), schrieb am 10. 3. 1838 im *Humoristen* eine scharfe Kritik mit weltanschaulicher, sozialer und stilistischer Begründung:

1. »Uns sollte man den Glauben an eine unbefleckte Wahrheit nicht rauben, uns sollte man die Einseitigkeit dieser schönen Tugend nicht begreiflich machen wollen, uns sollte man die ungetheilte Freude in dem Anblick der Wahrheitsrose nicht dadurch verleiden, daß man ihre Blätter vor uns metaphisisch auspreßt und uns zeigt, daß in ihr Honig- und Gifttheile wohnen, und daß die Gifttheile wie die Honigtheile eben die Totalität der Rose ausmachen. Wie leicht stürzt nicht der leichtsinnige Hörer den Satz: ›Alle redeten wahr, und doch logen Alle‹, um, und citirt in halber Vergeßlichkeit: ›Alle logen und redeten doch wahr‹?«[72] Saphir versucht also, in der Maske des journalistischen Volksbetreuers, Grillparzers Unterscheidung zwischen der halben irdischen und der ganzen göttlichen Wahrheit als gefährlichen Tiefsinn zu entlarven.

2. Bezeichnenderweise hat dieser angebliche Volksmann, wie der Adel (s. o.), aristokratische Bedenken gegen das Stück: »Überhaupt sehe ich die Nothwendigkeit nicht ein, warum gerade ein *Küchenjunge* zum Schildträger der *Wahrheit* auserkoren wurde? Ich kann und mag es durchaus nicht leiden, wenn man, *ohne innere Nothwendigkeit,* die ästhetischen Würdenträger und die dramatisch-moralischen Prioritäten in der Schurzfell-Societé des Lebens sucht. Das ist eine kränkende Bizarrerie der französischen Romantiker; allein in Frankreich wollen die Dichter dadurch eine gewisse Sympathie rege machen und Anklänge erwecken, die bei uns gottlob weder existiren noch Anklang finden«[73]. Wenn man französisch sagt, meint man im Biedermeier die Revolution. Man denunziert politisch.

3. Am interessantesten ist die stilistische Argumentation; denn sie bezeichnet exakt den vorrealistischen, rhetorischen Standpunkt des *Kritikers:* »Das *Possenhafte* in diesem Lustspiele ist nicht wie bei Calderon, Shakespeare, ein humoristischer Gegenschlag, ein hingeworfener Lebens-Schlagschatten, als Kontrast zu den hellen Lichtern, weder ein sub- noch ein koordinirtes Element [!], sondern es schwimmt so wie einzelne Stücke Treibeis, in dem abrinnenden Handlungsstrom. Selbst in der Diktion hat der Dichter sich zurückgehalten [!], und nur selten erkennen wir unsern edlen, poetischen, *geläuterten* Sänger der ›Sappho‹; nur selten den energischen, glühenden, kraftstrotzenden Dichter von ›Traum ein Leben‹. Auch den *Witz,* diesen ersten und alleinigen dienstthuenden Kammerherrn des Lustspiels, verschmähte er, als ob der Witz das ästhetische Gebiet nicht Hand in Hand mit der Wahrheit durchwandeln könnte«[74].
Die drei Stellen stimmen gerade in der Abwehr dessen überein, was Grillparzer als Pionier in Weh dem, der lügt! erreicht hat: Falsch ist nach Saphir der relativierende Abbau des Ideenglaubens, falsch ist das Mißtrauen in aristokratische »Schildträger« der Ideen und falsch ist der Abbau der alten, rhetorischen Spannung zwischen hohem und niederem Stil, der Calderon und Shakespeare kennzeichnet. Falsch ist entsprechend auch der Abbau der Witzkultur des ancien régime (vgl. Bd. I, S. 630 f.) Falsch ist mit *einem* Wort die sich anbahnende realistische (bürgerliche) Volkskultur, die 1. überspannte Ideen, 2. Klassenunterschiede, 3. Stilspannungen abbaut und überall *mittleren Lösungen* zuneigt (vgl. Bd. I, S. 276 ff.). Verräterisch ist besonders das Lob der älteren »edlen«, »glühenden« Theaterstücke Grillparzers. Seine unwillkürliche, wenn auch österreichisch

und biedermeierlich überformte Annäherung an den weltanschaulichen, sozialen und stilistischen Realismus wird als Trivialisierung und Abkühlung seiner Poesie verstanden*.
Die Verteidigung des Lustspiels, die Friedrich Witthauer in der *Wiener Zeitschrift für Kunst, Literatur, Theater und Mode* am 15. 3. 1838 anonym veröffentlicht hat, verurteilt, damit übereinstimmend, umgekehrt die Restauration der Rhetorik, welche die Bühne seit 1815 beherrscht (vgl. Bd. II, S. 384 ff.): »Wir können die einfache, ungekünstelte Natürlichkeit dieser Poesie, wie sie Grillparzer uns hier bietet, nicht besser bezeichnen, als wenn wir sie eine *unmittelbare* [!] nennen, eine solche, die frey von den Fesseln der modernen Gesellschafts- oder Bühnenconvenienz [!], durch die Tiefe der Gedanken, und den Adel der Empfindungen allein und geradenwegs [!] zu unserm Innern spricht. Die neue dramatische Kunst hat diese unmittelbare Poesie, diese Poesie der Wahrheit und Natur, zu verdrängen gesucht; prunkende Rhetorik [!] in der Tragödie, fade Wortwitzkrämerey [!] im Lustspiel, sollen dort das Erhabene, hier das Komische... ersetzen« [75]. Gemeint sind wohl Dichter wie Raupach und Julius von Voss in Berlin oder Friedrich Halm und Bauernfeld in Wien, die durch ihr Pathos oder ihren Witz sehr erfolgreich waren, *während der die Rhetorik abbauende Grillparzer das Publikum samt seinen gymnasialen Lehrmeistern* (vgl. Bd. I, S. 600 f.) *hinter sich zurückließ.* Als man 1879 einen neuen Versuch mit *Weh dem, der lügt!* auf dem Theater wagte, war durch die Märzrevolution und den programmatischen Realismus die alte »Gesellschafts- oder Bühnenconvenienz« (s. o.) *zerstört,* so daß die Aufführung ein großer Erfolg wurde.

Bemerkenswert ist noch, daß der Dichter nach diesem Mißerfolg nicht die üblichen Skrupel hatte, sondern selbstbewußt den Schauspielern und dem Publikum Unverständnis vorwarf: »Ich wollte in diesem Stücke mehr zur Ursprünglichkeit der Poesie, zur Anschauung zurückkehren. Die Schauspieler, wenn auch sonst gut, wußten sich da nicht auf den rechten Punkt zu stellen, und so hatte auch das Publikum nicht das wahre Verständnis der Sache. Der ungünstige Erfolg von ›Hero und Leander‹ tat mir wehe, weil ich mir sagen konnte, ich habe es an der nötigen Lebendigkeit der Darstellung fehlen lassen. Hier

---

* Am klarsten beschreibt Herbert *Seidler* den Abstand, den hier der Burgtheaterdichter von den in Wien sonst prächtig gedeihenden Formen rein komischer Art gewinnt: »Auf den ersten Blick scheint überhaupt starker Stimmungswechsel zu herrschen: nach der temperamentvollen Einleitung der ernste Bischof, dann aber schafft Leon zunächst Lebenslust und Frohsinn; auf dem Hof Kattwalds und in den Galomir-Szenen drängt die Komik vor, dann immer mehr der tiefe Ernst, bis zum Schluß trotz aller Resignation abgeklärte Heiterkeit herrscht. Schon diese Stimmungsentwicklung zeigt eigentlich die Dichte der Gestaltung, die Lebhaftigkeit und starke Abwechslung wirkungsvoller Bühnenbilder tritt hinzu... Alles, auch das Gedankliche, die Tendenz, ist ins Bild gehoben und zum Spiel abgeklärt. Das Entscheidende aber ist: der Humor ist der tragende Grund... Das Temperament der Einleitungsszene schafft sofort eine nicht mehr zu verdrängende Atmosphäre... Und der fortschreitende Ernst wird immer wieder ausgeglichen durch lebhafte äußere Szenenführung..., durch die befreiende Wirkung des Wunders, durch die Liebeswirren und Notlügen am Schluß, und auch noch das letzte hohe Bild erhält in der Wendung Gregors zu Leon und Edrita den heiter-verständnisvollen Blick von oben herunter auf das trotz allem liebenswerten Menschen« (Grillparzers Lustspiel *Weh dem, der lügt,* in: Herbert *Seidler,* Studien zu Grillparzer und Stifter, Wien u. a. 1970, S. 83). Durch diesen Humor tritt Grillparzers Lustspiel neben *Minna von Barnhelm* und den *Schwierigen.* (Zu der sonst wenig gefestigten Position des Humors vor dem realistischen Programm vgl. Bd. I, S. 635 f.).

aber, wo ich mit aller Wärme eines Jünglings gearbeitet, machte das Mißgeschick des Stückes mehr den Eindruck des Lächerlichen auf mich« (Gesprächsäußerung am 3. 5. 1838, notiert von Max von Löwenthal)[76].

Ein treuer Diener seines Herrn

Die Reihe der großen Tragödien, die, mit verhältnismäßig wenig Rücksicht auf die äußeren Bedingungen des Wiener Theaters, die Tiefenlinie vom *Goldenen Vließ* zur späten Dramatik einhalten, beginnt mit *Ein treuer Diener seines Herrn* (1828). Gerade der ursprüngliche höfische Anlaß zur Abfassung des Stücks verrät Grillparzers Abstand von der Gesellschaft, – bei allem guten Willen, ihr zu dienen. Die Kaiserin wollte von Grillparzer ein ungarisch-vaterländisches Stück anläßlich ihrer Krönung zur Königin von Ungarn. Vielleicht verwandelte sich auf dieser Stufe der an einem ungarischen Aufstand *gegen* die Deutschen beteiligte Graf Bank schon zum treuen Diener Bancban. Der Dichter änderte rücksichtslos das historische Faktum. Trotzdem sah er bald ein, daß seine Tragödie unbrauchbar für den höfischen Anlaß war: »Ich brauche wohl auch nicht zu sagen, daß mir das Ungehörige dieses Gegenstandes zu dem beabsichtigten Gelegenheitsstücke sogleich ins Auge fiel, weil man nicht bei der Krönungsfeier einer Königin Aufruhr und den Mord einer Königin zur Darstellung bringen kann. Das Gelegenheitsstück unterblieb«[77]. Der Auftrag ging nun an Karl Meisl (vgl. Bd. II, S. 461 f.), der ein loyales Schauspiel *Gisela von Bayern, erste Königin der Magyaren* verfaßte.

Man hat vor allem im nicht-österreichischen Deutschland dem Drama Grillparzers eine Verherrlichung der Untertanentreue vorgeworfen; aber der Dichter warnt ausdrücklich davor, ihn mit Bancban, der »als ein ziemlich borniert alter Mann geschildert ist«, zu identifizieren[78]. Es geht um die im *Ottokar* so ziemlich bejahte Frage, ob es einen Sieg der reinen Ideen gaben kann. In dem halsstarrig treuen, unpraktischen und daher scheiternden Statthalter des Königs von Ungarn steckt ein gutes Stück Idealismuskritik. Die Bancban-Figur, rührend gewiß, aber stellenweise auch komisch dargestellt, der alte Mann einer jungen, nicht ebenso unschuldigen Frau, traditionellerweise zur Lustspielfigur bestimmt, gleichzeitig aber in der neuen, realistischen Stilmischung, die wir schon kennen, mit dem »Heroismus der Pflichttreue« ausgezeichnet[79], beleuchtet noch einmal das Unwahre am *Ottokar*. Bancbans Tragödie beweist Grillparzers Abstand von einem naiven Monarchismus. Er wußte sehr wohl, daß ein erfolgreicher Herrscher nicht so gut sein kann wie sein Rudolf I., daß Politik ohne Gewalt, auf der Basis vollkommener Rechtlichkeit, nicht möglich ist. Das Stück ist die Tragödie der Legitimität, und aus diesem Grunde vermutlich wollte der Kaiser eine Zeitlang das Manuskript durch Ankauf verschwinden lassen. Der Dichter selbst meinte, die zum Aufruhr führende Willkür der Deutschen in Ungarn habe dem Kaiser mißfallen[80]; aber die Umstände anläßlich der Ottokar-Aufführung zeigen, daß für politische Fragen des Reichs die Zensur zuständig war, und diese hatte keinen Anlaß zum Verbot gesehen. Eben die lebenswahre Borniertheit des Königsdieners (s. o.) mißfiel wohl dem Kaiser. Noch wagt es der Dichter nicht, die Unmöglichkeit einer zugleich erfolgreichen und idealen Herrschaft an dem

Monarchen selbst zu zeigen. König Andreas von Ungarn wird in den *Rahmen* gerückt. Er kann die Ordnung der Dinge am Ende wiederherstellen; aber die Unordnung selbst ist während seiner Abwesenheit nicht zu verhindern, obwohl oder weil er den untadeligen Bancban zu seinem Statthalter bestellt. Denn die Leidenschaft, die »Selbstheit« der nächsten Verwandten des Königs, besonders seines Schwagers, des Herzogs Otto von Meran, stört wie in *Ottokars Glück und Ende* den Frieden des Staates. Wenn der Hauptruhestörer diesmal ein Deutscher ist, so darf dies gewiß als eine Warnung vor der nationalistischen Ausdeutung der Ottokar-Tragödie verstanden werden. Es gibt bei allen Völkern ordnungswidrige Charaktere.

Man muß das biedermeierliche Ethos der absoluten Selbstlosigkeit kennen, um die Zufriedenheit der Zensur und Grillparzers Wissen um Bancbans Problematik richtig einzuschätzen. Der Dichter steigert den Statthalter ganz bewußt zu einem fast unmenschlichen Inbegriff der Sanftmut und Friedfertigkeit, vor allem dadurch, daß er ihn die eigene Gattin (Erny) gegen den Zugriff des leidenschaftlichen Königinbruders nicht ausreichend verteidigen läßt[81]. Der dämonischen Glut des Rechts- und Ehebrechers steht die rührende Figur eines vollkommen Wehrlosen gegenüber. Man sollte Bancban nicht »pedantisch« nennen, denn die Idee der Treue und Pflicht genoß das höchste öffentliche Ansehen, und es lag ja durchaus in der Barocktradition, Ideenträger (emblematische Figuren) trotz ihres irdischen Scheiterns zu bejahen. Die Märtyrertragödie – das verrät schon der relativ grelle Stil, besonders die wilde Gestalt des tyrannischen Herzogs Otto – wirkt nach, freilich in einer biedermeierlich reduzierten Form. Die Demut erscheint nicht mehr in der überirdischen Glut des Märtyrers, der sich in einem Jenseits geborgen weiß. Bancbans Martyrium ist unpathetisch, kanzleimäßig, fast hausbacken oder, um das treffende biedermeierliche Kernwort zu benutzen, »bescheiden«. Durch diese kreatürliche Darstellung des Ideenträgers wird die von den Interpreten gerühmte Charakterisierungskunst[82], die die Tragödie auszeichnet, auch bei Bancban möglich. Und doch steht der schwache Bancban in der Rangordnung des Biedermeiers und des Dichters selbst hoch über dem kraftvollen Herzog, der nur seine Leidenschaften kennt*. Die Wertakzente sind in dieser Hinsicht genau so eindeutig gesetzt wie in *Ottokars Glück und Ende*. Nur der Statthalter repräsentiert in des Königs Abwesenheit die heilige Ordnung, – die nun freilich nicht mehr als immer siegreiche irdische Macht, sondern in der Gebrochenheit eines nur durch Gnade zu verwirklichenden Ideals erscheint. Indem der König, von außen in

---

* Fritz *Martini* hat recht, wenn er unter Hinweis auf »das Singuläre, das Otto von Meran innerhalb der langen dramatischen Figurenreihe von Grillparzer heraushebt«, fordert, »daß künftig auch der deutsche Sturm und Drang Klingerscher Prägung in diesen [vielschichtigen] Traditionsraum von Grillparzers dramatischem Werk einbezogen werden sollte« (Die treuen Diener ihrer Herrn. Zu F. M. Klinger und F. Grillparzer, in: Jb. d. Grillp.-Ges. F. 3, Bd. 12, 1976, S. 181). Der Sturm und Drang ist das eigentliche Gegenüber des Biedermeiers. *Singulärer als die Recht und Ordnung brechende Kraftnatur ist freilich das personifizierte Recht als tragischer Hauptheld.* Wie stark noch die Erwartung einer *kraftvollen* Hauptfigur war, verrät die verständnislose Reaktion des sonst so verständigen Immermann. Er meint, er könne auch im Servilismus etwas leisten, das beweise seine Andreas Hofer-Tragödie. Ein »Treuer Diener seines Herrn« habe einzelne liebenswürdige Szenen, »aber im ganzen ist es eine Pudeltragödie« (an Michael Beer 23. 6. 1830).

den Kreis des Stückes zurücktritt, um die Akteure des eigentlichen Spiels zu richten, bewahrt er den Charakter eines überirdischen, unberechenbaren Ordnungsfaktors.

Allerdings muß ihn Bancban ermahnen, sich seines Gottesgnadentums würdig zu erweisen:

> Sei ganz wie Gott, o König! Straf den Willen,
> Und nicht die Tat, den launischen Erfolg.

Eine neuere Interpretation schließt aus solchen Stellen, daß Bancban über dem König steht und aus dem leidvollen Geschehen als »moralischer Sieger« hervorgeht[83]. Ich glaube eher, daß Bancbans Ermahnung, die Schuldigen zu begnadigen, eine Anspielung auf die im Biedermeier allgemein, auch von den Konservativen, geforderte *Humanisierung des Gottesgnadentums ist*. Der Staat darf nur gerecht sein, der König jedoch gnädig. Darin liegt der Sinn des Königtums in der Sicht des biedermeierlichen Personalismus. Die Überlegenheit des Königs über den alten Statthalter, der politisch versagte und daher seinen Abschied aus allen Ämtern nimmt, wird durch dessen humane Mahnungen nicht aufgehoben. Richtig ist es vielleicht, wenn neuere Interpretationen[84] den sakralen Sinn des »Kindes«, des Thronfolgers, dem Bancban am Ende huldigt, betonen. Zunächst ist im Biedermeier beim Auftreten von Kindern an die beliebte theatralische »Rührung« zu denken; aber sie braucht der beabsichtigten religiösen Schlußwirkung nicht zu widersprechen. Durch das Königskind wird die feste Gestalt des heimkehrenden und ordnungschaffenden Königs von Ungarn transzendiert. Die an keine Person gebundene Heiligkeit des Königtums überhaupt erscheint in den letzten Worten und in der Schlußgebärde des treuen Dieners.

Ein treuer Diener seines Herrn ist keine klassizistische Tragödie. Die grelle Leidenschaftlichkeit des Herzogs Otto, die durch sie ausgelösten Todesfälle und rebellischen Aktionen und schließlich die christliche Auflösung des Konfliktes lassen erkennen, daß der Dichter es wagte, in einem für das Burgtheater bestimmten Drama vorklassizistische Schichten der Tragödie zu integrieren. Die daraus entspringende Unzufriedenheit Schreyvogels hat Grillparzer tief betrübt[85]. Der große Beifall des Publikums richtete ihn wieder auf, und in der Frage der Zensur setzte sich das Polizeiministerium gegen den Kaiser durch. Die Tragödie konnte gedruckt werden. Seine ursprüngliche Absicht, das Stück dem verehrten Vater und König Goethe zu widmen, hat Grillparzer aus einem guten Grund nicht durchgeführt: »Als es nun an den Druck des treuen Dieners ging, fand ich das Stück viel zu roh und gewalttätig, als daß ich glauben konnte, daß es auf ihn [Goethe] einen guten Eindruck machen werde«[86]. Ja, es war in dieser Tragödie, trotz ihrer Tiefe, noch viel Alt-Wiener Theater.

Des Meeres und der Liebe Wellen

Die für den alten Meister in Weimar geschriebene Tragödie ist *Des Meeres und der Liebe Wellen* (1831). Es ist immer mißlich, ein Drama von so einzigartiger Gestalt an eine Tradition anschließen zu wollen. Gleichwohl ist sicher, daß wir ein »Seelendrama« in der

Tradition Racines und des 18. Jahrhunderts vor uns haben, ja daß sich die Tragödie sogar dem in der Empfindsamkeit entstandenen Monodrama nähert. Die Aufzeichnungen des Dichters beweisen, daß er hinreichend szenische Einfälle hatte, um den Priester, überhaupt die feindliche Gegenwelt der Liebenden, stärker ins Spiel zu bringen. Aber diesmal verschmähte er die Gestaltung, die er beim *Treuen Diener* und im *Traum ein Leben* mit zweideutiger Bewertung »bunt« nennt. Anläßlich der Aufführung von *Der Traum, ein Leben* in Berlin forderte er sogar ausdrücklich den Hoftheaterintendanten von Redern auf, gleichzeitig die Herotragödie zu geben, damit man ihm keine »Effekthascherei« vorwerfe. Er erstrebte hier die Würde, die das klassizistische Seelendrama in seinen Augen besaß, obwohl er sich, nach seiner eigenen Erklärung, – gleichzeitig wieder, wie im *Vlieβ*, bemühte, dem Drama etwas Romantisches zu geben[87]. Wenn man deshalb und wegen der Todesart der Heldin mit *Penthesilea* verglichen hat[88], finde ich die empfindsame Traditionslinie, die zu dem Drama führt, nicht genügend berücksichtigt. Grillparzer selbst sagt zur Frage des Einheldendramas in der *Selbstbiographie*: »Mein Interesse konzentrierte sich auf die Hauptfigur und deshalb schob ich die übrigen Personen, ja, gegen das Ende selbst die Führung der Begebenheit mehr zur Seite als billig. Aber gerade diese letzten Akte habe ich mit der eigentlichsten Durchempfindung [!], jedoch wieder nur der Hauptperson, geschrieben. Daß der vierte Akt die Zuseher ein wenig langweile, lag sogar in meiner Absicht, sollte doch ein längerer Zeitverlauf ausgedrückt werden«[89]. In der geistesgeschichtlichen Periode hat man sich viele Gedanken über den vom Priester betonten Begriff der »Sammlung« und über den Konflikt von Liebe und Sammlung gemacht. Andere Interpreten[90] haben dagegen den so beliebten »inneren Konflikt« Heros vermißt, den Grillparzer vermied, weil *das, was er über das Seelendrama des 18. Jahrhunderts hinaus leisten konnte und wollte, gerade die bezaubernde Naivität der Heldin ist*. Hero geht, mehr oder weniger aus Familienrücksichten und weil die Burschen so schlecht sind, in den Tempel (ins Kloster), und dann erst erfährt sie, wie süß das Leben ist. Grillparzer muß, so wie er denkt, auf der Härte der Tempelinstitution bestehen; er belastet den Priester, trotz seiner kontemplativen Sprüche, schwer – im Widerspruch zur Tradition des Stoffes[91]. Er kann dies im katholischen Wien, im Zeitalter der Metternichschen Restauration nur sehr vorsichtig tun. Die naive Hero macht, anstelle des Priesters, die Götter verantwortlich. Aber das Verbrechen ist da. Das heißt: Grillparzer meint nicht in erster Linie den persönlichen Konflikt zwischen »Sammlung« und Lebensgenuß – die Grillparzerforschung leidet immer noch an solchen biographischen Parallelisierungen –, sondern er meint ganz »josephinisch« *das doppelte gräßliche Opfer an naiver Jugend, das das Kloster fordert*. Anders verstand man in Wien die Sache sicher nicht, denn man war durch die Zensur an solche Verkleidungen gewöhnt. In seinen Notizen kann er deutlich sein: »Priester keine moderne Humanität. Priestertum, Stammerbteil. Familienstolz«[92]. Auch diese antikirchliche Haltung forderte, aus schlichten Zensurgründen, eine Beschränkung der Intrigue und eine Konzentrierung auf das äußere und innere Erleben der Heldin, vom ersten Liebesgefühl bis zum bittern Ende.

Literaturpolitisch war das Stück ein Zugeständnis an das protestantische Deutschland. Was er beim Druck seiner Werke, im Gegensatz zu andern katholischen Dichtern (Lenau, Droste-Hülshoff, Pyrker usw.) nicht fertigbrachte, nämlich den heimatlichen Verlag

(Wallishausser, Wien) hinter sich zu lassen und zu Cotta (Stuttgart) oder Brockhaus (Leipzig) zu gehen, das versucht er hier in einer einzelnen Dichtung. Er will des Übertragischen doch noch auf dem Wege des goethezeitlichen Protestantismus habhaft werden. In der Form einer weitausgreifenden Problemtragödie war dies bei Grillparzers uns bekannter Weltanschauung, auch abgesehen von allen Zensurfragen, kaum möglich. Deshalb wohl, nicht nur aus stofflichen Gründen, ist bei diesem Versuch *die schmalste, weltloseste, am meisten lyrische Tragödie* entstanden, eine Art elegischen Melodrams, in der Grillparzers Empfindungsreichtum mit berückender Schönheit zum Ausdruck kommt. Man darf fast sagen: hier sieht man am besten, daß der Dichter auch Lyriker war. Der wenig moderne Titel, den man schon in der realistischen Zeit sentimental fand (Laube), trifft den Grundcharakter des Stückes genau. Etwas von Wielands *Alceste* und Goethes *Triumph der Empfindsamkeit* (IV. Akt: *Proserpina*) klingt nach. Doch wird die empfindsame Tradition auch in diesem sehr *literarischen* Drama durch Grillparzers mimische Kunst erneuert. Wir gaben dafür bereits ein Beispiel (vgl. o. S. 74). Die so entstehende anschauliche Symbolik, die Anschaulichkeit überhaupt fiel manchen Interpreten auf, und selbst Grillparzer äußerte sich hie und da mit Zufriedenheit in diesem ihm zentralen Punkt*. Ferner sind gedankliche Widerstände gegen ein Zuviel an Empfindung eingebaut, so besonders die erbaulichen Reden des Priesters. Zwischen den Polen von Weltabgeschiedenheit (Gefangenschaft?) und Leidenschaft, räumlich symbolisiert durch den Tempelbezirk und das Meer, vollzieht sich die Tragödie Heros, an deren Ausgang nur die Klage und der Weltschmerz, der Vorwurf gegen die Götter steht:

> Und jener dort, der Schwimmer selger Liebe,
> Nicht Liebe fand er, Mitleid nicht im All.
> Die Augen hob er zu den Göttern auf,
> Umsonst! Sie hörten nicht, wie? – oder schliefen?

Die Blasphemie wird später abgedämpft; unüberhörbar aber ist der Verzicht auf die christliche Jenseitsseligkeit und auf die Wiedersehenshoffnung, an die die meisten Hörer glaubten (vgl. Bd. I, S. 74 ff.) und die sie bestimmt in einem so empfindungsreichen Drama erwarteten. Besonders Iffland beweist, daß man nicht nur durch Aktion, sondern auch mit Hilfe des »deutschen Gemüts« Theatererfolge erreichen konnte. Grillparzers Schluß dagegen mußte frostig wirken: Das läßt sich mit Bestimmtheit sagen. Was man am Ende empfand, war die Härte des Tempels und die Grausamkeit des im Meere symbolisierten Kosmos. Daß ihn der antike Stoff nicht an einem christlichen Schluß hätte hin-

---

* »Ich rechne auf die große Bildlichkeit des Stückes« (Dichter über ihre Dichtungen: Grillparzer, hg. v. Karl *Pörnbacher*, München 1970, S. 196). »Ich erinnere mich noch, daß ich nichts mit größerer Anschaulichkeit gearbeitet habe, als dieses Stück, aber das Äußere, die aufeinander folgenden Tableaux ward mir dadurch gewissermaßen die Hauptsache« (ebd. S. 200). Es gibt allerdings auch Äußerungen, die eine Einschränkung der Anschaulichkeit beinhalten. Nach der Aufführung (Tgb. Nr. 1893, 20. 4. 1831): »Das Ganze ist offenbar mit zu wenig Folge, abgerissen, und mehr mit einer allgemeinen [!], als mit einer besonderen, mit einer Stoff-Begeisterung geschrieben. Mehr Skizze als Bild« (ebd. S. 197). 1826, nach Erwägung stärkerer Konflikte in der Aktion und in Hero selbst, war er bewußt zur Konzeption eines lyrisch-empfindsamen Dramas zurückgekehrt: »Aber der Gesamteindruck sollte immer *süß* bleiben« (ebd. S. 189).

dern können, ist nicht nur allgemein aus der »Barocktradition«, sondern auch direkt aus Grillparzer (*Medea*, s. o.) zu belegen. Durch die rücksichtslose Aussprache »heidnischer« Hoffnungslosigkeit durchstößt die Tragödie entschieden die Schranken der zeitgemäßen »Pietät«. Sie widerspricht trotz aller Empfindung dem Seelentum des Biedermeiers, das nicht unbedingt auf dem Glauben, aber doch immer auf Hoffnung und Liebe begründet war. Ein Beweis übrigens, daß schon *Die Ahnfrau* nicht nur ein Produkt des Theaters ist. Wieder war der Dichter an einer Grenze des Restaurationszeitalters angelangt, und die Aufnahme des Stücks belehrte ihn auch darüber: Großer Beifall bis zum 3. Akt und dann die Enttäuschung. 1851, als Laube das Stück aufführte, war die Lage schon ganz anders[93]!

Der Abschied vom Theater ist lange vorbereitet

Wie reagiert Grillparzer auf seinen ersten schweren Theatermißerfolg? Am 20. April 1831 notiert er im Tagebuch: »Sonderbar die Wirkung, die dieses Mißlingen auf mich machte! Anfangs höchst unangenehm, wie natürlich, aber schon den zweiten Tag gewann ein höchst beruhigendes Gefühl die Oberhand. Aus der Knechtschaft des Publikums und des Beifalls [!] gekommen zu sein, wieder mein eigner Herr, frei zu schreiben oder nicht, zu gefallen oder zu mißfallen, kein obligenter Schriftsteller mehr, wieder ein Mensch, ein innerlicher, *stille* Zwecke verfolgender, nicht mehr an Träumen, an Wirklichkeiten Antheil nehmender Mensch.« Ja, er war für den Kulturbetrieb, damals schon widerlich, nicht geschaffen. So ist der Verzicht auf eine Veröffentlichung und Aufführung seiner Stücke längst vorbereitet, als der Durchfall von *Weh dem, der lügt!* (1838) – sieben Jahre nach *Des Meeres und der Liebe Wellen* – die endgültige Entscheidung herbeiführt. Die letzten drei Stücke Grillparzers stammen aus dem Nachlaß, was schon rein biographisch ein imponierendes Zeugnis für seine Unbeirrbarkeit und seine einsame Größe ist.

In den *Spätdramen* – von Altersdramen sollte man nicht reden, denn sie wurden 1848, lange vor Grillparzers 60. Lebensjahr, »im wesentlichen abgeschlossen« [94] – gewinnt sein Bild die seherhaften Züge, die wir, gerade in dieser Zeit um 1848, bei den konservativen Dichtern der Biedermeierzeit öfters feststellen. Er sagt jetzt, ohne Rücksicht auf das Publikum seiner Zeit, *die ganze Wahrheit,* die er erkennt. Nicht nur das Theater, selbst die Schönheit wird ihm darüber zu einem sekundären Wert. Das völlige Verstummen bahnt sich allmählich an. In ästhetischer Beziehung bleibt *Des Meeres und der Liebe Wellen* unübertroffen*. Grillparzer nähert sich, obwohl er der humanistischen Form des

---

* Mir fällt auf, daß in diesem Punkt ein Wertungsunterschied zwischen der ausländischen und der deutschsprachigen Grillparzer-Forschung besteht. Die deutschsprachige Forschung legt größten Wert auf die Spätdramen, erstens weil sie, auch außerhalb Österreichs, Grillparzers »Katholizität«, seinen Ordnungsgedanken, der in den Spätdramen deutlich ist, ernst nimmt und, mindestens als *historische* Gegebenheit, anerkennt, zweitens weil es bei uns seit 1945 (Rehabilitierung der »entarteten Kunst«) einen Abstraktionsmythos, ja -terrorismus gibt. Die Spätdramen, besonders der *Bruderzwist,* sollen seine besten Werke sein, weil sie abstrakter (moderner) als die andern sind. Die fremdsprachige, d. h. vor allem die englisch-amerikanische Grillparzer-Forschung, hält stärker an

Dramas treu bleibt, dem weissagenden Priestertum des Erzählers Gotthelf. Das Christliche verstärkt sich, wenn auch in der wenig kirchlichen Form, die für das weltliche Biedermeier bezeichnend ist (vgl. Bd. I, S. 52 ff.). Daß der Katholik auf diesem Weg, direkter als bisher, dem spanischen Barock begegnet, ist ebenso verständlich wie seine erneute Berücksichtigung des christlich-monarchischen Ordnungsbegriffs. Er vollendet nur noch religiös vertiefte (oder religiös abgerundete?) Königsdramen.

Die Jüdin von Toledo

Die Jüdin von Toledo (1. Tagebuch-Notiz 1816, Erstdruck 1872) ist die Bearbeitung eines Stückes von Lope de Vega. Ein Vergleich der beiden Dramen ergibt, wie zu erwarten, daß der moderne Dichter stärker psychologisch arbeitet. Grillparzer beanstandet ausdrücklich, daß der spanische Dichter durch »patriotische Erinnerungen« u. a. davon abgehalten wurde, »die Haupthandlung: das Liebesverhältnis zur Jüdin von Toledo, mit gebührender Ausführlichkeit zu behandeln« [95]. Der Treubruch des Königs ist bei dem Österreicher nicht einfach da, als Sünde, als Zauber, als ein Werk des Teufels – übrigens gleichzeitig mit der Heirat! –, sondern er wird aus der besonderen Verfassung der königlichen Ehe, aus ihrer Geschichte motiviert. Der Ehebruch gewinnt den Charakter einer gewissen (innerseelischen) Notwendigkeit. Auch das Judentum Rahels spielt natürlich eine etwas andere Rolle. Um das Mädchen in den Augen seiner Zeit zu heben, muß Lope sie mit dem Wunsch nach der christlichen Taufe ausstatten. Trotz dieser und anderer Unterschiede könnte man bei oberflächlicher Betrachtung darüber staunen, wie weit der Dichter der barocken Vorlage folgen konnte. Die Übereinstimmung liegt in jenem Antiidealismus oder Desillusionismus, den wir von Anfang an bei Grillparzer beobachten konnten und der überhaupt die eigentliche Verbindung zwischen dem heraufsteigenden Realismus und dem christlichen Naturalismus der Barocktradition bildet. Ja, hier kann man sogar, ohne zu fälschen, vom »Okkasionalismus« der Barocktradition (vgl. Bd. I, S. 129), unter Überspringung des idealistischen Glaubens an die Kontinuität der Persönlichkeit (»Charakter«), zum modernen Zweifel am Menschen weitergehen. Grillparzer zitiert Jean Paul: »In jedem Menschen wohnen alle Formen der Menschheit« [96]. Er ist »des Augenblickes Affe«, heißt es prägnant im Esther-Fragment (s. u.). Von der romantischen Verherrlichung der Liebesleidenschaft rückt hier Grillparzer, im Gefolge Lope de Vegas, noch gründlicher ab als in den Jugenddramen. Der Eros des Königs entpuppt sich beim Anblick der toten Rahel plötzlich als Schaum und Schatten, noch plötzlicher als die Liebe Phaons und Jasons, aber im verwandten Geiste der vanitas. Ein »böser Zug« erscheint im Antlitz der Toten. Baumann bemerkt dazu: »Jenes ›Zerrbild‹ jedoch, das der König zeichnet, ist weniger dasjenige der toten Rahel als sein eigenes« [97]. Vielleicht darf man einfach sagen: er erkennt das Böse, das *Tier* im Menschen (»Ein lauernd Etwas in dem Feuerblick«).

Grillparzers eigener Ästhetik fest (»Versinnlichung«, »Anschaulichkeit«)! Sie ist auch dem Ordnungsmythos, dem Katholizismus weniger verpflichtet. Daher erscheint hier die Herotragödie oft als *das* Meisterwerk (vgl. z.B. W. Edgar *Yates,* Grillparzer, a Critical Introduction, Cambridge 1972, S. 165).

Sehr umstritten ist die »Versöhnung« (Goethe, Hegel) des Schlusses. Die Liebestragödie wird ja in diesem Fall von der Rückkehr zum Herrscheramt, vom Aufbruch in den Kreuzzug überwölbt. Die Heiligkeit der im Staate sich offenbarenden Ordnung ist durch die Schwäche des Königs und durch die Bluttat der Großen nicht widerlegt worden. Das Stück endet, wie *Medea,* christlich, mit einem Hinweis auf die allgemeine Sündigkeit des Menschen, gesprochen von Esther, der am nächsten betroffenen Schwester der Getöteten. Als diese bemerkt, daß ihr Vater, Isaak, nach dem Verlust der Tochter, zuerst an sein Gold denkt, mäßigt sie sich und spricht:

> Dann nehm ich rück den Fluch, den ich gesprochen,
> Dann seid ihr schuldig auch, und ich – und sie.
> Wir stehn gleich jenen in der Sünder Reihe.
> Verzeihn wir denn, damit uns Gott verzeihe.

Eine solche Abdämpfung des schauerlichen Geschehens entspricht nicht nur der Forderung des idealistischen Tragödienbegriffs, sondern auch dem biedermeierlichen Sinn für Maß und dem persönlichen Bedürfnis Grillparzers nach sanft verklingenden Schlüssen, nach Vermeidung der Theaterrhetorik, die die Ausgänge sonst laut zu machen pflegte. Man hat wegen dieses sanften Schlusses sogar an Racines *Bérénice* erinnert, auf die ja Kaiser Titus, mit Rücksicht auf sein Herrscheramt, verzichtet[98]. Richtig ist, daß der Verzicht des Königs Alphons auf Rahel nicht unmöglich erscheint, daß die Ermordung Rahels überhastet und insofern zufällig wirken kann[99]. Das Stück hätte eine Humanitätsdichtung werden können wie Mozarts Oper *Titus.* Aber Grillparzer bleibt bei der grellen spanischen (barocken) Katastrophe und bemüht sich nur um einen biedermeierlichen Ruhepunkt nach Rahels Ermordung in den zitierten letzten Versen der Tragödie. Man kann hier, im Vergleich zu Racines *Bérénice* und Goethes *Iphigenie,* besonders deutlich lernen, was dramatische und tragische Barocktradition bedeutet.

Eine andere Frage ist, ob man die christliche Abrundung akzeptiert und bei dem Dichter der Herotragödie akzeptieren kann. Ich selbst habe früher *Die Jüdin von Toledo* gegen *Agnes Bernauer* ausgespielt, als eine nichthegelianische, d. h. nicht staatsdogmatische und insofern gültige Liebes- und Staatstragödie[100], bemerke jetzt aber, daß Germanisten der altdemokratischen Länder, die nicht unter dem Einfluß des habsburgischen Reichsmythos stehen, die *Jüdin von Toledo* offenbar ebenso unmöglich finden wie ich die *Agnes Bernauer.* Zustimmend wäre zunächst festzustellen, daß Tragödien mit der obligaten Versöhnung, im Gegensatz zur Hero-Tragödie, damals stets einer nur formalen Abrundung verdächtig sind. Der christliche Schluß wäre dann etwas wie der Ausgang von *Faust II.* Allein die Kritik ist noch anders gemeint. Grillparzer soll den Schluß selbst mit einer gewissen Ironie betrachtet haben[101]. Man kann dabei auf ein überraschendes Grillparzer-Zitat zu Lopes Tragödie verweisen. Nach dem Hinweis auf die »merkwürdige« »Vorurteilsfreiheit« des Spaniers bei der Darstellung der Jüdin fährt Grillparzer fort: »Ja selbst in dem Titel: las pazes de los Reyes liegt vielleicht eine versteckte Ironie. Im ersten Akte wird der Friede des Königreichs durch die verräterische Ermordung Lope de Arenas geschlossen; im dritten ist das Pfand des Friedens der Tod der von allen am wenigsten schuldigen Jüdin.« Sucht man nach entsprechenden Stellen im Text der Dichtung, so findet man vor allem Esthers Worte vor ihrer, die Niederlage des Königs bezweckenden, Verfluchung:

> Siehst du, sie sind schon heiter und vergnügt
> Und stiften Ehen für die Zukunft schon.
> Sie sind die Großen, haben zum Versöhnungsfest
> Ein Opfer sich geschlachtet aus den Kleinen
> Und reichen sich die annoch blutge Hand.

Die Versöhnungsbereitschaft Esthers in ihren Schlußworten – sie entspricht der christlichen Wendung von Lopes Jüdin – läßt sich durch den Hinweis auf so satirische, ja klassenkämpferische Äußerungen der Jüdin nicht widerlegen; aber eine gewisse Zweideutigkeit – mehr oder weniger bewußt – mag wohl im Spiele sein. Sie äußert sich nicht mit klar erkennbarer Ironie, bewirkt jedoch, daß die Ordnungsmächte eine traurige Figur machen[102]. Wieder, wie im *Treuen Diener seines Herrn,* erscheint das Kind des regierenden Königs im Schlußbild, um die *Möglichkeit* eines unschuldigen Königs, die immer rettende »Hoffnung«, die unerschütterliche Idee der Monarchie zu symbolisieren. Denn trotz der Unstetigkeit und Bosheit der Menschen in allen Stufen der Gesellschaft und trotz der sich daraus zwingend ergebenden Unzulänglichkeit des Staates werden die sittlichen Normen für das menschliche Zusammenleben nicht preisgegeben. Man hat in dem Schluß sogar – durch eine genauere Interpretation der Gestalt der englischen Königin – eine Hoffnung für die gestörte Ehe zu erkennen gewagt[103]*.

---

* Grillparzers berühmtestes Fragment *Esther,* schon zu seinen Lebzeiten bekannt und sogar aufgeführt, ist im Anschluß an Dramen Lope de Vegas und Racines geschrieben worden und erscheint im Motiv der »Jüdin von Toledo« verwandt (die schöne Jüdin als Geliebte des Königs, Hofintriguen). Die unvollendete Dichtung könnte für die latente Gesellschaftskritik des Dichters in der »Jüdin von Toledo« (s. o.) sprechen; denn die Hofszenen des Fragments sind *der am meisten satirische Teil von Grillparzers reifer Dramatik.* Das Fragment reicht nur bis zum Beginn des III. Akts. Doch läßt sich den Aufzeichnungen und Gesprächen des Dichters entnehmen, daß hier vielleicht das in der »Jüdin von Toledo« auch mögliche, aber bewußt vermiedene Humanitätsdrama beabsichtigt war. »Zuletzt sollte sich alles ganz gut lösen, mehr wie im Schauspiel. Niemand sollte umkommen, außer dem Haman« (Dichter über ihre Dichtungen: Grillparzer, hg. v. Karl *Pörnbacher,* München 1972, S. 242). Haman ist die trefflich karikierte Spitze des korrupten Hofes. Die von ihm beabsichtigte Judenverfolgung sollte von Esther und ihrem Oheim Mardochai verhindert werden. Trotz dieser freundlichen Lösung wäre offenbar aus Esther am Hofe eine »Kanaille« geworden (ebd., S. 250), vielleicht um das humane Schauspiel ja nicht zum Rührstück werden zu lassen. Grillparzer gibt für die Nicht-Vollendung des Stücks mehrere Gründe an: Angst vor den abstrakten Gesprächen über Religionsfreiheit, die durch den Wiener Alltag angeregt waren (ebd., S. 247), Abneigung gegen die starke Einmischung des Lustspielhaften (ebd., S. 243), vielleicht als klassizistische Scheu vor dem »mittleren Drama«, dem Schauspiel zu deuten, vor allem aber die Angst vor der Polizei, die Unmöglichkeit, ein solches Stück aufführen oder drucken zu lassen, – »weil die Handlung mir politisch auszuarten drohte« (ebd., S. 244). – Berühmt ist vor allem die bezaubernde Szene zwischen dem König und Esther im II. Akt. Aber Grillparzer bemerkt ausdrücklich: »Die Religion und nicht die Liebe sollte den Inhalt dieses Dramas ausmachen, ja die letztere nur den Knoten in schöner Weise schürzen« (ebd., S. 247). Auch die Akzentuierung der Religion legt die Vermutung nahe, daß die *Esther* eine Erneuerung des Humanitätsdramas leisten sollte. Diese Annäherung an die Jungdeutschen, z. B. an Laubes höfische Intriguenstücke und an Gutzkows »Uriel Acosta«, zwingt erneut zu gewissen *kritischen Rückschlüssen hinsichtlich der spät vollendeten Königs- und Hofdramen unseres Dichters.* Wenn ihn der biblische Stoff, die alte Vorstellung eines biblischen Dramas von der Vollendung

Franz Grillparzer

Libussa

Die Jüdin von Toledo ist entstehungsgeschichtlich durch den Anschluß an den »bunten« Lope de Vega, stofflich durch die Verbindung von Leidenschafts- und Staatshandlung vielleicht das zugkräftigste von Grillparzers Nachlaßdramen geworden, aber nicht das tiefste. Das abstrakteste ist *Libussa* (1. Tagebuch-Notiz 1822, Erstdruck 1872). Man pflegte lange von Romantik zu sprechen, weil schon Brentano den Stoff bearbeitete (*Die Gründung Prags,* 1815) und weil der Rahmen des Trauerspiels von den nicht eigentlich handelnden zauberhaften Schwestern Libussas (Kascha und Tetka) beherrscht wird. Aber das Mythische ist – das war schon aus dem *Goldenen Vließ* zu ersehen – in Grillparzers Augen wieder zu einer bloßen Darstellungsform geworden, ähnlich wie das »Wunderbare« in der Aufklärung, z. B. in Wielands *Oberon.* Es wuchert nicht in selbstherrlicher Phantastik, sondern hat streng symbolische, ja eigentlich allegorische Funktion. Eben durch die gedankliche Konzentration ist dies Trauerspiel so abstrakt geworden. Das Mythische sprengt, im Gegensatz zur *Gründung Prags* und zu dem absichtlich halb romantisch gehaltenen *Goldenen Vließ,* nicht mehr die Form des humanistischen Fünfakters.

Die drei Zauberschwestern bedeuten das Matriarchat, das der Zivilisation vorangehende »Goldene Zeitalter«, die unmittelbare Empfindung, der die Menschen die Unschuld, die visionäre Erkenntnis der Welt, die Begeisterung und alle selbstlose Liebe verdankten. Sie sind, sehr im Gegensatz zu Grillparzers früheren Frauen und Mädchen, nicht so sehr Gestalten im Sinne des Individualitätsprinzips als Hinweis auf einen höheren übermenschlichen Zusammenhang der Dinge. Die heilige Ordnung kann nicht unmittelbar die Welt beherrschen. Dies erfährt Libussa, als sie in Böhmen, trotz der Warnung der Schwestern, ein Reich der Liebe stiften will. Die Wladiken begehren ihre Liebe als Frau und mit ihr eine selbstsüchtige Herrschaft. Libussa erwählt keinen der machtgierigen Großen, sondern Primislaus, der ein einfacher, wiewohl im Grunde aristokratischer Bauer ist. An dieser Stelle berührt sich das Trauerspiel direkt mit der gleichzeitigen Bauerndichtung eines Gotthelf und Immermann, ohne daß man deshalb scharf zwischen Bürgern und Bauern unterscheiden dürfte; denn durch den Begriff des das ganze Volk repräsentierenden »Mittelstandes« werden im Biedermeier beide Stände miteinander verbunden. Die Adelskritik jedoch ist unverkennbar; sie bereichert das abstrakte Stück um satirisch-komische Spielszenen. Der Bauer, wie ihn Primislaus repräsentiert, ist stolz, aber nur in seinem streng begrenzten Kreise, er ist, im Unterschied zu den eigennützigen Wladiken, fähig zur Ordnung, freilich nur zu einer rationalen und juristischen. Er fällt die Wälder, er holt die Steine aus der Erde, er gründet die Stadt Prag, er setzt die rechtlichen Grenzen zwischen den Menschen, die den Frieden fördern, er schafft den dauerhaften Staat, der mit dem Eigennutz des Menschen rechnet. Er zerstört aber das Reich der göttli-

der *Esther* abhielt (W. A. *Little,* Grillparzer's Esther, in: Michigan German Studies Bd. I, 1975, S. 165–188), dann ist wohl wieder in erster Linie an die Zensur zu denken. Daß ein modernisiertes Bibeldrama – wir denken gleich an Hebbels *Judith!* – im Metternichschen Wien nicht aufführbar war, wußte ein Österreicher schon, ehe er das Drama schrieb. *Hier ist etwas Bedeutendes im Keim zerstört worden!*

chen Unschuld und Liebe, ohne das Libussa nicht sein kann. Nach einer prophetischen Rede, in der die verschiedenen Imperien bis zur Herrschaft der Slaven aufgeführt werden, trennt sie sich von Primislaus und von den Menschen, die sie liebt und die sie trotz allem für gut hält. Sie scheidet mit ihren Schwestern, in der Hoffnung auf die ferne Wiederkehr der Götter, deren »Oberer und Einer« – ganz im Unterschied zur Wertewelt des Primislaus – die Demut heißt. Als Vermächtnis der göttlichen Frühe und einer göttlichen Zukunft hinterläßt sie das Gold zur Krone. Libussa mündet also in die goethezeitliche Eschatologie eines »Dritten Reiches« jenseits von Gefühl und Verstand, jenseits von Religion und Aufklärung.

Grillparzer erkannte schon 1826 die künstlerische Problematik seines Stoffs: »Das Ganze läuft Gefahr aus dem Kreise der menschlichen Gefühle hinaus in das Reich der bloßen Ideen zu spielen« [104]. Als er 1831, möglicherweise unter dem Einfluß der Julirevolution, das allegorische Zeitstück (s. u.) wieder aufnimmt, kommt er erneut zu dem Ergebnis: »Bloßes Gedankenzeug, nicht einmal streng abgegrenzt, beinahe ohne Gefühls-, wenigstens ohne Leidenschafts-Motive« [105]. Er hat, u. a. aus Angst vor abstrakten Religionsgesprächen, die *Esther,* die genug Gefühlsmotive enthielt, nicht vollendet (s. o.). Warum blieb er der *Libussa* treu? Ein Grund könnte sein, daß er eine *Wiedergutmachung für die Ottokar-Tragödie* leisten und sich mit dem von der Romantik erweckten Slavismus arrangieren wollte, ähnlich wie Stifter im *Witiko;* denn Österreich mußte lernen, mit den Slaven zu leben. Innerliterarisch könnten ihn die sog. Mystifikationsdramen (*Faust II, Merlin* u. a.) dazu ermutigt haben, an dem künstlerisch bedenklichen Stoffe festzuhalten. Er selbst hat bekanntlich in seinem Testament (7. 8. 48) angeordnet, daß *Libussa* und *Bruderzwist* (nicht *Die Jüdin von Toledo*) vernichtet werden. Er habe sie »in den Zeiten des härtesten Geistesdruckes« [!] ohne Begeisterung geschrieben. Er wolle nicht, daß sein »Name durch derlei leblose und ungenügende Skizzen geschändet« werde [106]. Im einzelnen tadelt er vor allem den fünften Akt der *Libussa;* auch die Mittelakte schienen ihm durch die »dramatische Intrige aus der tragischen Sphäre gerückt worden« zu sein [107]. Laube bestätigte dies Werturteil des Dichters und konnte, ohne gründliche Umarbeitung, die von dem Dichter zur Aufführungsbedingung gemachte Garantie, daß das Stück Erfolg haben werde, nicht geben (Brief an Grillparzer vom 3. 2. 1854). *Die Libussa widersprach völlig dem Geist des zur Herrschaft gelangten Realismus.*

Selbstverständlich ist die moderne Abstraktionstendenz gerade auch diesem Drama zugute gekommen. Um es zu rechtfertigen, verweist man etwa auf die Symbolik, die in mancher Hinsicht die vielgestaltigste in allen Dichtungen Grillparzers sei, besonders auf das zentrale Kreis-Symbol (Kette, Gürtel, Krone), das die Titelheldin begleitet [108]. Der Gegensatz von Gefühl und Verstand, der in Libussa und Primislaus erscheint und vom Dichter ungeniert mit abstrakten Worten gekennzeichnet wird [109], erscheint nicht mehr als problematische Allegorie, sondern als »tiefstes dichterisches Symbol des tragischen Bezugs von göttlicher und menschlicher Seinsordnung« [110]. Man kann sicher voraussagen, daß die *Libussa* so genau erforscht werden wird, wie es heute der II. Teil von *Faust* ist. Trotzdem verstummt die Kritik nicht. Immer noch heißt es, die *Libussa* sei stellenweise zu wortreich und dränge zu wenig zum Schluß [111], die Dichtung sei zu vermittelt, über der Sprache liege »Staub« und der Text werde überdies zu polemisch bis zum Pamphletistischen[112].

Dieser Libussa-Streit erscheint mir wenig sinnvoll und läßt sich vermitteln, wenn alle Forscher sich von der Vorstellung eines realistischen Grillparzers freimachen. *Das emblematische, parabolische und rhetorische Wesen steckte von Anfang an, trotz gegenläufiger Tendenzen (Mimik, Psychologie, Abneigung gegen extreme Stillagen), in Grillparzers Dramatik.* Es steigerte sich nur mit der Abnahme der jugendlichen Sinnlichkeit und Theatralik. Was nun speziell die *polemische* Rhetorik in der *Libussa* betrifft, so werden wir uns heute eher darüber freuen, daß der Dichter den Mythos nicht zu Mystifikationen im Ofterdingen-Stil benutzte, sondern zur Verkleidung eines Tendenzstücks. Über seinen Inhalt streitet man heute wenig. Es ist klar, daß mit dem Staate des Primislaus die heraufkommende konstitutionelle Monarchie, jenseits von Gottesgnadentum und »Pöbelanarchie« gemeint ist. Der Dichter empfindet den Übergang von der absoluten, religiös begründeten Ordnung zu einem rationalen, utilitaristischen und juristisch abgesicherten Staat als eine tragische Zeitenwende[113]. Er steht wie Libussa zwischen den an der Vergangenheit orientierten untätigen Schwestern und dem tätig fortschreitenden, »festen« Primislaus. Die neue Welt, nämlich der realistische Ausgleich von Monarchie und Volksherrschaft, ist unvermeidlich, obwohl auf diese Weise das Edle und die unmittelbare Verbindung mit den Göttern verloren geht. Für die Kommunisten ist die neue Welt, in der Libussa und Grillparzer nicht leben können, selbstverständlich der Kapitalismus; der Dichter wäre nicht so pessimistisch, wenn er dies durchschaute[114]. Einig ist man sich darin, daß es humanistische Gesichtspunkte waren, die den Dichter vor der Nützlichkeit (Technik, Industrie, Handel) und vor der juristischen Abgrenzung (Verfassung, Klassenrechte) zurückschrecken ließen. Libussa versucht während ihrer Herrschaft einen Ausgleich zwischen den Herren und Knechten, zwischen Mann und Weib:

> Fühlt sich dein Knecht als Mensch dem Herren ähnlich,
> Warum soll sich dein Weib denn minder fühlen?
> Kein Sklave sei im Haus und keine Sklavin.

Dies lehrt Libussa in der Genre-Volksszene des II. Aktes. Ähnlich will sie den Gegensatz von arm und reich überwinden. *Aber diese human-biedermeierlichen Wunschbilder erweisen sich als nicht realisierbar.* So bleibt nur die Hoffnung, daß die spätere Zeit auf diese Ideale zurückkommen und etwas davon realisieren kann, damit das Edle nicht ganz verschwindet. Dies ist, meint Yates im letzten Satz seines Grillparzer-Buches, die Aufgabe jeder Generation.

Über der »Versöhnung« des Trauerspiels, die durch die Schlußvision Libussas erreicht wird, liegt die Problematik aller harmonisierenden Schlüsse des Dichters. Ich glaube nicht, daß man sagen kann: »Mit allen seinen Fasern hing Grillparzers Herz an der schwindenden und geschwundenen Vergangenheit: sein Geist aber blickte gläubig in die Zukunft und bejahte sie« [115]. So stark ist der Zukunftsglaube des Österreichers kaum. Über seiner Hoffnung liegen, wie sein unproduktives Alter verät, immer tiefe Schatten. Richtig aber ist wohl, wenn man in der *Libussa* die tragische Gestaltung des konservativen Biedermeiers sieht; denn der Dichter blieb, so viele Anpassungsversuche er machte, in seiner konservativen Zeit und in seinem, den konservativen Ton angebenden, Vaterland doch ein halber Fremder: »Der Konflikt, wie er in Grillparzers dramatischem Werk gestaltet ist, trägt das Zeichen des biedermeierlichen Bodens, auf dem er erwachsen ist, und der geistigen Luft des Biedermeiers, aber indem der Dichter die Grundposition des Biedermeiers als tragisch erfaßte und darstellte, überwand er das Biedermeier in seiner Kunst«[116]. Dies sagt der jugoslawische Germanist Škreb. Er würde kaum widersprechen, wenn man an die Stelle des Biedermeiers das gesamte Österreich-Ungarn in seiner Spätzeit setzen wollte. Denn Primislaus – das sind natürlich auch die ihr Recht fordernden Nationen Österreich-Ungarns. Mit Primislaus siegt das Volk in jeder Beziehung:

> Ich fühle mich als Herr in meinem Haus.
> Und so brech ich mein Brot. Ist doch der Pflüger,
> Indem er alle nährt, den Höchsten gleich.

Ein Bruderzwist in Habsburg

Eine tiefsinnige Tragödie, mit Untergangstrauer beladen, an der Grenze des alten Europa und Österreich-Ungarns, an der Grenze des Sagbaren ist auch *Ein Bruderzwist in Habsburg* (Erste Notizen 1824, Erstdruck 1872). Daher der schwierige und gedrängte Stil. Man findet ihn vor allem in der Sprache des lakonischen Kaisers, die nur an einzelnen Höhepunkten zu einsamer, seherhafter Belehrung ausströmt. Viel Weisheit, die bei der Aufführung der Tragödie kaum zu erfassen ist, birgt sich in dem Fünfakter. Zugleich aber entfaltet sich wieder eine breite gestaltenreiche Welt, wie sie der Dichter seit dem *Ottokar* nicht mehr inszeniert hatte. Man gewöhnte sich mit Recht daran, diese Geschichtstragödie als Grillparzers wichtigstes Spätdrama zu betrachten. Der auch schon hervortretenden Neigung, sie gegen die früheren Meistertragödien auszuspielen und zum Hauptwerke zu machen, sollte man freilich nicht nachgeben; denn was hier an Tiefe und Weite gewonnen wird, das geht an Klarheit, Ebenmaß und sinnlicher Fülle verloren. Zwar deutet eine Interpretation wie die von Gerhart Baumann[117] mit gebührender Ehrfurcht an, daß auch die ästhetische Einheit des Stücks nicht so gering ist, wie man zunächst gedacht hat. Durch das vom alten Goethe her bekannte Mittel feinster, schwer zu bemerkender »Spiegelungen« entsteht indirekt ein recht dichtes Beziehungsgebilde; aber eben doch indirekt, und damit geht viel von der ursprünglichen Einprägsamkeit und dem anmutigen Zauber des frühen Grillparzerschen Dramas verloren. Die Unübersichtlichkeit der Tragödie ergibt sich vor allem aus dem weltanschaulich begründeten Hauptmotiv, daß Kaiser Rudolf von seiner ganzen Umwelt, abgesehen von dem vertrauten Herzog Julius von Braunschweig, nicht verstanden wird, oder daß man ihn nicht verstehen will. Sein Gegenspieler ist nicht der oder jener, sondern die »Zeit«. Diese allegorische Figur, nicht selbst auftretend, aber in der Rede Rudolfs mythisch beschworen – wieder wird durch Abstraktion für Grillparzer das Mythische möglich! – ist *die* Größe, die Kaiser Rudolf und seinen Dichter am tiefsten beschäftigt. Auch hier erinnert Grillparzer an den alten Gotthelf, bei dem der »Zeitgeist« eine ähnlich verhängnisvolle Rolle spielt. Was auch immer die Zeitmenschen tun, ob ihnen aus Bequemlichkeit die Herrschaft des Kaisers nicht paßt, wie seinem Bruder Max, ob sie selbst Kaiser werden wollen, wie Matthias, ob sie die allein seligmachende Religion energischer restaurieren wollen, wie der Eiferer Ferdinand, oder ob sie aus Karrieregründen den Krieg wünschen, wie der Oberst Wallenstein, – sie leisten durch ihre Selbstsucht alle einen Beitrag zum Ausbruch des Dreißigjährigen Kriegs. Jede eigennützige Handlung – und wo wäre eine Handlung in kritischer Zeit nicht eigennützig? – erhöht die Verwirrung. Auch der natürliche Sohn des Kaisers, Don Cäsar, trägt zur Unordnung bei, obwohl er nur eine Liebesleidenschaft im Kopfe hat. In der strengen Ökonomie des Trauerspiels erfüllt er zunächst die humandramatische Funktion, das politische Geschehen aufzulockern, sinnliche Farben ins Spiel der wohlberechneten Staatsaktionen zu bringen. Zugleich aber – ein Beispiel für die Kompliziertheit des dramatischen Beziehungsgefüges – soll er die grundsätzliche menschliche Schwäche wie auch die asketische Selbstüberwindung des regierenden Kaisers offenbar machen. Eben *der* Kaiser, der den Männern der Tat passiv und schwach erscheint und es unter den normalen politisch-militärischen Gesichtspunkten auch ist – denn er liebt die Musen –, richtet als ein Herrscher von Gottesgnaden persönlich und ohne jede Nachsicht den Sohn, der ihm das Nächste und Teuerste ist. Er kennt nur noch die Ordnung jenseits aller Leidenschaft, so schwer es auch im einzelnen und auf Erden ist, den Weg zu ihrer Aufrechterhaltung zu finden. Er ist der ewige Kaiser, obwohl er abgesetzt wird. Sein Nachfolger Matthias erfährt es bald. Auch dies Stück endet wie *Die Jüdin von Toledo* mit einem Sündenbekenntnis, mit Reue. Je mehr Feuerbach-Realismus Raum in der jungen Generation gewinnt, um so mehr schreckt Grillparzer vor den Konsequenzen der Aufklärung zurück. Angesichts der »wildverworrenen Zeit« wird Grillparzer sich des Bodens, in dem er und Österreich-Ungarn wurzeln, immer bewußter. Leidenschaftlich hält er an dem »Nicht ich, nur Gott« einer ihm heiligen Tradition fest. Wenn man das Christliche des Stücks klar herausarbeitet und zugleich von »einem vorbehaltlosen Realismus« spricht, so ist dies zum mindesten irreführend. Auch daß sich die Verssprache im *Bruderzwist* der Prosa annähert[118], ist ein Irrtum, der wieder einmal beweist, was für fatale Kettenreaktionen ein ungenauer Begriff des Realismus erzeugt. Es handelt sich um den Stil, den die Rhetoriklehrbücher den kurzen Ton nennen*. Er ist vor allem von der Empfindsamkeit kultiviert worden, doch hat Grillparzer auch diesen Stil mimisch überformt. Ein Beispiel:

> *Rudolf:* (gegen den Haupteingang gewendet)
> Hört mich denn niemand? Sind sie schon geflohn,
> Vom Niedergang gewendet zu dem Aufgang?
> Das soll sich ändern, ja es soll, es muß.
> (Herzog Julius kommt zurück)
> *Rudolf:* Ihr bringt den Mantel auch? Habt ihr doch recht,
> Die Welt verlangt den Schein. Wir beide nur,
> Wir tragen innerhalb des Kleids den Orden.
> (nachdem er mit Herzog Julius Hilfe den Mantel umgehängt)
> Den Degen legt nur hin! Ist doch das Eisen

---

* Mir liegt eine von mir ursprünglich angeregte USA-Dissertation vor, die, wie ich hoffe, noch zum Druck kommt: Hans-Helfrid *Schmidt*, Untersuchungen zum Stilideal des Lakonismus in der Biedermeierzeit (1830–48), Department of German, McGill University (Ph.D.), 13. 6. 1972. Zur ersten Orientierung vgl. meine »Biedermeierzeit«, Bd. I, S. 619 ff.

Fast wie der Mensch. Geschaffen, um zu nützen,
Wird es zur schneidgen Wehr und trennt und spaltet
Die schöne Welt und aller Wesen Einklang.
Ich höre kommen. Nun, wir sind bereit,
Und frommt die Milde nicht, so hilft das Schwert.
(Der Kaiser setzt sich. Mehrere böhmische Stände treten ein.)

Die Verse haben häufig eine Cäsur, meistens in der Mitte des Verses, was den Rhythmus vereinheitlicht. Die Cäsuren zerstören den Vers nicht, sondern sie machen den Vers leichter sprechbar. Die Pausen mindern das Tempo. Dadurch sind die Reflexionen, die selbst an dieser durch den Mantel optischer gemachten Stelle sich vordrängen, leichter verständlich. Die kurzen Sätze mit ihren Pausen sind auch ein Ausdruck der schwermütigen Stimmung, in der sich der Kaiser gewöhnlich befindet. »Die Welt verlangt den Schein. Wir beide nur...« Das Einsamkeitsgefühl des Kaisers erlaubt keine großen Satzkonstruktionen mit grammatischen und logischen Verbindungen, sondern nur eine Sprache an der Grenze des Verstummens. Wirklichkeitsfern ist die Sprache durch traditionelle Formeln (»aller Wesen Einklang«), durch Verallgemeinerungen (»Ist doch das Eisen / Fast wie der Mensch«), durch schwerverständliche Archaismen (»Vom Niedergang gewendet zu dem Aufgang«). Ohne den Vers wäre diese Distanz in einer so alltäglichen Situation (Anziehen des Mantels) kaum möglich. Wenn man von den Szenen mit Max, dem Bruder des Königs, absieht – diese sollen eine gelegentliche komische Auflockerung bewirken –, so kann man von einem hohen, stellenweise zu höchster Höhe sich steigernden Ton sprechen; aber wie weit sind wir vom rhetorischen Schwung Schillers und noch der Ottokar-Tragödie entfernt! Wir befinden uns, ähnlich wie im *Witiko,* in einem recht esoterischen Bereich *zwischen* der älteren volkstümlichen Rhetorik und der volkstümlichen Anschaulichkeit des jungen Realismus. Eben diese Exklusivität erklärt das Interesse, das die heutige, noch in der Expressionismustradition stehende deutschsprachige Germanistik an der Dichtung nimmt. Aus England hört man Stimmen, die dem pessimistischen Kaiser Rudolf II. zutiefst mißtrauen und ihn soweit wie möglich von Grillparzers Geisteswelt entfernt halten wollen[119].

Richtig ist wohl, daß auch an dieser Stelle vor dem älteren Biographismus zu warnen ist. Gewiß hat den Dichter die eigene seelische Gefährdung für den psychopathischen Kaiser hellsichtiger gemacht. Aber Grillparzers Äußerungen zu der Tragödie verraten an keiner Stelle einen intimen Bezug. Rudolf II. war für ihn noch 1848 ein »widerspänstiger dramatischer Stoff« (an Dr. Johann Malfatti Edlen von Monteregio, 21. 1. 1848). Er erwähnt die politische Talentlosigkeit des Kaisers, so wie er das Stümpertum des armen Spielmanns ohne Beschönigung darstellt. Er erkennt auch die Züge von Despotie in Rudolfs II. Bild[120] und konkretisiert sie im Drama. Er wollte den Kaiser gewiß sehen wie er war. Wenn er ihn trotzdem zu einer großen Gestalt erhoben hat, im Gegensatz zu der Darstellung der Historiker[121], so liegt dies, wie in der *Libussa,* daran, daß er in der Vergangenheit die Problematik der eigenen Zeit wiederzuerkennen glaubte: »Rudolf soll in D. Cäsar nicht nur ein Bild seiner Zeit sondern auch ein Vorbild der künftigen, der *heutigen* sehen«[122]. Er machte den Kaiser zum Träger des konservativen Kulturpessimismus seiner Zeit. Man sollte, auch in unserm Fach, das, was hier geschah und immer erneut geschieht, so historisch ausdrücken und nicht immer gleich von Prophetie sprechen; denn es war nicht mehr schwer, die Demokratie und den Sozialismus vorauszusehen. Wenn Grillparzer die Volksherrschaft zum »Scheusal« mythisierte, »Mit breiten Schultern, weitgespaltenem Mund, / Nach allem lüstern und durch nichts zu füllen« (III), so entsprach er damit genau den andern konterrevolutionären Karikaturen der Zeit. Was aber heißt bei solcher Haltung Tragik? »Das Tragische«, sagt Grillparzer, »wäre denn doch; daß er [Rudolf II.] das Hereinbrechen der neuen Weltepoche bemerkt, die andern aber nicht, und daß er fühlt, wie alles Handeln [!] den Hereinbruch nur beschleunigt« [123]. Man kann solche Feststellungen, genau besehen, nicht auf einen Dichter beziehen; denn er hatte keine Autorität zum Handeln. Bezieht man die Stelle auf die Restaurationsepoche, und zwar auf die in ihr mit großer Konsequenz verfolgte Politik des inneren und äußeren *Friedens,* dann wäre Rudolf II. ein Symbol für Metternich, dessen tragische Figur von der historischen Forschung inzwischen immer deutlicher herausgearbeitet worden ist. Selbstverständlich ist auch eine derartige historische Ausdeutung bei einer Dichtung hohen Rangs nicht der Weisheit letzter Schluß. Noch weniger der Hinweis auf Chamberlain mit dem Regenschirm; denn Rudolf II. kann ein Symbol für *alle* Machthaber sein, die fanatischen Tatnaturen gegenüberstehen und die wissen, daß die Welt, die Kultur der Welt durch diejenigen gefährdet wird, die in den Waffen die ultima ratio des Ideologienstreites sehen und sich nicht mit dem friedlichen Wettstreit zufriedengeben. Die Angst, der Grillparzer im *Bruderzwist* Ausdruck gibt, betrifft nicht mehr den »kalten« Rechtsstaat, sondern die Möglichkeit, daß an die Stelle des vernünftig fortschreitenden Menschen »*der Barbar*« tritt *(V. 1269ff.), der die gesamte überlieferte Kultur zerstört.* Es ist *die* Gefahr, die mit der Orientierung an abstrakten (gedachten und geglaubten) Weltbildern immer gegeben ist.

Gibt es eine Formel für Grillparzers Dramatik?

Über die neuen, immer intensiveren Versuche, die Formel für *das* Drama Grillparzers zu finden, will ich nur wenig sagen, weil sie abstrakt bleiben müssen, besonders dann, wenn sie die Sphäre des unbewußten Gestaltens überschreiten und das Tragische, oder die »Urspaltung«, den Ordnungsbegriff oder das Moderne oder den Realismus oder, noch feiner, den »Frührealismus« bei einem immer neu ansetzenden, zu so viel Rücksicht gezwungenen und in so vielen historischen Schichten beheimateten Dichter herausfinden wollen. Uns interessieren hier, auch aus Raummangel, vor allem die Forscher, die durch Beschränkung oder doch Konzentration auf dramaturgische Fragen weiter gekommen sind.

In der historischen Einordnung gibt es große Differenzen. Die Interpreten schwanken zwischen der wesensmäßigen Zuordnung zum artistischen Märchenspiel[124] und zum psychologischen Drama (Realismus), so daß heute eine Vermittlung besonders naheliegt. Schon Joachim Kaiser, der, wenn ich richtig sehe, der erste erfolgreiche Pionier der innerliterarischen und innerdramaturgischen Grillparzer-Forschung gewesen ist, sagt nach Aufweis der »realisierenden Tendenz« in der Hero-Tragödie: »Trotz alledem war Grillparzer kein programmatischer Realist... Weniger weltanschauliche oder geschichtsphilosophische als handfest dramaturgische Erwägungen haben Grillparzer in die Nähe eines realistischen Bühnenstiles gedrängt« [125]. Die Vermeidung eines programmatischen Realismus – seine Voraussetzung war eine entschiedenere Säkularisation – bedeutet bei denkenden Künstlern wie Grillparzer schon sehr viel. Auch wäre zu fragen, ob die Veränderung der klassischen Sprache, die Kaiser nachweist, immer nur psychologische (realistische) Gründe hat. Der Verfasser zeigt ja auch, daß das Gebärdenspiel, ja die Theaternähe überhaupt Grillparzers Sprache verändert. Und Theaternähe ist kein realistisches Kriterium, eher ein Hinweis auf die Barocktradition, die vor allem *als* Theater ins Biedermeier hineinreicht und im »bürgerlichen Realismus« ihre Wirksamkeit verliert. Die hervorragende, zu wenig beachtete Dissertation von Folma Hoesch kritisiert die in der Forschung beliebte übermäßige Betonung von Grillparzers »Es ist geschehen«, – ein Wort, das ja in der Tat schon durch den von Grillparzer vorausgesetzten Schuldzusammenhang (s. o. *Das Goldene Vließ*) relativiert wird: »Mir scheint, daß Grillparzer sich mit dieser Art von Realismus nicht begnügt, sondern weiter fragt. Die Ursache des Zwiespalts [von »Ich will« und »Es ist geschehen«] liegt nicht in der Übermacht des Wirklichen, sondern im Versuch des Ich, sich selbst gegen diese Wirklichkeit zu behaupten: sich zu bewahren, wie Medea es nach dem Mord des Gastfreundes mit dem Rückzug in den Turm versucht hat, oder das ›Es‹ zu besiegen, wie sie es Jason gegenüber tun möchte.« »In der Empfindung bzw. in der ihr korrespondierenden Anschauung ist der alte Subjekt-Objekt-Gegensatz... auf eine neue Weise aufgehoben oder doch in eine andere Zweiheit aufgenommen... In der Anschauung schiebt sich das rein analysierende, systematisierende Denken in Begriffen nicht zwischen Ich und Es, die Verfälschungen des Bewußtseins sind eingeschränkt... Erst die Distanz erlaubt es, einen Überblick zu gewinnen und Zusammenhänge zu sehen.« Hoesch erfaßt richtig, daß Grillparzers Personalismus, wie er z. B. in der Betonung des Monarchen erscheint, etwas mit seiner Abneigung gegen die Begriffsherrschaft zu tun hat. Und das »Göttliche« bei Grillparzer – sparsam verwendet – meint nicht die »Faktizität der Wirklichkeit«, obwohl Grillparzer diese kennt, sondern den »Grund der Natur«, ein hinter dem Dasein liegendes Wesen (Platonismus s. o.). »Die Wirklichkeit und ihre Deutung dürfen im Drama nicht als zweierlei neben- oder übereinander gestellt werden, sondern Grillparzer will Wirklichkeit so zeigen, daß sie durchscheinend, daß ihr Wesen ahnbar wird« [126]. Diese Äußerung kann noch nicht von meinem Biedermeierbegriff abhängig sein, berührt sich aber eng mit ihm, insofern ich dem Realismus die undurchdringliche oder doch feste Wirklichkeit zuweise, während es das Biedermeier immer mit transparent gemachten Details und Individuen zu tun hat.

Wenn wir den abstrahierenden Höhenflug noch weiter beschränken wollen, so wäre etwa daran zu erinnern, daß der Raum, besonders der heimatliche Raum, bei allen dem Konservatismus zuneigenden Dichtern des Vormärz eine bedeutende Rolle spielt, weil er der Zeit ein Gegengewicht gibt. Grillparzer ist kein Raumdichter wie die Droste, Stifter, Gotthelf usw. Das verbietet schon die konstruktive Form des Dramas. Er macht aber dem Heimatraum-Denken Zugeständnisse mit Dramen wie *Ottokars Glück und Ende, Ein treuer Diener seines Herrn, Libussa, Bruderzwist*. In allen diesen Fällen wird die Bedeutung des Raumes durch die Konzentration auf den Staat und die Monarchie eingeschränkt. Aber bedeutungslos ist die Wahl eines Schauplatzes in Österreich-Ungarn nie, schon deshalb, weil damit eine grundsätzliche Bejahung des Vaterlandes verbunden ist. Ein österreichischer oder ungarischer Priester könnte nie so stark belastet werden wie Heros Oheim. Fast noch wichtiger ist Seidlers innerliterarischer Hinweis, daß Grillparzers Umformung des Dramas, das ja prinzipiell, schon durch seine Zielstrebigkeit, stark an die Zeit gebunden ist[127], die Bedeutung des Räumlichen steigert: »Grillparzers Sprache wächst ganz aus der räumlich erfaßten Situation des Handlungsverlaufs... Daraus ergibt sich das Zusammengehen mit dem Gebärdenspiel, die Verflechtung mit der Atmosphäre des augenblicklichen Handlungsstückes« [128]. Die »Atmosphäre«, vom Sturm und Drang und von der Romantik entdeckt, ist der »Stimmung« benachbart, führt aber vom Ich zur Welt in der Form von Stimmungsräumen. Was wären Hero und Sappho ohne das Meer, was die *Ahnfrau* ohne die »gotische«, zeitenweise dunkle Halle und ohne den »Schloßzwinger«? Im *Goldenen Vlieβ* setzt der Dichter bewußt das klassische Griechenland mit der hellen Kreusa dem romantischen Kolchis mit der finsteren Medea entgegen. Gewiß, dies entspricht der dramatischen Spannung, aber man kann Spannung auch anders als durch Zuhilfenahme von verschiedenen Räumen erzeugen. Die naive Spannung – wie wird es ausgehen? – unterliegt ja eher der Kategorie der Zeit. Wie wichtig dem Dichter die *Raumspannung* war, läßt der Rückgriff auf sie in *Weh dem, der lügt!* erraten; hier wird nicht Tragik, sondern Komik aus dem Gegensatz von Barbarentum und Zivilisation herausgeholt, auch dramatische »Zielspannung«, insofern es ja darauf ankommt, daß Leons und Edritas Flucht aus dem Barbarenland gelingt.

Am leichtesten läßt sich der vorrealistische Stil Grillparzers, wie wir schon öfters angedeutet haben, an der Sprache erfassen. Das alte Mißtrauen gegen Grillparzers Sprache ist ganz wesentlich darin begründet, daß man von ihm eine Sprache erwartet, die auf der Traditionslinie vom jungen Goethe zu Gerhart Hauptmann liegt oder wenigstens zwischen den *Lehrjahren* und dem *Grünen Heinrich* einzuordnen ist. Wenn ein bewährter Grillparzer-Forscher wie Fülleborn – ich respektiere durchaus den Mut! – immer noch Zweifel an Grillparzers Dichtersprache andeutet[129], so hängt dies mit dem von ihm bei Grillparzer erwarteten »Frührealismus« zusammen, – wie überhaupt historische Fehler Fehlwertungen im Gefolge haben müssen. Umgekehrt kommt H. Seidler mit seinen Schülern A. Obermayer und N. Griesmayer deshalb so weit in der sprachkünstlerischen Würdigung des Dichters, weil er als Österreicher Begriffen wie Barocktradition und Biedermeier nicht von vorneherein feindselig gegenübersteht, sondern sie als Hilfe zum Verständnis benutzt. Zentral ist dabei die Erkenntnis, daß die Rhetorik mit Goethe nicht erledigt war, sondern mitrestauriert wurde, vor allem auf dem Theater (vgl. Bd. II, S. 384 ff.). Schon Naumann hat, zunächst bei einem Blick auf Grillparzers Lyrik erkannt, daß die individualisierende Sprache nicht die Stärke des Österreichers ist, daß man ihn aus älteren Sprachtraditionen verstehen muß[130]. Seidler weist darüber hinaus nach, daß Grillparzer der Theaterrhetorik noch in den 1840er Jahren unbefangen gegenüberstand. Bei der Beurteilung der *Lukrezia* von Ponsard lobt der Dichter zunächst die klassizistisch abgemilderte Romantik des Franzosen als »glücklichen Mittelweg«, dann nennt Grillparzer die Sprache und Versifikation »vortrefflich« und fährt so fort: »Das Rhetorische in der Ausdrucksweise ist, wenn auch nicht der Poesie im allgemeinen, doch dem Bedürfnis des Theaters vollkommen [!] angemessen. Trotz dieser Rhetorik aber geht ein solcher Faden von Empfindung [!] durch den ganzen Dialog... daß man... zur Bewunderung hingerissen wird« [131]. Der klassizistisch überformten Romantik entspricht also eine durch Empfindung abgedämpfte, nicht allzu leidenschaftliche Rhetorik. Von diesem Stilideal ausgehend kam Seidler zunächst zu einer Rechtfertigung der Prunkreden in Grillparzers Dramen [132]. Der Begriff klingt vielleicht zu sehr nach Barock und zu wenig nach Empfindung (Gemüt des Biedermeiers), paßt auch eher in die Zeit von der *Ahnfrau* bis zum *Ottokar* als zur Sprache Bancbans, Heros, Rudolfs II. Aber man versteht, was gemeint ist: der gezielte Einsatz von Rhetorik an bestimmten Höhepunkten der Dramen. Den schönen Stellen – der Begriff stammt aus dem 18. Jahrhundert – stehen nach Seidlers Erkenntnis knappe Reden gegenüber, die enger mit dem Handlungsverlauf und mit den Gebärden zusammenhängen, so daß also der Spannung von Wirklichkeitsnähe und Überschreiten der Wirklichkeit eine sprachliche Spannung zwischen Kürze und amplificatio entspricht. Es gibt gewiß verschiedene Funktionen der Kürze bei unserm »bunten« Dramatiker. Griesmayer nennt u. a.: Bändigung, Reduktion, gedrängte Heftigkeit, Verhaltenheit, symbolische Verdichtung, Drastik, stärkste gedankliche Komprimierung, epigrammatische Gestaltung, zurückhaltende Sprödigkeit [133]. Doch darf bei solchen Beobachtungen die schlichte, von mir öfters erwähnte Tatsache nicht vergessen werden, daß auch die Kürze (brevitas) ein *rhetorischer* Begriff ist. In den großen Stellen des *Bruderzwists* finden sich häufig kurze Sätze, zum Ausdruck von Rudolfs starker, aber verhaltener Empfindung. Eine Rede Kaiser Rudolfs im ersten Aufzug (V. 398–439) erhebt sich, nach einer Beobachtung von Seidler, »trotz der Knappheit des Satzbaus... zu einer bedeutenden Weite der Bilder und des Gesamtrhythmus und verklingt eindrucksvoll leise in den letzten sechs Versen« [134]. Davon sind die kurzen, oft elliptischen Sätze, die die Aktion oder Gebärde tragen, selbstverständlich zu unterscheiden. Ich meine aber, daß der kurze, empfindsame Ton auch in die mimische und pragmatische Schicht hineinreicht und sie mit den Prunkreden verbindet. Rudolfs II. Mantelanziehen war dafür ein Beispiel (s. o. S. 110 f.).

Keine Sprachkrise im modernen Sinn

Das starke Hervortreten der Mimik, die Sicht vom Impressionismus (Hofmannsthal) her und die Problematik der *wahren* Rede in *Weh dem, der lügt!* hat zur Vorstellung einer *Sprachkrise bei Grillparzer* geführt. Ich selbst betonte das gesteigerte Sprach*bewußtsein* der Biedermeierzeit (vgl. Bd. I, S. 370 ff.), muß aber feststellen, daß es immer wieder Sprachkrisen gibt und daß die Sprachkrise bei Grillparzer und Hofmannsthal nicht dieselbe ist. Wir wissen schon: Sprachkrise heißt bei Grillparzer produktive Auseinandersetzung mit der Rhetorik; auch eine theoretische Rhetorikkritik Grillparzers könnte man wohl bei genauer Kenntnis der Tagebücher und der zeitgenössischen Stilprobleme entdecken. Dagegen kann von einem *grundsätzlichen* Zweifel an der Sprache innerhalb der Biedermeierzeit kaum gesprochen werden, – eher in der Romantik (Sprachmusik). Gerade jüngere Forscher haben Modernisierungen in dieser Richtung zurückgewiesen:

»Sprachskepsis kann aber nicht heißen, daß Grillparzer dem Wort grundsätzlich mißtraute... vielmehr schränkt er den Bereich der Sprache um der Bühne willen ein. Auf dem
Theater soll nicht das Wort allein wirken, sondern mit dem Sichtbaren zusammengehen«[135]. Noch überzeugender formuliert Griesmayer. Er wendet sich gegen Baumann
und Breitenbruch, die meinen, Grillparzer halte das Eigentliche für nicht aussprechbar,
die Sprache sei ihm ein Gleichnis für die unsagbare Welt: »Vielmehr ist es so, daß hier
deutlich von einem Wort gesprochen werden kann, das die Wirklichkeit durchleuchtet,
klar ordnet, sie erst konstituiert und als eigene sprachliche Wirklichkeit für eine höchste
Ordnung zeugt. Dieses gültige Wort tritt aber nun je gewichtiger und tiefer es wird, desto
stärker auch in einer Problematik heraus, da es in der pragmatischen Wirklichkeit, in der
es steht, im konkreten Spielzusammenhang verhallt, ohne seiner Bedeutung gemäß wirksam zu sein«[136]. *Es könnte von Rhetoriktradition gar nicht gesprochen werden, wenn
nicht der alte Logos-Begriff noch immer wirksam wäre.* Gerade in den 1840er Jahren, die
sonst schon an manchen Stellen – nicht bei den Tendenzdichtern – Abstand von der Rhetorik gewinnen, steigert Grillparzer ja die Sprache zu einem Werkzeug der Lehre und
Verkündigung, ähnlich wie die Droste in ihren Zeitgedichten und Gotthelf in seinen gegen Liberalismus und Sozialismus gerichteten Romanen.

Zu Grillparzers Sprachspannung gehört nicht nur der Gegensatz zwischen ausführlichen und knappen Reden, sondern auch der zwischen der klassizistischen Stilisierung
und dem zeitüblichen »Konversationston«, dessen Meister Grillparzers Lustspielkonkurrent im Burgtheater, der Kotzebue-Schüler Eduard von Bauernfeld war[137]. Der
Vergleich mit dieser Burgtheatersprache könnte wohl noch mehr Aufschluß über Grillparzers Eigenart und Eigenwert geben. Der vom Rokoko geschaffene Konversationston
ist noch keine bürgerlich-realistische Sprache, sondern ein den Klassizismus lebensnäher,
»anmutiger« machendes Honoratiorenidiom. Die bekannten Interjektionen Grillparzers, – sie erscheinen auch an exponierten Stellen der Dramen: »I nu! Ein treuer Diener
seines Herrn!« – gehören gewiß zu dieser Theatersprache; ob auch die *derben* Ausdrük-
ke, die H. Seidler betont und mit Recht im Widerspruch zur klassizistischen Tradition
sieht[138], wäre zu untersuchen. Sie können nicht nur aus dem Volkstheater, sondern
auch aus dem Epigramm, das der Dichter ganz als Zweckform behandelt, in das Drama
eingedrungen sein. Wir berührten diese in der damaligen Zeit gewagte, Grillparzer bezeichnende Stilneigung schon im Zusammenhang mit *Weh dem, der lügt!* (Galomir).
Hier nähert sich der Dichter – keineswegs zufällig! – dem sonst so verschiedenen Heine,
der vor allem wegen seiner »ganz gemeinen Prosa« den gymnasial-humanistischen Tem-
pelhütern mißfiel.

Daß Grillparzer, auch von der Komposition her gesehen, Traditionen erneuert, ohne
sie zu zerstören, sollte sich eigentlich verstehen. Aber wir wissen schon, daß der Germanistik nichts unmöglich ist! Er soll im Grunde keine richtigen Schlüsse haben, sondern diese
sollen ins Unendliche auslaufen[139]. Diese These – man kann sie romantisierend *und*
modernisierend nennen – ist von Seidler und seiner Schule überzeugend korrigiert worden. Gewiß, es gibt Lockerungserscheinungen, die Nebenhandlungen in den historischen
Dramen, manche zur Verselbständigung neigende Einzelszenen, fünfte Akte, die wie
Nachspiele wirken u. a. Trotzdem muß Grillparzer zu den Dramatikern der geschlosse-

nen Form gerechnet werden; es ist ein historischer Kurzschluß, wenn man eine geschichtliche Verbindung zu Dramatikern der offenen Form herstellt, weil diese der gleichen Zeit angehören. Seidler bezieht in dieser Frage wieder eine sehr besonnene Stellung: »Die Eigenart der Grillparzerschen Dramengestalt in ihrer gerundeten Ganzheit von abgehobenem Einsatz, reichem und breitem Ablauf und rundendem Ende muß immer wieder betont werden, zumal Versuchen gegenüber, die die Offenheit und Unabgeschlossenheit des im Dramengehalt sich manifestierenden geschichtlichen Weltbildes nicht von der künstlerischen Gestalt seiner Dramen unterscheiden und auch in bezug auf diese Gestalt von unschlüssigem Ende sprechen. Grillparzer selbst hat dauernd in seinen theoretischen Niederschriften auf die Bedeutung der schließenden und rundenden Form des Dramas hingewiesen. Dabei mag sicher gleichsam eine Gegenbesinnung gegen das Offene und Verschwebende im Gehalt seiner Dramen im Spiele gewesen sein« [140]. Ich bin der gleichen Meinung, daß nämlich die Form bei Grillparzer schon eine kompensatorische Bedeutung gewinnt, wobei ich die Inhalte der »krönenden Schlüsse« – sicher im Gegensatz zu H. Seidler – sogar vorsichtig einbeziehen möchte. Ich erinnere an die Frage, ob der Dichter den Schluß der *Jüdin von Toledo* ganz ernst genommen haben kann (vgl. o. S. 104 f.). Diese formalistische Tendenz geht allerdings noch kaum so weit, wie in Hebbels bewußt konstruierten Tragödienschlüssen (vgl. u. S. 403 f.). Erst recht ist sie von Platens nihilistischem Formalismus abzugrenzen; denn wie immer man zum habsburgischen Mythos stehen mag, – diesen Habsburgern werden (historisch richtig oder nicht) auch humanistische Ideale zugesprochen, die der Dichter aufrichtig vertritt.

Besonders überzeugend ist Seidlers Hinweis auf Grillparzers heimliche und offene Hinneigung zur Rahmenform. Dabei ist zu beachten, daß die »künstlerische Erfüllung des Schemas größte Mannigfaltigkeit zeigt« [141]. Der welttheatermäßige Eindruck, den viele Kenner bei Grillparzer empfangen haben, gründet, formal gesehen, nicht zuletzt in dieser Rahmentechnik. Er kann sie nur von Barockdramatikern oder aus der Barocktradition (Volkstheater) übernommen haben. »Durch die Rahmung wird die Gefahr des Verfließens aufgewogen, die Bewegung kräftig aufgefangen und geschlossen. Damit aber erhält Grillparzers dramatische Baukunst deutliches Eigengepräge; ein Gepräge, das völlig verschieden ist von der Präzipitation – um einen Ausdruck Schillers zu gebrauchen – in den Dramen Schillers und Kleists und von der rücksichtslosen Härte bei Hebbel« [142]. Für diese Interpretation spricht die bekannte Tatsache, daß Hebbel, der in Wien natürlicherweise Grillparzers Dramen genauer studierte, immer nur die Anfänge bewunderte und über die Weiterführung vernichtende Urteile abgab. Aus der Barocktradition, besonders aus der Oper, mag auch Grillparzers Neigung zu einem breiten Finale stammen. Die Handlung ist ausgelaufen; aber ihr Sinn soll nach Möglichkeit noch jedem verständlich gemacht werden. Man darf an die Verse, die das Emblem verdeutlichen, erinnern [143].

Grillparzer hat, abgesehen von Werken der frühen Jugend, kein Drama in Prosa geschrieben. Sein Festhalten an der »Poesie« im alten schlichten Sinne von Versdichtung ist leicht zu verstehen, wenn man ihn, wie notwendig, im Rahmen der Restaurationsepoche und der klassizistischen Tradition stehen läßt. Auch die freien Rhythmen, die er im Drama gelegentlich verwendet, sind Verse. Da sowohl für das Barock wie für die Klassik die Verssprache in der Tragödie verbindlich war, gab es für den traditionsbewußten Dichter in dieser Hinsicht kein Ausweichen. Diese »Starrheit« paßt zu keinem Realisten oder Impressionisten – selbst Hebbel war in dieser Frage viel beweglicher –, aber zu dem Bilde des Dichters, das ich nachzuzeichnen versuchte*.

Grillparzers Lyrik

Es ist verständlich, daß bei solcher Einstellung die *Lyrik* eine verhältnismäßig große Rolle in seinem Gesamtwerk spielt. Ihr Wert ist freilich umstritten, obwohl sie mehr und mehr Verteidiger findet[144]. Da die Gedichte des berühmten Dramatikers stark beachtet wurden, ist ihre biographische und zeitgeschichtliche Bedeutung unzweifelhaft. Ich erinnere nur an die erwähnten Gedichte *Campo Vaccino* (1819) und *Feldmarschall Radetzky* (1848), die wichtige Stufen in der Geschichte Österreichs und Grillparzers selbst markieren. Nach einem Hinweis von Victor Suchy[145] darf man wohl das Gedicht *Auf die Genesung des Kronprinzen* (1832) hinzufügen; denn das Gedicht erregte einen öffentlichen Wirbel, weil es, entgegen dem Gesetz der Panegyrik, nicht total verlogen war. Auch für die intime Liebes- und Künstlerbiographie Grillparzers sind die Gedichte unentbehrlich. »Meine Gedichte, so pflegte er zu sagen, sind meine Biographie« [146]. Darüber hinaus könnten sie die Untersuchungen über Grillparzers historischen Ort in stilgeschichtlicher Hinsicht noch weiter fördern und klären. Die Neigung zur allegorischen Einkleidungsform, die in den Dramen zurückgedrängt wird, wäre in der Lyrik klarer nachzuweisen. Die Gedichte bedürften oft der ausdrücklichen Ausdeutung und haben wenig von dem irrationalen, »schwebenden« Symbolcharakter der goethezeitlichen Dichtung. Auch die Klangsymbolik, das »Musikalische« ist wenig entwickelt, selbst da wo das Gedankliche oder Tendenziöse zurücktritt. Schließlich trennt sie das Hervortreten konkreter Beschreibung, mancher genrehafte Zug von der goethezeitlichen oder doch von der romantischen Dichtung. Dagegen haben sie manches gemeinsam mit den spröden Gedichten Gottfried Kellers, der Grillparzers Lyrik hochschätzte[147]. Damit ist freilich auch angedeutet, daß der Dichter kein Pionier der lyrischen Dichtkunst gewesen ist. Seine Gedichte sind so wenig ohne Eigenart wie beispielsweise die Gedichte seines geschätzten Landsmanns A. Grün (vgl. Bd. II, S. 512 f., 540 f.). Grillparzer feiert den tapfern Liberalen als einen Ritter neuer Art, der, eben als Tendenzdichter, seinen adeligen Ahnen treu geblieben ist (*Einem Grafen und Dichter,* 1834). Dennoch fehlt Grillparzers lyrischen Gedichten, wie denen Grüns, das *Weiterführende,* das in seiner Dramatik, trotz aller Orientierung an Barock und Klassik, eindeutig festzustellen war. Man vergleiche hier etwa mit Annette von Droste-Hülshoff, die bei gleicher traditioneller Stilhaltung die Geschichte der deutschen Lyrik entscheidend gefördert und beispielsweise noch Celan wichtige Anregungen gegeben hat[148]. Als zeitgenössisches Dokument (Struktur des Biedermeiers) und als Interpretationshilfe innerhalb der Grillparzerforschung sind Grillparzers Gedichte ganz unschätzbar und noch lange nicht hinreichend ausgewertet. Dazu einige Hinweise.

Einer der bewährtesten Grillparzerforscher behauptet in seinem Vergleich zwischen Grillparzer und Hebbel, der den Norddeutschen wie üblich belastet, Hebbel habe Napoleon verehrt, während Grillparzer (vgl. *Ottokars Glück und Ende*) den Untergang Napoleons als berechtigt anerken-

---

* Bekanntlich war *Hofmannsthal* über die Prosaverachtung Grillparzers sehr erstaunt. Das ist bei einem produktiv in der Gegenwart lebenden Dichter interessant. Weniger verständlich ist es, wenn Literarhistoriker darüber rätseln, was diese Bindung an den Vers und dies Mißtrauen in die aufsteigende Prosa bedeuten mag, und wenn sie aus moderner Parteilichkeit für die Prosa den *Armen Spielmann* gegen Grillparzers Dramatik ausspielen (Joseph Peter *Stern,* Beyond the Common Indication: Grillparzer, in: Re-interpretations, London 1964, S. 61).

ne [149]. Er übersieht, daß der Österreicher nicht lange vor der Ottokartragödie anläßlich von Napoleons Tod (*Napoleon,* 1821) eines der zeitüblichen panegyrischen Anrede-Gedichte für den Kaiser geschrieben hat, das eher auf der Linie Grabbes liegt als auf der der Hegelianer – Hebbel rechne ich zu ihnen –, die immerhin Napoleons Untergang, nach einer *geschichtlichen* Leistung, als notwendig sahen, da er als Individuum das Maß überschritten habe. Auch dem Österreicher liegt die tragische Sicht nicht fern. Er versteht Napoleon als den, der alle unsere Sünden trug und daher »aller Haß« zu tragen hatte. Der Dichter liebt die »Geißel Gottes« mit ihrem »harten Amt« nicht. Aber er stellt Napoleon, ganz wie Grabbe, in die Reihe der Alexander und Cäsar und spielt den Helden gegen die eigene kleine Zeit, mit ihren »Mäklern, Schreibern, Pfaffen« aus. Ich zitiere die letzte Strophe:

> Schlaf wohl! und Ruhe sei mit deinem Tod,
> Ob du die Ruhe gleich der Welt gebrochen;
> Hat doch ein Höherer bereits gesprochen:
> ›Von anderm lebt der Mensch als nur vom Brot‹,
> Das Große hast am Kleinen du gerochen,
> Und sühnend steh' auf deinem Leichenstein:
> ›Er war zu groß, weil seine Zeit zu klein.‹

Wir dürfen gewiß die Nähe zur Zeit der Karlsbader Beschlüsse nicht verkennen. Der Dichter kennzeichnet ausdrücklich die neue Unfreiheit, die nach Napoleon entstand: »Ward Tyrannei entfernt mit dem Tyrannen?« Napoleon, der immerhin in mancher Beziehung der Vollstrecker der Revolution war, hatte ja oft eine Protestfunktion bei den Liberalen. Aber darf man dies Gedicht vergessen und durch die zeitlich so ferne Interpretation in der *Selbstbiographie* ersetzen, wenn man *Ottokars Glück und Ende* richtig bewerten und überhaupt die Widersprüche in Grillparzers Existenz genauer verstehen will? Auch ein Gedicht wie *Die Tragische Muse* sollte man immer vor Augen haben. Es wurde vor der Vollendung der *Medea* geschrieben und verrät, daß er vor dem gräßlichen Stoff zurückschreckte und Medea, im Gegensatz zu manchem heutigen Interpreten, doch nicht so ganz menschlich fand:

> Hebe dich weg, Entsetzliche
> Kinder-, Bruder- Vatermörderin!
> Was ist mir gemein mit dir?

Das Napoleon-Gedicht ist keine Hymne; dazu ist es, wie die meisten Gedichte Grillparzers, zu genau im Detail und in der Reflexion. Trotzdem sollte man Grillparzers Gedichte nicht fortgesetzt epigrammatisch nennen. Damit unterschätzt man die *durchgehende Gattungsgerechtigkeit* seiner Produktion. Zum Epigramm, zum »römischen Epigramm«, das er kultiviert, gehört die Kürze so gut wie die Schärfe. Ein denkender Lyriker ist noch kein epigrammatischer Lyriker, wie dies z.B. Heine ist. Grillparzer geht auf der Linie Schillers weiter, wobei allerdings gleich daran zu denken ist, daß dieser für viele (z.B. Hegel) noch der größte deutsche *Lyriker* war (vgl. Bd. II, S. 473 ff.). Der Österreicher liebt wie Schiller *lange* Gedichte, und eben diese umfänglichen Gedichte gehören zu seinen besten, z.B. *Jugenderinnerungen im Grünen* (1828). In 48 Strophen legt der Dichter Rechenschaft ab über die erreichte Lebensstufe, die erfolgreich und doch quälend ist. Besonders seine empfindsame Seelenverfassung, die ihn, im Unterschied zu Lessing und Schiller, daran hindert, im Streit des Tages sich zu wehren, wird deutlich:

> Hart hinterher der Mißgunst lange Zeile,
> Der Neid, der Haß, bewaffnet anzusehn,
> Mit dopplem [!] Eindruck trafen ihre Pfeile,
> Denn, ach, wer singt, kann nicht im Harnisch gehn.

Auch ihm ist also die Lyrik eine Zuflucht vor den Leiden des Lebens; aber was wir unter Erlebnislyrik verstehen, findet man in Grillparzers Gedichten kaum. *Die Verarbeitung des Erlebten ist wichti-*

ger als sein Ausdruck. Wollte man Grillparzers Elegie – dieser Begriff trifft den Charakter der *Jugenderinnerungen* eher als der des Erlebnisgedichts – mit Mörikes motivähnlichem *Besuch in Urach* wertend vergleichen, so käme man wohl zu dem Ergebnis, daß sie im Wohllaut und im Fluß der Diktion die Verse des Schwaben nicht erreicht, aber durch Wahrhaftigkeit ein größeres Gewicht besitzt. Noch weiter ist Grillparzer von Klopstocks und Hölderlins empfindsamer Euphonie entfernt. Trotzdem ist gerade in seiner Lyrik die empfindsame Tradition, so spröde sie geworden ist, leicht nachzuweisen.

Gedanken am Fenster (1822)

Herüber durch die Berge
Ertönt es dumpf und schwer,
Wie Leichentuch um Särge,
Verhüllt Gewölk die Berge,
Und drinnen geht der Herr.

Die Erde sieht's mit Bangen,
Die Luft, sie regt sich nicht.
Die Vögel, die erst sangen,
Sind still zu Nest gegangen,
Das Weltall ahnt Gericht.

Es blitzt! Was zuckst du, Auge?
Denkst du der Tränen itzt
In einem andern Auge,
Für die ein Rächer tauge
Gleich jenem, der dort blitzt?

Ein Wirbelwind von oben
Greift nieder in den Staub;
Nun werden Wetter toben,
Schon ist der Keil gehoben,
Bezeichnet ihm sein Raub.

Doch horch! welch leis Bewegen
Rauscht durch die Blätterwand?
Was Strafe schien, wird Segen,
Vom Himmel rieselt Regen
Und tränkt das durst'ge Land.

Klopstocks *Frühlingsfeier* ist immer noch eines der Urgedichte deutscher Poesie, die man nachahmt; denn nirgends erlebt der Biedermeiermensch den Allmächtigen so deutlich wie im Gewitter. Aber der Ton, in dem man ihn feiert, ist ganz anders geworden. Nichts von dem hinreißenden Schwung und dem Lärm von Klopstocks freien Rhythmen. Grillparzers Gedicht könnte fast ein Kirchenlied sein; denn es ist stärker auf die »Seele« im christlichen Sinne bezogen als Klopstocks Hymne. Im Augenblick von Gottes möglichem Gericht in der dritten (mittleren) Strophe gedenkt der Dichter seiner Sünde. Das Gedicht hat, dieser Liedhaftigkeit entsprechend, keine starken dynamischen Schwankungen. Die Strophenform und die fast erzählende Distanz der Sprache sichert von vornherein die Ruhe, die die letzte Strophe des Gedichts erreicht. Das Gewitter ist nicht mehr so aufregend wie zu Klopstocks Zeiten, man kennt und vergegenwärtigt seinen gewöhnlichen Ablauf. Aber es wird immer noch als eine Offenbarung des Herrn zelebriert und nicht als bloßes Naturereignis abgespiegelt.

Wenn man nach programmatischen Biedermeiergedichten fragen und sie sammeln wollte, so fände man viel bei Grillparzer; denn der Dichter versucht stets, über die einzelne Person oder die einzelne Situation hinaus Gültiges zu formulieren. So wird z. B. in den 17 Strophen des Gedichts *Fortschritt-Männer* (1847?) eine sehr gründliche Auseinandersetzung mit dem Liberalismus vorgetragen. Der Dichter erkennt vor allem die Leere, die durch das ständige Vertrösten auf die Zukunft entsteht. Auch einer »Zukunft Dünger«, sagt er derb, sei schließlich nichts anderes als »Mist«. Besonders in dem Hinweis auf den Größenwahn des selbstbewußten Geistes, der Gott endlich erkannt zu haben glaubt, und in der ausdrücklichen Rechtfertigung des Kleinen berührt sich hier der Dichter mit Stifter. Nichts mehr von Napoleon und genialer Größe! Ironisch hofft er auf Enkel, die nicht mehr so groß sind wie die Fortschritt-Männer, sondern so »klein wie eure Väter und wie ich«. Ähnlich: *An die Überdeutschen* (1844), *Epistel* (1840), *Die Muse beklagt sich* (1841), *Euripides an die Berliner* (1844). Auch Grillparzer hat also »Vormärzlyrik« geschrieben; aber sie steht auf der Seite der Tradition, so daß das Gedicht an den *Feldmarschall Radetzky* nur noch die letzte Konsequenz seiner Zeitkritik zieht. Auffallend ist vor allem der umfassende, »geschichtliche« Horizont seiner Zeitgedichte. Es geht, wenn auch Namen genannt werden, weniger um den oder jenen, als um die gesamte moderne Kultur, die sich in Philosophie, Historie und Literatur im Laufe der Biedermeierzeit herausgebildet hat und mit der er nichts zu tun haben will.

Wenn man bisher vor allem am Zyklus *Tristia ex Ponto* Grillparzers Bedeutung als Lyriker nachweisen wollte, so liegt darin, geschichtlich gesehen, eine gewisse Willkür, obwohl in dem Zyklus so bezeichnende Dichtungen sind wie die erwähnten *Jugenderinnerungen im Grünen*. Ich zögere auch ein wenig, von Seidler den Begriff »Gelegenheitslyrik«, »im strengen und durchaus nicht abwertenden Sinn«, zu übernehmen [150], obwohl er gewiß einen großen Teil von Grillparzers Lyrik richtig trifft. Man denkt bei diesem Begriff an Mörike und die ganze Goethetradition, und das ist nun eben gerade die Gruppe, in die Grillparzer als Lyriker nur bedingt gehört. Es fehlt die Leichtigkeit, der Charme, der unmittelbare gesellige Gebrauchscharakter, den man leicht mit dem Begriff Gelegenheitslyrik verbindet. Fast alle diese gelegenheitsbezogenen Gedichte werden durch die gedankliche Tiefe so schwer, daß sich ihr Gattungscharakter verändert. Grillparzer war gegen die Hegelianer gereizt und bis zur Anstößigkeit grob. War er es deshalb, weil er auch in sich die moderne Abstraktion erlebte und, sie von klassisch-realistischen Maßstäben her wertend, leider nur als Verfall sehen konnte? Wir wählen zum Beleg ein Gedicht, in dem ein damals überaus zeitgemäßer, schon von der älteren Biedermeierforschung hervorgehobener Begriff in den Titel tritt:

Entsagung (1836)

Eins ist, was altergraue Zeiten lehren,
　　Und lehrt die Sonne, die erst heut getagt:
Des Menschen ew'ges Los, es heißt: Entbehren,
　　Und kein Besitz, als den du dir versagt.

Die Speise, so erquicklich deinem Munde,
　　Beim frohen Fest genippter Götterwein,
Des Teuren Kuß auf deinem heißen Munde,
　　Dein wär's? Sieh zu! ob du vielmehr nicht sein.

Denn der Natur alther notwend'ge Mächte,
　　Sie hassen, was sich freie Bahnen zieht,
Als vorenthalten ihrem ew'gen Rechte,
　　Und reißen's lauernd in ihr Machtgebiet.

All, was du hältst, davon bist du gehalten,
　　Und wo du herrschest, bist du auch der Knecht.
Es sieht Genuß sich vom Bedarf gespalten,
　　Und eine Pflicht knüpft sich an jedes Recht.

Nur was du abweist, kann dir wiederkommen,
Was du verschmähst, naht ewig schmeichelnd sich;
Und in dem Abschied, vom Besitz genommen,
Erhältst du dir das einzig Deine: Dich!

Das Gedicht lehrt keine freudige oder heitere Entsagung, sondern eine solche, in der die *Ahnfrau* noch immer spukt, die Vorstellung von einer unaufhebbaren Gebundenheit des Menschen in der Welt. Solche traurigen Gedichte verfaßte der Dichter in seinem Pariser Frühling! Kein ungezwungener Ausgleich mit der Welt, wie ihn das heraufkommende realistische Programm lehrt, sondern ein heroisches Beharren auf dem eigenen Ich, wodurch es notwendig so abstrakt werden muß, wie es in *Libussa* und im *Bruderzwist* erscheint. Die Rhetorik, mit der der Dramatiker erfolgreich kämpft, wird in der Lyrik an vielen Stellen zur Selbstverständlichkeit. Man beachte in unserm Gedicht die absolute Abgeschlossenheit der einzelnen Verse und Strophen. Das bedeutet, daß die Sprache nur ein Instrument des Gedankens ist. Metaphern werden nur sparsam und ohne Anspruch verwendet, Begriffe wie Besitz, Natur, Genuß, Pflicht, Recht stellen sich dafür um so leichter ein, und mit ihnen: Antithesen. Trotzdem hat das Gedicht den eigentümlichen, unverwechselbaren Grundton, den die Grillparzer-Forscher immer wieder in seiner Lyrik gehört haben. Grillparzer selbst war mit seiner Lyrik natürlich nicht zufrieden, weil er stets den höchsten Maßstab (Klopstock, Schiller?) an seine Dichtung anlegte. Daß er nicht mit Goethe als Lyriker wetteifern wollte, beweist die prinzipielle Degradierung der subjektiven Erlebnislyrik, – obwohl er selbst die Lust kennt, zu sagen was er leidet (»... wie es denn überhaupt meine Gewohnheit war, zur Lyrik nur als einem Mittel der Selbst-Erleichterung Zuflucht zu nehmen, weshalb ich mich auch für einen eigentlichen lyrischen Dichter nicht [!] geben kann«) [151]. Daß bedeutende Zeitgenossen bereit waren, auch dem Lyriker Grillparzer den höchsten Rang zu verleihen, möge eine Stelle aus Stifters Brief an Grillparzer vom 15. 1. 1860 andeuten: »Unter diesen Gedichten scheinen mir die reinsten Perlen deutscher Dichtkunst zu sein. Vieles steht nach meiner Meinung dem Schönsten von Goethe gleich, und übertrifft manches von Schiller. Jedenfalls hätten wir dann statt zweien drei.« Gemeint ist wohl: drei Klassiker.

Die Prosaerzählungen

Die Prosaerzählungen Grillparzers widersprechen seinem Widerstand gegen die aufsteigende »Prosa«, worunter er alles das versteht, was dem Verstand, der Nützlichkeit, dem menschlichen Zusammenleben, der Philosophie, der Wissenschaft zugeordnet ist und der hohen, göttlichen, nur in Empfindung und Anschauung einzelnen Priestern sich offenbarenden Kunst widerspricht. Lenau und Platen, die ein ähnliches Kunstpriestertum vertraten, haben keine oder keine nennenswerte Erzählprosa produziert. Grillparzers Erzählungen verdanken wir seinem Pragmatismus. In beiden Fällen reagiert er auf die direkte Aufforderung von Taschenbuchherausgebern. Besonders *Das Kloster bei Sendomir* (1827 in *Aglaja*, Taschenbuch für das Jahr 1828, erschienen) ist nach seinem Bericht »in Hast und Eile« [152] für Freund Schreyvogel, den Aglaja-Herausgeber, geschrieben worden. Daß ihn zu dieser Zeit das Problem der ehelichen Treue, auf Grund seiner Affären mit Charlotte von Paumgartten und Marie Smolk von Smollenitz, stark beschäftigte und daß ihm die der Tragödie angemessene zarte Behandlung des Problems im gleichzeitigen *Ein treuer Diener seines Herrn* (Erny) nicht ganz genügte, ist als zusätzlicher Reiz denkbar. Die Vergröberung würde seinem Prosabegriff genau entsprechen. Es geht um die allmähliche Enthüllung eines Ehebruchs, den Elga, die Gattin des Grafen Starschensky, begangen hat. Elga, ein reines Elementarwesen, hat nicht umsonst den Naturalisten Hauptmann zur Wiedererweckung verlockt. Sie hat *aus ökonomischen Gründen,* nicht nur um ihrer Familie zu helfen, sondern auch um des Wohllebens willen, ihren Jugendfreund nicht geheiratet, empfängt ihn aber heimlich im Schlosse des Grafen und weiß ihre Rolle als Ehefrau so gut zu spielen, daß der Gatte lange nichts merkt. Sie wird auch dadurch belastet, daß sie, nach der Entdeckung, bereit wäre, ihr Kind zu töten, um sich selbst zu retten. Der Graf, der sie wegen ihrer Sünde quält, durch die Probe mit dem Kind als feudaler Richter fungiert und sie schließlich tötet, war eigentlich zum Junggesellen bestimmt. Nach dem Mord verkauft er die Güter, stiftet ein Kloster und büßt in ihm als einfacher Bruder. Er ist nach einem nur scheinbaren Glück wie Sappho, Medea, Jason, Ottokar, Alfons aus dem bösen Traum erwacht. Wir erkennen das barocke Desillusionsschema. Eben der christliche Hintergrund gestattet es, den Ehebruch und die Rache des Grafen ohne Beschönigung darzustellen. Die Handlung selbst wird in der grellen Weise der *Ahnfrau* mit nur sparsamer psychologischer Analyse virtuos vergegenwärtigt. Die feudalhistorische Einkleidung der Ehebruchgeschichte begünstigt die offenbar gewollte Stilisierung zum »Nachtstück«. Was sich der Dichter in der Tragödie nicht mehr gestattet, ist in der Novelle noch möglich. Die Saat E. T. A. Hoffmanns war damals erst aufgegangen und bestimmte den Publikumsgeschmack (vgl. Bd. II, S. 937 ff.). Man darf diese Novelle, historisch gesehen, so wenig als künstlerische Sünde betrachten wie *Die Ahnfrau.* Man sollte sie als sorgfältig erzählte *Schicksalsnovelle* zwischen dem supranaturalistischen Determinismus der Spätromantik – Geister u. dgl. gibt es nicht mehr – und dem naturalistischen Determinismus der Hauptmann-Zeit einordnen: »Grillparzer stellt die Menschen in dieser Geschichte in eine umfassende Entwicklung der Vorgänge, die determinierend auf ihre eigene Existenz einwirkt. Eine Grunderfahrung des Menschen ist es in diesen Zusammenhängen, daß er Kräfte zu beschwören vermag, die den Bereich individuellen Erkennens und Wollens weit übersteigen. Dadurch sieht sich der einzelne einer Dynamik und Vielfalt des Lebens ausgesetzt, die sich seiner Einsicht und Initiative entzieht« [153]. Die Verständlichkeit der Schuld ist für den Dichter kein Grund, dem Sünder die Sühne zu erlassen. Der Rahmen – zwei deutsche Reisende hören im Kloster die Geschichte von dem Grafen selbst – hat nicht nur den Sinn einer künstlerischen Dämpfung (besonders wichtig bei solcher Mordgeschichte), sondern verdeutlicht auch die Buße. Der ehemalige Graf bedient die Gäste und pariert wie andere Insassen des Klosters dem Abte. Die effektvolle Erzählung kommt dem modernen Geschmack nicht so entgegen wie der *Arme Spielmann* und ist auch tatsächlich keine vergleichbare Pionierleistung. Trotzdem könnten, meine ich, die Grillparzerforscher an dieser Stelle von den Mörike- und Drosteforschern manches lernen; denn diese interpretieren *Maler Nolten* und *Die Judenbuche* längst ohne das traditionelle (realistische!) Vorurteil gegenüber der Schauer- und Kriminalgeschichte.

In der zweiten Erzählung *Der arme Spielmann* (verfaßt 1831–42, Erstdruck 1847) hat der Dichter seine Prosaverachtung selbst Lügen gestraft und eine ebenbürtige Parallele zum *Treuen Diener,* ja zum *Bruderzwist* geschaffen. Allerdings darf man auch dieses Werk nicht an der strengen Objektivitätsnorm des Grillparzerschen Dramas oder an dem modernen Begriff der epischen Integration messen. Es ist bezeichnend und muß bei der Interpretation beachtet werden, daß eine klare Trennung zwischen dem Erzähler des

Rahmens und der empirischen Person des Dichters *nicht* vollzogen wird: »Ich versäume nicht leicht, diesem Feste beizuwohnen. Als ein leidenschaftlicher Liebhaber der Menschen, vorzüglich des Volkes, so daß mir selbst als dramatischen Dichter [!], der rückhaltlose Ausbruch eines überfüllten Schauspielhauses immer zehnmal interessanter, ja belehrender war, als das zusammengeklügelte Urteil eines an Leib und Seele verkrüppelten, von dem Blut ausgesogener Autoren spinnenartig aufgeschwollenen literarischen Matadors; – als ein Liebhaber der Menschen sage ich, besonders wenn sie in Massen für einige Zeit der einzelnen Zwecke vergessen und sich als Teile des Ganzen fühlen, in dem denn doch zuletzt das Göttliche liegt – als einem solchen ist mir jedes Volksfest ein eigentliches Seelenfest, eine Wallfahrt, eine Andacht.« Grillparzer benützt die Prosa zu einer Polemik gegen die »elenden Wiener Journalisten« (s. o.) und zu einem Bekenntnis zum Volk, das dem der Libussa ähnelt, sich hier sogar fast zu einem religiös-politischen Dogma steigert. Er ist es unbezweifelbar selber, der hier spricht: Grillparzer. Er erhebt nicht nur fiktiv den Anspruch, etwas Wahres zu erzählen. Wie man überhaupt von dem *Prosa*erzähler, besonders vom Novellisten der Biedermeierzeit, Wirklichkeit fordert (vgl. Bd. II, S. 836 f.), so erzählt er eine Geschichte aus Wien, die er selbst erlebt hat. Er macht seine Erzählung gewissermaßen nachprüfbar, indem er das allen bekannte Praterfest, die Überschwemmung usw. miterzählt. Er nennt sogar die Adresse des Armen Spielmanns: Gärtnerstr. 34. Die Beschreibung, die genrehaften Elemente verselbständigen sich, wie überhaupt in der Biedermeiernovelle, bis zu einem gewissen Grad. In diesen Umkreis gehört auch die Schilderung der Beerdigung des Spielmanns. Diese Bürger, in deren Umkreis der Spielmann lebt, sind nicht böse, sie sind nur gewöhnlich. Auch Barbara, die den lebensuntüchtigen Geiger verläßt, folgt einfach dem natürlichen Gesetz der Selbsterhaltung. Sie kann sich zwar eine verhaltene Rührung gestatten, nach seinem Tode sogar eine dauernde Erinnerung an den, der sie liebte, nicht aber das Opfer einer Existenzgrundlage. Sogar der derbe Gatte Barbaras wird durch humoristische Pointen (Beerdigungsszene) in seinem relativen Wert bestätigt. Das Volk, das ist die Kehrseite von Grillparzers hierarchischem Ordnungsbegriff, steht nicht unter dem strengen Gesetz des Adels. Der Egoismus, der in der Umwelt Bancbans und Rudolfs II. Verbrechen ist oder zum mindesten Tragik begründet, ist beim Volk eher komisch.

Man sollte trotz dieser vielfach hervortretenden komischen und ironischen Züge nicht leugnen, daß sich der Dichter im *Armen Spielmann* ganz bewußt seiner Empfindung überläßt. Er scheut nicht davor zurück, die Personen, an Höhepunkten der Erzählung, weinen zu lassen, wie dies im Biedermeier üblich ist. In der »Erzählung« will und darf er rühren, er braucht hier nicht so vorsichtig zu sein wie in der Tragödie. Wer, um den gängigen, verständnislosen Vorwurf der Sentimentalität abzuwehren, den Spielmann kälter erzählt findet als den *Bahnwärter Thiel,* hat keine Vorstellung von biedermeierlicher Gefühlsverhaltenheit, die alles andere als Kälte ist und wird vom Begriff des Realismus oder Naturalismus irregeführt*. Richtig ist, daß der Spielmann nicht in dem Sinne verklärt

---

* »Da gibt es kein Mitleid und keine menschliche Wärme; der Bericht erfolgt mit der Neutralität einer wissenschaftlichen Dokumentation... Selbst Henrik Ibsen kennt einen Realismus von solcher Schärfe nicht« (Heinz *Politzer,* Franz Grillparzer, oder das abgründige Biedermeier, Wien u. a. 1972, S. 386).

wird, wie es das deutsch-realistische Programm fordert. Der Dichter vergegenwärtigt den »Bettelmusikanten« bis ins Detail als einen völlig verarmten, ins Proletariat abgesunkenen Bürgersohn. Man darf trotz des sozialen Anspruchs, den der Spielmann als Bürgersohn und Künstler erhebt, an Woyzeck erinnern; denn dieser bürgerliche Anspruch ist völlig illusionär. Er kann sich nicht einmal aus seiner Not erheben, als er erbt und Barbara heiraten will, weil er in jeder Hinsicht, die das irdische Leben betrifft, *absolut untauglich* ist. Auch der soziale Abstand zwischen dem Erzähler Grillparzer und dem Bettelmusikanten tritt entsprechend ungeschminkt hervor. Die ironische Behandlung der Absonderlichkeiten, die den Spielmann kennzeichnen, entspricht diesem gesellschaftlichen Distanzgefühl. Grillparzer will die Armut und Beschränktheit des Spielmanns nicht romantisch verbrämen. Als ihm deshalb ein Rezensent vorwarf, er gebe sich in seiner Erzählung mit der armseligsten Seite des Lebens ab, verteidigt er die »einfachsten Gegenstände[n]«, sofern sie einen »sinnigen Betrachter« finden[154]. Und darauf kommt es letzten Endes an: nicht auf die Detailschärfe in ökonomischer, sozialer und psychologischer Hinsicht, sondern auf den Sinn der Erzählung, der von der späteren naturalistischen Deutung völlig abweicht[155]. Die Transparenz der Wirklichkeit ist auch hier das Entscheidende (s. o.).

Zunächst muß noch, wegen der so beliebten biographistischen Identifikation des Dichters mit dem armen Spielmann, betont werden, daß Grillparzer die Existenz des Spielmanns wiederholt außerhalb der Erzählung erwähnt hat[156]. In einem Brief an den Verleger Heckenast gibt er sogar an, daß »der alte Spielmann wirklich nur durch ein [!] eigenes Erlebnis veranlaßt worden ist«, daß also Erzählungen im Sinn von fiction nicht sein »Fach« sind[157]. Dies erscheint mir deshalb wichtig, weil es absurd ist, den armen Spielmann mit Grillparzers Unzulänglichkeitsgefühlen in Verbindung zu bringen. Der Dichter hatte nicht ganz das erreicht, was er erstrebte, aber er sah sich niemals als Stümper. Die Distanz, mit der er erzählt, ist keine raffinierte Technik, sondern ergibt sich einfach aus der *liebevollen Herablassung des anerkannten Künstlers zum Nichtskönner*. Wenn man sagt, Stifters *Armer Wohltäter* (später *Kalkstein*), eine vergleichbare Biedermeiernovelle, sei nicht so gut, weil der Dichter zu einer ironischen Perspektive unfähig sei[158], so verkennt man die damalige Ständegesellschaft. Von einem Pfarrer kann man nicht so erzählen wie von einem Bettelmusikanten; denn noch immer ist die Geistlichkeit der »erste Stand«, und auch das *spät*rhetorische System erlaubt noch keine absolute Willkür in der Verwendung der Stillagen. Mir scheint: gerade die Forschungslage beim *Armen Spielmann* könnte eindringlich die Nützlichkeit des Biedermeierbegriffs belegen; denn anspruchsvolle Überinterpretationen sind fast immer ein Hinweis auf mangelnde historische Kenntnisse, und sie finden sich an diesem Punkt besonders häufig[159].

Der arme Spielmann ist eine Gelegenheitsdichtung, aber keine Erlebnisdichtung Grillparzers. Er kann als Absage an den Kunstkult, an die romantische Überschätzung des Ästhetischen, insofern auch als letzte Konsequenz der schon in der *Sappho* angedeuteten Unterordnung der Kunst unter das Leben verstanden werden. Während aber der bürgerliche Realismus den in der Wirtschaft und in der Politik tätigen Menschen fordert und damit die dynamischen Gründerzeiten der zweiten Jahrhunderthälfte eröffnet, während dort der »tüchtige«, der »gesunde«, der »immer strebende« Bürger verherrlicht wird, macht Grillparzer einen Beschränkten, einen in *jeder* Hinsicht Armen zu seinem Helden. Darin liegt, in der Mitte des 19. Jahrhunderts, eine *Herausforderung, ein Bekenntnis zur auslaufenden Epoche und darüber hinaus zum alten christlichen Europa,* über das Österreich-Ungarn als eine Erbschaft des Heiligen Römischen Reiches deutscher Nation, was es auch tun mag, nicht hinauswachsen kann. Der Dichter hat, gerade auch anläßlich des *Armen Spielmanns, seinen Gegensatz zur heraufkommenden realistischen Epoche* ausdrücklich betont. Als dem Herausgeber der *Iris Der arme Spielmann* gefallen hat, antwortet er: »Ich wünsche nur daß es mit dem Publikum derselbe Fall sei. Aber da von Deutsch-Einheit, deutscher Flotte und deutscher Wehrmacht nichts darin vorkommt und der darin vorkommende Landsmann von jener Tatkraft [!] gar nichts hat, die der Nation auf einmal über Nacht [!] angeflogen ist, so erwarte ich einen nur sehr geringen Beifall«[160]. Wie den Dichter in diesem Brief das zweimalige Benutzen des Wortes »vorkommen« nicht stört, so ist ihm auch im *Armen Spielmann* nicht die »epische Integration« oder das ironische Erzählen oder sonst eine »Technik« im Stile Freytags und Heyses, sondern nur die wahre rührende Gestalt und Geschichte des Spielmanns wichtig. Die »pedantischen« Züge, die manchen Interpreten stören und besonders junge, dem Biedermeier völlig entrückte Germanisten dazu verführen, von einem satirischen Bilde des Spielmanns zu sprechen, gehören notwendigerweise zum Bild dieses lebensuntüchtigen, aber durch und durch guten Menschen. Satirisch ist der erfolgreiche Vater, ein wenig auch die gewerbliche Welt, in die sich Barbara fügen muß, gesehen. Ein bißchen Bürgerkritik paßt in die Geschichte des Gescheiterten. Aber wo soviel Hilflosigkeit ist, wäre Satire unchristlich, ja grausam. Man hat mit Recht gesagt, daß sogar die heroische Selbstaufopferung, durch die der Spielmann umkommt, der Tod eines Narren ist[161]. Der Erzähler kann die Unzulänglichkeit seines Helden bis ins Äußerste treiben; denn *die bürgerliche Vernunft ist nicht seine Instanz.* Da Gott nicht den Erfolg, sondern die Absicht richtet – dies gab schon dem *Treuen Diener* seine »Versöhnung« –, behält das Bemühen des armen Spielmanns, so hilflos es auch von Anfang bis Ende sein mag, Sinn und Wert. Der arme Spielmann soll daran erinnern, daß alles menschliche Tun letzten Endes unzulänglich und nur ein Hinweis auf das Höchste ist. Grillparzers Demutsidee steht auch hinter diesem Prosawerk, und sie gewinnt hier eine besondere Bedeutung.

Das Biedermeier ist diejenige Kultur, in der der Dilettantismus seine größte Verbreitung erreicht hat (vgl. Bd. I, S. 98 f.), und zwar gerade auch in Wien. Grillparzer seufzt gewöhnlich über diese halbe Kunst, diese halbe Poesie im »Kapua der Geister«; denn sie gefährdet die ganze. Der Humanist in ihm empört sich. Manchmal poltert er auch ganz bajuwarisch über die verdammte Mittelmäßigkeit; dagegen nimmt er für den Dilettantismus des armen Spielmanns *die* religiöse Haltung ein, die er gleichzeitig am Kaisertum bewährte *(Bruderzwist).* »Sie spielen«, sagt Grillparzers unfähiger Geiger, »den Wolfgang Amadeus Mozart und den Sebastian Bach, aber den lieben Gott spielt keiner«, und in diesem Wort liegt die vollkommene Rechtfertigung seiner Existenz. Die Novelle richtet sich nicht puritanisch *gegen* die Meister, denn auch der Spielmann versucht sie ja mit seinen unzulänglichen Mitteln zu spielen. Der Dichter will nur sagen, daß man, wie der Spielmann, über den Meistern, über dem Kunstbetrieb Gott nicht vergessen sollte. Gerade in der Knechtsgestalt des schaurig musizierenden Dilettanten erschließt sich der ewige Sinn der Kunst. In den Tagebüchern entnimmt Grillparzer dem interesselosen Wohlgefallen Kants, daß aller Poesie die Idee einer höheren Weltordnung zugrunde liegt (Tagebuch Nr. 3196, 1836). Hier im volkstümlichen Stil der Erzählung ist von dem »lieben Gott« die Rede. Aber beide Äußerungen betonen *die Grenzen des Schönen*. Auch der Meister muß Gott spielen, wenn er den Sinn der Kunst nicht verfehlen will. Diese alte, vom Barock, von Klopstock übernommene Dichtungsauffassung, *dieser Enthusiasmus im Schaffen verbindet Grillparzer mit dem Liebhaber und trennt ihn von dem bloßen Virtuosen oder von dem dämonischen Künstler, der nur sich selbst spielen will.* Grillparzers kulturgeschichtlicher Groll läutert sich in dieser Novelle zu einem lichten Gegenbild. Der volkstümliche Stoff und die von ihm wenig geachtete, weil »gesellschaftliche« Gattung der Novelle war wohl die Voraussetzung dafür, daß er vom hohen Roß des Klassikers herabstieg. Daher die vollkommene Ungezwungenheit und Stimmigkeit der Erzählung als dichterisches Gebilde und zugleich – das ist hier gar keine Frage – der reine Einklang mit Geist und Stil des Biedermeiers. Wenn ein führender englischer Germanist in einem Grillparzer-Essay sich ganz auf den *Armen Spielmann* konzentriert, weil sich in der Erzählung der innerste Charakter des Dichters und der wahre Sinn seiner Lebenserfahrung vollständiger und direkter erschließe als in irgendeinem seiner Dramen[162], so wird man sich heute darüber auch in Deutschland nicht mehr wundern, – obwohl es, genau besehen, ein Liebhaberurteil ist.

Der arme Spielmann wurde von dem begabten Versepiker Ludwig August Frankl, einem Deutschböhmen (vgl. Bd. II, S. 690), sogleich »zu den wenigen klassischen Novellen in der deutschen Literatur« gezählt[163]. Es fällt auf, daß der Dichter an dieser Stelle, ähnlich wie bei *Weh dem, der lügt!,* das übliche Mißbehagen über das fertige Werk *nicht* äußert und gegenüber dem Verleger Heckenast eine weitere Erzählung nicht ausschließt: »wenn mir ein… Stoff [!] vorkommt, der mich zur erzählenden Behandlung anlockt«[164]. Es ist anzunehmen, daß Grillparzers Abschied von der Poesie zunächst nur der Versdichtung galt. Hier folgte er einer alten humanistischen Tradition. Sie war ihm wohl durch Wieland vermittelt, der nach dem 50. Jahre keine nennenswerte Versdichtung mehr geschrieben hat, auch durch Goethe, der ebenfalls mit etwa 50 Jahren als Versepiker verstummt ist. Faust II – das muß man bedenken – war bis zum späten 19. Jahrhundert heftig umstritten; denn man besaß den biologischen Begriff der Altersdichtung und das ästhetische Programm der abstrakten Poesie noch nicht*. Das Verstummen eines Dichters, der so stark in der humanistischen Tradition steht, ist, wie auch Mörikes Verhalten beweist, kein absolutes Rätsel. Die heftige, empfindsame Abneigung gegen die heraufkommende Epoche der deutsch-realistischen Dichtung und Politik verstärkte sei-

---

* Heinrich *Laube* äußert 1872 (Dichter über ihre Dichtungen: Grillparzer, hg. v. Karl *Pörnbacher,* München 1970, S. 309): »Er empfing, entwarf und schrieb im Drange und Fluße einer leidenschaftlichen Erregung… Deshalb war er ein abgesagter Feind der Goetheschen Art des Schaffens: in ruhiger Überlegenheit die dramatische Bewegung abzuklären und abzudämpfen. Diese Weisheit verwies er in andere Kunstformen, und so tief seine Verehrung für Goethe war – sie war die größte – Goethes spätere Dramen hielt er für eine Beschädigung der dramatischen Form.« Gemeint sind sicherlich schon die sogenannten klassischen Dramen, in denen *der Abstraktionsprozeß – gleichzeitig mit dem ersten deutschen Künstlerdrama!* – einsetzt.

nen Entschluß. An Paul Heyse (geb. 1830), der den neuen Realismus mit der klassizistischen Münchner Tradition vermitteln wollte und daher Altmeistern wie Mörike (vgl. u. S. 741 f.) und Grillparzer noch am nächsten stand, schrieb er am 16. 6. 1870: »Von einer Ausgabe meiner sämtlichen Arbeiten kann nur die Rede seyn nach meinem Tode, oder wenn Deutschland wieder [!] poetisch geworden seyn wird, welche zwei Zeitpunkte so ziemlich zusammenfallen dürften.« Da er zu diesem Zeitpunkt schon fast achtzigjährig ist, darf man schließen, daß er die damals einsetzende Zurückdrängung des bürgerlichen Realismus (»Gründerzeit«) *begrüßte*.

Trotz des Abschieds von der Dichtkunst (Versdichtung) und trotz der Ablehnung des Realismus ist es erstaunlich, daß der Dichter nicht wenigstens die Linie seiner Prosaerzählungen fortgesetzt hat, wie Wieland und Goethe in ihrem Alter oder wie sein Zeitgenosse Tieck, der berühmteste Novellist der Biedermeierzeit (vgl. Bd. II, S. 807); denn schon damit wäre für ihn, bei der unbedingten Anerkennung des Versprimats, eine große Resignation verbunden gewesen. Daß er auch auf diesem Gebiet, das ihm nach seiner Auffassung keine künstlerische, sondern nur eine »gesellschaftliche« Verpflichtung auferlegt hätte (Tagebuch Nr. 3537, 1841) und dessen Beliebtheit ihm natürlich wohlbekannt war, verstummte, beweist noch einmal, mit welcher Konsequenz er die *hohe* Norm, unter die er sein Schaffen seit der *Sappho* gestellt hatte, festhält. Er will, wie er in einem seiner Gedichte nicht ohne Stolz bekennt, den Hirsch, nicht den Hasen schießen, und da er fürchtet, Hirsche nicht mehr zu treffen, gibt er das Schießen lieber ganz auf. Der Grillparzerforscher Edwin Rollett sagt mit Recht: »Daß Grillparzer sich überhaupt auf dem Gebiete der Novelle versucht hat, scheint fast mit seinen strengen Kunstanschauungen in Widerspruch zu stehen« [165]. Schon *Der arme Spielmann* ist bei einem Dichterfürsten, der kompromißloser als Goethe seinem hohen Amt diente, eine Art Gnadenakt: »Meine Muse ist mir eine heimliche, königliche Geliebte, und das soll sie mir immerdar bleiben. Es wäre zu prosaisch, wenn sie mich beim Wort nähme und ich sie heiraten müßte, denn ich fürcht' – sie ist eine schlechte Köchin und wir würden beide Hunger leiden« [166]. Ja, man kann sich Grillparzer als »behaglichen« Verfasser von *Wanderjahren* oder als wortreichen Novellen-Tieck nicht vorstellen! An Stifter, der 14 Jahre jünger war und hartnäckiger den Kampf mit der vermeintlich unpoetischen Zeit aufnahm, schreibt er am 17. 1. 1860: »Sie haben sich wenigstens die Erregbarkeit der Empfindung [!] bewahrt, indes ich mich abhärte und manchmal vor mir selbst erschrecke, so stumpf bin ich geworden.« Es war wohl nur die dem Alter gemäße *Abstraktionstendenz,* auf die er so heftig reagierte!

Grillparzers Autobiographie

Als eine Art Ersatz hat Seidler kürzlich Grillparzers *Selbstbiographie* (verf. 1853, gedruckt in den Sämtlichen Werken 1872) herausgestellt. Grillparzers Versdogma – das ist richtig – erlaubt uns nicht, einen so großen Unterschied zwischen Novelle und Autobiographie zu machen, wie dies gewöhnlich geschieht. Die *Selbstbiographie* ist, wie *Der arme Spielmann* mit »Kühle und Distanz« erzählt. Den nach 1848 obligaten (»realistischen«) Humor findet man in diesem Spätwerk Grillparzers kaum, aber treffenden Witz und die Neigung zum Sarkasmus, so wenn etwa Grillparzers Besuch bei Goethe auf eine »echt katholische Reliquien-Andacht« zurückgeführt wird. Der distanzierende Spott ist eine Grundhaltung in diesem Buch. Er richtet sich daher nicht nur gegen andere – so findet man abstoßende Bilder von Gentz und F. Schlegel –, sondern auch gegen den Verfasser selbst. Es gibt sehr prägnante Personenbilder, etwa Napoleon auf der Parade, neben »scharf abgegrenzten Szenenbildern«. So wird etwa die Geschichte, wie der Dichter zum Fußkuß beim Papst kam, in der *Selbstbiographie* viel kunstvoller und ergötzlicher erzählt als im Tagebuch. Auch der Schluß, Grillparzers Besuch bei Goethe, wird, wie uns schon ein Zitat zeigte, überlegen erzählt und zum Schluß grotesk pointiert. Der von Seidler durchgeführte Vergleich der Cachinnus-Episode (Schulprüfung) im *Armen Spielmann* und in der *Selbstbiographie*, beweist, wie mir scheint, nicht nur die funktionsgerechte Gestaltungsfähigkeit von »Erinnerungsdetails« bei Grillparzer, sondern noch einmal seinen Abstand von dem Bettelmusikanten; denn im *Armen Spielmann* ist die Szene zum Mitleid bewegend, ja zum Schluß »sogar erschütternd«, während sie in der *Selbstbiographie* nur den Übermut des begabten Schülers, der er selbst war, kennzeichnet. Das humane Gefühlselement in der Novelle entspricht, nach Grillparzers Poetologie, einer Annäherung an die Dichtung, während der Dichter, in seinem »Wahrheitsfanatismus«[167], für die *Selbstbiographie* nie den Titel »Dichtung und Wahrheit« akzeptiert hätte, auch wenn er noch nicht besetzt gewesen wäre. *Was so lange zur Unterschätzung von Grillparzers Selbstbiographie geführt hat, ist der Maßstab von Goethes wesensverschiedener Autobiographie.* Der rechte Sinn für das keineswegs kunstlose, aber streng auf die Wahrheit gerichtete und daher etwas rauhe Spätwerk Grillparzers fehlte lange Zeit. In Zukunft werden wir es noch besser verstehen lernen.

Die Epigrammatik

Auch Grillparzers Epigramme verdienen die Aufmerksamkeit, die ihnen seit einiger Zeit zugewandt wird. Aber es ist ein Holzweg, wenn man seinen königlichen Abschied von der Dichtung dadurch verniedlichen will, daß man den Epigrammen einen poetischen Heiligenschein verleiht und ihnen eine »monologische Form« zuerkennt[168], um sie an die Lyrik anzunähern; *denn sie stehen völlig in der Tradition des römischen oder satirischen Epigramms und sind damit Zweckliteratur* (vgl. Bd. II, S. 106). Eben die Tatsache, daß der Dichter zu allen Zeiten seines Lebens Epigramme geschrieben hat[169], weist sie doch als eine Nebensphäre und im Alter als bloßes Rückzugsgebiet aus. Eher könnte man sagen, daß Grillparzer in den Epigrammen betont Abstand von der Poesie genommen und sich noch weniger als die Xenien-Dichter und der alte Goethe um die auch dem niederen Stil gezogenen Grenzen der traditionellen Literarästhetik gekümmert hat:

> Der deutsche Fleiß
> Ist eigentlich Sitzfleisch;
> Das ist ein schlechter Reim,
> Der eben mehr wahr als rein. (1856)

Das Gattungsgesetz des römischen Epigramms erlaubte die Grobheit von jeher; aber Grillparzer steigert sie noch bajuwarisch. Schon 1819, bei der Verfestigung der geistlichen und politischen Reaktion, verspottet er F. Schlegel so:

> D' Luzind' hat mir g'schrieben,
> Will jetzt sich bekehrn,
> Wann d' Hurn amal alt sein,
> Tan s' Betschwestern wer'n.

Sucht man nach Grillparzers Antwort auf das realistische Programm, so fällt der kleine epigrammatische Zyklus *Poesie der Wirklichkeit* (1853) auf. In dem blutigen Krieg gegen die Romantik, sagt er, seien die »besten Truppen aufgerieben« worden. Man darf dies wohl auf den in den *Grenzboten* verübten Kahlschlag, auf die Abwertung fast aller Dichter der Biedermeierzeit beziehen (vgl. Bd. I, S. 284 ff.). Gegen das übertriebene Programm der Realisten – Übertriebenheit ist für ihn das Hauptkennzeichen der deutschen Ideologen – verteidigt er sogar die Romantik: »Romantik weicht von der Dichtkunst nie.« Romantisch, meint er, sei schon die Antike gewesen; denn sie habe überall das Schicksal und die Götter erkannt. Grillparzer hat im Realismus, historisch nicht ganz falsch, sogar eine Rückkehr in die Zeit *vor der Empfindsamkeit* gesehen. Dies ist ein indirekter Beweis dafür, daß in ihm selbst noch die Tradition der Empfindsamkeit nachwirkt:

> Fahrt ihr im Wirklichwahren fort,
> Steht ihr mit Iffland an *einem* Ort
> Wohl gar phantasielos und ohne Gefühl [!],
> Erhebt sich Gottsched vom Sterbepfühl.

Gustav Freytag, den erfolgreichsten Repräsentanten, den Gottsched des programmatischen und bürgerlichen Realismus, greift er direkt an:

> *Soll und Haben* (1855)
> Daß die Poesie Arbeit
> Ist leider eine Wahrheit;
> Doch daß die Arbeit Poesie
> Glaub' ich nun und nie.

Grillparzers Zeitbewußtsein ist so scharf, daß er sogar den zwiespältigen Weg F. Th. Vischers erkennt, der, im Anschluß an Hegel, klassizistisch bleiben und doch wieder den Mantel nach der herrschenden Strömung des Realismus drehen will:

> *Vischers Ästhetik* (1858)
> Wer sich deinem System vertraut,
> Wird bald sich ohne Obdach wissen,
> Während du dein drittes Stockwerk gebaut,
> Hat man die zwei untern abgerissen.

Grillparzers und Österreichs Trennung von Deutschland bahnt sich in diesen Epigrammen an. Doch verkennt man den *grundsätzlichen Konservatismus* seiner Kritik, wenn man glaubt, er habe immer nur die Deutschen an den Pranger gestellt. Der von ihm prophezeite, vielzitierte Weg zur »Bestialität« erscheint auch in einem Epigramm mit dem Titel *Französische Zustände* (1858). Und Frankreichs »verderbte Phantasie« gefällt ihm so wenig, wie ihm »Komfort und Industrie« in England, »Klügeln und Grübeln« in Deutschland gefallen (*Geisterstatistik* 1855). Die gleiche kritische Zusammenschau gilt für die verschiedenen Kulturgebiete. Der Nationalökonomie, den Naturwissenschaften, dem berühmten Alexander von Humboldt, der »Historischen Schule«, der Sprachforschung mißtraut er so gut wie den Literarhistorikern und ihren Repräsentanten (*Gervinus* 1862). Die späten Epigramme Grillparzers sind alles in allem ein *universaler Protest* gegen die nach 1848 sich durchsetzende liberalistische und realistische (positivistische) Zivilisation. Wie er den Realisten die Rückkehr zu Gottsched vorwirft, so könnte man von ihm selbst sagen, er bleibe auf der Stufe einer mehr oder weniger biedermeierlichen Gemütskultur stehen. Nachdem man mit einem gewissen Recht den »falschen Intellekt« als ein Hauptthema seiner Epigramme erkannt hat[170], wird man darüber hinaus fragen müssen, ob er nicht die gesamte *wissenschaftliche Kultur der Moderne* – denn diese ist der Grund des Positivismus *und* der Abstraktion – verteufelt hat und was damit gewonnen war, – abgesehen von der allgemeinen, gewiß *stets* berechtigten Warnung vor der Möglichkeit moderner Barbarei. Grillparzers Irrationalismus erscheint, auch von den Epigrammen aus gesehen, als die Barriere zwischen ihm und der zweiten Hälfte des 19. Jahrhunderts*.

Wir halten hier inne; denn die Hauptaufgabe des Historikers ist nicht die Wertung, sondern die schärfer umgrenzende Deutung. Mir scheint, daß durch die unbefangene Bestimmung von Grillparzers historischem Ort sein Bild deutlicher wird und das Wort vom

---

* Ausdrücklich möchte ich bemerken, daß ich damit die These von Friedrich *Kainz* (Grillparzer als Denker, Wien 1975), Grillparzer sei auch ein bedeutender Denker gewesen, *nicht* kritisieren will. Ich halte dies Buch für eines der wichtigsten, das in den letzten Jahrzehnten innerhalb der Grillparzerforschung geschrieben wurde. Der Literarhistoriker kann daraus mehr lernen – zur Struktur Grillparzers! – als aus der durchschnittlichen germanistischen Abhandlung. Die Meinung, daß Grillparzer *auch* eine Fortsetzung der Dramatikerreihe Lessing, Goethe, Schiller (nicht Kleist!) ist, wird dadurch bestätigt. Die Bedeutung der Epigramme, als Produkte des rationalen Grillparzer, wird durch dies Buch auf legitime Weise hervorgehoben. Richtig ist gewiß auch die Meinung des Verfassers, daß sich in Grillparzers zerstreuten Reflexionen viel bleibendes Gedankengut findet. So ist der Untertitel des Buches zu verstehen: »Der Ertrag seines Werks für die Welt- und Lebensweisheit.« Nur in *einem* Punkt wäre eine Fortsetzung dieser neuen Forschungsrichtung wünschenswert. Die Ergiebigkeit für die streng historische Forschung wäre größer, wenn nicht fortgesetzt die Modernität von Grillparzers Gedanken behauptet, sondern diese nüchtern in ihre historische Umwelt eingeordnet würden. Wie Grillparzer dem System Kants gegen das Hegels treu bleibt – der Verfasser belegt diese historische Tatsache ausführlich –, so kann er auch sonst auf dem Hintergrund des gleichzeitigen österreichischen Denkens gesehen werden. Seine *persönliche* Leistung würde dadurch deutlicher, und die wechselseitige Erhellung des Dichters und des Denkers Grillparzer ist erst dann in methodisch einwandfreier Weise durchzuführen; denn es erscheint klar, daß auch bei einem so gewissenhaften Wissenschaftler, wie es Friedrich Kainz ist, die Zielvorstellung von Grillparzers Modernität die Ergebnisse selbst beeinflußt. Daß man als Philosoph, über das fachhistorische Interesse hinaus, nach Grillparzers »Welt- und Lebensweisheit« fragen kann, sei dadurch nicht bestritten. Das Buch behält, auch wie es ist, seinen Wert, – besonders für die Grillparzerrezeption eines weiteren gebildeten Kreises.

»österreichischen Klassiker« einen festeren Inhalt gewinnt. Einem Dr. Franz Lorenz, der den musikalischen Nachlaß Mozarts herausgeben wollte, gestand Grillparzer am 2. 4. 1853, er erblicke in Mozart den Kulminationspunkt der Musik. Er könne ihm [Lorenz] aber wenig helfen: Ich bin »einerseits zu wenig Mann vom Fache, und stehe andererseits sogar mit den hiesigen soi disant Musikern nicht auf dem besten Fuße, da ich eben die Unübertroffenheit Mozarts gegenüber den gemeinten Fortschritten verfochten habe, Fortschritte, die, ... Mendelssohns zu geschweigen, selbst bis auf Hektor Berlioz und Richard Wagner in Anspruch genommen werden«. Auf Liszt und sogar auf den späteren Beethoven gibt es spöttische Epigramme, z. B.:

> *Beethovens neunte Symphonie*
> Ob's mir gefällt, ob nicht gefällt,
> Sein Ruhm bleibt ganz und heil,
> Denn jeder Faust, es weiß die Welt!
> Hat seinen zweiten Teil.

Seinen eigenen zweiten Teil, die späten Tragödien, veröffentlicht er nicht; denn vor jeder Erscheinung der modernen Abstraktion schreckt er entsetzt zurück. Es ist daher kein Zufall, daß Grillparzer an der zentralen Stelle des *Armen Spielmann* musikalische Meister des 18. Jahrhunderts, Bach und Mozart, nennt; denn ihre Kunst war noch objektiv, nicht durch »Selbstheit« bedroht und verunklärt, durch das verdammte »Grübeln«, durch Unbescheidenheit, durch zu viel Aufwand, durch das Zurücktreten der menschlichen Stimme vor der Instrumentalmusik, oder gar durch Zerrissenheit und Disharmonie. Den Klassiker Mozart hat der Dichter, ganz ähnlich wie Mörike (vgl. u. S. 740), geliebt und als höchstes Künstlervorbild verehrt. Die folgenden Verse aus dem Festgedicht *Zu Mozarts Feier* (1842) charakterisieren Grillparzer, den Zeitgenossen Grabbes, vielleicht noch besser als Mozart selbst:

> Nennt ihr ihn groß? er war es durch die Grenze.
> Was er getan und was er sich versagt,
> Wiegt gleich schwer in der Waage seines Ruhms.
> Weil nie er mehr gewollt, als Menschen sollen,
> Tönt auch ein Muß aus allem, was er schuf,
> Und lieber schien er kleiner, als er war,
> Als sich zu Ungetümen anzuschwellen.
> Das Reich der Kunst ist eine zweite Welt,
> Doch wesenhaft und wirklich wie die erste,
> Und alles Wirkliche gehorcht dem Maß.

CHRISTIAN DIETRICH GRABBE (1801–1836)

Grabbes Ruhm vor 1848 und die bürgerlich-realistische Kritik

Noch immer hört man die Meinung, der geniale Grabbe sei in seiner schlimmen, biedermeierlichen Lebenszeit ein ganz und gar verkannter, ausgestoßener und schnell vergessener Dichter gewesen. Richtig ist, daß die großen Dichter der Zeit, gleichgültig ob es sich um Heine, Büchner, Hebbel oder um Grillparzer und Stifter handelte, vom Geniekult der »Goethezeit« bewußt abrückten und, ähnlich wie die Dichter *vor* der Geniezeit, vor allem »Meister« ihres Fachs, lieber ein schlichtes »Talent« als ein verwahrlostes Genie sein wollten. Es versteht sich, daß Dichter mit einer soliden Kunstauffassung von Grabbe wenig begeistert waren. Aber die große Masse des Publikums und die Mehrzahl der Rezensenten waren noch nicht so weit. Im Gegenteil, der Geniekult spielte jetzt erst die Rolle eines »gesunkenen Kulturgutes«, er erlebte erst jetzt die Phase seiner größten Ausbreitung, und die Grabbeforschung beweist bis in die jüngste Zeit hinein, daß dieser Kult noch immer seine Epigonen hat; denn wenn man die »Intentionalität« mehr als die tatsächliche dichterische Leistung betont, wenn man den »Experimentator« gegen Dramatiker wie Büchner, Grillparzer, Hebbel ausspielt, dann steht man noch immer in der Tradition der Romantik. Die zeitgenössischen Rezensionen, die wir bei Grabbe, noch stärker als sonst in diesem Buche, verwenden wollen, beweisen, daß er sofort eine Sensation war. Man stritt über ihn, aber immer beachtete man ihn auch. Und sein früher Tod, der so ganz dem biedermeierlichen Bilde eines mozartisch sich verzehrenden, für dieses böse Erdental zu edlen Geistesheroen entsprach, steigerte noch die Diskussion über Grabbe und damit seinen Ruhm*.

---

* Alfred *Bergmann* hat sich schon 1964, im Nachwort zu dem von ihm herausgegebenen Sammelwerk (Grabbes Werke in der zeitgenössischen Kritik, Bd. 5, S. 191), gegen die Vorstellung von einem lange Zeit totgeschwiegenen Dichter gewandt. Diese Sammlung der Rezensionen, Nekrologe und »Gesamtbeurteilungen« reicht im 4. und vor allem im 5. Band über Grabbes Lebenszeit hinaus und gibt bereits eine ausgewählte Dokumentation zur Grabbekritik nach 1848, die z. T. unter dem Einfluß der bürgerlich-realistischen Programmatiker (s. u.) stand. Die Veröffentlichung des Materials in 5 schmalen Bänden (Detmold 1958–1964), das im 6. Band (Detmold 1966) durch ein Register (leider nur Namen-Register) erschlossen wird, erklärt sich daraus, daß die für die *historische* Beurteilung des Dichters so wichtige Grabbekritik zunächst in der inzwischen vollendeten Göttinger Akademie-Ausgabe (6 Bände, Emsdetten/Westf. 1960–1973) erscheinen sollte, dann aber im Auftrage der Grabbe-Gesellschaft herausgegeben wurde. Der Umstand gibt eine kleine Vorstellung von den Schwierigkeiten, die der Grabbeeditor zu überwinden hatte, ist aber auch ein Zeugnis dafür, was ein entschlossener und unermüdlicher Philologe zu leisten vermag, und zwar ohne die übertriebenen, daher gefährlichen Erwartungen von der »Rezeptionsforschung«. Die genannten Editionen ergänzte Bergmann durch die einbändige Sammlung »Grabbe in Berichten seiner Zeitgenossen« (Stuttgart 1968), die leider nicht als 2. Auflage gekennzeichnet ist (zuerst 1930 unter dem Titel

Schon der nüchterne, ganz im Geiste der realistischen Programmatiker wertende und insofern überholte, aber Eduard Dullers bombastische laudatio korrigierende, daher historisch unentbehrliche Grabbefreund und -biograph Karl Ziegler (*Grabbes Leben und Charakter,* Hamburg 1855) hat den von mir genannten Grund von Grabbes Ruhm andeutungsweise erfaßt. Im ersten Abschnitt stellt er fest, daß Grabbe *neuerdings,* wegen des Abrückens vom Geniekult, nicht mehr beliebt ist*, daß aber in der Biedermeierzeit die Sturm- und Drang-Tradition noch überall lebendig war: »Bei uns in Deutschland hat man lange Zeit eine ungemeine Hochachtung vor dem Originellen, Formlosen und Barocken gehabt, von den Schriftstellern der Sturm- und Drangperiode an... Jene Ansichten waren nach und nach in alle[!] Schichten der Gesellschaft gedrungen und übten sehr großen Einfluß. Möglich, daß sie auch auf den jungen Grabbe einigermaßen eingewirkt haben. Denn es schien bisweilen, als ob er sich manchen Abschweifungen aus der gewöhnlichen Bahn... mit Bewußtseyn hingäbe, als ob er sich etwas darauf zu Gute thue, sey's, weil er sie für ein Zeichen genialer Kraft hielt, sey's, weil er mit ihnen die tragische Größe eines gefallenen Sterns verband«[1]. Die Legende vom verkannten und neuentdeckten »Einsamen« entstand dadurch, daß die bürgerlich-realistische Zeit nach 1848 den angeblich so realistischen und sicher auch *einzelne Elemente* des programmatischen

---

»Grabbe. Begegnungen mit Zeitgenossen«). Eine Grabbe-Bibliographie Bergmanns erschien 1973. Grundlegend ist schließlich noch Alfred Bergmanns Abhandlung über »Die Glaubwürdigkeit der Zeugnisse für den Lebensgang und Charakter Christian Dietrich Grabbes«, Berlin 1933. Alles in allem verfügt die Grabbeforschung über Alfred Bergmanns Lebenswerk über ein Instrument, das die Philologien von ranggleichen oder rangähnlichen Dichtern der Biedermeierzeit (z.B. Immermann, Sealsfield, Alexis, Platen) nicht besitzen und leider auch in absehbarer Zeit nicht besitzen werden. Auch diese *philologische* Vorzugslage wird den bereits erkennbaren Aufschwung der internationalen Grabbeforschung fördern. Eine Lese- und Studienausgabe aller Grabbe-Texte ohne die Briefe, unter Bevorzugung der Erstdrucke, gab der amerikanische Grabbe-Spezialist Roy C. *Cowen* im Hanser-Verlag München, Wien 1975–77 heraus (Bd. 1,2: Texte, Bd. 3: Kommentar, bibliographische Hinweise, Lebens- und Werkchronik, Nachwort).

* Nach der Absage an die alte Biographie im Stile eines Heiligen- und Heroenlebens, die in der Biedermeierzeit noch vorherrschte (vgl. *Duller*), durch die realistische Geschichtsschreibung jedoch verdrängt wurde (vgl. Bd. II, S. 311–321), macht *Ziegler* die folgende, im ganzen erst die Nachmärzperiode kennzeichnende Feststellung: »Und überdies ist die Periode, wo man vor den Genies auf den Knieen lag, schon längst vorüber, wenn auch noch hin und wieder dieser Adoration dadurch, daß man alle Überbleibsel und Papierschnitzel großer Männer aufsammelt, einiger Raum gewährt wird. Im ganzen liebt man die Genies nicht mehr, seitdem man in neuerer Zeit die Entdeckung gemacht hat, daß sie nichts anders als die Organe der Zeit sind, daß der Geist Gottes in der Masse steckt, und daß nur die Masse den Lauf der Geschichte fortbewegt. Haben sie sogar noch Unarten und Schwächen, so gewinnt man leicht eine Abneigung. Man sagt sich in dieser Beziehung, warum können sich die Genies nicht eben so gut gebehrden, wie jeder andere vernünftige Mensch« (»Grabbe's Leben und Charakter«, Hamburg 1855, S. 2 f.). Man gestatte mir die Folgerung, *daß das realistische Abrücken vom Genieglauben moderner war als die Denk- und Verhaltensweise mancher Expressionisten.* Diese ist eher reaktiv, wie Nietzsches Aristokratismus. Unter Nietzsches Einfluß standen ja weite Teile der expressionistischen Strömung. Georg Heym über Grabbe u. a. (Tgb 20. 7. 1909): »Ich liebe alle, die nicht von der großen Menge angebetet werden.« Ich stimme Cowen zu, wenn er sagt, es sei »noch keine annähernd gültige Grabbe-Biographie zustande gekommen« (Roy Cowen, Hg., Grabbes Werke, Bd. III, S. 412). Man könnte freilich fragen: Ist Grabbes Nachleben nicht interessanter als sein armes, verquältes Leben? Der Biograph, wenn er kein Zyniker oder Ideologe ist, hätte quälenden Anteil an diesem unglückseligen Schicksal.

Realismus vorwegnehmenden Grabbe ebenso ablehnte wie andere Dichter der Biedermeierzeit, ja, daß der geniegläubige, unbürgerliche, antiliberale, die Masse bis zuletzt
grundsätzlich verachtende und höchstens unbewußt, als darstellender Künstler mit ihr
sympathisierende Dichter besonders breite Angriffsflächen bot. Dies galt auch für die
Biographie des Alkoholikers und für die Form seiner Dichtung, wobei nicht nur an den
offenen, inzwischen anerkannten Aufbau seiner Dramen, sondern auch an ihre teils pathetische, teils zynische und »kurze«, immer aber noch mit der Rhetoriktradition verbundene Diktion zu denken ist. Erst durch die, vielleicht nicht ganz zu Recht noch modern genannte Dichtung seit 1880 und 1890, vor allem durch den Expressionismus, gelangte Grabbe wieder zu Ehren. Hanns Johsts Grabbe-Drama *Der Einsame* (1917)
brachte mir in meiner Berliner Studentenzeit (1929/30) die erste Kunde von einem Dichter namens Grabbe; denn das expressionistische Stück wurde auf dem Theater noch immer gespielt. Von da war es nicht mehr so weit zu dem Grabbekult und zu den Grabbe-
Wochen des Hitlerreiches, wie sich dies Jüngere vorstellen; denn wie sollte man einen
Dichter nicht feiern, den vor allem der Präsident der Reichsschrifttumskammer wieder
bekannt gemacht und der so prophetisch die Bedeutung der großen Führergestalten in
der Geschichte dargetan hatte – im Widerspruch zu dem zeitgemäßen Demokratismus
des schlimmen »19. Jahrhunderts«. Wer tiefer blickte, mochte den Untergang des, im
Volke viel geliebten, Führers nach dem Schema von Grabbes Tragödie vorausahnen.
Selbstverständlich hat letzten Endes der Historiker recht, der darauf insistiert, daß die
Gestalten einer früheren Epoche nicht mit denen einer späteren identifiziert werden dürfen. Doch stellte auch die ausländische, meist unter formalistischen oder weltanschaulichen (nihilistischen) Gesichtspunkten Grabbe rezipierende Forschung fest, daß die
Grabbeverehrung des Hitlerreiches kein Zufall war*. Er gehört in die deutsche Traditionslinie, die von Klopstock und vom Sturm und Drang zum Hitlerreich führt, wobei zu
bemerken ist, daß Hitlers Glück und Ende nicht nur in den Helden der Grabbeschen Tragödien, sondern auch in Grabbes Lebenslauf vorgeformt wurde. Beide verbanden, um
Zieglers Worte zu gebrauchen, ihre Normwidrigkeiten (»Abschweifungen«) mit der
»tragischen Größe eines gefallenen Sterns«, weil sie den Aufbau einer dichterischen oder
politischen Welt mit Hilfe des sittlich-realistischen Maßhalteprinzips (Bd. I, S. 269 f.) im
Sinne Bismarcks oder der Goetheaner (G. Keller, Stifter) grundsätzlich verabscheuten
oder auf Grund ihrer pathologisch-emotionalen Natur verabscheuen mußten. Grabbe ist
mindestens, wie vorher Lenz und später Nietzsche, ein literarisches Symbol für das, was
nach 1933 in Deutschland und in Deutschlands Namen geschah. Es ist vielleicht doch
kurzsichtig, rücksichtslose Machthaber zu verdammen und rücksichtslose Dichter oder
Philosophen zu verehren, nur weil sie die Macht zur äußeren Durchführung ihrer Prinzipien, zum Loslassen ihrer aggressiven Emotionen nicht besaßen. Als A. W. Hornsey

---

* »The era of the super-monster, foreshadowed by a raving Gothland and a coldblooded tyrant
Sulla, did, indeed, come, and it is probably no accident that the Nazis praised the poet as the origina-
tor of the ›Führerdramen‹« (K. F. *Jay,* Christian Dietrich Grabbe, in: German Men of Letters, Bd. V,
edited by Alex *Natan,* London 1969, S. 124). In den letzten Sätzen des Essays zieht sich allerdings
auch dieser, nicht unkritische, Grabbeforscher auf die »moderne« (nihilistische) Geschichtsauffassung und auf die dramaturgischen Pionierleistungen des Dichters zurück (ebd., S. 124 f.).

1959, ganz im Geiste der umfassenden, auch sittlich motivierten englischen Kritik, eine später veröffentlichte Thesis über Grabbe einreichte, gelangte er trotz des Vorsatzes, objektiv zu sein, unwillkürlich zu einem überwiegend negativen Grabbe-Bild[2]. Hier wirkte, wie in England überhaupt, noch der bürgerlich-sittliche Maßstab des Realismus weiter.

Zum modernen Grabbe-Bild

Auf die Dauer war freilich, gerade auch im Ausland, der durch die moderne Entdekkung Grabbes gesetzte Maßstab (Expressionismustradition, absurdes Theater) und damit eine weniger ganzheitliche, jedenfalls apolitische Kritik des Dichters nicht auszuschalten. Nicht nur die zunehmende Neigung zur Modernisierung der alten Dichter, sondern auch die unvermeidliche Spezialisierung auf die formalen Einzelheiten und Qualitäten des Sprachkunstwerks kam dem Dichter, zunächst jedenfalls, zugute. Die in der jüngsten Forschung stark beachteten Grabbebücher der US-Amerikaner Roger A. Nicholls (*The Dramas of Christian Dietrich Grabbe,* The Hague, Paris 1969, Studies in German Literature, Bd. XII) und Roy C. Cowen (*Christian Dietrich Grabbe,* New York 1972) markieren Grabbes Eintritt in die Weltliteratur. Nicholls findet den Vergleich, den Heine zwischen Grabbe und Shakespeare anstellt, nicht völlig abwegig, sogar ohne die speziellen Einschränkungen des Pariser Weltmanns zu akzentuieren (»Geschmacklosigkeit«, »Zynismus«, Betrunkenheit), weshalb, wie üblich, die schlimme Biedermeierzeit an Grabbes Mängeln schuldig sein muß[3]. Cowen bemüht sich, die Grabbe-Legende zu zerstören, nämlich die Vorstellung von Grabbes unordentlichem Leben und von seiner Naivität, – vielleicht deshalb, weil heute ein unkontrolliertes Leben, im Gegensatz zur Biedermeierzeit, nicht mehr die erschreckende Ausnahme bildet. Leider leistet er gleichzeitig einen Beitrag zur neuen Grabbe-Legende, indem er, ohne einen energischen Versuch zur Abgrenzung, den Dichter in die Nähe des modernen Theaters rückt. So sollen z.B. die Schlachten Grabbes den sinnlosen Handlungen des absurden Theaters gleichen[4], während sie für diesen heroischen Dichter in Wirklichkeit mehr und mehr den Sinn der Geschichte in sich tragen, eine Tendenz, die in der *Hermannsschlacht* schließlich zum Anschluß an die nationalistische Tradition (Klopstock, Kleist) führt. Sicherlich parallelisiert Cowen mit vollem Recht den Grabbeschen Nihilismus mit den entsprechenden Erscheinungen der modernen Literatur. Aber sollte man nicht zugleich fragen, ob Grabbe, auch im Anschluß an seine konservative Zeit, nicht doch *Abstand* von seinem jugendlichen Weltschmerz zu gewinnen versuchte und ob der sogenannte moderne Nihilismus wirklich noch modern ist? Er könnte auch, nicht anders als bei Grabbe, die bloße, zur Selbstzerstörung führende Negation vergangener Systeme sein. Sicher ist freilich, daß alle Grabbe-Forscher, die ihren Dichter modern nennen, seinen Ruhm dadurch zu fördern glauben. Ist dies nicht ein bißchen naiv?

Der Vergleich mit Shakespeare, der sich aus dem ersten Ansatz des Dichters schlüssig ergibt, hält seiner Modernisierung in der englisch sprechenden Welt einigermaßen die Waage; denn Grabbe steht tatsächlich, in der gesamten Gestalt seines Denkens und Dichtens, nicht nur chronologisch, *zwischen* dem elisabethanischen und dem modernen Theater. Erstaunlich ist Grabbes Eindringen in die Romania, die Tatsache, daß ein Italiener einen wohlabgewogenen, in jeder Weise ausgezeichneten Forschungsbericht über den deutschen, allzudeutschen Dichter verfaßt hat und schließlich, nach einem Seitenblick auf die von Ideologen und Doktoranden verfaßten Grabbebücher, eine sehr klare Forderung an die Germanisten richtet: »Grabbes dramatisches Werk ist ein Gegenstand, welcher einer großen Forschung und der Forschung der großen Germanisten nicht weniger würdig ist als das Werk Kleists, Büchners, Grillparzers und Hebbels« [5]. Während es bei Hornsey noch heißt, Grabbe sei ein interessanter Dichter, aber er gehöre nicht in die erste Reihe der Dramatiker, stellt ihn demnach Alberto Martino nicht geradezu neben Shakespeare, doch er erhebt ihn unter die anerkannten großen Meister des dramatischen Olymps in Deutschland und Österreich. Seine Interpretation der Grabbe-Renaissance ist nicht in dem problematischen ideologischen Sinne modernistisch, aber überwiegend innerliterarisch: »Heute ist es die vorherrschende Richtung des epischen und des absurden Theaters und ihrer antiaristotelischen Poetiken, welche seine Renaissance in Deutschland und die zwar langsame, aber ständig zunehmende Verbreitung einiger seiner Werke im Ausland zum großen Teil ermöglichte«. Die Übersetzungen, die Martino nennt, können Zweifel an einer umfassenden Grabbe-Renaissance im Ausland erwecken. Fast ausschließlich Grabbes »leichtere« Werke wurden übersetzt: *Don Juan und Faust* und *Scherz, Satire, Ironie und tiefere Bedeutung*. Die historischen Monumentaltragödien scheinen kaum Interesse zu finden, nicht einmal *Napoleon*. Die übersetzten Werke stammen aus der Frühzeit und werden auch von mir persönlich besonders geschätzt; aber man wird sich auch an dieser Stelle ernstlich fragen müssen, ob man damit vor dem eigentlichen, zu positiveren Gehalten vorstoßenden Grabbe nicht ausweicht. Dies Verfahren ist doch ein wenig so, wie wenn man der *Stella* von Goethe, womöglich der ersten Fassung mit der rührenden Ehe zu dritt, den Vorzug vor *Iphigenie, Tasso, Faust* geben wollte. Theaterregisseure dürfen so verfahren und verfahren so; aber muß sich der Germanist nicht mit dem ganzen unkonventionellen, ungehobelten, kompromißlosen Werk bis hin zur *Hermannschlacht* auseinandersetzen, wenn er Grabbe rechtfertigen will? Ich kann mir nicht recht vorstellen, daß dies in der geschmackssicheren Romania nachhaltig geschehen wird, und erst dann wäre m. E. Grabbe auf dem Wege zur Weltliteratur. Wenn man genauer prüft, erfüllt auch Martino nur eine Pflicht gegenüber dem umstrittenen Deutschen; denn an einer Stelle des Berichts stimmt er seinem Landsmann Baioni zu, der feststellt, »daß auch die besten Dramen Grabbes künstlerische Vollkommenheit nicht erreichten« [6].

Harmloser ist der Streit um Grabbe innerhalb des deutschen Sprachgebiets; denn hier geht es schon wegen der größeren Empfindlichkeit bei muttersprachlichen Produktionen mehr um Nuancen als um die gesamte Substanz. Als ich während der Arbeit an meiner Habilitationsschrift *(Das historische Drama in Deutschland)* mich zum erstenmal um ein Bild Grabbes bemühte, hatte ich große Schwierigkeiten, ihm gerecht zu werden. Ein norddeutscher Grabbe-Forscher, mit dem ich darüber sprach, meinte: Das ist klar, Sie sind kein Norddeutscher. In der Tat, ich kann mir badische, schwäbische, bayerische und erst recht schweizerische oder österreichische Grabbe-Enthusiasten kaum vorstellen; sie sind nur ausnahmsweise möglich*. Trotz dieses vielleicht »intralimitanischen« Affektes – die berühmten *Hermannsschlachten* entstanden nördlich des Limes – erscheint mir die heimatideologische Grabbeforschung, die, wie bei fast allen Dichtern der Biedermeierzeit, den Anfang machte und sich große Verdienste erwarb, heute überholt zu sein.

Das Wort vom typisch westfälischen oder typisch niederdeutschen Dichter, das so oft wiederholt worden ist, fördert kaum die Grabbe-Interpretation und klingt in meinem Ohr sogar wie eine Beleidigung. Wo bleibt z. B. bei Freiligrath, der auch in Detmold geboren wurde, die niederdeutsche »Schwerfälligkeit«, »Urwüchsigkeit« usw.? Für Grabbe selbst ist ein Gedicht von Freiligrath nur ein Beweis, »wie verschieden Menschen sind«; er nennt selbst *die* Tradition, in der sein federgewandterer Landsmann steht: »Freiligrath ist noch aus der Matthisson'schen Schule« (Brief vom 17. 7. 1831 an Louise Clostermeier). Eine noch weniger »urwüchsige« Erscheinung, aber als Erzähler keineswegs uninteressant, ist Levin Schücking, der Freund der Droste. Man könnte noch andere westfälische Bekanntschaften der Dichterin nennen, die eher glatt als ungefüg schrieben. Ergiebiger wäre ein Vergleich zwischen Grabbe und der Droste selbst. Wir finden die gleiche Mißachtung des Geschönten, Geleckten, Kultivierten, mit einem Wort der *Anmut*, – nicht nur Wielandischer, sondern selbst Goethescher Art. Die Hinneigung zur »Wirklichkeit«, zum Volk, zur Geschichte ist den beiden Westfalen ebenso gemeinsam wie eine Art prophetischen Bewußtseins, das sie über Zeit und Raum zu erheben scheint. Wir wissen je-

---

* Ich wiederhole, daß es sich nur um Nuancen handelt und daß ich nicht in die Fußstapfen des schwäbischen Ästhetikers Friedrich Theodor *Vischer* treten will, den schon Adolf Stahr (auch Hegelianer, aber ein Norddeutscher) wegen seines Pauschalurteils mit Recht gerügt hat: »Der Tübinger Aesthetiker Friedrich Vischer hat in seinem sonst vortrefflichen Artikel: Dr. Strauß und die Württemberger ... folgendes Urtheil über Grabbe drucken lassen: ›Einen Dichter wie Grabbe können wir (d. h. die Schwaben) nicht als eine schauderhaft erhabene Erscheinung ansehen, und wegen seiner bekannten *moralischen Versunkenheit*, als hätte er den fürchterlichen Riß seiner Seele nothwendig mit Crambamboli ausfüllen müssen, gar noch bedauern. Er ist *uns einfacher Schnappslump*, der *einiges* Dichtertalent dadurch verderbte, daß er sich durchaus zu einem Kraft- und Saftgenie aufblasen wollte‹. ... Mit ihrer Erlaubniß, Herr Vischer, dies Urtheil ist in keiner glücklichen Stunde hingeworfen. Wir könnten leicht in die Versuchung kommen, einen wohlfeilen Witz darüber zu machen, und sagen, es sey ein Schwabenstreich und gebe sich ja für nicht mehr als für einen solchen aus. Aber das hieße einen Mann nicht nach seiner Ehre behandeln.« Stahr bezieht sich zunächst auf Eduard *Dullers* Legende von Grabbes »halbverrückter« Schnapsmutter; er übernimmt sie unkritisch. Dagegen verteidigt er Immermann gegen Dullers weltfremden Angriff. Die Rezension der »Hermannsschlacht«, die nun folgt (weil zusammen mit Dullers Lebensskizze erschienen), ist keineswegs unkritisch, obwohl sie kurz nach Grabbes Tod als »Reliquie« behandelt werden mußte. (Der Junghegelianer benützt das biedermeierliche Wort selbst). Die Rezension beginnt so: »Grabbe's Hermannsschlacht ist ein verstümmelter Torso, wie der Dichter selbst. Alles Wilde und Barocke, alles genial Ungeheuerliche, alles Rohe und Gemeine seiner früheren Productionen findet sich auch hier neben jenen gigantischen Zügen und gewaltigen Schlägen seines vulkanischen Geistes ...«. Als sein Hauptverdienst sieht Stahr die Erfindung der »Kunst der dramatisch-epischen Schlachtenmalerei«, ohne Grabbes zahlreiche »Fehlgriffe« zu leugnen. Auch die allen hegelianischen Ästhetikern problematische Mischung von Erhabenem und Gemeinem bei Grabbe wird berührt. Genauer besehen, sind die Wertungsunterschiede zwischen Süd- und Norddeutschland schon damals nicht so scharf wie Vischers moralistische Grobheit vermuten läßt. Stahrs Apologie erschien in den »Humoristischen Blättern«, Oldenburg 1839 (vgl. »Grabbes Werke in der zeitgenössischen Kritik«, hg. v. Alfred *Bergmann,* Bd. 4, Detmold 1963, S. 144–150).

doch, daß alle diese Züge auch für andere Dichter der Biedermeierzeit grundlegend waren. Man denke nur an den räumlich so weit entfernten Schweizer Gotthelf. Entscheidend ist, von dieser Seite her gesehen, nicht das Haften an dem oder jenem Raum, sondern die im Biedermeier überall entdeckte Heimatliebe, die bejahte Bodenständigkeit, der Provinzialismus überhaupt (vgl. Bd. I, S. 124). Aus diesem Grundzug ergibt sich auch der gemeinsame Unterschied zu vielreisenden, abgeschliffenen, liberalen Schriftstellern vom Typus Freiligraths, Lenaus oder der Jungdeutschen.

Die frühe Entscheidung für das Drama

Freilich gehört Grabbe – und das trennt ihn bereits vom Biedermeier – nicht zu den Dichtern, die sich zufrieden oder doch entschieden resignierend in der Heimat einrichten. Äußerlich betrachtet war dieser Weg auch für einen Dramatiker nicht ganz ausgeschlossen; denn Detmold ist wie Weimar Residenzstadt gewesen, und sein Fürst brachte zu Grabbes Lebzeiten nicht unbedeutende Opfer für den Aufbau eines guten Hoftheaters. Was das kleine Sachsen-Weimar geleistet hatte, sollte auch dem kleinen Fürstentum Lippe nicht vollkommen unmöglich sein; dies scheint man sich gesagt zu haben. Es fragt sich sogar, ob der Dichter ohne diese Umwelt so früh auf das Dramenschreiben verfallen wäre. Seine jugendlichen Äußerungen spiegeln nicht die Innigkeit eines poetisch ergriffenen Gemüts, sondern den gesellschaftlichen Ehrgeiz, den von den Eltern geförderten (s. u.) Aufstiegswillen des niedrig geborenen Residenzstädters – Grabbes Vater war Verwalter des Detmolder Zuchthauses –: »Durch *eine* Tragödie kann man sich Ruhm bei Kaisern, und ein Honorar von Tausenden erwerben und nur durch *Shakespeares* Tragödien kann man lernen gute zu machen...« (Brief vom Febr. 1818 an seine Eltern). Mit solchen und ähnlichen Worten verschafft sich der sechzehnjährige Grabbe von seinem Vater das Geld zu einer Shakespeare-Ausgabe. Es ist gewiß eine Frühmanifestation seiner genialen Einseitigkeit, wenn er im gleichen Brief mit vollkommener Klarheit feststellt, er könne »bloß das schreiben..., was in Shakespeares Fach schlägt, Dramen«. Aber die Erwähnung der Kaiser verrät doch auch, daß in Grabbes Ansatz neben dem Kult des Allgenies Shakespeare – in letzter Übersteigerung – ein Stück theatralischer Barocktradition nachwirkt. Das Drama ist für Grabbe die einzige Gattung, die auf den Gipfel von Glück und Ehre führt. In dieser Hochschätzung des Dramas steht er mit dem völlig anders gearteten Grillparzer naiv auf dem gemeinsamen gesellschaftlichen Grund der vorrealistischen Zeit, während Hebbel, schon im Ansatz abstrakter, ohne Hegels spekulative Überhöhung des Dramas (vgl. u. S. 371 ff.) möglicherweise kein so ehrgeiziger Dramatiker gewesen wäre.

Ausdrücklich spricht sich Grabbe die epische Begabung nicht ab. Immermann hat ihn später wahrscheinlich für die erzählende Dichtung zu interessieren versucht, und schon viel früher ist Grabbes Dramatik von Novellen- und Romanplänen ständig begleitet. Aber sie bilden niemals eine ernstliche Konkurrenz, obwohl man mit Erzählungen mehr Geld verdienen konnte als mit nicht aufgeführten Dramen. Durch dieses unbedingte Festhalten an der (seit Lessing) »höchsten Gattung« – es unterscheidet Immermann und

139

Grabbe von Grund auf – entstand, trotz des Abstands vom gleichzeitigen Theater, der dramatische Revolutionär, der sofort Aufsehen erregte, und schließlich, seit dem Naturalismus, zum bewunderten Bahnbrecher eines »modernen Dramas« erhoben wurde.

Herkunft und Individualität

Fast alle Zeitgenossen, die dem Detmolder persönlich begegneten, kommen darin überein, daß er in der Gesellschaft überaus schüchtern und gehemmt war. Nur im Umgang mit der Unterschicht oder unter dem Einfluß von Alkohol taute er auf[7]. Wenn die psychoanalytische Forschung diesen Defekt auf eine sehr frühe Enttäuschung an der Mutter zurückführen wollte[8], so belastete sie damit, viel zu schematisch verfahrend, eine der wenigen Beziehungen in Grabbes Leben, die offenbar intakt gewesen ist. Es soll nicht ausgeschlossen werden, daß die Mutter eine gewisse Lebensuntüchtigkeit mit dem Sohn gemein hatte. Selbst Ziegler, der das von Grabbes erstem Biographen Duller[9] unter dem Einfluß von Grabbes Witwe entworfene Zerrbild zu korrigieren versucht, gibt zu, daß »ihr etwas Leidenschaftliches und Hastiges eigen« war, »weswegen sie manchmal auf Erfüllung wunderlicher Einbildungen... mit Beharrlichkeit bestehen« konnte[10]. Auch ihr Umgang mit dem Geld scheint nach dem Tode ihres Gatten, der nicht nur Zuchtmeister, sondern auch »Leihbankverwalter« war und »dem wohlhabenden mittlern Bürgerstande« angehörte[11], wenig bürgerlich gewesen zu sein[12]. Trotzdem oder eben deshalb war sie wohl *der* Mensch, der dem Dichter zu jeder Zeit seines Lebens am nächsten stand. Grabbes Mutter- und seine Heimatliebe mögen zusammenhängen, wie die Psychoanalyse will; darauf weist die biedermeierliche Muttermetaphorik von Grabbes Heimatbekenntnissen in der Tat, und zwar in dem Sinne, daß beide Bindungen einigermaßen verläßlich und in Notlagen tröstlich blieben. Wie er seine »kleine«, friedliche Zeit haßte, so überwand er auch nie seinen »Haß auf die detmoldischen kleinlichen Umgebungen a priori« (Brief vom 2. 12. 1827 an Kettembeil). Aber zweimal kehrte der in der großen Welt Gescheiterte in die Heimat zurück, und er starb schließlich in den Armen der Mutter. Selbst Heine, ein Studienfreund Grabbes und wie er ein Feind falscher Pietät, fühlte sich gedrängt, die von Duller angeklagte Mutter des Dichters in Schutz zu nehmen. Nach dem Lob der eigenen vielgeliebten Mutter in seinen *Memoiren* fährt er fort: »Eine Geschichte, die ein Seitenstück zu der obigen bildet, will ich hier einweben, da sie die verunglimpfte Mutter eines meiner Kollegen in der öffentlichen Meinung rehabilitieren dürfte. Ich las nämlich einmal in der Biographie des armen *Dietrich Grabbe,* daß das Laster des Trunks, woran derselbe zu Grunde gegangen, ihm durch seine eigene Mutter frühe eingepflanzt worden sei, indem sie dem Knaben, ja dem Kinde Branntewein zu trinken gegeben habe. Diese Anklage... scheint grundfalsch, wenn ich mich der Worte erinnere, womit der selige Grabbe mehrmals von seiner Mutter sprach, die ihn oft gegen ›dat Suppen‹ mit den nachdrücklichsten Worten verwarnte. Sie war eine rohe Dame, die Frau eines Gefängniswärters, und wenn sie ihren jungen Wolf-Dietrich karessierte, mag sie ihn wohl manchmal mit den Tatzen einer Wölfin auch ein bißchen gekratzt haben. Aber sie hatte doch ein echtes Mutterherz und bewährte solches, als ihr Sohn nach Berlin reiste, um dort zu studieren.« Im folgenden erzählt er, daß sie ihm ihre Silberlöffel mitgab, Symbol der Bürgerlichkeit bei »Frauen aus dem Volke«, und daß Grabbe das Silber in Notzeiten verkaufte[13].

Einleuchtender als die Hypothese von Grabbes »oralem Pessimismus« ist es, wenn Kenner wie Alfred Bergmann die psychologische Wirkung der Zuchthausatmosphäre, die mit dem Beruf des Vaters gegeben war und auf die der Dichter selbst hinweist, akzentuieren[14]. Nicht allein die widerliche Erlebniswelt der Kindheit, sondern vor allem auch der bleibende gesellschaftliche Makel, Sohn eines Zuchtmeisters zu sein, mag die seelische Entwicklung Grabbes beeinträchtigt und Dauerschäden im Gefolge gehabt haben. Man sollte diesen wenig günstigen sozialen Ansatz seines Lebens weder zum Schlüssel seines Unglücks machen, wie dies die Marxisten tun*, noch zur »Moritat von sei-

---

* So wird z.B. sein Scheitern als Schauspieler, das ihn zur ersten Rückkehr nach Detmold zwang und in der Folge zur Übernahme eines bürgerlichen Amtes und zur Verheiratung mit einer Honora-

ner düsteren Herkunft« verniedlichen [15]. Der junge Dichter bekam unter diesen besonderen Umständen, im Unterschied zu Dichtern wie Jean Paul und Stifter, eher den Fluch als den Segen seiner bescheidenen Herkunft zu spüren, und so entwickelte sich, was bei seinem empfindlichen Gemüt durchaus denkbar gewesen wäre, nicht die biedermeierliche Idyllik, sondern das was ich einen *kompensatorischen Provinzialismus* nennen möchte. Das aufgeblähte, durch ebenbürtige lokale Konkurrenz nicht geläuterte Selbstbewußtsein des hochbegabten Kleinstädters, auch des Schriftstellers in kleinen Residenzstädten ohne nationale Bedeutung, und selbst in Universitätsstädten, war eine wichtige psychologische Grundlage des deutschen Geniekults. Schon der zitierte Brief an den Vater gibt eine Vorstellung von dieser Erscheinung. Der Sohn des Zuchtmeisters glaubt sich nur dann zu einer Berufung als Dichter bekennen zu dürfen, wenn er mit dem Drama einen ungeheuerlichen Anspruch in gesellschaftlicher und materieller Hinsicht verbindet. Das Gefühl fortgesetzter Kränkung und Beschränkung schlägt um in ein Streben nach Ruhm und Macht, das ebenso gefühlsbedingt, weltlos, unpraktisch wie sein Ausgangspunkt, aber stark genug ist, um den Dichter freundlicheren Möglichkeiten seiner physischen und geistigen Existenz zu entziehen und ihn in ein hoffnungslos zwiespältiges Schicksal zu führen. Man stelle sich vor, was aus dem psychisch komplizierten Grillparzer (vgl. o. S. 61) ohne die ständig spürbaren gesellschaftlichen Normen der Kaiserstadt und ohne seinen Wettstreit mit andern Theaterdichtern Wiens hätte werden können!

Schon dem Ordnungsgedanken des Biedermeiers widerspricht der Geniekult im Grunde zutiefst. Er hat seinen inneren Sinn verloren; denn an die Einzigartigkeit oder gar Göttlichkeit des Künstlers glaubt man, nach den desillusionierenden Erfahrungen der Romantik, nicht mehr ohne weiteres. Grillparzers Weg zur *Sappho,* zur *Hero*tragödie und schließlich gar zum *Armen Spielmann* ist in einem höheren historischen Sinne repräsentativ. Aber äußerlich beherrscht, durch den Partikularismus gefördert, ein verflachter Geniekult die verschiedenen Zentren der deutschen Biedermeierkultur, wie schon angedeutet wurde. Grabbes Geniebewußtsein scheint auf den ersten Blick übersteigert, womöglich krankhaft zu sein; aber es entspricht, genau besehen, vollkommen dem zwielichtigen Charakter der Zeit und darf daher nicht überbetont werden. In dem vertrauten Briefwechsel mit seinem Jugendfreund und Verleger Kettembeil fühlt sich der Dichter in erster Linie als kluger Taktiker, nicht so sehr als unbewußt wirkendes Genie.

---

tiorentochter führte, von Fritz *Böttger,* dem schwungvollen sozialistischen Grabbebiographen, sozial begründet, obwohl der Dichter nicht nur von dem Hofrat Tieck, sondern mindestens auch noch von dem Praktiker August Klingemann (vgl. Bd. II, S. 344) als unbrauchbar befunden wurde und das wenig geachtete Komödiantenwesen noch immer wider den eigentlichen Aufstiegsberuf darstellte, in dem sich elementare Begabungen der Unterschicht leicht durchsetzten: »Nicht an der Unfähigkeit und der Selbsttäuschung über sein Talent, wie man bisher stets [!] annahm, ist Grabbe in Dresden gescheitert, sondern wohl vor allem an der Wertskala der Bildungsbürger, den gesellschaftlich-ästhetischen Formen des Hoftheaters, an der antiplebejischen Tendenz eines bürgerlich-höfischen Kulturprogramms« (Grabbe. Glanz und Elend eines Dichters, Berlin, [1963], S. 149 f.). *Ziegler* erzählt, daß Grabbe alles »mit einer hohen imposanten Stimme« las (Grabbes Leben und Charakter, Hamburg 1855, S. 86). Diese Bemerkung ist für das Problem von Grabbes Rhetorik (s. u.) wichtig. Aus Zieglers Erzählungen ist auch zu entnehmen, daß er bei seinen Lesungen die Zuhörer mit Hilfe von allerlei Mätzchen zu fesseln versuchte. Ein zwangloser Kontakt zur Umwelt scheint auch auf diesem dichtungsnahen Gebiete *nicht* bestanden zu haben. Literaten, die keine Ahnung hatten, was eine Institution wie das Theater bedeutet, machten später dem Leiter der Düsseldorfer Musterbühne, Immermann, den Vorwurf, daß er dem nun schon ziemlich heruntergekommenen Dichter nur mit Geld half, statt ihn als Regisseur zu verwenden oder sonst im Theater zu integrieren. Aber Immermanns Memorabilienbericht belegt, daß das Schreiben, oft im Bett, das Äußerste war, was er bei Grabbe erreichen konnte.

Nicht Lenz oder Novalis, sondern der Feldherr Napoleon ist ihm das höchste Vorbild. Er habe dies oder jenes »berechnet«, pflegt er zu sagen, und will dafür gelobt sein. Das gilt nicht nur für die schmeichelhaften Briefe an einflußreiche Persönlichkeiten wie Tieck, Goethe oder Menzel, nicht nur für die zahlreichen Selbstrezensionen, in denen Kritik und Lob mit erstaunlicher Sachlichkeit gemischt werden, sondern auch für die Dramen. In einen vollkommenen Widerspruch zum irrationalistischen Geniebegriff stellt sich der junge Dichter, wenn er von der Poesie sagt: »Sie ist eine Art von Handwerk, wenigstens bei mir« (Brief vom 3. 8. 1827 an Ferdinand Kettembeil).

Zu dieser Feststellung paßt die rasche Arbeitsweise Grabbes. Ihre psychologische Grundlage ist eine unüberwindliche, von Grabbe oft beklagte Unruhe. In dem bekannten Brief, in dem er seinem Verleger alle Abänderungen an seinen frühen Dramen erlaubt, meint er auch: »Ruhe ist meine Sache nicht, und was ich einmal begonnen, das treibe ich gern rasch fort« (25. 6. 1827 an Kettembeil). Es ist gewiß auch eine Krankheit der Zeit; denn bei Gotthelf finden wir eine ähnliche, dem Feilen widersprechende, daher in einem etwas fragwürdigen Sinne handwerkliche Schaffensart. Grabbe schreibt nicht so regelmäßig wie der Erzähler, er produziert mit einer plötzlicheren und stärkeren Anspannung des Willens, aber beide Dichter warten keineswegs immer auf Stimmung oder gar Eingebung. Grabbe verstummt für ganze Jahre; doch dann, wenn ihm die äußere Gelegenheit günstig erscheint, schreibt er plötzlich wieder Werk um Werk. Er glaubt, das Gesetz des handelnden Menschen, den er am tiefsten bewundert, in dieser Weise auf die Dichtung übertragen zu können. Auch dieser Respekt vor dem »Tun« verbindet ihn mit Gotthelf und ist überhaupt zeitgemäß. Von Publizisten wie Heine und Börne spricht er mit Verachtung. Er wurde nie ein Tendenzschriftsteller, in dem Sinne, daß er seine Dichtung zum Werkzeug einer bestimmten Parteiideologie gemacht hätte. Man betont heute die starke Wirkung, die die Julirevolution auf ihn ausgeübt hat und einen gewissen Niederschlag im *Napoleon* gefunden hat. Es ist selbstverständlich, daß den jungen Verächter seiner »kleinen Zeit« die Vorgänge in Frankreich anfeuerten und von der Fortdauer der revolutionären Bewegungen überzeugten. Aber er weiß, daß die qualitativen Ergebnisse der Geschichte letzten Endes doch von den einzelnen Menschen abhängen. An Wolfgang Menzel, der, in seinem Kampf gegen die Goetheaner, alle »urwüchsigen« Dichter wie Grabbe und Gotthelf freundlich rezensierte, schreibt er schon am 15. 1. 1831: »Die jetzige Zeit wirkt trefflich auf mich ein... Warum, weiß ich nicht recht. – Oder, sollt' es seyn, verdauen wir endlich 6000 Jahre Weltgeschichte? – – Alle Staatsrevolutionen helfen aber doch nichts, wenn nicht auch jede Person sich selbst revolutionirt i. e. *wahr* gegen sich und andere wird. Darin steckt alle Tugend, alles Genie«. Grabbes Schillerverehrung, die angesichts der Gestalt seiner Dramen lange merkwürdig erschien, heute aber auch unter den Gesichtspunkten des Heroischen, des Historischen, der Rhetorik usw. betont wird[16] und ihn von Büchner trennt, wird durch derartige Äußerungen glaubhaft. Daß die Journalistik selbst ein Ausdruck und ein Mittel der Revolutionen war, hat er kaum erkannt. Trotzdem versucht er sich immer wieder, und zum Teil mit Erfolg, in der Literatur- und Theaterkritik: *Über die Shakespearo-Manie* (1827–29), *Etwas über den Briefwechsel zwischen Schiller und Goethe* (1830), *Das Theater zu Düsseldorf mit Rückblikken auf die übrige deutsche Schaubühne* (1835) und viele kleinere Rezensionen und Berichte. Die innere Rechtfertigung zu solchen Versuchen mag ihm die Publizistik Lessings und Schillers gegeben haben. Der Stil dagegen ist durch die genannten großen Journalisten der Zeit vorgeformt; ihre unerbittliche Ironie, ihre Angriffslust, ihr wehrhafter Zynismus kommt der Art Grabbes entgegen. So hebt er z. B. die zeitgemäße historische Belletristik in einem groben Tone von der großen Geschichtsschreibung (Gibbon) ab: »Nein, wir müssen die Geschichte brockenweise genießen, und die Brocken müssen modisch gebacken seyn. Da regnet es denn hageldicht Memoiren, dem literarischen Pöbel immer willkommen, wenn sie nur Anekdoten, gleichviel ob wahre ob unwahre, mitbringen, denn den Waizen aus der Spreu sondern, kann solcher Pöbel nicht, – da kommen Segur'sche phantastische Kriegsgeschichten, – desgleichen historische Romane à la Walter Scott, in denen die Heroen der Vorzeit schnöde castrirt sind, damit sie in ihrem, in der Laffen Tone etwas dem Leser vorpfeifen können« [17]. In diesem historischen Zusammenhang wird dann auch die Herausgabe des Goethe-Schillerschen Briefwechsels gesehen und verurteilt. Der umstrittene Goethe hat ihn herausgegeben, um zu beweisen wie sehr der überall anerkannte Schiller sein Verehrer war [18].

Wie verträgt sich dieser höchst respektlose Umgang mit den großen Dichtern – auch Shakespeare wird in *Über die Shakespearo-Manie* mit journalistischer Überheblichkeit verkleinert – mit dem eigenen poetischen Anspruch? Man hat manchmal den Eindruck, daß sich Grabbe nur den modischen Geniefimmel seiner Zeit zunutze machen wollte. Hebbel spricht treffend von »einer Verrücktheit, die er in seiner Gewalt hatte wie einen gezähmten Tiger« (Tagebuch 4429). Dazu paßt die Tatsache, daß die ungeheuerlichsten Genieansprüche und Geniedarstellungen am *Anfang* von Grabbes literarischer Laufbahn stehen. Er hat, wie die Briefe verraten, das Gefühl, in seiner papierenen Zeit von der Masse des Geschriebenen zugedeckt zu werden, wenn er nicht etwas besonders Grelles (und Anstößiges!) von sich gibt. *Er will um jeden Preis auffallen.* Diese Sucht unterscheidet Grabbe vielleicht vom Sturm und Drang. Sie macht ihn jedenfalls, wie Platen in anderer Weise, zu einem sehr »modernen Dichter«. Als jedoch auf diese aparte Weise ein gewisser Durchbruch erzielt ist, wird sein Ton zurückhaltender. In den späteren Briefen schränkt er sein Selbstlob oft ironisch ein. Auch ein elegischer Ton mildert später den Anspruch in den Briefen, so gut wie in den dichterischen Heldengestalten. Während Nietzsche, als dessen Vorläufer der Heldenverehrer gesehen werden kann, durch seine Paralyse zu immer wilderen Selbsterhebungen geführt wird, erscheint Grabbes Entwicklung in dieser Beziehung einigermaßen normal [19]. Sein Schicksal freilich war durch Resignation nicht mehr zu wenden; denn durch Entsagung zu reifen, wie es Grillparzer, Stifter, Mörike, Hebbel u. a. nach Goethes Vorbild gelang, erforderte weit mehr Kraft, als dieser scheinbar so starke Dichter besaß.

Man muß im Widerspruch zur Grabbe-Legende betonen, daß die gesellschaftlichen Chancen, die der herangereifte Grabbe hatte, in finanzieller Hinsicht nicht schlecht waren. Um der Enge Detmolds zu entrinnen, studierte er bezeichnenderweise an Großstadtuniversitäten (Leipzig, Berlin) – Jura wie so mancher Honoratiorensohn. Er war nach Ziegler vom haushälterischen Vater ausreichend ausgestattet für normale (mittlere) Ansprüche. Der Archivrat Clostermeier, sein Gönner in der Bildungsschicht, versorgte ihn mit Geld für »außerordentliche Ausgaben«, z. B. für den Besuch des Theaters [20].

Diese Voraussetzungen waren durchaus bürgerlich. Bergmann meint, ähnlich wie Ziegler, er habe von seinem Unterhaltsgeld »recht bequem, und jedenfalls völlig sorgenfrei« leben können[21]. Aber er geriet bekanntlich mehr und mehr in das Bohèmeleben junger Künstler. Ziegler vermutet, daß das Vorbild E. T. A. Hoffmanns nachwirkte. Sicher erscheint, daß Grabbes Künstlerleben noch durch romantische Vorstellungen geprägt wurde und in keiner Weise schon durch das Ethos des bürgerlichen Realismus bestimmt war, das man z.B. bei Immermann vorgeformt finden mag*. Am Ende seiner Studienjahre liegt die schon erwähnte kurze, durch Tiecks Empfehlungen wiederum chancenreiche Lebensphase, in der er das theatralische Universalgenie als Schauspieler, Dichter und Regisseur den deutschen Shakespeare in persona zu spielen versucht, aber überall – wir wissen es von Dresden, Braunschweig und Hannover – abgewiesen wird. Vergleicht man mit Nestroy, der die von Grabbe erträumte Rolle wenigstens auf einem Teilgebiet des Theaters erfolgreich gespielt hat, so erscheint dies ganz selbstverständlich; denn Grabbe besaß einiges von Nestroys genialer Bosheit, aber nichts von der intellektuellen Geschmeidigkeit, Kontaktfähigkeit, Mäßigung und ökonomischen Klugheit des großen Possendichters.

Grabbes Anpassungsversuche und sein früher Untergang

Die Heimat nimmt den Enttäuschten auf. Er wird, seiner juristischen Ausbildung entsprechend, Auditeur (militärischer Gerichtsbeamter) beim Lippeschen Bataillon. Die Zeitgenossen und Grabbephilologen, die meinten, er wäre als Nachfolger seines Gönners, des Archivrats Clostermeier, besser an seinem Platze gewesen, verkennen nicht nur die Person Grabbes, sondern auch die Art, wie er mit der Geschichte umging. Die Regierung fand einen viel besser vorbereiteten und geeigneteren Archivrat[22]; aber sie hatte, wie fast alle Regierungen der Biedermeierzeit, Respekt vor den jungen Genies und sie gab ihm die erwähnte Chance in ihrem Bataillon, wo der etwas phantastische und possenhafte Jurist unter der Kontrolle des Kommandeurs stand, wo es nur auf das »Verhalten im Dienst« ankam und der junge Dichter im übrigen seine Begeisterung für das unbürgerliche Kriegswesen im Alltag erproben konnte. Diese ganz auf die Person zugeschnittene Anstellung zeigt die kleine deutsche Residenz von einer freundlichen Seite, wie sie in Ber-

---

* »Seine [Grabbes] Freunde und Bekannte waren junge Schöngeister, welche begeistert für das excentrische Leben des überspannten phantastischen Hoffmann, zumal dessen Nachtschwärmereien in der Weinstube des Hrn. Lutter, und ausgehend von der damals allgemeinen Idee, daß der Geist sich um so freier und ungebundener erhebe, jemehr der Körper durch ein zügelloses Losstürmen auf die Gesundheit zu einem Schatten geworden sei, in ein Leben geworfen waren, was von einer gewissen genialen Liederlichkeit nicht gar zu weit entfernt war« (Karl *Ziegler*, Grabbes Leben und Charakter, S. 47). Es ist ein typisches Urteil im Geiste des bürgerlichen Realismus, der sich vom »Excentrischen« losgesagt hat, an einen körperlosen Geist nicht mehr glaubt und daher das »Gesunde« wieder verehrt. Aber die historische Beschreibung ist exakt. Grabbes Berliner Bohème-Leben kann man wie seinen nicht mehr ganz »wahren« Genieglauben als »gesunkenes Kulturgut«, also geschichtlich, nicht nur psychologisch oder soziologisch begründet sehen. Die neuromantische Erneuerung des Bohème-Ideals widerlegt diese Interpretation nicht.

lin oder Wien nicht so leicht zu erwarten war. Die finanziellen Sorgen schwinden, und die dichterische Produktion erwacht nach einiger Zeit erneut, als sein Studienfreund Kettembeil, jetzt in Frankfurt, den Verlag seiner Jugendwerke übernimmt (*Dramatische Dichtungen,* 2 Bände, Frankfurt/M. 1827). Eine Resignationsehe mit der zehn Jahre älteren Tochter des Archivrats, Louise Clostermeier, scheint diese bescheidene, aber in *literarischer* Hinsicht unabhängige Stellung zu sichern. Briefe Grabbes beweisen, daß er die große, letzten Endes auch innere Abhängigkeit der Berufsschriftsteller durchschaute. Die Vermutung liegt sehr nahe, daß er sich wie Grillparzer, Stifter, Mörike u. a. *um seiner dichterischen Berufung willen* in eine unscheinbare Alltagsexistenz flüchten wollte. Auch die Spekulation auf die 10 000 Taler (heute etwa DM 300 000) der Honoratiorentochter, hinter der diese die Mutter vermutet, erscheint mir wahrscheinlich [23] – *alles um des Werkes willen;* denn Grabbe war nicht nur bei der Arbeit, sondern in seinem Gesamtverhalten hastig, auf ein kurzes Leben angelegt und erwartete bestimmt nicht, daß seine Frau seinem Glück als Dichter mißtrauen und immer nur an die künftige Not denken könnte. Er selbst dachte wie Napoleon, dem er als Genie in allem nacheiferte, an den Kampf, an die Entscheidungsschlacht. Er dachte an den Durchbruch zum ersten Platz in der deutschen Dichtung als Nachfolger Lessings und Schillers. Die Gattin dagegen, die uns in den Quellen nicht einfach als bürgerlich, sondern als unverbindlich, einsam und trotzig dargestellt wird, hielt eisern an ihrem Vermögen fest und erwog sogar eine öffentliche Warnung vor dem »Verschwender« Grabbe*. Zwei Persönlichkeiten, die zur gegenseitigen Rücksicht unfähig waren, hatten sich zu einem trostlosen Bunde vereinigt. Eben die Ehe, die seine Gesundheit festigen und ihm Ruhe geben sollte, wurde ein Grund, vielleicht der Hauptgrund für seinen Zweifel an der Richtigkeit der Entscheidung *gegen* das Berufsschriftstellertum. Sie führte zur Vernachlässigung des Amtes zugunsten der dichterischen Traumwelt, schließlich zu seiner Niederlegung und zu einem erneuten, diesmal hoffnungslosen Ausbruch aus der Heimat**. Der Verleger Kettembeil in Frankfurt/M. – das

---

* Louise Grabbe schreibt im Brief vom 29. 4. 1838 (Ferdinand *Freiligraths* Briefwechsel mit der Familie Clostermeier in Detmold, hg. v. Alfred *Bergmann,* Detmold 1953, S. 102 f.): »Als ich mich von der mir drohenden Gefahr immer mehr überzeugt, hohlte ich ein rechtliches Gutachten ein. Ich sollte – um uns beide vor der nahen Armuth zu schützen – nach dem § 10 der Verordnung (wegen der Güter-Gemeinschaft unter Eheleuten, von 1786) Gr. für einen Verschwender erklären. Aber das war mir unmöglich; ich hatte Gr. viel zu lieb um ihn kränken zu können. Denn dann wäre er in den Zeitungen creditlos gemacht worden. Deswegen wollte ich auf dem Weg der Güte zu unserem gemeinsamen Besten mein Vermögen, das mit der Ehe Gemeingut geworden, sicher stellen. (Es war nämlich zunächst Gr's Unbesonnenheit, nach welcher er das Geld nicht beachtet, welche uns in die Gefahr gesetzt. Als Gr. sich mit mir verheirathet, hielt er sich für wohlhabend, ja, er that so gar groß. – Seine Mutter hatte ihn [sic] in den Kopf gesetzt, ich hätte Geld im Hinterhalt. Er hatte die Einnahme, er gab seiner Mutter *täglich,* (jedoch in der Regel mit Zank) monatlich bekam sie außerdem früher 15 Thlr. [heute etwa DM 450] später 10 Thlr. Das war ihr nicht genug, sie wollte täglich haben, u. erhielt – für den Haushalt wollte er nichts hergeben; ich sollte schlechterdings Geld haben. Das beim Militairgericht deponirte Geld, lies er sorglos tagelang auf dem Tische liegen, während er von Menschen aus allen Ständen umgeben war.«

** *Immermann* hat, in seinem Memorabilien-Aufsatz über den Dichter, Grabbes Heirat seinen größten Irrtum genannt. Dieses entschiedene Urteil hat oft befremdet. Man versteht es aber, wenn man nicht nur die Gattin, sondern auch die Zeit kennt. Die finanziellen Auseinandersetzungen in der Grabbe-Familie belegen auch die *allgemeine* Armut dieser Nachkriegszeit. Grabbe konnte, wenn er

ist von vornherein klar – kann ihm keine Existenz bieten, da sich Grabbes Dichtungen nur mäßig verkaufen und er sich auch zu einem fleißigen und verkäuflichen Journalismus nur wenig eignet. Aber es geschieht das Unwahrscheinliche, daß Immermann, während der Zeit seiner Theaterleitung, den Hilferuf des Versinkenden hört und ihn nach Düsseldorf holt. Noch einmal rafft sich der dem Alkoholismus Verfallene heroisch auf. Grabbe scheint dem Mut und dem Vertrauen des Retters recht zu geben. In Düsseldorf wird nicht nur unermüdlich am *Hannibal* gearbeitet, sondern er versucht zugleich, unter Aufbietung seiner letzten Kräfte, Immermanns Theaterunternehmen durch Rezensionen und noch kleinere Dienste zu fördern. Der soldatische Dichter, der auch nach der Entlassung seine Auditeursuniform mit Stolz trägt, behandelt Immermann mit fast militärisch-barockem Respekte, wie ein Leutnant seinen Kommandeur, worauf schon das »gehorsamst« seiner Briefschlüsse hinweist. Aber alle Selbstentäußerung vermag den Kontakt mit Immermann und der Düsseldorfer Gesellschaft nicht herzustellen (vgl. u. S. 173). Auch dieser Anpassungsversuch endet mit einem Bruch. So bleibt nichts als die erneute Flucht in den Alkohol, in die Heimat, in den frühen Tod. Er ist nur fünfunddreißig Jahre alt geworden. Tiecks Befürchtung nach der Lektüre des Erstlings (an Grabbe 6. 12. 1822) bestätigte sich auf unheimliche Weise: »Sind Sie noch obenein jung (wie ich aus dem Ungestüm der Dichtung fast glauben muß) so möchte ich in Ihrem Namen erbangen, denn wenn Ihnen schon so früh die echte poetische Hoffnungs- und Lebenskraft ausgegangen ist, wo Brot auf der Wanderung durch die Wüste hernehmen?« Die Wüste war nicht allein die Biedermeierzeit, wie liberalistische und sozialistische Germanisten in bezeichnender Gemeinsamkeit vermuteten, sondern der von Tieck selbst, mitten im Zeitalter der

---

Frau und Mutter versorgen und das Vermögen der Gattin schonen wollte – alles moralische Pflichten –, nur auskommen, wenn er in einem strengen Sinne bürgerlich war und die biedermeierliche Entsagung, die kein Luftbild, sondern bittere Notwendigkeit war, täglich übte. Man darf sich den »Verschwender« Grabbe (s. o.) nicht nach heutigen Maßstäben vorstellen. Grabbes Witwe berichtet selbst, daß ihr Gatte vor der Heirat 850 Thlr. [heute etwa DM 23 000] Ersparnisse besaß (*Freiligraths* Briefwechsel mit der Familie Clostermeier, S. 101). Dieser Selbstbegrenzungsversuch entspricht der gewissenhaften Amtsführung zu Beginn von Grabbes Berufstätigkeit. Aber beide Formen der Entsagung hielt er nicht durch. Das *enge* Leben der armen Zeit fiel auch besonneneren Geistern als Grabbe nicht leicht. Deshalb verzichteten klügere oder verantwortungsvollere Dichter auf die Ehe (Grillparzer, Platen, Lenau, Annette) oder heirateten spät (Immermann, Mörike) oder scheiterten in ihrer Ehe (Raimund, Mörike). – Ob Grabbe wirklich freiwillig aus dem Amte schied oder ob man ihm nur diese ehrenvolle Form der Entlassung anbot, ist in der Grabbeforschung umstritten. Ich selbst neige zu der Meinung Otto Nietens: »Man pflegt dem fliehenden Feind eine goldene Brücke zu bauen« (Rezension von *Bergmanns* Lebensgang Grabbes, in: Literaturblatt für german. und roman. Philologie 1935, Sp. 468). Sie entspricht dem bereits erwähnten grundsätzlichen Respekt vor den Genies und den Umgangsformen einer kleinen Residenz; sie paßt auch eher zu der merkwürdigen Mischung von Berechnung und Hemmungslosigkeit, die den Dichter kennzeichnet. Vielleicht hoffte er auf die Pension oder Sinekure, die Platen vom bayerischen König erhielt und die Mörike in der württembergischen Residenz nach längerer Amtstätigkeit erhalten wird. Ob ihn ein solches Mäzenatentum vor dem Untergang gerettet hätte, ist eine andre Frage. Die Flucht mit der Gattin (und ihrem Gelde!) nach Frankfurt, die nach *Böttgers* Meinung (Grabbe S. 295) »vermutlich der einzige Weg zur Rettung des Dichters« war, erscheint mir als sozialistische Utopie. Die ängstliche Frau war froh, den Wolf und seine Mutter, die Wölfin (Heine s. o.), wieder loszuwerden, d. h. sich selbst zu retten.

Revolution, durchgestandene Weltschmerz Werthers. Grabbe ging den Weg Platens, Lenaus, Raimunds, Büchners. Die Briefe seiner letzten Zeit geben Zeugnis von einem inständigen Todeswillen, bei gleichzeitiger Verachtung eines larmoyanten Weges in der Art der Charlotte Stieglitz (vgl. Bd. I, S. 6). Sie bestätigen die Interpretation Heines, der in dem erwähnten Abschnitt der *Memoiren* einen (wahrscheinlich erfundenen) »naiven westfälischen Landsmann Grabbes« sagen läßt: »Der konnte viel vertragen und wäre nicht gestorben, weil er trank, sondern er trank, weil er sterben wollte; er starb durch Selbsttrunk« [24].

Heine und Grabbe: Der religionsgeschichtliche Ort

Heine sieht so scharf, weil das innerste, das *religiöse Schicksal* der beiden Zeitgenossen einander verwandt ist. Wir mußten die soziologischen und psychologischen Bedingungen von Grabbes Existenz, die ja recht verschieden von denen Heines sind, so stark betonen, damit das Besondere seines Werk- und Seelenstils, seiner menschlichen Probleme, seines Untergangs verständlich wird. Man kommt bei Grabbe, was nicht gerade für ihn als Dichter spricht, um solche Fragen nicht herum. Doch wird man die Struktur der Biedermeierzeit und damit auch ihre Dichter nur dann ergründen, wenn man sich auch dazu versteht, so verschiedene Persönlichkeiten wie hier den »typischen Norddeutschen« und den »typischen Juden« zusammenzusehen. Beide haben als Knaben Napoleon, überhaupt die mit der Revolution gesetzten Werte tief erlebt. Die Restauration bedeutet für beide grausame Desillusion. Sie werden frühzeitig Zyniker, Nihilisten, und die von der Staatsgewalt gestützte, daher oft unwahre Restauration gibt reichlich Gelegenheit zur Bestätigung der Meinung, alle Ideen und Werte seien nur Vorwand der Sieger, Maske der Mächtigen. Sie durchschauen leicht die neubarocken Fassaden der Obrigkeit, da sie beide zu einer benachteiligten Gruppe der Restaurationsgesellschaft gehören. Sie opponieren mit der entschlossenen Kraft ihrer Jugend gegen den konservativen Geist des Biedermeiers, der eine mit der Waffe des Witzes als Vorkämpfer absoluter Freiheit, der andere mit Hilfe eines tragisch-heroischen Pathos, dem aber der Zynismus verräterisch beigemischt ist, und durch die Beschwörung vergangener Heldenbilder. Die Tatsache ihres negativen (oppositionellen) Ansatzes wirkt sich bei beiden verhängnisvoll aus; denn die Freiheit und das Heldentum als solche erweisen sich als leer. Über den »Nihilismus« kommen sie mit Hilfe von solchen ideologischen Hilfskonstruktionen nicht hinaus. Dies wird beiden nach immer neuen Enttäuschungen fühlbar, und so gewinnt die »Restauration« (in einem ganz inneren Sinne) am Ende ihres Lebens doch noch Macht über sie. Heines bekannter »Bekehrung« entsprechen unerwartet milde, gläubige Bekenntnisse des untergehenden Grabbe. So schreibt er z. B. ein gutes Jahr vor seinem Tod an Immermann (3. 5. 1835): »Sie halten die ganze Welt für schlecht und ärgern sich. Bei dem Göttlichen, was über uns waltet, Sie haben Unrecht.« Er betont jetzt ganz im Sinne der spätidealistischen Dramaturgie den Adel seiner Frauengestalten (an Moritz Leopold Petri, 26. 8. 1835) und das Versöhnende seiner Dramenausgänge (an einen unbekannten Empfänger, 16. 10. 1835). Er hat gelernt, zwischen seinem eigenen unglücklichen Schicksal und der Welt im ganzen zu unterscheiden. Man sieht hier, daß auch bei diesem Himmelsstürmer der Nihilismus nicht als etwas Endgültiges und Absolutes, vielmehr als negative Theologie, als unbefriedigtes, mit dem Mittel des Christentums nicht mehr zu befriedigendes, aber immer noch in seinem Banne stehendes religiöses Verlangen interpretiert werden muß (vgl. Bd. I, S. 225 f.). Der goethezeitliche Pantheismus ist, wie wiederholt nachgewiesen wurde [25], für Grabbe von Anfang an nicht mehr überzeugend. Die Transzendenz »des Göttlichen« (s. o.) hat sich ihm wiederhergestellt: die Welt, auch ihr innerster Kern, die menschliche Seele, führt nicht mehr zu Gott. Daher die Unmöglichkeit eigentlicher Erlebnisdichtung, daher die Kälte, die »radikale Herzlosigkeit« (Gutzkow), die Friedlosigkeit, die Grausamkeit seiner Geschichtsdichtungen. Die irrationalen Elemente, die er vom Sturm und Drang übernimmt, werden, wie wir schon bei seinem Geniebewußtsein sahen und bei der Struktur seines Dramas wieder sehen werden, durch den dualistischen Geist der Restaurationsepoche umgebildet. Das »Gefühl« oder Goethes immer strebendes Bemühen oder Hegels System ist so wenig verläßlich wie die Sinnlichkeit. Faust ist nicht besser als Don Juan. Ihre barocke Gleichstellung als Teufelsbraten wird mit deutlich antigoetheschem Affekt wiederhergestellt. Auch im Briefwechsel ist fortwährend vom Teufel die Rede, und wo der Teufel ist, da gibt es auch noch, mehr oder weniger verborgen, den christlichen Gott. So entsteht, in anderer Weise als bei Heine oder Nestroy und doch im Letzten verwandt, am äußersten Rand der Barocktradition eine Erscheinung, die zugleich – über den Realismus hinweg – in die Zukunft weist.

Abgrenzung vom bürgerlichen Realismus und vom Jungen Deutschland

Wir wissen bereits, daß es noch keine Zeit gab, die für Grabbes Werk so wenig Verständnis hatte, wie die Jahrzehnte, in denen die realistische Welt- und Kunstanschauung herrschte. »Der ästhetische Maßstab eines literarischen Integritätsprinzips führte zu einer Verdammung seiner Dramen als Kunstwerke, weil man in ihrer wilden Regellosigkeit lediglich Auswüchse einer maßlosen Verirrung sah. Man stieß sich besonders an der zerstörerischen, auflösenden Tendenz an der rohen, krassen Gewaltsamkeit seiner Werke und sah die Grundanschauung der Verbindung von Dichtung und Ethos, die sich in Fr. Th. Vischer, Hebbel und Gustav Freytag klar ausprägen sollte, aufs gröbste verletzt« [26]. Das übliche, undifferenzierte Gerede von »Realismus« ist bei Grabbe besonders verwirrend; denn selten fehlten einem Dichter alle Möglichkeiten zur besonnenen Wirklichkeitsformung und -beherrschung, zur ruhigen, »organischen« Entfaltung des Seelischen, zum gelassenen »liebevollen« Humor oder zu »verklärender« Tragik als eben dem immer erregten, immer gejagten und immer Unmögliches wollenden Grabbe. Er hat zwar wie so viele Dichter der Biedermeierzeit einen gewaltigen Wirklichkeitshunger und er greift mit naiver Keckheit nach dem, was er für wirklich hält; aber er kann nur Bruchstücke des Irdischen fassen, weil er ein Träumer und Gottessucher ist, dem keine Wirklichkeit Genüge tut. Man lasse sich durch den oft so zynischen Stil nicht täuschen. Es ist wie bei Heine – und fast noch deutlicher als bei diesem – eine auf den Kopf gestellte Empfindsamkeit. Der dramatische Enthusiasmus Grabbescher Helden, ihr »bombastisches Pathos« wird oft als hohl und unecht empfunden. Und es ist wahr, wir befinden uns hier – meine Formulierung (s. o.) nicht nur eine Redensart – »am äußersten Rande der Barocktradition«. Was bei Schiller (vielleicht) noch möglich war, wird bei Grabbe zur offenen Problematik. Die kollektivistische Entleerung des Heldenbegriffs, die Umbiegung des Idealmenschen ins Quantitative (Volksdiktatur) oder ins bloß Kriegerische (Feldherr) kommt in diesem »Bombast« sprachlich zum Ausdruck. Es fragt sich aber, ob der Weg Nestroys, d. h. die Beschränkung auf Komödie und Posse, für diesen einsamen Affektmenschen möglich gewesen wäre. Da man fortwährend auf Beispiele einer »unfreiwilligen Komik« stößt, möchte man es fast glauben. Betrachtet man jedoch Grabbes Versuch mit der Feenkomödie (*Aschenbrödel*), so erkennt man in dieser Richtung deutliche Grenzen. Die Geschicklichkeit, die Urbanität, die zum Aufbau eines reinen Spieltheaters gehört, ist bei dem Detmolder Dichter die Ausnahme. Ob Tragödie oder Komödie – irgendwo gibt es bei Grabbe immer »primanerhafte« Phrasen, provinzielle Geschmacklosigkeiten, faule Witze, tote Stellen. Die Experimente Grabbes, so sinnvoll sie sein mögen, gelingen nicht immer. Wir müssen, wenn wir der Dramatik Grabbes strukturell gerecht werden wollen, die eigentümliche *Mischung von Pathos und Witz, Tragödie und Komödie* von vornherein hinnehmen. Die shakespearische Kontrastierung tragischer und komischer Elemente macht sie für diesen bei Shakespeare ansetzenden Dichter zur Selbstverständlichkeit. Nur ist der alte konstruktive Bau – der Dualismus zwischen pathetischen und komischen Szenen – durch ein mehr assoziatives Verfahren ersetzt. Die Stilspannung fehlt bei allen Dichtern der Biedermeierzeit niemals ganz; aber der Wechsel vom hohen zum niederen Stil und umgekehrt pflegt wenig berechenbar zu sein und eher sprunghaft als mit gesetzmäßiger Rhythmik einzutreten. So auch bei Grabbe. Man könnte wohl, ohne Grabbe ein Unrecht anzutun, Vergleiche mit dem Feuilletonstil der Zeit anstellen, der sich auch, mehr oder weniger durch »Übergänge« vermittelt, zwischen Pathos und Witz bewegt. Schon Hebbels Hauptvorwurf gegen den älteren Dichter besteht in der Feststellung, er sei eine »aphoristische« Natur (Tagebuch 4429 u. a.). Ähnliche Bemerkungen, gegen Heine sowohl wie gegen Grabbe, finden sich in der gesamten realistischen Kritik. Der Gegensatz zu einer konzentrisch und organisch entfaltenden Wirklichkeitsdarstellung ist damit für beide Dichter erneut bezeichnet. Der Aphoristiker ist nur Detailrealist, die programmatisch-realistische Kritik nennt dies Springen von Gegenstand zu Gegenstand je nach Stillage »skizzenhaft« oder »witzelnd«. Mit der Hervorhebung einzelner Wirklichkeitsfetzen ist, nach der einleuchtenden Auffassung der realistischen Programmatiker, keineswegs gesagt, daß das Ganze realistisch gesehen und gestaltet wird (vgl. Bd. I, S. 274 ff.). So kommt es auch, daß die berühmten Volks- und Schlachtszenen Grabbes einen besonderen, relativ selbständigen Teil seiner Dramen bilden. Es mag einem naiven Leser von Grabbes Schlachten merkwürdig erscheinen, daß sie Genre sein sollen. Doch gibt es auch das militärische Genrebild (vgl. Bd. II, S. 798 f.). Gattungsgeschichtlich gehören »ausgemalte« Schlachtszenen genauso zur Genrekunst wie die Volksszenen des Alexis oder Sealsfields bunte Auftritte auf dem Schiffsdeck. Der Dichter selbst spricht mit vollkommener Selbstverständlichkeit von der *Hermannsschlacht* als einem »Genre- und Bataillenstück« (an Petri 21. 7. 1836). Das starke Hervortreten *äußerer* Vorgänge wurde dem Dichter sogleich vorgeworfen. Hebbels Drama ist von Anfang an ganz anders auf das »Wesentliche« ausgerichtet. *Vordergründig* sind Grabbes Dramen auf weiten Strecken, deshalb vor allem, weil der Dichter von der erbärmlichen Vordergründigkeit der Welt und der Geschichte überzeugt war. Doch gerade diesen übertriebenen Detailrealismus und diesen Zynismus lehnten die späteren Realisten als formlos und »naturalistisch« am entschiedensten ab.

Die moderne Grabbeforschung erkennt immer klarer, daß man Grabbe, auch ganz abgesehen von seiner antibürgerlichen Gesinnung, nicht mit dem bürgerlichen Realismus zusammenwerfen darf. Mißverständlich äußert sich noch Höllerer, wenn er aus der großen Zahl der Helden in Grabbes Drama, aus dem Abrücken vom klassischen Dramentypus mit Exposition, Höhepunkt und Katastrophe folgert, der Dichter stelle »das Geschehen, den Lauf der Welt als Helden« dar. Richtiger ist es gewiß, wenn er fortfährt: »Grabbe sieht die Geschichte schon als Theater, bevor sie der Dichter dem Theater übergibt« [27]. Verschiedene Äußerungen beweisen, daß Grabbe, im Gefolge der Romantik (Tieck), die Geschichte als solche für dramatisch hält und daß dahinter die alte Vorstellung vom Welttheater auftaucht, jetzt meist zynisch verstanden wie bei Heine und Nestroy. Das emotionale Element in Grabbes Dichtung und Journalistik wird verständlicher, wenn man ihn geschichtlich auf *die* Variante der Barocktradition bezieht, die der Sturm und Drang, besonders in der Gestalt des jungen Schiller bildet. Fast jeder Rezensent erinnert sich bei der Besprechung des *Gothland* an *Die Räuber*. Grabbe hat sich nicht so offen in die Sturm- und Drang-Tradition gestellt wie Büchner durch seinen *Lenz;* aber sie war wohl fast jedem literaturkundigen Zeitgenossen selbstverständlich*. Man fragte nur – und ich meine, das ist immer richtig –, was im *Gothland* anders sei als in den *Räubern,* und man stieß dabei auf Grabbes »Verzweiflung«; er nennt sie ja dort den »wahren Gottesdienst«. Auch dieser Weltschmerz wurzelt zwar im Sturm und Drang *(Werthers Leiden),* aber er äußert sich jetzt sehr viel *kälter* und gröber. Die Seelenkultur, die mit der Empfindsamkeit begann und das Biedermeier in seinen besten Dichtern noch trug, ist für diesen Norddeutschen nicht mehr verbindlich. Goethes *Faust,* der ja im Sturm und Drang wurzelt, wird von Grabbe öfters ungerecht kritisiert, was den mit *Don Juan und Faust* erhobenen Anspruch verdeutlicht; und die im empfindsamen Stil gehaltene *Stella* ist dem Jüngeren bereits »Empfindeleijauche« [28]. Daher ist es ein fal-

---

* Ein Beispiel. *Immermann* erkannte die Sturm- und Drang-Tradition, in der Grabbe steht, als er die von Tieck herausgegebenen Schriften des damals ziemlich verschollenen Lenz gelesen hatte: »Ich habe auch Lenzens Descendenz entdeckt, es ist niemand anders als *Grabbe* und ein gewisser *Moritz Rapp* ... Es ist gar artig, solche Stammbäume in der Literatur aufzustellen. Leider ist dieß nach meinem Gefühle eine Familie von gutem Adel« (an Ferdinand Immermann 27. 7. 1828). Wie weit der Weg zu einer freundlichen Grabbe-Kritik (s. Schluß des Kapitels) für den hochgebildeten Immermann war, verrät auch der Brief an Michael Beer vom 16. 4. 1829): »So gar nichts, was das Herz trifft und rührt ... Nichts als kalte Pracht, gesuchte Rohheit, und zum Ermüden aufgeschichtete Hyperbeln.«

sches Urteil im Stile des damaligen Epigonenschemas, wenn Franz Mehring meint: »Man spielte eine neue Sturm- und Drangperiode, die der alten doch nur glich wie der Altweibersommer dem Frühling« (Grabbe 1901). Auch Mehrings Meinung, die Karlsbader Beschlüsse hätten »die akademische Jugend in das alte Rauf- und Saufleben zurückgeschleudert« [29], gibt eine falsche Vorstellung von der Jugendbewegung der Biedermeierzeit (vgl. z. B. die Burschenschaft). Richtiger hat Klaus Ziegler im Hinblick auf Grabbe und Büchner von einem »Zweiten Sturm und Drang« gesprochen [30]. Man muß dabei die Jungdeutschen aus dem Spiele lassen, für die der Begriff auch schon mißbraucht wurde; denn diesen erteilen die Dichter Grabbe und Büchner, aus verschiedenen Gründen, *ausdrückliche Absagen.*

Der historische Abstand zwischen Grabbe und Heine ist, wie wir bereits angedeutet haben, im Hitlerreich und schon vorher [31] aus nationalen Gründen überbetont worden. Aber selbstverständlich gibt es nicht nur die religionsgeschichtliche Übereinstimmung, sondern auch deutlichen Abstand zwischen den beiden Jugendfreunden. Einmal sind Grabbes unfreundliche Äußerungen über die Juden nicht aus der Welt zu schaffen, zum andern entspricht seine Bevorzugung der Geschichtsheroen gegenüber der Masse nicht ohne weiteres dem Ansatz der Jungdeutschen, die selbst als Napoleonverehrer den Diktator nicht als Feldherrn und einsames Genie, sondern als Gesetzgeber, als Zerstörer der Klassen- und Religionsschranken gesehen haben. Diesen Punkt erfaßt Franz Mehring schärfer als die DDR-Marxisten, die meistens eine utopische gemeinsame Front gegen das konservative Biedermeier aufbauen wollen; er sagt: »von dem Hasse gegen den Despotismus« finde man »keine Spur« bei Grabbe [32]. Grabbe kennt den Zusammenhang zwischen der Revolution und Napoleon, und er weiß seit 1830 auch, daß die Revolution ihre Helden überleben wird: Daher das von Marxisten gern zitierte, meistens aus dem Zusammenhang gerissene Wort: »Die Jakobinermützen überdauern am Ende doch alles« (*Napoleon* III,1). Aber sein Herz ist bei den Heroen der Geschichte. Das ergibt sich schon aus seinem persönlichen Geniestolz, aus seinem Ansatz als Tragiker, aus seiner Verachtung der Geschichte in kleinen Brocken (s. o. Memoiren, Briefwechsel usw.).

Man kann den Dichter auch nicht so deutlich von der patriotischen Bewegung abtrennen, wie dies heute manche Forscher, der Mode huldigend, tun. So erscheint es mir z. B. zweifelhaft, ob Grabbe »jedenfalls auf gänzlich anderen Positionen als Menzel« steht [33]. Ich denke dabei nicht nur an Grabbes Beiträge zum damals zeitgemäßen nationalhistorischen Drama *(Die Hohenstaufen, Hermannsschlacht),* sondern auch an *die mangelnde Geschmackskultur, die den Burschenschaftler Menzel und den Westfalen Grabbe miteinander verbindet und scharf von Heine trennt.* Dieser hat die Geschmacklosigkeiten Grabbes ausdrücklich gerügt und die geplante Charakteristik des an sich geschätzten Jugendfreundes nicht geschrieben. Heines Urteil dürfte in literarischer Hinsicht nicht allzu weit von dem Gutzkows entfernt gewesen sein, der einen Essay über Grabbe verfaßte und seine ursprüngliche dichterische Begabung nicht leugnete, aber gelegentlich auch eine »beklagenswerte Hudelei« bei ihm fand [34]. Sicherlich steht Grabbe dem christlichen Biedermeier, auf das sich Menzel, der Morgenblattkritiker, stützt und in Stuttgart stützen muß, unfreundlich gegenüber. Das bezeugt z. B. Grabbes Äußerung gegen den vielgerühmten liberalen Bischof Wessenberg (vgl. Bd. II, S. 686 ff.) im Brief vom 13. [richtig 12.] 1. 1828. Aber *Menzel ist der wichtigste publizistische Protektor des Dichters gewesen.* Grabbes Goethekritik, die manchmal geradezu grotesk erscheint, ist sicher auch auf den amusischen Menzel, den Feind Goethes und der Goetheaner, berechnet [35]. Immermann, den ein geläuterter Sinn für die Nation *(Andreas Hofer)* und für die engere Heimat *(Münchhausen)* von Heine trennt, war nach Grabbes Tod dessen bester zeitgenössischer Interpret. Von diesem Landsmann und Menzel erwartet Grabbe nach dem Scheitern als Berufsschriftsteller am ehesten Unterstützung. In dem Hilferuf an Menzel vom 15. 11. 1834 schreibt er glaubhaft, er wolle »im äußersten Fall« lieber in Schwaben »eine Abschreiberstelle« als eine Rückkehr nach Detmold zu seiner »reichen« Frau. Solche demütigen Briefe zeigen ein Vertrauen, wie es ein Dichter am ehesten seinen Bundesgenossen schenkt. Der freundliche Rezensent im Literaturblatt des Morgenblatts war vor allem deshalb so wichtig für Grabbe, weil dieser nach Zieglers Feststellung »Verbindungen mit auswärtigen literarischen Größen« normalerweise ebensowenig schätzte wie den Umgang mit Honoratioren am Wohnort [36].

Und wie steht es nun mit Grabbes angeblicher Modernität? Unter den späteren Dichtern leuchtet vor allem Wedekind als echter Erbe Grabbes ein. Auch bei ihm sind die Menschen manchmal ins Bestialische stilisiert, auch bei ihm gibt es die bizarre Mischung von Naturalismus und Groteskkunst und einen derben Emotionalismus. Auch er spielte gerne den Bürgerschreck. So wurde er einer der begeistertsten Grabbeverehrer. Trotzdem sollte man nicht sagen, Grabbe sei dem modernen Drama näher als Kleist oder Hebbel[37]; denn die künstlerische Perfektion, die den Modernen, selbst einem Brecht, so wichtig ist, besitzen Kleist und Hebbel in weit höherem Maße als Grabbe. Vielleicht ist die Tatsache gemeint, daß Grabbe stärker als Kleist oder Hebbel der klassizistischen Tradition widersteht; aber sobald man an Grabbes Heldenpathos und seine Schillerverehrung denkt, wird auch diese Argumentation bedenklich. Die Tradition des Sozialdramas, das im 18. Jahrhundert beginnt und doch auch modern ist, wird eher von Hebbel *(Maria Magdalene)* als von Grabbe fortgesetzt. Dabei sehe ich von der Psychologie, die im 19. Jahrhundert so viel galt und *die in Grabbes Dramen von seinen Zeitgenossen stets vermißt wurde,* noch ganz ab. Oder ist er auch darin ein Bahnbrecher? Cowen[38] selbst hat in einem vortrefflichen Aufsatz darauf hingewiesen, daß der Satanismus bei dem jungen Grabbe eine beherrschende Rolle spielt, nicht nur durch den grotesken Teufel von *Scherz, Satire, Ironie und tiefere Bedeutung,* sondern auch durch den Bösewicht Berdoa im *Gothland*: Dieser Dämon sei kein schöpferischer Titan im Sinne des Sturm und Drang, sondern umgekehrt eine Figur, die den heroischen Gothland zu Fall bringe, also das Böse ernstlich bewirke, nicht wie bei Goethe auf einem Umweg das Gute. Die Feststellung ist treffend. Man könnte hier von einer Rebarockisierung des Sturm und Drang sprechen. Die Erinnerung an die allegorische Tradition, die Cowen nur vorsichtig andeutet, erscheint mir keineswegs abwegig zu sein, sobald man an den emblematischen Charakter der Barocktragödie denkt, den Schöne nachgewiesen hat. Cowen geht auf der Jagd nach dem Satanischen zu weit, wenn er die Masse, z. B. in Carthago, mit dem Teufel in einen Zusammenhang bringt; denn »das Chaos des Gemeinen« (Grabbe) meint nur das auf den Beherrscher angewiesene unschöpferische Menschenmaterial, nicht das Satanische. Gemein bedeutet in der Biedermeierzeit noch allgemein oder gewöhnlich. Dagegen bekennt sich der blutgierige Volksführer Jouve im *Napoleon,* der weiterlebende Jakobinismus, tatsächlich sehr deutlich zum Teufel, was den marxistischen Interpreten dieser Pariser Volksszenen doch zu denken geben müßte. Der Teufel ist nach Grabbe überhaupt die Macht, die die Revolutionen schafft, d. h. die der Masse gemäße Unordnung. Cowen führt den Satanismus auf die Milton-Rezeption der Romantik, besonders der westeuropäischen, zurück (Blake, Shelley, Hugo). Sind also die Teufel Grabbes ein Zeichen mangelnder Modernität? Man kann es nicht ohne weiteres behaupten, da der Satan auch in der modernen Dichtung beliebt ist. Dagegen wird man behaupten dürfen, daß der Satanismus wiederum deutlich *Grabbes Abstand vom bürgerlichen Realismus* kennzeichnet und *seinen historischen Ort auf der Traditionslinie festlegt, die vom Barock über die Romantik* (einschließlich der Restaurationsepoche) *in das 20. Jahrhundert führt.* Mehr läßt sich zu Grabbes Modernität kaum sagen, da ihm allzu große Reste der vorrealistischen Tradition anhaften.

Man sollte den modernen und damit mißverständlichen Stilbegriff Surrealismus nicht in die Grabbeforschung einführen. Bezeichnend ist jedoch, daß es geschieht. So spricht Walter Muschg[39] von dem »diabolisch-surrealistischen Welttheater«, das Grabbe vorschwebte, und er empfiehlt den Regisseuren, »ihn so zu spielen, wie er [Grabbe] es sich in den Orgien seiner Phantasie erträumte«: »Da hätte man dann gerade von den Szenen auszugehen, die der realistischen Bühne Hohn sprechen.« Vielleicht darf man auch noch ein fachmännisches Urteil über den Kriegsdichter Grabbe wiedergeben, weil der Schweizer Muschg es abgegeben hat: »Seine Schlachtengemälde stammen aus unbekümmerter Ahnungslosigkeit in militärischen Dingen.« In der Tat, man merkt, daß der Dichter Waterloo als Schulbub in der Tertia erlebte. Einige Rezensenten gaudierten sich schon zu Grabbes Lebzeiten über diese naiven Genrebilder; denn Schlachtenmaler bewiesen in der bildenden Kunst, wegen der militärischen, meist höfischen Auftraggeber, eine beträchtliche Sachkenntnis. Dort ist die Schlacht eine wichtige Gattung der Barocktradition. Mit all dem soll nichts gegen die *poetische* Wichtigkeit von Grabbes Schlachten gesagt sein (s. u.); ich spreche nur von ihrem so oft gerühmten Realismus. Hinzugefügt sei, daß Muschg vor allem als Gotthelfkenner (*Die schwarze Spinne* u. a.) ein so helles Auge für die »surrealistische« Struktur von Grabbes Dramen besaß.

151

Abschließend sei die moderne Abneigung gegen eine realistische Grabbe-Interpretation durch ein Zitat aus Manfred Schneiders Grabbe-Buch belegt, in dem wohl zum erstenmal die utopischen Schlachten des Dichters in den Mittelpunkt der Interpretation gestellt werden und von dem Thema des Heroischen aus eine sehr konsequente Deutung von Grabbes Weltbild, Komposition und Sprachstil versucht wird: »Die Grabbesche Schlacht, die bis zum Stilbruch kontrastierende Darstellung von ›grauser‹ Wirklichkeit und heroischer Glücksutopie, die ohne Rücksicht auf die Bühne und mit höhnischer Verachtung der Guckkastenmentalität erfaßten Wirklichkeitsausschnitte, die Tonlage des patriotischen Pathos und die Bildlichkeit der in ein Volk aufgeschmolzenen Gesellschaft lassen sich weder mit den inhaltlichen noch mit den Stilkriterien des Realismus begreifen. Die Beispiele heroischer Erhabenheit, die freilich als vergnügter Marsch in den Kugelregen künstlerisch nicht überzeugen können, erinnern eher an den Idealismus Schillers als an den bis ins Dokumentarische reichenden *Realismus* Büchners. Der auf das Bestialische reduzierten Gesellschaftswelt entspricht der auf das Heroische reduzierte Idealismus. Das thematische Gewicht und die formale Notwendigkeit, wodurch die Grabbeschen Gefechtsszenen sich im dramatischen Zusammenhang ausweisen, verbieten es, den Satiriker Grabbe als den eigentlichen *realistischen* Künstler zu feiern oder den Dichter des mißtönenden Schlachtpathos auszuklammern, wie es etwa Höllerer tut. Dies verzeichnet das Bild Grabbes, das zur Vollständigkeit und zum Nachweis seiner Originalität gerade auch seine Monstrositäten und Schwächen aufnehmen muß« [40]. Man kann gewiß, als Privatmann oder Regisseur, mit Hans Mayer »Abschied von Grabbes Tragödien« nehmen und sich »an die Absurdität seiner Lustspielwelt« halten[41]; aber mit der Aufgabe des Literarhistorikers verträgt sich die bewußte Anpassung an den jeweiligen Geschmack in keiner Weise.

Zur Geschichte des Werks

Der Aufbau und der Sprachstil von Grabbes Drama zeigen keine so starken Schwankungen wie bei andern Dichtern. Dies verbindet ihn mit Dramatikern wie Schiller oder Nestroy, mit Erzählern wie Gotthelf und Postl, mit Lyrikern wie Heine oder Lenau. Die verhältnismäßig große Einheitlichkeit der Form trennt ihn von Dichtern mit Entwicklungsprinzip, von Goethe und der Goethe-Schule (Grillparzer, Immermann, Mörike, Stifter, Hebbel u.a.). Ob man freilich so weit gehen darf, bei dem Frühgestorbenen die »substanzvolle Grundkraft seiner Seele« zu rühmen? [42]. Ehe wir versuchen, diesen Stil zusammenfassend zu charakterisieren, soll die Geschichte des Werks – es gibt sie natürlich auch in einem kurzen, an großen Erlebnissen armen Leben – durch einen knappen Überblick dargestellt und gedeutet werden.

Gothland

Seine ersten Stücke platzten in die zahme Welt des frühen Biedermeier wie eine Bombe und wurden sogleich als Genieproben anerkannt. Der Tragödie *Herzog Theodor von Gothland* (verfaßt 1822, hg. 1827) konnte der junge Dichter einen langen Brief Tiecks (vom 6. 12. 1822) voranstellen, in dem sich, für Grabbe gewiß erwünscht, die Bewunderung und das Entsetzen der goethezeitlichen Generation mischten. Die Forschung hat natürlich lange Register literarischer Einflüsse aufgestellt: Byrons *Cain,* Shakespeares *Othello, Richard III.* und besonders *Titus Andronicus, Die Räuber* mit ihrem ganzen Gefolge in Drama und Roman. Das Stück ist die Zusammenfassung einer bunten, z. T. höchst trivialen Primaner- und Studentenlektüre, eine individuelle Summa der gesamten vor- und schauerromantischen Barocktradition. Daher der ungeheure Umfang, dem die Form des Tieckschen Historiendramas[43] die Rechtfertigung geben mochte. Daher auch die unbewältigte Fülle der verschiedensten Motive, Stimmungen, Ideen. Literarhistorisch gesehen war das Werk ein höchst merkwürdiger Nachhall, eine unfreiwillige Parodie romantischer »Universalpoesie«. Trotzdem empfand Tieck mit Recht, daß er hier das Werk einer neuen, früh desillusionierten, tief gefährdeten Generation vor sich hatte. Als Bordellpoesie braucht man das Studentenstück nicht gerade abzutun, obwohl die zweite, bürgerliche Hälfte des 19. Jahrhunderts dazu neigte. Auch die blutigen Motive als solche sind in der Trivialliteratur jederzeit sehr beliebt, sogar bei Shakespeare zu finden und sollten nicht gleich als Vorklang der deutschen Zukunft verstanden werden. Beispiellos und daher erschreckend war dagegen das quasi systematische, negativ-theologische Weltbild, das die barbarischen Einzelmotive überwölbt. Zwar hat ausgerechnet der Pastor Pustkuchen, der bekannte christliche Kritiker Goethes, den Versuch gemacht, die Idee des Stücks als »eine ächt, ja unterscheidend christliche« zu rechtfertigen. Das Drama stellt danach einen tragischen Abfall von Gott dar*. Obwohl der Dichter sogleich Widerspruch gegen den Geistlichen erhob (Brief vom 20. 1. 1828 an Kettembeil) – er fühlte sich wohl in seiner genialen Einmaligkeit verkannt –, ist, wie wir bereits sahen, etwas Wahres an diesem heimlichen Christentum. Auch Gerhard Kaiser ist der Meinung, daß die Transzendenz als entleerte Form noch Macht über Grabbe hat[44]. In *Don Juan und Faust* lesen wir dann: »Nur wer sehr fromm war, kann ein Satan werden.«

Der Neger Berdoa, der die Weißen haßt, benutzt die idealistische Ahnungslosigkeit des edlen Herzogs von Gothland, um ihn zum Brudermord zu verleiten. Als der unschuldig-schuldige Mörder sein Mißverständnis erkennt, macht er, statt zu bereuen, Gott und das Schicksal für seine Taten verantwortlich. Er verstrickt sich, er lästert und häuft nun erst recht Verbrechen auf Verbrechen. Zweifellos wirkt in diesem Übermaß der Sünden die Hyperbolik des Barockdramas nach, die der Dichter bei Shakespeare, vielleicht auch bei Calderon kennenlernte. Aber der Charakter der Abschreckdichtung, der im Barock deutlich zu erkennen wäre, ist keineswegs unmißverständlich durchgeführt. Die Sprache des Verbrechers verrät eine zum mindesten aphoristische Anteilnahme des Dichters. Auch

---

* »Unsere Religion... lehrt also nicht einen Gott und Gegengott, wohl aber eine vom Göttlichen abgesunkene Gewalt, die sich für den in der Mitte stehenden Menschen in einem Gegensatze als böses Prinzip conzentrirt. Characteristisch ist in dieser Vorstellung, daß das Böse einst gut war aber einmal abgefallen einem entgegenstehenden Extreme zueilt, von welchem aus es sich gezogen fühlt. Das ist die Lehre vom Teufel, der Hölle und Quaal, die in der Geschichte des Christenthums... eine so bedeutende und merkwürdige Erscheinung ist. Es ist aber auch die Lehre vom Fall der ganzen Menschheit, wie des einzelnen Menschen, sodaß jener Fall der Engel als symbolisirte Abstraction oder mindestens als Parallelismus dieses letztern gedeutet werden könnte« (Grabbes Werke in der zeitgenössischen Kritik, hg. v. Alfred *Bergmann,* Bd. 1, Detmold 1958, S. 27 f.). Gegen Tiecks Angst um Grabbe ebd., S. 31.

das Beten und Weinen des zusammenbrechenden Gothland machen das Trauerspiel nicht eindeutig. Statt daß – wie in der barocken Tyrannentragödie – die Geister der Hölle erscheinen, parodieren blasphemische Witze die gesamte christliche Jenseitsvorstellung: »Auch an die Hölle kann man sich gewöhnen, die ist zum wenigsten was Neues« (V,6). Man hat angesichts dieser Stelle von »einer Art gigantischer Blasiertheit« gesprochen[45]. Die Feststellung ist treffend. Grabbes renommistischer Dandyismus reicht über die erotische und martialische bis in die religiöse Schicht. Sein Unglaube darf nicht ohne weiteres als »Urerlebnis« angesprochen werden. Auch das Blasphemische ist durch den romantischen Nihilismus (*William Lovell, Die Nachtwachen des Bonaventura*, Lord Byron) schon vorgeformt und kann bereits spielerisch, als dämonisierende Grimasse, als grotesker Bürgerschreck Verwendung finden. Grabbe läßt mit diesem Werk ganz bewußt eine »Hyäne« auf das biedermeierliche Publikum los; angeblich hat er deshalb auch die Verse nicht ausgefeilt (Brief an Kettembeil vom 1. 9. 1827), eine Vorstellung, die man damals nicht nur bei Grabbe findet: Die Unausgeglichenheit der Form gilt als Zeichen der Natürlichkeit und der Kraft. Entsprechend ist im inhaltlichen Aufbau der Typus des barocken Schuld- und Sühnedramas aphoristisch »verwackelt« oder vielmehr nach allen Seiten aufgesprengt. Auch der Abstand von der legitimeren österreichisch-klassizistischen Barocktradition – man denke an *Ottokars Glück und Ende* – ist gewaltig. Die Tragödie hätte wohl nicht so sensationell gewirkt, wenn sie nicht, trotz vieler Anleihen, eindeutig etwas Neues gewesen wäre.

Die Aufnahme des Erstlings entsprach fast überall der bei Tieck: Schrecken, Bewunderung und gute Lehren. Eindeutig verurteilt wird der Anfänger nicht einmal von den Rezensenten, die sich über die »Plattheiten und Gemeinheiten«, über die »pöbelhaften Scenen«, über die »herbesten Grausamkeiten« in den Schlußteilen empören und ihm einen metrischen Rückfall in die Zeit vor Opitz (Silbenzählen) vorwerfen: Man muß abwarten, meint selbst der Kritiker Theodor Mundt (*Berliner Conversations-Blatt* 1828)[46]. Im Durchschnitt wird die merkwürdige Mischung von Grausamkeit und Schönheit verwundert registriert und dem Dichter sein Talent bescheinigt, sogar sein lyrisches. Menzel rät ihm, »die freyere elegische Form«, etwa im Anschluß an Byron, zu wählen, da sie sich besser für ihn eigne als »die gebundene dramatische« (Literaturblatt des Morgenblatts 1829)[47]. Der Widerspruch zwischen Grabbes praktischer Shakespearo-Manie und seiner programmatischen Polemik gegen die Erscheinung wird von den Rezensenten bemerkt. Die Anhänger des geschlossenen Dramas überwiegen, was wohl nicht nur auf die Klassik (Schiller), sondern auch auf die klassizistische Schulpoetik zurückzuführen ist. In dem Aufsatz *Über die Shakespearo-Manie* wollte Grabbe wohl die Gymnasiallehrer für sich gewinnen, wie Platen durch seinen Übergang zur Vossischen Metrik. Jedenfalls war diese Wiedererstarkung des Klassizismus in den 1820er Jahren zeitgemäß. Die Ermahnungen, maßvoller und gebundener zu dichten, werden von den Rezensenten etwa so vorgebracht: »Sollte der Verfasser sein, der Vorrede zufolge nach einer fünfjährigen Ruhe *geläutertes* Talent auf neue Schöpfungen verwenden, woran wir nicht zweifeln, so glauben wir…, daß sein Name sich eben so lange erhalten wird, als der Name der Gothland's«[48]. Mit der »Passionsblume des Glaubens« kann er sogar »der dramatische Messias Deutschlands werden« (Johann Baptist Rousseau im Rheinisch-Westphälischen

Anzeiger, Hamm 1828) [49]. Auf die psychologischen Unwahrscheinlichkeiten, die bloß
»äußerlichen« Begebnisse weisen mehrere Rezensenten hin, sogar der freundliche Pustkuchen. In einer Zeit, da *Sappho* längst berühmt war, erschien Grabbe in diesem Punkte
unterentwickelt. Andrerseits wird sein »großes Talent, Schlachten und Seegefechte ganzer Heere mit einer... einzigen [einzigartigen] Kunst auf das Theater zu bringen«, bezeichnenderweise gerühmt [50]. Auch wo dem Rezensenten Grabbes »unerträglicher
Bombast« und seine »grob materialistische[n]... Leidenschaften« mißfallen, anerkennt
er noch den »kecke[n] Muth, den gemüthlichen [seelischen] Schwächlingen unserer Zeit
zu mißfallen«, so in der von angesehenen Gelehrten redigierten »Leipziger Literatur-Zeitung« 1828 [51]. Die heutigen Versuche, schon im *Gothland* ein vollwertiges Drama des
Dichters zu sehen [52], wird man für übertrieben halten, aber durch die zeitgenössische
Aufnahme bestätigt finden. Es ist freilich zuzugeben, daß selten eine Zeit einem so sehr
ihrem Geschmack widerstrebenden Erstling so viel Gerechtigkeit widerfahren läßt.

Grabbes Lustspiel

Scherz, Satire, Ironie und tiefere Bedeutung (verfaßt 1822, hg. 1827) wird schon im Titel als eine Art aphoristischen Potpourris gekennzeichnet; aber eben dieser scheinbaren
Anspruchslosigkeit und Leichtigkeit ist eines von Grabbes wahrsten und erfrischendsten
Werken zu danken. Wir bemerkten schon, daß das Lustspiel in mehrere Sprachen übersetzt wurde. Auch in Westdeutschland würde es wohl bei einer Abstimmung der Grabbe-
kenner zur Zeit die höchste Stimmenzahl erreichen. In dem Kanon von 20 deutschen
Lustspielen, den Walter Hinck aufstellt (*Die deutsche Komödie*, hg. v. W. Hinck, Düsseldorf 1977), ist selbstverständlich auch eine Interpretation von Grabbes Lustspiel enthalten. In den amerikanischen Grabbebüchern (Nicholls, Cowen) ist die gleiche Vorliebe
festzustellen. Die »Blutrünstigkeit« ist hier mit vollkommener Eindeutigkeit ins Groteske
stilisiert, sogar unter Verwendung der Pantomime. Mit Recht sagt Nicholls: »The es-
sence of Grabbe's comedy is burlesque« [53]. Die 2. Szene des 3. Aufzugs besteht z. B. aus
folgender Regiebemerkung: »Der Freiherr Mordax geht spazieren, ihm begegnen dreizehn Schneidergesellen, er macht sich die Serviette vor und schlägt sie sämtlich tot.« Das
ist nicht »deutsches«, sondern Pariser und Wiener Theater. Oder gleich die nächste Szene
(III,3) mit satirischer Wendung: »Die vier Naturhistoriker treten mit blutrünstigen Köpfen auf.« Sie haben sich nämlich »die Köpfe zerbrochen«, – ohne Erfolg. »*Einer von Ihnen:* Nicht verzagt, meine Herren! Die Wissenschaft ruft! Lassen Sie uns noch einmal
probieren! Mutig! Noch einmal die Köpfe zerbrochen! *Alle vier:* Noch einmal die Köpfe
zerbrochen! (Sie schlagen sich mit den Steinen vor die Köpfe, daß die Funken stie-
ben...)«. Wurde im *Gothland* die Handlung durch Metaphern ins Kosmische ausgewei-
tet, weil nämlich nicht eigentlich der Mensch, sondern die Welt selber handelt, so wird
hier umgekehrt, ein wenig naiv, die Metapher, die Poesie der Sprache, zur Handlung und
zum Ausdruck des grotesken Unsinns, den der Mensch für Weisheit hält. Grabbe bemüht
sich, wie die Briefe verraten, stets um »Tiefe«. Darunter ist zunächst solche punktuelle
Hintergründigkeit zu verstehen. Die konventionelle Liebeshandlung, die, trotz possen-

hafter Szenen, die seriöse Bezeichnung Lustspiel rechtfertigen soll, ist nicht so wichtig wie die satirischen Anspielungen auf Gelehrte, auf schriftstellernde Damen (Karoline Pichler, Elise Hohenhausen, Louise Brachmann), auf Maler-Schauspiele, populäre Schriftsteller (Theodor Hell, Ernst Houwald, Krug von Nidda, Friedrich Gleich), auf Klopstocks *Messias* usw. Unverkennbar ist dabei die Tatsache, daß diese Negationen, ähnlich wie bei Heine, mehr als Polemik sind. Besonders durch die Einbeziehung Goethes und Schillers, ja schließlich Grabbes selbst, wird deutlich, daß nicht nur der oder jener Dichter, die oder jene literarische Richtung, sondern *die Dichtung selbst* verspottet werden soll. Für den Teufel ist das alles »ein Haufen gedruckten Zeugs«; der Ausdruck wird nach der Erwähnung Goethes gebraucht (III,6). Wie soll die Dichtung etwas bedeuten, wenn es überhaupt keinen Wert zu geben scheint? Der Dichter deutet direkt und indirekt immer erneut darauf hin, »daß dieser Inbegriff des Alls, den Sie [der Dichter Rattengift] mit dem Namen Welt beehren, weiter nichts ist, als ein mittelmäßiges Lustspiel« (II,2). Daher spielen der Teufel und seine Großmutter eine wichtige Rolle in dem grotesken Trubel der Posse, und daher tritt am Ende »der vermaladeite Grabbe« ganz unrealistisch selbst auf das Narrentheater. Wir können diese Motive und diese Illusionszertrümmerung noch romantisch oder schon einen Vorgriff auf das absurde Theater nennen [54]. Aber mit dem verklärenden Humor und mit der bürgerlichen Mäßigung des Realismus hat dieses Jugendwerk nichts zu tun. Das Lustspiel ist auch individueller, geistreicher und in diesem Sinne genialer als manche Meisterwerke des Wiener Volkstheaters, mit denen es den oder jenen possenhaften Zug gemeinsam hat. Die Säuferstimmung, die in dem Lustspiel herrscht, erzeugt eine gewisse Gemütlichkeit, Volkstümlichkeit und humorige Atmosphäre; aber der Dichter betont mit Recht, das Stück sei »aus den nämlichen Grundansichten entsprungen« wie der *Gothland*. Mit der gleichen Respektlosigkeit wird hier der Teufel zerspielt, wie dort die göttliche Ordnung.

Die Forschung hat sich in der letzten Zeit intensiv mit dem possenhaften Stück beschäftigt; man wird darin eine Parallele zur Heine- und Nestroy-Renaissance erblicken dürfen. Aber gerade die Frage, ob Grabbes Hinweis, »daß diesem Lustspiel eine entschiedene Weltansicht zu Grunde liegt« (Vorwort), ernst zu nehmen ist oder ob er damit den Leser »nur zum Narren halten wollte« [55], blieb umstritten. Die Weltansicht in Possen ist ohne Zweifel überhaupt ein schwieriges Thema (vgl. Bd. II, S. 450 f.), obgleich Deutsche es nicht lassen können, auch in diesem »absurden« Bereich nach der »tieferen Bedeutung« zu fragen, zumal wenn diese der Dichter – anders als die Wiener Possendichter! – schon im Titel erwähnt. Zu betonen ist zunächst, trotz des Vorbilds von Tiecks Komödie, daß fast jeder Rezensent Grabbes Abstand von der Klassik und Romantik erkannte. Die Schulpoetik verbot es, Namen zu nennen; aber sogar Mundt, der in anderer Hinsicht ein literaturtheoretischer Revolutionär war (vgl. Bd. II, S. 14 f.), scheut sich nicht, die *Xenien* und Tiecks »heitere Ironie in seinen dramatischen Dichtungen« als Vorbild gegen Grabbes »Plumpheit«, »Unbeholfenheit, Mangel an Tact und feinem Witz« auszuspielen [56]. Es ist *der* ästhetische Punkt, an dem sich auch Heine von den jüngeren, *akademischeren* Jungdeutschen unterscheidet und sich seinem Studienfreund Grabbe nähert. Ob dieser tatsächlich, in seiner Berliner Zeit, Heine beeinflußt hat oder ob diese Behauptung nur der üblichen Renommisterei des Detmolders zuzurechnen ist, müssen die Spezialisten entscheiden*. Sicher ist, daß sich Heine schwerer aus der »Empfindeleijauche« (Grabbe s. o.) befreit hat, was, weltanschaulich gesehen, ein Hinweis auf seinen stärkeren Sinn für Werte bedeuten könnte, und daß dem Westfalen die »plebejische«, nüchterne, amusische Gemütsverfassung näher lag. Wer die Romantik noch immer über die Restaurationsepoche stellt, kommt heute zu einem ähnlichen Werturteil wie Mundt. Auch er wird dem Dichter die »zirkushaften Derbheiten« und die persönlichen Angriffe nicht verzeihen, noch weniger natürlich die Mißachtung der Dichtung selbst: »Der Dialog riecht nach Engagement, was ihn auch ins Agitatorische verschleppt, womit das Stück den Charakter einer Weltkomödie verliert, wie ihn die frühromantische Komödie noch hatte. Grabbe löst sich fühlbar aus den literarischen Bezügen und tritt ins Provokante einer Tagespolemik über« [57]. Man kann die umgekehrte Meinung vertreten, daß nämlich gerade die Loslösung »aus den literarischen Bezügen« die Rückkehr auf das Welttheater einleitet, das sich in Wien gegen die Romantik behauptet hatte und Nestroy, mit einer ähnlichen »Weltansicht« wie Grabbe, auf einen neuen Höhepunkt führen wird.

Abstand zur Romantik besteht auch hinsichtlich des Teufels, wobei ein Vergleich mit Hoffmann noch näherliegt als ein solcher mit Tieck. Der Teufel bedeutet bestimmt nicht, daß die Restaurations-Gesellschaft eine Hölle ist. Auf diese Idee kam kein Rezensent. Bei Grabbe, wie bei allen Weltschmerzlern der Zeit, genügt der Begriff der »Gesellschaftssatire« [58] nicht. Eine solche hätte ohne den Teufel erheblich gezielter, »parteilicher« sein können. Selbstverständlich glauben die Kritiker des Biedermeiers nicht mehr in alter Weise an den Teufel. Es gibt Hinweise darauf, daß nicht einmal der streitbare Pfarrer Gotthelf es tat (vgl. S. 898); aber als eine machtvolle Gestalt war Satan der nachrevolutionären Zeit erneut gegenwärtig, wenigstens als ein Symbol des Bösen. Deshalb wendet sich sogar der liberale Mundt an dieser Stelle gegen Grabbes Lustspiel: »Was nun diesen Teufel selbst betrifft, so ist er ein recht armer Teufel. Auch ihm soll eine ›entschiedene Weltansicht‹ zum Grunde liegen, aber der Fürst der Welt erscheint als ein Ignorant und höchst armseliger Wicht.« Im folgenden wird sogar wieder Goethe gegen den Dichter ausgespielt, obwohl Mephistopheles »mit seiner Weltklugheit, seiner Genialität« [59] noch viel mit dem harmlosen Teufel des Rokoko gemein hat. Die »Trivialität« in jeder Beziehung ist es, die den aus einer »bedeutenden« (idealistischen) Epoche herkommenden Zeitgenossen Grabbes an seinem Lustspiel mißfällt. Die Werturteile gleichen denen über das Wiener Volkstheater auf ein Haar. Aber man kennt noch den Unterschied zwischen dem religiösen Ernst und dem Ernst der tragischen Gattung; und so sieht man richtig Grabbes erste Tragödie und seine Komödie *zusammen:* »Doch betrachtet man die Sache genauer, so findet man in diesem Lustspiele eigentlich nur die lustig seyn sollende Kehrseite des *Gothland:* Alles, was der Mensch vom Höchsten bis zum Niedrigsten glaubt oder kennt, wird darin verhöhnt« (Allgemeine Literatur-Zeitung Bd. 3, Halle 1828) [60]. Es wird noch die Frage gestellt, ob eine derartige »Universaltendenz« mit der Gattung des Lustspiels verträglich ist. Wichtiger erscheint, daß die weltanschauliche

---

* Karl *Ziegler* (Grabbes Leben und Charakter, Hamburg 1855, S. 49) bemerkt: »Allerdings auch Heine stand zu Grabbe in nahen vertrauten Beziehungen, ja nach manchen Äußerungen des letzten ist fast anzunehmen, daß dieser nicht ohne Einfluß auf die eigenthümlich witzige Manier des erstern geblieben ist.«

Tendenz überhaupt mit solcher Entschiedenheit erkannt wird. Darin könnte eine Rechtfertigung von Gerhard Kaiser liegen, der die wie immer »leere« Transzendenz des Lustspiels wohl am klarsten erfaßt und Grabbes Antiidealismus (»mit schlechtem Gewissen«)
am schärfsten von der »neuen Daseinsgewißheit« des Realismus abgegrenzt hat[61].
Man kann zweifellos auch im zweiten Stück Grabbes »eine Art gigantischer Blasiertheit«
wie in *Gothland* (s. o.) erblicken; aber man kann das negativ-religiöse Gewicht von
Scherz, Satire... nicht unter Hinweis auf die Lustspielform bagatellisieren. Um auf dem
Grund dieser bitteren Teufelsposse noch »irrational joy of life« zu finden[62], muß man
wohl Amerikaner sein. Noch fehlte dem alten, sich auflösenden Europa Feuerbachs »Positivismus«. Das Lustspiel bestätigte Tiecks Befürchtungen für Grabbe, wenn auch auf
einem, dem *Gothland* schon überlegenen literarischen Niveau. Beide Werke gehören zu
den erstaunlichsten Erstlingen der deutschen Literatur, unter der Voraussetzung, daß
man sie nicht als fertige Gebilde, sondern als fragmentarische Experimente betrachtet.
Der Dichter hat diese jugendliche Vorläufigkeit bei der Publikation energisch betont.

Ein theatralischer Anpassungsversuch und Marius und Sulla

Zweifellos wirkt bei dieser stolzen Bescheidenheit die Entwicklung der Klassiker als Vorbild. *Es
ist unwahrscheinlich, daß Grabbe über das Shakespearisieren hinaus bewußt die uns heute so teure
»offene Form« erstrebte.* Auch in Immermanns zahlreichen Äußerungen zum Drama und Theater
finde ich keinen Hinweis, daß er, etwa gemeinsam mit Grabbe, programmatisch eine offenere Form
des Dramas fortführen oder neu hervorbringen wollte. Die Frage, die sich dem 25jährigen Grabbe
stellt, heißt daher: Wie ist mein jugendlicher Sturm und Drang zu überwinden? Wie ist die von den
Rezensenten erwartete »Läuterung« zu verwirklichen? Das kleine Drama *Nannette und Maria*
(verf. 1823, hg. 1827) ist schon bemerkenswert als ein oberflächlicher Anpassungsversuch an das
Publikum und an das Theater. Man mag es entwicklungsgeschichtlich mit Goethes *Stella* vergleichen. Die angesehenen *Blätter für literarische Unterhaltung* (Brockhaus, Leipzig 1828) fanden hier
mit Wonne »eine Zierlichkeit, eine ungestörte Glut der Empfindung..., die wir an dem Verf. sonst
gar nicht kennen«[63]. Menzel betrachtete das Werk als Beweis, daß sein Dichter »wohl im Stande
seyn wird, vom Uebermaaß zum Maaß, von der Kraft zur Anmuth zurückzukehren«[64]. Einen
modernen Liebhaber des »tragischen Idylls« (Der Gesellschafter 1827)[65] kenne ich nicht. Größere Bedeutung ist dem fragmentarischen historischen Trauerspiel *Marius und Sulla* beizumessen;
es ist in zwei Fassungen (Manuskript 1823, Druck 1827) erhalten. Der *Gothland* ist, nach dem Vorbild der romantischen Historie, in einem ziemlich vagen und schwer kontrollierbaren Sinne ein Ver-
gangenheitsdrama*. Nun aber greift der junge Dichter zu einem bekannten Stoff der römischen Geschichte, in deutlicher Konkurrenz mit einer zeitgenössischen Sulla-Tragödie (August Kestner, *Sulla*, Trauerspiel, Hannover 1822). Grabbe tritt unter die Repräsentanten der mächtig aufblühenden
Geschichtstragödie, genauer: er stellt diesen zeitgemäßen Weg mit Hilfe eines Werks, das jetzt –
durch seinen fragmentarischen Charakter – ganz offensichtlich als Versuch gekennzeichnet ist, in
Aussicht und bittet im Vorwort das Publikum zu beurteilen, »ob es der Vollendung wert ist oder
nicht«. Gemeint ist natürlich der Theaterdirektor, der ihn zum Fertigmachen ermuntern und damit
eine Verpflichtung zur Aufführung übernehmen soll. Es ist eine »Berechnung« (s. o.). Man erinnert
sich an Klopstocks und Wielands Gönnersuche mit Hilfe epischer Fragmente. Dementsprechend ist
der Versuch verhältnismäßig zahm. Schon das Zweiheldenschema, das der amoralische Dichter

---

* »Mr. Gothland ist in der Handlung reine Erfindung, obwohl ich, eh’ ich ihn begann, aus ange-
borener Liebe nordische Natur und Geschichte studirt hatte« (Brief vom 23. 9. 1827 an Kettembeil).

unmöglich mit Hilfe der Schwarz-Weiß-Technik handhaben kann, führt zu einer echten historischen Relativierung der Helden. Sie stehen nicht unmittelbar der Welt, sondern, im Entscheidungskampf, einer dem andern gegenüber. Die dramatische Spannung lebt ganz wesentlich aus dem psychologischen Gegensatz zwischen dem feurigen, aber dummen Marius und dem kalten Rechner Sulla. Zwar spüren wir, auch ohne Vorblick auf Heinrich VI. und Napoleon, daß die Sympathie des Dichters bei dem vollkommen bindungslosen Realpolitiker Sulla liegt. Doch hat er sich durch die Stoffwahl einem rechtzeitig *resignierenden* Helden verpflichtet; denn obwohl sich Grabbe gegen »eine wörtliche historische Treue« wendet, so darf er doch den »wahren Geist der Geschichte« nicht verletzen [66]. Dieses Programm, dem Grabbe auch in seiner späteren Geschichtsdramatik treu zu bleiben versucht, entspricht genau der Geschichtsauffassung des Biedermeiers, das den Dichter nicht mehr als »Herrn über die Geschichte« (Lessing) duldet. Den biedermeierlichen Schluß hat er zwar nicht ausgeführt, aber sehr zeitgemäß skizziert: Sulla gibt seiner Gemahlin »den Lorbeerkranz in die Hand, mit der scherzhaften Bitte, die Speisen mit seinen Blättern zu würzen, und ladet sie ein, mit ihm auf seinem Landgute bei Cumä in heiterer Ruhe und Abgeschiedenheit zu leben. Beide gehen ab. Ende« [67]. In einer Anmerkung versichert der Dichter noch, er halte es »für unschwer, die weitere Ausführung ziemlich *theatralisch* zu bilden« [68]. Auf der ganzen Linie eine zielbewußte Anpassung an die Biedermeiergesellschaft! Auch die Volksszenen, die der Dichter in *Marius und Sulla* zum erstenmal entwickelte und auf die er überaus stolz war (Brief an Kettembeil vom 28. 12. 1827), gehören in diesen Zusammenhang. Grabbes Genrerealismus (s. o.), eine Hauptleistung seiner dramatischen oder vielmehr mimischen Kunst, beginnt, sich überzeugend zu entfalten. Ein Blick auf die ungefähr gleichzeitige Ottokar-Tragödie Grillparzers bestätigt dem Formengeschichtler wie auch dem aufmerksamen Sozialhistoriker, daß die *sorgfältige Herausbildung von Volksszenen* – über das Vorbild von *Götz, Egmont* und *Wallenstein* hinaus – *eine Forderung der Zeit war*.

Die Aufnahme war entsprechend freundlich. Die *Blätter für literarische Unterhaltung* (Brockhaus, Leipzig 1828) erfassen wohl am klarsten die literarhistorische Bedeutung des Fragments: »Ein so gestaltetes historisches Stück gibt es noch gar nicht: die strengste Geschichtlichkeit neben der concentrirtesten dramatischen Kraft« [69]. Ein anderer Rezensent lobt Grabbes Dichtung auf Kosten der Geschichtsdramen mit »Histörchen«, d. h. mit privaten Konflikten, die bisher aus Gründen der »Menschlichkeit« unentbehrlich schienen und z. B. in Kestners *Sulla*, aber auch bei Grillparzer – noch im *Bruderzwist!* – zu finden sind: »Die Meisten gehen um die eigentliche Aufgabe, die Geschichte selbst in ihren bedeutendsten Wendepunkten zu dichten, herum. In der vorliegenden großentheils ausgeführten Skizze bemerken wir eine durchdringende Kraft in dem Begreifen und Darstellen der großen weltgeschichtlichen Massen und Contraste« (*Berliner Conversations-Blatt...* 1828) [70]. Das Vokabular läßt auf einen Hegelianer schließen. Dementsprechend hat er kein Verständnis für die Einmischung des niederen Stils, wenn z. B. Marius von einem Gefährten sagt: »Da fällt er wie eine Fliege.« »Dem Kothurn der Gesinnung gebührt der Kothurn der Sprache«, doziert der rhetorisch gebildete Rezensent. *Die Trivialisierung erscheint auch hier als das Neue und Anstößige an Grabbe.* Pastor Pustkuchen vollends mag die alten Römer mit ihrem heidnischen »Egoismus« grundsätzlich nicht. Erst wer die frommen und deutschen Hohenstaufen zum Gegenstand einer Tragödie erhebt, wird Schiller übertreffen: »Die Palme, die den größesten deutschen Dramatiker umschatten wird, ist darum noch unerreicht. Wenn er aufsteht, so wird ein Freudejauchzen von Bern bis Memel tönen und den Mann des Volks begrüßen« (Westphalia 1828) [71]. Auch dieser Landsmann also erhofft in Grabbe den dramatischen Messias und zeigt ihm, wie er es werden kann.

Der programmatische Aufsatz Über die Shakespearo-Manie

Daß wir es hier nicht einfach mit Shakespeare-Epigonentum zu tun haben, verrät schon der Umstand, daß sich Grabbe gleichzeitig von der sklavischen Shakespearenachahmung in aller Form lossagt: *Über die Shakespearo-Manie* (1827). Der Aufsatz ist nach dem Zeugnis der Briefe zunächst ein Schachzug in Grabbes wohlberechnetem Generationskampf gegen Tieck, den er vor kurzem noch umschmeichelt hatte, eine Verbeugung vor dem in dieser Zeit (vgl. Bd. I, S. 251 ff.) wieder erstarkenden Klassizismus. Dessen Anhänger sind nicht nur Professoren, Höfe, Hoftheaterintendanten usw., sondern z. B. auch die langsam, aber sicher in die Publizistik vordringenden Schüler Hegels. Schiller, das Opfer der Romantiker, aber immer noch der angesehenste Beherrscher der deutschen Theater, wird jetzt von Grabbe gegen den vergötterten Shakespeare auf den Schild gehoben, der deutsche Theatraliker gegen den angeblichen Buchdramatiker. (Auch der alte Goethe hielt Shakespeare noch für einen solchen.) Man hat sich sogleich gewundert, daß ausgerechnet der Verfasser des monströsen *Gothland* für den klassischen Dramatiker eintritt. Wie kann ein Shakespearo-Mane die Shakespearo-Manie bekämpfen? Aber es ist dem Dichter ernst damit. Theodor Mundt behauptet zwar, es sei ein »Anflug von Wahnsinn« »in unseren Tagen«, in der Zeit Müllners, Raupachs, Houwalds, Grillparzers, von Shakespearo-Manie zu sprechen (Berliner Conversations-Blatt 1828) [72]. Er denkt an das rebarockisierte Theater (vgl. Bd. II, S. 335 ff.), das keine Shakespeare-Jünger aufführt. Doch eben hier liegt der Grund für die überraschende Wende des ehrgeizigen jungen Dramatikers. *Grabbe will auf den Spuren des erfolgreichsten deutschen Dramatikers hinter das Geheimnis eines deutschen Theatererfolges kommen.* Was das »deutsche Volk« will, was es bei Schiller findet und in Shakespeares »berechneter Kunst« [!] vermißt, ist »möglichste Einfachheit und Klarheit in Wort, Form und Handlung«, »ungestörte Begeisterung« [!], »treue und tiefe Empfindung« [!], »das Ideal...«, welches im Leben sich überall nur ahnen läßt«. Grabbe gibt hier die reinste Definition des biedermeierlichen Stilideals, des sich damals herausbildenden Biedermeierklassizismus. Aber konnte dieses zeitgemäße und von den meisten Rezensenten gelobte Vorhaben *Grabbes* Weg bezeichnen?

Don Juan und Faust

Don Juan und Faust (1829) entspricht insofern dem hier entworfenen Programm, als die Tragödie technisch einigermaßen sauber gearbeitet und daher leicht aufführbar ist. Die Handlung wird, meist in Großszenen, mit mimischem Reiz und dramatischer Wucht meisterhaft konzentriert, weshalb die Regisseure bis zum heutigen Tage dies Stück eher riskieren als die Geschichtsdramen des Dichters. Auch die Übersetzer lieben es (s. o.). Die Detmolder Inszenierung von *Don Juan und Faust* (ebenfalls 1829) war die einzige Grabbe-Aufführung zu Lebzeiten des Dichters und bildet insofern den äußeren gesellschaftlichen Höhepunkt dieses glücklosen Lebens. Die Zurückhaltung der großen Bühnen enttäuschte den Dichter mit Recht; denn nicht nur er selbst, sondern eine ganze Reihe von Rezensenten hielten das Stück für theatergerecht. Um den Verzicht auf diese »tollschöne Dichtung« (Menzel) [73] zu verstehen, muß man das Hoftheater der Restaurationsepoche in seiner ganzen Schwerfälligkeit kennen. Man sah in Don Juan bestimmt noch den verdorbenen, beim Bürgertum verhaßten *adeligen* Verführer, während Hans Mayer mit der naiven Geschichtstheorie des marxistischen Progressivpublizisten meint, die Figur habe schon in der bürgerlichen Aufklärung die »gesellschaftliche Realität« verloren [74]. *Die Verherrlichung des Wollüstlings durch den antibürgerlichen Dichter war peinlich,* wie später die tragische Rechtfertigung des fürstlichen Justizmords an Agnes Bernauer durch Hebbel. Grabbes Blasphemien gegen Gott und die Ehe konnte man nicht alle streichen, ohne dem Drama die Würze zu nehmen. Vielleicht störte auch der tragikomische Charakter des Stücks (Guthke) [75], der weite Weg von den Leporello-Szenen bis zu Fausts Verzweiflung, die klassizistischen Vorstellungen und die Aufführungsschemata der Hoftheater. Wenn gar noch ein Polizeidirektor im betrunkenen Zustande vorgeführt wird, so verbot sich schon jeder Gedanke an die Aufführung. *Eben dieses spielbare und höchst zeitgemäße Drama belegt besonders deutlich die unüberbrückbare Kluft zwischen Grabbe und der offiziellen Biedermeiergesellschaft.*

Es war jedoch ganz im Geist der spätidealistischen Zeit gedacht, Don Juan und Faust, Mozart und Goethe, Rokoko und Romantik in einer gewaltigen »Synthese« bewältigen und überbieten zu wollen. Etwas von Hegels Perfektionshochmut steckt in diesem Stück. Der Hegelianer Karl Rosenkranz hat unter Berufung auf einen Vorgänger (Nicolaus Vogt) und auf Byrons Bearbeitung *beider* Themen *(Manfred, Don Juan)* die Kombination der Stoffe, die Goethe- und Mozartverehrer ablehnten, *ausdrücklich gerechtfertigt,* – wenn er auch Grabbes Dichtung nicht in jeder Hinsicht gelungen fand[76]. Man wird auch zugeben müssen: sie war keine durch Gedankentiefe sich auszeichnende hegelianische Konstruktion, sondern wieder ein frisches, derbes und damit gut Grabbesches Werk. Nicht umsonst gab ihr der Dichter gegenüber dem *Barbarossa,* den Kettembeil höher schätzte, den Vorzug (Brief an Kettembeil vom 8. 4. 1830). Der deutsche Professor Faust steht dem spanischen Kavalier Don Juan ungefähr wie der brave Marius dem verruchten Sulla gegenüber, und wieder entspricht der kältere, zynische Menschentyp dem Wunschbild des Dichters. Von einer nationalen Begeisterung für die deutsche Symbolgestalt Faust findet sich keine Spur. Das Zweiheldenschema führt bei dem sagenhaften Stoff zu keiner Relativierung und Abdämpfung des Heldentums. Diesen Vorteil hat der mythische Stoff gegenüber dem historischen, der damals eher zur Nüchternheit, zur »Quellentreue« verpflichtet. In den Faustszenen erscheint besonders einprägsam Grabbes Vorliebe für eine gigantische Art von Phantastik*. Beide Helden sind in ihrer Weise bejaht.

---

* Ein Beispiel *(Don Juan und Faust* II,2):

> *Faust:* Schnell! bau mir mit Flammenkraft
> Hoch auf des *Montblancs* Alpenhorn
> Ein Zauberschloß im Schnee und Eise auf,
> So glänzend als die Welt noch nie eins sah.
> Ein goldner Frühlingsduft soll es umweben,
> Und Regenbogen liebend diesen Duft
> Umschlingen – Und die Fenster sollen leuchten
> Wie Donna Annas Abglanz – Purpur, feurger
> Als Unschuldsrot auf jungen Mädchenwangen,
> Soll alle Wände schmücken, – Teppiche,
> Vor Wollust schwellend unter ihrem Tritt,
> Den Boden küssen, – was der Schoß des Meers,
> Der Erde Schachten, dir an Perlen bieten
> Und an Juwelen, dort solls strahlen!
> *Der Ritter:* Während
> Du sprachst, ist es vollzogen, und das Schloß
> Steht da auf dem Montblanc!
> *Faust:* Nur
> Den *Kleidsaum* der Geliebten zu umglänzen,
> Reiß ich Fixsterne los von ihren Sitzen,
> Zu Weibes Dienern sie erniedrigend! –

Besonders Don Juan wird bewundert, der ohne Zauberkräfte rein als Mensch, den höheren Mächten trotzt und bis zum letzten Augenblick kämpfend, liebend und genießend seine Unabhängigkeit wahrt. Man darf diesen Don Juan ungefähr als eine Verkörperung dessen betrachten, was Heine, deutlicher goethisierend, »Hellenismus« nennt, im Gegensatz zum Nazarenertum, und was er ebensowenig wie Grabbe im Leben verkörpern kann; denn diese Weltschmerzgeneration war nicht zur schlichten Lebensfreude geboren. Auch Don Juans kecke und nicht selten freche Sprache erinnert an den Heineschen Reisebilderstil. Daß Grabbes *Don Juan* durch Zeitgenossenschaft mit Büchners *Danton* verwandt ist, hat Roy C. Cowen überzeugend nachgewiesen [77]. Wieder könnte man die Gemeinsamkeit auf stilistische Erscheinungen ausdehnen. Der leichte Sinn begünstigt bei allen drei Dichtern die Neigung zum frechen, komischen oder auch grotesken Ausdruck. Trotzdem ist die Tatsache, daß Grabbe seinen Hellenen in das bekannte Figuren- und Handlungsschema der Barocktradition versetzt und daher mit der christlichen Norm konfrontiert, gewiß kein Zufall. Die Hölle behält, im Gegensatz zu Goethe, ihr altes Recht – trotz aller Freigeistereien. Bezeichnend ist auch die elegische Erinnerung an die Religion, die man im Expressionismus, z. B. beim alten Benn, wiederfindet (IV,3):

> – In diesen Tränen, die ich weine, spür
> Ich es: es gab einst einen *Gott,* der ward
> *Zerschlagen – Wir sind seine Stücke –* Sprache
> Und Wehmut – Lieb und Religion und Schmerz
> Sind *Träume* nur von ihm.

Don Juan als bloßer Lebenskünstler – mit »realistischer« Behaglichkeit betrachtet – wäre nicht nur für das Biedermeier-Theater, sondern auch für Grabbe unmöglich gewesen. Dieser *Don Juan* ist kein »Vorposten der noch zwanzig Jahre entfernten Revolution« [78], – die ja bekanntlich bürgerlich und höchst moralisch war, sondern ein wichtiger Punkt auf der Traditionslinie, die, mehr oder weniger verborgen, vom *vor*bürgerlichen Hedonismus zum modernen führt. Daraus ergibt sich auch die Präsenz des Stücks auf unserem Theater.

Die Aufnahme der Tragikomödie war, trotz Menzels Lob und vielen Beifalls für einzelne »Schönheiten«, überwiegend unfreundlich. Es gab erstmals harte »Verrisse«. Man kann diese Entwicklung schon als Reaktion auf die überschwenglichen Erwartungen mancher Rezensenten verstehen. So wendet sich der Kritiker im »Allgemeinen Oppositionsblatt« (Berlin 1829) zuerst gegen die unfähigen journalistischen »Zwerge«, die den Dichter mit Sophokles, Shakespeare und Calderon vergleichen. Erst dann rechnet er mit dem Stück schonungslos ab: »Alle Gestalten dieses Drama's sind unwahre, unnatürliche,

---

Man sieht: Der Rebarockisierung des Theaters wird nicht nur im Stoff, sondern auch im Sprachstil Rechnung getragen. Wolfgang *Menzel:* Diese »Skizze des wunderbaren Gedichts... wird hinreichen, unsre Leser auf die Erhabenheit der Gedanken, auf die Schönheit der Sprache, die durchgängig darin herrscht, aufmerksam zu machen. Es kann keine Frage mehr seyn, ob Grabbe poetische Kraft besitzt, er besitzt sie nur in einem zu großen Uebermaaß. Jedem unsrer Leser muß seine geistige Verwandtschaft mit Schiller (als Jüngling) auffallen« (Literatur-Blatt des Morgenblattes 1830, in: Grabbes Werke in der zeitgenöss. Kritik, Bd. 2, S. 98). »Uebermaß«: Man mag hier an »Neopathetiker« nach 1900 denken!

nichtige Scheinwesen, es fehlt somit der poetische Gehalt gänzlich, und der Schluß macht daher jenen widerwärtigen Eindruck, der jedesmal eintritt, so oft solche nichtige Wesen in ihrer Nichtigkeit aufgedeckt werden und untergehen. Das Beruhigende und Erhebende, das in dem wahrhaft Tragischen immer liegt, fehlt hier durchaus.« Der idealistische Kritiker sucht vergeblich das »Uebersinnliche« in dem Drama. Er findet nur »Seichtigkeit der Verse und des Stils«, »Prosa der Gedanken«, »Salbadereien« [79]. Auch *Der Gesellschafter* (Berlin 1829) findet in der Fabel von Don Juan und Faust, die beide Donna Anna lieben, »eine so triviale nichtssagende Geschichte«. Er stellt die »Abwesenheit eines Grundgedankens« fest. Das alles ist »confuses Zeug«, »Flittergold unechten Witzes«. Die Erhebung wird wieder vermißt. *Bei diesem Stoff war es unvermeidlich, daß Grabbe mit Goethe verglichen und sein niedrigerer Rang in Sprache und Gedanklichkeit festgestellt wurde.* Die repräsentativen *Blätter für literarische Unterhaltung* vermissen die »Tiefe«, die dem ungeheuren Stoff angemessen wäre: Auch der Teufel ist ganz grob. »Von dem kunstreichen Gewebe Göthe's... findet sich keine Spur«. Manche Stellen verraten »poetisches Talent«; aber damit ist Grabbe noch kein Dramatiker, »da ihm alles gründliche Kunststudium offenbar mangelt« [80]. Die Goetheaner verteidigen den noch lebenden alten Meister gegen den trivialen Renommisten. Doch kommt gerade aus dem hochakademischen Lager Hilfe für den Zyniker. Der christliche Philosoph Christian Hermann Weiße, ein namhafter Gegner Hegels, stellt in seinem *System der Aesthetik* (Leipzig 1830) *Don Juan und Faust* über den *Faust* Goethes; denn erst in Grabbes Drama »hat der Charakter des *Faust* seine... dramatische und tragische Bedeutung erhalten, als Repräsentant jener phantastisch-speculativen Bosheit, die mehr gegen sich selbst, als gegen Andere gekehrt ist«. Bei Goethe sei das Böse nur »äußerer Anflug«, insofern untragisch [81]. Nach dem Pastor Pustkuchen entdeckt also auch ein christlicher Professor das Religiöse in Grabbes tragischem Zynismus, eine erneute Bestätigung meiner Hypothese, daß der Weltschmerz eine Auflösungserscheinung des Christentums ist und daher mit gutem Sinn in der Restaurationsepoche kulminiert (vgl. Bd I, S. 28 f.). Übrigens ist auch der Hofrat Friedrich von Gentz, Metternichs Propagandaminister, lüstern neugierig auf *Don Juan und Faust.* Nachdem er Menzels Rezension gelesen hat, gibt er Auftrag, die »tollschöne Dichtung« und den *Barbarossa* beim Buchhändler zu bestellen [82]. Daß der Dichter an einen Hohenstaufen-Cyclus gehen will, begrüßen sogar die unfreundlichen Rezensenten, und die Epigrammatiker erfassen Grabbes Erfolgsrezept am Abschluß seiner ersten Werkphase schon recht treffend:

Don Juan und Faust.

Nicht das Vernünftige mehr gilt ferner für groß und poetisch;
Werde verrücket: Du bist aller Poeten Poet [83].

Christian Dietrich Grabbe

Wieder: Theatralische Anpassungsversuche

Die Versuche des »Einsamen« (Hanns Johst), sich an das Hoftheater seiner Zeit anzupassen, kulminieren in dem schon erwähnten *Aschenbrödel* (vollendet 1829, stark verändert herausgegeben 1835) und in dem Doppeldrama *Die Hohenstaufen* (2 Bde, Frankfurt/M. 1829) genauer in *Kaiser Friedrich Barbarossa*. Gutzkow mißt *Aschenbrödel* an Platens *Gläsernem Pantoffel* und findet dementsprechend seine Komik »pritschenhaft plump« [84]. Wenn man Grabbes theatralischen Ehrgeiz in diesen Jahren kennt, wird man nicht mit dem Kunststück des Wort- und Versartisten, sondern eher mit dem Feenstück des Wiener Volkstheaters vergleichen. Das Werk ist von der dortigen Zauberposse, aber auch von Grabbes derber Art und von seinem ersten Lustspiel aus gesehen, eher zu matt und zu »poetisch« als zu plump und volkstümlich. Der Dichter liebäugelt hier doch noch zu sehr mit dem romantischen, lyrischen Begriff von Märchenpoesie, als daß er sich die Form des theatralischen Feenstücks vollkommen aneignen könnte. Jedenfalls greifen die lyrisch-idealistische und die komisch-groteske Stilschicht nicht so überzeugend ineinander, wie es wahrscheinlich die Absicht des Dichters war. Die gültige biedermeierliche Ausformung dieses Experiments blieb Raimund vorbehalten.

Den *Barbarossa* wird man als einen Versuch im zeitgenössischen Historienstück betrachten müssen. Er erinnert an die Geschichtsgemälde der Düsseldorfer Malerschule, und es erscheint unter diesem Gesichtspunkt als sinnvoll, daß sich der Dichter später nach Düsseldorf wandte. Gerade auch der modische Hohenstaufenstoff spielte in der Düsseldorfer Malerei und Dichtung eine nicht unbedeutende Rolle [85]. Grabbe plante wie Immermann einen Zyklus von Hohenstaufendramen. »Sich und die Nation in 6–8 Dramen zu verherrlichen« sollte »das Größte« seines Lebens werden (Brief an Kettembeil vom 20. 1. 1828). Kettembeils Begeisterung für den *Barbarossa* ist symptomatisch für die Hohenstaufenschwärmerei; der Verleger drängte Grabbe hartnäckig zur Weiterführung des Zyklus. Daß man auf diesem Wege zu großen Theatererfolgen kommen konnte, bewies das Beispiel Raupachs, der der tatsächliche Napoleon der norddeutschen Bühne wurde (*Die Hohenstaufen*, 8 Bde, Hamburg 1837; vgl. Bd. II, S. 368 f.). Heute ist man sich wohl darüber einig, daß der *Barbarossa* nicht eben zu den schwachen, aber zu den schwächeren Werken Grabbes gehört. Zwar hat das Werk, von einem strengeren, nicht nur klassizistischen Begriff des Dramas her gewertet, große Verdienste [86]. Die Schule Schillers hat in kompositioneller Hinsicht zu einem gewissen Erfolg geführt. Auch von »ungestörter Begeisterung« und »tiefer Empfindung« (s. o.) ist in dem Werke allerhand zu finden. Die nach dem Vorbilde Schillers oft gereimten Szenenschlüsse sind dafür unter anderm bezeichnend. Einem fernen adeligen Verehrer schreibt der Dichter stolz: »Mein ansprechendstes Werk muß der Barbarossa seyn« (An Theodor von Kobbe 10. 2. 1832). In intimen Äußerungen dagegen bekennt er wiederholt, daß sich in diesem Werk viel »Schaum« befindet, und das ist es, was heute jeder zuständige Beurteiler spürt. Damit soll nicht gesagt sein, daß sich der eigenwillige Dichter völlig preisgibt. Wenn die lokalpatriotischen Verehrer Grabbes in diesem Drama gerne auf die markigen Niedersachsen der Kriegerszenen und auf den starken Welfenherzog hinweisen, so haben sie auch im stilistischen Sinne recht. Sie bezeichnen *die* Schicht des Dramas, die am wenigsten »Schaum« hat. In der Hohenstaufenschicht dagegen, in dem ganzen, quasi offiziellen Bereich um Kaiser, Papst, Hof und edle Frauen bemüht er sich um biedermeierliche Stilisierung. Man erinnert sich an die entsprechenden Partien im *Witiko*, die die Kapitel im heimischen Böhmerwald an keiner Stelle erreichen. Es ist, als wollte es Grabbe den Württembergern und dem patriotischen Morgenblatt-Menzel in Stuttgart recht machen. Das Zweiheldenschema dient diesmal nicht nur der Entfaltung der historisch-dramatischen Bewegung mit Schau-, Prunk- und Redeszenen, sondern auch der Ausbildung eines gewissen innerseelischen Konfliktes: Der abfallende Herzog ist dem Kaiser befreundet. Freilich verraten die elegischen Töne, die dabei aufklingen, daß die Konflikte auch hier nicht eigentlich geistig ausgetragen werden:

> – Mathildis, wär ich doch auf jenem Stern,
> Der da so ferne blinkt und schön, geboren!
> Ich könnte niederschaun, den Kaiser lieben,
> Und brauchte nicht mit ihm die Schlacht beginnen! – (IV,2)

Der Zynismus schwindet niemals aus Grabbes Werk; doch klärt er sich bei dem reifen Dichter nicht selten ab, zu weltschmerzlichen Äußerungen dieser Art. Die Welttrauer hält ihn, der hinreichend Fähigkeiten zur Posse und zum bloßen Genre-Geschichtsdrama bewiesen hatte, beim Trauerspiel fest, ja, sie verstärkt seine Neigung zu dem, was er Tragödie nennt.

Das Barbarossa-Symbol ist heute, vermutlich durch Heines *Deutschland,* zu einem Tabu oder gar zu einem Schreckgespenst für die Jugend geworden. Doch sollte man dabei nicht vergessen, daß es *ein legitimes Bestreben Grabbes war, durch den Anschluß an die nationale Bewegung aus der absoluten Negativität des Frühwerks herauszufinden.* Während die Don-Juan-Figur den irdischen Wert der Liebe in extremer Übertreibung zeigte und daher eine Herausforderung zur religiösen Deutung, zur heidnischen Verherrlichung oder zur christlichen Verurteilung war, bedeutete das irdische Vaterland zu dieser Zeit, trotz einiger übertriebener Enthusiasten, noch einen reinen Wert. *Es war aus der Verteidigung gegen den napoleonischen Imperialismus hervorgegangen und eng mit der liberalen Bewegung verbunden.* Zu diesem Stück hat, meine ich, Fritz Böttger die richtige Einstellung gefunden: »Trotz aller ideologischer und künstlerischer Mängel war das Stück eine Dokumentation von Grabbes Liebe zum Vaterland, ein Bekenntnis zur Verbundenheit mit der deutschen Nation. In dieser biographischen Hinsicht kann es nicht hoch genug eingeschätzt werden. Denn in den Wirren und Depressionen seines weiteren Lebens wurde die Liebe zu Deutschland zu einem Halt und zu einer lebenbejahenden Substanz seines Daseins« [87]. Die Worte mögen ein wenig zu hoch gegriffen sein. Man denkt an die Schlüsse des *Napoleon* und der *Hermannsschlacht,* die eher das schwierige Verhältnis zwischen dem Genie und seinem Vaterland als eine endgültige Heimkehr in die »Substanz« (Böttger, s. o.) Vaterland andeuten. Auch die Wahl des Hannibalstoffes und seine Ausgestaltung – der Heros stirbt ja ausgestoßen, fern der Heimat – dürfte kein Zufall sein, so wie in den Krämern Karthagos die »reiche«, opferunwillige Gattin und das ganze Großbürgertum getroffen werden sollen. Trotz dieser Einschränkung ist der Versuch, einen Halt an der nationalen Bewegung zu finden, bemerkenswert. Wenn er auch nicht so weit führte, wie bei Immermann, so gab er doch den Jahren um 1830 einen gewissen Schwerpunkt, verzögerte das viel früher denkbare Versinken des Dichters in der Halbwelt und ermöglichte sein Ausreifen zu den Meisterleistungen *(Napoleon, Hannibal).* Auch Ziegler bemerkt nach seinem Abschnitt über *Barbarossa:* »Grabbe stand jetzt auf der Sonnenhöhe seines Glückes« [88].

Die Rezensionen sind überwiegend freundlich, dankbar für das monumentale Experiment auf dem Gebiete des nationalhistorischen Dramas, aber keineswegs enthusiastisch. Die historischen Prophetien zum Ruhme der Hohenzollern, Habsburger, Welfen (Hannover-England) werden von den, dem Klassizismus zuneigenden, *Blättern für literarische Unterhaltung* (Leipzig 1830) [89] grundsätzlich abgelehnt; sie sind des Dichters unwürdig. Die Schlachtszenen erscheinen aus der Sicht des von einem strengen Formbegriff ausgehenden Rezensenten ebenso von Grund auf fragwürdig. Sie *müssen* lächerlich wirken. Die »Grellheit«, das »rohe Gezänk« mancher Szenen, aber auch die »empfindsam freundschaftlichen Unterhaltungen« zwischen Barbarossa und Heinrich dem Löwen gelten als ebenso unkünstlerisch wie unhistorisch. »Die Mäßigung und Ruhe des Künstlers« wird immer noch vermißt, hier und in anderen Rezensionen. Weniger akademische Kritiker stellen die Frage, ob das Zweiheldenschema, das starke Hervortreten Heinrichs des Löwen sich mit der Form des Dramas verträgt und ob nicht der Dialog der Lanzenknechte »etwas zu provinziell« ist. Doch erscheint beim gleichen Rezensenten *(Der Sprecher oder Rheinisch-Westphälischer Anzeiger,* Hamm 1829) [90] sogleich der westfälische Stolz auf Grabbe, wenn er den »Schinkendialog« mit der Kapuzinerpredigt in *Wallensteins Lager* vergleicht. Daß die breite historische Monumentaldarstellung fast notwendig zur Verflachung des Psychologischen führt, wird kaum erfaßt, da die »Charakterisierung« eine dogmatische Forderung seit Lessing ist. Dagegen wird das Neue an Grabbes Schauspiel in der dramaturgischen Kritik sehr deutlich aufgedeckt, wenn ein Rezensent *(Literarische Beilage zu Streit's Schlesischen Provinzial-Blättern* 1830) [91] fragt, ob man »diese gigantische Herrlichkeit in die engen Grenzen dramatischer Form... passen« kann, und behauptet: »Nationen sind keine Personen fürs Drama, dieses hält sich ans Individuum und vermag nur mit diesem auf Herz und Verstand des Lesers oder Zuschauers einzuwirken.« Selbst Menzel *(Literatur-Blatt des Morgenblattes* 1830) [92], der den »Barbarossa« für das »beste« Drama hält, »womit uns der geniale

Grabbe beschenkt hat«, weist darauf hin, daß die Geschichte der Hohenstaufen »beinah ganz Europa« erfaßt und daß die »Ideen« – er meint wohl den Kampf mit der Kirche – hier viel stärker hervortreten als in Shakespeares Historien. Dort »erfüllt« der geschichtliche Vorgang die Bühne, »hier wird ihm die Bühne überall zu eng«*. Grabbes Leistung, seine getadelte und gelobte »Objektivität«, ergibt sich auch daraus, daß Menzel meint, der Dichter hätte den abfallenden Löwen »nicht so edel«, sondern als »Judas« schildern müssen. »Eine zu objective Darstellung« urteilt Ziegler noch 1855 [93].

Kaiser Heinrich VI.

Kaiser Heinrich VI. wurde von den meisten Rezensenten, wie auch von einem Teil der Grabbeforschung, nicht in seiner Eigenart und in seinem Eigenwert erfaßt, da die Tragödie gleichzeitig mit dem *Barbarossa* erschienen ist. Menzel [94] wollte die dramaturgische Verlegenheit, in die die Kritik durch Grabbes Geschichtsdrama geraten war, dadurch aufheben, daß er den Vorschlag machte, zwischen dem heroischen und dem historischen Trauerspiel zu unterscheiden. Er berief sich dabei auf das französische Vorbild: »In Paris hat man angefangen, diese Sonderung zu fühlen, und indem man dem alten heroischen Trauerspiel sein Recht gönnt, hat man jene neuen Kostümstücke zugerichtet, die, ohne sich die Würde der ältern Tragödien anzumaaßen, doch das Bedürfnis, eine vergangne Zeit treu zu spiegeln, zweckmäßig befriedigen.« Woran Menzel denkt (Vitet?), muß der Spezialist entscheiden. Jedenfalls war sein Vorschlag für die damalige deutsche Literatur und Literaturkritik viel zu pragmatisch. *Barbarossa* mag etwas von diesem bloß historischen Kostümstück haben. Aber *Heinrich VI.* maßt sich durchaus die Würde der älteren Tragödie an. Deshalb ist es auch ein Fehlurteil, wenn Menzel dem Dichter die »Unwahrscheinlichkeit« ankreidet, daß der Kaiser auf der Höhe des Ätna stirbt. Der Dichter hat den gigantischen Schauplatz aus der traditionellen Ätna-Metaphorik (vgl. Bd. I, S. 495), vielleicht auch aus dem gleichzeitigen Interesse für die Vulkane oder gar aus Hölderlins *Empedokles* heraus entwickelt. *Jedenfalls ist dies »phantastische« Motiv für Grabbes Stil genauso bezeichnend wie Fausts Schloß auf dem Montblanc.* Der Dichter trennte sich niemals entschieden von der heroischen Tragödie. Es kam ihm gerade auf die Mischung der »hohen« Tragödie mit realistisch-historischen, stilsenkenden Elementen an. Deshalb mußte er eine harte Rezension, fast schon einen Verriß von Arnold Ruge, dem künftigen Führer der Junghegelianer, hinnehmen. Der vorüber-

---

* Das ausgeglichenste innerliterarische Werturteil zum *Kaiser Friedrich Barbarossa* finde ich innerhalb der heutigen Literaturkritik bei Wolfgang *Hegele* (Grabbes Dramenform, München 1970, S. 204): »Zum *Barbarossa* selbst bemerkt er [Grabbe]: ›Der Leser sehe nun selbst, wie einfach und historisch und doch dramatisch sich unter Einwirkung dieser Charaktere die Handlung fortbewegt‹ [an Kettembeil 3. 6. 1829]. Das steht im Entwurf für eine Selbstrezension. Es ist aber nicht nur Propaganda. Es stimmt weitgehend. Allerdings darf man, um das zu sagen, die herkömmliche Form des Dramas nicht als Maßstab nehmen, sondern muß das architektonische Gefüge dieses Dramas als Versuch einer neuen Form anerkennen. Die sprachliche Füllung dieses architektonischen Gefüges ist – darauf wurde mehrfach hingewiesen – dichterisch schwach. In den folgenden Dramen wird sich ihre Qualität stark verbessern. Die Gesamtkomposition wird aber in keinem der folgenden Dramen Grabbes eine ähnliche Geschlossenheit erreichen.«

gehende Untergang von Grabbes Ruhm kündigte sich an, als Brockhaus diesen ästhetisch
geschulten Klassizisten mit einer umfangreichen Rezension von Grabbes Tragödie beauf-
tragte *(Blätter für literarische Unterhaltung* 1831)[95]. Ruge geht bereits von dem »ausgezeichneten Platz« [!] aus, den Grabbes Tragödien in der zeitgenössischen Literatur einnehmen, ja, er fürchtet – mit Recht, wenn ich richtig sehe –, »eine Grabbe'sche Sündflut
von Tragödien«, worin er nur einen Rückfall in den Naturalismus erblicken kann. Als
bezeichnendes Beispiel wählt er das Absinken des Stils zum niedrigsten Wortschatz in der
Sterbeszene des Kaisers, die doch nach allen Regeln der Rhetorik erhaben sein müßte:

> *Kaiser Heinrich:*
> O,
> Ich stehe auf des Ätna Gipfeln, und
> Wie der Schütz die Pfeile sendet durch die Luft,
> Send ich die Kriegsschiffe durch die See!
> (Laut aufschreiend)
> Weh,
> Was schlug? Wer klopft? – Das ist mein Herz nicht –
> Der Tod! – Der Hund! – [!] (V,2)

Wir bemerken bei einem derartigen Zitat erst, wie gründlich die rhetorischen Spielregeln
inzwischen aufgelöst worden sind; denn das triviale Wort »Hund« muß nach Ruges Äußerungen in diesem Kontext für die Gebildeten ein Schock gewesen sein. Ist also Grabbe
für Ruge zu realistisch? Das Gegenteil ist der Fall. Er vermißt überall die Wahrscheinlichkeit. Beim Tode des Bürgermeisters Rudlieb: »Es ist gewiß noch Niemand so gestorben.«
Bei der Charakterisierung der schwäbischen Krieger: »Gar zu naiv.« Bei der Darstellung
der Schlachtszenen: »Wenn er nur dem ersten besten Unteroffizier die Scene zur Durchsicht und Verbesserung vorlegte.« Auch nach Zitierung einer der berühmten »schönen
Stellen« Grabbes, die die Zeitgenossen vor allem durch ihren hölderlinschen (elegischen)
Ton trafen, kann Ruge seinen hegelianischen Klassizismus nur halb und halb ausschalten: »Freilich wird unser verwöhntes Ohr auch hier noch die classische Vollendung vermissen; wen aber sollte dennoch diese tief bedeutungsvolle Dichtung mit ihrer Schönheit
nicht hinreißen?«

    Trotz der hinreißend schönen Stellen darf man sich die elegische Tragödie *Kaiser Hein-
rich VI.* nicht überwiegend lyrisch, wie einen zweiten *Empedokles* vorstellen. Im Gegenteil, schon meldet sich die Neigung zur Wortkargheit, die bei fast allen guten Dichtern der
Zeit die Rhetorik überformt und gültig macht. »Heinrich VI«, sagt Grabbe mit Recht, ist
»*weit gediegener*« als *Barbarossa* und hat »*keinen* Schaum« (Brief an Kettembeil vom 8.
4. 1830). Handelnde Heroen möchte Grabbe darstellen, erbarmungslose Tatmenschen.
Heinrich der Löwe war schon im ersten Stück der *Hohenstaufen* kälter als Barbarossa. In
diesem zweiten Stück wird er als kaltblütiger Schlächter der Bardewiecker Bürger vorgeführt (II,5). Aus dem süßromantischen Mittelalter Tiecks ist hier ein schauerromanti-
sches geworden; man fühlt sich an Victor Hugo erinnert. Kaiser Heinrich VI. übertrifft
den Löwen noch an rücksichtsloser Ausübung der Macht. Doch sieht ihn der Dichter, im
Anschluß an Raumer, ganz als Rechner. Er ist die verkörperte Staatsraison, vor der kein
menschliches Gefühl gilt. Nur dadurch kann er, nach der Meinung dieses weltschmerzli-

chen Dichters, zum Weltbeherrscher aufsteigen. Mit Worten, Gefühlen, Ideen ist nichts getan. Die Vordergründigkeit des Historien- und Genredramas, die Volks-, Staats- und Kampfszenen gibt es auch hier; und mit dem kraftmeierischen Richard Löwenherz im leichtsinnigen Österreich (II,1,2) wird sogar ein grotesk-komisches Gegenbild zu dem zielbewußten Kaiser aufgestellt. Trotzdem wirkt die Tragödie konzentrischer als der *Barbarossa*. Der Dichter ist im Grunde zur Einheldenform des *Gothland* zurückgekehrt. Das Thema von dem Helden, der groß, streng und kalt wie die Welt selbst, durch die Geschichte schreitet und doch auf der Höhe seiner Bahn von einem tückischen Tod überrascht wird, durchdringt das ganze Stück. Es wirkt im sterbenden Löwen, in der Todesbereitschaft Tancreds, in der geschichtslosen Gleichgültigkeit der Landbevölkerung, in der majestätischen Bergwelt des Ätna. Nicht so sehr eine einheitliche Komposition als diese Grundstimmung gibt der Tragödie Kern und Gewicht. Das Barocke an Grabbe manifestiert sich hier in der Form eines verhaltenen, aber eben dadurch überzeugenden *Vergänglichkeitspathos*. Ich meine, dies Drama gehöre mit *Napoleon* und *Hannibal* zur Kernleistung des Dichters und sollte in der Wertung trotz des Stoffes vom *Barbarossa* getrennt werden. *Heinrich VI. läßt die im ersten Hohenstaufenstück versuchte Reichsromantik* noch deutlicher als ideologischen und poetischen »Schaum«, als Rhetorik und Kostüm erscheinen.

Die Napoleon-Tragödie

Trotz dieser Betonung des zweiten Hohenstaufendramas wird man den Schritt zur Zeitgeschichte nicht unterschätzen dürfen. Der Dichter kehrt mit verächtlichen Worten den Hohenstaufen plötzlich den Rücken. Grabbe erkennt wie Immermann die grundsätzliche Problematik des mittelalterlichen Stoffes und wagt es, diesem in die Stoffwelt der jüngsten Vergangenheit zu folgen. Selbstverständlich will er Immermanns halbherziges, unter süßromantischen Resten leidendes *Trauerspiel in Tirol,* 1827 (vgl. u. S. 845) stofflich und dichterisch überholen. Grabbe kommt auf den Gedanken, *dem* Giganten, der von vornherein hinter seinen Lieblingshelden spukte und der überhaupt ein unbewältigtes Thema der Biedermeierzeit bildete, ganz offen und direkt ein Denkmal zu errichten: *Napoleon oder die hundert Tage* (geschrieben 1829/30, hg. 1831). Viele Vorteile bieten sich mit dieser Entscheidung: der aktuelle Stoff, der alle interessiert und dem Dichter in seiner ganzen zeitgeschichtlichen Fülle zur Verfügung steht; die sprachliche Notwendigkeit, das traditionelle Jambengewand, das den Dichter von Anfang an spürbar behinderte, abzuschütteln; die noch breitere Entfaltung der Volksszenen, die im Zeitalter der Revolution und der allgemeinen Wehrpflicht so naheliegt; und – nicht zuletzt – die Möglichkeit, seine Gabe zur »Prophezeiung« zu erweisen. Der *Napoleon* erst gilt vielen Grabbekennern als der Durchbruch zu seinem eigentlichen Wesen, für manche Literarhistoriker ist er Grabbes Meisterwerk. Auf die Bühne nimmt der Dichter keine Rücksicht mehr. »Dieser hölzerne Lumpenkram« darf ihn im »freien Gebrauch [s]einer Phantasie« nicht stören. Das Theater muß sich der Dichtung anpassen und »total verändert werden« (Brief an Kettembeil vom 20. 10. 1831). In den ersten Akten arbeitet er noch überraschend sorgfältig. Das Gegenspiel der Carnot und Fouché ist gewiß glücklich angelegt und hätte dem ganzen Stück ein Rückgrat geben können[96]; aber es wird abgebrochen. Die Fäden verwirren sich, wie den Dichter die inzwischen ausgebrochene Julirevolution verwirrt und zu fieberhaften punktuellen Veränderungen und Erweiterungen veranlaßt. »Alle Ideen, die ich je über die Revolution gehabt, lassen sich darin ausschütten« (Brief an Kettembeil vom 5. 5. 1830). Auch andere Äußerungen verraten, daß ihm eine Art *Universalzeitstück* vorschwebt. Wieder ist die Nähe zu den großen Feuilletonisten nicht zu übersehen. An sie erinnert auch die triviale, aber an einzelnen Punkten mit großer Kraft verdichtete Sprache. Ein pathetischer Klang, ein scharf umrissener Charakter, ein prägnanter Witz geben dem vordergründigen Aufgebot an Figuren, Reden und Aktionen immer wieder dichterische Tiefe. Das Bestreben, die napoleonische Zeit in möglichster Fülle und in ihren immer noch aktuellen Bezügen zu vergegenwärtigen, tritt sehr auffallend hervor. Ein spezielles napoleonisches Heldendrama könnte sehr viel monologischer, monomaner aussehen. Dies gilt es festzuhalten. *Gleichwohl ist der Kaiser als personale Spitze des revolutionären Frankreich erst das, was dem Drama in Grabbes Auffassung die tragische Fallhöhe gibt.* Wieder, wie in *Kaiser Heinrich VI.*, demonstriert sich an Napoleons Schicksal, daß die menschlichen Versuche, wie übermenschlich sie auch immer scheinen mögen, dem kleinlichen Zufall, der tückischen Vernichtung, dem sinnlosen Spiel der Geschichte und Welt anheimgegeben sind.

Die moderne Interpretation von Grabbes *Napoleon* gibt ein Beispiel dafür, wie stark die Germanistik vordergründigen Zeiteinflüssen ausgesetzt ist. Nur der nüchterne Bergmann[97] meint: »Der despotische Zug im Wesen des Kaisers konnte ihn nicht abschrecken, war vielleicht im Gegenteil geeignet, seine Bewunderung zu erhöhen. Bekannte er doch in jenen Jahren, er liebe Despotie eines einzelnen, nicht vieler, eine politische Überzeugung, die durch gelegentliche liberale Anwandlungen schwerlich abgeschwächt werden kann. In Grabbes Verehrung Friedrichs des Großen und seiner Billigung von dessen gelegentlich recht drakonischen Verfügungen wird diese Ansicht eine Stütze finden.« Bergmann ergänzt diese Auffassung durch einen Nachweis am Ende des Buchs, daß nämlich Jouve, der Massenführer mit dem berühmten Ausspruch von der unsterblichen Jakobinermütze, als Massenverächter abgeht und sich nicht mehr für das revolutionäre Ziel einsetzen will: Dies »elende, der Verwesung entgegentaumelnde Gewimmel, wie dieser Haufen«, ist es nicht wert. Man kann verstehen, daß die DDR-Forschung die Massenverachtung und den Personenkult Grabbes nicht brauchen kann*. Nach Böttger führten die Zeitereignisse von 1830 nicht zu »gelegentlichen liberalen Anwandlungen« (s. o.), sondern »sie vermittelten die große gesellschaftliche Wahrheit, die

---

* Westdeutsche Forscher, die das Erbe nicht uminterpretieren müssen, neigen umgekehrt dazu, den kollektivistischen Zuwachs, der in Grabbes Massenszenen erreicht ist, zu verkleinern, z. B. Hannelore *Schlaffer* (Dramenform und Klassenstruktur, eine Analyse der dramatis persona »Volk«, Stuttgart 1972, S. 90): »Der bürgerliche [!] Dichter macht das Volk zum malerischen Hintergrund, zur ›Atmosphäre‹ für die hohen und handelnden Personen. Die aus der komischen Tradition übernommenen Eigenschaften unterstützen diese unernste, d. h. hier unverbindliche Behandlung; die Figur Volk ist ein Gast im Drama, der – wie der Zuschauer – von den hohen Figuren nur erzählen darf.« Das ist nicht ganz falsch; aber in dem Begriff »bürgerlich« sehe ich eine parteiliche soziale Zuordnung des Dichters, die mir problematisch erscheint.

in dem Napoleon-Drama ihre bewundernswerte Gestaltung fand. Erst hier wurde die Tendenz zur exzentrischen Romantik, die das Erstlingsdrama ›Herzog Theodor von Gothland‹ kennzeichnet, und die Neigung zum falschen Heroenkult, wie sie sich noch in den Hohenstaufendramen bemerkbar machte, im Wesentlichen[!] überwunden. Erst hier wurde die Abhängigkeit der historischen Persönlichkeit von der gesellschaftlichen Situation der Zeit wirklich erkannt[!] und dementsprechend gestaltet«. Die Wahrheitsliebe veranlaßt den Grabbebiographen später zu einem Zitat aus *Napoleon,* das die hier vertretene Meinung nicht eben stützt: »Er [Napoleon] ist fort – Was will der andere Dreck, den man Erde, Stern oder Sonne nennt, noch bedeuten?« Konnte die Gesellschaft trösten, wo die ganze Welt zum Dreck geworden ist? Oder die Nation? Böttger kritisiert den Schluß des *Napoleon,* den Umschlag ins »patriotisch-burschenschaftliche Festspiel« [98]. Aber ist der Schluß wirklich festspielhaft? Konnte Grabbe der großen nationalen Erinnerung *weniger* entgegenkommen, ohne als Vaterlandsverräter zu gelten? Gutzkow hat ihn später fast als einen solchen behandelt (s. u.). Spricht nicht auch dieser Schluß dafür, daß nach Napoleons Abgang nichts mehr zu melden war und daß dieser unpathetische Ausgang schon als Vorform des sarkastischen V. Aktes im *Hannibal* verstanden werden muß? Insofern ist vielleicht auch Martinis [99] Meinung zu modifizieren, das Drama habe »eigentlich keinen Schluß«, der Dichter nehme »die Bewegung der Geschichte« in das Drama auf. Der Kontext verrät, daß Martini damit der realistischen Grabbe-Interpretation entsprechen will. Aber ist die Tiecksche Vorstellung von dem Drama als Geschichte realistisch? Dem klaren realistischen Kunstwillen entspricht sie jedenfalls nicht. Das weiß Martini, und deshalb hat er auch wenig früher den realistisch interpretierenden Grabbeforscher F. J. Schneider korrigiert: »Wesentlich ist die dramatische Durchbildung; die Dynamisierung der Vorgänge, ihre expressive Verdichtung, die Ballung explosiver Augenblicke, der Wechsel durcheinander wirbelnder Stimmungslagen, die Pathetik der Steigerungen und Verkürzungen. Ähnliches hat später die Simultantechnik des expressionistischen Dramas versucht.« Also ist *Napoleon* doch nicht so realistisch und im realistischen Sinne historisch! Deshalb ist auch die an Böttger erinnernde Absetzung des Helden durch Martini fragwürdig: »Nicht der Held, sondern der Lauf der Welt ist das zentrale Thema dieses Dramas.« Richtig ist zwar, daß für den Weltschmerzler Grabbe jeder Held (und erst recht die Masse!) dem »Lauf der Welt«, im Sinn der ziellosen Veränderung in der Geschichte unterworfen ist; aber diese metaphysische, *hinter* jeder Tragödie von Grabbe stehende Vanitas-Idee ist nicht »das zentrale Thema« des Dramas. *Das zentrale Thema* – dies wäre außerhalb der immer zeitgemäßen Germanistik selbstverständlich – *ist der Titelheld.*

Größere Überzeugungskraft als die erwähnten Spitzfindigkeiten hat die schlichte Feststellung, daß die Masse im *Napoleon* an Gewicht gewonnen hat. Man sollte deshalb nicht gleich behaupten, Gerhart Hauptmann habe *Die Weber* »mit Hilfe derselben[!] Methode« gestaltet[100], sondern fragen, *wieweit* der Dichter von Schillers, Goethes und Grabbes eigener früherer Massenszene abgerückt und an Hauptmann herangerückt ist. Der Titel, d. h. der Schritt vom einzelnen zum kollektiven Helden, hat auch bei Hauptmann seinen guten Sinn. Sicher aber ist, daß sich der Dichter mit den Volksszenen große Mühe gegeben hat; das läßt sich auch aus dem riesigen Umfang des Stücks und aus den Briefen belegen. Schon allein die Tatsache, daß Volksszenen von großer Wucht neben die Schlachtszenen treten, zeigt ihn auf dem Weg zum *Hannibal,* in dem die Entscheidungsschlacht von Zama mit Hilfe der Teichoskopie vergegenwärtigt wird, während der Dichter die Krämerszenen mit seiner ganzen Liebe als Künstler und mit seinem ganzen Haß als Mensch ausstattet. Schon in der Napoleonzeit interessieren den Dichter die Händler. Bei den Marxisten sehr bekannt ist seine frühe Prophezeiung, daß der vom reichen Bürgertum gemachte Louis Philippe »nicht besser« enden wird als Karl X.: »Hat das Volk für Kaufleute gestritten, so heißt das noch nicht, daß die Krämer es beherrschen können« (an Kettembeil 12. 9. 1830). Die Äußerung hört sich heute sozialistisch an; es ist aber die typische Äußerung der Militärperson, die Grabbe auch ist, und läßt sich historisch auf den Glauben an den späteren Sieg eines Napoleoniden beziehen, der sich mit Napoleon III. erfüllt hat. Entsprechend dieser wenig demokratischen Einstellung sind den Massen in Paris gleich die Soldaten Napoleons beigemischt. Jouve weiß, daß sie allein von entscheidender Bedeutung für das Gelingen von Napoleons Rückkehr sind. Daraus folgt, daß die Schlacht (Waterloo) die entscheidende Massenszene wird, und so ist es dann auch wieder, nach dem ein wenig zivileren *Hannibal,* in der *Hermannsschlacht.* Man kommt nicht zum Verständnis Grabbes, solange man ihn mit späteren soziologischen Begriffen interpretieren will. Böttger: »Allein die Unterstützung dieses Volkes entscheidet über Gelingen oder Mißlingen des napoleonischen Unternehmens. Es ist der heimliche Held des Stücks« [101]. Nach Grabbes Meinung entscheiden die Schlachten, sogar die kleinen Zufälle, die in Schlachten unvermeidlich sind. Grouchy hat einen Fehler gemacht, sagt Napoleon: »Verräterei, Zufall und Mißgeschick[!] machen das tapferste Heer furchtsamer als ein Kind« (V,7). Wenn nachher die kommende Restauration und schließlich der neuerstehende »Weltgeist« erwähnt wird, der »an die Schleusen rührt, hinter denen die Wogen der Revolution und meines Kaisertums lauern«, so verrät schon das Wort Kaisertum, daß sich der Dichter nur des hegelianischen Vokabulars bedient, um den erneuten schließlichen *Sieg eines großen Machthabers* anzudeuten. Grabbes Geschichtsauffassung blieb im Fatalismus, genauer wohl im Okkasionalismus der Barocktradition stecken und gelangte, im Unterschied zu der Hebbels, noch nicht zu dem hegelianischen Begriffe sinnvoller »Krisen« und »Weltwenden«. Es mag sein, daß Cowen recht hat, wenn er meint, die Massen hätten bei Grabbe größere Bedeutung als selbst bei Büchner[102]. Der Grund dafür liegt aber darin, daß sie die *Macht* der Massen, des »Gemeinen«, d.h. die *Sinnlosigkeit* der Geschichte dartun können und sollen, während der aktive Revolutionär Büchner die mögliche Kooperation von Masse und Führer doch schon etwas besser kennt und, trotz des Scheiterns der französischen Revolution, die Volksdiktatur viel glaubhafter darstellen kann als die Militärperson Grabbe. Dem Nihilismus widerspricht der Heroenkult, wie auch Nietzsches Beispiel beweist, in keiner Weise; der Heros ersetzt den Sinn der Geschichte.

Die Aufnahme des *Napoleon* war sehr günstig. Sie stimmte auch klassizistisch orientierte, am überlieferten Begriff des Dramas festhaltende Kritiker wie Immermann[103] und Ruge[104] auffallend nachdenklich. Es war ein großer Sieg. Menzel[105] fand sich in seiner Vorstellung von Grabbes Genialität endlich fast überall bestätigt; ja, er wandte mit Vorsicht schon das Wort »klassisch« auf den kühnen Neuerer an. Hebbel dagegen meinte: »Es ist, als ob ein Unterofficier die große Armee commandirte« [106]. Er vermißte in Grabbes Drama wohl die tragische Größe und den Weltgeist. Gutzkow, der sich an so vielen Genies dafür rächte, daß er selbst keines war, kritisierte noch im Alter, vom deutsch-nationalen Standpunkt aus, den Napoleon-Kult Grabbes: »Im ›Napoleon‹ empörte mich der französische Standpunkt. Vergötterung diesem Tyrannen! Gleichstellung mit Männern wie Cromwell, Karl dem Großen, Hannibal! Monologe mit ständiger Armverschränkung wie Wallenstein! Eine Titanenmaske –! Es war mir zuviel« [107]*.

Eine Schaffenspause mit Fragmenten und Plänen

Nach der Vollendung des *Napoleon* – Grabbe hat ihr ungewöhnlich große Sorgfalt angedeihen lassen – folgt, wie schon nach der jugendlichen Schaffensperiode, eine Pause von mehreren Jahren. Verständliche Erschöpfung nach der riesenhaften Leistung, aber sicher auch Unsicherheit hinsichtlich des weiteren Schaffens! Jetzt mußte sich zeigen, ob die »liberalen Anwandlungen« (Bergmann s. o.) zur festen Überzeugung wurden oder nicht. Bezeichnenderweise führten die Vorgänge in Polen, deren Dramatisierung Kettembeil wünschte, über ein kleines *Kosciuszko-Fragment* nicht hinaus. Im marxistischen Lager hat man diese Zurückhaltung angesichts mancher polonophilen Schrift erstaunlich gefunden [108]. Sogar Friedrich von Raumer, der preußische Hohenstaufenhistoriker, hat nämlich eine öfters aufgelegte halbwegs polenfreundliche Schrift verfaßt (*Polens Untergang*, 1. Aufl. 1832), – einfach deshalb, weil die Freiheit von den Deutschen noch für *alle* Nationen gefordert wurde. Grabbes Versagen an dieser Stelle ergibt sich aus dem von uns geschilderten Weltbild und bedarf keiner spitzfindigen Erklärung**. Der Dichter interessiert sich, im Gegensatz zu Heine (vgl. u. S. 486 f.), nicht für Volkshelden, sondern nur für geniale Strategen, die zwar dem immer schlechten Weltlauf, dem »Gemeinen« auch unterliegen, aber durch siegreiche Schlachten wenigstens eine Zeitlang Glück in die Welt bringen, d. h. den Traum einer geniebeherrschten Welt ermög-

---

* Zur Ehre des jungdeutschen Kritikers, der *Büchners* Genie sogleich erkannte, zitiere ich noch ein weniger mißverständliches, vielleicht sogar diskutables Werturteil. Immermann berichtet seinem Bruder Ferdinand am 15. 10. 1839, d. h. *nach* Grabbes Tod, über ein Gespräch mit Gutzkow in Hamburg: »Nur einmal kam ich mit Gutzkow in eine inhaltsreiche Debatte über Grabbe. Er sprach seinen Abscheu vor dieser zerfahrenen Natur aus und sagte, am meisten widre ihn an, daß Gr. so ohne alle Liebe, ohne alles Bedürfnis nach andren gewesen sei. Dies konnte ich nicht ganz zugeben, indem ich aus meiner eigenen Geschichte mit ihm anführte, Grabbes Zuneigung sogar im höchsten Grade eine Zeitlang besessen zu haben, daß nur aber Liebe und Neigung wie alles in ihm des sittlichen Haltes entbehrt habe. – Er versetzte hierauf: Auf das, was man Sittlichkeit nenne, komme ihm bei einem Menschen zuvörderst nicht an, er halte sie meistens für etwas Angeeignetes, Konventionelles, sondern danach frage er bei einem Menschen, ob er das Gefühl habe, nicht allein zu sein in der Welt, ob er den Societätstrieb in sich trage, die Empfindung der Reziprozität; denn daraus entspringe alles Gute und Rechte.« Dieser *sozialen* Beurteilung scheint Immermann, nach seinem Bericht, nicht widersprochen zu haben.

** Gerard *Kozielek* (Chr. D. Grabbes Plan eines Kosciuszko-Dramas, in: WB, Bd. 16 (1970), H. 2, S. 222) meint im Hinblick auf Grabbes Absicht, sich selbst im Kosciuszko-Drama auftreten zu lassen, hier liege wohl der Grund für die Aufgabe des Plans: »Er selbst mag übrigens zur Einsicht gekommen sein, daß Ironie und Geschichte nicht zu vereinbaren waren. Weder im *Hannibal* noch in der *Hermannsschlacht* lassen sich hierzu Ansätze feststellen.« Vom ersten bis zum letzten Geschichtsdrama versteht es der Dichter, Geschichtliches auch ironisch zu zeigen. Im »Hannibal« gibt es sogar die ironisch gesehene Figur des Dichters Terenz, vielleicht in der Rolle, die Grabbe sich selbst im »Kosciuszko« zudachte. Der komische Dichter ist allerdings nur die Folie des starken Täters. Deshalb gewinnt auch der schwache König Prusias einen literarischen Zug.

lichen. In dem bekannten Brief, in dem Grabbe das »Revolutionsrasen« ganz individualistisch durch die Klugheit »sich selbst zu reformiren« ersetzen will (an Kettembeil 20. 7. 1831), gibt er im Grunde bereits ein vernichtendes Urteil über den polnischen Helden und sein Volk ab: »Kosciuszko als Drama[!] gefällt mir, obgleich der Mann ein bornirter Kopf war. Du denkst dabei aber wohl zu sehr an die Zeit[!] und überschätzest die europäischen Juden, die Polen... Was Tapferkeit der Einzelnen, wenn das Ganze verrottet ist?« Abgesehen von dem Globalurteil über ein ganzes Volk verrät die Äußerung, daß es dem Dichter nicht auf ein *Zeitdrama,* sondern nach wie vor auf die Heldentragödie ankommt. Der Abstand von den Jungdeutschen, der klassizistische Rest in Grabbe wird schon an diesem Punkt, nicht erst durch den antiken Stoff, den er für das nächste Drama wählt, wieder deutlich.

Mit Grund bedauern alle Grabbe-Verehrer, daß sein *Eulenspiegel-Plan* nicht zur Ausführung kam; denn ein Lustspiel mit diesem Stoff hätte nicht nur einen »echt norddeutschen Charakter« auf die Bühne stellen (an Immermann 22. 12. 1834), sondern auch zur Fortsetzung und Erneuerung der dem Dichter angemessenen Possenform, die wir in *Scherz, Satire, Ironie und tiefere Bedeutung* erkannten, führen können. Der Zug zur Heldentragik in Verbindung mit der *elegischen* Grundstimmung von Grabbes letzten Lebensjahren dürfte das komische Drama verhindert haben. Sicher ist es übrigens nicht, daß der alternde Dichter bei diesem Stoff seiner Neigung zum Possenhaften entschieden nachgegeben hätte; denn nach einer Äußerung scheint es, als ob er den volkstümlichen Eulenspiegel nicht als bloßen Spaßmacher, sondern als Repräsentanten der »aus dem tiefsten Ernst entstandene[n] deutsche[n] Weltironie« darstellen (an Petri Juli 1836), also wieder eine Art Universaldrama dichten wollte. Neben Eulenspiegel steht der Plan eines Alexander, ja – erneute Bestätigung unserer Grabbe-Interpretation! – eines Christus (an Petri 26. 8. 1835).

Hannibal

An keinem der Werke hat Grabbe so hingebend gearbeitet wie an der Tragödie *Hannibal* (1835). Die verhängnisvolle Frage, die immer wieder an die Grabbe-Verehrer gerichtet wird, lautet: Gibt es auch nur ein einziges Drama eures Dichters, das sich wirklich als Meisterwerk bezeichnen läßt? Es ist, als ob der Dichter, der immer seine Schwächen klar erkannte und auch von der Kritik ständig auf die fehlende Feile hingewiesen wurde, vom gleichen Zweifel besessen, endlich sein Meisterwerk schaffen wollte. Eben diesem ehrgeizigen Entschluß könnte der Dichter seine bürgerliche Existenz, mit der für ihn so bezeichnenden Selbstüberforderung, zum Opfer gebracht haben. Daher die fieberhafte pausenlose Arbeit in Düsseldorf, die selbst dem fleißigen Immermann Anlaß zu Tadel und tiefer Besorgnis gab*. Grabbe rückt hier in eine heimliche Nähe zum späten Platen,

---

* »Schon die unmäßige Arbeitswut (denn so muß ich es nennen) konnte für ein gefährliches Symptom, für eine Hektik des Geistes, für das Zeichen geheimer Todesahnung gelten... So war auch sein Gespräch, ließ man sich von der bunten Hülle nicht täuschen, eigentlich durchaus krankhaft. Geistreich, aber desultorisch von Objekt zu Objekt flatternd, vermochte er kein Thema mit einer gewissen Stetigkeit in der Unterredung festzuhalten, obgleich ihm, wenigstens in den ihm am meisten geläufigen Gebieten, dazu sicherlich die Gaben nicht ermangelten. Aber auch redend wollte er nur noch von so vielen Dingen als möglich den flüchtigsten Schaum abnippen.

Dieser ungesunde Rausch des Geistes ist eigentlich das tiefste Elend, wie jene Ruhe, die gleich einem klaren Quell in dunkler Felsenspalte auch bei Tage das Bild des Himmels und der Sterne zurückspiegelt, das einzige Glück ist. – Grabbe fühlte sich trotz aller drolligen Einfälle, trotz seiner poetischen Aufspannungen tief-elend« (Immermann, Memorabilien, Grabbe-Abschnitt, Werke, hg. v. Benno von *Wiese,* Bd. 4, Frankfurt 1973, S. 680 f.). Es folgt die bekannte Klage über Grabbes Ju-

so verschieden die Anfänge der beiden Dichter sind. Zwei Verzweifelte opfern sich der Kunst, um wenigstens einen Schimmer von Sinn und Unsterblichkeit zu erhaschen. Nun verliert die Sprache wirklich allen »Schaum«. Sie ist lakonisch, herb, graniten. Die Versform, zu der er sich zunächst bei einer Tragödie mit antikem Stoff verpflichtet glaubte – wieder ein Hinweis auf den nie ganz überwundenen Klassizismus! –, »zerschlägt« er: »*Acht' ich einmal die Versmaaß-Autorität nicht, so kann ich ja am besten und bequemsten den Rhythmus* [sic], *welchen ich bezwecke, in Prosa ausdrücken*« (an Immermann 18. 12. 1834). Die Äußerung verrät mehr Kunstverstand, als man diesem Dichter zuzutrauen pflegt. Im *Napoleon* hatte Grabbe die Wahl der Prosa noch aus dem Stoff, aus der modernen Technik des Krieges begründet. *Jetzt kommt der Dichter zur klaren Einsicht, daß es darauf ankommt, dem eigenen »Rhythmus« Raum zu geben.*

Daher macht er auch – bei allem Fleiß – keinen Versuch, die klassizistische Komposition wiederherzustellen, und Immermann bestärkt ihn darin (s. u.). Zwar ist der Umfang des *Hannibal* etwa nur halb so groß wie der des *Napoleon;* er ist daher heute ohne Kürzung aufzuführen und bei den Regisseuren beliebter als *Napoleon. Doch diese Verkürzung ist nicht auf eine Straffung der Komposition, sondern auf den erwähnten Lakonismus zurückzuführen.* Dieser wirkt auch ins Szenische hinüber, insofern als die vordergründige Mannigfaltigkeit des Spiels ein wenig beschnitten wird. Die Genretechnik wird nicht aufgegeben – berühmt ist vor allem die flotte Krämerszene auf dem Markt in Karthago (I,2) –; aber wie schon dies Beispiel, das den kaufmännischen Geist Karthagos darstellt, andeuten kann, ist ihre Funktion stärker symbolisch. Andre Genreszenen, z. B. III,3 (»Winzer und Winzerinnen bei der Weinlese« – von modernen Regisseuren manchmal als Ballett inszeniert –), haben nur die Funktion, den dramatischen Kontrast zu verstärken; denn mitten in die Idylle schleudert ein Bote den Kopf Hasdrubals. Es gibt besonders viele Kleinszenen von 1–2 Seiten Umfang. Auch versucht Grabbe seine »aphoristischen« Pointen dichter zu setzen – das eben will der Lakonismus –, damit die toten Stellen, die sich bisher immer fanden, beseitigt werden und der Sinn der vordergründigen Vorgänge nie ganz aus den Augen entschwindet. Sogar der kritische Gutzkow rühmt in seiner oben erwähnten Grabbeskizze[109] diese Seite des *Hannibal:* »Die Charakteristik ist rapid und bis auf's Äußerste pointirt, der Dialog ist ein Muster von Kürze und schlagender Gedrängtheit.« Den Vorwurf der Kälte und Dürre, den er hinzufügt, werden wir heute gerade beim *Hannibal* nicht mehr gelten lassen; denn ähnlich wie im *Kaiser Heinrich dem Sechsten* steht hinter dem Werk wieder ein in seiner Verhaltenheit besonders überzeu-

---

gend, die ihn mit Mördern zusammenbrachte. Die Hektik des Dichters ist wohl auch wirklich nicht allein auf den bevorstehenden Tod zurückzuführen; denn er arbeitete schon in der Jugend hastig und er verschmähte damals noch – im Unterschied zur Napoleon- und Hannibal-Zeit – die Umarbeitung des einmal Geschriebenen. *Immermann* hat dagegen sicher recht, wenn er die zersplitterte Form des »Hannibal« anthropologisch, als einen *notwendigen Ausdruck* von Grabbes Geist und Psyche versteht. *Sallet*, ein Prophet des Humanismus (vgl. Bd. II, S. 101 f.) und daher ein erbitterter Gegner der Weltschmerz-Religion, empfand doch die existentielle *Wahrheit* der Dichtung: »In seiner verkehrten Art ist das Ding großartig, es ist ein großer, bittrer Witz auf alles Edle und Hohe der Menschheit. Und es ist nicht *gemacht* . . . Es ist ein echtes Product unserer Zeit . . . in ihrer falschesten Richtung« (Grabbes Werke in der zeitgenöss. Kritik, hg. v. Alfred *Bergmann*, Bd. 4, Detmold 1963, S. 33).

gender Gefühlston. Er ist noch persönlicher als dort und führt etwa in der Mitte der Tragödie (III, 5/6) zu einem starken lyrischen Ruhepunkt. Grabbe scheint nicht nur die allgemeine Vergänglichkeit des Großen, sondern symbolisch sein eigenes Schicksal zu beklagen. Dies ergibt sich auch aus der eindeutigen und sicher bezeugten Parallelisierung des erbärmlichen Königs Prusias mit dem Dramatiker Friedrich von Uechtritz, einem anspruchsvollen Konkurrenten Grabbes (vgl. Bd. II, S. 366 f.). Doch endet das Stück im Gegensatz zu *Heinrich dem Sechsten* nicht mit tragischem Pathos (»O wär ich lieber nimmermehr geboren« etc.), sondern mit einer tragikomischen Szene, die dartut, wie König Prusias, d. h. die offizielle Welt, die Genies mit dem Königsmantel bekleidet, – wenn sie zugrunde gegangen sind. Dieser groteske Schluß ist nicht, wie man früher meinte, störend, sondern er paßt genau zu der Art von Tragödie, die Grabbe entwickelt hat und die er im *Napoleon* aus nationalen Gründen noch nicht eindeutig ausprägen konnte. Die Regisseure lassen sich heute gerade diese Szene nicht entgehen. Wenn irgendwo, dann hat er mit diesem Stück sein Meisterwerk geschaffen.

Immermann schlug Überschriften für die fünf »Abteilungen« vor, um »selbst den Schein eines sogenannten regelmäßigen Dramas zu entfernen«. Er empfindet den »Atem der Größe«, der durch die Dichtung weht. Trotzdem kann er den zeitgemäßen Vorwurf der fehlenden Innerlichkeit (Psychologie, Gedankenführung) nicht unterdrücken: »Es ist schade, daß sich Grabbe auch hier, durch die Grenzen seiner Natur genötigt, mehr auf die Darstellung der äußerlichen Konflikte beschränken mußte; die Idee [ein »weitblickender Held« als »Opfer des Krämergeistes«] hätte verdient, aus den tiefsten Gründen hervorgearbeitet zu werden«[110]. Wie er das meint, kann man aus Immermanns *Alexis* und *Merlin,* auch aus Hebbels Tragödien ersehen; denn diese entsprachen von Anfang an der deutschen Forderung nach »Vertiefung«, die kurz zuvor, im *Faust* (II. Teil) und im *Merlin* ihren Kulminationspunkt erreicht hatte. Auch die Rezensenten der Zeitungen fanden bei diesem konventionellen Römerstoff zu ihrem halb lobenden, halb tadelnden Tone zurück. *Allgemeine Theaterchronik* (Leipzig 1835)[111]: »Die inneren Triebräder dieser großen Seele liegen nicht klar vor Augen.« »In dem Bilde der Ereignisse fehlen Einheit und Zusammenhang.« »Meisterhaft indessen sind einzelne Züge, Kraft und Mark, Gedankenfülle und Poesie wehen in der Sprache und Vieles, sehr Vieles bewährt den kühnen Geist und das eminente Talent des Verfassers; aber das Werk... entspricht dem erhabenen Gegenstande nicht, den es behandelt«. *Der Misch-Stil, besonders der komische Schluß, wurde hier, wie es scheint, nicht verstanden.* Sogar die Verse vermißt ein Rezensent, unter Hinweis auf Victor Hugo[112], während der Dichter selbst gerade die an Schiller orientierten französischen Romantiker als rhetorisch und gemacht empfunden hat*. Gustav Kühne *(Zeitung für die elegante Welt,* Leipzig 1836)[113] erfaßt wohl als einziger den »epigrammatischen Sarkasmus« der Tragödie: »Die verhaltene, halbstumme Sprache, die Grabbe an seinen Figuren liebt... ist hier von erschütternder Wirkung.« »Die ganze Tragödie fährt uns wie ein kurzer zuckender Schmerz durch die Seele.« Voll-

---

* »Die jetzige französische Schule taugt nicht, ist vielmehr krampfartig und zappelt nach Neuem, leider nicht nach der Wahrheit« (Nach einer Aufführung von Victor Hugos »Mary Tudor« in Düsseldorf, in: Werke und Briefe, hg. v. Alfred *Bergmann,* Bd. 4, S. 175).

ständig versagt diesmal der amusische Menzel[114]; denn er erkennt endlich, daß seine kunsterzieherischen Bemühungen bei einem Grabbe umsonst sind: »Anstatt dramatischer zu werden, seinen Figuren immer mehr Natürlichkeit zu geben, wird er immer epischer.«

Fragment einer Cid-Parodie. Hermannsschlacht

Das Übrige, was der Dichter noch schrieb, ist Abstieg und Ausklang. Die interessante Cid-Parodie erinnert noch einmal daran, daß es nicht nur auf dem Wiener Theater Barocktradition gab. Die Grabbeforscher pflegten lange diese Arbeit mit Verlegenheit zu erwähnen, weil sie sie an der romantischen Literaturkomödie maßen[115]. Sie erinnert aber in ihrer knappen handwerklichen Form und in ihrem derben, oft zotigen Tone (trotz der persönlichen Invektiven) mehr an Nestroys als an Tiecks Parodien. Auch ein begründetes Bedürfnis, die eigenen »Schlachtstücke« zu parodieren, mag die Arbeit mitveranlaßt haben. Zwei Bauernjungen stehlen den Ring eines gefallenen Helden und singen:

> Es ist die höchste der Ideen,
> Kann man auf so ein Schlachtfeld gehen,
> Und find't nicht nur die Leute tot,
> Nein, auch so was fürs täglich Brot.

Das Werk ist für den Komponisten Norbert Burgmüller, den letzten Trink- und Seelenfreund des Dichters, geschrieben und sollte das Libretto einer parodistischen Oper sein. Sie wurde nicht ausgeführt, da Burgmüller noch vor Grabbe starb.

Sehr viel ernster nahm der Dichter die Arbeit an der Hermannsschlacht (verf. 1836, hg. 1838). Es war schon eine Selbstüberforderung, daß der Todkranke sie überhaupt fertigstellte. Eine eigentliche Vollendung des Dramas, nach dem Maßstab des Hannibal, war ihm nicht mehr vergönnt. Zu berücksichtigen ist auch, daß sich das Schaupiel schon in seinem Ansatz von der Tragödie Hannibal unterscheidet. Dort die Katastrophe des von seinem Volk verratenen Heroen: Geschichte als Selbstdarstellung; hier das erfolgreiche Zusammenwirken von Held und Volk inmitten der vertrauten heimatlichen Landschaft, in der, nach der Hypothese des Detmolder Archivrates Clostermeier, Arminius seine Schlacht geschlagen hat: Geschichte als Heimatverklärung – ähnlich wie in Annettes Verserzählung Schlacht im Loener Bruch usw. Zwar besteht auch in der Hermannsschlacht ein Gegensatz zwischen dem Helden und seiner Umwelt. Volk und Adel lassen sich nur schwer zu dem Aufstand bewegen, und als der Sieg errungen ist, haben sie nicht die geringste Lust zu einem Römerzug: »Wir können nun ruhig nach Hause gehen und da bleiben« (Dritte Nacht). Doch diesmal macht der Held gute Miene zum Neid und zur Schwäche der Kleinen. Er lädt sie resigniert zum Schmaus bei sich ein. Die Vernichtung Roms bleibt der Vorsehung vorbehalten. Daß dieser biedermeierliche Verzicht auf weitere Siege nicht völlig außerhalb von Grabbes Vorstellungswelt lag, verriet uns schon der geplante Schluß von Marius und Sulla. Das Drama endet mit einem Nachspiel, in dem der sterbende Augustus den Sieg der Germanen und des Christentums prophezeit. Der letzte Satz nennt Jesus Christus. Zu diesem sanften Ausklang paßt das erneute Hervortreten der Genretechnik. Die Einteilung des Dramas nach Schlachttagen ist dafür symptomatisch. Obwohl sich in der Sprachschicht die Errungenschaften des Hannibal behaupten – Römer und Germanen bedienen sich einer knappen, »militärischen« Redeweise –, darf man das Stück als eine Art Rückkehr zum Barbarossa betrachten, als eine anpassungswillige Erneuerung des Historienstils. Dazu stimmt die Entstehungszeit genau; denn seit dem Verbot der Jungdeutschen (1835) entspannt und beruhigt sich die Geistes- und Stilhaltung allenthalben. Man wendet sich dem Nahen, Einfachen, Gegebenen zu. Man stilisiert selbst das Mittelalter, ja das germanische Altertum idyllisch. Für einen in seiner bürgerlichen Existenz gescheiterten Dichter, für einen todkranken Heimkehrer lag diese Haltung besonders nahe.

Sogar die Nachbarschaft zur gleichzeitig entstehenden Bauerndichtung (vgl. Bd. II, S. 865 ff.) ist unverkennbar. Der Dichter macht seine Germanen, wie oft bemerkt worden ist, zu dickköpfigen westfälischen Bauern. Daher eben ihre Abneigung gegen Hermanns weitgesteckte Pläne. Besonders deutlich erscheint der biedermeierliche Geist des Stücks, wenn man auf die Tradition des Stoffs zurückblickt: Nichts von Klopstocks hymnischer Begeisterung, kaum etwas von Kleists glühendem Haß und aufpeitschender Diktion, sondern wirklich nur ein »Genre-Bataillenstück«, wie es der Dichter nennt, fast eine »Mimik« für die behäbigen Schützenfeste der Zeit, Ausdruck des Friedens, den der Sterbende mit seiner niedersächsischen Heimat und mit dem herrschenden Geiste seines Zeitalters zu schließen versucht. Hier darf man vielleicht von einem Festspiel sprechen.

Die Rezensenten wurden durch Grabbes Tod und den nationalen Stoff im allgemeinen freundlich gestimmt. »Die Hermannsschlacht ist so das letzte Kind des gewaltigen Grabbe'schen Genius... ein würdiger Gegenstand für seine markige Muse... ein granitnes Monument für Deutschlands Befreier« [116] – in diesem Tone etwa äußern sich mehrere Rezensenten. Der fehlende historische Realismus wird manchmal bemerkt: »Mit den Bedingungen von Raum und Zeit verfährt der Dichter... durchaus willkürlich« [117]. Die Fürstin Thusnelda als westfälische Bauersfrau ist nicht nach dem Geschmack der Rhetorikprofessoren, und auch der Tod eines hohen Herrn (Varus) ist wieder mal in einem zu niederen Stil gehalten, erhält dadurch einen »komischen Beigeschmack«, was nicht sein darf [118]:

> *Hermann:* (wieder zu Pferde) Ergib dich! Du sollst gut behandelt werden.
> *Varus:* Danke! Ich behandle mich lieber selbst
> (Er stürzt sich in sein Schwert und stirbt).

Gerühmt wird aber meistens der »derbkurze« Ton. Freiligrath: »Die *Schlacht* ist köstlich, ganz Grabbisch kurz, gedrungen, prägnant, *schlagend*!« [119]. Hermann Marggraff, ein angesehener liberaler Kritiker (*Berliner Conversations-Blatt* 1838) [120], macht den Dichter schon zum Opfer der »Philisterwirthschaft«, zu einem ganz typischen deutschen Fall: »Ja, diese Genie's fallen dahin, wie Mücken.« Er prägt einen allzu schmeichelhaften Titel für Grabbe, der von Adolf Stahr und anderen bedeutenden Kritikern anerkannt und weitergegeben wird: »Buonarroti der Tragödie«. Die fortschrittliche *Rheinische Zeitung* [121] jedoch, scheint sich – durchaus hegelianisch! – im Literarischen den alten Rhetoriklehren anzuschließen, die für einen hohen Gegenstand den gleichmäßig hohen Ton verlangen:

> *Grabbes Hermannsschlacht*
> Derb und verwegen genug erscheint die siegende Deutschheit;
> Doch spricht Hermann zu oft wie ein fideler Student.

Solche Urteile muß man sich merken, wenn man *Hebbels Rückwendung zum Klassizismus* verstehen will!

VERSUCH EINER STRUKTURELLEN BESCHREIBUNG UND WERTUNG

Rückt man das Lebenswerk Grabbes in größere Ferne und fragt man sich, wie man es zusammenfassend charakterisieren soll, so fällt zunächst – etwa im Vergleich mit Grillparzer und Hebbel – sein Mangel an klarer Geistigkeit auf. Grabbe besitzt eine Art Bauernschläue, auch etwas von dem »divinatorischen« Sinn, durch den sich sein Zeitalter auszeichnet, aber keine Vernunft, keine Weisheit. »Besonnenheit« ist *die* Tugend, die sogleich von fast allen Rezensenten vermißt wurde. Grabbe darf, wie wir sahen, nicht einfach als Nihilist und Materialist verstanden werden. Nicht erst die milden Äußerungen der Spätzeit, sondern auch die frühen blasphemischen Ausfälle und die elegischen Klagen über den Verlust Gottes in den folgenden Jahren verraten, religionsgeschichtlich gesehen, daß er noch kein Atheist im Sinne Feuerbachs, Kellers, Storms usw. ist. *Von der christlichen Tradition steckt genug in ihm, dagegen kaum etwas von der humanistischen.* Daß Grabbe auf seinen Brief an Goethe keine Antwort bekam, ist selbstverständlich. Die bösartige Reaktion auf dieses Schweigen, seine Rezension des Briefwechsels zwischen Goethe und Schiller, die nicht einmal der heftige Goethekritiker Menzel in sein Literaturblatt aufnahm*, rechtfertigt den alten Dichter. Symbolisch mindestens darf Goethes Zurückhaltung gegenüber dem jungen wilden Genie gesehen werden; denn zwischen Goethe und Grabbe hätte es nichts zu verhandeln, nichts zu vermitteln gegeben, während er Grillparzer ungewöhnlich interessiert aufgenommen hat. Er wäre dem Alten ein verschärfter Fall Kleist gewesen, und Grabbe selbst hätte wie Heine nur Ärger aus Weimar davongetragen.

Die antihumanistische Einstellung

Der antihumanistische Affekt, der schon in Gehalt und Gestalt des *Gothland* mit elementarer Kraft zum Ausdruck kommt, hat Grabbes ganzem Lebenswerk den unverkennbaren Stempel aufgedrückt. Zunächst einmal insofern, als es dem Dichter niemals auf eine eindeutige ideelle Ausgestaltung seiner Dramen ankommt. Eine allzu gewissenhafte, unkritische Berücksichtigung von Grabbezitaten kann bei der Gehaltsinterpretation der Werke in die Irre führen[122]. Man kommt gar nicht an ihn heran, wenn man, etwa im Stil der alten geistesgeschichtlichen Methode, den Gehalt seiner Werke systematisieren und eine Entwicklung seiner »Weltanschauung« aus ihm ablesen will. Man muß, wie wir es getan haben, nicht philosophisch, sondern eher theologisch verfahren; sonst mißversteht man seine dumpfe, aphoristische, affektgeladene Gedankenwelt. Man muß die gedanklich und dichterisch (symbolisch) kaum vermittelte *Spannung* zwischen dem detailrealistischen Vordergrund und dem weltanschaulichen Hintergrund voraussetzen, um ihm gerecht zu werden.

Mit seinem Antihumanismus hängt es zusammen, daß es wenig Sinn hat, seine Dramen an irgendeinem Begriff der Tragödie oder Komödie zu messen. Auch mit dem Begriff der Tragikomödie kann man nur behelfsmäßig arbeiten; denn er hat diese für ihn geeignete

---

* Grabbe, Werke und Briefe, hg. v. Alfred *Bergmann,* Bd. 4, Emsdetten 1966, S. 451. Ich glaube nicht, daß der Beitrag, wie Grabbe meint, »unzeitig« kam (ebd.), sondern daß der Ton dieser Kritik für die »Gebildeten Stände«, die das Morgenblatt lasen, unannehmbar erschien. Grabbe bot die Rezension am 15. 1. 1831 seinem Gönner an (ebd. S. 450), also kurz nach der Julirevolution, die die Kritik am »Höfling Goethe« zeitgemäß machte. Menzels eigene Kritik war scharf, ließ aber nie den höheren Gesichtspunkt aus dem Auge, daß es beim Kampf gegen einen so ausgezeichneten Dichter letzten Endes um die alte Warnung vor der Dichtung überhaupt ging (Plato). Er kämpfte als politischer Moralist.

dramatische Gattung nicht mit voller Klarheit angestrebt. Ein produktives Überdenken dramatischer Gattungsprobleme durch Grabbe wäre die Voraussetzung dazu gewesen. Davon kann aber schon wegen des Shakespeare- und Schillervorbilds bei diesem Dichter keine Rede sein. Auch in den Briefen ist mehr vom Vordergrund des literarischen Lebens als von dem Problem der dramatischen Gattungen die Rede. Grabbe bildet durch diese Abneigung gegen konsequentes Denken den äußersten Gegensatz zu Hebbel, mit dem er, zu dessen Ärger, oft zusammengestellt wurde, der aber besonders einprägsam belegt, daß man Grabbes »Roheit« – Lieblingswort der zeitgenössischen Kritik – nicht auf seine niedere Herkunft zurückführen kann. Der Unterschied liegt vor allem darin, daß Hebbel die »Systeme«, z. B. Hegels Ästhetik eifrig, ja übereifrig studierte – entsprechend dem Trend der späten dreißiger Jahre –, während der zwölf Jahre ältere Grabbe diese Zeit nicht mehr erlebte und bekanntlich von Grund auf ein Feind aller »Systeme« von Linné bis Metternich war. Anklänge an hegelianische Vorstellungen in Grabbes Briefen und auch im Werk (Ausklang der *Hermannsschlacht*) sind wohl eher Anpassung an die langsam einsetzende junghegelianische Kritik (z. B. Ruges in den repräsentativen *Blättern für literarische Unterhaltung* 1831) als Hinweise auf einen gesicherten geistigen Besitz. Was ihn in seinen Briefen u. a. stark beschäftigt, ist die Jagd nach Druckfehlern. Sie verrät, daß der Dichter ein Bedürfnis nach *Genauigkeit* hat; die neuere Grabbeforschung erkennt es auch im Text seiner Dramen. Schon Grabbe, nicht erst Büchner, arbeitet gerne mit Quellenzitaten, besonders bei großen Redeauftritten [123]. Aber um eine ebenso genaue Rechenschaft in den allgemeinen Fragen des Lebens und der Kunst bemüht er sich nicht. Es fehlt nicht an tiefen Ein- und Durchblicken. Das hat uns eine lange Reihe von Äußerungen Grabbes bewiesen. Aber diese beziehen sich auf Spezialfragen oder bleiben aphoristisch; eine kontinuierliche Gedankenentfaltung ist ihm schon aus psychologischen Gründen (Unruhe s. o.) vollkommen unmöglich.

Auch die gleichmäßige Durchbildung der Form fällt ihm überaus schwer, obwohl man unter dem Gesichtspunkt des klassizistisch-geschlossenen Dramas seine »Formlosigkeit« weit übertrieben hat und obwohl ihm in dieser Beziehung die Problematik seines Dichtertums bewußt gewesen ist. Das beweist schon das kompensatorische Vorbild des so ganz anders gearteten Schiller, wobei allerdings an den Dichter des *Wallenstein,* des *Wilhelm Tell,* nicht an die strengeren Formexperimente zu denken ist. Das Vorbild Schillers und der immer erneute Drang zum zeitgenössischen, stark in der Tradition stehenden Theater lenken den Dichter nicht von seinem antihumanistischen Ansatz ab; aber sie führen immer wieder zu einer gewissen Abklärung des ureigenen »genialen« Gestaltungstriebs, zu dem Maß an Vollendung, das uns gestattet, Grabbe unter die *großen Experimentatoren des Dramas* zu zählen. Allerdings ist dabei »Drama« im Sinne der offenen Form, als Ergebnis eines zweiten, auch rasch vorübergehenden, aber mit Grabbes kurzer Schaffenszeit zusammenfallenden Sturm und Drang (s. o.) zu verstehen. In dieser Beziehung hat der Dichter ab und zu gattungstheoretische Überlegungen angestellt. Nach dem Scheitern seines Anpassungsversuches von 1827–1829 hat er den Wunsch, »mit dem Napoleon eine dramatisch-epische Revolution und Glück zu machen« (an Kettembeil 25. 2. 1831); aber spätestens die Düsseldorfer Zeit belehrte ihn darüber, daß diese Revolution nicht einmal auf dem Reformtheater der Gegenwart zu erwarten war. Diese Resignation wird besonders in den Kapitelüberschriften des *Hannibal* deutlich. Grabbes Vorstellung scheint durch das spätere Schlagwort vom »epischen Theater« bestätigt zu werden. Allein dieser moderne Begriff ist mit Grabbes Ansatz nicht ohne weiteres gleichzusetzen; denn während Brechts Begriff ganz vom Theater herkommt, ist Grabbes Konzeption historisch auf das theaterfeindliche »universalpoetische« Programm der Gebrüder Schlegel und Tiecks zu beziehen. Er glaubt in allem Ernst, die Weltgeschichte, selbst als Drama verstanden, poetisch nachbilden zu können, während alle bedeutenden Dramatiker des 20. Jahrhunderts diesem Historismus eindeutig entwachsen sind*.

*Zwischen Mimus und dramatischer Dichtung***

Die Hoffnung auf ein neues Theater, die er gelegentlich äußert (vgl. o. S. 168), gehört zu den großartigen Visionen des Dichters, mit denen er recht behalten hat. Trotzdem fürchte ich, nach der Lektüre zahlreicher, tatsächlich epischer Dramen, daß man dem Dichter mit seinem eigenen Begriff »episch-dramatisch« Unrecht tut. Daß sich die Auflockerung der dramatischen Form nicht automatisch aus seinem »realistischen Wollen«,

---

* Wolfgang *Hegele* (Grabbes Dramenform, München 1970) widmet der Abgrenzung vom modernen Theater den letzten Abschnitt (S. 258–266). Dort heißt es u. a. (S. 263 f.): »Von den zwölf Gegensatzpaaren in der von Marianne Kesting aufgestellten Tabelle [»Gegenüberstellung von aristotelischem und nicht aristotelischem »Weltanschauungstheater«] entspricht das Grabbesche Geschichtsdrama nur in drei Fällen den für das nichtaristotelische Weltanschauungstheater aufgestellten Kriterien. Bei Grabbe geht es in der Tat nicht um den ›Ausschnitt eines Geschehens‹, sondern jeweils um ›das gesamte Geschehen‹. Seine Geschichtsdramen kennen keine ›Raum-Zeit-Zusammenhänge‹, sondern ›Ausdehnung in Raum und Zeit‹. Schließlich liegt – wie wir schon im Anschluß an die Theorie von Peter Szondi festgestellt haben – bei Grabbe das ›Gewicht auf dem Überindividuellen‹ und nicht auf der ›zwischenmenschlichen Beziehung‹. Die Überprüfung unseres Ergebnisses anhand der Kestingschen Definitionen bestätigt, daß in Grabbes Geschichtsdrama zwar episierende Formen entwickelt wurden, auf die man später zurückgreifen konnte, diese Überprüfung bestätigte aber auch, daß das Grabbesche Geschichtsdrama als Ganzes von jenen Richtungen verschieden bleibt, die heute – vielleicht etwas allzu vereinfacht – unter dem Begriff eines nichtaristotelischen epischen Theaters zusammengefaßt werden.«

** Da der Begriff des Mimus, der eine Entdeckung war (Hermann *Reich*, Der Mimus, 2 Bde, Berlin 1903), von Anfang an zu stark durch die klassische Philologie geprägt wurde, was in unsern Nachschlagewerken, selbst im Wilpert, nachwirkt, und da der Begriff in der neueren Germanistik wenig bekannt ist, warne ich vor einem Mißverständnis. Mimus meint nicht nur die komischen Gattungen, obwohl der Verweis auf das Wiener Volkstheater im folgenden Abschnitt unumgänglich ist. Im Bereich der »modern languages and literatures« ist *der ernste oder wenigstens überwiegend ernste Mimus,* wie er im geistlichen Spiel des Mittelalters, in den Jedermann-Spielen, im spanischen Welttheater und, säkularisiert, in nationalen Spielen, z. B. in Shakespeare's Historien, erscheint, fast ebenso wichtig wie der Formenkreis des Fastnachtsspiels, der Farce, des Singspiels, des Zauberstücks, der Posse mit Gesang, des Lokalstücks usw. Stilistisch gesehen ist der Mimus eine Mischform, unabhängig vom antiken und humanistischen Gesetz der *genera dicendi,* obwohl der Schwerpunkt auf dem Ernsten – ich vermeide das Wort Tragödie – oder auf dem Lustigen – ich vermeide das Wort Komödie – liegen kann. Kurz: *Mimus meint das nicht an der antiken Klassik orientierte Spiel,* ein Phänomen, das sich selbstverständlich auch nach Raum und Zeit differenziert, das es aber *überall und immer* gibt und das deshalb in dem von der antiken »Blütezeit« sich entfernenden Abendland in verschiedenen Formen größere Kraft gewinnt.

nämlich aus der *Vergegenwärtigung* von Geschichte im Drama ergibt, kann ein Blick auf Grillparzer und schon auf Schiller lehren. Man wird auf das bereits erwähnte, von Eberhard Seybold im größeren Zusammenhang herausgearbeitete genrehafte Element hinweisen, das auch in der gleichzeitigen Erzähldichtung z. B. bei Gotthelf und Alexis eine so große Rolle spielt[124]. Aber dazu ist zu bemerken, daß es beim Genre als einer Grundform, die sich mit allen Dichtungsgattungen und mit der Malerei, auch mit der Plastik, verbinden kann, ganz darauf ankommt, *wie* es jeweils gestaltet wird. Bei Grabbe fühlen wir uns höchst selten in einer epischen Welt – dies gilt noch für die *Hermannsschlacht* –, sondern wie es dem Drama entspricht, in einer bewegten, an Überraschungen reichen, unübersichtlichen, umschläglichen. Nie herrscht Ruhe, Behaglichkeit, Stetigkeit oder wenigstens eine Besonnenheit, die eine überlegene Beurteilung der Lage gestattet, sondern Unruhe, Aufregung, heftige Gebärde und Bewegung. Dies läßt sich – man denke an Hebbel (Unteroffizier Napoleon) – sogar bei den Lenkern seiner Schlachten beobachten. Blücher sagt zu einem Adjutanten, der eine französische Umfassungsbewegung meldet und Befehle erwartet: »Nur nicht allzu bestürzt, – sie können uns ja desto eher in – – Melden Sie so etwas[!] der Arrièregarde« (V,2). Ein Blick auf die Landkarte verträgt sich nicht mit dem »Marschall Vorwärts« und mit dem vermeintlichen Rausch des Krieges, auf den es dem Nachkriegsdichter ankommt. Auch der Zuschauer oder Leser hat keinen Abstand, sondern er wird – nach der Intention des Dichters – in das Geschehen einbezogen, angesprochen, zur Identifizierung mit den Personen des Dramas gezwungen. Man hört nicht zu, man sieht, was los ist, und »geht mit«. Gerade die Genreszenen haben einen ausgesprochen mimischen Charakter, und wenn es ein Begriff sein muß, so paßt für die ganze Grabbesche Dramatik die schlichte Bezeichnung Mimus vielleicht noch am ehesten. Auch die bei diesem Dichter stets auftauchende Frage nach der Wertung könnte vielleicht auf das richtige Maß zurückgeführt werden, wenn man seinem Drama einen Ort an der *Peripherie* der Dichtung zuweisen wollte. Vom Mimus kann man z. B., auch im 19. Jahrhundert, keine fein ausgeführte Psychologie erwarten. Gleichzeitig mit den letzten humanistischen Dramatikern, die ernst genommen zu werden verdienen (Grillparzer, Hebbel), entsteht der Mimus wieder, oder eigentlich ist er nie verschwunden; denn auch im Sturm und Drang wirkte er bereits. Über das Puppenspiel, Hans Sachs und Shakespeares Historien wurde schon damals die Verbindung mit der vorhumanistischen Tradition des Dramas wiederhergestellt. Und im Wiener Theater (Volkstheater) war der Mimus immer lebendig geblieben; ja, selbst dort ist in der Biedermeierzeit etwas dem mimischen Drama Grabbes Vergleichbares festzustellen, nämlich *die gegenseitige Annäherung von Mimus und Drama* (im Sinne von Dichtung) bei Raimund, Nestroy, auch schon bei früheren Stückeschreibern. In der gleichen Weise läßt sich das »Moderne an Grabbe« deuten. Wenn man »Kommentiertechnik« bei ihm feststellt[125], so ist daran zu erinnern, daß es auch hier auf die Art der Verwendung ankommt, daß z. B. Brechts parteiliche Ausdeutung mit den derbkomischen Anmerkungen des alten Hanswursts wenig zu tun hat. Bei Grabbe dient auch die Kommentiertechnik »häufig dem Hauptzweck dieser Stücke, nämlich geschichtlichen Stoff auf die Bühne zu bringen«[126], ihn in einem sehr naiven Sinne zu vergegenwärtigen und dem Zuschauer vorzuführen. Kein kunstvoller Dialog, kein gezielter Kommentar, zu dem Besonnenheit und Zucht gehört, sondern ein ständiges spontanes Reagieren auf irgendwelche Vorkommnisse und Situationen. Keine Didaktik, sondern allenfalls Aphorismen zu den gespielten Vorgängen. Die nach humanistischen Begriffen chaotische Aufsprengung des Szenengefüges, die Vorliebe für »Tupferszenen« [127] hat längst an die »Einblendungen« des Films erinnert, womit sich Grabbes Drama wiederum in den Zusammenhang einer allgemeinen Wiedergeburt des Mimus stellt; denn auch die Vorstellung, der Film »erzähle« vor allem, ist fragwürdig. »Epische Objektivität« im Kino ist etwas sehr Vornehmes, zugleich aber die Vorstufe seines Untergangs.

Heros und Masse

Den geschichtlichen Stoff liebt Grabbe vor allem deshalb, weil er bunte Bewegung, grelle Kontraste, große Effekte bietet. Er greift zur Geschichte, weil man hier, etwa im Gegensatz zum Fauststoff, keinen Tiefsinn von ihm erwartet, weil historische Darstellungen im Biedermeier beliebt, ja sogar populär waren. In seiner Dramatik steckt viel von der alten Haupt- und Staatsaktion und von dem modernen historischen Ausstattungsfilm. »Der Stoff groß, von selbst dramatisch« bemerkt er naiv zu Napoleon (an Kettembeil Januar (?) 1830). Die Vorliebe für das Einheldenschema, die sich in Grabbes Drama immer stärker bemerkbar macht, hängt wohl mit dem Abrücken von der humanistischen Form des Dramas zusammen. Solange der geistvolle Dialog und die kunstvolle Führung von Spiel und Gegenspiel dem Drama sein Gepräge gibt – man kann es noch in Hebbels *Herodes und Mariamne,* 1850 (vgl. u. S. 399 ff.), verfolgen –, kann sich weder die Masse noch der Gigant so gewaltig wie bei Grabbe entfalten. Der Gigant Grabbes entspricht schon insofern der Masse, als er »genial«, »naiv«, naturhaft ohne humanistische Reflexionen und Skrupel auf die Umstände reagiert. Zwar ist erst das politische oder militärische Genie die Zahl, die aus Nullen eine historische Größe macht; aber Heros und Volk stehen im gemeinsamen Gegensatz gegen die abgestufte, berechnende, dem Rausch der geschichtlichen Bewegung widerstehende Gesellschaft [128]. An anderer Stelle (S. 141 f.) wurde dargetan, daß der Geniekult dieses Dichters nicht so absolut ist, wie es zunächst den Anschein hat. Die letzthinige Machtlosigkeit und Vergeblichkeit auch des Genies ist ihm voll bewußt. Das Scheitern des Großen muß bei diesem weltschmerzlichen Dichter im geschichtsphilosophischen oder vielmehr geschichtsmetaphysischen Sinne vollkommen ernst genommen werden. Alle Heroen Grabbes unterliegen oder resignieren. Die Umstände sind im geschichtlichen Prozeß immer stärker als die geschichtlichen Persönlichkeiten*.

---

* Auch die rein soziologisch orientierte Dissertation von Hannelore *Schlaffer* (Dramenform und Klassenstruktur, Stuttgart 1972) widersteht, trotz einiger Widersprüche, wie schon erwähnt, der Versuchung, aus den Volksszenen Grabbes zu folgern, daß hier bereits der Schritt zum sozialen Drama getan ist: »Bei der schnellen Folge von Volksszenen, -gruppen und erregenden Ereignissen löst sich die strenge Form des Dramas auf, obgleich sie durch den Entwurf eines großen Helden gesichert werden sollte. Da aber Volk nicht als reflektierende Figur auf die dramatischen Vorgänge aufklärend wirkt, da es nur atmosphärische Person ist, wird die Gattung trotz formaler Zersetzung

In dramaturgischer Hinsicht dagegen – und hier wirkt nun doch die humanistische Tradition weiter – scheinen ihm die Helden unentbehrlich zu sein. Daher die bekannte »primanerhafte« Aufblähung der Helden, die eigentlich erst im *Hannibal* überwunden wird. Etwas von dieser Unstimmigkeit – instinktiver (dichterischer) Blick für die Masse bei gleichzeitiger Massenverachtung – kommt ihm zum Bewußtsein, wenn er sagt: Napoleon »ist kleiner als die Revolution, und im Grunde ist er nur das Fähnlein an deren Maste, – nicht Er, die Revolution lebt noch in Europa, – man siehts an den Wahlen in Frankreich… *Im Drama werde ich aber aus Klugheit den l'empereur et roi hoch halten«.* Er fährt mit einer Selbstbeschwichtigung fort: »Ich kann's auch mit gutem Gewissen. Er ist groß weil die Natur ihn groß machte und groß *stellte,* gleich der Riesenschlange, wenn sie die Tiger packt« (14. 7. 1830 an Kettembeil). Man sieht: der dynamische Vergleich verdrängt sogleich wieder ein Problem, das ihm die »Wahlen in Frankreich« (ebd.) aufgedrängt haben, – ein Hin und Her, dem man wiederum entnehmen kann, wie wenig der Dichter fähig war, einen Gedanken zu Ende zu denken und die Konsequenzen daraus zu ziehen. Hierin wird ihn schon Büchner übertreffen*.

---

dennoch nicht in Frage gestellt. In der Reihung bunter Szenen darf man keine epische Technik suchen« (S. 88 f.). Man könnte im Widerspruch dazu sagen, daß das Volk, wenigstens in »Napoleon« »aufklärend wirkt«; aber nur in Beziehung auf die Bourbonen (vgl. I,2), während es dem Diktator vollständig auf den Leim geht. Ebenso läßt sich eine gewisse Episierung durch die Volksszenen nicht ausschließen. Richtig aber ist, daß die Gattung, gleichgültig ob man vom epischen oder mimischen Drama spricht, trotz des in der offenen Form erscheinenden historischen Prozesses, noch eine gewisse Festigkeit gewinnt. Interessant ist, daß schon 1837 Franz Dingelstedt, der spätere große Bühnenleiter (Stuttgart, München, Wien), Grabbes *Drama,* auch ein wenig im Hinblick auf das Theater, gegen die übliche Behauptung, es sei ganz undramatisch, verteidigt hat (Grabbes Werke in der zeitgenöss. Kritik, hg. v. Alfred *Bergmann,* Bd. 5, Detmold 1964, S. 71 f.).

* Man sollte mindestens auch den zweiten Teil des vorstehenden Zitats wiedergeben, wenn man das ambivalente Verhalten Grabbes sozialgeschichtlich richtig erfassen will. In der marxistischen Literatur begnügt man sich normalerweise mit der Annäherung an die Revolution im ersten Teil des Zitats, vermutlich deshalb, weil man die Verwendung des Heros im Drama für etwas Sekundäres hält. Schon die Riesenschlange Napoleon vergegenwärtigt aber wieder die Faszination, die die Machthaber auf den Dichter, auch gegen besseres Wissen, ausübten. Auch lebt Grabbe so intensiv in seinen Geschichtsdramen, daß man die Geschichte und die Gattung, in der sie dargestellt wird, kaum voneinander trennen kann. Manfred *Schneiders* Nachweis, daß Grabbes Heros mit dem Volk, mit denselben Menschen, die als Gesellschaftswesen so jämmerlich sind, in der Schlacht vorübergehend eine »utopische Gemeinschaft« bildet, halte ich für geglückt. Sie bewährt sich gerade in der Interpretation des »Napoleon« (Destruktion und utopische Gemeinschaft, Zur Thematik und Dramaturgie des Heroischen im Werk Christian Dietrich Grabbes, Frankfurt/M. 1973, S. 242–294), von dessen Pariser Volksszenen man vorschnell auf Grabbes halben oder ganzen Jakobinismus geschlossen hat. Jouve, der raffinierte Volkskenner und -führer sagt: »Volk! Weiter nichts? Auseinander der Dreck«, und das ist nur eines von vielen Zeugnissen für Grabbes Massenverachtung. Einverstanden bin ich auch mit Manfred Schneiders Begriff der »utopischen Gemeinschaft« in der Schlacht, mit dem »Glück«, das, nach Grabbes Darstellung, Held und Volk in der Schlacht, im Gegensatz zum gesellschaftlichen Alltag, finden. Ohne diese phantastische Vorstellung wäre das ständige, den heutigen Leser ermüdende Gerassel der Grabbeschen Schlachten unverständlich. Fraglich erscheint mir dagegen, ob man den von dem Menschen und dem Dichter Grabbe erträumten seligen Ausnahmezustand in der Schlacht mit dem Begriff der Idylle verbinden soll. Richtig ist, daß das Idyllische seit Herder, Voss und Jean Paul auch das Widerwärtige verklären kann und daß es seither einen »realistischen« Schein anstrebt. Aber wie verträgt sich die Idylle mit der Unruhe, mit dem von Grabbe,

Vers und Bildlichkeit. Epigonenzüge?

Im Widerspruch zur humanistischen Tradition steht Grabbe auch dadurch, daß er dem Vers nicht gewachsen ist, obwohl er sich – auch dies ist eine unbewußte Wirkung der Tradition – hartnäckig um seine Meisterung bemüht. Grabbes Verse sind, die Wahrheit zu sagen, stellenweise unerträglich. Ihre Unregelmäßigkeit läßt sich nur zum Teil vom Ausdruck her rechtfertigen[129]. Sogar die Kritik der Biedermeierzeit, die überwiegend inhaltsästhetisch eingestellt war, fand in diesem Punkt fast immer zu tadeln. Soll man diese mangelnde Verskultur mit dem literarisch neu ansetzenden, mehr auf Wahrheit als auf Schönheit eingeschworenen Westfalen in Verbindung bringen? Auch Immermann ist als Versdichter anfechtbar (vgl. S. 816 f.); selbst die Droste hat metrische Probleme (vgl. S. 625 ff.), und alle drei Dichter wurden als Prosaisten am freundlichsten begrüßt. Der besondere Wert des ersten Lustspiels ist auch darin begründet, daß es den Vers vermeidet. Die dann sich vollziehende Entfaltung der Volksszene (seit *Marius und Sulla*) entspricht wiederum dieser heimlichen Neigung zur Prosa. Das heißt also: vom Mimischen her, gestützt auf die Form des Shakespearischen Dramas, das eine gültige Kombination von mittelalterlichem Mimus und humanistischem Drama darstellt, wird das traditionelle Versgewand durchlöchert, bis Grabbe es im *Napoleon* ganz abwirft. An dieser Entwicklung läßt sich noch exakter als an seinem Heldenkult ablesen, daß der Dichter auf manchen Strecken seines Weges *von den Epigonen nicht völlig zu trennen ist.* Originalitätsbewußtsein und Originalität – das lehrte uns die Aufwertung stilkonservativer Dichter wie Grillparzer – darf man nicht gleichsetzen[130].

Die humanistisch-barocke Tradition wirkt auch insofern nach, als Grabbe die *Bildlichkeit der Sprache* für ein wesentliches Kennzeichen der Poesie hält. Die Selbstzitate, aber auch direkte Äußerungen beweisen einwandfrei, daß er dieser Schicht der Dichtung größte Bedeutung beimaß, worin wiederum ein klarer Unterschied zu den Realisten zu erkennen ist (vgl. Bd. I, S. 520 f.). Grabbe bemüht sich ganz im Sinn der Barocktradition um kühne, überraschende Metaphern, und man darf feststellen – ein wesentliches Wertkriterium –, daß er in diesem Bemühen erfolgreich war. Man wird auch behaupten dürfen, daß seine metaphorische Kraft nicht nur im engeren, etwa jean paulischen Sinne wirksam, sondern eine generelle Qualität seiner Sprache war. Die Briefe geben auf Schritt und Tritt einen Begriff von der ursprünglichen Sprachstärke des Dichters: »Mein Hannibal fluthet prächtig« (8. 1. 1835 an Immermann). Beim Gedanken an die *Hermannsschlacht* und die Heimat schreibt er: »Teufel, da wächst was! Mein Herz ist grün vor Wald« (Frühling 1835 an Schreiner). Oder: »Blitze und Donner müssen im Dichter woh-

---

später vom expressionistischen Theater offensichtlich genossenen Lärm und mit dem Entscheidungscharakter der Schlacht? Die Idylle bietet doch sonst stets wiederholbare Ausweichmöglichkeiten in die Stille und ist nicht auf welthistorischen Höhepunkten angesiedelt. Ich würde das Irreale dieser Schlachten eher mit dem Begriff des Rausches und eines berauschten Theaters verbinden, in dem man durch das Spielen einer heroischen Rolle die triviale Individualität hinter sich zurückläßt und mit Hilfe des Feldherrn unmittelbar ein Teil der Geschichte, der Welt selber wird. Schlacht als realisiertes Welttheater. Die nachwirkende Barocktradition erkennt auch M. Schneider an vielen Stellen seines Buchs. So oder so, *richtig ist jedenfalls, daß man an Grabbes Geschichtsdrama ohne die unzeitgemäße Interpretation seiner Schlachten vorbeigeht.*

nen.« Oder, in satirischer Verwendung der Metapher: »Rückert ist ein Versehengst«
(Juni 1835 an Schreiner). Allegorese verbindet sich, wie auch sonst in dieser Zeit (vgl. Bd.
I, S. 323 ff.), gerne mit der gesteigerten Neigung zur Metaphorik: »Teufel komm und hole
das Schweinezeug. Dummheit und Unwissenheit sind schlimmer als alles, weil diese beiden Damen alles Schlechte aus sich machen lassen« (1. Junihälfte 1835 an Schreiner).
Der zynisch-witzigen Stilhaltung ist solche Bildlichkeit überhaupt angemessen, wie uns
auch Heines Sprache zeigt (S. 527). Desgleichen natürlich der pathetischen: »Ein Palast
der Stürme ist mein Haupt« *(Gothland)*. Vor allem diese Monumental-Metaphorik fanden die Expressionisten vorbildlich. Grabbes Vorliebe für kosmische Metaphern hat August Langen in seiner *Deutschen Sprachgeschichte vom Barock bis zur Gegenwart* betont[131], die Tiermetaphern Otto Nieten[132]; Manfred Schneider stellt fest, daß auch
dieser Dichter noch aus dem »Vorratsmagazin« der Rhetorik (E. R. Curtius) schöpft
[133], und schließt die Interpretation der Inhalte besonders eng an Grabbes Metaphorik
an. Die Metaphern aus der kosmischen und zoologischen Natur entsprechen dem Bestreben, den Menschen als *Elementarwesen* jenseits der vielfältigen bürgerlichen oder überhaupt gesellschaftlichen Welt zu verstehen und damit (erhöhend oder entwertend) in die
äußerste Grenzsituation zu versetzen.

> *Alexander*
> Wenn ich Dich liebe, Thais, glaub' ich,
> Es ist die Welt mit all' den brennenden
> Gestirnen!
>
> *Thais*
> König, flammt' ich über'm Haupt
> Dir doch, wie Die da![!] Eine Flamme würd'
> Der Himmel!
> (Alexanderfragment)

Die hyperbolische Bildlichkeit verbindet hier, in einer für Grabbes Dramenstil bezeichnenden Weise, Pathos und Mimik, wie sie an anderen Stellen Komik und Mimik vereinigt. Die »Drastik« Grabbes braucht man nicht zu belegen; denn sie fällt zuerst in die Augen. Von einer »epischen« Sprache keine Spur; auch nicht, wenn Ziethen sagt: »Wie sich
das Volk durcheinanderwälzt – Kavallerie, Infanterie, Artillerie – ein verwirrter, unauf-
lösbarer Knäuel!« *(Napoleon* V,6). Die Teichoskopie ist, äußerlich gesehen, der Bericht
über etwas Gesehenes, aber dieser steigert sich hier nicht nur zum Ausruf, sondern, durch
das Hämmern der militärischen Fremdwörter, zum mimischen Ausdruck der Schlacht,
des Schlachtenlärms. Das »Mythische«, das man auch Grabbe nachgerühmt hat, beruht
ganz wesentlich auf dieser dynamischen Metaphorik. Gewiß, er ist sogar in dieser Beziehung nicht immer glücklich; denn gerade der Gebrauch der Metaphorik erfordert viel
Takt. Gutzkow meint selbst vom *Hannibal:* »Es sind die alten großartigen Bilder, von
denen zwei Drittel immer so originell sind, und das letzte Drittel immer so steif, irdisch
und ungelenk«[134]. Sogar nach dieser Wertung eines Gegners ist die originelle *Grundkraft,* mit der der Dichter das alte Stilmittel erneuert, nicht zu leugnen. Wir glauben dem
»naiven« Dichter, wenn er bekennt: »Daß die Erde ein beseeltes Wesen und das Meer ihr
Auge ist, davon bin ich total überzeugt« (24. 6. 1831 an Kettembeil).

Zur Grabbe-Kritik

Während in der westlichen Welt, wie eingangs geschildert, durch oberflächliche Parallelisierung des Dichters mit dem modernen absurden oder epischen Theater eine Art von Grabbe-Renaissance vor sich zu gehen scheint, bringt der offizielle Humanismus des DDR-Regimes die Verteidiger des antihumanistischen Dichters in eine gewisse Schwierigkeit. Dies geht aus dem Vorstoß, den Lothar Ehrlich in den *Weimarer Beiträgen* 1974 zugunsten Grabbes versucht hat, klar hervor[135]. Der Apologet Grabbes gibt zu, daß der Dichter »auf den Entwurf eines humanistischen Menschenbildes« verzichtet hat, meint aber nach dem bekannten Klischee, dieser wäre »in der Zeit der Restauration unannehmbar« gewesen. Außerdem sei eben dadurch auch Grabbes Realismus »frei von utopischen und illusionistischen Zügen«, es sei ein »konsequenter Realismus«. Er schreibe »vom Standpunkt eines sozial Deklassierten« aus. Lothar Ehrlich weiß, daß der plebejische Dichter im Vormärz eine »große Wirkung« hatte, sogar als »Vorbild« galt. »Später kapitulierten die meisten Theater vor den zum Teil beträchtlichen technischen Schwierigkeiten der Inszenierung seiner Werke. Aber vor allem schreckte der rigorose Realismus, der nicht selten zu Brutalitäten und Zynismen neigte, die Bürger[!].« Aus dieser Unbürgerlichkeit ergeben sich schon bestimmte Pflichten des Arbeiter- und Bauernstaates gegenüber Grabbe, zumal da Brecht ihn ausdrücklich unter seinen Vorläufern nennt. Ist man einmal beim Klassiker des sozialistischen Theaters, dann kann man auch gleich über Grabbe sagen: »Nicht Aktionen von Persönlichkeiten, sondern von Kollektiven stehen auf der Bühne zur Diskussion. Bei Grabbe fällt das große Individuum als das alles beherrschende Zentrum des bisherigen Dramas aus.« Man sieht: hier muß man, um den »Klassik-Zentrismus« und den Humanismus wirksam umgehen zu können, schon ein wenig schwindeln und Grabbe zum Genossen Brechts machen. Die genauere Abwägung der Wahrheit überläßt man in solchen Fällen großzügig der »bürgerlichen Wissenschaft«. Unsere Regisseure sind auf den Humanismus nicht verpflichtet, und wenn unsere Literarhistoriker den Geschichtsdramatiker des Vormärz modernisieren, dann tun sie es ohne Zwang. Aber stimmt diese kommunistische Zurückhaltung gegenüber dem Schlachtenmaler nicht doch ein wenig nachdenklich? Wäre es nicht auch unsere Pflicht, das Gesamtphänomen Grabbe wertend im Blick zu halten und nicht nur den Experimentator des Dramas?

Was man zuerst vermeiden sollte, ist die traditionelle Grabbeverherrlichung auf Kosten seiner Zeit. 1838 schreibt ein Grabbe-Verehrer: Er »ist ein weit über alle Dramatiker hervorragendes Talent... Grabbe ist der erste Deutsche, der an Shakespeare gereicht hat«[136]. Der Dichter erschien diesem Zeitgenossen noch »genialer« als Goethe und Schiller. Das versteht man aus dem falschen Geniekult der Epoche. Weniger verständlich sind hyperbolische Urteile aus der nachexpressionistischen Zeit: »Grabbe hat nichts geschaffen, was auf der Höhe vollkommener Meisterschaft steht[!] aber auch nichts, was ihn nicht himmelhoch über das künstlerische Niveau seiner Zeit emporhebt«[137]. Dagegen kann heute ganz schlicht auf die mehr und mehr anerkannten *Meister* der Zeit verwiesen werden: Grillparzer, Heine, Mörike, Nestroy, Droste-Hülshoff, Hebbel, Stifter, Büchner. Andre sind wie Grabbe umstritten: Immermann, Postl (Sealsfield), Platen, Lenau. Wenn man den Meister über den Experimentator setzt – darüber läßt sich natürlich streiten –, gehört Grabbe nicht in die erste Reihe der Dichter, nicht einmal innerhalb seiner Zeit, und daraus könnte man doch einige Folgerungen ziehen, wenn nicht für unser Theater so doch für die Schule. Wer sich gegen diese Bewertung auf Heine berufen will, der muß *alle* seine Äußerungen überprüfen, dann findet er ein ähnliches Ergebnis. Und schon der meistzitierte Satz selbst belegt, daß Heine in diesem Fall den ihm sonst selbstverständlichen Begriff der Meisterschaft zurückgestellt hat. Nach der Erwähnung von Goethes »cynischem« Mephisto sagt Heine in den *Elementargeistern* »Ein anderer deutscher Schriftsteller, der in seinen Mängeln [!] ebenso großartig ist wie in seinen Vorzügen, jedenfalls aber zu den Dichtern ersten Ranges gezählt werden muß, Herr Grabbe, hat den Teufel in jener Beziehung ebenfalls vortrefflich gezeichnet« [138]. Großartige Mängel! Im Lustspiel, auf das Heine anspielt, gibt es vielleicht nur solche; aber jeder Heinekenner kann mit Sicherheit sagen, daß der Dichter, der Immermanns *Tulifäntchen* metrisch verbesserte, auch Grabbes Verse, *wenn* er sie las, nur unter Qualen skandieren konnte. Das waren keine »großartigen Mängel«, sondern ganz banale. Das zweite, häufig zitierte Oxymoron (»betrunkener Shakespeare«) verrät das gleiche Schwanken in Heines Wertung.

Ein anderer Fehler der Grabbekritik sind die Versuche, alle seine Mängel auf Herkunft, Kleinstadt und Beruf zurückzuführen. So wird z. B. ständig sein Jammern über das kleine und enge Detmold zitiert. Dagegen habe ich noch nie zitiert gefunden, daß Grabbe in *Etwas über den Briefwechsel zwischen Schiller und Goethe* das Bleiben Schillers in der kleinen Residenzstadt Weimar betont hat, mit der Begründung: »Nicht auf die Größe der Städte, auf die Geister, welche darin hausen, kommt es an« [139]. Diese Meinung war nach der Klassik von Weimar in Deutschland eine Selbstverständlichkeit, weshalb Grabbe auch gerne in das damals noch recht kleine Düsseldorf gegangen ist, in der Hoffnung auf ein »Triumvirat« mit Immermann und Üchtritz. Die Neigung, überall, nur nicht in Grabbe selbst, die Ursache für sein bitteres Schicksal zu suchen, war schon in der Biedermeierzeit, besonders in den Jahren nach seinem frühen Tod so verbreitet, daß Laube in seiner *Geschichte der deutschen Literatur* (Bd. 4, Stuttgart 1840) [140] ausdrücklich vor solchen geschichtlichen Kurzschlüssen warnte: »Sein Geschmack, sein Verständniß unserer Literatur, sein Wesen sind befremdlich, sind einseitig, fast nirgends durchgebildet. Demgemäß ist seine Schrift oft forcirt bis zur Karrikatur. Und bei alle dem ist er voll großer Blicke und oft mächtig, so, daß eben das Eine neben dem Andern befremdlich genannt werden darf. Mißlich erscheint's, hier den Einfluß der Zeit nachzuweisen. Er ist gewiß in starkem Grade hinzugetreten; aber die Scheidung von aller rein persönlichen Art ist bei Grabbe sehr schwer [!]. Denn die Persönlichkeit Grabbe's war von Jugend auf, da sie noch nicht die geringste Kenntniß hatte von den Zerwürfnissen einer in Prosa ringenden Welt, sie war schon im Knaben so widerspenstig, so Byronisch, so modern eigen- und neugesetzlich, wie sie im Jünglinge und Manne sich zeigte, wie sie in den Schriften dauernd geworden ist.« Laube fordert in solchen schwierigen Fällen »historiographische Geduld« mit einem Ausfall gegen die »unverläßige« Art der Literaturgeschichtsschreibung des Gervinus. Es ist das, was noch immer – im Widerspruch zu fixen Vorstellungen – zu fordern ist. Am Ende des Abschnitts gibt Laube, ähnlich wie Gutzkow (s. o. S. 172), eine

Deutung, die Grabbes Gesellschaftsverachtung als eine Ursache seiner Mängel vermutet, – eine Hypothese, die m. E. eine ausführliche Erprobung verdient: »Ein nicht geradezu feindliches Verhältniß zur Gesellschaft und Geselligkeit ist vielleicht für eine Empfängniß des Genies nicht unerläßlich. Wir denken uns das Genie gar zu gern im Ursprungslosen, im Verhältnißlosen. Aber ein nicht geradezu feindliches Verhältniß zur Gesellschaft[!] ist unerläßlich für alle feinere, geschmackvolle Ausführung. In dem unscheinbarsten, unbefragtesten Weben aller gesellschaftlichen Existenz liegt ein Anhub aller Zeitkultur… Man muß mehr sein als ein literarisches Genie, um alle dem geflissentlich trotzen zu können, wie Grabbe selbst nur versucht, nicht vermocht hat.« Grabbe wäre demnach vor allem ein Opfer seines Genietrotzes gewesen, seiner Genie*ideologie*. Auch das ist eine historische Erklärung, da sie erst durch den »gesunkenen« romantischen Geniebegriff verständlich wird; aber sie operiert wenigstens nicht so, als ob Grabbes Verhältnisse in Detmold unentrinnbar gewesen wären. *Sie bestätigt vielmehr noch einmal, daß der erregte Dichter die damals auf der Hand liegende, oft geäußerte Widerlegung des Geniebegriffs nicht in sich aufnehmen konnte.* Laube und Hebbel, Norddeutsche wie Grabbe, gelangten, durch Einsichten solcher Art, zu einer relativ freundlichen Existenz in der ersten Theaterstadt des deutschen Bundes, Wien, während Grabbe seine (wie immer geniale!) *Weltfremdheit* nie ganz durchschauen und im Sinne Laubes korrigieren konnte. Mehr als »ein nicht geradezu feindliches Verhältniß zur Gesellschaft« wäre tatsächlich dazu nicht nötig gewesen. *In seiner asozialen Art liegt sein Schicksal beschlossen,* wobei freilich nie genau auszumachen ist, wie weit diese in seiner Gesinnung und wie weit in seiner Natur (Psychopathie) begründet war.

Die zu keiner Zeit aussetzende Kritik an Grabbes ästhetischen Mängeln versuchte ich dadurch abzuschwächen, daß ich – nicht ganz ohne Bedenken und Vorsicht! – vorschlug, den Dichter aus der üblichen deutschen Tragikerreihe Kleist, Grillparzer, Grabbe, Büchner, Hebbel herauszunehmen und in dem Felde zwischen Mimus und Dichtung, genauer zwischen Hoftheater und Volkstheater, zwischen Grillparzer und Nestroy anzusiedeln. Niemand nimmt dem theatralischen Meister Nestroy Flüchtigkeiten übel. Wenn man sich zu einer solchen formengeschichtlichen Einordnung versteht, sind Grabbes *Prosa*dramen der Kritik so ziemlich entzogen. Dieser Akzent ist, meine ich, sehr viel sinnvoller als die momentane Bevorzugung des Lustspiels. Denn die *Vers*dramen sind auf dem gleichen Wege nicht zu rechtfertigen. Hier erscheint – sehr im Unterschied zu Büchner – wieder die Halbheit Grabbes. *Wozu eigentlich, bei so viel mimischer Aktion, Verse?* Die Tragikomödie *Don Juan und Faust,* wohl auch sorgfältiger ausgefeilt, läßt sich in diesem Bereich eher verteidigen als die personen- und aktionenreichen *Hohenstaufen.* Die Kritik an Grabbe muß überdies beachten, daß er in den *zwanziger* Jahren ansetzte und die Prosabewegung erst in den dreißiger Jahren ihre volle Kraft gewann, so daß seit etwa 1835, außer Büchner, auch Dichter wie Gotthelf und Stifter entschlossen den Weg der dichterischen Prosa wählten. In den zwanziger Jahren hätte eine geniale Sicherheit zum gleichen literatur-revolutionären Entschluß gehört, die Grabbe schon als Shakespeare- und Schillerverehrer nicht besaß.

Da Geschmacksurteile im soziologisierten Deutschland zur Zeit stets verdächtigt werden und speziell bei Dichtern der Biedermeierzeit meist als Wertungen im Geist der deutsch-idealistischen »Kunstperiode«, womöglich des Klassizismus interpretiert werden, sei darauf hingewiesen, daß die englischen Grabbe-Rezensionen eine verblüffende Übereinstimmung mit den deutschen aufweisen, ein Hinweis darauf, daß es in dieser vornationalistischen Zeit noch relativ einheitliche europäische Literaturnormen gegeben hat. Man kann nicht behaupten, daß die englische Kritik realistischer war als die deutsche, was aufmerksame Leser von Scott, der als Geschichtsdichter vergleichbar wäre, und selbst von Dickens nicht verwundert. Die *gemischten Gefühle,* die für den normalen Kritiker – von Grabbes Auftreten an bis heute – typisch sind, leiten auch den Rezensenten von *The Foreign Quarterly Review,* London 1831 [141]. So sagt er über die *Dramatischen Dichtungen:* »The distinguishing quality which the author exhibited in that work was one which will atone for the want of many others, and without which, in our eyes, every other attribute has little value, namely, power; but it was power unregulated by judgment or taste – it was the strength of a posture-master, not of a Hercules«. Von den *Hohenstaufen* gibt der gleiche Rezensent ausführliche Zitate, um »die Fehler sowohl wie Grabbes Talent« zu verdeutlichen. *Napoleon,* der die deutschen Kritiker zum mindesten verblüffte, wird von dem englischen Rezensenten – unter Hinweis auf das kritischere England! – am unfreundlichsten behandelt, und zwar mit idealistisch-ästhetischer Argumentation: »A faithful portrait of French mobs, of French and Prussian camps, and a caricature of the French court, it may perhaps offer us; but even these are trite and bald. There is no ideal colouring, no imaginative effluence breathed over the vulgar commonplace of real life, whether high or low«. Der Engländer bleibt bei einer ästhetischen Wertung, während Arnold Ruge durch Grabbes Detail- und Personenfülle zu einem allgemeineren und härteren Urteil über den Dichter veranlaßt wird. Es verrät wie Hebbels Urteil über Stifter den typischen hegelianischen Hochmut: »Menschen kennt Herr Grabbe nicht; sie sind ihm auch gar kein Gegenstand[!]: auf Schlachten, Donner, Berge, Vulkane ist sein Sinn gerichtet; Schwertergeklirr, Truppenmärsche, ungeheure Versammlungen, Belagerungen sind ihm wichtiger als das Geheimniß des Menschengeistes, das zu belauschen die unsterblichen Kränze gebieten, und darzustellen die höchste Aufgabe der Kunst, die einzige der Tragödie ist« [142]. Mit dieser Kritik wird ganz offensichtlich das negiert, was Grabbes Drama auszeichnet: *das Geschichtliche, das Kollektive.* Es ist absurd, einem Dichter, der ein geradezu gieriges Interesse am Menschen in allen seinen sozialen Abstufungen besitzt, Menschenkenntnis abzusprechen, nur weil sich diese eher massen- als individualpsychologisch äußert. Die Konzentration auf die menschliche »Komödie« (Höllerer) und auf das große Welttheater der Geschichtsheroen, der Sinn für jede Art von Aktion und mimischer Bewegung führten mit Notwendigkeit zur Darstellung der Menschen in ihrer Funktion und damit in ihrer »Äußerlichkeit«. Eben das zugespitzte Urteil Ruges, des publizistischen Organisators des Junghegelianismus, verdeutlicht, wie weit sich Grabbe von der Tradition der deutschen Tragödie entfernt hat. Von seinem Ausgangspunkt Schiller und Shakespeare ging er in einer ganz anderen Richtung weiter als vor ihm Kleist und nach ihm Hebbel. »The new canons of dramatic criticism«, die Grabbe in seiner dichterischen Praxis aufstellte und die der neueren Grabbeforschung den Aufschwung gaben, ahnte schon der erwähnte englische Rezensent[143]. In der deutschen Restaurationsepoche selbst war der Klassizismus zu stark, als daß diese dra-

189

matisch-theatralische Revolution hätte wahrgenommen werden können. Das verrät Grabbes eigener unzulänglicher Begriff »dramatisch-episch«. In Deutschland galt die »rohe Genialität« Grabbes (Gubitz) [144] vor allem als ein Hinweis darauf, daß das deutsche Drama noch nicht an seinem Ende sei, daß vielmehr der deutsche Shakespeare noch bevorstehe. Es ist nicht sicher, ob ohne Grabbes Vorbild und ohne Grabbes *Ruhm* Büchner und Hebbel das Wagnis des Dramas in einer schon der Erzählprosa zuneigenden Epoche noch auf sich genommen hätten. Jedenfalls war Grabbe für viele Zeitgenossen eine *Widerlegung der Epigonenvorstellung.* Selbst Immermann, ein Prediger dieser defaitistischen Ideologie, scheint etwas von der positiven geschichtlichen Funktion seines Düsseldorfer Schützlings bemerkt zu haben; denn er hebt ihn gegen Ende seines Grabbe-Essays mit einprägsamer Metaphorik von den gefälligeren Zeitgenossen ab: »Ich habe ihn eine Natur in Trümmern genannt, aber ich setze hinzu: diese Trümmer waren von Granit und Porphyr. Dadurch unterschieden sie sich von so manchem Gebäck der Gegenwart, welches heil und ganz aussieht, und doch nur aus Holz, Stroh und Kork zusammengeleimt ist« [145].

JOHANN NESTROY (1801–1862)

Nestroy-Forschung im Gefolge von Karl Kraus als Irrweg

Nestroy ist kein Bürgerkönig gewesen. Er war auch nicht der Bürgerschreck und der Nihilist, zu dem ihn einige moderne Nestroyverehrer machen wollen, sondern eine merkwürdige Mischung von Hanswurst, Denker und Großbürger. Seine enge Zusammenarbeit mit dem Kapitalisten Carl, den man den Totengräber des Volkstheaters zu nennen pflegt, war kein Zufall. Nestroys Aufstieg zu Reichtum, nicht nur zu Wohlhabenheit, nach der Übernahme des Carlstheaters, gegen einen Pachtzins für Carls Erben, ist ein wichtiges Faktum. Er beklagte sich, um Goethes Worte zu gebrauchen, nicht nur über das Niederträchtige, sondern er wußte auch, daß es das Mächtige war. So spielte er nicht nur in den Spelunken um Geld, sondern auch um das große Geld, mit Hilfe des Theaters, das Carl das »gefährlichste industrielle Geschäft« genannt und daher seinen Erben verboten hatte. Nestroy wagte es und hatte Glück im Spiel. Ein anderes Spiel, das er heimlich, aber mit Passion, betrieb, war die von ihm so genannte Mädlerie. Sein leidenschaftlichstes Spiel jedoch war ohne Zweifel die Schauspielerei. In seiner besten Zeit, z.B. im Jahr 1844, das 170 Aufführungen von Nestroy-Stücken erlebte, stand er fast jeden zweiten Abend auf der Bühne[1]. Seine Gastspielreisen führten nicht wie bei Raimund zum Rückzug vom theatralischen Alltag. Er spielte, als er schon reich geworden war, unentwegt weiter. Und als er sich endlich mit fast sechzig Jahren nach Graz zurückgezogen hatte, um sich zu schonen, ließ er sich immer noch zu Gastspielen in Wien verführen. In diesen letzten Jahren (1861) schildert A. Silberstein in der »Österreichischen Zeitung« die noch immer ungebrochene Macht des grandiosen Spielers: »Er hat eine merkwürdige, unerreichte Gabe: durch eine einzige Mundfalte, ein einziges Augenzucken die ganze geistige, ironische Höhe neben der scheinbar tiefstdümmsten Rede anzudeuten… mit seinen agilen Händen und Beinen steht er plötzlich als Sieger über allen und allem auf der Bühne, es liegen, nur dem geistigen Auge sichtbar, Menschen, Dinge, Verhältnisse, kunterbunt durcheinandergeworfen, ihm zu Füßen – der Applaus raset ihn zum Schluß heraus, seine lange Gestalt knickt in zwei Hälften, er lächelt – selbst da weiß man oft nicht: dankt Nestroy wirklich oder ironisiert er das Herausrufen und das Kommen!« [2]. Weniger enthusiastisch sah die Polizei seine Zweideutigkeiten. Die ständigen Zusammenstöße zwischen Nestroy und den Behörden hatten ihren Grund nicht so sehr in der heute so beliebten Gesellschaftskritik, als in seinem »frechen« Rückgriff auf die Hanswursttradition, d.h. in seinem Verstoß gegen die biedermeierliche Dezenz durch Zoten, Blasphemien, krasse Ausdrücke jeder Art. »Ekelhaft« sagten die bürgerlichen Rezensenten. Es war ihm offenbar absolut unmöglich, auf das streng verbotene Extemporieren zu verzichten. Die Texte, die wir besitzen, vermitteln kein vollständiges Bild von Nestroy als Hanswurst. Als er sich am 22. 3. 1851 beim Statthalter von Niederösterreich über die seit 1848 anachronistisch gewordene, wohl nur noch in Österreich geübte Zensur beschwerte, bemerkte er auch, wahrscheinlich richtig, die »Zoten, welche einstens unleugbar gerade beim elegantesten Teile des Publikums als Modeartikel sehr beliebt waren, [seien] jetzt gänzlich aus der Mode«. Der zuständige Polizeibeamte, dem Nestroys Schreiben zur Rückäußerung vorgelegt wurde, hatte offenbar von der Besserung und Verbürgerlichung des großen Hanswursts noch nichts bemerkt; denn er antwortete gereizt: »Die ganze Argumentation gegen das Zotenwesen grenzt an Unverschämtheit, da Nestroy mit seinen Stücken wesentlich zur Entsittlichung des Wiener Volkes beigetragen und bis auf den heutigen Tag nur zu oft die harmlosesten Worte durch sein Mienen- und Händespiel zur gemeinsten Zote werden. Man braucht nur die ›12 Mädchen in Uniform‹ zu sehen, um das Gesagte sattsam gerechtfertigt zu finden.« Der reichgewordene Nestroy konnte es sich leisten, die immer höheren Strafen (1860: 40 fl. etwa DM 700)[3] zu zahlen und über diese Strafen an der betreffenden Stelle wieder Witze zu improvisieren. Es war eine gute Werbung.

Franz Mautner macht darauf aufmerksam, daß auch aus den Rezensionen, die Nestroys Muse zur Hure machten, »angesichts seiner Rolle im Theaterleben, und das heißt im Leben Wiens, aufrichtige Besorgnis für die Moral der Bevölkerung... gesprochen haben mag«, daß aber schon die Anwesenheit der kaiserlichen Familie bei Nestroys letzter Premiere am Theater an der Wien (1845) beweist, daß man die Angriffe der bürgerlichen Literaten auf Nestroy nicht allzu ernst nahm[4]. Das für die Premiere mit dem Kaiser geschriebene Stück *(Unverhofft)* war besonders unschuldig, ebenso rührend wie komisch, und der Kaiser hatte den Erlös der Aufführung »für die nach Wassernot der augenblicklichen Hilfe bedürftigen Familien Böhmens« bestimmt (Theaterzettel). Das etwa könnte man gegen Mautners Verharmlosung von Nestroy einwenden. Allein, solche Umstände belegen auch die *Anpassungsfähigkeit des genialen Spielers,* sogar seine Nützlichkeit für die Biedermeiergesellschaft; denn statt die Theater zu subventionieren, konnte die Obrigkeit im Notfall noch Geld aus ihnen pressen. Es ist also ganz falsch, wenn man in diesem eigenwilligen Schauspieler und Possendichter ein von der Polizei und von neidischen Literaten gehetztes, ein verkanntes und vereinsamtes Genie vermutet, einen Progonen, einen heimlichen Zeitgenossen von Karl Kraus. Auch das bedeutet Barocktradition, daß der Schauspieler und Dichter, trotz seiner Ungewöhnlichkeit, noch die alte Narrenfreiheit besitzt und in diesem Sinne völlig in der Wiener Gesellschaft integriert, ja nach dem Helden der k. k. Armee, der eigentliche, auch vom Hofe respektierte Volksheld ist.

Der programmatische und bürgerliche Realismus ließ Nestroy, wie alle Dichter der Biedermeierzeit, im Untergrund der literarischen Welt verschwinden. Während bisher die »Klassiker des niederen Stils« in der Rhetorik eine gute Stütze gehabt haben (vgl. Bd. I, S. 190 f.), erschienen sie in einem auf mittleren Stil, »Verklärung«, Humor und bürgerliches Ethos eingeschworenen Literaturzeitalter als Fremdkörper und Auswüchse. Friedrich Theodor Vischer erkennt in seiner berüchtigten Äußerung über Nestroy genau die stilgeschichtliche Tradition, in der der Österreicher steht: »Der Dienst der Venus geht in allen Großstädten sichtbar genug um; in Wien hatte das immer eine gewisse eigene Farbe: der Geist Wielands schien in ihm zu wandeln...«[5]. Aber die so erkannte Rokokotradition – in ihr wurzelt auch Nestroys Skepsis und Witz – war für protestantisch-deutsche

Kritiker kein Grund zur Milde. Eben dieses geistreiche Wesen, diese »Negation«, diese Satire hatte Hegel, Vischers Meister, streng aus dem Reich der Kunst gewiesen (vgl. Bd. I, S. 633 f.). Sogar Jungdeutsche, die selbst noch in der alten Witzkultur wurzelten, Gutzkow und Laube, schlossen sich der Literatenhetze gegen den Dichter an; denn die gefährlichsten Feinde des Genies sind nicht die Historiker, wie Karl Kraus meint, sondern die mächtigen Publizisten mit dichterischem Ehrgeiz. Nestroy war ein Lustspielkonkurrent Gutzkows und Laubes; er mußte drunten gehalten werden, wie sein nächster Verwandter Heine. Nur daß eben der Österreicher in seinem heimatlichen Wien einen festen Rückhalt hatte. Als Nestroy bestattet wurde, ahnten die Wiener wohl, daß ihr vorläufig letzter großer Hanswurst ausgespielt hatte; eineinhalb Stunden lang bewegte sich der Leichenzug über die Ringstraße nach dem Währinger Friedhof[6]. Schon 1881 erhielt er sein Ehrengrab. Den Anlaß dazu gab die zu Beginn des gleichen Jahres vom Carl-Theater veranstaltete Nestroy-Woche. 20 ausgewählte Stücke wurden schon zu diesem Zeitpunkt wieder zum Leben erweckt[7], während man zunächst gemeint hatte, nur Nestroy könne Nestroy spielen. Der beginnende Abbau des bürgerlich-realistischen Verklärungsprinzips, Nestroys scheinbarer Naturalismus, kam dem Verständnis des Dichters gewiß schon zugute. Wichtiger war die Rückkehr zum abstrahierenden Theater und zur Groteskkunst bei Wedekind, bereits in *Frühlings Erwachen* (1891). Die Artikel zu Nestroys 100. Geburtstag (1901) verrieten schon Sinn für den Rang des Dichters[8]. So ist es kein Wunder, daß er 1908–1910 in zwei außerösterreichische Klassikerbibliotheken (Bong, Berlin; Hesse, Leipzig) einzog[9] und damit zu einem festen Bestandteil der deutschen Literatur wurde. 1908 veröffentlichte Otto Rommel, 1910 Fritz Brukner eine Nestroy-Auswahl mit Biographie[10]. Und diese beiden Philologen erstellten gemeinsam 1924–1930 die erste historisch-kritische Nestroy-Ausgabe. Sie genügt heute nicht mehr allen Ansprüchen; aber das liegt nicht so sehr an den Herausgebern als an der Aufgabe, ein Werk zu edieren, das ein Sänger und Schauspieler, dem der dichterische Nachruhm gleichgültig war, immerfort weiterspielend und -singend zusammen mit einigen Komponisten (in erster Linie Adolf Müller) geschaffen hat. Hier versagten die von den klassischen Philologen entwickelten Editionsprinzipien, die sich bei Goethe, Schiller, Lessing, Grillparzer usw. bewährt hatten. Nur ein neues, von Theater-, Literar- und Musikhistorikern gemeinsam entwickeltes Editionsmodell könnte – vielleicht – das, was für den Augenblick geschaffen war, ins Buch zwingen (vgl. S. 197, 1. Anm).

Und Karl Kraus? Sein berühmter Aufsatz *Nestroy und die Nachwelt* erschien *nach* den erwähnten Auswahlausgaben und kleinen Biographien in der *Fackel* 1912. Diese Propagandaschrift für Nestroy ist in ihrem Kern das Pamphlet eines reaktionären Autors gegen die eigene demokratische, wissenschaftliche, technische Gegenwart. Kraus sieht in Nestroy einen Bundesgenossen gegen die eigene verrückte Zeit. Nostalgie für den Vormärz macht aus dem Dichter ein mythisches Wesen, über das sich Nestroy köstlich amüsiert hätte. Dieser dem »Pesthauch der Intelligenz«, dem »Teufelswerk der Humanität« unverzagt entgegengestellte »kosmische Hanswurst«, der uns in Couplets eine »Botschaft« bringt, der endlich einmal die Wahrheit über den »zivilisierten Misthaufen« sagt, ist interessant für die Methoden der »konservativen Revolution«, aber völlig unergiebig für den Vormärz selbst. Man könnte darüber hinweggehen, wenn die neuere Germanistik fähig wäre, den »mächtigen Publizisten«, die die Literaturgeschichte machen (s. o.), hinreichend Widerstand zu leisten; aber trotz gelegentlichen Murrens und Nörgelns ist der Einfluß, den Karl Kraus auf die Nestroyforschung ausübt, ungebrochen; ja, er hat sich seit dem Verstummen Enzingers und Rommels, die Jahrhunderte des Volkstheaters überblickten und nicht nur Brecht und Dürrenmatt kannten, noch gesteigert. Jürgen Hein, einer der allerbesten Nestroykenner und ein sehr sachlicher Berichterstatter über die Forschung, resümiert die Fortschritte der Nestroy-Philologie nach dem Zweiten Weltkriege mit ziemlich klaren Worten: »An der Schwelle des ›Nestroyjahres‹ 1962 stellen wir fest, daß sich die Nestroyforschung seit 1945 fast ausschließlich um die Wesenserfassung der Nestroyschen Satire bemüht hat. Der Zusammenhang Nestroys mit der Tradition des Wiener Volkstheaters, wie ihn noch [!] Rommel betont, wird nach und nach vernachlässigt. Nestroy erscheint als eigenständiger deutscher Satiriker und Dramatiker, der nicht länger mit den Maßstäben des Volkstheaters zu messen ist, sondern mit denen der modernen Dramatik. Der Schritt zu dieser Interpretation geschieht, nach Ansätzen bei Kraus, Mautner, Greiner und Koch, erst im Jahre 1962« [11]. In der Bezeichnung *deutscher* Satiriker erkennt man die falsche Alternative Krausens zwischen wienerisch und deutsch, bzw. wienerisch und universal. Durch den Dialekt ist jeder Volkstheaterdichter mit Wien verbunden. Aber der theatralische Gebrauch des Dialekts, eine uralte Übung, hat selbst schon eine allgemeinere Bedeutung. Die »Lokalisierung« ist identisch mit der Stilsenkung, mit dem komischen und grotesken Theater, das Nestroy, nach den z. T. mißlungenen Stilmischungsexperimenten Raimunds, mit großer Entschiedenheit erneuert. Nestroy gebraucht das Wort »lokal« in diesem stilistischen Sinn und keineswegs sentimental-patriotisch. Wenn der Zusammenhang des Dichters mit dem Theater, das ihm alles war, »vernachlässigt« wird (s. o.), so entspricht dies den Machtsprüchen des Publizisten Karl Kraus: »Der höhere Nestroy aber, jener, der keiner fremden Idee etwas verdankt, ist einer, der nur Kopf hat und nicht Gestalt, dem die Rolle nur eine Ausrede ist, um sich auszureden, und dem jedes Wort zu einer Fülle erwächst, die die Gestalten schlägt... Nicht der Schauspieler Nestroy, sondern der kostümierte Anwalt seiner satirischen Berechtigung, der Exekutor seiner Anschläge, der Wortführer seiner eigenen Beredsamkeit, mag jene geheimnisvolle und gewiß nicht in ihrem künstlerischen Ursprung erfaßte Wirkung ausgeübt haben, die uns als der Mittelpunkt einer heroischen Theaterzeit überliefert ist... In Nestroy ist so viel Literatur, daß sich das Theater sträubt.« Es folgt ein Hinweis auf Wedekind, der unsere These bestätigt, daß die antirealistische (antipsychologische) Tendenz des modernen Theaters und nicht irgendeine »Botschaft« die Augen für Nestroy wieder geöffnet hat. Die Botschaft, die Kraus seinem geliebten Vormärz entnimmt, ist nicht zuletzt der Absolutismus: »Unser notorisches Geistesleben mit dem des Vormärz zu vergleichen, ist eine... beispiellose Gemeinheit gegen den Vormärz... Ein Jahrzehnt phraseologischer Knechtung hat der Volksphantasie mehr Kulissenmist zugeführt als ein Jahrhundert absolutistischer Herrschaft, und mit dem wichtigen Unterschied, daß die geistige Produktivkraft durch Verbote ebenso gefördert wurde, wie sie durch Leitartikel gelähmt wird.« Da Verbote kulturfördernd sein können, ist es logischerweise Unsinn, wenn die Historiker bei Nestroy »Furcht vor der Polizei« vermuten.

So ganz ernst gemeint ist also Krausens Wort von Nestroys Satire nicht: »Der Künstler aber nimmt so wenig Partei, daß er Partei nimmt für die Lüge [!] der Tradition, gegen die Wahrheit des Schwindels.« Im Grunde ist es eben doch wieder der alte feine *Humor,* den Kraus meint – »fast auf Jean Paulisch« –; denn wie sollte aus Nestroy ein Shakespeare gemacht werden, wenn man seine derbe Satire und damit seinen niederen, bewußt niederen Stil ernst nehmen wollte. Kraus muß den Vormärz-Dichter ins Altbarocke übersetzen, damit er die volle Würde gewinnt, die zur höheren Botschaft gehört: »Gewendetes Pathos setzt Pathos voraus, und Nestroys Witz hat immer die Gravität, die noch die besseren [!] Zeiten des Pathos gekannt hat.« Die bekannte komische Stelle, an der Titus im *Talisman* den Tod seines Vaters für Frau von Cypressenburg möglichst vornehm umschreiben will (»er betreibt ein stilles, abgeschiedenes Geschäft... er ist Verweser seiner selbst«) findet Kraus gar nicht so komisch: »Es ist die erhabenste und noch immer knappste Paraphrase für einen einsilbigen Zustand, wie hier das Wort um den Tod spielt.« Man möchte gleich die Nestroysche Parodie für dieses Publizistendeutsch dazuhaben. Vom historischen Nestroy bleibt bei so viel Ernsthaftigkeit nichts übrig, aber totsicher gelangt man zum deutschen Shakespeare: »Dieser völlig sprachverbuhlte Humor, bei dem Sinn und Wort sich fangen, umfangen und bis zur Untrennbarkeit, ja bis zur Unkenntlichkeit umschlungen halten, steht über aller szenischen Verständigung und fällt darum in den Souffleurkasten, so nur Shakespeare vergleichbar.« Publizistisches Geschwafel aus dem Jahre 1912, das man nicht mehr zu beachten braucht? O nein, so respektlos sind Germanisten nicht. Im Jahre 1970 erschien in Wien ein Buch von Kurt Kahl: *Johann Nestroy oder Der wienerische Shakespeare.* Diese stilistische Hebung Nestroys hatte bei Kraus die häßliche Folge, daß der nächste Verwandte des Österreichers, der andere Vormärz-Klassiker des niederen Stils, nämlich Heinrich Heine, aus dem Tempel der Kunst ausgeschlossen blieb, während die gegenseitige Erhellung der beiden verachteten Zeitgenossen das Nächstliegendste und Ergiebigste gewesen wäre. Der gewalttätige Kraus packt gleich auch Shaw, einen modernen Verwandten Nestroys, und wirft ihn, zusammen mit Heine, aus dem Tempel der Kunst: »Die falsche Lyrik, welche die großen Dinge voraussetzt, und die falsche Ironie, welche die großen Dinge negiert, haben nur ein Gesicht, und von der einsamen Träne Heines zum gemeinsamen Lachen des Herrn Shaw führt nur eine Falte. Aber der Witz lästert die Schornsteine, weil er die Sonne bejaht... Die Satire kann eine Religionsstörung begehen, um zur Andacht zu kommen. Sie wird leicht pathetisch« [12]. Man darf wohl aus dieser Vorstellung von einem im Grunde pathetischen Nestroy so lustige germanistische Begriffsbildungen wie »tragische Posse« ableiten [13]. Nestroy, der auf dem Wege zum Jura-Studium mehr Stilistik gelernt hat (Rhetorik-Unterricht) als heute mancher Germanist in seinem Studium, hätte sich auch darüber köstlich amüsiert. Da jedoch die Heine-Renaissance in Deutschland eine Parallele zur Nestroy-Renaissance bildet und die Heine-Forschung durch die stärkere außerdeutsche Beteiligung schon weiter fortgeschritten ist, wird der Zauberbann von Karl Kraus sicher nicht mehr lange wirken. Beispiele für nachbarschaftliche Betätigung der beiden Philologien findet man schon. So gibt z. B. Hinrich C. Seeba eine interessante gegenseitige Erhellung von *Freiheit in Krähwinkel* und *Atta Troll* [14]. Auch der neue Forschungsbericht von Jürgen Hein läßt erkennen, daß man zum historisch-philologischen Ausgangspunkt der Nestroy-Forschung zurückkehren und damit einem nicht nur scheinbaren, sondern ernsthaften wissenschaftlichen Fortschritt dienen will. Unter den künftigen Aufgaben der Nestroy-Forschung wird nach der »Revision der historisch-kritischen Ausgabe« und der »Aufhellung des biographischen, gesellschaftlichen und historischen Kontexts« im dritten Punkt ein sehr konkretes geschichtliches Programm aufgestellt: »Überprüfung und Revision der Chronologien, Periodisierung und Klassifizierung (z. B. Entwicklungsphasen in Nestroys Werk und im schauspielerischen Stil, Nestroys Stellung zur Barocktradition, zum Wiener Volkstheater – insbesondere zu Raimund –, im Vormärz, zum Biedermeier, zur Revolution von 1848, zur Moderne usw.)« [15]. Hier ist kaum etwas hinzuzufügen oder wegzustreichen. Wenn man Nestroy *zwischen* der Barocktradition und der Moderne sieht und nicht bloß aus dem Gesichtswinkel der Moderne, ist natürlich auch die Frage legitim, wodurch er, *im Rückgriff auf die Barocktradition, zugleich weiterschritt,* so daß er zu einem Vorbild für moderne Dramatiker wurde. Doch kann dies historische Problem nur der Forscher lösen, der die Jahrhunderte des komischen Theaters in Europa halbwegs kennt und die unmittelbaren Vorgänger Nestroys im späten 18. und frühen 19. Jahrhundert gründlich studiert hat; denn es gibt in dieser Zeit meisterhafte, den schwächeren Arbeiten Raimunds und Nestroys überlegene Produkte. *Die jeweilige Meisterschaft innerhalb der gegebenen Bedingungen, nicht der vage Geniebegriff, der in dem irrationalistischen Ansatz von Karl Kraus und in dem Mythos vom Wiener Shakespeare nachwirkt, sollte das Wertkriterium der künftigen Forschung sein.* Auch eine Überprüfung des gängigen Nestroy-Kanons, der Hinweis auf weniger bekannte Meisterwerke gehört zu den Aufgaben der Nestroyforschung; denn Philologie ist kein Selbstzweck, sondern ein Dienst für alle Leser.

Bewußte Rückkehr zum niederen Stil. Großbürgerliches Selbstbewußtsein

In der Parodie *Weder Lorbeerbaum noch Bettelstab* (1835) legt Nestroy dem Dichter Leicht – es ist einer der vielen allegorischen Namen in seiner Dichtung – folgende programmatische Erklärung in den Mund: »Bis zum Lorbeer versteig' ich mich nicht. G'fallen sollen meine Sachen, unterhalten, lachen sollen d'Leut, und mir soll die G'schicht a Geld tragen, daß ich auch lach', das is der ganze Zweck.« Da sich die Stelle kaum auf den Verfasser des parodierten Rührstücks, den routinierten Theaterdichter Karl von Holtei (vgl. Bd. II, S. 362), beziehen kann, hat man sie von jeher mit Nestroy selbst in Verbindung gebracht und ihm womöglich einen Strick daraus gedreht. Am ehesten wird man der Äußerung gerecht, wenn man sie als eine dialektisch überspitzte *Abgrenzung von Raimund* auffaßt. Die Fortsetzung des Zitats heißt nämlich: »G'spaßige Sachen schreiben und damit nach dem Lorbeer trachten wollen, das is eine Mischung von Dummheit und Arroganz, das is grad so, als wie wenn einer Zwetschgenkrampus macht und gibt sich für einen Rivalen von'n Canova aus« (I, 12). Der Verfertiger einer Figur aus gedörrten Pflaumen sollte sich für keinen großen Bildhauer halten und , so dürfen wir im Geist dieser Äußerung ergänzen, der Stückeschreiber des Volkstheaters für keinen Goethe und Shakespeare. Was man unter dem Einfluß der Empfindsamkeit und der goethezeitlichen

Tradition Nestroys niedrige Gesinnung genannt hat, ist zunächst nichts anderes als *die Demut des vorromantischen Künstlers,* eine Rückkehr zum Volkstheater, das traditionsgemäß eine Ergänzung des Burgtheaters, eine Pflegestätte des niederen Stils, ein komisches Theater im extremen Sinne mit dem Schwerpunkt auf Parodie, Posse und Groteskkunst war. Dieses alte Hanswurst-Theater wurde vom Idealismus und Geniekult mehr bedroht als von dem auf den Tag gerichteten Ehrgeiz und dem handfesten Erfolgsstreben des theatralischen Berufskünstlers*.

Nestroy war, psychologisch gesehen, kaum weniger gefährdet als Raimund. Er war sehr viel intelligenter; aber das ist bekanntlich kein Schutz vor der Verzweiflung. Auch er neigte zur Menschenverachtung und zur Schwermut. Auch am Anfang seines Weges stand eine gescheiterte Ehe, die nach dem herrschenden Recht die Legitimierung seines eigentlichen Lebensbundes verhinderte. Zeitlebens bedrängte ihn die Furcht vor dem Tode. Sein Testament verrät eine schreckliche Angst vor dem Lebendigbegrabenwerden. Er war eine schwache, labile Persönlichkeit. Symptom dafür ist seine fast krankhafte Schüchternheit im Privatleben. Er, der auf den Brettern ein Herrscher war, versagte in den einfachsten Situationen des Alltags. Trotzdem kompensierte er seine Schwäche durch keine anspruchsvolle Isolierung, durch keinen überheblichen Genieanspruch, sondern durch eine leidenschaftliche Hingabe an die Wiener Bühne, in deren Dienst er getreten war. Er blieb dem Theaterdirektor Carl, so eigennützig dieser Manager war, bis zu dessen Tode treu. Er fügte sich in das Ensemble des Theaters in der Leopoldstadt ein, obwohl er seinen Ruhm mit dem Komiker Wenzel Scholz und später mit dem jüngeren Star, Karl Treumann, teilen mußte; ja, er schrieb seine Stücke zu Zeiten fast ebensosehr für diese Kollegen wie für sich selbst. Die Produktionsfreude seines kritischen Konkurrenten Friedrich Kaiser fördert er in seiner Spätzeit ganz aus dem Gesichtspunkt des Theaterdirektors, mit Hilfe ansehnlicher Honorare, ohne daß auch nur eine Spur literarischer Eifersucht erkennbar wird (vgl. die Briefe an Stainhauser seit dem 7. 6. 1858). Er ist zu jeder Zeit in erster Linie der Mann des Theaters. Idyllische Sehnsüchte bemerken wir erst im allerletzten Abschnitt seines einundsechzigjährigen Lebens, und auch die zeitgemäße Reiseleidenschaft hält sich in Grenzen. Er hat über siebzig Stücke im direkten Dienste des Volkstheaters geschrieben und auf andere literarische Arbeiten verzichtet, obwohl er dazu aufgefordert wurde**. Es läßt sich nicht leugnen, daß er auch den Vaudevillerum-

---

* Nestroy: »Was hat die Nachwelt für uns getan? Nichts. Das nämliche tue ich für die Nachwelt« nach Otto *Basil,* Johann Nestroy in Selbstzeugnissen und Bilddokumenten, Reinbek bei Hamburg 1967, ²1975, S. 49). Ich bin nicht ganz sicher, ob dies sein voller Ernst war. Der offene Brief an Saphir (18. 2. 1849) verrät ein großes berechtigtes Selbstbewußtsein. Er spricht von Saphirs »kritischer Miserabilität«, von seinen »salbadrigen« humoristischen Vorlesungen, interessanterweise auch von den »gröbsten Verstößen gegen Rhetorik, Logik und derlei Kleinigkeiten« (Nestroys rhetorische Bildung s. o.). Vor allem macht er sich darüber lustig, daß er selbst ausgerechnet von Saphir Witze gestohlen haben soll, statt beispielsweise von Jean Paul, Börne, Rückert, und daß sich Saphir für einen »großen Mann« hält (in: Nestroy, Briefe, hg. v. Walter *Obermaier,* Wien/München 1977, S. 86; = neue HKA, hg. v. Jürgen Hein und Johann Hüttner).

** Aus der folgenden Briefäußerung ergibt sich wohl doch, daß es nicht nur der strenge Vertrag mit Carl war, der literarische Arbeiten außerhalb der Volkstheatersphäre verhinderte: »Die Form aber, welche nicht die dramatische sein konnte, trat mir jedesmal [!] so hemmend entgegen, daß ich

mel, das Einakterwesen, die Zersplitterung der Theaterabende zu einer Art Variété-Programm, vor allem in den späten 1850er Jahren, bereitwillig mitgemacht hat[16]. Nestroy stieß eher das, was im Fallen war, als daß er das Fallende aufgefangen hätte. Wer den gewaltigen Einschnitt von 1848 kennt, den Aufstieg der realistischen Kultur, wundert sich nicht darüber, daß das Altwiener Volkstheater mit der Barocktradition und dem gesamten alten Europa im Abgrund der Zeit verschwand. Eher wird er bewundern, daß Nestroy und Carl das Volkstheater in den 1840er Jahren noch so lebendig erhielten und an die Bedürfnisse des immer stärkeren Einfluß gewinnenden Bürgertums anpaßten. Ich frage mich, ob die heftigen Vorwürfe, die die ältere Wiener Forschung gegen den »fremden« Theaterdirektor Carl und gegen die Anlehnung des Volkstheaters an die Pariser Vaudeville-Bühne erhob, wirklich berechtigt sind. Rommel geht so weit, den tüchtigen Carl einen »Ausbeuter noch über das Grab hinaus« zu schelten, wenn er sich ganz im jüdischen Familienstil um seine Erben kümmert und ihnen Ratschläge erteilt[17]. Es bestand wohl eine geistige Verwandtschaft zwischen dem hoch-intelligenten Schauspieler-Unternehmer und dem geistreich-intellektuellen Schauspieler-Dichter. Es ist nicht bekannt, daß Nestroy gegen die Preiserhöhungen, die Carl, vor allem zu Lasten der mittleren Sitzgattungen, 1838 verfügte[18], irgendeinen Einwand hatte, während wir einen Einspruch Raimunds gegen eine solche Verteuerung kennen (vgl. o. S. 54). In Nestroys Intellektualismus liegt ein aristokratischer Zug. Er kann unmöglich auf ein kleinbürgerliches Publikum Wert gelegt haben. Ich stimme der marxistisch-sozialgeschichtlichen Interpretation Ernst Fischers zu, soweit er die dem Gleichheitsprinzip dienende aggressive Hanswurst-Komik Nestroys betont: »In explosivem Gelächter vollzieht sich die momentane Vernichtung des Klassenunterschieds, Triumph des aufsässigen Plebejers und zugleich Befreiung der feinen Leute vom Zwang der Wohlerzogenheit.« Plebejertum heißt in diesem Zusammenhang vor allem: Entfesselung der elementaren Spielleidenschaft, durch die die Zuschauer zu einer Masse verschmelzen. Vielleicht hat Fischer auch recht, wenn er sagt, »Nestroy und die Spießbürger standen einander in unverhülltem Haß gegenüber«[19]. Sicher ist, daß es ihm nicht leicht fallen konnte, für die zu schreiben, die Raimunds Rappelkopf und Valentin bewunderten. Ich verstehe nur nicht, wieso dann »Nestroys Satire ein Maximum kleinbürgerlich[!]-intellektueller Revolte gegen die geordneten Zustände eines gesellschaftlichen Schweinestalls« gewesen sein soll. Auch die Vorstellung von einem »Deklassierten« scheint mir bei Nestroy nicht zutreffend zu sein. Er hat das Jura-Studium abgebrochen, weil er ein erotischer und mimischer Spieler war und sich gerade für eine juristische Honoratiorenlaufbahn am wenigsten eignete, aber das *großbürgerliche Selbstbewußtsein,* das ihn zum juristischen Studium führte, bleibt immer spürbar. Wenn er z.B. als Fünfundzwanzigjähriger der Polizei in Brünn erklärt, man könnte ihm das Extemporieren nicht verbieten, und er sich lieber ausweisen läßt[20], so ist dies für die frühbiedermeierliche Zeit (1826) ein ganz unerhörter Vorgang. Das Verhalten erinnert schon an den späteren überlegenen Umgang mit der Polizei.

---

nun wohl einsehe, daß ich auf diese Weise nicht im Kreise Ihrer übrigen Mitarbeiter auftreten kann« (an Moriz Märzroth 22. 5. 1846). Mir scheint, daß die damit bezeichnete *Spezialisierung* seiner ungewöhnlichen Sprachkraft durch seine leidenschaftliche Schauspielerexistenz vollkommen verständlich wird.

von dem ich erzählte. Nur daß sich eben ein reicher und volkstümlicher Star diese ironische Haltung viel eher leisten konnte als ein Anfänger*.

Der großbürgerliche Zuschnitt von Nestroys persönlicher und geistiger Art paßte ver-

---

* Gründlicher als Ernst *Fischer* betreibt ein Leipziger Doktorand (Lehrer Prof. Armin-Gerd
Kuckhoff, Theaterhochschule Leipzig) marxistische Hintergrundsinterpretation und -kritik für Ne-
troy: Ernst Joachim *May, Wiener Volkskomödie und Vormärz,* Berlin 1975. Vormärz meint in die-
em Fall, wie in meiner Epochendarstellung (vgl. Bd. I, S. 199), die Zeit zwischen 1840 und der
Märzrevolution. Der Verfasser versucht, gestützt auf reiches Belegmaterial, nachzuweisen, daß sich
durch die Teuerung 1840 die Unzufriedenheit steigerte, die behagliche Stimmung der »Backhendl-
Zeit« auflöste und daß damit erst Nestroy einer der Zeitrepräsentanten wurde. Der Verfasser argumentiert nach Vorschrift materialistisch; aber was er zitiert, verrät oft ein umfassenderes Verständnis für die Wende um 1840, z. B. *Bauernfeld:* »Wie durch einen scharfen Riß getrennt, stehen sich
hier die Jahre 1818 bis etwa 1840 und die darauf folgenden nächsten gegenüber. Nicht bloß in der
äußeren Lebenshaltung äußert sich diese Verschiedenheit, sondern noch eindringlicher in der Stimmung, in der ganzen Denkweise des Volkes« (Eduard von *Bauernfeld,* Pia desideria, S. 45, nach
May, S. 87). »Noch eindringlicher ... in der ganzen Denkweise.« Ja, es kommt darauf an, was das
Volk aus einer Teuerung macht. Es hat hundert Teuerungen ohne Revolution erlebt. Jetzt hat es die
dazu geeignete »Denkweise«. Der Verfasser konstruiert eine erste Phase 1840–44, in der sich das
Bürgertum, samt der »Großbourgeoisie«, gegen das Metternichsche System einig war und in der das
Volkstheater seine gesellschaftskritische Funktion voll erfüllte, und eine zweite Phase ab 1844, in
der infolge der Prager und Brünner Arbeiterunruhen die Einheit von Bourgeoisie und Volksmasse
zerfiel. Der Kampf gegen die 1840 einsetzende Phase des Volkstheaters, der vor allem von Saphir,
z. T. auch von Bäuerle geführt wird, war »reaktionär« und stand – dies wird ohne Belege behauptet
– »in enger Tuchfühlung mit Sedlnitzky«, dem Polizeipräsidenten *(May S. 517).* Ja, wenn die Ge-
chichte so einfach wäre, wie man sich dies als Doktorand vorstellt! Es ist schon schwer, den Ne-
troyschen »Zynismus« mit der Revolution, die doch einen positiven Zustand erstrebt, in Verbindung zu bringen (s. u.). Wenn man aber meint, jede Verteidigung des älteren Raimundschen Theaters gegen Nestroy, Kaiser, Haffner usw. hänge mit Metternich oder dem Wiener Polizeipräsidenten
zusammen, so wird das geschichtliche Bild ganz falsch. Die Raimundepigonen Told und Gulden hat-
en auch in den vierziger Jahren noch Erfolg, und dies bedeutet eben, daß es trotz der Teuerung und
der Arbeiterunruhen noch Anhänger der Zauberstücke gab. 300 Aufführungen von Tolds »Zauber-
chleier« bis zum Jahre 1846 *(May S. 318)* – das schafft kein Polizeipräsident, aber die Phantasie eines nach wie vor naiven Publikums. Daß das kapitalistische Prinzip in Carls, später in Nestroys
Theater an der Umstilisierung der Alt-Wiener Posse zur Operette stark beteiligt war, ist längst bekannt. »Geld und Geist« sind aber in ganz anderer Weise gegeneinander abzuwägen, als dies in einer
marxistischen Arbeit möglich ist. Wir wollen nicht Gleiches mit Gleichem vergelten und *May* zur
bloßen Materialsammlung degradieren, wie er dies mit der »Wiener Theatergeschichtsschreibung
Otto Rommel, Heinz Kindermann u. a.)« tut (S. 15). Manche Wertungsakzente sind fruchtbar, z. B.
die wiederholten Hinweise auf *Friedrich Kaiser, der das »Lebensbild«, im Widerspruch zu Nestroys
parodistischem Stil, durchsetzte, der, Attraktion des kapitalistischen Theaters weit stärker als Ne-
troy widerstand* und entsprechend in Armut starb. Deutlich muß ich dagegen sagen, daß ich hier
keine soziologischen »Resultate« finde, die »die westliche Forschung mühelos in den Schatten stel-
en« (Thomas *Rothschild,* in: Germanistik Jg. 17, 1976, S. 556), sondern, abgesehen von einzelnen
Anregungen, die weitergedacht werden sollten, die übliche marxistische Geschichtsklitterung, in
verhältnismäßig intelligenter, aber unreifer Gestalt. Wir stehen, sozialgeschichtlich gesehen, noch
immer am Anfang. – Eine lehrreiche Korrektur dieses akademischen DDR-Nestroy gibt der Regis-
eur Rolf *Schneider,* der nicht mit Hintergrundsfakten jonglieren kann, sondern auf Nestroys Pos-
enspiel konkret eingehen muß. Er bemerkt einen tiefen Abgrund zwischen dem österreichischen
Dialektstück und der »protestantischen« (lies kommunistischen) DDR. Aus dieser völligen Anders-
artigkeit leitet Schneider das Recht zu tief eingreifenden Bearbeitungen ab (Rolf *Schneider,* Nestroy
n der DDR, in: Literatur und Kritik, österreichische Monatsschrift, Jg. 11, 1976, S. 599–608).

mutlich zu der Richtung, in die der Direktor Carl seine Theater führte. Ein Konfidenten
bericht, der der Polizei 1857 über das Carlstheater – es steht schon unter Nestroys Leitung – erstattet wurde, gibt eine Vorstellung von dem Publikum, mit dem es der Dichter
nach 1848 zu tun hatte. Der Berichterstatter bedauert offenbar bereits den Verfall der
Volkstheatertradition in Nestroys Theater. Er mag ein Anhänger Friedrich Kaisers (s. o.
sein, der Carl und Nestroy heftig kritisierte und als Volkstheaterdramatiker ein historisches Bindeglied zwischen Raimund und Anzengruber darstellte: »Nach echten Volks
stücken, die ein künstlerisches Ganzes bilden und von tief ergreifender [!] Wirkung sind
wird vergebens gesucht. Auch wird bei der Geschmacksrichtung des Publikums, welches
dieses Theater fleißig frequentiert, nicht einmal nach dem Kunstwert gefragt. Die Mehr
zahl der Besucher besteht aus reichen Müßiggängern, aus Israeliten, Börsenmännern und
Reisenden oder hier domizilierten Fremden, die nach dem dolce far niente oder nach der
Spekulation oder sonstigen Geschäften des Tages lachen, nichts als lachen wollen..
Diese Lachlustigen zu befriedigen, hat sich das Carl-Theater zu der vorzüglichen Aufgabe
gemacht, und ihrem Gelingen dankt es sein Glück«[21]. In dieser Publikumsbeschrei
bung erkennt man die größere Mobilität der Bevölkerung, die die Industrialisierung und
der Ausbau des Eisenbahnnetzes nach 1848 bewirkte. Dem geistreich-witzigen Dichter
lag es wahrscheinlich ganz fern, gegen diese Entwicklung anzugehen. Es wird daher
meine ich, nötig sein, das Verhältnis von Carl und Nestroy erneut zu überprüfen und ir
erster Linie die *gemeinsame Leistung* der beiden Schauspieler auf theater-, wirtschafts
und sozialgeschichtlichem Hintergrund zu erkennen. Was wie ein Verrat am Volksthea
ter aussieht, Nestroys Abstand vom bewußt bodenständigen, kleinbürgerlichen und mo
ralischen Gemütstheater Raimunds, ergab sich von Anfang an aus Carls und Nestroy
Bevorzugung des *Lachtheaters*. Zur Entschuldigung Nestroys meint ein österreichische
Forscher, es gehöre »ein ironisch-skeptisches Element zum Wesen des Wieners«[22]
Richtiger wäre es, zu sagen, daß für die im Volkstheater wirkende Barocktradition Ironi
und Parodie selbstverständlich waren. *Die Erneuerung dieser Tradition in ihrer ganzer
Schärfe und Größe, was bei einem Genie immer auch schöpferische Weiterbildung be
deutet, der entschiedene Widerspruch gegen die biedermeierliche Überformung de
Volkstheaters durch Raimund ist Nestroys eigentlicher Ansatz.*

Einordnung in die Gesellschaft: Ein unauffälliges Genie

Es wäre mißverständlich, wenn man sagen wollte, Nestroy habe sich im Dienst de
Theaters verzehrt. Offensichtlich hat die Anlehnung an diese Institution überhaupt ers
ein so erfülltes, produktives und gesellschaftsgebundenes Leben möglich gemacht. In ei
ner anderen Umwelt hätte er, wie Heine, vereinsamen und zum Tendenzschriftstelle
werden oder, wie Grabbe, seine Kräfte überfordern und als Bohemien versumpfen kön
nen. Beide Möglichkeiten kann man sich bei diesem bitteren und aggressiven Welt
schmerzler vorstellen. Daß auch in Wien die Zeit einer »geschlossenen Kultur« vorübe
war, beweist das Schicksal Raimunds und des späten Grillparzer zur Genüge. *Nestroy
hielt am hartnäckigsten an der Barocktradition fest, gerade auch dadurch, daß er sie er*

neuerte und nachrealistische Möglichkeiten in ihr schon präformierte. Er setzte sich durch diesen schöpferischen Konservativismus in einer Welt, die dem idealistisch überformten bürgerlichen Realismus zustrebte, vielen Mißverständnissen aus. Dem witzlosen »Humoristen« Saphir (vgl. Bd. II, S. 75 ff.) ist der *Lumpazivagabundus* »ein Fest für die Gemeinheit«[23]. Die Behauptung, Nestroy habe die Barocktradition »zersetzt«, ist, angesichts der bereits angedeuteten geschichtlichen Entwicklung, übertrieben. Er rettete, was zu retten war, und fand in dieser schöpferischen Restauration des alten Theaters die Geborgenheit, die vergleichbaren Geistern nicht mehr vergönnt war. Man mag von seiner Anlehnungsbedürftigkeit sprechen, wenn man ihren Sinn versteht. Sie äußert sich auch in dem hartnäckigen Festhalten an der Verbindung mit Maria Weiler, die m. E., trotz der Mädlerie des Stars, als vollgültige Ehe zu betrachten ist und nicht mit den Ehewitzen des Dichters in Verbindung gebracht werden sollte. Ich versuchte bereits nachzuweisen, daß es sich bei Raimunds und Nestroys Publikum überwiegend um Männer handelte[24]. In einem Kreise Familienflüchtiger lag das Jammern und Spotten über die Ehe sehr nahe. Das war kein Bekenntnis, sondern eine Form des volkstümlichen Männertheaters. Die Herren wußten, was sie an ihren Frauen hatten, und so auch der labile Nestroy. »Die Frau« – so nennt er sie – hat schließlich sogar in die berufliche Sphäre Nestroys mit Energie eingegriffen, in der Zeit, da er nach Carls Tod dessen Theater in Pacht genommen hatte (1854–60). Die oberste Verwaltung des »Geschäfts« (Maria Weiler) lag in ihrer Hand. Sie war ihm wirtschaftlich, gewiß auch sittlich, überlegen, und Nestroy besaß Weisheit genug, um die Unentbehrlichkeit einer solchen Lebensgefährtin, trotz ihrer Eifersucht und ihres Überlegenheitsgefühls, anzuerkennen*. Er besaß die Demut, die dem Menschen wohl ansteht, der im Grunde nichts als ein rücksichtslos großer und besessener Künstler ist. *Während Raimund, wie Grabbe, gewöhnlich genug war, um die Maske des Genies zu tragen, war Nestroys Genialität so elementar und gefährlich, daß er den Widerstand der Tradition, den Halt der Theaterinstitution, gelegentlich sogar – was heute*

---

* In dem Brief an Freund Stainhauser vom 19. 6. 1858 – er mußte aus dem »Geschäft« heimlich Geld für die erotischen Eskapaden beschaffen und im Streit mit Maria Weiler vermitteln – verteidigt er die Frau: »Sie ist jedenfalls, was unser häusliches Zerwürfnis anbelangt, mehr im Recht als ich. Ich habe ihr viel, sehr viel angetan.« Er versichert, daß es ihm bei der Versöhnung nicht um ihr »Direktionstalent« geht; es »geschieht aus wahrer, auf dreißigjähriges Zusammensein gegründeter Anhänglichkeit des Herzens, aus der innersten Überzeugung, daß man ein frohes Alter nur an der Seite des Wesens hoffen kann, mit welchem man das Leben in allen seinen Wechselfällen durchgemacht« (SW, Bd. 15, S. 346 f.). Die Grundlage für dieses Festhalten an einer spannungsreichen Ehe wurzelt wie bei Raimund in der Katholizität, d. h. in dem Sinn für das geschichtlich Gewordene, das nicht beliebig zu ersetzen ist (s. o.), in einem christlichen Pessimismus oder Naturalismus, der eine ideale Ehe für eine Illusion hält. Aus diesem *notwendigen* Abstand der Wirklichkeit von dem Wünschbaren ergibt sich auch Nestroys öfters geäußerter Zweifel an der Möglichkeit des Fortschritts. Ernst *Fischer* behauptet, Nestroy sei ein »Verteidiger der romantischen Liebe gegen die bürgerliche Institution« (Von Grillparzer zu Kafka, Wien 1962, S. 200). In Wirklichkeit parodiert er fortwährend die empfindsame und romantische Liebe (vgl. z. B. das Stück »Müller, Kohlenbrenner und Sesseltrager« 1834, in dem u. a. die nüchterne Ehe gegen die romantische Liebe ausgespielt wird). Was Nestroy im Leben und im Werk vertritt, ist der alteuropäische, durch den Minnesang bekannte, aber im Rokoko noch wohlerhaltene Dualismus von Liebe (Leidenschaft) und Ehe (Institution). Wie gefährlich es ist, immer nur in abgesonderten Epochen und nicht zugleich in epochenüberschreitenden Traditionen zu denken, belegt *Fischers* Fehlurteil beispielhaft.

verschwiegen wird – die beruhigende Wirkung der Biedermeierideale zu schätzen wußte. In dieser Beziehung tritt er neben den alten Goethe und neben seine großen Landsleute Grillparzer und Stifter. Auch das Moderne seiner Erscheinung liegt in dieser alles andere als naiven Bescheidenheit und Einordnung.

Vielleicht begünstigten die slavischen Elemente seines Wesens, die vom Vater her in ihm spukten, die seltsame, unberechenbare Mischung von Radikalität und Demut, die bei Nestroy festzustellen ist. Es fällt mir auf, daß ihn seine Gastspielreisen besonders häufig nach Böhmen führten und daß er in Prag besonders verständnisvolle Kritiken erhielt (Bernhard Gutt). Jedenfalls gehört er, innerhalb der deutschen Literatur, zu den Gestalten, bei deren Deutung ganz besondere Vorsicht am Platze ist. Als ein Komödiendichter deutscher Sprache ist er, nicht nur in seiner Epoche, unvergleichlich. Man war verblüfft, als Franz H. Mautner, der die Anregungen von Karl Kraus in vernünftige Bahnen lenkte und insofern mehr als der Publizist für Nestroys Nachruhm tat, in seinem ersten Buch über Nestroy (1937) ihn den größten unter den deutschen Dichtern, »die zunächst und zutiefst Komödiendichter waren«, zu nennen wagte[25]. Heute fällt ein so differenziertes, nicht gleich mit Shakespeare und Aristophanes vergleichendes Werturteil kaum mehr auf, wenn auch in dem seit Klopstock stets verachteten, daher von der Literaturgeschichte vernachlässigten Bereich des niederen Stils weitere Entdeckungen möglich erscheinen. Unter den heute im Blickfeld stehenden Vertretern des komischen Theaters mag er der größte sein, der größte zumal unter den Parodien- und Possendichtern, bei denen es keineswegs selbstverständlich ist, daß man sich, wie bei Nestroy, auf die sprachkünstlerischen Verdienste berufen kann*.

Nestroys sprachkünstlerische Leistung

Selbst die ernsten Stellen in Nestroys Werk erwecken nicht den peinlichen Eindruck der Raimundschen Gefühlsergüsse, weil sie mit einer gewissen Zurückhaltung, mit dem sicheren Instinkt für die eigenen Möglichkeiten gearbeitet sind. Der Dichter läßt seine ernsten Figuren an den rührendsten Stellen oft betont sachlich sprechen. Die Sprache ist in dieser Sphäre manchmal kühl, spröd und arm, aber kaum einmal hohl und falsch. Das rührende Bauernmädchen Kathi in der Posse *Der Zerrissene* (1844) beweist dem Herrn von Lips, der an ihr zweifelt, ihre Liebe nicht mit Beteuerungen, sondern indem sie sagt: »Ich nehm' all Ihr bares Geld, verkauf' Ihre Häuser, Ihre Güter und petschier' das Ganze ein in einen großmächtigen Brief, den schick' ich Ihnen dann nach, daß's Ihnen recht gut

---

* In einer späteren Formulierung differenziert der feinsinnige Nestroyforscher seinen Superlativ etwas ausführlicher: »Er ist der größte deutsche Komödiendichter, ganz gewiß, wenn man Komödiendichter jenen nennt, dem Komödie nicht Nebenleistung ist – ein Einmaliges oder Gelegentliches – sondern Hauptwerk, Leben und Zwang wie einem Goldoni oder Molière. Die Autoren einzelner glänzender, ans Herz greifender Lustspiele – Lessing, Kleist, Hofmannsthal – übertrifft Nestroy an tiefem Witz und kühner Sorglosigkeit, durch unbekümmertes Schweifen vom volkstümlichen Spaß zur philosophischen Einsicht« (Franz H. *Mautner,* Nestroys Kunst und unsere Zeit, in: Jb. d. dt. Schillerges. Jg. 7, 1963, S. 384). Auch Goldoni und Molière, neben die in dieser Bewertung Nestroy gestellt wird, hatten ihren Ausgangspunkt im volkstümlichen Possentheater.

geht in Ausland – das is mein Plan« (III, 6). Dem Dichter mag bei der Gestaltung der ernsten Szenen die in der späten Biedermeierzeit überall zu beobachtende Neigung zur »Verhaltenheit«, zum Lakonismus (vgl. Bd. I, S. 619 ff.) zugute gekommen sein. Die Bevorzugung der Idealfigur *niederen* Standes dürfte bei Nestroy wie bei den Dichtern der Bauernromane und -novellen nicht nur soziale, sondern auch sprachliche Gründe haben. Man will in Anlehnung an die Sprache des Volks von der verbrauchten, durch Empfindsamkeit und Idealismus geprägten Literatursprache loskommen.

Zur Erkenntnis der allgemeinen stilgeschichtlichen Situation wäre eine Zusammenarbeit zwischen der Nestroy- und Gotthelfforschung dringend nötig, so merkwürdig dies auf den ersten Blick erscheinen mag; denn das Bestreben, in der Darstellung des Lokalen das Allgemeindeutsche und Allgemeinmenschliche festzuhalten, ist bei dem Schweizer ebenso ausgeprägt wie bei dem Österreicher und führt zur ähnlichen Konsequenz einer Mischsprache. Die Epocheneinheit – das *Zusammenfallen* von Universalem und Partikularem – ist an dieser Stelle ganz deutlich. Es gibt bei Nestroy wie bei Gotthelf die von der traditionellen Rhetorik nicht erlaubte ernste, ja rührende Verwendung des Dialekts, so in dem von Walter Jens hervorgehobenen Lied des Fabian; er folgert aus diesem Lied sogar: »Nestroy: ein Lyriker, dessen Entdeckung noch aussteht« [26]. Die Aussage ist, geschichtlich gesehen, keineswegs aufreizend; denn die Saat von Hebels *Allemannischen Gedichten* war im biedermeierlichen Österreich überall prächtig aufgegangen (vgl. Bd. II, S. 778 ff.). Im allgemeinen freilich fördert Nestroy die »Gemütskultur« des Biedermeiers nicht so passioniert wie Gotthelf, und das wirkt sich im Gesamtaufbau der Dramen aus. Selbst die Neigung zur Kompositionsform der Intrige, die der Posse eher widerspricht und die bei Nestroy weit stärker ist als bei Raimund, dürfte dem kühlen, skeptischen Dichter aus sprachlichen Gründen willkommen gewesen sein. Handlungsbedingte sachliche Bemerkungen können nämlich von der Entfaltung eines unmittelbar seelischen Sprachraums entbinden. Entscheidend im Bereich der ernsten Sprachschichten ist bei Nestroy ihre völlige Unterordnung unter das komische Spiel. Sogar die moralischen, manchmal gut biedermeierlichen Schlüsse Nestroyscher Possen sind auffallend knapp, so als ob der Dichter zu verstehen geben wollte, daß mit dem Abschluß der *komischen* Spielszenen seine Aufgabe erfüllt sei. Aus der sprachlichen Dürftigkeit von Nestroys happy ends auf den Mangel an positiven Inhalten des Nestroyschen Weltbilds zu schließen, halte ich zum mindesten für bedenklich (s. u.). Die Hauptsache war doch wohl, daß ihm die überlieferte »Seelensprache« in allen Schattierungen unerträglich war und er sie nur in parodierter Form brauchen konnte.

Die *komische* Sprache Nestroys ist nicht zurückhaltend und knapp, sondern höchst aktiv und üppig wuchernd, und diese Tatsache vor allem hat ihm den Ruf eines Sprachkünstlers eingetragen. Wenn in der gleichen Posse *Der Zerrissene* der Schlosser Gluthammer die Geschichte seines erotischen Reinfalls erzählt, so geschieht es in der Weise, daß er sagt, er habe sich »in eine Putzerin, in eine reine, schneeblühweißgewasch'ne Seele« verliebt (I,3). Wer Nestroys Sarkasmus kennt, weiß schon an dieser Stelle, was er von der Putzerin, die später auftritt, zu erwarten hat. Der Glasermeister Flint in *Eine Wohnung zu vermieten* verwandelt sich in der Sprache seiner komischen Spielpartner in einen »Stingelglaselfabrikanten« (II,3), dann in einen »Winterfensteragenten« (ebd.), schließ-

lich in einen »Engel in Glaserergestalt« (III,3). Nestroy bildet nicht nur die damals üblichen komischen Endungen mit -heit, z. B. »Baronheit« (*Liebesgeschichten* II,8), auch
nicht nur die alten Tiervergleiche, z. B. »Storcheng'stell« für seine eigene langbeinige Figur in der Rolle Nebels (ebd., II,15). Zynismus im wörtlichen Sinn gibt es wie bei Heine
öfters: »Es is übrigens bei keinem Hund noch entdeckt, / Was er denkt, wann er d'Hand
seines Schläggebers schleckt« (ebd., II,9). »Holperig« (Karl Kraus)* sind derartige Coup-
letverse nur für den, der von Metrik keine Ahnung hat. Besonders bewährt sich Nestroys Sprache immer wieder in der Parodie der empfindsamen Liebe; es gibt bei ihm den
»Wallungsbusen«; und: die »Schmachtträne quillt aus dem Verwirrungsblick« (ebd.,
II,16) [27]. Der Dichter bildet witzige Ausdrücke wie »Nixdavorkönnen« (*Eisenbahnheiraten* III,2), »ganz ordinäre Nympherer« (ebd.), eine »millionärrische Gewinn-
vermehrungspassion« (*Talisman* I,17), eine »hilflose Wurmigkeit« (*Unverhofft* I,9), »das
pensionierte Fatum« (ebd.) usw. Es gibt bei ihm nicht nur den Lumpazivagabundus, sondern auch den Pantoffelino, den Seelengutino, den Sulphurelektrimagnetikophosphora-
tus und die Fee Walburgiblocksbergiseptemtrionalis. Wir brauchen nur Nestroy aufzuschlagen, um die seltsamsten Namen- und Wortbildungen zu entdecken. Sogar in dem offenen Brief an Saphir (18. 2. 1849), in dem er sich um Würde bemüht und daher zunächst
verspricht, die dem eingebildeten Humoristen »mißliebige Waffe des Witzes« zu vermeiden, baut er am Ende eines seiner typischen Wortungeheuer; er nennt seinen journalistischen Feind einen »lächerlichen Vomkunstrichterstuhlherabdieleutevernichtenwoller«.
Derartige aristophanische Komposita sind kein von Nestroy erfundenes Stilmittel, sondern stellen eine sehr bezeichnende Beziehung zu dem Artisten Platen und zu der von Platen nachgebildeten aristophanischen Komödie her (vgl. Bd. I, S. 486 f., Bd. II, S. 410 f.,
Bd. III, S. 432 ff.). Sie lassen bei diesem gebildeten Schauspieler vielleicht sogar auf einen
heimlichen *aristophanischen Ehrgeiz* schließen, der ihn mit Heine verbindet und schon
von Gottfried Keller, auf Kosten der akademischen Aristophaniden, als halbwegs berechtigt anerkannt wurde**. Bei Nestroy sind solche Wortungetüme nicht nur episodische

---

* Die entsprechenden Sätze lassen besonders klar die paradox-unklare Denkart von Karl *Kraus*
erkennen, den Nestroys unwürdig ist. Wahrscheinlich bewunderten die Kraus-Verehrer gerade dieses in der Neuromantik wurzelnde, der Wissenschaft noch weniger als dem Wiener Dichter gemäße
Tiefsinnsgeflüster: »Bei Nestroy, der nur holperige Coupletstrophen gemacht hat, lassen sich in jeder Posse Stellen nachweisen, wo die rein dichterische Führung des Gedankens durch den dicksten
Stoff, wo mehr als der Geist: die Vergeistigung sichtbar wird. Es ist der Vorzug, den vor der Schönheit jenes Gesicht hat, das veränderlich ist bis zur Schönheit. Je gröber die Materie, umso eindringlicher der Prozess. An der Satire ist der sprachliche Anspruch unverdächtiger zu erweisen, an ihr ist
der Betrug schwerer als an jener Lyrik, die sich die Sterne nicht erst erwirbt und der die Ferne kein
Weg ist, sondern ein Reim« (Nestroy und die Nachwelt, Frankfurt 1975, S. 17).

** »Diese Wienerpossen sind sehr bedeutsame und wichtige Vorboten einer neuen Komödie. Ich
möchte sie fast den Zuständen des englischen Theaters vor Shakespeare vergleichen. Auch hier sind
schon eine Menge traditioneller, sehr guter Witze und Situationen, Motive und Charaktere, und es
fehlt nur die Hand, welche den Stoff reinigt und durch geniale Verarbeitung und Anwendung den
großen Bühnen aufzwingt. Ein vortreffliches Element sind auch die Couplets... Der deutsche Michel, Belagerungszustand, deutsche Einheit usf. sind meistens der Gegenstand dieser Couplets und
ziemlich erbärmlich zusammengereimt, und doch ist in alledem mehr aristophanischer Geist als in
den Gymnasialexerzitien von Platen und Prutz. Die Schauspieler oder befreundete Literaten machen

Bravourleistungen, sondern z. T. zugleich komische Verdichtungen mit einem dramatischen Stellenwert. Auch der Ausgestaltung der komischen Figuren kommt die Sprachkraft Nestroys allenthalben zugute. In der Fortsetzung des *Lumpazivagabundus, Die Familien Zwirn, Knieriem und Leim oder Der Welt-Untergangstag* (1834), pflegt der Chirurgus Stiefel in folgendem Stil zu sprechen: »Die ganze Sache ließe sich am leichtesten schlichten, wie folgt. Ich bin dem nicht unliebenswürdigen Geschöpfe, nämlich obbesagter Therese, mit einer nicht unbedeutenden Neigung zugetan. Nun können Sie, meine Verehrtesten (zu Herrn und Madame Leim), die mir von Herrn Hobelmann in Rücksicht des Wunderdoktors zugefügte Beleidigung am besten wieder gut machen, wenn Sie dem Geschöpfe befehlen, mich zu lieben und meine angetraute Hälfte zu werden. Sie sind dann die Last los und mich wird im Besitz des Geschöpfes ein nicht unnamhaftes Wonnegefühl durchströmen« (I,12). Die kanzleimäßige Registrierung einer Neigung, die Zusammenstellung von befehlen und lieben, die Mischung einer rational nuancierenden und enthusiastisch-empfindsamen Sprache erzeugt einen grotesken Kontrast und kennzeichnet Stiefel als die Marionette, die er im ganzen Spiel zu sein hat. *Er wird nicht als ein bestimmter Mensch »charakterisiert«, sondern er wird so mechanisiert, daß er seiner komischen Spielfunktion vollkommen entsprechen kann.*

Figuren mit solcher Sprache begegnen daher immer wieder in Nestroys Possen. Der Herr von Gundelhuber, ein seitensprunglüsterner Familienvater in *Eine Wohnung ist zu vermieten,* hält folgenden Monolog: »Jetzt werd' ich mich umschaun, wo die Gewisse loschiert. Die Zeit muß ich benützen, weil's meine häusliche Seligkeit nicht sieht. Wenn nur der Kutscher nicht so lang ausbleibet mit'm klein' Geld, denn trotz meiner Sehnsucht lass' ich's kleine Geld doch nicht im Stich« (III,8). Der Hausmeister Kajetan, ein hartgesottener Junggeselle, wird plötzlich bekehrt, als er von dem Stubenmädel Lisette hört, daß sie bis tief in die Nacht hinein Romane liest. Er bringt seine Werbung in folgender Form vor: »Engel! Göttin! Du mußt die Meinige werden!... O, du Seligkeit! Du bist die, die ich mir oft in meiner Phantasie vorg'stellt hab'. Ein Weib ohne Schlaf, das war mein höchster Wunsch. Wie schön wird das sein: ich leg' mich ins Bett und schnarch', du lest und sperrst auf, so oft g'läu't wird, lest wieder, und ich schnarch' in einem fort – o süßer Eh'stand!« (ebd., I,15). Es ist immer wieder das gleiche Prinzip, das in dieser Sprache herrscht. Die empfindsamen Worte (Seligkeit, Sehnsucht, Engel, Phantasie, süßer Eh'stand) werden durch die Beimischung trivialer Ausdrücke zu lauter kleinen komischen Katastrophen.
Nestroy pflegt, wie dies der Tradition der alteuropäischen Theaters entspricht, die plots seiner Stücke von fremden, besonders französischen Stücken zu übernehmen und nicht immer zu verbessern. Auch in diesem Punkt ist der Widerspruch zu Raimunds Drama radikal. Er beabsichtigt keine Originalwerke, ja nicht einmal in jedem Falle Meisterwerke,

---

diese Verse immer nach den Tagesbedürfnissen neu und wechseln damit ab in den Stücken; das Volk bekommt deren nie genug« (an Hermann Hettner 16. 9. 1850, Gottfried *Keller,* Ges. Briefe, Bd. 1, hg. v. Carl Helbling, Bern 1950, S. 332 f.). Kellers Urteil beruht auf Theatererfahrungen in Berlin, er nennt Kalisch, dagegen, wenn ich richtig sehe, nirgends Nestroy; aber er weiß, daß die »Wienerpossen« den Ausgangspunkt dieses Volkstheaters bilden. Das Phänomen fällt ihm im Zusammenhang mit seinem Streben nach einer gediegenen Volksliteratur auf, ein Beweis dafür, daß meine wiederholten Parallelen zwischen dem Wiener Volkstheater und Gotthelf geschichtlich wohlbegründet sind.

er darf in der von den Realisten so überschätzten »Komposition« mit dem besten Gewissen flüchtig sein, weil er an jeder Stelle mit sprachlichen Mitteln eine erstaunliche Intensität und Präzision zu erreichen versteht. Der »Rückfall« in das verbotene Extemporieren, das ihm Geld- und Arreststrafen eintrug, entspringt bei Nestroy nicht nur dem Streben nach sexuellen oder politisch-sozialen Effekten, sondern seiner schwer zu überschätzenden *Sprachbesessenheit*. Sie war es, die den ursprünglichen Opernsänger zum sprechenden Mimen und den Mimen zum Dichter machte. Aber diese ganz originale Sprachkraft entfaltet sich innerhalb des Mimus und bis zu einem guten Teil sogar innerhalb der sprachlichen Schemata, die ihm die komisch-parodistische Barocktradition anbot. Nicht zuletzt dadurch konnte, zu so später geschichtlicher Stunde, aus dem Geistesverwandten Wielands, Swifts, Lichtenbergs und Heines der große Komödiendichter werden. Daß dazu die Kaiserstadt, die drittgrößte Kapitale in Europa nach London und Paris, gehörte, darf auch von der stilgeschichtlichen Nestroy-Forschung nie aus den Augen gelassen werden. Selbst Hebbel, dem als Komödiendichter das »Kolossale« Nestroys gänzlich fehlte (vgl. S. 399) und der sonst, wie Vischer, eher als hochmütiger Hegelianer wertete, gestand 1847 unter dem unmittelbaren Eindruck einer Nestroy-Aufführung *(Der Schützling)* seine Bewunderung, seine fast widerwillige Anerkennung der theatralischen Meisterschaft des Wieners*.

Was die Biedermeierzeit, selbst bei mittelmäßigen Schriftstellern und von Anfang an, in stilgeschichtlicher Hinsicht auszeichnet, ist das *gesteigerte Sprachbewußtsein,* das u. a. dem Stilexperimentator Jean Paul und der sich von der Rhetorik ablösenden modernen Sprachwissenschaft zu danken ist (vgl. Bd. I, S. 370 ff.). Es ist daher eine propagandistische Übertreibung, wenn Karl Kraus im Anschluß an die ihm zur lieben Gewohnheit gewordene Beschimpfung der Literarhistoriker (»ihre Phrasen«) sagt: »Nestroy ist der erste [!] deutsche Satiriker, in dem sich die Sprache Gedanken macht über die Dinge. Er erlöst die Sprache vom Starrkrampf, und sie wirft ihm für jede Redensart einen Gedanken ab.« Im folgenden zitiert er gar nicht besonders auffallende volkstümliche Spaßbei-

---

* »Das Publikum war zahlreich versammelt und geizte nicht mit seinem Beifall, ich selber klatschte wacker mit, denn jeder lebendigen Bestrebung in dem auch mir angewiesenen Kreise gönne ich von Herzen ihren Lohn, nur das entschieden Nullenhafte, der verblüfften Menge Aufgedrungene ärgert mich mit seinen erschlichenen Erfolgen. [Er denkt wohl zuerst an Gutzkow.] Ich kann Nestroy freilich nicht mit Fürst Schwarzenberg, dem Landsknecht, einen modernen Shakespeare nennen [Zitat S. 55], aber ich verkenne durchaus nicht sein gesundes Naturell, sein tüchtiges Talent und schätze ihn höher wie das Meiste, was sich in Wien auf Jamben-Stelzen herum bewegt« (Tagebuch Nr. 4221, in: *Hebbels* Werke, hg. v. Richard Maria *Werner,* II. Abt., 3. Bd., Berlin o. J., S. 249 f.). Mit dem Wort »Jamben-Stelzen« spricht *Hebbel* direkt die von uns erwähnte Sprache des Idealismus an. Noch pointierter ist eine Äußerung von 1840: »Sicher wird ein Kunstverständiger für einen einzigen Nestroyschen Witz de première qualité eine Million gewöhnlicher Jamben hingeben, die das phrasenhafte und triviale Gedankenleben [!] des sogenannten Dichters umsonst zu verhüllen suchen, wie sie sich auch aufbauschen mögen« (Die Presse 1849, nach Otto *Basil,* Nestroy, Reinbek bei Hamburg 1967, S. 170). Nestroy und Hebbel sind durch die Intelligenz und ein leidenschaftliches Wahrheitsstreben verbunden. Man mag geltend machen, daß beide Äußerungen vor Nestroys Judith-Parodie liegen. Er kannte jedoch das Volkstheater, wie sein »Rubin« verrät, und wußte wohl, daß eine Parodie keine persönliche Mißachtung verrät, sondern eine Verteidigung des Possentheaters gegen das anspruchsvolle und daher oft überschätzte ernste Drama ist, gegen das, was Hebbel zweimal mit dem Wort Jamben andeutet. Die eigentliche Schwierigkeit des Norddeutschen ist Hegels idealistischer *Kunstbegriff.* Deshalb hat er nicht nur nach, sondern auch vor diesen Zitaten Nestroy kritisiert (s. u. S. 354).

spiele, die auch ein anderer hätte machen können, wie: »Da g'hören die Ruben her! An keine Ordnung g'wöhnt sich das Volk. Kraut und Ruben werfeten s'untereinand', als wie Kraut und Ruben« [28]. Zum mindesten den Satirikern Jean Paul, Börne und Heine hätte er den Vortritt lassen müssen; aber solche Liberale scheiden bei Kraus ja schon deshalb aus, weil sie eine politische und gar noch die falsche politische Gesinnung hatten [29]. Interessanter sind die Interpreten, die, wenn auch ausgehend von Karl Kraus, die Sprachkunst Nestroys ohne politische Vorzeichen würdigen wollen. So versucht z. B. ein Staiger-Schüler mit diskutablen Thesen von der Sprache zum Weltbild Nestroys vorzustoßen: »Nestroys Kunst wurzelt in der linguistischen Weltdurchdringung; das Wortspiel, der Witz stehen im Zentrum seiner schöpferischen Phantasie. Streng logisch, mit Hilfe rhetorischer Fragen, mit vielen ›wenn‹, ›aber‹, ›weil‹ und ›folglich‹ dröselt er Verhältnisse und Zustände auf. Aber logisch, rationalistisch ist sein Verfahren doch nur bedingt, nur verbal. Die Auflösungen verknoten sich in Witzen. Nestroys Erträge – seine Witze, seine Pointen, seine Aphorismen – strafen den rationalistischen Bau, auf dem sie beruhen, Lügen und entlarven alle Logik als Scheinlogik« [30]. Richtig ist, daß Nestroy mit Börne, Heine und Glassbrenner (vgl. Bd. II, S. 176–78) – Nestroy zitiert den heute zu wenig beachteten Berliner in dem politischen Raunzerbrief vom 8. 5. 1861 – zu den Großmeistern des Witzes im Vormärz gehört. Der Verfasser eines anonymen Flugblatts von 1848 verteidigt ihn gegen Saphir und gebraucht diesen Ausdruck; er nennt ihn den »Großmeister des Witzes, Humors und Satyre, den unübertroffenen Volksdichter Johann Nestroy« und ebenso richtig den mäkelnden Saphir einen »abgewirtschafteten Spaßmacher« [31]. Das Flugblatt mag von Nestroy veranlaßt sein; denn in dieser Zeit kämpfte er noch gegen Saphir (offener Brief s. o.), während der spätere Kapitalist Nestroy, nach Carls Vorbild, ganz einfach Saphirs käufliche Feder bezahlte. Jedenfalls entsprach der Begriff »Großmeister des Witzes« bestimmt dem Selbstverständnis Nestroys, während der relativierende und insofern realistischere Humor seinem von den strengen Normen der Barocktradition geprägten Weltbild nur bedingt entsprach. Die »Witzkultur« (Paul Böckmann) war schon im Rokoko als skeptische Reaktion auf die Aufklärung entstanden und enthielt durch ihre Abneigung gegen logische Konstruktionen (philosophische Systeme) und geschichtsphilosophische Utopien (Fortschrittsglaube) tatsächlich ein irrationales Element; aber die moralische Substanz der abendländischen Kultur, die durch die Aufklärung eher reaktiviert als aufgelöst worden war, wirkte in der Witzkultur des Rokoko mächtig nach. Damals entstand eine Satire neuer Art (Voltaire, Wieland, Swift, Lichtenberg, Hogarth usw.), ein großartiger Kampf gegen jede Art von Schein und Selbsttäuschung. Diese schloß von Anfang an die Empfindsamkeit und alle Formen eines trügerischen Idealismus ein, worauf die Betroffenen stets mit dem Vorwurf der Trivialität, Gemeinheit, stilistisch mit dem Protest gegen eine Erweiterung des von der Rhetorik erlaubten niederen Stils nach unten reagierten. Wenn man die Wielandrezeption kennt, sieht man die Nestroy-Kritik Vischers, Gutzkows, Laubes, Saphirs in dieser alten Tradition, die auch viele ehrwürdige Namen aus der Vorklassik, Klassik und Romantik in sich schließt. *Das Aufregende war, daß in der spätentwickelten österreichischen Kultur noch einmal ein Voltairianer auftauchte und mit ihm die kolossal-witzige Satire, die man auch dort spätestens durch Raimund »überwunden« glaubte,* aufgelöst durch den »liebevollen Humor«, den man sowohl christlich wie human begründen konnte. In der erwähnten Staiger-Dissertation wird der Dichter, ähnlich wie von mir, in die »Spätzeit« der Barocktradition eingeordnet. Nestroys Bilderreichtum, seine »Schnörkeln und Arabesken« werden so gedeutet [32]. Richtig ist es gewiß auch, wenn Nestroys witzige Komik auf seinen Welt- und Lebenspessimismus bezogen wird: »Gegenläufige Bewegung entspringt aber schon im Innersten von Nestroys negativer Weltsicht, in ihrer komischen Formulierung, in ihrer graziösen, vitalen, lebensbejahenden Sprachmelodie« [33]. *Die Grazie, eine rokokohafte Anmut ist tatsächlich ein Element in Nestroys Komödie,* das ihn mit andern österreichischen Meistern aller Kunstgattungen verbindet und heute über seiner grotesken Satire oft vergessen wird. Ich sehe allerdings nicht ein, weshalb Wendelins Auftrittsmonolog in *Höllenangst* die »Grenzen der Nestroyschen Wort- und Sprachkunst, des komischen Stils – will er Problemlösungen finden – überhaupt«, offenbaren soll. Wenn der Dichter sich gegen das Schicksal titanisch [34] auflehnt, so ist dies gewiß keine Problemlösung, sondern eben eine groteske Nachahmung der irdischen Revolution; es ist aber nicht einzusehen, weshalb eine so grandiose Art von Komik begrenzter sein soll als die metaphysische Tragik. Das strenge Urteil kommt dadurch zustande, daß der Verfasser Nestroys Schicksal dem der antiken Tragödie – Staiger übersetzte Sophokles – ähnlich findet[35], während man im Volkstheater viel eher an die gern parodierten Schicksalstragödien denken muß. Schicksal ist hier ein populärer Begriff, Nestroy gebraucht es synonym mit Zufall. Eben diese Degradierung der »Metaphysik« erlaubt ihre komische Verwendung, womit freilich die Möglichkeit eines satirischen Moralismus noch nicht widerlegt ist (s. u.).

Die hier beanstandete Nestroy-Kritik aus tragischer Perspektive macht begriffliche Mißbildungen wie »tragische Posse« verständlicher, erklärt aber auch den Versuch, die geringe Erfahrung, die wir in der Komödieninterpretation haben, durch theoretische Überlegungen, gerade am Beispiel Nestroys, zu balancieren. Bemerkenswert an dem systematischen Versuch von Klaus Boeckmann erscheint mir, daß ohne eine historische Deduktion vom Begriff der Barocktradition, rein durch Analyse der Texte, das Abstrakte und Konstruktive an Nestroys Komik deutlich wird. Nestroy meidet, sagt dieser Analytiker, die niederen Bereiche der Komik wie Stottern, Prügeleien usw. »so gut wie vollständig... Im allgemeinen dürfte in dieser Hinsicht gelten, daß die Komik bei Nestroy um so reichhaltiger begegnet, je abstrakter die Ebene der komischen Wirkung ist«[36]. Weil man das christlich-naturalistische Element der Rokokotradition nicht kannte, deutete man Nestroy meist mit Begriffen der klassischen und realistischen Ästhetik, wie anschaulich, plastisch, gegenständlich usw. Aber dieser Interpretation widerspricht die Spannweite, die »Kühnheit« von Nestroys Bildlichkeit. In dem folgenden Satz (aus Die beiden Herren Söhne) findet noch ein moderner Interpret »treffsichere Anschaulichkeit«: »Einen Gang hat s' als wie eine Prozession, die aus einer einzigen Person besteht«[37]. Anschaulich wäre beispielsweise der Vergleich mit einem Tier. Der Vergleich mit einer absolut irrealen Ein-Mann-Prozession kann nur den Sinn haben, das Prozessionswesen selbst respektlos zu verkleinern. Patzmann sagt in den Eisenbahnheiraten (III,13): »Leider, auf der größten Distanz, die die zwei Punkte Wunsch und Erfüllung trennt, braust keine Lokomotive, und gerade da wäre eine unsichtbare Eisenbahn am notwendigsten, und daß es unsichtbare Eisenbahnen gibt, seit undenklichen Zeiten schon geben muß, das ist eine Sache, die kaum mehr zu bezweifeln ist.« Aus diesem Satz wird dann der Refrain des folgenden Couplets herausgeholt: »Es muß da a heimliche Eisenbahn sein.« Eine unsichtbare oder heimliche Eisenbahn ist nicht anschaulich, so wenig wie die Begriffe Wunsch und Erfüllung, die sie verbinden soll. Das moderne, von Fortschrittsgläubigen oft enthusiastisch begrüßte Verkehrsmittel wird zu einer Art Emblem für die allgemeine Tatsache, daß auf dem Weg vom Wunsch zur Erfüllung die modernste Technik nicht weiterhilft, daß es nach wie vor die ideale Welt nicht gibt.

Auf Grund solcher Beobachtungen bin ich der Meinung, daß die Allegorese für Nestroy eine wie immer veränderte Bedeutung behält. Wer sagt, daß Raimunds Allegorien »fast stets Papier bleiben« und daß Nestroy die Allegorien für ungültig erklärt (durch komische Verkleinerung, durch Vermenschlichung[38]) trägt in das Wiener Volkstheater realistische Maßstäbe hinein, die ihm unangemessen sind und nicht nur seiner Tradition, sondern auch seiner Nachwirkung in der Moderne widersprechen. Wenn Gottlieb Herb, der zunächst tragisch-komische Held in Der Schützling, nicht fertig bringt, sich in seinem Zimmer inmitten nachbarlicher Freuden zu erschießen, so sagt er (I,8): »Der Selbstmord[!] will sein Lokal... abgelegne Gegend, feuchte Nacht... wie ein zerrissenes Gemüt [!], das mit der Vorsehung hadert, Windessausen im Baumlaub... O, ich wanke nicht! (Die Pistole zu sich steckend.) Hier steck' ich den Tod [!] zu mir – sei ruhig, Geladene, mein Leben wird dein Schmaus!« Diese Sprache ist durchaus typisch für Nestroy: drei Begriffe, die etwas wollen oder tun und dann noch tröstliche Worte für die diesmal passive Pistole. Als der Buchbinder Pappinger wenige Seiten später die Baronin von Waldbrand davon überzeugt hat, daß sie für den Selbstmordkandidaten heimlich etwas tun muß, feiert der Buchbinder das bevorstehende Geldgeschenk »entzückt« mit Hilfe komischer Allegorien (I,11): »Das gute Werk ist bereits gefalzt, wird ganz unscheinbar in den steifen Deckel der Verschwiegenheit [!] gebunden, und nur der Goldschnitt soll das Auffallende sein.« Siegfried Brill, der Nestroys Komödie fast vollständig auf die Sprachkomik reduzieren will, übertreibt; aber er ist wohl im Recht, wenn er feststellt, daß Nestroys »Bildlichkeit sich als Spiel mit der Abstraktion enthüllt« und daß selbst der Dialekt keine realistische »Abbildung eines Milieus« bezweckt, sondern eine »Funktion im artistischen Spiel des Scheines und seiner Auflösung« besitzt[39]. Allegorische Begriffspersonifikationen als dramatis personae wie Raimunds Jugend, Zufriedenheit usw. liebt Nestroy nicht mehr, aber entschieden abstrahiert werden auch seine dramatischen Figuren. Von Kotzebues Krähwinkel-Dramen zu Nestroys *Freiheit in Krähwinkel* schreitet nicht, wie es das Schema »von der Romantik zum Realismus« erwarten läßt, die Konkretion und Individualisierung, sondern die Abstraktion und Typisierung fort[40]. Auch von Hafner und Iffland aus gesehen ist Nestroy ein Rückschritt, ein Abfall von der bereits erreichten Stufe des realistischen Volksdramas, und nicht zuletzt diese Tatsache erklärt das fortgesetzte Mäkeln der Rezensenten.

Daß der Wahrheitssinn Nestroys auch ohne Realismus sein Ziel erreichte, betont Klaus Boeckmann: »Die Figuren seiner Stücke bleiben stets das, als was er sie entwarf: Typen beziehungsweise Rollen – sie sind nie, auch wenn sie anrühren, Charaktere in einem realistischen Sinne. Aber es bedarf eben nicht unbedingt der Darstellung lebensechter Menschen, um dennoch Gültiges über die menschliche Natur auszusagen« [41]. Es wäre, wie mir scheint, nützlich, wenn sich Barockforscher, Kenner der Allegorie und vor allem der Emblematik, mit Nestroy beschäftigen wollten, um das Späte und damit auch Vormoderne an dieser Stufe der Barocktradition näher zu bestimmen. Man braucht sich nur an den im 18. Jahrhundert geführten Kampf um den »mittleren Charakter« zu erinnern, um zu erkennen, daß Nestroy wie Gotthelf u. a. in neuer Weise zur emblematischen Gestaltung der »Charaktere« zurückkehrte. Es gibt böse, bitterböse Figuren und es gibt auch – seltener – die guten; aber die normalen Menschen mit den kleinen Schwächen, die man belächeln kann, interessieren den radikalen Moralisten und den zur Groteske neigenden Gestalter Nestroy weniger, wenn er auch immer wieder Zugeständnisse an die starke Tradition des anthropologischen und stilistischen Empirismus zu machen versuchte und zu Lösungen gelangte, welche die spätbiedermeierliche Mitte zwischen der Barocktradition (oder seinem ureigenen Abstraktionsdrang) und den seit den vierziger Jahren sich mehr und mehr verstärkenden realistischen Tendenzen erreichte. Es lag auch an der Gattung der Posse, am Hanswursttheater, wenn dieser bürgerlich-realistische Ausgleich für Nestroy schwieriger war als für die Erzähler oder für die Verfasser von Salonlustspielen wie Bauernfeld (vgl. Bd. II, S. 432 f.). Robert Mühlher sagt wohl mit Recht, daß »Lebensechtheit und Posse... ihrem Wesen nach unvereinbare Prinzipien« sind[42]. Wenn Nestroy seine Werke, auch da wo er Zugeständnisse an den Realismus machte, zum Ärger mancher Nestroyforscher, immer wieder als »Possen mit Gesang« bezeichnete, so wollte er damit andeuten, wo der Keim seines Gestaltungswillens lag. Wohlwollende Zeitgenossen Nestroys betonten seinen Abstand von der alten Posse, um ihm zu huldigen. Seine Intellektualität widersprach völlig der traditionellen Vorstellung von Possen als Wiener Dummheiten. Aus dem gleichen Grund bevorzugen auch heutige Nestroyforscher den Begriff der Komödie. *Aber vielleicht liebte er die dumme Posse gerade deshalb, weil er so gescheit war und sie dem Narrentheater der Welt, in dem bekanntlich die Philosophen dominieren, angemessen fand.* Das Tier-Couplet, aus dem wir schon ein Reimpaar hörten (*Liebesgeschichten und Heiratssachen* II,9) und das die Ähnlichkeit zwischen Tier und Mensch geltend macht, endet mit einer ganz »irrationalistischen« Pointe:

> Doch i tu' mi hinüber ins Tierreich verirr'n,
> Und hab' über d' Menschheit woll'n philosophier'n!
> Die Gedank'n unt'reinand' machen im Kopf ein' a G'summs,
> Ach, das dalkerte Denken is wirkli was Dumms. (Ab.)

Johann Nestroy

Gattungsprobleme

Ich betone die Possentradition, d. h. Nestroys Rückkehr zum Theater niederen Stils so stark, weil durch den falschen Ansatz der Nestroyforschung bei Karl Kraus und durch die unzureichende stilgeschichtliche Ausbildung innerhalb der deutschen Germanistik die Tatsache von Nestroys genialer Wortkunst – es gibt diese auch in den niederen Schichten des Stils – den Dichter oft in eine unvergleichbare Nachbarschaft gestellt hat. Wenn Karl Kraus sagt, Nestroy sei ein größerer Satiriker als Aristophanes, so ist der Vergleich ein wenig schief; denn die Satire hat in Metternichs Staat völlig andere Bedingungen als im republikanischen Athen (s. u.). Immerhin liegt darin die Aufforderung zu einem Vergleich, der, wie wir gesehen haben, im Sinne des Dichters und seiner Zeit liegen mag. Völlig unsinnig ist dagegen die Behauptung von Karl Kraus, Nestroy sei »der größte österreichische Dichter«[43]; denn Nestroy und Grillparzer wären nie darauf gekommen, sich miteinander zu vergleichen, da die verschiedenen Bereiche und Aufgaben des hohen und niederen Stils von beiden Dichtern, wie von den meisten Österreichern, traditionsgemäß anerkannt wurden. Noch im Jahre 1970, bei (in mancher Hinsicht) weit fortgeschrittener Nestroy-Forschung, kann man lesen, Nestroy habe mit Grillparzer mehr zu tun als mit Raimund. Falsch ist auch die Behauptung, Raimund sei der Startturm der Rakete Nestroy[44]. Der Ausgangspunkt Nestroys liegt bei Bäuerle und Meisl. Am 14. 3. 1842 schrieb Nestroy nach einer freundlichen Besprechung Bäuerles, der ihn treffend als »universellen [!] Meister und Beherrscher in dem Gebiet der Posse« feierte, Bäuerle selbst sei »Gründer und Vorbild in dem Genre dramatischer Dichtung…, in dem ich mich bewege«. Er dachte wohl in erster Linie an das Lokal- oder Volksstück; denn der unmittelbare Anlaß zu den gegenseitigen Huldigungen war die Premiere von *Einen Jux will er sich machen*. Bei den Parodien hätte Nestroy mit Meisl solche Komplimente tauschen können. Dagegen war der stilmischende Raimund nur in Einzelheiten ein Vorbild, und Grillparzer überhaupt keines. Statt also das Volkstheater zu verlassen und mit Karl Kraus etwas ganz Feines aus Nestroy zu machen, sollte die Nestroy-Forschung umgekehrt entschieden zum Theater des »niederen«, »plebejischen«, womöglich »ganz gemeinen Stils« zurückkehren. Nur auf diesem Weg ist auch die Pionierarbeit zu erkennen, die der im Vormärz wurzelnde Dichter für das moderne Theater seit Wedekind geleistet hat. Einen energischen Neuansatz in dieser Richtung gibt das Nestroybuch des Engländers Yates*.

Während die gattungsgeschichtliche Erforschung des Volkstheaters nach Rommel in den Hintergrund getreten ist, gibt es bei Yates wieder Abschnitte über Hanswurst, Zauberstück, Lokalstück,

---

* William Edgar *Yates,* Nestroy, Satire and Parody in Viennese Popular Comedy, Cambridge 1972. Ungefähr ein Viertel des Buches wird den historischen Voraussetzungen von Nestroys Theater gewidmet. Der Verfasser hat die Bücher der theatergeschichtlichen Altmeister Österreichs, Enzinger, Rommel, Kindermann, gründlich und kritisch gelesen. Ein weiterer Vorzug ist die vergleichende Heranziehung des elisabethanischen Theaters. Deutsche Germanisten kommen vom Begriff des Wortkunstwerks sehr schwer los. Das gilt sogar für solche Nestroyforscher, die, im Gegensatz zu Kraus, Nestroys Wortkunst im Rahmen seiner »Komödie« sehen. Man muß als Nestroyforscher den Hanswurst, Staberl usw. genauer kennen. Insofern haben die Germanisten der älteren Theaternationen auf diesem Gebiete besondere Chancen.

210

Parodie. Eine neue Erforschung der gesamten Formenwelt des Volkstheaters ist nötig, und zwar vor allem deshalb, weil die ältere (österreichische) Theatergeschichte den Begriff der Barocktradition zwar bereits besaß, aber in ihren ästhetischen Wertungen doch noch zu sehr von realistischen Normen geprägt war. So erschien z. B. die im 18. Jahrhundert und dann wieder von Nestroy geleistete Überwindung des Zauberstücks immer als eine große Sache, weil man glaubte, das komme einem »Durchbruch zum Realismus« gleich, während in Wirklichkeit die Posse stets einen willkürlich-spielerischen und damit unrealistischen Charakter behält. Das geben heute sogar die angelsächsischen und marxistischen Forscher zu, die bisher traditionsgemäß überall den Realismus suchten und deshalb auch fanden. Yates stellt fest, daß die Staberliaden nach der nachromantischen Erneuerung des Lokalstücks (Bäuerle, *Die Bürger von Wien,* 1813) immer unrealistischer werden und daß die Behauptung Bäuerles im Vorwort zu *Staberls Hochzeit* (Aufführung 1814), der Charakter Staberls sei lebensecht, kaum richtig ist[45]. In der Folge ergab sich dieser Abstand vom Realismus schon daraus, daß das sogenannte Lokalstück mit dem Zauberstück konkurrieren mußte. Diese Unwahrscheinlichkeiten des Lokalstücks wiederholen sich bei Nestroy[46]. So beruht z. B. das ziemlich erfolgreiche *Haus der Temperamente* (1837) auf der damals noch allgemein anerkannten Lehre von den vier Temperamenten, also sozusagen auf wissenschaftlichen Grundlagen. Von Zauber, äußerlich gesehen, keine Spur. Und doch sagt Ernst Fischer mit Recht, die Posse erreiche »ein Maximum des Unwahrscheinlichen« [47]. Der völlig offene Verstoß gegen das Mögliche, die rücksichtslose, abstrakte Konstruktion des plot, die Nestroy liebt, ist an dieser Posse besonders leicht zu erkennen. Dazu stimmt die These von Siegfried Diehl, daß der Dichter nicht etwa, von Raimund verführt, sich zum Zauberstück verleiten ließ, um es anschließend empört von sich zu stoßen, sondern daß er es, nach anderen Versuchen, bewußt wählte, *weil es seinem Sinn für Parodie und Groteske entgegenkam* [48]. *Das realistische Prinzip ermöglicht demnach keine vernünftige Einteilung der Gattungen,* schon deshalb, weil die Rokokoskepsis und das daraus folgende *Spiel* mit dem Wunderbaren, das nicht zuletzt Wieland die Wiener gelehrt hatte (Feenzauber), sich mit dem gesamten Josephinismus in Wien erhielt, auch im Volkstheater. Man mag sich fragen, ob das ironische Zauberspiel eines der Mittel ist, um wundergläubige und intellektuelle Theaterbesucher gleichzeitig zu befriedigen. Dem widerspricht aber der derbe Umgang mit den höheren Wesen, der im Vorstadttheater die Regel ist. Das Geisterwesen scheint in der größten deutschen Residenz nicht so stark erneuert worden zu sein wie in Württemberg oder Westfalen. Das belegen die überaus beliebten Parodien der *Ahnfrau,* mit der Grillparzer, aus theatralischem Ehrgeiz, seinem Ansehen einen irreparablen Schaden zugefügt hatte. Sicherlich konnte der Volksglaube bei einem Teil des Publikums als Effekt eingesetzt werden. Halb und halb zu glauben ist typisch biedermeierlich, in allen Schichten. Die Dichter des Volkstheaters jedoch, fast alle gebildeter als Raimund, schalteten im freigeistigen Stil des Josephinismus mit Feen, Geistern, Zauberern und Allegorien. Trotzdem mag *Zauberstück* ein brauchbarer terminus technicus sein.

Unglücklich ist der Begriff Lokalstück; denn nicht nur das *Sitten- oder Genredrama* (s. u.) – man findet diese Begriffe in der Zeit –, sondern auch das Zauberstück und die Parodie lebten im Volkstheater von der Lokalisierung, von der Verwienerung. *Lokalisierung ist das wichtigste Mittel der, bei allen Gattungen des Volkstheaters nötigen, Umsetzung in den niederen Stil.* Der Begriff Volksstück ist nicht viel besser, da alle Stücke der Vorstadttheater ja eigentlich Volksstücke sind. Auch der Begriff der *Parodie,* als Gattungsbezeichnung beliebt, ist ein unsicherer Begriff. Enzinger geht zu weit, wenn er in der Wiener Parodie nur »eine Parodie des Lebens« sieht, es gibt auch eine Parodie der Texte[49]. Aber die Diskussion muß weiter gehen. Johann Hüttner meint sogar, die Diskussion über die Parodie beginne erst, wenn man sich klarmache, daß es das von der älteren Forschung erträumte »Kennerpublikum« für die Parodie gar nicht gegeben habe, weil das Volkstheaterpublikum in seiner Masse regional begrenzt gewesen sei. Tatsächlich werden die Stücke von einem Vorstadttheater an das andere weitergegeben. Die Parodien mögen für die meisten Zuschauer nur ein »Spaß« gewesen sein. Es leuchtet auch ein, daß *die* Parodien die erfolgreichsten waren, die sich am wenigsten auf einen Text bezogen und also in keiner Weise als Kritik an einem Autor gemeint sein konnten[50]. *Ich möchte diese Thesen nur durch die Feststellung einschränken, daß alle Parodien eine gut österreichische und gut katholische Kritik am Idealismus jeder Art darstellten, daß sie in der nachidealistischen Zeit aus dieser Kritik ihre besondere Aktualität gewannen und daß mit dieser Kritik auch eine sozialgeschichtliche Stoßkraft verbunden war,* insofern der Idealismus nur von solchen Leuten vertreten wurde, die es sich nach Stand und Einkommen leisten konnten. Wenn der Goethefreund Zelter 1819 über die Wiener Posse schreibt »Die Stücke sind – unter dem Gemeinen«[51], wenn Saphir sich mit seinen Humoristischen Vorlesungen, die nur Gebildete besuchten, über die Possenschreiber erhob, wenn Hebbel und Costenoble durch den gewaltigen Schauspieler Nestroy an Anarchie und Revolution erinnert wurden[52], so wirkten sich in diesen Äußerungen nicht ästhetische Vorurteile, sondern auch soziale Einbildungen und Befürchtungen aus. »Universeller Meister« der Posse (Bäuerle s. o.) meint, daß sich Nestroy *aller* Gattungen des Volkstheaters bediente. Er verschmähte nicht einmal die *Quodlibets,* in denen ein Sammelsurium von Melodien, meist aus der Oper, parodistisch gesungen und agiert wurde. Wenn ihm ein Schluß zu langweilig wird – Nestroys Schlüsse sind ein besonderes Problem s. u. – so verstärkt er ihn durch ein Quodlibet. Ebenso läßt er Komödienvorlagen ganz ungeniert in den tollsten Possenrummel übergehen. *Einakterprogramme* hat er nach Rommel schon zusammengestellt, ehe sie die große Mode wurden und ehe das Karlstheater sich so sehr in ein Varieté verwandelte, daß die das Volksstück seit 1858 ablösende Offenbachsche *Operette* noch ein künstlerischer Fortschritt war[53]. Wenn Nestroy die Posse in allen Formen liebte, so lag dies nicht zuletzt daran, daß zu dieser komischen Gattung die beherrschende *komische Figur,* der Hanswurst, in allen möglichen Formen gehörte (Catholy)[54], und daß er diese Rolle selber am liebsten spielte. Umgekehrt lassen einzelne Äußerungen erkennen, daß er gerade die zum Realismus strebenden (individualisierenden) Formen des Theaters weniger schätzte, weil sie die Komik abschwächten. Titus, der Held im *Talisman* spottet (II,24): »Wenn in einem Stück drei G'spaß und sonst nichts als Tote, Sterbende, Verstorbene, Gräber und Totengräber vorkommen, das heißt man jetzt ein Lebensbild.« Die »barocke« Häufung im Wortfeld des Todes verrät, daß er auch das *Lebensbild* keineswegs »charakterisieren«, sondern parodistisch aufspießen will. Man sollte daher auch die Stücke Nestroys, die heute in der Nestroy-Forschung noch als »alberne Spielpossen« vegetieren, z. B. *Eulenspiegel,* genauer ansehen und gerade auch hier fragen, welche komische *Spiel*qualität sie jeweils haben. Grabbe wollte einen tiefsinnigen Eulenspiegel schreiben (vgl. o. S. 173). Da der Norddeutsche ihn nicht mehr geschrieben hat, könnte man doch prüfen, welche theaterkünstlerische Eignung der süddeutsche *Eulenspiegel* Nestroys hat. Dies nur als ein Beispiel. Wie unzeitgemäß Nestroys Festhalten an der Posse war – von der *literarischen* Entwicklung aus gesehen –, das bezeugen auch die Rezensionen des gebildeten Pragers Bernhard Gutt, die stets als die freundlichsten angesprochen werden. Auch er bedauert Nestroys Neigung zur »kolossalen« (grotesken), »abstrakten« (emblematisch schematisierten) Posse und begrüßt jeden Schritt in Richtung auf die spätbiedermeierliche Genreposse mit größerer »Biederkeit«[55]. Daraus mag man schließen, daß die spätere Rückkehr zur grotesken Posse den eigentlichen Nestroy verrät (s. u.).

Hinweise auf den nicht leicht bestimmbaren, individuellen Stilwillen des anpassungsfreudigen Schauspielerdichters gibt auch der *Vergleich mit den Vorlagen,* der früher, im Banne der Originalitätsideologie, nicht so systematisch und vorurteilslos wie heute betrieben werden konnte. *Gerade dieser Punkt verleiht dem Verlangen nach einer neuen, stärker synoptisch orientierten historisch-kritischen Ausgabe besonderes Gewicht;* denn Nestroy hielt es wie die Wiener Liedkomponisten: literarisch schlechte und heute kaum mehr auffindbare Vorlagen waren ihm oft die liebsten, wenn sie sich nur für den besonderen Zweck eigneten. Yates, der dem Problem der kreativen Adaption ein Kapitel gewidmet hat[56], ist sogar der Meinung, daß sich der Dichter nur durch schlechte Vorlagen zur komischen Verlebendigung und Intensivierung veranlaßt sah. Die Quelle der oft gespielten Posse *Der Zerrissene (L'homme blasé* von Duvert und Lauzanne) sei, im Gegensatz zur Meinung Rommels, eine sehr gute Komödie, weshalb sich Nestroy kaum zu Änderungen veranlaßt gesehen habe*.

---

* »Together with the considerable debt to *L'homme blasé* in respect not only of plot but of comic business, and the limitations of the satire, they also show why it is not possible to regard *Der Zerrissene* as one of Nestroy's most original or most artistically successful works« (William Edgar *Yates,* Nestroy, Satire and Parody in Viennese Popular Comedy, 1972, S. 139). Ein bei mir gefertigter ungedruckter Vergleich mit der Vorlage kommt zu einem anderen Ergebnis: »Die Szenenfolge ist logi-

Daß Nestroy im Drama *Die Anverwandten,* einer Dramatisierung von Dickens' Roman *Martin Chuzzlewit,* nicht nur stark verkürzen muß – dies ergibt sich aus der Gattung –, sondern auch zu einer wesentlichen Verschlechterung der komischen Substanz gelangt, beweist Yates in einer vergleichenden Interpretation [57]. Es ist selbstverständlich, daß den Possenmacher dieser bürgerlich-realistische Roman als Gestalter *nicht* fesselte; denn man hätte hier höchstens im Bauernfeldschen Konversationsstil eine kongeniale Umsetzung ins Drama leisten können. Nestroy dagegen fühlte sich stets zur parodistisch-übertreibenden Adaption gedrängt. Yates weist dies vor allem an den auf englischen Vorlagen basierenden Lustspielen *Einen Jux will er sich machen* und *Liebesgeschichten und Heiratssachen* nach. Der Dichter beseitigt in erster Linie das Sentimentale und Alltägliche:» One can observe how chance phrases have stimulated Nestroy's imagination, starting off one of this characteristic passages of hyperbolic imagery or dextrous wordplay« [58]. In vielen Fällen neigt er zu gedrängteren sprachlichen und szenischen Formen. Wo es aber um die Rolle von Scholz und vor allem um die eigene geht, da erhebt sich die dichterische Kraft des leidenschaftlichen Hanswursts auf ihren Höhepunkt. Helmut Herles, der, auf der Grundlage seiner Dissertation, eine ausgezeichnete Edition des *Talisman* in der Reihe Komedia vorgelegt hat (Berlin, New York 1971), erwähnt in diesem Zusammenhang sogar etwas hart» den egozentrischen Zug der Nestroyschen Kunst: es überwiegen bei weitem die Entwürfe für die Nestroyrolle *Titus Feuerfuchs*«. Gewiß, es ging ihm nicht um die völlige Abrundung und Dauer seiner Texte, was freilich nur eine andere Art des Egoismus, oder vielmehr der produktiven Unbedingtheit gewesen wäre. Übrigens hat der Dichter den *Talisman* auch, abgesehen von der eignen Rolle, stärker an das Wiener Volkstheater angepaßt durch die Erweiterung der Szenen zu den so beliebten» gemütlichen« Genrebildern, durch die damit verbundene Vermehrung des Personals und durch» zunehmende Spannung zwischen vorwärtsstrebenden und retardierenden Kräften« [59]. Auch die Sprachspannung wächst, durch die parodistische Behandlung der kleinbürgerlichen und besonders der hochgestellten Personen, während die Gänsehüterin Salome Pockerl eher in einem naiv-rührenden Tone spricht.» Am unabhängigsten ist Nestroys *Komik,* und zwar sowohl nach der Varietät der Formen als nach dem Gehalt. Sein Witz spielt auf originellste Weise von der feinen geistvollen Sprachkomik angefangen durch alle Formen hindurch bis zur beinahe wortlosen Burleskkomik. Als echter Moralist beherrscht Nestroy die geschliffene epigrammatische Kurzform meisterhaft. Aber ebenso weiß er Dialoge komisch zu gestalten. Höhepunkte sind die solistischen Räsonnements der Hauptakteure: in Form von satirischen Couplets oder in Form von monologischen Parabasen. Auf diesem Feld ist Nestroy sein eigener Herr« [60]. Zum Wiener Volkstheater gehört auch, daß das Musikalische verstärkt wird. Sogar in der Schulkomödie *Die schlimmen Buben in der Schule,* die der Dichter eine» Burleske mit Gesang« nennt, gibt es nicht nur die Couplets des übermütigen Schülers Willibald (Nestroy), sondern auch einen Chor der Schulknaben, ja sogar der Väter und Mütter. Und die Schulprüfung in der letzten Szene wird mit Hilfe von Pauken und Trompeten zu einem komischen Fest hochstilisiert. Der Übergang in die Operette war nicht die Katastrophe, als die sie von der Wiener Forschung lange betrachtet wurde; sie ergab sich fast von selbst aus der musiknahen Posse des Volkstheaters.

Ob der von Ansgar Hillach so stark betonte und inzwischen von vielen Nestroyforschern anerkannte» Fiktionsbruch« in Nestroys Possen so einzigartig und neu ist, müssen Spezialisten des älteren komischen Theaters entscheiden. Besonders die Vorstellung eines» stark ausgeprägten Subjektivismus« von Nestroy überzeugt mich wenig*, da es den Hanswurst im komischen Theater nicht nur

---

scher und dramatischer und die Typisierung der Figuren weitaus deutlicher.« »Die Komik ist bei Nestroy ... zielgerichtet, während sie bei Duvert nur Beigabe ist« (Beate *Schinner*). Gemeint ist wohl die *groteske* Verfremdung, die Nestroys Stücke fast immer von ihren Vorlagen unterscheidet.

* Ansgar *Hillach,* Die Dramatisierung des komischen Dialogs, Figur und Rolle bei Nestroy, München 1967:» Es ist kein Zufall, daß Nestroy als Schauspieler immer wieder in ernsthafte Schwierigkeiten geriet wegen seiner ungehemmten Extemporierlust; der Ausbruch aus der Fiktion wurde ihm desto mehr zur Notwendigkeit, je läppischer die Handlungsvorlagen waren und je weniger sie seinem Bewußtsein von den wirklichen Verhältnissen und seinem zu Sarkasmus und Groteske neigenden Spieltemperament entsprachen« (S. 137).» In der gesamten Lustspieltradition dürfte ein

als derben Spaßmacher, sondern auch in feineren Gestalten, besonders in der des Causeurs und Raisonneurs gibt. *Alles das sind doch Rollen, die ebenso fingiert sind wie der Icherzähler im Roman.* Ihre parodistischen Bemerkungen zur Handlung oder ihr Anreden des Publikums zerstören die Fiktion nur sehr bedingt, da die Posse mit Gesang ja schon durch den Gesang selbst eine offene Form ist, keine realistische, d. h. geschlossen-fiktive Darstellung von Wirklichkeit. Wenn plötzlich der Hanswurst oder Raisonneur ironische Bemerkungen zur Handlung macht, so empfindet dies das Publikum so wenig als Eigenmächtigkeit des Schauspielers, wie wenn die Väter und Mütter in der Schule zu singen anfangen oder wenn im Zauberspiel der technische Apparat nicht gleich funktioniert. Das mögen neue spaßhafte Erfindungen sein, aber im strukturellen Sinne sind sie das alte Possenspiel und im Volkstheater immer variierte Überraschungen erlaubt, ja sogar obligatorisch waren. Fred Walla, der das elisabethanische Theater kennt, hat diese Bedenken bereits näher präzisiert und durch die allgemeine Hypothese unterbaut, daß es in den verschiedenen Formen des Theaters verschiedene Stufen der Illusion gibt und daß Nestroy von vornherein so wenig Fiktion erstrebt – z. B. beim Spielen des Schulknaben Willibald –, daß der Begriff des Fiktionsbruchs kaum erlaubt ist [61]. Vergleiche mit der Commedia dell'arte, die der eigentliche Ausgangspunkt des Wiener Volkstheaters ist, könnten der Hypothese Wallas wahrscheinlich noch mehr Beweiskraft verleihen.

Spiel und punktuelle Satire. Couplet, Aphorismus

Die Diskussion über diese letzten Endes technische Frage mag weitergehen, wie sie will. Sicher ist, daß mit allen derartigen Forschungen den einseitigen Hoffnungen, die Marxisten und Reaktionäre auf die *Satire* Nestroys setzten, der notwendige andere Pol entgegengesetzt wurde, Nestroys *Spiel.* Hier liegt eine besonders wichtige und schwierige Frage der Nestroyforschung; denn die progressiven Interpreten können stets behaupten, Nestroys Spiel sei eine durch den Polizeistaat verhinderte Satire, und die Konservativen können mit Kraus sagen, der spielerische Charakter von Nestroys Possen sei in der tieferen, konservativen Tendenz von Nestroys Satire begründet. Die wichtigste Schrift zu diesem Grundproblem der Nestroyphilologie hat Jürgen Hein geschrieben *(Spiel und Satire in der Komödie Johann Nestroys).* Hein sucht den Mittelweg zwischen den beiden Extremen, auf den es wohl ankommt, zu gehen*. Er leugnet die starke Prägung durch den

---

solcher Perspektivenwechsel, wie Nestroy ihn übt, einmalig sein; er ist also wohl nur aus der besonderen Veranlagung Nestroys, aus einem stark ausgeprägten Subjektivismus zu erklären, der die traditionellen Formen in dieser Weise weiterbildete« (S. 161). Da der Fiktionsbruch im Erzählen aus dem Rokoko stammt (Sterne, Wieland usw.), wird der dramatische wohl in der gleichen Epoche, wenn nicht noch früher, voll ausgebildet worden sein. Tieck *(Gestiefelter Kater),* an den der deutsche Germanist immer zuerst denkt, seine Originalität überschätzend, war ein ausgezeichneter Kenner des älteren europäischen Theaters.

* *Hein* (Spiel und Satire in der Komödie Johann Nestroys, Bad Homburg u. a. 1970), zitiert S. 103, Anm. 41 einen Ausspruch von Schlicht in der Posse »Mein Freund«: »In der Karikatur liegt zuviel Wirklichkeit, und die Menschheit will nur recht poetisch aufgefaßt sein, ein klarer Beweis, wie prosaisch sie ist.« Diesem Satz gibt Hein eine Erklärung, in die die *Zeit* einbezieht, welche Nestroy naiv (konservativ) oder bewußt (diplomatisch) auffallend häufig außer acht läßt: »Nestroy suchte in seinem satirischen Theater die Mitte zwischen dem ›Poetischen‹ und dem ›Allzuwirklichen‹, d. h. die Form der indirekten Satire, bei der die Zuschauer nicht merken, daß sie über sich selber lachen, weil sie alles nur als ein ›Spiel‹ ansehen, das sie nichts angeht, sondern sie nur unterhält. Satire konnte in dieser Zeit nur über diesen ›Umweg‹ wirken; die Satire wird als ›Spiel‹ geboten.« Man könnte noch auf die besonderen Bedingungen des Wiener Volkstheaters hinweisen, denn in der Dorfgeschichte

Polizeistaat Metternichs nicht, auch vermutet er eine gewisse volkspädagogische Absicht in Nestroys Spiel, die – das könnte man hinzufügen – die polemische jungdeutsche und junghegelianische Publizistik oft vermissen läßt und die Vormärzlyrik mit veralteten rhetorischen Mitteln zu erreichen versucht. In der Abgrenzung von Brecht erkennt Hein noch einen tieferen, vielleicht entscheidenden Grund von Nestroys Spielleidenschaft: »Nestroy spielt die Gegensätzlichkeit der Welt und der Gesellschaft satirisch aus, um Lachen zu erzeugen. Ihm geht es in der Komödie nicht um die Änderung der sozialen Verhältnisse, ja er zeigt sogar, weil ihm Brechts ›Optimismus‹ fehlt, daß diese wegen der ständigen Unzulänglichkeit der Menschen nicht zu ändern sind. Das Engagement der Satire beschränkt sich also sozusagen nur auf den Spielhorizont der Komödie; eine Wirkung nach ›draußen‹ ist möglich, aber primär nicht beabsichtigt. Mit den Resten einer zerstörten Welt läßt sich auf dem Theater besser spielen als mit der Forderung nach einer neuen. Der durchgehende Pessimismus rechtfertigt erst die Rettung in eine Welt des Scheins und des Spiels« [62]. Ist sein Spiel demnach ein nicht immer eingestandener, als »Blitzableiter des Dämonischen« (Rudolf Kassner) [63] fungierender Weltschmerz? Ist seine Posse die alte christliche vanitas, in ergötzlicher Form zerspielt, aber ohne die christliche Hoffnung des Gryphius und ohne das humanistische Dennoch der Tragiker von Lessing bis Hebbel? *Was an Nestroys Satire an diese alte Tradition erinnert und sie spürbar von der bei Wieland, Lichtenberg, Heine beginnenden, von den Junghegelianern voll ausgebildeten »Gesellschaftskritik« trennt, ist ihr okkasionalistischer Charakter.* Es ist nicht die Art Nestroys, einen satirischen Gesichtspunkt durch ein ganzes Werk *durchzuhalten,* er tritt mehr punktuell in die Erscheinung. Wenn man also z. B. meint, in der Posse *Der Zerrissene* ausgiebiges Material für das kulturgeschichtlich so wichtige Phänomen der »Zerrissenheit« (vgl. Bd. I, S. 8) zu finden, so sieht man sich enttäuscht. Dies ist den Interpreten immer wieder aufgefallen. Schon in I,6 tritt das Thema in den Hintergrund, dadurch, daß sich der Zerrissene dazu entschließt, das erste Frauenzimmer, das ihm begegnet, zu heiraten. Das heißt also: eine possenhafte Handlung wird in Gang gebracht. In ihrem Verlauf muß der zerrissene »Kapitalist« notgedrungen als Bauernknecht fungieren. Als solcher empfindet er nicht die geringste Zerrissenheit, vielmehr nur die ganz kreatürlichen Regungen des Hungers, der Angst, der Empörung, der Liebe, der Eifersucht. Diese Heilung wird in den einleitenden Szenen vorbereitet, so wenn etwa der Zerrissene in seinem Monolog sagt (I,5): »Langweile heißt die enorm horrible Göttin, die gerade die Reichen zu ihrem Priestertum verdammt, Palais heißt ihr Tempel, Salon ihr Opferaltar, das laute Gamezen und das unterdrückte Gähnen ganzer Gesellschaften ist der Choral und die stille Andacht, mit der man sie verehrt.« In derartigen witzigen Einzelformulierungen pflegt die Satire Nestroys in die Erscheinung zu treten. Dem Monolog ging ein »Lied« des Zerrissenen voran. Auch die gesungenen Einlagen sind ein Bereich, in dem der satirische Witz Nestroys mit Vorliebe zu erscheinen pflegt. Die Couplets, d. h. die »satirischen Theaterlieder mit der Pointierung durch einen für alle Strophen gleichbleibenden Kehrreim« (O. Rommel) – die Kehrreime sind manchmal auch abgewandelt –

Gotthelfs, Auerbachs, Immermanns verschiebt sich das Verhältnis von Spiel und Satire zugunsten der Satire.

wurden bei den zahlreichen Aufführungen der meisten Nestroyschen Possen immer wieder erneuert und aktualisiert. Rommel fügt sogar seiner Auswahlausgabe einen Anhang über »Das Couplet-Werk-Nestroys« an[64]. Dieses gewinnt also einen gewissen Eigenwert, zumal da der Dichter auch auf dem Gebiete der satirischen Verskunst ein Meister ist und damit sogar in gattungsgeschichtlicher, nicht nur in stil- und geistesgeschichtlicher Hinsicht neben Heinrich Heine tritt. Auch bei Nestroy nimmt diese »Lyrik« häufig anekdotische oder balladeske Elemente in sich auf. So gibt zum Beispiel ein späterer Zusatz zum Kometenlied des *Lumpazivagabundus* der Abneigung des Dichters gegen den erstarkenden, für Österreich-Ungarn lebensgefährlichen Nationalismus satirischen Ausdruck:

> D'National-Narrheit blüht in Prag, s'is der Müh' wert;
> In a Haus hol'n s' a Hebamm' – wie die deutsch reden hört,
> Sagt sie: ›Da müssen S' andre hul'n, wenn Frau entbind't,
> Bin ich čechische Hebamm', und kummt deutsche Kind‹[65].

Der Begriff National-Narrheit wird durch ein Geschichtchen veranschaulicht; doch bedient sich der Dichter einer so großen Kürze, daß die Satire epigrammatische Prägnanz gewinnt. Die Couplets sind meistens so aufgebaut, daß zur Stützung eines satirischen Gedankens in jeder Strophe ein neues Beispiel herangeholt wird. Dieser Stoffreichtum in Verbindung mit stärkster Abstraktionsfähigkeit führt zu einem immer erneuten Feuerwerk witziger Pointen. Nestroy hat mit seinen Couplets die größten Triumphe gefeiert. Er hat den Sprichwortschatz Wiens um höchst treffende und zugleich bildkräftige Wendungen bereichert.

Daß Nestroys satirischer Witz gegenüber dem Komödienwerk eine gewisse Selbständigkeit besitzt, das zeigt auch die *Aphorismensammlung,* die in seinem Nachlaß zutage getreten ist. Sie war möglicherweise nicht nur Vorratskammer für das theatralische Schaffen, sondern auch Ausdruck höchstpersönlicher Besinnung, darin Lichtenbergs Aphorismen und Grillparzers Epigrammen vergleichbar. Auf dem Theater hören wir: »Scharmant! Er hat sehr viel, aber nichts gründlich gelernt! Darin besteht die Genialität.« Die Frau von Cypressenburg sagt es (*Talisman* II,17), eine Repräsentantin der zeitgemäßen »Genies«, mit denen Nestroy, wie uns seine Raimundkritik verrät, nichts zu tun haben wollte. In der *Aphorismensammlung* lesen wir dagegen: »Der geniale Mensch ist ein Spatz mit gelben Flügeln, den die andern Spatzen gern totpecken möchten« (Nr. 119). Der *Theatraliker* Nestroy hält die Parodie des mißbrauchten Geniebegriffs für seine Pflicht, der *Aphoristiker* gestattet sich einen Stoßseufzer in eigener Sache. Auch bei Nestroy ist also die völlige Einheit von Werk und Umwelt verlorengegangen, vielmehr: sie konnte nicht einmal mehr im Volkstheater ganz restauriert werden. Es gibt neben dem exoterischen Bereich des Spaßes und des Spiels ein esoterisches, inneres Reich, in dem der Aphoristiker und Satiriker regiert. Dieser Zwiespalt deutet sich auch in den Possen selbst an. Die witzigen, aggressiven Rollen, die Nestroy spielte, bedürfen der Ergänzung durch die derbkomischen und volkstümlichen Scholz-Rollen. In den Nestroy-Partien pflegt auch die Sprachkunst der Possen ihre Glanzpunkte zu erreichen. Daraus vor allem erklärt sich die nur locker geschlossene Form von Nestroys Werken, die wenn auch begrenzte

Verselbständigung des Witzes und der Satire. Freilich war die epische und dramatische Integration der Satire stets ein Problem der Barocktradition gewesen, denn die Satire ist ein unentbehrlicher Bestandteil jeder normativen Kultur. Auch bei Nestroy handelt es sich wohl nur um eine Weiterbildung, nicht um eine revolutionierende Lösung dieser Aufgabe.

Gesellschaftskritik? Das schwierige Problem der Dramenausgänge

Das Gewicht und die Richtung seines Engagements kann freilich *wegen* des okkasionalistischen Charakters seiner Satire immer wieder anders gedeutet werden. Im letzten Jahrzehnt sind von fast allen Nestroyforschern die gleichen *radikalen* Äußerungen zitiert worden. Yates gibt sogar einem ganzen Kapitel seines Nestroybuches die Überschrift Radicalism. Die Frage ist nur, ob hinter solchen radikalen Formulierungen wirklich ein Radikaler zu erkennen ist. Ein Beispiel: »Wohlgeboren ist das dümmste Wort, denn jeder Sterbliche ist Wehgeboren« [66]. Der Ausspruch überschreitet nicht das christliche Prinzip der Gleichheit und ist sogar eine Art Vanitas-Klage wie viele Nestroysche Anklänge an den uralten Wunsch, es sei am besten nicht geboren zu werden. Die folgende bekannte Feststellung ist ein wahrheitsgemäßer Hinweis auf das bestehende Klassensystem; aber auch ein Pfarrer in der Kirche hätte ihn geben können, um zu größeren Opfern für die Caritas-Sammlung zu ermuntern (*Die beiden Herren Söhne* IV,5): »Die Welt scheint sehr glatt, wenn man sie auf lackierten Wagenrädern befahrt, die Welt scheint nicht uneben, wenn man sie mit guten Stiefeln betritt, aber die Welt ist fürchterlich rauh, das kann nur der beurteilen, der öfters barfuß auf ihr herumspaziert.« Noch beliebter ist das Wort des reichen Selcher in *Liebesgeschichten und Heiratssachen* (I,11): »Na, sein S' so gut und wer'n S' noch empfindlich auch! Ein armer Mensch darf nix empfinden als den Hunger, und für den woll'n wir heut' sorgen.« Es ist ganz klar, daß Nestroys Satire die Brutalität reicher Leute an vielen Stellen offenlegt, indem er sie offen sagen läßt, was sie denken. In dieser radikalen *Form* ist diese Entlarvung vielleicht neu; aber traf die Satire nicht von jeher unbarmherzige Reiche? Auf der andern Seite bestätigt der Dichter den Traum der Armen, durch Zufall oder Schicksal doch noch irgendwie reich zu werden (Lotterie in *Lumpazivagabundus,* Glückswechsel in *Zu ebener Erde und erster Stock* usw.). Der arme Federl (*Die Papiere des Teufels* I,3) bildet sich ein, reich zu sein. Der Refrain korrigiert den Wahn: »Das is wohl nur Chimäre, aber mich unterhalt't's.« Der Maler Patzmann (*Eisenbahnheiraten* II,9) wendet sich ausdrücklich gegen die Raimundsche (biedermeierliche) »Zufriedenheit«, mit der Feststellung, die Gelehrten hätten noch nie herausgebracht, »wie man dies wenige haben könnt' umsunst«. Der Refrain heißt dementsprechend: »Laßts mich aus mit der Welt, / Es is nix ohne Geld!« Niemand zweifelt daran. Nur findet sich diese schlichte Feststellung, wie schon der Kommunist Paul Reimann bemerkte, auch bei dem biederen Raimund (vgl. o. S. 54). Von der vermeintlichen Radikalität Nestroys bleibt immer nur die zugespitzte Formulierung übrig. Gerne wird auch, weil damit das Biedermeier getroffen sein soll, *Unverhofft* I,3 zitiert: »Nur der geistlose Mensch kann den Harm übersehen, der überall durch die fadenscheinige Gemütlichkeit durchblickt.« In dem vorsichtigen Wort Harm erscheint das Leid der *Welt,* das schon nach der älteren Biedermeierforschung der beliebten Gemütlichkeit überall einen schwermütigen Hintergrund gibt und das nach meiner eigenen Feststellung sogar der Idylle dieser Zeit in der Regel eine christliche Transparenz verleiht (vgl. Bd. II, S. 784 f.). Die Beispiele ließen sich leicht vermehren, was heute fast jede Schrift über Nestroy bezeugt*. Wer aber nach der Lektüre eines mit solchen Zitaten gespickten Buches von neuem Nestroys Possen selber liest, der taucht in eine völlig andere Luft ein, in die schon erwähnte Welt des Spiels und des Scheins und erinnert sich vielleicht daran, daß er in den Polizeiakten zwar allerlei Klagen über Nestroys unanständiges Spiel fand, auch über den erotischen Leichtsinn, der unter den Schauspielern des von Nestroy geleiteten Carlstheaters herrschte und schließlich über Nestroys »Konkubinat«, aber *keine Klage über ein Tendenztheater.* Man weiß genau, wie »unberechenbar« groß der Einfluß Nestroys und seines Theaters ist, im Unterschied zu Saphirs braven humoristischen Vorlesungen[67]; aber über einzelne gut pointierte Witze kann man sich nach hundert Jahren europäischer Witzkultur wirklich nicht mehr aufregen. Daran hat man als Beamter vielleicht sogar selbst seinen heimlichen Spaß. *Ich spreche hier nicht von den Möglichkeiten Nestroys, von seiner latenten Verwandtschaft mit Heine und Büchner, die von der jüngsten Nestroyforschung richtig erspürt worden sein mag, sondern von der historischen Wirklichkeit, die durch die Bindung an das ihn nicht nur reich machende, sondern von ihm geliebte österreichische Theater entstand.* In seinem Brief vom 21. 7. 1857 (an J. B. Lang) gibt er dieser Liebe und diesem Stolz entschiedenen Ausdruck. Der folgende Satz erinnert an ein Werturteil über das österreichische Theater, das ein elsässischer Freund Büchners zwanzig Jahre früher abgab (vgl. Bd. II, S. 347): »Unsere Reise war sehr interessant, jedoch keinesfalls in bezug auf theatralische Ausbeute, indem aller Orten, auch in der Weltstadt Paris, schlechtere Stücke und mittelmäßigere Darstellungen an der Tagesordnung sind als in Wien.« Der große Künstler besaß jedes Recht, die politische und soziale Tendenzdramatik den schwächeren Kollegen Holtei, Gutzkow, Laube, Mosenthal usw. usw. zu überlassen.

---

* Bruno *Hannemann* (Johann Nestroy. Nihilistisches Welttheater und verflixter Kerl, Zum Ende der Wiener Komödie, Bonn 1977) wendet sich bereits, sorgfältig argumentierend, gegen die in die Nestroyforschung eingedrungene Soziologitis. Nestroys *aktuelle Anspielungen* deutet er, wohl richtig, so: »In Abwesenheit anderer öffentlicher Medien... fungierte Nestroys Komödientheater auch als meinungsbildendes Organ, und mehr noch, als geistiges Ventil, das das drückende Unbehagen an der Zeit zumindest momentan in den Witz verdrängen konnte. Der Theaterpraktiker Nestroy wußte das nur allzu gut. Um die Zugkraft seiner Stücke zu erhöhen, baute er – nicht immer geschickt – direkte Anspielungen auf gärende Zeitprobleme in seine Komödien ein. Dieses komödiantische Aufgreifen der Tagespolitik [!] lief seinem zutiefst pessimistisch-nihilistischen Geist zwar zuwider, aber es würzte sein Werk [!] und trug damit zu dessen wirtschaftlichem Erfolg bei« (S. 113). Sehr gut wird auch der »säkularisierte Zaubermechanismus« (S. 105) *außerhalb* der Zauberstücke erfaßt. Die punktuelle Gesellschaftskritik Nestroys erklärt auch Alberto *Destro* (L'intelligenza come struttura dramatica saggio su Johann Nestroy, Napoli 1972) aus den Bedingungen des Volkstheaters. Ein indirektes Eingeständnis der Linken für die nur punktuelle (witzige, nicht strukturelle) Aktualität von Nestroys Gesellschaftskritik gibt es bereits als Taschenbuch: Nestroy, Stich- und Schlagworte. Zusammengestellt von Reinhard *Urbach* (it 270). Marxistische Nestroy-Renaissance auf der Resignationsstufe der amüsanten Schulung?

Dann war es also doch nichts mit dem »Wiener Aristophanes«? Den Titel scheint Glossy 1901 erfunden zu haben, zum 100. Geburtstag des Dichters, und Oskar Walzel wie auch Karl Kraus bestätigten ihn[68]. Zu den Grundsätzen der Barockdichtung, die die Aufklärung eher verschärft als erschüttert hatte, gehörte es, daß sich die Satire nur gegen allgemeine Laster, nicht gegen bestimmte Personen richten darf. *Vergleicht man Nestroy mit Heine, so wird sogleich deutlich, daß die Personalsatire bei dem Österreicher eine viel geringere Rolle spielte als bei dem streitlustigen Pariser Emigranten und in den Werken keinen direkten Niederschlag fand.* Der anspruchsvolle Raimund war seinem Nachfolger gewiß nicht weniger unangenehm als der hochadelige und akademisch beweihräucherte Platen dem überall geschmähten und verkannten Juden. Trotzdem gibt es keine Nestroy-Raimund-Fehde in dem Sinn, in dem es eine Heine-Platen-Fehde gibt. Es konnte sie innerhalb des Theaters, das für die Schauspieler-Dichter der wichtigste Teil der Öffentlichkeit blieb, nach den österreichischen Gesetzen nicht geben. Die Auseinandersetzung ging indirekter und damit objektiver vor sich, obwohl sie, wie Raimunds Äußerungen verraten können, überaus hart war. Die Macht, die in den Händen des dämonischen Schauspielers und Theaterdichters Nestroy lag, war ungeheuer; sie läßt sich durchaus mit der Literaten-Großmacht Heines vergleichen. Aber ein Mißbrauch dieser Macht durch Personalsatire war kaum möglich. Nestroy kann vielleicht Personen durch den Hinweis auf allgemeine Mißstände andeutungsweise bloßstellen. Das erwähnte Couplet mit dem Refrain »Es is nix ohne Geld« (*Eisenbahnheiraten* II,9) endet bezeichnenderweise nicht mit einem militanten Vorstoß zugunsten der ganz Armen, sondern mit einem Hinweis auf die käufliche Kritik der Journalisten, unter der der Dichter selbst zu leiden hatte:

Will i a Oper hör'n, kost't's was, wenn i a ein' Platz hab',
Von dem d' längsten Ohren nicht reichen ins Orchester hinab.
Selbst wenn man ein' Dichter was auspfeifen will,
Muß man allerhand Leut' zahl'n, und das kost't sehr viel.
Laßts mich aus mit der Welt,
Es is nix ohne Geld! (Ab.)

Die Insider wußten wohl, daß Saphir gemeint war. Wollte er es deutlicher sagen, so mußte er einen offenen Brief schreiben (vgl. o.), bei dem man auch »Personalinjurien« zu vermeiden hatte und dem die unmittelbare Resonanz fehlte, die einem Couplet Nestroys sicher war. Mir ist nur ein Fall bekannt, in dem der Dichter sich an einem wenig bekannten Kritiker extemporierend rächte*. Selbst die Parodien (*Robert der Teuxel* 1833, *Weder Lorbeerbaum noch Bettelstab* 1835, *Judith und Ho-*

---

* Carl Ludwig *Costenoble* (Aus dem Burgtheater, 1817–1837, Tagebuchblätter, Bd. 2, Wien 1889, S. 242 f., 7. 10. 1835): »Der Rezensent Wiest hat den Schauspieler und Localdichter vom Theater an der Wien, Nestroy, gerichtlich belangt, weil ihn dieser in dem neuen Stücke: ›Zu ebener Erde und im ersten Stocke‹ beschimpft hatte. Wiest hat nämlich das in Rede stehende Localstück im ›Sammler‹ kritisiert und Nestroy, ohne die Kritik gelesen zu haben und bloß durch die Witzeleien anderer gereizt, rächte sich auf folgende dumme Weise. Nestroy gibt in seiner Posse einen Bedienten, der Spieltische und Karten zu besorgen hat. Mit den Spielkarten in der Hand, trat Nestroy dicht vor die Rampe und sagte: ›Ich begreif' gar nit, wir ma so vüll Vergnügen an dem Whistspiel haben kann – Wiest! So a Spüll, das seinen Namen von dem dummsten Menschen in Wien hat, und der obendrein zur Schande der Menschheit Kritiken schreibt!‹ Ein Theil des Publicums war aufs höchste indigniert über die Frechheit Nestroy's; aber seine zahlreichen Verehrer klatschten dem Unverschämten zu. Der anwesende Polizei-Commissär rannte sofort auf die Bühne und machte Nestroy Vorwürfe über seine Verwegenheit, ihn zugleich warnend, sich für immer jeder persönlichen Anspielung zu enthalten.« Es ist der Bericht eines Raimundfreundes, desselben, der von Nestroy behauptete: »Sein Wesen ist… nicht im mindesten so harmlos-graziös, wie Scholz' Eigenthümlichkeit und erinnert immer an diejenige Hefe des Pöbels, die in Revolutionsfällen zum Plündern und Totschlagen bereit ist. Wie komisch Nestroy auch zuweilen wird – er kann das Unheimliche nicht verdrängen, welches den Zuhörer beschleicht« (ebd. S. 336). Diese Sätze werden heute viel zitiert – vermeintlich zu Ehren Nestroys. Es ist aber die Beurteilung der Gegenpartei, daher übertrieben.

lofernes 1849, *Lohengrin* 1859 usw.) richten sich, wie wir bereits wissen, mehr gegen *allgemeine* Richtungen als gegen bestimmte Personen. In *Weder Lorbeerbaum noch Bettelstab* wollte er Raimunds Ehrgeiz treffen (vgl. o.), nicht Holtei, den Verfasser von *Lorbeerbaum und Bettelstab oder Drei Winter eines deutschen Dichters,* Schauspiel in drei Akten mit einem Nachspiel Bettelstab und Lorbeerbaum (1833). Bei *Judith und Holofernes* läßt sich die allgemeine Stoßrichtung der Parodie leicht erkennen. Der Heldenkult eines Grabbe, der im Erstling Hebbels nachwirkte, empfahl sich schon durch das vorgeprägte Schema vom miles gloriosus. Auch die Judenparodie war ein alter Bestandteil des komischen Theaters im christlichen Europa (s. u.). Schon dadurch, daß die Parodien oft vor einem Publikum ohne Kenntnis der Originale aufgeführt wurden, hatten sie eine andere Funktion als Personalinvektiven, die im Feuilleton einer Zeitung oder in Heines *Reisebildern* für die literarisch interessierten Leser gedruckt wurden. Das Volkstheaterpublikum suchte in seiner Mehrheit nicht den literarischen Klatsch, sondern genauso wie in den Possen vor allem Belustigung. Das alte Volkstheater setzt sich in diesen Parodien vom Geist und Stil der neuen theatralischen Richtungen ab. Aber eine persönliche Auseinandersetzung Nestroys mit Grillparzer, Grabbe, Raimund, Holtei, Gutzkow oder Hebbel war nicht nur verboten, sondern hätte auch die meisten – abgesehen von der volkstheaterinternen Fehde mit dem berühmten Vorgänger – eher gelangweilt. *Da Aristophanes die Personalsatire liebte, besteht ein beträchtlicher Abstand zwischen seinem und Nestroys abstrakterem, allgemein-satirischem Theater.* Sicher ist jedenfalls, daß, wenn wir schon dieses humanistische, eigentlich unhistorische Spielchen mit klassischen Namen weitertreiben wollen, Nestroy den Titel eines deutschsprachigen Aristophanes mit Heine teilen muß, der ihn ausdrücklich beanspruchte und der als Satiriker eine breitere und, bei aller Ambivalenz, doch entschiedenere Wirkung ausübte. Aristophanes war ein konservativer, Heine, mit Einschränkungen, ein fortschrittlicher Kritiker, während Nestroy, wie *Freiheit in Krähwinkel* zeigt (Uraufführung 1. 7. 1848), Balancierkünste auf der Kante zwischen Revolution und Reaktion vorführte. Oder ist dies Urteil zu einfach?

Wenn Nestroy, um noch einmal zu dem Beispiel des *Zerrissenen* zurückzukehren, den Spleen des »Kapitalisten« von Lips auf seinen Reichtum zurückführt – ähnlich übrigens wie schon in *Die Zauberreise in die Ritterzeit oder Die Übermütigen* (1832) –, so fühlt man sich zunächst zu der Hypothese verpflichtet, es bestehe eine innere, wenigstens unbewußte Annäherung an die sozialistische Gesellschaftskritik. Die Langeweile, die der Kapitalist empfindet, begründet sich nicht zuletzt darin, daß er von seiner gesamten Umgebung als möglicher Geldgeber, nicht als Mensch geschätzt und behandelt wird. In der Szene, da er der Madame Schleyer, jenem ersten weiblichen Wesen, das er sieht, die Ehe anträgt, entlarvt er – das ist 1844 wirklich modern – alle idealistischen Beteuerungen der Dame dadurch, daß sie als »Überbau« kennzeichnet. Durch seinen Reichtum war die Annahme seines Antrags von vornherein gesichert und das ganze Getue der Dame war Theater. Nun muß man allerdings bedenken, daß der Dichter ein Theater in Szene setzen will. Die komische Demaskierung der Dame, die nachher durch das tätliche Vorgehen ihres Exbräutigams Gluthammer-Scholz possenhaft verdeutlicht wird, bereitet die sarkastische Werbung von Lips-Nestroy fein und geistreich vor. Das Flittchen wird zu einem Wesen mechanisiert, das nur das Geld kennt, und dieses mechanische Funktionieren macht es zur komischen Figur. Damit ist freilich noch nicht gesagt, daß, nach der Meinung von Nestroy, der Mensch grundsätzlich eine Marionette der wirtschaftlichen Verhältnisse sein muß; die Satire richtet sich nur gegen eine bestimmte verkommene Menschensorte. Der letzte Akt wird von der ganz anders gearteten Kathi beherrscht, während die Madame Schleyer vollständig verschwindet: sie hat ihre komische Funktion erfüllt. Kathi ist ein Bauernmädchen; wichtiger aber ist, daß sie eine sittliche Kontrastfigur zu der Madame Schleyer darstellt. *Letzten Endes kommt es vielleicht doch nicht auf Geld und Stand, sondern auf die Gesinnung an.* Das belegt die Figur des Pächters Krautkopf, der trotz seines bäuerlichen Standes in seiner Selbstsucht genauso komisch dargestellt, d. h. entlarvt wird wie Madame Schleyer, wie die treulosen Freunde des Kapitalisten und wie der Kapitalist selbst in seiner anfänglichen Verfassung. Die endgültige Heilung der Zerrissenheit wird keineswegs durch die Erlösung vom Reichtum, sondern durch die Liebe zu der uneigennützigen Kathi bewirkt. Lips sagt: »Jetzt seh' ich's erst, daß ich nicht bloß in der Einbildung, daß ich wirklich ein Zerrissener war. Die ganze eh'liche Hälfte hat mir g'fehlt, aber gottlob, jetzt hab' ich s'g'funden, wenn auch etwas spät« (III,11). Der große Herr heiratet das einfache, gute Mädchen aus dem Volk, wie in so vielen Dichtungen des Biedermeiers. Jetzt ist er erst fähig, das Glück dieses Reichtums wirklich zu genießen. *Sein Recht dazu wird mit keinem Wort in Frage gestellt.* Es handelt sich um die patriarchalische Lösung des sozialen Problems, die, wie wir gesehen haben (vgl. Bd. I, S. 15; Bd. II, S. 47 ff.), zeittypisch ist. Müssen solche Ausgänge, die bei Stifter jedermann anerkennt, bei Nestroy unwahr sein, weil er mit seinen Gefühlsäußerungen sparsamer umgeht?

Die tieferen Gründe für diese relativierende Behandlung der wirtschaftlichen Lebensbedingungen mag die, wie wir eben hörten, umstrittene Posse *Zu ebener Erde und erster Stock oder Die Launen des Glücks* (1835) dartun; denn in ihr bildet die ungleiche Verteilung der Glücksgüter das zentrale dramaturgische Strukturprinzip. Schon der Untertitel macht gegen eine sozialistische Ausdeutung des Stücks mißtrauisch; trotzdem muß dieses Stück seit langer Zeit bei beflissenen Interpreten immer wieder die soziale Tendenz des Nestroyschen Volksstücks beweisen. Die Bühne ist zweigeteilt; »oben« wird gepraßt, »unten« ißt man zum Mittagessen trockenes Brot. Das reinste »Elendsmilieu« wird unten entfaltet. Aber zu welchem Zweck? Nur um die Launen des Glücks darzutun! Während der Herr von Goldfuchs, »Spekulant und Millionär«, plötzlich allen Reichtum verliert, wird die Familie unten, vor allem durch einen Lotteriegewinn, ebenso plötzlich reich. Es bedürfte nicht der ausdrücklichen Erwähnung der »Fortuna« (III,4; III,32), um zu sehen, daß es sich hier um einen eindeutigen Fall von Barocktradition handelt. Schon die vollkommen »mechanische« Konstruktion des Handlungsablaufs, die unbefangenste Verwendung der unwahrscheinlichsten Motive verbietet dem gewissenhaften Historiker, derartige Werke an die sozialen Stücke Hauptmanns heranzurücken. Im Gegenteil, *man kann hier besonders deutlich studieren, daß der Detailrealismus der Biedermeierzeit in ein System einbezogen wird, das mit der Wirklichkeitsstruktur des Naturalismus nichts zu tun hat, sondern vor allem dem Theater des niederen (komischen) Stils dienstbar ist.* Das »Milieu« erscheint nicht, wie es der sozialistischen Deutung entspräche, als Ergebnis eines bestimmten wirtschaftlichen Systems, sondern entspricht dem Zufallsspiel der absolut »launischen« und doch weltbeherrschenden Fortuna. Eine andere Frage ist, ob man die traditionellen *sittlichen* Elemente des Stückes ernst nehmen kann. Es gibt nämlich, wie im barocken Staatsroman, ein treues Paar, das *über die Launen der Fortuna erhaben* ist. Zuerst bekennt sich die reiche Tochter von »oben« zu ihrem armen Geliebten Adolf. Adolf ist der Pflegesohn von »unten«, er entpuppt sich zum Schluß als »Erbe eines ungemessenen Reichtums« und hält trotzdem an seiner Liebe zu der verarmten Emilie von oben fest. Raimund sagt mit Bezug auf die ebenfalls bewährte Treue eines Paars: »So läßt sich die Welt bezwingen / So wird Erdenneid versöhnt.« (*Moisasurs Zauberfluch,* Schlußverse). Ebenso pathetisch feiert Nestroy den Sieg der Tugend *nicht.* Den moralistischen Optimismus des Biedermeiers teilt er nur sehr bedingt. Deshalb bleibt der Schluß etwas kahl und könnte sogar als Ergebnis eines theatralischen Formalismus verdächtigt werden. Zu dieser Frage, die sich bei vielen Stücken Nestroys stellt, wären genauere Untersuchungen auf der Grundlage des Gesamtwerkes erforderlich. *Die heutige Forschung setzt die Unverbindlichkeit der Nestroyschlüsse fast immer voraus, um den Dichter zum modernen Pionier machen zu können, während es sich hier in Wirklichkeit um eines der allerschwierigsten Probleme der Nestroy-Philologie handelt;* denn der stets erwähnte

Schluß des *Lumpazivagabundus* ist keineswegs üblich*. Im Falle von *Zu ebener Erde und erster Stock* erscheint es als sicher, daß der Dichter keinen Vorwurf gegen die kapitalistische Gesellschaft, sondern höchstens gegen die Weltordnung, gegen die Launen der Fortuna erheben will (s. u.). Der Nerv der komischen Szenen ist die kreatürliche wirtschaftliche Abhängigkeit des Normalsterblichen und keineswegs eine parteienmäßig ausgerichtete Gesellschaftssatire. Noch immer geht es darum, den Menschen als Narren des Glücks zu zeigen. Wenn die marxistische Literaturgeschichtsschreibung, z. B. Martin Greiner [69], einen kühnen Bogen von Nestroy über Gerhart Hauptmann zu Bert Brecht schlägt, so liegt darin keinerlei Erkenntniswert. Bescheidener ist Paul Reimann. Er erkennt, »daß man Nestroy nicht gegen Raimund stellen kann« und beläßt ihm überhaupt seinen Platz innerhalb seines Jahrhunderts: »Sein Werk [wurde] zum wichtigsten Bindeglied zwischen der ersten Hälfte des 19. Jahrhunderts und dem gesellschaftskritischen Realismus der neuen, nach 1870 auftretenden Generation, an deren Spitze Ludwig Anzengruber stand« [70].

»Ich revoltiere gegen die Weltregierung«

Auch den politischen Verfassungskämpfen, die die Restaurationszeit erfüllen und zur Revolution von 1848 führten, steht Nestroy gleichgültig, ja man könnte fast sagen mit einer dämonischen Künstler-Neutralität gegenüber. Der Vorwurf der politischen Gesin-

---

* Den Anfang dieser rücksichtslos modernisierenden Interpretation hat, so viel ich sehe, Walter *Höllerer* gemacht (Zwischen Klassik und Moderne, Lachen und Weinen in der Dichtung einer Übergangszeit, Stuttgart 1958, S. 182): »Das Alte wird mit dem Neuen, das Neue mit dem Alten verspottet; die Verbesserlichkeit der Menschen und der Welt wird vorgeführt und dabei die Unverbesserlichkeit insgeheim bewiesen. Immer aber weiß sich Nestroy auf die Seite des Publikums zu stellen und es für seinen Erfolg einzuspannen, ohne sich selbst dabei aufzugeben: Heiraten, glückliche Ausgänge, Moral stehen am Schluß der Stücke. Fast immer ist seine Moral, die aus der Handlung zu folgern ist, eine andere als diejenige, die dem Herkommen gemäß am Ende proklamiert wird. Und noch in dieser Proklamation selbst liegt Sarkasmus.« Auf *Höllerer* beruft sich u. a. Siegfried *Diehl* (Zauberei und Satire im Frühwerk Nestroys, Bad Homburg u. a. 1969, Höllerer S. 175, ironische Schlüsse S. 183), der Nestroy noch ungenierter vom Wiener Volkstheater loslöst. Die rücksichtslose Modernisierung, die er betreibt, ist um so betrüblicher, als dieser Germanist zweifellos Verdienste um die Nestroy-Forschung besitzt und auch die besonders schwierigen Probleme der engeren Nestroy-Philologie anpackt. Ich glaube nicht, daß Sätze wie der folgende den *Wiener* treffen, der ebenso spielfreudig, und in *diesem* Sinne naiv, wie gescheit und skeptisch war: »Nestroy setzt die gewohnte Drolerie nur oberflächlich fort, dahinter jedoch wirkt ein Witz, der – als ›Epigramm auf den Tod eines Gefühls‹ (Nietzsche) – nicht mehr an das ›Wiener G'müt‹ appelliert, sondern in erster Linie den Intellekt anspricht und aufrüttelt. Sprachbelauschende, selbstkritische, zerrissene Figuren triumphieren als wortgewaltige Lustigmacher über die alte Unzulänglichkeitskomik, von der nur ein lächerlicher Rest noch in ihnen selbst steckt. Auch scheinbare Rückfälle in eine kindliche Komik wie alberne Couplet-Reime oder die unsinnigen Thaddädlspäße… wirken bei Nestroy nicht naiv, weil sie eng verbunden sind mit der grundsätzlichen Skepsis ihrer Sprecher, denen die Ordnung der Kinderwelt in Wirklichkeit verschlossen bleibt« (ebd., S. 172). »Lumpazivagabundus« als »lächerlicher Rest« der alten Unzulänglichkeitskomik? »Grundsätzliche Skepsis ihrer Sprecher?« Aller Sprecher? Es gibt doch ganz verschiedene Figuren. Hier fehlt der *Sinn für das Spiel*, der Jürgen Hein zu einem treffenderen Nestroy-Bild führt.

nungslosigkeit, den man ihm machte, war nicht ganz unberechtigt. Der österreichischen Nestroy-Forschung sind die Revolutionsstücke ihres Helden peinlich. Nestroy soll trotz seines Schwankens ein fester Charakter gewesen sein. Allein, diese, am Geist der Goethe-zeit orientierte, individualethische Betrachtung versagt im Bereich der Barocktradition, ist einem Volkstheaterdramatiker kaum angemessen. Es läßt sich nicht leugnen, daß das erste, während der Märzrevolution aufgeführte Stück, *Freiheit in Krähwinkel,* eher die *Reaktionäre* und das zweite, nach dem Einmarsch der kaiserlichen Armee konzipierte Stück, *Lady und Schneider,* eher die *Revolutionäre* karikiert (vgl. u.). Die beiden Stücke spiegeln genau den Stimmungswandel der Wiener Bevölkerung wider, und Nestroy braucht deshalb nicht charakterlos zu sein; denn auch er dürfte den in Revolutionszeiten üblichen Übergang von der Begeisterung zur Enttäuschung mitgemacht haben. *Der Desillusionismus der Barocktradition, seine alte Einsicht in das unaufhebbare Narren-um der Menschen, die auch im Stück von 1848 unverkennbar ist, disponierte ihn struk-turell zu solcher Enttäuschung.*

Mut zeigt Nestroy da, wo es um die Schuldfrage und um das Gericht über irgendwelche Sündenböcke geht. In dem Volksstück *Der alte Mann mit der jungen Frau* sagt der weise Idealheld Kern – übrigens »Grundeigentümer und Besitzer großer Ziegelbrennereien« –: »Nach Revolutionen kann's kein ganz richtiges Strafausmaß geben. Dem Gesetz zufolge verdienen so viele Hunderttausende den Tod – natürlich, das geht nicht; also wird halt einer auf lebenslänglich erschossen, der andere auf fünfzehn Jahr' eing'sperrt, der auf sechs Wochen, noch ein anderer kriegt a Medaille – und im Grund haben s' alle das näm-liche getan« (I,15). Er bejaht schon die »Kollektivschuld«, die nach 1945 von konserva-tiven Theoretikern noch immer ingrimmig bekämpft wurde, aber nach den heutigen massenpsychologischen Erkenntnissen kaum geleugnet werden kann. Dementsprechend unterstützt der treffliche Kern den Revolutionär Anton, der der Haft entsprungen ist, mit großem Mute. Nach dessen offizieller Begnadigung zur Auswanderung nach Australien begleitet er ihn. Den Grund zu dieser Resignation bildet freilich keine politische Europa-müdigkeit, sondern die Enttäuschung an seiner jungen Frau. Wie wenig zufällig dieses Motiv für Nestroy war, wissen wir aus seiner Biographie. Auch die damit verbundene sarkastische Darstellung der Adelswelt, der der Verführer entstammt, paßt zu Nestroys jugendlicher Eheenttäuschung; seine Frau war ihm von einem Grafen entführt worden. Schon die Tatsache, daß *Der alte Mann mit der jungen Frau* (1849) nicht aufgeführt wer-den konnte, gestattet bei diesem Stück eine persönlichere Ausdeutung als sonst bei den Volkstheaterautoren. Ein bürgerlicher Affekt gegen den Feudalismus darf bei ihm festge-stellt werden, besonders in der späteren Zeit, da Nestroy durch seinen wachsenden Reichtum selbst in die äußere Lage des großen Bourgeois versetzt worden war. Aber die Basis dieses Affekts war doch wieder die alte christliche Lehre von der letztlichen Gleich-heit der Menschen und der Unzulänglichkeit der Welt. Auch gegenüber den Ansprüchen der Gebildeten tritt *diese* Basis fortwährend zutage: Wer glaubt, kein Narr zu sein, ist es am sichersten. Nestroy benutzt das Wort »Narr« sehr häufig; sein Werk kann als eine be-sonders starke Erscheinung der deutschen Narrenliteratur vom Narrenschiff über Mo-scherosch und Wieland bis hin zu Gotthelf und Stifter gesehen werden. Mit Eifer, ja mit Leidenschaft beweist er seinen Zeitgenossen die Richtigkeit der alten Lehre. Sie ist kein bloßes »Trauma«, kein pathologisches Ergebnis biographischer Enttäuschungen, sondern eine Weltanschauung, die diesem Dichter auf allen Gebieten des Lebens immer neu bestätigt, durch die größten persönlichen Erfolge nicht widerlegt wird und ohne deren geschichtliche Anerkennung Nestroys geistige Struktur unverständlich bleiben muß. Die alte Narrenlehre ist der tiefste Grund dafür, daß aus dem hochbegabten Satiriker Nestroy kein freiheitsdurstiger Ausbrecher aus dem reaktionären Österreich wie Postl-Sealsfield kein Tendenzdramatiker im Stil der Jungdeutschen, sondern ein Meister des komischen Theaters geworden ist.

Auch *Nestroys* Komödienwerk ist, wie die gesamte Dramatik der Barocktradition, metaphysisches Spiel. Allerdings schillert seine Metaphysik wie die Grabbes, Heines und Büchners mannigfach ins Nihilistische hinüber. Auch bei ihm werden wir weithin von einer negativen Metaphysik sprechen müssen. Der Mensch könnte nicht so hoffnungslos närrisch sein, wenn der Grund der Dinge, die ganze Einrichtung des Lebens und der Geschichte, wenn die Führung der Welt in »Ordnung« wäre. Zunächst dürfte sich Nestroy kaum über den metaphysischen Charakter seiner Satire im klaren gewesen sein. Daher die gelegentliche Hinwendung zu bestimmten politischen oder sozialen Richtungen. Aber das Hin und Her der Revolutionszeit, das für alle tieferen Geister ein Anlaß zur Besinnung war, förderte, wie es scheint, auch in seinem Bewußtsein, den letzten Grund seiner Satire und seines »Zynismus« zutage. In Nestroys Nachlaß fand man einen Entwurf zu einem Monolog, der offensichtlich in die Posse *Höllenangst* (1849) eingefügt werden sollte, aber sich wegen seiner Kühnheit nicht dazu eignete. Um so mehr eignet er sich zu einem Schlüssel für das geheimere Denken und Wesen Nestroys. Der Anfang hört sich auch hier »sozialistisch« an, aber die Schlußfolgerung, die aus der Ungerechtigkeit der Welt gezogen wird, ist ganz anderer Art: »Ich bin einer von die, die man arme Teufeln heißt... Man sagt auch armer Narr, warum das? Wenn der Arme ein Narr, es muß offenbar unter den Reichen lauter G'scheidte geb'n. Vergnügungen kosten Geld, der Arme hat kein Geld, folglich hat er kein Vergnügen. Kein Wunder, wenn der Arme ein Mißvergnügter is. Mißvergnügter, Verschworener und Revolutionär, das sind Geschwisterkinder... Revolutionairs stürmen in der Regel gegen die irdischen Regierungen an. Das is mir zu geringfügig, ich suche das Übel tiefer oder eigentlich höher, ich revoltiere gegen die Weltregierung, das heißt gegen das, was man eigentlich Schicksal nennt, ich trage einen unsichtbaren Calabreser mit einer imaginären rothen Feder, die mich zum Giganten macht; Giganten waren antediluvianische Studenten, sie haben den Chimborasso und Leopoldiberg aufeinandergestellt... und sie haben Barrikaden gebaut, um den Himmel zu stürmen. Das war so eine Idee, dabei schaut doch was heraus, den gräulichen Absolutismus des Schicksals vernichten, das Verhängnis constitutionell machen, daß es Rechenschaft ablegen müßt, sowohl über Verschleuderung als Verweigerung seiner Gaben. Und wann's auch – was bey allen solchen Unternehmungen der Fall is [!] – mißlingt, so bleibt es doch ein schönes Bewußtseyn, dem Schicksal ins Gesicht gesagt zu haben, daß das Leben so vieler nichts ist als ein beständiges Wandeln durch Triumphbogen der freudigster Überraschungen, während Millionen Gleichberechtigte nur dazu da sind, um die Grabschriften ihrer Hoffnungen zu zählen... Der größte Fehler des Schicksals ist sein Zopf. Wir haben a dato das nehmliche Schicksal, was vor 2000 Jahren schon zu nix z'brauchen war, als bey die altgriechischen Trauerspiel den bösen Zauberer abzugeben«[71]. Nestroy mag von den Feuerbachschen Gedanken beeinflußt sein, wenigstens indirekt; denn sie lagen 1849 in der Luft. Dennoch keine Spur von einer optimistisch-realistischen Diesseitsreligion! Der christliche Jenseitsglaube ist abgebaut, aber der barocke Pessimismus ist geblieben. Diese Tatsache erklärt auch die »negative«, ironisch-komische Stilhaltung des Dichters. Eine »liebevolle« Darstellung der Wirklichkeit, die realistischen »Lebensbilder« und lokalpatriotischen Volksstücke, die die Wiener Literaten immer dringender von ihm forderten, konnte Nestroy nur unter Verleugnung seines tieferen Grundes geben. Er ist kein Biedermeierdichter, aber er lebt, stärker noch als Heine, aus *der Spannung einer normativ und metaphysisch ausgerichteten Epoche.* Daher sind seine Versuche, sich wenigstens nach 1848 an die jetzt herrschende bürgerlich-realistische Kultur anzupassen, erfolglos gewesen. Letzten Endes triumphiert bei Nestroy immer wieder die satirische Groteske über den alles verstehenden und alles verzeihenden Humor.

Der letzte Grund Nestroys: »Noch positiv«?

Ehe wir zu einem Überblick über eine Auswahl Nestroyscher Werke kommen, sei noch etwas präziser nach dem sittlich-religiösen Grund des Dichters gefragt; denn es ist doch klar, daß die Lehre von den stets ironischen Schlüssen, die Vorstellung von einem *absoluten* Zweifler und Spieler oder dann die Meinung, Nestroy sei ein großer konservativer Satiriker oder umgekehrt ein Vorläufer Bert Brechts, von Voraussetzungen ausgeht, die eigentlich vor ihrer Anwendung geklärt oder wenigstens diskutiert werden müßten. Schon die Verschiedenheit der Lager, die den Dichter vereinnahmen wollen, aber auch die Deutungsvariationen innerhalb der gleichen Lager stimmen bedenklich und lassen die Vorfragen wichtiger erscheinen, als sie den Nestroyforschern im Durchschnitt sind. Während in der Hebbelforschung ein gewisses Abrücken von den Weltanschauungsfragen, eine begrenzte Hinwendung zur Realgeschichte notwendig erscheint, bleiben die Nestroyforscher eher zu stark an den vordergründigen Fragen des Volkstheaters, der Komik, des Witzes, der Satire und der satirischen Sprache hängen. *Nicht die immer gleichen Aphorismen, sondern systematische Inhaltsanalysen des Gesamtwerks, unter Berücksichtigung des sprach- und gattungsstilistischen Stellenwerts der einzelnen Äußerungen, ist uns die künftige Nestroy-Forschung schuldig.* Hier kann nur, im Anschluß an entgegengesetzte Äußerungen, der ungefähre Spielraum möglicher Antworten flüchtig bezeichnet werden.

Roger Bauer hat das Gesagte offenbar längst empfunden und die Wiederaufnahme seines alten Themas Nestroy zu der ihm »vordringlich erscheinenden... ideengeschichtlichen Einordnung des Theaterdichters Nestroy« benützt. Er kommt unter Berufung auf *Höllenangst,* aber auch auf humanere Stücke wie *Kampl* zu dem Ergebnis, daß »die Vorstellung... einer von Gott geordneten und als solche Gott rechtfertigenden Welt... bei Nestroy ihre Gültigkeit verloren« hat, fügt aber hinzu: »Den Menschen allein wird zugemutet, dieser Welt ihren Sinn zu geben«[72]. Richtig ist wohl, daß sich Nestroys Äußerungen mit einem christlichen Gottes- und Jenseitsglauben nicht vertragen. Der hypothetische Ton, den er gelegentlich anschlägt, entspricht der biedermeierlichen Pietätsvorschrift und hat daher nicht viel zu bedeuten. Vom »dogmatischen Atheismus« distanziert sich sogar Büchner (vgl. u. S. 324). Da der Atheismus nicht beweisbar ist, galt es als gesellschaftliche Pflicht, den Zweifel mit gebührender Vorsicht zum Ausdruck zu bringen. Nun hat allerdings Nestroys dämonisches Spiel die Kritiker immer wieder dazu verführt, die Vorstellung von einem bloß ungläubigen Dichter zu überschreiten und Nestroy mehr oder weniger deutlich zu verteufeln. Das Wort vom »Mephisto des Volksstücks« hat schon ein zeitgenössischer Theaterbesucher, Friedrich Schlögl, geprägt [73], und die zunächst einleuchtende Formulierung wird seither in allen möglichen Variationen wiederholt. Es fällt mir aber auf, daß auch bei modernistischen Interpreten letzten Endes doch Bedenken bestehen, Nestroys religiösen Nihilismus in dieser Weise zu radikalisieren; denn ein Mephisto kann auch in sittlicher Hinsicht unmöglich positiv sein, und für eine gewisse sittliche Positivität des Dichters gibt es doch einige Anhaltspunkte. So endet z. B. Diehl, der das Wort vom Mephisto Nestroy wiederholt und es durch ein Zitat aus Reinhold Grimm sogar verschärft – Nestroys Zauberer als Karikatur Gottes –, überraschend mit einem Hinweis auf das Liebesprinzip, das in den freundlichen Komödienschlüssen erscheint und von Nestroy gelegentlich ausdrücklich hervorgehoben wird [74]. Wolfgang Preisendanz, der das Nestroybild auch sehr ins Moderne und Düstere färbt, kann nicht umhin, mit einem Nestroyzitat zu schließen, das den »Funken der Heiterkeit« akzentuiert, der sich »bei der gehörigen Reibung« aus allem herausholen läßt; er interpretiert: »Dieser Nestroy hat den Harm gewiß nicht übersehen, der überall durch die fadenscheinige Gemütlichkeit durchblickt [Zitat s. o.], aber er hat ihn als zum Dasein gehörenden komisch und das heißt als noch positiv [!] in das Dasein einfügbaren genommen und auf die Bühne gebracht« [75]. Ob die Komik als solche zu einem »noch positiv« führen *muß*, erscheint mir problematisch; denn es gibt unmenschliche Formen des Komischen (z. B. die Menschenfresserkomödie s. u.). Wirkt in derartigen positiven Äußerungen der Nestroy-Forscher und -Redner nur das alte rhetorische Gesetz eines happy end? *Ich meine, daß umgekehrt von den Nestroy-Schwarzmalern am Ende doch empfunden wird, daß so viel grimmige Empörung über die böse Welt gar nicht möglich wäre, wenn der Dichter nicht – mehr oder weniger verschämt – sich noch von sittlichen Normen leiten ließe.* Ich meine, über das einzelne historische Beispiel hinaus, diese uneingestandene Bindung gehöre zur Struktur vieler Intellektueller. Wo freilich der Mensch ohne Glaube oder Mythos von vornherein verdächtig ist, muß auch Nestroys Kälte in die Nähe des Teuflischen rücken: »Diese außerordentliche Sehkraft, die es vermag, ins Innere der Gedanken einzudringen, erklärt sich wohl aus der Verdammnis, von allem Leben ausgeschlossen zu sein« [76]. In einem solchen Dr. Faustus-Nestroy erkenne ich den lebenslustigen und eher übermütig-gesellschaftlichen als einsamen Schauspieler-Dichter nicht mehr. Rudolf Kassner, auch ein Konservativer, meint im Gegensatz dazu, Nestroys Witz sei »ohne... die geringste Spur von Satanismus« gewesen [77]. Ernst Fischer sieht entsprechend in der Banalisierung des Bösen durch Nestroy einen Beweis *gegen* die Vorstellung von einem dämonischen Dichter: »Der sentimentale Satanismus der Helden von Chateaubriand, Alfred de Vigny, Victor Hugo wird aufgestochen, das ›Geschwollene‹ entleert sich ins Lächerliche« [78]; in der deutschsprachlichen Literatur gibt Gotthelf das Gegenbeispiel einer »prophetischen« und daher das Böse verteufelnden Satire. Interessant ist auch die Feststellung des, im Gefolge von Karl Kraus konservativ interpretierenden, Rio Preisner: »Nestroy – zum Unterschied von den selbstbewußten Aufklärern, Romantikern, Junghegelianern, Nietzscheanern usw. – hat nie eine Weltanschauung vertreten. Darin war er eigentlich *noch* christlich«[79]. In der Tat, der Weltschmerz ist, genauer besehen, keine Weltanschauung, sondern – auch im 20. Jahrhundert – ein Endprodukt des Christentums, daher nicht so modern, wie viele meinen (vgl. Bd. I, S. 26 ff.). Bei progressiven Forschern, selbst bei kommunistischen, spürt man, in Übereinstimmung damit, ein deutliches Zögern, dem »Zyniker« das Prädikat eines Humanisten zuzubilligen; denn dazu gehört wohl doch etwas mehr vom »Prinzip Hoffnung«, als sich bei Nestroy erkennen läßt. Bei Franz Mautner findet man gelegentlich freundliche Hinweise auf die Menschlichkeit des Dichters; aber es gibt auch wieder Äußerungen, die Mautners Zweifel am Rang eines Moralisten erkennen lassen: »Nestroys Freude an der komischen Schöpfung ist offenkundig weit stärker an seinem Schöpfungsakt beteiligt als die moralische... Absicht«[80]. Die Vorstellung von der Bestie Mensch, die heute bei Grabbe stark betont wird (vgl. o. S. 185), ließe sich auch bei Nestroy vielfach belegen*. Sie ist ein alter Bestandteil der Satire und widerspricht der christlichen Auffassung von der Kreatur Mensch nicht unbedingt, wohl aber dem säkularistischen Humanismus. Das Wörtlein »noch« ist uns zweimal in fundamentalen Feststellungen über Nestroy begegnet: »noch positiv«, »noch christlich«. Ich füge hinzu: noch humanistisch. Ohne große Vorsicht verfälscht man einen Dichter, der ähnlich wie Heine so viele Rollen spielte, daß man stets in Gefahr ist, die Maske statt der Individualität zu beschreiben. Die Humanität, die er festhält, ist ein sehr »schmales Menschliches« (Rilke), ein sehr »skeptischer Humanismus« (Thomas Mann), vielleicht nur »Mitgefühl mit der aussichtslosen Sache der armen Kreatur« (Franz Mautner)[81].

---

* Nur einige Strophen aus dem Couplet Nebels in »Liebesgeschichten und Heiratssachen« II,9:

> Von Vereinen geg'n Tierquälerei wird drauf g'schaut,
> Daß s' kein' Fripon beim Pudlscher'n zwicken in d'Haut:
> Und wie zwick'n sich d'Menschen oft im Lebenslauf,
> D' blauen Fleck', die die Seel' kriegt, die fall'n halt nicht auf. [...]

> Der Löw', der is großmütig, voll Edelmut,
> Nur schad', daß der Löw' nicht auch Geld herleihn tut.
> Der Löw' tät' als Gläubiger edel auch sein,
> Und die Tugend, die bringt man in die Menschen nicht h'nein.

> Der Hund, na, das is was Bekannts, der is treu,
> Und is doch zugleich kriechende Bestie dabei.
> Ma find't auch unter d' Menschen so manchen, der kriecht,
> Dann kann man aber schwören drauf, treu is er nicht.

Hier wäre ein Vergleich mit Heines Gedicht *Entartung* möglich. Beide Gedichte sind in einem zynischen Tone gehalten; aber Nestroy geht nicht so weit, alle idealen Werte in der *Welt* zu leugnen wie Heine in dem genannten Gedicht. Nestroys Satire trifft traditionsgemäß nur den *Menschen*.

Johann Nestroy

Zur Geschichte von Nestroys Werk

Wir haben bisher die Einzelwerke Nestroys nur herangezogen, um daran den Stil und die Richtung seines Gesamtwerks zu demonstrieren. Auch im folgenden kann die lange Reihe seiner Werke und die Geschichte des Gesamtwerks nur auf Grund einzelner, z. T. austauschbarer Beispiele notdürftig vergegenwärtigt werden. Doch entspricht diese Methode der Struktur des Gegenstandes. Nestroy gehört zu *den* Dichtern, bei denen die dichterische Welt in ihrer Gesamtheit von zentralerer Bedeutung ist als ihre Ausformung im einzelnen Werk, wie ja überhaupt die absolute Bedeutung des einzelnen Werks ein Aberglaube der modernen Literaturwissenschaft ist. Bei einem Dichter, der so pausenlos produziert, wie es Nestroy, wenigstens vor 1848, getan hat, darf man sich nicht der Methode der Goethephilologie bedienen. Während sich jedes bedeutende Werk Goethes von seinem Vorgänger und Nachfolger scharf absetzt, verschwimmen Nestroys Possen für den, der sich in ihrer Welt einige Zeit aufgehalten hat, ineinander. Die wiederholten Versuche, auch für Nestroy wenige »Hauptwerke« herauszufinden, sind, strenggenommen, schon im Ansatz verfehlt. Selbstverständlich gibt es in einer so umfangreichen Produktion Volltreffer, Halbtreffer und Blindgänger; aber das einmalige Werk mit individuellem Ansatz und eigener Geschichte gibt es nicht. Die gleichen Handlungsschemata werden variiert, die gleichen komischen Typen neu kombiniert, und selbst in der Neubildung der Witze, Späße und Worte kann ein so viel schreibender Dichter nicht unerschöpflich sein. Auch zwischen dem einzelnen Werk und seiner Vorlage besteht kein so scharfer Trennungsstrich wie im Bereich der individualistischen, »organisch gewachsenen« Dichtung. Die bereits erwähnten, immer wieder andersartigen Anstöße von außen machen es unmöglich, einen einigermaßen einheitlichen Gattungstypus herauszuarbeiten, wie beispielsweise bei Gotthelfs Romanen. Der Spielraum von Nestroys komischen Formen zwischen der verhältnismäßig kultivierten Komödie und der »plebejischen« Posse ist sehr groß. Der Dichter läßt sich von allen Seiten ganz unbefangen befruchten, und die übliche literaturwissenschaftliche Meinung, hier handle es sich immer nur um einen zu verarbeitenden »Stoff«, entspricht nicht der tatsächlichen Situation eines »Mannes vom Bau« (vgl. o. *Der Zerrissene*). Ein Beweis dafür, daß es bei Nestroy auf das Machen, nicht auf das »Wachsenlassen« ankommt, ist schon die merkwürdige Tatsache, daß die meisten Volltreffer in der Zeit seiner reichsten Produktion liegen. Die Ruhe, die er sich in seinen späteren Jahren gönnte, ist der Qualität seines Werks nicht zugute gekommen. Nach einem Werk, das mit *Faust II, Bruderzwist in Habsburg, Merlin, Witiko* usw. auch nur entfernt vergleichbar wäre, suchen wir umsonst. Den besten Wegweiser durch das unübersichtliche Werk gibt Franz Mautner in seinem zweiten *Nestroy* (Heidelberg 1974)*. Hier

---

* Ansgar *Hillach* hat dem neuen Buch Franz Mautners vorgeworfen, daß es gegenüber der alten Nestroy-Schrift Mautners wenig Neues bringt und Zensuren für die Werke verteilt (Germanistik Jg. 16, 1975, S. 508). Doch liegt das Neue gerade in dieser Vollständigkeit des Überblicks; und die kritischen Bemerkungen zu jedem Werk sind das, was nicht nur der Liebhaber und Schulgermanist, sondern auch der gelehrte Nichtspezialist bei einem so umfänglichen Gesamtwerk braucht. Die unfreundliche Besprechung dokumentiert zugleich den Unterschied zwischen dem Spezialistenhochmut vieler deutscher Germanisten, die nur für den Nachbarn in der gleichen Philologie arbeiten (ent-

kann es sich nur darum handeln, einen Eindruck von der Vielfältigkeit der Nestroyschen Bearbeitungen und damit von der Gesellschaftsgebundenheit seines komischen Theaters zu vermitteln.

Die frühen Stücke

Bezeichnend für Nestroys ursprünglichen Abstand vom Volkstheater ist der gebildete Erstling *Friedrich, Prinz von Korsika,* den Rommel nicht in die historisch-kritische Ausgabe aufnam. Der nächste Schritt ist die Bearbeitung von Possen, die ihm als Schauspieler besonders lieb waren. Die entschiedene Umformung von Angelys Theaterstück *Sieben Mädchen in Uniform,* in der »das Soldatengespiele zu einer halblüsternen Posse verwandt« wird (Goethe, vgl. Bd. II, S. 463), macht Nestroys *Zwölf Mädchen in Uniform* – nach den Maßstäben des Volkstheaters – schon zu einem selbständigen Werk. Besonders »durch die satirisch-parodistische Ausschmückung der Rolle des Sansquartier« öffnete er die Berliner Posse der »neuen Groteskkomik«, die seine starke Seite ist [82]. Nestroys lebenslange Vorliebe für diese Rolle und die Reaktion der Wiener Sittenpolizei auf das freche Stück (s. o.) läßt Siegfried Diehls energischen Hinweis auf diesen Ansatz berechtigt erscheinen; es fällt ihm auf, daß in keinem der frühen »Stücke Elemente des Zaubertheaters verwendet werden«, daß Nestroy vielmehr »die spätbarocke Wundermaschinerie erst benutzte, als er einen neuen Ansatzpunkt für die adäquate Gestaltung seines Weltbilds suchte« [83]. *Nestroys unbändige Freude an der notwendigerweise grob verzerrenden und damit völlig unrealistischen Groteskkomik führte ihn zum Zauberspiel.* Er verwendete den Zauberapparat mit vo viel Übermut, daß wir uns an Wielands groteske Dichtungen, z. B. an das *Märchen vom Prinzen Biribinker* und das heißt an die tollsten Wunderparodien des Rokoko, erinnert fühlen. Unter den Themen der Zauberspiele fällt sogleich dasjenige auf, das Nestroy berühmt machte, das des Lumpen. Die historisch-kritische Ausgabe beginnt mit dem Zauberspiel *Die Verbannung aus dem Zauberreiche oder Dreißig Jahre aus dem Leben eines Lumpen* (Uraufführung Graz 1828). Longinus, der Sohn eines Zauberers – der Junge neigt zur Lumperei – wird durch seinen Hofmeister Nocturnus mit Hilfe eines Lumpenlebens, das den Helden schließlich zum Straßenkehrer, zum Bettler, zum Gespött der Gassenjungen macht, bekehrt. Es handelt sich um ein biedermeierliches Besserungsstück, das die krassen Motive der Vorlage mildert. Wir lesen mit Vergnügen in einer Rezension: »Die Sprache [ist] recht launig und hie und da

---

prechend in sich selbst kreisende Philologien abgrenzen), und der selbstverständlichen Verantwortung für den nicht spezialisierten Leser, die Mautner in seinem demokratischen und pädagogisch aufgeschlossenen Gastland gelernt hat. Was die »Zensurenverteilung« selbst betrifft, so ist gewiß nicht zu leugnen, daß jede literarische Wertung ein Wagnis ist. Doch erscheint mir Mautners Stärke gerade in seinem kritischen Kunstgefühl und -verstand zu liegen. Man vertraut sich seiner Führung durch Nestroys Werk gerne an. Man hat wenigstens bei allen wichtigen Werken eine klare kritische These, eine Diskussionsgrundlage. Daß Nestroy selbst die *Verschiedenwertigkeit* seiner Possen erkannte und nur bei der Mißachtung gelungener Stücke bitter wurde, ergibt sich aus dem Hamburger Brief vom 31. 7. 1841 über eine ungerechte Kritik Gutzkows, des halben Dichters: »Ich verlange gewiß keine Lobhudeley, aber der Aufsatz, das dürfen Sie mir auf's Wort glauben, ist zu sehr von der Wahrheit, von dem unbestreitbar günstigen Erfolge entfernt. Gutzkow ist mir nicht freundlich gesinnt; daß das ›Graue Haus‹ [*Glück, Mißbrauch und Rückkehr oder Die Geheimnisse des grauen Hauses,* 1838] als Stück nicht sonderlich angesprochen, ist gewiß, Mißfallen hat es aber keineswegs erregt, ebenso geht Herr Gutzkow über gewisse Dinge, z. B. über das wahrhafte Furore meiner eingelegten Quodlibet-Arie, nach welcher ich 3 Mahl gerufen wurde, was in Hamburg gar nicht der Brauch ist, über den Effect des Tanz-Duettes etc. unendlich klein hinweg. Das Auffallendste ist noch, daß er vom ›Talisman‹, wo es mir erst vollkommen gelang, alle Stimmen für mich zu gewinnen, noch viel kleiner spricht als von der ersten Vorstellung.« Der Brief belegt auch, wie unmöglich es ist, den Schauspieler vom Dichter Nestroy zu trennen.

auch sehr witzig, welches um so mehr zu loben ist, als selbes nicht auf Kosten der Moral geschieht, wie heutzutag es häufig in Lokalstücken der Fall ist« [84]. Ein anderer Rezensent will im Bettler Longinus das Vorbild des Raimundschen Aschenmannes erkennen [85]. Man braucht aber nur eine Strophe der »Arie« zu hören, die der Bettler singt (II,82), um den Unterschied zwischen Raimunds immer noch christlicher und Nestroys zynischer Vanitasklage zu empfinden:

> Wie d'Madeln oft g'foppt werd'n, das glaubet man nit,
> Man sekiert s' um a Locken, man gibt kein Fried',
> Man bitt', man fleht, man fallt auf d'Knie'r,
> ›Ach, schreiben Sie nur eine Zeile mir!‹
> Wie man z'Haus umgeht, wann eine das wüßt',
> In acht Tag'n liegen d'Brieferl und Locken auf'n Mist.

Nestroy verwendet in seiner Frühzeit auch Allegorien, z. B. in *Der konfuse Zauberer oder Treue und Flatterhaftigkeit* (1832). Aber nun erscheinen in den Blättern schon die typischen Vorwürfe, die den Dichter sein Leben lang begleiten werden: Nestroy hat keinen Begriff, wie »die Allegorie für das Drama benutzt werden« muß. »Es fehlt Herrn Nestroy nicht an einer gewissen Gattung von Witz, aber wohl am Dichtergeist«. In »Wortspielen und pikanten Wendungen« liegt »der Reiz seiner leichten Arbeit«. Dem Stück fehlt jedoch »jeder ernste Charakter und jede ernste Handlung…, ein Verfahren, welches zwar nicht die Kritik, doch das Bedürfnis, etwas durchaus Lustiges zu schaffen, entschuldigen kann« [86]. *Die konsequente Rückkehr zum Lachtheater schadet also seinem Ansehen als Dichter, weil man, unter romantischem Einfluß, in Raimunds Abwendung vom Theater des niederen Stils einen poetischen Fortschritt erblickt.* Mit dem Ernst vermißte man gewiß auch die Moral. Nicht zu Unrecht. Man wird kaum behaupten können, daß die Allegorie der Treue, der Flatterhaftigkeit, des Eigensinns und damit der moralische Rahmen des zuletzt genannten Stücks auch nur das geringste existentielle Gewicht besitzt. Es geht dem Dichter nur darum, das Theater mit Hilfe des Zaubers in eine Welt des vollkommenen Spiels und Zufalls zu verwandeln. Der dumme Konfusius gerät zufällig in den Besitz eines Zauberrings, und der Zauberer Schmafu versucht sich des Tölpels zu bedienen, indem er ihm Anweisungen für das Zaubern gibt. Er kommt auf diese Weise zwar in den Besitz der begehrten Madame Flatterhaftigkeit. Aber im weiteren Verlauf des Stücks zaubert Konfusius so verkehrt, daß eine groteske Verwirrung entsteht und sich daraus zufällig der Sieg der Treue ergibt. Ernster zu nehmen als dieser obligate Ausgang ist das *Verschwinden der Melancholie,* mit der sich das Couplet II,3 ausdrücklich beschäftigt hatte. Sie ist zunächst die Begleiterin Schmafus. In der Zufallswelt, die die Flatterhaftigkeit und Konfusius ins Spiel setzen, hat sie keine Stelle mehr – ein Hinweis auf die seelische Funktion dieses tollen Theaters! *Der Ernst ist unerträglich, weil er in Melancholie ausarten kann und in der Form der sittlichen Verpflichtung ein Spielverderber ist.* Wenn die Moral so wenig bedeutet, können Lumpen wie Schmafu die Hauptrolle spielen.

Aus diesem Geist eines tollen, ins Dämonische vorgetriebenen Lumpenspiels lebt auch Nestroys überaus erfolgreiches, immer noch viel gespieltes Stück: *Der böse Geist Lumpazivagabundus oder Das liederliche Kleeblatt* (1833). Metaphysische Hintergründigkeit gibt ihm nicht nur der Feenrahmen, der nun etwas ernster genommen wird, sondern vor allem die Einbeziehung von Nestroys mächtigster Göttin, Fortuna, in diesen Rahmen und das Motiv des Weltuntergangs, den der volkstümliche Astronom Knieriem vorauszusehen glaubt und aus dem er die Berechtigung zu ständiger Betrunkenheit ableitet. Eine *kosmische* Trunkenheit entsteht auf dieser Basis, eine rauschhafte Entwirklichung der Alltagswelt, und eben dieser surrealistische Zug erklärt den Erfolg dieser Posse, auch im 20. Jahrhundert. »Kosmischer Hanswurst« (Karl Kraus) ist Nestroy vor allem in dieser Posse. Doch ist der Triumph des Rausches im Rahmen der Barocktradition natürlich nur dadurch möglich, daß seine Geltung wieder eingeschränkt wird, nicht erst durch den alegorischen Rahmen, sondern schon durch die komische Darstellung der Berauschten. Diese Komik ist um so wirkungsvoller als es sich um Kleinbürger, um Handwerker handelt, die eigentlich besonders zur Verständigkeit verpflichtet wären. Schon hier stellt Nestroy die Kleinleutewelt mit schärfster Beobachtung dar, und diesen »Realismus« hat man oft stark betont, zu Unrecht; denn seiner Darstellung fehlt jedes autonome Wirklichkeitsstreben, jede differenzierte Psychologie und umständliche Behaglichkeit. Der groteske Charakter der komischen Figuren deutet schon an, daß es sich hier um kein Schmunzeln und Lächeln, um kein »humoristisches« Verzeihen menschlicher Schwächen, läßlicher Sünden, sondern um die Bewältigung einer ungeheuerlichen sittlichen Normwidrigkeit durch ein großartiges metaphysisches Spiel handelt. Im Anfang der Posse ist immer wieder von der »Ordnung« die Rede. Wie kann die durch den bösen Geist Lumpazivagabundus heutzutage bedrohte Ordnung wiederhergestellt werden? Das ist die Rahmenfrage, die den ganzen Vorgang zusammenhält. Fortuna versagt als Ordnungsmacht. Nur Amorosa, die »Beschützerin der wahren Liebe«, gelangt mit ihrem Zögling, dem Tischler Leim, ans Ziel. Er bessert sich. Wichtiger ist, daß Nestroy die Lumpen Zwirn und Knieriem, die sich nicht gebessert haben, schließlich doch an diesem Triumph der Liebe teilhaben läßt. Freilich, das biedermeierlich-idyllische Schlußbild ist selbst wieder ins Groteske hinübergespielt. So jedenfalls wirkt der Ausgang auf *uns,* so muß er *heute* wohl gespielt werden. Die Rezensionen enthalten keinen Hinweis auf die ursprüngliche Darstellung des Schlusses durch die Schauspieler. Die Klage über den Zauberrahmen in zwei Rezensionen – der eine Rezensent benützt die Worte »langweilig« und »moralisch« [87] – läßt eher darauf schließen, daß auch der Schluß langweilig, als ein Zugeständnis an die bürgerliche Moral, gegeben wurde, eine Warnung davor, diesen zweifelhaften Ausgang zum typischen ironischen Nestroy-Schluß zu verallgemeinern.

Die Fortsetzung des Lumpazivagabundus *Die Familien Zwirn, Knieriem und Leim oder Der Welt-Untergangstag* (1834) zeigt im Vergleich damit eine gewisse Annäherung an den Moralismus des Biedermeiers. Die Möglichkeit dazu bot die oft ausgesprochene Meinung Nestroys, daß die Jungen besser sind als die Alten, die immer »Rücksichten« nehmen, »Konnexionen« beachten und alles durch eine seriöse Fassade überdecken. Die Kinder der Lumpen sind treu und gut. Die guten Geister haben in diesem Fall ein leichtes Spiel. Aber Nestroy hält sich dafür schadlos an den Alten. Leim ist zum Geldprotzen und hartherzigen Vater, Zwirn zum Gehilfen eines Kurpfuschers geworden. Knieriem mit seinem Weltuntergangsspleen wird in die Mitte gespielt. Er ist zu einer Autorität im Wirtshaus und zum Berater vornehmer Kaffeeschwestern avanciert. Nestroy benützt das Weltuntergangsmotiv zur komischen Entlarvung der Tugend- und Weisheitsansprüche, die unter normalen Verhältnissen die tatsächliche Gestalt des Menschen verdecken. Die Kritik belohnte das moralische Zugeständnis des Dichters nicht, sondern beanstandete die Zutat der braven Kinder, die zu einem »Kontrast der sentimentalen Liebesszenen mit den burlesken Streichen Zwirns und Knieriems« führen mußte. Noch dringender als nach *Lumpazivagabundus* wurde der Dichter aufgefordert, das mit dem Zauberspiel gegebene »parodistische Treiben«, das eine realistische (psychologische) Entfaltung des Dramas verhindert, aufzugeben: »Möchte doch Herr Nestroy anstatt des bequemeren Zaubers, durch welchen er so häufig den Knoten seiner Handlung durchhaut, lieber auf eine logische Entwicklung von Tat und Folge, auf Charakteristik, Zeichnung von Fehlern und dergleichen bedacht sein; dann könnte er seinem Fleiße einen Hintergrund geben, welcher seinen Stücken auch vor dem Forum der Kunst als Rechtfertigung dienen würde«[88]. Vergleicht man die beiden Lumpazi-Stücke, wie die Zeitgenossen, mit Raimunds *Verschwender,* so zeigt sich, daß der hier erreichte Typus von Nestroys Posse nicht nur durch Zauberspielreste, sondern auch durch die Verdreifachung und durch den Stand der drei Haupthelden bestimmt wird. Drei mehr oder weniger komische Handwerker stehen im Mittelpunkt des Stücks. Nestroy konnte sich dabei wahrscheinlich auf eine Volkstheaterbearbeitung der gleichen Quelle (Karl Weisflog: *Das große Loos*) durch J. A. Gleich (*Schneider, Schlosser und Tischler,* 1831) stützen. Das Stück Gleichs ist verloren, wir wissen aber, daß es einem Rezensenten nicht komisch genug erschien[89]. Was könnte den Dichter zu der Dreiheldenposse, die als solche von einem Rezensenten wegen der guten Besetzung (Nestroy, Scholz, Carl) ausdrücklich gerühmt wurde, veranlaßt haben? *Einladend für ihn war gewiß die Tatsache, daß sich drei Helden leichter als einer in groteske Marionetten verwandeln lassen.* Wir erwähnten schon das *Haus der Temperamente* (1837), in dem sich etwa ein Dutzend Menschen ihrem Temperament gemäß mechanisch und damit komisch bewegen. Noch interessanter ist die wenig erfolgreiche Posse *Müller, Kohlenbrenner und Sesseltrager,* die 1834, d. h. im gleichen Jahr wie das zweite Lumpazistück, aufgeführt wurde; denn hier läßt sich mit Raimunds *Alpenkönig* vergleichen. An seine Stelle als Bekehrergeist tritt Rübezahl und seine Bekehrungsobjekte sind Vertreter der drei im Titel genannten Berufe, d. h. wie in den Lumpazistücken einfache Menschen aus dem Volk. Die Handlung wird dadurch noch abstrakter, daß die unzufriedenen Burschen gleich von drei falschen Idealen zur bürgerlichen »Mittelstraße« bekehrt werden, daß also an die Stelle des einen Bekehrungsvorgangs *drei Bekehrungen* treten, *wodurch die Stücke noch weniger psychologisch und damit possenhafter werden müssen.* Der noch wenig routinierte, ein wenig nach Raimundscher Originalität schielende Dichter fügt dem traditionellen falschen Ideal des Reichtums die falschen Ideale der romantischen Liebe und des Künstlerruhms hinzu, gelangt aber auf diesem Wege zu einer allzu kleinteiligen, allzu skizzenhaften Handlung. Der beste Teil der Posse ist das Wirtshausgenrebild im Eingang: Rübezahl setzt sich zu den vor einer soliden Heirat zurückschreckenden Burschen.

Alle diese Possen belegen, daß sich der Dichter die im biedermeierlichen Volkstheater immer beliebter werdende *Genreszenentechnik* aneignen will. Das Genrebild kann überaus satirisch sein (vgl. Bd. II, S. 787), »Hogarthisch«, wie man im Anschluß an den berühmten englischen Maler zu sagen pflegt; aber seine Gefahr ist, daß es statisch, undramatisch langweilig wird, wie das oben erwähnte Stück von Gleich, das vermutlich der tatsächliche Ausgangspunkt für den *Lumpazivagabundus* war. Die Rezensenten erkannten, von biedermeierlichen Normen ausgehend, nicht, daß die *groteskkomische Überformung der Genrebildtechnik* die eigentliche Leistung Nestroys war: »Herr Nestroy ist ein Genremaler«, sagt ein Kritiker des zweiten Lumpazistücks, »der die gemeinsten Szenen aus dem Leben mit einer Sicherheit und Tüchtigkeit erfaßt und sie so drastisch auf die Bühne hinstellt, daß man wie vor einem zum Sprechen getroffenen Porträt frappiert zurückschreckt. Aber wir meinen, daß eben jenem Knieriem, jenem Zwirn die läuternde, belehrende, von der Bühne her so notwendige Sprache der Wahrheit fehlt, da hier keine Ironie mit ihrem bitteren, aber wahren Ton, sondern die Parodie, drastisch, aber ohne Ironie, nicht belehrend, nicht erfreulich, sondern ergötzend, zwerchfellerschütternd hingestellt wird«[90]. Man will sokratisch-pädagogische Ironie in einem bewußt unpsychologischen Possentheater.

Wie von dem Dichter das Ifflandsche Familiengenrestück in sein Theater umgesetzt wird, sei an einer Aschenbrödel-Parodie aufgewiesen: *Nagerl und Handschuh oder Die Schicksale der Familie Maxenpfutsch* (1832). Man könnte im Vergleich mit Grabbes *Aschenbrödel* (vgl. o. S. 164) leicht die Überlegenheit Nestroys nachweisen. Schon dies frühe Stück beginnt mit der sozialen captatio benevolentiae, die man in späteren Stücken Nestroys oft überschätzt (*Der Schützling* usw.) und die einmal systematisch auf ihre dramaturgische Funktion und ihren sozialgeschichtlichen Wert zu untersuchen wäre. Sicher ist, daß in diesem Eingang der Angehörige der Unterschicht ausdrücklich zum Menschen erhoben werden soll: Rosa die »malträtierte Schwester« (Personenverzeichnis) von Hyacinthe und Bella beginnt das Stück mit einem Lied, was ihr sogleich verwiesen wird.

Rosa: Aber das Lied ist meine einzige Freud'.

Hyacinthe: Ihre einzige Freud', das ist eine Keckheit ohnegleichen. Du bist unsere Gschlavin, du brauchst gar keine Freud'.

Bella: Eine Freud' will sie haben, ein Dienstbot'! Ich möcht' wissen, zu was die eine Freud' brauchen könnt'.

Die Linien der Figuren werden sogleich mit der klaren Härte gezogen, die den zuletzt zitierten Kritiker erschreckte. Auch das biedermeierliche Vaterbild wird vollkommen demontiert:

Maxenpfutsch: Ja, habt's recht, schaut's, daß schöne Händ' kriegt's. Töchter! Geliebte Töchter! Vielleicht krieg' ich heut' eine los von euch – vielleicht alle zwei! O, ich glücklicher Vater! Mir ist nicht anders ums Herz, als wie einem Kaufmann, der auf einmal all seine War' anbringt. In meine Arme! (Umarmt beide heftig.)

Auch die Tugend der unfreiwilligen Dienstmagd Rosa ist erträglich. Sie liebt zwar den vermeintlichen Reitknecht, nicht den vermeintlichen Kapitalisten, der um sie wirbt, und bekommt den Richtigen; denn der Reitknecht ist der Kapitalist. Aber sie spielt doch auch mit dem Gedanken, ob sie nicht den vermeintlichen Kapitalisten heiraten und mit dem vermeintlichen Reitknecht ein Verhältnis haben könnte, wie andere feine Leute. Sie ist wie alle Familienglieder ein Narr des Zufalls, kein »Charakter«. Als man sie kostbar angezogen hat, zweifelt sie an ihrer Identität: »Bin ich's denn wirklich? ... Haben S' mich nicht austauscht?« (II,8). Die oft betonte respektlose Vermenschlichung der Magier dieses Stücks steht unter dem gleichen parodistischen Gesetz wie die Entmenschlichung der Familie. Ein Rest von Biedermeierpietät liegt nur darin, daß der Familie die Mutter fehlt. Auch in *Robert der Teuxel* (1833) besteht die Parodie in einer Art Austausch der Funktionen. Der Titelheld wird verhaftet, weil er ein armer Teufel, ohne Geld, ist. Dagegen verkauft der Bauernbursche Reimboderl (Scholz) seine Braut Lieserl – »Um tausend Dukaten tu' ich alles« (II,10) – an Bertram (Nestroy), Roberts Freund und »Kommissionär eines bösen Zauberers« (Personenverzeichnis). Höllengeister erscheinen im »verführerischen Anzug« von Kellnerinnen. Was in diesem Durcheinanderwirbeln von Hölle und Menschenwelt Pariser »satanistische« Mode, also Grotesk-Theater und was Nestroysche Anthropologie ist, läßt sich, wie immer, schwer ausmachen. Zu betonen ist allerdings, daß es in der Frühzeit Nestroys nicht nur die todsicher erfolgreiche Theaterware, sondern auch immer wieder das *Experiment* gibt. Die paradoxe Form einer gebildeten Posse stellt *Die Zauberreise in die Ritterzeit oder Die Übermütigen* (1832) dar; das lehrhafte Stück wurde bezeichnenderweise nur siebenmal aufgeführt. Verächter der Gegenwart – diese ist eine sehr »mächtige Fee« (Personenverzeichnis), mächtiger jedenfalls als die »pensionierte Fee« Vergangenheit und das »unmündige Kind« Zukunft – werden durch eine Versetzung ins Mittelalter von ihrer Romantik und dem damit verbundenen Weltschmerz geheilt: »Die Vorzeit hat schöne Sachen, es kommt nur auf'n Gusto an, aber ich sag' und bleib' dabei: die Gegenwart ist das beste.« Diese Bekehrung zum Augenblick, zum Ergreifen jeder Gelegenheit entspricht dem Grundsatz, nach dem der Dichter von der Jugend an bis ins Alter gelebt hat. Der Schluß der Posse entspricht genau so seiner Überzeugung wie die Ablehnung der romantischen Liebe oder des Strebens nach Künstlerruhm (s. o.). Die Lehre, die am Ende dieses Stücks steht, ist bestimmt kein Zugeständnis an das Publikum. Es kann daher kein generelles Urteil über Nestroys Dramenausgänge geben.

Ich denke, daß unser geschichtliches Bild von Nestroys Frühzeit insofern noch zu korrigieren ist, als es nicht genügt, diesen Dichter von seinem unmittelbaren Vorgänger abzusetzen. Für Raimund waren die Feen und Geisterfürsten vielleicht »Unterinstanzen der Vorsehung« (Rommel) [91]. Vergleicht man dagegen mit Wieland, dem großen Vorbild der Wiener, mit Heine, mit der Commedia dell'arte, mit Meisl und Gleich, kurz mit dem Rokoko und der gesamten Rokokotradition, so erscheint Nestroys Groteskkomik nicht so neu. *Es wären jedenfalls sehr viel weiter zurückreichende und genauere Vergleiche zur überzeugenden Bestimmung von Nestroys Originalität nötig.* Es ist nicht richtig, daß die Groteskkomik als solche schon ein Merkmal des Modernen ist. Diese Meinung ist nur ein Ausdruck des heute üblichen naiven Modernismus in der Germanistik. Richtig ist es, wenn Diehl das Frühwerk und das Spätwerk des Dichters näher aneinander rückt [92]. Vielleicht gibt es in der Frühzeit mehr mißlungene Experimente; aber die Klaue des Löwen verrät sich beim frühen Nestroy so gut wie beim frühen Raimund. Beide beginnen, weil sie schon hinreichend Regie- und Bearbeitererfahrung haben, fast als Meister. Ganz aufheben kann man freilich den Unterschied zwischen dem Nestroy der Früh- und Spätzeit nicht; denn wenn auch der Abbau des Zauberwesens die parodistische und groteske Grundstruktur seiner Posse nicht verändert und wenn auch die Entwicklung zum »Volksstück« – ich setze dafür künftig den deutlicheren Begriff Genrestück – unter dem Druck der spätbiedermeierlichen Rokoko- und Romantikkritik vor sich gegangen sein mag, so ist dies doch bei einem so anpassungsfähigen Theaterdichter ein zu respektierendes historisches Faktum.

Unter dem Einfluß des biedermeierlichen Genrerealismus

Genrestück bedeutet, daß typische Menschen, meist aus der kleinbürgerlichen und bäuerlichen Mittelschicht, in typischen Gruppen und Situationen zusammentreten (Wirtshaus-, Familien-, Straßen-, Arbeitsgenrebild usw., vgl. Bd. II, S. 795). Man braucht nur an Erzähler wie Stifter und Gotthelf zu denken, um sich diesen spätbiedermeierlichen Abbau der Phantastik zugunsten von Bildern aus dem gegenwärtigen »Volksleben« vorstellen zu können. Auch die Malerei bietet zahlreiche bekannte Beispiele*. Ein frühes in-

---

* Man sagte auch »Lebensbild«, um den Unterschied zum Zauberstück, den Fortschritt an empirischen Elementen zu betonen. Erich Joachim *May* (Wiener Volkskomödie und Vormärz, Berlin 1975) benützt diesen Ausdruck und bemüht sich, im Zusammenhang mit seinem Interesse für Friedrich Kaiser, die neue Gattung näher zu bestimmen: »In den Lebensbildern verwendet er [Kaiser] Motive der älteren Wiener Volksdramatiker, die ›Besserung‹ und ›Heilung‹ typischer Charakterfehler oder gesellschaftlicher Gebrechen, den Rühreffekt des bürgerlichen Familiendramas sowie moderne liberale Tendenzen, die die Sache des Volkes mit kleinbürgerlichem Eifer vertreten. Im Le-

teressantes Experiment auf dem Gebiet des Genrestücks, eine Art Vorübung für *Das Mädl aus der Vorstadt,* ist der Einakter *Tritschtratsch,* heute wenig bekannt, aber zu Nestroys Lebzeiten 132mal aufgeführt. Franz Mautner vermutet, im Widerspruch zu Rommel, daß die Vorlage (Angelys Singspiel *Die Klatschereien,* 1829) »doch beträchtlich« verändert wurde. Man sieht aber auch an diesem Beispiel, daß das Genrestück *von außen auf den Dichter zukam und zur Aneignung zwang.* Eine Rezension sprach treffend von einer »Konversationsplappermühle« [93]; denn die Hauptsache ist weder die, auch im Eingang dieser Posse, an eine wenig angesehene Gruppe der Gesellschaft gerichtete captatio benevolentiae* noch die konventionelle Handlung (reicher Vater eines Findlings), sondern der Chor klatschender und keifender Putzmacherinnen. Als eine Art Chorführer fungiert der Tabakkrämer Tratschmiedl (Nestroy), dessen Laden im Hintergrund des Tratsch-Platzes »einer Vorstadt Wiens« auf dem Bühnenbild zu sehen ist. Hier eine kleine Probe aus der 25. Szene:

Marie: Her da, Sie Tratschmiedl, Sie! Wie können Sie sich unterfangen, solche Lügen von mir auszusprengen?
Tratschmiedl: Ich? Du lieber Gott, ich bin hin und wieder ganz unschuldig! Ich hab' die Ehre gehabt, denen hochzuverehrenden Damesen diese Nachricht unter dem Siegel der Verschwiegenheit mitzuteilen. Hat eine geplauscht, so kann ich nichts dafür.
Mamsell Katon: Die Charlott' hat's gesagt!
Mamsell Charlotte: Die Christin' hat's gesagt!
Mamsell Christine: Die Babett' hat's gesagt!
Alle (untereinander): Die hat's gesagt – nein, die hat's gesagt – ich nicht, sondern die hat's gesagt.

Solche kleinen Wirklichkeitseroberungen müssen dem biedermeierlichen Publikum die allergrößte Freude gemacht haben. Doch ist die uns bekannte komische Mechanisierung auch in dieser Genreszene zu finden, und der Trivialität ist schon hier die Bosheit beigemischt. Die Mädchen klatschen erbarmungslos. Das Quodlibet, das zum Schluß das Brautpaar feiert, untermalt Tratschmiedl-Nestroy nur mit komischem Dada:

> Trata dum, dum, dum, dum,
> Dui dum, dui dum, trata dum, dum.

---

bensbild wollte Friedrich Kaiser ein echtes, ernst-komisches Volksdrama schaffen, ein getreues Abbild des wirklichen Volkslebens. Beabsichtigt war die direkte Widerspiegelung der Verhältnisse und Probleme seiner Zeit, ohne, wie Saphir es empfiehlt, das Volksleben zu idealisieren« (S. 72 f.). Noch stärker zu betonen wäre die *Absicht* der direkten Widerspiegelung; denn sie verträgt sich, wie in Gotthelfs Dorfgeschichte, nicht ohne weiteres mit dem biedermeierlichen Auftrag der Volkserziehung. Die Didaktik kommt ohne Vorbilder, d. h. ohne Idealisierung nicht aus. Dies war eine Crux für Nestroy (s. u.), während die didaktisch ebenso notwendige Abstrahierung zur Karikatur, ja zum absolut wirklichkeitsfernen, grotesken Zerr- und Schreckbild ganz auf seiner Linie lag. Zur Theorie des Lebensbildes vgl. auch *May,* S. 265 ff. (mit Beispielen mehrerer Autoren).
  * *Mamsell Katon:* Madam', das verbitt' ich mir in Zukunft, beleidigen Sie ja nicht mehr das Ehrgefühl eines Mädchens, das mit Leib und Seel' Marschandmod' ist.

> Mit dem will ich mich schlagen
> Auf Leben und Tod,
> Wer s' G'ringste nur wollt' sagen
> Geg'n eine Marschandmod' (3. Szene).

Vorher wird darüber gestritten, ob der Stand »anständig« ist (schlechte Löhne, Halbprostitution).

Eine noch harmlosere Übung im Genrestück, aber ebenso erfolgreich war *Eulenspiegel* *oder Schabernack über Schabernack* (1835). Der Gutsherr von Nelkenstein, der die Spitze der Handlung bildet und dem »Vagabunden« Eulenspiegel (Personenverzeichnis) dabei hilft, daß sein Jäger und nicht der reiche Müller Mehlwurm das liebe Lenchen bekommt, erhält am Ende des I. Aktes einen parodistischen Empfang, der die Unwahrheit der patriarchalischen Gesellschaftsordnung ohne größere Schärfe, aber doch deutlich bloßstellt. Der Empfang ist bis zum Vivatschreien von dem übertrieben untertänigen Amtsvogt Specht organisiert. Man kann mit der bekannten Szene in *Leonce und Lena* vergleichen. Auch Natzi (Nestroy), ein dämlicher junger Bursche, ist an der Parodie des obligaten Empfangs beteiligt (*deklamiert monoton und äußerst schnell, mit den Bewegungen einer Marionettenfigur*):

> Von fernen Ländern kommt Ihr her,
> Schon lange stand dies Schloß hier leer,
> Wir sahen her, wir sahen hin,
> Im Schlosse war kein Gutsherr drin.
> Und Euere Abwesenheit,
> Erfüllte uns mit Herzeleid...

An der heute so beliebten Satire fehlt es also nicht ganz. Aber Nestroy folgt seiner Vorlage (Matthäus Stegmayer, *Till Eulenspiegel* 1808) »fast Szene für Szene« parodierend[94] und hat es vor allem auf naiv-lustiges Spiel abgesehen. Der Rezensent der »Wiener Theaterzeitung« lobt Nestroys »Bescheidenheit«, unter Hinweis auf *Weder Lorbeerbaum noch Bettelstab,* also auf Raimunds Kosten (s. o.), er preist Nestroys »Witz und Humor« – »Man könnte damit zehn solche Stücke reichlich dotieren« – und vergißt auch den entscheidenden geschichtlichen Punkt, den Übergang zum Genrestück nicht: »Was jedoch die meiste Anerkennung verdient, ist, daß dieser Eulenspiegel ganz auf natürlichen Wegen einherschreitet, durchaus keine Fee – neuerdings ein Gespensterschreck – keine Zauberei! Keine andere magische Gewalt als die unwiderstehliche des Humors, keine anderen Geister als die des Witzes und der Laune, keine anderen Talismane als die der Heiterkeit«[95]. *Wenn man harmlose Spiel- und Ulk-Possen dieser Art unterschlägt, verkennt man die Seite Nestroys, die ihn mit seiner Vaterstadt verband und ihn dort, im Unterschied zu andern Satirikern und Weltschmerzlern, sein Leben lang festhielt.* In solchen Possen erscheint der *große* Aspekt biedermeierlicher und österreichischer Bescheidenheit, nämlich die Meisterschaft.

Trotz dieser generellen Bejahung von Nestroys zeit- und raumabhängiger Weiterentwicklung sei nicht geleugnet, daß das Nachgeben gegenüber dem historischen Trend zum Genrestück gewisse Probleme für Nestroys Grotesktheater in sich schloß. Wie der öffentliche (bürgerliche und biedermeierliche) Druck, dem er ausgesetzt war, aussah, sei an den Äußerungen seines freundlichsten Rezensenten, *Bernhard Gutt,* kurz aufgewiesen. Man könnte fast gleichlaufende Tendenzen in der Wiener Theaterkritik aufweisen, wir bevorzugen aber den von Karl Kraus hervorgehobenen Prager Rezensenten; denn Nestroys eifernder Propagandist im 20. Jahrhundert macht nicht nur Saphir – schon das ist übertrieben –, sondern auch den tüchtigen, von Nestroy anerkannten Bäuerle (s. o.) zu »Wiener Theaterverbrechern«. Von ihren »Untaten« (Karl Kraus)[96] konnte sich der Leser dieses Kapitels schon hie und da ein selbständiges Urteil bilden. Bernhard Gutt ist alles andere als ein unselbständiger Nestroy-Propagandist und verdient daher die Aufmerksamkeit des Historikers. *Trischtratsch* z. B. gefällt ihm nur bedingt. Er rühmt die »unbegreifliche Zungenfertigkeit« Nestroys, seine »Jonglerie mit Worten« und den scharf ausgeprägten Charakter Tratschmiedls, aber er fügt hinzu: »Die Hauptperson des Tritschtratsch macht einen ebenso unangenehmen Eindruck, als das Stück selbst«. Bei der von Nestroy so geliebten Rolle des Sansquartier in der Angely-Bearbeitung – der Titel heißt jetzt *Dreizehn Mädchen in Uniform* – rügt er heftig »die schmutzigen Zweideutigkeiten«: »Der Groteskkomiker greift nach jedem Mittel, zum Lachen zu reizen (das erwähnte ist leider eines der sichersten), und in der lüsternen Gemeinheit einer Scharteke, wie die ›dreizehn Mädchen‹, ist am ehesten Platz, es zu unterbringen [sic]: aber am Publikum wäre es, dagegen einzuschreiten«; es nimmt jedoch »solche Dinge mit einem Sturme von Beifall auf.« Der kluge Kritiker erkennt also richtig den *Zusammenhang zwischen der Groteskkomik und der* »*Entsittlichung der Bühne*« *durch Nestroy;* aber er nimmt als biedermeierlicher Volkserzieher Partei für die Moral, ja er hetzt das Publikum auf. Entsprechend spielt er Friedrich Kaiser, der bei Raimund anknüpfte, gegen Nestroy aus. Er lobt Nestroy, der den Tobias Hackauf in Kaisers *Dienstbotenwirtschaft* spielt; denn: »Was diese Rolle so ungemein wohlgefällig macht, ist der durchgängige Ausdruck von Gemüthlichkeit [Seelenhaftigkeit], der den meisten Leistungen *Nestroy's* kaum theilweise eigen ist. Die theilnehmende Gutherzigkeit [!] Hackauf's steht mit Hrn. *Nestroy's* Gestalt in einem Contraste, den er zur lebendigsten Wirksamkeit zu vermitteln versteht.« Das bürgerlich-moralische Genrestück – das läßt auch diese Kritik erkennen – ist für Nestroy eine *schwierige* Aufgabe; doch zeigt er sich ihr gewachsen. Zur größten Freude Gutts gelingt es dem Schauspieler Nestroy sogar, sich in der Rolle des Knieriem (*Lumpazivagabundus*) »aus dem tiefen Sumpfe der Gemeinheit zu erheben... Die komische Kraft hat durch diese Vermenschlichung [!] nicht verloren, sondern gewonnen, denn unser Widerwille thut nicht mehr, wie sonst, gegen jeden drastischen Effekt Einsprache. Die Scenen des dritten Aktes, welche sonst einen Eindruck machten, der an Ekel gränzte, gewannen jetzt durch den Ton einer unüberwindlichen Bonhommie [!] ein Interesse ganz anderer Art«. Wieder stellt der Kritiker Gutt die künstlerisch entscheidende Frage, ob nämlich »Vermenschlichung«, »Gutherzigkeit«, »Bonhommie« sich mit einer starken komischen Wirkung vertragen. Indem er sie bejaht, ermuntert er Nestroy, auf dem Weg zum biederkomischen (bürgerlichen) Genrestück weiterzuschreiben. Er begrüßt begeistert die Wandlung, die sich in Nestroys neuer »Periode« (*Das Mädl aus der Vorstadt, Einen Jux will er sich machen, Liebesgeschichten und Heiratssachen, Der Zerrissene, Talisman* usw.) vollzogen hat und charakterisiert diese so klar, daß es von der Nestroy-Forschung übernommen werden konnte: »In zwei Arten äußert sich diese zweite Periode; die Satyre kommt in ihrem Träger, dem Possenhelden, zum Bewußtseyn, oder sie springt unbeabsichtigt und desto wirksamer heraus. Als Beleg für ersteres möchte ich den Titus Feuerfuchs im Talisman, für zweites den Nazi im Eulenspiegel nennen.« Bernhard Gutt glaubt sogar, eine dritte Periode, die mit Schnoferl (*Das Mädl aus der Vorstadt* 1841) beginnt, erkennen zu können. Uns interessiert hier nur die Stufe, die der Dichter nach Gutts Ansicht in den vierziger Jahren erreicht: »Nestroy hat nun festen, positiven Boden gefunden, für das Resultat seiner Handlung statt der zersetzenden Säure ein ethisches Moment [!], für seine Charakteristik statt der Fratze die Gesetze der Aesthetik. Das zwecklos Häßliche, das Gemeine, das diabolisch Nichtige [!] liegt hinter ihm; er hat die Höhe des dichterischen Schaffens errungen. Noch durchblickt er mit ebenso scharfem Blicke die Seite der Negation [!], aber er steht nicht mehr in ihr, sondern über ihr, er hat sie mit der Wirklichkeit ausgeglichen; mit einem Worte, das lebenkräftige Prinzip dieser dritten Stufe ist der *Humor.* Die alte Kraft übt er jetzt mit einer Milde und Reife, im Dienste so wahrhaft dichterischer Zwecke, daß er für seine früheren Sünden vollauf Genugthuung gibt.« Die dialektische Vermittlung der »Negation« mit dem »positiven Boden« und der Ästhetik mit der Ethik läßt das hier entwickelte Wunschbild von Nestroy als ein junghegelianisches vermuten. Der Dichter konnte es nur bedingt verwirklichen. *Daß er aber versuchte, dem Maßstab dieses freundlichen Kritikers zu entsprechen, darf man annehmen. Es war die Stimme der zum sittlich-bürgerlichen Realismus drängenden Öffentlichkeit.* Die Macht dieses Trends erkannte der kluge und feinsinnige Schauspieler-Dichter gewiß. Noch in Mautners Begriff der »klassischen Possen (1839–1842)« wirkt sich Gutts spätbiedermeierlicher Maßstab aus. Ich selbst zitierte den Prager Kritiker nur, um die dem Dichter *historisch* gestellte Aufgabe zu verdeutlichen.

Den von Gutt gebrauchten Begriff Humor müßte man definieren, ehe man ihn auf Nestroy anwendet. Meint er Hegels Begriff »objektiver Humor«, der vom alten Goethe abgeleitet ist, so paßt er besser als der von Hegel abgelehnte subjektive Humor, der die Gestalten umspielt und unfest macht, die Normen relativiert, die dichterischen Gattungen auflöst. Von allen diesen Erscheinungen – Auflösungserscheinungen? – ist Nestroys Theater frei. Dagegen paßt das Wort von den »ernsten Scherzen«, das Goethe in bezug auf *Faust II* prägt, hie und da auf Nestroys Dramatik in der zweiten Periode. Man läßt diese gewöhnlich in dem Jahr beginnen, das, durch das Verbot der Jungdeutschen, zu einer neuen Verantwortung der konservativen Dichter führte. *Zu ebener Erde und erster Stock* (1835) ist, wie wir schon sahen, durch die Schicksalsmetaphysik, durch die Vermeidung klassenkämpferischer Töne ein im sozialgeschichtlichen Sinne konservatives Drama. Mit Recht hat man gerade in diesem Stück eine Annäherung Nestroys an das Biedermeier erkannt[97]. Das Schicksal gewinnt vielleicht noch mehr Gewicht als im *Lumpazivagabundus,* weil die Familien in den beiden Stockwerken nicht so passioniert liederlich sind. Der Scherz wird ein wenig ernster, ohne daß man deshalb von einer tragischen Posse sprechen könnte. Die Theaterprogramme pflegen heute bei der Aufführung des Stücks aus Nestroys Brief vom 17. 1. 1836 zu zitieren, den er aus dem Kerker schrieb, – um ihn zum Kämpfer zu stilisieren. Aber nicht seine Stücke brachten ihn ins Loch, sondern – das beweist der Brief selbst – » das Extemporieren im ›Mädchen in Uniform‹«, und was das bedeutet, sagte uns eben Bernhard Gutt.

Wenn Nestroy-Forscher die Vorlage der Posse *Die verhängnisvolle Faschingsnacht* (1839), nämlich Karl von Holteis *Trauerspiel in Berlin* erwähnen, sagen sie mit Recht, daß Holteis Drama längst vergessen ist, sie sagen vielleicht auch, daß die Zensur die Aufführung des Holtei-Stücks verboten hatte[98]; aber sie verschweigen, daß es sich bei dieser Vorlage um eines der wenigen Sozialdramen der Zeit handelt. Die unsittliche, wiewohl öfters pietistisch getarnte Oberschicht der preußischen Residenz wird an den Pranger gestellt (vgl. Bd. II, S. 375). Nestroys Stück mag künstlerisch besser sein, es war im Vormärz jedenfalls erfolgreicher; aber im inhaltlichen Sinn ist es total verharmlost. Aus dem klassenkämpferischen Trauerspiel wurde ein Faschingsulk. Die soziale captatio benevolentiae gibt es auch in dieser Posse. Sepherl, das Dienstmädchen, der Engel vom Lande, darf den Marktweibern klagen, wie schlecht sie behandelt wird und was für Titel sie von der Gnädigen bekommt (»Trabant, Landpatsch, Trampel«), sie klagt aber ebenso über die Köchin, eine Trinkerin, die ihr die Arbeit zuschiebt und über die liberale Kinderverwöhnung (I,2), so daß sich, genau besehen, schon hier der Klassenkampf in den dem Volkstheater näherliegenden Stadt-Land-Gegensatz verwandelt. Dementsprechend wird aus dem krankhaft eifersüchtigen Liebhaber des Trauerspiels der Holzhacker Lorenz, der immer nur von der Ehre faselt (komische Wiederholung) und sich am happy end zu einem ganz anderen Menschen mausert. Der Mord schrumpft zur Ohrfeige, und Sepherl will sogar Schläge von Lorenz annehmen, wenn er »nur brav ist und treu, alles andere macht nichts« (II,9). Die reiche Gnädige bekehrt sich zum Schluß, und sie wird von vornherein dadurch entlastet, daß Jacob, Holzhacker-Kollege des ehrsüchtigen Lorenz, mindestens ebenso schlimme Grundsätze hat wie die Kapitalistin: er tut alles für Geld, wie er nicht nur einmal sagt. Auch das ist freilich komische Wiederholung. Selbst der Herr von Geck, die verkörperte städtische Liederlichkeit, bleibt ohne dämonische Lumpazi-Größe, und der einzige Schuft der Posse – er hat den schönen Namen Gottlieb Taubenherz – wirkt im Hintergrund, – womit Nestroy der moralisch-ästhetischen Tradition genügt, nach der nur harmlose Untugenden komisch dargestellt werden dürfen. Mautner betont mit Recht den wichtigsten Teil der *Verhängnisvollen Faschingsnacht,* nämlich das Lied III,1[99] mit dem sehr Nestroyschen Refrain »Und 's ist alles nit wahr!«. Manches Stück des Schauspieler-Dichters erreicht nur durch die Couplets Tiefe. In *Eine Wohnung ist zu vermieten* (1837) führt das einfache Motiv einer Wohnungssuche zu den tollsten Verwicklungen und zu einer Durchleuchtung der Alltagswelt. So zeigt sich zum Beispiel, daß der Rentier Gundelhuber, der das Muster eines Familienvaters zu sein scheint, der mit seiner ganzen Kinderschar in der Stadt herumzieht, von der nächstbesten interessanten Dame fasziniert wird. Diesmal muß sogar die Jugend feststellen, daß auf den Menschen kein Verlaß ist. Amalie, die ihren Bräutigam auf die Probe stellen wollte und dabei verlor, erkennt am Ende, daß sie zuviel verlangte: »Selten gibt's ein Glück, das nicht in Schaum zerfließt, wenn man es zu genau ergründet« (III,29). *Das Leiden an der Desillusion* scheint den Dichter zu einem bewußten Illusionismus zu führen, und eben diese Neigung könnte ihn zwei Jahre später zu der fast *nur* lustigen Faschingsposse und damit zu einer weiteren Annäherung an das Biedermeier verleitet haben.

Der Talisman (1840) rangiert mit Recht unter den allerersten Meisterwerken des Dichters. Trotz seines biedermeierlichen Schlusses gibt er ein besonders gutes Beispiel für den hintergründigen Charakter von Nestroys Satire. Der Barbiergeselle Titus Feuerfuchs, der wegen seiner roten Haare bisher kein Glück hatte, macht die Erfahrung, daß eine Perücke ein Talisman ist. Mit ihrer Hilfe steigt er im Haus der Frau von Cypressenburg von Stufe zu Stufe und schließlich an die Seite der Chefin selbst. »Die neuen metaphysischen Galanterien« (II,7), die Sprache der Literaten, die vielseitige Bildung, die »Genialität« (II,17), das charmante Auftreten, das Treten der Tiefergestellten – alles das lernt sich im

Handumdrehen, wenn der Friseur den Talisman liefert. Die gesellschaftliche Welt erweist sich durch die konsequente Durchführung der unwahrscheinlichen Handlung als Traum und Schaum, und auch die Entlarvung des Perücken-Adonis müßte kein Erwachen aus diesem Traum bedeuten; denn fast im gleichen Augenblick stellt sich ein neuer unwahrscheinlicher Talisman ein: das Geld eines alten Verwandten. Titus aber ist nun des Traumes müde. Zur Frau wählt er nicht eine der Damen, die ihn im Schlosse je nach Aussehen und Geld umwerben oder mißachten, sondern die rothaarige Gänsemagd Salome Pockerl. *Vor* dieser keineswegs ironischen Fundamentalentscheidung hat Titus-Nestroy im Narrentheater der Gesellschaft geradezu meisterhaft, mit allen Raffinessen *mitgespielt*. Trotz der Possenhaftigkeit vieler Szenen steht eine gewisse Wehmut hinter der grotesken Entfaltung von soviel Schein und soviel menschlicher Schwäche. Dadurch gewinnt in diesem Stück auch der idyllische Ausgang Wärme und Überzeugungskraft. »Der Humorist«, der sonst eher zum Tadel neigte, sprach »von unserem in seinem Genre wirklich klassischen und fast isolierten Nestroy«. Er erkannte dementsprechend die Allgemeingültigkeit und Zeitlosigkeit solcher Leistungen: »Nestroy ist durchaus kein Lokal-, sondern durch und durch Possendichter, was Raimund wieder durchaus nicht war. Es spiegelt sich kein österreichisches, geschweige denn Wiener Leben und Treiben in den launigen Produkten Nestroys ab. Man wird kaum einen Charakter in den sämtlichen Possen finden, von dem man, wie in älteren Lokalschöpfungen, wird sagen können: ›Das ist ein Bild aus unserem Volksleben...‹ Die Nestroysche Komik besitzt eine gewisse Allgemeinheit, eine gewisse Universalität« [100]. Die Alternative »lokal« oder »universal« ist abzulehnen; denn der lokale (triviale) Ton ist überall ein Mittel der Posse. Aber der für Nestroy günstige Vergleich mit Raimund war ein Eingeständnis, daß es dem jüngeren Dichter gelungen war, auch auf dem biedermeierlich-moralischen Feld des »Volksstücks« den älteren zu übertreffen. Sogar bei moralistischen Rezensenten erhielt Nestroy nun das Zeugnis: fast befriedigend. »Ich hätte freilich gewünscht, daß die Teilnehmer der Handlung, deren Egoismus und Undank wirklich als ein etwas massiver erscheint, von ihrem Vorurteile gegen das rote Haar geheilt und somit eine moralische Wirkung erzielt worden wäre, doch ist immerhin der gründlich-schöne Charakter Salomes und die lobenswerte Rückkehr des Helden zu ihr als Ersatz und Sühnung genügend und befriedigend.« Diese Rezension belegt, *daß sich Nestroy und die Rezensenten in der Mitte trafen*, daß sich durch ihn auch die Maßstäbe der biedermeierlichen Kritik ein wenig veränderten. Etwas später erwähnt derselbe Rezensent dankbar das »Pelotonfeuer« der »Bonmots und schlagenden Einfälle«: »Der Witz ist vielleicht in keinem Stücke des trefflichen Verfassers in so strotzender Fülle verteilt wie in dieser Novität, deren Vorzüge fast von keinem Makel verdunkelt werden« [101]*. Daß nicht nur der Witz, sondern auch die be-

---

* Man wird normalerweise Nestroys Witz, im Gegensatz zu aller Systematik, etwa gesellschaftskritischer Art, in Analogie zu detailrealistischen Elementen der Posse, als Detailgedanklichkeit, als Gedankenblitz verstehen dürfen. Aber diese Isolierung und Forcierung momentaner sprachlicher Bestände gilt nur in logischer, theoretischer und letztlich weltanschaulicher Hinsicht. Dagegen gibt es in Nestroys Meisterleistungen keinen Widerspruch zwischen Witz und Spielhandlung, weil die Posse als Gattung der Diskontinuität zuneigt (vgl. Bd. II, S. 439). Helmut *Herles* sagt im Anhang seiner Talisman-Ausgabe (Komedia 17, Berlin u. a. 1971, S. 120): »Der größte Abstand zwischen *Talisman* und »Bonaventure« [Vorlage] besteht in Sprache und Stil. Dennoch wäre es falsch, über der

sinnliche Tiefe des Genrestücks – Nestroy hat die Genreszenen gegenüber der Vorlage stark vermehrt – des lokalen Tons bedarf, vergegenwärtige der Vanitas-Monolog (II,22) dem Leser. »*Titus:* Gnädige! Gnädige! Ich sag' derweil nichts als – Gnädige! – Wie ein' das g'spaßig vorkommt, wenn ein' nie eine mögen hat, und man fangt auf einmal zum bezaubern an, das ist nit zum sagen. Wann ich denk', heut' vormittag und jetzt, das wird doch eine Veränderung sein für einen Zeitraum von vier bis fünf Stund'! Ja, die Zeit, das is halt der lange Schneiderg'sell der in der Werkstatt der Ewigkeit alles zum ändern kriegt. Manchsmal geht die Arbeit g'schwind, manchmal langsam; aber firtig wird's, da nutzt amal nix, g'ändert wird alles.«

Als eine der rundesten Leistungen Nestroys galt von jeher die Posse *Einen Jux will er sich machen* (1842). Dem komischen Lieblingswort des Hausknechts Melchior (Scholz) »Das ist klassisch« darf man vielleicht programmatische Bedeutsamkeit unterschieben. Es ist, als ob der Dichter sein Publikum an die zitierte Talisman-Rezension erinnern wollte. Nestroy bemüht sich hier um eine fugenlos geschlossene Lustspielwelt. Das hat zur Folge, daß das Gegeneinander von komischer Vernichtung und Idealwelt, von Satire und idyllischem Rahmen verschwindet. Der Schein wird hier zum Prinzip des *ganzen* Lustspiels. Der Handlungsdiener Weinberl, der sein halbes Leben unter Heringsfässern verbrachte, möchte auch einmal ein »verfluchter Kerl« sein und sich einen Jux leisten. Während der Chef die Braut in der Stadt abholt, geht er mit dem Lehrjungen auch dahin. Trotz der unglaublichsten Verwicklungen und Gefahren – in der Nähe des Chefs – kommen sie wieder nach Hause, ohne erwischt worden zu sein; ja, die Schelme sind bei ihrer nächtlichen Rückkehr noch so glücklich, zur Verhaftung eines Einbrechers beitragen zu können, so daß der Chef die treuen Hüter seines Hauses gerührt ans Herz schließt. Die letzte Gefahr der Entdeckung wird durch einen grotesken Heiratsantrag, den Weinberl einer Mitwisserin macht, beseitigt. Abgesehen von den episodischen Einbrecherfiguren gibt es durch die prästabilierte Harmonie dieser Komödie weder gute noch böse, weder hohle noch echte, sondern nur harmlos komische oder bewußt lustige Menschen. Die Form eines nur noch heiteren Spiels ist erreicht, freilich auf Kosten der Hintergründigkeit, die Nestroys Possen sonst oft eigen ist. Der anspruchsvolle Bernhard Gutt rechnete das Werk zu den »anständigen« aber nicht zu den »verdienstlichsten« Possen [102]. Ich denke: es wird wohl vor allem deshalb so viel gespielt, weil der Intendant bei einem so flotten Stück nichts riskiert.

Als einen Glücksfall hat schon Gutt *Das Mädl aus der Vorstadt oder Ehrlich währt am längsten* (1841) betrachtet. Der Winkelagent Schnoferl-Nestroy ist dem Prager Kritiker

---

berechtigten Bewunderung für den Sprachkünstler *Nestroy* zu vergessen, daß der *Talisman auch sprachliche Anstöße seiner Vorlage verdankt. Noch weit wichtiger für Sprache und Stil des Talisman* ist, daß viele Entwürfe und Einfälle unmittelbar im Zusammenhang mit der Inszenierung in der Szenarium Handschrift entstanden sind [!]. Es ist von dieser Entstehungsgeschichte her eine Tendenz zu beobachten, die im Gefolge von Karl Kraus [eine Anmerkung nennt als Beispiel »Brills Dissertation] zu leicht übersehen wird, daß Sprache aus der Inszenierung heraus entsteht und erst auf der Bühne ihre Vollendung erfährt. Dieser Prozeß in der Sprache *Nestroys* läßt sich veranschaulichen, wenn man die bisher unveröffentlichten Briefe mit den fertigen Dialogen vergleicht. Es ist ein Weg vom Papier auf die Bretter des Theaters. Im Gegensatz zu immer noch verbreiteten Ansichten schadet das Theater der Sprache im Talisman nicht.«

die liebste Rolle, die Nestroy für sich geschrieben hat, »weil sie die gutmüthigste ist. Bei aller Uiberlegenheit seines Witzes, bei aller Lust mit den Schwächen anderer zu spielen (dies ›Mokante‹ ist der einzige Zug, der an Nestroy's dämonische Satyre erinnert), zeigt sich Schnoferl als theilnehmender Freund gegen alles Schlechte aufgebracht und verfolgter Unschuld hilfreich beispringend«[103]. Schnoferl will die Verlobung zwischen seinem Freund, dem Herrn von Gigl, und der reichen Frau von Erbsenstein reparieren. Gigl entscheidet sich aber für Thekla, die verfolgte Unschuld, so daß die reiche Frau dem braven Schnoferl zufällt. Ganz im Stil der älteren bürgerlichen Komödie wird der betrügerische Kapitalist Kauz von dem redlichen Agenten Schnoferl entlarvt und zu Ausgleichszahlungen nach allen Richtungen verurteilt. Eine freundliche Umrahmung gibt der moralischen Komödie der nicht ebenso moralische Reigen der Näherinnen mit ihrer Chefin, der Madame Storch. Durch einen Vergleich mit den Putzmacherinnen von Tritschtratsch ließen sich die von Gutt gepriesenen Fortschritte des Dichters in der »Gutherzigkeit« auch bei diesen Mädchen leicht feststellen. Allerdings ersetzt die Sprache der Figuren, besonders die Schnoferls, nicht selten die Kühnheit und Bosheit, die die Handlung im Vergleich zur »ersten Periode« verloren hat. Ein Beispiel aus I,9:

Schnoferl: Und jetzt erscheint dir eine andere idealisch?
Gigl: So is es!
Schnoferl: Und diese Täuschung wird erst recht optisch sein. Wer ist sie denn, diejenige?
Gigl: Ein Mädl!
Schnoferl: Hör' auf! Von der Natur mit jedem Reiz verschwenderisch begabt, mit holdem Anmuts-
     zauber übergossen, doch hoch überragt die Schönheit ihrer Seele jeden körperlichen Vorzug, und
     weit über das alles strahlt noch ihr Herz in himmlischer Verklärungsmilde!
Gigl: Du kennst sie?
Schnoferl: Nein, aber die Ideal' schaun ja alle so aus.

Die ideale Liebe gelangt, trotz dieser Relativierung, an ihr Ziel. Aber die neue Konstellation der Paare erfüllt im Sinne des Biedermeiers auch einen sozialen Sinn: Zweimal finden ein reicher und ein armer Partner zusammen.

Man kann sich trotz solcher Beobachtungen fragen, ob Roger Bauer nicht zu weit geht, wenn er sagt, Nestroys »positive Einstellung zur Welt« führe »in den großen melodramatischen Tendenzstücken vor und nach der Revolution zum sozialpolitischen Engagement, zur gewagten Forderung nach einer besseren Gesellschaftsordnung«[104]. Betrachten wir unter diesem Gesichtspunkt die Posse Nur Ruhe! (1843). Der Titel ist das Kennwort, die »komische Wiederholung« des Kapitalisten Schafgeist, dessen Name schon das Sozialistenherz höher schlagen läßt. Verdächtig ist jedoch, daß dieser Schafgeist keinerlei kapitalistische Dynamik besitzt, ein gutmütiger Phlegmatiker ist und die Verantwortung für den Betrieb am liebsten los sein möchte. Dafür gibt es einen Arbeiter, der entlassen worden ist und sich klassenkämpferisch gebärdet. Rochus sagt z.B. »Es auch ein braver Mann, lauter brave Leut', die vom Schweiß der Armut leben« (I,4). Man kann dies zitieren, es ist aber nur die uns bekannte captatio benevolentiae für die Galerie. Im Laufe des Dramas entpuppt sich dieser Rochus nämlich als Gauner und halber Zuhälter, als ein ganz und gar nicht romantisierter Lumpazi. Er bringt jedoch komisches Leben in die Bude, wie Laffberger, der Neffe des Spekulanten von Hornißl. Eine Zeitlang cheint die Obrigkeit in Gestalt des Amtsschreibers Klecks karikiert zu werden. Dieser erhaftet den harmlosen Schafgeist. Aber der Spott gilt nur einem Subalternbeamten. So-ald die akademische Jurisprudenz, der Syndikus, die Bretter betritt, siegt die Gerechtig-eit prompt. Was wirklich ein gewisses Engagement des Dichters verrät, ist die Ersetzung les nutzlosen Kapitalistenneffen Splittinger als Nachfolger von Schafgeist durch den üchtigen Geschäftsführer Franz Walkauer. Darin liegt ein Sieg der bürgerlich-kapitali-tischen Rationalisierung über den Nepotismus. Dieser tüchtige Franz bekommt auch och Peppi, die neugefundene Tochter Schafgeists, die seine Ruhe stören könnte. Der üchtige ist aber in keiner Weise hervorgehoben; er erscheint als eine der blassesten Figu-en in diesem sonst recht turbulenten, auch mit erotischen Reizen (Leokadia) arbeitenden Lustspiel. Die ausgeprägte Komik, die das Volkstheater fordert, und das »Tendenz-tück« (s. o.) vertragen sich eben bitter schlecht miteinander. Sozialgeschichtlich orien-ierte Nestroy-Forscher sollten, um dies klarer zu sehen, die von Horst Denkler hervor-ehobenen und z. T. erst wiederentdeckten wirklich engagierten Dramatiker des Vor-närz lesen. Denkler stellt am Schluß seines Nestroy-Abschnitts bei dem Dichter eine »Be-chönigung der bestehenden Gesellschaftsprobleme« fest und vermutet, daß diese »auf lie Marktbedingungen der Wiener Volksbühnen mitzurückzuführen« ist[105]. Selbst-erständlich hat, trotz des Protestes von Karl Kraus, auch die Zensur ihre Hand im Spiel. s ist daher verständlich, daß noch unbeschwertere Lustspiele wie *Einen Jux will er sich nachen* Stücken wie *Nur Ruhe!* den Rang auf dem Theater abgelaufen haben.

Der Gegensatz Residenz/Provinz wird in *Eisenbahnheiraten oder Wien/Neu-tadt/Brünn* (1844) aufrichtiger als in der früher erwähnten Faschingsposse zum Lust-piel ausgewertet. Der Stolz des Hauptstädters erscheint in der Gestalt des Malers Patz-nann-Nestroy, die Dummheit der Provinz in einer geradezu absoluten Potenzierung in lem Blasinstrumentenmacher Peter Stimmstock-Scholz. Dazwischen stehen die sympa-hischen, von dem Dichter liebevoll gestalteten Figuren des tschechischen Bäckermeisters Zopak aus Brünn und seiner Tochter. Der Dichter könnte dabei an die Heimat seines Va-ers und an die immer freundliche Aufnahme seiner Gastspiele in Böhmen gedacht haben. Mautner wundert sich über den »ungeheuren Beifall für die Posse« und glaubt, diesen vor llem auf das aktuelle Thema der Eisenbahn zurückführen zu können[106]. Allein das 'roblem des Nationalitätenhasses war viel aktueller als die Technik, denn der Nationa-ismus gefährdete Österreich-Ungarn in seinen Fundamenten: »D' Nationalnarrheit lüht in Prag« (s. o.). Wenn die liebenswürdige Posse durch eine lustige Familienverbrü-lerung wirklich einen Beitrag zur Verbrüderung der Deutschen und Tschechen leisten vollte, ist sie ein weniger gewichtiger, jedoch möglicherweise wirksamerer Vorläufer des *Witiko.* Daß Nestroy hinsichtlich der Einheit und der Dauer des Habsburger Reichs die Zeichen der Zeit nicht erkannte, ist sicher (vgl. u.).

Über den aktuellen Anlaß, dem die Posse *Unverhofft* (1845) ihre Entstehung verdankt, wurde chon berichtet: Der Kaiser verordnete eine theatralische Wohltätigkeitsveranstaltung. Das Stück ann, wie mir scheint, mit besonderer Deutlichkeit belegen, daß der Dichter normalerweise für das Männertheater schrieb. *Hier* schreibt er für die Frauen, die hohen und reichen Frauen, die den Iauptbestandteil einer Wohltätigkeitsaufführung bilden. Der rührende Junggeselle Ledig. von dem ich bezeichnenderweise nachträglich herausstellt, daß er heimlich verheiratet war! Ein Findelkind wird ihm aufs Bett gelegt. Er versorgt das Kind mit einer Amme und allem, was es braucht. Er liebt e gar, bildet sich zeitenweise ein, es sei sein eigenes Kind. Hier paßt Roger Bauers Wort »melodrama tisch«. In diesem Werk erreicht der Dichter auch die größte Annäherung an Stifter, der schon an sei ner Novelle *Hagestolz* (1846) arbeitete, als Nestroys Damenstück aufgeführt wurde. Die Ehefeind schaft war durch die Jungdeutschen ein aktuelles Thema geworden. Darauf antwortet das Bieder meier ehe- und familienfreundlich. Gibt es auch einen gemeinsamen *literarischen* Bezugspunkt vo Nestroy und Stifter in Österreich? Der Junggesellenstandpunkt wird jedenfalls von beiden als Ego ismus verurteilt, ganz wie es die Damen wünschen. Beide Dichter standen um diese Zeit auf der Höhepunkt ihrer Wirkung. Stifters Hagestolz ist härter gezeichnet als der Nestroys, aber rührend is auch er. Nestroy muß und will unterhaltender sein als der Novellist. Er gestattet der Fabrikantenga tin ein wenig platonische Liebe, damit das Stück nicht übertrieben tugendhaft wird. Sonst aber ist al les überaus dezent. Nestroy spielt den rührenden Junggesellen selbst. Aus diesem Stück stammt di berühmte Stelle über die Unverläßlichkeit der »fadenscheinigen Gemütlichkeit«, die stets zitier wird. Aber der Dichter hat ihr hier selbst zu einem Triumph verholfen. Das Stück wurde zu Lebzei ten Nestroys 100mal gespielt. Auch das berühmte ehefeindliche Lied I,2 und der anschließende Mc nolog waren bei der Aufführung in Wien gewiß nicht so schockierend, wie man sich dies auf Grun eines trivialen Biedermeierverständnisses vorstellt. Was Ledig vertritt oder lehrt ist im Grunde nu der alte Unterschied zwischen Liebe und Ehe, den die Romantik verwischt hatte: »Bei der Lieb' is da Schöne, man kann aufhören zu lieben, wenn's ein' nicht mehr g'freut, aber bei der Ehe! Das Bewuß sein: du mußt jetzt all'weil verheirat' sein, schon das bringt einen um.«

Nestroy hat sich in dieser Zeit an die bürgerliche Kultur so stark angepaßt, daß man sich frage kann, ob er sich selbst treu geblieben ist. Dies gilt nach Mautners Meinung nicht zuletzt für das be nahe ernste Kleinbürgerstück *Der Unbedeutende* (1846), in dem der Zimmermann Peter Span tap fer die Ehre seiner Schwester gegen den schuftigen Sekretär des Barons von Massengold verteidig und sich auf diese Weise klassenkämpferisch den Aristokraten gleichstellt, die die Ehre gepachtet z haben glauben. Mautner: »Peter Spans eindrucksvolles Bild ist da und dort beeinträchtigt einersei durch phrasenhaftes, aber diesmal nicht parodistisch gemeintes Pathos, andrerseits durch Wortspi lereien, ja Kalauer, die zum neuartigen Charakter des Stücks nicht passen« [107]. Richtig ist gewiß daß die hier übernommene bürgerlich-realistische Aufgabe in Nestroys komischem Stil ohne Ve klemmungen nicht zu leisten war. Immerhin ist dieser Zimmermann Span wehrhafter und imposan ter als der Raimundsche Tischler Valentin. *Er ist ein Heros des Volks.* Das Drama ist ein deutliche Schritt in der Richtung auf die bürgerliche Revolution von 1848 und belegt Nestroys erstaunlich Verwandlungsfähigkeit – auch als Dichter. Ein Jahr später schreibt er das Großbürgerstück *De Schützling* (1847). Im Schutz einer reichen Frau, der Gattin des Kapitalisten und Barons von Wald brand, steigt der hungernde Dichter Gottlieb Herb (Nestroy) zum Fabrikdirektor auf und überwin det den Widerstand der Belegschaft gegen die Maschinen. Genauer: Der Widerstand der von eine Konkurrenten aufgehetzten Arbeiter wird nur angedeutet. Ich kann nicht finden, daß ein Bruc durch das Lustspiel geht; denn es ist schon im Eingang, als der hungernde Held sich erschießen w und es nicht fertigbringt, possenhaft. Einen energischen Kleinbürger, den Buchbinder Pappinger Scholz gibt es auch hier. Aber diese Kleinbürgerwelt entschwindet genauso wie die Hunger- und A beitswelt. Es geht in sehr unbestimmte großbürgerliche Höhen durch die Heirat mit einer gar nich kleinlichen Dame und durch erste Heimlichkeiten mit der Gönnerin, die wohl nicht die letzten sei werden. Sehr bezeichnend für die komödienhafte Verwirrung, für das Gegeneinander von bürgerl chem Fortschrittswillen und Herbs Einstieg in ein leichtsinnig-konservatives Milieu ist das Roko ko-Couplet des Helden (IV, 10). Nach 1835 gab es nicht nur den Protest gegen die Zensur, nicht nu die Vormärz-Pathetik, sondern auch diese Rokoko-Nostalgie (vgl. Bd. II, S. 253). Das possenhaf Symbol für die gesamte großbürgerliche Gefühlsverwirrung ist die fingierte Mondsucht im Diens der Gönnerin.

Sieht man die Sache so, dann wundert man sich nicht darüber, daß Nestroys letzte Stück vor der Revolution ganz anders, nämlich eine betont volkstümliche Lausbuben posse war: *Die schlimmen Buben* (Uraufführung 10. 12. 1847). Das Stück entspricht de notwendigen Vereinfachung, die nach Zugeständnissen an kompliziertere Themen im Volkstheater notwendig war; es ist nicht nur eine von Nestroys erfolgreichsten Leistungen, sondern auch ein besonders geschlossenes und stilreines Werk, das von Jürgen Hein mit Recht in einem Reclambändchen allgemein zugänglich gemacht wurde (mit *Frühere Verhältnisse*). Der Anlaß zur Uraufführung war kein geringerer als die Eröffnung des Carlstheaters. Die Unwahrscheinlichkeit des Stücks – Nestroy als couplet-singender Schüler Willibald – erhöhte nur seinen Erfolg: »Man kann sich kaum etwas Possierlicheres, Drolligeres denken wie Nestroy als Schulbub unter einer Menge kleiner Burschen, welche trefflich einstudiert waren«[108]. Man denkt als Germanist zunächst an den *Hofmeister;* denn das Thema ist ähnlich, insofern die unwürdige Lage des Privatlehrers (hier eines Lehrers an einer Schloßschule) gezeigt wird. Tatsächlich ist dieser Punkt neu gegenüber der französischen Vorlage (Lockroy und Anicet-Bourgeois, *Le Maître d'École*)[109]. Nur daß eben im Unterschied zum *Hofmeister* von Lenz kein tapferer Dorfschulmeister, sondern ein absolut serviler gezeigt wird, der die Schüler je nach dem Stand und den Geschenken der Eltern behandelt. Neben dem Lehrer wird auch der Wirtschaftsintendant des Barons, der Herr von Wichtig, der solche Untertänigkeit annimmt, völlig satirisch gesehen. Der Gutsbesitzer dagegen, der die Schulprüfung abnimmt, ohne die falschen Antworten zu merken, wird durch Taubheit entschuldigt. Doch ist dies nur ein Trick für die Zensur; denn *in dem tollen Possenspiel ist er doch der dumme Junker der bürgerlich-klassenkämpferischen Tradition.* Durch die starke Betonung des gesamten Schloßkomplexes ist die scheinbar naive Dichtung ein bürgerliches Tendenzstück in einer tollen possenhaften Verkleidung. Man kann hier, im Widerspruch zum gängigen Nestroy-Bild, feststellen, daß der Wiener *gleichzeitig satirisch und naiv ist.* Ich zitiere eine Strophe aus dem Lied in der 13. Szene:

> Zu spät noch am Fenster, das schickt sich nicht, pfui!
> s'gehn draußt Gespenster um – ui, ui, ui, ui!
> Drauf geht d' Alte in a Kaffeeg'sellschaft no,
> Glei am Fenster is's Madl wieder, ho, ho, ho, ho!
> Is die Katz' aus 'n Haus,
> Da hat Kirchtag die Maus,
> Was nit g'rad' geht, geht krumm,
> Wer nix red't, der is stumm,
> Wer nix weiß, der is dumm!
> Tschinatra, tschinatra, bum!

Im Schul-Couplet Willibalds, das die Fächer mit allerlei Späßen einzeln durchnimmt, benützt der Dichter das Schönschreiben zu einem Ausfall gegen die Poesie im üblichen Sinn. Das ist nicht auffallend; denn die empfindsame und romantische Sprache wird ja von Nestroy, auch ohne literarischen Zusammenhang, fortgesetzt parodiert. Neu ist dagegen der Sport auf die satirische Literatur. Er meint wohl, wie Heine (vgl. u. S. 577), die witzlose Polemik von Vormärzpoeten wie Herwegh und Freiligrath. Die fünfte Strophe des Couplets der 20. Szene ist jedenfalls ein Stück Literaturprogrammatik in eigener Sache, und ein interessantes Beispiel dafür, wie der Volkstheaterdramatiker eben doch auch eine gewisse publizistische Macht ausüben kann:

Unter Schreibkunst tun s' Schönschreibkunst nur verstehn,
Und vergessen den Grundsatz dabei: ›G'scheit is schön.‹
Drum schreib'n als wie g'stochen so schön viele Leut',
Und im Grund schreib'n s' doch nicht schön, denn sie schreib'n nicht g'scheit.
Auch poetisch zu schreib'n versucht jetzt alt und jung,
Und trotz Stahlfedern kriegt das Geschriebne kein' Schwung.
Da werd'n s' schiech, werfen 's Tintenfaß weg, Knall und Fall,
Und tauchen von nun an die Feder in Gall';
Werd'n satirisch und bös', doch's mißlingt jeder Trumpf,
Keine Feder schreibt spitzig, wenn der Schreiber is stumpf.
   Drum: was drüber erscheint auch im Druck,
   In der Schreibekunst sind wir noch z'ruck.

Nestroy im Nachmärz

Unter den Stücken, die nach der Märzrevolution geschrieben sind, hat *Freiheit in Krähwinkel* (Uraufführung 1. 7. 1848) während der letzten Jahre besondere Aufmerksamkeit erregt, weil an dieser Posse – der Dichter nennt auch dies Stück mit Recht so – das Rätsel von Nestroys Engagement oder Nicht-Engagement besonders konkret dargelegt und diskutiert werden kann. Nach der Strophe, die wir zuletzt hörten, ist eine These von Hinrich C. Seeba besonders interessant: »Die Kritik an der Sprache der Freiheit in Krähwinkel ist zugleich eine Kritik an der Sprache der Freiheitsdichter, die in Krähwinkel und anderswo ihren poetischen ›Enthusiasmusdunst‹ [Heine] für eine ›Ahnungsgarantie‹ auf die Verbesserung der politischen Wirklichkeit halten. Der Hinweis auf das ›junge Krähwinkel‹ rückt die Rhetorik der Freiheit, mit der Nestroys Satire so spektakulär ins Gericht geht, ausdrücklich in den literarischen Zusammenhang mit der österreichischen Spielart der jungdeutschen und Tendenzdichtung. Wenn Ultra die Prügel für den Ratsdiener Klaus ›als erste(n) Morgenstrahl der Freiheitssonne‹ und die Katzenmusik als ›erste Frühlingslerche der Freiheit‹ feiert, so klingt in dieser politisierten Naturmetaphorik die ganze Gesinnungspoesie von Anastasius Grüns ‹Spaziergängen eines Wiener Poeten‹, die voll davon sind, bis hin zu Freiligrath und Herwegh an. Auch die Figur des politischen Dichters Sperling ist in diesem sprach- und literaturkritischen Zusammenhang nicht nur eine beiläufige Reminiszenz an das konventionelle Figurenarsenal der »Krähwinkliaden« [110]. Nach Nestroys Meinung habe – dies ist Seebas Endergebnis – zum Zeitpunkt der Aufführung, d. h. im Juli 1848, »eine wirkliche Revolution noch nicht stattgefunden«. Er könne sich, »genauso wenig wie Pfiffspitz, eine Revolution in Krähwinkel nicht vorstellen«. Sicher wird mit diesem literarhistorischen Hinweis ein wichtiger Anreiz für das Schreiben der Posse erfaßt. Der *literar*kritische Einschlag gibt wie die Possenform die Möglichkeit zum Vermeiden eines absolut klaren politischen Engagements, das der skeptische Dichter – auch ohne die Unterstellung eines besonderen Zweifels an der mitteleuropäischen Revolution – für bedenklich und gefährlich hält. Die Freiheitslyrik wird ja in III,1 direkt parodiert:

An die Freiheit
Ei, ei!
Wie sind wir so frei!
Das ist uns ganz neu,
Sonst nur Sklaverei,
Jetzt Freipresserei,
Volksregiererei, –
Drum Jubelgeschrei,
Wie sind wir so frei!
Ei, ei! Ei, ei!

Solche Gedichte haben die Liberalen dem Carlstheaterstar mit seinem mächtigen Einfluß übelgenommen. Man muß aber beachten, daß Sperling ausdrücklich als Konjunkturritter dargestellt wird. In II,3 hörte man ein Preisgedicht auf die russische Knute von dem gleichen Dichter. Er ist der Poet *Krähwinkels*. Und hier liegt nun, wie mir scheint, ein Hauptfehler der meisten Interpreten, daß sie nämlich Krähwinkel und Wien (oder Österreich) ungeprüft *gleichsetzen*. Noch Peter Pütz meint in seinem verdienstvollen Vergleich zwischen *Freiheit in Krähwinkel* und Kotzebues Stück *Die deutschen Kleinstädter:* »Die Residenz selbst wird korrekturbedürftig« [111]. Ultra, der Freiheitsheld und Coupletsänger, den Nestroy selbst spielte, sagt nach seiner Auseinandersetzung mit dem »Zopfensystem« (Couplet I,7): »Aus dem glorreichen, freiheitsstrahlenden [!] Österreich führt mich mein finsteres Schicksal nach Krähwinkel her«. Wenn mit Krähwinkel Wien gemeint wäre, hätte auch das Auftauchen des flüchtigen Metternich, den Ultra fingiert (III,13), keinen Sinn; daß er gemeint ist, wird durch die Erwähnung Londons und der Besuche, die »jeder echt servil-legitime Stock-Absolute« ihm dort abstattet (III,15), gesichert. Schließlich: Sperlings Titel für den Bürgermeister von Krähwinkel (»Seine südwestliche Herrlichkeit« II,4) muß doch irgendeinen geographischen Sinn haben. Gemeint ist wohl eine ehemalige Reichsstadt in Südwestdeutschland, im weiteren Sinne der südwestdeutsche Liberalismus, der politisch machtlos war und den man daher in Preußen und Österreich von jeher verspottete. Die Kaiserstadt als Krähwinkel? Daran dachte kein Wiener: Sein berechtigtes Selbstbewußtsein haben wir in *Eisenbahnheiraten* kennengelernt. Diese Vorstellung entstammt dem törichten modernen Klischee von der grundsätzlich »provinziellen« deutschen Literatur, das vor allem im Gefolge der *Romanisten* Auerbach und Curtius entstanden ist. Der Wiener dachte mit Ultra: »Krähwinkel, wo s' noch mit die physischen Zöpf' paradieren, folglich von der Abschneidungsnotwendigkeit der moralischen keine Ahnung haben... Krähwinkel, wo man von Recht und Freiheit als wie von chimärisch-blitzblaue Spatzen red't« (I,7). »Krähwinkel is nicht Wien, nicht Paris, nicht Berlin« (III,4). Kann man es deutlicher sagen? Der Wiener sah in Ultra einen Abgesandten der österreichischen Revolution, der mit den Mitteln, die in *Krähwinkel* angemessen sind, die Revolution organisiert. Da es in Krähwinkel keine Studenten gibt, müssen verkleidete Mädchen sie vortäuschen. Da Krähwinkel, wie die ganze Provinz, von der Kirche beherrscht wird, trifft die Ligurianer, die indirekt das Nest leiten, der härteste Spott und das Schicksal der Austreibung. In diesem josephinischen Punkt ist Nestroys Haltung völlig eindeutig. Im übrigen ist die Krähwinkliade (Kotzebue) *das theatralische Mittel, um dem Dichter eine gewisse Skepsis gegenüber beiden Parteien zu sichern.*

247

Warum muß er eigentlich – das meinen die meisten Interpreten – auf die Restauration *oder* die Revolution setzen? Völlig eindeutig ist die Verurteilung der Zensur, des Polizeistaats überhaupt; sie erscheint als Fortsetzung der Inquisition. Die viel zu vielen Beamten werden wiederholt verspottet, ebenso die soziale Einbildung und Ungerechtigkeit. *Das Prinzip der Menschlichkeit gegenüber einem Staats- und Standesdenken vertritt der Dichter völlig eindeutig.* Ob aber Monarchie oder Demokratie scheint ihm nicht so wichtig zu sein; denn Nestroy erkennt *konkrete Gegebenheiten* so klar, daß er formale nicht für so wichtig halten kann wie die Radikalliberalen des Vormärz und unserer eigenen Zeit:

> Der Herrsch'r is zwar Herr,
> Ab'r i bin Mensch wie er;
> Und kostet's den Hals –
> Rechenschaft soll für alls
> Gefordert jetzt wer'n
> Von die großmächtigen Herrn (I,7).

So weit ging er bestimmt *mit* der Revolution. Dagegen fällt auf, daß er in dem großen politischen Lied (III,22) von England ein düsteres Bild malt: Staatsschulden, »viel Armut«, »Irland rebellisch«, Hunger, und das bedeutet psychologisch: Demagogie. Zusammenfassend heißt es dann gar:

> Es woll'n d'Republiken
> In Europa nicht glücken,
> Selbst für die von die Schweizer
> Geb' ich keine fünf Kreuzer.

Die Verse erinnern an die immer noch nicht widerlegte These Wielands, die *Europäer* seien viel zu schlecht, als daß sie zur Demokratie befähigt wären. Wieland gelangte auf Grund seiner Skepsis zur Idee einer konstitutionellen Monarchie. Dies war wohl auch für den Skeptiker Nestroy das Äußerste an Freiheit, was er dem (schlechten!) Menschen zutraute, zumal da er, wie ebenfalls III,22 beweist, die Möglichkeit einer »Proletarier-Regierung« schon klar erkannte und ablehnte. Die Posse in der von Kotzebue eingeführten besonders possenhaften (irrealen) Form der Krähwinkliade ermöglichte es ihm leicht, seine ambivalente Stellung zur Revolution anzudeuten. Ich glaube auch nicht, daß es richtig ist, wenn man aus der lustigen *Krähwinkler* Revolution eine prinzipiell ablehnende Stellung Nestroys zur bürgerlichen Revolution ableitet; bei dieser Verwechslung von Lustspiel- und Realgeschichte werden die mit dem Volkstheater gegebenen Bedingungen – wie von Kraus – unterschätzt!* Dagegen führt auch hier die gleichzeitige Berücksichtigung von Spiel und Satire zu differenzierten Ergebnissen [112].

---

* »Die Bedeutung des Stückes lag in der (nur halb ausgesprochenen) Deutung der bürgerlichen Revolution als eines wirklichkeitsfremden theatralischen Scheines [!] und wies indirekt darauf hin, daß der Bürger den Freiheitsrausch eigentlich nur spiele und die Revolution für eine großangelegte Theatervorstellung halte, durch welche die lästig unvollkommene Wirklichkeit überwunden werden sollte« (Rio *Preisner*, Der konservative Nestroy: Aspekte der zukünftigen Forschung, in: Maske und Kothurn, Jg. 18, 1972, S. 36). *Preisner* spricht von der »konservativen Distanz« Nestroys (ebd.). Die konservativen Satiren auf 1848 sehen ganz anders aus: Die künstlerische Distanz, die ihm

Auch *Judith und Holofernes* (1849) hat in der letzten Zeit besonders interessiert. Helmut Arntzen legte eine sozialgeschichtliche Interpretation vor, die in ihrem Engagement fast so lustig ist wie Nestroys Travestie. Die Juden meinen die erbärmliche bürgerliche kommerzielle Gesellschaft des 19. Jahrhunderts, die keine heroische Gesinnung mehr kennt. Ähnlich demonstriert Holofernes, in den Augen von Arntzen, den Verlust allgemeingültiger Maßstäbe bei vermeintlich großen Männern wie Napoleon und den Politikern oder Kapitalisten des bürgerlichen Jahrhunderts. Die »Privatisierung« gestattet die Tragödie, die Hebbel, psychologisch und abstrakt operierend, weiterführen wollte, nicht mehr. Das erkannte Nestroy, dies wies er, nach der Meinung von Arntzen, in seiner Travestie nach. Alle ernst zu nehmenden stil- und gattungsgeschichtlichen Gesichtspunkte sind hier im Massengrab der Soziologitis verschwunden. Das Lustigste an der Interpretation, die witzige Schlußpointe, ist der *historische* Anspruch, den der Verfasser gegenüber der »materialistischen Literaturanalyse, der die Werke einzig gut dazu sind, die Theorie zu illustrieren«, recht energisch erhebt. Der »krude Materialismus« ist offenbar schon nicht mehr das Feinste bei unserm germanistischen Möchtegern-Soziologen [113]. Die absolute Humorlosigkeit führt den Interpreten so weit, daß er in Nestroy sogar einen Kritiker des *bürgerlichen* Rationalismus und der Freigeisterei vermutet. »Aufgeklärter Holofernes« sagt ja der Oberpriester*. In Wirklichkeit freut sich der Dichter darüber, jetzt nach 1848 seiner atheistischen Neigung in *blasphemischen Witzen* eher Ausdruck geben zu können; denn einmal macht Holofernes heidnische Götzen und Könige schlecht, zum andern schränkt nach 1848 selbst die österreichische Zensur ihr Einschreiten in sittlich-religiöser Hinsicht ein; sie konzentriert sich wieder auf politische Fragen [114], – wie im josephinischen Zeitalter.

Sehr viel differenzierter ist der von Jürgen Hein angestellte Vergleich zwischen Hebbels

---

das Possentheater gab, ermöglichte ihm das *zweideutige* Revolutionsstück. Grundsätzliche Bürgerverachtung Nestroys? Das ist wieder Karl Kraus. Das behaupten nicht einmal die Marxisten: »Aus der strukturlosen Masse der Vorstädte, mit der Nestroys Kunst sympathisierte, begann sich eine Klasse herauszubilden, die ihn beunruhigte: das moderne Proletariat« (Ernst *Fischer*, Johann Nestroy, in: Von Grillparzer zu Kafka, Wien 1962, S. 188). Auch der spürbare *Hass auf die Ligurianer* in dieser Posse ist eine sonderbare »konservative Distanz«.

* »Wenn Nestroy die selbstzerstörerische Reflexion auf den Punkt zurückführt, von dem sie ihren Ausgang nimmt: eben auf das ›Kalkül‹ der Gewalt, so macht er auf einen Zusammenhang zwischen Rationalismus und Barbarei aufmerksam. Nestroys Holofernes als Systematiker [!], der Gewalt bedeutet z. B. den mesopotamischen Gesandten: ›die Völker müssen kuschen, die Gesandten aufwarten und die Könige müssen mir ihre Kronen apportieren‹... In diesem Sprechen annonciert sich die Gewalt geradezu als Modus von rationaler Planung [!] und Ordnung. Und der scheinbar [!] krasse Affekt, in dem Holofernes bei Hebbel einen Hauptmann tötet, weil er sich der Judith genähert hat, wird bei Nestroy nicht allein zu einer Parodie auf Gewalt als Bramarbasiererei der Tat, erschlägt hier doch Holofernes gleich drei seiner Hauptleute, vielmehr wird der Ausbruch hier gleichzeitig als berechnete [!] Pose bedeutet und ihr Kalkül [!] noch besonders dadurch betont, daß Holofernes den Archior sofort nach den Gewalttaten pedantisch anweist: ›Laß aber erst's Zelt ordentlich zusamm' räumen, überall lieg'n Erstochene herum – nur keine Schlamperei!‹« (Helmut *Arntzen*, Dementi einer Tragödie, in: studi germanici, Neue Serie, Jg. X, 2, 1972, S. 410 f.) Jede groteske Darstellung verstärkt die Motive. Daher die drei Morde. Die bürgerlichen Sprachbestandteile der Rede (Könige apportieren, nur keine Schlamperei) ergeben sich aus dem »lokalen Ton«, d. h. der parodistischen Umsetzung der alttestamentarischen Heldentragödie in den Wiener Alltag von 1849.

und Nestroys Judith-Drama. Er geht von der Tatsache der Travestie aus, was die gattungsgeschichtliche Voraussetzung jeder vernünftigen Deutung ist, – auch hinsichtlich der satirischen Absicht Nestroys. Er verkennt nicht die alte Tradition der Judensatire, hält aber auch einen Zusammenhang mit dem damals entstehenden modernen Antisemitismus für möglich[115]. Ergänzend wäre vielleicht zu sagen, daß die possenhafte Darstellung der Juden, gemessen an Nestroys sonstiger Schärfe, gutmütig gehalten ist, daß ihre Feigheit völlig der Unzulänglichkeitskomik des Hanswursttheaters entspricht und daß in der Judensatire nur eines der vielen Zugeständnisse an das Lachtheater liegt. Persönlich war der erste Mitarbeiter Carls bestimmt kein Antisemit. Wenn er z. B. beim Exerzieren sagen läßt – Arntzen betont es –: »Ins erste Glied kommt der Besitz, ins zweite die Intelligenz«, so sind damit zwei Kernwörter von Nestroys eigener Existenz betont. Ebenso verkehrt ist es, in der Parodie einen grundsätzlichen Antimilitarismus und Pazifismus finden zu wollen. Dazu ist Nestroy viel zu sehr Patriot der Gesamtmonarchie und Gegner der nationalen Bewegungen, die die k. k. Armee in Schach hält. Er ist, was der Briefwechsel belegt, in diesem *politischen* Punkt sogar so naiv, daß jeder politisch-historische Vergleich mit Heine sinnlos erscheinen mag (s. u.). Richtig dagegen ist wohl die von Hein vermutete Parallele zwischen den Juden und der 1848 aufgestellten Nationalgarde Wiens: »Durch Parodie einiger Szenen Hebbels stellt Nestroy das Verhalten der Wiener Bürger im Revolutionsjahr satirisch bloß«[116]. Die ökonomischen Probleme einer Belagerung, die in Nestroys Parodie eine so große Rolle spielen, hatten die Wiener anläßlich der Einschließung der Hauptstadt durch die k. k. Armee kennengelernt. An diesem Punkt könnte der wichtigste *real*geschichtliche Anlaß für den Entschluß zu einer Judith-Parodie liegen. Die Hauptsache jedoch war, wie immer bei solchen Parodien der Vorstadtbühnen, *der Spott auf das hohe, heroische Theater, dessen Dichter sich so viel einbildeten.* Bei der *Judith* hatte der sprachsichere Dichter wohl noch einen besonderen Grund zur Parodie. Hebbel erreichte, wegen des sexuellen Themas, erst nach der Revolution die Aufführung in Wien (1. 2. 1849). Zu dieser Zeit muß man die Tragödie im stilistischen Sinne bereits als veraltet empfunden haben; denn sie war noch ganz im Extremstil des Vormärz (vgl. Bd. I, S. 429) und wohl auch ein wenig in Grabbes Kraftmeier-Sprache geschrieben. Der Realismus führte zur *stilistischen Ernüchterung*. Darauf beziehen sich die von Hein zitierten Äußerungen des realistischen Programmatikers Julian Schmidt – *Judith* sei fast schon eine Parodie – und die Einsicht von Hebbel selbst (»Hyperbolien«)[117]. Nestroy parodierte in seinem Werk nicht nur das »hohe« Drama überhaupt, sondern auch noch eine bezeichnende Tragödie der abgelaufenen Epoche.

In der Parodie von Richard Wagners *Tannhäuser* (1847) wird das Stilproblem zum Thema, wobei natürlich der niedere Stil Tannhäusers nicht langweilig gegen eine Probe des hohen Stils gesetzt, sondern Wolframs hoher Minnegesang selbst parodiert wird. In der 16. Szene des 2. Aktes beginnt auf Befehl des Landgrafen Purzel der berühmte Sängerkrieg:

> *Wolfram* (steht auf, sieht sich grüßend um, nimmt die Harfe
> und singt schmelzend):
> Eduard und Kunigunde,
> Ihr, der Liebe Musterpaar,
> Lehret mich in dieser Stunde
> Liebe singen rein und wahr.

Seufzen, sehnsuchtsvoll mordionisch,
Glücklich sein in Lieb' platonisch,
Wenn d'Geliebte ein' auch verschmäht,
Oder mit ein' andern geht.
(Alles murmelt beifällig Bravo.)

Richter ...: Ausgezeichnet!

Rezitativ

Tannhäuser (springt auf):
O Wolfram! O Dreschenbach!
Was leiert deine Kehle!?
Ich werd' dir zeigen, Troubadour,
Wie man die Lieb' besingt aus voller Seele.

Arie
Dort drob'n auf'n Berg
Is d' Welt kugelrund,
Da logiert mein liabs Deandl
Vom Himmelpfortgrund.
A jeds Bußl von ihr
Macht an Schnalzer als wia!
Und umarmt s' mich frischweg,
Bin ich voll blauer Fleck.
Dulie, dulie!

(Alles klatscht in die Hände, bewegt sich mit; wie der Jodler schließt, bleibt alles starr, ein unwilliges Murren durchzieht die Versammlung.)

Richter ...: Sehr gemein!

Das kurze Szenenstück spiegelt so genau die Aufnahme von Nestroys Eindeutigkeiten wider (spontaner Beifall, Erschrecken vor der Indezenz, Verriß in den Zeitungen), daß wir mit Mautner die Posse trotz des Studentenulks, auf dem sie beruht, zu Nestroys ohnehin schwer abgrenzbarem Eigentum rechnen [118]. *Ob Hebbel oder Wagner – es kam nur darauf an, übertriebene Ansprüche elitärer Künstler zu verulken und einen kräftigen Nachweis von der Existenz des grotesken Theaters zu erbringen.* Ein Vergleich der Judith-Parodie mit den beiden Wagner-Parodien – auch *Lohengrin* wurde vorgenommen (1859) – würde wohl ergeben, daß im Laufe des ersten nachrevolutionären Jahrzehnts die zur Groteske nötige Spannung von Erhabenheit und Trivialisierung nachläßt und eine gewisse Verbürgerung, eine Annäherung an das Humor-Prinzip sich durchsetzt. Allein schon die zitierte, etwas harmlose Tannhäuser-Stelle gibt einen Eindruck von dieser Entwicklung. Vielleicht urteilt der Kenner der musikalischen Wagner-Parodie anders. Von Nestroys Dichtung aus gesehen ist *Judith und Holofernes* jedenfalls die beste Parodie. Allerdings war Nestroy zu gescheit und auch einfach zu gebildet, um dem Wahn zu huldigen, er habe durch diese Parodie die Tragödie Hebbels innerlich besiegt, »entlarvt«, ihre Scheinexistenz nachgewiesen (s. o.). Er hatte nicht die Poetik revolutioniert – solche Ideologie lag ihm fern –, sondern eben einfach *die andere Seite des Theaters und der Welt* kräftig hervorgekehrt.

Unter den Possen der Zeit, die unmittelbar auf die Revolution folgen, genießt *Höllenangst* (1849) aus traditionellen Gründen ein gewisses Ansehen. Mautner betont die »humoristischen Blasphemien, die unter der strengeren Zensur Metternichs unmöglich gewesen wären« [119] und widmet der Dichtung eine besonders gelungene Interpretation. Der Begriff »humoristisch« ist insofern ausnahmsweise nicht abwegig, als der Teufel, vor dem Wendelin (Nestroy) eine Höllenangst hat, nur in seinem eigenen Hirn und in dem seines Vaters Pfrim (Scholz) existiert. Der Oberrichter von Thurming, der dem naiven Wendelin in einer besonderen Verlegenheit Geld gibt und mit dem Wendelin deshalb einen Teufelspakt geschlossen zu haben glaubt, lächelt mit allen anderen Aufgeklärten über seinen Aberglauben. Der Mythos wird also, wie schon in der Aufklärung und später etwa in Storms *Schimmelreiter,* zu einem deutlich *folkloristischen* Dichtungselement, vor dem man nicht erschrickt, sondern über das man sich erhaben fühlt. Zur Groteske dagegen wäre wenigstens der fingierte böse Geist, der Satanismus der Romantik und des Biedermeiers nötig gewesen. Trotzdem mag mit dem Stück eine Art Faust-Parodie gemeint sein; denn mit dem Ende des moralistischen Biedermeiers begann der Aufstieg des bis dahin umstrittenen Poeten Goethe zur klassischen Autorität. Natürlich erhebt der Dichter auch hier nicht den Anspruch, das ernstere Werk zu entlarven. Immerhin mag es kein Zufall sein, wenn gerade für dieses Stück der berühmte metaphysische Monolog über die Revolution gegen die »Weltregierung« geschrieben wurde. Obwohl der Geist dieses atheistischen Bekenntnisses nur in den schon erwähnten »Blasphemien« in das Stück eindrang – der ganze Monolog paßte nicht zu dem teufelsgläubigen Helden Wendelin – wurde die Posse nur viermal wiederholt. Mautner meint: »Es ist *das* Werk und, in den Entwürfen, *das* Bemühen Nestroys, auf welches am ehesten die von ihrem Präger [Preisner] für andere Stücke mißbrauchte Bezeichnung ›tragische Posse‹ paßt« [120]. Ich fürchte, der unhistorische Begriff ist unrettbar falsch und vermittelt auch von dieser Posse ein falsches Bild; denn der Teufelspakt wird ja in *Höllenangst* auf ganz vordergründige, gebildete Art parodiert. Auch die Fabel ist konventionell. Der *gute* Freiherr von Reichthal, der die arme Familie Pfrim mit einem meistens betrunkenen Familienoberhaupt laufend unterstützt, aber von seinem Bruder, dem *schlechten* Freiherrn von Stromberg überspielt und ins Gefängnis gebracht worden ist, wird vom Sohn der armen Familie, Wendelin, befreit und schließlich durch den Oberrichter von Thurming, der nur in Wendelins Augen ein Teufel ist, rehabilitiert. Die Stärke der Posse liegt in einzelnen vielzitierten Formulierungen religiöser und sozialer Art, die gelegentlich auch zu einem geistreich-komischen Dialog weiterführen, besonders im Eingang des Stücks, z.B. in I,9:

Eva (zu Pfrim): Schimpf' nit! Er is ein Sohn, auf den du stolz sein sollst.
Pfrim: Hat er a Geld?
Eva: Er hat sich aufgeopfert aus Edelmut –
Wendelin: Das is z'viel g'sagt, Frau Mutter. (Zu Pfrim.) Ich bin ein rechtschaffner Kerl, weiter nix – und das allein is schon g'nug, um kein Glück z'hab'n auf der Welt.
Eva: Buberl, frevel nit! (Es blitzt.) Sixt es, der Blitzer geht dich an.
Pfrim: Laß ihn gehn, jetzt hat er mir aus der Seel' gesprochen. (Zu Wendelin.) Du hast recht, ich seh's an mir; ich wär' vielleicht der ordentlichste Mann, den's gibt, wenn die Verhältnisse danach wären. Bei einem andern kann man sagen, es is Lumperei, bei mir is es Bestimmung, daß ich immer in eine schiefe Stellung komm'. Glaub' mir, Sohn, wir sind alle zwei zu edel für diese Welt.
Wendelin: Die Vorsehung hat mit die Reichen, mit die Glücklichen zu viel zu tun, für die Armen bleibt ihr ka Zeit. Nur anschaun den da drüben (gegen das Palais deutend), der der Frau Mutter ihr' kleine Pension g'stohlen hat, wie dem alles geht nach Wunsch, während wir Hunger leiden –
Pfrim: Und ich meinen Durst kaum zur Hälfte stillen kann.

Fast immer wird nur ein Teil dieses Zitats wiedergegeben. Im Kontext verraten die Anspielungen auf Pfrims Trunksucht (»schiefe Stellung«, »Durst«) und der Blitz – er repräsentiert in dieser Posse durchgehend die obligate Restreligion –, daß diese volkstümliche Philosophie kaum höher zu bewerten ist als der volkstümliche Aberglaube. Die realistische Entspannung wird in dem Text besonders durch die nüchterne Korrektur des idealistischen mütterlichen Lobs (»aufgeopfert aus Edelmut«) durch den Sohn belegt (»ein rechtschaffner Kerl«). Nach dem Gesetz der Vormärz-Posse müßte ein niederer (parodistischer) Ausdruck dem idealistischen folgen, kein mittlerer und »objektiver« (realistischer Schlagwort). Auch die Ablehnung der »Lumperei« durch Pfrim entspricht dem maßvollen bürgerlichen Ideal eines »rechtschaffnen Kerls« und bei dieser Familie einigermaßen der Wahrheit. Vater und Sohn sind keine Abenteurer, die ein Vermögen gewinnen und vertun *(Lumpazivagabundus),* sondern anständige Kleinbürger – Pfrim ist ein »alter Schuster« (Personenverzeichnis) –, die eine »kleine Pension« verlieren und mit Hilfe eines rechtschaffenen Sohnes und eines anständigen Oberrichters wiedergewinnen. Die Fortuna ist allerdings immer noch stärker als der Rechtsstaat; denn der Bösewicht hat den Staatssekretär für sich gewonnen. Ohne das »Ableben des

Ministers« (III,16) könnte es schiefgehen. Das Volkstheaterpublikum, an Einfachheit gewöhnt, konnte wohl dem religiös und sozial *differenzierenden* Stil und den entsprechenden ironischen Einfällen nicht viel Spaß abgewinnen. Daher der geringe theatralische Erfolg (s. o.). Es fehlten die derben Lustbarkeiten von *Freiheit in Krähwinkel* (1. 7. bis 4. 10. 1848: 36 Aufführungen) und von *Judith und Holofernes* (67 Aufführungen bis 1862). *Höllenangst verdeutlicht den engen Spielraum des Carlstheater-Dramatikers;* denn der Dichter war wirklich nicht sehr weit in der Hintergründigkeit gegangen, die dem Stück nachgerühmt wird. Nestroys Niederlage wurde dadurch noch schwerer, daß er, anstatt über die veränderte Situation nachzudenken, ganz im Stil des alten Okkasionalismus, 1850 gleich vier Stücke auf die Bühne brachte, um durch den berühmten Zufall einen Treffer zu erzielen. Eine Behauptung Saphirs vom 15. 1. 1850 erschreckte ihn bestimmt – wie alles, was Journalisten, ob verachtet oder nicht, über die Verantwortlichen der Öffentlichkeit zuschreien: »Mit Nestroy ist's zu Ende«, verkündete Saphir lapidar [121].

Philologen lassen sich, selbst abwägend und relativierend, durch so klare Urteile besonders leicht verführen, wenn sie den Unterschied zwischen Publizistik und Wissenschaft nicht deutlich genug erkennen. Der gewissenhafte Rommel nennt Nestroys Posse *Kampl oder Das Mädchen mit Millionen und die Näherin* (1852) »das letzte vollausgereifte Stück großen Stils«. Ich selbst glaubte früher, die »Ermüdungserscheinungen«, von denen Rommel spricht [122], schon in *Kampl* zu erkennen. Das Stück geht durch die wohl nicht immer voll beherrschte Anpassung an die realistische Gestaltungsweise so in die Breite, daß Nestroys längstes Stück zustandekam [123]. Höchst komplizierte Intrigen ersetzen die komische Schlagkraft, die nur noch in einzelnen Szenen festzustellen ist. Die Darstellung der gesellschaftlichen Zustände wird kleinlich und umständlich; ja sogar sentimentale, wenn auch durch Humanität gehobene oder gerechtfertigte Töne dringen unmittelbar in die komische Spielsphäre ein. Durch das nicht dem Ansatz eines satirischen Possendichters entsprechende realistische Bestreben, *die Welt in ihrer vielseitigen Fülle darzustellen,* verliert Nestroys Werk an dieser objektiv bedeutenden Stelle die klare Kontur und seine entschiedene Eigenart.

War Mautner im Recht, als er in seinem ersten Nestroybuch (1938) sagte, nach 1849 scheine Nestroys »Kraft als Dramatiker zu Ende gegangen zu sein«, *Judith und Holofernes* sei sein letztes voll geglücktes Meisterwerk [124]? Heute beginnt der gleiche Forscher das dritte Kapitel seines Überblicks über die Werke mit einem sanften Vorwurf gegenüber den »historischen, politischen und soziologischen Deuter[n] seines Werks«: sie »schweigen sich… über den Zeitraum von 1849 (oder 1851) bis zu seinem Tode meist aus, einen Zeitraum, der immerhin dreizehn seiner dreiunddreißig Jahre als Komödienschreiber umfaßt« [125]. Mautner versucht, diese Lücke auszufüllen. Ich selbst will ihm als Literarhistoriker der Biedermeierzeit in dieses wenig erforschte Land nicht folgen, sondern nur noch an dem nach 1945 berühmt gewordenen Beispiel, der »Operette« *Häuptling Abendwind oder Das greuliche Festmahl* (1862), die von Mautner so genannte, auch schon von andern beobachtete »Rückkehr Nestroys zur grotesken Satire (1857–1862)« verdeutlichen; denn diese könnte doch der älteren Forschung recht geben, wenn sie annahm, *Nestroy sei zu sehr im Vormärz verwurzelt gewesen, als daß er nach 1849, d. h. unter dem Einfluß des bürgerlichen Realismus, noch Großes hätte leisten können.* Es wäre eine Parallele zu Grillparzers, Mörikes und vielleicht doch auch zu Stifters Entwicklung.

Häuptling Abendwind ist Nestroys letztes Werk. Die Quelle war wie üblich französisch: M. Ph. Gille (Wort) und M. J. Offenbach (Musik), »Vent du Soir ou L'horrible festin« und kann in der 60. Serie des »Théâtre Contemporain Illustré« (Paris 1858) nachgelesen werden. Die Operette war sogar schon vom französischen Offenbach-Ensemble (Bouffes Parisiens) in Treumanns Theater auf dem Franz-Josefs-Kai mit großem Erfolg aufgeführt worden (22. 6. 1861)[126]. Nestroys deutsche Fassung trug den Untertitel »Indianische Faschings-Burleske nach dem Französischen« und wurde am 1. 2. 1862 im gleichen Theater aufgeführt. Das Erscheinen des Kaisers und mehrerer Erzherzöge ist auf den Erfolg der Franzosen, die unfreundliche Aufnahme der deutschen Fassung »auf die gesangliche Unzulänglichkeit« des Treumann-Theaters und vielleicht auch auf Nestroys strenge Vorzensur zurückzuführen[127]. Die Theaterfassung Nestroys bot die typische, schon im 18. Jahrhundert entwickelte Exoten-Posse an, ohne die satirischen oder indezenten Formulierungen, die heute ergötzen. So entfallen z. B. genüßliche Bemerkungen der beiden Häuptlinge, die einander die Gattin entführt und verspeist haben – »Delikat war seine Selige« –, und indirekte Anspielungen auf das Willkürliche jeder Religion – »ein heiliger Bär« – werden gestrichen. Wegen der völligen Verharmlosung der Posse durch zahlreiche Änderungen glaube ich nicht an Mautners Begründung des theatralischen Mißerfolgs von 1862: »Sich so dargestellt zu sehen, vertrugen sie [die Wiener] nicht«[128]. *Das Selbstbewußtsein des 19. Jahrhunderts und nicht zuletzt der liberalen Bürger,* die zuerst von Leuten wie Nietzsche und Kraus, dann von Faschisten und Kommunisten schlechtgemacht wurden, *war viel zu fest, als daß man sich selbst mit menschenfressenden Wilden verglichen hätte.* Der moderne Ruhm der Posse begann – fast vorauszuberechnen – in den ersten Jahren des Expressionismus: erste Veröffentlichung 1912, erste Aufführung 1914[129]. Damit war auch, jedenfalls in *unserer* Wissenschaft, jeder Aktualisierung und damit Verfälschung Tür und Tor geöffnet.

Selbstverständlich ist es das Recht jedes Regisseurs, die satirischen Anspielungen, die in diesem Stück nach Rommel Nestroys Eigentum sind[130], zu verschärfen und auf das eigene barbarischere Jahrhundert – wir sollten es zugeben – zu beziehen. Die Tätigkeit des Historikers dagegen ist sinnlos, wenn nicht der ursprüngliche Horizont eines Werks rekonstruiert, sondern unsere eigene Zeit in das alte Werk geschmuggelt wird. Häuptling Abendwind lebt auf »einer der fernsten Inseln in Australien«, die die »Zivilisation« noch nicht entdeckt hat. Er ist immerhin so weit fortgeschritten, daß er seine eigenen Untertanen nicht mehr verspeist. Dafür die Fremden, und so passiert es ihm, daß er Arthur, den Sohn eines Weißen, aber von seinem politischen Nachbarn, dem Häuptling Biberhahn, zum Erben bestimmt, aus Versehen dem Vater, anläßlich eines Staatsbesuchs, servieren läßt. Es ist naivste Faschingskomik, wenn der gefräßige Biberhahn durch die Musik der einzigen Spieluhr, die es auf den fernen Inseln gibt und die jetzt aus seinem Bauche tönt, auf den Verdacht gebracht wird, er habe den Besitzer der Uhr, seinen Sohn, mit so großem Behagen verspeist. Dieser Häuptling Biberhahn, Beherrscher einer von den Europäern entdeckten Insel, reagiert bereits nationalistisch auf die moderne (internationale) Zivilisation: »Ich leid' nix Fremdes mehr. Ich spekulier' auf eine Bartholomäusnacht; eh' ich das nicht durchsetz', schmeckt mir der beste Missetäter nicht mehr« (7. Szene). Das wird zitiert. Nicht zitiert wird, wenn der gleiche Exote, sich selbst charakterisierend, sagt: »Jetzt aber hab' ich einen Haß, einen Pick auf alles Gebildete, ich batze ihn aus, den Fortschritt! – Kultur, Fortschritt, Zivilisation, alles batz' ich aus« (7. Szene). Der Vertreter der Zivilisation in diesem Stück ist der vermeintlich verspeiste Arthur. Er ist ein Friseurkünstler und im ersten Lande der Zivilisation, in Frankreich, ausgebildet; die Vorlage schimmert deutlich durch. Er hat den Koch, statt sich von ihm abschlachten zu las-

en, schlau bestochen. Die Häuptlinge haben einen kultischen Gegenstand, den heiligen
Bären, an Arthurs Stelle verspeist. Zum Schlußeffekt gehört, daß der Koch Ho-Gu (Haut
Goût?) »mit hohem Toupet à la Louis XIV. frisiert« sich sehen läßt. Er weckt also No-
talgie an Frankreichs größte Zeit, und nun ist es ganz klar, daß Biberhahn sich zur *Zivili-
ation* bekehrt: »Jedenfalls werd' ich von nun mich ganz auf das Bärenfleisch verlegen«.
Heiliger Bär?« »Larifari!« Er ist nun doch aufgeklärt, und der Zuschauer kann mit dem
ewußtsein nach Hause gehen, daß der exotische Häuptling Abendwinds Tochter Atala,
ie ihren Namen nach einer Heldin Chateaubriands hat und die die Braut seines Sohnes,
es Halbfranzosen Arthur, geworden ist, niemals verspeisen wird. Der Wiener Bezugs-
unkt ist, nach Mautner, der ganz Europa und besonders Österreich-Ungarn bedrohende
Nationalismus [131]. Man darf wohl noch präzisieren, wenn man an Grillparzers Ängste
enkt. Die von den Österreichern und von österreicherfreundlichen Angehörigen der an-
ern Nationen geschaffene *hohe* Kultur des Habsburgerreiches ist in Gefahr, sich durch
Nationalismus in Barbarei zurückzuverwandeln. Der Brief Nestroys an Stainhauser vom
. 5. 1861 muß zum Verständnis der Posse breit zitiert werden: »In gleichem Grade... ist
as, was Du über die unvergleichlich erhabene und erhebende Thronrede S[eine]r Maje-
tät äußerst, mir aus der Seele geschrieben. Wie wohlthuend ist so eine herrliche Oase in
er Sandwüste von Miserabilität, deren unerquicklicher Samum uns von allen auswärti-
en Kammern und Kabinetten her anweht! Ich kann es kaum glauben, daß die Ungarn
ich diese Thronrede in's Ungarische übersetzen ließen. Mir scheint diesmahl werden sie
echt gut deutsch verstanden haben... Vielleicht lassen sie jenseits der Leitha ihren Zorn
n den Juden aus; die Emanzipierung, welche sie ihnen gewährten, ist zu zweydeutig ge-
alten, als daß sie dabey hinderlich seyn sollte; denn nur die Intelligenz der Juden wurde
manzipiert... Am Spaßigsten sind mir die Croaten. Croaten! wie heißt Croaten? sprach
an vor 15 Jahren davon? Es war doch ehmahls ganz anders; hätten wir in unserer Ju-
end das ›Kafte Leinwand!‹ nicht gehört, wir hätten trotz Schulbüchern kaum gewußt,
aß es ein Croatien giebt auf der Welt; und jetzt geriert sich das als Nationalität, thut hi-
torisch, spielt Volk, macht Opposition, spricht Nationalsprache, wobey natürlich keine
Nation mitsprechen kann, denn bis jetzt hat doch noch Niemand auf der Welt sich bey-
ommen zu lassen, croatisch zu lernen. – ›Rrrrrrr! ein anderes Bild!‹ sagt Glasbrenner.«
Die Sprache Nestroys, so die Klimax gegen den kroatischen Nationalismus, ist, wie so oft
ei diesem Dichter, besser als das was hinter ihr steht. Der Bezug zwischen Paris und
Wien in *Häuptling Abendwind* ist zugleich das selbstverständliche Überlegenheitsgefühl
egenüber den weiter östlich wohnenden, *später* in die Zivilisation eingetretenen Völ-
ern. Daß es sich dabei um die deutsche, nicht nur um die deutsch-österreichische Über-
egenheit handelt, verrät die spontane Erwähnung des geistesverwandten *Berliner* Satiri-
ers Glassbrenner. Es ist *das* Österreich, das Bismarck 1866 aus nationalen Gründen
icht zerstören wird. Nestroy verhält sich zum Nationalitätenproblem so wenig reali-
tisch wie zu anderen Gegebenheiten der Zeit. Er relativiert es komisch, womöglich gro-
esk: »Am spaßigsten sind mir die Croaten.« Ein so naiv-deutscher Dichter wie Nestroy
ag die barbarische Zukunft ahnen; aber er schreibt keine Visionen einer schrecklichen
ukunft, sondern er begnügt sich mit einer grotesken Karikatur des rebellischen Natio-
alismus, des angeblichen Barbarismus, der die österreichische Herrschaft bedroht, und

diese muß noch possenhaft ergötzlich und im Ausgang beruhigend sein. Daher die Spiel uhr im Bauch des Häuptlings, daher die Frisur à la Louis XIV und daher das zwar antire ligiöse aber moralisch beruhigende happy end. Der heilige Bär ist verspeist, das Men schenfressen wahrscheinlich abgeschafft. Diese Entwicklung ist ein Verstoß gegen die er habensten und »gemütlichsten« (irrationalsten) Traditionen der Barbaren, aber ein Schritt zur Zivilisation, die nur als ein Allgemeines jenseits der Religionen und Nationer zur Geltung kommen kann. So hegelianisch darf man vielleicht gerade noch deuten, ohne die Faschingsposse mit allzu schweren satirischen Gewichten zu belasten. »In Watte ge wickeltes Dynamit« (Karl Kraus)[132] ist die Posse, auch bei Berücksichtigung ihrer in Text der historisch-kritischen Ausgabe enthaltenen, satirischen Anspielungen nicht sondern, wie der zitierte Brief, das hochstilisierte Raunzen eines Mannes, der über der stärker geordneten (weniger anarchischen) Vormärz nicht recht hinauskam: »Sprach man vor 15 Jahren davon?« (an Stainhauser 8. 5. 1861).

Trotzdem, meine ich, hat die Prüfung des letzten Werkes eindeutig zugunsten von Ne stroys Spätwerk entschieden. Die Kraft des Dramatikers ist bis zuletzt ungebrochen. Al lerdings auch sein theatralischer Ehrgeiz, weshalb die Suche nach Hintergründigkeiten im Sinne der Goethephilologie und eines von ihr abgeleiteten »Altersstils« große Vorsich erfordert. Die von Rommel vermuteten »Ermüdungserscheinungen« (s. o.) sind Anpas sungsversuche an den bürgerlichen Realismus, die unter diesem Gesichtspunkt näher un tersucht werden sollten, die aber schon aus Gründen der dramatischen Gattungsstruktu nur halb gelingen konnten; denn nur im Roman ist die realistische Sehnsucht nach eine völlig entspannten, tendenzlosen, behaglichen, humoristischen Dichtung ganz zu erfül len. Nestroys Rückgriff auf die Parodie und Groteske, die 1839 bis 1848, unter dem Ein fluß des noch assimilierbaren biedermeierlichen Genrerealismus aus seiner Dichtung ver schwunden waren[133], entspricht Stifters späten Erzählungen, die auch der Abstrak tion, z. T. der grotesken, zuneigen (vgl. u. S. 1013 ff.) und den Anschluß an den Realismu nicht finden können. Auch mit Hebbel wäre zu vergleichen; denn ihn hat sein Weg voi der (scheinbar) realistischen Maria Magdalene zu so abstrakten, im unmittelbaren An schluß an das Zeitalter Louis XIV geschriebenen Experimenten wie Gyges und sein Ring weitergeführt (vgl. u. S. 403). Alle diese Dichter – gleichgültig ob sie progressiv oder kon servativ waren – wurzelten noch im Ordnungsdenken des vorrealistischen Europa, ihre Abstraktion ist auf die anerkannte Gültigkeit des Allgemeinen zu beziehen, und gerade auch beim alten Nestroy spürt man die derbe, unerbittliche Kraft der alten Narrendichter und der zu Ende gehenden normativen Kultur des Abendlands. Die Geld- oder Kraftnar ren in Judith und Holofernes, die »dummen« (idealistischen) Theaternarren, die sich ii Theaterg'schichten (1854) herumtreiben, die närrischen Wilden in Häuptling Abend wind lassen sich unter dem Gesichtspunkt der normativen Satire leicht zusammensehen aber zwischen diesen Dramen gibt es noch Ansätze, die sich nicht so leicht auf einen Nen ner bringen lassen und daher, wohl zu Unrecht, den Eindruck eines Trümmerfeldes, d. h der Strukturlosigkeit erweckten. Hier liegen lohnende Aufgaben der künftigen For schung. Für eifrige Leser, die Hinweise auf weitere wertvolle Werke des alten Nestroy erwarten, nenne ich nur noch: Mein Freund (1851), ein »Lebensbild« oder noch besse ein Charakterbild von einem resignierenden Biedermeiermenschen mit dem allegori schen Namen Schlicht, das theatralisch aufgemacht und gedanklich so bereichert wurde, daß das Publikum des Nachmärz und das moderne Theater den großen Nestroy in dem Stück erkennen konnten. Ferner: eine interessante, der Zensur mißfallende Abwandlung des spätbiedermeierlichen »Volksstücks«, *Der gutmütige Teufel oder Die Geschichte vom Bauern und der Bäuerin* (1851). Es ist ein »Zauberspiel«, in dem Belzebub dem guten bäuerlichen Paar gegen Satanas beisteht und das Teufelswesen parodiert, aber nicht gebildet als Volksphantasie belächelt wird (vgl. o. *Höllenangst*). Schließlich erwähne ich *Frühere Verhältnisse* (1862), einen meisterhaft gearbeiteten, wenige Personen konfrontierenden Einakter, der wie *Häuptling Abendwind* die ungebrochene Kraft des späten Nestroy dartut und von Jürgen Hein mit Recht allgemein zugänglich gemacht worden ist (Reclams Universalbibliothek Nr. 4718).

Nestroys historischer Ort. Heine und Nestroy

Die Nestroy-Forschung hat in der letzten Zeit durch philologisch-interpretatorische Arbeit (Vergleich mit Vorlagen), durch strukturelle Analyse (Spiel und Satire, Komödienform und Sprache) und durch die Bemühung, dem Gesamtwerk des Dichters (ohne künstliche Einteilung in Perioden, ohne Abwertung der Früh- oder Spätzeit) gerecht zu werden, große Fortschritte gemacht. Dagegen führte der Anschluß an den unwissenschaftlichen Karl Kraus, auch die nicht genug *durchgreifende,* auf Einzelheiten sich beschränkende Kritik an dem Nestroy-Propagandisten, zu einer heillosen Verwirrung in historischer Hinsicht. Die heute fast in allen Philologien der Biedermeierzeit zu beobachtende naive Modernisierungssucht ist zwar ein erfreulicher Beweis für den generellen Aufstieg der einst so verachteten Epoche und des doppelt verachteten »zynischen Österreichers«, führt aber zu zahlreichen historischen Irrtümern. Es soll daher versucht werden, die in diesem Kapitel zerstreuten historischen Bemerkungen zusammenzufassen und in eine etwas systematischere Ordnung zu bringen.

Verhältnismäßig leicht ist die *stil*geschichtliche Einordnung Nestroys. Während Raimund ehrgeizig der Tendenz zur Vermischung des niederen und hohen Stils im Gefolge der Shakespeare-Schule, der Romantik, Jean Pauls usw. folgt und damit den Namen eines Wiener Shakespeare für sich nahelegt, kehrt Nestroy, unter ausdrücklicher Ablehnung des »Lorbeers«, zum Theater niederen Stils, das die Wiener Vorstadtbühne von Anfang an war, zurück. Wie weit er dabei bewußt ein Klassiker des niederen Stils werden wollte – so titulierte die Rhetorik Gellert, Wieland u. a. –, ist schwer zu sagen. Vielleicht geht Hans Weigels bestechende Formulierung »Flucht vor der Größe« doch zu weit[134]; man erinnert sich an die stilistische Nachahmung des Aristophanes. Sicher ist, daß er die zu einem solchen Konzept nötige klassisch-rhetorische (stilwissenschaftliche) Ausbildung besaß und daß die unerhörte sprachliche Produktivität Nestroys nicht einfach ein Ausfluß seiner »dichterischen Genialität« war, sondern *volles artistisches Bewußtsein und den Willen zu einer gewissen Weiterbildung der Volkstheatertradition voraussetzt.* Wie weit diese Innovation führt, läßt sich nicht durch die beliebte und leichte Abhebung von Raimund, sondern nur durch genaue Vergleiche mit Rommels »Großen Drei«, besonders mit Meisl, und durch die *generelle* Untersuchung seines Umgangs mit den deutschen und fremdsprachlichen Vorlagen feststellen. *Was man bei Nestroy »realistisch« zu nennen pflegt, ist die musterhafte Erneuerung des niederen Stils.* Der Realismus – wenn man ihn im präzisen Sinne eines bürgerlich-liberalen Programms versteht (vgl. Bd. I, S. 257–291) – ist nicht nur ein Feind des Pathos und der Empfindsamkeit, sondern auch des niederen Stils. *Die ständigen Angriffe auf Nestroy erklären sich vor allem daraus, daß der aufsteigende und herrschende Realismus des Bürgertums die ursprüngliche literarästhetische Würde des niederen Stils und das heißt fast immer auch des satirischen Stils negiert und ihn, im Widerspruch zur Tradition, mit dem moralisch oder überhaupt anthropologisch gedeuteten Begriff der Gemeinheit, Trivialität, Ekelhaftigkeit, ja Verkommenheit zusammenwirft*.* Da es von jeher für den niederen Stil auch Grenzen nach unten zur »ganz gemeinen« Sprache gab – Wieland beachtete sie im Zuge der Anpassung an die sächsisch-thüringische Kultur streng –, erhebt sich die Frage, ob Nestroy gegen dieses u. a. von Adelung in seinem Wörterbuch angewandte und anhand dieses Wörterbuchs nachprüfbare Gesetz verstieß. Bei Nestroy ist dies wahrscheinlich, bei Heine (vgl. u. S. 499 f.) bestimmt der Fall. Die mangelhafte Zusammenarbeit der Nestroy- und Heineforschung belegt besonders klar, wie wenig die Philologien auf dem Gebiet der Biedermeierzeit die Möglichkeiten der gegenseitigen stilgeschichtlichen Erhellung ausnützten [135]. Für dies Versagen ist nicht nur der österreichische Patriotismus im allgemeinen (Rommel), sondern noch mehr das hochmütige Ausspielen des wahren Satirikers Nestroy gegen den verderblichen Heine (Karl Kraus) verantwortlich zu machen. *In Wirklichkeit sind Heine und Nestroy die produktivsten Erben der deutschen, vielleicht der europäischen Witzkultur, die das Rokoko schuf* (Böckmann) und die die Restaurationszeit in Mitteleuropa zur neuen Blüte brachte. Dieser Hochbewertung des Witzes entspricht genau Nestroys Prinzip: »G'scheit ist schön« (s. o.). Da Heine früher als Nestroy in die Literatur eintrat, trägt sein Werk mehr Spuren des Sentimentalismus. Zwischen dem *Buch der Lieder* und der gleichzeitigen Dichtung Raimunds lassen sich unter dem Gesichtspunkt der Biedermeier-Empfindsamkeit noch einige Brücken schlagen (vgl. o. S. 3 f.) Abgesehen davon ist es die *gemeinsame Aufgabe Heines und Nestroys, die Empfindsamkeit zu parodieren und das hinter ihr stehende idealistische System in seiner Einseitigkeit kenntlich zu machen.* Ob die beiden Dichter über diese *stilistische* (parodistische) Aufgabe hinaus die ältere Wertewelt vernichten wollen, ist ein Problem, das viel schwieriger ist, als die Literarhistoriker zur Zeit, im Geist des *heutigen* Schrifttums, anzunehmen pflegen. Man kann in Heines und Nestroys Kritik der traditionellen Klischees auch den

---

* Ich betone diesen Abstand vom Realismus, weil durch die weitverbreitete Unkenntnis der Rhetoriktradition nach 1800 niederer Stil und Realismus immer noch häufig miteinander verwechselt werden. Daß die *Pathetiker* schon im Vormärz für Nestroy kein Verständnis haben, versteht sich. Doch sei dies wenigstens durch eine Äußerung des norddeutschen Germanisten und Vormärzlyrikers *Hoffmann von Fallersleben* aus dem Jahre 1839 dokumentiert: »So sehr mich jene Fahrt in der freien, herrlich auflebenden Natur erquickte, so wenig vermochte es das eigentliche Wiener Schauspiel. An diesem Unsinn, dieser Gemeinheit in Worten und Darstellung bekam ich einen gründlichen Ekel. So sah ich im Theater an der Wieden Nestroys Verhängnisvolle Faschingsnacht, worin der Verfasser selbst den Holzknecht spielte, und noch heute ist mir die Erinnerung daran eine widerwärtige« (Nestroy, *S. W.* Bd. 15, S. 624).

(bei den Junghegelianern nachweisbaren) Wunsch sehen, die ursprünglich gemeinten Werte wieder zu Ehren zu bringen. Ein Beispiel. In Heines schon erwähntem Gedicht »Entartung« (Neue Gedichte, Zeitgedichte 8) werden verschiedene traditionelle Embleme parodiert, z.B.:

> Von der Bescheidenheit der Veilchen
> Halt' ich nicht viel. Die kleine Blum',
> Mit den koketten Düften lockt sie,
> Und heimlich dürstet sie nach Ruhm.

Ähnlich Nestroy. Die Näherinnen in *Das Mädl aus der Vorstadt* drängen sich um den reichen Herrn von Gigl, der die ihm zugedachte Kornhändlerswitwe nicht heiraten will, und bemühen sich, gebildet zu reden (II,5):

Gigl: Ich bin so frei.

Sabine: Das sind Sie nicht, im Gegenteil, Sie sind bescheiden.

Rosalie: Und das is das, was wir schätzen an einem Mann.

Sabine: Wenn man Männer mit Blumen vergleichen dürf' –

Rosalie: So könnt' man Ihnen mit dem bescheid'nen Veilchen vergleichen.

Sabine (ärgerlich beiseite): Das is stark, die schnappt mir's Wort vom Maul weg, und der klassische Gedanke is von mir.

Schnoferl: Erlauben Sie, daß ich gegen das unverdiente Renommee dieser Blume einen Einspruch tu'. Das Veilchen drängt sich z' allererst hervor, kann's kaum erwarten, bis 's Frühjahr wird, überflügelt sogar das Gras, damit's nur ja früher als alle andern Blumen da is auf 'n Platz – wo steckt da die Bescheidenheit? Aber 's geht schon so, so kommt auch mancher Mensch zu einem Renommee, er weiß nicht wie. Weltlauf!

Beide Dichter ironisieren die Bescheidenheit nur im biedermeier-idealistischen Sinne einer absoluten Selbstlosigkeit, indem sie mit parodistischer Übertreibung feststellen, daß jedes lebendige Wesen sich nach dem in ihm liegenden Gesetz geltend macht. Die Bescheidenheit im Sinne einer gesellschaftlichen Tugend bekämpfen sie keineswegs generell. *Im Gegenteil, sie selbst nehmen als Schriftsteller bewußt die durch Sturm und Drang, Romantik usw. gestörte Tradition des niederen Stils wieder auf, indem sie sich von anspruchsvollen Halbgenies wie Platen und Raimund distanzieren, sich in einem bestimmten Bereich der Gesellschaft (Publizistik, Theater) bewähren und nichts als Meister in ihren Fächern sein wollen oder, allgemeiner, »Meister des Witzes«* (s. o.); denn die Wiedererstarkung der Witzkultur steht im Zusammenhang mit der Restauration der alten Gesellschaft, *und sie bildet zugleich ihr Korrektiv.*

Wenn in der *Verhängnisvollen Faschingsnacht* die Ehrsucht des Holzhackers Lorenz in einem grotesken Licht erscheint, so bedeutet dies nicht, daß der alte Wert der Ehre abgelehnt wird. Im *Unbedeutenden* gilt die Ehre, auch die bürgerliche, sehr viel. Nestroy ist ein außergewöhnlich ehrgeiziger Schauspieler, Heine bezeichnet den Witz ausdrücklich als seine Waffe; er hat sich jedoch in Paris auch im buchstäblichen Sinne duelliert. Das Werk beider Dichter verselbständigt sich nicht im Sinne einer autonomen Ästhetik klassizistischer oder modern-artistischer Art, sondern übt fast in allen seinen Bereichen eine gesellschaftliche Funktion aus. Die alten Formen werden durch souveränen Gebrauch durchlässiger, offener, – wodurch, nebenbei gesagt, in beiden Philologien außerordentlich schwierige Probleme bei der Herstellung der Texte entstehen. Verbindungen zur Bie-

259

dermeierkultur ergeben sich aber bei beiden Dichtern aus dieser *gesellschaftlichen Brauchbarkeit.* Heine dringt in das Poesiealbum der Bürgertöchter, wird reichlich vertont und hat auch Anteil an der gehobenen konservativen Publizistik (»Allgemeine Zeitung«). Nestroy gibt dem Druck des zum genrehaften Volksdrama drängenden Biedermeiertheaters in den vierziger Jahren spürbar nach. Beide Dichter verharren aber schon aus stilistischen und psychologischen Gründen, durch die stetige Parodie der Empfindsamkeit und durch die Lust an der grotesken Gestaltung, in einem *deutlichen Abstand vom Biedermeier;* denn dieses bleibt immer im Banne der Empfindsamkeitstradition, vor 1830 ganz offensichtlich, nach 1830 in einer spröderen, »kurzen«, »verhaltenen« Form (vgl. Bd. I, S. 242). Diese stetige Auseinandersetzung mit der deutschen Empfindsamkeits- und Idealismustradition setzt sich im Zeitalter des bürgerlichen Realismus allgemein, wenn auch gemäßigt, fort. Nestroys und Heines witzige, parodistische, groteske Satire macht gelegentlich *Zugeständnisse an das realistische Humorprinzip, aber sie kapituliert niemals völlig vor der alles relativierenden bürgerlichen Gemütlichkeit.* Dieses Festhalten an der satirischen Witzkultur führte im Zeitalter des Realismus mit Notwendigkeit zur Diffamierung *beider* Dichter, – womit die Vorstellung von einer bloß inhaltlichen oder bloß antisemitischen Heine-Kritik widerlegt wird. Aber sie führte, ebenso gesetzmäßig, zu einer Rehabilitierung Heines und Nestroys, als der bürgerliche Realismus und Naturalismus abgewirtschaftet hatten und *ein neuer Sinn für abstraktere Formen der Dichtung* wie auch speziell für die komische, satirische, groteske Verfremdung wieder erwachte. Nun erschienen Heine und Nestroy plötzlich wieder als »modern«. Im strukturellen (stilsystematischen) Sinne war dies nicht falsch, wohl aber im historischen; denn Satire und Parodie erscheinen immer wieder in einer abgewandelten Gestalt, sie haben wie alles: Geschichte.

Heine und Nestroy sind auch durch ihren hohen Rang verbunden, insofern mittelmäßige Schriftsteller und zwar gerade solche der erneuerten Witzkultur, ihnen ihren wohlverdienten Ruhm nicht gönnten. Wir kennen bereits Nestroys Verteidigung gegen Saphir. Heine hatte Ärger mit Börne, der ihn politisch belehren wollte. Gutzkow, der ein schwacher Dichter, aber ein starker Publizist war, machte beiden Genies schweren Kummer. An diese zweitrangigen Schriftsteller, möglicherweise auch an dramatische Konkurrenten wie Raimund und Grabbe denkt Nestroy, wenn er in der Rolle des Rochus (*Nur Ruhe,* I,10) meint: »Zu was denn was Außerordentliches? Es haben schon Leut' Lorbeerkränz' 'kriegt, die nicht einmal was Ordentlich's geleistet haben.«

Auch in dieser Äußerung erscheint *die bescheidene Bereitschaft zur Meisterschaft,* ohne das ständige Gerede von Genialität und ohne das Liebäugeln mit dem unsterblichen Ruhm, der ja nicht vorausberechnet werden kann. Hinsichtlich dieser literarischen Bescheidenheit übertrifft allerdings der in seiner Vaterstadt unvergleichlich besser integrierte Wiener Theaterdichter Nestroy den Pariser Emigranten Heine. Beide verdienen den Titel eines deutschsprachigen Aristophanes. Aber Nestroy deutet durch seine aristophanischen Wortbildungen diesen Ehrgeiz nur an, während Heine den Titel direkt und öffentlich für sich beansprucht. Die Witzkultur überformte alle Gattungen. Trotzdem ist es selbstverständlich von wesentlicher Bedeutung, daß der Wiener das heimische Volkstheater mit großartiger Konsequenz zu seinem einzigen Wirkungsfeld wählte. Heine hat

sich über die Gleichzeitigkeit von Schauspieler und Theaterdichter im deutschen Bundesgebiet bereits gewundert (vgl. Bd. II, S. 442), woraus man schließen darf, daß Nestroy
durch das Theater stärker in der Tradition des alten Europa stand als Heine. Im Sinne
dieses *universalen* Theaterdichters, der nicht nur einsame Rollen schreibt, sondern diese
selber spielend interpretiert, enthält der stilgeschichtlich falsche Titel eines Wiener Shakespeare, mit dem man Nestroy bis heute ehrt, wenigstens eine halbe Wahrheit. Schon
die übermäßig große Zahl von Stücken, die der Österreicher geschrieben hat, und das ungenierte Benützen der Vorlagen kennzeichnen ihn als einen *späten Autor des alten europäischen Theaters* und entrücken ihn der modernen Wortkunst, aus deren Geist ihn Karl
Kraus verstehen wollte und mißverstanden hat. Man darf sogar behaupten, daß die geschichtliche Einordnung Nestroys für einen Germanisten deshalb so schwierig, wenn
nicht unmöglich ist, weil das europäische Theater von der Commedia dell'arte und Gozzi
bis zum Pariser Vaudeville und zur Operette Offenbachs für den österreichischen Dichter
unvergleichlich wichtiger war als das »große« deutsche Drama von Lessing bis Hebbel.
Eher knüpft Nestroy an Kotzebue an (Krähwinkliaden), der ein nicht unbedeutender
Possen- und Theaterdichter (vgl. Bd. II, S. 415 f.) und ein europäischer Kassenschlager
war. Der parodistische Bezug zum hohen deutschen Drama erscheint nicht nur in *Judith
und Holofernes,* sondern an hundert Einzelstellen und verstärkt sich nach 1848, d. h. in
der Zeit, die den deutschen Klassikerkult begründete (vgl. *Höllenangst, Theaterg'schichten, Frühere Verhältnisse* u. a.).

Nestroys Verzicht auf Experimente im hohen Stil ist nach Raimund erstaunlich und
läßt seine geschichtliche Gestalt *sehr geschlossen* erscheinen, geschlossener als er wahrscheinlich im psychischen Sinne war. Gegenüber den Versuchen, ihn aus dem Wiener
Volkstheater herauszulösen, muß gesagt werden, daß sein geschichtlicher Ort überhaupt
nur im Zusammenhang des *Theaters* zu bestimmen ist. Es sei nicht geleugnet, daß durch
Nestroys Räsonnieren in Couplets und Monologen, durch seine große aphoristische Begabung eine gewisse *Spannung zwischen Nestroys Wortkunst und Nestroys Komödie*
entsteht, besonders in den schwächeren Stücken. Aber erstens findet man dieses witzige
Raisonnement auch bei Bauernfeld und andern Theaterdichtern der Zeit, zweitens verselbständigt sich diese witzige Wortkunst doch nur am äußersten Rand von Nestroys
Werk (s. o. S. 215 f.); sonst bleibt sie im Dienste des komischen Theaters. Man kann
höchstens sagen, daß auf diese Weise merkwürdige Kombinationen von Posse und
»Konversationslustspiel« entstehen können, – ein Hinweis darauf, daß die Vorstellung
von Nestroy als dem Ende des Alt-Wiener-*Volks*theaters nicht dadurch falsch wird, daß
sie alt ist. Vielleicht darf man hinzufügen, daß auch das bald nach 1848 auftauchende,
um 1900 sich verstärkende Heimweh nach Alt-Wien in seine Grenzen verwiesen werden
muß, wenn in dem *Ende* Nestroy zugleich ein über den Realismus und Naturalismus hin-
ausweisender *Anfang* gesehen werden soll. Diese Frage (traditionell oder vorwärtsweisend?) kann, wie bei allen bedeutenden Dichtern der Zeit, mit einem doppelten Ja beantwortet werden. Für die Umbruchstelle zwischen dem alten und dem modernen Europa,
die die Biedermeierzeit bildet, ist der Januskopf ein besonders treffendes Symbol. Die
Heinephilologie und fast jede andere Philologie der Biedermeierzeit ist in einer ähnlichen

Lage. Hier führen nur präzise Vergleiche mit früheren *und* späteren Repräsentanten des komischen Theaters zu klaren Ergebnissen.

Nestroy gehörte auch insofern zum älteren Europa, als er viel Sinn für die Veränderung (Vergänglichkeit), aber kein spezielles historisches Bewußtsein hatte. Eben deshalb ist er frei von jeder originalistischen Neuerungssucht. Er änderte an den Vorlagen nur, was ihm im Augenblick notwendig erschien. Kampls Lied (I,11) spricht fünfmal (im Refrain) eine Weisheit aus, die an Goethes Lehre von den »Urphänomenen« und vom »alten Wahren« erinnert: »Es is alles uralt, nur in anderer G'stalt!« *Vielleicht war es ihm wegen dieser Hinwendung zum Bleibenden möglich, eine Brücke zwischen den Hanswurstspielen und dem Theater Dürrenmatts oder Ionescos zu bilden.* Wir bedauern gewiß mit Grund, daß er viele Vorlagen flüchtig bearbeitete, daß ihm der einzelnen Dichtung gegenüber oft die Werktreue, das künstlerische Ethos fehlte. Dem komischen Theater dagegen, als Gattung betrachtet, hat er eine leidenschaftliche Treue bewahrt. Den einzelnen Mitmenschen, selbst der Lebensgefährtin, muß er wegen seiner Sprunghaftigkeit ein Rätsel gewesen sein. Auch wir kennen – man muß es gestehen – den individuellen Nestroy kaum: in diesem Sinne ist er unheimlich; aber das Urphänomen Harlekin erblicken wir in allen Masken, die von ihm überliefert sind, und *auch seine Werke werden, je tiefer man in sie eindringt, um so mehr zu einem einzigen vielgestaltigen, überreichen komischen Theater.*

Politischen Ehrgeiz hatte er dementsprechend kaum. Er war Theaterspezialist. Jedenfalls muß auch hier das Gesetz des Wiener Theaters, das politische Tendenzen und die Personalsatire verbot, an die Stelle dessen treten, was er als Persönlichkeit war oder dachte. Die Briefe Nestroys sagen etwas mehr als die Raimunds, aber immer noch allzu wenig. Wir zitierten, anläßlich von *Häuptling Abendwind,* aus dem monarchistisch-patriotischen Brief vom 8. 5. 1861. In dem Brief vom 2. 5. 1861 (an Stainhauser) meint er gar, er sei ein »legitimistischer Patriot«. Auch andere Briefe belegen eine starke Bindung an den Habsburger Staat und insbesondere auch an das Haus Habsburg selbst. Die beständigen Scherereien mit der Zensur sind im strengen Sinne keine Widerlegung dieser später Selbsteinschätzung, denn sie haben meistens moralische Gründe oder beruhen einfach auf dem Verstoß gegen das strenge Verbot des Extemporierens. Immerhin erkennt man auch an dieser Stelle eine Spannung zwischem dem Künstler und der Tradition. Sie hält sich in Grenzen, *weil der Glaube an tiefer greifende Änderungen fehlte,* ja weil diese vor den österreichischen Patrioten, die sich (nicht ohne Grund!) keine *freie* Zusammenarbeit zwischen den Nationen des Habsburgerreiches vorstellen konnten, sogar gefürchtet werden mußten. Hierin besteht ein notwendiger Abstand von Heine, obwohl ja auch bei diesem nach 1848 die Skepsis und der Vanitasgedanke zu einer beträchtlichen Erschütterung des Fortschrittsgedankens führten. Eine »Bekehrung« (Rückwendung zum Theismus) konnte Nestroy nicht erleben, weil er sich nie so systematisch wie Heine zu einer nachchristlichen Ideologie bekannt hatte. Nestroys *blasphemische,* vielleicht auch atheistische Pointen (s. u.) sind okkasionalistisch.

Nestroys soziale Kritik ist deutlicher als die politische Tendenz. Man darf zwar nicht bei jedem schlichten »Herrn von...« annehmen, daß er Adeliger war, weil die höfliche Residenz Wien außerordentlich freigebig in der Verleihung von Adelsprädikaten war[136]. Aber die Abneigung gegen aufgeblasene Reiche, hochmütige Adelige, bildungsstolze Damen, die Teilnahme am Schicksal der armen und sonst erniedrigten Menschen ist so deutlich, daß man auch im sozialen, nicht nur im stilistischen Sinne von einem Volksschriftsteller sprechen kann. Die Sympathie des bewußteren Volksschriftstellers Gottfried Keller für die von Nestroy geprägte Wiener Posse (s. o.) ist kein Zufall, sondern beruht auf dieser gemeinsamen sozialen Haltung. Nestroy hat die Armen seltener idealisiert als Raimund. Salome Pockerl im *Talisman* bildet nicht die Regel. Wo aber gegen das Gesetz der Gleichheit und Brüderlichkeit verstoßen wird, da erwacht sein satirischer Grimm fast immer. Es ist nicht leicht zu sagen, ob diese *Teilnahme an den Armen,* die beim reichen Nestroy auch biographisch nachgewiesen werden kann und schließlich sogar dem sterbenskranken Feinde Saphir zugutekommt (Brief an Stainhauser vom 14. 7. 1858), bloß der christlichen *Tradition* entspricht oder schon als bewußter Humanismus betrachtet werden kann; denn soziale Utopien entwickelt Nestroy so wenig wie politische oder religiöse. Sein positives Wertsystem hinter der satirischen Negation zu erkennen, bleibt außerordentlich schwierig. Trotzdem scheint, wie bei fast allen Dichtern der Biedermeierzeit, ein Abstand vom konsequenten Nihilismus zu bestehen. Das positive Erbe der Barocktradition ist zwar aufgezehrt. Die Vanitas wird durch keinen Himmel kompensiert. Aber *die positive Tradition des älteren Europa wirkt in den Institutionen weiter,* nicht nur im Habsburgerstaat, sondern auch im Volkstheater. Ich habe davor gewarnt, die happy ends Nestroys immer nur als eine formale Anpassung an die Tradition zu verstehen. Nachweislich entsprechen sie, genauso wie seine satirischen Ausfälle, in vielen Fällen den sittlichen Normen, die er festhält.

Das bedeutet nicht, daß dieser in der Satire erscheinende Moralismus, oder vorsichtiger ausgedrückt, dieser latente Humanismus noch auf christlich-religiöser Grundlage beruht. Wir haben schon bei der Interpretation von *Freiheit in Krähwinkel* beobachtet, *daß die Kloster- bzw. Kirchenkritik deutlicher ist als das Bekenntnis zur liberal-bürgerlichen Revolution.* Das ständige Hadern mit der Vorsehung oder dem Schicksal erkennt ein Polizeibeamter mit halbem Recht als Atheismus*, während ich mich an den Vorwurf einer

---

* Der Polizeibeamte Janota nimmt am 22. 3. 1851 zu Nestroys Beschwerde wegen der Polizeichikanen (anläßlich seiner Posse »Mein Freund«) Stellung. Dieser hatte u. a. gesagt: »Das ›Hadern mit dem Schicksal‹, glaub ich, kann nichts Anstößiges haben, denn es existiert gar kein Stück, wo derlei nicht in allen Nuancen vorkömmt« (S.W., Bd. 15, S. 376). Dazu Janota: »Es handelt sich hier nicht nur um bloßes Hadern mit dem Schicksal, sondern um eine atheistische, das christlich-religiöse Gefühl beleidigende Ansicht, welche noch dazu mit scheinbarer humoristischer Ruhe vorgetragen wird und durch den Ausdruck ›deine Blitze leuchten nicht‹ eine direkte Beziehung auf das höchste Wesen nach biblischer Anschauung nimmt. Der Gegenstand ist zu ernst, zu heilig, und die Profanation desselben könnte von gefährlicher und verderblicher Wirkung sein« (ebd., S. 380). Der Beamte hat den Zusammenbruch des Metternichschen Universalsystems und die dadurch bewirkte Wiederherstellung der josephinischen Spezialisierung der Zensur auf das direkte Staatsinteresse nicht erfaßt. In der Sache aber ist sein Urteil diskutabel. Es ließe sich wohl leicht nachweisen, daß Nestroys oft respektloser, ja höhnischer Umgang mit der fortuna der Barocktradition *widerspricht.* Er gibt es selbst zu, wenn er sagt: »Übrigens darf man nur an dieser Stelle das Wort ›Fügungen‹ weglassen…« (ebd., S. 376). Er *will,* wie Heine, provozieren. In den Briefen, wo keine Anpassung an den sich verstärkenden Atheismus der Gebildeten vermutet werden kann, findet sich sogar während der brävsten Zeit Nestroys gelegentlich eine betont unkirchliche Haltung. Anläßlich der Operation »meiner Louise«, einer geliebten Schauspielerin, gibt er folgende Anweisung für den Fall ihres Todes: »Sarg sehr elegant, kirchliche Einsegnung einfach, denn ich stecke nicht gerne den Pfaffen Geld in den Ra-

republikanischen Gesinnung nicht erinnern kann. Der Modernismus Nestroys im Sinne des 20. Jahrhunderts ist damit in keiner Weise festgestellt, wie kurzschlüssige Nestroy-Forscher glauben; denn dieser Atheismus entstand ja schon gleichzeitig mit der Skepsis, gleichzeitig mit der Spiel- und Witzkultur des 18. Jahrhunderts in Frankreich. Österreich hat während der Aufklärung keinen Voltaire oder Helvetius und keinen Wieland hervorgebracht. Aber der aus »Vorderösterreich« stammende nüchtern-verspielte Wieland wurde wie kaum ein anderer deutscher Dichter von den Österreichern gelesen und – das ist klar bei Wienern – *in Theater umgesetzt. Nestroy ist die Stelle, an der diese Voltairianische und Wielandische Saat in Österreich aufging und eine neue, energisch-einprägsame Gestalt annahm.* Nestroy kam, geschichtlich gesehen, von weit her und nicht zuletzt aus diesem Grunde wirkt er auch weit in die Zukunft hinein, sicher nicht im Geiste von Karl Kraus und Hofmannsthal, aber vielleicht im Sinne jener bescheidenen, illusionslosen Menschlichkeit, die die »heile Welt« der konservativen Revolutionäre genauso überleben wird wie den kommunistischen Traum vom irdischen Paradies.

chen. Todtenwagen der eleganteste, der in Wien existiert, mit 4 Pferden« (an Ignaz Stahl 2. 8. 1842). So großzügig und bewußt er die schlichte Wohltätigkeit unterstützt, so knapp hält er hier die alte, auf ihre Gnadengaben pochende Institution der Kirche.

GEORG BÜCHNER (1813–1837)

Frühe Sicherheit, aber kein soziales und weltanschauliches System

»Grabbe und Büchner: der Eine hat den Riß zur Schöpfung, der andere die Kraft« (Hebbel, Tagebuch I 1783). »Von Grabbe sind 2 Dramen erschienen. Wenn man diese aufgesteifte, forcirte, knöcherne Manier betrachtet, so muß man Ihrer frischen, sprudelnden Naturkraft das günstigste Horoskop stellen« (Gutzkow an Büchner 28. 8. 1835). Selbst Julian Schmidt, der Programmatiker des Realismus, der eine »gesunde« Dichtung forderte und Büchners Wahnsinnsdarstellungen ablehnte[1], stellte den früh gestorbenen Dramatiker weit über Grabbe[2]. Büchners ungewöhnliche Begabung war, ähnlich wie die Mörikes (vgl. u. S. 691 f.), von vornherein nicht zu übersehen. Auch hier fiel sogleich das Wort »Genie«, und einschränkende Bemerkungen bezogen sich nur auf die schicksalsbedingte »fragmentarische« Form seines Schaffens*. Wenn Büchner in der realistischen Zeit, in der die Herausgabe seiner Schriften – abgesehen von Teilen des *Hessischen Landboten – politisch* gewagt werden konnte (*Nachgelassene Schriften* von Georg Büchner [hg. v. Louis Büchner], Frankfurt/Main 1850), nicht den verdienten Beifall erhielt, so teilte er dies Schicksal mit fast allen bedeutenden Dichtern der Biedermeierzeit. Büchners bekannte Kritik an den »Idealdichtern« findet bezeichnenderweise die Zustimmung des mächtigen Julian Schmidt nicht, obwohl sie durch die Anerkennung Goethes und Shakespeares eingeschränkt und nur Schiller als Vorbild abgelehnt wird (L II, 443 f.)**: »Der Einwand, daß Gott doch wohl gewußt haben müsse, was er schuf, reicht

---

* Ronald *Peacock,* der bewährte Kenner des Dramas, macht auch noch im Zeitalter der Büchner-Preisreden derartige Einschränkungen: »immaturity«, (A Note on Georg Büchner's Plays, in: GLL NF 10, 1956/57, S. 191), während manche deutsche Germanisten und Literaten Büchner zum angeblich völlig modernen Klassiker erhoben haben. Soweit damit, wie von manchen übertriebenen Lobrednern Heines, eine progressive Gegenklassik, ein Ersatz für die angeblich bürgerlichen Klassiker Goethe und Schiller angestrebt wird, ist, milde ausgedrückt, die berüchtigte deutsche Diskontinuität im Spiele und äußerste Nüchternheit empfehlenswert. Das Lebenswerk des mit 23½ Jahren gestorbenen, wie immer genialen Dichters entspricht und ähnelt nur Goethes Dichtung bis »Werthers Leiden«.

** Ich gebe die Belege, wie in der Büchnerforschung üblich, verkürzt nach der historisch-kritischen (Hamburger) Ausgabe von Werner R. *Lehmann,* Bd. 1 1967, Bd. 2 1971, wieder, obwohl der spekulative Geist, der in der Büchnerforschung noch lebhafter als in andern Philologien der Biedermeierzeit sein Wesen treibt, sich bis in die kritische Edition hinein bemerkbar macht. Ich bin mit Egon *Krause* der Meinung, daß der Abdruck einer Spiel- und Lesefassung des »Woyzeck«, die eine spekulative Kombination sein muß, einen Mißbrauch der historisch-kritischen Ausgabe darstellt (Georg Büchner, Woyzeck, kritisch hg. v. Egon *Krause,* Frankfurt/M. 1969, S. 23). Ähnlich später Klaus *Kanzog:* Wozzeck, Woyzeck und kein Ende, in: DVjs Bd. 47, 1973, S. 440: »Einen spielbaren Text herzustellen, ist... keinem Editionsphilologen möglich.« *Lehmann* selbst gibt zu, daß jedes

nicht aus, denn für Gott ist die Welt Totalität, in der ein Unvollkommenes das Andere ergänzt. Der Dichter aber, der nur ein Fragment der Welt darstellt, kann sich mit dem Empirischen, dem Unvollkommenen nicht begnügen. Wenn die Dichtung ein Duplicat des Wirklichen gäbe, so wüßte man nicht, wozu sie da wäre... Uebrigens ist dem Dichter auch nicht möglich, einen bloßen Abklatsch des Wirklichen zu geben; er muß idealisiren, er mag wollen oder nicht, und wenn er nicht nach der göttlichen Seite hin idealisirt, so idealisirt er nach der teuflischen, wie die ganze neue Romantik« [3]. Schmidt weiß vielleicht, daß Büchner zwei Dramen Victor Hugos (*Lucretia Borgia, Maria Tudor*) übersetzt hat, er bezieht ihn auf die französische Romantik, was wohl nicht falsch ist. Aber er übersieht, daß Büchner kein »Duplicat des Wirklichen« geben, sondern die Welt im Sinn des alter deus-Prinzips neuschaffen wollte. Dieser Sturm- und Drang-Anspruch ergibt sich aus der Erhebung des Geschichtsdichters über den Geschichtsschreiber, die in der Biedermeierzeit keineswegs selbstverständlich war (vgl. Bd II, S. 363 ff. und bes. S. 857), aus der Behauptung nämlich, daß der Dichter »uns die Geschichte zum zweiten Mal erschafft« (L II,443). Damit korrigiert Büchner gründlich die vorangehende mißverständliche Äußerung, die oft allein zitiert wird: »Der dramatische Dichter ist in meinen Augen nichts, als ein Geschichtschreiber« (an die Familie 28. Juli 1835). Der realistischen Doktrin widersprach Büchner auch durch die bekannte Vorliebe für eine kühne Metaphorik und durch die so erreichte Transparenz der Sprache und der Gegenstände. Diese verbindet ihn mit andern bedeutenden Dichtern seiner Zeit (Mörike, Stifter, Annette, Grabbe usw.), bildet aber auch einen Anknüpfungspunkt für alle surrealistischen Strömungen des 20. Jahrhunderts. Trotzdem ist es eine ganz schiefe Vorstellung, wenn man meint, Büchner sei so modern gewesen, daß er erst im 20. Jahrhundert verstanden werden konnte.

Das Haupthindernis für die Büchnerrezeption bildete die den Idealismus dogmatisch einbeziehende deutsch-realistische Doktrin, *das Verklärungsprinzip* (vgl. Bd I, S. 271 f.). Man darf auch nicht vergessen, daß die bürgerlich-realistischen Programmatiker die in

Experiment dieser Art »eine mit Makeln behaftete Notlösung bleiben« muß (Beiträge zu einem Streitgespräch über den Woyzeck, in: Euph. Bd. 65, 1971, S. 71). Dann ist nicht einzusehen, warum gerade *Lehmanns* Versuch in der kritischen Ausgabe erscheinen soll. Für eine Stellungnahme zu *Richards* Kritik im einzelnen (ebd. S. 49–57) bin ich nicht zuständig. Es fällt mir aber auf, daß Lehmann die Hinweise von Richards auf die *stilistische* Entwicklung Büchners – ich kann sie bestätigen – nicht beachtet, während er wiederholt zu verstehen gibt, daß er schöne *sozialkritische* Details der frühen Fassungen festhalten will. Diese zeitgemäße Einstellung ist bei jedem jüngeren Büchnerforscher verständlich, gibt aber einen weiteren Hinweis darauf, daß ein Spiel- und Lesetext in die Grenzzone zwischen Philologie und Dramaturgie, nicht in den strengen philologischen Bereich einer kritischen Ausgabe gehört. Zu bedauern ist auch, daß, im Gegensatz etwa zur Heine-Ausgabe, eine alte philologische Unsitte, nämlich die getrennte Publikation von Text- und Apparat- bzw. Kommentarbänden, weitergeführt wird. Hier fehlt die sozialkritische *Praxis*, nämlich der Widerstand gegen Verlegerwünsche! – Hinzuweisen ist im Zusammenhang der Textkritik und der Büchnerphilologie auf den jüngst erschienenen Sonderband der Zeitschrift »text + kritik« zu Leben und Werk Georg Büchners, der überwiegend von Thomas Michael *Mayer* bestritten wird. Hervorzuheben ist vor allem Mayers Auseinandersetzung mit der Büchnerforschung, deren kontroverse Situation er »in den eklatanten Versäumnissen auf nahezu allen Gebieten der positiven Grundlagenforschung zu Georg Büchner« begründet sieht (Georg Büchner I/II. Sonderband der Zeitschrift »text + kritik«. Herausgegeben von Heinz Ludwig *Arnold*. München 1979, S. 328).

jedem Werk spürbare soziale Tendenz Büchners, *wie jede andere Tendenz,* ablehnten, ja daß der Dichter so etwas wie ein Geheimtip der Sozialisten war und damit zu einem niederen Parteigut abgestempelt wurde. Es war gewiß kein Gewinn in der bürgerlich-realistischen Literaturwelt, von Liebknecht empfohlen zu sein*. Schließlich darf man nicht vergessen, daß der Herausgeber der *Nachgelassenen Schriften* von 1850, Büchners Bruder Louis, als Mediziner der Entzifferung der *Woyzeck*-Fragmente nicht gewachsen gewesen war und in der beigegebenen (oft unterschätzten!) Biographie als Materialist wie auch als linker Achtundvierziger den Dichter ungeniert gegen die gescheiterten bürgerlichen Revolutionäre von 1848 ausgespielt und kaum eingeschränkt als »Sozialist« gekennzeichnet hatte (s. u.). Karl Emil Franzos gab mit Büchners *Sämtlichen Werken* von 1879 eine etwas verläßlichere Grundlage für die literarische Büchner-Rezeption; denn diese Ausgabe enthielt schon zwanzig *Woyzeck*-Szenen, wenn auch in einer unzulänglichen Edition[4]. Außerdem war Franzos mit seinen zahlreichen Büchner-Essays ein starker Trommler für den Dichter. Er eröffnete die »Büchner-Renaissance«[5], – in dem Augenblick, da das Programm der bürgerlichen Realisten seine Autorität zu verlieren begann. Gottfried Keller fühlt sich, in einer wenig freundlichen Äußerung über den »germanischen Idealjüngling« Büchner, durch den *Woyzeck* bereits an Zolas *Nana* erinnert (an Paul Heyse 29. 3. 1880). Das war gewiß ein Mißverständnis, aber auf produktiven Mißverständnissen beruhte ja dann überhaupt die starke Wirkung Büchners auf die deutschen Dichter von Gerhart Hauptmann und Karl Henckell bis Heinrich Böll und Günter Grass.

Die Büchnerforschung hat leider nicht immer in dem empirischen Geiste weitergearbeitet, den die Bücher von Karl Viëtor (*Georg Büchner. Politik. Dichtung. Wissenschaft,* Bern 1949) und auch von Hans Mayer (*Georg Büchner und seine Zeit,* Berlin ¹1946, ²1960), trotz ihrer entgegengesetzten politischen Grundhaltung, für die Zukunft erwarten ließen. Es gibt natürlich Ausnahmen, besonders in der Spezialforschung. Aber gerade *die* heutigen Bücher, die den Anspruch erheben, eine Einführung in das Gesamtphänomen Georg Büchner zu sein, sind erschreckend wirklichkeitsfremd. Ich gebe zu: es sind faszinierende, meist gut geschriebene Meditationen, Monologe auf dem höchsten geistigen Niveau. Man staunt, was für geistige Welten in dem jungen Genie stecken sollen: der halbe Pascal, Schelling, Hegel, Schopenhauer, Kierkegaard, Marx, Heidegger usw. Das schmale individuelle Werk eines früh gestorbenen Dichters wird zum gigantischen geistigen Kosmos. Aber wenn man sich dann überlegt, wie man diese Monologe in eines fassen

---

* »Politisch gesehen, trägt die Rezeptionsgeschichte Büchners im ausgehenden 19. Jahrhundert einen stark sozialistischen Akzent. Schon 1876 war in der von Wilhelm Liebknecht redigierten Zeitung ›Neue Welt‹ eine Biographie und Würdigung Büchners erschienen, die im wesentlichen auf der Einleitung zu den ›Nachgelassenen Schriften‹ von 1850 fußt. Dieser Beitrag, der in sieben Fortsetzungen veröffentlicht wurde, ist der erste Versuch der jungen sozialdemokratischen Arbeiterbewegung, ein Verhältnis zu Büchner als einem Vorläufer der eigenen Anschauungen zu gewinnen. Die Beschäftigung mit Büchner war damals freilich ein riskantes, ja ›staatsgefährliches‹ Unterfangen. Noch 1891 wurde aufgrund von Bismarcks Sozialistengesetz ein Abdruck von ›Dantons Tod‹ an dem verantwortlichen Redakteur der Leipziger ›Volksstimme‹ mit einer viermonatigen Gefängnisstrafe geahndet« (Dietmar *Goltschnigg,* Rezeptions- und Wirkungsgeschichte Georg Büchners. Kronberg/Ts. 1975, S. 43 f.).

Georg Büchner

soll oder wie ein Gespräch zwischen den geistreichen Verfassern aussehen könnte, dann bemerkt man den Turmbau von Babel, während ein scharfes und ergiebiges Gespräch zwischen dem Wahlamerikaner Karl Viëtor und dem DDR-Germanisten Hans Mayer nach dem Erscheinen ihrer Bücher ohne weiteres möglich erschien. Ich meine hier nicht nur die üblichen marxistischen Verrenkungen, sondern gerade auch »bürgerliche« Meditationen, die weniger auf Erkenntnis als auf Aneignung des Dichters ausgehen*. Sollte, bei gutem Willen, eine Vermittlung zwischen den beiden extremen Lagern der Büchnerforschung, dem christlichen und dem marxistischen, wirklich unmöglich sein? Die Wahrheit darf keine Rücksicht auf die großen konkurrierenden Parteien nehmen. Bei Kobels Interpretation, überhaupt bei der christlichen Büchnerdeutung meine ich, daß es sich um eine liebreich verharmlosende *Rückübersetzung des Weltschmerzes* (d.h. eines Verfallsprodukts des Christentums, vgl. Bd. I, S. 4) *ins Zentrum der Religion* handelt – unter dem Einfluß der modernen liberalen Theologie, die die Grenze zwischen Christentum und Atheismus – hier steht Büchner unverkennbar – bewußt *verwischt*, um selbst

---

* Ich gebe drei Beispiele, die im Augenblick repräsentativ sein dürften: 1) Gerhard *Jancke:* Georg Büchner. Genese und Aktualität seines Werkes. Einführung in das Gesamtwerk, Kronberg/Ts. 1975. 2) Herbert *Anton:* Büchners Dramen, Topographien der Freiheit, Paderborn 1975. 3) Erwin *Kobel:* Georg Büchner. Das dichterische Werk, Berlin, New York 1974. *Jancke* stellt in zwei Teilen über Büchners Biographie und politische Anschauungen richtig den frühzeitigen Revolutionär und Sozialisten Büchner heraus und kommt auch in dem großen Abschnitt über »Dantons Tod« zu interessanten Einsichten. Dagegen ist es ihm gänzlich unmöglich, medizinische Aspekte im »Lenz« gelten zu lassen. Kaufmann soll durch die Aufforderung zu nützlicherer Beschäftigung das in Steinthal erlangte seelische Gleichgewicht des Dichters zerstört haben, während der Dichter in Wirklichkeit darstellen will, wie trotz Oberlins wohltätigem Einfluß, trotz der Gebirgswanderungen des Kranken und trotz Lenzens Bereitschaft zur kirchlich-religiösen Mitarbeit der Wahnsinn seinen Lauf nimmt. Auch im »Woyzeck« kommt es dem marxistischen Verfasser vor allem auf die »Soziogenese der Schizophrenie« an. *Anton* scheint der Meinung zu sein, daß der Fatalismus-Brief (L II, 425 f.) immer noch »das beliebteste Deutungsschema der Dramen Büchners« ist (S. 9), was man schon auf Grund der zahlreichen christlichen Büchnerdeutungen nicht mehr behaupten kann. Mit einem gewaltigen Rüstzeug an idealistischer und existentialistischer Philosophie will er nachweisen, daß Büchner »als Dichter... kein Stellvertreter seiner Zeit und ihrer Probleme [ist], sondern Repräsentant einer Idee: ›der Idee der Freiheit‹« (*Hegel*, S. W., Bd. XI, 1971 (5), S. 569. Herbert Anton: Büchners Dramen, S. 11) war. Das Ergebnis dient mehr dem Anspruch des existentialistisch erneuerten Hegelkults als der Büchnerforschung, die den Abstand Büchners von Hegel betont und darin sogar schon mit Recht die feste Eigenständigkeit seines Denkens und Dichtens gesehen hat (Michael *Hamburger:* Georg Büchner, in: M. H., Vernunft und Rebellion, Aufsätze, Zur Gesellschaftskritik in der deutschen Literatur, München 1969, S. 62). Die Unterschiede zwischen Büchner und Hebbel verschwimmen in so großartigen, wahrscheinlich bewußt unhistorischen Ausblicken vom alten Montblanc des empirismusfeindlichen deutschen Geistes; vgl. jedoch die auch provozierende, aber anregende »Leonce und Lena«-Interpretation Antons (s. u. S. 316). Sympathischer ist in seiner liebevollen Bemühung um Büchners christliche Seele und Seligkeit der ebenfalls fest in der idealistischen Philosophie verankerte *Kobel*. Es ist erstaunlich, wie viele Äußerungen Büchners an Schelling anklingen. Da Schelling, im Gegensatz zu Hegel, den er bekämpfte, der Naturphilosophie viele Anregungen gab und Büchners Protektor der prominenteste naturwissenschaftliche Schüler Schellings, Lorenz Oken, ist, liegt dieser Philosoph geschichtlich sehr nahe, als geistiger Großvater sozusagen. Auch Pascals Einfluß überrascht nirgends, wo die Vanitas-Stimmung der Barocktradition und ein neues Heilsverlangen christlicher und nachchristlicher Art einander begegnen. Pascallektüre liegt bei einem in christlichen Kreisen lebenden Wahl-Elsässer (s. u.) wohl besonders nahe.

noch ein christliches Aus- und Ansehen zu gewinnen. Daß auch bei Kobel die Empirie letzten Endes durch die Ideologie verdrängt wird, belegt z. b. die Tatsache, daß er vom medizinischen Aspekt im *Woyzeck* (eigensinniger als Jancke!) nichts wissen will (S. 303), obwohl an dieser Stelle die historische Hauptmotivierung für das Engagement des Mediziners Büchner lag (s. u.). Er ist doch nun einmal kein Zeitgenosse, den man in heutige Fronten hineinpressen kann, sondern ein Dichter, der *vor* der Herausbildung des Feuerbachschen Atheismus und des marxistischen Sozialismus lebte, in einer *Zeit, in der sich Christentum und Sozialismus eher freundlich begegneten als schroff voneinander trennten*. Ich sage dies nicht um irgendeiner Aktualität willen, sondern um an die unumstößliche historische Tatsache zu erinnern, daß es einen vormarxistischen, außermarxistischen und nachmarxistischen Sozialismus gibt. Die Gleichung Marxismus und Sozialismus ist Geschichtsklitterung, desgleichen die heute beliebte Meinung, der kritische, ja blasphemische Betrachter des Christentums sei ein heimlicher Christ. Fortschritte der Büchnerforschung verspricht nicht die weitere Auseinandersetzung zwischen Marxisten und Christen, sondern die entschlossene Verabschiedung dieses unhistorischen Streits*.

Büchners günstiger Ausgangspunkt: Herkunft, Raum und Zeit

Einen biographischen Nachholbedarf, den der Originalismus, im Gegensatz zu andern Philologien, gerade bei Büchner verschuldete, befriedigte Gerhard Schaub in seiner Untersuchung über *Büchner und die Schulrhetorik* (Frankfurt/M. 1975). Die hessische Residenzstadt Darmstadt, in der Büchner aufwuchs, hatte ein gutes humanistisches Gymnasium. Der Rhetorik-Unterricht stand im Zentrum der Ausbildung, und Büchner zeichnete sich selbstverständlich auf diesem Gebiete aus, nicht anders als Stifter oder Gotthelf. Das vollständige System der Rhetorik mit Cicero, Quintilian, Tacitus wurde im Lateinunterricht gelehrt. Aber auch andere Fächer wurden zu rhetorischen Übungen verwandt; so erlernte man im Französischen den »Briefstil«. Die Lehrbücher (z. B. Pölitz, vgl. Bd. II, S. 1006) verraten den hohen Anspruch der Lehranstalt. Besonders gelungene Schulreden wurden in den halbjährlichen Schulfeiern vorgetragen, und Büchners erste literarische Erfolge bestanden darin, daß er zweimal zum öffentlichen Redner auserwählt wurde. Man darf diesen damals allgemein üblichen rhetorischen Ausgangspunkt des Autors Büchner nicht überbewerten. Es ist wohl übertrieben, wenn Schaub in der ersten Entdek-

---

* Noch im Jahre 1972, da die Germanistik als *Wissenschaft* an den meisten Universitäten der BRD durch die marxistische Studentenrevolution schwer bedroht wurde, erschien in Stockholm ein Forschungsbericht, in dem die »Entpolitisierung« Büchners tief beklagt und darin vor allem eine Eigenschaft der Deutschen gesehen wurde (Bo *Ullmann,* Der unpolitische Georg Büchner. Zum Büchnerbild der Forschung, unter besonderer Berücksichtigung der Woyzeck-Interpretationen, in: Studier i modern språkvetenskap, New Series 4, Stockholm 1972, S. 86–130). Die Klage war schon 1972 überholt. Ich erwähne den Bericht nur als Beispiel für die falsche Analyse der deutschen Mentalität. Ihre Gefahren liegen heute nicht mehr in der unpolitischen Gesinnung. Das ist schon für 1933 ff. ein problematisches Klischee; für die Zeit nach 1970 halte ich es für völlig unbrauchbar. Die ausländischen Germanisten vergessen oft die sich verstärkende Ausstrahlung der DDR im deutschen Sprachraum.

kerfreude sagt: »Büchner wurde Schriftsteller, weil er nicht Redner sein konnte«[6]. Der damalige Ersatz für die öffentliche Rede war die Publizistik, und eben diese Möglichkeit nutzte Büchner nicht, obwohl ihn Gutzkow dringend, ja geradezu aufdringlich um seine Mitarbeit bat. Die »Kreutzspinne« Gutzkow, die »ein tausendfachiges Gewebe durch ganz Deutschland hat« – so sah ihn der Hegelianer Siegmund Engländer –[7], wollte den begabten jungen Dichter in seiner Kampfgruppe integrieren. Aber daraus wurde nichts. Äußerlich gesehen wegen des Verbots der Jungdeutschen und damit auch des geplanten Zentralorgans, der *Deutschen Revue*. Den tieferen Grund, daß nämlich Büchners stärkste Seite – im Gegensatz zur Begabung Gutzkows (vgl. Bd. I, S. 181 f.) – *nicht* die Kritik war, erkannte Gutzkow schon vor dem Verbot*. Büchner wußte nach *Dantons Tod* – durch Gutzkow selbst! –, daß er ein Dichter war. Entsprechend bestimmte er für die *Deutsche Revue* die Erzählung *Lenz,* keinen kritischen oder sonst publizistischen Beitrag. Zunächst ist von einem »Aufsatz« über Lenz die Rede; aber die Dichtung ist stärker in ihm. Wie alle großen Dichter der Biedermeierzeit erreichte Büchner erst in der *Auseinandersetzung mit der Rhetorik* seinen Rang. Dagegen kann der *Hessische Landbote*, innerliterarisch gesehen, tatsächlich als die Krönung von Büchners rhetorischer Jugend gesehen werden[8]. Auch die Reden in *Dantons Tod* verraten etwas von Büchners jugendlicher Begeisterung für die Beredsamkeit.

Schon die fast überschwengliche Hochachtung einflußreicher zeitgenössischer Schriftsteller und der sich ihnen aufdrängende Vergleich mit Grabbe geben der These von einem völlig einsamen, unzeitgemäßen Büchner wenig Wahrscheinlichkeit. Im Augenblick ist sie freilich ein Topos der Büchnerliteratur. Statt mit Grabbe, mit Lenz, mit dem Götz-

---

* »Sie müssen sich in der Nähe halten (Schweiz, Frankr.), wo Sie Ihre herrlichen Gaben in die deutsche Literatur hineinflechten können; denn Ihr Danton verräth einen tiefen Fond, in den viel hineingeht, u[!] viel heraus... Solche versteckte Genies, wie Sie, kommen mir grade recht; denn ich möchte, daß meine Prophezeiung für die Zukunft nicht ohne Belege bliebe, u Sie haben ganz das Zeug dazu, mitzumachen« (Gutzkow an Büchner 3. 3. 1835, L II, S. 475). »Noch drückt Sie Mangel. Hoffentlich haben Sie jetzt das, was Sie zehnmal verdient haben [Honorar für *Dantons Tod*]. Das beste Mittel der Existenz bleibt die Autorschaft, d. h. nicht die geächtete, sondern die noch etwas geachtete, wenigstens honorirte[!] bei den Philistern, welche das Geld haben. Spekuliren Sie auf Ideen, Poesie, was Ihnen der Genius bringt. Ich will Kanal sein, oder Trödler, der Ihnen klingend antwortet. Bessern Rath weiß ich nicht[!]... Gehen Sie in sich, werden Sie praktisch« (Gutzkow an Büchner 17. 3. 1835, L II, S. 477). »Ich weiß nicht, ob Sie den Phönix gelesen haben d. h. mein Lit. Blatt, u noch lesen. Bei Levrault [in Straßburg], der ihn für die Revue Germanique[!] bezieht, können Sie ihn einsehen. Mir wär' es willkommen, wenn Sie einige Aufmerksamkeit auf das, was an mir ist u was ich will, verwendeten. Sind Sie überhaupt wegen unsrer laufenden liter. Verhältnisse au fait? Sie brauchen es nicht zu seyn: Sie scheinen ganz positiver Natur[!]. Schreiben Sie mir, was Sie arbeiten wollen. Ich bringe Alles unter« (Gutzkow an Büchner 7. 4. 1835, L II, S. 478). Büchner ließ sich durch die Sirenenklänge des liberalen Berufsschriftstellers nicht zur Vielschreiberei verführen, was angesichts seiner Geldnot bewundernswürdig erscheint. Erleichtert wurde ihm dies Verhalten durch seine *Verachtung des gebildeten Liberalismus und des ihm entsprechenden Brotschriftstellertums.* Es entsprach nicht nur seiner »positiven Natur«, sondern seiner Erkenntnis, wenn er den von Gutzkow gebotenen Einstieg in die Publizistik verschmähte und seine Kraft fortan ausschließlich der Naturwissenschaft und der Dichtung widmete. Daß auch diese Spielart seines genialen Radikalismus Tod bedeuten konnte (s. u.), wußte er. »Er äußerte damals oft: ›Ich werde nicht alt werden‹«, berichtet der Bruder (Nachgelassene Schriften, Frankfurt/M. 1850, S. 33).

oder Wertherdichter zu vergleichen und Büchners Stellung innerhalb der Sturm- und Drang-Tradition wie auch innerhalb der Geschichte des Dramas mit offener Form immer genauer zu bestimmen, folgert der durchschnittliche Büchnerforscher aus der unvergleichlichen Genialität seines Dichters, daß er ihn isoliert betrachten oder, trotz seines frühen Todes, zu einem Giganten erweitern kann, der alles, was die Zeit bot, in sich aufnahm. Die Vorstellung von Büchner als einem gewaltigen Organ des Vormärz ist sicher nicht ganz falsch; denn der Politiker, Dichter, Philosoph und Naturwissenschaftler Büchner ist ein besonders reiner, besonders tiefer Ausdruck jener immer noch universalen, aber gespaltenen, zwischen totaler Revolution und totaler Resignation streng gespannten Periode gewesen. Aber man darf darüber nicht vergessen, daß er diese historische Persönlichkeit als eine sehr ausgeprägte, ja strenge, von Entscheidung zu Entscheidung entschlossen fortschreitende Individualität gewesen ist.

»Er hatte einen hellen Blick«, sagt Gutzkow, der, als intelligenter Journalist, für ein solches Urteil zuständig ist[9]. Büchner besitzt den diagnostischen Spürsinn, die Fähigkeit zur Zeit- und Gesellschaftsanalyse in ähnlicher Weise wie Immermann, Grillparzer, Postl-Sealsfield, Gotthelf, Heine, Karl Marx. Er sieht und denkt scharf, deckt die Tabus rücksichtslos auf. Auch in der Darstellung ist ihm etwas wie Brutalität keineswegs unbekannt, und das verbindet ihn mit Grabbe. Gleichzeitig ist er, wie unsere heutigen Interpreten, mit einem aus der expressionistischen Programmatik stammenden Ausdruck betonen, »visionär«. Er kennt den Zwischenbereich zwischen der Tatsachenfeststellung und dem Traum so gut wie Grillparzer und Mörike, und die Auflösung der sehr genau beobachteten Physis ins Metaphysische. Von behaglicher, selbstgenügsamer Liebe zum Irdischen weiß er nichts. Selbst die Identifizierung des Dichters mit dem moribunden Genießer Danton wird heute in der Büchnerforschung fast allgemein getadelt, – mit Recht, wie mir scheint. Denn die Biographie gibt keine Anhaltspunkte für Libertinage, sondern eher für eine *übermäßige seelische Abhängigkeit von der einmal gewählten und unbedingt geliebten Braut*. Die Liebe macht ihn freilich nicht zufrieden. Er ist in allen Jahren, die wir in den Briefen beobachten können, ungeduldig – nicht nur im Sommer 1834, da er den *Hessischen Landboten* schreibt. Die Langeweile ist ein zentrales Thema seiner Dichtung, *weil er so ungeduldig ist*. Nach der Interpretation seines Bruders Louis war ihm die Trennung von der Straßburger Braut Minna Jaeglé in Gießen »beinahe unerträglich«; eine »zerrissene Gemüthsstimmung« bestimmte ihn damals. »Er stürzte sich in die Politik, wie in einen Ausweg aus geistigen Nöthen und Schmerzen.« Und über die (späte) Züricher Zeit heißt es wieder: »Seine Mutter und Schwester... fanden ihn... in einer großen nervösen Aufgeregtheit«[10]. Er ist ungenügsam, ein Zerrissener wie Lenau und Raimund; aber es gelingt ihm oft – darin ist er Nestroy, auch Heine vergleichbar – sich in der Groteske über seine Verzweiflung und seinen verzweifelten Vernichtungswillen zu erheben. Die Forschung betont heute Büchners Humanismus stärker als seinen Weltschmerz, sein »Mitleiden mit dem leidenden Individuum, das jede Schranke der Verhältnisse, der Erziehung und der sozialen Klassen niederriß«[11]. Der angriffslustige Dichter stünde demnach in einem engen Bezug zur Kardinaltugend des christlichen Biedermeiers (vgl. Bd. I, S. 57ff.)? Es läßt sich nicht leugnen. Hier liegt eine Hauptwurzel der christlichen Büchnerforschung. Aber derselbe junge Mann rechtfertigt auch die Gewalt* und prophezeit mehr als einmal den Untergang der Oberschicht, nicht nur der Monarchie und des Feudaladels, sondern auch der müßigen Staatsdiener und der gebildeten Klasse, der er selbst als Sohn eines Arztes von Anfang an angehört. Man sollte es zugeben, daß sich Büchner weder zum christlichen noch zum kommunistischen Heiligen eignet, nicht etwa deshalb, weil er immer nur ein Dichter war, sondern *weil er die in seiner Zeit aufbrechenden Spannungen zwischen der restaurativen und der revolutionären Weltkonstruktion gründlicher als andere durchlitt.* Es wäre zuviel, wenn man sagen wollte, alle Maskenhaftigkeit, alles rollenmäßige Verhalten, sei dem Kind einer noch immer vom barocken Haltungsstil nicht ganz emanzipierten Zeit fremd gewesen. In den starken stilistischen Schwankungen der Briefe und der vollendeten Dichtungen *(Dantons Tod, Leonce und Lena)* steckt noch ein Stück ancien régime. Der Bruder betont nicht umsonst seine Vorliebe für Byron und Tieck[12]; Jean Paul ist hinzuzufügen[13], der Satiriker sowohl wie der potenzierte Dichter. Aber ungewöhnlich weit ist er auf dem Wege einer unbefangenen, ganz an den Objekten orientierten und zugleich ganz individuellen Weltdurchdringung zweifellos gekommen. Darin liegt das noch immer Faszinierende, wahrscheinlich auch Bleibende seiner Erscheinung und die Tatsache, daß er heute zu den wenigen *unumstrittenen Dichtern der Biedermeierzeit* gehört.

Trotzdem läßt sich der geschichtliche Ort, an dem Büchner auftrat, ziemlich präzis bestimmen und deuten. Religionshistorisch ist die blasphemische Sprache Büchners vor der Christentums- und Idealismuskritik der Jungdeutschen und der Junghegelianer kaum zu denken. Heines gewichtige Programmschrift *Zur Geschichte der Religion und Philosophie in Deutschland* erschien in der Zeit, da Büchner an *Dantons Tod* arbeitete, im Januar 1835[14], und kann den leichtfertigen Konversationston mancher Szenen beeinflußt haben. Dieser Ton, nicht unbedingt Büchners eigenste Stillage, mag auch die Brücke zu Gutzkow gebildet haben. Die Gleichzeitigkeit von Straußens *Leben Jesu* und Büchners *Dantons Tod* (beide 1835) hat zum mindesten symbolische Bedeutung: Robespierre und Danton sehen Jesus als *Menschen* und vergleichen ihren geschichtlichen Auftrag mit dem Jesu (s. u.). Politisch-historisch gesehen gehören alle drei genannten Schriften in die kühnen, hoffnungsvoll bewegten Jahre nach der Julirevolution. Büchner erlebte diese zur weiteren Radikalisierung ermunternde Zeit in Frankreich (Straßburg) während seiner beiden ersten Studienjahre (1831–33) mit der unerhörten Rezeptivität eines jungen Studenten, der nicht nur als Dichter genial war. Eine genaue Beschreibung dieses Straßburgs

---

* »Meine Meinung ist die: Wenn in unserer Zeit etwas helfen soll, so ist es *Gewalt*... Unsere Landstände sind eine Satyre auf die gesunde Vernunft, wir können noch ein Säculum damit herumziehen, und wenn wir die Resultate dann zusammennehmen, so hat das Volk die schönen Reden seiner Vertreter noch immer theurer bezahlt, als der römische Kaiser, der seinem Hofpoeten für zwei gebrochene Verse 20,000 Gulden geben ließ. Man wirft den jungen Leuten den Gebrauch der Gewalt vor. Sind wir denn aber nicht in einem ewigen Gewaltzustand? Weil wir im Kerker geboren und großgezogen sind, merken wir nicht mehr, daß wir im Loch stecken mit angeschmiedeten Händen und Füßen und einem Knebel im Munde. Was nennt Ihr denn *gesetzlichen Zustand? Ein Gesetz,* das die große Masse der Staatsbürger zum frohnenden Vieh macht, um die unnatürlichen Bedürfnisse einer unbedeutenden und verdorbenen Minderzahl zu befriedigen?« (Straßburg 5. 4. 1833 an die Familie, L II, S. 416). *Man bemerke wohl: Das steht in einem Brief an die Familie!* (s. u.).

von 1831 bis 1833 auf Grund genauer empirischer Forschungen über das von Viëtor, Hans Mayer usw. Geleistete hinaus (Staat, Gesellschaft, Theater, Universität) könnte einen historischen Schlüssel für den Wahl-Elsässer geben, zu dem sich Büchner in diesen entscheidenden Jahren entwickelte: als Student der Universität, als passionierter Wanderer in den Vogesen, als Beobachter der politischen und sozialen Szene, als Freund vieler Elsässer und als Geliebter Minna Jaeglés*. Die harten Urteile über Hessen, die sogar die freundliche Gießener Landschaft einschließen, lassen sich nur erklären, wenn man annimmt, daß er, in dem erwähnten Sinne, zu einem Stück Frankreich im deutschen Polizeistaat geworden war. Auch die Durchsichtigkeit, die *Luzidität* seiner Dichtung, die man am besten bei Vergleichen mit Lenz und Grabbe erkennen kann, ist wohl nicht nur ein individuelles, sondern – im Sinne einer südwestdeutschen Grenzerscheinung *zwischen* Frankreich und Deutschland – auch ein historisches Phänomen, ähnlich wie die »ungarische« Leidenschaft Lenaus, Heines spätere Dichtung und Publizistik in Frankreich, Postl-Sealsfields deutsch-amerikanischer Roman. Büchners Rückkehr (Flucht) nach Frankreich (Straßburg), später in die Schweiz (Zürich) und sein zumindest äußerer Abschied von der Politik stehen im engsten Zusammenhang mit jener Phase der Metternichschen Reaktion, die uns durch das Verbot der Jungdeutschen bekannt ist (vgl. Bd. I, S. 177 ff.).

Gutzkow sorgt für den Druck von *Dantons Tod,* er verstärkt die sicherlich schon von Büchner geübte Vorzensur der Tragödie (s. u.) durch Streichungen, die er bedauert (an Büchner 3. 3. 1835, L II, S. 475), die aber das Erscheinen der Dichtung ermöglichen. Büchner tritt in dem Augenblick seine Dichterlaufbahn an, da sich jenseits von Epigonentum und Tendenz neue dichterische Bereiche erschließen: besonders jene kräftige, an bestimmten Gegenständen orientierte und doch noch poetische Erzählprosa, deren Einsetzen mit Büchners *Lenz* zusammenfällt (Stifter, Gotthelf, Annette, Mörike u. a.). Nicht zufällig versucht Gutzkow den jungen Dichter – unter Hinweis auf die ungünstige Marktlage – vom Drama abzuziehen: dieses mag durch günstige Kritiken Ruhm bringen; verkäuflich ist es nicht (Gutzkow an Büchner 28. 2. 1835, L II, S. 474). Doch sind auch

---

* Übrigens hatte Büchner in Straßburg auch Verwandte. Die damaligen Familien erstreckten sich über den gesamten südwestdeutschen Sprachraum, was mir aus der Geschichte meiner eigenen Familie bekannt ist. Werner R. *Lehmann,* der Herausgeber der historisch-kritischen Büchner-Ausgabe, scheint wie alle wenig vom damaligen Straßburg zu wissen. Aber er betont, daß Büchner dort auch die »Insurrektion« studierte, und gibt ein Bild vom *vielseitigen* Leben Büchners im Elsaß: »Es besteht keine Frage, alles, was sich politisch abspielte, wurde von Büchner registriert, er saß im Rebstöckel, er war angeschlossen an das revolutionäre Nachrichtensystem und agitierte unter seinen Freunden, hatte Kontakt mit den Straßburger Amis du peuple und war schon viel weiter als seine Freunde ahnten, die in der Eugenia [Verbindung] bei mäßigem Trunk und kräftigem Gesang im kleinsten Kreise seinen grellen Situationsberichten aus Deutschland ein wenig ungläubig zuhörten, ihm widersprachen, sich auf die Schenkel schlugen und wieder brüderlichen Frieden eintreten ließen. Straßburg: Das waren auch die Wanderungen durch die Vogesen, die Kahnpartien, sehr viel Herzlichkeit und freundschaftliche Geborgenheit und Zuwachs an akademischem Wissen. In jeder Form der Arbeit verlangte sich Büchner ein Äußerstes ab, trieb Raubbau mit seiner nicht sehr stabilen Gesundheit und eiferte, ohne es zu wissen, dem Vater nach und übertraf ihn an fanatischer Arbeitsenergie« (Lizenzausgabe des Hanser-Verlags für mehrere Buchgemeinschaften, München o. J. S. 773).

auf dem Gebiet der Tragödie für einen Dichter mit »hellem Blick« die zu beschreitenden Wege vorgezeichnet und manche Tabus abgebaut. Immermann, der zunächst in grauer Vorzeit wühlte, hat längst zu einem zeitgeschichtlichen Stoff gegriffen (*Trauerspiel in Tirol* 1828) und ihn in einer zweiten Fassung von romantischen Elementen gesäubert (*Andreas Hofer* 1833). Er hat auch das »romantische Lustspiel«, d. h. die deutsche Shakespearetradition wieder handfester und theaterfähiger gemacht und damit eine Annäherung an Frankreich vollzogen (*Die Verkleidungen* 1827). Zu Musset ist es von da nicht mehr weit. Grabbes Weg ist womöglich noch eindrucksvoller; denn dieser Dramatiker gelangt nicht nur zu einem zeitgenössischen Helden (*Napoleon* 1831), sondern er parodiert (durch Übertreibung) für ein junges, »helles« Ohr *ungewollt* den ganzen Heldenkultus, der bisher im Drama üblich war. *Wichtig könnte auch die allmähliche, fast widerwillige Vermeidung des Verses in Grabbes Drama für Büchner gewesen sein, der langwierige Weg zu einer »kurzen«, »lapidaren« dramatischen Prosa.* Diese deutsche Entwicklung stand im Widerspruch zu Victor Hugos theatralischem Programm, das am Vers festhielt (Vorrede zum *Cromwell*). Mühselige Experimente blieben, kurz gesagt, dem jüngeren Dichter erspart, nicht einfach kraft seiner Genialität, sondern auch *durch die geschichtliche Stunde, die endlich der deutschen Dichtung wieder gnädig war.* Sicher ist jedenfalls, daß Büchner die Meisterschaft »ohne den üblichen Prozeß von Versuch und Irrtum erreicht« hat[15].

Man sollte von einem so jungen Schriftsteller, dem nur wenige Jahre des Schaffens vergönnt waren, kein politisches oder soziales oder weltanschauliches System erwarten, wie es zu meiner Verwunderung so viele Büchnerforscher tun. Die verwirrende Ungleichartigkeit der Ergebnisse erklärt sich nicht nur aus dem erwähnten persönlichen oder parteilichen Aneignungsbedürfnis, sondern auch aus dem *Verkennen von Büchners jugendlicher Ambivalenz.* Fertig sind, trotz des Fragments *Woyzeck*, in einem recht verstandenen dichtungswissenschaftlichen Sinne, vor allem die Werke. Es war durchaus möglich, den Dichter in einem rein ästhetischen, symbolistischen oder impressionistischen Sinne zu interpretieren. Max Reinhardt z. B. brachte es fertig, selbst *Woyzeck* als »artistisch distanziertes, herzbewegendes Spiel« zu inszenieren (Deutsches Theater, Berlin 1921)[16], und mancher Büchnerforscher folgte ihm in so ästhetisierender Absicht. Es liegt an der völligen *Abklärung der künstlerischen Gestalt,* am Mozartischen Büchners – wenn man den Ausdruck wagen darf –, daß diese Art der Annäherung manchem verlockend erschien. Aber genau besehen war diese Art der Rezeption eine Verfälschung. Wenn man dieses für Deutschland ungewöhnliche Werk gründlich interpretieren will, darf man das universale Ausgreifen seines Verfassers nie aus den Augen verlieren. Es ist verfehlt, an Büchner nur den Wortkünstler zu sehen, weil er hohe wortkünstlerische Fähigkeiten besaß. Das Bild, das durch eine ästhetizistische Interpretation entsteht, wird noch schiefer als bei Grillparzer, Mörike oder Heine; denn während bei diesen drei Dichtern immerhin mehr oder weniger große *Restbestände eines althumanistischen Dichtertums* festzustellen sind, erreichen wir bei Büchner – ähnlich wie bei Gotthelf oder Postl-Sealsfield – den äußersten Gegenpol zu einer autonomen Dichtungsauffassung. Zwar bestehen auf dem gemeinsamen epochentypischen Grunde metaphysischer Ratlosigkeit geheime Bezüge zwischen Platen und Büchner. Gelegentlich, so im Lustspiel, treten sie sogar ziemlich offen zutage.

Das dialektische Denken wird immer das Einheitliche in den verschiedenen Lösungen der modernen Kulturproblematik finden können; aber es darf nicht dazu führen, daß der Ernst *entgegengesetzter Entscheidungen* relativiert wird; denn erst sie ergeben, in Dichtung und Leben, die klar strukturierte Gestalt. Bei Georg Büchner nun ist es vollkommen klar, daß *sein Wille in erster Linie nicht auf die Form, sondern auf die Sache gerichtet* ist; und das hat bestimmte Folgen für seine Dichtung.

In den Briefen von Büchners medizinischen Freunden begegnet öfters das Wort »Autopsie«. Es muß ein Schlagwort des damaligen wissenschaftlichen Empirismus (vgl. Bd. I, S. 40) gewesen sein, und Gutzkow überträgt es auf Büchners Dichtung: Dem medizinischen Studium, meint er, hat der junge Dichter seine »hauptsächliche force zu verdanken, ich meine, Ihre seltene Unbefangenheit, fast möcht' ich sagen, Ihre Autopsie, die aus allem spricht, was Sie schreiben«. Nachher ist von Büchners »Ungenirtheit« die Rede (an Büchner 10. 6. 1836, L II, S. 490 f.). Büchners theoretische Äußerungen stimmen damit überein. Beim Besuch eines Dr. H. K., der ihm das ganze Elend des gebildeten Kunst- und Literaturbetriebs vor Augen führt, reagiert er ganz so, wie wir es nach Gutzkows Äußerung erwarten: »Das ästhetische Geschlapp steht mir am Hals, er hat schon alle möglichen poetischen Accouchirstühle probirt, ich glaube er kann höchstens noch an eine kritische Nothtaufe in der Abendzeitung appelliren« (an August Stöber 9. 12. 1833, L II, S. 421) [17]. Die Dresdner *Abendzeitung* war der Hort des Dilettantismus (vgl. Bd. II, S. 60). Man mag daher zunächst mit Hans Mayer vermuten, daß Büchners Schillerkritik in erster Linie das idealistische Epigonentum meint [18]. Aber ich denke doch: sie geht weiter. Grabbes unklare Haltung in seiner Warnung vor der »Shakespearo-Manie«, sein plötzliches Zurückschrecken vor der offenen Form (vgl. o. S. 159 f.) ist bei Büchner überwunden. Kein Wort mehr von einer dramatischen »Einheit«, die Schiller oder irgendein anderer Klassiker lehren soll und die dann wieder der Fetisch Hebbels und des programmatischen Realismus sein wird. *Das Werkganze ist für Büchner so wenig ein Problem wie für Gotthelf.* Er arbeitet wie der Schweizer *rasch*, er bedient sich der Methode der Improvisation, die bei Prosaarbeiten immer noch üblich ist (vgl. Bd. II, S. 819) und die seiner Ungeduld, seiner Abneigung gegen alles systematische Vorgehen entspricht. Vers und Aufbau gehören gewiß zu dem, was in Büchners Weltbild als »mechanisch« und puppenhaft, als »langweilig«, als nichtig betrachtet wird; denn sie sind aus der Natur nicht abzuleiten. Es war eine Übertreibung, wenn man behauptete, der fragmentarische Charakter der Erzählung *Lenz* oder des Dramas *Woyzeck* sei nicht so wichtig, weil alle seine Dichtungen vom üblichen Werkbegriff her gesehen fragmentarisch erscheinen [19]; denn – das darf man annehmen – *der Dichter hätte beide Werke abgeschlossen, wenn ihm ein längeres Leben vergönnt gewesen wäre.* Aber solche Übertreibungen sind nicht zufällig. Sie finden ihren Grund in der überzeugenden dichterischen Substanz von *allen* Werken Büchners. Auch der Unterschied zwischen den Dichtungen und den Briefen greift nicht so tief wie bei den alten und den modernen Artisten – Heine nicht ausgenommen. Büchner spricht in allen seinen Äußerungen eine ähnliche Sprache. Die Sprache scheint der einzige wesentliche Träger seiner Dichtung zu sein, sehr im Gegensatz zu Schiller oder Grillparzer, aber auch im Unterschied zu Heine oder Gotthelf. Innerhalb der Biedermeierzeit ist ihm in dieser Beziehung wohl nur Mörike zu vergleichen (vgl. u. S. 742 ff.). Sogar die Gattungswahl (Novelle oder Drama) hat man, sicher ein wenig zu geistreich (s. u.), unter diesem Gesichtspunkt als sekundär betrachtet [20].

Büchner war kein Naturwissenschaftler streng empiristischer Art

Büchner verdankt der Autopsie der Naturwissenschaft viel von seiner Ungeniertheit. Darin hat Gutzkow recht. Doch hat die Erinnerung an den Mediziner Büchner auch manche falsche Vorstellung mit sich gebracht, z. B. seine Verwechslung mit den Naturalisten. Es sei daher an dieser Stelle ein Seitenblick auf seine Naturwissenschaft selbst erlaubt[21]. Biographisch ist zu bemerken, daß der beliebte Hinweis auf den Zürcher »Privatdozenten« – Lehmann spricht sogar von einer »Berufung an die Universität«[22] – ein Mißverständnis mit sich bringt. Seine Dissertation *(Mémoire sur le système nerveux du barbeau)* entspricht ungefähr einer heutigen Diplom-Arbeit. Methodisch kann man auch als Nicht-Fachmann etwas über sie sagen. Es fällt auf, daß der Student allzu rasch und insofern anfängerhaft den Weg von sehr präzisen Einzelbeobachtungen, deren Technik er wohl vor allem der französischen naturwissenschaftlichen Schule in Straßburg (Georges Louis Duvernoy) verdankt [23], zu Ergebnissen im Stil der *deutschen* Naturphilosophie beschreitet. Es geht ihm gewiß auch um die Verschiedenheiten von Fisch und Mensch, vor allem aber um die *Gemeinsamkeit der Lebewesen* und diese findet er, im Geiste des Schellingianers Oken, mit Hilfe der Analogie. Man braucht nur die große spekulative Stelle über das Auge zu lesen, in der er auch Gedanken Okens widergibt*, um zu bemerken, *daß wir uns näher bei Goethe als bei der modernen Naturwissenschaft befinden* [24]. Entsprechend hat er den Doktor der Philosophischen Fakultät an der Universität Zürich erhalten, wo deutsche Emigranten den Ton angaben, nicht, wie man erwarten sollte, im französischen Straßburg. Wie bitter ihm wiederum der Abschied von Straßburg fiel, lassen die Verschiebung seiner Abreise vom Frühjahr auf den Herbst 1836 und der auf diese Weise von ihm erlangte poetische Sommer im geliebten Elsaß ahnen. Er muß sehr wichtige Gründe für die Wahl von Zürich gehabt haben. Zu beachten ist auch, daß er bis zuletzt *zwischen vergleichender Anatomie und Philosophie schwankte* und in Zürich nur deshalb die naturwissenschaftliche Vorlesung wählte, weil der Ästhetiker Eduard Bobrik (vgl. Bd. I, S. 86) »bereits philosophische Vorlesungen angekündigt hatte«[25]. Unter den Züricher Naturwissenschaftlern, die Büchners Bruder erwähnt, hatte, neben Lorenz Oken, Lukas Schoenlein beträchtliche Bedeutung. Er half dem jungen Kollegen mit eigenem anatomischem Lehrmaterial aus, »da es damals in Zürich beinahe völlig an vergleichend

---

* »Ce développement de la paire primitive destinée à l'oeil coïncide avec la haute perfection de cet organe, le plus animal du corps, pour ainsi dire. Toutes les parties du cerveau son représentées dans le globe de l'oeil. La dure-mère par la sclérotique; le crâne même par les lames osseuses, qui se développent dans cette membrane chez les poissons, les reptiles et les oiseaux; la pie-mère par la choroïde; la substance médullaire par la rétine; les humeurs aqueuses des vendricules par des humeurs solidifiées, le cristallin et le corps vitré. Sur ce globe s'insère un système musculaire, par lequel l'oeil est porté autour de son axe comme une main. Oken a dit métaphoriquement: l'oeil est un cerveau mis en dehors, qui est tellement lié au système musculaire qu'il s'en irait, s'il n'était pas retenu par son amour pour la mère qui le nourrit. Il dit, d'ailleurs, que même la vie végétative se répète dans l'oeil, par la glande lacrymale, les paupières semblables à des lèvres, le canal lacrymal, unissant l'oeil à la cavité nasale comme la trompe d'Eustache unit l'oreille à la cavité buccale, etc. D'après lui, l'oeil est en petit un corps entier, avec une grande prédominance des systèmes nerveux et musculaires; c'est l'organe le plus élevé, la fleur, ou plutôt le fruit de l'organisation« (L II, S. 115). Ich bin *nicht* der Meinung, daß die Orientierung Büchners an Goethe, Schelling, Oken usw. »von lediglich bedingtem Interesse« ist (Gerhard P. *Knapp*, Georg Büchner, Stuttgart 1977, S. 37); denn sie enthält eine Aussage über Büchners historischen Ort, die nicht mechanisch auf Büchners *literar*historische Einordnung übertragen werden darf, aber doch eine deutliche Warnung vor der modernistischen Büchnerdeutung in sich schließt.

anatomischen Präparaten fehlte«[26]. Dies Zeugnis des Bruders belegt besonders klar, wie man sich das damalige Zürich in naturwissenschaftlicher Hinsicht vorstellen muß. Auch Schoenlein stand der Naturphilosophie nicht fern, war aber, eher als Oken, Praktiker und zeichnete sich später vor allem als Organisator der Klinik aus. Er verließ Bayern (Würzburg) aus ähnlichen politischen Gründen wie der liberale Oken, der zuvor in München Professor für Physiologie gewesen war[27]. Die neue Universität Zürich, an der man sich traf, war nicht nur ein Brennpunkt des deutschen Liberalismus, sondern sie strebte zugleich eine neue »höhere« Wissenschaft an. Unter diesen Voraussetzungen allein kam für den Dichter *auch* eine naturwissenschaftliche Dozentur in Betracht. Man muß sich aber klar darüber sein, daß Büchner keineswegs im Banne der exakten Naturwissenschaft des späteren 19. Jahrhunderts stand. Diese hätte er in Gießen bei Liebig, dem führenden Chemiker Deutschlands, wenn nicht Europas, kennenlernen können. Es scheint aber, daß der Student Büchner seine Bedeutung nicht erkannt hat. Eher dachte der Dichter *auch* an ihn, als er die Karikatur des wissenschaftlichen Fachidioten und -barbaren, den Doktor im *Woyzeck,* schuf*. Büchner stand als Mediziner der

---

* Dieser m. E. außerordentlich wichtige Hinweis ist Herrn Prof. Dr. Eckhart Buddeke, Direktor des Physiologisch-chemischen Instituts der Universität Münster, zu danken. Er vermutet, »daß Georg Büchner während seines Studiums in Gießen 1833 bis 1835 durch Liebigs Vorlesungen entscheidende Anregungen für die Figur des Doktors erhalten hat. Dafür spricht vor allem die Tatsache, daß Liebig gerade zu jener Zeit in Gießen die gleichen ernährungsphysiologischen Experimente an Soldaten der Großherzoglichen Leibkompagnie durchgeführt hat, wobei Erbsen ausdrücklich als Verpflegungsbestandteil genannt werden… Unter diesem Aspekt erscheint der Doktor nicht als der wissenschaftliche Scharlatan, sondern als ehrgeiziger und erfolgbesessener Experimentalphysiologe, für den der Mensch nicht mehr als ein manipulierbares und manipuliertes Versuchsobjekt ist, durch dessen Einsatz ernährungsphysiologische Theorien zu beweisen sind. Die Auffassung, daß der Doktor wie auch der Hauptmann und der Tambourmajor mit ihrer dünkelhaft-bürgerlichen[!] Einstellung personifizierte Antithesen des Menschlichen darstellen, findet in dieser Interpretation eine Stütze. E. *Buddecke*« (Georg Büchner, Woyzeck, Erläuterungen und Dokumente, hg. v. Lothar *Bornscheuer,* Stuttgart 1972, S. 15). Richtig ist, daß der Doktor und der Tambourmajor ungefähr auf der gleichen moralischen Stufe gesehen und entsprechend karikiert werden. Aus dieser Tatsache ergibt sich freilich auch Büchners *Wissenschaftsfremdheit.* Als zuständiger Hörer Liebigs hätte er erkannt, daß die wissenschaftlichen Revolutionen genauso in den tragischen Geschichtsprozeß eingebettet sind wie die politischen und sozialen. Der Chemiker Liebig hat durch die Förderung der künstlichen Düngung entscheidend zur Überwindung des Hungers in Deutschland beigetragen, möglicherweise mehr als die Sozialisten, da die Lage der Massen von der Volkswirtschaft abhängt und die »Umverteilung« erschreckend wenig bringt. Der Doktor als eine Art Robespierre – diese Interpretation hätte die Tragik vertieft. *Doch hätte Büchner dazu mehr Wissenschaftler sein müssen.* Die heute befremdliche Tatsache, daß Liebig in so engem Kontakt mit dem Militär stand, ergibt sich einfach daraus, daß es noch kaum spezielle naturwissenschaftliche Institute gab: »1824 wird Liebig für die Errichtung des ersten deutschen chemischen Forschungs- und Lehrinstituts das Wachgebäude einer Gießener Kaserne überlassen« (Walther *Gerlach,* Fortschritte der Naturwissenschaft, in: Propyläen Weltgeschichte, Bd. 8, Das neunzehnte Jahrhundert, Berlin 1960, S. 240). Sicher mögen auch der Gießener Anatom Wilbrand und der Gutachter Clarus Züge zum Bilde des Doktors gegeben haben (Belege im Büchner-Kommentar zum dichterischen Werk von Paul *Hinderer,* München 1977, S. 204 f.). Denkwürdig ist dagegen, daß die Begegnung des jungen großen Dichters mit dem großen Gelehrten *unfruchtbar* blieb, obwohl dieser noch recht jung war (geb. in Darmstadt 1803). Das kaum mehr zu vermittelnde Auseinandertreten der verschiedenen Kulturgebiete, *das Scheitern des romantischen Syntheseversuchs* erscheint an dieser Stelle, wo man oft das Gegenteil vermutet, besonders einprägsam. Wenn Lehmann den Doktor einen »robespierreschen Wissenschaftler« nennt (Lizenzausgabe des Hanser-Verlags, S. 798), so erfaßt er gewiß eine Gemeinsamkeit der beiden radikalen Denker. Aber er geht von einer völligen Verurteilung des Doktors *und* Robespierres (ebd. S. 788 ff.) aus, während ich der Meinung bin, daß Büchner in dem Repräsentanten der »sozialen Revolution«, im Gegensatz zu dessen Chefideologen St. Just, doch etwas wie eine tragische Figur sah. Wenn er in dem blutigen Moralisten Robespierre kein ernstes Geschichtsproblem erblickt hät-

Goethezeit näher als dem heraufkommenden Realismus und Positivismus. Daß dieses naturwissenschaftliche Epigonentum um 1840 *ebenso bedenklich war wie das literarische* und dabei dem »materiellen Wohlstande« gefährlicher, sagte kurz darauf Alexander von Humboldt mit gebührender Deutlichkeit, obwohl er alles andere als ein engstirniger Positivist war (vgl. Bd. II, S. 290). Büchners »Naturwissenschaft« ist noch *Teil einer universalen Orientierung,* nicht die Grundlage eines wissenschaftlichen oder literarischen Naturalismus im Sinne der späteren Spezialisierung. *Seine Naturwissenschaft ist in ihrem Kern Naturphilosophie.* Unter diesem Gesichtspunkt erscheint Erwin Kobels Versuch, sich dem Dichter von der Philosophie her zu nähern, grundsätzlich legitim, obwohl sich nur philosophiegeschichtliche Exzerpte mit Zwischenbemerkungen erhalten haben. Die literarhistorische Frage ist bei solchen philosophiegeschichtlichen Interpretationen immer nur, ob nicht der Kontext den Text überwuchert. Das war schon die Gefahr der alten »Geistesgeschichte«.

Der Zweifel am Wissenschaftler Büchner läßt sich auch damit begründen, daß das Schöne in seiner Wissenschaft keineswegs abwesend ist. Bei den Disputationen in *Dantons Tod,* die Elemente seiner philosophischen Studien, z. B. Spinozas System, verwenden, versteht sich dies von selbst; denn niemals haben wir den Eindruck, daß das philosophisch-theologische Gespräch in einen abstrakten platonischen oder auch nur solgerschen Dialog abgleitet. Man muß zwar sehr gebildet sein, um alles zu verstehen, aber das ist ein anderes, nämlich soziales Problem (s. u.). Wie sich in *Dantons Tod* die Wahrheitssuche und die Dichtung ganz nahe kommen, so erscheint das Schöne auch in seiner »Naturwissenschaft«. In Büchners Antrittsvorlesung *Ueber Schädelnerven* (Zürich 1836) bestimmt er, im Anschluß an die Ablehnung des teleologischen Denkens, sein eigenes Vorgehen durchaus im Sinne des das Schöne stets einschließenden Idealismus: »So wird für die philosophische[!] Methode das ganze körperliche Dasein des Individuums nicht zu seiner eigenen Erhaltung aufgebracht, sondern es wird die Manifestation eines Urgesetzes, eines Gesetzes der Schönheit[!], das nach den einfachsten[!] Rissen und Linien die höchsten und reinsten[!] Formen hervorbringt. Alles, Form und Stoff, ist für sie an dies Gesetz gebunden. Alle Funktionen sind Wirkungen desselben; sie werden durch keine äußeren Zwecke[!] bestimmt, und ihr sogenanntes zweckmäßiges Aufeinander- und Zusammenwirken ist nichts weiter[!], als die nothwendige Harmonie[!] in den Aeußerungen eines und desselben Gesetzes, dessen Wirkungen sich natürlich nicht gegenseitig zerstören« (L II, S. 292). Man braucht diesen Satz nur mit den bekannten Auslassungen Gottfried Benns zu vergleichen, um des Abstands zwischen Büchner und der Moderne inne zu werden. Entsprechend leidet der Dichter unter der medizinischen Arbeit unsäglich. Aus der praktischen Medizin hat er sich ohnehin zurückgezogen (vgl. Eugen Boeckels Brief aus Paris vom 11. 1. 1837 an Büchner, L II, S. 502), und über die anatomische Arbeit jammert er wie ein Schwerkranker. Als junger Student am 3. 11. 1832: »Ich komme eben aus dem Leichendunst und von der Schädelstätte, an die mich täglich wieder einige Stunden selbst kreuzige« [28]. Als angehender Doktor am 1. 6. 1836: »Ich war wie ein Kranker der eine ekelhafte Arznei so schnell als möglich mit einem Schluck nimmt, ich konnte nichts weiter, als mir die fatale Arbeit vom Hals schaffen. Es ist mir unendlich wohl, seit ich das Ding aus dem Haus habe.« (L II, S. 457). Es ist selbstverständlich, daß sich ein so empfindliches Gemüt auch in Liebigs primitivem Kasernenlaboratorium nicht wohl fühlen konnte. Selbst die philosophischen Systeme faszinieren ihn nicht: »Ich werde ganz dumm in dem Studium der Philosophie; ich lerne die Armseligkeit des menschlichen Geistes wieder von einer neuen Seite kennen. Meinetwegen!« (an Gutzkow 1835, L II, S. 450). Das ist alles in allem nicht die Sprache eines jungen Forschers, sondern die eines Dichters. Als Dichter hat er auch für das Ekelhafte ein Auge und nicht zuletzt ein Herz. Im Kunstgespräch des *Lenz* rechtfertigt er ja prinzipiell die Darstellung des Häßlichen. Wahrscheinlich ist, daß ein Dichter mit so viel Seele auch als Beobachter der Gesellschaft und als sozialer Denker und Programmatiker produktiver war denn als reiner Wissenschaftler[29]. Einen ersten Hinweis auf seine *Irrationalität* und Ungeduld gaben schon die »kaum zureichenden Resultate in der Mathematik«, die sein gymnasiales Abgangszeugnis festhielt[30]. Hinzugefügt sei noch, daß Büchners Vielseitig-

_____

te, dann hätte er ihn wie den Doktor in *Woyzeck* oder den König Peter vom Reiche Popo (in *Leonce und Lena*) zur Karikatur stilisiert. Lehmann macht selbst darauf aufmerksam, daß im hessischen Verschwörerkreis die Praxis des politischen Mords keineswegs eindeutig abgelehnt wurde (ebd., S. 780).

keit in den Augen Okens alle *speziellen* Mängel ausgeglichen haben dürfte. Noch war die Dichtung karrierefördernd! Wir wollen uns vorläufig mit dieser skeptischen Zwischenbemerkung über den Studenten, Doktoranden und Privatdozenten Büchner begnügen und zu den allgemeinen Fragen seiner Dichtung zurückkehren.

Büchners Sprache. Vergleich mit den Quellen

Seine Sprachintensität ist ungewöhnlich. Aber das Bild wird sogleich wieder ins Neuromantische verfälscht, wenn diese in erster Linie innerseelisch begründet wird und die Lenznovelle plötzlich neben Hofmannsthals *Kleinem Welttheater* zu stehen kommt. Büchners Verhältnis zum Wahnsinn ist doch gar nicht »dionysisch«[31] wie das Hofmannsthals in dem erwähnten Kleindrama. Er bewahrt sehr deutlich einen *Abstand:* den Abstand des »hellen« Beobachters, der, ohne auf metaphysische Deutung zu verzichten, zunächst einmal das Phänomen möglichst rein zur Darstellung bringen möchte. Und, was damit zusammenhängt, er bemüht sich um den Abstand des Historikers, der sich der literarischen Welt und vor allem der elsässischen Umwelt, in der er selbst, wie früher Lenz, lebt und liebt, verpflichtet weiß[32]. Er hat nicht nur Oberlins Bericht (L I, S. 436–482) und vielleicht die in seinem Straßburger Lebenskreise entstandene Oberlin-Biographie (D. E. Stoeber, Vie de J. F. Oberlin, Strasbourg 1831) studiert, sondern »seine Erkundigungen« über den Aufenthalt von Lenz in Oberlins Waldbach auch »an Ort und Stelle eingezogen«[33]. Hinsichtlich eines so erworbenen Detailrealismus ähnelt er eher der Droste und Gotthelf als den Jungdeutschen. Die viel erwähnte Verwendung von Quellenzitaten ist nur *eine* Seite dieses Interesses am Detail. Auch die Geschichte der Französischen Revolution legte dem Dichter unmittelbare Verpflichtungen auf; denn sie gehörte zu den bekanntesten Interessengebieten der Zeit, ja des eigenen Elternhauses. Der Dichter kann an beiden Stoffen so wenig »souverän« ändern wie Grillparzer am *Ottokar* oder Grabbe am *Napoleon. Er unterstellt sich also, sehr im Unterschied zu aller ästhetizistischen Neuromantik, schon durch die Stoffwahl dem Anspruch einer außerdichterischen Wahrheit.* Man kann das Benützen von Quellenzitaten verschieden interpretieren[34]; aber man sollte jeder Interpretation, die es unberücksichtigt läßt oder bagatellisiert, mißtrauen. Ohne die philologischen Gesichtspunkte, die Karl Viëtor und Fritz Bergemann in die Büchnerforschung eingeführt haben, kann man gerade über die Originalität des Dichters wenig aussagen. Darüber dürfte in der heutigen Büchnerforschung Übereinstimmung bestehen. Ich will daher dies philologische Büchner-Problem nur noch durch eine Reihe von Beispielen verdeutlichen.

Nach Thiers sagt Danton einmal: »*Ce que tu as fait pour le bonheur et la liberté de ton pays, j'ai en vain essayé de le faire pour le mien; j'ai été moins heureux, mais non pas plus coupable... On m'envoie à l'échafaud, eh bien! mes amis, il faut y aller gaîment...*«[35]. Büchner übernimmt die Stelle in folgender Form: »Was Sie für das Wohl Ihres Landes gethan, habe ich für das meinige versucht. Ich war weniger glücklich, man schickt mich auf's Schafott, meinetwegen, ich werde nicht stolpern« (L I, S. 50). Wesentlich ist zunächst, daß der deutsche Dichter verkürzt. Ihn leitet das Lakonismusideal, das sich bei fast allen Meistern der Biedermeierzeit feststellen läßt (vgl. Bd. I, S. 619 ff.). Erweiternde Bestandteile der Rede werden entfernt: statt eines synonymen Ausdrucks (»le bonheur et la liberté«) nur das nüchterne »Wohl«; eine Antithese (der Satzteil »mais non pas plus coupable«) fehlt. Die Sätze »Ich war weniger glücklich, man schickt mich aufs Schafott« folgen im Unterschied zur Quelle direkt aufeinander. Dadurch entsteht jenseits der Argumentation ein verhaltener, aber mächtiger Gefühlston, der in der Quelle nicht zu finden ist. Das abbrechende »meinetwegen« stammt aus der Quelle (»eh bien«). Aber der folgende Satz ist wieder verändert. Sowohl die theatralische Anrede (»mes amis«) wie die moralische Aufforderung (»il faut aller gaîment«) sind unbrauchbar. An ihre Stelle tritt ein kräftiges Bild, und zwar ein solches mit ironischer Stilhaltung, das die steile Haltung abschwächt (»ich werde nicht stolpern«). Die Änderungen sind beträchtlich, und doch läßt sich kaum leugnen, daß mit der Quelle etwas von dem Schwung der großen französischen Revolution in das Drama Büchners eingeht. Der Lakonismus der späten Biedermeierzeit bedeutet auch sonst mehr eine Abklärung und Konzentrierung als eine völlige Beseitigung der alten pathetischen Sprache (vgl. Bd. I, S. 620).

Man betrachte unter diesem Gesichtspunkt die folgende Änderung. Robespierre sagt in der Quelle, die diesmal deutsch vorliegt: »Es ist nicht mehr die Rede davon, was ein Mann und seine Freunde in einer bestimmten Epoche und unter besonderen Umständen für die Revolution getan haben; man fragt, was haben sie in dem ganzen Laufe ihres politischen Lebens getan?« [36] *Dantons Tod* (L I, S. 44): »Wir fragen nicht ob ein Mann dieße oder jene patriotische Handlung vollbracht habe, wir fragen nach seiner ganzen politischen Laufbahn.« Die Verbesserung ist sehr deutlich. Sie betrifft vor allem die rhythmische Gestalt, die für Büchner überaus wichtig ist. Aber das Rhetorische wird in diesem Fall nicht entfernt, sondern eigentlich erst voll herausgearbeitet: durch die Wiederholung »wir fragen« und durch die starke klangliche Gestaltung des Schlusses. Diese Art von Rhetorik findet sich häufig in *Dantons Tod* [37], und die zynischen Witze widersprechen dieser Stilhaltung so wenig wie der Empfindsamkeit Heines seine relativierende Ironie. Der alte Stildualismus ist noch nicht ganz überwunden, und der geschichtliche Grund liegt wohl darin, daß bei Büchner, wie bei andern Dichtern der Zeit (vgl. Bd. I, S. 643 ff.), der Mischstil des Sturm und Drang nachwirkte, der zwar die ältere rhetorische Stiltrennung überwand und auf dem Wege zum Realismus war, aber den ausgeglichenen, »bürgerlichen« Ton des Nachmärz noch nicht erreichte.

Die Sprache des *Lenz* ist einheitlicher, und damit »realistischer«, aber auch da ist nicht leicht zu sagen, wieviel davon Eigenleistung und wieviel Anpassung an die Quelle ist. Es fällt auf, daß sich schon Oberlins Bericht recht tatsachengetreu gibt. Lenz soll z. B. über seine Beziehung zu Friederike Brion wörtlich so gesprochen haben: »Ach! ist sie todt? Lebt sie noch? – Der Engel, sie liebte mich – ich liebte sie, sie war's würdig – o, der Engel! – Verfluchte Eifersucht! ich habe sie aufgeopfert – sie liebte noch einen Andern – aber sie liebte mich – ja herzlich – aufgeopfert – die Ehe hatte ich ihr versprochen, hernach verlassen – o, verfluchte Eifersucht – O, gute Mutter! auch die liebte mich – ich bin euer Mörder!« (L I, S. 462). Büchner macht daraus: »Ach sie ist todt! Lebt sie noch? du Engel, sie liebte mich – ich liebte sie, sie war's würdig, o du Engel. Verfluchte Eifersucht, ich habe sie aufgeopfert – sie liebte noch einen andern – ich liebte sie, sie war's würdig – o gute Mutter, auch die liebte mich. Ich bin ein Mörder« (L I, S. 463). Wieder die Neigung zur Verkürzung, besonders auf Kosten der larmoyanten Selbstbezichtigung, die Pfarrer Oberlin dem Wahnsinnigen in den Mund legt. Das Eheversprechen fehlt; aber Lenzens Bekenntnis: »Ich liebte sie« wird wiederholt und damit intensivert. Dieselbe Funktion hat die zweimalige Anrede der ehemaligen Geliebten: »Du Engel!« Bei Oberlin spricht Lenz in der dritten Person von Friederike. Den Dichter interessiert Lenzens Krankheit fast mehr als seine Reue und sein Seelenheil. Er verschärft die Sprache des Wahnsinns, indem er erläuternde Mittelglieder ausläßt. Die gleichförmigen Sätze des Büchnerschen *Lenz* sind noch weiter von der Alltagssprache entfernt als die von Oberlin überlieferten Sprechpartien und spiegeln die Starrheit des Erkrankten wider. Die Veränderung ist nicht unbedeutend; aber auch hier zeichnet die Quelle Büchners Stil ganz deutlich vor, besonders den abgehackten Ton, in dem er Lenz sprechen läßt. Wenn er seine Rede noch lakonischer macht, so glaubte er vielleicht Lenzens Ausdrucksweise besser zu kennen als der Geistliche. Im Morgenblatt 1831 wird, anschließend an die Berichte über Lenz, ein Brief des Sturm und Drang-Dichters abgedruckt, in dem er sich selbst zu der hier in Frage stehenden Stilhaltung äußert: »Die Sprache des Herzens will ich mit Ihnen reden, nicht des Ceremoniels. Kurz aber wird mein Brief werden, denn sie ist lakonisch, lakonischer als Sallustius, lakonischer als der schnellste Gedanke eines Geistes ohne Körper« [39]. Das Programm wird trotz der aufregenden Bekenntnisse, die Lenz zu machen hat, in dem Briefe verwirklicht. *Büchner hatte also, vielleicht ohne viel von Lenz zu lesen, ein Vorbild des Lakonismus, im Sinne eines geballten Ausdrucksstils.* Die Erwähnung Sallusts, der mit Tacitus das klassische Beispiel der brevitas war, bezeugt, daß auch die Wahl des kurzen, »expressiven« Stils sich bei Lenz im Rahmen der Rhetoriktradition vollzieht. Das gleiche gilt, nach Gerhard Schaubs Nachweisen, für Büchner.

Man mag diesen Beispielen entnehmen, wie kompliziert die Stilfrage bei Büchner ist. Er möchte einem Objekt, hier dem Dichter Lenz, ganz nahekommen, er studiert ihn unter Zuhilfenahme der Quellen – mit einem besonderen Sinn für das Authentische – möglichst allseitig; aber das Objekt wirkt auf ihn zurück und regt seine eigenen sprachlichen Kräfte zur intensivsten Äußerung an. Der Sturm- und Drang-Dichter ist ebensogut wie die Männer der Revolution kein zufälliger Stoff, sondern eine *Potenz,* die er bei allem Abstand ernst nimmt und auf die er zur Fortführung der geschichtlichen Bewegung zurückgreifen kann. Er greift zurück, und damit greift er zugleich, über die halbidealistischen Bemühungen des deutschen Realismus hinweg, in die Zukunft. Er hat keine Theorie des Tragischen, und auch die »Komposition«, die fixe Idee der realistischen Programmatiker (vgl. Bd. I, S. 275 f.), ist kein bewußtes Ziel für ihn. *Wichtig ist nur der Mensch und seine Sprache.* Büchner erstrebt für seine Tragödie, im Unterschied zum mittleren Hebbel, niemals ästhetische Exklusivität. Er flüchtet nicht bewußt ins Symbol, er hält sich gegenüber der gesamten Wirklichkeit offen, und so gelangt er schließlich zu einer »Autopsie« von ganz unerhörter Art: im *Woyzeck.* Es ist auch hier noch kein Naturalismus des Notizbuches, des photographierten Milieus, der sorgfältig registrierten Alltagssprache und des versteckten aber genau berechneten theatralischen Effekts, sondern ein weitergeführter, *gereifter Sturm und Drang, und das bedeutet eine Dichtung, in der die intuitive Dar-*

stellung dominiert. Die Entwicklung von *Dantons Tod* zum *Woyzeck* ist, trotz der kurzen Zeit, in der sie sich vollzog, erstaunlich. Das Ziel, das Büchner verfolgte, war keine Steigerung, sondern eine Vereinfachung der Kunst, möglichst starker Abbau des jungdeutsch-geistreichen Wesens, das *Dantons Tod* noch sehr deutlich anhaftete. Er wollte statt der Bildung das, was er im Kunstgespräch des *Lenz* ganz schlicht »Leben« nennt*. Die Wahrheit muß im *Woyzeck* vor allem andern betont werden. Sie spricht jedermann ganz unmittelbar an.

Freilich, das Ende von Büchners Schaffen ist kein stabiles Resultat. Es ist ein Augenblick, der die geschichtliche Vergangenheit und Zukunft geheimnisvoll verbindet, eine aufblitzende Möglichkeit, und es hat wenig Sinn, wenn man wie Hans Mayer den Gesamtcharakter seiner Dichtung mit dem derben Begriff eines »plebejisch-demokratischen Realismus« zu erfassen versucht[40]. Büchner hat, wie fast alle revolutionären Dichter der vorrevolutionären Epoche, seinen *Anteil an dem von ihm verachteten und bekämpften »Aristokratismus«.* Dieser ist nicht so groß wie bei Heine, der oft genug da, wo er vortrefflich ist, in der »geistreichen« Sprache, in der »Witzkultur« (vgl. Bd. I, S. 190 ff.) stekkenbleibt. Doch auch Büchners Dichtung bewahrt genug von der ganz und gar nicht plebejischen Bildung seiner Zeit. Er bleibt, ob er will oder nicht, der Residenzstädter, der Honoratiorensohn, der Akademiker. Sogar im *Woyzeck* gibt es noch manche Stelle, das Volk unmöglich ganz verstehen kann und konnte. So ist z. B. die Vorführung des Budenbesitzers viel eher Studentenkabarett als eine echte Jahrmarktbelustigung: »Denk jezt mit der doppelte raison. Was machst du wann du mit der doppelte Raison denkst? Ist unter der gelehrte Société da ein Esel? (Der Gaul schüttelt den Kopf). Sehn Sie jezt die doppelte Räson? Das ist Viehsionomik. Ja das ist kei viehdummes Individuum, das ist eine Person. Ei Mensch, ei thierisch Mensch und doch ei Vieh, ei bête. (Das Pferd führt sich ungebührlich auf.) So beschäm die société. Sehn Sie das Vieh ist noch Natur, unideale Natur! Lern Sie bey ihm« (L I, S. 412). Man muß zum Verständnis der Stelle wissen, daß Lavaters Physiognomik noch immer eine Rolle in der wissenschaftlichen Welt spielte[41] und daß die »gereinigte«, die ideale Natur eine wichtige Vorstellung der Goethezeit war. Was mit der »doppelten Raison« parodiert wird (Kants reine und praktische Vernunft?), verstanden erst recht nur einige rasch assoziierende Studenten. Man mag einwenden, daß eine Satire immer die Anknüpfung an Spezielles verlangt, aber es bleibt dabei doch ein

---

* »Ich verlange in Allem – Leben, Möglichkeit des Daseins, und dann ist's gut; wir haben dann nicht zu fragen, ob es schön, ob es häßlich ist, das Gefühl, daß Was geschaffen[!] sey, Leben habe, stehe über diesen Beiden, und sey das einzige Kriterium in Kunstsachen.« Man beachte auch hier den künstlerischen Schöpferbegriff, das alter deus-Prinzip. Er findet dies Leben entsprechend »in Shakespeare ... in den Volksliedern ... in Göthe manchmal« (L I, S. 449). Das letzte Wort bedeutet wohl, daß ihm die Klassik zu gebildet, d. h. sozial anstößig ist. Klärchen war ihm als dichterische Gestalt gewiß lieber als die Iphigenie. Es ist ein *anderer* Humanismus (s. u.). – Gerhard P. *Knapp* (Georg Büchner, Stuttgart 1977) macht darauf aufmerksam, daß auch im Kunstgespräch des *Lenz* das Problem von Büchners Eigenleistung nicht leicht zu lösen ist, weil er sich auf »Die Anmerkungen über das Theater« (1774) von Lenz gestützt haben mag. Knapp nimmt an, daß Lenz »einen relativ unreflektierten ästhetischen Realismus [vertrat], der in seinem ungebrochenen Objektbezug für Büchner nicht viel mehr sein konnte als ein Denkanstoß« (S. 73). Die von Knapp angedeutete Poetik Büchners scheint mir weiterer Klärung zu bedürfen. Auch ist es wohl richtig, wenn dem Kunstgespräch *kein* »programmatischer Charakter ... für das Schaffen Büchners« (S. 74) zugesprochen wird.

Unterschied, ob der Kreis der Verstehenden die Wenigen oder die Vielen sind. Schon bei den Karikaturen des Hauptmanns und des Doktors *(Woyzeck)* ist die Lage anders, obwohl dort auch manches nur dem Akademiker verständlich ist.

Auch Büchners *Bildlichkeit* ist nicht immer so bescheiden, wie wir sie oben an einer vereinzelten Quellenumformung kennenlernten und wie sie dann im Naturalismus regelmäßig wird. Sie kommt, wie bei den meisten bedeutenden Dichtern dieser Zeit, aus der romantisierten Barocktradition, die hinsichtlich der Metaphorik vor allem Jean Paul repräsentiert[42], und das bedeutet, daß auch sie recht *gewählt* ist und trotz der Prägnanz, um die sich Büchner (ähnlich wie Heine) so einfallsreich bemüht, eine gewisse *Abstraktionsfähigkeit wie auch Bildungswissen* verlangt. Ein Beispiel: »Die Lava der Revolution fließt. Die Freiheit wird die Schwächlinge, welche ihren mächtigen Schoß befruchten wollten, in ihren Umarmungen ersticken, die Majestät des Volks wird ihnen wie Jupiter der Semele unter Donner und Blitz erscheinen und sie in Asche verwandeln« (*Dantons Tod,* L I, S. 58 f.). Für den Anfang dieser Stelle scheint es keine Vorlage in den Quellen zu geben[43]. Der Stil ist recht kühn und anspruchsvoll. Die Reden der Revolutionshelden macht der Dichter bei der Umsetzung ins Deutsche der Restaurationszeit überhaupt »poetischer« in einem esoterischen Sinn. Man muß zwar auch in diesem Zusammenhang sehr vorsichtig sein; so stammt z. B. die folgende Bildprägung, die für die heute aus der Mode gekommene nihilistische Interpretation des Dichters ein wichtiger Beleg war, aus Thiers: »Das Nichts wird bald mein Asyl sein« (»le néant sera bientôt mon asyle«). Aber im ganzen findet sich in dieser Stilschicht sehr viel Eigenes. Büchner ist, wie es der Barocktradition entspricht und wie es dem Expressionismus wieder ein Bedürfnis sein wird, vor allem in der Erneuerung der kosmischen Allegorese groß. In dem bekannten Märchen der Großmutter im *Woyzeck* (L I, S. 427) verselbständigt sich die kosmische Metapher zu einem eigenen, für Büchners Weltschmerz repräsentativen Gebilde. An anderen Stellen fällt auf, daß er sie durch drastische Ironie abzuschwächen und damit zu erneuern versucht, z. B.: »Die Nacht schnarcht über der Erde und wälzt sich im wüsten Traum« (*Dantons Tod,* L I, S. 28). Ohne eine solche Behandlung könnte die Metapher ganz ins Lyrische geraten wie Großmutters Märchen. In diesem Stil gibt es manches: in den sich verselbständigenden Naturbildern des *Lenz* oder in den empfindsamen Partien von *Leonce und Lena. Nach dem Zeugnis des Bruders hat Büchner als Lyriker begonnen*[44], ähnlich übrigens wie Stifter (vgl. u. S. 956 f.). *Dies paßt bei beiden Dichtern zu ihrer konzentrierten, auch rhythmisch starken Poesie in Prosa.* Die Bildlichkeit speziell verbindet den Dichter mit allen anspruchsvolleren Dichtern der Biedermeierzeit und setzt eine *deutliche Grenze gegenüber den wieder unter klassizistischem Einfluß stehenden metapherscheuen Dichtern des bürgerlichen Realismus* (vgl. Bd. I, S. 520 ff.). Büchner folgt in diesem Punkte, wie auch sonst, immer unbekümmerter seiner dichterischen Vision, so daß seine Metaphorik fast die reine Tiefe eines Mörike erreicht. Zunächst aber gibt es allerlei sentimentalische Spannungen zwischen dem, was er will, und dem, was er kann. Das Programm einer realistischen Dramaturgie, das er in den Briefen vorträgt, verlangt ja eigentlich Abbau des Pathos und damit auch der hochgetriebenen Bildlichkeit. Was aber ist gewonnen, wenn er, in dieser Absicht, einen seiner Helden so sprechen läßt: »Pathetischer gesagt würde es heißen: wie lange soll die Menschheit im ewigen Hunger ihre eignen Glieder fressen?« (L I, S. 32). Gewonnen ist eine Verschärfung der schon erwähnten Ironie. Sie ist nicht mehr zu übersehen; aber doch nur für den Gebildeten, der die Problematik des Pathetischen kennt.

Es ist klar, daß diese Bildungssprache besonders in *Leonce und Lena* zu finden ist; denn dieses für Cottas Lustspielwettbewerb geschriebene Stück steht schon im Ansatz unter dem Gesetz einer geistreichen Salonsprache. Bezeichnend, daß das Zeitalter einer neuen Akademikerpoesie in der BRD das Stück nach dem zweiten Weltkrieg zu Triumphen geführt hat*. Da gibt es nun Bildungsmetaphern, die heute kaum deutsche Abiturienten verstehen: »Mein Herr, ich gratuliere Ihnen zu der schönen Parenthese, die Ihre Beine machen, wenn Sie sich verbeugen« (L I, S. 106). »Deine Schritte sind ein zierlicher Hiatus« (S. 110). »Mensch, du bist nichts als ein schlechtes Wortspiel« (S. 115). Eine so deutliche, gewiß ganz naive Verwendung der (männlichen!) Honoratiorenbildung gibt es auch bei Heine. Wo bleibt da die *stilistische* Demokratie? Es ist die Frage, die wir, unter sprachlichen Gesichtspunkten, an alle bedeutenden Dichter der Zeit, sogar an den Wahlamerikaner Sealsfield stellen müssen (vgl. u. S. 797 ff.). Man wird vielleicht an die zahllosen Zoten und Blasphemien erinnern, die gerade der Bildlichkeit Büchners starke Effekte verleihen. Aber auch das wäre ein wenig zutreffender Begriff von Volkstümlichkeit; denn Zynismus war von jeher bei Medizinern und Philosophen mehr zu Hause als beim Volk, und Büchner schwankte gerade zwischen diesen beiden Disziplinen. *Es gehört zur Offenheit Büchners, daß er seine gesamte intellektuelle Existenz in die Dichtung hineinnahm und als Poet kein abgesondertes Kämmerlein betrat, um etwa konsequent die »oratio simplex« der Rhetorik zu kultivieren.* Er war kein Spezialist des naiven Tons – wie der mittlere Mörike und der Witiko-Stifter. Aber ohne Zweifel entstand dadurch, schon rein stilistisch gesehen, eine Spannung, die für die revolutionäre Intelligenz des Vormärz typisch ist und sie gegenüber den konservativen oder liberalkonservativen »Volksschriftstellern« (Christoph von Schmid, Gotthelf, Auerbach usw.) auf dem Buchmarkt ins Hintertreffen geraten ließ. Die zwei Seiten von Büchner, die der »naturalistische Woyzeck« und die »romantischen Leonce und Lena« dem unbefangenen Blick offenkundig machen, durchziehen insgeheim, mehr oder weniger deutlich, die *gesamte* Sprachschicht seines Werkes und müssen auch von der außersprachlichen Interpretation berücksichtigt werden.

Die andere, allem geistreichen und aristokratischen Wesen entgegengesetzte Seite Büchners erscheint in den Volksszenen der Dramen, in den entsprechenden Partien des *Lenz,* der ja stellenweise etwas von einer Dorfgeschichte an sich hat, und in den volksliedhaften lyrischen Einlagen, die in allen seinen Dichtungen zu finden sind. Der *Volkston* hat es dem Dichter, wie so manchem seiner großen Zeitgenossen, eben doch angetan, nicht aus literarästhetischen Gründen, um der »Plastik« willen – dann würde er ihn konsequenter durchhalten –, sondern aus Liebe zum Volk. Wir befinden uns im Zeitalter des

---

* Es war ein Lieblingsstück der westdeutschen Studentenbühne und akademischen Interpretation. Dagegen bewahrt Hans *Mayer* hier den für Marxisten obligaten plebejischen Abstand: »Dieses literarisch entstandene und gemeinte Lustspiel« (Georg Büchner und seine Zeit, Wiesbaden 1946, S. 296). Es könnte auch nur die andre (leichtere und verspieltere) Seite des noch keineswegs fertig geprägten Dichters und Studenten sein (s. u.).

Dialektdramas, gerade auch in Hessen und im Elsaß (vgl. Bd. II, S. 464f.), inmitten einer überall in Hebels Gefolge aufblühenden Dialektlyrik (vgl. Bd. II, S. 530, 776) und am Vorabend der Dorfgeschichte, die sich in allen Landschaften entfaltet und sich mehr oder weniger des Dialekts bedient. Seit dem Sturm und Drang versuchte sich die literarische Gesellschaft auf solche Weise aufzufrischen und wieder reale Verbindung zum Ganzen des Volks zu gewinnen. In der Biedermeierzeit war der Erneuerungsprozeß schon weit fortgeschritten. Das Volkslied war, wie etwa Heines Verfahren verrät, wieder zu einer gängigen Form geworden. Man konnte den Volkston auch ohne historische Studien übernehmen. Aber grundsätzlich war damit der Bann des Literarischen und Gebildeten noch nicht gebrochen. Die Frage ist nur, ob dies auch für Büchner gilt. Man versteht, daß der junge Revolutionär, der Verfasser des *Hessischen Landboten,* mit Leidenschaft nach der mit dem Volkston und dem Volkslied gegebenen literarischen Möglichkeit griff. Aber er ist schon in *Dantons Tod* in einer besonderen Lage, dadurch, daß er die Volksszenen einem gar nicht romantischen (oder biedermeierlichen) Stoff einverleiben, sondern im Paris der großen Revolution spielen lassen muß. Er orientiert sich dabei, wie wir schon wissen, an Shakespeare, am jungen Goethe, am Volkslied, an Lord Byron. Aber für die Darstellung der komplizierten, vieldeutigen modernen Revolution ließ sich da wenig lernen, eher schon bei Grabbes *Napoleon,* den die Büchnerforscher viel zu wenig berücksichtigen (vgl. o. S. 170f.). *Wie wichtig die Volksszenen in Dantons Tod sind, ergibt sich schon aus dem Umstand, daß die Quellen, die dem Dichter vorlagen, in dieser Hinsicht nichts hergaben* [45]. Es ist nicht nur der Stimmungszauber, die »Atmosphäre«, die lyrische Auflockerung, die die Pariser Straßenszenen bewirken. Mit ihrer Hilfe wird zugleich eine soziale Leistung vollbracht, in dem Sinne, daß das Volk als eine Größe erscheint, die jenseits der bewußten, »geschichtlichen«, der revolutionären Tat und Existenz seine Bedeutung bewahrt. Gegen Grabbes *Napoleon* und seine Soldaten kann sich das Pariser Volk noch nicht so lebendig zur Geltung bringen wie gegenüber Danton, Robespierre usw. Der gewagte Rückgriff auf die Revolution selbst war ein sozialer Fortschritt gegenüber Grabbes *Napoleon.* Zwar ist bei beiden Dichtern die Einschätzung des Volkes umstritten. Verachten sie das Volk oder zeigen sie es nur realistisch in seiner Unbildung, Armut und politischen Abhängigkeit? Sicher erscheint mir jedoch, daß Büchner das Volk in der Darstellung überzeugender, mit einer ganz anderen Wärme und Umrißschärfe zugleich, widerspiegelt, als dies je im deutschen Drama vorher geschehen ist. Was Immermann im *Alexis* begrifflich andeutet (»Das Volk ist ewig«), das wird in der letzten Szene von *Dantons Tod* in unübertrefflicher Gestalt erlebbar. In Luciles Ausruf »Es lebe der König!«, der zunächst eine rein private Bedeutung hat (Liebestod), und mit dem darauf antwortenden »Im Namen der Republik« (L I, S. 75), werden zugleich alle Formen des Staates in das Volk und alle Kämpfe der Geschichte in die Ewigkeit des menschlichen Herzens zurückgenommen*. Eine so überzeugende Vertiefung vermochte die Grabbe-

---

* Vordergründig ist der Schluß wohl als List gegenüber dem oft sehr flüchtigen Zensor zu verstehen (Vortäuschung eines royalistischen Märtyrerstücks). Büchners Taktik erinnert darin an einen Aphorismus Heines mit der ironischen Überschrift »Kourtoisie« (*Elster* Bd. 7, S. 445): »Wenn man einen König prügelt, muß man zugleich aus Leibeskräften ›Es lebe der König!‹ rufen.« (Vielleicht ein altes revolutionäres bon mot.)

sche Volksdarstellung bei all ihrem Farben- und Detailreichtum noch nicht zu leisten. Zur Tragikomödie des »kleinen«, des »armen« Mannes, wie sie im *Woyzeck* erscheint, ist es von derartigen Volksszenen nicht mehr weit. Der dumpfe Woyzeck ist zwar in seiner Weise zeitweise geistreich, ein Sinnierer und Philosoph; er spricht in der Szene mit dem Hauptmann die Sprache Büchners, d. h. der Sozialisten. Die Ideologiekritik, die Entlarvung der Moral in seinem Munde bewirkt, daß seine Ausdrucksweise, im Gegensatz zu den Prinzipien des Naturalismus, *noch nicht ganz rollenmäßig ist;* so sprach kein Soldat der Biedermeierzeit. Aber Woyzecks »Ton« hört sich dann doch recht anders an als die Sprache der Revolutionshelden oder des Prinzen Leonce; zum Beispiel: »Ich geh. Es is viel möglich. Der Mensch! Es is viel möglich... Jeder Mensch is ein Abgrund; es schwindelt einem, wenn man hinabsieht. – Es wäre! Sie geht wie die Unschuld. Nun, Unschuld, du hast ein Zeichen an dir. Weiß ich's? weiß ich's? Wer weiß es?« [46]. Auch hier die Metaphern und die Allegorese, aber die Stilmittel sind nicht gewählt, sondern unbemüht und allgemein verständlich. Die Erfahrung, von der Woyzeck spricht, ist allgemeinmenschlich, und dies ist auch die Sprache, – soweit es eben überhaupt in großer Dichtung möglich ist.

Übrigens geht aus Büchners wiederholten Korrekturen im Text des gedruckten *Danton* hervor, daß ihm auch da *die Bildungssprache später anstößig war.* So beseitigt er z. B. in dem folgenden Text die beiden akademisch klingenden Fremdwörter: »Die unmoralischen[!] Mücken erwecken ihnen sonst allerhand erbauliche Gedanken. Legendre und ich sind fast durch alle Zellen gelaufen, mehr als eine apokalyptische[!] Dame hing uns an den Rockschößen und wollte den Segen.« Der neue Text lautet: »Die Mücken treiben's ihnen sonst auf den Händen, das macht Gedanken. Legendre und ich sind fast durch alle Zellen gelaufen, die Damen von der Offenbarung durch das Fleisch hingen uns an den Rockschößen und wollte[n] den Segen« [47]. Eine gebildete Anspielung (auf den Saint-Simonismus und das Junge Deutschland) ist auch in die neue Fassung geraten – »Offenbarung durch das Fleisch« ist ein blasphemischer Ausdruck für »Emanzipation des Fleisches« –; doch läßt sich in einer Zeit religiöser Kämpfe der Sinn des Ausdrucks auch aus dem Text allein entnehmen. Es gibt eine Korrektur, in der die Damen mit stärkerer Metaphorik in ein groteskes Licht gesetzt werden [48]. Weitere Fassungen sind durchaus denkbar. Büchner ist jung, alles ist gespannt, *alles ist im Fluß.* Wir wollen daher die Verbalinterpretation seiner Dichtung, die der Philologie zunächst vor der Ideologie den Vorzug gab, nicht zu weit treiben, sondern im folgenden die Makrostruktur des Dichters in ihren Grundspannungen noch schärfer zu erfassen versuchen.

Büchners Schulreden

Die moderne Büchnerforschung hat nicht nur die rhetorische Ausbildung des Dichter nachgewiesen und damit sein ausgeprägtes Stil*bewußtsein* verständlich gemacht, sondern sich auch inhaltlich mit den Schulreden (L II, S. 7–32) befaßt, um damit den Ansatz seines Denkens an einer Stelle zu erfassen, wo Büchner noch nicht so zweideutig ist wie in seiner dichterischen Leistung. Gerhard Jancke, der recht systematisch an das in seiner Grundtendenz umstrittene Genie herangeht, findet schon beim Schüler Büchner »große Einheitlichkeit und Präzision« der Prinzipien*, und ich möchte ihm in diesem Punkte zustimmen. Die Schulreden bestätigen eine Feststellung des Bruders und eine Voraussetzung der so früh erreichten Meisterschaft: »Ein frühreifer Geist ließ ihn hier [im Darmstädter Gymnasium] bereits unter den Besten erscheinen« [49]. Diese intellektuelle Prägung gibt seinem Geist von vornherein eine klarere Struktur als dem Grabbes. Ein so wirres Gebilde wie *Gothland* ist schon bei dem Schüler Büchner undenkbar und sollte den Interpreten zugleich davon abhalten, Büchner allzu nahe an den Helden der Erzählung *Lenz* heranzurücken. Damit soll allerdings nicht mit Wolfgang Hildesheimer behauptet werden, daß wir keinen »Riß im Wesen Büchners« finden [50]. Das ist eine irrationalistische Vorstellung, die, trotz aller *verhaltener* Emotionalität Büchners, seine Struktur verfehlt. So war sicher auch Hebbels Unterscheidung von Grabbe und Büchner nicht gemeint (vgl. o. S. 265). Der Riß gehört bei jedem Dichter der Biedermeierzeit und vielleicht jeder Zeit dazu. Die Frage ist nur, ob er, wie bei Grabbe, der Ausgangspunkt weiterer Dissonanzen ist oder ob, trotz des Risses, an eine tiefere Harmonie gedacht wird. Daß Büchner, im Gegensatz zu Dichtern wie Benn, den Harmoniebegriff nicht über Bord wirft, macht schon sein Festhalten an einem kosmischen »Gesetz der Schönheit« wahrscheinlich (s. o. L II, S. 292). Es erscheint auch in den Reden der sterbenden Dantonisten und im Kunstgespräch des *Lenz:* »Nur eins bleibt: eine unendliche Schönheit, die aus einer Form in die andre tritt, ewig aufgeblättert, verändert, man kann sie aber freilich nicht immer festhalten und in Museen stellen und auf Noten ziehen und dann Alt und Jung herbeirufen, und die Buben und Alten darüber radotiren und sich entzücken lassen ... das unbedeutendste Gesicht macht einen tiefern Eindruck als die bloße Empfindung des Schönen« (L I, S. 451). Es ist das »Naturschöne« des Sturm und Drang, wie auch der idealistischen Ästhetik, das er dem Klassizismus und dem auf ihn gestützten Kunstbetrieb entgegensetzt. Gleich darauf ist von »einem Apoll von Belvedere oder einer Raphaelischen Madonna« die Rede (ebd.), also von Idolen der Klassizisten, denen, wie schon im 18. Jahrhundert, »die holländischen Maler« entgegengesetzt werden (ebd.). Es geht dabei nur um die Begründung der »inneren«, »organischen Form« Herders usw., die heute, unter dem Begriff der »offenen Form«, schon eine fast verhängnisvolle apriori-Rolle in der Büchner-Forschung spielt (s. u.). Die Akzentuierung der inneren Form ist damals nichts Neues und

---

* »Festzuhalten bleibt jedoch, daß Büchner schon hier, in seinen Schüleraufsätzen, mit großer Einheitlichkeit und Präzision die Prinzipien entwickelt, die sowohl seine politische Tätigkeit wie sein dichterisches Werk bestimmen werden: hier wie überall geht es ihm um die Chance des Individuums, innerhalb der Gesellschaft seine Identität behaupten zu können, d. h. sich seinem Lebenssinn entsprechend frei entfalten zu können. Dies ist zugleich ein politisches Problem, nur daß Büchner später als die Wurzel der Denkunfreiheit und der politischen Unfreiheit die soziale Unfreiheit erkennen wird« (Gerhard *Jancke*, Georg Büchner. Genese und Aktualität seines Werkes, Kronberg/Ts. 1975, S. 29). Außerhalb der marxistischen Büchnerforschung findet man öfters eine vorsichtige Verunklärung von Büchners erstaunlich entschiedener, ja damals noch *polizeiwidriger Ablehnung des christlichen Absolutheitsanspruchs,* vielleicht in der Absicht, die christlichen Büchner-Interpreten nicht zu verstimmen. Die mangelnde *religions*geschichtliche Präzision scheint mir überhaupt für die jüngere Forschergeneration bezeichnend zu sein (USA-Einfluß?). Typisch für diese Haltung ist z. B. das folgende Zitat (Gerhard P. *Knapp,* Georg Büchner, Stuttgart 1977, S. 13): »Ob er [Büchner], in seiner Absage an traditionelle [!] christliche Positionen, einen ideologiekritischen Ansatz und eine Absage an das christliche Dogma schlechthin enthält (Hans Mayer) oder lediglich eine Art säkularisierter Theologie Fichtescher Provenienz (Lehmann), bleibt eine Frage der Auslegung«. Ich verstehe nicht recht, was eine »säkularisierte Theologie« sein soll und finde es selbstverständlich, daß die christlichen Positionen »traditionell« sind. Bleiben wir bei dem Wort *Philosophie,* und erinnern wir uns daran, daß Fichtes Philosophie, schon lange vor der Metternichschen Restauration, im scheinbar so humanen Jena, polizeiwidrig war! Büchner knüpft hier nicht an einen harmlosen Idealismus an, wie später noch in seiner Naturwissenschaft, sondern an eine revolutionäre Tradition, die allerdings im Darmstädter Gymnasium möglicherweise noch lebendig war. Für Darmstadt gilt wie für Straßburg: man kennt es zu wenig, weshalb man über Büchners geistiges Erbe in Familie und Elternhaus nicht so gut unterrichtet ist, wie dies bei gründlicher Hintergrundsforschung möglich wäre.

zeigt zunächst wieder nur die Frühreife des Dichters, nämlich die *entschiedene Wahl eines Formvorbilds*, während Grabbe zwischen Shakespeare und Schiller hin- und herschwankt.

Der Schulrede über den *Heldentod der vierhundert Pforzheimer* – auch das konstitutionelle Südwest-Deutschland will seinen Thermopylen-Mythos haben – ist ein Motto Bürgers vorangestellt, das auf der einen Seite erneut das 18. Jahrhundert als Ausgangspunkt von Büchners Denken belegt, zugleich aber auch in die Mitte des heutigen Streites um Büchner führt. Die Pforzheimer starben im aussichtslosen Kampf gegen Tilly, den Feldherrn der Gegenreformation. Sie haben sich damit »Unvergänglichkeit« erkämpft. Zum humanistischen Unsterblichkeitspathos tritt jedoch sogleich der geschichtliche Aspekt und damit auch der gegenwärtige Sinn ihres Opfers: »Die Griechen kämpften ihren Heldenkampf gegen die Gesamtmacht Asiens, die Römer triumphirten über den Trümmern Karthagos, die Franken erkämpften Europas politische Freiheit, aber die Teutschen kämpften den schönsten Kampf, sie kämpften für Glaubens-Freiheit, sie kämpften für das Licht der Aufklärung, sie kämpften für das, was dem Menschen das Höchste und heiligste ist. Dießer Kampf war der erste Act, des großen Kampfes, den die Menschheit[!] gegen ihre Unterdrücker kämpft, so wie die Französische Revolution der zweite war; sowie einmal der Gedanke in keine Fesseln mehr geschlagen war, erkannte die Menschheit[!] ihre Rechte und ihren Werth[!] und alle Verbesserungen, die wir jetzt genießen sind die Folgen der Reformation« (L II, S. 9). In den folgenden amplificationes der Rede erscheint noch einmal das »Licht der Aufklärung« und der alte Vergleich zwischen den unterdrückten Menschen und dem Tier (ebd.). Bemerkenswert an diesem humanistischen Rückblick auf die Geschichte ist nicht die Betonung der *deutschen* Tat – die deutsche Jugend litt noch nicht unter Minderwertigkeitskomplexen –, sondern *die konsequente Einhaltung der universalistischen Perspektive und damit das völlig unzeitgemäße Hinweggehen über die Freiheitskriege*. In Darmstadt herrschte offenbar noch Rheinbundgeist. Auch die scheinbar nationalistische Wendung gegen »das Fremde«, die unbestimmter gehalten ist, entpuppt sich, wenn man die patriotische Rhetorik abzieht, als ein entschiedener Angriff auf die Heilige Allianz und auf die von ihr getragene Restauration: »Du hast nicht mehr gegen Außen zu streiten, deine Freiheit ist gegen alle Anforderungen gesichert. Keines von jenen reißenden Raubthieren, die brüllend in der Welt umherirren um die anerschaffnen[!] Rechtsame eines freien Volkes zu verschlingen, droht dir. Aber Teutschland darum bist du doch nicht frei; dein Geist liegt in Fesseln, du verlierst deine Nationalität, und so wie du jetzt Sclavin der Fremden bist, so wirst du auch bald Sclavin der Fremden werden« (L II, S. 14 f.). Wie das gemeint ist verdeutlicht ein Brief des Studienanfängers in Straßburg aus dem Dezember 1831 an seine Familie »Es sieht verzweifelt kriegerisch aus ... Es kann *Alles* gewonnen und *Alles* verloren werden; wenn aber die Russen über die Oder gehn, dann nehme ich den Schießprügel, und sollte ich's in Frankreich thun. Gott mag den allerdurchlauchtigsten und gesalbten Schafsköpfen gnädig sein; auf der Erde werden sie hoffentlich keine Gnade mehr finden« (L II, S. 414). Man wußte damals, jedenfalls in Südwestdeutschland, noch, daß die Russen das meiste bei der Niederwerfung Napoleons getan hatten und, noch vor Metternichs Österreich-Ungarn, die eigentliche Garantiemacht der Restauration waren. »Das Fremde« ist die durch die siegreichen Großmächte erneut abgesicherte Monarchie, der Absolutismus. Daß Schüler und Lehrer bei solchen, wie immer internen, Reden einen gewissen Mut benötigten, beweist die Tatsache, daß man das Angriffsziel nicht beim Namen nennen konnte. *Schon hier lernte Büchner das in der Restaurationszeit allen freien Geistern auferlegte Gesetz der Tarnung kennen.*

Der Einwand, den die christliche Büchnerforschung gegen ein so klares Bekenntnis zur Aufklärung erheben kann, liegt in der Ausdrucksweise des Primaners. Im Bürgerschen Motto der Rede wird der Tod für die Freiheit zum »Welterlöser-Tod« erhoben. Dieser Ausdruck muß dem jungen Redner wichtig sein; denn der Text wiederholt ihn und gibt ihm noch eine völlig klopstockianische Ergänzung: Dem toten Freiheitshelden steht der Rang eines *Märtyrers zu**. *Für eine christliche Deu-*

---

* Zum gesamten Problemkomplex vgl. man Gerhard *Kaiser:* Pietismus und Patriotismus im literarischen Deutschland. Ein Beitrag zum Problem der Säkularisation, Frankfurt/M. ²1973. Der Text Büchners macht schon durch die höchst konventionelle pathetische Stilisierung des unzeitgemäßen Inhalts nachdenklich: »Endlich von allen Seiten angegriffen, erdrückt von der Uebermacht, sinken

ung könnte auch sprechen, daß der Student Büchner in dem erwähnten Brief Gott erwähnt und den *Fürsten nur »auf der Erde« keine Gnade gönnt, also die christliche Jenseitsvorstellung,* mindestens gegenüber der Familie, *aufrechterhält.* Deshalb sei noch auf die »Rezension« *Über den Selbstmord* und die *Rede zur Vertheidigung des Cato von Utika* (Herbst 1830) hingewiesen. Diese Rede behandelt das damals ebenso aktuelle wie heikle Thema des Freitods und führt damit näher an Büchners *religiösen* Ansatz heran. Die politische Bedeutung des Stoffs ist jedem Kenner des 18. Jahrhunderts gegenwärtig. Die europäische Aufklärung, deren erster mächtiger Propagator in der deutschen Literatur Gottsched war (*Sterbender Cato,* Leipzig 1732), griff in allen Ländern, über das monarchische Weltzeitalter hinweg, auf den letzten römischen Republikaner Cato, Cäsars Feind, zurück. Während die Spitze der fürstlichen Welt, der Kaiser, in seinem Titel die Kontinuität von Cäsars Tyrannis immer noch erkennen ließ, war der Stoiker Cato das Symbol eines bis in den Tod (Selbstmord) entschlossenen Freiheitshelden und Republikaners, daher ein geeignetes *Vorbild für den von Anfang an radikal-revolutionären Büchner.* Schon in der Rezension wendet er sich gegen die traditionelle Meinung, »der Selbstmord sey in *allen Fällen irreligiös«,* wobei er bezeichnenderweise präzisierend hinzufügt: »Das *irreligiös* bedeutet in unserm Sinn so viel als *unchristlich«* (L II, S. 20). Er vermeidet also den vagen Begriff der Religion, der seit der Empfindsamkeit und der Aufklärungstheologie üblich wurde. Entsprechend kommt er auch, im Sinne der strengeren Aufklärung, die die Sittlichkeit von der Religion *unterschied,* zu einer vollkommen klaren Rechtfertigung von Catos Selbstmord: »Cato [ist] nach allen Gesetzen *menschlicher* Einsicht zu rechtfertigen; widerspricht dießem alsdann wirklich das *Christenthum* so müssen die Lehren desselben in *dießer* Hinsicht unrichtig seyn[!], denn unsre Religion kann uns nie verbieten irgend eine *Wahrheit, Größe, Güte* und *Schönheit* anzuerkennen und zu verehren außer ihr[!] und uns *nie* erlauben eine *anerkannt sittliche* Handlung zu mißbilligen, weil sie mit einer ihrer Lehren nicht übereinstimmt« (L II, S. 20). Im folgenden wird der Vorwurf mit der um 1830 unbedingt notwendigen Diplomatie auf ein falsch verstandenes Christentum bezogen. *Aber zugleich bleibt es völlig klar, daß Büchner den partikularen Anspruch des Christentums genauso ablehnt wie den der Nation; denn er behauptet schlicht, das Christentum sei* »ganz auf das Princip der Sittlichkeit gegründet« (ebd.). In die Zukunft Büchners *(Woyzeck)* weist auch schon der Spott auf den verstandesstolzen Professor, den Verfasser des Buches über den Selbstmord, der mit Hilfe einer Section am liebsten auch noch nachwiese, daß der »blinde Heide« Cato »einige Loth Gehirn zu wenig gehabt hätte« (L II, S. 21), desgleichen die Ablehnung der teleologischen Betrachtung und zwar an dieser Stelle noch mit direkter Beziehung auf das Christentum: »Die Erde wird nämlich hier [pag. 16] ein *Prüfungsland* genannt; dießer Gedanke war mir immer[!] sehr anstößig, denn ihm gemäß wird das Leben nur als *Mittel* betrachtet, ich glaube aber, daß das Leben *selbst Zweck* sey« (ebd.). Im folgenden kommt wieder eine Abschwächung des Gedankens. Diese bleibt aber bei einer diesseitigen Begründung; denn Büchner gibt nur zu, daß der Selbstmord »der *Natur«* widerspricht« (ebd.). Für ein krankes Leben kann dieser Vorwurf nicht gelten, und so holt der Siebzehnjährige gleich zum nächsten Schlage gegen die christliche Tradition aus: »*Der Selbstmörder aus physischen und psychischen Leiden ist kein Selbstmörder, er ist nur ein an Krankheit Gestorbner«* (L II, S. 22, im Original gesperrt).

Die öffentlich gehaltene Rede *Zur Vertheidigung des Cato* belegt wieder die Tatsache, daß schon der freiheitsliebende Schüler sich zu tarnen lernte; denn die Formulierungen sind weniger radikal als in der Rezension. Büchner verschanzt sich hier hinter der Autorität des liberalen Historikers Heinrich Luden, dessen *Allgemeine Geschichte* (3 Bde, 1815–22) wiederholt aufgelegt wurde und das

---

sie Mann an Mann unter Hügeln erschlagner Feinde nieder und winden sich sterbend die unvergängliche Lorbeer-Krone des Siegers und die unsterbliche Palme des Martyrers um die Heldenschläfe« (L I, S. 11). *Lehmann* (Nachwort zur Lizenzausgabe des Hanser-Verlags) meint: »Hinter allem steht die romantische Idee Follens vom Opfertod« (S. 779). Karl Follen war ein schwärmerischer Führer der radikalen Burschenschaft und stand damit fest in der Klopstocktradition. Ob er oder ein anderer für Büchner der Vermittler des christlich-patriotischen Gedankenguts war, mögen die Spezialisten entscheiden. Die eigentliche Quelle ist jedenfalls Klopstock, der in den Gymnasien der Biedermeierzeit weit mehr Ansehen genoß als Goethe.

Geschichtsbild der Biedermeierzeit stark beeinflußte. Büchner argumentiert jetzt historisch, wo durch das Problem seine Schärfe verliert: »Es ist ja doch ein ganz eigner Gedanke, einen alten Röme nach dem Katechismus kritisiren zu wollen!« (L II, S. 26). Das historische Denken Büchners geh freilich noch nicht so weit, daß er die Bedeutung der später so genannten »Paradegäule« der Ge schichte relativieren und damit den althumanistischen Heldenkult abbauen könnte. Dies ist wichtig vor allem wegen der von mir vermuteten, aber von dem Dichter verschwiegenen Rezeption Grabbes der 1830 schon berühmt war (vgl. o. S. 165). Cato ist für den jungen Redner ein »Gigant unter Pyg mäen«. Die Geschichte vor Cäsars Machtergreifung ist gewissermaßen ein Zweikampf zwischer Cäsar und Cato, den Cäsar nur »durch sein Glück« und durch die »verdorbene Zeit« gewinnt. »An derthalbe hundert Jahre zuvor hätte kein *Cäsar* gesiegt« (L II, S. 27 f.). Noch lasen die deutscher Gymnasiasten Caesars *bellum gallicum* nicht[51]. Noch durfte man den Ahnherrn der Kaiser, ge nauso wie Katilina, als Verbrecher sehen: »*Cäsar* [war] nichts mehr als ein glücklicher *Katilina*« (l II, S. 27). Die Wendung vom heroisch-moralischen zum geschichtlichen und sozialistischen Denker kann sich – das verrät die Cato-Rede – erst in Büchners früher Straßburger Zeit vollzogen haben Aber *die Grundlage eines radikal-liberalen und vom Christentum unabhängigen sittlich-humanisti schen Denkens wurde von dem frühreifen Dichter schon in der Schulzeit gelegt:* durch eine unge wöhnlich intensive Lektüre, aber sicherlich auch durch die Rheinbund-Tradition in Schule und El ternhaus*.

Die Grundlagen von Büchners Sozialismus

Die Frühmanifestationen sind bei einem so jung gestorbenen Dichter besonders wich tig. Um so bedauerlicher ist es, daß sich aus den beiden ersten Studentenjahren des Dich

---

* Ich begnüge mich aus Raumnot an dieser Stelle damit, eine christliche Interpretation der Cato-Rede zu zitieren. Die Übertragung des christlichen Welterlöser-Begriffs auf die Helden der Ge schichte wird uns noch im Zusammenhang mit »Dantons Tod« beschäftigen. Diesen Begriff gilt es festzuhalten. Vorläufig nur zwei Proben aus Wolfgang *Wittkowskis,* des prominenten Büchnerfor schers, programmatischem Aufsatz: Georg Büchner, die Philosophen und der Pietismus (in: Jahr buch des Freien Deutschen Hochstifts 1976, S. 352–419.): »Die Apostel und die ersten Christen wa ren darin vorbildlich [»in Beziehung auf eine höhere Ordnung der Dinge in einer künftigen Welt«] Nur lehnt Fichte es ab, von vornherein der Erde zu entsagen. Kato dagegen[!] verhielt sich einer an deren Schulrede Büchners zufolge richtig und erhaben, wenn er ›durch einen besonnenen Tod seine freie Seele‹ rettete, als er nämlich erkannte, daß die ›Sklavenseelen‹ der Römer nicht ›für die Sache der Freiheit zu gewinnen waren‹ (28). Sein Selbstmord besiegelte den Bankrott seines politischen Wirkens, verdient jedoch wortwörtlich gleiches Lob wie die Selbstopferung der Pforzheimer (14 32), ja, sogar die höchste Anerkennung durch die christliche ›Religion, welche ganz auf das Prinzip der Sittlichkeit gegründet ist‹ und daher trotz ihrer Sünden-Dogmen eine Tat wie diese einfach nicht verurteilen kann (20). Das ist Fichtesch argumentiert. Und pietistisch-Fichtesche Strenge bezeug sich in der Annahme, Kato, dieser ›Gigant unter Pygmäen‹ (27), der durch Tugenden und Genie den Göttern näher als den Menschen stand (ein Zitat von Goethes Freund Luden, 28) – Kato erkannte ›daß Rom sich nicht mehr erheben könne, daß es einen Tyrannen nötig habe, und daß für einen de spotisch beherrschten Staat nur Rettung im *Untergang* sei‹ (29)« (S. 357). Ebenso zeigt bei *Witt kowski* der Leonidas-Tod der 400 Pforzheimer, »daß der sittliche Wert einer solchen Tat unabhän gig von Erfolg und Mißerfolg, von den Folgen in der wirklichen Welt[!] blieb. Der Welterlöser-To der Pforzheimer zumal, *obwohl* seine Früchte so gut wie nicht genutzt werden, lebt dennoch weite als ›ein Denkmal, das über Tod und Verwesung triumphiert, das unbeweglich steht im flutender Strome der Ewigkeit‹, unvergänglich ›im Herzen aller Edlen‹ (15)« (S. 356). Man sieht, daß der *Hel denkult* des Primaners den Interpreten zur Verkennung des von Büchner nicht ›geleugneten ge schichtlichen Sinns* beider Heldentaten oder Martyrien verführt.

:ers in Straßburg so wenig erhalten hat. Klar ist, daß er nicht nur das Fach der Medizin, sondern auch den Studienort »auf den Wunsch des Vaters[!] und als Ausnahme von der Regel« wählte[52], daß sich also auch hier, neben den Büchnerschen Familienbeziehungen, die *Rheinbundtradition* erkennen läßt. *Dies erscheint mir wichtig, weil die relativ große Sicherheit des jungen Büchner – sie erinnerte öfters an Goethes Frühzeit – wahrscheinlich mit dieser geistigen Geborgenheit in einer relativ einheitlichen liberalen Umwelt des oberrheinischen Raumes zusammenhängt.* Mir will scheinen, daß der Vater-Protest Büchners von der Psychoanalyse übertrieben worden ist[53]. Er hatte sowohl als Honoratiorensohn wie durch die außergewöhnliche Liberalität des Vaters einen gewaltigen Vorzug vor den aus dem Kleinbürgertum stammenden Generationsgenossen Grabbe und Hebbel. Wenn man ihn richtig einen »Drübersteher« genannt hat[54], so lag diese Überlegenheit gewiß auch an dem »residenzlichen Kulturboden«, den ein Schulkamerad erwähnt[55], auf dem Grabbe auch stand und dem vielleicht bei beiden Dichtern die Wahl der schlecht honorierten Gattung des Dramas (Gutzkow s.o.) zu danken ist. Ebenso wichtig jedoch erscheint als Grundlage von Büchners früh gewonnener Souveränität die Übereinstimmung mit dem Vater. Dieser hat sein für damalige Verhältnisse allzulanges Studium nicht mehr finanziert. Er hat so möglicherweise eine Mitschuld an der hektischen (wissenschaftlichen und dichterischen) Arbeit des aus Deutschland geflohenen Rebellen und damit an seinem frühen Tod; aber noch in dem väterlichen Brief, der uns über diese wirtschaftlichen Fragen informiert, finden wir *keine ernstliche geistige Differenz,* sondern nur den bei einem alten Manne selbstverständlichen Vorwurf: »Dein unvorsichtiges Verhalten« (an Georg 18. 12. 1836, L II, S. 500). Der Vater wußte, im Grunde seines Herzens, daß er durch die Wahl des Studienortes Straßburg die Entwicklung des Sohnes zum aktiven Revolutionär veranlaßt hatte. Dies war wohl der tiefste Grund seines durch Georgs Verhalten erschütterten Gemüts (ebd.)*.

---

* Die Legende vom »konservativen« oder gar »reaktionären« Vater Büchners, dem Obermedizinalrat Ernst Büchner, hält sich seit Karl Emil *Franzos* hartnäckig in der Büchnerforschung, so noch bei dem von mir geschätzten, aber politisch-historisch zu wenig unterrichteten Gerhard P. *Knapp* (Georg Büchner, Stuttgart 1977, S. 8f.). Wenn man Napoleon »glühend verehrte« (S. 9), steht man, wie Heine und alle anderen Napoleon-Verehrer der Biedermeierzeit, *im Widerspruch zum Metternichschen Klassenstaat,* auf dem Boden der napoleonischen Gleichheit vor dem Gesetz. Die Gleichheit ist wichtiger als die vom bürgerlichen Liberalismus erstrebte formale Freiheit. Deshalb ist es für Büchners Vater auch kein Verbrechen, die in den Augen der Nationalisten bestehende politische Belastung durch die Rheinbundzeit mit Zeichen einer monarchischen Gesinnung zu kompensieren. *Ein Konservativer schickt den Sohn nicht in das Frankreich der Julirevolution,* und dieses ist nicht etwa »restaurativ« (*Knapp,* S. 16), sondern, wie der Vater, bürgerlich und, mit gewissen Einschränkungen, liberal. Wer den biedermeierlichen Briefverkehr zwischen den Eltern und ihren studierenden Kindern kennt, wird auch nie darauf kommen, Büchners Briefe an die Eltern besonders diplomatisch oder gar gezwungen zu finden. Ohne eine gewisse Oppositionshaltung, die Kindern und Eltern *gemeinsam* ist, werden zu jener Zeit solche Briefe nicht geschrieben. Daß der Sohn radikaler als der Vater opponiert, »unvorsichtiger«, versteht sich von selbst, vor allem wenn der Vater zu den beamteten Honoratioren einer Residenzstadt gehört. Das von Luise Büchner, der Schwester des Dichters geschriebene »Novellenfragment« [Romanfragment] *Ein Dichter* (hg. v. Anton Büchner, Darmstädter Schriften XVII, 1965) bestätigt meine Auffassung. Nach der ärztlichen Versorgung eines Studenten, der beim Sturm auf die Frankfurter Hauptwache verwundet wurde, verurteilt der Vater die Revolution nicht grundsätzlich. Ludwig (die Entsprechung für Georg Büchner) fragt naiv:

Straßburg war insofern eine Schule des Frühsozialismus, als sich dort, an der Grenze die Wirtschaftspolitik Louis Philippe's besonders verhängnisvoll auswirkte. Man betont den nationalen Geist des Stöber-Kreises, in dem Büchner seine frommen und poetischen Freunde Adolph und August Stöber fand. Tatsächlich hat Büchner mit nationaler Begründung eine Förderung dieser Mini-Poeten von Gutzkow erbeten: Er sei kein Verehrer »der Manier à la Schwab und Uhland«, aber das »Bändchen Gedichte« von seinen »Freunden Stöber« sei »einer von den seltnen Versuchen,... um die deutsche Nationalität Frankreich gegenüber zu wahren und wenigstens das geistige Band zwischen ihnen und dem Vaterland nicht reißen zu lassen« (1835, L II, S. 449 f.). Man täuscht sich, wenn man in solchen Bemerkungen mehr als die Erhaltung der Sprachgemeinschaft mit Deutschland finden will[56]. Die deutsch dichtenden Elsässer brauchen einen deutschen Verlag; das ist alles. Sogar Eugen Böckel, der genau beobachtende Mediziner, der später anläßlich seiner Bildungsreise geradezu Loblieder auf Deutschland singt, nennt sich ausdrücklich »Franzose«. Es gibt daher eine ganz falsche Vorstellung von dem historischen Zusammenhang, wenn Heinrich Böll einen Satz Böckels zur höhnischen Schlußpointe seiner Büchner-Preis-Rede macht: »In Teutschland befinde ich mich sehr wohl; es ist nicht halb so schlimm, wie Du glaubst...«. Boeckel will den radikalen Freund beruhigen, und, wie wir sehen werden, retten (vgl. u. S. 327 f.). Das wäre, meine ich, auch heute die mögliche Haltung eines Älteren gegenüber der radikalen Jugend, wenn er sich nicht selbst auf ihre Entwicklungsstufe stellen will*. Die Stöbers sind, politisch gesehen, gute Franzo-

---

»Haben sie gesiegt?« Der Vater antwortet: »Ludwig, wie dumm, wie können sie gesiegt haben? Einfältige Bubenstreiche sind das, von Kindern, die nicht einmal überlegten, wie nahe die Bundesfestung ist, noch in der Nacht wurden Preussen und Österreicher von Mainz hinüber geschickt, um den Bundespalast zu schützen« (S. 77). Büchners Vater ist ein Franzosenfreund (Anton Büchner: Die Familie Büchner, Darmstadt 1963, S. 18). Er kennt durch seine Lektüre – es sind zum Teil die Quellen für *Dantons Tod* – die Französische Revolution. Er kann anarchistische Studenten von ernsthaften Revolutionären unterscheiden. Sein wiederholtes Lob für die Cato-Rede des Sohnes (Ein Dichter, S. 74) beweist aber eine Übereinstimmung in den liberalen Prinzipien. Auch der Rheinbundgeist am Darmstädter Gymnasium wird durch den Roman der Schwester klar belegt. Der Direktor, zur Zensur verpflichtet, genehmigt und lobt die Cato-Rede, Schüler und Lehrer überschütten den Redner mit Lob. »Selbst der Religionslehrer nahm keinen Anstoß an dieser unumwundenen Verteidigung des Selbstmords« (ebd. S. 43 f.).
    * *Böll* begünstigte mitten in der »Studentenrevolution« (1967) die anarchistische Stimmung der akademischen Jugend und interpretierte den Rückfall in barbarische Umgangsformen zustimmend, z. B.: »Es fällt nicht schwer, Büchners politische und ästhetische Gegenwärtigkeit zu sehen. Die Kerker-Torturen des Studenten und Büchnerfreunds Minnigerode mit jenen zwei, auf offener Straße durch amtliche Personen begangenen Morden in Beziehung zu bringen: der Erschießung des Berliner Studenten Ohnesorg und des Bundeswehrsoldaten Corsten, beides ungeheuerliche Fälle öffentlichen Mordes durch die Staatsgewalt« (Büchner-Preis-Reden 1951–1971, Stuttgart 1972, S. 184 f.). »Ich wünsche mir in diesen neuen Hessischen Landboten hinein eine genaue Analyse der Tatsache, daß hierzulande auf Grund eines mysteriösen Protokolls staatsbesuchende Demokraten und Sozialisten mit mühsamem, gekrönte Häupter und Fürstlichkeiten mit überwältigendem Charme empfangen werden. Wer will sich da wundern, wenn Studenten, denen ein neues Bewußtsein zuwächst, diesem Protokoll auf die einzig mögliche Weise zuwiderhandeln: durch Unruhe und eindeutig formulierte Ablehnung« (ebd. S. 187). Man macht, so alt man ist, einfach mit. Man fühlt sich, so ohne Verantwortung, up to date. Aber es ist *die traditionelle Weltfremdheit der deutschen Dichter,* die nur ausnahmsweise bei Dichtern wie Goethe, Heine, Thomas Mann verschwindet.

en. Der Vater der beiden Stöber, Ehrenfried Stöber, ist sogar Sekretär der Gesellschaft der »Amis du peuple«, die ein Bündnis zwischen den Massen und der demokratischen Intelligenz herstellen will[57]. Trotzdem handelt es sich, nach dem Urteil Heines in den *Französischen Zuständen*, um höchst aktive Demokraten, die u. a. am Pariser Aufstand im Juni 1832 teilnahmen (Elster 5, 144 f.). Die Volksfreunde scheinen jedoch, wenigstens in Straßburg, nicht sehr erfolgreich gewesen zu sein und die Führung der demokratischen Bewegung mehr und mehr an die Gesellschaft der Menschenrechte verloren zu haben. Viëtor schildert die Lage so: »Manche dieser Klubs bestanden aus bürgerlich denkenden Demokraten; für sie konnte sich Büchner nicht interessieren. Aber in einer dieser Gruppen, die grade damals immer mehr hervortrat, sammelten sich radikale Kräfte, die auf ein wirklich revolutionäres Ziel hinarbeiteten. Es war die sogenannte *Société des Droits de l'Homme et du Citoyen,* nach den Juli-Ereignissen begründet und in den dann folgenden, unruhigen Jahren, als das sich konsolidierende neue Regime des Bürgerkönigs in vorsichtigem Ringen die weiterarbeitenden radikalen Aktivisten zu unterdrücken suchte, in ständigem Kampf gegen die neue Staatsmacht groß geworden. Hier wurde eine Republik mit wirklich demokratischer Verfassung verlangt, die aus der großen Revolution stammende ›Erklärung der Menschenrechte‹ in Robespierre's radikaler Fassung[!] diente als Programm... (ihre Sektionen hatten so bezeichnende Namen wie: *Robespierre, Mort aux tyrans, Babeuf, Saint-Just, La Guerre aux Châteaux)*... Wie bürgerlich das Programm auch dieses wichtigsten und radikalsten unter den Geheimbünden der Dreißigerjahre sein mochte, in seinem Kreis traten schon kommunistische Tendenzen hervor. Es gab da einige Leute, nicht sehr viele, die den primitiven Gleichheits-Sozialismus des 1796 hingerichteten Gracchus Babeuf zu erneuern suchten. Einige Jahre vorher war diese Doktrin... ausgegraben worden. Philippe Buonarroti, der überlebende Genosse... hatte in seinem Buch *La Conspiration pour l'Egalité* (1828) die Lehre Babeufs dargestellt. Man hat von diesem Buch gesagt, es sei der Ursprung aller proletarischen Bewegungen des 19. Jahrhunderts geworden... Büchner hat diese Bewegungen, Pläne, Veranstaltungen sicherlich genau gekannt und beobachtet. Die führenden Leute waren ja Studenten der Straßburger Universität; und die Sektion versammelte sich im ›Rebstöckl‹, der Weinstube, in der auch Büchner und seine Freunde sich zu treffen pflegten... Nach Büchners Tod hat einer seiner politischen Freunde vor einem Sondergericht des Deutschen Bundes ausgesagt, Büchner habe in Straßburg der ›Gesellschaft der Menschenrechte‹ angehört und dort ›deren Grundsätze eingesogen‹. Das ist alles, was als Überlieferung gelten kann«[58]. Wir wissen, wie gesagt, wenig von Büchners erster Straßburger Zeit. Wir wissen dagegen sicher, daß er Sektionen der Gesellschaft der Menschenrechte in Gießen und in Darmstadt begründet oder mitbegründet hat und daß ihn auch die seit Minnigerodes Verhaftung einsetzenden Untersuchungen noch nicht von der revolutionären Tätigkeit abgehalten haben. Der Bruder schildert seine letzten Aktivitäten nüchtern und glaubwürdig: »Seine politische Thätigkeit konnte natürlich in diesem Winter [1834/35] nicht die Ausdehnung von früher haben; doch blieb er fortwährend in Verbindung mit

---

Auch die Büchnerpreisrede von Günter *Grass* (1965), die sich vor allem mit dem Verhältnis von BRD und DDR beschäftigt, beweist, daß der Dichter nicht die geringste Ahnung von den realen Bedingungen eines unter sowjetischem Einfluß stehenden Staates besitzt.

Gießen, und stand der im vorhergegangenen Frühjahr in Darmstadt von ihm gegründe
ten ›Gesellschaft der Menschenrechte‹ vor, die bald bedeutend stärker aufblühte, als ihr
Gießener Muttergesellschaft. Man versammelte sich bald im Freien, bald in einem abge
legenen Hause, und bewahrte große Vorsicht vor Entdeckung. Die Mitglieder übten sich
sehr eifrig in den Waffen [!] und hatten bedeutende Schießvorräthe verborgen. Als Führe
ragten noch *Nievergelter, Kahlert, Koch* hervor... Büchner verfaßte für die Gesellschaf
nach dem Muster der französischen eine *Erklärung der Menschenrechte,* die mit ihre
Ausführungen damals als Programm der vorgeschrittensten Fraktion der revolutionäre
Partei gelten konnte. Diese Schriftstücke wurden während der Periode der Untersuchun
gen mit anderen Papieren verbrannt. Büchner besaß auch hier denselben überwiegende
Einfluß auf seine politischen Freunde wie in Gießen; er war die Seele des Ganzen, un
nach seiner Flucht im März 1835 löste sich die Gesellschaft von selbst auf, nachdem si
ein Jahr bestanden hatte« [59].

Ich will mit diesen Zitaten nur andeuten, daß ich es für eine neue Form des Nationalis
mus oder Provinzialismus halte, wenn man in den Büchern der christlich-idealistisch-my
stischen Büchnerforschung, auch wenn sie aus den USA stammen, fortwährend Zitat
von Pascal, Fichte, Schelling, Hegel, Schopenhauer vorgesetzt bekommt und die Frag
nach Büchners wie immer frühem oder gar christlichem Sozialismus nicht ernstlich un
tersucht wird. Von Schelling kommt man doch nicht zum *Hessischen Landboten!* Ich wil
nicht sagen, daß die Spur Babeuf/Buonarroti die einzige oder die richtige ist. Hans Maye
hat auf weitere Möglichkeiten hingewiesen. Besonders interessant erscheint mir *Lamen
nais (Paroles d'un croyant),* der christliche Sozialist, der wiederholt ins Deutsche über
setzt wurde und ohne den das starke soziale Engagement Biedermeierdeutschlands m. E
kaum denkbar erscheint. Wer den *Hessischen Landboten* schreibt, hat eine wie imme
unvollkommene sozialistische Theorie, und es ist nach dem Gesagten höchst unwahr
scheinlich, daß sie der 21jährige Büchner selbst erfand oder aus Fichtes Gedanken zu
sammenbraute. *Es ist mehr als wahrscheinlich, daß hinter dieser Theorie die französisch
Revolutionserfahrung stand, das, was Büchner in Straßburg außerhalb der Universitä
gelernt hatte. An dieser Stelle muß der Forscher bohren* [60]. Dagegen erscheint mir di
Erfahrung der russischen Oktoberrevolution und die marxistisch-leninistische Dogmati
für die Erforschung und erst recht für die Beurteilung einer 1831–33 »eingesogen
Lehre gänzlich überflüssig, ja hinderlich zu sein – ähnlich wie der anachronistische »bür
gerliche« Maßstab des Expressionismus, des absurden Theaters usw. Golo Mann hat
vielleicht zur Korrektur der unverantwortlichen Büchnerpreisrede Heinrich Bölls (1967)
im folgenden Jahr den Revolutionär Büchner allzusehr heruntergespielt. Auch ich bin de
Meinung, daß der Dichter als Individualität zu revolutionärem Handeln wenig geeigne
war*. Dagegen läßt sich die Meinung, daß Büchner seine »Erkenntnis... völlig aus sic

---

* »Büchner war zu reich in seiner Seele, zu sensitiv, zu spöttisch, zu wissend, zu pessimistisch, z
neurotisch, auch zu lebensfreudig, natur-, berg- und waldfreudig, zu sehr dem Metaphysischen ge
neigt, als daß er zum Berufsrevolutionär auf die Dauer getaugt hätte. Ein Revolutionär resignier
nicht so schnell, wie er es tat« (Büchner-Preis-Reden 1951–1971, Stuttgart 1972, S. 192). Vo
Büchners seelischer Struktur ist noch zu sprechen. Vorläufig nur die Frage, ob nicht zur revolutionä

selbst heraus, ohne theoretisches Rüstzeug« auf Grund der hessischen Verhältnisse entwickelte[61], kaum halten; hier liegt wohl eine indirekte Wirkung der marxistischen Theorie vor, obwohl sie Golo Mann ablehnt.

Es ist bekannt, daß sich der Pauperismus während der Biedermeierzeit vor allem auf dem Land bemerkbar machte (vgl. Bd. I, S. 13 ff.), daß Gießen noch keine Fabrikstadt war, 7200 Einwohner zählte und die Städte über 5000 Einwohner (Mainz, Darmstadt, Offenbach, Worms, Gießen) mit einer Gesamtbevölkerungszahl von 72000 nur ein Zehntel der Bevölkerung im Großherzogtum Hessen beherbergten[62]. *Man kann also von Büchner nur einen Agrarsozialismus erwarten;* wenn er von der »Masse« spricht, meint er die Bauern. Sie allein können, meint er, die wohlorganisierte Minorität der Beamten und Soldaten erdrücken. Von Sozialismus ist, meine ich, in dem Augenblick zu sprechen, in dem der Revolutionär auf die Masse *allein* seine Hoffnung setzt, sich von dem bürgerlichen, gebildeten, literarischen Liberalismus *trennt,* und *dies tut Büchner in entschiedener, ja in schroffer Weise,* vielleicht auf Grund der Erfahrungen im Kreise der stöberschen »Volksfreunde«. Diese Trennung von Liberalismus und Sozialismus liegt in Deutschland noch entschieden revolutionären Schriftstellern der 40er Jahre wie Herwegh und Freiligrath *fern;* sie waren Sozialliberale, und erlebten daher in der Ära Brandt eine gewisse Wiederbelebung. Büchner dagegen läßt sich ohne den französischen Hintergrund unmöglich verstehen; er ist mit seiner sozialistischen Ideologie – ich meine zunächst die Briefäußerungen – ein Fremdkörper in der deutschen *Literatur*geschichte. Daß der *Hessische Landbote,* trotz der überlegenen Sprachkraft, mit der er geschrieben ist, *politisch* kein Unikum darstellt – man nahm es sogar in der DDR an – ist vor kurzem einwandfrei nachgewiesen worden[63]. Es gibt, auch in Deutschland, eine riesige Flugschriftenliteratur, die nur deshalb der deutschen Germanistik unbekannt war, weil sie das Zweckschrifttum grundsätzlich beiseite liegen ließ. Büchner fand in Oberhessen – er *mußte,* nach vier Straßburger Semestern, an der Landesuniversität studieren – mehr politische Aktivität, als er erwartete. Wir sind über die allgemeine Lage und über die Unruhen in Hessen, dank der dortigen ausgezeichneten landesgeschichtlichen Forschung[64] bedeutend besser unterrichtet als über die Büchner betreffenden Straßburger Verhältnisse. Die von Büchners Bruder Louis getroffene Feststellung, daß der als Rektor in Butzbach (nördlich von Frankfurt/M.) amtierende Theologe Friedrich Ludwig Weidig in Oberhessen »an der Spitze« stand und »seine Agitationen in Verbindung mit dem in Frankfurt am Main existirenden ›*Männerbund*‹« betrieb, konnte sich schon auf eine frühe Aktenpublikation Friedrich Noellners (1844) stützen[65]. Wenn der Gießener Student Büchner überhaupt aktiv werden wollte – und sein seelischer Zustand trieb ihn dazu (s. u.) –, so mußte er sich der Verbindungen dieses im mittleren Alter stehenden Rebellen bedienen; der Offenbacher Drucker des *Hessischen Landboten* gehörte zum Kreise Weidigs. Gegen die Annahme, daß sich der Dichter nur als Texter, als literarisches Werkzeug gewinnen ließ, spricht die Tatsache, daß er im Kreis der oberhessischen Revolutionäre nach Einfluß strebte – offenbar mit mäßigem Erfolg. Er wollte nach französischem Vorbild die Unter-

---

ren Unzufriedenheit genauso wie zur dichterischen Produktivität der schon erwähnte »Riß« gehört und damit eine wie immer beherrschte Neigung zur Neurose.

schicht durch »Gesellschaften«, d. h. *mit Hilfe einer entschlossenen Elite* aktivieren während die idealistisch geprägten deutschen Rebellen meinten, der *Geist tue das revolu tionäre Werk von selbst, wenn man Flugschriften verbreite**. Büchner scheint sich in die sem Marburger Kreise vereinsamt gefühlt zu haben. Auch in seinem Verhältnis zu Weidig ist die Grenzlinie zwischen Sozialliberalismus und Sozialismus klar zu erkennen. Weidig akzeptierte zwar, vermutlich aus literarichen Gründen, Büchners Flugschrift, veränderte das Manuskript aber so, daß er die Büchnersche Alternative arm und reich, durch der weniger ökonomisch bestimmten Gegensatz zwischen dem Volk und den »Vornehmen« unter denen sich damals zur Not auch der Adel verstehen ließ, ersetzte. In Büchners Reak tion auf Weidigs verharmlosende Umgestaltung ist der *Ideologe* zu erkennen; denn es is gerade bei ihm kaum anzunehmen, daß er die *literarische* Originalität seiner Flugschrif so stark betonte wie wir Literarhistoriker heute: »Büchner war über die Veränderungen die Weidig vorgenommen hatte, sehr aufgebracht, wollte die Schrift nicht mehr als di seinige anerkennen und sagte, daß Weidig ihm gerade das, worauf er das meiste Gewich gelegt[!], durchgestrichen habe. Ueberhaupt vertrug er sich mit Weidig schlecht... Si [die Flugschrift] unterscheidet sich von dem Original namentlich dadurch, daß... das was gegen *die sogenannte liberale Partei* gesagt war, weggelassen worden ist«[66] Büchners Bruder äußerte sehr präzis und mit der Unbefangenheit, die bei der Erforschun des vormarxistischen Sozialismus auch heute noch nötig ist, daß er »noch mehr *Socialist* als *Republikaner*« war[67].

Es ist daher historisch ganz unmöglich, Büchner zu den liberalen Jungdeutschen zu rechnen, wie dies die Literaturgeschichte, aus Ordnungsbedürfnis, immer wieder tut. In der Vermischung seiner substanzfesten, vielseitigen Existenz mit einer zutiefst unverant wortlichen oder wenigstens ahnungslosen (idealistischen) Gruppe von Berufsschriftstel lern liegt nicht nur eine Verkennung, sondern sogar eine *Degradierung des Dichters.* Au der äußeren Beziehung zwischen Gutzkow und Büchner kann seine Zugehörigkeit zum Jungen Deutschland nicht abgeleitet werden; denn *seine Beurteilung der Jungdeutschen ist sozialistisch und damit eine klare Absage an den ihn umwerbenden Publizisten un Semi-Poeten Gutzkow:* »Uebrigens, um aufrichtig zu seyn, Sie und Ihre Freunde scheinen mir nicht grade den klügsten Weg gegangen zu seyn. Die Gesellschaft mittelst der *Idee* von der *gebildeten* Klasse aus reformiren? Unmöglich! Unsere Zeit ist rein *materiell*, wä

---

* »Am 3. Juli veranstaltete Weidig auf der Badenburg bei Gießen zum Zwecke einer näheren Vereinigung und Besprechung eine Zusammenkunft Gleichgesinnter aus weiteren Kreisen... ›Vo dieser Besprechung meinte Büchner‹ (... Nöllner...), daß man Gesellschaften errichten müsse; Wei dig glaubte, daß es schon genüge, wenn man die verschiedenen Patrioten der verschiedenen Gegen den mit einander bekannt mache und durch sie Flugschriften verbreiten lasse. Büchner hoffte auf de Badenburg seine Ansichten bei den Marburgern durchzusetzen. Ich weiß nicht, wie weit ihm dies ge lungen ist. Als ich ihn später über die Sache sprach, sagte er mir, daß auch die Marburger Leute seien welche sich durch die französische Revolution, wie Kinder durch ein Ammenmährchen, hätten er schrecken lassen, daß sie in jedem Dorf ein Paris mit einer Guillotine zu sehen fürchteten u.s.w.« Büchner, welcher glaubte, daß man sich an die niederen Volksklassen wenden müsse, und der auf di öffentliche Tugend der sogenannten ehrbaren Bürger nicht viel hielt, muß auf der Badenburg seine Absichten nicht gebilligt gesehen haben, weil er über die Marburger sich so ungehalten äußerte ([Louis Büchner] Nachgelassene Schriften, Frankfurt/M. 1850, S. 10f.).

en Sie je directer politisch zu Werk gegangen, so wären Sie bald auf den Punkt gekommen, wo die Reform von selbst aufgehört hätte. Sie werden nie über den Riß zwischen der gebildeten und ungebildeten Gesellschaft hinauskommen. Ich habe mich überzeugt, die gebildete und wohlhabende Minorität, so viel Concessionen sie auch von der Gewalt für ich begehrt[!], wird nie ihr spitzes Verhältniß zur großen Klasse aufgeben wollen. Und die große Klasse selbst? Für die gibt es nur zwei Hebel, materielles Elend und *religiöser Fanatismus.* Jede Parthei, welche diese Hebel anzusetzen versteht, wird siegen. Unsre Zeit braucht Eisen und Brod – und dann ein *Kreuz* oder sonst so was. Ich glaube, man muß in socialen Dingen von einem absoluten[!] *Rechts*grundsatz ausgehen, die Bildung ines neuen geistigen Lebens im *Volk* suchen[!] und die abgelebte moderne Gesellschaft um Teufel gehen lassen. Zu was soll ein Ding, wie diese, zwischen Himmel und Erde herumlaufen? Das ganze Leben derselben besteht nur in Versuchen, sich die entsetzliche Langeweile zu vertreiben. Sie mag aussterben, das ist das einzig Neue, was sie noch erleben kann« (L II, S. 455). Die Äußerung stammt aus dem Jahre 1836, also aus der letzten Zeit Büchners. Sie ist ein Beweis dafür, daß Büchner zwar seine politische *Tätigkeit* abgebrochen, aber seine *Theorie* nicht geändert hat. In der Ablehnung der älteren These vom bekehrten Revolutionär Büchner besteht heute, so viel ich sehe, Einmütigkeit. Auch die späteren Äußerungen, in denen er eine Revolution für zwecklos erklärt, enthalten fast immer eine zeitliche Beschränkung auf die Gegenwart. Den *sozialistischen* Radikalismus Büchners verrät vor allem das *Todesurteil über die Klasse,* die sowohl nach 1848 wie nach 1945 dafür gesorgt hat, daß der Hunger die Massen nicht zu einer verzweifelten, in ihren Folgen unabsehbaren Revolution führte und daß sich Büchners Prophezeiung bewahrheitete: »Ein *Huhn* im Topf jedes Bauern macht den gallischen *Hahn* [die Revolution] verenden« (L II, S. 441). Übrigens ist dieser hellsichtige Satz ein Hinweis auf die mangelnde Hellsicht und die Geschichtsfremdheit *der* literarischen Revoluzzer, die heute noch mit dem *Hessischen Landboten* hausieren gehen und, statt wie Büchner Tod und Gefängnis zu riskieren, Honorare kassieren. Ich glaube nicht wie Golo Mann, daß sich Büchner 1848 *nicht* engagiert hätte. Sein Bruder deutet richtiger an, daß er sich links von der führenden Gruppe der Liberalen eingesetzt hätte[68]. Sicherer kann man sagen, daß er die einträgliche, ungefährliche Literatenopposition in der BRD genausowenig ernst genommen hätte wie die der Jungdeutschen und auch einem Nobelpreisträger wenig Respekt erwiesen hätte*.

---

* Differenzierend sei noch bemerkt, daß Hans Magnus Enzensberger die soziale Lage in der BRD historisch richtiger erfaßt als Grass das Verhältnis zur DDR (s. o.) oder Böll den Sinn der marxistischen Studentenrevolution. Trotz seines Widerwillens gegen das deutsche Bürgertum gibt Enzensberger zu, daß Büchner weiter sah als Marx und Engels: »Mästen Sie die Bauern, und die Revolution bekommt die Apoplexie« (Büchner). Enzensberger: »Der Respekt, den wir Autoren wie Büchner und Weidig schuldig sind, gebietet uns zu sagen, daß *Der Hessische Landbote* in unserer Lage, auf unser Land bezogen, ein Anachronismus ist... Was 1834 Winkelpolitik war, ist zur Weltpolitik geworden... Was 1964 am *Landboten* gilt, gilt nicht für Hessen[!], es gilt für den Nahen Osten, den indischen Subkontinent und Südostasien, für große Teile Afrikas und für viele Länder des lateinischen Amerika.« Im folgenden erwähnt Enzensberger die »Bauernrevolutionen« in China, Algier, Cuba, Vietnam und bemerkt richtig, daß wir uns auf Büchner nicht berufen können, solange wir den Entwicklungsländern so wenig helfen (»Politischer Kontext 1964«, in: Georg Büchner, Ludwig

Georg Büchner

Büchners Beziehung zum Christentum

Das schwierigere Problem liegt in der Frage nach dem weltanschaulichen Fundament von Büchners frühem Sozialismus. Daß man in der Zeitdiagnose – »Unsere Zeit ist rein materiell« – eine Verurteilung des Materialismus sehen kann, erscheint mir unwahrscheinlich. Auch seine Ausdrucksweise hinsichtlich der Religion – »ein *Kreuz* oder sonst so was« – deutet keine Nähe zum Christentum, sondern umgekehrt *ein gefährliches Spiel mit der Religion, die Möglichkeit eines Religionsersatzes, einer nicht geglaubten, aber vorteilhaft manipulierten Massenideologie* an. Selbst in dieser Hinsicht ist Büchner schon auf dem Weg zur sozialistischen Zukunft. Oder wollte er nur gegenüber dem religionskritischen Verfasser von *Wally, die Zweiflerin* als erfahrener Revolutionär posieren? Die Möglichkeit des Dandyismus, die die frühere Forschung bei Büchner nachwies [69], wird von den heutigen Verehrern des neuen Klassikers, zum Nachteil der Büchnerforschung, allzu selten in Erwägung gezogen. Das Urteil über die Jungdeutschen, das er gegenüber den Eltern abgab, zeigt Büchners Religion in einem etwas anderen Licht. Beim Verbot der Jungdeutschen ärgert ihn nicht so sehr die Machtausübung des Staates – damit rechnet er als ehemaliger Verschwörer –, sondern die heuchlerische Begründung, die das Kirchenvolk täuschen soll: »Der liebe deutsche Michel glaubt, es geschähe Alles aus Religion und Christenthum und klatscht in die Hände... Es ist der gewöhnlichste Kunstgriff, den großen Haufen auf seine Seite zu bekommen, wenn man mit recht vollen Backen: ›unmoralisch!‹ schreit« (1. 1. 1836, L II, S. 451). Die Erkenntnis »Ein *Kreuz* oder sonst so was« geistert auch in dieser Analyse. Er weiß, daß die Religion in Metternichs Deutschem Bund, im Gegensatz zur friderizianischen Aufklärung, nicht mehr frei diskutiert wird sondern *zur verordneten Massenideologie degradiert worden ist.* »Uebrigens«, so fährt er fort, »gehöre ich *für meine Person* keineswegs zu dem sogenannten *Jungen Deutschland,* der literarischen Partei Gutzkows und Heines. Nur ein völliges Mißkennen unserer gesellschaftlichen Verhältnisse konnte die Leute glauben machen, daß durch die Tagesliteratur eine völlige Umgestaltung unserer religiösen und gesellschaftlichen Ideen [!] möglich sei. Auch theile ich *keineswegs ihre Meinung über die Ehe und das Christenthum,* aber ich ärgere mich doch, wenn Leute, die in der Praxis tausendfältig mehr gesündigt, als diese in der *Theorie,* gleich moralische Gesichter ziehn und den Stein auf ein jugendliches tüchtiges Talent werfen. Ich gehe meinen Weg für mich [!] und bleibe auf dem Felde des Dramas, das mit all diesen Streitfragen nichts [!] zu thun hat« (L II, S. 451 f.). Der letzte Nebensatz verrät, daß in *diesem* Brief an die Familie nicht Büchners ganze und eigenste Überzeugung ausgesprochen wird. Auffallend ist jedoch, daß er nicht einmal an die Veränderung der herrschenden *Ideen* durch die Tagesliteratur glaubt. *Das bedeutet wohl, daß er die noch ungebrochene Kraft der biedermeierlichen Volkskirche klar erkennt.* Ich denke daher nicht, daß die *biblischen Stellen* erst von Weidig in den *Hessischen Landboten* eingefügt sind, obwohl es Büchners Bruder Louis festgestellt hat [70]. Das Problem Büchner und die Religion ist schon deshalb so kompliziert, weil im Biedermeier die unge-

---

Weidig, Der Hessische Landbote, Texte, Briefe, Prozeßakten, kommentiert von Hans Magnus Enzensberger, Frankfurt/M. ²1974, S. 164 ff.).

bildete Masse, also gerade der Teil der Gesellschaft, den der Rebell respektiert, dem er die revolutionäre Tat allein zutraut und den er deshalb ansprechen will, *noch ganz christlich ist. Schon Büchners Zielgruppe zwingt ihn zur Verwendung des religiösen Wortschatzes.* Es ist ein Problem, dem wir auch sonst, z. B. bei Hebbel *(Maria Magdalene)* begegnen (vgl. u. S. 385 f.). Während man aber bei dem Freund Ruges, des Junghegelianers, mit ziemlicher Sicherheit sagen kann, daß die christliche Sprache nur eine folkloristische und stilistische Bedeutung hat, ist das Problem bei Büchner schwieriger. In der Äußerung an die Eltern ist Büchners Bekenntnis zur Ehe ohne weiteres glaubhaft, während die kaltblütige Aufopferung der Jugendgeliebten durch Hebbel völlig mit dem abstrakten Denk- und Lebensstil der Junghegelianer übereinstimmt; sie hatten fast alle Eheschwierigkeiten. Sogar Viëtor, der ja den Pessimismus und Nihilismus Büchners überbetonte, fand in seiner Beziehung zu Minna Jaeglé eine heile Stelle. Für diese Auffassung sprechen zugleich Frauengestalten in Büchners Dichtung wie Julie, Lucile und Lena (s. u.).

Die Ambivalenz Büchners in Religionsfragen läßt sich gewiß *auch* sozialgeschichtlich deuten, vor allem wenn man die Verwurzelung im Straßburger Theologenkreis (Stöber, Jaeglé) und die christliche Gebundenheit der für Büchner allein interessanten Unterschicht, die ihn ja auch zu dem *theologischen* Revolutionär Weidig geführt hat, zusammensieht. Aber diese Perspektive reicht, meine ich, nicht aus. Man muß auch noch die außerordentlich gefährdete Seelenlage Büchners ins Auge fassen, wenn man seine unverkennbare Schwäche für alle Leidensmystik und damit indirekt auch für die christliche Religion verstehen will*. Es ist bei diesem Dichter vielleicht falsch, von Nihilismus oder

---

* Wenn ich recht sehe, hat bisher Heinrich Anz (Leiden sei all mein Gewinnst, Zur Aufnahme und Kritik christlicher Leidenstheologie bei Georg Büchner, in: Text und Kontext Jg. 4, 1976, H. 3, S. 57–72) am exaktesten die christliche Büchnerinterpretation widerlegt – vom *theologischen* Standpunkt aus: »Das Faktum des Leidens entzieht wohl einer ›Definition von Gott‹ [L II, S. 236] ihre Berechtigung, welche ihn als ›absolut vollkommenes, moralisches Wesen‹ [L II, S. 239] denkt. Aber was‹, so kann Büchner fragen, ›zwingt uns denn, etwas Vollkommenes zu denken?‹ [L II, S. 239]. Der Versuch einer Theodizee scheitert nicht nur, sondern es gibt auch keinen Grund, ihn zu unternehmen. Denn der Schmerz ist nicht ein Schmerz über die Unvollkommenheit der Welt, kein Leiden an dem ›Fehler‹ [L I, S. 32], der bei unserer Erschaffung gemacht wurde, sondern er ist diese Unvollkommenheit, dieser Fehler selbst. ›Das leiseste Zucken des Schmerzes (...) macht einen Riß in der Schöpfung von oben bis unten‹ [L I, S. 48].« Wenn Anz im folgenden sagt, damit sei »jede wie auch immer geartete metaphysische Deutung der Welt unmöglich« (S. 62 f.), so würde ich antworten, daß jede Aussage über die *Welt* Metaphysik ist, wenn auch hier eine negative. Die »Weltriß‹-Metaphysik ist besonders durch Heine bekannt (vgl. o. S. 471) und überhaupt eine ernst zu nehmende religionsgeschichtliche Größe. Aber christlich ist sie gewiß *nicht*. Dieselbe Tatsache zeigt Anz an einer anderen verbalen Benützung des Christentums durch den Dichter: »Schon Robespierre hatte in *Dantons Tod* auf entsprechende Sätze des Neuen Testaments anspielend den Gedanken des stellvertretenden erlösenden Opfertodes Christi negiert. Denn nicht ›mit seinem Blut‹ sind wir erlöst; das Geschehen der Revolution erlöst die Menschen vielmehr ›mit ihrem eigenen‹« (G. *Büchner,* S. W. I, S. 30). »Solcher Kontrafaktur von christlicher Passion und politischer Revolution vergleichbar negiert auch Lena … die ›Erlösung durch sein Blut‹ (Eph. 1,7). Die stellvertretende Passion Christi wird zurückgenommen in die selbsterlösende Passion des Menschen« (S. 68, Anm. 45). Das ist *theologisch* alles vollkommen überzeugend. Das christliche Erbe hat bei Büchner nur die Funktion, das Leiden, nicht zuletzt das eigene psychische, zu sakralisieren und zugleich der Sprache – in der Dichtung *und* in den Briefen – eine tiefere Qualität und Wirkung (vgl. o. »Der Hessische Landbote«) zu geben. Die Aufgabe wäre also, diese *soziologische* und *psychologische* Bedeutung des Christen-

auch nur von Weltschmerz zu sprechen, sobald man darunter eine theoretisch fundierte nachchristliche Auflehnung gegen eine nur noch halb und halb geglaubte Religion versteht (vgl. Bd. I, S. 225 ff.). Für eine so *dumpfe* Haltung war Büchner, im Gegensatz zu Grabbe, Platen, Raimund, Lenau usw. möglicherweise zu hellsichtig, ja – soviel darf man Interpreten wie Wittkowski und Kobel vielleicht glauben – zu philosophisch. Es ist auch zu beachten, daß die Blasphemien, die ein untrügliches Zeichen für den Weltschmerz, im Sinne meiner Interpretation des Phänomens sind, auf dem Wege zum *Woyzeck* und schon zu *Leonce und Lena zurücktreten.* Darin mag eine vorwärts weisende geistige Leistung des reifenden Dichters liegen, die vor allem deshalb schwer ins Gewicht fällt, weil sie sich in so kurzer Zeit vollzieht. Man vergleiche damit Goethes fünf Jahre erfordernden Schritt von *Werthers Leiden* zur Prosa-Iphigenie. Wie dem auch sei, – sicher ist, daß Büchners Makrostruktur ohne die seelische Grundlage seiner *Schwermut* nicht zu verstehen ist und daß die Abhängigkeit, die ihm dieses Leiden frühzeitig auferlegte, den Grund für seine Leidensmystik gelegt und seinen Sinn für das christliche Erbe geschärft hat. Wenn man von so »bürgerlichen« Beobachtungen in marxistischen Kreisen nichts mehr hören will, so liegt darin auch eine Verkennung dessen, was Büchner zum Dichter machte, eben wegen des uns schon bekannten »Risses«, der zum Dichter, jedenfalls zum Tragiker gehört*. Die bekannteste und am besten dokumentierte seelische Krise Büchners führt in das erste Gießener Semester (Winter 1833/34), auf das der revolutionäre Sommer mit dem *Hessischen Landboten* folgt. Es begann mit einer Hirnhautentzündung, die »im Entstehen unterdrückt« wurde (9. 12. 1833 an August Stöber, L II, S. 421), aber möglicherweise schon psychogen war; denn der Dichter ertrug die Entfernung von der Braut nicht ohne schwerstes Leiden. Als das Schlimmste überwunden war, schrieb er an die Braut (10. 3. 1834, L II, S. 424 f.): »Die Frühlingsluft löste mich aus meinem Starrkrampf. Ich erschrak vor mir selbst. Das Gefühl des Gestorbenseins war immer über mir. Alle Men-

---

tums bei Büchner näher zu bestimmen. Es wäre zugleich ein zentraler Beitrag zur Interpretation der Epoche!

* Nur *ein* Zitat: »Dies Gefühl einer allgemeinen Ohnmacht gegenüber der Restauration, das sich bei Büchner theoretisch in seinem unhistorischen Materialismus artikuliert, führt aufgrund seiner Identifikation mit den Interessen der Bauern und Tagelöhner nicht[!] zur Melancholie. Aufgrund seines richtigen Klassenstandpunktes kann er die Melancholie als eine Haltung der Beliebigkeit geißeln, der alle Gegenstände gleichgültig werden und die sich darum an jeden Gegenstand heften kann« (Lienhard *Wawrzyn: Büchners ›Leonce und Lena‹ als subversive Kunst, in: Gert Mattenklott* / Klaus R. *Scherpe,* Hg., Demokratisch-revolutionäre Literatur in Deutschland. Vormärz, Kronberg/Ts. 1974, S. 108). Hinter diesen beiden Sätzen stehen zwei naive Voraussetzungen: 1) daß die Schwermut immer eine konkrete Ursache haben muß, also unmöglich eine Krankheit sein kann, 2) daß so überzeugend weltschmerzliche Szenen, wie die bekannten Partien in »Leonce und Lena« (oder »Dantons Tod«) ohne existentielle Teilhabe, in rein satirischer Absicht gedichtet werden können. Daß es auf dieser ideologischen Basis keinen Erkenntnisfortschritt geben kann, vergegenwärtigt die Tatsache, daß man schon 1956 in Paul *Reimanns* Hauptströmungen der deutschen Literatur 1750–1848 die gleiche Interpretation finden konnte: »In ›Leonce und Lena‹ enthüllt er mit den Mitteln der Satire das Leben der oberen Zehntausend« (S. 750). Das stimmt zu dem auch von mir zitierten *Brief,* aber nicht zur *Dichtung.* Ich schlage vor, an die Stelle von Büchners Werken und Briefen eine Auswahl der sozialistischen Briefe zu setzen. Dann ist die Sache endlich klar und man braucht die mühselige Interpretationsakrobatik nicht stets zu wiederholen.

schen machten mir das hippokratische Gesicht, die Augen verglast, die Wangen wie von Wachs, und wenn dann die ganze Maschinerie zu leiern anfing, die Gelenke zuckten, die Stimme herausknarrte und ich das ewige Orgellied herumtrillern hörte... – ich verfluchte das Concert, den Kasten, die Melodie und – ach, wir armen schreienden Musikanten, das Stöhnen auf unsrer Folter...«. Es folgt die bekannte weltschmerzliche Stelle, die ähnlich in *Dantons Tod* vorkommt und vom Dichter selbst als Blasphemie empfunden wird. Er fühlt sich als eine Figur E. T. A. Hoffmanns, d. h. als geisterhaft: »Ich fürchte mich vor meiner Stimme und – vor meinem Spiegel... Meine geistigen Kräfte sind gänzlich zerrüttet. Arbeiten ist mir unmöglich, ein dumpfes Brüten hat sich meiner bemeistert, in dem mir kaum ein Gedanke noch hell wird. Alles verzehrt sich in mir selbst; hätte ich einen Weg für mein Inneres, aber ich habe keinen Schrei für den Schmerz, kein Jauchzen für die Freude, keine Harmonie für die Seligkeit. Dies Stummsein ist meine Verdammniß[!] Ich habe dir's schon tausendmal gesagt: Lies meine Briefe nicht, – kalte, träge Worte! Könnte ich nur über dich einen vollen Ton ausgießen; – so schleppe ich dich in meine wüsten Irrgänge«. Eine gewisse Heilung brachten das Wiedersehen mit der Braut und die Abfassung des *Hessischen Landboten,* überhaupt die Teilnahme an dem oberhessischen politischen Treiben und schließlich – die Dichtung. Man darf diesen Bezug zwischen Büchners seelischer Krise und seiner doppelten Leistung herstellen, ohne die politische Tätigkeit oder die Dichtung zu entwerten; denn jede, auch die größte Leistung beruht auf einer seelischen Voraussetzung. Aber eine Kenntnis dieses Zusammenhangs ist nötig, wenn man richtig interpretieren will. *Es geht zunächst ganz schlicht um das Überleben, um die Überwindung der schweren seelischen Krise.* Daß der Weg den reifenden Studenten auch unmittelbar zur Dichtung hätte führen können, ergibt sich aus dem zitierten Brief ganz klar: *Dantons Tod* war der »Schrei für den Schmerz« (s. o.), der ihn seelisch befreite. Man darf aber annehmen, daß die Tragödie dem Dichter nicht so stark und rund geschenkt worden wäre ohne die Reifung, die er als Revolutionär erlebte; denn die Objektivierung eines jungen Menschen in Tat und literarischem Werk läßt sich durchaus parallelisieren – trotz des Widerspruchs zu dem klassischen Satz: »Inter arma silent musae«. Wir wissen schon, daß er auch noch in dem folgenden Darmstädter Winter 1834/35, nach Hause gerufen, seiner Sektion vorstand. *Zu vermuten ist allerdings, daß ihn sein erstes Drama immer stärker beschäftigte und seine Emigration schon im Glück und in der Qual des ersten dichterischen Schaffens begann.*

Die Aussage von »Dantons Tod«

Bei der Interpretation von *Dantons Tod,* die hier nur in bezug auf die bereits berührten Grundprobleme skizziert werden kann, ist eine Vorüberlegung nötig. Wir wissen bereits, daß schon der Schüler Büchner die Tarnung übte. Im Vorbericht des *Hessischen Landboten* werden dann ausdrückliche Anweisungen für den Leser gegeben, z. B.: »Sie müssen das Blatt sorgfältig außerhalb ihres Hauses vor der Polizei verwahren« (L II, S. 34). Diese Ratschläge streicht Weidig in der November-Fassung der Flugschrift, vielleicht um die Illegalität des Inhalts dem Leser nicht sogleich anzukündigen. Der Weg von der illegalen zur legalen, d. h. zensierten Literatur, den Büchner in *Dantons Tod* beschritt, machte von vorneherein eine *Vorzensur* nötig. Sie genügte, wie bereits erwähnt, dem publizistisch erfahrenen Gutzkow nicht. Dies bedeutet aber keineswegs, daß Büchner genauso schrieb, wie das seiner Theorie entsprach. So ahnungslos war er nicht mehr. *Aus der Tatsache der Vorzensur sind nicht zuletzt die bedeutenden Interpretationsunterschiede zu erklären.* Wenn man vom *Hessischen Landboten* und den sozialistischen Briefen des Dichters ausgeht, kann man behaupten, Büchner stehe auf der Seite Robespierres, der, gestützt auf das hungernde Volk, Danton, den Hort der Bürger und den die Revolution durch sein Genußleben verratenden Schweinigel, mit seinen Anhängern anklage und der gerechten Strafe zuführe. Trotz dieser schönen marxistischen Interpretation ist *Dantons Tod* in der DDR ein Theaterproblem, während er in der BRD ohne die Empörung der einen oder andern Partei gespielt werden kann. Offenbar widerspricht die marxistische Deutung dem unmittelbaren Eindruck, den der Zuschauer von der Tragödie hat. *Der Dichter ist stärker als der Interpret.* Daher ging man in der DDR so weit, eine völlige Umgestaltung des Dramas durch die Regie vorzuschlagen: »Wir stehen vor dem Faktum, daß Büchner den Tod eines überlebten Revolutionärs in den Mittelpunkt seines Dramas gestellt hat, ohne die Vertreter der Gegenseite... entsprechend zu bedenken[!], so entsteht die Gefahr, daß der Zuschauer die Notwendigkeit des Sturzes der Dantonisten vergißt und sich zuguterletzt doch nur – trotz aller kritischen Darstellungsweise – im Mitleid mit den Hingerichteten erschöpft« [71]. Überzeugender war Frank Hörnigks Meinung *Über den Umgang mit dem Erbe* im Falle Büchners: »Büchners dramatisches Lösungsmodell, auf der Grundlage eines revolutionären, die soziale Umwälzung der Gesellschaft immer suchenden Bemühens kann nur produktiv gemacht werden, indem sowohl Dantons als auch Robespierres Konzeptionen als insgesamt untaugliche Versuche[!] angesehen werden, den Gegensatz zwischen arm und reich, um den es Büchner geht, aufzuheben. Hier sollte eine Inszenierung heute nicht hinter Büchners Einsicht zurückbleiben« [72]. In diesem Inszenierungsplan zeichnet sich eine Position ab, die den Ergebnissen westlicher Büchnerforscher nahekommt (s. u.); aber immer noch gibt es intelligente Marxisten, die sich auf Grund der historischen Tatsache, daß Danton die Interessen der Bürger vertrat, dazu verführen lassen, in Robespierre und in der Masse, auf die er sich stützt, das Sprachrohr Büchners zu sehen und so die Dichtung zu verfälschen*.

Der Fehler liegt wohl einfach darin, daß man, im Banne Brechts, kaum mehr zwischen

---

* »Anders als Danton, der das Volk aufzuwiegeln versucht, geht hier [L I, 17] die Aktion des Volkes voran, von der Robespierre getragen wird. Damit ist diese Szene eine Illustration der Revolutionstheorie Büchners: die revolutionäre Bewegung geht vom Volk aus, das durch seine materielle Not den revolutionären Impuls erhält; Robespierre und der Jakobinerklub stellen die Gruppe und die charismatische Figur[!] dar, die den materiellen und religiösen Hebel anwenden – nicht um das Volk wie Danton zum Vehikel ihrer Privatinteressen zu machen, sondern um die ziellose Wut des Volkes politisch zu organisieren. Es ist in der Tat das Volk, das das Schicksal Dantons besiegelt. Es handelt sich um die Szenen in und vor dem Justizpalast III.9 und 10. Die erste dieser beiden Szenen endet mit dem Ruf: ›Es lebe Danton, nieder mit den Dezemvirn!‹ (L I, 63.17), die zweite mit dem Ruf: ›Es lebe Robespierre! Nieder mit Danton! Nieder mit dem Verräther!‹ (L I, 64.13)«. (Gerhard *Jancke,* Georg Büchner, Kronberg/Ts. 1975, S. 216 f.). »Büchner zeigt, wie in dieser Auseinandersetzung im Jahre II das Volk Robespierre unterstützt und Danton verurteilt« (ebd., S. 212).

Lehrstück und Tragödie unterscheidet und meint, das Drama müsse irgend etwas »zeigen«. Dabei hat sich der Dichter ausdrücklich zu einer nur indirekten Lehre bekannt: »Der Dichter ist kein Lehrer der Moral, er erfindet und schafft Gestalten, er macht vergangene Zeiten wieder aufleben, und die Leute mögen dann daraus lernen, so gut, wie aus dem Studium der Geschichte und der Beobachtung dessen, was im menschlichen Leben um sie herum vorgeht« (L II, S. 444). Diese Äußerung ist auch eine Warnung davor, die stark hervortretenden Stimmungsmomente, also das Lyrische und das Witzige in der Tragödie zu überschätzen[73]. Zwar fällt, wenn man von Grabbe herkommt – und dieser Weg ist der historisch legitime – vor allem dieses subjektive Element, diese »impressionistische« Überformung des dramatischen Geschehens auf. Zumal der Schluß von Büchners Tragödie ist völlig anders als der nächstgelegene Vergleichspunkt, nämlich Grabbes *Napoleon*-Schluß. Der Verzicht auf das Geschichtsdrama, der Übergang zum Sozialdrama bahnt sich bereits an. Trotzdem ist es nichts weiter als eine Geistreichelei, wenn man sagt: »Wir stehen bei Büchner vor dem Paradox, daß gerade der Einfluß des Historismus in seinem Werk die konsequenteste Enthistorisierung auslöst.« Man kann auch nicht generell behaupten, daß die »historische Genauigkeit formauflösend« wirkt[74]. Bei Grillparzer tut sie dies nicht. Der Büchner-Herausgeber hat umgekehrt, vielleicht verärgert durch die Vorstellung vom impressionistisch offenen oder »endlosen Drama« Büchners[75] behauptet: »Es gibt kaum ein anderes Drama der Weltliteratur[!], in dem so rigoros, so kunstfertig und so augenfällig auf ein *geschlossenes* Ende hingearbeitet wird wie im *Danton*«[76]. *Der radikale Dichter zieht unverkennbar zu radikalen Thesen neigende Interpreten an.* Ich würde sagen, daß *Dantons Tod* hinsichtlich der Geschlossenheit ungefähr zwischen *Wallensteins Tod,* an den der Titel und das Problem (s. u.) erinnern, und Grabbes *Napoleon* steht. Grabbes Held flieht, während die Granitkolonne stirbt, und dann folgt noch ein sehr vages deutsch-patriotisches Nachspiel. Damit verglichen ist das Ende von *Dantons Tod* erheblich geschlossener, obwohl wir aus dem Drama selbst wissen, daß Robespierre dem hingerichteten Danton folgen wird und obwohl Luciles Selbstaufopferung den Ausgang ins Außer- und Übergeschichtliche öffnet. Wie weit die impressionistische Aneignung des Dramas ging, kann man etwa daran sehen, daß Robert Musil von einem »Zurückfallen« Dantons »von der Stufe der großen, geisternden Erdenmüdigkeit, die er bereits erreicht hat«, spricht[77]. Demgegenüber ist zu betonen, daß der Dichter den Begriff des Geschichtshelden keineswegs völlig abgebaut hat – trotz der Briefstelle von den Paradegäulen der Geschichte –, daß Büchner sehr wohl weiß, daß Geschichte ohne energisch-große Männer nicht zu machen ist. *Die Frage ist nur, ob sie dabei Verbrecher werden müssen,* wie Cäsar (vgl. o. Cato-Rede), wie der »Nero« Robespierre[78] und wie der Danton der September-Morde. Man hat aus Büchner einen prinzipiellen Gegner der Moral und damit einen Vorläufer Nietzsches machen wollen[79], aber auch diese radikale Interpretation halte ich für sehr übertrieben. Hier eben liegt der Unterschied zu dem viel gröber denkenden Experimentator Grabbe. *Die Anerkennung der sittlichen Verantwortung und damit der Schuld des geschichtlichen Helden verbindet Büchner mit Schiller und trennt ihn auch von den meisten sozialistischen Programmen der späteren Zeit*[80]. Man darf sich in diesem Punkt durch die Briefstelle gegen Schiller wiederum nicht beirren lassen. Selbstverständlich muß es dem jüngeren Dichter z. B. ein Greuel gewesen sein, wenn der idealistische Oberst Max Piccolomini mit einem ganzen Regiment Selbstmord begeht, um sich der realen geschichtlichen Entscheidung zu entziehen und seine metaphysische Freiheit zu retten. *Aber die Problematik des Handelns, die nach Max Kommerell eine Zentralfrage Schillers war, hat den Revolutionär Büchner noch brennender interessiert, und er konnte sie am Beispiel der Französischen Revolution noch radikaler stellen, als sie Schiller im Bilde des abtrünnigen Feldherrn zu stellen wagte.* Danton begründet die Septembermorde. Er mußte sich, während des Angriffs der alliierten Heere, der aktiv gewordenen inneren Opposition erwehren. Er spricht mit einem gewissen Recht von »Nothwehr« (L I, S. 41). Das gleiche geschichtliche Recht wird Robespierre bei der Hinrichtung der Dantonisten *nicht* zugebilligt. Er spricht zwar von der »socialen Revolution«, die noch aussteht; doch wird dem Zuschauer völlig klar, *daß der Terror zwar ein Schauspiel für die hungernden Massen ist, aber zur Stillung des Hungers, zur Schaffung gerechterer sozialer Verhältnisse nicht geeignet ist.* Ich kann auch keinen klaren Beweis dafür finden, daß der *Dichter* die gemäßigten Dantonisten, die *Schluß mit dem Terror* machen wollten, so klar wegen ihres bürgerlichen Egoismus und ihres Genußlebens verurteilt, wie dies ein englischer Neupuritaner tut*. Dagegen darf man vermuten, daß Büchner den Verfall von Dantons historischer Größe, die Flucht in sexuelle Genüsse, seine Müdigkeit, seine Hybris (mehrmals: »Sie werden's nicht wagen«) als eine Folge seiner vielleicht notwendigen und trotzdem zu verantwortenden Verbrechen sieht. *Wer die Septembermorde bagatellisiert, verfehlt den Nerv des Dramas.* Noch weniger allerdings ist eine Rechtfertigung von Robespierres Justizmorden denkbar; denn sie haben nach Büchners Darstellung nicht einmal den Charakter der Notwehr[81].

Man darf sich natürlich fragen, ob es überhaupt möglich gewesen wäre, ein Drama, das Robespierre rechtfertigt, durch die Zensur zu bringen. Man könnte behaupten, daß ein Dichter, der so schlau ist, den gedankenlosen und überbeschäftigten Zensor mit einem »Es lebe der König« am Ende des Revolutionsstücks zu bluffen, auch die von den Marxisten vermutete Parteilichkeit gegen die Dantonisten in das Stück hineingeheimnist haben kann. *Gegen* diese Vermutung spricht die Tatsache, daß Büchners Quellen robespierrefeindlich waren, daß man ihm die moderne historische Quellenkritik noch nicht zutrauen kann und daß Robespierres Chefideologe St. Just, im Gegensatz zu Danton und

---

* »The Dantonists' pledge to defend the peculiar mode of enjoyment of each individual may therefore be deciphered as a commitment to uphold the privileges of the epicurean well-to-do against the impertinent claims of the deprived and enervated. This conclusion is still perhaps incomplete in so far as it suggests that the Dantonists' ideology is essentially defensive, a buttress for their existing social advantages. I want to show however, that this ideology is something much more dynamic, amounting to a programme of bourgeois aggression and aggrandizement that involves an endlessly intensified exploitation of the poor. I shall try to characterize the species of well-being that the Dantonists claim for themselves by contrast with the level of satisfaction they deem appropriate for the poor, in order to discover exactly what is entailed in their promoting everyone's ›well-being‹ at the particular historical[!] conjuncture Büchner depicts«. (T. M. *Holmes,* The Ideology of the Moderates in Büchner's ›Dantons Tod‹, in: GLL, Bd. 27 (1973/74), S. 98). Der Verfasser behauptet, der Streit zwischen den Parteien kreise nicht ernstlich um die Frage des Terrors; denn sonst könne nicht die Notwehr für Danton geltend gemacht werden. Ich finde: *die Notwehr ist ein fundamentaler Rechtsbegriff. Außerdem wird Danton, trotz dieser Rechtfertigung, von Gewissensbissen verfolgt.*

seinen Freunden und auch ein wenig im Unterschied zu Robespierre, *ganz ohne Liebe* dargestellt wird. Der Dichter hat die Argumentation des Terroristen erweitert im Vergleich zu den Quellen; aber St. Just spricht beinahe wie ein Junghegelianer[82] und das war Büchner, im Gegensatz zu Hebbel (*Agnes Bernauer*, vgl. u. S. 393 f.), noch nicht. Saint Just: »Soll eine Idee[!] nicht eben so gut wie ein Gesetz der Physik vernichten dürfen, was sich ihr widersetzt? Soll überhaupt ein Ereigniß, was die ganze Gestaltung der moralischen Natur d.h. der Menschheit umändert, nicht durch Blut gehen dürfen? Der Weltgeist[!] bedient sich in der geistigen Sphäre unserer Arme eben so, wie er in der physischen Vulkane oder Wasserfluthen gebraucht« (L I, S. 45). Es ist zwar nicht ganz richtig, wenn Wolfgang Martens meint, das Wort Menschheit gehöre nicht zu Büchners persönlichem Vokabular. Wir sind bereits einem intensiven Gebrauch des Wortes begegnet (vgl. o. S. 288), und vor allem: auch Büchner denkt universal, d.h. *er hat die Geschichte der Menschheit im Auge*. Richtig aber ist es gewiß, daß es ihm die Art seiner Humanität nicht gestattet, Heilslehren zu rechtfertigen, die »in erbarmungsloser Fernstenliebe über die notwendigen Opfer« hinwegschreiten[83]. Büchners »vernichtender, manchmal übermütiger Hohn über Taschenspielerkünste Hegelischer Dialektik und Begriffsformulationen« ist durch die Mitteilungen seines Kommilitonen Luck klar bezeugt[84]; dies überaus wichtige Weltanschauungszeugnis wird aber verdächtig selten zitiert! Von St. Justs Lehren mag man zur *Agnes Bernauer* gelangen, sicher nicht zum *Woyzeck*. Es wäre auch ganz falsch, wenn man in St. Justs Lehren den naturwissenschaftlichen Büchner vermuten wollte; St. Just ist eine Vorform des Doktors im *Woyzeck*, auch wenn er nicht so direkt karikiert wird. Andrerseits fällt mir auf, daß im Lehrbuch eines führenden Psychiaters der frühen Biedermeierzeit (D. F. C. A. Heinroth, *Lehrbuch der Störungen des Seelenlebens oder der Seelenstörungen und ihrer Behandlung vom rationalen*[!] *Standpunkt aus entworfen*, Leipzig 1818) *das Gewissen wie in Dantons Tod eine zentrale Rolle spielt**. Man muß hinzufügen, daß das Gewissen in unserer Bundesrepublik nicht entfernt die Bedeutung besitzt, wie dies in der Biedermeierzeit bei Revolutionären und Konservativen der Fall war, *daß also der marxistische Vorwurf, man habe sich im bürgerlichen Lager allzu gern mit dem liederlichen Danton identifiziert, nicht ganz unverdient ist*. Es erscheint ohne Zweifel naiv, davon auszugehen, daß sich Büchner mit irgendeinem seiner Helden identifizierte – auch Camille wird manchmal genannt –; denn *das Wesen des Dramas besteht ja in der Konfiguration verschiedener Helden*. Sicherlich ist etwas von der Schwermut des Dichters in die Danton-Gestalt eingegangen, auch von seinem Dandyismus – dem modischen Byronismus. Der Ton der Briefe ähnelt manchmal

---

* Die Basis für diese Auffassung ist der Glaube an die Einheit von Leib und Seele: sie sind »Eines und Daselbe« (Leben) (S. 5). »Das Gewissen ist eine notwendige Naturerscheinung in uns, es tritt mit eben der Unabwendbarkeit[!] in uns hervor wie im äußeren Menschen die Sinne und die Glieder« (S. 8). »Und, wunderbar genug! Das Gewissen betrügt uns nicht.« Es schafft eine »wundersame Harmonie unseres Innern« (S. 9). Der pietistische Widerstand gegen die normale auf den Körper gerichtete Medizin läßt vermuten, daß Heinroth Schellingianer war, wie Lorenz Oken, den sich Büchner zum Lehrer erwählte. Da sich der Dichter brennend für Psychiatrie interessierte *(Lenz, Woyzeck)*, ist es sehr wahrscheinlich, daß er das gängige Lehrbuch kannte und in seinen Dichtungen von ihm beeinflußt wurde.

dem Dantons, z. B. der aus Straßburg im März 1835. Dieser ist vor allem deshalb interessant, weil er beweist, daß der leichte und etwas desparate Ton in keinem Gegensatz zur revolutionären Gesinnung steht, wie sich dies alte und neue Hegelianer mit ihrer massiven Ideologie vorstellen mögen: »Meine Zukunft ist so problematisch, daß sie mich selbst zu interessieren anfängt, was viel heißen will[!]. Zu dem subtilen Selbstmord durch *Arbeit* kann ich mich nicht leicht entschließen; ich hoffe, meine Faulheit wenigstens ein Vierteljahr lang fristen zu können, und nehme dann Handgeld entweder von den Jesuiten für den Dienst der Maria oder von den St. Simonisten für die femme libre oder sterbe mit meiner Geliebten... Sie sollen noch erleben, zu was ein Deutscher nicht fähig ist, wenn er Hunger hat. Ich wollte, es ginge der ganzen Nation wie mir. Wenn es einmal ein Mißjahr gibt, worin nur der Hanf gerät! Das sollte lustig gehen, wir wollten schon eine Boa Constriktor zusammen flechten. Mein Danton ist vorläufig ein seidenes Schnürchen und meine Muse ein verkleideter Samson« (L II, S. 436 f.). Es gibt, wie wir schon sahen, noch direktere Bezüge zwischen den Briefen und Danton: in der Blasphemie, in der sehr alten Vorstellung nämlich, das Leiden der Menschen sei ein Genuß für die Götter*. Aber solche Bezüge dürfen nicht dazu führen, daß man Büchner mit Danton verwechselt. Der junge Dichter hat einen erstaunlichen Abstand von dem Geschehen. Über die Dramen Brechts, der immer wieder kurzschlüssig mit Büchner zusammengeworfen wird, kann es nicht derart verschiedene Meinungen geben. *Büchner tritt zurück hinter dem Historischen,* und höchstens im Selbstmord Julies und Luciles kann man ein klares Bekenntnis erblicken, das Liebesprinzip Büchners, wenn man es nicht vorzieht, darin ein empfindsames Relikt oder ein Zugeständnis an die Braut zu sehen. Ich selbst bin der Meinung, daß man diese wie immer jugendliche Überhöhung von Dantons und Camilles Tod durch die Selbstaufopferung ihrer Frauen ernst nehmen muß. Büchner markiert damit unmißverständlich den Abstand von der deutschen und außerdeutschen Entwicklungslinie, die von Rousseau, Hegel, Grabbe, Nietzsche zur »Umwertung aller Werte«, zum Kult des Staates oder seiner Führer und damit zu den Massenmorden des 20. Jahrhunderts führt.

Erwin Kobel hat sich mit besonderer Energie gegen die, wie er sagt, übliche Identifizierung von Büchner und Danton gewandt, allerdings mehr unter philosophisch-religiösen (dialektischen) Vorzeichen als unter dramaturgischen. Er wendet sich auch gegen die Identifizierung von Büchner und Robespierre: »Büchner ist Danton und Robespierre, er ist der Streit, den sie miteinander austragen, und ist zugleich der Abstand von beiden Figuren und ihrem Streit« [85]. Besonderes Gewicht erhält bei Kobel mit Recht die Tatsache, *daß auch Robespierre von Gewissensbissen geplagt wird,* daß er erkennt, daß nicht nur Taten, sondern auch Gedanken, eben von St. Just verabsolutierten Ideen, den Menschen schuldig machen können. Robespierres Gewissenserforschung nach dem Ge-

---

* *Michelsen* macht darauf aufmerksam (Die Präsenz des Endes, Büchners *Dantons Tod,* in: DVjs Bd. 52, 1978, S. 490), daß er solche Gedanken schon bei seinem hochverehrten Shakespeare finden konnte: »As flies to wanton boys, are we to the gods, –/ they kill us for their sport« (*King Lear* IV,1). Gerade solche Topoi der blasphemischen Tradition werden oft als modern angesprochen und lenken von der viel originaleren Verarbeitung der Zeitgeschichte ab. Auch der Weltschmerz ist ja nur eine Radikalisierung der christlichen vanitas. *Michelsen* erkennt den Zusammenhang zwischen Weltschmerz und Theismus mit seltener Klarheit (S. 491: »Anklagbar ist nur die Person«).

spräch mit Danton (I,6) endet mit den Worten: »Die Sünde ist im Gedanken. Ob der Gedanke That wird, ob ihn der Körper nachspielt, das ist Zufall« (L I, S. 29). Danton ist Epikureer, er denkt aphoristisch, Robespierre ist Stoiker, er denkt systematisch. Aber beide bleiben nach Kobels Meinung in den Phrasen stecken: »Es ist also nicht so, daß jeder der beiden, indem er das für ihn Typische verkörpert, seine individuelle Wahrheit fände, im Gegenteil, sie sind damit gerade nicht in der Wahrheit. Dies zu zeigen wäre Büchner nicht möglich, wenn er gewissermaßen in einer der Figuren steckte und aus ihren Augen auf die andere hinblickte. Er hält sich in gleicher[!] Distanz zu beiden, und nur so kann er sie in ihrer feindseligen Zusammengehörigkeit sehen. Zusammengehörig sind sie insofern, als beide ein verzerrtes, falsches Verhältnis zum Wort und zur Tat haben, feindselig in dem Sinne, daß diese Verzerrung und Verfälschung in verschiedener Richtung geht... zwei Weisen der Abirrung von der Wahrheit werden geschildert, die sich wie Bild und Spiegelbild zueinander verhalten«[86]. Ob man das »falsche Verhältnis zum Wort« beim Skeptiker Danton ebenso nachweisen kann wie bei dem Idealisten und Moralisten Robespierre (und vollends bei St. Just) erscheint mir zweifelhaft. In dieser Abneigung gegen die leichtfertige, ironische, blasphemische Sprache Dantons äußert sich eher der religiöse Interpret Kobel als der Dichter. Aber *Kobels Grundkonzeption von der »feindseligen Zusammengehörigkeit« des ehemals mächtigen und des jetzt maßgebenden Revolutionsmannes kann man von der Dramaturgie her bestätigen.* Die Anhänger Robespierres und Dantons bilden ja nicht nur das Spiel und das Gegenspiel, sondern sie sind zugleich die Exponenten einer gescheiterten Revolution, die unweigerlich zu der Frage nach dem Sinn oder Unsinn der Geschichte und nach der Schuld oder Unschuld des geschichtlich handelnden Menschen weiterführt[87].

Büchners tragische Geschichtstheorie

Lange Zeit galt der *Fatalismus-Brief** als Grundlage von Büchners Geschichtsauffassung. Auch die naturalistische Interpretation seiner Werke fand in ihm ihre Hauptstütze. Heute ist, so viel ich sehe, die Autorität von Büchners brieflicher Selbstinterpretation an dieser Stelle gebrochen; denn einmal ist es doch mißlich, einen Brief, der im Frühjahr 1834, d. h. *vor* dem *Hessischen Landboten* geschrieben wurde, zum Beweis für seine Enttäuschung an der Revolution anzuführen, zum andern gibt es allzu viele Belege für *Büch-*

---

* »Ich studirte die Geschichte der Revolution. Ich fühlte mich wie zernichtet unter dem gräßlichen Fatalismus der Geschichte. Ich finde in der Menschennatur eine entsetzliche Gleichheit, in den menschlichen Verhältnissen eine unabwendbare Gewalt, Allen und Keinem verliehen. Der Einzelne nur Schaum auf der Welle, die Größe ein bloßer Zufall, die Herrschaft des Genies ein Puppenspiel, ein lächerliches Ringen gegen ein ehernes Gesetz, es zu erkennen das Höchste, es zu beherrschen unmöglich. Es fällt mir nicht mehr ein, vor den Paradegäulen und Eckstehern der Geschichte mich zu bücken« (L II, S. 425 f.). Bei Gerhard *Jancke*, Georg Büchner, Kronberg/Ts. 1975 (S. 125–130) gibt es einen ganzen Abschnitt »Der Fatalismus-Brief«, der eine Widerlegung mit Glück versucht. Erst recht bekämpfen natürlich christliche Büchnerforscher wie *Martens, Wittkowski, Kobel* die Vorstellung, der Fatalismus sei das letzte Wort des Dichters. Ein Hauptgrund für die anhaltende Wirkung des Gedankens ist wohl die bildkräftige Formulierung!

ners anhaltendes Interesse an der Veränderung der bestehenden Verhältnisse, überhaupt für sein Verantwortungsbewußtsein, das ohne einen gewissen Glauben an die Freiheit unmöglich ist. Heute interessiert die Fortsetzung der vielzitierten Briefstelle mehr: »Ich gewöhne mein Auge ans Blut. Aber ich bin kein Guillotinenmesser. Das *muß* ist eins von den Verdammungsworten, womit der Mensch getauft worden. Der Ausspruch: es muß ja Aergerniß kommen, aber wehe dem, durch den es kommt, – ist schauderhaft. Was ist das, was in uns lügt, mordet, stiehlt? Ich mag dem Gedanken nicht weiter nachgehen« (L II, S. 426). Die Bibelstelle deutet an, daß das sittlich-religiöse *Problem des schuldhaften Handelns im geschichtlichen Zusammenhang* Büchners Hauptproblem ist: Einer *muß* es tun, und der, der es tut, ist verdammt. Schon der junge Student erkennt, daß das Handeln schwerer ist als das Leiden – das schwierigere *Problem.* Als Freiheitsheld den »Welterlö-ser-Tod« zu sterben (s. o. S. 288 f.), ist nicht so schwer, *wie in den entscheidenden Augenblicken der Weltgeschichte das Richtige zu tun. Aus diesem Grund messen sich Danton und Robespierre an Christus.* II,5: »*Julie.* Du hast das Vaterland gerettet. *Danton.* Ja das hab' ich. Das war Nothwehr, wir mußten. Der Mann am Kreuze hat sich's bequem gemacht: es muß ja Aergerniß kommen, doch wehe dem, durch welchen Aergerniß kommt. Es muß, das war dieß Muß. Wer will der Hand fluchen, auf die der Fluch des Muß gefallen? Wer hat das *Muß* gesprochen, wer? Was ist das, was in uns hurt, lügt, stiehlt und mordet?« (L I, S. 41). Durch die Veränderung des Briefzitats wird das *geschichtlich* Wichtige, die Ermordung der innenpolitischen Gegner, akzentuiert. In ähnlicher Weise rechtet Robespierre mit Christus. I,6: »Ja wohl, Blutmessias, der opfert und nicht geopfert wird. – Er hat sie mit seinem Blut erlöst und ich erlöse sie mit ihrem eignen. Er hat sie sündigen gemacht und ich nehme die Sünde auf mich. Er hatte die Wollust des Schmerzes und ich habe die Quaal des Henkers. Wer hat sich mehr verleugnet, Ich oder er? – Und doch ist was von Narrheit in dem Gedanken. – Was sehen wir nur immer nach dem Einen? Wahrlich des Menschensohn wird in uns Allen gekreuzigt, wir ringen Alle im Gethsemanegarten im blutigen Schweiß, aber es erlöst Keiner den Andern mit seinen Wunden« (L I, S. 30 f.). Der Ton der beiden, Robespierre und Danton verbindenden und damit zentralen Stellen der Tragödie ist von den leichtfertigen Blasphemien in *Dantons Tod* deutlich verschieden. Trotzdem kann man verständlicherweise von den christlichen Büchner-Interpreten nicht erwarten, daß sie solche Äußerungen in ihrem ganzen Gewicht annehmen*.

---

* Vielleicht müßte ich schreiben, daß *protestantische* Interpreten die vom Katholizismus beeinflußte Christus-Mystik und das heißt die Christus-Verallgemeinerung der Biedermeierzeit nicht verstehen. Bis heute erscheint ja auf katholischen Plakaten Christus als Bettler, warum soll er nicht auch im leidgeprüften Politiker erscheinen. Metternich selbst sah sich so. Allerdings belegt die folgende Stelle das typische biedermeierliche (katholische?) Phänomen, daß religiöse Begriffe auch in ganz weltlichen Zusammenhängen (ohne Gewissens- und Schuldfragen) und fast in einem »spassigen Konversationston« auftauchen können. Metternich (11. 12. 1826) an seinen Sohn Victor (Aus Metternich's nachgelassenen Papieren, hg. v. Fürst Richard *Metternich-Winneburg,* Bd. 4, Th. 2, Wien 1881, S. 286 f.): »Je suis terriblement dans les affaires. Ma situation est celle d'un [!] crucifié; un bras est cloué à Constantinople et l'autre à Lisbonne; les affaires de l'intérieur occupent le centre. M. Canning est mon crucificateur et la diète de Hongrie l'éponge trempée dans le vinaigre«. Vielleicht darf man diese Stelle insofern mit Büchners Problematik verbinden, als der erste Machthaber der Restauration in der Napoleonzeit *die Kehrseite des geschichtlichen Handelns erlebt hat* und dem

Kobel findet sogar in der *relativ* (geschichtlich) berechtigten, Danton von Robespierre abhebenden Verteidigung (»Das war Nothwehr«) nur »Nichtigkeit« des Raisonnements. Oder, kurz danach: »›Der Mann am Kreuze hat sich's bequem gemacht.‹ (41) Damit charakterisiert Danton sich selbst: er ist es, der es sich bequem macht, indem er, um den Menschen zu entschuldigen, die unbekannten Gewalten beschuldigt und alles Übel dem Willen der Gottheit entspringen läßt«[88]. Dieser christlichen Argumentation fehlt der *Begriff des Tragischen,* ohne den der Kern von Büchners Geschichtsdrama nicht zu erfassen ist*.

An dieser Stelle führt die Interpretation des Marxisten Gerhard Jancke weiter: »Robespierre... erkennt, daß das stellvertretende Opfer Christi keines der Probleme der Geschichte löst und deswegen auch die moralische Frage unbeantwortet läßt. Es ist nicht möglich, ohne Schuld zu handeln, weil der Mensch die Bedingungen seines Handelns nicht beherrscht, weil es Gesetze gibt, die in ihm lügen, stehlen, töten. Es ist ebensowenig möglich, ohne Schuld untätig zu sein. Während Christus in der Idee des stellvertretenden Opfers der Welt als unerlöster Schöpfung das Jenseits gegenüberstellt, leugnet Robespierre die Möglichkeit des stellvertretenden Opfers; gegen die Passivität von Dantons nur scheinbar heroischem ›ich will lieber guillotiniert werden‹ ergreift Robespierre die Notwendigkeit geschichtlichen Handelns, in dem die Identität vernichtet wird«[89]. Die Vorliebe des Marxisten für Robespierre ist auch an dieser Stelle erkennbar. Danton hat als geschichtlich Handelnder die Septembermorde verschuldet. Er will nur keine *Fortsetzung* der Morde. *Richtig gesehen ist aber Büchners Kritik am Christentum, auf der Grundlage des geschichtlichen Denkens.* Wir wissen bereits, daß auch Danton in Christus kein Vorbild des *Handelns* findet. Eben dies bestätigt, *daß Büchner selbst so denkt* und nicht nur Robespierre so blasphemisch und vermessen sprechen läßt.

Merkwürdig ist, daß sogar in den USA jetzt die fragwürdige liberale Position der Dantonisten gesehen und die relative, nämlich *politische* Berechtigung von Robespierres mo-

---

Heiland durch Nicht-Handeln und Verhinderung des Handelns nahekommen und so mit weniger Schuld das Problem lösen will.

* Noch weiter geht Wolfgang *Wittkowski,* wenn er das selbstbewußte Leiden des Geschichtshelden auf Büchner selbst bezieht: »Gemäß Fichtes Lehre... spricht der Verfasser [des *Hessischen Landboten*] als priesterlich-prophetischer Gesetzgeber wie Robespierre – eine Rolle, die er wohl nur spielen konnte, weil er sich zutraute, Robespierre, St. Just, Danton zu übertreffen; sich nicht mehr anfechten und determinieren zu lassen von dem, ›was in uns hurt, lügt, stiehlt und mordet‹...« (Georg Büchner, in: Jahrbuch des Freien Deutschen Hochstifts 1976, S. 395). »Als Ärgernis bringender *Gesetzgeber,* als Richter und Rächer des Ärgernisses hoch über den Menschen, unsichtbar, nahe bei Gott[!], waltet Büchner in seinen Dichtungen[!]« (S. 398). Es mag sein, daß der jugendliche *Revolutionär* Büchner zeitweise so hybride Vorstellungen hatte – obwohl selbst hier die Bibelsprache nicht so wörtlich genommen werden darf. (Sie ist zunächst ein *stilistisches* Agitationsmittel.) Der Dichter Büchner weiß von Anfang an, daß er kein Danton und Robespierre sein kann. Er bemüht sich *darstellend* um das Problem der großen geschichtlichen Tat. Aber die »Macht des Wortes« überschätzt er, im Gegensatz zu den idealistischen Jungdeutschen, nicht, weil er den *tatgewordenen* Gedanken, z. B. den der Revolution, weniger den Geist als solchen ernst nimmt. *Heines Anspruch als Dichter und Publizist ist viel größer.* Büchners Verzicht auf das Berufsschriftstellertum (s. o.) bedeutet auch Abstand von dem durch Klopstock gestifteten protestantisch-deutschen Kult des dichterischen »Wortes«.

ralistischem Streben und seiner »socialen Revolution« (L I, S. 26) anerkannt wird*: Nur in einem allgemeinen Sinne habe Danton recht, wenn er an jeder Art von Dogmatismus, ja Erkenntnis zweifle. Damit sei er der typische moderne Mensch und dem unpolitischen Faust vergleichbar[90]. So kann man das Drama sehen. Ich glaube nur nicht, daß dies Büchners Meinung war; denn wenn er auch die Revolution des Danton der Septembermorde und des im Drama selbst mordenden Robespierre ablehnt, *so fragt er doch*, genau besehen, *über die Tragödie der Französischen Revolution hinaus, wie politisch gehandelt werden soll und wie den hungernden Massen zu helfen ist.* Aus dieser Perspektive erscheint es mir als kein Zufall, daß die junge sozialdemokratische Bewegung auf diese Dichtung gestoßen ist und daß *Dantons Tod* in der Weimarer Republik wie auch in der Bundesrepublik fleißig aufgeführt wurde *und ständig das Nachdenken über die Tragik von Revolutionen wie auch über eine menschliche Form des Sozialismus gefördert hat***.

---

* »Robespierre's program of terror and virtue responds to the clear and urgent need to keep the Republic from disintegrating into chaos. The ironic fact that in saving the Republic he must destroy its fundamental principle – the law is the will of the people – which he himself mouths here, aptly demonstrates the tragic absurdity of ›practical‹ politics, which, as Büchner sees it, must by necessity lead to some form of tyranny. There is no question but that Robespierre is ›right‹ in a purely political sense, for he has social necessity on his side. Though the drama gives little direct insight into his character, there is sufficient evidence to conclude that he is not motivated by the pure lust for power. The initial impression that he keeps the guillotine busy in an effort to reduce the murders in the street is never challenged. Yet it is shockingly clear that a world which is forced to place its hopes in the hands of such men, a world which cannot function except under the yoke of terror, is a world without hope. In a world without hope of a dignified existence free from fear, free from want, and free from the arbitrary rule of oppressors, Danton's lonely position is ›right‹ in a universal sense, for it is the position of hopelessness, the only one which does not compromise truth« (Ronald *Hauser*, Georg Büchner, New York 1974, S. 37).

** Auch Erwin *Kobel* ist der Meinung, daß die Unzulänglichkeit der Personen in *Dantons Tod* über das Drama hinaus zu neuen Einsichten führt. Er glaubt diese aber im religiösen Bereich finden zu können: »Dem Leser kann nicht entgehen, daß Robespierre und Danton auf einen pervertierten Christus hinblicken, daß sie sich somit gar nicht von Christus, sondern von einem Scheinbild Christi abwenden. Des weitern macht der Leser die Erfahrung, daß Danton und Robespierre einander und sich selbst widerlegen... Wenn die gegensätzlichen Aussagen des Dramas solchermaßen in ihre paradoxe Simultaneität gebracht werden, stellt sich der Hinblick auf Christus – auf einen andern Christus, als Robespierre und Danton ihn vor Augen haben – wieder ein, wohlverstanden: der Hinblick auf Christus, nicht der Glaube an ihn. In der Zusammenschau der durch das ganze Drama geführten Themen stößt man durch das jeweils Vordergründige hindurch« (Georg Büchner, Berlin, New York 1974, S. 93). Zeigt sich in den politischen Leiden der Französischen Revolution nicht bereits, wie deutlicher im *Lenz* und im *Woyzeck, die Machtlosigkeit der Religion* und damit Büchners – wie immer widerwilliger – Unglaube? Maurice B. *Benn* erkennt wie ich eine *politische* Aktualität des Trauerspiels: »Already perceiving that true democracy is impossible without the solution of the social problem and the solution of the social problem impossible without true democracy, he becomes, in the most exact sense of the word, one of the first of Germany's *social-democrats*« (The drama of revolt, S. 267).

»Leonce und Lena« hat »Grazie«

Leonce und Lena gehört nicht im chronologischen aber im systematischen Sinne zu *Dantons Tod.* Nach der Tragödie das Satyrspiel, nach dem Geschichtsdrama eine puppenspielhafte Komödie, nach den gewaltigen Helden der Revolution unbedeutende Figuren, deren gewichtigste noch das poetische Mädchen Lena und deren einflußreichste der Landstreicher Valerio ist. Die unfreundliche Gundolfsche Abfertigung des »Lustspiels« – man muß auf dem von Büchner selbst gewählten Begriff bestehen! – wird spätestens seit Gustav Becker's gründlicher Interpretation und Gerhart Baumanns Büchner-Buch (beide 1961) von allen Interpreten mißbilligt. Sie beruhte auf der traditionellen Undankbarkeit der Deutschen gegenüber ihrer Komödiendichtung. Diese geht wohl vor allem auf die Klopstockianer aller Arten, aber auch auf Lessing zurück; in der Klopstocktradition stand bekanntlich noch der George-Kreis. *Leonce und Lena* ist nicht »literarischer« als *Dantons Tod.* Beide Dichtungen haben noch nicht die sprachliche Reife des *Woyzeck:* sie zeigen Büchner erst auf dem Wege zur Überwindung der weltschmerzlich-empfindsamen und der ironischen (witzigen) Rhetoriktradition. Wenn Gutzkow von einem romantischen Lustspiel sprach, was man ihm sehr übelgenommen hat, so meinte er damit nichts weiter als die Vermeidung der klassizistischen »Charakterkomödie« nach dem Vorbild von Plautus und Molière, er meinte die ganze alte Romantik, die Shakespeare-, Lope-Tradition usw. (vgl. Bd. I, S. 243 ff.). Aber auch die Meinung, man dürfe das Lustspiel nicht in die Romantiktradition einordnen oder es dürfe überhaupt kein Lustspiel sein, um als Meisterwerk zu gelten[91], verrät nur die geschichtsphilosophische und gattungstheoretische Degenerierung unserer Wissenschaft. Noch Hofmannsthal verriet mehr historische Bildung als diese modernistischen Spezialisten, wenn er ganz unbefangen eine richtige Traditionsreihe beobachtete: »Hat man je daran gedacht, daß ›Leonce und Lena‹ von Büchner eine höchst eigentümliche Transkription der Mussetschen poetischen Komödie ist, so wie diese der Shakespeareschen« [92]. Es soll damit nicht geleugnet werden, daß *Leonce und Lena* auch seinen deutschen Ahnen manches verdankt (Tieck, Brentano, Immermann). Gerade die französischen Interpreten haben seine Neigung zur Schwere, seine Metaphysik immer wieder betont[93]. Ich kann mir nicht vorstellen, daß in Mussets weltmännischer Komödienwelt der Heiland erscheint* – seine Unentbehrlichkeit selbst im Lustspiel ist ein gewichtiges Argument für die christlichen Interpreten –; aber es ist ganz unmöglich, einen Dichter, der dem französischen Straßburg so viel verdankt, Victor Hugo übersetzt und Musset ausdrücklich gerühmt hat[94], aus der europäischen

---

* Besonders in I,4: *Lena.* »Warum schlägt man einen Nagel durch zwei Hände, die sich nicht suchten? Was hat meine arme Hand gethan? ... Ja wohl – und der Priester hebt schon das Messer. – Mein Gott, mein Gott, ist es denn wahr, daß wir uns selbst erlösen müssen mit unserm Schmerz? Ist es denn wahr, die Welt [!] sei ein gekreuzigter Heiland, die Sonne seine Dornenkrone und die Sterne die Nägel und Speere in seinen Füßen und Lenden?« (L I, S. 117 f.). Auch abgesehen vom scharfen Vorwurf gegen die Kirche – der Priester mit dem Messer! – steht diese *Verallgemeinerung* des Heilands in einem engen Zusammenhang mit Robespierres Kritik: »Was sehen wir nur immer nach dem Einen?« Die Erlösung durch Christus als Person wird geleugnet. Allerdings wird der Unglaube durch einen Stil verbrämt, der an die Heilandsmystik und Heilandsromantik anklingt: Büchners fromme Braut Minna geistert in der Gestalt Lenas durch die Komödie, sie »vertiefend«.

311

Romantik herauszuschneiden. Auch bei Musset erscheint die »Kloake Welt« (»On ne badine pas avec l'amour«): Der Weltschmerz ist wie die Romantik eine europäische Erscheinung. Deshalb ist es auch problematisch, die Langeweile und den Selbstmordversuch des Prinzen Leonce auf die Gesellschaft des Metternichschen Mitteleuropa zu beziehen. Gewiß, die Kleinstaaterei Deutschlands wird in grotesker Weise verspottet. Aber Leonce hat einen französischen Namen und sein Freund, der Landstreicher Valerio, einen italienischen. *Das Lustspiel öffnet bewußt der leichtlebigeren Romania die Türe.* Gozzi ist gegenwärtig und das von den Italienern beeinflußte Volkstheater der Wiener, das Possentheater. Der Geist Lumpazivagabundus hat das Stück gesegnet, so gut wie den »Datterich« von Büchners Landsmann Niebergall (vgl. Bd. II, S. 465 f.).

Für die Marxisten ist das Stück eine harte Nuß; denn sie müssen den sympathischen Prinzen Leonce, nicht anders als den sympathischen Revolutionär Danton, der nicht mehr guillotinieren will, mit Hilfe von Büchners bekannter Briefstelle (»abgelebte Gesellschaft« s. o. S. 296 f.) zur Abschreckfigur und die Langeweile zur »gesellschaftlichen Bewußtseinsform« machen. Damit ist man endlich der »historischen« Interpretation nähergekommen, lobt die jugendliche Fachzeitschrift *Germanistik* [95], woraus zu schließen ist, daß literar- oder religionsgeschichtliche Fragen bei gewissen deutschen Germanisten aufgehört haben, historisch zu sein. Wenn Länder mit so verschiedenen Verfassungen wie England, Frankreich und Deutschland nach den napoleonischen Kriegen am Weltschmerz leiden, liegt eine religionsgeschichtliche Deutung näher als eine sozialgeschichtliche. So bekommen auch die christlichen Reste in Büchners Dichtungen einen besseren strukturellen Zusammenhang.

Will man *Leonce und Lena* als »Travestie des höfischen Lebensstils« deuten, so gibt es einen einfachen literarhistorischen Weg, nämlich das Ausgehen von der possenhaften Lustspielform. Die possenhafte und damit unrealistische Behandlung des außerordentlich alten und beliebten Lustspielmotivs von den zwei jungen Leuten, die einander fliehen, aber einander dann doch bekommen – »Leonce: O Zufall! Lena: O Vorsehung!« (L I, S. 133) – gestattet eine utopische Umkehrung der gesellschaftlichen Verhältnisse, wobei übrigens nicht nur der Hof, sondern auch die Hofphilosophen im Stile Hegels und Schellings getroffen werden [97]. König Peter nimmt sich, wie man dies in der Schule der idealistischen Philosophen lernt, im Unterschied zu seinem Sohne, ungeheuer ernst: »Der Mensch muß denken und ich muß für meine Unterthanen denken, denn sie denken nicht, sie denken nicht. – Die Substanz ist das ›an sich‹, das bin ich. (Er läuft fast nackt im Zimmer herum.) Begriffen? An sich ist an sich, versteht ihr? Jetzt kommen meine Attribute, Modificationen, Affectionen und Accidenzien, wo *ist mein Hemd, meine Hose? – Halt, pfui!* der freie Wille steht davorn ganz offen. Wo ist die Moral, wo sind die Manschetten? Die Kategorien sind in der schändlichsten Verwirrung, es sind zwei Knöpfe zuviel zugeknöpft, die Dose steckt in der rechten Tasche. Mein ganzes System ist ruinirt« (L I, S. 108). Der Dichter kennt die Monarchen wohl kaum, obwohl er Residenzstädter ist. Aber er kennt die Philosophen. So vernichtet er in der Hanswurstfigur eines dummen philosophischen Königs die Könige und die ebenso stolzen Philosophenkönige komisch. Es ist eine Universalsatire, wie dies zur Romantik gehört.

Man kann interpretierend jedoch auch dem Stufenbau der Gesellschaft folgen, wobei man, um die Sprache König Peters zu benutzen, aus der Substanzlosigkeit des Hofes tatsächlich allmählich in die Substanz gerät. Noch nicht beim Staatsrath und seinem Präsidenten. Auch die Regierung besteht aus Puppen (L I, S. 109). Aber vor dem Schlosse des Königs Peter, wo die »Bauern im Sonntagsputz, Tannenzweige haltend« unter dem Kommando des Landrats und des Schulmeisters Biedermeier spielen und Vivat schreien müssen. Hier nähert man sich aus der studentenhaften, aufgeknöpften Komödienwelt Büchners der wirklichen (»gesellschaftlichen«) Theaterwelt Nestroys, obwohl dieser natürlich höchstens die Ovation für einen aufgeklärten Baron karikieren kann (vgl. o. S. 236). Der Schulmeister war seit Lenz *(Hofmeister)* und Grabbe *(Scherz, Satire...)* eine ständige komische Figur, z. T. mit klassenkämpferischem Hintergrund, und paßte so zum Verfasser des *Hessischen Landboten*. III,2: *Schulmeister*. »Seid standhaft! Kratzt euch nicht hinter den Ohren und schneuzt euch die Nasen nicht mit den Fingern, so lang das hohe Paar vorbeifährt und zeigt die gehörige Rührung, oder es werden rührende Mittel gebraucht werden. Erkennt was man für euch thut, man hat euch grade so gestellt, daß der Wind von der Küche über euch geht und ihr auch einmal in eurem Leben einen Braten riecht. Könnt ihr noch eure Lection? He! Vi! *Die Bauern.* Vi! *Schulmeister.* Vat! *Die Bauern.* Vat! *Schulmeister.* Vivat! *Die Bauern.* Vivat!« (L I, S. 127). So etwas kommt auf einer Studentenbühne an, ob auch beim verwöhnten Wiener Theaterpublikum, weiß ich nicht. Nestroy jedenfalls hätte dazu eine Musik schreiben lassen wie in *Die schlimmen Buben in der Schule*. Gesellschaftskritik? Gewiß. Aber doch wieder nicht so grimmig, daß sie die französischen Leonce und Lena-Interpreten überzeugt*. Ein Stückchen Biedermeier steckt nicht nur in den empfindsamen, sondern auch in den grotesken und satirischen Partien des anmutigen Spiels. Ohne Sinn für die mozartische Seite Büchners – sie hätte sich wohl in dem verlorenen »Pietro Aretino« noch unmißverständlicher gezeigt – hängt man dem Lustspiel zu schwere Gewichte an. Daß es diese Leichtigkeit auch innerhalb der deutschen Spätromantik gibt, verdeutlicht Gerhart Baumann durch den Hinweis auf *Prinzessin Brambilla* treffend[98].

Wenn wir das Schloß verlassen, stoßen wir auf Leonce und Lena, die zwar Prinz und Prinzessin, aber durch die Flucht aus der höfischen Welt nicht mehr Puppen oder Opferlämmer unter der Hand des Priesters, sondern Menschen sind. Mit Recht wendet Kobel sich wohl gegen die Meinung, Leonce verändere sich durch seine Liebe zu Lena nicht, es sei am Ende wieder alles wie zuvor. Im Bereich dieses Lustspiels verfälscht die christliche

---

* »La satire ne semble pourtant pas être la vraie raison de cette comédie, bien qu'elle s'adapte parfaitement au cadre utopique [Anmerkung 12 kritisiert Hans Mayer, der »Haß« in der Dichtung findet], bien qu'en passant elle effleure même Valério, cette personnification de la substance[!] sans esprit, qui ignore si elle est l'individu Valério ou simplement un automate perfectionné. Mais ce ne sont là que des aspects de la comédie, qui, ne l'oublions pas, s'intitule *Léonce et Léna* et non ›Le Manège du roi Pierre‹ par exemple. La satire a été introduite dans la comédie parce que celle-ci avait besoin d'un tireur de ficelles pour organiser le bal masqué, parce qu'il fallait, pour tempérer la note tragique qui est la part de Léonce, un personnage bouffe. Le vrai sujet de la pièce, c'est le miracle de l'amour« (Gonthier-Louis *Fink*, Léonce et Léna. Comédie et réalisme chez Büchner, in: EG, Bd. 16 (1961), S. 227, Übersetzung der immer noch gültigen Interpretation: Leonce und Lena. Komödie und Realismus bei Georg Büchner, in: Georg Büchner, hg. v. Wolfgang *Martens*, Darmstadt 1965, S. 488–506).

Wiedergeburtsidee nicht unbedingt: Lena rettet den gelangweilten Prinzen aus der Gefahr, ein »Nero« zu werden. *Das Liebesprinzip siegt**. Man kann zwar von Büchner unmöglich einen empfindsamen Schluß erwarten. Das ging an der Schwelle des Todes *(Dantons Tod)*, unmöglich jedoch vor dem Anbruch eines grotesken Landstreicherparadieses. Trotzdem: »Im Laufe des Spiels hat sich der Horizont aufgehellt, das Schwere ist leicht geworden« – für Leonce und Lena; denn Valerio und der König Peter, jeder auf seine Weise, sorgten von Anfang an für den Lustspielton, und vor dem Selbstmord wurde Leonce nicht durch die Liebe, sondern durch Valerio und seinen Spott bewahrt; Leonce wollte sich ja aus lauter Liebe zu Lena töten: »Mein ganzes Sein ist in dem einen Augenblick. Jetzt stirb.« Diese Schwärmerei entlarvt Valerio treffend als »Lieutenantsromantik« (L I, S. 125), wobei an die zahlreichen *dichtenden* Leutnants der Goethezeit wie z. B. Heinrich von Kleist zu denken ist. Die Satire meint mehr die Empfindsamkeit, die schon von der frühen Romantik ironisiert wurde, das ganze, von Klopstock und dem Göttinger Hain herkommende deutsch-idealistische Wesen als die Romantik eines Tieck, Hoffmann oder Musset. Wie verhält sich dazu Lena, die ja eine ganz empfindsame Figur, das reinste lyrische Gedicht ist? Sie kennt nicht nur die Heilandsmystik (s. o.), sondern auch den traditionellen Natur- und Todesenthusiasmus, und wenn sie nicht die *Hymnen an die Nacht* gelesen hat, dann doch wenigstens die in *Dantons Tod* ironisch erwähnten *Night*

---

* Die meisten Interpreten entschließen sich allerdings zu einer so positiven Beurteilung der Komödie *nicht,* weil sie, wie mir scheint, von vornherein entschlossen sind, die Komödie dem absurden Theater anzunähern, statt die weiterführenden Werte der Zeit, die Büchner vermutlich bei längerem Leben getragen hätten, in der Komödie, *wie immer verschämt,* angedeutet zu finden. Die Entwicklungskurve des Wertherdichters – man denke an Mörike, Grillparzer, Hebbel und besonders Immermann – ist im zweiten Drittel des 19. Jahrhunderts viel wahrscheinlicher als die eines Autors nach 1910. Selbst Wolfgang *Martens* (Büchner, Leonce und Lena, in: Die deutsche Komödie, hg. v. Walter *Hinck,* Düsseldorf 1977, S. 154 f.) kann sich nicht von einem durch Lena wirklich veränderten Leonce überzeugen: »Und Leonce? Gewiß, in der ersten Szene des dritten Akts, nach der traumhaften Liebesbegegnung mit Lena, spricht Leonce einen Satz, der seine ganze ichzentrierte eisige Isolation vergessen macht, ja der ihn zu echter Menschlichkeit befähigt zeigt: ›Weißt du auch, Valerio, daß selbst der Geringste unter den Menschen so groß ist, daß das Leben noch viel zu kurz ist, um ihn lieben zu können?‹ (I,126). Eine nachgelassene Variante läßt ihn zusätzlich eine Äußerung über das von ihm selbst wie von Valerio verspottete Heiraten tun, die alle seine bittere Lebensskepsis verleugnet: ›Das heißt Leben und Liebe eins sein lassen, daß die Liebe das Leben ist, und das Leben die Liebe‹ (I,142). Dieser Leonce scheint wirklich gewandelt, geheilt. Und doch findet er in der letzten Szene, nach der ›Erkennung‹ seines Glücks, nicht mehr wieder zu der Sprache des Herzens. Vielmehr ist seine Stimme wieder vom alten Ton verzweifelter Lustigkeit erfüllt, nun auch Lena gegenüber: ›Nun Lena, siehst du jetzt, wie wir die Taschen voll haben von Puppen und Spielzeug? Was sollen wir damit anfangen?‹ ... (I,133)«. Der Fehler in dieser Argumentation liegt, wie mir scheint, *in der Erwartung eines eigentlichen Entwicklungsdramas.* Wir wissen am Ende von »Minna von Barnhelm«, daß der barocke Begriff der Ehre nicht der höchste aller Werte ist, aber hat sich Major von Tellheim selbst wirklich so grundlegend gewandelt? Noch sehr viel problematischer ist die Erwartung einer Entwicklung in einem possenhaften Lustspiel. Die Weltanschauung der Posse ist ein äußerst verzwicktes Problem (vgl. Bd. II, S. 450 f.). Der stärker publikumsbezogene Nestroy bringt die Biedermeierwerte hübsch säuberlich meist am Ende der Posse, aber auch da zweifeln die meisten Interpreten modernistisch am *Ernst* der Werte. Ich finde, daß Büchners Sentenzen ernst zu nehmen sind (Peter *Bernath,* Die Sentenz im Drama von Kleist, Büchner und Brecht, Bonn 1976, S. 106, 118). Aber eine Sentenz als Ende der Posse? Das widersprach seinem offenen Stil.

Thoughts des Reverend Young: »Die Grasmücke hat im Traum gezwitschert, die Nacht schläft tiefer, ihre Wange wird bleicher und ihr Athem stiller. Der Mond ist ein schlafendes Kind, die goldenen Locken sind ihm im Schlaf über das liebe Gesicht heruntergefallen. – O sein Schlaf ist Tod. Wie der todte Engel auf seinem dunkeln Kissen ruht und die Sterne gleich Kerzen um ihn brennen« (L I, S. 124). Das Zitat erinnert in seiner kosmischen Düsterkeit an das Märchen der Großmutter im *Woyzeck*. Es ist *eine* Möglichkeit von Büchners vieltöniger Poesie. *Wer solche Stellen nur ironisch lesen kann, verkennt den Kern der Dichtung. Zur romantischen Komödie gehören ernste Partien, wie komische oder satirische zum romantischen Trauerspiel.* Es herrscht eine gekonnte Abstufung der Töne von den derben Puppenspielszenen bis zu lyrisch-ernsten Szenen dieser Art, die zwar nicht den äußeren Schlußgipfel aber den ernsten *Kern* des Lustspiels bilden. Bei Nestroy wäre diese empfindsame Sprache wohl nur in parodierter Form möglich, weil in seinen Possen der niedere Stil eindeutig strukturbildend wirkt. In Büchners Lustspiel ist das Possenhafte *eine* von mehreren Stillagen, man muß sich als Zielgruppe kein Volkstheaterpublikum, sondern z. B. die große Jean-Paul-Gemeinde in Deutschland vorstellen, die an den Wechsel der Stillagen gewöhnt war. Nicht Lena behält das letzte Wort, sondern Valerio. Das entspricht der Umkehrung der gesellschaftlichen Verhältnisse, die das Lustspiel leistet. Die Puppe Peter dankt ab – mit den Puppen des Staatsrats, »diesen Weisen« – und entfernt sich, während Leonce König und Valerio, der Landstreicher, sein Minister wird. Eine dramatische Figur, die man wohl mit Recht in der Tradition des Shakespeareschen Hofnarren gesehen hat [100], bildet nicht nur ein Gegengewicht gegen die ernste Königin Lena, sondern tritt an die Spitze der Regierung. Das ist ein unbürgerlicher und unrealistischer Schluß, die alte Taugenichtsromantik. Man kann gewiß nicht sagen, daß das Dekret des neuen Ministers im Stil des *Hessischen Landboten* gehalten ist; denn es enthält die groteske Bestimmung, »daß Jeder der sich rühmt sein Brod im Schweiße seines Angesichts zu essen, für verrückt und der menschlichen Gesellschaft gefährlich erklärt wird« (L I, S. 134). Das ist die Umkehrung des Sozialismus, ein Faulenzer-Witz. Die Marxisten haben immerhin die Genugtuung, daß es in diesem Märchenreich des Landstreichers auch keine »ästhetischen Spitzmäuse« und kein Theater gibt; Lena, die nach dem Worte »Vorsehung«, zur Erzielung eines grotesken Lustspielschlusses, nichts mehr sagen darf, »schüttelt den Kopf«, als Valerio sie fragt, ob sie einen derartigen Kulturbetrieb wünscht (L I, S. 133 f.). Tabula rasa. Man kann sich alles Schöne für die Zukunft träumen, nicht nur die »kommode Religion«, die die Metternichsche Staatskirche ablöst und der Büchners letzter Gedanke in diesem Lustspiel gilt. Ich kann das Ende nicht so ernst und bedrückend finden, nur weil es weder positiv noch praktikabel erscheint*.

---

* »Sie [die Dichtung *Leonce und Lena*] stellt ein Welttheater vor, das keiner Konfiguration entspringt, kein Gleichgewicht aus wirren Vorgängen herstellt, kein zweckloses Spiel entfaltet, dessen Magie den Figuren nie ganz aufgehen darf, das Schein und Sein gleichermaßen ausspielt, die Masken nicht abreißt, sondern diese achtet [?], weil hinter ihnen keine Gesichter aufleben – vielmehr liegt das Außerordentliche wie die Grenze dieser Dichtung in dem überpersönlichen Fluidum von Traum und Schwermut, Gefühl und Ironie, Langeweile und Drang, beweglicher Phantasie und durchdringender Skepsis, in der Drohung, die aus dem Spiel hervorblickt [!], in dem Schein der Schwerelosigkeit, wo doch das Pendel dem unerbittlichen Gesetz der Schwerkraft gehorcht [?], jeder Aufschwung das

Ein herzliches Ende widersprach Büchners unbürgerlichem, die Empfindsamkeit nur in vorsichtiger Dosierung einlassendem Geschmack, eine ernsthafte Reform, etwa im Stile von Lenzens *Soldaten,* seinem Sinn für Eleganz, Esprit und Spiel. Die satirisch-groteske Zerspielung der alten Gesellschaft, verdeckt von einem Paar, das, je nach Geschmack, vom Zufall oder von der Vorsehung zusammengeführt worden ist und das das obligate Liebesprinzip wenigstens ahnen läßt – das war auch das Äußerste, was man der Zensur zumuten konnte. Sollte der hart um seine Existenz ringende Dichter für die Nachwelt schreiben? Das hat er gewiß wie Nestroy abgelehnt (vgl. o. S. 196 f.). Ich kann mir auf Grund der Anlage des Stücks und der historischen Situation keinen andern Schluß vorstellen. Besonders die Verquickung der Bewertung oder Interpretation mit dem Realismusklischee ist grundfalsch; denn Possen und Märchenkomödien sind niemals realistisch, und der Dichter hatte, nach der schlichtesten psychologischen Rechnung, zwischen zwei Wahnsinnsdarstellungen das Scherzspiel dringend nötig. »Wer hier – Kleists *Zerbrochenen Krug* als Maßstab nehmend – Realismus vermißt, verkennt den Geist der Improvisation, aus dem das Lustspiel lebt«, sagt Walter Hinck treffend[101]. *Die schwere Hand vieler Büchner-Interpreten ist diesem Lustspiel besonders wenig angemessen.* Herbert Anton bemerkt es, und bemüht sich um den Nachweis, daß *Leonce und Lena* ganz und gar ein Lustspiel, keine Tragikomödie ist. Aber wenn er dabei die ernsten Elemente, die zum romantischen Lustspiel gehören, ganz aus dem Blickfeld schiebt, wenn er das kräftige Stück nur auf die frühromantische Ironie, besonders auf Friedrich Schlegel, statt auch auf die engagierte französische Romantik bezieht, wenn er zum Schluß gar, unter Berufung auf Büchners »Bewußtsein transzendentaler und ästhetischer Freiheit« das Lustspiel gegen die Tragödien Büchners ausspielt[102], dann kommt man doch wieder darauf zurück, daß sich die Büchner-Philologie in nervösen Sprüngen statt mit der Stetigkeit anderer Philologien bewegt. Lieber zitiert man bei so viel Mangel an Ausgewogenheit und Fingerspitzengefühl einen Dichter, der dem romanischen Geiste nahe steht und dem die Wieland- und Mozarttradition nicht ferne liegt, Karl Krolow (1956): »In dem Büchnerschen Stück fand ich [»kurz nach 1945«] etwas, was mich ermutigte und dadurch weiterbrachte, ohne mich vergessen zu lassen, was war. In ihm ging es doch etwas *anders* zu als der erste Blick vermuten ließ. Hier hatte sich Bitterkeit im Wort erleichtert, und das Wort hatte zu schweben begonnen, hatte etwas von der Schwerkraft abgegeben, die seine Bedeutung ihm zugemutet hatte, seit es ins Leben getreten war. Das Wort hatte sich gelockert. Es hatte Grazie. Es verband sich mit Luft und bewegte sich in diesem Element mit Selbstverständlichkeit und Anmut wie die Liebenden Chagalls. Und dennoch – wenn ichs weiter in einem Bilde formulieren darf – stand im Hintergrund die Muse der Einsamkeit, der Schwermut, der dichterischen Rebellion, der poetischen Aktion und wartete. Sie blieb da, wenn sie schon nicht beteiligt schien an einem offenkundig

---

Niederziehende bereits in sich birgt, und jegliche Ausflucht schon vom Ausweglosen umstellt ist« (Gerhart *Baumann,* Georg Büchner, Die dramatische Ausdruckswelt, Göttingen ²1976, S. 123). »Der ästhetische Avantgardismus, der bisher am Zerbrechen der Formmerkmale des traditionellen Lustspiels aufgewiesen wurde, verändert nicht nur die Bestandteile des Lustspiels, sondern er verändert die Gattung selbst in ihrer Qualität. Die Komödie wird ernst« (Jan *Thorn-Prikker,* Revolutionär ohne Revolution. Interpretationen der Werke Georg Büchners, Stuttgart 1978, S. 103).

nutwilligen Spiel, an der höchst gelungenen, zärtlichen Veranstaltung der Büchnerschen
Phantasie« [103].

Büchners Interesse für Geisteskrankheiten

Die von mir und vielen Büchnerforschern vertretene Meinung, daß in *Dantons Tod*
und in *Leonce und Lena* die Langeweile, die Schwermut, der Lebensekel, die daraus entspringende Wirklichkeitsflucht, die Selbstaufgabe, kurz, daß *die Seele,* psychologisch
und zum Teil auch noch religiös, ein zentrales, nicht ohne weiteres gesellschaftlich auf-
lösbares Thema von Büchners Dichtung darstellt, wird durch die Tatsache bestätigt, daß
die Fragmente *Lenz* und *Woyzeck durch das Interesse für psychopathologische Phänomene verbunden sind, daß sich also Büchners Interesse für die seelischen Leiden des Einzelmenschen im Laufe seines kurzen Lebens nicht vermindert, sondern verstärkt zu haben scheint.* Damit soll nicht behauptet werden, daß er bei längerem Leben die gleiche
Richtung weiterverfolgt hätte. Nach dem *Woyzeck* kann man sich ein noch entschiede-
neres Sozialdrama vorstellen, besonders unter dem Eindruck des »Pauperismus«, der
sich zu Beginn der 1840er Jahre verstärkte. Daß Büchners persönliche psychische Labilität mit dem Interesse für seelische Leiden zusammenhängt, ist öfters nachgewiesen worden. Ich meine nicht nur die große seelische Krise, die der Hirnhautentzündung folgte. Es
ist bei dem Frühgestorbenen eine allgemeine, nur zeitenweise sich aufhellende Verdüsterung festzustellen. Wer die Briefe nach der Flucht aufmerksam liest, bemerkt ein wiederholtes, wenn auch oft ironisches Spiel mit dem Selbstmord und die erschrockene Erkenntnis, daß er das Schicksal der Gefangenschaft, das so viele Mitkämpfer, nicht ohne
seine Mitschuld, erlitten, persönlich in seelischer Hinsicht unmöglich hätte ertragen
können: »Ich wäre in so einem Loch verrückt geworden« (L II, S. 446). Die Feststellung
überzeugt jeden, der sich von Büchners Seelenleben aus den Lebensdokumenten eine
klare Vorstellung gebildet hat.

Diese Aufmerksamkeit für die Psychopathie ist nur scheinbar modern im Sinne des 20.
Jahrhunderts; denn die *stilistische* Nachahmung der Geistesverwirrung im Expressionismus und im Dadaismus, die obscuritas- und Unsinnspoesie aller Art ist etwas ganz anderes als die ernsthafte, *anteilnehmende* Beschäftigung mit der Geisteskrankheit, die diesen Dichter auszeichnet. Sie ist auch nicht nur ein Aspekt des Mediziners Büchner, sondern hängt mit dem vorromantischen, romantischen und spätromantischen Interesse für
alle Grenzerscheinungen des Geistes, für Selbstmord, Magnetismus, Hellseherei, Hallu-
zinationen, Somnambulismus, »genialen« Wahnsinn usw. zusammen. Natürlich kann
man hier auch von einer »Vorwegnahme des Naturalismus« sprechen, nur daß eben die
Krankheitssymptome noch nicht restlos säkularisiert sind (s. u.). *Der bürgerliche Realismus dagegen hat in Theorie und Praxis diese dichterische Beschäftigung mit der
Nachtseite der Natur abgelehnt und wieder den »gesunden«, typischen Menschen zum
Gegenstand der Dichtung erhoben.* Wo in der Büchnerforschung die psychopathologische Seite von *Lenz* und *Woyzeck* heruntergespielt wird, tritt stets die Ideologie an die
Stelle der empirischen Interpretation, weshalb die christlichen und die marxistischen

Büchnerenthusiasten in diesem Punkt brüderlich nebeneinandertreten*. Selbstverständlich ist der kranke Lenz, der bei Oberlin Zuflucht sucht, auch im gesellschaftlichen Sinne ausgesetzt, und selbstverständlich ist bei dem armen psychopathischen Soldaten Woyzeck nicht *jede* Freiheit des Willens und damit die Verantwortung ausgeschlossen. Aber die Interpretation wird in beiden Fällen schon im Ansatz falsch, wenn die Krankheit nicht als *ein in sich selbst existierendes, unheimlich starkes, beunruhigendes Phänomen* anerkannt wird. Ich rede keineswegs einer biologischen Büchnerforschung das Wort. Es ist aber gerade für die *deutsche* Büchnerforschung bezeichnend, daß der Widerspruch gegen den im Hitlerreich herrschenden Biologismus manche Interpreten dazu verführt, eine Größe der Dichtung oder der Religion oder der Gesellschaft unterzuordnen, die der Dichter ausdrücklich hervorgehoben hat und die für ihn ein umfassender Begriff war: das »Leben« (s. o.) [104]. Auch innerhalb der Naturwissenschaften übte, nicht anders als bei Goethe, die Biologie noch »die stärkste Anziehungskraft« auf Büchner aus [105].

---

* »Die Bedeutung der Novelle ›Lenz‹ scheint uns darin zu liegen, daß Büchner nunmehr die Fremdheit der Welt nicht aus ›der Geschichte‹, sondern aus dem ökonomischen Sein der Gesellschaft ableitet; aus einem ökonomischen Sein, das Lenz zwingt, sein Leben als unnütz und wertlos zu betrachten, indem es der Erreichung von Zielen untergeordnet werden soll, die ihrerseits wertlos sind. Eine solche Forderung wirft den Schleier des Todes sowohl über den Menschen, der lebend tot ist, als auch über die objektive Wirklichkeit, die jeden Bezug zum Subjekt, deren Wert und damit schließlich ihre Realität überhaupt verliert und damit auch den Menschen zu einem unwirklichen Wesen macht... Lenzens Protest gegen die Anforderungen dieser Gesellschaft artikuliert sich in seiner auf die konkrete Realität und die Gegenwart gerichteten Kunsttheorie ebenso wie in den selbst zugefügten Schmerzen[!], die die zunehmende Unwirklichkeit von Ich und Welt aufhalten soll« (Gerhard *Jancke,* Georg Büchner, Kronberg/Ts. 1975, S. 252). »Was ein unbefangener Leser als Ausdruck eines sinnierenden, geängsteten und auch abergläubischen Gemütes nimmt, wird als Wahn ausgegeben. So wenn Woyzeck, beim Stöckeschneiden, zu Andres sagt: ›Es geht hinter mir, unter mir hohl, hörst du? Alles hohl da unten. Die Freimaurer!‹ (168). Statt hier gleich an Sinnesverwirrung zu denken, könnte man in diesen Worten das durchaus Sinnvolle sehen, daß sie die Ungesichertheit menschlichen Daseins ausdrücken und den Gedanken auf die im Verborgenen wirkende Schicksalsmacht hinlenken. Wer in Woyzeck einen unzurechnungsfähigen Geisteskranken sieht, hält alles, was von der sogenannten Normalität auch nur irgendwie abweicht, für unsinnig. Manches von Woyzecks Äußerungen braucht dann nicht mehr ernst genommen zu werden, es fällt bloß noch als pathologisches Symptom in Betracht. Wenn er, bei Sonnenuntergang in die Gegend starrend, ausruft: ›Wie hell! Ein Feuer fährt um den Himmel und ein Getös herunter wie Posaunen‹ (168), glaubt man mit dem Begriff ›Sinnestäuschung‹ den Sachverhalt erfaßt zu haben und kann nicht mehr als Wirklichkeit anerkennen, daß einer hier des plötzlich hereinbrechenden Schrecklichen gewärtig ist, daß die Erwartung des Gerichts ihm das Abendrot zur Feuerhelle macht... Woyzeck bewegt sich nicht im Unsinnigen, sondern in einem Sinnbezirk, den die Begriffe ›Schuld‹ und ›Gericht‹ umschreiben« (Erwin *Kobel,* Georg Büchner, Berlin, New York 1974, S. 280 f.). Eine besondere Konsequenz in der Ausschließung medizinischer (wie auch religiöser und werkimmanenter) Faktoren zeigt eine Arbeit in den neuen »Tübinger Studien zur deutschen Literatur«: Cornelie *Veding,* Denken Sprechen Handeln, Aufklärung und Aufklärungskritik im Werk Georg Büchners, Bern 1976. Die Verfasserin betont ihr systematisches Vorgehen. Tatsächlich interessiert die Arbeit nur als ein Beispiel für die neue marxistische Theologie in Tübingen. Zu unserem Thema Geisteskrankheiten beachte man vor allem die beiden letzten Abschnitte: »Die melancholische Opposition« und »Wahnsinn als Anklage«. Interessant ist auch der einleitende Abschnitt »Der Mord durch Arbeit«. An allem Übel der Welt trägt, nach der Meinung der gläubigen Germanistin, die »Mechanisierung des Lebens« durch die bürgerliche Gesellschaft die Alleinschuld. Sicher gibt es in kommunistischen Ländern, wie im Reiche Popo, weder Fabriken noch Klappsmühlen.

Lenz als polizeigerechtes Gegenstück zu »Wally die Zweiflerin«

Die Erzählung *Lenz* läßt sich auch von Büchners *historischem* Interesse nicht ganz los-
lösen. Der Sturm und Drang interessierte ihn wie die Französische Revolution, als eine
der Grundlagen, auf der er stand und weiterbaute. Im Oktober 1835 schreibt er an seine
Eltern: »Ich habe mir hier allerhand interessante Notizen über einen Freund Goethes, einen unglücklichen Poeten Namens *Lenz* verschafft... Ich denke darüber einen Aufsatz[!]
in der Deutschen Revue erscheinen zu lassen« (L II, S. 448). Auch Gutzkow faßt Büchners
Bestreben zunächst historisch auf: »Geben Sie uns, wenn weiter nichts im Anfang, *Erinnerungen an Lenz:* da scheinen Sie Thatsachen zu haben, die leicht aufgezeichnet sind«
(an Büchner 28. 9. 1835, L II, S. 481). Wie von Gutzkow eine *Novelle* Lenz aufgemacht
worden wäre, läßt eine andere Briefäußerung erraten: »Was Göthe von ihm in Straßburg
erzählt, die Art, wie er eine ihm in Commission gegebene Geliebte zu schützen suchte, ist
an sich schon ein sehr geeigneter Stoff« (an Büchner 6. 2. 1836, L II, S. 487). Büchner geht
den Weg *zwischen* dem rein geschichtlichen Bericht und einer pikanten erotischen Novelle. Insofern ist der von dem Österreicher Hellmuth Himmel gebrauchte nüchterne Begriff
einer »Halbnovelle« treffend und braucht keine irrationalistische Korrektur, die an der
Biedermeierzeit und auch an Büchners individuellem Kunstwillen vorbeigeht[106]. Der
Dichter interessiert sich für das Schicksal des »unglücklichen Poeten« in seinem Zentrum. Er nimmt ernsthaft an seiner Krankheit Anteil. Ist er zu retten oder ist er nicht zu
retten? Der Aufbau mag richtig erfaßt sein, wenn die »Bilder der zweiten Hälfte« als
»Wiederholungen der ersten« gesehen werden: »Was bei den ersten Bildern noch als einigermaßen gesundes, harmonisches Leben erscheint, wird in den Spiegelungen ins
Krankhafte, Gefährdete, Abgründige verschoben«. Aber ob man von einem »festgefügten Plan des Dichters, der in allen seinen Teilen ausgeführt ist«, sprechen kann[107], erscheint mir zweifelhaft. Daß keine krasse Krankengeschichte im Stil des Naturalismus
beabsichtigt ist, ergibt sich schon daraus, daß die seitenlange Schilderung der Tobsuchts-
anfälle, der Selbstmordversuche, der Überwältigung des Wahnsinnigen durch immer
mehr Wärter, die man in Oberlins Bericht findet (L I, S. 474, 476, 478, 480), von Büchner
fast völlig weggelassen worden ist oder daß er wenigstens *zunächst* vor der Darstellung so
krasser Szenen zurückschreckte. Zusätze finden sich in den Naturschilderungen, die der
Liebe des Dichters zu den Vogesen entstammen und die Lenzens Krankheit teils symbolisch begleiten, teils ihr eine kosmische Abmilderung geben. So könnte man z. B. die These, daß wir kein Fragment, sondern eine abgeschlossene Erzählung vor uns haben, auch
damit begründen, daß am Anfang wie am Ende ein von Büchner gedichtetes bedeutendes
Landschaftsbild zu finden ist. Das Fragmentarische der Dichtung erscheint jedenfalls
nicht so auffallend wie im *Woyzeck,* dessen Schluß nur von grob-modernistischen Interpreten *nicht* vermißt wird. Fast noch wichtiger als die Naturbilder sind die Zusätze, welche die recht nüchterne Erzählung Oberlins romantisieren, also Partien, wie etwa die folgende: »Oberlin versetzte ihm nun, wie er bei dem Tod seines Vaters allein auf dem Felde
gewesen sey, und er dann eine Stimme gehört habe, so daß er wußte, daß sein Vater todt
sey, und wie er heimgekommen, sey es so gewesen. Das führte sie weiter, Oberlin sprach
noch von den Leuten im Gebirge, von Mädchen, die das Wasser und Metall unter der

Erde fühlten, von Männern, die auf manchen Berghöhen angefaßt würden und mit einem Geiste rängen; er sagte ihm auch, wie er einmal im Gebirg durch das Schauen in ein leeres tiefes Bergwasser in eine Art von Somnambulismus versetzt worden sey. Lenz sagte, daß der Geist des Wassers über ihn gekommen sey, daß er dann etwas von seinem eigenthümlichen Seyn empfunden hätte. Er fuhr weiter fort: Die einfachste, reinste Natur hinge am nächsten mit der elementarischen zusammen, je feiner der Mensch geistig fühlt und lebt, um so abgestumpfter würde dieser elementarische Sinn; er halte ihn nicht für einen hohen Zustand, er sey nicht selbstständig genug, aber er meine, es müsse ein unendliches Wonnegefühl seyn, so von dem eigenthümlichen Leben jeder Form berührt zu werden; für Gesteine, Metalle, Wasser und Pflanzen eine Seele zu haben; so traumartig jedes Wesen in der Natur in sich aufzunehmen, wie die Blumen mit dem Zu- und Abnehmen des Mondes die Luft« (L I, S. 447). Solche Stellen erhalten durch die indirekte Rede etwas Objektives. In Oberlins Bericht fehlt die romantische Amplifikation; sie könnte aber aus einer andern schriftlichen oder mündlichen Quelle stammen. Es ist nicht klar ersichtlich, ob Büchner selbst solchen geheimnisvollen Vorstellungen zuneigt oder ob er sie nur referiert. Sicher erscheint mir, daß er auf diese Weise den leidenden Lenz aus der Einsamkeit der Traumwelt, in der sich Geisteskranke normalerweise befinden, herausnehmen und *mit Oberlin wie auch mit der Natur und mit den »Leuten im Gebirge« verbinden will.* Es wird klar, daß der Wahnsinn nicht einfach eine Krankheit, sondern etwas Geheimnisvolleres ist, daß er an die tiefsten Erkenntnisse der Religion und der Volksweisheit grenzt, daß Lenz gerade auch als Dichter, als Genie sich vom normalen bürgerlichen oder gebildeten Menschen unterscheidet. In diesem Zusammenhang steht auch die Wanderung, die den Dichter Lenz zu den Sektierern »im Abhang nach dem Steinthal« (L I, S. 455) führt: »Der Mann erwachte, seine Augen trafen auf ein erleuchtet Bild an der Wand, sie richteten sich fest und starr darauf, nun fing er an die Lippen zu bewegen und betete leise, dann laut und immer lauter. Indem kamen Leute zur Hütte herein, sie warfen sich schweigend nieder. Das Mädchen lag in Zuckungen, die Alte schnarrte ihr Lied und plauderte mit den Nachbarn. Die Leute erzählten Lenzen, der Mann sey vor langer Zeit in die Gegend gekommen, man wisse nicht woher; er stehe im Rufe eines Heiligen, er sehe das Wasser unter der Erde und könne Geister beschwören, und man wallfahre zu ihm« (L I, S. 457). Auch diesen Passus gibt es bei Oberlin nicht, was die Wichtigkeit solcher »supranaturalistischer« Stellen für die Absicht des Erzählers bestätigen könnte. Der Kranke scheint von allen Wundern umgeben, im Wunderbaren der Natur und der Volksreligion geborgen zu sein. Lenz ist Theologe und er betätigt sich in der Dorfkirche als Prediger. Es fehlt ihm auch nicht an Vernunft, wie das ebenfalls von Büchner hinzugefügte Kunstgespräch bezeugt. Man meint, es müsse ihm bei so viel Harmonie mit der Umwelt, bei so viel natürlichen und übernatürlichen Hilfsmitteln zu helfen sein; *aber es ist ihm nicht zu helfen,* und das ist gewiß nicht nur auf Kaufmanns verständnislose Ermahnungen zurückzuführen. »Es war die Kluft unrettbaren Wahnsinns« (L I, S. 471), die kein Glaube, keine Liebe, kein Gebet, kein Eingebettetsein in Natur und Volk, kein Wunder überwinden konnte. Wir zitieren wieder eine Stelle, die nicht in Oberlins Bericht steht: »Er lag auf den Knieen vor Oberlin, seine Hände in den Händen Oberlins, sein mit kaltem Schweiß bedecktes Gesicht auf dessen Schooß, am ganzen Leibe bebend und zitternd. Oberlin empfand unendiches Mitleid, die Familie lag auf den Knieen und betete für den Unglücklichen, die Mägde flohen und hielten ihn für einen Besessenen. Und wenn er ruhiger wurde, war es wie der Jammer eines Kindes, er schluchzte, er empfand ein tiefes, tiefes Mitleid mit sich selbst; das waren auch seine seligsten Augenblicke. Oberlin sprach ihm von Gott. Lenz wand sich ruhig los und sah ihn mit einem Ausdruck unendlichen Leidens an, und sagte endlich: ›aber ich, wär' ich allmächtig, sehen Sie, wenn ich so wäre, ich könnte das Leiden nicht ertragen, ich würde retten, retten, ich will ja nichts als Ruhe, Ruhe, nur ein wenig Ruhe und schlafen können‹. Oberlin sagte, dies sey eine Profanation« (L I, S. 471 f.). Damit ist der wahrscheinlich fingierte Vorwurf gegen Gott für den Geistlichen erledigt. Für den Dichter dagegen ist er der Kernpunkt der ganzen Erzählung*.

Möglicherweise haben die Büchnerinterpreten recht, die Büchners *religiöse Sehnsucht* betonen. Die christlichen Motive sind so häufig, daß sie nicht nur eine Anpassung an seine christliche Umgebung in Straßburg und an seine noch im Christentum verwurzelte Epoche sein können. Büchner möchte glauben; aber *er kann es angesichts der Ohnmacht Gottes nicht* [108]. Wenn sich Lenz wie Robespierre und Danton mit Christus vergleicht und, vor dieser »Profanation«, ein Kind vom Tode zu erwecken versucht, so kann ich diesen Vorgang nicht so ernst nehmen wie manche Büchner-Interpreten. Denn dieser Versuch betrifft keine menschenmögliche Handlung wie die Revolution Dantons und Robespierres, sondern bezeugt schon den Wahnsinn des jungen Theologen. Oberlin, der die fehlgeschlagene Totenerweckung ohne jeden Kommentar erzählt, scheint der gleichen Meinung zu sein. Büchner benutzt den Vorgang nur, um den Zusammenbruch von Lenzens Glauben vorzubereiten: »Der Wind klang wie ein Titanenlied, es war ihm, als könnte er eine ungeheure Faust hinauf in den Himmel ballen und Gott herbei reißen und zwischen seinen Wolken schleifen; als könnte er die Welt mit den Zähnen zermalmen und sie dem Schöpfer in's Gesicht speien« (L I, S. 461). An dieser Stelle sehe ich mit Heinz Fischer den Wendepunkt der Novelle [109], während der Besuch Kaufmanns den Dichter – der Stil verrät es – nicht entfernt so lebhaft interessiert wie seine marxistischen Interpreten. *Von der Zensur her gesehen* – zunächst für die *Deutsche Revue* s. o. – *benützt der*

---

* David G. *Richards* (Georg Büchner, Albany 1977) interpretiert, der amerikanischen Tradition entsprechend, psychologisch, nicht religionshistorisch und -kritisch; aber auch er betont den engen Zusammenhang zwischen der Religion und dem Wahnsinn in Büchners Erzählung: »Lenz's violent, blasphemous reaction against God is especially dreadful since his own existence depends on the existence of God. His unstable psyche cannot withstand the enormous stress caused by his alienation from nature and God; when the pressure becomes too great, it explodes into the compulsive laughter of despair and madness. The active rebellion lasts only a moment before being replaced by compulsive behaviour and schizophrenic passivity« (S. 136). Wenn man die schaffenspsychologische Interpretation für Büchner hinzufügen will, so darf vielleicht gesagt werden, daß sich der junge Dichter von einem möglichen, durch Verlust seines Glaubens verursachten Wahnsinn dichterisch befreit wie der junge Goethe von seinen Freitodgelüsten durch *Werthers Leiden*. Er erstrebt unbewußt die nachchristliche Welt jenseits des Opfers Lenz, wie er in *Dantons Tod* eine freundlichere nachrevolutionäre Epoche, jenseits der Blutopfer der großen Revolution, im Auge hatte. Es sind wie bei Hebbel (vgl. u. S. 400) *die tragischen Opfer einer weltgeschichtlichen Krise,* nur daß eben die »neue Form der Menschheit« nicht einmal symbolisch angedeutet wird. Auch Hebbel wählt ja erst nach *Maria Magdalene,* d. h. mehr als ein Jahrzehnt nach *Lenz,* diese idealistische oder neoklassizistische (hegelianische) Ausflucht.

*Dichter die Rolle des wahnsinnigen Lenz, um dem Zweifel an Gott so kräftig Ausdruck
zu verleihen, wie dies auf dem direkten Wege damals kein Schriftsteller durfte, ohne ins
Gefängnis zu kommen* (vgl. Gutzkows Haft nach *Wally die Zweiflerin*). Die Zensoren
konnten unmöglich auch noch mit den Quellen vergleichen. Das wußte Büchner. Büchner war der reifere Revolutionär; aber er schrieb nicht für die Ewigkeit, sondern, genau
wie Gutzkow, für den gleichzeitigen deutschen Buchmarkt. Eine Reaktion der Zensur auf
die blasphemische (»historische«) Erzählung ist mir nicht bekannt, obwohl es der verbotene Gutzkow war, der sie im *Telegraphen* (1839) publizierte.

Das Klischee »Sozialdrama« paßt für Woyzeck nicht

Auch *Woyzeck* ist keine reine Sozialtragödie, sondern eine tiefsinnige Vermischung
sozialer und medizinischer Motive auf einem religiösen Hintergrund. Während man in
Dantons Tod, Leonce und Lena und *Lenz* zur Not noch von einer folkloristischen Begleitmusik mit Hilfe von Volksszenen und Volksliedern sprechen kann, tritt hier die Unterschicht in der Gestalt eines psychopathischen Soldaten in den Mittelpunkt des Dramas. Ich vermeide das übliche Wort »zum erstenmal«; denn es ist nicht ganz richtig. Aber
innerhalb der großen deutschen Dichtung ist Woyzeck die erste Tragödiengestalt, die auf
so tiefer sozialer Stufe steht und doch, nicht anders als Danton oder Lenz, in seinem innern Wesen gezeigt, entschlüsselt und ernst genommen wird. In literarischer Hinsicht
kann man, trotz einiger Reste der bewußt dichterischen, bilderreichen Sprache, von einer
ersten Verwirklichung der Volkssprache in der Tragödie sprechen. Anläßlich von *Lenz*
rühmt Gutzkow Büchners »Phantasie, wie uns eine solche selbst bei Jean Paul nicht so
rein, durchsichtig und wahr entgegentritt«, und der Bruder zitiert dieses Lob noch
1850[110]; denn bis zu dem in den 1850er Jahren sich durchsetzenden Realismus galt
Jean Paul als der Inbegriff des *Dichters*. Zu betonen ist aber, daß Büchner, nach Gutzkows Meinung, reiner und wahrer als der hochpoetische Erzähler ist. Ja, ich meine, *Woyzeck* läßt Jean Paul ganz aus dem Gesichtsfeld entschwinden. In den Dialogen zwischen
Marie und Woyzeck findet man eine neue Sprache. Diese entspricht dem Büchnerschen
Ideal der Einfachheit *und* der revolutionären Stoffwahl, während man bei den andern
Dichtern der Biedermeierzeit fast immer nur von einer inhaltlichen *oder* stilistischen Revolution sprechen kann. So überwindet z.B. selbst Heine das rhetorische Gesetz der Angemessenheit (großer Inhalt = große Worte) kaum so entschieden wie Stifter, der über
große, schicksalhafte Erfahrungen besonders leise zu berichten pflegt. *In der gleichzeitigen stilistischen und inhaltlichen Revolution liegt die absolute Einmaligkeit des Woy-
zeck-Fragments,* ganz abgesehen von der Frage, wie die inhaltliche Tendenz im einzelnen
zu deuten ist. In dieser einzigartigen Neuheit liegt auch die überwältigende Wirkung, die
das Fragment im 20. Jahrhundert ausübte und zu so mancher Nachahmung verlockte.
Elias Canetti, der erzählt, wie ihn das Fragment geradezu überwältigte und an seinem eigenen Dichten irre machte, begründet die Einzigartigkeit des *Woyzeck,* nach der Erwähnung der Rhetorik in *Dantons Tod,* sicher richtig, durch den Hinweis auf die emotionale
und stilistische Zurückhaltung des jungen Dichters: Zwei Jahre nach *Dantons Tod* is

Büchner »der vollkommenste Umsturz in der Literatur gelungen: die Entdeckung des *Geringen*. Diese Entdeckung setzt Erbarmen voraus, aber nur wenn dieses Erbarmen verborgen bleibt, wenn es stumm ist, wenn es sich nicht ausspricht, ist das Geringe *intakt*. Der Dichter, der sich mit seinen Gefühlen spreizt, der das Geringe mit seinem Erbarmen öffentlich aufbläst, verunreinigt und zerstört es. Von Stimmen und von den Worten der Anderen ist Woyzeck gehetzt, doch vom Dichter ist er unberührt geblieben. In dieser Keuschheit fürs Geringe ist bis zum heutigen Tage niemand mit Büchner zu vergleichen« [111].

Den konkreten Anlaß gab dem Dichter wohl *die öffentliche Diskussion, ob man einen psychopathischen, womöglich wahnsinnigen Mörder hinrichten dürfe*. Dieser Streit begann schon vor der Hinrichtung und hörte danach nicht auf. Sie betraf die Büchnersche Kernfrage nach der Reichweite der menschlichen Freiheit. Die Gutachten des Hofrats Clarus, die zur Hinrichtung des Mörders führten, sind neuerdings in der kritischen Ausgabe leicht zugänglich (L I, S. 487–549). Der Hofrat hat sie gewissenhaft erarbeitet, und sie lassen gerade deshalb erkennen, wie weit der junge Dichter den Autoritäten seiner Zeit voraus war. Die Kälte, die zum Erscheinungsbild der Schizophrenie gehört, wird von dem medizinischen Gutachter moralisch bewertet. Die Stimmen, die der Angeklagte hört, werden nicht hinreichend ernst genommen. Der Gutachter vermißt die »leidenschaftliche Reizbarkeit« (L I, S. 491) des Geisteskranken, obwohl man schon in Heinroths Lehrbuch (s. o.) lesen konnte, die beruhigende Schock-Therapie sei nicht bei allen Kranken die richtige; denn manchen fehle es oft gerade an der entschiedenen Lebensäußerung. *Heinroth wurde von der Regierung als Gutachter abgelehnt*. Man kann den Verdacht nicht unterdrücken, daß in den fraglichen Jahren die hohe Obrigkeit ein Exempel statuiert haben wollte. Woyzeck wurde 1821, zwei Jahre nach den Karlsbader Beschlüssen, hingerichtet. Der junge Büchner scheint den Vorfall jedenfalls auf diese Weise gedeutet zu haben. *Jeder, der eine gewisse Vorstellung von seelischen Erkrankungen hat, kann die Spuren der Geisteszerrüttung in der Hauptgestalt der Dichtung nicht übersehen*. Nicht nur der Doktor im *Woyzeck* beobachtet sie – mit Vergnügen –, sondern auch sein Kamerad Andres und Marie, die Mutter seines Kindes – mit dem entsprechenden Erschrecken. Damit soll nicht behauptet werden, daß Woyzecks Verantwortlichkeit in Büchners Tragödie völlig ausgeschaltet wird; aber Versuchskarnickel beim Doktor, Faktotum des Hauptmanns und dann noch betrogen von dem einzigen Menschen, den er besitzt, – das ist zuviel für Woyzeck in seiner Schwäche. Die Zurückführung des dramatischen Geschehens auf soziale Faktoren, z.B. der seelischen Krankheit auf die berühmte Erbsenbehandlung des Doktors oder der Untreue Maries auf die Geschenke des nur ein *wenig* besser gestellten Tambourmajors (vgl. die »Ohrringlein« L I, S. 413)*, ist schon

---

* Da die jüngeren Germanisten den Tambourmajor – ist es ein scherzhafter Ausdruck? – mit dem Major, d.h. einem »Stabsoffizier«, zu verwechseln pflegen, zitiere ich aus Meyers Enzyklopädischem Lexikon (1971 ff.): »Tambourmajor: Bataillonstrommler, noch bei der deutschen Reichswehr im Range eines Portepeeunteroffiziers.« Wahrscheinlich war der vom Gefechtsdienst befreite Paradesoldat in den Kleinstaaten oft bloß »Gefreiter«. Büchner wußte als Residenzstädter, daß man für diese begehrte Funktion *besonders gut aussehende* Soldaten wählte. Schon ein Unteroffizier taufte nicht mit einem Gemeinen, wie der Tambourmajor mit Woyzeck (Szene Wirtshaus).

deshalb mißlich, weil nur die Häufung mehrerer Faktoren Woyzecks Schicksal dem Zuschauer unausweichlich erscheinen lassen kann. Der Tambourmajor muß dem armen Woyzeck auch biologisch, als »Mann«, überlegen sein. Das ist es in erster Linie, was der triebhaften Marie imponiert (L I, S. 415 f.): »KAMMER. *Tambour-Major. Marie! Marie* (ihn ansehend, mit Ausdruck). Geh' einmal vor dich hin. – Ueber die Brust wie ein Rind und ein Bart wie ein Löw – So ist keiner – Ich bin stolz vor allen Weibern. *Tambour-Major.* Wenn ich am Sonntag erst den großen Federbusch hab' und die weiße Handschuh, Donnerwetter, Marie, der Prinz sagt immer: Mensch, Er ist ein Kerl. *Marie* (spöttisch[!]) Ach was! (Tritt vor ihn hin). Mann! *Tambour-Major.* Und du bist auch ein Weibsbild. Sapperment, wir wollen eine Zucht von Tambour-Majors anlegen. He? (Er umfaßt sie)«. Büchner stellt das dar, was er im Kunstgespräch so hoch hält: das einfache, ganze »Leben«, wie es vor allem vom Volke gelebt wird. Es ist also schlichter Unsinn, wenn ein Marxist behauptet, Marie werde dem armen Woyzeck »regelrecht abgekauft«[112]. In den religiösen Motiven mag man ein Zeichen der Freiheit sehen, wenigstens einen Freiheitsschimmer. »Leiden sey mein Gottesdienst« liest Woyzeck auf einem Heiligenbildchen, das er in der Bibel seiner Mutter fand (L I, S. 425). Er könnte sich an diese Mahnung halten. Oder Andres könnte recht behalten: »Franz, du kommst in's Lazareth. Armer du mußt Schnaps trinke und Pulver drin das tödt das Fieber« (L I, S. 425). Aber beide Sedativa treten nicht in Funktion. Offenbar soll auch in diesem Fall gezeigt werden, *wie machtlos Gott und die Menschen sind.* Martens will sogar in den eindeutig gesellschaftskritischen Szenen, so beim Hauptmann, eine »übergesellschaftliche Heillosigkeit der Weltordnung« erkennen[113]. So weit würde ich nicht gehen; denn der Hauptmann und der Doktor haben zweifellos die volle Verantwortung für ihr Tun. Wenn die Wissenschaft so entartet wie beim Doktor, dann ist der Freiheitsraum des Menschen nicht befriedigend genutzt. Büchner – das wissen wir – kennt eine andre Art von Wissenschaft. Aber bei dem armen Woyzeck, so wie er nun einmal ist, laufen die *verschiedenen* Fatalitäten in *einem* Punkt zusammen, so daß die Katastrophe notwendig erscheint.

Die Tragödie Woyzecks entspricht dem Fatalismus-Brief eher als *Dantons Tod.* Hier können nicht einmal Marxisten eine »humanistische« Lichtgestalt erblicken. Entsprechend ist auch die Figur des Atheisten in dieser Dichtung eindeutiger negativ gedacht als Payne in *Dantons Tod:* »Barbier. Dogmatischer Atheist. Lang, hager, feig, schlecht, Wissenschaftl.« (L I, S. 405). Man muß, um diese Stelle nicht völlig mißzuverstehen, allerdings wissen, daß im pietistisch beeinflußten Biedermeier – und in dieser Sphäre lebte Büchner in Straßburg – *jede* Dogmatik streng verpönt war. Das Beiwort ›dogmatisch‹ ist das Wort, auf das es ankommt. *Zweifeln* darf man. Sogar die konservative Katholikin Annette von Droste-Hülshoff, die in einer frommen Umwelt lebt, spricht ihre Zweifel im *Geistlichen Jahr,* das für die Familie bestimmt ist, ganz offen aus, immer in der Erwartung, daß ihr dereinst noch die Augen geöffnet werden. *In einer öffentlichen Verlautbarung erscheint ihr Zweifel selbstverständlich nie. Das ist sie ihrer vornehmen Familie schuldig.* Der Dr. Büchner dagegen darf auch öffentlich zweifeln, ohne die Straßburger Verwandten, die Freunde und die pfarrherrliche Familie der Braut zu verletzen, besonders wenn er, wie in der zitierten Stelle, zu verstehen gibt, daß der *dogmatische Atheismus eine Fehlhaltung des Wissenschaftlers* ist. Trotz dieser äußerlichen, auch zensurbedingen Annäherung an das Biedermeier kann ich eine christliche Beurteilung des Mörders in Büchners Drama nicht erkennen. Ich fühle mich an die Droste oder gar an Gotthelf erinnert, *nicht* an Büchner, wenn ich lese: »Nicht die Stimmen treiben ihn zuletzt. Er entcheidet sich, als er den Rivalen nicht besiegen kann, kaltblütig[!] und heimtückisch: Eins nach dem andern‹ (423). Er muß. Determinismus? Höchstens in dem biblischen inn, wonach jeder das Böse in sich trägt und ihm immer wieder unterliegt«[114]. So twa kann man Friedrich Mergel, den Mörder in der *Judenbuche*, beurteilt sehen; Woyeck ist damit nicht getroffen. Derselbe Interpret dämonisiert, wie wir schon wissen (vgl. ». S. 309 (*Anm.), den Dichter so sehr, daß er ihn für einen zweiten Robespierre hält, beeit, »durch ein Meer von Blut zu waten«: entsprechend glaubt er an Büchners Mitleid *icht* [115]. Das ist originell – nach dem neugermanistischen Prinzip der Umkehrung aler etablierten Lehrmeinungen –; aber wahr wird die Meinung dadurch noch nicht. Bei iner biedermeierlich-christlichen Beurteilung des Mörders müßte irgendein Lichtpunkt rscheinen (zur *Judenbuche*, vgl. u. S. 631). Der gegebene Ort dafür wäre die Großmuter, was man etwa in Brentanos *Geschichte vom braven Kasperl und dem schönen Annerl* eobachten kann. Auch bei Gotthelf gibt es die Frau als charismatischen Lichtpunkt im Dunkel der Unordnung. Das Märchen der Großmutter im *Woyzeck* ist, nach der überinstimmenden Meinung der Interpreten, ein Zentralpunkt der Dichtung, aber nicht einer des Lichts, sondern der Finsternis, der Verzweiflung: »Wie's zur Sonn kam, war's ein verreckt Sonneblum« (L I, S. 427). Der Dichter verurteilt nicht den Mörder, sondern die Obrigkeit, die den »hirnwütigen« (Marie) »Narren« (Andres) hinrichten ließ, statt ihn ns Lazarett zu stecken. Er verurteilt den Dr. Clarus, der die Hand zu dem Justizmord bot. Mitleid ist wenig genug für einen Dichter, der als Student auf dem stolzen Roß einer soialistischen Theorie aus Frankreich ins Vaterland zurückgeritten war; aber dieses Erarmen, das aus jeder Zeile spricht, sollten auch christliche Büchner-Interpreten dem rmen Büchner, der bis zuletzt weltschmerzlich zwischen Theismus und Atheismus *chwankte*, zugestehen können. »Eine Offenheit zu Gott« darf man möglicherweise mit Walter Weiß für ihn beanspruchen[116]; denn die biedermeierlich-christliche Ablehaung jeder Dogmatik und Systematik entsprach seiner Jugend und vielleicht auch seinem nnersten Wesen als Dramatiker (s. o. Danton/Robespierre).

Diese Offenheit und nicht der Realismus – dieser schwört in Dichtung und Staat auf einheitliche Komposition« – macht auch die Form seiner Dichtung offen. Büchners Offenheit ist genau das, was die Christen und Marxisten nicht ruhen läßt. Sie bezeichnet rielleicht auch tatsächlich eine Grenze des Wissenschaftlers, Philosophen und Menschen Büchner; aber diese *gefährliche* Offenheit steigert sich im Laufe von Büchners kurzer chaffenszeit und ist das, was ihn zu einem unvergleichlichen *Dichter* macht. Man sollte Jaher auch sein Sterben offen lassen. Es ist eine Schande für uns, daß es einer Engländerin edurfte, um die überlieferten frommen Sterbeworte quellenkritisch zu überprüen[117]. Sie waren der übliche »schöne Schluß« bei früheren deutschen Büchneraufsätzen und -Vorträgen*. Daß das Leiden und Mitleiden ein zentrales Element in Büchners

---

* »Die Ärzte gaben die Hoffnung auf. Mein sonst frommes Gemüte fragte bitter die Vorsehung: Warum?‹ Da trat Wilhelm [Schulz] ins Zimmer, und da ich ihm meine verzweiflungsvollen Gedan-

geistiger und seelischer Welt bildet, ist richtig; aber es gibt dafür genug Zitate in Vers und Prosa mit sicherer Überlieferung. Außerdem stellen die überlieferten Sterbeworte keine Bekehrung dar; denn das Wort Gott gehört damals zur Alltagssprache, was jeder Briefwechsel der Zeit bezeugen kann und was die Volkssprache auch heute noch in manchen Ländern und Landschaften bezeugt. Bekehrung ist bezeichnenderweise ein Problem bei Heine, der älter war und als Mensch wie als Schriftsteller einer früheren historischen Schicht angehörte (vgl. u. S. 549 ff.). Büchners Ansatz war, durch das spätere Geburtsdatum (16 Jahre!) und die Straßburger Studentenzeit (s. o.), nicht modern im Sinne unhistorischer Interpreten, aber moderner als der Heines*.

---

ken mitteilte, sagte er: ›Unser Freund gibt dir selbst die Antwort, er hat soeben, nachdem ein heftiger Sturm von Phantasien vorüber war, mit ruhiger, erhobener, feierlicher Stimme die Worte gesprochen: ›Wir haben der Schmerzen nicht zu viel, wir haben ihrer zu wenig, denn durch den Schmerz gehen wir zu Gott ein!‹ – ›Wir sind Tod, Staub, Asche, wie dürften wir klagen?‹« (Georg Büchner, Werke und Briefe, hg. v. Fritz *Bergmann*, Wiesbaden 1953, S. 298). Das Zitat belegt, daß im Biedermeier auch ein »sonst frommes Gemüte« zweifeln darf und wie es wieder zur Ruhe gebracht wird: »Mein Jammer löste sich in Wehmut auf«, schreibt Caroline Schulz im nächsten Satz ihrer Aufzeichnungen über Büchners letzte Tage (ebd.). Das barock-rhetorische Sterben (»mit ruhiger, erhobener, feierlicher Stimme«) war auch noch im Biedermeier die Norm und ist es in manchen frommen Kreisen bis heute. Dagegen kann man es sich auch nach den Lebenszeugnissen, gerade bei Büchner nicht vorstellen. Ein Biedermeiervater hat die Pflicht, seine Frau vor »verzweiflungsvollen Gedanken« (s. o.) zu schützen. In seinem Nachruf vom 23. 2. 1837 in der Zürcher Zeitung zitiert Wilhelm *Schulz* ein Tagebuchwort Büchners, das schon etwas wahrscheinlicher klingt: »Ich fühle keinen Ekel, keinen Überdruß; aber ich bin müde, sehr müde. Der Herr schenke mir Ruhe!« (ebd. S. 304). Im Übrigen erinnert uns der Nachruf des politischen Emigranten vor allem *daran, daß im Vormärz christliche Haltung und revolutionäre Gesinnung noch keine Gegensätze waren:* »Ein Feind jeder töricht unbesonnenen Handlung, die zu keinem günstigen Erfolge führen konnte, haßte er [Büchner] doch jenen tatenlosen Liberalismus, der sich mit seinem Gewissen und seinem Volke durch leere Phrasen abzufinden sucht, und war zu jedem Schritte bereit, den ihm die Rücksicht auf das Wohl seines Volkes zu gebieten schien. So haben denn in gleicher Weise die Wissenschaft, die Kunst und das Vaterland seinen frühzeitigen Verlust zu beklagen. Dieses Vaterland hat er verlassen müssen, aber der Genius ist überall zu Hause« (ebd. S. 303).

* Unter den Abgrenzungen zwischen Büchner und der Moderne *(Brecht)* imponiert der Aufsatz von Luc *Lamberechts* (Zur Struktur von Büchners Woyzeck, in: Amsterdamer Beiträge zur neueren Germanistik, Bd. 1, 1972, S. 119–148), weil dieser zwar soweit wie möglich der Vorstellung zu entsprechen versucht, daß Büchner modern ist, und konkrete Indizien dafür geltend macht, aber zugleich genügend Gewissenhaftigkeit besitzt, um die wesentlichen Unterschiede zwischen Büchner und Brecht herauszustellen. Wir zitieren folgende Stelle auch, weil sie für den *Woyzeck* deutlich macht, daß die offene, ja fragmentarische Form der Tragödie durch Büchners außergewöhnliche sprachliche Bildkraft eingeschränkt wird: »Mit dem spezifischen Verfahren der metaphorischen Verklammerung erreicht Büchner jene Phase, in der die unkontrollierbaren Verkettungen im rein dramatisch-sprachlichen Bereich die strukturelle und handlungsvorantreibende Funktion der zwischenmenschlichen Auseinandersetzung als völlig[?] sekundär erscheinen lassen. Damit befindet er sich genau[?] an jenem Punkt, wo das Verfahren des sichtbar gewordenen Epikers im Drama... ansetzen wird« (128). »Anhand der metaphorischen Verklammerung stellten wir in Woyzeck eine Spannungsverlagerung vom *Ausgang* auf den *Gang* der Handlung fest. Diese Verschiebung antizipiert die Brechtsche dialektische Dramenform, die bekanntlich von der Spannung auf den *Gang* des Geschehens beherrscht wird. Dennoch setzt Brecht zur Verwirklichung dieses Gestaltungsprinzips nicht beim rein dramatisch-sprachlichen Bereich an, sondern bei einem übergreifenden dialektischen Verfahren. Ähnlich wie im offenen Drama kennzeichnen Fülle und Offenheit die Handlung in

»Die Dämonen fragen nicht nach Anstand und Gepflegtheit der Sitte...«

Die typischen Weltschmerz-Poeten (vgl. Bd. I, S. 222–238), zu denen Büchner, trotz seines Sozialismus, wenigstens am Rande gehört, fanden alle ein frühes Ende. Man hat daher nie so recht glauben wollen, daß Büchner nur am Typhus gestorben ist. Am beliebesten war wohl die Vermutung, es sei »ein subtiler Selbstmord durch Arbeit« gewesen, was eine Briefstelle vermuten läßt (vgl. S. 306). Diese Meinung ist sicher nicht ganz falsch; denn die Faulheitsmythologie in *Dantons Tod* und *Leonce und Lena* ist in einem rezeptiv und produktiv so dicht gefüllten Leben offensichtlich nur psychologische Kompensation, abgesehen davon, daß ja unter wissenschaftlichen Karriere-Gesichtspunkten Büchners Dichtung tatsächlich eine Frucht seines Leichtsinns war. Einen der tiefsten Beweise für Büchners gefährliche Offenheit enthält der Brief an seinen Mediziner-Freund Eugen Boeckel vom 1. 6. 1836: »Du siehst, der Zufall hat mir wieder aus der Klemme geholfen [er meint den Erfolg seiner biologischen Abhandlung], ich bin ihm überhaupt großen Dank schuldig und mein Leichtsinn, der im Grund genommen das unbegränzteste Gottvertrauen ist, hat dadurch wieder großen Zuwachs erhalten« (L II, S. 457). Diese sehr büchnersche Äußerung macht einen bewußten Selbstmord durch Arbeit unwahrscheinlich; diesem widerspricht auch der Genesungswille des Typhuskranken (L II, S. 464). Daß er aber, ohne jede Rücksicht auf seine Kräfte, sich in die doppelte Arbeit des Dichters und Dozenten hineingesteigert hat, schon um den wieder jäh aufbrechenden Jammer über die Trennung von Minna (L II, S. 463) zu übertäuben, und daß er sich dadurch so sehr schwächte, daß der Typhus, oder welche Krankheit es nun war, ein leichtes Spiel mit ihm hatte, erscheint mir wahrscheinlich. »Ich sitze am Tage mit dem Scalpell und die Nacht mit den Büchern« (an Wilhelm Büchner, Ende November 1836, L II, S. 463). Schon als Kranker am 20. 1. 1837 schreibt er an die Braut: »Das Mühlrad dreht sich als fort ohne Rast und Ruh... Heute und gestern gönne ich mir jedoch ein wenig Ruhe und lese nicht; morgen geht's wieder im alten Trab, du glaubst nicht, wie regelmäßig und ordentlich. Ich gehe fast so richtig, wie eine Schwarzwälder Uhr. Doch ist's gut: auf all das aufgeregte, geistige Leben Ruhe, und dabei die Freude am Schaffen meiner poetischen Produkte[!]. Der arme Shakespeare war Schreiber den Tag über und mußte Nachts dichten, und ich, der ich nicht werth bin, ihm die Schuhriemen zu lösen, hab's weit besser« (L II, S. 463). Schon lange vor Büchners Bekenntnis zum Leichtsinn und zum unbegrenztesten Gottvertrauen hatte ihn Freund Boeckel ernstlich ermahnt und ge-

---

rechts späten Stücken. In beiden Fällen ist nicht die absolute Folgeträchtigkeit, sondern das Wie des Handlungsfortschritts das Wichtigere: die jeweilige Situation wird auf alle ihre Aspekte hin ausgepeilt. Die Aufgabe der Kausalität einer geschlossenen Dramenform, die von jener der metaphorischen Verklammerung in *Woyzeck* ersetzt wurde, übernimmt jetzt der sichtbar gewordene Autor und sein neues Anliegen, die sich in *Mutter Courage und ihre Kinder* in den (epischen) Szenentiteln, im *Kaukasischen Kreidekreis* in der Gestalt des Sängers und seiner Musiker künstlerisch objektivieren. Gerade dem oft enthüllenden Kontrast zwischen diesen Gestaltungsmitteln und dem eigentlichen Geschehen entspringt die Möglichkeit zur beabsichtigten dialektischen Wirkung, die über das offene Drama als Ausgangssituation weit hinausgeht« (S. 137). Bei Vergleichen mit den eigentlichen Expressionisten ließen sich stärkere *sprachliche* Entsprechungen herstellen; aber von der im Mitleid sich äußernden Humanität Büchners bestünde meistens ein noch größerer Abstand als bei Brecht.

warnt: »Deine Mutter läßt Dir sagen Du sollst nicht oft[!] Nachts arbeiten u. ich fügmeine Bitte u. meinen wohlmeinenden ärztlichen Rath bey, allein ich fürchte vergebens
ferner sollst Du die Fechtstunde fortsetzen u. dies thue mir, Deiner Mutter, u. Deiner Gesundheit zu gefallen –« (16. 1. 1836 an Büchner, L II, S. 485). Boeckel behielt recht: e
war vergebens. Auch dem armen Büchner war nicht zu helfen. Gott half ihm so wenig wi
seinem Lenz oder seinem Woyzeck, trotz seines »unbegränztesten Gottvertrauens«
(s. o.). Nachdem er durch Zufall dem Tod in einem deutschen Gefängnis entronnen war
holte ihn der in solchen Fällen Unvermeidliche auf einem Umweg doch wieder ein. In die
ser unbändigen Produktivität, überhaupt in dieser radikalen Geistigkeit liegt Büchner
Dämonie, nicht in hybriden Träumen, nach Robespierres Vorbild ein Blutmessias z
werden. Das radikale Engagement als Dichter und Wissenschaftler zugleich schwächt
Büchners ohnehin schmale Lebenskraft und gab dem ihm wohlbekannten Schnitter To
in Gestalt einer Fieberkrankheit die Macht, die er sonst, bei so guter Behandlung (Schön
lein s. o.), über einen Dreiundzwanzigjährigen kaum gehabt hätte. Sicher wäre eine aus
führlichere Begründung meiner Auffassung von Büchners frühem Tod möglich; si
müßte die generelle Weltschmerzler-Konstitution einbeziehen. Ich begnüge mich mit die
sem knappen hypothetischen Hinweis. Die Vermutung, daß er sich zusätzlich durch »da
weiße Arsenik«, ein damals benütztes Aufputschmittel, ruinierte[118], widersprich
meiner Hypothese nicht.

Jetzt ist der arme, große Büchner zum Klassiker der Bundesrepublik Deutschland au
gestiegen. Die Hauptarbeit leistete dabei nicht die Germanistik, sondern die Darmstädte
Schriftstellerakademie, der es fast immer gelang, sich auf einen Preisträger mit eine
außergewöhnlichen Celebrität oder wenigstens Publizität zu einigen. Die Büchnerprei
träger huldigten dem Dichter, und, wie es in solchen Fällen zu gehen pflegt, die beste
Dichter verneigten sich am tiefsten vor dem Klassiker, weil sie am ehesten wußten, w
unerreichbar er war. *Gottfried Benn* 1951 über *Woyzeck:* »Schuld, Unschuld, Armselig
keit, Mord, Verwirrung sind die Geschehnisse. Aber wenn man es heute liest, hat es d
Ruhe eines Kornfeldes und kommt wie ein Volkslied mit dem Gram der Herzen und d
Trauer aller. Welche Macht ist über dieses dumpfe menschliche Material hinübergegai
gen und hat es so verwandelt und es bis heute so hinreißend erhalten? Wir rühren an d
Mysterium der Kunst, ihre Herkunft, ihr Leben unter den Fittichen der Dämonen. D
Dämonen fragen nicht nach Anstand und Gepflegtheit der Sitte, ihre schwer erbeute
Nahrung ist Tränen, Asphodelen und Blut. Sie machen Nachtflüge über alle irdische
Geborgenheiten, sie zerreißen Herzen, sie zerstören Glück und Gut. Sie verbinden m
dem Wahnsinn ... Wer ihnen ausgeliefert ist, ob 24 oder 60 Jahre, kennt die Züge ihr
roten Häupter, fühlt ihre Streiche, rechnet mit Verdammnis.«[119]*.

---

* An diese Büchner-Interpretation des kongenialen und, trotz längeren Lebens, auch weni
glücklichen Dichters möchte ich meine Antwort auf das Büchner-Buch *Wittowskis* (Georg Büchne
Persönlichkeit. Weltbild. Werk, Heidelberg 1978) anschließen. Da sich der deutsch-amerikanisch
Kollege immer wieder auf meine *Biedermeierzeit* bezieht, glaube ich ihm eine generelle Stellung
nahme zu schulden, über die bereits geübte Einzelkritik hinaus. Möglicherweise ist es auch ein
deutsche Antwort; denn der Verfasser scheint mir ungewöhnlich stark vom puritanisch-amerikan
schen Christentum beeinflußt zu sein. Was mir besonders auffällt, ist nämlich die »erbarmungslos

Paul Celan 1960: »Gibt es nicht, – so muß ich jetzt fragen –, gibt es nicht bei Georg Büchner, bei dem Dichter der Kreatur, eine vielleicht nur halblaute, vielleicht nur halb-

---

Härte« (S. 64), »der rabiate politische Moralismus« (S. 75), die »Eitelkeit auf der potenzierten Stufe« (S. 76), der »rabiate, mörderische Radikalismus« (S. 85), die »richterliche Härte« (S. 61), ja, das »Gesamtbild des richterlichen Idealisten« (S. 58), das Wittkowski bei dem jungen Dichter und Revolutionär findet, kurz *die fast uneingeschränkte sittlich-religiöse Verurteilung Büchners.* Die Dämonen hätten, um an Benns Wort anzuschließen, die Dichtung und die Revolution im Falle Büchners mit mehr »Anstand und Gepflegtheit der Sitte« betreiben sollen! Der eigentliche Grund für dieses Zerrbild liegt, wenn ich richtig sehe, in einer Hypothese, deren Begründung dem Verfasser trotz großer Mühe nicht gelingt. Ich betonte selbst, daß der *Dichter* die großen Führer der französischen Revolution in allem Ernst als *weltgeschichtliche* Figuren mit Jesus vergleicht, weil auch sie die Welt erlösen wollten, und daß er dabei zu dem Ergebnis kommt, daß es möglicherweise schwerer ist, schuldig zu handeln als unschuldig zu leiden. Ich fühle mich nicht dazu berufen, zu entscheiden, ob Wittkowskis Ableitung dieses Denkens aus der deutschen Philosophie, zumal aus der idealistischen, richtig ist; meiner Büchnerinterpretation als ganzer – vgl. die Abschnitte über den Naturwissenschaftler und den Sprachbildner – würde Wittkowskis geistesgeschichtliche These nicht unbedingt widersprechen. Dagegen widerspricht es völlig meinem biographischen Bild von Büchner, wenn diesem unterstellt wird, er identifiziere sich mit den großen Tatmenschen der Geschichte und beanspruche daher für sich den übermenschlichen Rang, den diese durch den Vergleich mit Jesus geltend machen. Richtig ist, daß Büchner niemals aufgehört hat, die Notwendigkeit der Revolution zu bejahen. Er hat aber mit der ihm eigenen Klarheit als ehemaliger revolutionärer *Praktiker* erkannt, daß die Zeit zur Revolution in Deutschland nicht reif ist und niemals reif wird, wenn es gelingt, die Unterschiede zwischen den Reichen und Armen zu mildern. Und mit der gleichen Klarheit lehnte er die publizistischen Angebote des halben Revolutionärs und halben Dichters Gutzkow ab, um sich ganz der Wissenschaft und Dichtung widmen zu können. Der Tod ereilte ihn auf dem *geistigen* Kampffelde, wenn er sich auf diesem auch mit der gleichen Leidenschaft betätigte wie auf dem der sozialen und politischen Verschwörung. Er hatte damit *frühzeitig* seine Bestimmung gefunden. Die »Welterlöser«, meine ich, sehen doch anders aus als dieser Dichter, *vor allem Dichter,* mit all seinen Schwächen der geistigen Eitelkeit, des genialen Hochmuts und vor allem, zu wenig betont, einer todbringenden Leidenschaftlichkeit. Die amerikanische Intelligenz hat uns nach dem Kriege nicht zuletzt unsern Tragismus vorgeworfen, mit Recht, soweit wir mit Nietzsche zwischen Gut und Böse nicht mehr unterschieden. Die anglo-amerikanische Politik hat den Vorzug, das Böse nur pragmatisch, *nicht prinzipiell* im Kampfe der Völker, Klassen und Rassen geübt zu haben. Möglicherweise vergaß man darüber da und dort, daß es nach alter Lehre auch eine *tragische* Schuld gibt. Diese wollte Büchner ganz offensichtlich für die Führer der Französischen Revolution geltend machen und, vielleicht auch, ein klein wenig, für sich, den Studentenrevolutionär, der, im Unterschied zu Danton und Robespierre, nicht Geschichte gemacht, aber schon durch den bloßen Versuch, Unruhe zu stiften, viel Leid für die Gefährten mitverantwortet und diese Schuld niemals vergessen hatte. Büchner gefährdete sich und andere durch das, was in der biedermeierlichen Sprache »Leichtsinn« hieß. Aber darf man den Leichtsinn eines so früh gestorbenen Genies mit so viel »richterlicher Härte« (s. o.) treffen? Es war sicher ganz gut, wenn Wittkowski *den sentimental-christlichen Mythos vom mitleidigen Büchner zu zerstören versuchte,* wenn er dem Büchnerbild die Schärfe des radikalen Revolutionärs – bis vor kurzem selbstverständlich – zurückgeben wollte. Ebenso sicher aber ließ er es an dem Respekt fehlen, den der so junge tragische Dichter und sein tragisches Schicksal verdienen. Leichtsinn? Büchner entschuldigt ihn, mit einer ironischen Metapher, als Gottvertrauen (s. o. S. 327). Wenn wir, weniger biedermeierlich, von seiner *Unbedingtheit* sprechen, so erkennen wir darin einen Zug, der wohl jedem Genie in der Jugend eigen ist und ihm, ohne besonderes Glück, immer zum Verhängnis werden kann. Es ist öfters erwähnt worden, daß Büchner einer langlebigen Familie angehörte. Sein jüngster Bruder z. B., Alexander, starb 1904; er hatte keine so gefährliche Laufbahn eingeschlagen: er war Universitätsprofessor für Literaturgeschichte (Ernst *Johann,* Georg Büchner in Selbstzeugnissen und Bilddokumenten, Hamburg [11]1975, S. 13).

329

bewußte, aber darum nicht minder radikale – oder gerade deshalb im eigentlichsten Sinne radikale In-Frage-Stellung der Kunst, eine In-Frage-Stellung aus dieser Richtung Eine In-Frage-Stellung, zu der alle heutige Dichtung zurück muß, wenn sie weiterfragen will? Mit anderen, einiges überspringenden Worten: Dürfen wir, wie es jetzt vielerorts geschieht, von der Kunst als von einem Vorgegebenen und unbedingt Vorauszusetzenden ausgehen, sollen wir, um es ganz konkret auszudrücken, vor allem – sagen wir – Mallarmé konsequent zu Ende denken?«[120]. *Günter Eich* 1959: Nach der Feststellung, daß Büchner nicht zu den »Klassikern im Bücherschrank« gehört und daß »nicht jeder Abiturient... seinen Namen« kennt – diese Feststellung ist heute überholt! – kommt Eich, im Widerspruch wohl zu Erich Kästners Büchner-Rede (1957), die der modernistischen Interpretation zuneigt, uns Historikern zu Hilfe: »Obwohl doch nie ein Zweifel an Büchners poetischer Kraft bestand, hat seine Produktion offenbar ein Unbehagen hervorgerufen, eine Abwehrreaktion, und als geringstes eine liebevolle Ratlosigkeit, zu seinen Lebzeiten wie in seinem Nachruhm. Die Ratlosigkeit beginnt schon bei seinem unbezweifelbaren Geburtsjahr, bei der Frage, ob er in seiner Zeit nicht fehl am Platze sei und sechzig Jahre zu spät [früh] geboren. Ein hübscher Komödienstoff, aber ich würde doch sagen, daß Heine und Nestroy ausreichend für Büchners Zeitgenossenschaft bürgen«[121]. »Ratlosigkeit« erzeugte nicht etwa nur Büchners Sozialismus oder seine religiöse Skepsis, sondern noch mehr sein freier Umgang mit der Sexualität. Als ich wenige Jahre vor Günter Eichs Büchner-Preisrede vor Studienräten und Studienrätinnen in Kassel einen Vortrag hielt, Büchner schon als Klassiker einstufend, entbrannte eine heftige Diskussion darüber, ob sich seine Dichtung zur Schullektüre eigne oder nicht – im sozialdemokratischen Hessen.

Warnung vor politischem Büchner-Mißbrauch

Das Problem ist auch heute nicht so einfach. Ob man Klassiker als Beruhigungsmittel benützt oder als Agitationsmittel (Heinrich Böll s. o.), – es ist immer ein Mißbrauch; denn die eigene politische Meinung soll man persönlich äußern, nicht durch Usurpation eines Dichters, der allen gehört. Es ist völlig abwegig, die Bundesrepublik mit dem Metternichschen Mitteleuropa zu vergleichen. Es ist die Pflicht des Historikers, dies zu sagen, und Golo Mann, ein Jahr nach Böll Büchnerpreisträger (1968), hat es, zur Ehre der Darmstädter Akademie, getan, wenn auch in der gebotenen diplomatischen Form: »Ist sein Leben exemplarisch in dem Sinn, daß man den jungen Leuten von heute empfehlen sollte es nachzuahmen? Kaum. Ich kann ja jungen Revolutionären nicht raten, sich aufs Dichten zu verlegen; ich kann ihnen auch nicht raten, im politischen Kampf so schnell zu resignieren wie er. Ihn zu lesen würde ich ihnen allerdings raten. Aus einer Erfahrung, so intensiv und aus dem Grunde redlich wie der Erfahrung Büchners lernt man, obgleich nicht genau zu sagen ist, was. Man lernt, sich menschlicher Wirklichkeit näher zu denken«[122]. Diese Funktion übt der Dichter bereits als Klassiker der westdeutschen Jugend aus. Aber die Frage bleibt, ob die Erfahrung eines so kurzen Lebens zur Klassikerfunktion ausreicht. Es ist jedenfalls völliger Unsinn, Büchner gegen Goethe auszuspielen

denn die Erfahrung eines langen, verantwortungsreichen Lebens und die in ihm errun-
gene »Weltfrömmigkeit« kann durch keine dichterische Genialität ersetzt werden. Es ist
ganz selbstverständlich: Büchner wäre auch heute ungeduldig und damit radikal. Er repräsentiert klassisch den Typ des Studentenrevolutionärs. Es ist aber ein Unterschied, ob
ein Student aus Büchner ein Bömbchen bastelt oder ob ein, wie man annehmen sollte,
ziemlich ausgewachsener literarischer Repräsentant der Bundesrepublik eine Riesen-
bombe zur Explosion bringt. Das ist ein böses Beispiel – mit völlig *unabsehbarer* und sicher ungewollter Wirkung.

Hermann Bräuning-Oktavio warnt davor, über Büchners genialer Leistung seine Opfer zu vergessen. In Büchners Flucht und in seinem Schweigen über den Grund dieser
Flucht sieht er eine »schwere Schuld«[123]. Ich sage nichts gegen diese Meinung und
füge nur hinzu, daß Büchner selbst sein leichtsinniges Revolutionsspiel nicht viel anders
gesehen haben dürfte. In der kleinen Biographie des Bruders lesen wir: »Minnigerode's
Name erscheint oft in Büchner's Briefen, und sein Schicksal schmerzte ihn um so tiefer,
als er eine gewisse Mitschuld an seinem gräßlichen Unglücke zu tragen glaubte«[124].
Elias Canetti meint sogar: »Nichts geht ihm [Büchner] näher, nichts interessiert ihn
mehr«[125]. Hier erscheint die von Golo Mann gerühmte Erfahrung Büchners reflektiert: in der Form der Reue. Minnigerode wurde beim Transport von Exemplaren des
Hessischen Landboten erwischt, seinem Schweigen verdankte Büchner die Freiheit, und
er wußte jetzt, wie im Grunde schon vorher (vgl. Brief vom Juni 1833, L II, S. 418), daß er
subjektiv und objektiv *zu früh* revolutionäre Verantwortung übernommen hatte. Auch
Mitglieder seiner beiden Gesellschaften (Gießen und Darmstadt) saßen in den Gefängnis-
sen. Glücklicherweise nahm man in der Biedermeierzeit so junge Menschen nicht ernster,
als sie es verdienten; Minnigerode wurde später freigelassen. Der gefangene Rektor Weidig (geb. 1791) trug wohl in den Augen des Gerichts die Hauptverantwortung. Er war
durch den stilistischen Elan des Dichters, weit über seine liberalsoziale Überzeugung hinaus, nach links gezogen worden und mußte dafür büßen (Tod im Gefängnis 1837). Die in
Büchners Briefen spürbare Reue ist ein Teil seiner Humanität und vielleicht doch auch *ein
Zeugnis für den Geist der Epoche, die politische und private Schuld nicht säuberlich voneinander trennte.* Büchner ließ, im Gegensatz zu den mit den Junghegelianern einsetzenden politischen Richtungen, die *Leiden der Einzelmenschen* niemals aus den Augen. Wer
ihn ohne seine Humanität politisch benutzt, mißbraucht ihn. Diese Reflexion zum Umgang mit dem neuen Klassiker mag manchem Leser überflüssig erscheinen; denn sie überschreitet den Auftrag, den die Geschichte ihrem Interpreten traditionsgemäß erteilt. Ich
hielt sie dennoch für notwendig, weil ja auch das Wort Klassiker nichts anderes bedeutet
oder wenigstens hier bedeuten soll, als daß ein Dichter zu einer bleibenden und das heißt
zu einer übergeschichtlichen Größe geworden ist und, als ein Teil unserer Kultur und Bildung, durch die Jahrhunderte *weiterlebt*. Unsere Wissenschaft weiß heute, daß in solchen
Fällen die Wirkung eines Dichters – heilsam oder zerstörend – so wichtig ist wie sein geschichtliches Bild.

FRIEDRICH HEBBEL (1813–1863)

Zur Klärung des umstrittenen Hebbelbildes

In der Einleitung zu seinem Hebbelessay in dem von Benno von Wiese herausgegebe nen Sammelband *Deutsche Dichter des 19. Jahrhunderts* (Berlin 1969, 2. Aufl. 1978 macht Helmut Kreuzer, nach einem Rückblick auf die bisherige Hebbelwirkung, darau aufmerksam, daß der Streit um den Dichter unvermeidlich erscheint: »Es ist offenba schwer, Hebbel gelassen und rein literarisch zu würdigen, und anscheinend bislang un möglich, ein Urteil über ihn abzugeben, das nicht entweder selber ambivalent oder kon tradiktorisch auf ein anderes zu beziehen ist. Er reizt mehr als andere deutsche Künstle seiner Generation (Richard Wagner ausgenommen) zu einer subjektiv-persönlichen, of pathetisch-emotionell oder moralisch gefärbten Rezeption, und er verführt den Kritike (Freunde wie Gegner) dazu, mit ihm zu rechten und mit anderen über ihn zu streiten Darin bezeugt sich eine eigentümliche Kraft seines Werkes, das abweisend spröde anmu tet und doch nie zum Gegenstand unbetroffener, einmütig konventionalisierter Pietä geworden, sondern einer Schicht von Kennern im literarischen Leben Anlaß der Partei ung, Gegenstand der Auseinandersetzung geblieben ist und sich (wie neuerdings auf den Bildschirm) auch auf der Bühne, ohne sie je triumphal erobert zu haben, hartnäckig be hauptet«[1]. Man kann hinzufügen, daß nicht nur Richard Wagner, sondern auch an dere um 1800 geborene Dichter die literarische Kritik zur Überschätzung oder zur Unter schätzung herausgefordert haben. Ich nenne nur Heine, Nestroy, Grabbe und auf de konservativen Seite Stifter, Gotthelf, Mörike. Die Biedermeierzeit ist nicht mehr verach tet, sondern sie erscheint heute als eine der interessantesten deutschen Literaturperioden aber die Spannung zwischen Restauration und Revolution, die sie aktuell macht, förder auch den Streit um ihre Dichter. Hebbel, der diese Spannung dialektisch auflösen wollte hat nicht die erstrebte Allgemeingültigkeit erreicht, sondern erregt schon dadurch Wider spruch, daß er, jeweils mit guten Gründen, eher konservativ oder eher revolutionär inter pretiert werden kann.

Die existentialistisch-philosophische Deutung, deren Pioniere Klaus Ziegler und Ger hard Fricke waren, der aber auch Benno von Wiese mit Vorsicht zuneigte, führte zu ei nem verständlichen Mißtrauen gegenüber den traditionellen Bestandteilen von Hebbel Weltbild und Dichtung. Man wollte ihm die Orientierung am idealistischen oder ga idealistisch-christlichen Weltbild, das viele Äußerungen nahelegen, und die Fortsetzun der überlieferten Tragödie mit neuen Mitteln nicht recht abnehmen, obwohl doch Heb bels Berufung auf Schiller, Goethe, Tieck, Lessing, ja sogar auf die klassische Tragödi der Franzosen, empirisch nicht bestritten werden kann. Bei dieser Übernahme histori scher Schichten und Traditionen, so dachte man, mußte ein Dichter, der schon so spürba nihilistische Züge trug, doch wohl von Mißverständnissen geleitet gewesen sein. Noch in dem von Helmut Kreuzer herausgegebenen Jubiläumsband *Hebbel in neuer Sicht* (Stuttgart 1963) sieht Klaus Ziegler den Dichter in der Nähe von Nietzsche, – wenn er auch die idealistischen Restbestände in Hebbel nicht mehr bestreitet *(Wandlungen des Tragischen)*. Im gleichen Bande finden wir eine sehr streitbare traditionalistische Hebbel-Interpretation Wolfgang Liepes *(Zum Problem der Schuld bei Hebbel)*. Sie kann als eine Zusammenfassung der gründlichen Hebbelstudien gelten, in denen der aus der Emigration heimgekehrte, von der angelsächsischen Germanistik geprägte Philologe die Modernisierung des Dichters, besonders die Vorstellung von einem nihilistischen Hebbel, entschieden bekämpfte*.

Verständlich ist, daß die Hebbelforschung von der Voraussetzung auszugehen pflegt, daß der Dichter, trotz einer gewissen Entwicklung, ähnlich wie Heine, Grabbe, Gotthelf, Nestroy usw. eine einheitliche und daher auch *einheitlich interpretierbare Größe* bildet. Gibt es einen Dichter jener Zeit, in dem der »Charakter«, die Individualität, das eigentümliche Genie deutlicher, ja schroffer hervortritt? Hebbels Eigen-Sinn ist nicht zu leugnen, und dieser eckige Charakter ist gewiß auch einer der Gründe, weshalb die Hebbelleser und -forscher mit Antipathie oder Sympathie auf seine kühnen, seltsamen, manchmal sogar pikanten Dichtungen reagieren. Trotz dieses Umstandes erscheint es mir wahrscheinlich, daß eine genauere Beachtung von Hebbels Entwicklung den Streit um ihn entschärfen könnte. Soviel ich sehe, läßt sich Zieglers Interpretation eher mit frühen, Liepes Standpunkt leichter mit späten Zeugnissen des Dichters stützen. Hebbel war ehrgeizig genug, um stets das Vorbild der Klassiker vor Augen zu haben. Schon nach der *Maria Magdalene,* in Hebbels 33. Lebensjahr, schrieb Felix Bamberg in seiner leidenschaftlich für die Tragödien des Freundes werbenden Schrift (*Ueber den Einfluß der Weltzustände auf die Richtung der Kunst, und über die Werke Friedrich Hebbel's,* Hamburg 1846): »Nach Schiller und Göthe, schrieb *Friedrich Hebbel* die bedeutendsten deutschen Dramen«[2]. Es war gewiß auch im Sinne Hebbels, wenn Bamberg feststellte, daß »die Pfuscher in der Kunst von äußeren Verhältnissen wohl noch nie so begünstigt« wurden »als jetzt« und »der Journalismus dem Fälscher« neuerdings eine »außerordentliche Macht... in die Hände giebt«, daß gleichwohl die großen dramatischen Vorgänger »in ihren Werken den Maßstab für spätere Leistungen gegeben« haben[3]. Auch andere Dramatiker der Zeit beanspruchten, die Erben Goethes und Schillers zu sein, mit dem größten Recht wohl Grillparzer. Wieder andere versuchten wenigstens, sich an den Klassikern zu orientieren und ihre Entwicklung vom Sturm und Drang zur Klassik nachzu-

---

* Ich finde es ein wenig beschämend – es ist das Kennzeichen einer allzu deutschen Philologie –, wenn man heute noch ausführlich nachweisen muß, daß Hebbels Äußerungen zu seinem Werk nicht immer verlogen, polemisch oder sonst sachfremd, sondern auch eine *unentbehrliche Interpretationshilfe* sind (Ulrich Henry *Gerlach,* Hebbel as a critic of his own works, Göppingen 1972, S. 205, 203, 199). Hebbel ist doch auch eine publizistische und kritische Begabung. Seine Rezensionen füllen in der historisch-kritischen Ausgabe zweieinhalb Bände. Schon die Urteile über die Werke *anderer* Dichter sind für die Hebbelinterpretation, zumal in literar*historischer* Hinsicht, unentbehrlich. Wenn im übrigen solche Arbeiten wie die Gerlachs als Beiträge zu der in der neueren Germanistik unterentwickelten *Quellenkritik* aufgefaßt und ausgewertet werden, haben sie eine nützliche, in die Zukunft weisende Funktion.

Friedrich Hebbel

ahmen. In diesem erstaunlichen Bestreben liegt die Bedeutung von Grabbes Schrift gegen die Shakespearomanie (vgl. o. S. 159 f.). Dieser unglückliche Dichter hatte nicht die Geduld und die Lebenskraft, um das Ziel zu erreichen und, entsprechend seinem Traume, ein würdiger Nachfolger Schillers zu werden. Grillparzer andrerseits wurde am Anfang seiner Laufbahn von der konservativen Theaterkultur Österreichs getragen, so daß eine stetige Entwicklung gewährleistet war und es nicht eines besonderen Entschlusses bedurfte, um den Anschluß an die Klassik zu finden. *Hebbel war der einzige unter den großen Dramatikern der Zeit, der sich mit Riesenkraft aus dem Nihilismus und der Prosa seiner Frühzeit herausarbeitete und dem es so in einer ganz persönlichen Entwicklung gelang, das Erbe der Klassik weiterzuführen.*

Solange die Klassik für die Deutschen eine verbindliche Größe war, wurde Hebbels Entwicklung positiv beurteilt, als ein sittlicher und gleichzeitig künstlerischer Fortschritt. Als das Ansehen Goethes und Schillers zu wanken begann und es, unter dem Einfluß der Kleist- und Hölderlinverehrer, schien, als ob dies Erbe der Nation nur noch durch Neuinterpretation zu erhalten sei, griffen die erwähnten Forscher zum Existentialismus. Nun erschien Hebbels Orientierung an der klassizistischen und idealistischen Tradition, zumal seine Anlehnung an die hegelianische Ästhetik, Rechts- und Geschichtsphilosophie, die die späten Tragödien prägte, eher als eine Verfälschung des ursprünglichen Ansatzes. Heute, da unter englisch-amerikanischem Einfluß das liberale Christentum stark geworden und der Nihilismus aus der Mode gekommen ist, neigt unsere allzu zeitgebundene Wissenschaft eher dazu, die Kühnheit seines jugendlichen Ansatzes und die nicht zu überwindenden dunklen Hintergründe seiner Dichtung zu verharmlosen. Symptomatisch erscheinen mir dafür die letzten Worte des an sich sympathischen und philologisch gediegenen Buches von Mary Garland (*Hebbel's prose tragedies, an investigation of the aesthetic aspect of Hebbel's dramatic language,* Cambridge 1973): »As a dramatic writer, he had no greater wish [!] than to rejuvenate the ›word of the evangelist‹ that ever from Hell there was a way to God« [4]. Gewiß, er hat sich später *auch* als Bußprediger gesehen, und Mary Garland wendet kurz zuvor mit Recht eine bescheidene, klassische, Goethes wie auch Englands Weisheit kennzeichnende Wahrheit auf Hebbel an: »Man spricht immer von Originalität, allein was will das sagen! Sowie wir geboren werden, fängt die Welt an, auf uns zu wirken, und das geht so fort bis ans Ende« [5]. Was diese Äußerung Goethes mit Hebbels Weltanschauung verbindet, ist der gewaltige Respekt vor der Welt, vor dem »Ganzen«. Aber der junge, aus kleinbürgerlichen Verhältnissen stammende, die »Enge« der Dithmarschen stolz hinter sich zurücklassende Dichter war noch nicht so reif, daß er seine Originalität relativieren konnte. Er fühlte sich ganz einzigartig, gewaltig, grandios, ein Genius, hoch über dem literarischen Gewimmel der Biedermeierzeit; und es ist auch wahr, daß seine Jugendtragödien wie ein Meteor vor der vielen theatralischen Sternlein der 1840er Jahre standen und den Zeitgenossen grauenerregend, empörend oder jedenfalls schrecklich-schön erschienen. Diese sogleich zum Streit herausfordernde, blendende und erregende *Außergewöhnlichkeit* der frühen Dramen empfindet gerade der Literarhistoriker lebhaft nach, der das letzte Jahrzehnt vor der Märzrevolution und die Dramen Gutzkows, Laubes, Raupachs genauer kennt. Auch die Forschung wird nicht umhin können, die zwei Phasen seiner Entwicklung wieder sorgfältiger zu beachten. Hebbel gehört, wie sein ebenso aus der Tiefe des Volks stammender, von ihm verachteter, aber als Dichter eher noch stärkerer Antipode Stifter, zu den wenigen bedeutenden Autoren der Biedermeierzeit, die nicht frühzeitig starben oder angesichts der gewalttätigen realistischen Kritik verstummten, sondern *schaffend* den tiefen Einschnitt von 1848 überschritten und ein spätes Werk vollendeten. Hebbels umstrittene Abwendung von seinem vormärzlichen, eher revolutionären Ansatz entspricht dem allgemeinen Ausgleich zwischen Restauration und Revolution, der sich im Nachmärz vollzieht (vgl. Bd. I, S. 269 f.), findet aber ihre lebensgeschichtliche Stütze in der Übersiedlung nach Wien und in der Heirat mit der Burgtheaterschauspielerin Christine Enghaus (1846). Die konservative Wende des Dichters hat politische und biographische, aber auch innerliterarische Gründe (s. u.). Ich würde nicht so weit gehen wie Werner Kohlschmidt, der in seiner sonst so besonnenen Literaturgeschichte Grillparzer und Hebbel zusammen unter der Überschrift »Höhepunkte des Wiener Theaters« behandelt [6]; denn das Burgtheater unter der Leitung von Laube war ja gerade *der* Teil von Wien, über den sich Hebbel mit Recht am bittersten beklagte. In Kohlschmidts Sicht wirkt wohl noch die frühere Überbetonung der »klassischen« Spätphase nach. Aber die Übersiedlung des schroffen Norddeutschen in die ihm wesensfremde Kaiserstadt markiert nur am schärfsten den Anpassungswillen des reifen Hebbel; und jeder, der den Lebenslauf des ehrgeizigen Dichters z. B. mit dem des ebenso ehrgeizigen Grabbe vergleicht, wird diese Einordnung nicht ohne weiteres negativ bewerten. Sie war, um ein Lieblingswort des Dichters zu gebrauchen, eine Notwendigkeit, wenn er überhaupt weiterleben und weiterschaffen wollte. *Man wird daher der geschichtlichen Wahrheit und indirekt auch der überzeitlichen Gültigkeit von Hebbels Dramen am nächsten kommen, wenn man die Vorwiener und die Wiener Periode seiner Dramatik gebührend voneinander trennt, ohne das Spätwerk gegen das Frühwerk auszuspielen oder umgekehrt.* Die späten Tragödien wirkten nicht mehr so sensationell wie die frühen. Aber was sie an kühner, aufreizender Originalität verloren, das gewannen sie an Meisterschaft und positivem Gehalt. Es ist schon zu begrüßen, wenn die Hebbelforschung mehr und mehr die Distanz des Dichters vom Realismus, ja geradezu seinen *Kampf gegen den Realismus* klar erkennt; aber wenn man gleichzeitig meint, in seinem kompromißlosen Pessimismus liege seine Modernität, so fällt man damit wieder in die existentialistische Forschung zurück*.

Der Pessimismus ist weder ein Fortschritt noch ein besonderes Kennzeichen der Moderne. Man verkennt in der Hebbelforschung oft die historische Tatsache, daß der »Wertherismus« oder »Byronismus« *die* seelengeschichtliche und weltanschauliche

---

* »It is in this uncompromising pessimism that Hebbel abandons the secure realms of nineteenth century idealism and enters the chillier moral atmosphere of our own century« (David *Heald,* Hebbel's Conception of Realism, in: NGS Jg. 1, 1973, H. 1, S. 26). Ich kenne keine sichern Bereiche des Idealismus im 19. Jahrhundert; aber vielleicht ist der Satz nur ein schöner Schluß, den mein Vorwurf nicht treffen kann. Jedenfalls verdient Healds Aufsatz eine Hervorhebung, weil er wohl das gesamte Material zu dem meist oberflächlich behandelten Problem Hebbel und der Realismus darbietet und, abgesehen von dem schönen Schluß, zu dem wohlbelegten Ergebnis kommt, daß die übliche Vorstellung von einem realistischen Hebbel falsch ist, weil der Dichter den Realismus ebenso wie den Idealismus ablehnt und ausdrücklich, ja geradezu programmatisch eine Vermittlung der beiden Weltanschauungs- und Stilrichtungen anstrebt (vgl. u. S. 360).

Größe war, die man nach 1848 denkend, dichtend und handelnd überwinden wollte (vgl. Bd. I, S. 286 f.). Dieser damals neue »Positivismus«, meine ich, könnte auch heute wieder moderner sein als die aus einem verfallenden oder pervertierten Christentum stammende Weltangst der meisten Expressionisten und Existentialisten; er ist es schon in manchen Ländern. Daß solche positiven Wendungen auch auf Illusionen beruhen können, sei nicht bestritten. Insofern bleibt Klaus Zieglers Kritik an der Versöhnungstheorie des späten Hebbel beachtenswert. Persönlich bin ich der Meinung, daß manches an der Überwindung des nihilistischen Tragismus, die der Dichter in seiner Spätzeit auf goetheanischer und hegelianischer Grundlage zu leisten versuchte, auch heute noch als eine Lösung moderner Probleme verstanden werden kann. Es gibt eine Schicht beim späten Hebbel, die seine Dichtung sogar überschreitet und fast als eine nur kompensatorische »utopische« Aufhebung seines jugendlichen Pantragismus beurteilt werden kann. Ich denke etwa an den Bericht über die Berliner Reise von 1851. Da sagt er im Anschluß an eine Schwärmerei seines alten Freundes Cornelius vom »neuen Jerusalem«, der Maler meine es nicht wörtlich, mythologisch, sondern symbolisch: »Er hält nur die Zuversicht auf eine endliche Ausgleichung der Verwirrungen fest, die bis jetzt fast ausschließlich den Inhalt der Geschichte ausmachen [!], und diese theile ich mit ihm« [7]. Solche *Hoffnung* « – Cornelius nennt diese christlich-idealistische Idee »eine große männliche Tugend« – kann man naiv fortschrittsgläubig nennen und als eine bloße Säkularisation der christlichen Eschatologie ablehnen. Doch gibt es in diesem Reisebericht noch ernsthaftere, konkretere Prophezeiungen. So folgert der Dichter z. B. aus der Tatsache, daß die Eisenbahn auch für die ärmere Bevölkerung Obst zu einem erschwinglichen Preise auf den Berliner Markt geführt hat, richtig, daß später einmal »die Erdtheile sich die Hände reichen« und ihre Waren austauschen werden [8]. Solche Zukunftsvisionen erinnern an die bekannte optimistische Prognose in Stifters *Nachsommer* und müssen bei Hebbel betont werden, wenn man seine Gesamterscheinung nicht allzusehr verfinstern will. Es versteht sich aber, daß die späten Tragödien, als der Kern seiner Dichtung, eine so wohlgemute Art von Zukunftsgläubigkeit nicht kennen. Diese ist wohl ein Ausdruck der ersten Gründerzeit, die 1851 in Berlin schon zu spüren war. Die später immer wiederkehrenden industriellen Gründerzeiten erneuerten und bestätigten, wie die früheren, bei vielen Völkern die menschliche Hoffnung. Trotzdem wurden die *tragischen Möglichkeiten der Geschichte,* die Hebbels Drama von Anfang bis Ende zeigt, durch die industriellen und sozialen Fortschritte nicht widerlegt, sondern erschienen noch in einem schärferen Lichte. In diesem Sinn, wegen des gleichzeitigen Erfassens des geschichtlichen Fortschritts *und* der katastrophalen Möglichkeiten im Übergang, ist Hebbels Spätwerk vielleicht doch gültig geblieben. Auch die oft getadelte Abstraktion, die durch das geschichtliche Problembewußtsein des Dichters *unvermeidlich* wurde und das Verständnis seiner Tragödien erschwerte, weist nicht nur zurück (Frühromantik, Goethes *Faust* usw.), sondern kann auch als ein Hinweis auf Hebbels Modernität verstanden werden. Die Didaktik des sozialistischen Theaters ist jedenfalls kein Gegenbeweis, so wenig wie die ergötzliche Mimik des Absurden. Es gibt Dichter, die ihre Aufgabe nur erfüllen, *wenn sie es sich schwer machen.* Das bezeugt uns in jener Zeit auch der späte Grillparzer, trotz seiner österreichischen Herkunft.

Individualgeschichtliche Voraussetzungen

Damit ist schon angedeutet, daß man den Dithmarschen Hebbel nicht überbetonen sollte, obwohl er es im Zuge des zeitgenössischen Nordismus und Germanismus gelegentlich selbst getan hat. Er suchte für seine überall bekannte Schroffheit eine überindividuelle Begründung, und da kam ihm die holsteinisch-provinzielle gerade recht. Wichtiger ist, wie überall in der Biedermeierzeit, die provinzialistische Herkunft als solche. Sie erklärt seine *Anpassungsschwierigkeiten* in den Hauptstädten Kopenhagen, Paris, Rom und schließlich Wien. Aber schon die Aufzählung dieser Metropolen verweist auf das, was wichtiger ist und was der Dichter, im Gegensatz etwa zu Grabbe, durch kein falsches Geniebewußtsein zerstörte, sondern mit hellem Verstande und bewunderungswürdiger Konsequenz verfolgte, auf Hebbels Universalismus. Man darf annehmen, daß das jede moderne Partikularität (Partei, Rasse, Nation) transzendierende allgemeinmenschliche Erbe, das er später mit so großer Energie ergriff, von vornherein dadurch in ihm gefördert wurde, daß er in einem zweisprachigen Staate aufwuchs. Man muß sich das Dänemark vor dem deutsch-dänischen Krieg von 1864 – ein anderes erlebte er († 1863) nicht mehr – wohl fast so vorstellen wie die heutige Schweiz. Man brachte Opfer für die deutsche Bevölkerung, wie die heutigen Deutschschweizer großen Wert legen auf ein gutes Zusammenleben mit dem »welschen« Teil des Vaterlandes. Hebbel wies sich bis zuletzt mit einem dänischen Paß aus; dieser war ihm sogar wichtig, wahrscheinlich deshalb, weil er ihm im Gebiet des Deutschen Bundes eine gewisse Unabhängigkeit gab und der ihm wesensgemäßen Distanz, ja Fremdheit entsprach. Man hat daher, wie mir scheint, Hebbels dänische Staatsbürgerschaft neuerdings mit Recht hervorgehoben*[9].

Neben der stolzen dithmarsischen Abstammung bildet die Herkunft aus einem wenig gebildeten Elternhause einen festen Bestandteil des traditionellen Hebbelbildes. Damit ist, wie bei Grabbe und Stifter, eine wichtige sozialgeschichtliche Voraussetzung seiner individuellen Entwicklung erfaßt. Nur sollte man in diesem Zusammenhang den oft gebrauchten Begriff einer proletarischen Herkunft vermeiden, denn er hält einer näheren Nachprüfung nicht stand[10]. »Mein Vater besaß zur Zeit meiner Geburt ein kleines Haus, an das ein Gärtchen stieß, in welchem sich einige Fruchtbäume, namentlich ein sehr ergiebiger Birnbaum, befanden. In dem Hause waren drei Wohnungen, deren freundlichste und geräumigste wir einnahmen; ihr Hauptvorzug bestand darin, daß sie gegen die Sonnen-Seite lag.« Mit diesen Worten beginnen die *Aufzeichnungen aus meinem Leben* (1854), die Hebbel in seiner Wiener Zeit geschrieben hat und die eher als seine oft unreifen Erzählungen gelesen zu werden verdienen. Wenn schon in diesem relativ begünstigten kleinbürgerlichen Teil seines Lebens der Hunger anklopfte, z.B. im Winter, wenn der Maurer Hebbel keine Arbeit hatte, so entsprach dies den allgemeinen wirtschafts- und sozialgeschichtlichen Gegebenheiten der Biedermeierzeit (vgl. Bd. I, S. 14). Die biedermeierliche Entsagung war schlichte Notwendigkeit; besonders der Typ der en-

---

* »Bei meinem Sohn handelt sich's um eine bloße Formalität. Er ist in Wien geboren, aber kein Oesterreicher, da ich selbst hier auf meinen Dänischen Paß lebe und *leben will;* kann also auch keinen Oesterreichischen Heimathsschein präsentiren« (an Julius Campe 12. 2. 1863, also in seinem Todesjahr).

gelhaft hungernden Mutter reicht tief ins Bürgertum hinein, und so war es auch im Vaterhaus Hebbels: »Daß ich in frühster Kindheit wirklich gehungert hätte, wie später, erinn're ich nicht, wohl aber, daß die Mutter sich zuweilen mit dem Zusehen begnügen mußte und gern begnügte...« Dem Kind Hebbel gefiel ein bankrotter Maurermeister, der im Haus zur Miete wohnte, besser als der strenge Vater, der diese kleinbürgerliche Existenz aufrechtzuerhalten versuchte. Aber der seine Geschichte erzählende Dichter betont ausdrücklich das Glück dieser geborgenen Frühzeit in der Tiefe des Volkes: »Der Hauptreiz der Kindheit beruht darauf, daß Alles, bis zu den Hausthieren herab, freundlich und wohlwollend gegen sie ist, denn daraus entspringt ein Gefühl der Sicherheit, das bei dem ersten Schritt in die feindselige Welt hinaus entweicht und nie zurückkehrt. Besonders in den unteren Ständen ist dies der Fall.« Symbol für diese Geborgenheit ist dem Dichter der nahrhafte Birnbaum, der ihm Überlegenheit gegenüber den noch ärmeren Kameraden gibt und sogar die Tante in der Kinderschule gnädig stimmt. Diese Kinderidylle wird schon in der Zeit zerstört, als der kleine Hebbel die Elementarschule bezieht. Der Vater verliert durch die Einlösung einer Bürgschaft, die er früher geleistet hat, das Haus, so daß die Familie in eine Mietwohnung ziehen muß. Der Dichter weiß sehr genau, daß ein deklassierter Kleinbürger etwas anderes ist als ein Proletarier: »Die Unteren rächen sich dafür an ihm, daß er sie einst überragt hat.« »Ich war, ohne es selbst zu wissen, bis dahin ein kleiner Aristocrat gewesen und hatte nun aufgehört, es zu sein.« Nun beginnt die Zeit, in der er sich, zunächst durch tüchtiges Raufen, seiner Haut wehren muß. Der Dichter heroisiert den Vater nicht. Dieser setzte, im Unterschied zum Meister Anton in *Maria Magdalene,* nicht in einer Anwandlung von unstandesgemäßem Edelmut das Schicksal der Familie aufs Spiel, sondern ein Teufel von Krugwirt hat den Vater »durch allerlei listige Vorspiegelungen in die Bürgschaft hineingeschwatzt«, womit der ungeliebte Vater zum mindesten einen fahrlässigen Anteil an dem Teufelswesen zugewiesen erhält. Hebbels Erzählung erinnert an die Bankrottgeschichten Gotthelfs *(Geldstag, Schuldenbauer),* in denen eine Familie durch den Leichtsinn oder die Weltfremdheit der Eltern in das Unglück schlittert. Man muß die dramatische Seite dieses sozialen Sturzes sehen, wenn man den Eindruck, den das Familienunglück auf den sechsjährigen Hebbel machte, psychologisch ganz ermessen will. *Ein unbändiger Aufstiegswille war wohl das Ergebnis dieses Früherlebnisses.* Auch der frühe Tod des Vaters (1827) stärkte gewiß seinen Willen zu stolzer Selbständigkeit.

Entwicklungsgeschichtlich von großer Wichtigkeit ist auch die Tätigkeit als Schreiber bei dem Kirchspielvogt Mohr, der in den *Aufzeichnungen* unter den Respektspersonen von Wesselburen erscheint. Bezeichnend die erste, hartnäckige Liebe zur Tochter dieses angesehenen Bürgers. Ebenso bezeichnend die Bildung, die er sich selbständig aus Bibliotheksbüchern erwirbt und die schon seinen philosophischen Sinn verrät. Die von dem Dichter selbst genährte Vorstellung von der geistigen Enge seiner Heimat bezeichnet Wolfgang Liepe als »literaturgeschichtliche Legende«: Das Erstaunliche liege nicht in Hebbels Bildung aus dem Nichts, sondern »in der geistigen Energie«, mit der er sich bildete[11]. In ideengeschichtlicher Hinsicht mag diese Korrektur des Hebbelbildes durch Liepe gelungen sein. Seit seinem 16. Jahr studierte der künftige Dichter den romantischen Psychologen Gotthilf Heinrich Schubert, und ein Jahr später kam schon der antichristliche Philosoph Ludwig Feuerbach dazu, womit der junge Hebbel von Anfang an in die (die späte Biedermeierzeit beherrschende) *Spannung zwischen Romantik* (Idealismus) *und Positivismus* (Realismus) *geriet.* Dies geistige Früherlebnis ist außerordentlich bezeichnend für Hebbel; man könnte darin sogar schon die Voraussetzung für die Rezeption der dialektischen Philosophie erblicken, – was der Auffassung Liepes ganz ferne liegt, da er den Hegelianer Hebbel *auch* für eine literaturgeschichtliche Legende hält (s. u.). *Jedenfalls widerspricht die philosophische Intensität des jungen Mannes aus Wesselburen nicht der Vorstellung der provinziellen und sozialen Enge,* in der er aufwuchs, sondern die beschränkten Verhältnisse werden dadurch noch deutlicher. Die »finstere Actenstube« verfolgte ihn, nach eigenem Zeugnis, noch spät in seine Träume (an Julius Hammer 18. 1. 1858). *Der begabte junge Mann sah sich genötigt, in die Abstraktion zu flüchten,* und diese führte zu einer gewissen Verkümmerung des unmittelbaren Lebensbezugs. Die karge Jugend befähigte ihn in Notzeiten zum Durchhalten, ließ ihn aber später, auch unter glücklichen äußeren Verhältnissen, nur mit Einschränkungen zu einem gelösten, seelisch ausgeglichenen Leben und Dichten gelangen. Hebbel erinnert, in sozialgeschichtlicher Beziehung, an die im provinziellen Tübingen gezüchteten großen »Stiftsköpfe« und zwar gerade auch an die noch sprödere Persönlichkeit Hegels, während er das höchste dichterische Vorbild seiner Jugend, den liberalen Großbürger und repräsentativen Achtundvierziger Ludwig Uhland, mit seiner offenen Tapferkeit und »Naivität«, zum mindesten als Mensch niemals ganz erreichte. Uhland war für Hebbel im Grunde ein kompensatorisches Vorbild, kein Wegweiser zu der ihm möglichen Gestalt als Mensch und Dichter.

Provinzielle Schüchternheit, Unsicherheit ist überhaupt ein Kennzeichen des jungen Hebbel. Sie bewirkt jedoch zugleich eine Bescheidenheit, die ihn vom jungen Grabbe vorteilhaft unterscheidet und ihm Zukunft verbürgt. Seine Erstlinge publiziert er im *Ditmarser und Eiderstädter Boten,* und es sind keine großartigen Dramen, sondern Erzählungen und jeanpaulsche »Träume« in Prosa. Da der Dichter diese frühesten Geisteskinder später verleugnete, blieben sie in dem Lokalblatt so gut verborgen, daß sie erst der findige Wolfgang Liepe in den 1950er Jahren entdeckte[12]. Der Mäzen Hebbels heißt dementsprechend nicht Immermann, wie bei Grabbe, oder Metternich, wie bei Stifter, sondern Amalie Schoppe. Die einst bekannte Erzählerin für die »gebildete Jugend« ermöglichte ihm die Übersiedlung nach Hamburg (1835) und die Vorbereitung auf ein Universitätsstudium. Ihr Vorbild spukt aber auch noch in Hebbels Münchener Zeit, als er sich, nach Aufgabe des juristischen Studiums in Heidelberg, als hauptberuflicher Erzähler durchzuschlagen hoffte. Der Hauptgewinn der Münchner Jahre war, im Widerspruch zu diesem Plan, das Studium Hegels, dessen *Vorlesungen über Ästhetik* kurz zuvor (1835) erschienen waren, und die Vorlesungen Schellings. Den romantischen, damals schon restaurativen Philosophen Münchens lernte er auch persönlich kennen, und seine mystischen Neigungen waren dem jungen Dichter gewiß nicht fremd. Man sollte wegen dieses biographischen Bezugs freilich nicht versuchen, den längst bekannten, viel deutlicher in Hebbels Aufsätzen nachweisbaren Einfluß Hegels so stark abzuschwächen, wie dies Liepe tut. Das Ende der Münchner Hungerexistenz ist die Rückkehr nach Hamburg und eine schwere Krankheit (1839). Die Fruchtbarkeit der Hegellektüre erweist sich kurz darauf in Hebbels stolzer *Selbstfindung im Drama,* das nach Hegel (vgl. Bd. II, S. 323) nicht nur der Gipfel der Dichtung, sondern die Spitze aller Kunst war (*Judith* 1840).

Das trübste Kapitel in Hebbels Leben heißt sicherlich Elise Lensing, die ihm zwei (früh gestorbene) Kinder in Hamburg gebar. Sie unterstützte ihn zunächst aus ihren kümmerlichen Einnahmen, gewiß unter großen Opfern. Als er jedoch selbstbewußter Stipendiat des dänischen Königs in Paris und Rom war, mußte er umgekehrt hungern, um die Mutter seiner Kinder zu ernähren. Den Gedanken an eine Professur von Gnaden des dänischen Königs in Kopenhagen oder in Kiel gab er damals ebenso auf wie zuvor das juristische Studium; er begnügte sich mit der Hebung seines sozialen Ansehens durch den damals leicht zu erwerbenden Doktortitel, der bekanntlich keine wirtschaftlichen Folgen hat. Dem Doppelkampf um seine Kunst und um den Lebensunterhalt für eine Familie fühlte er sich, im Gegensatz zu seinem Landsmann Storm, nicht gewachsen. So bedurfte er nach wie vor des Mäzens. Der Geliebten schreibt er (30. 3. 1845) ganz offen, daß er einen solchen sucht: »Hättest Du mir ein Asyl zu bieten, wie gern wollt' ich kommen. Aber ich fühle in mir nicht die Fähigkeit, mir selbst eins zu gründen... Manchen Anderen mag der Kampf mit der Noth stählen; bei mir ist das Gegentheil der Fall. *Der Dichter muß eine behagliche Existenz haben, ehe er arbeiten kann.*« Diese Flucht vor dem Berufsleben ist in der Biedermeierzeit (Grillparzer, Stifter, Gotthelf, Mörike, Immermann) nicht selbstverständlich. War der Dichter der starke und tapfere Dithmarscher, als der er oft gesehen wird? Ich fürchte, daß er eher ein sensibler Künstler in der Art des Grafen Platen, auch Lenaus und Mörikes gewesen ist. Das ersehnte Asyl bot ihm 1846 die Schauspielerin Christine Enghaus, die nach einer ebenfalls wenig glücklichen Jugend eine lebenslängliche Stellung am Burgtheater in Wien einnahm und ein Spitzengehalt von 5000 Gulden bezog (an Charlotte Rousseau 11. 4. 1846). Es hat wenig Sinn, eine sozialgeschichtlich so klare Entscheidung idealistisch zu verbrämen. Eine Äußerung von Hebbels Landsmann Theodor Storm, die Christines Charakter betrifft und quellenkritisch schwer zu widerlegen ist*, könnte uns sogar die Vorstellung von einem »goldenen Käfig«, in den der Dichter floh, nahelegen. Aber die alten Traditionen des Künstlerlebens, in das sich der Wiener Hebbel bewußt eingliederte, machen an diesem heikeln Punkt eher ein vorsichtiges Urteil empfehlenswert. Unverkennbar sind zwar die Ausbruchsversuche des Dichters in der späteren Zeit (Berlin, München, Weimar). Sie scheiterten wohl meistens daran, daß ein vergleichbares Gehalt für Frau Hebbel nirgends zu erreichen war. Aber die Ehe scheint, nach dem Zeugnis der Briefe, herzlich gewesen zu sein. Vielleicht gab nur eine Schauspielerin, die vielbegehrt war und viele Rollen spielte, der Ehe Hebbels die Freiheit, die er brauchte. Die Ehefrau des Dichters war, nach dieser Interpretation, so etwas wie eine

---

* »Ich entsinne mich sehr genau, d[a]ß seine [Hebbels] Frau als Schauspielerin am Hamb[ur]g[e]r Stadttheater keinen guten Ruf hatte. Dieser Tage frug ich einen hier zufällig anwesenden Schauspieler aus Wien, wie H[ebbel]s Ehe gewesen sei. Er sagte mir: ›Sehr unglücklich.‹ Die Frau habe ein dauerndes Verhältniß zu dem Hofschausp[ie]ler Ludwig gehabt... – ›Gott im Himmel‹, sagte Tiecks blonder Eckbert, bevor er stirbt, ›in welch entsetzlicher Einsamkeit habe ich dann mein Leben hingebracht‹« (Theodor Storm an Erich Schmidt 25. 5. 1878, in: Theodor Storm – Erich Schmidt. Briefwechsel, hg. v. Karl Ernst *Laage*, Bd. 1, Berlin 1972, S. 92). Hinzugefügt sei, daß die beiden Briefpartner keine Hebbelfeinde sind, sondern den *geschichtlichen* Hebbel zwischen Gutzkows Verriß und Emil Kuhs geschmeichelter Charakteristik suchen.

Parallele zu dem dänischen Paß, mit dem Hebbel in Wien lebte und leben wollte. Beide Lebensentscheidungen symbolisieren nicht nur seinen Abstand zur Wahlheimat, sondern auch seine abstrakte Künstlerexistenz, seine *Fremdheit in der Welt*.

Die Hinwendung zum Klassizismus

Nicht ganz zufällig ist es, daß sich Hebbel in Italien zum Bruch mit Elise Lensing entschloß. *Das Kunstpriestertum des 1835 dort gestorbenen Platen stand in Rom und Neapel deutlicher vor ihm als in München.* Es ist nicht auszuschließen, daß er schon damals mit München liebäugelte und Platens Nachfolger als bayerischer Pensionär zu werden hoffte. Sicherlich hatte er auch Goethe vor Augen, der in Italien sich von der empfindsam-idealistischen Charlotte von Stein entfernte. Die wie immer begrenzte *Rückkehr zum Klassizismus* bahnt sich wahrscheinlich schon im klassizistischen München und in der Rezeption von Hegels Tragödientheorie an (s. u.). Es gibt erstaunlicherweise kein einziges Drama Hebbels, das im Stil von Tiecks dichterischem Gefolge [13] romantisch zerflossen wäre. Die bevorzugte Wahl der Prosa in den Dramen vor *Herodes und Mariamne* erinnert an den Wettkampf mit Gutzkow und Laube (vgl. Bd. I, S. 184–190), läßt sich auch als Rückgriff auf Lessing verstehen, bezeichnet aber zugleich noch den Abstand vom strengen Klassizismus, auch von dem romantisch beeinflußten eines Grillparzer. Erst in den italienischen Distichen wird die allgemeine, paradoxerweise auch von den linken Hegelianern geförderte Rückwendung zur klassizistischen Tradition bei Hebbel völlig greifbar [14]. Es soll damit nicht behauptet werden, daß die »Plastik« Goethes, seine »Anschauung«, seine »Naivität« von Hebbel erneuert werden konnten. Selbst Gedichte wie *Die sizilianische Seiltänzerin,* an die man biographische Kombinationen geknüpft hat, behalten etwas Abstraktes. Aber *der Vers und die Sprachkunst treten zu dieser Zeit für den Dichter erneut in eine unauflösliche Beziehung.* Hebbel hat die *Prosabewegung,* die, unter Hinweis auf die verbrauchte Verskunst, von den Aufklärern und Romantikern angebahnt, von den Jungdeutschen programmatisch propagiert und von den realistischen Erzählern an ihr künstlerisches Ziel geführt wurde, in seiner Spätzeit sogar ausdrücklich bekämpft:

Vers und Prosa

Leichter wäre auf einmal der Vers, als die Prosa, geworden?
Schwerer ist er, wofern ihr ihn vortrefflich verlangt,
Denn mit jeglichem Reiz der Prosa muß er sich schmücken,
Und mit dem höheren noch, den man an ihr nicht vermißt.
Wenn ihr ihm einen erlaßt, so wird's euch der Dichter nicht danken,
Denn ihr ebnet dadurch einzig dem Stümper die Bahn.
Aber, so seid ihr, ihr setzt, damit nur Jeder ein Künstler
Heiße, ruhig die Kunst unter sich selbst erst herab,
Und da pfeifende Knaben das Nichts nun zu leisten vermögen,
Das ihr fordert, so denkt ihr sie euch selbst als ein Nichts!*

---

* Im Brief an Frederik Dankwart vom 20. 11. 1842 zeigt sich, daß er streng zwischen den Dichtern und denen, die »Romane und Novellen... fabriciren«, unterscheidet. Ein Dichter, den die Um-

Hebbel bewies in seinem Epigramm über Platen (Titel *Platen*), daß er, im Unterschied zu diesem Dichter, sehr genau weiß, daß die »äußere Form« nicht genügt. »Die Gebilde der Kunst«, sagt er da, sollen »wirken, wie die der Natur.« Trotzdem betont er in dem zitierten Epigramm die *Schwierigkeit* des Verses, also gerade das, was einem Virtuosen wie Rückert leichter fällt als einer Droste, und die Prosa macht er in der Schlußpointe zum »Nichts«, weil ihr diese äußere Schwierigkeit fehlt. Selbstverständlich hat ihn der Burgtheaterstil in diesem Festhalten am Versprimat bestärkt. Es wäre jedoch kaum richtig, wenn man seine konservative Wendung in der Dichtung kurzschlüssig auf den Wiener Klassizismus (vgl. Bd. I, S. 253) zurückführen wollte. Dagegen wird man umgekehrt behaupten dürfen, *daß der wachsende Einfluß der klassizistischen Junghegelianer in den 1840er Jahren und die renaissancistische Stimmung der italienischen Zeit seine endgültige Niederlassung im konservativen Wien vorbereiteten.* In der Zeit nach 1848 führt die unfreundliche Einstellung des Burgtheaterdirektors Laube und anderes zu einem Liebäugeln mit auswärtigen Hoftheatern und – es läßt sich nicht leugnen – mit den Höfen in München und Weimar, ja zu Hoffnungen auf eine *Berufung in diese klassizistischen Zentren. Hier wird ein gewichtiger sozialgeschichtlicher Grund für Hebbels Ablehnung des bürgerlichen Realismus erkennbar.*

Abstand vom konsequenten Historismus

Die erneut aktuelle Vorstellung, ein Kunstwerk müsse vor allem modern sein, wurde damals am naivsten von den Jungdeutschen vertreten und beruht auf einem falsch verstandenen Historismus, während jede Art von Klassizismus, auch eine relativ moderne wie die Hebbels, Widerstände gegen den absoluten Historismus verrät. Ehe wir die schwierige Frage nach Hebbels historischem Ort präziser stellen, empfiehlt es sich, nach derartigen antihistorischen Elementen im Wesen und Denken des Dichters zu suchen. Die Rechtfertigung des Verses beruht auf der oft geäußerten Vorstellung Hebbels, die »Formen« würden vom Prozeß der Geschichte nicht berührt, sie seien ewig. Zu diesen Formen gehören nach der Meinung des Dichters auch die dichterischen Gattungen. Die offene Form des Dramas, die wir bei Grabbe und Büchner beobachteten, kommt bei Hebbel von Anfang an nicht in Frage, weil er »Gesetze« der Kunst und ihrer Gattungen anerkennt. Hebbels Ausgangspunkt bei Hegels ästhetischen Vorlesungen ist nicht so deutlich zu fassen wie die spätere Beschäftigung mit der Ästhetik des Hegelianers F. Th. Vischer. In einem Brief an Vischer (1. 6. 1858) anerkennt er ausdrücklich »die Wissenschaft der Kunst« – dies ist angesichts seiner vielen irrationalistischen Äußerungen zum dichterischen Schaffen zu betonen – und kurze Zeit danach (23. 6. 1858) schreibt er an seine Frau: »Daß die Welt auf physicalischen Gesetzen beruht, lehrt sie jeder Stein, der vom Dach fällt und daß sie ethischen Gesetzen unterworfen ist, erfahren sie als Kinder aus dem Katechismus und als Erwachsene von der Polizei; daß sie aber auch von aestheti-

---

stände zur Verfertigung von Erzählprosa zwingen – er dachte an die eigene Jugend, – ist eine »tragische Person«. Man sieht: Die Autorität Goethes vermag den durch Hegel u. a. neu befestigten Klassizismus in der Poetik Hebbels nicht zu erschüttern.

schen Gesetzen beherrscht wird, ahnen sie nicht, und darum lernen sie Mathematik und üben Moral, bleiben der Kunst gegenüber aber Hottentotten.« Hebbels Selbstbewußtsein als Künstler, der Hochmut, der sich etwa gegenüber Meistern der Erzählprosa wie Stifter äußert, beruht nicht zuletzt auf dem *typisch hegelianischen Anspruch, es besser zu wissen* als alle diese naiven Schriftsteller und Kritiker. Obwohl ein Genie unbewußt arbeitet – und der Dichter betont dies stark –, entspricht sein Schaffen den ästhetischen Gesetzen, ähnlich wie die Zeugung an die Naturgesetze gebunden ist, sie mag so leidenschaftlich vor sich gehen, wie sie will. In einem Brief an Siegmund Engländer (1. 5. 1863) nennt er die »künstlerische Zeugung« den höchsten aller »Lebensprocesse«. Goethes Morphologie, das Denken in »Urphänomenen« wirkt spürbar nach, und diese Methode verbindet die Natur mit der Kunst.

Die Form

Braune Augen und blaue, man sieht mit beiden, warum denn
Sind die Farben nicht gleich? Ahne das Wunder der Form!

Zu den Urphänomenen, für die sich Hebbel besonders interessiert, unter ausdrücklicher Erwähnung von Wilhelm von Humboldts Sprachforschung[15], gehört die Sprache. Dies scheint auf den ersten Blick der Rechtfertigung des Verses zu widersprechen; denn ein gesteigertes Sprachbewußtsein führt leicht zur Mißachtung der Metrik. Aber für Hebbel sind auch die Sprachen kein Freibrief für literarische Willkür, sondern eine Manifestation der Gesetze, innerhalb deren der Künstler sich bewegen muß. Jean Paul und sein Gefolge verachtet er, wie dies dem hegelianischen Klassizismus entspricht; er tut es nicht nur wegen des ihm unsympathischen »bewußten« Humors[16], sondern auch wegen der Neigung zur willkürlichen Fortbildung der Sprache, die eine starke Nachwirkung in der Biedermeierzeit (vgl. Bd. I, S. 462 ff.) hatte. In den wichtigen Distichen *Die Deutsche Sprache* rühmt er zwar zunächst unsere Sprache, weil sie »den schaffenden Geist nicht durch ein strenges Gesetz« fesselt, sondern dem Genius »die frei'ste Bewegung« vergönnt. Im zweiten Teil des Epigramms jedoch geht er zum Angriff über auf die »Barbaren«, die meinen, die große Zahl der Sprachen auf Erden bedeute, daß sich jeder eine eigene Sprache bilden dürfe. Das wäre Rückkehr in die babylonische Verwirrung und das Ende der Meisterschaft:

Fand ein Goethe doch Raum in diesen gemessenen Schranken,
Wären sie plötzlich zu eng für die Heroen von heut'?
Gleichen wir der Natur, die nie das Wunder der Schöpfung
Wiederholt und doch jährlich im Lenz sich erneut:
Alt sind die Formen [!], es kehren die Lilien wieder und Rosen,
Frisch ist der Duft, und im Kranz thut sich der Meister hervor!

In einem andern Sonett *(Die Sprache)* preist der Dichter dies Urphänomen »als höchstes Wunder, das der Geist vollbrachte« und als die beste Gewähr gegen den »Selbstzersplitt'rungs-Drang«, der auf den ersten Blick das All »zu einer Welt von Puncten« zu zersprengen droht (s. u.).

Es ist bekannt, daß Hebbel das Gattungsgesetz nicht zuletzt auch in der natürlichen Aufspaltung des Menschen in Mann und Weib erkannt und erlebt hat. Von der *Judith* bis zu den *Nibelungen* beschäftigt den Dichter der Geschlechtergegensatz so stark, daß in der Hebbelforschung immer wieder die Frage auftrat, ob diese Naturerscheinung gegenüber dem historischen Denken nicht das zentralere, wie auch – von der Dichtung her gesehen – das originalere Problem bildet. Während das Sich-Finden der Geschlechter von jeher eine große Rolle im Drama der Neuzeit spielte, trat der schicksalhafte Gegensatz der Geschlechter vor Kleists *Penthesilea* kaum in das Blickfeld der Dichter. Nach der modernen Ideologie, gleichgültig ob sie in liberalistischer oder marxistischer Gestalt erscheint, lassen sich der Geschlechtergegensatz und das historische Denken leicht miteinander vermitteln, durch den schlichten Gedanken der Frauenemanzipation. Es war jedoch von jeher der Kummer progressiver Hebbelforscher, daß der Dichter das Problem nicht so einfach sieht, sondern auch an diesem Punkt einen Widerstand gegen den absoluten Historismus ausbildet. Diese Haltung ist um so bemerkenswerter, als ihm die empfindsame Sakralisierung der Frau, an der das Biedermeier im allgemeinen festhält, im Grunde recht ferne liegt. Eben die Jugenddramen mit biblischen Titeln (*Judith* und *Maria Magdalene*) belegen am deutlichsten den Abstand von der traditionellen Vorstellung, die Frau, oder wenigstens die Jungfrau und die Mutter, sei zur absoluten Selbstlosigkeit, zur Engelhaftigkeit verpflichtet. Hebbel äußerte sich immer wieder empört darüber, daß man ihm die freie Behandlung sexueller Fragen übelnahm*; aber das Befremden des Publikums, zum mindesten im Nachmärz, ergab sich wohl noch mehr aus der Tatsache, daß er den Geschlechterunterschied stärker betonte, als es der Humanismus gestattet, und dies ist bis heute so geblieben. Sehr resigniert spricht z. B. Helmut Kreuzer von der »geschichtlichen Sackgasse«, für die sich der Dichter entschied, und als Beweis dafür zitiert er u. a. eine zentrale Stelle aus dem Vorwort zur *Maria Magdalene,* das ja in die noch verhältnismäßig progressive Frühperiode gehört. Nach Hebbels Meinung soll das Resultat der Krise, in der wir uns befinden, sein: eine »neue Form der Menschheit, in welcher Alles wieder an seine Stelle treten, in welcher das Weib dem Manne wieder gegenüber stehen wird, wie dieser der Gesellschaft und wie die Gesellschaft der Idee« [17]. Der Ordnungsbegriff, der sich in den Stufen Weib und Mann, Mann und Gesellschaft, Gesellschaft und Idee aufbaut, entspricht nicht ohne weiteres dem Metternichschen System. Deutlich ist aber der Ordnungsbegriff als solcher und die *Einbeziehung von Naturtatsachen in das System;* denn nicht nur der Geschlechtergegensatz, sondern auch der Gegensatz von Mann (Einzelfamilie) und Gesellschaft ist ja ein Naturgegensatz oder erschien jedenfalls dem damaligen, ganz an den Kindern und an der Familie orientierten Denken als ein solcher. Man könnte viele Äußerungen in Hebbels paradoxer Denkwelt finden, aus der sich die Humanität und damit die Überwindung des Geschlechtergegensatzes ableiten ließe. So gibt es z. B. ein ganz idealistisches Monodistichon mit dem Titel

Jetziger Standpunct der Geschichte
Was die Geschichte bis jetzt errang? Die ew'gen Ideen!
Sie zu verwirklichen, ist nun denn ihr großes Geschäft.

Auch in den Tragödien wird der Geschlechtergegensatz niemals verabsolutiert, sondern als ein tra-

---

* Ein Beispiel: »Unser Publicum, das in Schillers Don Carlos mit der größten Gemüthsruhe das peinlichste Spiel mit dem Incest verträgt, und von Goethes Geschwistern, die sich um dasselbe Thema noch kecker herum drehen, tief gerührt wird, verzeiht es uns Neueren kaum, daß wir den Unterschied der Geschlechter kennen« (an Ludwig Goldhann 13. 4. 1862). Ähnlich an Julius Campe 1. 5. 1862. Der oft erhobene Vorwurf Hebbels und seiner Freunde, besonders Emil Kuhs, *daß sich die Aussicht auf Anerkennung großer Dichter nach der Klassik und Romantik verschlechtert hat,* findet sich auch sonst, z.B. bei Immermann; er sollte rezeptionshistorisch auf seine Wahrheit überprüft werden. Tatsache ist, daß Autoren und Gruppen mit einem starken publizistischen Hintergrund (Gutzkow, Laube, Heine, Gustav Freytag, Otto Ludwig, d. h. Jungdeutsche und programmatische Realisten) *im Vordergrund des bürgerlichen Publikumsinteresses* standen. Publizistische Bündnisse und Rücksichten auf den bürgerlichen Markt ließen die größeren Dichter der Zeit in den Schatten treten. Die Frage ist nur, ob es nicht immer wieder, auch in vor- und nachbürgerlichen Sozialstrukturen, den Unterschied zwischen sofortiger, zeitgemäßer und dauerhafter, d. h. ästhetisch, gedanklich, ontisch tiefer begründeter Dichtung gibt. Gibt es nicht immer einen Goethe *und* einen Iffland?

gischer, prinzipiell die Auflösung fordernder Konflikt verstanden; aber Hebbels individuelles Erlebnis, seine konkrete Welterfahrung ist so stark auf den Geschlechtergegensatz bezogen, daß die Frage notwendig erscheint, ob nicht überhaupt biologistische (naturalistische) Elemente sein Weltbild so stark bestimmen, daß der historische und idealistische Überbau fragwürdig wird. In Sonetten wie *Mann und Weib* ist der Gegensatz der Geschlechter, so streng an ihm festgehalten wird, doch schon so weit abgeklärt, daß die Einfügung der Geschlechter in die erwähnte Ordnung angebahnt ist, in den Briefäußerungen des jungen Hebbel dagegen erscheinen »die Weiber« so »fremdartig« (an H. A. Th. Schacht 18. 9. 1835) und gerade auch das »ufer- und schrankenlos« liebende Weib so unheimlich (an Elise Lensing 30. 3. 1838), daß man hie und da versucht ist, von einer frauenfeindlichen und völlig antihumanen Geschlechter-Mythologie zu sprechen. Hebbel scheut nicht davor zurück, die Geliebte, die im literarischen Leben so lange als die Muse des Dichters galt, zur Meduse zu verteufeln: »Alles Verplempern ist (selbst unter den günstigsten Verhältnissen) das Grab jedes jungen Mannes; in der Ehe liegt etwas Versteinerndes, die Frau ist immer die Meduse oder der Todes-Engel für des Mannes eigentliches Leben, und Reichtum, Jugend und Schönheit ersetzen nichts« (an Elise Lensing 12. 5. 1837). Sind das nur die Übertreibungen eines ungeläuterten »schroffen« Charakters oder verbirgt sich hinter dieser Überbetonung natürlicher Gegensätze schon der Biologismus eines Nietzsche, der ja zu einer höhnischen Verachtung des Weibes und des gesamten geschichtlichen Denkens, in dem die Frauenemanzipation ein Teilstück bildet, weiterschritt?

Geschichtliche und humane Vorstellungen haben schon im Biedermeier zur erneuten Hochwertung des Alters geführt. Davon ist bei Hebbel kaum etwas zu bemerken. Er verhängt gerne Todesurteile über alternde Dichter, z. B. über seinen dänischen Gönner Oehlenschläger oder über Heine, der in Hebbels Pariser Zeit ein Mitvierziger war, oder über Mörike, für den er wie für Uhland, im Sinne eines »naiven« Gegenbildes, eigentlich ein gewisses Verständnis besitzt. In einem Brief an Julius Campe (17. 11. 1859) fürchtet der Sechsundvierzigjährige schon das herannahende Ende seiner Produktivität: »Welcher Poet wäre nach dem 55sten Lebens-Jahre noch einen Schuß Pulver werth? Den alten Goethe hätte man nach den Wahlverwandtschaften hängen sollen!« Solche Aussprüche darf man nicht auf die Milligrammwaage legen; aber eine Überbetonung des Biologischen ist auch in diesem Altershorror – bei einem Goetheverehrer! – bemerkenswert. Wo der Dichter Bücklinge macht, wie vor dem alten Tieck, dem er Einfluß auf das Berliner Theater zutraut, ist die Schmeichelei leicht zu erkennen. Aber dieser kosmische Genie- und Künstlerbegriff selbst, der schon im Sturm und Drang einen starken Bezug zur »göttlichen« oder »schaffenden Natur« hatte, gewinnt bei Hebbel, wie wir bereits dem Wort »künstlerische Zeugung« entnehmen konnten, einen immer stärkeren naturalistischen Einschlag. In einem späten Brief an Siegmund Engländer (1. 5. 1863) wendet er sich ausdrücklich gegen die Sturm und Drang-Vorstellung vom Dichter als einem zweiten Gott: »Sie wollen an den Dichter *glauben,* wie an die Gottheit; warum so hoch hinauf, in die Nebel-Region hinein, wo Alles aufhört, sogar die Analogie? Sollten Sie nicht weiter gelangen, wenn Sie zum Thier hinunter steigen und dem künstlerischen Vermögen die Mittelstufe zwischen dem Instict des Thiers und dem Bewußtseyn des Menschen anweisen? Da sind wir doch im Bereich der Erfahrung [!] und haben Aussicht, durch die Anwendung zweier bekannter Größen auf eine unbekannte etwas Reales zu vermitteln. Das Thier führt ein Traumleben, das die Natur unmittelbar regelt und streng auf die Zwecke bezieht, durch deren Erreichung auf der einen Seite das Geschöpf selbst, auf der anderen aber die Welt besteht. Ein ähnliches Traumleben führt der Künstler, natürlich nur als Künstler, und wahrscheinlich aus demselben Grunde, denn die kosmischen Gesetze dürften nicht klarer in seinen Gesichtskreis fallen, wie die organischen in den des Thieres und dennoch kann er keins seiner Bilder abrunden und schließen, ohne auf sie zurück zu gehen. Warum sollte nun die Natur nicht für ihn thun, was sie für das Thier thut?« Der Begriff des Traumlebens erinnert noch an die Schubertsche Psychologie, die nach Liepe für den Dichter eines der frühesten Bildungserlebnisse war; aber von dem transzendentalen Überbau der Romantik ist nichts mehr übrig geblieben. Der Brief geht nach England, wo der Achtundvierziger Siegmund Engländer, der Freund aus alter Zeit, Zuflucht gefunden hat, und die erste Instanz von Hebbels Theorie ist hier die *Erfahrung.* In einem Brief an denselben Freund (27. 1. 1863) treibt er den für ihn so wichtigen Begriff des Kosmischen so weit, daß er ihm die »Un-Summe menschlichen Elends«, die die Sozialisten schon damals zu einem guten Teil geschichtlich interpretiert haben wollten, *unterordnet.* Er tut dies, obwohl er kurz zuvor den Freund besucht und nicht nur die schlimmen sozialen Verhältnisse im frühindustriellen England, sondern auch ein von Engländer gesammeltes »unermeßliches Material« zum sozialen Problem gesehen hat (an Julius Campe 15. 7. 1862): »Ich kenne den furchtbaren Abgrund, den Sie mir enthüllen... Aber das ist eben die mit dem Menschen selbst gesetzte, nicht etwa erst durch einen krummen Geschichts-Verlauf [!] hervorgerufene allgemeine Misère, welche die Frage nach Schuld und Versöhnung so wenig zuläßt, wie der Tod, das zweite, allgemeine, blind treffende Uebel.« Der »Mensch« ist in diesem Zitat nicht das vom Humanismus gesetzte Telos, sondern ein reines Naturwesen. Es geht bei derartigen Äußerungen immer auch um die soziale Tragödie; diese darf sich, wie *Maria Magdalene* zeigt, mit der sozialen Schuld der Oberschicht *nicht* beschäftigen. Wir sind hier von der humanistisch-sozialen Tragödie des deutschen Naturalismus, von den *Webern* usw., weiter entfernt als im 18. Jahrhundert. Die Trübung des unbefangenen historischen Denkens, durch das in der Aufklärung die revolutionäre bürgerliche Tragödie, wie alles Revolutionäre, hervorgebracht worden war, wird in der zitierten Briefstelle durch die *Gleichsetzung der sozialen und der biologischen Misere* und durch die ausdrückliche Abweisung einer *kritischen Geschichtsbetrachtung* besonders deutlich. Der dieser Stelle folgende Hinweis auf seine satirische »Komödie« *Trauerspiel in Sizilien* verrät, daß auch Kunstfragen zur Debatte stehen, daß, alter Tradition gemäß, die soziale Schuld eher in der Komödie als in der Tragödie dargestellt werden darf. Dies Zusammensehen der »Un-Summe menschlichen Elends« kann christlich und naturalistisch verstanden werden; aber die *Entwertung des sittlich-humanen Wollens* ist so oder so deutlich.

Das Übergewicht des Kosmischen kennzeichnet das Denken des Dichters von Anfang an; es äußert sich zunächst vor allem in weltschmerzlichen Lamentationen, z.B.: »Ein Mensch, der sich in Leid verzehrt und ein Blatt, das vor der Zeit verwelkt, sind vor der höchsten Macht gleich viel« (Tagebuch 2881, 21. 11. 1843). Hebbels hartes Urteil über die Justiz, sein prinzipieller Zweifel an der Gerechtigkeit[18], seine nicht in der besonderen Ausgestaltung, aber im Grundprinzip mit Hegels Denken übereinstimmende Vorstellung einer Existenzschuld, auch seine häufigen deterministischen Argumentationen[19], seine Neigung zum Psychologismus, seine Meinung, es gingen »die Verhältnisse aus der Natur der Menschen mit Notwendigkeit« hervor (Tagebuch 4218, 20. Juni. 1847)[20], dieser, um es deutlich zu sagen, naturalistische Aberglauben vom unveränderlichen »Charakter« des Einzelmenschen und der menschlichen Gattung zwingt die heutige Hebbelforschung zu einer vorsichtigeren Bewertung der Äußerungen, in denen sich der Dichter zum Gewissen bekennt und auf die sich Liepe in seinem Kampf gegen die nihilistische Hebbelforschung vor allem gestützt hat[21]. Die folgende durchaus typische Äußerung ist nicht nihilistisch, aber sie ist halb und halb biologistisch, und man braucht nur an Holofernes oder Herodes oder an die Nibelungen zu denken, um zu wissen, wie wichtig sie auch für den Dramatiker war: »Was söhnt uns mit dem Verbrecher aus, obgleich damit noch nicht mit dem Verbrechen? Die Kraft!« (Tagebuch 4237, 28. 8. 1847). Die Einschränkung der Gleichung von Verbrechen und Kraft würde bei Grabbe fehlen; sie verrät Hebbels tieferes Bewußtsein. So wundern wir uns nicht darüber, wenn Hebbel in den Altersbriefen an den christlichen Theaterschriftsteller Friedrich von Uechtritz (vgl. Bd. II, S. 366 f.) das Gewissen und die Moral nicht nur gegen den Materialismus, sondern auch gegen die Religionen ausspielt als das, was allein von allen Menschen anerkannt wird und daher allgemeingültig ist. Auf dieser Grundlage kommt es zu Äußerungen, die sogar den christlichen Begriff der Demut wieder aufnehmen; aber selbst hier verraten noch gewisse Formulierungen, daß Hebbels Humanismus und Sittlichkeit der überwältigenden Erfahrung des Kosmischen nur mühsam standgehalten hat: »Uebrigens verstehen sich Demuth und Bescheidenheit, so wie unbedingte Unterordnung und Unterwürfigkeit [!] unter das große Ganze [!] überall von selbst, wo man etwas Tüchtiges [!] will; das Gegentheil ergiebt sich nur da, wo man sich im Leeren herum treibt, und wird dann eben so wenig durch das christliche Princip, wie durch ein anderes, erstickt, denn es ist völlig gleichgültig, ob der hohle Mensch sich bläht, weil er ›weiß‹, was noch thut‹ oder ob er als ›Lichtfreund‹ oder ›Pantheist von der neuesten façon‹ mit einem grünen Band von Paulus oder einem rothen von Feuerbach herum stolzirt« (an L. W. Luck 21. 1. 1861). In dem Begriff des »Tüchtigen«, auf den es ankommt, erscheint noch einmal der Respekt vor der individuellen »Kraft«, vor dem »Charakter«; aber die renze, die das »große Ganze« dem einzelnen Menschen setzt, wird in einer Weise überbetont, daß an sich an die alte Ordnung *vor* dem Rechtsstaat, an *Agnes Bernauer,* oder an St. Just in *Dantons od,* an Robespierres Chefideologen also (vgl. o. S. 305), oder an die totalitären Staaten erinnert hlt. Der Begriff »Unterwürfigkeit« verrät jedenfalls, wie schwer es dem Dichter fiel, die Beziehun-n zwischen dem Einzelnen und dem Ganzen in einem klassischen (goetheschen) Gleichgewicht d nicht immer nur im tragischen Bruch zu sehen. Die *Gleichgewichtsschwierigkeiten* betreffen n Tragiker Hebbel so gut wie die Persönlichkeit Hebbels. Liepe mag in einem akademischen Sinne cht haben, wenn er behauptet, die Philosophie sei für Hebbel eine »unglückliche Liebe« gewe-n [22]. Aber es ist nur eine halbe Wahrheit. Wenn man seine starke Bedrohung durch den Egois-us, durch sein schroffes Gemüt und andrerseits durch das Erlebnis des Kosmischen und Biologi-hen, das zunächst zum Weltschmerz (Nihilismus) führen muß, bedenkt, dann wird man erkennen, *aß es vor allem das Denken, die Kontrolle der Begierden, der Gefühle und auch die Hilfe der philo-phischen und dichterischen Meister war, was diesem durch seine Natur und sein soziales Schicksal hwer gefährdeten Dichter ein persönliches Scheitern in der Art Grabbes ersparte und ihn so zur instlerischen Meisterschaft gelangen ließ.* Daß ihm auf seinem gefährlichen Wege viele Wunden eschlagen wurden, daß viele Narben zurückblieben, war ihm selbst bewußt (vgl. die Distichen *Auf ne Biene in der Villa Medicis*).

Hebbels historischer Ort

Wenn man über so allgemeine Kennzeichnungen hinaus Hebbels Stellung in der Ge-hichte seines Jahrhunderts genauer bestimmen will, ist die konventionelle Beschrän-ung auf das Schema »Von der Romantik zum Realismus« besonders wenig ergiebig; enn mit der frühen Lektüre von Gotthilf Heinrich Schubert und Ludwig Feuerbach wir-en ja eine mühsam den Naturalismus abwehrende medizinische Romantik (vgl. Bd. I, , 7 f.) und ein das mühsame Christentum Hegels radikal ablehnender Realismus *gleich-itig* auf den jungen Hebbel ein, so daß für einen selbständig Position beziehenden Geist und ich meine doch, daß dies Hebbel ist – vermittelnde, dialektische Lösungen des Idea-smus/Realismus-Gegensatzes am nächsten lagen. Damit soll die in der Hebbelphilolo-e – wie in jeder anderen Philologie – beliebte Vorstellung von der Einzigartigkeit des ichters, über das bei jedem bedeutenden Autor selbstverständliche Maß hinaus, nicht estätigt werden; denn wenn seine Herkunft aus dem deutsch-dänischen Grenzbereich ichtig ist, dann darf man auch fragen, wie man ihn sich in oder zwischen den geistigen ruppen und Richtungen des mittleren 19. Jahrhunderts vorstellen muß, wobei aller-ings stärker als bisher seine dem geschichtlichen Prozeß mehr und mehr widerstrebende instellung zu beachten ist. Die wichtigste diesbezügliche Äußerung kann man einem rief an Mörike (21. 9. 1857), anläßlich der Übersendung seiner *Gedichte* von 1857, ntnehmen: »Das Buch... soll Ihnen zeigen, daß ich ein Mann der alten, nicht der neuen chule bin, und daß die Carricaturen, die von Freunden und Feinden in sogenannten Lite-aturgeschichten und Monographien von mir ausgestellt sind, nicht auf mich passen.« ei den Literaturgeschichten der Feinde wird vor allem an die zeitgeschichtliche Litera-urübersicht des realistischen Programmatikers Julian Schmidt zu denken sein (*Ge-hichte der deutschen Literatur im 19. Jahrhundert,* 3 Bde, Leipzig 1855), in deren er-em Band dem Dichter ein auffallend geräumiger, aber überwiegend kritischer Ab-hnitt gewidmet ist. Das Hebbel-Bild, das hier gemalt wurde, widersprach zwar nicht

347

dem Ausgangspunkt des Dichters, aber der Rückbindung an die positiven klassischen Werte, die Hebbel, im Anschluß an Hegel und Goethe, schon seit den späten 1830er Jahren erstrebte. Wie eine Geisterbeschwörung des dreißigjährigen Hebbel mußte es dem Vierundvierzigjährigen erscheinen, wenn der Kahlschläger der Gruppe 1848 unter anderm schrieb: »Seine Probleme kommen nicht aus dem Herzen, sondern aus dem Hirn, seine Motive gehen nicht aus der Natur der Sache hervor, sondern treten accidentell ein, sein Realismus und seine Ideenwelt decken sich nicht: daher das Antithetische und Zerbröckelte einer Sprache, die nie den natürlichen Lauf des selbstvergessenen Gefühls fließt. Ganz gegen seine Natur wird der Witz durch phantastische Reflexionen erhitzt und concipiert mit krankhaftem Behagen ein Problem, das wie der Gordische Knoten keine Lösung verstattet, sondern zum Zerhauen auffordert. Aber diese Entscheidung wird nicht einer Macht überlassen, vor der wir die Knie beugen müssen, ...sondern de unheimlichen Willkür, die, was die Frömmigkeit mit Erde überschüttet, an die freie Luft zieht, um diese zu verpesten; die den Würmern folgt in ihrer unterirdischen Thätigkeit dem Anatom in seinem Laboratorium, dem Arzt in die Spelunken des Lasters... Er is Realist, insofern er das Schlechte mit großer Breite und Ausführlichkeit darstellt, er is Idealist nur, insofern er eine jenseitige Welt [!] symbolisch in dieses Reich der Nacht her einscheinen läßt, er selber hat keinen Glauben, und darum liegt in seiner Kunst kein Nothwendigkeit. Seine Ideale sind ebenso unklar, seine Begriffe von Recht und Unrech ebenso ineinander gewirrt, als bei seinen jungdeutschen Zeitgenossen, und darum hat e ebensowenig Freude an seinen Gestalten; ja, gerade weil sein Talent größer ist und sein Idealismus ernster gemeint, ist die Welt, die er uns darstellt, noch mehr von Gott verlassen, noch leerer an Freude, Liebe und Glauben« [23]. Was man dieser Äußerung zunächst entnehmen kann, ist die Tatsache, daß dem philosophisch gebildeten Programmatiker des Realismus das Ineinander von Realität und Idealität fast selbstverständlich erscheint und daß ihn nur die besondere Art des Hebbelschen Realidealismus nicht überzeugt, deshalb vor allem, weil er ihm zu finster erscheint, weil er jede Art von Positivität vermißt. Gesundheit, Herz, Humor, Freude, Weltvertrauen sind dem realistischen Programmatiker so selbstverständliche Voraussetzungen, daß der Tragiker Hebbel als solcher ihr unmöglich gefallen kann*. Daß allein schon die Konstruktivität, die zur Tragödie gehört

---

* Der andere führende Programmatiker des deutschen Realismus, Gustav Freytag, wird von Hebbel öfters unter seinen Feinden oder als Cliquenführer erwähnt (s. u.). Wie die »Gesundheit« der Realisten sich in Hebbels Augen spiegelte, darf man dem gehorsamen Verriß von *Soll und Haben* in Emil Kuhs Brief an Hebbel vom 13. 9. 1856 entnehmen: »Der Roman erlebte sechs Auflagen, ich aber erkläre unumwunden, daß es ein rein wissenschaftlich-amtlicher Act ist.... Unglaublich nur is die Frechheit, beweisen zu wollen, daß Cafebohnen, Farbsalz und Ochsenhäute eitel Poesie wären colossal die Unverschämtheit mit welcher der Christus der Leipziger Grenzboten [Gustav Freytag]... auf die Märchen- und Sagenwelt bei jeglichem Anlasse, der ihm in der ›Geschäftswelt‹ gebot ten wird, herabblickt. So meint der plumpe Michel die reale Darstellung eines Boz [Dickens], ode Eugen Sue im Vaterlande nachahmen zu können, während es nicht einmal jenen Schriftstellern Freitag dünkt sich einen Dichter – in den Sinn kommt, die Sphäre der Commis und Buchführer z glorifiziren.« Bezeichnend an dieser Äußerung ist nicht nur der klassizistische Zweifel am Roman al Dichtung und die entsprechende stoffliche Argumentation (prosaische *Gegenstände*), sondern auc die ausdrückliche Verteidigung der »Märchen- und Sagenwelt«, die in jeder Epoche von Hebbel Schaffen neben der realen oder realhistorischen Welt steht und das ganze realistische Programm z

die »Einseitigkeit« (Hegel) sich mit dem Realismus schlecht vertrug, verrät das Scheitern im Drama, das bei einem anderen realistischen Programmatiker, Otto Ludwig, kaum betritten wird. Es mußte ein Bedürfnis Hebbels sein, dem Adressaten Mörike, dem Landsmann Uhlands – diesem, »dem ersten Dichter der Gegenwart«, sind die Gedichte von 1857 gewidmet – in einem freundlicheren Lichte zu erscheinen als dem Programmatiker des Realismus, und dazu war die Hauptmasse der Gedichte tatsächlich geeignet. Sie zeigen den Dichter in viel größerer *Vielseitigkeit*. Deshalb stimme ich den Forschern zu, die den Erzähler oder wenigstens den Lyriker Hebbel nicht immer zugunsten des Tragikers vernachlässigt sehen wollen. Man pflegt nicht umsonst »von Lessing bis Hebbel« zu sagen. Der Tragiker war eine Grenzerscheinung. Betrachtet man ihn aus dem Aspekt der wesentlichsten dichterischen Leistung seit dem Ende der dreißiger Jahre, nämlich der Erzählkunst von Stifter bis Fontane, so darf man den Tragiker Hebbel sogar anachronistisch nennen. Man verkennt ihn jedenfalls, wenn man ihn nicht auch als *Späterscheinung*, als Mann der »alten Schule« sieht und ihn nur in die Nähe von Ibsen rückt, als ob er damit erhöht würde. Grillparzer war in mancher Beziehung ein Antipode Hebbels; aber als Meister der alten Schule – das hat mit Epigonentum nicht das geringste zu tun – treten sie zusammen. In dieser Spätzeitlichkeit ist auch die gemeinsame Neigung zur Abstraktion und zu abstrakten Formen der Lyrik (Epigramm, Lehrgedicht) begründet.

Gemeinsam ist auch der Ausgangspunkt bei der Schauerromantik, die sich allerdings in der Ballade und in der Erzählprosa länger behauptete als auf dem Theater. Damit tritt der junge Hebbel, gattungsgeschichtlich gesehen, neben Mörike *(Maler Nolten)* und, in mehr als einer Beziehung, neben die, wie Hebbel, nordwestdeutsche Droste. Ein wichtiges Vorbild des jungen Dichters war der Berliner E. T. A. Hoffmann, der allerdings eine so starke Ausstrahlung hatte, daß auch der junge Schwabe Mörike und viele andere, Deutsche und Nichtdeutsche, in seinen Bann gerieten. Der Kahlschlag der realistischen Programmatiker traf Hoffmann in Deutschland vernichtend, offensichtlich zu Hebbels Leidwesen; denn er gedenkt anläßlich des Berlin-Besuchs von 1851 freundlich des »phantasiereichen Verfassers der Nachtstücke«, mit dem Zusatz: »in Deutschland aus der Mode gekommen…, in Frankreich aber enthusiastischer, wie jemals, gefeiert« [24]. Der Novellist Hebbel ist zu einem guten Teil Hoffmann-Schüler, auch Tieckschüler, obwohl er dem *Dramatiker* Tieck keineswegs nahesteht (vgl. unten seine Genoveva-Konrafaktur), und er ist selbstverständlich Kleistschüler, dies auch im Drama. Bringt man die drei Berliner Vorbilder auf einen Begriff, so könnte man sagen: Auf Hebbel wirkt die Romantik an dem Punkt, wo der transzendentale Idealismus Jenas nicht mehr ganz ernst genommen, um so entschiedener aber eine *transzendentale Artistik* erstrebt wird, etwa im Sinne von Tiecks Aufsatz *Shakespeares Behandlung des Wunderbaren*. Dies ist es, was Julian Schmidt richtig herausfindet, wenn er in der erwähnten Äußerung feststellt: »Er ist Idealist nur, insofern er eine jenseitige Welt symbolisch [!] in dieses Reich der Nacht hereinscheinen läßt.« Hinter der Symbolik vermutet der neue Nicolai Taschenspielerei, und

---

einer völlig oberflächlichen Einstellung degradiert. – Auch Otto Ludwig erscheint bei Emil Kuh in einem möglichst ungünstigen Licht (vgl. z.B. seine Briefe an Hebbel vom 2. 11. 1856 und 10. 10. 1857). – Sogar scherzhafte Anspielungen auf Julian Schmidt verraten die Allgegenwart des Feindes im Kreise Hebbels (Emil Kuh an Hebbel 24. 6. 1858).

es ist auch wahr, daß Hebbel durch seinen Tiefsinn nicht nur die Zensurbehörden des Vormärz beruhigt hat, sondern heute noch Hebbelforscher täuscht, wenn sie z.B. die Schauerballade *Vaterunser* wegen ihrer christlichen Sinnbildsprache für das Christentum vereinnahmen wollen. Er gebraucht die christlich-volkstümlichen Symbole, weil er keineswegs bewußt die Esoterik anstrebt, sondern nach Uhlands Vorbild »einfach«, allen verständlich dichten möchte. In diesem Punkt läßt er sich auch von den radikalen Junghegelianern, die eine unmißverständliche Klarheit im Sinne Feuerbachs wünschten, nicht belehren; uns, den Nachgeborenen, sagt er aber mit vollkommener Klarheit, daß diese religiösen Symbole *nicht christlich gemeint* sind, und ich denke, daß daran auch eine tiefenpsychologische Interpretation nichts ändert; denn die Bibel, die das Kind Hebbel las, enthielt nach seinem wiederholten Zeugnis keine verbindliche christliche, sondern *irgendeine* Mythologie. Er konnte die jüdische, die heidnisch antike, die germanische Mythologie genauso dichterisch »anwenden«.

Das wichtigste Zeugnis für die religiöse Bindungslosigkeit von Hebbels mythologischer Symbolik findet man wohl in einem Brief an Friedrich von Uechtritz (23. 5. 1857): »Was hätte Sie in ethisch-reinen [!], die Selbstcorrectur der Welt abspiegelnden Gedichten, wie Vater unser, Virgo et mater u.s.w. verletzen können, wenn nicht der Gebrauch [!], den ich in dem einen vom Vater unser und in dem anderen von der Madonna machte? Und wenn es mir vor einer Reihe von Jahren nicht gelang, Arnold Ruge [!] darüber zu beruhigen, daß ich, wie er sich ausdrückte, meine tiefsten Ideen an diese ›weltgeschichtlichen Fratzen‹ anknüpfte, so glaubte ich doch, mich mit Ihnen leichter darüber zu verständigen, daß ich diese tiefsinnigen Symbole in meinen Kreis hinein zöge. Religiös unnahbar können sie mir ja nicht seyn, wie dem Offenbarungsgläubigen, der sich ihrer freilich so wenig in meinem Sinn bedienen [!] darf, wie des Abendmahl-Kelchs zum Trinken, und Willkür und Vorwitz liegt doch auch nicht darin, wenn ich sie vorzugsweise anwende [!], da sie auf's untrennbarste mit der jetzigen Welt-Anschauung verbunden und darum Jedermann [!], dem Letzten, wie dem Ersten, zu jeder Zeit klar und gegenwärtig sind.« Es hat also Diskussionen zwischen Hebbel und dem junghegelianischen Führer Ruge über die Verwendung des Wunderbaren und der Mythologie gegeben, so wie es lange Gespräche zwischen Mörike und seinen junghegelianischen Stiftsfreunden Strauß und Vischer über das gleiche Thema gab (vgl. u. S. 697). Der Unterschied ist nur, daß Hebbel seinen artistischen Grundsatz völlig eindeutig formulieren kann, während Mörike nie so vollständig mit den transzendenten Inhalten der Romantik gebrochen hat, denn sie blieben auch im Biedermeier, wenigstens als wunderbare Ahnung und Möglichkeit, gültig. Der Ton von Hebbels Äußerung ist in seiner *Entschiedenheit,* religionsgeschichtlich gesehen, völlig Feuerbachisch, obwohl nicht der junge, bewußt antichristliche Dichter, sondern der nachrevolutionäre, tolerante Hebbel sich äußert. *Diese frühe Abwendung vom Christentum ist vor allem darin begründet, daß alle empfindsamen Vermittlungen zwischen dem Christentum und dem modernen Denken, mit deren Hilfe zwischen 1748 (Messias) und 1848 (Märzrevolution) das christliche Abendland repariert worden war, entfallen.* Jean Paul, ein Hauptträger dieses *Restchristentums* mit Unsterblichkeit, Liebesprinzip und viel Phantasie, ist dem Dichter nicht nur wegen seiner sprachlichen und »humoristischen« Willkür, sondern auch wegen seiner empfindsamen Form osigkeit verdächtig. In dieser Abwertung des gewaltigen, die Biedermeierzeit vom jungen Börne bis zum jungen Stifter vielarmig umstrickenden Dichterfürsten besteht eine fast vollständige Übereinstimmung Hebbels mit den Junghegelianern und programmatischen Realisten. Aber diese Ablehnung des Wolkigen, Verschwebenden und unverbindlich Gefühligen bedeutet keine Abwertung des Instinkts in einem elementaren Sinn (»künstlerische Zeugung«, s. o.) und keine Verachtung der Phantasie in einem präzisen artistischen Sinn. Im Gegenteil, Phantasie und Instinkt sind Lieblingswörter des Kunsttheoretikers und auch des Literaturkritikers Hebbel (s. u.). Diese komplizierte Position wirkt sich dann etwa so aus, daß Hegels Ausspruch über den *Othello* nach einer Tiecklesung (»Wie zerrissen muß dieser Mensch – *Shakespeare* nämlich! – in seinem Innern gewesen sein, daß er das so darstellen konnte«) als »unglaubliche« professorale Ahnungslosigkeit erscheint, weil nämlich die Tragödie zerrissen sein muß, nicht der Dichter als Person. Ob Tieck mit solchen Anekdoten (Reiseeindrücke Berlin VII) dem dialektischen Philosophen »Professor, sind Sie des Teufels?«) gerecht wurde, interessiert hier nicht. Hebbel erzählte sie jedenfalls mit Beifall weiter, um den nicht unbegründeten Verdacht des Hegelianismus wieder einmal von sich abzuwälzen*. Dagegen bezeichnet er sein historisches Verhältnis zu Tieck in einer Weise, das seinen vermeintlichen Realismus nur *als eine Art notwendigen Ballasts für den fortbestehenden künstlerischen Idealismus* erkennen läßt, womit allerdings zugleich mit Scharfsinn der historische Ort aller bedeutenden Dichter der Biedermeierzeit gekennzeichnet wird: »Da zeigte es sich in einem concreten Fall, daß der Altmeister das Bestreben des Jüngeren, allen seinen Gebilden eine reale Basis zu geben, und das Moment der Idealität ausschließlich in die Verklärung [!] dieser Basis legen, für eine Art von Furcht hält, das Element in reine Poesie aufzulösen, während der Jüngere sich nur dadurch vor der Abirrung in's Leere schützen zu können glaubt.« Es war z. B. selbstverständlich, daß der junge Hebbel *Leben und Tod der heiligen Genoveva, ein Trauerspiel* von Tieck (1799) für eine »Abirrung ins Leere«, für transzendentalen und zugleich stilistischen »Schaum« hielt (Grabbe über seine *Hohenstaufen,* s. o. S. 164). Der jüngere Dichter mußte dem Drama, wenigstens in Golo, eine sehr irdische (psychologische) Basis geben; aber dies bedeutete in keiner Weise, daß Hebbel zugleich auf alle übernatürlichen Motive, die die mittelalterliche Legende anbot oder nahelegte, zu verzichten hatte. In dieser bewußten Symbolik, die man vielleicht bereits Symbolismus nennen kann, liegt ein wesentlicher Unterschied zwischen Hebbel und Immermann, der sich schon erheblich früher gedrängt fühlte, das *Trauerspiel in Tirol* (1828) durch *Entmythologisierung* an die zur Herrschaft drängenden realistischen Prinzipien anzupassen (vgl. u. S. 845 f.).

---

* Hebbel erhoffte sich von Tieck, der auch im hohen Alter noch Einfluß auf das Berliner Hoftheater hatte, Hilfe bei der Annahme seiner Stücke, die für die Intendanten stets ein Wagnis waren. Daher sind Bekenntnisse zur alten Schule in diesem Zusammenhang stets mit Vorsicht zu verwerten, z. B. das folgende: »Niemand hat den Kampf für Tieck, Kleist u. s. w., der neuen Schule gegenüber [nachher wird auf Laube angespielt], vom ersten Moment an mit so viel Energie und Konsequenz geführt, wie ich; ...ich sage nicht zu viel, wenn ich behaupte, daß neun Zehntheile meiner Gegner es nur deshalb sind, weil ich mich ihren Verunglimpfungen des Alten widersetzte. Freilich ist das bei meinen Überzeugungen nur meine Pflicht« (an J. V. Teichmann 14. 2. 1852).

Friedrich Hebbel

Hebbels frühe Entfernung vom Christentum bedeutete nicht, daß sogleich die Arti stenkälte gewonnen wurde, die zum unbekümmerten »Gebrauch« von Kunstmythologi notwendig ist. Der Verlust des Christentums äußerte sich zunächst in der zeittypische Form des *Weltschmerzes,* des Nihilismus. Dieser erschien der deutschen Hebbelfor schung der 1930er und 1940er Jahre so aktuell, daß man in ihm den schöpferischen un vorausweisenden Grund des Dichters zu finden glaubte. Klaus Ziegler selbst erkannt nach dem Kriege, daß dieser interessante Nihilismus eigentlich nichts weiter als de christliche Zweifel am Diesseits in einer säkularisierten Form war [25], so daß sein späte rer Nachweis von Hebbels Restchristentum überflüssig erscheinen kann. Ich selbst hab immer wieder auf den Zusammenhang zwischen dieser deutschen Weltschmerzströmun und der europäischen Spätromantik (Byronismus) hingewiesen und nicht nur ein Gruppe von »Weltschmerzpoeten«, die sich sonst nirgends einordnen lassen (vgl. Bd. S. 225–238), aufgestellt, sondern auch Berthold Auerbachs Vorstellung einer »Wel schmerzperiode« übernommen, um verständlich zu machen, *daß sich fast jeder Dichte mit dieser pervertierten Form des Christentums auseinandersetzen mußte, und zwar ke neswegs nur im unfreien Mitteleuropa Metternichs.*

Der Weltschmerz des jungen Hebbel hat wie der Büchners ein besonderes, faszinier des Gepräge. Man versteht, daß sich die Jugend – ich fürchte: heute vor allem die deu sche – von diesen welt- und gottesmörderischen Tiraden immer erneut bezaubern läß Aber in dieser Sphäre liegt nicht die wesentliche Leistung des Dichters, *hier schwimmt e mit.* Wir verzichten daher an dieser Stelle auf die Zitierung der bekannten tristen Stelle aus Tagebuch, Briefwechsel, Tragödie und begnügen uns mit der Wiedergabe eines wel schmerzlichen Gedichtes, obwohl sonst gerade die Lyrik ein poetischer Raum war, d die Überwindung der Zerrissenheit leichter erlaubte als die häufig *in ihrem Grunde* vo der Zerrissenheit lebende Tragödie des frühen 19. Jahrhunders (vgl. Bd. II, S. 350).

Das Kind

Die Mutter lag im Todtenschrein,
  Zum letzten Mal geschmückt;
Da spielt das kleine Kind herein,
  Das staunend sie erblickt.

Die Blumenkron' im blonden Haar
  Gefällt ihm gar zu sehr,
Die Busenblumen, bunt und klar,
  Zum Strauß gereiht, noch mehr.

Und sanft und schmeichelnd ruft es aus:
  Du liebe Mutter, gieb
Mir eine Blum' aus deinem Strauß,
  Ich hab' dich auch so lieb!

Und als die Mutter es nicht thut,
  Da denkt das Kind für sich:
Sie schläft, doch wenn sie ausgeruht,
  So thut sie's sicherlich.

Schleicht fort, so leis' es immer kann,
Und schließt die Thüre sacht
Und lauscht von Zeit zu Zeit daran,
Ob Mutter noch nicht wacht.

Der Dichter verwendet die von Claudius, Goethe, Uhland u. a. entwickelte »naive« Darstellung zu einem Gedicht, das von Schauerballaden wie *Der Heideknabe* oder *Vaterunser* nicht allzuweit entfernt ist. Man kann die Verse eine Kontrafaktur des so beliebten biedermeierlichen Kindergedichts nennen. Es gibt Kindergedichte Hebbels, die dem herrschenden Geschmack inhaltlich ziemlich genau entsprechen. Doch sind auch sie im Stil fast immer so spröd und umrißscharf wie das zitierte Gedicht. Sie sind konkret und nicht empfindsam zerflossen. Der »kurze Stil« (vgl. Bd. I, S. 619 ff.) ist eine Eigentümlichkeit fast aller Dichter, die im Weltschmerz wurzeln (Platen, Grabbe, Büchner usw.). Aber Hebbel meistert ihn in der Lyrik nicht immer. So wäre z. B. das allzu lakonische Gedicht *Das Grab* in jedem Hörsaal – zitiert – ein Heiterkeitserfolg, obwohl es trübselig wirken soll. Wie gebrochen Hebbels Verhältnis zum einfachen Leben, zum Volk, zur Naturidyllik und damit auch zum Biedermeier war, vergegenwärtige das Gedicht

Erquickung

Der Vater geht hinaus auf's Land
Sein munt'res Knäblein an der Hand;
Getragen ist des Tages Last,
Nun geht er bei der Nacht zu Gast.

Solch frisches Menschenangesicht,
D'raus Heiterkeit und Friede spricht,
Das ist mir, wie ein Bibelbuch,
Ich schau' hinein, und hab' genug.

Bin längst nicht mehr der Thor, der fragt:
Was hast du selber dir erjagt?
Das aber giebt mir ein Gefühl,
Als gäb's für And're doch ein Ziel.

Mit solchen schlichten, ehrlichen Betrachtungen entfernt Hebbel sich vom Weltschmerz, in dem ganze Kompanien zeitgenössischer Poeten, aber auch bedeutendere Dichter weiterwühlten.

Trotzdem bleibt der Abstand zwischen diesem »schroffen« Dichter und dem behaglichen *Biedermeier* stets spürbar. Er befindet sich, wie das zitierte Gedicht belegt, persönlich, als erlebender und denkender Dichter, eigentlich immer wieder auf dem Wege zu ihm. Aber er kann nicht ankommen. Das verbietet ihm der Weltschmerz und der Stolz, noch mehr eine idyllenfeindliche Ästhetik und Anthropologie. Hebbel hat unter den Freunden des Biedermeiers und der mit diesem so eng verbundenen altösterreichischen Dichtung noch immer schwer zu leiden. Es fällt mir auf, daß die Verehrer des alten Österreich mit dem norddeutschen Dichter fast noch rauher umgehen als die Hebbelforscher mit den Österreichern*. Deshalb sei hier um der Gerechtigkeit willen zunächst festge-

---

* Man vergleiche etwa Roland *Edighoffer,* Hebbel und Grillparzer, in: Hebbel-Jahrbuch

stellt, daß Hebbels Biedermeierkritik einen ehrenwerten Grund hatte, nämlich seine Ablehnung des Provinzialismus. Wie sollte er geduldig dem Erfolg von Berthold Auerbachs *Schwarzwälder Dorfgeschichten* (1843–1853) zusehen, da er so bestimmt wußte, daß es nicht auf den Teil, sondern auf das Ganze ankommt. Gotthelf, Immermann, Auerbach fanden in allen Landschaften begeisterte Leser und zahllose Nachahmer, während man für Hebbels Widerstand gegen Biedermeier und Realismus wenig Verständnis zeigte. Die »absurde Bauernverhimmlung« seiner Zeit erscheint ihm lächerlich. Ob er wirklich bewußt Anti-Dorfgeschichten geschrieben hat *(Anna, Die Kuh)* [26], erscheint mir zweifelhaft; denn es sind zunächst, nach seinem eigenen und der Zeit Ausdruck, einfach »Nachtstücke«, also Schauererzählungen; aber der Abstand zwischen Hebbel und dem biedermeierlichen Provinzialismus – das läßt sich nicht leugnen – ist gewaltig. Mit großer Konsequenz spielte er, spätestens seit Kopenhagen und Paris, den Großstädter. Äußerungen und Verhaltensweisen verraten, daß er sich mit Eigensinn, mehr als ihm gemäß war, in einen antibiedermeierlichen Großstadt-Mythos hineinsteigerte.

Dem österreichischen Volkstheater, das nicht nur allgemeine Zugeständnisse an die Volkstümlichkeit machte, sondern auch noch speziell den Wienern huldigte und mit dem er in keiner Weise konkurrieren konnte, mißtraute er kaum weniger als den Dorfgeschichten, schon wegen des fehlenden Kunstsinns des Publikums, das auf jede »hohle Phantasterei« hereinfiel (Brief an Saint René Taillandier in Montpellier v. 9. 8. 1852) d. h. keine Psychologie forderte. Die bekannten Beschimpfungen von Raimund (»Tollhausspuk«) und Nestroy (»Plumpudding-Genius«) darf man wohl nicht so stark betonen, wie dies manchmal geschieht; denn sie entstammen der Vorwiener Zeit, einer Besprechung von Ludolph Wienbargs *Die Dramatiker der Jetztzeit* (Altona 1839). Doch braucht man nur Hebbels brave Komödien zu lesen, um zu wissen, daß ein unüberbrückbarer Abstand zwischen ihm und den kühnen Meistern des Volkstheaters bestand. Bei Hebbels späterer, gelegentlich von unwillkürlichem Lob (vgl. o. S. 206) unterbrochener Nestroy-Kritik ist auch zu beachten, daß die hegelianische Ästhetik die ironisch-satirische Dichtung aus Grundsatz ablehnte, daß hier also kein eigentliches Individualurteil vorliegt.

Die gleiche prinzipielle Verachtung der Hegelianer und Realisten traf, wie wir schon wissen (vgl. Bd. I, S. 276 ff.), die empfindsame Dichtung. Die Dorfgeschichte, besonders die Auerbachsche, an Höhepunkten auch die Gotthelfs, machte dieser Tradition noch manches Zugeständnis. Aber damit ist der Grund für Hebbels Ablehnung biedermeierlicher Dichtungen noch nicht erschöpft. Das Epigramm *Die alten Naturdichter und die neuen* stellt, historisch richtig, einen Zusammenhang zwischen der älteren beschriebenen

1949/50 und Christian *Jenssen,* Friedrich Hebbel und seine Gegner, Hebbel-Jahrbuch 1954, auch Lothar *Beinke,* Osnabrück, Unterschiede in den Auffassungen von Grillparzer und Hebbel, in: Jb. d. Grillp. Ges. 3. Folge, Bd. 9, 1972, mit Zdenko Škreb, Grillparzer und Hebbel, in: Österreich in Geschichte und Literatur Bd. 16, 1972, oder mit Friedrich *Sengle,* Der Anti-Idylliker von Paris bis München, in: Jb. d. Grillp. Ges., 3. F. Bd. 12, 1976. Das sind eigentlich schlimme Fehden, wenn man es mit der Literaturgeschichte ganz genau nimmt. Biedermeiertradition erkennt man vor allem in der beliebten Wiederholung einer Grillparzer-Anekdote: »Auf die Frage: ›Warum wollen Sie nicht mit Hebbel bekanntwerden?‹ antwortete Grillparzer: ›Ich trau' mich nicht, er könnt' mich fragen, wozu Gott die Welt erschaffen hat und das weiß ich nicht. Er aber weiß es.‹« Nach L. *Beinke* (s. o.), S. 183

den Poesie (Brockes) und der biedermeierlichen (Stifter) her, führt aber die Vorliebe für das Konkrete und Kleine auf einen ganz falschen Grund zurück: » Weil ihr die Menschen nicht kennt. « Der Vorwurf ist bei Brockes oder Haller absurd, bei Stifter noch absurder, und im Grunde widerlegt ihn der in der Logik nicht eben starke Dichter in einem späteren Vers selbst: » Säht ihr das Sonnensystem, sagt doch, was wär' euch ein Strauß? « Die Frage gehört in einen Zusammenhang, den wir kennen: Hebbels Überbetonung des Kosmischen gefährdet seinen Humanismus. Schon in diesem Kontext erscheint der Idyllendichter Geßner, obwohl er sich wahrhaftig keineswegs für » Käfer « und » Sonnenblumen «, sondern für den neuen, einfacheren und besseren *Menschen* interessierte und damit Europa begeisterte. Die Gesamterscheinung der deutschsprachigen idyllischen Dichtung – man erkennt sie mehr und mehr als gar nicht so harmlose Ergänzung zur deutschen Tragödie – hält Hebbel sehr schlicht für Trivialliteratur: » Die Schäferchöre, die hinter Geßner herzogen, waren um Nichts anständiger (sie zeigten's, wenn sie angegriffen wurden!) als die Räuberbanden, die Schiller als Chef begrüßten « (an Uechtritz 28. 1. 1859). Die Äußerung verrät, daß Hebbels Stifter-Verriß nicht etwa einer persönlichen Abneigung, sondern seinen universalistischen (hegelianischen) Prinzipien entsprang. Der Teil wird in diesem Weltbild nicht absolut entwertet; er darf aber nicht die Bedeutung besitzen, die er im Biedermeier in jeder Beziehung (Familie, Landschaft, Detailbeschreibung) erlangt. Hinsichtlich der Ablehnung der » Dichter des Detail «, d. h. des Biedermeiers (vgl. Bd. I, S. 287 ff.) scheint Hebbel mit den realistischen Programmatikern *einer* Meinung zu sein: » Die künstlerische Phantasie ist eben das Organ, welches diejenigen Tiefen der Welt erschöpft, die den übrigen Facultäten unzugänglich sind, und meine Anschauungsweise setzt demnach an die Stelle eines falschen Realismus, der den Theil für das Ganze nimmt [!], nur den wahren, der auch das mit umfaßt, was nicht auf der Oberfläche liegt « (T 6133) [27]. Das könnte auch Julian Schmidt oder Freytag gesagt haben. Eine genauere Untersuchung würde freilich, wenn ich richtig sehe, beweisen, daß Hebbels Haltung noch intoleranter war. Während Julian Schmidt die Dorfgeschichte, trotz seiner prinzipiellen (nationalen) Provinzialismus-Kritik, wenigstens als Vorstufe gelten läßt, führt der umfassende Phantasie- und Ideebegriff des Tragikers gelegentlich zu einer emotionalen Verurteilung alles dessen, was er in der Dichtung für » klein « hält und seinem monumentalen Ideal nicht entspricht.

Ist Hebbel ein Junghegelianer?

Wenn der neue Nicolai, Julian Schmidt, den Dichter mit den Jungdeutschen zusammenwirft (s. o.), so ist dies pure Bosheit. Hebbels kühles Verhältnis zu Heine während der Pariser Zeit, seine beharrliche Gutzkow-Kritik, seine langjährige Auseinandersetzung mit Laube trennt ihn deutlich von der jungdeutschen Gruppe; vor allem aber macht ihm sein schwermütiges Seelenleben jeden wesentlichen Anteil an der traditionellen Witzkultur (vgl. Bd. I, S. 191 f.) unmöglich. Sein wichtiger Aufsatz *Über den Stil des Dramas* (1847) ist nicht absolut rhetorikfeindlich; aber das, was die Jean Paul-Schule, zu der auch die Jungdeutschen noch halb und halb gehörten, stilgeschichtlich kennzeichnet, lehnt er

mit großer Entschiedenheit ab: »Der poetische Styl... reiht sie [die ›lebendigen Wörter‹]
so aneinander, daß sie sich durch den Schatten, den sie werfen, den Glanz, den sie verbreiten, gegenseitig nach jedesmaligem Bedürfnis des Colorits verdunkeln oder heben; er
wird die ihm nothwendige Bildlichkeit aber nie durch die Verstandes-Operation der Bil-
derhäufung erreichen wollen, denn er weiß, daß ein sogenanntes Bild, wenn es nicht aus
der Sprache heraus geboren, sondern mühsam aufgejagt und umständlich ausgemalt
wird, selten etwas Anderes ist, als eine chinesische Laterne, die der banquerotte Poet neben einer grauen Abstraction aufhängt, um Blödsichtige zu täuschen.« Der hier vorgetragene Grundsatz entspricht dem allgemeinen hegelianischen Kampf gegen sprachliche
»Kapriolen« (D. F. Strauß, vgl. Bd. I, S. 634). Auch die hegelianische Abneigung gegen
jede Art von ironischer und satirischer Literatur läßt sich aus Hebbels Äußerungen direkt
belegen. In dem Sonett *Schönheitsprobe* nennt er die Dichtungsweisen, denen »Faun und
Satyr Beifall zollen«, »Afterschwestern« der »echten Schönheit«; denn diese fühle sich
»geschieden / Von allen Kämpfen«. Auf stilgeschichtlichem Gebiet ist Hebbels junghegelianische Kritik an den Jungdeutschen besonders leicht zu erkennen*. Trotzdem ist diese
Differenz noch kein Allgemeinbesitz der Hebbelforschung. Allgemein bekannt dagegen
sind die Rezensionen von 1849 *(Das Urbild des Tartüffe, Struensee)*, in denen der Dichter
mit überwiegend dramaturgischer Begründung die Zweitrangigkeit Gutzkows und Laubes, seiner erfolgreichen Konkurrenten auf dem Theater, nachzuweisen sucht.

---

* Die publizistischen Cliquen, die die Literatur an ihrer Oberfläche zu beherrschen pflegen, lö-
sten sich nach 1830 sehr rasch ab. Man darf von einem *Zweifrontenkrieg Hebbels gegen Jungdeutsche und programmatische (bürgerliche) Realisten* sprechen, in der Weise, daß Hebbel, nach anfänglichen Bemühungen Gutzkows, ihn in seine Clique zu ziehen (Tagebuch I, Nr. 1865, 1839), die
Jungdeutschen jugendlich-unbekümmert mit junghegelianischen Argumenten (keine direkte Tendenz, strenger Gattungsbegriff) angriff, später aber in der Hauptsache selbst ein Angriffsziel der äußerlich (publizistisch, theatralisch) sehr viel stärkeren Jungdeutschen und der neu aufgetauchten,
ebenso starken Vertreter des programmatischen oder bürgerlichen Realismus war. Ein besonders
wertvolles Zeugnis ist die *Verteidigung seiner Abwehr an den beiden Fronten;* denn diese waren so
stark, daß sie offenbar auch dem befreundeten englischen Briefempfänger imponierten: »Es ist mir
gar nicht in den Sinn gekommen, gegen die Herren Gutzkow und Freitag ästhetisch zu Felde zu ziehen; ich habe bloß positive Tatsachen aussprechen wollen, Tatsachen, die in Deutschland allgemein
bekannt sind [!] und mit denen ich England [in dem Aufsatz für eine englische Publikation] bekannt
machen mußte, wenn ich den vorliegenden Fall präzisieren sollte. Oder wie würde es dem Engländer
begreiflich, daß die besten deutschen Romane einen viel geringeren Ruhm erlangten, als die weniger
guten, wenn die zufällige Stellung der Autoren ihm das Rätsel nicht löste? Er könnte höchstens annehmen, daß die deutsche Nation das verhältnismäßig Schlechte oder Geringere dem Vortrefflichen
vorzöge, und das wäre dann doch, wenigstens diesmal ein großer Irrtum. Es würde mir, diesen notorischen Cliquenführern gegenüber [!], die gegen mich bei jeder Gelegenheit, und eben jetzt wieder,
alle unehrlichen Waffen brauchen, vielleicht [!] gar nicht zu verargen sein, wenn ich endlich einmal
meine ehrliche anwendete. Aber ich habe zu viel vom Coriolan in mir, um in eigner Sache etwas anderes, als ein Pfui! für sie zu haben. Allein, wenn ich die Behauptung ausspreche, daß ein Sohn Apolls
im Schatten steht, so muß ich doch auch auf den Popanz deuten, der ihn verdunkelt, um nicht die
Sonne selbst zu verdächtigen« (an John Marshall 30. 1. 1863). Richtig ist an dieser Äußerung, daß
Hebbels Verhalten im ganzen durch den Stolz des einsamen Genies bestimmt wird. Wie er aber als
junger Dichter selbst seine publizistischen Angriffe führte, so organisierte er auch später, mit Hilfe
seiner Freunde, z. B. Emil Kuhs, entschlossen die Verteidigung seines Werks. Diese Wehrhaftigkeit
unterscheidet ihn deutlich von Dichtern wie Mörike, Annette v. Droste-Hülshoff, auch Stifter.

Als ich bei den Vorstudien für meine Habilitationsschrift über *Das historische Drama
in Deutschland* Gruppen von Dramatikern zu bilden versuchte, gab es meines Wissens
den Begriff der *Junghegelianer* zwar in der Philosophiegeschichte, aber noch nicht in der
Literaturgeschichte. Die Byroniden (wie Grabbe, Büchner, Platen), die Jungdeutschen
und die Junghegelianer wurden durcheinander geworfen, *weil man vom traditionellen
Begriff einer einheitlichen Epoche nicht abrücken wollte.* Selbstverständlich gibt es
Übergangserscheinungen wie z.B. Robert Prutz. Aber die Gruppe der hegelianischen
Dramatiker (Griepenkerl, Julius Mosen, Lassalle, J. L. Klein, sicher vermehrbar) fiel mir
frühzeitig *durch ihren höheren Anspruch und eine entsprechend abstraktere Dramaturgie* auf. Gutzkow und Laube rechtfertigten sich in flott geschriebenen Vorreden zu ihren
Theaterstücken, die Junghegelianer dagegen verfertigten Abhandlungen, auch wenn sie
die äußere Gestalt von Vorreden wählten. An diese Gruppe junghegelianischer Dramatiker schloß ich Hebbel in einem besonderen Kapitel der erwähnten Habilitationsschrift
an. Seit der außerordentlich tüchtige Hebbelphilologe Wolfgang Liepe die Forschung be-
reicherte, wird die Vorstellung von einem Junghegelianer Hebbel manchmal grundsätzlich bezweifelt. Die erste philologische Grundlage dafür bildet die hartnäckige Leugnung
dieser Gruppenzugehörigkeit durch den Dichter selbst. Muß er es nicht selbst am besten
wissen? Man vergißt dabei, daß die Junghegelianer wie die Jungdeutschen eine revolutionäre Gruppe waren, deren Zeitschriften immer wieder verboten wurden. *Wer will einer derartigen Gruppe noch angehört haben, wenn ihr unmittelbarer Einfluß zurückgedrängt ist?* Zeitgenossen wie der besonders kenntnisreiche Publizist Menzel und Grillparzer, dem der hegelianische Griff nach dem Drama als der höchsten Gattung nicht entgehen konnte, rechneten Hebbel zu den Hegelianern. Es ist ferner zu bedenken, daß Hebbel nach dem zweiten Weltkrieg, also in der Zeit, da Liepe in die Hebbelforschung eingriff, »das Opfer einer undifferenzierten Entnazifizierung… geworden« war[28]. Wieder also, wie vor hundert Jahren, war es politisch opportuner, Hebbel nicht mit der Einordnung unter die Hegelianer zu belasten.

Eine ideengeschichtliche Widerlegung Liepes kann nur eine philosophie- und drama-
turgiegeschichtliche Abhandlung leisten. Auch wird es sich nicht darum handeln, den
selbständig denkenden und vor allem auch selbständig gestaltenden Dichter zu einem
Vollbluthegelianer zu machen. Eigentlich geht es nur um die Frage, ob Schubert und
Schelling wirklich so fundamental für Hebbels Weltbild und Dramaturgie waren, wie
Liepe annahm, oder ob ihm Hegels Ästhetik, wenigstens seine Dramaturgie, näher stand.
Der spätere Hebbel hatte nicht nur politische, sondern auch literarische Gründe zur Verleugnung Hegels. Die Kritik der programmatischen Realisten, die, wie wir bereits gesehen haben, den Dichter so hart wie Stifter und viele andere getroffen hat, bediente sich
zum Teil auch des hegelianischen Begriffsinstrumentariums; aber sie rückte energischer
als Hebbel von der Abstraktion ab, *sie machte Abstraktion zu einem Schimpfwort,* und,
was damit zusammenhängt, sie nahm von der konstruktiven, vom Klassizismus bevorzugten Form des Dramas Abstand und kultivierte nach englischem und französischem
Vorbild die Erzählprosa. Es ist bemerkenswert, daß sich Otto Ludwig, infolge seiner
Nähe zum programmatischen Realismus, zu Romanstudien und zu bedeutenden praktischen Versuchen auf dem Gebiet der Erzählprosa verlocken ließ, obwohl er doch primär

dramatischen Ehrgeiz hatte und sich im Kampf um das Drama abarbeitete. Hebbel hatte in den 1850er Jahren bereits richtig erkannt, daß ihm auf dem Gebiet der Novelle keine Höchstleistungen möglich waren. Um so dringender erschien es ihm, dem Vorwurf eines abstrakten, also unrealistischen Dramatikers entgegenzutreten; *auf dieser taktischen Linie lag auch die Leugnung des Hegeleinflusses.* Daß er es in dieser Hinsicht nicht immer genau mit der Wahrheit nahm, sei wenigstens an einem Punkt nachgewiesen. In dem Brief vom 8. Juli 1843 (an Hermann Hauff), als Menzel den auch politisch gefährlichen Vorwurf des Hegelianismus gegen ihn erhoben hatte, behauptet er, er habe »erst in Copenhagen [1842/43]... angefangen [!]«, »sich mit ihm [Hegel] vertraut zu machen«. Acht Jahre später (19. 4. 1851) schreibt er an Dingelstedt, der damals in München war, er habe während seines Münchner Studiums (1836–39) »Hegel und Schelling so lange« studiert »bis ich sie (buchstäblich) mit Füßen trat, weil sie mich verrückt machten«. Diese Äußerung ist bestimmt kein Zeugnis für ein tiefes Hegel-Verständnis; wenn man aber von der Hypothese ausgeht, daß Hegels ästhetische Vorlesungen eine Grundlage für seinen Übergang zum Drama (*Judith* 1840) und für den Inhalt seiner Dramaturgie bildeten, liegen die Dinge anders; denn Hegels Ästhetik ist, im Gegensatz etwa zur »Phänomenologie«, besonders in den einzelnen Kapiteln über die Dichtungsgattungen, leicht verständlich.

Ich habe viele meiner früheren Meinungen über Hebbel revidiert. Wenn ich an diesem Punkte fest bleibe, so sind *gruppengeschichtliche Beobachtungen,* die dem Ideengeschichtler oft entgehen, die Hauptursache dafür. Liepe sagt, man habe den sehr früher Feuerbach-Einfluß mit dem Hegels verwechselt. Man kann darauf erwidern, daß für die Einordnung des Dichters die Frage, ob die Begriffswelt des Philosophen von Hegel direkt oder auf dem Wege über einen Schüler Hegels rezipiert wurde, zweitrangig erscheint. Der Feuerbach-Einfluß ist im Gegenteil ein Hinweis auf die *allgemeine* starke Ausbreitung von Hegels Ideen. An bedeutenderen Dichtern, die man vielleicht Schellingianer nennen darf, kenne ich nur Melchior Meyr. Sein Agnes Bernauer-Drama wurde vom Berliner Hoftheater, offenbar auf Schellings Rat, angenommen, während man für Hebbels Tragödie über den gleichen Gegenstand keine Verwendung hatte. Wir lernten Melchior Meyr als einen frühen, besonders erfinderischen Vertreter des idyllischen Epos und als Pionier der Dorfgeschichte kennen. 24 Jahre vor Hebbels *Mutter und Kind* erschien *Wilhelm und Rosina* (Bd. II, S. 720f.). Der bayerische Schwabe hatte keine Schwierigkeiten mit dem Idyllischen, er ordnete sich freudig in die »Schäferchöre« (s. o.) ein. Schon daraus ergibt sich sein weiter Abstand von dem Idyllenfeind Hegel. Aber Hebbel als Schellingianer? Selbstverständlich gab es Auseinandersetzungen mit andern Hegelianern. In welcher Gruppe gibt es sie nicht? Wie hörten schon von der Differenz zwischen Hebbel und Arnold Ruge hinsichtlich der mythologischen Symbolik. Wichtiger erscheint mir Hebbels intensives Zusammenleben mit Ruge in Paris: »wir wurden schneller gute Freunde, als ich es noch, Oehlenschl[äger] ausgenommen, mit irgend Jemanden geworden bin« (6. 3. 1844 an Elise Lensing). Ergänzt wird dieser geistige Verkehr mit dem junghegelianischen Organisator durch die enge Freundschaft mit Felix Bamberg, der im Stil der hegelianischen Abhandlung schon 1846 ein intensiv werbendes Buch über Hebbel veröffentlicht hat (s. o.). Man darf wohl darüber hinaus feststellen, daß die meisten freundlichen Äußerungen über die frühen Tragödien des Dichters von Ruge gesteuert

der sonst junghegelianischen Ursprungs gewesen sind. Auch Theodor Rötscher, der
>päter, mit wenig Mut und Kraft, Hebbels Interessen am Berliner Hoftheater vertrat, war
ach der ganzen Art seiner Argumentation (vgl. Bd. II, S. 334 f., S. 370) ein Hegelianer,
enn auch kein Junghegelianer. Nach einem Brief von Emil Kuh an Hebbel (9. 1. 1858)
atte damals ein Berliner den »vortrefflichen« Namen »Don Quixote der Hegel'schen
chule« für ihn gefunden. Mit allen diesen Hinweisen soll nicht behauptet werden, daß
ch der Dichter glatt in die hegelianische Gruppe eingliederte. Das verbietet, auch abgehen von seinem zur Isolierung neigenden Charakter, schon das von uns erwähnte frühe
Mitschwimmen in der Weltschmerzströmung und später die Annäherung an einen Klas-
zismus, der zwar vielleicht von der Ästhetik Hegels vorgeprägt wurde, später sich jeoch eher auf die Autorität Goethes und Schillers stützte und, in der Praxis des dramati-
hen Schaffens, besonders von Kleists Vorbild mitbestimmt wurde. Doch ist auf der ei-
en Seite Hebbels vielgerühmte Modernität, auf der andern Seite sein ständiger Wider-
and gegen den »prosaischen« Realismus am leichtesten erklärbar, wenn man von einer
arken und nachhaltigen Prägung durch die hegelianische Ästhetik (seit etwa 1838) und
urch junghegelianisch-revolutionäres Geistesgut (in früher Jugend und dann wieder in
aris) ausgeht*.

Wenn Hebbel an Georg von Cotta (10. 11. 1857) schreibt, er habe sich damit begnügt,
in dem alten Prachtbau unserer Literatur eine bescheidene Nische auszuführen«, so ist
ese bescheidene Äußerung selbstverständlich auf den Klassiker-Verlag Cotta berech-
t; aber sie stimmt mit der Feststellung überein, er gehöre zur »alten Schule« (s. o.). Be-

---

* Weitere Argumente und weiteres Material findet man in meinem Pariser Vortrag, Der
nti-Idylliker von Paris bis München, Hebbels Metaphysik und geschichtliche Erfahrung im beweg-
sten Jahrzehnt seines Lebens (1843–1852), in: Jb. d. Grillp. Ges. 3. Folge Bd. 12 (1976). Dort wer-
n auch schon, so weit es der Umfang erlaubte, die Briefe an Hebbel, hg. v. Moriz Enzinger in Zu-
mmenarbeit mit Elisabeth Bruck, Teil I, Wien 1973, Teil II, Wien 1975, ausgewertet. Bei einer
ündlichen Bearbeitung des Themas wird man auf die Originalbriefe zurückgehen müssen; denn
e Ausgabe war zu erheblichen Kürzungen genötigt. Außerdem muß man sich von allen Hegelia-
rn, die mit Hebbel in Berührung kamen – wichtig ist wohl auch Siegmund Engländer –, ein ge-
ueres Bild entwerfen, um die Rolle des Dichters in der Gruppe näher bestimmen zu können. *Eine
lche gruppengeschichtliche Arbeit wäre ein Beitrag zur Einschränkung der öfters beklagten Im-
menz der Hebbelforschung.* Auch eine genauere Einordnung des Dichters in die starke klassizisti-
he Tradition der Jahrhundertmitte, die mit dem Hegelianismus nur stellenweise identisch ist, wäre
wiß ergiebig. – Es ist merkwürdig, daß gerade in der Hebbelforschung, die in der Hauptsache von
ilosophisch gebildeten Germanisten getragen wird, die schlichte geschichtstheoretische Tatsache,
ß *individuelle Abweichungen* bei jeder Gruppenzuordnung als wahrscheinlich vorauszusetzen, ja
n biologisches Gesetz sind, meistens verkannt wird. Wenn man nur nach den *Unterschieden* zwi-
hen einem Dichter und den Normen der Gruppen fragt und nicht auch nach den *Übereinstimmun-
n,* wird jede historische Gruppenbildung zum Unsinn. Ich behaupte, daß diese vor allem im We-
en beheimatete *individualistische Dogmatik* die geschichtliche Wahrheit genauso verfehlt wie die
llektivistische (marxistische). Ist es naiv, wenn man hofft, die liberalistische Ideologie lasse sich
chter korrigieren als das von Parteien und Staaten geschützte marxistische Evangelium? Zur
leichzeitigkeit des junghegelianischen und französischen Einflusses in Paris – dies kompliziert das
oblem! – vergl. noch: Hermann Fricke, Paris als Schicksal Friedrich Hebbels, in: Hebbel-Jb. 1964,
105–128, bes. S. 114 ff.

sonders erstaunlich erscheint mir bei diesem anti-biedermeierlichen und anti-empfin
samen Dichter, daß er, nicht anders als Grillparzer, Mörike und Stifter, die Abkühlun
des seelischen Klimas im Zeitalter des bürgerlichen (kapitalistischen) Realismu
schmerzlich empfand: »Ganz neu [!] in dem Bilde [Europas] scheint mir das gänzlich
Verschwinden der Gemüthskräfte« (an Felix Bamberg 11. 6. 1856). In den gleichzeitige
Briefen Emil Kuhs an Hebbel sind nüchtern und realistisch Schimpfwörter. Julia
Schmidt und Gustav Freytag sind Spottfiguren; so gefiel es dem Meister. In seinem Ep
gramm *An die Realisten* läßt Hebbel selbst der »Träne« ausdrücklich ihr Recht; ß
möchte nur nicht, daß sich zu ihr, wie bei Dickens – er war ein Vorbild Julian Schmid
(vgl. Bd. I, S. 260) –, der »Schnupfen« gesellt. Ähnlich erscheinen der »Auswurf« und da
»Schnupftuch« als Symbole für einen falsch verstandenen Realismus (Epigramm *Niede*
ländische Schule). »Gemeine Misere ist aus der Kunst ausgeschlossen.« Kunst ist »d
vollständige Negation der realen Welt«[29]. Solche gewagten Äußerungen muß ma
nicht wörtlich, sondern dialektisch als Widerspruch zum verachteten programmatische
und bürgerlichen Realismus, der seit 1848 die Herrschaft zu übernehmen versuchte, ve
stehen; denn die überwiegende Zahl der Äußerungen zielt verhältnismäßig deutlich au
eine hegelianische Synthese des Gegensatzes von Idealismus und Naturalismus, wob
hinzuzufügen ist, daß schon im 18. Jahrhundert dieser Streit ausgebrochen war (Frü
aufklärung / Empfindsamkeit; Sturm und Drang / Klassik; »Ifflandismus« / Frühroma
tik usw.). Viele Dichter und Theoretiker hatten sich schon damals genötigt gesehen, i
diesem Streit zwischen »Ideal und Wirklichkeit« eine mittlere Haltung einzunehme
(Lessing, Herder, Goethe, Kleist, Moritz, Solger u. a.). Dieser ganze Prinzipienkrie
nicht zuletzt das Geschrei der Realismus-Fanatiker um 1850, erschien vielen Schriftste
lern wenig sinnvoll, ja töricht, und so auch dem Dichter, der damals in *Herodes und M*
riamne seinen weder realistischen noch idealistischen Höhepunkt erreicht hatte. Durc
aus typisch ist Hebbels Äußerung über das Reiter-Denkmal Friedrichs des Großen, d
der klassizistische Bildhauer Christian Rauch 1851 vollendet hatte und das der Dicht
sogleich nach seiner Vollendung in Berlin bewunderte. Die klassizistische Tradition d
Jahrhundertmitte war hier besonders eindrucksvoll repräsentiert. Vielleicht wußte He
bel auch, daß Rauch von Thorwaldsen, der dem angehenden Reisestipendiaten in K
penhagen eine Art künstlerischer Vaterfigur gewesen war, starke Anregungen empfa
gen hatte. Das Berliner Denkmal verbürgte dem Meister des Dramas die Fortdauer d
ewigen Kunst: »Seiner Unsterblichkeit gewiß, blickt der König von seinem kühnen Ro
auf den Haufen von Gaffern und Bewunderern herab, ... allein es sind nicht alle Züge d
Verwandtschaft zwischen ihm und dem Stamm, aus dem er hervorging, verwischt, es ß
etwas ›Erde‹ an seinem Stiefel sitzen geblieben, und gerade dies Bischen märkischer Erd
erhält ihn lebendig. Nichts Abscheulicheres, als der fürchterliche zweite Tod in Erz ur
Stein durch Bildner und Gießer, auf den es bei einer verunglückten Auferstehung imm
hinausläuft; dies idealistische Verblasen einer bedeutenden Menschengestalt in's Nich
der sogenannten reinen Form [!], oder das rohe Verbacken derselben zu einem Klumpe
Materie, worin der Realismus [!] sich gefällt. Beide Klippen sind glücklich vermieden [
und darum hat man einen Eindruck, als ob der Heros uns aus den Wolken noch einm
die Hand reichte« [30]. Bemerkenswert bei diesem Zitat erscheint, daß von dem Dorfg

chichtenkritiker die »märkische Erde« gesehen und anerkannt und doch zugleich der ⸺bstand vom Realismus festgehalten wird*.

Genrebilder und erzählende Dichtungen

Die Erzählungen und Genrebilder Hebbels erfreuen sich keines großen Ansehens. Als der Dichter ⸺ne Auswahl seiner Erzählversuche nach längerer Verlegersuche in Budapest [!] bei dem meistens ⸺ır den Stifter- und Grabbephilologen bekannten Verleger Heckenast veröffentlichte (*Erzählungen* ⸺nd Novellen 1855), verschwanden sie in der gewaltigen Masse der zum Teil meisterhaften Romane ⸺nd Novellen, die die deutsche Erzählkunst *gerade in diesen Jahren* des reifgewordenen Realismus ⸺nzubieten hatte. Es war ja die eigentliche Durchbruchszeit der *künstlerischen* Erzählprosa im ⸺eutschsprachigen Raum (vgl. Bd. I, S. 258). Diese Roman- und Novellendichtungen um 1855 kön- ⸺en teilweise schon als *Resultate des realistischen Programms* betrachtet werden, dem die Erzählun- ⸺en, Skizzen und Genrebilder Hebbels am allerwenigsten entsprachen. Wenn der Objektivismus das ⸺ennzeichen des damaligen Realismus wäre, hätten die überaus kalten Erzähldichtungen des Dich- ⸺rs Aufsehen erregt. Wir wissen heute jedoch, daß die Realisten eine subjektive, (menschlich) ver- ⸺ittelte Wirklichkeit darstellten (Richard Brinkmann, Gerhard Kaiser usw.). »Die Gemüthskräfte«, ⸺eren Verschwinden der Dichter nach 1848 beklagt, mußte man in Hebbels Erzählband weit mehr ⸺ermissen als im *Grünen Heinrich,* in der *Heiteretei,* in *Soll und Haben* und im *Ekkehard,* im *Son- ⸺enwirt,* in *Mozart auf der Reise nach Prag,* in den *Leuten von Seldwyla,* im *Nachsommer,* in der ⸺hronik der Sperlingsgasse usw. Ingrid Kreuzer beschreibt das Erzählwerk des Dichters aus der in- ⸺altlichen Perspektive so: »Das Menschenbild der Hebbelschen Erzählung rekrutiert sich nicht nur ⸺ozial ›aus dem Leben der niederen Stände‹…; einzig verwendetes Material des Autors ist auch der ⸺owohl psychisch defekte wie charakterlich mittelmäßige, geschichtlich irrelevante Mensch. Und ⸺lbst wenn dieser Charakter theoretisch als Fehlgriff, als Versager der ›Natur‹ erklärt wird, so geht ⸺e damit intendierte ›Verspottung des Seyns‹ unmerklich in eine Verspottung des *Menschen* über. ⸺enn dieser Mensch der Erzählung ist nicht *nur* dumpfer Spielball des Schicksals; er hat, wenngleich ⸺cht die Freiheit zur tragischen Würde, so doch die Möglichkeit zur moralischen Schuld. Hier ist ein ⸺unkt, an dem sich Erzählung und Tragödie berühren: denn auch diese – hier moralisch gewertete –

---

* Der allgemeine Teil wurde mit Absicht etwas weiter als gewöhnlich ausgedehnt, weil es, nach ⸺r Lage der Forschung, besonders schwierig ist, Hebbels historischen Ort einigermaßen klar zu be- ⸺immen. Hinderlich erschien mir vor allem die Tatsache, daß die klassizistische Tradition den mei- ⸺en Fachgenossen nur als Epigonentum gegenwärtig ist und daß sich diese in andern, vergleichba- ⸺n Ländern kaum zu beobachtende Vorstellung bei den Jüngeren zugunsten eines dogmatischen ⸺ealismusbegriffs eher noch verfestigt hat. Diese Schwierigkeit der *allgemeinen* Aufgabe war der ⸺ne Grund für die Ausführlichkeit der historischen Gesamtanalyse. Der andere war vielleicht die ⸺nlust, mit so geistreichen deutschen Forschern, wie sie der geistreiche deutsche Dichter von den ⸺reißiger Jahren bis heute angelockt hat, in ausführlichen Einzelinterpretationen zu konkurrieren. ⸺h verwende als Deutscher das höfliche Wort geistreich. Für die Freuden und Leiden, die der an- ⸺pruchsvolle, hegelianisch-tiefe Dramatiker den Westeuropäern von Anfang an bereitete, ist der ⸺ebbel-Essay des wichtigsten damaligen Mittlers zwischen deutscher und französischer Literatur, ⸺int-René *Taillandiers* (Revue des deux mondes, Brüssel 1852, Teil 4, S. 519–557), wohl das aus- ⸺rucksstärkste Zeugnis. Er findet den deutschen Dichter den andern deutschen Dramatikern über- ⸺gen; ja, er möchte in ihm den Shakespeare des 19. Jahrhundert begrüßen. Hebbel ist mutig wie kein ⸺nderer, ein psychologischer Analytiker und mächtiger Tragiker in einem. Warum muß er aber seine ⸺ramen fast immer durch »enigmatische« Tiefenbohrung, mystische Unklarheit, Komplizierung ⸺ber jedes verständige Maß hinaus verderben? Er ruft ihn leidenschaftlich dazu auf, doch endlich ⸺n Menschen und die Klarheit an die Stelle metaphysischer Verrätselungen zu setzen; und die ⸺offnung, an die er sich 1852 klammert, ist – Agnes Bernauer!

Friedrich Hebbel

Schuld ist die Schuld der Überheblichkeit des Individuums, einer Maßlosigkeit, die sich selber zum Maßstab setzt und ›die deshalb nicht unbedeutender‹ ist, ›weil sie lächerlich‹ ist... Um so lächerlicher, als dem Individuum der Erzählung zwar nicht der Anspruch, jedoch die tragische Größe, zwar nicht der Fall, jedoch die Fallhöhe abgeht. Und so entsteht die paradoxe Situation, daß Hebbel, der Erzähler, seinen Figuren gegenüber die Rolle des unbegreiflichen Lenkers einnimmt, dessen ›wahnsinniger Humor‹ sich an ihren psychischen Anomalien, an ihren sinnlosen Kapriolen ergötzt, und zugleich den moralisierend-didaktischen Zeigefinger hebt«[31]. Die Metapher vom »Zeigefinger‹ vermittelt ein zu biedermeierliches Bild vom Erzähler Hebbel; die Lehre pflegt nämlich höchst diskret zu sein. So schließt z. B. die Charakterskizze *Der Schneidermeister Nepomuk Schlägel auf der Freudenjagd* nach der Schilderung seiner durch und durch hämischen, ja bösartigen Freuden, die darin gipfeln, daß er die schönen schwarzen Haare seiner Frau für zwei Kronentaler verkaufen will – was diese »sanft, aber bestimmt« zur großen Enttäuschung des Gatten ablehnt –, mit der leisen Frage: »Und ist's denn so ganz ungerecht?« Nach den Begriffen der vorrealistischen Zeit wäre eine Strafpredigt für den Unmenschen fällig gewesen. *Herr Haidvogel und seine Familie* stellt einen ähnlichen Taugenichts dar; er ist nur eher leichtsinnig als roh, was ihn aber bei diesem schwerblütigen Erzähler keineswegs sympathisch macht. Als die Frau energisch wird, ihm keinen Pfennig mehr geben will und das Haus verläßt, setzt er sich zu den essenden Kindern an den Tisch: »›Was ist's auch weiter?‹ – monologisirte er nun käuend fort – ›ich bedinge mir ein Monatliches, das thaten Andere auch, und ehe sie's in's Wochenblatt setzen läßt, daß sie für meine Schulden nicht haftet, kann ich genug auf ihren Namen zusammen borgen! Heisa! Lustig! Was für Noth?‹« Das sind die letzten Worte des Genrebilds. Die negative Bewertung ist völlig eindeutig. Herr Haidvogel ist weder ein Eichendorffscher Taugenichts, noch ein Nestroyscher Lumpazi, noch ein Raabescher Unschuldsengel, der auf dem Parkett der Gesellschaft ausgerutscht ist. *Er wirkt abstoßend.* Als ich nachweisen wollte, daß ein Genrebild etwas anderes ist als eine Idylle, mit der es ständig verwechselt wird, fand ich kein geeigneteres Beispiel als *Herr Haidvogel und seine Familie* (Bd. II, S. 799).

Diese düsteren Geschichten sind eher ein Hinweis auf Hebbels Weltschmerzmetaphysik als auf seine Didaktik. Er vermeidet es, von seiner Zeit aus gesehen, auffallend ängstlich, allzu deutlich (rhetorisch) zu werden. Selbst in dem Märchen *Der Rubin* tritt an die Stelle einer gattungsgerechte fröhlichen Auflösung ein sauersüßer Schluß: »So ward ich denn glücklich, weil ich erbärmlich war« sagt Assad, der Held des Märchens, als ihm die Prinzessin zuteil geworden ist. Wie soll man diese ganz unmärchenhaften gemischten Gefühle Assads entschlüsseln? Man *muß* den Schluß beinahe auf Hebbels erfolglose Dichtung (Rubin) und auf seinen Erfolg als Ehemann (Prinzessin) beziehen. Daher versuchte der Dichter in der Komödie *Rubin* dem Erfolg des Märchenhelden eine überpersönliche Bedeutung zu geben (s. u.). Auch in Hebbels Märchen stoßen wir also auf eine *bewußte Vermeidung eines deutlichen Kommentars.* Dies ist ein Hinweis darauf, daß es nicht auf die pure Wirklichkeit ankommt – insofern besteht Ingrid Kreuzers Hinweis zu Recht –, sondern auf eine absolute, geradezu unmenschliche Objektivität der künstlerischen Form, gleichgültig, ob den Inhalt eine Begebenheit oder ein Charakter oder beides bildet. Kann man Hebbels »wahnsinnigen Humor« als Vorspiel der Moderne deuten, wie dies Ingrid Kreuzer tut? »Wahnsinniger Humor« ist treffend; der Unterschied zum gutmütigen realistischen Humor ist damit klar bezeichnet; aber die Bestimmung von Hebbels historischem Ort ist auch in den Erzählungen nicht so einfach. Das in diesem Zusammenhang angeführte Hebbel-Zitat weist nicht nur vorwärts, sondern auch zurück: »Eine Komik, die rein auf Characteren und Situationen beruht und sich aller Anspielungen enthält [!], wird gewiß einmal ihre Zeit wieder [!] finden, ist aber nicht für unsere Zeit...«[32]. Der Dichter gehört auch als Darsteller von *Narren* (im negativen, christlichen Sinn) zur *alten* Schule; vom Narrenschiff über Grimmelshausen und Wieland bis Heine und Nestroy lassen sich solche Karikaturen des Menschen finden. Und wie Hebbel in seinem Glauben an »ästhetische Gesetze« (s. o.) gegen Julian Schmidt darauf besteht, daß »Nachtstücke« (Schauererzählungen) eine legitime Gattung sind (vgl. die *Abfertigung eines aesthetischen Kannegießers* 1851, Wortlaut: Bd. II, S. 942 f.), so weiß er auch, daß Bilder von der Erbärmlichkeit des Menschen immer wieder einmal modern sein werden, zumal da ihm wohl bewußt ist, daß er die Objektivität der alten Karikaturen und Schauergeschichten weiter gesteigert hat. So fehlt z. B. den beiden Nachtstücken *Anna* und *Die Kuh* das Atmosphärische, das den

schauerromantik eigen war. Die extreme Objektivität mag beabsichtigt sein; aber eine überzeugende Fortentwicklung der Gattung gelang ihm auf diesem Wege nicht*. Das könnte ein Vergleich mit den Meisterstücken seines Zeitgenossen Edgar Allan Poe (1809–1849) dartun. Auch als überzeugende Parodien der Dorfgeschichte (»Anti-Dorfgeschichten« s. o.) sind Hebbels finstere Erzählungen nicht zu retten. Ich fürchte daher, daß die Zeit für seine Erzählungen nie kommen wird. *Vorübungen* in der Meisterschaft sind diese Skizzen zweifellos. Zu beachten wäre noch bei einer genaueren Interpretation, daß es Übungen in *verschiedenen* »Tönen« sind, daß es also kaum möglich ist, sie einheitlich zu charakterisieren. Hebbel hat, im Hinblick auf seine Erzählprosa, nicht nur das Nachtstück, den Schauerton, sondern *die gesamte alte Tönerhetorik,* unter Hinweis auf den Schlüssel in der Musik, ausdrücklich bestätigt (Zitat Bd. I, S. 596). So ist z. B. die mit Recht gerühmte Novelle *Matteo* in einem viel leichteren Ton erzählt als die bisher erwähnten Werke. Hier gibt es Brücken zur renaissancistischen Novelle, etwa zu der Heyses. Sogar ein Biedermeierschwänzchen erscheint gelegentlich. Der frühe *Barbier Zitterlein* ist, *vor* dem Schluß, eine ganz hoffmanneske Erzählung von einem alten Meister, der den Tod seiner geliebten Frau nicht verkraftet und daher seine ganze Leidenschaft an die Tochter hängt, was dazu führt, daß er ihr den Umgang mit Männern verbietet, später ihren Gatten für den Teufel hält und, ganz wahnsinnig geworden, den Schwiegersohn oder die Tochter oder beide ermorden will. Nun freilich erscheint das Kind der beiden, das Enkelkind Zitterleins, die leibhaftige Unschuld nach Biedermeier-Begriffen, so daß der Verrückte zur Besinnung kommt und selbst die Einlieferung ins Irrenhaus fordert. Hier gibt es den Zeigefinger; aber er ist nicht einmal hier »moralisierend-didaktisch« (s. o.), sondern ein Hinweis auf das Überirdische wie in alten Gemälden), auf das Wunder, – wenn dieses auch, nach dem Vorbild des alten Tieck vgl. Bd. II, S. 837), in irdischer Verkleidung erscheint.

Schwierig ist bei der Interpretation der Erzählungen, daß man nie recht weiß, von welcher Fassung man ausgehen soll; denn der Dichter hat ständig an ihnen herumexperimentiert. Das bestätigt erneut, daß man sie als *künstlerische Schule* betrachten muß. Im streng innerliterarischen, stilistischen und literarästhetischen Sinn könnten gründliche Untersuchungen zu dieser Seite von Hebbels Frühwerk gewiß weitere Aufschlüsse über die »Methode« des Dichters erbringen. Will man jedoch zu einer höheren Bewertung des Erzählers Hebbel gelangen, so muß man die Reiseberichte und die autobiographischen Schriften – sie sind nur teilweise »Zweckprosa« – in den Kreis der Betrachtung einbeziehen. Über die *Aufzeichnungen aus meinem Leben* urteilte der Dichter selbst mit Recht: »Ich habe schwerlich je etwas Besseres geschrieben« (an Felix Bamberg 11. 6. 1856). Wir bemerkten bereits die Kunst in diesen Aufzeichnungen, z. B. die Birnbaumsymbolik. Hier fehlt das Forcierte, das so viele Kritiker in Hebbels Erzählversuchen feststellen zu müssen glaubten. Nimmt man diese Brücke zu dem Epos *Mutter und Kind* (1857) so ernst, wie sie es verdient, so wird man auch Hebbels wie immer eingeschränkte, schließliche Kapitulation vor dem Idyllischen mit Respekt zur Kenntnis nehmen können. Erneut erscheint er als Meister der »alten Schule«. Man wird die späte Dichtung nicht ganz in den Hintergrund von Hebbels Gesamtwerk stellen, wie dies selbst in Werner Kohlschmidts kenntnisreicher Literaturgeschichte der Fall ist[33]. Im 5. Kap. von Bd. II konnte ich die Dichtung in dem Abschnitt »Idylle mit einem größeren Hintergrund« (S. 713–15) nicht übergehen. Im Gesamtzusammenhang von Hebbels Werk und Leben könnte man dem idyllischen Epos noch größere Bedeutung beimessen; es ist eine höchst bezeichnende Dichtung seiner Spätzeit. Hier be-

---

* Jörg *Schönert* sieht die Erzählung »Die Kuh« aus der Sicht der schauerromantischen Tradition wohl mit Recht ziemlich kritisch: »Diese Wendungen [zum immer Schlimmeren] sind nicht etwa bestimmt durch ein didaktisches Anliegen – etwa als ›Strafe‹ für die Besitzgier des Bauern Andreas – und auch nicht zu erklären durch die ›Lust am Sensationellen‹. Die Sequenz von Kindesmord, Selbstmord, tödlichem Unfall, möglichem Selbstmord und totaler Vernichtung einer Familienexistenz ist nur noch als grotesk-fratzenhafter Reflex eines trivial-schauerromantischen Schicksalsverständnisses zu verstehen, der sich aus dem spätzeitlich-souveränen [!] Umgang mit den Elementen eines ausformulierten literarischen Genres erklärt« (Behaglicher Schauer und distanzierter Schrekken, in: Literatur in der sozialen Bewegung, Aufsätze und Forschungsberichte zum 19. Jahrhundert, g. v. Alberto *Martino,* Tübingen 1977, S. 60).

gnüge ich mich mit der Feststellung, daß dieses Werk nicht nur als »soziales Manifest« [34] – ein sol ches ist *Mutter und Kind* ja nur bedingt –, sondern auch als Erzählwerk seinen verdienten Platz in der Hebbelforschung und -rezeption erhalten und nicht dem Moloch von Hebbels Tragismus geop fert werden sollte. Dies legt schon sein Glaube an Gesetze der literarischen Gattungen nahe.

Die lyrischen Gedichte. Epigrammatik

Noch klarer erkennbar ist der Eigenwert von Hebbels Lyrik. Niemand, der sich voi dem Dichter eine nähere Vorstellung erworben hat, wird sich darüber wundern, daß e unter den Dramatikern des 19. Jahrhunderts wahrscheinlich der bedeutendste Lyrike war*. Diese Würdigung ist allerdings erst dann beweisbar, wenn man, wie billig, auci hier nicht das Goethesche Erlebnisgedicht zum einzigen Maßstab der Wertung mach (vgl. Bd. II, S. 491 ff.). Die bedeutende Qualität dieser Gedichte wurzelt, wie es der Gai tung entspricht, in der Intensität von Hebbels »Subjekt«, in seiner beherrschten, abe starken Leidenschaftlichkeit; nur daß er eben – das gehört zum Hegelianer – *im Denker fast ebenso leidenschaftlich wie im Dichten war.* Diese Feststellung gilt vor allem für di mittleren Jahre seines Lebens; sie erbrachten die Hauptmasse seiner Gedichte. Einzeln früher zitierte Gedichte belegten bereits, wie stark Hebbels Gedichte im »Ton« variieren Neben der Reflexion über den einfachen Mann mit dem Kind am Feierabend, stand di schaurige Szene Kind mit toter Mutter. Es gibt ganz andere Kinderbilder in Hebbels Ly rik, z. B. *Auf ein schlummerndes Kind* oder *Unterm Baum* (schlummerndes Kind mit Ap fel) oder:

An ein weinendes Kind

Zur Erde, die dein Veilchen deckt,
Kind, blickst du weinend nieder,
Und deiner Thränen Thau erweckt
In ihr ein zweites wieder.

Das kleine Epigramm vereinigt präzis die Anschauung und den Gedanken, wie es Hebb liebt; mit dem bloßen Hinweis auf Biedermeier-Symbolik und -Niedlichkeit ist es nich entwertet. Es gibt aber auch auffallend viele große Gedichte, für die man sich Zeit neh men muß, wenn man dem Dichter gerecht werden will. Darin liegt eine Parallele zu Gril parzer. Das lange Terzinengedicht *Das abgeschiedene Kind an seine Mutter* hat nicht von biedermeierlicher Bildhaftigkeit und Sinnigkeit, sondern ist eine gedankentiefe schwerverständliche Betrachtung, die das Phänomen des Todes umkreist und es als Aut

---

* Hebbel selbst hat seinen Gedichten gelegentlich den Vorzug vor seinen andern Werken gege ben: »Mir macht die Gesamtausgabe meiner Gedichte, in schöner Ausstattung bei Cotta erschiener Freude und Freunde; ich halte es für mein bestes Buch« (an Gustav von Putlitz 6. 12. 1857). In eine andern Äußerung erwähnt er – überzeugender! – die leichtere Zugänglichkeit seiner Lyrik, im Ver gleich zu seinen Dramen (an I. H. *Fichte,* Sohn des großen Idealisten, 9. 12. 1850). Bei dieser Gele genheit sei erneut der z. Z. besonders verdiente USA-Germanist U. Henry *Gerlach* erwähnt. Die bei den Äußerungen finden sich in den von ihm herausgegebenen »Briefen [Hebbels], Ursprünglich i Zeitungen und Periodika veröffentlichte Schriftstücke«, Heidelberg 1975, S. 158 f. und 106.

hebung des irdischen »Zersplitterns« im »Ewig-Einen«, im »Ursprung« zu rechtfertigen versucht. Meistens zitiert man daraus nur die Worte »Denn alles Leben ist gefror'ne Liebe, / Vereis'ter Gottes-Hauch« usw. Diese Masse schwieriger Verse muß aber auch als Ganzes, als Weltanschauungsgedicht, als mystisches Gebilde ernst genommen werden*. Wenn die Töne der Gedichte so verschieden sind, daß es in der Lyrik noch unmöglicher ist als in den Erzählungen, den Dichter auf einen bestimmten »Charakter« festzulegen, so bedeutet dies, daß Hebbels Lyrik auch in anthropologischer Hinsicht sehr vielseitig ist. *Der Mensch Hebbel tritt in der Lyrik am umfassendsten ins Wort,* wobei allerdings, wie immer bei diesem Dichter, an keine humanistisch abgeschlossene Persönlichkeit, sondern an ein kosmisch erfülltes und damit höchst vielfältiges und spannungsreiches Individuum zu denken ist. In dem Gedicht *Proteus* hat er diese vielseitige Funktion seines lyrischen Dichtertums programmatisch ausgesprochen:

> Ha! oben in Wolken in bläulichem Glanz
> Mit brausenden Stürmen der schwindelnde Tanz!
> Als Blitz, dies Verflammen im nächtlichen Blau!
> Als Regen, dies Tränken der durstigen Au!
>
> Im Kelche der Blume, im farbigen, nun
> Das stille Verschließen, das liebliche Ruh'n!
> Und wenn ich entsteige der thauigen Gruft,
> Umströmt mich, entbunden, der glühendste Duft!
>
> O seliges Wohnen in Nachtigallbrust!
> O süßes Zerrinnen in heimlichster Lust!
> Ich hauch' ihr die Liebe in's klopfende Herz,
> Dann scheid' ich, da singt sie in ewigem Schmerz.

Es hat bei einem so deutlich *das Kleine mitumfassenden Programm* wenig Sinn, im traditionellen Anti-Biedermeier-Affekt das Sinnige, Liebliche und Genrehafte aus dem Kern von Hebbels Lyrik ausschließen zu wollen oder das Pathos, das auch in den zitierten Versen erscheint, zu einem negativen Wertkriterium machen zu wollen. Selbst Fritz Martini, einer der besten Kenner Hebbels und speziell auch um seine Lyrik bemüht, wird nur einem Teil von Hebbels Tönen gerecht, weil er der Meinung ist, »daß solche Fähigkeit und Bereitschaft, in vielen Tönungen (vom Heiteren und Innigen bis zum herb und schwer Grüblerischen) und vielen Formen (Lied und Ballade, Spruchgedicht, Sonett und Epigramm etc.) zu sprechen, damit bezahlt wurde, daß der *eine* unverwechselbar-eigene lyrische Stil, Rhythmus und Klang sich nur selten, nur in einer begrenzten Zahl von dauernden Gedichten eingestellt hat«. Martinis Maßstab – er weiß es – widerspricht Hebbels

---

* *Taillandiers* Verzweiflung erstreckt sich auch auf die Gedichte: »Ne lui demandez ni la calme sérénité de Goethe, ni la poignante ironie d'Henri Heine; ce qui le distingue, c'est une aspérité inaccessible, une sorte de doctrine patricienne enfermée sous le triple sceau du symbole... A côté de ces bizarreries, vous lirez sans doute maintes pièces dont le sentiment est profond et ne cesse pas d'être clair: le plus grand nombre toutefois offre constamment ce même charactère, une mystérieuse pensée sous des formes émouvantes, des mythes qui provoquent la réflexion sans livrer leurs secrets. Ce volume [›publié en 1843‹] continuait de tenir l'attention en suspens; on se demandait toujours la clé de ces arcanes au milieu desquels se complaisait l'imagination du penseur!« (Friedrich Hebbel, in: Revue des deux mondes, Brüssel 1852, Teil 4, S. 539).

Orientierung an den objektiven Tönen, Versmaßen und Gattungen; er widerspricht auch dem, das Geniedenken wieder ablösenden, *Begriff der Meisterschaft.* Die Hervorhebung von Hebbels »Willen zum Großen« verführt Martini zur Schätzung von Gedichten wie *Der junge Schiffer,* die ihn in einer unglaubwürdigen Eichendorfftradition zeigen. Hebbels Todeslyrik (*An den Tod* u. a.) wird freundlich hervorgehoben, während die Schauerballaden, die ja auch mit dem Tod zu tun haben, »zeitbedingt« sein müssen [35]. Allegorische Gedichte wie *An den Tod* sind in der Biedermeierzeit nicht weniger zeitbedingt. Wertkriterium kann immer nur die dichterische Realisierung im Einzelfall sein. Martini kennt Hebbels Verwurzelung in der alten Schule, sieht darin aber überwiegend einen Mangel und fühlt sich daher wiederholt versucht, trotz aller Abstraktion Realismus in Hebbels Lyrik zu finden. Er weiß, daß der Dichter, nach eigener Meinung, schon am Ende der 1830er Jahre die lyrische Meisterschaft erreichte und nach 1848 sich so ziemlich mit der Umarbeitung (oder auch Restaurierung!) früherer Gedichte begnügte, weil nun die Tragödie ganz im Vordergrund stand; trotzdem wertet Martini die Gedichte nicht nach den Normen der Biedermeierzeit. Wenn ich recht sehe, wird eine präzise historische Einstellung, d. h. die grundsätzliche Anerkennung des »Zeitbedingten« und das konsequente Abrücken vom summarischen Epigonenbegriff auch der Lyrik Hebbels zugute kommen, sogar da, wo er sich selbst von der alten Schule distanziert. So schätzte er z. B. theoretisch die Allegorie nicht, und doch findet man sie sehr häufig – auch in den Gedichten, die allgemein anerkannt werden*.

Gebet

> Die du über die Sterne weg
>   Mit der geleerten Schale
> Aufschwebst, um sie am ew'gen Born
>   Eilig wieder zu füllen:
> Einmal schwenke sie noch, o Glück,
>   Einmal, lächelnde Göttin!
> Sieh, ein einziger Tropfen hängt
>   Noch verloren am Rande,
> Und der einzige Tropfen genügt,
>   Eine himmlische Seele,
> Die hier unten in Schmerz erstarrt,
>   Wieder in Wonne zu lösen.

---

* »Bezeichnend ist, daß viele Untersuchungen einen ›Kanon‹ der schönsten Gedichte Hebbels aufstellen, zu dem fast immer gehören: ›Nachtlied‹, ›Sommerbild‹, ›Abendgefühl‹, ›Herbstbild‹, ›Nachtgefühl‹, ›Gebet‹, ›Requiem‹, ›Weihe der Nacht‹ und ›Sie seh'n sich nicht wieder‹… Von den Sonetten werden meist genannt: ›Welt und Ich‹, ›Das Heiligste‹, ›Ich und Du‹ und ›Vollendung‹« (Anni *Meetz,* Friedrich Hebbel, Stuttgart ³1973, S. 82). – Zum lyrischen Hebbel-Kanon will U. Henry *Gerlach sehr überlegt* einen Beitrag leisten in seinem Reclambändchen (Friedrich Hebbel, Gedichte, Stuttgart 1977, Univ.-Bibl. Nr. 3231, 80 S.): »Bei der Auswahl der in diesem Bande vorgelegten Gedichte wurden diejenigen berücksichtigt, die Hebbel selbst für seine gelungensten hielt, diejenigen, die Uhland und Mörike in Briefen an Hebbel lobend hervorhoben, und solche, die in den Auswahlbänden von Hebbels Lyrik oder in Anthologien immer wieder aufgenommen worden sind.« Auch »die Anregung… von den Mitgliedern des Hebbel-Museums in Wesselburen« und »natürlich der persönliche Geschmack des Herausgebers [haben] Auswahl und Anordnung mitbestimmt« (Nachwort). Das *Gebet* erscheint auch in Gerlachs Auswahl.

> Ach! sie weint dir süßeren Dank,
> Als die Anderen alle,
> Die du glücklich und reich gemacht;
> Laß ihn fallen, den Tropfen!

Das Gebet-Gedicht gehört zu den wichtigen Biedermeierformen. Ich sehe darin »den Ersatz für die Hymne, die nicht mehr gelingt« (Bd. II, S. 609). Der direkte Anknüpfungspunkt des vorstehenden *Gebets* ist nicht Klopstock, den Hebbel in der Jugend verehrte – obwohl der Tropfen an der Schale vom »Tropfen am Eimer« *(Frühlingsfeier)* abstammt! –, sondern der frühklassische Goethe mit den freien Rhythmen, die eigentlich keine mehr sind. Diese Form ermöglicht den Einlaß der Daktylen, die nach Martini ein »Prägezeichen« von »Hebbels eigensten Gedichten« sind [36]. Was aber fängt ein Feuerbachianer mit der Gebetform an? Er kann nicht einmal mehr sagen: »Der du von dem Himmel bist.« Dafür betet er heidnisch die Göttin Fortuna an, die zwar in der christlichen Welt, soviel ich weiß, nicht angebetet wurde, sich aber schon bei den frühen Humanisten ein Heimatrecht erworben hatte und es im christlichen Biedermeier – man denke z.B. ans Wiener Volkstheater – noch nicht verloren hatte. Die sinnige Vorstellung von dem *Tropfen Glück* ist typisch biedermeierlich, erinnert an Mörikes »holdes Bescheiden« (in: *Gebet*); aber die monumentale Diktion verdeckt diesen historischen Bezug für den literarischen Feinschmecker. Damit ist nicht gesagt, daß Mörikes *Gebet* schlechter ist als das Hebbels. Die meisten werden die biedermeierliche Prägung des Gebets für besser halten, obwohl sie stark »zeitbedingt« ist.

Auch das vielinterpretierte *Nachtlied* ist ein allegorisches Anredegedicht, wie es die Zeit liebt. Wenn außer der Nacht (in der dritten und letzten Strophe) noch der Schlaf apostrophiert wird, so liegt darin allerdings schon ein gelungener Versuch, dem traditionellen Anredegedicht die bildhaftere Form zu geben, die der Dichter bewußt erstrebte:

> Schlaf, da nahst du dich leis,
> Wie dem Kinde die Amme,
> Und um die dürftige Flamme
> Ziehst du den schützenden Kreis*.

Man braucht nur einige Titel zu nennen, um zu erkennen, daß das mehr oder weniger allegorische Anredegedicht zu den zentralen lyrischen Formen des Dichters gehört. Es gibt auch ein Monodistichon *An das Glück.* Das Sonett *An den Äther* ließe sich sehr gut, im Vergleich mit Hölderlins bekanntem motivgleichen Gedicht, als Ersatz für die nicht mehr gelingende Hymne interpretieren. Ähnliches gilt für das Sonett *An die Kunst,* das allerdings durch das Absinken der Diktion, von der »heil'gen Kunst« bis zu dem uns schon

---

* Die umgekehrte antibiedermeierliche Wertung Claude *Davids* (Geschichte der deutschen Literatur zwischen Romantik und Symbolismus, Gütersloh 1966, S. 113) sei zur Diskussion gestellt: »Nach den zwei ersten Strophen kann sich die dritte nicht mehr auf derselben Höhe halten: Gegen die Drohung der Nacht ist der Schlaf wie eine Hand, die um die dürftige Flamme der Lampe einen schützenden Kreis zieht; er naht sich dem bedrohten Menschen wie eine Amme, die in der Nacht ein ängstliches Kind beruhigt. Der ›schützende Kreis‹, die häusliche Lampe deuten auf die Empfindungswelt des Biedermeier hin; aber diese Bilder, die sich nach den bilderlosen ersten Strophen plötzlich aufhäufen, verengen den Blick und lassen den Leser unbefriedigt.«

bekannten Bilde von der künstlerischen »Zeugung« noch klarer den weltanschaulichen Hintergrund der nicht mehr möglichen Hymne verdeutlicht. Gelungener ist die Erneuerung des alten Anredegedichts im Sonett *Die Schönheit*. Es ist ein Mädchen, eine Agnes Bernauer, die er anspricht und die er als eine konkrete, vertraute Erscheinungsform der sonst eher grauenerregenden Schönheit selbst begrüßt.

Das allegorische Wesen durchdringt Hebbels Lyrik wie die der Droste so stark, daß man sich fragt, ob er den vielgebrauchten und vielgelobten Begriff der Symbolik wirklich immer im Sinne Goethes versteht, ob dieser nicht, wie in Hegels ästhetischen Vorlesungen, noch etwas von der alten umfassenderen theologischen, die Emblematik mitumfassenden Bedeutung hat. Die dem Allegorischen zuneigende Interpretation von Hebbels Jugenddramen durch Felix Bamberg (s. u.) legt eine solche Vermutung nahe. Das erwähnte Sonett *Die Schönheit* kommt uns sehr abstrakt vor, weil das Mädchen eigentlich nur die Aufgabe hat, zwischen dem Dichter und der Idee der Schönheit zu *vermitteln*. An die Stelle des Mädchens könnte eine Blume treten, ein Baum oder – bei dem Dichter öfters vorkommend – ein Edelstein. Die personale weibliche »Schönheit« gewinnt erst durch die Auslegung – Erscheinungsform der Idee der Schönheit – ihren Sinn, und das ist es ja doch, was wir unter einem Emblem verstehen. Für den Dichter war das Mädchen gewiß ein Symbol im Sinne des Epigramms

Allegorie und Symbol
Wie zur Landschaft die Karte, der todte Aufriß zum Bilde,
Steht die Allegorie zu dem beseelten Symbol.

Sucht man nach einem so beseelten Symbol in Hebbels Lyrik, so glaubt man es am ehesten in den längeren Distichengedichten zu finden, die sich, nach Goethes Vorbild, um Plastik bemühen, etwa in *Auf den Dom zu Sanct Stephan in Wien*. Allein, schon der erste Vers bringt, wieder in einer Anrede, den gewaltigen und vielfältigen Gegenstand auf einen vorläufigen Begriff: »Altehrwürd'ges Symbol der wahren Einheit und Eintracht...« Gemeint ist die Meisterschaft in Handwerk und Kunst und die Zusammenarbeit der verschiedensten Meister, der verschiedensten Generationen, die die mittelalterliche Demut und Frömmigkeit in den Domen möglich machte. Das wird ganz konkret dargestellt, fast erzählt, aber so, daß sich, im letzten Vers der inhaltliche Sinn solcher »Einheit und Eintracht« leicht ergibt: »Und verkündest der Welt, wie man das Dauernde schafft!« Es ist ungefähr die Methode, die Mörike in *Auf eine Lampe* übt (Erst die subscriptio gibt der schönen Erscheinung ihren vollen Sinn). Nur daß eben solche gedanklichen vertieften Gedichte bei Hebbel viel häufiger sind als bei Mörike, ja, daß sie vielleicht sogar den Grundbestand seiner Lyrik bilden. Es liegt ein großer Fortschritt der Hebbelforschung in der Tatsache, daß man die öfters fehlende Sinnlichkeit und Anschaulichkeit nicht mehr zum einseitigen Wertkriterium seiner Lyrik macht, sondern das in ihr sucht, was sie tatsächlich geben kann, nicht so sehr Lieder als Gedankenlyrik (in längeren Gedichten, Epigrammen und Sonetten), nicht so sehr den naiven Ton als die verrätselte Sprache des gedachten und gefühlten »Mysteriums«. Man wird allerdings die Eigenart Hebbels innerhalb der alten Schule erst genauer bestimmen können, wenn man bereit ist, ihn in seiner Eigenschaft als Lyriker zunächst anzuerkennen und mit andern *zeitgenössischen* Meistern zu vergleichen. Warum erscheint z.B. das vom Dichter wiederholt gelobte *Opfer des Frühlings,* überhaupt das lange Gedicht, fast nie in seinem lyrischen Kanon? Erst wenn man unbefangen alles vergleicht, wird man auch sagen können, worin er die alten Bahnen verläßt und – nur dies kommt in Betracht – die *nach*realistische Lyrik vorbereitet. Nach *realistischen* Begriffen war Hebbel als Lyriker »ein ganzer Gottsched von Langeweile« [37]. Ähnlich wird man ihn überall da beurteilen, wo die Volkstümlichkeit, Klangstärke und Anschaulichkeit zur lyrischen Norm erhoben und die esoterische Tiefe abgeurteilt wird. Von Hölderlin oder vom Rilke der Spätzeit kommt man leichter zum Lyriker Hebbel als von Storm oder Liliencron aus, und dieser abstrakteren Art von Lyrik dürfte auch die Aufwertung von Hebbels Gedichten in den letzten Jahrzehnten zu danken sein.

Das bedeutet nicht, daß Hebbels Gedicht fest in sich verschlossen wäre und keine didaktische Eigenschaft hätte. Bei dieser Frage ist wohl zwischen Erzählung bzw. Genrebild und Lyrik zu unterscheiden. In einer Zeit, da Tiedges *Urania* und Rückerts *Weisheit des Brahmanen* entschiedenen Erfolg hatten, besaß das lyrisch überformte Lehrgedicht noch eine hohe Würde (vgl. Bd. II, S. 94 ff.). Man hat auch in dieser didaktischen Neigung des Dichters eine realistische Tendenz erkennen wollen [38]. Das Gegenteil ist eher der Fall. Die Verfemung der direkten Didaktik durch die realistische Programmatik (vgl. Bd. II, S. 93, S. 103 u. a.) hat der Rezeption von Hebbels endgültiger Gedichtausgabe (1857) sicherlich schweren Schaden zugefügt. Allerdings darf der Begriff der Didaktik im Falle Hebbels nicht mißverstanden werden! Bei einem Vergleich von Hebbels Lehrgedichten mit den traditionellen ließe sich schon in den Themen viel Neuerung erkennen. Gedichte wie *Die Freiheit der Sünde* oder *Das Heiligste* waren für die Biedermeierzeit so unerhört wie die Judith- oder die Gologestalt. Auch die der Didaktik meistens zugeordnete Satire ist bei Hebbel nicht so selten wie man vermuten könnte; ja, man darf sogar sagen, daß aus den satirischen Gedichten fast die ganze Ästhetik des Dichters abgeleitet werden könnte: *Meister und Pfuscher* – es ist die für Hebbel entscheidende Alternative – *Einem Ursprünglichen* – Dichter mit »Bombastik« wie Grabbe sind gemeint – *Auf einen vielgedruckten Lyricus* – Rückert vielleicht – *Die Secundairen* – wir Kritiker und Literarhistoriker! – *Bilderpoesie* – gegen übertriebene Metaphorik – *Mein Päan* – Freiheit gibt nicht die Tendenzlyrik, sondern der Kampf mit der Waffe – usw. Andere Verse mit Tendenz haben wir schon in dem Abschnitt über Hebbels historischen Ort herangezogen. Hebbels satirische Gedichte sind differenzierter als die Grillparzers, nicht so derb; aber es ist kein Zufall, daß der Sinn für Spannung und Widerspruch beide Dramatiker zum Epigramm geführt hat. Und manchmal ist auch Hebbel bitterböse. Die menschliche Gesellschaft, lehrt ein Sonett dieses Titels, übertrifft als solche ihre Mörder und Räuber*!

---

* Wegen der Bemühung um möglichst wenig Rhetorik in seinen satirischen Gedichten könnte man Hebbel in dieser Sphäre mit dem späten Heine vergleichen. Tendenzgedichte mit lauter Rhetorik (Typus Herwegh) hielten beide Dichter für einen Mißbrauch der Dichtung. Allerdings ließe sich, trotz dieser Übereinstimmung, der Unterschied zwischen dem witzigeren, stärker auf Effekt bedachten Jungdeutschen und dem ernsthafteren, eher tiefsinnigen Hegelianer deutlich nachweisen. Hebbels Versuch, sich an die gutmütig-humoristische Geistlichensatire des bürgerlichen Realismus anzunähern *(Der heilige Johannes im Volkston)* wurde wohl als atypisch für den Dichter empfunden und daher wenig bekannt. Er belegt aber wiederum das sehr bewußte, vielseitige Experimentieren mit den verschiedenen Tönen.

Schließlich die »zeitbedingten« genrehaften Gedichte. Sollte man sich nicht darüber freuen, daß die Zeit ein Gegengewicht gegen Weltschmerz und Abstraktion bot, Gelegenheit zur Lockerung und Lebensfreude?

> Das ist ein Geigen und Flöten
> Bis über das Dorf hinaus:
> Sie feiern die Kirmeß heute
> Mit Tanz und Spiel und Schmaus.

So beginnt das Gedicht *Die Kirmeß*. Warum nicht? Sogar der Leser, der in Hebbel das Düstere sucht, kommt in diesem lyrischen Genrebild schließlich zu seinem Recht. Das Gedicht endet mit einer Vanitas-Pointe. Das Mädchen, das der vielbegehrte Mittelpunkt des Tanzes ist, wird es später der Enkelin erzählen:

> Sie aber kann's nicht glauben,
> Und das verdenk' ich ihr nicht,
> Sie müßte sich sagen: ich selber
> Bekomm' einst ein solches Gesicht!

Es ist ein leichtes, fast volkstümliches Gedicht. Durch das Verständnis des Dichters für die jugendliche Naivität erinnert es eher an Heine als an das traditionelle christliche Vergänglichkeitsgedicht. Auch kleinere Genrebilder gibt es, in denen sich Hebbel des konkreten Lebens bemächtigt, ohne die »Idee« zu vergessen. So erscheinen mir z. B. die folgenden zwei Strophen sehr bezeichnend für den stolzen Sohn des Volkes, der Hebbel war; man kann sie überzeugender finden als die sozialistische Rhetorik eines Herwegh:

> *Das Bettelmädchen*
>
> Das Bettelmädchen lauscht am Thor,
> Es friert sie gar zu sehr;
> Der junge Ritter tritt hervor,
> Er wirft ihr hin den Mantel
> Und spricht: was willst du mehr?
>
> Das Mädchen sagt kein einzig Wort,
> Es friert sie gar zu sehr;
> Dann geht sie stolz und glühend fort,
> Und läßt den Mantel liegen
> Und spricht: ich will Nichts mehr!

Die Waise im vierten Vers gibt den Strophen jeweils einen bewußten herben Klang. Man könnte an die rhythmischen Aufrauhungen Brechts erinnern. Ist das Genrebild deshalb schlechter als richtig durchgereimte, klangvollere und deshalb vielleicht an Mörike erinnernde Gedichte wie *Abendgefühl* und *Nachtgefühl*? Entspricht eine solche Bewertung nach der Euphonie den Grundsätzen und Möglichkeiten des Dichters? Völlig unverständlich ist mir schließlich, warum ein langes, aber ungewöhnlicheres, liebenswertes Gedicht wie *Ein Spaziergang in Paris* nicht zum lyrischen Kanon Hebbels gehört. Wir wissen bereits, was der klassizistische Künstler Thorwaldsen für den dänischen Stipendiaten bedeutete. Hebbel erhält in Paris die Nachricht von seinem Tod. Ein lyrischer Nekrolog wäre fällig. Was tut der Dichter? Er läßt die Erinnerung an den Künstler, die

Künstlerapotheose einem genrebildmäßig dargestellten Bummel durch Paris folgen. Ein Stilbruch? Durchaus nicht: Der Dichter nimmt der Totenfeier, durch die Benützung der zeitgemäßen Form des Städte-Genrebilds, jede Peinlichkeit, was im Fall des Nekrologs das Allerschwerste ist und nur dem Meister gelingt. Das Beispiel belegt auch, daß der Dichter die Gattungen in der Praxis nicht immer so streng respektierte wie in der Theorie – hier zu unserer Freude. Ich teile nicht die Meinung von Claude David: »Zwischen Mörike und Stefan George ist Hebbel der bedeutendste lyrische Dichter Deutschlands« [39]. Aber beim Studium des Gedichts *Spaziergang in Paris*, in dem eine so reine Mischung von Volkstümlichkeit und Geniebewußtsein, Oberfläche und Tiefe, Leben und Tod gelungen ist, versteht man die Übertreibung des Franzosen.

Ich will nicht versuchen, einen Kanon langer Hebbel-Gedichte, im Widerspruch zu dem etablierten Kleingedichte-Kanon (s. o.), aufzustellen, da man vor der Wertung versuchen sollte, die Lyrik dieses Dichters unbefangener als bisher zu verstehen – aus der Perspektive der *vor*realistischen Epoche, in der die Gedichte entstanden sind. Die Mahnung zu einer neuen Überprüfung von Hebbels lyrischem *Gesamtwerk* auf dem Hintergrunde der »alten Schule« und im Vorblick auf die moderne Lyrik symbolistischer und didaktischer Art – Georges Beispiel belegt den Zusammenhang beider »abstrakter« Richtungen – scheint mir, trotz der bisherigen geistvollen Bemühungen, nicht überflüssig zu sein.

Hebbels Weg zum Drama: Wertung der Gattung, Theorie, persönlicher Anspruch

Hebbel ist verhältnismäßig spät im Leben zum Drama gekommen, später als Goethe, Schiller, Grillparzer, Grabbe. Besonders deutlich wird dies durch den Vergleich mit Büchner, der, im gleichen Jahr geboren, *Dantons Tod* 1835 drucken ließ. In diesem Jahr wußte Hebbel noch nicht sicher, ob er sich an das Drama wagen könne; das entspricht dem von uns festgestellten *bescheidenen* Ansatz: »Ich kenne ferner zu den Schranken meiner Kunst auch die Schranken meiner Kraft, und weiß, daß ich in denjenigen Zweigen, die ich zu bearbeiten gedenke, Etwas werden *kann* und *werde*. Diese Zweige sind aber die Romanze und das lyr. Gedicht, vielleicht [!] auch das höhere Drama« (an H. A. Th. Schacht 18. 9. 1835). Man darf annehmen, daß das Schicksal des ebenso berühmten wie unglücklichen Dramatikers Grabbe († 1836) ein Warnzeichen an seinem Wege war. Die gleichzeitige Kultivierung der Prosa, die die Jungdeutschen »emanzipieren« wollten (vgl. Bd. II, S. 14 ff.), und der Lyrik, die die gleiche Gruppe, selbst Heine, als sterbende Gattung sah (vgl. Bd. II, S. 469 f.), verrät den Zwiespalt von Poesie und Prosa, mit dem Hebbel behaftet war. In den Jahren nach Hebbels erwähnter unsicherer Äußerung von 1835 kam in Deutschland das Programm eines »modernen Dramas« auf, oft mit der überschwenglichen Erwartung, das große, einem Sophokles und Shakespeare ebenbürtige Theater sei noch nicht da, sondern erst von einem freieren Vaterland zu erwarten [40]. Dieser zunächst nationalliberal begründete Anspruch erhielt ein imposantes theoretisches Fundament durch die 1835 erschienene, seit 1838 in den junghegelianischen Organen zum Maßstab erhobene Ästhetik Hegels; sie enthielt die in Lessings Epoche verständliche, zu diesem Zeitpunkt anachronistische Behauptung, die dramatische Gattung sei die Spitze aller Kunst*. Diese *dramatische Bewegung* – der Ausdruck ist nicht übertrieben – scheint den Dichter in der Münchner Zeit erfaßt zu haben. Die so entschieden vorgetragen Spekulation von der höchsten Gattung dürfte den jungen Hebbel stark beeindruckt haben, da er sie später selbst öfters wiederholt hat. Die eigentliche Herausforderung jedoch ging für Hebbel wohl von Gutzkow aus; denn in der programmatischen Verteidigung *Mein Wort über das Drama* (Morgenblatt 1843) bemerkt er, den Neuansatz historisch richtig markierend: »Gutzkow ist der Erste unter den neueren Schriftstellern gewesen, der sich des Theaters wieder [!] zu bemächtigen gewußt hat, seine Stücke werden auf allen Bühnen gegeben, schon aus diesem Grunde muß man seiner gedenken, wenn man über die Regeneration [!] des Dramas spricht.« Hebbel stellt den jungdeutschen Konkurrenten über Iffland, weil er »nach Ideen arbeitet«, ohne deshalb auszuschließen, daß »Gutzkow hinter der höchsten Aufgabe des Dramas« zurückgeblieben ist. Dem jungen Dichter liegen zu diesem Zeitpunkt schon vier Stücke Gutzkows vor. Man darf annehmen, daß er von Anfang an wußte: Das ist eine theatralische, aber keine dichterische Konkurrenz für mich. Auf die Dichtung kommt es aber auf der »höchsten Stufe der Poesie« vor allem an.

Hebbel greift in diesem Programm *(Mein Wort über das Drama)* auch insofern auf die vorhergehende Zeit zurück, als er die vorhandene Ausgliederung des Dramas in drei Richtungen (soziales, historisches und philosophisches Drama) für sich selbst nicht übernimmt, sondern eine Synthese der drei Richtungen anstrebt. Es ist der typische idealistische und hegelianische Anspruch eines »höheren«, die verschiedenen »Stoffe« geringschätzenden, letztlich *religiösen* Dramas**. Deshalb hätte dem Dichter auch die sehr empirische Grillparzersche Unterscheidung einer historischen und einer Leidenschaftstragödie (vgl. o. S. 76) sinnlos erscheinen müssen, wenn er sie gekannt hätte. Hebbel äußerte sich über das historische Drama nicht immer gleich. So wirft er z. B. in der Rezen-

---

* »Das Drama muß [!], weil es seinem Inhalte wie seiner Form nach sich zur vollendetesten Totalität ausbildet, als die höchste Stufe der Poesie und der Kunst überhaupt angesehen werden. Denn den sonstigen sinnlichen Stoffen, dem Stein, Holz, der Farbe, dem Ton gegenüber, ist die Rede allein [!] das der Exposition des Geistes würdige Element und unter den besonderen Gattungen der redenden Kunst wiederum die dramatische Poesie diejenige, welche die Objektivität des Epos mit dem subjektiven Prinzipe der Lyrik in sich vereinigt, indem sie eine in sich abgeschlossene Handlung als wirkliche, ebensosehr aus dem Inneren des sich durchführenden Charakters entspringende als in ihrem Resultat aus der substantiellen Natur der Zwecke, Individuen und Kollisionen entschiedene Handlung in unmittelbarer Gegenwärtigkeit darstellt« (G. W. F. *Hegel*, Ästhetik, hg. v. Friedrich *Bassenge,* mit einer Einführung v. Georg *Lukács*, Bd. 2, Frankfurt, 2. Aufl. o. J., S. 512 f.).

** »Im allgemeinen können wir deshalb sagen: das eigentliche Thema der ursprünglichen Tragödie sei das Göttliche; aber nicht das Göttliche, wie es den Inhalt des religiösen Bewußtseins als solchen ausmacht, sondern wie es in die Welt, in das individuelle Handeln eintritt, in dieser Wirklichkeit jedoch seinen substantiellen Charakter weder einbüßt, noch sich in das Gegenteil seiner umgewendet sieht. In dieser Form ist die geistige Substanz des Wollens und Vollbringens das *Sittliche.* Denn das Sittliche, wenn wir es in seiner unmittelbaren Gediegenheit und nicht nur vom Standpunkte der subjektiven Reflexion als das formell Moralische auffassen, ist das Göttliche in seiner *weltlichen* Realität« (G. W. F. *Hegel,* Ästhetik, hg. v. Friedrich *Bassenge,* Bd. 2, Frankfurt/M. 2. Aufl. o. J., S. 548).

sion von Laubes *Struensee* dem Dichter historische Verstöße vor; ja, er reproduziert sogar wiederholt die naive Tiecksche Vorstellung, ein historisches Ereignis könne unter Umständen schon selbst ein Drama sein. Dieses *Schwanken* hinsichtlich der Verantwortung gegenüber der Geschichte kann zu Verwackelungen des Sinnbildcharakters einer Tragödie führen (s. u.). Wesentlich jedoch ist zunächst Hebbels Rückgriff auf die *vor*historistische Dramaturgie: Die Geschichte steht in einem »Utilitätsverhältnis« zum Drama, liefert also nur den Stoff. Bei der hier in *Mein Wort über das Drama* folgenden Berufung auf Lessing denkt er wohl an dessen Wort von dem Dichter als dem »Herrn über die Geschichte« (63. Literaturbrief). Er greift auf die universalistische Funktion des Dramas zurück, während das Geschichtsdrama, wie man selbst an Grillparzer und Grabbe sehen konnte, bereits zu einer gewissen nationalen Verengung der Tragödie geführt hatte. Da diese partikulare und »materielle« Geschichte keinen Anspruch auf Allgemeingültigkeit erheben kann, erstrebt Hebbel ein »symbolisches Drama, das den Geschichtsstrom bis in seine innersten Quellen, die religiösen«, hinein verfolgt: »Dies Drama könnte ein allgemeines werden, da es in Stoff und Gehalt für alle Völker gleiches Interesse haben müßte; und an ein solches zu denken, ist in einer Zeit, wo die nationalen Unterschiede mehr und mehr verschwinden, nicht all zu gewagt.«

Die Verantwortung gegenüber der »Geschichte« (dem überpersönlichen Geschehen) in der Gestalt der Gegenwart lehnt der Dichter, wie alle Junghegelianer, *nicht* ab. Dieser Gedanke ist vielmehr das Hauptthema im Vorwort zur *Maria Magdalene*. Er macht Goethe Vorwürfe, weil er »sich nicht in gläubigem Vertrauen an die Geschichte hingeben« konnte. Auch Hebbel will freilich keine absolute Veränderung; wir kennen bereits seinen Widerstand gegen einen konsequenten Historismus. Es geht ihm, wie der gesamten idealistischen Bewegung nur um eine »höhere« Form, um eine bessere Interpretation der bestehenden Kultur. Wir hörten von einer »Regeneration« des Dramas, und darum geht es, genau besehen, auch in der Gesamtkultur. So gelangt der Dichter zu dem folgenden gesperrt gedruckten Satz: »*Der Mensch dieses Jahrhunderts will nicht, wie man ihm Schuld giebt, neue und unerhörte Institutionen, er will nur ein besseres Fundament für die schon vorhandenen, er will, daß sie sich auf Nichts, als auf Sittlichkeit und Nothwendigkeit, die identisch sind, stützen und also den äußeren Haken, an dem sie bis jetzt zum Theil befestigt waren, gegen den inneren Schwerpunct, aus dem sie sich vollständig ableiten lassen, vertauschen sollen.*« Gemeint ist wohl vor allem eine Versittlichung der Machtstrukturen (»Notwendigkeit«) in Staat und Kirche. An diesem »welthistorischen Prozeß« – das ist in unserem Zusammenhang das Wichtigste – kann die »dramatische Kunst« mitwirken. »In *diesem* Sinne soll sie, wie alle Poesie, die sich nicht auf Superfötation und Arabeskenwesen beschränkt, *zeitgemäß* sein, in *diesem* Sinn, und in *keinem andern*, ist es *jede echte*, in *diesem* Sinn habe auch ich im Vorwort zur Genoveva meine Dramen als *künstlerische Opfer der Zeit* bezeichnet.« Von der »ganz anderen Zeitpoesie«, die sich jetzt in Deutschland geltend macht (Jungdeutsche, Vormärz) distanziert er sich ausdrücklich, unter Berufung auf die »Formen«, die das Genie ausfüllt, das Halbtalent dagegen zersprengt. Er nennt an dieser Stelle die drei spekulativen Dichtungsgattungen des Idealismus (Epos, Lyrik, Drama). Ausfüllen will er aber gewiß auch die symbolischen Darstellungsformen; denn im folgenden wendet er sich gegen »Gedankenschemen«. Dazu paßt, daß das Kriterium der Aufführbarkeit wie von Hegel ausdrücklich betont wird; doch geht es auch hier nicht ohne idealistische Einschränkung ab: der Dichter muß das »*Theater aller Zeiten*« vor Augen haben, nicht »diese oder jene spezielle Bühne«.

Das theatralische Schicksal von Hebbels Dramen deutet sich in den frühen Manifesten durch seinen Kampf gegen die »Konvenienz« des Theaters bereits an, dadurch, daß die dramatische Kunst allzu nahe an die Philosophie herangerückt wird. Zwar wird Hegels Zweifel an der Zukunft der Kunst zurückgewiesen – das ergibt sich bei *allen* Künstlern schlicht aus dem Selbsterhaltungstrieb –; aber wenn die Poesie nicht unmittelbar auf die Welt bezogen wird, wie z. B. von Grillparzer, sondern auf die Philosophie, so liegt darin doch eine gefährliche Nachwirkung des Hegelschen Anspruchs für sein Fach: Die Kunst ist, behauptet Hebbel, »die *realisierte Philosophie,* wie die Welt die *realisierte Idee*«. Den Schluß des Vorworts zu *Maria Magdalene* bildet die Kritik des zeitgenössischen Dramas. Mit den »Hohenstaufen-Bandwürmern«, die, nach seinen Worten, in Spiritus gesetzt wurden, ist Raupachs Hohenstaufen-Zyklus gemeint: Das bloße Geschichtsdrama ist ein Irrweg. Für die Darstellung der materiellen und nationalen Geschichte ist, nach Hebbels Meinung, die »sekundäre Form« des historischen *Romans* zuständig. Angegriffen wird auch das überlieferte bürgerliche Trauerspiel, weil es die Konflikte »aus allerlei *Äußerlichkeiten*« ableitet, »z. B. aus dem Mangel an Geld bei Überfluß an Hunger«. Selbstverständlich ist auch das »Zusammenstoßen des dritten Standes mit dem zweiten« *eine bloße Erfahrungstatsache, eine Äußerlichkeit, auf die sich der anspruchsvolle, idealistische Tragiker nicht stützen darf.* Das *höhere* bürgerliche Trauerspiel ergibt sich »aus der schroffen Geschlossenheit [!], womit die aller Dialektik unfähigen Individuen sich in dem beschränktesten Kreis gegenüberstehen, und aus der hieraus entspringenden *schrecklichen Gebundenheit des Lebens* in der *Einseitigkeit* [!]«. Hebbel will damit sagen, daß das bürgerliche Trauerspiel keine soziale Sonderform sein darf, sondern der eigentlichen Tragödie ganz ähnlich sein muß*. Aus diesen verallgemeinernden Formulierungen ergibt sich auch, daß es keine besondere Leidenschaftstragödie im Sinne Grillparzers geben darf. Das Wesen der Tragödie selbst liegt ja schon in der »schroffen Geschlossenheit«, in der »Einseitigkeit« der Individuen. Im Schluß des Vorworts zu *Maria Magdalene* spricht er von der Notwendigkeit des Geschehens, daß also »der *Ring* der tragischen *Form ge*-

---

* Hegel: »Durch das Prinzip der Besonderung [!] nun, dem alles unterworfen ist, was sich in die reale Objektivität hinaustreibt, sind die sittlichen Mächte wie die handelnden Charaktere *unterschieden* in Rücksicht auf ihren Inhalt und ihre individuelle Erscheinung. Werden nun diese besonderen Gewalten, wie es die dramatische Poesie fordert, zur erscheinenden Tätigkeit aufgerufen und verwirklichen sie sich als bestimmter Zweck eines menschlichen Pathos, das zur Handlung übergeht, so ist ihr Einklang aufgehoben, und sie treten in wechselseitiger Abgeschlossenheit [!] *gegeneinander* auf. Das individuelle Handeln will dann unter bestimmten Umständen einen Zweck oder Charakter durchführen, der unter diesen Voraussetzungen, weil er in seiner für sich fertigen Bestimmtheit [!] sich einseitig isoliert [!], notwendig das entgegengesetzte Pathos gegen sich aufreizt und dadurch unausweichliche Konflikte herbeileitet. Das ursprünglich Tragische besteht nun darin, daß innerhalb solcher Kollision beide Seiten des Gegensatzes für sich genommen *Berechtigung* haben, während sie andererseits dennoch den wahren positiven Gehalt ihres Zwecks und Charakters nur als Negation und *Verletzung* der anderen, gleichberechtigten Macht durchzubringen imstande sind und deshalb in ihrer Sittlichkeit und durch dieselbe ebensosehr in *Schuld* geraten« (Ästhetik, hg. v. Friedrich *Bassenge,* Bd. 2, Frankfurt/M. 2. Aufl. o. J., S. 548 f.).

schlossen« ist und, von der »sogenannten *Versöhnung* unserer Aesthetici«*. Dieser letzte Punkt ist allerdings für Hebbel mehr ein Zukunftsprogramm als ein in den Jugenddramen verwirklichtes Prinzip. *Die Formulierung verrät jedoch schon die traditionsbewußte Übernahme einer allgemeinen Forderung der idealistischen Ästhetik.*

Das Festhalten an der »Einseitigkeit« ,der tragischen Parteien – auch von »Maßlosigkeit« wird oft gesprochen – bestimmt wesentlich die besondere Gestalt der Hebbelschen Tragödie, während der tragische Konflikt von Ich und Welt, von dem meist ausgegangen wird, schon beim Jungen Goethe (in der *Rede zum Schäkespears Tag*) voll ausgebildet war. Damit soll nicht gesagt sein, daß die Ich/Welt-Spannung für den jüngeren Dramatiker keine Bedeutung hat. In der weltschmerzlichen Frühzeit wird die von dem Individualisten und Egoisten Hebbel besonders intensiv erlebte Welt-Zersplitterung oft so kraß formuliert, daß man die frühere Vorstellung von einem auf diesen Ich/Welt-Gegensatz gegründeten Hebbelschen Pantragismus verstehen kann. Höchst bezeichnend für Hebbels Jugendphilosophie ist z. B. das folgende Zerrissenheitsgejammer (am 17. 3. 1843 an Elise Lensing): »Dies ist keine Gottes-Lästerung, die Schöpfung, dies trostlose Zerfahren des Unbegreiflichen in elende, erbärmliche Creaturen, muß eine traurige [!] Nothwendigkeit gewesen seyn, der nicht auszuweichen war; die unendliche Theilbarkeit ist die gräßlichste [!] aller Ideen, und eben sie ist der Grund der Welt. Ein Wurmklumpen, Einer durch den Anderen sich hindurch fressend.« Ein so *larmoyantes unreifes Bild der Welt* hielt verständlicherweise vor der Lebenserfahrung und vor der objektiveren, ehrfürchtigeren Weltanschauung Goethes und Hegels nicht stand. Schon als der Dichter die *Judith* schrieb, war er im Grund über diese naturalistische Weltsicht hinausgewachsen; denn wie sollte es in einem Wurmklumpen sittliche Zwecke wie die Befreiung des eigenen Landes und die tragische Schuld der Heldin geben? In dem bekannte Gedicht *Welt und Ich* erscheint die mögliche Versöhnung zwischen dem Einzelnen und dem Ganzen schon ganz klar; denn da heißt es ja unter anderm:

> Und fürchte nicht, so in die Welt versunken,
> Dich selbst und dein Ur-Eig'nes zu verlieren:
> Der Weg zu dir führt eben durch das Ganze!

Das hört sich fast biedermeierlich an, ohne es zu sein; denn der Weg durch das Ganze erschien diesem einsamen Menschen und Dichter unendlich schwierig, deshalb, weil er (biologistisch) Einzelwesen und Welt unmittelbar gegeneinandersetzte, so als ob es das Ganze nur als Natur gäbe, weil der Einsame zunächst den *Institutionen, die zwischen Ich*

---

* *Hegel:* »Dergleichen Kläglichkeiten können dem Menschen ohne sein Dazutun [!] und Schuld durch die bloßen Konjunkturen der äußeren Zufälligkeiten [!] und relativen [!] Umstände, durch Krankheit, Verlust des Vermögens, Tod usw. zustoßen... Ein wahrhaft tragisches Leiden hingegen wird über die handelnden Individuen nur als Folge ihrer eigenen – ebenso berechtigten als durch ihre Kollision schuldvollen – Tat verhängt, für die sie auch mit ihrem ganzen Selbst einzustehen haben.« Über der bloßen Furcht und tragischen Sympathie steht deshalb das Gefühl der *Versöhnung*, das die Tragödie durch den Anblick der ewigen Gerechtigkeit gewährt, welche in ihrem absoluten [!] Walten durch die relative Berechtigung einseitiger [!] Zwecke und Leidenschaften hindurchgreift, weil sie nicht dulden kann, daß der Konflikt und Widerspruch der ihrem Begriffe nach einigen [!] sittlichen Mächte in der wahrhaften Wirklichkeit [!] sich siegreich durchsetze und Bestand erhalte« (Ästhetik, hg. v. Friedrich *Bassenge,* Bd. 2, Frankfurt/M. 2. Aufl. o. J., S. 551).

und Welt normalerweise vermitteln (Ehe, Familie, Gesellschaft, Staat usw.) *zutiefst miß-traute**. Auf diese Weise geriet auch das, was Versöhnung stiften soll und kann, in eine tragische Sicht und wurde zu einem Teil der grausamen Welt. Man kann es besonders in der *Genoveva,* in *Maria Magdalene,* in *Herodes und Mariamne,* in *Agnes Bernauer* klar erkennen.

In dem Aufsatz *Mein Wort über das Drama* folgert der Dichter aus der Unwichtigkeit des Stoffs, daß man ruhig einen »Anhaltspunct«, den »die Geschichte oder die Sage... darbietet«, wählen und nicht »in lächerlichem Erfindungsdünkel« verschmähen soll. Das scheint zunächst das ältere, an Shakespeare studierte, im Biedermeier restaurierte Verfahren bei der Stoffwahl zu sein: Gute Stoffe sind ein Allgemeinbesitz, die man nicht verschmähen muß, nur weil sie bereits bearbeitet wurden (vgl. Bd. II, S. 337 ff.). In diesem Geist hat Laube bewährte Stoffe wie Essex, Struensee oder Demetrius neu bearbeitet – ohne besonderern Anspruch zu erheben. So bescheiden ist Hebbel als Dramatiker nicht mehr. Auch er bearbeitet alte Stoffe und dramatische Schemata, *aber stets mit dem hegelianischen Anspruch, es besser zu wissen und besser zu machen.* Ein Drama »höherer« Art muß dabei herauskommen. Bekannt ist, daß *Judith* eine verbesserte *Jungfrau von Orleans* sein soll. *Weniger bekannt erscheint, daß beinahe jede Tragödie des Dichters so anspruchsvoll gedacht ist.* Die Freunde nannten diese Sucht »das Genie des AllesandersmachenswieandereLeute eines Hebbel« (Julius Leopold Klein, zitiert in dem Brief Emil Kuhs an Hebbel vom 6. 3. 1852). In *Genoveva* will er Tieck (*Leben und Tod der heiligen Genoveva* 1799) und den verhaßten erfolgreicheren Konkurrenten Raupach übertreffen (*Genoveva,* 1834, vgl. Bd. II, S. 381). In *Maria Magdalene* will er das bürgerliche Trauerspiel Lessings, Schillers usw. zu einem höheren bürgerlichen Trauerspiel erheben. *Herodes und Mariamne* konkurriert zunächst mit Massingers *Ludovico* (ursprünglich *Duke of Milan*), den er besprochen hat. Er kritisiert in dieser Rezension die in der älteren Zeit allgemein übliche Umsetzung eines Stoffs in andere raumzeitliche Verhältnisse, wieder ein Hinweis darauf, daß der Dichter zwischen der »materiellen« und der symbolischen Geschichtstragödie doch ein wenig schwankt. Abgesehen davon soll *Herodes und Mariamne* gewiß in erster Linie den berühmten Rückert treffen (*Herodes der Große* in zwei Stücken, 1842). Schon in dieser Herodes-Tragödie ist dem König, der sein Liebstes vernichten muß, eine sorgfältige psychologische Darstellung gewidmet[41]; aber eben diese – das wußte Hebbel – war zu übertreffen. In *Gyges und sein Ring* will der Dichter die Racinesche Tradition des Dramas, die den Deutschen vor allem durch Goethes *Iphigenie* überliefert ist, auf die Spitze treiben. Wenn er dabei eher der *Penthesilea* nahegekommen ist[42], wie schon in der *Judith,* so war dies gewiß beabsichtigt. Das Lustspiel *Diamant* sollte Kleists *Zerbrochenen Krug* übertreffen[43]. Die *Nibelungen* messen sich mit Fou-

---

* Die vielen biedermeierlich klingenden Äußerungen Hebbels können nicht darüber hinwegtäuschen, daß an die Stelle des biedermeierlichen Personalismus, der zwischen dem Ich und der Gesellschaft in mehreren Stufen vermittelte, der Dualismus von einsamem Individuum und fühlloser Welt (Großstadt, abstrakter Staat, Naturgesetz) trat: »Auch wir finden unser größtes Glück in der Häuslichkeit und verlassen den kleinen Zirkel, in dem wir selbst bilden und in dem nur noch für einen Vierten oder Fünften Platz ist, nur selten und ungern. Die Muschel im Ozean! war von jeher mein Wahlspruch und ist auch der meiner Frau« (an G. von Putlitz 6. 12. 1857).

qués *Held des Nordens* (1810), Raupachs *Nibelungen-Hort* (1834) und vor allem wohl mit der *Brunhild* (1857) Geibels. Der letzte Dichter genoß das Mäzenatentum des bayerischen Königs, während Hebbel in München gescheitert war (s. u.). *Agnes Bernauer* wollte das sehr erfolgreiche bayerisch-vaterländische Stück des bayerischen Grafen Joseph August von Törring-Cronsfeld (*Agnes Bernauerin* 1780) an bayerischem und deutschem Patriotismus übertreffen und den Berlinern zeigen, was für ein schwaches Stück sie sich mit Melchior Meyrs Agnes Bernauer-Tragödie (s. u.) für ihr Hoftheater gewählt hatten. Es war keine bescheidene Nische, die Hebbel dem Bauwerk der deutschen Dichtung hinzufügen wollte (s. o.), sondern fast schon ein eigener Prachtbau. Das verrät am Ende seines Lebens die Absicht, Schillers *Demetrius* nicht etwa zu vollenden, sondern ganz neu aufzubauen. *Es ist sicher, daß der Dichter mit diesen systematisch erarbeiteten Kontrafakturen öfters sein Ziel erreicht und die Konkurrenten aus der Literaturgeschichte ausgeschaltet hat.* Ebenso sicher erscheint es mir aber, daß, trotz dieser Tatsache, eine gründlichere vergleichende Behandlung des Dichters in der Stoff- und Gattungsgeschichte wünschenswert wäre. Helmut Kreuzer hat damit bereits einen überzeugenden Anfang gemacht, in dem Bestreben, die Hebbelforschung, die, im Gefolge ihres Dichters, selbst in die Einsamkeit geraten ist, gegenüber der historischen Umwelt stärker zu öffnen [44].

Die frühen Tragödien

Die *Judith* (1840), die Hebbel 27jährig veröffentlichte, ist eine völlig ausgereifte Tragödie. Sie gehört zu den wenigen Stücken des Dichters, die häufig aufgeführt wurden, obwohl oder weil sie durch ihre sexuellen Motive aufreizend war. Ich erinnere mich, daß *Judith* noch um 1930 die Funktion eines Bürgerschrecks ausübte. In der Biedermeierzeit kritisierte sogar Gutzkow, der mit seiner nackten *Wally* das Verbot der Jungdeutschen ausgelöst hatte, die Unverfrorenheit des ihn überbietenden Konkurrenten (vgl. Bd. II, S. 378). Man kann ihm insofern recht geben, als die naturalistische Entlarvung einer *biblischen* Heldin mit dem idealistischen Programm einer höheren »religiösen« Tragödie nicht ohne weiteres gegeben war, sondern, im Sinne der Zeit, »Taktlosigkeit«, sagen wir objektiver, Mangel an Kontakt voraussetzte. Grillparzer hat seine *Esther* wahrscheinlich aus Pietät nicht vollendet (vgl. o. S. 105 f.). Man konnte wissen, daß Bettgeschichten – und gar noch solche aus der Bibel! – den Weg zu den Hoftheatern versperrten, wenn man nicht so weltfremd wie Hebbel war. Es ist bezeichnend, daß die Tragödie in Wien besonders während der Revolutionszeit gespielt wurde, nach des Dichters eigner Rechnung 22mal (26. 11. 1849 an Charlotte Meinel). Der Grund für diesen Erfolg lag allerdings zunächst in dem Abbau biedermeierlicher Dezenzvorschriften nach der Märzrevolution. Die *Judith* ist nicht im liberalen, sondern höchstens in dem uns schon bekannten »höheren« Sinn ein Emanzipationsdrama. Daß die Männer versagen, daß ein tötendes Weib, auch wenn der Landesfeind getroffen wird, gegen die Natur ist, bringt der Dichter überdeutlich zum Ausdruck. Auf dem »Wesen« des Weibes, das zum Lieben, nicht zum Hassen bestimmt ist, beruht ja die Tatsache, daß die Heldin den Landesfeind aus privater Leidenschaft tötet und tragische Schuld auf sich lädt. In der Kraftgestalt des Holofernes wirkt, wenig auffallend für den Vormärz, aber um so anstößiger für das bürgerliche Zeitklima nach 1848 (vgl. Nestroys Parodie) die Sturm und Drang-Tradition in Hebbels Drama hinein. Diese erreichte den ursprünglich bescheidenen Dichter wahrscheinlich auf dem Umweg über Grabbe, obwohl er später diese Anregung, wie üblich, geleugnet hat (an Adolph Stern 9. 3. 1863). Von Holofernes abgesehen, ist Hebbels Abstand von Grabbe sogleich beträchtlich; denn der jüngere und geistvollere Dichter nahm in der Judith-Gestalt, ähnlich wie Büchner in *Dantons Tod,* die entlarvende Psychologie der Spätaufklärung wieder auf. Er greift, wie ich vermute, über den Idealismus hinweg, auf *Emilia Galotti* zurück – natürlich, wie immer, in der Absicht, diese zu übersteigern und zu übertreffen. Hebbels Fortschritt in der Psychologie hat bis ins 20. Jahrhundert hinein Bewunderung erregt und Nachahmung bewirkt. Nach der *Judith* waren Ibsen und noch jüngere Dramatiker nicht so erstaunlich.

Aber diese Entlarvung war, wie die Emanzipation, nicht der Hauptpunkt, auf den der Dichter zielte; sondern es ging ihm, trotz der »pietätlosen« Behandlung der biblischen Heldin, in allem Ernst um die religiöse Tragödie im Sinn der idealistischen Ästhetiker. Wir zitieren die Deutung, die Hebbel der Berliner Schauspielerin Stich-Crelinger, einer großen Schülerin Ifflands, zur Einführung in die Rolle gab (23. 4. 40): »Meine ganze Tragödie ist darauf basirt, daß in außerordentlichen Weltlagen die Gottheit unmittelbar in den Gang der Ereignisse eingreift und ungeheure Thaten durch Menschen, die sie aus *eigenen* [sic] Antrieb nicht ausführen würden, vollbringen läßt. Eine solche Weltlage war da, als der gewaltige Holof. das Volk der Verheißung, von dem die Erlösung des ganzen Menschengeschlechts ausgehen sollte, zu erdrücken drohte. Das Aeußerste trat ein, da kam der Geist über Judith und legte ihr einen Gedanken in die Seele, den sie (darum die Scene mit Ephraim) erst fest zu halten wagt, als sie sieht, daß kein Mann [!] ihn adoptirt, den nun aber auch nicht mehr das bloße Gottesvertrauen, sondern nach der Beschaffenheit der menschlichen Natur, die niemals ganz rein oder ganz unrein ist, zugleich mit die Eitelkeit ausbrütet. Sie kommt zum Holof., sie lernt den ›ersten und letzten Mann der Erde‹ kennen, sie fühlt, ohne sich dessen klar bewußt zu werden [!], daß er der Einzige ist, den sie lieben könnte, sie schaudert, indem er sich in seiner ganzen Größe vor ihr aufrichtet, sie will seine Achtung ertrotzen und gibt ihr ganzes Geheimniß preis, sie erlangt Nichts dadurch, als daß er, der vorher schon mit ihr spielte, sie nun wirklich erniedrigt, daß er sie höhnend in jedem ihrer Motive mißdeutet, daß er sie endlich zu seiner Beute macht und ruhig einschläft. Jetzt führt sie die That aus, sie führt sie aus auf *Gottes Geheiß,* aber sie ist sich in dem ungeheuren Moment, der ihr ganzes Ich verwirrt, nur ihrer *persönlichen* Gründe bewußt; wie der Prophet durch den Samaja, so wird sie durch ihre Magd... von ihrer Höhe herab gestürzt; sie zittert, da sie daran erinnert wird, daß sie Mutter werden kann. Es kommt ihr aber auch schon in Bethulien der rechte Gedanke: wenn die That von Gott ausging, so wird er sie vor der Folge schützen und sie nicht gebären lassen; gebiert sie, so muß sie, damit ihr Sohn sich nicht zum *Muttermord* versucht fühle, sterben, und zwar muß sie durch ihr Volk den Tod finden, da sie sich für ihr Volk als Opfer dahin gab. Das Schwanken und Zweifeln, worin sie nach ihrer That versinkt, konnte sie allein zur *trag. Heldin* machen...« Ist der Gott der *Judith,* wie es diese Interpretation, dem Wortlaut nach, andeutet, eine Realität oder ist er ein ästhetisches Symbol, wie dies den Grundsätzen für den Umgang mit der Vergangenheit in *Mein Wort über das*

Drama entspricht? In einem andern Brief an die Stich-Crelinger (3. 4. 1840) rechtfertigt Hebbel »die Erscheinung des Propheten« mit der »Stufe der damaligen Weltentwicke-lung«: »sie zeigt, daß das *geschaffene* Leben noch nicht [!] so weit entfesselt war, um der unmittelbaren Eingriffe der höchsten, göttlichen Macht enthoben zu seyn und sie entbeh-ren zu können.« Ist also 1840 der Mensch so weit emanzipiert (»entfesselt« s. o.), daß er den Willen der höchsten Macht (»Geschichte«) selbst ausführen kann? Wolfgang Witt-kowski meint, daß der Dichter gerade dieses moderne *unsichere* Verhältnis zwischen dem handelnden Helden und dem Geist der Geschichte im Auge hatte: »Es ging ihm [Hebbel] gewiß nicht um den Eingriff Gottes in die Geschichte selbst, sondern um den Konflikt, in welchen Gottes Auftrag das auserwählte Werkzeug stürzt«[45]. Er könnte darauf hin-weisen, daß auch Danton und Robespierre in Büchners *Dantons Tod* die unvermeidliche Schuldhaftigkeit des geschichtlichen Handelns zur Rechtfertigung ihrer Bluttaten geltend machen (vgl. o. S. 308 ff.). Nach längeren Ausführungen über das Problem – menschli-ches Handeln, *menschliche Verschuldung an Gottes Stelle* – kommt dieser Hebbelfor-scher zu einem nicht ganz eindeutigen Ergebnis: »Hebbel bezeichnet Gottes Eingriff in die Geschichte als Symptom einer rückständigen Weltentwicklungsstufe. In seinem dra-matischen Gesamtwerk verdünnt Gott sich zunehmend zur bloßen Folie für den schnei-denden Dualismus innerhalb des Wesens, zur geschichtlichen Form einer Ethik des Schmerzes und der Resignation, sowie zur Metapher ›göttlich‹, die nun die absolute Würde von Werten aller Art ausdrückt. Seine Funktion, notfalls ins Weltgeschehen ein-zugreifen, dabei die sittliche Ordnung der Natur zu stören und darunter zu leiden, wird ganz [!] vom Menschen übernommen... Aber – wenn Hebbel auch mit seiner ›Judith‹ die Absetzung Gottes fördert, er tut es doch auf eine würdige, dem Ereignis angemessene Weise. Es dürfte schwerfallen, eine deutsche Dichtung zu finden, die Gott in Seiner numi-nosen Majestät so großartig beschwört, wie das für Hebbels ›Judith‹ gilt«[46]. Der Dich-ter selbst würde kaum von einer »Absetzung Gottes« sprechen – so unfein drückt sich ein Hegelianer nicht aus –, sondern idealistisch von einer »innerlicheren« Begründung Got-tes, von einer »Regeneration« des Gottesbegriffs.

In der Interpretation der *Judith* überzeugen *die* Forscher, welche die religiösen Restbe-stände bei Hebbel, besonders die Passions- und Kreuzessymbole[47] ernster nehmen wollen, als seine Theorie erlaubt, am ehesten. In der sprachlichen und symbolischen Sphäre spukt in dieser biblischen Tragödie, trotz ihres gewagten Hauptmotivs, noch et-was von der Biedermeierseite des Dichters, die wir in der Lyrik beobachtet haben. Nach 1848 hätte die Tragödie in dieser *altväterischen Stilisierung* nicht mehr entstehen könn-nen. Auch etwas von der Mystik Schellings, die Liepe so stark betont, mag in Hebbels Erstling noch stecken*. Dabei muß allerdings betont werden, daß die Sprechweise des

---

* Wolfgang *Liepe* (Hebbel und Schelling, in: W. L. Beiträge zur Literatur- und Geistesgeschichte, hg. v. E. *Schulz*, Neumünster 1963, S. 201) meint, Hebbel sei von Schellings Hegel-Polemik beein-flußt worden, z. B. von dem Satz: »Gott ist etwas Realeres, als eine bloße moralische Weltordnung und hat ganz andere und lebendigere Bewegungskräfte in sich als ihm die dürftige Subtilität abstrak-ter Idealisten zuschreibt.« *Im theologischen Sinne hat der Philosoph der Restauration den jungen Hebbel bestimmt nicht überzeugt.* Er scheut als Denker die »dürftige Subtilität« keineswegs. Aber der tragische Dichter glaubte wohl, durch *zweideutige* Sprache und Symbolik stärker auf seine Zeit-

Dichters der hofrätlichen Betulichkeit des Münchner und Berliner Philosophen wenig entsprach. Die jedem Interpreten auffallende *Bewußtheit* von Hebbels *Judith* ist ganz und gar nicht romantisch. Man denke etwa an ihre messerscharfe Erkenntnis: »Der Weg zu meiner That geht durch die Sünde!« Ein so kühner Satz wirkte erregend, erschreckend und wurde bezeichnenderweise schon von Hebbels sehr hegelianischem Freunde Felix Bamberg hervorgehoben. Dieser erkennt wohl auch richtig, daß zeitgeschichtliche Bezüge in der Tragödie verborgen liegen. Holofernes meint, wie damals so viele Helden der Tragödie (z. B. Grillparzers *Ottokar*), Napoleon. Hebbel hat diesen Bezug später in einem Brief selbst bestätigt (an Louis Pierre [Herzog] Tascher de la Pagerie 29. 11. 1860). Der geborene Held wird gegen die Könige ausgespielt[48]. Man war hellhörig, was Anspielungen betraf, und nach Grabbes viel bewundertem *Napoleon* lag diese Interpretation für jeden Leser nahe. Das »Weib« aus dem Volke der Juden ist dem Helden freilich ebenbürtig. Sie, nicht Holofernes, spielt die Rolle des notwendig-schuldigen Werkzeugs der Geschichte, das die Hegelianer aus Napoleons Größe und Sturz abstrahierten. Das religiöse Drama hegelianischer Art läßt sich vom politischen nicht trennen, da Gott zur »Geschichte« geworden ist. Indem der Dichter noch keine Antigone schreibt (*Agnes Bernauer* s. u.), sondern das gewagtere Motiv einer »Jungfrau in Waffen« wählt[49] und es weit über Schillers *Jungfrau von Orleans* hinaus psycho-physisch konkretisiert, dichtet er eine der wirkungsvollsten und vielschichtigsten Tragödien seines Jahrhunderts. Für die Bedeutung der *Judith* in Hebbels Werk trifft wohl Felix Bamberg das Richtige, wenn er sagt, »daß er [der Dichter] bereits mit seinem ersten Stücke einmal den Kreis schließt, dessen einzelne Punkte er in der Folge wieder aufzunehmen, und zu speziellen Kreisen zu gestalten haben wird«[50]. Das gilt m. E. sogar für die Stücke, die Bamberg noch nicht kennen konnte.

Als Hebbel seine *Judith* an Tieck übersandte, schrieb er im Begleitbrief (17. 2. 1840): »Eine lyrische Fontaine werden Sie nicht finden; ob ich aber nicht auf der entgegengesetzten Seite zu weit gegangen und in der dramatischen Concentration hie und da zu starr geworden bin, das ist es, was ich von Ihnen zu erfahren wünsche.« »Lyrische Fontaine« ist eine ziemlich beleidigende, weil treffende Metapher für Tiecks Universaldrama über Genoveva. Die Bezeichnung paßt auch halbwegs für Raupachs *Genoveva,* nicht für die Titelheldin, die an Wally, die Zweiflerin, erinnert (vgl. Bd. II, S. 381), aber für ihren brünstig-pathetischen, typisch »neubarocken« Liebhaber. An die sog. lyrische Tragödie, die durch die Griechen, Franzosen und Spanier höchstes Ansehen genoß, macht der Dichter in seiner eigenen *Genoveva* (1843), durch Versform und betont poetische Diktion, einige Zugeständnisse. Nach dem riskanten Durchbruch der Beweis, daß man auch im Sinne der Schulphilologen ein Poet ist. Die Methode erinnert an Grillparzers Weg von der *Ahnfrau* zur *Sappho.* Hebbel verfährt hier auch insofern konventioneller und klüger, als er den heiligenmäßigen Charakter der *Genoveva* respektiert; sie bleibt ein »Engel«, was sie bei Raupach nicht mehr war. Vielleicht schielte er schon nach den katholischen Theatern; das liegt bei »romantischen Stoffen« immer nahe. 1851 hat er die Rhetorik stellen-

---

genossen wirken zu können. Eine ganz kalte Anpassung an das Publikum muß dabei nicht unterstellt werden.

weise beseitigt, durch ein Nachspiel die obligate »Versöhnung« (nach der Katastrophe) hinzugefügt und die auf diese Weise regelgerechter gewordene Tragödie dem Burgtheaterdirektor Laube angeboten (31. 1. 1851). Sie wurde 1854 unter dem Titel *Magellona*, d. h. unter Vermeidung des Namens einer Heiligen, uraufgeführt.

Trotz ihrer konventionellen Elemente besitzt die heilige Genoveva schon etwas von der grauenerregenden und unheilbringenen Schönheit, die Hebbel später in *Agnes Bernauer* gestaltet hat. Golo ist kein Wollüstling, sondern ein Schwärmer; eben die heilige Unschuld der Frau des Pfalzgrafen Siegfried reizt ihn unwiderstehlich. Er ist kein Teufel, sondern ein homo religiosus, den sein Zweifel an Gott dazu verführt, die edle Frau mit der Madonna zu verwechseln:

> O, Sünde ist's, so liebenswürdig sein,
> Daß man durch einen Blick, durch einen Ton,
> Ja, durch ein Lächeln selbst, das ihm nicht gilt,
> Den Mann im Innersten in Fesseln legt,
> Die Kraft ihm bricht, den stolzen Muth ihm raubt.
> Was ist wohl süßer! Plötzlich an den Hals
> Ihr fliegend, alles, was man ist und war,
> Zu setzen an den räuberischen Kuß,
> In dem man Zeit und Ewigkeit vergißt,
> Und dem ein Fluch folgt, welcher vierfach trifft:
> Von Gott, von ihr, von ihm und von mir selbst.
> Wie, oder zieh' in grimm'ger Nothwehr ich
> Mein Schwert, und – Ha, Verfluchter, zieh Dein Schwert,
> Doch kehr' es reuig-wütend gegen Dich!
> Welt-End' ist da, nachdem Du dies gedacht:
> Gott, aufgestört aus seiner ew'gen Ruh',
> Erhebt sich schaudernd und versiegelt stumm
> Den Schöpfungsborn, damit nicht einst ein Mensch
> Geboren wird, der, was du denkst, vollbringt.
> Auf deine Knie! (Er kniet) Verzeiht mir, edle Frau!
> (Für sich) Schurk! Schurk! Du greifst zugleich nach ihrer Hand,
> Wie jener, der dem Muttergottesbild,
> Vor dem er beichtete, ein Kleinod stahl (II,4).

Der Dichter versucht durch ein Ha, durch Selbstgespräch und Knien vor Genoveva etwas Mimik in die Tiraden Golos zu bringen. Sogar das Beiseitesprechen scheut er nicht; denn der Zuschauer oder Leser soll den gefährlich Verliebten in seinem gespaltenen Wesen genau kennenlernen. Aber entscheidend ist wieder nicht der ungestüme Charakter Golos, nicht die »Leidenschaftstragödie«, sondern die sittlich-religiöse Problematik. Alle verurteilen das, was er tun will: Gott, Siegfried, Genoveva und er selbst, und doch treibt es ihn unaufhaltsam an das Ziel seiner Leidenschaft. Das bedeutet das Weltende in dem Sinne, daß Gott vor seiner eigenen Schöpfung »schaudert«. Bei der ersten Nennung ist Gott die unbezweifelte sittliche Instanz, bei der zweiten, wie Heines Welttheater-Direktor (vgl. u. S. 517) ein erfolgloser Chef, der seinen Bankrott erklären muß. Die *Blasphemie,* das typische Reizmittel restaurativer Zeiten, verlieh der Tragödie gewiß ebenso viel Anziehungskraft wie Golos Liebeslyrik und Liebesrasen. Damit ist aber auch schon gesagt, daß die tragische Weltinterpretation nicht so tief ging wie in der *Judith.* Traditionelle Motive wie

Liebestrank und alle möglichen Zaubereien und die alte Margaretha als Hexe geben de obligaten Mythologie des Dichters ein äußerst buntes Gepräge. Sie stehen gewiß auch symbolisch für Golos Leidenschaft, verselbständigen sich aber in der Szene stärker als unbedingt nötig ist. In der Neufassung beseitigte er, nach einem Brief an den theatrali schen Kollegen Holtei (5. 2. 1851), »die für die Bühne zu weit getriebene Detailmalerei« Man denkt bei diesem Bericht an das merkwürdige Auftreten des Ritters Tristan, der in einem Historiendrama aus der Tieckschule eher am Platz wäre als in Hebbels Tragödie Besser paßt die grelle Judenszene zum zentralen Thema. Der Unchrist hat aus dem Brun nen getrunken und soll zu Ehren des Heilands sterben; aber Golo rettet ihn aus religiöser Solidaritätsgefühlen, obwohl der Jude, nach dem Martyrium lechzend, ihn beleidigt Auch der tolle Klaus bringt als kleines Werkzeug Gottes viel »sinnliches« Leben in das Theaterstück; dieses soll die rhetorische Lyrik balancieren und das farbige Mittelalter zur Anschauung bringen. Zum Schluß eine Serie von Leichen. Man kann verstehen, daß der junge Dichter frühzeitig ein Bedürfnis nach der schon erwähnten neuen Fassung emp fand. Sogar der treue Freund Bamberg war bei dem Versuch, den programmatischer zeitgemäßen »Gärungsprozeß« in dieser Tragödie zu finden, nicht sehr erfolgreich; denn er meint, der Dichter habe vielleicht, wie Goethe in den *Wahlverwandtschaften,* ver sucht, »die Ehe in Conflict zu bringen« [51]. Überzeugender ist Bambergs Auseinander setzung mit der in diesem Stück gestalteten dramaturgischen Absicht und mit der Recht fertigung des Stücks durch den Dichter: »Monotonie kann man diesem zweiten Stücke.. eben nicht vorwerfen, im Gegentheile, scheint es fast, als ob ihm, als er in seinem › Wor über das Drama‹ den Satz aussprach: der Dichter habe, unbeschadet der wahren Einhei des Stückes, für Vervielfältigung der Interessen [!] zu sorgen und sich wohl zu hüten alle seine Charaktere dem Centrum gleich nahe zu stellen, seine 2te Tragödie vorgeschweb habe. Wegen der vielen Träger der letztern, sucht Hebbel sich dadurch zu rechtfertigen daß er in seinem kurzen Vorworte zu Genoveva sagt, sie seien nöthig, weil das Stück zwi schen That und Begebenheit in der Mitte schwebt und schweben muß. Ich gestehe mich von letzterer Nothwendigkeit nicht überzeugen zu können, sondern glaube vielmehr, daß die Ausdrücke von That und Begebenheit im Stücke, den Ausdruck der Grundidee etwas unhörbar gemacht haben.« Diese Verdunkelung der weltanschaulichen Struktur durch die »modrigen Elemente« und durch die »gothisch bauende« Architektur des Mittelal ters ist in den Augen des klassizistischen Hegelianers eher ein Nachteil. Die Tragödie sagt er in Anspielung auf den antiken Rundbau, »hat zu wenig *Kreisform*« [52]. Das ir doppelter Beziehung »sinnlich« gemachte Theaterstück mußte gleichwohl längere Zei auf eine Aufführung warten. Raupachs *Genoveva* konnte Hebbel nicht aus dem Feld schlagen. Das sagt er selbst in der Autobiographie aus dem Jahre 1845. *Ganz offensicht lich aber ist es, daß er hier in erster Linie um das Theater rang.* Mit Erstaunen lesen wir ir einem Brief (an Ludwig Gurlitt 12. 12. 1845): »*Halm* kommt morgen zu mir, um die *Ge noveva* mit mir durchzugehen.« Halm war nach Grillparzers Abschied vom Burgtheate dort der erfolgreichste Autor und bestätigte, nicht anders als Raupach, Hebbels Erkennt nis: »Je wahrer und inniger die Poesie jetzt ist, um so weniger findet sie Anklang« »nur... Rhetorik und Declamatorik erregt Aufmerksamkeit« (an Oehlenschläger 12. 4 1846). Trotzdem hofft er, von Halm etwas zu lernen!

Maria Magdalene (1844) bedeutet noch keinen Verzicht auf das Theater, aber die
ückkehr zu der vielleicht etwas starren »dramatischen Concentration« des Erstlings,
e er in dem zitierten Brief an Tieck erwähnt. Die Prosa begünstigt bei Hebbel, ähnlich
ie bei Lessing, die Straffung des dramatischen Aufbaus. Die gleichzeitig metrische und
·amatische Durchformung, die die Verstragödie fordert, scheint ihm nicht leicht gefal-
n zu sein; sie führt ihn in den *Nibelungen* schließlich zur klassizistischen Form der Tri-
gie zurück. Hebbels bürgerliches Trauerspiel ist im Gegensatz dazu ein kaum abendfül-
nder Dreiakter, vom Theater aus gesehen eine fast allzu streng geschlossene Tragödie.
er Titel verrät, daß die mythologische Symbolik auch in diesem Drama ihr Wesen treibt
in der bürgerlichen Welt trägt die Heldin den schlichten Namen Klara –; trotzdem wird
s einzige *Gegenwartsdrama* unter Hebbels anerkannten Tragödien mit Recht als sol-
es und damit auch als relativ realistisch hervorgehoben. Erich Schmidt, der ganz im
ealismus wurzelte, nennt das Jugendwerk schon »seine genialste und packendste
·höpfung« (Brief an Storm 15. 9. 1877). Von dieser Tragödie aus wäre, ähnlich wie
im Dichter von *Kabale und Liebe,* noch eine *nicht*klassizistische Weiterentwicklung
:nkbar gewesen. *Maria Magdalene* ist, mit anderen Worten, ein typisches Vormärz-
·ama, dasjenige vielleicht, das in politischer Hinsicht unter allen Stücken Hebbels das
·eldeutigste ist*. Wir wissen schon, daß nach seiner Meinung die »Äußerlichkeit« des
andesgegensatzes dem höheren Dichter nicht erlaubt ist. Damit wird der realistischen
·iderspiegelung des Lebens bereits eine deutliche Grenze gesetzt. Die Isolierung der
leinbürgerwelt ist ein Hinweis auf ihre symbolische Bedeutung. Der einzige Vertreter
:r gehobenen (akademischen) Schicht, der Sekretär, ist der edelste unter den männli-
en Charakteren des Dramas. Seine Lage gleicht der des Fritz von Berg im *Hofmeister.*
ie Jugendgeliebte ist ihm während des Studiums, nicht ohne seine Schuld, verführt wor-
:n. Man liebt sich noch; aber: »Darüber kann kein Mann weg!« (II,5) Wenn er, wie der
:rnünftige Sohn des vernünftigen Geheimrats im *Hofmeister,* das geliebte Mädchen
otz seines sittlichen Makels heiraten könnte, entstünde eine Tragikomödie, wie später
Hebbels *Julia.* Aber dann entspräche die Dichtung nicht mehr der hegelianisch-klassi-
stischen Norm; sie hätte auch auf dem deutschen Hoftheater (und, bis zum heutigen
ag, im deutschen Gymnasium) weniger Aussicht auf Berücksichtigung, auf Einreihung
iter die großen Dramen der Nation. Daraus folgt die schon erwähnte negative Ent-
·heidung des Sekretärs, und es ist sehr bezeichnend für die Art von Hebbels Tragismus,
aß das betroffene Mädchen sie in dem folgenden Monolog (II,6) ausdrücklich aner-
:nnt: »Nein, darüber kann kein Mann weg! Und wenn – Könntest Du selbst darüber
nweg? Hättest Du den Mut, eine Hand zu fassen, die – Nein, nein, diesen schlechten

---

*   Edward *McInnes* (German social drama 1840–1900, Stuttgart 1976) betont mit Recht die von
:bbels Programm abweichende, irrationale Vermeidung einer klaren Schlußlösung in »Maria
agdalene«. Die Originalität liegt in einer neuen Vermittlung von empirischer Wirklichkeit und
amatischer Form (S. 26). Durch den fortschreitenden Individualismus erhebt sich die Frage, ob
·r Mensch überhaupt noch mit seiner Umwelt zurechtkommt (39). »In Maria Magdalena the pro-
:sses of exploration are not accomodated to an ultimate harmonising interpretation« (ebd.). Es
:bt keine Chorfigur, keine Befreiung von Unsicherheit. Die Normen beschäftigen den Dichter so
ark wie die psychologischen Analysen; aber die Ergebnisse dieser Normensuche bleiben ambiva-
1t.

Muth hättest Du nicht! Du müßtest Dich selbst einriegeln in Deine [!] Hölle, wenn m₃
Dir von außen die Thore öffnen wollte...« Martin Stern hat im »Archetyp der Enge« d
zentrale Symbol der »Maria Magdalene« erblickt, vor allem durch die Prüfung der M
taphorik, bzw. der Mythologie[53]. Er spricht sogar von Allegorien, womit er die v₍
uns bereits aufgewiesene Neigung Hebbels zum Emblematischen bestätigt. Dieser stilis
sche Befund entspricht aber zugleich genau dem »Prinzip der Besonderung« und d
»Abgeschlossenheit«, das Hegel von der Tragödie fordert (s. o. S. 374 Anmerkun₉
Diese höllische Abgeschlossenheit – das wird öfters übersehen – kennzeichnet nicht n
den Meister Anton, sondern auch den Sekretär und seine Jugendgeliebte, die den En
schluß zur Trennung bejaht. *Die Abgeschlossenheit ist keine reale, sondern eine solch*
ideologischer Art. Daß sich der Dichter selbst, wie seine Heldin, dazu verpflichtet füh₍
diese vorhumanistische Abgeschlossenheit zu bejahen, ergibt sich aus der Verteufelu₍
des Verführers Leonhard – Lenz schon hat sie vermieden – und aus seiner Hinrichtung ₍
Duell, wobei auch das Werkzeug Gottes, der Sekretär, den Tod findet. Der Dichter arb₍
tet mit primitiven Mitteln des alten Theaters, die seinem modernen Bewußtsein ₍
Grunde nicht entsprechen. Für die *Sünde* Klaras verrät er großes Verständnis, währe₍
jedes Mauseloch für ihre *Rettung* aus der vermeintlichen »Hölle« ideologisch versto₍
wird. Das Biedermeiertheater erkennt man auch in der Gestaltung des Schlusses v₍
Akt I. Die (allerdings kranke) Mutter stirbt beim Erscheinen der Gerichtsdiener prom₍
Klara »fast wahnsinnig, stürzt der Toten mit aufgehobenen Armen[!] zu Füßen« u₍
muß bei der Hand der Mutter schwören, was sie nicht mehr beschwören kann.

Wenn das Drama, trotz dieser etwas ängstlichen Anpassung an das klassizistisc₍
Theater der Zeit, frisch und »realistisch« wirkt, so liegt dies in erster Linie an dem h₍
vorragenden Porträt des kleinbürgerlichen Vaters. In dieser Beziehung übertraf der Dic
ter die Sturm und Drang-Tradition (Kaufmann Wesener, Musikus Miller) beträchtli₍
Die relativ selbständige Ausgestaltung dieses Charakters wird gerade dadurch mögli₍
daß der Dichter nicht nur Meister Antons engen Horizont, sondern die gesamte Ideolo₍
des vertretenen Personenkreises zur Grundlage der Tragödie machte. *Maria Magdale₍*
ist keine moderne Vater-Tragödie, etwa im Sinne des bekannten Dramas von Hasen₍
ver. Aber wie sollen wir dann Hebbels Berufung auf eine Rezension in den angesehen₍
Blättern für literarische Unterhaltung verstehen, die *Maria Magdalene* ausdrücklich ₍
ein Drama bezeichnet hatte, das den gesellschaftlichen Zustand der Zeit besser darste
als viele Handbücher der Geschichte? *Maria Magdalene,* das folgert der Dichter aus d₍
ser verständigen Kritik, »ist also wieder ein historisches Drama, wenn sie sich stoffli₍
auch nur im bürgerlichen Kreise bewegt« (Autobiographie aus dem Jahre 1845). Der u
bekannte hegelianische Begriff von Geschichte im Sinne des überpersönlichen »Proze
ses« überhaupt steht hinter dieser Äußerung. Felix Bamberg interpretiert die Tragö₍
ein Jahr später als »Bruch zwischen einer alten und einer jungen Welt«. Wenn dem
wäre, müßte die junge Welt einen Repräsentanten haben. Bamberg erkennt schon, d₍
als solcher nur Klaras Bruder Karl in Frage kommt, bemerkt aber auch, daß er »nicht d
Gegentheil« zum allzu bürgerlichen Meister Anton ist, sondern nur »die Unzufriedenh₍
der Jugend überhaupt« darstellt[54]. Karls Drang in die Ferne würde vom Dichter dur
keine Mordabsicht belastet (III,7), wenn er als Repräsentant der neuen Zeit gedac₍

väre. Noch weniger ist »Karls Ausfahrt in die Weite als Hinweis auf den idealen Seinszu-
tand zu deuten«[55]. Sein Charakter bestätigt nur die Meinung der Zeit, daß nämlich
vor allem ordnungswidrige Elemente Europa verlassen. Er ist wie Meister Anton ein mit
großer Sorgfalt porträtierter Charakter und hat auch die im Biedermeiertheater beliebte
auflockernde Funktion eines Lumpazi – er spricht nicht nur frech, er singt sogar –; aber
er überragt in keiner Weise den »Wurmklumpen« (s. o.), aus dessen Unvernunft und Gier
sich die Tragödie ergibt.

Ebenbürtig sind einander, wie so oft bei Hebbel, nur die weibliche und die männliche
Hauptfigur*. Bamberg nennt Meister Anton »natürlich groß [!], offen, ehrlich und ar-
beitsam«[56], und diese Charakterisierung ist gewiß im Sinne des Dichters, während
moderne Interpreten sich manchmal durch die dramaturgisch obligate tragische »Abgeschlossenheit« der Figur dazu verleiten lassen, aus dem *großen* Charakter eine Karikatur
des Kleinbürgers zu machen. *Daß Meister Anton als ein außergewöhnlicher, »großer«
Kleinbürger gedacht ist, ersieht man vor allem daraus, daß er seinem früheren Meister,
dem er viel verdankt, in der Not eine große Summe geschenkt hat.* Welcher Kleinbürger
verschenkt die Mitgift seiner Tochter? Der erbärmliche Leonhard wirft es dem Meister
vor; ihm ist die Armut Klaras Grund oder Vorwand, sie zu verlassen. Der Dichter dagegen benützt das außerordentliche frühere Verhalten Meister Antons zur Exposition der
Maßlosigkeit, die er in Hinsicht der Ehre des Hauses und der Behandlung seiner Tochter
sich zuschulden kommen läßt. Nicht Leonhard allein und nicht nur das Vorurteil des Sekretärs, sondern *auch* er, der Vater, der, nach den Begriffen der Zeit, der Stellvertreter
Gottes sein müßte, treibt Klara durch seine *ideologische Besessenheit* in den Tod. Das
Mädchen selbst, das man im Zuge der Christianisierung Hebbels zur Märtyrerin machen
wollte[57], ist nach den Begriffen der Zeit und nach ihrem eigenen Bekenntnis zunächst
einmal *die große Sünderin*. Das belegt der Titel und ihr oben zitiertes Wort von der *eigenen* »Hölle« unmißverständlich. Als ihr Selbstmord-Motiv wird in der Hebbelforschung
meist nur die Opferung für den Vater angegeben: »O Gott, ich komme nur, weil sonst
mein Vater käme« (III,8). Man muß aber weiterlesen: »Vergib mir, wie ich – Sei mir gnädig – gnädig.« Sie weiß sehr wohl, »daß man Sünde mit Sünde nicht büßt« (III,4), sondern durch lebenslange Buße. Die *heilige* Magdalene hätte unmöglich den Weg eines autonomen Todes wählen können. Klara dagegen wählt den Freitod, in der sittlichen Absicht, den Vater zu retten, gewiß, aber doch auch – es ist im Grunde dieselbe Tendenz – im
Widerspruch zu den unsittlichen Tabus der Religion. Diesen Protest konnte man auf der
Biedermeierbühne nicht so deutlich zum Ausdruck bringen wie der Sekretär den gängi-

---

* Obwohl die Biedermeierfamilie in ein tragisches Licht gerückt wird, ist zunächst die in dieser
Zeit einmalige Sorgfalt in der Personengestaltung zu betonen. Hebbels Übung in der Ausführung
von Genrebildern (in der Erzählung) kommt vor allem diesem Drama zugute. Das sittliche Persön-
lichkeitsgewicht von Vater und Tochter – der Abstand vom Naturalismus und sozialistischen Realismus – wird besonders deutlich, wenn man Hebbels Tragödie mit der modernen Moritat *Maria
Magdalena* von Franz Xaver Kroetz vergleicht. Hier wünschen sich Vater und Tochter gegenseitig
den Tod – aus finanziellen Gründen. Alle beteiligten Personen sind Schufte, weil sie Bürger sind. Die
Spekulation auf das DDR-Theater war erfolgreich (Süddeutsche Zeitung 26. 2. 1976). Dieser moderne Dichter ist, nach seinem Selbstverständnis, ein »radikaler Realist« (ebd.). In der Tat, er liefert
exakt das Gewünschte.

gen weltschmerzlichen Vorwurf gegen Gottes Schöpfung (III,5); aber er steckt in de Worten: »Ich bin's nicht allein, und leichter find' ich am jüngsten Tag noch eine Antwo auf des Richters Frage: warum hast Du Dich selbst umgebracht? als auf die: warum ha Du Deinen Vater so weit getrieben?« (III,2) Dieser Ausspruch ist schon nach seinem ga zen Tone unfromm, »pietätlos« und damit antibiedermeierlich. Inhaltlich besagt (nichts Geringeres, als *daß in der Hierarchie der Werte die Sorge für den andern vor d Angst um das Heil der eigenen Seele rangiert.* »Ich bin's nicht allein« (s. o. Zitat), d. h.: d Tragödie, die sich hier abspielt, ist ein überpersönlicher Vorgang. Unsere ganze Gese schaft steht, durch die überholte Ideologie, die in ihr herrscht, in der Krise und wird w der im Drama dargestellte Personenkreis ohne eine *Regeneration des Denkens* in die K tastrophe taumeln*. *Am Symbol des Kleinbürgertums, das im Vormärz noch tief mit d überlieferten kirchlich-religiösen Ordnung verbunden war und in diesem Zustand durc Metternichs Zensur systematisch festgehalten wurde, zeigt der Dichter die Brüchigke der gesamten überlieferten Denkstruktur.* In diesem Sinne ist die *Maria Magdalene* e »historisches Drama« (Hebbel s. o.). Wenn Gott 45mal und auch der Teufel häufig e wähnt wird[58], so ist dies kein Beweis für Hebbels Christentum, sondern wiederum n ein Symbol dafür, daß ihn die »Geschichte« seiner Gegenwart vor allem als *religionsg schichtliche Krise* interessierte. Von der in der Heineforschung selbstverständlichen B rücksichtigung der Selbstzensur des Autors müßte auch der Interpret von Hebbels Vo märz-Dramen etwas lernen.

Im *Vorwort zur Maria Magdalene* sagt der Dichter, in Übereinstimmung mit Hege Ästhetik: »Die mimische Darstellbarkeit ist das allein untrügliche Kriterium der poet schen Darstellung, darum darf der Dichter sie nie aus den Augen verlieren.« Das bede tet, daß auch der Interpret Hebbels Rücksicht auf das Theater seiner Zeit im Auge beha ten muß und nicht den frommen »mimischen« Vordergrund der Tragödie mit ihre Sinne verwechseln darf. Ohne eine zweideutige (symbolische) Doppelstrategie konnte e durch Feuerbachs Schule hindurchgegangener Dichter wie Hebbel nicht hoffen, au Theater des Vormärz zu kommen. *Maria Magdalene* bekämpft den Geist der Restaur tion durch das völlig unpolitische und objektive, d. h. die üblichen zeitgemäßen Anspi lungen vermeidende Bild einer tragischen Katastrophe im Kleinbürgerhaus. Das ist wohl auch, was Bamberg meint, wenn er auffallend lakonisch bemerkt, der »Haupt-Vo zug dieser Tragödie« bestehe darin, »daß das Interesse sich hier eigentlich weniger a einzelne Personen als an allgemeinere Verhältnisse knüpft«[59]. Wir werden heute hi zufügen, daß der Dichter das Allgemeine noch nicht durch Abstraktion verdeutlich sondern daß es hinter einer außergewöhnlich lebhaften personalen Gestaltenwelt n dem aufmerksamen Leser, in scheinbar nebensächlichen Äußerungen bemerkbar wir

---

* Die *Allgemeingültigkeit* von Hebbels Gesellschaftskritik, im Widerspruch zu irgendwelche lokalen Verhältnissen, z. B. München, auf die sich die Darstellung beziehen soll, betont mit Rech Helmut *Kreuzer*, unter Hinweis auf die Memoiren eines *französischen* Polizeiarchivars (Zu Peuche Memoiren – ein Hinweis auf Hebbel-Parallelen, in: Hebbel-Jahrbuch 1964, S. 129–131): »Als Be spiel führt Peuchet den Selbstmord einer Pariser Handwerkerstochter an, die unmittelbar vor ihre Heirat bei ihrem Verlobten übernachtet hatte und deshalb von ihren Eltern ›mit Wut, mit de schändlichsten Namen und Schimpfreden‹ überschüttet wurde« (S. 130).

Die Wirkung der noch immer beliebten Märtyrertragödie (vgl. Bd. II, S. 354, 359) beabsichtigte der Dichter mit diesem Drama bestimmt nicht; aber als Wolf im Schafspelz des führenden Ifflandschen Familienstücks wollte er sich wohl in *Maria Magdalene* betätigen. Vielleicht sollte sogar in allem Ernst in dieser aristotelischen Erregung des tragischen Mitleids die in einem Brief beanspruchte idealistische »Versöhnung« liegen; denn im Ausgang der Tragödie ist sie nicht zu finden: »Es [das Stück *Maria Magdalene*] wird wieder eine neue Welt, kein Pinselstrich erinnert an die vorher von mir geschaffenen beiden Stücke; ganz *Bild*, nirgends *Gedanke*, aber... *von niederschmetternder Gewalt*, bei allem sogar voll *Versöhnung*, aber freilich nicht zur *Befriedigung* des kritischen *Pöbels*« an Elise Lensing 26. 3. 1843).

Auch die Märtyrertragödie im Gewand des bürgerlichen Trauerspiels ließ sich der ehrgeizige Dichter nicht entgehen (*Agnes Bernauer* 1852); aber bis zu diesem Zugeständnis und Rückschritt ist es noch ein weiter Weg. Die sehr viel interessanteren Experimente nach der *Maria Magdalene* hat die Hebbelforschung meistens nicht so ernst genommen, weil sie möglicherweise einen Zweifel Hebbels an der Gattung der Tragödie und den Vorsatz einer noch besseren Anpassung an das Prinzip der Spielbarkeit belegen. Man hielt am Bild des hohen tragischen Poeten hartnäckig fest, was sicher bei diesem Mann der alten Schule nicht ganz falsch ist. *Ich meine jedoch, man sollte bei einem Dichter, dessen Tragödie am Ende einer Entwicklung steht, auch die Ansätze studieren, die von der tragischen Hauptrichtung abweichen, wenn man ihn genauer verstehen und sorgfältiger bewerten will.* Vielleicht sind die im folgenden beschriebenen, sehr verschiedenen Dramen tatsächlich »verunglückte Experimente« [60]; aber wer einen so entschiedenen Meister wirklich kennen will, der muß auch die Aussage seiner Experimente beachten. Voraussetzung dazu wäre wohl eine besonders gründliche Beachtung der Anregungen, die der Dichter in Frankreich erhielt oder erhalten konnte; denn im Banne seines »modernen« (nur bedingt klassizistischen) Pariser Bewußtseins scheinen die Experimente zwischen *Maria Magdalene* und *Herodes und Mariamne* noch zu stehen*. Ich muß mich mit Andeutungen begnügen.

In einem gewissen Zusammenhang mit *Maria Magdalene* steht das in die italienische Umwelt versetzte Schauspiel *Julia* (1847/51). Hebbel nennt das Stück ein »Trauerspiel«, vermutlich deshalb, weil hier die für den Ruf gefährliche Verwechslung mit einem Iff-

---

* In der fehlenden Hintergrundsforschung für die Pariser Zeit Hebbels liegt eine Parallele zu dem schattenhaften Bild, das die Büchnerphilologie von Straßburg, dem ersten, entscheidenden Studienort ihres Dichters, entwirft. Einen Hinweis auf eine mögliche französische Anregung für Hebbel, die ich allerdings auf »Maria Magdalene« beziehe, gibt Taillandier (Friedrich Hebbel, in: Revue des Jeux mondes, Brüssel 1852, Teil 4, S. 540). Ähnlich vermutet Albert Ludwig (Hebbel und die französische Romantik, in: Die Literatur, Monatschr. f. Literaturfreunde, 34, 1931, S. 56) einen Zusammenhang zwischen der *Angèle* des älteren Dumas und Hebbels *Julia*. Ein nicht weitergeführter Ansatz?

landschen Rührstück noch näher lag. Ein Brief (an Eduard Janinski 14. 8. 1848) belegt jedoch, daß dieser »zweite Theil der Maria Magdalena« versöhnlicher als der erste sein sollte. Auch die Stilebene liegt erheblich tiefer. Nicht der Bibelton mit seinen erhabenen Einsprengseln, sondern der Konversationston (vgl. Bd. I, S. 622 ff.), ein durchaus gesell schaftlicher, ja stellenweise komischer Ton herrscht. Julia ist wie Klara ein verführtes Mädchen, und sie hat wie diese einen unsinnig strengen Vater. Nur dieses Grundschema verbindet die beiden Stücke. Sonst ist alles ganz anders. Das Drama sollte sogar, wie es scheint, ein zweckliterarisches Produkt sein: »Wo ich sie [Julia] nicht eben so leicht zu Papier bringen könnte, wie den Brief, den ich eben an Sie schreibe, so soll mich der Teufel holen« (an Felix Bamberg 27. 2. 1846). Vielleicht ließ sich die Alltagsware im Anschluß an das beliebte Räuberdrama fabrizieren! Julia wird, im Unterschied zu Klara, nicht nur verführt, sie verliebt sich ernsthaft in den natürlich höchst edlen Räuber Antonio, ohne ihn als solchen zu erkennen. Dieser wollte eigentlich nur seinen Vater an Tobaldi, Julias Vater, rächen; aber auch er verliebt sich. Die Entführung Julias und die Besserung des jungen Räubers an ihrer Seite verhindern die Räuberkameraden. So verläßt das Mädchen ihr Vaterhaus, ohne den Geliebten zu treffen. Es muß allein in der Welt herumirren, bis ihm der deutsche Graf Bertram eine Josephsehe anbietet. Mit dieser noblen Heirat sollte Julias Vater zufrieden sein; so denkt der Zuschauer. Aber der reiche und stolze Tobaldi läßt sie, trotz ihres Versuchs, ins Elternhaus zurückzukehren, seinem ursprünglichen Vorsatz gemäß, tot erklären und scheinbar beerdigen. Diese Szene steigert den väterli chen Tyrannen ins Groteske; sie dürfte, aufgeführt, eine Glanzszene und den eigentlichen Mittelpunkt des »Bildes« darstellen, das *Julia* ganz und gar sein soll*. Der Schluß war gegen Hebbels Erwartung, außerordentlich schwierig, und zwar gerade deshalb, weil er nicht rein tragisch sein sollte, sondern eine »gewagte Lösung enthält« (an Ludwig Gurlit 26. 11. 1846). Die Liebenden treffen und finden sich, und nun müßte sich, nach seiner ur sprünglichen Absicht, Graf Bertram erschießen, um die mit ihm bereits verheiratete Juli. freizugeben. Der Grund dafür ist nicht Edelmut, sondern die Todessehnsucht eines Man nes, der sich wegen seiner durch liederliches Leben erworbenen Krankheit schon lang umbringen wollte. Die Rettung Julias durch die Josephsehe sollte nur eine letzte gute Tat sein. Jetzt will er endgültig sterben; aber der gewandte Räuber, der, im Gegensatz zu Ju lia, schon lange ahnte, daß an diesem Edelmut etwas faul ist, verhindert den Freitod des Grafen. Vermutlich wird dieser der Mäzen des Paares, später der Erbonkel sein, damit der ehemalige Räuber nicht so viel arbeiten und büßen muß, wie er es im Sinne hat. In ei nem biedermeierlichen Stück würden wir den freundlichen Ausgang ganz genau erfah ren, wie in den Erzählungen das fabula docet. Bei Hebbel wissen wir am Ende nicht ein mal genau, ob Julia und Antonio sich einmal heiraten werden. Damit ist der Schluß dieses versöhnlichen Trauerspiels sehr viel moderner als jedes der bisherigen Stücke:

Graf Bertram: Wir bleiben beisammen, so lange das Schicksal will! Aber wenn ich sterben sollte, ei nes natürlichen Todes sterben sollte, so – das versprechen Sie mir Beide –
Julia: Dann –

---

* »Ueber die Julia kann ich Ihnen Nichts sagen, es ist zu sehr Bild. Aber ich will das Ding fertig machen« (an Felix Bamberg 27. 2. 1846).

ntonio: Dann wollen wir uns fragen, ob wir noch glücklich sein dürfen!
lia: Wir wollen uns fragen, ob wir noch glücklich sein können!

*lbstverständlich könnte darauf verwiesen werden, daß man im alten Theater nicht
*ne weiteres die Scheinehe scheiden und eine neue an ihre Stelle setzen darf. Aber auf
*ne Leiche mehr oder weniger kam es niemals an. Bei Hebbel gibt es aparterweise nur
*ne Schein-Leiche und einen nicht ausgeführten Selbstmord. Offenbar konnte er doch
*icht wie der nächstbeste Stückeschreiber arbeiten. Die *Unmöglichkeit absoluter Hand-
erklichkeit kündigt sich sehr früh, noch ehe der Plan zu einem Reißer aufgegeben wird,
* Produktionsstockungen an: »An die Tragödie ist nicht zu denken. O, wer jemals Le-
*endiges geboren hat, der kann nichts Todtes erzeugen... Das Pfuschen-Können und
*icht-Können bezeichnet den Unterschied der Geister, leider aber auch des irdischen
*lücks« (an Elise Lensing 25. 7. 1845). In den Briefen der Jahre 1848 und 1849 können
*ir miterleben, wie das trotz allem ungewöhnliche Schauspiel in Berlin angenommen
*nd nach langem Zögern wieder ausgebootet wird. Wahrscheinlich rechneten sich die
*chauspieler aus, daß einem so leisen Schluß auch ein leiser Applaus folgen werde. Das
*ublikum war dem differenzierten Ausgang der *Julia* gewiß noch weniger gewachsen als
*em der *Maria Magdalene.* Es war, wie wenn diese den Sekretär geheiratet hätte, statt,
ie es im Trauerspiel sein muß, sich umzubringen.

Weit stärker als diese groteske Kontrafaktur Meister Antons und die vernünftige Ret-
*ung des gefallenen Mädchens Julia interessiert die Hebbelforschung neuerdings der Ein-
*kter *Ein Trauerspiel in Sizilien* (1847), deshalb vermutlich, weil hier die sonst eher ver-
*teckte Gesellschaftskritik des Dichters offen, ja geradezu höhnisch zutage tritt. Angioli-
*a, die ihren himmlischen Namen nicht umsonst führt, wird von dem alten Podestà Gre-
*orio, der der höchste Gerichtsherr und größte Kapitalist der Region ist, ihrem Vater
wecks Verheiratung abgekauft. Sie will aus diesem Grund mit ihrem ebenfalls himmli-
*chen Geliebten Sebastiano fliehen, wird aber auf dem Weg zu ihm von marodierenden
*Landsoldaten« (Landespolizei?) erstochen. »Kann das denn wirklich auf der Welt [!]
*escheh'n?« fragt der die Leiche findende Liebhaber (4. Szene). Das Ja auf die Frage, den
*xakten Beleg für die Scheußlichkeit der »Welt« gibt gleich darauf der Geld- und Macht-
*aber Gregorio im Gespräch mit dem Vater Angiolinas (5. Szene):

> Nun hab' ich Geld und kann mir Alles kaufen,
> Was sich ein Anderer erbetteln muß.
> Ach Gott, Ihr wißt nicht, wie die Menschen sind! –

---

* Ludger *Lütkehaus* (Hebbel. Gegenwartsdarstellung. Verdinglichungsproblematik. Gesellschaftskritik, Heidelberg 1976) hat das Verdienst, auf die vernachlässigte Interpretation mehrerer
Gegenwartsdarstellungen Hebbels hingewiesen zu haben. Er findet aber in »Julia« nicht das sozialkritische Drama, das er, von Marx und Bebel herkommend, sucht. So interpretiert er das Drama
weder immanent, noch geschichtlich, sondern er landet bei einem Wunschbild: »Hätte Hebbel in
Julia‹ konsequent jene Roué-›Carriere‹ dramatisiert, die er andeutet, so wäre das Stück womöglich
ein gelungenes und brisantes Exempel eines sozialkritischen Zeitbezugs geworden« (S. 152). Einen
Grund zu seiner sozialen Erwartung gibt dem Verfasser das erstaunliche Vorwort zur *Julia* vom November 1850 (S.135). Merkwürdigerweise interessiert sich die DDR-Geschichte der deutschen Literatur Bd. 8, 1, Berlin 1975, *nicht* für Hebbels Experimente. *Ein Trauerspiel in Sizilien* erscheint nur
episodisch als »Kriminalstück« (S. 307), ähnlich *Julia.*

Was schwatz' ich da! Ihr wißt es ja recht gut,
Ihr seid ja selbst ein Hauptbeweis dafür!

Aus diesen absolut weltschmerzlichen Voraussetzungen könnte sich ein dramatisch
»Nachtstück« entwickeln, nämlich die Hinrichtung des unschuldigen, von den Soldat
verhafteten Sebastiano. Der Name des möglichen Opfers ist vielleicht ein Hinweis da
auf, daß der Dichter ursprünglich ein doppeltes Märtyrer-Nachtstück beabsichtigt
Aber er experimentiert in dieser Zeit mit *Lösungen zwischen Tragödie und Komödie.* S
wird Sebastiano durch einen (zufälligen!) Zeugen gerettet. Hebbel will die Begebenheit
Italien erzählt bekommen haben. Entsprechend betont man den sizilischen Schaupla
dieses gesellschaftskritischen Stücks. Der konkrete Raum bedeutet jedoch für Hebbel s
wenig wie die »materielle Geschichte«: er ist bloße Einkleidung zwecks »Versinn
chung« und zur Täuschung des Zensors. Die Fabel konstruiert das uns schon bekann
Hebbelsche Bild der Welt ohne harmonische Ordnung, nicht zuletzt auch ohne sittlic
rationalen Rechtsschutz. In der Frage der Stoffindung neige ich daher zur Hypothese d
marxistischen Interpreten Lütkehaus: »Die provinziellen sizilianischen Verhältnis
könnten in zensurbedingter Verfremdung die ähnlich provinziellen deutschen me
nen« [61]. Daß im Verkauf der Angiolina, überhaupt in der nicht nur politisch-recht
chen, sondern auch *finanziellen* Machtfülle des Podestà die liberale Kritik in Richtur
auf den Sozialismus überschritten wird, daß hier bereits der Vorgang dargestellt wir
»den Karl Marx als Entfremdung in der kapitalistischen Gesellschaft beschrieben hat
erkennt auch Gerhard Kaiser. Er zitiert eine Tagebuch-Stelle, die die Unzulänglichke
des liberalen Rechts eindeutig feststellt: »Rothschild müßte den Gedanken haben, all se
Geld in Landbesitz zu stecken und das Land unbebaut liegen zu lassen. Nach dem in d
Welt [!] geltenden Eigenthumsrecht könnte er es thun, wenn auch Millionen darüb
verhungerten.« Gerhard Kaiser ist im Recht, wenn er trotz solcher Hebbelscher Äuß
rungen – sie sind bei einem Junghegelianer nicht so erstaunlich! – die dogmatisch-marx
stische Interpretation des Einakters ablehnt. Hebbel macht, wie wir schon wissen, d
Welt, nicht eine bestimmte historische Gesellschaft für das soziale Leiden verantwortlic
Richtig ist gewiß auch Kaisers gattungsgeschichtliche Interpretation, der Hinweis a
»die Sonderstellung des ›Trauerspiels in Sicilien‹ in Hebbels Werk (die in der tragikom
schen Perspektive, nicht in den Motiven liegt); das behauptet Hebbel ja gerade selbst
der... Briefäußerung an Arnold Ruge vom 15. 9. 1852« [62].

Der Einakter ist vor allem ein *Experiment im niederen Stil;* er ist einer allerdings se
zynischen Komödie näher áls die von dem Dichter »Lustspiel« genannten Stücke, die i
Gefolge Solgers die »gemeine« Komödie hinter sich zurücklassen wollen. In diesem g
wagten Stück Hebbels erkennt man einen gewissen Berührungspunkt mit dem pessim
stisch-grotesken Welttheater Nestroys, wenn dieser auch in der Rahmung der Stüc
mehr Zugeständnisse an den Biedermeiergeist machte und als Schauspieler des konkrete
Wiener Volkstheaters machen mußte (vgl. o. S. 220 f.). Der Podestà spricht, wie wir s
hen, mit brutaler Deutlichkeit seine kapitalistischen Grundsätze und Erkenntnisse aus, s
daß der von Lütkehaus erwünschte »dezidiert gesellschaftskritische Protagonist«[6
überflüssig ist. Wir wissen schon, daß Hebbel den Zeigefinger nicht sonderlich liebt. D
Dichter bemüht sich, den Räubersoldaten eine noch zynischere Sprache als dem Podes

u verleihen; aber die Metaphysik setzt auch dieser niederen Diktion, vom Theater her gesehen, klar erkennbare Grenzen:

> *Ambrosio:* Ich glaube, daß ich thun darf, was ich kann.
> Ei was, das will ich Dir so klar beweisen,
> Daß Du, statt einmal, zehnmal nicken sollst.
> Wenn Gott auch nicht so groß ist, wie man sagt,
> Und ich auch nicht so klein wär', wie ich bin,
> Er bleibt noch immer groß genug, um Jeden
> Vor mir zu schützen, den er schützen will.
> Wenn er nun aber irgend einen Sünder
> In meine Hand giebt, zeigt er mir dadurch
> Nicht deutlich an, daß ich ihn strafen soll,
> Und trotze ich ihm nicht, wenn ich's nicht thu',
> Ja, werd' ich nicht dem schuft'gen Henker gleich,
> Der, wenn sein König einen Kopf ihm schickt,
> Der abzuhacken ist, sein Schwert nicht zieht?
> Wer anders denkt, der ist ein Atheist.

Mit diesen Worten wird der Mord an der flüchtigen Angiolina, die gleich darauf mit einem langen Reue-Monolog auftritt, vorbereitet. Die Stelle demonstriert die uns schon bekannte *Unsittlichkeit der Religion*. Der Sprecher und Mörder macht, zur noch stärkeren Verdeutlichung des Unterschieds von Religion und Moral, gleich danach seinem Kameraden den Vorschlag, vor dem Muttergottesbild zu beten, wie er es immer tue. Trotz dieses Zynismus und des folgenden Mordes (auf offener Szene!) überwindet die Tragikomödie, wie die zitierte Stelle belegt, die abstrakte Diktion des Dichters nicht völlig. Hebbel, der Denker – Taillandier benützt mit Vorliebe das Wort »penseur« für ihn –, zeigt sich auch in der sophistischen Rechtfertigung des Mordes durch den Mörder. Was soll das Wort »Atheist« im Munde eines so primitiven Katholiken aus der untersten Schicht? Ich würde daher nicht das fehlende Gewicht der Handlung und ihres Umkreises oder die »geringe Reflexionshöhe der Figuren« für das Mißlingen dieses Experiments verantwortlich machen[64], sondern den gleichen *Mangel an komisch-mimischer Darstellungskraft, der auch Hebbels reine Komödien schwach erscheinen läßt.* So primitiven Menschen, wie sie hier ausnahmslos auftreten, war er auch mit Hilfe einer possenhaften, die Psychologie stark einschränkenden Schwarz-Weiß-Zeichnung nicht ganz gewachsen. Gegen das *realistische* Verdammungsurteil allerdings, das Hermann Hettner 1851 fällte, ist der Einakter zu verteidigen. »Lauter Ungeheuerlichkeiten« produziere Hebbel seit »Maria Magdalene«, behauptet der Literarhistoriker; aber die Argumentation Hettners ist schwach, z.B.: »*Das Geheimnis der Hebbelschen Tragikomödie ist die Kriminalgeschichte.* Und damit [!] ist dieser neuen, mit soviel Pomp angekündigten Kunstgattung ir Urteil gesprochen«[65]. Man kann verstehen, daß so derbe, im realistischen Dogmasmus (vgl. Bd. I, S. 286 f.) wurzelnde Fehlurteile des *angesehenen* deutschen Kritikers en Dichter nicht ermutigten, weitere, vorwärtsweisende Experimente in dem Felde zwischen Komödie und Tragödie anzustellen. Der Gewaltakt, als den man Hebbels Rückkehr zur Jambentragödie öfters beschrieben hat, war, von derartigen Urteilen aus gesehen, nicht im Eigensinn des Dichters begründet, sondern *eine von der übermächtige* *klassizistisch-realistischen Kritik geforderte Rückentwicklung.*

Ein Kleindrama ähnlichen Umfangs ist der Zweiakter *Michel Angelo* (1850); er ist je doch, sehr im Gegensatz zu *Ein Trauerspiel in Sicilien,* nach dem eigenen Zeugnis de Dichters »in himmelblauem Styl« gehalten (19. 4. 1851 an Franz Dingelstedt). Diese Verklärungsstil war in der deutschen Literatur um 1850 der allersicherste Weg zum Pu blikum, zugleich ein Bedürfnis des reifenden Dichters, dem nun die Geniesucht, die Ar mut, der Weltschmerz, alles das was er in jungen Jahren erlebt hatte, wie eine schwere aber segensreiche »überstandene Krankheit« erschien (5. 2. 1851 an Karl von Holtei) Der angefeindete Michelangelo kann sich als Schöpfer eines Bildwerkes ausweisen, da man für antik hält, worauf der Papst ihn und Raphael, die ebenbürtigen Künstler, segnet Die sixtinische Kapelle, die Michelangelo ausmalt, wird, nach der Prophezeiung de »Oberhaupts der sittlichen Welt« (Hebbel) »ewig, wie das ew'ge Rom!« sein. Der Katho lizismus hat, wie man sieht, in Hebbels Wertschätzung seit der Tragikomödie große Fort schritte gemacht. Den gleichen Einfluß des toleranten Nachmärzliberalismus findet ma bei Heine (vgl. u. S. 550). Vielleicht liegt darin auch eine gewisse Anpassung an die neu österreichische Heimat. Die Eingliederung der größten Künstler in die Gesellschaft unc die Verherrlichung des Mäzenatentums für die besten Künstler kann auf die Kaiserstad bezogen werden, zumal auf das Burgtheater, von dessen Großzügigkeit der Dichter jetz indirekt, durch seine Heirat, lebt und auf dessen direktes Mäzenatentum er noch imme hofft.

In seinem Tagebuch (12. 7. 1819) nennt Platen einen *Michelangelo* von Oehlenschlä ger, neben dessen bekannterem *Correggio* (1816) als Beweise für Oehlenschlägers Genie Die beiden Künstlerdramen des Dänen scheinen der literarischen Welt demnach präsen gewesen zu sein. Bei Hebbel, dessen dänischer Gönner Oehlenschläger war, kann ma dies mit Sicherheit voraussetzen, und wahrscheinlich ist es auch, daß er wieder einma eine Kontrafaktur, ein »höheres« Künstlerdrama schaffen wollte; denn den *Correggio* der aus einer solchen Äußerlichkeit, wie es der »Brotmangel« ist, die Tragödie entwickel te, tadelt er ausdrücklich. Ja sogar der sehr viel feinere *Tasso* verfällt im gleichen Brief de Verurteilung durch Hebbel: »Dieses Stück ist auch nichts anderes, als die interessante Krankheitsgeschichte eines begabten Menschen, der sich sittlich nicht vollendete unc kann wahrlich nicht als Typus der Dichternatur gelten« (an Adolf Pichler 11. 5. 1851) Wie mir scheint, kann man diese Verharmlosung des Künstlertums bei Hebbel nicht ganz ernst nehmen; denn wenn schon die »Individuation« als solche eine tragische Schuld ist. dann ist es die Existenz eines großen Künstlers erst recht. Um so mehr glauben wir der Versicherung im gleichen Brief, daß Karl Holtei das Drama mit großem Erfolg vorlas. *Hier scheint also ein Experiment im Mittelfeld zwischen Tragödie und Lustspiel sich auch äußerlich gelohnt zu haben.* Die Ersatzaufführungen von Dramen durch große deutsche Vorleser wie Tieck und Holtei galten in den literarischen Kreisen fast noch mehr als die Inszenierungen großer Theater. Der »himmelblau« gestimmte Hebbel träumt na- türlich auch, er sei »mit dem Mich[...] Ang[...]« in ein ganz neues Stadium getreten... in ein Stadium, das mich der realen Bühne um Vieles näher führen... dürfte« (an J. V. Teichmann 10. 9. 1851).

Agnes Bernauer

Hebbels Ringen um eine höfische Laufbahn: Agnes Bernauer

Ein steil aufsteigendes Theater war damals das Münchner Hoftheater unter der Leitung Dingeledts; denn König Maximilian II. wollte den bildkünstlerischen Musenhof Ludwigs I. sprachkünstrisch ergänzen. Die damaligen Briefe Hebbels belegen einwandfrei, daß der Dichter gar zu gern ein om bayerischen König geförderter Dichter an der Seite Geibels geworden wäre und zu diesem weck seiner Frau zugemutet hätte, die viel angesehenere und bessere Stellung am Burgtheater aufugeben. Hebbels Briefen ist auch zu entnehmen, daß er eine völlig falsche politische Vorstellung on dem seit Jahrzehnten konstitutionellen Bayern hatte [66]. Diese doppelte Donquichotterie muß an bedenken, wenn man die für München rasch und in Prosa geschriebene Tragödie *Agnes Bernuer* (1852) in ihrem historischen Stellenwert richtig beurteilen will. *Da die späten Tragödien des ichters in Versen und überhaupt mit größerer Sorgfalt gedichtet sind, ist Hebbels Märtyrertragöe m. E. zu den zweckliterarischen Versuchen wie Julia, allenfalls zu den gewagten Experimenten e Trauerspiel in Sicilien, nicht zu den Meisterwerken, zu rechnen.* Dieser Wertung widerspricht ebbels Anspruch, mit *Agnes Bernauer* eine » moderne Antigone« geschrieben zu haben (an Dingeledt 9. 1. 1852 u. a.). Abgesehen von der später zu behandelnden Frage, ob ein so betont politisches rama eine Märtyrertragödie sein kann, ist zunächst zu beachten, daß der Dichter bei neuen Wern, auch bei solchen, die wir heute nicht schätzen, immer anspruchsvoll aufzutreten pflegte und aß sich im klassizistischen München der Vergleich mit einer antiken Tragödie anbot, um die Grie.enschwärmer über den nächsten Bezugspunkt, nämlich Törrings bayerisch-vaterländische *Agnes rnauerin* hinwegzutäuschen. Wir wissen bereits, daß Hebbel das eigentliche geschichtliche rama mit seinem dynastischen und vaterländischen Ahnenkult prinzipiell verachtete. Jetzt schreibt federgewandt das Trauerspiel, das man als einziges unter seinen Stücken ein historisches Drama i engeren Sinn nennen kann. Bayern vorne und Bayern hinten. Der bayerischen Einheit muß das pfer gebracht werden. Dazu das »deutsche Volk« und der deutsche Kaiser, der die Ordnungsstöng durch den jungen Herzog Albrecht mit der Acht belegt. Und der päpstliche Bann ist auch gleich ur Hand, als ob im Mittelalter Thron und Altar einen so monolithischen Moloch gebildet hätten ie in der Metternichschen Restauration, auf deren hegelianische und christlich-restaurative Ideogie der Dichter zurückgreift, um den vermeintlich absolutistischen König und Staat in Bayern zu rherrlichen. Der historische Stoff wurde ganz offensichtlich gewählt, um einen Gegenwartsstaat id einen Gegenwartskönig in ihrem Anspruch auf politische Autorität zu bestätigen, so wie umgehrt Laube und Gutzkow auf historische Stoffe zurückgegriffen hatten, um die gegenwärtigen aaten und Könige vernichtend zu treffen (vgl. Bd. I, S. 186 ff.). Trotzdem ist die Geschichte nicht ir symbolisch verwendet. Die offizielle Verurteilung der bürgerlichen Gattin des jungen Herzogs lbrecht in absentia – ohne Vorführung vor die Richter, wie sie selber feststellt – verlangt so viel erständnis für das Mittelalter, wie man es nur beim historisch gebildeten Publikum des 19. Jahrunderts erwarten konnte, und dieses Urteil der größten Juristen Bayerns ist grundlegend für die ersöhnung zwischen Vater und Sohn, nach der grausamen Hinrichtung der Bürgerin. Auch das ottesgnadentum, auf das sich Herzog Ernst so inbrünstig beruft, war im mittleren 19. Jahrhundert cher nur im historischen Kontext erträglich. Andrerseits werden der bayerische Staat und das deuthe Volk so stark betont und dazu christlich verbrämt, daß die Tragödie ohne den hegelianischen aatskult und ohne die christlich-patriotische Ideologie des 19. Jahrhunderts ganz undenkbar ist. hon diese Mischung von »materieller« Geschichte und symbolischer Ausdeutung oder auch Akialisierung im Sinne des vermeintlich gewünschten Herrschafts- und Ordnungsbegriffs widerricht allen Prinzipien der Hebbelschen Dramaturgie und macht die Tragödie zu einem *unreinen unstwerk.* Man könnte die vernichtende Rezension konstruieren, die er geschrieben hätte, wenn n anderer das Blendwerk verfaßt hätte.

Das Abrücken von einer sauberen Trennung zwischen dem historischen Symbol oder Emblem id seiner modernen Bedeutung führt bei diesem Stück zu einer außerordentlich lebendigen Theaalik, ja fast schon zu einer für diesen Dichter *ganz ungewöhnlichen Entfaltung des Theaters.* Die enreszenen im bürgerlichen Augsburg, die kunstvoll gespannten Dialoge, die Aufruhr- und Bürrkriegsvorgänge und schließlich die pomphaft-historischen Dekorationen, wie die Szene, in der

der juristisch korrekte Totschläger Herzog Ernst die Unterstützung durch Kaiser und Papst erhält, - dieser ganze Aufwand an Aktion und Rhetorik wetteifert mit dem dick aufgetragenen bayerischen Patriotismus um die Gunst des Münchner Publikums*. Der in der *Maria Magdalene* vermißte würdige Vertreter der jungen freiheitsliebenden Generation ist in Herzog Albrecht gefunden; aber er liefert durch unbesonnenes Handeln, durch Wüten und Racheschnauben dem immer kühl berechnenden und maßvollen alten Herzog das politische Hauptargument: die Bürgerkriegsgefahr. Diese billige Anspielung auf die überstandene Revolution ist sehr geeignet, das soziale Hauptmotiv, nämlich die Tötung der *bürgerlichen* Gattin des Herzogs Albrecht zu verdunkeln. Die »Äußerlichkeit« der Standesgegensatzes ist zwar vorhanden, sie ist der reale Anlaß des Justizmordes. Aber dieser wird durch eine angeblich sittliche, ja geradezu sakrale Staatsnotwendigkeit verinnerlicht und entschuldigt.

Die Hebbelforschung hat sich, soviel ich sehe, bei der Interpretation der *Agnes Bernauer* kaum mit den hier aufgeworfenen Fragen der dekorativ-historischen Aufmachung und der Theatertaktik befaßt. Sie konzentrierte sich auf die außerordentlich genau kalkulierte tragische Struktur des Stücks und glaubte mit dem Nachrechnen dieser Kalkulation die Hauptaufgabe geleistet zu haben. Denn – das ist nicht zu leugnen – auch diese Tragödie ist mehr als ein konservatives politisches Theaterstück, auch diese Tragödie ist, nach der Forderung Hegels, ein letzten Endes religiöses Drama. Die Metaphysik hat in der Gestaltung der Titelheldin ihren Ausgangspunkt. Nach den Quellen war das Bürgermädchen ein »gemischter Charakter« im Sinne Lessings [67]. Während Grillparzer in der *Jüdin von Toledo* der Geliebten des Königs ihren menschlich-allzumenschlichen Charakter beläßt und damit den gesamten Vorgang von Rahels erster Begegnung mit dem König bis zu ihrer Ermordung in den christlichen Zusammenhang einer *allseitigen Versündigung* rückt, macht Hebbel die schöne, allen in die Augen fallende Agnes zusätzlich zum »reinsten Opfer«. Helmut Kreuzer vor allem hat sich gegen eine Überschätzung von Herzog Ernst auf Kosten seines Opfers gewandt. Agnes weiß von vornherein, daß die Ehe mit dem Sohn des Herzogs ihren Untergang bedeuten kann, sie steht von vornherein im Schatten des Opfertodes und ihre Weigerung gegenüber dem Kanzler, auf Albrecht zu verzichten, erfüllt nur das von Anfang an geahnte Martyrium. Schon Kreuzer weist darauf hin, daß Bibelbezüge, vor allem Anspielungen auf die Passion Christi, das Martyrium der Agnes eindeutig machen. Ob man darin mehr als ein *historisches* Symbol sehen darf – Kreuzer vermutet es –, lasse ich dahingestellt, weil der Bezug zwischen Bild und Sinn wohl absichtlich verwackelt wurde (s. o.). Sicher ist jedenfalls, daß die Gestalt der Agnes kein Hindernis für eine Parallelisierung mit Antigone bildet.

Kreuzer stützt sich im übrigen auf die Antigone-Interpretation Hegels in der Rechtsphilosophie im Anschluß an Hebbels Notiz im Tagebuch (Nr. 3088): »*Hegel*, Schuldbegriff, Rechts-Philosophie § 140, *ganz der meinige*.« Hegel behauptet dort, die antike Tragödie versöhne mit dem »Untergang höchst sittlicher [!] Gestalten« insofern, »als solche Gestalten gegen einander mit gleichberechtigten [!] unterschiedenen sittlichen Mächten, welche durch Unglück in *Kollision* gekommen, auftreten und so nun durch diese ihre Entgegensetzung gegen ein Sittliches *Schuld* haben, woraus das Recht und das Unrecht beider [!], und damit die wahre sittliche Idee gereinigt und triumphierend über diese *Einseitigkeit*, somit versöhnt in uns hervorgeht« [68]. Nach diesem Schema ist die *Agnes Bernauer* im wesentlichen tatsächlich gearbeitet, wenn auch die Hebbelforschung immer wieder Un-

---

* Hebbel selbst hat den theatralischen Aufwand in einer Theaterfassung [!] eingeschränkt, was bedeuten könnte, daß er außerhalb Bayerns ein stärker verinnerlichtes Stück riskieren wollte. Anläßlich der Annahme der *Agnes Bernauer* durch das Hoftheater in Braunschweig schickt er einen neuen Schluß der Tragödie: »Ich habe nämlich auf Rath und Wunsch einiger Bühnen-Direktoren für die Darstellung den Schluß in's Enge gezogen, indem ich statt der historischen die psychologischen Momente in den Vordergrund treten ließ. Damit ist erreicht, daß gegen das Ende die schwierige Verwandlung wegfällt, und das [sic!] man keine Statisten braucht, deren Tölpelei die Repräsentation von Kaiser und Reich freilich sehr leicht ins Lächerliche hinüberspielt« (4. 6. 1853 an Karl Köchy). Das *theatralische* Gelingen der Tragödie war sicher der einzige Grund für Taillandier, nach Lektüre der »Agnes Bernauer« vernünftigere Stücke vom gereiften Hebbel zu erwarten (F. Hebbel in: Revue des deux mondes, Brüssel 1852, Teil 4, S. 553 ff.)

erschiede zwischen der Staatstheorie Hebbels und Hegels feststellt und sogar Abstriche an der
Gleichberechtigung des »positiven Rechts«, das Herzog Ernst vertritt, vornimmt: »Der ›höhere‹
Wert ist die Liebe, der ›niedere‹ der Staat. Aber der ›niedere‹ Wert ist zugleich die elementare Voraussetzung für die Realisierung der ›höheren‹ Wertmöglichkeiten... Der Vorrang [des Staats] ist...
nicht jederzeit gegeben, sondern nur in einer speziellen Situation: das Todesurteil ist eine Art von
Notstandsgesetz«[69]. Ich finde, daß Danton, wie er es in Büchners Drama andeutet, tatsächlich in
Notwehr handelte, daß dagegen Albrechts und seiner Juristen Todesurteil ein Verstoß gegen das Na-
turrecht sowohl wie gegen das kirchliche Sakrament gewesen ist. Der Dichter selbst argumentiert
schlichter als die beflissenen Germanisten, wenn er sich in München einen Erfolg ausrechnet: »Da
un der Staat, der das Menschenopfer bringt, beim Dichter Recht erhält [!] und in erotischer Bezie-
ung ebenfalls nichts vorkommt, was nicht in einer Pension vorgelesen werden könnte, so kann
auch die Aufführung nicht auf Schwierigkeiten stoßen« (an Franz Dingelstedt 9. 1. 1852). Ob man
diese konservativ-politische Tendenz oder Hegels historisch unhaltbare Aufwertung des Mörders
der Antigone (als »gleichberechtigt«) betont, das Ergebnis ist stets das gleiche: durch die Beimischung und *Akzentuierung der Staatsinteressen* wird der religiöse Sinn einer Märtyrertragödie –
gleichgültig ob man mit *Antigone* oder *Katharina von Georgien* vergleicht – pervertiert. Der alte
Herzog Ernst gesteht seine Schuld, er übergibt dem Sohn die Herrschaft, er geht ins Kloster Andechs,
er stiftet für die Gattin seines Sohnes sogar eine Kapelle, – nachdem er sie getötet hat. Aber dies alles
kann nur einen Hebbelforscher überzeugen, der beim Interpretieren »betriebsblind« geworden ist.
Herzog Ernst könnte in einer wahren Märtyrertragödie weder ganz noch halb »gleichberechtigt«
sein. Er müßte wie Meister Anton, ja wie Herodes aussehen. Diese Tyrannenfigur jedoch war unmöglich, *weil Herzog Ernst ein Ahnherr des Wittelsbachers war, den sich der Dichter als Mäzen gewinnen wollte.* Wer solche »Äußerlichkeiten« bei einer Interpretation für unwichtig hält, versäumt
die möglichen *historischen* Argumente im alten Streit um *Agnes Bernauer* und gibt den Marxisten
recht, die an diesem Beispiel überlegen zeigen können, wohin die werkimmanente Interpretation
deutsche Germanisten führen kann[70].

Das Schönste an dieser Heldentat des Don Quichote Hebbel war, daß ihm die Wittelsbacher die
erqualte Rechtfertigung ihres Ahnherrn nicht honorierten. Sie, die aufgeklärten konstitutionellen
Monarchen des 19. Jahrhunderts, hatten es nicht nötig, sich mit den Schandtaten ihrer mittelalterlichen Ahnen zu identifizieren. Der alte König Ludwig I., der über den Versuch, seine Mätresse in den
Adelsstand zu erheben, gestürzt war, unterhielt sich mit dem Dichter über diesen Punkt: »Er [Lud-
wig] sträubte sich mit Hand und Fuß dagegen, daß sie [die Tötung] nothwendig gewesen sey und rief
aus, als ich ihm dieß bewiesen hatte [!]: nein, nein, das hätte ich nicht gekonnt... Ich erwiederte lächelnd: und doch hätten Ew. Majestät müssen, wenn Sie am Regiment gewesen wären!« (an Christine Hebbel 8. 3. 1852) Man beachte wohl: der Dichter flüchtet vor so viel Empörung in die verachtete »materielle« Geschichte! Man hat im übrigen keinen Grund an Hebbels Bericht zu zweifeln,
nach dem die Münchner Uraufführung der *Agnes Bernauer* glanzvoll war. Dingelstedt liebte den
Kulissenzauber. Was der regierende König Maximilian II. dem Dichter in der Abschiedsaudienz
sagte, ist freilich unbekannt. Sicher ist nur, daß das Stück sogleich wieder vom Spielplan verschwand
und Hebbel kein Mitglied des Münchner Musenhofes wurde*.

* Carl *Orff* (Die Bernauerin, ein bairisches Stück, Mainz 1946) hält seine Oper gattungsgerecht
stärker lyrisch, im Anschluß an die Tradition der Agnes Bernauer-Balladen. Insofern der Herzog
Ernst sich nicht rechtfertigt, ja nicht einmal persönlich auftritt, wirkt das Schicksal des Mädchens
stärker anonym. Außerdem bedient sich der Operndichter des ganz einfachen theatralischen Kunst-
griffs, daß er den alten Herzog kurz nach Agnes sterben läßt. Damit erreicht er, daß der Aufstand des
jungen Herzogs von selbst seinen Sinn verliert, – ohne die unmögliche Bekehrung zur Staatsraison
des Vaters. In einer seiner wichtigsten Quellen, Konrad Mannert, Geschichte Bayerns, Leipzig 1826,
konnte Hebbel lesen: »So richtig abgezogen diese Staatsgründe seyn mögen... es war eine böse
Handlung; es führt sie auch keiner der alten Erzähler mit irgend einem Zeichen des Beyfalls an«
Agnes Bernauer, Erläuterungen und Dokumente, hg. von Karl *Pörnbacher*, Stuttgart 1974, S. 54).
Auch der bayerische Vorgänger Hebbels bei der Dramatisierung der alten Ballade, Graf Joseph August von Törring-Cronsfeld (*Agnes Bernauerin,* München 1780), rechtfertigt den Justizmord in kei-

Friedrich Hebbel

Das Moloch-Fragment: Versuch einer religionsgeschichtlichen Deutung

Vielleicht ist es richtig, an dieser Stelle einen Blick auf den *Moloch* zu werfen, das bedeutendst Fragment des frühen Hebbel. Da die beiden Akte nach langer gedanklicher Vorbereitung 1849 un 1850 geschrieben wurden, liegt ein Zusammenhang zwischen *Moloch* und *Agnes Bernauer* nahe. I der Autobiographie von 1845 schreibt Hebbel, er habe in der *Genoveva* den Grundgedanken de Christentums dargestellt: »natürlich auf poetische Weise durch Gestalten und Charactere... nich aber durch Allegorie«. Ich vermute, daß der *Moloch,* im Unterschied dazu, eine allegorische (em blematische) Darstellung der Religion überhaupt und speziell auch der christlichen Kirche sein sol te. *Schon stilistisch gesehen, macht das merkwürdige, sichtlich verschlüsselte Emblem einer Mo loch-Religion m. E. eine Auflösung unbedingt erforderlich, genauso wie gewisse Gestalten in allego rischen Gedichten Hebbels.* Deutlich ist zunächst, daß der Moloch-Kult, den der karthagische Prie ster Hieram bei den Barbaren des Nordens einführt, zwei Seiten hat. Einerseits ist er grausam – den Moloch müssen Kinderopfer gebracht werden – andrerseits ist er segensreich: Die Barbaren lerne erst durch ihn Brot und Wein kennen. Diese Symbole der christlichen Kultur werden im Text auc »Abendmahl« genannt. Hieram hat schon durch die Baumsymbolik Züge von Bonifatius. Der Prie ster will dem durch List und Tücke eingeführten Moloch-Kult Dauer verschaffen. Deshalb schreib er ein Buch. Als der junge Teut Hierams Trug durchschaut, schafft er die Kinderopfer ab, un Hieram tötet sich. Mit diesem sittlichen Gegner der Religion ist wohl der Humanismus von Erasmu bis Goethe und Feuerbach gemeint. Trotz seiner humanen Reform kann sich der junge König gegen über dem Moloch-Kult *nicht* durchsetzen; denn Velleda, die Königin, die wohl alle Frauen und di Macht des Mythos symbolisiert, bekennt sich weiter zur Moloch-Religion, und der alte heidnisch König Teut, der bei Hierams Sieg in eine Höhle verbannt worden war, schließt sich ihr jetzt ent schieden an, da er erkennt, wieviel kulturelle Wohltaten die Religion den Barbaren brachte. In die sem neuen Buch-Molochskult ist wohl die lutherische Bibelreligion und der Kulturprotestantismu zu erkennen. Wenn man so interpretiert, wird der große Anspruch, den der Dichter mit diesem Werl

_____

ner Weise. Hebbel äußert sich über dies Ritterdrama treffend, wenn auch natürlich zugleich kritisch: »Das alte, früher viel gesehene und mit Unrecht ganz vergessene Stück des Grafen Törring ist sehr wacker, aber es erschöpft das Thema nicht, denn der Herzog vollzieht das Opfer nicht im Vollgefühl seiner Regentenpflicht und seines Regentenrechts, sondern er will nur einschüchtern, was Nichts helfen kann.., und einer seiner Diener vollbringt aus gemeiner Rache ohne seinen Befehl, was er selbst im Bewußtsein vollkommener [!] sittlicher Berechtigung vollbringen sollte. Dadurch wird die Tragödie natürlich zu einer bloßen traurigen Geschichte herabgesetzt und der Fürst erscheint als Hampelmann« (an Botho von Hülsen 16. 2. 1852). Die Agnes Bernauer-Tragödie Melchior *Meyrs,* die in Berlin, zu Hebbels Verdruß, aufgeführt wurde, trägt den Titel *Herzog Albrecht* und wurde, so viel ich sehe, erst 1862 in Stuttgart gedruckt. Der Thronfolger Albrecht ist eine Art Prinz von Hom burg. Er verstößt – das wird stark betont – gegen die *Adelstradition* und gegen das Interesse der Dy nastie, wenn er seine Geliebte Agnes Bernauer heiratet, statt heimlich mit ihr zu leben. Die Tötung der Bürgerstochter wird mit großer Selbstverständlichkeit als Mord bezeichnet. Das Gericht unter dem Vorsitz des Kanzlers erscheint als Farce. Der Hauptschuldige ist dieser Kanzler Hartmann von Adelsreiter [!]. Der Herzog Ernst ist mitschuldig, bleibt aber ganz im Hintergrund. Der Dichter will zeigen, was in *unaufgeklärten* Monarchien, durch Staatsräson und Adelsstolz, möglich ist, um dem großbürgerlichen Publikum zu gefallen. Gleichzeitig bemüht er sich traditionsgemäß, den Fürsten in Person nicht zu beleidigen; denn damit wäre eine Aufführung am Hoftheater unmöglich. Der eher rührenden (klagenden) und pädagogischen als anklagenden Tragödie liegt – sehr fein ausgewogen – der »Klassenkompromiß« zwischen Adel und Bürgertum, der nach 1848 in England, Deutschland usw. den inneren Frieden sicherte, zugrunde. Doch hält der schwäbisch-bayerische Dichter und Schellingianer den Humanitätsbegriff als solchen, ein wenig christlich akzentuiert, eindeutig fest, im Gegensatz zu Hebbel, womit er sich in sein Jahrhundert einfügte, während der Hegelianer Hebbel mit diesem Experiment modern im Sinne der fortentwickelten hegelianischen Ideologien des 20. Jahrhunderts war.

verbindet, begreiflich. So schreibt er etwa an Gustav Kühne (28. 1. 1847): »Ich will darin den Entstehungsproceß der bis auf unsere Tage fortdauernden, wenn auch durch die Jahrhunderte [!] beträchtlich modificirten religiösen und politischen Verhältnisse veranschaulichen, und mein Held ist der auf dem Titel genannte [Moloch]. Rom und Karthago bilden nur den Hintergrund.« Besonders der letzte Satz verrät, daß die karthagische Herkunft des Molochs und Hierams Rachepläne gegen Rom sekundäre, vielleicht der Tarnung dienende Motive sind. Der *Moloch* wäre demnach ein durch den Geist des Historismus beeinflußtes Humanitätsdrama für, aber letzten Endes doch eher gegen die Religion, die noch im Vormärz Absolutheitsanspruch erhob und politisch mißbraucht wurde. Mit der Liberalisierung nach 1848, die besonders in den nichtpolitischen, z. B. kirchlich-religiösen, Bereichen wirksam war, und mit der gleichzeitigen, immer stärkeren Abwendung von der allegorischen Dichtweise (realistisches Programm) verlor die Dichtung ihren religiösen und künstlerischen Lebensgrund. An der Stelle seines tragischen Humanitätsdramas schrieb Hebbel *Agnes Bernauer*, d. h. eine Rechtfertigung der »religiösen und politischen Verhältnisse« (s. o.), also des Moloch-Kults; deshalb mußte Agnes Bernauer so unschuldig sein wie die Kinder, deren Opfer der Moloch verlangte. Daß Hieram die verkörperte alte Kirche sein soll, wird auch durch die Paralipomena zum Plan einer *Christus-Tragödie* nahegelegt; dies Drama wird ausdrücklich als Parallele zum *Moloch* erwähnt. Beide Religionsstifter bedienen sich des frommen Betrugs. Der fromme Betrug ist, in der Christus-Tragödie, nach der Meinung des tiefsinnigen Jüngers Johannes, das »größte Opfer«, das der Religionsstifter bringen muß. Man sieht: überall tragische »Opfer«, statt des eindeutigen humanistischen Eintretens für Wahrheit, Güte und Recht.

Die Lustspiele

Auch Hebbels Lustspiele mag man zu den zahlreichen Experimenten und Anpassungsversuchen der mittleren Periode rechnen; denn sie sind nicht so anspruchsvoll wie die romantische Theorie, auf der sie basieren, und wie zahlreiche Briefäußerungen vermuten lassen. Sie bedienen sich naiver, volkstümlicher Gestalten und eines entsprechend schlichten Stils, wenn sie auch allmählich in höhere gesellschaftliche und geistige Kreise führen. *Der Diamant* (1847) zeigt gute Ansätze im »niederländischen Stil«. Wie der Bauer Jakob den Edelstein, die Hinterlassenschaft eines gestorbenen Soldaten, findet, wie der Jude ihn kauft und aus Sicherheitsgründen verschluckt, wie der Dr. Pfeffer und der Richter Kilian und der Prinz ihm den Bauch aufschneiden wollen, um sich des inzwischen amtlich gesuchten Diamanten zu bemächtigen, wie der Gefängniswärter mit dem Juden flieht, um ihn womöglich umzubringen – dieser ganze Wirbel vergegenwärtigt gut den *Tanz um das goldene Kalb,* mehr meisterhaft als genial; aber auf der volkstümlich-satirischen Ebene hätte das Lustspiel eine gewisse Bedeutung und Wirkung gewinnen können. Da der Dichter jedoch, wie wir schon wissen, die Satire mit Hegel zur Aftermuse rechnet – im Eingangsgedicht zum *Diamanten* sagt er es noch einmal –, kann er den guten Ansatz zu einer satirischen Komödie nicht weiterführen und, wie es dramaturgisch notwendig wäre, steigern. Eine Prinzessin hat den Edelstein und dadurch ihr seelisches Gleichgewicht verloren. Als sie glaubt, ihn wiederbekommen zu haben, beginnt der tiefe Sinn, der wahrscheinlich vieldeutig ist und sein soll und dessen Deutung wir daher lieber einem unserer geistreichen Hebbelspezialisten überlassen: »Die Rückgabe des Diamanten beantwortet die Prinzessin mit der Frage: ›Was ist Wahrheit?‹ ... Der Stein, und das heißt für sie ihr bisheriges Dasein, ist frag-würdig geworden. Damit vollzieht die Prinzessin den zweiten Schritt ihres Individualisationsprozesses. Das Ichgefühl wird zum Ichbewußtsein, Wirklichkeit und Traum grenzen sich voneinander ab: ›Ich rede! Mein Ohr vernimmt die Worte meines Mundes! Ich sehe mein Bild!‹ ... Als die Prinzessin jedoch noch einmal in ihre Traumwelt zurückzusinken droht, will der Prinz sich voller Verzweiflung in seinen Degen stürzen. Da hindert ihn die Prinzessin, sich zu töten, und in Liebe ruft sie ihn beim Vornamen. Das Bewußtsein des Ich verknüpft sich mit dem Bewußtsein des Du. In der Liebe, d. h. durch ein ebenso körperlich-seelisches wie sittlich-metaphysisches Erlebnis, wird die Menschwerdung der Prinzessin vollzogen: sie handelt und erlöst damit sich und den Prinzen« [71].

Die Hebbelforscher sind, soviel ich sehe, fast alle mit der »künstlerischen« Gestaltung des Prinzen und der Prinzessin nicht zufrieden. Sie möchten die höfische Welt nicht so blaß, sondern so plastisch wie die niederländisch-ländliche dargestellt haben. In diesem Punkt muß ich den Dichter verteidigen. Wenn man schon eine Mixtur aus Hebels schlichten Schwänken und den hochgestochenen Märchen des Novalis fabrizieren will, dann ist auch der Dualismus zwischen einem konkreten und einem abstrakten Stil unvermeidlich. *Das Wertungsproblem liegt in der Theorie, im Ansatz dieser als Komödien verpfuschten Mystifikationen**.

Die wohl listig-bewußt gewählte Gattung eines »Mystifikations-Stücks« (satirischer Begriff Grabbes) hat zur Folge, daß sich die marxistische so gut wie die idealistische Interpretation des Vexierbildes bemächtigen darf. Es ist klar, daß der Tanz um das goldene Kalb auch das aktuelle Problem des sich herausbildenden kapitalistischen Dschungels bedeuten kann und daß die Feudalwelt die ihre Interessen »nicht minder rigoros« als der Bürger vertritt, trotz ihrer vorläufigen Rettung, in einem höchst brüchigen Zustande erscheint und daher auf die historische Lage im 19. Jahrhundert bezogen werden darf. Richtig ist jedenfalls, daß das Verdinglichungs- und Besitzproblem, das in Hebbels Dichtung stets eine Rolle spielt und ein zentraler Ausgangspunkt von Karl Marx ist, in Hebbels Lustspiel grell verdeutlicht wird. Das folgende Ergebnis von Lütkehausens historischem Interpretationsversuch sollte daher auch von den älteren Hebbelforschern geprüft und zur Sprengung der »Hebbel-Immanenz« mitverwendet werden: »So stellt sich Hebbels ›Diamant‹ insgesamt zwar nicht als ›Zeitbild‹ im Sinne eines Schlüsseldramas dar, dessen Anspielungen mit Namen und Fakten decodierbar wären. Wohl aber wird das Bild einer historisch begrenzten und spezifizierbaren spätfeudal-frühbürgerlichen Übergangs- und Mischgesellschaft deutlich, deren Gliederung, Orientierungsprinzipien und Konsequenzen einschließlich ideologischer Korrelate modellhaft vorgeführt werden, und zwar so, daß die Tendenz des geschichtlichen Prozesses einbezogen wird. Die radikale Demonstration der Verdinglichungstendenzen dieser Gesellschaft, vor allem ihrer bürgerlichen Elemente, gibt diesem Bild unter dem Maßstab eines – überwiegend impliziten – Humanitäts- und Totalitätspostulats eine entschieden kritische Perspektive. Hebbels Überzeugung, daß sein komödiantischer Erstling ›im Kern‹ noch herber als die voraufgegangenen Tragödien sei, erhält von hier her ihre Berechtigung« [72].

Im Märchenlustspiel *Der Rubin* (1849) geht es wie im *Diamanten* um die Erlösung einer Prinzessin, auch hier liegt ein tiefer Sinn zugrunde; denn ihre Erlösung ist deshalb so schwer, weil sie das *Wegwerfen* eines alle bezaubernden Rubins zur Bedingung hat. Aber das Lustspiel ist trotz seiner märchenhaften Elemente handfester geraten, dadurch vor allem, daß die wunderbare Erscheinung der hohen, auch hier im höheren Stil sprechenden Prinzessin in die Mitte des Lustspiels gerückt worden ist und damit diese wenig konkrete Gestalt am Schluß zur Nebenfigur gemacht werden kann. Dieser Ausgang spielt wieder in höfischer Umgebung, bewahrt aber dadurch einigermaßen die Konkretheit der flotten Straßen-, Kadi- und Zauberszenen, daß er politisch aktualisiert wird. Der Fischersohn Assad, der den heißgeliebten Rubin in der Not wegwirft, bekommt nicht nur die Tochter des Kalifen, sondern auch seinen Thron. Er wird als Volkskönig herrschen. Man versteht, daß diese Aufforderung zum Wegwerfen der königlichen Macht nicht offen gepredigt wird, sondern eher versteckt werden mußte. Zu dieser Tarnung gehört nicht nur die bei politischen Dichtungen traditionelle orientalische Verkleidung und die Entwertung der realen Vorgänge durch Zauber, sondern vor allem auch die völlig unpathetische Gestaltung des Fischerjungen Assad. Wenn er sagt, er öffne die Kerker seines Reiches, so überhört man das fast; denn er sagt es »jauchzend« wie ein Kind. Als sich Hakam vor Assad niederwirft, um dem neuen Kalifen die Füße zu küssen, schreit dieser »Au« (III,7)

---

* Die Verzweiflung des redlichen *Taillandier* erreicht an dieser Stelle ihren Höhepunkt: »Voilà, il faut en convenir, un genre de comédie dont nous ne sommes pas les juges compétens... Le poète veut nous montrer par ses peintures bouffonnes la vanité de ce qui agite l'espèce humaine, le néant de ses espérances et de ses passions; or cette pensée tout abstraite est exprimée ici, non par des réalités, mais par un moyen fantastique, par un talisman fabuleux mêlé à je ne sais quelle fabuleuse histoire. Le diamant de M. Hebbel est l'abstraction d'une abstraction et le symbole d'un symbole« (F. Hebbel in: Revue des deux mondes, Brüssel 1852, Teil 4, S. 543).

Er ist ein ganz unmöglicher Kalif: Das Kind aus dem Volke auf dem Throne des Reichs ist nur ein schöner Traum. Hebbel hat, wie es scheint, vom Volkstheater die dort vorgeschriebene Bescheidenheit und die gebührende Distanz von ernsthaften politischen oder sozialen Veränderungswünschen gelernt. Trotzdem ist auch dieses Lustspiel noch einmal ein Beleg für seine gewiß nicht tapfere und konkrete, aber grundsätzliche Unterstützung der revolutionären Bewegung des Vormärz.

Im übrigen schimpfte er ungeniert über die schlechte Aufnahme seiner mittelmäßigen Lustspiele: »Wenn man Jämmerlichkeiten, wie Zopf und Schwert, und die sämmtlichen Bauernfeldiana gelten läßt, ja anstaunt und bewundert, so tritt man den Diamant nur deshalb mit Füßen, weil man für die einzig wahre [!] Komik, für diejenige, die in der Composition selbst, in der Dialectic der Charactere an sich liegt, kein Organ hat.« Man preist »die ordinairsten Spaßmacher, die flachsten Witzler als Muster einer noch niemals vollständig [!] ausgefüllten Form an« (an Felix Bamberg 10. 11. 1847). *Wir sehen: Er wollte auch das Lustspiel überbieten!* Er war so hochmütig, daß er – man bedenke, als Bürger von Wien! – es nicht einmal im Theater so studierte, wie es jeder gebildete Österreicher gerne tat*. Gutzkows *Zopf und Schwert* (vgl. Bd. I, S. 186 f.) und Bauernfelds Salonlustspiele (vgl. Bd. II, S. 423 f.) waren tatsächlich angesehene Komödien; aber Hebbel konnte mit ihnen ganz unmöglich konkurrieren, *weil seine angeborene mimisch-komische Gestaltungskraft nur mittelmäßig war.* Indem er die auf ihre Weise nicht übeln Kleinmeister überbieten wollte, offenbarte er seine Schwäche auf dem Gebiet des Lustspiels noch deutlicher. Als Hermann Hettner in einem Aufsatz über *Die Komödie der Gegenwart* (1852) die Möglichkeiten der »phantastischen Komik« prüfte, nannte er unter andern Dichtern auch Hebbel. Aber er gab – in diesem Fall mit Recht – einem österreichischen Dichter den Vorzug in der Gattung: »Meist sind diese Zauberstücke nur kindisch, nicht kindlich; nur gekünstelt und unwahr, nicht frisch und natürlich. Einzig Raimund hat dies romantische Märchenlustspiel in Wahrheit wieder für uns lebendig gemacht und Nord und Süd und jung und alt damit in gleicher Weise entzückt« [73].

Die Tragödien der Spätzeit

Man sollte die drei großen Tragödien der Spätzeit Hebbels *(Herodes und Mariamne, Gyges und sein Ring, Die Nibelungen)* nicht gegen die frühen Meisterwerke *(Judith, Genoveva, Maria Magdalene)* ausspielen; aber man sollte sie auch nicht geringschätzen, weil sie »Jambentragödien« sind und alle drei das hegelianische Schema einhalten: Versöhnung nach der Katastrophe in einer neuen Form der Menschheit. Denn wir können heute, anders als die existentialistische Germanistik, manches zugunsten der »positiven«, idealistischen Aufbauform sagen. Jedenfalls darf man von einem gereiften Meister nicht verlangen, daß er die Form, die nach seiner Meinung den Werken Dauer verleiht, verleugnet. Wohin das ständige, die Wirkung berechnende oder auch künstlerisch tastende Experimentieren führen kann, belegten uns die Jahre nach *Maria Magdalene* an nicht nur einem Versuch. *Man kann verstehen, daß ihn die Experimente auch persönlich wenig überzeugten und daß er daher auf das bewährte klassizistische Jambendrama zurückgriff.*

---

* »Ich besuche das Burgtheater fast nie, und gehe namentlich nicht in die modernen Lustspiele, denen ich ihren temporairen Werth durchaus nicht absprechen will, die aber meinen Ansichten über die Komödie zu fern stehen, als daß sie mich zu befriedigen, oder auch nur zu reizen vermögten« (an J. V. Teichmann 28. 5. 1851). Im gleichen Brief wendet er sich radikal gegen die gesamte Molière-Tradition, zugunsten des Aristophanes (= Hegel!). Shakespeare und Tieck sieht er im Gefolge des Griechen. Der Adressat ist ein Freund Tiecks in Berlin.

Zu den allerbesten Tragödien Hebbels wurde von jeher *Herodes und Mariamne* (1848/50) gerechnet. An den Freund Bamberg schreibt der Dichter glücklich (31. 8. 1850): »Ich erhalte manchen Beweis, daß es [das Stück] zündet.« Er staunt darüber, daß sogar Geibel zu den Bewunderern der Tragödie gehört und fürchtet, daß sein Lob auf einem Mißverständnis beruht, daß nämlich Geibel »die relative Berechtigung, die ich dem Christentum hier einräumte, für eine absolute hält«. Gemeint ist der Schluß des Dramas: das Auftreten der heiligen drei Könige. *Herodes und Mariamne* ist wohl *die* Tragödie, die dem Programm im Vorwort zu *Maria Magdalene* (nach *Maria Magdalene* geschrieben) am ehesten entspricht. Es fällt uns leicht, die Zeit des ausgehenden alten Judentums und der hellenistischen Epoche symbolisch auf die Zeit des verfallenden Christentums und damit auf das Ende unserer eigenen Großepoche zu beziehen. Es ist zugleich die Zeit, da die römische Republik durch das augusteische Kaisertum abgelöst wird, womit nicht nur eine historische Brücke zu der viel späteren Christianisierung des römischen Reichs geschlagen, sondern auch ein Hinweis auf die durch Augustus sogleich gegründete stabilere Ordnung gegeben werden soll. Diese Bedeutung hat wohl der über dem Christentum oft vergessene Hauptmann Titus. »Titus fängt ihn auf«, nämlich den zusammenbrechenden Herodes. Mit diesem Bild schließt die Tragödie.

Die existentialistische These, daß dieser römisch-christliche Schluß, der nach Hebbels Theorie die »neue Form« der Menschheit symbolisiert, ein bloßes Anhängsel, ein blasser idealistischer Ausklang der versöhnungslosen Liebestragödie um Herodes und Mariamne ist, braucht wohl kaum mehr widerlegt zu werden. Vom Ideal einer streng *textgebundenen* Deutung aus gesehen, wäre eine solche Interpretation zugleich das Todesurteil über Hebbels große Dichtung, eine Gleichstellung mit den Epigonen, was die Existentialisten kaum beabsichtigten. Schon Fontane hat 1874 »das Kulturhistorische« an dieser Tragödie hart getadelt, weil es »mehr als Hintergrund sei«. Auch die starke – man kann einfach sagen: die dramatische Schematisierung der beiden Titelfiguren hat er nicht verstanden: »Was uns hier als Herodes und Mariamne entgegentritt, ist nicht Herodes und Mariamne, es sind vielmehr Träger der Anschauungen, die Hebbel von zwei Formen der Liebe, von der unechten, egoistisch-tyrannischen und von der echten selbstsuchtslosheroischen hatte, denen er zwei Königskleider umhing und ihnen die Zettel anheftete: Herodes und Mariamne« [74]. *Man sieht hier wieder, daß Hebbels Realismus, nach den Begriffen der Realisten selbst, sehr eingeschränkt ist* [75]. Fontane ließ sich durch die sorgfältige Psychologie in dieser Tragödie nicht täuschen, weil er richtig spürte, daß sie einer abstrakten Problem- und Geschichtskonstruktion untergeordnet bleibt. *Ohne diese käme die Tragödie als Gattung nicht mehr zustande,* was gerade Fontanes, aber auch Otto Ludwigs dramatische Versuche dem Formenhistoriker unmißverständlich vergegenwärtigen.

Das Gewicht, das das »Kulturhistorische« in dieser Tragödie für den Dichter selbst besitzt, läßt sich theoretisch schon aus Hebbels *Ludovico*-Rezension (1849) belegen. Hebbel beanstandet an diesem älteren Herodes-Drama, daß es die »*speciellen Ereignisse*« nicht aus den *allgemeinen* Zuständen der Welt, des Volks und der Zeit hervorgehen« läßt: Man müsse »das *Fieber* des Herodes aus der *Atmosphäre,* in der er athmete, und diese aus dem *dampfenden vulcanischen* Boden, auf dem er stand, ...entwickeln«.

Ryan[76] hat durch seine Interpretation der Tragödie nachgewiesen, daß Hebbel tatsächlich nach diesem Grundsatz verfährt und daß sich der christliche und römische Schluß, auch im historischen Sinne, mit einer gewissen Notwendigkeit aus der spätjüdischen Zeit ergibt. Herodes und Mariamne werden von der jüdischen Religion nicht mehr getragen; diese ist nach ihrer Meinung zum Gesetz erstarrt. Mariamne sagt (Vers 2013 ff.):

> Die Dampf- und Feuersäule ist erloschen,
> Durch die er unsern Vätern in der Wüste
> Die Pfade zeichnete, und die Propheten
> Sind stumm, wie er!

Hebbels Herodes-Drama ist keine »Liebestragödie« außerhalb der historischen Bezüge – schon dieses Wort der Existentialisten (für ein Ehedrama) ist ja eigentlich eine Romantisierung –; sondern: Aus dem Zerfall der jüdischen Ordnung, aus der nachjüdischen Weltanschauungssituation ergibt sich, daß Herodes und seine Gattin die Liebe zueinander als einzigen Halt zu haben glauben, was freilich eine Illusion ist, weil die Makkabäerin mit ihrer rachgierigen Mutter und der von den Beherrschern des römischen Reichs abhängige Herodes doch wieder *in bestimmten überpersönlichen Zusammenhängen stehen, die das Verhältnis zum Ehegatten mitbeeinflussen.* Ryan versucht, die früher nach der bekannten humanistischen Klage Mariamnes meist angenommene Überlegenheit der Frau einzuschränken und eine »wesentliche Gleichartigkeit« der Ehegatten nachzuweisen*. »Wesentliche Gleichartigkeit«, obwohl es natürlich nicht falsch ist, wenn man betont, daß den König die größere Schuld trifft, weil er schon durch die Beteiligung an der Ermordung von Mariamnes Bruder die Ehe belastet und durch seinen Geheimbefehl die Empörung Mariamnes (über ihre Erniedrigung zum Ding) und damit ihre Rache erst ausgelöst hat. Wesentlich gleichartig sind sie vor allem als hohe, durch ihre Stärke zum Stolz, zur Maßlosigkeit neigende Charaktere, die durch keine feste gesellschaftliche und politische Ordnung gehalten werden, sondern auf einem »Vulkan« stehen. Daß Herodes, ein altes antichristliches Emblem, stärker belastet wird, ergibt sich aus allerlei Gewalttaten, die den bethlehemitischen Kindermord präludieren. Er ist im Gegensatz zu Herzog

---

* »Herodes als Mann will sich seine Frau gleichsam als Besitz sichern, während Mariamne als Frau nicht das tätige Handeln, sondern nur die trotzige Verschlossenheit, letzten Endes die Aufopferung ihres Lebens freisteht... Rechnet man diesen an und für sich wichtigen, aber im Zusammenhang des Werkes durchaus untergeordneten Unterschied ab, so tritt die innere Gleichartigkeit beider deutlich hervor. Nicht nur fehlt es Mariamne – gleich Herodes – an dem zur Aufrechterhaltung der Liebe gehörigen Vertrauen, nicht nur tragen ihr Stolz und ihre Verschlossenheit, ihre zunehmende Erstarrung und Verhärtung, einen großen Teil der Schuld an den gegenseitigen Mißverständnissen, sondern auch sie, sobald das unangefochtene Vertrauen entschwunden ist, behandelt ihren Partner im wesentlichen als Gegenstand der eigenen Berechnung: Herodes wird von Mariamne wie Mariamne von Herodes auf die ›Probe‹ gestellt« (Lawrence *Ryan,* Hebbels »Herodes und Mariamne«: Tragödie und Geschichte, in: Hebbel in neuer Sicht, hg. v. Helmut *Kreuzer,* Stuttgart 1963, S. 251). Ähnlich schon *Taillandier* mit stärkerer französisch-humanistischer Wertung: »Il est impossible de nier la vivante énergie de ces deux figures, Hérode et Marianne; voilà bien l'implacable égoïsme de l'amour et ses raffinemens mêlés de fureurs sauvages! Ce mot n'est pas trop fort: oui, tout est sauvage dans cette pièce, non-seulement la passion insensée de l'époux, mais aussi la dignité de la femme« (F. Hebbel, in: Revue des deux mondes, Brüssel 1852, Teil 4, S. 548).

Ernst ein Tyrann; auch Mariamne ist kein reines Opfer wie Agnes Bernauer, sondern in den tragischen Schuldzusammenhang verstrickt. Aber eben dieses Hinüberspielen von der mit dem starken Charakter und der hervorragenden Stellung gegebenen »Existenzschuld« in die moralische und die Begründung dieses Stolzes, dieser Einsamkeit, dieser Katastrophenanfälligkeit in einem kritischen Bereich des »Geschichtsprozesses« macht *Herodes und Mariamne* viel glaubwürdiger als die phantastische Mär von der Ermordung eines Engels durch einen überaus gerechten Herzog aus Bayern.

Ein gewisses Interpretationsproblem könnte man noch darin sehen, daß der Dichter die uns schon bekannte Vorstellung von der unveränderlichen Menschennatur auch in seine Äußerungen über *Herodes und Mariamne* hineinmischt: »Ich will in diesem Stück durchaus Nichts abhängig machen von Stimmungen und Entschlüssen, die nur auch relativ begründet in den Characktern und den Verhältnissen, so, aber auch anders seyn können; es soll sich zu dem ,was sich darin ereignet, ein Jeder, der Mensch ist, bekennen müssen, selbst zu dem Entschluß des Herodes, aus dem Alles entspringt und der nicht bloß mysteriös zu seyn scheint, mysteriös in dem Sinn, daß er aus dem unentzifferbaren Urgrund der Persönlichkeit, aufsteigt« (an H. Th. Rötscher 22. 12. 1847). Diese Äußerung ist keine Anweisung für Interpreten, sondern entspringt dem immer wieder erwachenden leidenschaftlichen Wunsch des Dichters nach einem Durchbruch auf dem Theater. In einem Brief an Gurlitt (20. 5. 1847) hatte er ein halbes Jahr früher eine »historische Tragödie im größten Stil« angekündigt, von der er »einen vollständigen Sieg ... bei den Bühnen« erwarte. Er beruft sich, was die Gründlichkeit und lange Dauer seiner Arbeit betrifft, auf Schiller – er denkt wohl an *Wallenstein* – und distanziert sich von Gutzkow, »der heute eine Blase verschluckt und morgen ein Mondkalb gebiert«. Es kann im einzelnen nicht untersucht werden, ob dieser theatralische Anspruch zu recht besteht. Sicher ist, daß es kaum ein Drama Hebbels gibt, in dem der Dichter die Konzeption seiner Tragödie so vollständig durchgeführt hat, ohne die theatralische Gestalt zu vernachlässigen. Ich denke nicht nur an faszinierend arrangierte Auftritte wie die Fest- und Tanzscene (IV,4), sondern auch an eine gewisse mimische Überformung der im »größten Stil« (s. o.) gehaltenen Sprache, selbst in den Kerndialogen, die, ihrer Funktion entsprechend, problemorientiert sein müssen, z.B. (III,6):

Herodes:	So weigerst du mir selbst, was billig ist?
Mariamne:	Was billig ist! So wär' es also billig,
	Daß ich, auf Knieen vor Dir niederstürzend,
	Dir schwüre: Herr, Dein Knecht kam mir nicht nah'!
	Und daß Du's glauben kannst – denn auf Vertrau'n
	Hab' ich kein Recht, wenn ich Dein Weib auch bin –
	So hör' noch dieß und das! O pfui! pfui!
	Herodes, nein! Fragt Deine Neugier einst,
	So antwort' ich vielleicht! Jetzt bin ich stumm!

Das läßt sich vom Schauspieler sprechen und vom Zuschauer verstehen. Trotzdem war es eine Illusion, wenn der Dichter meinte, man könne sich zu dieser Tragödie ohne besondere Berücksichtigung der »Charaktere und Verhältnisse« »bekennen«. Eben das Allgemeinmenschliche, an das sich Hebbel, mit dem Blick auf Schiller, anklammerte, war zweifelhaft geworden und ließ sich nur noch mit psychologischer und historischer Einschränkung demonstrieren. Eben das was Hebbels Meistertragödien in einer immer realistischer werdenden Zeit Wahrheit gibt, die Differenzierung nach Charakter, Geschlecht, historischer Lage, macht sie in der dramatischen Abbreviatur auch abstrakt, selbst an diesem Punkt, in dem ich, mit vielen andern, die Kulmination seiner Dichtung erblicke*.

Einen deutlichen Abstieg in theatralischer Hinsicht markiert *Gyges und sein Ring* (1854/56). Hier reagiert der Dichter trotzig auf den Mißerfolg in München und auf viele andere Niederlagen. Die bloße Existenz einer solchen Tragödie gleichzeitig mit dem *Grünen Heinrich* ist erstaunlich und enthält eine strenge Warnung vor dem immer noch herrschenden ungenauen Realismusbegriff. Aus den Briefen ergibt sich eindeutig, daß der Dichter zwar nicht mehr daran glaubte, ein antikes Drama schreiben zu können, aber immer noch – ungefähr wie Schiller in der *Braut von Messina* – hoffte, eine antik-moderne Synthese auf der Grundlage des Allgemeinmenschlichen schaffen zu können**. Infolge dieser ideologischen Voraussetzungen läßt sich die Tragödie nur im Rahmen der klassizistischen Tradition (vgl. Bd. I, S. 251 ff.) zeitgerecht interpretieren. Die besondere Hebbelsche Donquichotterie erkennt man in der Hoffnung, die Tragödie, die »innerhalb eines Zeitraums von zweimal 24 Stunden« spielt (unter dem Personenverzeichnis), könne vielleicht im Théâtre français gespielt werden (an Sigmund Engländer 6. 5. 1854). Daß die Racinesche Form nur äußerlich übernommen wird, ist dem Dichter klar (an Felix Bamberg 13. 1. 1856). Wie er den Vers wegen seiner *Schwierigkeit* verteidigt, nicht wegen seiner etwaigen Angemessenheit (s. o. S. 341), so will er auch mit der Übernahme einer besonders strengen klassizistischen Form seine überlegene Meisterschaft beweisen. Gegen realistische Vorstellungen verstößt er auch, wenn er das *archaische* Schamgefühl Rhodopes, der Gattin des aufgeklärten Königs von Lydien, Kandaules, zum Symbol für »die ewigen [!] Rechte der Sitte und des Herkommens« macht (an Georg Cotta 10. 11. 1857). Da für den »Schlaf der Welt«, den Kandaules, als maßloser Besitzer seiner Gattin, durch Indiskretion stört, im Tagebuch wiederholt das Wort »Pietät« erscheint[77], kann fast von einer Rückwendung zum Biedermeier gesprochen werden. Jedenfalls verrät der so hervorgehobene alte Wert der pietas eine gewaltig verstärkte Toleranz gegenüber dem

---

* Kulmination auch insofern, als eine *Synthese früherer Tragödien* geleistet wird: »Wie die individuellen und kollektiven Wertbereiche miteinander, so können die natürlich-individuellen Werte untereinander kollidieren. Sie tun es in der Liebes- und Ehetragödie der Vertrauenskrise, die zwischen Genoveva und Siegfried spielt; diese wird auf einer höheren Stufe künstlerischer Meisterschaft in *Herodes und Mariamne* (1850) wieder aufgenommen, und zwar so, daß sich mit ihr die Entwürdigungs- und Rachemotive der Judith verbinden und auch das Golomotiv mit seinen verschiedenen Dimensionen in die komplexe Figur des Herodes integriert wird« (Helmut *Kreuzer,* Friedrich Hebbel, in: Deutsche Dichter des neunzehnten Jahrhunderts. Ihr Leben und Werk, hg. v. Benno von *Wiese,* Berlin ²1978, S. 464).

** »Griechisch will das Stück natürlich nur in dem Sinne seyn, worin Troilus und Kressida oder Iphigenie es sind; ich halte nicht viel von dem Auffüllen neuer Weine in alten Schläuchen und finde auch nicht, daß das Experiment ein einziges Mal geglückt ist. Aber ich hoffe, den Durchschnittspunct, in dem die antike und die moderne Atmosphäre in einander übergehen [!], nicht verfehlt und einen Conflict, wie er nur in jener Zeit entstehen konnte und der in den entsprechenden Farben hingestellt wird, auf eine allgemein menschliche, allen Zeiten [!] zugängliche Weise gelöst zu haben« (an Friedrich von Uechtritz 14. 12. 1854).

»Herkommen«. Nimmt man die Begeisterung des zur Konversion neigenden Herrn von Uechtritz (vgl. Hebbels Brief an ihn vom 12. 4. 1856), die Spekulation auf das alte französische Theater und das Werben um die (den Burgtheaterdirektor Laube wenig schätzenden) Konservativen in Österreich in Eines, so darf man die Hypothese wagen, daß der Dichter deshalb ein so schlecht verständliches Symbol für das Herkommen wählte, weil er, sehr im Unterschied zum bürgerlichen Liberalismus, die »Pietät« auch auf das ausgedehnt wissen wollte, was den Protestanten *absolut unverständlich* war (Reliquien- und Heiligenkult, Zölibat, Kloster usw.). Auch die »Idee der Sitte«, die in einem Brief (an Uechtritz 14. 12. 1854) als Hintergrund der Tragödie erscheint, ist ein typisch biedermeierlicher Begriff und jedem Stifterleser bekannt. Während Herodes und Mariamne auf der gleichen historischen Stufe stehen, jenseits des alten Judentums, das eher in komischer Gestalt erscheint, klafft zwischen Kandaules und Rhodope ein historischer Abgrund von tausend Jahren und mehr. Er wird überbrückt durch Gyges, den Griechen, der moderner ist als Rhodope, aber gleichwohl mehr Verständnis für sie hat als Kandaules und daher die vorläufige Zukunft der Menschheit symbolisiert. Soll man das Emblem Gyges, eine Andeutung Helmut Kreuzers weiterverfolgend, auf Hebbels eigene geschichtliche Stellung beziehen? »Wie Hebbels klassizistische Tragödie ohne neue Form und ohne neues Formprogramm in der Bewahrung der Tradition nicht nur Größeres geschaffen, sondern auch modernisierender gewirkt hat als die antiklassischen Neuerer im jungdeutschen Drama seiner Zeit, so repräsentiert im Drama Gyges den geschichtlichen ›Witt'rungswechsel‹ als König einer Übergangepoche, der noch in der Wahrung der Tradition das Erbe des Neuerers antritt« [78]. Diese Interpretation ist möglich, sogar mit der Erweiterung, daß der Grieche Gyges dem Herakles (Goethe, Hegel usw.) ähnlicher ist als der »Heraklide« Kandaules, d.h. als die hegelianischen und die goetheanischen Epigonen (Linkshegelianer, Realisten), die das Erbe revolutioniert haben. Diese Interpretation entspricht der Tatsache, daß sich Hebbel selbst als Herrscher, als Gründer sieht und sich mehr und mehr von den verschiedenen Gruppen der Zeit distanziert. Richtig ist sicher auch, daß die Tragödie weder als »Apologie des politischen Konservatismus« noch als »apologetische Tragödie der bürgerlichen Revolution« verstanden werden darf[79]; denn es geht ja gar nicht um die Bewertung der Tradition oder Revolution – beide sind in ihrer »Einseitigkeit« völlig »gleichberechtigt« (Hegel) –, sondern um das *Zeitmaß*. »Die Welt braucht ihren Schlaf«: wenn dieser durch hastige Neuerungen gestört wird, kommt es zu den Katastrophen der Restauration *und* der Revolution. Dieser doppelte Untergang hatte sich in Europa 1789 und 1815 und dann wieder in Deutschland (ähnlich in Frankreich) 1848 und 1849 tatsächlich ereignet. Der Dichter zieht daraus das Fazit einer absoluten gegenseitigen Toleranz. *Weiter geht Hebbel nicht.* Kandaules sagt, angesichts seines Untergangs, völlig im Sinne des Dichters: »Ich weiß gewiß, die Zeit wird einmal kommen, / Wo Alles denkt wie ich« (V).

Hebbel rechtfertigt die langsame Entwicklung. Damit ist gewiß auch die nach 1848 in Deutschland und Frankreich gelungene Verzögerung der politischen Revolution gemeint. Aber schon das Wort »Pietät« ist ein Hinweis darauf, daß die Tragödie wiederum in erster Linie religiös zu verstehen ist. *Die Religion vor allem verändert sich unerhört langsam.* In diesem Zusammenhang gewinnt auch der in diesem Drama noch stärker als in *Herodes und Mariamne* ausgeprägte Geschlechtergegensatz seinen Sinn. Wann wird das Weib so denken wie der Mann? Kreuzer sieht das Drama entsprechend als »charakteristisches Produkt einer Epoche…, in der die Frau noch weithin außerhalb der Geschichte stand«[80]. Hat das biologische Denken das geschichtliche gelähmt? Das läßt sich angesichts der klaren Prophezeiung des Kandaules nicht behaupten. Aber in dem gewaltigen geschichtlichen und biologischen Abstand zwischen Kandaules und Rhodope erscheint zugleich, ähnlich wie im *Moloch,* die *Einsicht in die Schwäche der Vernunft.* Ihr widersteht nicht nur das an alte Sitten gebundene »Weib«, sondern alles das was in der Welt *elementar* geblieben ist, was von ethnischen, sozialen, religiösen und überhaupt ideologischen oder psychischen Kräften beherrscht wird: die *Welt* braucht ihren Schlaf. Wo sich Rhodope in diesem Sinn gegen die moderne Zivilisation erhebt, werden immer wieder schreckliche Opfer gefordert werden. Man darf sagen, daß die Tragödie, so interpretiert, heute fast aktueller erscheint, als in dem zivilisierten und von außen nicht bedrohten Europa zwischen 1815 und 1914. Möglich ist diese Interpretation jedoch gerade durch das, was im Zeitalter des Realismus als abwegig erschien: durch den universalen Gesichtspunkt und die abstrakte, geradezu allegorische Gestaltung. Wenn man nicht mit dem *Grünen Heinrich,* sondern mit den ebenfalls abstrakt-klassizistischen Romanen des späten Stifter vergleicht, wird man dem Anspruch, den diese Tragödie an den Interpreten stellt, schon eher gerecht*.

An eine Aufführung von *Gyges und sein Ring* war im Zeitalter des Realismus nicht zu denken (Uraufführung 1889). Hebbel ersetzte sie durch eine öffentliche Vorlesung seiner neuen Tragödie (vgl. die Einladung vom 13. 4. 1855)[81]. Die siebenjährige Arbeit an den *Nibelungen, Ein deutsches Trauerspiel in drei Abteilungen,* ist nach *Agnes Bernauer* ein erneuter ehrlicherer Versuch, mit Hilfe des aufsteigenden Nationalismus doch noch zu Ehren in der Kritik und auf dem deutschen Theater zu kommen (Uraufführung 1861). Diese Berechnung wäre auch ohne den Untertitel deutlich; denn die Nibelungensage war zu dieser Zeit ein zentraler Bestandteil des deutschen National-Mythos und ist es durch Richard Wagners Zyklus wie auch durch Hitlers Wagner-Begeisterung bis zum Ende des Deutschen Reichs geblieben. Den Historiker verpflichtet dieser Zusammenhang zu einer besonders sorgfältigen Prüfung von Hebbels Anteil am Nibelungen-Mythos. Sogleich erkennbar ist der Abstand des Wahlwieners von einer übertriebenen Begeisterung für den Norden. Er verwendet u. a. das nordische Motiv der sog. Vorverlobung, um Brunhilds Haßliebe zu dem ebenbürtigen Siegfried zu motivieren. Die Grundlage von Hebbels Tri-

---

* Hebbel sagt im Brief an seinen Verehrer Emil Kuh (29. 12. 1857), »Agnes Bernauer« und »Gyges und sein Ring« bieten »von welcher Seite man sich ihnen auch nähern mag, Stoff zu unendlichen Betrachtungen dar«. Ich folgte dieser Anregung zu einer erweiterten (textferneren) Deutung und Wertung, weil ich mit der Interpretation der beiden Dramen in meiner frühen Schrift »Das Historische Drama in Deutschland« noch so ziemlich einverstanden bin und ich mich nicht wiederholen wollte. – Ulrich Henry *Gerlach* (Hebbel as a critic of his own works, Göppingen 1972, S. 173, 194) betont, wie schon die zeitgenössische Kritik (auch in Deutschland), die *Schwierigkeit* der Hebbel-Interpretation, gerade auch bei »Gyges und sein Ring«; aber er fügt gut amerikanisch hinzu: »Hebbel must be held responsible for this abundance of commentary« (S. 194). Ich folgere daraus, daß der Streit der Spezialisten, der natürlich kein Ende finden wird, durch eine stärkere historische *Außenbetrachtung* des Dichters und seiner Dichtungen ergänzt werden sollte.

logie bildet jedoch das hochmittelalterliche Nibelungenlied. Der Dichter ist ein Gegner der Lachmannschen Liedertheorie und huldigt, wie Stifter (vgl. u. S. 1000), der österreichischen Theorie, der Kürenberger habe das deutsche Nationalepos geschrieben (Tgb. 6068 u. a.). Die entsagungsreiche Arbeit an der Dramatisierung des Epos – nichts Wesentliches soll geändert werden! – wurde mit einem ähnlichen Opfermut geleistet wie Stifters vieljährige Bemühung um den *Witiko,* der in der Abfassungszeit des Nibelungenlieds spielt und in dem der Kürenberger geehrt wird. *Man darf in beiden Fällen von einem Meisterwerk aus österreichischer Schule sprechen;* denn alle Äußerungen Hebbels bezeugen, daß er sich wie Stifter um die äußerste *Selbstlosigkeit* bemühte und dem traditionellen deutschen Genieanspruch entsagen wollte. Hier allerdings enden auch schon die Gemeinsamkeiten zwischen Stifter und Hebbel, nicht unbedingt zum Nachteil des Norddeutschen.

Es hat, so viel ich sehe, noch nie einen heftigen Streit um Hebbels *Nibelungen* gegeben, während *Witiko* ebensooft verachtet wie bewundert wurde. Der Grund für das bessere Gelingen der *Nibelungen* liegt in dem höheren geschichtlichen Bewußtsein Hebbels. Er weiß, daß die Archaisierung, das Bemühen um eine Restauration der germanischen oder mittelalterlichen Naivität und Primitivität aussichtslos ist. Man könnte einwenden, daß Hebbels spürbare Lust an dem germanisch-barbarischen Stoff einen derartigen Rückfall in die Primitivität darstellt. So soll z. B. nicht darüber gestritten werden, ob nicht der Anfang des V. Aktes von *Kriemhilds Rache* zu vermeiden war:

Hildebrant: Sie werden Herr des Feuers. Seht nur, seht!...
Dietrich: Dann löschen sie mit Blut.
Hildebrant: Sie waten d'rin
Bis an das Knie und können ihre Helme
Als Eimer brauchen.

Die künstlerische Freude an der Grausamkeit, die merkwürdigerweise gerade Nachkriegsgenerationen mehr als ihre kriegserfahrenen Väter zu kennzeichnen scheint, haben wir schon bei Grabbe kennengelernt. Sie liegt hier aber im Stoff; sie wird in Hebbels Tragödie darüber hinaus, mehr als im Nibelungenlied selbst, von vornherein unter die christliche Norm gestellt. Der Kaplan verurteilt Kriemhilds Rache noch ehe sie voll erwacht ist (Siegfrieds Tod V,9):

Kaplan: Du armes Menschenkind, aus Staub und Asche
Geschaffen und vom nächsten Wind verblasen,
Wohl trägst Du schwer und magst zum Himmel schrei'n,
Doch schau' auf Den, der noch viel schwerer trug!
In Knechts-Gestalt zu uns herabgestiegen,
Hat er die Schuld der Welt auf sich genommen
Und büßend alle Schmerzen durchempfunden,
Die von dem ersten bis zum letzten Tage
Die abgefall'ne Creatur verfolgen,
Auch Deinen Schmerz, und tiefer, als Du selbst!

Die Stimme des Christentums ertönt wie ein Leitmotiv immer erneut in *Kriemhilds Rache* vor allem im Munde Dietrichs; aber auch Etzel wird in den Dienst der christlichen Zukunft gestellt, so daß seine schließliche Ablösung durch den christlichen Dietrich sehr gut vorbereitet ist. Es gibt überhaupt viel weiche und süße Klänge. Symptomatisch ist die Musikbegleitung der Kampfszenen. Volker hat stets die Funktion, die poetische Grundmelodie – diese ist nach Hebbels Erkenntnis lyrisch (vgl. Bd. II, S. 479) – gegenwärtig zu halten. Die nichtgeschriebene Lyrik der Spätzeit Hebbels ist in die *Nibelungen* eingegangen. Der Dichter leugnet auch keineswegs, daß »das Epische nicht überall im Dramatischen aufgegangen ist« (an Hettner 2. 2. 1862). Ohne viele Erzählungen und Teichoskopien war das Epos in solcher Treue nicht zu dramatisieren, zumal da auch die Sagenmotive die Funktion hatten, das grausame Geschehen mit überhöhenden Elementen zu durchsetzen. Ein *begrenztes* Zugeständnis an Vischers Meinung, der Nibelungenstoff sei nur in einer Oper zu bewältigen, und auch an die romantische, von Wagner erneuerte Idee eines Gesamtkunstwerks ließe sich bei einer genauen Interpretation von Hebbels *Nibelungen* wohl herausarbeiten. Doch fehlt der Dichtung die Verblasenheit, die das romantische Drama und beispielsweise Fouqués *Held des Nordens* (1810) kennzeichnet.

An seinen Vorgängern Raupach und Geibel (s. o. S. 377) hat Hebbel in einem Brief an Dingelstedt (15. 1. 1861) zweierlei getadelt. Einmal die Zerstückelung des Epos. »Hier heißt es: Alles oder Nichts!«, und der Dichter hat tatsächlich den *Gesamtverlauf* wiedergegeben, soweit dies in einem dramatischen Elfakter, der natürlich bestimmte Konzentrationspunkte erfordert, überhaupt möglich war. »Dann hielten sie den Ton nicht einfach genug«; das ist der zweite Tadel, der die Vorgänger trifft. Die Äußerung läßt eine Monotonie im Sinne des *Witiko* erwarten. Hebbel meint aber nur die schon erwähnte Selbstverleugnung, daß er nämlich nicht zuviel vom 19. Jahrhundert in die *Nibelungen* hineintragen, sondern »bloß das große National-Epos ohne eigene Zuthat dramatisch näher rücken« will. Jeder Historiker weiß heute, daß Hebbels entwickeltes historisches Bewußtsein die so gestellte Aufgabe modifizieren muß. Er kann gar nicht umhin, den Stoff zu modernisieren, wenn er ihn zu einem im 19. Jahrhundert spielbaren Drama umdichten will, und darum geht es dem Dichter durchaus. Er paßt sich nicht so würdelos an die deutsche Nibelungenbegeisterung an, wie an das vermeintliche Staats- und Dynastiebewußtsein der Wittelsbacher. Aber die Neugeburt des Stoffs in der Phantasie führt notwendigerweise zur Einschmelzung moderner Elemente. So hat man dem Dichter z. B. bei der Gestaltung der jungen Kriemhild die »Jungmädchenatmosphäre des 19. Jahrhunderts« übelgenommen: »Eine veilchenpflückende Kriemhild.« Warum nicht, da doch gerade der Gegensatz zur späteren Teufelin Kriemhild dem Dichter wichtig erscheint? Demselben Interpreten mißfällt die »auffällige Monumentalisierung des Ganzen«[82], und es ist auch richtig, daß der Dichter sich durch den großen Gegenstand zu einem großen Stil verpflichtet fühlt. Man erkennt den Klassizisten Hebbel noch immer. Trotzdem ist es kein Zufall, daß die Hebbelforscher immer wieder auf den »Realismus« in dieser Tragödie zu sprechen kommen. Was ist damit gemeint? Sicher nicht die Vermeidung der wunderbaren Sagenmotive und eine bürgerliche Alltäglichkeit, aber doch eine gewisse Lockerung des monumentalen Geschehens durch *unheroische Einsprengsel*. So sprechen z. B. Dietrich, Rüdeger und Hagen, d. h. die ganz großen Recken, in *Kriemhilds Rache* IV,21 anläßlich des Pilgrims in einem höchstens »mittleren« Stil:

Hagen:	Was war denn das?
Dietrich:	Was meint Ihr wohl?
Hagen:	Verrückt?
Dietrich:	Nicht doch! Ein stolzer Herzog ist's.
Hagen:	Wie kann das sein?
	(Dietrich erzählt, daß der Herzog als Büßer sich betätigt.)
Hagen:	(lacht) Die Welt verändert sich.
Rüdeger:	Man sagt, er sei schon einmal heimgezogen
	Und an der Schwelle wieder umgekehrt.
Hagen:	Fort mit dem Narren! Käm' er noch einmal
	So weck' ich rasch mit einem andern Schlag
	Den Fürsten in ihm auf.
Dietrich:	Es ist doch was! [!]

Dietrich meint das christliche Ethos der Demut, das die germanische Welt trotz Hagens Spott tatsächlich »verändert«. *Von so hohen Dingen so unpathetisch zu reden, entspricht dem realistischen Stilideal.* Auch der Humor, der im »bürgerlichen Realismus« obligat ist, dringt immer wieder in Hebbels Heldendichtung ein. Giselhers bedeutende Rolle hat nicht zuletzt in diesem Humorprinzip ihren Grund. Sogar der finstre Recke Hagen wird öfters durch komische oder groteskkomische Züge gemildert. Der Dichter benützte alle Motive, die das Epos in dieser Hinsicht bot, und vermehrte sie noch. Ich vermute daher, daß der Vorwurf einer »falschen Monumentalisierung« [83] der genaueren stilgeschichtlichen Untersuchung nicht standhalten würde, zumal wenn man, wie billig, *die Bedingungen des tragisch-dramatischen Gattungsstils* berücksichtigt und den Text etwa mit *Gyges und sein Ring* vergleicht [84]. Es gibt überaus steile Stellen, aber fortlaufende Stilsenkungen verhindern die Monotonie im Unterschied zum *Witiko.* Hebbel folgt hier eher einem modifizierten Shakespeareschen Vorbild als dem Racineschen. Das entsprach auch dem bewußt übernommenen nationalen Auftrag, der seit *Götz von Berlichingen* traditionsgemäß zu einer Orientierung an Shakespeares Historiendramen führte. Daß Hebbel kein unkritischer Shakespeare-Schüler war, ergibt sich aus dem hegelianischen Klassizismus, der ihn schon in der *Judith* von Grabbe entfernte. In der Zeit der *Nibelungen* belegt der Brief an Dingelstedt vom 31. 3. 1860 seinen Abstand von Shakespeare. Das Ideal eines »einfachen« Tons (s. o.) erreichte er auf diese Weise so ziemlich. Das Vorbild Uhlands, das ihm in der Jugend völlig unerreichbar war, trug in den *Nibelungen* doch noch späte Früchte.

Die innere Voraussetzung für diese realismusnahe Einfachheit, Natürlichkeit und Selbstlosigkeit war freilich die ursprüngliche Verwandtschaft zwischen Hebbel und diesem alten heroischen Stoff. Man kann Judith, Mariamne und Rhodope als Vorbereitungen auf Brunhild und Kriemhild sehen, während, damit verglichen, Genoveva ein Heiligenbildchen bleibt und die Märtyrerin Agnes Bernauer erst in der Bedrohung durch den Tod eine hebbelsche Statur gewinnt. Diese angeborene Vorliebe für schroffe weibliche Naturen, überhaupt für das Heidnische und Wilde (s. o. Taillandier) macht die im Zusammenhang mit den *Nibelungen* getroffene Feststellung Hebbels, das Christentum sei ihm »eine Mythologie neben anderen« (an Uechtritz 25. 10. 1862), glaubhaft. Die unwillkürliche Hinneigung Hebbels zu Naturalismus und Biologismus, die wir schon kennen, ist im Spiel. Über den halb christianisierten alten Etzel sagt Volker (*Kriemhilds Rache* III,11):

> Auch wollen
> Wir überall des zahmen Wolfs gedenken,
> Der plötzlich unter'm Lecken wieder beißt.
> Was nicht im Blut liegt, hält nicht vor. [!]

Solche Sentenzen sind nicht nur historisch gemeint, sondern entsprechen dem deterministischen Individualitätsbegriff Hebbels. Auch der an den natürlichen Unterschieden der Menschen orientierte Geniebegriff spukt in den archaischen Helden weiter, etwa in der Feststellung Etzels, es gebe nur »drei Freie auf der Welt, / Drei Starke«: Siegfried, Etzel und Dietrich von Bern (*Kriemhilds Rache* III,3). Solche Wertungen haben zwar auch eine dramaturgische Funktion. Wenn es an dieser Stelle heißt, Dietrich von Bern sei »der Mächtigste« von den dreien, so ist dies eine Vorausdeutung auf den nahen Schluß. Aber die naturalistische Tendenz bleibt deutlich. Sie erscheint auch als Rassismus in der wiederholten verächtlichen Einstufung der »asiatischen« Heunen, die nur in Masse siegen können und die im Vergleich mit den »deutschen Eichen« »Gras« sind (*Kriemhilds Rache* III,8). An solchen Stellen kann man schon vor dem Reich Bismarcks die Selbstüberschätzung erspüren, die zu seinem Untergang führte. Doch Hebbel, der fast gleichaltrig mit Bismarck (geb. 1815) ist, hat neben der Rücksichtslosigkeit des Reichsgründers auch seine *Mäßigung*. In seinen *Nibelungen* kommt es noch zu keiner anachronistischen Restauration des germanischen Barbarentums: sie schließen ja mit der historischen Ablösung des Germanentums durch das Christentum. Diese ist überaus glaubhaft dargestellt; man darf im christlichen Schluß sogar eine Berechnung auf das immer noch christlich-konservative Hoftheater vermuten. Gemeint ist freilich nur die *sittliche* Überlegenheit des Christentums, die Ausschaltung der staatsfeindlichen Blutrachepflicht durch die prinzipielle Rechtfertigung der Demut und des Friedens, und diese Werte verbürgen wiederum die unserer Großepoche aufgegebene nachchristliche Humanisierung der »Weltgeschichte«, d.h. des Völkerlebens.

Wer nicht nur die Dichtung interpretiert und, wie üblich, modernisiert, sondern den späten Hebbel in der Gesamtheit seiner Äußerungen kennt, kann nicht daran zweifeln, daß mit den *Nibelungen* letzten Endes die *Überwindung der Barbarei*, auch der in seiner eigenen »Natur« angelegten Schroffheit und Wildheit, gemeint war. Lee B. Jennings, einer der bedeutenden Germanisten Nordamerikas, nahm drei Erneuerungen des Schatz-Mythos im 19. Jahrhundert (Grillparzer, Hebbel, Wagner) zum Anlaß einer psychoanalytischen Überprüfung. Er kommt zu einem überwiegend negativen Ergebnis, obwohl Hebbels Vergegenwärtigung des Mythos in Visionen, Träumen usw. viel einprägsamer dargetan wird, als dies mir und jedem Nicht-Psychoanalytiker möglich war: »In the case of both Grillparzer [*Das goldene Vließ*] and Hebbel [*Nibelungen*], we have the example of an ambitiously planned work, intimately bound up with the psychic problems of the author, a work replete with symbols of psychic progress but one in which the integration process is undercut at every step, both within the work and within the author. The result is a ›monster‹ (both authors refer to their works thus), a work in which the content outgrows the form. Both authors grope toward the idea of greater self-realization, and both suffer from a sharp contrast of emotional and intellectual components, and they project this problem into bizarre and sometimes unfruitful man-woman relationships. Both are on the verge of change but cannot take the further step... Both, however, are symtomatic of their age, an age which feared revolution and tumult[!] and attempted to keep the chicken in the egg, an age which preferred fragmentation to integration and rebirth«[85]. Dies kritische Ergebnis wurde auf einem amerikanischen Symposion über Mythos und Vernunft vorgetragen und sogleich grundsätzlich von einem führenden, aber aus Deutschland eingewanderten Germanisten, Jost Hermand, bekämpft, mit dem naheliegenden Argument, dieser erneuerte Mythenkult sei eine bedauerliche Rückkehr zu primitiven Denkmethoden[86]. Im Hintergrund stand hier der antifaschistische Rationalismus, der in Deutschland aus leicht einsehbaren Gründen stärker ist als in den ehemaligen Feindstaaten. Jennings verteidigte sich mit einer Interpretation des Dritten Reiches, die ganz offensichtlich falsch ist: Hitler-Deutschland habe sich auf seinen Verstand verlassen und sei dann plötzlich einer »monumentalen Irrationalität« verfallen, die es zunächst nicht erkannt hatte. Daraus ergäbe sich, wie gefährlich der reine mythenfeindliche Rationalismus sei[87]. In Wirklichkeit ist die monumentale Irrationalität der Anfang: ohne sie kein Hitler-Reich. Aber auch die von Jennings so begeistert erwähnte Revolution (1917 und 1918) gehört zu den Voraussetzungen der neuen politischen Religionen in Rußland und Deutschland. Dagegen entsprechen Hebbels *Nibelungen* – möglich, daß er auch *Das goldene Vließ* des von Laube gehätschelten Grillparzer übertreffen wollte – genau *dem* Ideal, in dem sich der Widerspruch zwischen Jennings und Hermand auflöst: sie lassen erkennen, daß eine rational-humane Bändigung des Mythischen und Irrationalen möglich und fruchtbar ist. Das Werk bezeichnet nicht eine Epoche, die das Küken im Ei ließ (Jennings s. o.), sondern einen *geschichtlichen Augenblick, in dem die deutsche Nation durch ihre Mäßigung ebenso stark war wie durch ihre Kraft.*

Diese endlich erreichte nationale Reife führte auch den einst so zerrissenen Dichter zum Sieg. Ein besonderer Triumph für den alternden Hebbel war es, daß sein gefürchteter Hauptfeind Julian Schmidt, der programmatische Begründer des Realismus, der noch immer das »große Wort« führte (Hebbel an Hermann Marggraff 5. 4. 1862), nach der Lektüre der *Nibelungen* endlich seinen Kampf aufgab und dem Meister der Tragödie huldigte[88]. Wie weit der Dichter mit diesem grandiosen Werk über seine Generation – Stifter immer ausgenommen – hinausgewachsen war, läßt Mörikes bekannte Äußerung ahnen: »Mir war bei Ihren Nibelungen, als ob plötzlich ein Felsblock durch's Dach gefallen sey« (Tgb. 6038, 26. Nov. 1862).

Der *Demetrius* (Fragment) sollte wohl am 100. Geburtstag Schillers beweisen, wer jetzt der Dramatiker war; denn Hebbel erörterte bei seinem Besuch in Weimar (1858) mit Dingelstedt dessen theatralische Pläne für das Schiller-Jahr[89]. Seine Behauptung, er habe den Demetrius-Plan schon vor seiner *Judith* gehegt (an Adolf Stern 31. 10. 1858), braucht deshalb nicht unwahr zu sein; denn schon in der *Judith* mißt er sich ja mit Schiller. Er nennt den Mann, den er übertreffen will, in dem gleichen Brief den »subjectivsten aller Dichter«. Dies entspricht einem weiteren Abrücken vom Idealismus. Der *historische* Ehrgeiz des Dichters im Sinne der von ihm früher verachteten »materiellen Geschichte«

ergibt sich aus seiner Reise nach Krakau und aus einer Reihe von Briefäußerungen, z. B. (an Marie Wittgenstein 27. 1. 1859): »Ich kann die Kugel nun rollen lassen, wie ich will. Je länger sie aber läuft, je besser ist's, denn das Drama schöpft seine eigentliche Kraft [!] aus den Zuständen, und Charactere, die nicht im Volksboden wurzeln, sind Topf-Gewächse. Darum mögte ich möglichst viele Adern der großen slawischen Welt in mein Stück hinüberleiten, und werde es nicht rascher abschließen, als ich muß, um jeder Quelle, die etwa noch unter der Erde sprudelt, Zeit zu vergönnen, hervor zu stürzen und meinen kleinen Strom mitschwellen zu helfen.« Das hört sich sehr gelehrt an und paßt zu der objektivistischen Schiller-Kritik. Ich behauptete vor langen Jahren, um zu einem schönen Schluß meines Hebbelabschnitts zu gelangen, Hebbel habe wegen des immer stärker werdenden Historismus und Relativismus *Demetrius* nicht vollendet[90]. Er hätte ihn, bei längerem Leben, selbstverständlich fertig gemacht, aber möglicherweise mit einem schlechten Gewissen, weil ein Ausblick in eine geordnete Zukunft bei dieser Tragödie wenig sinnvoll war. »Wenn Assad… im ›Rubin‹ beglückt die Macht ergriff, weil er jetzt Unglücklichen helfen konnte, so ermöglicht sie dem Prinzen Demetrius das tiefste Zu-sich-selbst-Kommen: er darf endlich er selbst sein; Hebbels Demetrius macht keine Wandlung seines Wesens zum bewußten Bösen durch; er ist – anders als Schillers Demetrius – der Sohn des Zaren Iwan und der Bäurin Barbara, und als er diese Zusammenhänge durchschaut, ist er sofort bereit, auf die usurpierte Macht zu verzichten, und hält nur noch aus, damit sich seine Freunde in Sicherheit bringen können. Dabei sollte ihn das Schicksal ereilen, aber diesen Abschluß hat Hebbel nicht mehr gestalten können« [91]. Dem historischen Objektivismus entspricht dialektisch die Subjektivierung des Helden zu einer fast geschichtslosen, moralischen Größe[92], während das Schillersche Problem – der betrogene Betrüger wird zum bewußten Betrüger – auf einer in der Geschichte oft wiederkehrenden Konstellation basiert. Die Schwierigkeit lag wohl nicht in der Gestaltung der Katastrophe, sondern in der obligaten idealistischen »Versöhnung«. War der Dichter des Schemas müde? Oder erkannte er, wie lächerlich es war, immer die Vorgänger übertreffen zu wollen? Diese Einsicht könnte Hebbel in der letzten Zeit seines Lebens veranlaßt haben, sich durch das Fragment dem Vorgänger gleichzustellen, statt durch eine hastige Vollendung des *Demetrius* dies Werk und damit auch sein gesamtes Lebenswerk der Kritik der damals höchst rabiaten Schillerverehrer auszusetzen. Jedenfalls symbolisiert das Demetrius-Fragment abschließend noch einmal, wie stark und naiv der Dichter der klassizistischen Tradition bis zuletzt verhaftet blieb.

Rezeptionsschwierigkeiten. Konsequenzen für die Hebbelforschung

Es ist wohl deutlich geworden, daß die Meinungsverschiedenheiten über Hebbel sich aus seiner Herkunft, aus seiner charakterlichen Zwiespältigkeit und aus seiner überaus komplizierten Stellung in der Geschichte von selbst ergeben müssen. Der proletarisierte Kleinbürgersohn bemüht sich als Autodidakt konsequenter als alle ebenbürtigen Dichter, über die wir in diesem Band berichten, die reichen Wahrheiten des Idealismus in sich aufzunehmen. Er ist innig darum bemüht, gedanklich den Halt zu finden, der ihm durch

Vaterhaus, Stand, Beruf oder Heimatstadt nicht gegeben war; aber bei Äußerungen über sich selbst neigt er zur *Selbststilisierung, so daß die Hebbelforschung eine noch größere quellenkritische Behutsamkeit erfordert als andere Philologien der Zeit.* Manche Streitfrage, z. B. seine Stellung zur »Hegelei«, erklärt sich aus seiner oft geübten taktischen Behandlung der Wahrheit und kann nur durch umfassendere biographische und gruppengeschichtliche Untersuchungen geklärt werden. Hebbel fragt nach der letzten Wirklichkeit. *Nicht eine besonders ausgeprägte Denkbegabung, sondern sein religiöser Sinn führt ihn zur Philosophie.* Diese religiöse Orientierung bringt in einem Jahrhundert, das die Religionskritik der Aufklärung philologisch und historisch weiterführte, einen starken Anteil am Historismus und an den durch ihn akut gewordenen politischen und sozialen Fragen mit sich. Man sollte nicht so sehr von einem fachphilosophischen als von einem universalistischen, die »Welt« als Kosmos wie als Weltgeschichte fassenden Ansatz Hebbels ausgehen. Die *Größe* seiner Probleme prägt seine Dichtung in jeder Lebenszeit und macht ihn gegenüber der partikularistischen, detailrealistischen und personalistisch-konservativen Zeittendenz, die wir Biedermeier nennen, intolerant. Hebbels öffentliche Stifter-Kritik und seine versteckte Grillparzerverachtung machen es konservativen Geistern bis heute unmöglich, ihm gerecht zu werden[93].

Gleichzeitig blickt er viel zu hell durch die Vordergründe der Zeit, als daß er den naiven bürgerlichen Liberalismus Laubes, Gutzkows, selbst Heines und das ihm entsprechende Prinzip eines unmittelbaren politisch-religiösen Engagements (»Tendenzdichtung«) übernehmen könnte. Wie stark oder wie schwach oder wie schwankend Hegels Einfluß auf Hebbel gewesen sein mag, *eines* hat er gewiß von ihm und seinen junghegelianischen Nachfolgern gelernt: das dialektische Denken. Das bedeutet, daß er eine *tiefere Vermittlung zwischen der Dichtung und den Gegenwartstendenzen verlangt,* als sie den Jungdeutschen und anderen liberalen Schriftstellern, z. B. Vormärzlyrikern wie Herwegh und Freiligrath, möglich war. Diese Dialektik schloß aber auch die Gefahr in sich, die zweite Restauration, die nach dem Gesetz der Geschichte 1849 auf die »pöbelhaften« Auswüchse der Revolution antwortete, besser zu verstehen, als sie es verdiente, und als es dem heraufkommenden »realistischen« (pragmatischen) Ausgleich zwischen Revolution und Restauration entsprach *(Agnes Bernauer).* Diese unnötigen Zugeständnisse an die Restauration, schon in der Schaffung eines nicht-klassenkämpferischen bürgerlichen Trauerspiels erkennbar *(Maria Magdalene),* führten dazu, daß sich die linken Hegelianer, besonders die Marxisten, weniger für Hebbel interessierten als der Sohn aus dem Volke, der Feuerbachianer, der Dichter des *Trauerspiels in Sizilien,* der dramatische Ideologiekritiker usw. verdient hätte. In Paul Reimanns repräsentativer marxistischer Großepochendarstellung *(Hauptströmungen der deutschen Literatur 1750–1848* Berlin 1956 und 1963) wird Hebbel nur ganz flüchtig, im Zusammenhang mit Hegel und als Gegensatz zum »Realisten« Nestroy, erwähnt, während z. B. der über Staat und Gesellschaft viel flacher reflektierende Heldendichter Grabbe einen eigenen Abschnitt erhält. Eher wurde Mehring, bei aller Kritik, der Bedeutung des Dichters gerecht[94].

Hebbel hat eine gewisse Neigung zu dem, was die Philosophen des 19. Jahrhunderts – es ist noch kein auf die Literatur reduzierter Begriff – Naturalismus nennen. Er neigt sogar zum Biologismus, was seine beinahe erstmalige dichterische Problematisierung des

Geschlechtergegensatzes bezeugt (s. o.). Aber die literarischen Naturalisten des ausgehenden 19. Jahrhunderts fanden Vorbilder, die für sie geeigneter waren. Selbst *Maria Magdalene*, das einzige Drama, das sie interessierte, enttäuschte durch Monologe, Beiseisprechen, Zufälle und philosophischen Hintergrund. Zwar erkannte man Hebbels Zusammenhang mit Ibsen; aber seine sittliche Einstellung, seine historischen oder mythischen Stoffe und vor allem natürlich sein beharrliches, im Lauf der Zeit sogar gesteigertes Festhalten an der klassizistischen Form des Dramas machten ihn als Vorbild für naturalistische Gestaltung ungeeignet[95]. Der besonnene Dramatiker war auch den Expressionisten verdächtig. Die Judithbegeisterung der 1920er Jahre mag mit dem Verständnis für die metaphorische Kraftsprache des Holofernes und für das »unbürgerliche« Sexualmotiv zusammenhängen. Aber schließlich war die gesteigerte Sprache in der *Judith* nur ein Nachhall von Grabbes donnerndem Stil, weshalb man diesen primitiver experimentierenden Dramatiker höher stellte und außerhalb Deutschlands wohl bis heute stellt. Die Experimentatoren Grabbe und Büchner und die allen sympathischen österreichischen Meister des Theaters (Grillparzer, Raimund, Nestroy) verstellten dem umständlich-meisterhaften, »metaphysischen«, grüblerischen Norddeutschen, kurz dem *allzudeutschen* Dichter einen eindeutig erfolgreichen Weg in die Weltliteratur.

Zum Teil mag es daran liegen, daß in unserem Jahrhundert ein unterentwickelter Sinn für die Meister und eine kindische Neugier für die Experimentatoren, neuerdings sogar für die trivialsten Mätzchenmacher zu finden ist. Um so leidenschaftlicher müßten die Literarhistoriker, sollte man meinen, *die Partei der Meister* ergreifen und um Verständnis für sie werben. Aber die Mehrzahl der Hebbelforscher, persönlich wie Hebbel zur Spekulation geneigt, ist zur Vermittlung wenig geeignet. Anni Meetz, selbst eine erfolgreiche Vermittlerin, beklagt *das Fehlen von Forschungsberichten* [96] und behilft sich klug mit einem Rückblick auf die hundertjährige Hebbel-Rezeption und -Philologie seit Emil Kuhs Biographie (1877). Wer sollte auch imstande sein, den *heutigen Stand* der Hebbelforschung näher zu bestimmen? Man kann auf einzelne Forscher wie Wolfgang Liepe und Helmut Kreuzer hinweisen, die die Hebbel-Philologie biographisch, philosophiegeschichtlich, literarhistorisch aufsprengen wollten; aber in ihren Schwerpunkten ist die Hebbelforschung, stärker als die meisten Philologien der Biedermeierzeit, *in der Werkinterpretation steckengeblieben*. Zwar glaubt man nicht mehr, den Dichter mit Hilfe einer modernen Philosophie besser verstehen zu können. Man berücksichtigt jede seiner Äußerungen sorgfältig; ja, es ist, ähnlich wie bei Hölderlin, eine tiefsinnige, hochspezialisierte Hebbelexegese entstanden, die viele Ausländer davon abschreckt, in diese Philologie einzusteigen. Aber die biographische, sozial- und theatergeschichtliche, die gruppengeschichtliche, auch die stil- und gattungsgeschichtliche Hebbelforschung, die für die Werkinterpretation erst sichere Grundlagen schaffen könnte, ist sehr vernachlässigt und bietet jungen, auch ausländischen Forschern viele lohnende Ziele*.

Erschwerend wirkte auch – und daran ist die Hebbelforschung unschuldig – die mangelhafte Kenntnis der verschiedenen Richtungen der Biedermeierzeit (Weltschmerzler,

---

* Eine gute Grundlage bietet wiederum eine Arbeit des Amerikaners U. Henry *Gerlach:* Hebbel – Bibliographie 1910–1970, Heidelberg 1973.

Junghegelianer und deren Unterschied zu den Jungdeutschen), der ungenaue Realismus
begriff, d. h. die Ignorierung des programmatischen Realismus, der in der Gestalt de
Hebbel-Feindes Julian Schmidt in diesem Kapitel deutlich genug auftrat, die Verwechs
lung des Epigonentums mit der klassizistischen Tradition, die sich mannigfach mit den
Realismus, aber auch mit der fortdauernden Romantik verbindet und, wie diese, nach
neuerer Erkenntnis, nicht ohne weiteres originalistisch abgewertet werden darf. Die i
der deutschen Neugermanistik besonders ausgeprägte Abneigung gegen das unbestreit
bare Phänomen der Tradition erschwerte selbst den Germanisten *der* Nationen, die de
historischen Traditionsbegriff besitzen, den Zugang zu Hebbel und verführte sie z
Kurzschlüssen, wie z. B. hinsichtlich der Interpretation seiner christlichen Stoffe, Sym
bole und Metaphern. Alles in allem kann man sagen, daß die mangelhafte *Weiterent
wicklung des Historismus,* das Abgleiten in Existentialismus, Phänomenologie, Psycho
analyse und andere Modernismen dem Ansehen eines so differenzierten Dichters meh
schadete, als dies bei primitiver engagierten und einfacher experimentierenden Schrift
stellern der Fall war. Büchner kann man beim Niveau des heutigen Historismus kurzer
hand zum Sozialisten machen, Nestroy und Heine zu Liberalsozialen, Grabbe zum Vor
läufer Nietzsches oder des absurden Theaters. Gotthelf, Stifter, z. T. auch Mörike emp
fahlen sich den Freunden der Heimatkunst und nach dem zweiten Weltkrieg den Anhän
gern der christlichen Renaissance. *Hebbel ließ sich, auch bei einem reduzierten Historis
mus, nicht so schlicht modernisieren.* Um so entschlossener sollte die künftige Hebbelfor
schung in weiter ausgreifenden Einzelforschungen und, wenn es einen solchen Germani
sten gibt, auch endlich einmal wieder in einer umfassenden, interpretierenden Biographi
das Bild des Dichters gestalten, eines Dichters, der vordergründige Lösungen der religiö
sen, politischen, literarischen Probleme im allgemeinen verschmähte, *auf Dauer bedach
war, die nachchristliche Krise als Problem von Jahrhunderten erfaßte* und deshalb auc
in den kommenden Jahrhunderten mehr Bestand haben wird als mancher Schriftstelle
der in unserem Jahrhundert von vorübergehenden Trends emporgetragen wurde.

AUGUST GRAF VON PLATEN (1796–1835)

Althumanistischer Dichter und Wahlitaliener

Platen gehört, wie Heine, sein feindlicher Bruder, zu den umstrittensten Dichtern deutscher Sprache. In solchen Fällen ist es besonders ratsam, nicht mit Werturteilen zu beginnen, sondern sich ernsthaft um ein historisches Verständnis zu bemühen; denn die Geschichte gibt, ohne die letzte Instanz zu sein, manchem Streitpunkt erst die ihm zukommende Bedeutung. Und gerade Platen ist, trotz seines Ewigkeitsanspruches, ein echter Sohn der Restaurationsepoche und an keiner anderen historischen Stelle zu denken. Die Versuche, ihn einseitig der Klassik oder der Romantik zuzuordnen, mußten von vornherein vergeblich sein, denn das Erbe beider Richtungen ist seit 1815 selbstverständlich, ebenso das bei Platen zu beobachtende Schwanken zwischen der Klassik- und Romantiktradition*. Auch die Vorstellung, er sei im Grunde schon ein heimlicher Angehöriger der nachrealistischen Kunstperiode, ein Verwandter Stefan Georges oder noch jüngerer Dichter gewesen, ist bei ihm ebenso irreführend wie bei anderen Dichtern dieser zwiegesichtigen, ebenso vorwärts wie rückwärts blickenden Periode. Solche Stilisierungen sind nicht besser als die marxistischen Interpretationen, die das Vormärz-Element in Platen übersteigern und ihn zum Verwandten Bert Brechts machen[1].

Was dem Literarhistoriker zuerst auffällt, ist Platens Abstand von dem Erlebnis-, Originalitäts- und Naturbegriff der Goethezeit, sein stellenweise *kleinliches Interesse für die handwerklichen Fragen der Dichtkunst,* seine Unfähigkeit zur philosophischen Abstraktion, sein unvermitteltes Schwanken zwischen Subjektivismus und Objektivismus, zwischen Phantasiekult und empiristischen Neigungen. Seine »Bemerkungen über den Verfall der deutschen Literatur«, die er 1817 als Einundzwanzigjähriger schrieb, sind ein klares Bekenntnis zum 18. Jahrhundert, überhaupt zur Renaissance- und Barocktradition. Es fällt ihm auf, daß die größten Dichter Europas ihre Vorgänger nachgeahmt haben, »ohne deshalb an ihrem Ruhme zu verlieren«. Nur die deutschen Dichter neigen dazu, »um ein kurzes Anstaunen ihrer Zeitgenossen... die Unsterblichkeit des Nachruhms« zu opfern. Man glaubt Wielands Polemik gegen den Sturm und Drang zu vernehmen, und, in der Tat, Platens Vorstellungen von der Dichtkunst sind nachweisbar durch den älteren Humanismus mitgeprägt worden. Wenn man von Schriftstellern, die wir heute nicht mehr in erster Linie als Dichter einstufen, absieht, so war er mit Rückert

---

* Damit verbanden sich natürlich auch Wertungen. So kritisiert ihn Eugen Gottlob *Winkler* (Platen, in: E. G. W., Dichtungen, Gestalten und Probleme, Nachlaß, Pfullingen 1956, S. 236–262, erstmalig 1936/37) in einem geistvollen Essay als Romantiker, während ihn Thassilo von *Scheffer* (Bekenntnis zu Platen, in: Blätter der Platen-Gesellschaft 1, 1925/26, S. 96 f.) als einen Dichter feiert, der Goethes Klassik übertraf.

wohl der gelehrteste seit Wieland, ein Philologe, der die griechischen, lateinischen, persischen, spanischen, portugiesischen, englischen, französischen, italienischen, ja sogar di
venetianischen Schriftsteller im Urtext las. Sein Haupterlebnis – das verrät sein Tagebuc
– ist die Lektüre der früheren Dichter: »Mes livres sont en effet mon cheval de bataille
J'en achète beaucoup, puisque maintenant j'ai des revenus considérables qui montent à
plus de 1000 florins par an, dont je reçois 600 fl du roi, 300 fl de mon père et le reste de
mes gages.« (Tagebuch 1. 11. 1819)[2]. Hier zeigt sich schon, was sein ganzes Leben be
stimmen wird: die Opferbereitschaft für die Belange der Kunst, – so wie er sie eben al
bildungsbeflissener Poet versteht. Er liest in diesen Jahren Tasso, Ariost, Alfieri, Goldoni
Metastasio, Calderon, Lope de Vega, Racine, Corneille, Voltaire, Crébillon, Rousseau
Madame de Staël, Shakespeare, Pope, Swift, Byron. Er liest natürlich auch Hans Sachs
Klopstock, Wieland, Schiller, Goethe, Jean Paul und modernere deutsche Dichter; abe
man kann nicht sagen, daß auf der Nationalliteratur ein besonderer Nachdruck liegt. Di
»Romantik«, die er zunächst kennenlernen will, umfaßt nach damaliger Vorstellung
(vgl. Bd. I, S. 243 f.) *alle* Dichter des nachantiken, christlichen Europa. Die Tagebuch
schemata vom 24. Dezember 1819 belegen eindeutig, daß nicht die Klassik von Weima
oder die sogenannte neue Romantik, sondern die alteuropäische »Romantik« sein Ge
schichtsbild bestimmte und daß er auch die Goethezeit in diesen europäischen Zusam
menhang einordnete. Die französische Sprache, deren er sich wie so viele Adelige in de
Korrespondenz mit den Eltern und zum Teil auch im Tagebuch bediente, ist ein Hinwei
auf diese Verwurzelung im ancien régime. Es mag sich gar erziehungsgläubig anhören
wenn ein Engländer behauptet, die aristokratische Herkunft Platens und seine Ausbil
dung als bayerischer Kadett und Page hätten bewirkt, daß er geistig zu einer viel älterer
Generation gehörte als der rheinische Jude Heine[3]. Aber die Restaurationsepoche wir
durch dies Traditionsdenken eher getroffen als durch die Vorstellung von einem Genos
sen Brechts oder Georges.

Die besonderen Umstände von Platens weiterem Leben und Dichten, sowohl die Er-
langer Studienzeit unter den Fittichen Schellings, wie die spätere Wende des Dichters in
Einflußbereich des neuen Musenkönigs Ludwigs I., lassen sich so gut wie die Jugend nu
im bayerischen Zusammenhang ganz verstehen[4]; aber es darf nicht vergessen werden
daß auch norddeutsche Traditionen in seiner Familie nachwirken. Die Herkunft aus ei
nem Grafengeschlechte Rügens war dem Dichter bewußt. Die norddeutschen Vorbilde
Klopstock und Voss sind kein Zufall. Mit Rückert ist er durch seine orientalischen Studi-
en, überhaupt als poëta doctus verbunden; doch hat er an der Redseligkeit und Genüßlichkeit des Franken keinen Anteil*. *Seine Schroffheit und sein Lakonismus erinnern ehe*

---

* Eher hat Rückerts antiphilosophischer Affekt prägend auf Platen gewirkt. Über einen Aufsatz
des romantisch um Tiefsinn bemühten Wilhelm v. Schütz (über Müllner) schreibt Rückert z. B. am
12. 2. [1821] an Platen (Briefe, hg. v. Rüdiger *Rückert*, Schweinfurt 1977, S. 164): »Mich schaudert
vor dieser mir ganz fremdartigen Ertiefung der Geheimnisse der Poesie durch die Reflexion.« Er
hofft, daß das Gedachte »unbewußt lebendig in einem deutschen Dichter auftritt« wie einst bei Goethe. Die Philosophen geben dem Dichter nur gattungs- und stiltheoretische Anstöße. Von Johann
Jakob Wagner stammt Platens Objektivitätsbegriff (s. u.), von Schelling der Entschluß zum Lustspiel
(s. u.).

n die Droste und Grabbe. Wichtig ist auch die Tatsache, daß er sich ganz als protestanti-
cher Bayer fühlt und benimmt. Wie wenig er mit der Novalis-, Tieck- und Brentano-
.omantik zu tun hat, verrät vor allem die Knittelvers-Posse *Der Sieg der Gläubigen,* die
r 1817, anläßlich des bayerischen Konkordats mit der Kurie, abfaßte. In der Zeit, da sich
ie Restauration zu verfestigen beginnt, richtet er sich nicht nur »gegen die geoffenbarte
Religion«, sondern auch speziell gegen die »Torheiten des Katholizismus« [5]. Das be-
eutet etwa, daß die Mutter Gottes, die sonst bekanntlich auch die Ketzer betört, ganz
oltairianisch als eine gelangweilte fürstliche Dame mit geheimnisvollen Beziehungen
Heiliger Geist) dargestellt wird. Die Satire erregte auch bei guten Freunden Bedenken,
ie widersprach, wie so vieles bei Platen, dem guten Geschmack, sie blieb unveröffentlicht
nd daher offiziell ungerügt, obwohl der König Kenntnis von ihr hatte. Die zweite Fas-
ung (*Die neuen Propheten,* 1820), die Platen in den vermischten Schriften (1822) veröf-
entlichte, enthält die blasphemische Mutter Gottes nicht mehr und rückt den Freigeist,
er vorher die Idealfigur gewesen war, genauso wie die klerikalen Eiferer, in ein komi-
ches Licht. Dieser bezeichnende, für die frühen Restaurationsjahre durchaus typische
'organg belegt deutlich genug, daß Platen, der ökonomisch stets von seinem Heimat-
taat abhängig war, auch literarisch auf den bayerischen Hintergrund zu beziehen ist,
leichzeitig aber als Protestant mit norddeutscher Herkunft schweren Spannungen aus-
esetzt war.

Die denkwürdige Jugendfreundschaft mit dem Chemiker Justus Liebig, einem der er-
ten deutschen Pioniere der modernen exakten Naturwissenschaft, erinnert an die gelehr-
en Leidenschaften Platens; aber auf der andern Seite steht das aristokratische Bewußt-
ein des Grafen, das exklusive Ehren in neuer Form genießen will, *ein brennender Dich-*
erehrgeiz. So erhält sich das alte Ideal des poëta doctus. Es ist mit dem modernen »La-
or-Dichter« nicht identisch, erinnert aber an ihn durch das Interesse an der literarischen
pezialisierung. Auch aus der deutschen Klassik und aus der »neuen« Romantik kommt
or allem das zur Geltung, was sich diesem Bilde fügt. Voss und A. W. Schlegel, die wir
eute als Philologen oder wenigstens als Übersetzer sehen, die damals aber ein beträchtli-
hes *Ansehen als Dichter* genossen (vgl. Bd. II, S. 483 u. 710 ff.) erlangen bei Platen eine
nverhältnismäßig große Autorität, schon deshalb, weil sie sich als Lehrmeister der Me-
rik aufspielen. Die großen Dichter der Blütezeit, etwa Klopstock, Schiller, Goethe, wer-
len zwar im allgemeinen als Dichter anerkannt, aber gleichzeitig oft recht kühl an den äl-
eren Dichtern Europas gemessen und unter gattungstheoretischen Gesichtspunkten be-
rachtet (vgl. den Aufsatz »Das Theater als ein Nationalinstitut betrachtet«). Schiller ist
Iramatisch, Goethe ist lyrisch – über derartige Feststellungen geht Platen selten hinaus,
veil er mehr an die Norm als an das persönliche Schöpfertum glaubt*. Auch Platens Ta-

---

* Damit soll die Spannung zwischen Platens Orientierung an einer von alten Vorbildern abgelei-
eten Norm und seinem *starken Originalitäts-* und *Geniebewußtsein* nicht geleugnet werden. Ri-
hard *Dove,* Jesus College, Oxford, wird dieser Frage nachgehen. Ich entnehme einem Briefwechsel
nit ihm, daß er gute Belege für Platens Originalitätsbewußtsein vorlegen und die »Paradoxien«, die
ich aus der Spannung von Genie- und Objektivitätsbegriff ergeben, lebendig vergegenwärtigen
vird. – Vielleicht kann der Begriff des Meisters den von Platen gelebten Widerspruch nicht nur ver-
leutlichen, sondern auch auflösen. Es ist völlig klar, daß die Meister der Epoche, allen voran die

gebücher zeigen die enge Begrenzung seines Dichtungsbegriffs. Fortwährend ist vo
technischen Fragen die Rede. Sie stehen dicht neben Gefühlsäußerungen biographische
und literarischer Art. Aber Gefühl und Verstand, Leben und Dichtung, »Inhalt un
Form« in eins zu sehen und »organisch« in eins zu bilden, diese Leidenschaft der Goethe
zeit steht für Platen nicht mehr im Mittelpunkt. Wir denken, wenn wir von Platen spre
chen, wegen der klassizistischen Tradition, in der beide stehen, und wegen ihres »hohe
Tons« an Hölderlin. Aber dieser Name erscheint nie in seinen Tagebüchern, obwohl si
von einer so unerhört ausgedehnten Lektüre Zeugnis geben. Er hätte Hölderlin, der nich
vergessen war (vgl. Bd. II, S. 483), sowohl über Schwab wie über Waiblinger kennenle
nen können; aber er ist hinsichtlich der damals modernen deutschen Literatur merkwü
dig unorientiert. Dies ist die Kehrseite seiner Rückwärtsgewandtheit und wird uns noc
in einem anderen Zusammenhang beschäftigen (s. u. S. 452 ff.).

Das direkte Vorbild für die bereits erwähnte Knittelversposse Platens mögen Goethe
Farcen gewesen sein. Wichtiger als dieser zufällige Anknüpfungspunkt ist die allgemein
Neigung zur Polemik, zur Persiflage und damit zum niederen Stil, die sich beim *junge*
Platen erkennen läßt. Wäre Platen nichts als ein weltentrückter Oden-, Elegien- un
Hymnendichter im Stile Hölderlins gewesen, hätte es keinen Streit zwischen Platen un
Heine gegeben. *Der Streit beruht auf der neuen Gesellschaftsunmittelbarkeit, die di*
Nachkriegsgeneration kennzeichnet, und auf den Spannungen der Zeit, die jede Art vo
Harmonie fragwürdig erscheinen ließen. Mit Befremden hat schon Goethe Platens Ne
gung zum »Parodistischen« und zur Satire festgestellt (Gespräch mit Eckermann, 11. ?
1831). In dem Streit zwischen Platen und Heine nimmt der Altmeister keine Partei, be
dauert vielmehr die polemischen Neigungen beider (ebd. 14. 3. 1830). Die jungen Dich
ter, das ist der geschichtliche Sinn von Goethes Urteil, haben die Basis einer allgemei
menschlichen, »positiven« Dichtung verlassen. Es ist fraglich, ob Goethes Urteil ande
geworden wäre, wenn er die späteren Epigramme Platens und die Oden, die oft panegyr
schen oder zeitkritischen Charakter haben, gelesen hätte. Die von Platen erstrebte techn
sche Vollendung – wenn es überhaupt eine war (s. u.) – hätte ihm, wie die früheren Äuß
rungen beweisen, nicht genügt. Wenn Goethe meint, es fehle dem jungen Dichter die Lie
be, so darf man dies nicht allein als charakterologische Kritik verstehen [6]. Er meint di
Negativität überhaupt, die Unfähigkeit zur Anerkennung von Werten, den Zweifel a
Menschen, der die junge Generation zu einem beträchtlichen Teile quält. Die Skeps
Voltaires und der Werthergeist, die Goethe überwunden glaubte, sind wieder aufge
taucht. Merkwürdigerweise auch die Didaktik. Platens Posse *Der Sieg der Gläubigen* wa
der Ersatz für ein *Lehrgedicht über die natürliche Religion,* das er sich nicht zu schreibe

---

Österreicher (Grillparzer, Stifter, Nestroy) ebenso original wie traditionsbewußt arbeiten. Auch be
ihnen gibt es die Spannung zwischen ihrer objektiven Aufgabe und dem persönlichen Geniean
spruch, sobald sie der Gesellschaft, die sie umfängt, den Rücken kehren (Grillparzer Abschied vor
Theater, vgl. o. S. 102 f.). Grundsätzlich haben sie aber die Möglichkeit, als Meister die Spannun
zwischen dem persönlichen Wollen und ihren gesellschaftlichen Aufgaben auszugleichen. Grillpa
zers Werke bis Schreyvogels Tod (1832), Stifters Erzählungen bis 1848 und Nestroys Doppelle
stung als Schauspieler und Dichter, fast bis zum Ende seines Lebens, bieten dafür denkwürdige un
lehrreiche Beispiele. Dagegen ist eine ausgeglichene Meisterschaft in der Einsamkeit, die Plate
wählte, kaum denkbar.

aute[7]. Noch den Herausgebern Platens, die reine Historiker waren und seine Bezie-
ungen zum 18. Jahrhundert genau kannten, war es »fast befremdlich«, daß Platen wäh-
nd seines ganzen Lebens einer großen Neigung zum Lehrgedicht Ausdruck gab[8]. Im
agebuch des Dreiunddreißigjährigen kann man z. B. lesen: »Für spätere Jahre habe ich
en Plan zu einem didaktischen Gedichte entworfen, wovon der erste Teil Gesundheits-
geln enthalten, der zweite von Speisen und Getränken, der dritte von den Leibesübun-
en handeln soll« (1. 4. 29).

Für Platens asketische Neigungen, seine Ehelosigkeit, seine Wanderexistenz, seine Fä-
gkeit, mit einem sehr bescheidenen Aufwande auszukommen, macht man seine ho-
oerotische Anlage verantwortlich. Für seinen unerhörten künstlerischen Fleiß kennt
an nur Vorbilder wie Klopstock, Schiller, Goethe. Könnte aber ein Dichter dieser Tra-
tionsreihe sich als Zwanzigjähriger damit trösten, daß in seinem dreißigsten Jahr »die
ange Uebung und Bildung seinen Mangel an Talent einigermaßen ersetzt haben kann«
Tagebuch 9. 4. 1816)? Ein Dichter, der wie Platen den Oberon bewundert, braucht
eine spätere Anregung, um sich für Tasso und Ariost zu begeistern. Auch das Prosamär-
en hat nicht erst die Romantik erfunden, und Rudolf Unger, der Platens *Rosensohn* auf
omantische Einflüsse zurückführen wollte, mußte sich schon von dem Platenbiographen
udolf Schlösser sagen lassen, daß bei diesem Feenmärchen *das Vorbild Perraults und
Wielands viel näher liegt*[9]. Die dualistische Unterscheidung von Phantasie und Wirk-
chkeit, Form und Stoff, die ständige Bemühung um Euphonie, die Überlegungen, ob die
eutschen und ihre Sprache den höchsten Anforderungen der Poesie überhaupt genügen
önnen, der fast unbegrenzte Glaube an die Perfektibilität des eigenen Bemühens, das
norganische Ringen um die vollkommene Gattungsgemäßheit und um das vollkom-
ene Metrum, der ungehemmte Einsatz des Verstandes und des Willens – diese ganze
andwerkliche Haltung erinnert in ihrer »Äußerlichkeit« und Naivität an die Dichter der
pitz-Schule. Auch Platens »anachronistisches« Streben nach der irdischen Unsterblich-
eit, das Thomas Mann aufgefallen ist, paßt sehr gut zu diesem althumanistischen Ansatz
ines Dichtertums[10].

Man würde allerdings die Geschichte, den Kreislauf der Geschichte und ihre Renais-
ancefähigkeit, schlecht verstehen, wenn man nicht wüßte, daß eben dieser Konservatismus, dieser Abstand vom organischen Dichtungsbegriff der Goethezeit, Platen für
oderne Dichter interessant gemacht hat. Der Rückgriff gab dem nachromantischen
ichter die erwartete Sicherheit nicht. Die handwerkliche Naivität, die zunächst tradi-
onsgemäß in endlosen Übungen, in anspruchsloser Vielschreiberei ihren Niederschlag
ndet, gerät in eine Krise, da der Qualitätsbegriff des Spätlings so übersteigert wird, daß
m nichts genügt. Das Ideal einer absoluten technischen Perfektion taucht auf, und es
ndet, im Gegensatz zum 17. und 18. Jahrhundert, an dem literarischen Bedürfnis einer
ie immer esoterischen Gesellschaft keine Grenze mehr. Er lebt nicht am Hofe in Mün-
en, wie später sein harmloser Verehrer Geibel, sondern er wandert nach seinen Lehr-
hren ruhelos in Italien hin und her. Das Lebensopfer, das der Artist von sich verlangt,
ann von Platen nur mit Bitterkeit, mit Vorwürfen gegen die Zeit und gegen das eigene
olk gebracht werden, denn die Hoffnung auf Nachruhm ist ihm, wenn man genauer
inhört, doch kein Ersatz für die unmittelbare Liebe und Gemeinschaft der Mitleben-

den[11]. Platen studiert die vernünftige Einsamkeit in dem Buch des Wielandfreunde Johann Georg Zimmermann; aber seine eigene Einsamkeit ist nicht mehr vernünftig sondern gefährlich und geradezu tödlich. Nicht nur, daß ihn die Freunde verlassen, s« bald sie seine rätselhafte Liebe ganz erkennen. In dem Jahr, da er Italien zu seiner Wah heimat macht, sieht er in dem verlorenen Freunde German schon das »personifizier« deutsche Publikum« (Tagebuch 19. 7. 1826).

Wie ist diese Äußerung zu verstehen? Es ist nicht richtig, die Einsamkeit Platens in e ster Linie auf seine homoerotische Anlage zurückzuführen. Die Ehelosigkeit der Dicht« kann umgekehrt zu einer besonders großen Publikumsnähe führen. Das zeigt das Beispi Lenaus und des jungen Grillparzer. Unter dem Einfluß Schellings wollte auch Platen z» nächst ein volkstümlicher Dichter werden, – wie Shakespeare, Camões oder Lope c Vega! Er tadelte Goethes Exklusivität ausdrücklich. Er warb lange Jahre um das deutsch Publikum und um die Theater, deren Bedeutung in dieser Zeit er erkannte*. *Aber das P« blikum und die Theaterdirektoren wiesen ihn zurück.* Dies ist der wichtigste Grund fi seine Entfremdung von Deutschland, für die Tatsache, daß seine Italienexistenz imm« mehr den Charakter einer Auswanderung annahm und daß er den seiner Generation e gentümlichen Weltschmerz niemals vollständig zu überwinden vermochte. Trotz sein« liberalen Gesinnung, die ihn dem Jungen Deutschland ein wenig annähert, und trotz se ner wenig bekannten, aber nicht zu leugnenden Versuche zu einer idyllischen Exister blieb er der Weltschmerzler, der er schon in den frühen Gedichten gewesen war. Wä rend aber andere immer noch in der elegischen Klage, in der Aussprache des persönliche Leidens Befriedigung und Widerhall beim Publikum finden, bleibt er auf dieser Stu nicht stehen. Im Gegenteil, er, der sich an den älteren Meistern orientiert, verachtet d »Subjektivität« mehr und mehr, verwirft immer entschiedener alles, was weich und n« seelenhaft ist. Selbst Heine hat ihn im Gespräch mit halber Bewunderung eine »graniter Gestalt« genannt[12]. Was aber, so werden wir fragen, steckt hinter dieser Objektivitä dieser vielberufenen Marmorkälte, wie ist sie strukturell begründet?

---

* Sein Lehrer Rückert, der gleichzeitig gelehrter Pionier und, als Übersetzer, Popularisator d« orientalischen Dichtung ist, stellt ihm die Doppelaufgabe, ebenso theatralisch wie poetisch zu dicl ten: »Also Ihre Aufgabe... muß die seyn: Stücke zu schreiben, die trotz der Poesie, die darin stecke mag, auch Effektstücke sind, die kein Theaterdirektor zurückweisen wird« (an Platen 24. 5. [1824 Briefe S. 346). Anläßlich eines kleinen lokalen Erfolgs (Aufführung von *Treue um Treue* in Erlar gen) will Rückert seinen Schüler gleich zu einer Art Müllner oder Raupach machen: »Sie müssen n« wenigstens alle 6 Monate ein neues Stück herausfördern« (an Platen 20. 5. [1825], Briefe S. 383 f. Rückert versuchte auch, durch die Aufforderung zur Mitarbeit in Taschenbüchern, Musenalman« chen usw. Platen in seinen biedermeierlichen Kreis zu ziehen und die früh sich geltend machen« Neigung des Grafen zu einer auch literarischen Exklusivität zu *korrigieren.* Die damit zusammer hängende Italien-Manie des Aristokraten kritisierte er deutlich: »Mein Rath wäre, sich dem lieb« Vaterlande nicht so mit aller Gewalt zu entfremden« (an Platen 5. 1. 1833, Briefe S. 520).

Abgrenzung vom l'art pour l'art-Dichter

Wir haben bereits gesehen, daß Platen an der empiristischen Neigung seiner Zeit einen
cht geringen Anteil hat. Es wäre eine ganz falsche Vorstellung, wenn man ihn für einen
usionisten im Stile des Idealismus oder des l'art pour l'art oder des Nietzscheanismus
alten wollte. Eben daraus, daß Platen weder bewußt noch unbewußt ein christlicher,
antheistischer oder sonst ein »mythischer« Dichter ist, ergibt sich sein eigentliches Pro-
em, das Auseinanderklaffen von Ich und Wirklichkeit, von Kunst und Leben, von Geist
ad Stoff. Es liegt ihm wie den älteren Meistern und fast allen seinen Zeitgenossen fern,
ese Problematik auf Kosten der Wirklichkeit zu lösen. Noch in seinen letzten Jahren
:kennt er sich ausdrücklich zu dem traditionellen Begriff der Wahrheit, auch in der
unst: »Das eigentliche Verdienst des Dichters beruht auf der Wahrheit seiner Darstel-
ng, und die wirkliche Erfindung beschränkt sich auf die Kenntnis der Natur und der
enschlichen Seele. Ohne diesen Grund und Boden der Wirklichkeit würden selbst Ho-
er und Ariost als geringe Poeten erscheinen müssen; denn der würdige Mensch kann
chts Würdiges unternehmen, dessen Hintergrund nicht die Wahrheit wäre« [13]. Diese
ußerung stammt aus dem Vorwort seines historischen Werks *Geschichten des König-*
ichs Neapel von 1414 bis 1443 (Frankfurt a.M. 1833). Man pflegt, um dies Ge-
hichtswerk verständlich zu machen, anzuführen, daß Platen in Italien den Umgang
:opold von Rankes genoß. Die Geschichtsschreibung war aber in der humanistischen
radition von jeher hochgeschätzt. Platen plante einen modernen Plutarch, er kannte
ewiß die hohe Stufe, die Klopstock dem Geschichtsschreiber in der Gelehrtenrepublik
igewiesen und Schiller, nach der Meinung vieler Zeitgenossen, erreicht hatte. Eine ab-
lute Trennung von Schönheit und Wahrheit darf es nicht geben; ja Platen möchte wie
anke sein Ich auslöschen, um der Wahrheit zu genügen*.

Wir kennen die Abneigung gegen alle Formen des Egoismus aus dem allgemeinen Bild
:r Zeit (vgl. Bd. I, S. 68 ff.). Sie muß auch bei Platen betont werden. Sie führt, wie bei an-
:ren Zeitgenossen, hie und da zu einer Verabsolutierung der Gemeinschaft, des Volkes
w. So kann man z.B. in Platens Schaupiel *Die Liga von Cambrai* lesen, das einzelne Da-
in sei nur Traum, das Volk dagegen heilig: »Königin: ... Venedig nur/ sei mein Gebet!
oge: Es gibt kein größeres« (III). Es ist kein Zufall, daß gerade Venedig, die Stadt, der
aten am meisten zu verdanken glaubte, heilig gesprochen wird (s.u.). Gleichwohl ist
ese Möglichkeit zu radikaler Selbstlosigkeit ganz allgemein zu beachten, wenn man das
'esen von Platens weltanschaulichem Lösungsversuch verstehen will: »Die Welt be-
ügt« uns, »Jeder sucht ein All zu sein und Jeder ist im Grunde nichts« (*Neue Ghaselen,*

---

* Das ist die positive Seite der wissenschaftlichen Bildung, die er mit so großer Intensität in sich
fgenommen hatte. In einem Brief Rückerts las er z.B.: Ich muß »Sie ernstl[ich] ermahnen, nicht in
eß schrankenlose Feld der Willkürlichkeit zu rennen, da wir an Hammer sehn, was dabei heraus-
ommt. Wo wir etwas den Worten nach nicht verstehn, wollen wirs lieber einstweilen liegen lassen.
ammer ist mir ganz verhaßt geworden durch seine sündliche Sudeley, u[nd] Hudeley der Gramma-
u[nd] des Wortgebrauchs« (Rückert an Platen 1. 4. 1825, Rückerts Briefe S. 371). Der Getadelte
der höchst angesehene Wiener Gelehrte Joseph von Hammer-Purgstall, der dem Dichter des
estöstlichen Divan durch seine Hafis-Übersetzung die Anregung zum Orientalisieren gab und spä-
r der erste Präsident der Österreichischen Akademie der Wissenschaften wurde.

1823, XLVI). So kommt es darauf an, den überpersönlichen Punkt, den Wert zu finden der unverrückbar im All steht und der den Menschen von der Qual seines persönlichen Lebens erlöst. Dieser Wert ist bei Platen, wie zur Genüge bekannt ist, im allgemeinen nicht der Staat, sondern die Kunst, die Schönheit. Schon der Zweiundzwanzigjährige schreibt in sein Tagebuch: »Noch ein Heilmittel ersann ich heute, das einzige, das für mich da ist, wenn es auch im Widerspruch mit wissenschaftlichen Studien steht. Ich meine, ein poetisches Werk anzufangen, das alle meine Geisteskräfte fesselt und an sich zieht. Was wäre ich ohne die goldene Kunst?« Damals, in seiner »romantischen« Periode (s. o.) kann Platen den Stoff noch aus der Bibel wählen, denn »nur Religion kann mich retten. Dies Werk wird meinen Schmerz in Thränen auflösen« (Tagebuch 11. 12. 1818). Aber *diese Möglichkeit einer empfindsamen Ausweich-Religion besteht für Platen, im Unterschied zu Klopstock, auf die Dauer nicht mehr.* Die menschliche Seele und die von ihr verklärte Natur sind kühl und uninteressant geworden. Sie zeigen, genau besehen, nicht Gott, sondern nichts, das ihnen Sinn verliehe. Und so wird die Schönheit zum einzigen Sinn der Welt:

> Um Gottes eigne Glorie zu schweben
> Vermag die Kunst allein und darf es wagen,
> Und wessen Herz Vollendetem geschlagen,
> Dem hat der Himmel weiter nichts zu geben!
>
> Wer wollte nicht den Glauben aller Zeiten,
> Durch alle Länder, alle Kirchensprengel
> Des Schönen Evangelium verbreiten. (*Sonette Venedig*, 1825, XXVII)

Die Kunst, meint er jetzt, ist sich selbst genug. Der Religion hat sie nie gedient, auch Rafael tat es nicht. Äußerungen Platens, die in dieser Richtung gehen, sind so oft zitiert worden, daß es keiner weiteren Belege bedarf*.

Nach zahllosen ästhetizistischen Experimenten, auch außerhalb der Kunst, wissen wir heute, daß diese inhaltslose Schönheit nur im Widerspruch zum Leben, nur eine Schönheit im Tode sein kann:

---

* Zu meinem Erstaunen wirkt sich die Faszination, die die Nachkriegsgeneration 1815 ff. auf die Nachkriegsgeneration 1945 ff. ausübt, sogar auf dem Gebiet der Platenforschung aus. Jürgen Link (Artistische Form und ästhetischer Sinn in Platens Lyrik, München 1971) feiert Platen fast ohne Einschränkung und zwar den alten ästhetizistischen Platen, der auf den metaphysischen Nihilismus mit dem Glauben an das Schöne antwortet. Die von Link nachgewiesene Nähe zu Schopenhauer leuchtet ein. Link akzeptiert alle historischen Prämissen des Dichters, auch auf dem sehr umstrittenen Gebiet von Platens Metrik. Darüber s. u. S. 452 ff. Hier nur ein Wort zu Platens Schönheitskult. Sicherlich verbirgt sich die moderne Religiosität oft in der Dichtung. Ich denke etwa an Goethes »Weltfrömmigkeit«. Doch ist diese moderne Metaphysik nicht identisch mit dem Kult des Schönen; sie *bedient* sich nicht nur der literarischen Einkleidung. Weltfrömmigkeit kann sich auch anders auswirken, z. B. in der wissenschaftlichen, sozialen oder politischen Tätigkeit. *Die letzte Wirklichkeit steht über den verschiedenen Kulturgebieten.* Sobald man eines absolut setzt, ergeben sich falsche, womöglich verhängnisvolle Strukturen. Goethe sagt bekanntlich, sicher auch im Blick auf Platen: »Wie schwer ist es…, dem Talent jeder Art und jeden Grades begreiflich zu machen, daß die Muse das Leben zwar gern begleitet, aber keineswegs zu leiten versteht« (Für junge Dichter! Wohlgemeinte Erwiderung…).

Wer die Schönheit angeschaut mit Augen,
Ist dem Tode schon anheimgegeben.

ein Wort Platens ist heute so bekannt und so oft in Lyrikanthologien vertreten wie diese
erse aus *Tristan*. Sie sind, wie Benno von Wiese mit Recht gesagt hat, durchaus ungoe-
isch[14]; aber eben diese Eigenschaft hat um 1900 zu ihrem Ruhme beigetragen und
as Bild Platens in einer Weise geprägt, die doch nicht ganz richtig ist. Zwar bestätigt uns
aten in manchen Briefen, daß ihn nur noch seine poetische Existenz interessiert, daß
m Leben und Tod gleichgültig sind (so an Schelling 13. 12. 1828). Er hat wie so viele
ichter der Zeit unter der Neigung zum Selbstmord gelitten. Er ist fast immer ein »zerris-
ner«, unglücklicher Künstler gewesen. Er ist früh gestorben wie seine weltschmerzli-
en Generationsgenossen Lenau, Grabbe, Büchner. Trotzdem sind die beliebten Ver-
eiche mit Kleist und Hölderlin schief. Platens poetische Existenz ist nicht eigentlich tra-
sch. Statt der Tragödie, die er ersehnte, aber nicht meisterte, kultivierte er in seiner
ätzeit mehr und mehr andere Gattungen. Die übliche Resignation des Künstlers, des-
n Jugendträume sich auf ein begrenztes Glück reduzieren, ist zu erkennen. Er versucht,
ch zu retten. Was für andere Biedermeierdichter das Haus oder die Heimat ist, das war
r Platen der Süden. Italien, und mit ihm seine humanistische Kunstübung, gaben ihm
en Abstand von der konkreten geschichtlichen Welt, der dem Restaurationsmenschen
n so großes Bedürfnis war. Warum hat man Heines Emigration nach Paris und alle
uswanderungen nach Amerika von jeher ernster genommen als Platens italienische Exi-
enz? Zugrunde lag wohl die Vorstellung, man wandere nur in ein fortschrittliches Land
us. Platen wanderte in ein von Fremden beherrschtes, aber helleres und an Kunst reiche-
s Land aus, in das Land mit der größten oder jedenfalls längsten großen Vergangenheit
Europa. Wir wissen heute, wie stark die Seele auch durch das Licht gesteuert wird. Der
orden steigert die Melancholie dieses Dichters. Die italienische Sonne heitert ihn
enso auf wie die Gegenstände der Kunst in ihrem unerschöpflichen Reichtum. Man
arf auch nicht vergessen, daß der Graf Platen nicht so verlassen war wie ein beliebiger
ourist. In seinen Briefen wimmelt es von italienischen Grafen und Marchese, mit denen
umging. Noch funktionierte die europäische Adelsgesellschaft ausgezeichnet. Es ist
azunehmen, daß ihm dieser Umgang, auch abgesehen von der Gastfreundschaft, die er
t reichlich genoß, begehrenswert erschien, weil ihm auf diese Weise das Wahlvaterland
mer vertrauter wurde*. *Auch sozialgeschichtlich ist er also mit dem alten vorrevolu-*
onären Europa ganz selbstverständlich verbunden, was im Biedermeier das Interesse

---

* Am besten erschloß bisher wohl Emmy *Rosenfeld* (Unveröffentlichte Briefe an und von August
n Platen, in: Studi Germanici, N. S. 4, 1966, S. 357–388; 5, 1967, S. 59–72) diesen Lebenskreis.
hon Günter *Häntzschel* hat in seinem sehr ausgewogenen Forschungsbericht (August von Platen,
 Zur Literatur der Restaurationsepoche, 1815–1848, Forschungsreferate und Aufsätze, hg. v.
st *Hermand* und Manfred *Windfuhr,* Stuttgart 1970, S. 108–150) auf diese sonst zu wenig beach-
e Publikation hingewiesen und festgestellt, daß in ähnlicher Weise die Wirkungsgeschichte Pla-
as weiter erforscht werden müßte. Neben dem Thema Platen das gleichzeitige Italien wäre vor
em die Rezeption durch die klassischen Philologen ein interessanter Gegenstand. Zur allgemeinen
age Gymnasium und deutsche Literatur im 19. Jahrhundert vgl. demnächst die Habilitations-
hrift von Georg *Jäger*.

am Volksleben eher begünstigte als verhinderte. Man hat schon öfters die Volksszenen seinen italienischen Dichtungen bewundert. Es ist zwar ein Kurzschluß, wenn man ih deshalb zum Demokraten macht; aber auch in dieser literarischen Hinwendung zur Volk liegt die neu erstrebte Positivität, in überraschender Analogie zu Mörike, Annett Immermann usw.

Entwicklung zu begrenzter Positivität

Zu dem überbetonten Todesschönheitsgedicht *Tristan* muß noch – scheinbar äuße lich, aber ganz im Denksystem Platens – ergänzend bemerkt werden, daß es kein B kenntnisgedicht im gewöhnlichen Sinne des Worts, sondern ein Monolog aus einer n geschriebenen Tragödie »Tristan und Isolde« ist. Der junge Platen hat sehr persönlic und sogar leidenschaftliche Gedichte geschrieben, um sich in diesem oder jenem Versm zu üben. In *Tristan* übt er sich für die Gattung der Tragödie. Damit soll nicht behaup werden, daß das Gedicht »unecht« ist: es trifft eine bestimmte Möglichkeit seines Erl bens. Aber es ist nicht die einzige oder auch nur die herrschende. *Mit den anderen Ga tungen verwirklichen sich, wie gerade die späte Zeit zeigt, andere psychologische Mö lichkeiten,* die hymnische, die komische, die satirische, die gedankliche, die historisch und nicht zuletzt die idyllische. Zu beachten ist auch, daß *Tristan* vor seiner italienisch Zeit geschrieben wurde, 1825, 10 Jahre vor seinem Tode. Die klassizistische Wende – d wissen wir bereits – ist kein Heilmittel gegen den Weltschmerz; aber sie gestattete kau mehr die unmittelbare, larmoyante Hingabe an die Todessehnsucht und das Selbstm leid des Künstlers. In seinen späten Briefen finden sich weniger Zeugnisse für eine herc sche oder auch nur priesterliche Haltung als für eine resignierte und gebrochene. ? schreibt er an Schelling von der Insel Palmaria die folgende gut begründete Feststellun »Sie glauben nicht, wie bescheiden und kleinlaut ich mit meinen Forderungen an das L ben geworden bin. Ein Bischen Ruhe und Verborgenheit ist alles, was ich wünsche, und scheint nicht, daß ich so eitel bin, als die Leute glauben, weil ich an andern Orten leic mehr Beifall finden könnte, als auf einer Insel im Mittelländischen Meer« (4. 7. 182 Wie in dem Gedicht *Selbstlob* spielt er auf den Vorwurf an, er sei selbst sein best Lobredner. Es ist richtig, daß er sich in einer unangenehmen Mischung von Naivität u Einbildung über alle jüngeren Dichter erhoben hatte. Heines Angriffe treffen in diese Punkt ins Schwarze. Aber in der Spätzeit versucht er, zurückzustecken. Vielleicht wär bei längerem Leben, aus dem Olympier wieder ein Graf geworden, Seite an Seite mit de Grafen Schack in München.

Was seine Zeitgenossen angezogen hat, war nicht seine steile Haltung oder sein Kun priestertum. In der Biedermeierzeit ist es völlig undenkbar, daß ein Dichter auf dies Grundlage (wie später George) einen Kreis um sich versammelt oder gar einen neu Gott verkündet. Er hätte sich von vornherein nur lächerlich gemacht. Auch die in ein ursprünglicheren Sinne religiöse Inbrunst Hölderlins liegt Platen fern. *Niemals übe schreitet er mit Entschiedenheit die Grenze, die der humanistischen Artistik in dies Hinsicht von alters her gesetzt war.* Was die Zeitgenossen anzog, das war auf der ein eite eben das Humanistische und Akademische, wie denn Heine richtig feststellt, er sei in der philologischen Welt ungemein hoch angeschrieben«[15]. Auf der andern Seite irkte der abgedämpfte elegische Ton, die deskriptive und atmosphärische Vergegenärtigung Italiens, ja die Hingabe an die einzelnen »plastischen« Bilder und an die schöen Augenblicke des südlichen Lebens. Man würde Platens Ästhetizismus mißverstehen, enn man die künstlerische Vermittlung solcher »Wahrheit« geringschätzen und seine chönheit nur in der Dichtung selbst, im Klang und Rhythmus der Verse erkennen wollte. war ist die schöne Welt, die empfindsame Weltenharmonie dahin, das Leben ist bei Plaen wieder Schatten und Traum, aber noch gibt es auch in der Welt *Schönheiten, die man on Augenblick zu Augenblick genießen kann* und die uns vergessen lassen, daß die chönheit selbst mit dem Leben eigentlich nichts zu tun hat. Es ist nur ein Rest von Leben, er dem Künstler auf diese Weise zuteil wird. Aber an diesem Rest hängt Platen mit der eidenschaftlichkeit des Einsamen, mit der letzten Liebe des Niegeliebten, und eben arum ist ihm Italien so unentbehrlich wie die göttliche Kunst selber. Ein gutes Stück aivität steckt noch in diesem Italienkult, wie übrigens auch in dem Glauben an die alten ersmaße und Gattungen. Man mußte nach dem, was Schiller und die Romantiker erannt hatten, sehr unphilosophisch sein, um noch auf diesem Grunde stehen zu können. ber aus solcher Naivität, in welcher Richtung sie sich auch immer auswirken mag, leben st alle Dichter der Zeit*.

Bei den Dichtern der althumanistischen Tradition führt der Weg zur Dichtung über die attung. Die Tatsache, daß für Platen die Gattung fundamentale Bedeutung hat, ist als lche längst bekannt. Kaum ein Platenforscher hat sie übersehen. Die Herausgeber der ritischen Edition, die sonst chronologisch orientiert sind, beugten sich dem für Platen aßgebenden Gesetz, so daß seine Versuche in den verschiedenen Gattungen leicht zu berblicken sind**. Nach dem, was an anderen Stellen dieses Werkes über den mühselien Aufstieg der Prosa (Bd. II, S. 16 ff.) und auch der Lyrik (Bd. II, S. 468 ff.) gesagt wure, ist es selbstverständlich, daß für einen hochstrebenden Dichter wie Platen in erster Liie Versdichtung in Betracht kam, daß ferner die Gattungen des Epos und des Dramas im ordergrund stehen mußten.

---

* Auch Thomas Mann, der Platens »Donquichoterie« im Leben (Homoerotik enthusiastischer rt) und in der Dichtung (die Spondeen-Wut s. u.) stark betont, spricht ihn vom Vorwurf einer geachten oder gar tückischen Naivität frei. Was der gescheite Heine sich nicht vorstellen konnte, war ie *begrenzte Erkenntnis* des Mannes, der die Schranken seiner traditionellen Bildung und seines deligen Standes nicht zu überschreiten vermochte: »Ich sprach von Platens Unkenntnis oder Halbenntnis seiner selbst. Unaufrichtig jedoch war er nicht, sondern offen in seinem Werk nach dem Iaß seiner Erkenntnis[!], und alles, was Heine in jenem Pamphlet von Heuchelei und Versteckeniel andeutet, geht fehl« (Thomas *Mann,* Adel des Geistes, Sechzehn Versuche zum Problem der umanität, Frankfurt/M. 1955, S. 444).

** Heinrich *Henel* weicht in dem von ihm herausgegebenen Reclambändchen (August von Plaen, Gedichte, Stuttgart 1968) von dem Gattungsschema ab, insofern als er auf die Auswahl der Lieder« und »Ghaselen« die Abteilungen »Klage«, »Italien«, »Geschichte und Sage«, »Zeitgedich-«, »Dichterberuf« und »Rätsel« folgen läßt. Die beiden Zeit und Raum betreffenden Abteilungen nd recht groß und belegen Platens empiristische Interessen. Doch gestattet diese Anordnung auch, ie gattungsbedingte Abwandlung der gleichen Themen interpretierend zu beobachten.

August Graf von Platen

Der Gebrauchsliterat Platen

Um Platens Zeitgemäßheit – ich meine die Verwurzelung in seiner eigenen Zeit –, sei
nen Abstand vom l'art pour l'art erkennen zu lassen, beginnen wir gleichwohl mit einer
Abschnitt über sein Verhältnis zur Gebrauchsliteratur. Es gibt gelegentlich freundliche
Äußerungen über publizistische Arbeiten Lessings, Diderots oder Garves, und es gib
auch vereinzelte kritische Aufsätze Platens, wie wir bereits gesehen haben; aber er ver
achtet die Rezensenten grundsätzlich zu sehr, als daß er unter sie treten wollte. Seine Vor
stellung vom Verfall der deutschen Dichtung ist nicht zuletzt in seinem *Affekt gegen da*
Rezensionswesen begründet. Während andere der Publizistik fernestehende Lyriker de
Epoche, z. B. Mörike, Lenau, die Droste, es verstehen, sich erträgliche Rezensionen be
Freunden oder auf dem Umweg über die Freunde zu bestellen, ist Platen *ganz unangepaß*
an die beginnende Herrschaft der Publizistik. Sein Mangel an Kontakten hat zur Folge
daß er, auch in dieser Hinsicht, Deutschland frühzeitig zu hassen und, im Widerspruch
zur Zeit, auf den klopstockianischen Weg der wenigen Edlen zurückzukehren beginnt
»Der Beifall einzelner Vortrefflicher ist der einzige Lohn, den der Dichter eines rezensie
renden Volkes erwarten darf, eines Volkes, bei dem es keine öffentliche Stimme, keine
Wetteifer der Künstler und kein Band zwischen Kunst und Staat gibt. So geschieht es frei
lich oft, daß die modernen Völker ihren Dichtern erst ins Grab eine unfruchtbare Aner
kennung nachschicken, und oft erst nach Jahrhunderten das bezahlen, was Ihre Griechen
als begeisternden Zweig auf das Haupt der Lebenden setzten« (an Friedrich Thiersch 22
2. 1825). Der Empfänger der Zeilen ist einer der bedeutenden Altphilologen, die dem
Dichter später zu dem begehrten Lorbeer verhalfen, aber ihn sicherlich auch in seiner
Trotz gegen die Moderne und das demokratischer werdende Deutschland bestärkten
  Leichter als die Anerkennung der Publizistik war für althumanistische Dichter der We
zur *Geschichtsschreibung.* Man darf annehmen, daß die rasch geschriebenen *Geschich*
ten des Königreichs Neapel von 1414 bis 1443 (1833) nur einen Anfang dessen darstell
ten, was Platen beabsichtigte; denn das Vorwort enthält klare programmatische Akzen
te. Der Dichter bekennt sich, im Widerspruch zur Universalgeschichte der Deutsche
(vgl. Bd. II, S. 827 f.), zur thematisch begrenzten und erzählenden Geschichtsschreibung
die dem »epischen Gedicht« nahesteht. Er rühmt die italienischen Chroniken und Ge
schichtsschreiber der Toskana und Venedigs, was auf seine weiteren historischen Plän
zielt, und behauptet zugleich, »daß es keinen Geschichtsschreiber, der von poetischer
Genie entblößt wäre, geben kann«. Die so poetisch noch *erhöhte* »historische Kunst
(vgl. Bd. II, S. 294 f.) wird der »Sündflut von Novellen und Romanen« entgegengestellt
mit der ernstgemeinten Behauptung, daß »kein Roman so romantisch ist als die Ge
schichte selbst« [16].
  Platen ist kein Mann der Fiktion. Sein Märchen *Rosensohn* ist unbedeutend und wurd
in einem andern Zusammenhang bereits besprochen (Bd. II, S. 975 f.). Da ihm die Wahr
heit so wichtig ist, muß man m. E. sein *Tagebuch* auch als literarisches Werk ernst neh
men, nicht nur als biographische oder literarhistorische Quelle. Ein großer Versuch
wurde in dieser Beziehung bereits gemacht [17]. Da Platen das deutsch-idealistische
Schwelgen in Spekulationen nicht schätzt, ist der Stil seines Tagebuchs außergewöhnlich

napp, sachlich, unpoetisch. Wo abstrakt theoretisiert wird, z. B. bei den Junghegelia-
ern (Hebbel), kann die Reflexion persönliche Peinlichkeiten verdecken. Bei Platen ist
dies nicht der Fall; er ist auch im Psychologischen Detailrealist, er kennzeichnet seine jeweiligen Stimmungen kurz, aber einprägsam. So erfahren wir z. B. sehr viel über die ma-
isch-depressive Natur des Dichters, über sein Schwanken zwischen Kleinmütigkeit und
ristokratischem Stolz, ja Größenwahn. Die *Briefe* sind selbstverständlich verbindlicher,
iplomatischer oder wenigstens halbwegs auf den Partner bezogen. Aber auch sie kenn-
eichnet – gemessen an andern Briefschreibern der Biedermeierzeit – eine außergewöhn-
che Knappheit; die damals üblichen leeren Stellen empfindsamer oder reflektierender
rt finden sich kaum.

Bedenkt man diesen menschlichen und stilistischen Grundcharakter Platens, so ver-
teht man, daß dem vermeintlichen l'art pour l'art-Künstler die *Epigramme* ebenso un-
ntbehrlich waren wie den älteren Humanisten. Von Opitz und Gryphius über Lessing
nd die Klassiker bis Hebbel und bis zum alten Grillparzer ist die Epigrammatik eine
elbstverständliche Begleiterscheinung der Dichtung; als Dichtung in Reimen oder Disti-
hen hebt sie sich für das Bewußtsein der Dichter klar von der Publizistik ab. In der Ju-
end versucht Platen meist, allgemeine Grundsätze knapp und gültig zu formulieren,
twa die

Dichterfreiheit

O wie ist doch des Lebens Drang den Gesängen zuwider,
Ach, und der Sorgen Geschlecht ist den Kamönen nicht hold!
Frei muß der Dichter sein, nicht darf ihn die Uhr zu Geschäften
Rufen, so wenig als du, Muse, erscheinst nach der Uhr.

Nicht poetisch und pathetisch fordert der Achtzehnjährige die Freiheit des Dichters; son-
ern nur auf die Pointe kommt es an, auf den Widerspruch zwischen der erhabenen Muse
nd der banalen Uhr, die den Pagen oder Leutnant beherrscht. Wenig später, lange vor
einen großen Enttäuschungen, führt ihn sein Lebensmißmut schon zu der Entdeckung,
aß man dem Land, das Müllner erfolgreich sein läßt, mit satirischen Epigrammen
ommen muß:

Utopia

Distichen! lustig! wir sind in einem vortrefflichen Lande,
Wo man das Aug' hinkehrt, epigrammatischer Stoff!

r warnt die Vaterlandssänger, die ohne Kunst patriotisch singen, und bewundert Rük-
ert, den in seinen *Geharnischten Sonetten* zugleich die Musen liebten. Er spottet über
Müllner, Kind, Voss, Pustkuchen, Zschokke *(Stunden der Andacht)*, Fouqué, Zacharias
Werner, Canova und – sehr bezeichnend für Platen – über die »Reflexionsepidemie«, die
aller Seuchen schwerste Seuche« ist. Es gibt aber auch Preisepigramme auf den *Spötter*
Voltaire (nicht auf den Dichter), auf Goethe und merkwürdigerweise auch auf Friedrich
on Heyden, der in dieser Epochendarstellung nur am Rande erscheint (vgl. Bd. II, S.
41).

Die reifen Epigramme Platens, die in der Zeit nach 1829 entstanden sind, setzen, wie

die frühen, manchen seltsamen Akzent. So soll z. B. Goethe vor allem in der Prosa »vol
endete Kunst« hervorgebracht haben (»Goethes Romane und Biographie«). In der M
trik findet Platen bei diesem ungelehrten Dichter allerlei zu tadeln, z. B.:

Hermann und Dorothea

Holpricht ist der Hexameter zwar; doch wird das Gedicht stets
Bleiben der Stolz Deutschlands, bleiben die Perle der Kunst.

Manche werden fragen, ob die Lesung »Bléiben der Stolz Déutschlánds« (s. u.) od
»Bléiben der Stólz Deutschlánds« nicht noch holprichter ist als Goethes Hexamete
Trotz derartiger metrischer und inhaltlicher Schwächen darf man behaupten, daß ma
aus Platens reifer Epigrammatik sein gesamtes literarisches, politisches und religiös
Weltbild ableiten könnte. In dem programmatischen Monodistichon *Die Epigramm*
sagt er, »die Treue der Wahrheit« verleihe »kleinen Gesängen Gehalt«. Entsprechen
kann man nicht so leicht zwischen lateinischen (martialschen) und griechischen Ep
grammen Platens unterscheiden. Es gibt absolut satirische Beispiele wie *Loyola* und un
gekehrt reine Preisepigramme wie *Lessings Nathan*. Oft aber führt die »Treue der Wah
heit« zu einem differenzierten Urteil wie in dem Epigramm

An Shakespeares Lobredner

Sprichst du von Shakespeares komischer Kraft, beifallend beklatsch' ich's:
Falstaff samt Shylock, welch ein bewundertes Paar!
Aber ein Tragiker, Freund, ist *der* nur, welcher die tiefste
Wunde zu schlagen und auch wieder zu heilen versteht.

Es ist die Versöhnung nach der Katastrophe, die er bei Shakespeare vermißt und bei de
frommen Sophokles findet (vgl. die Epigramme *Sophokles* und *David und Sophokles*). I
gibt Rollenepigramme, in denen die Titelfigur selbst spricht, woraus sich auch ein stärke
abgeklärtes Bild ergibt, z. B. *Corneille* und

Racine

Sinnreich trat in die Spuren ich ein des bewunderten Meisters;
Aber verweichlicht schon, ärmer an Kraft und Genie.
Doch weil allzugalant ich der Liebe Sophistik entfaltet,
Huldigen mir Frankreichs Kritiker allzugalant.
Zwar Melpomene segnete mich; doch wandte sich Klio
Weg, sie erkannte jedoch meinen Britannikus an.

Man muß recht genaue Vorstellungen vom Gegenstand haben, wenn man Platens gebi
dete Epigramme ganz verstehen will. Dies gilt auch für die zahlreichen Epigramme, d
italienischen Städten, Kirchen, Villen und Künstlern gewidmet sind. Wenn man etwa da
eigentlich gar nicht klassizistische Zusammensehen von Mittelalter und Antike in de
Epigramm *San Vitale in Ravenna* verstehen will, so muß man ein Bild von der früh
Romanik Italiens haben. Am beschwingtesten sind die Italien-Epigramme da, wo sie sic
mit dem geliebten Venedig beschäftigen. Hier werden sie lyrischer und nähern sich de
Sonetten aus Venedig.

Ehedem

Könnt' ich so schön, wie du warst, o Venedig, und wär's nur für einen
    Einzigen Tag, dich schau'n, eine vergängliche Nacht!
Wieder von Gondeln belebt, von unzähligen, diese Kanäle
    Schau'n und des Reichtums Pomp neben des Handels Erwerb!
Diese Paläste, verödet und leer und mit Brettern verschlossen,
    Deren Balkone sich einst füllten mit herrlichen Frau'n,
Wären sie wieder beseelt von Gitarren und fröhlichem Echo,
    Oder von Siegsbotschaft, oder von Liebe zumal!
Still, wie das Grab, nun spiegelt und schwermutsvoll in der Flut sich
    Gotischen Fenstergebälks schlanker und zierlicher Bau.

Bezeichnend ist für Platen das konkrete Bild am Schluß des Epigramms, das der Vergangenheitssehnsucht einen festen Halt in der Gegenwart gibt. Hier ist der Dichter so, wie man ihn sich vorzustellen pflegt. Platen kann aber auch ganz kurz und grob sein, so in den folgenden politischen Epigrammen gegen das Österreich-Ungarn Metternichs und das deutsch-russische Bündnis von 1813.

Diätetische Politik

Denken ist ruhmvoll, doch stört es zugleich die Verdauung;
    Deshalb triffst du so manch herrlichen Magen in Wien.

Sogenannte Freiheitskriege

Freiheitskriege fürwahr! Stand einst Miltiades etwa
    Mit Baschkiren im Bund, als er die Perser bezwang?

In der negativen Beurteilung der Freiheitskriege trifft sich Platen mit Heine (vgl. u. S. 587).

Man darf zusammenfassend sagen, daß es vor allem die Kritiklust, der Wahrheitseifer, der nüchterne Sinn für das Detail und die Abneigung gegen die Geschwätzigkeit, das Ideal der Kürze, waren, die Platen zu einem der bedeutendsten deutschen Epigrammatiker gemacht haben. Die gleichen Eigenschaften bewirkten jedoch, daß der erbitterte Kampf, den er um die großen Gattungen des Dramas und Epos führte, wenig erfolgreich war.

Energische Bemühung um das Lustspiel

»Meine ersten Arbeiten und alles, was ich als Kind schrieb, waren dramatisch«[18]. In der Jünglingszeit versucht sich der Dichter in ernsten Dramen. Eine Konradin-Tragödie in Jamben wird begonnen, eine Schicksalstragödie in Trochäen, *Die Tochter Kadmus,* unter dem Eindruck von Müllners *Schuld,* vollendet (1816); der Prosa-Einakter (*Marats Tod,* 1820) experimentiert im Stile des Sturm und Drangs. *Bezeichnender für Platens Ansatz ist es, daß er sich als junger Mann, in den zwanziger Jahren, fast ausschließlich dem Lustspiel und dem parodistischen Drama widmet.* Die Posse *Der Sieg der Gläubigen,* von der wir sprachen, war noch eine naive Reaktion auf die Außenwelt. *Dagegen versuchte Platen in der folgenden Zeit, unter dem Einflusse Schellings, das versäumte deutsche Lustspiel nachzuholen, und zwar in enger Verbindung mit der Bühne, als ein romantischer Kotzebue sozusagen.* Was bei Platens Bemühungen herauskommt, erinnert mehr an die Schäferspiele und Märchenkomödien des 18. Jahrhunderts als an das romantische Lustspiel. Der Dichter hat sehr im Unterschied zu Hebbel (vgl. o. S. 398) keinen Ehrgeiz, tiefsinnig zu sein, und arbeitet ganz nach der Forderung Rückerts erstaunlich rasch: *Der gläserne Pantoffel* (1823), *Berengar* (1824), *Der Schatz des Rhampsinit* (1824), *Der Turm mit den sieben Pforten* (1825), *Treue um Treue* (1825). In einem Brief an Ludwig Tieck (28. 12. 1823) bezeichnet er das Gesetz, unter dem diese frühen Lustspiele stehen, so: »ein leichtes, leichtaufführbares Stück, das einige Poesie mit einigem theatralischen Effekt vereinigt«. Etwas genauer ist die Äußerung an Umbreit (7. 5. 24): »nicht im antiken Sinne angelegt«, »Vermischung des sentimentalen und witzigen Elements der Poesie… vorzüglich Verbannung aller Rhetorik und Nüchternheit«. *Die romantische Stilmischung und Antirhetorik wird betont.* Aber der Ernst gestattet in der Praxis vor allem die Beimischung von Lyrik; und die Antirhetorik soll, genau besehen, das auch rhetorische Prinzip der Kürze fördern. In Handlung, Figurengestaltung und Sprache herrscht hier das Gesetz der klaren Konturen, das den Rokoko- und Biedermeierstil gleichermaßen kennzeichnet. Es bleibt nichts unbestimmt und auch im höheren Sinne kaum etwas »offen«. Die »musikalische« Stimmung darf sich nur in engen Grenzen entfalten. Die Intrigue ist übersichtlich, die Sprache eher lakonisch als weitschweifig. Geistreiches gibt es nur in der vorsichtigen Dosierung, die dem Salon angemessen ist. Sehr bezeichnend, daß alle diese Lustspiele den Umfang eines »abendfüllenden Stücks« kaum erreichen. *Berengar* und *Der Turm mit den sieben Pforten* sind sogar Einakter. Das mag zum Teil an der handwerklichen Sorgfalt liegen, mit der Platen schon zu arbeiten beginnt: Das Perfektionsprinzip macht Großformen zu einem äußerst zeitraubenden Unternehmen. Der tiefere Grund für die Kleinformen ist freilich auch hier der bewußte Abbau des Welthaften, des Physischen und zumal des Metaphysischen, die künstlerische *Beschränkung auf die Vordergründigkeit einer nur heiteren Spielfläche.* Es gibt innige Partien, die der Romantik manches verdanken und näher beim Biedermeier als beim Rokoko stehen, besonders in *Treue um Treue;* aber sie haben ihre genaue Stelle, wie etwa in Wielands *Oberon,* und stören in keiner Weise die konstruktive Ordnung des Ganzen. Die Ferne (Italien, Orient) gibt auch hier den Fluchtraum, der ein leichtes, womöglich märchenhaftes Dahingleiten der Bilder gewährleistet und ein Versinken in »Tiefe« oder gar Tragik verhindert. Die Lustspiele sind genau das, was ein Künstler mit wenig »Welt« leisten kann, nicht besser aber auch nicht schlechter. *Der Dichter kommt in ihnen zu einer vollkommenen Übereinstimmung mit sich selbst,* reiner vermutlich als in den aristophanischen Komödien und als in manchen Oden und Festgesängen. Goethe hat von seinem Standpunkt aus recht, wenn er sagt: »Sie sind durchaus geistreich und in gewisser Hinsicht vollendet, allein es fehlt ihnen ein spezifisches Gewicht, eine gewisse Schwere des Gehalts« (Gespräch mit Eckermann vom 30. 3. 1824). Nur ist diese Feststellung ein Urteil im *Geist der Goethezeit, der dem Lustspiel wenig zuträglich war* und in Deutschland – ich nenne nur die auffallendste Folge – das Verständnis für die österreichische Posse und Komödie lange Zeit stark beeinträchtigt hat.

Was den Lustspielen Platens vor allem fehlen dürfte, ist ihre gesellschaftliche Funktion. Es entspricht zwar dem Gattungsdenken dieses Dichters, daß er das Theater nicht verachtet, vielmehr die enge Zusammengehörigkeit von Drama und Aufführung immer erneut betont. Er schickt seine Stücke bei den deutschen Theaterdirektoren herum, und in Erlangen wird *Treue um Treue* aufgeführt; im ganzen aber hat er auch auf diesem Gebiete nicht den erhofften Erfolg. Am Beispiel des *Gläsernen Pantoffels,* den Platen trotz intensiver Bemühung nicht zur Aufführung brachte, soll noch ein etwas konkreteres Bild von Platens vorklassizistischem Lustspiel gegeben werden. Die Einteilung in fünf Akte ist irreführend, da der Umfang in der kritischen Ausgabe nur etwa 60 Seiten beträgt. Rechnet man die meist lyrischen Monologe und die direkt lyrischen Passagen (Ottaverime, Sonette, Terzinen) weg, so ergibt sich eine noch magerere Gestalt des Märchenspiels. Dabei ist allerdings zu beachten, daß die lyrischen Gedichte und lyrischen Monologe kein zusätzliches Element sind, das man weglassen könnte. Sie sind verhältnismäßig gut integriert, meistens mit Hilfe Pernullos, des Hofnarren, der die verschiedenen Schauplätze miteinander verbindet und die Lyrik durch seine Komik theatralisch sozusagen ermöglicht. Wenn z. B. der weltschmerzliche Prinz Astolf ein trauriges Sonett deklamieren will, nachdem schon sein Bruder Diodat ein solches vorgetragen hat, so bereitet Pernullo den Hörer ironisch auf die Deklamation vor: »Aber wir wollen erst auf die Seite treten. Es scheint, er will ebenfalls ein Gedichtchen in der Einsamkeit rezitieren, wenigstens hält er einen Zettel in der Hand.« (IV) *Das Lustspiel könnte die lyrischen Elemente verkraften, wenn die komischen*

ielszenen stark wären; aber dies ist nicht der Fall. Sie verlieren sich in Wortwitze oder sind einfach
zu kurz. Der Dichter versucht noch aus dieser Schwäche einen Witz zu machen, so wenn er einmal
en König zu seinem Hofnarren sagen läßt: »Und dein Witz ist erschöpft.« Aber solche Entschuldi-
ungen helfen nicht weiter. Eine gewisse Kümmerlichkeit verrät auch die captatio benevolentiae des
*ramenschlußes (V):

ernullo: (zu Hegesippus). Eine Gewissensfrage, Herr Schauspieler, eine Gewissensfrage! Was
  würde man sagen, wenn das Alles nur ein Schauspiel wäre, und ich der Verfasser?
egesippus: Man würde schwerlich rühmen Ihr Genie!
ernullo: (gegen das Publikum).
*t das auch wahr? Ich wende mich an Sie.
)er Vorhang fällt.)

*as romantische Mittel der Illusionsdurchbrechung, das einem übermütigen Spiel mit den Formen
es traditionellen Theaters entsprang, wird hier zu einem theatralischen Mätzchen. Auch an andern
*ellen des Lustspiels bemüht sich Platen um handfeste Effekte. Aber um so deutlicher wird seine
*chwäche, längere Szenen *durchzuhalten* und mit mimischem Leben zu erfüllen. Diesen speziell
eatralischen Mangel empfanden wohl, wie bei Hebbels Lustspielen, die Theaterintendanzen, nicht
*ie mangelnde »Schwere des Gehalts« (Goethe). Sie spielten doch lieber Kotzebue oder Raupach.
  Der Untertitel des *Gläsernen Pantoffel,* »heroische Komödie«, ist nicht im modernen Sinne (z. B.
*erdinand Bruckners) zu verstehen. Heroisch bedeutet nur, daß das Lustspiel nicht im Bürgertum,
*ndern an einem Königshof oder in seiner nächsten Umgebung spielt und daß, wie in der Tragödie,
*artien hohen Stils vorkommen. Auch die Übertragung des Aschenbrödelmärchens an einen pomp-
*aft dargestellten italienischen Hof (Apulien) mag mitgemeint sein. Hinsichtlich des Ausstattungs-
*runkes macht Platen an die neubarocken Neigungen der frühen Biedermeierzeit (vgl. Bd. II, S. 336)
*ugeständnisse; denn er dachte vor allem an eine Aufführung im Berliner Hoftheater unter der In-
*ndanz des Grafen Brühl. Beim Druck der Komödie (Schauspiele, 1. Bändchen, Erlangen 1824) gab
*ch der Dichter noch ganz als Romantiker; denn er fügte ein Huldigungsgedicht für Schelling und
*n Spottgedicht »Klagen eines Ramlerianers«, d. h. eines Klassizisten, mit einer »Antwort an den
*amlerianer« bei. Der Ramlerianer beklagt u. a. den von Platen benutzten romantischen Mischstil:

> Diese Neuern haben einen Sparren,
> Und vor allen dieses grobe Spiel:
> Spricht der König nicht mit seinem Narren?
> Spielt mit Worten? Das ist doch zu viel!
> Scherz und Ernst, promiscue behandelt,
> Machen wütend aufeinander Jagd;
> Ward Apoll in Kasperle verwandelt?
> Trat in Dienst die Muse hier als Magd?

*ie Stilmischung war nach Lenz, Schiller, Goethe und der Romantik vielleicht in Österreich (Rai-
*und vgl. o. S. 20), im übrigen Deutschland jedoch gewiß keine Pionierat mehr; aber der Dichter
*sistiert auf dieser Leistung, weil ihn im Grunde eben nur derartige literarästhetische Fragen be-
*häftigen.

August Graf von Platen

Abkehr von der Romantik: Aristophanische Experimente

Was mag ihn dazu bewogen haben, die Fronten zu wechseln und ins klassizistische La
ger überzugehen? Der wichtigste Grund war gewiß sein Mißerfolg als Theaterdichter
denn dieser beraubte ihn der Hoffnung, als Berufsschriftsteller leben zu können. An eine
nebenberufliche literarische Tätigkeit konnte Platen schon wegen seiner öfters geäußer
ten kavaliersmäßigen Abneigung gegen eine bürgerliche Beschäftigung nicht denken, und
zum Journalisten oder Romanschreiber fehlte ihm jede Befähigung. In dieser hoffnungs
losen Lage mußte es als ein besonderes Glück erscheinen, daß in Ludwig I. ein kunst
freundlicher, klassizistisch orientierter Fürst den bayerischen Thron bestieg (1825). Es
*war keine Schande, sich an diesen höfischen Klassizismus anzupassen, wie dies Goethe
einst auch getan hatte**. Die Ode Platens, die Ludwigs I. Thronantritt feierte und dem
König besonders gefiel, erwähnt schon dessen »altgriechische Bildung« (vgl. Bd. I, S
253). Der Dichter und Graf rechnete gewiß von Anfang an mit einer Förderung durch der
König; als er nach einigen Jahren ein kleines Gehalt als außerordentliches Mitglied der
Akademie der Wissenschaften erhielt, äußerte er sich enttäuscht, weil die Gnade des Kö
nigs nicht großzügiger war. In Wirklichkeit dürfte diese *Sicherung des Existenzmini-
mums* das große äußere Glück im Leben des erwerbsunfähigen Dichters gewesen sein
Auf dieser Basis beruht nämlich das, was man, mit Einschränkung, die italienische Idyll
Platens nennen kann. Cottas Vorschüsse waren zunächst die Basis der Traumexi
stenz[19]. Dieser Verleger hatte eine Schwäche für adelige Poeten, war aber letzten Ende
doch ein Geschäftsmann.

Der Übergang zur aristophanischen Komödienform ist der für Platens Dichtungsbe
griff bezeichnende Versuch, den fehlenden gesellschaftlichen Bezug durch formale, der
Philologen imponierende Experimente und ein bißchen Satire zu ersetzen. Er weiß sehr
wohl, daß die unfreie Zeit die aristophanische Komödie in ihrer ursprünglichen Gestalt
nicht duldet und daß man nicht in Italien, sondern in Deutschland leben sollte, »um die
Thorheiten selbst mit Augen zu sehen, die Stoff zu Lustspielen allenfalls liefern könnten«
(Tagebuch 31. 12. 1827). Aber das Experiment reizt ihn, und Dichter, die er verachtet
gibt es genug. Goethes Warnung vor der »negativen Tendenz« wäre ihm kaum verständ
lich gewesen, auch wenn sie ihn erreicht hätte, denn da er den »Stoff« von der »Form«

---

* Der junge englische Platenforscher Richard *Dove,* der dies Manuskript durchsah, kritisier
diese nüchterne (sozialgeschichtliche) Interpretation mit den Worten: »Daß Platen seinen Mante
nach dem Wind hängt, ist nirgends festzustellen.« Er sieht den Schritt von der Romantik zur Klassik
im Fortschrittsdenken, im Perfektabilitätsprinzip Platens begründet, und er kann sich dabei auf Kar
Goedeke berufen (Platen, Gesammelte Werke in 5 Bänden, Stuttgart, Tübingen Bd. I., 1848
S. XVIf.). Auch ich betone Platens Stolz; es gibt aber im Leben jedes Menschen Zugeständnisse ar
die Existenzgrundlage, und ich bin nicht einmal sicher, ob der Dichter es für ein Zugeständnis hielt
in das Gefolge seines jungen Königs zu treten. Platens Leben hat, im Gegensatz zu dem Goethes
herzlich wenig von der berühmten »Pyramide«. Im übrigen widerspricht einfach die Klassizismus
kritik, die er in der Frühzeit übte (s. o.), der Deutung Goedekes. Diese ist übrigens nicht ganz klar. An
anderer Stelle (S. XXXVf.) sieht *Goedeke* als »Hauptursache« der neuen »charaktergroßen Kunst
schöpfungen« einfach die »Entfernung vom Getriebe des deutschen literarischen Lebens«, Platen
»ungestörte Muße« in Italien.

trennte und er der Form, trotz des aktuellen Stoffs, Vollkommenheit zu verleihen gewillt war, welcher Vorwurf sollte ihn treffen? *Die verhängnisvolle Gabel* (1826) und *Der romantische Ödipus* (1828) kennzeichnen schon in den Titeln das Hauptangriffsziel: die sogenannte Schicksalstragödie, die als eine romantische Dichtart aufgefaßt wird. Heine ist im Recht, wenn er behauptet, Müllner sei zur Zeit des Angriffs längst ein literarisch toter Mann gewesen. Auch von den andern Zeitgenossen hat der gegenwartsfremde Dichter keine rechte Vorstellung. Von Heine weiß er eigentlich nur, daß er ein getaufter Jude ist. Da das Schimpfwort Jude im christlichen Abendland immer zieht, macht er gleich auch noch den biederen Raupach zu einem Juden. Es fällt ihm nichts Besseres ein. *Don Quichote Platen braucht nun einmal Gegner, um seine ungeheure Kraft zu zeigen und den bisher fehlenden gesellschaftlichen Bezug herzustellen.* Er nimmt an, daß »Nimmermann« und Heine die Züchtigung verdienen. Wer verdient sie nicht in dieser trostlosen Zeit, in der unter den Jüngeren Platen der einzige Dichter ist? Nimmermann und Heine rangieren zu ihrer Schande neben den schlimmen Romantikern Müllner, Grillparzer, Houwald, Auffenberg, Raupach, Fouqué. Romantisch ist hier die geschmacklose Requisitentechnik, das Mischen der Versmaße, das Platen eben noch selbst mit Eifer übte, die Weitschweifigkeit, die Vorliebe für Schauermotive, der Hang zum Wunderbaren, dem Platen ebenfalls in seinen Jugendlustspielen nachgab. Im 5. Akt des *Romantischen Ödipus* wird der aus Berlin verbannte Verstand wieder in seine Rechte eingesetzt. Das erinnert an die enge Beziehung zwischen Aufklärung und Klassizismus im 18. Jahrhundert. *Platen, der eben noch die Klassizisten verspottete, wird nun selbst eine Art Ramlerianer.*

Man hat mit Recht betont, daß Platen den Bereich der Literatursatire überschreitet. So verspottet er z. B. mit Überzeugung die »Scholastik aus Berlin«, d. h. Hegel und die Hegelianer. Er bringt auch so viele politische Anspielungen an, als zu jener Zeit möglich waren. In der *Verhängnisvollen Gabel* ist er noch äußerst schüchtern. Hinderlich ist auch sein Mangel an Witz. Wenn er z. B. von Metternich sagt, er sei ein »sterblich Wesen« (IV), so schadete dies dem Staatskanzler weniger als der dümmste Spott. Was im ersten aristophanischen Drama sich einprägt, sind allenfalls die polizeilich erlaubten Beschimpfungen Gesamtdeutschlands:

> ...zu Haus ist dort die Philisternatur
> Und die dumpfige Stubengelahrtheit,
> Die düster und stier, mit der Pfeif' im Mund
> Ein verdrießliches Maul zieht. Diese Nation
> Salbadert so gern,
> Salbadert herab von der Kanzel,
> Salbadert zu Haus, salbadert sodann
> Vor Gericht, salbadert im Schauspiel!
> Drum nimmt sie allein Salbader in Gunst,
> Salbader in Schutz; drum liest sie nur dich,
> Statt Goethe und statt
> Jean Paul, salbadernder Clauren. (V)

Im zweiten aristophanischen Lustspiel *(Der romantische Ödipus)* wird der Dichter ein wenig kühner, dadurch vor allem, daß er bei jeder Gelegenheit die Könige parodiert, mit Anspielungen auf den frömmelnden preußischen König Friedrich Wilhelm III. Berlin wird das Hauptangriffsziel, auch literarisch, während der Dichter Wien und München diplomatisch schont. Mit vielen Streichungen hätte man in dieser Komödie einen sicher nicht besonders komischen, aber damals stellenweise wirksamen Text erstellen können:

> Dort, wo bewundert ward Fouqué und wer in dessen Stapfen trat,
> Wo man den Raupel jetzt verehrt und sein Tragödienfabrikat.

> O stünde doch im Lande Teuts ein Solon auf, und sagte dreist:
> Nie schreibe mehr ein Trauerspiel, wer ganz versimpelt ist an Geist!
> Und da's so viel Calvine gibt, durch ihre Strenge wohlbekannt,
> So werde wöchentlich ein Stoß Tragödien öffentlich verbrannt: ...

> Verbietet doch Romantikern Papier und Federkiel und Stift
> Und ordiniert, wenn nichts verschlägt, ein kleines Gränchen Rattengift!
> Sonst wird noch eure Poesie so frei, so burschikos und flott[!],
> Bis endlich ganz Europa ruft: Ihr Deutschen seid ein Kinderspott! (III)

Flott sind diese Verse nicht. Da hatte er recht. Er dachte bei »burschikos und flott« wohl an Heine, den das Publikum im *Romantischen Ödipus* nicht gerade geistreich »der Menschen Allerunverschämtesten« (V) nennt*.

Europa erwähnt der Dichter nicht umsonst. Er wendet sich auch gegen die französische Romantik, besonders gegen die Nachahmung E. T. A. Hoffmanns, womit Berlin wieder als schlimmster Krankheitsherd erscheint. Racine wird gegen die französische Romantik verteidigt. Er ist zwar zu modern – die nicht-antiken Liebesmotive sind wohl gemeint! –; gleichwohl ist er »ein Heros«. Am besten gelingt dem Dichter die Parodie der Königinnen

---

* Ich weiß nicht, ob Heinrich *Henel* recht hat, wenn er die Fehde zwischen Platen und Heine den »vielleicht... abscheulichsten Literaturstreit« nennt, »der je in Deutschland ausgefochten worden ist«. Es ging dabei nicht nur um Beschimpfungen (Judentum, Adel, Homosexualität), sondern gerade auch um *die grundsätzlichen literarischen und sozialen Fragen*, die uns heute noch beschäftigen (Wert der Metrik, Einordnung in das literarische Leben, Wahl exklusiver Tonlagen und Gattungen). Einig sind wir uns dagegen in der Bewertung von Platens literarischer Kampfkraft: Platen führte »die stumpfere Waffe: Heine hatte Witz, Platen nur Bissigkeit« (Nachwort zu August von Platen, Gedichte, Reclam U.-B., Stuttgart 1968). Auch Hans *Mayers* psychoanalytische Verbrüderung von Heine und Platen (Die Platen-Heine-Konfrontation, in: Akzente Bd. 20, 1973, S. 273–288), die durch halbwahre Parallelen (Don Quijoterie, gesellschaftlicher Außenseiter, mangelhafte Männlichkeit) eine *trügerische Ähnlichkeit* der beiden Dichter produziert, beruht auf der traditionellen Vorstellung, daß es sich hier um einen *törichten Streit handelt, dem keine historische Bedeutung zukommt,* während sich in Wirklichkeit historische Tendenzen und individuelle Animositäten, kaum auflösbar, miteinander verknäueln: »Warum also muß Gumpelino [in den »Bädern von Lucca«] beides repräsentieren: den jüdisch-christlichen und den poetisch-homoerotischen Außenseiter? Weil die Positionen in diesem singulären Streit[!] zwischen Heine und Platen austauschbar[!] waren und geblieben sind. Platen suchte sich gesellschaftlich und vor sich selbst zu rechtfertigen, indem er das Vorurteil gegen den jüdischen Literaten geltend machte. Heine ging viel weiter. Indem er Platen angriff, exhibierte er die ›großen Schmerzen‹ seiner eigenen Männlichkeit[!]. Als er Hirsch und Gumpelino auf die Bühne holte, wo die aristophanische Komödie vom Grafen Platen ›exekutiert‹ werden sollte (wie Heine es formulierte), kämpfte er gegen sich selbst[!]. Blieb deswegen auch nicht Sieger« (S. 286). Zu meiner eigenen Interpretation des Streits vgl. o. S. 418. Der keineswegs singuläre Streit sollte wegen seiner historischen Bedeutung und geschichtsphilosophischen Symptomatik nunmehr ganz ohne bürgerliche und antibürgerliche Befangenheit, *ohne Freud und ohne Marx gründlich weitererörtert werden!*

Jokaste und Zelinde. Besonders die pseudoempfindsame männermordende Zelinde ist eine gute Groteskfigur. Man mag es bedauern, daß er von seinem romantischen Mischstil, obwohl er ihn im Text der Komödie als nicht kunstgemäß ablehnt, nicht vollständig loskommt. So geschieht es, daß ihn der Zusammenhang der Fabel – oder sagen wir besser die Trimeter und Tetrameter? – immer wieder zu tragischen Tönen verlockten. Gerade die Reinheit der Form, die für Platen so wichtig ist, dürfte nicht ganz erreicht sein. Oder soll man in diesem unwillkürlichen Verstoß gegen das klassizistische Prinzip der Stiltrennung ein Qualitätszeichen erblicken? [20].

Platen fand Nachfolger und wurde daher als der Begründer der aristophanischen Komödie in Deutschland gefeiert (vgl. Bd. II, S. 410 f.). Für Kritiker ohne Platens formalistischen Tick hatten diese Komödien sogleich etwas penetrant Akademisches, und Heine erhob mit größerem Recht den Anspruch, dem Geiste nach ein Aristophanes zu sein (vgl. u. S. 517). Wir denken heute auch an Nestroy, der zwar die aristophanischen Wortungeheuer übernahm, aber sonst die aristophanischen Formen nicht nachahmte und auch nicht den Anspruch Platens erhob. Trotzdem war er ein unvergleichlich größerer Meister des satirischen Theaters. Das erkannten schon vorurteilsfreie Zeitgenossen (vgl. o. S. 204). Nur *eine* Gruppe überzeugte Platen: die klassischen Philologen. Sie verbreiteten bis in unser Jahrhundert hinein sein Lob und zeigten in ihren Vorlesungen am Beispiel von Platens *Romantischem Ödipus,* wie herrlich Parabasen in deutscher Sprache sind.

Goethe hat sogleich den Widersinn erkannt, der in der Absicht lag, sich durch Tragödienparodien auf die Tragödie vorzubereiten: »Allein, nachdem er in gedachtem Stück die tragischen Motive parodistisch gebraucht hat, wie will er jetzt noch in allem Ernst eine Tragödie machen?« (Gespräche mit Eckermann 11. 2. 1828). Das gattungsformalistische Vorgehen Platens stieß auf dem Gebiet der Tragödie an die in Goethes Ausspruch bezeichnete substantielle Grenze, und sie war nicht zu durchbrechen! Tristan und Isolde, Odoaker, Die Zerstörung Jerusalems, Iphigenie in Aulis, Kaiser Heinrich IV., Meleager, Die Malteser – das sind nur einige der zahlreichen Pläne und Fragmente, die von Platens heißem Ringen um die Tragödie Kunde geben. Das Scheitern an der Tragödie war von den vielen Enttäuschungen, die er im Laufe seines Lebens erfuhr, eine der bittersten. Technische Gründe wird man für dieses Versagen kaum geltend machen können. Gewiß, Platen schrieb um 1830 nicht mehr so leicht wie um 1820. Aber er hätte wohl, ähnlich wie der von ihm verehrte Lessing, wenigstens die *eine* vorbildliche Tragödie geschrieben, wenn er es hätte verantworten können. Doch wie sollte er, der Weltschmerzler, der Skeptiker, die Antwort auf die ungeheure Frage geben, die die Tatsache des Tragischen an den Dichter stellt. In dem Nachwort zu dem Schauspiel *Die Liga von Cambrai* (1833) kritisiert er Schiller, weil er im Widerspruch zur geschichtlichen Wahrheit die Jungfrau von Orleans sich verlieben läßt: »Ohne Zweifel wäre es passender gewesen, das Publikum durch das unglückliche Schicksal dieses Mädchens zu rühren, anstatt durch eine ihr angedichtete Schwäche. Wir haben das Entsetzlichste in unsern eignen Tagen gesehen, und brauchen nicht davor zu schaudern, wenn ein unschuldiges Mädchen verbrannt wird. Denn es ist eine Hauptaufgabe des tragischen Dichters, zu zeigen, daß die Welt immer so schlecht war, wie sie noch jetzt ist, und daß gerade die edelsten Menschen, sobald sie tätig in den Weltlauf eingreifen, der mächtigen Bosheit zum Opfer werden. Diese Lehre ist traurig, aber wahr, und jeder mag sich darnach richten.« Platen hätte, um diesem trostlosen Weltbild zu genügen, eine Märtyrertragödie schreiben müssen, und es ist verständlich, daß er davor zurückschreckte, denn was sind Märtyrer ohne den Sieg im Jenseits oder wenigstens in der geschichtlichen Zukunft? Beide Arten der Sinngebung wären ihm *unwahr* erschienen, denn er glaubte weder an das Jenseits noch an eine bessere Zukunft; und Verzweiflungs-Tragödien in der Art Grabbes oder Büchners, im Gefolge Werthers und der offenen Dramenform des Sturm und Drang, hätte der Klassizist um keinen Preis geschrieben. Er schwieg, aber eben dieses Schweigen beweist zu seiner Ehre auch, wie ferne ihm ein unwahrhaftiger Klassizismus lag.

Ein Nationaldrama für die Italiener

Daß Platen an der Sinnfrage gescheitert sein kann, bestätigt das Schaupiel *Die Liga von Cambrai* (1833) von einer anderen Seite. Der Dichter begnügt sich hier nämlich, abgesehen von der speziell politischen Tendenz, von der noch zu reden ist, mit der einfachen Dramatisierung einer Episode aus der Geschichte Venedigs. Venedig gerät in Gefahr, der Doge und die Senatoren verzweifeln trotz aller Unglücksnachrichten nicht, und sogleich kommt den Tapferen auch das Glück zu Hilfe. Das Schauspiel ist, szenisch gesehen, eines der üblichen Sitten- oder Genrebilder in dramatischer Form. Die räumliche Vergegenwärtigung Venedigs ist fast wichtiger als der dramatische Vorgang. »Man nenne es ein historisches Gemälde, oder wie man will«, sagt der Verfasser im Nachwort selbst. Alles das bedeutet, daß Platen *das* Drama vollenden kann, in dem die Darstellung der geographischen und politisch-historischen Wahrheit das Hauptanliegen ist. Wo dagegen, wie in der Tragödie, die empirische Wahrheit nicht ausreicht, wo im scheinbar unverständlichen, katastrophalen Geschehen ein wahrer Sinn erscheinen müßte, da ist Platen zum Verstummen oder zum Fragmentarismus verdammt.

Die politische Tendenz des Dramas ist außergewöhnlich. Friedrich Engels sagt, auch im Blick auf dieses Drama, Platen stehe näher bei Börne als bei Goethe. Aber das Bekenntnis zur Republik, die Venedig beispielhaft verkörpert, ist nicht so selten in der Vormärzliteratur. Auch die verbale Hervorhebung der Bürger, der venezianischen Kaufleute, und der Bauern, die rousseauistisch als »unverderbte Seelen« gefeiert werden, ist nichts Neues. Venedig – das hören wir – verdankt dieser Volksschichten zwar auf dem Festlande seine starke Stellung, während der Adel dort den Kaiserlichen, will sagen den deutschen Eroberern, zuneigt. Aber in der Darstellung selbst hat der soziale Unterschied eigentlich nur die theatralische Funktion der »Volksszene«. Die Senatoren bringen jedes Opfer für das Vaterland und haben daher das Volk fest in der Hand, und der Doge die Senatoren. Das Schlußbild zeigt, wie der Sohn des Dogen an der Spitze von Freiwilligen ausrückt. Es ist naiv zu denken, ein Graf könne als Dichter die hierarchische Ordnung der Gesellschaft verneinen. *Neu ist nur, wie hier ein Deutscher ein vaterländisches Drama gegen die Deutschen schreibt,* auf republikanischer Grundlage gewiß, aber eben doch mit deutlichen italienisch-nationalen Akzenten:

> »Wer nie ein Vaterland verloren hat,
> Weiß nicht, wie schön es, eins zu haben, ist!
> Gleichgültig seh' ich Manchen schleichen, jetzt
> In diesem tödlich ernsten Augenblick.
> Gedenkt an das, was ihr verlieren könnt!
> Hier herrscht der Ordnung segenreicher Geist,
> Die schöne Schöpfung seiner selbst betrachtend:
> Erst nur ein kümmerliches Fischerdorf,
> Aus ödem Sumpf erhob sich diese Stadt!
> Wer hätte damals ihr ein Netz gestellt?

Wer hätte neidvoll auf sie hingeblickt?
Allein der Bürger hohes Selbstgefühl
Und Schweiß und Arbeit und der Riesenschwung
Beglückender Freiheit stellten sie so hoch.«

Der Dichter hat sein Vaterland verloren und schreibt seinem Wahlvaterland ein nationalhistorisches Drama! Die Deutschen sind die »Barbaren« (Vers 798). Zu Platens Lebenszeit konnte man, wenn von den Deutschen und vom Kaiser die Rede war, nur an Österreich-Ungarn denken; denn dieses hatte eine feste Stellung in Italien, und das Spiel mit historischen Analogien war die beliebteste Form der Tendenzdichtung.

Vergleicht man Platens Dichtung mit den historischen Tendenzdramen der Jungdeutschen, so fällt die ungleich größere Simplizität auf. Keine Intrige, kein Spiel um Eros und Macht, keine intimen Salonszenen, sondern nichts als das Volk und die republikanischen Organe der Polis im Augenblick einer tödlichen Gefahr. *Die Liga von Cambrai* ist ein durch und durch politisches Drama, antikisch ohne die an Racine getadelte Modernität. Merkwürdigerweise wurde das für Platens Verhältnisse ungewöhnlich zwanglose, mit der klassischen Tugend der Selbstverständlichkeit ausgezeichnete Drama außerhalb der marxistischen Germanistik kaum beachtet. Während Platen sonst die klassische Blankverstradition ablehnt, ebenso wie den epischen Hexameter der Deutschen – es ist die für ihn bezeichnende Art der Originalität –, wechselt er hier traditionsgemäß zwischen Prosa und Blankversen und nur zum Schluß gibt er seiner Leidenschaft für die antike Metrik ein wenig nach. Wegen dieses unakademischen Charakters scheint das Drama seinen besten Freunden, den klassischen Philologen, nicht gefallen zu haben. Auch Platens Abneigung gegen den Kaiser und das Reich der Deutschen machte das Drama im ganzen 19. Jahrhundert zu einem *Fremdkörper*. In einem Brief an die Brüder Frizzoni (12. 1. 1834) klagte der Dichter bitter über die schlechten Rezensionen, die er erhielt. Aber die von ihm begonnene Übersetzung ins Italienische blieb leider im Ansatz stecken [21].

Epische Experimente

Die Bemühung um die höchste Gattung des Humanismus, das *Epos,* läuft, chronologisch gesehen, nicht immer mit den dramatischen Arbeiten parallel. In der ersten Hälfte der zwanziger Jahre, da Platen unter Schellings Einfluß gerät und die Komödie in den Vordergrund tritt, ist sein Interesse an der epischen Dichtung nicht so groß. Aufs Ganze gesehen jedoch ringt Platen mit womöglich noch größerem Anspruch um die Meisterschaft in dieser Gattung. Formale Fragen, besonders die des Versmaßes, spielen eine noch größere Rolle als im Drama. Platens Perfektionsprinzipien, aber auch die gesellschaftlichen Verhältnisse, haben hier die Ausführung der geplanten Werke noch mehr behindert. Wichtig ist auch, daß Platen seiner »negativen Tendenz« bei dieser Gattung nicht ebenso frönen konnte wie beim Lustspiel, da es keine satirischen Epiker mit der klassischen Autorität eines Aristophanes gibt. Trotzdem ist das Ergebnis der Bemühungen bei beiden Gattungen ähnlich. Den heiteren, verspielten Möglichkeiten von Drama und Epos kann der Artist gerecht werden, während die tragischen oder heroischen zwar umworben, aber kaum verwirklicht werden. Mehrere Stoffe (Odoaker, Hohenstaufen, Tristan und Isolde) haben den Epiker ebenso beschäftigt wie den Dramatiker, ein erneuter, übrigens schon von Platen selbst betonter *Beweis, daß ihn bestimmte Stoffe, überhaupt bestimmte Bereiche der Wirklichkeit unmittelbar interessierten, – nicht allein die Formen!* Der Unterschied zu den organisch schaffenden Dichtern liegt nur darin, daß die Gestaltung mit einer besonderen Schärfe des Bewußtseins, stets unter Berücksichtigung der verschiedensten Möglichkeiten und daher *in ständiger Unsicherheit,* mit einer gewissen Willkür durchgeführt wird. Während die Bemühungen um das Drama, wenigstens während der Komödienepoche, noch einen Rest von Unmittelbarkeit zeigen, einfach deshalb, weil Theatererfolge angestrebt werden, steht Platen auf dem epischen Gebiet stets vor der *unbegrenzten Formenvielfalt, die dem Spätling die Geschichte des Epos darbietet.* Aus seiner stolzen Ablehnung der bisherigen Formentscheidungen Deutschlands folgt allerdings, daß es, abgesehen von einer ganz frühen Klopstocknachahmung (Luther-Fragment

1809) keine Versuche in Hexametern gibt und daß sich entsprechend ein Einfluß des deutsch-klassischen Epos kaum bemerkbar macht. *Hermann und Dorothea* duldet er, wie wir gesehen haben, aber die vielbewunderte *Luise* von Johann Heinrich Voss, die Anregung für Goethes Epos, ist ihm zu alltäglich. In diesem Fall genügt ihm die gute Versifikation nicht. Über Platens grundsätzliche Kritik am epischen Hexameter der Deutschen belehrt uns u. a. der Aufsatz *Über Epos und Epiker*, 1819. Wie wichtig solche Fragen für ihn sind, belegt sein ewiges, uns beängstigendes Rätselraten um das *richtige* epische Versmaß. Sogar aus Indien erhofft er sich gelegentlich Hilfe in dieser Not.

Auf der Grundlage des, nicht zu unterschätzenden, für diesen Dichter bezeichnenden Ressentiments gegenüber dem Hexameterepos dürfte das starke Hervortreten der Stanzen, das in den Fragmenten zunächst auffällt, kein Zufall sein. Platen hat die Vorstellung, daß der Stanze etwas Heiteres eigen ist, und diese Vorstellung erklärt sich zweifellos aus der innigen und entzückten Beschäftigung mit Wielands *Oberon*. Man braucht nicht die ausdrücklichen Briefzeugnisse, um zu erkennen, daß der Verfasser des epischen Fragments *Arthur von Savoyen* (123 Ottaverime, um 1812) *ein begeisterter und kongenialer Schüler Wielands* ist. Eine gewisse Sprödigkeit im Rhythmus, ein Greifen nach krasseren, wenig gesellschaftsfähigen Worten verrät zwar den Zeitgenossen Heines, aber in der heiteren, oft grotesken Erzählweise Wielands und in der kunstvollen Stanzenform fühlt sich Platen vollkommen zu Hause. Später treten an die Stelle Wielands Tasso, Camõens und vor allem Ariost mit seiner »unsäglichen Anmut« (Tagebuch 13. 7. 1828). Gerade die strengere, weniger organische Form der Renaissanceepiker kommt seinem Willen zu unbedingter Geschlossenheit, Klarheit und Reinheit entgegen. Die dem *Arthur von Savoyen* folgenden Stanzenfragmente Platens (*Die Harfe Mahomets* 1816, *Odoaker* 1818/19, *Der grundlose Brunnen* 1820, *Amadis von Gallien* 1824, *Asser und Assad* 1829) enthalten sich der Wortmusik, des lyrischen Schwelgens stärker als der *Oberon*. An deren Stelle tritt, nicht immer zum Vorteil der Epen, öfters die empiristische Schicht, die wir auch in Platens Drama kennengelernt haben, gutgereimte satirische Ausfälle, geographische Beschreibungen, trockene historische Darstellungen. Unvermittelt blüht dann da und dort eine Strophe empor, die den Dichter verrät, aber offenbar fiel es Platen in seinen Epen außerordentlich schwer, einen originalen und doch einheitlich-epischen (»stetigen«) Stil zu schaffen. So ließ er die angefangenen, manchmal schon recht weit gediehenen Arbeiten immer wieder liegen. Hinderlich war auch die alte humanistische Vorstellung, der Epiker habe Anspruch auf einen Mäzen. Platen – wir wissen es schon – empfängt ein kleines Gehalt vom bayerischen König, aber, so sagt er, Ludwig I. hat eigentlich nur die an ihn gerichtete Ode bezahlt und für ein Epos zu wenig gegeben. Nun kommt es darauf an, ob der Kronprinz von Preußen der Mäzen seines Hohenstaufenepos werden will, des »größten deutschen Gedichtes«, »wogegen eigentlich die ganze neuere Poesie der Nation gleichsam zu Nichts wird« (an Rumohr 23. 2. 1829). Während Klopstock und Wieland immerhin einige Gesänge ihres Epos (*Messias, Cyrus*) schrieben und nun abwarteten, ob sich ein Gönner finde – was ja bei Klopstock der Fall war –, feilscht Platen, nachdem er sich kaum ein paar Strophen abgerungen hat, mit einem Mittelsmann, dem Freiherrn von Rumohr (vgl. Bd. II, S. 977), um eine preußische Pension; verständlicherweise, denn sein sich ständig verschärfendes Perfektionsprinzip macht jeden Gesang zu einem ungeheuren Unternehmen. Für das »deutsche« Epos wird natürlich die Nibelungenstrophe, in der sich Platen unmöglich wohl fühlen konnte, gewählt. Es gibt noch mehr weltfremde Anpassungsversuche. Platen erwägt mit Rücksicht auf ein etwaiges Mäzenatentum der englischen Könige den Plan eines Welfen-Epos! Für uns genügen diese sozialgeschichtlichen und artistischen Indizien, um die grundsätzliche Problematik des hohen oder großen Epos im 19. Jahrhundert erneut bestätigt zu finden. Platen aber hielt, obwohl die überall aufsprossende Hohenstaufendichtung abschreckend wirken mußte, bis zuletzt an dem Gedanken eines großen deutschen Heldengedichts, seiner Ilias fest[22]. Es spricht für den Dichter, daß er seine Ilias, wie seine Antigone *nicht* geschrieben hat. Hierin gleicht er einmal Goethe (Achilleis-Plan)*.

---

* Jürgen *Link* (Artistische Form und ästhetischer Sinn in Platens Lyrik, München 1971) nimmt das System des Dichters auch an dieser besonders problematischen Stelle ernst: »Platens nicht geschriebenes historisches Epos scheint so der geheime Fluchtpunkt zu sein, auf den sein Werk zustrebte« (S. 256). *Platen lehnte Klopstocks »Messias« ab* und kannte Homer genau. Er hatte, mehr oder

Bescheidenes Gelingen: Platens einziges vollendetes Epos

Als seine Odyssee betrachtet Platen sein einziges vollendetes Epos, *Die Abbassiden* (fertig 1830, gedruckt 1834 in dem Wiener Almanach *Vesta*). Bei dem Wort Odyssee denkt der Dichter gewiß an den Märchen- und Abenteuerstoff (aus *Tausend und einer Nacht*), an die homerischen Epitheta, überhaupt an den einheitlichen, »objektiven« Stil des Ganzen. Im ersten Ansatz nämlich stand das Vorbild von Byrons *Don Juan* mit seinen satirischen Elementen im Vordergrund[23]. Wichtiger wurde das homerische Vorbild in dem Augenblick, da der Entschluß feststand, das »scherzhafte Epos« zu einer »würdigen Aufgabe« zu machen (Tagebuch, 31. 12. 1828). Sogar die Hexameter treten unter dieser Voraussetzung wiederholt in den Bereich der Erwägung, neben den Stanzen, von deren Chance noch der Prolog in der fertigen Fassung Kunde gibt. Trotz dieser Odyssee-Vorstellung werden wir zunächst festzuhalten haben, daß Platen, wie einst Wieland nach dem »Cyrus«-Fragment, von dem hohen Rosse des Großepos zu einer *relativ bescheidenen, kleinepischen Arbeit herabgestiegen ist.* Nur unter dieser Voraussetzung war das Werk für einen gewissenhaften Künstler zu vollenden. Diese Deutung wird durch das überraschend einfache Versmaß, das Platen wählt, bestätigt (fünf Trochäen ohne Reim). Der Dichter will beweisen, daß er ohne besondere metrische Künste bezaubern (an Fugger 16. 4. 1830) und daß er sogar erzählen kann. Er hat sein Ziel erreicht, da eine Gestaltung des heiteren, märchenhaften und vom Glanz der Ferne verklärten Stoffes vollkommen innerhalb seiner Möglichkeiten lag. Es gelingt ihm, die anmutige Künstlichkeit, die innige Verspieltheit, die er zuerst in den Ghaselen und in den frühen Lustspielen bewährt hatte, auf das Epos zu übertragen und, entsprechend den technischen Fortschritten, die er inzwischen gemacht hat, zu vervollkommnen. Auf diese Weise ist das beste nichtlyrische Werk des Dichters entstanden*. Stoff und Versmaß stellen dem Dichter so wenig Widerstände entgegen, daß die epische Einheit an jeder Stelle, vor allem aber auch im Aufbau des Ganzen, gelingt. Die Rundung ist, ähnlich wie in der *Liga von Cambrai,* ohne Zwang und ersichtliche Mühe vollkommen. Als das Epos beginnt, ist Harun al Raschid mit seinen Kindern in Bagdad, als es zu Ende ist, thront er wieder daselbst, mächtiger und glücklicher als je und wiedervereinigt mit seinen Kindern. Dazwischen liegen die Abenteuer der vom Vater und voneinander getrennten Sultanskinder, die mit Hilfe der ariostischen Technik, wie etwa in Wielands *Neuem Amadis,* erzählt werden. Das Nebeneinander der

weniger bewußt, wohl doch die Einsicht, daß ein »stark lyrisch bestimmtes« Epos (Link ebd.) ein barbarisch-deutsches Gebilde ist. Daher sehe ich in dem Verzicht auf das Epos eine wie immer unbewußte Leistung des Dichters.

* Ich sehe dabei von der »Liga von Cambrai« ab, die als Tendenzdrama kaum verglichen werden kann. Auch sonst erfreut sich die Dichtung heute eines hohen Ansehens. Selbst Vincent J. *Günther* (August Graf von Platen, in: Deutsche Dichter des 19. Jahrhunderts, ihr Leben und Werk, hg. v. Benno von *Wiese,* Berlin 1969, S. 77–96), der Platen noch zu sehr als Angehörigen einer Epigonengeneration sieht und jedenfalls nicht der Kritiklosigkeit Links zuneigt, gibt dem Werk einen besonderen Akzent: »Immerhin finden wir ein vollendetes Gedicht, das zu Unrecht vergessen geblieben ist. Ohne dieses Werk, das in der endgültigen Fassung den Titel *Die Abbassiden* trägt, überschätzen zu wollen, kann man, wie ich glaube, sagen, daß wir in diesem Epos eines der vollendetsten Werke Platens vor uns haben« (S. 84).

Abenteuer wird jedoch wegen der geringen Zahl der Erzählstränge nie verwirrend. Das Simplizitätsprinzip siegt, wie im *Oberon,* über das der »Verunklärung«. Die Sinnlichkeit, die bunte Fülle des Orients, die zu gestalten dem etwas nüchternen Dichter nicht unmittelbar liegt, wird durch die Weisheit Harun al Raschids von vornherein eingeschränkt und abgedämpft. Von Wielands übermütigen Eskapaden, von Rokoko-Schnörkeln und -Seitensprüngen findet sich im formalen und materiellen Sinne wenig, weniger als in Immermanns *Tulifäntchen* (vgl. u. S. 851 ff.) oder Heines *Atta Troll* (vgl. u. S. 576 f.). Das Familienschema und die saubere aber gar nicht üppige oder erfindungsreiche Erzählweise des Dichters gibt dem Werk den Charakter der Biederkeit oder wenigstens, um ein Lieblingswort Platens zu wählen, der Gediegenheit. Trotzdem ist es dem Dichter gelungen, Frische und Heiterkeit im Stil des Werks zu überzeugender Herrschaft zu bringen. *Die Abbassiden* sind ein spätes, aber immer noch zeitechtes Glied der ariostischen Renaissancetradition, die über das Rokoko bis tief ins 19. Jahrhundert hinein besteht; und der Dichter empfing, von vereinzelten unzuständigen Rezensionen abgesehen, in diesem Fall sogleich den begrenzten Ruhm, der ihm gebührt.

Lieder und Balladen

Während sich heute wohl alle Platenforscher und -verehrer darin einig sind, daß Platen in erster Linie Lyriker war, hat der Dichter seine *lyrischen Bemühungen* nie so ernst genommen; denn für ihn war diese Gattung, humanistischer Tradition gemäß, stets eine zweitrangige [24]. In diesem Wertungshorizont ist die Tatsache zu sehen, daß Platen in seiner Jugend ein eilfertiger, ja, oft genug ein leichtfertiger Lyriker war. Späterhin hat er diese Versuche, nicht immer mit Recht, verurteilt. Schon Heine hat Platens Perfektibilitätsglauben kritisiert und gemeint, bei einem geborenen Dichter erkenne man schon in der Jugend die Klaue des Löwen. Zu einem bedeutenden Teil hat erst die neuere Platenforschung diese Bestände jugendlicher Lyrik mit vielen Entschuldigungen der Öffentlichkeit übergeben. Wenn wir, wie noch zu zeigen sein wird, dem dichterischen Ansatz des späteren Platen kritisch gegenüberstehen müssen, so folgt daraus, *daß wir die Jugendlyrik eigentlich im einzelnen betrachten und große Unterschiede machen müßten.* Diese Scheidung können wir in diesem Essay nicht vollziehen, doch sei, im Widerspruch zu dem schematischen Entwicklungsprinzip, das der Ideologie des Dichters entstammt, ausdrücklich festgestellt, daß sie *notwendig* ist. Die Jugendlyrik fügt sich bescheidener in die Biedermeierzeit ein. Sie neigt zum Stilpluralismus, zum Nachgeben gegenüber der jeweiligen Stimmung, zur Improvisation, zum dialogischen Gedicht, [25] auch zur Gelegenheitsdichtung und noch keineswegs zur übersteigerten Formung. Man findet zwar ab und zu Gedichte, die in Platens Zukunft weisen. Wilhelm Müller, einer der bedeutendsten Kritiker der Zeit (vgl. Bd. II, S. 31 u. 71) und selbst ein angesehener Lyriker, sagt schon in seiner Besprechung der *Lyrischen Blätter* (Leipzig 1821): »Er nimmt es strenger und höher mit der Poesie« [26]. Aber es wäre kaum richtig, diese Stilhaltung als die notwendige und einzigmögliche anzusprechen. Wenn sich im Guten und Bösen irgendein Dichter selbst gemacht hat, so ist es der reife Platen. Vorerst ist die Aufgeschlossenheit, die Hingabe stärker als der Anspruch auf Vollkommenheit und Meisterschaft. Die lyrischen Dichtungen verraten in ihrer Vielgestaltigkeit noch deutlicher als die epischen und dramatischen das große Erbe, mit dem sich Platen auseinanderzusetzen hat. Nicht nur Epigramme und satirische Gedichte, Balladen und Elegien, sondern auch Idyllen, Heroiden und, was besonders auffällt, Versepisteln gibt es genug. Die Schwäche von Platens Substanz äußert sich hier noch nicht in Pedanterie und Starrsinn, sondern im virtuosen Durchspielen aller Möglichkeiten. Sein scharfer Geist oder besser sein »Witz« – das Wort im Sinne des 18. Jahrhunderts verstanden – verrät sich schon hier:

Voltaire

> Warst als Kritiker schal, und als Historiker treulos,
> Kümmerlich als Poet, aber als Spötter ein Gott!

Selbst in den Balladen erkennt man gelegentlich eine Prägnanz, ja Kälte, die weder von den Klassikern noch von den Romantikern herstammen kann, z. B. *Die Najade, Endymion*. Das Grimmige in Platens Wesen, das Düstere und Harte, das, was Nadler unter dem Aspekt des Nordischen mit Kleist vergleicht und auf seine Ahnen in Rügen zurückführen will[27], auch seine Kargheit und Sprödigkeit, – alles das verträgt sich gut mit der Form der Ballade. *Das Grab im Busento* und *Der Pilgrim von St. Just* sind mit Recht in die Lesebücher eingegangen, und sie stehen keineswegs allein. Ohne die klassizistische Ablenkung der späteren Zeit hätte Platen auf dem Gebiet der Ballade, besonders der heroischen Ballade, weit mehr leisten können. An Ermunterung fehlte es nicht. Schon für Wilhelm Müller ist *Der Pilgrim von St. Just* der Hauptbeweis dafür, daß der junge Platen ein Dichter ist[28]. In allen Formen schon kann man Platens Hang zum Großen und Hohen erkennen. Aber vorläufig ist dem jungen Dichter doch noch das Lied die Lieblingsgattung, und wenn von Publikationsplänen die Rede ist, pflegt er am liebsten das Wort Liedersammlung zu gebrauchen. Daß er auch diese Gattung sehr knapp und mit spielender Leichtigkeit behandeln kann, ist bei ihm selbstverständlich. Der Zweck des Liedes ist jedoch meistens noch die Erlebnisaussage, das Bekenntnis, die Klage. Für Platens Jugend besteht die Feststellung, daß er »ungoethisch« ist, noch nicht zu Recht, und insgeheim wirkt sich dieses Ausdrucksbedürfnis auch in der späteren Epoche aus; denn jede übersteigerte Objektivität hat kompensatorische Bedeutung. In folgendem Tone z. B. pflegt der noch unbefangene junge Platen zu dichten:

An x x x

> Du willst ein Lied, und daß ich an dich richte,
> Was oft in Reimen mir vom Munde flieht?
> So gelt' ich dir denn wen'ger, als Gedichte?
> Du siehst mich selbst vor deinem Angesichte,
> Du willst ein Lied?
>
> Du glaubst, o Freund, es könnte dich ergötzen,
> Wenn ich dir gebe, was ich lang' vermied?
> Du sollst den Menschen, nicht den Dichter schätzen.
> Doch deine Wünsche werd' ich nie verletzen:
> So nimm dies Lied.
>
> Was, als zuerst mein Blick auf deinem ruhte,
> Der unprophet'sche Geist noch nicht erriet,
> Was du mir warst, der Fröhliche, der Gute,
> Mit gleichem Sinn, mit immer heiterm Mute,
> Sagt dir mein Lied.
>
> Für jeden schönen Augenblick im Leben,
> Der mir so schnell an deiner Brust verschied,
> Für all dein treues, herzliches Bestreben,
> Nimm hier, was hätt' ich anders dir zu geben?
> Nimm hier mein Lied.
>
> Und klingt, wenn einst, im Weltgewühl verloren,
> Der eine lang' schon von dem andern schied,
> Dir noch einmal im Wechseltanz der Horen
> Mein halbvergeßner Name an die Ohren,
> So nimm dies Lied.

Und hörst du, daß der Sterblichkeit Gefilde,
Die bunte Welt mein Auge nicht mehr sieht,
Und daß ich ansprach meines Richters Milde,
Dann weih' noch einen Seufzer meinem Bilde,
Und meinem Lied!

Man mag in der unverhüllten »Künstlichkeit«, mit der hier (in einem so persönlichen Gedichte!) der Refrain und das Reimschema, auf dem die starke Wirkung des Refrains beruht, durchgeführt wird, den späteren Ghaselen- und Sonettendichter ahnen. Auch die Wortwahl kann gelegentlich schon an die Sonettdichtung erinnern; daß etwa der Augenblick »verschied«, erscheint in diesem schlichten Gedicht schon als Kühnheit. Wilhelm Müller, der ein Lieddichter ist und den Volksliedmaßstab anlegt, findet in den *Lyrischen Blättern* ab und zu »Schiefes, Unklares und Gezwungenes«[29]. Wesentlicher ist in dem zitierten Gedicht die Schlichtheit, die Unmittelbarkeit selbst. »Du sollst den Menschen, nicht den Dichter schätzen«, fordert Platen ganz biedermeierlich. Dieses wichtigste Anliegen im Gedicht kann kaum anders formuliert werden, und so benutzt Platen ruhig den Reim schätzen/ergötzen, den er später, als einer der ersten Fanatiker des reinen Reims, um keinen Preis durchlassen würde. Auch eine Gleichförmigkeit des Refrains, die an die Ghaselen erinnern könnte, fehlt. *Der herzliche Ton beruht nicht zuletzt auf der ständigen Variation des Refrains.* Daß es dem Dichter ernst war, darf man bei dem Gegenstande des Gedichtes annehmen. Im Tagebuch steht unter dem 31. Mai 1814 von dem Freunde Issel: »Il voulut, que je lui donne un petit poême à son départ«. Schon wird dem jungen Dichter die Kunst zum Problem. Sie eben bestimmt ja den Refrain und damit den einen Pol des Gedichts. Der andere Pol aber ist der Freund oder richtiger, die eigene ungeliebte, zum Nur-Dichten verdammte Person. Der Schmerz, den diese Existenznot erzeugt, wird offen ausgesprochen. Auch der Ausblick in die Zukunft vergegenwärtigt nicht die Unsterblichkeit des Dichters, sondern umgekehrt die Sterblichkeit und die Hilfsbedürftigkeit, die der dichtende Mensch mit allen andern gemein hat. Eben diese Unvollkommenheit des Menschen rechtfertigt auch – wie im gesamten Umkreis des (christlichen) Biedermeier – die unmittelbare und nicht in jeder Beziehung vollkommene Aussage.

Noch vier Jahre nach der vermutlichen Entstehungszeit dieses Gedichts steht Platen der Form des Sonetts mißtrauisch gegenüber. In seinem Tagebuch lesen wir unter dem Datum des 7. Mai 1818: »In keiner Sprache konnte ich dem Sonett Geschmack abgewinnen.« Als er ein Jahr später ein Sonett für eine Tante verfaßte, entschuldigt er sich vor sich selbst mit folgenden Worten: »Ich schreibe sonst nicht leicht ein Sonett, aber für ein Gelegenheitsgedicht ist es gerade recht, weil es eine beengende Form ist[!] und also Kürze zum Gesetz macht« (Tagebuch 20. 4. 1819). Wir bemerken in der Frühzeit auch sonst ein Mißtrauen gegenüber den Formen der Renaissance und des Barock. So will er z. B. die schwierige Spencerstanze »dem Lied mehr anpassen«, indem er sie auf fünf Zeilen reduziert. Das Tagebuch enthält an gleicher Stelle eine Probe dieses Bemühens (3. 1. 1819). Man versteht den positivistischen Biographen Platens, Rudolf Schlösser, wenn er die plötzliche Wendung zum Sonett, die das Jahr 1820 kennzeichnet, »ziemlich unerwartet« nennt[30]. Aber der bloße Einfluß von Camões genügt zur Erklärung dieser entscheidenden Wandlung noch nicht. Wir stehen in der Zeit, in der die fortwährenden Lebensenttäuschungen auf zwischenmenschlichem, besonders homoerotischem Gebiet die unmittelbare Erlebnisaussage lästig und qualvoll erscheinen lassen. *Die Meisterschaft in der Kunst wird zur Kompensation eines verfehlten Lebens,* und ein Lehrer des Dichters, der Philosoph Johann Jakob Wagner, liefert für dieses neue Bestreben die gedankliche Begründung, indem er sagt, Kunst sei die *Objektivierung* einer Idee. Wagner hatte ein Buch über *Mathematische Philosophie* geschrieben. Die Vorstellung einer mathematischen Kunst lag also nahe, auch wenn dieser Begriff von Platen nicht ausdrücklich geprägt wird*. Eben die Tatsache, daß Platen Wagners Ideen nicht ganz versteht[31], ist bezeichnend. Die ästhetischen Lehren des Philosophen werden bei dem unphilosophischen Dichter zur *alles beherrschenden Ideologie.* Sogleich z. B. findet er die Subjektivität in Goethes Werken tadelnswert, was dem Goetheverehrer Wagner gänzlich ferne lag. Bei diesem Abrücken vom Natürlichkeits- und Erlebnisbegriff dürfte Goethes Entwicklung selbst die Rolle einer Gegenprobe, die jeden Zweifel ausschließt, gespielt haben. Goethes Sonettenzyklus von 1815, der im Widerspruch zu seiner Warnung von 1807 entstanden war, mußte wie eine Bekehrung zum Sonett, wie ein Widerruf des Natürlichkeitsideals erscheinen. Platens *Sonett an Goethe* (1821) knüpft ausdrücklich und wörtlich an Goethes Warnung vor dem Sonett an und korrigiert sie fast triumphierend:

> Wem Kraft und Fülle tief im Busen keimen,
> Das Wort beherrscht er mit gerechtem Stolze,
> Bewegt sich leicht, wenn auch in schweren Reimen.
>
> Er schneidet sich des Liedes flücht'ge Bolze
> Gewandt und sicher, ohne je zu leimen,
> Und *was* er fertigt, ist aus ganzem Holze.

Die historische Rückwendung zur Renaissance- und Barocktradition, die der alte Meister vorsichtig, episodisch und fast ironisch mitmacht, vollzieht der junge Dichter mit der Gläubigkeit der restaurativen Generation. Bei Platen ist die Wendung zur strengen Form wirklich eine Art Bekehrung, wenn auch das Priestertum, dem er sich wie Zacharias Werner zuwendet, ein säkularisiertes, ein Kunstpriestertum ist. Aus diesem Charakter der Wende erklärt sich auch ihre Plötzlichkeit.

Ghaselen

Daß wir uns hier im Bereich der Barocktradition befinden, wird durch die fast gleichzeitig (1821) stürmisch einsetzende *Ghaselendichtung* bestätigt; denn die »orientalische« Dichtung ist, genau besehen, überall das Wiederauftauchen einer geographisch und historisch maskierten, einer raffinierteren Anakreontik (vgl. Bd. II, S. 514 ff.). Da die Anakreontik des 18. Jahrhunderts zu jener Zeit aus der Gesellschaft noch nicht verschwunden war, erkannte man diesen Charakter der Ghaselen sogleich, und Platen selbst leugnete ihn nicht. Doch meint er in einem Brief an Gustav Schwab (17. 3. 1828), die Anakreontik habe »doch auch einen wirklichen Werth in der Poesie…, wenn man auch nicht sagen kann, daß gerade das Gefühl darin vorherrsche. Es würde aber bei uns Deutschen in Unbedeutendheit ausarten, wenn es nicht unter einer künstlichen Form[!] gegeben würde«. *Wesentlich ist bei Platens neuem Glauben an die »künstliche«, äußere, ob-*

---

* Die »Architektonik« des Sonetts führt aber in die Nähe der Mathematik, und bei Johannes *Minckwitz,* dem gelehrten Platenverehrer, erscheint dann auch die »geschlossene mathematische Zeile des Dichters« (vgl. Bd. II, S. 490).

jektive Form, daß er auch für die Lyrik gilt. Goethe hatte in den Noten und Abhandlungen zum *Westöstlichen Divan* die Lyrik die »enthusiastisch aufgeregte« (erregte) Naturform der Dichtung genannt. Platen dagegen behauptet, und zwar mit dem ausdrücklichen Blick auf Goethe: »Die lyrische Poesie ist so wenig subjektiv, als es überhaupt die Kunst sein kann; im Gegenteil, der lyrische Dichter steigert das Objektive zu einem so hohen Grade, daß er sich selbst als Objekt zu betrachten imstande ist« (Das Theater als ein Nationalinstitut betrachtet, 1825). In solchen Feststellungen vollendet sich die Kunstideologie, die für Platens Lyrik fortan maßgebend wird und innerhalb der antikisierenden Dichtung eine noch bedenklichere fixe Idee aus sich erzeugt (s. u.).

In Goethes *Westöstlichem Divan* konnte Platen die reine Form des Ghasels nicht finden. Indem er das schwierige orientalische Versmaß vollkommen meistert, übertrifft er nach dem Maßstab seiner Kunstideologie den Klassiker. Hubert Tschersig, der Geschichtsschreiber der Gattung, nennt Platen »den bedeutendsten unter allen deutschen Gaselendichtern« [32]. Der Dichter hat die Dichtart selbst aus den persischen Quellen erarbeitet, im übrigen aber ausdrücklich anerkannt, daß wir Rückert »die ersten Gaselen verdanken« [33]*. Noch arbeitet Platen ziemlich leicht und ohne Pedanterie. In der ersten Sammlung (1821) gibt er sich gelegentlich tiefsinnig religiös und in diesem Sinne romantisch:

> Entspringen ließest du dem Ei die Welt;
> Dein reiner Wunderspiegel sei die Welt;
> Es schaut nach dir, wiewohl dich Keiner schaut,
> Voll liebesüßer Schwärmerei die Welt;
> Du atmest Leben, und du atmest aus
> Mit jedem Atemzuge frei die Welt;
> Du siehst dich selbst, und dir am Auge geht
> In jedem Augenblick vorbei die Welt;
> Der einzig Eine bist du, doch du lenkst
> Als eine mystischgroße Drei die Welt. (II)

In der zweiten Sammlung (ebenfalls 1821 in den *Lyrischen Blättern*) sind schon viele Liebesgedichte; ob für den Freund oder für die Geliebte, das wird mit Absicht offen gelassen. Ein üppiger, trunkener Ton findet sich oft, aber er ist wie im Barock nur die andere Seite des Vergänglichkeitsbewußtseins:

> Laß dich nicht verführen von der Rose Düften,
> Die am vollsten wuchert, wuchert auf den Grüften;
> Laß dich nicht verlocken vom Zypressenwuchse,
> Denn Gewürme nagen seine schlanken Hüften;
> Staune nicht dem Felsen! Stürme, Winde, Blitze,
> Selbst der Menschen Äxte mögen ihn zerklüften;
> Flehst du zu den Sternen? Sterne sind nur Flocken,
> Die nicht schmelzen können in den kalten Lüften.

---

* Zunächst allerdings – sehr bezeichnend für die Art von Platens Ehrgeiz – behauptet er, er sei der erste deutsche Bändiger dieser morgenländischen Form (Vorrede zum ersten Büchlein seiner Ghaselen, Erlangen 1821) und der Lehrer muß ihn erst daran erinnern, daß er, Rückert, der erste war (Rückert an Platen [21. 4.] 1821, Briefe S. 174).

Der Spiegel des Hafis ist ganz anakreontisch, rauschhafter freilich als die Anakreontik des 18. Jahrhunderts, aber er überschreitet die Sphäre des Weins und der Liebe kaum. Das orientalische Vorbild gibt zwar den Anlaß und das Recht, auch den Dichter und seine Kunst zu rühmen. Doch die Lebenslust des Dichters ist noch stark und ungebrochen, und sei sie auch nur im Augenblick, im Rausch, im Traum zu befriedigen. Trotzdem schleichen sich schließlich die alten Liebesklagen wieder ein. Die Flucht eines Freundes hat nach des Dichters Zeugnis zum Abbruch der Sammlung geführt (Tagebuch, 7. 9. 1821). Die *Neuen Ghaselen (1823) stehen unter dem Motto:*

> Der Orient ist abgetan,
> Nun seht die Form als unser an.

Die orientalischen Motive treten im Vergleich mit den früheren Sammlungen zurück, die Wiederholung des gleichen Wortes, die wichtigste Voraussetzung der Ghaselen-»Künstlichkeit«, wird öfters durch traditionelle Reimformen ersetzt:

> Es schmückt mit zarter Decke kaum
> Das junge, neue Laub den Baum:
> So grünt um deine Wange rings
> Der frische, dunkle, weiche Flaum;
> Für schöne Weiber wär's ein Glück,
> Nur zu berühren deinen Saum!
> Doch warfst du deinem Nacken um
> Der reinen, keuschen Sitte Zaum.
> O bringe Wein und komm zu mir,
> Im hohen Grase hier ist Raum!
> Es letze deiner Zunge Wort
> Das Ohr mir und der Wein den Gaum;
> Der Rausch erhöht dein Angesicht,
> Laß steigen dir zu Kopf den Schaum!
> Laß hier uns träumen, Arm in Arm,
> Der Jugend kurzen Morgentraum!

Das Ghasel ist »deutsch«, d. h. für die 1820er Jahre gedämpft, und, trotz der beabsichtigten Verklärung des erotischen Lebensgenusses, sinnig, wehmütig und fast biedermeierlich geworden. Allein, gerade in dieser Variabilität – sie zeigt sich auch an der großen Verschiedenheit der Verszahlen und Verslängen in den einzelnen Ghaselen – liegt der Beweis dafür, daß der Dichter trotz seiner Kunstideologie den funktionellen Zusammenhang mit dem Leben und der Gesellschaft noch nicht verloren hat, daß er lebendig geblieben ist*. Das meint wohl auch Goethe, wenn er Platens *Ghaselen* »geistreich«, »sinnig«

---

* Richard *Dove* erinnert mich brieflich mit Recht an Platens Wort: »Mir.../ Diente selbst der Scherz als Maske, wenn ich tiefe Schmerzen sang« (aus der 60., d. h. letzten Ghasele der letzten Ghaselen-Sammlung). Wenn ich Platens Neigung zu leichten, heiteren Formen, zur Anmut überhaupt betone, so will ich damit keineswegs seine Schwermut verniedlichen. Ich habe ihn längst bei der Richtung der »Weltschmerzpoeten« eingeordnet, ja, ausgerechnet durch das Zitat aus einem Ghasel einen Weltschmerz vergegenwärtigt (vgl. Bd. I, S. 229). Die Heiterkeit Platens ist nicht naiv, sondern, wie der Psychologe sagt, *kompensatorisch*. Dabei ist allerdings zuzugeben, daß auch diese Art von Heiterkeit ein Weg zur Heilung sein kann. Der größte Beweis dafür ist das Alterswerk des Wer-

und »*wohlgefühlt*« nennt[34]. Später, besonders im Jahre 1832, hat Platen das Ghase' gelegentlich wieder hervorgeholt (s. u.), einmal unter ausdrücklicher Anrufung Anakre-ons. Vorläufig aber ist dieses Experiment abgeschlossen.

Die Sonette als Platens dichterischer Höhepunkt

Länger fesselte ihn das Sonett. Es ist in der Literaturgeschichte öfters festgestellt wor-den, daß Platen in dieser Form sein Bestes gegeben hat; mit Recht, denn im Sonett kam sein neues Kunstprogramm zu einer ganz reinen Verwirklichung. Eben darum konnte er auch »das letzte, entscheidende Wort für die Erhaltung des [umstrittenen] deutschen So-nettes« sprechen und eine Zeitlang »der wegweisende Führer aller späteren deutscher Sonettisten« werden[35]. Inhaltlich zogen ihn Shakespeares Sonette wegen ihres Freund-schaftskultes am stärksten an. In dem Sonett *Shakespeare in seinen Sonetten* (1822) hul-digt er dem Dichter, weil ihm »Mädchenlaunen« nichts anhaben können. Vielleicht hat ihn auch die Steigerung in Shakespeares Sonett, das Aufsteigen zu einem Höhepunkt be einflußt. In der Anordnung der Reime dagegen kommt Shakespeare für den damaliger Platen nicht mehr in Betracht. Nur die strenge italienische Form, nach dem Vorbild vor Petrarca, Camõens, A. W. Schlegel und Rückert, kann seinem Kunstwillen genügen Doch liegt der Wert der Platenschen Sonette eben darin, daß sie nicht nur glatt und ele gant, sondern gewichtig und stellenweise sogar wuchtig sind. Während er sonst, um zur Vollendung zu kommen, oft allzusehr von sich selbst absieht, gelingt es ihm hier, seine Leidenschaft, sein Liebesleid, seine Verehrung, sein verzehrendes Schönheitsverlangen in dem ganzen Ton und Klang der Gedichte Wirklichkeit werden zu lassen. Die Mittelbar keit der Form führt zur Überwindung der Jugendsentimentalität, aber sie führt nicht zur Verdrängung dessen, was er ist und was ihn in Wahrheit angeht. *Die Form ist für eine technische Begabung vom Range Platens leicht genug, um nicht als solche aufdringlich zu werden, und noch stören ihn keine metrischen Grillen bei der Behandlung der Sprache.*

Zahlenmäßig stehen die Liebes- bzw. Freundschaftssonette im Vordergrund. Nich nur die Sonettform, auch das innere Schema des »Petrarkismus«, die ständige Klage um unerfüllte Liebe, kommt hier dem Dichter zustatten. Und während das aus diesem uner füllten Leben entspringende Todesverlangen im barocken Petrarkismus spielerisch ge halten werden mußte und sonst der geistlichen Lyrik vorbehalten war, durchdringt e hier die Liebeslyrik selbst. Von der süßen Täuschung, doch geliebt zu sein, wird auch ge sprochen, aber die Illusion wird im Unterschied zu den Ghaselen nicht kultiviert. Und manchmal wird, persönlicher als dort, der ganze Bereich des Liebens und Lebens durch brochen und nur die grausige Wahrheit eines Verzweifelten ausgesagt:

> O süßer Tod, der alle Menschen schrecket,
> Von mir empfingst du lauter Huldigungen:
> Wie hab' ich brünstig oft nach dir gerungen,
> Nach deinem Schlummer, welchen nichts erwecket![!]

---

therdichters. Innerhalb der Dichter dieses Bandes gab wohl Mörike das schönste Beispiel (s. u S. 704 f.).

Ihr Schläfer ihr, von Erde zugedecket,
Von ew'gen Wiegenliedern eingesungen,
Habt ihr den Kelch des Lebens froh geschwungen,
Der mir allein vielleicht wie Galle schmecket?

Auch euch, befürcht' ich, hat die Welt betöret,
Vereitelt wurden eure besten Taten,
Und eure liebsten Hoffnungen zerstöret.

Drum selig Alle, die den Tod erbaten,
Ihr Sehnen ward gestillt, ihr Flehn erhöret,
Denn jedes Herz zerhackt zuletzt ein Spaten. [!] (1826)

Der persönliche Schmerz hat sich in diesem Gedicht wie in zahllosen anderen der Biedermeierzeit zum Weltschmerz verallgemeinert; aber selten wird die Verzweiflung in solcher Strenge, ja Härte ausgesagt. Das letzte Bild, das in einem lyrischen Gedicht der Zeit ganz unerhört war, wirkt wie ein Schlag oder ein schriller Schrei. Der grausame Naturalismus der Metapher vor allem widersprach allen idealistischen Normen und erinnert uns an die barocke oder expressionistische Bildlichkeit. Wenn auch das Schlußwort »Spaten« die Harmonie der äußeren Form in keiner Weise beeinträchtigt, so gibt es den Versen doch den Charakter der Unerbittlichkeit. Das Sonett hat eine Art grausamer Pointe. Schon im ersten Quartett, das so mild, an geistliche Gedichte anklingend beginnt, hat die entschiedene Absage an den Unsterblichkeitsglauben in der vierten Zeile, eine ähnliche Funktion; die Zeitgenossen empfanden bestimmt schon diesen Vers als grob und anstößig. Auch das zweite Quartett führt von der Süße (»Wiegenlieder«) zur Bitterkeit (»Galle«). Weder im Leben noch im Tode kann irgendeine Hoffnung den Bann der allgemeinen Nichtigkeit durchbrechen. Diesen nihilistischen Sinn gewinnt hier die strenge Form; man könnte sich das Gedicht kaum in einer anderen denken.

Auch Huldigungssonette hat Platen gedichtet (an Tieck, Schelling, Justus Liebig, Sophokles, Hafis u. a.). Da er je länger je mehr in der Welt der Kunst und Bildung lebt, besagen solche Themen nichts gegen den Ernst und das Gewicht von Platens Sonettdichtung. Es wäre auch falsch, in einem pejorativen Sinne von Panegyrik zu sprechen; denn der gesellschaftliche Bezug ist für die gesamte Lyrik der Biedermeierzeit selbstverständlich (vgl. Bd. II, S. 527 ff.), auch für Platen. Diese Gesellschaftsunmittelbarkeit, nicht nur hie und da, sondern in einem großen Teil der Lyrik trennt ihn vielleicht am deutlichsten vom l'art pour l'art. Als Panegyrik und keineswegs bloß als eine symbolische Dichtung sehen wir auch den Sonettenzyklus *Venedig* (1825), der zunächst separat gedruckt wurde und besonders bekannt geblieben ist. So erschienen z. B. zu Weihnachten 1976 »500 nummerierte Exemplare« des Zyklus »auf Bütten... mit der Hand in dunkelblaues Leinen gebunden« (Edition Bay, Stuttgart). Wir wissen bereits, daß Venedig für Platen nicht nur ein Ort der Geographie oder Kunstgeschichte, sondern eine *Wahlheimat*, eine Art Schicksal war. Das Venedigerlebnis des Jahres 1824 wurde der Beginn seiner Italien-Existenz. Schon wegen dieser biographischen Tatsache können A. W. Schlegels akademische Gemäldesonette kaum mehr als eine Anregung gebildet haben. Diese Abgrenzung ist nicht so zu verstehen, als ob die Kunst und das Kunsthistorische in Platens Venedig-Sonetten keine Rolle spielen. Schon das erste Sonett enthält die Worte Palladio, Seufzer-

brücke, Venedigs Löwen, Markusplatz. Gerade das *neue Bedürfnis nach Detailgenauig*
keit und »plastischer« Anschaulichkeit führt den Dichter zur Geographie und Kuns
Darin liegt zunächst ein Abrücken von der idealistisch verallgemeinernden »vagen
Dichtung (vgl. Bd. I, S. 128). Aber auch der »Stoff« als solcher hat, wie wir schon gesehe
haben, bei Platen ein echtes Gewicht. Die Vergegenwärtigung von Venedigs »Kunstreich
tum« ist ihm wichtiger als eine »strenge Gliederung« [36]. Ein besonders scharfer Platen
kritiker, der, wie dies leider üblich ist, die Biedermeierzeit nicht kennt, spricht von »bä
dekerhaften Aufzählungen« [37]. Aber das kunstvolle Integrieren empirischer Element
ist bei allen bedeutenden Dichtern der Zeit das Neue und bei Platen eine Voraussetzun
für die harte Fügung, deren Meister er ist. Der neue Kunstglaube und die konstruktiv
Formkraft des Dichters geben dem Gegenstand, so genau und spröd er auch dargestel
wird, Transparenz. Landschaft und Kunstwerke, Liebe und Lebensklage werden in die
sen Sonetten zu einem einzigen Traume der fernen und tödlichen Schönheit:

> Es scheint ein langes, ew'ges Ach zu wohnen
> In diesen Lüften, die sich leise regen,
> Aus jenen Hallen weht es mir entgegen,
> Wo Scherz und Jubel sonst gepflegt zu thronen.
>
> Venedig fiel, wiewohl's getrotzt Äonen,
> Das Rad des Glücks kann nichts zurückbewegen:
> Öd' ist der Hafen, wen'ge Schiffe legen
> Sich an die schöne Riva der Sklavonen.
>
> Wie hast du sonst, Venetia, geprahlet
> Als stolzes Weib mit goldenen Gewändern,
> So wie dich Paolo Veronese malet!
>
> Nun steht ein Dichter an den Prachtgeländern
> Der Riesentreppe staunend und bezahlet
> Den Tränenzoll, der nichts vermag zu ändern!

Ich habe dies Gedicht zitiert, weil es die lyrische Objektivität Platens genauer bezeichne
kann. Das Schlußbild mit dem Dichter, der über den Untergang der einst so stolzen Vene
tia weint, hat nicht allen Freunden Platens gefallen. Diese objektivierte Gestalt des kl
genden Dichters war neu, während eine wortreiche (empfindsame) Wiedergabe der Kl
gen selbst bestimmt nicht aufgefallen wäre. Der Eingang des Gedichts enthält nicht d
üblichen ach und o. Aus der Interjektion wird das Substantiv Ach. Auch die Einschrä
kung: »Es scheint [!] ein langes, ew'ges Ach zu wohnen«... dämpft die Rhetorik. Die gle
che Wirkung hat der Umstand, daß Venetia nicht von dem Dichter selbst personifizie
wird, was der gebräuchlichen Diktion entspräche, sondern daß er an die Allegorie Vere
neses erinnert. Die gelehrte Anspielung steigert die Mittelbarkeit des Sonetts; aber den ly
rischen Charakter nimmt sie ihm nicht. Auch wenn wir mit Goethe und Hegel von de
Lyrik Subjektivität verlangen, ist das Gedicht lyrisch.

Wenn man sich fragt, was den Vorwurf »bädekerhafte Aufzählungen« veranlaßt ha
ben könnte, so erinnert man sich eines Sonetts, das vier Malernamen nennt:

Erst hab' ich weniger auf dich geachtet,
O Tizian, du Mann voll Kraft und Leben!
Jetzt siehst du mich vor deiner Größe beben,
Seit ich Mariä Himmelfahrt betrachtet!

Von Wolken war mein trüber Sinn umnachtet,
Wie deiner Heil'gen sie zu Füßen schweben:
Nun seh' ich selbst dich gegen Himmel streben,
Wonach so brünstiglich Maria trachtet!

Dir fast zur Seite zeigt sich Pordenone:
Ihr wolltet lebend nicht einander weichen,
Im Tode hat nun jeder seine Krone!

Verbrüdert mögt ihr noch die Hände reichen
Dem treuen, vaterländischen Giorgione,
Und jenem Paul, dem wen'ge Maler gleichen!

Zweifellos können nur Kunsthistoriker oder Kenner Venedigs klare Vorstellungen von den erwähnten Malern haben; aber schadet dies dem Verständnis des Sonetts? Worauf das Gedicht hinweisen will, ist doch etwas, was jenseits der vier Maler steht. Der Dichter meint, daß die venezianischen Maler in einem *religiösen und politischen Zusammenhang* geborgen waren, der selbst den Streit zwischen Tizian und Pordenone unwichtig machte. Geschichtlich gesehen, jenseits der Gegenwart, die wie jede Gegenwart voller Leid und Streit war, treten sie jedenfalls harmonisch zusammen. Der Dichter fühlt sich den toten Künstlern näher als seinen zeitgenössischen Kollegen. Es ist übrigens nicht zu vergessen, daß die Form des Zyklus die Wiederholung solcher Namen ermöglicht, so daß sich am Ende doch ein vollständiges Bild ergibt. Der hier erwähnte Paul ist der im ersten Sonett genannte Paolo Veronese. Zu beachten ist ferner, daß schon die Anredeform einer baedekerhaften Objektivität widerspricht und daß die italienischen Namen sicherlich zugleich eine Klangfunktion haben. Auch dem Leser, der nicht genau auf den Sinn des Gedichtes achtet, soll durch die fremden, für den Dichter zauberhaften Namen die italienische Atmosphäre vermittelt werden. Man darf bei der Interpretation der »Italien-Romantik« nicht vergessen, daß für den Biedermeierdeutschen Venedig viel weiter entfernt lag als für uns heute der malaiische Archipel. Die ferne Insel, wie ihre künstlerische Vergangenheit gestattet dem Dichter das bittere Leben aus einem weiten Abstand zu sehen, als bloßes Bild, und – bei aller Abneigung gegen das Idealisieren – sogar etwas Schönes daraus zu machen, etwas konkret Schönes.

Die umstrittene Oden- und Hymnendichtung

Die antikisierende Lyrik gilt traditionellerweise als der beste Teil der Dichtungen, die Platen in den letzten zehn Jahren seines Lebens hervorgebracht hat. Wenn seine klassizistische Wende insgesamt auf seine ökonomische Abhängigkeit von einem Mäzen und auf den verheißungsvollen Regierungsantritt des antikefreundlichen Königs Ludwig von Bayern zurückzuführen ist (s. o.), so bedeutet dies noch nicht, daß er die Chancen seines hochadligen Standes, die im Zeitalter der Restauration kaum zu überschätzen sind, wü⟩ delos wahrnahm. Während der »Edle von Strehlenau« (Lenau) hochstaplerische Züg⟩ zeigt, kultiviert Platen eher die Tiefstapelei. Das belegen alle Zeugnisse über seine L⟩ benshaltung. Sein Zimmer sieht wie das eines Gelehrten aus, ganz und gar nicht gräflic⟩ die Tafelfreuden des Südens, die andere Adlige, wie Rumohr, hochschätzen, beachtet ⟨ nicht. Er war nicht nur ein Kunstpriester, sondern wie Stefan George ein Kunstmönch mit dem Gelübde der Armut. Diese asketische Haltung ermöglichte es ihm, mit seine⟩ kümmerlichen bayerischen Gehalt auszukommen und alle Regeln höfischer Lebenskun⟩ zu mißachten. Das beste Beispiel dafür sind die *Polenlieder,* die der Dichter in dem A⟩ genblick schrieb, da Bunsen, der preußische Botschafter in Rom, versuchte, eine Förd⟩ rung des Dichters durch den Kronprinzen, den späteren »Musenkönig« Friedrich W⟩ helm IV., zu erreichen. Der Cyclus erschien mehrfach im Ausland, schadete also de⟩ preußischen Ansehen und zerschlug selbstverständlich Bunsens Verhandlungen mit de⟩ Kronprinzen. Man braucht den Dichter deshalb nicht zu heroisieren. Wenn er selbst ein⟩ der Polengedichte an den Kronprinzen schickt, um ihn zum Polenfreund zu machen, s⟩ verrät dies auch die Selbstüberschätzung, die Donquichotterie, die Weltfremdheit, die z⟩ seinem Wesen gehört. Aber daß er seine preußischen Chancen um der polnischen Freihe⟩ willen rücksichtslos aufs Spiel gesetzt hat, bleibt ein objektiver Befund. Seine adelig Herkunft und seine Offizierserziehung dürfen nicht nur negativ gesehen werden. *Sie b⟩ gründen auch seine Tapferkeit, seinen Stolz, oder wenn man die Tugend etwas psychol⟩ gisieren will, sie stärken den Trotz des immer geldbedürftigen Sonderlings.*

Die antikisierende Lyrik, mit dem von Platen gesetzten Schwerpunkt auf der Ode un⟩ Hymne, kann in der Biedermeierzeit nur einer Trotzhaltung entspringen; denn der lyr⟩ sche Geschmack aller Richtungen ist dem hohen Stil wenig günstig (vgl. Bd. II, S. 571 ff.⟩ Selbstverständlich gibt es die hohe klassizistische Lyrik als »gesunkenes Kulturgut⟩ Aber Heine und die Droste haben keine Oden geschrieben, Mörike nur parodistische (⟩ u. S. 719 f.); auch Lenau, der die Ode zunächst in einem milden liedhaften Stil kultiviert⟩ rückte später völlig von ihr ab. Der steile Odendichter Klopstock war für diese en⟩ spannte und gesellige Zeit, nicht eben unter Burschenschaftlern, aber unter Kennern, ein⟩ *Spottfigur.* Der einzige bedeutende Dichter, der mit ihm und seinem Nachfolger Vo⟩ wetteiferte, war Platen. Daß er nur die Spitze eines althumanistischen Eisberges war, i⟩ zu vermuten und wäre im Rahmen der Klassizismustradition (vgl. Bd. I, S. 251 ff.) näh⟩ zu erforschen; denn die Macht der klassischen Philologen war gewaltig. Wichtiger e⟩ scheint, daß diese Klopstocknachfolge erneut seinen *Trotz gegenüber der Weimar⟩ Klassik* bezeugt; denn Goethe und Schiller hatten die an einem Hof eigentlich obliga⟩ Ode *nicht* kultiviert, sondern hielten auf lyrischem Gebiet an der Herder-Tradition (Lie⟩ Ballade) fest. Die Ode gestattete es dem ehrgeizigen Dichter, die Panegyrik der Sonet⟩ fortzusetzen und dabei in höhere gesellschaftliche Regionen vorzustoßen; denn scho⟩ Klopstock hatte aus seinem Kunstpriestertum den Anspruch abgeleitet, die Herren d⟩ Welt zu loben oder zu tadeln. Der innerliterarische Vorzug der Ode lag darin, daß sie ⟩ den Augen des rückwärtsgewandten Dichters am ehesten geeignet war, *die Gleichberec⟩ tigung des Lyrikers, gegenüber dem Dramatiker und Epiker, durchzusetzen.* Die E⟩ kenntnis, daß ein Liedchen Goethes schwerer als ein Epos oder ein Drama wiegen kön⟩

e, lag völlig außerhalb seines Denkens, weil er noch in niederen und hohen Gattungen
der Stilstufen, nicht, wie die moderne Kritik, in der Rangordnung des Poetischen dach-
e.

Los des Lyrikers (1831)

Stets am Stoff klebt unsere Seele, Handlung
Ist der Welt allmächtiger Puls, und deshalb
Flötet oftmals tauberem Ohr der hohe
    Lyrische Dichter.

Gerne zeigt Jedwedem bequem Homer sich,
Breitet aus buntfarbigen Fabelteppich;
Leicht das Volk hinreißend erhöht des Dramas
    Schöpfer den Schauplatz:

Aber Pindars Flug und die Kunst des Flaccus,
Aber dein schwerwiegendes Wort, Petrarca,
Prägt sich uns langsamer in's Herz, der Menge
    Bleibt's ein Geheimnis.

Jenen ward bloß geistiger Reiz, des Liedchens
Leichter Takt nicht, der den umschwärmten Putztisch
Ziert. Es dringt kein flüchtiger Blick in ihre
    Mächtige Seele.

Ewig bleibt ihr Name genannt und tönt im
Ohr der Menschheit; doch es gesellt sich ihnen
Selten freundschaftsvoll ein Gemüt und huldigt
    Körnigem Tiefsinn.

Wesentlich ist der Schluß der ersten Strophe: »der hohe[!] lyrische Dichter«. Er erwirbt
ewigen Ruhm; aber in der Augenblickswirkung hat er es schwerer als die Verfasser von
Dramen, Epen und – dies ist in unserm Zusammenhang wichtig – von »Liedchen«. Gedacht ist an das »Scherzgedicht« (vgl. Bd. II, S. 514 ff.), an das gesellige Lied, an das Gelegenheitsgedicht, kurz an jegliche Lyrik im mittleren oder niederen Stil, von Platen öfters
»Bänkelsang« genannt. Einen Überrest des romantischen Renaissancismus erkennen wir
darin, daß der Sonettist Petrarca neben Horaz und Pindar tritt. »Tiefsinn« ist ein allgemeines Attribut der Ode, sie darf gedanklich sein; »körnig« meint die harte Fügung, zu
der Platen mehr und mehr neigt.
  Daß er fast bis in sein 30. Jahr unter Lyrik etwas anderes verstand, verrät der Brief an
Fugger vom 13. 1. 1825: »Schicke mir doch wenn Du wieder etwas von mir componirt
hast, das ich noch nicht kenne... Ich schreibe Dir hier ein Lied bei, das aber wahrscheinlich nicht componirbar seyn wird. Es gehört zu einem künftigen Drama *Tristan und Isolde*. Ich traue mir wenig lyrisches Talent zu[!]. Meine Sachen sind alle unglaublich
schwerfällig«. Unter Lyrik verstand man ursprünglich die Lieddichtung; sie lebte im Biedermeiersalon noch meist in der Form des komponierten Liedes. Berühmt waren die Lyriker, deren Lieder oft komponiert wurden, wie Goethe, Wilhelm Müller, Heine, Lenau
und viele heute unbekannte Dichterlinge. Das Gedicht, das Platen so verdrossen kommentiert, ist sein berühmtestes von heute: »Wer die Schönheit angeschaut mit Augen...«

451

(Titel in Platens Brief *Gesang*, später *Tristan*) [38]. Die Emigration aus dem Biedermeier salon fiel dem Grafen offensichtlich schwer. *Er wollte unmittelbaren Erfolg.* Dies be zeugt ja auch die Ode *Los des Lyrikers.* Aber er schlug dann doch entschlossen die Bah ein, die ihn vom Gesellschaftslied entfernte, erst als Sonettist, dann als Odendichter. Pla ten hatte rastlos an den Sonetten aus Venedig gefeilt. Es war ihm wohl klar, daß er in die sem Zyklus einen Höhepunkt erreicht hatte, den er kaum überbieten konnte. *Nach sei nem ganzen Denken konnte er nur höhersteigen, wenn er eine noch höhere Gattung wählte.* So gelangte er zu den Oden und »Festgesängen« (Hymnen). Aber die Frage is sogar innerhalb der Platenforschung, nie verstummt, ob er tatsächlich höhergestiegen is oder sich verstiegen hat und tödlich abgestürzt ist.

Platens metrische Grundsätze

Wir können trotz unseres beschränkten Raumes diese Frage unmöglich diskutieren ohne auf die metrischen Grundsätze des späten Platen einzugehen. Das mag äußerlich e scheinen, *doch die Dinge liegen leider so, daß wir damit ein zentrales Problem des späte Platen berühren und daß mit der metrischen Gestalt der Wert der meisten seiner späte Dichtungen steht und fällt.* Platen war der letzte, die entscheidende Bedeutung der Frag zu leugnen: »Jegliche Silbe verrate den Dichter, wofern er es ganz ist« (Epigramm *Halb dichter,* 1830). Eben dadurch entstand die erwähnte Crux, und eine Methode, die der wesentlichsten Problem ausweicht – sie ist in der Platen-Literatur öfters zu finden –, ve fehlt den Dichter selbst*. Ich gebe wenige Beispiele, weil es nur darauf ankommt, daß di Entscheidung, die ich unausweichlich nenne, im systematischen Sinne klar wird, beton aber ausdrücklich, daß sich Hunderte von genau entsprechenden Fällen in Platens späte Gedichten finden. Wir beginnen mit einem Distichenepigramm, um zu beweisen, daß de Fehler, den wir früher in einem Pentameter feststellen mußten, nicht vereinzelt ist:

Heine und Konsorten (1829)

Handwerksmäßiger Bänkelgesang, bockfüßige Geilheit
Macht euch, nebst Wahnsinn, deutsche Gemüter geneigt.

---

* Thomas *Mann* sah den absoluten Originalismus der heutigen Germanistik nicht voraus, als e dem gesunden Menschenverstand, dem Geschmack vertraute und die hier zu behandelnde Strei frage schon für erledigt hielt: »War es denn nicht eine Donquijoterie der generös-eigensinnigste Art, daß er der deutschen Sprache Formen aufzwang – wenn auch mit herrlichem Erfolge[?] au zwang –, die sie erhoben, aber quälten, wie die Wiederkehr des Gleichen im Ghasel und das hierat sche Zeremoniell der Ode, das ihn zur Forderung unnatürlicher Betonungen, wie Deutsch*lan* Wah*r*heit und Nach*s*icht, führte und dessen fromme Narrheit eben darin liegt, daß heute schon kei Mensch ihm die metrische Tadellosigkeit auch nur nachzurechnen sich die Mühe gibt« (Adel de Geistes, Frankfurt 1955, S. 447)? Es ist zu beachten, daß Thomas Mann (vgl. den Schluß der Red bei einer lokalen Ehrung des Dichters sprach. Daher der Einschub (»herrlicher Erfolg«) und die Ur bestimmtheit, die er seinem Spott in der ganzen Ansprache gibt. Dem Kenner bezeugt das Wo «fromme Narrheit« Thomas Manns Stellung in der Platen-Streitfrage deutlich genug. Die Parallel sierung der Ghaselen und der Oden belegt sogar eine größere Strenge des Urteils, als ich sie gutheiß

Wir müssen, um ein Distichon zu haben, Wahnsinn betonen. Das ist nach Platens metri-schen Begriffen ohne weiteres möglich, denn Sinn und ebenso füß (in bockfüßig) ist, wenn man von der antiken Metrik ausgeht, eine »lange« Silbe. *Für das höchste Kennzei-hen einer »hohen«, klassischen Dichtung hält er den Reichtum an Spondeen.* Sie begeg-nen uns bei Platen auf Schritt und Tritt, besonders in den Oden und »Festgesängen«: »schürte den Holzstoß«, »riesiges Scheusal«, »schärfe die Klau'n dir«, »habgierig Östreich«, »uralte Blutschuld«, »blutdürstige Greul« – das ist die *Sprachdichte, die der Dichter ganz naiv antikisierend für hochpoetisch hält.* Platen benützt keineswegs nur die bekannten Horazischen Odenmaße, sondern auch einige Klopstocks, und er selbst hat sieben neue erfunden. Er beansprucht, nach Klopstock der zweite große Odendichter zu sein. Da nun die Vortrefflichkeit seiner Rhythmen von den barbarischen, durch »Bänkel-gesang« (s. o.) verdorbenen Deutschen sonst nicht erkannt würde, legt er großen Wert darauf, daß beim Abdruck seiner Oden und pindarischen Festgesänge *metrische Sche-mata vorangestellt werden, ein indirektes Eingeständnis der Tatsache, daß ihre metrische Gestalt rhythmisch, das heißt von der zwanglos gesprochenen akzentuierenden deut-chen Sprache her, unmöglich realisiert werden kann.* Die folgende Odenstrophe z.B. muß nach Platen so gelesen werden (4. Strophe der Ode *In Genua*, 1828):

Dich, dein rauschendes Meer und den schönen Strandweg,

Ja, was reizender ist! Ich erblickte kaum noch

Je mich selbst in geliebtern

Augen und liebenderen.

Man kann zunächst vom metrischen Schema absehen und von der Sprache her lesen, beim letzten Wort aber wird dies unmöglich; und so ist es immer wieder, da Platen mit vollem Bewußtsein die Sprache seinem »Rhythmus« – das Wort ist ihm gleichbedeutend mit Metrum – *unterordnet.* Den Rekord hat nach Andreas Heusler[39], dessen germani-stischer Kritik an Platens naiv antikisierender Metrik wir zunächst folgen, die Ode

Der Turm des Nero (1827)

$$-- \cup \cup -, -- \cup \cup -, --$$
$$-- \cup \cup -, -- \cup \cup -, --$$
$$-- \cup --- \cup - \cup$$
$$\cup - \cup - \cup - \cup -$$

Glaubwürdiges Wort, wohnt anders es noch beim Volk,
Dann stieg, da er hieß anzünden die Stadt, dann stieg
  Auf·jenen Turm schaulustig Nero,
    Und übersah die Flamme Roms.

Mordbrenner umher aussendete sein Machtwort,
Bacchantinnen gleich, trug Jeder des Fests Pechkranz;
  Dort aber stand auf goldner Zinne
    Der Kaiser, der die Laute schlug.

Hoch rühm' ich das Feur, sang Jener, es ist goldgleich,
Ist wert des Titans, der's keck dem Olymp wegstahl:

Zeus Adler trägt's, und einst empfing es
Des Bacchus ersten Atemzug!

Komm, leuchtender Gott! Reblaub in dem Haar, tanz' uns
Weichfüßige Reihn, eh' vollends die Welt Staub wird:
Hier magst du dir Roms Asche sammeln,
Und mischen deinen Wein damit!

Daß man das Gedicht nach Platens Schema nicht ohne große Mühe lesen kann, ist klar. Entscheidend ist aber der Umstand, daß das Gedicht, auch von der Sprache her gelesen, höchst holperig und geradezu stümperhaft wirkt, nicht deshalb, weil Platen unfähig ist, sondern *weil in der deutschen Sprache das antike metrische System, das hinter Platens Spätdichtung steht, nicht möglich ist.* Nach Heuslers Kritik handelt es sich also nicht um einzelne Fehler – die gibt es beim späten Platen kaum mehr! –, sondern um eine grundsätzliche Verirrung. Platen hat im Widerspruch zu guten, sprachrichtigen Ansätzen die Fehler manchmal erst hineingefeilt[40]. Gerade das Perfektionsprinzip wurde – ein typisch modernes Schicksal – zum Grund der vollkommenen Niederlage. Mörike, der grundsätzlich auch die Metrik von Voß bejahte, aber stärker seinem Sprachgefühl folgte, gibt viel weniger Anstöße rhythmischer Art (vgl. u. S. 749 f.). *Der poëta doctus Platen war es, der in die Sackgasse geriet.*

Die Leidenschaft zum antiken Dichten, zur Spondeenjagd erwachte zu Beginn der italienischen Zeit ebenso plötzlich, »unorganisch«, wie zuvor die Neigung zu Ghasel und Sonett. Noch in dem polemischen *Promemoria an die Feinde der Gaselen* wendet er sich ausdrücklich gegen die Nachahmung der antiken Prosodie und seine damaligen Worte kennzeichnen seine eigene Spätdichtung treffend: »Der Erfolg hat gelehrt, daß, wo diese Formen regelrecht ausgebildet wurden, eine herbmanierierte Verknöcherung, ja Versteinerung wie z. B. bei Voß zum Vorschein kam.« Voß ist nach Heusler der »Schutzheilige der falschen Spondeen«. A. W. Schlegel und F. A. Wolf folgten ihm und steigerten seinen Ansatz zum »Trochäenverbot«[41]. Ihnen, *nicht* Goethe, der nur vorübergehend von den Philologen beeinflußt wurde, *nicht* Hölderlin folgt Platen, und zwar, wie die zitierte Äußerung verrät, im *Widerspruch zu seinem natürlichen Sprachgefühl.* Heusler betont mit einem gewissen Recht, daß es ganz sinnlos ist, beim späten Platen von übermäßiger Formvollendung zu sprechen. »Seine Formgerechtigkeit war nicht zu groß, sie war irregeleitet«[42]. Der Schweizer Vershistoriker schreibt unter dem Eindruck der Platenrenaissance zu Beginn unseres Jahrhunderts und stimmt eine Elegie über den zufälligen Irrtum eines großen Dichters an. Er hätte für sein Urteil einen besonders unverdächtigen Kronzeugen anführen können, Stefan George, ohne dessen Platen-Verteidigung der Dichter vielleicht mit dem übrigen klassizistischen Schutt des 19. Jahrhunderts aus dem Wege geräumt worden wäre. In dem dritten Bande der *Deutschen Dichtung*, einer Mustersammlung lyrischer Gedichte, die George und Wolfskehl herausgaben, findet man 16 Oden Hölderlins, dagegen unter den Gedichten Platens, die für diesen Zweck ausgewählt wurden, nur acht Oden. Wenn man bedenkt, daß einige dieser Oden (*Lebensstimmung, Morgenklage* und *In der Neujahrsnacht*) bestimmt aus inhaltlichen Gründen die Aufmerksamkeit der modernen Herausgeber erregten – sie reden von der priesterlichen Kunstgesinnung und der Verkennung des Dichters –, so sieht man noch deutlicher, wie wenig George von der *Spätkunst* Platens überzeugt gewesen sein kann. Von den Sonetten nahm er 29, unter andern den ganzen Venedig-Zyklus auf. Man kann also nicht behaupten, daß George Hölderlin höher als Platen schätzte, wie dies heute wohl fast alle Kenner tun. Ob freilich die Trennung zwischen dem Platen vor und nach 1826 das letzte Wort der Kritik sein darf? Diese Frage ist mit Georges Hilfe nicht mehr zu beantworten. Es ist auch zu beachten, daß Stefan Georges psalmodierende Vortragsart[43] *die Sprachferne von Platens Versen musikalisch überspielte und von dem philologischen Problem, das uns beschäftigt, ablenkte.* Die grundlegende Frage ist, ob die Dichtung an das Strukturgesetz einer bestimmten Sprache gebunden ist oder ob sie ihr ein beliebiges, fremdes System aufzwingen kann, – eine Frage, die sich beim Dada und bei der heute erstaunlich selbstsicheren Dada-Tradition in anderer Weise erneut stellt. Indem Platen zwischen Leben und Kunst, Volk und »klassischer« Bildung einen nicht absoluten, aber bereits gefährlichen Trennungsstrich zog, entfernte er sich auch von der Sprache, d. h. von der Macht, die m. E. allen literarästhetischen Experimenten gegenüber ihre Majestät behauptet und ohne Hingabe nicht zu meistern ist. Daß jede Technik an der Natur des Menschen ihre Grenzen finden muß, das wird schon hier, zu Beginn des technischen Zeitalters in beispielhafter Weise klar. Die Erwiderung, daß das Experiment auf das 18. Jahrhundert zurückgeht (Klopstock, Voss) ist keine Widerlegung; denn in der Aufklärung begann ja die unaufhebbare Spannung zwischen der immer künstlicheren selbstgeschaffenen Zivilisation und der Naturgebundenheit des Menschen*.

Ein Rettungsversuch

Es ist verständlich, daß Jürgen Link als Angehöriger der jungen Generation im Zuge der allgemeinen Germanistikverachtung die germanistische Platenkritik Heuslers zu widerlegen versuchte[44]. Vorangegangen war Hans Wilhelm Fischer, der wie seine Kollegen im 19. Jahrhundert, aber mit neugeschliffenem altphilologischem Rüstzeug, dem althumanistischen Dichter mit humanistischer Begeisterung zu Hilfe geeilt war und nachgewiesen hatte, daß »Voss und in seinem Gefolge Platen, der metrischen Praxis des Horaz wie kein Dichter sonst nahegekommen« ist[45]. *Leider ist dies nicht die Frage, die den Germanisten interessiert.* So dachte wohl auch Link; aber er hätte den Mittreter für Platen deshalb doch in sein Literaturverzeichnis aufnehmen können. Einen schlechten Eindruck macht es auch, wenn Link Probleme, die einen fachwissenschaftlichen und literaturimmanenten Charakter haben, mit massiver Ideologiekritik vorentscheiden will. Er sieht den (Basler Professor!) Andreas Heusler »unter dem Gesichtspunkt von wilhelminischer Ideologie« und macht ihm den Vorwurf, daß er »Platens Reputation, die im 19. Jahrhundert und noch um die Jahrhundertwende unvergleichlich viel größer war als heute, schweren Schaden zugefügt hat«. Als ob die Litera-

---

* Man könnte diese Wertungsfrage auch als ein Traditionsproblem diskutieren und zu lösen versuchen, etwa durch Hinweis auf das Psalmodieren im katholischen Gottesdienst. George scheint das Singen der Gedichte von Platen, dieser von italienischen Improvisatoren gelernt zu haben. Platen spricht von seinem »gewohnten, halb singenden Ton« (Tagebücher Bd. 2, S. 393), von seiner »so feierlichen, gesangsartigen Weise«, Gedichte zu lesen (ebd. S. 604). Ja, man bemerkt *die Tendenz, die Grenze zwischen sprachkünstlerischem und musikalischem Vortrag völlig aufzuheben.* Am 16. 12. 1827 schreibt er an seinen Freund Fugger, zum Gedicht *Abschied von Rom:* »Es muß, wenigstens[!] nach Art der Improvisatoren, gesungen werden, und ich wünschte wohl, die Aufgabe gelöst zu sehen, ein solches Gedicht in Musik zu setzen.«

turgeschichte die Pflicht hätte, den Besitzstand aller Dichter zu wahren! Solche Vorwürfe haben mit der Lesbarkeit von Platens späten Gedichten so wenig zu tun, wie die Horaznähe von Voß und Platen. In metrischer Hinsicht fordert Link, wie auch in anderen Fragen (s. o.), daß wir uns jeder Wertung enthalten. Die Meinung Klopstocks, Vossens und A. W. Schlegels, man könne »antike Länge durch eine deutsche Betonung« ersetzen, war ein schöpferisches Mißverständnis. »Solange man dieses Prinzip strikt anwendet, kann man im Grunde... nicht in der Deutung fehlgehen« [46]. Fast mit demselben Recht könnte man das Silbenzählen vor Opitz, das auch unlesbare Texte hervorbrachte zu einem schöpferischen Mißverständnis erheben. Interessant ist Links Hinweis, daß sich der Dichter durch die einsilbigen Takte im Nibelungenlied bestätigt fühlte, was Heusler nicht bemerkt zu haben scheint. Ob man Platens Spondeen-Sprache durch den Begriff des Dionysischen die viel weniger rationale Geisteswelt Nietzsches heranrücken darf, erscheint mir zweifelhaft: »Durch die Stauungen (Akzentakkumulationen) gewinnt der Rhythmus an Kraft, ganz ähnlich wie synkopische Rhythmus in der Musik... Die Zusatzakzente fordern noch mehr Intensität als die regelmäßiger Hauptakzente, sie verwirren die Erwartung des Hörers und steigern dadurch die innere Spannung der rhythmischen Kurve. Aus diesem Grunde ist der Rhythmus bei Platen *unmittelbarer* [!] Ausdruck dionysischer Lebenskraft.« Der eigentliche Rettungsanker in Links Argumentation ist Platens Vortragsart, für deren halb-musikalischen Charakter wir bereits Belege vorlegten (s. o.). Platen, so scheint es, will den gesellschaftlichen Verlust, den er durch den Abschied vom Lied erlitt, auf einem Umweg wieder ersetzen! Aus dieser Musik-Nähe der Oden und Hymnen zieht Link schließlich eine einleuchtende Folgerung: »Platens späte Werke sind, was den Rhythmus angeht, nur ›Partituren‹ - sie fordern je-lebendige Verwirklichung.« Auf die Rechtfertigung der Odenschemata durch Link will ich nicht eingehen (sie ist mir zu hoch!), aber dem Leser zur Information doch einen letzten Satz mitteilen: »Aus einem Platenschen rhythmischen Schema ließe sich auch eine architektonische oder musikalische Verwirklichung ableiten.« [47]

Als das wesentliche Ergebnis von Links Apologie erscheint mir die Tatsache, *daß man Platens Texte nur durch eine Art von musikalischer Aufführung retten kann. Ich sehe darin eine Bestätigung von Heusler: die Texte sind im Sinne der Philologie nicht lesbar.* Heuslers Kritik beruht auf der Unterscheidung zwischen quantitierenden und akzentuierenden Sprachen. Diese Lehre wird von Link wie übrigens auch von Fischer, nicht angetastet. Aus diesem Grund ist ein ergänzender und insofern *dankenswerter Vorschlag zur Rezitation der Platenschen Texte,* aber nicht so leicht eine Widerlegung Heuslers möglich*. Jetzt wäre die Aufführung von Texten Platens in der Praxis zu versuchen

---

* Diesen Anspruch erhebt *Link:* »Heuslers Interpretation ist damit widerlegt und fortan fernzuhalten« (Artistische Form und ästhetischer Sinn in Platens Lyrik, München 1971, S. 208). *In Wirklichkeit ist eine gründliche Überprüfung durch metrische Spezialisten nötig, die weder den klassisch-philologischen Aberglauben haben, daß eine absolute Nachbildung antiker Formen möglich ist, noch Heuslers Abneigung gegen die Renaissance-Metrik teilen.* Wünschenswerter wäre freilich der Literaturwissenschaftler, der nicht nur Pygmäenkritik treiben, sondern Andreas *Heuslers* Standardwerk (Deutsche Versgeschichte, 3 Bde, 1925–29) überzeugend ersetzen kann. Auch Heinrich *Henel,* ein ausgezeichneter Platenkenner, läßt sich in seiner respektvollen Rezension von *Links* Buch nicht davon überzeugen, daß man Platens gutgemeinte Spätlyrik gut finden muß: »Ob Platens spondeenstrotzende Schwergewichtsmeister gute Gedichte sind, hätte er [Link] wohl kritischer prüfen sollen« (Journal of English and Germanic Philology, Bd. 73, 1974, S. 299). Von erheblichem Gewicht scheint mir auch das zeitgenössische, von germanistischen und antigermanistischen Vorurteilen gleich weit entfernte Werturteil Rückerts zu sein; denn er war nicht nur Platens Lehrer vor der klassizistischen Wende, sondern auch ein erfahrener Metriker in Theorie und Praxis. Er freut sich großzügig über die antikisierenden Experimente eines unbekannten Briefpartners, empfiehlt sogar Platen als »Muster«, warnt aber vor dessen »verkehrten Übertreibungen«: es sei wenig sinnvoll, »angeblich pindarische Maße zu bauen, denen man die Quantitäten einzeln umschreiben muß, wie er und auch Klopstock wirklich getan« (1. 5. 1855, Briefe S. 1222). Zu dem außerordentlich schwierigen Problem eines »griechenzenden Deutsch« (Wieland) vgl. auch Günter *Häntzschel,* J. H. Voß seine Homerübersetzung als sprachschöpferische Leistung, München 1977. Vielleicht sollte man be

und auszuprobieren, ob das Publikum auf den Singsang mit Beifall oder mit Gelächter reagiert. Ich fürchte, man müßte ein Bayreuth haben, um die Hörer zu dem von Link gewünschten Respekt zu zwingen.

Der Übergang zur harten Fügung ist zeitgemäß

Einer sorgfältigen Stiluntersuchung[48] ist zu entnehmen, daß Platens Sprache in der Spätzeit fast zu einer *Funktion der Metrik* geworden ist. Durch das Spondeenprinzip werden Worte vom Typus südwärts, Sumpfland, Webstuhl, Sehnsucht, Pflugstier, Grundstein, Weisheit, Neugier, Unheilsort, Stromgott, Goldflut, Fahrzeug, Mordstrand, Wehmut, Todfreund, Freundschaft, Zeitlauf stilbestimmend. Die angeführten Worte stammen alle aus den ersten vier Strophen (28 Versen) des Festgesangs *Abschied von Rom* (1827). Man möge daraus auf die Häufigkeit des Typus schließen. Besonders stolz ist Platen auf dreisilbige Worte dieser Art. Am berühmtesten ist das Beispiel Holzklotz-flock. Der späte Platen hat, wie der späte Hölderlin, das Vorbild Pindars; es empfiehlt sich immer, wo Vorliebe für die harte Satzfügung besteht. Man darf annehmen, daß da-für nicht nur literaturimmanente, sondern auch anthropologische Gründe maßgebend waren. Wir bemerkten ja schon bei den Sonetten eine gewisse Neigung zur Härte. Jeden-falls finden wir den Übergang vom fließenden zum harten Rhythmus von der Epoche aus gesehen, in keiner Weise paradox[49]. Während der Lebenszeit Platens läßt sich diese Entwicklung öfters beobachten, z. B. bei Goethe, Grillparzer, Droste-Hülshoff. Eine be-sonders einleuchtende Parallele bietet, über alle Gattungsunterschiede hinweg, die Ent-wicklung zum Lakonismus, die sich bei Grabbe gleichzeitig vollzieht (besonders *Hanni-bal,* 1835). Grabbe berührt sich mit Platen in der epigonenhaften Übersteigerung des Ge-niebegriffs, in dem Mißverhältnis von Anspruch und Leistung, aber auch in der Düster-keit des Geschichtsbildes, überhaupt in der Unerbittlichkeit seines nihilistischen Den-kens. Die Neigung zu Härte in Stil und Weltanschauung entspricht dem geschichtlichen Abrücken von Empfindsamkeit und Idealismus, der Erneuerung und Modernisierung des barocken Desillusionismus. Während aber der ungebildete Grabbe gerade in seiner Spät-zeit zu einer imponierenden Leistung gelangt, verstrickt sich der poëta doctus heillos im Netz seiner humanistischen und artistischen Ideologie.

Keine Abstinenz von panegyrischen und polemischen Gedichtinhalten

Daß Platen ganz in seiner Epoche steht, das lehrt auch ein Blick auf die *Stoffwelt* seiner Spätdich-ung. Ein Stück Barocktradition und Klopstock- oder Ramler-Nachfolge, aber Abstand vom l'art pour l'art liegt darin, daß er seine Oden und Festgesänge öfters panegyrischen und polemischen Zwecken widmet *(An den König von Rom, An Napoleon, An König Ludwig, Die Wiege des Königs*

---

der sicher weitergehenden Diskussion die metrischen Probleme anderer germanischer Sprachen, be-onders der englischen, mitberücksichtigen, vgl. z. B. Walter *Jost,* Probleme und Theorien der deut-chen und englischen Verslehre (Bern–Frankfurt/M. 1976). Das Englische hat ja viel mehr Folgen on *einsilbigen* Wörtern, – die Platen suchen oder konstruieren muß.

*von Rom, An Karl den Zehnten, An Franz II., Dem Kronprinzen von Bayern, Auf den Tod des Kai-
sers, Der Herzogin von Leuchtenberg).* In ganz unklarer Weise vermischt sich hier oft die Haltung
des Hofdichters und die des Kunstpriesters. Auch da wo keine Fürsten angeredet werden, ist der Inhalt oft überraschend zweckgebunden. So läuft z. B. die Ode *An Goethe* auf eine Huldigung für König Ludwig I. hinaus, weil er dem Dichterfürsten einen Orden verliehen hat. Platen hat – das ist besonders wichtig – seine panegyrischen Oden genauso ernstgenommen wie seine andern. Einem kriti-
sierenden Freund erwidert er: »Daß meine politischen Oden weniger Schwung haben sollen, als die
andern, kann ich durchaus nicht einsehen« (an Fugger 23. 7. 1831). Hier eröffnet sich wieder eine
überraschende Parallele zu einem Zeitgenossen, und zwar zu seinem vermeintlichen Antipoden
Heine. Eine »allgemeinmenschliche«, nur ideenbezogene oder irrationale, von jedem gesellschaftlichen Bezug entblößte Dichtung befriedigt die Schriftsteller dieser Zeit nicht mehr, ganz gleichgültig
ob sie in der Maske des »Bänkelsängers« oder des Kunstpriesters agieren. Die *Polenlieder* (1831) unterscheiden sich in ihrer Form stark von der antikisierenden Lyrik, dürfen aber nicht isoliert gesehen
werden, wie dies in der DDR-Germanistik, zur Ehre des kommunistischen Bruderstaates, öfters geschieht; denn sie deuten auf den historischen, letztes Endes auch für Kunstpriester verbindlichen
Hintergrund. Sie verraten die Grenzen des Kunstpriestertums. In diesem liberalen Gedichtzyklu
tritt der Odendichter, der deutsche Homer, der im Solde Preußens ein Hohenstaufendrama schreiben wollte, plötzlich mit ungeschminkten Reimversen neben Heine.

An die Brüder Frizzoni

Auch der Empirismus in historischer, geographischer und dinglicher Hinsicht verstärkt sich in de
Spätdichtung. Eine erstaunliche Dichte, nicht nur sprachlicher, sondern auch stofflicher Art erscheint oft in den Oden, in den Festgesängen, und sie darf nicht einfach auf Pindars Vorbild zurückgeführt werden; denn sie begegnete uns schon in den Sonetten auf Venedig. Interessant ist vor allem
daß die verdrängte Ballade manchmal in die »Festgesänge« eindringt und dadurch der Hymne einen
ganz andern Charakter verleiht, als sie bei Klopstock besaß. Rechtfertigen ließ sich auch dies au
Pindar, der für moderne Begriffe einen wenig lyrischen Charakter besitzt, weil er sehr viel historisches und mythologisches Material in den Oden integriert und daher dem modernen Leser ohne
Kommentar unverständlich bleibt. *Aber eben dieser Charakter der pindarischen Ode kam Platen
Bedürfnis nach aufrauhenden, dem bloß Stimmungsmäßigen zuwiderlaufenden Details entgegen
Der Festgesang *An die Brüder Frizzoni* in Bergamo, Platens beste Freunde in Italien, erzählt in einen
epistelartigen Rahmen die vielbesungene Sage von Rosamunde:

An die Brüder Frizzoni in Bergamo

Manchen Vorwurf mußt' ich ertragen von euch,
Weil so lang Pausilipos Ufer den Freund festhalten, indes
Zwischen Alpen und Po sich ausdehnt, welche Flur!
Weinbekränzt, voll klarer Seen, volkreich und geschmückt
Durch der ehmals mächtigen Städte Gemeinsinn,
Der herbeirief edle Kunst,
Anschauliche Form zu verleihn bildloser Wahrheit schöpferisch.

458

An die Brüder Frizzoni

Nicht verschmäht mein festlicher Sang, in des Lobs
Süßen Born eintauchend der Fittiche weithinschattiges Paar,
Euch lombardischer Heimatflur Preislied zu weihn*.
Als in dämmrungsgrauer Vorzeit Alboin einst
Aus dem Nord herführte gepanzerte Heerschar,
Sah der Fürst, der auf des Bergs
Schneegipfel erobernden Blick ließ schweifen, solch fruchtreich Gefild

Hocherstaunt, klomm fröhlich herab und erwarb's.
Widerstand nicht hätte vermocht zu entziehn ihm größeres Ziel,
Wär's das leuchtende Rom sogar; bald stört jedoch
Seines Muts siegswerten Plan ihm häusliches Weh,
Welches ihm Roßmunda bereitete, die ihm
Durch Gewalt ward anvermählt,
Unwilligen Sinns, im Gemüt ausbrütend Rachsucht gränzenlos!

Denn es fiel ihr Vater voreinst in dem Kampf
Durch den Beilschlag dessen, an den in des Ehbunds schnöde Gewalt
Nun das Los sie geknüpft. Der Sieg zeugt Übermut:
Durch die Burg scholl Jubel, laut auftobte das Fest,
Als Pokal rings kreiste der Schädel des Feindes;
Diesen hob Fürst Alboin
Trotzvoll, in berauschter Betörtheit, auf und sprach »Roßmunda, trink!«

Jene trank; Stolz hemmte den Zährenerguß,
Als sie wog schmerzvoll in der Hand des geliebt ehrwürdigen Haubts
Teure Last, und Vergeltung schwur stillschweigend ihr
Blick, und tief trübt ihn der Ohnmacht Jammergefühl.
Gegen Kraft hilft List nur allein und des Goldes
Allgewalt; Schönheit erreicht
Durch üppige Künste so manch Wunschziel und durch Liebkosungen.

Alboins Freund fiel in die Netze des Weibs,
Helmiches; Schmach sinnt er dem Könige, sinnt Blutdürstigeres.
Nacht umhüllte Veronas Burg, kampfmüder Schlaf:
Sieh, da schlich, Mordlust im Sinn, Roßmunda gemach,
Wo der Held ausatmete ruhigen Schlummer;
Aber daß wehrlos er sei,
Trägt weit von dem Lager sie weg Streitaxt und Schwert, Welschlands Ruin;

Dann die Mordschar winkt sie heran. Es versucht
Alboin fruchtlos mit dem Schämel den scharf eindringenden Stahl
Abzuwehren, und bald entseelt trieft blutig sein
Nackter Leib. Nicht fühle Neid, wer fern von des Ruhms
Glatter Bahn aufwärts zu der Könige Thron blickt:
Ihr Geschick ist faltenreich,
Aufwickelnd enthüllt es Gefahr oftmals, und weissagt jähen Sturz.

Aber Untat reiht an den Frevel sich an:
Jenes Paar einsammelte blutiger Aussaat Erntegebühr.
Stets umsonst um die Königin warb Helmiches:

---

* Das kleine Gedicht ›Die Flucht nach Toskana‹ gab Veranlassung zu dem vorliegenden, da von
lombardischen Freunden eine Ehrenrettung der Lombardie verlangt wurde.   Platen.

Andres Ehbunds lüstern, den darbot der Exarch,
Der der Herrschaft pflog in dem alten Ravenna,
Haßt des Mords Mithelfer sie,
Wirft ihm in des schäumigen Weins Kelchglas ein markaufzehrend Gift.

Als jedoch halb kaum er getrunken, erkennt
Helmiches wutvoll den Verrat; er entblößt zweischneidigen Dolch,
Drohend, bis sie des Bechers Rest selbst ausgeschlürft. –
Voll von Unheil, groß jedoch tönt sonstiger Zeit
Sage, gern flicht seinem Gesang sie der Dichter
Ein, und führt klangreich vorbei
Prachtströmige Wogen des Lieds, urdeutscher Vorwelt gern gedenk.

Doch er weilt stets lieber im Rosengebüsch,
Das der leisauftretende Friede gewölbt dicht über den Quell,
Wo Genuß in dem Schoß der Freundschaft selig ruht:
Mög' um euch sanft schimmern leichthinwallenden Tags
Mildes Licht! Nie möge der Krieg und die Seuche,
Deren Wut jetzt füllt die Welt,
Einziehn in die Täler, in die harmlos herabschaut Bergamo!

Platen schrieb das Gedicht, als die Cholera in Europa wütete (1831). Die blutige Sage aus der Völkerwanderungszeit von dem Weib, das zwei ihr vertraute Männer mordet, ist ein Symbol für die sinnlose und grausame Welt, an die der Dichter glaubt. Die Moritat wird mit allen blutigen Details erzählt; Platen konkurriert ganz offensichtlich mit den mißachteten »Bänkelsängern«. Trotzdem wird die unheilvolle Sage »groß« genannt und ihrer Herkunft aus »urdeutscher Vorwelt« gedacht. Das schaurig balladeske Erzähl-Experiment kennzeichnet den Heldendichter, der die »Hohenstaufen« nicht vollenden, ja kaum beginnen konnte. Der Meister der *kleinen* Form erscheint auch in dem seinen italienischen Freunden gewidmeten idyllischen Rahmen, der die »lombardische Heimatflur« feiert, der den Krieg mit der »Seuche« zusammenstellt und den Frieden, obwohl er »leisauftretend« also wohl eher klein als monumental ist, ausdrücklich rühmt.

Idyllisch-elegischer Ausklang

Es ist ein alter, letzten Endes auf Hegel zurückgehender Topos, daß kein Dichter idyllisch und daher auch nicht biedermeierlich sein darf. Durchaus typisch ist die folgende Platen-Charakteristik: »Gerade der Einbruch der Schönheit als einer jenseitigen Macht läßt das Reale als unharmonisch, als zerstückt erscheinen. Das aber ist ein entschieden moderner Zug. Er [Platen] verzichtet auf die biedermeierliche Idylle, es gibt bei ihm keinen *Oberhof,* in den man flüchten kann«[50]. Woran dachte Martin Greif, Platens Landsmann, dem Platen ausgerechnet ein »bukolischer Sänger« war[51]? Es gibt in der Sämtlichen Werken eine Abteilung »Eklogen und Idyllen«; aber man liest sie offenbar nicht, weil sie dem gängigen Platenbild widerspricht, das durch das todestrunkene voritalienische Gedicht *Tristan* und durch Thomas Manns *Tod in Venedig* entstanden ist. Beachtung verdienen *Die Fischer auf Capri,* die eine interessante Erneuerung der Idylle darstellen, insofern ein sehr wenig idealisierter, enger und kärglicher Lebensraum zwischen Meer und Felsen mit gleichwohl »friedlichen Menschen«, »glücklichen Fischern« beschrieben und gefeiert wird. Vielleicht darf man das Bild auf Platens Armut und Freiheit als Kunstmönch (s. o.) beziehen. Auch die *Bilder Neapels* sind mit Recht in diese Abteilung gerückt, da sie nicht nur die Natur oder die Stadt, sondern vor allem auch Genrebilder aus dem fröhlichen Volksleben darstellen, in diesem Punkt direkt an den *Oberhof* erinnernd. In dem dialogischen Gedicht *Hirte und Winzerin* versucht sich der Dichter in der derb-erotischen Pastorelle. Dagegen vergegenwärtigt *Das Fischermädchen von Burano* in seinem Monolog nichts als das alltägliche Warten auf den Geliebten, der auf der See beim Fischen ist. Selbstverständlich soll nicht behauptet werden, daß Platen ein Biedermeierdichter geworden ist. *Amalfi* erscheint – schon als Festtagsbild – auch als ein italienischer Oberhof, doch endet das Gedicht mit einem plötzlichen Sprung in die ehrgeizige und daher ruhelose Existenz des Dichters. Er möchte in diesem »Asyle der Anmut« bleiben:

> Ja, hier könnte die Tage des irdischen Seins ausleben,
> Ruhig wie schwimmendes Silbergewölk durch Nächte des Vollmonds,
> Irgend ein Herz, nach Stille begierig und süßer Beschränkung.

> Aber es läßt ehrgeiziger Brust unstäte Begier mich
> Wieder verlassen den Sitz preiswürdiger Erdebewohner,
> Bannt am Ende vielleicht in des Nords Schneewüste zurück mich,
> Wo mein lautendes Wort gleichlautendem Worte begegnet.

Das Gedicht verrät Platens Schwanken zwischen einer gesellschaftlichen Rolle in Deutschland, dessen Sprache seine Muttersprache bleibt, und der südlichen Idylle, die im Biedermeier auch als Reiseidylle verwirklicht und bedichtet werden kann (vgl. Bd. II, S. 772 f.). Die neue italienische Heimat steht als rettende Alternative hinter seiner nihilistischen Künstlerexistenz und darf bei einem relativ früh gestorbenen Dichter nicht einfach negiert werden, es sei denn, man wolle sein Bild mit Gewalt heroisieren. Kluncker hat mit Recht festgestellt, daß das *Anmutige* ein Kernbegriff für Platens Dichtung ist und daß die Anakreontik der Ghaselen ein Element seiner Dichtung bleibt[52]. Unter diesem Gesichtspunkt der Anmut, der leichteren und entspannteren Diktion, der schlichten Lebensfreude, treten die Idyllen und die letzte Sammlung der Ghaselen, die er drei Jahre vor seinem Tode (1832) schrieb, zusammen. Diese Ghaselen bilden schon durch ihr Kleinformat den Gegenpol zu den Oden und Festgesängen:

> Du blühst umsonst, Natur! Die Zeiten sind verwirrt,
> Es hadern die Partei'n, und jede Waffe klirrt:
> Wer achtet nun den Lenz, den üpp'gen Gast der Welt,
> Der taumelnd und berauscht nach allen Seiten irrt?
> Wer blickt den Himmel an, und saugt die reine Luft,
> Die brütend über uns mit leisem Flügel schwirrt?
> Drum sammle sich umher, wem noch der Lenz behagt,
> Wer noch des Weins begehrt, wer noch von Liebe girrt!
> Ihm hat den Schleier nicht umsonst gestickt die Nacht,
> Und nicht umsonst der Tag die Zelter angeschirrt.

Der Zeitbezug findet sich in diesem Gedicht wie in so vielen Gedichten Platens; aber die Zeit wird hier zugunsten der Natur und des alltäglichen menschlichen Lebensraumes entmächtigt. Mit dem »Ehrgeiz«, der stets zeitabhängig macht, hat der Dichter hier die

Spondeenwut hinter sich gelassen. Der Sinn für das Alltägliche kann in den Idyllen, ganz im Widerspruch zu Hölderlins Ton, aber übereinstimmend mit dem Zeitgenossen Mörike, sogar zu humoristischen Versuchen führen:

Skylla und der Reisende (1835)

Der Reisende.
Skylla, du bist nicht mehr so gewaltsam, wie du zuvor warst;
Denn es zerfraß allmählich das Meer die gigantischen Arme,
Jene versteinerten, die du so mörderisch, einem Polyp gleich,
Aus dem Gewog vorstrecktest, im Schwall unermüdlicher Brandung.

Doch noch konntest du nicht ganz lassen die heimliche Tücke:
Als ich ein Gastfreund jüngst schlief unter dem Dach des Gasthofs,
Deiner umfluteten Klippe zunächst, mir sandtest du ganze
Heere gewappneter Flöhe daher, Todfeinde der Nachtruh'.

In solchen Gedichten löst sich gelegentlich die Verkrampfung des Kunstpietisten. Man glaubt schon, den Ansatz zum nächsten Sprung, zur nächsten »Bekehrung« wahrzunehmen. Vielleicht wäre es eine Abkehr vom Klassizismus und eine Rückkehr zu *der* Gattung gewesen, die Platen in der Jugend umworben hatte. Wir zitieren, als letztes Gedicht, ein Lied aus dem Jahr, in dem unserm Dichter sein einziger Erlöser, der Tod, erschienen ist:

Frühlingslieder III (1835)

Süß ist der Schlaf am Morgen
Nach durchgeweinter Nacht,
Und alle meine Sorgen
Hab' ich zur Ruh gebracht.

Mit feuchtem Augenlide
Begrüß' ich Hain und Flur:
Im Herzen wohnt der Friede,
Der tiefste Friede nur.

Schon lacht der Lenz den Blicken,
Er mildert jedes Leid,
Und seine Veilchen sticken
Der Erde junges Kleid.

Schon hebt sich hoch die Lerche,
Die Staude steht im Flor,
Es zieh'n aus ihrem Pferche
Die Herden sanft hervor.

Das Netz des Fischers hanget
Im hellsten Sonnenschein,
Und sein Gemüt verlanget
Der Winde Spiel zu sein.

Und weil am Felsenriffe
Das Meer sich leiser bricht,
Wird rings der Bauch der Schiffe
Zur neuen Fahrt verpicht.

Idyllisch-elegischer Ausklang

Den Uferdamm umklettern
Eidechsen rasch bewegt,
Und Nachtigallen schmettern,
Die jede Laube hegt.

Gezogen von den Stieren
Wird schon der blanke Pflug,
Und Menschen scheint und Tieren
Die Erde schön genug.

Nicht findet mehr der Waller
Das Gottesbild zu weit,
Es sind die Seelen Aller
Gestimmt zur Frömmigkeit.

O mein Gemüt, erfreue
An diesem Glanz dich auch,
Sei glücklich und erneue
Der Lieder Flötenhauch.

Auf daß die stumpfen Herzen
Du doch zuletzt besiegst,
Wenn frei von allen Schmerzen
Tief unter'm Gras du liegst.

Das Gedicht gestattet, jenseits der leidigen Spondeenfrage, die von Platen zuletzt erreichte dichterische Stufe näher zu bestimmen. Vergleicht man mit Lenaus *Waldliedern,*
die an der gleichen, späten Stelle seines Dichterlebens stehen, so bemerkt man eine ähnliche Positivität, den Versuch, den trüben, als eigensinnig erkannten Weltschmerz zu überspielen und wieder in Übereinstimmung mit der allgemeinen, kosmischen und volkstümlichen (kirchlichen) Lebensfreude und -sicherheit zu gelangen. Bezeichnend für Platen ist
es freilich, daß ihn noch in dieser todesnahen Heiterkeit der dichterische Ehrgeiz nicht
verläßt, wodurch das Gedicht eine bittere Schlußpointe gewinnt. Die klassizistische
Schule, die Platen durchlaufen hat, verrät dies Gedicht durch eine entschiedene Abwendung vom allegorischen und metaphorischen Stil der Barocktradition und Jean Pauls, der
bei Lenau bis zuletzt herrscht. Der das Gedicht, wie weite Teile der Spätlyrik, beherrschende Begriff des Friedens (s. o.) wird nur in der Form einer gebräuchlichen Exmetapher allegorisiert (»Im Herzen wohnt der Friede…«). Die einzige sinnigbiedermeierliche
(preziöse) Metapher ist »Der Erde junges Kleid«, das die Veilchen des Lenzes »sticken«.
Sonst beherrschen objektive, metaphorisch kaum »geschmückte« Bilder aus der Natur
und aus dem naturnahen Menschenleben (Hirte, Schiffer, Bauer, Wallfahrer) die Mitte
des Gedichts. Nur an seinem Anfang und Ende wird die subjektive Bedeutung der friedlichen Erscheinungen ausgesprochen. Das dritte der *Frühlingslieder* ist kein einmaliges
und in diesem Sinne großes, aber ein meisterhaftes Gedicht. Von Sprachvergewaltigung
und anderer Manieriertheit – sonst die Gefahr Platens – kaum ein Hauch. In diesem Sinn
darf das Gedicht vielleicht auch mit den spätesten Gedichten Rilkes verglichen werden.

Versuch einer Gesamtwertung Platens

Platen wird immer noch ohne Einschränkung gerechtfertigt, auf ästhetizistischer und klassisch-philologischer Basis vor allem, oder als Dichter total verurteilt, wie es schon Heine – heute eine einflußreiche Autorität – getan hat. Obwohl man in einer Wissenschaft, die aparte Teilwahrheiten hartnäckig bevorzugt, wenig Aussicht auf Gehör hat, will ich mich zum Schluß doch noch um ein zusammenfassendes und ausgewogenes Werturteil bemühen. Die historische Situation Platens soll dabei berücksichtigt, aber nicht absolut gesetzt werden; denn wir wollen doch immer auch wissen, was ein Dichter jenseits seiner Lebenszeit bedeuten und nicht bedeuten kann.

Wenn Unbeirrbarkeit ein Kennzeichen der Größe ist – mir scheint es so –, wird man Platen nicht groß nennen. Gotthelf, Stifter, Grillparzer, die Droste, Büchner, Heine und selbst der zarte Mörike wissen genauer, was sie wollen, und haben daher eine stetigere Lebenslinie. Es ist eine falsche Lehrmeinung, wenn angenommen wird, alle Dichter der Biedermeierzeit seien von Epigonengefühlen verunsichert gewesen. Unter den bedeutenden Dichtern, denen dieser Band gewidmet ist, war es nur eine Minderheit. Platen und sein fast zufälliger Gegner Immermann, der den Epigonenbegriff im modernen Sinn formuliert hat, treten unter diesem Gesichtspunkt zusammen. Beide sind durch den traditionellen Ruhm des deutschen Dramas fasziniert und wollen es wieder auf die theatralischen Beine stellen, sie dichten Drama um Drama, ohne überzeugen zu können, während sie, fast wider Willen, am *Aufstieg unterbewerteter Gattungen wirksam mitarbeiten,* Immermann als Romancier, Platen als Lyriker. Das Werk beider Dichter ist also *ungleichwertig.* Das bedeutet nicht nur, daß es Auswahlausgaben Immermanns und Platens ohne Dramen gibt. Die Ungleichwertigkeit wirkt sich auch innerhalb *der* Gattung aus, in der wir heute ihr Verdienst anerkennen. Immermanns satirischer Teil in *Münchhausen* ist umstritten, weil er – dies verrät auch *Der im Irrgarten der Metrik umhertaumelnde Cavalier* (Platen) – zu wenig witzig ist, und Platens antikisierende Lyrik ist problematisch, weil sie die Sprache vergewaltigt. Beiden fehlt der *sichere Takt für die Dichtung und für ihre eigene, spezielle Fähigkeit innerhalb der Formenwelt.* Ähnliche Mißgriffe *bedeutender* Dichter – von Jugendexperimenten abgesehen – lassen sich höchstens noch bei Raimund finden, der auf tragische Lorbeeren zu spät verzichtete.

Wenn es ratsam ist, auf die altphilologische Vorliebe für die antikisierenden Dichtungen Platens zu verzichten, so ergibt sich die neue Pflicht, die weniger anspruchsvollen, aber oft gediegenen Dichtungen des Grafen stärker zu berücksichtigen. Der anmutige Dichter von der Jugenddichtung über die Ghaselen und Sonette bis zur späten, nicht-odischen Lyrik und bis zur *Liga von Cambrai* ist besser als der forciert erhabene und gewollt satirische Dichter. Den Oden- und Hymnendichter behindert, abgesehen von der falschen Metrik, die in einem weiten Sinne zeitgemäße (biedermeierliche *und* jungdeutsche) Abneigung gegen das heroische Pathos, den Verfasser aristophanischer Komödien, wie seinen Gegner Immermann, der eigene Mangel an Witz. Man beachte in Heines Platenkritik das aufrichtige Mitleid, das er mit dem Dichter des *Romantischen Ödipus* hat, und die überlegenen Ratschläge, die der große Satiriker, der wahre Aristophanes, dem armen Möchte-Gern-Aristophanes erteilt! Man kann diesen Partien aus den *Bädern von Lucca* in der Platenkritik auch heute noch folgen, während das Schweigen über die Sonette, deren Vortrefflichkeit Heine bestimmt erkannte, auf die Gattung des gezielten, ja vernichtenden Pamphlets, die der verspottete »getaufte Jude« (s. o.) im Sinne hatte, zurückzuführen ist. Die reifen Sonette darf man zum anmutigen Teil von Platens Dichtungen zählen, und *die* Kritiker gehen kaum fehl, die in den Sonetten aus Venedig den Höhepunkt einer gesamten Dichtung sehen. Die Ghaselen wurden lange mit nationaler Begründung abgelehnt, womit kein Verstoß gegen die deutsche Sprache, sondern das fremde, künstliche Metrum gemeint war. Heute erkennt man – von der Epoche wie von Platens Eigenart her –, daß die Wahl des mittelbaren, »unorganischen« Versmaßes ihren guten Sinn hatte.

Die Exklusivität von Platens Dichtung ist, von wenigen Dichtungen abgesehen, nicht zu leugnen. Sie läßt sich sicherlich auch als eine Übertragung von Platens hochadeligem Bewußtsein in das Dichterische verstehen. Er gehört durch Erziehung und spätere ökonomische Förderung eindeutig in den Umkreis des bayerischen Musenhofes, den Ludwig I. begründete und Maximilian II., mit stärkerer Akzentuierung der Dichtung, weiterführte. Platen ist in mancher Beziehung ein Vorläufer Geibels. Auch der Trotz gegenüber der Weimarer Klassik (Kritik des Blankverses, des Hexameters, des Buchdramas, Restauration der Ode, usw.) läßt sich aus der Perspektive des Münchner Musenhofes und aus Platens Berücksichtigung älterer humanistischer Vorbilder leicht verstehen. Goethe und Schiller verkörperten in mancher Hinsicht (Verzicht auf Ode, Mischung von antiker und shakespearescher Dramenform) schon eine modernere Form der Renaissancetradition als Platen. Dagegen ist Heine völlig auf dem Holzweg, wenn er meint, der Dichter Platen habe auch eine klerikale Förderung genossen. Platen war wie sein österreichischer Standesgenosse Graf Auersperg (Anastasius Grün) ein Liberaler*. Man vergißt zu oft, *daß die Kritik des Absolutismus*, so gut wie die stolze Distanzierung vom »Pöbel«, *zur Adelstradition gehört*. Und gerade die fromme Verbrämung des Absolutismus, die Heilige Allianz, verabscheute der Voltaire und Lessing verehrende Protestant. Sein humanistischer Haß gegen die »Barbaren« traf zuerst Rußland, obwohl es das Hauptverdienst an Napoleons Niederwerfung hatte, dann die mit ihm verbündeten Mächte Preußen und Österreich und schließlich, nach seinen literarischen Mißerfolgen, ganz Deutschland. Dagegen ist seine Verwurzelung im Wahlvaterland Italien, besonders in seinem Adel, bisher unterschätzt und infolgedessen sein weltloses Kunstpriestertum überschätzt worden.

In der Deutung Platens als Pionier des l'art pour l'art oder als Heißenbüttelverwandter

---

* Daß seine »Positivität« auch in *politischer* Hinsicht durch den Weltschmerz bedroht war, vergegenwärtige ein Zitat aus der DDR-Geschichte der deutschen Literatur (Bd. 8,1, Berlin 1975, S. 127): »Platen teilte nicht den illusionären Fortschrittsglauben der Liberalen, sondern vertrat die Auffassung, ›daß die Welt immer so schlecht war, wie sie noch jetzt ist‹! – 1833 schrieb er: ›Es ist einer der lächerlichsten Irrtümer der liberalen Partei, wodurch sie einander zu trösten suchen, indem sie behaupten, [...] der Geist der Zeit sei unüberwindlich, das despotische Prinzip unhaltbar. Als ob nicht die Weltgeschichte auf allen ihren Blättern nachwiese, wie haltbar es ist.‹ In Platens politischer Lyrik wird diese bittere, den Dichter bedrückende Erkenntnis als eine Art Leitmotiv immer wieder ausgesprochen.« Es folgt das Gedicht ›Der Rubel rollt‹, ... mit dem Vers ›Der Teufel siegt, der Gott verliert‹. – »Diese pessimistische Weltsicht führte nicht zur Resignation, vielmehr betrachtete es der Dichter als seine vordringliche Aufgabe, den Unterdrückten ›zu feiern und den frohlockenden Sieger zu brandmarken‹.«

(Link) sehe ich, im Unterschied zu vielen Platenforschern, *keine Höherbewertung, sondern eine Diffamierung, die er nicht verdient. Er hat mit allen Dichtern der Biedermeierzeit gemeinsam, daß er den Menschen über der Kunst und Dichtung niemals ganz aus den Augen verliert.* Die politische Dichtung Platens ist in dieser Hinsicht ein wichtiges Symptom. Ihre Bedeutung innerhalb des Gesamtwerks wird zwar von marxistischen Literarhistorikern maßlos überschätzt, wogegen sich schon der Marxist Reimann sehr besonnen gewandt hat. Mehring irre, sagt er mit Recht, wenn er in dem Streit zwischen Platen und Heine nur einen »unerquicklichen Zank« zwischen zwei progressiven Dichtern sehe, der Streit habe grundsätzliche Bedeutung[53]. Ein deutlicher Hinweis auf Platens Struktur sind die *Polengedichte,* zusammen mit etlichen Oden, *vielen* Epigrammen, Briefäußerungen, der *Liga von Cambrai* und mit der politischen Seite des *Romantischen Ödipus.* Die Trennungslinie zwischen Dichtung und Gebrauchsliteratur läßt sich bei Platen schwerer ziehen als z.B. bei Grillparzer, Grabbe oder Stifter! Sein Kunstpriestertum ist mehr Programm als dichterische Wirklichkeit und wird vom Platenverehrer normalerweise aus ganz wenigen, zum Teil jugendlichen Gedichten abgeleitet.

Mindestens ebensowichtig wie die politische ist die panegyrische oder für Freunde bestimmte Gesellschaftsdichtung. Sie erinnert erneut daran, daß Platens Literarästhetik eher auf Klopstock, Voß und die gesamte europäische Dichtung zwischen Petrarca und Wieland als auf den Impressionismus zu beziehen ist. *Der l'art pour l'art-Pionier beruht in der Hauptsache auf einer Verwechslung zwischen dem poëta doctus, dem vorromantischen Spezialisten, und dem nachromantischen Dichtungsexperten.* Wem die Gattungspoetik, die Lehre von den genera dicendi und die Metrik noch ein so zentrales Anliegen sind, wie wir es bei Platen gesehen haben, ist eher ein vor- als ein nachromantischer Dichtungsspezialist. Auch diese Verwurzelung in der Vergangenheit paßt, wie bei der Droste, ganz zum adeligen Stande. Selbstverständlich hat die Biedermeierzeit auch im Falle Platens die Vermittlungsfunktion zwischen dem vorromantischen (vorrevolutionären) und dem nachromantischen (nachrevolutionären) Europa. Es bestehen, vor allem in der Ideologie Platens, Vorahnungen des künftigen Formalismus. Er deutet sich wohl auch in der *Verschärfung* der althumanistischen Begriffswelt an. Ich frage mich aber, ob Platen überhaupt einen *Poesiemaßstab* jenseits der Gattungen, Stilebenen und metrischen Formen, wie er seit Klopstock überall zu finden ist, besitzt und ob Heine nicht diesen Mangel meint, wenn er in seiner Platensatire immer erneut zu dem Ergebnis kommt, Platen sei »kein Dichter«. Er wirft ihm ja nicht nur die mühsame »Politur«, den metrischen »Seiltanz« und das »Sitzfleisch«, sondern vor allem auch den »Mangel an Naturlauten« vor.

Wir finden, wenn Deutsch unsere Muttersprache ist, auch bei Heine wenig Naturlaute, wissen aber heute, daß dieses goethezeitliche Wertkriterium kein Maßstab für alle Zeiten und Dichter ist und daß überdies der Naturbegriff selbst einer ständigen geschichtlichen Veränderung unterliegt. Trotzdem haben wir seit der Empfindsamkeit die *Vorstellung von einem dichterischen Können, demgegenüber die Gattungen, Stilebenen und metrischen Formen durchaus sekundär sind.* Diese Vorstellung wurde im Laufe des 19. Jahrhunderts bestätigt; die Folge war der Aufstieg der Lyrik als der reinsten poetischen Gattung. Wenn Platen meint, die Qualität eines Dramas oder eines Epos hänge vom gewählten Metrum ab und die hohe Lyrik sei die beste, bleibt er hinter den Erkenntnissen zu-

ick, die seit Goethe und der Romantik ein Allgemeingut der Gebildeten waren. In die-
m Punkt ist er, bei all seiner Gelehrsamkeit, etwas wie ein ungebildeter Junker oder ein
utodidaktischer Leutnant, meinetwegen auch ein *gelehrter Barbar*. Dieser generelle
langel an literarästhetischer Einsicht, nicht nur der Spondeen-Spleen, führte in Verbin-
ung mit einem wenig elementaren Verhältnis zur Sprache und mit einer Ruhmbegier, die
on den eigenen (mittleren) Fähigkeiten ablenkte, zu der erwähnten, besonders ausge-
rägten Ungleichwertigkeit des Werks. An dieser Stelle liegt auch der Hauptgrund für
ine Gefährdung durch ein althumanistisches (europäisches) Epigonentum. Dagegen ist
r da, wo ihn keine Erkenntnisfehler, kein übersteigerter Ehrgeiz, keine weltfremde Don-
uichotterie von dem ihm gemäßen Wege ablenkten, ein Meister gewesen, d. h. ein Dich-
r, der Vollkommenes schuf. Es ist nur eine der aparten Halbwahrheiten, wenn Hans
uhn behauptet, Platen gehöre nicht mehr in die Anthologien[54]. *Der Dichter hat als
yriker eine unüberhörbar eigene und intensive Stimme.*

Vielleicht darf man zum Schluß auch darauf hinweisen, daß die Literaturgeschichte
icht nur über Siege, sondern auch über ganze und halbe Niederlagen berichten muß. Pla-
n ist, eben durch seine nicht nur zeitbedingten Niederlagen, ein häufig zu findender
nd, wie mir scheint, ergreifender Typus des Dichters. Man braucht nicht eben die Trias
amler, A. W. Schlegel, Platen zu bilden, wie Heine es tut, um Platens Anspruch auf
leichrangigkeit mit Klopstock und Goethe abzuwehren. Sicher aber ist, daß Heines Pa-
allelen – der *Dichter* A. W. Schlegel ist gemeint – näher an die Wahrheit heranführen als
latens Anspruch. Es gibt viele Dichter mittleren Ranges, die ihr Lebensglück der hohen
unst zu Füßen legen und deren Lebenslauf klarer als jede Abhandlung an die unerbittli-
he Strenge der oft so freundschaftlich angeredeten »Muse« erinnert. Eine moderne Pla-
n-Biographie könnte mit großer Deutlichkeit vergegenwärtigen, was Dichtung ist und
vas sie nicht ist. Im Sinne eines solchen *über*geschichtlichen Exempels lasse ich auch die
istorisch unsinnige Parallelisierung von Platen und Heissenbüttel (s. o.) gelten.

HEINRICH HEINE (1797–1856)

Widersprüchliche Heinedeutung

Wenn einer beweisen will, daß die historische Forschung keinen Fortschritt, sonder nichts als einen ewigen Wechsel der gleichen Perspektiven kennt, braucht er nur auf da Nachleben Heinrich Heines hinzuweisen. Die Heinephilologie hat zahllose biograph sche, stilistische und zeitgeschichtliche Einzeltatsachen festgestellt. Sie ist in editorische Hinsicht rührig gewesen, auch abgesehen von den neuerdings in Gang gebrachten, grofe angelegten historisch-kritischen Ausgaben in Düsseldorf und Weimar. Außerdem be zeugt eine lange Reihe von mehr oder weniger wissenschaftlichen Gesamtdarstellunge die große Bedeutung, die der Dichter in der literarischen Welt besitzt. Heine ist der ein zige Jungdeutsche, der sich gegenüber den neuentdeckten Dichtern der Biedermeierze behaupten konnte. Trotzdem sind wir von einem auch nur halbwegs einheitlichen Hei nebild fast noch so weit entfernt wie vor hundert Jahren. Wer über die Geschichte de Heinebeurteilung unterrichtet war, mußte während des Heinejubiläums von 1956 m großer Bestürzung feststellen, daß die abgedroschensten Argumente für und gegen Hein eine Art Unsterblichkeit erlangt zu haben scheinen. Auch das Dilemma des alten Denk malstreits haben wir wieder, in der Auseinandersetzung um die Benennung der neue Universität Düsseldorf und in dem unvermeidlichen kommunistischen Mißbrauch diese »Bürgerinitiative«. Manche meinen, diese Streitereien um Heine seien ein Zeichen für di unsterbliche Aktualität des großen Geistes. Ich persönlich halte es für wahrscheinliche daß wir es hier mit einem der Geistesmechanismen, an denen die Menschheit so reich is zu tun haben. Heine ist der erste moderne Dichter, der Asphaltpoet oder der vorbildlich Artist und Perfektionist. Er ist der Jude, das deutliche Beispiel jüdischer Zersetzung, ode ein Nachfahr der biblischen Propheten. Er ist ein »Taschenbordell« oder der nächste Gei stesverwandte Goethes. Er ist nichts als ein Tendenzdichter und Journalist oder ei Großdichter, mit dem sich Zwerge wie Mörike nicht entfernt messen können. Er ist da Gebetbuch der Deutschenhasser, die Vorschule der Kommunisten, der Lehrer der De mokratie, die hohe Schule der Gottesleugner, das Urbild des Französlings, der Inbegrif des wahren Deutschen und Europäers. Er ist Aristophanes, Shakespeare, Cervantes Thomas Mann. Heine ist alles, nur kein Schriftsteller der Biedermeierzeit.

Die Isolierung der einzelnen Dichterphilologien, das Absehen von dem ungemei komplizierten epochengeschichtlichen Hintergrund wirkt sich bei diesem umstrittene Dichter besonders verhängnisvoll aus. Denn vor einer genauen Bestimmung des histori schen Orts, an dem ein Dichter steht, ist, wie z. B. die Geschichte der Schillerforschun zeigt, keine gerechte Gesamtbeurteilung möglich. Man wird so immer nur einzeln Aspekte zu Gesicht bekommen. Es sei daher im Falle Heines gestattet, mehr noch a onst das bloße Schema einer lehrbuchmäßigen Beschreibung zu verlassen und der einmaligen historischen Struktur seines Geistes nachzufragen. Dies Verfahren empfiehlt sich auch deshalb, weil sein Stil sehr im Unterschied zu Dichtern vom Typus Goethes, Mörikes, Hofmannsthals, Hauptmanns verhältnismäßig wenig Veränderungen unterliegt. Wir alle wissen im Grunde genau, was wir unter Heine zu verstehen haben, auch wenn wir ihn ganz verschieden beurteilen. Er *hat* Struktur, so gut wie Schiller, Eichendorff oder Gotthelf. Nicht der bunte Wechsel aller historischen Versmaße, sondern eine bestimmte Lieblingsform, die Volksliedstrophe, ist für Heines Lyrik bezeichnend, und wir können uns darauf verlassen, daß sie stets mit hoher rhythmischer Virtuosität gehandhabt wird. Wir wissen vielleicht nicht sicher, ob wir im Enthusiasmus oder in der Ironie von Heines Versen sein Wesentliches suchen müssen, aber uns allen ist klar, daß wir mit dem Gegeneinander und Ineinander dieser beiden Stilhaltungen ständig zu rechnen haben. Wir mißtrauen vielleicht dem Ernst der Ideen, zu denen sich Heine jeweils bekennt, aber wir wissen genau, daß er nicht plötzlich zu frömmeln oder zu kriechen beginnt, sondern daß er auch da, wo er zur Andacht oder zum Nachgeben gestimmt ist, seine Geistesfreiheit zu bewahren versucht. Vielleicht ist es eine bestimmte Haltung, die er einnimmt, eine Rolle, die er ganz bewußt spielt – darüber läßt sich streiten. Sicher ist aber, daß er diesen »Chaakter«, diese Rolle eines kühnen, überlegenen Geistes immerzu spielt, noch auf dem sterbebette, und daß durch diese Haltung sein Stil bis zuletzt geprägt wird. Vielleicht können wir, wenn wir von dieser *Einheit* ausgehen und sie als unbefangene Historiker zu interpretieren versuchen, auch manche der bereits angedeuteten Einseitigkeiten korrigieen*.

---

* Unter den umfassenderen Darstellungen empfehle ich die Heine-Bücher von Eberhard *Galley*, Siegbert S. *Prawer*, Wolfgang *Preisendanz*, Jeffrey L. *Sammons*, Benno *von Wiese* und Manfred *Windfuhr*. Einen guten Einblick in die Lage der Spezialforschung gewähren die Vorträge der beiden internationalen Heinekongresse in Düsseldorf und Weimar 1972 (Internationaler Heine-Kongreß 1972, Heine-Studien, hg. v. Manfred *Windfuhr*, Hamburg 1973; Heinrich Heine, Streitbarer Humanist und volksverbundener Dichter, Internationale wissenschaftliche Konferenz Weimar 1972, hg. v. K. W. *Becker* u. a., Weimar 1973). Ein neueres empfehlenswertes Sammelwerk ist: Heinrich Heine. Artistik und Engagement, hg. v. Wolfgang *Kuttenkeuler*, Stuttgart 1977. Unter den Forschungsberichten akzentuiert das berechtigte internationale Mißbehagen an der derzeitigen deutschen Heine-Forschung wohl am klarsten Jeffrey L. *Sammons* (Phases of Heine Scholarship 1957–71, in: German Quarterly Bd. 46, 1973, S. 56–88). Für Studenten, die die langweilige »bürgerliche« Wahrheitssuche satthaben, eignet sich der »Forschungsbericht« des Salonmarxisten Jost *Hermand* (Streitobjekt Heine, Ein Forschungsbericht 1945–1975, Frankfurt/M. 1975) ausgezeichnet. Hier werden alle Forscher, die sich für den literarischen Heine mehr interessieren als für den politischen und sozialen, abgekanzelt. Auch solche Interpreten, die sich erdreisten, den roten Herkules zerrissen oder ambivalent zu nennen, sehen sich gebührend abgefertigt. Hier herrscht vollendete Klarheit. Hier ist die Heine-Philologie offen und ehrlich das geworden, was sie bisher nur hintenherum sein durfte, nämlich eine »wirkliche Verwertungswissenschaft« (S. 71). Unter den vorläufigen Gesamtausgaben ist die Ernst *Elsters* noch nicht überholt. Nach ihr wird hier zitiert (E). Die Hanser-Ausgabe, für die Klaus *Briegleb* verantwortlich zeichnet und die durch eine billige Taschenbuchausgabe in 12 Bänden die weiteste Verbreitung fand, ist in den Kommentarteilen, soweit diese Briegleb selbst verfaßt hat, mit Vorsicht zu gebrauchen. Sogar Eva D. *Becker,* die den Herausgeber bewundert, meint: »Wir haben hier offensichtlich eine neue Gattung vor uns: die Edition als Konfession« (Denkwürdigkeiten der Heine-Forschung im letzten Jahrzehnt, in: Diskussion Deutsch, Bd. 8,

Heinrich Heine

Weltschmerzlicher Hintergrund

Im Unterschied zu anderen Dichtern seiner Generation beginnt Heine früh zu schreiben. Die *Jungen Leiden,* die später den ersten Teil des *Buchs der Lieder* (1827) bilden
sind 1816–1821 entstanden und verraten schon im Titel, wie stark er im weltschmerzlichen Grundgefühl seiner Epoche wurzelt. Kann man sich ernstlich vorstellen, diese Gedichte wären nicht entstanden, wenn Amalie Heine aus Hamburg die Liebe des Dichter
erwidert hätte? Der arme Junge, der genau wußte, was Erbtöchter in reichen jüdischen
Familien sind, liebte mehr oder weniger absichtlich den unerreichbaren Stern, der sein
reiches Bäschen war, um im poetischen Schmerz dieser Verse sich trösten zu können. E
realisierte im Leben und im Werk dasselbe vorgegebene Schema einer »dämonischen«
lebensbedrohenden und eben deshalb hochinteressanten Empfindung.

> Schöne Wiege meiner Leiden,
> Schönes Grabmal meiner Ruh',
> Schöne Stadt, wir müssen scheiden, –
> Lebe wohl! ruf' ich dir zu.
>
> Lebe wohl, du heil'ge Schwelle,
> Wo da wandelt Liebchen traut;
> Lebe wohl, du heil'ge Stelle,
> Wo ich sie zuerst geschaut.
>
> Hätt' ich dich doch nie gesehen,
> Schöne Herzenskönigin!
> Nimmer wär' es dann geschehen,
> Daß ich jetzt so elend bin.
>
> Nie wollt' ich dein Herze rühren,
> Liebe hab' ich nie erfleht;
> Nur ein stilles Leben führen
> Wollt' ich, wo dein Odem weht.
>
> Doch du drängst mich selbst von hinnen,
> Bittre Worte spricht dein Mund;

1977, S. 333–351, Zitat S. 345). Andere »Überlegungen aus Anlaß von Klaus *Brieglebs* Heine-Ausgabe« veröffentlichte Volkmar *Hansen* (in: Heine-Jb. 1978, S. 239–250). Nüchterner ist die von
Hans *Kaufmann*-DDR herausgegebene zehnbändige Ausgabe der Werke und Briefe. Unter den
neuesten Auswahlausgaben zeichnet sich die zweibändige in Becks kommentierten Klassikern (Bd.
München 1973, Bd. II München 1978, hg. v. Stuart *Atkins*) durch Unparteilichkeit und Scharfsinn
aus. Vgl. Rezension von Fritz Mende, in: Germanistik Jg. 19 (1978), S. 833. Die Düsseldorfer Aus-
gabe [= DHA] beschreitet neue, auch für Interpreten interessante Wege, insofern sie die wichtigsten
Rezensionen mitveröffentlicht. Bisher erschienen Bd. I/1 und I/2 *(Buch der Lieder),* Bd. II *Ludwig
Börne,* Kleinere politische Schriften, Bd. VI *(Briefe aus Berlin, Über Polen, Reisebilder I/II),* Bd. VIII,
(Die romantische Schule, Religion und Philosophie). Von der gemeinsamen französischen und
DDR-Ausgabe (Heinrich Heine, Säkularausgabe, Werke, Briefwechsel, Lebenszeugnisse, hg. von
den Nationalen Forschungs- und Gedenkstätten der klassischen Literatur in Weimar und dem
Centre National de la Recherche Scientifique in Paris, Berlin – Paris 1970 –) erschienen bisher Bd. 1
Gedichte 1812–1827; Bd. 5, Reisebilder I, 1824–1828; Bd. 7, Über Frankreich 1831–1837; Bd. 8
Über Deutschland 1833–1836; Bd. 11, Lutezia; Bd. 13, Poemes et Légendes; Bd. 14, Tableaux de
voyage I; Bd. 16, De l'Allemagne I; Bd. 17, De l'Allemagne II; Bd. 18, De la France; Bd. 19, Lutèce;
und die Briefe Bd. 20–27, z. T. schon mit Kommentar.

Wahnsinn wühlt in meinen Sinnen,
Und mein Herz ist krank und wund.

Und die Glieder matt und träge
Schlepp' ich fort am Wanderstab,
Bis mein müdes Haupt ich lege
Ferne in ein kühles Grab.

Der Ruhm derartiger Verse begründet sich zunächst einmal darin, daß sie vollkommen klar, daß sie – auch dem Ausländer – leicht verständlich sind. Der Wortumfang ist gering, wir kennen fast alle Worte und Wortgruppen schon aus der Dichtung des 18. Jahrhunderts und der Romantik. Sogar die kühneren Eingangsverse empfinden wir als formelhaft. Sie sind im Geiste einer uns bekannten metaphorischen Tradition erfunden (vgl. Bd. , S. 505). Wir kennen die Stadt und das Liebchen aus der Biographie. Aber die Verse behalten etwas Anonymes; denn der Dichter verfügt so vollkommen über sein Erlebnis, daß es uns nicht unmittelbar anspricht. Es ist wie der Wortschatz auswechselbar. Um so stärker berührt uns das *allgemeine* Gefühl der Entsagung, der Welttrauer. Seine Träger sind Rhythmus und Klang, die, überaus harmonisch abgestimmt, der Bitterkeit Süße verleihen.

Die Weltklage ist ein konstituierendes Element von Heines gesamter Lyrik; ja, sie steigert sich, je mehr er sich der Tatsache bewußt wird, daß er nicht nur wegen dieser oder jener Erfahrung klagt, sondern wegen der allgemeinen Beschaffenheit der Welt. Man bemerkte immer wieder, daß der Grundton des *Romanzero* (1851) tief pessimistisch ist, daß hier eine »Summe entsetzlicher Taten und Leiden überhaupt« gegeben wird[1]. Das zweite Buch dieser lyrischen Sammlung heißt *Lamentationen;* es enthält den berühmten Zyklus *Lazarus.* Wenn aber nur die *Matratzengruft,* das Aussprachebedürfnis eines persönlich Leidenden, die Ursache der Bitterkeit gewesen wäre, hätte der *Romanzero* nie seinen Titel erhalten. Der Dichter, der einst bei Hegel Philosophie gehört hat, will zugleich in *Historien* und *Hebräischen Melodien* Beispiele von dem uralten und offenbar ewigen Leiden der Menschen, der Völker geben. Das Eingangsgedicht des *Lazarus*-Zyklus, das über die ungleiche Verteilung der irdischen Güter lamentiert, hat den programmatischen Titel *Weltlauf.* Nicht nur von einer Geliebten, sondern vom ganzen Leben gilt es Abschied zu nehmen; aber wir hören nur, daß es Schein und Tand, nicht, wie beim alten Goethe, daß es »gut« war.

Auto=da=fe

Welke Veilchen, stäub'ge Locken,
Ein verblichen blaues Band,
Halb zerrissene Billete,
Längst vergeßner Herzenstand –

In die Flammen des Kamines
Werf' ich sie verdroßnen Blicks;
Ängstlich knistern diese Trümmer
Meines Glücks und Mißgeschicks.

Liebeschwüre, flatterhafte
Falsche Eide, in den Schlot

Fliegen sie hinauf – es kichert
Unsichtbar der kleine Gott.

Bei den Flammen des Kamines
Sitz' ich träumend, und ich seh'
Wie die Fünkchen in der Asche
Still verglühn – Gut' Nacht – Ade!

Die Sprache ist hier nicht so konventionell wie im ersten Gedicht, sie registriert die sinnlichen Wahrnehmungen verhältnismäßig genau (»verblichen blaues Band«, »knistern diese Trümmer« u. a.), sie schwingt nicht nur musikalisch, sie ist gediegener, dichter. Vielleicht ist es also wohlbegründet, wenn heute viele Heineforscher dem *Romanzero* vor dem *Buch der Lieder* den Vorzug geben. Aber was das Gedicht eigentlich trägt und was in seinem Schlusse ganz zur Herrschaft gelangt, das ist doch nicht so sehr die momentane Stimmung einer bestimmten symbolischen Handlung als die allgemeine Empfindung der Vergänglichkeit. Die Anonymität der Liebesbeziehungen ist jetzt ein unmittelbar feststellbarer Gegenstand des Gedichts. Dem entspricht nicht nur das Kichern Amors, sondern auch die willkürliche Reihung in der ersten Strophe, die sich leicht fortsetzen ließe, der spielerische Binnenreim am Ende der zweiten Strophe, überhaupt die elegante Fügung des Ganzen. Das Leben war ein Theater, das Spiel ist aus. Nichts bleibt als die Trauer über so viel Schein. Mit dem letzten »Ade« klingt etwas an, was von diesem Dichter nur mittelbar gestaltet und nicht eigentlich ausgesprochen werden kann. Ein Klang, eine Gebärde ersetzt die Sprache.

Parteilich oder nicht?

Die universalgeschichtliche Interpretation, die bei den Dichtern der Biedermeierzeit die einzig angemessene ist, wird heute in beiden Teilen Deutschlands durch eine politische und soziale eingeschränkt. Weltschmerz, religionsgeschichtlich gesehen, als eine überaus dauerhafte Begleiterscheinung des niedergehenden Christentums, – das erscheint heute nicht akzeptabel, am wenigsten bei Heine. Die Mehrzahl der Heineinterpreten denkt nicht mehr an *Werthers Leiden,* nicht mehr an die vanitas-Tradition der Renaissance und des Barock, die vor allem durch Shakespeare auf den Dichter wirkte und die auch im Hintergrund der nur scheinbar heiteren Scherz- und Witzkultur des Rokoko steht. Die Skepsis ist schon bei Voltaire die ständige Begleiterin der Aufklärung, und der Name dieses Franzosen erscheint auffallend oft in Heines Schriften und in den französischen Rezensionen, die sich mit den *Reisebildern* usw. beschäftigen. Trotzdem müssen fast immer Metternich oder die preußischen Gesetze, die Zensur oder die Verfolgung der Jungdeutschen, Heines Judentum oder sein Leben im Pariser Exil die einzigen Ursachen von Heines Leiden sein. Diese Horizontverengung widerspricht der tiefen Verwurzelung in der Vergangenheit, die den Dichter kennzeichnet. Hans Mayers oft wiederholte Formel »ganz ohne Tradition« ist falsch[2]. Es mag sein, daß der Rückzug auf Heines »Kunst«, der einen Teil der ausländischen Heineforschung charakterisiert, ebenso einseitig ist, wie die politische und sozialistische Tendenz der deutschen. Man kann diese zweite Art von Kurzsichtigkeit sogar da beobachten, wo die Problematik der isolierenden Interpretation des Künstlers Heine klar erkannt wird*. Doch wollen wir zunächst die in Deutschland zeitgemäße Frage nach Heines politischem Ort zu beantworten versuchen. Welche politischen und – wichtiger – welche sozialen Ideen beschäftigen Heine, und welche festen Punkte gibt es in den meistens situationsbedingten Schwankungen seiner Tendenzen?

Er gesteht: »Meine Empfindungen behielten doch immer eine gewisse Abgeschiedenheit von den Empfindungen der anderen... Ich merkte, daß die Gedanken anderörtig verweilten, während ich im dichtesten Gedränge des Parteikriegs mich herumschlug« (E IV, S. 542). Für solche Absencen hat Börne kein Verständnis: »Ich kann Nachsicht haben mit Kinderspielen... Wenn aber an einem Tage des blutigsten Kampfes ein Knabe der auf dem Schlachtfeld nach Schmetterlingen jagt, mir zwischen die Beine kömmt..., so darf uns das, unbeschadet unserer Philosophie und Menschlichkeit, wohl ärgerlich machen« [3]. Äußerungen dieser Art findet man öfters bei grimmigen Fortschrittskämpfern. Es muß etwas in Heine gewesen sein, das ihn doch das Handeln der Parteimenschen nicht ganz ernst nehmen ließ und ihn in eine Mittelstellung zwischen dezidierten politischen Schriftstellern und biedermeierlichen Dichtern wie Mörike rückte**. »Für einen syste-

---

* Nigel Reeves (Heinrich Heine, Poetry and Politics, Oxford 1974) geht wie ich von den »völlig divergierenden« Heinedeutungen aus (S. 7) und entwickelt deshalb ein Programm, das zur Synthese führen soll: »I have not tried to enforce any preconceived division between Heine's views on the role and nature of art and the artist and those of a revolutionary and political kind. Certainly Heine himself did not always distinguish between these realms and this itself is a cause of major confusion... In Heine more than in many poets any separation of thought from the poetic works tends to be artificial. Far from being distinct areas they are concentric circles in the production of a single creative personality« (S. 10 f.). Das ist gewiß ein vorzügliches Programm, aber nicht leicht durchzuführen. Es gibt dann doch besondere Abschnitte wie Saint-Simonism, The Left Hegelian, The poet and the party-Börne and the Republicans, Marx and the Communists. Dies mag der übersichtlichen Darstellung dienlich sein. Schwerer wiegt, daß im letzten Kapitel »King and Martyr« doch der Politiker Heine ganz in den Schatten des Künstlergenius gerät. In dankenswerter Vollständigkeit werden alle Heine-Zitate aufgeführt, die seinen traditionellen irrationalen Geniebegriff und die Verweigerung jeden Dienstes für Politik und Religion belegen (S. 162 ff.). Eine entschiedene Abwendung von dem Kunstbegriff, der Heines Platen-Polemik zugrundelag, eine Entwicklung wird festgestellt. Aber dann stößt der Autor – es ist chronologisch unvermeidlich – auf »Deutschland, Ein Wintermärchen«, und er will den Triumph der Kunst nicht dadurch gefährden, daß er Heines Schwanken zwischen den Extremen zugibt. So muß diese unerhört scharfe, direkt auf König Friedrich Wilhelm IV. gezielte Satire eben doch vor allem Dichtung sein: »Despite his Left Hegelian convictions and his relationship with Marx he continued to portray his political dislikes and aspirations as a part of a subjective and reflective vision« (S. 177). Diese Subjektivität ist gewiß erkennbar, gerade auch wenn man sie mit Heines politischem Schwanken zusammensieht. Aber die objektive Bedeutung von Heines leidenschaftlicher Satire wird durch die Überbetonung der Barbarossa-Vision (ebd.) doch verharmlost. »Deutschland« – so sollte das politische Epos abgekürzt werden – ist nicht umsonst zu einer Art Staatsdichtung der DDR avanciert.

** Ich betone diese Künstler-Naivität, wie schon in dem Vortrag »Zum Problem der Heine-Wertung«, in: Geist und Zeichen, Festschrift für Arthur *Henkel,* Heidelberg 1977, S. 382 und 386, weil ohne diese Heines Rolle in der Biedermeierzeit noch schwerer verständlich ist und die heutige deutsche Heineforschung auffallend wenig Sinn für diese spielerische Seite Heines hat. Für ihn muß solche Naivität, vielleicht in Erinnerung an Goethe, eher ein Signum der Größe als etwas Ehrenrühriges

matischen Kampf im Großen«, meint Gutzkow, »…hat Heine… zu viel Vorurtheile
denn oft thut ihm leid, was er thut«[4]. Wir dürfen diese Feststellung vielleicht so inter
pretieren, daß Heine etwas von der Vielseitigkeit, der Universalität der Älteren bewahrt
Es ist kein Zufall, daß manche seiner antiparteilichen Äußerungen im Zusammenhang
mit der Gattung der Tragödie stehen. Er bewundert Shakespeares *Coriolan,* weil de
Dichter in diesem Drama »wie immer… die höchste Unparteilichkeit ausgeübt« hat. De
Aristokrat hat »recht, wenn er seine plebejischen Stimmherrn verachtet«. Aber auch da
Volk ist im Recht, denn Coriolan hat »nicht undeutlich geäußert, daß er als Konsul di
Brotverteilungen abschaffen wolle. ›Das Brot ist aber das erste Recht des Volks‹« (E V, S
398 f.). Der letzte Satz, das Zitat, stammt nicht von Shakespeare, sondern von Saint-Just
dem Chefideologen von Robespierres »sozialer Revolution« (Büchner). Dieser Satz ge
hört zu den Kernsätzen Heines, er erklärt allein schon seinen *Abstand vom bürgerlichen*
Liberalismus und die Tatsache, daß Heine die Monarchie, im Gegensatz zu Adel und Kle
rus, nicht haßt.

Um die gewandelte Literaturauffassung nach dem Ablauf der »Kunstperiode« nach
zuweisen, zitiert man gerne aus dem Brief, den Heine am 6. 9. 1828 an seinen Freund Mo
ses Moser schrieb: »Man glaubt in München, ich würde jetzt nicht mehr so sehr gegen
den Adel losziehn, da ich im Foyer der Noblesse lebe und die liebenswürdigsten Aristo
kratinnen liebe – und von ihnen geliebt werde. Aber man irrt sich. Meine Liebe für
Menschengleichheit, mein Haß gegen Clerus war nie stärker wie jetzt, ich werde fast da
durch einseitig. – Aber eben um zu handeln, muß der Mensch einseitig seyn. Das deutsche
Volk und Moser werden eben wegen ihrer Vielseitigkeit nie zum Handeln kommen.« Die
tiefe Abneigung gegen die beiden ersten Stände, die Repräsentanten des christlichen
Abendlands, ist ein Kernpunkt im politisch-sozialen Weltbild Heines. Es ist völlig unvor
stellbar, daß er in der Residenz König Ludwigs I. die von ihm erträumte Stellung als Hof
jude oder Professor einnimmt; denn Adel und Klerus beherrschen im damaligen Mün
chen das Feld. Man studiere Michael Beer (Bd. II, S. 367 f.), um zu erkennen, wie vorsich
tig man seine Gesellschaftskritik anbringen muß, um sich in der bayerischen Hauptstadt
behaupten zu können. Eben die gesellschaftliche Vorsicht, die Ausgewogenheit der Satire
ist das, was dieser Autor verachtet oder was wenigstens seiner persönlichen, zur Über
treibung neigenden Ausdrucksform widerspricht. Was wäre Heine ohne seine hyperboli
sche Passion! (s. u.) Weniger ernst zu nehmen als der Haß gegen die alte Ordnung der
Stände ist in dieser Briefstelle die Tatphilosophie; denn das politische Handeln, das von
Parteien getragen wird, interessiert diesen Schriftsteller, auch den politischen, nur indi
rekt. Nach nicht allzu langem Schwanken wird es sein Bestreben sein, die »Vielseitigkeit«
(s. o.), die damals noch eine deutsche Tugend war, *festzuhalten.* Das gehört für Heine
immer deutlicher zum Begriff des *großen* Schriftstellers, der »Zukunft« hat. Besonders
seit 1840 bemerkt er »mit Schrecken…, daß die zügellos trotzigsten Freiheitsänger, beim

---

gewesen sein. Sonst hätte ihm der Fürst Pückler-Muskau kaum geschrieben, er erblicke in der »ewigen Kindlichkeit«, in der Unfähigkeit, ihre Sachen gut zu führen, die Verwandtschaft ihrer Geister
(15. oder 16. 4. 1854, Säkularausgabe Bd. 27, Briefe an Heine 1852–1856, Berlin, Paris 1976, S.
168 f.). Heines Naivität betont auch ein naher Freund, Heinrich Laube (Das Leben Heines, in: H. L.
[Hg.], Heinrich Heines Werke, Bd. 6, Wien u. a. o. J., S. 345–377, bes. S. 360, 348.)

icht betrachtet, meist nur bornierte Naturen sind, Philister, deren Zopf unter der roten
Mütze hervorlauscht, Eintagsfliegen« (!). Es folgt ein fingiertes Goethezitat gegen den
»Fliegendreck« der Tendenzdichter, um den von ihm selbst angestrebten literarischen
ang hoch über den Vormärzliteraten unmißverständlich zu bezeichnen (E VI, S. 349).
Man könnte eine ganze Liste von solchen Verwahrungen gegenüber der heute so belieb-
n »Parteilichkeit« zusammenstellen. Was Parteien sind, hat er erst in Frankreich klar
erkannt. Schon in den *Französischen Zuständen* (1832) beklagt er sich darüber, daß die
Enragés des Tages« (!) ihn »als einen geheimen Bundesgenossen der Aristokraten ver-
chrien« haben. Dieses Entweder/Oder ist »Narrheit«: »Der Parteigeist ist ein ebenso
lindes wie rasendes Tier« (E V, S. 149). Unter dem Einflusse dieses »Parteigeistes« »ent-
ehen Mißlaute, die einem Deutschen, der mit der Vergangenheit noch nicht thatsäch-
ch [!] gebrochen hat, und gar einem deutschen Dichter, der in der Unparteilichkeit Goe-
hescher Künstlerweise auferzogen worden, aufs unangenehmste ins Gemüt [!] stechen«
E IV, S. 519). Es ist nicht zu leugnen: Heine benutzt das biedermeierliche Lieblingswort
Gemüt und vergleicht im folgenden die französischen Republikaner mit den englischen
uritanern, die ihm noch widerwärtiger als die anderen Engländer sind (s. u.). »Partei-
icht« wird auch bei der Beurteilung Victor Hugos eindeutig abgelehnt (E IV, S. 524).
war: »Es fehlt seinem [Hugos] Geiste an Harmonie, und er ist voller geschmackloser
uswüchse wie Grabbe und Jean Paul. Es fehlt ihm das schöne Maßhalten, welches wir
ei den klassischen Schriftstellern bewundern« [!] (E IV, S. 526). Trotzdem darf der
größte Dichter Frankreichs« kein Opfer der Religion oder der Politik werden. In diesem
Zusammenhang fällt das im Westen vielzitierte mißverständliche Wort: »Ich bin für die
utonomie der Kunst« (ebd. IV, S. 525). Festzuhalten ist zunächst, *daß Heine sich auf
en »größten Dichter« bezieht;* Goethe wird im gleichen Zusammenhang erneut ge-
annt. *Es hat wenig Sinn, die historisch falsche, nur etwa bis 1840 wiederholte, über-
pannte Prophezeiung, das Ende der Kunstperiode sei gekommen, in den Mittelpunkt der
Heine-Interpretation zu stellen.*

Ein Beispiel: Karl I.

Eine gewisse Berühmtheit hat in letzter Zeit das außerordentlich kunstvoll »eingeklei-
ete« und auch sonst mit Recht bewunderte Gedicht über die Begegnung des von den Pu-
tanern gerichteten englischen Königs mit seinem künftigen Henker erlangt. Es steht im
rsten Buch des *Romanzero;* wurde aber schon vor der Märzrevolution (1847) publi-
iert, – unter dem literarisch interessanteren Titel *Das Wiegenlied* [5].

Karl I.

Im Wald, in der Köhlerhütte sitzt
Trübsinnig allein der König;
Er sitzt an der Wiege des Köhlerkinds
Und wiegt und singt eintönig:

»Eiapopeia, was raschelt im Stroh?
Es blöken im Stalle die Schafe –

Du trägst das Zeichen an der Stirn
Und lächelst so furchtbar im Schlafe.

Eiapopeia, das Kätzchen ist tot –
Du trägst auf der Stirne das Zeichen –
Du wirst ein Mann und schwingst das Beil,
Schon zittern im Walde die Eichen.

Der alte Köhlerglaube verschwand,
Es glauben die Köhlerkinder –
Eiapopeia – nicht mehr an Gott
Und an den König noch minder.

Das Kätzchen ist tot, die Mäuschen sind froh –
Wir müssen zu schanden werden –
Eiapopeia – im Himmel der Gott
Und ich, der König auf Erden.

Mein Mut erlischt, mein Herz ist krank,
Und täglich wird es kränker –
Eiapopeia – du Köhlerkind
Ich weiß es, du bist mein Henker.

Mein Todesgesang ist dein Wiegenlied –
Eiapopeia – die greisen
Haarlocken schneidest du ab zuvor –
Im Nacken klirrt mir das Eisen.

Eiapopeia, was raschelt im Stroh –
Du hast das Reich erworben,
Und schlägst mir das Haupt vom Rumpf herab –
Das Kätzchen ist gestorben.

Eiapopeia, was raschelt im Stroh?
Es blöken im Stalle die Schafe.
Das Kätzchen ist tot, die Mäuschen sind froh –
Schlafe, mein Henkerchen, schlafe!

Man kann nicht ohne weiteres behaupten, daß dies Gedicht den skizzierten Vorstellungen von Unparteilichkeit oder Überparteilichkeit des Dichters widerspricht. Das parodierte Wiegenlied läßt zwar alle biedermeierliche Pietät gegenüber der alten Ordnung vermissen; es erinnert die Könige von Gottes Gnaden energisch an ihre Abhängigkeit vom einfachen Volk und an ihre Sterblichkeit. Aber es ist doch auch ein gewisser elegischer Schicksalston in dem Gedicht, der verhindert, daß das historische Exempel zur brutalen Drohung entartet. Es ist ein Ton, der an Prawers paradoxes Wort von dem »tragischen Satiriker« Heine erinnert; gerade auch in dieser Königsgestalt findet der Oxforder Interpret das, was die Objekte der Satire meistens nicht mehr haben: Würde (»a certain dignity born out of defeat« [6]). Schon in dem Bericht über *Französische Maler, Gemäldeausstellung in Paris 1831* hat Heine, anläßlich eines Bildes von Paul Delaroche, über das Schicksal Karls I. und über das Ende des älteren vorpuritanischen England nachgedacht. Der tote König, heißt es da, ist »verklärt von dem eben erlittenen Märtyrtume, geheiligt von der Majestät des Unglücks«, er »bildet den herabdrückendsten Gegensatz zu

er rohen, derblebendigen Puritanergestalt« Cromwells: »Welchen großen Weltschmerz [!] hat der Maler hier mit wenigen Strichen ausgesprochen! Da liegt sie, die
Herrlichkeit des Königtums, einst Trost und Blüte der Menschheit, elendiglich verblu-
end. Englands Leben ist seitdem bleich und grau, und die entsetzte Poesie floh den Bo-
en, den sie eh'mals mit ihren heitersten Farben geschmückt« (E IV, S. 61). Merry old
England, zumal das Elisabethanische Theater ist gemeint. Die Begriffspersonifikationen,
die diese Stelle enthält (Königtum, Poesie), sind typisch für den abstrahierenden Stil, für
die ideologische Fracht von Heines Stil. Das alte Königtum ist dem Dichter Poesie, »Uni-
ersalpoesie« wie für die Romantik, eine Erbschaft der immer poetischen Frühzeit. Die-
elbe Würde besitzt der in der französischen Revolution verurteilte Bourbonenkönig
icht mehr; denn mit der Aufklärung beginnt die »Poesie«, die »alte Romantik« (s. u.)
ihre Kraft zu verlieren: »Sein Tod hat mehr einen sentimentalen als einen tragischen Chaakter, er erinnert allzusehr an August Lafontaines Familienromane: – eine Thräne für
udwig Capet, einen Lorbeer für Karl Stuart!« (E IV, S. 62).

Volksgeist oder Kosmopolitismus?

Zugegeben, der Interpret solcher Stellen weiß nie ganz sicher, ob Heine für die Poesie
es absoluten Königtums in England so viel Verständnis hätte, wenn der König nicht zu-
leich das Dichterkönigtum Shakespeares in sich enthielte und wenn dem vermeintlich so
odernen deutschen Dichter nicht die »jetzige kaltfeuchte Prosa von England« so wider-
ich wäre (E IV, S. 61). Zu Anfang der Schrift über *Shakespeares Mädchen und Frauen* er-
ählt Heine von einem Hamburger Christen, der es nie fassen konnte, »daß unser Herr
nd Heiland von Geburt ein Jude war«. Dann fährt er fort: »Wie es diesem vortrefflichen
ohne Hammonias mit Jesus Christus geht, so geht es mir mit William Shakespeare. Es
ird mir flau zu Mute, wenn ich bedenke, daß er am Ende doch ein Engländer ist und
em widerwärtigsten Volke angehört, das Gott in seinem Zorn erschaffen hat. Welch ein
iderwärtiges Volk, welch ein unerquickliches Land! Wie steifleinen, wie hausbacken,
ie selbstsüchtig, wie eng, wie englisch! Ein Land, welches längst der Ozean verschluckt
ätte, wenn er nicht befürchtete, daß es ihm Übelkeiten im Magen verursachen möchte...
in Volk, ein graues, gähnendes Ungeheuer, dessen Atem nichts als Stickluft und tödliche
angeweile, und das sich gewiß mit einem kolossalen Schiffstau am Ende selbst auf-
ängt« (E V, S. 371). Dies ist so ziemlich der übliche Ton, in dem der Publizist Heine über
ngland spricht. Man kann viele Entschuldigungen dafür finden. Er haßt in England den
apitalismus, unter dem er selbst als das Betreuungsobjekt seines reichen Onkels Salo-
on Heine litt. Er haßt die Industrie und das Bergwerkswesen, Gebiete, in denen England
amals führend ist. Er haßt die Armut, die der Frühkapitalismus in England erzeugt,
hne vorauszusehen, daß die Industrie einmal dem ganzen Volk Brot geben wird. Er haßt
en englischen Traditionalismus, der in dem starken gesellschaftlichen Einfluß des Adels
nd der Kirche zum Ausdruck kommt, und vor allem: er haßt in England den Feind, Ge-
angenenwärter, ja den wahrscheinlichen Mörder Napoleons, den er abgöttisch verehrt
s. u.). Sicherlich haßt er auch die Anglomanie der im Kriege mit England verbündeten

deutschen Länder. Man kann sogar stilistische Entschuldigungen finden. Die Hyperbol
ist bei Heine nicht so ernst zu nehmen, weil sie ein unentbehrliches Mittel für die kom
sche Schematisierung ist, die wir Karikatur nennen. Man darf im Sinne der Biedermeier
zeit sogar von Humor sprechen; denn noch ist nicht der »liebevolle« realistische Humo
sondern der grob abstrahierende Groteskhumor die Regel (vgl. Bd. I, S. 636). Trotzder
können nur *die* Forscher den Kosmopoliten Heine preisen, die entweder die *Englische*
Fragmente nicht gelesen haben oder, wie die meisten, von vornherein entschlossen sind
das Heinebild mit kosmetischen Künsten zu idealisieren. Heine glaubt, der Zeit entspre
chend, an die Nationalcharaktere, – in einem Maße, wie wir dies nicht mehr gutheiße
können. Gewiß, es gibt auch kosmopolitische Äußerungen: »Der Haupthebel, den ehr
geizige und habsüchtige Fürsten zu ihren Privatzwecken sonst so wirksam in Bewegun
zu setzen wußten, nämlich die Nationalität mit ihrer Eitelkeit und ihrem Haß, ist jetz
morsch und abgenutzt; täglich verschwinden mehr und mehr die törichten Nationalvor
urteile, alle schroffen Besonderheiten gehen unter in der Allgemeinheit der europäische
Zivilisation, es gibt jetzt in Europa keine Nationen mehr, sondern nur Parteien...« [7
Solche Zitate verwertet man auf den kommunistischen Kongressen, und man kommt ar
Ende des Referats zum vorgeschriebenen Ziel: »Als einer der ersten Dichter hat Heine e
kannt und ausgesprochen, daß die nationale Frage eine soziale Frage ist und nur gelös
werden kann im sozialen Befreiungskampf der Menschheit« [8]. Nun, die ersten Kosmc
politen waren nicht die Jungdeutschen, sondern bekanntlich die Aufklärer; Voltaire vo
allem durchbrach den Horizont des christlichen Abendlands durch den Hinweis auf di
ostasiatische Kultur. Aus dem 18. Jahrhundert stammt Heines Kosmopolitismus; aber e
läßt sich nicht leugnen, daß ihn auch der Geist Herders und der Romantik und damit de
Mythos von den Nationalgeistern beeinflußt hat. Viele Widersprüche in Heine erkläre
sich daraus, daß *sein Denken ein Schlachtfeld zwischen der Aufklärung und der Roman*
tik war und daß er gedanklich diesen Streit nicht zu vermitteln vermochte. Das bedeute
aber, daß ihn das so beliebte einseitige Zitieren verfälscht.

Partei statt Nation! Deshalb zitiert man auch den folgenden Satz, ja man gibt ihm soga
den modischen Charakter einer »Vision«: »Indessen, die Elsässer und Lothringer werde
sich wieder an Deutschland anschließen, wenn wir das vollenden, was die Franzosen be
gonnen haben, wenn wir diese überflügeln in der Tat, wie wir es schon getan im Gedan
ken, wenn wir uns bis zu den letzten Folgerungen derselben emporschwingen, wenn wi
die Dienstbarkeit bis in ihren letzten Schlupfwinkel, dem Himmel, zerstören, wenn wi
den Gott, der auf Erden im Menschen wohnt, aus seiner Erniedrigung retten, wenn wi
die Erlöser Gottes werden, wenn wir das arme glückenterbte Volk und den verhöhnte
Genius und die geschändete Schönheit wieder in ihre Würde einsetzen, ... nicht bloß E
saß und Lothringen, sondern ganz Frankreich wird uns alsdann zufallen, ganz Europa
die ganze Welt – die ganze Welt wird deutsch werden!« [9] Dem Interpreten ohne stilge
schichtliche Kenntnisse erscheint Heines Denken noch rätselhafter, als es tatsächlich ist
Das großartige Zitat ist keine ernstgemeinte Vision oder Prophetie, sondern ein Satz ir
Jean Paul-Stil mit einer Klimax; es ist die uns schon bekannte hyperbolische Rhetorik, -
um das verschlafene biedermeierliche Deutschland zu höhnen. Die Konditionalsätze sin
pure Fiktion. Germanien wird die Französische Revolution nicht radikalisieren und e

ird daher auch zu keinem revolutionären Imperium nach Napoleons Vorbild gelangen.
ielmehr – ich zitiere aus dem Gedicht *Zur Beruhigung* –:

> Wir sind Germanen, gemütlich und brav,
> Wir schlafen gesunden Pflanzenschlaf,
> Und wenn wir erwachen, pflegt uns zu dürsten,
> Doch nicht nach dem Blute unserer Fürsten.
>
> Wir sind so treu wie Eichenholz,
> Auch Lindenholz, drauf sind wir stolz;
> Im Land der Eichen und der Linden
> Wird niemals sich ein Brutus finden.

[H]eine hat sich in der Jugend viel mit den Germanen beschäftigt. Der Germanismus hat
[ih]n nachhaltig geprägt. Er trat nicht umsonst in die Burschenschaft ein[10]. Diese frühen
[B]ekenntnisse zitiert man im westlichen Ausland, um den Deutschen zu beweisen, wie
[s]ehr sie Heine geliebt hat[11]. Auch »der homerisch göttlich herrliche Blücher«, der dem
[j]ungen Heine ein Trost unter den Millionären im Hause von Onkel Salomon war, wird
[e]rwähnt[12]. Seltener werden die Belege vorgelegt, die beweisen, daß Heine den Deutschen so wenig wie den Engländern die Erledigung des bereits von den Russen verwunde-
[t]en Löwen Napoleon verziehen (z. B. E III, S. 235) und mit einem ausgesprochenen Miß-
[b]ehagen auf die englische Germanophilie geblickt hat, obwohl diese nur eine Antwort
[a]uf die schon im 18. Jahrhundert heftige Anglomanie der Deutschen war. Nein, diese Art
[v]on Germanismus ist dem Wahlfranzosen Heine höchst verdächtig: »Jedesmal wenn ich
[m]it Engländern über meine Heimat rede, bemerke ich mit tiefster Beschämung, daß der
[H]aß, den sie gegen die Franzosen hegen, für dieses Volk weit ehrenvoller ist als die imper-
[t]inente Liebe, die sie uns Deutschen angedeihen lassen, und die wir immer irgend einer
[L]akune [Lücke] unsrer weltlichen Macht oder unsrer Intelligenz verdanken: sie lieben
[u]ns wegen unsrer maritimen Unmacht, wobei keine Handelskonkurrenz zu besorgen
[s]teht; sie lieben uns wegen unsrer politischen Naivetät, die sie im Fall eines Krieges mit
[F]rankreich in alter Weise auszubeuten hoffen« (E VI, S. 441). Die sich sittenstreng ge-
[b]ende schwedische Sängerin Jenny Lind nennt Heine, auf Grund der Germanideologie,
[e]ine Deutsche, er vergleicht sie mit ihren »pflanzenschläfrigen Schwestern an der Elbe
[u]nd am Neckar«, und auch hier mißfällt ihm die »unbegreifliche, rätselhaft große Begei-
[s]terung, die Jenny in England gefunden« hat; denn der »Schlüssel« für diesen Erfolg muß
[d]ie »germanische Stammesgenossenschaft« sein (E VI, S. 461 f.). Was ihn an den Germa-
[n]en aufregt und ängstigt, ist vor allem ihre Ruhe und Beständigkeit, ihre Derbheit, ihre
[G]esundheit, ihre Nebelhaftigkeit, Tiefe und Undurchsichtigkeit. Das einzige was er in
[E]ngland ohne Einschränkung lobt, was ihn offensichtlich überrascht und beglückt, ist
[d]as »heitere Schauspiel des unbefangensten Witzes und der witzigsten Unbefangenheit«,
[d]as sich im englischen Parlament auch und gerade »bei den ernsthaftesten Debatten« bie-
[t]et. »Scherz, Selbstpersiflage, Sarkasmen, Gemüt und Weisheit, Malice und Güte, Logik
[u]nd Verse sprudeln hervor im blühendsten Farbenspiel, so daß die Annalen des Parlaments uns noch nach Jahren die geistreichste Unterhaltung gewähren« (E III, S. 486).
»Gemüt« imponiert ihm, die *Stilmischung,* in der für Heine das Geheimnis der guten Literatur besteht, der rhetorischen (prosaischen) sowohl wie der poetischen (s. u.). Im par-

479

lamentarischen Stil überragt das traditionelle, den Besucher Heine manchmal an Öste
reich erinnernde England nicht nur Deutschland, sondern selbst Frankreich. Im brit
schen Parlament denkt man nicht daran, »ein deutsch steifes Landständegesicht z
schneiden oder französisch-pathetisch zu deklamieren« (E III, S. 486). Wo dieser rhetor
sche, wir dürfen sagen dieser literarische Bezug zu England fehlt, wo die Prinzipienlosi
keit, der Empirismus der Engländer erscheint, werden sie dem Dichter ähnlich unsymp
thisch wie die Deutschen abseits der Literatur und, nicht zu vergessen, der Philosophi
denn obwohl Heine gerne über das spekulative Deutschland spottet, über sein Leben
der Vergangenheit und Zukunft statt in der Gegenwart (z. B. E III, S. 435), ist er der ide
logischen Seite seines Geburtslandes doch heimlich verbunden. Aber die instinktive gr
ßere Liebe zur »helleren« Romania wird an vielen Stellen spürbar. Man prüfe etwa de
Schluß seines Testaments unter diesem emotionalen Gesichtspunkt. Nach dem uneing
schränkten Lebewohl für die Mutter, die ihm das Liebste in Deutschland war, heißt e
»Leb wohl, auch du, deutsche Heimat, Land der Rätsel [!] und der Schmerzen; werd
hell [!] und glücklich. Lebt wohl, ihr geistreichen [!], guten Franzosen, die ich so sehr g
liebt habe! Ich danke euch für eure heitere [!] Gastfreundschaft« (E VII, S. 513 f.). Hein
instinktive Sympathie gehört auch dem heiteren Italien. Die italienische Oper in Par
Rossini vor allem, war ihm ein beständiger Trost in der französischen Hauptstadt. Od
man lese die folgende Kontrastierung von Engländern und Italienern, mit der nötige
Aufmerksamkeit auf die emotionalen Untertöne: »Wenn man jenes blonde, rotbäck
ge [!] Volk mit seinen blanken Kutschen, bunten Lakaien, wiehernden Rennpferde
grünverschleierten Kammerjungfern und sonstig kostbaren Geschirren, neugierig u
geputzt, über die Alpen ziehen und Italien durchwandern sieht, glaubt man eine elegan
Völkerwanderung zu sehen. Und in der That, der Sohn Albions, obgleich er weiße W
sche trägt und alles bar bezahlt, ist doch ein zivilisierter Barbar in Vergleichung mit de
Italiener, der vielmehr eine in Barbarei übergehende Zivilisation bekundet. Jener zeigt
seinen Sitten eine zurückgehaltene Roheit [!], dieser eine ausgelassene Feinheit. Und g
die blassen italienischen Gesichter, in den Augen das leidende Weiß, die Lippen kran
haft zärtlich, wie heimlich vornehm sind sie gegen die steif [!] britischen Gesichter mit i
rer pöbelhaft [!] roten Gesundheit! ... nur der kranke Mensch ist ein Mensch [!], sei
Glieder haben eine Leidensgeschichte, sie sind durchgeistet. Ich glaube sogar, durch L
denskämpfe könnten die Tiere zu Menschen werden« (E III, S. 270). Die Engländer si
also keine rechten Menschen. Oft erscheinen sie bei Heine als Maschinen. Auch für die
auffallend ungleiche Behandlung der Nord- und Südländer mag man manche Entschu
digung finden. Italien ist dem Dichter immer auch das von den Österreichern geknechte
und von seinen Königen in Piemont und Neapel im Stich gelassene, leidende Volk. Äh
lich läßt sich die ganz im Widerspruch zum späteren »Hellenismus« Heines stehen
Verherrlichung des Leidens geschichtlich verstehen, als ein Nachhall des Krankheitsk
tes, den Romantiker wie Novalis und Kerner betrieben. Aber mit solchen historisch
Relativierungen wird Heines instinktiver Anti-Germanismus höchstens eingeschränk
nicht widerlegt. Er fühlt sich unwillkürlich wohler unter Franzosen und Italienern: »I
bin fest überzeugt, ein fluchender Franzose ist ein angenehmeres Schauspiel für die Go
heit als ein betender Engländer! ... weit unheimlicher als die bleichen Schatten der m

ernächtlichen Geisterstunde sind mir jene vierschrötigen, rotbäckigen [!] Gespenster, die schwitzend im grellen Sonnenlicht umherwandeln. Dabei der totale Mangel an Höflichkeit.« Es folgt die verräterische Wortprägung »rothaarige Barbaren« (E VI, S. 327 f.). Man darf wohl so interpretieren, daß der Antisemitismus, der sich während Heines Studienzeit in der Burschenschaft breitmachte[13], und ihn sofort zu leidenschaftlichen Pauschaläußerungen gegen »die Deutschen« verführte, eine wichtige Ursache dieses Anti-Germanismus war. Heine nennt Menzel mit Recht einen »Rassenmäkler« (E IV, S. 311); wenn man jedoch der Wahrheit die Ehre gibt und kein bloßer Festredner, sondern ein Historiker ist, muß man zugeben, daß auch Heine seine törichten Instinkte nicht immer geistig beherrschte und daß sich dies bis in die Dichtung hinein bemerkbar macht. Ich denke z. B. an die Dichtung *Deutschland* (s. u.).

Ich weiß nicht, ob die Engländer die *Englischen Fragmente* so fleißig gelesen haben wie das *Buch der Lieder*. Jedenfalls ist es ein Ruhmesblatt der liberalen Briten, daß sie dem zur Gehässigkeit neigenden Publizisten verziehen und ein gleichmäßigeres, überlegeneres Verhältnis zu dem Dichter hergestellt haben als wir Deutschen, die wir ja leider, wie alle Völker mit allzu wechselvoller Geschichte, zwischen Hochmut und Unterwürfigkeit schwanken. Zum Heiligenkult eignet sich Heine wenig. Französische Kollegen amüsieren sich mit Recht über die Devotion gewisser deutscher Heineforscher. Auch der Heroenkult – damit meine ich die östlichen Kollegen – ist nicht ganz die richtige Einstellung, obwohl Heine Schlagworte dazu geliefert hat. Alle Versuche, Heine eine Ausnahmestellung unter den Dichtern der Biedermeierzeit zuzuweisen, verraten, daß wir immer noch kein unbefangenes Verhältnis zu ihm haben.

Man könnte noch, um Heines Antigermanismus abzuschwächen, auf die Tatsache hinweisen, daß er eine »innige Wahlverwandtschaft zwischen den beiden Völkern der Sittlichkeit, den Juden und Germanen«, entdeckt hat. Er meint nicht nur die Sittlichkeit, sondern auch das abstrakte Prinzip, den Geist, die »Idee«, die Juden und Germanen verehren und die sich nach Heines Meinung mehr und mehr durchsetzen wird. In diesem Sinne kann er dann auch sagen: »Nicht bloß Deutschland trägt die Physiognomie Palätinas, sondern auch das übrige Europa erhebt sich zu den Juden. Ich sage erhebt sich, denn die Juden trugen schon im Beginne das moderne Prinzip in sich, welches sich heute erst bei den europäischen Völkern sichtbar entfaltet« (E V, S. 455). Die Verwandtschaft von Deutschen und Juden ist eine *hübsche Spekulation, die durch das unfeste Selbstbewußtsein lange Zeit entmachteter Gruppen, durch die kompensatorische Geistigkeit, die sich in der Unfreiheit entwickelt, vielleicht verifiziert werden kann.* Wenn schon Goethes Hellenentum ein höchst problematisches Programm war, so erscheint der problematische Hellenismus, den Heine in der mittleren Zeit seines Lebens kultivierte, näher besehen als die reinste Narrheit, was z. B. ein Vergleich zwischen dem Zyklus *Verschiedene* und den *Römischen Elegien* – Heine selbst legt ihn nahe (vgl. Bd. I, S. 194) – zum Bewußtsein bringen kann. Man hat in letzter Zeit Heines Judentum stark betont, etwas zu stark, wie mir scheint. Sicher war die Konversion zum Protestantismus auch ein diplomatischer Akt; aber in seinem Unglauben begründet war der Abfall von der Synagoge schon. Sicherlich machen sich beim alternden Heine, wie bei allen alten Menschen, die Ursprünge wieder stärker bemerkbar; die *Hebräischen Melodien*, das letzte Buch des *Ro-*

481

manzero, sind in diesem Sinn ein gewichtiges Dokument. Wenn aber bewußte Entscheidungen das Bild eines schöpferischen Menschen stärker prägen als unbewußte und damit
vage Rückverbindungen – und dafür plädiere ich als Historiker –, so muß man zugeben,
daß er das Judentum genau so hinter sich zurückgelassen hat wie das Germanentum. Er
distanzierte sich in zahllosen Äußerungen von den Juden, ähnlich wie von den Deutschen.

Entscheidung für Frankreich

Heine ging nach Paris, um ein Reisebild über Frankreich zu schreiben; aber es gefiel
ihm dort ungemein gut. Er erkannte wohl auch, daß man sich als Berichterstatter über die
»Hauptstadt der Welt« (Goethe) finanziell leichter durchbringen konnte als in Deutschland mit provinziellen Artikeln oder mit »Novellen«, deren Massenfertigung im Stile
Tiecks er verachtete. Er blieb in der Stadt, die er liebte und auf Reisen stets leidenschaftlich vermißte. Er hatte auf diese Weise für seine Produktion zwei Märkte, den deutschen
und den französischen. Er heiratete eine naive französische Frau, die dem Dichter wohl
genau so unentbehrlich war wie dem Geheimen Rat in Weimar die plebejische Christiane
Vulpius. Ich mißtraue den unfreundlichen deutschen Berichten über diese Frau zutiefst, –
auch wenn sie von Seiner Majestät Karl Marx persönlich stammen*. Diese Herren Dok-
toren verstanden das Kind aus der französischen Unterschicht nicht. Heine war in Paris
zu Hause, er blieb dort auch, als er nach Deutschland hätte zurückkehren können. Trotz
des Gedichts *Jetzt wohin?* war Heine alles andere als Ahasver, der ewig wandernde Jude;
denn während er in diesen Versen Deutschland, England, die USA und Rußland ablehnt,
z.T., wie üblich, mit harten Worten, bezeugt er dem Gastland Frankreich seinen Respekt
durch Schweigen. Was ihn mit Deutschland verband, das war die Mutter und seine
zweite Mutter, die deutsche Sprache und Literatur: »Die Naturalisation mag für andere
Leute passen; ein versoffener Advokat aus Zweibrücken, ein Strohkopf mit einer eisernen Stirn und einer kupfernen Nase, mag immerhin, um ein Schulmeisteramt zu er-
schnappen, ein Vaterland aufgeben, das nichts von ihm weiß und nie etwas von ihm er-

---

* Marx an Engels 22. 9. 1856: »Seine [Heines] Leiche stand noch im Sterbehaus – am Tage des
Begräbnisses –, als der Maquereau [Zuhälter] der Mathilde [Heine] mit ihrer Engelsmilde schon vor
der Tür stand und sie in der Tat abholte. Der brave ›Meißner‹, der so weichen Kuhmist apropos von
Heine dem deutschen Publikum ums Maul geschmiert hat, hat bares Geld von der ›Mathilde‹ erhalten, um dies Saumensch, das den poor Heine zu Tode gequält, zu verherrlichen« (in Karl *Marx,*
Friedrich *Engels:* Über Kunst und Literatur, Bd. 2, Frankfurt/M. und Wien 1968, S. 237). In Wirklichkeit verherrlicht Alfred Meißner Heines Witwe nicht, sondern er *charakterisiert* sie durch Beobachtungen, die teils freundlich, teils unfreundlich kommentiert werden. Sein Bericht hat den Charakter einer unverfälschten Quelle. In den zahlreichen Familienbriefen an Heine (vgl. Säkularausgabe Bd. 27, Briefe an Heine 1852–1856, Berlin/Paris 1976) fällt mir auf, daß Heines Mutter der
Frau Heines nur eine formelle Freundlichkeit entgegenbringt, daß aber andere Angehörige, besonders Heines Schwester Charlotte, die angeheiratete Französin außerordentlich herzlich grüßen lassen. Sie scheint sich bei dem Besuch in Hamburg das Vertrauen der jüngeren Verwandten erworben
zu haben.

ahren wird – aber dasselbe geziemt sich nicht für einen deutschen Dichter, welcher die schönsten deutschen Lieder gedichtet hat. Es wäre für mich ein entsetzlicher, wahnsinniger Gedanke, wenn ich mir sagen müßte, ich sei ein deutscher Poet und zugleich ein naturalisierter Franzose« (E VI, S. 391). Die *literarische* Motivierung für die Ablehnung der Naturalisation ist deutlich. Als deutscher Dichter und passionierter Wahlfranzose trat er für die Versöhnung Deutschlands und Frankreichs ein: »Es war die große Aufgabe meines Lebens, an dem herzlichen Einverständnis zwischen Deutschland und Frankreich zu arbeiten« [14]. In diesem Punkt mag er wirklich der Europäer der traditionellen Heine-Verwertung« sein (s. o.), – obwohl er von Frankreich, mit allzu kurz geschlossenem Historismus, nur den einen, den progressiven Teil zur Kenntnis genommen hat. In den *ranzösischen Zuständen* (1832) behauptet er: »Es gibt hier keine Atheisten; man hat für den lieben Gott nicht einmal so viel Achtung übrig, daß man sich die Mühe gäbe, ihn zu leugnen« (E V, S. 141). Gewiß, die übliche uns schon sattsam bekannte Heinesche Hyperbolik. Aber doch zugleich fast erschreckend *naiv*; denn Frankreich ist ja gleichzeitig das Land der Atheisten und der Frommen. Später hat er, mit scharfer Mißbilligung, die ungebrochene Kraft der Kirche in der Provinz kennengelernt und durch die Zustimmung zur katholischen Trauung mit Mathilde seine Toleranz gegenüber der katholischen Gattin und dem katholischen Frankreich zu verstehen gegeben. Dies pragmatische Verhältnis zur katholischen Kirche verbesserte sich nach 1848 noch (s. u.).

Republikaner oder Monarchist?

Heines schwierige Lage zwischen der romantischen Volksgeistideologie und dem aufgeklärten Europäertum ist wenig erforscht oder jedenfalls wenig zur Kenntnis genommen worden. Dagegen steht sein labiles Verhältnis zu den historischen, bestehenden oder erträumten *Staatsformen* im Mittelpunkt der derzeitigen Aufmerksamkeit, besonders da wo man ihn westlich oder östlich verwerten will. Zunächst ist vor dem Klischee-Bild eines liberalen Demokraten, das die Festredner im Westen geben, zu warnen, auch vor der Vorstellung, der Künstler habe sich erst allmählich, infolge der Enttäuschung durch die Julirevolution und durch die Umtriebe der deutschen Demokraten in Paris (Börne), von der »kleinbürgerlichen« Demokratie losgesagt. Man läßt sich täuschen, wenn man seines Schwärmen für die »Freiheitsreligion« mit der staatsbürgerlichen Gesinnung eines Demokraten verwechselt. *Religion* der Freiheit ist, genauer besehen, Anarchie*; und die anarchische Tendenz eines beträchtlichen Teils der bundesrepublikanischen Jugend gehört zu den Grundlagen der sogenannten Heine-Renaissance. Selbstverständlich ist mit den anarchischen Stimmungen des jungen Heine der Umschlag zum Sozialismus nach dem bekannten dialektischen Gesetz als eine Möglichkeit seiner Entwicklung bereits gegeben. Grundlegend dafür erscheint jedoch die Unbürgerlichkeit, Antibürgerlichkeit, ja *Bürgerfeindschaft* des jungen Schriftstellers. Sie ist seinem Antigermanismus strukturell vielleicht noch vorgeordnet. Die verschlafenen, tugendhaften, treuen, maschinenmäßig funktionierenden Germanen sind von den Bürgern, so wie sie Heine sieht, kaum zu unterscheiden. Was den Lehrling in Hamburg verdroß, erkennt der junge Dichter, der Verfasser der *Englischen Fragmente,* in London wieder. Die psychologische Grundlage für diesen bürgerfeindlichen

---

* »It is obvious that Heine, like other anarchists, was indifferent to the actual improvements which were the immediate results. He could not be interested in the constitutionalism which evolved so energetically and smoothly under the cooperation of the whole German nation« (Norbert Fuerst: The Victorian Age of German Literature, London 1966, S. 96).

Affekt ist der hartnäckige Versuch Onkel Salomons, »Harry« zum Kaufmann zu machen. Der engli sche Name, der in der Familie üblich war, rückt Salomon Heines gutgemeinte Erziehung bereits i den erwähnten englisch-kapitalistischen Horizont. Hamburg sah in England sein Vorbild.

Das psychische Ergebnis dieser Erziehung hat in dem Erzählexperiment *Aus den Memoiren de Herren von Schnabelewopski* seinen bekanntesten Niederschlag gefunden. Die Dirnen Hamburg werden verklärt, die Bürgerinnen, die »Anstandsdamen« liquidiert. »Minka lächelte seltener, den sie hatte keine schöne Zähne. Desto schöner aber waren ihre Thränen, wenn sie weinte, und si weinte bei jedem fremden Unglück und sie war wohlthätig über alle Begriffe. Den Armen gab sie ih ren letzten Schilling; sie war sogar oft in der Lage, wo sie ihr letztes Hemd weggab, wenn man es ver langte. Sie war so seelengut« (E IV, S. 100 f.). »Sie [Madame Pieper] war immer ein Muster von An stand, Ehrsamkeit, Frömmigkeit und Tugend. Von Madame Schnieper ließ sich dasselbe rühmen. E war eine zarte Frau, kleine, ängstliche Brüste, gewöhnlich mit einem wehmütig dünnen Flor umge ben, hellblonde Haare, hellblaue Augen [!], die entsetzlich klug hervorstachen aus dem weißen Ge sichte. Es hieß, man könne ihren Tritt nie hören, und wirklich, ehe man sich dessen versah, stand si oft neben einem und verschwand dann wieder ebenso geräuschlos. Ihr Lächeln war ebenfalls tödlic für jeden guten Namen, aber minder wie ein Beil als vielmehr wie jener afrikanische Giftwind, vo dessen Hauch schon alle Blumen verwelken; elendiglich verwelken mußte jeder gute Name, übe den sie nur leise hinlächelte. Sie war immer ein Muster von Anstand, Ehrsamkeit, Frömmigkeit un Tugend« (E IV, S. 101 f.). *Keine Spur von der Toleranz und dem Humor, der zur Grundlage de »bürgerlichen Realismus« wurde!* Die Anstandsdame wird zu einem halben Gespenst, wie all Gruppen, die dem Dichter unsympathisch sind. Entsprechend erscheint ihm auch der Sonntag au dem Hamburger Jungfernstieg mit den »Herren und Damen« als gespenstischer »Mummen schanz«: »Entsetzlich! rief ich, wenn einem von diesen Leuten, während er auf dem Contoirboc säße, plötzlich einfiele, daß zweimal zwei eigentlich fünf sei, und daß er also sein ganzes Leben ver rechnet und sein ganzes Leben in einem schauderhaften Irrtum vergeudet habe! Auf einmal aber e griff mich selbst ein närrischer Wahnsinn, und als ich die vorüberwandelnden Menschen genaue betrachtete, kam es mir vor, als seien sie selber nichts anders als Zahlen, als arabische Chiffern; un da ging eine krummfüßige Zwei neben einer fatalen Drei, ihrer schwangeren und vollbusigen Fra Gemahlin; dahinter ging Herr Vier auf Krücken; einherwatschelnd kam eine fatale Fünf, rundbäu chig mit kleinem Köpfchen; dann kam eine wohlbekannte kleine Sechse und eine noch wohlbekann tere böse Sieben...« Zu diesen absolut nichtigen Figuren paßt es, daß gleich darauf, »längs den Häu sern des Jungfernstegs, noch grauenhafter drollig, ein Leichenzug« sich hinbewegt (E IV, S. 105 f.

Daß, geschichtlich gesehen, in solchen Karikaturen das transzendentale Gespensterwesen und di aristokratische Taugenichts-Apotheose der Romantik für die Bürgerkritik nutzbar gemacht wird läßt sich nicht übersehen. Und gleichzeitig wirken wieder ältere Schichten des 18. Jahrhunderts i Heines Gesellschaftsbild nach. Ich meine die feudale Genußkultur des Rokoko, die saint-simoni stisch neubegründet wird, als »Emanzipation des Fleisches«, jetzt für alle Schichten, als zügellos Trunkenheit des Individuums mit neuheidnischem Einschlag (»Hellenismus«). Von hier aus be trachtet ist Heines Hoffnung, im Umkreis der klassizistischen Hofkultur Münchens eine Stellung z bekommen, ein strukturelles Symptom. Er versuchte *die Flucht aus dem Bürgertum,* wenn er sic auch von München und von seiner eigenen Natur noch falsche Vorstellungen machte. Was er in de mittleren Jahren anstrebt, ist eine Art Volksrokoko: »wir stiften eine Demokratie gleichherrliche gleichheiliger, gleichbeseligter Götter« (vollständiges Zitat Bd. I, S. 162). Das ist unmißverständlic ein Paradies, keine Republik, – wenn auch gerade solche Stellen junge Heineforscher bezaubern, i der DDR unter ideologisch-materialistischen, in der BRD unter hedonistisch-anarchistischen Ge sichtspunkten. Daß Heine das demokratische Bürgertum in der Gestalt des englischen Puritanismu als pöbelhaft und »prosaisch« verachtet, wurde bereits bei seiner Beurteilung von Karls I. Hinrich tung deutlich. Etwas differenzierter ist sein Bild von den Vereinigten Staaten; denn ihre Tradition losigkeit, ihre, in Deutschland vermißte, »Gegenwärtigkeit«, ihre Unabhängigkeit von Adel un Kirche und nicht zuletzt die Fluchtwege nach Amerika mußten den jungen Heine interessieren. Di Utopie Amerika beeindruckte den Freiheitsgläubigen ein wenig; aber er war viel zu traditionell, z verspielt, zu unrealistisch, als daß ihn die geographische, politische, ökonomische und soziale Wirk

:hkeit der USA hätte ernstlich interessieren können[15]. Der episch-breite, zahlreiche Details mit-
nbeziehende Blick, den Postl-Sealsfield, bei all seiner Freiheitsbegeisterung, auf Amerika richtet,
hlt diesem antibürgerlichen Bürgersohn völlig. Heine war nur klüger als Lenau (vgl. u. S. 645 ff.),
ich geborgener in der Pariser Gesellschaft; er widerstand von vornherein allen Versuchungen, aus-
iwandern. Heine habe, hört man von Heineverehrern in den USA, die Auswanderung empfohlen.
ewiß, nur ist eben der Ton bei diesem Schriftsteller immer wichtiger als der Wortlaut: »Oder soll
h nach Amerika, nach diesem ungeheuren Freiheitsgefängnis, wo die unsichtbaren Ketten mich
och schmerzlicher drücken würden als zu Hause die sichtbaren, und wo der widerwärtigste aller
yrannen, der Pöbel, seine rohe Herrschaft ausübt! Du weißt, wie ich über dieses gottverfluchte
ind denke, das ich einst liebte, als ich es nicht kannte... Und doch muß ich es öffentlich loben und
·eisen, aus Metierpflicht... Ihr lieben deutschen Bauern! geht nach Amerika! dort gibt es weder
ürsten noch Adel, alle Menschen sind dort gleich, gleiche Flegel« (E VII, S. 44 f.). Kein Bauer hat
eine gelesen. Die Stelle besagt, daß Amerika für Bauern recht ist, aber für feine Leute nicht in Be-
racht kommt. »Freiheitsstall« und »Gleichheitsflegel« sind auch in der Lamentation *Jetzt wohin?*
e Bezeichnungen für die USA. Verwöhnten Weltschmerzlern ist, wie wir heute erneut sehen, nicht
i helfen, am wenigsten auf dem Wege der bürgerlichen Demokratie!
  Heines Mißtrauen gegenüber der Volksherrschaft ist vielleicht auch so zu erklären, daß diese sich,
ich der Meinung der Voltairianer, z. B. Wielands, mit einem höheren Zivilisationsgrade nicht ver-
ägt. Für »Hirtenvölker« mag die Demokratie geeignet sein. So kommt es, daß Heine gerade auch
r Frankreich und Paris die klassische Demokratie nach schweizerischem und angelsächsischem
orbild abgelehnt hat: »Die amerikanische Lebensmonotonie, Farblosigkeit und Spießbürgerei [!]
äre noch unerträglicher in der Heimat der Schaulust, der Eitelkeit, der Moden und Novitäten«
, V, S. 38). Lafayette, den Helden der Großen Revolution, verehrt Heine, weil er sich etwas von der
·razie des Rokoko bewahrt hat und nicht einfach ein plumper Bürger ist: »Wenn er [in der Depu-
·rtenkammer] spricht, trifft er immer den Nagel auf den Kopf und seine vernagelten Feinde auf die
öpfe... Das Beste des alten Regimes, das Chevalereske, die Höflichkeit, der Takt, ist hier wunder-
·r verschmolzen mit dem Besten des neuen Bürgertums, der Gleichheitsliebe, der Prunklosigkeit
id der Ehrlichkeit« (E V, S. 43). Die Stelle macht verständlich, weshalb das Frankreich König
·uis Philippes, trotz der allergrößten Bedenken (s. u.), für den Dichter zu einer Art politischer Hei-
at wurde. Die ihm von diesem Regime gewährte Unterstützung mag ihn milde gestimmt haben;
·nn er bedurfte, trotz seines publizistischen Fleißes, dringend eines gewissen Mäzenatentums, auch
·n seiten des reichen Onkels. Darüber hinaus entsprach das durch die Julirevolution erreichte »Ju-
· Milieu« im Grunde genau seinem gesellschaftlichen Ort am Rande der »Gelddynastie Heine«
lfred Meißner)[16]. Er war zu arm und auch zu klarsichtig, als daß er sich dem damals zu einer Art
eldadel aufsteigenden Großbürgertum hätte anschließen können. Er verkehrte im Hause Roth-
hild, ohne sich von ihm abhängig zu machen*. Aber er war doch Jude genug, um den Triumph zu
ipfinden, der darin lag, daß der Erbadel, ja die Fürsten des christlichen Abendlands nun bei dem
dischen Baron zu Kreuze kriechen mußten, um ein Darlehen für ihre liederliche Wirtschaft zu er-
ilten. Er kommt öfters auf diesen Punkt zu sprechen, z. B. an der Stelle, da er in *Ludwig Börne* von
inem Besuch in der Frankfurter Judengasse erzählt: »Sehen Sie hier, in diesem kleinen Hause
ohnt die alte Frau, die Lätitia, die so viele Finanzbonaparten geboren hat, die große Mutter aller
1leihen, die aber trotz der Weltherrschaft ihrer königlichen Söhne noch immer ihr kleines Stamm-
hlößchen in der Judengasse nicht verlassen will« (E VII, S. 32). Die Worte sind dem Schicksalsge-
·ssen Börne, der damals noch sein Freund war, in den Mund gelegt. Doch weiß jeder, der Heines

---

* Man scheint dort seinen Sozialismus auf dem Konto des *Spaßvogels* Heine verrechnet zu ha-
·n. Betty Rothschild, die Gattin des Börsenkönigs, schreibt ihm am 18. (?) 11. 1854 (Säkularaus-
be Bd. 27, S. 261), einem »geistreiche(n) Humorist(en)« müsse man den »Scherz« gönnen: »Den-
n Sie daher nicht kleinlich von meinem Manne, wenn auch ihn der Pfeil Ihres Witzes getroffen; er
rzeiht Ihnen gerne den Spaß, schon um der vielen Späße willen die er Ihrer lustigen und originellen
une verdankt.« Man kann dieser Formulierung entnehmen, daß beide Teile den offenen Bruch
s gesellschaftlichen Gründen nicht wünschten.

Art der Geschichtsschreibung, sein völlig traditionelles (rhetorisches) Arbeiten mit fingierten Szene
und Reden kennt, daß sie keinen Quellenwert haben. Eher erinnern sie an die Darstellung der kapi
talistischen Weltherrschaft in Postl-Sealsfields *Morton* (vgl. u. S. 776 f.).

Das Ideal eines Volkskaisers

»Finanzbonaparten« – nun, sie kommen in Heines politischem Weltbild letzten Endes doch nicht
in Betracht, im Vergleich zu Napoleon Bonaparte, dem Kaiser der Revolution. Wenn Heine für di
demokratischen Revolutionen, selbst in Frankreich, immer nur eine kurze Dauer prophezeit, so er
klärt sich dies aus der Tatsache, daß er bei allen Prognosen die französische Revolution vor Auge
hat. Er mißtraut der Volksherrschaft von Grund auf; ja, er hat sogar die restaurativen Kreise im
Verdacht, daß sie die Demokraten unterstützen, um in der so entstandenen Anarchie wieder die alt
Ordnung herstellen zu können. So wenig traut er dem Volk, wenigstens vorläufig, zu; und er ha
damit – das sollte man nicht vergessen – bis 1870 recht behalten – auch für Frankreich. Es ist histor
scher Unsinn, die Demokratie zum Maßstab des 19. Jahrhunderts zu machen. Für die tiefe Verwu
zelung des Bonapartismus im französischen Volk hat er sehr scharfe Augen, weil er im Grunde selbs
ein Bonapartist geblieben ist. Das bedeutet selbstverständlich nicht, daß er ein Anhänger des alte
Absolutismus war. Sogar über Friedrich den Großen, der ja als aufgeklärter absoluter König regiert
(Toleranz, Gerichtswesen usw.), spottet Heine gern, wie über fast alle Nationalheiligtümer des da
maligen Preußens und des sich geistig schon herausbildenden preußischen Deutschlands. Er vereh
in Napoleon nicht so sehr den Wiederhersteller der absolutistischen Ordnung oder den Feldherrn a
den *Volkskaiser,* der sich den Adel und die Kirche unterworfen und gleiches Recht für alle, für all
Gruppen und für alle Begabungen, durchgesetzt hat. Der Anblick des rücksichtslos durch den Dü
seldorfer Hofgarten reitenden Kaisers, der das gesamte »Mittelalter« mit Adel, Klerus und Jude
verfolgung zur Strecke gebracht zu haben schien, ist der früheste und tiefste Eindruck, den Heine i
politischer Hinsicht empfangen hat: »Aber wie ward mir erst, als ich ihn selber sah, mit hochbegn
digten, eignen Augen ihn selber, hosianna! den Kaiser ... diese Lippen brauchten nur zu pfeifen, –
la Prusse n'existait plus – diese Lippen brauchten nur zu pfeifen – und die ganze Klerisei hatte ausg
klingelt – diese Lippen brauchten nur zu pfeifen – und das ganze heilige römische Reich tanzte« (
III, S. 158 f.). Es sind, psychologisch gesehen, nicht eben die Helden, die so vollkommen in den Ban
der Machthaber geraten, sondern eher labile Menschen, mit den Bedürfnissen eines Halts. *In seine*
Napoleon-Kult erinnert Heine an Grabbe, der noch weniger ein Held gewesen ist (vgl. o. S. 169
Selbstverständlich wirkt bei beiden noch der romantische Geniebegriff nach. Heines eigenes, etw
forciertes und daher oft übersteigertes, aber viele Philologen überwältigendes Selbstbewußtsein i
der beste Beweis dafür. Man findet zwar immer wieder Heinesche Äußerungen, die den Personali
mus der Zeit (vgl. Bd. I, S. 49 f.) durch den Hinweis auf die Völker, Parteien und Volksmassen korr
gieren wollen; aber diese Tendenz setzt sich niemals entschieden durch, und der Grund dafür i
wohl das Zurückschrecken vor der bürgerlichen und staatsbürgerlichen Moral, die die alte Ordnur
allein zerstören oder – vielleicht doch besser – weiterbilden konnte. Es ist bekannt, daß Nietzsch
den »Artisten« Heine sehr hoch geschätzt hat und sicher auch sonst von ihm beeinflußt wurde. Ma
hält dies für einen Beweis von Heines Modernität. Aber war der Weg zum Übermenschen wirklic
modern? War er nicht eher der Versuch, die alte, vorbürgerliche Verantwortungslosigkeit mit gro
ßen, rhetorischen, falschen Gesten festzuhalten? Die Folgen der Unbürgerlichkeit, die das 20. Jah
hundert erschrocken erlebte, lassen sich schon in manchen Versen dieses Dichters erkennen. Ich z
tiere aus dem Gedicht *Anno 1829,* das noch unter dem Eindruck des Londoner Aufenthalts entsta
den sein mag:

> Zigarren tragen sie im Maul
> Und in der Hosentasch' die Händ';
> Auch die Verdauungskraft ist gut, –
> Wer sie nur selbst verdauen könnt'!

Sie handeln mit den Spezerei'n
Der ganzen Welt, doch in der Luft,
Trotz allen Würzen, riecht man stets
Den faulen Schellfischseelenduft.

O, daß ich große Laster säh',
Verbrechen, blutig, kolossal, –
Nur diese satte Tugend nicht,
Und zahlungsfähige Moral!

viel nur zum gemeinsamen Genie- und Napoleon-Kult Grabbes und Heines, der ihre Berliner
eundschaft und die Grabbe-Verteidigung Heines nach dessen frühem Tod verständlicher macht
gl. o. S. 187). Die Engländer, die den Kaiser, nach Heines Bezichtigung, »ermordet« haben (E III,
451), werden nicht als geschichtliche Gegner Napoleons gesehen, sondern als »Zwerge« (E III, S.
54). Allerdings gibt der in diesem Zusammenhang erwähnte Swift erneut einen Hinweis darauf,
ß es außerordentlich schwierig ist, hinter Heines lustvoll-satirischen Vergrößerungen und Ver-
einerungen seine eigentliche politische Meinung zu erkennen. Es gibt, wieder wie bei Grabbe (vgl.
S. 150), auch Napoleon-Kritik. Heine erkennt und bedauert bei Gelegenheit, daß der Diktator,
der ein Washington von Europa werden konnte«, nur sein Kaiser geworden ist (E IV, S. 65). Diese
ichterne Stelle findet man in den *Französischen Malern,* – nebenbei. Auch das klarste Bekenntnis
m Volkskönigtum findet man, wenn ich recht sehe, nicht in Heines politischen Schriften, die stär-
er taktischen Gesetzen folgen, sondern in *Shakespeares Mädchen und Frauen:* »Demokratie und
önigtum stehen sich nicht feindlich gegenüber, wie man fälschlich in unsern Tagen behauptet hat.
ie beste Demokratie wird immer diejenige sein, wo ein Einziger als Inkarnation des Volkswil-
ns [!] an der Spitze des Staates steht, wie Gott an der Spitze der Weltregierung; unter jenem, dem
karnierten Volkswillen, wie unter der Majestät Gottes, blüht die sicherste Menschengleichheit, die
hteste Demokratie« (E V, S. 399). Die Stelle bezieht sich auf Caesar, den »Zerstörer jener Adels-
rrschaft, welche dem Volk für die härtesten Dienste nur kärglichen Lohn bewilligte« (ebd.). Die
espotie ist gut, weil sie die Gleichheit garantiert: »Gern [!] verzeihen wir den Kaisern die blutigste
illkür, womit sie einige hundert patrizische Familien behandelten... wir preisen sie als weltliche
eilande [!], die, erniedrigend die Hohen und erhöhend die Niedrigen, eine bürgerliche Gleichheit
nführten« (ebd.). Man sieht: *die soziale Gleichheit ist der entscheidende Maßstab, ihr gegenüber
tt die formale Rechtsgleichheit der liberalen Republik völlig in den Hintergrund von Heines Den-
n.* Georg G. Iggers wendet sich gegen die von vielen angenommene Beeinflussung Heines durch
n Saint-Simonismus mit der Begründung, dieses System sei durchaus autoritär. Es fordere zwar
e industrielle Welt und die Gleichheit aller in ihr; aber es sei doch kaum vorstellbar, daß der libe-
le Heine die hier programmierte hierarchische Gesellschaft bejaht habe. Iggers weist auch nach,
ß Enfantin Heine ausdrücklich kritisiert hat[17]. Es leuchtet mir ein, daß Heine nicht so katho-
ch war wie die Saint-Simonisten, daß er also keine Unterwerfung oder Gleichschaltung der Kirche,
r Industrie, sondern eher eine Zerstörung der genannten Organisationen anstrebt. Man wird wohl
erhaupt der Darstellung von Iggers entnehmen können, daß der Saint-Simonismus faschistische
emente enthält und nur bedingt als Frühsozialismus angesprochen werden kann[18]. Im Kontext
n Heines Napoleonkult allerdings ist sein Liebäugeln mit dem saint-simonistischen System kei-
swegs erstaunlich. Für die *These, daß der Dichter im Volkskaisertum die optimale Regierungs-
rm sah,* spricht die Reihenbildung Caesar, Napoleon, Zar! Ja, der Zar von Rußland, das mächtige
berhaupt der Heiligen Allianz, ist gemeint: »Eine Allianz zwischen Frankreich und Rußland hätte,
i der Affinität beider Länder, nichts so gar Unnatürliches. In beiden Ländern herrscht der Geist der
evolution: hier in der Masse, dort konzentriert in einer Person; hier in republikanischen, dort in
solutistischen Formen; hier die Freiheit, dort die Zivilisation im Auge haltend; hier idealen Prin-
pien, dort der praktischen Notwendigkeit huldigend, an beiden Orten aber revolutionär agierend
gen der Vergangenheit, die sie verachten, ja hassen. Die Schere, welche die Bärte der Juden in Polen
schneidet, ist dieselbe, womit in der Konciergerie dem Ludwig Capet die Haare abgeschnitten
rden, es ist die Schere der Revolution... Richtig beobachtete Custine ihre [der Zaren] Gleichgül-

tigkeit gegen die Vergangenheit, gegen das Altertümliche. Er bemerkte auch richtig den Zug de
Raillerie bei den Vornehmen; diese muß auch im Zar ihre Spitze finden: von seiner Höhe sieht er de
Kontrast der kleinen Verhältnisse mit den großen Phrasen, und im Bewußtsein seiner kolossale
Macht muß er jede Phraseologie bis zur Persiflage verachten. (Der Marquis [Posa?] verstand da
nicht.) Wie kläglich müssen ihm die chevaleresken Polen erscheinen, diese Leichen des Mittelalte
mit modernen Phrasen im Munde, die sie nicht verstehen; er will sie zu Russen machen, zu etwas L
bendigem; auch die Mumien, die Juden, will er beleben; und was sind die gemeinen Russen, a
zweibeiniges Vieh, das er zu Menschen heran knutet? Sein Wille ist edel, wie schrecklich immer sein
Mittel sind« (E VII, S. 440 f.) [19]. Dieses Bekenntnis zu einer traditionsfeindlichen Politik um jede
Preis hat Heine in der hier zitierten Form nicht veröffentlicht. Die Rechtfertigung der Zarenher
schaft hätte jeden Liberalen an Heine irregemacht, und die Stelle ist auch zunächst nur ein einzeln
Einfall. Aber sie belegt erneut Heines weiten *Abstand von der liberalbürgerlichen Kultur, die Eng
land, Frankreich und nach 1848 auch Mitteleuropa, bis zu einem gewissen Grad, geprägt hat.* Sie b
legt, wie das Erlebnis im Hofgarten von Düsseldorf, den Respekt vor der »kolossalen Macht«, v
dem Quantitativen, und das geringe Vertrauen zu einer von freien Bürgern getragenen, qualitat
orientierten Veränderung der Welt. Das heißt: die Frage nach dem *Sozialismus* ist nicht nur eine v
der DDR-Germanistik oder von westlichen Marxisten in die Heine-Philologie hineingetrager
Schulungsaufgabe. Sie ist ein Grundproblem, dessen Lösung ich gerade westlichen Heine-Spezia
sten ans Herz lege, das ich selber jedoch nur noch kurz anschneiden kann und will*.

* Ich gebe durch petit-Druck zu verstehen, daß es mir als einem *alten* Germanisten nicht verwu
derlich ist, wenn ausländische Germanisten derartige politisch- oder sozialgeschichtliche Abschni
für überflüssig oder gar für ärgerlich halten. Aber erstens schadet es nichts, wenn *literarisch* intere
sierte Fachgenossen im Ausland auch auf Heines Publizistik aufmerksam gemacht werden; denn d
Lektüre dieses großen Werkteils erspart manches Fehlurteil, das mir heute auffällt. Und: die Publi
stik ist wenig erforscht, obwohl sie *auch* literarisch hochinteressant sein dürfte. Zweitens erschei
es mir, beim derzeitigen Stand der Heinepopularisierung in der BRD, gewissenlos, zu diesem heu
die literarische Jugend so brennend interessierenden Problem in einer Publikation, die auch Leh
buchfunktion hat, *nicht* Stellung zu nehmen; denn wir sind, um nur ein Beispiel zu geben, schon
weit, daß mit *stilgeschichtlicher* Argumentation alle Marxisten in Ost und West für dumm verkau
werden, die immer noch nicht gemerkt haben, daß die antikommunistischen Äußerungen Hein
gar nicht ernst gemeint sind, daß der vollkommen überzeugte Kommunist hier nur ein sprach
ches Feuerwerk zur Blendung der Zensoren und seiner Feinde abbrennt, das aber, bei richtiger An
lyse, seinen entschiedenen Kommunismus offenbart. Mit seiner Angst vor der schönheitsfeindlich
Masse meint er, genau besehen, nicht die kommunistische Zukunft, nicht die proletarische Her
schaft, sondern das kapitalistisch-bürgerliche System, das ja kunstfeindlich *ist* und das er in der G
stalt des puritanischen Kleinbürgers Börne bekanntlich schon lange vor seinen antikommunis
schen Äußerungen entlarvt hat (Dolf *Oehler,* Heines Genauigkeit, in: Diskussion Deutsch, H. 3
Bd. 8, 1977, S. 250–271). Man mag vornehm sagen, daß ein so zynischer Umgang mit der Wahrh
wissenschaftlich nicht relevant ist, da ihm die Meinung aller *Autoritäten* entgegensteht. Wenn s
che Methoden jedoch in einer »Zeitschrift für Deutschlehrer« (Untertitel von *Diskussion Deutsc*
Billigung und Pflege finden, darf auch der Wissenschaftler nicht mehr schweigen. Er muß versuche
dem Deutschlehrer zu Hilfe zu kommen, der die Bindung an die Wahrheit nach wie vor hochhä
und er muß, nach bestem Wissen und Gewissen, ein klares Bild von der politisch-sozialen Ansch
ung des didaktisch mißbrauchten Dichters entwerfen.

Sozialismus bei Heine?

Es ist wohl, psychologisch gesehen, das Normale, daß Pfarrersöhne oder Theologen die Religion analysieren, daß niemand so genau die »tragische Literaturgeschichte« (Muschg) kennt wie die Angehörigen von literarischen Familien und daß die Neffen oder Söhne von Kapitalisten die besten Kritiker des Kapitalismus sind. So erklärt sich auch Heines auffallend frühe Aufmerksamkeit auf die Kehrseite der bürgerlichen Julirevolution in Frankreich. Da die spätere Zusammenarbeit mit Marx (1843/44) im Mittelpunkt der DDR-Forschung zu stehen pflegt, akzentuieren wir die frühe Phase, die *Französischen Zustände* (1832); denn diese Schrift kann den 1818 geborenen Karl Marx während seiner frühesten geistigen Entwicklung *beeinflußt* haben. Ein Glanzstück ist die Schilderung der Börse im Artikel VIII (Paris, 27. 5. 1832). Heine vergißt nicht zu bemerken, daß Napoleon das Gebäude im Stil des Revolutionsklassizismus errichten ließ: »Das schöne Marmorhaus, [ist] erbaut im edelsten griechischen Stile und geweiht dem nichtswürdigsten Geschäfte« (E V, S. 119). Die Wertung ist eindeutig. Sie wird im weiteren Verlauf der Beschreibung durch Tiermetaphern in drastischer Form »versinnlicht«: »Hier ist es, wo der Staatspapierenschacher... wogend und brausend sich bewegt wie ein Meer des Eigennutzes, wo aus den wüsten Menschenwellen die großen Bankiers gleich Haifischen hervorschnappen, wo ein Ungetüm das andere verschlingt, und wo oben auf der Galerie, gleich lauernden Raubvögeln auf einer Meerklippe, sogar spekulierende Damen bemerkbar sind. Hier ist es jedoch, wo die Interessen wohnen, die in dieser Zeit über Krieg und Frieden entscheiden« (ebd.). Im Widerspruch zu dieser Behauptung wird im nächsten Abschnitt festgestellt, daß Krieg und Frieden ihrerseits die Kurse bestimmen. Heine rechnet diese Entscheidung noch nicht zu den »großen Fragen, die jetzt die Menschheit bewegen«; wichtiger sind die Kräfte der Parteien, an denen die Börse nach Heine uninteressiert ist. Ein weiterer Abschnitt wird den typischen Börsenspekulanten gewidmet. Diese sind über Krieg und Frieden oft anderer Meinung als »die tiefsten Denker« und behalten doch recht. Man sollte, sagt Heine, meinen, beim Tode Périers, der die Pariser Geldleute zur herrschenden Klasse machte, sollten die Kurse ein wenig nachgeben. Aber der einzelne hat in diesem System keine Bedeutung mehr: »Nicht einmal ein Achtel Prozent, nicht einmal ein Achtel Trauerprozent sind die Staatspapiere gefallen bei dem Tode Casimir Périers, des großen Bankierministers!« (E V, S. 121). Auch bei seinem Begräbnis zeigte sich »die kühlste Indifferenz«: »Das Volk betrachtete alles mit einer seltsamen Apathie; es zeigte weder Haß noch Liebe; der Feind der Begeisterung wurde begraben, und Gleichgültigkeit bildete den Leichenzug« (ebd.). Die Allegorese, zumal die trauernde Gleichgültigkeit erinnert stilistisch ein wenig an die Hyperbolik, die wir in früheren Stellen kennenlernten. Die Hauptabsicht dieser Beschreibung ist es jedoch, die kapitalistische Welt als ein unheimliches, geräuschlos funktionierendes Getriebe darzustellen, aus dem die Begeisterung und damit die große Sache der Menschheit ausgeschlossen bleibt.

Die Not des Proletariats wird stets gegenwärtig gehalten. So ist z. B. gleich im ersten Artikel, von dem »trostlosen« Zustand des niederen Volks die Rede, auch spricht der Referent zur Pointierung hyperbolisch von »Tausenden, die vor Elend sterben«. Der Adel ist auch hier das Hauptangriffsziel, und der Pöbel wird mit ihm identifiziert; doch ist hier ganz offensichtlich das arbeitsscheue Lumpenpack gemeint; denn wo der Referent an Arbeiter denkt, pflegt er ouvrier zu sagen: »Sie haben beide, der Adel und der Pöbel, den größten Abscheu vor gewerbfleißiger Thätigkeit; sie streben vielmehr nach Eroberung des fremden Eigentums oder nach Geschenken und Trinkgeldern für gelegentliche Lohndienerei; Schuldenmachen ist durchaus nicht unter ihrer Würde; der Bettler und der Lord verachten die bürgerliche Ehre« (E V, S. 132). Nachher wird der in beiden Klassen herrschende Hass gegen den wohlhabenden Mittelstand« verurteilt (ebd.). Die bürgerliche Wertungsnorm, die hier, im Gegensatz zu andern Äußerungen erscheint, verdeutlicht die Schwierigkeit des Problems Heine und der Sozialismus«. Ein Satz, der von der kommunistischen Forschung stets zitiert wird und der durch die klare Trennung von Schriftsteller und Revolutionär tatsächlich zur Klärung strittiger Heineprobleme geeignet ist, sei auch hier wiedergegeben: »Der Schriftsteller, welcher eine soziale Revolution [!] befördern will, darf immerhin seiner Zeit um ein Jahrhundert vorauseilen; der Tribun hingegen, welcher eine politische Revolution beabsichtigt, darf sich nicht allzuweit von den Massen entfernen. Überhaupt in der Politik wie im Leben muß man nur das Erreichbare wünschen«

Heinrich Heine

(E V, S. 142). Trotz dieser vernünftigen Einsicht feiert der Referent drei Seiten später enthusiastisch einen törichten Aufstand von Studenten und Amis du Peuple (vgl. o. S. 293): »sechzig Republikaner gegen 60,000 Linientruppen und Nationalgarden«. Was dieser Begeisterung zugrunde liegt, näm lich die gymnasiale Schulbildung, verrät der Vergleich mit den Thermopylen (E V, S. 145); noch im Ersten Weltkrieg wird dieses Leitbild unzählige Opfer verschlingen. Auch »die alten Soldaten des Napoleon« (ebd.) müssen herhalten, um das vergossene Jünglingsblut zu feiern. Endlich einmal wieder ein Anlaß zur hyperbolischen Berichterstattung! Diese hochstilisierte Einlage hindert freilich den versierten Publizisten nicht daran, wenig später die Position Rousseaus, des eigentlichen Grunds der Französischen Revolution, auf die ihm selbst gemäßere Linie von Voltaire zurückzunehmen »Dem Voltaire geschieht jedoch unrecht, wenn man behauptet, er sei nicht so begeistert gewesen wie Rousseau; er war nur etwas klüger und gewandter« (E V, S. 159). Hier taucht insgeheim schon der Gegensatz zu Börne auf. Er wird noch nicht forciert; denn die wichtigste These in diesem Zusam menhang ist für Heine die allgemeine Feststellung, daß die neue Gesellschaft in der Revolution »auf die beiden neuen Gewalten basiert werden [mußte], worin eben die meiste Lebenskraft quoll, näm lich auf die Wissenschaft und die Industrie« (E V, S. 160). Das ist ein Gedanke, den Marx rezipiert haben mag.

Daß der Wahlfranzose durch das französische Gedankengut, das nach der großen Revolution kräftig weiterwirkte, beeinflußt wurde, daß also Heines publizistische Ideen, wie jede Art von Publi zistik, nicht absolut original waren, ist selbstverständlich. Ob es gerade der Babouvismus war, was Heine unter Kommunismus verstand [20], kann ich nicht beurteilen. Er nennt eine ganze Reihe zeit genössischer Sozialisten, von denen man auch vermuten darf, daß sie aktuell blieben oder heute wie der aktuell werden. Selbst Lamennais' Idee eines christlichen Sozialismus, die Börne kräftig unter stützte, Heine dagegen – mißtrauisch gegen den Klerus wie immer – geringschätzig behandelte (E VI S. 292 und IV, S. 558), ist heute noch nicht gestorben. Die historischen Entwicklungen verlaufen stets in Linienbündeln, weshalb mir auch die Beziehung zwischen Marx und Heine *nicht* als die wichtigste historische Frage erscheint. Wichtig dagegen und kaum französisch scheint mir Heines Deutung des Kommunismus, des nicht-christlichen Kommunismus als neue Religion zu sein. Diese Gedanke führt allerdings schon in die *Lutezia* und in den Juni 1843. Heine vergleicht sich hier mit einem Publizisten, der zu Neros Zeiten über das »obskure Häuflein« der Galiläer statt über die Hof feste des Cäsars berichtet hätte. Bestimmt wäre er ausgelacht worden, aber er hätte doch recht behal ten: »Die Zahl jenes obskuren Häufleins ward Legion, im Kampfe mit ihr mußten die Legionen Cä sars die Waffen strecken, und das ganze Reich, die Herrschaft zu Wasser und zu Lande gehört jetzt den Galiläern« (E VI, S. 408 f.). Diese Interpretation finde ich höchst interessant, obwohl sie im marxistischen Schrifttum wenig berücksichtigt wird, wahrscheinlich deshalb, weil sie dem An spruch des »wissenschaftlichen Sozialismus« widerspricht. *Aber ist es nicht wahr, daß Glaube zum Kommunismus gehört?*

Übrigens führt gerade der Maßstab des Marxismus in der DDR zu höchst behutsamen Äußerun gen über das Thema Heine und der Kommunismus. Fritz Mende, den ich für den gewissenhaftesten Heineforscher des kommunistischen Deutschlands halte, löst das Problem so, daß kaum etwas hin zuzufügen ist, wenn man ihm die offizielle marxistische Norm, der drüben jeder unterworfen ist, vorgibt: »Heine stand weder einer der damals sich in Frankreich herausbildenden pseudo[!]-kom munistischen Gruppierungen nahe noch gehörte er zur ›Schule‹ der deutschen Sozialisten ode Kommunisten. Aber er setzte sich stärker als irgendein anderer bürgerlicher deutscher Schriftstelle der damaligen Zeit mit den sozialistischen Ideen und verschiedenen Strömungen einer antikapitali stischen Opposition auseinander; er trat als revolutionärer Demokrat in seinen Korrespondenzbe richten für die Forderungen des aufbegehrenden Proletariats ein, wie er den Kapitalismus eine schonungslos scharfen Kritik unterwarf, und er war als Propagandist des revolutionären Sozialis mus, der Kommunisten tätig. Weitsichtiger als viele seiner sich politisch betätigenden Zeitgenosse (z. B. Heß, Grün, Ruge, Venedey, Ewerbeck), die sich – vor der Herausbildung des wissenschaftli chen Sozialismus – ›Sozialisten‹ oder gar ›Kommunisten‹ nannten, war er diesen an politischer Ein sicht um Jahrzehnte voraus und konnte, wie es ja auch geschehen war, allenfalls im Sinne des da mals [!] noch sehr unklaren, vielschichtigen Begriffs ›Kommunismus‹ zeitweilig zu den Kommuni ten gerechnet werden. Da er jedoch in seinem Denken (z. B. im Gegensatz zu Weerth) bestimmte bürgerliche Vorurteile nicht zu überwinden vermochte und dazu auf Grund seiner persönlichen Entwicklung wohl auch nicht mehr in der Lage war, kann er vom Standpunkt des wissenschaftlichen Sozialismus aus keineswegs als Kommunist bezeichnet werden, allenfalls als ein ›geheimer Anhänger‹ des Kommunismus. Heine hatte sich nach seiner frühen Abkehr vom bürgerlichen Liberalismus in den vierziger Jahren wohl zur politischen Anerkennung des Kommunismus emporgearbeitet, gelangte aber über diese Anerkennung, die optimistische Zustimmung und skeptizistische Distanzierung gleichermaßen einschloß, nicht hinaus« [21]. Man könnte die biographische Bemerkung hinzufügen, daß Heine bei der Begegnung mit Marx schon ein Mitvierziger war und bei den Liberalen als reichlich abgestanden galt, weil sie seine Doppelstrategie (Gegenwart und Zukunft) nicht verstanden. Es lag also für ihn sehr nahe, auf die Jugend jenseits des Liberalismus, die den berühmten Schriftsteller umwarb, vorauszugreifen und sie durch einige heftige Schläge zu unterstützen, deren heftigster *Deutschland* war. Dieses Werk ist den Redakteuren der *Neuen Rheinischen Zeitung* immer gegenwärtig [22], beginnt also schon damals die klassische deutsch-kommunistische Dichtung zu werden. Heine nennt Marx den »entschiedensten und geistreichsten« seiner Landsleute (E VI, S. 577). Bei den Urteilen von Marx über Heine ist gelegentlich das jugendliche Ressentiment gegen den Älteren spürbar; aber sie scheinen sich hinsichtlich der Zukunft ziemlich gut verstanden zu haben [23]. Schon kurz nach der bürgerlichen Julirevolution, am 19. 11. 1830, hatte Heine an Varnhagen geschrieben: »Ich selbst hasse die aristocratie bourgeoise noch weit mehr« – und wie glühend war sein damaliger Haß gegen die Geburtsaristokratie! In der Zeit, da er sich für Marx interessiert, behauptet er vollends: »Die heutige Gesellschaft verteidigt sich nur aus platter Notwendigkeit, ohne Glauben an ihr Recht, ja ohne Selbstachtung.« Auch an dieser Stelle verleiht er dem Kommunismus den hohen historischen Rang des frühen Christentums (E VI, S. 419). Mit dem rein pragmatisch funktionierenden liberal-kapitalistischen System kann sich der Universalist, der Heine immer bleibt, nicht abfinden. Doch wissen wir bereits (vgl. o. S. 485), daß der Kapitalismus an der Stelle unkritisiert bleibt, wo er personalisiert und sakralisiert werden kann, wo er dem armen, ehrgeizigen Dichter, wie der Kaiser Napoleon oder der Zar, als Machterlebnis, d. h. als überwältigende Quantität gegenübertritt: »Man muß doch Respekt vor diesem Manne [Rothschild] haben, sei es auch nur wegen des Respektes, den er den meisten [!] Leuten einflößt... Schon vor der Thür seines Kabinetts ergreift viele ein Schauer der Ehrfurcht, wie ihn einst Moses auf dem Horeb empfunden, als er merkte, daß er auf dem heiligen Boden stand... Jenes Privatkabinett ist in der That ein merkwürdiger Ort, welcher erhabene Gedanken und Gefühle erregt, wie der Anblick des Weltmeeres oder des gestirnten Himmels: wir sehen hier, wie klein der Mensch und wie groß Gott ist! Denn das Geld ist der Gott unserer Zeit, und Rothschild ist sein Prophet« (E VI, S. 257 f.). Mit besonderem Genuß erzählt Heine im folgenden, daß auch Kaiser Franz von Österreich in Rothschilds Machtbereich gehört. Panegyrik für einen möglichen Mäzen in dem gekonnten hyperbolischen Stil? Für diese Interpretation spricht vielleicht, daß den Geldrittern in ihrer Gesamtheit nicht der geringste Respekt entgegengebracht wird. Wie Heine die »platte Notwendigkeit« der Selbsterhaltung nicht ernstnehmen kann, so unterschätzt er auch idealistisch die Machtmechanismen eines herrschenden Systems. Wo er mit Funktionären und Managern rechnen müßte, erwartet er moralisierend – Helden. Wie er immer nur das Genie Napoleon, niemals die reformierte französische Militärmaschine, und wie er immer die Teufelei der Engländer statt der ebenfalls reformierten alliierten Militärmaschinen vor Augen hat, so prophezeit er auch dem unheroischen bürgerlich-kapitalistischen System den Untergang: »Solange die Bourgeoisie am Ruder steht, droht der jetzigen Dynastie keine Gefahr. Wie soll es aber gehen, wenn stürme aufsteigen, wo stärkere Fäuste zum Ruder greifen und die Hände der Bourgeoisie, die mehr geeignet zum Geldzählen und Buchführen, sich ängstlich zurückziehen? Die Bourgeoisie wird noch weit weniger Widerstand leisten als die ehemalige Aristokratie [!]; denn selbst in ihrer kläglichsten Schwäche, in ihrer Erschlaffung durch Sittenlosigkeit, in ihrer Entartung durch Kurtisanerie war die alte Noblesse doch noch beseelt von einem gewissen Point d'honneur, das [!] unsrer Bourgeoisie fehlt, die durch den Geist der Industrie emporblüht, aber auch untergehen wird« (E VI, S. 235). Man sieht: hinter der Bürgerfeindschaft steht ein sehr deutscher *Neoaristokratismus,* der über Nietzsche, George und die expressionistische Generation an das 20. Jahrhundert weitergegeben wird und

Deutschland zu einer völlig falschen Einschätzung der angelsächsischen »Krämervölker« verführt hat, ja, heute noch die deutsche Jugend, bezeichnenderweise die *akademische,* zu falschen Vorstellungen vom »bürgerlichen« Rechtsstaat oder zu falschen Forderungen an ihn verleitet. Heines Position ist, nicht nur in sozialgeschichtlicher Hinsicht, widersprüchlich. Lefebvre hat wohl recht, wenn er den Dichter entschieden von den »großen Logikern« der Hegelschule trennt [24]

Die zwiespältige Haltung, die Heine gegenüber der Revolution von 1848 eingenommen hat, ist bekannt. Einerseits freundliche Bemerkungen über den abgesetzten König, Mitleid nicht zuletzt, weil er »in das nebelkalte England« fliehen mußte (E VII, S. 379). Andrerseits Respekt vor den tapferen ouvriers, ja, geradezu eine moralische Verklärung des Arbeiterstandes: »Ebenso groß wie die Tapferkeit, ... war die Ehrlichkeit, wodurch jene armen Leute in Kittel und Lumpen sich auszeichneten. Ja, ihre Ehrlichkeit war uneigennützig und dadurch verschieden von jener krämerhaften Berechnung, wonach durch ausdauernde Ehrlichkeit mehr Kunden und Gewinn entsteht als durch die Befriedigung diebischer Gelüste, die uns am Ende doch nicht weit fördern – ehrlich währt am längsten. Die Reichen waren nicht wenig darüber erstaunt, daß die armen Hungerleider, die während drei Tagen in Paris herrschten, sich doch nie an fremdem Eigentum vergriffen« (E VII, S. 378). Es ist der große Kummer der kommunistischen Germanisten, daß Heine trotz dieses idealen Bilds vom arbeitenden Volk der jakobinischen Republik nicht getraut hat. Man führt dies Versagen vor der Zukunft, auf Grund zu oft zitierter Stellen (z. B. E VII, S. 382), auf sein Künstlertum zurück, vielleicht auch auf seine Bürgerlichkeit, nie auf seinen Humanismus, obwohl doch die Metapher der »Herde« diese Interpretation sehr nahelegt. Gewiß, Heines Aristokratismus ist auch hier im Spiel. Nietzsche hat seine Metaphorik nicht umsonst weitergeführt (»Herdenmensch«). Dem Dichter wird am 14. 3 1848 sogar bewußt, daß er als Schriftsteller im Rokoko wurzelt (Text s. u. S. 522) – zum erstenmal wenn ich recht sehe. Die Aufklärungstradition, die in seiner Prinzipienreiterei nachwirkt, wurde auch durch die umstrittene religiöse Wende nicht zerstört. Die latente Bindung an Gott, die die Voraussetzung des Weltschmerzes zu sein pflegt, taucht in der Form einer ganz privaten Religion aus dem Unterbewußtsein wieder auf. Aber mit der Institution der Kirche will er nach wie vor nichts zu tun haben. Die Altersnostalgie gegenüber dem angestammten Judentum führt auch zu keiner Rechtfertigung der Synagoge. Die organisierten Religionen, der geistige Hort der politischen Restauration, bleiben aus seiner Welt ausgeschlossen. Das ist das, was in sozialer und politischer Hinsicht das Entscheidende ist. Vielleicht hat Heinz Hengst sogar recht, wenn er sagt: »Die soziale Stoßrichtung bleibt [nach 1848] erhalten« [25]. Im übrigen muß wohl ganz klar gesagt werden, *daß der heutige Streit der Parteien um Heine ein Anachronismus ist,* weil die Systeme des Liberalismus und Sozialismus in der Mitte des 19. Jahrhunderts erst in der Ausbildung begriffen waren, weil Heine mit vielen andern Zeitgenossen die Parteilichkeit prinzipiell ablehnte (s. o.) und sich immer nur zu dem überparteilichen, stets humanistisch-religiös gefärbten Postulat bekannte, daß alle Menschen aus allen Formen der Knechtschaft und Armut befreit werden müssen. Man darf vielleicht sogar behaupten, daß die ideologische und praktische Entzweiung von Liberalismus und Sozialismus in unserm Jahrhundert neue Formen der Knechtschaft schuf und daß Ansätze in dieser Richtung seinem universal-humanistischen Ansatz prinzipiell widersprachen. Heine ist kein systematischer, sondern ein launischer, witziger, okkasionalistischer Kritiker (s. u.). Doch übertreibt man Heines Widersprüchlichkeit noch, wenn man sein Urteil auf die (im Grunde längst überholten!) politischen Systeme des Liberalismus oder des Marxismus-Leninismus stützt. Nur wenn wir die Spannungen unserer Lebenszeit relativieren, wird der im Augenblick reichlich vergangene Heine zu einem Hinweis auf die Zukunft. *Erst der Widerspruch zum 20. Jahrhundert, den der historisch unverfälschte Heine aus spricht, kann ihn, wenigstens hinsichtlich jener Welt-Entzweiung von West und Ost, politisch fruchtbar machen.*

Gesellschaftsdichter und Berufsschriftsteller

> Du hast Diamanten und Perlen,
> Hast alles, was Menschenbegehr,
> Und hast die schönsten Augen –
> Mein Liebchen, was willst du mehr?
> (*Buch der Lieder,* Die Heimkehr, 62 1. Strophe)

Man weiß schon lange, daß das Gedicht eine Parodie auf Goethes *Nachtgesang* ist (s. E I, S. 123). Nicht da, wo Heine mit Goethes Erlebnis- oder Stimmungsgedicht wetteifert, sondern wo er überpersönliche Bezüge ins Spiel bringt, ist er original. Die Diamanten und Perlen des Liebchens bezeichnen den unüberbrückbaren *sozialen* Abstand und lassen bereits den höhnisch-petrarkistischen Schluß des Gedichts ahnen. Diese lyrische »Anrede« (vgl. Bd. II, S. 609 f.) stand in den deutschen Kommersbüchern, war ein sehr beliebtes Studentenlied, was man von »Ich weiß nicht, was soll es bedeuten« kaum sagen kann. Das Lied von der Lorelei sangen die Bauernburschen; aber »Naturmagie« wird in solchen Balladen dichterisch nicht erschlossen. Wenn man wissen will, wie diese lyrisch realisiert werden kann, lese man Goethes motivähnliche Ballade *Der Fischer,* die eine völlig andere Dichtung ist. Heines Lorelei-Singsang erscheint heute, naiv gelesen, so unmöglich, daß junge Germanisten, die von der Empfindsamkeitstradition in der Biedermeierzeit (vgl. Bd. I, S. 238–243) nichts wissen, Ironie oder Parodie selbst in diesem Volkslied zu finden glauben [26]; aber so modern ist Heine nicht. Wer die Epoche kennt, wird das Gedicht als völlig ernstgemeint interpretieren. Es war einer der Schlager fürs Volk; um solche zu machen, braucht man zu keiner Zeit mehr als Anpassungsfähigkeit an einen bereits bestehenden Ton. Es wäre schon viel gewonnen, wenn wenigstens darüber Übereinstimmung erzielt würde, daß Heine kein Natur- sondern ein *Gesellschaftsdichter* ist und daß daher kein schroffer Unterschied zwischen der Lyrik und den Reisebildern oder seiner politischen Publizistik besteht. Er war zur Publizistik nicht nur gezwungen – dies auch s. u. –, sondern auch geboren, womit kein literarisches Werturteil ausgesprochen, sondern nur *der Unterschied zu Goethe eindeutig festgestellt werden soll.* Eine »Landschaft« in der Art und im Wert von Goethes *Auf dem See* oder Mörikes *Er ist's* und *Septembermorgen* sollte man gar nicht erst bei dem Dichter suchen. Man verstellt sich sonst nur den Blick auf den Heine, der anders und in seiner Art auch unübertrefflich ist. Nach gründlichen Untersuchungen zu Heines Bildlichkeit kommt Barker Fairley, der als Repräsentant der älteren angloamerikanischen Goethe- und Heineforschung angesprochen werden darf, zu dem gleichen Ergebnis: »He was fundamentally a social writer in the broadest sense of the word, an observer, a commentator, not an introvert; and his imagery, we find, was social too. Just as social, in fact, as a variety theatre, a vaudeville, a topical revue« [27]. Diese Erkenntnis gilt es festzuhalten und zu differenzieren. Sie macht es zunächst verständlich, daß man in der westlichen Welt für Heine mehr Verständnis hatte als in Deutschland, das von Klopstock bis Gottfried Benn auf Introversionskunst eingestellt war. Sie erklärt auch die nicht zu bestreitende Tatsache, daß man bis vor kurzem im kommunistischen Machtbereich ein unmittelbareres Verhältnis zu Heine hatte als im westlichen Deutschland. Man kann dem Dichter nicht mit den esoterischen Maßstäben beikommen, die um 1950 und noch 1960 unsere Literaturwissenschaft beherrschten. Wir empfinden es als verständnislos, wenn uns Georg Lukács vorwirft, wir hätten »niedliche Zwerge, wie zum Beispiel Mörike«, an Heines Stelle gesetzt [28]. (Vor Dichtern dieses Rangs, auch wenn sie konservativ sind, beginnt zur Zeit die kommunistische Germanistik zu kapitulieren [29].) Aber auch die Vorstellung, Heine sei ein Zwerg – sie herrschte lange bei uns –, ist verständnislos; denn hinter ihr steht ein Begriff von Dichtung, der dem eigentlichen Ansatz Heines vollkommen widerspricht. Späte Äußerungen Heines, z.B. im *Atta Troll,* verdecken diesen Sachverhalt und geben der formalistischen Interpretation einen Schein von Berechtigung (s. u.). Zunächst ist aber mit vollkommener Klarheit festzustellen, daß dieser mächtig ausgreifende Dichter, wie sein Antipode Gotthelf, von dem autonomen Dichtungsbegriff der Klassiker abrückt, daß er die »Kunstperiode« (Heine), die im Zeichen Goethes stand, ablehnt, und zwar deshalb, weil er sich für die *ganze Kultur,* nicht nur für ein einzelnes Kulturgebiet verantwortlich glaubt. Die üblichen Begriffe »politischer Dichter«, »Tendenzdichter« reichen bei ihm noch weniger aus als bei seinen jungdeutschen und vormärzlichen Schülern. Daher eben Gesellschaftsdichter. *Der Begriff ist gerade in der Zweideutigkeit, die er im Deutschen hat, treffend.* Gesellschaft bedeutet zunächst die »gute«, die gebildete Gesellschaft, dann aber auch das Ganze der gesellschaftlichen Verhältnisse. Von diesem Gesichtspunkt aus gesehen ist die erwähnte Anpassung an die Volkslied-Mode strukturell begründet. *Heine hat nur erfolgreiche Dichter als Vorbilder oder Gegner ernst genommen,* z.B. Uhland, bei dem eine Auflage der Gedichte die nächste jagte, nicht Hölderlin, Mörike, Droste-Hülshoff. *Aus seinem quantitativen Prinzip ergab sich auch der brennende Ehrgeiz, besonders in seiner Durchsetzungsperiode**.

---

* Damit soll nicht gesagt sein, daß er volkstümlich wie Uhland *war* oder gar noch heute *sein* könnte. Wer die Zahlen der DDR-Auflagen geltend macht, kennt die Distribution in totalitären Ländern nicht. Die folgende nüchterne Feststellung von Peter Uwe *Hohendahl* trifft wohl die Wahrheit: »Heine entdeckte die sozialen Unterschichten als wichtigen historischen Faktor, aber als Leser kamen die Massen für seine Produktion noch nicht in Frage. Seine Schriften setzen eine Literaturfähigkeit voraus, die für die breite Bevölkerung nicht erreichbar ist« (Kunsturteil und Tagesbericht. Zur ästhetischen Theorie des späten Heine, in: Heinrich Heine, Artistik und Engagement, hg. v. Wolfgang *Kuttenkeuler,* Stuttgart 1977, S. 223). Es fiel dem Dichter sehr schwer, diese ganz und gar unerwünschte Bindung an die »geistreiche Schicht« anzuerkennen; sie bedeutete wahrscheinlich, selbst im Vergleich zu dem geistesverwandten Wieland, einen sozialgeschichtlichen Rückschritt hinsichtlich der Distribution. Der Briefwechsel mit Campe dreht sich auf weiten Strecken um dieses Problem. Und Campe versucht immer wieder ihn über die Lage aufzuklären, etwa so: »Ihre Lehre vom Bücher-Absatz ist bei Schriften ... anwendbar, wie die *Geheimniße von Paris* und ähnliche Bücher, für die ordinaire Claße, für die Ihre Produkte nicht zu verwenden sind« (27. 10. 1854, Säkularausgabe Bd. 27, S. 247). Er weist ihn zu dieser Zeit auch schon auf die Verschärfung der Heinekritik seit 1848 hin. Die liberalen Grenzbotenprogrammatiker (Campe an Heine 17. 10. 1854, ebd. S. 242), der Jesuit Sebastian Brunner (vgl. Bd. II, S. 672), der die Wiener Kirchenzeitung zu »einer Herzensergießung« gegen Heine benützt (Campe an Heine 27. 10. 1854, ebd. S. 248) – alles scheint sich einig zu sein, wenn es um Heine geht. Man pflegt den Äußerungen des Verlegers zu mißtrauen. Gewiß, der liberale Campe war ein Geschäftsmann. Doch schreibt ihm sein alter Gönner Varnhagen im gleichen Jahr, daß die Freunde sterben und abfallen (11. 6. 1854, ebd. S. 192). Man darf bei dieser gesteigerten Einsamkeit des späten Heine nicht nur an die vielberufene zweite Restauration seit 1849 denken. Die wichtigste buchhandelsgeschichtliche Entwicklung, die Heines Einfluß, jetzt

Um die besondere Ausformung dieses Typus Gesellschaftsdichter im Falle Heines zu verstehen, wird man von der vitalen Tatsache ausgehen müssen, daß er im Gegensatz zu Mörike, Gotthelf, Stifter, Droste-Hülshoff, Grillparzer, Grabbe, Büchner und vielen anderen Dichtern der Zeit stets *Berufsschriftsteller* gewesen ist. Heine studierte nach dem Scheitern im kaufmännischen Berufe, der dem Neffen des wohlhabenden Salomon Heine am nächsten lag, Jura. Er erreichte auch den Dr. jur. mit dem Prädikat rite. Man kann sich jedoch den überaus unruhigen, zu heftigen Seelenschwankungen neigenden Dichter in einer juristischen Position kaum vorstellen. Auch die Stellung eines Redakteurs, die ihm Cotta anbot und in der er sich einige Zeit versuchte, scheint ihn nicht befriedigt zu haben. Er war nicht nur in ideologischer, sondern auch in psychologischer Hinsicht kein Mann der heraufkommenden bürgerlichen Ordnung, sondern eher – als Berufsschriftsteller – ihr Opfer. Er hätte sich glänzend zu einer Sinekure oder Pension geeignet, er scherzte ab und zu darüber (E III, S. 428). Er träumte noch in den vierziger Jahren von einem großen Glück, wenigstens von einem guten Platz in dem Testament des reichen Onkels. Aber er erhielt von der Familie und vom französischen Staat nur Unterstützungen, die nicht ausreichten, zumal da er aristokratische Ansprüche an das Leben stellte und auch seine Frau keiner bürgerlich-ökonomischen Norm entsprochen zu haben scheint [30]. Er neigte zu einem Kult der Krankheit und der Kranken, weil er selbst von früh an sich keiner »rotbäckigen« (s. o.) Gesundheit erfreute. August Lewald, der ein sehr sympathisches Porträt von ihm entworfen hat, spricht von einer schwächlichen Konstitution und bedauert ihn vor allem wegen eines häufig sich meldenden »Kopfnervenleiden[s]« [31]. Meißner bemerkt: »Er lebte sehr zurückgezogen« [32]. Windfuhr bestätigt diese Interpretation und ergänzt sie durch die These, schon die Heirat mit Mathilde (1841) sei vielleicht ein Ausdruck seiner Isolierung inmitten der geistreichen Pariser Gesellschaft gewesen [33]. Er war wie Wieland ein Gesellschaftsdichter im Schneckenhaus [34]; denn der Gesellschaftslöwe und der Gesellschaftsdichter ist sehr selten in einer Person vereinigt. Als Publizist schloß er sich an Cotta an, er schrieb für dessen *Augsburger Allgemeine Zeitung,* wozu eine nicht unbeträchtliche Mäßigung gehörte (vgl. Bd. II, S. 66 f.). *Die so entstandene Spannung ist ein wichtiger Grund seiner ideologischen Schwankungen.* Sein Lebensweg, auch sein geistiger, wäre bestimmt anders geworden, wenn er die Stellung eines Geibel erhalten hätte. Aber ob er auf dem historischen Abstellgleis des Hofes so produktiv gewesen wäre, muß man bezweifeln. Die beständige Hoffnung auf den Onkel ist gewiß kein Beleg für eine heldenhafte Bewährung im schweren Leben eines Berufsschriftstellers; aber sie ist auch nicht so unwürdig, wie sie heute erscheinen mag. Die Großfamilie ist das Zentrum der Biedermeierzeit gewesen (vgl. Bd. I, S. 57 ff.), und in der gleichen

---

auch in den gebildeten Kreisen, bedroht, ist der beschleunigte, ja vehemente Aufstieg der bürgerlichen Literatur, besonders in Gestalt der neuen, kultivierten Erzählprosa. Damit soll nur eine allgemeine literarhistorische Feststellung – auf lange Sicht – gemacht, nicht die rührende Legende vom armen alten Heine fortgesetzt werden; denn diese halte ich für widerlegt (Michael *Werner:* Genius und Geldsack. Zum Problem des Schriftstellerberufs bei Heinrich Heine, Hamburg 1978). Nach Werners Rechnung (S. 145), hinterließ Heine »90 000 bis 100 000 F (635 000 bis 700 000 DM 1975 nach unserer Umrechnungsrelation«).

Richtung wirkten die jüdischen Traditionen in Heines Familie*. Ein wohlhabend geborener oder von Juden geförderter Heinrich Heine läßt sich durchaus denken, in Parallele etwa zu Meyerbeer, den er kannte und anpumpte, von dem ihn aber die Armut trennte[35]. Überall, auch von Rothschild, wurde er mit unzulänglicher Hilfe abgespeist. In den Verhandlungen mit seinem Verleger Campe (vgl. Bd. II, S. 33) war er zäh. Die Rezensenten haben mit Verdruß festgestellt, daß die drei Bände Heinrich Heine in der Reihe *Dichter über ihre Dichtungen* verlagsgeschichtlich und biographisch ergiebiger sind als poetologisch oder als Interpretationshilfe für einzelne Dichtungen. Aber die Verantwortung dafür trägt nicht der Herausgeber, Norbert Altenhofer, sondern der Briefschreiber Heine. Nach der jüngsten Darstellung scheint Heine mehr aus dem Campe-Verlag herausgeholt zu haben, als den Verkaufsziffern entsprach; denn Campe erkannte wohl, daß er unter den Jungdeutschen, die Vorläufer (Börne) und das Gefolge (Freiligrath, Herwegh usw., vgl. Bd. II, S. 542–548) eingeschlossen, der begabteste und glänzendste Schriftsteller war und schon aus Prestigegründen dem Verlag erhalten bleiben mußte, als sein Klassiker sozusagen[36]. Trotz befriedigender Einnahmen kam er auf keinen grünen Zweig, weil er, darin noch ganz Romantiker, nichts so sehr haßte wie die kleinbürgerliche Existenz des »Philisters«. Er war als Mensch wie als Dichter und Denker halb Aristokrat und Feind der Masse, halb Proletarier und Revolutionär. Auch die kommunistische Heineforschung stößt, so gerne sie den Dichter für sich in Anspruch nimmt, immer wieder auf diesen offenkundigen Widerspruch[37].

Heines *Buch der Lieder* hatte in der deutschen Oberschicht – von den Studenten bis hinauf zu Gentz und Metternich – sogleich einen gewaltigen Erfolg. Wir wissen aber aus neuen Forschungen, daß diesem Ruhm bei der höheren Gesellschaft zunächst keine Breitenwirkung entsprach. Erst die zweite Auflage von 1837 war erfolgreich. Während der frühen Biedermeierzeit konnte Heine als Lyriker so wenig Fuß fassen wie als Jurist oder Literaturprofessor. Campe schrieb ihm, nachdem er in sechs Jahren 1200 Exemplare des lyrischen Werks verkauft hatte, die folgenden bezeichnenden Worte: »Uhlands Gedichte kauft jeder, um ein Geschenk an eine Dame, zum Geburtstage oder sonstigen Zwecken zu machen, und habe ich wöchentlich Gelegenheit, das zu bemerken mehrere Male, daß sie gekauft werden, wo das Buch der Lieder keine Gnade findet; so geht es hier und in allen Städten Deutschlands« (12. 7. 1833)[38]. Die *Reisebilder* verkauften sich besser, wenn aber, wie im dritten Band etwas Anstößiges stand (Polemik gegen Graf Platen), so stockte auch hier gleich der Absatz[39]. Man kann verstehen, daß sich Heine, schon ehe er nach Paris emigrierte (1831), in jeder Weise vom Biedermeierdeutschland vernachlässigt und später, mindestens zeitweise, zu einem Kampf auf Leben und Tod herausgefordert fühlte. Idyllen gab es für Reiche und Beamtete, nicht für Schriftsteller, die von der Feder lebten.

Er hat den Kampf mit dem Machtgefühl geführt, das dem von der Aufklärung und vom Idealismus überkommenen *Vertrauen auf den Geist* entsprach. Er berief sich, wie Grabbe, auch als Dichter auf Napoleon. An ihn, den Heros seiner Jugend, erinnert er aus-

---

* Noch der erfolgreiche Dichter der *Reisebilder* bestritt etwa die Hälfte seiner Ausgaben aus dem »Hamburger Familiensäckel« (Michael *Werner*, Genius und Geldsack, Zum Problem des Schriftstellerberufs bei Heinrich Heine, Hamburg 1978, S. 140).

rücklich bei der Fehde mit Platen, und er fügt hinzu: »C'est la guerre! Es galt kein scher-endes Turnier, sondern Vernichtungskrieg« (an Karl Immermann 26. 12. 1829). Der Haß«, der »Egoismus« Heines ist es vor allem gewesen, was ihn innerhalb der deut-chen Biedermeierkultur als abstoßend oder gar als unheimlich erscheinen ließ. Ob man un auf »Liebe« und »Pietät« oder auf »Objektivität« oder auf Dezenz und Takt oder gar uf »Bescheidenheit« eingeschworen war, – in jedem Fall bedauerte man die *menschliche* Haltung des bewunderten Dichters.

Personalsatire und Gesellschaftskritik

Es war ein alter Streitpunkt, ob die Satire persönlich sein dürfe, und man war von der eifen Aufklärung bis zu den Junghegelianern immer wieder zu dem Ergebnis gekommen, ie müsse die »allgemeinen« Verhältnisse treffen, nicht die einzelnen Sünder. Auch die narxistischen Studenten, die unsere Vorlesungen stören, stehen noch in dieser Tradition; ie versichern fast immer, daß nicht der Professor persönlich, sondern »das System« ihr ngriffsziel ist. Heines Polemik dagegen ist oft, ja fast mit Vorliebe, persönlich; er ver-pottet das Prinzip der allgemeinen Satire z. B. in dem späten Gedicht *Die Tendenz* aus-rücklich*. Zur Interpretation seiner oft erwähnten »Subjektivität« wird noch manches u sagen sein. Vorläufig ist festzustellen, daß es sich bei solcher Personalsatire nicht nur m Ausbrüche eines leidenschaftlichen Temperaments, sondern vor allem auch um eine *ublizistische Methode* handelt. Heines Briefe verraten, daß er von Zeit zu Zeit einen kandal braucht. Er will lieber verachtet und beschimpft als übersehen werden; denn das gnoriertwerden ist für einen Berufsschriftsteller der Untergang. Auch in dieser Hinsicht ilt die Feststellung einer zeitungswissenschaftlichen Abhandlung: »Die pekuniäre Lage Heines baut mit an seinem Stil« [40]. Der persönliche Angriff wirkt stärker als eine mehr der weniger akademische Sachlichkeit. Es ist nicht so sehr ein unmittelbarer Haß als ine Art Amateurstrategie, literarisch gewordenes Planspiel einer auf die Feder verwiese-en Nachkriegsjugend: »Der 3. Band soll noch fürchterlicher ausgerüstet werden, das Kaliber der Kanonen soll noch größer ausfallen, und ich habe schon ein ganz neues Pulver lazu erfunden« (an Moses Moser 30. 10. 1827). Solche Militärmetaphorik findet sich oft n Heines Sprache, auch das eine bezeichnende Parallele zu Gotthelf. In beiden Fällen ist iel Theater dabei, theatralische Maske und Rhetorik. Man erinnert sich in diesem Zu-ammenhang auch daran, daß Heine eine gewisse Neigung zum feudalen und eigentlich chon damals komisch werdenden Duellwesen hatte. Das überlieferte Zweikampf-chema wirkt im literarischen Bereich so gut wie im persönlichen nach, und der napoleo-ische »Vernichtungskrieg« ist vielleicht doch eher anempfunden. Eben deshalb darf nan aber auch nicht glauben, die Polemik in derartigen Fällen sei nur persönlich. Es ist

---

* Blase, schmettre, donnre täglich,
 Bis der letzte Dränger flieht –
 Singe nur in dieser Richtung,
 Aber halte deine Dichtung
 Nur so allgemein als möglich.

ganz klar, daß in der Platenpolemik der verlästerte Jude den Grafen und bayerischen Pen
sionär, der aktuelle Dichter den bloßen Artisten treffen will, und mit dem Grafen und Ar
tisten die ganze Metternichsche Scheinwelt. Dementsprechend richtet er sich später auch
gegen die »Plateniden« in einem Gedicht dieses Titels. Heine hat – das gehört zum Gesell
schaftsschriftsteller – einen ausgezeichneten Sinn für das *Symptomatische.* Er findet für
die einzelnen ideologischen und sozialen Gruppen meistens sehr überzeugende Repräsen
tanten. So konnte er z. B. in Paris zur Verdeutlichung seines politischen Standpunkte
wirklich kein besseres Beispiel finden als Ludwig Börne. Dessen Name gab einem ganzen
Buch den Titel (1840), und es ist zunächst auch ein Pamphlet gegen den nur scheinba
ähnlichen Schicksalsgenossen. Es ärgerte ihn, immer mit ihm zusammen genannt zu wer
den. Aber jeder Heineforscher weiß, daß es hier zugleich um seine energische Abgrenzung
von der puritanischen, unmusischen Massendemokratie ging. In ähnlicher Weise steh
hinter den Witzen über Göttinger Professoren *(Reisebilder)* die Polemik gegen die Ge
lehrsamkeit, die sein ganzes publizistisches Werk durchzieht und eine Schranke zwischen
ihm und den »wissenschaftlichen« Hegelianern bildet. Hinter der Verspottung Schelling
(ebd.) steht eine Polemik gegen die restaurative Spätromantik. Auch die *Romantisch*
Schule (1833) bedient sich der subjektiv-feuilletonistischen Methode, man hat das Werk
wegen seines unakademischen Charakters in Deutschland bis vor kurzem unterschätz
(vgl. Bd. II, S. 305 f.). Man denke aber ja nicht, das allgemeine Angriffsziel, das mit dem
Begriff »Romantische Schule«, d. h. »neue Romantik« (vgl. Bd. I, S. 243) bezeichne
wird, sei für Heine gleichgültig. Er denkt, wie auch sein saint-simonistischer Kampf ge
gen »die Nazarener« zeigt, trotz seiner Beobachtungsgabe und eines immer mehr entwik
kelten Sinns für das einzelne, durchaus in »großen« allgemeinen Begriffen, und die
mußte er nicht erst bei Hegel lernen. Es lag in seiner gesamten, auch sprachlichen Geistes
struktur und im Wesen der vorrealistischen Zeit (vgl. Bd. I, S. 64 ff.).

Rhetoriktradition bei Heine

Heine und die Rhetorik – das ist ein unausweichliches, aber vorläufig noch wenig be
liebtes Thema, und zwar deshalb, weil die Klischeevorstellung Goethe und Heine durch
das neue, wieder unhistorische Klischee vom modernen Heine ersetzt worden ist. Am
frühesten sind, so viel ich sehe, strukturalistisch beeinflußte Arbeiten in dieser Richtung
vorgestoßen*. Diese belegen *den naiven handwerklichen Umgang mit der Sprache, der

---

* Dierk *Möller* (Heinrich Heine: Episodik und Werkeinheit, Frankfurt/M. 1973) hat wohl als er
ster die These vom atomistischen, impressionistischen, formlosen Heine widerlegt und das »Sy
stem«, das bei Heine die verschiedenartigsten Elemente bindet, nachgewiesen (S. 184). Zugleich
wird durch die besonders wichtige Abgrenzung von Sterne eine Einordnung in die Restaurations
epoche geleistet, die – das weiß der Verfasser (S. 87) – sich von der Rhetoriktradition noch nicht ge
löst hatte: »Heines Verfahrensweise offenbart bei aller grundsätzlichen Übereinstimmung mi
Sterne doch gravierende Unterschiede: Sterne hatte in seinem ›Tristram Shandy‹ den Versuch unter
nommen, ein Buch zu schreiben, das an keinerlei Regeln gebunden war. Bei aller reflektierenden Be
zogenheit auf traditionelle Regelsysteme folgt er doch einer ›individuellen‹, ›natürlichen‹ Rhetorik
Heine greift im ›Buch Le Grand‹ zwar die Exkurstechnik des humoristischen Romans auf und über

die Rhetoriktradition festhält und der Heine nicht nur mit Dramatikern wie Grillparzer, Grabbe, Raimund, Nestroy, sondern auch mit gleichaltrigen Biedermeierdichtern wie Gotthelf und Droste-Hülshoff (weniger mit Mörike und Stifter) verbindet. Heine: naiv – wir bemerkten schon in anderem Zusammenhang, daß dies einem sehr verbreiteten Hei-ne-Klischee widerspricht. Wenn jedoch ein feiner, an moderner Dichtung geschulter Geist an Heine herangeht, so äußert er sich jedesmal enttäuscht. So beanstandet z. B. der Übersetzer und Germanist Michael Hamburger Heines »groben Humor« bei der Gestaltung der abtrünnigen Juden Gumpelino und Hyazinth in den *Bädern von Lucca* [41]: »Sind vielleicht ihre Nasen eben durch dieses lange an der Nase Herumgeführtwerden so lang geworden? Oder sind diese langen Nasen eine Art Uniform, woran der Gottkönig Jehovah seine alten Leibgardisten erkennt, selbst wenn sie desertiert sind? Der Markese Gumpelino war ein solcher Deserteur« (E III, S. 297). Heine benützt die Juden, wie von eher üblich, zu komischen Zwecken. Man muß ans Possentheater denken, um Heines Naivität zu erfassen, statt an Baudelaire, wie es Hamburger tut. In dem berühmten Gedicht *Die Wanderratten*, um das sich sozialistische und unparteiische Interpreten streiten, wird aus »radikal«: »rattenkahl« – ein typisches Volkstheaterspäßchen. Karl Kraus, der unsinnigerweise Nestroy vergöttert und Heine verteufelt, regt sich über den unreinen Reim preußisch/Beichais' (*Deutschland* VIII) auf[42]. Aber unreine Reime liebt und rechtfertigt die Biedermeierzeit vom alten Goethe bis Mörike, und zwar nicht nur in der komischen Dichtung (vgl. Bd. I, S. 410–416). Die reinen Reime überläßt Heine neidlos dem Grafen Platen, den er für einen trostlosen Verspedanten hält. Gutzkow, der sehr viel akademischer als Heine schreibt, weiß, daß der Pionier der Jungdeutschen zugleich ihr bester Dichter ist; aber der Minderbegabte hält sich dadurch schadlos, daß er auf Heine als ein »poetisches Kind« hinunterschaut[43]. *Der Ausdruck trifft, so sehr er dem gängigen Heine-Bild widersprechen mag. Heine selbst ist gar nicht so stolz auf die Raffinesse, die es bei ihm auch gibt, wie seine modernistischen Kritiker. Er will so einfach sein wie das Volkslied, so grob wie der alte Aristophanes und so grotesk wie dessen legitime Nachfolger im Wiener Volkstheater.* Das meint er, wenn er sagt: »Mein Verbrechen war

---

nimmt dessen schweifende Erzählweise. Er geht jedoch nicht so weit, den Werkzusammenhang in ein freies Spiel von Inhalten und Formen aufzulösen. Die alten rhetorischen Schemata werden nicht aufgegeben, nur geschmeidiger gemacht. Die humoristische Abschweifungstechnik verbindet sich hier mit der strengen Funktionalisierung eines auf rhetorisch-logischen Prinzipien beruhenden Konstruktivismus. Der entscheidende Unterschied zu Sterne besteht darin, daß Heine es unternimmt, die digressiven Elemente zu systematisieren. Ist Sternes ›Tristram Shandy‹ bei aller Kalkulation als ein freies Werk der Phantasie zu bezeichnen, so Heines ›Buch Le Grand‹ umgekehrt bei aller Freiheit des Erzählens vor allem als Werk der Kalkulation« (S. 251 f.). Ähnlich versucht Irmingard *Karger* Heinrich Heine. Literarische Aufklärung und wirkbetonte Textstruktur. Untersuchungen zum Tierbild, Göppingen 1975) das bei Heine sehr beliebte Tierbild auf die »pragmatisch-rhetorische Basis« zurückzubeziehen: »By the political context the metaphors were apt to have effective an activating result« (S. 245 f.). Mit Hilfe der älteren rhetorischen Begriffe wurde Heines Witzstil, dem man so lange hilflos gegenüberstand, von Wulf *Wülfing* wieder verständlich gemacht: Skandalöser »Witz«. Untersuchungen zu Heines Rhetorik, in: Heinrich Heine, Artistik und Engagement, hg. v. Wolfgang *Kuttenkeuler*, Stuttgart 1977, S. 43–65. Erwähnung verdient auch Götz *Grossklaus,* Textstruktur und Textgeschichte. Die *Reisebilder* Heinrich Heines. Eine textlinguistische Beschreibung des Prosatyps, Frankfurt a. M. 1973.

nicht der Gedanke, sondern die Schreibart, der Stil« (E VI, S. 560). Nestroy wurde durch das gleiche Verbrechen lange Zeit aus der deutschsprachlichen Literatur ausgeschlossen (vgl. o. S. 192f.). Das Wort »Gassenjunge«, das Goethe zu Heines Charakterisierung verwendet haben soll (unverbürgt), belegt den gleichen Abstand von allem Geheimrätli chen, Diplomatischen und nicht zuletzt auch von allem Professoralen, während falsch Aristophaniden wie Platen von den Professoren verehrt wurden (vgl. o. S. 435). Der Un terschied zu Aristophanes und zu den Volkstheaterdichtern liegt aber darin, daß Hein nicht nur ein Klassiker des niederen Stils, des Volks- oder des Possentons, sondern ei Meister der Kombination von Tönen sein will: »Ihnen ist es nicht hinreichend, daß ich zeige, wie viel Töne [!] ich auf meiner Leyer habe, sondern Sie wollen auch die Verbin dung aller dieser Töne zu einem großen Concert – und das soll der ›Faust‹ werden, den ich für Sie schreibe« (an Varnhagen 14. 5. 1826). Man sieht: Die Ablehnung der »Kunstpe riode« ist nicht so zu verstehen, als ob auch die *Stilmischung,* die sich im Gefolge Shake speares, als Erweiterung der klassizistischen Rhetorik, herausgebildet und durchgesetz hatte, abgelehnt würde. Dies stilrevolutionäre Erbe wird festgehalten (s. u.).

Ehe wir die Töne und ihre Kombination näher betrachten, soll noch die bei Heine s stark nachwirkende *Tradition der Bildlichkeit* konkretisiert werden; denn ihre Verwen dung und Weiterbildung ist ein besonders auffallendes Element seiner Rhetorik. Die Al legorie erscheint bei Heine wie im zweiten Teil des *Faust* öfters in komischer Gestalt, abe diese Tendenz zur Karikierung wird vergröbert. So heißt es etwa von *Frau Sorge* (Titel ei nes Gedichts im *Romanzero*) – sie stammt ja aus dem *Faust* –:

> An meinem Bett in der Winternacht
> Als Wärterin die Sorge wacht.
> Sie trägt eine weiße Unterjack',
> Ein schwarzes Mützchen, und schnupft Tabak.
> Die Dose knarrt so gräßlich,
> Die Alte nickt so häßlich.

Die naiv-komische Personalisierung des Begriffs führt zu einer Stilsenkung, ohne di »Lamentation« aufzuheben. Trotzdem ist die Struktur des ganzen Gedichts allegorisch denn »das Glück ist fort«, heißt es in der vorangehenden Strophe. Die Sorge folgt den verschwundenen Glück, wie in Raimunds *Bauer als Millionär* das Alter der Jugend, di Abschied genommen hat. Die komische Einkleidung der Sorge und des Alters nimmt de Allegorien bei diesen Dichtern nichts von ihrer unheimlichen, übermenschlichen Macht So will es jedenfalls Heines Programm (s. u.). Ein »liebevoller Humor« ist das nicht. Mi feinem modernem Stilgefühl spricht Dolf Sternberger von der »– etwas enttäuschende[n – Addition von Dingen und Begriffen« bei Heine[44], z.B. in der bekannten sozialer Strophe aus *Deutschland:*

> Es wächst hienieden Brot genug
> Für alle Menschenkinder,
> Auch Rosen und Myrten, Schönheit und Lust,
> Und Zuckererbsen nicht minder.
> (Kaput I)

Da der Dichter ständig mit festen Emblemen arbeitet (hier: Brot, Rose, Myrte), stören sich, historisch gesehen, die »Dinge und Begriffe« gegenseitig kaum. Auch Zuckererbsen ist nur eine neue, im Geist der alten Emblematik erfundene Versinnlichung der »Lust«. *Die Embleme allein könnten nur halb verstanden werden. Heine verlangt aber, wie alle Rhetoriker, vollkommene Deutlichkeit; und dazu bedarf es des Begriffs:*

> Und die Freiheit hat sich den Fuß verrenkt,
> Kann nicht mehr springen und stürmen;
> Die Trikolore in Paris
> Schaut traurig herab von den Türmen.
> (Kaput VIII)

Der Rhetorik widerspricht die im zweiten Teil des *Faust* und im *Divan* erstrebte vieldeutige Tiefe. Von solchen Verdunkelungskünsten wird noch Immermann stark beeinflußt (vgl. u. S. 849f.). Heine dagegen will nichts mehr davon wissen. So wird uns in *Deutschland* auch vollkommen eindeutig gesagt, *welches* »höhere Wesen« das »hehre Weib« mit dem »übermenschlichen Hinterteil« ist:

> Da lächelte das Weib und sprach:
> ›Du irrst dich, ich bin eine feine,
> Anständ'ge, moralische Person;
> Du irrst dich, ich bin nicht so Eine.
>
> Ich bin nicht so eine kleine Mamsell,
> So eine welsche Lorettin –
> Denn wisse: ich bin Hammonia,
> Hamburgs beschützende Göttin!‹
> (Kaput XXIII)

Das Emblem bekommt wie in den alten Sammlungen eine subscriptio.

Das frühkapitalistische London wird nicht mit Hilfe von detaillierter, naturalistischer Elendsmalerei, sondern durch personifizierte Begriffe und durch leicht auf den Begriff zu bringende Personen vergegenwärtigt: »Die Armut in Gesellschaft des Lasters und des Verbrechens schleicht erst des Abends aus ihren Schlupfwinkeln. Sie scheut das Tageslicht um so ängstlicher, je grauenhafter ihr Elend kontrastiert mit dem Übermute des Reichtums, der überall hervorprunkt; nur der Hunger treibt sie manchmal um Mittagszeit aus dem dunkeln Gäßchen, und da steht sie mit stummen, sprechenden Augen und starrt flehend empor zu dem reichen Kaufmann, der geschäftig-geldklimpernd vorübereilt, oder zu dem müßigen Lord, der, wie ein satter Gott, auf hohem Roß einherreitet« (E III, S. 442). »Arme Armut!«: sie wird durch das einfachste stilistische Mittel intensiviert, und dann folgt, wieder, auf Kosten »jene[r] kühlen, untadelhaften Staatsbürger der Tugend«, der uns schon bekannte Lobpreis auf Dirnen mit »himmlische[r] Reinheit« (ebd.). Der Realist würde von Gutmütigkeit sprechen, hilfsbereite Handlungen der Dirne erzählen, usw. Dem Jungdeutschen kommt es darauf an, eine absolut deutliche Antithese von Bürger und Dirne aufzubauen; deshalb ist bei der Dirne das Wort »himmlisch« ebenso unentbehrlich wie beim Lord die höhnische Sakralisierung zum »satten Gott«. »In der Kunst bin ich Supernaturalist. Ich glaube, daß der Künstler nicht alle seine Typen in der Natur auffinden kann, sondern daß ihm die bedeutendsten Typen, als eingeborene Symbolik eingeborner Ideen, gleichsam in der Seele geoffenbart werden« (E IV, S. 44). Dies Wort aus Heines Schrift über *Französische Maler* wird seit einiger Zeit fleißig zitiert, weil es die französischen Symbolisten gegen den französischen Realismus ermutigt hat; aber wer sich deshalb einbildet, in Heine einen frühen Symbolisten finden zu können, wird bitter enttäuscht und kann seinen Stil nie verstehen[45].

Selbstverständlich ist sich Heine seiner Neigung zur rhetorischen Tradition bewußt gewesen, er hat sich fortlaufend mit ihren Gefahren auseinandergesetzt. Mit der trivialen Rhetoriktradition, z. B. mit Clauren, dem »Sänger der Korallenlippen, Schwanenhälse« (Clauren-Zitate, vgl. Bd. II, S. 899 f.) will er nichts zu tun haben (E III, S. 182). Das »ciceronianische Englisch« des angesehenen Shakespeare-Kommentators Samuel Johnson verachtet er, mit einem gewissen Recht, wie wir sehen werden. Nach einer sehr breiten Ausführung des alten Bildes vom Leben als Schiffahrt distanziert er sich von der Konvention mit den Worten: »Doch ich will mich aus der Metapher wieder herausziehn« (E IV, S. 114). Die häufige Benützung stilistischer Begriffe – Heine kennt sie besser als der heutige Durchschnitts-Germanist – darf überhaupt als Ironisierung der Rhetoriktradition verstanden werden; aber wie sein Hadern mit Gott den alten Gott voraussetzt, so seine Ironisierung der Rhetorik die Rhetorik. »Zahn der Zeit« nennt er eine »schlechte Metapher«, weil sie alt ist (E IV, S. 100). Warum wählt er nicht gleich eine bessere? Wo er volkstümlich sein will, kann er die Rhetorik nicht so ironisch abschwächen; aber *für den Salonton ist diese ironisierte Topik gerade recht, weil sie trotz der Abschwächung etwas von der alten Großartigkeit festhält; und an diesem alten Glanz hängt, wie wir aus dem politischen Abschnitt wissen, Heines Herz,* ob er will oder nicht: »Ich saß zu Ihren Füßen, Madame, und sah in die Höhe, in den gestirnten Himmel – Im Anfang hielt ich Ihre Augen ebenfalls für zwei Sterne – Aber wie kann man solche schöne Augen mit Sternen verwechseln? Diese kalten Lichter des Himmels können nicht weinen über das Elend eines Menschen« (E III, S. 192). Das astronomische Wissen wird aktiviert, um die alte naive Identifikation von Natur und Mensch aufzuheben; aber der »gestirnte Himmel« Kants ist noch da und entgrenzt die menschliche Szene. Oder man beachte, wie das alte Emblem der Nachtigall (= Künstler) mit dem ebenfalls alten Emblem des Adlers (= Machthaber) und mit Hilfe anderer hyperbolischer Mittel zu einem neurhetorischen Effekt verwendet wird, um den Komponisten Hektor Berlioz zu preisen: »Hier ist ein Flügelschlag, der keinen gewöhnlichen Sangesvogel verrät, das ist eine kolossale Nachtigall, ein Sprosser von Adlersgröße, wie es deren in der Urwelt gegeben haben soll« (E VI, S. 441 f.). Das ist nicht modern. Aber es ist ganz der naiv-rhetorische Heine.

Die reichliche Verwendung der *Mythologie* bei diesem Dichter hat gewiß auch einen religiösen Hintergrund (s. u.). Aber die Einschränkung »*In der Kunst* bin ich Supernaturalist« muß vielleicht doch auch bei dieser Bildwelt ernst genommen werden. Die Götter dienen von alters her in der Redekunst als »Zierat«, als »Schmuck« des Stils und stammen zunächst aus der Schulstube. Heine erinnert sich an den mythologischen Unterricht mit Vergnügen: »Ich hatte meine liebe Freude an dem Göttergesindel, das so lustig nackt die Welt regierte« (E III, S. 153). Die mythologische Spielerei war eine beliebte Unterhaltung der Biedermeiergesellschaft, in Lyrik, Drama und Novellistik. Wenn bei Heine ein Virtuose als Theseus, eine nähende Braut als Ariadne erscheint (E VI, S. 450), so ist dies das Übliche. Interessanter sind die Mythisierungen von Begriffen. Auf der Höhe seines Witzes ist Heine vielleicht, wenn er mit Hilfe Klopstocks, den er zu einem persönlichen Witztopos ausgebildet hat, die provinzielle Langeweile in einem Pyrenäenkurort beschreibt. Hier ist der Wahlpariser fast so gut, wie wenn er sich die verachteten Schwaben vornimmt, die er, im Anschluß an ältere Vorbilder (die sieben Schwaben usw.), auch zum Witztopos aufgebaut hat: »Die leibhaftige Göttin der Langeweile, das Haupt gehüllt in eine bleierne Kapuze und Klopstocks ›Messiade‹ in der Hand, wandelt dann durch die Straße von Barèges, und wen sie angähnt, dem versickert im Herzen der letzte Tropfen Lebensmut!« (E VI, S. 440). Oder: »Ein Deutscher mit seinen Gedanken, seinen Ideen, die weich wie das Gehirn, woraus sie hervorgegangen, ist gleichsam selbst nur eine Idee, und wenn diese der Regierung mißfällt, so schickt man sie auf die Festung« (E V, S. 127). Hübsch und kräftig, zumal wenn man die kecken Personifikationen am viel akademischeren Stil der Hegelianer mißt! Der beste Beleg für das von Heine anerkannte und geübte Naivitätsprinzip ist wohl, besonders wegen des Nebensatzes, die Bejahung des Komponisten Bellini, die ihm wegen dessen »physische[r] Frische«, die an die »rotbäckigen« Engländer erinnerte, nicht ganz leicht fiel: »Auch fehlte ihm nicht die harmlose Gutmütigkeit, das Kindliche, das wir bei genialen Menschen nie [!] vermissen, wenn sie auch dergleichen nicht für jedermann zur Schau tragen« (E IV, S. 337). Ja, es ist eine dem literarischen und politisch-sozialen Revolutionsprogramm nicht recht entsprechende, aber im Biedermeier zeitgemäße und offenbar unüberwindliche Naivität, die seinen Stil auf weiten Strecken prägt.

Pathos und Empfindsamkeit

Man hat zwischen dem Konversationsstil und dem Rhetorenstil Heines unterschieden[46]. Diese Unterscheidung ist, begriffsgeschichtlich gesehen, unglücklich, weil auch der Konversationston ein Stil der damaligen Tönerhetorik ist*. Gemeint ist die Existenz des hohen Stils in vielen Werken Heines. Diese alte und sehr wenig »realistische« Stilschicht läßt sich unmöglich leugnen. Sie findet sich vor allem in der Prosa, aber auch, auf weiten Strecken, in der Lyrik. So enden z.B. die Lamentationen mit dem pathetischen

---

* Herbert *Neumaier:* Der Konversationston in der frühen Biedermeierzeit 1815–1830: »Daß der Konversationston eine typische Erscheinung des untergehenden Ancien régime ist, dessen aristokratische Gesellschaftskultur während der frühen Restaurationszeit noch einmal von der relativ breiten Schicht der Gebildeten zum Leben erweckt wurde, zeigen auch die Biographien der in dieser Arbeit vorgestellten Autoren. Sie alle wurzeln bildungsgeschichtlich tief im aufklärerischen Geist des 18. Jahrhunderts. Die Distanz zur Romantik oder die Abkehr von der eigenen romantischen Vergangenheit kennzeichnet sie ebenso wie ihr zu Betäubung, Beschwichtigung oder Resignation führender Skeptizismus. Im Gegensatz zu den politischen Restauratoren sehen sie das Heil nicht in der Wiederherstellung der früheren Zustände…, doch trauern sie alle den entschwindenden Formen der konventionellen Geselligkeit nach, die sie in einer Welt des Umbruchs auf eine manchmal das Idyllische streifende Art zumindest für sich konservieren möchten« (S. 358). Der Abschnitt über Heine: S. 292–345, das Kapitel über »Theorie des Konversationstons«: S. 347–412, darin auch ein Abschnitt über die »Einordnung« des Konversationstons in das rhetorische System, S. 360–365.

Gedicht *Enfant perdu,* in dem sich der Dichter selbst, ganz im Sinne der erwähnten Militärmetaphorik, als Soldat »in dem Freiheitskriege« feiert. Solche Verse sind durch die politischen Parteien sehr berühmt geworden. Von bestimmten Prosastellen gilt das gleiche: sie werden immer wieder zitiert. Die »Prophetie«, ein uns heute wohlbekanntes Agitationsmittel, wird von manchen Germanisten überaus ernst genommen, wenn sie gerade einmal an gegenwärtige Verhältnisse erinnert. Es sei nicht geleugnet, daß Heine einen bedeutenden Anteil an den diagnostischen und prognostischen Fähigkeiten der Zeit (vgl Bd. I, S. 64 ff.) besitzt. Wir erwähnten bereits sein sicheres Gespür für die weltgeschichtliche Bedeutung des Kommunismus u. a. Aber die Vorstellung von einem an die biblischen Propheten erinnernden Heine[47] erscheint mir zweifelhaft; sie würde im Umkreis de damaligen Judentums weit eher für den eifernden Börne passen. Wenn Heine dem Bundestag als neuer Luther entgegentritt oder sich als »heiliger Ritter vom Geist« bezeichnet oder sich gar ironisch mit Christus vergleicht, so wirkt dies nicht erst heute als groteskes Theater und wird wohl auch von ihm selbst nicht immer ernst genommen. Ambivalenz und Prophetentum schließen einander, strenggenommen, völlig aus. Alle gutgemeinte Begeisterung ändert nichts an der Tatsache, daß das polemische Pathos Heines nicht immer überzeugt. Man empfand und empfindet es da und dort als im schlechten Sinne theatralisch. Es scheint, als sei er an solchen Stellen doch nicht ganz er selbst, sondern etwas wie ein Herwegh. Trotzdem sind Heines Pathos und Empfindsamkeit ein ernsteres Problem, als die meisten Heineforscher unserer von Ironie und Parodie beherrschten, da und dort auch tyrannisierten Zeit erkennen können.

Eine von Heines Wurzeln ist – manche werden es kaum glauben – der Hamburger Klopstock-Kult. Wir kennen Jugendverse, die Klopstocks Grab als den »heiligen Ort« feiern, »wo der heilige deutsche Sänger« schläft[48]. Wir finden noch im *Salon (Aus den Memoiren des Herren von Schnabelewopski,* Kap. VI) eine gewisse Identifikation mit dem angesehenen, von der Burschenschaft hochgefeierten Dichter: »Wie oft hab’ ich dein Grab besucht, Sänger des Messias, der du so rührend wahr die Leiden Jesu besungen! Du hast aber auch lang’ genug auf der Königstraße hinter dem Jungfernsteg gewohnt, um zu wissen, wie Propheten gekreuzigt werden« (E IV, S. 114). Der an so vielen Stellen vor Heines Werken erscheinende parodistische Klopstock-Topos ist zunächst als Kunstmittel zu nehmen, nicht als prinzipielles Bekenntnis; denn man könnte, um den irrationalistischen Hintergrund von Heines Poetologie nachzuweisen, eine gewaltige Zitatensammlung vorlegen. Zum mindesten in Heines Bewußtsein besteht eine verblüffende Übereinstimmung mit Äußerungen Grillparzers, Stifters, Mörikes usw. Wenn Grillparzer 1856, d. h. nach Heines erfolgreichem *Romanzero,* an der »Wahrheit der Empfindung« in Heines Dichtung zweifelte, obwohl er den Dichter, wie wohl alle Zeitgenossen, für »eine sehr begabte Natur« hielt, so stand er auf dem Boden der klassizistischen Rhetorik, die die Stilmischung ausschloß. Was den österreichischen Klassiker an Heine zweifeln läßt, ist »die Unflätherei« oder »das hanswurstische Anhängsel« in manchen empfindsamen Gedichten[49]. Nur diese Stilmischungsfrage trennt Grillparzer von Heine, was beider Bewußtsein betrifft; denn auch Heine predigt: »Die Herzen großer Menschen sind aber die Sterne der Erde« (E V, S. 117). Der französische Komponist Hektor Berlioz und der englische Maler John Martin sind keine großen Künstler; denn man findet »bei beiden wenig

Schönheit und gar kein Gemüt« (E VI, S. 442). Der langlebige Konkurrent Heines, Tieck, soll mit einem irrationalistischen Argument fertiggemacht werden: er habe, sagt Heine, nie etwas geschaffen, »was die Menge bezwang und lebendig blieb in ihrem Herzen« (E VI, S. 443). Das quantitative Element in dieser Aussage (»Menge«) bildet gewiß einen Hauptgrund für Heines irrationalistische Poetologie und Anthropologie. Neben dem Bild des Herzens tauchen vor allem die Begriffe Enthusiasmus und Begeisterung auf. Die Römer waren groß durch »Begeisterung« (E III, S. 262). Es gibt »in der ganzen Schöpfung nichts Schöneres und Besseres... als das Herz der Menschen. Diese Liebe ist die Begeisterung, die immer göttlicher Art, gleichviel ob sie thörichte oder weise Handlungen verübt« (E III, S. 424). Man denkt an den thörichten Studenten- und Künstleraufstand in Paris, den Heine feiert (s. o. S. 490). Die »Volksmasse« ist dem Dichter interessanter als »Die kühlen und klugen Philosophen«, die auf Don Quichotte herablächeln; sie ist ein »kolossaler Sancho Pansa«, die »dem wahnsinnigen Ritter in allen seinen gefährlichen Abenteuern folgt, gelockt von der versprochenen Belohnung..., mehr aber noch getrieben von der mystischen Gewalt, die der Enthusiasmus immer ausübt auf den großen Haufen«. Zum Schluß des Kapitels (*Die Stadt Lucca* XV) sieht sich der Dichter selbst als Don Quichotte, ja als »verrückten Poeten« (E III, S. 422). Das ist die übliche Hyperbolik; aber Heines Wunsch, durch Enthusiasmus das Volk zu erreichen, hat auch das *Buch der Lieder* geprägt.

Wie das Bekenntnis zur Begeisterung den Spott auf Klopstock nicht verhindert, so vertragen sich für die (Töne mischende) Rhetorik diese irrationalistischen Bekenntnisse auch mit der Satire auf die idealistische Madame de Staël, die als »liebenswürdige Marketenderin im Heer der Liberalen« während der napoleonischen Zeit »mutig durch die Reihen der Kämpfenden mit ihrem Enthusiasmusfäßchen« lief und die Müden stärkte (E III, S. 266). Diese Dame, in Frankreich sehr angesehen, mußte vorsichtig behandelt werden. Wenn der Dichter von seiner Freundin George Sand sagt, der Schnitt ihrer Züge werde gemildert »durch die Sentimentalität, die darüber wie ein schmerzlicher Schleier ausgegossen« (E VI, S. 161), so ist dies sogar ein eindeutiges Lob. Umgekehrt wird Wellington, der Feldherr, Prime Minister und Lieblingsteufel Heines, irrationalistisch geprügelt: »Er ist dumm wie alle Menschen, die kein Herz haben. Denn die Gedanken kommen nicht aus dem Kopfe, sondern aus dem Herzen« (E V, S. 125). Schon die Ausdrucksweise, die oft gebrauchte Antithese von Kopf und Herz, stammt aus dem 18. Jahrhundert. Dem entsprechen Heines Vorbilder. Ein Realist würde sich im Jahrhundert des englischen Empirismus und der englischen Empfindsamkeit Fielding zum Vorbild nehmen. Heine spielt ihn und Sterne tatsächlich gegen die Kostümäußerlichkeit (den Detailrealismus) von Scott und Fouqué aus; aber dann stellt er Sterne weit über Fielding, weil bei ihm die »freudige Realität des Lebens« nicht verlorengeht: »Indem wir [bei Sterne] das Unendliche geschaut zu haben meinen, ist unser Gefühl unendlich geworden, poetisch« [50]. Was ihm die Holländer, wie alle Germanen, unsympathisch macht, ist ihr Mangel an Elan und Passion: »Wahrlich, diese holländische Nüchternheit ist ein weit fataleres Laster als die Besoffenheit eines Heloten. Ich möchte Mynheer prügeln« (E VII, S. 57). Entsprechend betont er im Judentum nicht nur das »Volk des Geistes« (s. o.), sondern auch das Volk, das der Welt einen Gott geschenkt und eine »große Civilisation des Herzens« entwickelt hat[51]. Man kann Heines *seelengeschichtliches Gewicht* auch durch seine starke Nachwirkung in der zweiten, »bürgerlichen« Hälfte des 19. Jahrhunderts belegen. Komponiert wurden mit Vorliebe die empfindsamen Gedichte, die wir z. T. nicht nur als biedermeierlich, sondern als trivialbiedermeierlich, als »Almanach-Poesie« einordnen könen: *Leise zieht durch mein Gemüt, Du bist wie eine Blume, Deine weißen Lilienfinger* u. dgl. Die realistischen Programmatiker, die die Sentimentalität ablehnten, schätzten Heine nicht. Storm dagegen, der selbst ein Stück Empfindsamkeitstradition in seinem Werk bewahrte, verehrte ihn. In seiner Anthologie *Deutsche Liebeslieder seit Johann Christian Günther,* die mitten im Aufschwung der realistischen Erzählprosa (1859) erschien, ist Heine neben Goethe am reichlichsten vertreten, weil er die »einfachsten Worte« auf »rhythmische Weise« gebraucht und das »Stimmungsgedicht« zu einer Gattung gemacht hat[52]. Diese Äußerung ist literarhistorisch nicht in jeder Beziehung richtig, belegt aber, in welchem Maße Heine für die Jüngeren das ältere Stimmungsgedicht, z. B. des Göttinger Hains und der Romantik, *erneuert* (s. u.) und damit beiseite geschoben hat. Psychoanalytisch argumentierend hat Lee Jennings auf die starke Mutterbindung Heines aufmerksam gemacht[53]. Diese These wird jeder bestätigen, der die schlichten, schmucklosen (unrhetorischen), gar nicht »eiteln«, sondern herzlichen Briefe Heines an seine Mutter gelesen hat. Hier war vielleicht die festeste Basis seines Lebens. Es gibt bei Heine eine Deutung der Sentimentalität, die als negativ zu betrachten ist: »Sentimentalität ist ein Produkt des Materialismus«; wir könnten zustimmend ergänzen: eine dialektische Folge, eine Kompensation des Materialismus. Aber bei näherem Zusehen läuft diese Kritik auf die um 1830 beliebte Unterscheidung zwischen echter und falscher Empfindsamkeit hinaus. Denn Heine spricht an der gleichen Stelle von »jener unklaren [!] Empfindsamkeit, welche wir Sentimentalität nennen« (E IV, S. 512). Die »unklare Empfindsamkeit« entspricht genau dem »Enthusiasmusdunst, der sich mit Todesverachtung in einen Ozean von Allgemeinheiten« stürzt [!] (E II, S. 352) und den er in *Atta Troll* durch eine neue Art von politischer Dichtung bekämpft. *Die klare, auf konkrete Ziele gerichtete Empfindsamkeit hat er immer und bis zuletzt hoch geschätzt.* Man kann nach allen diesen Zeugnissen verstehen, daß Heine an einer berühmten Stelle des *Buches Le Grand* von seiner »unglücklichen Passion für die Vernunft« spricht: »Mit den Worten Agurs [Sprüche Salomonis]… kann ich sagen: ›Ich bin der Allernärrischste, und Menschenverstand ist nicht bei mir‹« (E III, S. 186). Wir vergessen nicht: Heines Hyperbolik ist ein fester Bestandteil seiner Rhetorik. Man kann selbstverständlich auch Äußerungen Heines zugunsten der Vernunft geltend machen. Ich habe ihn selbst einen Voltairianer genannt (s. o.). Heute jedoch, da nicht wenige Forscher den leidenschaftlichen Redekünstler und Poeten zum Hegelianer machen, um ihn damit näher an Karl Marx heranschieben zu können, muß die emotionale Seite Heines ausdrücklich betont werden. Ein Heinebild, das den Satiriker, Ironiker und Parodisten einseitig hervorhebt, ist ein Rückfall hinter Walter Höllerers Buch *Zwischen Klassik und Moderne* , das, durch das Thema Lachen und Weinen veranlaßt, zu besonders interessanten, wenn auch der Diskussion bedürftigen Beschreibungen von Heines Stilsynthese gelangt ist*.

---

* Ein Beispiel: »Das zwielichtige Lachen und Lächeln in Heines Gedichten, die Mischung von

Das unvermischt empfindsame Gedicht mag für den heutigen Geschmack – wie lange
och? – ganz unerträglich sein. Der Biedermeierzeit wird man ohne Kenntnis der Emp-
indsamkeits- und Weltschmerztradition (vgl. Bd. I, S. 238 ff., S. 222 ff.) unmöglich ge-
echt. Daß gerade auch die pessimistische Empfindsamkeit, die Weltriß-Lyrik eine feste
tellung in der Biedermeierzeit besaß, vergegenwärtigt besonders deutlich der erfolgrei-
he Lenau; Vergleiche mit ihm wären für die Heineforschung höchst förderlich und kä-
nen vor allem dem heute ins Zwielicht geratenen jungen Heine zugute.

> Ich hab' im Traum geweinet,
> Mir träumte, du lägest im Grab.
> Ich wachte auf, und die Thräne
> Floß noch von der Wange herab.

> Ich hab' im Traum geweinet,
> Mir träumt', du verließest mich.
> Ich wachte auf, und ich weinte
> Noch lange bitterlich.

> Ich hab' im Traum geweinet,
> Mir träumte, du bliebest mir gut.
> Ich wachte auf, und noch immer
> Strömt meine Thränenflut.
> (*Lyrisches Intermezzo 55*)

Dies ist ein völlig rhetorisches Gedicht wie die Gedichte Lenaus. Die Wiederholung be-
errscht die Struktur, so gut wie in politischen Gedichten, z. B. in dem heute so beliebten
hegelianischen« Marschgedicht *Doktrin*. Man beachte aber, daß in den drei Strophen
les hier zitierten Gedichts nur der erste Vers wörtlich wiederholt wird, und, mit minima-
er Abwandlung, die erste Hälfte des zweiten und dritten Verses. Die zweite Hälfte des
weiten Verses aller drei Strophen bringt die eigentliche, inhaltliche variatio ins Gedicht,
ind die letzten anderthalb Verse aller Strophen haben das Tränenmotiv gemeinsam, die-
es aber in sprachlicher Abwandlung und Steigerung. Das Gedicht ist, von der alten
landfesten Rhetorik aus gesehen, *äußerst kunstvoll.* Aber diese Feststellung wird, auch

---

.rnst und Ironie erschöpfen sich nicht in den einfachen Fällen des Zusammenstoßes. Das Gegenein-
nderstellen ist nur die einfachste und auffälligste Form. In vielen Gedichten und Prosastücken Hei-
les verschanzt sich dieses Gegeneinander unter dem Mantel der Einheitlichkeit. Schon im Gedicht
on den lachenden Sternen konnte auf diese Erscheinung hingewiesen werden: die Gefühllosigkeit
ler kosmischen Welt wird gerade dadurch gestaltet, daß sie mit menschlichen Zügen ausgestattet
vird. Das Vibrierende und Prickelnde des Gedichts entstammt einem leisen Lächeln der Ironie, die
Abstand nimmt und die dichterische Welt ins Zwielicht rückt, das Geglaubte und das Nichtgeglaub-
e, das bewußt Vereinfachte und das nicht zu Verstehende überkreuzt. Der Zusammenstoß ist nicht
nehr ein Aufeinanderprallen an einer bestimmten Stelle des Gedichts, sondern er vollzieht sich im
anzen Verlauf der Verse« (Walter *Höllerer,* Zwischen Klassik und Moderne, Stuttgart 1958, S. 88).
4öllerer nimmt mit diesem Herunterspielen der Stimmungsbrechung *Tendenzen der heutigen For-
chung vorweg, die sich von der naiven Rhetorik der Frühzeit (Empfindsamkeit und Entlarvung der
.mpfindsamkeit) distanziert und den Dichter des Romanzero* rühmt. Unter modernen Erbe-Ge-
ichtspunkten ist diese Entwicklung richtig, sie gräbt den Gundolf-Kraus-Adorno-Kritiken das
Wasser ab. Aber gibt es nicht bis zuletzt die Empfindsamkeit und den Stimmungsbruch? Und was
verechtigt uns die stärker rhetorische Frühzeit geringzuschätzen? (s. u.)

bei eindringlicherer Interpretation, heute kaum jemand davon abhalten können, mit Grillparzer die »Wahrheit der Empfindung« zu vermissen. Während für den Biedermei erdichter die Hanswurstmethode Heines das eigentliche Problem war, ist sie für den mo dernen Leser der eigentliche Grund des Vergnügens, – die »Unflätherei« (Grillparze s. o.) eingeschlossen. Wir sollten diesen Wechsel des Geschmacks zur Kenntnis nehmen *um unsere eigene Vorliebe für Ironie und Zynismus gebührend zu relativieren.* Gibt es ein Land, in dem der Zynismus in der literarischen Welt so sicher regiert wie in der BRD. Trotzdem ist die Möglichkeit, daß der *ironische* Heine der größere Meister ist, nie ganz auszuschließen.

Ironie und Witz

»Schneider, in der ganzen Welt, zeichnen sich aus durch Zartheit der Glieder, Metzge und Soldaten tragen wieder überall denselben farouchen [rauhen] Anstrich, Juden haben ihre eigentümlich ehrliche Miene, nicht weil sie von Abraham, Isaak und Jakob abstam men, sondern weil sie Kaufleute sind, und der Frankfurter christliche Kaufmann sieh dem Frankfurter jüdischen Kaufmanne ebenso ähnlich wie ein faules Ei dem andern. Di geistlichen Kaufleute, solche, die von Religionsgeschäften ihren Unterhalt gewinnen, er langen daher auch im Gesichte eine Ähnlichkeit. Freilich, einige Nüancen entstehen durch die Art und Weise, wie sie ihr Geschäft treiben. Der katholische Pfaffe treibt e mehr wie ein Kommis, der in einer großen Handlung angestellt ist; die Kirche, das groß Haus, dessen Chef der Papst ist, gibt ihm bestimmte Beschäftigung und dafür ein be stimmtes Salär; er arbeitet lässig wie jeder, der nicht für eigne Rechnung arbeitet und viele Kollegen hat und im großen Geschäftstreiben leicht unbemerkt bleibt – nur der Kre dit des Hauses liegt ihm am Herzen, und noch mehr dessen Erhaltung, da er bei einem et waigen Bankerotte seinen Lebensunterhalt verlöre. Der protestantische Pfaffe hingegen ist überall selbst Prinzipal, und er treibt die Religionsgeschäfte für eigene Rechnung. E treibt keinen Großhandel wie sein katholischer Gewerbsgenosse, sondern nur einen Kleinhandel; und da er demselben allein vorstehen muß, darf er nicht lässig sein, er muß seine Glaubensartikel den Leuten anrühmen, die Artikel seiner Konkurrenten herabset zen, und als echter Kleinhändler steht er in seiner Ausschnittbude voll von Gewerbsnei gegen alle großen Häuser, absonderlich gegen das große Haus in Rom, das viele tausend Buchhalter und Packknechte besoldet und seine Faktoreien hat in allen vier Weltteilen (E III, S. 388 f.). Heine hat, wie fast alle Dichter der Biedermeierzeit (vgl. Bd. I, S. 55 f.) kein eindeutig negatives Verhältnis zur Religion (s. u.). Dagegen war und blieb er, wie wi bereits wissen, ein Kritiker der organisierten Religion, der Religionsgesellschaften. E greift auch einzelne Theologen an. So ist z. B. der uns wohlbekannte Herausgeber de Evangelischen Kirchenzeitung, Hengstenberg (vgl. Bd. I, S. 151 ff.), ein Lieblingsziel sei nes Spottes. Dieser eifernde Pfaffe eignete sich ganz besonders zur Karikatur. Aber hinte diesen stilistisch und taktisch begründeten Einzelvorstößen steht die Generaloffensiv gegen die organisierte Religion. Dafür ist die zitierte Stelle nur eines von vielen Beispielen Heine packt das gesellschaftliche Phänomen in diesem Fall von der materiellen Seite an

.r interpretiert es ökonomisch. Die Gleichung Kirche = Geschäft liegt der gesamten
telle zugrunde. Das einmal angewandte Schema wird *mit großer konstruktiver Konse-
uenz* durchgehalten. Immer wieder erinnern präzise Wortprägungen an die Grundfor-
1el: »geistliche Kaufleute«, »Religionsgeschäfte«, »große Handlung«, »das große Haus,
essen Chef der Papst ist«, »katholischer Gewerbsgenosse«, »Kleinhandel«, »Glaubens-
rtikel«, »die Artikel seiner Konkurrenten«. Die Wiederholung des Wortes »Artikel«
errät besonders deutlich, daß es darauf ankommt, jede Religionsgesellschaft in ein
weideutiges Licht zu rücken. Moralisch-pathetische Worte wie Eigennutz, Gewinngier,
chachergeschäft sucht man vergebens. Heine versetzt sich zum Schein in die Lage der
'riester, er macht ihre Handlungsweise verständlich. In den Gedichten bedient er sich zu
iesem Zweck gerne der Rollenlyrik (z. B. *Klagelied eines altdeutschen Jünglings*). Es
ommt nicht darauf an, wie der geistliche Kaufmann handeln *kann* (z. B. betrügerisch),
ondern wie er auf Grund seiner Situation handeln *muß*. Es ist keine moralische (libera-
:), sondern eine soziologische (sozialistische) Analyse. Nicht der Spielraum der Freiheit,
en der Dichter in andern Zusammenhängen stark betont, sondern das marionettenhafte
'erhalten des ökonomisch abhängigen Menschen ist an dieser Stelle das Wesentliche.
)as eigentliche Ziel seiner »Interpretation« ist *die vollkommene Mechanisierung der Be-
roffenen*. Diese erzeugt ja auch sonst den komischen oder ironischen Effekt. Nur so viel
ur Andeutung. Die Stelle müßte noch viel eingehender interpretiert werden; sie ist
unstvoll*.

Es gibt viele Stellen bei Heine, die witziger, pointierter sind, etwa vom folgenden Typ:
Auf dem Korridor höre ich eben einen Spektakel, als fiele eine Klopstocksche Ode die
'reppe herunter« (E IV, S. 533). Arnold Ruge hat daher schon zu Heines Lebzeiten etwas
bschätzig von dessen »Pointenpoesie« gesprochen[54]; und derartige Urteile findet
1an um 1840 häufig**. Auch in dem Zitat über die Kirchen läßt sich eine schärfere Zu-
pitzung denken. Aber diese letzte Aufgipfelung ist nicht das Wesentliche. Heines Ironie
ußert sich nicht nur in »genialen Einfällen«, in »impressionistischen Improvisationen«,
· sie ist ein großangelegtes methodisches Verfahren, eine *Stilhaltung*, die sowohl tief be-

---

* Und Heine war stolz auf seine rhetorischen Giftmischerkünste. Die folgende Stelle erinnert den
.enner der Zeit an die fromm polternde Satire eines Hengstenberg, Fröhlich, Gotthelf, Brunner:
Ach! es ist fast Mitleiden erregend, wenn man sieht, wie schlecht sie [»unsere Pfäfflein«] ihr bestes
ift zu brauchen wissen, da sie uns aus Wut in großen Stücken den Arsenik an den Kopf werfen, statt
1n lotweis und liebevoll in unsere Suppen zu schütten... O der obskuren Wichte, die nicht eher er-
uchtet werden, bis sie selbst an der Laterne hängen!« (E III, S. 429). Der Schluß des Zitats gibt eine
rgänzung zu dem zuvor gegebenen rhetorischen Rezept. Dieser Publizist kennt nicht nur die Nadel-
tichtechnik, sondern auch den vernichtenden Schlag, nicht nur ironische Kunstgebilde, sondern
uch die naive (grobe) Androhung der Revolution und des Todes. Solche Überraschungsschläge ge-
ören zu seiner publizistischen Methode (s. u.).
** Man muß bedenken, daß Heine, im Gegensatz zu Dichtern wie Mörike oder Droste-Hülshoff,
u den Poeten gehörte, die ansteckend wirkten, also ein Heer von Nachahmern hinter sich herzogen.
1an bekämpfte in ihm auch die Dichter ohne seine *meisterhafte* Rhetorik, »die Witzlinge«. Alexis
rophezeit auf dem Höhepunkt der neuen Witzkultur (vgl. Bd. I, S. 453–458) richtig: »Man wird
en Blitzstil, den Heine einführte, doch bald satt haben, ohne zum Kanzleistil zurückzukehren«
Blätter für literarische Unterhaltung 1838, S. 9 ff., nach Paul K. *Richter*, Willibald Alexis als Litera-
ar- und Theaterkritiker, Berlin 1931, S. 110).

gründet wie alles durchdringend ist. Nehmen wir einmal an, es werde statt der ganzen Stelle nur ein Witz über den Papst gemacht (»Chef« des Hauses). Er könnte nicht so viel leisten, auch wenn er noch weiter ausgebaut würde zu einem tollen Knalleffekt, wa durchaus denkbar ist. Das eigentliche Ziel Heines wäre damit noch nicht erreicht. Aus drücklich sagt schon der junge Heine in einer brieflichen Kritik an dem schwächlichen Witzling Saphir (vgl. Bd. II, S. 75 f.): »Witz in seiner Isolirung ist gar nichts werth. Nu dann ist mir der Witz erträglich, wenn er auf einem ernsten Grunde ruht. Darum trifft so gewaltig der Witz Börne's, Jean Pauls und des Narren im Lear. Der gewöhnliche Witz is bloß ein Niesen des Verstandes...« (an Moses Moser 1. 7. 1825). Erst die große Linie, die Heine durchhält, das breit ausgeführte Kaufmannsschema, die Pseudointerpretation und das Ausspielen der Konfessionen gegeneinander gibt der Stelle ihren stilistischen Glan: und ihre tiefere Bedeutung. Heine ist nicht nur ein Witzbold, sondern, neben Nestroy, i der Biedermeierzeit der größte Meister des ironischen, komischen, parodistischen Stils

Wenn es die Geschichte des »niederen Stils« gäbe, wie es eine Geschichte der Ode, de Lustspiels, des Epos usw. gibt, wäre uns Heines repräsentative Rolle längst vertraut. Di vorrealistische Ära, in der die niedere Stiltradition so wenig abgebrochen war wie die pa thetische oder empfindsame (vgl. Bd. I, S. 636 ff.), sah den erwähnten Sachverhalt besser Heine ist für seine Zeit nicht nur der deutsche Byron, sondern der deutsche Voltaire, de deutsche Swift; ja man zieht, dem noch immer nachwirkenden humanistischen Denker gemäß, Parallelen mit der Antike. »Wie Aristophanes läutet er seiner Zeit zu Grabe heißt es in der erwähnten Heinekritik Arnold Ruges und ein paar Seiten weiter: »Hein ist der christliche Lucian« [55]. Er hat nach der Meinung des Junghegelianers, wie übri gens meist auch nach marxistischer Auffassung, die historisch notwendige, aber zunächs negative Funktion des Abbaus, der Zertrümmerung überholter Ideologien und Tabus. E ist ein Befreier. Aber den neuen Kosmos einer realistischen Weltanschauung, zu der auch die Weltverklärung gehört, gestaltet er noch nicht, so wirklichkeitsnah er auch im einzel nen sein mag: »Über der prosaischen Besinnung, über dem realistischen Tic für den Koth in dem er wadet, geht Heinen hier die ganze Welt der Wahrheit und ganze Realität in wahren Sinne verloren« [56]. Die hier vorgenommene Grenzziehung ist um so bemer kenswerter als es sich um das Urteil eines Mannes handelt, der selbst als polemische Schriftsteller hervorgetreten ist und durch die zeitweise Führung der junghegelianischen Gruppe sehr erfolgreich in die revolutionäre Entwicklung eingegriffen hat (vgl. Bd. I S. 212 f., Bd. II, S. 71 f.). Das Urteil des Jüngeren sagt, wie immer in solchen Fällen, noch nicht die ganze historische Wahrheit über den Älteren aus; aber es fixiert die vorrealisti sche Struktur Heines in durchaus zutreffender Weise.

Auch der Begriff »Humorist«, der von Zeitgenossen öfters auf Heine angewandt wird bezeichnet im damaligen Sprachgebrauch noch nicht immer den relativierenden, »liebe vollen« Humor des Realismus, sondern kann auch die Ironie, Parodie, Groteske meinen Es gibt den Begriff »negativer Humor«. Nach Wienbarg (*Ästhetische Feldzüge,* 23. Vor lesung) ist Heine ein »Byron-Voltaire«, der durch das Ressentiment des »in Deutschland geborenen Juden« »die Narrheiten«, »Schwächen, den Ahnenstolz, die Pedanterie de Deutschen nackter... wahrnehmen und bespötteln« kann als ein Ausländer. Hebbel (Re zension der 4. Auflage des *Buch der Lieder,* 1841) sagt: Heines »Humor ist empfundene ualismus« – von Ideal und Wirklichkeit ist gemeint. Nach allen derartigen Feststellungen hat der »Humor« bei Heine im allgemeinen keine weltverklärende, sondern eine desillusionierende Funktion. Und das ist ja auch richtig. Man kann also verstehen, wenn Benedetto Croce behauptet, Heines Ziel sei immer »auf Spott gestellt«, der Spott sei »die Grundform seines Geistes, die er stets bewahrte«[57]. Trotzdem ist die Äußerung eine Vergröberung Heines; denn zunächst lassen sich bei dem jungen Dichter Hemmungen gegenüber der Spottlust feststellen. In *Lucca* begegnet ihm dies zweifelhafte Phänomen in Gestalt einer »witzigen Britin«; wieder also, wie bei der Beschreibung des englischen Parlaments erscheinen die Engländer als Träger der Witzkultur. »Vielleicht verletzte mich solche [»so wilde Spottlust«] um so mehr, da ich mich selbst nicht davon frei fühlte und sie keineswegs als etwas Lobenswertes erachtete. Es ist nun mal nicht zu leugnen, daß die Spottlust, die Freude am Widerspruch der Dinge, etwas Bösartiges in sich trägt, statt daß der Ernst mehr mit den besseren Gefühlen verwandt ist – die Tugend, der Freiheitssinn und die Liebe selbst sind sehr ernsthaft« (E III, S. 409). Man kann bei jedem Gesellschaftsdichter kaum unterscheiden, was Selbstaussage, was Anpassung ist – hier Anpassung an das auf die Liebesbotschaft eingeschworene Biedermeierdeutschland. Wir wissen doch sicher, daß die Witzkultur des Rokoko, deren sich der mittlere Wieland ohne Gewissensbisse bediente, schon lange umstritten war. Wohin die Entwicklung geht, verrät uns die Fortsetzung des Spottlust-Zitats: »Indessen, es gibt Herzen, worin Scherz und Ernst, Böses und Heiliges, Glut und Kälte sich so abenteuerlich verbinden, daß es schwer wird, darüber zu urteilen. Ein solches Herz schwamm in der Brust Mathildens« (ebd.). Abenteuerlich« ist ein Lieblingswort Wielands, wie Laune, Capriccio, Spielwerk usw., und wie dieser hat Heine das Klischee vom heiteren oder witzigen Franzosen und vom ernsten oder tragischen Deutschen – es stammt wohl von Lessing – *bekämpft*. Heine nennt es »grundfalsch«. Er behauptet sogar, die Deutschen seien »das Volk des Humors«, allerdings mit einem mehr »launischen« als logischen Zusatz: »Mit Stolz darf ein Deutscher behaupten, daß nur auf deutschem Boden die Narren zu jener titanenhaften Höhe emporblühen können, wovon ein verflachter, frühunterdrückter französischer Narr keine Ahnung hat. Nur Deutschland erzeugt jene kolossalen Thoren, deren Schellenkappe bis in den Himmel reicht und mit ihrem Geklingel die Sterne ergötzt! Laßt uns nicht die Verdienste der Landsleute verkennen und ausländischer Narrheit huldigen; laßt uns nicht ungerecht sein gegen das eigne Vaterland!« (E IV, S. 499) Das rhetorische Mittel der ironischen »Verstellung« ist hier sehr schlicht und leicht erkennbar gebraucht. Der doppelte Imperativ »laßt uns« signalisiert, daß das Lob umzudrehen ist. Aber das Lawrence Sterne-Zitat, nach dem die Franzosen »viel zu ernsthaft« sind (E IV, S. 498), ist nicht ironisch, und die folgende Polemik gegen die Deutschen, die den schlechten Zustand des Dramas »dem Mangel an politischer Freiheit« zuschreiben, ist wieder ernst gemeint; denn sie wird mit großem historischem Rüstzeug geführt (E IV, S. 499 f.: Goldoni, Gozzi, Spanien, Molière, China). Die Satire auf das deutsche Narrentum ist in diesem Fall nur eine kleine komische Einlage, gleich erkennbar am Wortschatz der Übertreibung (titanenhaft, kolossal), so daß sich im Kontext die erstrebte Mischung von Scherz und Ernst tatsächlich ergibt. Andere ironische Stellen sind das, was in den Rhetoriklehrbüchern als »Übergang« bezeichnet wird. Wenn er z.B., nach dem Verbot der Jungdeut-

schen, *milde* Berichte »Über die französische Bühne« (1837) schreiben will, behauptet e
»Die Witze, die Flöhe des Gehirns... sind... sentimental und träge«, und dann plaude
er über die Frühlingsluft auf dem Lande, wo er sich befindet und wo man abends scho
um neun Uhr ins Bett geht (E IV, S. 521). Die ironischen Einlagen sind also sehr verschi
den in der Dosierung, und auch die Vermischung von Ernst und Komik ändert sich
nach dem publizistischen Ziel. »Witz ist Dichtkunst, und bringt Poesie in das gesellig
Leben«, sagt ein anderer Rokokoerbe der Zeit [58]. Der irrationale, von Einfällen abhä
gige (»okkasionalistische«) Charakter des Witzes ist den ironischen Dichtern völlig b
wußt. Witz ist etwas ganz anderes als Logik. Heine selbst deutet an, daß er durch de
Witz ein Dichter von Gottesgnaden ist, daß er seine Schriften »der Gnade und Barmhe
zigkeit Gottes« verdankt, daß Gott »profane, sündhafte, ketzerische Schriftsteller«,
weniger Aussicht sie auf den Himmel haben, »desto mehr mit vorzüglichen Gedanke
und Menschenruhm« segnet (E III, S. 175). Wieder sind Scherz und Ernst gemischt. A
den folgenden Seiten erwähnt er Voltaire und sogar den Hamburger Satiriker Johan
Balthasar Schupp (geb. 1610), *ein Beweis dafür, daß er sich der alten ironisch-satirische*
Tradition, in der er steht, bewußt ist [59]. Auch Cervantes liebt und lobt er als Ironiker (
VII, S. 305). Doch scheint ihm erst nach 1848 klar geworden zu sein, daß die rhetorische
»Schnörkeleien und Verbrämungen«, die er anzubringen pflegt, im Zeitalter des herau
kommenden bürgerlichen Realismus nicht mehr selbstverständlich sind (E VII, S. 382
   Man könnte, um die negative und daher vor allem polemische Funktion von Hein
Ironie aufzuweisen, auf eine Äußerung des Dichters hinweisen, in der er sie direkt m
dem vorrevolutionären Zustand seiner Zeit in Verbindung bringt: »Sie [»die humorist
sche Ironie«] ist nur ein Zeichen unserer politischen Unfreiheit.« Das sei schon bei »Ce
vantes zur Zeit der Inquisition« und bei dem »Staatsminister und Höfling« Goethe fes
zustellen; ich denke: hier hat er den *Divan* im Auge (s. u.). »Die Schriftsteller, die unt
Zensur und Geisteszwang aller Art schmachten und doch nimmermehr ihre Herzensme
nung verleugnen können, sind ganz besonders auf die ironische und humoristische For
angewiesen. Es ist der einzige Ausweg, welcher der Ehrlichkeit noch übriggeblieben« (
V, S. 290). Als die Zensur 1848 aufgehoben wird, klagt Heine: »Wie soll ein Mensc
ohne Zensur schreiben, der immer der Zensur gelebt hat? Aller Stil wird aufhören, d
ganze Grammatik, die guten Sitten« [60]. Diese Ironie wäre also, wie Nadler an Hand e
ner Börnekritik behauptet, nur die »neue Schreibart des Hintenherum« [61] oder auc
die ständige Schreibart der Unfreiheit? Die auch heute wieder beliebte politische Interpr
tation enthält zweifellos eine Teilwahrheit: Heines Ironie ist zunächst ein Ausdruck d
spannungsreichen vorrevolutionären Situation. In einer entspannten freien Welt kan
sich die Ironie nicht in der gleichen Weise entfalten. Trotzdem verstummen die Stimme
nicht, die in Heine einen Humoristen – auch in dem modernen Sinne des Wortes – sehe
wollen. So steht z. B. in dem für Frankreich lange Zeit repräsentativen Heinebuch vo
Charles Andler die Vorstellung von einem Humoristen Heine im Mittelpunkt [62]. Soga
in dem Heine-Heft der französisch-kommunistischen Zeitschrift *Europe* findet sich ei
Aufsatz über Heines Humor [63]. Bei Andler verbindet sich die Vorstellung vom Humo
risten Heine mit der vom Artisten. Diese Zuspitzung zum Gedanken eines ironische
Künstlertums ist keineswegs unverständlich. Wenn schon das Pathos Heines manchm

pielerisch erscheint, so kann man erst recht seine Ironie als spielerisch, als eine Sache des 'art pour l'art interpretieren. Man denke an die zuletzt zitierte Äußerung Heines über len Stil ohne Zensur. Sie ist ironisch. Und doch ist sie kein Produkt der politischen Un- reiheit, sondern der Freiheit: Der freie Zustand wird ironisiert. *Es gibt nichts, was sich icht ironisieren ließe.* Man kann sogar sich selbst ironisieren, und es ist bekannt, daß Heine eine auffallend starke Neigung dazu hatte. Man braucht deshalb noch nicht die transzendentale Buffonerie« Friedrich Schlegels[64] zu bemühen; denn die Ironie hatte on jeher eine universale Funktion. Man denke an Erasmus oder Wieland, die auf festem nthropologischem Boden blieben und ihre Satire gleichwohl nicht auf einzelne Erschei- ungen beschränkten. Eben *diese Namen erinnern an die Tradition der humanistischen Gesellschaftskritik, in der Heine fest verwurzelt steht und die er nur »vergröbert«, aktua- isiert, popularisiert.* Solange man von der im Westen noch immer beliebten Hypothese om Artisten Heine ausgeht, läßt sich schwer verstehen, warum die Ironie bei ihm so häu- ig eine aggressive Funktion gehabt hat. Spielen läßt sich auch in der Form des Märchens, ber niemand wird *Atta Troll, ein Sommernachtstraum* und *Deutschland, ein Winter- märchen* im Ernst für bloß artistische Fabeleien halten. Die Polemik, welche die marxisti- che Literaturwissenschaft so hoch schätzt, ist nicht alles, aber auch die Artistik, der Ret- ungsanker nicht weniger westlicher Spezialisten, ist nicht alles. Die Ironie wurzelt in ei- em Grund, der jenseits von Kunst und Gesellschaft steht und alle Kulturbereiche über- chreitet. Letzten Endes wurzelt sie auch bei diesem Pseudo-»Hellenen« noch in der alten Weisheit »Alles ist eitel«*.

---

* Es ist selbstverständlich, daß das heutige politische Interesse an Heine zu einer Abschwächung ler *Unparteilichkeit* führte, die in bestimmten Formen der Ironie liegt und die Heine in bekannten Gedichten (z.B. *Karl I.,* s. o. S. 475 ff.) wie auch in *Atta Troll* versucht hat. Wo diese höhere Politik Heines besonnen erkannt wird, trifft sie gewiß die Intention des Dichters, z.B. bei Hans Peter *Bayer- dörfer,* Fürstenpreis im Jahre 48, in: ZfDPh Bd. 91 (1972), Sonderheft Heine und seine Zeit, S. 163–205. Besonders klar wird diese Linie von Walter Hinck weitergeführt: »Hans Peter Bayerdör- er hat an einem politischen Gedicht Heines gezeigt, wie die sprachlich-ästhetische Form ›den politi- chen Sachverstand‹ zu provozieren vermag. Für das spezifisch-ironische Gedicht läßt sich sagen, laß die sprachlich-ästhetische Form und die von ihr geforderte Rezeptionsweise eine kritische Wachheit des Lesers intendieren, die nicht einfach mit der durch den Inhalt, durch politische Infor- mation vermittelten gleichzusetzen ist, aber wie sie hinführen hilft zu jener kritischen Wachheit ge- genüber der politischen Wirklichkeit, die das Wirkungsziel des Gedichtes ist. Mit anderen Worten: nier wird ein Leseverhalten eingeübt, das zu politischem Verhalten erzieht. Insofern vermag Ironie lie Nachteile, die sie der Satire einbringt, wieder wettzumachen. Und unter diesem Blickwinkel hebt sich auch die Polarität von politischem und ästhetischem Standpunkt zur Dialektik auf: der Ge- brauchs- und der Darstellungswert des politischen Gedichts schlagen ständig ineinander um. Daß sie sich zu einem guten Teil aus der Rolle ergeben, die dem Leser zugewiesen wird, läßt die Möglich- keiten des Überdauerns politischer Lyrik (deren Lebensfähigkeit eigentlich mit ihrem geschichtli- chen Anlaß enden sollte) klarer sehen« (*Hinck:* Ironie im Zeitgedicht Heines, in: Internationaler Heine-Kongreß Düsseldorf 1972, Referate und Diskussionen, Hamburg 1973, S. 102 f.). Dauer: es bleibt natürlich das Problem der politisch-historischen Nähe oder Ferne, vgl. die überaus detaillier- ten Kommentare der klassischen Philologen zu Aristophanes. Die heutige Renaissance des Vormärz beruht darauf, daß dieser politisch noch immer aktuell ist oder, daß man wenigstens, unter marxisti- schen Vorzeichen, scheinbare Parallelen ziehen kann. Die Meinung, daß die indirekt-ironische Schreibweise die *langfristige* Wirkung Heines gefördert hat, vertritt auch Hanns-Peter *Reisner* (Lite- ratur unter Zensur, Die politische Lyrik des Vormärz, Stuttgart 1975, S. 6). Die Hypothese leuchtet

Heinrich Heine

»Weltironie«

Unvollkommenheit

Nichts ist vollkommen hier auf dieser Welt.
Der Rose ist der Stachel beigesellt;
Ich glaube gar, die lieben holden Engel
Im Himmel droben sind nicht ohne Mängel.

Der Tulpe fehlt der Duft. Es heißt am Rhein:
Auch Ehrlich stahl einmal ein Ferkelschwein.
Hätte Lucretia sich nicht erstochen,
Sie wär' vielleicht gekommen in die Wochen.

Häßliche Füße hat der stolze Pfau.
Uns kann die amüsant geistreichste Frau
Manchmal langweilen wie die Henriade
Voltaires, sogar wie Klopstocks Messiade.

Die bravste, klügste Kuh kein Spanisch weiß,
Wie Maßmann kein Latein – Der Marmorsteiß
Der Venus von Canova ist zu glatte,
Wie Maßmanns Nase viel zu ärschig platte.

Im süßen Lied ist oft ein saurer Reim,
Wie Bienenstachel steckt im Honigseim.
Am Fuß verwundbar war der Sohn der Thetis,
Und Alexander Dumas ist ein Metis. [Mestize]

Der strahlenreinste Stern am Himmelzelt,
Wenn er den Schnupfen kriegt, herunterfällt.
Der beste Äpfelwein schmeckt nach der Tonne,
Und schwarze Flecken sieht man in der Sonne.

Du bist, verehrte Frau, du selbst sogar
Nicht fehlerfrei, nicht aller Mängel bar.
Du schaust mich an – du fragst mich was dir fehle?
Ein Busen, und im Busen eine Seele.

Man kann an diesem Gedicht besonders schön beobachten, wie der, den meisten Dich
tern der Biedermeierzeit eigene, Detailrealismus aussieht (vgl. Bd. I, S. 288 ff.). Wie Jacob
Grimm in seiner Grammatik eine Regel durch viele Beispiele belegt, so beweist der Dich
ter hier die faule Rückseite der Frau Welt mit etwa 20 Belegen, obwohl das Gedicht nur
einen Umfang von 14 Reimpaaren hat. Der erste Vers enthält die These, obwohl schon

---

ein. Doch ist auch sie ein Beweis dafür, daß die Rezeption des *besten* Heine von einem voll entwickel
ten Verständnis für eine komplizierte Art von Literatur abhängig ist (s. o.). Alex *Bein* (Heinrich Hei
ne, Der Schamlose, in: Heine-Jb. Jg. 17, 1978, S. 152–174) sieht in der ironischen Korrektur des Er
habenen vor allem ein jüdisches Phänomen: es verberge sich in Heines Ironie Scham, ja Ehrfurcht
Die Richtigkeit dieser Hypothese kann ich nicht beurteilen, ich versuche aber im folgenden den reli
giösen Hintergrund der Heineschen Ironie, im Widerspruch zu einer bloß gesellschaftskritischen In
terpretation, nachzuweisen, womit der Hinweis auf die jüdische Tradition nicht widerlegt, sondern
nur ergänzt werden soll.

der Titel des Gedichts durch den Begriff gebildet wird, auf den es ankommt: »Nichts ist vollkommen hier auf dieser Welt.« Es soll nicht die geringste Unklarheit aufkommen. *Daß die Details im Gegensatz zu den realistischen, die oft eine veranschaulichende oder symbolische Funktion ausüben, für sich nichts bedeuten, sondern eisern der Beweisführung dienen, läßt sich leicht erkennen. Hierin liegt auch der Grund für die große Zahl der Belege.* Es geht um Weltdeutung (Metaphysik), nicht um Weltdarstellung, wie sie der Realismus, zum mindesten auf einer ersten Stufe, anstrebt. Deshalb können auch irreale Belege gebracht werden, ja sie eignen sich zur ironischen Entzauberung der Welt noch besser. Es gibt insgesamt 8 Belege aus der christlichen oder antiken Mythologie und aus der Literatur verschiedener Epochen. Genau besehen müßte man auch die allegorischen oder emblematischen Belege irreal nennen: Ehrlich als Person, Rose für Annehmlichkeit, Tulpe für Schönheit, Lucretia für Unschuld, Honigseim für Süßigkeit. Der Pfau hat das Adjektiv »stolz«, der Stern hat das Attribut »der strahlenreinste«. Eine sehr dicht fügende und streng konstruierende *Kombinatorik* ist am Werk. Man sollte nicht immer gleich modernisierend Montage sagen, obwohl natürlich die moderne Abwendung vom »organischen« Formprinzip zugleich, in einem überhistorisch-systematischen Sinne, eine Rückkehr zu der in der Barock- und Rokokotradition geübten Mechanik bedeutet. Der Dichter arbeitet mit dem »kurzen Stil« (vgl. Bd. I, S. 619 ff.), wie fast alle bedeutenden Schriftsteller der Biedermeierzeit. In diesem Gedicht ergibt er sich schon aus der Häufung der Belege. Die Metrik unterstützt die Syntax, um die Deutlichkeit der Aussage zu verstärken. Dies ist in der rhetorischen Dichtung die Regel, während die magische oder organische zu einer Spannung zwischen Vers und Satz neigt und damit zum einmaligen Rhythmus[65]. 9 Verse sind Hauptsätze. Die Anordnung der Reimpaare zu Vierzeilern ergibt sich nur daraus, daß der Satz zweimal (Strophe 3 und 4) über das Reimpaar hinausdrängt: ein bißchen »Mannigfaltigkeit«, wie sie auch die Rhetorik fordert! (vgl. Bd. I, S. 596). Aber die Regel ist der Abschluß des Satzes am Ende des Verses oder des Reimpaars, und Strophenjambements gibt es keine. Der Gesamtton des Gedichts ist ironisch als Ausdruck der »Weltironie« (s. u.); aber in der Mitte des Gedichts, in der 4. Strophe, wird der niedere Stil, im Widerspruch zu den Lehren der Rhetorik, durch »ganz gemeine Prosa« übersteigert (»viel zu ärschig platte«), und andrerseits wird der Schluß – es gibt nicht nur ironische Zuspitzungen – durch eine empfindsame Pointe (»im Busen eine Seele«) etwas angehoben.

Schon in den *Englischen Fragmenten* findet sich ein Satz Heines, der völlig den Regeln der Rhetorik *widerspricht:* »Je wichtiger ein Gegenstand ist, desto lustiger muß man ihn behandeln« (E III, S. 486). Den konkreten Hintergrund für diese Behauptung bildet die uns schon bekannte Beschreibung des witzigen Stils im englischen Parlament. Aber der eigentliche Grund für den Zweifel an einer Rhetorik, die für wichtige Gegenständen den hohen, für triviale Gegenstände den niederen Stil fordert, liegt doch in dem Standpunkt, den der Dichter sich außerhalb des Erdentreibens wählt oder anmaßt. Das parodistische Gedicht *Auferstehung (Romanzero)* ist nur möglich, weil er sich um das, was öffentlich, für das Kirchenvolk »wichtig« ist, nicht kümmert. Ohne jede gebildete Toleranz treibt er sein Spiel mit der christlichen Mythologie vom Jüngsten Gericht, – Naivität gegen Naivität:

Das Böcklein zur Linken, zur Rechten das Schaf,
Geschieden sind sie schnelle;
Der Himmel dem Schäfchen fromm und brav,
Dem geilen Bock die Hölle!

Rücksichtslos treibt ein Dichter – es ist wohl das erstemal – sogar sein Spiel mit dem eigenen Tode. Die *produktive* Überlegenheit, die Heine in der *Matratzengruft* bewies, wäre ohne die Betätigung der »Weltironie« kaum möglich gewesen. Er ahmte nach seinem Vorbild Cervantes »die Ironie die Gott in die Welt hineingeschaffen« hat, nach (E VII, S 305), und so kam es zu den berühmten Sterbegedichten, die das Wichtige, z. B. die Beerdigung *(Gedächtnisfeier)* oder, im folgenden Gedicht, das Testament, ironisieren.

Vermächtnis

Nun, mein Leben geht zu End'
Mach' ich auch mein Testament;
Christlich will ich drin bedenken
Meine Feinde mit Geschenken.

Diese würd'gen, tugendfesten
Widersacher sollen erben
All mein Siechtum und Verderben,
Meine sämtlichen Gebresten.

Ich vermach' euch die Koliken,
Die den Bauch wie Zangen zwicken,
Harnbeschwerden, die perfiden
Preußischen Hämorrhoiden.

Meine Krämpfe sollt ihr haben,
Speichelfluß und Gliederzucken,
Knochendarre in dem Rucken,
Lauter schöne Gottesgaben.

Kodizill zu dem Vermächtnis:
In Vergessenheit versenken
Soll der Herr eu'r Angedenken,
Er vertilge eu'r Gedächtnis.

Auch dieses Gedicht hat eine spielerische Naivität. Nur ein »poetisches Kind« (Gutzkow s. o.) konnte es schreiben. Aber vielleicht zeigt es zugleich, wie gerade der Standpunkt jenseits des Lebens die Ironie einschränkt. Zukunft und Ruhm sind für Heine, obwohl er es da und dort leugnet, wichtig. Auch in diesem Punkte denkt er humanistisch, naiv-humanistisch. Deshalb ist es ihm vielleicht ernst, wenn er seine Feinde – tatsächlich kennt sie heute zum größeren Teil nur noch der Historiker – der Vergessenheit anheimgibt. Oder ist es doch wieder nicht so ernst? Kann der Schluß nach der komischen Aufzählung seiner »sämtlichen Gebresten« noch eine ernste Wirkung ausüben? Schon im Buch *Buch Le Grand* (1826) steht zu lesen: »Bis auf den letzten Augenblick spielen wir Komödie mit uns selber. Wir maskieren sogar unser Elend...« (E III, S. 194). Und derselbe Teil der *Reisebilder* enthält auch schon das stilistische Programm, das der Dichter immer überlegener erfüllt hat: »Du sublime au ridicule il n'y a qu'un pas, Madame!« (E III, S. 166)

Es wäre lohnend, die zahlreichen Äußerungen zu sammeln, in denen Heine selbst die
metaphysische Funktion seiner Ironie, auch seiner polemischen, andeutet. An dieser
Stelle nur wenige Beispiele. Der Dichter liebte, wie wir schon wissen, den Titel eines
»deutschen Aristophanes« sehr; denn dieser war dazu geeignet, die idealistische Alternative von Tendenzdichtung und großer Kunst zu widerlegen: er bestätigte sein Geniebewußtsein, seinen artistischen, ja klassischen Anspruch. Trotzdem wird in den Geständnissen (1854), seinem reifsten autobiographischen Vermächtnis, noch eine tiefere Dimension des Aristophanes-Motivs eröffnet. Heine beschönigt seinen »parodierenden
Übermut« (E VI, S. 67) nicht, gibt aber zu bedenken, daß der »kleine irdische, sogenannte
deutsche Aristophanes im Humor, in der kolossalen Spaßmacherei« doch entschieden
von »dem großen Aristophanes des Himmels« übertroffen wird (E VI, S. 73). Gemeint ist
die Willkür, mit der der Herr der Welt den Menschen, und dem Dichter Heine besonders,
alle Leiden auferlegt: sie sind für Gott nur Spaß und Spiel. Dies Motiv vom komischen
Welttheater findet sich schon zwanzig Jahre früher, das heißt in der Zeit, da sich die ironische Darstellungsform bei Heine durchsetzte, z. B. in dem Brief vom 12. 10. 1825 an
Friederike Robert: »Das Ungeheuerste, das Entsetzlichste, das Schaudervollste, wenn es
nicht unpoetisch werden soll, kann man auch nur in dem buntscheckigen Gewande des
Lächerlichen darstellen.« Es folgt ein Hinweis auf »Lear« und »Faust«. »Darum hat auch
der noch größere Poet... nämlich unser Herrgott, allen Schreckensszenen dieses Lebens
eine gute Dosis Spaßhaftigkeit beygemischt.« Es handelt sich um eine Grundvorstellung
des Dichters, die immer wieder auftaucht und die sich auch sonst gelegentlich in der Zeit
belegen läßt (vgl. Büchner, S. 306). So ist es ihm z. B. nach dem öfters erwähnten tragikomischen Bericht über Napoleon und dessen getreuen Trommler Le Grand (Reisebilder
I) ein Bedürfnis, den Blick auf Aristophanes, Goethe, Shakespeare und den »großen Ur-
poeten« zu lenken, »der in seiner tausendaktigen Welttragödie den Humor aufs höchste
zu treiben weiß, wie wir es täglich sehen:... Und im Himmel oben, im ersten Range, sitzen unterdessen die lieben Engelein und lorgnieren uns Komödianten hier unten, und der
liebe Gott sitzt ernsthaft in seiner großen Loge und langweilt sich vielleicht oder rechnet
nach, daß dieses Theater sich nicht lange mehr halten kann...« (E III, S. 166 f.). Nicht nur
enthusiastische, auch satirische Stellen können in dieser Weise transzendiert und damit
relativiert werden. Noch andere barocke Lieblingsmetaphern können dabei Verwendung
finden. So wird z. B. eine Priestersatire in den Reisebildern IV mit folgenden Worten abgeschlossen: »Ach! man sollte eigentlich gegen niemanden in dieser Welt schreiben. Jeder
ist selbst krank genug in diesem großen Lazarett« (E III, S. 394). Nicht irgendein bestimmtes »Erlebnis«, sondern das alte metaphysische Schema von der Welt als Narrentheater und Siechenhaus ist der tiefste Grund solcher Blasphemien und solchen Mitleids*.

---

* In der letzten Zeit hat vor allem Wolfgang Preisendanz auf Heines Begriffe der »Weltironie«
oder sogar »Gottesironie« hingewiesen. In seinem Aufsatz »Ironie bei Heine« (in: Ironie und Dichtung, hg. v. Albert Schaefer, München 1970, S. 85–112) findet man weitere Belege zu diesem Problem. Die marxistischen Forscher weigern sich beharrlich, die religionsgeschichtliche Dimension
dieser Gottesironie, wie auch des Weltschmerzes (s. o.) anzuerkennen, weil sie bekanntlich nur so-
zial- oder wirtschaftsgeschichtlich interpretieren dürfen und um 1830 die Entstehung des Kapita-

Heinrich Heine

Bewußte Stilmischung

Wir werden damit auch bei der Betrachtung von Heines Ironie auf den weltschmerzli chen Ausgangspunkt seiner Dichtung zurückgelenkt. Wir dürfen seine Ironie als rationa les Korrektiv seiner Empfindsamkeit verstehen und sogar betonen; aber wir müssen un dabei bewußt bleiben, daß beide Stilhaltungen bei Heine strukturbedingt sind und nich gegeneinander ausgespielt werden sollten. Beide Stilhaltungen versuchen das ursprüng lich gegebene *Ungenügen an der Welt* konstruktiv zu bewältigen, die Empfindsamkei durch Aufschwung in eine nicht ganz tragfähige Gefühlsidealität, die Ironie durch ein rationale, satirische, systematisch-witzige und letzten Endes metaphysische Entwertun; Das Gegeneinander bei beiden Stilhaltungen ist ein Ausdruck der zeittypischen (vorreali stischen) »Zerrissenheit« (vgl. Bd. I, S. 613 f.), und Heine hat dieser psychologische Deutung keineswegs konsequent widersprochen, sondern gelegentlich die schizothym Struktur in privaten Äußerungen selbst bei sich festgestellt, z.B.: »Das ist ja eben de Zwiespalt in mir [!], daß meine Vernunft in beständigem Kampf steht mit meiner ang borenen Neigung zur Schwärmerey« (Brief an Rudolf Christiani vom 26. 5. 1825). Da Ergebnis sind zunächst die Gefühlsbrechungen, die desillusionierenden Pointen, für di Heines Lyrik so berühmt ist*. Man pflegt sie als Durchbruch zum »Realismus« zu ver

---

lismus immer zur Hand ist, um negative psychische Reaktionen zu erklären. Weniger verständlic ist es mir, warum Preisendanz, ein philosophisch orientierter Interpret, zu der Feststellung gelang daß Heines »Weltriß«-These »keineswegs ontologisch oder metaphysisch gemeint ist, sondern a Ergebnis politischer, sozialer und ideologischer Prozesse« (S. 109). Richtig ist, daß Heine selbst, a er den Vorwurf der Zerrissenheit gegen seine Person und Generation ablehnt, auf den »Weltriß hinweist, der in »unserer Zeit«, also in Heines Zeit, offenbar geworden ist. Aber ich meine, daß nich einmal er den überpolitischen und übersozialen Charakter des Weltrisses leugnet; denn wenn « auch ein Gegenbild zu Hegels System entwirft *(Preisendanz)*, so löst er sich doch nie vom universal stischen, die Religion, die Metaphysik mitumfassenden Denken.

> * Ein Beispiel:
>
> Auf den Wällen Salamancas
> Sind die Lüfte lind und labend;
> Dort mit meiner holden Donna
> Wandle ich am Sommerabend.
>
> Um den schlanken Leib der Schönen
> Hab' ich meinen Arm gebogen,
> Und mit sel'gem Finger fühl' ich
> Ihres Busens stolzes Wogen.
>
> Doch ein ängstliches Geflüster
> Zieht sich durch die Lindenbäume,
> Und der dunkle Mühlbach unten
> Murmelt böse, bange Träume.
>
> ›Ach Sennora, Ahnung sagt mir:
> Einst wird man mich relegieren,
> Und auf Salamancas Wällen
> Gehn wir nimmermehr spazieren.‹
> (*Die Heimkehr* 80)

hen; aber sie sind nur ein besonders deutliches Zeichen seines Ungenügens an einer in
h selbst ruhenden Welt, sie sind ein grelles Zeugnis seines unaufhebbaren weltan-
aulichen und seelischen Dualismus. In der späteren Zeit versucht Heine, das Gegen-
ander von Ironie und Empfindsamkeit in ein Ineinander zu verwandeln. Auf diese
ise erreicht er eine Stilebene, die vielleicht als im eigentlichen Sinne *humoristisch* be-
chnet werden kann. Einer einseitigen Betonung des ironischen oder parodistischen
ns widerspricht schon einfach die Tatsache, daß sich Heine so oft zur *Stilmischung* be-
nt hat, daß wir diese programmatisch nennen und auf die Gesamtstruktur seiner ver-
zierten und prosaischen Produktion beziehen müssen. In den *Englischen Fragmenten:*
ie kolossalen Schmerzen wären nicht zu ertragen ohne solche Witzreißerei und Persi-
ge! Der Ernst tritt um so gewaltiger hervor [!], wenn der Spaß ihn angekündigt« (E III,
00). Der Anspruch, den der zweite Satz dieses Zitats erhebt, leuchtet nicht ohne wei-
es ein; aber er ist eine wichtige Interpretationshilfe: die Lazarus-Gedichte sind in die-
n frühen Programm schon enthalten. Die häufigen Judenspäße kommentiert er mit ei-
n Ausspruch, der sich vielleicht auf die *Prinzessin Sabbat,* ein Glanzstück des *Roman-*
o, bezieht: »Sie [die Juden] scheinen mir... ebenso lächerlich als ehrwürdig.« »Wie ich
oren bin, das Schlechte und Verlebte, Absurde, Falsche und Lächerliche einem ewigen
tte preiszugeben, so ist es auch nur ein Zug meiner Natur, das Erhabene zu fühlen, das
oßartige zu bewundern und das Lebendige zu feiern.« Für diese gespaltene Haltung
wendet er immer wieder – wahrscheinlich mit Blick auf den auch recht *satirischen*
n Paul – das damals noch ganz vage Wort Humor (s. o.). Es ist aber bezeichnend, daß
ch dieser Humor vor allem in den Grenzzonen des Lebens auftaucht und daher kaum
as von realistischer Diesseitsfreudigkeit, von behaglicher Verliebtheit ins Unzulängli-
, von verklärender »Weltfrömmigkeit« mitenthält. Heines Ungenügen äußert sich
t nicht immer polemisch oder auch nur witzig, sondern in der sublimen Weltüberle-
heit des Sterbenden.

Ein Beispiel für den späten Stil: Gedächtnisfeier

ypisch für diese späte Stilhaltung sind die folgenden Verse aus dem 2. Buch des *Ro-*
nzero; für manche Heineverehrer ist dies Gedicht das schönste des unglücklichen Poe-

---

nerkung bei Elster (I, 131): »Nach M. Heine (Erinnerungen, S. 126 f.) ist der Promenadenwall
tingens gemeint.« Man sieht hier, wie auch einfach aus praktischen Gründen »verfremdet«, d. h.
ie anonyme Liebeslyrik der früheren und späteren Zeit ausgewichen wird. Über peinliche Ge-
chten kann man keine Erlebnislyrik machen, man muß die Maske auch im Gedicht anlegen.
nn Goethe in den *Römischen Elegien* dieser Dezenzvorschrift nicht ganz entsprach, so wurde er
ir von dem Wiener Poeten Johann von Alxinger u. a. hart getadelt. Goethes großartige Unbe-
mmertheit widersprach der Urbanität, die in der Kaiserstadt von jedem gefordert wurde. Heine
öfters darauf hingewiesen, daß das Leben der meisten Dichter armselig ist.

Heinrich Heine

Gedächtnisfeier

Keine Messe wird man singen,
Keinen Kadosch wird man sagen,
Nichts gesagt und nichts gesungen
Wird an meinen Sterbetagen.

Doch vielleicht an solchem Tage,
Wenn das Wetter schön und milde,
Geht spazieren auf Montmartre
Mit Paulinen Frau Mathilde.

Mit dem Kranz von Immortellen
Kommt sie mir das Grab zu schmücken,
Und sie seufzet: Pauvre homme!
Feuchte Wehmut in den Blicken.

Leider wohn' ich viel zu hoch,
Und ich habe meiner Süßen
Keinen Stuhl hier anzubieten;
Ach! sie schwankt mit müden Füßen.

Süßes, dickes Kind, du darfst
Nicht zu Fuß nach Hause gehen;
An dem Barriere=Gitter
Siehst du die Fiaker stehen.

Die Distanzierung von den etablierten religiösen Organisationen (Kirche, Synagoge)
nicht zufällig, wie wir wissen. Aber sie bildet in diesem Gedicht nur die Einleitung. [
Akzent liegt auf der »Gedächtnisfeier« der Gattin, welche die Zeremonie ersetzt. Die F
erlichkeit wird durch Trivialitäten bewußt eingeschränkt (»Wetter«, »spazieren«, P
line = Gesellschafterin von Heines Frau, der alltägliche französische Ausruf). Die En
findsamkeit wird nicht ausgeschlossen (»feuchte Wehmut«), aber sie wird sogleich w
der durch blasphemischen Sarkasmus (»leider wohn' ich viel zu hoch«), ja durch gutn
tige »Personalsatire« (»süßes, dickes Kind«) balanciert. Der Schluß ist ein Gedanke
Fürsorge, der in seiner alltäglichen Konkretheit wiederum rührend wirkt. Alles in all
ein ausgewogenes Ineinander von Empfindsamkeit und Ironie; nirgends ein schar
Bruch (gemessen an Heines sonstiger Desillusionierungstechnik). *Aber die Spannung u*
Gefühl und Ironie, von Verklärung und Ungenügen ist geblieben, denn sie ist für He
konstitutiv. Wir wissen, daß der sterbende Dichter um seine Frau aufrichtig besorgt w
Diese Fürsorge ist bei einem »poetischen Kind« (s. o.) keineswegs selbstverständlich u
ein besonders deutlicher Hinweis auf die Humanität des Dichters. Die Unmittelbar
jedoch ist nicht seine Haltung und Sprache. Das »Theater«, die »Maskenhaftigke
Heines und die ihr entsprechende konstruktive Stilhaltung ist noch in den kunstvoll v
mittelten Stimmungsantithesen und in der mimischen Inszenierung dieses intimen C
dichtes zu spüren. Hier fehlen übrigens auch die »ganz unerträglichen Gemeinheit
der »ganz ungehörige Witz«, den die *Leipziger Allgemeine Literaturzeitung* 1826 bei
ner frühen Dichtung festgestellt hat[66] – entsprechend dem Ausschluß des niedrigs
Wortschatzes in den Lehrbüchern der Rhetorik. Empörend erschien die krasse Versch

ng der Stilspannung. *Dagegen folgt Heine mit der Milderung der Spannung von hohem*
d niederem Stil dem allgemeinen Entwicklungsgang (vgl. Bd. I, S. 643 f.). Hierin vor al-
n dürfte der wachsende Erfolg seiner Lyrik, trotz der sich verschärfenden Heinekritik
o.), begründet gewesen sein.

Heines Ironie bewährte sich auch und gerade in der Begegnung mit dem Tode. Dies
ire nicht möglich, wenn sich ihre Funktion im Ästhetischen oder Soziologischen er-
höpfte. Auch das Mythologie-Problem, das wir schon berührten, erfährt erst aus dem
iversalen Gesichtspunkt eine voll befriedigende Lösung. Für den metaphysischen Iro-
ker Heine ist die Mythologie unentbehrlich; denn sie hält das Religionsproblem in
nkreter, zum Widerspruch reizender Form stets gegenwärtig. Ein besonders schönes
ispiel dafür ist Heines Prosastück *Die Götter im Exil* (1853). Zeitkritische Bemerkun-
n begegnen auch hier, und es wäre für den Dichter leicht gewesen, sie zur großen Satire
steigern, etwa gleich in der ersten Geschichte, die Bacchus und seine Freunde in der
estalt von drei Klosterinsassen vorführt. Aber die Absicht ist in diesem Fall primär hu-
oristisch. Das denkwürdige Schicksal der abgesetzten Götter ist es, was den Dichter zu
eser Arbeit gereizt hat. Die Götter werden in komischer, ja grotesker Inszenierung, aber
cht ganz ohne Liebe dargestellt. Ein gewisser Glanz liegt über den entthronten Göttern.
)er Anblick gefallener Größe« wird zum Zeichen der allgemeinen Vergänglichkeit, die
tzten Endes »erschüttert« und »unser frömmigstes Mitleid« hervorruft. Das so gestal-
te Götterbild ist natürlich insgeheim auch auf den jüdischen und christlichen Gott zu
ziehen. Der »liebe Gott«, der mißvergnügt in seinem »Welttheater« sitzt, weil er be-
erkt, daß es sich »nicht mehr lange halten kann«, ist in einer Lage, die sich nicht mehr
lzusehr von der der olympischen Götter unterscheidet. Das ist jedenfalls die Frage, die
nter aller Ironie ernsthaft und quälend steht. Die im Weltschmerz gegebene gemein-
me Grundlage von Ironie und Enthusiasmus darf man auch in der mythologischen
häre nicht vergessen, wenn man dem sehr verwickelten Gebilde von Heines Geistigkeit
recht werden will. Die komische Inszenierung, der Götterspott, ja die Blasphemie in ih-
r grellsten Gestalt grenzt zugleich an die Göttertrauer, an die Klage um den bedrohten
d vielleicht verlorenen Gott. In der frühen Lyrik belegt das Gedicht *Die Götter Grie-
enlands* (*Nordsee* II,6), daß die antike Mythologie bei Heine immer auch auf dem Hin-
rgrund seiner Auseinandersetzung mit dem Christentum zu sehen ist.

DER GESCHICHTLICHE ORT HEINES

Aufklärung, Rokoko, Spätaufklärung

Durch die bisherige Interpretation sind wir, wie ich hoffe, darauf vorbereitet, die über-
s schwierige Frage nach Heines geschichtlichem Ort zu beantworten. Zunächst stehen
ir vor der Tatsache, daß in ihm die Aufklärungstradition noch sehr stark nachwirkt.
er gesellschaftskritische Elan, mit dem er nicht nur den einen oder den anderen Miß-
and, sondern die gesamte überlieferte Kultur, einschließlich der religiösen, angeht, stellt
n neben die großen polemischen Geister des 18. Jahrhunderts. An Lessing knüpft er be-

sonders in der Jugend an. Die Schule bei A. W. Schlegel steht insofern in keinem Wide
spruch zu dieser Tradition, als sich auch dieser Romantiker, unter französischem Einfl
(Madame de Staël), zum Prinzip der Klarheit und Eleganz bekannte und daher
Deutschland stets hinter seinen tiefsinnigen Bruder Friedrich zurücktreten mußte. A
Shakespeare-Übersetzer vollends war der Bonner Professor ganz der Erbe Lessings un
Wielands. An Swift pflegte Heine gelegentlich zu erinnern, besonders dann, wenn
darum ging, sich von den kleinen Witzlingen zu unterscheiden. »Deutscher Voltair
wurde er oft genannt, aber er trug diesen Titel nicht so gerne wie den eines »deutsch
Aristophanes«, ganz einfach deshalb, weil der französische Spötter in Verruf war, w
man schon im damaligen Deutschland den umfassenden Geist Voltaires nicht mehr g
nug kannte. Trotzdem hat die Forschung – schon in der Weimarer Republik, aber m
wenig Wirkung! – zahlreiche Beziehungen zwischen den beiden satirischen Geistern fes
gestellt[67]. Voltaire-Zitate liebt Heine sehr, und sie belegen eine Vertrautheit intimst
Art. Das wiederholte Ausspielen des witzigen Voltaire gegen den radikalrevolutionär
Rousseau, den Enthusiasten, ist eine »Selbstverteidigung« (Georg Lukács) und im Z
sammenhang mit seinem schweren Stand gegenüber den Anhängern Börnes zu s
hen[68]. Seine Rokoko-Wurzeln wurden ihm wohl erst nach 1840 und 1848, gewiß au
durch die Kritik der Hegelianer und programmatischen Realisten, voll bewußt, eben
sein in Deutschland gefährdeter Ort als Erbe Voltaires*. Wie er die italienische Mus
über alles stellte und die Italiener für das Volk der Musik hielt, so liebte er auch ält
deutsche Musiker wie Händel und Mozart (E VI, S. 443) mehr als die romantisch
Komponisten seiner Zeit. Heine muß freilich mit solchen Äußerungen, angesichts d
sich verstärkenden romantischen Patriotismus, vorsichtig sein. Untergründig verläu
daher die Linie Wieland-Heine. Aber sie wäre bei genauer Untersuchung gewiß aufz

---

* »Halten Sie es nun der Mühe wert, meine heutigen Mitteilungen in die heimische Mundart
übertragen, so unterdrücken Sie gefälligst alle jene Schnörkeleien und Verbrämungen, welche no
an die aristokratische Rokokozeit des deutschen Schrifttums erinnern. Die Herrschaft der Schö
schreiberei hat ein Ende wie so manche andre; auch die deutsche Schreibkunst wird emanzipiert.
Der Frondienst des Periodenbaus muß abgeschafft und die Zuchtrute der Grammatik, womit Sch
tyrannen uns schon frühzeitig peinigen, muß gebrochen werden. In einer Republik braucht ke
Bürger besser zu schreiben wie der andre. Nicht bloß die Freiheit der Presse, sondern auch d
Gleichheit des Stils muß dekretiert werden von einer wahrhaft demokratischen Regierung« (14.
1848, E VII, S. 382). »La langue de l'esprit va mal au sentiment ou, si vous préférez le mot, à la sen
bilité germanique. Je vous assure, il se trouve très mal à son aise ce pauvre rossignol allemand qu
fait son nid dans la perruque de M. de Voltaire« (Bruchstück, Mitte Juli 1855, Briefe, hg. v. Friedri
Hirth, Bd. I, 2. Teil, Mainz u. Berlin 1965, S. 620). An der Stelle in den »Geständnissen«, wo er si
um eine Normalisierung seines Verhältnisses zur katholischen Kirche bemüht, sagt er: »Man hat m
zugleich zu viel Ehre und zu viel Unehre erzeigt, wenn man mich einen Geistesverwandten Voltair
nannte. Ich war immer ein Dichter, und deshalb mußte sich mir die Poesie, welche in der Symbo
des katholischen Dogmas und Kultus blüht und lodert, viel tiefer als andern Leuten offenbaren«
VI, S. 66). Es ist der übliche Widerspruch bei Heine. Die Stelle belegt aber erneut, daß er am roman
schen Begriff der (Universal-)Poesie naiv festhielt und ihn mit dem von Gautier usw. übernomme
Artistik-Ideal, mindestens theoretisch, *nicht* zu vermitteln vermochte. Ein Beitrag zum Them
Wahlfranzose wären die französischen Vergleiche zwischen Voltaire und Heine; sie wären auch zu
Thema Heine und die Aufklärung interessant, weil Voltaire für die Franzosen kein negatives K
schee, sondern wohl eher ein unbefangen gewürdigter Teil ihrer nationalen Tradition war.

lecken. Hermann Marggraff stellt die zwei Dichter noch 1854 ganz unbefangen zusammen und betont richtig die frivole *Rolle,* die beide als Schriftsteller (nicht als Menschen) pielten (E VI, S. 14). Die folgende Stelle für den *Schwabenspiegel* hat Heine – wie so nanches, was in Deutschland Anstoß geben konnte – nicht veröffentlicht: »Zunächst nöchte [ich] eine Unterlassungssünde berichtigen, die mir zufällig, nachdem mein mspt ereits fortgeschickt war, recht schwer aufs Herz fiel. Nemlich, bey Aufzählung jener Männer, die dem schwäbischen Boden en[t]sprossen, zu europäischem Ruhme gelangt ind, vergaß ich den Namen des vielgefeyerten und herrlichen Wieland« (persönliche Mitteilung Manfred Windfuhrs). Die veröffentlichte Wieland-Stelle in *Shakespeares Mädchen und Frauen* ist sehr viel kühler und folgt einer komischen Episode über den Pelücken-Gottsched, der sich über die Abschaffung des französischen Vorbilds entsetzte: Nach Lessing ist Wieland zu nennen. Durch seine Übersetzung des großen Poeten vermittelte er noch wirksamer die Anerkennung desselben in Deutschland. Sonderbar, der Dichter des ›Agathon‹ und der ›Musarion‹, der tändlende Cavaliere-Servente der Grazin, der Anhänger und Nachahmer der Franzosen: er war es, den auf einmal der britische Ernst so gewaltig erfaßte, daß er selber den Helden aufs Schild hob, der seiner eigenen Herrschaft ein Ende machen sollte« (E V, S. 382 f.). Heine erfaßt richtig den Zwiespalt wischen Rokoko und »alter Romantik« (s. u.), in dem Wieland steht, er mag darin die igene Zwiespältigkeit vorgeformt sehen; aber er tut nichts zur Korrektur des teutschhristlichen Bildes vom tändelnden Französling Wieland, obwohl man ganz sicher sein ann, daß ihm die Eleganz des Rokoko-Meisters imponierte. Im gleichen Sommer 1838, n dem Heine seinen großen Shakespeare-Beitrag schrieb, warnte Gutzkow den Wahlpaiser vor frivoler Erotik, unter Hinweis auf die Stimmung in Deutschland, und er beutzte dabei das gleiche Rokoko-Stichwort wie Heine bei Wieland: »Für den ungezogeen Liebling der Grazien gibt es auch eine Grenze« (6. 8. 1838) [69]. Heine hat nicht nur *Agathon* und *Musarion* gelesen; er hat auch von *Don Sylvio von Rosalva* gelernt [70], vas besonders interessant ist, da dieser Roman das Schema des von Heine hochgeschätzen *Don Quichote* abwandelt. Menzel, der Heine anläßlich des *Schnabelewopski* noch reundlich schulmeisterte und sich alle Mühe gab, ihn auf eine realistische Bahn zu führen – er gehört zu den Feinden der Versepik (vgl. Bd. II, S. 649) –, empfiehlt ihm die Nachhmung des Cervantes, Smollets und der niederländischen Maler, damit er endlich die prosaische Wahrheit« ergreife [71]. Menzel bekämpfte die skeptische und genüßliche Rokokokultur, an die die Jungdeutschen anknüpften, ingrimmig. Er meinte es nicht als Lob, wenn er sagte, Heine habe »die Ironie in die lyrischen Formen« eingeführt [72]. Aber nicht einmal diese Pioniertat läßt sich literarhistorisch ohne genauere Interpretatioen näher bestimmen; denn es gibt die komische Lyrik und Ballade im Rokoko, z. B. bei 3ürger, schon. Bekannt ist Goethes frühes Gedicht *Die Nacht,* in dem die empfindsame Naturschilderung durch den Wunsch nach einer Nacht mit dem Liebchen entwertet vird. Noch im Göttinger Hain, der in der Biedermeierzeit viel nachgeahmt wurde und len der Göttinger Student Heine kannte, gibt es Nachwehen des Rokoko, obwohl man, im deutsche Eichen tanzend, Klopstock feierte. Man findet dort auch, wie in Wien, die Parodie der antiken Mythologie. In Höltys Gedicht *Apollo und Daphne* (1770) naht der 3ott seinem Opfer mit Stutzerschritten und als Daphne flieht, keucht ihr »Apollo… hit-

523

zig« nach. Daphnes Verwandlung in einen Lorbeerbaum nimmt der Gott ohne göttlich
Würde wahr:

> Ihr Füßchen, sonst so niedlich, wurzelt
> Im Boden fest;
> Apollo kömmt herangepurzelt,
> Und schreiet: Pest!

Der Wortschatz ist schon erheblich abgesunken, obwohl noch nicht so tief wie bei Heine
Auch der »Stimmungsbruch« – das Wort fungiert in der Heineforschung schon al
Fremdwort – ist bei Hölty nicht so grell wie bei Heine. *Wichtiger dürfte sein, daß es dies
lyrische Struktur selbst bei dem zarten Hölty, einem Vorbild Mörikes, überhaupt gibt*
Empfindsamkeit und Desillusionierung der Empfindsamkeit, Religion und Diesseitig
keit, platonische und sinnliche Liebe, – alle diese Konflikte Heines bewegten schon Wie
land und das ganze 18. Jahrhundert. Der kecke Ausdruck dieser Spannung führte be
Wieland, wie später bei Heine, zu viel Federkrieg, war aber auch ein Hauptgrund für ih
ren großen Erfolg.

Hölty: *Seligkeit* (1773)

> Freuden sonder Zahl
> Blühn im Himmelssaal
> Engeln und Verklärten,
> Wie die Väter lehrten.
> O da möcht' ich sein,
> Und mich freun, mich freun!

> Jedem lächelt traut
> Eine Himmelsbraut;
> Harf' und Psalter klinget,
> Und man tanzt und singet.
> O da möcht' ich sein,
> Und mich ewig freun!

> Lieber bleib' ich hier,
> Lächelt Laura mir
> Einen Blick, der saget,
> Daß ich ausgeklaget.
> Selig dann mit Ihr,
> Bleib' ich ewig hier!

Auch Wilhelm Müller, dem Heine nach eigenem Zeugnis so viel verdankt, steht in de
Rokokotradition und ist ein Gesellschaftsdichter*, obwohl er eine Art Volksrokoko z

---

* »The *Kunstlied,* for this it is that Heine and Müller write, is a distillation of the folk-song an
less spontaneous expression than conscious construction. Heine's very statement that Müller ha
captured the *naïveté* of the spirit of the folk-song without its clumsy form reveals the paradoxica
view that the modern poet can ›improve‹ on the original song. This is trimmed and cut to shape s
that it will fit the interpretation of its ›true‹ nature, which is said to lie in the immediacy of its expres
sion. Yet here we find a poet, or rather a succession of poets, deliberately polishing and repolishin
in order to produce something more obviously artless. Far from recreating a naïve state of mind th
latter-day folk-poet reached a new level of refinement« (Nigel *Reeves,* Heinrich Heine, Poetry an

chaffen versuchte, etwa in Analogie zu Meisls Volkstheaterstücken (vgl. Bd. II, S. 461). Es ist nur eine der Traditionen, die auf Heine wirkt. Man muß sogar davor warnen, die Rokokotradition – es ist eine durch und durch artistische – zu stark zu betonen. So glaube ch z. B. nicht, daß Golo Mann, der in Heine den »bloßen Zuschauer«, Spieler und Künstler sieht[73], den Publizisten Heine, für dessen Interpretation niemand zuständiger wäre als er, vollständig kennt. Schon Wieland, der wie Heine ein erfolgreicher Publizist war, bildete ja eine kräftige Klammer zwischen Rokoko und Aufklärung; er trug und vertrat die beiden geschichtlichen Mächte auch noch im Zeitalter der herrschenden Romantik † 1813). Es wird überhaupt zu wenig daran gedacht, daß die *Spätaufklärung,* die von der Klassik (Xenien), von der Romantik (Philister-Satire) und von der die »Goethezeit« hochhaltenden Literaturgeschichte systematisch unterdrückt und dann vergessen wurde, die Romantik überlebte. Diese Gruppe repräsentiert sich dem jungen Heine in seinem literarischen Berater *Varnhagen,* der einer der bedeutendsten Memoirenschreiber und »Porträtisten« der Biedermeierzeit war (vgl. Bd. II, S. 311–314), in *Jean-Paul,* über dessen kauzigen Polyhistorismus er spottet, der aber als *großer* Meister des satirischen Witzes zu seinen Vorbildern gehört, in *Nicolai,* dessen Mißhandlung als Buhmann der Romantik er erkennt, und nicht zuletzt in Johann Heinrich *Voss,* womit wir wieder auf die Wirkung der Hainbündler stoßen. Der Homer-Übersetzer, der Klassizist als Heines Vorbild? Wilhelm Müller, den Heine wohl auch als prominenten Rezensenten in den angesehenen *Blättern für literarische Unterhaltung* (vgl. Bd. II, S. 70 f.) im Auge hatte, warnte ausdauernd vor der »antiken Nachahmelei«[74]. Schon Wieland hatte sich ja früh vom Hexameter-Epos abgewandt, orientierte sich an Ariost und fungierte in den Lehrbüchern als Meister des »modernen«, romantischen« Epos*. Nun, es war der Kampf, den Voss

Politics, Oxford 1974, S. 45 f.). Es ist wohl noch zu viel Staiger (Interpretation des »Verlassenen Mägdleins«) in diesen Sätzen. *Das Volkslied ist ein Rückgriff auf die ältere bürgerliche Kultur und hilft den Bürgern bei der Befreiung vom aristokratischen Salonstil, der die Rokokokultur weithin prägte.* Wenige Seiten vorher erkennt der Verfasser selbst den sozialgeschichtlichen Sinn der Volksliedbewegung; er zitiert Willi Koch, der »Des Knaben Wunderhorn« für »eine politische Angelegenheit« hält (S. 41). Die Vereinfachung hatte auch einen poetischen Sinn, aber die Rokokotradition machte sich bei Müller und Heine immer noch deutlich bemerkbar.

* Mit der mangelhaften formengeschichtlichen Orientierung der DDR-Germanistik hängt es wohl zusammen, daß sie die Bedeutung der Antike in Heines Geschichtsbild überbetont (Wolfgang Hecht: Wandlungen von Heines Antikebild, in: Heinrich Heine. Streitbarer Humanist und volksverbundener Dichter. Internationale wissenschaftliche Konferenz aus Anlaß des 175. Geburtstages von Heinrich Heine vom 6. bis 9. Dezember 1972 in Weimar, Weimar 1972, S. 132–143, nur zum Teil korrigiert in der Diskussion von Christoph Trilse, ebd. S. 388–90). Wenn Heine sich wiederholt und sehr deutlich als letzten Romantiker sieht (s. u.), muß man dies interpretieren. Man kann ihn nicht einfach zum »letzten Klassiker« machen, um ihn an Goethe und Schiller anzuschließen und um einen Ersatz für die zur Schulung ungeeigneten österreichischen Klassiker (Grillparzer, Stifter) zu haben. Ich verkenne nicht, daß auch Schiller (vgl. Elster V, S. 254) und sein Gefolge, z. B. in der Gestalt von Immermann, Heines Freund, zu den aufgeklärten, tatweckenden Vorbildern Heines gehören; aber man braucht nur Schillers und Heines Gedichte über »Die Götter Griechenlands« miteinander zu vergleichen und vielleicht noch Heines Gedicht »Der Apollogott« dazuzunehmen, um Heines *frühe und grundsätzliche Entscheidung gegen die Antikeverehrung* der Klassik und die ihr entsprechende antikisierende Dichtung zu erkennen. »Der letzte Klassiker«: das will Platen sein, auch deshalb wird er samt Schule (»Plateniden«) von Heine verspottet. Der »Hellenismus« Heines ist ein vorübergehendes und mißglücktes Experiment *ideologischer* Art, keine Basis für Heines spätere

gegen Stolberg führte und damit gegen das Vorrücken des Katholizismus, was den streit
baren Klassizisten zu einem Vorbild Heines machte: »Der Schiller-Göthesche Xenien
kampf war doch nur ein Kartoffelkrieg, es war die Kunstperiode, es galt den Schein des
Lebens, die Kunst, nicht das Leben selbst – jetzt gilt es die höchsten Interessen des Lebens
selbst, die *Revoluzion* tritt in die Literatur, und der Krieg wird ernster. Vielleicht bin ich
außer Voß der einzige Repräsentant dieser Revoluzion in der Literatur« (an Varnhagen
4. 2. 1830). Schon zwei Jahre vorher hatte er in der Besprechung von Menzels deutscher
Literaturgeschichte den ungestümen Niedersachsen Voss gegen den Vorwurf der Grobheit verteidigt oder vielmehr diese ausdrücklich gerechtfertigt: »Jene Partei ist zu mäch
tig, als daß man mit einem zarten Galanteriedegen gegen sie kämpfen könnte« (E VII, S
253). Selbstverständlich gehört auch der elf Jahre ältere *Börne* zu den Gestalten, die die
Kontinuität zwischen der Spätaufklärung und dem Jungen Deutschland repräsentieren
und damit – zunächst – zu den Vorbildern Heines.

Man hat, um Heines Verwurzelung in der Aufklärung verständlich zu machen, von je
her auch auf zwei biographische Umstände hingewiesen: einmal auf Heines Jugend im
französisch besetzten Rheinland (Düsseldorf) – Heine lernte ähnlich wie Büchner franzö
sischen Revolutionsgeist aus nächster Nähe kennen – und dann natürlich auf Heines Ju
dentum, das einen Abstand zur christlich-deutschen Überlieferung setzte und so die kriti
sche Haltung begünstigte. Damit sind gewiß bedeutende auslösende Faktoren bezeichnet. Heine hätte schwerlich so früh seine revolutionäre Linie gefunden ohne diese Vor
aussetzungen. Die Hauptsache ist freilich die *konkrete restaurative Situation,* auf die der
zum Schriftsteller erwachende Jude stößt, die seinen Widerspruch erregt, die das Mit
streiten in der liberalen Bewegung wie auch das Zurückgreifen auf die vorrevolutionären
Schriftsteller natürlich, ja lebensnotwendig macht. Die Rede von Heines Judentum läßt
leicht übersehen, daß auch er geistige Ahnen der europäischen Tradition besitzt. Sie be
ginnen bei Shakespeare, Cervantes, Spinoza und verdichten sich im 19. Jahrhundert zu
einer Phalanx, die erst durch die Helden der französischen Revolution, dann durch Na
poleon gesteigert wird und schließlich in den genannten Spätaufklärern die Nachkriegs
zeit erreicht.

Da immer nur von Heines »Romantik« gesprochen wird, ist vielleicht noch ein Wort
zur Wirkung der empfindsamen Vorbilder auf Heine zu sagen. Der unmittelbare Zugang
zur Realität ist für Heine, wegen des ihn beherrschenden Ungenügens, schwieriger als für
die konservativen Dichter. Man vergleiche hier wieder nur mit seinem Antipoden Gott
helf, der nicht gleich schreibt, sondern zunächst ein höchst aktives Leben führt und Er
fahrungen sammelt. Was den gespaltenen Dichter zur Empfindsamkeit führt, läßt eine
frühe Bemerkung ahnen: »Aber eine Seele habe ich doch. I have a soul, so gut wie Sterne«
(an Moses Moser 30. 9. 1823). Heine leidet also unter dem fremden und eigenen Vorwurf
der »Negativität«. Er *will* positiv sein, und das Vorbild, das sich dabei anbietet, ist der

---

Dichtung. Aber eben deshalb fasziniert er die zum Atheismus verpflichtete marxistische Forschung.
*Die Entscheidung für die »Modernen« (im französischen Sinn), zu denen Shakespeare, Cervantes,
Wieland, zum Teil Goethe und –* Heine kann es nicht ganz leugnen – *auch die »neue Romantik« ge-
hören, ist grundlegend und ein Hinweis auf Heines relativ feste Struktur,* vgl. dagegen Platen (s. o.
S. 432, Mörike (s. u. S. 719 ff.), Hebbel (s. o. S. 341).

Humorist Sterne, der in Deutschland die stärkste Wirkung ausübte. Auch *Jean Paul,* der größte deutsche Dichter der Sterne-Tradition, lag ihm, wie allen Dichtern der Biedermeierzeit, außerordentlich nahe (vgl. Bd. I, S. 491 ff.). Er verkannte gewiß den Satiriker, den Kritiker der Höfe nicht. Börnes Lobrede auf Jean Paul, allen jüngeren Schriftstellern bekannt, betont den sozialen Dichter. Heine hat aber auch in stilistischer Hinsicht vieles von ihm gelernt. Am wichtigsten ist wohl die Weiterbildung von Jean Pauls höchst aktiver Metaphorik. Man kann darüber streiten, ob Heines Metaphorik im höheren Stilbereich sich mit der Jean Pauls messen kann; aber im Bereich der komischen Metapher ist keine ein großer Erfinder gewesen. Man denke an Bildungen wie »Matratzengruft«, Dachstube des körperlichen Elends«, »Gesundheitsflanell«, »horizontales Handwerk«, rotes Quadratmeilengesicht«, »hochaufgestapelter Busen«. Man braucht den Dichter nur aufzuschlagen, um sich von dieser zeitgemäßen, übrigens ganz bewußt betriebenen (rhetorischen) metaphorischen Technik zu überzeugen. Auch darin liegt ein konstruktives Element, das sich in die Barocktradition zwanglos einfügen läßt und Heine vom metaphernarmen Stil der realistischen Epoche trennt (vgl. Bd. I, S. 520 ff.). Trotzdem spottet er nicht umsonst über den provinziellen Poeten Jean Paul; er weiß, was ihm selbst fehlt und was er kann. Der Dichtung Heines fehlt das hemmungslos breite Ausströmen, der Wortrausch, die unendliche Melodie, auch die chaotische Gelehrsamkeit, der grübelnde Tiefsinn und vor allem: die Gefühls- und Liebesfülle Jean Pauls. Heines Werk ist klarer, umrißschärfer, ärmer an Atmosphäre und epischer Fülle, nicht eben lakonisch, aber doch pointierter, nicht gescheiter, jedoch intelligenter, nach deutschen Begriffen des 19. Jahrhunderts »dünner«, zugleich aber sehr viel eingängiger, geselliger und noch in der Schwermut eleganter. Auch mit diesen Eigenschaften erweist er sich als echter Erbe des 18. Jahrhunderts. Über Beethoven spottet Heine nicht; aber seine Kompositionen erfüllen ihn, wie fast alle damaligen Dichter, die im *alten* Europa wurzeln, mit »Grauen« (E VI, S. 261).

Aufklärung und Romantik?

Mit all dem soll nicht behauptet werden, daß die Romantik, auf die Heine in der westlichen Welt meist bezogen wird, für den Dichter ohne Bedeutung war. Es kommt hier auf den Begriff der Romantik an. Mit dem was man lange Zeit in Deutschland darunter verstand, mit jenem Herzstück um Friedrich Schlegel, Novalis, Brentano, Eichendorff hat er herzlich wenig zu tun, weniger als Stifter oder Mörike. Die tiefe Einfalt der romantischen Mystik liegt ihm ebenso fern wie die anspruchsvolle universalpoetische Reflexion. Schon der energische gesellschaftliche Zugriff und sein offen ertragener Dualismus trennt ihn von der Romantik solcher Art. Näher steht er *der* Gattung Romantik, die kein völlig neuer Ansatz, sondern selbst eine Weiterbildung der Barocktradition gewesen ist. Während jene esoterischen Geister zunächst nicht zu nennenswerter Wirkung kamen, hat diese andere Romantik sogleich stark gewirkt, auch auf Heine. Der Heineforschung ist längst bekannt, daß der Dichter von Tieck und E. T. A. Hoffmann lernte. Beide waren gesellschaftliche Schriftsteller, keine »Urdichter« nach der traditionellen deutschen Norm,

und insofern schon mit Heine verwandt. Beide schätzten das Theatralische und insbe
sondere auch die phantastischen Komödien Gozzis[75], der überhaupt eine wichtige
Brücke zwischen Rokoko und Spätromantik bildet. Aber von Hoffmann trennt ihn, trot
seines gelegentlichen Kokettierens mit Wahnsinn, Tod, Gespenstern und Verbrecher
das ironische Abrücken vom Finstern und Dämonischen, von Tieck, der in der Biedei
meierzeit bezeichnenderweise neue Schaffenslust verspürte, die Abneigung gegen bürgei
liche Behaglichkeit, sein Ungenügen; von beiden trennt ihn seine nicht ganz geglückt
Rolle als Erzähler. Auch von daher gesehen ist Heines geistige Gestalt schmaler, umriß
schärfer, dafür sehniger, energischer.

Auf die fortdauernde Kraft des romantischen Begriffes der (Universal-)Poesie stieße
wir schon bei Heines Mythisierung des vorpuritanischen Englands: Karl I. repräsentiei
die Poesie, Cromwell die nüchterne Prosa. Wenn unser Dichter einem Kollegen die Ach
tung verweigern will, z. B. dem gefährlichen Gutzkow, so sagt er einfach, es fehle »ihm a
aller Poesie« (E VII, S. 422). Wenig gefällt ihm auch Freiligraths Exotik. Seine Gedichte
meint er, seien »ein Appendix zum Cottaschen ›Ausland‹«: »Daher sein Wert für di
große Masse, die nach realistischer [!] Kost verlangt; seine Anerkennung ist ein bedenkl
ches Zeichen einreißender Prosa [!]« (E VII, S. 425). Die Auseinandersetzung mit de
Rokokotradition findet man besonders in seiner Beurteilung französischer Produktio
nen, z. B. (Lutezia 1. 5. 1844) der Oper *Die Sirene*, deren Text Scribe, deren Musik Aube
geschrieben hat: »Sie besitzen ein gewisses Filigrantalent der Verknüpfung allerliebste
Kleinigkeiten, und man vergißt bei ihnen, daß es eine Poesie gibt« (E VI, S. 459). *Poesie i*
für ihn ein ganz selbstverständlicher Beurteilungsmaßstab: den ersten Rang erreiche
Dichter, Maler und Komponisten immer nur durch die (Universal-)Poesie. Esprit steh
unter der Poesie.

Auch Heines Geniebegriff verrät in vielen einzelnen Formulierungen die Tradition, di
vom Sturm und Drang wie auch von der Romantik herkommt. Zum mindesten konkui
rieren die Begriffe des Genies und des Meisters oder des Artisten miteinander*. Aus de
gleichen Grund findet man um 1840 ein ständiges Schwanken zwischen dem Bekenntni

---

* »In dem Dichtergeiste spiegelt sich nicht die Natur, sondern ein Bild derselben, das dem g
treuesten Spiegelbilde ähnlich, ist dem Geiste des Dichters eingeboren; er bringt gleichsam die We
mit zur Welt, und wenn er, aus dem träumenden Kindesalter erwachend, zum Bewußtsein sein
selbst gelangt, ist ihm jeder Teil der äußern Erscheinungswelt gleich in seinem ganzen Zusammer
hang begreifbar: denn er trägt ja ein Gleichbild des Ganzen in seinem Geiste« (E V, S. 379). Die Folg
dieses universalpoetischen Geniebegriffs ist z. B., daß Heine, nach vielen Äußerungen, die Dicht
für befähigter hält, die Wahrheit der Geschichte zu erfassen, als die Historiker, die ihm zu prosaisc
sind. Das vorstehende Zitat stammt aus der Shakespeare-Schrift, das folgende aus *Ludwig Börn*
also ungefähr aus der gleichen Zeit, ein Hinweis darauf, daß bei Heine *die Gelegenheiten die Ge*
danken machen und kein System hinter ihm steht. »Der Grundsatz, daß man den Charakter ein
Schriftstellers aus seiner Schreibweise erkenne, ist nicht unbedingt richtig; er ist bloß anwendbar b
jener Masse von Autoren, denen beim Schreiben nur die augenblickliche Inspiration die Feder führ
und die mehr dem Worte gehorchen als befehlen. Bei Artisten ist jener Grundsatz unzuläßlich, der
diese sind Meister des Wortes, handhaben es zu jedem beliebigen Zwecke, prägen es nach Willkü
schreiben objektiv, und ihr Charakter verrät sich nicht in ihrem Stil« (E VII, S. 134). Dieser Art
stik-Begriff stimmt mit rhetorischen Vorstellungen, z. B. mit der bewußten Handhabung von »Tö
nen«, überein.

zur »Autonomie der Kunst« und der früheren Meinung, die Kunst müsse in den Dienst der Menschheitsinteressen treten*. Unverändert dagegen ist der gewaltige Anspruch, den Heine mit seiner Dichtung und Publizistik erhebt. In seinem Bewußtsein hat er zweifellos Anteil am Originalitätskult seiner Zeit. Die Freundschaft mit Grabbe ist kein Zufall. Beide fallen auf und werden getadelt, weil ihnen die biedermeierliche Bescheidenheit fehlt. Was ist es nun aber eigentlich, das ihn zu dieser Protesthaltung führt? Vor allem doch die Einsicht, daß der antikisierende Objektivismus der Klassiker und Platens formalistisch bleiben muß, daß die Inhalte der gegenwärtigen Zeit und Gesellschaft eine »neue Kunst« (s. o.) notwendig machen. *Sein Subjektivismus ist also paradoxerweise der Ausdruck einer überindividuellen und historischen Orientierung.* Er entspricht etwa Lessings und Wielands Abrücken von Winckelmanns Forderungen (»edle Einfalt, stille Größe«), die bis zu einem gewissen Grad die Klassik von Weimar, aber keineswegs das frühere 18. Jahrhundert und die Dichtung der Shakespeare-Nachahmer geprägt hatten. Im Widerspruch zu einem esoterischen Klassizismus soll – auch mit Berufung auf Aristophanes – die in der Aufklärung selbstverständliche Zeit- und Gesellschaftsunmittelbarkeit der Dichtung *wiederhergestellt* werden.

Heine kehrt zur Gesellschaftsdichtung zurück, und trotzdem läßt sich mit guten Gründen behaupten, daß er nicht nur ideologisch, sondern auch biographisch vom goethezeitlichen Erlebnis- und Unmittelbarkeitsbegriff mit beeinflußt und mitgeformt wurde. Die Biographie Goethes scheint Modellfunktion für Heines eigenes Leben gehabt zu haben. Vom »Wertherismus« der frühen Jahre über die Pariser Amouren der frühen Mannesjahre, die an Goethes italienische Zeit erinnern, bis zum Verhältnis, schließlich zur Ehe mit einem einfachen Mädchen aus dem Volk (Christiane – »Mathilde«) besteht eine kaum zufällige Parallelität. Statt in solcher Nachfolge einen neuen Beweis für die allzuviel bemühte »Verwandtschaft« von Goethe und Heine zu sehen, sollte man erkennen, daß in dieser Nachahmung notwendigerweise eine *Schematisierung des Erlebnisideals* und der

---

* Weil ständig auf dem Wort von dem Ende der Kunstperiode, das heute möglicherweise aktuell, für die Heine-Zeit vollkommen absurd ist, herumgeritten wird, zitiere ich etwas ausführlich die Verteidigung Victor *Hugos* gegen die »Parteisucht« der »Karlisten« (Bourbonisten), der Republikaner und auch der Saint-Simonisten: »Die Meisterwerke Victor Hugos vertragen keinen solchen moralischen Maßstab, ja sie sündigen gegen alle jene großmütigen, aber irrigen Anforderungen der neuen Kirche [der Saint-Simonisten]. Ich nenne sie irrig, denn, wie Sie wissen [!], ich bin für die Autonomie der Kunst; weder der Religion noch der Politik soll sie als Magd dienen, sie ist sich selber letzter Zweck, wie die Welt selbst. Hier begegnen wir denselben einseitigen Vorwürfen, die schon Goethe von unseren Frommen zu ertragen hatte« (E IV, S. 524 f.). Die Verteidigung beruht auf der wiederholten Feststellung, daß Hugo ein »Genie« und damit der normalen Beurteilung entrückt ist. Ähnlich in dem Brief an Gutzkow vom 23. 8. 1838: »Mein Wahlspruch bleibt [!]: Kunst ist der Zweck der Kunst« usw. Bekannt sind die entsprechenden Äußerungen in *Atta Troll,* was ihn nicht hinderte, kurz darauf das höchst parteiische *Deutschland* zu verfassen. Auch die Ewigkeit der Kunst wird öfter betont (z. B. *Briegleb,* Hanser-Heine Bd. III, München 1971, S. 55). Trotz des »Notschreis der erbitterten Armut« werden die Franzosen das Scheinwesen der alten Kunst abschaffen und eine »neue Kunst« [!] hervorbringen (E IV, S. 70–74). Gegen die »Eintags-Reputation der Virtuosen« – das Wort folgt einer schwankenden Beurteilung Liszts – ist er mißtrauisch (E VI, S. 449). Die Heine-Frommen müssen, wie es Theologen und Goethe-Verehrer schon lange tun, lernen, von der Widersprüchlichkeit ihrer Bibel *auszugehen,* wenn sie weiterkommen wollen.

Erlebnisdichtung, in mancher Beziehung auch eine Parodie liegt. Heine ist zu originell, um einfach Epigone zu werden; er verfügt souverän über die Form des Goetheschen Lebens, der Goetheschen Erlebnisdichtung, wie er etwa auch über die Form des Volkslieds oder der agitatorischen Rhetorik als Meister verfügt. So eben entsteht die oft beobachtete Maskenhaftigkeit seiner Person und die *Mittelbarkeit* der Aussage, die wir in ihren verschiedenen rhetorischen Formen aufzuweisen versuchten. Sie enttäuscht den von der Erlebnisdichtung herkommenden Betrachter. Bezeichnend ist z. B., daß Karl Kraus, der unerbittliche Heinekritiker, immer wieder Liliencron als echten, d. h. als Erlebnisdichter gegen Heines »Operettenlyrik« ausspielt. Bei Heine fand nach Kraus eine »Renovierung des geistigen Zierats« statt. Er lebte vom »Ornament«, vom »Glück der Assoziation« [76]. Gewiß, aber warum nicht? Er gehört einer anderen Traditionslinie an als der der »subjektiven Erlebnisdichtung«, die eine Reihe deutscher Dichter im Gefolge Goethes kultivierte. Darum hat er auch in Frankreich stärker weitergewirkt, und auf diesem Umweg die moderne Lyrik mitgeschaffen, die nicht mehr Erlebnisdichtung sein will*.

Wie aber ist diese eingeschränkte Subjektivität in die von uns aufgewiesene, wenn auch romantisch überformte Rhetoriktradition einzuordnen? Jeder Kenner des Rokoko weiß, was in dieser Zeit die Worte »Laune«, »Capriccio«, »Witz« bedeuten. Sie haben mit dem *qualitativen* Individualismus, der seit Herder und dem jungen Goethe die alte Kulturordnung zentral bedrohte, noch kaum etwas zu tun. Sie haben in der Hauptsache *Lockerungsfunktion.* Der vers libre macht die Reimschemata *eleganter,* aber er zerstört sie nicht. Das Dazwischenreden des Erzählers verleiht dem Roman oder dem Epos neue subjektive »Reize«; unter Umständen kann es auch, wie bei Sterne, die Fabel ernstlich gefährden. Aber es handelt sich bei all dem noch um eine Technik, um eine Neuerung, die sich leicht nachahmen läßt, nicht um einen einmaligen, spontanen Ausdruck von Erlebnissen. Die zahllosen Putten und die raffinierten Stukkaturen geben dem Innenraum der spätbarocken Bauten einen zunächst verwirrenden Eindruck; aber die Architektur selbst bewahrt die feste Ordnung. Heine rühmt und liebt das »Capriccio«, ob nun im Anschluß an Wieland, Gozzi oder Hoffmann, ist nicht so wichtig. Er benutzt die kühnste Kombination des Wortmaterials als Reiz und Choc, als Stilmittel. Es gibt, wie wir sahen, von Zeit zu Zeit auch rhetorische Vernichtungsschläge. Aber es ist immer wieder dieselbe Technik, mit der er arbeitet. Wenn man Heine viel liest – hier denke ich vor allem an das sehr geräumige Prosawerk –, glaubt man alles mit geringer Variation schon einmal gelesen zu haben. Er schreibt sich nicht ab, aber *seine Laune hat selbst eine verblüffende Gesetzmä-*

---

* Trotzdem sollte der historische Abstand, der durch die zentralen, aus dem 18. Jahrhundert stammenden Strukturelemente Herz und Witz gesetzt wird, nicht verwischt werden. Wilfried *Maier* sieht in Heines Sinn für Allegorie, Maske, Kostüm usw. das Verlassen »einer wesentlichen Position der Aufklärung« (Leben, Tat und Reflexion, Untersuchungen zu Heines Ästhetik, Bonn 1969, S. 118), weil er die heute übliche Vorstellung vom modernen Heine begründen will: »Heines neue Einsicht besteht darin, daß es kein unter den Masken verborgenes Wesen des Menschen gibt. Das Kostüm begründet vielmehr die menschliche Individualität; wollte man von ihm absehen, so bliebe statt des konkreten Menschen nichts als ein Abstraktum« (S. 117). Das erinnert an die Radikalität Bennscher Thesen; aber ich kann hinter solchen und ähnlichen Formulierungen der neueren deutschen Forschung das Bild des Gesellschaftsdichters Heine nicht mehr erkennen.

ßigkeit. Wie soll er also schon »impressionistisch« gewesen sein? Er besitzt, so paradox es klingen mag, Haltung, Charakter. Darauf beruht auch die Möglichkeit der Übertragung, der Nachahmung, die Karl Kraus so sehr bedauert. Aber war es bei Klopstock, bei Wieland, bei Schiller, ja noch bei Jean Paul anders? Die Rhetoriktradition verleiht diesen Dichtern, auch wenn sie schon den hohen und niederen Stil kombinieren, eine viel einheitlichere Stilhaltung, als sie Goethe, Brentano und Mörike besaßen. Heines Verwurzelung in der Rhetoriktradition ist der historische Grund für das Ergebnis, zu dem Barker Fairley auf Grund einer streng empirischen Untersuchung von Heines Bildlichkeit fast wider Willen gelangt: »Design, continuity, structure, a coherent view or vision – all this seems to be as remote from Heine as from any author we can think of. Yet the images we have assembled compel us to revise this judgement. They may not be present all the time; they come and they go. But they are never out of sight for long and they undoubtedly hang together as a group, with the theatre image more or less in the middle... there is a certain order in Heine« [77]. Dies gilt nicht nur für die Bildlichkeit und nicht nur für Heines Wortkunst.

Heine und die westeuropäische Romantik

Und wie kommt es nun, daß der Dichter – scheinbar im Widerspruch zu meiner Deutung – im *Atta Troll* das »letzte freie Waldlied der Romantik« zu singen meint und sich auch sonst, gerade in seiner Spätzeit, als Ende der Romantik versteht? Hier ist daran zu erinnern, daß sich die deutsche Germanistik – wahrscheinlich erst seit der Neuromantik – dadurch von den Philologien der anderen Nationen und auch von den Nachbarkünsten entfernte, daß sie an die Stelle der Märzrevolution Goethes Tod setzte und, als dies gar zu töricht erschien, die Juli-Revolution, die einen viel kleineren Einschnitt bildet. Für die realistischen Programmatiker von 1848 ff. gehören alle Dichter des Vormärz zur Romantik; es gibt, nach ihrer und meiner Meinung, vorher nur Ansätze zum Realismus. Bei dem Wahlfranzosen Heine liegt die *Einordnung in die französische Romantik* besonders nahe; denn diese oder wenigstens ihre zweite liberale Phase entstand ja ungefähr gleichzeitig mit seiner Entscheidung für Frankreich. Heines Aufnahme bei den Franzosen wurde erleichtert durch das Interesse für die deutsche Romantik, das damals in Paris sehr intensiv war. Man darf sogar von einem Interesse für die »Goethezeit« sprechen; denn im Mittelpunkt des Denkens stand nicht die frühromantische Natur- oder Universalpoesie, sondern die *Stilmischung,* und dafür boten auch Schiller und Goethe moderne Vorbilder (vgl. Victor Hugos berühmte Vorrede zum *Cromwell*). Das zentrale Heine-Problem (s. o.) war demnach auch für die französischen Romantiker außerordentlich wichtig, und wie diese wurde er befeindet [78].

Heines Verhältnis zum Théâtre Français ist wenig freundlich, obwohl er Victor Hugo für ein Genie hält. Er überträgt seine Abneigung gegen den Klassizismus auf das halb und halb romantisierte Staatstheater, und wahrscheinlich meint er damit die ganze Gattung der Tragödie, in der er verunglückt war (s. u.). Er lehnt das alte Theater, trotz des Respekts für Corneille und Racine, ganz derb mit sozialgeschichtlicher Begründung ab: »Heute herrscht die Bourgeoisie, die Helden des Paul de

Kock [das ist Nestroys Hauptquelle!] und des Eugène Scribe.« »Daß man auf diesem klassischen Boden manchmal der modernen Romantik ihre tollen Spiele erlaubt... das ist am unerträglichsten.« Die heutigen Tragödiendichter »schleppen immer noch ein Stück der alten klassischen Kette mit sich herum«. Er wirft dem Théâtre Français sogar »Zwitterstil und eine Geschmacksanarchie« vor und, noch schlimmer, »das Natürlichkeitssystem, den Ifflandianismus«, der in Deutschland von Weimar aus besiegt wurde. Wir glauben ein klassizistisches Lehrbuch vor uns zu haben: »Die wahre Tragödie... fordert Rhythmus der Sprache und eine von dem Gesellschaftston verschiedene Deklamation«: »Denn das Theater ist eine andere Welt« (E IV, S. 522 f.). Will er die Gymnasiallehrer, die Gehilfen Platens in Deutschland, für sich gewinnen, seine rhetorische Bildung nachweisen? Spürt er schon den um 1835 mächtig einsetzenden neuen klassizistischen Trend (vgl. Bd. I, S. 251–256)? Jedenfalls dürfen uns solche Stellen in den Briefen *Über die französische Bühne,* die er für die zahme *Europa* August Lewalds schrieb (Mai 1837, vgl. E IV, S. 489), nicht davon abhalten, anzunehmen, *daß ihn Victor Hugos Programm in seiner »Fusion von Humor und Pathos« bestärkte* [79]; denn der Widerspruch ist Heines wichtigstes Strukturmerkmal. Abgesehen von dem offiziellen Pariser Theater und von der französischen Akademie, den Resten des alten Frankreichs also, orientiert er sich mit Selbstverständlichkeit an der französischen Kultur. In der nicht ganz unfreundlichen Raupach-Charakteristik derselben Theaterbriefe vermißt er »den guten Ton der Unterhaltung, die wahre, leichte Gesellschaftssprache« der Franzosen. »Ich bin [in Frankreich] so sehr verwöhnt« (E IV, S. 493). Er schaltet auf sein pejoratives Klischee »germanisch« um, um Raupachs begrenzte Gesellschaftlichkeit verständlich zu machen. Gerade in dieser Publikation tritt die Idee der Nationalcharaktere stark hervor; *hier* lehnt er auch die Vorstellung ab, die Deutschen hätten keinen Sinn für das Komische (s. o.)

Übrigens verhindert Heines verbale Anerkennung des Genies *Victor Hugo* die Kritik an dessen historischen Stoffen und an seinem Naturalismus keineswegs: »Er [Hugo] leidet an Tod und Häßlichkeit«, ihm fehlt die »poetische Verklärung« (E V, S. 480). Man glaubt in seinen Werturteilen öfters die gleichzeitige Heinekritik zu lesen, was jedoch nichts weiter besagt, als daß seinen Urteilen der systematische Hintergrund fehlte. Gutzkow, als Dichter tief unter ihm stehend, darf sich als Kritiker eher mit Lessing vergleichen. Man kann sich beispielsweise nicht vorstellen, daß Heine, wie dieser, Büchner entdeckt hätte, – der ja Hugo übersetzt und von dessen naturalistischen Tendenzen ein wenig profitiert haben mag. Interessant erscheint, daß Heine Alexander Dumas, unter Berufung auf Shakespeare und Goethe, scharf gegen den *stofflichen* Originalitätsbegriff verteidigt (E IV, S. 527). Er hätte in diesem Zusammenhang auch Wieland nennen können. Er verteidigt damit sein eigenes Schöpfen aus zahllosen Quellen, z. B. in den Balladen, im *Atta Troll,* im Faustplan, und er belegt auch damit seine Verwurzelung in der älteren Tradition.

Daß Heine von *Byron* mehr gelernt hat, als er bei seinem Selbstbewußtsein zugeben kann [80], leuchtet ein. Die aus dem Weltschmerz hervorgegangene und damit immer auch die Welt im ganzen treffende Aggressivität verbindet die beiden Dichter. In stilgeschichtlicher Hinsicht ist die Verwandtschaft, so viel ich sehe, nicht geringfügig; vergleichende Interpretationen wären geeignet, Heines Stellung inmitten des europäischen Byronismus exakter zu bestimmen. *Scott* imponiert ihm, wie dies fast alle einigermaßen guten und zugleich erfolgreichen Schriftsteller tun, obwohl er ihn wegen seines kritischen Napoleon-Buches hart beschimpft. Er preist den Romancier sogar hyperbolisch: »Durch ihn hat jetzt Britanniens größter Dichter seinen Lorbeer verloren« (E III, S. 448). Interessant ist auch, daß er den englischen Romantiker William *Hazlitt* als »einzigen bedeutenden Kommentator Shakespeares« und als eine »Mischung von Diderot und Börne« überschwenglich feiert, – auf Kosten des »flachen Empirismus und noch kläglicheren Materialismus« der Gelehrten (E V, S. 381 f.). Auch bei Hazlitt, dem großen Essayisten, bietet sich eine vergleichende Interpretation an. Die Äußerungen über die westeuropäische Romantik sind nicht immer freundlich. Die französischen Romantiker scheinen ihm mehr und mehr auf die Nerven gegangen zu sein: »Wie in ihren politischen Umwälzungsversuchen, sind die Franzosen selten ganz ehrlich in ihren litterärischen Revolutionen; wie dort, so auch hier, preisen und feiern sie irgend einen Helden, nicht ob seinem wahren inwohnenden Werte, sondern wegen des momentanen Vorteils, den ihre Sache durch solche Anpreisung und Feier gewinnen kann; und so geschieht es, daß sie heute emporrühmen, was sie morgen wieder herabwürdigen müssen, und umgekehrt.« Entsprechend zweifelt er, ob die französische Sha-kespeare-Anbetung »ein richtiges Verständnis« in sich schließt (E V, S. 478). Heines Abneigung ge-gen die »Parteisucht« (s. o.) und sein Genieglaube stehen hinter diesem Urteil, – nach einem Jahr-zehnt französischer Romantik (1838).

Die Stimmen mehren sich, die Heines Selbsteinordnung in die Romantik ernst nehmen. Zum mindesten spricht man von einer »Vermittlung zwischen den Poetiken der Aufklä-rung und der Romantik«, von einem »sensualistischen Spiritualismus« [81] oder von ei-nem »romantischen Aufklärer« [82]. Man weist auch immer häufiger darauf hin, daß *Die romantische Schule* kein Pamphlet ist wie die verschiedenen Kritiken Platens und *Ludwig Börne*, sondern auch viel Lob enthält. So heißt es z.B. von Achim von Arnim, er sei ein »großer Dichter« und verdiene »unbedingteste Anerkennung« (E V, S. 317). Heine spricht von Tiecks »großer Lyrik« (E V, S. 334), die die meisten von uns gar nicht kennen, die aber von der Heineforschung beachtet werden sollte. Den erfolgreichen *Vierundzwanzigsten Februar* Zacharias Werners rechnet er »zu den kostbarsten Erzeug-nissen unserer dramatischen Litteratur« (E V, S. 335). Fouqué ist ihm interessant, weil er der einzige im Volke gelesene Romantiker ist (E V, S. 336). Tieck ist »der beste Novellist in Deutschland« (E V, S. 285). Bemerkenswert erscheint die Behauptung: »Hoffmann gehört nicht zu der romantischen Schule«, weil er »mit den Schlegeln« nichts zu tun hat (E V, S. 301). Und (sehr wichtig): »Hoffmann war als Dichter viel bedeutender als Nova-lis«; er bedauert den Niedergang des Hoffmannschen Ruhmes in Deutschland. Zitiert sei schon die scharfe Hegel-Kritik, weil wir Heine noch von den Hegelianern abzugrenzen haben: »Während unsere früheren Philosophen arm und entsagend in kümmerlichen Dachstübchen hockten und ihre Systeme ausgrübelten, stecken unsere jetzigen Philoso-phen in der brillanten Livree der Macht, sie wurden Staatsphilosophen, nämlich sie er-sannen philosophische Rechtfertigungen aller Interessen des Staates, worin sie sich ange-stellt befanden. Z.B. Hegel, Professor in dem protestantischen Berlin.« Solche Professo-ren, die Thron und Altar rechtfertigen, nennt er gleich darauf »Jesuiten« (E V, S. 299). Einen der Höhepunkte der deutschen Literatur findet Heine im *Westöstlichen Divan,* der gewiß zu seinen wichtigsten Anknüpfungspunkten gehört; denn dieser Zyklus ist auf weiten Strecken allegorisch, parabolisch, didaktisch und polemisch, ein Musterbeispiel der Stilmischung: »Unbeschreiblich ist der Zauber dieses Buches« heißt es in einer großen Lobrede (E V, S. 262 f.). Hohes Lob erhalten auch die satirischen Komödien Tiecks, er kennt bezeichnenderweise ihr Vorbild: »die buntscheckig bizarren, venezianisch phanta-stischen Märchenkomödien des Gozzi« (E V, S. 283). Zu sehr scharfer Kritik greift er in der *Romantischen Schule* eigentlich nur da, wo die »deutsche Tollheit« Orgien feiert (E V, S. 236) und wo die Romantik im Dienst der Restauration steht: »Als man ... entdeck-te, daß eine Propaganda von Pfaffen und Junkern [!], die sich gegen die religiöse und poli-tische Freiheit Europas verschworen, die Hand im Spiele hatte, daß es eigentlich der Je-suitismus war, welcher mit den süßen Tönen der Romantik die deutsche Jugend so ver-derblich zu verlocken wußte wie einst der fabelhafte Rattenfänger die Kinder von Ha-meln: da entstand großer Unmut und auflodernder Zorn unter den Freunden der Geistes-freiheit und des Protestantismus in Deutschland« (E V, S. 240). Rechnet Heine sich zu ei-ner Romantik ohne »Pfaffen und Junker«? Von der *europäischen* Romantik aus gesehen, liegt es nahe, so zu fragen. Grundsätzlich ist die vielen deutschen Germanisten unpassend erscheinende Frage klar zu bejahen: *Heine, den die Aufklärung prägte und der dieser wie die meisten europäischen Romantiker Treue bewahrte, bekennt sich zu einer Romantik ohne Pfaffen und Junker,* und zwar schon in seinem frühen Aufsatz *Die Romantik* (1820): »Christentum und Rittertum waren nur Mittel, um der Romantik Eingang zu verschaffen ... und deshalb soll auch die deutsche Muse wieder [!] ein freies, blühendes, unaffektiertes, ehrlich deutsches Mädchen sein und kein schmachtendes Nönnchen und kein ahnenstolzes Ritterfräulein« (E VII, S. 151). Er meint ganz offensichtlich die *alte* Romantik, die in der Reformation vom kirchlichen Zwang befreit wurde, deren Träger zum Teil das Bürgertum der Reichsstädte war und die als höchste Blüte erst spät die für ihn vorbildlichen Dichter Shakespeare und Cervantes hervorbrachte. Kurz vorher führt er diese Romantik auf das Christentum zurück, dessen »beseligende Idee« jedoch allein die »Liebe« sein soll. Heine bekennt sich zu dem damals allgemein herrschenden Romantikbegriff im Sinn des französischen Streites zwischen den Antiken und den Modernen (vgl. Bd. I, S. 243). Diese Romantik ist nicht die Mörderin der Aufklärung, sondern mit ihr vielfältig verflochten.

Wenn Heine im gleichen Romantik-Aufsatz sich für die plastische (= klassische) Poesie interessiert, dann nur deshalb, weil er von Anfang an »klare« Bilder fordert und von dem Streit zwischen »Romantikern und Plastikern« nicht viel hält (E VII, S. 150 f.), – wie dies um 1820 allgemein üblich wird. Uns erscheint es vielleicht gesucht und hochmütig, wenn er über sein polemisches Epos *Deutschland* schreibt: »Es ist politischromantisch und wird der prosaischbombastischen Tendenzpoesie hoffentlich den Todesstoß geben« (an Campe 17. 4. 1844). Er denkt an die kunstvollen Einkleidungsformen (Barbarossa-Mythos, Hammonia-Emblem usw.), an die Vermeidung des bloß pathetischen Trompetens. Aber der Begriff romantisch in diesem Zitat hat seinen guten Sinn: *Sein ganzes Selbstbewußtsein hängt wieder daran, daß er »Poesie« produziert.* Deshalb greift er im *Atta Troll* sogar auf die antike und mittelalterliche Form des Tierepos zurück. Goethes *Reineke Fuchs* bestätigte ihm höchstens die Unverwüstlichkeit der alten Gattung. Er übertreibt jetzt den Kampf, den er gegen die Romantik führte, und will nicht nur Ende, sondern auch Anfang sein*. Diese beanspruchte Pionierfunktion sprachen ihm die Reali-

---

* »Trotz meiner exterminatorischen Feldzüge gegen die Romantik blieb ich doch selbst immer [!] ein Romantiker, und ich war es in einem höhern Grade, als ich selbst ahnte. Nachdem ich dem Sinne für romantische Poesie in Deutschland die tödlichsten Schläge beigebracht, beschlich mich selbst wieder eine unendliche Sehnsucht nach der blauen Blume im Traumlande der Romantik, und ich ergriff die bezauberte Laute und sang ein Lied, worin ich mich allen holdseligen Übertreibungen, aller Mondscheintrunkenheit, allem blühenden Nachtigallenwahnsinn der einst so geliebten Weise hingab. Ich weiß, es war ›das letzte freie Waldlied der Romantik‹, und ich bin ihr letzter Dichter: mit mir ist die alte lyrische Schule der Deutschen geschlossen, während zugleich die neue Schule, die moderne deutsche Lyrik, von mir eröffnet ward ... ich darf mit gutem Fuge sagen, daß ich in der Geschichte der deutschen Romantik eine große Erwähnung verdiene« (E VI, S. 19). Es fällt auf, daß er *Atta Troll* hervorhebt – dort steht das Zitat vom letzten Waldlied – nicht *Deutschland,* das mehr »Parteisucht« verrät! An dieser Stelle noch ein Hinweis auf drei der *seltenen Bemühungen, Heines Verwurzelung in der »alten Romantik«, die geschichtliche Tiefe, die er beansprucht, nun auch tatsächlich auszuloten:* Siegbert S. *Prawer,* Heines Shakespeare, a Study in Contexts, Oxford 1970. Vittorio *Santoli,* Der Neubarock Heinrich Heines, in: V. S., Philologie und Kritik, Forschun-

ten ab, während sie das 20. Jahrhundert weithin bejahte. Beide haben vielleicht recht, weil Heine nur als Brückenschlag zwischen *vor*- und *nach*realistischen Tendenzen in die Zukunft wirkte. *Jedenfalls verkennt man völlig den weiten Horizont der damaligen Dichter, wenn man Heine in unsere engen, modernen, geschichtsphilososphisch un-durchdachten Begriffe von Novalis-Romantik und »poetischem Realismus« hineinpres-sen will.* Heine will das Schlußlicht in der Reihe Walther von der Vogelweide (E VII, .104), Dante, Ariost, Cervantes, Luther, Shakespeare, Voltaire, Lessing, Goethe sein: Das tausendjährige Reich der Romantik hat ein Ende, und ich selbst war sein letzter und abgedankter Fabelkönig« (an Varnhagen 3. 1. 1846). König! So ist auch das oft mißver-standene Wort vom »letzten Waldlied der Romantik« in *Atta Troll* zu verstehen. Er sieht sich als vollwertiger Erbe, nicht als Epigone! Und hinzuzudenken ist ein Wort, das er über den Sozialisten Louis Blanc geschrieben hat, über das vielleicht die künftigen Heinefor-scher nachdenken sollten: »Er ist ein Mann, der eine große Zukunft hat, denn er begreift die Vergangenheit«[83]

Heine und die Biedermeierzeit

Das vielbehandelte Thema[84] Goethe und Heine streife ich nur kurz. Über Heines frühe Goethe-Polemik sollte man sich nicht wundern. Jeder erfolgreiche Dichter in Deutschland war dem jungen ehrgeizigen Genie ägerlich. Die Ablehnung des Alten von Weimar ist auch ein Teil seiner Goethe-Imitation (vgl. Goethes *Götter, Helden und Wie-land*). Bemerkenswert und ungewöhnlich ist seine Aufmerksamkeit auf den von vielen Zeitgenossen verachteten *alten* Goethe, worauf schon Hans Kaufmann hingewiesen hat[85]. *Er erkannte richtig, daß der alte Goethe kräftige Zeitsatire betreibt, wie er sie schon in seinen besten Jahren betrieben hatte (Xenien)* und er fand sich dadurch gewiß in einer eignen Neigung bestärkt. Den 3. Teil der *Reisebilder* beginnt er mit einem antipfäf-schen Zitat, – aus dem *Buch des Unmuts (Divan)*. Auch in seiner Deutschlandverach-ung konnte ihn Goethe bestärken; denn dieser litt, wie Heine, tief unter der teutsch-hristlichen Kritik. Menzels Angriffe auf Goethe sind nur die Spitze eines Eisberges. Heine stimmte Menzels Kritik zunächst zu. Später lehnte er diese, wie die Börnes, als sub-alternes Gezänke der Unbegabten ab. Interessant ist es, daß er in der *Romantischen Schule* Goethes Indifferentismus aus seinem Pantheismus ableitet und, mit Berufung auf die hierarchischen Saint-Simonisten, eine Offenbarung in verschiedenen Stufen lehrt (E V, S. 253), also sich an den katholischen Gradualismus anschließt. Das paßt zu Heines Geniebegriff und zu seiner Vorliebe für einen Leistungsaristokratismus. Lustig erscheint, daß er zunächst sogar an Goethes Obszönitäten im Helenaspiel Anstoß nimmt. Später rechtfertigte er seine kühnen Erotica unter ausdrücklicher Berufung auf Goethe. Es ist si-her richtig, daß Heine nie aufhörte, mit dem Gedanken zu spielen, er sei Goethes Fort-

en und Aufsätze, Bern und München 1971, S. 133–151. Manfred *Windfuhr,* Heine und der Petrar-ismus, in: Jb. der dt. Schillerges. Bd. 10 (1966), S. 266–285. Windfuhrs Aufsatz auch in: Heinrich Heine, Wege der Forschung, Darmstadt 1975, S. 207–231.

setzer und *wahrer* Erbe (H. Spencer, s. Anm. 83); denn gegenüber dem, was er für Goethe-Epigonentum hielt, war er übermäßig empfindlich. Deshalb ist bei ihm ein ernsthafter Respekt für Dichter wie Mörike, Grillparzer, Stifer ganz undenkbar. Diese Intoleranz erscheint bei konkurrierenden Zeitgenossen leicht verständlich, weniger bei heutiger Heinejüngern. Was ihn an Goethe anzieht, ist vor allem dessen Verständnis für das Sinnliche. Heine erkennt es auch im *Westöstlichen Divan,* obwohl es dort in ziemlich abstrakter Altersform erscheint; eben diese Mittelbarkeit muß er als modern erkannt und geschätzt haben. Schon in den *Reisebildern* III, in Italien, vor der Absage aus München nennt er sich einen »hitzigen Goethianer«; aber er spottet über Eckermann, mit dem er nicht verwechselt werden will (E III, S. 265). Es ist klar, daß sich Heine vor allem für die »romantischen« Dichtungen Goethes, d. h. für solche mit Stilmischung *(Faust, Divan, Wanderjahre)* interessiert. Die klassischen Dichtungen erwähnt er kaum. In einer Beschreibung der »Hellenen«, die auch Goethe einbezieht, gibt er diesem die Beiworte »lebensheiter«, »entfaltungsstolz« und »realistisch« (E VII, S. 24). Alle drei Eigenschaften sind bei Heine unterentwickelt. Trotzdem begriff die Heineforschung erst nach langer Zeit, daß der von Heine erhobene Anspruch, Goethes eigentlicher Erbe zu sein, in die Irre führt. Ein Beweis dafür, wie wenig man Heines rhetorische Hyperbolik und die dem Berufsschriftsteller naheliegende Werbung für sich selbst, seine Imagepflege (Michael Werner) erkannte. Bei der Einordnung in die Biedermeierzeit – das heißt nicht ins Biedermeier* – verliert er an Goethe-Nähe, aber sein Bild wird klarer, schärfer und damit auch menschlicher. Er wäre der erste, der über seine übereifrigen heutigen Jünger spottete (vgl. o.: Eckermann).

Die heutige Heine-Renaissance ist auf weiten Strecken durch einen wissenschaftlichen Rückschritt gekennzeichnet. Man vergißt alles das, was die historische und literarhistorische Forschung im ersten Drittel unseres Jahrhunderts zur Erkenntnis Metternichs und des von Metternich geprägten Mitteleuropa beigetragen hat und greift ganz schlicht auf das parteiische Klischeebild der Metternich-Zeit zurück, das nach 1848 als Antithese natürlich war, jetzt aber als epigonenhaft und als modische Publizistik einzustufen ist. Heine war in der Biedermeierzeit für die Literaturkritik aller Richtungen ein ernstes Problem, wegen seines elegant-brutalen Kampfstils, wegen seiner ehrgeizigen Eigenwilligkeit und seiner enormen taktischen Schwankungen; aber die folgende Zusammenfassung der frühen Heinekritik gibt ein ganz schiefes Bild: »Und somit ergibt sich immer wieder die scheinbar ›schlüssige‹ Beweiskette von heineanisch gleich formlos, undeutsch, liberal, wurzellos oberflächlich, rationalistisch, witzelnd, gemütlos, saint-simonistisch, unsittlich, französelnd, semitisch und unecht, von der wir ausgegangen waren. Wie eng und konservativ muß die Gesellschaft

---

* Mit Hilfe eines Taschenspielerkniffs wirft mir Jost *Hermand,* wider besseres Wissen, diesen Unsinn vor, er deutet überdies an, er selbst habe die Spannung zwischen den konservativen und liberalen Strömungen der Epoche zuerst hervorgehoben (Streitobjekt Heine, ein Forschungsbericht 1945–75, Frankfurt/M. 1975, S. 158 f.). Man vergleiche zu diesem Anspruch nur den folgenden Satz: »Die Restaurationsepoche... ist nicht nur die Zeit zwischen Romantik und Realismus; der übliche chronologische Mechanismus führt hier, wie wohl auch in anderen Epochen, zu einem falschen Bild. Sie greift auf der einen Seite weit hinter die Goethezeit zurück, weist andererseits, im Zuge der nie überwundenen untergründigen Restauration, über den Realismus hinweg in die neue mythologische Epoche Europas voraus. Sie ist, wie auch die in der Restaurationsepoche wurzelnden, auf einander zu beziehenden Antipoden Marx und Kierkegaard verraten, ein weltgeschichtliches Spannungsfeld erster Ordnung« (Friedrich *Sengle,* Voraussetzungen und Erscheinungsformen der deutschen Restaurationsliteratur, in: DVjs Bd. 30, 1956, S. 294).

gewesen sein, die solche Urteile gefällt hat! Man könnte es sich leicht machen und diesen ›Rufmord‹ der Zensur in die Schuhe schieben... Doch die Angst vor der Obrigkeit sollte nicht das letzte Kriterium in solchen Fragen sein. Schließlich hat es Heine ja auch verstanden, trotz aller äußeren Schwierigkeiten wenigstens einen Teil seiner politischen, sozialen und antiklerikalen Wahrheiten an den Mann zu bringen. Daß man ihm selbst diesen Schneid als bloße Sensationslust ausgelegt hat, ist geradezu schnöde. Wie leicht machen es sich doch immer wieder jene, die alles vom sicheren Hafen des Status quo aus beurteilen...« [86]. Was in dieser Beschreibung fehlt, ist vor allem der Respekt vor Heines Begabung, der, im Gegensatz zur Kritik der späteren Goetheaner und konservativen Revolutionäre, *vor 1848 fast allgemein ist,* auch bei den Dichtern des Biedermeiers, so bei Mörike, der den Dichter hoch schätzt und nur mit dem Individuum Heine nichts zu tun haben will. Zu bedenken ist auch, daß Heine *ein großes Gefolge hatte,* weil *seine rhetorische Manier zur Nachahmung reizte.* Stifter bezieht sich direkt auf den österreichischen Heineaner Heinrich Ritter von Levitschnigg (*Gedichte,* Wien 1842), der in seinen Gedichten beispielsweise einer verarmten vornehmen Dame den Rat gibt, sich zu verkaufen, damit sie wieder zu Wohlstand kommt *(Cythere)* oder der sich von Uhland lossagt, den er früher verehrte, und ihn auffordert, endlich zu verstummen, weil er durch »wundertönige« Gesänge »Deutschlands Jugend um den Preis betriegt« (*An Uhland*). Dazu Stifter: »Beide [Heine und Levitschnigg] haben Schönes und beide sind in ihren Fehlern gefährliche Muster« [87]. Dieses einerseits/andrerseits ist durchaus typisch für die *frühe* Heinekritik. Selbstverständlich ist auch, daß Stifter, der entschlossen von der Rhetorik abrückte, und damit *literarisch* progressiver war, Heines Virtuosentum nicht schätzt; ihm mißfällt der »Prunk seines Talentes« [88]. Daß der von Heine schlau zum Inbegriff der »Schwäbischen Schule« gemachte drittrangige Württemberger Gustav Pfizer kein neutraler Heinekritiker ist, darf nicht wunder nehmen. Er spielt das akademische Kriterium des ganz gemeinen Wortschatzes gegen Heine aus; aber er anerkennt Heines Begabung für die Neuprägung von Wörtern (Zitate vgl. Bd. I, S. 437 f., 462 f.). Da heute meistens mit herausgerissenen Einzelzitaten das zum Beleg der »deutschen Misere« erforderliche üble Heinebild montiert wird, betrachten wir etwas ausführlicher die Heine-Beurteilung, die man in einer Schrift des bayerischen Schwaben und relativ selbständigen Schellingianers Melchior Meyr (vgl. Bd. II, S. 720 f.) findet (*Ueber die poetischen Richtungen unserer Zeit,* Erlangen 1838)*. 32 Seiten des kleinen Buches sind dem Lyriker und vor allem dem Dichter der *Reisebilder* gewidmet, und diese Bevorzugung wird damit begründet, daß unter den Dichtern, die nach der Klassik und Romantik »wieder [!]... aus dem frischen Quell der Natur zu schöpfen« begannen, Heine »einer der ersten und bedeutendsten« ist: »Begabt mit einem glücklichen Sinn, das Süße und Große in Natur und Leben poetisch zu empfinden, das Lächerliche und Erbärmliche in seiner Nacktheit zu schauen, und beides mit Herz und Muth [!] kurz und richtig [!] darzustellen, hat er Erquickendes, Anregendes und Erheiterndes in mannichfacher Weise geliefert. In den Reisebildern... treffen wir ächte, farbige Naturgemälde, der hellen und heitern, magisch-dämmerhaften, schauerlichen und grotesken Art, wir treffen erhebende Phantasien und Bilder, und viel frischen, aus der Seele gequollenen [!] Witz über lächerliche Gegenstände und Personnagen. Dieses alles ist von Andern schon genugsam erkannt und hervorgehoben worden [!]« (S. 27 f.). Dieser Eingang ist typisch für die frühe Heinekritik. Um überhaupt Gehör zu finden, muß man zunächst den Rang des Dichters anerkennen. Bezeichnend ist dabei, daß die verschiedenen Stilebenen, die die realistischen Programmatiker später rigoros tadelten, *volle Anerkennung* finden, einschließlich der schauerlichen, grotesken, witzigen und »erhebenden«. Im Anschluß an dies Lob erst setzt die idealistische Kritik ein. Auch ein »wahrer Dichter« »bei schönen poetischen Anlagen« kann zu »Mängeln, Albernheiten und groben Unziemlichkeiten [durch] ein eckles und eitles Gemüth verführt werden«: »Heines Gedichte haben zu wenig »allgemeine Bedeutung« und sie führen nicht »in immer höhere und reinere Regionen«. Sie erinnern an die »riens« und Spielereien des Rokoko: »Eine Masse seiner Gedichte stellt blos individuelle Zustände dar,

---

* Abgedruckt in der Hanser-Ausgabe, Bd. II, S. 918–931. Diese Ausgabe enthält überhaupt eine große Zahl von Rezeptionsdokumenten, die es dem Leser ermöglichen, sich ein *selbständiges* Urteil über das Thema Heine und das monarchische Deutschland zu erarbeiten.

ohne irgend einen allgemein werthen Gedanken [!], der sie auch dem Leser interessant machen könnte; es sind Empfindungen und Erlebnisse ganz gewöhnlicher Art [!], die uns nichts angehen und nichts sagen. Die meisten und auffallendsten dieser nichtigen Liedlein finden sich im ›Neuen Frühling‹. Hier ist in der That eine Gedankenlosigkeit und Spielerei wahrzunehmen, der sich auch der dickste Haarzopf nicht zu schämen hätte« (S. 29). »Zopf« ist die übliche Bezeichnung für das ancien régime. Der gestrenge »*Geist der Wahrheit*« (S. 28), dem der schellingianische Dr. phil. huldigt, macht ihm die Verherrlichung des schönen Scheins, zu dem Heine in seiner mittleren Zeit neigt, höchst verdächtig. Er denkt z. B. an *Neuer Frühling* 20:

> Die Rose duftet – doch ob sie empfindet
> Das was sie duftet, ob die Nachtigall
> Selbst fühlt, was sich durch unsre Seele windet,
> Bei ihres Liedes süßem Widerhall; –
>
> Ich weiß es nicht. Doch macht uns gar verdrießlich
> Die Wahrheit oft! Und Ros' und Nachtigall,
> Erlögen sie auch das Gefühl, ersprießlich
> Wär' solche Lüge, wie in manchem Fall –

Solche Gedichte gehören nicht zu den Liedern Heines, die nach Meyr »durch einfachen, natürlichen, volksliederartigen Ausdruck und treffende Gemälde zu den besten gehören, die in neuerer Zeit ans Licht getreten sind« (S. 28). Auch den Petrarkismus, das ewige Drohen mit Sterben und Totschießen, nimmt er dem Dichter, in ähnlichen Worten wie Mörike (vgl. u. S. 703 ff.), nicht ab: »Am verdrießlichsten ist auch in der Prosa das ewige Kokettiren mit Herzenszerrissenheit, mit unendlichem Weh; worauf denn immer wieder karikirte Wendungen folgen« (S. 32). Die Stimmungsbrüche werden nicht als Zwiespalt, sondern als Zeichen einer nicht ganz wahren Empfindung gedeutet. Ebenso kreidet Meyr dem Dichter nicht seine politische Begeisterung oder Gesinnung, sondern sein »bloß poetisches Verhältniß zur Welt der Politik« an (S. 34). Es folgen zwei Zitate; im ersten bekennt sich Heine als »Anhänger des Königthums«, im andern feiert er die Bauernkriege des 16. Jahrhunderts als Vorläufer des Sozialismus. Wir wissen: der Widerspruch ist durch Heines Ideal eines Volkskönigtums aufzulösen. Aber Meyr meint: »Diese Widersprüche könnte ein Kind widerlegen« (S. 35). Heines »Freiheitsreligion« erkennt der Schellingianer selbstverständlich als Trugbild; ihm ist das Christentum kein »hohles, ausgestorbenes Seelengespenst« (S. 36 f.). Besonders empört er sich über die bei Heine öfters vorkommende sozialistische Interpretation Christi, die Reihe der »heiligsten Freiheitshelden ... König Aegis [Agis] von Sparta, Cajus und Tiberius Gracchus von Rom, Jesus von Jerusalem, und Robespierre und St. Just von Paris« (Heine) (S. 37 f.). Meyr bemerkt richtig, daß auch Napoleon sakralisiert und Helena zum »heiligen Grab« gemacht wird, daß überhaupt alle Heiligen Heines mit Christus verglichen werden, daß er also »doch ein gewisses unbestimmtes Gefühl seiner göttlichen Hoheit nicht von sich abweisen kann« (S. 38 f.). Aber die Laune, der Okkasionalismus Heines ist dem Schellingianer verständlicherweise ganz unbegreiflich, so wenn dieser etwa sagt: »Ich glaube *zuweilen* an Auferstehung« (S. 41): »Das ist in der That sein eigentliches Wesen, bald an dieses, bald an jenes zu glauben, je nachdem es ihn ankommt, bald dieses bald jenes zu loben oder zu tadeln, je nachdem damit Effect zu machen ist« (S. 41). Meyr gibt diese Interpretation zehn Jahre vor Heines theistischer Wende! Richtig ist auch die Kritik von Heines übersteigertem Selbstbewußtsein als Heros und Geistesgigant: »Der wahre geistige Titane handelt als solcher, und läßt sich dann höchstens von andern Leuten so nennen« (S. 43). Das ist ein Urteil ganz im Geiste Stifters, übrigens ein modernes Prinzip! Meyr zitiert eine Apostrophe Heines, in der der Dichter beansprucht, Natur, die »stumme Jungfrau«, zu verstehen. Das nimmt ihm der Schüler des Naturphilosophen Schelling nicht ab: »Dergleichen Anrufungen, so tiefdichterisch sie manchem Leichtgläubigen vorkommen mögen, bezeugen nur, daß der Poet, ohne klares Gefühl und wahre Erkenntniß der Natur [!], sich durch ein Hineinphantasieren [!] in ein näheres Verhältniß zu ihr setzen möchte, wie es ihm als *bloßem* Poeten nicht gegönnt ist« (S. 44). Der Hauptgrund für Meyrs Kritik ist, wie der Schluß zeigt, die *Führungsstellung*, die dem Poeten von seinen Anhängern zugewiesen wird. Als

»philosophisch-moralischer Reformator«, sagt Meyr, wird er »den ehrwürdigsten religiösen und philosophischen Häuptern an die Seite gestellt« (S. 48 f.). War er nicht mit Recht über diesen Heinekult verärgert? Hier erscheint dieselbe Grenze, die die Junghegelianer, z. B. Arnold Ruge, im Namen der Philosophie, zwischen sich und dem Künstler Heine ziehen und die wohl auch heute wieder, angesichts naiver Identifikation mit einem großen, aber *ideologisch naiven und daher schwankenden Künstler,* gezogen werden muß. Wie dem auch sei: die Auseinandersetzung Meyrs mit Heine ist ernsthaft, tiefgründig und kann nicht als »Rufmord« (s. o.) abgekanzelt werden. Auch wiederholt der Kritiker zum Schluß ausdrücklich seinen Respekt vor Heines künstlerischem Niveau: »Bleiben wir aber immer gerecht, und bedenken und bekennen wir, daß *Heine* bei alle dem gegen die langweilig ehrbare Sippschaft, die den eigentlichen Stock der Schreiberwelt bildet, doch sehr im Vortheil steht, daß gegen die breiten und hölzernen Geschichten der moralisch-poetischen Philister sein bis auf einen gewissen Punkt doch ächt empfundenes Potpourri noch erfreulich und erquicklich ist. Wir nehmen, auch nachdem wir uns seiner großen Verirrungen wieder recht lebhaft bewußt geworden sind, nichts von dem zurück, was wir anfänglich zu seinen Gunsten gesagt haben, und sprechen es noch einmal aus, daß vielleicht nie so schöne poetische Talente durch den bloßen Effectsinn zu Grunde gerichtet worden sind« (S. 48).

Daß Wolfgang *Menzel,* ehemaliger teutsch-christlicher Burschenschaftler und Vorkämpfer des Nationalliberalismus, die Grenzen zwischen sich und dem kosmopolitischen Heine noch schärfer zieht, versteht sich, auch hier mit dem Blick auf Heines Gefolge, die jüngeren Jungdeutschen Gutzkow, Laube, Mundt, Wienbarg. Was ihn erschreckt, ist die Wiederkehr der »französischen« Aufklärung, die er geistig und militärisch für besiegt hielt: »Man sollte nicht glauben, daß diese Wiegenlieder der Dummheit in Deutschland noch Ohren finden können; aber wenn selbst junge Schriftsteller... das alte Lied immer wieder durch die Straßen singen, so muß man freilich immer noch die Gefahr für größer halten, als die Erfahrung, die sie vermeiden lehrt... Was muß Frankreich von uns denken, sieht es gerade in diesem Zeitpunkt unsere Jugend nach dem gelüsten, was die bessern Franzosen bei sich selbst zu verachten anfangen? Wer ist nicht überzeugt, daß die Ursache, warum das Ausland unsere Literatur so hoch schätzt, nichts anderes ist, als unsere sittliche Würde, der tiefe und heilige Ernst aller unserer Bestrebungen« usw. [89]. Noch mehr als das fehlende Nationalbewußtsein regt den Kämpen die Irreligiosität der Jungdeutschen auf: »Sie verfuhren systematisch. Durch die Rückkehr zu Rousseau, Voltaire und zu dem Materialismus der französischen Revolution suchten sie politische Sympathien zu gewinnen... durch den Wiederabdruck der Wolfenbüttel'schen Fragmente suchten sie sich ein wissenschaftliches Ansehen zu geben und wohl gar die Autorität des edeln Lessing für ihr lasterhaftes Treiben auszubeuten... Sodann stellten sie Hegel und Goethe als die Propheten eines neuen Glaubens dem alten Christenthum entgegen und wußten die Sophistik des Einen so gut für ihren Materialismus zu benutzen, wie die poetische Frivolität des Andern.« Schließlich zitiert Menzel – es ist eine besonders unverdächtige Autorität – Börne: »Heine spielt den *Antichrist,* während Voltaire, dieser große Schriftsteller [!], nur Johannes den Täufer, den Vorläufer des Antichrists, gespielt hat« [90]. Man sieht: es geht auch hier nicht nur um Klischees, die auf Heine angewandt werden, sondern um die *welthistorische Auseinandersetzung der nationalliberalen Idee mit der Aufklärung, mit der französischen Revolution, mit Idealismus und Materialismus.* Da auch hinsichtlich der mir persönlich gar nicht sympathischen Figur Menzels ein historischer Rückschritt im Gange ist, insofern die alte, längst widerlegte Legende, er habe das Verbot der Jungdeutschen veranlaßt, naiv erneuert wird, muß ich schließlich feststellen, daß Menzel ein tapferer publizistischer Kämpfer war, kein Spitzel: »Wie will man dem begegnen? Mit Verboten? Sie reizen auf und vermehren die Elasticität des Uebels. Mit Belehrungen? Ja, wenn die einflußreichen Namen es nicht bequemer fänden, zu schweigen [!], wenn sie nicht fürchteten, sich der Wuth des literarischen Pöbels, den Batterien von Unrath auszusetzen, die hier keiner vermeiden kann« [91]. Was er eigentlich erreichen will, ist eine *geistige* Mobilmachung gegen das Junge Deutschland: »Es wird sich daher zeigen, daß gegen Krankheiten des Geistes auch nicht materielle Gewalt [!], sondern wieder nur der Geist helfen kann. Wenn sich der bessere Geist der deutschen Gelehrten und Dichter und des deutschen Publikums nicht jenes jugendlichen Leichtsinns erwehrt, so wird der Krankheitsstoff, dem man nur äußerlich ein Pflaster aufgelegt hat [!], innerlich weiter fressen.« Übrigens kennt er nicht nur geistige

Heinrich Heine

Gründe für die literarische Revolution. Auch im Aufschwung des Buchhandels mit »dem Treibjagen auf junge Talente« (vgl. Bd. II, S. 27 f.) und im Überangebot an Akademikern sieht er Ursachen für die Unruhe in der Jugend[92].

Manfred Windfuhr hat in einem grundlegenden Aufsatz auf Heines Stellung *zwischen* den verschiedenen progressiven Gruppen des Vormärz hingewiesen[93]. Sehr wichtig ist sein Hinweis auf die Beziehung zu den Altliberalen, zu den »Reformjuden in Berlin und Hamburg«, zu Chamisso, zu Varnhagen und zu dessen geistreicher Frau Rahel. Die *Lutezia*, die man vielleicht Heines publizistisches Hauptwerk nennen kann, beginnt mit einem langen »Zueignungsbrief an Seine Durchlaucht, den Fürsten Pückler-Muskau« (vgl. Bd. II, S. 262–265). Er rühmt ihn: »mein hochgefeierter und wahlverwandter Zeitgenosse«. »Der Meister, dem ich dieses Buch zueigne, versteht das Handwerk und kennt die ungünstigen Umstände, unter welchen der Autor schrieb. Er kennt das Bett, in welchem meine Geisteskinder das Licht erblickten, das Augsburgische Prokrustesbett, wo man ihnen manchmal die allzu langen Beine und nicht selten sogar den Kopf abschnitt« (E VI, S. 132). Diese vielzitierten Worte kennzeichnen die Selbstzensur, die die *Augsburger Allgemeine Zeitung* unter ihrem Redakteur Kolb ausübte und die gleichwohl nicht immer die Intervention Metternichs bei dem wendigen Baron von Cotta ausschloß. Man muß jedoch hinzufügen, daß den großen Ansprüchen des Publizisten Heine nachweisbar nur die angesehene Zeitung des Klassikerverlegers genügte, daß die Veröffentlichung in kleineren Zeitungen seinem quantitativen Prinzip des größtmöglichen Effekts widersprach und daß er sich insofern selbst an die Liberalkonservativen band. Daß insgeheim der mächtige Staatskanzler und sein ideologischer Gehilfe Gentz sich an Heines Schriften ergötzten, ist bezeugt[94] und ergänzt den Aspekt der Rokokotradition, der uns so wichtig erscheint. Der Aristokratismus, der dem Dichter später (s. u.) nicht nur den Kommunismus, sondern auch den Atheismus unannehmbar machte, blieb stets in ihm lebendig. Alexander Jung, der durchaus zu den Liberalen gehörte, äußert sich gerade in dem Punkt, der der Internationalen Heine-Konferenz in Weimar 1972 den Namen gab (»Streitbarer Humanist und volksverbundener Dichter«) enttäuscht, und das ist nur eine von vielen zeitgenössischen Stimmen dieser Art: »Welche Gabe der Popularität, um aus den offenbaren Beziehungen der europäischen Völker *auf einander* – durch die Macht der Intelligenz – nicht bloß dichterische Perspektiven, entzückende Genrebilder zu entwerfen, sondern mitzuarbeiten an den heranreifenden Institutionen für die *Freiheit* der Individuen und der Völker, für die *socialen* Verbindungen Aller mit Allen, für den Segen von Land zu Land! – Aber *Heine* hat nichts davon in Anwendung gebracht, höchstens, daß sich Anfänge dazu in seinen *Pariser* [Französischen] *Zuständen* finden, Anfänge, die aber auch in coquetirender, stutzerhafter Eigenliebigkeit und in geistreich-prächtigen Raisonnements [!] sogleich wieder untergehen. In diesem Buche wirft sich unseres Erachtens *Heine* zuerst in das glänzend ausstaffirte Costüme des Aristokratismus, und man muß es ihm lassen, er weiß sich mit viel feinem Welttakt... auch in dieser Sphäre zu bewegen. Er faßt alles mit vornehmer, schon wieder sich zurückziehender, mit so *mittelbarer* Hand an [!], als wäre jede Gemeinschaft unter seiner Würde« [95]. An die empörende Distanzierung Heines vom Volk in den *Geständnissen* (s. u.) kann Jung noch nicht gedacht haben; aber er erkennt schon jetzt seine Volksfremdheit. Auch hier ist übrigens das Erschrecken vor den »tausend *kleine[n] Heines's*«, Heines Repräsentantenrolle also, der eigentliche Grund der Kritik. Jung befürchtet eine »Sündfluth schlechter, alle Zucht und alle Bescheidenheit aus dem Auge setzender Schriften« [96]. Ich meine deshalb, daß man sich bei Heine nicht mit einem »Zwischen den progressiven Gruppen« begnügen darf, sondern ihn in seinem Schwerpunkt erfassen und als den geistigen Anführer der Jungdeutschen sehen muß. Jedenfalls halte ich es für ganz ausgeschlossen, in Heines Schrift *Zur Religion und Philosophie in Deutschland* (1834) schon eine junghegelianische Schrift zu erkennen[97]; denn eben diese Schrift predigt den »Sensualismus« in einer Weise, die völlig der moralischen Haltung der Hegelianer widerspricht. Noch wichtiger ist für den Philologen der geistreich spielende Stil dieses Buches, der vom akademischen Stil eines Strauß und Ruge ungefähr so weit entfernt ist wie Wielands Stil in der ersten Fassung des *Agathon* von dem Kants in der *Kritik der reinen Vernunft*. Wenn man wissen will, wie ein hegelianischer Schriftsteller, auch ein produktiver Dichter, schreibt, dann lese man die dramaturgischen Schriften des jungen Hebbel (vgl. o. S. 374 ff.). Ich kann auf diesen innerliterarischen Punkt, den ich auch in gedanklicher Hinsicht für *entscheidend* halte, nicht näher eingehen, da ich

540

schon an andern Stellen meiner Epochendarstellung versucht habe, den jungdeutschen Stil vom
junghegelianischen scharf abzugrenzen (Bd. I, S. 629–635; Bd. II, S. 76–79)*.

Aus marxistischer Sicht hat Fritz Mende sehr gründlich Heine von Arnold Ruge, dem Hauptma-
nager der Junghegelianer, abgesetzt[98]. Selbstverständlich nimmt er Partei für Heine, um den größeren Schriftsteller näher an Marx heranrücken zu können. So betont er etwa Ruges Verehrung für
den bürgerlichen Radikal- und Sozialdemokraten Börne und die Tatsache, daß Marx umgekehrt
dem weiterblickenden Heine gegen den »kleinbürgerlichen« Republikaner Börne recht gegeben und
sich auch von Ruge getrennt habe. Mende bejaht sogar Heines naive Weltriß-Hypothese, weil er
darin einen Widerspruch gegen die idealistischen Systeme erkennt[99], ob auch gegen das sozialistische System, blieb mir verborgen; denn es ist doch eigentlich klar, daß die Weltriß- und Welt-
schmerz-Metaphysik im Widerspruch zu der rationalistischen Vorstellung von der zielbewußten
Veränderung der Welt steht. Mende erblickt im Parteichef der Junghegelianer sogar eine Art Begründer der bürgerlichen Heinekritik, wie sie sich z. B. in Julian Schmidt, dem realistischen Programmatiker, fortsetzt[100]. Daß Ruge den bürgerlichen Klassenkampf will und nicht den sozialistischen ist sicher, aber wir wissen schon, daß Heine durch seinen Aristokratismus nicht nur vom
bürgerlichen, sondern schließlich auch vom sozialistischen Klassenkampf abgehalten wird. Heine
hatte auf Grund seiner ideologischen Position im französischen und vielleicht auch in einem selbst
erarbeiteten Frühsozialismus Verständnis, ja Bewunderung für Marx; aber psychologisch erinnert
mich der 46jährige Heine der Marx-Epoche immer an die Professoren mittleren Alters, die durch ein
Mitgehen in der Studentenrevolution ihre ungebrochene Jugend und ihre Zeitgemäßheit beweisen
wollten und dann doch, fast ohne Ausnahme, erkannten, daß die Jungen andere Autoritäten bevorzugten und daß es nicht um die Reform, sondern um die Zerstörung der wissenschaftlichen Universität, um ihre Umfunktionierung zur Schulungsburg ging. Ihre späteren Äußerungen erinnern an die
Heines in den *Geständnissen***. Mendes Hinweis auf Heines Unbürgerlichkeit und die scharfe

---

* Heinrich *Laube*, ein Kronzeuge im Falle Heines und seiner Zeit, sieht ihn auch als Repräsentanten des Jungen Deutschland (Heines Leben, in: Heinrich Heines Werke, Bd. 6, Wien u. a. o. J., S.
46): »Original ist er [Heine] durch und durch, aber eben als solches unter volksthümliche und zeitliche Bedindungen gestellt. Seine Persönlichkeit ist der stärkste Ausdruck jener Sturm- und Drangperiode, die aus der classischen hervorging und sich gegen sie empörte, die aus der Romantik empor-
schäumte [!] und sich im ›Jungen Deutschland‹ verlief. Diese Periode war eine gereizte, leidende,
aufgewühlte [!], die unsäglich viel Schmerz, Sehnsucht, viel aufgeregte Lustigkeit [!], einen heiligen
Befreiungsdrang und einen sehr unheiligen Lebensdrang, edelste Gefühlsüberschwänglichkeit [!],
aber auch viel unthätige Verzweiflung und Selbstironie [!] in sich schloß. Von allen diesen Regungen
hat Heine leidenschaftlicher, geistig bedeutender und gefühlstiefer Zeugniß abgelegt als irgend ein
zweiter. Er ist Sprecher, Dichter und Märtyrer jener Zeit.« Im folgenden betrachtet Laube die Herkunft aus dem rheinischen und jüdischen Großbürgertum als Quelle manchen Leidens, aber auch als
Voraussetzung »zur vollen Entfaltung seiner [dichterischen] Natur«. Er erwähnt die Berliner »Col-
egien Hegels«, die Heine hörte, und das »gemeinverständliche« Buch über Hegel, das er angeblich
in Paris schreiben wollte (S. 358), aber die Erziehung »zur Goethereife« durch den Salon Varnhagens und Rahels wird weit stärker betont (S. 357). Diese altliberale, an »Herz und Verstand« orientierte jüdische Traditionslinie ist tatsächlich viel wichtiger als die akademisch-abstrakte der Hege-
laner. Diese erlaubte dem unruhigen und skeptischen Geiste Heines nur periphere und punktuelle
Berührungen.

** »Meine Scheu vor dem letzten [»dem schauderhaft nacktesten, ganz feigenblattlosen, kom-
munen [!] Kommunismus«] hat wahrlich nichts gemein mit der Furcht des Glückspilzes, der für
seine Kapitalien zittert, oder mit dem Verdruß der wohlhabenden Gewerbsleute, die in ihren Aus-
beutungsgeschäften gehemmt zu werden fürchten: nein, mich beklemmt vielmehr die geheime Angst
des Künstlers und des Gelehrten, die wir unsre ganze moderne Zivilisation, die mühselige Errungenschaft so vieler Jahrhunderte [!], die Frucht der edelsten Arbeiten unsrer Vorgänger [!], durch den
Sieg des Kommunismus bedroht sehen. Fortgerissen von der Strömung großmütiger Gesinnung,
mögen wir immerhin die Interessen der Kunst und Wissenschaft, ja alle unsre Partikularinteressen

Grenze, die dadurch zwischen ihm und dem bürgerlich-moralischen Ruge entsteht, ist überzeugend; aber müßte nicht auch Ruges Kritik an Heines *ironischer* Kunst, die Mende nach Gebühr betont, *so zial*geschichtlich interpretiert werden? Mende[101]: »Mehrmals kam Ruge auf Heines Witz und Ironie zurück, die er als wesentlichstes Merkmal [!] seiner Dichtungen herausstellte. Dabei lehnte er sich eng, wie er an anderer Stelle ausführte, an Hegel an, der die Ironie entschieden verurteilte und ir Witz und Ironie negative Ausdrucksmittel eines in eitler Selbstbespiegelung befangenen Subjektes, eines Geistes sah, der zur gesellschaftlichen Objektivität und Aktivität [!] nicht vorzudringen ver mochte. Dies war ein Kernpunkt [!] der Kritik Ruges an Heine. Wohl sah er im Witz einen ›kluger Befreier‹, den ›immer triumphierenden Sieger gegen die Steifen, gegen die Heuchler, die Philister‹ wohl erkannte er Heines ›Recht der Genialität‹ und Gesinnung an, ›dem Leben, wie es vorkommt die Pointen abzugewinnen und es überall zu epigrammatischer Darstellung... oder auch zu wirklich poetischer Beleuchtung zu bringen‹. Ja, er sah sogar in Heine – allerdings nicht ohne Vorbehalte - einen ›poetischen Wiederhersteller des unmittelbaren Lebens und seiner Ehre‹, einen Realisten.. Aber er glaubte den Heineschen Witz in seiner Zweckbestimmung nicht auf die Gesellschaft [!] sondern auf den Dichter selbst gerichtet und lehnte ihn schließlich rundheraus als ›frevelhaft in sei nem Prinzip‹, als forciertes, frivoles Gaukelspiel ab. Er meinte: ›Wenn der Witz auch noch so zweck los und unbefangen spielend erscheint, es bleibt ihm doch immer der Zweck des süffisanten Selbst genusses, wir können zwar Teil daran nehmen und wir tun es auch, wenn's nur wirklicher Witz ist aber die Ehre bleibt doch immer dem Urheber allein. Und diese Ehre geht ihm über alles, er opfert ih jedes Gefühl, jedes Geheimnis seines Herzens, die ganze Poesie...‹ Mit dieser Argumentation legt Ruge seiner Verurteilung der Heineschen Dichtung als einer ›Poesie der Lüge‹ ästhetische, ethisch und auch [!] politische Gesichtspunkte zugrunde. Er wollte Heine in seiner Ehre treffen und mora lisch vernichten«[102]. Aus Mendes eigenem Referat geht hervor, *daß Ruge auch gesellschaftliche Gesichtspunkte zugrunde legt.* Diese wären zu widerlegen, ehe man eine Übereinstimmung zwi schen Heine und Marx feststellt. Die aristokratische Witzkultur, deren Tradition Heine über 184; hinaus selbst in den *Geständnissen* festhielt, war für Sozialisten genauso unmöglich wie für bürgerli che Demokraten. Heine selbst hat die Grenze zwischen sich und dem Chef der Junghegelianer schar gezogen, und es taucht dabei nicht nur seine Ablehnung der barbarischen Moderne und der »christ lich-germanischen« Sittlichkeit, sondern auch das uns schon bekannte Rokoko-Kernwort auf*.

---

dem Gesamtinteresse des leidenden und unterdrückten Volkes aufopfern: aber wir können un nimmermehr verhehlen, wessen wir uns zu gewärtigen haben, sobald die große rohe Masse... in wirklichen Herrschaft käme« (E VI, S. 42). Wichtig in unserm Zusammenhang ist besonders de Hinweis auf die »ganze moderne Zivilisation, die mühselige Errungenschaft so vieler Jahrhunder te«, weil sie wieder Heines geschichtlichen Ort in der entklerikalisierten »Romantik« von Shake speare bis Goethe nachweist.

* »Ruge ist der Philister, welcher sich mal unparteiisch im Spiegel betrachtet und gestanden hat daß der Apoll von Belvedere doch schöner sei. – Er hat die Freiheit schon im Geiste, sie will ihm abe noch nicht in die Glieder, und wie sehr er auch für hellenische Nacktheit schwärmt, kann er sich doch nicht entschließen, die barbarisch modernen Beinkleider oder gar die christlich germanische Unterhosen der Sittlichkeit auszuziehen. Die Grazien [!] sehen lächelnd diesem inneren Kampfe zu (E VII, S. 421). »Unterhosen der Sittlichkeit« – das ist in Geist und Stil *absolut unhegelianisch!* Di Grenze zwischen Heine und den anderen Junghegelianern dürfte ganz ähnlich verlaufen. Aus der Brief von Christian Schad an Heine vom 2. 5. 1853 (Säkularausgabe Bd. 27, S. 103) ergibt sich, daß Robert Prutz in seinem Deutschen Museum (1851) gegen Heine »zischelt und züngelt«. Bei Fried rich Theodor Vischer verbietet die zwischen Klassizismus und Realismus schwankende Ästhetik ei ausreichendes Verständnis für Heines Witz und Polemik. Eine Zusammenfassung der Heine-Kritik aller Junghegelianer wäre erwünscht.

»Ich war nie abstrakter Denker«

Heine und sein Flirt mit den Junghegelianern: Es ist letztlich auch die Frage nach dem Denker Heine, der uns bisher nicht gerade in imponierender, philosophischer Gestalt, sondern als Aphoristiker, Epigrammatiker und – um mich heinisch auszudrücken – als kolossaler Napoleon des Witzes (darin völlig Nestroy vergleichbar) erschien. Schon während meines Studiums »geistesgeschichtlicher« Bücher um 1930 wurde mir klar, daß man nach dem Weltbild eines Dichters nicht fragen kann, ohne ihn zu systematisieren, und ich finde diese Erkenntnis in der neueren philosophie- und theoriebegeisterten Heineforschung bestätigt. Wissenschaftsgeschichtlich bedeutet dieser Trend einen Rückschritt; denn die Witzkultur ist eine Korrektur der systematischen Frühaufklärung Gottscheds, Hallers, Brockes usw. gewesen. Dabei waren, wie mir scheint, Lessing und selbst Wieland systematischer als Heine. Noch in romantischer Zeit, als man wieder anfing, die Unsterblichkeit wissenschaftlich zu beweisen, hat Wieland, statt sich dem Irrationalismus zu beugen, das gute Sterben gegen die Unsterblichkeit verfochten; er blieb, so bewegt er in seinem Stile war, dem Gedanken eines modernen Humanismus treu (*Euthanasia*, 1805). Heine dagegen verließ das Prinzip des Atheismus, das er mit allerlei Kapriolen und Amoretten, aber doch recht laut verkündet hatte, mit einer völlig unphilosophischen Begründung. Zunächst denkt man, es gehe nur um den »dogmatischen Atheismus«, den auch Büchner abgelehnt hat (vgl. o. S. 324), um eine Zurücknahme der eigenen philosophischen Position auf die Voltaires und Wielands; aber dann bemerkt man wieder, daß es der traditionelle Aristokratismus ist, der unvernünftige (naive) soziale Hochmut, der ihn bestimmt, und nicht irgendein gedankliches Motiv oder Argument: »Wir haben jetzt fanatische Mönche des Atheismus, Großinquisitoren des Unglaubens, die den Herrn von Voltaire verbrennen lassen würden, weil er doch im Herzen ein verstockter Deist gewesen. Solange solche Doktrinen noch Geheimgut einer Aristokratie von Geistreichen [!] blieben und in einer vornehmen Koterie-Sprache [!] besprochen wurden, welche den Bedienten, die aufwartend hinter uns standen, während wir bei unsern philosophischen Petits-Soupers [!] blasphemierten, unverständlich war – so lange gehörte auch ich zu den leichtsinnigen Esprits-Forts [!], wovon die meisten jenen liberalen Grands-Seigneurs [!] glichen, die kurz vor der Revolution mit den neuen Umsturzideen die Langeweile ihres müßigen Hoflebens zu verscheuchen suchten. Als ich aber merkte, daß die rohe Plebs, der man Hagel, ebenfalls dieselben Themata zu diskutieren begann in seinen schmutzigen Symposien, wo statt der Wachskerzen und Girandolen [!] nur Talglichter und Thranlampen leuchteten, als ich sah, daß Schmierlappen von Schuster- und Schneidergesellen in ihrer plumpen Herbergsprache die Existenz Gottes zu leugnen sich unterfingen – als der Atheismus anfing, sehr stark nach Käse, Branntwein und Tabak zu stinken: da gingen mir plötzlich die Augen auf« (E VI, S. 41). Die Klimax, die hier aufgebaut wird, ist stilistisch ein Glanzstück, und man kann nicht umhin, zunächst Heines »Redekunst« zu bewundern; aber dann denkt man daran, mit welcher Anteilnahme der Schweizer Gotthelf die Wanderungen eines deutsch-kommunistischen Handwerksgesellen durch die Schweiz erzählt. Selbstverständlich stellt er ein warnendes Exempel gegen den Kommunismus auf, aber er ist und schreibt doch volkstümlicher als *zur gleichen Zeit* der Pariser

Salon-Kommunist, der Freundschaft mit Karl Marx schließt. Er hätte auch die Begeg
nung mit dem Schneidergesellen Weitling (vgl. Bd. II, S. 606, 610 u. a.), der für seiner
schwärmerischen Sozialismus mit Gefängnis büßte, nicht hochmütig schildern können
und noch weniger schriebe Büchner so, der die Gefängnisstrafen seiner geistigen Opfer
überaus ernst genommen hat (vgl. o. S. 331). Wer so reagiert, steht im Verdacht, von sei
nen humanistischen Idealen abgefallen und vollkommen ins Rokoko zurückgekehrt zu
sein*.

Heine macht in ganz unsinniger Weise die Hegelianer für den Atheismus verantwort
lich, – wider besseres Wissen; denn er erwähnt öfter den französischen Materialismus der
18. Jahrhunderts und seine Auswirkungen in der Revolution. Wer die ständigen fiktiver
Histörchen in Heines Publizistik kennt – das Vorbild sind die antiken Historiker, wahr
scheinlich im Rhetorikunterricht noch eigens betont – der wird nicht glauben, daß Hege
einem Studenten polizeireife Geständnisse über den revolutionären Sinn seines System
machte und daß Heine zwei Jahre an einem später verbrannten Buch über die Hegelsch
Philosophie arbeitete. Dieses, von manchen Heineforschern begierig rezipierte, Hoch
spielen Hegels in den *Geständnissen* ist mehr ein Zugeständnis als ein Geständnis; den
die Junghegelianer waren nach der Reaktion von 1849 in Verruf geraten, und das Publi
kum suchte nach *Sündenböcken für die durch Radikalismus gescheiterte bürgerliche Re
volution.* Bei genauerem Lesen haftet der Blick auf Stellen, die weniger berechnend sind
»Ich empfand überhaupt nie eine allzu große Begeisterung für diese Philosophie, und vor
Überzeugung konnte in Bezug auf dieselbe gar nicht die Rede sein. Ich war nie abstrakter
Denker« (E VI, S. 48). Wer Heines Publizistik mit der Frage nach einem systematischer
Hintergrund gelesen hat, ohne gleich einen Aufsatz oder ein Buch daraus machen zu wol
len, der *muß* den letzten Satz betonen. Man könnte eine Heine-Anthologie zusammen
stellen, in der auf der rechten Seite immer ungefähr das Gegenteil von dem stünde, was e
auf der linken behauptet. So streitet z. B. der irrationalistische Personalismus (Genie
glaube, anarchischer Individualismus usw.) in den *Französischen Zuständen* stets mit der
Einsicht, daß Völker und Parteien die Geschichte prägen. Er predigt normalerweise der
Fortschritt der Geschichte, er kennt aber auch die antike Kreislauftheorie (E VII, S. 55 f.)
die Nietzsche später in sein reaktionäres System einfügt. Walter Kanowski sagt: »Hein
kämpfte ... zusammen mit der Hegelschule gegen die Historische Schule in Geschichts

---

* »Was meinen Stolz am meisten verletzte, war der gänzliche Mangel an Respekt, den der Bu
sche [Weitling] an den Tag legte, während er mit mir sprach. Er behielt die Mütze auf dem Kopf, un
während ich vor ihm stand, saß er auf einer kleinen Holzbank« und rieb beständig sein Bein »ober
halb der Fußknöchel.« Auf Heines Frage erzählt er, das Jucken stamme von den zu engen Ringen, di
sein Bein an die Gefängniskette fesselten. »Ja, ich gestehe, ich wich einige Schritte zurück, als de
Schneider solchermaßen mit seiner widerwärtigen Familiarität von den Ketten sprach, womit ih
die deutschen Schließer zuweilen belästigten, wenn er im Loch saß –›Loch! Schließer! Ketten!‹ laute
fatale Koterieworte einer geschlossenen Gesellschaft, womit man mir eine schreckliche Vertrauthe
zumutete [!]. Und es war hier nicht die Rede von jenen metaphorischen Ketten [!], die jetzt die ganz
Welt trägt, die man mit dem größten Anstand tragen kann, und die sogar bei Leuten von gute
Tone [!] in die Mode gekommen – nein, bei den Mitgliedern jener geschlossenen Gesellschaft sin
Ketten gemeint in ihrer eisernsten Bedeutung, Ketten, die man mit einem eisernen Ring ans Bein b
festigt – und ich wich einige Schritte zurück, als der Schneider Weitling von solchen Ketten sprach
(E VI, S. 44 f.).

nd Rechtswissenschaften«[103]. Es gibt in der Tat viele Ausfälle gegen den heraufkommenden Historismus. Er bekennt sich aber in seiner Kunstkritik auch völlig naiv zu
der übertriebenen Meinung des frühen Historismus, »die bildenden und die recitierenden
Künste derselben Periode« atmeten »immer einen und denselben Geist«. Am wahrsten ist
Heine da, wo er seinem Schwanken zwischen dem Fortschrittsglauben und dem religiösen oder nihilistischen Okkasionalismus von Barock und Rokoko offenen Ausdruck
gibt: »Werden die Angelegenheiten dieser Welt wirklich gelenkt von einem vernünftigen
Gedanken, von der denkenden Vernunft? Oder regiert sie nur ein lachender Gamin, der
Gott-Zufall?« (E VII, S. 383 f.). Auffallend häufig spricht er in seiner Publizistik von
providentiellen« Personen und Ereignissen; aber von Vorsehung, wenn ich richtig sehe,
sehr wenig. Vielleicht will er auch damit sagen, daß man etwas als mehr oder weniger zu-
künftig erkennen kann, daß man aber nicht weiß, ob diese Zukunft letzten Endes von
Gott, vom Zufall oder von der Vernunft gemacht wird. Von dem unvermittelten Widerspruch zwischen seinem Kampf gegen die »Kunstperiode« und seinem Bekenntnis zur
Autonomie der Kunst« war schon die Rede. *Überall erscheint eine logisch nicht bewäl-
tigte Widersprüchlichkeit.*

Schon Heines Sprache verbietet die differenzierte Aussage; denn diese ist nach den
Normen der Publizistik (der Rhetorik), denen er fast unbedingt gehorcht, »langweilig«,
d.h. akademisch. Es geht um die verblüffende Wirkung, nicht um die Wahrheit der Aussagen. Ist z.B. die berühmte Gleichstellung von französischer Revolution und deutscher
Philosophie, die jetzt dauernd hervorgehoben wird, etwas anderes als die *Rechtfertigung
der jungdeutschen Bildungsliteratur,* der schon Büchner hellsichtig die politische Wirkung abgesprochen hat (vgl. o. S. 296 f.) und die sich jetzt in der akademischen Revoluz-
zerei, z.B. in der Heineforschung, so genau wiederholt, daß unser Dichter bestimmt dafür
das ihm so liebe Wort »gespenstisch« verwenden würde? Schon ernstzunehmende Zeitgenossen wie Moses Hess haben die anspruchsvolle Parallelisierung von französischer
Revolution und deutscher Philosophie abgelehnt[104]. Mit der hier angeschnittenen
Frage, ob nämlich der Gedanke die Tat schafft oder umgekehrt die Taten Gedanken erzwingen, stehen wir wieder bei einem der Probleme, die Heine nicht einmal zu lösen *versuchte:* »Die Fakta sind nur die Resultate der Ideen.« 7 Zeilen weiter: »Oder entspricht
das Aufkommen gewisser Ideen nur den momentanen Bedürfnissen der Menschen? Suchen sie immer die Ideen, womit sie ihre jedesmaligen Wünsche legitimieren können?« (E
V, S. 326). Liest man weiter, so bemerkt man, daß Heine gar nicht das akademische Bedürfnis fühlt, in dieser doch wahrhaftig zentralen Frage der nachidealistischen Zeit wei-
terzukommen, z.B. durch den Gedanken eines Wechselverhältnisses von Theorie und
Praxis. Sein Denken ist so offen wie sein Dichten, und die Suche nach einem System ist so
falsch wie die frühere Behauptung, die *Reisebilder* hätten keine Form, weil sie aphoristisch seien. Ich will die zahlreichen, z.T. soliden Arbeiten, die sich mit Heines Verhältnis
zum Hegelianismus oder mit anderen Problemen seiner geistigen Welt beschäftigen[105], nicht entwerten, sondern nur an die alte, seit etwa 1930 bekannte Wahrheit erinnern, daß man ohne ständige Mitberücksichtigung der stil-, sozial-, religionsgeschichtlichen usw. Fragen den möglichen wissenschaftlichen Verifizierungsgrad, der auch in der
Geisteswissenschaft ernstzunehmen ist, nicht erreichen kann. Noch besonders hervorhe-

ben möchte ich Wolfgang Wielands Aufsatz über *Heinrich Heine und die Philosophie* weil er in einer unserer angesehenen Zeitschriften erschienen ist. Der Verfasser mach sich keine Illusionen über den Rang des Philosophen Heine – »philosophisch engagierte Dilettant«? –; aber er erinnert zum Schluß daran, welche große Rolle die Popularphilo sophie in den totalitären Staatsordnungen spielt [106]. Bedeutet dies, daß wir Heine wi drüben als Schulungsgegenstand verwerten sollen? Ich meine: wir bleiben doch lieber be der Suche nach der Wahrheit; denn diese ist, auch wenn der Wahrheitssucher von »Ver flechtungen mit der Gesellschaft« mehr oder weniger unbewußt abhängig ist [107], doc etwas völlig anderes als die parteiliche Schulung, und sie führt, im Gegensatz zur Schu lung, zu keiner Erstarrung des geschichtlichen Prozesses. *Was Heines »Grazie« un geistreiches Spiel leisten kann, ist eher die Auflockerung als die Befestigung ideologische Fronten* [108].

Abstand vom Realismus

Auf Heines Abstand vom bürgerlichen oder programmatischen Realismus wurd schon oben in verschiedenen Zusammenhängen hingewiesen. Hier sei nur noch einen naheliegenden Mißverständnis, das bei den Dichtern der Biedermeierzeit ständig auf taucht, kurz begegnet. Es soll natürlich nicht bestritten werden, daß sich bei Heine mi der Desillusionierung des Idealismus (empfindsamer oder klassisch-monumentaler ode romantischer Art) neue, oft überraschende Blicke auf die *Einzelheiten des konkreten Le bens* eröffnen. Dieser Zug zur Beobachtung ist bei Heine ziemlich intensiv und liegt gan allgemein in der Zeit, und zwar über das hinaus, was durch den Empirismus des 18. Jahr hunderts geleistet wurde. Heines Sprache erschien den Zeitgenossen, die sie an den Nor men der Rhetorik maßen, als allzu trivial, allzu derb und drastisch (vgl. Bd. I, S. 421) Wenn man ein Wieland- und Heine-Wörterbuch schon miteinander vergleichen könnte so würde sich sogleich zeigen, daß von dem jüngeren Dichter große Fortschritte in Rich tung auf einen »naturalistischen Wortschatz« gemacht worden sind. Man konnte dies Linie »in einer gesünderen, unproblematisch-sinnlicheren, plebejischeren Weise« fort setzen, wie es Lukács [109] mit Genugtuung bei Georg Weerth, dem neuentdeckten Dich ter des kommunistischen Deutschland, feststellt. Aber mit diesen Worten ist auch zuge geben, daß die Voraussetzung des »plebejischen« Stils ein *ernstlicher Strukturwande* war, und dies gilt für die heute anerkannten bürgerlich-realistischen Erzähler erst rech Heine erreicht die »Gesundheit«, die unproblematische Sinnlichkeit und »Anschaulich keit« der großen Realisten in keiner Weise. Diese konnten, wenn auch in den Grenzen de Bürgertums, mit der Zeit dem programmatischen Ziel einer »Volksliteratur« halbweg entsprechen. Heine bleibt in viel stärkerem Maße auf die höhere, gebildete Gesellschaf angewiesen. Nur sie versteht seinen »Konversationsstil«, will sagen die feinen geistre chen Bemerkungen, die paradoxen Begriffszusammenstellungen, die effektvollen Anti thesen, Zweideutigkeiten und die zahllosen literarischen, gelehrten und personellen An spielungen [110]. Die parodistische Darstellung der Universität Göttingen *(Harzreise)* is bis heute für jeden Studenten eine Quelle des boshaftesten Vergnügens. Aber sie eigne ich schlecht zur massendemokratischen Agitation gegen die alte Institution, viel weniger ls Gotthelfs Ausfälle gegen die Professoren; denn sie mißt im Grunde selbst mit akademischen Maßstäben. Was soll etwa die folgende Stelle einem Bauern, Arbeiter oder selbst inem bürgerlichen Nicht-Akademiker bedeuten? »Die Namen aller Studenten und aller ordentlichen und unordentlichen [!] Professoren hier herzuzählen, wäre zu weitläuftig; auch sind mir in diesem Augenblick nicht alle Studentennamen im Gedächtnisse, und unter den Professoren sind manche, die noch gar keinen Namen haben« (E III, S. 16). Man muß, zum Verständnis der Stelle, den Grad eines außerordentlichen Professors und den Begriff der professoralen »Namhaftigkeit« durch Publikationen kennen. Dabei sind die *Reisebilder* noch der erfolgreichste Teil von Heines Publizistik gewesen, zweifellos infolge der Tarnung vieler politischer und sozialer Spitzen in einer romanähnlichen Form und wegen der stellenweise empfindsamen, z. T. sogar schauerromantischen Stilhaltung s. u.). Wadepuhls Forschungen haben uns darüber belehrt, daß die übrigen Prosaschriften schlecht gingen [111]. Wielands *Goldener Spiegel* oder seine *Göttergespräche* dürften ine größere Breitenwirkung gehabt haben. Wir stoßen demnach auch bei der so gerne demokratisch« genannten Publizistik Heines auf die *vorrevolutionäre Situation,* die der Rokokoepoche in Frankreich und der Biedermeierzeit in Deutschland gemeinsam war. Der geistreiche Konversationsstil der zwischen Feudalschicht und Bürgertum gestellten Intelligenz, den das 18. Jahrhundert entwickelt hatte, wird von Heine an eine Lage angepaßt, die mehr revolutionäre Aussichten bietet. Er arbeitet mit einem derberen Wortschatz, meist zur Erzielung komischer und grotesker Effekte. *Dagegen hat Heine zur Schaffung jener realistischen Volksliteratur, die sich in den Volksbüchereien bis heute gegen die moderne Literatur behauptet, wenig beigetragen.* Auch deshalb geriet er beim deutschen Publikum nach 1848 in Mißkredit und Vergessenheit.

Heines Abstand vom Realismus ist den unbefangenen Stilforschern schon früh aufgefallen. Man est da etwa, Heine tauche nicht in die Welt ein, sondern behaupte sich ihr gegenüber, er messe alles n seinem Wertempfinden [112]. Trotz des Heidentums, zu dem er sich eine Zeitlang bekenne, sei er a der Sinnlichkeit der Darstellung nicht über Goethe hinausgelangt; die Freude sogar behalte für ihn inen Beigeschmack der Sünde: er sei, mehr als er glaube, Nazarener geblieben [113]. Anläßlich einer Heineschen Personenbeschreibung wird festgestellt: »Dieser Realismus ist bewußt konstruiert, er beschreibt nicht aus Freude an der Wirklichkeit, sondern er baut aus den Sinneswahrnehmungen symmetrische Figuren. Die Farben werden womöglich nach der Wirklichkeit gesehen, aber nicht nach der Wirklichkeit zusammengestellt, sie werden konstruktiv aufgebaut« [114]. Mit Recht fallen Begriffe wie »Schlaglichtbeleuchtung«, »summarische Gesamtübersicht«, »Umrißkonstruktion«, mathematisch geregelte Richtung« [115].

Aus diesem Stilbild ergibt sich auch, wie wir schon wissen, ein Abstand vom reinen Impressionismus [116]. Immerhin, das möchte ich an dieser Stelle wieder betonen, es ist verständlich, daß die moderne Dichtung bei Heine anknüpfen konnte. Denn auch sie sieht sich wieder zur konstruktiven orm genötigt, auch sie hat die unmittelbare »Freude an der Wirklichkeit verloren«; und das Sinnliche, Triviale, Alltägliche schmeckt auch bei ihr oft genug nach Sünde (z. B. bei Gottfried Benn). Ein wichtiger Mittler zwischen Heine und der modernen Lyrik war bekanntlich Baudelaire. Es war überhaupt, wie Hirth gezeigt hat [117], nicht selten, daß sich französische Katholiken zu Heine hinzezogen fühlten (Paul Verlaine, Paul Bourget u. a.). Sie hatten natürlich ideologische Bedenken gegen den Spötter, aber offenbar war etwas in seiner Art und Sprache, an das sie anknüpfen konnten. on unserem Ansatz aus läßt sich diese zunächst befremdende Tatsache leicht interpretieren. Die Katholiken stoßen auf den christlichen Naturalismus, der sich in der deutschen Rokokotradition erhalten und nach dem Niedergang des Idealismus neu entfaltet hatte (vgl. Bd. I, S. 35 u. a.). Heine ist ähnlich wie Nestroy, seins- und stilgeschichtlich tatsächlich mit ihnen verwandt. Das katholische Frankreich hatte (wie Österreich) stärkere Widerstände gegen den Idealismus als das protestantische Deutschland bewahrt. Um 1830 erschien dieser christliche Naturalismus plötzlich wieder modern. Auch Menzel hat ihn gefeiert, natürlich nicht bei Heine und den Franzosen, aber in zahlreicher Rezensionen von Gotthelfs christlich-realistischen Dorfgeschichten [118]. Heines Liebe zu Frankreich ist auch unter diesem kaum noch beachteten stilgeschichtlichen Gesichtspunkt zu sehen, ebenso seine merkwürdig gespaltene Beziehung zum restaurativen Österreich und zu Metternich selbst. Er wußte, daß man sich dort an ihm ebenso ergötzte wie einst an Wieland, während im protestantischen Deutschland ein »Possenreißer« (Arnold Ruge) wenig galt, auch wenn er ein Aristophanes wie Heine oder Nestroy war. Heines Haßliebe zum Katholizismus durchzieht sein Werk, – ja sein Leben; denn seine legitim-katholische, spannungsreiche aber dauerhafte (»unlösliche«) Ehe mit »Mathilde«, die eine naive, sinnliche und zugleich gut katholische Französin war, spiegelt genau den gleichen Sachverhalt. Als Ehemann einer gebildeten, Schiller lesenden Dame in Deutschland kann ich mir ihn so wenig vorstellen wie als Professor im München Ludwigs I.

Naturalismus und Konstruktion widersprechen einander im gesamten Bereich der Barocktradition nicht, ob wir nun an Caspar Stieler und Grimmelshausen oder an Wieland und Lichtenberg oder an Heine und Nestroy denken. Den »realistischen«, banalen Wortschatz gibt es da immer, allerdings nur im »niederen« Stilbereich, in Satire, Parodie, Groteske etc. Auch bei Heine ist es in der Hauptsache so. Die derben Ausdrücke gelten nicht für sich, sondern nur in *antithetischer Funktion*. Man nehme die erste Seite der *Harzreise:* »Würste und Universität«, »diverse Kirchen, eine Entbindungsanstalt«, »Dissertationen, Theedansants, Wäscherinnen«, »Studenten, Professoren, Philister und Vieh« (E III, S. 15). Die würdigen Einrichtungen und Kategorien werden relativiert durch die trivialen, *ohne daß diese selbst irgendwelche Bedeutung erlangen*. Gotthelf interessiert sich bis zu einem gewissen Grad für das Vieh oder die dörfliche »Käserei«, nicht aber Heine. Oder man nehme die Verse Diana I aus den *Neuen Gedichten* (1844):

> Diese schönen Gliedermassen
> Kolossaler Weiblichkeit
> Sind jetzt, ohne Widerstreit,
> Meinen Wünschen überlassen.
>
> Wär' ich, leidenschaftentzügelt,
> Eigenkräftig ihr genaht,
> Ich bereute solche That!
> Ja, sie hätte mich geprügelt.
>
> Welcher Busen, Hals und Kehle!
> (Höher seh' ich nicht genau.)
> Eh' ich ihr mich anvertrau',
> Gott empfehl' ich meine Seele.

Sollen wir dies Gedicht realistisch nennen, weil das Wort »geprügelt« darin vorkommt oder weil einige Körperteile am Anfang der letzten Strophe einzeln genannt werden? Schon die übertreibende Sprache der ersten Strophe (»Gliedermassen«, »kolossale Weiblichkeit«) signalisiert doch eindeutig, daß es sich gar nicht um die Wirklichkeit, sondern um *eine groteske Deformierung der Wirklichkeit* handelt. Im empfindsamen Stilbereich also z. B. in dem Gedicht »Du bist wie eine Blume«, wären alle diese »realistischen«

/orte undenkbar. Die religiöse Schlußpointe ist natürlich selbst grotesk, aber »Gott«
ellt sich bei einer so radikalen Entwertung der Wirklichkeit mit einer gewissen Gesetz-
äßigkeit ein. Das vorhergehende Gedicht endete mit den Worten: »Weib bedenke, daß
ı Staub bist.«

Blasphemie und Rückwendung zum Gottesglauben

Wir stoßen damit wieder auf Heines Blasphemie. Sie widerspricht seiner Gebundenheit
ı die *Religion* nicht, sondern sie bestätigt sie noch für so periphere Bezirke. Heine hat
ıs blasphemische Gedicht »Laß die heil'gen Parabolen«* selbst, in einem Gespräch mit
leißner, »religiös, blasphemisch-religiös« genannt[119] und sich damit ausdrücklich
ıgegen verwahrt, daß man seinen nie ganz abgestellten Zynismus in Religionsangele-
ınheiten als Atheismus mißverstehe. Es ist eine fundamentale Äußerung. Lukács ver-
eist auf dieses Bekenntnis, er sieht in ihm die »typische Tragödie des bürgerlichen
theisten«: Schon im Pantheismus Heines fänden sich »religiöse Überreste«[120], und
 dürfe das letzliche Versagen des alternden Revolutionärs nicht allzusehr überraschen.
iese Interpretation trifft, wenn man die soziologische Wertung (»bürgerlich«) beseitigt,
ıgefähr die historische Wahrheit. Der Dichter gebärdet sich in seiner saint-simonisti-
hen Zeit als Hellene, als Heide, ja geradezu als Stifter oder wenigstens Apostel einer
ıuen Diesseitsreligion. Er versucht die privaten Ansätze Goethes, Goethes »Weltfröm-
igkeit«, zur gesellschaftlichen Wirklichkeit, zur neuen Kirche auszubauen – alles dies
ı Widerspruch zur »katholischen« Romantik und Restauration. Er zeigt trotz aller
immungsschwankungen sogar eine gewisse Beharrlichkeit bei der Verfolgung dieses
iels. Er berührt sich dabei mit Notwendigkeit eine Zeitlang mit der kommunistischen
ʼwegung, ja mit Karl Marx persönlich. Er weiß, daß die Diesseitsreligion eine Voraus-
ʼzung des Kommunismus ist. Schließlich aber erkennt er, daß diese *konsequente* Revo-
tion seinem eigenen Ansatz und Wesen widerspricht. Die Verabschiedung der politi-
hen Publizistik, die Zurückbesinnung auf das Musische, auf die »Poesie« der nicht re-
ıurativen »Romantik« ist in dieser ganzen Entwicklung noch nicht die letzte Stufe.
eine erlebt ja eine förmliche »Bekehrung«, nicht zu irgendeiner kirchlichen oder sektie-
ʼrischen Religionsgemeinschaft, aber zum »Deismus«, zum »Bibeltum«, zum Glauben
ı einen persönlichen Gott, der jenseits der absurden Wirklichkeit steht. Es fällt uns nicht
ınz leicht, diese Wende ernstzunehmen; man denke an die Stelle zurück, da Heine den

---

* Die beiden letzten Strophen lauten:

> Woran liegt die Schuld? ist etwa
> Unser Herr nicht ganz allmächtig?
> Oder treibt er selbst den Unfug?
> Ach, das wäre niederträchtig.

> Also fragen wir beständig,
> Bis man uns mit einer Handvoll
> Erde endlich stopft die Mäuler –
> Aber ist das eine Antwort?

Atheismus als Aristokrat oder Schöngeist verabscheut. Aber ist es nicht überhaupt s
daß in der Metternichschen Restauration, und in jeder Restauration danach, die en
schiedene Abwendung von der herrschenden Religion als unfein, unklug, als wen
weltmännisch gilt? Die liberalen Freunde nehmen dem Dichter seine Bekehrung nicht a
Fürst Pückler-Muskau findet sie »eben so rührend als ergötzlich« (an Heine 30. 1
1854). August Gathy amüsiert sich darüber, daß gewisse Frauen »in kindlicher Einfa
die Bekenntnisse des Dichters für baaren Ernst« nehmen (an Heine 25. 5. 1855). Tatsäcl
lich versuchte eine ganze Schar frommer Damen den Dichter für ihre Kirche zu gewinnei
an ihrer Spitze die gräßliche Konvertitin Luise von Bornstedt, die auch als Plaggeist d
Droste fungierte. Nach einem apokalyptischen Bild von der heraufkommenden realist
schen, angeblich materialistischen Kultur versucht sie den bekehrten Dichter für die R
stauration einzuspannen und behauptet, darin bei ihrem »Freund« Gutzkow schon zien
lich weit gekommen zu sein (an Heine 1. 5. 1855). Solche Mißverständnisse sind wirklic
»ergötzlich«.

Aber ich meine doch, daß wir dem Dichter glauben müssen, *wenn wir ihn so naiv un
unphilosophisch sehen, wie er ist* und kein ideologisches Heine-Wunschbild fabriziere
Die oft wiederholte kommunistische These, die Krankheit habe ihn so weit gebrach
kann ich nicht bestätigen, und sie würde auch die These vom »streitbaren Humanister
widerlegen. Fast in allen Briefen an den kranken Heine wird die unverwüstliche Friscl
seines Geistes bewundert, – mit Recht, wie mir scheint. An dieser Stelle erstrahlte d
ganze Kraft eines ungriechischen Geistes. Wir müssen diese Wende wohl ebenso akzej
tieren wie die frühere vom Burschenschaftler zum Kosmopoliten, vom patriotische
Deutschen zum Wahlfranzosen*. Zwar gibt es auch in den Zeugnissen zu Heines Beke
rung allerhand unerwartete Neben- und Zwischentöne; und diese erweckten und erwe
ken Zweifel. Aber bei unbefangener Untersuchung ist doch wohl nicht zu übersehen, da
es der Dichter ernst gemeint hat. Die Reaktion bei aufgeklärten Heineverehrern war ste
eine gewisse Verlegenheit und Ratlosigkeit, deshalb vor allem, weil man den Dichter a

---

* Mir fällt auf, daß die Frage nach Heines Religion, die eine repräsentative geschichtliche Bede
tung hat, noch nicht so gründlich diskutiert wurde wie z. B. das Sozialismusproblem. Heines spät
Theismus scheint den Christen so unangenehm zu sein, wie den Kommunisten die peinliche Art s
ner Atheismus-Kritik. Richtig erscheint mir die verbreitete marxistische Lehrmeinung, daß er v
seiner sozialpolitischen Position *nicht* abgewichen ist. Dieses Phänomen darf wohl im Zusamme
hang mit 1848 verstanden werden. Die Märzrevolution sprengt die universalistische Konzeption d
Metternichschen Systems, zumal das enge Bündnis von Thron und Altar. Die Zusammenarbeit v
Liberalismus und Katholizismus bahnt sich an. So werden die freundlichen Worte gegenüber d
Kirche, besonders der katholischen, in den »Geständnissen« verständlich. Wie die Religion v
Heine oft politisch gesehen, ja regelrecht benützt wird (z. B. Christus als Sozialist s. o.), so ist auch d
religiöse Wende des späten Heine als ein absolut privater Vorgang kaum zu verstehen. Deutlich i
die nach 1848 zeitgemäße *prinzipielle* Abwendung von der Philosophie, sein Überdruß an aller de
abstrakten Denken entstammenden Ideologie und seine *historische* Anerkennung der Bibelverbr
tungsanstalten wie auch der katholischen Kirche. Das früher öfters ausgesprochene Todesurt
über das mittelalterliche »Gespenst« wird korrigiert. Aber auch diese Einsicht in die Lebenskraft d
Kirche ist politisch und sozial, betrifft recht deutlich ihre *Organisation.* Eben dieses ständige Inei
ander von Politik und Religion macht die Lösung des »Bekehrungsproblems« so schwer, und die
Schwierigkeit wird durch die Mischung von Ernst und Ironie, die Heine nach wie vor kultivie
noch erhöht.

ie im wesentlichen nicht mehr theistisch orientierten Realisten (z. B. Gottfried Keller
nd Theodor Storm), oder gar wie Lukács und sein heutiges Gefolge auf den konsequen-
n Materialismus bezog. Folgt man meiner historischen Heineinterpretation, so ist diese
ekehrung nur der Schlußstein, der sich zwanglos in das Gesamtgebäude meiner Hypo-
ese, daß Heine ein *vor*realistischer Dichter war, einfügen läßt.

Der Dichter steht, wie sein Spielen bestimmter Rollen und die früh auftauchende metaphysische
onie verrät, von vornherein im Banne der Rokokotradition. Auch die naive Handfestigkeit, mit der
den Philosophen oder ästhetischen Kritiker spielt und die rhetorischen Mittel handhabt, verrät,
aß er nicht so modern ist, wie es zunächst scheinen könnte. *Aber er ist sich dessen nicht bewußt.*
in revolutionärer Affekt, durch bittere persönliche Erfahrungen ständig genährt, seine mißglückte
ssimilitation an die teutsch-christliche Gesellschaft, sein ideologischer Ehrgeiz und sein Lebens-
inger verstellen ihm zunächst die Einsicht in das, was ihn bindet, in die historische Schicht, welche
ine Dichtung, sein schwankendes Denken, sein teils schwärmerisches, teils hedonistisches Lebens-
fühl im Grunde trägt, welche ihm gegenüber der bloßen Tagesschriftstellerei mit ihren taktischen
ücksichten die in einer gewissen geschichtlichen Tiefe begründete Festigkeit gibt. Schließlich je-
ch tauchen auch die »religiösen Überreste«, die die deutsche Kultur generell bis mindestens 1850
stimmen, aus seinem Unterbewußtsein wieder auf. Die kosmische und geschichtliche Wirklich-
it, die er, weil ihm die »Ehrfurcht«, die »Weltfrömmigkeit« Goethes fehlte, niemals unbefangen
nzunehmen verstand, wird ihm immer unerträglicher. Die Rücksicht auf die liberale Partei, der er
e vollkommen angehörte, hat er längst aufgegeben. So findet er in einem geläuterten Gottesglau-
n, einem »Deismus«, der dem des 18. Jahrhunderts ähnlich ist, seinen letzten Trost. *Die blasphe-*
ischen Töne, die sich bei Heines Bekehrung einmischen, bezeugen die oft bezweifelte Ehrlichkeit
s Dichters am sichersten. Sie verraten zugleich die paradoxe Lage, in welche die religiöse Tradi-
n durch das moderne Bewußtsein geraten ist. Aber sie widerlegen Heines Gottesglauben nicht;
nn *es ist ja ganz sinnlos, mit dem »Aristophanes des Himmels« zu hadern und ihm seine närrische*
höpfung vorzuwerfen oder das Leiden, das er über den Dichter verhängt, anzuklagen, wenn es
chts gibt als die Welt und die an keine transzendente Instanz abzuschiebende Verantwortung des
enschen in ihr. Heine bleibt diesseits der Grenze eines so verstandenen Humanismus und Realis-
us. Auch damit freilich vermittelt er zwischen der halb christlichen, halb nihilistischen Barock-
ler Rokokotradition und gewissen Erscheinungen der modernen westeuropäischen Literatur;
nn auch diese kann noch nicht als Ganzes entschieden *nachchristlich* genannt werden. »Ja, ich bin
oh, meiner angemaßten Glorie entledigt zu sein, und kein Philosoph wird mir jemals wieder einre-
n, daß ich ein Gott sei! Ich bin nur ein armer Mensch, der obendrein nicht mehr ganz gesund und
gar sehr krank ist. In diesem Zustand ist es eine wahre Wohlthat für mich, daß es jemand im
immel gibt, dem ich beständig die Litanei meiner Leiden vorwimmern kann, besonders nach Mit-
rnacht, wenn Mathilde sich zur Ruhe begeben, die sie oft sehr nötig hat. Gottlob! in solchen Stun-
n bin ich nicht allein, und ich kann beten und flennen so viel ich will und ohne mich zu genieren,
d ich kann ganz mein Herz ausschütten vor dem Allerhöchsten und ihm manches vertrauen, was
ir sogar unsrer eignen Frau zu verschweigen pflegen« (E VI, S. 50 f.). Ein »streitbarer Humanist«?
ohl kaum. Aber ehrlich, hier ohne heroische Maske und ohne seine vernichtende Waffe des Worts,
n Mensch in seiner Kreatürlichkeit*.

---

* Man wird Heines Religion auch nach diesem Rückgriff noch ein gewisses Maß an *Abstraktion*
billigen müssen. Das ergibt sich m. E. schlicht aus dem Verzicht auf eine Teilnahme am überkom-
enen Gottesdienst. Von dieser *Bewußtseinsfrage,* die alle Konfessionen betrifft, ist die Frage nach
eines *seelischer Bindung* an die angestammte jüdische Religion zu trennen. Ich bin mit Gerhard
uder der Meinung, daß ein Gedicht wie *Prinzessin Sabbat (Romanzero,* Drittes Buch *Hebräische*
elodien) kein »glühendes Bekenntnis zu jüdischer Frömmigkeit« belegt, sondern nur »die für die
ebräischen Melodien* spezifische Mischung aus verschämtem Glauben, Resignation und leicht bla-
hemischer Frivolität« (Gerhard *Sauder,* Blasphemisch-religiöse Körperwelt, Heinrich Heines *He-*
äische Melodien, in: Heinrich Heine, hg. v. Wolfgang *Kuttenkeuler,* Stuttgart 1977, S. 130).

Heinrich Heine

Noch immer sind sich die Heineforscher gerade in den Grundfragen wenig einig. Deshalb behie ich, mehr als in andern Kapiteln dieses Bandes, im vorstehenden Hauptteil den ganzen Heine i Auge. Ich versuchte, den Dichter – unter stetiger Verwendung seiner Aussagen – politisch, sozia psychologisch, religiös und vor allem literarhistorisch zu deuten, wobei ich mich auch um die Ve mittlung in westöstlichen und sonstigen Streitfragen bemühte. Zur Interpretation der einzelne Werke, besser der Werkkomplexe, gibt es mehr verläßliche Arbeiten und daher wohl auch wenig Meinungsstreit. Jedenfalls ist hier aus Raumgründen nur noch ein kurzer Überblick über die ve schiedenen, überall ineinander übergehenden Textbereiche möglich.

DIE EINZELNEN TEXTBEREICHE

Betrachten wir die Art, in der Heine die *Formenwelt,* die verschiedenen Gattungen d Literatur aufnahm und fortbildete, so scheint auf den ersten Blick kaum eine Beziehur zur Barocktradition zu bestehen. Es ist auch richtig, daß der Dichter in diesem Bereich b sonders originell war, origineller und taktvoller als so manche Dichter, die primär vc der Sprache her kommen wie z.B. Klopstock (Epos), Hölderlin (Roman), Brentan (Drama), Mörike (Roman), Eichendorff (Roman, Drama, Verserzählung). Auf dem G biet der literarischen Gattungen hatte Heines Kombinations- und Montagekunst ein re ches Betätigungsfeld. Zuerst fällt auf, daß er den sogenannten objektiven oder große Gattungen, die in der Renaissance oder im Barock erneuert worden waren, nicht gewacl sen war.

Die Tragödien. Neigung zur Kleinform

Die Tragödien *Almansor* und *William Ratcliff,* die Heine in der Jugend (1820–182 schrieb und 1823 zusammen mit dem lyrischen Intermezzo veröffentlichte, erinnern a die epigonenhaften Versuche des jungen Immermann, seines Freundes. Doch spricht d rasche Abschied, den er der dramatischen Gattung gab, für *die größere Zielsicherheit ur Klarheit Heines.* Die Selbstkritik, die Heine am *Almansor* übte – »schöne Stellen« ab keine Tragödie (an Steinmann 4. 2. 1821) –, ist härter als der Erstling sie verdient; de das Motiv, ein Liebespaar zwischen der mohammedanischen und der christlichen Re gion, ist interessant, läßt den Lessing-Schüler erkennen. Heine verfällt auch nicht d Breite des shakespearisierenden Dramas wie Grabbe im *Gothland;* sein Formsinn i schon erkennbar. Der besonders zuständige Klingemann (Bd. II, S. 344) nannte die Tr gödie sogar eine »geniale«, wenn auch für das Theater wenig geeignete Arbeit[121 Windfuhr spricht treffend von einer »großen elegischen Romanze«, die an den *Almans (Buch der Lieder)* und an Balladen aus dem spanisch-maurischen Stoffkreis im *Roma zero* erinnert[122]. In dem Einakter *William Ratcliff* greift Heine zum gleichen Erfolg rezept wie Grillparzer in der *Ahnfrau.* Er schreibt ein Schicksals-, ein Schauerdrama n einer Mordserie zum Schluß. Aber er kam ein paar Jahre zu spät; denn so grelle Mod pflegen sich rasch abzunutzen. Wie die Grillparzerphilologie neuerdings im Zeichen (ner Aufwertung der *Ahnfrau* steht (vgl. o. S. 82), so versucht Windfuhr das Pauschalu il »Epigonendramen« zu entkräften*. Ich fürchte, daß es sich in beiden Philologien um ne Art Betriebsblindheit handelt. Damit soll nur die »Dauer«, die Gültigkeit dieser frü- en dramatischen Versuche, nicht die in ihnen sich schon ankündigende Begabung der ingen Dichter angezweifelt werden. Heine selbst bildete anläßlich einer geplanten An- iologie deutscher Dichter 1837 die folgende Dramatiker-Reihe: »Schiller, Werner, leist, Grillparzer, Immermann, Oehlenschläger, Müllner, Heine, Grabbe etc.« [123]. Er chnete sich also damals noch zum *dramatischen* Parnass. Interessanter als die vorhan- enen Tragödien Heines erscheint mir die Frage, warum er sich trotz der reichen Pariser nregungen (vgl. den Bericht *Über die französische Bühne*) und trotz seines Selbstbe- ußtseins als komischer Dichter nicht in der Konversationskomödie oder in der Posse ersucht hat. Zur Posse fehlte wohl die entschieden volkstümliche Diktion, zur Komödie ielleicht die konstruktive Denkkraft, die logische und dialogische *Konsequenz*. Auch as Romanfragment *Der Rabbi von Bacherach,* auf das wir in einem andern Zusam- ienhang zurückkommen, pflegte der Heineforschung nur ein Beweis dafür zu sein, daß er Dichter größeren Formen nicht gewachsen ist. So sagt etwa Lion Feuchtwanger in einer Dissertation über das Fragment: »Der ›Rabbi‹ zeigt, wie Heine Meister ist, wenn es ilt, eine einzelne Stimmung auszuschöpfen, wie er versagt, wenn es gilt, ein Nacheinan- er, eine epische Kette, eine Entwicklung darzustellen« [124]. Überflüssig zu bemerken, aß Heine keine homerischen Möglichkeiten oder auch nur Aspirationen in der Art des Aessiasdichters hatte. Die parodistischen Anspielungen auf Klopstock spiegeln auch eine entschiedene Abneigung gegen Gattungen, die von der Langeweile besonders ge- ihrdet sind. Erschien ihm der Roman als eine langweilige Gattung?

Mit diesen negativen Feststellungen sind Heines Beziehungen zum Dramatischen und pischen keineswegs erschöpft. *Die Unmöglichkeit, die überlieferten Formen zu erfüllen, ›klärt sich zunächst aus seiner Hinneigung zur kleinen Form.* Sie wurde von der Heine- orschung wiederholt beobachtet, zum Beispiel von Joachim Müller, der sagt: »nicht die roße monumentale Dichtung«, sondern »die kleineren Aussageformen« habe man bei leine zu suchen [125]. Der Dichter steht mit dieser Neigung im Widerspruch zur Goe- hezeit, nicht nur zum monumentalen Anspruch der Klassik, sondern auch zum univer- alpoetischen der Romantik. Dagegen trifft er sich an dieser Stelle mit Mörike, überhaupt iit dem Biedermeier (vgl. Bd. I, S. 133), was aus der allgemeinen Restauration der Roko- okleinform in der nachromantischen Zeit zu erklären ist.

---

* »Die Schwächen sind unverkennbar, aber sie liegen mehr in jugendlicher Ungeschicklichkeit, alscher Anwendung der Mittel und internen Fehlern als in externer Abhängigkeit... Man muß sich iit der Frage befassen, ob Heine nicht durch den Mißerfolg des ›Almansor‹ und die unfreundliche ‹ritik des Bandes zum Schaden der deutschen Dramenliteratur davon abgehalten wurde, weitere tücke zu schreiben. Die Auskunft, daß er kein Dramatiker war, reicht nicht aus« (Manfred *Wind- ›hr,* Heinrich Heine, Revolution und Reflexion, Stuttgart ²1976, S. 50f.).

Heinrich Heine

Das Buch der Lieder

Sogar innerhalb der Lyrik wirkt sich der Zug aus: Die auffallende Kürze vieler Heine
gedichte ist in diesem Zusammenhange zu sehen. Man darf dabei nicht vergessen, da
das Scherzgedicht des Rokoko noch eine anerkannte Gattung war (vgl. Bd. I, S. 637 un
Bd. II, S. 514 ff.) und nach der Ermüdung an der Romantik wieder verstärkte Geltun
gewann. Am 4. 5. 1823 schreibt Heine, mit Bezug auf sein *Lyrisches Intermezzo*, an de
Österreicher Maximilian Schottky: »Bey den kleinen Liedern haben mir Ihre kurze
östreichischen Tanzreime mit dem epigrammatischen Schlusse oft vorgeschwebt« (DH,
I, 2, S. 757 f.). Wir geben ein Beispiel aus den hier gemeinten *Österreichischen Volkslie*
dern... gesammelt und hg. durch Franz Ziska und Julius Max Schottky, Mitglied de
Berliner Gesellschaft für deutsche Sprache (Pesth 1819. Hartlebens Verlag):

Der Traum

Wånn i af maiñ Diä^rnd'l
I-ähr Haptbölsterl deñk,
Då kimmt m'r a Schlaf'l
Und tramt m'r a weñg.

Håd ma tramt, håd ma tramt,
Und im Tram hå-n-i g'låcht,
Håb glaubt, i håb maiñ Diä^rnd'l –
Håb iähr Haptbölsterl g'håbt.

Und ai, du schen's Schåzerl,
War i bai diä^r g'leg'n,
Aiderln und Schmåzerln
Het i da g'nuä geb'n!

Das ist eines der zarteren Gedichte der Sammlung, insofern es ein »Traumbild« ist, wie s
manches bei Heine. Es gibt auch derbe Verse vom Fensterln oder ein sehr schroffes Lie
besultimatum (»Lång woart'n kånn i nid«). Oder: »Er« sagt, er habe von ihr genug, un
»Sie« antwortet:

Bai an'm åñdan is 's ah guäd saiñ,
Nid nuär bai diä^r.

Ich traue dem wissenschaftlichen Anspruch, den die Herausgeber im Vorwort erhebe
nicht ganz. Man weiß ja vom *Wunderhorn* her, wieviel noch erfunden wird. Jedenfall
kam der junge Dichter durch die Lektüre dieser Dialektscherze ganz aus der Romanti
und Empfindsamkeit heraus, er geriet in die Nähe des Wiener Volkstheaters, in dem ein
völlig popularisierte Rokokotradition herrschte. Im Dialekt war alles erlaubt, das wa
eben das Volk, die unschuldige Natur, die Naivität in Person; aber das Publikum, das so
che Gedichte konsumierte, war keineswegs »plebejisch«. Heine selbst hatte die Absich
»eine Art Volkslieder der neueren Gesellschaft« zu verfassen (Vorrede zur 2. Auflage de
Reisebilder, E III, S. 510), wir dürfen wohl sagen: Volkslieder für die bürgerliche bi
kleinbürgerliche Gesellschaft. Schon im Brief an Wilhelm Müller vom 7. 6. 1826 hatte e
etwas vereinfachend erkannt, daß der Inhalt seiner Gedichte »der convenzionellen Ge

ellschaft« gehört und »nur die Form einigermaßen volksthümlich« ist. *Trotzdem ist die Anregung zu kecken Pointen, die ihm die Dialektgedichte gaben, nicht zu unterschätzen.* Der junge Dichter konnte mit dem besten Gewissen das empfindsame Gesäusel und den Petrarkismus (s. o.) hie und da durchbrechen.

> Die Linde blühte, die Nachtigall sang,
> Die Sonne lachte mit freundlicher Lust;
> Da küßtest du mich, und dein Arm mich umschlang,
> Da preßtest du mich an die schwellende Brust.

> Die Blätter fielen, der Rabe schrie hohl,
> Die Sonne grüßte verdrossenen Blicks;
> Da sagten wir frostig einander: »Lebwohl!«
> Da knickstest du höflich den höflichsten Knicks.
> (Lyrisches Intermezzo 25)

In diesem Gedicht konnte selbst die Kleinbürgerin sich wiedererkennen. Der letzte Vers vergegenwärtigt in der Lautgestalt virtuos das Biedermeierzeremoniell; aber der Liebesleichtsinn, in dem das Paar sich einig ist und der dem Gedicht damals den Effekt gab, war keineswegs biedermeierlich; er kam eher aus dem österreichischen Volksrokoko. Heine selbst übernimmt die Wertung seiner Umwelt, wenn er von seinen »maliziös-sentimentale[n] Lieder[n]« spricht (DHA I, 2, S. 751). Typischer als solches Spiel mit der Liebe ist für die frühen Gedichte das Spiel mit der Sterbenstrauer, mit dem Tode, mit allem Schauerlichen:

> Dein Angesicht so lieb und schön,
> Das hab' ich jüngst im Traum gesehn,
> Es ist so mild und engelgleich,
> Und doch so bleich, so schmerzenbleich.

> Und nur die Lippen, die sind rot;
> Bald aber küßt sie bleich der Tod.
> Erlöschen wird das Himmelslicht,
> Das aus den frommen Augen bricht.
> (Lyrisches Intermezzo 5)

Es mag sein, daß der ungewöhnlich *prägnante* Stil besser zu den heute so viel zitierten satirischen Gedichten paßt: »Philister in Sonntagsröcklein« (*Lyrisches Intermezzo* 37), »Sie saßen und tranken am Theetisch« (ebd. 50), »Ich steh' auf des Berges Spitze, / Und werde sentimental« (ebd. 53). Aber man sollte nie vergessen: *die Beliebtheit der »Töne« wechselt im Lauf der Literaturgeschichte. Heine legte den Hauptwert auf die Kürze in allen diesen Gedichten, auf die Klarheit und Eleganz.* »Lieder in meiner kurzen Manier« (Heine an Varnhagen 4. 2. 1830) heißt: Weg von dem vagen, verblasenen Gefasel der Almanachpoesie; aber es heißt nicht: Weg von der Empfindung. »Kokette Kürze« sagt der akademische Gustav Pfizer kritisch; er empfindet das Rokokohafte, das sich hier wieder vordrängt. Man muß sich darüber klar ein, daß Heine wie Mörike (vgl. u. S. 715) auf die Verschiedenheit, auf den *Reichtum der Töne* stolz war, und ist es nicht wahr, daß man in Verlegenheit gerät, wenn man den »Charakter« des *Buchs der Lieder* (1827) bestimmen soll? Wie in so manchem Jugendwerk – Grabbe im *Gothland,* Gotthelf im *Bau-*

ernspiegel, Mörike im *Maler Nolten* – ist fast der ganze Dichter im *Buch der Lieder* scho⟩ anwesend, und nur die Spannungen sind noch nicht so ausgeglichen, die stilistischen Lö⟩ sungen im Einzelgedicht noch nicht so einmalig wie im *Romanzero.* Doch hat Heine nich⟩ zu Unrecht Platens Bemühungen um das ganz große künftige Werk verspottet und, unte⟩ Hinweis auf die Klassiker, gezeigt, daß große Dichter auch groß zu *beginnen* pflegen⟩ Wenn man schon erkannt hat, daß Heines Gedichte sich von der Erlebnislyrik entschie⟩ den entfernt haben – und diese Erkenntnis wird, wie so manche neue Einsicht, heut⟩ schon fast intolerant vorausgesetzt –[126], dann darf man auch nicht die individuell⟩ Durchbildung des Einzelgedichts erwarten, sondern man muß die rhetorische Schemati⟩ sierung empfindsamer, schauriger, komischer, grotesker, satirischer Art hinnehmen un⟩ die künstlerische Leistung *innerhalb* des rhetorischen Rahmens interpretieren*. Ma⟩ muß die Wirkung ernstnehmen, die der junge Dichter, auf weiten Strecken *mit* Erlaubni⟩ der Schulrhetorik, gekonnt und völlig bewußt erstrebte, weil er auch in literarischer Hin⟩ sicht sozial dachte. Heine hat Esoteriker wie Novalis, Hölderlin und Mörike nie ernstlic⟩ zur Kenntnis genommen. Ich möchte daher vor der drohenden Vernachlässigung des *Bu⟩ ches der Lieder* zugunsten des *Romanzero,* auf der Grundlage moderner Geschmacksur⟩ teile, warnen.

    Außerdem lassen jetzt die in der Düsseldorfer Ausgabe abgedruckten Rezensionen je⟩

---

  * Heine hat sich selbst gegen die damals Mode werdende biographistische Behandlung der Dich⟩ ter gewandt: »Diese Neugier ist um so thörichter, da... die Größe der äußeren Ereignisse in keinen⟩ Verhältnisse steht zu der Größe der Schöpfungen, die dadurch hervorgerufen wurden... Die Dichte⟩ präsentieren sich der Welt im Glanze ihrer Werke... O laßt uns nie in der Nähe ihren Wandel beob⟩ achten« (E V, S. 379 f.). Gegen die erlebnispoetische Heine-Deutung wenden sich auch Stuart At⟩ kins: The Evaluation of Heines ›Neue Gedichte‹, in: Wächter und Hüter, Fs. f. Hermann J. *Weigand*⟩ hg. v. Curt von *Faber du Faur* u. a., New Haven 1957, S. 99–107: Wiederbelebung der Anakreontik⟩ Christoph *Siegrist:* Heine-Traumbilder, in: Heine-Jb. 1965, S. 17–25. Norbert *Altenhofer:* Rezen⟩ sion von Rudolf Walter Leonhardt (›Das Weib, das ich geliebet hab‹, Heines Mädchen und Frauen⟩ Hamburg 1975), in: Germanistik Bd. 17 (1976), S. 564 f. Jeffrey L. *Sammons* über Gerhard Stor⟩ (Heinrich Heines lyrische Dichtung, Stuttgart 1971): Phases of Heine Scholarship, in: The Germa⟩ Quarterly, Bd. 46 (1973), S. 56–88, Zitat S. 64. Durch den Hinweis auf die Bedeutung des *Divan* fü⟩ Heine habe ich angedeutet, daß die Abwendung von der Erlebnislyrik in Goethes Werk selbst hin⟩ einreicht. Dafür spricht ja auch der bekannte anakreontische Einschlag in manchen *Divan*-Gedich⟩ ten, ja schon in den *Römischen Elegien,* und die zyklische Form der beiden Goetheschen Sammlun⟩ gen. *Sammons* betont, daß die oft behauptete Pionierleistung Heines nur durch vergleichende Inter⟩ pretationen (Vergleiche mit moderner Dichtung) näher zu bestimmen ist. Das gleiche gilt für sein⟩ Eigenleistung innerhalb der Tradition von Petrarca bis Goethe und W. Müller. *Nur geschichtlich⟩ Gesichtspunkte können vorschnelle Geschmacksurteile in der Heine-Forschung verhindern.* We⟩ Wielands »Komische Erzählungen« oder die mythologischen Karikaturen des Volkstheaterautor⟩ Meisl kennt, wird die Götterparodie Heines, z. B. in »Apollogott«, ebensowenig als Untergang de⟩ Kunst verstehen wie seine jugendliche Absage an die »Kunstperiode«. Es ist nur ein Hin und Her de⟩ Stilebenen und der Meinungen. Der Jammer über Heines niederen Stil ist fromme deutsche Idealis⟩ mus- oder Empfindsamkeitstradition: »So endet in der Mitte des Jahrhunderts, das Goethes un⟩ Hölderlins Gebrauch der griechischen Mythologie, Görres' und Creuzers Mythologeme an seinen⟩ Anfang sah, Apollo in der Gosse. Der Glaube nicht nur an die ehrwürdigen Erscheinungen, auch de⟩ an die Kunst ist dahin« (Walter *Killy:* Wandlungen des lyrischen Bildes, Göttingen ⁶1971, S. 113)⟩ *Killys Kritik* (z. B. S. 105: »artifizielles Produkt«, S. 108: »bloße Redefigur«) *belegt auch unmißver⟩ ständlich, daß ohne eine Anerkennung der in Heine wirkenden Rhetoriktradition kein historisch ge⟩ rechtes Urteil möglich ist.*

den leicht erkennen, wieviel der junge Dichter, trotz seines Anpassungswillens, *wagte.* Fouqué, ein Repräsentant der christlich-deutschen Adelskultur (vgl. Bd. II, S. 667), au-ßerordentlich einflußreich, warnt den jungen Dichter in einem besonderen Gedicht *An H. Heine* (1823) vor zornigem Gesang und »der Schlange«, womit der Teufel gemeint ist: Gott liebe auch ihn usw. Selbst Varnhagen richtet, nach viel Lob, eine sittliche Mahnung an seinen Schüler, er warnt ihn vor »Abwege[n] des Willkürlichen und Abstrusen«. Historisch besonders interessant ist Menzels Rezension, der treffend eine Wirkung des *West-östlichen Divans* auf Heine und damit, in seinem Goethehaß, Unheil erkennt[127]. Sogar Wilhelm Müller fand neben Originalität der Empfindung auch unbedeutende, ja verfehlte Gedichte. Bezeichnend ist, daß er ein Gedicht lobend zitiert, das von der Tränenseligkeit des frühen Biedermeiers programmatisch abrückt (Lyrisches Intermezzo 35):

> Seit die Liebste war entfernt,
> Hatt' ich's Lachen ganz verlernt,
> Schlechten Witz riß mancher Wicht,
> Aber lachen konnt' ich nicht.
>
> Seit ich sie verloren hab',
> Schafft' ich auch das Weinen ab.
> Fast vor Weh das Herz mir bricht,
> Aber Weinen kann ich nicht.[128]

Das ist der verhaltene spröde Ton, der auch beim jungen Mörike zu finden ist, der zur nächsten Phase des Biedermeiers, zum späten Stifter und Grillparzer, weiterführt und, so wenig er heute auffallen mag, dem Kenner der Zeit *Heines umfassende Produktivität* bezeugt. Selbstverständlich gibt es viele sentimentale Gedichte, die an (den jüngeren!) Lenau erinnern, der wie Heine einen nicht unbedeutenden Beitrag zur Weiterbildung der empfindsamen Kultur geleistet hat. Durch den Anschluß an die Schwaben (*Gedichte* bei Cotta 1832) kam er *vor* Heine zu einem größeren Erfolg. Aber eben diesen bequemen Weg ging der junge Heine nicht. Das *Buch der Lieder* enthält – neben viel Biedermeierlichem! – schon ausgesprochene *Kampfansagen an die Biedermeierkultur,* z.B. *Die Heimkehr* LXXIX:

> Doch die Kastraten klagten,
> Als ich meine Stimm' erhob;
> Sie klagten und sie sagten:
> Ich sänge viel zu grob. [!]
>
> Und lieblich erhoben sie alle
> Die kleinen Stimmelein,
> Die Trillerchen, wie Kristalle,
> Sie klangen so fein und rein.
>
> Sie sangen von Liebessehnen,
> Von Liebe und Liebeserguß;
> Die Damen schwammen in Thränen,
> Bei solchem Kunstgenuß.

Auch dieses Gedicht ist eher trocken, spröd als spritzig oder »frivol« und hat wie das vorige einen programmatischen Charakter. Die ganz gemeine Prosa, die aus der empfindsamen, protestantischen Welt herausführt und einen Schritt zum Volke bedeutet, zu dem was die Kommunisten das Plebejische nennen, wird grundsätzlich verteidigt, – wenn man sich auch klar darüber sein muß, daß der Dichter das plebejische Publikum mit sentimentalen Gedichten eher erreichte. Er hat heute nicht zuletzt deshalb Erfolg, weil er *Salonsozialist* ist. »Salondemagoge« (E III, S. 373) nannte man ihn schon in Varnhagens Berlin. Es ist einer der Widersprüche, aus denen Heine besteht! Zu Beginn der *Götter im Exil* rühmt er sich, die Mythologie aus den »Katakomben der Gelehrsamkeit« durch »die Schwarzkunst eines gesunden, klaren, volkstümlichen Stiles« [!] herausgeholt zu haben (E VI, S. 78); und vier Seiten später lesen wir: »Doch, lieber Leser, ich vergesse, daß du ein sehr gebildeter und wohlunterrichteter Leser bist« (E VI, S. 82). Der Widerspruch ist nicht ganz so groß, wie er scheint, weil man »volkstümlich« im ganzen 19. Jahrhundert mit bürgerlich, allenfalls kleinbürgerlich übersetzen muß. *Aber da Heine unbürgerlich sein will* – auch das eben zitierte Gedicht belegt es –, *ist das Schwanken zwischen Aristokratismus und Plebejertum unvermeidlich.*

Prawer machte schon in seiner kleinen Schrift über das *Buch der Lieder* (London 1960) darauf aufmerksam, daß diese Lyriksammlung zwar die am wenigsten polemische Produktion Heines ist, daß aber schon hier kein Zweifel besteht, wo der Dichter seine Feinde sucht. Der Feind ist der kleine Mann mit weißer Wäsche und schmutziger Gesinnung. Schon hier wird das Teetisch-Gedicht betont und das Dilemma, in dem Heine sich mit seinem Publikum befindet: »But paradoxical in this as in everything else, it was for this society, which he satirised with all the resources of his superb mimic gift, that Heine wrote his works. He had no other audience. Not for him the uncompromising esotericism of a Novalis; not for him the renunciatory gesture, the ›Lass, o Welt, o lass mich sein‹, of a Mörike. Heine wanted to be known, wanted his work to be read here and now – even if his audience was unworthy« [129]. In unserer Zeit sind die Krallen Heines im *Buch der Lieder* noch deutlicher gezeigt worden. So hat z. B. Katharina Mommsen ihre kriminalistisch-philologische Kunst am *Belsatzar* erprobt und, Ansätze Windfuhrs weiterführend, nachgewiesen, daß diese uns bisher harmlos erscheinende Lesebuch-Ballade von einem gottlosen König, den Gott bestraft, im »Zensurstil« (H. H. Houben) geschrieben ist und manchen Sprengstoff enthält [130]. Nicht nur, daß der König von Babylon – statt durch die Feinde wie in der Bibel – »von seinen Knechten umgebracht« wird, auch die Flammenschrift hat eine andere Funktion. Ihre Deutung und damit der Prophet Daniel entfällt. Die Flammenschrift und der Königsmord werden in einen nahen Zusammenhang gebracht, und die Flammen-Metapher ist auch sonst bei Heine, z. B. in dem gegen Friedrich Wilhelm IV. von Preußen gerichteten *Deutschland,* ein Bild für die Macht des Dichters. Tatsächlich hat der Königsmord, wie wir schon wissen, Heine später in Dichtung und Publizistik viel beschäftigt. Die Einheit von Heines Gestalt und die fundamentale Bedeutung des *Buchs der Lieder* werden durch so streng-philologische Analysen noch deutlicher*. Die Frage, weshalb er später die politischen Tendenzdichter abgelehnt hat, soll hier noch ausgeklammert werden (s. u.).

---

* Auch im Bereich der Ballade ist freilich die Legende von einem prinzipiell heinefeindlichen Deutschland, die einer völlig falschen Identifizierung des Metternich- oder Bismarck-Deutschlands

Die Mittelbarkeit ist das, was gleichzeitig Heine zum Erben des Rokoko und zum Vorläufer des Symbolismus macht. »Saphire sind die Augen dein« (*Heimkehr* LVI, 1. Strophe), »Dein Herz, es ist ein Diamant« (ebd. 2. Strophe), »Rubinen sind die Lippen dein« (ebd. 3. Strophe) und als Schlußpointe eine Morddrohung gegen den glücklicheren Konkurrenten (ebd. 4. Strophe). Verständlich ist es bei so viel »Künstlichkeit« schon, daß auch das berühmte Palmenbaum-Fichte-Gedicht emblematisch gedeutet wurde:

> Ein Fichtenbaum steht einsam
> Im Norden auf kahler Höh'.
> Ihn schläfert; mit weißer Decke
> Umhüllen ihn Eis und Schnee.
>
> Er träumt von einer Palme,
> Die fern im Morgenland
> Einsam und schweigend trauert
> Auf brennender Felsenwand.
> (Lyrisches Intermezzo XXXIII)

Das muß doch irgend etwas bedeuten, oder nicht? Man hat gedacht, der Fichtenbaum sei die Verbannung ins nordische Germanien, die Palme, der es nicht besser geht, meine das Judentum[131]. Das kann das Gedicht bedeuten; wir kennen schon Heines Abneigung gegen den germanischen Norden. Aber kann es nicht auch etwas anderes bedeuten, z. B. den hinter allen Entzweiungen stehenden Weltriß? Es wäre dann eine Kontrafaktur zu dem bekannten Gedicht Goethes vom Blumenglöcklein und Bienlein. Aber dort gibt es die »subscriptio«, den Hinweis auf die Weltenharmonie (»Die müssen wohl beide / Für einander sein«). Bei Heine fehlt jede Art von Schlüssel. Warum soll man sich nicht auch ein in völlig entgegengesetzten Verhältnissen lebendes Liebespaar vorstellen, wie das die frühere Forschung tat? Bei diesem Gedicht darf man wohl von absoluter Vieldeutigkeit

mit dem Deutschland Hitlers seit etwa 1970 entsprang, exakt zu widerlegen. Der Wiener Germanist Werner *Welzig* bemerkt zu diesem Thema (Heine in deutschen Balladenanthologien, in: GRM, NF. Bd. 27, 1977, S. 321 f.): »Die ›Wunde Heine‹ ist eine Wunde des deutschen Geschmacks, insofern, als über weite Zeiträume hinweg dieselben Gedichte [*Die Wallfahrt nach Kevlaar, Belsatzar, Die Grenadiere*] ihre Vorrangstellung bewahren, andere, lebendigere und reichere hingegen nicht oder nur selten beachtet werden. Von einer vorsätzlichen Nicht-Aufnahme oder Nicht-Anerkennung Heines kann jedoch nicht die Rede sein. Im Gegenteil: Deutsche Balladenanthologien gewähren Heine von Anfang an einen festen Platz in der Schar der ›vorzüglichsten vaterländischen Dichter‹ [›So im Untertitel von O. L. B. Wolffs *Album heiterer und komischer Dichtungen* (Leipzig, Haendel 1850‹]... In einer Schillers Balladen deutlich übertreffenden Dichte der Rezeption gehören Gedichte Heines von seinen Lebzeiten bis zum Dritten Reich zum festen Bestand deutscher Balladenanthologien. Das Verblüffende ist, daß Heine auch dort aufgenommen wird, wo die ideologischen Ansprüche des Titels oder der Beitexte... das nicht erwarten lassen... Wilhelm *Scholz*, der in seinem *Deutschen Balladenbuch* von 1905 (München und Leipzig, Georg Müller) Exempel einer literarischen Form versammelt, die er als ›Fortsetzung alten nordisch-germanischen Volksgesangs‹ versteht und deren Sprache er mit ›kernig, kraftvoll, kurz‹ umschreibt, gibt Heine immerhin Platz für sechzehn Gedichte, Uhland hingegen für fünfzehn, der Droste für fünf und Schiller für zwei.« Wenn diese Tatsachen uns »verblüffen«, so müssen wir eben *die heute herrschenden historischen Klischees korrigieren,* vor allem die Gleichsetzung des Germanismus, an dem viele Juden Anteil hatten – wie an jeder Zeitströmung –, mit dem Antisemitismus. – Das Stilideal »kernig, kraftvoll, kurz« ist, wie so vieles vor 1914, Biedermeiertradition (vgl. Bd. I, S. 619–621). Heine realisiert dies »germanische« Ideal weit besser als z. B. Schiller.

sprechen, von einer Chiffre und damit von einer Vorform des symbolistischen Gedichts[132]. Aber das Gedicht ist eine Klasse für sich selbst[133], jedenfalls *etwas ganz Seltenes* bei Heine. Schon die Lotosblume, die durch die Sonne geängstigt wird und sich nur dem Mond öffnet (*Lyrisches Intermezzo* X), hat einen weit kleineren Ausdeutungsspielraum. Solche »Dinggedichte« sind nicht so deutliche Gesellschaftslyrik wie andere Verse. Doch bezeugen auch sie den fast unerschöpflichen Reichtum des *Buchs der Lieder*.

Wie die Menschen in Heines Lyrik stets in irgendwelchen gesellschaftlichen Zusammenhängen erscheinen und niemand auf den Gedanken kommen kann, daß Fichtenbaum, Palme, Lotosblume, Mond bloße Naturgegenstände sind[134], so ist es auch in vielen Fällen problematisch, Heines Gedichte einzeln zu interpretieren. Man weiß längst, daß es Heine liebt, seine Gedichte in der Weise zu kombinieren, daß ein gewisser Erzählzusammenhang entsteht. Schon Andler nennt das *Lyrische Intermezzo* »un roman werthérien en vers«[135], *Die Heimkehr* »un roman lyrique«[136]. Wir verstehen dies zyklische Verfahren auf Grund unserer Struktur-Hypothese leicht. Wenn dem Gedicht die *Einmaligkeit* der Erlebnislyrik fehlt, gewinnt es erst in einem größeren Zusammenhang seine volle Bedeutung. Ob man diese Neigung zu einem lockeren Erzählzusammenhang mit der »Vorherrschaft des Romans«, die das 19. Jahrhundert kennzeichnet, zusammenbringen darf[137], erscheint mir zweifelhaft; denn die episch-lyrischen *Vers*formen bewahren sich im ganzen 19. Jahrhundert als Ballade, Balladenzyklus, lyrisches Epos, Romanzenepos einen selbständigen Platz (vgl. Bd. II, S. 132 f.) und sind eher ein *Widerstandsfeld gegen den realistischen Roman* als seine Folge. Gewiß, Heines Produktion ist in den dreißiger Jahren durch eine verstärkte Hinwendung zur Prosa gekennzeichnet. Er hat sogar, wie andere Jungdeutsche, mit dem naiven (undialektischen) Gedanken an das Ende der Lyrik gespielt (vgl. Bd. II, S. 470). Es war dieselbe kurzschlüssige Anwendung des historischen Denkens, wie wir sie in den Programmen des 20. Jahrhunderts, z. B. in dem Todesurteil über die normale Erzähldichtung oder über alle Formen des Realismus wiederfinden.

Neue Gedichte

Den nach Frankreich ausgewanderten Publizisten Heine beschäftigen vor allem Schriften über Deutschland. Sie sind als Kontrafaktur von Frau von Staëls begeistertem Deutschlandbuch gedacht. Man muß jedoch bedenken, daß sich die Neuen Gedichte (1844) nur deshalb so lange verzögerten, weil Gutzkow gegen einen Gedichtband von 1838, dessen Zentrum der schon öfters erwähnte derb-erotische Zyklus *Verschiedene* gewesen wäre, bei Campe erfolgreich Einspruch erhob[138]. Wir haben an einem Beispiel dieses Zyklus Heines Abstand vom Realismus bereits nachgewiesen (S. 548). Windfuhr meint etwas Ähnliches, wenn er den vanitas-Hintergrund der in Paris, dem »Welttollhaus« der Liebe, gemachten sexuellen Erfahrungen hervorhebt: »Man muß aber die ›Verschiedenen‹ als Zyklen lesen, als Erfahrungsfolge. Dann zeigt sich, daß sie regelmäßig mit Ernüchterung, Desillusion und neuem Schmerz enden. Die ›Verschiedenen‹ enthalten zugleich indirekte Kritik am Sensualismus, wie auch die gleichzeitigen theoretischen Schriften. Heine interpretiert seine Gedichte nicht vollständig, wenn er sie mit den ›Römischen Elegien‹ Goethes und den sinnenfrohen Gedichten Petrons vergleicht. Dort wurde die körperliche Erfahrung der Liebe als solche gepriesen, als höchste Weltfreude und nicht durch nachträgliche Desillusion wieder abgewertet.« »Manche Träume der Jugend sind in Erfüllung gegangen, aber sie erweisen sich als ebenso trügerisch wie die früheren Hoffnungen« [139].

Die *Zeitgedichte,* mit denen die Sammlung von 1844 schließt, sind die einzige so titulierte Abteilung in den drei Gedichtbänden Heines, und sie genießen heute in der bundesrepublikanischen Forschung ein besonderes Ansehen. Man glaubt, daß der Dichter im Recht ist, wenn er sich selbst in diesen aktuellen Gedichten über die Zeitdichter Herwegh und Dingelstedt erhebt und etwas ganz Besonderes sein will *(Georg Herwegh, An den Nachtwächter),* ähnlich wie in dem gleichzeitigen *Atta Troll.* Wenig Selbsterkenntnis verrät Heine, wenn er Freiligrath vorwirft: »Sein Wohllaut ist meistens rhetorischer Art« (E VII, S. 424). Dabei betont er in einem dieser Gedichte *(Wartet nur)* ausdrücklich, daß er nicht nur blitzen, sondern auch donnern kann, und wir wissen überdies, daß auch Ironie und Witz Formen der Rhetorik sind. Ich glaube, es ließe sich nachweisen, daß Heine von Dingelstedt *(Lieder eines kosmopolitischen Nachtwächters,* Hamburg, Hoffmann und Campe, 1840) einiges gelernt hat [140], daß auch Herwegh und Freiligrath eigene Einkleidungsformen entwickelten und damit nicht weniger weiterwirkten als Heine. Dasselbe gilt von Georg Weerth, der 25 Jahre jünger und entsprechend volksnäher als Heine war. Man vergleiche etwa den Abbau des »Donnerns« (s. o.) auf dem Weg von Heines berühmtem Gedicht *Die schlesischen Weber* zu Weerths *Rheinischen Weinbauern.* Mir scheint, daß bei der Deutung von Heines Angriffen auf andre Tendenz-Dichter der romantische Geniebegriff manche Forscher verwirrt, daß man von seiner kaltblütigen »Imagepflege« [141] noch immer nicht genug Kenntnis nimmt, weil man einen Ersatz-Goethe in ihm finden will. Selbstverständlich ist Heines Anspruch nur mit Hilfe vergleichender Interpretationen zu bestätigen oder einzuschränken. Jürgen Wilke deutet seinen Widerstand gegen die Tendenzkollegen so: »Nicht so sehr die Instrumentalisierung der Poesie an sich lehnte Heine ab, da er doch selbst eine ›Tendenz für die Idee‹ vertrat, in der ›That das… Kind des Wortes‹ erblickte und dafür kämpfte, daß ›das Wort eine That‹ werde. Was ihm mißfiel, war die Art und Weise der Dienstbarmachung, in der mit kühnem, aber doch letztlich unverbindlich-harmlosem Aufschwung die Diskrepanz zwischen politischer Wirklichkeit und politischer Idee überwunden werden sollte« [142]. Ist die Ironie verbindlicher als das Pathos? Oder sollen wir, ausgerechnet bei Karikaturen, die alte realistische Vorstellung von Anschaulichkeit bemühen, wenigstens in der hübschen Formel Prawers »drastisch und plastisch«? [143] Die Ablehnung des Atheismus bahnt sich in den Zeitgedichten der zweiten Sammlung schon an, hier unter einem andern, uns wohl bekannten Vorzeichen *(Verkehrte Welt):*

> Germanische Bären glauben nicht mehr,
> Und werden Atheisten;
> Jedoch die französischen Papagei'n,
> Die werden gute Christen.

Aber ist diese ironische Neutralität nicht eben das, was Heine bei anderer Gelegenheit tadelt, nämlich eine Verallgemeinerung der Satire? Sind wir nicht doch wieder beim »unverbindlich-harmlosen« Protest (s. o.), wenn, wie wahrscheinlich, die überparteiliche Interpretation der *Wanderratten* richtig ist: »In erweiterung des allgemeinen verständnisses ist das zeitgedicht auf grund seiner eigene wertungen entbindender kommentierender stellungnahme zum zeitgeschehen imstande, einen appell zu artikulieren, der sich in den ›Wanderratten‹ über den parteienzwist hinaus [!] an den zur freien meinungsbildung und zur geistigen selbstbestimmung aufgerufenen menschen richtet. In der reflektorischen auseinandersetzung mit seiner vom gruppendenken zerrissenen geschichtlichen wirklichkeit soll er sich wieder auf die allgemeinmenschlichen [!] bedingungen seiner existenz zurückbesinnen. Erst dieser appellcharakter konstituiert eine vertiefte auseinandersetzung, die sich nicht agitierend, sondern humanisierend erfüllen soll. Auf der grundlage dominanter gattungsmerkmale entwickelt Heine so das zeitgedicht zum instrument autonomer und emanzipatorischer zeitkritik« [144]. Das ist alles recht schön; aber diese höhere Form des Zeitgedichts ist im Grunde das uns bereits bekannte Rückzugsgefecht Heines aus einem Kriege, den er satt hat. Gedichte, die so umstritten sind und solche Interpretationen zur Erklärung benötigen, müssen als eine *Grenzerscheinung* des Zeitgedichts gelten. Was wirklich ankommt, sind naive rhetorische Vereinfachungen wie in dem Gedicht *Doktrin,* das der Dichter nicht umsonst an die Spitze der Abteilung *Zeitgedichte* gestellt hat und das für gewisse Studenten noch immer das Evangelium ihres Aktionismus ist:

> Trommle die Leute aus dem Schlaf,
> Trommle Reveille mit Jugendkraft,
> Marschiere trommelnd immer voran,
> Das ist die ganze Wissenschaft.

Dreimal trommeln, ironische Hyperbolik und immer mehr a-Laute. *Ohne schlichte Rhetorik bringt auch Heine kein wirksames Zeitgedicht zustande.* Man kann immer nur fragen, wer die besseren »Einkleidungsformen« erfindet und wer die gekonnteren Verse macht, und diese Frage ist überaus schwer zu beantworten. Michael Hamburger nennt Heine einen »Meister..., der sogar in seinem Spielraum an Versformen eigenartig beschränkt war, den er nach seinen frühen Versuchen mit freien Rhythmen in den Nordsee-Gedichten kaum erweitert hatte« [145]. Wenn man den Abstand Heines von Goethe kennt, wird man auch diese an der organologischen Poetik orientierte Kritik *zurückweisen.* Heines freie Rhythmen sind denen Klopstocks und Goethes m. E. nicht ebenbürtig. *Er braucht feste Metren, die seine Sprache tragen,* wie in der zuletzt zitierten Strophe. Dies ist, nach meiner Hypothese, ein generelles Strukturgesetz rhetorischer Versdichtung[146]. Selbst Heißenbüttel, der in Heine selbstverständlich den Vorläufer der modernen Dichtung sucht und findet, muß noch für Heines Spätwerk zugeben: »Alle diese Arbeiten sind gekennzeichnet durch ein gewisses dekoratives Element« [147].

Romanzero

Als eine Art Selbstfindung darf man es daher wohl betrachten, daß sich Heine seiner produktiven Liebe zur Ballade immer entschiedener überläßt und seine dritte, heute besonders geschätzte Gedichtsammlung *Romanzero* (1851) nennt*. Auch diese Gedichtart erscheint erstmals in den *Neuen Gedichten* als eigene Abteilung *(Romanzen)*. Die Kürze kann der Dichter auch in diesen Balladen kultivieren. So dürfte *Bertrand de Born* als Kontrafaktur zu Uhlands berühmter Ballade gedacht sein. Reine Vergegenwärtigung des Minnesingers, nichts Musikalisches: nur detailreiches, umrißscharfes Bild eines poetischen Verführers. Ähnlich *Ein Weib:* nur das Bild einer herzlosen »Spitzbübin«, die ihren Freund nicht einmal vor der Hinrichtung im Gefängnis besucht**. Heines Begriff von der

---

* Der *Romanzero* verkaufte sich zunächst sehr gut. »Da kam das Oesterreich-, das preußische, bayersche, würtembergsche und andere *Verbote* und – die häßliche Kritik« (Campe an Heine 15. 8. 1852, Säkularausgabe Bd. 27, S. 61). Gemeint ist die schon erwähnte Nachmärz-Hetze. Aber das half alles nichts. Schon zu Beginn der Verbotsserie schreibt Heines Bruder Gustav, erfolgreicher Zeitungsmacher in Wien, an den Dichter: »Dein Buch ist hier streng verbothen, macht aber sehr viel Glück« (Gustav Heine an Heinrich Heine 16. 2. 1852, ebd. S. 27). Dieses klassische Wort gilt nicht nur für Österreich und bezeichnet den geringen Erfolg von Buchverboten im ganzen 19. Jahrhundert beispielhaft.

** An einer Beziehung zwischen Heine, dem Göttinger Studenten, und der komischen Romanze des 18. Jahrhunderts zweifle ich nicht; man könnte auch auf diesem Gebiet Vorläufer zitieren. So wird z. B. in *Höltys* Ballade »Die Nonne« der Geisterglaube so gut wie in Heines Gespensterromanzen parodiert. Oder glaubt man wirklich, die Studenten des 18. Jahrhunderts hätten noch an Geister geglaubt? Alles dies ist eine Frage des naiven oder parodistischen Tons, den man wählt. *Hinck* dagegen meint, Heine ohne nähere Prüfung seiner Vorläufer von dieser Tradition scharf absetzen zu können: »Der Bruch mit der Überlieferung [!] schlägt um in die Parodie. Diese Form ist mit jener burlesken Romanze vor Bürger, in der ein ernsthafter Gegenstand komisch umspielt wird, nicht zu verwechseln. Denn hier wird nicht ein bestimmter Inhalt ironisiert, sondern eine zum Klischee gewordene Motivik [!] im Spott vernichtet. So sind ›Die Fensterschau‹ und das ›Lied der Gefangenen‹ Parodien auf die Gespenstervorstellung bzw. auf jene Varianten des Hexentypus, welche die Welt der romantischen Ballade bevölkern« (Walter Hinck: Die deutsche Ballade von Bürger bis Brecht, Kritik und Versuch einer Neuorientierung, Göttingen 1968, S. 51 f.). Schon durch die Aufklärung waren die Gespenster und Hexen zum »Klischee« geworden. Und die Frage war immer nur, ob man auf dieser parodistischen Stufe verharren oder ob man *romantisch,* unter dem Vorzeichen des Volkstons, einen neuen *literarischen* Gespensterglauben produzieren wolle. Den Dichtern der Biedermeierzeit stehen beide Möglichkeiten offen, da die Aufklärungstradition nicht zerstört ist, sondern als der mächtige, in der Schule herrschende Teil der literarischen Kultur ungebrochen von der Spätaufklärung zum Jungen Deutschland weiterführt. Es besteht, wie bei Grabbes und Büchners Anschluß an den Sturm und Drang, kein »Bruch mit der Überlieferung« (s. o.), sondern eine *Innovation der Überlieferung,* – die freilich nur durch exakte vergleichende Interpretationen näher zu bestimmen ist. Mit dem gleichen Recht könnte man Heines und Lenzens Bedeutung für Brecht abstreiten. *Auf die historische Lage zwischen dem 18. und dem 20. Jahrhundert kommt es bei Heine allemal an.* Meister wie Heine schließen sich gern an ebenso leicht unterschätzte Meister wie Bürger oder Hölty an. Vielleicht fällt es nicht mehr so schwer, auch diese so lange verachtete Traditionslinie anzuerkennen, wenn man mit *Müller-Seidel* einsieht, daß der »stilisierte« Bänkelsang »beste Gesellschaftskunst des Rokoko« war: »Alle diese Gedichte [die komischen Romanzen] haben die Zurücksetzung nicht verdient, die bis in unsre jüngste Zeit vielfach mit nationaler Überheblichkeit motiviert wurde« (Klassische deutsche Dichtung, hg. von Fritz *Martini* und Walter *Müller-Seidel,* Bd. 19 Balladen, Freiburg 1967, S. 626 f.).

Romanze ist, nach dem Ausweis der Abteilung *Romanzen* in den *Neuen Gedichten,* sehr großzügig. So spricht z. B. das dreistrophige Gedicht *Fortuna* nur von des Dichters eigenem Kampf mit dieser widerspenstigen Frau, der ihm den Sieg, aber auch den Tod bringt*. Man darf vielleicht so interpretieren, daß der episch-lyrische Produktionsdrang Heines sich während der frühen vierziger Jahre in den beiden kleinen Versepen sättigt. Dann zerbricht die Norm der lyrischen Kleinform: im *Romanzero* kommt es zu Balladen und Balladenzyklen im Großformat. Wahrscheinlich ist auf diesen *altersbedingten Abbau der Prägnanz,* der so hoch geschätzten »Kürze« die resignierte Äußerung vom 7. 9. 1851 zu beziehen, die früher von Heinekritikern gern wiederholt wurde: »Ich bin leider nicht so blind, wie Väter es gewöhnlich sind für die geliebten Kinder. Ich kenne ihre Schwäche leider zu gut. Meine neuen Gedichte haben weder die künstlerische Vollendung, noch die innere Geistigkeit, noch die schwellende Kraft[!] meiner früheren Gedichte, aber die Stoffe sind anziehender, kolorierter[!], und vielleicht auch die Behandlung macht sie der großen Menge zugänglicher« (E I, S. 325). Heine hat die damals überschätzte Schwelle von 50 bereits überschritten. Wahrscheinlich steht hinter dieser Äußerung nur das alte humanistische Klischee vom unproduktiv werdenden alten Dichter (vgl. Wielands Verstummen als Versdichter mit 50 Jahren und die zeitgenössische Kritik der *Wanderjahre,* des *Faust II*). Heute jedenfalls wird die gesamte Balladendichtung Heines, so viel ich sehe, geschätzt: »Wir haben es hier mit einer Konstante in Heines lyrischem Werk zu tun... Die Gedichtart, in der epische, dramatische und lyrische Mittel einzusetzen sind, kommt Heines gattungsmischendem und universalistischem Ansatz entgegen«[148]. Ja, die »Poesie«, die Heine immer jenseits der Gattungen sah, erschien ihm hier in einer Gestalt, über die nie so viel gestritten wurde wie über die Experimente im *Buch der Lieder!* Diese Poesie hatte die Funktion der guten Frau, über die man bekanntlich wenig spricht. Von Sammons hört man bereits den Vorwurf, die Erforschung von Heines Balladen sei vernachlässigt worden[149]. *Gewiß, man will ihn eben immer anders, als er war:* impressionistischer, verruchter, dekadenter, weniger naiv. Selbstverständlich kann auch die Ballade politisiert werden (vgl. o. *Karl I.*); aber die Vermehrung und Vergrößerung der Balladen ist wohl mit dem Abrücken von der Politik, nach *Deutschland* und den *Neuen Gedichten,* zusammenzusehen. Grundsätzlich ist zwischen Zeitgedicht und Ballade doch zu unterscheiden**. Die dreiteilige Romanze *Der Dichter*

---

* Ich glaube nicht, daß man *generell* die von Bürger geschaffene Balladenform mit der Erlebnislyrik zusammenbringen kann (vgl. *Müller-Seidels* Nachwort zum Bd. 19 Balladen, S. 623, in der Reihe »Klassische deutsche Dichtung«); das widerspricht dem naiven Ton, den man normalerweise benützt. *Müller-Seidel* beachtet selbst viele Abweichungen von der Erlebnisballade, z. B. in den Balladen der Klassiker, in humoristischen oder didaktischen Balladen (ebd. S. 629 f.). Aber eine mögliche Gattungsmischung ist die mehr oder weniger symbolische Erlebnisballade seit Goethes *Heideröslein* sicherlich. Heine reihte *Fortuna* wohl deshalb in den Abschnitt *Romanzen* ein, weil sie von einem tödlichen Kampf handelt, von seinem lebenslangen Kampf um »Sieg«, der den Erfolg und den Tod am Ende gleichzeitig brachte.

** »Einerseits bleibt die Form [›historische Ballade‹] insgesamt erhalten, und nur einzelne Wendungen lassen eine doppelsinnige Interpretation zu, ohne daß der Hintersinn vom Kontext her zwingend festgelegt wäre. Auf der anderen Seite erscheint das Balladenmuster von vornherein entleert und völlig auf die politische Spitze hin funktionalisiert. In beiden Fällen läßt sich die politische

Firdusi entfaltet die Trauer über den zu späten Sieg des Dichters, die wir in *Fortuna* fanden und die nicht nur einem Erlebnis, sondern zugleich der uns bekannten vanitas-Metaphysik Heines entsprach, an einem orientalischen Schicksal. Die Ballade ist sicherlich auch eine Kritik an dem Königtum, das seinem Träger gestattet, nach Laune zu verfahren und z. B. erst dann zu helfen, wenn es für den Dichter schon zu spät ist. »Schach Mohamet hat gut gespeist, / Und gut gelaunet ist sein Geist«, als er endlich den Dichter für sein großes Werk belohnen will. Trotz dieses bereits traditionellen satirischen Moments ist der eigentliche Sinn der Ballade die Klage über die Welt, in der so viel gelitten wird und alles nicht recht zusammenstimmt. Die Balladen sind zu einem guten Teil »Lamentationen«, wie die Gedichte des zweiten Romanzero-Buches, die so betitelt sind, aber z. T. auch *erzählen*. Vielleicht darf man mit Prawer dieser Weltklage die Würde des Tragischen zuerkennen*. Ich bin davon nicht ganz überzeugt; denn zum Tragischen gehört wohl die »freie«, überlegene Anerkennung des Schicksals, und im Spätwerk Heines ist sehr viel weltschmerzliche *Bitterkeit,* bis in den Zyklus *Lazarus* hinein. Die Gedichte *Unvollkommenheit, Frau Sorge, Vermächtnis,* an denen wir Heines unheilbaren Zorn auf die Menschen und die ganze Welt demonstrierten, gehören in diesen Zyklus. Und ist es wirklich nötig, Heine zum Tragöden zu stilisieren, wenn er es lieber wie der »Aristophanes des Himmels« macht und die Welt zum Narren hält?

Fromme Warnung

> Unsterbliche Seele, nimm dich in acht,
> Daß du nicht Schaden leidest,
> Wenn du aus dem Irdischen scheidest;
> Es geht der Weg durch Tod und Nacht.

> Am goldnen Thore der Hauptstadt des Lichts,
> Da stehen die Gottessoldaten;
> Sie fragen nach Werken und Thaten,
> Nach Namen und Amt fragt man hier nichts.

> Am Eingang läßt der Pilger zurück
> Die stäubigen, drückenden Schuhe –
> Kehr ein, hier findest du Ruhe,
> Und weiche Pantoffeln und schöne Musik.

---

und die formale Wirkungsweise genau angeben: entweder ist der Balladenton ungebrochen und die politische Anspielung tritt ad libitum hinzu, oder aber die handfeste politische Aussage verweist das Poem in die Gattung des politischen Gedichts, das balladenhafte Elemente nur als äußeren Überwurf verwendet. Eine wirkliche Synthese zwischen Ballade und politischem Gedicht ergibt sich weder hier noch dort« (Hans-Peter Bayerdörfer: ›Politische Ballade‹. Zu dem ›Historischen‹ in Heines ›Romanzero‹, in: DVjs Bd. 46, 1972, S. 438 f.).

* »The pattern of the *Romanzero* should now have become clear. It presents a poet's consciousness of betrayal, of pain and horror, and his ever renewed attempts to escape into fantasy worlds, and into illusion. Such illusions, as the frequently ironic mode of presentation shows, are from the first experienced *as* illusions, though they are none the less cherished for that; and again and again they dissolve, to let an absurd or tragic reality starkly appear. And paradoxically, it is within that reality, within human baseness and grief and pain, that beauty and dignity are born. The *Romanzero* exhibits no vulgar pessimism – it bears witness rather to a tragic view of life« (Siegbert S. *Prawer:* Heine, The tragic satirist, A study of the later poetry, Cambridge 1961, S. 205).

So blitzt Lazarus noch, wenn er nicht lieber donnert und z. B. die besiegten Ungarn mit den Nibelungen vergleicht *(Im Oktober 1849)*. Trotzdem: ich zweifle. Schimpft ein tragischer Satiriker? »Das heult und bellt und grunzt – ich kann / Ertragen kaum den Duft der Sieger.« Vielleicht doch eher Aristophanes! Unter der Voraussetzung, daß wir endlich auch unseren komischen und satirischen Dichtern die verdiente Anerkennung nicht versagen.

Reisebilder

In den Reisebildern (4 Bde 1826–1831), die, im Unterschied zu Heines experimentreicher Jugendlyrik, sogleich Erfolg hatten, gibt es, wie in den Balladen, epische Bestandteile. Heine hat keinen förmlichen Reiseroman geschrieben. Er wollte sich die Form vollkommen offenhalten, um sie zum Gefäß seiner launigen Betrachtungen oder Phantasien und seiner Polemik machen zu können. Zwar ist zu beachten, daß in der Biedermeierzeit die prosaischen Erzählgattungen in der Regel noch keine geschlossenen, artistischen, sondern zweckbedingte Formen waren (vgl. Bd. II, S. 820 ff.). Dies gilt nicht zuletzt für die Erzählform, die in der attraktiven Tradition Sternes steht, und da liegt ja der nachweisliche Ausgangspunkt Heines. Gleichwohl ist der Abstand zum Roman Scottscher Prägung, wie er ihn im *Rabbi* versuchte, gewaltig. Heine entscheidet sich mit gutem Grund für die offene Form, die seiner Neigung zum »Kleinen«, Episodischen, Stimmungshaften, wie auch zu Witz und Satire mehr entgegenkommt. *Diese verhältnismäßig anspruchslose, aber dem Dichter vollkommen gemäße Gattungswahl ist eines der stärksten Kriterien für seine formengeschichtliche Instinktsicherheit.* Man vergleiche damit Platens endlose Experimente mit dem Epos und Immermanns epigonenhaftes Kleben am höher geachteten Drama. Ob man in die *Reisebilder* die noch spürbarer zur Erzählprosa tendierenden Arbeiten *(Rabbi, Schnabelewopski, Florentinische Nächte)* einbezieht oder nicht, ist, formengeschichtlich gesehen, nicht wichtig; denn alle bedienen sich einer mehr oder weniger *offenen Erzählform.* Aber selbst wenn man alle diese Arbeiten unter dem Begriff »Erzählkunst« zusammenfaßt, sollte man sie nicht mit dem »modernen Reflexionsroman vom Typ Thomas Manns« usw. zusammensehen; denn Heines Erzählversuche sind zwar inhaltlich etwas Neues, aber kein »ästhetisches Novum« [150]. Sie stehen in der Tradition des reihenbildenden älteren Erzählens, während Romanciers wie Thomas Mann von der realistischen Erzählkunst, z. B. der Fontanes, mit dem Prinzip der »epischen Integration« (Herman Meyer, vgl. Bd. II, S. 1033) ausgehen. Die Sterne-Tradition ergibt eine völlig andere literarhistorische Situation, auch wenn die Erzählkunst in beiden Fällen die Reflexion in sich aufnimmt. Für die *Reisebilder* zum mindesten ist darauf zu bestehen, daß das erzählende Ich, trotz aller Masken, die es sich aufsetzt, keine durchgeführte Fiktion ist, wie in den Formen des normalen Ich-Romans und der Ich-Erzählung: »Das Heinesche Ich ist nicht fiktiv wie etwa das des Taugenichts«, stellt einer der besten Kenner Heines fest [151]. Das ergibt sich schlicht durch den Anschluß an die Reisebeschreibung des 18. Jahrhunderts, obwohl innerhalb dieses Bereichs mit Sterne die subjektivste Abwandlung der Gattung gewählt wird. Wenn dem Dichter die Objektivität des Erzählens, die er bei Goethe und Scott studierte, nicht erreichbar war (s. u.), so bedeutet dies noch lange nicht, daß ihm die »erfahrenen« (empirischen) Details unwichtig waren. Man hat sogar vermutet, daß sich Heine der autobiographischen Form auch deshalb bediente, weil er seine Aussagen über die zeitgenössische Gesellschaft und seine politische Überzeugung unauffälliger machen wollte [152], – zum Produkt eines überspannten Reisenden, eines Narren. So spielt er z. B. im XV. Kapitel von *Ideen* mit dem Gedanken, ob es nicht besser wäre, es mit den Narren (den normalen angepaßten Sterblichen) statt mit den Weisen zu halten, und ob er überhaupt so vernünftig ist, daß er sich zu den Narrenbekämpfern rechnen kann. In diesen Kontext läßt sich dann, ohne Gefahr, die Mahnung eines Narren an den Autor einschalten, die, hübsch zugespitzt, so endet: »Glaub mir, keine Hocherlauchte wird dich für deine Gottlosigkeit bezahlen, die Männer der Liebe werden dich hassen, verleumden und verfolgen, und du machst keine Karriere, weder im Himmel noch auf Erden!« (E III, S. 186)

Schon die Wahl eines beliebig fortzusetzenden Titels mit Teilen über 20 Bogen scheint aus Zensurgründen und um der besseren Verkäuflichkeit willen vorgenommen worden zu sein [153]. Entsprechend betreibt der Autor in seinem Buch nicht nur politische Propaganda, sondern auch den Kampf gegen seine literarischen Konkurrenten. Die vernichtende Kritik an Platen würde ich nicht unbedingt dazu rechnen – sie hatte, wie wir sahen, eine grundsätzliche sozial- und dichtungsgeschichtliche Bedeutung –; aber es fällt auf, daß er sich z. B. über das gediegene *Sangbüchlein für Handwerksburschen*, das der geistliche Lyriker Spitta herausgegeben hatte, lustig macht (E III, S. 168), obwohl er den anderen Poeten in Göttingen als Kommilitone kennen- und schätzengelernt hatte. Hier geht es um die alte Auseinandersetzung zwischen der weltlichen und der geistlichen Dichtung, um einen äußerst erfolgreichen Konkurrenten auf dem geistlichen Markt (vgl. Bd. I, S. 139–142). Wenn Heine ihn zu den »obskuren Autoren« rechnet, so ist dies eine exklusiv-poetische, keine sozialgeschichtliche Aussage. Die Konkurrenz will er auch ausschalten, wenn er sich den erfolgreichen Romancier Clauren vornimmt (vgl. Bd. II, S. 899–901), der eine noch skrupellosere Auswertung der erotischen Rokokotradition betrieb als er selbst. Er nennt ihn den »Sänger der Korallenlippen, Schwanenhälse, hüpfenden Schneehügelchen, Dingelchen, Wädchen, Mimilichen, Küßchen und Assessorchen« (E III, S. 182). Die Diminutive meinen das aufsteigende biedermeierliche Bürgertum (»Assessorchen«), das Clauren liebt und das mitgetroffen werden soll. Umgekehrt erhalten seine Vorbilder Wilhelm Müller, Alexis, Goethe und – noch! – Tieck beträchtliches Lob. Freund Immermann steuert sogar Epigramme bei, dieselben, die Platen so erregt haben – ein besonders deutlicher Beleg für die fast journalhafte Offenheit der Reisebilderform. In der Einleitung zu *Don Quichotte*, der für Heine *der* Roman gewesen ist, sieht er die Reisebeschreibung als einen Ersatz für den langweilig werdenden Roman; aber er wirft die beiden Gattungen nicht völlig zusammen*. Der *Rabbi* beweist, daß Heine sehr

---

* »Wegen Armut an Erfindung haben jetzt die meisten Romanschreiber ihre Fabeln voneinander geborgt, wenigstens haben die einen mit wenig Modifikationen immer die Fabeln der andern benutzt, und durch die dadurch entstehende Wiederkehr derselben Charaktere, Situationen und Verwicklungen ward dem Publikum am Ende die Romanlektüre einigermaßen verleidet. Um sich vor der Langweiligkeit abgedroschener Romanfabeln zu retten, flüchtete man sich für einige Zeit in die

wohl weiß, was episch ist, daß nämlich eine gewisse Stetigkeit und Gleichmäßigkeit des Tons dazu gehört. Aber eben diese »epische Ruhe« ist das, was ihm versagt ist. In dieser Hinsicht erscheint er, unter den bedeutenden Dichtern der Zeit, als der Antipode des späten Stifter. Er will in den *Reisebildern* wie in der Lyrik zeigen, wieviel Töne er auf seiner Leier hat (an Varnhagen 14. 5. 1826), nur daß eben die »Übergänge«, die in den Rhetoriklehrbüchern das besondere Problem des Mischstils bilden, sich in der Prosa besonders leicht bewältigen lassen und am leichtesten im Reisebild, das ja seiner Natur nach Episoden gibt. Dem gemächlichen epischen Stil – die realistischen Erzähler verwenden lange Sätze (vgl. Bd. I, S. 593) – widerspricht auch die Kürze, zu der Heine neigt. Man erinnere sich an die knappe Reihung von Motiven aus Claurens Roman. Was hätte ein realistischer »Humorist« daraus gemacht! Ähnlich konzentriert ist Heines Stil, wenn er Platens »Romantischen Ödipus« erledigt: »Jenes Meisterwerk zeigte mir ihn endlich ganz, wie er ist, mit all seiner blühenden Welkheit, seinem Überfluß an Geistesmangel, seiner Einbildung ohne Einbildungskraft, ganz wie er ist, forciert ohne Force, pikiert ohne pikant zu sein, eine trockne Wasserseele, ein trister Freudenjunge« (E III, S. 363). Eine dichte Reihe von Oxymora, noch gesteigert durch die Wiederholung »ganz wie er ist«. *Das war die »Kunst der Prosa«, die die jüngeren Jungdeutschen hingerissen studierten, nachahmten und die keiner erreichte.* Heine erstrebt diese »Force« (s. o.) bewußt und nennt es »Lapidarstil« (z. B. E III, S. 197). Er ist also vollkommen im Recht, wenn er das Gerede von seinen Abschweifungen nicht mag*. Das ist eine Verwechslung seines kräftigen jugendlichen Stils mit dem Altersstil, z. B. eines Tieck. Im kurzen Stil gipfelt nach Heine die römische Satire; er rückt diese Gattung, niemals an biedermeierlicher Bescheidenheit leidend, dicht an das römische Heldentum heran (E III, S. 262). Wer meint, Heines oft zitierte Gleichgültigkeit gegenüber seinem Nachruhm sei ernst gemeint, kennt ihn nicht; in diesem Punkt ist er völlig der *alte* Humanist, und die gegenteilige Behauptung soll ihn nur vom Typ Klopstocks abrücken: »Ich hab' mir's überlegt, ich will nur halb unsterblich und ganz satt werden, und wenn Voltaire dreihundert Jahre seines ewigen Nachruhms für eine gute Verdauung des Essens hingeben möchte, so biete ich das Doppelte für das Essen selbst... Der Philosoph Pangloß [in Voltaires Candide] hat recht; es ist die beste

---

uralte, ursprüngliche Form der Reisebeschreibung. Diese wird aber wieder ganz verdrängt, sobald ein Originaldichter mit neuen, frischen Romanfabeln auftritt. In der Litteratur wie in der Politik bewegt sich alles nach dem Gesetz der Aktion und Reaktion« (E VII, S. 318). Wenn man sich an die Überwucherung des Biedermeierromans durch Wissensvermittlung und moralische Belehrung erinnert, andrerseits an die Wiedergeburt des Romans seit den 40er Jahren und vor allem seit etwa 1855, kann man diese historische Interpretation für halbwegs richtig halten. Sie soll natürlich auch die historische Legitimität und Bedeutung der »Reisebilder« nachweisen.

* »Beklagen Sie sich nicht über meine Abschweifungen. In allen vorhergehenden Kapiteln ist keine Zeile, die nicht zur Sache gehörte, ich schreibe gedrängt, ich vermeide alles Überflüssige, ich übergehe sogar oft das Notwendige, z. B. ich habe noch nicht einmal ordentlich citiert« (E III, S. 167). Das Zitat ist bekanntlich für Heine außerordentlich wichtig wie für jeden Parodisten. Man sollte nur nicht meinen, er zitiere gewissenhaft wie ein Philologe. Das Zitat ist ein Aufhänger, z. B. für eine Antithese. Es darf genauso erfunden werden wie irgendeine weibliche Gestalt auf der Reise, wie ein Traum oder wie ein Gespräch mit Hegel. »Ich habe jährlich meine 10,000 Citate zu verzehren, ja, ich habe sogar die Erfindung gemacht, wie man falsche Citate für echte ausgeben kann« (E III, S. 168).

Welt! Aber man muß Geld in dieser besten Welt haben« (E III, S. 176 f.). Es ist die Sprache des »launigen« Berufsschriftstellers: Gleich danach ist von *verkäuflichen* Manuskripten die Rede.

Die *Reisebilder* waren verkäuflich. Der alte Witz und die mit seiner Hilfe eingeschmuggelten neuen Ideen, die vielen verschiedenen in der effektvollsten Form vorgetragenen Szenen und Reflexionen machten das Buch unwiderstehlich. Typisch ist etwa die hinreißende Gradation, die er seinem Helden Nr. 1 widmet: »Ich sah den Kaiser, die Fahne im Arm, auf der Brücke von Lodi – ich sah den Kaiser im grauen Mantel bei Marengo – ich sah den Kaiser zu Roß in der Schlacht bei den Pyramiden – nichts als Pulverdampf und Mamelucken – ich sah den Kaiser in der Schlacht bei Austerlitz – hui! wie pfiffen die Kugeln … – ich sah, ich hörte die Schlacht bei Jena – dum, dum, dum – ich sah, ich hörte die Schlacht bei Eylau, Wagram – – – – – nein, kaum konnt' ich es aushalten! Monsieur Le Grand trommelte, daß fast mein eignes Trommelfell dadurch zerrissen wurde« (E III, S. 158). Es gibt scheinbar wissenschaftliche Aufzählungen, die aber nur komische Funktion haben: »Sie sehen Madame, es fehlt mir nicht an Gründlichkeit und Tiefe. Nur mit der Systematik will es noch nicht so recht gehen. Als ein echter Deutscher hätte ich …« (E III, S. 172 f.). Heine begnügt sich nicht mit der Verspottung der Universität Göttingen, sondern er schreibt etwas durch und durch Unakademisches, unter ständigen Stichen auf die Philosophie. Im II. Kapitel der *Stadt Lucca* bedient er sich des Dialogs mit einem »alten Eidechs«, um Schelling auf Kosten Hegels zu rühmen; denn noch geht es um den Lehrstuhl in München: »Diese Darstellungsart [Schellings] ist viel anmutiger, heiterer, pulsierend wärmer, alles darin lebt, statt daß die abstrakt Hegelschen Chiffern uns so grau, so kalt und tot anstarren. ›Gut, gut‹, erwiderte der alte Eidechserich, ›ich merke schon, was Sie meinen; aber sagen Sie mir, haben diese Philosophen viele Zuhörer?‹ Ich schilderte ihm nun, wie in der gelehrten Karawanserai zu Berlin die Kamele sich sammeln um den Brunnen Hegelscher Weisheit, davor niederknien, sich die kostbaren Schläuche aufladen lassen und damit weiter ziehen durch die Märksche Sandwüste« (E III, S. 381 f.). Aus der populären Metapher Kamel wird die Karawanserei herausgeholt, wodurch dann gleich noch die Mark Brandenburg zur Wüste gemacht werden kann. Ein sehr gescheiter Interpret spricht geradezu vom »Legendenerzähler« Heine, von seinem »emblematisch gerafften Panorama« – Tiere fungieren ja auch hier als Embleme – von »symbolisch-allegorische[n] Miniatur[en]« [154], um seinen weiten Abstand vom Realismus zu betonen. »Wenn wir hier … auf die pseudo-wissenschaftliche Attitüde als ein Hauptmittel der Parodie Heines hinweisen, so steht diese Erscheinung freilich nur stellvertretend für eine beliebige Ausgestaltung eines betont konventionellen Gedankenkreises und Sprachgebrauchs überhaupt. Jede exakte und eindeutige und damit für Heines Gefühl immer auch schon trocken und banal gewordene Sphäre kann bei Heine die Folie des parodistischen Spiels abgeben« [155]. Richtig ist, daß alles Prosaische bei Heine parodiert werden kann, nicht nur das Pseudowissenschaftliche, sondern auch das Wissenschaftliche, wie in unserm Zitat Hegel. Aber es sollte doch dieser Widerstand Heines gegen den heraufkommenden bürgerlichen Realismus nicht so übertrieben werden, daß daraus ein nachbürgerlicher Surrealismus wird. *Seine vorrealistische Position läßt sich vor allem aus seinen Zugeständnissen an die modische »Holländerei«, aus seinen Genrebildern ablesen.* Später, in seiner französischen Kunstkritik, hat er aus den Genrebildern der Maler gerne etwas Großartiges gemacht, Ideen aus ihnen herausgeholt, die nicht in ihnen steckten. In den *Reisebildern* dagegen bilden die Genrebilder noch öfters Ruhepunkte, die gegen die satirische oder ideologische Schematisierung einen gewissen Widerstand bilden. Von einer italienischen Wirtsfamilie in Ala gibt er ein äußerst detailliertes Bild: »Ich mußte mich lange mit dem lieblichen Bratenduft begnügen, der mir entgegenwogte aus der thürlosen Küche gegenüber, wo Mutter und Tochter nebeneinander saßen und sangen und Hühner rupften. Erstere war remarkabel korpulent; Brüste, die sich überreichlich hervorbäumten, die jedoch noch immer klein waren im Vergleich mit dem kolossalen Hintergestell... Die Tochter, eine nicht sehr große, aber stark geformte Person, schien sich ebenfalls zur Korpulenz hinzuneigen; aber ihr blühendes Fett war keineswegs mit dem alten Talg der Mutter zu vergleichen. Ihre Gesichtszüge waren nicht sanft, nicht jugendlich liebreizend, jedoch schön gemessen, edel, antik; Locken und Augen brennend schwarz. Die Mutter hingegen hatte flache, stumpfe Gesichtszüge, eine rosenrote Nase, blaue Augen, wie Veilchen in Milch gekocht, und lilienweiß gepuderte Haare. Dann und wann kam der Wirt, il Signor padre, herangesprungen und fragte nach irgend einem Geschirr oder Geräte, und im Recitativ bekam er die ruhige Weisung, es selbst zu suchen. Dann schnalzte er mit der Zunge, kramte in den Schränken, kostete aus den kochenden Töpfen, verbrannte sich das Maul und sprang wieder fort« (E III, S. 255). Das ist gewiß kein völlig ausgeglichenes realistisches Bild. Spannungen sind – das gehört zu Heine – vorhanden, etwa die zwischen den ruhigen Frauen und dem quecksilbrigen Familienvater oder die zwischen der karikierten Mutter – das Wort kolossal ist in solchen Texten oft ein Signal – und der schönen Tochter. Nicht »liebreizend« ist sie, aber »edel, antik«. Trotzdem geht es um eine relativ genaue Beschreibung der jungen Italienerin. Über dem ganzen Bilde liegt eine gewisse Ruhe: die Frauen singen und »rezitieren«, das Hin und Her des Mannes ist nicht ernstzunehmen. Das letzte Wort des Abschnitts heißt »Familienneckerei«. Dieses Maß an Realismus ist allerdings nur gelegentlich, zur Anhaltung des geistreich unruhigen Erzählstroms und eigentlich nur in der menschlichen Umwelt zu finden. Wenn zum Beispiel von den Apenninen gesprochen wird, dann verhindert das antigermanische Ressentiment sogleich die realistische Schilderung: diese italienischen Berge sind »nicht abentheuerlich gotisch erhaben mißgestaltet..., gleich den Bergkarikaturen, die wir ebensowohl wie die Menschenkarikaturen in germanischen Ländern finden: sondern ...ihre edelgegründeten, heiter grünen Formen« sprechen »fast eine Kunstzivilisation aus« und klingen »gar melodisch mit dem blaßblauen Himmel zusammen« (E III, S. 299). Die Natur wird zur bloßen Kulisse für die Menschen, Theatermalerei. Dies gilt auch für *Die Harzreise,* die uns angeblich so viel Landschaft naturgemäß vermitteln soll. Man versteht unter dem Gesichtspunkt der Reife, daß Reeves *Die Harzreise* zwar als fröhlichstes Werk des Dichters rühmt, aber künstlerisch die *Reise von München nach Genua* bevorzugt[156]. Diese Umwertung verdient Aufmerksamkeit. Selbstverständlich behält der Bericht über die Harzwanderung seinen jugendlichen Reiz. Hier kokettiert der Dichter noch ganz offen mit der Naturromantik. Aber eigentlich kommt es doch schon allein auf den Menschen an: »Unendlich selig ist das Gefühl, wenn die Erscheinungswelt mit unserer Gemütswelt zusammenrinnt, und grüne Bäume, Gedanken, Vögelsang, Wehmut, Himmelsbläue,

Erinnerung und Kräuterduft sich in süßen Arabesken verschlingen. Die Frauen kennen am besten dieses Gefühl, und darum mag auch ein so holdselig ungläubiges Lächeln um ihre Lippen schweben, wenn wir mit Schulstolz unsere logischen Thaten rühmen« (E III, S. 72). Das Wort Arabeske ist romantisch, dagegen hat die Alternative von empfindsamer Naturschwärmerei und Schulstolz nicht das geringste mit der Novalis-Romantik zu tun; denn dieser kommt es eben auf den Einklang von Gefühl und Wissen an. Selbstverständlich kann sich Heine, hier wie überall, damit helfen, daß er die Naturerscheinungen personifiziert, dies ist im Biedermeier noch eine viel geübte und beliebte Methode: »Ja, die Sage ist wahr, die Ilse ist eine Prinzessin, die lachend und blühend den Berg hinabläuft. Wie blinkt im Sonnenschein ihr weißes Schaumgewand! Wie flattern im Winde ihre silbernen Busenbänder! Wie funkeln und blitzen ihre Diamanten! Die hohen Buchen stehen dabei gleich ernsten Vätern, die verstohlen lächelnd dem Mutwillen des lieblichen Kindes zusehen; die weißen Birken bewegen sich tantenhaft vergnügt... der stolze Eichbaum schaut drein wie ein verdrießlicher Oheim, der das schöne Wetter bezahlen soll« usw. (E III, S. 71). Alles können die Naturerscheinungen sein, nur eben keine Natur. An solchen Stellen bahnt sich das Blumenepos des Biedermeiers (vgl. Bd. II, S. 726 f.) schon an, wie überhaupt Heines Einfluß auf das Biedermeier gar nicht so gering gewesen sein dürfte. *Er hat, weil er so früh ansetzte, sehr viel zur Umwandlung des Rokoko ins Biedermeier getan.* Heute noch hört man bei Heinefeiern, allerdings nur gesungen, das naive, völlig biedermeierliche Lied vom Waldorchester, dessen Kapellmeister kein Geringerer als Amor ist (*Neuer Frühling* 8 in den *Neuen Gedichten*). Heine selbst hat allerdings rechtzeitig erkannt – in den *Reisebildern* wohl früher als in den Gedichten –, daß er kein Landschafter, sondern allenfalls ein Genrebildmaler, vor allem aber ein Karikaturist, ein Gesellschaftskritiker ist.

Die Stoßrichtung des späteren Heine ist, trotz aller biedermeierlichen Vertuschungsversuche, in den *Reisebildern* schon ziemlich klar zu erkennen. Die Propaganda für den französischen Revolutionskaiser z. B. wird, wie wir sahen, mit erheblicher Lautstärke betrieben. Joachim Müller schwächt die politische Tendenz ab: »Der Dichter selbst desillusioniert die Revolutionsidee in der ihr feindlichen Epoche, er kann seine Resignation und Skepsis nicht verbergen, so sehr er an den Revolutionsideen hängt«[157]. Das ist, rein vom Text her gesehen, richtig. Ich würde jedoch sagen, daß auch die sentimentale und elegische Stilisierung des napoleonischen Trommlers zum »Zensurstil« (s. o.) gehört. Vor allem die Sympathie der Damen für das napoleonische Zeitalter soll erweckt werden. Daß in den *Reisebildern* bereits eine antideutsche Tendenz am Werke ist, verrät die sehr kritische Beleuchtung der wegen ihres Freiheitskampfes in Deutschland gefeierten Tiroler (»unergründliche Geistesbeschränktheit«, »humoristischer Servilismus« E III, S. 235 f.) und die sehr geschickte Degradierung der höchsten deutschen Nationalerinnerung von damals, der Schlacht von Leipzig. Sein alter Lehrer – die typische Einkleidung – will vorausgewußt haben, daß der Untergang Napoleons die Knechtschaft für Deutschland bedeutet, und als es dann endlich soweit ist, sagt dieser weise Mann: »Liebe Jungens, es wäre besser gewesen, wir hätten selbst die Prügel bekommen« (ebd.). Das Problem der napoleonischen *Fremdherrschaft* wird völlig bagatellisiert. Auch Heines Eintreten für das in seinem Norden von Österreich beherrschte Italien wird durch das uns schon bekannte Ausspielen der Südländer gegen die Nordländer in seinem humanistischen Sinn stark reduziert, wobei auch Heines Bürgerhaß wieder im Spiele ist: »Nirgends Philistergesichter. Und gibt es hier auch Philister, so sind es doch italienische Orangenphilister und keine plump deutschen Kartoffelphilister« (E III, S. 383). In solchen Äußerungen präludiert die *Stadt Lucca* schon die *Englischen Fragmente,* die die *Reisebilder* beschließen und auf die wir nicht mehr zurückkommen wollen. Sehr geschickt wird die österreichische Herrschaft über Norditalien dadurch angedeutet, daß in objektiven Berichten immer wieder die Anwesenheit vom österreichischen Soldaten konstatiert wird. Diese Objektivität ist selbstverständlich Zensurstil. Doch wird auch offen im elegischen oder pathetischen Stil vom »armen geknechteten Italien« gesprochen, das nur in der Musik sein Gefühl ausströmen kann. Zugleich wird Rossini gefeiert, der »Helios von Italien«, den die Deutschen nicht verstehen, – weil »du nicht gedankenschwer und gründlich genug bist, weil du so leicht flatterst, so gottbeflügelt«! Auch in dieser Rossini-Apostrophe erscheint das Stichwort, das Heines historischen Ort bezeichnet: »Grazien« (E III, S. 250 f.).

Windfuhr hat das politische Gewicht gerade auch der Italienpartien gebührend hervorgehoben und damit das Klischee von Goethes objektiver, von Heines subjektiver Italienreise eingeschränkt. Er leugnet natürlich nicht Heines subjektive Darstellungsweise; aber er gibt zu verstehen, daß gerade auch sie ein Weg zur Wirklichkeit sein kann. Die gebildete, klassizistische Italienreise der Deutschen war ja zunächst für politische und soziale Fragen zu öffnen, und so kann man behaupten, daß »Goethe sich selbst in allen Gegenständen begreifen will, während es Heine um den objektiven Gesellschaftsbefund geht« [158]. So ist es: die österreichischen Soldaten stören den Dichter persönlich, wecken unangenehme Erinnerungen, gleichzeitig jedoch erkennt er, daß das freie ungezwungene Volksleben der Italiener durch die Besatzungstruppen verhindert wird. Dieser Unfreiheit gilt seine Klage, und er glaubt, diese auch in der Beherrschung durch die katholische Kirche erkennen zu können. Die naive jungdeutsche Gleichung von katholisch und mittelalterlich läßt ihn ausgerechnet im italienischen Katholizismus meistens etwas Gespenstisches, ja Totes erkennen. Es gibt auch freundliche Äußerungen. Heine bemüht sich noch im romantischen Geiste um ein gewisses Verständnis der alten Kirche; aber es ist doch recht begrenzt. Ob man sagen kann, »daß Heine auf dieser Stufe durchaus noch eine Reinigung der christlichen Religion im Auge hatte« [159]? Ich denke, die katholische Kirche wußte, was sie tat, als sie damals Heines Bücher indizierte. Man nehme als Beispiel die Prozession in Lucca. Sie wird mit vielen Details farbenprächtig beschrieben; aber einzelne Äußerungen lassen unmißverständlich Heines Feindschaft erkennen; sie sind die Quintessenz, und die Beschreibung ist die Verbrämung für den Zensor und für die schöngeistigen Damen, die nicht weiterlesen würden, wenn immer nur politisiert würde: »Wenn ich eine solche Prozession sehe, wo unter stolzer Militäreskorte die Geistlichen so gar trübselig und jammervoll einherwandeln, so ergreift es mich immer schmerzhaft, und es ist mir, als sähe ich unseren Heiland selbst umringt von Lanzenträgern zur Richtstätte abführen« (E III, S. 392). Es ist wie bei dem Trommler Napoleons der *sentimentale* Zensurstil; aber einem aufmerksamen Leser entging der Vorwurf, daß die Kirche der leibhaftige Antichrist ist, keineswegs. Schon während der Arbeit an den *Reisebildern* entwikkelte sich Heine mehr und mehr zum militanten Publizisten, und diese Art von Publizistik konnte den Zensoren sogar besonders gefährlich erscheinen, weil sie durch die Einkleidung als Reisebild weitere Kreise erreichte.

Schon aus den Rezensionen der *Harzreise* geht hervor, daß man Heines Genie erkannte und seine Poesie bewunderte, aber seinen Mangel an Mäßigung, seine »Frechheit« bedauerte (DHA 6, S. 541). Die besonders angesehenen *Blätter für literarische Unterhaltung* (vgl. Bd. II, S. 70f.) bemerkten Heines »Jeanpaulisieren«, fügten aber hinzu: »Der Witz wird indessen häufig so derb, daß der Humor entweicht« (ebd. S. 546). Sogar Immermann vermißte »Maß und Grazie«. Dagegen verteidigte er Heine gegen den Vorwurf der Formlosigkeit, der auf klassizistischer Basis öfters erhoben wurde: Das Urteil »trifft unsres Erachtens... Heine'n am wenigsten, der sich in den meisten seiner Zeugnisse grade sehr geformt zeigt« (ebd.). Die moderne Kritik bestätigt dies Urteil auch für Heines Erzählversuche, da sie weiß, daß die offene Form, nicht anders als die geschlossene, ihr eignes Gesetz hat, das über Gelingen und Mißlingen entscheidet. Unter diesem Gesichtspunkt werden die Versuche Heines interessant, die sich entschiedener als fiktionale Erzählprosa verstehen lassen.

Versuche in der entschieden fiktionalen Erzählprosa

Das Fragment *Der Rabbi von Bacherach,* das 1824 als tragischer Roman begonnen und 1840 mit einem komischen Schluß versehen und herausgegeben wurde[160], gewährt einen besonders klaren Einblick in Heines Natur als Erzähler. Nach allerlei gelehrten Vorbereitungen will er einen ernsten historischen Roman über die Judenverfolgung im späten Mittelalter schreiben. Er ist außerordentlich fleißig, er webt mit tausenden von Stichen einen überaus gediegenen Teppich. Sehr viele Details werden in einem teils düsteren, teils heiteren Stil – heiter ist hier im Goetheschen Sinne zu verstehen – in eine völlig stetige Handlung eingebracht. Nirgends eine Frechheit oder auch nur eine mutwillige Bemerkung. Aber diese wirklich epische Textur hält der Dichter nicht durch; ja, man darf sagen, der Roman wäre ein Fremdkörper in Heines Werken geworden, – ungefähr wie der *Maler Nolten* in Mörikes dichterischer Kleinwelt. Der Württemberger hat sein ganzes Leben an der Verbesserung der jugendlichen Fehlgriffe gearbeitet und konnte nicht fertig werden. Auch an Stifters *Witiko* darf vielleicht erinnert werden; der geschichtliche Stoff und der epische Ton waren auch diesem Dichter eine schwere Last, aber er vollendete den Roman in zäher Arbeit. Heine dagegen, der »deutschen Pedanterie« abhold, ließ das Werk schon 1825 liegen, und als er es wieder aufnahm, fügte er nur einige komische oder groteske Szenen hinzu, die allein schon durch die Juden*satire* Distanzierung von dem Grundproblem bedeuteten. Seine Äußerung über die Judenpogrome in Damaskus, die die Wiederaufnahme der Arbeit veranlaßt haben mögen, verrät, daß er sich der *damals verständlichen* Illusion hingab, »in Europa« seien so barbarische Verfolgungen nicht mehr zu befürchten (E VI, S. 166f.). Auch der Begriff »Legende« in der Widmung an Heinrich Laube[161] bedeutet wohl, daß er das Thema der Judenverfolgung nicht mehr für aktuell hielt. *Man darf hinzufügen, daß er für sein eigenes maßvolles Jahrhundert* *recht behielt,* – gerade *weil* es bürgerlich oder wenigstens durch aufgeklärt-bürgerliche Moralvorstellungen geprägt war.

Das Fragment *Aus den Memoiren des Herren von Schnabelewopski* (1834) ist vom Verfasser ebenso abgerückt wie der *Rabbi.* Es handelt sich um keine Reisebilder oder Memoiren, sondern »um fiktive Memoiren einer fiktiven Hauptfigur..., bei denen nur einzelne Details auf die Autobiographie des Verfassers anspielen« [162]. So stammt z. B. die Kontrastierung der Hamburger »Anstandsdamen« und der Hamburger Dirnen, die wir kennenlernten (s. o. S. 484), aus diesem Romanfragment. Der Ton ist wie diese Partie komisch, satirisch; auch die Anwendung des Wortes humoristisch ist in diesem Fall legitim, da zum Schluß durch den Tod des kleinen, frommen Deisten Simson ein Motiv betont wird, das trotz der grotesken Umgebung m. E. ernstzunehmen ist. Man kann freilich darüber streiten. Vielleicht war es gerade die nicht ganz gelungene Stilmischung, die den Dichter zu dem Urteil »mißglückt« veranlaßte (an Friedrich Merckel 24. 8. 1832) und von der Vollendung des humoristischen Romans abhielt. Es leuchtet vollkommen ein, daß Heine an Christian Reuters *Schelmuffsky* anknüpfte [163]; denn dort handelt es sich bereits um eine Parodie des barocken Schelmenromans, um ein Rokoko, das schon auf dem Wege zu Wielands *Don Sylvio* liegt. Heine wäre aber hinter dem alten Meister zurückgeblieben, wenn in seinem Roman kein tieferer Sinn verborgen gewesen wäre. Ich neige daher zu der Meinung, daß er in diesem Roman die allzu naive Polemik gegen die Religion (vgl. o. Prozession in Lucca) abbauen und den Religionsstreit der Zeit humoristisch relativieren wollte, daß jedoch diese (realistische!) Absicht mißlang. Trotzdem ist der kleine Simson, der für seinen Glauben stirbt, in Heines Augen vom alten biblischen Simson nicht völlig zu trennen: So tragikomisch erscheinen, genau besehen, alle Helden. Ein Indiz für die humoristische Absicht ist auch die holländische Umwelt, in die der Erzähler seinen Helden führt und die immer stärkere Verwendung der Genrebild-Technik. Hier wäre mit den entsprechenden, ebenfalls niederländisch stilisierten und ebenfalls fragmentarischen Erzählversuchen der Droste zu vergleichen (s. u. S. 636). Heines Preis des holländischen Genremalers Jan Steen weist in die gleiche Richtung*. Die Umwelt ist in den holländischen Szenen sehr bürgerlich gehalten, aber Heines Ton neigt auch hier zur Karikatur, zur Groteske. Nach dem Tod des kleinen Simson erzählt Schnabelewopski: »Diese Szene hatte mich furchtbar erschüttert. Gegen das Weib aber, das mittelbar solches Unglück verursacht, wandte sich der ganze Ungestüm meiner Empfindungen; das Herz voll Zorn und Kummer stürmte ich nach dem roten Ochsen. ›Ungeheu'r, warum hast du keine Suppe geschickt?‹ Dieses waren die Worte, womit ich die erbleichende Wirtin anredete« (E IV, S. 137). Ein »Übergang« dieser Art war auf soziologischer Grundlage

---

* »Das Haus, worin ich zu Leiden logierte, bewohnte einst Jan Steen, der große Jan Steen, den ich für ebenso groß halte wie Raffael. Auch als religiöser [!] Maler war Jan ebenso groß, und das wird man einst ganz klar einsehen, wenn die Religion des Schmerzes erloschen ist und die Religion der Freude den trüben Flor von den Rosenbüschen dieser Erde fortreißt und die Nachtigallen endlich ihre lang' verheimlichten Entzückungen hervorjauchzen dürfen« (E IV, S. 128). Das ist eine ideologische Widerlegung Simsons, aber was treibt den *Dichter,* diese rührende Figur ins Spiel zu bringen? Vielleicht doch ein gewisses Streben nach humoristischer Gerechtigkeit gegenüber dem religiösen Eiferer.

(Ritter und Knecht) bei Shakespeare und Cervantes möglich. Im humanisierten und psychologischen 19. Jahrhundert konnte ein so possenhafter Umschlag in der Erzählprosa nicht überzeugen. Deshalb vielleicht blieb das mit dieser derben Szene begonnene Kapitel das letzte des Fragments.

Nein, Heine war kein bürgerlicher Erzähler. Deshalb sind die *Florentinischen Nächte* (1836), die im Rahmen und in den Binnenerzählungen vom alltäglichen Leben wegführen, wohl sein bestes Erzählwerk[164]. Das Ideal der Stilmischung wird hier deutlich bezeichnet, in der Beschreibung der Musik, zu der Laurence tanzt: »Ich vernahm eine pathetisch närrische, wehmütig freche, bizarre Melodie, die dennoch von der sonderbarsten Einfachheit« (E IV, S. 356 f.). Der Dichter wählt eine Struktur, die tatsächlich sehr einfach zu sein scheint. Das schwierige Problem der »Übergänge« ist hier ausgeschaltet, dadurch, daß der Ernst vor allem im Rahmen erscheint. Maximilian muß der sterbenskranken Maria möglichst seltsame Geschichten erzählen, die sie von ihrem Schicksal ablenken. Erlebnis und Fiktion, Wirklichkeit und Traum gehen dem Erzähler dabei völlig durcheinander: es ist nicht so wichtig, ob man Liebe träumt oder erlebt: »Ich denke, Maria, Sie hegen kein banales Vorurteil gegen Träume [!]; diese nächtlichen Erscheinungen haben wahrlich ebensoviel Realität wie jene roheren Gebilde des Tages, die wir mit Händen antasten können, und woran wir uns nicht selten beschmutzen. Ja, es war im Traume, wo ich sie sah« (E IV, S. 331). Maximilians Erzählung führt in die Welt der Virtuosen. Seine größten Erlebnisse sind das Spiel Paganinis und der Tanz der kleinen Tänzerin Laurence. Die dabei unterlaufenden Liaisons werden ganz im Sinne der Künstlerwelt als angenehme Nebensache behandelt. Das Bekenntnis zum Traum, zum Schein meint das Bekenntnis zur Kunst und darüber hinaus die alte Einsicht, daß das Leben nur ein Traum ist, manchmal auch ein Karneval, ein Theater, Musik, alles, nur keine alltägliche und bürgerliche Wirklichkeit. Heine steht hier Hoffmann sehr nahe, etwa seiner *Prinzessin Brambilla;* aber auch Hoffmanns Schauermotive verschmäht er nicht. Eine scheintote Gräfin soll Laurence geboren haben, und dementsprechend tanzt Laurence: »Sie wurde manchmal blaß, fast totenblaß, ihre Augen öffneten sich gespenstisch weit, um ihre Lippen zuckten Begier und Schmerz, und ihre schwarzen Haare, die in glatten Ovalen ihre Schläfen umschlossen, bewegten sich wie zwei flatternde Rabenflügel... Was aber sagte dieser Tanz? Ich konnte es nicht verstehen, so leidenschaftlich auch diese Sprache sich gebärdete. Ich ahnte nur manchmal, daß von etwas grauenhaft Schmerzlichem die Rede war« (E IV, S. 357 f.). Auf diese Weise werden Brücken zwischen dem Rahmen mit der sterbenden Maria und dem immer auch schmerzlichen Künstlerleben geschlagen. Ja, der Dichter gibt dem Namen der Sterbenden vielleicht sogar eine höhere Bedeutung, indem er Maximilian erzählen läßt, er habe sich einmal »in ein Gemälde verliebt. Es war eine wunderschöne Madonna, die ich in einer Kirche zu Köln am Rhein kennen lernte« (E IV, S. 328). Und wenig später: »Lieber Himmel! die lebendigen Weiber, ...wie haben sie mich gequält, zärtlich gequält« (ebd. S. 330). Doch bleiben Maximilians Erzählungen und die gelegentlichen Gespräche mit der immer ruhigen, immer überlegenen Maria stets im Rahmen der »Konversationserzählung«[165]. Wenn man in der Frage surrealistischer Bezüge weiterkommen wollte, wäre auch mit Tieck zu vergleichen; denn der alte Romantiker mischt allerlei Wunderbares in seine scheinbar so prosaischen »Novellen«

(vgl. Bd. II, S. 837 f.). Diese wirklich nicht zu übersehene Nähe zur Spätromantik verbindet sich auch hier mit der Huldigung für das, was das Rokoko auszeichnete und was in Paris, im Tanz der Laurence, in der Liebschaft mit ihr weiterlebt; doch verbindet Heines stets lebendige mythologische Kombinatorik die beiden Sphären: »Ich kenne nichts Treffenderes als die Legende, daß die Pariserinnen mit allen möglichen Fehlern zur Welt kommen, daß aber eine holde Fee sich ihrer erbarmt und jedem ihrer Fehler einen Zauber verleiht, wodurch er sogar als ein neuer Liebreiz wirkt. Diese holde Fee ist die Grazie« (F IV, S. 364).

Es mag sein, daß die drei Erzählversuche Heines »mehr Interesse« verdienen, »als ihnen bisher zugewendet wurde« [166]. Man wird gewiß auch näher bestimmen können, worin sich die drei Experimente von ihren Vorbildern reizvoll unterscheiden. Mir scheint jedoch, daß sich Heines künstlerische Sicherheit, genau wie beim Drama, vor allem darin verrät, *daß er die Experimente nicht fortsetzt.* Dieser Entschluß könnte bedeuten, daß die Publizistik, die er, näher besehen, schon in den *Reisebildern* kultiviert hatte, innerhalb der Prosa der Bereich war, in dem er sich am meisten zu Hause fühlte.

Die Kleinepen Atta Troll und Deutschland

Wenn man verstehen will, weshalb Heine in *Atta Troll, ein Sommernachtstraum* (1843) und in *Deutschland, ein Wintermärchen* (1844) mit so großem artistischem Anspruch auftrat, dann muß man wissen, daß es sich um eine *Erneuerung des Epos* handelte, des »komischen« zwar, des parodistischen, aber auch dieses hatte durch Wieland ein hohes Ansehen erworben. Die Tradition des komischen Epos lebte noch (vgl. Bd. II, S 731 ff.), und Heine hatte durch Immermanns *Tulifäntchen* (vgl. u. S. 852 f.) längst Gelegenheit gehabt, sie kennenzulernen. *Daß der »Revolutionär« Heine, das große Prosa Vorbild der jüngeren Jungdeutschen, kurz vor 1848 den humanistischen Ehrgeiz hat, in komischen Epen zu glänzen, beleuchtet besonders klar seinen historischen Ort:* Er wurzelt in der Epoche, für die das Epos die höchste Gattung war, im 18. Jahrhundert. Man zitiert gewöhnlich Heines Anspruch, »ein ganz neues Genre, versifizierte Reisebilder« geschaffen zu haben, aber im gleichen Brief (an Campe 20. 2. 1844) spricht er von einem »Reise-Epos«. Auch sein Hinweis auf die Einteilung in einzelne Gesänge (»ein Cyklus von 20 Gedichten«) kann ihn aus der versepischen Tradition nicht herausnehmen, obwohl es sich um kürzere Gesänge als im normalen »Heldengedicht« handelt; denn die hier zugrunde liegende Form des Romanzenepos hatte schon Herder geschaffen, sie war in der Biedermeierzeit eine anerkannte Gattung (vgl. Bd. II, S. 682 f.). Die Epen sind tendenziös, weit über das hinaus, was Wieland erstrebte und was gleichzeitig etwa von Lenau geleistet wurde (vgl. u. S. 673 ff.). Die grobe, ja grausame Personal- und Nationalsatire, die diese eleganten Verse mitenthalten, kann kein Heinekult aus der Welt schaffen. Und gleichwohl ist Heines Anspruch nicht unbegründet. Hier ist er seinem Vorbild Aristophanes wirklich nahegekommen.

Möglicherweise wollte Heine als großer Ependichter zugleich mit Wieland konkurrieren, der ungefähr im gleichen Alter, d. h. vor dem für die Dichtkraft als gefährlich erachten 50. Lebensjahr seinen *Oberon* geschrieben und damit nach der Meinung der damagen Literarhistoriker das letzte mustergültige Epos romantischer (d. h. nicht antikisieender Art) gedichtet hatte. Bezeichnend ist jedoch, daß Heine durch seine Ambivalenz zu wei recht verschiedenen Epyllien veranlaßt wurde. Zwar ist auch *Atta Troll* eine Tenenzdichtung. Heines entgegengesetzter Anspruch (»zwecklos ist mein Lied«) hat nur inofern Gültigkeit, als er keine unkünstlerische politische Dichtung schaffen will, wie dies, ach seiner Behauptung, die jüngeren Vormärzdichter tun. Gegen diese ist das Epos in er Hauptsache gerichtet. Die Dichtung hat darüber hinaus komplizierte politische Tenenzen »höherer« Art, die ich in meiner Atta-Troll-Interpretation aufzuweisen versuch-e [167] und hier in Kürze nicht wiedergeben kann. Auf den ersten Blick bemerkt man jeoch, daß *Atta Troll* für den Cotta-Verlag *(Morgenblatt)* geschrieben, *Deutschland* daegen viel direkter und schärfer in seiner polemischen Stoßrichtung ist. Ich meine, daß in em Deutschland-Epos nicht nur der Freund des Kommunisten Marx – die Beziehung ist ier publizistisch sehr eng –, sondern auch der Wahlfranzose am Werke ist, der vor dem *eraufkommenden Nationalstaat der Deutschen, der gleichberechtigt neben den franzö-ischen und englischen treten soll, warnen will.* Der sozialistische Einschlag des satiri-chen Epos paßt dazu; denn es ließ sich leicht voraussehen, daß dieser Staat nur auf einem ündnis von Adel und Bürgertum beruhen konnte. Der Angriff auf den preußischen Kö-ig, der im prophetischen Ton geführt wird, wäre nach dieser Deutung nicht nur eine ennzeichnung der enttäuschenden, nach wie vor restaurativen Situation unter dem mit o viel Hoffnung erwarteten Friedrich Wilhelm IV., sondern der von der Publizistik (s. u.) ur großen Versdichtung aufsteigende Versuch, die damals in Gang kommende Diskus-ion über eine preußische Reichsgründung als mittelalterlich, d. h. als regressiv zu entlar-en und ihr womöglich den Garaus zu machen. Welchen Illusionen sich der Dichter wie-er einmal hingab, belegt schon der Ausspruch, er werde durch seine »politisch-romanti-che« [!] Dichtung »der prosaisch-bombastischen Tendenzpoesie hoffentlich den Todes-toß geben« (E II, S. 425). Man muß jedenfalls *Deutschland* immer im Auge behalten, venn man in der Zukunft zu einer ausgewogenen Geschichte von Deutschlands Verhält-is zu Heine gelangen will. Auch Cottas Allgemeine Zeitung, die Heine als Mitarbeiter orsichtig behandelte, tadelte ihn (E II, S. 427), und Heine selbst gab bedauernd zu, der Haß gegen Preußen« habe ihn zu der Produktion verführt [168], – was dem artistischen elbstbewußtsein, mit dem er das Werk dem Verleger Campe anpreist, keineswegs wi-erspricht. Da die heutige politische Situation die unbefangene Erörterung solcher Fra-en in einem von der Publizistik so stark beeinflußten, selbst halb publizistischen Fach, vie es die neuere Germanistik ist, nicht mehr möglich erscheinen läßt, zitiere ich aus Vindfuhrs Abschnitt über *Deutschland:* »Heine stellt sich beim ›Wintermärchen‹ das Ziel, populäre Broschüre und klassische Dichtung miteinander zu verbinden (Hirth II, 06). Er verzichtet im Unterschied zum Atta Troll auf Bildungsstoffe und hält sich an ge-äufige Beobachtungen und Fakten. Der Stoff wird durch Personifikationen, Gesprächs-ituationen und kleine abgerundete Szenen belebt… Dadurch erleichterte er auch dem Jngeübten das Lesen, der bei allzu langen, nicht weiter untergegliederten Texten rasch zu rmüden pflegt. Zur Popularisierung trug sehr bei, daß Heine mit der Volksliedstrophe nd mit dem Reim in zwei von vier Zeilen arbeitete. Dadurch und durch die Einfachheit und Klarheit der Formulierung wurden seine Mitteilungen einprägsam. Das ›Wintermä‹ chen‹ gehört neben der ›Harzreise‹ und dem ›Buch der Lieder‹ zu Heines bekannteste Werken. Unter den Versepen der Restaurationszeit ist es das politisch aggressivste. Di konservativen Dichter benutzten die Gattung zu anderen Zwecken. Zwei Jahre nach de ›Wintermärchen‹ erschien Mörikes ›Idylle vom Bodensee‹, die Darstellung zwei Schwabenstreiche, amüsant, aber zeitabgerückt. Die große Ausstrahlung von Hein Epos wird neben den verschiedenen Auflagen durch die Vielzahl von Nachahmunge dokumentiert«[169]. Hinzugefügt sei, daß Elster, einer der verdientesten Heine-Philolc gen um 1900, der Dichtung noch das Prädikat »im ganzen unerfreulich« verlieh[17(und daß das schärfste satirische Epos des Vormärz sein heutiges Ansehen der kommun stischen Schulung in beiden Teilen Deutschlands verdankt*.

Den Begriff »Epos« darf man bei alldem nicht mit akademischer Pedanterie lese Obwohl die großen universalpoetischen Werke der Romantik in der Biedermeierzeit i Mißkredit geraten sind, wirkt das durch die Empfindsamkeit vorbereitete universalpo tische Denken der Romantik in der ganzen Biedermeierzeit nach (vgl. Bd. I, S. 105, 133 auch bei Heines Kombinationskünsten. Die Reisebilder vor allem sind aus diesem G sichtspunkt zu sehen. Das Epische und das Dramatische werden nicht streng voneinand getrennt, so wenig wie das Lyrische und das Epische. Wir stießen bei unseren frühere Beobachtungen immer wieder auf »etwas Theatralisches« bei Heine. In unserem Z

---

* Die amerikanische Forschung hält an dem Vorrang von *Atta Troll* fest. Jeffrey L. *Sammor* sieht im Anschluß an Stuart *Atkins* in *Deutschland* ein Absinken zur bloß rhetorischen Zweckliter tur. Ob man allerdings bei einem zweifellos rhetorischen Werk von einem aggressiven *nicht*literar schen Ton sprechen darf? (»The effect is a sound that is aggressively nonliterary«: Hunting Bea and Trapping Wolves, »Atta Troll« and »Deutschland, Ein Wintermärchen«, in: Heinrich Hein Artistik und Engagement, hg. v. Wolfgang *Kuttenkeuler,* Stuttgart 1977, S. 113). Sicher ein (biblic graphischer) Fehler ist die Behauptung, *Atta Troll* werde heute übersehen (vgl. Anm. 161). Inzw schen hat noch, mit deutscher Gründlichkeit, der als Editor bewährte Winfried *Woesler* ein groß Buch über Atta Troll veröffentlicht (Heines Tanzbär, Historisch-literarische Untersuchungen zur *Atta Troll,* Hamburg 1978). Eine geradezu vollständige Interpretation in außer- und innerliterar scher Hinsicht wird angestrebt und damit eine sichere Grundlage für die künftige Forschung geleg Dieser objektivistischen Methode entspricht die Neutralität in der Bewertung von *Atta Troll* un *Deutschland:* »Der Literarhistoriker hat kein Recht, wie es im Laufe der Rezeptionsgeschichte in mer wieder versucht wurde, die beiden Epen gegeneinander auszuspielen« (S. 377). Gerade die fu dierten Erkenntnisse, die der Verfasser gewinnt, hätten es ihm erlaubt, die Wertungsdiskussion we terzuführen. So spricht m. E. der doppelte Ansatz zum *Atta Troll* (Ausgabe im *Morgenblatt* un Buchausgabe) und das Festhalten an der Weiterführung der Arbeit (nach der Buchausgabe) dafü daß wir es hier mit dem zentralen Werk Heines zu tun haben. *Deutschland* war eher episodisc ein Husarenritt, während sich der Dichter in *Atta Troll* um eine gewiß nicht widerspruchsfreie, abe doch differenziertere Darstellung seiner Wünsche, seiner Künstlerträume und seiner politisch-sozia len Gedankenwelt bemühte. Noch am 13. 10. 1851 äußert Heine ja, die »großen schematisierte Trolliaden« müßten unvollendet bleiben, weil ihm die Heiterkeit des Geistes fehle (nach *Woesler,* ‹ 322). Man mag erwidern, daß die »Ansätze zu einem versöhnlichen Humor«, die Woesler bereits i der vollendeten Fassung von *Atta Troll* findet und in den Paralipomena »noch verstärkt« sieht (‹ 322), nie die starke Seite Heines waren. Die Krankheit hätte den Übergang zu dem um 1851 zeitge mäßen humoristischen Realismus nicht unbedingt verhindern müssen. Es war doch wohl, wie b Nestroy (vgl. o. S. 253), eher die zwiespältige Natur des Dichters, die die Anpassung an die en spannte dichterische Welt des Realismus verhinderte.

mmenhang darf es nicht übersehen werden. Das Theatralische ist für Heine ein unent-
·hrliches Schema der Verlebendigung, es berührt sich nahe mit seiner »Subjektivität«,
iner Exaltation. Er setzt in Szene, er spielt Rollen und läßt sie andere spielen[171]. Im-
er wieder erfindet er eine drastische Begebenheit, eine komische Handgreiflichkeit.
uch die spezielle Stilforschung ist auf sein »mimisches Talent« aufmerksam geworden:
Alle möglichen mimischen Qualitäten in Gebärde und Ton, die sprachlich darstellbar
nd, werden ausgenützt. Die Sprache schmiegt sich ganz dem darzustellenden Erinne-
ngs- bzw. Vorstellungseindruck an«[172]. In dieser alle Formen durchdringenden
imischen Lust setzt sich die ursprüngliche dramatische Neigung des Dichters fort. Sie
t, wenn man vom Erzähler Heine spricht, hinzuzudenken. Sie mag heute oft fremd, als
ne »gemachte Naivität« erscheinen, aber sie ist zeitüblich (vgl. Bd. I, S. 523 ff.) und in
eines zentraler Vorstellung vom komischen Welttheater tief begründet.

Die Tanzpoeme

In diesen Zusammenhang paßt sehr gut, daß Heines sogenannte Tanzpoeme, die ei-
·ntlich nur Skizzen zu Tanzpantomimen, d. h. Gelegenheitsarbeiten, sind, neuerdings
oßes Ansehen in der Heineforschung genießen*. Es ist gewiß bezeichnend, daß Heine
e Anregung des Londoner Theaterdirektors Lumley begierig aufgriff. Er hatte den Auf-
ag, »Ballettsüjets« vorzuschlagen, »die zu einer großen Entfaltung von Pracht in Deko-
tionen und Kostümen Gelegenheit bieten könnten« (E VI, S. 101). Ebenso bezeichnend
er ist, daß er phantastische Balletts erträumte. *Die Göttin Diana* (1846) führt einen
·utschen Ritter nicht nur zur Begegnung mit der einst unschuldigen, jetzt aber wild ge-

---

* Schon Barker *Fairley* (Heinrich Heine, Oxford 1954) fiel es auf, daß das Bild des Tanzes, ähn-
·h wie das des Theaters, auffallend häufig bei Heine erscheint. Aber er vermied, mit der Strenge des
w criticism, die in Deutschland geforderte umfassende Interpretation. Sehr viel weiter ging schon
·bert E. *Stiefel,* der Heines Tanzpoeme als eine Art Gattung sorgfältig interpretierte, ihren religiö-
·n Sinn und ihre Bedeutung in der Geschichte des »Dionysischen« erkannte (Heine's Ballet Scena-
·s, an Interpretation, in: GR Bd. 44, 1969, S. 187–198). Auf dieser Grundlage baute Benno *von
iese* weiter (Mephistophela und Faust, Zur Interpretation von Heines Tanzpoem *Der Doktor
·ust,* in: Herkommen und Erneuerung, Essays für Oskar *Seidlin,* Tübingen 1976, S. 225–240).
·d in seinem Heinebuch macht er daraus, mit ungebrochenem Elan, einen Eckpfeiler seiner groß-
·gigen Heine-Konstruktion: »Das tanzende Universum« (Kapitel in: Signaturen, Zu Heinrich
·ine und seinem Werk, Berlin 1976, S. 67–133). Ob die historischen Einzelaussagen immer stim-
·en, muß der Spezialforschung überlassen werden. Ich glaube z. B. nicht, daß die Tanzhistoriker –
·enn es welche gibt – dem Verfasser der Tanzpoeme eine außergewöhnliche Stellung in der Ge-
·hichte des Tanzes zubilligen würden. B. *v. Wiese:* »In seinem freien und unbefangenen Verhältnis
·r Sinnlichkeit, wenigstens soweit es den Tanz betraf, war Heine allen seinen Zeitgenossen voraus«
· 128). Die klassische Auffassung vom Tanz, auf die sich *v. Wiese* bezieht (S. 127), war am Ende
·r vierziger Jahre – durch den Walzer – längst gebrochen. Aber die religionsgeschichtlichen Per-
·ektiven, die *v. Wiese* eröffnet, sind, wie immer bei ihm, höchst interessant, wenn auch vielleicht,
·cht anders als im obigen Zitat, der »Hellene« Heine überbetont wird. In literarhistorischer Hin-
·ht werden Hoffmann und Tieck als Vorgänger erwähnt. Ihre Anregung, besonders die Hoff-
·anns *(Prinzessin Brambilla),* wäre wohl noch stärker zu betonen. Der Tanz ist für Heine eine Er-
·heinungsform der (Universal-)»Poesie«, an die der Dichter noch glaubt (s. o.).

wordenen Heidengöttin, sondern zur Verschmähung »der germanisch [!] spiritualistschen Haustugend« (E VI, S. 106), zum Verlassen seiner braven Frau. Er will zur Geliebten im Venusberg, und er kommt dorthin, obwohl ihn der getreue Eckart nicht nur warnt, sondern »täppisch« erschlägt, um seine Seele zu retten (ebd. S. 108). Bacchus nämlich erweckt den Ritter von den Toten, so daß er »neugeboren... die verwegensten und berauschtesten Tänze zu tanzen beginnt«. »Beide, der Ritter und Diana, knien am End nieder zu den Füßen der Frau Venus, die ihren eignen Rosenkranz auf das Haupt Diana und Tannhäusers Rosenkranz auf des Ritters Haupt setzt. Glorie der Verklärung« (E V S. 110). Dieses tolle Heidenballett ersinnt Heine ausgerechnet für das Theater der Königin Victoria! Man kann sicher sein, daß nicht die geringste Chance für die theatralische Verwirklichung dieser getanzten antichristlichen Erotik im puritanischen England bestand. Aber Heine läßt sich durch den Mißerfolg nicht entmutigen – ein Hinweis auf di Wichtigkeit dieser erträumten Tanzpoesie in den Augen des Dichters. Der Doktor Faus (1847) enthält auch sehr viel wilde Erotik. Aus dem intelligenten Mephistopheles Goethes wird eine richtige Ballettänzerin, Mephistophela, und Dr. Faust selbst zu einem fabelhaften Tänzer. Der Grund für den Teufelspakt »ist eindeutig genug. Es geht um den Geschlechtsgenuß und um nichts anderes: weder um Erkenntnis, noch um Macht, noc um Reichtum. Um der zeitlich-irdischen Genüsse willen wird auf die himmlische Seligke verzichtet, und stellvertretend für alle diese Genüsse steht auch im weiteren Verlauf de Tanzpoems der Eros und nur der Eros« [173]. Ob man so weit gehen darf, Fausts Bekehrungsversuch, seine Verlobung mit einer deutschchristlichen Bürgerstochter zu bagatellisieren, ob es nicht übertrieben ist zu sagen, »die mehr oder weniger uneingestanden Sympathie des Dichters [gehöre] durchaus der Hölle« [174], lasse ich dahingestellt. Wi stehen 1847 immerhin unmittelbar vor Heines eigner religiöser Wende. Es ist jedoch in Grunde überhaupt nicht legitim, theatralische Anpassungsversuche, im »Zensurstil« geschrieben, weltanschaulich zu deuten. Sicher ist nur, daß Heine, ähnlich wie Grabbe i Don Juan und Faust, den Stoff rebarockisiert hat. Faust wird mit viel Theaterdonner vo der Teufelin geholt: ihre reizvolle Gestalt war Blendwerk. Das Christentum bleibt wie i der alten Sage siegreich: »Die ganze Gruppe [Faust und die Teufel] versinkt unter Flam mengeprassel in die Erde, während das Glockengeläute und die Orgelklänge, die vo Dome her ertönen, zu frommen, christlichen Gebeten auffordern« (E VI, S. 494). Dies i der letzte Satz des Ballett-Entwurfs Der Doktor Faust. Wahrscheinlich war das Tanzpo em, trotz des christlichen Schlusses, immer noch zu kühn für das königliche Theater i London. Heines poetische Träume können ihm auch technische Probleme aufgegebe haben, die damals nicht zu lösen waren. Jedenfalls endete auch der zweite Versuch mit ei ner Enttäuschung.

Heine selbst hat seinen Faust sehr verschieden beurteilt. Einmal gehört er zu seine »größten und hochpoetischsten Produktionen«, das andre Mal hat er ihn nur unter der Druck seines Verlegers Campe herausgegeben (Zitate s. E VI, S. 472). Es ist das üblich Schwanken Heines; aber auch der Nachwelt fällt in diesem Fall das Urteil nicht leich Man hat mit Recht betont, daß es sich in beiden Arbeiten um sehr geschlossene, objektiv Texte handelt [175]. Heine paßt sich in dieser Hinsicht ausgezeichnet an den englische Stil an. Aber man könnte auch sagen: er paßt sich nur an den sachlichen englischen St

n. Hier ist keine Spur von Sterne und, wie im Anfang des *Rabbi,* wenig von Heine; denn zu seinen Arbeiten, wenn sie wirklich gut sein sollen, gehört doch wohl das Subjekt. Die äußerst sorgfältige Arbeit verrät zunächst nur den Ernst seines Bemühens, wenigstens auf diese bescheidene Weise Theaterdichter zu werden. Wenn man bedenkt, daß er von früh an einem *Faust dichten* und so mit Goethe konkurrieren wollte, ist eine *Pantomime Faust* ein sehr bescheidenes Unternehmen, eher ein Abschied vom Stoff als eine Vorstufe zu einer geplanten Faustdichtung. Die späte Erkenntnis, daß er dichterisch doch nicht mit Goethe wetteifern kann, mag insgeheim zu dieser Entsagung beigetragen haben. Da in der Neuromantik der Tanz als Lebenssymbol eine große Rolle spielte[176], liegt eine Modernisierung von Heines Tanzphantasien sehr nahe, so als ob er etwa der Sprache mißtraut und infolge der bekannten modernen Ausdrucksschwierigkeiten (Hofmannsthal) seine Zuflucht zum Tanz genommen hätte. B. v. Wiese, der diese Möglichkeit erwägt, lehnt sie mit Recht ab[177]; die Interpretation wäre bei dem Rhetoriker Heine besonders irreführend. Aber daß ihm, trotz seiner unerhörten Sprachbeherrschung, diese Herrschaft letzten Endes nicht genügt, daß er, *wie die Romantiker,* das Leben jenseits der Sprache, jenseits der Dichtung in Musik, Tanz, Liebe direkter ergreifen zu können glaubt, das darf man annehmen. Diese Überzeugung erscheint auch in seinem enthusiastischen Lob für die italienische Musik und in seiner bis zum Tode stets lebendigen Erotik. Aber was in dieser »dionysischen« Haltung erscheint, das ist das gelebte Universum überhaupt, nicht nur »das getanzte«. Auch von Wiese meint es letzten Endes so, daß der Tanz nur ein Symbol für das Leben im ungeteilten Ganzen ist, nur eines der »immer neue[n] Fenster zum Wirklichen«[178].

Die Publizistik

Der deutliche Gegensatz, der im Ausgang der beiden Tanzpoeme waltet, ist eine Parallele zu dem gegensätzlichen Charakter, der uns in den beiden Epen entgegentrat. Der Widerspruch zwischen dem Aktivisten und dem Humanisten Heine, der in *Deutschland* und *Atta Troll* zu erkennen war, scheint in Heines feuilletonistischen Arbeiten, so verschieden ihre Anlässe und Publikationsstellen sind, zu fehlen. Auch die bei seiner Lyrik übliche Kritik mußte hier verstummen. Dementsprechend suchte man immer wieder die unbestritten originale Publizistik Heines als seine eigentliche und bahnbrechende Leistung hinzustellen*. Aber ebenso hartnäckig folgte die Mahnung, man dürfe Poesie und Prosa bei Heine nicht trennen. Sie ist, nach der hier vorgetragenen Interpretation, leicht zu be-

---

* Beatrix *Müller* tadelt in ihrem interessanten Buch über »Die französische Heineforschung 1945–1976«, Meisenheim/Glan 1975 (S. 330), daß die deutsche Germanistik die *Poesie* in Heines Prosa betont. In Frankreich dürfe Heine *Journalist* ein. Tatsächlich war der Publizist Heine den Heine-Forschern nicht so gegenwärtig wie der Verfasser der eher poetischen *Reisebilder.* Diese Tatsache ergab sich aus der traditionellen Geringschätzung der Zweckliteratur. Inzwischen wird Heines Publizistik für theoretische Arbeiten fleißig zitiert (Sozialtheorie, Religionsphilosophie, politische Theorie, Literaturtheorie). Aber *die Publizistik Heines als literarische Praxis wird traditionsgemäß wenig untersucht.* Dabei können Inhalte ohne Kenntnis der publizistischen Strategie in ihrer *genauen* Bedeutung gar nicht bestimmt werden.

gründen: es herrscht die *gleiche rhetorische Stilhaltung.* Der große Raum, den die Publizistik in Heines Werk einnimmt, bestätigt noch einmal, wie vorsichtig man mit dem Begriff der Subjektivität umgehen muß. Denn es ist doch klar, daß ein Publizist *nie ganz persönlich* sein kann, daß er mit Rücksicht auf den Leser subjektiv ist. Im feuilletonistischen Bereich ist dieser Sachverhalt längst erkannt worden [179]. Briefäußerungen Heines bezeugen einwandfrei, daß er seine Publizistik ganz bewußt zu einem kunstvollen Instrument ausbildete. Wer heute bedauert, daß er mehr Publizist als Erzähler war, verkennt das Ansehen, das innerhalb der Rhetoriktradition *alle großen Meister der Prosa,* ob Historiker, Publizisten oder »Novellisten« genossen. Er gehört zu den Klassikern der *Kunst der deutschen Prosa* (Theodor Mundt, vgl. Bd. II, S. 15 f.) und wurde früh als solcher gefeiert. *Es gibt, wenn ich recht sehe, keine klaren Beweise dafür, daß Heine die Publizistik der Erzählprosa unterordnete.* Diese neue, heute wieder umstrittene Wertung setzt die unantastbare Leistung der realistischen Novellisten und Romanciers seit 1848 voraus. Die Lehre von den drei »Naturformen der Dichtung« (Goethe), welche die Zweckliteratur degradierte, herrscht im Vormärz noch nicht; dagegen wurde der Unterschied von »Kunst der Prosa« und »gemeiner Prosa« stark betont.

Heine eröffnete dem Feuilletonismus neue Wege, und wenn man Karl Kraus liest, dann könnte man meinen, er sei der Erfinder dieses Zivilisationsgiftes gewesen. Aber solche Vorstellungen sind purer Dilettantismus. Abgesehen von Arndt, Görres, Menzel, Börne und vielen Zeitgenossen, die vor und neben Heine an der Großmacht der Publizistik mitschufen, gibt es ja schon in der Aufklärung eine hochentwickelte und keineswegs zahme Publizistik. Man denke nur an Voltaire, Diderot, Lessing, Wieland, Georg Forster. Mit der Überwindung der klassischen und frühromantischen Esoterik (Horen, Athenäum usw.) taucht diese gesellschaftsunmittelbare, direkt wirksame Literaturform erneut als Vorbild auf. Zum Teil darf man auch feststellen: Die Zeitschriften der Aufklärung erhielten sich trotz der Versuche der Klassiker und Romantiker, den Markt zu erobern; denn diese waren, was die Zeitschriften betrifft, dilettantisch. So ist es z.B. nichts als Einbildung, wenn Schiller glaubt, mit den *Horen* den *Teutschen Merkur* »nach dem ersten Jahr« zu Fall bringen zu können (Schiller an Cotta 10. 6. 1794). Die Publizistik wird von Heine, im Widerspruch zur »Kunstperiode«, in ihrer Gesetzlichkeit erfaßt, mit Bewußtsein weitergebildet und so geadelt. Die Tatsache, daß unsere moderne Literaturwissenschaft sich bis vor kurzem mit »journalistischen Erzeugnissen« kaum zu befassen pflegte, daß sie diese der Zeitungswissenschaft und der Soziologie überließ, ändert nichts an der gewaltigen kulturhistorischen Bedeutung des ganzen Vorgangs. Nicht zuletzt durch Heine gewinnt diese von der Aufklärung geschaffene, von der aristokratischen »Kunstperiode« an den Rand des literarischen Lebens gedrängte »demokratische Literaturform« neue Stoßkraft, erweiterte Wirkung und zugleich erhöhten stilistischen Glanz. Hier ist *Heines Brückenfunktion zwischen der Aufklärung und der Moderne besonders offensichtlich.* Da wir im Hauptteil diese schier unerschöpflichen Gedankenmassen zum Aufbau seiner geistigen Welt und zur näheren Bestimmung seines geschichtlichen Orts schon fortlaufend benützt haben, kann es sich hier nur noch darum handeln, Heines Publizistik als Gattung, als »pragmatische« Form, als Stil und Strategie an einigen Beispielen zu dokumentieren und zu interpretieren.

In einer mit französischer Redlichkeit geschriebenen Arbeit wird Heine als »Porträ-
st« mit andern Schriftstellern (Hazlitt, Saint Beuve, Balzac) verglichen, und es ergibt
ch das enttäuschende Ergebnis, daß Heines Personendarstellungen wenig realistisch
nd: »Wie sein ganzes Werk, so werden auch die Porträts von seiner unversöhnlichen
·onie beherrscht«[180]. Entsprechend ist der Publizist Heine von Balzacs Realismus
·enig begeistert. Er vergleicht ihn zwar mit Shakespeare, beide schildern die Frauen,
uch die wenig tugendhaften, »mit der größten Treue«! Aber ironisch fügt er hinzu: »Er
3alzac] beschreibt sie, wie ein Naturforscher irgend eine Tierart oder ein Pathologe eine
.rankheit beschreibt, ohne moralisierenden Zweck, ohne Vorliebe noch Abscheu. Es ist
m gewiß nie eingefallen, solche Phänomena zu verschönern oder gar zu rehabilitie-
·n...« (E VI, S. 159). Die von Heine häufig geübte Kritik am »französischen Materia-
·smus« klingt hier an. Der Publizist Heine erhebt gelegentlich den Anspruch, er werde
·dem späteren Historiographen als eine Geschichtsquelle dienen«; aber deshalb verzich-
·t er keineswegs auf »jenen frivolen Esprit... den unsre kerndeutschen, ich möchte sagen
·icheldeutschen Landsleute auch dem Verfasser der ›Briefe eines Verstorbenen‹ vorge-
·orfen haben« (E VI, S. 136). *Indem er den ersten Teil seiner Lutezia dem Fürsten Pück-*
·r-Muskau widmet, bekennt er sich recht offen zur Witzkultur der Aristokratie. Wenn er
·en Dichter zur Erfassung der eigentlichen Geschichte für geeigneter hält als den Histori-
·er (E III, S. 228), so wurzelt dies in seinem grundsätzlichen Zweifel an dem Sinn einer
·bjektiven Darstellungsweise, und er *nimmt dafür in Kauf, hinter der Entwicklung zum*
·ealismus zurückzubleiben: »Die sogenannte Objektivität, wovon heut' so viel die
·.ede [!], ist nichts als ·eine· trockene Lüge...« Auch der Geschichtsschreiber arbeitet
unwillkürlich im Geiste seiner eigenen Zeit«: »Jene sogenannte Objektivität, die, mit
·arer Leblosigkeit sich brüstend, auf der Schädelstätte der Thatsachen thront, ist schon
·eshalb als unwahr verwerflich, weil zur geschichtlichen Wahrheit nicht bloß die ge-
·auen Angaben des Faktums, sondern auch gewisse Mitteilungen über den Eindruck, den
·nes Faktum auf seine Zeitgenossen hervorgebracht hat, notwendig sind. Diese Mittei-
·ngen sind aber die schwierigste Aufgabe; denn es gehört dazu nicht bloß eine gewöhnli-
·he Notizenkunde, sondern auch das Anschauungsvermögen des Dichters« (E V, S. 377).
·leine weiß nicht, daß es längst eine Quellenkritik gibt, die die »Eindrücke« und Aussa-
·en der Zeitgenossen gegeneinander abwägt (vgl. Bd. II, S. 298 ff.); aber er hat natürlich
·arin recht, daß die Subjekte der Geschichte nur von Subjekten erfaßt werden können,
·eil ein historisches »Porträt« ohne Zusammenschau der Notizen nicht möglich ist. Frei-
·ch, wenn er die Intuition des an Fakten gebundenen Geschichtsschreibers mit der *dich-*
·rischen Phantasie verwechselt, so übertreibt er wie üblich.

Daß Heines Stil, rein historisch gesehen, hinter der Entwicklung der Publizistik zu-
·ickblieb, läßt eine Äußerung des außerordentlich gut orientierten und sachlicheren Pu-
·lizisten Gutzkow vermuten. Er stellt fest, daß die für Heine charakteristische Mischung
·on Rosen und satirischem Stachel, Grazie und Gift bei den französischen Feuilletonisten
·icht zu finden ist[181]*. Er denkt natürlich an die Gegenwart, nicht an die Voltaire-

---

* Gutmütiger aber inhaltlich übereinstimmend bezeichnet Laube, einer der besten Freunde Hei-
·es, die Grenze, die zwischen dem Dichter und der modernen Publizistik gezogen ist: »Was ihm aber

Zeit. Diese Äußerung korrigiert gewisse, allzu einfache Vorstellungen vom französische Einfluß auf Heines Stil, die immer wieder geäußert werden. Die *Reisebilder* bezeuge eindeutig, daß er den ironischen und frivolen Stil, der oft identisch mit dem »Zensurstil ist (s. o.), *aus Deutschland mitbringt.* Heines Mißachtung der Fakten steht nicht nur in Zusammenhang mit seiner Vorliebe für Ironie, Groteske, Karikatur und allen ander verzerrenden Darstellungsformen, sondern erzeugt auch einen großen Übermut im E finden von Fiktionen. Sogar im persönlichen Leben gefällt er sich in allen möglichen E lenspiegeleien. So behauptet er z. B. von einem Manuskript, er habe es durch »eine andr Hand in die ›Allg.Zeitungs‹-Sprache übersetzen lassen«. Flugs reklamierte der wacker Heine-Philologe Strodtmann diesen in der *Allgemeinen Zeitung* erschienenen Artikel fü Heines Sämtliche Werke, und erst Elster, der ein schärferes Bild von Heines Individualit hatte, erkannte, daß ein anderer den Artikel *verfaßt* hatte (E V, S. 6). Die Fiktion – i gendein Geschichtchen, das die Sache »versinnlichen« soll, oder ein Gespräch, das ein lebhaftere Vermittlung des Gedankens ermöglicht – ist eines der beliebtesten Darste lungsmittel auch des Publizisten Heine. Wir erwähnten schon das angebliche Gespräc mit dem heimlichen Revolutionär Hegel, dem manche Heinephilologen aufgesessen sind Wie wir schon sahen, sind die fingierten Anekdoten und Gespräche eine Erbschaft vo Heines Gymnasialbildung. Auch die Historiker, die antiken und, in ihrem Gefolge, di modernen bis etwa 1800 bedienten sich solcher Fiktionen, das gehörte zur »Kunst de Prosa« (vgl. Bd. II, S. 295).

Eine weitere wichtige Voraussetzung zum Verständnis von Heines Publizistik ist sein Treue gegenüber Cottas *Allgemeiner Zeitung.* Er erkannte die starke Abhängigkeit de Zeitungen von den sie besitzenden Kapitalisten und legte daher auf »honette Journale (E V, S. 9) immer großen Wert. Cotta war durch die Klassikerausgaben unabhängig vo kleinlichen Geldsorgen, er konnte die *Allgemeine Zeitung* als eine Art Prestigeorgan se nes Verlags sich leisten. Die *großzügige* Zeitung entsprach der Geldnot und dem Stolz de Publizisten Heine. Der größte Teil von Heines politischer Publizistik fand in der *Allg* *meinen Zeitung* Aufnahme*. Er begründete später seine Treue damit, daß ein zahm

---

als Publicisten fehlte, das war die Unterordnung unter einen großen politischen Zweck, die Einor nung in ein politisches Wollen, gegen welches alles persönliche Geschmacksurtheil, die wechselnd Neigung und die Eigenliebe zurücktritt. Nach dieser Seite hin war er kein Politiker, – er blieb seir als Journalist ein Dichter, ein Lyriker, von Laune, Stimmung und Einfall beherrscht. Er faßte seir Aufgabe nicht als die eines Reformators auf, der die Zustände in neue, streng vorgeschriebene Fo men hinüberleiten will, er überließ sich der Eingebung des Augenblicks, er übertrug das eigene Sr chen und Schwanken in seine durchaus subjectiven Artikel [!]. Daher die vielen Widersprüche, i denen er sich bewegte, daher die vielen Angriffe, denen er von Seiten Jener ausgesetzt sein mußte, d mit Hintansetzung aller anderen Absichten einem bestimmten politischen Zwecke dienten. Daß, v schon erwähnt, eine glühende Freiheitsliebe trotz aller seltsamen Schrullen und Sprünge ihn inne halb seiner journalistischen Thätigkeit beherrschte, beweist die Thatsache, daß seine Artikel vo den großen Hütern der Reaction in Deutschland gefürchtet wurden... Aber programmgerec konnte Heine nicht schreiben« (Das Leben Heines, in: Heinrich Heines Werke, hg. v. Heinrich La be, Bd. 6, Wien u. a. o. J., S. 371).

* »Acht Jahre nach den ›Französischen Zuständen‹ [1831/32] nahm er seine Tätigkeit für d ›Allgemeine Zeitung‹ erneut auf. Diesmal war die Korrespondenz sogar noch intensiver und anha tender. 1840 schrieb Heine dreiunddreißig Berichte, in den folgenden beiden Jahren je vierzeh

weitverbreiteter Artikel in einer großen Zeitung mehr Wirkung tue als ein scharfer in einer kleinen*. Aber wichtiger als dieses Kalkül war sein großer Anspruch und sein Geldbedürfnis. Deshalb hatten auch Marx und Engels keine Aussicht auf eine dauerhafte Mitarbeit Heines in ihren Organen. Am 7. 11. 1842 will Heine seinen Freund Laube für eine Zusammenarbeit mit der *Rheinischen Zeitung* gewinnen: »Wir müssen unsre politischen Sympathien und socialen Antipathien nirgends verhehlen.« Aber ein halbes Jahr später gibt er dem Redakteur der AZ schon die Erlaubnis, seine »Artikel ganz unerbittlich zusammen zu schneiden«, wenn sie nur erscheinen (an Gustav Kolb 22. 6. 1843), und wenige Wochen später heißt es schon: »Sie würden mich verbinden, wenn Sie gelegentlich an Herrn v. Cotta wissen ließen, wie wenig es meine Schuld, daß die Allg.Ztg. so lang nichts von mir brachte... Ich dürfte vielleicht, wenn ich meine Reisepläne ausführe, Herrn v. Cotta nöthig haben« (an Gustav Kolb 10. 7. 1843). Heines Kommunismus war der Grund für die Störung des alten Vertrauensverhältnisses; aber schon die Kosten für eine Reise gaben ihm einen Grund zum Einlenken. Durch diese Bindung an die AZ erfüllte er von vornherein bestimmte Bedingungen: er mußte sich um Mäßigung bemühen und dem Redakteur Kolb weiter mäßigende Veränderungen der eingesandten Texte gestatten. Das ist bis heute das Gesetz für die Mitarbeit an einer konservativen Zeitung, und nur unerfahrene Philologen mit festen Gehältern können sich darüber aufregen. Vielleicht wußte er sogar insgeheim, daß wilde Pferde besonders sichere Reiter brauchen. Ein Spezialist kennzeichnet Kolbs Arbeit an Heines Arbeiten so: »Hier fällt ein Adjektiv weg, dort kommt ein entstellendes hinzu, an anderer Stelle fügt Kolb ein ›vielleicht‹ hinzu oder läßt es weg, aus Heines ›furchtbarsten Consequenzen‹ macht er ›letzte‹; hin und wieder korrigiert er auch einen falschen Kasus oder Tempus[!]... Wagt Heine bei aller Vorsicht einmal eine elektrisierende Formulierung, so fällt gerade sie der Kolbschen Redaktion zum Opfer, obwohl es hier auch immerhin erstaunliche Ausnahmen gibt«[182].

---

843 acht und in den weiteren Jahren bis 1848 durchschnittlich noch drei oder vier« (Manfred *Windfuhr*, Heinrich Heine, Revolution und Reflexion, Stuttgart ²1976, S. 266). Wie ist der Rückgang von Heines Beiträgen zu erklären? Ich bin nicht ganz sicher, ob es richtig ist, wenn Lucienne Netter behauptet: »Mitte 1843 ist also die Kluft zwischen Heines politischer Gesinnung und der konservativen Richtung der Allgemeinen Zeitung zu tief geworden« (Heinrich Heine. Streitbarer Humanist und volksverbundener Dichter. Internationale wissenschaftliche Konferenz aus Anlaß des 175. Geburtstages von Heinrich Heine vom 6. bis 9. Dezember 1972 in Weimar, Weimar 1972, S. 354).

* »Es gibt obskure Winkelblätter genug, worin wir unser ganzes Herz mit allen seinen Zorngründen ausschütten könnten – aber sie haben nur ein sehr dürftiges und einflußloses Publikum... Wir handeln weit klüger, wenn wir unsre Glut mäßigen und mit nüchternen Worten, wo nicht gar unter einer Maske, in einer Zeitung uns aussprechen, die mit Recht eine Allgemeine Weltzeitung genannt wird und vielen hunderttausend Lesern in allen Landen belehrsam zu Händen kommt. Selbst in seiner trostlosen Verstümmlung kann hier das Wort gedeihlich wirken; die notdürftigste Andeutung wird zuweilen zu ersprießlicher Saat in unbekanntem Boden. Beseelte mich nicht dieser Gedanke, so hätte ich mir wahrlich nie die Selbsttortur angethan, für die ›Allgemeine Zeitung‹ zu schreiben.« Es folgt ein Lob des Redakteurs Kolb, seines »innigst geliebten Jugendfreundes und Waffenbruders«, den das gleiche Prinzip leitete und den das Schimpfwort »Augsburger Hure«, das der Pöbel der Radikalen« aufbrachte, nicht beirrte (E VI, S. 189). Die persönliche Verbindung mit Kolb und die Distanz von den Radikaldemokraten überzeugen in dieser Erklärung. Dagegen ist die Leserzahl, die Heine andeutet, wieder mal das Ergebnis seines hyperbolischen Stils.

Allerdings! Es gibt genug »elektrisierende Formulierungen«, und wenn Heine noch nach 184
behauptet, er habe in seinen Büchern über Deutschland sich zwar bemüht, »so wenig ennuyant wi
möglich zu sein«, aber er habe »doch im voraus auf alle Effekte des Stiles und der Phrase« verzichte
im Gegensatz zu dem »sprühenden Feuerwerk« der Staël (E VI, S. 40), so wäre diese Behauptung zu
nächst durch vergleichende Interpretation zu überprüfen. Es ist zwar sicher nicht richtig, wen
Laura Hofrichter in Heines Publizistik der dreißiger Jahre die Vorbereitung auf eine neue Phase de
Lyrik sieht oder wenn sie gar die Kampfschrift gegen Börne für »poetisch« hält[183]. Solche Äuße
rungen verraten eine totale Fremdheit gegenüber der Publizistik als Gattung. Zudem zitiert die Ver
fasserin selbst die beste historische Begründung für Heines Übergang zur Prosa, nämlich seine ernst
liche, typisch jungdeutsch-kurzschlüssige Angst, die Zeit der »schönen Verse« sei vorüber[184
Nein, Poesie ist das nicht, nur Kunst der Prosa; aber wir wählen als erstes Beispiel einen besonder
kräftigen Text, der in der Buchausgabe bei Campe verstümmelt erschien (Zensur), dann aber au
Heines Bitte vom Verleger als selbständige Schrift gedruckt wurde: die Vorrede zu den *Französi*
schen Zuständen (1833). Man kann darin eine publizistische Vorstufe von *Deutschland, ein Win*
termärchen erblicken, einen Beleg für die Übergänglichkeit von Prosa und Versdichtung bei Hein
(E V, S. 11–25). Der Text beginnt ganz sanft, mit einem Zitat aus Scarrons Roman comique (1662
und der Versicherung, daß er »seit zwei Jahren« nur in der AZ als politischer Publizist tätig war, e
lobt Cottas Zeitung. Es folgen dann bekannte, geistreiche, aber noch ziemlich *allgemeine* Formulie
rungen wie »heilige Allianz der Nationen« und die Beteuerung, er werde in ein unfreies Deutschlan
nicht zurückkehren (E V, S. 11 f.). Er warnt die Machthaber, das Volk Kants für dumm zu halten
dies ist eine unverdiente Beleidigung. Im folgenden bahnt er sich den Weg zu seinem eigentliche
Angriffsziel. Die kleinen Fürsten klagt er nicht an, er warnt sie vielmehr vor der Mediatisierun
durch Preußen und Österreich. Auch Österreich ist nicht das Angriffsziel. »Metternich hat nie mi
der Göttin der Freiheit geliebäugelt... man wußte immer, wie man mit ihm dran war« (E V, S. 14)
Auch das Haus Habsburg focht immer nur für das gleiche alte System, wie schon in der Reforma
tionszeit. Der alte »arme Kaiser« Franz verdient sogar besonderen Respekt, er ist »noch immer de
wahre Repräsentant des unglücklichen Deutschlands!« (E V, S. 15). Dies Lob hat einen *bestimmte*
politischen Grund: »Mögen immerhin die gelehrten Knechte an der Spree von einem großen Impe
rator des Borussenreichs träumen und die Hegemonie und Schirmherrlichkeit Preußens proklamie
ren« (ebd.). *Es wird nicht gelingen.* Jetzt kommt der erste starke Schlag: Eher wird der König vo
Preußen, wie Karl X. 1830, abgesetzt werden (ebd.). Richtig ist: »Es gab einen preußischen Libera
lismus«, und deshalb blickten so viele Deutsche nach Preußen. Er persönlich niemals, und nun folg
die bekannte, mit vielen Metaphern gewürzte, virtuose Karikatur vom scheinliberalen Preußen
»Ich traute nicht diesem Preußen, diesem langen frömmelnden Kamaschenheld mit dem weiten Ma
gen und mit dem großen Maule und mit dem Korporalstock, den er erst in Weihwasser taucht, ehe e
damit zuschlägt. Mir mißfiel dieses philosophisch [!] christliche Soldatentum, dieses Gemengsel vo
Weißbier, Lüge und Sand. Widerwärtig, tief widerwärtig war mir dieses Preußen, dieses steife
heuchlerische, scheinheilige Preußen, dieser Tartuffe unter den Staaten« (E V, S. 16). Das Bild bau
sich kunstvoll auf, auch mit Hilfe der uns schon bekannten Mischung von Begriffen und Emblemen
hier denjenigen Berlins (»Weißbier, Lüge und Sand«), mit Hilfe von Wiederholungen und Synony
men zur Konzentrierung der negativen Wertung und gipfelt in der Metapher Tartuffe, die späte
durch »Jesuiten des Nordens« ersetzt, hier schon durch ein katholisches Symbol (»Weihwasser«
vorbereitet wird, aber inhaltlich die nächsten Passagen trägt. Die Unterdrückung Polens verriet neu
erdings Preußens Scheinliberalismus, und – dies interessiert Heine noch mehr – die Knechtung de
akademischen Intelligenz in Preußen. Als ihr Repräsentant erscheint zunächst Friedrich von Raume
(vgl. Bd. II, S. 302 f.) in einer breit ausgeführten Karikatur; denn er ist in Heines Augen der Inbegrif
des Scheinliberalismus. Erst muckte er auf, und dann schrieb er zur Buße eine Rechtfertigung de
preußischen Vorgehens in Polen. »Ich wiederhole, es ist das friedlebigste Geschöpf, das sich imme
ruhig von seinen Vorgesetzten die Säcke aufladen ließ und gehorsam damit zur Amtsmühle trabte
(E V, S. 17). Jetzt haben wir schon eine von Heines vielen Tiermetaphern: den *preußischen Esel*, de
in einem weit wichtigeren Zusammenhang wieder erscheinen wird. Die andern »gelehrten Knechte
und Esel werden nur kurz karikiert: Hegel, Schleiermacher, Arndt, am schärfsten Ranke, aus de

ins schon bekannten Gründen (»Objektivität« s. o.): »Ein hübsches Talent, kleine historische Fi-
gürchen auszuschnitzeln und pittoresk nebeneinander zu kleben, eine gute Seele, gemütlich wie
Hammelfleisch mit Teltower Rübchen, ein unschuldiger Mensch...« Ranke mußte »eine Apologie
der Bundestagsbeschlüsse« verfassen (E V, S. 18 f.). Es folgt eine sachlichere Partie gegen die Bundestagsbeschlüsse vom 28. 6. 1832 mit dem allzu bekannten und daher stilistisch wenig forcierten
Vorwurf, die Fürsten hätten in der jetzt aktivierten Wiener Bundesakte das deutsche Volk, das für sie
kämpfte, verraten. Den nächsten Höhepunkt bildet die feierliche Anklage der Fürsten, besonders
des Königs von Preußen. Heine erhebt sie im Namen der »beleidigten Volksmajestät« als »Doktor
beider Rechte« und kraft seiner »Machtvollkommenheit als öffentlicher Sprecher«. »Ich klage sie an
des Hochverrats am deutschen Volke, ich klage sie an!« (E V, S. 20) Und nun erreicht er, wie in
Deutschland, das letzte und wichtigste Angriffsziel, den König von Preußen persönlich. Er beginnt,
wie er es öfters tut in solchen Fällen, mit Lob: Keusch, bescheiden, »bürgerliche Prunklosigkeit«,
»zärtlicher Vater«, »sehr religiöser Mann« und dann plötzlich der Schlag: er brach den Eid, dem
Volke eine Verfassung zu geben (E V, S. 21). Der König wird höhnisch an die Niederlage von 1806
erinnert. Es folgt im Aufblick zu Napoleon, der aus Versehen den König von Preußen nicht absetzte,
der zweite Schlag, diesmal gegen den König *und* die Preußen. Die Dichte der Schläge ist, wie die der
Witze, bei diesem großen Publizisten sozusagen ein stilistisches Gesetz; er kommt sich langweilig vor
ohne die härtesten Tiefschläge: »Späterhin, als alle Könige von Europa sich gegen den Napoleon zu-
sammenrotteten und der Mann des Volkes [!] in dieser Fürsten-Emeute unterlag und der preußische
Esel [!] dem sterbenden Löwen die letzten Fußtritte gab: da bereute er [Napoleon] zu spät die Unterlassungssünde... dann knirschte er mit den Zähnen, und wenn ihm dann eine Ratte in den Weg lief,
dann zertrat er die arme Ratte« (E V, S. 22 f.). Es ist wohl die typische erfundene Anekdote, weil der
Autor hier schon die symbolische Vernichtung des Königs, als Vorausdeutung, braucht. Nach dem
Schlag wieder Ruhe: Jetzt ist alles in Ordnung, »Jeder von euch [Fürsten] ist ein Salomo« usw. Dann
wieder plötzlich ein Hinweis auf mögliche Vernichtung: die Erinnerung an die Hinrichtung des Königs in der französischen Revolution. Jetzt rückt die Gefahr dem König von Preußen näher: Vieleicht ist ein Livreediener ein Brutus oder einer von den andern »servilen Gestalten«. »Ich scherze
nur, ihr seid ganz sicher« – durch die Dummheit der Deutschen (E V, S. 24). Diese verwandeln sich
aus dem Volke Kants – das hat stilistische Gründe – plötzlich in ein Narrenvolk: »Der große Narr ist
ein sehr großer Narr, riesengroß, und er nennt sich deutsches Volk« (E V, S. 25). Im folgenden wieder Ruhe: freundliche ja humoristische Beschreibung dieses Narren. Und dann plötzlich die letzte
brutale Drohung: »Aber habt ihr gar keine Furcht... daß er [der Narr] eure Soldaten von sich ab-
schüttelt und euch selber aus Überspaß mit dem kleinen Finger den Kopf eindrückt, so daß euer Hirn
bis an die Sterne spritzt?« (ebd.) Schließlich wieder der ironische Satz, jetzt als Abgesang: »Fürchtet
euch nicht, ich scherze nur.« Das ist Heine. Das konnte keiner so, diese Mischung aus »Scherz« und
Terror. Aber als der publizistische Vernichtungsrausch verflogen war, dachte er wieder klarer, bekam Angst. Schließlich fand er doch den Mut zur Veröffentlichung der Vorrede (E V, S. 9).

Dem Programm, das Heine schon für die *Reisebilder* entwickelte, blieb er als Publizist treu. Wiederholt bekannte er sich zur Assoziation der Ideen, ja er sprach von einem »zusammengewürfelten
Lappenwerk« (an Moser 11. 1. 1825), ohne sich dessen zu schämen; denn er wußte, worin die
»Kunst der Prosa« bestand. Die ständige Konzentration auf stilistische »Force« *muß* die Logik beeinträchtigen. Diesem Publizisten machte es nicht das Geringste aus, wenn er sich innerhalb des gleichen Textes zehnmal widersprach. Wie er in der Komposition die offene Form wählt, so auch im
Denken. *Alles kommt auf die Prägnanz und die Kraft der einzelnen Formulierung an.* Eberhard Gal-
ey sagt mit einem gewissen Recht, Heine habe »echte journalistische Arbeiten, Berichte vom Tag für
den Tag geschrieben«. Es war allerdings nicht das erstemal bei einem »großen Schriftsteller« [185].
Wieland z. B. berichtet im *Teutschen Merkur* sehr ausführlich über die französische Revolution, und
Forster schreibt fast gleichzeitig Briefe direkt aus Paris (1793/1794). Möglicherweise besteht Heines
besonderes Verdienst gerade darin, daß er weniger zusammenfassend reflektiert, stilistisch punktu-
eller und damit auch mit mehr Gedankensplittern und – als Folge davon – mit mehr Details arbeitet.
Als der erste Teil von Louis Blancs *Histoire de dix ans* (1830–40) Ende 1840 erscheint, berichtet er
nicht über das Buch – man kann es auch in Deutschland lesen –, sondern über die Person des Soziali-

sten: »Herr Louis Blanc ist noch ein junger Mann, höchstens einige dreißig Jahre alt, obgleich er sei
nem Äußern nach wie ein kleiner Junge von dreizehn Jahren [!] aussieht. In der That, seine überau
winzige [!] Gestalt, sein rotbäckiges, bartloses Gesichtchen und auch seine weichlich zarte, noc
nicht zum Durchbruch gekommene Stimme geben ihm das Ansehen eines allerliebsten Bübchens [!]
das eben der dritten Schulklasse entsprungen und seinen ersten schwarzen Frack trägt, und doch is
er eine Notabilität der republikanischen Partei, und in seinem Räsonnement herrscht eine Mäßi
gung, wie man sie nur bei Greisen findet... Dem Geiste nach ist Louis Blanc zunächst verwandt mi
Jean Jacques Rousseau, dessen Schriften der Ausgangspunkt seiner ganzen Denk- und Schreibweise
Seine warme, nette, wahrheitliche [!] Prosa erinnert an jenen ersten Kirchenvater der Revolution
›L'organisation du travail‹ ist eine Schrift von Louis Blanc, die bereits vor einiger Zeit die Aufmerk
samkeit auf ihn lenkte. Wenn auch nicht gründliches Wissen, doch eine glühende Sympathie für di
Leiden des Volks zeigt sich in jeder Zeile dieses kleines Opus, und es bekundet sich darin zu gleiche
Zeit jene Vorliebe für unbeschränkte Herscherei, jene gründliche Abneigung gegen genialen Perso
nalismus, wodurch sich Louis Blanc von einigen seiner republikanischen Genossen, z. B. von der
geistreichen Pyat, auffallend unterscheidet. Diese Abweichung hat vor einiger Zeit fast ein Zerwür
nis hervorgebracht, als Louis Blanc nicht die absolute Preßfreiheit anerkennen wollte, die von jene
Republikanern in Anspruch genommen wird« (E VI, S. 228 f.). Es folgt die Auseinandersetzung mi
Louis Blancs Sozialismus, wobei der Name Robespierres auftaucht. Da kehrt der Referent zu Lou
Blancs »winziger Gestalt« zurück, die jetzt schon als psychologisch gefährlich interpretiert wird
»der Knirps möchte jeden Kopf abschlagen lassen, der das vorgeschriebene Rekrutenmaß über
ragt«; und darauf baut sich dann ein Urteil auf, das in den Augen des selbstbewußten Genies Hein
ein historisches Todesurteil ist: »Er [Louis Blanc] ist ganz dazu gemacht, der große Mann der Klei
nen zu sein«, die »Menschen von kolossalem Zuschnitt« nicht ertragen (E VI, S. 230). Der erfahr
Heineleser bemerkt schon zu Beginn des Louis Blanc-Abschnitts, wozu die Karikatur von dem »al
lerliebsten Bübchen« mit der greisenhaften Mäßigung dienen wird; denn eine Karikatur ist Lou
Blancs Bild, trotz der biographischen Details, die einen Anschein von Objektivität vortäuschen un
damit dem Leser den Eindruck historischer Wahrheit vermitteln sollen. Mit dem Wort »Herrsche
rei«, das eine Antithese zum »genialen Personalismus« bildet, und ungefähr den Terror des berei
erwähnten Robespierre, im Gegensatz zu Napoleons genialen Triumphen, meint, wird Heines Ab
lehnung jedem klar. Auf die Radikalen der Revolution deutet auch Heines Prophezeiung: »er [Lou
Blanc] wird eine Rolle spielen, wenn auch eine kurze« (E VI, S. 230). Heine drückt sich ziemlich vor
sichtig aus. Er interessiert sich ernstlich für den Sozialismus. Die Karikatur *soll* nicht so grob sein
Wenn Heine einen Politiker völlig ablehnt, werden ganz andere Register gezogen. So nennt er z. B
den christlichen Sozialisten Lamennais, den Börne verehrte und übersetzte, »jenen schauderhafte
Priester..., der den politischen Fanatismus mit dem religiösen vermählt und der Weltverwirrung di
letzte Weihe erteilt« (E VI, S. 291 f.). »Schauderhaft« ist die Synthese des christlichen Sozialismus
weil der Heine von 1841, trotz häufiger propagandistischer Verwendung der Religion (der Heiland
als Revolutionär usw.), noch von der naiven vorrealistischen These ausgeht, die politische und reli
giöse Entwicklung laufe genau parallel und der Kommunismus sei eine neue Religion (s. o.).

Die beliebte Lehrmeinung, Heine habe ungefähr gleichzeitig mit seinen Epen die Publi
zistik hinter sich zurückgelassen und sei wieder ganz ein Dichter geworden, verkennt sei
nen Charakter; denn auch die Lyrik handelt auf weiten Strecken, direkt oder indirekt
von öffentlichen Angelegenheiten, und ihre Struktur ist nicht individuell, intim, inner
lich, sondern rhetorisch. Die einseitige Rückwendung zur Dichtung ist auch insofern ei
Trugbild, als die *Memoiren,* deren Auslieferung die Familie Salomon Heines gegen Wei
tergewährung der dringend benötigten Pension erzwang, ein Hauptwerk des späte
Heine gewesen sein dürfte. Alfred Meißner, dem die Witwe das Manuskript vor der Ab
lieferung zeigte, schätzte seinen Umfang auf 500–600 »Foliobogen« [186]. Der Dichte
bewunderte Goethes *Dichtung und Wahrheit,* gerade auch wegen des überpersönliche

zeitgeschichtlichen) Charakters, und man darf sicher sein, daß Heines Erinnerungen, in diesem Umfang, nicht so privat wie das erhaltene Bruchstück, sondern wirkliche Publizistik gewesen sind. Dies gilt ja auch, wie wir schon bemerkten, für die *Geständnisse,* trotz des an Augustinus erinnernden Titels. Das folgende Zitat belegt die Tatsache, die Menzel so grotesk findet, daß nämlich die Franzosen sich für deutsche Literatur interessieren und die deutsche Jugend sich für Frankreich begeistert, ganz konkret aus Heines Perspektive: »Als der Kaiser unterlag, zog Frau von Staël siegreich ein in Paris mit ihrem [von Napoleon verbotenen] Buche ›*De l'Allemagne*‹ und in Begleitung von einigen hunderttausend Deutschen, die sie gleichsam als eine pompöse Illustration ihres Buches mitbrachte... Welches köstliche Titelkupfer war jener Vater Blücher, diese alte Spielratte [!], dieser ordinäre Knaster... Auch unsern A. W. v. Schlegel brachte Frau von Staël mit nach Paris, und das war ein Musterbild deutscher Naivetät und Heldenkraft. Es folgte ihr ebenfalls Zacharias Werner, dieses Modell deutscher Reinlichkeit, hinter welchem die entblößten Schönen des Palais=Royal lachend einherliefen. Zu den interessanten Figuren, welche sich damals in ihrem deutschen Kostüme den Parisern vorstellten, gehörten auch die Herren Görres, Jahn und Ernst Moritz Arndt, die drei berühmtesten Franzosenfresser, eine drollige [!] Gattung Bluthunde...« Es folgt eine breiter ausgeführte Karikatur von Menzel. »Unter den Muster=Deutschen, welche zu Paris im Gefolge der Frau von Staël zu sehen waren, befand sich auch Friedrich von Schlegel, welcher gewiß die gastronomische Ascetik oder den Spiritualismus des gebratenen Hühnertums repräsentierte; ihn begleitete seine würdige Gattin Dorothea, geborne Mendelssohn und entlaufene Veit.« Nach einer längeren, grellen Karikatur des heute weniger bekannten Ferdinand Baron von Eckstein, der vom Judentum über den Protestantismus zur katholischen Kirche gelangte und nachwies, daß schon die alten Inder die Trinität erkannten, erreicht der Publizist einen Ruhepunkt: »Ein deutscher Baron idealern Schlages war mein armer Freund Friedrich de la Motte Fouqué, welcher damals, der Kollektion der Frau von Staël angehörend, auf seiner hohen Rosinante in Paris einritt. Er war ein Don Quichotte vom Wirbel bis zur Zehe; as man seine Werke, so bewunderte man – Cervantes« (E VI, S. 28–31). Die Fouqué-Karikatur verstand jeder Zeitgenosse. Er schrieb, wie die mittelalterlichen Dichter, Ritterepen (vgl. Bd. II, S. 667 ff.) und versuchte überhaupt, mit allen Mitteln, den Adel wieder aufzuwerten, während ja Cervantes, schon so lange vorher, die Ritterpoesie und das Ritterwesen parodiert hatte. Die publizistische Kraft Heines zeigt sich im ganzen Passus als ungebrochen. Die Wirkung beruht nicht zuletzt auf der »Einkleidungsform«, dem Aufhänger wie heute die Publizisten sagen. Statt daß die Kaiser und Könige oder wenigstens die Feldherrn an der Spitze der Truppen in Paris einziehen, wird diese Rolle einer französischen Schriftstellerin zugewiesen, die ihm als Napoleon-Feindin, aber auch als Berichterstatterin über Deutschland, als (übrigens unbesiegte) literarische Konkurrentin auf diesem Gebiet unsympathisch war. In ihr Gefolge gerät der Feldmarschall Blücher, relativ maßvoll karikiert. Es folgt die Revue der Romantiker. Dabei wird das publizistische Trio Görres, Jahn, Arndt nicht vergessen. Bei diesen Franzosenfeinden wird die uns schon bekannte Tiermetaphorik Heines zum Hauptträger der Satire. Es heißt nicht einfach Bluthunde, sondern »eine drollige Gattung Bluthunde«, entsprechend der ständigen Mischung von Ernst und »Scherz«. Bei A. W. Schlegel und Zacharias Werner wird mit ironi-

scher Allegorese gearbeitet (»Naivität«, »Reinlichkeit«). Bei Friedrich Schlegel nimmt e
das schon in der »Romantischen Schule« für ihn geprägte Hähndl-Emblem wieder auf
um die für diesen Charakter bezeichnende Spannung zwischen »Supranaturalismus« und
Epikureismus zu verspotten. Auch die Karikatur der Gattin lebt vom Oxymoron (»wür
dig«/»entlaufen«). *Es sind alles traditionelle, rhetorische, aber mit Prägnanz und Ele
ganz verwendete Mittel.* An solchen Stellen vereinigt sich die leichte Erzählkunst de
Dichters mit der publizistischen »Kunst der Prosa«. Hier erreicht Heine sein Grazi
en-Ideal auch in der Publizistik einigermaßen, während die Hyperbolik, die Mythologie
die Sakralisierung – Napoleon als Heiland usw. –, die so oft seine inhaltlichen Aussagen
prägen (s. o. Hauptteil), ja selbst die publizistische Vernichtungsstrategie, trotz ihrer un
heimlichen Vervollkommnung bei Heine, im Vormärz eher zeitgemäß sind.

Schluß: Akademische Samthändchen streicheln den Tiger

Vielleicht darf ich an der Stelle eines schönen Schlusses, deren es in der deutschen Hei
ne-Philologie zur Zeit allzu viele gibt, noch etwas über diese selbst sagen, – ganz »subjek
tiv«. Die immer nützliche, zum Teil positivistische Arbeit im Umkreis der drei Editions
arbeitsstätten Düsseldorf, Weimar, Paris samt *Heine-Jahrbuch* und *Heine-Studien* is
damit selbstverständlich nicht gemeint; denn diese ist ja die Voraussetzung *jeder* Art vo
Heine-Geschichtsschreibung. Ich meine die Arbeiten, die sich um das Gesamtbild de
Dichters bemühen und mich zuerst interessieren mußten. Die Verachtung der objektiver
Autoren, Gelehrten und Historiker, die der Dichter und Publizist Heine ständig, selbst i
der Beschreibung der Sitzungen der Französischen Akademie (E VI, S. 404–407), zun
Ausdruck bringt, der Zweifel an all dem, was seit Mignet (ebd.) und Ranke geleistet war
ist gewiß altmodisch, ein Ausdruck seiner Verwurzelung in der Witzkultur des 18. Jahr
hunderts. Aber speziell für das Herangehen an Heine hat seine Warnung vor der, wie e
meint, *verlogenen* Objektivität vielleicht eine gewisse Berechtigung. Der heutige Objek
tivismus, der vor Vorworten und ähnlichen Kundgebungen dessen, was man will ode
nicht will, zurückschreckt, der uns zumutet, gefeierte Dichter mit Haut und Haaren ge
horsamst zu schlucken, mag bei manchen Gegenständen vortrefflich sein, ich fürchte
nicht bei diesem so viel wertenden und parodierenden Autor. Mit meiner Kritik meine ich
nicht nur den Marxismus, der ja sogar in der Praxis »wissenschaftlichen« Anspruch er
hebt. Der Marxismus als selbständiges System kann vielleicht eher die *nötigen Distanzen*
zu Heine setzen als der vollakademische Heineverehrer, der schlechterdings alles an
Heine verstehen und liebhaben will und damit in Wirklichkeit den freien, den gefährli
chen Tiger zum dressierten Tanzbären Atta Troll verniedlicht. Wenn ich gewisse Büche
in einem gewissen Jargon lese, dann höre ich den »seligen Heine« – so pflegte er sich ja
auszudrücken – immer schrecklich lachen. Einem so witzigen, unruhigen, aggressiven
immer zum Sprung und Schlag bereiten Subjekt darf man nicht mit akademischer
Samthändchen den Bart streicheln, wie vielleicht dem späten, hochempfindlichen Mö
rike oder Grillparzer. Einem Heine muß man selbst als Subjekt begegnen, man muß mi
ihm ringen und streiten und raufen. Man muß sich wahrscheinlich auch für die *letzter*

Fragen interessieren, wie dies Heine, bei allem Schwanken, immer getan hat, nicht nur für künstlerische oder soziale. Deshalb kommen Theologen wie Paul Konrad Kurz oft näher an Heine heran als Philologen. Auch Publizisten wie Dolf Sternberger schreiben, bei allen Mängeln im einzelnen, kongenialere Bücher, weil sie dem Kollegen ganz anders auf die Finger zu sehen verstehen und nicht alles so gräßlich ernst und wörtlich nehmen. Im Vorteil ist auch die angloamerikanische Heineforschung, weil sie sich traditionsgemäß zum Subjekt und zur offenen Wertung bekennt und *dadurch* eben objektiver wird. Es ist ein Wissenschaftsstil, den vor allem die aus der »Studentenrevolution« hervorgegangenen Germanisten in Deutschland nicht mehr verstehen, weil sie, trotz des Übermaßes an Theorie, erkenntnistheoretisch naiver geworden sind.

Schließlich ist auch das von Wolfgang Preisendanz im Vorwort zu seiner Heine-Schrift noch etwas abstrakt Ausgedrückte deutlicher zu sagen: *Der Wiedergutmachungskomplex verhindert eine redliche Begegnung mit Heinrich Heine.* Er ist ein großer Meister des Worts. Gerade auch die historische Interpretation läßt diese Meisterschaft besser erkennen und verstehen. Aber er ist zugleich ein Dichter und Publizist, der nicht nur für Deutsche, sondern auch für Christen und Juden in vielen Ländern ein Ärgernis war, dessen wichtigste Funktion vielleicht das Ärgernisgeben ist, das rücksichtslose Spiel des zum Spott verpflichteten »Narren«, und dem deshalb auch als einem Ärgernis begegnet werden kann, und vielleicht muß. Wer einen Priester und Propheten braucht, sollte Klopstocks *Messias,* der den seligen Heine so innig ergötzte, erforschen. Auch Stefan George liebte die andächtig lauschenden Germanisten. Oder wie wäre es mit Heines Feind, dem Grafen Platen? Er wartet immer noch sehnsüchtig darauf, neben Pindar und Goethe treten zu dürfen.

ANNETTE VON DROSTE-HÜLSHOFF (1797–1848)

Kritik der unhistorischen Drosteforschung

In den vielen wissenschaftlichen und belletristischen Aufsätzen oder Schriften über »die größte deutsche Dichterin« ist immer wieder von ihrem Geheimnis die Rede. Die »Seherfrau« (Gundolf) scheint sich jedem rational-historischen Griff zu entziehen. Wir kennen das Adelsfräulein in seinen äußeren Lebensgewohnheiten genau. Wir wissen, daß sie viel studierte, Historisches und Naturwissenschaftliches*, daß sie die Lateiner im Urtext las, daß sie viel krank und wohl auch etwas hypochondrisch war, daß sie sich auf langen Spaziergängen zu heilen und zu trösten versuchte, daß sie sich von der biedermeierlichen Sammelleidenschaft ihrer Familie (vgl. z.B. den Brief an Sibylla Mertens 29. 9. 1842) keineswegs freihielt, daß sie, ohne ihre schwachen Augen zu schonen, mühselige Handarbeiten verfertigte und, so oft sie konnte, auch unter Opfern, wohltätig war, daß sie sich in fast erschreckender Weise, auch als Dichterin, dem Willen ihrer Familie, besonders ihrer Mutter, unterordnete. Sie ist in einem solchen Maße gesellschaftsgebunden und zeitgemäß, daß der moderne Betrachter glaubt, diese ihre äußere Erscheinung nicht ernst nehmen zu dürfen. Eine Dichterin, die sich so einfügt, muß in einem ganz anderen Bereiche beheimatet sein. Gerade das stille, gar nicht revolutionäre Leben der Droste scheint ein Beweis für ihre geheime Tiefe und einmalige Abgründigkeit zu sein. Einsamkeit umwittert sie mehr als andere Dichter der angeblich immer noch geborgenen Biedermeierkultur. So reich auch die Porträtgalerie der damaligen Dichter sein mag, – sie hat eine besonders schwer zu ergründende Physiognomie.

Trotzdem wird man der Droste, so scheint mir, nicht dadurch gerecht, daß man ihren Anteil an der Geschichte wie eine Schale von ihr ablöst und für den Kern irgendwelche Bezugspunkte außerhalb ihrer Zeit sucht. Die beliebteste Methode war es, bis vor kurzem, die Droste bestimmten, scheinbar überzeitlichen Kollektivismen zuzuordnen. Auf der einen Seite stand die ethnologische Interpretation, die je nach der Zeitstimmung in

---

* Die große Bedeutung, welche die Naturkunde für die Dichterin besaß, hat Josefine *Nettesheim*, die westfälische Altmeisterin der Drosteforschung, in Arbeiten von bleibendem Wert erschlossen (Wissen und Dichtung in der ersten Hälfte des 19. Jahrhunderts am Beispiel der geistigen Welt Annettes von Droste-Hülshoff, DVjs Bd. 32, 1958, S. 516–553 und Die geistige Welt der Dichterin Annette Droste zu Hülshoff, Münster 1967). Auch Josefine *Nettesheims* Forschungen und Quelleneditionen zur geistigen Umwelt der Droste sind wichtige Grundlagen der modernen Drosteforschung: Christoph Bernhard Schlüter, Eine Gestalt des deutschen Biedermeier, Berlin 1960; Schlüter und die Droste, Dokumente einer Freundschaft, hg. v. J. *Nettesheim*, Münster 1956; Luise Hensel und Christoph Bernhard Schlüter, Briefe aus dem deutschen Biedermeier... 1832–76, Münster 1963; Freiheit und Knechtschaft, Vorlesung von Schlüter, Münster 1971; Wilhelm Junkmann, 1811–1886, Münster 1969; Wilhelm Junkmann und Annette von Droste-Hülshoff, Münster 1964.

partikularistisch-westfälischer oder deutsch-nordischer Form erschien. Auf der andern Seite glaubte man, von einem fixen katholischen oder christlichen Standpunkte aus an die Droste herankommen zu können. Es fällt auf, daß sich zum hundertsten Todesjahr der Dichterin (1948) vor allem solche Schriftsteller geäußert haben, die zum Katholizismus konvertiert sind oder sich sonst ausdrücklich zum Christentum bekennen. Man sollte meinen, daß die ethnologische und die christliche Interpretation sich gegenseitig aufheben. Allein der die Dichterin umwerbende Irrationalismus führte nicht selten zur Verquickung der beiden Methoden. Selbstverständlich soll nicht geleugnet werden, daß die Stammes- und Konfessionszugehörigkeit wichtige Größen sind, aber sie verlieren erst dann den Charakter von Imponderabilien, wenn sie auf die jeweilige historische Lage bezogen und nicht naiv als »ewige Substanzen« in die Diskussion eingeführt werden.

Die Ernüchterung der sechziger Jahre ist der Erforschung der Biedermeierzeit überall zugute gekommen, auch der Droste-Philologie. Eine Droste-Forschungsstelle an der Universität Münster wurde eingerichtet, wichtige Schritte zu einer neuen historisch-kritischen Droste-Ausgabe sind schon getan*. Aber der Antihistorismus und der Mythos von der »Seherfrau« haben ihre Kraft noch nicht verloren. Sie erscheinen heute, wenn ich

---

* *Winfried Woesler*, als Editor bereits bewährt, leitet die Drosteforschungsstelle in Münster und die HKA mit einer historisch-philologischen Präzision, die besondere Erwähnung verdient. Ähnlich wie bei der Heine-Edition begnügt man sich nicht mehr mit der von der klassischen Philologie erarbeiteten Editionsmethode, die in Friedrich Beißners und Adolf Becks Hölderlin-Ausgabe noch einmal einen Höhepunkt erreichte, sondern man benützt *alle historischen Vorteile*, die ein vor etwa 140 Jahren entstandenes Lebenswerk bietet. Die von Winfried Woesler herausgegebenen »Kleinen Beiträge«, ab 1976/77 »Beiträge zur Drosteforschung«, bieten nicht nur die üblichen Orientierungshilfen für den Drosteverehrer und Schulgermanisten, z. B. die bei den Jahresfeiern gehaltenen Festreden, Hinweise auf die Rezeption der Droste im Kulturkampf, im Ausland oder durch moderne deutsche Dichter, sondern auch spezielle Studien, die für den gewissenhaften Drosteforscher ebenso unentbehrlich sind wie für den Fortgang der HKA. Diese selbst erscheint im Max Niemeyer-Verlag, Tübingen, und ist auf 14, z. T. in zwei Einzelbände zerfallende Bände berechnet. Neben drei Bänden Droste-Briefe, von denen »der überwiegende Teil überhaupt erstmals veröffentlicht wird« (Verlagsprospekt), mit zwei Kommentarbänden, gibt es zwei Bände Briefe *an* die Droste mit einem Band Kommentar, zwei Bände Musikalien – die Droste komponierte auch – und einen Band Bibliographie. Bisher ist erst der Band V,1 (Prosa, Text) erschienen. Die Ausgabe ersetzt die Sämtlichen Werke (1925) und Briefe (1944), die Karl Schulte Kemminghausen herausgegben hat. – Die Ankündigung, daß die neue HKA bis 1989 abgeschlossen sein wird, erscheint glaubhaft; denn die »(Kleinen) Beiträge« geben einen Begriff von der Menge der geleisteten Vorarbeiten, und Woesler hat sehr gute Mitarbeiter herangezogen und ausgebildet (*Aloys Haverbusch, Walter Huge, Bernd Kortländer, Axel Marquardt*). Diese sind z. T. auch schon mit fundierten selbständigen Publikationen hervorgetreten (s. u.). – Erwähnung verdient unter den Jungen auch noch *Ronald Schneider,* obwohl er ältere Drosteforscher meistens *ohne jedes Verständnis für die in Deutschland besonders diskontinuierliche wissenschaftsgeschichtliche Tradition der Germanistik* kritisiert; denn er hat seine Dissertation (Realismus und Restauration. Untersuchungen zu Poetik und epischem Werk der Annette von Droste-Hülshoff, Kronberg/Ts. 1976) in einem *höchst anregenden Forschungsbericht* (Annette von Droste-Hülshoff, Sammlung Metzler Bd. 153, Stuttgart 1977) fortgesetzt. Es ist gewiß zu viel jugendliche Phantasie am Werk, wenn er z. B. einen Zusammenhang zwischen der *Judenbuche* und der Französischen Revolution vermutet (S. 82). Das ist eine Parallele zur Interpretation der *Schwarzen Spinne* durch Jost Hermand (vgl. Bd. I, S. 367), die nur verrät, wie wenig Sinn für universale, das Politische mitumfassende Konzeptionen man heutzutage in unserm Fache hat. Aber die meisten Thesen Ronald Schneiders sind in meinen Augen diskutable Anstöße für die Droste-Forschung.

richtig sehe, vor allem in der Gestalt einer rücksichtslosen interpretatio moderna. Relativ harmlos war es noch, wenn ein Dichter das Naturgedicht der Droste mit dem Wilhelm Lehmanns zusammensah[1]. Kühner war die Spekulation eines Literaturwissenschaftlers, der zu bemerken glaubte, »daß ein radikalerer Gebrauch verwandter eigentümlicher Bild- und Wortfelder, wie er Celan mit der Droste verbindet, auf diese zurückwirkt und an ihr schärfer hervortreten läßt, was verharmlosende, moralisch getönte, tröstliche Partien[!] ihres Werkes bisher verdecken konnten: ihre illusionslose Hinwendung zu ätzenden, faulenden, verödeten, versteinerten, zu Staub zerfallenen Gegenständen, denen ihre Worte ohne Beschönigung, ohne idealisierenden Fernblick geduldig und zäh auf den Leib rücken, in lückenlos spröder Folge, von der sich keine Dispensierung erlangen läßt«. Ausgerechnet Annette rückt neben einen Dichter, der »auf das Gefängnis zu« dichtet, »das die zukünftigen Menschen erwartet«[2]. Die orthodox-christliche Interpretation war immer noch richtiger als diese vermeintlich am dichterischen Kern der Droste orientierte Modernisierung. Aber der Unheil-Interpret steht nicht allein; er könnte sich auf einen gescheiten Franzosen berufen, der die westfälische Dichterin im Lichte Kafkas besser zu sehen glaubt[3]*.

Aus all dem erklärt sich die merkwürdige Lage der gegenwärtigen Drosteforschung.

---

* Was hinter diesem Modernismus »ontologisch« steht, spricht schon die Droste, mit der ihr eigenen tiefen Zeitkritik, unmißverständlich ohne Fremdwort aus: »Wer das Alte vergißt, kann auch das Neue vergessen wenn es alt geworden ist, und wird gern vergessen und entbehren kann, der hat nie Etwas gehabt, und sollte gar nicht mitsprechen« (an Elise Rüdiger 17. 6. 1845, in: Beiträge zur Drosteforschung Nr. 4, 1976/77, S. 200). Man verweist gerne auf ihren »Entschluß..., unsre blasierte Zeit und ihre Zustände gänzlich mit dem Rücken anzusehn. Ich mag und will *jetzt* nicht berühmt werden, aber nach hundert Jahren möcht ich gelesen werden, und vielleicht gelingt's mir« (an Elise Rüdiger, Sommer 1843; Briefe, II. Band, S. 191). Mit solchen Worten sagt sie lediglich, daß sie auf die *Dauer* ihres Werks vertraut; denn an der selben Stelle gelobt sie, »keinem anderen Führer als der ewig wahren Natur durch die Windungen des Menschenherzens zu folgen.« Sie wendet sich gegen das »blasierte«, modische Denken, das auch heute, in der modernistischen Aneignung älterer Dichter, wirksam ist. Damit soll nicht gesagt sein, daß die an der Tradition oder an der Ewigkeit orientierte Wertgewißheit der Dichterin noch völlig intakt war. Artur Brall (Vergangenheit und Vergänglichkeit, Zur Zeiterfahrung und Zeitdeutung im Werk Annettes von Droste-Hülshoff, Marburg 1975), der die »Ewigkeitssicherheit« und das Verfallsbewußtsein der Droste wohl am sorgfältigsten gegeneinander abgewogen hat, kommt zu folgendem Ergebnis: »Von der Zeit im Sinne späterer Dichter des 19. Jahrhunderts nur Momentanes und Diesseitiges zu erwarten, kann sich die Droste bei aller Neigung zum isolierten Augenblick noch nicht entschließen, und von der Forderung, in der Zeit das Vergangene bewahrt und das Ewige gewährt zu sehen, will sie bei aller Erkenntnis der Realität nicht ablassen. Ihre Problematik ist es, daß sie das eine noch kaum und das andere nicht mehr ganz besitzt« (S. 283). Konkreter belegt und begründet Bernd Kortländer Annettes Zurückhaltung gegenüber einer »literarischen Karriere« (Zeitschriftenherausgeber an die Droste, in: Kleine Beiträge zur Drosteforschung 1972/73, S. 100–118; gemeint sind auch Herausgeber von Taschenbüchern bzw. Almanachen). Neben ihrer »Auffassung von Dichtung« (ihrem Streben nach Dauer) nennt Kortländer mit Recht auch Rücksichten auf ihre Familie und ihre Kirche. Diese Gründe stehen in einem Zusammenhang, da die Kirche und der Adel damals noch kaum mit ihrem Untergang rechneten. Unerwähnt bleibt in Kortländers Aufsatz die *aristokratische Publikationsstrategie der Droste,* die von der Aschendorffschen Buchhandlung in Münster (Gedichte von Annette Elisabeth v. D.... H...., 1838, Neudruck 1978 im gleichen Verlag, mit einem gründlichen Nachwort Winfried Woeslers) zum *Cotta-Verlag* führte, d. h. zu einer »Karriere« mit Dauer.

Während die Einzelheiten immer sorgfältiger erforscht werden, wird der historische Ort der Dichterin immer undurchsichtiger. Daß sie dem Biedermeier nicht zugehören darf, ist bei den meisten Forschern die stillschweigende Übereinkunft; denn ein Biedermeierdichter – das setzt man voraus – ist kein Dichter allerersten Ranges. Statt Gewinn und Verlust gegeneinander abzuwägen, bezog Emil Staiger die Dichtung Annettes auf die unter einem ganz anderen historischen Gesetz stehende, harmonische, womöglich musikalische Dichtung Goethes und der Romantik (vgl. u. S. 607). Die modernisierenden Interpreten sind im Recht, wenn sie die Droste der leibnizianischen und idealistischen Geisteswelt entschieden entrücken; aber es ist eine falsche Reaktion auf Staiger, wenn sie gleichzeitig die im Biedermeier stets erkennbaren voridealistischen Wurzeln zerschneiden. Statt den schlichten Hinweis, den schon der alte Adel Annettes gibt, zu beachten, siedelt man sie geistreich im historischen Niemandsland an. Wieviel Vorurteil, ja Eigensinn gegen die Biedermeier-Hypothese im Spiele war, läßt sich etwa daran erkennen, daß Clemens Heselhaus, ein führender Droste-Forscher, vorübergehend sogar den Versuch machte, die adelige Westfälin den Jungdeutschen zuzuordnen[4]. Dabei gibt die Dichterin doch in ihren Briefen mit vollkommener Klarheit zu verstehen, was sie »von der geistreichen Taktlosigkeit unsers modernen Bürgerstandes« (an August von Haxthausen 2. 8. 1844), von den liberalen Intellektuellen also, Freund Schücking nicht ausgeschlossen, hält.

Heselhaus ist zu seiner merkwürdigen Hypothese durch eine Tatsache, die sich unmöglich leugnen läßt, geführt worden: die Dichterin hat mehr *Kontakt mit der Zeit,* als in den westfälischen, christlichen, modernisierenden oder rein porträtistischen Drostedarstellungen deutlich wird. *Sie reagiert mit großer Empfindlichkeit auf die jeweiligen Ereignisse, ja sie hat ein Sendungsbewußtsein gegenüber der Zeit.* Und, was damit zusammenhängt, im Konfliktfall ordnet sie das Ästhetische bestimmten inhaltlichen Zielsetzungen unter. Die heteronome Dichtungsauffassung ist in der Biedermeierzeit die herrschende (vgl. Bd. I, S. 85); in diesem allgemeinen Sinn besteht tatsächlich eine Übereinstimmung mit den jungdeutschen Zeitgenossen[5]. Übersehen wird dabei nur, daß auch die Konservativen auf die Zeit reagieren, und zwar um so stärker, je näher die Entscheidung von 1848 herankommt, und um so entschiedener, je mehr ihre Existenzgrundlage (Beruf, Stand) mit der feudalistisch-christlichen Restauration Metternichs übereinstimmt. Daß sich eine solche Stellungnahme meist unbewußt, ja mit ständiger Kritik der Übergriffe, die moralisch das eigene Lager belasten, vollzieht, versteht sich für jeden Kenner partei- und gesellschaftsgeschichtlicher Entwicklungen von selbst. Selbstverständlich ist auch, daß Annette das alte weibliche Recht für sich in Anspruch nahm, die männlichen Standesgenossen zur Mäßigung zu rufen und die von ihnen geschlagenen Wunden, so gut es geht, – zu heilen.

Biographische Strukturhinweise

Die Droste steht mit ihrem Adelsbewußtsein, mit dem oft wiederholten Bekenntnis zu ihrer Heimat und mit der bewußt festgehaltenen Christlichkeit zentraler in den tonangebenden Kreisen des Biedermeiers als die meisten Dichter ihrer Zeit. Schon die Biographie kann in dieser Hinsicht strukturelle Hinweise geben. Die Dichterin bleibt wie Platen, Grillparzer und Lenau unvermählt. Sie teilt mit den erwähnten Dichtern die Scheu vor elementaren Berührungen, und zwar eben deshalb, weil sie mit ihrer ganzen Zeit die Macht des Elementaren entsetzt erfahren hat und sich um jeden Preis seiner Herrschaft entziehen möchte. Die Humanisierung des Elementaren erscheint als eine notwendige und ohne Askese kaum zu leistende Aufgabe. Der Sinn dieser Askese ist eher Abwehr des Vitalen als die positive Verwirklichung überweltlicher Ideale. Der Entsagende liebäugelt insgeheim mit einem rücksichtslos-ungebrochenen, naiven Menschentum. Grillparzer hat diese Existenzform in seiner *Sappho* und in allgemeiner (nicht nur für das Künstlertum symbolischer) Form in seinem Hero-Drama dargestellt. Die einundvierzigjährige Droste verliebt sich nicht in ihren frommen, durch Leid geprüften Freund Schlüter, sondern in den siebzehn Jahre jüngeren Levin Schücking, den sie wie eine Mutter vor erotischen Verfehlungen und vor den Gefahren einer Literatenexistenz bewahren zu müssen glaubt. Einst hatte sie die Doppelliebe zu Heinrich Straube und August von Arnswaldt das gelehrt, was Mörike wenige Jahre später in der Begegnung mit seiner Peregrina erfuhr: die Abgründigkeit oder, wie beide es verstanden, die Sündigkeit des im reinen Eros wirkenden Naturzaubers. Ein panischer Schrecken hatte beide erfaßt, und während Mörike sanft zurückgewichen war, hatte das Adelsfräulein schwere geistliche Waffen aufgefahren. Allein die Dämonen ruhten nicht. Wenn Schückings Turm auf dem Schlosse zu Meersburg auch kein Turm der Hero wurde, wenn Frauen- und Adelsstolz, geistige und geistliche Stützen sie, auch nach der Verheiratung des Freundes, niemals ganz ins Leere fallen ließen, so vollzog sich in diesem Leben doch etwas, das oft als »Tragödie« beschrieben worden ist. Treffender ist die Erinnerung an jene Stifterschen Novellen, in denen das Tragische idyllisch gerahmt oder gar die ausdrückliche Überwindung des »Tigers« zum Ziel der Erzählung gemacht wird. *Sie war ein Genie; aber der Gefahr der Verwilderung, die sich seit dem Sturm und Drang damit verband, setzte sie sich nicht aus.* Die Droste scheint den Kultus des »Schanies« als gesunkenes Kulturgut erkannt zu haben [6]; denn je mehr sie ins literarische Leben hineinwächst, um so häufiger verwendet sie das Modewort in einem pejorativen Sinne*.

---

* Nicht verschwiegen sei, daß man im Kreise der heimatlichen Droste-Verehrung manchmal mehr Augenmaß findet als in der engeren, auf »Schanie« bedachten Fachgenossenschaft. Die folgende zusammenfassende Strukturbeschreibung finde ich, so konservativ sie klingt, richtig: »Insgesamt ergibt sich ein reichgestuftes, von lebendiger Ordnung durchwaltetes Gefüge, das gelegentlich von den reißenden Unterströmen jener Dämone angefochten war, welche die gefährliche Mitgift der genialen Begabung ist, aber im ganzen niemals ernstlich angezweifelt oder in Frage gestellt wurde. Seine tragenden Strukturen heißen Pietät und innige Anerkennung der Blutsbande. Sie heißen Autorität und Gehorsam, eine kultivierte Geselligkeit mit selbstverständlichem musischen Einschlag, Standesrecht, Standesehre und am meisten Standespflicht.« (Gottfried *Hasenkamp*, Das Bild der Droste in unserer Zeit, in: Jahrbuch der Droste-Gesellschaft, Bd. 3, 1959, S. 10.) – So sehr ich Vergleiche zwischen Dichtern der Biedermeierzeit zum besseren Verständnis der Dichter sowohl wie der Epoche begrüße, so meine ich doch, daß diese nicht schlicht der Norm der Liberalität oder Progressivität unterworfen werden dürfen wie von Wilhelm *Gößmann* in seinem Aufsatz über das höchst

Daß die provinzielle und naturverbundene Lebensweise der Droste eine Einordnung ins Biedermeier nahelegt, versteht sich für jeden Kenner der Epoche von selbst (vgl. Bd. I, S. 124). Wenn Annette in ihrer Dichtung gerade Westfalen erschließt, wie Gotthelf die Schweiz, Stifter Österreich, Mörike Schwaben, so ergibt sich dies einfach aus ihrer Herkunft. Das *geschichtlich* Bedeutsame ist, daß sie überhaupt einen unmittelbaren dichterischen Zugang zu ihrer Heimatlandschaft eröffnet. Wie hätte das ein früherer Dichter (und genau so ein Jungdeutscher!) mit gleicher Intensität tun können? Das exotische Interesse, das sich gelegentlich bei ihr äußert und das ihr die vielbesprochene literarische Aufnahme ihres Landsmannes Freiligrath erleichtert, steht nicht nur bei ihr in einem hintergründigen, dialektischen Zusammenhange mit dem biedermeierlichen Provinzialismus. Löwengeschichten machen die halbwegs verläßliche Geborgenheit der Heimat nur um so bewußter. Im Geiste ist man ohnehin ständig unterwegs, in allen Zeiten der Weltgeschichte und in allen Räumen des »Kosmos«. Phantasiereisen führen in die weiteste Ferne. Die Zweiundzwanzigjährige träumt von »Spanien, Italien, China, Amerika, Afrika« (an Professor Sprickmann 8. 2. 1819). Biographisch ist die *kleine* Reise zu Freunden und Verwandten – oft als Erholungsreise aufgefaßt – typisch für sie wie für das ganze Biedermeier. Die Reisen nach England, Italien oder Frankreich, die sich die Jungdeutschen geradezu zur Pflicht machen, wären zu anspruchsvoll. Eine zum mindesten symbolische Bedeutung gewinnt der Umstand, daß der Bodensee ihr, wie dem Dichter der *Idylle vom Bodensee,* eine begrenzte, aber für die Dichtung ausreichende Befreiung und Anregung gewährte. Leichte, mehr geistig als biographisch sichtbar werdende Lockerungen in einem sonst sehr festgefügten, demütig hingenommenen Schicksalszusammenhang – diese Lebensform ist für die Droste, wie für Grillparzer, Mörike, Stifter, Gotthelf charakteristisch.

Einen bemerkenswerten Versuch, die Dorste von der idyllischen Tradition abzuheben, hat Renate Böschenstein-Schäfer, in der Idyllenforschung besonders bewährt, unternommen [7]. Sie geht davon aus, daß die Fernsehsucht und die Liebe zu Haus, Familie, Heimat bei der Droste von Anfang an eng miteinander verbunden sind: »Aus der Ferne klingt's wie Heimatlieder.« Sie verfährt psychoanalytisch, und betont zunächst die Tatsache, daß die Mutter der Dichterin, eine strenge, sittliche, rationale, dem Vater überle-

---

interessante Thema: Konservativ oder liberal? Heine und die Droste (Heine-Jb. Jg. 16, 1976, S. 115–139). Da Liberalität *verlangt* wird, erscheint die Droste ambivalenter als Heine, der nur der Vorkämpfer der Emanzipation und weder der Rhetoriker noch der Geistesaristokrat noch der Advokat des Theismus (in seiner Spätzeit) ist. *Die Analyse der Ambivalenz beider wäre ein Beitrag zur Kernstruktur der Epoche.* Auch die Hinweise auf Heines Verwurzelung in der Rokokoskepsis (S. 119), auf die größere *stilistische* Modernität der Droste (S. 120), auf die »Unmenge an vergangenem Bildungsgut« (S. 119), das die Werke beider Dichter mit sich führen, werden zur Parallelisierung und Abgrenzung Heines und der Droste nicht so verwendet wie dies möglich wäre, wenn Literatur, Politik und Religion wenigstens als gleichgewichtige Größen bei der Beurteilung unserer Dichter anerkannt würden. Ich halte den (allerdings vernachlässigten!) Vergleich der Vormärzdichter für keine »neue literaturwissenschaftliche Fragestellung« (S. 117), aber für eine wichtige, die neu belebt werden sollte. Daher meine Mahnung, die Möglichkeiten dieser historischen Methode gerechter und umfassender wahrzunehmen. Es wäre zugleich ein Beitrag zu unserm innern Frieden.

gene Frau gewesen ist, so daß Annette genötigt war, die ihr vom nächsten Menschen versagte Geborgenheit in der Heimat oder beim Vater, einem eifrigen Botaniker und Gärtner, zu suchen. Im Weiher, dem die Dichterin einen Gedichtzyklus gewidmet hat, sieht Böschenstein-Schäfer »das spezifisch drostische Idyllenmotiv«, das Einblick in die »Tiefenstruktur« ihrer Idyllendichtung gewährt. In dem Weiher hat schon J. Nettesheim ein »Ursymbol des Vaters« gesehen. In der »Linde, die den Weiher liebt, aber doch nicht wirklich mit ihm eins werden« kann, da sie eben keine *Blutsverwandte* ist, findet die psychoanalytische Interpretin »Züge der Mutter«. In dem Wassermann erscheint die Begierde der Tochter, sehr im Unterschied zu der Ruhe des Teiches, die so stark betont wird (»ein fromm Gewissen«, »frommer Schläfer«). Die Angst der Kinder symbolisiert die Angst der Dichterin vor sich selbst: »Der Weiher, der Vater, das Nächste, Vertrauteste also, das Idyllisch-Bergende verhüllt das Unheimliche, Bedrohende. Und hier offenbart sich deutlich das Strukturgesetz der Drosteschen Idylle: die Identität des Nahen und des Fernen, des Heimatlichen und des Abenteuerlich-Gefährlichen... Die Vaterwelt, als die sich diese Idylle darstellt, enthält als verborgene elementare Sprengkraft die potenzielle erotische Beziehung. Dieses Prinzip der Bedrohung von innen, der Dichterin offenbar nie anders als in der Eigenart ihrer Bildlichkeit deutlich geworden, wird in ihrem Werk zu einem generellen Strukturgesetz.« Daher neben der idyllischen Ruhe die Gespenster! »Die Angst wird zum Grundzug der ganzen drostischen Produktion, und dies zeigt sich am deutlichsten in ihrer Verwandlung jenes literarischen Modells, dessen Prinzip traditionsgemäß die Geborgenheit vor der Angst ist, der Idylle. Die Bedrohung, welche die Droste auf dem Grund der Idyllenlandschaft wahrnimmt, ist die Projektion ihrer Angst vor dem eigenen Ich. ...Die verzweifelte Gespaltenheit dieses Ich kennen wir aus dem Gedicht *Das Spiegelbild,* das dem *Weiher* durch die Motivkette Weiher – Spiegel – Auge verbunden ist.« Zum Schluß erinnert Böschenstein-Schäfer an den vertrauten Umgang der Dichterin mit den Toten, und sie deutet im letzten Satz die Blumen, die Ledwina dem Kinde auf dem Kirchhof abkauft, als »die Gedichte, deren Einzigartiges darin liegt, daß sie ihre Herkunft aus dem Grab, ihre Gebrochenheit, ihre Angst nicht zu verbergen suchen, sondern bis ins kleinste sprachliche Detail hinein sinnlich fühlbar machen«. – Ich zitierte ausführlich, weil ich diese Deutung *als psychologische Analyse* nicht für falsch halte und sogar meine, daß darin auch ein seelengeschichtlicher Befund für die damaligen Menschen zwischen dämonisierter naturalistischer Erfahrung und biedermeier-christlicher Tröstung zu erkennen ist. Aber wie die Verfasserin sich durch ihre Methode genötigt sieht, verräterische Stellen aus den frühen Gedichten und dem frühen Romanfragment Annettes zu zitieren, so erfaßt sie auch nur den elementaren Ausgangspunkt und nicht den reifen geistigen Sinn oder gar die reifen Gedichte der Droste. Ich übersehe nicht, daß *heute* manche Gedichte wieder an den Neandertalermenschen erinnern. Die Biedermeierdichtung dagegen, und gerade die der Droste, zeichnet sich durch eine *tapfere Begegnung mit der primitiven Angst und durch das unablässige Ringen um die menschliche Überlegenheit über alles Elementare* aus. An den Schluß der *Heidebilder* stellte die Dichterin, sicher mit Absicht, zwei Gedichte, die tröstlich sind und die daher die psychoanalytische Interpretin nicht brauchen konnte, nämlich einmal *Das Haus in der Heide,* dem christliche Embleme (Kind, Lilie, Hirten, Zimmermann, Stern) die typische biedermeier-religiöse

Transparenz verleihen, und dann den *Knaben im Moor,* in dem zwar die von Böschen-stein-Schäfer so stark betonte Angst erscheint, nicht weniger jedoch die Möglichkeit, sich zu retten. Die zuchtvolle Dichterin wußte sehr wohl, warum sie ihrer strengen Mutter und ihrem adeligen Geschlecht treu blieb.

Die selbstgewählte, trotz mancher Fremdheitsgefühle innig bejahte landschaftliche und auch familiäre Enge kann schon deshalb kein entscheidender Nachteil sein, weil Landschaft und Haus niemals verabsolutiert werden. Sie behalten im Biedermeier stets etwas von der barocken Emblematik, und besonders bei der Droste ist diese Zeichenhaf-tigkeit der Wirklichkeit zu betonen*. Die Wälder, Moore und Heiden Westfalens bedeu-

---

* *Wolfgang Preisendanz* verzichtet in seinem Festvortrag (»...und jede Lust, so Schauer nur ge-währen mag«, Die Poesie der Wahrnehmung in der Dichtung Annette von Droste-Hülshoffs, in: Bei-träge zur Drosteforschung Nr. 4, 1976/77, S. 9–21) bewußt auf eine literarhistorische Interpreta-tion der Dichterin; aber die in dem Begriff »Poesie der Wahrnehmung« erscheinende Fragestellung entspricht der traditionellen realistischen Deutung der Droste. Trotzdem gelangt Preisendanz, auf Grund genauer Textinterpretationen, in seinem zusammenfassenden Schluß an die hier angedeute-te, für alle Biedermeierdichter gültige Grenze des Wahrnehmungsempirismus: »Das Erfassen von Optischem und Akustischem steht zunehmend im Zeichen der Vergeblichkeit, sich der Gegenständ-lichkeit der Erscheinungen zu versichern. Phänomene und Phantome gehen ineinander über, nichts bleibt gewiß und verläßlich. In solcher Darstellung verunsichernder Sinneseindrücke, in dieser gera-dezu dramatischen Dialektik von gebannter Wahrnehmung und schwindender Gegenstandsgewiß-heit liegt nach meinem Ermessen etwas ungemein Spannendes. Und zwar entsteht eine Spannung, die in beschreibender, schildernder Rede nur dort aufkommen kann, wo wir an Wahrnehmungen teilnehmen, die unser Gewißheitsbedürfnis desavouieren. Dies ist der Punkt, wo sich Horrorge-schichte, Krimi, Abenteuerroman und ein gehöriger Teil der Dichtung Annettes berühren. Im Er-zeugen solcher Spannung war sie groß. Und vielleicht eröffnet der Zug, den ich als Poesie der Wahr-nehmung herauszuheben suchte (und dem die tiefer schürfende Droste-Forschung wohl nicht die volle Achtung zollen konnte) doch eine Perspektive darauf, wie im Werk dieses in fatalem Sinn »aparten« westfälischen Edelfräuleins Inhalts- und Ausdrucksformen, Imagination und Psyche, Kunst und Existenz zusammenhängen. ›So schaurig schön, wie's wohl zuweilen quillt / Im schwim-menden Gehirne‹: ich meine, daß die poetische Einbildungskraft der Droste kaum trefflicher zu cha-rakterisieren ist, als sie es hier, im *Todesengel,* selbst getan hat. Und ich möchte behaupten, daß die-ses Bild des Quellens im schwimmenden Gehirn auch darauf verweist, wie bei Annette, der Lyrikerin und Erzählerin, Wirklichkeit, die innere und äußere, erscheint: nämlich als Grenzerfahrung und Grenzbereich.« (S. 21) Erläuternd sei hinzugefügt, daß das (spätere!) realistische Programm dem Dichter die romantische Vorliebe für diese Grenzbereiche (Verbrechen; Wahnsinn, Krankheit über-haupt; Exotik; Religion, überhaupt Enthusiasmus) verleiden und ihn zum Allgemeinmenschlichen, Gesunden, Bürgerlichen, überhaupt zum Gesellschaftlichen und zum Nationalen führen will, worin auch eine partielle Rückkehr zu den Idealen der deutschen Klassik liegt (vgl. Bd. I, S. 257–291). In dieser Verbürgerlichung und Normalisierung liegt eine *Entspannung* religiöser, politischer, gat-tungs- und stilgeschichtlicher Art. Von »geradezu dramatischer Dialektik« (s. o.) wird man da nicht mehr sprechen können, wo die Spannungen zwischen Diesseits und Jenseits, gesundem Menschen-verstand und Neurose, Idealismus und Naturalismus, Aristokratismus und Sozialismus abgebaut, das menschliche Leitbild der normale Bürger mit erträglichen Schwächen, das dichterische Leitbild der humoristische Roman, das soziale Leitbild der Klassenkompromiß und das stilistische Leitbild der ausgeglichene mittlere Stil geworden ist. Dagegen wird man die »dramatische Dialektik« auch in Mörikes Dichtung (zwischen Schauerroman und Idylle), in Gotthelfs Erzählprosa (zwischen Sata-nismus und fromm geordneter Welt), in Stifters die »Grenzbereiche« ausdrücklich berücksichtigen-der Novellistik aber auch in der forcierten Epik und Stilistik seiner Romane finden, – gar nicht zu re-den von Grillparzers gespaltenem Wesen. Ich meine, daß, im historischen Vergleich mit solchen

ten den verlockenden und gefährlichen Bereich des Elementaren, vielleicht des Sündigen. Auch Forscher, die das Christentum der Droste zu leugnen versuchen, müssen ihren Abstand von der Natur betonen[8]; denn sie hält ihn, wie gerade die »Naturlyrik« beweist, mit einer auffallenden Konsequenz inne. Umgekehrt ist das Haus, wie überhaupt im Biedermeier, mehr ein Sinnbild liebevoller Geborgenheit als ein unbedingt verläßliches irdisches Paradies. Die Tatsache, daß dies Motiv bei der adeligen Droste ebensowichtig ist wie bei den Dorfgeschichtenerzählern und bei den bürgerlichen Dichtern, läßt die Vorstellung von einem »bürgerlichen Biedermeier« erneut zweifelhaft erscheinen (vgl. Bd. I, S. 119). Das Haus hat die Urfunktion, vor den elementaren und spukhaften Gewalten zu bewahren, und wenn die Lampe dem Knaben im Moor (in der Ballade dieses Titels) »so heimatlich« leuchtet, so ist es, wie die häufigen Lichtsymbole im *Geistlichen Jahr* andeuten können, mehr als ein empirisches Licht[9]. Auch neue Motive wie Geier oder Heide dürfen nicht ohne weiteres auf die Umwelt der Droste bezogen werden. Wir begegnen ihnen in dieser Zeit auch an anderer Stelle, etwa bei Lenau und Mörike. Dem entspricht, daß die bezeichnendsten Lieblingsmotive der nachromantischen Naturdarstellung (Meer, wildes Gebirge) auch in Annettes Werk zu finden sind. Wenn Gottes Gnade und Gericht wirklich allgegenwärtig sind, dann müssen sie sich auch unter den elementarsten Verhältnissen im Leben der Gebirgsbewohner und Seeleute bewähren (z. B. *Das Hospiz auf dem großen St. Bernhard, Volksglauben in den Pyrenäen, Die Vergeltung*). Die Beobachtungsgabe der Droste und ihre Kraft in der atmosphärischen Darstellung realer Umgebungen soll keineswegs geleugnet werden, *aber der empiristische Blick ist, wie immer in dieser Epoche, nur die eine Seite der Sache. Eben die oft erwähnte, ihr besonders zugeschriebene Hintergründigkeit, Zwielichtigkeit, metaphysische Tiefe verbindet sie mit ihrer Epoche.* Die Einmaligkeit der Dichterin wird durch den Vergleich mit ihren Zeitgenossen nicht ausgelöscht, sondern *sie kann auf diese Weise überhaupt erst präzis erfaßt werden.*

Die beliebte, in absoluter Hinsicht wenig sinnvolle Frage, ob die Droste christlich war oder nicht, kann der Historiker eindeutig dahin beantworten, daß sie im Sinne der Zeit christlich gewesen ist und in ihrer gesamten religiösen Haltung keine Ausnahme bildet. Die chthonische und naturmythische Interpretation verfehlte die Weltanschauung der Droste ebenso gründlich wie die impressionistische das Wesen ihrer Dichtung. Diese Art von Modernisierung braucht man nicht mehr zu widerlegen[10]. Ob man die Glaubenszweifel, die Annette wiederholt äußert, so bagatellisieren darf, wie dies moderne christliche Dichter (R. A. Schröder, Gertrud von Le Fort, Reinhold Schneider) in verräterischer Einhelligkeit tun, ist eine andere Frage. Sie geben, wie mir scheint, dem Kenner einen strukturellen Hinweis, insofern als *das verzweifelte Glaubenwollen zum Phänomen der Restauration überhaupt zu gehören scheint.* Zweifel, *bereuter* Zweifel ist etwas anderes als die religiöse Emanzipation der Jungdeutschen und Junghegelianer. Die Zeitgedichte der Droste lassen keine Unsicherheit darüber aufkommen, in welcher Richtung sie sich entschied. Der Theologe Möllenbrock, der zugleich ein guter Kenner von Annettes Dich-

---

zeitgenössischen Dichtern, das westfälische Adelsfräulein, trotz seiner schroffen und leidvoll gespannten Art, doch etwas weniger »apart« (s. o.) und verständlicher, d. h. menschlicher erscheint.

tung ist, wirft ihr Unkirchlichkeit, Fideismus, will sagen unkatholische Verachtung der Vernunft, ja geradezu kleinbürgerlichen Pietismus vor[11]. Gegenüber solchen Vorwürfen muß einfach auf den besonderen Charakter des Biedermeierchristentums verwiesen werden (vgl. Bd. I, S. 52 ff.). Das Gemüt und die ihm zugeordnete Liebe galten bei beiden Konfessionen als das Zentrum des Christentums. Dementsprechend war die praktische Wohltätigkeit und die herzliche, womöglich poetische Erbauung im kleinen Kreis wichtiger als das Dogma und die hierarchische Organisation. Krankenpflege statt autoritärer Kirchenführung – das ist biedermeierchristlich. Überdies darf, soviel ich sehe, festgestellt werden, daß die Droste an der traditionellsten Vorstellung der Biedermeierfrömmigkeit, nämlich an der persönlichen Vorsehung, Lenkung und Richtertätigkeit Gottes niemals irre geworden ist. Dieser Theismus trennt sie scharf von jedem religiösen Naturalismus. Möllenbrock selbst kennt diese inzwischen unmodern gewordene Religiosität genau, er legt ihre historischen Vorbilder dar, und insofern hat seine Polemik mehr Erkenntniswert als die Apologien der christlichen Festredner. Die Kreise um die Fürstin Gallitzin und den Bischof Johann Michael von Sailer wirken durch ihre Mitglieder auf die Dichterin ein. Nicht unwichtig war dabei für das katholische Adelsfräulein, daß diese »pietistische« Frömmigkeitsform in keinem Widerspruch zu der damaligen katholischen Kirche stand. An Fürstbischof Melchior von Diepenbrock, den prominentesten Sailer-Schüler, schreibt sie wenige Jahre vor ihrem Tode (zwischen 7. und 17. 5. 1845) ganz beichttöchterlich: »Ew. Fürstbischöflichen Gnaden, Darf ich wohl nicht erst des freudigen Eindrucks versichern den eine mir so hochgeschätzte und noch obendrein von einer so angenehmen Gabe begleitete Zuschrift bey mir nothwendig machen muste, Um so mehr da sie mir die erste, mir genügende, Zusicherung giebt, daß bis jetzt, Gottlob! weder Mangel an Einsicht, noch übel angebrachte Phantasie mich neben dem rechten Pfade her verleitet haben«[12]. Der Brief ergeht sich im übrigen in Ausfällen gegen den »Unglauben«, der als »Zeichen eines *originellen* Geistes« betrachtet wird, und gegen die »allgemeine *Demoralisation*«, von der die gemeinsame Heimat »Gottlob noch ziemlich frey ist«.

Diepenbrock gehört zu den hervorragenden Vertretern des »Geistlichen Biedermeiers« (vgl. Bd. I, S. 137 ff.). Annette bekam, wie aus dem zitierten Brief hervorgeht, Diepenbrocks *Geistlichen Blumenstrauß* (1829) erst bei dieser Gelegenheit (1845) zu Gesicht. Von einer direkten Abhängigkeit kann also keine Rede sein. *Aber Annette gehört, wie man sieht, zu den christlichen Schriftstellern, die sich unter der Führung Geistlicher sammeln und angesichts der drohenden Zeichen der Zeit zum Kampf rüsten.* Mit Recht macht Heselhaus darauf aufmerksam, daß sich die christliche Gesinnung der Droste im Laufe der Zeit nicht abschwächt, sondern verstärkt, und es bleibt nur noch zu bemerken, daß diese Entwicklungskurve mit der allgemeinen historischen übereinstimmt*. Die Wiederaufnahme und Vollendung ihrer zunächst für die Großmutter bestimmten Jugenddichtung *Das geistliche Jahr* fällt bezeichnenderweise in das Ende der dreißiger Jahre, in eine Zeit, da das geistliche Biedermeier, nach dem Verbot der Jungdeutschen, all-

---

* Dem verstärkten Liberalismus nach 1830 antwortet die christliche Welt mit verstärkter Abwehr (vgl. in meiner »Biedermeierzeit« die Abschnitte »Das geistliche Biedermeier« und »Die militante geistliche Restauration«, Bd. I, S. 137–154).

enthalben zum Gegenstoß gegen den Säkularismus ansetzt und sogar in die Gedankenwelt ganz anders gearteter Schriftsteller, z. B. Lenaus (vgl. u. S. 668 ff.), eindringt. Wenn die Droste *Das geistliche Jahr* nicht herausgab, so dürfte dabei neben familiären und religiösen Rücksichten auch der Stolz eine gewisse Rolle gespielt haben, wie einst bei der *Ledwina*. Sie fürchtete sich stets vor den vergänglichen Lorbeeren einer Modeschriftstellerin. In einem tieferen Sinne aber berührt sie sich in diesem großen Zyklus wie auch in einer Reihe lyrischer Einzelgedichte eng mit dem »Geistlichen Biedermeier«.

Zur Stellung zwischen dem weltlichen und dem geistlichen Biedermeier.
Das Rhetorikproblem

Es ist also völlig ungeschichtlich, wenn Gundolf und Staiger, von Normen einer goethezeitlichen Ästhetik ausgehend, das *Geistliche Jahr* beiseiteschieben, um so an das eigentliche dichterische Werk der Droste heranzukommen. Am Ende dieses Weges können nur vereinzelte, mit dieser Ästhetik mehr oder weniger übereinstimmende Gedichte übrigbleiben wie *Im Grase*. Gundolfs Vorwurf, es handle sich beim *Geistlichen Jahr* um einen »Nachzügler der barocken Erbauungsbücher« [13], verliert seine Schärfe für *den* Literarhistoriker, der das Gewicht der biedermeierlichen Barocktradition kennt (vgl. Bd. I, S. 114 ff.). Die Frage, ob diese Tradition noch gültig oder eine bloße Formalität war, mag in vielen andern Fällen schwer zu beantworten sein. Im *Geistlichen Jahr kann eine existentielle Erfüllung der traditionellen Form kaum geleugnet werden*. Eben der von Möllenbrock getadelte erlebnistheologische Charakter des Werkes, besonders *das Bekenntnis der Zweifel*, ist auch in ästhetischem Sinne ein Echtheitskriterium. Damit soll nicht gesagt sein, daß der Rahmen des Gesamtwerks (Kirchenjahr) als bloße Äußerlichkeit zu betrachten ist. Die Trennung von weltlicher und geistlicher Dichtung ist selbst ein Stück Barocktradition. Annette hat das lyrische Kirchenjahr nicht erfunden, weshalb ihr *Geistliches Jahr* nur im Vergleich mit andern christlichen Jahreszyklen sicher beurteilt werden kann. Der Zyklus ist kein Fremdkörper in ihrem Werk, aber seine andere Seite. Die Droste selbst betont den Unterschied von geistlicher und weltlicher Dichtung [14]. Die Zitierung einzelner »leidenschaftlicher« und in diesem Sinne weltlicher Stellen ist irreführend; denn nicht erst im ganzen Zyklus, schon im einzelnen Gedicht, bemüht sich die Dichterin um das göttliche Licht, in dem sich das Dunkel ihrer individuellen Situation klärt und aufhebt. Es ist die dem Biedermeierforscher wohlbekannte Methode der Rahmung und Einkapselung des Bedenklichen. Wenn Rudolf Alexander Schröder eine von außen kommende, bloß literarische Betrachtung der geistlichen Dichtung kritisiert [15], so macht er mit Recht darauf aufmerksam, daß jede die religionsgeschichtliche Dimension ausschließende Droste-Forschung in die Irre gehen muß. Aber die literarischen Kriterien für eine Beurteilung der geistlichen Dichtung können wiederum nur auf literarhistorischer Grundlage gefunden werden.

Das literarische Problem ist der »rhetorische Charakter« des *Geistlichen Jahrs* [16]. Restauration heißt auch Restauration der Rhetorik, Abrücken von dem in der Aufklärung geforderten »natürlichen Stil«. Diese traditionelle Sageweise macht die große Ausdehnung des geistlichen Werkes überhaupt erst verständlich. Die Originalität einer derartigen, nicht geradezu kirchlichen, aber doch kirchlich geordneten und erbaulichen Dichtung, kann nur im Blick auf die übernommene Aufgabe beurteilt werden. Von ihr die existentielle Dichte der »reinen Lyrik« zu verlangen, ist ganz unsachgemäß. Gemessen an anderen Werken des »Geistlichen Biedermeiers«, etwa an Knapps *Christlichen Gedichten,* Diepenbrocks *Geistlichem Blumenstrauss* oder dem *Kirchenjahr im Hause* von Viktor Strauß, ist das Werk der Droste originell. Wie sich das Bekenntnis zu den überpersönlichen Mächten der Sitte und Religion für den Biedermeierdichter von selbst versteht, so ist bei einer solchen Aufgabe auch eine relative Formelhaftigkeit selbstverständlich. Sobald man diese Voraussetzungen ernst nimmt, kann man über die Kraft, mit der die Dichterin eine mit allen Titeln der Pietät geschmückte Tradition *überformt,* nur staunen. Man versteht dann sogar die Neigung mancher Droste-Forscher, den Abstand zwischen der weltlichen und geistlichen Lyrik mehr als billig zu verringern.

Ein Beispiel aus dem Geistlichen Jahr

Als Beispiel für die Kühnheit, mit der sich in diesem Zyklus Eigenes und Fremdes verbinden können, sei das Gedicht: *Am zweiten Sonntage nach Pfingsten* zitiert (Annette von Droste-Hülshoff, Geistliches Jahr in Liedern auf alle Sonntage, hg. v. Karl Schulte Kemminghausen (†) und Winfried Woesler, Münster/W. 1971).

Der Eine sprach: »Ich habe ein Landhaus gekauft.« Der Andere sprach: »Ich habe ein Weib genommen, deshalb kann ich nicht kommen.« – »Geh auf die Straßen, und führe die Armen und Schwachen, die Blinden und Lahmen herein!«

> Ein Haus hab ich gekauft, ein Weib hab ich genommen,
> Drum Herr kann ich nicht kommen.
> Das Haus mein Erdenleib,
> Des ich in Ruh muß pflegen,
> Die Poesie das Weib,
> Dem ich zu Füßen legen
> Will meiner Muße Frommen
> Zu süßem Zeitvertreib.
>
> Gebrechlich ist mein Haus, bedarf gar sehr der Stützen,
> Soll es mir ferner nützen.
> So lieblich ist die Frau,
> Sie zieht mich ohne Maaßen
> Zu ihrer Schönheit Schau.
> Ach, ihr mag ich wohl lassen
> Der lichten Stunden Blitzen,
> Der Träume Dämmerthau.
>
> Was fühl ich denn so heiß in meinem Busen quellen,
> Als wollt es ihn zerschellen?
> Was flüstert an mein Ohr?
> Mich dünkt es, eine Stimme
> Dringt aus dem Bau hervor

Wie in verhaltnem Grimme,
Wie fernen Meeres Wellen,
Und spricht: o Thor! du Thor!

Kein Haus hast du gekauft, es ward dir nur verpfändet
Bis jener Faden endet,
Des Dauer Keiner kennt,
Und Keiner mag verlängen,
Die Spindel rollt und rennt.
Ach! jener Stunde Drängen
Hat Keiner noch gewendet,
So tief die Angst ihn brennt!

Nicht lieblich ist die Frau, 's ist eine strenge Norne,
Erzittre ihrem Zorne;
Sie schlürft dein Leben auf.
Und muß es dann entrinnen,
So thu den besten Kauf:
Wohl magst du dir gewinnen,
Was aller Leiden Dorne
Wiegt überschwenglich auf.

Drum sorge ferner nicht um deines Hauses Wände,
Des Eigenthümers Hände
Sind schützend drauf gelegt.
Und wie ein Wuchrer handle,
Um was dein Herz bewegt;
Mit jener Frau verwandle
In Himmelshauch die Spende,
Der übern Abgrund trägt!

Es ist wohl jedermann klar, daß sich das Gedicht einer bloß irrationalen, auf Stimmung, Ahnung, Symbolik und »Schmelz« (Staiger) gerichteten Interpretation entzieht. Es ist wie ein Gedicht des Barock oder der Aufklärung unter Zuhilfenahme der bewußten Geisteskräfte gedichtet worden und muß entsprechend gedeutet werden. Das Thema gibt eine bestimmte Bibelstelle, die im Eingang des Gedichtes in knapper Form wiedergegeben wird. Es folgt nach einer uralten Methode der christlichen Exegese die allegorische Ausdeutung, die sich durch die Formeln Haus = Leib, Weib = Poesie zusammenfassen läßt. Schon die erste Strophe, vor allem aber die zweite Strophe enthält eine erlebnispoetische Entfaltung der beiden Begriffe Haus und Weib. Wir erfahren, daß die Dichterin kränklich und von der Schönheit fasziniert ist. Wenn wir genauer analysieren, ergibt sich sogar eine Einsicht in die Poesieauffassung der Droste: Zur Poesie gehören Verstand (»Der lichter Stunden Blitzen«) und das Unterbewußte (»Der Träume Dämmerthau«). Auch hier wieder die allegorische Methode, d. h. das bewußte Vergegenständlichen bestimmter innerer Größen. In der dritten Strophe hört man die ganz traditionelle göttliche »Stimme«, die dem Dichter Lehren erteilt. Sie »flüstert« zwar, sie dringt geheimnisvoll aus dem Bau (= Haus = Leib); aber was sie sagt, ist klar. *Stilistisch haben wir hier ein Beispiel für das echt Drostesche und biedermeierliche Phänomen einer rational auflösbaren Dunkelheit. Die* Lehre der Stimme beginnt schon am Ende der dritten Strophe, so daß die bei rhetorischen

Gedichten übliche strenge Strophentrennung an dieser Stelle eingeschränkt wird; aber die Stimme benützt den biblischen Begriff, durch den man seit Jahrhunderten den ungeistlichen Menschen kennzeichnet: Tor (= Narr). Trotzdem bezieht sich die Korrektur dieses Narrentums, die genau die zweite Hälfte des Gedichtes umfaßt, auf eine durchaus moderne Situation des Dichtertums. Die Frau (= Poesie) erscheint als »strenge Norne«, die das Leben des Dichters »schlürft«. Das Wort vergegenwärtigt das panische Entsetzen, das die Dichterin im Umgang mit allen elementaren Mächten empfindet. Zu ihnen gehört auch die Dichtung, in ihrem natürlichen Zustande. Wie freilich das irdisch-leidvolle Leben in einem jenseitigen seinen Sinn findet, so muß die an sich heillose Poesie in »Himmelshauch« verwandelt werden (vgl. die letzte Strophe). Dieses Wort »Himmelshauch« ist gewiß nicht neu, und so bedient sich die Dichterin auch sonst der Wendungen, die in der geistlichen Poesie üblich sind (»aller Leiden Dorne«, »wie ein Wuchrer«, »es ward dir nur verpfändet«, »den besten Kauf«). Indem kaufmännische Gleichnisse begegnen und Gott als Eigentümer des Hauses (= Leibes) eingeführt wird, hält die Dichterin den allegorischen Ansatz überall durch. *Man muß mitdenken.* Selbst da, wo ganz eigentümliche Wendungen begegnen (»die Spindel rollt und rennt«), drängen sie doch zum Formelhaften. Die Droste arbeitet mit alten Methoden, und doch ist das Ergebnis ihrer anspruchslosen Bemühung nur in nachromantischer Zeit denkbar, ja von einer verblüffenden Neuartigkeit; denn wo wäre in einer geistlichen Dichtung die Künstlerproblematik der Zeit in so knapper und präziser Weise ausgesprochen und aufgelöst worden?

Die Inhalte des *Geistlichen Jahrs* sind nicht immer so original; oft bleiben sie in dem traditionellen geistlichen Kreis von Sünde, Buße, Gnade. Aber auch da kommen die existentiellen Nöte ständig ins Spiel. Man hat sich, vielleicht mit Recht, an Kierkegaard erinnert[17]. Das Christentum der Droste bleibt bei all dem katholisch, d.h. viel stärker überpersönlich und konstruktiv als das christlicher Existentialisten[18]. *Und so auch der Stil. Immer spürt man die Spannung zwischen einer übernommenen literarischen Tradition und dem Drang zu leidenschaftlicher Selbstaussage. Daher das Eckige und Herbe dieses Stils.* Es ist ganz sinnlos, diese Lyrik an der musikalischen Harmonie der Romantik, die im Idealismus wurzelt, zu messen; denn die Überwindung einer bloß spekulativen und poetischen Synthese, die Rückkehr zu einem (wie immer widerspruchsvollen und schwierigen) Sagen von *Wahrheit* ist ihr eigentlicher geschichtlicher Sinn, und dazu gehört jetzt, daß der Zweifel nicht einfach verschwiegen, sondern in der geistlichen Dichtung integriert wird.

Rudolf Alexander Schröder hat eine These aufgestellt, der sich jede strukturelle Interpretation der Droste stellen muß. Er sagt, *das Geistliche Jahr* sei das Zentralwerk der Dichterin. Diese Behauptung hat die Droste-Forschung spürbar beeinflußt; aber, wie mir scheint, schlägt hier die traditionelle Bagatellisierung des Werks bereits in eine Überakzentuierung um. Man kann die geistliche Dichtung eines Klopstock und eines Rudolf Alexander Schröder als zentral betrachten. Auch die Zeit der Droste kennt Dichter, die in ihrem Zentrum als geistlich anzusprechen sind (vgl. Bd. I, S. 137–144), aber diese Möglichkeiten des geistlichen Biedermeiers wurden von der Dichterin nicht ergriffen. Das *Geistliche Jahr* bleibt im Hintergrund ihres Dichtens und Trachtens. Es ist nicht repräsentativ, das Schaffen- und Wirkenwollen der Dichterin beherrschend wie die Märtyrertragödien des Gryphius oder Klopstocks *Messias,* sondern nur die eine Seite eines wiederholt als schizoid beschriebenen Genies. Die Droste hat sich für das Bündnis mit der geistlichen Dichtung nicht völlig entschieden, sie hat das geistliche Werk, obwohl ihr die Lebenszeit vergönnt gewesen wäre, nicht zu gänzlicher Vollendung geführt (ausgefeilt). Im besten Fall kann man also, wie bei vielen barocken Dichtern, eine durchgehende Doppelpoligkeit von geistlicher und weltlicher Dichtung feststellen.

Trotz dieser Einschränkung lassen sich wohl einige strukturelle Folgerungen aus dem Vorhandensein und dem Charakter des *Geistlichen Jahrs* ziehen. Obwohl die Originalität, die Dämonie der Droste stark ist – stärker vielleicht als die ihres geniesüchtigen Zeitgenossen Grabbe –, muß man immer damit rechnen, daß sie diese ihre Eigenart auf dem Altar der Sitte und Tradition opfert. Die Erkenntnis ihrer »existentialistischen« *Möglichkeiten* darf nicht dazu führen, daß man diese gegen eine *Entscheidung* ausspielt, die sie aus einsehbaren geschichtlichen Gründen und unter großen Opfern an Lebensglück vollzogen hat. Originalität und Tradition, Empirismus und Ordnungsgläubigkeit bilden bei ihr eine spannungsreiche aber letztlich nicht aufzulösende Einheit. Wenn man dem, was »geschehen« ist, wirklich gerecht werden will, kann man diese, andersgeartete Geister befremdende, aber in jeder Restauration sich wiederholende Struktur nur hinnehmen. Für den dichterischen Stil bedeutet dies, daß der konstruktive, ornamental-allegorische und rhetorisch-intellektuelle Stil der vorindividualistischen Zeit nachwirkt, oft in nächster Nachbarschaft höchst eigenartiger und realistischer Details. *Man kann unmöglich den Religionskonservativismus der Droste rechtfertigen und ihren Stilkonservativismus kritisieren*.* Dieser Inkonsequenz macht sich aber Rudolf Alexander Schröder

---

* Eine feinsinnige Analyse von Annettes Stil hat Günter *Häntzschel* gegeben. (Tradition und Originalität, Allegorische Darstellung im Werk Annette von Droste-Hülshoffs, Stuttgart 1968). Der Verfasser beweist seine Zuständigkeit für die übernommene Aufgabe nicht nur als Literarhistoriker, sondern auch als Interpret, was mir im Augenblick besonders wichtig erscheint. Auch Günter *Häntzschels* besonnener Forschungsbericht (Annette von Droste-Hülshoff, in: Zur Literatur der Restaurationsepoche 1815–1848, Forschungsberichte und Aufsätze, hg. v. Jost *Hermand* und Manfred *Windfuhr,* Stuttgart 1970, S. 151–201) bezeichnet die moderne, überregionale und überkonfessionelle Stufe der Droste-Forschung, die nicht mehr aufgegeben werden sollte. – Stephan *Berning* (Sinnbildsprache, Zur Bildstruktur des Geistlichen Jahrs der Annette von Droste-Hülshoff, Tübingen 1975) versucht die Dissertation *Häntzschels* zu ergänzen und zu verbessern. Er überzeugt, so weit er die *Subjektivierung* der alten Gattung und der alten Stilmittel stärker betont. Dagegen treibt er die Modernisierung hinsichtlich Annettes Bildlichkeit entschieden zu weit. Der Begriff Chiffre ist mißverständlich, überhaupt die Vorstellung, die Verrätselung, die obscuritas der Sprache sei im »Geistlichen Jahr« »ein absichtsvoll eingesetztes poetisches Mittel« (S. 205). Man muß sogar sagen, daß hinter solchen Feststellungen ein falsches Bild der Dichterin steht. In dem erwähnten Brief an Diepenbrock schreibt sie über den ihr übersandten *Geistlichen Blumenstrauß:* »Die, ich möchte sagen, Durchsichtigkeit dieser Gedichte läßt mich mit doppelter Beschämung an die Undeutlichkeit denken, die man meinen eignen Versuchen leider [!] so allgemein wiederholt vorgeworfen hat« (Axel *Marquardt, Das Wort,* in: Beiträge zur Drosteforschung Nr. 4, 1976/77, S. 59). Die fehlende perspicuitas der Rhetorik ist in den Augen der Droste, wie der Zweifel, ein *Mangel;* denn wie soll das »Geistliche Jahr« »das Nützlichste, was ich mein Lebtag leisten kann«, werden (an Schlüter 22. 8. 1839), wenn das Publikum die Gedichte nicht versteht? Zur Diskussion des Problems vgl. auch: Winfried *Woesler,* Religiöses und dichterisches Selbstverständnis im *Geistlichen Jahr* der Annette von Droste-Hülshoff, in: Westfalen 49 (1971), S. 165–181.

schuldig, wenn er in Drostes Dichtung »die Vorliebe für gewagte Gleichnisse, die Überladung mit Fremdwörtern, den Hang zum rhetorisch Sentenziösen« tadelt [19]. Alle diese »Unarten« bezieht die Droste nicht einfach von Freiligrath, sondern – man denke etwa an Jean Paul – *ganz allgemein aus der Rhetoriktradition.* Die »Dunkelheit« der Droste ist in der Regel keine bewußte Beschwörung des Unterbewußten und Magischen. Sie ergibt sich teils aus ihrem Festhalten an der älteren Diktion (z. B. »gewagte Gleichnisse«), teils aus ihrem Streben nach markiger Kürze. Der Lakonismus ist eine Stiltendenz, die beinahe alle produktiven Dichter der Biedermeierzeit kennzeichnet (vgl. Bd. I, S. 619 ff.). Er führt im Zusammenwirken mit der pathetischen Tradition bei der Droste zu allerlei Verklemmungen und Unklarheiten, die schon damals getadelt wurden. Der Schwager der Dichterin, Laßberg, meint zum Beispiel, Annettes Gedichte »ermangeln der classischen Reinheit der Sprache gar zu ser!... One ganz reine, höchst gebildete Sprache kann ich keinen Dichter anerkennen« [20]. Der Geist von Leipzig und Weimar war, wie man sieht, nicht ausgestorben, zumal im Umkreise des Cotta-Verlags, in den die Meersburg geistig gehörte. Die Droste bevorzugte auf der Höhe ihres Schaffens diesen klassischen Verlag vor einem »vaterländischen« (westfälischen), der sie um jeden Preis gewinnen wollte (Velhagen und Klasing) [21]. Sie kokettiert mit ihrer literarischen Unkultiviertheit so wenig wie mit den Nebelgeistern Westfalens. *Sie klagt über die ungewollte Dunkelheit ihrer Dichtung,* mit Worten, die die hier vorgetragene Deutung exakt bestätigen: »brevis esse volo, obscura fio« (an Chr. B. Schlüter 19. 7. 1838). Sie läßt sich von literarischen Beratern wie Schlüter und Schücking mit erstaunlicher Geduld belehren. Um so deutlicher wird aber, daß ihr nach Herkunft und Eigenart nur Annäherungen an die Harmonie der goethezeitlichen Dichtung und Dichtungstradition möglich waren. *Nicht das in sich abgeschlossene, sondern das über sich selbst hinausweisende Werk entspricht ihrer Intention. Besonders das dem Pantheismus entstammende, die Welt »symbolisch« vertretende lyrische Einzelgedicht (F. Th. Vischer), das sich seit Goethe entwickelte, kann unmöglich ihre starke Seite sein. Dies lehrt das bloße Vorhandensein des Geistlichen Jahrs mit großer Deutlichkeit.*

Literarhistorische Interpretation einiger weltlicher Gedichte

Die Bagatellisierung des *Geistlichen Jahrs* mußte in der hinter uns liegenden Droste-Forschung auch bei der Betrachtung von Annettes weltlicher Lyrik zu Urteilen führen, die wenig sachgemäß sind. Bei Gundolf besteht nur *ein* Gedicht die letzte Bewährungsprobe: *Spätes Erwachen.* Hier erscheint »etwas von der mitreissenden Gewalt ihrer echten Fülle auch im Ton«, hier zeigen auch die Gleichnisse die Bewegung ihres Gefühls unmittelbar [22]. Bei Staiger wird der Kreis etwas weiter gezogen. Nach seiner Deutung wird die Dichterin in den späten Gedichten überhaupt »locker«. »Die starre Rhythmik« löst sich »in einen weichen getragenen Ton« [23]. Man sieht: die Unmittelbarkeit und der vor Klopstock und Goethe kaum vorkommende Zauber eines einmaligen »weichen« Stimmungsrhythmus gibt bei beiden Kritikern den Maßstab der Wertung. Wie aber, wenn »die beinahe unerträgliche Spannung« [24] und ein beträchtliches Maß an Starrheit, Mittelbarkeit, Härte, wie bei andern Dichtern der Barocktradition, zum persönlichen und geschichtlichen Schicksal der Droste gehört? Auch Gotthelfs Romane wird man nicht an *Werthers Leiden* und Grabbes *Hannibal,* nicht an der *Iphigenie* messen. Staiger zitiert zur Illustration der »weichen« Rhythmik die beiden ersten Strophen von *Im Grase.* Dies Gedicht kommt der Erlebnis- und Naturpoesie Goethescher Provenienz weit entgegen und hat es daher zu großem Ansehen gebracht. Aber selbst hier, in der letzten Strophe, kommt wieder etwas von der allegorischen Mittelbarkeit und harten Intellektualität der Dichterin zum Durchbruch:

> Dennoch, Himmel, immer mir nur
> Dieses eine nur: für das Lied
> Jedes freien Vogels im Blau
> Eine Seele, die mit ihm zieht,
> Nur für jeden kärglichen Strahl
> Meinen farbig schillernden Saum,
> Jeder warmen Hand meinen Druck,
> Und für jedes Glück einen Traum.

Der harte Einsatz »dennoch«, die additive Verwendung der Motive, die daraus entstehende Enge und der Bezug auf den Nächsten gestatten nicht die organische Entfaltung des Seelischen, die zum ausgeglichenen »weichen« Rhythmus, etwa des Weimarer Mondliedes führt. Eher erinnern die Verse an die Goethesche Alterslyrik, die in die gleiche Epoche gehört[25]. Dunkelheit, gedrängter Stil, schwer zu entschlüsselnde Bildlichkeit hier wie dort. Man hat darüber gestritten, wie das Bild vom »farbig schillernden Saum« aufzulösen ist[26].

Oder: man denke an das Gedicht *Durchwachte Nacht,* das auch spät ist und den modernen Kritikern genehm zu sein pflegt. Verlockend mag schon das Thema sein, da es nervenkünstlerische Reize verspricht. Und die kranke Droste enttäuscht darin selten: »Wie mir das Blut im Hirne zuckt«, »Es beginnt zu ziehen gleich Bildern von Daguerre, die Deck' entlang«, »Ein langer Klageton aus den Syringen, gedämpfter, süßer nun«, »Da kollert's nieder vom Gestein«. Unerschöpflich ist die Dichterin in derartigen »magischen« Einzelzeichen. Aber nun beachte man, wie konstruktiv das Ganze aufgebaut ist. Eine längere Strophe wechselt regelmäßig mit einer kürzeren. Jede Doppelstrophe führt zu einem neuen Stundenschlag, und alle diese Stunden münden in den triumphalen Aufgang der Sonne. Nicht um die Darstellung einer süßen oder leidvollen Stimmung geht es letzten Endes, sondern um den Gegensatz von Nacht und Licht und um den Sieg des Lichtes über Dunkel und Traum. Daher am Ende das Pathos, das in einem bloßen Natur- und Erlebnisgedicht »theatralisch« anmuten könnte.

> Da flammt's im Osten auf – o Morgenglut!
> Sie steigt, sie steigt...

Die Sonne wird nicht genannt, und sie ist auch nicht allein gemeint, sondern die hinter ihr stehende Macht. Dicht neben sehr genauen Einzelbeobachtungen stehen »konventionelle« Wendungen, die über die einzelne Erscheinung hinausdeuten:

> Das Leben quillt aus schäumendem Pokale,
> Es klirrt die Sense, flattert Falkenbrut...

Halb Schiller, halb Liliencron wird man sagen. Warum nicht, da die Dichterin doch auch zeitlich zwischen ihnen steht? Eher findet man in dem etwas früher (am Bodensee) entstandenen Gedicht *Mondesaufgang* eine Verwandtschaft mit dem »weichen«, intimen und harmonischen Stil des Weimarer Mondliedes und seiner Nachläufer. In der letzten Strophe redet die Dichterin wie Goethe das Gestirn in einem vertrauten Tone an (»O Mond, du bist mir wie ein später Freund«). Bei Betrachtung des ganzen Gedichtes jedoch bemerken wir erneut, daß nicht die stimmungshafte Verschmelzung von Mensch und Natur, sondern die Antithese von Nacht und Licht, der Sieg des Lichts mit seiner alten emblematischen Bedeutung der eigentliche Gegenstand ist. Nicht so sehr um ein Alleinsgefühl als um die Offenbarung der göttlichen Gnade geht es:

> Da auf die Wellen sank ein Silberflor,
> Und langsam stiegst du, frommes Licht, empor;
> Der Alpen finstre Stirnen strichst du leise,
> Und aus den Richtern wurden sanfte Greise.

Der Durchbruch des Lichtes ist hier nicht so plötzlich wie in der *Durchwachten Nacht;* aber es bleibt – daher die gleiche »theatralische« Szenerie – ein fundamentaler Abstand zwischen dem höheren Licht und dem Menschen. Dem entspricht der letzte Vers mit seiner Antithese: »Ein fremdes, aber o! ein mildes Licht«*.

Vergleicht man die beiden Pfarridyllen Mörikes und der Droste *(Der alte Turmhahn, Des alten Pfarrers Woche)* miteinander, so fällt vor allem die ungenierte Handwerklichkeit der Westfälin in die Augen. Bei Mörike ist das ganze Gedicht ein Monolog des

---

* Es ist mir klar, daß die Auseinandersetzung mit Gundolf und Staiger für jüngere Drosteforscher nicht mehr aktuell ist. Da sich jedoch das Droste-Bild meiner Generation im Widerspruch zur Drostekritik der an Goethe orientierten Interpreten entwickelte und da diese Goetheaner in weiten Kreisen der ausländischen Germanistik noch immer eine Autorität darstellen, ließ ich den Passus stehen. Es ist mir aber ein Bedürfnis, den großen Fortschritt des Droste-*Verständnisses* in der Nachkriegszeit ausdrücklich festzustellen. Repräsentativen Ausdruck findet diese Leistung in dem neuen, ältere Interpretationen zusammenfassenden und korrigierenden Buch von Clemens *Heselhaus,* Annette von Droste-Hülshoff, Werk und Leben, Düsseldorf 1971. Meinungsverschiedenheiten zwischen mir und diesem Altersgenossen gab es und gibt es. So würde ich etwa sagen, daß »das Dilettantische«, das nach *Heselhaus* »einen nicht unwesentlichen Teil der Drosteschen Kunst ausmacht« (S. 14), historisch doch treffender als Anteil an der rhetorischen Tradition erfaßt wird; denn Beweise für das *Können* der Dichterin gibt es früh. Richtig ist natürlich, daß die Auseinandersetzung mit dem Erbe so aufmerksam zu verfolgen ist, wie es *Heselhaus* tut. Für meine Anerkennung von Annettes allegorischen Darstellungen finde ich eine direkte Stütze in *Bei uns zu Lande auf dem Lande« (Werke, hg. v. Schulte Kemminghausen,* Bd. 3, München 1925, S. 84); *Allegorie wird dort positiv im Kontext mit* »großartiger Einbildungskraft« *erwähnt.* Die überkommene realistische Konzeption führt bei *Heselhaus* zur Leugnung oder Minderbewertung dieses Bildbereichs. In dem von *Heselhaus* neuentdeckten aparten und paradoxen Grundbegriff eines »halluzinativen Realismus« sehe ich seinen alten Trotz gegen die Biedermeierhypothese und gleichwohl eine Annäherung unserer Standpunkte; denn dies Wort erinnert eher an den alten Tieck, an Mörikes mythische Dichtungen, an »Die Schwarze Spinne«, an den »Bruderzwist« und an manches von Stifter als an den »bürgerlichen« und atheistischen Realismus nach 1848. Jedenfalls liest man die neuen Interpretationen von *Heselhaus* stets mit Gewinn. Sie sind das Ergebnis eines intensiven und lebenslangen Umgangs mit Annettes Dichtung.

Turmhahns. Durch diesen Kunstgriff erreicht der höchst kultivierte Dichter ein offen fiktives Spiel und einen stetigen humoristischen Ton, der es gestattet, von den ernsten pastoralen Pflichten so ziemlich abzusehen und die Gegenstände der pfarrherrlichen Studierstube detailrealistisch in den Vordergrund zu schieben. Da der Turmhahn selbst ein Gegenstand ist, gewinnt die Idylle etwas von einem Stilleben, dessen Funktion wie die des Humors vor allem die Enthebung von allen normalen Lasten des Lebens und die Gewährung einer weltüberlegenen, auch christlich begründeten Heiterkeit ist. Ohne dieser christlich verseelten Hintergrund könnte man auch von einer kunstvoll-naiven Spielerei sprechen, von einem Gesellschaftsspiel für Pfarrherren, die von ihren beruflichen Sorgen ausruhen wollen. Dieser Dichter ist ja in einem beträchtlichen Teile seines Werkes bemüht, mit Hilfe seiner Muse dem Leben zu entrinnen und Freunde oder Hausgenossen gutmütig nach Ginnistan mitzunehmen. *Damit verglichen ist die adelige Dichterin durch einen großen Ernst ausgezeichnet.* Sie will ein treues und wenig geschmeicheltes Bild vom Leben des Landpfarrers, das sie ziemlich genau kennt, entwerfen. Um allen Seiten der pfarrherrlichen Leiden und Freuden gerecht werden zu können, bringt sie ihre Beobachtungen in die Form der sieben Wochentage von Sonntag bis Samstag. Es sind sieben Gedichte mit wechselnden Versmaßen und, was ihr sicher noch wichtiger ist, mit wechselnden »Tönen«. Durch das rhetorische Prinzip der »Mannigfaltigkeit« wird jede Monotonie vermieden. Wir hören vom Gottesdienst und von der Seelsorge, vom »Sonntagswein« und von den kriegerisch-historischen Träumen des Pfarrers, von seiner Teilnahme an einer Hochzeit und von seiner Sorge um die »schnöde Kleiderpracht«. Man sieht den Pfarrer »als des Kollegen Wirt« und bei Diskussionen, die die Freiin zu einem Spott auf die Gelehrsamkeit benützt, dann, wieder mit großem Ernst gewürdigt, bei einer Krankenvisite. Der Besuch auf dem Schloß, beim »jungen Herrn«, seinem ehemaligen Schüler, und das gemeinsame Botanisieren darf nicht fehlen; denn er demonstriert die Gemeinsamkeit des ersten und des zweiten Standes. Und dann der geistliche Schluß am Samstag: die Predigtvorbereitung und, im Anschluß an die Beerdigung des Försters, der Gedanke an den nicht mehr fernen eigenen Tod, der in ein fromm ergebenes Gebet des Pfarrers mündet. Während Mörikes Idylle, mehr oder weniger verspielt, mit zahllosen dinglichen Details hantiert, ist die Droste ganz auf das Wesentliche des Pfarrerlebens gerichtet. Sie idealisiert, wie es die gattungsgerechte Idylle fordert; sie gibt dem Bild aber auch einige »Schatten«, was zu ihren Grundsätzen gehört: Sie beleuchtet einige Schwächen des Pfarrers komisch und macht ihn so zu einem glaubhaften Menschen. Der realistische Anspruch der Droste ist in dem leicht nachprüfbaren Bereich der Pfarreridylle relativ vollständig erfüllt und doch überschreitet die Dichtung, immer erneut und am Ende besonders entschieden, den Horizont der bürgerlich-behäbigen Pfarridyllik eines Voss. Das Geheimnisvolle dieser Verse ergibt sich aus dem Hereinragen des Todes in die Idylle, *nicht aus bewußter »Verunklärung«:*

> Der Nacht geheimes Funkeln,
> Und daß sich eben muß,
> Wie Mondesstrahlen steigen,
> Der frische Hügel zeigen,
> Das Kreuz an seinem Fuß:

> Das macht ihn ganz beklommen,
> Den sehr betagten Mann,
> Er sieht den Flieder schwanken,
> Und längs des Hügels wanken
> Die Schatten ab und an.

Selbst die Bilder, in denen die Droste ihr persönliches Schicksal darstellt oder beklagt, haben etwas von der »Starrheit«, von der »Überdeutlichkeit« des Emblems. Sie wollen nicht so sehr andeuten als eindeutig klären, gestalten, konstruktive Lösungen vermitteln. In dem Gedicht *Der kranke Aar* geht es um die Rechtfertigung des kühneren geistigen Weges, den sich die Droste im Widerspruch zu den junkerhaften Vorstellungen ihres Lebenskreises gewählt hat. Man könnte ein Gedicht im Tone der elegischen Erlebnislyrik erwarten. Allein die Droste dramatisiert das Thema zu einem Gespräch zwischen dem kranken Aar und einem Stier. Gewisse Leute ihrer Umwelt im Gleichnis eines behaglich wiederkäuenden Stiers zu sehen, das war gewiß originell, ein Beispiel für den drastischen Humor der Dichterin. Aber die Methode selbst, die sie wählte, wurzelt zweifellos in der Technik der Fabel. Das Ergebnis des Gesprächs (»Viel lieber ein Aar mit gebrochnen Schwingen!«) ist knapp, hart und ganz und gar nicht »locker«. Es hat weniger Stimmungscharakter als epigrammatische Funktion, es ist nicht nur Bekenntnis, sondern ein *fabula docet**. In dem späteren vergleichbaren Gedicht *Die tote Lerche* gibt die Dichterin selbst eine Ausdeutung ihres Gleichnisses (letzte Strophe). So konkret das Sterben der Lerche vergegenwärtigt wird (»noch zucken sah ich kleine Glieder«), – es geht, genau besehen, *nicht* um die Lerche, während in der symbolischen Dichtung der zum Vergleich herangezogene Naturgegenstand eine gewisse Eigenbedeutung behält. Auch abgesehen von der naturwissenschaftlichen Frage, ob eine singende Lerche plötzlich tot niedersinken kann, bleiben Inhalt und Ausdeutung des Gleichnisses voneinander getrennt. Der empfindsame Ton kann diese Feststellung bestätigen:

> Ich möchte Tränen um dich weinen
> Wie sie das Weh vom Herzen drängt;
> Denn[!] auch mein Leben wird verscheinen,
> Ich fühl's, versungen und versengt.

Überall beobachten wir die kräftige zupackende Hand einer Dichterin, die sich der alten Schule, aus der sie kommt, nicht schämt.

Das Gedicht *Nur zu!* hat Mörike geschrieben. Ein typisches Gedicht der späten Droste

---

* Im Anhang zu der von Günther *Weydt* und Winfried *Woesler* herausgegebenen Winkler-Ausgabe (Bd. I, München 1973, S. 776) heißt es zunächst, in Übereinstimmung mit meiner Interpretation: »Allegorisches Dialoggedicht in der Fabeltradition zur Rechtfertigung der eigenen dichterischen Existenz«. Im folgenden ist jedoch davon die Rede, daß die Droste in der Entstehungszeit Mickiewicz las, daß *Der weiße Aar* auf das Wappentier Polens deuten könnte und daß damals viele Polenlieder erschienen. Im Text könnten zwei Verse auf die Niederlage Polens hinweisen: »Weh, weh, zu viele über mich, / Und Adler all, – brachen mir die Schwingen!« Andrerseits ist der wiederkäuende Stier politisch kaum zu deuten! Ich bin daher der Meinung, daß der kranke Aar den äußerlich leidenden Edeln überhaupt meint, also *vieldeutig* ist. Oder genauer: ein politisches Gedicht für den Salon, ein Bekenntnisgedicht für die heimlich leidende Dichterin selbst.

hat den Titel *Halt fest!* Das additive, schließlich summative Schema der älteren Lyrik herrscht. Die Anfänge der ersten drei Strophen lauten: »Halt fest den Freund«, »halt fest dein Wort«, »halt deinen Glauben«. Strophe 4 und 5, die das Festhalten an ihrer gnädig verliehenen »Gabe« (Dichtertum) und an ihrem gottgegebenen »Selbst« zum Gegenstand haben, durchbrechen die anaphorische Reihe. Aus »halten« wird »fesseln«, und das Wort »fest« verschwindet ganz; aber nur um in der zusammenfassenden Schlußstrophe verdoppelt wiederzukehren:

> Drum fest, nur fest, nur keinen Schritt zur Seite,
> Der Himmel hat die Pfade wohl bezeichnet,
> Ein reines Aug' erkennt sie aus der Weite,
> Und nur der Wille hat den Pfad verleugnet,
> Uns allen ward der Kompaß eingedrückt,
> Noch keiner hat ihn aus der Brust gerissen,
> Die Ehre nennt ihn, wer zur Erde blickt,
> Und wer zum Himmel, nennt ihn das Gewissen.

Man muß also auch bei der späteren Dichtung der Droste mit der »Starrheit« rechnen, die man in ihrem Wesen stets bemerkt hat.

Ronald Schneider meint im Widerspruch zu gewaltsam progressiv interpretierenden Drosteforschern, es stehe einem Literarhistoriker nicht an, die »in christlich-ständischem Denken und einem religiösen Welt- und Geschichtsbild« fundierten Äußerungen der Dichterin umzudeuten oder »mit taktvoll gemeintem Schweigen zu übergehen«; ja, er behauptet an gleicher Stelle: »Die zeitkritisch-didaktischen Gedichte weisen... ins Zentrum des Weltbildes *und* des literarischen Engagements der Droste«![27]. Das ist eine These, die bezeichnenderweise gerade von konservativen Interpreten bekämpft oder abgeschwächt wird; denn dem deutschen Konservativismus fehlt zur Zeit innerhalb der Germanistik der Mut, der auch geistige Minoritäten überzeugend machen kann. Schneiders These sollte jedoch ernsthaft diskutiert werden, denn stilgeschichtliche Strukturzüge bestätigen sie, und das psychologische Bild der Droste widerspricht ihr nicht. Sie hat den Mut zur Festigkeit, den die meisten ihrer konservativen Interpreten nicht haben. Man darf auch an ihren Adel erinnern und von Stolz sprechen; denn prinzipiell beugt sie sich dem biedermeierlichen Liebesprinzip. Unbedingt freilich vertritt sie als Dichterin, Adelige und Katholikin ein Minimum an überkommenen Werten, das sie von respektlosen Liberalen bedroht sieht. Am 20. November 1842 schreibt sie an Elise Rüdiger, die beste Freundin ihrer letzten Lebenszeit: »Ihre Worte sind immer wie ein Mairegen, der mein schroffes Gemüt erweicht und tausend Keime weckt«. Auch ein schroffes Gemüt ist freilich ein Gemüt. Mit der »Chirurgenkälte«, die Annette bei Schücking findet (an L. Schücking 4. 5. 1842) und die alle Biedermeierdichter als ein Kennzeichen der heraufkommenden realistischen Generation beklagen, hat diese Schroffheit nichts zu tun. Die beobachteten Details, aus denen man traditionellerweise ihren Realismus ableitet, und die ironischen Pointen, die an ihren Generationsgenossen Heine erinnern, haben meistens *die Funktion, einer immer noch herzlichen, traditionsgebundenen, pietätvollen Rhetorik die nötige Verhaltenheit und Herbheit zu geben.* Wie bewußt Annette den schroffen Stil vertrat, belegt 1845 der Einwand gegen die Liszt-Kritik ihres Bruders Werer (trotz höchster Kunst »ein hartes unharmonisches Getrommel«): »Ich denke mir, Werner hat zu viel Lieblichkeit erwartet« (an Elise Rüdiger 14. 11. 1845).

Während der Arbeit am *Geistlichen Jahr* (17. 11. 1839) schreibt sie an Wilhelm Junkmann: »Es kümmert mich wenig, daß manche der Lieder weniger wohlklingend sind als ie früheren. Dies ist eine Gelegenheit, wo ich der Form nicht den geringsten nützlichen Gedanken aufopfern darf. Dennoch weiß ich, daß eine schöne Form das Gemüt[!] aufregt nd empfänglich macht und nehme so viel Rücksicht darauf, als ohne Beeinträchtigung es Gegenstandes[!] möglich ist.« Der letzte Satz ist besonders aufschlußreich, denn er eweist, daß die Dichterin keinen »organischen« Dichtungsbegriff hat. Sie versteht die Dichtung – wie die Lehrbücher der Rhetorik es tun – als Formung eines gegebenen Inalts, als eine unter dem Gesichtspunkt der *Wirkung* zu betrachtende schöne Einkleidung es Wahren. Inhalt und Form trennt sie ebenso scharf wie die vorgoetheschen Dichter und Platen). Sie sieht in dem »nützlichen Gedanken« (wie etwa die Jesuitenpoetik und ie Aufklärung) die entscheidende Instanz. Daß sich dieser »mechanische« (rhetorische) Dichtungsbegriff nicht auf die geistliche Lyrik beschränkt, konnten wir bereits beobach-en. Annettes Feststellung, ihre früheren Lieder seien wohlklingender gewesen, entspricht en Tatsachen, und wir kennen bereits den Grund: Je mehr die Dichter der Biedermeier-eit von Idealismus und Romantik abrücken, um so herber wird ihr Stil. Ihre Originalität t geradezu daran abzulesen, ob und wie sie an diesem geschichtlichen Prozeß teilhaben. s ist selbstverständlich, daß diese Entwicklung da besonders nahelag, wo nach Her-unft, Weltanschauung und Charakter von vornherein eine Übereinstimmung mit dem antheistischen und idealistischen Synthesestreben fern lag. Man versteht z. B., daß der tiftler Mörike, der Freund F. Th. Vischers, dem idealistischen Klassizismus näher blieb ls die westfälisch-katholische Adelige.

Die *Heidebilder* werden entwicklungsgeschichtlich neben *Die Judenbuche* gestellt, als Durchbruch zum und durch den Realismus«[28] und gelten mit Recht als ein Höhe-unkt der Drosteschen Dichtung. Sie sind schon während des Meersburger Winters mit evin Schücking (1841/42) entstanden, zeigen verhältnismäßig viel Lockerung und Mu-ikalität. Durch die Mittel der Klangsymbolik und des Rhythmus versucht die Dichterin, ie Naturgegenstände möglichst unmittelbar zu vergegenwärtigen, so im folgenden Bild ine Viehherde (aus *Die Jagd*):

> Was bricht dort im Gestrippe am Revier?
> Im holprichten Galopp stampft es den Grund;
> Ha! brüllend Herdenvieh! voran der Stier,
> Und ihnen nach klafft ein versprengter Hund.
> Schwerfällig poltern sie das Feld entlang,
> Das Horn gesenkt, waagrecht des Schweifes Strang,
> Und taumeln noch ein paarmal in die Runde,
> Eh Posto wird gefaßt im Heidegrunde.
> Nun endlich stehn sie, murren noch zurück,
> Das Dickicht messend mit verglastem Blick,
> Dann sinkt das Haupt und unter ihrem Zahne
> Ein leises Rupfen knirrt im Thimiane;
> Unwillig schnauben sie den gelben Rauch,
> Das Euter streifend am Wacholderstrauch,

> Und peitschen mit dem Schweife in die Wolke
> Von summendem Gewürm und Fliegenvolke.
> So langsam schüttelnd den gefüllten Bauch
> Fort grasen sie bis zu dem Heidekolke.

Wenn in unserm Text die Kühe »taumeln« und »murren«, so ist schwer zu sagen, welche Tierverhalten damit konkret gemeint sein soll. Da gleichzeitig »Posto... gefaßt« wird erhebt sich der Verdacht, daß die menschliche Perspektive wichtiger ist als die Abbildung der Herde. Der Verdacht wird durch die rhetorische Frage im Eingang der Verse und durch den Ausruf des Beobachters bestätigt. Interjektionen wie »Ha!« würde der Realis als »theatralisch« vermeiden. Tatsächlich will die Dichterin eine Szene gestalten. Das Herdenbild ist zwar ein verhältnismäßig selbständiger Abschnitt. Die beiden letzte Verse bilden durch den dritten Reim einen festen Abschluß. Aber die so geschlossen Tierszene ist in den sehr bewegten Vorgang einer menschlichen Jagd als eine Art Mitte oder Ruhepunkt eingelegt. Der nächste Vers lautet: »Ein Schuß: ›Hallo!‹ ein zweite Schuß: ›Hoho!‹« Nach den Worten des Waidmanns, der den Tod des gejagten Fuchse verkündet, wieder »Hoho hallo!« und verklingende volkstümlich-formelhafte Verse. Die Droste will offenbar »das Jagdstück«, ein altes Genre der bildenden Kunst, in die Litera tur übertragen, um ihren männlichen Standesgenossen eine Freude zu machen. Ähnliche Absichten hatte ja schon der Hofmann Goethe mit seinem Plan eines Jagd-Epos. Sieh man genauer zu, so findet man überhaupt viel mehr *gesellschaftliche* Bezüge als der Tite *Heidebilder* erwarten läßt. Das Eingangsgedicht *Die Lerche* zeigt das Erwachen eine Sommertages in durchaus anthropomorpher Gestaltung; die Lerche ist der »Herold« der die Pflanzen und Tiere aufruft, »die junge Fürstin« (Sonne) mit aller Pracht zu emp fangen. Heselhaus: »Das ist von einer preziös-ironischen Courtoisie und offenbar auc von Bildern aus dem Ancien régime übernommen. Dies Fremdartig-Verspielte ist ein phantastische Aufmachung des viel schlichteren Naturvorgangs« [29]. Was hier Aufma chung genannt wird, darf man mit dem üblichen Ausdruck der Zeit freundlicher »Ein kleidung« nennen. Diese Methode ist nicht realistisch, entfernt vielmehr das Gedicht vo der Naturwirklichkeit; aber sie ist in der Biedermeierzeit erlaubt. Auch Heine kennt da *Waldorchester,* in dem Amor als Kapellmeister den Takt schlägt (*Neuer-Frühling* 8). A solchen Einfällen hatte eine immer noch naive *Gesellschaft* ihre Freude. Qualitätsurteil sind erst sinnvoll, wenn man fragt, ob und wie die alten Schemata *erneuert* werden.

Die Vogelhütte erzählt in vier verschiedenen Metren, wie ein Dichter während des Re gens in einer primitiven Hütte den Eremiten spielt, während die Damen im Schloß sei Gedicht zerpflücken:

> Statt einen neuen Lorbeerkranz zu drücken
> In meine Phöbuslocken, hat man sacht
> Den alten losgezupft und hinterm Rücken
> Wohl Eselsohren mir gemacht.
>
> Verkannte Seele, fasse dich im Leiden,...

Eher als Naturlyrik einzustufen ist der Zyklus *Der Weiher,* dessen psychoanalytisch Deutung wir bereits kennenlernten, doch verraten auch hier biedermeierliche Motive

Friede! Friede! Friede!«, »Su, Su« und Kinder, die den Wassermann fürchten –, daß *immanente* Naturbilder weder beabsichtigt noch gedichtet werden. Völlig anthropomorph sind *Die Krähen.* Sie dürften ein satirisches Gedicht gegen den jungen Historismus sein; die Schlußpointe trifft die Germanenschwärmer, die Annette auch in *Perdu* kariert hat. Den Volksglauben nimmt die westfälische Dichterin eher ernst. *Das Hirtenfeuer* und *Der Heidemann* sind *folkloristische Glanzstücke,* suggestiver in der Vergegenwärtigung des Aberglaubens als die entsprechenden Versuche Mörikes. Aber sind sie mehr und wollen sie mehr sein? Die beiden letzten Gedichte *(Das Haus in der Heide, Der Knabe im Moor)* mit ihrer genialen Erneuerung der *christlichen* Lichtsymbolik bedeuten wohl eine Verneinung dieser Frage und sollten nicht als Abfall von der dichterischen Magie gewertet werden. *Der Hünenstein* und *Die Mergelgrube* sind gewiß kräftige Gedichte, der Droste würdig; aber sie bestätigen durch ihre ironischen Schlußpartien die anthropomorphe, die gesellschaftliche und damit vorrealistische Naturaneignung, die die *Heidebilder* der Droste kennzeichnet, und, wenn man sich nur von Vorurteilen freimacht, auch auszeichnet*.

Die Volksdarstellungen der Droste – das sei noch deutlicher gesagt – haben, wie so oft im Biedermeier, keine zentrale oder gar autonome (revolutionäre) Bedeutung, sondern eine mehr staffagemäßige, die Ordnung bestätigende, patriarchalische. Das Adelsfräulein betreibt eine Art Ahnenkult, der sich z.B. in dem Gedicht *Meine Toten* spiegelt. Reinhold Schneider bemerkt sehr richtig, daß dieses adelige »Verhältnis zur Zeit« ihr Berufungsbewußtsein als (christliche) Dichterin förderte[30]. Dagegen ist Annettes Verhältnis zum Volk nicht so unmittelbar, wie es westfälische oder völkische Interpreten gesehen haben. Auch diese Mittelbarkeit muß, da Annette volkstümliche Stoffe *wählt,* zur ironischen und komischen Haltung der Barocktradition zurückführen. Zwar ist das Verhältnis zum Volk liebevoller, gutmütiger und damit »humoristischer« geworden, aber im Grunde hat sich seit den Dialekteinlagen der barocken Dramen und Gelegenheitsdichtungen nicht so viel geändert, wie man denkt. Der Bauer, der im *Schloßelf* vor dem Schlosse steht und unter grotesken Gespensterängsten darauf wartet, bis die Gräfin

---

* Ähnlich sieht Ronald Schneider (Annette von Droste-Hülshoff, Stuttgart 1977, S. 103) in den Heidebildern ein »Muster biedermeierlicher Vieltönigkeit«. Gut ist auch die Abgrenzung ihrer sogenannten Naturlyrik von Lenaus reinen Stimmungsgedichten: »Die Natur wird der Droste nicht – wie dies etwa für die *Schilflieder* Lenaus gilt, dem Pendant zu den Drosteschen *Heidebildern* – zu Spiegel und Symbol des eigenen Innern, sondern sie erscheint unter höchst unterschiedlichen Aspekten: als genrehaftes Stimmungsbild, als bloße Allegorie, als reales Faktum oder aber – und dies ist der wichtigste Fall – als realistisch gezeichnetes und doch sinnbildhaft transparentes, als lebendiges, von Kräften' des Guten wie des Bösen durchwirktes Gegenüber des Menschen. Formal entspricht dies einem Nebeneinander von Genrebildern *(Der Weiher),* allegorischen Gedichten *(Die Lerche),* realistischen Impressionen *(Die Jagd),* und sinnbildhaft vertieften Naturbildern *(Die Steppe).* Doch in der Regel mischen sich diese Strukturzüge, wobei die Schwerpunkte ganz unterschiedlich gesetzt sein können« (ebd.). Vor der Kenntnis der Tönerhetorik mußten die Stilschwankungen der Droste wie auch die Mörikes als Zeichen einer tiefer begründeten »Uneinheitlichkeit« erscheinen (Lotte Köhler: Annette von Droste-Hülshoff, in Deutsche Dichter des 19. Jahrhunderts, hg. v. B. v. Wiese, Berlin 1969, S. 227). Die Neuinterpretation der Vieltönigkeit – sie erscheint wünschenswert – wird gesellschaftliche und individuelle Gründe gegeneinander abwägen müssen.

(»Viktoria!«) einen Sohn geboren hat, gleicht seinen literarischen Ahnen nicht wenig. F
ist einer der traditionellen komischen Bauern. Ganz ähnlich werden in *Der Fundator* di
Ängste eines Dieners, dessen Herrschaft abwesend ist, mit drastischem Humor verge
genwärtigt. Die Dienerkomik hat wie die Bauernkomik bekanntlich eine sehr alte Trad
tion, und sie ist nur ein wenig behaglicher geworden. Man sollte derartige Dichtunge
lieber Genrebilder als Balladen nennen (vgl. Bd. II, S. 794–802). Sie erinnern an die Bai
ern- und Trachtenmalerei der Zeit. Der Zyklus *Volksglauben in den Pyrenäen,* ein späte
Werk der Droste, verrät schon durch Stoff und Titel, wie wenig sich die Dichterin m
dem volkstümlichen Gegenstand identifiziert. Hier ist die Stilhaltung ernst, gelegentlic
sogar kirchlich-religiös *(Maisegen).* Aber die Gedichte ziehen, bei aller Intensität de
Darstellung, wie ferne Bilder vorüber und bedienen sich des Lyrischen nur als eines Ele
mentes der Darstellung.

Zeit- und Gelegenheitslyrik. Balladendichtung

Wenn nicht die »reine Lyrik« (im Sinn von unmittelbarer Selbstaussage), sondern di
kräftige und bewußte Darstellung oder Demonstration der Gegenstände, der Gedanke
und schließlich der Ordnungszusammenhänge den Kern von Annettes dichterischei
Bemühen ausmacht, dann liegen, wie nur noch am Rande bemerkt werden kann, auc
Zeit- und Gelegenheitsgedichte nahe. Ihre Häufigkeit bestätigt die hier aufgewiesene ge
schichtliche Struktur von der Peripherie her. Es ist nicht anzunehmen, daß eine einsam
zeitentrückte Dichterin sich in einem solchen Maße gesellschaftlich engagiert hätte, wi
man es in diesem Teil des Werkes sehen kann. Gundolfs Wort von der »Seherin« muf
wenn es richtig sein soll, einen gesellschaftlichen Sinn gewinnen, wobei zu beachten is
daß die Kirche im Biedermeier noch einen ungetrennten Bestandteil der Gesellschaft bi
det. Die Droste ist eine engagierte Mahnerin, vgl. z.B. den gereimten Aufruf »An di
Schriftstellerinnen in Deutschland und Frankreich«. Man fühlt sich ganz an die *Evangel.*
sche Kirchenzeitung (vgl. Bd. I, S. 145 ff.) und Gotthelf erinnert. Um die restaurative Ha
tung der Droste zu widerlegen, verweist man u.a. auf das Gedicht *Die Stadt und de*
Dom, in dem die Droste die Restaurierung und Vollendung des Kölner Doms polemisc
kommentiert. Das Unternehmen, meint sie, ist für nationale, imperiale Ziele mißbrauch
worden; hinter der christlichen Fassade sproßt nur um so üppiger die allgemeine Ve
weltlichung der deutschen Kultur. Glaubt man wirklich, daß die Dichterin mit solche
Einsichten allein stand? Damit verkennt man die Vielschichtigkeit und die Tiefe de
Wunsches nach »Wiederherstellung«. Auch der christliche Mörike z.B. scheint seine
Freund Strauß rechtzugeben, wenn dieser den Kölner Dombau für »die hohlste Ve
kehrtheit und schändlichste Lüge im Angesicht der neuen Zeit« hält (an Hartlaub 20. :
1843).

Die Vorliebe Annettes für die *Ballade* paßt zu dem objektiven und gesellschaftliche
Ansatz ihres Dichtertums. Wenn man sich etwa erinnert, welche Bedeutung diese Dich
art noch in der seriösen Berliner Dichtergesellschaft »Tunnel über der Spree« hatte, s
wird das recht deutlich. Eine gute Ballade war ein gesellschaftliches Ereignis. Noch stä

ter als Lehrgedichte, gereimte Meditationen (Heselhaus), Idyllen, Genrebilder, Humoresken, Pointengedichte steht die Ballade am Rande der reinen Lyrik. Hier konnten sich die Eigenschaften der Dichterin frei entfalten: ihre Neigung zum herben drastischen Stil, die Fähigkeit, Beobachtung und Konstruktion zu verbinden, die Neigung zum Demonstrativen, Theatralischen und schließlich der Glaube, Sinn und Ordnung im dunkelsten Schicksal erkennen zu können. Man hat wiederholt versucht, die »moralische Weltordnung« aus den Balladen der Droste herauszuinterpretieren, und es ist auch richtig, daß ihre Ordnung mehr als moralisch ist, daß ferner die rein irdischen Mächte mit großer Kraft und Genauigkeit, mit Hilfe eines neuen Vokabulars[31] vergegenwärtigt werden. Sie hat es sich nie leicht gemacht, und so treibt sie die Spannung aufs äußerste. Die Ordnung ist das eine Mal sehr aufdringlich (z. B. *Die Vergeltung*), dann wieder kaum zu erkennen (z. B. *Vendetta*). Man wird sich hier allerdings daran erinnern müssen, daß schon in manchen tragischen Darstellungen des Barock hinsichtlich der Moral große Diskretion geübt wird. Auch der *christliche* Naturalismus kennt das bloße Hinstellen von Faktischem, es ist eine Frage des jeweiligen Stils. Im allgemeinen wird man den forcierten Ordnungsgedanken der Zeit auch in diesen Balladen wiederfinden müssen, z. B. in dem dreiteiligen Zyklus *Der Tod des Erzbischofs Engelbert von Köln,* wo er bestritten wurde. Wenn der Schluß der Ballade die Familie des Hingerichteten mitleidig zur Anschauung bringt, so ist das gut biedermeierlich, ohne daß damit die Ordnung selbst, zu der auch das Gericht gehört, angetastet würde. Der milde Ausklang hat nur die rahmende, abdämpfende Funktion, die der Biedermeierdichter liebt. Der stilistische Gang der drei Balladenteile selbst ist knapp, streng, spannungsreich, und nicht ohne theatralische Effekte.

Die Droste will, wie wir wissen, mit Hilfe der Form »das Gemüt aufregen und empfänglich machen« (vgl. o. S. 613). Die Ballade eignet sich dazu besonders gut. Auch bei der Behandlung dieser Dichtart steht sie mehr im Banne der rhetorischen Tradition (Bürger, Schiller) als Goethes, Uhlands und der Romantik. Wenn man mit Mörike vergleicht, fällt der Unterschied sogleich in die Augen. Liedhafte Balladen wie *Schön Rohtraut* sind bei der Droste kaum zu finden, wie überhaupt das Lied nicht ihre starke Seite ist[32]. Dagegen könnte man von einer sehr produktiven Ironisierung und Idyllisierung der Geisterballade (Bürger, Goethe) sprechen, wenn man mit Heselhaus Erzählgedichte wie *Der Schloßelf* und *Der Fundator* zu den Balladen rechnen will[33]. Allerdings widerspricht diese Zuordnung der von Heselhaus selbst gemachten Feststellung, daß die Droste recht entschieden der Schicksalsballade mit ihren katastrophalen Stoffen zuneigt. In der Tat, noch die berühmte, ihrer Modernität wegen viel gelobte soziale Ballade *Die Schwestern* stellt einen doppelten, doppelt rührenden Untergang zweier Schwestern in sehr bewegten, wirkungsstarken Szenen dar. Es wäre nicht richtig, von einer Re-dramatisierung der Ballade zu sprechen, denn die Bürger-Tradition riß niemals ab. Sie war durch den weiterwirkenden christlichen Dualismus in der Tiefe gesichert, soviel auch stofflich und sprachlich hinzugewonnen wurde.

In diesem Zusammenhang wären vielleicht noch exotische Balladen der Droste zu erwähnen *(Bajazet, Der Barmekiden Untergang)*; sie verraten erneut, wie wenig sich Seßhaftigkeit und Fernensucht im Biedermeier widersprechen. Der Sinn für Schwung, Glanz und Rhetorik verliert sich nie aus der Dichtung der Droste. Allerdings geht die Beschäftigung mit der Ballade in die Jugend Annettes zurück und erreicht noch vor dem produktiven Winter in Meersburg ihren Höhepunkt: in den Rüschhauser Balladen von 1840/41. Die Dichterin hat nicht nur während des Zusammenseins mit Schücking viel gedichtet. Das ist eine Vorstellung im Stil des alten Biographismus. Es entsprach einer bekannten vor-originalistischen Methode, die Poesie zu kommandieren (Schiller). So finden sich wiederholt solche Produktionsballungen. Doch erinnern die dazwischenliegenden Zeiten des Schweigens daran, daß solche handwerkliche Kunstgesinnung bei dieser Dichterin bereits ihre Grenzen fand.

Dramatische Versuche

Es versteht sich für einen in kultivierten Kreisen aufwachsenden Dichter um 1820 von selbst, daß er seine Verskünste vor allem auf dem Gebiet des *Dramas und Epos* übt und zu bewähren versucht. Bei Frauen mögen die Dinge normalerweise etwas anders liegen. Aber der stolze, zum steilen Flug ansetzende Sinn dieser Dichterin wählt nicht den gewöhnlichen Weg der schriftstellernden Damen (Beschränkung auf Novelle und Roman). Annette schreibt mit siebzehn Jahren (1814) an einem großen Trauerspiel in drei Aufzügen, *Bertha*, und gelangt ungefähr bis in die Mitte des geplanten Werks. Schon ein flüchtiger Blick auf dieses Fragment bestätigt die Tatsache, daß die Dichterin mit »wohlklingenden« Versen begonnen hat. Ein Beispiel. Cordelia sagt zu Bertha, der Heldin:

> O deine Harfe, o, die mordet dich,
> Und tönt mit ihren silberhellen Saiten
> Dir diese Träume in dein banges Herz!
> Wenn oftmals traulich wir ein Weilchen kosen,
> Und muntrer du dann scheinst, die Stirne heller,
> Dann greifst du plötzlich in der Harfe Saiten,
> Und trüber wird dein Blick, dann singst das Lied
> Vom Hüttenmägdlein, singst es immer wieder
> Und lullest dich in finstre Schwermut ein. (I,1)

Es ist deutlich, daß dies Drostesche Trauerspiel der Erlebnispoesie und ihrem weicheren Rhythmus näher steht als so manches spätere Stück ihrer Lyrik. Die Droste erscheint hier nicht geradezu als ein Wunderkind; aber sie beherrscht die Stilerrungenschaften der Goethezeit schon ganz gut. Im übrigen ist mehr die Gattung als der Stil dieses Epigonenwerks aufschlußreich. Die Droste versuchte nämlich auch später manchmal, für die Bühne etwas zu schreiben. Immer wieder hören wir im Briefwechsel von solchen Plänen. Gesellschaftlicher Ehrgeiz, aber auch das Theatralische in ihr scheinen sie unablässig zu dem Gedanken geführt zu haben, sie könne die dramatische Gattung meistern. In einem Brief vom 29. 1. 1839 versteift sich sogar dies ihr Bestreben: »Dazu [zu einem Drama] hätte ich die meiste Lust und würde mir auch am besten gelingen« (an die Schwester). Das Lustspiel in einem Akt, *Perdu! oder Dichter, Verleger und Blaustrümpfe* (1840), das uns erhalten ist, dürfte wohl nur einen unvollkommenen Eindruck von dem, was ihr vor chwebte, vermitteln. Trotzdem ist es ein interessanter Hinweis darauf, daß die Droste, wie so viele Dichter der Zeit, zum Drama drängte.

In dem bereits zitierten Brief (29. 1. 1839) lesen wir: »Ich kann keinen Teezirkel sehn, ohne an Kotzebues ›Respektable Gesellschaft‹ zu denken«. Man versteht, daß eine Dichterin, die nicht einmal *Heidebilder* ohne Satire schreiben konnte, genötigt war, sich noch direkter in der Gesellschaftskritik zu versuchen. Das Lustspiel war, nach der überkommenen Meinung, dazu besonders geeignet. Wenn sie sich Kotzebue als Vorbild wählte, so verrät dies keine Geschmacksverirrung – er war ein Meister des Lustspiels –, sondern belegt lediglich die Tatsache, daß sie außerhalb der klassisch-romantischen Tradition stand. Auch für Nestroy liegt Kotzebue näher als z.B. Kleist. Annettes Lustspiel wurde nur als Manuskript in ihrem Lebenskreis verbreitet; aber Schulte-Kemminghausen bezweifelt wohl mit Recht die Behauptung von Schücking, das Stück sei »nicht für die Öffentlichkeit« bestimmt gewesen[34]. Der Einfluß der Familie widerlegt die Bedeutung dieses Experimentes so wenig wie beim *Geistlichen Jahr*. Im Text von *Perdu* sagt der Verleger Speth (4. Szene): »Ein Trauerspiel! Das ist ja ganz dem herrschenden Geschmacke entgegen.« Er will Wilibalds Hexameter-Tragödie »Hermann und Thusnelde«, in dem der Kriegsheld endlich auch einmal »von der Seite des Gemüts« beleuchtet, sein »kräftiges altdeutsches Herz offen« gelegt wird, nicht drucken. Die Dichterin erkannte mit dem ihr eigenen scharfen Zeitbewußtsein die großen Möglichkeiten, die die verschiedenen Formen des Lustspiels während der Restaurationszeit hatten (Bd. II, S. 399 ff.).

Das Angriffsziel ist nicht der Verleger Speth, der von seiner immer um Haushaltsgeld verlegenen Frau als »halber Pegasusreiter« und allzu gutmütiger Geschäftsmann vorgestellt wird (2. Szene), sondern bezeichnenderweise das charakterlose, immer diplomatische und vor allem eitle Literatenvölkchen selbst. Sogar der Dichter Sonderrath, der eine Art Freiligrath darstellen soll[35], wird von seinem Freund, dem Rezensenten Seybold, »Windbeutel« genannt: »Sonderrath ist, wie gesagt, ein bißchen sehr, sehr leichtsinnig, – nun, dafür ist er ein Genie« (12. Szene). Der Verleger will gut verkäufliche »Rheinische Reminiszenzen« von ihm; aber er kann sie nicht schreiben – wie die Droste ihr Westfalenbuch. Trotzdem verspricht er es dem Verleger wieder einmal. »Eine Poetennatur«, sagt er selbst, »hat nun einmal etwas vom Irrwische an sich« (11. Szene). Sehr viel tiefer steht in den Augen der Dichterin der Tragiker Wilibald, in dem die altdeutsch-burschenschaftliche Mode getroffen wird. Zeitlich liegt dieser Ausfall nicht allzuweit von Heines Barbarossa-Karikatur entfernt (*Deutschland. Ein Wintermärchen*, 1844). Wilibald verbrüdert sich mit dem »naiv-gefühlvollen Blaustrumpfe« Claudine Briesen. Wilibald: »Ah so! Sie wollten wissen, wer ich bin, ach Gott, ein armer Teufel! ein ordinäres Subjekt, und nebenbei – der ›Deutsche Eichenhain‹.« Claudine: »Ist's möglich! Nein, das ist Geld wert! (kindlich in die Hände klatschend) das ist himmlisch! Nun, eine Offenheit verdient die andere; ich bin – das ›Echo im Felstale‹« (6. Szene). Es ist, wie immer in der Kotzebueschule, ein leichter Dialog, nicht die geringste Gespreiztheit. Über Klopstock und seine Freunde wird dementsprechend gespottet; die komische Johanna von Austen, ganz alte Schule, aber auch Rheinromantikerin, spielt ihn gegen Gutzkow und Goethe aus. Noch schlimmer ist die Frau von Thielen, »Blaustrumpf von Stande«, die mit Hilfe des verliebten Rezensenten Seybold ihre unverkäuflichen Gedichte dem Verleger unterschieben

will. Aber eben in dieser Figur können wir am ehesten ein Selbstgericht Annettes erken
nen. Speth: »Ein bedeutendes Talent, wenn Sie wollen; aber es scheint ihr auch so ga
nichts daran gelegen, ob sie verstanden wird oder nicht. Mit ein paar Worten, mit eine
Zeile könnte sie zuweilen das Ganze klar machen, und sie tut's nicht. Seybold (schweigt)
Speth: Ist's nicht so? Seybold: Das habe ich ihr auch schon gesagt. Speth: Und sie tut'
doch nicht!« (12. Szene). Der Verleger verspricht schließlich den »schlimmen Artikel..
Frauenzimmer-Gedichte« gegen 40 Rezensionen Seybolds in Kauf zu nehmen; Rezensio
nen verkaufen sich offenbar am besten. In der Schlußszene kontrastiert die Dichterin di
Nöte des Verlegers mit dem lauten Beifall, den die idealistischen jungen Leute dem genia
len Sonderrath spenden. *Annette durchschaute alles in allem das Getriebe des literari
schen Marktes erstaunlich gut.* Man hätte ihr Verhältnis zu Schücking, der ein Spezialis
für Damenschriftstellerinnen war, nicht so sentimentalisiert, wenn man Annettes Komö
die richtig gelesen hätte. Die Bedeutung des Kleindramas ist begrenzt, insofern es im
Grunde nur für das Literatenvolk der Zeit geschrieben ist. Aber der Scharfblick, mit dem
die Dichterin die Schriftstellerexistenz in ihren verschiedenen Stufen durchschaut un
darstellt, auch die Geschicklichkeit in der Dialogführung und im Aufbau machen da
Lustspiel noch immer interessant. Es liegt ganz auf dem Niveau von Annettes reifer Zeit
und übertrifft, *wegen* der Leichtigkeit, mit der die schwersten Existenzprobleme zur Dis
kussion gestellt werden, die Literaturkomödien Platens. Ronald Schneider, der im Lust
spiel der Droste die »unversöhnliche Kritik der Satire« vermißt[36], ist an diesem Punk
nicht auf der Höhe des Historikers, sondern urteilt im Geiste seiner heinesüchtigen Gene
ration*.

---

* Eine versöhnliche Haltung ergibt sich aus dem Christentum der Droste, aber auch ganz schlich
aus dem personalen Bezug zur Gesellschaft, der bei dem einsamen Heine meistens nicht mehr be
stand. So ist ihr z.B. Freiligrath nicht nur der politische Dichter, den sie prinzipiell ablehnt, sonder
auch der Landsmann und der Freund Schückings, dessen ausgesetzte Lage als Berufsschriftsteller si
genau erkennt und bedauert. Vor allem ist er für sie ein Genie, mit dem sie ein gewisses Bewußtsei
des gemeinsamen Schicksals, mindestens aber gegenseitiger Respekt verbindet. Da sie keine Berufs
schriftstellerin ist, gibt es auch keine Konkurrenzgefühle, wie z.B. bei Heine (gegenüber Platen
Herwegh und der Schwäbischen Schule). Versöhnlichkeit gegenüber Klopstock und seinem christ
lich-patriotischen Gefolge ergibt sich schon daraus, daß *Der Messias* ihrer Mutter als Erbauungs
buch diente und daß dieser empfindsame Retter des Christentums in ihrem Kreise überhaupt noc
ein beträchtliches Ansehen genoß. Über alle Fragen, die das *literarische Geschichtsbild der Drost
und ihr Verhältnis zur eigenen literarischen Gegenwart* betreffen, gibt jetzt Bernd Kortländer (An
nette von Droste-Hülshoff und die deutsche Literatur, Kenntnis, Beurteilung, Beeinflussung, Mün
ster 1979) erschöpfend Auskunft. Wertvoll sind vor allem die Vergleiche zwischen der Droste un
den von ihr rezipierten Dichtern. Da die Untersuchung im Zusammenhang mit der neuen HKA i
Münster entstand, verwendet sie auch viel neues Material zur Rekonstruktion von Annettes Litera
turauffassung. Das Buch erschien nur wenige Tage vor dem Abschluß dieses Bandes, so daß es mein
Strukturinterpretation der Droste kaum mehr beeinflussen konnte. Der Verfasser registriert etwa
erstaunt, daß die Dichterin verhältnismäßig wenig Kenntnis barocker Literatur besaß (S. 61). Im re
ligiösen Bereich erkennt er dann jedoch völlig klar, daß man zur historischen Interpretation da
Schrifttum in seiner Breite, »auch Gebets- und Andachtsbücher« (S. 66) einbeziehen müßte. Tradi
tion ist etwas anderes als ihr Ausgangspunkt, bei schöpferischen Dichtern etwas wesentlich anderes
Dies gilt für die weltliche Barock- oder Rhetoriktradition ebenso. Die *starke* Auseinandersetzun
der Droste mit *Klopstock* (S. 85 ff.), mit *Schiller* (S. 131 ff.) und noch mit *Freiligrath* (S. 253 ff.) ge
hört in diesen Zusammenhang und wird durch eine *entferntere* Beziehung zu Dichtern wie *Goeth

Die Verserzählungen

Selbstverständlicher als dieser Versuch einer Salonkomödie im prosaischen »Konversationston« (vgl. Bd. I, S. 622 ff.) ist ihr Bemühen auf dem Gebiet der *epischen Versdichtung.* Zwar warb sie nicht um das große, womöglich einzige moderne Epos von klassischem Rang, wie es Platen tat. Sie begnügte sich von vornherein mit kleinen, relativ anspruchslosen Epen. Aber *die Treue, die sie dieser Gattung bis in die vierziger Jahre bewahrte, ist von höchster struktureller Bedeutung.* Sie zeigt – wie die Hinneigung zur zyklischen Form, zum Lehrgedicht und zur Ballade –, daß nicht so sehr der einmalige Rhythmus der Verse und die Erlebnisdichtung als die *versifikatorische Vergegenwärtigung, ja Ausschmückung bestimmter Inhalte das Anliegen der konservativen Dichterin war.*

Typisch biedermeierlich, daher in der modernen Droste-Forschung wenig angesehen ist *Das Hospiz auf dem großen St. Bernhard* (Beginn der Arbeit um 1825, gedruckt 1838). Ein Großvater versucht mit einem Enkelkind, das seine Eltern verloren hat, über den schon recht winterlichen Paß nach Savoyen zu einer Tochter, die ihm geblieben ist, zu gelangen. Er unterliegt trotz seiner Gebirgserfahrung im Kampf mit den Elementen. Doch wird er als Scheintoter mit dem Kinde von den Mönchen und einem Bernhardinerhunde geborgen. Das Kind lebt. Die Verwandten werden wegen des Todesfalls unterrichtet, aber sie finden den Großvater zu neuem Leben erwacht. Herzliche Familienszene. Die Dichterin selbst hat den rührenden und idyllischen Abschluß der Dichtung (3. Gesang) nicht drucken lassen. Sie distanzierte sich also nachträglich von der familiären, bürgerlichen Form des Biedermeiers. Doch war meines Erachtens Wilhelm Kreiten im Recht, wenn er in den Gesammelten Werken der Droste das Epyllion wieder vervollständigte und sogar meinte, der dritte Gesang sei zu seiner »künstlerischen Abrundung« notwendig[37]. Die Dichtung setzt mit gemütvollen, genrehaften Beschreibungen ein und endet ebenso. Diese periphere, rahmenartige Schicht dämpft die aufregenden, als aufregend ausdrücklich stilisierten Ereignisse im zweiten Gesange; die idyllische Rahmung macht deutlich, daß das Elementare dem Menschen letzten Endes nichts anhaben kann. Besonders der dritte Gesang verstärkt die Grundanschauung der Droste auf menschliche und populäre Weise. Das wesentliche Thema ist, wie so oft im Biedermeier, *die Gegenwart des Christlichen und Heiligen inmitten stärkster elementarer Gefährdung.* Das drückt schon der Titel aus, der ursprünglich trivialer formuliert war *(Barry, der Hund vom St. Bernhard).* Die Alpen als solche hätten ihr nichts bedeutet, es graut ihr vor diesem unmenschlichen Bereich, und erst bei der Schilderung der Menschen pflegt sie aufzuatmen:

> Nur senkrecht starrt die Schieferwand,
> Zerrissen, schwarz, wie ein Tyrann
> Aus zeitgeschwärzter Feste Bann,
> Schaut grollend ins versengte Land.
> Und drüber nichts als Hänge, wüst,
> Baumlose Steppe – heidicht Moor –

(S. 137 ff.), *Mörike* (S. 243 ff.) und selbst *Brentano* – er wurde ihr durch Schlüter nahegebracht (S. 188 f.) – bestätigt. Soviel nur als erster Hinweis auf die neue, für die *historische* Drostedeutung besonders wichtige Publikation.

Kein Vogel, der das Blau begrüßt –
Kein Kraut aus Klippenspalt hervor –
Ein Schweigen, dem erliegt das Ohr.
Verdorrt Gestripp, zerspaltner Gipfel,
Mit dünnem Flaum bestreut die Wipfel!
Des ew'gen Winters Region:
Man naht sich ihr, man fühlt sie schon.
Stumm keucht der Zug und mühsam dort,
Nur mahnend, freundlich, hier und dann
Etienne zu Rose spricht ein Wort. (3.Gesang)

Keine Spur von der Naturverherrlichung, die den modernen Alpinismus schuf! Nur das Kloster mit seinen frommen Männern und heiligen Sakramenten macht diese Welt des Grauens erträglich. Es verbürgt die Allgegenwart übernatürlicher Gnaden. Inmitten seiner Segnungen wäre auch der Tod des alten Mannes keine Katastrophe, keine Anfechtung des frommen Sinns, zumal da dieser Greisentod, durch die Rettung des unschuldigen Kindes, auf jeden Fall in einem bittersüßen Lichte erschiene. Auch das wäre gutes Biedermeier (vgl. Bd. II, S. 783 ff.). Die Steigerung der Süße im dritten Gesang widerspricht dieser Lösung nur scheinbar*.

Die vielumrätselte Versdichtung *Das Vermächtnis des Arztes* (verf. um 1830) ist nur bedingt eine epische zu nennen, denn sie entfaltet mehr die verwirrte Geistesverfassung als die konkreten Schicksale ihres Helden, weshalb sie denn auch besonders modern sein soll. Der triviale Stoff – ein Arzt wird Mitwisser von Kapitalverbrechen einer Räuberbande – scheint diesmal absichtlich durch dunkle Darstellung mystifiziert worden zu sein. Der Titel will besagen, daß wir die späte vieldeutige Beichte (Ich-Erzählung) eines Menschen vor uns haben, den eine einzige grauenvolle Nacht, das unfreiwillige Eintauchen in die kriminelle Unterwelt und die fixe Idee, die ihm davon blieb, um die volle Klarheit des Bewußtseins gebracht hat. Obwohl sich diese psychologische Einkleidungsform bis in den Stil hinein bemerkbar macht, ist die Dichtung doch mehr als psychologische Studie. Sie umkreist wie *Die Judenbuche* und so viele Balladen der Droste das Rätsel von Schicksal, Schuld und Sühne. *Die Elixiere des Teufels,* überhaupt die Versuche der romantisch dämonisierenden Barocktradition, dürften hier, ähnlich wie beim jungen Mörike, nachwirken. Der Byron-Einfluß, der in dieser Dichtung besonders sicher nachzuweisen ist[38], deutet auf denselben historischen Zusammenhang. Das artistische Spiel mit dem »Wunderbaren« hat zwar aufgehört. Aber das alltäglich-vernünftige Bild der Erscheinungswelt bleibt auch hier fragwürdig. Das Werk endet mit den Worten: »O Le-

---

* Selbstverständlich kann (muß?) der dritte Gesang in der HKA, unter Berufung auf die Entscheidung der Dichterin, in den Kommentarband verwiesen werden. Ich bin jedoch von früh an der Meinung gewesen, daß die Dichter früheren Fassungen ihrer Werke unrecht tun können (*Morgenphantasie* und *Des Morgens* oder bessere Fassung und autorisierte Fassung, in: Hölderlin-Jahrbuch 1948/1949, S. 132–138). Ich kann auch die Befürchtung der Droste hinsichtlich der Qualität später Gedichte (1845) nicht als objektives Werturteil anerkennen (vgl. Brief v. 25. 11. 45 bei W. *Woesler.* Die Droste und das Feuilleton der *Kölnischen Zeitung,* in: Kleine Beiträge zur Droste-Forschung 1971, S. 26 f.). Das frühe Datum für den Beginn der Arbeit am *Hospiz* verdanke ich Winfried *Woesler.* Zum Problem vgl. noch: S. *Sudhof*/Cl. *Schnarr,* Die Epenauszüge von 1834, in : Jb. d. Droste-Ges. Bd. V, 1972.

ben, Leben! bist du nur ein Traum?«. Die gespenstige Schilderung von Nacht, Wald und Verbrechen, der bleibende Wahn des unschuldig Schuldigen, die wirre Sprache haben nur den Sinn, dieser alten Frage an einem Beispiel atmosphärische Realität und Gestalt zu geben. *Das Vermächtnis des Arztes* verrät besonders klar, daß die Vielschichtigkeit der Epoche auch in dieser gebundenen Dichterin gegenwärtig ist. Diesmal experimentiert sie ganz offensichtlich mit den Bereichen des Menschenlebens, die nur dunkel sind. Eine Hervorhebung verdient das verrätselte Werk kaum; denn der hier eingeschlagene, einseitige Weg ist nicht unbedingt typisch für sie.

Die Schlacht im Loener Bruch (1837/38) erinnert an die Historien- und Schlachtenmalerei der Zeit, obwohl nach Annettes Worten »nicht viel Schlachterei« darin vorkommt (an Sophie von Haxthausen 6. 2. 1838). Wenn man den historisch beschreibenden Elementen der Dichtung keine Gerechtigkeit widerfahren läßt, muß man zu einer negativen Wertung kommen. Die Dichterin studiert alle ihr erreichbaren Darstellungen und Quellen, sie bereist den Schauplatz der Schlacht und versucht sogar durch Fußnoten die geschichtliche Wahrheit ihrer Darstellung zu begründen. Wenn sie von älteren Beschreibungen der Schlacht erfährt, stockt die Arbeit; denn sie erkennt, daß ihrer »Phantasie keineswegs das große Feld zu Gebote steht«, das sie »ihr bereits geöffnet hatte« (an Chr. B. Schlüter Neujahrstag 1838). Alles dies versteht sich für den Biedermeierdichter bei einem historischen, besonders bei einem »vaterländisch«-historischen Stoff fast von selbst (vgl. Bd. II, S. 364). Doch ist damit noch nicht gesagt, daß durch die bloße Entfaltung des geschichtlichen Vorgangs und seines Raumes der Sinn des Werkes erschöpft wäre. Tillys Sieg über den protestantischen Christian von Braunschweig und die damit verbundene Sicherung des westfälischen Katholizismus lag der Dichterin ebenso nahe wie der Sieg des habsburgischen Ahnherrn dem Österreicher Grillparzer *(Ottokars Glück und Ende)*. Beide Dichter erblickten hinter dem Sieg ihrer Helden das Walten Gottes selbst. Vergleicht man die beiden Werke, so wird freilich deutlich, daß die Droste hier wenig politisch ist. Auch wenn man berücksichtigt, daß sie wegen des gleichzeitigen Kölner Kirchenstreites und aus Zensurgründen die katholischen Züge der Dichtung gemildert haben mag, so bleibt doch der Eindruck einer relativ unparteiischen Darstellung. Sie wurde dadurch möglich, daß die Droste den Dreißigjährigen Krieg schon als einen elementaren Vorgang, in dem sich Recht und Unrecht vermischten, aufzufassen vermochte. Eifernder Katholizismus war ihr auch im Leben stets unsympathisch. Der alte Fortunagedanke, der bei dem barocken Gegenstand nahelag, wirkte in der gleichen Richtung wie die moderne Verpflichtung zu historischer Objektivität. Der Krieg ist ein buntes, farbiges, abenteuerliches und von vornherein grausames Geschehen; er steht – bei beiden Parteien – außerhalb der religiösen Ordnung. Doch heißt das nicht, daß diese Ordnung nichts bedeutet. Die Droste hält sie, vor allem gegen Ende der Dichtung, in idyllisch-heimatlichen Bildern gegenwärtig. Während die Schlacht tobt, geht das Leben weiter wie sonst. Es gibt die Kirche, den Frieden des Hauses, »des Gärtchens Blumenhag« und manches »Wiesenquellchen«. Gertrude und Eberhard lieben sich, wie es junge Leute immer taten.

Sie hörten des Geschützes Schall;
Doch brach es sich wie Widerhall
An ihres Glückes heil'gem Dom. (2. Gesang)

Annette grenzt solches Glück ausdrücklich von der »Liebeständelei« ab. Die Brautleute leben schon jetzt in der Stille und Ordnung, zu der die Helden der Zeit erst durch den Tod geführt werden können. Der Epilog spricht von der Vergänglichkeit kriegerischer Taten und Leidenschaften:

Der Tilly schläft so fest und schwer,
Als gäb' es keinen Lorbeer mehr;
Und Christians verstörter Sinn
Ging endlich wohl in Klarheit auf.

Eben in der biedermeierlichen Überformung des alten, noch lange nicht ausgestorbenen »Schlachten-Epos« (vgl. Bd. II, S. 692 ff.) liegt die Originalität der Dichtung. Auch ich rechne die Verserzählung »zu den poetisch reifsten Texten« der Droste[39].

Der Spiritus familiaris des Roßtäuschers (1842) wird neuerdings zu den Balladen gerechnet[40], während ihn die Erstausgabe von 1844 *zwischen* den Balladen und den Epen einordnete. Am besten ist daher wohl Benno von Wieses vorsichtige Bezeichnung, »balladenhaftes Epos«[41]. Sicherlich wirkte die zeitgenössische halblyrische Form des *Romanzenepos* (vgl. Bd. II, S. 682 ff.) auf die Dichterin ein; denn in Annettes Umwelt heißt das Werk zunächst *Die sieben Romanzen vom Roßtäuscher*[42]. Durch die Zurückdrängung der genrehaften Elemente – die Dichterin hatte sie im *Hospiz* und in der *Schlacht im Loener Bruch* mit Liebe ausgebildet – erhielt das Werk eine knappere, wuchtigere Form. Doch erinnern die Entfaltung eines großen Zeitraums, eines Menschenlebens nämlich, und das klare Weltbild, das hinter den Vorgängen erscheint, durchaus an die epischen Möglichkeiten, die diese Dichterin besitzt. Verständlich, daß das Motiv des Teufelspaktes die Droste, wie so viele Dichter ihrer Zeit, lockt. Selbstverständlich, daß sie im Sinne der Barocktradition Reue und Umkehr zur Vorbedingung für die Rettung des Roßtäuschers macht und nicht so laviert wie Goethe im Schlußteil seines *Faust*. Bezeichnend aber auch, daß sie, ähnlich wie Gotthelf in der *Schwarzen Spinne,* diesen freundlichen Ausgang wählt. Sie tut es im Gegensatz zu den barocken Quellen, die ihr durch Grimms *Deutsche Sagen* bekannt waren und die sie in der Einleitung ihrer Dichtung wiedergibt. Dort versucht zwar der »augsburgische Roßtäuscher« das Schächtelein mit dem spiritus familiaris loszuwerden; aber es gelingt ihm nicht. Auch das Eingreifen der Frau führt nur dazu, daß er verarmt und die Frau dann sich selbst tötet. Bei der Droste stellt sich nach der Absage an den Teufel mit Armut, Not und Tod zugleich die Gnade Gottes ein. Die bewußte Entdämonisierung des Stoffs ist deutlich, und belegt Annettes eigenwilligen Umgang mit den Quellen. Die Abmilderung wirkt sich auch auf den Stil des Werkes aus; dieser ist, trotz großer Herbheit und trotz der Kennzeichen stärkster Spannung, gegen Ende der Dichtung von biedermeierlicher Innigkeit. Der Roßtäuscher kehrt zurück zu Gott, dann aber auch in seine »süße Heimat«. Dort wird der Sterbende seiner Rettung gewiß. Die Dichtung gehört wie das *Geistliche Jahr,* das wenige Jahre früher fertig wurde, in den Umkreis des »Geistlichen Biedermeiers«. Daß die Droste, wie schon öfters vermutet wurde, bei der Abfassung an ihren eigenen Bund mit den Dämonen, an ihre »wilde Muse« (s. u.) dachte, ist nicht von vorneherein auszuschließen; es gibt bei ihr den geheimen Nebensinn (s. o.). Doch ist dieser individuelle Untergrund nicht stilbestimmend. Das natürliche und übernatürliche Schicksal des epischen Helden wird als vollkommen allgemeingültiges und auch als volkstümliches Beispiel gestaltet. Die hohe und höchste Wertschätzung, welche die Dichtung in der heutigen Drosteliteratur genießt, ist berechtigt.

Zum Vers/Prosa-Problem bei der Droste. Romanfragment Ledwina

Die *Prosa* der Droste erfreut sich seit langer Zeit einer uneingeschränkten Hochschätzung. Schon Gundolf macht einen schroffen Wertunterschied zwischen Vers- und Prosadichtungen[43]. Rudolf Alexander Schröders Urteil stimmt damit überein, obwohl es doch eigentlich seine Hypothese vom *Geistlichen Jahr* als Zentralwerk wieder aufhebt. Im Vers bleibt die Dichterin nach Schröders Worten eine »hochbegabte Dilettantin«, nicht einmal der christliche *Spiritus familiaris* findet seine vollkommene Zustimmung. Dagegen sind ihre Prosaarbeiten, sogar die *Westphälischen Schilderungen* »klassisch«, und ihre Prosafragmente »erwecken den Eindruck, als sei hier ein Feld brach liegen geblieben, von dem die Schreiberin sich vielleicht nur durch allerhand äußere Zufälligkeiten ihres so vielfach behinderten und verwirrten bürgerlichen Daseins hätte abbringen lassen und auf dem ihr möglicherweise die Gelegenheit gewinkt hätte, sich die Problematik ihres Inneren in gelösterer und befreienderer Weise von der Seele zu schreiben, als ihr das in ihren Gedichten beschieden gewesen ist«. Man wird in der Tat ernstlich fragen müssen, warum die Verfasserin der *Judenbuche* der Versdichtung in einem solchen Ausmaß treu geblieben ist. Rein biographische Hinweise allerdings führen zu keiner Erklärung, denn es ist nicht einzusehen, wieso ein »verwirrtes bürgerliches Dasein« zu einer bevorzugten Wahl der Versform führen soll[44].

Verfehlt wäre auch die Vorstellung von einem verspäteten und darum unvollständigen Durchbruch zur Prosa; denn schon die Jugendkrise führt zu einem sehr energischen, ja bewundernswürdigen Versuch in der erzählenden Prosa. Zwar beginnt die junge Dichterin mit einem ziemlich anspruchsvollen Epos (*Walther* 1818). Sie vollendet dies Werk sogar, im Gegensatz zu ihrem jugendlichen Trauerspielversuch. Dann aber steigt sie (gleichzeitig mit dem ersten Teil des *Geistlichen Jahrs*) entschlossen von dem hohen Roß der humanistischen Dichtung herab (1820). Sie schreibt das Prosa-Fragment *Ledwina,* das trotz der Bezeichnung »Novelle« als großangelegtes Roman-Experiment zu verstehen ist; denn die Erzählweise ist breit und »Novelle« damals ein ganz vager Begriff (Bd. II, S. 833 ff.)[45]. Man weiß, daß dieser Versuch, durch die Gestalt der kränklichen Ledwina, aber auch durch die Vergegenwärtigung ihrer feudal-familiären Umwelt, stark bekenntnishaft ist. Man darf an *Werthers Leiden* denken. Tief erlebte Todes- und Vergänglichkeitsgedanken verdüstern das Werk. Der zeitgenössischen Neigung zum »Idyllisieren« wird nur spöttisch Erwähnung getan; denn schon erkennt die Dichterin das irdische Leben als einen zutiefst bedrohten Bereich, wobei auch die Angst vor dem Wahnsinn,

»dem Schrecklichsten, was die Natur hat«, nicht fehlt. Die familiäre Ordnung, selbst die Weisheit der Älteren, erscheint in einem fast gespenstischen Licht. Obwohl sich der Einfluß der Tieckschen Gesellschaftserzählung und der Jean Paulschen Erzählsprache gelegentlich bemerkbar macht, ist das Ganze ein genialer Versuch, der die modernsten Möglichkeiten der damaligen Prosaerzählung zu eröffnen scheint und von Fontane entsprechend bewundert worden ist[46]. Neben Salongenrebildern, die eher als handwerkliche Übungen im leichten Erzählen zu verstehen sind, gibt es Szenen von einer Tiefe, die die Dichterin in der Prosa nie wieder erreichte. Man sollte sich darüber klar sein, daß nicht nur idyllische Bilder, sondern auch Kriminalgeschichten, besonders solche, die unter einfachen Leuten spielen, »Verdrängung« bedeuten können. Zur psychologischen Analyse sah sich Annette bei einem so nahen, erlebten Stoffe ganz anders gedrängt als in der *Judenbuche* oder gar im *Joseph*. Das soll nicht heißen, daß nicht auch äußere, hoffmanneske Vorgänge, Katastrophen in dem Fragment vorbereitet sind. Das Ertrinken eines Bedienten und die düstere Gestalt des Grafen Hollberg sind wohl als Vorausdeutungen in dieser Richtung zu verstehen. Auch der neugedruckte Entwurf einer Fortsetzung der *Ledwina* ist in einer düsteren Stimmung gehalten und deutet »eine unangenehme Ideenverbindung« mit dem Tod des Ertrinkens an[47]. Die Bedeutung des Romans wird am ehesten deutlich, wenn man ihn als Annettes *Maler Nolten* versteht. Während freilich Mörike den Roman vollendet und sich mit einem Achtungserfolg begnügt, stößt das Adelsfräulein das unvollkommene Jugendwerk jäh zurück.

Die Droste, die ja sich gleichzeitig der tiefsten (religiösen) Quelle der Restauration erschließt, kann den traurigen Weg der *Ledwina* unmöglich zu Ende gehen. Eine Parallele zu *Maler Nolten* (vgl. u. S. 699 ff.), zu Gutzkows *Seraphine* (vgl. Bd. I, S. 184) – Annette spottet in *Perdu* über den Roman – oder zu den *Papierfenstern* ihres westfälischen Landsmanns Immermann (vgl. u. S. 835 f.) – dieser Roman liegt aus chronologischen Gründen nahe – würde der zentralen Entscheidung jener Jahre zuwiderlaufen. Für die Droste, die sich seit 1820, d. h. seit dem persönlichen *und* geschichtlichen Durchbruchsjahr der Restauration, herausbildet, darf die Dichtung kein sündiges Spiel mit weltschmerzlichen oder gar nihilistischen Gedanken mehr sein. *Der Versuch bleibt notwendigerweise Fragment.* Sie verstummt schließlich ganz, um wieder Haltung zu gewinnen. Und als sich endlich der dichterische Drang und Ehrgeiz wieder regt, wird die *Gattung des Versepos zu einem Mittel der wiedergewonnenen Haltung.* Versepos heißt in diesem Fall Rekonstruktion der poetischen und religiösen Würde. Und mit dieser Entscheidung steht die Dichterin nicht allein, *sie steht im Banne der allgemeinen versepischen Restauration, die nach dem Prosaenthusiasmus der Romantik für die Biedermeierzeit bezeichnend ist.* Übrigens war diese Hinwendung zum Vers nicht so deutsch, wie man vermuten mag; denn der mächtige Einfluß des Verserzählers Scott[48] und Byrons wirkte in der gleichen Richtung. In der westeuropäischen Romantik gibt es die frühromantische Skepsis gegenüber der Versdichtung (Novalis) kaum.

Nicht zu bestreiten ist, daß der Vers und gerade auch der epische Vers der Droste technische Mängel aufweist. Sie sind der tiefste Grund für das Mißbehagen der zitierten Kenner, denn unser Sinn für Verskunst hat sich seit hundert Jahren, besonders durch den Impressionismus, sehr verfeinert. Die Droste schreibt z. B.:

»Besinnt Euch«, spricht der erste; »was,
besinnen? hab' ich mich besonnen
Als Euer Falber wie'n gestochner Stier
zusammenbrach am Bronnen? [49]

In dieser Weise holpern die Verse der Droste oft; schon ein mittelmäßiger Reimer dichtet heute gefälliger. Es fragt sich aber, ob in ihrer Prosa derartige technische Mängel fehlen. Es könnte auch sein, daß unser Geschmack auf diesem Gebiet nur noch nicht so überfein geworden ist. Man nehme nur ein Beispiel aus der *Judenbuche,* deren Wert niemand bestreitet: »Sie sollte[!] einem verworrenen Haushalt vorstehen, unter den Augen eines mürrischen alten Mannes, den sie noch obendrein lieben sollte[!]« [50]. Die Droste war sich ihrer Neigung zu stilistisch nicht begründeten Wiederholungen bewußt; sie machte Jagd auf diese und ähnliche Härten. *Trotzdem ließ sie vieles stehen, was ein durchschnittlicher Schriftsteller heute nicht passieren lassen würde.* Das Ergebnis solcher Beobachtungen kann nur sein, daß die Droste überhaupt eine *vortechnische* Dichterin ist, daß ihre Werke wie die Gotthelfs mehr aus der dichterischen Urkraft des Schöpfers als aus Geschmack und Bildung leben. Wir müssen, wenn wir nicht auf den Kern verzichten wollen – und wer will es heute? – bei allen ihren Werken den *Mangel in der Peripherie* hinnehmen. Wenn die Erinnerung an die Dichterin sich überhaupt gegen die von Platen und Geibel eingeschlagene Richtung behaupten konnte, so verdanken wir das von vornherein den christlichen, jungdeutschen und junghegelianischen Gegnern des ästhetischen Formalismus[51]; erwähnt sei nur Gutzkow, der auch Büchner entdeckte.

Wer sich in der Biedermeierzeit der Erzählprosa zuwendet, ist des poetischen Anspruchs entbunden. Denn von der Prosa erwartet man vor allem eine Wiedergabe des Tatsächlichen, was allerdings in dieser pietätvollen Zeit die Anerkennung des Halbgeglaubten und Wunderbaren nicht ausschließen muß; denn auch Gottes Vorsehung wird als wirklich anerkannt, und die Gebildeten, bis zum Geschichtsphilosophen Hegel hin, halten eine »höhere Führung« wenigstens für wahrscheinlich (vgl. Bd. I, S. 77 f.). Anläßlich der »schauerlichen Sage« von einem Fluch, der auf dem Bodelschwinghschen Gute liegt, schreibt Annette: »Man kann so etwas nicht glauben, und doch macht es einem ganz graulich« (an die Schwester 23. 9. 1840). *Diese unklare Haltung ist für die vorrealistische Zeit vollkommen typisch.*

Die Judenbuche

Der Untertitel und ursprüngliche Haupttitel der *Judenbuche* (1842), »ein Sittengemälde aus dem gebirgten Westphalen«, muß zunächst genauso wie Stifters und Gotthelfs Genremalerei ernstgenommen werden. Dies scheint dem Hauptinhalt zu widersprechen. Die Quelle ist nämlich eine Geschichte, die in der mütterlichen (Haxthausenschen) Verwandtschaft der Droste erzählt wurde und alle Kennzeichen einer (modernen) Sage trägt; zum Wesen der Sage gehören bekanntlich historische *Elemente.* Vergleicht man Annettes Novelle mit der Sagenfassung, die ihr Onkel August von Haxthausen zwei Jahrzehnte früher schrieb (*Geschichte eines Algierer Sklaven, Wünschelruthe* Nr. 11–15,

5.–19. Februar 1818) [52], so fällt gleichwohl zuerst die zeitgemäße Steigerung der empiristischen Schicht auf. Eine so dichte, suggestive Beschreibung des paderbörnischen Hinterwäldlertums war 1818 noch kaum denkbar. Jedenfalls macht die frühere Erzählung aus dem Burschen, der den Juden im Zorn tötet, ein liebes frommes Kind aus dem Volke, das nach dem Totschlag, »den Rosenkranz betend«, zur Mutter Gottes nach Werl wallfahrtet und ihr den letzten halben Gulden als Opferpfennig schenkt. Die Droste hatte diese Erzählung, die sie in ihrer Gutgläubigkeit für einen »Auszug aus den Akten« hielt (an Schlüter 22. 8. 1839), glücklicherweise schon halb und halb vergessen, als sie *Die Judenbuche* zu schreiben anfing. Beim Wiederlesen bemerkte sie, fast erschrocken, daß sie dem Judenmörder einen »ganz andern« Charakter gegeben hatte, wollte jedoch »die Geschichte nicht ganz von neuem schreiben« (ebd.). Bemerkenswert ist besonders, daß das niedere soziale Milieu, in dem der Held der Drosteschen Erzählung, Friedrich Mergel, aufwächst, bewußt vergegenwärtigt wird. Die Droste macht ihn, im Widerspruch zur Überlieferung, zu einem vaterlosen Kind, das schon aus wirtschaftlichen Gründen frühzeitig der Obhut der frommen Mutter entwächst. Der Vater hat für das Biedermeier, wie wir wissen, eine mehr als natürliche, letztlich sakrale Bedeutung (vgl. Bd. I, S. 60). Und so setzt gerade an dieser scheinbar milieubeschreibenden Stelle – die kommunistische Forschung macht sie natürlich zur Hauptsache – der für die Dichterin bezeichnende Sprung in die transzendente Dimension ein. Der Vater wird durch den Oheim Simon ersetzt, der die Attribute eines Wiedergängers, d. h. eines zur Verdammnis verurteilten Menschen hat[53]. Unter der Leitung dieses Dämons verlernt Friedrich das Beten und Beichten. Er wird prunksüchtig und eitel, er lebt über seine Verhältnisse. Er kennt keine Bescheidenheit, keinen Respekt vor Gesetz und Ordnung, und so wird er erst mitschuldig am Tode eines Försters, schließlich der Mörder eines Juden. Wenn der halbe und der ganze Mord nicht direkt erzählt werden, so entspricht dies der dunklen, geheimnisvollen Erzählweise und der biedermeierlichen Dezenz der Dichterin, nicht der Absicht, die Tatsache der Morde offen zu lassen*. *Die Judenbuche* verlockt vor allem in Amerika zu geistreichen

---

* Heinrich Henel ist gewiß im Recht, wenn er die *Judenbuche* von der Detektivgeschichte abhebt, und das Unrealistische in ihr bemerkt. Aber zur Interpretation dieser Art von Surrealismus reicht die ästhetische Dimension nicht aus. Das bewies schon die Diskussion der Realisten (s. u.). »In der Detektivgeschichte werden dem Detektiv allmählich alle die Tatsachen in die Hände gespielt, die einen lückenlosen Beweis ermöglichen und andersartige Vermutungen entkräften. In der *Judenbuche* dagegen gibt es keinen Detektiv oder nur höchst ungeschickte und hilflose Detektive, und die erreichbaren Tatsachen sind lückenhaft, vieldeutig, oft sogar unzuverlässig – bloße Gerüchte oder Vermutungen der Zeugen. Die Aufgabe des Detektivs ist gewissermaßen auf den Leser übertragen, aber während jenem ein lösbares Rätsel gestellt ist, steht dieser vor einem unlösbaren[?]. In der Detektivgeschichte ist der Indizienbeweis bloß Mittel zur Erzeugung von Spannung; in der Judenbuche wird er zum eigentlichen Gegenstand der Erzählung[?], indem seine Zuverlässigkeit erprobt wird und indem er versagt. Die Droste, so könnte man sagen, hat Ernst gemacht mit der Detektivgeschichte, denn während der Erzähler eines Detektivromans alles nötige Wissen besitzt und es nur zurückhält und allmählich von sich gibt, bekennt der Erzähler der *Judenbuche* sein echtes Unwissen[?]. Der Detektivroman ist realistische Literatur, *Die Judenbuche* erdichtete Wirklichkeit« (Heinrich Henel: Annette von Droste-Hülshoff, Erzählstil und Wirklichkeit, in: Festschrift für Bernhard Blume, Göttingen 1967, S. 152). Wie der letzte Satz gemeint ist, verrät eine frühere Bemerkung Henels: »Nur Gott ist allwissend. In der Dichtung dagegen spielt der Autor die Rolle Gottes, der in der von ihm ge-

Modernisierungen jeder Art. Die Dichterin selbst suchte die »einfache Wahrheit« (ebd.). Der Mord wird nicht nur im räumlichen (milieuhaften), sondern auch im zeitlichen (entwicklungspsychologischen) Sinne sehr genau motiviert, im Gegensatz zur Erzählung des Onkels.

Doch diese Entlastung des einzelnen Menschen hat nur den Sinn, die Schuldverstrikkung des Menschen überhaupt um so eindringlicher werden zu lassen. Der schlichte Hinweis auf die Erbsünde ist hier, wie bei gewissen romantischen Dichtungen (z. B. Elixiere des Teufels, Romanzen vom Rosenkranz) kaum zu vermeiden [54]. An diese Tradition erinnert auch die wahrscheinlich selbständige, durch Widersprüche in der Überlieferung der Namen angeregte Einführung des Doppelgängers, Johannes Niemand; in der früheren Erzählung gibt es ihn so wenig wie den Ohm Simon. Kein äußeres Wunder wird dabei zu Hilfe genommen. Das Auftauchen Niemands, das an bedeutsamen Stellen von Friedrichs Schicksalsweg zu beobachten ist, kann immer auch natürlich erklärt werden. Aber schon der geheimnisvolle Name erinnert daran, daß hier emblematische Bezüge im Spiel sind. Johannes ist ursprünglich der uneheliche Sohn des bösen Simon, das natürliche, vor allem aber übernatürliche Kind des Verführers und insofern im Sinne einer geistlichen Allegorie mit Friedrich identisch*. Nach der Rückkehr aus türkischer Gefangen-

---

schaffenen Welt über alles Bescheid weiß« (S. 151). Diese ›alter deus‹-Rolle ist genau das, was die Droste und alle Biedermeierdichter ablehnten und was sie nicht nur von den Klassikern, sondern auch von den autonomen, kunstbewußten Realisten trennt.

* Besonders Kenner Hoffmanns und des alten Tieck wären zur Interpretation der »*Judenbuche*« berufen; denn bei diesen Erzählern beginnt die eigentümliche Verschränkung des Empirischen und des Transzendenten, die vom Realismus eines Keller, Storm oder Fontane *scharf* getrennt werden muß, wenn die derzeitige Begriffskonfusion nicht endlos weitergeschleppt werden soll. Die Grenzen der immanenten Interpretation erscheinen hier besonders klar. Einen interessanten Interpretationsansatz findet man bei Larry D. *Wells,* wenn man von der sozialistischen Zuspitzung am Schluß absieht (Annette von Droste-Hülshoff's Johannes Niemand, in: GR, Bd. 52, 1977, S. 109–121). Auch hier wird aus dem bloßen Vorhandensein Niemands auf einen allegorischen Inhalt geschlossen (S. 112). Es gibt eine Identitätsverwirrung: durch die Zusammenstellung mit Niemand wird Friedrich zu einer Art Jedermann, »the classic case of man blind to himself«: »If Friedrich is Everyman... then Johannes represents not the Nobody Friedrich is or becomes, as critics pretend, but rather the Somebody he cannot see. This Somebody is Friedrich himself, a Somebody blind to his own inner identity« (S. 113). Eine Ballade in Percy's *Reliques* kann die Anregung zur Niemandfigur gegeben haben (S. 110: »little John Nobody«). Von der deutschen Tradition aus gesehen, ist Friedrich identisch mit dem Nichts an Wert, das sich mit der spätmittelalterlichen, der Droste vertrauten Vorstellung von dem Menschen als *Narren* verbindet. Das heißt nicht, daß Friedrich einen »redemptive act« für seine und der Gesellschaft Verbrechen vollzieht (S. 119), sondern wir werden dadurch christlich an unser aller Sünde erinnert. Die literarhistorische Frage solcher Traditionsforschung ist freilich erst beantwortet, wenn wir die *spätromantische und individuelle Erscheinungsweise solcher Emblematik* genauer beschreiben und interpretieren. Welche gesellschaftlichen Motive veranlassen die Dichterin, den christlichen Sinnzusammenhang so stark zu verdunkeln? Welche literarischen Vorbilder sind ihr dabei behilflich und wie wandelt sie diese ab? – Wie tief die christliche Emblematik in der *Judenbuche* weiterwirkt, belegt neuerdings auch Heinz *Rölleke* (Kann man das Wesen gewöhnlich aus dem Namen lesen. Zur Bedeutung der Namen in der *Judenbuche* der Annette von Droste-Hülshoff, in: Euph. Bd. 70, 1976, S. 409–414). Daß der Name Mergel erfunden ist, weiß man schon länger. *Rölleke* zitiert *Adelung:* »mürbe, zerbrechliche, vermischte Erdart, welche aus Thon und Kalkerde bestehet«. Die nächstliegende Ausdeutung ist m. E.: eine wenig verläßliche, zwiespältige Art von

schaft bedient sich Friedrich des Namens Niemand. Er wird auch von keinem Menschen identifiziert. Aber die übernatürliche Ordnung wirkt sich aus, und so muß er an der Judenbuche, die die Glaubensgenossen des Ermordeten durch eine hebräische Inschrift ausgestattet haben, enden.

Es ist kaum sachgemäß, den Titel, den erst Hermann Hauff bei der Veröffentlichung der Erzählung wählte, so stark zu betonen, wie das in einigen modernen Interpretationen geschieht. Der Wald, in dem die Buche steht, der die Dörfer umgibt, verdüstert und ihre Bewohner längst zu Verbrechen aller Art verlockte, dürfte wichtiger sein als der magische Baum, den schon die Vorlage kennt[55]. Außerdem gibt es neben der Buche eine wichtige Eiche. »Brederholz« wäre ein treffenderer Titel gewesen oder einfach »Friedrich Mergel«, wie in einem Brief Annettes die Novelle genannt wird (an Wilhelm Junkmann 4. 8. 1837). Dieser Dichterin geht es um kein Dingsymbol wie dem klassizistischen Morgenblatt-Redakteur und dem Dichter der »Schönen Buche«, sondern um die Vergegenwärtigung der gesamten dämonischen Umwelt*. Daraus erklärt sich der romanhafte Anfang,

---

Adam. Das könnte zu *Wells* »Jedermann« und meinem »Narren« passen. *Rölleke* versucht mit guten Gründen eine noch speziellere Bedeutung nachzuweisen. Manches an Friedrich Mergel verweist auf Judas. So verrät er den Förster und statt zu bereuen, hängt er sich auf. Nach Oetinger haben Leute wie Judas Glasaugen, und sie sind *erdfarbig*. Der biblische Vater des verräterischen Jüngers heißt Simon, d.h. ebenso wie Friedrich Mergels Ohm und sittlich-religiöser Erzeuger. Man fragt sich: Sind wir so aus der christlichen Bilderwelt hinausgewachsen, daß dies neu entdeckt werden mußte oder war dies schon in Schlüters Kreis Geheimlehre – wie die Mystik des Angelus Silesius –? Interessante sozialgeschichtliche Tatsachen bringt Betty Nance Weber bei (Droste's Judenbuche: Westphalia in international context, in: GR Bd. 50, 1975, S. 203–212), z.B. den Hinweis, daß Karl Marx gleichzeitig mit der Judenbuche, in dem Streit zwischen den Bauern und den Gutsbesitzern, für die alten Volksrechte im Wald eintrat (Rheinische Zeitung 1842). Deshalb eine politische »Analyse« in der Novelle finden zu wollen (S. 211), ist freilich verkehrt. Eher wird man in der *Judenbuche* eine sittlich-religiöse *Warnung* vor der verbrecherischen Anwendung der Volksrechte erblicken dürfen, die soziale Loyalität gegenüber ihrem Stande. Eine objektive »Analyse« der schwierigen Rechtslage wäre ihr von der Familie heftig verübelt worden (vgl. auch ihr Verhältnis zu Freiligrath s. o. S. 620).

* Anders setzt Walter Huge (Annette von Droste-Hülshoff, Die Judenbuche, Diss. [Günter Weydt] Münster 1976, S. 638) die Akzente: »Nach der Erzählung Haxthausens erhängt sich der Mörder noch nicht an diesem [mit hebräischen Buchstaben] bezeichneten Baum, sondern nur im Umkreis seines Tatortes. Erst die Droste brachte das Schicksalszeichen des Baumes in unmittelbare Verbindung mit dem Selbstmord des bis dahin noch unentdeckt gebliebenen Mörders. Der Baum, d. h. die Judenbuche, kann als fatalistisches Dingsymbol gesehen werden, so wie auch das Beschreibte Holz aus der Droste-Ballade *Die Vergeltung* als mahnendes Symbol für das Wirken eines gerechten Schicksals zu deuten ist. Die Idee der *Judenbuche* kam der Droste in einer Zeit, in der die Verwendung derartiger geheimnisvoller, sprechender Zeichen in dramatischer und epischer Literatur Mode war.« Der Verfasser betreibt auch sonst wertvolle Hintergrundforschung, z.B. hinsichtlich der Vorstellung, die göttliche Vorsehung sorge da, wo das menschliche Gericht versage, für eine Bestrafung des Mörders (S. 630ff.). Dabei wird m.E. die Frage, ob diese populäre Effektseite für die Dichterin das Wichtigste ist oder worin sonst ihre höchst persönliche Leistung bestehen könnte, wieder vernachlässigt. Der von dem Verfasser selbst erwähnte Verzicht auf den ursprünglich geplanten dies fatalis (S. 641) – wir kennen ihn aus der Schicksalstragödie – könnte ein Hinweis auf die erstrebte und erreichte höhere Form der Kriminalgeschichte – jenseits des volkstümlichen Aberglaubens – sein. Glücklicher als in der Interpretation ist Huge in der Dokumentation. So enthält sein Reclambändchen Annette von Droste-Hülshoff, Die Judenbuche, Erläuterungen und Dokumente (Stuttgart 1979) z.B. die höchst bezeichnende Diskussion der folgenden (realistischen) Generation

der allen Novellenregeln Heyses widerspricht. Daraus ist m. E. auch die scheinbar naturalistische Verschärfung des Schlusses zu verstehen. In der frühen Erzählung wird Fried-
richs Leichnam nach zwei Tagen gefunden und in einem »ehrlichen Begräbnis« zur Erde
gebracht. Nach der Quelle stellte der alte Freiherr von Haxthausen, der Großvater der
Dichterin, aus Humanität einen Antrag dieses Inhalts für den Selbstmörder[56]. Die
Droste tilgt dieses ehrliche Begräbnis, wie übrigens auch die offizielle Verjährung des
Mordes. Die Leiche wird halb verwest, greulich stinkend geborgen und »auf dem
Schindanger verscharrt«. Dies bedeutet doch wohl, daß im Sinne der Dichterin zu einer
so greulichen Störung der Ordnung, wie es der Mord ist, auch ein greuliches Gericht gehört. Die Haxthausensche Erzählung sprach am Ende von »des Geschicks geheimnisvoller Gewalt« und von der Verfolgung des Mörders durch eine »große lange Frau«, durch
ein Gespenst also. Eine derartige Aufmachung im Stil der Schicksalstragödie konnte der
Dichterin unmöglich genügen. Sie läßt solche altmodisch gewordenen Trivialitäten beiseite und entziffert zum Schluß nur den hebräischen Spruch. Damit ist allerdings keineswegs gesagt, daß das Gesetz von Auge um Auge und Zahn um Zahn ihr letztes Wort ist.
Wenn man die diskrete Zeichensprache der Droste kennt, wird man das Weihnachtslied
und Friedrichs Gebet bei seiner Heimkehr nach der Lektüre des Werks noch nicht vergessen haben. Diese Stelle ist vor allem deshalb wichtig, weil sie eine Parallele zur Heimkehr
des Roßtäuschers ist. Doch ist hier wieder an die damalige Auffassung von Prosa zu denken. In der Novelle geht es nicht um eine beispielhafte Entfaltung der christlichen Gnade,
sondern um eine Geschichte, die die Droste sogar im Erzähltext wiederholt als »wirklich« bezeichnet und die sie im Kern zweifellos für wahr gehalten hat. Diese Geschichte
endet keineswegs gnädig, und so wird der Schluß mit allen Attributen eines grauenvollen
Gerichts erzählt. Abgesehen von den vorangestellten Versen, die vor unchristlicher
Selbstgerechtigkeit warnen, wird jede eindeutige Abdämpfung vermieden. Keine ästhetische Tradition gebietet hier, daß der Stoff »poetisiert« und jenseits der grauenvollen
Sühne des Verbrechens noch irgendeine »Verklärung« angebracht wird*. Diese Um-

---

über die *Judenbuche* (S. 60 ff.). Dieser fiel es überaus schwer, der Novelle gerecht zu werden. Am besten hält sich noch Theodor Storm: »Freilich es fehlt auch hier die letzte Vollendung; aber der poetische ›Instinkt‹ ist enorm und doch auch vieles trefflich durchgeführt« (S. 64). In der derzeitigen Forschung besteht öfter die Neigung, die von den Realisten und der bisherigen Forschung vermißte
»letzte Vollendung« doch noch nachzuweisen, vgl. z. B. Gerard Oppermann: Die Narbe des Friedrich Mergel. Zur Aufklärung eines literarischen Motivs in Annette von Droste-Hülshoffs Die Judenbuche, in: DVjs Bd. 50 (1976), S. 449–464. Hier tritt an die Stelle des »poetischen Instinkts«
(Storm) »hohe Bewußtheit« (S. 457). Leider kennt der Verfasser Hermann Meyers Theorie der epischen Integration besser als die Dichterin und ihre Zeit.
     * Wichtig erscheint in diesem Zusammenhang, daß sich der abmildernde Vorspruch des *Verses*
bedient. Er stammt nach dem Hinweis von Lionel Hugh Christopher *Thomas* (Die Judenbuche and
English Literature, in: MLR Bd. 64, 1969, S. 351–354) fast wörtlich aus einer Verserzählung des
Geistlichen George Crabbe (1754–1832), den Annette durch die Übersetzung einer reichlich zitie-
renden englischen Literaturgeschichte (Allan *Cunningham*) kannte. Crabbe gehört zur Goethegene-
ration, wendet sich aber (Zitate nach *Thomas*, S. 351 f.) entschiedener »der Wirklichkeit des niederen Lebens« zu, er zeigt dem Volk »das Elend seines irdischen Daseins«. Ein interessanter Nachweis,
der weiterführen kann. – Der realistische Programmatiker Julian *Schmidt* vermißte in der »Judenbuche« bezeichnenderweise die poetische Verklärung (Grenzboten Bd. 4, Leipzig 1859, nach: Judenbuche, Erläuterungen und Dokumente, hg. v. Walter *Huge*, Stuttgart 1979, S. 61).

stände haben zum Ruhm der *Judenbuche,* aber auch zu den erwähnten Mißverständnissen beigetragen. Die Droste ist keineswegs nur die naturalistische, auch nicht nur die christlich-naturalistische Dichterin, als die sie in der *Judenbuche* erscheint. Aber die andere, lichtere Seite ihres Weltbildes bleibt hier im Hintergrund.

Eine der Wahrheitsbeteuerungen der Dichterin, auf die schon angespielt wurde, muß noch im Wortlaut zitiert werden: »Dies hat sich nach allen Hauptumständen wirklich so begeben im September des Jahrs 1788.« Heinz Rölleke, dem wir heute die sachlichste Hilfe bei der Interpretation der *Judenbuche* verdanken, versucht die »tatsächlichen Begebenheiten« zu rekonstruieren. Er kommt zu dem Ergebnis, »daß der am 18. September 1806 in Bellersen unter dem Namen ›Johan. Winckelhahne‹ begrabne Selbstmörder der 1764 geborene dritte Sohn des Johannes Hermann Winkelhagen ist« und daß er mit 18 Jahren den Juden erschlug. Das Haus der Winkelhagen ist Bellersen Nr. 44. Die Holzfrevel beruhten auf juristischen Unklarheiten, die zum Rechtsstreit zwischen der Gemeinde und der Gutsherrschaft der Freiherrn von Haxthausen führten. Rölleke rechnet »mit detaillierten Kenntnissen..., die sich die Droste an Ort und Stelle aneignen konnte«, da sie die Haxthausenschen Verwandten öfters besuchte [57]. Dagegen ist wenig einzuwenden. Man kann mit Hilfe dieser Hypothese die Umweltschilderungen in der *Judenbuche* besser verstehen. Ich würde daher nicht sagen, die Wahrheitsbeteuerung der Dichterin sei eine »Fiktion« [58]. Dem widerspricht, daß der Droste die wiedergelesene Erzählung des Onkels zu schaffen macht, daß sie eine Vergleichung mit ihr nicht wünscht, weil die »einfache Wahrheit« (»Auszug aus den Akten«) »immer schöner als die beste Erfindung« ist (an Schlüter 22. 8. 1839). Wir kommen nicht daran vorbei, daß die Droste naiver war als ihre gelehrten Interpreten.

Die »Hauptumstände«, die sie nach ihrer Meinung richtig wiedergab, waren wohl die von ihr studierten Sitten im gebirgigten Westfalen, das Brederholz, der Förstermord, der Judenmord und die Sühne des Mords durch ein Selbstgericht. Die Verteufelung der Holzdiebe wurde nicht nur durch die Loyalität gegenüber den Verwandten, sondern auch durch die Existenz des Bösen, die sich in den Morden kundtut, gerechtfertigt. Der Teufel war dabei im Spiel. Das erschien ihr, wie dem Verfasser der *Schwarzen Spinne,* gewiß als der wichtigste »Hauptumstand«. An die exakte Wirkung der hebräischen Magie konnte man auch damals kaum glauben, aber dieser Umstand war so schön »graulich« (s. o.). Wenn man *Die Judenbuche* im Kontext der Briefe liest, weiß man, daß die Alternative Realismus und Fiktion nicht trifft; denn das Wesentliche dieser Zeit und der Dichterin selbst ist das unauflösliche Ineinander des Wirklichen und des Überwirklichen. Dies eben befähigte sie zur überzeugenden dichterischen Fortbildung der Haxthausenschen Judenmördersage. Statt weiterer Auseinandersetzungen gestatte man mir, eine weniger bekannte Geschichte Annettes – vielleicht als Interpretationsaufgabe für Realismusenthusiasten – einzurücken: »Sie fragen: ›Wer ist da?‹ Statt der Antwort klopft und rasselt es wieder, so daß sie davonlaufen... Das ganze Haus kam in Alarm. Alles wurde durchsucht. Nun die wahrscheinliche Auflösung: Der unkluge Benning war den Abend dagewesen, spät fortgegangen und die Brücke hinter ihm aufgezogen, doch nicht so unmittelbar, daß nicht ein Augenblick dazwischen war, wo er sich hätte wieder auf den Hof schleichen, des Nachts diesen Lärm anfangen, dann sich irgendwo verkriechen und morgens, wenn die Brücke heruntergelassen, unbemerkt hätte fortschleichen können. Immer bleiben es aber schöne seltsame Umstände, daß 1. kein Hund gebellt, 2. man nicht weiß, woher er das große Licht hergenommen, was dazu so besonders hell und wunderlich geschienen, 3. wie man ihn nicht sehn und hören sollte, wenn er es trug. Kurz, es bleibt immer eine schöne und bedenkliche Geschichte, die man nicht durch Nachgrübeln verderben muß« (an die Schwester 15. 2. 1838).

Zum Plan eines Westfalenbuches

Daß der knappe, balladeske Erzählstil der *Judenbuche* nur ein »Ton« unter anderen Tönen der Droste ist, belegt der Roman, in den die *Judenbuche* eingelegt werden sollte (an Chr. B. Schlüter 23. 3. 1841): *Bei uns zu Lande auf dem Lande* (verf. 1841/42). In diesem ganz anders gearteten, behaglichen Rahmen wäre die *Judenbuche* wohl erschienen, wenn nicht Schücking die Novelle gesondert zum Druck gegeben hätte[59]. Verbunden sind die beiden Dichtungen nicht nur durch das Thema Westfalen, sondern auch durch die immer wieder beobachtete Hell-Dunkel-Struktur von Annettes dichterischer Welt. Der schaurigen tritt hier die humoristische Dichtung gegenüber, der volkstümlichen die gesellschaftliche. Während der Aufbau der *Judenbuche* sich dem Drama nähert[60], ist er hier breit und locker[61]. Von einem Roman kann man sprechen, weil die fingierte Gestalt eines Landedelmanns aus der Lausitz, der die westfälische Heimat seiner Ahnen besucht, als beobachtender und beschreibender Ich-Erzähler fungiert. Ohne Zweifel haben aber die zahlreichen Reisebilder und -novellen der Zeit (vgl. Bd. II, S. 238 ff.) die Stilhaltung des Fragments mitbestimmt. Irving und Jouy erwähnt die Droste selbst als Vorbilder (an Chr. B. Schlüter 13. 12. 1838). Sie kennt aber auch Laubes *Reisenovellen,* will sagen, die bessere Heine-Schule – sie hält den Schlesier wegen seines grimmigen Witzes für einen Juden – (an Luise von Bornstedt 2. 2. 1838); und Pückler-Muskau, den »Schlingel mit seiner Zirkassierin« (an Schücking 6. 2. 1844), hat sie sich wahrscheinlich auch einmal angesehen. Das Fremdwort, überhaupt die salonsprachliche Stilisierung der Prosa, tritt dementsprechend neben Partien in Niederdeutsch. Das Fragment läßt, ähnlich wie *Perdu*, humoristische Treffsicherheit und die Fähigkeit zur Selbstironie erkennen; es kann nicht ohne weiteres als zweitrangige Literatur abgetan werden. Ob freilich nur biographische Gründe (Rücksicht auf die Familie) zum Abbruch des Werkes geführt haben? Einmal verminderte die voreilige Veröffentlichung der *Judenbuche* die Lust zur Vollendung des Gegenstücks. Dann will mir scheinen, daß der hier versuchte humoristische Ton dem strengen Geist der Droste doch nicht ganz angemessen war. Der entspannte (relativistische) Realismus war nicht ihre Sache. Und die Liebe zur Heimat verbot bei diesem Gegenstand eine härtere, ironische oder satirische Stilhaltung. Der jungdeutsche Ton kam also nicht in Betracht, und Humor in der Art Raabes, Reuters oder Fontanes war vorläufig kaum denkbar, nicht nur bei dieser Dichterin.

So bleibt uns das Fragment vor allem als eine ausführlichere Dokumentation von Annettes *Westfalen-Mythos* interessant. Sie bekennt sich zur Heimat, obwohl es, wie sie sagt, seit dem Beginn des Eisenbahnzeitalters Mode geworden ist, die Schwäche des »Vaterlands« »mit möglichst schonungsloser Hand aufzudecken«, um ja als Kosmopolit zu gelten. Sie meint die Jungdeutschen, die durch Aktualität über ihre dichterische Schwäche hinwegtäuschen wollen. Auch hier der Spott auf die falschen Genies! Sie belehrt uns darüber, daß ihre Heimat nicht mehr so unterentwickelt ist, daß vielmehr die »Westfalen in der Literatur wie Ameisen umherwimmeln«. Freude machen ihr aber weniger die westfälischen Schriftsteller, als die nicht schreibenden Westfalen mit ihrer »Poesie«. *Auch hier wirkt also die Romantik mit ihrer Konzeption der Natur- oder Universalpoesie nach:* »Diese stillen Leute sitzen unbewußt auf dem Pegasus, ich will sagen, sie leben in einer innern Poesie, die ihnen im Traume mehr an dem giebt, was ihre leiblichen Augen nie sehen werden, als wir andern übersättigten Menschen mit unsern Händen davon ergreifen können«… »Man treibt hier allerlei Gutes, etwas altfränkisch und beengt, aber gründlich« [62]. Man sieht: Annette verfährt nicht ganz unkritisch. Obwohl sie sich im ersten Kapitel, mit Rücksicht auf das »gute patriarchalische Ländchen« plötzlich die Ironie verbietet, kann es im zweiten, bei der Beschreibung des alten Vetters, doch wieder etwas zweideutig heißen: »Den Verstand des Herrn habe ich anfangs zu gering angeschlagen, er hat sein reichliches Antheil an der stillnährenden Poesie[!] dieses Landes, der den Mangel an eigentlichem Geiste fast ersetzt« [63]. Seine Liebe zum »gedruckten Blutvergießen« versteht man als Selbstironie, wenn man von der *Judenbuche* herkommt und die nächsten Fragmente oder Pläne kennt. In dem Brief an Schlüter vom 13. Dezember 1838, der die ausführlichste Reflexion über das geplante Westfalenbuch enthält, sieht sie den Vorteil des heimatlichen Gegenstandes vor allem in der Tatsache, daß sie da »Herrin« ihres Stoffes ist: Ich kann in den Erzählungen »lauter bestimmte Individuen auftreten« lassen, »noch obendrein zumeist aus dem Bauernstande, als dem mir am genauesten bekannten und auch noch eigentümlichsten«. Sie fühlt sich durchaus zum »Idealisieren mancher an sich unbedeutenden Eigenschaft« ihrer Landsleute aufgelegt und fürchtet doch, bei ihnen anzustoßen: »denn *alles* kann ich ihnen und meiner eigenen Liebe nicht aufopfern, nicht Wahrheit, Natur und die zur Vollendung eines Gemäldes so nötigen kleinen Schatten« (an Chr. B. Schlüter 13. 12. 1838). In den Tonschwankungen zwischen idealisierenden und vorsichtig karikierenden Partien spürt man dem Fragment eine ängstliche Unsicherheit an, die die liberalen Reiseschriftsteller nicht kennen. Daß derselbe Provinzialismus, der das Werk eingab, seine befriedigende Ausführung unmöglich machte, erkannte die Dichterin in dem gleichen Projektbriefe schon, wenn sie sagt: »In Paris und London ist es ein anderes, da haben sich die Leute einen breiten Buckel zugelegt« (ebd.).

Die *Westphälischen Schilderungen* (1845) sollte man nicht als Dichtung betrachten. Sie bestätigen gerade, daß die Droste sich nicht nur als Dichterin fühlt, sondern auch als gewissenhafte, ja im Sinne jener Zeit als wissenschaftliche Berichterstatterin über die volkskundlichen, wirtschaftlichen und geographischen Verhältnisse ihrer Heimatlandschaft. Nicht nur die Dichtung soll Einkleidung der Wahrheit sein, auch das Wahre, ganz anspruchslos ausgesagt, hat seinen Eigenwert, besonders wenn es um die Erkenntnis des »Vaterlandes« geht. Dementsprechend erschien diese Arbeit im Gegensatz zur *Judenbuche* nicht in einer belletristischen Zeitschrift, sondern in den »Historisch-politischen Blättern für das katholische Deutschland« und fand aus dem Fürstentum Paderborn eine überaus gründliche Erwiderung[64]. Niemandem wäre eingefallen, in so wichtiger Sache eine poetische Lizenz zuzubilligen. Die Verfasserin heißt in dieser Erwiderung »ein Westphale – ohne Zweifel dem alten Adel angehörend« und »der Referent«. Stil und Geist des Werkes rechtfertigten eine so ernsthafte Stellungnahme.

Spätere Pläne

Die eigentlichen Erzählpläne, die während und nach der Arbeit an der *Judenbuche* bestanden oder in Angriff genommen wurden, beweisen noch einmal, daß die Geistesstruktur der Droste auf weltanschauliche und stilistische Dualität angelegt war. Am 4. August 1837 schreibt sie an Junkmann, sie habe »noch so gute Sachen« in ihrem Schreibtische, und gibt eine Liste ihrer Pläne. Wenn wir die bereits besprochenen Arbeiten und zwei dramatisch-theatralische Pläne, deren Titel auch bezeichnend sind *(Die Wiedertäufer, Der Galeerensklave)*, weglassen, so bleiben zwei Stoffe: »Einer *zu einer Kriminalgeschichte,* ist wirklich in Brabant passiert und mir von einer nahe beteiligten Person mitgeteilt, die einen furchtbaren und durchaus nicht zu erwischenden Räuber fast 20 Jahre lang als Knecht in ihrem Hause hatte. Der *zweite* zu einem Gedicht, von mehreren Gesängen, den ich ganz vollständig *geträumt,* durch alle Gesänge, die ich zu lesen glaubte. Er betraf die Entdeckung eines Mordes an einem Juden, die ein blinder Bettler dadurch beförderte, daß er den Mörder veranlaßt, dieselben Worte auszusprechen, die jener, der ungesehen in einem Gebüsche ruhend gegenwärtig war, denselben während der Mordes sagen hörte« (an Wilhelm Junkmann 4. 8. 1837). Man sieht: *die Droste hatte ein überaus starkes Interesse für kriminalistische Stoffe, deshalb wahrscheinlich, weil sich bei der Darstellung von Verbrechen das Problem der weltlichen und überweltlichen Ordnung ganz von selbst und – was nicht zu übersehen ist – in besonders effektvoller Form zu stellen pflegt.* Die Droste rechnet auch diese Pläne unter die »guten Sachen«, während die realistischen Programmatiker (1848 ff.) das Atypische, »Unmenschliche«, »Krankhafte« für unästhetisch hielten (Bd. II, S. 923 f.) und damit in die Trivialliteratur abdrängten. Der Bettler, der als Gegenspieler des Mörders in dem geplanten Judenmord-Epyllion (»alle Gesänge« s. o.) erscheint, spielt im Barock und in der Barocktradition eine bedeutsame Rolle. Noch in Raimunds *Verschwender* (1835) ist er eine mythische Figur: Warner im Glück, Gnadenbringer im Unglück. Schon die Berufung auf einen Traum deutet an, daß wir es hier mit einer tiefen Schicht von Annettes dichterischer Welt zu tun haben: sie bedauert selbst, daß dieser Plan »so verkömmt« (ebd.).

Das Prosafragment Joseph

Unsere Auffassung wird bestätigt durch Annettes letzte Arbeit auf dem Gebiet der Erzählung, das Prosafragment *Joseph. Eine Kriminalgeschichte* (1844/45)[65]. Offenbar sollten in einem Rahmen, der stilistisch an *Bei uns zu Lande auf dem Lande* erinnert, mehrere Geschichten erzählt werden. Das Fragment bricht vor Beginn der zweiten Erzählung ab. Die vollendete erste Erzählung scheut wie *Die Judenbuche* und die Erzählpläne die grellen Motive keineswegs. Ein Kassierer verspielt das Vermögen eines reichen Kaufmanns. Der Kaufmann endet durch einen Blutsturz, der Kassierer geht, um sich selbst zu richten, in die Schelde. Diesmal gewährt die Droste dem Verbrecher das ehrliche Begräbnis, und sie schwächt das in der Leidenschaft begangene Verbrechen ausdrücklich ab: Was ein Spieler veruntreut »kommt einem doch nicht so schimpflich vor als ein anderer Diebstahl. Ein Spieler ist wie ein Betrunkener, wie ein Besessener, aus dem der Böse handelt wie eine zweite fremde Seele. Habe ich nicht recht?« Die Spielergeschichte – der Titel könnte nach dem Namen des Kassierers »Herr Steenwick« heißen – wäre bestimmt bekannter, wenn sie ohne den Rahmen überliefert wäre. Sie bemüht sich zwar, abgesehen von der religiösen Schlußinterpretation, um kein Verständnis des Spielers. Die psychologischen Möglichkeiten des Stoffes, welche die spätere Zeit so gereizt haben, bleiben ungenützt. Aber die Geschichte wird kunstvoll erzählt, aus der Perspektive der Mevrouw van Ginkel, der Tochter des Kaufmanns, die damals noch ein Kind war und deren französische Gouvernante, verliebt in den Spieler, mitschuldig am Untergang des Kaufmanns wurde. Wenn die Geschichte von einer Niederländerin in den Niederlanden erzählt wird, so bedeutet dies, daß es bei diesen gemächlichen Rahmenformen im Grunde nicht um die oder jene *Landschaft* geht, sondern daß sich die Droste um den *Genrebild-Stil* bemüht[66], den man schon lange (vgl. z. B. Jean Paul, *Vorschule der Ästhetik*) »niederländisch« nennt (vgl. Bd. II, S. 787 f.). Der Doppelrahmen (Rentier Caspar Bernjen und Mevrouw van Ginkel) deutet darauf hin, daß nicht nur die übliche abdämpfende Rahmenfunktion, sondern vielleicht noch eine schlichte Rahmen*geschichte* (Nachsommerliebe?) beabsichtigt war. Sicher ist, daß an ein *überaus kunstvolles Erzählgeflecht,* welches an den alten Tieck und Mörike erinnert, gedacht war; denn in dem Fragment heißt es noch, Mevrouw wolle die »Katastrophe« [!] ihres Ohms und damit ihre eigene Katastrophe erzählen. »Aber da ist eine andere kuriose [!] Geschichte hineinverflochten [!], die Mynheer gewiß interessieren würde, aber etwas lang ist«. Die Hell-Dunkel-Struktur wäre also raffiniert gemildert worden. Ob dieses Kunststück sie abschreckte?

Auch andere Gründe können zum Abbruch des Experimentes geführt haben: die Krankheit, die sich verschlimmerte, und die zunehmende Abneigung gegen alles Literarische. *Carpe diem* heißt eines der spätesten Gedichte der Droste. Aber wie mühsam ist dies Gedicht, wenn man es mit den leichtbeschwingten Carpe-diem-Gedichten des Barock und Rokoko vergleicht! Das Spiel, das reine Spiel, die zunächstliegende Lebenshilfe der Künstler, die dem späten Mörike und dem Dichter in der Matratzengruft soviel bedeutete, stand der schwerfälligen Droste nicht zur Verfügung. Schon der schmale Umfang ihres Gesamtwerks beweist, daß man sich Annette in ihren Krankheiten nicht stetig reimend, erzählend, phantasierend vorstellen darf, daß sie also von den Künsten ästhetischer Lebensvirtuosen wenig verstand.

Das unerreichbare Ideal der epischen Breite (Dickensrezeption)

Bemerkenswert erscheint im Zusammenhang der erzählerischen Bemühungen noch die Dickens-Rezeption der Droste; denn dieser Erzähler war das wichtigste Vorbild der programmatischen Realisten in Deutschland (Bd. I, S. 260). Wenig überraschend ist, daß eine Dichterin, die sich sogar gegen die Verteufelung der Schwerverbrecher wehrt, *nicht* glaubt, »daß ganze Bürgerklassen, von honetter Stellung, sich so gänzlich sollten dem Teufel verschrieben haben, als es hier [im *Oliver Twist*] scheint« [67]. Der Grund für diese Ablehnung scharfer Gesellschaftskritik liegt weniger in ihrer adeligen Herkunft [68] als in ihrer biedermeier-christlichen Ablehnung jeder *prinzipiellen* Negativität und Lieblosigkeit. Dies beweist die zusammenfassende Bemerkung über Dickens' Roman: »Kurz mich dünkt das Buch laborirt an der Krankheit unsrer Zeit, an der Lust des Verzerrens und Verteufelns« [69]. Trotz dieser weltanschaulichen Differenz scheint sie die Erzählkunst von Dickens, seine ruhige Stetigkeit und die später so genannte epische Breite bewundert zu haben. Dies ergibt sich aus dem Ratschlag, den sie dem Freunde Schücking am 15. 2. 1843 gibt: »Nehmen Sie sich nur mit dem ›Paul‹ in acht, der so wunderschön..., so breit und vieles versprechend wie ein Bozscher Roman anfängt, und bleiben Sie mir ja mit ihrem Galopp zum Ende... fort,... ›Paul‹ muß durchaus eine lange und nach allen Verschlingungen mit Ruhe und Geschick ausgearbeitete Geschichte werden, sonst ärgere ich mich tot«. Sie entwickelt mit diesen Worten ein Stilideal, das die homerische Breite auf die Erzählprosa überträgt und wegen dieses künstlerischen Anspruchs für die Prosa realistisch genannt werden darf (vgl. Bd. I, S. 281). Sie hat seit dem Erfolg der *Judenbuche* wohl erkannt, daß ihr eigenes Erzählen in seinem Kern balladesk, im besten Fall novellistisch (im späteren Sinn des Wortes) ist; aber sie versucht, mit Hilfe eines Romanrahmens auch ihrer eigenen Erzählkunst einen Anteil an der »epischen Breite« zu sichern; denn sie bemerkt als Dickensleserin, mit dem scharfen Bewußtsein, das ihr eigen ist, *daß die epische Breite, auch in der Prosa, an der Zeit ist.* Das doppelte Experiment mit einem breiten Romanrahmen, der prägnante Geschichten zusammenbinden soll *(Bei uns zu Lande auf dem Lande, Joseph),* beweist die Ernsthaftigkeit des an sich klugen Ansatzes. *Beide Versuche scheiterten, weil Annette keine Dichterin mit epischer Ruhe und langem Atem war.* Sie versäumte über dem ehrgeizigen Streben nach einem großen Werk wohl manche Möglichkeit als Klein- und Kleinsterzählerin, während Mörike schon durch den *Maler Nolten* seine Grenze als Romancier kennengelernt hatte. *Annettes Begabung für die kleinere Erzählung beweisen auch die Briefe,* aus denen sich eine Sammlung knapper Geschichten zusammenstellen ließe (vgl. o. S. 632 f. die kleine Geistergeschichte).

Spätlyrik zwischen »wilder Muse« und Biedermeier-»Gemüt«

Man wird darüber hinaus behaupten dürfen, daß sie weder für Westfalen, noch für die Niederlande, noch für die Welt im Ganzen als Dichterin zuständig war, sondern für die heute so geschmähte, religiös begründete Innerlichkeit, aus der von Klopstock bis Rilke der beste deutsche Beitrag zur Weltliteratur strömte, auch wenn er in der literarischen Welt, wegen der bekannten Unübersetzbarkeit der besten Lyrik, nur mangelhaft gewürdigt wird. Die Droste hat diese Innerlichkeit, mit der genialkonservativen Einfachheit, die viele ihrer modernen Interpreten nicht mehr verstehen, ganz biedermeierlich »Gemüt« genannt. *Gemüt* ist der Titel eines der späten Gedichte, die nach der Cotta-Gedichtausgabe von 1844 entstanden und auf denen unser letzter Blick haften muß; denn auf dem lyrischen Gebiet gibt es das Stocken und Versiegen, das die Romanfragmente kennzeichnet, nur bedingt. Zu diesen letzten Gedichten gehört *Im Grase,* freilich, trotz seines Titels, nicht nur Ausdruck von Naturgenuß. Es ist auch ein Toten-Gedicht (2. Strophe) und steht nicht in Widerspruch zu den andern berühmten Gedichten dieser späten Gruppe *(Durchwachte Nacht, Die tote Lerche, Mondesaufgang).* Die herzliche Hinwendung zu den andern, die in *Im Grase* das letzte Wort ist, erscheint als ein Zentralthema der Gedichte. *Spätes Erwachen, Das Ich der Mittelpunkt der Welt, Grüße, Silvesterabend* enden ähnlich, und selbst das Gedicht *Lebt wohl,* in dem sie sich mit ihrem »Zauberwort« und ihrer »wilden Muse« auf sich selbst zurückzieht, wendet sich mit seinen Imperativen rhetorisch an die andern. »Gemüt« bedeutet nicht selbstsüchtige Abgeschlossenheit, es bedeutet nur Geborgenheit, die letzte innere Sicherheit, die nie verlorengehen darf. Den großen Sieger in dem Gedicht *Der sterbende General* trösten vor dem Tode nicht seine Siege, sondern die Dankbarkeit eines Soldaten für die Hilfe, die er als Verwundeter von dem General empfing, der »Tropfen Menschlichkeit«, der bei denen, die zu großen Leistungen berufen sind, nicht selbstverständlich ist. In dem wenig beachteten Gedicht *Auch ein Beruf* stellt sie diese fromme Geborgenheit im Bilde eines riesigen, schützenden Baumes der modernen Unzufriedenheit und Wehleidigkeit gegenüber. Die mythische Phantasie der Dichterin hat vielleicht die alte Schutzmantel-Madonna naturalisiert, ähnlich wie sie im Brederholz der *Judenbuche* dem Satanischen ein natürliches Aussehen gab. Die Säkularisation der Realisten ist es jedenfalls nicht (vgl. dagegen den Riesenbaum in Kellers Novelle *Das verlorene Lachen*). Dies beweist der Text. Auch diesmal übrigens dürfen die andern an der Geborgenheit teilnehmen:

> Dort stand ein Häuflein dicht beisammen,
> Sich schauernd unterm Blätterdach;
> Die Wolke zuckte Schwefelflammen,
> Und jagte Regenstriemen nach.
> Wir hörten's auf den Blättern springen,
> Jedoch kein Tropfen konnte dringen
> In unser laubiges Gemach.
>
> Fürwahr ein armes Häuflein war es,
> Was hier dem Wettersturm entrann;
> Ein hagrer Jud' gebleichten Haares,
> Mit seinem Hund ein blinder Mann,
> Ein Schuladjunkt im magren Fracke,
> Und dann, mit seinem Bettelsacke,
> Der kleine hinkende Johann.
>
> Und alle sahn bei jedem Stoße
> Behaglich an den Stamm hinauf

Rückten die Bündelchen im Schoße,
Und drängten lächelnd sich zuhauf,
Denn wie so hohler schlug der Regen,
So breiter warf dem Sturm entgegen
Der Baum die grünen Schirme auf.

Wie kämpfte er mit allen Gliedern
Zu schützen was sich ihm vertraut!
Wie freudig rauscht' er, zu erwidern
Den Glauben, der auf ihn gebaut!
Ich fühlte seltsam mich befangen;
Beschämt, mit hocherglühten Wangen,
Hab' in die Krone ich geschaut

Des Baums, der, keines Menschen Eigen,
Verloren in der Heide stand,
Nicht Früchte trug in seinen Zweigen,
Nicht Nahrung für des Herdes Brand,
Der nur auf Gottes Wink entsprossen
Dem fremden Haupte zum Genossen,
Dem Wandrer in der Steppe Sand.

NIKOLAUS NIEMBSCH VON STREHLENAU, PSEUD. NIKOLAUS LENAU
(1802–1850)

Zur Korrektur der einseitigen Lenau-Bilder
Literaturgeographische Fragen

Lenau ist unter den Dichtern der Biedermeierzeit in einem noch näher zu bestimmenden Sinn einer der zeitgemäßesten Dichter gewesen. Er hat sich auch, nicht würdelos, aber zu Zeiten sehr bestimmt, um eine zeitgemäße Wirkung bemüht. Er genießt daher traditionellerweise in unserer Literaturgeschichte nicht das Ansehen Mörikes oder der Droste. Wo das Originalitätsprinzip und die Frage nach der dauerhaften Leistung unserer Dichter Grundlagen der Beurteilung sind, kommt es immer zu einer zurückhaltenden Bewertung. Hartmut Steinecke meint: »Lenau ist keine der überragenden Dichterpersönlichkeiten des 19. Jahrhunderts. Sein Werk wird geprägt von der Spannung zwischen der Last der Tradition und der Suche nach neuen Ausdrucksmöglichkeiten. So finden sich bei Lenau ungewöhnlich viele künstlerisch schwächere Werke«[1]. Auch die Würdigung Michael Butlers endet ohne Begeisterung: »Nikolaus Lenau is not a major figure in German Literature. His range, for all his ambition and occasional brilliance, is surprisingly narrow. But he is unjustly neglected – his ›Faust‹ and ›Don Juan‹, in particular, deserve far more attention than they have received. Although he confused art with life so disastrously, he put an uncompromising honesty into his work which reveals a fascinating personality«[2]. Viele Lenau-Forscher, die der Maßstab der dichterischen Vollkommenheit leitet, kommen zu dem Ergebnis, daß es nur wenige Gedichte Lenaus gibt, die diesem Maßstab standhalten, z.B. Hugo Schmidt, der ein verständnisvolles und sorgfältiges Gesamtbild des Dichters in Amerika gezeichnet hat[3] und, einseitiger verfahrend, Dimiter Statkov[4]. Man findet den Dichter in den erwähnten repräsentativen Orientierungshilfen immer so wichtig, daß man ihn nicht übergehen kann; aber bei näherer Betrachtung erscheint er dann doch eher interessant als groß. Man muß ihn nur kennen, weil er eigenartig ist oder weil er, wie Byron, Musset und Leopardi, einen besonders bezeichnenden Einblick in die europäische Weltschmerzperiode gewährt. Man darf fast behaupten, daß Lenau, der im 19. Jahrhundert so berühmte Dichter, heute in der literarischen Welt des Westens mehr oder weniger die Rolle eines »gesunkenen Kulturgutes« spielt.

Trotzdem ist der in unserer Zeit bemerkbare *Aufstieg der Epoche vor 1848*, gleichgültig welchen Namen man ihr gab, auch diesem Dichter zugute gekommen*. Die Zeit, die

---

* Günter *Häntzschel,* der am Ende der sechziger Jahre einen zugleich gründlichen und wegweisenden Forschungsbericht schrieb, glaubte schon, »erste Anzeichen einer Lenau-Renaissance« erkennen zu können (Nikolaus Lenau, in: Zur Literatur der Restaurationsepoche, Forschungsreferate und Aufsätze, hg. v. J. *Hermand* und M. *Windfuhr,* Stuttgart 1970, S. 62). Hier findet man auch Feststellungen und Vorschläge zu der nicht ganz einfachen Frage der Lenau-Ausgaben. Zu dem Bericht von Victor *Suchy,* Der Wandel des Lenau-Bildes, Paris 1976, vgl. u. S. 650.

auf die Hitlerdiktatur folgte, hatte ja, wie die nachnapoleonische Ära, ihren Weltschmerz, ihre Verzweiflung, – ihre Empörung, und, wie damals, fand sich ein beträchtlicher Teil der Nachkriegsjugend im »philiströsen« Frieden nicht zurecht. Möglicherweise griff sie schon nach der zeitgemäßen Lenau-Auswahl *Rebell in dunkler Nacht* (Berlin 1952), die Ernst Fischer herausgab. Sicher aber erreichte diese Jugend das sehr engagierte Lenau-Konzentrat des Ost-Berliner Lyrikers Günter Kunert. Das Vorwort bemüht sich, den zeitgemäßen, nämlich von Biedermeier-Jungfrauen bewunderten Poeten vom »Odium des Poesiealbums einstiger höherer Töchter« zu befreien und unter die literarischen Streiter des Vormärz einzureihen oder, wo dies nicht angeht, in seinen Gedichten wenigstens die »zuckenden Schatten«, die der Expressionismus vorauswirft, zu erkennen[5]. Einen Zugang, den man leider westlich nennen muß, findet Peter Härtling, suggestiv erzählend, zu dem Dichter[6]. Lenau, der zwischen allem »zerrissen« schwankte, schwankte auch zwischen erotischer Ausschweifung und erotischer Askese. Bei Härtling wird der Dichter zur Maske der nihilistischen oder jedenfalls neurotischen Sex-Kultur unserer Bundesrepublik. Der Erzähler zeigt den Melancholiker nicht wie er war, sondern wie er heute vermutlich wäre, – was die Jugend natürlich anzog und gediegene Lenau-Forscher empörte[7]. Indes ist auch dieser modernisierte Don-Juan-Lenau ein Zeugnis für die Faszination, die der unglückliche Dichter noch immer ausübt.

Anders modern ist der Schulungsgegenstand, den der repräsentative DDR-Germanist Walter Dietze im Nachwort zu Lenaus *Sämtlichen Werken und Briefen* aus dem Vormärz-Poeten macht. Im westdeutschen »Insel-Lenau«, der diese wertvolle, auf Castles Edition basierende Ausgabe wiederholt, wurde Dietzes Nachwort unnötigerweise weggelassen[8]. Dieser DDR-Lenau ist, im Gegensatz zur schwankenden *historischen* Gestalt, ein Dichter, der sich ziemlich zielstrebig zum Vormärz-Kämpfer entwickelt. Der historische Lenau hat bis zuletzt betont, daß er dem schwäbischen Verleger Cotta und seinem Gehilfen Gustav Schwab seinen ersten Ruhm verdankt. Bernhard Zeller macht mit Recht geltend, daß der schwäbische Dichterkreis, über die äußere Förderung Lenaus hinaus, »die Geborgenheit für ein unseliges Gemüt« war, »das von den Geistern der Melancholie gepeinigt und von tiefen Depressionen bedrückt« gewesen ist[9]. Der intime Freundschaftskreis schenkte dem immer erregten Dichter die Selbstsicherheit, die ihm die große Welt Wiens nicht verschaffen konnte*. Bei Dietze werden die schwäbischen Dich-

---

* Es ist, von Lenaus ambivalenter Psyche her gesehen, richtig, wenn Bernhard *Zeller* (Lenau und Württembergs Poeten, Ein Vortrag gehalten in Esslingen am 20. 9. 1977 zur Eröffnung der Ausstellung »Lenau in Schwaben«, S. 14) feststellt, die Beziehungen zwischen Lenau und den Württembergern seien »erstaunlich beständig« gewesen. Er stellt auch die Frage, was Lenau für die Württemberger bedeutete, und kommt zu einer Antwort, die die Fortdauer des romantischen Begriffs der Universal- oder Naturpoesie in diesem halb biedermeierlichen Kreise verdeutlicht: »In Lenau erlebten die Württemberger den Poeten schlechthin, die poetische Existenz als solche. Beruf und Berufung verneinend, verkörperte er, was sie sich unter einer freien, unabhängigen Schriftstellerexistenz vorstellten. Sie dichteten zwar auch – in heiterer Regsamkeit, durchaus, aber neben einem Brotberuf. Sie waren Lehrer, Professoren, Redakteure, Ärzte oder Amtsrichter. Ihre Dichtung war Feierabendarbeit, war ein auf das Erreichbare in freier Selbstbeschränkung ausgerichtetes Tun. Lenau aber war Dichter; er war sich der Sendung, zum Dichter berufen zu sein, voll bewußt...›Ich glaube, die Poesie bin ich selber; mein Selbstes selbst ist die Poesie‹, erklärte er einmal« (ebd. S. 8).

ter, die den interessanten »Ungarn« so freundlich aufnahmen, mit dem Etikett »reaktionärer Liberalismus« versehen. Bei Lenau fehlt zwar nach Dietze die »kämpfende Gegnerschaft« gegen die unkünstlerischen Schwaben, die Heine auszeichnet (vgl. o. S. 523); aber der freie Poet gewinnt wenigstens einen immer größeren Abstand zu ihnen: »Besonders darin ist Lenau mit Heine einig, Schwaben als Hochburg eines pedantischen Philisteriums zu sehen«. Auf diesem unschwäbischen Wege, meint Dietze, erobert sich der vermeintliche Weltschmerzler »partiell materialistische Positionen«. Seine späten Gedichte z. B. die *Waldlieder* sind deshalb »aller Mystik[!], allem Pessimismus abhold: Diesseitsfreude wohnt in dieser Lyrik«. Entsprechend endet Lenaus Werk mit der Dichtung, die dem materialistischen Genießer Don Juan gewidmet ist. Der einst als Schreckbild gedachte *Don Juan* soll eine Polemik gegen die christliche Sexualmoral sein. Lenaus spät erneuertes Bekenntnis zu seiner verheirateten österreichischen Freundin Sophie von Löwenthal dagegen ist dem DDR-Germanisten »Rückkehr in das Gefängnis einer untauglichen, bedrückenden, weil historisch überlebten Weltanschauung«[10]. Daß in der kommunistischen Schulung die polemischen, junghegelianisch beeinflußten *Albigenser,* ähnlich wie Heines *Deutschland* (vgl. o. S. 577 f.), zu einer Dichtung ersten Ranges avancieren, versteht sich von selbst. In der Gesamtdarstellung József Turóczi-Trostlers, die in der marxistischen Welt hohes Ansehen genießt, lesen wir entsprechend: »Lenaus Dichtung [*Die Albigenser*] ist kein Epos im klassischen Sinne... Dennoch verleihen die Perspektive und die Dimensionen des großen Krieges, die Totalität des Weltbildes und der zum Rang eines Mythos erhobene Zweifel dem Ganzen den Charakter eines großen Epos«[11]. Da der traditionelle »Klassiker des Weltschmerzes« sich mit der Vorstellung von einem aggressiven und progressiven Dichter nicht zu vertragen scheint – diese Meinung ist m. E. psychologisch zu widerlegen –, wird die religionsgeschichtliche Lenaudeutung (s. u.) durch eine politisch-historische ersetzt. Wie leicht man sich diese halbwahre Interpretation macht, sei nur an einem Beispiel vergegenwärtigt. Lenau: »Aber ich mag nun wandern im Gebiete der Poesie oder der Philosophie, so stöbert und schnuppert mein Scharfsinn vor mir herum, ein unglückseliger Spürhund, und jagt mir richtig immer das melancholische Sumpfgeflügel der Welt[!] aus seinen Verstecken.« Dazu Turóczi-Trostler: »Hier denkt er offenbar an die Volk und Freiheit unterdrückenden Maßnahmen der politischen Reaktion, die zur Zeit der Julirevolution und des polnischen Aufstandes immer brutalere Formen annahmen«[12].

Sehr viel ernster zu nehmen als die marxistisch rechtgläubige Adaption ist die allgemeine Lenau-Forschung und -Interpretation, die auf dem Boden des alten Österreich-Ungarn, überhaupt auf dem Balkan und im Rahmen der Internationalen Lenau-Gesellschaft sich entfaltet, einmal deshalb, weil hier nüchterne Forschung getrieben wird, dann aber auch wegen der zielbewußten Versöhnung der früher oft verfeindeten Völker, die man im Zeichen Lenaus erstrebt. Das von der Lenau-Gesellschaft herausgegebene *Lenau-Forum, Vierteljahresschrift für vergleichende Literaturforschung*, ist 1969 von Hoffmann–Praha, Keresztury–Budapest, Martens–Wien, Mádl–Graz, Rusu–Cluj (Rumänien), Škreb–Zagreb und Urbanowicz–Wroclaw begründet worden. Der Verlagsort der Zeitschrift, Wien, gibt die Gewähr für eine gewisse Neutralität in politischer und religiöser Hinsicht. Hier findet man Überlegungen und Archivberichte zur historisch-kriti-

chen Lenauausgabe, die freilich ebenso schwierig wie notwendig ist, zum ebenso wünchenswerten Lenau-Wörterbuch, Reflexionen über den »österreichischen Geist«, die erreulicherweise mal nicht von Deutsch-Österreichern stammen, Arbeiten zur literarichen Sozialgeschichte und vor allem zur Lenau-Rezeption in den verschiedenen Balkanändern. So informiert uns beispielsweise Zdenko Škreb, der Senior der jugoslawischen
Germanistik, darüber, daß Senoa, der kroatische Lessing, wenn er vom »Faust« spricht,
Lenaus *Faust* meint, nicht den Goethes. Derselbe Forscher warnt allerdings auch vor einer »anhimmelnden Sentimentalität« in der Lenau-Philologie; diese würde nur, meint
Škreb, »zur definitiven Beerdigung des Dichters führen«[13]. Diesen Rat hat die Lenau-Gesellschaft kaum nötig, und doch kommt in ihrer Zeitschrift gelegentlich die Meinung zum Ausdruck, eine Lenau-›Renaissance‹ habe schon 1950 begonnen[14]. Dies bedeutet natürlich nicht unbedingt, daß eine neue Bewertung Lenaus als *Dichter* gemeint
ist; aber die freundliche, sicherlich nicht allein politisch begründete Rezeption im früheren und heutigen Osteuropa muß hervorgehoben werden; denn sie kann auch die westlihe Lenau-Philologie zur Überprüfung ihrer Maßstäbe anregen. In Deutschland ist dabei
n erster Linie an die problematische, durch Goethe und seine Erben gesetzte antirhetoriche Norm zu denken (s. u.).

Wenn ich in diesem Zusammenhang ein Ergebnis meines eigenen Nachdenkens über
Lenaus Stellung im geographischen und staatlichen Raum der Restaurationsepoche kurz
anschließen darf, so betone ich als Epochenspezialist vor allem, daß die ungarische Rolle,
die er zu spielen liebte, nicht so fiktiv war, wie sie nach heutigen Vorstellungen erscheint.
In der Lenau-Literatur liest man ständig, er habe keinen Tropfen ungarischen Blutes gehabt. Das ist richtig; aber der ethnologische Gesichtspunkt ist falsch, wenn man ihn auf
die Ära Metternichs anwendet. Böhme war nicht nur, wer tschechisch sprach oder dichete – Stifter wurde in seiner Schule als Böhme geführt (vgl. u. S. 1004) – und ebensowenig
gehörte zum Ungarn die ungarische Muttersprache; denn auch geborene Ungarn dichteten deutsch, ja sie verbargen womöglich, wie Pyrker[15], ihre ungarische Abstammung,
wenn sie nicht zum Adel gehörten. Zum ungarischen Adel zu gehören war eine feine Sahe, weshalb ja auch Lenau, besonders in Stuttgart, gerne den »Edlen von Strehlenau«
pielte und mit dem Grafen Alexander von Württemberg, dem er wie andern schwäbichen Freunden (Justinus Kerner, Karl Mayer) seine Verse korrigierte, sich menschlich
besonders verbunden fühlte. Lenau fühlte sich als Ungar, weil er in Ungarn seine Jugend
verbracht hatte und weil er auf diese Weise einen gewissen Abstand vom Metternichchen Österreich gewann. Man kann mit Hebbel vergleichen, der sich mit Hilfe seines
dänischen Passes in Wien Unabhängigkeit zu verschaffen versuchte (vgl. o. S. 337). Als
Ungar vor allem wagte es Lenau, seine Dichtungen ohne die Genehmigung der österreihischen Zensur, die auch bei Auslandsveröffentlichungen vorgeschrieben war, im Stuttgarter Cotta-Verlag herauszubringen. Sein Briefwechsel zeigt, daß die Wiener Behörden
bei der Untersuchung seines Zensurvergehens, zu der vor allem der kirchenfeindliche *Savonarola* Anlaß gab, Lenaus ungarische Staatsangehörigkeit anerkannten, aber listig ein
ungarisches Zensurdekret aus dem Jahre 1798 geltend machten. Man darf, ohne das
Metternichsche Wien mit dem leider wieder da und dort Mode werdenden geschichtsfremden Bild von einer »Schreckensherrschaft«[16] zu verteufeln, von absichtlichen

langwierigen Schikanen sprechen, und Lenau reagierte darauf, wie er fast immer reagierte, nämlich emotional: »Und doch gebührt mein Haß noch immer viel weniger dem Gesetze selbst als denjenigen legalisierten Bestien, die das Gesetz auf eine so niederträchtige Art handhaben, daß kein österreichischer Dichter die literarische Ehre seines Vaterlandes befördern kann, ohne daß er dessen Gesetze verachtet« (an Emilie v. Reinbeck 23. 11. 1838). In Lenaus Briefen – das muß festgestellt werden – erscheint der österreichische Staat in einem düsteren Lichte. Ich will nur noch *einen* seiner bösen Aussprüche zitieren, weil auch österreichische Forscher gelegentlich dazu neigten, die Württemberger für sein Unglück verantwortlich zu machen: »Ein Hund in Schwaben hat mehr Achtung für mich als ein Polizeipräsident in Österreich« (an Emilie v. Reinbeck 11. 9. 1838). Es sei, für Nicht-Spezialisten, quellenkritisch ergänzt, daß Emilie Reinbeck seine treueste Stuttgarter Freundin war und daß er sich Landsleuten gegenüber vielleicht etwas vorsichtiger geäußert hätte. Aber es bleibt doch die Tatsache, daß der von Kindheit an verwöhnte und überempfindliche Dichter dorthin ging und wiederholt dorthin zurückkehrte, wo er am meisten Achtung fand. Über das literarische Leben der Kaiserstadt hat sich Lenau, besonders wegen des Erfolgs von komischen Schriftstellern wie Bauernfeld und selbst Saphir, zunächst mit großer Bitterkeit geäußert. Die komische Muse, der die Kaiserstadt so hingebend und so glanzvoll huldigte, war dem schwermütigen Dichter widerlich. Das Volkstheater scheint es für ihn überhaupt nicht gegeben zu haben. Die Äußerungen sind oft ungerecht und als unreflektierte Folge seiner weltschmerzlichen Grundstimmung anzusprechen. Aber man sollte verstehen, daß ein Dichter mit dieser Wesensart ein Randösterreicher bleiben mußte, daß er lieber mit dem tiefsinnigen Justinus Kerner als mit dem gewandten Bauernfeld verkehrte und daß er auch mit Stolz sein Ungartum und damit die Distanz zum Metternichschen Österreich betonte*. Erst als sein Cotta-Glanz nach Österreich strahlte, gewann er zur Kaiserstadt ein freundlicheres Verhältnis, wie mir scheint. Es ist schließlich zu bedenken, daß das pietistisch-protestantische Württemberg

---

* Da es für mich keinen überzeitlichen »österreichischen Geist« gibt, so wenig wie einen deutschen oder französischen, und da für mich entwurzelte Österreicher, wie Lenau, und Ausbrecher wie Postl-Sealsfield, ebenso beachtenswert sind wie die in ihrem Lande geborgenen österreichischen Dichter, bedeutet diese Feststellung nur eine Aussage über den bewußt eingeschlagenen und daher historisch nachweisbaren Weg des Dichters. Daß man den repräsentativen Weltschmerzpoeten trotz seines Abstandes von seinem Vaterland, besonders leicht auf einen zeitlich tieferen Hintergrund, nämlich auf die österreichische Barocktradition, beziehen und diese über die Metternich-Zeit hinaus verlängern kann, erscheint mir nicht unmöglich, da es immer falsch ist, die einzelne Epoche und den einzelnen Dichter von den Jahrhunderte dauernden Bewegungen, die es in der Geschichte auch gibt, abzutrennen. Erwägenswert ist die folgende österreichische Lenau-Hypothese: »Lenau gehört in die größere österreichische Tradition, die sich vom Barock zum Neu-Barock um 1900 spannt. *Genau so wie Grillparzer und Raimund das barocke Theatererbe an Schnitzler und Hofmannsthal weitergeben, macht Lenau das barocke Welt- und Zeitempfinden wieder fruchtbar für Hofmannsthal, Rilke und Trakl.* Dieses gilt es festzuhalten und zu unterstreichen. – Nikolaus Lenau ist der spätgeborene lyrische Dichter des österreichischen Barock. Wie konnte man das so lange übersehen?« (Ivar *Ivask:* Das große Erbe, die übernationale Struktur der österreichischen Dichtung, in: O. *Basil,* H. *Eisenreich,* I. *Ivask:* Das große Erbe, Aufsätze zur österreichischen Literatur, Graz und Wien 1962, S. 27 f.). Damit aus dieser Sicht nicht Geisterseherei wird, muß man freilich auch individuelle *Grenzen* Lenaus anerkennen (s. u.).

ine reifere *literarische* Kultur besaß als *die* deutschen Landschaften, die ihr literarisches
.eben erst in der Biedermeierzeit zur vollen Reife brachten. Auch die Droste gewann erst
nit Hilfe des Cotta-Verlages das ihr gebührende Ansehen im katholischen Westfalen.
\uch bei ihr gibt es beleidigte Vergleiche zwischen ihrer Heimat und dem sie verehrenden
üdwestdeutschland, – unmutige Stimmungsäußerungen, die die literarhistorische Lage
erkennen und daher in unseren Augen ungerecht erscheinen[17].

Einschränkung der modernen These vom politischen Dichter

Lenau besaß einen ausgeprägten Freiheitssinn, und es ist kein Zufall, daß er Symbole
ler Freiheit nicht zuletzt in seiner ungarischen Jugendheimat fand. Unsere ungarischen
<ollegen legen mit Recht die Finger auf die Schlußpointe der *Heideschenke,* die Rakoczy,
lem Rebellen, einem ungarischen Freiheitshelden, gewidmet ist. Aber was sehen wir in
liesem »ungarischen Bild« sonst? (vgl. Bd. II, S. 787 ff.) Räuber, die listig sich der Verfol-
,ung der Husaren entziehen, Zigeuner, die ihnen aufspielen. Die Ungarn ärgern sich
.eute mit Recht, wenn wir sie so »romantisch« sehen, wie Lenau sie darstellt. Ist (in dem
;edicht *Der Räuber im Bakony*) der Schweinehirt, der neben Schweinen reiche Reisende
.chlachtet, ein Klassenkämpfer, weil er sich mit seiner Armut entschuldigt? Ist der Zigeu-
ier Mischka, der sich mit Hilfe von Zauber an dem hochadligen Verführer seiner Tochter
ächt, der richtige Revolutionär? Alle Figuren, an die wir erinnerten, sind, wie so viele
Romantiker selbst, Anarchisten, keine Liberalen in einem vernünftigen politischen Sinn.
)ie Vermutung, daß auch Lenau kein politischer Liberaler ist, wird durch seine Äuße-
ungen über das frühkonstitutionelle Südwestdeutschland und das freie Nord-Amerika
)estätigt. Aus Heidelberg schreibt er, während er sich mit der Auswanderung beschäftigt,
n seinen österreichischen Schwager Anton Schurz (16. 3. 1832): »Vielleicht geht mir mit
ler neuen Welt zugleich eine neue Welt in der Poesie auf... Wie schön ist schon der
Name: Niagara! Niagara! Niagara! Auch wird mirs lieb sein, wenn ich eine Zeitlang
iichts von der verdammten Politik werde zu hören kriegen. Bruder, die Politik ist wirk-
ich etwas Ekelhaftes, zumal wenn man ein ewiges Politisieren hört wie hierzulande.« Die
)iskussionen in dem leidenschaftlich liberalen Großherzogtum Baden sind gemeint. Mit
lem Grafen Alexander von Württemberg, dem Neffen des württembergischen Königs,
ler sich als sein Mäzen auf Schloß Serach bei Esslingen betätigte, fühlt er sich, wie schon
rwähnt, fast herzlicher verbunden als mit den bürgerlichen Poeten des Landes, die nicht
iur Philister, sondern, mit schwäbischem Maß, auch Klassenkämpfer sind. Dies gilt be-
onders für Ludwig Uhland, der einer der hartnäckigsten Achtundvierziger sein wird.
)er angeblich so politische Lenau dagegen ist höchst erstaunt, wenn sich der Graf nicht
iur als Freund, sondern auch als Standesherr zeigt[18]. In Lenaus Briefen ist wie bei Ker-
ier viel von adeligen Bekanntschaften die Rede; es ist auch kein Zufall, daß er in der Re-
idenz Stuttgart selbst am liebsten mit der Familie des nobilitierten Hofrats Reinbeck
erkehrte. Hier waren die Aristokraten des Geistes, des Amtsadels und des Blutadels ganz
inter sich. Lächerlich erscheint es ihm dagegen, daß Uhland, der doch der gefeierteste Ly-
iker der Zeit ist, in der württembergischen Ständeversammlung über »Lehrbubenange-

legenheiten, Zunftgesetze und andere Grauslichkeiten« verhandelt, anstatt wütend da
vonzulaufen: »Welche Freude hätte nicht die Elegante Zeitung, wenn sie wüßte, daß Uh
land neulich in der Ständesitzung wirklich über eine Sache der Strumpfwirker gesprocher
hat« (an Max v. Löwenthal 9. 12. 1835). Er bittet um Geheimhaltung; denn man könnte
darin eine Bestätigung von Goethes hartem Urteil über den politischen Uhland sehen. Lenau weiß nicht, daß sich auch Goethe intensiv mit den Nöten der Strumpfwirker beschäftigt hat. Wenn schon österreichische Barocktradition (s. o.), dann muß man sie auch in
solchen Äußerungen erkennen.

Er hat nichts vom Achtundvierziger und daher auch nichts vom Auswanderer in sich
In dem schon erwähnten amerikanischen Lenau-Buch wird richtig festgestellt, daß er
nicht einmal den Versuch machte, die Vereinigten Staaten nach ihren eigenen Bedingungen zu verstehen, daß es ihm nicht auf Bodenbebauung und politische Verfassung, sondern vor allem auf das Schauspiel des Niagara-Falls ankam: »The very idea of democracy
disgusted him«[19]. Solche Feststellungen sind kaum übertrieben. Als er sah, wie das gelobte Land, das für ihn natürlich auch ein Stück Naturpoesie war, in der Wirklichkeit
aussah, lief er empört davon, ganz so, wie er's vom Abgeordneten Uhland erwartet. Möglich erscheint, daß er vom amerikanischen Pietismus tief beeindruckt wurde, wie ein anderer Amerikaner vermutet[20], daß er also dort die Richtung einschlug, die zu einem
verdammten Faust und zum Puritaner Savonarola führte. Sicher ist, daß die schwäbischen Kolonisten in Economy (Ohio) den eigentlich immer »heteronomen« Poeten in
eine ähnliche Richtung zu drängen versuchten wie der Goethe-Feind Menzel und die
württembergischen Spätromantiker, seine Freunde. Wenn dies Bild von Lenaus praktischer Lebensuntüchtigkeit richtig ist, dann ist es auch töricht, in Lenaus Beschimpfung
der Vereinigten Staaten eine frühsozialistische Weisheit zu erblicken, so wenn er z. B. später vom »Lande der herzlosen Geldsäcke« spricht (an Emilie v. Reinbeck 31. 3. 1840). Er
selbst ist nach Amerika gereist, um nach eigenem Zeugnis den dort erworbenen Besitz
»auf das Sechsfache« zu steigern und dann »eine gute Rente in Österreich [zu] genies-
sen«[21]. Ob diese Spekulation mehr als ein momentaner Einfall war, mögen die Spezialisten entscheiden. Jedenfalls hat es bei einem Stimmungsmenschen wenig Sinn, die widersprüchlichen Äußerungen über Österreich-Ungarn, Württemberg und die USA in der
Annahme einer bestimmten politischen »Richtung« gegeneinander abzuwägen. Wir sollten bereits erkannt haben, daß ihn *keine Erscheinungsform der Welt befriedigte*. Auch
über das politische und literarische Frankreich gibt es harte Urteile[22].

Die Freiheit ist wie der Niagara, die amerikanischen Urwälder und der atlantische
Ozean vor allem »Poesie«, poetische Erregung, Befeuerung; dieser bedurfte er eigentlich
immer. Denn auch ihm kam es in erster Linie darauf an, Eindruck zu machen, Effekte aus
allen Vorgängen, Personen und Erscheinungen der Welt herauszuholen. In dieser Wirkungsabsicht liegt der Grund seiner meist unverstandenen Rhetorik und wieder ein Hinweis auf die in ihm unbewußt lebendige Barocktradition.

Antal Mádl, der treffliche Kenner der politischen Dichtung in Österreich, macht gegen
die Deutung Lenaus als Weltschmerzdichter geltend, daß man wenigstens in Lenaus Po-
lenliedern »vergeblich den melancholisch gestimmten, in eigenen Schmerzen wühlenden
Dichter suchen«[23] wird. Richtig ist, daß Lenau nicht im eigenen Schmerz, sondern im

chmerz der *Welt* wühlte*. Wer die religiöse Dimension des Weltschmerzes nicht erkennt
der, wie manche Marxisten, primäre religiöse Phänomene grundsätzlich ausschließt,
ann an einen Dichter, der in einem *extremen Sinne religiös orientiert war,* nicht heran-
ommen[24]. Der Weltschmerz äußert sich in den Polengedichten nur leise, aber man
ann nicht sagen, daß er fehlt. In dem zweiten Gedicht des Zyklus, *Der Maskenball,* erin-
ert im Trubel des Tanzes und der Masken ein Polenmädchen daran, daß wir anläßlich
on »Polonias Herrlichkeit« und »Fall«, »in Wehmut uns versenken« müssen, und der
)ichter tut es in der Form einer Auswanderungsvision:

> Süße Heimat, fahre hin!
> Nach der Freiheit Paradiesen
> Nehmen wir den raschen Zug,
> Wo in heil'gen Waldverliesen
> Kein Tyrann sich Throne schlug.
> Weihend mich mit stillem Beten,
> Will den Urwald ich betreten,
> Wandern will ich durch die Hallen,
> Wo die Schauer Gottes wallen,
> Wo in wunderbarer Pracht
> Himmelwärts die Bäume dringen,
> Brausend um die keusche Nacht
> Ihre Riesenarme schlingen.
> Dort will ich für meinen Kummer
> Finden den ersehnten Schlummer;
> Will vom Schicksal Kunde werben,
> Daß es mir mag anvertrauen
> In der Wälder tiefem Grauen,

---

* Da schon im Zeitalter des Realismus, unter atheistischem Einfluß, die Problematik des Welt-
chmerzes, sein unentschiedenes Wesen zwischen Glauben und Unglauben, erkannt und auch von
hristlicher Seite die Gefährdung des Weltschmerzlers, seine Neigung zum schrecklich Schönen,
ine Koketterie mit dem Unglauben (Blasphemie), seine sittliche Schwäche kritisiert wurde, ist Le-
au heute mehr und mehr *zwischen* die Fronten geraten. Auch aus dieser Situation muß die Ableh-
ung eines Weltschmerzlers Lenau erklärt werden. Sogar die Wörter Weltschmerz, Weltschmerzler
heinen eine pejorative Bedeutung gewonnen zu haben. Mein als neutraler historischer Gruppen-
egriff gedachtes Wort *Weltschmerzpoeten* scheint in der Germanistik wenig Verbreitung gefunden
u haben. Es sei daher festgestellt, daß in der Biedermeierzeit selbst der Weltschmerz ein erhebliches
nsehen besaß und als etwas Edles, ja Heroisches galt. So heißt es z. B. im Lenau-Kapitel eines vor-
ärzlichen Buches von Hieronymus *Lorm* (Pseud. für Heinrich Landesmann): »Er [Lenau] erwei-
rte den Schmerz zum *Schmerz um die Welt* und dieß ist der eigentliche, so oft verhöhnte und nur
on den Edelsten der Zeit, von geistigen Atlasen getragene *Weltschmerz*«... »Seine Dichtungen
urden die Apotheose und das Märtyrerthum des *Skeptizismus*« (Wiens poetische Schwingen und
edern, Leipzig 1847, S. 41 f.). Im engsten Zusammenhang mit dieser religiösen Rechtfertigung wird
om Verfasser der politische Freiheitsdichter Lenau gesehen: »Die Freiheit hat keinen keuscheren
änger gefunden« (ebd.). Der Weltschmerz und das Eintreten für die Freiheit ist hier ein Bestandteil
on Lenaus Genie. Entsprechend wird von Lorm auch Lenaus »stolze Einsamkeit«, »seine ehren-
afte Unabhängigkeit« in Wien und sein Entschluß, in Stuttgart zu publizieren, positiv bewertet
bd.). Die in Lenau fortwirkende Tradition und seine repräsentative Zeitgemäßheit erkennt der
erfasser noch nicht. Er sieht selbst Lenaus Wahnsinn als Hinweis auf sein religiöses, politisches
nd poetisches Protagonistentum.

Nikolaus Lenau

Warum Polen mußte sterben.
Und der Antwort will ich lauschen
In der Vögel Melodeien,
In des Raubtiers wildem Schreien
Und im Niagararauschen.

Amerika als der Freiheit Paradies, der Urwald mit den Schauern Gottes und, als offenba
höchste metaphysische Instanz, das »Schicksal«, das allein erklären kann, warum Pole
sterben mußte. Die Wälder verwandeln sich dabei plötzlich aus einer Kirche (»Hallen..
Gottes«) zu »tiefem Grauen«, und die Antwort auf des Dichters Frage nach dem Sinn vo
Polens Untergang geben die Tiere und die Elemente. Wo bei Lenau das Raubtier er
scheint, ist fast immer die Grausamkeit der *Welt* gemeint. Diese ist letzten Endes de
Grund für den Untergang Polens, nicht einfach die Machtpolitik der heiligen Allianz. Ic
weiß nicht, ob man bei einem solchen Befund Lenau, mit Mádl, zum Vorkämpfer der po
litischen Dichtung in Österreich machen darf, sagt Mádl doch selbst im gleichen Atem
zug: »Nur in ganz seltenen Fällen sprach sich Lenau eindeutig mit optimistischer Hoff
nung für einen Sieg jener Kräfte aus, auf deren Seite er stand« [25]. Die Wahrheit ist, da
er nie ganz genau wußte, auf welcher Seite er stand und daß er sich dem gewöhnlichen en
gagierten Literatenvolk gar nicht gerne zurechnen ließ. Darin ähnelt er dem sonst robu
steren Heine. In dem Gedicht *Die Frivolen* – das pflegt damals der Titel der Jungdeut
schen zu sein – beklagt er, daß die Kunst zur »derben Magd«, zur »Metze«, zur »Dirne
geworden ist. Er stellt sich also prinzipiell über die politischen Dichter und Parteien. Wi
zu dieser traditionellen Norm die Kampfdichtungen gegen die katholische Kirche passe
sollen, ist eine berechtigte Frage (s. u.).

Vorkämpfer der *politischen* Freiheit war in Österreich eher der Graf Auersperg (Ana
stasius Grün, vgl. Bd. II, S. 540 f.), ein echter Achtundvierziger, zugleich der erste He
ausgeber von Lenaus Sämtlichen Werken (Cotta, Stuttgart und Augsburg 1855). Ma
kann rein psychologisch verstehen, daß eine politisierte Welt immer gerade die bedeu
tendsten Dichter zu politischen Vorkämpfern machen will. Mádl sagt: »Der Wel
schmerz ist also für ihn [Lenau] dasselbe, was bei Anastasius Grün die Satire auf Mette
nich und sein unerschütterlicher Optimismus... sind« [26]; aber so einfach geht es nich
Lenau war durch seine Weltverachtung zur Respektlosigkeit bestimmt; das ist klar. Vie
leicht muß man sogar von Ehrfurchtslosigkeit sprechen. Mit dieser Einstellung war *ein*
seelische Voraussetzung zum Gesellschaftskritiker, zum Revolutionär gegeben, nämlic
die Unzufriedenheit, die schlechte Laune, der Mißmut, der in seinen Dichtungen stets i
Aggression, ja in Grausamkeit umschlagen kann, weil nämlich die Welt selbst grausan
von Raubtieren beherrscht ist. Er hat die Negativität des Revolutionärs, aber wo zei
sich sein Aufbauwille? Bezeichnend ist, daß das erste und dritte Polenlied mit dem G
danken der Rache endet, ja daß im dritten Gedicht ein Polenheld sogar extra in die arab
sche Wüste versetzt wird, damit er mit seinen exotischen Gastgebern von »Blutrache
träumen kann. Emotionen an Stelle von konkreten Zielen! Ich leugne nicht, daß auc
Emotionen politische Wirkungen haben können: »Die gerechte ungarische Sache ve
dankt viel der Dichtung Lenaus«, lehrt der ungarische Kollege Dezsö Keresztury. Ab
daraus folgt nicht, daß Lenau in Deutschland zu Unrecht »entpolitisiert« worden ist [27

lier wirkten seine verzweifelten Ausbrüche und religiösen Tendenzen, besonders *sein* *aß gegen die hierarchisch geordnete Romkirche,* viel stärker als das eine oder andere olitische Engagement. Insbesondere läßt sich mit Sicherheit sagen, daß die vielleicht von m mitbewirkte Zerstörung Österreich-Ungarns *nicht* zu seinen Zielen gehörte.

Wenn Lenau ein Gedicht über das seit so langer Zeit beliebte Soldatenschinden macht, erkennt er auch an dieser Stelle die nicht nur persönliche, moralische, sondern struktu- lle Schlechtigkeit der Welt:

> Wehe, wehe dem Rekruten!
> Jämmerliche Wehrstatuten ...

obald er aus dem Soldatenleben Schwung, Heldentum, Blutvergießen, Dämonie her- usholen kann, wie in dem Gedicht *Die Werbung* oder in dem Zyklus *Hußarenlieder,* ann tut er es mit seiner vollen rhetorischen und musikantischen Kraft; denn die Schwa- en und Zerrissenen träumen am sehnsüchtigsten von der entschlossenen männlichen at, von den Geschichtsheroen, den Übermenschen. Weshalb er als Dichter in grausamen riegen schwelgte. In welcher Weise er den Krieg, überhaupt die Geschichte sich deutete, as verraten am besten einige Verse aus dem Gedicht:

> *Auf meinen ausgebälgten Geier*
>
> Traun! milder ist der Tod, trotz Blut und Jammerstimme
> Wo heiße Lebenslust sich paart mit seinem Grimme,
>
> Als wo kein Leben ist beim letzten Hauch zu sehen,
> Wo still der Tod uns dünkt ein einsames Vergehen.
>
> Ihr Weinenden am Sarg, an seinem dichten Schleier,
> O kommt ins Felsental mit mir und meinem Geier!
>
> O kommt, Unsterblichkeit will die Natur euch lehren,
> Mit diesem Blute will sie trösten eure Zähren!
>
> Im Kreisen dieses Aars, mag's auch die Sinne stören,
> Ist für die Seele doch ein süßer Klang zu hören.
>
> Hier findet Trost ein Mann, ward ihm ein Glück zunichte,
> Und näher tritt er hier dem Rätsel der Geschichte[!].
>
> Der Geist, der heiß nach Blut hieß diesen Geier schmachten,
> Es ist der starke Geist zugleich der Völkerschlachten;
>
> Ein rasches Pochen ist's, ein ungeduldigs Drängen
> Der Seele, ihren Leib, den Kerker, aufzusprengen.
>
> Den großen Kaiser hat einst dieser Geist durchdrungen,
> Er hat ihm hoch sein Schwert zur Völkermahd geschwungen;
>
> Dem Jäger, der als Wild die Menschheit trieb im Zorne
> Durchs Dickicht seines Heers und Bajonettendorne;
>
> Der, wie das Schicksal[!], fest beim Wehgeheul der Schmerzen,
> Saatkörner seines Ruhms, warf Kugeln in die Herzen;

Und der auf Helena, wenn rings die Meerflut schäumte,
Beim Sturme sich zurück in seine Schlachten träumte.

Napoleon ist das »Schicksal« selbst, und er kennt nichts weiter als seine Kraft und – sehr
bezeichnend für Lenau – seinen Ruhm. Diese Geschichtsauffassung erinnert an die
Grabbes, der, angesichts der übermächtigen Welt, auch nichts anderes zu erblicken ver
mochte als übermächtige, beliebig grausame Heroen (vgl. o. S. 171). Grabbe war bei Na
poleons endgültiger Niederlage vierzehnjährig, Lenau dreizehnjährig. Zu den bleibenden
Früheindrücken dieser Generation gehört, daß die brutale Kraft, die in den »Völker
schlachten« sich betätigt, das einzige ist, worauf es ankommt. Der Sieger hat imme
recht. In ähnlichem Geist sprach Gottfried Benn, nach den Weltkriegen unseres Jahrhun
derts, von der Geschichte als einem »Spiel der Bestien«*.

Der entschiedene Künstler. Ehescheu

Noch auffallender als die vitalistische Geschichtsauffassung ist in den vorstehenden
Versen der Versuch des Dichters, eben diese grausame »heiße Lebenslust« als »Unsterb
lichkeit«, »Trost« und »süßen Klang« [!] für unsere »Seele« auszugeben. Der Geist der
Völkerschlachten sprengt der Seele »ihren Leib, den Kerker« auf. Der Schlachtento
wird demnach als Befreiung der Seele begrüßt und genossen. Christliche Topoi werden zu
einem Gebräu säkularisiert, das man nicht logisch auflösen, aber als typische Welt
schmerzpoesie ansprechen darf. Etwas Schopenhauerisches liegt in diesem ästhetischen
Genuß des ungebändigten wilden Lebenswillens. Wo man auch Lenau zu fassen ver
sucht, – man stößt mit Sicherheit auf den Poeten. Alles was er schreibt hat nicht nur dä
monische Kraft, die »echte« Teufelsader, oder, wie wir sagen würden, das existentiell
Gewicht, sondern auch die handwerkliche Sauberkeit, die wir vom Wortkünstler erwar
ten. Er übertrifft in formaler Hinsicht sicher die Droste und vielleicht sogar Mörike. Al
Lyriker ist er ein Könner, und die gattungsdogmatischen Einwände gegen den halbe
Epiker oder halben Dramatiker haben so gut wie bei Goethes Faust oder bei Mörike
Mozartnovelle nur relative Bedeutung, da die Abweichung von der Gattungsgesetzlich
keit bei genauerer Interpretation als höchst sinnvoll erscheint. Lenau ist zwar zu seh
Österreicher, als daß er, wie Platen, mit einem einsamen Genieanspruch vor der Gesell
schaft fliehen oder durch artistische Experimente gegen die metrische Tradition opponie
ren könnte. Seine starke Seite ist, wie bei Grillparzer, nicht die Originalität. Er knüpft be
den Traditionen, Stimmungen, ja selbst bei den Moden, die in seiner Zeit herrschen, ge

---

* Einen weniger auf *das* Lenaubild, als auf die verschiedenen Lenaubilder gerichteten, also wis
senschaftsgeschichtlichen Überblick über die Lenau-Forschung gibt Viktor *Suchy,* der Direktor de
Dokumentationsstelle für neuere österreichische Literatur in Wien, mit vorbildlicher Prägnanz (De
Wandel des Lenau-Bildes in der Literaturwissenschaft, Paris 1976 = Publications de l'Institut Autri
chien de Paris, Cahier 7). Am Ende seines Vortrags unterstützt er Walter Weiß, der eine Intensivie
rung der philologischen und linguistischen Lenau-Studien fordert und sich davon eine Erschwerun
des »ideologischen Vorgriffs« auf Lenau verspricht. Ich halte es ähnlich für meine Pflicht, die recht
und linke Lenau-Ideologisierung mit direkten Hinweisen kenntlich zu machen.

schmeidig und stellenweise virtuos an. Er freut sich über den Ruhm, der ihm zuteil wird, und er kokettiert ein wenig als Allround-Star. So ist er stolz darauf, daß er die Geige so flott wie irgendein Berufskünstler seiner Heimat spielt; er übt bis in seine letzte Zeit viel auf der Geige, um sein Können zu steigern. Bezeichnend ist auch seine Verlobung mit der berühmten Sängerin Karoline Unger, obwohl sie nicht von Dauer war und gegen das tiefere Gesetz seines Künstlerlebens verstieß. Man kann sich schon vorstellen, daß er, wenigstens eine Zeitlang, die doppelten Huldigungen des Publikums an ihrer Seite mit Befriedigung in Empfang genommen hätte. Auch die finanziellen Vorteile des Ruhms genoß der von früh an Verwöhnte, aber aus einer verarmenden Familie stammende Künstler aufmerksam und nicht ohne Gier. Den Schmeicheleien der Gesellschaft war er keineswegs unzugänglich, und er spielte bei einer solchen Gelgenheit mit Passion den Teufelskünstler. Wie seine Dichtung etwas Musikantisches hat, so war er selbst in mancher Beziehung der betörende Zigeuner und Gaukler. Aber diese ganze Seite seiner Person, so stark sie auch bei seinen Gastspielen in der gediegenen württembergisch-protestantischen Umwelt auffiel, hat noch etwas vom naiven barocken Virtuosentum seiner Heimat. Der Künstler begehrt seinen Ruhm und seinen Lohn; aber er will sie sich nicht als »göttliches Genie«, als »prophetischer« Scharlatan, sondern als ehrlicher Könner durch sein Talent erwerben. In dieser österreichischen Haltung liegt vielleicht der Grund für seine harten Urteile über Klopstock, obwohl er, tiefer gesehen, durch seinen empfindsamen Ernst, durch eine unbestimmte aber leidenschaftliche Religiosität und durch seine manchmal sich äußernde unösterreichische Abneigung gegen Komiker und Spaßmacher doch mit der Klopstock-Tradition verbunden blieb.

Lenau hat sich nicht so häufig wie Platen über Kunst und Künstlertum geäußert; aber immer wieder staunen wir über die gedankliche Präzision seiner Aussagen. Nicht zufällig wollte er eine Zeitlang Professor für Ästhetik werden. Sein Kunstbewußtsein ist zentraler als sein naturwissenschaftliches Interesse, das neuerdings unter materialistischen Vorzeichen betont wird, aber sicher nicht zu der von Büchner und Stifter erreichten Ausbildung gediehen ist. An literarischer Einsicht und literarischem Geschmack übertrifft er Platen. Lenau ist nicht nur zu traditionell, sondern auch zu klug, um sich in ähnlicher Weise vergreifen zu können. Aber seine ästhetische Grundposition liegt durchaus in der von Platen repräsentierten Richtung. Seine Hochachtung für Platen entspricht der erwähnten Klopstock-Tradition. Die Berufung auf die alten Meister ist bei ihm besonders überzeugend: Die Ausführung ist das Höchste... Shakespeare erfand sich keinen Stoff. Aber das blöde Volk merkt gar nicht, daß in der Ausführung selbst, in der Wahl dieser oder jener Szene, dieses oder jenes Ausdrucks, in dem Aufsetzen der rechten Farbe beim Dichter wie beim Maler eben die höchste Erfindung liegt« [28]. Lenau bekennt sich wie Platen zu einer asketischen Künstlerexistenz, ja geradezu zum künstlerischen Lebensopfer: »Ich wäre der geringsten Gunst der unsterblichen Muse nicht wert, wenn ich nicht imstande wäre, ihrem Dienst all mein Glück mit Freuden zu opfern« [29]. »Künstlerische Ausbildung ist mein höchster Lebenszweck, alle Kräfte meines Geistes, das Glück meines Gemütes betracht ich als Mittel dazu. Erinnerst Du Dich an das Gedicht von Chamisso, wo der Maler einen Jüngling an das Kreuz nagelt, um ein Bild vom Todesschmerze zu haben? Ich will mich selbst ans Kreuz schlagen, wenns nur ein gutes Gedicht gibt« (an Karl Mayer 13. 3.

651

1832). Mit besonderer Aufmerksamkeit konstatieren wir bei einem psychisch so star⬛ belasteten Dichter, daß er der »künstlerischen Ausbildung« das »Glück seines Gemütes unterordnet. Es ist wahrscheinlich, daß ihm schon die Zerstörung der natürlichen ju⬛ gendlichen Ehe mit Berta Hauer, der ein Kind entwuchs, einen schweren seelischen Scha⬛ den beibrachte. Der dichterische Gewinn ist kein Gegenbeweis. Als er nach Württember⬛ kam, hatte er bereits den Mut zur Ehe verloren. Statt das Schwabenmädchen Lotte Gme⬛ lin zu heiraten, das ihm seine Stuttgarter Freunde zugedacht hatten und das ihm ein Ge⬛ gengewicht gegen seine verzweifelte Kunst hätte bieten können, geht Lenau nach Ameri⬛ ka. Und wenn er auch nicht dort geblieben ist, so bedeutet der Eheverzicht des Dreißig⬛ jährigen doch den ausdrücklichen *Entschluß zu einem heimat- und berufslosen Künstler⬛ tum* in der Art Platens. Die dämonische Unbedingtheit dieser Entscheidung spiegelt di⬛ zuletzt erwähnte, fast blasphemische Äußerung unmißverständlich, und Justinus Kerne⬛ der Dämonenspezialist, stellte es in einem Postskriptum des gleichen Briefes sogleich fes⬛ Die qualvoll-distanzierte Liebe zu der verheirateten Sophie von Löwenthal war nur di⬛ *Konsequenz* der einmal eingenommenen Lebenshaltung. Grundsätzliche Äußerunge⬛ gegen die Ehe (nicht nur im *Don Juan*) bestätigen die strukturelle Bedeutung dieser Liebe⬛ während der Eheplan unmittelbar vor dem Zusammenbruch (Marie Behrends), höchs⬛ wahrscheinlich nur noch therapeutischen Charakter hat. Die unbestreitbare Tatsache⬛ daß auf ganz anderen physiologischen und geographischen Grundlagen ein Schicksa⬛ entstanden ist, das dem Platens, aber auch dem Grabbes merkwürdig ähnelt, zwingt un⬛ dazu, die geschichtlichen, besonders die religionsgeschichtlichen Voraussetzungen de⬛ Dichters und seiner Dichtung ernst zu nehmen.

Minnedienst: Sophie von Löwenthal

Ich verstehe es nicht, wenn in Ost und West – auch da, wo man von Lenau Feindscha⬛ gegen die philiströsen Schwaben erwartet – Frau Sophie von Löwenthal zum Sünden⬛ bock und womöglich für Lenaus unglückliches Schicksal verantwortlich gemacht wird⬛ Als ob man nie etwas von dem poetisch so ergiebigen Minnesang, vom »Petrarkismus«⬛ von Klopstocks Fanny, von der Frau von Stein und von der psychoanalytischen »Subli⬛ mierung« gehört hätte! Lenau ist in der Zeit, da er die strenge, aber wie mir scheint, nich⬛ immer unerbittliche Minneherrin* kennenlernt, schon ein verwöhnter und überaus reiz⬛ barer Star. Man kann sich nicht recht vorstellen, wie der ruhelose, fortwährend zwische⬛ Stuttgart und Wien hin und her reisende Dichter die Beharrlichkeit und die ökonomisch⬛ Solidität, die zum Aufbau eines biedermeierlichen Honoratiorenhaushalts gehörte, hätt⬛ aufbringen sollen. Aus Heidelberg, wo er, fast dreißigjährig, vorübergehend Medizi⬛ studiert, schreibt er an Gustav Schwab (5. 11. 1831): »Ich wohne überhaupt gerne i⬛ Wirtshäusern. Da komme ich mir weniger fixiert vor; gleichsam immer auf der Rei⬛

---

* Ich denke an den Zettel vom 26. 10. 1837 und an die folgenden Zettel: »Glaube nicht, daß ic⬛ dich weniger achte« usw. Nikolaus *Lenau,* SW und Briefe in 6 Bänden, hg. v. Eduard *Castle,* Bd. ⬛ Leipzig 1912, S. 119 f.

se«[30]. Er war zwar auf gastliche Betreuung angewiesen. Dies verrät sein Zusammenleben mit den Reinbecks und den Löwenthals. Aber strenge Bindung und Seßhaftigkeit durften sich daraus nicht ergeben. In einem der Briefe an Sophie Löwenthal (4. 6. 1838) schreibt er: »Mich freut es, daß ich euch so lieb habe, und mein Leben so an eures geheftet. Dadurch hat mein Leben eine gewisse wohltätige Positivität[!] und wenigstens den Anstrich einer gewissen Heimatlichkeit bekommen, deren Mangel ich früher oft gar so bitter empfand.« »Eine gewisse Heimatlichkeit«; mehr war ihm nie vergönnt. In einem anderen Briefe (14. 5. 1841) versteht er Sophie als eine Art Ersatz für seine Mutter; und das heißt: sie gehört zu dem wenigen, was er in der Welt bejahen, verehren kann: »Einst scheide ich von dieser Welt mit dem freudigen Bekenntnisse, daß Sie, teure Frau, es waren, die mir ein Vaterland gegeben, die mir den Wurm des Zweifels[!] geknickt und den Sturm des Hasses[!] gestillt, die, an Geist und Herz mächtig wie wenige ihres Geschlechts, in einem höheren Lebenskreise das für mich getan, was jene längst modernde andere teure Frau so gern getan hätte.« »Heimatlichkeit« und »Vaterland« sind nichts weiter als biedermeierliche Symbole für die im ersten Zitat genannte »Positivität«, die das eigentliche Problem jedes Weltschmerzlers und Nihilisten ist. Nicht umsonst erscheinen hier der Zweifel und der Haß als die Mächte, die sonst sein Leben bestimmen.

Es ist darüber hinaus zu vermuten, daß Lenau seinen Briefwechsel mit Sophie als seine reinste und selbstloseste Dichtung verstand. Während er sonst den Effekt nie aus den Augen ließ und seine ganze Verskunst aufbot, um ihn zu erreichen, glaubt er hier die *Natur*poesie zu geben, die er in Versen oft verfehlte. Nicht lange vor dem Zusammenbruch (31. 5. 1843) schreibt er an Max v. Löwenthal: »Ich habe diesmal nicht, wie Sophie bei anderer Gelegenheit bemerkte, für die Nachwelt, sondern rein in und für den Tag geschrieben.« Das bedeutet doch, daß seine Briefe an Sophie oft für die Nachwelt geschrieben waren und daß er nach langen Jahren das Bedenkliche einer solchen romantischen Vermischung von Kunst und Leben erkannte, es bedeutet aber auch, daß ihm das Leben nur in dieser Sublimierung, in dieser poetischen Abstraktion zugänglich war. Die Liebesgemeinschaft und der Briefwechsel mit Sophie von Löwenthal müssen so gut wie der Charlotte-von-Stein-Komplex in der Goethe-Forschung und die Diotima-Liebe in der Hölderlin-Forschung *interpretiert,* nicht besserwisserisch zensiert werden. Altabendländische, altösterreichische, d. h. vorrealistische Strukturen können weder vom bürgerlichen noch vom materialistischen Standpunkt aus verstanden werden. Das Gewicht der Sophie-Briefe bezeugt auch der Zettel vom 28. 1. 1838: »Wenn ich einmal tot bin, und du liesest meine Zettel, so wird dir das Herz weh tun. Diese Zettel sind mir das liebste, was ich geschrieben habe[!]. So unüberlegt sind mir dabei die Worte aus dem Herzen aufs Papier gesprungen, wie ein Vogel aus dem Nest fliegt[!]. Wer mich kennen will, muß diese Zettel lesen.« Die romantische Vorstellung der Naturpoesie läßt sich aus dieser Äußerung klar ablesen. Man muß bedenken, daß es seit der Empfindsamkeit und Romantik Dichter gab, die dem Vers grundsätzlich mißtrauten. Lenau gehört insofern zur Restauration, unter europäischen Gesichtspunkten zur Spätromantik, als er in einem extremen Sinne Versdichter ist. Es gibt, außer Platen und Rückert, keinen bedeutenden Dichter der Biedermeierzeit, der dem im Grunde klassizistischen Prinzip der Versdichtung so verhaftet blieb wie Lenau. Man denke an die bedeutende Prosa Heines, Mörikes, Grillparzers und der

Droste! Dieser Befund, der zunächst der Vorstellung von einem überwiegend traditionellen Lenau Nahrung gibt, wird durch das *vorurteilslose Ernstnehmen des Briefwechsels mit Sophie* korrigiert. Was Lenau normalerweise unter Dichtung versteht, belegt ein Ratschlag an Max von Löwenthal. Dieser war – das darf man nicht übersehen – insofern selbst auf die Lenau-Sophie-Liebe angewiesen, als er theatralischen Ehrgeiz hatte und dazu der Protektion des berühmten Dichters dringend bedurfte. Lenaus Rat ist durch österreichische Raffinesse und Handfestigkeit gekennzeichnet: »Zu Deiner dramatischen Laufbahn wünsch ich Dir zweierlei; erstens, daß Du der Leidenschaft die Haare und der Sprache die Nägel wachsen lassest, damit jene ein etwas verstecktes Gesicht bekomme und aus einem dichtern Lockenwurf die heißen Blicke um so glühender hervorschießen und damit die Sprache etwas schärfer eingreifend dem Leser an die Brust falle« (9. 12. 1835). Was hier erstrebt wird, ist die *faszinierende Rhetorik* des österreichischen Dramatikers Halm – der Dichter schätzte ihn – und Lenaus selbst, das Gegenteil der Naturpoesie. Auf mancherlei Wegen versuchte er, wie wir sehen werden, die Rhetorik zu überwinden. Aber solange ein Dichter, der sich so leicht in Versen bewegte, diese nicht ganz verließ, bestand stets die Gefahr dessen, was Mörike, sicher auch auf Lenau zielend, »verwürzt« genannt hat.

Die doppelte Krankheit

Die mit der strengen Bindung an Sophie gegebene Künstler-Resignation zeichnet sich schon nach der Amerikareise und nach den ersten Erfolgen in dem Brief vom 22. 9. 1833 an Anton Schurz ab: »Gewiß die prägnantesten Jahre meines Lebens waren die zwei letzten. Vieles hab ich erreicht, manches eingesehen, daß es nicht für mich zu erreichen ist. Meine kühnsten Hoffnungen der Dichterehre hab ich übertroffen gefunden, meine bescheidensten Wünsche des Menschenglücks, seh ich wohl, sind unerreichbar. Ich fühle nämlich manchmal sehr deutlich, daß man doch Weib und Kind haben müsse, um glücklich zu sein; das ist für mich verloren.« Nach der Meinung der Mediziner war er zu dieser Zeit schon Luetiker, ohne es zu wissen[31]. Sicher ist nach ihren Feststellungen, daß die der Lues folgende Paralyse schließlich zu Lenaus Zusammenbruch führte. Auch aus der medizinischen Perspektive erscheint es demnach als Unsinn, wenn man Lenaus Unglück mit seiner asketischen Liebe zu der frommen, angeblich frigiden Sophie v. Löwenthal zusammenbringt. Eine andere Frage ist, ob die Mediziner recht haben, wenn sie die Melancholie des Dichters herunterspielen, um seine Paralyse desto stärker betonen zu können. Dem Geisteswissenschaftler ist es ziemlich gleichgültig, ob die Melancholie Lenaus dem psychiatrischen Begriff dieser Erkrankung entspricht oder in das Syndrom der Neurasthenie eingeordnet wird. Wenn aber von einem »neurasthenischen Vorstadium der Paralyse« gesprochen wird, so ist vor einem möglichen Irrweg zu warnen. Lenaus Melancholie ist vor dem Zeitpunkt der Ansteckung, den die Mediziner annehmen (Amsterdam bzw. Amerikareise), vollkommen klar ausgeprägt, *sie verändert sich auch wenig bis kurz vor dem Anfall.* Dazu paßt die medizinische Feststellung, daß psychische Störungen normalerweise erst im Spätstadium der Syphilis auftreten[32]. Lenau ist kein Dr. Faustus im Sinne von Thomas Mann, obwohl es gewiß kein Zufall ist, daß er einen *Faust* geschrieben hat. Er bleibt Österreicher, insofern er, trotz seiner anarchistischen Neigungen, ein gewisses gesellschaftliches Maß innehält und sich aus der Selbstüberschätzung immer erneut zurückholt. Er hat nicht nur mit schwäbischen Mikropoeten wie Karl Mayer, sondern auch mit österreichischen Dichterlingen eine erstaunliche Geduld. In diesem Punkte steht er näher bei Mörike als bei so stolzen Melancholikern wie Grabbe oder Byron[33], und es erscheint mir möglich, daß es gerade auch die konstitutionelle, von ihm selbst oft festgestellte Schwermut war, die ihn dämpfte, zur Resignation fähig machte*.

Lenaus Schicksal als religionsgeschichtliche Tragödie

Jenseits der Medizin und Psychologie ist Lenau ein besonders eindrucksvolles Beispiel für den religionsgeschichtlichen Hintergrund der Weltschmerzpoesie, den wir bereits kennen (Bd. I, S. 4). Es ist verständlich, daß das moderne christliche Denken, das manchmal selbst nichts weiter als »überwundener« (verdrängter) Zweifel ist, die Grenze, die letzten Endes doch zwischen Lenau und der christlichen Tradition verläuft, nicht mehr erkennen kann. Der Briefwechsel bezeugt jedoch eindeutig, daß die Zerrissenheit Lenaus gerade auch die christliche Religion betraf und daß die »Positivität« des Christentums für ihn, nicht nur in kirchlicher, sondern auch in dogmatischer Beziehung, an keinem Punkte mehr eindeutig gegeben war. Was Lenau mit dem Christentum verbindet, ist wie bei Büchner nur die Einsicht in die Unausweichlichkeit des Leidens, – der negative Aspekt. Daher fasziniert die christlichen Interpreten vor allem sein kleines Gedicht

Das Kreuz

Ich seh' ein Kreuz dort ohne Heiland ragen,
Als hätte dieses kalte Herbsteswetter,
Das stürmend von den Bäumen weht die Blätter
Das Gottesbild vom Stamme fortgetragen.

Soll ich dafür den Gram, in tausend Zügen
Rings ausgebreitet, in ein Bildnis kleiden?
Soll die Natur ich und ihr Todesleiden
Dort an des Kreuzes leere Stätte fügen?

Reinhold Schneider sieht richtig, daß dem Bilde der Erlöser fehlt; aber er kann diese Negativität des Dichters nicht annehmen, – so wenig wie die politischen Lenau-Interpreten: »Und doch muß es der Dichter in der Begegnung mit den Dingen und ihrem Schmerz immer wieder gefühlt haben, daß die Erlösung in der Welt geschehen ist, und daß aller Schmerz der Kreatur zu ihr in Beziehung stand«[34]. Reinhold Schneider hat insofern recht, als es ohne die Erlösersehnsucht, bei realistischer Ehrfurcht vor der Welt, wie sie ist, die weltschmerzliche Reaktion auf das Leiden nicht geben kann; aber das Gedicht selbst besagt nichts anderes als daß es allein das Kreuz, d. h. das »Todesleiden« der »Na-

---

* Eine sorgfältige *psychiatrische* Untersuchung von Lenaus Gesamterscheinung ergäbe wohl eine Brücke zwischen der bisherigen medizinischen und der geisteswissenschaftlichen Lenau-Forschung.

tur« gibt, und daß der Erlöser selbst, den es einmal gab, im »kalten Herbsteswetter«, d. h. in der Spätzeit der christlichen Religion, abhanden gekommen ist. Selbstverständlich hat Lenau, angesichts seines Leidens an dieser Negativität, immer wieder versucht, die christliche Gewißheit wenigstens in poetischer Form zurückzugewinnen. Nicht erst der *Savonarola,* sondern schon das frühe Hineinwachsen in das spätromantische Württemberg ist unter diesem Gesichtspunkt zu sehen. Auch in Österreich verteidigt man heute den Dichter gegen Grillparzers Vorwurf, er sei ein Opfer der Schwaben[35]. Wahrscheinlich vermutet man auch richtig, daß in seiner überwiegend allegorischen Bildersprache der Begriffsrealismus der Scholastik nachwirkt[36]. Aber die Frage ist eben, ob die bis in *Die Albigenser* nachwirkende pietistische Schwundstufe der Religion noch als Christentum angesprochen werden kann und ob die alte Bildersprache noch erfüllt ist, ob sie nicht wiederum die Vorstellung von Lenaus *traditioneller* Dichtung bestätigt. Sicher ist nur der Weltschmerz selbst. Es scheint mir snobistisch, ihn abzuleugnen, nachdem er bis in die kleinsten Details von Lenaus Dichtung nachgewiesen worden ist*. Auch die Briefe bezeugen an hundert Stellen Lenaus unüberwindliche Melancholie. »O Kerner! Kerner! ich bin kein Aszet; aber ich möchte gerne im Grabe liegen. Helfen Sie mir von dieser Schwermut, die sich nicht wegscherzen, nicht wegpredigen, nicht wegfluchen läßt! Mir wird oft so schwer, als ob ich einen Toten mit mir herumtrüge. Helfen Sie mir, mein Freund!« (an Justinus Kerner 15. 11. 1831). An einen andern Arzt: »Die Gedichte sind größtenteils symptomatische Ausbrüche einer chronischen Krankheit, welche ebenfalls in der regio intercostalis, nämlich in meinem Herzen ihren Sitz hat.« (an Dr. Becher 26. 8. 1833). »Ein untröstbarer Kummer ist aber deiner und meiner Natur angemessen, wir mußten darin verfallen. O ich sehe den Leidenszug an deinem Munde. Laß uns leiden, laß uns aber lieben, ewig« (Zettel an Sophie v. Löwenthal 9. 8. 1837). »Deine Bezeichnung des Charakteristischen in mir: ›melancholische Skepsis‹ hat mich innerlichst ergriffen; sie hat mich getroffen wie ein höchstes logisches Gericht, wie ein abstrakter Zauberschlag, durch welchen mir mein Wesen erschlossen, die ehernen Schranken meiner Individualität sichtbar wurden« (an Gustav Pfizer 13. 12. 1842). Mit höchst kunstvoller, hinreißender Subjektivität predigt, übersteigert, verabsolutiert Lenaus Dichtung die alte Lehre von der Welt als Schatten und Traum. Keine homerische Stilisierung, keine raffinierte Vorspiegelung einer objektiven, klassischen »naiven« Form und kaum das Mittel der Ironie mildert hier das furchtbare *Bild eines Menschen, den all seine Kunst und all sein Heilsverlangen nur um so illusions- und trostloser zurückläßt.* Dieser Anblick ist es offensichtlich, den das bürgerlich-realistische und selbst das gegenwärtige praktisch eingestellte Zeitalter nicht zu ertragen vermochte und vermag, während der Titel »Sänger der Schwermut« (Alexis)[37] in der Biedermeierzeit als höchst ehrenvoll gelten konnte.

---

* Ich denke vor allem an Wolfgang *Martens,* Bild und Motiv im Weltschmerz, Studien zur Dichtung Lenaus, Köln, Graz 1957. Durch Wiederholung wird eine Wahrheit nicht falsch. Der Grund für die Ablehnung *jeder* interpretatorisch gefundenen alten Wahrheit in unserer »Wissenschaft« liegt darin, daß die Germanistik die ästhetische Originalitätsforderung auf ihre »Forschung« überträgt. Wenn die Germanisten Physiker wären, hätten sie die Fallgesetze genauso »überwunden« wie Lenaus Weltschmerz und für die Zusammensetzung unserer Atemluft eine nagelneue chemische Formel gefunden.

Nur aus dem Gesichtspunkt des Tragischen erscheint mir eine positive Lenau-Deutung legitim. Man kann den Dichter als Repräsentanten und Opfer, damit letzten Endes auch als eine Art Überwindung der Zerrissenheits-Epoche auffassen. Er war ein Signal für die Jüngeren. Eine entsprechende Äußerung Berthold Auerbachs wurde schon im Eingang dieser Epochendarstellung zitiert (vgl. Bd. I, S. 3). Man versteht nach näherer Beschäftigung mit Lenau sogar Anastasius Grün, wenn er am Ende seines herverragenden »Lebensgeschichtlichen Umrisses« mit einiger Emphase behauptet, Lenaus geistige Erscheinung habe etwas »von biblischem Charakter«, seine Dichtung sei das »zerbrechliche Gefäß für ein Unermeßliches, Ewiges, für die sich offenbarende große, wahrheitsdurstige und schmerzengetränkte Seele.« Den »rein menschlichen Inhalt« dieses Werks werde die Nachwelt »nicht so ganz verstehen wie die Mitwelt, deren eigene Seele in ihm widerhallt« [!], aber sie werde den Dichter doch lieben und ehren »als einen der edelsten Märtyrer des ringenden Gedankens, als eines jener erhabenen Sühneopfer, welche... die großen Kampfstadien auf dem Bildungsgange der Menschheit bezeichnen« [38]. Wir würden es einfacher sagen; aber diese Vorstellung von einem *historischen* Opfer zwischen den Großepochen der Menschheit scheint auch im Hinblick auf andere früh dahingegangene Weltschmerz-Poeten (Byron, Platen, Grabbe, Büchner) Wahrheit zu enthalten.

Empfindsamkeit. Lyrische Rhetoriktradition

Über den empfindsamen Hintergrund des Weltschmerzes wurde an andern Stellen dieser Epochendarstellung (Bd. I, S. 225 ff., 241 f.) manches gesagt, was hier nicht wiederholt werden soll. Bei einer Aufstellung von Lenaus Grundbegriffen würde dem Wort »Herz« eine zentrale Stelle zufallen. Die Anknüpfung an die vorromantische Gefühlskultur ist bei diesem Dichter vollkommen eindeutig zu belegen; aber wer die Epoche kennt, wird den Österreicher deshalb nicht »anachronistisch« nennen [39]. Die Dichter des Göttinger Hains sind ihm eng vertraut und zunächst stilistisches Vorbild. *Am Grabe Höltys* erscheint, in der Ode dieses Titels (1825), der Frühling in Person, um den Tod seines Sängers zu beklagen. Die kunstvolle Einkleidung führt zu einer *Mischung von Abstraktion und Gefühlsseligkeit,* die für die Empfindsamkeit wie für Lenau charakteristisch ist. *Am Bette eines Kindes* (Ode von 1826) drängen sich gleich vier allegorische Gestalten (Schlaf, Tod, Kummer, Friede). Stereotype Worte wie »zart«, »mild«, »einsam«, »still«, »traurig«, »schaurig«, »sehnsuchtsvoll«, »feurig«, »sanft«, »leise«, »selig«, »süß«, bestätigen die empfindsame Tradition, in der solche Gedichte stehen. Der Grund für die relativ *feste Struktur von Lenaus Wortschatz,* auf die Walter Weiss hingewiesen hat [40], liegt wohl in der Klopstock- und Hölty-Tradition. Der junge Dichter benutzt sogar die antiken Odenmaße, die seinem musikantischen Sinn auf die Dauer unmöglich entsprechen konnten. Denn obwohl dem Österreicher die Gedanklichkeit der Ode nicht ferne lag, so fehlte ihm doch ganz der Geschmack für ihre erhabene Nüchternheit. Stets bleibt bei Lenau eine Kluft zwischen dem Gedanken und seiner »Einkleidung«, wie auch zwischen Sinn und Klang. Die restlose, »symbolische« Einheit der Dichtung hat er möglicherweise im Prinzip erstrebt[41]; sie ist ihm jedoch, wie so vielen Dichtern der Epoche, in der Regel verwehrt. Daraus mag sich *die überraschende Hochschätzung des zunächst wenig erfolgreichen, weil antirhetorischen Mörike durch Lenau erklären**. Mörike sagt *Er ist's*, und so einmalig wie dieser Titel, ist der mythische Frühlingsknabe, den er in Wort und Rhythmus vergegenwärtigt (vgl. Bd. I, S. 347). Lenau sagt *Der Lenz* (1831), und neben den klaren Titel tritt in der ersten Strophe ganz unverhüllt die »Personifikation«:

> Da kommt der Lenz, der schöne Junge,
> Den alles lieben muß.

In neun Strophen wird umständlich, hübsch der Reihe nach, auseinandergelegt, was der Junge alles treibt. Zum Schluß schleudert er »seine Singraketen, die Lerchen in die Luft«. Die in jeder Weise »mechanische« Metapher erinnert nicht mehr an Klopstock oder Hölty, sondern an Hofmannswaldau. In einem anderen Frühlingsgedichte (*Liebesfeier* (1832) finden wir eine ähnlich preziöse Metapher:

> Der Lenz hat Rosen angezündet
> An Leuchtern von Smaragd im Dom.

Mörike sagt bezeichnenderweise, der Mayersche Regenbach sei ihm lieber als Lenaus Niagara (an Mayer 27. 11. 1842). Damit ist der Unterschied zwischen der außerordentlich spröden, »kleinlich«-schwäbischen, aber wirklich um Dinge bemühten Mikro-Lyrik Karl Mayers (vgl. Bd. II, S. 495) und der machtvoll, auch hemmungslos strömenden Rhetorik, besonders in Lenaus Versepik, so treffend bezeichnet, daß man in Mörikes Bild nicht nur den Grund für seine persönliche Zurückhaltung gegenüber dem brillanten Star, sondern auch den Hinweis auf ein zentrales Stilproblem der Epoche erkennen darf. *Er vermißte wohl die entschlossene Auseinandersetzung mit der Rhetorik, die zu dieser Zeit die schwerste Aufgabe der Dichter war* und die er selbst am ehesten ohne Verlust der klassischen »Euphonie« bestand. Wir zitieren einige Strophen aus Lenaus Ballade *Die drei Indianer,* um klar zu sehen, was Biedermeier und Weltschmerzrhetorik unterscheidet:

> »Fluch den Weißen! ihren letzten Spuren!
> Jeder Welle Fluch, worauf sie fuhren,
> Die einst, Bettler, unsern Strand erklettert!
> Fluch dem Windhauch, dienstbar ihrem Schiffe!
> Hundert Flüche jedem Felsenriffe,
> Das sie nicht hat in den Grund geschmettert!

---

* Er stellt ihn sogar über Uhland, den berühmtesten Lyriker der Zeit: »Mörike ist wenig gekannt, aber vielseitiger, beweglicher, inniger[!], arbeitet gedanklich tiefer. Diese Ansicht scheint waghalsig, aber in hundert Jahren werde ich recht haben.« Nach Hartmut *Steinecke*, Lenau und Mörike, in: Lenau-Forum Bd. 1, F. 2 (1969), S. 29. Vielseitigkeit: er neigt also nicht zur Monotonie wie Lenau, sondern wird mehreren Tönen gerecht. Gedankliche Tiefe: er sieht nicht den »*naiven*« Mörike, sondern den Generationsgenossen von Strauß und Vischer. Vielleicht bewundert er auch den *Kunstverstand* von Vischers großem Freund.

Täglich übers Meer in wilder Eile
Fliegen ihre Schiffe, gift'ge Pfeile,
Treffen unsre Küste mit Verderben.
Nichts hat uns die Räuberbrut gelassen,
Als im Herzen tödlich bittres Hassen:
Kommt, ihr Kinder, kommt, wir wollen sterben!«

Also sprach der Alte, und sie schneiden
Ihren Nachen von den Uferweiden,
Drauf sie nach des Stromes Mitte ringen;
Und nun werfen sie weithin die Ruder,
Armverschlungen Vater, Sohn und Bruder
Stimmen an, ihr Sterbelied zu singen.

Laut ununterbrochne Donner krachen,
Blitze flattern um den Todesnachen,
Ihn umtaumeln Möwen sturmesmunter;
Und die Männer kommen festentschlossen
Singend schon dem Falle zugeschossen
Stürzen jetzt den Katarakt hinunter.

»Theatralische« Gedichte dieser Art machen es dem, der die Epoche kennt, verständlich,
daß in zwölf Jahren (1832–44) sieben Ausgaben von Lenaus Gedichten gedruckt wurden[42], daß er neben Uhland zum berühmtesten »Sänger« aufstieg. Indianer: Außenseiter der Gesellschaft, wie in andern Gedichten Lenaus Räuber oder Zigeuner! Sie fluchen
den Weißen und sind Helden, offensichtlich zu allem entschlossen. Aber sie bringen ihren
Unterdrücker nicht um, was in Lenaus Lyrik an sich möglich wäre (vgl. Mischka, Ziska
usw.). An die Stelle der Schauerballade tritt die verwandte empfindsame Möglichkeit: die
rührende Szene. Sie bringen sich selbst um – und wie! »Armverschlungen«, unter Blitzen
und Donner, singend. Sie fluchen nicht nur den Weißen, sondern auch der Natur, die die
»Räuberbrut« auf dem Weg übers Meer nicht vernichtete. Insofern gilt ihr Vorwurf der
ganzen grausamen Welt. Es ist nicht falsch, wenn man das Gedicht auf Lenaus eigenes
Fluchen, Leiden und Schicksal bezieht. Doch lehnt sich das »Bild«, das dafür steht, an die
Erfahrung an; es hat seinen eigenen Wert und einen Effekt, der auch unabhängig vom tieferen Sinn, den Leser erreicht oder jedenfalls in der Biedermeierzeit erreichte. Mörikes
Distichengedicht *Am Rheinfall* hat, wie das Lenaus, nicht die Absicht, das Naturphäno-
men objektiv abzubilden. Es soll vor allem der gewaltige Eindruck vergegenwärtigt werden, den »der Gigant« hier auf den schwachen »Wanderer« macht. Aber jede weitere
Ausschmückung und Ausdeutung fehlt. Das Gedicht ist keine weltschmerzliche Märty-
rerballade, sondern ein »griechisches Epigramm«, das das normale Verhältnis des Menschen zu den überlegenen Naturkräften darstellt. Ein »Regenbach« ist der Rheinfall
nicht, aber auch ein solcher könnte den Dichter interessieren, da es ihm nicht nur auf das
Dramatische, Außergewöhnliche, Tragische, sondern auch auf das Alltägliche und Regelmäßige ankommt. Die biedermeierliche Gemeinsamkeit mit Stifter wird an diesem
Gegensatz zu Lenaus donnernder Dichtung offenkundig (vgl. u. S. 703 f.).

In der reinen Lyrik ist die christliche Tradition, in der Lenaus Weltschmerzpoesie steht,
leichter zu erkennnen, als im empiristisch abgesicherten und theatralisch dekorierten Erzählgedicht.

Nikolaus Lenau

Vanitas

Eitles Trachten, eitles Ringen
Frißt dein bißchen Leben auf,
Bis die Abendglocken klingen,
Still dann steht der tolle Lauf.

Gastlich bot dir auf der Reise
Die Natur ihr Heiligtum;
Doch du stäubtest fort im Gleise,
Sahst nach ihr dich gar nicht um.

Blütenduft und Nachtigallen,
Mädchenkuss und Freundeswort
Riefen dich in ihre Hallen;
Doch du jagtest fort und fort.

Eine Törin dir zur Seite
Trieb mit dir ein arges Spiel,
Wies dir stets ins graue Weite:
»Siehst du, Freund, dort glänzt das Ziel!«

War es Gold, war's Macht und Ehre,
Was sie schmeichelnd dir verhieß:
Täuschung wars nur der Hetäre,
Eitel Tand ist das und dies.

Sieh! noch winkt sie dir ins Weite,
Und du wardst ein alter Knab'!
Nun entschlüpft dir dein Geleite
Und du stehst allein – am Grab.

Kannst nicht trocknen mehr die Stirne,
Da du mit dem Tode ringst;
Hörst nur ferne noch der Dirne
Hohngelächter – und versinkst!

Es wäre sicher falsch, wenn man die verführerische Frau (»Törin«, »Hetäre«, »Dirne«) biographisch festlegen wollte; es ist die nur ein wenig konkretisierte Allegorie der Verführung. Es soll nicht behauptet werden, daß der Dichter an die alte »Frau Welt« dachte; möglich ist es. Während diese Dame negativ gesehen wird, erscheint die Natur positiv, als Gastgeberin, fast als Mutter Natur. Der christlich-katholischen Tradition klassischer Art widerspricht das nicht unbedingt, insofern das Natürliche als Vorstufe des Göttlichen gesehen wird. Lenaus Faust wird nicht nur wegen seiner Sünden gegen Gott, sondern auch wegen seines Abfalls von der Natur verdammt. Die der Natur zugeordneten Wörter »Hallen« und »Heiligtum« (in unserm Text) erinnern an den Wald, aber auch an die romantische Interpretation der gotischen Kirche als Wald. Wenn die Grundbezüge so abstrakt sind, hat es wenig Sinn, im einzelnen Konkretion zu verlangen. Die »Abendglokken« sind der Abend des Lebens. Blütenduft, Nachtigallen, Mädchen, Freundeswort sind beliebige Zeichen für die gütige Natur, und Gold, Macht, Ehre meinen die trügerische Frau Welt überhaupt. Die Möglichkeit zur Rückkehr eröffnet sich in andern Gedichten, z.B. in den *Waldliedern* (s.u.). Das vorstehende Gedicht endet mit dem Hohn auf den

Narren, der sich von der eitlen Frau Welt ein Leben lang verführen ließ. Man muß das Gedicht in seiner allegorischen Struktur interpretieren und werten; denn diese ist dem Blick auf das *ganze* Leben angemessen. Ein »Gelegenheitsgedicht« im Sinne Goethes zu fordern, ist sinnlos, wo es noch um die Fundamentalentscheidung zwischen Gut und Böse geht. Lenaus großer Erfolg belegt, daß die vorsichtige Modernisierung der Tradition vom breiten Publikum am meisten geschätzt wurde.

Zur lyrischen Eigenleistung Lenaus

Die lyrische Rhetoriktradition scheint dem Dichter vor allem durch Matthisson, der in Österreich eine beherrschende Stellung hatte, vermittelt worden zu sein. Eine Untersuchung dieses Einflusses erbrachte ein reiches Material[43]. Hier vor allem erscheint die barocke Welttrauer in der empfindsamen Überformung, die sie erneut zugänglich machte und die zur weiteren Umbildung einlud. In Lenaus Gedicht *Vergänglichkeit* (1827) haben wir noch ganz die Ruinensentimentalität und die genießerische »Wehmut« Matthissons. Allmählich aber wird dem Dichter die Trauer aus einer ästhetischen oder historischen Stimmung zur Lebenshaltung, zum Schicksal. Schon in dem Gedicht *An die Melancholie* (1830) erscheint die Angeredete als ständiges Lebensgeleit, und nun finden sich immer häufiger die Bilder, in denen Lenau die sanfte Melancholie der empfindsamen Lyrik zum finstern Weltschmerz steigerte, z.B. in dem folgenden Gedicht aus dem Jahre 1831:

Himmelstrauer

Am Himmelsantlitz wandelt ein Gedanke,
Die düstre Wolke dort, so bang, so schwer;
Wie auf dem Lager sich der Seelenkranke,
Wirft sich der Strauch im Winde hin und her.

Vom Himmel tönt ein schwermutmattes Grollen,
Die dunkle Wimper blinzet manches Mal,
– So blinzen Augen, wenn sie weinen wollen, –
Und aus der Wimper zuckt ein schwacher Strahl.

Nun schleichen aus dem Moore kühle Schauer
Und leise Nebel übers Heideland;
Der Himmel ließ, nachsinnend seiner Trauer,
Die Sonne lässig fallen aus der Hand.

Wenn man behaupten wollte, das Gedicht gäbe eine »kosmische Vision« in der Art des Expressionisten Heym, so wäre das eine unstatthafte Modernisierung; denn das traditionelle allegorische Konstruktionsprinzip ist auch in diesem Gedicht Lenaus nicht zu übersehen. Der Dichter verknüpft die beiden Vergleichssphären (Mensch und Natur) zunächst so rational, daß sie nicht ineinander verschwimmen. Erst in der dritten Strophe geschieht etwas dergleichen, es liegt darin eine gewisse Innovation, – weshalb sie auch unserm Geschmack am meisten entgegenkommt. Wie in modernen Naturgedichten ist Lenaus Gegenstand nicht physischer sondern metaphysischer Art. Nur dadurch wird das grandiose Bild am Ende des Gedichtes möglich; es weist jedoch historisch ebenso rückwärts wie vorwärts. Genauere Untersuchungen unter diesem Doppelaspekt wären förderlicher als globale Modernisierungen oder Traditionsnachweise.

Es soll nicht bestritten werden, daß auch Lenau seinen Anteil am *Empirismus* der Zeit genommen hat. Ich finde, daß *diese* Seite Lenaus in der angelsächsischen Lenau-Forschung (z.B. von Hugo Schmidt) vorurteilsloser anerkannt wird als in der deutschen. Er kann genauer beobachten als Brentano oder Eichendorff. *Die Heideschenke* war seiner Zeit nicht zuletzt wegen der Vergegenwärtigung der ungarischen Landschaft interessant. Das Gedicht steht übrigens im gleichen Zyklus *(Heidebilder)* wie *Himmelstrauer.* Der Zyklus *Atlantica* ist ein bunter und erfolgreicher Anteil an der damals modernen Meereslyrik (vgl. Bd. II, S. 502 ff.); auch Gedichte wie *Meeresstille* und *Sturmesmythe* gehören in diesen aktuellen Motivzusammenhang. Amerikanische Situationsbilder wie *Der Urwald* und *Das Blockhaus* haben einen ideologischen Hintergrund; aber was die Gedichte neu machte, war die atmosphärische Vergegenwärtigung typischer amerikanischer Situationen. Ehe sich der Dichter weltschmerzlich fragt, ob er nicht »selber nur ein verbrennend Scheit« ist, schildert er ziemlich objektiv den kühlen Empfang im warmen Blockhaus:

> Müdgeritten auf langer Tagesreise
> Durch die hohen Wälder der Republik,
> Führte zu einem Gastwirth mein Geschick;
> Der empfing mich kalt, auf freundliche Weise,
> Sprach gelassen, mit ungekrümmtem Rücken,
> ›Guten Abend!‹ und bot mir seine Hand,
>
> Gleichsam guten Empfangs ein leblos Pfand,
> Denn er rührte sie nicht, die meine zu drücken.
> Lesen konnt' ich in seinen festen Zügen
> Seinen lang und treu bewahrten Entschluß:
> Auch mit keinem Fingerdrucke zu lügen;
> Sicher und wohl ward mir bei seinem Gruß.

Der Ton des Gedichts ist, wie man sieht, *zunächst* episch. In dem Zyklus *Wanderung im Gebirge* findet man neben Gedichten wie *Einsamkeit* konkrete knappe »Bilder« *(Die Lerche, Der Eichwald, Der Hirte, Das Gewitter)*. In vielen Fällen wird man sich freilich fragen müssen, ob mit dem Gegenstand der Kern des Gedichtes getroffen ist. War es nicht einfach das Exotische, die geheimnisvolle Weite des Landes, die Heimatlosigkeit des lyrischen Ich, die Abenteuerlichkeit der fremden Gestalten, auf die es dem Dichter in den ungarischen und amerikanischen Bildern oder Situationen ankam? Nicht umsonst enthält *Die Heideschenke* zahlreiche Anklänge an den *Mazeppa* des geistesverwandten Byron[44]. Und was hat das Gedicht *Wurmlinger Kapelle* (1832) mit dem gleichnamigen Gegenstand der schwäbischen Landschaft bei Tübingen zu tun? Lenau sieht das, was er immer sieht, Gräber, Grüfte, und wieder Gräber, die Grabhügel, die »versunken« sind, die Kreuze, die »geneigt« stehn, und fallende Blätter, die im Winde spielen. Es ist zunächst, ganz im Sinne der schwäbischen Freunde, ein *idyllisch*-elegisches Gedicht. Aber der Frieden, den der stille Ort schenkt, kann letzten Endes nur eine »süße Todesmüdigkeit« sein. Sogar die *Schlaflose Nacht* (Titel) wird vom Dichter gepriesen, weil sie »allein die Zeit der ungestörten Einsamkeit« ist. Man vergleiche damit das motivähnliche Gedicht der Droste *Durchwachte Nacht,* um den ganzen Unterschied zwischen der herben, aber auch starken Westfälin und dem melodisch-müden Weltschmerzler aus Ungarn zu empfinden.

Die *Schilflieder,* die mit Recht von allen Lenau-Forschern hervorgehoben werden, sind ursprünglich eine Liebesdichtung für jenes verschmähte Schwabenmädchen. Der biedermeierliche Schluß verrät noch den besonderen Zweck. Aber was das »Naturgedicht« eigentlich aussagt, das verraten wieder Worte wie »müd«, »tief«, »öd«, »verdüstert«, »schwül«, »wild«, »bleich«, »vergänglich«, »regungslos«, »weinend«. Bei Lenau gewinnen auch so harmlose, ja modische Wortverbindungen wie »holder Glanz« oder »grüner Kranz« in dem Zusammenhang von Satz und Strophe ein unheimliches Gepräge; eben dadurch wird er in solchen Gedichten durchaus original:

> Auf dem Teich, dem regungslosen,
> Weilt des Mondes holder Glanz
> Flechtend seine weißen Rosen
> In des Schilfes grünen Kranz. (5)

Was die Zeit bezauberte, und was man beachten muß, wenn man Lenau gerecht werden will, war die absolute metrische Präzision und die Euphonie der Diktion. Die technische Vollkommenheit der Verse, nicht ihre rhythmische oder metaphorische Eigenprägung machte Lenau zum Lieblingsdichter:

> Auf geheimem Waldespfade
> Schleich' ich gern im Abendschein
> An das öde Schilfgestade,
> Mädchen, und gedenke dein!
>
> Wenn sich dann der Busch verdüstert,
> Rauscht das Rohr geheimnisvoll
> Und es klaget und es flüstert,
> daß ich weinen, weinen soll.
>
> Und ich mein', ich höre wehen
> Leise deiner Stimme Klang
> Und im Weiher untergehen
> Deinen lieblichen Gesang. (3)

Die Moore, die Heiden, die umschilften Seen waren eine lyrische Entdeckung der Zeit. Man denkt wieder an die Droste *(Heidebilder),* die im gleichen Motivbereich ähnlichen Ruhm erlangte. Wenn auch die *extreme* Natur (der Ozean, das Hochgebirge, Wasserfälle, der Urwald, die Wüste) der theatralischen Rhetorik der Zeit eher die geeigneten Kulissen bot, so begann man doch schon für die bescheidneren Landschaften des deutschen Binnenlandes Verständnis zu gewinnen. Die biedermeierliche Bescheidenheit fand sich in den *Schilfliedern* wieder. Worte wie Waldespfad, Schilfgestade, Rohr und Weiher befriedigten diesen Geschmack. Stille, Innigkeit, elegische Klage statt der verzweifelten Vorwürfe, die Lenau sonst der Welt macht. Es herrscht ein ziemlich einheitlicher Ton vom »Abendstern« im ersten bis zum »Nachtgebet« im letzten Gedicht. Das gefiel, das begründete die Beliebtheit der *Schilflieder,* während sich die heutige Interpretation, nicht ganz legitim, an ausgewählte Stellen zu halten pflegt, wie die oben zitierte Einzelstrophe. Ob man in diesem Zyklus wirklich eine so innige Verbindung von Landschaft und Stimmung, Natur und Mensch finden kann, wie Lenau-Forscher meinen*? Ist das Schilfgestade und der Weiher mehr als eine zufällige Kulisse?

In der einzigen Rezension, die Lenau geschrieben hat *(Allgemeine Literaturzeitung,* Halle 1834: über Georg Keils Lyra und Harfe, Leipzig 1834)[45] fordert er zwar gut idealistisch, daß aus dem Konflikt von Natur und Menschenleben, der zunächst zu erstreben sei, ein »drittes Organisch-lebendiges«, als Symbol der höheren Einheit von Mensch und Natur hervorgehe. Aber die Frage bleibt immer, ob das Ziel für Lenau erreichbar war. Vielleicht ist unter diesem Gesichtspunkt die ausdrückliche *Bemühung um das »Mythische«,* die auch bei ihm klar erscheint, zu sehen. Ein gutes Beispiel dafür ist das bereits erwähnte Gedicht *Sturmesmythe* (1833), das der Amerikareise die Anregung verdankt. Man hat gemeint, der Dichter habe hier »eins der herrlichsten Meereslieder der Weltliteratur geschaffen«[46]. Das Gedicht zeigt tatsächlich die metrische und klangliche Rundung, die Lenau auszeichnet, eine meisterhafte Prägnanz. Allein uns scheint, die Absichtlichkeit der Mythisierung sei zu groß, als daß wir in diesem Bereich Lenaus Kernleistung suchen könnten. Die Wogen erscheinen als die Töchter der See. Sie kommen heran und fürchten, die alte Mutter sei tot. Aber sie fährt plötzlich vom Lager empor und tanzt mit den Kindern. Nur auf diesen »freudenwilden« Tanz und Gesang der Elemente kommt es an. Hier wird die Mutter Natur in ihrer selbständigen Größe ohne Wertung gefeiert. Doch neben diesem Gedicht steht, für Lenau bezeichnender, eines das von ganz anderer Art ist: *Der Schiffsjunge* (1833). Der unschuldigste Insasse des Schiffes muß es sein, der über Bord fällt und für den es keine Rettung gibt:

---

* Hugo *Schmidt:* Nikolaus Lenau, New York 1971, sagt: »The ›*Schilflieder*‹ are without doubt, Lenau's supreme achievements in the creation of nature symbols« (S. 51). »Although the cycle is not distinguished by novel images and motifs it is incomparably superior to any of the poems mentioned« (ebd.). Die symbolische Einheit von Mensch und Natur ergibt den *Maßstab* für H. *Schmidt,* wo immer er die Gedichte bewertet. Die Methode wird mit bewundernswerter Konsequenz durchgehalten und gibt seinem Lenau-Buch ein einheitliches Gepräge. Schmidt findet aber so wenige gute Gedichte bei Lenau, daß man sich fragt, ob dieser, jede *Parallelführung* von Natur und Mensch ablehnende, dem rhetorischen »ornatus« entgegengesetzte Maßstab für Lenau der richtige ist. Viel Verständnis für Lenaus literarhistorische Voraussetzungen und Eigenart zeigt Walt *Weiß* (Nikolaus Lenau, in: Tausend Jahre Österreich, Bd. 2, hg. v. Walter *Pollak,* Wien und München 1973, S. 63): »Bei unverkennbaren Zusammenhängen mit dem Göttinger Hain, der Romantik und den Jungdeutschen zeigen Lenaus Dichtung und Sprache Eigenprägung: Trotz der Mannigfaltigkeit gelegentlich verwendeter Vers- und Gedichtformen bevorzugt Lenau eindeutig Gedichte mit vierhebigen gereimten Vierzeilern ohne freie Füllung. Zu diesem unkomplizierten Leittypus paßt, daß Lenau den Vorrang des ›poetischen Gedanken‹ betont und seine Gedichte nicht so sehr musikalisch-assoziativ, sondern eher logisch baut.« »Logisch« ist bei so viel Monotonie mißverständlich. *Weiß* spricht im folgenden selbst mit glücklicheren Begriffen von dem »Element der Rhetorik und Reflexion«, das man bei Lenau nicht unterschätzen dürfe. Übrigens dürfte es auch dies rhetorische Element sein, das zu den schlichten Vierzeilern führte. Heine hatte auf der gleichen Grundlage der Rhetoriktradition eine ähnliche metrische Entwicklung.

Wie hungernde Bestien stürzen die Wellen
Dem Opfer entgegen, sie schnauben und bellen;
Schon hat ihn die eine wütend verschlungen
Und über sie kommen die andern gesprungen,
Die um die Gierige neidisch schwärmen
Mit schäumendem Rachen und wildem Lärmen.

Die Sonne wiederum zum Himmel steigt,
Da ruhn die Winde, jede Welle schweigt,
Und traurig steht der feiernde Matrose
Nachdenkend seinem wandelbaren Lose.
Klar blickt der alte Mörder Ozean
Dem Himmel zu, als hätt' er nichts gethan.

Auch der elegisch abdämpfende Schluß, der noch folgt, kann nicht verbergen, daß wir in diesem Gedicht Lenaus ureigene Stimme hören. Es geht dem Dichter nicht nur um traurige Stimmungen, auch nicht nur um das eigene Lebensleid, sondern um das Leid der Welt. Er erlebt es eben deshalb als einen ständigen Vorwurf gegen Gott, weil er von der harmonisierenden Empfindsamkeit ausgeht und in einer vorsehungsgläubigen Zeit lebt. Das Meer ist keine Mutter, sondern ein Mörder, aber auch der Mörder ist letzten Endes nicht schuldig. Vielmehr hat es der »Himmel« getan. Die Radikalität, *die negativ-theologische Gründlichkeit des Lenauschen Weltschmerzes* wird vor allem durch die Tatsache beleuchtet, daß selbst Schwundformen des christlichen Mythos wie die Idee der Hoffnung abgebaut werden. Fast jeder Dichter des 18. Jahrhunderts hat sie apostrophiert, und noch für den alten Goethe gehört sie zu den »Urworten«. Unsern Dichter führt die Vorliebe für die Allegorie natürlich auch zu einem Gedicht *An die Hoffnung*. Aber der Inhalt des Gedichts ist weder eine persönliche noch eine geschichtliche noch eine eschatologische Hoffnung, sondern der Tod, das Nichts.

Wie die beiden Meeresgedichte verrieten, gibt es natürlich Stimmungsschwankungen in Lenaus Verhältnis zu Natur und Gott. Von Anfang an weiß sich Lenau als der *Unbeständige* (1822). »Ambivalenz« ist ein Lieblingswort der modernen Lenau-Forschung. Trotzdem stellt das übliche Wort von dem Stimmungskünstler Lenau eine Modernisierung dar, die mißverständlich ist und daher besser vermieden würde. Mit einem völlig richtungslosen impressionistischen Stimmungschaos hat Lenaus Dichtung nichts zu tun. Sie ist nicht immer, wiewohl vorwiegend, skeptisch, negativ, verzweifelt; sie versucht es gelegentlich auch mit der Bejahung und Verklärung; immer aber bewegt sie sich auf der metaphysischen Achse, die durch die Extreme Glauben und Verzweiflung gegeben ist. Oft ist von *Lenaus Monotonie* die Rede. Man kann sich dabei auf ein Wort Gustav Schwabs stützen. Lenau selbst reflektiert darüber so: »Ein heimlicher Umgang mit der Melancholie in den einsamen Wäldern der Poesie wird mir doch erlaubt sein? Allerdings hat Schwab recht, wenn er mich einer gewissen Eintönigkeit beschuldigt. Aber ich habe wenig Hoffnung, daß es anders kommen werde; ich glaube vielmehr, je näher man sich an die Natur anschließt, je mehr man sich in Betrachtung ihrer Züge vertieft, desto mehr wird man ergriffen vom Geist der Sehnsucht, des schwermütigen Hinsterbens, der durch die ganze Natur (auf Erden) weht. Ja, teure Freundin, unsere Mutter Erde ist im Sterben begriffen« (an Sophie Schwab 16. 2. 1832). Sieht man von der Säkularisation der christlichen Eschatologie ab, so ergibt diese Stelle einen interessanten Hinweis auf die Struktur von Lenaus Lyrik. Schwab fordert von ihm die obligate »Mannigfaltigkeit« der damaligen Literarästhetik. *Auf dieser uralten Forderung beruht, was man heute in der Biedermeierzeit Impressionismus zu nennen pflegt.* Mörike und Rückert, aber auch Heine und die Droste haben sich eifrig bemüht, der Forderung nach Mannigfaltigkeit zu entsprechen. Lenau verweigert sich ihr, und muß sich ihr, wie es scheint, verweigern. Darauf beruht die Verwandtschaft mit Hölderlin, die durch die Abwendung von den antiken Versmaßen, durch den Anschluß an den europäischen Byronismus, an Byron selbst verdeckt wird, aber öfters beobachtet worden ist. Mit dieser Eintönigkeit hängt auch die Abneigung gegen das in dieser Zeit (vgl. Bd. II, S. 104 ff.) noch sehr beliebte Epigramm [47] und gegen die Zeitlyrik zusammen. Ob man in Lenaus weltschmerzlicher Monotonie den persönlichen Ton oder die Herausbildung des modernen einheitlichen Lyrikbegriffs sehen will (vgl. Bd. II, S. 472 ff.), – in jedem Fall weist er an dieser Stelle in die Zukunft*.

Der Übergang zu größeren Formen. Die zyklische Struktur

Wenn man sich fragt, wie ein so einseitiger Lyriker zur Produktion größerer Werke drängen konnte, so wird man zuerst an die hegelianischen Freunde Mörikes denken. Diese versuchten ja umsonst, ihren verspielten Freund vom Märchen, von der Idylle, vom Gelegenheitsgedicht und anderen »Kleinigkeiten« wegzulocken. Sie sagten, die Tragödie und das geschichtliche Epos seien die Aufgabe der Zeit. Lenau hat, unter dem Einfluß der Schwaben, das zu leisten versucht und in mancher Hinsicht auch tatsächlich geleistet, was Mörike hartnäckig, und sicher auch mit gutem Recht, verweigerte. Ein weiterer Grund war bestimmt Lenaus Ehrgeiz, sein österreichischer Wunsch, unmittelbar auf die Gesellschaft zu wirken. Er hielt sich zwar prinzipiell noch an die Idee der ewigen, allen konkreten Bedingungen entrückten Kunst, er tröstete sich mit der Hoffnung auf künftige Anerkennung, wenn z. B. beim *Faust* die herrschende (jungdeutsche und junghegelianische) Kritik versagte. Aber sein natürliches Temperament war doch mehr auf unmittelbare Wirkung angelegt, und die wirtschaftliche Bedingung des Berufsschriftstellers, unter der er stand, gab immer wieder den nötigen Anstoß zum Schreiben *und* zur Anpassung an die Zeit. Ein weiterer Grund war das Vorbild Byrons. Er war es gewiß, der ihm den Mut gab, die traditionellen Dichtungsgattungen zu kombinieren und so wenig wie möglich die

---

* Unter den Interpreten, die das Moderne an Lenau besonders einprägsam gekennzeichnet haben, hebe ich Wolfdietrich *Rasch* hervor (Nikolaus Lenau, Einsamkeit, in: Die deutsche Lyrik, hg. v. Benno v. *Wiese*, Bd. II, Düsseldorf 1964, S. 150–158): »Der Einsame, dem die Welt zusammensinkt, vermag diesem Zerfall in verzweifelter Abwehr nur noch das Wort entgegen zu halten, und darum fügt er das Wortgebilde in strenge Ordnung und feste Bindung... Wenn das Leben stockt und verödend erstarrt, fließt doch der Vers noch, wenngleich oft zaghaft weiter. Wo alles zerfällt und ins Nichts sich löst, verketten sich die Verse, die dieses Versinken verstecken, eng und dicht durch die Bindungen des Reims.« (S. 157). Weltschmerzliche Monotonie und metrische Präzision stehen danach in einem Zusammenhang. Rasch erinnert sich an Chopin; mir selbst trat Goya als ein Verwandter Lenaus vor Augen, besonders in den Epen.

Vorschriften der gelehrten Poetiker über Drama und Heldengedicht anzuwenden. Wie die Gestalt seiner größeren Dichtungen verrät, war für ihn die klassizistische Gattungslehre nicht verbindlich. Darin ist er, wie Heine, ganz der Romantiker. Das Musterepos oder die Mustertragödie zu schreiben, lag ihm fern. Nur die *Existenz* eines angesehenen österreichischen Epos erscheint mir wichtig für Lenaus Versuche (z. B. Pyrker s. u.). Wie sollte Lenau seinen Willen zur dichterischen Wirkung und doch auch zur weltanschaulichen Lehre in seiner Zeit verwirklichen, wenn nicht durch größere, zu seiner lyrisch-theatralisch-epischen Natur passende Experimente, also z. B. durch Mischungen der epischen und dramatischen Form? Schon manche Gedichte, die wir zur Lyrik zu stellen pflegen, überschreiten das übliche Maß. So besteht z. B. das im strukturellen Sinn wichtige (s. u.) und ästhetisch gelungene Traumgedicht *Der ewige Jude* (1832/33) aus 46 Vierzeilern.

Auch die uns schon bekannte zeitgemäße Neigung zum lyrischen Zyklus (Bd. II, S. 623 ff.) tritt bei diesem, die »Unterhaltung« seines Publikums stets mitberücksichtigenden Dichter stark und überzeugend hervor. Die Reihe der größeren Dichtungen beginnt der Dichter zaghaft, ohne großen Anspruch und Plan, und eben dieser spontane Anfang könnte dafür sprechen, daß die späteren Versuche legitim und nicht nur ehrgeizige Einfälle waren. Man darf auch nicht vergessen, daß lyrisch-dramatische und besonders lyrisch-epische Mischungen in dieser elegischen Epoche nahelagen (vgl. Bd. II, S. 603) und sehr beliebt waren. In der ersten Auflage der Gedichte (1832) erschien *Klara Hebert, ein Romanzenkranz.* Eines der beliebtesten Biedermeiermotive (vgl. Bd. II, S. 903 ff.), die Heirat zwischen Angehörigen ungleichen Standes, wird im Anschluß an einen Roman Scottscher Prägung (Alexander August von Oppeln-Bronikowski, Der gallische Kerker, Dresden 1827) in der Vergangenheit entdeckt und mit sanfter Polenschwärmerei aktualisiert. Der polnische Prinz Johannes wird durch Klara Hebert, das Mädchen aus dem Volk, das ihm als Page verkleidet ins Gefängnis folgt, vor dem Mordanschlag Richelieus bewahrt; er heiratet nach seiner Befreiung die Retterin. Das Grauen mörderischer Gefangenschaft, das der freiheitsdurstige Dichter auch sonst mitfühlend gestaltet hat *(Der Gefangene),* im kongenialen Anschluß an Byron *(The prisoner of Chillon,* 1816), wird hier noch auf gut biedermeierlichem Weg durch eine idyllische Lösung verdrängt. Aber die Idylle erscheint schon hier als Glücksfall, als Zufall, nicht als die gesetzmäßige Lösung einer von der Vorsehung gelenkten Welt. Daß in der Geschichte ein ganz anderes Gesetz zu herrschen pflegt, bringt Lenau schon im Titel eines zweiten Epyllions zum Ausdruck: *Marionetten* (Fragment im Musenalmanach auf das Jahr 1833, vollständig in den *Gedichten* von 1834). Wenn hier ein Werk, das man bei oberflächlicher Betrachtung eine Schicksalsballade nennen könnte, zu einem Liliput-Epos in drei »Gesängen« ausgedehnt wird, so bedeutet das, daß die stimmungsmäßige, »romantische« Vergegenwärtigung finsterer Schicksale in der Richtung auf ein sehr klares Weltbild überschritten wird. Der Untertitel »Nachtstück« braucht nicht von E. T. A. Hoffmann übernommen worden zu sein, da er ganz allgemein die Schauerpoesie bezeichnet (vgl. Bd. II, S. 940 ff.). Der Dichter *erfüllt* diese Gattung wie kaum ein anderer Poet der Zeit, da sie seinen Weltschmerz bestätigt. Statt der Muse ruft er den »Gott des Schmerzes« an, der bei Lenau tatsächlich die Stelle der Muse eingenommen hat. Während sonst der schaurige Ton leicht eine diffuse, nur die Wirkung bezweckende Form begünstigt, führen hier Lenaus weltanschaulicher Ernst und sein Kunstbewußtsein zu einer sehr entschiedenen, an Platen oder doch an Büchner erinnernden Abrundung. Ein alter Mann verliert durch die Skrupellosigkeit eines Verführers sein letztes Glück, die Tochter. Sein Rachedurst wird zur fixen Idee, sodaß er den schuldlosen Sohn des Verführers tötet. Der Verführer, selbst alt geworden, will den Sohn retten, wird aber nur noch Zeuge eines Marionettenspiels, in dem der wahnsinnige Greis die Leiche des unschuldigen jungen Mannes als Marionette auftreten läßt, um seine Blutrache doppelt zu genießen. Den Sinn dieses menschlichen Geschehens verdeutlicht, wie so oft im Biedermeier, ein Rahmen, der aber im Gegensatz zu sonst nicht eigentlich der Abdämpfung dient, sondern, eben durch seine Ruhe, die *fühllose* Natur vergegenwärtigt und so die Dichtung noch unheimlicher macht. Am Ende wie am Anfang sehen wir in einem finsteren Tal die Wolle eines Lammes am Strauche, und darüber in den Lüften den Geier. Genauer – das sind die letzten bedeutungsschweren Worte der Dichtung – wir sehen »im Hintergrund den stillen Geier schweben«. Der Lenausche Sinn dieses Emblems ist uns bereits bekannt. Aus dem Topos vom paradiesischen oder schäferlichen »Frieden der Natur« wächst der für Lenau bezeichnende *Anti-Topos der Raubtier-Welt*. Der Rahmen ist aus einem Träger des Sinns zu einem Vehikel des Unsinns geworden.

Lenaus Faust als Kontrafaktur zu Goethes Faust. »Menzels Schildknappe«?

Wenn Lenau auf solcher Grundlage gleichzeitig den Fauststoff bearbeitet, so ist, wie man auch seinen Ansatz sonst beurteilen mag, ein Mangel an Originalität kaum zu befürchten. Vielleicht lag in der Nachbildung von Goethes mephistophelischer Ironie noch eine gewisse Unselbständigkeit; denn dieser Ton ist nicht ohne weiteres der Lenausche. Aber Mephistopheles selbst ist größer, mächtiger, »barocker«, und die Gesamtkonzeption dieser Faustdichtung weicht entschieden von der Goetheschen ab. Lenau sagt, ungerührt von dem damals schon beginnenden Epigonengerede, ganz im Geiste der Barocktradition: »Faust ist zwar von Goethe geschrieben, aber deshalb kein Monopol Goethes, von dem jeder Andere ausgeschlossen wäre. Dieser Faust ist Gemeingut der Menschheit« (an Kerner 27. 11. 1833). Lenau trennt zwischen der Gestaltung und dem Stoff sehr genau, doch die Stoffe sind ihm, wie seiner Zeit überhaupt (vgl. Bd. II, S. 337 ff.) und selbst Platen (s. o. S. 448 f.), überaus wichtig. Der Gestaltung des Stoffs hat er große Sorgfalt gewidmet, so daß *Faust,* ein Gedicht, erst nach mehrjähriger Arbeit und Ergänzung 1836 bei Cotta erschien. Trotz der Abweichung von der Gattungsnorm – Gedicht meint hier eine episch-lyrisch-dramatische Mischform – wurde das Werk mit Recht als eine *repräsentative Erscheinung* erlebt, an der sich die Geister schieden. Den Unterschied zur »universalpoetischen« Gestaltungsart der Romantik, der sich auch Goethes *Faust* bediente, deutet schon der geringe Umfang des Werkes an. Kein Schweifen im Bereich historischer Vorbilder, kein Spielen mit den verschiedensten Versmaßen und kein Dogma »unendlicher« Poesie, sondern die klare Abneigung gegen eine bestimmte vorgeprägte Gattung und die Fähigkeit zu *präziser, individueller Formkombination* führt ihn zur Mischgattung. Ohne das Vorbild Byrons hätte er wohl nicht so leicht zu dieser sehr unorthodoxen Form des »Dramas« gefunden[48]. Dies wird in der osteuropäischen Lenau-Forschung öfters vergessen. Doch ist sein Verfahren nicht mehr im Sinne eines Novalis, Brentano, Arnim oder Eichendorff romantisch. Das bestätigt auch die Neigung zur knappen, mehr eleganten als »tiefen« Formulierung der *Ideen*. Der philosophisch besser gebildete Gutzkow fand, dieser Faust habe »nicht einmal[!] die Schriften von Kant, Fichte, Schelling, Hegel gelesen«[49]. Eine logische Entwicklung der Weltanschauung ist im österreichischen *Faust* noch weniger zu erwarten als im Goetheschen. Lenaus Gedankenwelt ist, wie seine Gestalten, wechselnden Stimmungen unterworfen. Trotzdem verfehlt der oft verwendete Begriff fragmentarisch hier, wie in allen seinen größeren Werken, ohne Zweifel Lenaus dichterisches Wesen. Er ist zu sehr *Meister* und zu wenig Genie, als daß er fragmentarisch arbeiten wollte und könnte. Auch da wo er, ähnlich wie Heine im *Atta Troll*, die uneinheitliche Form seiner größeren Dichtungen zugibt, ist die Erinnerung an den frühromantischen Fragmentarismus ohne sorgfältige Abgrenzungen irreführend. Er entwirft das Ganze in kühnen Linien oder, dichtungswissenschaftlich gesprochen, er dichtet zunächst die Kernpartien des Werks. Damit ist das Werk ebenso »fertig« wie die stellenweise mit der Improvisation rechnenden Stücke Nestroys. Was noch hinzugefügt wird, ist mehr Sache des Fleißes, der jeweils vorhandenen Muße, auch eher Ausdruck der veränderten Wirkungsabsicht (2. Aufl.) als irgendeiner geheimnisvollen »inneren« Notwendigkeit. Die Form ist also offen, aber sie ist weder »organisch« noch, wie die impressionistische, struktur- und richtungslos. Lenau hat sich in diesem Fall selbst, anstelle einer Vorrede, die ihm grundsätzlich »übel« erschien, in einem Brief an Karl Mayer (15. 8. 1835) interpretiert. Er habe mit gutem Sinn, sagt er, »nur einzelne, zum Teil abgerissene Züge aus seinen [Fausts] äussern Erlebnissen hingestellt..., zwischen welchen durch die Perspektive in einen großen Hintergrund offen geblieben« ist.

Das Zentrum dieses Hintergrundes tritt in einem epigrammatisch zugespitzten Ausspruch von Lenaus Faust hervor:

> Den Herrn nicht lieben, wäre schwer;
> Doch liebt mein Herz die Wahrheit mehr.

Es ist die eigentlich antibiedermeierliche, d.h. die auf die herrschende Vorstellung der Zeit sich genau beziehende, ihr opponierende Position. Erstens wird ein Gegensatz zwischen Gott und der in der Wahrheit sich erschließenden Wirklichkeit vorausgesetzt, den zu überwinden das eigentliche Anliegen der gleichzeitigen Natur- und Geschichtsphilosophie ist; zweitens verhält Faust sich nicht so, wie er sich, auch bei einer Anerkennung dieses Gegensatzes verhalten müßte. Er wählt statt der »Liebe«, der »Ehrfurcht«, der »Pietät«, der »Ahnung«, kurz und gut statt eines religiösen Gefühls die nackte Wahrheit, und Mephistopheles bucht diese Entscheidung als den ersten Erfolg.

Die Gesamtkonstruktion der Dichtung selbst, die Gleichung von Teufel und Wahrheit, ist konservativ, wir können genauer sagen pietistisch. Der Einfluß der schwäbischen Umwelt, in der gleichzeitig D. F. Strauß, der rücksichtslos der Wahrheit Bahn brach, als ehrfurchtsloser Teufelsgeselle betrachtet wurde, wirkt sich hier aus. Justinus Kerner – ein erneuter Hinweis auf die schwäbische Einheit im Gegensatz – ist der Beichtvater von Lenau und Strauß. Ganz selbstverständlich, daß dem Geisterseher und Leuten seines Geistes das rücksichtslose wissenschaftliche Wahrheitsstreben als solches eine dämonische Kraft, einen Abfall vom Glauben bedeutet. Die vom Barock verketzerte Renaissancegestalt des Faust, auf die schon Lessing hingewiesen hatte, bot sich unter solchen Voraussetzungen, auch ganz abgesehen von Goethe, tatsächlich mit innerer Notwendigkeit an. Unter den wissenschaftlichen Interessen Fausts wird die Anatomie hervorgehoben, was wohl bedeuten soll, daß die Wahrheit immer nur zur zersetzenden Analyse, zum toten Stoff und zum Anblick des Nichts führen kann. Mephistopheles hat nicht nur die Aufgabe, Faust von Gott und Christus zu entfernen. *Er muß ihm die Liebe zur »Natur«, die längst als Stellvertreterin Gottes fungiert, aus dem Herzen reißen.* Der schwerste Abfall Fausts besteht darin, daß ihm diese »Friedensmacht« fremd wird. Er hängt zunächst noch am »grünen Plunder«. Aber Mephistopheles beweist ihm am Beispiel des Echos, daß die Natur eine Hure ist:

> Sie läßt sich gleich von Gott und Teufel freien,
> Dient jedem gleich mit einem Liebesschwure,
> Und was du ihr auch magst entgegenjohlen,
> Sie wird es, einverstanden, wiederholen.

Natur bedeutet hier wie für die Goethezeit, den Gesamtzusammenhang der Wirklichkeit; auch die Kunst und der Geist sind »organisch« ihr entwachsen. Mit dem Glauben an sie schwindet nach der theistischen auch jede Art von moderner Bindung. Wenn der Mörder Faust am Ende auch noch sich selber tötet, so bestätigt er damit nur seine Verlorenheit. Faust selbst meint zwar in einem schwärmerischen anaphorischen Spiel mit dem Worte Traum, *alles* in der Welt sei »wirrer Traum«, »bunter Schaum«, also auch der Teufel und sein Selbstmord. Er versucht, der schrecklichen Wahrheit seiner Existenz mit idealistischer Dialektik, mit mystischer Spekulation zu entfliehen. Aber Mephistopheles stellt in der Schlußrede fest, daß eben dieses verzweifelte »Zusammenschweißen« von Mensch, Gott und Welt zum Sieg des Teufels geführt hat.

In der Lenau-Forschung werden häufig Stellen aus den Briefen des Dichters zitiert, die ihn selbst als Faust inmitten der gutmütigen und philiströsen Schwaben zeigen, die also das vor allem von Heine fabrizierte komische Klischee vom Knöpfleschwaben stützen. F. Th. Vischer hat sich gegen dieses einseitige Schwabenbild schon gewehrt, und Lenau selbst schreibt an Max von Löwenthal (19. 11. 1834): »Außerhalb Schwaben möcht ich es [das Faustmanuskript] außer andern Gründen [Zensur] auch aus dem nicht drucken lassen, weil Faust ein geborner Schwabe ist. Auch ist sein Charakter ein wahrhaft schwäbischer. Dieser Hang zu spekulativer Schwärmerei, dieser redliche Ernst in Verfolgung einer überhirnigen abenteuerlichen Idee, dieses leichtgläubige Sichprellenlassen vom Teufel scheinen mir echte Züge des schwäbischen Nationalwesens, und ich möchte Fausts Verschreibung einen erhabenen Schwabenstreich nennen.« Selbstverständlich darf man diese Äußerung nicht zu wörtlich nehmen. Die Negation des Weltschmerzlers ist so gut Teufelei wie »die Verfolgung einer überhirnigen abenteuerlichen Idee« (s. o.), und Lenau selbst spielte mit dämonischer Lust den Teufelskünstler in seiner jeweiligen

Umwelt. Aber das Zusammensehen des »redlichen Ernstes« und der Leichtgläubigkeit (»Gutmütigkeit«) der Schwaben mit der Teufelsverschreibung trifft die damalige schwäbische Geistigkeit nicht übel, vor allem den *Idealismus Hegels, der ja doch ein Don Quichote gewesen ist, auch wenn er seine »spekulative Schwärmerei«* (Lenau s. o.) *mit sehr kühler Logik zementierte* und daher noch zum Vorbild oder wenigstens zum Vorläufer der politischen Religionsstifter des 20. Jahrhunderts wurde. In der früheren »Geistesgeschichte«, die ja eigentlich eine die Dichtung einbeziehende Philosophiegeschichte war, ist die enge Verbindung, die zwischen Lenaus Dichtungen und der Geistes- oder Religionsgeschichte der Zeit besteht, präzis herausgearbeitet worden, wenn dabei auch, wie so oft bei Poeten, seine philosophische *Spezialbildung* überschätzt wurde[50]. *Diese Ergebnisse sind der Lenau-Forschung leider da und dort wieder verlorengegangen.* Richtig wurde damals wohl auch gesehen, daß dem Dichter der hegelianische Geist vor allem in der Gestalt des Bibel- und Religionskritikers David Friedrich Strauß gegenwärtig war[51]; denn was Lenau zutiefst interessierte, war die *Auswirkung des philosophischen Denkens auf die Religion.* Dabei läßt sich unmöglich leugnen, daß er zunächst im konservativ-christlichen, d. h. antiidealistischen Lager stand, und nicht zuletzt auch mit den Goethefeinden, die in Württemberg besonders einflußreich waren (Wolfgang Menzel), sympatisierte. An Lenaus biedermeierliche Umwelt erinnern vor allem die Szenen, in denen Faust gegen die Kirche, die Familie, die Gattenliebe und gegen das in einem Schmied repräsentierte Volk frevelt.

Lenaus *Faust restauriert,* im Widerspruch zur »Ich-Philosophie« des gesamten deutschen Idealismus, *den Ausgang des barocken Faustdramas.* Zwar wurde über diesen Schluß viel gestritten; denn Lenaus Zerrissenheit, sein Widerspruch gegen jede Art von Harmonismus erschien manchen Lesern überzeugender als seine Rückkehr zum alten Glauben. Aber die *Verdammung* Fausts konnte als ein erster Schritt zur Bekehrung des verzweifelten und blasphemisch verstockten Dichters gesehen werden. Der dänische Theologe Johannes Martensen schrieb sogleich eine Broschüre *Über Lenaus Faust* (Stuttgart 1836), in der er die christlichen Lücken, die es in Lenaus Dichtung gab, ausfüllte. Er übernahm dann auch die Aufgabe, Lenaus Bekehrung durch persönliche Seelsorge zu vollenden. Die Verteidigung der christlichen Welt an einer besonders gefährlichen Einbruchsstelle Satans funktionierte vorzüglich!

Wir befinden uns – das wird oft vergessen! – in der Zeit nach dem Verbot der jungdeutschen Schriftsteller (1835), da das »Geistliche Biedermeier« *unter der Führung angriffslustiger Theologen* zum vermeintlich entscheidenden Gegenschlag gegen den Säkularismus ausholt (vgl. Bd. I, S. 144 ff.). Lenaus *Faust* ist der Versuch, durch eine christlich gehaltene Negation der idealistischen superbia den gemeinsamen vanitas-Grund des Christentums und der Weltschmerzpoesie zu aktivieren und den in Wirklichkeit unüberbrückbaren Abgrund zwischen den beiden Erscheinungen des vanitas-Denkens zu vernebeln. Daraus erklärt sich die wütende Reaktion der Jungdeutschen und bald darauf auch der junghegelianischen Publizisten. Wenn sich der Dichter einige Jahre später über »die umlaufende Meinung von einem innigeren Verhältnisse zwischen Dr. Menzel und mir, als wäre ich dessen versifizierender Schildknappe« *beklagte* (an Hermann Marggraff 1. 11. 1839), so spricht daraus bereits der Versuch, Anschluß an die, seit den Hallischen

Jahrbüchern, mächtig aufstrebende Gruppe der Junghegelianer (vgl. Bd. I, S. 208 ff.) zu gewinnen. Zunächst aber – das ist kaum zu widerlegen – wollte es der schwache Lenau dem starken Menzel in Stuttgart, dem Feinde der Jungdeutschen, und den biedermeierlichen Freunden in Württemberg recht machen. Wenn die österreichische Forschung Lenaus Antiidealismus als typisch österreichisch sehen möchte, so ist dies wohl nicht falsch; aber die Verallgemeinerung ergibt doch ein unklares geschichtliches Bild. Am schärfsten erfaßte Prutz in den Hallischen Jahrbüchern (3. Jg. 1840) [52] den konkreten Zusammenhang: »Besonders war denjenigen, die aus Menzelscher Rechtgläubigkeit den Goetheschen Faust nicht anerkennen durften, dieses Werk von Lenau eine rechte Herzenströstung: hatten sie, da Faust ja einmal die Losung der Zeit war, nun doch auch ihren Faust, der gerade verphilistert genug war, um sich ihre Gunst zu gewinnen: wie denn gerade Menzel dieses Lenausche Werk mit jenem stereotypen Lorbeerkranze gekrönt hat, an dessen saftlosen Blättern sich gegenwärtig wohl niemand erfreuen wird.« Menzel hatte, anläßlich seiner Rezension von Lenaus Faust, dessen Namen in den Lorbeerkranz, mit dem der Titel des Literaturblatts zum Cottaschen Morgenblatte geschmückt war, gesetzt. *Der Teufelskünstler* – das war eine nicht nur württembergische Sensation! – *hatte eine Art Biedermeier-Faust* geschrieben und war dafür mit dem Lorbeer gekrönt worden! Der Morgenblatt-Kritiker hat, wenn man seinen »Denkwürdigkeiten« glauben darf, Lenau überhaupt erst davon überzeugt, daß er »dem Teufel sein gutes altes Recht nicht... verkürzen« dürfe. Die spätere Reaktion Lenaus auf die liberale Kritik hat Menzel, wie mir scheint, nicht ganz richtig interpretiert: »Allein die Angst, für konservativ, oder wohl gar für fromm zu gelten... riß ihn fort, Sachen zu schreiben, die ihm unter andern Umständen wohl nicht eingefallen wären« [53]. Man kann, nach Menzels eigener Darstellung, auch umgekehrt behaupten, *daß Lenaus christliche Wende ohne Menzels übermächtigen Einfluß gar nicht stattgefunden hätte.* Die Publizisten waren jedenfalls auch damals schon stärker als die Dichter, und Lenau ist niemals ein Held gewesen*.

---

* Jedermann kann sich heute leicht ein selbständiges Bild von dem Streit um den Biedermeier-Faust machen. Hartmut Steinecke hat dem Reclambändchen von Lenaus Faust, das er herausgab (Stuttgart 1971), eine *gründliche Zusammenstellung der einschlägigen Briefe und Rezensionen* beigefügt. Ob es allerdings richtig war, die etwas progressivere Auflage von 1840 zugrundezulegen? Selbstverständlich ist, daß Walter *Dietze* in seiner Lenau-Ausgabe die zweite Auflage bevorzugen mußte, um die Kluft zwischen *Faust* und den *Albigensern* zu verringern. *Wir* sollten jedoch lieber zugeben, daß die Weltschmerzler, im historischen Niemandsland zwischen Theismus und Atheismus stehend, zum Hin- und Herschwanken verurteilt waren. – Wegen der großen Verbreitung von Werner *Kohlschmidts* Epochenbänden (Reclam – Geschichte der deutschen Literatur) warne ich vor seiner Bewertung der umfangreichen Dichtungen Lenaus (Bd. III, S. 571–581). Hier rächt sich die fehlende spezielle Kenntnis der Biedermeierzeit. Von einem Repräsentanten der »Weltschmerzperiode« kann man nicht erwarten, daß Faust ein selbstbewußter Atheist, Don Juan ein unreflektierter Verführer ist. Wenn *Kohlschmidt* schreibt, diese Werke seien keine »episch-lyrischen Dichtungen« sondern nur »Bildungsauseinandersetzung«, so gibt dies einen ganz falschen Begriff von Lenaus wie immer zwiespältigem Ringen um die Religion, von seinem Haß gegen die Ketzerverfolgung der katholischen Kirche und von seiner in Enthusiasmus und Polemik hinreißend rhetorischen Diktion

Savonarola: *Ideal der christlichen Republik*

Neben Menzel sorgte Martensen (s. o.) für eine gründliche christliche Schulung. Auch Baader, der fromme Held in dem sonst von Lenau wenig geschätzten Kunst-München Ludwigs I., bestärkte den Dichter in seinem christlichen Selbstbewußtsein: »Ich sei in meinem Faust tiefer gegangen als alle die andern Herren« (an Emilie v. Reinbeck 16. 9. 1837). Der Philosoph schlug ihm sogar vor, »seine [Baaders] spekulativen Ideen zu inkarnieren«. Kerner, der durch seine psychiatrische Erfahrung wichtig für den Schwermütigen war und durch seinen Humor eine wohltätige Wirkung auf ihn ausgeübt zu haben scheint, zog den Dichter in die gleiche, spätromantisch-christliche Richtung. Das Christentum betrachtete er als Heilmittel gegen den »Dämon«, von dem er Lenau besessen glaubte[54]. Auch das im ganzen asketische Verhältnis zu Sophie von Löwenthal muß den Dichter zu jener Zeit christlichen Einflüssen zugänglicher gemacht haben. Sie wird für ihn zur religiösen Führerin und gleichzeitig zu seiner Muse: »Ich habe Ihnen oft gesagt, daß ich ohne Sie keinen Savonarola geschrieben hätte, und ich wiederhole es« (an Sophie von Löwenthal 25. 5. 1838). Mit dem positiven christlichen Helden *Savonarola* (1837) vollzieht Lenau eine Wendung, die ihn noch näher an den goethefeindlichen Pietismus Altwürttembergs heranführt. Durch dieses Werk isoliert er sich selbst im christlichen, jedenfalls im katholischen Biedermeier-Lager; denn das Hauptangriffsziel ist die weltlich entartete römische Kirche. Heftige Angriffe führt der Dichter hier auch gegen den Pantheismus und gegen den florentinischen Antike-Kult, womit zugleich der deutsche Klassizismus, die Kultur von Weimar, und – am aktuellsten – Heines »Hellenismus« gemeint waren*. So bekam der Dichter beim Savonarola noch mehr Kritik zu hören. Gutzkow prägte erst anläßlich dieser *militanten* christlichen Dichtung das Wort vom Schildknappen Menzels, des Denunzianten. Auch die Lenau-Forschung bedauert im allgemeinen den »Savonarola« als eine Entgleisung. Doch entspricht er genau der ambivalenten Struktur des Dichters, die ich freizulegen versuchte. Der heilsbedürftige, durch Natur, Geschichte und eigenes Leben, überhaupt durch die gesamte Wirklichkeit radikal enttäuschte Dichter versucht sich durch den Rückgriff auf die alte, weltüberwindende Religion zu retten, genauer: er versucht, mit Hilfe des barocken »Lebensnihilismus«

---

* Antal *Mádl* (Lenau und die Romantik, in: Lenau-Forum Bd. 2, F. 3–4, S. 40–54) hat also, trotz Lenaus auf S. 668 f. erwähnter Umwandlung der universalpoetischen Konzeption, recht, wenn er in seinem ungewöhnlich kenntnisreichen Aufsatz davor warnt, Lenau kurzschlüssig *nicht* zur Romantik zu rechnen. Abgesehen davon, daß man auch den *deutschen* Byronismus generell zur europäischen Romantik rechnen kann (vgl. Bd. I, S. 222), überzeugt sein Hinweis auf die Tatsache, daß Lenau, unter dem Einfluß der Schwaben, eine andere Geschichtsauffassung hatte als die Österreicher (S. 45) und durch den Sinn für das »allgemein-europäische Ketzertum« (S. 46) europäischer als alle Nationalautoren des Habsburgerreiches war. Lenaus umfassendes Interesse für Musik, Philosophie, Geschichte, Naturkunde usw. sieht er im Zusammenhang der universal-poetischen Idee. Richtig ist auch sein Hinweis auf die zahlreichen Epen im »nicht-deutschen Raum« (S. 51). Allerdings sollte man bei dem Feind des Antike-Kults nicht gerade von »klassischem Epos« sprechen (S. 50). Auch bei der Auseinandersetzung um Lenaus Annäherung an den Hegelianismus wird meistens übersehen, daß schon durch den hegelianischen *Klassizismus* (vgl. Bd. I, S. 214 ff.) klare Grenzen zwischen dem Byron-Schüler und den Junghegelianern gezogen sind.

(Hankamer) dem fürchterlich herandrohenden absoluten Nihilismus zu entgehen. Für diesen Versuch ist Savonarola der richtige Held. Lenau will, wie er drastisch an Kerner schreibt (23. 1. 1837), während des Dichtens »viel Gesindel« aus seinem Herzen jagen. Vor einem Manne wie Savonarola kuschen die Teufel (an Max v. Löwenthal 6. 8. 1837). Der Haß gegen das künstlerische Florenz der Medici, gegen die Humanisten, gegen die Herrschenden in Staat und Kirche tritt mit einer Glut hervor, die nicht nur durch das Freiheitsbedürfnis, sondern vor allem auch durch den Selbsthaß des labilen Künstlers genährt ist. Die von Lenau fingierte Bekehrung Michelangelos und Leonardo da Vinci's zeigt die *Tendenz, die Kunst von neuem der Religion unterzuordnen*. Ja, angesichts einer Welt, die vollkommen verderbt ist, bleibt die radikale Verneinung aller Kultur die höchste Möglichkeit. Nicht die Kultur, das Martyrium ist die gültige Bewährung des Menschen. Die damals, unter dem Einfluß des Nibelungenliedes öfters zu beobachtende Neigung zum tragischen Epos (vgl. Bd. II, S. 689 ff.) führt bei Lenau zu einer Annäherung des von Herder geschaffenen Romanzenepos (vgl. Bd. II, S. 682 ff.) an die Märtyrertragödie. Das barocke Märtyrer-Tyrannen-Schema schimmert immer wieder durch. Und mit dem Geist des alten Stoffs restaurieren sich auch alte Mittel der Gestaltung. Grelle, ja grausame Berichte etwa von gottseligen Folterungen sind nicht selten. Der Weltschmerz erscheint auch hier wieder in einer uns bereits bekannten Gestalt: als Lust zu grausamen Motiven. Predigten Savonarolas verdrängen für längere Partien die Fortführung der Erzählung. Tendenz und Satire gehören ganz selbstverständlich zu dieser historischen Dichtung; sie ist ganz und gar nicht »antiquarisch«, so sehr sie sich um sinnliche Fülle und verlockende Schönheit der *Verse* bemüht. Lenau ist hier nicht süß, nicht sanft, sondern gewaltig. Der Ton ist eher monumental als intim, die Verskunst strenger als sonst, bis zur Vergewaltigung der Sprache. Sorgfältig behandelte Epitheta, homerische Gleichnisse verstärken den Eindruck, daß der Dichter in diesem Werk, obwohl er die lockere Form eines rhetorisch-lyrischen Romanzenepos wählt, epischen Anspruch erhebt. Im Rahmen der modernen Möglichkeiten wie mir scheint, mit einem gewissen Recht. Die Entschiedenheit des Standpunkts ist der Form zugute gekommen und ermöglicht eine gewisse Entfaltung von »epischer Welt«. Das Experiment konnte, wenn man seine Voraussetzungen bejahte, als gelungen erscheinen, so daß »Savonarola« bis in unser Jahrhundert hinein als protestantisches Bildungsmittel verwendet wurde[55].

Von modernistischen Kritikern des Epos wird oft vergessen, daß Savonarola nicht nur die notwendige Reform der Kirche betreibt, sondern als Feind der Medici auch die fürstliche, aristokratische, bildungsaristokratische Herrschaft verwirft und als gewaltiger geistlicher Demagoge eine *Republik* in Florenz errichtet. Wenn man den revolutionären Charakter des Werks erkennen will, darf man den Fortschritt nicht am (fehlenden) Materialismus messen: man muß vielmehr an die *christlichen* Republikaner und Sozialisten der Biedermeierzeit vom Typus Börne, Menzel, Weidig denken. Auch dieses Ideal einer christlichen Demokratie hatte in Württemberg eine feste Basis, erst recht natürlich in den schwäbischen Siedlungen Nordamerikas (Economy s. o. unter der Leitung von Georg Rapp). Geht man von der Barocktradition aus, so ergibt sich keine Nähe zum höfischen Barock, etwa zu Gryphius, der den katholischen Karl I., das Opfer der Puritaner, zum Märtyrer stilisierte, wohl aber zu dem *Volksführer Cromwell* selbst, der ja praktisch die englische Demokratie auf hyperchristlicher Basis begründete. Lenau wollte weitere Epen über Huß und Hutten schreiben, ein Beweis dafür, daß er die *gesamte protestantische Tradition Europas* im Auge hatte. Eine klare Grenze zwischen Protestantismus und Liberalismus wird *nicht* gezogen, wie in dieser Zeit üblich (Bd. I, S. 169 f.). Dem sterbenden Lorenzo Medici, der den Priester Savonarola um seinen Segen bittet, hält er statt dessen eine Predigt, die die Freiheit nicht dem Wortlaut nach (s. u. 4. Strophe), aber doch in der radikalen Gesamtkonzeption der Dreieinigkeit *überordnet:*

> O Fürst! den Segen will ich sprechen
> Zu deiner Rückkehr in den Staub,
> Willst du dem Volk die Fesseln brechen,
> Gibst du zurück den großen Raub.

> Glaubst du an Gottes heil'ge Dreiheit,
> Mußt glauben du zu gleicher Frist:
> Daß Christus ist ein Gott der Freiheit,
> Daß nimmer ein Despot ein Christ.

> Für welche Gott sein Blut vergossen,
> Für die er starb auf Golgatha,
> Sind Gottes teure Bundsgenossen,
> Sind nicht zum Spiel der Fürsten da.

> Freiheit ist nicht die höchste Gabe,
> Die hier der Mensch zum Heil bedarf;
> Doch trägt ihm all sein Glück zu Grabe,
> Wer ihm die Freiheit niederwarf.

Selbst liberale Theologen werden Schwierigkeiten haben, diesen rhetorischen Wortqualm christlich zu rechtfertigen.

Die literarische Kritik beanstandet heute eben diese Rhetorik, diese ewigen Predigteinlagen, und sie kann sich dabei auf den Dichter berufen, der sich des Unterschieds zwischen Rhetorik und Epik voll bewußt war: »Predigend kann ich ihn [Savonarola] nicht einführen, das gestattet die epische Form meines Gedichtes nicht« (an Hans Lassen Martensen 14. 7. 1836). Jedermann gibt zu, daß er gröblich gegen das so bezeichnete epische Gesetz verstieß. Aber kann man sich irgendeine Dichtung Lenaus homerisch vorstellen? Die klassizistische Stetigkeit im Erzählen ist bei ihm ebenso undenkbar wie ein strenger Aufbau ohne Romanzen, ohne schöne lyrische Stellen, gedankliche Partien u. dgl. Haben wir Lenaus Rhetorik nicht fast in allen seinen Texten beobachtet? Man kann also höchstens sagen, daß ihn in diesem Werk die liberal-christliche Didaktik zu besonders breiten Predigten verführt hat, ähnlich wie den Geistlichen Gotthelf in einer ganzen Reihe von Romanen. Lenau bewegt sich damit völlig im Rahmen seiner Epoche und er muß dies auch, weil er sehr auf die Wirkung bedacht ist. Ein Einwand, der stärker handwerklich ist, hat wohl eher Berechtigung. Die gewählte Strophe (a b a b) ist für eine größere Dichtung zu streng. In einem Brief an den Dichterkollegen Anastasius Grün (an Auersperg 5. 12. 1836) klagt er: »Das unvermeidliche Dogmatisieren in vierfüßigen doppelt gereimten Jamben ist eine schwere Arbeit«. Solche Klagen hören wir öfters. Auch unsere Textstelle, scheint mir, ist nicht in jeder Beziehung gelungen. Heine hat sich in *Atta Troll* und

675

Deutschland ein leichter zu handhabendes Versmaß gewählt, und Lenau selbst fand in den *Albigensern* eine bessere Lösung.

»Facit versus indignationem«: Die Konkurrenz mit den Tendenzpoeten des Vormärz

Schon während der Arbeit am *Savonarola* empfinden wir in den Briefen Lenaus eine gewisse Ermüdung. Er ahnt, daß er mit diesem Werk wenig Erfolg haben wird. Man glaubt es ihm nicht, wenn er schreibt: »Auch gereicht es mir zu besonderem Vergnügen, mit diesem Gedichte gegen den herrschenden Geschmack unseres Tages in Opposition zu treten... Aber es gibt, wenn auch wenige, Herzen, die dem Geschmack des Tages so wenig huldigen als ich, und für diese schreibe ich mein Gedicht« (an Emilie von Reinbeck 16. 1. 1837). Lenau hat nie für die Wenigen geschrieben. Er hat sich wohl nur in der Lagebeurteilung getäuscht. Gut österreichisch überschätzte er die Macht des Staates und die Macht liberal*christlicher* Publizisten wie Menzel. *Seine Dichtungen und Briefe spiegeln genau die historische Entwicklung nach dem Verbot der Jungdeutschen wider,* genauer wohl als bei jedem andern der in diesem Bande skizzierten Dichter. Bestimmend für Lenaus weitere Entwicklung ist die zunehmende Radikalisierung der Zeit; ihr folgt er ebenso geschmeidig wie zuvor den durch das Bundestagsverbot geförderten konterrevolutionären Aktivitäten.

Immerhin darf gesagt werden, daß er auf dem in Württemberg vorgezeichneten *antijungdeutschen* Kurs blieb. Er hatte es auch gar nicht nötig, »Dichters Klagelied über das junge Deutschland«, das mit einer Schimpf-Pointe endet (»Schweine«), zu widerrufen; denn die Jungdeutschen verloren ohnehin bald ihren Kredit durch inneren Streit und Mißbrauch der publizistischen Macht. Der Abhandlung Gustav Pfizers über »Heines Schriften und Tendenzen« stimmte Lenau ausdrücklich zu. Es ist die Kritik, die durch Heines ebenso gekonnte, wie scharfe Pfizer-Karikatur in *Atta Troll* berühmt geworden ist. Diesen ziemlich schulmäßigen, die herrschenden literarästhetischen Maßstäbe widerspiegelnden und daher für uns Historiker interessanten Verriß rechtfertigt Lenau in einem Brief an Cotta (21. 3. 1838) als »ein sehr tüchtiges Stück Arbeit in der analytischen Kritik«, die der Anatomie in den Naturwissenschaften entspreche: »Er [Heine] hat durch seine Schonungslosigkeit alles Recht auf Schonung verwirkt und muß sich nun gefallen lassen, daß Pfizer ihn gleichsam vor seine eigene Leiche führt.« Es ist nicht schwer zu verstehen, daß die Steigerung und (begrenzte) Demokratisierung der aus dem 18. Jahrhundert überkommenen »voltairianischen« Witzkultur, die Heines eigentliche Leistung ist, dem Weltschmerzler ebensowenig gefiel wie die Weiterentwicklung der Kotzebueschen Komik durch seinen Landsmann Bauernfeld. Wo sich Lenau selbst in dem von Pfizer getadelten »ganz gemeinen Stil« bewegte – wie in dem erwähnten Gedicht gegen die Jungdeutschen – verrät das Mißlingen seine Unzuständigkeit. Selbstverständlich ist der »Zynismus« Heines eine Voraussetzung für den »frivolen« Stil, und dieser ist auch Lenau eigen; aber er schlägt mit Hilfe des Zynismus keine Funken wie Heine. Es entsteht, von usnahmen abgesehen (s. u.) nur ein verdrossener Dandy-Ton wie etwa in den folgenden ersen aus *Robert und der Invalide:*

> Die Erde tut, wie einst, noch immer froh
> Und schmückt sich gerne mit dem Blütenkleide;
> Getreu der alten, schon gedankenlosen
> Gewohnheit, trägt sie jährlich ihre Rosen.

Die Diktion ist elegant, aber nicht eigentlich witzig.

Da dieser Witz des ancien régime von Hegel ausdrücklich abgelehnt wurde und der erliner Philosoph noch in Schiller ein großes lyrisches[!] Vorbild gesehen hatte, konnte enau von den Schülern Hegels mehr Verständnis erwarten. Sie selbst bedienten sich äufig eines Stils, der nicht weniger pathetisch-rhetorisch war als der Lenaus (vgl. Bd. I, S. 52, Bd. II, S. 78 f.). Der Dichter hat sicher auch selbst, schon vor dem *Savonarola,* vor al-m aber danach, Hegel gelesen[56]. Die Frage, wie es Lenau fertigbrachte, die Tendenz er Jungdeutschen als schnöden Kunstmißbrauch zu rügen und gleichwohl tendenziöse pen zu schreiben, läßt sich wohl nur dahin beantworten, daß er Epen, denen das hege-anische Prädikat »weltgeschichtlich« zukam, für keine Tendenzdichtungen hielt, son-ern für eine poetische und philosophische Darstellung der »objektiven«, in der Ge-chichte waltenden Idee. Die Tendenz im Stile der Jungdeutschen wurde von den Hege-anern abgelehnt, mit dem Erfolg, daß die eigene Tendenz in einer schwerer faßbaren in-irekten Form sich auswirkte, wie z. B. in Hebbels *Maria Magdalene* (vgl. o. S. 373) oder Julius Mosens Epos *Ahasver* (1838, vgl. Bd. II, S. 673 ff.). Eine ähnliche Undeutlichkeit aben wir schon in Lenaus *Faust* und *Savonarola* beobachtet.

Die stilgeschichtliche Nähe zu den Junghegelianern dürfte freilich noch wichtiger ge-esen sein als die immer etwas schwankenden Inhalte Lenaus. Eben in bezug auf die *Al-igenser,* die als Höhepunkt von Lenaus progressiver Dichtung gefeiert werden, schreibt er meisterhafte, aber inhaltlich wenig gebundene Dichter einen seine Art erstaunlich räzis bezeichnenden Satz: »Sehr begierig bin ich auf Ihr Urteil über dieses Werk, von elchem das: ›facit indignatio versum‹ gilt, und das umgekehrte: ›facit versus indigna-onem‹ wahrscheinlich auch gelten wird« (an Karl Eduard Bauernschmid 18. 8. 1842). o leichtfertig geht man als Junghegelianer mit den Inhalten nicht um, diese Äußerung errät eher eine ungewollte Nähe zu Heine (vgl. o. S. 473). Aus Lenaus Briefen an den arken Führer der Junghegelianer, Arnold Ruge, ergibt sich eindeutig, daß er sich sehr emühte, durch schmeichelhafte Diplomatie die Gruppe dieser angesehenen Publizisten ir sich und seinen Ruhm zu gewinnen, daß er aber kaum Sicherheitsrisiken gegenüber er österreichischen Zensur zu ihren Gunsten einging und sich in keiner Weise zu dieser artei rechnete. Man fühlt sich lebhaft an Heines Pariser Jonglieren zwischen Marx und olb, dem Redakteur der *Allgemeinen Zeitung,* erinnert. Lenau sieht sich, ganz wie der eine des *Atta Troll,* in erster Linie als Dichter, wenn er auch, nach seinen Erfahrungen it Menzel und Martensen, den Liberalen viel weiter entgegenkommt und den 15 Jahre ingeren Trommler Herwegh, dessen Ruhm ihn stark beeindruckte, an Heftigkeit des ons erreichen oder womöglich übertreffen will: facit versus indignationem, d. h.: ich ann immer noch mehr als ihr Jungen, wenn ich mir vornehme, empört zu dichten.

677

Nikolaus Lenau

Ein umgekehrtes Kreuzzugsepos: Die Albigenser

Selbstverständlich bringt es ein Marxist fertig, auch *Don Juan,* den gesellschaftlichen Schädling, zum ideologischen Vorbild zu machen (s. u.); aber normalerweise erhalten *Die Albigenser* (1842), Lenaus vorletztes größeres Werk, die beste Note. Turóczi-Trostler: »Lenau war sich darüber im klaren, daß die ›Albigenser‹ sein kühnstes und großartigstes Werk waren...; ja, wenn wir an den revolutionären Inhalt der ›Albigenser‹ und an ihre leidenschaftliche Parteilichkeit denken, so können wir feststellen, daß auch später nichts diesem Werk Vergleichbares gedichtet worden ist« [57]. Man sollte meinen, daß in einer so musterhaften sozialistischen Dichtung der Fortschritt, die Gesellschaft oder wenigstens Hegels »Idee« die allegorischen Leitfiguren sind; aber nach des Dichters eigenen Worten (an Hermann Marggraff 1. 11. 1839) ist *der Zweifel der Held des Epos: nach dem verzweifelten positiven Christentum kehrt der Dichter zu der ihm eigenen Negativität zurück,* worin ein Akt der Redlichkeit liegen mag. Der Protest gegen die Despotie des Papsttums verbindet jedoch die *Albigenser* mit dem *Savonarola.* Wenn die Negativität, die anarchische Leidenschaft der zentrale Punkt bei Lenau ist, muß diese gemeinsame *Verherrlichung des Ketzertums* stärker betont werden als der wechselnde, eher willkürlich gesetzte politische Akzent der beiden Dichtungen. Ohne diesen Vorbehalt erscheint Lenaus psychische Diskontinuität erschreckend. Von einer protestantischen oder pietistischen Sicherheit des Glaubens ist jede Spur verschwunden; ja, Lenau entsagt ausdrücklich – zum Befremden der schwäbischen Freunde – dem Unsterblichkeitsglauben und dem Zeichen des Kreuzes. Der forcierte Restaurationsversuch hat zu einer um so radikaleren Desillusionierung, zu einem völligen Verlust der christlichen Hoffnung geführt. Unter diesem Gesichtspunkt, nicht nur unter einem psychologischen, sind die apokalyptischen Bilder des Grauens, die Lenau entwirft, zu verstehen: Eine Scheintote steht in einer Stadt als einzig Überlebende wieder auf, ein Zug von Blinden geht unter der Führung eines Einäugigen durch die Lande. Dirnen tätscheln das Bild der Mutter Gottes. Ganze Städte werden unter dem Singen der Priester erobert und ermordet. »Tendenz« genug trotz ernster historischer Studien, im »Schlußgesang« noch ausführlich unterstrichen. Lenau interpretiert den Epilog, in dessen letzten Versen die revolutionäre Bewegung über Huß, Luther bis zur Französischen Revolution »und so weiter«, d. h. bis zum Vormärz weitergeführt wird, als Verständnishilfe »für weniger gewandte Leser« (an Emilie von Reinbeck 25. 10. 1841). Es ist aber wichtig zu wissen, daß der Schlußgesang erst nachträglich, genauer nach Herweghs Erfolg, hinzugefügt worden ist. Es war ein schwerer Schlag für den Dichter, als der umschmeichelte Führer der Junghegelianer, Arnold Ruge, Herwegh »als den Begründer einer ganz neuen lyrischen Ära«, als »lyrischen Messias« begrüßte, – obwohl doch, meinte Lenau, in Wirklichkeit die »politische Muse« nur eine Hetäre für den Augenblick, diesen »Wüstling«, ist (an Georg v. Reinbeck 25. 10. 1841). Man muß sich diese ausdrückliche Verurteilung der politischen Muse und des Don Juan-Typs merken, wenn man die letzten größeren Dichtungen Lenaus richtig interpretieren will. Lenau versucht, mit Hilfe des zeitgemäßen Schlußgesangs sich und das Publikum über das Eigentliche hinwegzutäuschen, was in den *Albigensern* mit unheimlicher Kunst dargestellt wird, über die Trostlosigkeit der Welt.

Nicht nur der Zweifel, sondern die nicht abzuschüttelnde Begleiterin des Dichters, die *erzweiflung, wird in diesen geschichtlichen Bildern dokumentiert.* Auch die Ketzer sind ier keineswegs nur Märtyrer, denn wo gekämpft wird, da ist der »Geier«, die elementae, erbarmungs- und lieblose Natur. Das Thema der grausamen Welt, das in den »Marioetten« noch den Charakter der negativen Idylle, der Familientragödie besaß, wird in iesem Epos, ähnlich wie in Büchners und Grabbes Tragödien, auf den von Hegel veröttlichten Schauplatz der Weltgeschichte hinausgetragen. Aber so hatte sich der Philoɔph das von ihm empfohlene Kreuzzugsepos bestimmt nicht vorgestellt (vgl. Bd. II, S. 43)*. Die öfters getadelte Zusammenhanglosigkeit des Werks spiegelt nur die Verwirʌng, den Unsinn, den die Geschichte in Lenaus Augen darstellt. In dieser Weise jedenɑlls rechtfertigt der Dichter die erneute Wahl des Romanzenepos, der offenen Form also, ɪe im Einflußbereich der hegelianisch-klassizistischen Poetik als romantisches Überleibsel verurteilt werden mußte. An Eduard Duller, einen liberalen Landsmann, der eher ɛr jungdeutschen, als der dogmatisch-junghegelianischen Richtung zuzurechnen ist, ːhreibt er (6. 4. 1840): »Meine Albigenser werden kein Ganzes. Ein Gedicht, das den ːaurigen Desorganisationsprozeß[!] des provençalischen Lebens zum Stoffe genommen, ʋeiß ich nicht, wie es organisch werden könnte. Jener Zusammensturz[!] war nicht ɪythmisch, und nur trümmerhaft kann der Besang desselben ausfallen. Dort kämpfte ɣahn[!] gegen Wahn, und das Ergebnis war nicht[!] Lebenswandlung, sondern eigentliɪer Tod. Vielleicht hätten solche Geschichten von Dichterhand unberührt bleiben solːn; mag sein. Nun ich aber einmal mich dran gemacht habe, muß ich wenigstens gegen ɪe Zumutung protestieren, als hätte ich die von der erumpierenden Geschichte umherɛworfenen Felstrümmer[!] zu einem unsern Kritikern bequemen Schilderhäuslein zuɑmmenleimen sollen.« Der unbefangene Leser empfindet die hier geschilderte Negativiɑt des Vorgangs viel stärker als Lenaus revolutionäre Idee. Auch Goethe hat sich gegen ɪe Geschichtsmetaphysik der Hegelianer gewandt; aber er sah die Historie doch noch ɪcht als den Ort verhängnisvoll vulkanischer Zerstörungen. Wer ein wirklich progressiɛs und demokratisches Epos braucht, sollte sich nicht an *Die Albigenser,* sondern an Alɪed Meißners *Žiška* (Leipzig 1846, 10. Aufl. 1867 vgl. Bd. II, S. 691) halten. Der 20 ɑhre jüngere Autor hat hinsichtlich der Schreckensszenen von Lenau gelernt, wurzelt jeːoch nicht mehr so tief in der Weltschmerzperiode.

Die Albigenser sind trotz ihrer Negativität die bessere Dichtung. Der Dichter wußte, ʋie wenig er damit der immer stärker zum »Positivismus« drängenden biedermeierlichen ɪnd realistischen Zeitströmung entsprach: »Sie äußerten einmal über Freiligraths Geːichte, dieselben seien Ihnen zu blutig. Wie blutig sind aber meine Albigenser!« (an Emie von Reinbeck Januar 1840). Im gleichen Brief schickt er eine idyllische Albigenser-

---

* Von Pyrker (vgl. Bd. II, S. 662 ff.) wissen wir, daß er diese Umkehrung des ursprünglich christlihen Kreuzzugsepos »mit Abscheu« aufgenommen hat. Er sah in den Albigensern den Zerfall eines ɪroßen Talentes: »Es hat sich ihm [Lenau] sein späterer poetischer Drang recht eigentlich bis zur Tiɪerwut gesteigert« (nach Viktor *Suchy,* Nikolaus Lenau und Ladislaus Pyrker, in Lenau-Forum, Jg. , Nr. 1–4, S. 52). Da beide Dichter als Ungarn galten und Cotta-Autoren waren, darf man in den ɪlbigensern vielleicht eine bewußte Opposition zu Pyrkers Kreuzzugsepen sehen, in Analogie zur *aust*-Kontrafaktur. Direkt nachweisbar scheint Lenaus Pyrker-Kritik nicht zu sein.

Romanze *Des Wanderers Gruß* mit. Ein säender Bauer sieht eine Taube mit Blutspure
und fürchtet für seine Saaten; aber ein Wanderer tröstet ihn durch den Hinweis auf da
Lied der Lerche, das er als »der Freiheit Morgenruf« versteht. Solche Lichtblicke sind ir
Zusammenhang mit dem Schlußgesang zu sehen. Auch kurze lyrische Romanzen, die a
Ruhepunkte im grausigen Geschehen fungieren, findet man, z.B. *Frühling* und *De*
Brunnen. Der sehr verschiedene Umfang und Ton der Romanzen bringt überhaupt vi
Abwechslung in dieses Epos. Diesmal will er die »Monotonie«, die er fürchtet (an Sophi
von Löwenthal 28. 4. 1841), doch nach Möglichkeit vermeiden. Es ist anzunehmen, da
das unermüdliche Feilen an dem Werk auch den Zweck verfolgt, dem *poetologische*
Gebot der Mannigfaltigkeit zu genügen. Den gleichen Strukturwillen verraten die ve
schiedenen Versmaße und Reimanordnungen, die in den Albigensern zu beobachte
sind. Diese Technik ermöglicht, um mich des Lenauschen Ausdrucks zu bedienen, kein
rhythmische Gesamtkomposition, aber doch ein rhythmischeres, dem Vorgang sich inn
ger anschmiegendes Erzählen als im *Savonarola*. Ich wähle ein Beispiel aus der Romanz
Fulco. Um zu zeigen, wie wenig Sinn der Kreuzzug gegen die Albigenser hat, erzählt de
Dichter, wie aus dem frohen Troubadour Fulco »der Kirche Spür- und Hetzhund ist ge
worden«. Er liebte die schöne Gräfin Adelheid, und auch sie mußte ihn lieben. Aber di
tugendhafte Dame verweigerte sich ihm. Nur als Minnesänger konnte er sich ihr naher
bis ihn der eifersüchtige Gatte aus dem Schlosse wies und so der liebenden Gräfin da
Herz brach.

> Und Fulco tritt zur Toten dicht
> Mit heft'gem Schritt; die Mönche bangen,
> Daß er sie küssend werd' umfangen,
> Doch nein, o nein, er küßt sie nicht.
> Was lebend sie so streng versagt,
> Fulco noch minder jetzo wagt,
> Wo duldsam sie es ihm vergönnte
> Und nicht mehr hold erröten könnte.
>
> Aus ihren Händen löst er sacht
> Das Kruzifix, *das* küßt er wild
> Und preßt ans Herz das Christusbild
> Und atmet tief, wie traumerwacht.
> Doch scheinbar nur ist sein Besinnen,
> Ein andrer Traum zieht ihn von hinnen.
>
> Sein Glück ist hin, damit ist's aus;
> Doch eh' des Schmerzes wilder Braus
> Ihn wirbelnd ganz hinabgedreht,
> Hat ihn der Strom noch angeweht,
> Der jetzt die Völker treibt auf Erden:
> Er will ein Streiter Christi werden.
> Er schwingt empor das Kruzifix,
> Entschlossnen Muts, entflammten Blicks,
> Und flieht vom traurigen Gemach,
> Und jeder starrt ihm staunend nach.

Von Adelheidens Totenbahr'
Riß ihn der Wahnsinn zum Altar.
Wenn all sein Glück ein starkes Herz verloren,
Wenn seine Wund' am tiefsten klafft,
Dann wird es vom Verhängnis gern erkoren
Und in den großen Sturm hinausgerafft.

Die Romanze erzählt zugleich symbolisch, wie der Minnesinger Lenau zum Streiter Christi *(Savonarola)* und zum »Schildknappen Menzels« im Kampf gegen die Jungdeutschen wurde. Diese psychologische Entlarvung deutet aber auch an, wie wenig dem Dichter, den schon die Paralyse zu prägen beginnt, die ideologischen Fronten in der Geschichte gelten, wie vorläufig sein Übertritt zur Gegenpartei ist, wie ihn doch immer noch in erster Linie die *Individualität* im Sinne eines säkularisierten Seelensheils beschäftigt. So wundert uns nicht, was die Marxisten – wenn sie ehrlich genug wären – wundern müßte: die rneute Wahl eines alten, barocken, schon in der Goethezeit künstlerisch behandelten Stoffes: *Don Juan* (verf. wohl meist 1844, hg. im Nachlaß 1851).

Don Juan: kein materialistisches Manifest

Lenau, der nach seinen religionsgeschichtlichen Epen öfters Überdruß an der Theologie und Philosophie äußert, scheint sich den sinnlichen Stoff zur Entspannung gewählt zu haben. *Es ist ganz verkehrt, wenn man in dem relativ leichten Werk einen Schlußpunkt sieht.* Nur im Sinne der Rückkehr zur österreichischen, quasi mozartischen Leichtigkeit und Musikalität ließe sich dieses Endgipfel-Schema vielleicht rechtfertigen, unmöglich dagegen in ideologischer Hinsicht. Trotzdem hat natürlich auch diese Dichtung metaphysischen Charakter; das liegt schon im Stoffe selbst, den Lenau bis in seine spanischen Bearbeitungen zurückverfolgte. Sein Don Juan ist mit Berufung auf die allgemeine Vergänglichkeit untreu. Da alle Liebe, auch die eheliche, »Traum« ist, unterscheidet sich sein Leben, meint er, wenig von dem der andern. Er spielt mit den Menschen, weil Gott mit der Welt spielt. Zum Schluß läßt er sich von einem schlechten Fechter erstechen – aus Langeweile. Kein Teufel spricht hier, wie im *Faust,* daß Schlußgebet. Don Juan wird, im Gegensatz zur Tradition, der sich sogar Grabbe in *Don Juan und Faust* beugt (vgl. S. 162), *nicht* vom Teufel geholt. Dies ist zweifellos eine Veränderung, die Gewicht hat. Was bedeutet sie?

Don Juan ist, abgesehen vom Schluß, in mancher Hinsicht eine Fortführung des *Faust* auf einer philosophisch weniger anspruchsvollen Ebene. Gegen Ende des *Faust* gibt es eine Gestalt, die im Rahmen der Dichtung selbst schwer zu deuten ist: Görg. Faust trifft diesen einfachen Menschen in der »Schenke am Meeresstrand«, d. h. inmitten des einfachen Volks. Görg ist ein praktischer und naiver Atheist und Materialist. Er tut was ihm gefällt; und als Faust »die schönste Dirne« weltschmerzlich ablehnt, ist er ihm gleich verdächtig. Es mißfällt ihm auch, als Mephisto von Natur faselt:

Ei was Natur! wer ist denn die?
Wo steckt sie denn?: Ihr saht sie nie;

Auch so ein abgezogener Geist
Der Euch im trunknen Kopfe kreist?

Auf den Freundschaftsantrag des teuflischen Ideologen antwortet er:

Ihr seid mir der fatalste Wicht,
Der mir vorkam in meinen Tagen!
(zur Dirne)
Komm Mädel, tanzen wir eins 'rum!

Lenau hat demnach schon in seinem *Faust* erkannt, daß erst die *ideologische* Naturhin‐
gabe vom Teufel ist, die *prinzipielle* Gewissenlosigkeit, der *prinzipielle* Subjektivismus
den die Idealisten lehren. Entsprechend ist Lenaus Don Juan böse und gut. Er ist Okka‐
sionalist: »Ein Augenblick hat ewigen Gehalt.« Er rettet verständnisvoll einen balzenden
Auerhahn und hat Freude an seinen unehelichen Kindern. Nur an die Treue glaubt er
nicht und – dieses Reimpaar ist wesentlich –:

Von Schwermut weiß ich nichts, mein Freund, ich hasse
Am Mann das Klagendweiche, Tränennasse.

In Lenaus *Don Juan* träumt sich ein durch und durch sentimentalischer Dichter das Ide‐
albild eines naiven Genießers. Wenn man diese Gestalt ideologisiert und poetisiert, ver‐
fehlt man gerade die entscheidende Nuance*. Der Teufel fehlt; aber die Katastrophe
bleibt, – weil der *Mensch* eben nicht so naiv und anarchisch leben kann, wie Don Juan es
zu tun versucht. Wer in einer dialogisch gehaltenen Dichtung – ich vermeide den Begriff
Drama – nur die Hauptfigur hört, interpretiert nicht ehrlich. Walter Dietze, der in der
Dichtung »eine diesseitige, zum Materialistischen hinweisende Tendenz« bemerkt, ja so‐
gar eine »positive Don Juan-Gestalt« erkennen will [58], läßt die Opfer Don Juans nicht
zu Wort kommen. Auf die Behauptung Don Juans, der Augenblick habe »ewigen Ge‐
halt«, es könne auf Erden nichts bestehen, antwortet Maria, die wohl nicht umsonst ih‐
ren Namen hat:

Du armer Mann, trag' deine Blöße fort!
Als einen Bettler sieht mein Herz dich scheiden,
Das reicher ist in allen seinen Leiden
Als du mit deinem schlechten falschen Wort.
Dein Lieben hätte ewigen Gehalt,
Und kann verkümmern doch so schnöd, so bald?
O lüge nicht, in deiner Liebe war
Nichts Ewiges, nichts Menschliches sogar!
Verzweiflungsvolle Scham brennt mir die Wangen,
Daß ich dich Tierischen einst konnt' umfangen!

Gegen Ende des Dramas bestätigt Don Juan selbst, daß er tierische Bedürfnisse hat:

---

* József *Turóczi-Trostler* (Lenau, Berlin 1961, S. 251), »Jetzt und hier vollzieht er seine endgül‐
tige Abrechnung mit dem Klerikalismus, der Theologie, der Askese, dem Zölibat und mit der alle na‐
türliche Liebe verfälschenden scheinheiligen Prüderie des kleinbürgerlichen Biedermeier«. Don Juan
bleibt auch bei Lenau eine Extremgestalt, eine tragische und barocke Figur. »Natürliche Liebe« ist
bestimmt nicht das richtige Wort für den Genießer, der sich aus Lebensüberdruß umbringen läßt

Das beste wäre, kein Bedürfnis fühlen?
Das beste ist, Verlangens Glut zu kühlen.
O dürsten wie das Windspiel, Meil' auf Meile
Das Wild verfolgend in erhitzter Eile,
O hungern möcht' ich wie der Wolf im Schnee,
Und dann den frischen Bach, das junge Reh!
Ha! wie der Hirsch, wenn Triebe ihn durchfeuern,
Des Schlafs vergißt, nicht hat der Weide acht,
Nur umschweift nach verliebten Abenteuern,
Des Walds glücksel'ger Lump bei Tag und Nacht!
Ich tauschte lieber mit dem Hirsch die Stelle
Als mit dem Klosterbruder in der Zelle.
Was aber frommt die beste Wissenschaft?
Verraten hat mich meine eigne Kraft,
Das Feuer meines Blutes ist verlodert,
Ich fühle mich schon gleichsam angemodert.

Ein Mensch kann unmöglich, wie dieser Wüstling es will, ein Tier sein. Auch Don Juan war also, auf andere Art als Faust, ein Don Quichote, ein nicht lebensfähiger Mensch. Es ist eine seltsame Vorstellung, wenn man meint, das 19. Jahrhundert, das in allen seinen Gruppen zum Maßhalten neigte, hätte eine »positive Don-Juan-Gestalt« billigen können. Die Alternative von Hirsch und Klosterbruder in dem zuletzt zitierten Text beweist war, daß die Extreme gegeneinander gesetzt werden, daß Lenau nach der natürlichen *Liebe* des *Menschen* überhaupt nicht fragt; aber Germanisten, die ihre Dichter gerne zu Humanisten machen, sollten künftig doch vermeiden, *dem Minnesinger Lenau eine Verklärung Don Juans zuzumuten.* Man kann höchstens sagen, daß der Dichter seinen Helden nicht nach traditionellen moralischen Maßstäben verurteilt, sondern die Bewertung in der Schwebe läßt. Darin kann eine gewisse psychologisch-realistische Neutralität gesehen werden, das Bestreben, über den schroffen Gegensatz von biedermeierlicher Frauen-Sakralisierung und jungdeutscher »Emanzipation des Fleisches« hinauszukommen, – was übrigens gerade der Entwicklung zum *bürgerlichen* Realismus entspricht; Don Juan ist ja mit Haut und Haaren eine Figur des ancien régime. Daß Lord Byron ihn bedichtet hat, widerspricht dem nicht. Übrigens hatte der alte mythische Sünder sich damals auch schon *durch Bekehrung* vor dem Teufel gerettet (Prosper Mérimée, *Les Ames du Purgatoire*, 1834). Möglicherweise ist Lenaus Don Juan eine Kontrafaktur dieser frommen Biedermeier-Erzählung. Man sollte aber besser solche Festlegungen vermeiden, da man nicht weiß, welche Akzente Lenau seiner Dichtung beim Feilen verliehen hätte (vgl. o. Zusätze zu den *Albigensern*).

Stilgeschichtlich ist der *Don Juan* insofern bemerkenswert, als sich der Abbau weitschweifiger Redseligkeit, der schon in den *Albigensern* begann, fortsetzt. Die Diktion ist lakonischer als zuvor. Die von Grabbe und Platen konsequenter durchgeführte Stilentwicklung zur Breviloquenz deutet sich wenigstens an. Das Empfindsame tritt zurück. Die ironische Aussageform, mit der schon im Mephistopheles von Lenaus *Faust* experimentiert wurde, gewinnt große Bedeutung, so daß man sich fragt, ob Lenau bei längerer Gesundheit nicht doch noch in die Nähe von Heine gelangt wäre, zumal da dieser sich eher in der entgegengesetzten Richtung entwickelt; Heine mildert im Spätwerk die ironischen

Effekte. Ein gewisser Sarkasmus stand dem Weltschmerzler Lenau, wie wir bereits wis
sen, von jeher zur Verfügung; jetzt äußert er sich pointierter. Schon im *Faust* findet ma
Stellen, die man bei Lenau nicht erwartet, zum Beispiel:

> So eine Dirne, lustentbrannt
> Schmeckt besser als ein Foliant!

Interessante Durchbrechungen der ästhetischen Illusion, wie sie auch Heine liebt, begeg
nen gelegentlich. So sagt Mephistopheles in einem Streitgespräch: »Du treibst mir di
Metapher in die Enge.« Manches reimt recht vergnüglich, so »Kirchhofpromenade« au
»Seelenlimonade«. Diese Stiltendenz setzt sich im *Don Juan* fort. Normalerweise sprich
Don Juan glatt, leicht, wohlklingend, – auch im ästhetischen Sinne verführerisch. Aber e
kann auch pointiert antworten, z.B. dem Warner Diego, der von der »Fessel der Uma
mung«, den »Schranken« der Liebe spricht:

> Das war ad hominem; doch schief geboten;
> Es trifft den Leib, die Seele trifft es nicht;
> Auch Reinlichkeit ist eines Weisen Pflicht,
> Du aber, Freund, philosophierst in Zoten.

Lenaus Sprache, die wie die Heines mehr sprachkünstlerisch gearbeitet als einmalig (au
dem individuellen Unterbewußtsein) geprägt ist, eignet sich nicht schlecht zur ironische
Darstellungsform. Trotzdem dürfte der erste Eindruck, daß Lenau ein weltschmerzlich
»sentimentaler« Dichter ist, zu Recht bestehen. Man wird kaum behaupten können, daß
ihm über Goethe, Byron und Heine hinaus eine Bereicherung der ironischen Diktion ge
glückt ist.

Nach Don Juan: ein ganz anderer Ansatz

Zwei Äußerungen lassen darauf schließen, daß sich Lenaus Entwicklung bei Abschlu
des *Don Juan* schon wieder in der entgegengesetzten Richtung bewegte, was bei einen
»Zerrissenen« als normal anzusehen ist*. Am 10. 5. 1844 an Sophie v. Löwenthal: »Ic
habe einen Stoff zu einem großen Heldengedicht gefunden, der mich anregt, erfüllt und
beruhigt[!] wie noch kein anderer.« Sechs Wochen später (20. 6. 1844) schreibt er wiede
an die fromme Minneherrin Sophie: »Fürs erste muß ich mir jetzt den Don Juan vom
Halse schaffen, um dann mit ungeteiltem Eifer an einen solidern Helden zu gehen. Wer is
dieser? – Nun, es ist der solideste Held von allen Helden, die je gelebt haben auf Erden
der größte wie der unglücklichste. Zudem ist mein Stoff unserer Zeit und all ihrem gieri
gen Notgeschrei so ferne, daß mein Gedicht... zwar der Vorteile momentaner Anklänge
entbehren, dafür aber durch eine ideale Abgeschiedenheit und absolute Selbstbegrün
dung die höhere Ehre eines wahren Kunstwerks ansprechen soll.« Wenn wir die beiden

---

* Auch die psychoanalytisch orientierte Arbeit von Jean-Pierre *Hammer:* Lenaus »Faust« und
»Don Juan«, in: Lenau-Forum Bd. 4, F. 1/2 (1972), S. 17–36, kommt zu einer starken Betonung von
Lenaus Ambivalenz, in jeder Hinsicht. Auch hier werden die weiblichen Figuren in ihrer Bedeutung
gewürdigt. Es ist m.E. ein *elementarer* Interpretationsfehler, es *nicht* zu tun.

Äußerungen zusammennehmen dürfen, kommen wir ziemlich ungezwungen zu der Vermutung, daß Lenau nach der Konkurrenz mit Goethes *Faust* und Byrons *Don Juan* nun auch noch mit Klopstocks *Messias* konkurrieren wollte. Wir sind immer erneut darauf gestoßen, daß man den Dichter doch auch in der Klopstock-Tradition sehen muß. Lenau vermeidet aus Scheu den Namen Christi; aber man kann sich schwer vorstellen, daß in einem Brief an Sophie der größte und unglücklichste Mensch ein anderer sein konnte. Das Wort für Epos: »Heldengedicht«, das 1844 schon etwas altmodisch klingt, und das Streben nach der »höheren Ehre eines wahren Kunstwerks« weisen zunächst in die Klopstock-Richtung. »Absolute Selbstbegründung« würde allerdings wohl bedeuten, daß kein erhabenes heiliges Epos, sondern eher eine Dichtung auf der Grundlage von Straußens *Leben Jesu* in Annäherung an den mittleren Stil beabsichtigt war. Auch der nüchterne Ausdruck »der solideste Held« läßt ein menschliches (humanes), kein heiligenmäßiges Epos erwarten. Anziehend war dem Dichter wohl vor allem der leidende Christus. Das alles bleibt, so gut es sich in unser Lenaubild fügt, Hypothese. Sicher jedoch ist eines. Das Epos wäre ein neuer Ansatz gewesen, der mit den *Albigensern* und *Don Juan* nichts zu tun gehabt hätte, weshalb die Interpreten fehl gehen, welche die beiden zufällig letzten Dichtungen Lenaus zur »endgültigen Abrechnung« machen (s. o. Turóczi-Trostler)*.

Zyklen von Romanzen

Beim Rückblick auf Lenaus größere Dichtungen läßt sich feststellen, daß sie alle zur Verbindung der Gattungen neigen. In den Romanzenepen *Savonarola* und *Die Albigenser* findet man die in der Biedermeierzeit übliche episch-lyrisch-rhetorische Mischung. Dagegen ist damals der dramatische Einschlag wie im *Faust* und *Don Juan* seltener. Man mag darin etwas Österreichisches sehen, zumal da »das Theatralische« überall in den Mischformen Lenaus ein Stilelement bildet. Alle diese Gattungskombinationen enthalten ein rhetorisch-lyrisches *Grund*element. Trotz dieser Tatsache wäre es bei Lenau ebenso falsch wie bei Heine, Mörike und der Droste, diese Mischwerke nur als Anhängsel der Lyrik zu betrachten. Die Biedermeierzeit ist noch naiv genug, um von jedem Dichter Gestalten, Vorgänge, Schicksale, d. h. Erzählung oder Aktion, zu fordern und die Herausbildung des reinen, einsamen Lyrikers impressionistischer Art zu verhindern. Dies historische Gesetz gilt sogar für Platen und ist in der damaligen Auffassung der Lyrik tief begründet (vgl. Bd. II, S. 527 f.). Bei dem Österreicher Lenau wird das Bedürfnis, aus der reinen Lyrik herauszutreten, immer stärker. Interessant ist in diesem Zusammenhang, daß es auch in der späteren Zeit *kleine* Romanzenzyklen gibt, die einprägsame Schicksale

---

* Ich habe mich vor allem deshalb etwas näher mit Lenaus Weltanschauung vor seiner Erkrankung befaßt, weil eine marxistische Vorstellung von einer Annäherung Lenaus an den Materialismus auch schon in die amerikanische Germanistik eingedrungen ist: Hugo *Schmidt,* Nikolaus Lenau, New York 1971, S. 151. Wir müssen uns vor allem *streng* vor der bei Marxisten *und* Theologen üblichen Gleichsetzung von Atheismus und Materialismus hüten. Gerade der Atheismus kann zur (idealistischen) Betonung und Überbetonung der menschlichen *Verantwortung* führen.

lyrisch erzählen, und so eine mittlere Sphäre zwischen den größeren Werken und der reinen Lyrik bilden. Da die reifste Gestalt von Lenaus Lyrik heute mehr interessiert als die einst so berühmten Romanzen-Cyclen, begnügen wir uns an dieser Stelle mit knappen Hinweisen.

Ein besonders inniger persönlicher Bezug ist in der kleinen Erzählung *Anna* (1838) zu spüren. Eine junge Frau macht sich mit Hilfe einer Zauberin unfruchtbar, um immer schön zu bleiben. Sie erreicht diesen Zweck vollkommen. Trotzdem stellt sich heraus, daß sie ein entsetzliches Schicksal gewählt hat. Sie ist ja wie Faust von der Natur, der letzten Bindung des Menschen, abgefallen. Doch erscheint hier der Tod, nachdem Anna lange gebüßt hat, in freundlicher Gestalt. Das Gedicht steht zeitlich neben dem *Savonarola* und ist wohl als eine stille Buße des Dichters, dem die Kunst zum Götzen wurde, aufzufassen. Die starke Betonung der Schönheit, die den Grund zu Annas Sünde gab, legt diese Ausdeutung des Werkes nahe.

Das Beispiel ist bezeichnend für die Weise, in der bei Lenau Persönliches und Typisches zusammengehen. *Das Subjekt, das sich ausspricht, steht noch im gesamten Spannungsgefüge der systematischen Entscheidungen, und ist, wie auch die Sprache zeigt, niemals ganz individuell.* Eben darum traf er das Bedürfnis der Zeit wie kaum ein anderer.

Wenn Lenau das Gedicht *Ahasver, der ewige Jude* zu den Heidebildern stellte, so ist das kein Zufall; denn die Heide ist ein Symbol für das Ausgestoßensein (vgl. auch *Heideschenke* und *Robert und der Invalide*). Die *Heidebilder* Lenaus sind, wie die der Droste, keine reine Naturlyrik. Die Zeit will *Menschen* in der Heide erleben, und zwar außergewöhnliche Menschen. Es gibt ein zweites Gedicht *Der ewige Jude*. Diese Ahasver-Gedichte, *Faust, Don Juan* und das *Merlin*-Gedicht in den *Waldliedern* (s. u.) belegen, daß Lenau, wie seine Zeitgenossen, ein lebhaftes Bedürfnis hatte, sich immer erneut in mythischen Gestalten zu sehen. Auch im ausgestoßenen ruhelosen ewigen Juden findet er sein eigenes Schicksal. Er selbst emigrierte, im Unterschied zu Heine, nicht ins Ausland; aber nach damaligen geographischen und politischen Maßstäben hatte auch das ewige Postkutschen-Reisen nach Württemberg etwas Ahasverisches. Wenn am Ende des Savonarola die Bekehrung des alten dämonischen Juden Tubal steht – man sollte wie am Ende der Albigenser eher protestantische Symbole erwarten –, so ist damit wohl an die *eigene* Bekehrung gedacht. Wollte man darin einen Bekehrungsversuch an Heine und andren Juden sehen, die man für die Entartung des christlichen Abendlandes verantwortlich machte, so unterschätzte man Lenaus Geschmack. Dagegen bedeutet es kaum eine Überinterpretation, wenn man den Dichter auch in andern Gestalten seiner Dichtung halb und halb gegenwärtig sieht, z. B. in *Mischka* (1843). Der dämonische Zigeuner, der durch sein Geigen wilde Husaren in eine eingebildete Türkenschlacht schickt und seinen adeligen Feind zu Tode geigt, ist ein für Lenau sehr bezeichnendes Wunschbild von der *Macht der Kunst.* Man muß sich temperamentvolle Gedichte dieser Art im Biedermeiersalon, mitten unter empfindsamen Damen, vorgelesen denken, nach Geigenspiel und Tanz, wenn man Lenaus ursprünglichen Erfolg nachempfinden will. Sogar die, vielleicht schon unter dem Einfluß der Paralyse entstandene, Schwundstufe des Huß-Epos *Johannes Ziska* (1844), die unerhört grausam ist und durch die ideologische Rechtfertigung des Hasses den kommunistischen Beifall für den späten Lenau verständlich macht, spiegelt ein, in Lenaus

Dichtung oft wiederholtes, persönliches Wunschbild wider, nämlich das des heroischen, der Freiheit vermählten, Weib und Kind verschmähenden Kriegers:

> Wer zum heil'gen Kampf berufen,
> Ist glückselig dann zu preisen,
> Wenn vor sich er seinen Feind hat,
> Draufzuschlagen mit dem Eisen;
>
> Wer nicht streitet nur mit Worten,
> Die er zweifelnd muß vertrauen
> Windeslaunen, Wetterlaunen;
> Wer da weiß, wohin zu hauen.
>
> Ziska, wildbeherzter Böhme!
> Schwinge fröhlich Lanz' und Keule!
> Bürgen sind dir deines Wirkens
> Ströme Bluts und Sterbgeheule. –

Die Jugendeindrücke einer Generation (Napoleonische Kriege) – das zeigt sich hier so gut wie bei Grabbe, Gotthelf, Heine usw. – verlieren sich niemals.

Der lyrische Ausklang

Die andere Seite des ambivalenten Dichters, die uns heute erfreut, verraten die von keinem Lenau-Interpreten übersehenen *Waldlieder*. Diese gehören zum letzten, was Lenau gedichtet hat, ohne eine Spur des Wahnsinns zu zeigen. Man kann ihnen vorwerfen, daß nicht einmal sie reine »Naturlyrik« sind. Doch ist auch dies nur eine letzte Bestätigung unseres Lenaubildes; denn erst da, wo das Ich in entschiedener Eigenständigkeit sich vom Ganzen trennt, entsteht die mit Naturlyrik gemeinte Gegenständlichkeit der Natur. Im ersten Gedicht heißt es in der uns bekannten emblematischen Sprache Lenaus, ein wilder Vogel habe einst auf dem Kreuze ein Lied gesungen, sei aber sogleich wieder in den Wald zurückgeflogen. Nach der Ausdeutung des Emblems (»Ich sang, wie er, ein Lied dem Bilde«) bekennt sich der Dichter erneut zur »Natur«, er bittet sie um Verzeihung für den Abfall von ihr. Sinnvoll ist eine solche Anrede nur da, wo die Natur als eine heilige, keineswegs nur gegenständliche Größe verehrt wird. Noch einmal versucht es Lenau mit dem Naturevangelium der Goethezeit.

Auch die dichterische Struktur von Lenaus Lyrik hat sich im Vergleich mit älteren Naturgedichten nicht völlig geändert, sie ist nur reifer, abgeklärter, leiser[59] geworden. Das zweite Gedicht wiederholt das seit Klopstocks *Frühlingsfeier* obligate Gewitter, durch das und nach dem der Mensch »Heiterkeit und Stille« gewinnt. In dem dicht anschließenden dritten Gedicht werden aus Regentropfen die Tränen der Geliebten, wie schon immer im Biedermeier. Im vierten Gedicht blitzen die Tautropfen »wie helle Liebeszähren«. Auch die bekannten kühnen Vergleiche gibt es hier: Die Erinnerungen stürzen »auf Waldwegen / Wie Räuber dir entgegen«. Es wimmelt im ganzen Zyklus von Begriffsallegorien. Im vierten Gedicht zieht die Natur »dem Geiste, ihrem Freier« entgegen, zur bekannten Schellingschen Vermählung, und zum Schluß wird diese Hochzeit mit der

Vermählung der Seele mit Gott verglichen. Im fünften Gedichte vergleicht sich der Dichter mit Merlin, dem Zauberer, durch dessen Namen sich schon Goethe gerne geschmückt sah und der inzwischen durch Immermann (vgl. u. S. 849 f.) allgemein bekannt geworden war. Wird hier ein fast hymnischer Ton erreicht, so sinkt der Zyklus im sechsten Gedicht wieder zum vertrauten Weltschmerzlied ab:

> Daß alles vorübersterbe,
> Ist alt und allbekannt,
> Doch diese Wehmut, die herbe,
> Hat niemand noch gebannt.

Im siebten Gedicht wird der Schlaf, der »kindliche Gott«, der »Gott der Kindheit« von dem erschöpften sentimentalischen Dichter sehnsüchtig als »Erlöser des Herzens« apostrophiert. Am Tage herrschen die Gedanken, die hier, wie in Heines *Deutschland,* »bewaffnet als Liktoren« erscheinen. Nur im Schlaf hört der Dichter den »Gesang der Urwelt«, den »Ruf der Heimath«. Zum Schluß wird der »heilige Pan« gefeiert. Der Rückkehr zum Pantheismus entspricht ein neuer, an die Junghegelianer erinnernder Sinn für die Antike. Trotzdem erscheint im achten Gedicht die Liebe in einer eher christlichen, allerlösenden Gestalt, wie wir noch sehen werden.

Ich will mit diesen flüchtigen analytischen Hinweisen den Ruhm der *Waldlieder* nicht antasten, sondern nur zu verstehen geben, daß man ohne Toleranz für Topoi, für Allegorese, für die gesamte Rhetoriktradition auch an den innersten Lenau nicht herankommt[60], im Unterschied zu Mörike und (mit Einschränkung) zu Annette von Droste-Hülshoff. Entschieden neue Ansätze gibt es in Lenaus Diktion so wenig wie in seiner Seelenlage und in seiner Gedankenwelt. Versuchen wir aber, wenigstens in der gebotenen Kürze, einem Textbeispiel zu entnehmen, was den ausgereiften Lyriker Lenau auszeichnet. Ich wähle den letzten Abschnitt des fünften Gedichts:

> Stimmen, die den andern schweigen,
> Jenseits ihrer Hörbarkeiten,
> Hört Merlin vorübergleiten,
> Alles rauscht im vollen Reigen.
> Denn die Königin der Elfen
> Oder eine kluge Norn
> Hält, dem Sinne nachzuhelfen,
> Ihm ans Ohr ein Zauberhorn.
> Rieseln hört er, springend schäumen
> Lebensfluten in den Bäumen;
> Vögel schlummern auf den Ästen
> Nach des Tages Liebesfesten,
> Doch ihr Schlaf ist auch beglückt;
> Lauschend hört Merlin entzückt
> Unter ihrem Brustgefieder
> Träumen ihre künft'gen Lieder.
> Klingend strömt des Mondes Licht
> Auf die Eich' und Hagerose,
> Und im Kelch der feinsten Moose
> Tönt das ewige Gedicht.

Vieles Romantische ist sofort erkennbar: die Bemühung der nordischen Mythologie, die Bewegung, die durch die zahlreichen Verben und Partizipien entsteht, der Assonanzenreichtum, der die Verse auch in ihrer Mitte miteinander verbindet, überhaupt die Musikalität der Verse, die klanglich besonders gut ausgewogene Synästhesie (»Klingend strömt des Mondes Licht«) und dann natürlich die kraftvolle Aufgipfelung in dem letzten Vers (»Tönt das ewige Gedicht«), der die dem Dichter so teure Naturpoesie meint und preist. Ohne die romantische Konzeption einer mythischen, die Naturerfahrung kühn überschreitenden Dichtung gäbe es Lenaus *Merlin*-Gedicht nicht. Es fehlt aber das Vage vieler romantischer Gedichte. »Eich' und Hagerose« erinnert an die biedermeierliche Konkretion Mörikes oder der Droste, obwohl sie zu dem in allem tönenden »ewigen Gedicht« gehören. Auch die Gesten sind nachromantisch konkret: eine der Zauberfrauen hält dem Merlin »ans Ohr ein Zauberhorn«. Das hat beinahe Wielandische Anmut. An den Oberon erinnert auch die Geschmeidigkeit der Verse, das Fehlen der Kanten, der Ekken, die Platen und die Droste lieben. Es gibt sinnige Naivitäten, die rokokohaft oder biedermeierlich sind: Merlin hört »unter ihrem Brustgefieder« die künftigen Lieder der Vögel. Der ungewöhnlichen Erwähnung der »Liebesfeste« der Vögel am Tage – kann man sich diese bei Eichendorff vorstellen? – folgt der kunstvoll naive Vers: »Doch ihr Schlaf ist auch beglückt«. Eben durch die Verbindung dieser Konkretion und Schlichtheit mit dem musikalischen Strom der Verse erreicht Lenau eine besondere *heitere Magie,* wie ich sie in dieser Zeit sonst nicht kenne. Am ehesten mag man sich an Raimunds schwermütige Anmut in einigen Theaterliedern erinnern fühlen, etwa an das Lied der Abschied nehmenden Jugend im *Bauer als Millionär* (»Brüderlein fein«). Auch die *Waldlieder* sind eine Abschiedsdichtung. Zugleich sind sie eine Art Heimkehr in die österreichische Heimat. Im achten, besonders wichtigen Gedicht des Zyklus findet der Dichter in der Natur die Liebe wieder, die er ihr so oft und ausdrücklich abgesprochen hatte. Er beugt sich zuletzt vor dem höchsten Wert, den seine Zeit und die in Österreich besonders lebendige Biedermeierkultur kennt. Es ist noch der *Begriff* der Liebe; das verrät schon das dreimalige Auftauchen des Wortes. Aber ohne besondere Aufmerksamkeit empfinden wir die Allegorie kaum. Warum dies so ist, könnte nur eine eingehende Interpretation erklären.

> Abend ist's, die Wipfel wallen,
> Zitternd schon im Purpurscheine,
> Hier im lenzergriffnen Haine
> Hör' ich noch die Liebe schallen.

> Kosend schlüpfen durch die Äste
> Muntre Vögel, andre singen,
> Rings des Frühlings Schwüre klingen,
> Daß die Liebe ist das Beste.

> Wo die frischen Wellen fließen,
> Trinken Vöglein aus der Quelle,
> Keins will unerquickt zur Stelle
> Seinen Tagesflug beschließen.

> Wie ins dunkle Dickicht schweben
> Vöglein nach dem Frühlingstage,

Süß befriedigt ohne Klage,
Möcht' ich scheiden aus dem Leben.

Einmal nur, bevor mir's nachtet,
An den Quell der Liebe sinken,
Einmal nur die Wonne trinken,
Der die Seele zugeschmachtet,

Wie vor Nacht zur Flut sich neigen
Dort des Waldes durst'ge Sänger;
Gern dann schlaf' ich, tiefer, länger
Als die Vöglein in den Zweigen.

Es ist vielleicht nicht falsch, wenn man sagt, das Gedicht beziehe sich auf die beabsichtigte Vermählung mit Marie Behrends, in der der Dichter Heilung von seinen Leiden und das letzte Glück suchte; zugleich aber hat es, wie meistens bei Lenau, einen systematischen Sinn: als Widerruf seiner dämonischen Kunstexistenz. Nicht die Kunst, sondern »die Liebe ist das Beste«. In der Zeit des Wahnsinns sagte er sogar: »Ich habe das Talent noch über das Sittengesetz gestellt, und das ist doch das höchste« [61]. Hier freilich äußerte sich nicht mehr die Person Lenau, sondern nur noch die Epoche, der er bei allem Widerspruch immer zutiefst verbunden geblieben war.

EDUARD MÖRIKE (1804–1875)

Der Ruhm eines wissenschaftlich schwer zugänglichen Dichters

Die Zeit eines dämonischen Mörike scheint ebenso vorüber zu sein wie die eines harmonisch-heiteren. Man beginnt, ihn unvoreingenommen in seiner Eigentümlichkeit zu sehen. Aber um so rätselhafter wird seine Gestalt. Wer Mörike und die Mörike-Forschung wirklich kennt, wird mich verstehen, wenn ich sage: er gehört zu den Gegenständen, die für die Literaturwissenschaft ungewöhnlich schwer zugänglich sind*. Zum Teil mag es daran liegen, daß die wirklich großen Dichter überhaupt schwerer zu interpretieren sind als die Problematiker und die bloßen Könner. Die Grenze unserer Wissenschaft wird bei Goethe stärker fühlbar als bei Schiller oder Platen. Mörike scheint sich jeder begrifflichen Festlegung zu entziehen, und auch die metaphorische Aussage, die nicht umsonst in der Mörike-Rezeption besonders häufig zu finden ist, trifft immer nur eine bestimmte Seite seines Wesens; denn er wechselt unaufhörlich die Gestalt – oder gar sein Wesen? Schon Hermann Kurz hat diesen Dichter einen »Hexenmeister« genannt (an Mörike 22. 2. 1838). Das Wort scheint moderne Interpretationen zu bestätigen und ist doch wieder nur ein Teilaspekt, der nicht alle Mörikekenner überzeugen kann.

In *einem* Punkte gibt der Dichter keinen Anlaß zum Streit, weniger wohl als andere Dichter der Biedermeierzeit. Während sonst die Wertungen zwischen den Extremen schwanken und man vor Unterschätzung wie auch vor Überschätzung warnen muß – unter Umständen bei ein und demselben Dichter – ist die heutige Mörikegeltung verhältnismäßig einheitlich. Fast niemand bestreitet, so viel ich sehe, daß er ein Dichter ist, ein wahrer Poet. Beim Vergleich mit Goethe pflegen – nicht zu Unrecht – gewisse Einschränkungen gemacht zu werden. Aber schon die ständige Gegenwart des Größten zeigt den Maßstab, zu dem er den Leser herausfordert. Er gehört zu den Dichtern, die unmittelbar – ohne Werkdeutung und ohne außerliterarische Nebengedanken – überzeugen, ja zutiefst entzücken können.

Genau besehen war es schon immer so – auch das ist eine Parallele zu Goethe. Es bedurfte keiner jähen Entdeckung oder Wiederentdeckung wie bei Hölderlin, Kleist, Stifter,

---

* Albrecht *Goes,* der sich ein Leben lang mit Mörike beschäftigte und zu den seltenen kongenialen Interpreten des Dichters gehört, sagt sogar: »Es gibt unter den großen Dichtern der Nation keinen, der sich, so wie Mörike, im gleichen Augenblick auftut und im gleichen Augenblick wieder verschließt« (Unschuld des Schönen, in: A. G.: Ruf und Echo, Aufzeichnungen 1951–55, Frankfurt 1956, S. 19). Ähnlich Gerhard *Storz* (Eduard Mörike, Stuttgart 1967, S. 9). Ich meine hier allerdings nicht die historische Einordnung, die Storz vor allem im Auge hat, sondern das interpretatorische »Treffen« der Individualität. Die historische Einordnung gibt, richtig verstanden, wie jeder Gruppenbegriff, nur eine *gewisse* Begrenzung des individuellen Spielraums.

Gotthelf, Heine, Nestroy. Nur eine organische, immer weitergreifende Ausbreitung seines Ruhms ist festzustellen, tröstlicher Beweis gegen jede historische Relativierung. Schon für die frühesten Freunde ist Mörike der Poet. Er erscheint ihnen geheimnisvoll, rätselhaft, vielleicht charakterlos – ganz so wie noch uns –; aber unbestreitbar bedeutend und überlegen. Waiblinger: »er ist mir nicht wie ein Freund, ist mir wie ein Traumgesicht, wie der Glaube an eine schöne Fabelwelt« [1]. Bauer: »Die Poesie des Lebens hat sich mir in Dir verkörpert… Du bist mir schon so heilig, wie ein Gestorbener« (an Mörike 6. 9. 1823)[2]. Die Philosophenfreunde F. Th. Vischer und erst recht D. F. Strauss haben viel an Mörike auszusetzen (s. u.). Aber sie verstehen ihn von Anfang an als unvergleichliche Manifestation des poetischen Geistes. Sie schon finden ihm nur den Maßstab Goethe (und Shakespeare!) angemessen. Berthold Auerbach, von dessen Erzählungen sich Mörike gern unterhalten ließ, den er aber, ähnlich wie Hauff, als Unterhaltungsschriftsteller eingestuft haben dürfte, ist wie alle andern von dem Landsmann fasziniert: »Mörike steht wie ein Wunder in der Dichtung unsrer Zeit, und er hat auch Wunderbares geschaffen, wie nach meiner Ansicht seit Goethe Keiner außer ihm« [3]. Daß die Artisten Geibel und Heyse Mörikes Ruhm verbreiten, versteht sich auf Grund der modernen Mörike-Interpretation leicht. Überraschender ist, daß die eigentlichen Realisten, die schon aus weltanschaulichen und politischen Gründen so viele Dichter der Biedermeierzeit verkannten, der Größe Mörikes voll gerecht wurden, nicht nur Mörikes Landsmann Hermann Kurz, sondern auch Hebbel, Gottfried Keller und Theodor Storm. Schon im Jahre 1872 entschuldigt sich in der »Wiener Zeitung« Emil Kuh geradezu, weil auch er Mörike rühmt, der längst zu den glücklichen Künstlern gehört, die »die guten Plätze eingenommen haben«; und drei Jahre später, in seinem Nachruf für den Dichter, zitiert er zustimmend Straussens Feststellung, Mörike sei für alle, »die sein Wesen unmittelbar oder mittelbar berührt hat, das Modell dessen geworden, was wir uns unter einem Dichter denken« [4]. Der Georgekreis – das sei im Hinblick auf die modernisierende Mörike-Interpretation (s. u.) ausdrücklich schon festgestellt – hatte Schwierigkeiten bei der Würdigung des Dichters. Die offene, volksliedhafte Seite Mörikes stand im Gegensatz zu der exklusiven und hermetischen Dichtungsauffassung Georges und der georgianischen Literaturwissenschaftler. Aber die Neuromantik, ihre Vorstellung vom »Urdichter Mörike«, bestätigte und popularisierte nur, was die Landsleute des Dichters unmittelbar erlebt hatten und allen Kennern von jeher offenbar gewesen war.

Mörikes Ruhm ist in den letzten Jahrzehnten bis in die fernsten Länder gedrungen*.

---

* Ich denke zuerst an die Tatsache, daß ein Japaner eine der unbegreiflichsten Lücken der *historischen* Mörike-Forschung ausgefüllt hat (Kenzo *Miyashita*, Mörikes Verhältnis zu seinen Zeitgenossen, Bern und Frankfurt/M. 1971) und den Dichter nun in einer Gesamtdarstellung seinen Landsleuten vorstellen will. Er ist in Japan auch als Übersetzer der Mozart-Novelle bekannt. Denkwürdig erscheint es mir ferner, daß der Canada Council die von Victor Gerard *Doerksen,* University of Manitoba, Winnipeg, erstellte Bibliographie der Mörike-Literatur seit 1950 (434 Publikationen) gefördert hat (DVjs, Bd. 47, 1973, S. 343*–397*). Die Mörike-Forschung in den englisch sprechenden Ländern ist überall sehr rege. Siegbert Salomon *Prawer,* Oxford, warnt aber, vielleicht mit Recht, vor Übertreibungen: »Noch ist es zu früh, ihn der Weltliteratur zuzurechnen« (Mörike und seine Leser, Versuch einer Wirkungsgeschichte, Stuttgart 1960, S. 114).

Doch besteht im Ausland noch eine gewisse Neigung, Heine gegen ihn auszuspielen. Ob nun von der kleinen Zahl der »wirklich guten Gedichte« die Rede ist oder von Mörikes »Provinzialismus« oder von seiner fehlenden gesellschaftskritischen Stoßkraft, immer besteht eine gewisse Neigung, *quantitative* Gesichtspunkte gegen ihn geltend zu machen. Dies ist, wie jeder Unbefangene zugeben muß, durchaus möglich. Mörikes Dichtung ist so »tief« wie die Goethes – in einem noch näher zu bestimmenden Sinn –; aber sie ist *nicht entfernt so breit, so ausgreifend.* Von einem Shakespeare, zu dem ihn seine hegelianischen Freunde umerziehen wollten, gar nicht zu reden. Solche Vergleiche haben als Widerspruch gegen die Mörikevergötzung einzelner Verehrer wie auch in epochengeschichtlicher Beziehung ihren guten Sinn. Heine und Mörike jedoch sollte man so wenig gegeneinander ausspielen wie die Breite und Tiefe in der Geometrie. Geht man von den geschichtlichen *Möglichkeiten* aus, die sich in beiden Dichtern erkennen lassen, so liegen sie näher beieinander, als man denkt. Im virtuosen Maskenspiel, in der Übernahme bestimmter zeitgemäßer Rollen, sind sie einander nicht unähnlich, und im Verständnis für die Kunst des Harlekins treffen sie sich sogar direkt. Beide lieben die »Sehrmänner« und Kunstpriester im Gefolge Klopstocks wenig, um so mehr die Gesellschaftsunmittelbarkeit, die der Konversationston vortäuscht, und die volksliedhafte Poesie, die die Kluft zwischen den Gebildeten und der Unterschicht zu überbrücken versucht. Geht man dagegen von der *Verwirklichung* der so bezeichneten Möglichkeiten aus, von der Eigenart und der konkreten Funktion ihrer Sprachkunst, so stellen sie im Koordinatensystem der Biedermeierzeit vielleicht die beiden extremsten Möglichkeiten dar, den bekannten Gegensatz Heine–Platen nicht ausgenommen. Freilich sind sie in dieser Einseitigkeit auch wieder ganz die Kinder ihrer spannungsreichen und, oberflächlich gesehen, völlig uneinheitlichen Zeit. Ein französischer Zeitgenosse, Henri Blaze, für den die beiden Dichter noch nicht Symbole für einen dogmatischen Dichterbegriff oder gar für irgend etwas Außerliterarisches waren, nimmt wohl die richtige Haltung ein, wenn er Mörike rühmt, ohne Heine zu verwerfen: für ihn ist Heine einfach der kritische, Mörike der naive Romantiker[5]*.

Mörikes »Naivität« als problematische Schematisierung

Man hat seither immer wieder versucht, mit Hilfe des Begriffs »naiv« an Mörike heranzukommen. Seine bezaubernde Unmittelbarkeit, seine Bescheidenheit und Volkstümlichkeit, seine Fabulierlust und Verträumtheit, seine Angst und sein gutmütiger Humor, seine Gegenständlichkeit und seine Verspieltheit, seine Liebe zu Ding und Mensch, sein Gemüt überhaupt, seine Frömmigkeit – all das scheint ein Hinweis zu sein auf das unge-

---

* Norbert *Fuerst,* der sich durch den regional und sozial naheliegenden, merkwürdigerweise jedoch in den beiden Philologien kaum vorkommenden Vergleich zwischen Mörike und Gotthelf verdient gemacht hat – er gelangt unter diesem Gesichtspunkt zu einer Einschränkung von Mörikes Provinzialismus (The Victorian age of German Literature, London 1966, S. 59) – hält einen Vergleich zwischen Mörike und Heine für unmöglich, weil er Mörikes Naivität überbetont und Heines

brochene, durch »Reflexion« nicht zerstörte Welt- und Gottesverhältnis, das man schon vor Schiller mit Bewunderung naiv zu nennen pflegte. Norddeutsche Vorstellungen von süddeutscher oder »schwäbischer Naivität« vermochten dies Mörike-Bild noch in unserer Zeit zu stützen, obwohl doch schon die schwäbische Reihe Wieland, Schiller, Hölderlin ein Hinweis auf den kompensatorischen Charakter solcher Naivität hätte sein können.

Kein Zweifel: Mörikes »Naivität« hat die schwäbische Lebensart, auch das Selbstverständnis der Württemberger, im Laufe der Zeit stark geprägt. Die unauffällige Meisterschaft ist seit Uhland und Mörike auf vielen Gebieten das Ideal der Schwaben. Noch in der intensiven, jede Idealisierung vermeidenden Rede, die der Schriftsteller Walter Helmut Fritz bei der Stuttgarter Gedenkfeier zum 100. Todestage Mörikes (1975) hielt, gehört die »Unauffälligkeit«, »die Abwesenheit von vorzeigenden Gesten, von Überdeutlichkeit« »zum innersten Grund« des Dichters: Sie begründet nach Fritz auch die Dauer und Modernität von Mörikes Dichtung[6]. Aber die schwäbische Vorliebe für das understatement, für das latente Talent (F. Th. Vischer) ist etwas viel Verzwickteres, als der Begriff Naivität erkennen läßt. Man wird sich zunächst doch einfach fragen müssen, wie irgendeine Naivität in der damaligen württembergischen Intelligenz und gar bei einem Stiftler möglich gewesen sein soll. Standen die Neckarschwaben nicht an der vordersten Front des menschlichen Bewußtseins? Nicht nur, daß der Schwabe Hegel in Mörikes Jugend von Berlin aus das deutsche Geistesleben zu erobern begann und daß die stillere Wirkung Schellings durch seine späte Berufung nach Berlin neue, langanhaltende Verstärkung erhielt. In Mörikes unmittelbarer Nähe geschahen große Dinge: Straussens Bibelkritik, die auf dem Hintergrund der historisch-kritischen Stiftstradition zu sehen ist[7], Vischers Ästhetik, von der geistigen Vorbereitung der Märzrevolution und des Nationalstaates, an der Südwestdeutschland mit Erfolg beteiligt war, ganz zu schweigen. Auf die Dichtung wirkte sich diese intensive gedankliche Tätigkeit nicht günstig aus, so wenig günstig, daß im vorliegenden Bande, also unter den »Dichtern« der Biedermeierzeit, Mörike als einziger Schwabe erscheint. Zwar gab es zahllose schwäbische Poeten, gerade auch Lyriker, aber die Erschöpfung der Landschaft ist auf dichterischem Gebiete

---

Naivität (vgl. o. S. 498 f.) unterschätzt (ebd. S. 89 ff.). Es sei daher hervorgehoben, daß der schon erwähnte S. S. *Prawer*, Germanist in Oxford, sich als Heine-Forscher ebenso ausgezeichnet hat wie durch sein Buch über Mörike. Er gibt damit ein Beispiel für die *Überwindung der Alternative Mörike/Heine, die durch den zeitlichen Abstand immer sinnloser wird.* – Mit den vorstehenden Äußerungen will ich nicht sagen, daß es keine Mörike-Verächter gibt. Ich erwähnte bereits die hegelianische Mörike-Kritik: sie wird uns weiterbegleiten, vgl. ferner die auf S. 708 und 736 genannten Kritiker. Ich will nur darauf hinweisen, daß Mörike die Kritik nicht so stark zu *gegensätzlichen* Werturteilen herausforderte wie z. B. Heine, Stifter, Grillparzer, Hebbel, Nestroy. Der Grund dafür liegt wohl, ähnlich wie bei Büchner, in seiner unauffälligen Meisterschaft und in der vollkommenen Ausgeglichenheit von Anspruch und Leistung. Auf die in Deutschland und im Ausland bis vor kurzem sehr verschiedene Heine- und Mörikekritik komme ich im Schluß des Kapitels (S. 750) zurück. Hier handelt es sich um ein sehr schwieriges Problem; denn es ist letzten Endes ein solches innerliterarischer Art (Unübersetzbarkeit Mörikes, Beurteilung der stärkeren Rhetorikreste bei Heine, Freude am derben Witzstil oder umgekehrt die Vorstellung von Lyrik als einer besonders individuellen, absolut einzigartigen Aussage).

nicht mehr zu verkennen (vgl. Bd. I, S. 99)*. Württemberg war schon überkultiviert, allzu gebildet, im Unterschied zu den neu aufsteigenden Literaturlandschaften (Österreich, Schweiz, Nordwestdeutschland). Es war auch nicht so naivprovinziell, wie man denkt; denn die Briefwechsel der Zeit, gerade auch der Mörikes, zeigen, wie stark das geistige Leben auf die »Residenz« Stuttgart bezogen ist. Vischer kehrt von Zürich in die schwäbische Hauptstadt zurück, nicht zuletzt deshalb, weil sie »eine in jedem Betracht gebildetere Welt« verkörpert (an Mörike Mai 1865)**. Daß dies Urteil nicht nur lokalpatriotisch bestimmt ist, verrät die gleichzeitige Verachtung des provinziellen Tübingen. Vischer ist im damaligen Württemberg keine Ausnahme. Man verlangt, wenn ich das vieldeutige hegelianische Schlagwort zur Andeutung benützen darf, begierig nach Anteil an der »Geschichte«. Man ist über alle Fragen der Philosophie, der Wissenschaft, der Politik erstaunlich orientiert, und Verse zu machen und zu beurteilen, versteht sowieso jeder Gebildete. Wie soll aus solcher Umwelt ein naiver Dichter kommen?

Mörikes Bildungsgeschichte

Mörikes Bildungsgeschichte gehört denn auch zu den verwickeltsten Vorgängen, die sich denken lassen. Der Hinweis auf fehlende akademische Leistungen besagt bei einem so unvergleichlich rezeptiven Menschen nicht allzu viel. Er orientierte sich auf *seine* Weise in der geistigen Umwelt. Auch sein Verhältnis zur Dichtung zeichnet sich zunächst mehr durch *Empfänglichkeit* als durch produktiven Eifer aus. Freundschaften vor allem sind es, die ihm den objektiven Geist vermitteln. Man kann in diesem nicht sehr entwikkelten Bildungsbedürfnis, in dieser Lektüre-Trägheit und mangelhaften Begierde nach

---

* Obwohl stammesgeschichtliche Überlegungen stets etwas Hypothetisches haben, erscheint es mir bemerkenswert, daß Mörikes Familie durch eine starke *fränkische* Beimischung gekennzeichnet ist. Diese ist wahrscheinlich wichtiger als die norddeutsche Herkunft von Mörikes Ahnherrn. In der 5. Generation zählt Gerd *Wunder* (Mörikes Herkunft, in: Württembergisch Franken N. F. 28/29, 1953/54, S. 287–294) 9 Schwaben und Alemannen neben 5 Franken, in der 7. Generation 29 Schwaben und 18 Franken (S. 287). Kunstsinnige Franken wie Rückert, in zweiter Linie auch Platen, lassen sich mit Mörike leichter vergleichen als Schiller oder Hölderlin. Zum geistigen »Vater« erwählte er den Franken Goethe.
** Es sei daran erinnert, daß sich der Österreicher Lenau in der kleinen Residenz besser, geborgener fühlte als in der Kaiserstadt Wien, die schon den anonymen Charakter der modernen Großstadt anzunehmen begann (vgl. o. S. 642 ff.). Mörikes Flucht aus dem Pfarramt ist nicht nur die Befreiung von einem *diesem* Dichter besonders fragwürdigen *rhetorischen* Amt, sondern letzten Endes auch ein Weg in die Hauptstadt Stuttgart. Diese hatte 1854 etwa 50 000 Einwohner. Dabei ist zu beachten, daß die neugewonnenen katholischen Gebiete unterrepräsentiert waren. Die Katholiken hatten 1817 einen Bevölkerungsanteil von 2 %, 1854 noch nicht mehr als 10 % (Eduard Mörike. Katalog der Gedenkausstellung zum 100. Todestag im Schiller-Nationalmuseum Marbach a. N., hg. v. Bernhard *Zeller,* Stuttgart 1975, S. 331 und 337). Das bedeutet: In konfessioneller Hinsicht war man noch reichlich unerfahren, insofern naiv. Dies gilt in erster Linie für Mörikes liberale Freunde. Er selbst war für die (eher symbolische als rhetorische) alte Konfession von früh an aufgeschlossen. Die Verheiratung mit einer Katholikin ist kein Zufall. Eine andere Frage ist, ob die Ehe in einem protestantisch fest geprägten Freundeskreis und in einer durch und durch protestantischen Residenz gedeihen konnte (s. u.).

umfassender Information wiederum ein Versagen im Quantitativen, womöglich Anteil an der Metternichschen Gegen-Aufklärung vermuten. Aber hier ist Vorsicht geboten. *Es wäre doch ein Irrtum, zu glauben, seine Passivität bedeute mangelnde Tiefe des Bewußtseins, konsequenten Irrationalismus,* fideistische oder neomythische Verbohrtheit. Die in einer gewissen Vollständigkeit veröffentlichten *Tagebücher Wilhelm Waiblingers* (1821–1826, hg. v. H. Meyer, 1956) lassen klar erkennen, wie man sich die Bildungsgeschichte Mörikes vorzustellen hat.

Er schließt sich ganz an diesen geniespielenden Epigonen an. Mörike ist zeitenweise der einzige, der sein volles Vertrauen genießt. Auf diese Weise werden ihm wichtige Bestände der klassisch-romantischen Literatur vermittelt: *Goethe, Hölderlin, Byron* vor allem. Aber nicht nur dies: er erlebt zugleich an dem rastlos schreibenden Freunde das Experiment einer frühreifen, anspruchsvollen Produktivität, wie sie dem Geist der zwanziger Jahre entsprach und wie sie u. a. auch bei Heine und Immermann zu beobachten ist. Mörike läßt sich Waiblingers Roman vorlesen, er unterzieht sich für den Freund der Mühe des Feilens. Kein verfrühter Ehrgeiz stört die Schülerschaft. Er erlebt, mit der nur halb beteiligten Neugier des berufenen Genies – vgl. Goethe in Straßburg – auch die praktischen Folgen von Waiblingers »Byronismus«: seine Liebeswirren, seinen Zusammenstoß mit der im Stift repräsentierten alten Ordnung, seine halbwahnsinnige Liebe zum wahnsinnigen Hölderlin, seine Verzweiflung, seine Flucht und später seinen Untergang. Waiblinger empfand frühzeitig den Abstand zu dem nur genießenden, teilnehmenden, sich entwikkelnden, aber so gar nicht handelnden und »kämpfenden« Mörike. Auch der von den Biographen so stark betonte Verzicht auf seine Liebe zu Maria Meyer (Peregrina) ist nur Teilvorgang in Mörikes Auseinandersetzung mit dem Waiblingertum*.

---

* Das Erschrecken vor dem Geschlecht und vor der Unsicherheit der eigenen Liebesneigung kann als typisch biedermeierlich angesehen werden; denn die Aufrechterhaltung der alten Ordnung macht ja den *unbedingten Vorrang der Ehe und Familie* vor der elementaren Liebe zur Pflicht. Ich erinnere an die seltsame Doppelliebe der jungen Droste, die, wie das Peregrinaerlebnis, in schroffer Resignation endete. Auch beim jungen Stifter dürfte es dieses tiefe Erschrecken vor dem verlockenden, aber sittlich geächteten elementaren Leben, dem »Tiger« (vgl. u. S. 960) gegeben haben. Wenn man diese geschichtlichen, im Stand und in der Landschaft der Dichter begründeten Voraussetzungen nicht snobistisch überspielen will, muß man Mörikes Verlobung mit der vielbelächelten Pfarrerstochter Luise Rau wirklich ernst nehmen, – wie auch die Goethe-Forschung zu einer Anerkennung von Christiane Vulpius gelangt ist. Das Versagen der Braut oder ihrer Familie nennt Mörike selbst »eine für mein ganzes[!] Leben wichtige Katastrophe« (an Vischer 20. 12. 1833). Und noch vier Jahre später, bei Übersendung von seinen Briefen an Luise, gesteht er dem besten Freunde, den er damals hatte: »daß ich das Mädchen unsäglich liebte. Es ist desfalls auch nicht Ein falscher Hauch darin; sonst wären sie lange ins Feuer geworfen. Es schwindelt mir, wenn ich hineinblicke und denke, wir sind auseinander« (an Hartlaub 19. Dez. 1837). Die von mir schon 1951 (Mörike-Probleme, in: GRM N. F. II, S. 36–47) erhobene Forderung, daß *Mayncs* Mörike-Biographie (Harry *Maync,* Eduard Mörike. Sein Leben und Dichten, Stuttgart u. Berlin 1902) durch eine modernere ersetzt werden muß, ist öfters unterstützt, aber immer noch nicht verwirklicht worden. Hans Egon *Holthusens* Darstellung (Eduard Mörike in Selbstzeugnissen und Bilddokumenten, Hamburg 1971) bringt wertvolle Neuansätze in der biographischen und ästhetischen Interpretation, – die aber im Taschenbuch-Verlies (Rowohlt) ständig wieder zerstört oder wenigstens verkümmert werden. Immerhin stellt er schon die Frage, »wer und wie diese Luise wirklich gewesen ist« (S. 64).Er betont auch die der Braut gewidmeten Gedichte, indem er neben den vielinterpretierten Peregrina-Zyklus einen »Luise-Zyklus« stellt, der »kaum weniger kompliziert« ist (S. 84).

Der Byronismus wird wegen seiner nihilistischen und revolutionären Elemente von dem getrennt, was wir heute in Deutschland (noch) unter Romantik verstehen (vgl. Bd. I, S. 222 f.). Aber auch diese natürlich wirkt auf den empfänglichen, in jeder Weise offenen Mörike, zuerst Novalis, nur scheinbar ein »sentimentalischer« Antipode des Schwaben, dann, mit dem Erwachen eines gar nicht hochfliegenden literarischen Ehrgeizes, vor allem *E. T. A. Hoffmann* und *Ludwig Tieck*. Die ältere Forschung, für welche die vielseitige, in gewisser Weise faszinierende Dichtung des alten Tieck noch ein klarer Begriff war, betonte vor allem die Abhängigkeit von diesem Dichter, und so entstand die Vorstellung von Mörikes romantischer Jugend. Die an einzelnen Stellen des Werks *(Die Elemente, Besuch in Urach)* [8] klar faßbare Beeinflussung durch *Schelling* und die Bevorzugung mythischer Stoffe, vor allem aber ihre dämonisierende Behandlung (z. B. in der ersten Fassung des *Feuerreiters*) verstärkte den Eindruck, daß wir es beim jungen Mörike mit einer verspäteten Romantik zu tun haben. In Württemberg, und zwar besonders in seiner Hauptstadt, war auch nach 1800 der Klassizismus mächtig geblieben. Und die Gestalt, in der die Romantik von Uhland repräsentiert wurde, war überaus maßvoll, fast schon biedermeierlich. So hat die Vorstellung von einem verspäteten Einbruch der Romantik manches für sich; auch Mörikes freundschaftliche Beziehungen zu *Justinus Kerner* können sie stützen. Eine bestimmte, nachhaltig wirkende Seite von Mörikes Wesen und Dichtung wird damit bezeichnet. Aber einmal ist eine verspätete geistige Bewegung immer etwas anderes als die ursprüngliche, und dann wirkten eben noch ganz andere geistige Kräfte auf Mörike, nicht nur die schon erwähnten klassischen, sondern sogar, wie in der Biedermeierzeit üblich (vgl. Bd. I, S. 118), die des 18. Jahrhunderts.

Jean Paul, Hölty, Ramler sind dem Dichter noch ganz gegenwärtig; ja, sie treten mit dem Abrücken von einer dämonisierenden Romantik sogar stärker in den Vordergrund. Häufiger bezeugt und, wie mir scheint, von allergrößter Wichtigkeit ist das Studium *Lichtenbergs*. Das Interesse für den genialen Anthropologen verbindet Mörike schon mit Waiblinger und dann vor allem mit *F. Th. Vischer*. Neben Hartlaub, der ihm Mozart vorspielte, mit dem er später Grimms Märchen las (an Wilhelm Hartlaub 29. 5. 1840) und dem gegenüber er seine Anhänglichkeit an die christliche Tradition nie verteidigen mußte, der aber mehr Seelen- als Geistesfreund war, ist der hochgebildete Hegelianer Vischer Mörikes eigentlicher Urfreund, *seine breiteste Brücke zur geistigen Welt*. Der Mörike-Vischer-Briefwechsel ist eines der interessantesten kulturgeschichtlichen Dokumente des 19. Jahrhunderts und selbst für die Mörike-Interpretation noch kaum genügend ausgewertet. Hier kommen alle Fragen, die das Verhältnis von »Reflexion« und Dichtung und damit Mörikes »Naivität« betreffen, zur Sprache. Es war keine bequeme, aber eine, eben wegen der Wesensunterschiede, höchst produktive Freundschaft, eine von großartiger Wahrhaftigkeit. Und so bedeutet es viel, wenn Vischer meint, »der Ähnlichkeitspunkt« bei Mörike und ihm »liege besonders in einer Lichtenbergschen Neugierde eines grübelnden Selbstbewußtseins« (an Mörike 28. 1. 1831). Mörike wird – was etwas heißen will! – von Vischer lange Zeit nicht nur auf dem Gebiete der Dichtung, sondern auch in Fragen des »Bewußtseins« als Autorität betrachtet. Noch als der Stiftsrepetent Vischer sein Faustkolleg vorbereitet, bittet er Mörike um seine gedankliche Unterstützung. Mörike ist es auch, der sich zuerst mit der *Ästhetik* befaßt, mit Johann Georg Sulzers wichtiger *Allgemeiner Theorie der schönen Künste,* 4 Bde, Leipzig 1792–1799 (an F. Th. Vischer 26. 2. 1832), und damit dem Freunde eine entscheidende Anregung für seine geistige Bestimmung gibt (F. Th. Vischer an Mörike 27. 3. 1832)*.

Schwermut

Mit meinen Hinweisen ist nur ein Teil dessen genannt, was Mörike zu verarbeiten unternimmt; aber sie genügen wohl, um zu beweisen, daß Mörikes *Ausgangspunkt* das Gegenteil eines naiven Dichtertums ist. Gegeben ist zunächst, wie fast immer in den zwanziger Jahren die verwirrende Situation des *Epigonentums.* Die Aufnahme der Romantik ist dabei nur ein Teilvorgang. Eine Überfülle von empirischen, z.B. psychologischen Erkenntnissen, von Ideen, von »Tönen« und Gattungsformen, von literarischen Vorbildern stürzt auf den jungen Dichter, und die Folge ist, wie auch sonst in dieser Zeit, *der Mangel an klarer Orientierung.* Nichts ist zu finden, was wirklich und ganz verbindlich wäre und aus dem chaotischen Reichtum des Überlieferten herausführen könnte. In seelischer Hinsicht ergibt sich daraus eine dumpfe Schwermut, ja Verzweiflung, noch nicht unbedingt Resignation im positiven, biedermeierlichen Sinne des Wortes. Der Mörike von 1825 und 1830 bettet sich noch nicht mit klarer Entscheidung im »Schosse der Kirche«, der Heimat, der Freundschaft, der Familie. Er liebäugelt mit der Schauspielerei, für die er nach allen Zeugnissen hochbegabt war, mit dem Austritt aus der Kirche, mit einer reinen Literatentätigkeit. Die »Residenz« steht im Mittelpunkt seiner Gedanken und Gelüste, Geldfragen spielen bei jeder Publikation eine bedeutende Rolle. Er betätigt sich sogar als Herausgeber. Die Züge des »Urdichters« bemerkt man zu dieser Zeit kaum in seinem Bild. Aus diesem Gesichtspunkt ist noch die Abfassung eines Opernlibrettos (*Die Regenbrüder,* Februar 1834) zu verstehen. Bei der Droste gibt es ein vergleichbares Liebäugeln mit dem damals höchst angesehenen Theater[9].

Insgeheim freilich empfindet Mörike immer deutlicher, daß er für den zeitgemäßen Kulturbetrieb nicht taugt, weniger als jeder seiner Freunde. Schon die Vitalkräfte reichen nicht aus. Daraus zieht seine Schwermut neue Nahrung bis hin zu quälenden Untergangsgefühlen. In Emil Staigers schönem Vortrag über *Schellings Schwermut*[10] wird mit Recht immer wieder die Parallele zu Mörike gezogen. Diese quälende Melancholie zeichnet nicht nur den oder jenen Schriftsteller. Sie ist die seelische Grundströmung der nachrevolutionären Epoche in ganz Europa (vgl. Bd. I, S. 2 ff.). Mörike ist zwar nicht

---

* Hans Egon *Holthusen,* der ja ein Meister des kritischen Metiers in unserer Zeit ist, bestätigt die Hochachtung Vischers, wenn auch taschenbuchmäßig verkürzt: »Ein anderes Thema, das wir nicht in extenso behandeln können, würde ›Mörike als Kritiker‹ heißen. Es würde uns mehr als einmal einen Heidenrespekt einjagen vor der kritischen Scharfsicht dieses notorischen ›Träumers‹, vor seinen analytischen Fähigkeiten und der manchmal recht ungemütlichen Strenge seines Urteils« (Eduard Mörike in Selbstzeugnissen und Bilddokumenten. Hamburg 1971, S. 127). Als Beispiel könnte man seine Ablehnung Gustav Pfizers nennen. Die Germanistik kennt ihn heute meistens nur als kläglichen Mops in Heines »Atta Troll«. Die freundliche Karl-Mayer-Kritik Mörikes ist ein besonderes Problem (vgl. Renate von *Heydebrand,* Eduard Mörikes Gedichtwerk. Beschreibung und Deutung der Formenvielfalt und ihrer Entwicklung, Stuttgart 1972, S. 301–305).

chronisch schwermütig, wie Lenau, – wenigstens in der Stilisierung, die seine Dichtungen anstreben. Oft genug schlägt – wie bei anderen Weltschmerzlern – die Melancholie in Spott, Übermut, ja in ein burschikoses Wesen um. *Hier zeigen sich schon Widerstandskräfte, die – ebenso wirksam, wenn auch anders als bei Heine – im Leben und im Werk über die frühe Biedermeierzeit hinausführen.* Aber die Grundstimmung ist Schwermut, der Gesamteindruck Verwirrung, »Zerrissenheit«.

Maler Nolten

Der Niederschlag von Mörikes Jugendepoche ist der Maler Nolten (1832). Ich bediene mich mit Absicht dieser in Verruf geratenen (»psychologischen«) Bezeichnung. Denn die Methode der immanenten Interpretation führte immer wieder an dem Werk vorbei. So hat man z. B. eine Art negativer Interpretataion getrieben, indem – mit guten Gründen! – die »traditionelle Technik« des Buches hervorgehoben wurde [11]; oder man griff – noch schlimmer – zu der so beliebten Überinterpretation und machte den Roman zu einer genialen Vorwegnahme des modernen, mit der Kategorie der Zeit operierenden Romans, so daß Mörike plötzlich in die Nachbarschaft von Faulkner geriet [12]. Oder man stritt darüber, ob das Buch ein Roman oder eine Novelle sei [13], was für die Biedermeierzeit kein ernstliches Problem darstellt (vgl. Bd. II, S. 833 ff.). Man wird der spätromantischen Dichtung Mörikes als erstes zugestehen müssen, daß sie als eine Art von »Universalpoesie« gedacht ist, als Sammelwerk der gesamten Jugendproduktion, so weit sie der Dichter noch anerkannte. Dafür spricht nicht nur der reiche Schatz an Lyrik – der *Maler Nolten* enthält ja eine romantisch eingestreute Gedichtsammlung Mörikes –, nicht nur das »phantasmagorische Zwischenspiel« *(Der letzte König von Orplid),* das ein Ausdruck von Mörikes und Ludwig Bauers frühen mythischen Träumen ist, sondern auch die Tatsache, daß Mörike die äußere Gestalt des Romans immer als etwas Vorläufiges betrachtete und die ästhetische Kritik des Gesamtwerkes ohne Bitterkeit hinnahm. Sie traf ihn nicht ernstlich, denn was er in der ersten Fassung geben wollte, war kein vollendetes Werk, sondern ein Begriff vom überquellenden Reichtum seiner inneren Welt, zugleich ein Hinweis auf die ganze, nicht nur irdische Welt in ihrer unergründlichen Tiefe. »O Leben! o Tod! Rätsel aus Rätseln!« – diese Worte bezeichnen etwa den Grundton, dem eine ausgeklügelte Technik widersprach.

Die Zeitgenossen wurden dieser Sachlage eher gerecht als die moderne, meist unhistorische Mörike-Forschung. Sogar Gustav Schwab, der mit dem Erstling des Jüngeren recht schulmeisterlich umsprang, erkennt, daß die technischen Mängel in dem Überreichtum des Werkes ihre Ursache haben. Mörike hat sich mehr vorgenommen, als sich ein »erfahrener Novellenmeiser« vornehmen würde. Tieck wird zum Schluß als Lehrer Mörikes genannt. Tatsächlich ist der virtuose Erzähler ein wichtiger Ausgangspunkt Mörikes*.

---

* Bei der Übersendung des »Maler Nolten« dankt der neunundzwanzigjährige Mörike dem Meister für die Lehrzeit (an Tieck 20. 2. 1833): »Denke ich aber, mit welcher unbedingten Hingebung [!] und immer neuen Bewunderung ich mich seit so vielen Jahren [!] an Ihren Werken erfreut, an Ihrem Genius mich aufgerichtet habe [!]..., so finde ich mich nun aufs wunderbarste durch die Vorstellung

Im *Maler Nolten,* sagt Gustav Schwab, ist »fast lauter Erlebtes«, aber es sind zu viel der Personen, der Motive, der Episoden. Vom »Verschwenderischen« des Werks ist teils kritisch, teils bewundernd öfters die Rede [14]. F. Th. Vischer sagt noch treffender: Mörike »hat in dieses Buch seine ganze reiche poetische Jugend hineingeschüttet; dieses Zuviel werden wir dem jugendlichen Dichter gewiß gerner verzeihen als ein Zuwenig«. Er lenkt die Aufmerksamkeit auf die einzelnen Punkte, die eine »große Kraft der Anschauung und Individualisierung« verraten, auf die »plastische Klarheit und Goethesche Idealität«, mit der er den »phantastisch-romantischen Stoff« durchdringt, auf die »Klassizität« des Stils [15].

Diese Kritik, besonders Vischers Hinweis, daß jedes der nicht integrierten »Momente« des Buches »für sich den schönsten Stoff zu einem kleineren poetischen Ganzen darbietet«, hat auf die spätere Entwicklung des Dichters gewiß bedeutenden Einfluß ausgeübt: *Die Hinwendung zur Kleinform lag bei solcher Charakterisierung bereits nahe.* Aber in *einer* Beziehung sah sich der Dichter doch nicht recht verstanden, was um so fühlbarer war, als in diesem Punkt die Schwabsche mit der Vischerschen Rezension übereinstimmte; im Grunde handelte es sich dabei um eine weltanschauliche Entscheidung, auch wenn die Kritiker ästhetisch argumentierten. Dem Verfasser des *Maler Nolten* war es ernst damit gewesen, die verschiedensten Erkenntnisse und Welten in seinem Buch zu verschmelzen. Es sollten nicht nur Gesellschaftsbilder entworfen werden (vom Leben in der Residenz, von Schlössern, Handwerkerstuben, Forsthäusern usw.), nicht nur kontrastierende Charakterbilder (von der einfachen Agnes und von der Hofdame Konstanze, vom verzweifelten Schauspieler Larkens und manchem würdigen Herrn). Auch Noltens Stellung zwischen den sozialen Schichten und den sehr verschieden gearteten Frauen, seine wechselnden Stimmungen, seine Konflikte waren nicht das letzte, so sehr der Dichter auf seinen psychologischen Tiefblick und seine Beobachtungsgabe stolz war und dafür belobt wurde. *Sein höchster Ehrgeiz zielte dahin, die Ahnung des Wunderbaren, des höheren Zusammenhangs in sein Werk hineinzuziehen und das ganz goethisch, ganz »plastisch« gefaßte Natürliche mit dem Übernatürlichen zu vereinigen.* Über Noltens Leben sollte von vornherein ein »Schicksal« im Sinne einer jenseitigen Bestimmung stehen. Irdische Erlebnisse wie etwa das Schwanken zwischen Konstanze und Agnes sollten ihn nur auf sein eigentliches Schicksal, — immer wieder angekündigt durch das Erscheinen der Zigeunerin Elisabeth – vorbereiten. Die Todesvermählung mit Elisabeth sollte kein verblüffender Schlußeffekt, sondern der notwendige Ausgang des sinnlich-übersinnlichen Geschehens sein, ein Hinweis darauf, daß der Mensch nicht nur von dieser Welt ist.

Die moderne Forschung hat immer wieder bestätigt, daß diese Konzeption Mörikes ernstzunehmen ist, trotz der überkommenen Motive, die sie zu Hilfe nimmt. Die Verknüpfung des Irdischen und des Überirdischen muß ihm tiefstes Bedürfnis gewesen sein, trotz der undurchdringlichen Verknäuelung, die dadurch für ein rationales Denken ent-

gerührt, daß Sie, doch wenigstens so lange jene Blätter Sie festhalten können, sich noch mit meinem Wesen berühren sollen.« Mörike steht zu dieser Zeit noch in der Nähe Grabbes, der dem alten Magus auch seinen finstern Erstling schickt. (vgl. o. S. 152 f.). Doch läßt das völlige Auseinandergehen von Grabbes und Mörikes späterem Entwicklungsweg besonders leicht erkennen, wie viel bewußter der Württemberger *Abstand vom falschen Geniewesen* nahm und den Weg zu einer neuen Art von Meisterschaft einschlug.

stand. Auch später, als er das Buch zu revidieren begann und einer realistischeren Auffassung vom *Erzählstil* bewußt zu entsprechen versuchte, hat er an diesen Zentralpunkt nie gerührt. Wenn man das Biedermeier kennt, wird man sich über das verbissene Festhalten an der jenseitigen Dimension nicht einmal allzusehr wundern. Welt und Überwelt, Empirismus und Jenseitsglaube bilden für viele Zeitgenossen noch ein Ganzes (vgl. Bd. I, S. 125 f.). Für Mörike – diesen Sachverhalt muß man hinnehmen – steht »das Psychologische... eben keineswegs im Gegensatz zu dem Fatalistischen, vielmehr ist es ein wesentliches Moment in der Hand des Schicksals« [16]. Daher eben ist ihm der Schluß »notwendig«. Man kennt heute viele Züge, die im Roman auf den düsteren Ausgang vorausdeuten, so das Zwischenspiel mit seiner Todessehnsucht und das Totentanzbild des Eingangs [17]. *Wir können verstehen, daß der Dichter gerade was »die Duplizität und höhere Einheit der leitenden Ideen betrifft, gern Recht behalten möchte«* (an Gustav Schwab 17. 2. 1833) [18]. Aber die rationaler orientierte Kritik nahm ihm diese »Einheit«, besonders die Art, wie sie den Ausgang des Romans prägte, nicht ab. Der junge Theologe, der mit einem so kühnen, tiefsinnigen Werk vor die Öffentlichkeit getreten war, sah sich gerade in seinem höchsten, universalpoetischen Anspruch verworfen und auf die einzelnen Schönheiten seiner Feder verwiesen.

Die »Anmut« von Mörikes Stil bezog schon Friedrich Notter, ein wichtiger Freund Mörikes in seiner *späteren* Zeit [19], auf Goethe. Er sprach von einem »sehr gelungenen Nachbild Göthe'scher Darstellungsweise« und eröffnete die später so oft begangene Fehlspur eines tragischen Romans, indem er *Maler Nolten* an »die mitunter pretiösen Wahlverwandtschaften« anschloß [20]. Der weltanschauliche Abstand des damaligen Mörike von Goethe ist inzwischen oft beschrieben worden, am besten wohl von Benno von Wiese, der Mörikes Bewußtheit unterschätzt, hier aber völlig in seinem Element ist: »Trotz aller Goethe-Nähe Mörikes... – in dieser Erfahrung des Schicksals wird der wesentliche Gegensatz beider Dichter sichtbar. Mignon konnte niemals die Hauptgestalt des ›Wilhelm Meister‹ werden. Sie geht zwar in den ›Gedächtnissaal‹ der Gesellschaft vom Turm ein, aber die entscheidenden Antriebe liegen für Goethe nicht in dem Bereiche, in dem Mignon und der Harfner beheimatet sind. Erst im Überwinden des Dämonischen baut sich die gesellschaftliche Welt der Humanität auf... Peregrina-Elisabeth hingegen sprengt jeden Willen zur Ordnung und zur geschlossenen menschlichen Gemeinschaft. Wer von dem Duft dieser schönen Zauberblume einmal geatmet hat, kommt niemals mehr davon los« [21]. Man könnte hinzufügen, daß auch die Ottilie der *Wahlverwandtschaften* wegen ihres unerhört feinen sittlichen Maßstabes die humane Ordnung bestätigt.

Der *Ausgangspunkt* des *Maler Nolten* ist, seiner Grundidee nach, der Schauerroman, das »Nachtstück« (vgl. Bd. II, S. 937–943). *Der Name Hoffmanns erscheint bis 1837 wiederholt in Mörikes Briefen.* Seine Erzählungen verschlangen Mörike und seine Freunde schon in Tübingen »und tranken übrigens brav Tee« dabei (an Johannes Mährlen März 1825). Offenbar galt Hoffmann damals als gefährlich. Der Vikar Mörike dagegen, der endlich einen Erfolg braucht, bemächtigt sich des Vorbilds und übertrumpft es. Man kann darüber streiten, ob der christliche Trost, den der Hofrat am Ende des Romans spendet, für den Dichter so wenig bedeutet wie für seinen Helden. Dies scheint Benno von

Wiese anzunehmen, der junge Mörike erinnert ihn an Büchner[22]. Sicher aber ist, daß der Ausgang von Mörikes Roman die christlichen Werte in einem unsichereren Lichte erscheinen läßt als Hoffmann in den *Elixieren des Teufels* (1815). Man versteht den Schrecken, den dieses Werk den Eltern von Mörikes Braut einjagen mußte, ebenso gut wie die Anziehungskraft, die es auf moderne Interpreten fortgesetzt ausübt. Ein Mörikeherausgeber empfiehlt den Roman als »das zeitlose Lebensbuch Mörikes«[23]. Auch der psychologische Fortschritt Mörikes, über die Romantiker hinaus, wird, wohl mit Recht, festgestellt und gerühmt[24]. Bedenklich wird solche Zustimmung erst, wenn man den Roman, wie dies öfters geschieht, zu Mörikes »Hauptwerk« macht und damit den Blick auf seine spätere Lebensleistung verstellt.

Geschichtlich gesehen ist der hoffmanneske Roman eine, im Sinne der Metternichschen Restauration, zeitgemäße, antirationalistische Umkehrung des Bildungsromans, ein Anti-Meister[25], biographisch muß man ihn wohl als ein effektvolles und ehrgeiziges Jugendwerk ansprechen; insgeheim sah ihn Mörike vielleicht auch schon als therapeutische Kur[26], wie es der *Werther* für den jungen Goethe gewesen war, oder sogar als Selbstgericht[27]. Daß ein junger Vikar mit einer so verzweifelten Kundgebung hervortrat, ist für den Historiker, der den Weltschmerz als ein Abfallprodukt des späten Christentums erkennt (vgl. Bd. I, S. 26 ff.), nicht so verwunderlich. In der fatalistischen Aufmachung mag manches literarische Kalkül stecken, von Tieck und Hoffmann gelerntes Handwerk. *Aufrichtig aber ist der antihumanistische Kern des Romans,* nämlich die Überzeugung, daß der Mensch wenig zu seiner Rettung tun kann und stets von überirdischen Mächten abhängig bleibt*.

Daß es Mörike mit seiner Grundidee, so verwirrt sie den anderen (und vielleicht ihm selbst) erscheinen mochte, wirklich ernst war, wird dadurch bestätigt, daß die bittere Enttäuschung, welche die Aufnahme des *Maler Nolten* für ihn bedeutete, seinen Jenseitsglauben nicht beeinträchtigen konnte. Die brieflichen Vorstöße gegen Wunderglauben und »Romantik«, die Vischer immer erneut unternahm, hatten in diesem Punkte ebenso wenig Wirkung. Mörike zog sich bei derartigen Themen einfach stumm auf sich selbst zurück. So wenig er als Angreifer den fest zupackenden hegelianischen Freunden glich, so stark war er in der Verteidigung seiner Individualität und seiner individuellen Kreativität. Es gab da einen Kern, der fester war als die von andern übernommene Darbietungsform des Schauerromans. Doch es muß ihm durch *Maler Nolten* zum Bewußtsein gekommen sein, daß er, so wie er nun einmal war, im Widerspruch zum vorwärtsdrängenden Zeitgeist stand und daß überhaupt die ausgreifende Gestaltung eines Menschen- und Welt-

---

* Da diese heteronome Einstellung die herrschende war, gehört der Schauerroman zu den historisch legitimen Formen der Biedermeierzeit (vgl. Bd. I, S. 615–617). *Maler Nolten* ist *kein* besonders spätes und in diesem Sinne anachronistisches, epigonenhaftes »Nachtstück«. Die alten Vorstellungen von einem die Romantik prompt ablösenden Realismus sind widerlegt. Eine gründliche Diskussion des gesamten Problemkomplexes, besonders in sozialgeschichtlicher Hinsicht, findet man bei Jörg *Schönert:* Behaglicher Schauer und distanzierter Schrecken, in: Literatur in der sozialen Bewegung, hg. v. Alberto *Martino,* in Verbindung mit Günter Häntzschel und Georg Jäger, Tübingen 1977, S. 27–92: Erst 1845 läßt sich ein Rückgang der Schauerliteratur in den Verlagskatalogen feststellen. 1852, d. h. nach der Verkündigung des liberal-realistischen Programms, gibt es nur noch vereinzelt Schauerromane (ebd. S. 86).

bildes nicht seine Sache war. *In diesem Verzicht, nicht in irgendeinem Artistenstolz, gründet Mörikes Entscheidung für ein reines Künstlertum.*

Klare Entscheidung gegen die »Zerrissenheit«

Äußerlich ermöglicht wurde sie zunächst durch die Ernennung zum ständigen Pfarrer in Cleversulzbach (1834). Auch dieser Weg ist, nach der Trennung von der Braut, als Verzicht zu sehen; denn er war zu jener Zeit für die geistigen Söhne Württembergs alles andere als selbstverständlich. Im gleichen Jahr gab Freund Vischer die theologische Laufbahn auf, einige Jahre später der junge Hermann Kurz. Die Freunde drängten Mörike in gleicher Richtung, ja sie verachteten ihn im stillen, weil er halbwegs zufrieden auf seiner Land-Pfarre saß. Lange Pausen in den Briefwechseln deuten den Ernst dieser Auseinandersetzung an. Das Pfarramt war, im Vergleich mit der Existenz eines Berufsschriftstellers, das geringere Übel*.

Es ist wenig aussichtsreich, die Grundtatsache dieses Verzichtes, dieses Rückzugs in die Idylle aus Abneigung gegen den »biedermeierlichen Pfarrherrn« leugnen zu wollen; denn die Briefe reden gerade in diesem Punkt eine zu deutliche Sprache. Freilich wirken mehrere Motive zusammen. Die gesundheitlichen Verhältnisse des Dichters, ob nun körperlich oder seelisch bedingt, verursachen immer neue Wellen der Resignation, der Schwermut, der Indolenz. Mörikes »Faulheit« ist, wie schon der umfangreiche *Maler Nolten* verrät, keine von vornherein feststehende Eigenschaft; sie gewinnt erst durch die in den dreißiger Jahren vor sich gehende Umstrukturierung ihre wesentliche Ausprägung, ihren Sinn. *An die Stelle einer »verschwenderischen«, zwischen Lebensgier und Todestrunkenheit unklar schwankenden Einstellung tritt nun die »Ökonomie«, die »Diät«.* Immer wieder erscheinen diese eindeutigen Begriffe im Briefwechsel. Mörike kann Hermann Kurz nicht sehen, weil ihm dieser Besuch, die geistige Anregung, die von ihm ausginge, zu anstrengend wäre (Brief vom 20. 9. 1837). Die Lektüre erscheint, noch mehr als früher, in einem bedenklichen Lichte. Er erkennt gerade die von uns erwähnte außerordentliche Empfänglichkeit als seine Gefahr. Verständlich, daß dann das Produzieren zur Todesgefahr wird. Sie beginnt schon bei den Briefen; immerhin sind Briefe und Gelegenheitsdichtungen noch läßliche Sünden des Dauerpatienten. Zur eigentlichen Dichtung jedoch, auch wenn es Prosawerke sind, bedarf es eines besonderen Einsatzes, eines besonderen Aufschwungs, so daß Arbeiten im Format des Nolten ganz undenkbar werden. Die Normaldiät, zu der er sich gezwungen sieht, wird etwa durch folgende Worte bezeichnet: Ich »darf weder viel schreiben, noch lesen, noch denken und muß mir gerade

---

* Die Lebensexperimente der Freunde bestätigten ihm später seine Entscheidung für das ländliche Asyl: »Ein Leben, wie Du es in Stuttgart führtest, das ist ein Zustand der fliegenden Hitzen, wo man bunte Liköre statt echten Weins trinkt. Ein schönes Werk von innen heraus zu bilden, es zu sättigen, mit unsern eigensten Kräften[!], dazu bedarfs – weißt Du so gut als ich – vor allem Ruhe und einer Existenz, die uns erlaubt, die Stimmung abzuwarten« (an Hermann Kurz 26. 6. 1838). Zum Problem des Berufsschriftstellertums *vor* der Herausbildung eines größeren Lesepublikums vgl. auch Bd. I, S. 162–165.

dasjenige am meisten vom Leibe halten, was mir sonst Leben und Athem ist« (an Hermann Kurz 26. 5. 1837). Am schärfsten trifft, wie immer bei Mörike, eine Metapher: »Was mein Verhältnis zu der Poesie betrifft, so ist's für jetzt eigentlich nur die Sehnsucht eines Liebhabers zur Liebsten, der sich diäthalber enthalten muß« (an Vischer 13. 12. 1837).

Mörike ist von Psychologen und Psychiatern immer wieder als Psychopath angesprochen worden[28]. Man sollte sich über diese Diagnose nicht ärgern, sondern sie ernst nehmen, um ihn vor falscher Kritik zu bewahren. Statt ihm das Streben nach einer ruhigen Existenz übelzunehmen oder den Weg ins Idyll als erste Stufe des Materialismus zu preisen[29], muß man erkennen, daß der Verzicht die Voraussetzung seiner späteren Dichtung und selbst eine Leistung war. *Es gelang ihm bis zu einem gewissen Grad mit seinem lebenslangen Leiden fertigzuwerden, im Unterschied zu Waiblinger, Lenau, Grabbe, Raimund usw. Die immer noch auftauchende moralische (wie auch soziologische) Mörike-Kritik geht in die Irre, weil sie das Faktum dieser wie immer zu benennenden Krankheit nicht klar genug in Rechnung stellt.* Auch wenn man die Neurasthenie soziologisch, als »Massenerkrankung des sozial und politisch unbefriedigten Bürgertums« interpretiert[30], bleibt das Faktum einer zu überwindenden Krankheit. Richtig verstanden ist Mörikes späteres Leben und das ihm abgerungene schmale Werk, auch moralisch gesehen, eine bemerkenswerte Leistung. Gewiß, er will sich bewahren, er will sich retten, König Ulmon will nicht mehr sterben, sondern sein Königtum ablegen und ein bescheidenes Leben führen. Aber in diesem Verzicht liegt zugleich die Möglichkeit, die Krankheit – wir geben ihr doch wohl am besten den alles umfassenden Namen Weltschmerz – einigermaßen zu überwinden und zu einem, wie immer begrenzten, *sinnvollen* Leben und Dichten zu gelangen*.

Mörike vollzieht die Entscheidung mit vollem Bewußtsein, gerade auch was den überpersönlichen Aspekt der Krankheit betrifft**. In dem Briefwechsel zu Beginn der dreißi-

---

* Einen Hinweis auf die erbliche Belastung Mörikes gibt auch das Schicksal seines Bruders Karl, der nicht, wie *Maync,* im Stil der älteren liberalistischen Forschung, annahm, wegen seiner demokratischen Betätigung, sondern wegen seiner Indolenz und wegen direkter Unregelmäßigkeiten sein Amt als Kgl. Fürstl. Amtmann in Scheer bei Sigmaringen verlor und eine Strafe verbüßen mußte. Er erhielt sein Amt für eine Schrift (*Über die Verbesserung der Gemeindeverwaltung als Mittel zum Nationalwohlstand,* Esslingen 1822). Und als er an Tuberkulose starb, erschien eine Veröffentlichung, die seiner Musikalität entsprach (*Maximen des Musikunterrichts,* Stuttgart 1848). Licht und Schatten mischen sich auch hier. Der Bruder war, nicht nur äußerlich, sondern auch durch die in ihm sich andeutende Familienmöglichkeit, eine schwere Belastung für den Dichter und eine stete Mahnung zur »Bescheidenheit«. (Die Einzelheiten bei Klaus D. *Mörike:* Karl Mörike, der Bruder des Dichters, in: Jb. d. dt. Schillerges. Bd. XIX, 1975, S. 192–207.)

** Das merkwürdige Ineinander von kindlicher Unschuld und Klugheit – oder sollen wir das vermittelnde Wort Weisheit wählen? – schildert Berthold Auerbach in Erinnerung an ein Zusammentreffen mit Mörike (1833): »Er [Mörike] war harmlos wie ein Kind u. scharfdenkend[!] als Gelehrter, er ging in jede Erörterung gut hörend ein u. traf dann den innersten Punkt der Frage, er war voll Scherz u. Schalkhaftigkeit u. voll träumerischen Sinnes zugleich, er konnte aus dem hoechsten Schwunge in die Anekdote übergehen« (Walter *Hagen,* Berthold Auerbach über Eduard Mörike, in: Jb. d. dt. Schillerges. Bd. VI, 1962, S. 10). Dieser Hinweis auf Mörikes *Ambivalenz* könnte als Vermittlung zwischen meiner Mörike-Interpretation und dem hartnäckigen (norddeutschen?) Festhal-

ger Jahre finden sich öfters Ausfälle gegen die »Kränklichkeit«, »Schmerzensprahlerei«, »Zerrissenheit« der *Zeit* (an Vischer 5. 10. 1833). Den Ausgangspunkt bildet natürlicherweise die Auseinandersetzung mit der »kranken Desperationskoketterie« in Heines berühmten Liedern. Seit er sie gelesen hat, sind ihm »Verzweiflungsexpektorationen« unangenehm (an Vischer 17. 1. 1831). Er sieht mit Bedauern, daß Vischer im gleichen Strome schwimmt und die üblichen Selbstmörderspekulationen vermehrt. Was hilft alle »Virtuosität unseres Geistes«, wenn sie jede Lebenssicherheit aufzehrt. Man wird doch bei aller Bewunderung fragen: »Ergo was bleibt uns?« Er stellt die Frage nach dem letzten Grund des Lebens und der Dichtung. Vischer versucht, mit Hilfe der hegelianischen Dialektik die (begrenzte) Notwendigkeit der Zerrissenheit, der Dämonie zu verteidigen. Mit gutem Grund ist Heine teuflisch: »Der Dichter muß notwendig den Teufel gerochen haben. Bei Goethe muffelt es überall so ziemlich. Darum ist er ein Dichter« (an Mörike 29. 12. 1833). Mit solchen und ähnlichen, für halbe Begabungen auch heute noch verführerischen Argumenten versucht Vischer immer wieder den Freund vor der Resignation, vor dem was man in unserer Zeit »Verengung« nennt, zu bewahren. Mörike aber ist in solchen Kapitalfragen gar nicht mehr schwach und beeinflußbar. *Mit großer Sicherheit, auch unbeirrt durch die Autorität Goethes, geht er den für richtig erkannten Weg in die Stille, in die »Gesundheit«.* Wenn man in diesen fünfzehn Dichter-Kapiteln immer wieder auf verfehlte Wege zur Meisterschaft gestoßen ist, erkennt man die folgende Feststellung von Walter Helmut Fritz als vollkommen treffend: *»Daß er [Mörike] ein so untrügliches Gefühl hatte für das, was ihm erreichbar war, gehört mit zur Grösse seiner Leistung«* [31].

In diesem Zusammenhang ist auch seine Freundschaft mit dem jüngeren Hermann Kurz zu verstehen. So schwierig der Umgang mit dem handfesten revolutionären Landsmann war, – er diente der Regeneration, der Verjüngung*. Nicht nur die sentimentale,

---

ten an Mörikes Naivität (Renate von *Heydebrand,* Benno von *Wiese)* verstanden werden. Selbstverständlich kann man sich – bei einem derartigen Leistungs- und *doch* auch Lebenserfolg – nur zu etwas entwickeln, was schon in einem liegt. Wogegen ich mich richte, ist nicht das Bestehen auf einer individuell oder landschaftlich vorgegebenen naiven *Möglichkeit* in Mörike, sondern 1. die Unterschätzung geistiger Programme (vgl. auch die irrationalistische Kritik des von mir in die Debatte gebrachten programmatischen Realismus): *Programme machen Geschichte,* auch Literaturgeschichte, 2. die verächtliche Behandlung des biedermeierlichen Programminhalts (Spießbürgertum [Spätromantik], Flucht vor der »Geschichte« [Hegelianer], vor der Größe [Nietzsche], vor der Strenge [Georgianer], »deutsche Innerlichkeit« [Neomarxisten]). Wohin die forcierte Hinwendung zur Äußerlichkeit in Deutschland führt, belegt die deutsche Politik vor 1945 und das deutsche Privatleben in der freien BRD. Kurz gesagt: Ich werbe, am Beispiel Mörikes, um einen neuen *Respekt für Bescheidenheit, Augenmaß, Besonnenheit, Askese,* und rate zur Abwendung von dem falschen Genie- und Größebegriff, der, spätestens seit Nietzsche, die Deutschen von einem Rausch zum andern taumeln läßt und sie allmählich in den Ruf totaler Unberechenbarkeit gebracht hat. In diesen Zusammenhang gehört, von der Mikrostruktur der Neugermanistik aus gesehen, der seltene Sinn für die *genialen* Möglichkeiten *bescheidenster* biedermeierlicher Meisterschaft. In diesem Punkt unterscheiden sich schon österreichische und deutsche Biedermeierforscher erstaunlich. Es ist aber der Punkt, auf den es ankommt.

* Hermann *Leins* schrieb mir am 15. 2. 74: »Es wird Sie interessieren, daß mir Isolde Kurz selbst einmal über den Grund der Entfremdung zwischen ihrem Vater und Mörike berichtete und mir sagte, bei einem späteren Besuch habe ihr Mörike dargelegt, wieviel er doch dieser schwierigen Freund-

auch die witzige Aussprache der Zerrissenheit, alles geistreiche Umspielen des Nichts, alles Kokettieren mit dem »Teufel«, jede leere »Virtuosität unseres Geistes« in Gesellschaft und Dichtung wird ihm widerwärtig. Das Urteil über Heine versteht sich für einen damaligen schwäbischen Poeten fast von selbst. Daß aber Tieck, der Abgott der Biedermeiergesellschaft und seiner eigenen Jugend, in das Gericht über die »Zeit« einbezogen wird, verrät den Ernst und die Tiefe des Neuansatzes. So schreibt er etwa an Hermann Kurz über dessen Skizze *Das Wirtshaus gegenüber* u. a. Folgendes: »Lauter frische gesunde Jugend: ein ächtes Korn von Witz, wobei Einem das Herz in einem fort lacht, während der Tieck'sche Humor häufig von einem dämonischen Raffinement durchdrungen ist, aus dessen schönster Blüthe oft das Kränkliche ihres Bodens zu stark und unheimlich herauswittert« (an H. Kurz 19. 6. 1837). Mit solchen Äußerungen überschreitet der Dichter entschieden den gesamten historischen Bereich der Salonromantik, des Nachtstücks, der Weltschmerzpoesie.

Von den Auswirkungen des Naivitätsprogramms

Dies ist, kurz skizziert, die Bildungsgeschichte, die zu dem Mörike geführt hat, den wir naiv zu nennen pflegen. *Seine Naivität ist das Ergebnis eines höchst bewußten Bemühens um Heilung und Verjüngung, eine »zweite Naivität«,* wie Gerhard Storz in seiner Interpretation des *Stuttgarter Hutzelmännleins* treffend gesagt hat[32]. Die psychophysischen, metaphysischen und ästhetischen Faktoren lassen sich in diesem Vorgang kaum voneinander trennen. Doch sei im folgenden versucht, die Wirkungen zu beobachten, die das Gesundungs- und Naivitätsprogramm auf die Gestalt von Mörikes Dichtung gehabt hat. Dabei wird es wichtig sein, die klassizistischen und die romantischen Aussageformen unter diesem Gesichtspunkt *zusammenzusehen;* denn Mörike ist, was auch jetzt festgehalten werden muß, durch das Epigonentum hindurchgegangen, und dies bedeutet, daß er alle überlieferten Formen in neuer Weise verwenden kann (vgl. Bd. I, S. 93–98, 358). *Die reiche Tradition, über die er im souveränen künstlerischen Spiel verfügt, ängstigt ihn so wenig, wie sie Goethe ängstigte.* Er ist der legitime Erbe von »Vater Goethe« (an Hartlaub 23. 7. 1830). *Jetzt* will er es werden. Die Lektüre des Goethe-Schiller-Briefwechsels gibt ihm die Bestätigung, daß er auf dem rechten Wege ist. Epigonengefühle überläßt er den falschen Erben. Er kann sie schon deshalb nicht haben, weil er nicht in historischen Kategorien denkt; – das verstehen die Freunde nicht. So ist z. B. die hegelianische »Aufhebung« der vergangenen Epochen, ihre »Synthese« in einer höheren Gegenwart kein maßgebender Gesichtspunkt für ihn. *Alle* Formen eines zeitbezogenen Denkens, der klassisch-romantische Vergangenheitsenthusiasmus so gut wie der jungdeutsche »Zeitgeist«

---

schaft zu verdanken habe.« Für Storm waren dann schon Mörikes Gedichte (1838) ein Heilmittel gegen die Zersetzungslust: »Vor diesem Buche machten wir unwillkürlich Halt.« (Meine Erinnerungen an Eduard Mörike, in: Meisterwerke deutscher Literaturkritik, hg. v. Hans *Mayer*, Bd. 2/I, Berlin 1956, S. 731 f.). Der Weg zum Realismus führt weg vom Weltschmerz, hin zum »Positivismus«.

und die junghegelianische Zukunftskonstruktion, treten zurück gegenüber der *ewigen Gegenwart großer oder seelenverwandter Vorbilder.* Die Geschichte verräumlicht sich bei Mörike, ähnlich wie bei Grillparzer, zur Allgegenwart des Wahren und Schönen, wobei allerdings die Barocktradition für den protestantisch-württembergischen Lyriker und Erzähler keine so große Bedeutung gewinnt wie für den Österreicher*.

---

* Es gibt zur Zeit Tendenzen, die der Restaurationsepoche letzten Endes zugrunde liegende Barocktradition auch bei Mörike zu erkennen. Wenn z.B., auf Grund von Äußerungen Mörikes und seiner Zeitgenossen, versucht wird, die zur Zeit wenig beachtete, an Schiller und Hölderlin orientierte *Herbstfeier,* bzw. die frühere Fassung *Bacchanal* aufzuwerten (Burkard *Bittrich:* Vom Bacchanal zur Herbstfeier, Mörikes Dithyrambe in ihrer Entwicklung und Eigenart, in: Sprachkunst Jg. 9/1978, 1. Halbbd., S. 29–58), so liegt darin eine Abweichung von dem die »Unauffälligkeit« betonenden Bild Mörikes. Noch ehrgeiziger in dieser Richtung ist ein Versuch Manfred *Koschligs:* Mörikes barocker Grundton[!] und seine verborgenen Quellen, in: Zs. f. Württ. Landesgesch., Bd. 34/35 (1975/76), S. 231–323. Ich teile gegenüber dieser Konzeption die Bedenken H.-H. Krummachers: »Die von Koschlig gegebenen Hinweise bedürfen genauer Diskussion. Dabei wird freilich zu fragen sein, wie weit es sich bei Mörike um eine breitere Vertrautheit mit barocker Überlieferung… und wieweit eher doch nur um eine punktuelle Begegnung und vor allem um Entsprechungen handelt, die einfach aus dem breiten Strom der dem Theologen vertrauten Vorstellungswelt und Sprache geistlicher Literatur gespeist werden« (Sannazero und Venantius Fortunatus in Nachdichtungen Mörikes, in: Mannheimer Hefte 1978/2, S. 83, Anm. 50). Daß Mörikes Prinzip der Vieltönigkeit (s. u.) den Rückgriff begünstigt, ist zuzugeben. Ein kurioser Versuch, die theologische Tradition in Mörike nachzuweisen, ist die phantasievolle Arbeit von Gerhard v. *Graevenitz:* Eduard Mörike: Die Kunst der Sünde. Zur Geschichte des literarischen Individuums, Tübingen 1978. Daß Mörike Arndts *»Wahres Christentum«* kannte und in die ästhetische Diskussion mit Vischer einbezog (S. 241), ist interessant; aber an solche Traditionspartikelchen werden viel zu schwere Gewichte angehängt. Ein Beispiel: »Schwinds Illustration macht erst sichtbar, wie in Mörikes Erzählung vom dritten Lachen der Lau das Echo des Kusses und die humoristische Kontrafaktur des Sündenfalles im Paradies Umsetzung einer Sündenlehre in poetische Anschauung sind, angeregt durch die ›spielerische‹ Ausstattung des *Wahren Christentums.* Schwinds Zeichnung kann in ihrer Zusammensetzung durchaus mit der zusammengesetzten oder ›analytischen‹ Anschaulichkeit der Mörikeschen Texte verglichen werden. Ein ›sinnliches‹ Motiv, von der Leibhaftigkeit der Proud'honschen Umarmung, wird in einem letzten Endes abstrakten, von einer ›Lehre‹ über das theologische ›Ich‹ her konstruierten Bildzusammenhang eingefügt, und die Lebendigkeit der sinnlich anschaulichen Bildteile verwischt die Abstraktheit des organisierenden Prinzips. Das war vom Gedicht ›In der Charwoche‹ angefangen, dessen Sinnlichkeit der Nonnenlied-Motive und seiner abstrakten Konstruktion der Ichbezogenen Kreuzigungsszene, die Anschaulichkeitsstruktur der Mörikeschen ›Kunst der Sünde‹« (S. 242). Wenn in diesem kurzen Text fünfmal gängige Begriffe in Anführungszeichen gesetzt werden, so verrät dies allein schon nicht nur den exklusiven Anspruch, sondern auch den spekulativen Charakter einer derartigen Mörike-Interpretation. Die Einfügung psychologischer Elemente in die historische Untersuchung macht das Buch noch verwirrender. Man kann so verzweifelte Versuche, an Mörike heranzukommen, überhaupt nur verstehen, wenn man sich seiner ungemein schweren Zugänglichkeit bewußt ist (s. o.). Daß die eine oder andere Spur, die hier getreten wird, anregend wirken und von reiferen Forschern zu einem Weg ausgebaut werden kann, halte ich nicht für ganz unmöglich. Voraussetzung dazu wäre eine stärkere Verankerung der religions- und stilgeschichtlichen Mörike-Interpretation in der Epoche, die sein Bewußtsein und seine Psyche prägte; aber solche historische *Konkretheit* steht, wenn ich recht sehe, in einem systematischen Widerspruch zu der hier angewandten Methode.

Eduard Mörike

Volkslieder

Naivität bedeutet zunächst einmal das Bestreben, von der Salondichtung Abstand zu gewinnen. Tieck hatte sie unter dem Namen der »Novelle« erneuert, zum Vergnügen der teils adeligen, teils großbürgerlichen Oberschicht, und Mörike im *Nolten* beträchtlichen Anteil an ihr genommen, mit der Folge allerdings, daß der lebensgewandtere Notter sogleich eine mangelhafte Kenntnis der »höheren Gesellschaft« feststellte[33]. Während bisher die *volkstümliche Aussageform* in Mörikes dichterischer Welt nur eine zweitrangige, das Gesellschaftliche kontrastierende Rolle gespielt hatte, gewinnt sie nunmehr zentrale Bedeutung. Wir heute denken immer zuerst an den Mörike der Gedichte, die sich ja so häufig der Volkslied- und Volksballadenform bedienen. Aber erst 1838, nach der erwähnten Umstrukturierung seiner geistigen Welt, betont der Dichter die lyrische Seite seines Schaffens, indem er die erste Sammlung der Gedichte bei Cotta herausgibt*. Der Versuch Gundolfs, Mörikes volksliederartige Gedichte abzuwerten – zugunsten der Lyrik, die dem Maßstab Baudelaire und Poe standhält –, kann als gescheitert betrachtet werden. Emil Staiger, der sich auf den sensiblen Lyriker besonders gut versteht, hat, im Widerspruch zur romantischen Tradition unserer Wissenschaft, wohl als erster bewiesen, daß Mörikes Volksliedichtung privateste Form der Aussage ist, daß man sie fast Zeile für Zeile aus der Persönlichkeit des Dichters deuten kann. Der Spätling, meint Staiger, liebt diese historische Form, weil ihm ein »bestimmtes eigenes Dasein« fehlt[34], weil sie, dies füge ich hinzu, aus dem nichtigen oder doch zwiespältigen eigenen Dasein hinausführt: in eine Welt, in der es nicht nur bitter-süße Erfahrungen und kränkliche Gefühle, sondern eindeutige Leidenschaften und ganze Schicksale gibt. Vielleicht ist es doch nicht nur Maskierung, wie Staiger annimmt, sondern zugleich echte Hingabe an das Volk, von dem ein wesentlicheres Leben gelebt wird als von der Oberschicht. *Mörike lebte ja viele Jahre, wie immer patriarchalisch, mitten im Volk.* Schon die Tatsache, daß sehr gelungene Volkslieder frühzeitig, lange vor dem Naivitätsprogramm, entstanden, spricht für eine gewisse Unmittelbarkeit. Die »Selbstlosigkeit«, das Mitleid war die höchste Tugend jener Zeit (vgl. Bd. I, S. 69); und wenn gerade *Das verlassene Mägdlein* von Mörikes Freunden besonders geschätzt wurde, so hatte diese Bewunderung gewiß auch eine soziale Seite. Sogar die oft gelästerte *Soldatenbraut* hat es in sich; denn sie deutet ja symbolisch die wilde Ehe des Paares an, sakralisiert diese sogar (»Marien-Kapell«, »Hauskreuz«), war also nach biedermeierlichen Begriffen keineswegs harmlos[35]. Mörike hätte, wie Heines Beispiel zeigt, die Volksliedform in viel entschiedenerer Weise zur Maske eines differenzierten Bewußtseins und Erlebens umbilden können. Es ging ihm

---

* Einen mühelosen Vergleich zwischen den Gedichten des 34jährigen und des 24jährigen Mörike gestattet neuerdings der von H.-H. *Krummacher* zu Mörikes 100. Todestag (1975) herausgegebene Faksimile-Druck eines kleinen Heftes, das der junge Dichter 1828 für eine Verwandte, Adelheid Mörike, zusammengestellt hat: *Neue weltliche Lieder* (Marbacher Schriften, hg. vom Deutschen Literaturarchiv, Marbach a. N.). Das *schmale* Bändchen bringt zum Bewußtsein, daß sich Mörike erst langsam seines Ranges als Poet bewußt wurde und *sich zunächst bescheiden unter die wenig angesehenen Prosaerzähler einreihte.* Darin unterscheidet er sich klar von ehrgeizigen und ungeduldigen Poeten wie Heine, Immermann, Platen.

aber darum, in und mit dem Volkslied den Schritt von der Sentimentalität und Ironie zum »warmen« Gefühl, von allerlei fragwürdigen erotischen Leiden (Peregrina!) zum ganzen Schicksal zu tun – auch um den Preis der Selbstentäußerung. Man darf, zur Verdeutlichung, an die sehr verschiedene Benutzung des Volkstümlichen bei Raimund und Nestroy erinnern. Mörike gleicht dem gemütvolleren Raimund, mit dem ihn freilich auch die Schwermut, das Leiden an sich selbst und an den Nebenmenschen verbindet (vgl. o. S. 6). So erklärt sich dann auch eine der Forschung längst bekannte Tatsache, daß Mörike nämlich fast überall, wo er der Volkslyrik folgte, ihren besonderen Eigenschaften möglichst genau entsprach[36].

Gewiß, der Stolz des Virtuosen, des Schauspielers, der einen bestimmten, typischen Ton »treffen« will, ist dabei nicht zu verkennen; wir wissen, daß er hinsichtlich der Wirkung eines volksliedartigen Gedichts *(Die Schwestern)* mit seinen Freunden ein förmliches Experiment anstellte (an Hartlaub 7. 11. 1837). Aber auch der Kritiker der zeitgenössischen Oberschicht – Schimpfwörter wie »Adelspack« finden sich in den Briefen gelegentlich (an Luise Rau 14. 5. 1831) –, der Schwabe, der sich unter dem Volk gewöhnlich mehr zu Hause fühlt als im Salon, ist mit am Werke. Daß manchmal auch sehr persönliche, und das heißt hier feine, zarte, »gemischte« Gefühle in den volksliedartigen Gedichten zum Ausdruck kommen, soll mit dieser Feststellung nicht geleugnet werden. Ich denke etwa an *Schön Rohtraut.* In dieser Ballade ist keine elementare Leidenschaft, keine typisch volkstümliche Schicksalssituation im Spiel, sondern eine abenteuerliche Tapferkeit, ein gewählter Eros, eine adelige Anmut, die man mozartisch nennen könnte, und die schon fast zu den rokokohaften Gedichten Mörikes hinüberweist. Eben deshalb gehört das Gedicht in den zentralsten Bereich von Mörikes Lyrik. Aber das Ideal der Naivität ist selbst in einem solchen Gedichte deutlich, schon dadurch, daß es sich um ganz junge Menschen handelt. Zudem wird das »Erlebnis«, das dabei im Spiele sein mag, durch die denkbar fernen Rollen eines Edelknaben und einer Königstochter sowie durch die altertümelnde Sprache entschieden von dem Dichter abgerückt. Es war eine große Genugtuung für den Dichter, als Strauß, der gegen die Naivität und gegen den ganzen Mörike lange Zeit schwere hegelianische Bedenken äußerte, gerade am Beispiel dieses Gedichts die unübertreffliche Meisterschaft des Freundes erkannte und nachwies[37].

Mörikes Abneigung gegen die Überkultur, gegen die »Reflexion« in der Lyrik geht bezeichnenderweise so weit, daß ihm der leichtfertige Béranger lieber ist als der würdige Lamartine (an H. Kurz 30. 6. 1837), ja, daß er den für unsere Begriffe reichlich unbeschwingten Albert Knapp, den geistlichen Dichter (s. Bd. I, S. 141 f.), gegen Novalis ausspielt, weil seine Lieder »gesünderer Natur« sind (an J. Mährlen 11. 2. 1830). Er könnte auch sagen, Kirchenlieder seien dem Volkslied näher als mystische Gedichte. Der Dichter abstrahiert bei derartigen Urteilen bewußt von Moral und Religion. Es ist ganz deutlich der Kunstverstand Mörikes, der zu so überraschenden Wertungen führt. Maßstab ist aber, wie man sieht, nicht so sehr der absolute Kunstwert als das *Stilideal* der Naivität, Gesundheit, »Sinnlichkeit« und Volkstümlichkeit. Die Übereinstimmung mit dem zeitgenössischen Streben nach neuer Gesellschaftsunmittelbarkeit (Bd. I, S. 85) ist an diesem Punkte nicht zu übersehen.

Eduard Mörike

Rollenlieder und Balladen

Mörikes Volkslieder scheinen auch für den englisch sprechenden Leser, der die von Gundolf vermuteten heimatkünstlerischen Motive nicht haben kann, besonders überzeugend zu sein. Martin Lindsay[38] und Margaret Mare[39] z. B. spenden ihnen hohes Lob. Die Übergänge zur Volksballade – das bezeugen schon die genannten Beispiele – sind fließend. Es ist wohl kein Zufall, daß gerade *Rollenlieder,* die Gestalten mit einer bestimmten Stimmung und mit einem bestimmten Schicksal zu Wort kommen lassen, so berühmt geworden sind. *Sie tilgen die empfindsamen Reste, die es selbst bei Mörike gibt, am entschiedensten.* Dagegen kann man sich fragen, ob die eigentlichen Balladen ebensogut gelungen sind. Renate von Heydebrand, die für Stil- und Gattungsfragen besonders zuständig ist und das gesellige Erzählgedicht Mörikes schätzt, findet seine Balladen »nicht in gleichem Ausmaß wie andere Gedichte von seiner Eigenart geprägt«[40]. Robert Minder interpretiert, wohl mit Recht zurückhaltend, die »Schiffer- und Nixenmärchen«[41]. Er erkennt die Nähe zu Heine wie auch die diskretere Linienführung Mörikes; im Parodistischen findet er Heine überlegen. Manchmal sieht er den Zyklus Mörikes auf dem Niveau Kerners und Schwabs. Wollte man zur Korrektur einer solchen Wertung auf die wohl überall geschätzten *Geister am Mummelsee* verweisen, so ließe sich darauf erwidern, daß das Gedicht eine heimatliche mythische Vision mit humoristischer Schlußpointe, keine Ballade ist, ähnlich wie einige gute Erzählgedichte der Droste (vgl. o. S. 617). Und was ist zum *Feuerreiter* zu sagen? Friedrich Notter, der auch die *Maler-Nolten*-Lyrik bespricht, zitiert schon mit großem Lob das »höchst anmutige« *Verlassene Mägdlein.* Dagegen findet er den *Feuerreiter* nicht »schauerlich genug«[42], was nach den damaligen poetologischen Begriffen hieß, daß dem Dichter der naive Ton besser liegt als der schaurige der Ballade. Diese Meinung widerspricht gewissen Vorurteilen der früheren Mörike-Forschung, könnte aber richtig sein. Jedenfalls wußte Mörike schon, was er tat, als er das naturmagische Gedicht in der zweiten Fassung christlicher und damit biedermeierlicher machte. Die Droste und Heine scheinen in der Ballade dem Schwaben überlegen zu sein. In diesem Punkt darf man sich wohl auch ohne Verfälschung auf Mörikes Modernität, auf seine Bevorzugung der leiseren, weniger rhetorischen Gattungen und Töne berufen. Aus dem Brief von 3. 12. 1841 (an Hartlaub) geht hervor, daß die Hartlaubs Einwendungen gegen *Die schlimme Greth* erhoben. Mörike gesteht jedoch, er habe ein »gutes Vorurteil« für die Ballade. Er war wohl verliebt in den »diabolisch-naiven« Ton, den er auch beim wahnsinnigen Hölderlin bewunderte[43]. Aber ob ihm Naivitätsexperimente dieser Art wirklich gelungen sind? Es wäre wohl besser gewesen, entschlossen zur Parodie weiterzuschreiten:

> »Rück her, rück her, sei nicht so bang!
> Nun sollt[!] du erst noch sehn,
> Wie lieblich meine Arme tun;
> Komm, es ist gleich geschehn!« –

> Sie drückt ihn an die Brüste,
> Der Atem wird ihm schwer;
> Sie heult ein grausiges Totenlied
> Und wirft ihn in das Meer.

Lucie Gelmeroth

Die Weiterentwicklung der Erzähldichtung. Der zweite Romanplan.

Am klarsten läßt sich die bewußte Kultivierung des Volkstümlichen an der Weiterentwicklung von Mörikes Erzähldichtung ablesen. Nach dem *Maler Nolten* arbeitete Mörike wieder an einem Roman. Er sollte ein »religiöses Thema« behandeln (an J. Mährlen 8. 5. 1833); aber das Fragment [44] läßt erkennen, daß wir uns darunter nicht so sehr eine persönliche Weltanschauungsdichtung als einen Gesellschaftsroman mit kirchlich-religiöser Problematik vorzustellen haben. Die Mischehenfrage sollte offenbar eine Rolle darin spielen – schon damals denkt er wohl überkonfessionell –, ferner das Verhältnis von Gottvertrauen und aktiver menschlicher Verantwortung (z. B. anläßlich einer Feuersbrunst), d. h. also das in Württemberg so aktuelle Problem des Pietismus. Das Erzählwerk wäre sicherlich kein besonders revolutionärer Roman, aber das Werk eines fortschrittlichen Pfarrers der Landeskirche – freilich ohne besonderen dichterischen Ehrgeiz – geworden. Hier kann von einer Annäherung an Gotthelfs Ziele gesprochen werden; dessen erste Romane erschienen wenig später und wurden von Mörike – übrigens ausdrücklich als Werke eines Pfarrers – gegen Tiecks *Vittoria Accorombona* (1840) ausgespielt (an Hartlaub 29. 12. 1842). Dieses keineswegs selbstverständliche Werturteil stellt eine gewisse geschichtliche (biedermeierliche) Verbindung zwischen den beiden Dichtern her: Man will nicht nur erotische Probleme, nicht nur die raffinierten Sorgen der Oberschicht veranschaulichen und diskutieren, sondern einen Beitrag zur Volksbildung leisten.

Lucie Gelmeroth

Aber Mörike, den es schon zur reinen Poesie drängte, verlor bald die Lust an dem Plan. 1834 veröffentlichte er die als Romaneinlage gedachte Novelle *Miss Jenny Harrower* (später *Lucie Gelmeroth*) in einem Taschenbuch. Die Titelheldin bezichtigt sich einer Tötung, für die sie nur in moralischer Hinsicht mitverantwortlich ist und die überdies in einem regulären Duell erfolgte. Eine gewissermaßen pietistische Gewissenhaftigkeit ist das Hauptproblem, in dem sich vielleicht ähnlich übertriebene Vorstellungen der Romanhelden spiegeln sollten. Übrigens wird der Konflikt zu einer vollkommen harmonischen Lösung geführt. Der Erzähler überredet die Angeklagte zu einem umfassenden Geständnis, zum Vertrauen auf die Wahrheit. Und das Gericht, die Welt, zeigt sich dieses Vertrauens würdig: tröstliche Gewißheit für den Glauben, daß nicht nur ein finsteres Schicksal über die Menschen regiert. Die Guten kommen zu ihrem Recht. Nach »segensreicher, lieblicher Entwicklung« wird sich der Erzähler sogar mit der unschuldigen Lucie vermählen. Es handelt sich um eine straff erzählte Rahmennovelle, die bei rein formaler Betrachtung immer gut abgeschnitten hat und auch inhaltlich (als eine Art Widerruf des fatalistischen *Nolten!*) nicht unwichtig ist. Aber diese Vorteile waren durch ziemlich triviale Handlungsführung und magere Sprache erkauft. Über die Problematik und das dichterische Niveau der Tieckschen Gesellschaftsnovelle gelangte der Dichter mit diesem Werk noch kaum hinaus. Von der reichen Phantasie Mörikes spüren wir weniger als im *Maler Nolten.*

711

Eduard Mörike

Die Märchen

Unter dem Gesichtspunkt des Naivitätsideals wird uns leicht verständlich, daß Mörike, im Widerspruch zu diesem ersten Versuch in der Novelle, auf das *Märchen* zurückgriff. Dieser Schritt war in der Mitte der dreißiger Jahre nicht selbstverständlich. Anläßlich des für einen Kalender geschriebenen Märchens *Der Bauer und sein Sohn* mußte sich der Dichter vom Oberstudienrat (Behörde) sagen lassen, eine Begünstigung des Aberglaubens sei nicht erwünscht (an H. Kurz 12. 4. 1838). Die Aufklärungstradition lebte nicht nur in der Literatur, sondern auch im Beamtenapparat weiter, wie in Österreich der Josephinismus. Schwerer wog für Mörike wohl F. Th. Vischers Protest gegen seine Märchendichtung. Die Wunder, so hieß es hier, seien in der modernen Dichtung ebenso überflüssig geworden wie in der modernen Religion. Mit Märchen werde Mörike nur seinen »großen Genius verpuffen«. Er müsse dafür »etwas umfassend Episches« schreiben (an Mörike 1. 4. 1838). Mörike gab dem Freund »in allen Punkten recht«, und bat nur, ihm nicht zuviel zuzutrauen (an Vischer 24. 8. 1838). In dem Gelegenheitsgedicht *An einen kritischen Freund* hieß es dann: »Die Märchen sind halt Nürnberger War«, d. h.: sie sind nur Spiele der Phantasie, Ausnahmen zu festlichen Gelegenheiten. Dieser Spielcharakter ist es in der Tat, der Mörikes Märchen von der mit so viel Anspruch begonnenen frühromantischen Märchenpoesie (Novalis) unterscheidet. Der Dichter hat zwar selbst auf eine gewisse Ähnlichkeit mit Brentanos Märchendichtung hingewiesen (an Hartlaub 23. 4. 1847), aber auch da handelt es sich ja um ziemlich verspielte Gebilde. Von einem mystisch-weltanschaulichen Anspruch der Märchen kann, abgesehen von der *Hand der Jezerte,* keine Rede sein. Selbstverständlich war auch diese spielerische Auffassung des Märchens nicht. Sie war ein neuer Ansatz, und, wie so oft in dieser Zeit, gleichzeitig eine Rückkehr zum Rokoko. Sie war, um es weniger paradox zu sagen, *biedermeierliche Erneuerung* des aufgeklärt-artistischen Märchens wielandischer Art, im Gegensatz etwa zu den Hervorbringungen des direkteren und flacheren Rokokoepigonentums eines Ungern-Sternberg (Bd. II, S. 973 f.). Über eine sonst günstige Rezension des *Schatz* seufzt Mörike: es »wird gerade das, worauf ich mir etwas zu gute tat, daß das Wunderbare nur scheinbar ist und bloßes Spiel, getadelt« (an Hartlaub 29. 5. 1840).

Der Schatz

Ganz reiner Ausdruck Mörikescher Naivität ist *Der Schatz* (1836) noch nicht; vielmehr zeigt er den Dichter genau in dem Augenblick, da er sich von dem Hoffmannschen und Tieckschen »Raffinement« (s. o.) emanzipiert. Er wagt es noch nicht, ganz unbekümmert zu spielen, sondern er steckt das Märchen in den üblichen hofrätlichen Gesellschaftsrahmen und er arbeitet mit dem von Tieck und Hoffmann so virtuos ausgebildeten romantischen Mittel der Illusionsbrechung. Höchst virtuos wird die Frage umspielt, ob denn nun die Wunder des Märchens »wahr« gewesen sind, ob sie nicht vielleicht auf Betrunkenheit, Traum, bewußte Täuschung zurückzuführen sind. Eine Entscheidung wird wie z. T. auch bei Tieck, absichtlich vermieden. Der Erzähler bricht plötzlich seinen Bericht ab, um eine langweilige Auflösung des »plot« zu umgehen. Ein Mitglied der Gesellschaft gibt den vermutlichen Ausgang in knappen Zügen. Kurz und gut, der Dichter beweist, daß er auch in der zeitüblichen »Novelle«, als Nachahmer von Tiecks raffinierter Erzählkunst, brillieren könnte.

Original ist er weniger in diesem Rahmen als im eigentlichen Märchen. Wie da der junge Franz Arbogast im Wirtshaus sitzt und im Vertrauen auf sein Zauberbüchlein nichts tut, um die gestohlenen Taler wiederzugewinnen, wie ihm nachher der Wegweiser lebendige Zeichen gibt, wie er im grauen Schlößchen mit einem gravitätischen Elfen verhandelt, wie ihm die böse Welt in Gestalt des Schulzen und des Gerichtsherrn nichts anhaben kann, weil er unter einer höheren Führung steht, wie schließlich der wahre Name Josephes, seiner Jugendgespielin, aus seinem unschuldigen Bewußtsein auftaucht, wie das Osterkind den Fluch, der auf dem landesherrlichen Geschlechte ruht, löst und sich alles in eitel Glückseligkeit auflöst, das ist ganz Mörike auf seiner neuen Stufe. Er gibt mit Bewußtsein eine, wie er sagt, im wesentlichen »heitere Darstellung«. Der Held ist jung und ein Kind des Volkes. Dieser Goldschmiedsgeselle blickt nicht in die dunklen Abgründe, die sich an seinem Wege auftun. Er ist gesund und heil genug, um noch in den extremen Lagen zu vertrauen, zu glauben, zu lieben. Und so gelangt er glücklich ans Ziel. »Berufung ist der Leitgedanke der ganzen Begebenheit«, sagt Storz[45], und man darf vermuten, daß auch der Dichter seit diesem Märchen seiner Berufung und Originalität als Erzähler sicherer geworden ist.

Das Stuttgarter Hutzelmännlein

In ähnlichem Geist, aber mit noch originalerer Kunst, ist *Das Stuttgarter Hutzelmännlein* (1853) geschrieben. Es ist ein volkstümliches und doch ganz reines Werk, so vollkommen wie *Mozart auf der Reise nach Prag*, von einzelnen Mörikekennern sogar bevorzugt. Das Märchen geht in die Zeit des *Schatz* zurück; man hat die Ähnlichkeiten der beiden Dichtungen nachgewiesen[46]. Es entspricht aber, zum Verdruß von D. F. Strauß – »ein wahres Mausnest von Fabeleien« [47] – *konsequenter* dem Naivitätsprogramm, es ist in diesem Sinne eine der schönsten Biedermeierschöpfungen. Trotzdem erscheint es mir möglich, daß Mörike durch die strenge Kunstprogrammatik des Nachmärz (vgl. Bd. I, S. 270 ff.) bereits beeinflußt wurde. Ein gattungsstrenges *Märchen* freilich ist auch diese Dichtung nicht. Das betonte sogleich F. Th. Vischer mit Genugtuung. Mörikes verborgene realistische Kraft deutet sich nach Vischers Interpretation ganz deutlich an: durch »die heitere Klarheit der Anschauung wirklicher Dinge, das Gefühl geschichtlicher Zustände, die Kenntnis der Sitte und namentlich auch die Sprache« (an Mörike 5. 6. 1853). *Das Märchen ist ja in räumlicher und zeitlicher Hinsicht fixiert.* Es spielt in dem alten Württemberg des Grafen Eberhard, bedient sich einer archaisierenden Sprache, gelegentlich sogar des schwäbischen Dialekts, und beweist durch einen stattlichen Apparat von Anmerkungen, etwas aufdringlich, sein kulturgeschichtliches Verdienst. Man darf in der Literatur der Biedermeierzeit solche Beziehungen zur räumlichen und zeitlichen Wirlichkeit niemals völlig bagatellisieren, obwohl im Grunde nicht das Märchen wirklichkeits-

713

näher, sondern ein geliebtes Stück Welt persönlicher, menschlicher gemacht, – »mythisiert« werden soll. Herzensangelegenheit ist dem Dichter sicherlich die Einbeziehung der Landschaft zwischen Stuttgart und Ulm, die ihm aus der Jugend- und Vikariatszeit wie auch durch seine Bodenseereisen vertraut war. Er nennt die Städte, Dörfer und Fluren bei Namen, er beschwört den heiteren Zauber der schwäbischen Alb, über die der Weg des Helden zweimal führt. Dagegen mag man fragen, was Mörike mit dem Grafen Eberhard zu tun hat. Hier stehen wohl äußere Zwecke im Vordergrund. Erstens huldigt der Dichter dem Ahnherrn des regierenden württembergischen Königs, dem er seine wenig belastende Professur verdankt und von dem er sich abhängig weiß. Zweitens kann er den Fürsten aus technischen Gründen zum glorreichen Abschluß der Erzählung sehr gut brauchen; Graf Eberhard hat die Funktion des Theatersouveräns, wie er etwa in Shakespeares und Lopes Lustspielen erscheint. Nachdem Seppe, wieder ein Handwerksgesell, draußen im Land, besonders bei seiner männermordenden Meisterin in Ulm, allerlei böse Erfahrungen gemacht hat, nachdem er sich arm, abgerissen und traurig wieder in seine Heimatstadt hineingeschlichen hat, wird er unter den Augen des Landesherrn und seines Hofes plötzlich zum Helden des Tages. Keine geistreichen Mätzchen (wie im *Schatz*), sondern große, rauschende Festlichkeiten – die Volksfeste gehören ja zum Biedermeier (vgl. Bd. I, S. 126 f.) – stehen am Ende dieses Märchens, Auftakt des Glücks, das dem Helden nach seinen Leiden und Prüfungen im Schoße der Heimat und in der Mitte eines wohlregierten Volkes zuteil werden wird. Freilich verdankt er sein Glück – diesmal vollkommen deutlich – einer höheren Führung. Sie ist im Wirken des Stuttgarter Hutzelmännleins symbolisiert. Der niedere Zauber, den es beherrscht, gibt dem Märchen seinen humoristischen Charakter: die Schuhe wollen anders als der Herr, das Hutzelbrot wächst nach, jemand wird von einem Unsichtbaren durch das Dorf getragen. Der Dichter ist unerschöpflich in solchen Späßen. Auch die volkstümlich-altertümelnde Sprache hat weithin die Funktion, die in der Handlung liegenden Kapriolen zu unterstreichen: »So war es wunderbarlich, ja grausig, fremd und lustig gleichermaßen anzusehen, wie auf der breiten Straße, mitten inne, ein gesunder Knab, wie Milch und Blut, mit schwarzem Kräuselhaar, in Wickelkindsgestalt frei in der Luft herschwebte und schrie.« Die Naivität des Geschehens wird nie durch grobe Ironie zerstört. Der Dichter hat keine Angst mehr vor seinen hegelianischen Freunden. Auch die Wendungen an den Leser setzen kein »geistreiches« Publikum voraus*. Und eben deshalb kann sich hier tiefes, ernstes Gefühl mit der Heiterkeit des Märchenspiels zwanglos verbinden. Darauf vor allem dürfte es dem Dichter diesmal angekommen sein. Gleich nach den übermütigen Possen auf der Dorfstraße, erreicht die Stimmung des hungernden Seppe ihren Tiefpunkt: »Ich habe Kreuz und Leiden...«. Aber er verzweifelt nicht. Er hat noch immer ein Auge für die »ausgestreckte blaue Alb«, und er hält in einer Kapelle seine Andacht. So eben wird er der Gnade, die ihn

---

* Das schwierige Ineinander von Volks- und Kunstmärchen kennzeichnet ein von Lüthis Märchenforschung ausgehender Interpret so: das »Hutzelmännlein« ist »eine Dichtung, die mit Notwendigkeit und Sicherheit in die wesenhafte Form des Volksmärchens einmündet, um sich von hier aus in der poetischen Ausfaltung dieser Form als Kunstform zu konstituieren« (Wolfgang *Popp*, Eduard Mörikes »Stuttgarter Hutzelmännlein« zwischen Volksmärchen und Kunstmärchen, in: WW Bd. 20, 1970, S. 319).

in der Hauptstadt erwartet, würdig. Sogar die eingelegte *Historie von der schönen Lau,* die spielerischer ist, behält etwas von dem schlichten Ernst, der in der selbstverständlichen Zuversicht, – der Gnadengewißheit der dargestellten Menschen liegt. Die Nixe, die für die vorrealistische Zeit, als Symbol des gefährlichen elementaren Eros, so große Bedeutung besaß (Undine, Melusine, Lorelei usw.) verliert nicht völlig den Charakter unheimlicher Fremdheit, wird aber auf eine gemessene Zeit verhäuslicht und erscheint so in einem freundlicheren (biedermeierlichen) Lichte. Es ist unmöglich, Mörikes beglückende Leistung, das geheimnisvolle Zusammenspiel einer sublimen Virtuosität und einer »Naivität«, die letztlich aus dem religiösen Bereich stammt, auf den Begriff zu bringen. Das beste Symbol für das was Mörike wollte und, wie mir scheint, erreichte, ist in dieser Erzählung der Seiltanz des Helden und seiner Braut; durch Gnade gelingt er den Unschuldigen besser als den erfahrensten Artisten*.

Die Hand der Jezerte

Ich will mit diesem Hinweis keiner generellen allegorischen Ausdeutung von Mörikes Mythen und Märchen das Wort reden, obwohl solche Versuche in der Mörike-Forschung immer wieder auftauchen. Am nächsten liegt sie wohl in dem Märchen *Die Hand der Jezerte* (1853), der am schwersten zugänglichen Dichtung Mörikes. Mit Recht spricht Ernst S. Trümpler von einer »Ratlosigkeit der Interpreten« [48]; er versucht eine allegorische Ausdeutung, die mir nach ihrem (literarhistorischen) Inhalt mörikefremd erscheint. Die Frage aber, ob und wie man ausdeuten darf, wird die Forschung gewiß noch oft beschäftigen. Ein volkstümliches Märchen ist *Die Hand der Jezerte* nicht, vielmehr *ein besonders deutliches Zeugnis für Mörikes Bindung an die Töne-Rhetorik* (vgl. Bd. I, S. 594–603) und für sein Bestreben, sich in den *verschiedensten* Tonarten als Meister zu zeigen. Man kann unmöglich den »alten Mörike« für das fremdartige Werk bemühen[49], denn seine Ausführung steht dicht neben dem *Hutzelmännlein* und sein Entwurf ist schon 1841, d. h. in dem Todesjahr von Mörikes Mutter, festzustellen. Vielleicht ist trotz der orientalisch-klassischen Verkleidung in dem für Mörike und seine ganze Zeit so zentralen, auch religiös bedeutsamen Thema des *Ewig*-Weiblichen, der *höheren Liebe* der Schlüssel zu diesem Märchen zu finden**. Jezerte ist ja eine tote Frau, die gegenwär-

---

* Ich schließe mich, wie man sieht, dem überaus günstigen Werturteil von Storz an, lasse aber dahingestellt, ob wir beide nicht auch durch die heimatlichen Reize der Dichtung beeinflußt sind. Es sei ausdrücklich vermerkt, daß ausländische Germanisten das Märchen manchmal schwer zugänglich finden und tief unter die Mozart-Novelle stellen. Ästhetisches Urteil oder realistisches Vorurteil? Auch Horst *Steinmetz*, ein deutscher Mörike-Verehrer, widerspricht der Wertung von Storz und gibt Strauß halb und halb recht (Eduard Mörikes Erzählungen, Stuttgart 1969, S. 74 f.).

** Ich sehe mit Freude, daß Horst *Steinmetz* zu einem ähnlichen Ergebnis gelangt ist (Eduard Mörikes Erzählungen): In allen drei Stufen der Entstehung blieb »das Thema der Liebe als Anlaß und Zentrum der Vorgänge erhalten« (S. 38). Es ist eine »Parabel über die Liebe« (S. 42). Steinmetz findet einen fernen Anklang an das 3. Gedicht des Peregrina-Zyklus (S. 42). Ich denke, *wenn* man überhaupt biographisch interpretieren will, eher an ein späteres Liebeserlebnis, das ebenso geheimgehalten wurde wie der Sinn des Märchens. Sicher ist nur, daß sich Mörike hier mit einem seiner Zentralprobleme, der Untreue, verklärend auseinandersetzt.

tig geblieben ist. Ihre Liebesmacht bewährt sich nicht nur in der unauslöschlichen Erinnerung des Königs, sondern vor allem auch in ihrer verzeihenden Güte für die allzu menschliche, ränkevolle neue Geliebte. Wie man auch im einzelnen biographisch deuten mag – dieser Sinn mag sich im Laufe der Zeit verändert haben! – klar spricht das Märchen von *der Erfahrung einer jenseitigen Liebe.* Wir befinden uns in der Nähe des Gedichtes *Neue Liebe,* in dem eine Grundeinsicht des gereiften Mörike ausgesprochen wird:

> »Kann auch ein Mensch des andern auf der Erde
> Ganz, wie er möchte, sein?
> – In langer Nacht bedacht ich mir's und mußte sagen, nein!«

In dem gleichen bangen Gefühlston ist das Märchen geschrieben, ohne jede humoristische oder genrehafte Auflockerung. Daher kann es bei einem so kunstbewußten Dichter auch nicht lang sein; die Gefühlsspannung würde sonst unerträglich. Historisch ist das Märchen zweifellos an Goethes »Märchen«, das ja auch sehr bewußt und fast verspielt geheimnisvoll ist, und an die tiefsinnigen Märchen von Novalis anzuknüpfen[50]. Zu Novalis paßt nicht nur das Motiv der jenseitigen Geliebten, sondern auch der immer die gleiche Höhe einhaltende Stil mit seinen einförmig »kurzen« Rhythmen. Unter Umständen kann man Mörikes Hinweis auf den »altertümlichen Stil« des Märchens (an Cotta, 11. 5. 55) so deuten, daß er hier bewußt der zeitgemäßen (realistischen) Tendenz zur Stilmischung widersteht und auf den empfindsam-romantischen Ton *zurückgreift.* Auch diese »Maske« versucht er, sie erscheint nicht einmal unehrlich; denn auch in den Gedichten gibt es neben andern Tönen den empfindsamen. Wir mögen sagen, daß uns der naive Ton mörikenäher und in diesem Sinne produktiver erscheint. Aber das Wort »Stilübung«[51] verdeckt die Tatsache, daß Stil*experimente* zum innersten Grund von Mörikes Kunst gehören. Außerdem greift er eigentlich immer auf gegebene Formen zurück, um sie zu erneuern. Eine genauere Interpretation ließe auch in Mörikes *Hand der Jezerte* die Fortbildung der Tradition erkennen. Der romantisch-mystische Stil wurde im Durchgang durch so viele andersgeartete Experimente spröder, kühler, artistischer. Es sei daher nicht der üblichen Meinung widersprochen, daß die Dichtung auch »modern« anmutet. Hier steht der Dichter wirklich da, wo man ihn heute so gern haben möchte: in einsamer »Verfremdung« zwischen Romantik und Symbolismus.

Idylle vom Bodensee

Doch wir sprechen von einem Werk, das jedem Unbefangenen als Ausnahme erscheint. Für gewöhnlich ist Mörike auch als Dichter nicht in der kühlen Fremde, sondern in der Heimat, mit der er, bei aller Schwermut und Einsamkeit, im wärmsten Liebesaustausch steht. Schon in der *Idylle vom Bodensee* (1846) hat er einen Teil der Heimat, der ihm besonders am Herzen lag, verklärt. Zwar ist in dieser Hexameterdichtung das Topographische weniger ausgeprägt als im *Hutzelmännlein.* Aber Mörikes Volkstümlichkeit erreicht schon hier einen Höhepunkt. *Man sieht, daß das Naivitätsideal die antikisierenden Formen genau so durchdringt wie die »altdeutschen«, die die Romantik aufgefrischt hatte.*

Mörike wählte den Titel »Idylle« wohl, weil er wußte, daß die klassischen Philologen normalerweise vom Epos noch den schulgerechten »öffentlichen« (kriegerischen oder religiösen) Charakter forderten. Für uns sind die sieben Gesänge ein idyllisches Epos (vgl. Bd. II, S. 710 ff.). Im Vergleich mit *Luise* und *Hermann und Dorothea* ist das kleine Epos ganz unbürgerlich geworden, worin allerdings schon der bayerische Schwabe Melchior Meyr den Weg gewiesen hatte (vgl. Bd. II, S. 720 ff.). Vorgang und Stil sind in der Hauptsache auf die lustigen Späße des Landvolks konzentriert. Von sehr kecken Streichen, von einem Glockendiebstahl und dem Boykott eines Hochzeitsfestes wird in kunstvollem Aufbau und doch im einzelnen recht einfach erzählt. Der humoristische Grundton verbietet die großartige »homerische« Stilisierung. Dialektausdrücke werden souverän in die zwanglose Hexametersprache hineingenommen; es schadet nichts, wenn der antike Vers ein wenig holpert. Das Vorbild für diesen volkstümlichen Klassizismus gab der von Mörike verehrte Hebel (*Alemannische Gedichte,* 1803, 5. Aufl. 1826)*.

Interessant ist die Liebesszene im V. Gesang. Ihr Ton ist, was Mörike »naiv-sentimental« nennt. Man kann hier besonders schön sehen, wie Mörike Elemente des 18. Jahrhunderts in einem neuen Ganzen integriert. Margrete ist keine Pfarrerstochter wie Vossens Luise, sondern die »holdeste Schäferin«. Das Mädchen wird also listig ins Geßnersche zurückübersetzt, sicherlich zum Entzücken der immer noch zahlreichen Geßner-Leser. Mörike verwendet aber seine folkloristischen Erfahrungen so gut, daß jedermann ein wirkliches Landmädchen wiederzuerkennen glaubt. Zwar gibt es, abseits vom Dorfe bei

---

* Ich nenne das Epos »ganz unbürgerlich«, um auch an dieser Stelle Mörikes ungezwungene süddeutsche und pfarrherrliche Volksverbundenheit zu betonen, seine poetische Entscheidung für das Naive. Wenig sinnvoll erscheint es mir dagegen, das biedermeierlich-idyllische Epos gegen die von Voss geprägte *bürgerliche* Idyllik auszuspielen; denn die viel Mut verlangende Entheroisierung des Epos (vgl. Bd. II, S. 710 ff.) war auch für Mörikes Dichtung eine geschichtliche Voraussetzung, während die Ersetzung der bürgerlichen Familie durch den ländlichen »Mittelstand« nach Biedermeierbegriffen kein großer Sprung war. Am wenigsten wollte der Dichter gegen das bürgerlich-idyllische Epos protestieren: »Die beiden kauzigen Schwänke protestieren gegen das in edler Einfalt und stiller Größe bewirtschaftete Haus und seine versteinerte Eigentumsordnung« (Helmut J. Schneider: Dingwelt und Arkadien. Mörikes *Idylle vom Bodensee* und sein Anschluß an die bukolische Tradition, in: ZfDPh, Bd. 97, 1978, S. 29 f.). Erst der »niedliche Zwerg« (Lukács) und nun der Kämpfer gegen die »gipserne Heroisierung« des Bürgertums! Einen besonders aparten Einschlag gewinnt diese, nach ihrem Anspruch (S. 25), erste eingehende Analyse von Mörikes Epos noch dadurch, daß ihr gesellschaftskritischer Verfasser in der traditionellen Maske dessen auftritt, der das Land der Griechen mit der Seele sucht: »Der Theokritübersetzer Mörike ist der einzige in der deutschen Literatur (vielleicht mit der Ausnahme Hebels, dem er sich verwandt fühlte), der etwas von dem ›Geist‹ der Griechen in sein Werk aufnahm« (S. 50). Gemeint ist die schon erwähnte »Unauffälligkeit« Mörikes, seine Naivität als Dichter. Es muß aber, gerade wenn man sozialgeschichtlich interpretieren will, auch bedacht werden, daß mit dieser artistischen Naivität eine soziale Harmlosigkeit, ein pastorales Schmunzeln über das lustigere und glücklichere Landvolk verbunden war, während die von Voss begründete Idyllik, die nicht umsonst *satirisch* begann, auch auf ihrer späteren »homerischen« Stufe, nicht anders als das bürgerliche Trauerspiel, eine höchst wirksame Manifestation des bürgerlichen Aufstiegs und, im Gegensatz zu den traditionellen kriegerischen Epen, auch ein Ausdruck des bürgerlichen Friedenswillens war. Mörikes Epos besitzt wie das *Hutzelmännlein* und die *Mozart*-Novelle tatsächlich poetische »Singularität« (S. 30), aber eben deshalb *nicht* die gleiche allgemeingeschichtliche, auch außerliterarische Bedeutung.

den Eichen am Waldsaum, normalerweise keine einsame Hirtin mit ihren Schafen, im dezenten Biedermeier noch weniger als heute; sie ist dort auch nur »manchmal... an der Stelle des älteren Bruders«. Die Wirklichkeitsfiktion wird also sorgfältig abgesichert. Um so leichter ist es, das Sich-Wiederfinden der Schäferin und des Schiffers Tone wie auch die Landschaft, in der alle diese ländlichen Szenen spielen, idyllisch zu verklären:

> Tausendfältig sofort mit Worten bekräftigten beide
> Sich, was wieder und wieder zu hören die Liebenden freuet.
> Ruhig indessen am Abhang weideten nieder die Schafe,
> Vom aufmerksamen Wächter bewacht; auch schaute die Hirtin,
> Oft vorbeugend ihr Haupt, nach der Schar, ob keins sich verlaufe.
> Hoch stand aber die Sonne, schon sechs Uhr schlug es im Dorfe,
> Und es gemahnte die Zeit jetzt, ach, den Schiffer zum Abschied.
> Zehnmal sagt' er bereits Lebwohl, und immer von neuem
> Hielt er die Hand, die bescheidene, fest und hub er von vorn an.
> Endlich erhoben sie sich, und, gelehnt an das Mädchen, der Jüngling
> Sah in die Gegend hinaus. Ach, wieviel anders erglänzten
> Jetzo die Berge vor ihm! und der See und der herrliche Morgen!

Mörike traf mit diesem idyllischen Epos den Geschmack des späten Biedermeier vollkommen. Die Briefe lassen erkennen, daß ihn die freundliche Aufnahme dieses ländlichen Epos beglückte und daß es seinen Ruhm, wenigstens in Württemberg, fest begründete. Die 2. Auflage (1856) betonte durch ein Titelkupfer die beschriebene Schäferszene bei den Eichen[52], – ein Hinweis darauf, daß sich der Verleger gerade von der Erneuerung der Schäfer-Idylle Erfolg beim Publikum versprach.

Sind Idyllen, Genrebilder, Gelegenheitsgedichte bloße Nebenprodukte?

Bekanntlich tauchen Idyllen auch in kleinerer Form bei Mörike auf: *Der alte Turmhahn, Waldidylle, Häusliche Szene.* Auch Genrebilder wie *Ländliche Kurzweil, Waldplage, Im Weinberg, Bilder aus Bebenhausen,* die Kartause-Gedichte u. a. nähern sich der Idylle*. Aus der Beliebtheit dieser kleinen Werke bei Mörikes Publikum ergab sich in unserem Jahrhundert ein *Ressentiment der Zünftigen,* so als ob diese Idyllen bloße Nebensache wären. Sie sind jedoch *ein zentraler Bestandteil von Mörikes reifer literarischer Welt,* so gut wie die Märchen; denn Idyllen sind von alters her Sehnsuchtsbilder, Gesundungsversuche des kulturkranken Menschen. Obwohl Mörikes *Leben* nur in der Peri-

---

* Das Genrebild verdient besondere Beachtung bei Mörike, obwohl es zu den biedermeierlichen Modegattungen gehört (vgl. Bd. II, S. 794 ff.); denn in dieser Gattung können sich die starken *mimischen* Neigungen des Dichters, ohne den konstruktiven Zwang, den das Drama auferlegt, auswirken. Ich neige aus diesem Grunde dazu, die zwei von Krummacher neu entdeckten Genrebilder »*Ein Dampfschiff*« ernst zu nehmen, obwohl sie aus Mörikes Ausbruchszeit (Oktober/November 1828) stammen (H.-H. *Krummacher:* Ein unbekannter Beitrag Mörikes zur Damenzeitung, in: Jb. d. dt. Schillerges. Bd. XIX, 1975, S. 30–44). Selbst wenn es sich um Vorübungen zu einem Lustspiel handeln sollte, erscheinen mir die sprachlich dichten und insofern gelungenen Genreszenen bemerkenswert; denn Genrebilder sind ein legitimer Bestandteil des damaligen deutschen Lustspiels, besonders des volkstümlichen (vgl. Bd. II, S. 393 f.).

pherie idyllisch war, können seine Idyllen und idyllischen Gedichte zum Kern seiner Dichtung gehören. Ohne Wunder, im unmittelbaren Bezug auf die Realität, stellen sie, wenn auch in engster Beschränkung, eine heile Welt, den ganzen Menschen wieder her. Ohne die immer neue *idyllische Integration* hätte Mörike sein Leben nie bestehen können. Dies verrät vor allem der große, weithin auch idyllische Zwischenbereich zwischen »Leben« und »Werk«: *Briefe, Gelegenheitsgedichte, »Musterkärtchen«.* Was bedeutet da schon die existentialistisch-moralische Modemetapher »Flucht« oder der alte hegelianische, im Marxismus weiterlebende Groll gegen die Genüßlichkeit und die Faulheit der Idyllenhelden?

Wenn man das Mörike-Buch von Storz genau liest, gelangt man zu der Vermutung, daß dieser intime Mörike-Kenner sich des Biedermeierlichen und Idyllischen in Mörike vollkommen bewußt ist, daß er es aber infolge des herrschenden antiidyllischen Trends nicht anzuerkennen wagt. Er bangt um den guten Ruf seines Dichters. Ein hervorragender amerikanischer Mörike- und Kerner-Kenner (Lee B. Jennings) sagt in einer Rezension mit Recht, daß es das von Storz gefürchtete Biedermeier in der Forschung eigentlich gar nicht mehr gibt, daß es ein Strohmann ist. Als Beweis dafür könnte jetzt das Mörike-Buch von Renate von Heydebrand angeführt werden. Hier werden die Kleindichtungen Mörikes in ihrer Gesamtheit ohne Vorurteil durchgesehen, und das Ergebnis ist, daß ein großer Teil von Mörikes späterer Lyrik sich dem Idyllischen nähert[53]. Von Heydebrand kommt zu dieser Auffassung vor allem durch die Aufwertung der bisher meistens unterschätzten *Gelegenheitsdichtung.* Mit diesem Vorstoß wird eine neue Stufe der Mörike-Forschung erreicht; denn die Verfasserin ist nicht mehr, wie das 19. Jahrhundert, an dem behaglichen Miterleben von Mörikes Existenz persönlich interessiert, sondern sie fragt, ob man Gedichte, die mit nachweisbarer Sorgfalt geschrieben und zu einem beträchtlichen Teil veröffentlicht wurden, nicht einfach aus ästhetischen Gründen ernst nehmen *muß.* Von Heydebrands wertende Interpretationen werden im einzelnen gewiß noch nachgeprüft werden müssen; aber die von ihr erstrebte *Erweiterung des Mörike-Kanons* sollte m. E. grundsätzlich akzeptiert werden.

Funktionen des antikisierenden Tons

In der Argumentation R. von Heydebrands spielt Mörikes Hinwendung zum antikisierenden Ton seit etwa 1835 eine bedeutende Rolle. Schon die *Idylle vom Bodensee* hat uns darüber belehrt, daß der Dichter die antiken Gattungen und Versmaße in einer mittleren Tonlage reproduziert. Auch bei den Kleinformen bevorzugt er deutlich *die* Gattungen, die zu keinem hohen Stil verpflichten. Die eigentliche (horazische) Ode verwendet er nur parodistisch *(An Philomele). Waldplage* ist eine Art Satire auf Klopstock und den hohen Stil in einer recht niederen Tonart:

> Ich hielt geöffnet auf der flachen Hand das Buch,
> Das schwebende Geziefer, wie sich eines naht,
> Mit raschem Klapp zu töten. Ha! da kommt schon eins!
> »Du fliehst! o bleibe, eile nicht, Gedankenfreund!«

(Dem hohen Mond rief jener Dichter zu dies Wort.)
Patsch! Hab ich dich, Kanaille, oder hab ich nicht?

Der Spott auf Klopstock, das Mißtrauen gegenüber jedem anspruchsvollen Ton ist eine der zahlreichen Gemeinsamkeiten von Mörike und Heine. Es bedeutet vielleicht nicht allzuviel, wenn er in seinem satirischen Gedicht den antiken Senar verwendet, was er übrigens selbst ironisch im Text feststellt, wieder an Heine erinnernd, der auch literarische Fachausdrücke in seinen Texten gern ironisch anbringt. Es leuchtet jedenfalls ein, wenn von Heydebrand im antikisierenden Stil eine gebildete Fortführung, eine Art »Ablösung« des Volkstons sieht. »*Die Abwendung des Autors vom eigenen Ich*«, *die* »*Wendung nach außen, zu Gegenständen und Menschen*« *ist beiden Tönen gemeinsam* [54].

Der antikisierende *Ton* ist wichtig. Dagegen lassen sich die einzelnen antiken *Gattungen* (Idylle, Epistel, Elegie, Epigramm) bei Mörike kaum von einander trennen. Doerksen trifft diese Feststellung für die Elegien und Epigramme [55], aber sie läßt sich wohl weiter ausdehnen. *Ländliche Kurzweil* haben wir unter den Genrebildern erwähnt; das Gedicht ist aber, der Form nach, eine Epistel »An Constanze Hartlaub«. *Die schöne Buche* in der Einsamkeit wird man zu den »Elegien« rechnen; sie gewinnt aber durch den Besucher ein idyllisches Element: »Ganz verborgen im Wald kenn ich ein Plätzchen.« Elegisch beginnt *Muse und Dichter;* aber das Gedicht endet epigrammatisch mit einer Pointe, in der sich Mörike, wieder sehr bezeichnend, vom ehrgeizigen Dichten im Stile Klopstocks und Platens abgrenzt:

Keinen Lorbeer will ich, die kalte Stirne zu schmücken:
Laß mich leben, und gib fröhliche Blumen zum Strauß!

Doerksen verfolgt insofern eine ähnliche Richtung wie von Heydebrand, als er das beträchtliche Gewicht der antikisierenden Gedichte gegenüber dem stärker an der Jugendlyrik orientierten Mörike-Kanon betont und weniger bekannte Stücke der Gelegenheitslyrik wie *An Hermann, Hermippus, Datura suaveolens* hervorhebt. Einigen Jüngeren scheint ein neuer Sinn für diese gesellige Lyrik geschenkt worden zu sein. Sie sind dem Dichter unwillkürlich wieder nähergerückt.

Besonders bemerkenswert sind die Forschungen zur antikisierenden Lyrik Mörikes da, wo sie den Klassizismus an Stellen nachweisen, wo wir ihn nie vermutet haben. »Denk es, o Seele«, das Gedicht, mit dem die Mozart-Novelle ausklingt, hielt jeder von uns für ein Volkslied. Aber wir werden nachdenklich, wenn man uns sagt, das Metrum seien »katalektische jambische Trimeter« und durch Brechung der Langzeile in zwei Teile entstehe keine Volksliedstrophe [56]. Selbstverständlich bleibt das Gedicht mit seinen klingenden Versausgängen volksliedhaft. »Abschrift eines böhmischen Volksliedchens« – so wird es im Text der Novelle vorgestellt – ist gewiß eine von Mörikes zahlreichen, schelmisch angebrachten Fiktionen [57]; *aber die Gattungsbezeichnung als solche darf bei einem so kunstbewußten Dichter nicht einfach negiert werden.* Schon die christliche Anrede des Lesers (»Denk' es o Seele«), gibt dem Gedicht die Schlichtheit und Wärme, die das biedermeierliche Kirchen- und Volkslied kennzeichnet. Aber die Reimlosigkeit (trotz raffinierten Klangbezugs), das antike Versmaß macht das Gedicht zugleich *bezaubernd, fremd und transparent.* Man könnte vielleicht mit einem in erotischem Zusammenhang gebrauchten Begriff Mörikes von einer »dämonischen Anmut« (an Hartlaub 29. 12. 1842) des Gedichts sprechen. Noch einleuchtender ist der Hinweis, daß manche Gedichte Mörikes, ohne Gebrauch der horazischen Strophe, einen odenhaften Charakter haben, daß man *An eine Äolsharfe* – nicht nur wegen des horazischen Mottos – »eine Art Ode« unter Zuhilfenahme antiker Maße, eine »Ode auf die Kunst« nennen kann [58] und daß auch das vielgerühmte späte Gedicht *Erinna an Sappho* über das Inhaltliche hinaus antikisierend ist. Auch bei dieser Epistel darf freilich, wie mir scheint, die biedermeierliche Traditionalität und Gemüthaftigkeit nicht übersehen werden. Das naive Vertrauen, das Erinna in Demeter setzt, das die Todesangst vertreibt, erinnert an Mörikes Sympathie für die Symbolik des Katholizismus, und auch die rührende, biedermeierliche Schlußpointe – Erinna will um Sapphos willen nicht sterben! – muß ernstgenommen werden. Trotzdem gilt auch hier die Feststellung von Heydebrands, daß der antikisierende Ton das Stilniveau zu erhöhen pflegt [59]. *Erinna an Sappho* ist eine besonders tiefe und feierliche Epistel. Sogar bei den Epigrammen läßt sich sagen, daß das Antikisieren stilerhöhend wirkt und zu einer gewissen Sprachkunst verpflichtet. Von Heydebrand macht mit Recht darauf aufmerksam, daß das oft interpretierte Gedicht *Auf eine Lampe* »einen Gegenstand des Kunstgewerbes, ein Stück Gebrauchskunst« feiert und daß auf die gesellige Funktion der Lampe hingewiesen wird [60]. Trotzdem gibt die Schlußpointe mit dem Hinweis auf die Idee der Schönheit dem Gegenstand eine tiefere Bedeutung und dem Epigramm einen höheren Ton*.

Zum Problem der Mythenbildung. *Märchen vom Sicheren Mann*

An die Stelle eines idyllischen Mörike, der dem Bürgertum in der zweiten Hälfte des 19. Jahrhunderts so lieb war, trat seit Neuromantik und Expressionismus vielfach die Vorstellung eines mythischen Mörike. Man weiß, daß Mörike mit Ludwig Bauer in »Orplid« lebte, lange ehe die Freunde an eine literarische Auswertung ihres Erlebnisses dachten, daß er, mimisch phantasierend, Gestalten wie Wispel oder den Sicheren Mann konzipierte, ohne zunächst an eine Niederschrift zu denken. Es wäre genauer zu untersuchen, ob in nachromantischer Zeit ein derartiges *kollektives Mythisieren* besondere Originalität bezeugt. Die jetzt allgemein zugänglichen Briefe von Ludwig Amandus Bauer an Mörike (hg. v. Bernhard Zeller und Hans-Ulrich Simon, Marbach 1976), in denen man den *gelebten* Orplid-Mythos der Freunde besonders gut kennenlernen kann, sind in ihrer Weise, durch die ständige Vermischung der Orplid- oder Sicherer-Mann-Fiktion mit der sehr alltäglichen Welt faszinierend, faszinierender vielleicht als Bauers Dichtung, weil die

---

* Wenn ich mich in den vorstehenden Abschnitten mit älteren Begriffen der Mörikeforschung wie Objektivität, Realismus und Dinggedicht nicht mehr auseinandergesetzt habe, dann vor allem deshalb, weil mir Dagmar *Barnouw* (Entzückte Anschauung, Sprache und Realität in der Lyrik Eduard Mörikes, München 1971) die diesen Begriffen entsprechenden Lehrmeinungen gültig widerlegt zu haben scheint, ohne in die entgegengesetzte Gefahr einer romantischen oder modernistischen Subjektivierung des Dichters zu verfallen. Das Oxymoron des Titels trifft Mörikes Dichtung recht glücklich.

Gattung des Briefes vom Dilettanten eher in vollkommener Weise gehandhabt werden kann als beispielsweise das Drama. Schon bei Hebel, wenige Jahre nach der Jenenser Romantik, ist eine naivere südwestdeutsche Romantik zu beobachten, und auch hier bedient sie sich bereits u. a. antiker Formen. Kuh sprach lange vor dem Biedermeierbegriff von der »lichtgetränkten Romantik... Schwabens«, von den »romantisch überglänzten Dichtungen der Alemannen« [61]. Der romantische Mythenkult hatte sich, zum mindesten in Südwest-Deutschland, längst zu einer halb und halb spielerischen, gesellschaftlichen Mode trivialisiert, was etwa die beliebte Geisterseherei und das Tischerücken bezeugt. Justinus Kerner war, mit seiner ganz und gar nicht finsteren Dämonologie, weltweit bekannt und führend auf diesem Gebiet.

Mörike hat sich während seiner fränkischen Zeit, so in Cleversulzbach, an Kerners »Forschungen« auf dem Gebiet des Geisterwesens beteiligt; warum sollte er in seiner Jugend nicht auch im Strom einer Mode gesegelt sein? Er eignete sich das Erbe der Romantik auch in dieser Hinsicht an, übersteigerte es sogar in gewisser Weise, was dem Epigonentum, das zunächst seine Gefahr ist, keineswegs widerspricht. An »ganz primitive Mythenerlebnisse«, wie sie Ilse Märtens feststellen wollte [62], kann ich bei dem Freunde F. Th. Vischers kaum glauben. Sicher ist, daß eine Bewertung vom Primitiv-Mythischen her zu einer Gewichtsverlagerung auf den jungen Mörike führen müßte, was aus ästhetischen Gründen schwer angeht. Auch Ilse Märtens übersieht nämlich nicht, daß das »unmittelbare Ausströmen des Mythischen« im Laufe der Zeit durch ein »bewußtes Dichten mythischer Gebilde« ersetzt wurde [63]. Zum mindesten beim reifen Mörike pflegt sich das Mythische eng mit dem Märchen zu verbinden, und dieses ist, wie wir gesehen haben, heiteres Spiel, *wobei freilich symbolische Hindeutungen auf ein Höheres, Jenseitiges nicht ausgeschlossen sind* *. Der Dichter tut sich viel darauf zugute, die schöne Lau erfun-

---

* Unter ausdrücklicher Berufung auf Schelling, der wohl die wichtigste philosophische Instanz für Mörike war und dessen Einfluß seinen Widerstand gegen die Hegelianer verständlicher macht, vertritt Hans *Blumenberg* die Meinung, daß der Mythos im Gegensatz zu einer »normativen Theologie« zu sehen ist; er betont »seine Leichtigkeit, seine Unverbindlichkeit und Plastizität, seine Disposition für Spielbarkeit [!] im weitesten Sinne« (Wirklichkeitsbegriff und Wirkungspotential des Mythos, in: Terror und Spiel, hg. v. Manfred *Fuhrmann*, München 1971, S. 17). Zu leugnen ist allerdings nicht, daß Mörike an Geister glaubte und sich zeitenweise auch von ihnen ängstigen ließ (Lee B. *Jennings*, Geister und Germanisten: Literarisch-parapsychologische Betrachtungen zum Fall Kerner–Mörike, in: Psi und Psyche, Neue Forschungen zur Parapsychologie, Festschrift für Hans *Bender*, hg. v. Eberhard *Bauer*, Stuttgart 1974, S. 95–109. Ders.: Neues zu Mörikes Okkultismus, im Ms. gelesen). *Storm* sieht darin wohl mit Recht, »einen bezeichnenden Zug seines Wesens« (Meine Erinnerungen an Eduard Mörike, in: Meisterwerke deutscher Literaturkritik, hg. v. Hans *Mayer*, Bd. 2, Berlin [1]1956, S. 744); denn sein mythisches Schauen und Dichten läßt sich davon nicht trennen. Die so herrschende dämonische *Unsicherheit* der Welt macht den christlichen Gott und die christliche Sitte unentbehrlich. Auch diese werden von Storm mit bemerkenswerter Sachlichkeit bei Mörike festgestellt (ebd. S. 741). *Mörikes Christentum wird meist unterschätzt, da er es eher versteckt als bekennt.* Lee B. Jennings, der als parapsychologisch und psychoanalytisch orientierter Literaturwissenschaftler für die Interpretation von Mythenbildung besonders geeignet ist, versucht zwischen naivem Ernstnehmen und einem rein artistischen Verständnis von Mörikes Mythen zu vermitteln. Er gelangt so, auf einem anderen Wege, zu einer ähnlichen Auffassung des Mythos wie *Blumenberg* (Lee Jennings: Suckelborst, Wispel, and Mörike's Mythopoeia, in: Euph. Bd. 69, 1975, S. 320–332). Da Kunstverstand und produktive Phantasie sich gerade bei Mörike in einzigartiger

den und die Gelehrten aufs Eis geführt zu haben. Aber primitiv-mythisch ist sie wahrlich nicht, diese Wasserfrau, die sich mit einer Schelle ankündigt, den Bürgerinnen beim Waschen zuschaut und in die Spinnstube kommt. Tragen und küssen läßt sich dieses Wesen. Eine Ohrfeige gibt es dafür. Sonst sind sie nicht mehr so gefährlich, diese Dämonen, so wenig wie das Stuttgarter Hutzelmännlein und der Sichere Mann. An die Stelle eines wie immer ernstgemeinten Schauers vor dem Dämonischen ist, wenigstens in Mörikes Dichtung, ein anmutig-übermütiges Spiel mit ihm getreten, ein Sieg des »gesunden« Menschen, der sich nicht ängstigen läßt, ein Sieg des Künstlers, der heitere Gestalten an die Stelle dumpfer »Mächte« setzt, schließlich ein Sieg Gottes; denn die Dämonen stehen nun in seinem Dienst. Das zeigt der Riese aus dem Schwarzwald, der Sichere Mann, der in die Hölle hinabsteigt und dem Teufel den Schweif ausreißt, daß es kracht: Wunschbild des unsicheren Mannes, der der Dichter war, die einprägsamste Verkörperung religiös transparenter »Naivität«. Das Mythische hat dabei vor allem die Funktion, grotesk-komische Wirkungen möglich zu machen; bei bloß idyllischer, d.h. die Wirklichkeitsfiktion stärker festhaltender Verklärung des Volks- und Heimatgeistes wären sie so nicht möglich. Es ist daher richtig, wenn Lee B. Jennings Mörikes Groteskkunst mit der »Faszination, die übernatürliche Themen auf Mörike ausüben«, in Verbindung bringt und den grotesken Zug in seiner Dichtung künftig stärker beachtet haben will. Auch das ist Hoffmann-Tradition, nur daß jetzt eben das Groteske noch stärker zum Mittel wird, sich von der Auslieferung an innere und äußere Mächte zu befreien: »Mit Mörike geht der ›danse macabre‹ an genau dem Punkt in groteske Grillenhaftigkeit über, wo die romantischen Dämonen ihre allmächtige Bedrohung zu verlieren beginnen«[64].

Nach der Lektüre des *Märchens vom sichern Mann* (1838) riet Hermann Kurz dem Freund zuerst, »auf diese Elemente ein ganzes Epos zu gründen« (20. 3. 1838). Dann schrieb er: »Hast du Zachariä's ›Murner in der Hölle‹ gelesen? Das Märchen... erinnert dran.« In der Tat, wir stehen hier fast eher in der *Rokoko-* als in der Romantiktradition, die schon Hoffmanns Märchen beeinflußte (Gozzi)[65]. Mörikes Hexametermärchen ist geschrumpftes (und vertieftes) »komisches Epos«, erneuerte Mythenparodie. Auch sonst greift Mörike gern auf das Rokoko zurück, und man versteht dies leicht, wenn man an sein Naivitätsprogramm denkt; hatte doch auch jene Kultur schon den Begriff und das Ideal des Naiven, – so in ihrer Märchendichtung, Idyllik und Anakreontik. Der Philosoph Wilhelm Weischedel versuchte Mörikes vielgestaltiger Dichtung unter dem Begriff »Anmut« gerecht zu werden[66]; er trifft besser als die dämonisierenden und mythisierenden Formeln und paßt ja auch gut zum Begriff des Naiven – man denke an Schillers Theorien. In den Briefen erscheint die Norm des »Anmutigen« immer wieder, z.B. zur Begründung seiner Theokritverehrung (an H. Kurz 12. 4. 1838). Wenn er umgekehrt zu Hebbel sagt, bei den *Nibelungen* sei ihm gewesen, »als ob plötzlich ein Felsblock durchs Dach gefallen sei«[67], so glauben wir, falls wir auf Mörikes leise Hinweise zu achten gewöhnt sind, seinen Widerwillen gegen das Schwere herauszuhören. Er kannte ja die auf »Gewicht« eingeschworenen Hegelianer, zu denen auch Hebbel gehörte (vgl. o. S. 357), durch seinen Freundeskreis zur Genüge.

Weise verbinden, verfehlt die rationalistische Interpretation hier wohl genauso ihren Gegenstand wie die irrationalistische.

Eduard Mörike

Rokokotradition

Die anmutige Naivität ist es nun am meisten, was dem Dichter am 18. Jahrhundert lieb ist und was in seiner Dichtung nachwirkt. Selbstverständlich empfindet er nach dem Durchgang durch den Unmittelbarkeitskult der Goethezeit das Mittelbare, Preziöse der Rokokokultur durchaus. Aber er nimmt die Künstlichkeit mit in Kauf, wie die Epigramme *Brockes* und *Joseph Haydn* verraten. Offenbar ist ihm ein »geschnörkelter Frühlingsgarten«, ein »zierlich Zöpflein« lieber als anspruchsvolle Gestaltlosigkeit. Brockes dürfte unter anderem bei Mörikes geschätztem Landsmann Karl Mayer (vgl. Bd. II, S. 495) weitergewirkt haben. Für Mörike selbst ist wohl die sogenannte *Rokokoempfindsamkeit* wichtiger gewesen, also die Dichtung des späten Gleim, manches von Uz, Miller, und besonders Hölty [68], ein heute fast verschollener Bereich. Hier ist das »Zöpflein« schon verseelt, ja gelegentlich sogar volkstümlich geworden; aber das Schalkhafte, Muntere, Pointierte ist geblieben. Auch mit der spätromantischen Vermittlung von Rokoko-Motiven ist zu rechnen, wie schon am Beispiel der Hoffmannschen Märchen angedeutet wurde. *Der Gärtner,* den Mörike in einem bezaubernd anmutigen Rollengedicht vorstellt, stammt letzten Endes aus der Barock- und Rokoko-Oper; aber Mörike scheint ihn aus Eichendorffs *Taugenichts* zu haben [69]. Selbst wenn wir von den zahlreichen Gelegenheitsgedichten des Nachlasses absehen, finden sich manche Gedichte Mörikes, die in der Rokoko-Kultur, im immer noch währenden ancien régime wurzeln, z. B. *Der Knabe und das Immlein,* »*Lang, lang ist's her«, Nimmersatte Liebe, Jedem das Seine, Maschinka, Versuchung, Scherz, Zitronenfalter im April, Auf ein Kind.* Es sind, wie man sieht, nicht die heute bekannten »vollkommenen« Gedichte; aber die fehlende Nachwirkung erklärt sich zunächst aus dieser *Verwurzelung in der älteren, vorbürgerlichen Kultur* und ergibt nicht ohne weiteres ein absolutes Wertkriterium. Unser neuer Sinn für Gesellschaftlichkeit hat uns ja das Rokoko wieder nähergebracht. Selbst in diesem wenig beachteten Teil von Mörikes Lyrik vollzieht sich in der Regel eine originale Erneuerung der Tradition. Wenn man nach literarischen Entsprechungen der Mozartischen Musik sucht, wird man auch noch an dieses späte Nachspiel des Rokoko denken dürfen*.

---

* Es ist sicher richtig, daß das dämonische, absolute Spielertum eine Möglichkeit Mörikes darstellt; dies verrät vor allem der Schauspieler und Lebensschauspieler Larkens im »Maler Nolten«. Mörike hat jedoch das absolute Spiel so wenig verwirklicht wie die absolute Poesie. Das Naivitätsprogramm bedeutet die Entscheidung für das *unschuldige* Spiel. Nur von diesem erwartet sich Mörike die menschliche und künstlerische Begnadung. Dichtungsgeschichtlich gesehen folgt daraus, daß die alte, in der Rhetorik fest verwurzelte Unterscheidung von Scherz und Ernst nicht vollkommen überspielt wird. Eine Annäherung an die Unsinnspoesie ist nur im klassischen »niederen« Stil erlaubt. In diese Sphäre gehören die Gedichte Wispels. Alfred *Liedes* anregendes Mörike-Kapitel ist entsprechend zu modifizieren (in: Dichtung als Spiel, Studien zur Unsinnspoesie an den Grenzen der Sprache, Bd. 1, Berlin 1963, S. 27–72). Möglicherweise hat die *Spiellust* des Dichters der Dichtung, besonders in einem strengen Sinn, manche Kraft entzogen, so daß die Gelegenheitslyrik schon als Versuch betrachtet werden kann, die Dichtung nicht *ganz* zu verlieren: »Der Vater kann aber so mit mit der Docke spielen, man sollt ihm nur eine anschaffen und seine Studiereien wegtun«, meint Mariele Mörike (Nach S. S. *Prawer,* Mörike und seine Leser. Versuch einer Wirkungsgeschichte, Stuttgart 1960, S. 45). Das reine Spiel lenkt noch stärker als Literatur und Dichtung von der Misere des Lebens ab.

Mörike liebt, wie wir gesehen haben, immer weniger das raffinierte Geistreichtun des Salons, noch weniger natürlich den grell-erotischen oder militant politischen Witz in der Art Heines. Aristophanisch, im Sinne Heines, Nestroys und Platens, war eher F. Th. Vischer als Mörike. Das schwäbische Dialektstück, das Vischer, auf Grund von Münchner Theatereindrücken, von dem Freunde haben wollte (an Mörike 11. 1. 1839), berührt, wie wir schon sahen (Genre s. o.), eine Seite von Mörikes Talent. Ganz hätte es wohl nie gelingen können; denn Mörike war, bei all seiner Liebe zum Mimischen und zum Volkstümlichen, doch zu sehr ein »Sohn des Horaz« (Gottfried Keller), ein Humanist. Aber er liebte die muntere Pointe, die naive Überraschung, all das, was man damals »scherzhaft« und »schalkhaft« nennt.

Mörikes Verhältnis zur *Antike* wird, wie wir bereits angedeutet haben, durch seine Rokoko-Nähe bestimmt. Er liebt an der Antike nicht das Archaische, Dionysische, Tragische, sondern das Späte, Anmutige und Kleine. Chariten und Nymphen bevorzugt er gegenüber den Göttern des hohen Olympos[70]. Der Abstand von Hölderlin, der aus stammesgeschichtlichen Gründen so oft als ein Vorgänger genannt wird und der ohne Zweifel eine Rolle in Mörikes Auseinandersetzung mit Byronismus und Waiblingertum wie auch mit dem hohen Stil der Ode spielte, ist trotz der beide verbindenden Antikeverehrung gewaltig. *Mörike liebt unverbindliche Mythen,* in der Antike so gut wie in der heimischen Welt, *weil er nicht an die Götter, sondern an das Schicksal oder an die Vorsehung des einen Gottes glaubt. Was Mörike im Mythos sucht, sind weniger die Mächte als die Gestalten,* denn diese machen seine Poesie »sinnlicher«, anmutiger, naiver.

Die gleiche Richtung verrät sich in seiner Vorliebe für die hellenistische und römische Antike. Die klassische Tradition bringt es zwar mit sich, daß auch Homer einen gewissen Einfluß auf seine Dichtung ausübt (Anruf der Musen, Epitheta, Vergleiche usw.)[71]. Aber selbst hier zeigt sich die Tendenz zum Idyllischen und »Kleinen«, so wenn der Dichter etwa in seinem ehrgeizigsten antikisierenden Werk, der *Idylle vom Bodensee,* die *»ländliche* Muse« anruft. Wo die zentralen Orientierungspunkte liegen, verdeutlichen am besten seine *Übersetzungen* (Zusammenstellungen und Bearbeitungen sonst übersetzter) antiker Dichtung: *Klassische Blumenlese,* 1840 (Griechische und römische Lyrik bzw. Epigrammatik); *Theokrit, Bion und Moschos,* 1855 mit Friedrich Notter (Idyllen); *Anakreon und die sogenannten anakreontischen Lieder,* 1861. Die letzte Sammlung scheint sich unter den klassischen Philologen des höchsten Ansehens zu erfreuen[72], womit noch einmal seine besondere Liebe und Nähe zum Anakreontisch-Naiven bestätigt wird. Auch diesen Teil seiner Leistung rückt man heute mit Recht näher an seine eigentliche Dichtung heran*.

---

* Mörikes starke Bindung an den *Text* und seine letzte Vervollkommnung hängt mit dem humanistischen, d. h. vor-historistischen *Perfektionsprinzip* zusammen, das im Editionswesen bis heute ein Problem darstellt (vgl. z. B. den Streit um die Fassung letzter Hand). Wirkliche Historiker wie Strauß versuchten dem stets verbessernden Mörike schon klarzumachen, daß es Unsinn ist, ältere, womöglich jugendliche Dichtungen nach Jahrzehnten »verbessern« zu wollen. Doch Mörike scheint in diesem Punkt wirklich naiv gewesen zu sein. Der Mörike-Herausgeber Krummacher beschreibt diese Textbindung (oder Textbesessenheit?) des Dichters, »dieses für Mörike so ungemein bezeichnende Verhalten«, folgendermaßen: »Mörike ist auf vielfältige Weise fremden wie eignen

Eduard Mörike

Der historische Ort von Mörikes reifer Dichtung

Wir haben die Frage nach dem historischen Ort von Mörikes reifer Dichtung schon öfters berührt, müssen sie aber, nach dieser Vorbereitung, noch direkter stellen; denn in der bisherigen historischen Mörikeforschung bestanden große Vorurteile. Diese sind, wie wir noch sehen werden, nicht ganz unbegründet. Es scheint jedoch, als ob wir durch den Blick auf die verschiedenen Erscheinungsformen von Mörikes »Naivität« auf ein durchgehendes *Strukturprinzip* gestoßen sind, das der *Vorstellung einer völligen Diskontinuität und Haltlosigkeit widerspricht.* Wie weit die Modernisierung Mörikes in den letzten Jahrzehnten gediehen ist, geht z.B. daraus hervor, daß der christliche Forscher Werner Kohlschmidt eine christliche Deutung des Gedichts *Denk' es, o Seele,* das doch reiner, keineswegs greller Ausdruck eines menschlichen Vergänglichkeitsgefühls ist, für ausgeschlossen hält: »Ein jäher Ausblick in den Nihilismus totaler Zeitverfallenheit eröffnet sich« [73]. Kohlschmidts Studie ist an sich vortrefflich; sie vermeidet die Einseitigkeiten Emil Staigers und Walter Höllerers [74], insofern die bei Mörike »schwebende« Einheit von »Rückgewandtheit«, »Vorgespanntheit« und Augenblickshingabe treffend beschrieben wird. Aber schon die modernistische Methode der Zeituntersuchung führt zu einem einseitigen Bild. Sie läßt außer acht, daß Mörikes Leistung nach dem *Nolten* gerade auf der beglückenden, heilsamen Imagination und Darstellung zeitenthobener, »heiterer« Vorgänge, Räume und Gegenstände beruht*.

Texten – man denke an die Bearbeitung des *Maler Nolten,* an die Geschichte mancher Gelegenheitsgedichte, an die Veränderung gedruckter Gedichte – mit der Bereitschaft zugewandt gewesen, die eigentliche poetische Substanz [!] in ihnen aufzuspüren und zu erfahren, sie freizulegen und zu steigern und so zur vollen Wirkung kommen zu lassen, durch bearbeitende Übersetzung, durch selbständige Nachdichtung, durch Veränderung und Besserung und durch privatere oder öffentliche Mitteilung an andere. Das schließt kritisches Abwägen, zögerndes Abwarten, schwankendes Urteil über den besseren Wortlaut, Erproben und Verwerfen von Varianten ein…« (Sannazaro und Venantius Fortunatus, in: Mannheimer Hefte 1978/2, S. 73). Das alte Perfektionsprinzip wurde durch die idealistische Abtrennung des Schönen von allen Zwecken bestätigt. W. E. *Yates* (Mörike's conception of an artistic ideal, in: The modern Language Review Bd. 73, 1978, S. 96–109) entscheidet den bekannten Streit zwischen Heidegger und Staiger zugunsten von Heidegger durch einen Hinweis auf eine Vischer-Stelle, die Mörike wahrscheinlich kannte: Im Schönen leuchtet die Idee. *Staigers Epigonenvorstellung* (Mörike »traut sich nicht mehr [!] ganz, zu wissen, wie es der Schöne zumute ist«) *paßt nicht zu Mörikes entschiedenem Glauben an die Ewigkeit vollkommener Schönheit,* wie sie ihm in Shakespeare, Goethe und vor allem in Mozarts Musik erschien. Die Argumentation von Yates überzeugt. Wir befinden uns in der Nähe von Platen. Aber wie kommt es, daß wir bei Mörike, trotz ähnlicher Ideologie, nur ausnahmsweise den Eindruck einer kalten, unmenschlichen Schönheit haben? Die gesellschaftliche Bindung der Dichtung ist es wohl, die dies verhindert, ähnlich und doch wieder ganz anders als bei Heine, der die »marmorne« Schönheit wiederholt und ebenso entschieden ablehnt. Zu Mörikes auffallend konstantem Dichtungsbegriff vgl. auch Renate von Heydebrand, Eduard Mörikes Gedichtwerk, S. 298 ff. (Bearbeitung der Waiblinger-Gedichte u. dgl.).

* Gelungen ist die gegen Kohlschmidt gerichtete Interpretation von Wolfgang Friedrich *Taraba* (E. M., »Denk es, o Seele!«, in: Die deutsche Lyrik, hg. v. Benno von *Wiese,* Bd. 2, Düsseldorf 1964, S. 91–97): Schon der »ergebene und gefaßte Ton« (S. 95) des Gedichts verbietet es, von »totaler Zeitverfallenheit« (S. 94) zu sprechen. Der Mensch erscheint hier, wie in andern Altersgedichten Mörikes (»Rückblick«, »Besuch in der Kartause«), als »Herr der Welt« (S. 97), da er sich gegenüber dem sicheren Ende nicht verschließt.

Wir kennen die *Verräumlichungstendenz* als ein typisches, tiefbegründetes Kennzeichen des Biedermeiers (Bd. I, S. 51). Schon von diesem Gesichtspunkt aus liegt es nahe, den Mörike der lokalisierten Märchen und Idyllen, der Genrebilder und »Dinggedichte« dem Biedermeier zuzuweisen. Sogar die Mozart-Novelle, die nicht nur der Jahreszahl nach spät ist und die wir daher vorläufig bewußt beiseite lassen, ist ein eindeutiger Versuch, den Musiker Mozart in einem begrenzten Raume zu vergegenwärtigen und trotz seiner kreatürlichen Schwäche und Vergänglichkeit zu verewigen. Es ist freilich gerade diese Einordnung ins Biedermeier, die den Zorn der traditionellen Mörikeforschung erregte. Eine gewisse Rolle mag dabei die Tatsache gespielt haben, daß Vera Sandomirskys Einordnungsversuch[75] nicht in jeder Hinsicht geglückt ist. Als Schülerin Benno von Wieses, aber auch im Geist der älteren Biedermeierforschung untersucht sie in erster Linie Mörikes Verhältnis zum Tragischen, das bei dem immer jenseitsgläubigen Dichter nicht ins Zentrum führt. Ferner rückt sie, innerhalb von Mörikes späterer Produktion, *Mozart auf der Reise nach Prag,* wo sich denn doch schon wieder neue Aspekte eröffnen (vgl. S. 741 f.), zu sehr in den Vordergrund. Trotzdem hätte die Arbeit einen guten Ansatz für die weitere Diskussion geben können, denn sie ist gescheit und neigt schon dazu, die Biedermeierabgrenzung der älteren Forschung sinnvoll zu erweitern. Aber *das Vorurteil, das Mörike modern oder jedenfalls vollkommen einsam haben wollte, war stärker.* Man kann, wie Gerda Neumann vorschlägt, nur die fortlaufende Entwicklung Mörikes untersuchen, ohne Einordnung in eine bestimmte Gruppe von Dichtern. Aber schon der Titel ihrer Arbeit *(Romantik und Realismus)* [76] beweist, daß eine historische Untersuchung ohne übergreifende Begriffe schwerlich auskommt. Nach dieser Autorin zeigt sich bei dem Dichter bis in das fünfte Lebensjahrzehnt eine Parallelität von »romantisch-symbolischer« Gestaltung und »sinnenfreudiger Wirklichkeitsdeutung«, »dann aber ist die Wendung zu einer diesseitsbetonten, nicht mehr sinnbildhaften, sondern realen Schilderung... eindeutig festzustellen« [77]. Ist diese Auffassung richtig? Gerade über das vage, ungenaue und daher wissenschaftlich unbrauchbare Romantik-Realismus-Schema sollte der Begriff des Biedermeier hinausführen. Wie notwendig er war, geht auch aus einem in Paul Kluckhohns Zeitschrift erschienenen Aufsatz von Walter Heinsius, *Mörike und die Romantik,* hervor. Hier wurde von der Entwicklung zu einem »klassichen« Dichter, die 1838 beendet ist, gesprochen[78]. Wenn man im Unterschied dazu später von einer »diminuierten Klassik« sprach[79], war dies vielleicht schon eine Auswirkung der Biedermeierhypothese. Aber der Begriff selbst ist verpönt. Albrecht Goes, der sonst viel Sinn für den Dichter bewiesen hat (s. o.), treibt die Sache vollends auf die Spitze, wenn er etwas »Herrenhaftes, Großräumiges« bei Mörike findet und dafür in Vischer und Strauss – revolutionären Geistern, die das Biedermeier überall, auch in Mörike, bekämpft haben! – etwas vom »schwäbischen Biedermann« wittert[80]. Als ob geniale Begabung und Herrenhaftigkeit etwas miteinander zu tun hätten*!

---

* Ein unbefangenes Verhältnis gegenüber dem Biedermeierbegriff zeigt Marie Luise *Kaschnitz* (Eduard Mörike, in: Triffst du nur das Zauberwort, Stimmen von heute zur deutschen Lyrik, hg. v. Jürgen *Petersen,* Frankfurt, Berlin 1961, S. 133–145). »Er ist's«, meint sie, müßte uns »recht biedermeierlich zeitgebunden anmuten« (S. 141); aber wir werden trotzdem verzaubert. »Der Turmhahn« gefällt ihr wieder »vor allem«, »Das verlassene Mägdlein« ist ihr »von den Liedern der magi-

Eduard Mörike

Biedermeier? Der Begriff enthält kein Werturteil mehr

Ohne im einzelnen derartige, in einer grundsätzlichen Minderbewertung des Biedermeiers begründete Auffassungen zu diskutieren, sei hier nur kurz daran erinnert, was den
reifen Mörike mit dem Biedermeier, so wie ich es verstehe, verbindet. Zunächst ergibt
sich eine überraschende chronologische Beziehung, zwischen seiner Biographie und der
Zeitgeschichte. Mörike wird 1834 Pfarrer in Cleversulzbach, er kommt für einige Zeit im
»Schoß der Kirche« zur Ruhe. Nicht weniger wichtig dürfte für seine geistige Entwicklung die Herausbildung des »Hochbiedermeier« seit dem Verbot der Jungdeutschen
(1835) gewesen sein (vgl. Bd. I, S. 177 ff.). 1838, so hörten wir, ist seine Entwicklung zum
»klassischen« Dichter beendet. Das von uns aufgewiesene Gesundungsprogramm ist in
den Briefen seit 1835 besonders klar zu erkennen. *Gerade für diesen außerordentlich sensiblen Dichter bedeutete der neue geschichtliche Ansatz eine nicht zu unterschätzende
Bestätigung.* Für seinen militanten Kollegen Gotthelf war diese Zeit überhaupt erst der
Beginn seines (gesellschaftskritischen) Dichtertums (vgl. u. S. 907 ff.). Mörike, sieben Jahre
jünger, mehr christlicher Humanist als Bußprediger, zudem der Freund von so revolutionären Köpfen wie Vischer und Strauß, ist vorsichtiger, sanfter und im literarischen Sinne
stärker traditionsgebunden. Er führt die Rokoko-Klassik-Romantiktradition weiter, er
setzt sich sogar direkt mit der Antike auseinander, aber alles dies in einem Geiste, der als
biedermeierlich anzusprechen ist. Um diesen Unterschied innerhalb der Klassizismus-
Tradition (vgl. Bd. I, S. 251 ff.) zu erkennen, braucht man nur an Platens anspruchsvolle
Oden und Festgesänge zu erinnern. Es gibt keine offene Konfrontation mit Platen, wie
wir sie bei Heine kennen, aber ganz bestimmt eine stille; denn wer Klopstock parodierte
(vgl. o. S. 719 f.), der mußte erst recht von der anachronistischen Tradition der Ode, des
erhabenen Stils überhaupt, Abschied nehmen. Die anspruchsvoll zerrissene, übergeistige,
»selbstsüchtige« (revolutionäre) Zeit lehnt Mörike ebenso ab wie Gotthelf, nicht so laut
und höhnisch, aber mit der stillen Beharrlichkeit dessen, der in seiner Jugend tief in die
nihilistischen Möglichkeiten der Zeit hineingeblickt hatte. *Er will nicht so sehr die Umwelt als (zunächst!) sich selber heilen*.*

---

schen Stunde immer das liebste.« Sie gibt, obwohl sie die snobistische Biedermeier-Feindschaft
kennt, gelassen zu, daß Mörikes Gedichte »ein Gefühl der Ausgewogenheit, der Anmut und des
Glückes vermitteln, das auch und vielleicht sogar vor allem zu Mörikes Wesen gehört«. – Mit be-
rechtigter Polemik verteidigt Hans Egon *Holthusen* (Mörike, S. 75) die Dichtungsauffassung Goethes und Mörikes: »Wer diese Verfassung der Seele als ›Eskapismus‹ denunziert, hat sie nicht verstanden, oder vielmehr, er hat sie umgedeutet in etwas, was mit ihr nicht gemeint ist. Diese ›Befreiung‹ des Menschen durch die ›Vogelperspektive‹ ist nicht Flucht vor, Verzicht auf oder Verlust von
Wirklichkeit, beispielsweise politischer Wirklichkeit – sie ist ein eigentümlicher Modus der Bewältigung von Wirklichkeit, eine Errungenschaft sui generis. ›Wahre Poesie‹ in diesem Goetheschen Sinn
setzt eine Art des Wahrnehmens voraus, die als genießendes Erkennen oder als erkennendes Genießen bezeichnet werden kann. Sie ist nicht, was eine heute verbreitete Theorie von ihr erwartet: ›Widerstand gegen das Bestehende‹, sie ist nicht, was Heine von ihr forderte: Ermunterung zur Tat. Sie
erschließt eine Dimension der Anschauung, deren Telos nicht das Widerstehen, sondern eher das Bejahen zu sein scheint.« Zum Problem Dichtung und Bejahung vgl. u. S. 1068 f.

* Entsprechend war die Reaktion der Liberalen, die aber nicht mit der Zeit gleichzusetzen sind –
diese Vorstellung von Storz u. a. ist schief –, sondern nur eine aktive Minorität bildeten. Gutzkow

Mörike dichtet zur Genugtuung Vischers nicht »moralisch«. Die Vermeidung der direkten Didaktik unterscheidet ihn von manchen Biedermeierautoren. Aber auch seiner Dichtung liegt die sittliche Dezenz des Biedermeiers zugrunde. In Vischers Novelle *Cordelia* stört ihn die »kecke Behandlung des Natürlichen«. Er verteidigt die Verleger, die daran Anstoß nehmen: »Unser Publikum angesehn, wie es einmal ist, liegt auch was Wahres dahinter« (an Vischer 5. 10. 1833). Mörike weiß also, daß das Publikum in seiner Majorität die »kecke Behandlung« ablehnt, also – nach unsern heutigen Begriffen – biedermeierlich eingestellt ist. Anläßlich von Vischers Selbstmörderdichtung *(Der Traum)* erinnert er daran, daß das Konsistorium, seine vorgesetzte kirchliche Behörde, »weit moralischer [ist] als Gott der Vater selbsten« (an Vischer 30. 11. 1830). In der religiösen Ironisierung der Moral verrät sich zwar Mörikes Offenheit und Tiefe. Aber sie kann nicht darüber hinwegtäuschen, *daß er sich gut biedermeierlich der herrschenden Sitte beugt.* Auch wäre eine Überschätzung seines ironischen Vorbehalts fehl am Platze. Noch an Kellers Novelle *Romeo und Julia auf dem Dorfe,* die er als Meisterwerk erkannte, die aber in geradezu programmatischer Weise den Schritt von der didaktisch-biedermeierlichen zur tragisch-realistischen Dorfgeschichte tat, hat ihm der »sinnliche« Schluß mißfallen[81]. Dementsprechend klingen in seiner Mozart-Novelle die erotischen Don-Juan-Motive nur ganz verhalten an. Noch auf dem Totenbette hat ihn das Bewußtsein, daß in seinen Werken »nichts Unreines« ist, getröstet.

Es ist nicht schwer einzusehen, daß das gesamte Naivitätsprogramm, so wie es Mörike im Widerspruch zu Heines »Desperationskoketterie« und zu Tiecks »Raffinement« entwickelt, dem positiven Ansatz des Biedermeiers zutiefst entspricht. Der Biedermann orientiert sich am »unschuldigen«, unverkünstelten Wesen des Kindes. Wir haben die urbildliche Bedeutung, die das Kind für diese gesamte Richtung hat, kennengelernt (vgl. Bd. I, S. 60). Doch die Beziehung zwischen Mörike und dem Biedermeier beschränkt sich nicht auf diesen Grundansatz. *Auch die Hinwendung zum Volkstümlichen, die Liebe zur Heimat, die Pietät gegenüber dem angestammten Herrscherhaus, die ehrfürchtige Beschäftigung mit den Tag- und Jahreszeiten, überhaupt mit den Phänomenen der »Natur« (unbeschadet der Führung Gottes), die Erneuerung der Idylle und des Märchens, der Kult des Heiteren, der kleinen Formen, der »Kleinigkeiten«,* wie Mörike im Stil des 18. Jahrhunderts zu sagen pflegt, *die Entdämonisierung des Mythischen und selbst des »Schick-*

---

nennt Mörike »einen Menschen in Schlafrock und Pantoffeln« (nach S. S. *Prawer, Mörike und seine Leser,* S. 23). Stilgeschichtlich interessant ist die Reaktion des Hegelianers Robert E. *Prutz* (Die politische Wochenstube, Zürich und Winthertur 1845, S. 56.) auf die freundliche Mörike-Kritik des Hegelianers Vischer, wobei noch zu bemerken ist, daß sowohl Herwegh wie Mörike württembergische Landsleute Vischers waren:

> »Ja seit uns gedruckt ein Schwabe bewies, Herwegh sei bloße Rhetorik,
> Doch Mörike, ja! das sei noch ein Mann, ein Poet von dem ersten Kaliber:
> Seitdem, fürwahr! bin ich völlig begnügt, laßt ihr nur als Rhetor mich gelten.«

Das Beispiel belegt besonders klar, daß die *literarische* Revolution – die Zerstörung der Rhetoriktradition – mit der *politischen* gegen den Restaurationsstaat *nicht* parallel lief. Stilistisch ist Herwegh der Mann im Schlafrock und Mörike der Pionier.

*sals« (Liebe, Leiden, Tod), der Freundschaftskult, das starke Hervortreten der Gelegen-
heitslyrik, die bewußte Verschönerung des Lebens mit Hilfe aller Künste, der Sinn für einen organisch überformten Klassizismus (»Klassizität«), für ein verbürgertes und versitt-
lichtes Rokoko, der Sinn für Scherz, ja für grotesken »Übermut«, sofern er nicht unmoralisch, blasphemisch oder gesellschaftskritisch ist, – alles dies ist biedermeierlich**. Mörike
hat sogar am biedermeierlichen Kult der Einzeldinge teilgenommen, Steine gesammelt
und diese Tätigkeit in einer Epistel als »Poesie« gefeiert *(Der Petrefaktensammler)*. Noch
bezeichnender für ihn ist es, daß er einen Ammoniten liebevoll in einen Stein geritzt und
»margarita clara« (Gretchen und Klärchen) getauft hat[82]. Biedermeierliche Spielchen
dieser »sinnigen« Art liebte er innig.

Daß auch die *Bewahrung des Christentums* vollkommen im Einklang mit Mörikes Ge-
sundungs- und Naivitätsprogramm steht, versuchten wir schon in verschiedenen Zusammenhängen anzudeuten. Das Christliche ist bei Mörike unaufdringlich, auch in der
Lyrik erscheint es nur an vereinzelten Stellen. Es entspringt, wie auch sonst im Biedermeier (vgl. Bd. I, S. 52), mehr der Ehrfurcht, der »Pietät« als dem Dogma. Immerhin ist
Mörikes Vorsehungs- und Unsterblichkeitsglauben so ziemlich ungebrochen, und *nicht
zuletzt die jenseitige Dimension ermöglicht in seiner Dichtung das »Schwebende«, »Offene«, innig Abgerückte, das so vielen aufgefallen ist.* Schon die Dichtung seines nicht-
christlichen Verehrers Storm ist bei aller psychischen Affinität kompakter und nach den
für uns nicht mehr verbindlichen realistischen Maßstäben bei weitem vorzuziehen**.
Der oft allein zitierte biedermeierliche Schluß von Mörikes *Gebet* (»holdes Bescheiden«)
muß mit dem Anfang zusammengesehen werden: »Herr! schicke was du willt«. Wenn

---

* Ähnlich Ralph B. *Farrell* (Problems of Periods and Movements, in: Periods in German Literature, hg. v. James M. *Ritchie,* London 1966, S. 12): »After the extravagant dreams of the Romantics
the self in Mörike is humble before the power of the object, of things, of social reality, which however he only portrays humorously and in the form of the idyll of small life.« Der gleiche Gelehrte, der
Mörike so biedermeierlich vorstellt, hält den Begriff des Biedermeiers, wegen seines philiströsen
Grundcharakters, »vielleicht« nur für kleinere Schriftsteller geeignet (S. 5). Ein durchaus typisches,
aber geschichtstheoretisch nicht zu rechtfertigendes Verfahren; denn *die individuelle Begabung hat
mit der Zugehörigkeit zu Gruppen* (Württemberg, württ. Biedermeier) *nichts zu tun.* In einem andern Buch aus der englisch-sprachlichen Germanistik heißt es ohne viel Begründung: »Many of his
[Mörike's] poems seem to exemplify the finest flowerings of Swabian Biedermeier« (Hermann
Boeschenstein: German Literature of the nineteenth century, London 1969, S. 48). Die superlativi-
sche Metapher belegt, daß von diesem Autor, ganz wie von mir, die eigentlich doch selbstverständliche Unterscheidung zwischen großen und kleinen Biedermeierautoren vorausgesetzt wird.

** Wo realistische Normen noch gültig sind, wie in der DDR, ist die Rechtfertigung von Mörikes
Dichtung äußerst schwierig. Die offizielle Geschichte der deutschen Literatur Bd. 8, 1, hg. v. H.-G.
Thalheim u. a. (Berlin 1975) benützt zwar die zu »konservativen Humanisten« erhobenen Biedermeierdichter zur Entlarvung der liberalen Schriftsteller; aber die Akzente, die gesetzt werden müssen, verfälschen den Dichter. Konventionellere Arbeiten wie *Lucie Gelmeroth* oder *Der Bauer und
sein Sohn* werden höher gestellt als die für Mörike so bezeichnenden Märchendichtungen *Der
Schatz* und *Das Stuttgarter Hutzelmännlein.* Selbst in *Mozart auf der Reise nach Prag* erscheinen
Ideen, die dem Dichter fremd sind: den Glauben an die ewige Schönheit darf es nicht geben! Der
»ideelle Kern der Novelle« ist »die tiefe Beunruhigung über das Schicksal der Kunst, die um so nach-
haltiger wirkt, als Mörike sich am Ende einer geschichtlichen Epoche empfand«. Hegel oder Heine
statt »Vater Goethe«! Entsprechend wird die Kritik der Junghegelianer und des Realisten Hermann
Kurz einfach unterschlagen. Welchen Sinn hat ein so mißhandeltes »Erbe«?

Mörikes Briefwechsel mit Storm vor allem »kunstphilosophische« Bedeutung hat[83], dann besonders deshalb, weil die Diskussion der letzten Dinge ängstlich vermieden werden muß. Dem aufmerksamen Blick ist *die scharfe Grenze, die diesbezüglich zwischen Mörike und dem dezidierten Realisten* besteht, trotzdem deutlich, besonders wenn man Storms Erinnerungen an Mörike hinzunimmt. Diese Grenze prägt sein Verhältnis zu Hermann Kurz in ähnlicher Weise. Von Mörikes Keller-Kritik war bereits die Rede (s. o. S. 729). Selbstverständlich steht auch die *religiöse* Erscheinungsform der »Naivität« im Licht eines hohen Bewußtseins. In den zahlreichen Interpretationen des Gedichts *Auf eine Christblume* vermisse ich den speziellen Mörikeschen Aspekt*. Es ist ganz biedermeierchristlich, in der Natur Hinweise auf das Übernatürliche zu suchen und *diskret* aufzudecken; denn diese ist ja nicht mehr das All der Stürmer und Dränger, sondern die Schöpfung, die auf Schritt und Tritt den Schöpfer »ahnen« läßt. Es gibt in Mörikes zwielichtiger Welt nichts, was von vornherein eindeutig gegeben ist. In einer sehr aufrichtigen Rechtfertigung des Cleversulzbacher Pfarrers gegenüber Vischer (13. 12. 1837) ist sein Hauptargument für die Bewahrung und Ausübung der Religion, daß »doch selbst auch der Gebildete und Wissende gern seine Andacht an die von Kindheit auf gewohnten Vorstellungen und Formen knüpfen mag«. Daß diese an moderne Psychoanalyse erinnernde Begründung rational wenig durchschlagend ist, empfindet er, wie der gleiche Brief zeigt, selber schon. Aber es bleibt das geschichtliche Faktum, daß er, im Geiste biedermeierlicher oder »nazarenischer Wiederherstellung« (Clemens Heselhaus), *der Religion treu geblieben ist,* nicht gerade der protestantisch-kirchlichen aber der christlichen im allgemeinen.

Sein Interesse für den katholischen Kultus ist bekannt. Es erwachte schon 1828 bei seinem Besuch in Oberschwaben, d. h. im katholischen Neu-Württemberg, es steigerte sich im fränkischen Unterland und führte über die katholische Kunst, wie auch über die verspielte Hauskapelle, zur Verheiratung mit einer frommen Katholikin. Obwohl er seine Pension nicht verlor, war diese außergewöhnliche Heirat *eine der mutigsten Entschei-*

---

* In der besten Interpretation, die ich kenne, wird behauptet: »Der lichtgrüne Hauch auf dem weißen Kleid der Christblume erscheint als Maske[!], die die Wahrheit über Christi Leiden an der Welt verdeckt[!]« (Bernhard *Böschenstein,* Mörikes Gedicht »Auf eine Christblume«, in: Euph. Bd. 56, 1962, S. 358). Gemeint ist aber wohl die uns schon bekannte Vermeidung des *pathetischen* Leidensausdrucks, der hier, an sich, angemessen wäre. Gerade die *naive,* unschuldige Schönheit (»kindlich«, »weißes Kleid«) hat für den Dichter »mystische Glorie«. *Er hat die Christblume als Symbol seines unauffälligen Christentums gewählt.* – Vor allem aus dem Festhalten am Christentum – es wirkt in die Rokoko-Rezeption Mörikes hinein! – ergibt sich, daß Christiaan L. Hart *Nibbrig* (Verlorene Unmittelbarkeit. Zeiterlebnis und Zeitgestaltung bei Mörike, Bonn 1973) im Recht ist, wenn er die Frage der Naivität – er benützt den Begriff »Unmittelbarkeit« – mit der Frage des Traditionsverlustes – Nibbrig spricht von »Vergangenheit« – verbindet. Der Titel der Untersuchung ist mißverständlich; denn auch Nibbrig erkennt bei Mörike »eine zweite, bewußt vermittelte« Unmittelbarkeit (S. 43). Wenn er den zur Naivität zurückkehrenden Mörike in einer »gedichteten Rolle« (S. 103) sieht, so verkennt er das geschichtliche Phänomen der Restauration und die psychophysische Möglichkeit der Regeneration. Die mit den Hegelianern aufsteigende nachchristliche Welt war für Mörike bloße Fata Morgana; denn er gehörte noch zum alten Europa, – *vor allem als Mensch!* Mit seiner Dichtung überschritt er die Restaurationsepoche eher (Münchner Dichterkreis s. u., Storm, Keller usw.), weil sie natürlich nicht immer nur Ausführung des Naivitätsprogramms war.

dungen in Mörikes Leben; das läßt der Briefwechsel erkennen. Die heimliche oder experimentelle *Katholizität* steht selbstverständlich im Zusammenhang mit dem Naivitätsideal und speziell sogar mit dem Antikisieren[84]. Es hat seinen guten Sinn, wenn sich nach 1945 die katholische Welt seiner Dichtung interpretierend zu nähern versuchte (z.B. Romano Guardini) und wenn innige Verständnisverbindungen zwischen Mörike und *Österreich* in seiner Dichtung wie auch in der neueren Mörikeforschung zu finden sind (z.B. *Mozart auf der Reise nach Prag* und die feinsinnige Interpretation Franz Mautners). Jedenfalls wird heute niemand mehr sagen, die Erde sei für diesen Dichter (wie für Goethe) »das eigentliche Paradies« gewesen[85]. Die Vorstellung von einem (voll) realistischen Mörike darf für alle Perioden seines Lebens als erledigt betrachtet werden*. Selbst tüchtige marxistische Forscher, solche die zur Verfälschung Mörikes nicht bereit sind, wissen sehr wohl, daß man von einem solchen Poeten nur *die* Sozialleistung fordern kann, die die Dichtung als Dichtung darstellt[86].

Kritik der westlich-ästhetizistischen Verzeichnung des Dichters

Im Widerspruch zum biedermeierlichen oder realistischen Mörike-Bild trat im Westen eine ästhetizistische Mörike-Interpretation hervor und erregte, entsprechend dem Charakter der Adenauerzeit, beträchtliches Aufsehen. Die Kritik dieser modernistischen Umstilisierung wird, wie ich hoffe, zur weiteren Festigung eines historischen Mörike-Bildes beitragen. Wie wir schon wissen: irgendwo berührt sich Mörike – darin ist er erneut seinem Antipoden Heine vergleichbar! – mit Rückert und Platen, d.h. mit den Vorläufern der l'art pour l'art-Dichtung[87]. Die »moderne« artistische Spezialisierung liegt schon um 1830 in der Luft. Wenn Walter Höllerer sagt, Mörike sei »nicht dumpf wühlend im Unbewußten, sondern überwach«[88], so wird diese Meinung durch meine bisherigen Ausführungen bestätigt. Trotzdem verfehlt Höllerer, meine ich, die für den Fachwissenschaftler entscheidende Nuance, wenn er zustimmend Theodor W. Adorno zitiert, der sich zu folgender radikaler Behauptung versteigt: »Die Gedichte des hypochondrischen Cleversulzbacher Pfarrers, den man zu den naiven Künstlern zählt, sind Virtuosenstücke, die kein Meister des l'art pour l'art überbot«[89]. Die gleiche verfälschende Tendenz zeigt sich, wenn Höllerer mit Bezug auf das Gedicht *Erinna an Sappho,* das wie eine sapphische Ode beginnt, dann aber von jedem Schema sich freimacht, erklärt: »Tanzfigur erscheint hier, freieste Figur von einem, der alle festen Figuren beherrscht, und nun mit ihnen über sie hinweg den großen Tanz meistert, der über alle Regel geht«[90]. Gegenüber dieser Vorstellung von einem Alleskönner ist ganz einfach festzustellen, daß nichts in Mörikes Schaffen dafür spricht, daß er wie Platen oder Rückert oder neuerdings Weinheber die verschiedensten metrischen Formen, also z.B. auch die antiken Odenstrophen, spielend meisterte.

---

* Im empiristisch orientierten englisch sprechenden Kulturbereich natürlich erst recht: »Mörike shows very little affinity on the whole with the up-and-coming realistic movement in literature« (Martin *Lindsay,* Mörike, in: German men of letters, hg. v. Alex *Natan,* Bd. V, London 1969, S. 209).

Was an seinen Gedichten und erst recht an den Vorstufen auffällt, ist nicht die formale, die technische *Perfektion,* sondern die bild- und gefühlsstarke *Improvisation.* Nicht das Metrum, sondern die Sprache ist wohl das Element, in dem er als Dichter lebt, und das bedeutet in der Versdichtung: *Auf den Rhythmus kommt es an* (s. u.). Dieser Abstand vom poëta doctus unterscheidet ihn scharf von Voss und seinem Schüler Platen. Metrischer Virtuosität rühmt er sich niemals, nicht selten dagegen eines Einfalls, der ihm mit einem Schlag ein vollkommen »natürlich« wirkendes Gedicht, z. B. ein Volkslied schenkte. Das »Spiel«, das er treibt, erschöpft sich nicht in der reinen Kunst. *Es intendiert die Schaffung einer wie immer begrenzten Welt, in der sich nicht nur dichten, sondern vor allem auch leben läßt.* Was den modern sein wollenden Vischer in entscheidender Zeit (9. 9. 1838) an Mörike stört, ist nicht die Flucht in die Kunst, sondern umgekehrt die Befürchtung, »daß der Poet die Phantasie unmittelbar ins Leben verschwende, wo es nach den Maßstäben der prosaischen Berechnung registriert und die Poesie für den Himmel der Kunst aufgespart werden soll«. Während die moderne Kultur dazu neigt, das Leben zu versachlichen und dafür die Literatur bis ins letzte zu poetisieren, – weshalb so schizothyme Geister wie Hölderlin oder Kleist zum Inbegriff des Dichters werden –, mutet Mörikes *Gesamtwerk relativ altväterisch an, wenn man es unbefangen betrachtet;* denn sein Kern verbirgt sich, noch stärker als bei Goethe, in einer Masse von Gelegenheitsgedichten, die zum Teil vom Dichter nicht einmal herausgegeben wurden, gleichwohl aber für das *Wesen* seiner Dichtung kennzeichnend sind. Auch wenn sie nicht, wie z. B. *Auf einer Wanderung* nachträglich zum reinen Gedicht potenziert werden, bilden sie den stillen Hintergrund von Mörikes Dichtung; sie beweisen, *daß es für den Biedermeierdichter noch eine Welt gibt, die Leben und Werk umgreift* [91]. Seinen jüngeren Verehrer und Besucher Theodor Storm warnt er 1855 vor einem allzu fleißigen »poetischen Schaffen«: »es müsse nur so viel sein, daß man eine Spur von sich zurücklasse; die Hauptsache aber sei das Leben selbst, das man darüber nicht vergessen dürfe« [92]. Storm verstand die Äußerung mit Recht als Warnung; der Dichter dachte gewiß an übermäßig kunstbeflissene Poeten wie Hölderlin, Platen und die Dichter des Münchner Hofkreises. Wenn Höllerer meint, »eine ungewöhnliche Offenheit« stelle Mörike über die Epochen [93], so ist zu erwidern, *daß solche Offenheit eben das ist, was alle bedeutenden Dichter der Biedermeierzeit von den späteren Spezialisten der Dichtkunst unterscheidet.* Albrecht Goes, der ebenso unhistorisch, aber kongenialer als Walter Höllerer urteilt, hat schon in seinem kleinen Mörikebuch von 1938 sehr fein und gültig gezeigt, wie gerade das Zwanglose, ja stellenweise Untalentierte von Mörikes Lyrik unerläßliche Vorbedingung der spezifischen Art ihrer Vollendung war. In dieser christlichen Demut – sie war von alters her ein Korrektiv des weltlichen Künstlerstolzes! – berühren sich die beiden Dichterpfarrer Gotthelf und Mörike durchaus, trotz des intimeren Kunstverständnisses des Cotta-Autors. Mörikes Naivitätsprogramm hat, bei allem Bezug zur Kultur von Weimar, nicht den Zweck, vollkommene Dichtung zu konstruieren; sein Bewußtsein setzt viel tiefer an. Er möchte durch Abwendung vom Weltschmerz, d. h. durch den Verzicht auf das ständige Hochspielen der unvollkommnen Welt, er möchte durch ein vertrauensvolles Ja zu dem, was gegeben ist, der Heilung als Mensch und der Begnadung als Künstler teilhaftig werden. Schon die außergewöhnliche literarische *Dienstbereitschaft* Mörikes widerspricht vollkommen der modernen herrischen Artistik, die sich in Platen ankündigt. Er korrigiert – darin wieder Heine ähnelnd! – den Freunden selbstlos die Manuskripte. Die Hilfe beschränkt sich keineswegs auf befreundete Autoren wie Karl Mayer oder Wilhelm Waiblinger (Auswahl nach dessen Tode). Im Katalog der Marbacher Gedenkausstellung zum 100. Todestag Mörikes (Stuttgart 1975) gibt es eine Liste von Bekannten, denen der Dichter literarisch verbessernd gedient hat[94]. Begabung erhebt, nach Biedermeierbegriffen, den wahren Dichter über seinen Kreis; aber sie verpflichtet ihn auch: noblesse oblige. Selbst Lenau gehorchte in Schwaben diesem Biedermeierbrauch. *Die Liebe als höchster Wert steht auch hinter Mörikes Gelegenheitsdichtung.* Er bemüht sich unermüdlich, den Angehörigen und den Freunden mit einem Gedicht das Leben heiter zu machen. Albrecht Goes hat diesen biedermeierchristlichen Liebeszug in Mörike treffend gekennzeichnet[95]. Schon die Anordnung der Gedichte verrät den »offenen«, improvisatorischen Charakter seiner Lyrik. Für die bereits üblich werdenden Zyklen (vgl. Bd. II, S. 623 ff.) zeigt er wenig Sinn. Maßgebend für die Anordnung sind inhaltliche und stimmungsmäßige Motive, selten äußere Formen: die Abneigung gegen jede Konstruktion ist deutlich[96]. Die eherne Monotonie einer zyklischen Perfektion im Stile Platens, Georges, Weinhebers u. a. ist bei diesem Dichter absolut undenkbar.

Was nun Höllerers chronologische Argumentation betrifft, so muß, bei allem Respekt vor seinem ästhetischen Spürsinn, festgestellt werden, daß sie ein betrübliches Beispiel dafür ist, was in der Mitte des 20. Jahrhunderts aus der neueren Germanistik geworden ist. »Mörike war«, so schreibt er, »nicht nur Zeitgenosse Baudelaires, er hat den Dichter der *Fleurs du mal* um acht Jahre überlebt. Baudelaire starb 1867, Mörike 1875«[97]. Solche Zahlenartistik hat nichts mehr mit historischer Interpretation zu tun; denn über den geschichtlichen Ort eines Dichters entscheidet nicht das Todes-, sondern viel eher das Geburtsjahr, und *Baudelaire (geb. 1821) ist siebzehn Jahre jünger als Mörike.* Auf dem gleichen Wege könnte man Wieland zum Romantiker machen und neben Novalis stellen; denn er überlebte ihn. Jeder Mörike-Kenner weiß auch, daß der Dichter in den letzten zwanzig Jahren seines Lebens keine größeren Werke und auch in der Lyrik nur wenige hervorragende Gedichte geschrieben hat. Ihm scheint wie Grillparzer – im Unterschied zu dem unglaublich hartnäckigen Stifter – der Untergang der vertrauten geschichtlichen Welt, der Abbau der Gemütskultur, die Abkühlung der geistigen Welt nach 1848 den Mut zu neuen Ansätzen geraubt zu haben. Von rund 250 Gedichten der Ausgabe letzter Hand sind etwa 20 nach Erscheinen der letzten Prosadichtung (Mozartnovelle 1855) entstanden; auch zwischen 1849 und 1855 zeigt sich der lyrische Produktionsschwund (etwa 10 Gedichte)[98]. In qualitativer Hinsicht ist das Verhältnis noch deutlicher; denn die neuen Verse sind meist Gelegenheitsgedichte. Abgesehen von *Denk es, o Seele!, Erinna an Sappho* und den *Bildern aus Bebenhausen* ist alles das, was an Mörikes Lyrik unumstrittene Gültigkeit besitzt, vor der 48er Revolution entstanden. Eine Akzentverlagerung auf die Spätzeit (wie beim alten Goethe, beim alten Stifter) ist kaum möglich und wird auch von Höllerer nicht konsequent durchgeführt. Den »alten Mörike« gibt es in der Hauptsache nur noch als Redaktor seiner früheren Dichtung*.

---

* Für einen groben biographischen Fehler halte ich es, wenn man die Ehefrau des Dichters bildungsstolz mißhandelt und in irgendeinen Zusammenhang mit Mörikes Verstummen bringt. Abge-

Wenn man Höllerers These selbst historisch sieht, so darf man vielleicht behaupten, daß sie eher ein Endpunkt als ein neuer Anfang in der Mörike-Rezeption war. Es ist Sache der Musikhistoriker, die von Hugo Wolf notwendigerweise geübte Modernisierung Mö-

---

sehen davon, daß Margarethe Speeth viel zarter als Christiane Vulpius war und aufgeschlossener für Dichtung – ihr jahrelanger Briefwechsel mit Storm beweist es –, sollten wir uns doch endlich damit abfinden, daß Dichterfrauen anders als Professorenfrauen zu sein pflegen, daß ihre *Einfachheit* nicht nur ihren Reiz, sondern auch ihren Wert für ein ganzes Leben begründen kann. Die fromme Katholikin, die wohl nicht zu Unrecht versicherte, daß Eduard und sie sich nie zu lieben aufhörten, die zu dem Sterbenden zurückkehrte, die eines frohen Wiedersehens mit ihm im Jenseits sicher war, ist *im Zusammenhang mit Mörikes Entscheidung für ein naives Leben und Dichten zu sehen, zu würdigen.* Ernstlich zu prüfen ist auch ihr Vorwurf, daß ein »Wall« von Freunden, also nicht nur die beiden Hartlaubs und die in der Familie lebende Schwester Klara, sie von dem, wie immer, *wehrlosen* Gatten trennte. Man muß dabei an fortschrittliche Freunde wie Strauß, Vischer, Kurz, Notter und an die gesamte einseitig liberal-protestantische Atmosphäre Stuttgarts denken (s. o.). Daß im übrigen Dichter schwierige Lebenspartner zu sein pflegen, sollte sich, gerade in der Nähe von Walter Muschgs Basel, allmählich herumgesprochen haben. Die folgende biographische Deutung verzeichnet Mörike so gut wie seine Gattin: »Sie hatte nicht mehr auszusagen als das Allernächste, das Alltäglichste, das Triviale. Man muß diese Briefe [an Storm] lesen als Dokumentation für eine Ehe zwischen zwei unebenbürtigen Partnern. Die indirekten biographischen Schlußfolgerungen für den Dichter selbst lassen sich unschwer ziehen: Der Dichter, unbestreitbares Genie wie er war, hatte in ihr eine bourgeoise Partnerin gewählt, die ihm geistig nirgends zu folgen vermochte. Das Rätsel seines Verstummens bei zunehmendem Alter mag damit teilweise durchschaubar werden. Es wird noch durchschaubarer, wenn man die literarische Kontroverse, die sich zu Anfang dieses Jahrhunderts über die Problematik von Mörikes Ehe entspann, hier mit heranzieht« (Theodor Storm – Eduard Mörike, Theodor Storm – Margarethe Mörike, Briefwechsel... Kritische Ausgabe, hg. v. Hildburg und Werner *Kohlschmidt,* Berlin 1978, S. 19 f.). Es handelt sich um einen konfessionellen Streit, in dem sich Kohlschmidt für die protestantische Argumentation entscheidet (gegen Eduard Eggert: Eduard Mörikes Frau, in: Hochland, Bd. I, 1903/04, S. 65–74. Es ist eine gut dokumentierte, wohlabgewogene Verteidigung der vielgelästerten Frau). In anderer Weise konfessionell entstellt erscheint mir auch das (in einer kritischen Ausgabe!) von Storm entworfene Bild (ebd. S. 12 ff.). Das häufige Schweigen Mörikes soll ein Hinweis auf »Mangel an Distanz« bei seinem norddeutschen Verehrer sein. Als ob Mörike nicht alle seine Freunde durch Schweigen gemartert hätte! »Eine Art Neugier…, vielleicht etwas über die Irrungen und Wirrungen der Mörikeschen Ehe aus Gretchens Sicht zu erfahren«, soll den Dichter in seinem Briefwechsel mit Margarethe beherrscht haben. In Wirklichkeit bremst Storm Mörikes Gattin, sobald sie schüchtern auszupacken versucht: »Lassen wir es ruhn, und seien Sie versichert, daß mein Gefühl, wie Alles so gekommen, mich ziemlich richtig leitet; nicht damit habe ich zu kämpfen, daß ich *Sie* nicht belaste, sondern damit, daß ich das Gedächtnis des verstorbenen Freundes mir nicht trüben lasse. Aber auch das gelingt mir einigermaßen, wenn ich seine Kinderseele mit den Verhältnissen zusammendenke, in denen er und die um ihn herum aufgewachsen waren« (S. 88). Storm setzt das Schicksal dieser Ehe ins Gleichgewicht, – *als erfahrener tragischer Realist,* und es gibt eine Vorstellung von Margarethes Verlassenheit, inmitten einer zahlreichen Mörikegemeinde, wenn sie, der Sündenbock, geradezu enthusiastisch auf diesen vorsichtigen Freispruch *beider* Ehegatten reagiert: »Vor allem nun meinen Dank aus tiefster Seele, daß Sie so liebreich, wohltätig, und gerecht, das Urtheil sich gefaßt und gegen mich ausgesprochen haben! ach, ich bin so beklommen gewesen als ich (auf Ihre Anregung) Ihnen einen flüchtigen Blick gestatten mußte, und auch gerne gestattete, weil mir es so lange eine schwere Betrübniß war gerade *Sie,* lieber Herr, in Zweifel und Irrthum über das Unglück zu wissen; nun haben Sie mich nicht mißachtet sondern nur aufgerichtet, erquickt, ja beglückt; denn unendlich werthvoll ist es mir zu wissen: daß ich – dem Raume nach so entfernt dem Herzen nach aber so nahe einen Freund *in Ihnen* besitze, *den Einzigen,* aus so vielen die dem lieben Eduard angehörten, der *ein* Wort des Gefühls für mich, und *ein solches Wort,* mir zukommen ließ! o ich weis es gewiß Sie haben damit einen Segen gespen-

rikes fachmännisch zu beschreiben. Spürbar ist aber jedem Hörer der Verlust an Anmut, Offenheit und Wärme. An vielen Stellen wird Mörikes Text sogar mit Pathos aufgeladen und sozusagen ins Georgianische übersetzt. Prawer schreibt: »Die Veröffentlichung dieser Lieder... im Jahre 1889 bedeutet einen Wendepunkt in Mörikes Nachleben. Sie waren es vor allem, die seinen Namen weit über Deutschlands Grenzen trugen, und sie [waren es auch?], die die hergebrachte Auffassung von Mörikes Persönlichkeit und Kunst gründlich umgestalteten. ... Dies ist nicht mehr der traute Idylliker... dies ist ein hochkomplizierter moderner Dichter« [99]. Bernhard Böschenstein, der einen Vergleich zwischen Musik und Dichtung durchgeführt hat, beobachtet unter anderm, daß Wolf »Mörikes Liebesbekenntnisse jeweils weit über das dem Dichter eigene zurückhaltende Maß zu steigern pflegt« [100]. Ich will sagen: Wolf hat sein Verdienst; aber Mörike ist bei ihm ein wenig das geworden, was der Schwabe gar nicht schätzte: ein »Sehrmann«. Holthusen deutet die Sehrhaftigkeit als Superbia und zitiert einen Ausspruch Mörikes, der in sein Zentrum führt: »Es begegnet Waiblinger leicht, daß er zu superlativ wird..., daß er, die der Grazie so eng verwandte Modestia der Alten (im ethischen Sinne) verletzend, den Mund etwas zu weit auftut...« (1845) [101]. Im Geiste dieser Modestia wäre Mörike neu zu komponieren, wenn man nicht lieber doch die Gedichte selbst lesen will.

Von Georges und Gundolfs Mißachtung des naiven Mörike war in einem anderen Zusammenhang schon die Rede (vgl. o. S. 708). Daß ihm Vitalisten wie Nietzsche und Dehmel noch weniger gerecht werden konnten, versteht sich. Dehmel fand gerade den von uns geschätzten Kunstverstand verdächtig. Mörike »ist mehr Aesthet als Poet. In seiner Poesie steckt ein ähnliches Manco wie in Thorwaldsens Plastik und in der ganzen hellenistischen Produktion der Biedermaierzeit [sic]; die Formgebung entstammt da nicht dem spontanen Instinkt, sondern dem kultivierten Intellekt« [102]. Von den besten Mörike-Forschern von heute (Holthusen, von Heydebrand, Storz, Barnouw usw.) – das darf wohl zusammenfassend festgestellt werden – wird Höllerers These abgelehnt, obwohl keiner die unerhörten artistischen Fähigkeiten Mörikes verkennt. Sein Land und seine gesellschaftliche Stellung bewahrten ihn vor den gefährlichen Möglichkeiten seines Jahrhunderts, die der einsame Platen bereits zu verwirklichen begann. Selbst Storz, dessen Methode sich der Höllerers nähert, der aber eben deshalb Höllerers These wohl am gründlichsten geprüft hat, trennt Mörike im Endergebnis scharf genug von den Symboli-

---

det, Sie haben selbst dem Verstorbenen Freunde wohl damit gethan, denn jetzt sieht er das Wahre und ist nicht mehr in Nacht und Unklarheit. Sie sagten recht: er war die reichste liebenswürdigste Kinderseele und zu dieser hin konnte meine treue Liebe (im Geiste) fort und fort dringen; ich habe in keiner Lage meines Lebens seine Seele voll Liebe losgelassen« (S. 90). Auch Mörike wurde nach Margarethes Zeugnis durch Storms Verehrung »beglückt« (S. 81). Er hatte eine Vorstellung von Storms dichterischem Rang und bewunderte seinen »männlichen Muth für das Leben« (S. 74). *Distanzierte Freundschaften haben ihren eigenen Sinn.* Dies wußte auch Storm. Sonst hätte er, ohne Margarethes Wiedersehenswünsche zu erfüllen, nicht *bis zum Lebensende* den Briefwechsel mit Mörikes einsamer Witwe fortgeführt. Er wollte auch dem Gedächtnis des älteren Freundes dienen. Ihm ist es zu verdanken, daß Margarethe trotz ihrer Bedenken den Nachlaß in sichere philologische Hände (Jakob Bächtold, Zürich) legte. Darüber hinaus ist dieser Briefwechsel eines der schönsten Zeugnisse für Storms Humanität.

sten: »So sehr Mörike seinem Instinkt zufolge der Autonomie des Stoffes ausweicht, so sehr sich in seinem Gedicht die Beziehung zur Erlebniswirklichkeit lockert und verwandelt, so war er doch niemals versucht, jene Beziehung vorsätzlich aufzuheben, sie gar zu zerstören und eine neue, konstruierte Wirklichkeit an ihre Stelle setzen zu wollen... Deshalb reicht er mit der alten, gewöhnlichen Sprache aus, er bedarf nicht des Gespinstes aus kostbaren, entlegenen Metaphern« [103].

Da wir im Zusammenhang mit Höllerers These bereits die Spätzeit Mörikes berührten, sei hier noch angemerkt, daß es in der Mörike-Forschung eine neue Akzentuierung der letzten Jahrzehnte gibt, die ein ernsthafteres Problem darstellt und in der Zukunft längerer Diskussion bedarf. Prawer ist wohl einer der ersten gewesen, der darauf aufmerksam gemacht hat, daß nicht nur in der Nolten-Redaktion, die (mit Recht) oft betont wird, sondern auch *in den verschiedenen Fassungen von Mörikes Gedichten eine Leistung verborgen liegt, die als groß bezeichnet werden muß und in der Form einer chronologischen Edition nach dem Beispiel der Yeats-Ausgabe erschlossen werden sollte* [104]. Storm, Strauß und andere Freunde standen dem endlos redigierenden Dichter verständnislos gegenüber, weil sie schon *historisch* dachten und sich, genauso wie wir, weitere neue Werke des Dichters wünschten. Mörike dagegen bemühte sich, ein möglichst *reines* Werk zu hinterlassen, und er wußte wohl, daß sein eigener Grund in der mit der Mozart-Novelle abgeschlossenen Epoche lag; denn gleichzeitig mit *Mozart auf der Reise nach Prag* erschienen Romane und Novellen, die unmißverständlich zeigten, was jetzt an der Zeit war (vgl. Bd. I, S. 258). Statt seine Schwäche oder seinen historischen Irrtum zu bedauern, sollte man ihn verstehen und anerkennen, daß es die gleiche *Treue zum Vergangenen* war, die er als Biedermeierchrist und -klassizist bewährte. Man darf selbstverständlich feststellen, daß er objektiv im Irrtum war, daß er nicht immer verbesserte, sondern häufig nur *veränderte*, unter dem Einfluß der sich wandelnden stilgeschichtlichen Situation. Aber er hat ein Recht darauf, von der künftigen Mörike-Forschung auch in dieser späten, verborgenen Dichtung gewürdigt zu werden. Ich selbst muß dies den Jüngeren überlassen.

Mozart auf der Reise nach Prag

In der Erzähldichtung gab es, wenn man von der unvollendeten zweiten Nolten-Fassung einmal absieht, noch den schon erwähnten Schlußpunkt, der wie ein neuer Anfang aussieht, der uns Modernen immer besonders lieb war und die Artistenhypothese einigermaßen verständlich macht: *Mozart auf der Reise nach Prag* (1855). Natürlich läßt sich auch diese Dichtung fürs Biedermeier beanspruchen, wovon gelegentlich schon die Rede war. Der »offene«, episodenhafte, scheinbar oder tatsächlich improvisierte Aufbau widersprach dem am Drama orientierten Novellenbegriff der zweiten Jahrhunderthälfte so sehr, daß die Kritik in dieser Hinsicht geradezu ein Topos der Mörike-Forschung wurde. Die Forschung um 1900 wies dann mit Recht darauf hin, daß »die gemächliche Art des damaligen Novellen- und Romanstils«, die vortechnische Haltung der älteren Erzähler diesen Aufbau verständlich macht [105]. Man darf Mörikes Meisterwerk sogar direkt auf die damals berühmte Novellentheorie des Stuttgarter Professors Reinbeck beziehen (Novelle als »Situation«, vgl. Bd. II, S. 839). Auch in den früheren erzählenden Werken verfährt der Dichter, wie allgemein bekannt ist, mit mehr oder weniger Absicht episodisch, locker, offen. Die moderne Interpretation erkannte durchweg das Sinnvolle dieser Methode, so daß die Kritik zu verstummen beginnt. Polheim akzentuiert überdies Mörikes klare Bezeichnung »Charaktergemälde«[106] und möchte damit die Mörike-Forschung endgültig von einem auf »Handlung« konzentrierten Novellenbegriff wegführen. Ähnlich wird in einer bekannten englischen Geschichte der deutschen Novelle festgestellt, daß es sich hier, ähnlich wie im *Armen Spielmann*, um den, einen bestimmten Charakter vergegenwärtigenden, *Spezialtyp* der Novelle handelt[107]. Es ist doch wirklich so, daß, mit Gundolf zu reden, »die Handlung als Handlung kaum redewert« ist[108], daß auch die glückliche Gegenwart, auf die sich die Novelle konzentriert, Mozarts Aufenthalt im Kreise seiner Verehrer, nicht alles ist, daß vielmehr mit Hilfe von Erinnerung und Ahnung das Ganze von Mozarts Leben in die *eine* Situation auf dem ländlichen Schloß verräumlicht wird, und zwar mit der schlichten Absicht, Mozarts Wesen und Schicksal in einem Bild, einem »Genrebild« (vgl. Bd. II, S. 794 ff.) zusammenzufassen. In der Widmung der Dichtung für Maximilian II. von Bayern kennzeichnet Mörike die »Darstellung der Individualität des Künstlers« als seine Absicht*. Dieser konkrete Bezug läßt sich nach Mörikes Äußerungen nicht leugnen. Die Erzählung ist ein Beitrag zum 100. Geburtstag Mozarts, ein Ausdruck des weitverbreiteten Mozartkultes der Württemberger[109] und ein direktes Zeugnis von Mörikes persönlicher Mozartverehrung. Auch solche Stoff- und Gesellschaftsunmittelbarkeit entspricht der Biedermeier-Novelle (vgl. Bd. II, S. 837 f.) und ist alles andere als »artistisch«. Den historisch abschließenden Charakter der Novelle, Mörikes Mozart-Dichtung als deutsches Schlußsignal des alten Europa, belegt die »Vielzahl von Assoziationen und Verweisen auf die große abendländische Literatur« in Mozarts neapolitanischer Erinnerungserzählung[110].

Franz Mautner[111] hat das Biedermeier dieser Novelle – mit den ständigen Bezügen zum Rokoko und zur Klassik – in einer feinsinnigen, auch jede amusische Formanalyse vermeidenden Interpretation wohl am besten getroffen: die in den Beschreibungen der Novelle erkennbare »Sachfreudigkeit«, »die gebildete Geselligkeit im kleinen Kreise«, die »Wärme« und »Zärtlichkeit« beim Umgang mit »edeln« Gegenständen, die »Kostümfreudigkeit«, die »Meisterschaft in gedämpfter Sprechweise«, die sich vom »romantisch-artistischen Raffinement« ebenso unterscheidet wie vom »jungdeutschen Phrasenreichtum«, die kunstvolle Einbeziehung des »diminutivenreichen Dialekts« in Mozarts Sprache, die »verhaltene Sinnlichkeit« des Musikers, die »typisierende Charakterisierung« der Nebenpersonen. *Er kennt den Begriff »edelstes Biedermeier«, den so viele Forscher noch für ein Oxymoron halten.* Er hätte hinzufügen können, daß Mozart durch die Novelle stärker in der aristokratischen Kultur integriert wird, als der historischen Wirk-

---

* Volkmar *Sander* (Zur Rolle des Erzählers in Mörikes Mozart-Novelle, in: GW, Bd. 36, 1963, S. 130) errechnet 30 Seiten Vorzeithandlung gegenüber 36¹/₂ Seiten Gegenwartshandlung. Rechnet man noch den »Anhang« – Eugenie ahnt Mozarts Tod – von der Gegenwartshandlung ab, so ergibt sich, daß ungefähr die Hälfte des Textes den festlichen Tag *transparent* für das Ganze von Mozarts Leben und Schicksal macht.

ichkeit entspricht[112]; auch das ist biedermeierlich. Es gibt ja sogar sanften Bürger-
pott in Mozarts Gespräch, ein Faktum, das die Novelle entschieden von den gleichzeitigen Romanen der bürgerlichen Realisten abhebt. Die »Eleganz«, die Mörike bei Mozart
indet, besitzt auch seine Novelle in unaufdringlicher Weise[113]. Daß »in einem höchst
vollkommenen Beziehungsreichtum« Mozart und Mörike, Rokoko und Biedermeier *zugleich* dargestellt werden, weiß Mautner; aber er gibt, sicher richtig, der Zeit Mörikes das
Übergewicht*.

Es läßt sich allerdings nicht leugnen, daß in dem heiteren Geschichtsbild etwas auftaucht, was der Mörike der Märchen und Idyllen sorgfältig draußen gehalten hatte, nämlich der Tod, und, was bei Mörike nicht nur symbolisch zu verstehen ist, das Gericht über
den sündigen Kavalier. An der Don-Juan-Stelle darf, wie Benno von Wiese sagt, »keinesfalls mehr von Mörikes Neigung zum Abschwächen gesprochen werden«[114]. Man
könnte einwenden, daß auch sie in dem teils heiteren, teils wehmütigen Ganzen der Novelle eingebettet ist, daß sie – im Unterschied zu der entsprechenden Stelle der Oper! –
keinen sinntragenden Schlußgipfel darstellt. Aber wahr bleibt doch, daß der Künstler an
dieser Stelle so stark auf die Tasten schlägt, daß wir den Dichter der Idyllen und Märchen
kaum wiedererkennen. Etwas von dem Grauen des *Maler Nolten* deutet sich erneut in
Mörikes dichterischer Welt an. An *Maler Nolten* erinnert ja auch das Künstlerthema, die

---

* Mit der Übernahme des Begriffes »Eleganz« aus H. E. Holthusens Mörike-Deutung bestätige
ich die *Gesellschaftlichkeit* Mozarts, die Horst Steinmetz gegen Interpreten geltend macht, die Mörikes Novelle ohne weiteres als »Selbstdarstellung« verstehen und in Mozarts Geselligkeit eine »zufällige« Übereinstimmung mit den Schloßbewohnern statt »müheloser Verständigung zwischen
Gesellschaft und Künstler« sehen (Ed. Mörikes Erzählungen, Stuttgart 1969, S. 90 ff., nach Pörnba-
her, Erläuterungen und Dokumente, Univ.-Bibl. Nr. 8135, S. 103 ff.). Vielleicht sollte man in dieser
von Mörike vergegenwärtigten Rokokonähe Mozarts eher ein Wunschbild des alten Dichters als
eine nicht zu übersehende Verwandtschaft mit Mörikes Dichtung« sehen; denn die spätbiedermeierliche Geselligkeit, die sich in der Novelle tatsächlich spiegeln mag, war nach 1848 keine gesicherte
Größe mehr. Dies verrät die Unruhe, der ständige Ortswechsel des immer einsamen, jetzt aber mehr
und mehr auch äußerlich verlassenen alten Mörike deutlich. Freilich: Bilder und Wunschbilder sind
im Umkreis des Biedermeier nie säuberlich zu trennen! Sicher vergriffen hat sich Steinmetz, wenn er
im Kontext von Mozarts dargestellter Gesellschaftlichkeit *die* Deutungsversuche der Novelle kritisiert, die »ein Hauch von Sentimentalität, und das ist gelinde ausgedrückt, überschattet«. Die Empfindsamkeit ist stellenweise schon ein Element der Rokokogesellschaft, ganz eindeutig und überall
jedoch der Biedermeiergesellschaft, auch in Österreich, auch bei großen österreichischen Dichtern
wie Grillparzer (vgl. o. S. 64 ff.), Raimund (vgl. o. S. 3 ff.), Lenau (vgl. o. S. 642), Stifter (vgl. u. S.
956 f.). Die hier gelungene Mischung von Eleganz, Heiterkeit und Gemütswärme erklärt nicht zuletzt
den sofortigen starken Erfolg der Dichtung in Mörikes Lebenskreis. Auch er selbst dürfte in dieser
schon *kunstvoll vermittelten* und insofern *relativ* »realistischen« Stimmungs- und Stilspannung (vgl.
Bd. I, S. 276 ff.) ein Zeichen für das Gelingen der Dichtung erblickt haben: »Was das Ganze betrifft,
so bin ich nun nach dreimaliger Vorlesung desselben von der gewünschten Aufnahme im größeren
Publikum beinahe gewiß. Gestern las ich die Novelle bei Notters einer ganz guten Gesellschaft… Sie
hatten große Freude daran. Auch die Äußerungen [Karl] Wolffs, [des Rektors des Katharinenstifts],
zwei Tage vorher in meinem Haus, taten mir besonders wohl. Er sei, sagte er, ungeachtet der vorherrschenden Heiterkeit, oder vielmehr durch die Art derselben, aus einer wehmütigen Rührung gar
nicht herausgekommen. Das ist es aber, was ich eigentlich bezweckte« (an Hartlaub Frühjahr 1855,
Briefe II, S. 248 f., nach Pörnbacher S. 67). Gerade der gute Interpret wird auch von Mörikes Wehmut »einen Hauch« (s. o.) vermitteln!

Gegenwart des Todes, wenn sie sich auch viel leiser ankündigt, *und* die gesellschaftliche Umwelt. Das Volkstümliche erscheint wie im *Maler Nolten* nur noch in patriarchalischen Episoden. Es ist nicht mehr handlungs- und stilbestimmend.

Die Dichtung spiegelt zudem als Künstlernovelle erneut persönlichstes Erlebnis, was in den Idyllen und Märchen nur bei der Ausnahme jener Zeit, in der *Hand der Jezerte,* der Fall gewesen sein dürfte. Dabei ist nicht nur an eine Symbolisierung seiner eigenen genialen Improvisationen zu denken (musikalischer Einfall beim Raub der Orange) – mir scheint, daß dieses Symbol in manchen Interpretationen überbewertet wird –, auch nicht nur an Mörikes vielberufene »Verwandtschaft« mit Mozart, die, wenn sie überhaupt mehr als Rokokotradition sein sollte, durch die beträchtliche Verschiedenheit von Zeit und Raum doch recht *entfernt* ist. Derartige stolze Beziehungen sind wohl nicht ganz im Geiste des »modesten« Dichters gedacht. Eher mag die Mozart-Novelle besagen, daß der Dichter nach zwei Jahrzehnten ängstlicher Selbstbewahrung erkannte, daß Größe mit »Verschwendung«, d. h. mit einer kühneren Hingabe an Leben und Gesellschaft, zu tun hat und daß der Dichter, der sich nicht auszusetzen bereit ist, den künstlerischen Reichtum Mozarts unmöglich erlangen kann. Man muß bedenken, daß der *alte* Goethe noch nicht als Vorbild, sondern selbst als Beispiel eines verkümmerten Dichters galt. Eben Freund Vischer schrieb ja die berüchtigte Parodie von Faust II. Damit wäre dann auch der »Schlußpunkt«, den die Novelle für Mörikes Dichtung bildet, in seinem eigentlichen Sinn deutlicher. Er, der alt gewordene Meister, feiert das früh vollendete, unerreichte, unerreichbare Genie*.

---

* In einer seiner Quellen (Alexander Oulibicheff: Mozart's Leben, für deutsche Leser bearbeitet von A. Schraishuon, Stuttgart 1847, II, S. 6 f.) hatte der Dichter gelesen: »Mozart lernte in seinem Leben nie die Menschen kennen, oder einen vernünftigen Gebrauch vom Gelde machen. Was auf einen Monat hätte ausreichen sollen, verschwendete er oft in einem Tage mit seinen Bekannten, von denen einige schamlose Schmarotzer, andere Schelme waren. Der Genuß sinnlicher Freuden, denen er sich mit zu wenig Maß und Ziel hingab, schadete ihm ebenfalls sehr. Endlich, so schwer es uns auch fällt, so müssen wir ihm doch auch jene Zügellosigkeit der Zunge zum Vorwurfe machen, die nur zu oft keusche Ohren verletzte und noch mehr aber jene unüberlegte und unzeitige Freimüthigkeit, die ihm den Weg zum Glücke versperrte, ihm so viele Feinde erweckte und den Haß, dessen Gegenstand er war, so unversöhnlich machte. – Dieß würde unser unparteiischer Biograph, im Vertrauen auf seine aufrichtige und wahrhafte Erzählung sagen. Was kann man darauf erwidern? durchaus nichts. Der Leser müßte übereinstimmend mit dem Buche zugeben, daß, wenn Mozart, statt stets für seine Freunde offene Tafel und Börse zu haben, sich eine wohlverschlossene Sparbüchse gehalten hätte, wenn er immer mit ehrerbietigem Lächeln oder lächelnder Ehrerbietung auf die Bemerkungen geantwortet hätte, die man von Oben herab über die Musiker und die Musik an ihn richtete, wenn er mit seinen Vertrauten im Tone eines Predigers auf der Kanzel gesprochen, wenn er nur Wasser getrunken und keiner Frau außer der Seinigen den Hof gemacht hätte, so würde er sich sicher besser befunden haben und die Seinigen ebenfalls. Die Wittwe würde ihr Witthum, die Söhne eine Erbschaft und er selbst Vermögen, irgend eine gute Anstellung und etwa ein dreißig Jahre länger zu leben gehabt haben. Wer zweifelt daran; allein dann hätte man wahrscheinlich von diesem Spießbürger keinen ›Don Juan‹ verlangen dürfen, ein so vortrefflicher Familienvater er auch gewesen wäre« (Nach E. M., Mozart auf der Reise nach Prag, Erläuterungen und Dokumente, hg. v. Kar Pörnbacher, Reclam U. B. Nr. 8135, Stuttgart 1976, S. 54 f.). Diese Konfrontation von Mozarts »offener«, verschwenderischer und *tapferer* Existenz mit den Biedermeieridealen der Sparsamkeit, Familienfürsorge, Dezenz und Vorsicht in der Äußerung anstößiger Meinungen hat Mörike bezeich-

Freilich bleiben die persönlichen Bezüge sehr versteckt, versteckter als im *Maler Nolten;* doch sind wir näher bei der *Hand der Jezerte,* als man zunächst glauben möchte. Und wenn wir uns fragen, wie das möglich war, so stoßen wir eben doch auf den gesteigerten ästhetischen Charakter der Dichtung, den die Moderne empfindet und der sich wohl am besten an der meisterhaften, Vergangenheit, Gegenwart und Zukunft überaus kunstvoll verknüpfenden Rolle des *Erzählers* aufweisen läßt[115]. Was der *Nolten* kaum war, was die Idyllen und Märchen wegen des Bezugs zur übergreifenden heilen Welt nur bedingt waren, das ist die Mozart-Novelle ganz: ein Erzählkunstwerk, – fast sogar im nachmärzlichen Sinne des Worts*. Die ältere Symbolik gibt, wie etwa das Gedicht *Auf die Lampe* zeigt, Interpretationshilfen (vgl. Bd. II, S. 618). Im *Mozart* besteht kaum ein erkennbarer Bezug zwischen dem (an sich noch wichtigen) Stoff und dem eigentlichen Sinn. Hier darf man vielleicht mit Höllerer sagen, daß Mörike durch »Zuspitzung« der Erlebnisdichtung, durch »Intensivierung« ihrer Sprachformen die Vorbedingung für die moderne Dichtung mitgeschaffen hat[116]. Gerade bei den Verhandlungen über die Mozart-Novelle belehrte der Dichter seinen Verleger Cotta darüber, daß er eine solche Dichtung nicht mehr in üblicher Weise als »Prosa« honorieren könne (an Cotta 11. 5. 1855). Sie erreichte wie Stifters umgearbeitete Novellen eine neue Stufe der Erzählkunst.

Allerdings braucht man, wenn man diese ästhetische »Zuspitzung« geschichtlich verstehen will, nicht zu einer anderen Nation oder in eine andere Zeit zu gehen, wie Höllerer meint**. Schon vor der Mozart-Novelle interessiert sich der *Münchner Dichterkreis* für den schwäbischen Dichter; mit Heyse z. B. setzt der Briefwechsel 1854 ein. Auch Geibel schätzt den Dichter hoch und wird später versuchen, ihn in die Münchner Tafelrunde zu ziehen, was freilich an Mörikes Heimatliebe, und sicher nicht nur an ihr, gescheitert ist. Man kann sich Mörike – so wenig wie Fontane, der auch König Maximilians II. Ruhm vermehren sollte – im Münchner Dichterkreis vorstellen. Immerhin wird er Ritter des Maximilianordens (1862). Das neue gebildete München sucht im alten gebildeten Stuttgart (s. o. S. 695) Verstärkung. Und Mörike ist keineswegs unempfindlich für die Werbung, was viele Äußerungen zeigen. In München schätzt man die *Künstlernovelle;* Riehls *Musikalische Charakterköpfe* z. B. beginnen 1853 zu erscheinen. Mörike kommt, wie er es immer getan hatte, den Freunden entgegen. Er paßt sich dem höfischen Kreis in Mün-

---

nenderweise besonders beeindruckt. Im Vorspann zur Erstveröffentlichung seiner Novelle im Morgenblatt (22. 7. 1855, Nr. 30) benützt er nämlich diese Stelle (Zitat Pörnbacher S. 69). Er kann es freilich nicht wagen, den »gebildeten Lesern« des Blatts das ungeschminkte Mozart-Bild des Biographen wiederzugeben; denn das hätte den Künstler 1855 beim bürgerlichen Publikum, nicht nur in Stuttgart, abstoßend gemacht. Er zitiert nur den Schluß, und er mildert auch diesen, indem er das strenge Wort »Spießbürger« durch den akademischen »Philister« ersetzt.

* Ich stimme Martin *Lindsay* (Mörike, in: German Men of Letters Bd. V, hg. v. Alex *Natan,* London 1969, S. 222) nicht zu, wenn er – ich vereinfache ein wenig – sagt, das »Hutzelmännlein« sei etwas für das schwäbische Herz, der »Mozart« Weltliteratur. Aber wir müssen solche Äußerungen hören und diskutieren. Man wird auch zugeben: Manches versteht man nur da, wo es entstand.

** Selbstverständlich ist es die Stufe der Erzählkunst, die in Europa vor allem durch Flaubert – im Gegensatz zu Balzacs elementarerer Erzählweise – bezeichnet ist. Aber Mörikes Entwicklung beruht in diesem Punkt auf innerdeutschen Anregungen.

chen freundlich an. Aber nur so weit, als er nach seinem menschlichen und künstlerischen Gesetz darf. Er antichambriert nicht in München, wie es der in Wien heimatlose Hebbel tat (vgl. o. S. 393), und er schreibt keine Novellenserien zur Feierabendvergoldung wie Heyse. Nur ein wenig, »unauffällig«, ohne der »Pietät« gegenüber Mozart, der »Dezenz«, dem »Gemüt« untreu zu werden, gleichwohl spürbar, intensiviert er die artistischen Möglichkeiten, die von jeher in ihm geruht hatten. So entsteht zwischen schwäbischem Biedermeier und Münchner Ästhetizismus die einzigartige Dichtung.

»Die nur Ihnen solcherweise eigene Tiefe des Ausdrucks«

Einzigartig! Es sei ruhig zugegeben, daß dem Verfasser sein historischer Auftrag bei Mörike besonders schwer geworden ist, viel schwerer z. B. als bei Heine oder der Droste oder gar bei Lenau, wo die historische Ortsbestimmung geradezu die Voraussetzung einer gerechten Würdigung bildet. So einfach zwar, wie sich das Problem von Mörikes überzeitlicher Größe bei Höllerer oder Storz darstellt, ist es nicht. Aber Mörikes Einzigartigkeit ist doch nicht umsonst ein Leitmotiv der bisherigen Forschung gewesen. Schon Mörikes Leben kann mit generalisierenden Begriffen kaum erfaßt werden. Ist er ein Junggeselle wie Grillparzer? Eine Zeitlang sieht es so aus: auch bei Mörike gibt es die Verlobung mit einer Naiven (Luise Rau), die nicht zur Ehe weiterführt und die familiäre Obhut mehrerer Frauen (hier Mutter und Schwester). Schließlich aber wird doch geheiratet (Margarete Speeth, 1851). Freilich – was für eine Ehe! Mörike ist wie so viele Genies dem normalen Leben mit seinen Rücksichten und Leistungen schlecht gewachsen, er ist durch die »Dämonen« gefährdet. Teilt er also das Schicksal Hölderlins und Lenaus? Mitnichten, er bleibt sein ganzes Leben lang gesund. Freilich – was für eine Gesundheit! Lebt er von der Feder wie die Jungdeutschen? Oder von einer königlichen Pension wie Platen? Oder bewährt er sich wie Grillparzer, Gotthelf, Immermann gleichzeitig in der Literatur und im bürgerlichen Beruf? Offenbar das letztere: er ist Vikar und Pfarrer und predigt auch seinem Freund Kurz über den Segen eines soliden Berufs. Und doch – was für ein Pfarrer war Mörike! Schon mit 39 Jahren (1843) muß er das Amt mit einer unzureichenden Pension vertauschen. Nun liebäugelt der Sonderling, fast wie ein Weltmann, mit den Königen von Württemberg, Preußen und Bayern. In Württemberg findet er auch Entgegenkommen: er wird ein bevorzugter, ganz wenig belasteter Professor am Königlichen Katharinenstift in Stuttgart und auf diesem Umweg schließlich doch noch ein königlicher Pensionär wie Platen. Ein Frage- und Antwortspiel solcher Art könnte man auch bezüglich der Fragen Freundschaft und Einsamkeit, Popularität und Esoterik, Religion und Reflexion, Seßhaftigkeit und Zigeunertum, Häuslichkeit und Naturverbundenheit, Bildung und Urwüchsigkeit treiben. Aber die Hinweise genügen schon zu der in unserem Zusammenhang allein wichtigen Erkenntnis, daß sich Mörike in allen Bereichen zu *komplizierten Sonderlösungen* veranlaßt oder genötigt sieht. Die Beziehungen zu den objektiven, »historischen« Gegebenheiten, die wir betonten (Rokokotradition, Spätromantik, Biedermeier-Klassizismus, Münchner Kreis) widersprechen dieser Einsicht nicht, denn sie sind ja alles andere als starr. Eben die *Entwicklung* Mörikes – sie ist in der jüngsten

Forschung stark betont worden – bestätigt eine relativ große Eigenständigkeit, sie allein schon ist ein an Goethe erinnernder Zug und in der Biedermeierzeit nicht selbstverständlich. So zeigt z. B. die Dichtung der Droste, Sealsfields, Nestroys, Grabbes, Gotthelfs und selbst Heines größere Einheitlichkeit. Dort kann man zum Teil sogar von einer »dichterischen Welt« sprechen und diese zusammenfassend charakterisieren. Eine vollkommene Diskontinuität besteht zwar auch bei Mörike nicht, wie wir zu zeigen versuchten. Doch die Neuansätze sind sowohl häufiger als »tiefer«.

Was man unter der vielberufenen besonderen »*Tiefe*« Mörikes zu verstehen hat, soll unsere letzte Frage sein. Daß es sich dabei nicht so ohne weiteres um die bekannte und zur Zeit wenig geschätzte deutsch-mystizistische Tiefe handelt, liegt auf der Hand. Die Neuromantik und die neuromantische Tradition haben zwar, wie wir sahen, in dieser Richtung zu interpretieren versucht, insofern sie Mörikes Mythik überbetonten. Aber diese Art von Tiefe ist hier nicht gemeint; denn es ist doch jedem Unbefangenen klar, daß zu Mörikes Kernschicht auch und vielleicht gerade solche Gedichte gehören, die nicht oder nur wenig mit mythologischen Figuren arbeiten: z. B. *Septembermorgen, Verborgenheit, Früh im Wagen, Im Frühling, Fußreise, An eine Äolsharfe, Mein Fluß, Der Gärtner, Schön Rohtraut, Das verlassene Mägdlein, Agnes, Peregrina, Denk es, o Seele!, An die Geliebte.* Solche Gedichte waren es, die den Freunden Mörikes die viel berühmtere Dichtung Heines sogleich als »oberflächlich« und salonmäßig erscheinen ließen und manchen Mörikefreunden noch heute erscheinen lassen. Es waren »Poesien«, die an Goethe erinnerten und als unübertrefflich tief empfunden wurden. Ihr schlichter, scheinbar wirklichkeitsnaher, ja oft volkstümlicher Stil widersprach diesem Urteil keineswegs. Dementsprechend taucht dieser Begriff »tief« schon in Storms Briefen immer wieder auf. Mörikes Arbeiten, sagt er, sind nicht immer ganz so rund wie die Hebbels, »dafür desto tiefer«. »Früh wenn die Hähne krähn« ist »unergründlich schön« (an Mörike 1. 3. 1854). Schon fällt das entscheidende Wort: »die nur Ihnen solcherweise eigene Tiefe des Ausdrucks« (an Mörike 12. 7. 1853). Storm rühmt auch Mörikes »Gegenständlichkeit«, seine Abneigung gegen die Abstraktion [117]. Nun, solche Konkretion verbindet Mörike mit den meisten Dichtern des Biedermeiers; sie alle entfernen sich von der Körperlosigkeit des Idealismus. Scharf dagegen trifft wieder die besondere Bestimmung solcher Gegenständlichkeit: »diese warme unmittelbare Leibhaftigkeit« (Storm an Mörike, Anf. Okt. 1854).

Tiefe bei Mörike bedeutet also weder Abstraktion noch transzendentale Verrätselung, sondern *unmittelbare* Welterfassung. Soweit sich der Dichter dazu der Sprache bedient, kann er sich nicht auf bestimmte Stilhaltungen, stilistische Figuren, rhetorische Formeln verlassen. Er muß für die einzelne Situation, den einzelnen Gegenstand oder die einzelne Stimmung je eigene Worte finden, die ihn genau »treffen«, »ausdrücken«. Wie wenig eine so entschiedene *Individualisierung der Sprache* dem Grundzug der Biedermeierzeit entsprach, haben wir immer wieder festgestellt (vgl. z. B. Bd. I, S. 418 ff., Bd. II, S. 492 ff.). Viele ihrer Dichtungen wurden unter dem Eindruck oder im Gefolge des programmatischen Realismus verkannt, weil man immer entschiedener den »einmaligen Ausdruck« statt eines wie immer weiterentwickelten rhetorischen Schemas forderte. Auch in Mörikes Dichtung ist, wie wir gesehen haben, viel Mittelbares. Schon das »Maskenspiel« mit den verschiedenen Mythen, Figuren, Gattungen, Tönen und Versformen deutete darauf, von der Gelegenheitslyrik gar nicht zu reden. Aber in der hier gemeinten Schicht des Werkes – besonders in einem Teil der Lyrik – ist das Individualisierungsprinzip fast ohne Rest durchgeführt. Hier gilt Storms Wort von dem »gänzlichen Mangel der flüssigen Phrase«[118] und die ebenso emphatische Äußerung von Strauß: »*Ihm verdanken wir es, daß man keinem von uns jemals wird Rhetorik für Dichtung verkaufen können*«[119]. Auch Höllerer preist Mörike nicht zuletzt deshalb, weil er »die Formeln der Schönheitsbilder« *nicht* wiederholt[120]. Daß selbst bei Mörike das in solchen Urteilen wirkende originalistische Wertkriterium zu bedenklichen Härten führen kann, zeigt Gundolf, wenn er meint, es gebe etwa nur ein Dutzend von Mörike-Gedichten, die »nicht zuvörderst aus literarischer Ergriffenheit« kommen[121]. Das Urteil ist insofern richtig, als der Dichter in einem Teil seiner lyrischen Dichtung am rhetorischen Charakter seiner Zeit Anteil hat. Die immer wieder begrenzte Eigenart dieser oft geselligen Lyrik haben von Heydebrands Interpretationen wohl am besten nachgewiesen. Hier berührt sich die Mörike-Forschung mit der modernen Heine-, Nestroy-, Droste-Forschung. Trotzdem läßt sich nicht übersehen – und auch Gundolfs Essay beweist es –, daß man mit Hilfe des Unmittelbarkeits- und Originalitätsbegriffs, der sonst in der Biedermeierzeit leicht zur Verkennung führt, an *diesen* Dichter herankommen kann.

Wie Mörike die Sprache ganz *bewußt* seinem individuellen Ausdrucksbedürfnis anpaßt, verdeutlicht z. B. folgender Briefeingang: »Erzlieber Vischer! (Herzlieber Freund pflegt J. Kerner ordinär zu schreiben, ich sage erzlieber und wünsche dadurch auszudrücken, daß es eine affectio originalis ist, die mich und Dich zusammen lockte und bindet...)« (an Vischer 12. 6. 1837). Der Dichter ersetzt also, spielerisch assoziierend, einen romantischen Archaismus, der bereits zur konventionellen Formel (»ordinär«) geworden ist, durch eine Neubildung, die weniger »rhetorisch« als innig ist, vielleicht mit einem Anflug von Scherz, von anmutiger Erotik (Erzschelm usw.). Die gleiche Tendenz verrät sich in dem Kommentar, wenn das konventionelle »verbindet«, in dem man die Metapher kaum mehr erlebt, durch den ungewöhnlichen Ausdruck »zusammen lockte und bindet« ersetzt wird. Mit der Rhetorik verschwindet so jeder philiströse Beigeschmack aus der Metapher der Bindung. Der konventionelle Ausgangspunkt (»herzlieb«) ist zwar nicht unwichtig; doch ist etwas Neues, unmittelbar Ansprechendes daraus geworden.

In dem Gedicht *An eine Äolsharfe,* das schon im Motiv gut biedermeierlich ist, finden sich viele Worte der konventionellen Poesie; aber sie werden immer wieder durch ein Beiwort erneuert: »Luftgeborne Muse«, »frisch grünender Hügel«, »süß bedrängt«, »wohllautende Wehmut«, »holder Schrei«, »die volle Rose«. Oder in dem Gedicht *Auf einer Wanderung:* »Goldglockentöne«, »in höherem Rot die Rosen«, »lustbeklommen«, »in purpurnem Gewühle«, »in goldnem Rauch«. Was uns in unserem Zusammenhang interessiert, sind nicht die ins »Heitere« stilisierenden Elemente der Sprache, auch nicht die überall durchschimmernden Sprachtraditionen, sondern die besondere sinnlich-suggestive Kraft, die Mörikes Biedermeier gewinnt. Wenn es wahr ist, daß Mörikes Sprachschöpfertum keinen großen Einfluß auf die Entwicklung der deutschen Sprache hatte[122], so liegt dies gewiß nicht am Mangel an geistiger Kraft, sondern eher umgekehrt an einer gewissen *Kostbarkeit* seiner Erfindungen. Die Geborgenheit in absoluter Gefühlsunmittelbarkeit ist sprachlich erstrebt, aber nicht immer ganz erreicht. Die bewußte

Abwendung von Jean Pauls Metaphernartistik läßt etwa das folgende Urteil des Cleversulzbacher Mörike (über den Briefstil eines Bekannten) erkennen: »Ich fand noch seine
alte Kraft darin, doch ohne Eitelkeit und ohne Aufwand der Phantasie, kaum hie und da
ein Bild; das aber desto erfreulicher kommt« (an Hartlaub 20. 3. 1843). Je mehr sich Mörike dem Biedermeierklassizismus nähert, um so mehr zügelt er seine ungewöhnliche Er-
findungskraft, um so maßvoller und gezielter arbeitet seine Originalität. Das Problem der
Mörikeschen Neubildungen ist – wie überall in einer originalitätsbewußten Sprachkunst –, ob sie unentbehrlich, notwendig, »selbstverständlich« (Barlach) sind.

Es ist bekannt, daß Mörike nicht nur Stimmungen vergegenwärtigen, sondern Greif-
bares darstellen wollte, und von jeher fand man seine »sinnliche Kraft«, seine »plastische
Anschauung« dafür besonders geeignet. Man betonte, seine Lyrik enthalte nicht nur
klangliche, sondern auch optische Werte und eben in diesem Punkt führe sie von der Romantik weg, zu Goethe zurück oder vielmehr weiter zu einem neuen Realismus in Goethes Geiste. Die »Dinggedichte« standen zunächst noch nicht im Vordergrund, denn der
pantheistisch orientierte Realismus pflegte die Stilleben- und Genrekunst des Biedermeiers abzulehnen oder sie nur als Vorübung zur Hervorbringung größerer Naturbilder gelten zu lassen. Dagegen fanden Mörikes Landschaften großen Beifall, den größten wohl
die folgende:

Septembermorgen

Im Nebel ruhet noch die Welt,
Noch träumen Wald und Wiesen:
Bald siehst du, wenn der Schleier fällt,
Den blauen Himmel unverstellt,
Herbstkräftig die gedämpfte Welt
In warmem Golde fließen.

Dies Gedicht tritt ebenbürtig neben die »Naturgedichte« Goethes, wobei vor allem an die
späte Frankfurter und frühe Weimarer Zeit zu denken ist (*Auf dem See, Über allen Gipfeln* usw.). Es ist durchaus original, aber ohne die erwähnte Kostbarkeit. Nur der Vers
»Herbstkräftig die gedämpfte Welt« erinnert an Mörikes sprachliche Kühnheit; doch ist
er im Zusammenhang des Ganzen so »treffend«, daß er auch den Realisten überzeugte.
Mörikes Sprache scheint die morgendliche Herbstlandschaft in der schlichtesten Weise
»unmittelbar« widerzuspiegeln. Wir sehen heute in diesem Gedicht Mörikes Kunst auf
den ersten Blick, nicht nur die metrische (den stauenden Dreierreim, der dem letzten Vers
besonderes Gewicht und dem Ganzen die Rundung gibt), sondern vor allem auch die
sprachliche. Die Vollkommenheit der Klanggestalt sei nur durch Hinweis auf Anfang
und Ende des zweiten Satzes angedeutet (»Bald siehst du... fließen«). »Siehst du« vermittelt sanft den sonst vielleicht allzu gespannten Klangbogen von »Wiesen« zu »fließen«.
Die Assonanz »Wiesen... siehst du« überbrückt den syntaktischen Einschnitt zwischen
dem zweiten und dritten Vers, wie übrigens noch eine zweite (Wald – fällt), ja sogar ein
Reim *innerhalb* des zweiten und dritten Verses (Wald – bald). Auch im Metaphorischen
ist die Kunst dieses Gedichts nicht zu unterschätzen. Abgesehen von jenem »siehst du«,
das den Beschauer, wie in den biedermeierlichen Landschaften der bildenden Kunst, ein-

bezieht, sind alle Verben aus einem nicht direkt gemeinten Bereiche geholt (»ruhen«, »träumen«, »Schleier fällt«, »fließen«), und auch der den Schluß beherrschende Farbton (»in warmem Golde«) ist genau besehen eine doppelte Metapher. Trotz der besonders großen ästhetischen Vollkommenheit der kleinen »Landschaft« war der Eindruck, in diesem Fall ein besonders realistisches Gedicht vor sich zu haben, nicht ganz unbegründet; denn alle klanglichen und metaphorischen Mittel sind *unaufdringlich*, und diese Stileigenschaft dürfte darin ihren Grund haben, daß der Dichter hier die reine Vergegenwärtigung der (literarisch noch kaum entdeckten) herbstlichen Morgenlandschaft – und sonst nichts – im Sinne trägt. Er stellt alle Mittel in den Dienst dieser Absicht; diese sind kein zusätzlicher rhetorischer »Schmuck«.

Es ist kein Zweifel, daß man bei Mörike immer wieder Verse findet, die an realistische oder gar impressionistische Lyrik erinnern, d. h. also die Illusion einer suggestiven Vergegenwärtigung, einer vollkommenen Abbildung, unter Umständen in feinsten Nuancen, vermitteln: z. B. »Da schon ein blasser (!) Streif / Den fernen Ost erhellt«, »Wie süß der Nachtwind nun die Wiese streift (!)«, »Die Woge wieget aus (!) und ein / Die hingegebnen Glieder«, »Die Kirche aufbricht und die Kerzen wanken (!)«, »Schön ist der Flammen Schein / Es springen die Funken«, »vielleicht noch eh / An ihren Hufen / Das Eisen los wird, / Das ich blitzen sehe«. Solche Stellen bezeugen noch einmal Mörikes ungewöhnliche Empfänglichkeit für Eindrücke der Außenwelt und seine Fähigkeit, sie suggestiv wiederzugeben.

Wollten wir nun aber unter diesem Gesichtspunkt *ganze* Gedichte zusammenstellen, solche also, die sich neben *Septembermorgen* sehen lassen können, so wäre das Ergebnis kümmerlich. Schon in den ebenso berühmten Naturgedichten *Er ist's* und *Um Mitternacht* ist die stilistische Situation wesentlich anders. Hier werden alte allegorische Figuren (die Frau Nacht und der Knabe Frühling) erneuert, und das bedeutet, daß ein auf Originalität bedachter Dichter nur durch besondere Kühnheit überraschen und bezaubern kann.

> »Gelassen stieg die Nacht ans Land,
> Lehnt träumend an der Berge Wand...«

> »Frühling läßt sein blaues Band
> Wieder flattern durch die Lüfte...«

In einer Zeit, da die allegorische Tradition noch lebendig war, wirkten solche Verse nicht so »mythisch« wie heute. So dachte man z. B. in dem Frühlingsgedicht sogleich an den noch immer vielbesungenen Lenzknaben (vgl. Bd. I, S. 346). Gewiß, es handelt sich wie bei der Droste und bei Gotthelf (vgl. Bd. I, S. 366 f.) um eine durchaus originale Fortführung der allegorischen Tradition. Nichts von der Steifheit, die noch Lenaus Allegorien hie und da haben! Die Errungenschaften der reinen Naturvergegenwärtigung werden in das Gedicht hineingenommen. Zum Teil erscheinen sogar wieder die sanft überhöhenden Worte aus dem menschlichen Bereich, die wir bereits kennen:

> Süße, wohlbekannte Düfte
> Streifen [!] ahnungsvoll das Land.
> Veilchen träumen [!] schon...

Trotzdem wird in *Um Mitternacht* sowohl wie in *Er ist's* die Allegorie *durchgehalten*. Sie ist stilwesentlich für solche Gedichte und trennt sie vom Realismus. *Dieser verwirft die Allegorie streng.* Man kann für eine so suggestiv weitergebildete Allegorie »Mythos« sagen; aber es besteht dabei die Gefahr, daß der primär ästhetische Charakter der stilistischen Figur, den jeder gebildete Zeitgenosse erkannte, übersehen und ihr historischer Ort zu sehr in die »Moderne«, die in Deutschland nicht zuletzt auf Nietzsches Mythenschwindel zu beruhen scheint, verschoben wird. Sogar bei einer Allegorie mit »medusenartigem Effekt« – in Vischers Gedicht *Der Zar* (1833) – spricht Mörike selbst ganz fachmännisch von dem »glücklichen« und »eigenen« »Gedanken, eine blutige öffentliche Kalamität auf diese Art zu personifizieren« (an Vischer Anfang Nov. 1833). Er will die Methode der Personifikation »eigen« handhaben: aber er verwirft sie grundsätzlich keineswegs. Dies ist das stilgeschichtlich Wesentliche.

Es steht also nicht im Widerspruch zu Mörikes Originalität und Unmittelbarkeit, wenn man sie auf den Bewußtseinshorizont der älteren Poetik projiziert. Wir wissen über seine früheste literarische Bildung vielleicht noch nicht so viel wie über die Stifters (vgl. Moriz Enzinger: Adalbert Stifters Studienjahre 1818–1830, Innsbruck 1950); aber es ist bei allen Schülern alter theologischer Bildungsanstalten anzunehmen, daß sie der Rhetorikunterricht seit der frühesten Jugend zum *bewußten und aufmerksamen Umgang mit der Sprache* veranlaßt hat. Schon in dem ersten Gedicht seiner Sammlung von 1838 *(An einem Wintermorgen, vor Sonnenaufgang)*, das man gerne als eine Art Programm aufgefaßt hat, stehen die folgenden Verse:

> Wer hat den bunten Schwarm von Bildern und Gedanken
> Zur Pforte meines Herzens hergeladen,
> Die glänzend sich in diesem Busen baden,
> Goldfarbgen Fischlein gleich im Gartenteiche?

Die Stelle verrät zunächst, daß der Dichter im Unterschied zu seinen mythisierenden Interpreten, keine ängstliche Trennung zwischen Bild und *Gedanke* durchführt. Der Gedanke hat noch unmittelbaren Wert, auch in der Poesie, auch in der Lyrik (vgl. Bd. II, S. 475). Damit hängt zusammen, daß die bewußte Bildfindung vom *jungen* Mörike noch nicht raffiniert versteckt, sondern *mit einer Art von Virtuosenstolz* vorgezeigt wird, so hier der Vergleich der Bilder und Gedanken mit »goldfarb'gen Fischlein« und die damit korrespondierende Ausgestaltung des Herzens, des Busens als Haus und Bad. Dahin gehört auch die mit Recht berühmte, »mythische« Darstellung des Sonnenaufgangs im gleichen Gedicht:

> Dort, sieh, am Horizont lüpft sich der Vorhang schon!
> Es träumt der Tag, nun sei die Nacht entflohn;
> Die Purpurlippe, die geschlossen lag,
> Haucht, halbgeöffnet, süße Atemzüge:
> Auf einmal blitzt das Aug, und, wie ein Gott, der Tag
> Beginnt im Sprung die königlichen Flüge!

Was diese Personifikation von historisch älteren Beispielen unterscheidet, ist sowohl ihre Intimität (»Haucht, halbgeöffnet, süße Atemzüge«) wie ihre mimische Lebendigkeit. Daß diese Unmittelbarkeit und Einzigartigkeit nur durch ganz bewußte Arbeit zu erreichen war, verdeutlicht die ältere Fassung, die noch nicht so konsequenz »theatralisch«, sondern unaufdringlicher war, so im ersten Vers: »Dort sieh! der Horizont mit fahlem Licht gestreift«. In Mörikes Frühzeit, der das Gedicht gehört, steht die ehrgeizige Kultivierung der Bildphantasie in einem unvermittelten Widerspruch zu seinen empiristischen Tendenzen, die ja stellenweise recht aufdringlich sind, z. B. in der Beschreibung von Agnes' geistiger Erkrankung *(Maler Nolten)*. Vischer stellt in seiner Nolten-Kritik tadelnd fest, Mörike halte »mit Bildern weniger haus« als Goethe und eben dieses »klassizistische Maßhalteprinzip« (Manfred Windfuhr) hat das realistische Programm nach 1848 wieder aktualisiert. Die klassizistische Poetik der Hegelianer ist es wohl, die den Dichter, wie wir bereits sahen, zu einer gewissen »realistischen« Einschränkung und *Zähmung der Bildlichkeit* führt*. Aber starke Metaphorik bleibt im ganzen doch ein Kennzeichen Mörikes. Eine alte Dissertation zählt auf 625 Seiten rund 500 Vergleiche und 1000 Metaphern und stellt mit Recht fest, daß sich darunter eine große Zahl originaler Prägungen findet [123]. Der Dichter scheut sich zu keiner Zeit, *weitentfernte* Bereiche metaphorisch zu verknüpfen. Der Zweck dieser Methode ist nicht immer die komische Desillusion, wenn auch in dem parodistischen Wispel-Zyklus die Metaphern besonders weit hergeholt sind und wir an Heine erinnert werden. Noch weniger beabsichtigt Mörike mit seinen Metaphern die Erzeugung expansiver Kraftstellen wie Grabbe (vgl. o. S. 184 f.). Es geht auch in dieser Sphäre in vielen Fällen um die Vertiefung, nun in *dem* Sinne, daß »geheimnisvolle Zusammenhänge« plötzlich aufgetan, daß »Ahnungen« des Unsagbaren eindrucksvoll vermittelt werden, z. B. »Ich höre aus der Gottheit nächt'ger Ferne / die Quellen des Geschicks melodisch rauschen«. »Ein Irrsal kam in die Mondschein-Gärten einer einst heiligen Liebe«, »Nun brauste die Musik / Vom Chor herab zur Tiefe der Gemeine«. »O könnt ich jetzo durch ein Zauberglas / Ins Goldgewebe deines Traumes blicken«. »Der Adler strebt hinan ins Grenzenlose, / Sein Auge trinkt sich voll von sprühndem Golde«. Man kann nicht behaupten, so große oder kostbare Bilder seien für Mörikes Dichtung *nicht* kennzeichnend. Noch glücklicher, einzigartiger jedoch ist er wohl da, wo es ihm gelingt, kühne Metaphern mit unmittelbarer Vergegenwärtigung von Mensch und Natur zu verbinden und ihnen durch solche Umgebung den Schein größter Unmittelbarkeit zu geben: z. B. »Der Himmel glänzt vom reinsten Frühlingslichte / Ihm schwillt der Hügel sehnsuchtsvoll entgegen.« »Indes ihr sanften Sterne göttlich kühlet, / Will ich zum Abgrund der Betrachtung steigen.« »Dein blaues Auge steht, / Ein dunkler See vor mir, / Dein Kuß, dein Hauch umweht / Dein Flüstern mich noch hier.« An solchen Stellen befinden wir uns wohl im innersten Zentrum von Mörikes Dichtung.

Der Dichter bemüht sich fast immer um sehr konkrete »anschauliche« Bildinhalte. Trotzdem braucht wohl nicht ausführlich bewiesen zu werden, daß schon die Steigerung der Bildlichkeit als solche dem Prinzip *optischer* Anschaulichkeit *widerspricht;* denn, so

---

* Die klassizistische Wende Mörikes stimmt chronologisch genau mit dem verspäteten Erscheinen von Hegels ästhetischen Vorlesungen und mit der auf ihnen beruhenden junghegelianischen Literaturkritik in den Halleschen Jahrbüchern usw. überein. Mörike widerstand den Hegelianern in ihren prinzipiellen weltanschaulichen und gattungstheoretischen Forderungen, er paßte sich jedoch stilistisch an die von ihnen eingeleitete Entwicklung an.

viel auch zur Vermittlung der verglichenen Bereiche getan wird, eine kühne Metaphorik bleibt vielschichtig, vieldimensional und führt so zur Verunklärung der *einen* optischen Perspektive*. Bei Berücksichtigung dieses Sachverhalts versteht man auch, daß Mörikes Lyrik im Gegensatz zu der Kellers und C. F. Meyers noch ganz wesentlich dem Stimmungsmäßigen und »Musikalischen« verhaftet bleibt[124]. Es gibt auffallend viele Mörike-Gedichte, die ohne den Aufwand besonderer Bildlichkeit die Tradition des klassisch-romantischen Erlebnis- und Stimmungsgedichtes biedermeierlich überformen, d. h. ins Elegisch-, Idyllisch- oder auch Fromm-Naive umbilden, z. B. *Verborgenheit, Sehnsucht, Agnes, Trost, Wo find ich Trost?* Vielleicht sind solche relativ konventionellen Gedichte nicht gerade die besten, obwohl sie lange Zeit – wie Lenaus Gedichte! – beim Publikum besonders beliebt waren. Doch auch da, wo sich die metaphorische Kunst, die »tiefe«, eigentümliche Sprache des Dichters stark entfaltet, verbindet sie sich gerne mit dem Klanglichen. Es ist kein Zufall, daß wir öfters aus Sonetten zitiert haben und daß im *Septembermorgen* die flüchtigste Interpretation ohne Hinweis auf die hervorragenden klanglichen Werte unmöglich war. Selbst in verhältnismäßig spröden Gebilden ist die klangliche Gestalt von Mörikes Gedichten überzeugend; dies könnte z. B. eine Interpretation der *Fußreise* dartun. Der Grund dafür liegt in *der* Schicht, die durch kein Kunstprogramm und durch keine Virtuosität zu erreichen oder zu erklären ist, in Mörikes unvergleichlichem Rhythmus**.

Bernt von Heiseler hat in seinem ganz aus der dichterischen Praxis heraus geschriebenen Aufsatz über »Mörikes Vers« erstaunt darauf aufmerksam gemacht, daß bei Mörike sogar Flickwörter »Zauber« verbreiten können: »Wie süß der Nachtwind nun[!] die Wiese streift«[125]. Heine, bei dem die vollkommene Zwanglosigkeit des Verses im Mittelpunkt der Aufmerksamkeit steht, hätte das klangstarke Wort »nun« wahrscheinlich vermieden. Bei Mörike gibt es einen besonders innigen Kontakt zwischen Metrum und *Sprache*. Es gehört zum Rhythmiker, daß er auch in der Prosa groß ist[126]. Daher ist die von Horst Steinmetz[127] geforderte Aufwertung des Erzählers Mörike berechtigt; einzigartig ist auch dieser, – ähnlich übrigens wie der Essayist Heine. Aber was den Rhythmiker Heine von dem introvertierten schwäbischen Dichter ziemlich eindeutig unterscheidet, ist *die Tatsache, daß Mörike entschiedener die Auseinandersetzung mit dem Metrum* sucht. Bezeichnend für Mörike ist es, daß etwa ein Drittel seiner Lyrik unstro-

---

* Deshalb ist der auf »Plastik« oder »Anschauung« erpichte Klassizismus und Realismus kein Freund einer gesteigerten, »jean paulischen« Metaphorik. Die realistische Kritik zerstört die stilistische Jean-Paul-Tradition der Biedermeierzeit erbarmungslos (vgl. Bd. I, S. 520 ff.).

** Es ist im folgenden nicht möglich, dies zentrale Problem der Mörike-Forschung gründlich zu erörtern, da zu diesem Zweck mehr Zitate nötig wären, als dem Essay erlaubt sind. Ich mache aber darauf aufmerksam, daß auf diesem Gebiet hervorragende Spezialarbeit geleistet wurde, die besondere Aufmerksamkeit und sorgfältige Weiterführung verdient (s. die Belege zum folgenden Text). Man mag sich darüber wundern, daß der Einfluß des Metrikers Voss, der Platens Dichtung so stark geprägt, vielleicht verdorben hat (vgl. o. S. 452 ff.), um 1840 auch Mörike erreichte. Allein dies bestätigt nur wieder die Tatsache, daß er bewußter und gebildeter war, als man lange Zeit dachte. Es gibt auch bei Mörike Vossens problematische Spondeenbildung. Doch darf wohl nach den bisherigen Forschungen festgestellt werden, daß sich seine sprachliche Sicherheit in der Regel auch an dieser gefährlichsten Klippe der damaligen Verskunst bewährte.

phisch ist – besonders die Madrigale liebt er – und daß ein weiteres Drittel in antiken Versen[128], aber nicht in antiken Strophen geschrieben ist. Die Strophe des Volkslieds eignet er sich unübertrefflich an. Darin ähneln Mörike und Heine einander und zugleich zahlreichen Lyrikern der Epoche. Aber die Strophe als solche scheint schon an die Grenze dessen zu führen, was Mörike sich rhythmisch aneignen kann, deshalb natürlich, *weil die Wiederholung der Strophen für seinen auf Einmaligkeit gerichteten Sinn schon eine Art mechanischen Widerstandes darstellt.* Es ist aufgefallen, daß er eigene Strophen sehr selten wiederholt, und zu einmaligen metrisch-rhythmischen Ausdruckseinheiten, die zugleich Sinnabschnitte sind, neigt[129]. Auch die eigentlichen Strophen arbeiten mit häufigem Kadenzentausch[130]. Wenn wir in den verschiedensten Formen Mörikes Hand gleich zu erkennen glauben, so liegt es nicht zuletzt an seinem »lockeren« oder »offenen«, d. h. sprachunmittelbaren Rhythmus.

Vergleich mit Heine

Rhythmische Zwanglosigkeit wird auch von anderen Dichtern der Biedermeierzeit erstrebt und erreicht. Wieder tritt Heine scheinbar dicht neben Mörike. Trotzdem besteht ein wesentlicher Unterschied. Der »Gesellschaftsdichter« (vgl. o. S. 493 f.) bemüht sich – mit größtem Erfolg – um *absolute Eleganz,* d. h. um eine Durchsichtigkeit, Leichtigkeit, Prägnanz, die nirgends den Eindruck der Schwere, der Unbeholfenheit, des Halbfertigen oder einer dumpfen Unklarheit aufkommen läßt. Heine hat diese eine ganz bestimmte Norm, die er in jedem Gedicht und in jedem Satz immer vollkommener erreichen möchte. Er wagt sich, nach den bekannten jugendlichen Experimenten *(Die Nordsee),* selten und mit geringem Erfolg an ungewohnte Versmaße oder Gattungen, aber im gewohnten Kreise – es ist vor allem das strophische Gedicht – weiß er sich der höchsten Vollendung mächtig. Er ist der Meister, er feilt und glättet, wie die Manuskripte bezeugen, bis ins letzte und unermüdlich. Mörike – das ist bezeichnend – hatte eines dieser Manuskripte in seinem Besitz. Der Schwabe hat auch Sinn für die feinsten Nuancen; auch er feilt an seinen Gedichten, aber fast immer mit der Absicht, den einmaligen, ursprünglichen Ton eines Gedichtes möglichst rein erklingen zu lassen[131]. Um die absolute Vollkommenheit macht er sich wohl, ähnlich wie die Droste, nicht ganz so viel Sorgen. Er nimmt einzelne Anstöße um der besonderen, »tiefen« Anmut willen ruhig in Kauf, nicht nur wie Heine die unreinen Reime (Bd. I, S. 415) – Mörike verteidigt sie ausdrücklich –, sondern auch syntaktische Komplizierungen, Bildverschränkungen, – »Unklarheiten«, die er keineswegs sucht und um derentwillen er oft genug getadelt wird. Die Gefahr des Perfektionismus in einem mehr als handwerklichen Sinn, die Unmöglichkeit der schon so genannten dichterischen »Technik« dürfte er erkannt oder doch geahnt haben. Er meint, »die Hauptsache... sei das Leben selbst«. Das sagt er jedenfalls zu Storm[132], mit dem er sich in der Ablehnung bloßer Artistik einig weiß. Zu einem andern hätte er wohl christlicher gesprochen, »geistlich« wie er es zu nennen pflegte, des Inhalts, alles menschliche und künstlerische Tun bleibe am Ende doch unvollkommen und das Beste sei allemal die Gnade.

Mörike hatte schon »im Sommer 1830« – war es vor oder nach der Julirevolution? – die demütige Einzigartigkeit des begnadeten Dichters, der er war, gegen einen befreundeten literarischen Welt- und »Sehrmann« zu verteidigen, den nur der Mörike-Spezialist noch kennt: Johannes Mährlen. Von ihm herausgefordert, schrieb er an Luise Rau: »Ich will, wenn ich eine[r] Luftveränderung für meine Gehirnkammer bedarf, aus einer kleinen Reise nach einer ansehnlichen Stadt mehr ziehen und meine poetische Musterkarte stärker bereichern als der verwöhnte Städter, der mitten auf dem Tummelplatze des gestalt- und farbreichsten Lebens wohnt; – eben die Seltenheit pikanter Erscheinungen schärft den Blick, der sie zu ergreifen und zu steigern hat. Wenige, aber starke Eindrücke von außen, – ihre Verarbeitung muß im ruhigen, bescheidenen Winkel geschehen; auf dem ruhigen Hintergrund wird sich ihr Kolorit erhöhen, *und die Hauptsache muß doch aus der Tiefe des eigenen Wesens kommen*«. Bei einem Schriftsteller, der »etwas mehr« sei »als z.B. Wilhelm Hauff«, wiege der »eigene Ideenfonds« viel schwerer als die »äußere Anregung«. Der Hauff-Typ müsse natürlich seinen Mangel »ergänzen und sich seine Kopien aus Teezirkeln, Gesellschaften usw. holen, den feinen Ton studieren, hinter jedem Stutzer und seiner Krawatte den Satyr spielen und das dann als Poesie drucken lassen«. Er könne »ein unterhaltender, guter Schriftsteller sein«, und »*eben deswegen wird er mehr Glück bei der eigentlichen Lesewelt machen.* – Bewegt sich die Poesie aber nicht gerade auf dem modernen Boden (und es wird ihr Vorteil sein, wenn sie dies nicht immer tut), so braucht man Mährlens Londoner Kaffees und öffentliche Plätze weit weniger – eine Iphigenie schreibt sich gar wohl ohne das, *wenn man zuvor ein Johann Wolfgang von Goethe* ist[133]. Das Zitat belegt noch einmal, wie *bewußt* Mörike seinen Weg in die Tiefe statt in die Breite der Welt gegangen ist. Der Weg mag schwäbisch und deutsch, das so entstandene Werk in seinem Kern schwer übersetzbar sein, – ohne Aussicht auf eine laute und weltweite Wirkung. Aber Mörikes Dichtung wird nie aufhören, zu leben und die literarische Welt zu immer besserer Deutung, zu immer besserer Übersetzung zu nötigen. Der »Unauffälligste« unter den bedeutenden Dichtern der Biedermeierzeit, der »Genius im schlichtesten Gewande« (Walter Muschg)[134] läßt sich nicht überhören. So laut auch die Rednerpoeten und die Lobredner der Rednerpoeten seine Stimme übertönen mögen, – diese leise Stimme wird nie verstummen. Barbara Bondy bezieht sich in ihrem schönen Gedenkartikel zu Mörikes 100. Todestag (*Süddeutsche Zeitung* 31. 5. / 1. 6. 1975) auf die derzeitige Mörikerezeption und meint: »Der Schnitt, den die Deutschen gemacht haben, ist radikaler nicht denkbar. Wir leben ohne Dichter.« Ich glaube es nicht. Denn die Dichter aller Völker lebten noch immer länger als die von radikalen Geistern angezündelten Strohfeuer.

KARL POSTL, PSEUD. CHARLES SEALSFIELD
(1793–1864)

Allgemeine Fragen der Sealsfieldinterpretation und -wertung

Karl Postl, der zunächst anonym oder als C. Sidons publizierte, später aber die literarische und persönliche Rolle eines Amerikaners namens Charles Sealsfield spielte, war in den 1840er Jahren wie Stifter und Gotthelf ein gefeierter Prosaerzähler, in der liberalen Kritik der gefeiertste. Seinen Ruhm verlor er, nach der Meinung seines phantasievollen Biographen Eduard Castle (*Der große Unbekannte, Das Leben von Charles Sealsfield,* Wien und München 1952), durch die hartnäckige Vernachlässigung seines Stuttgarter Verlegers Erhard (Metzlersche Verlagsbuchhandlung) und durch den bösen Willen der hinter Erhard stehenden Freimaurer. Die Leser dieses Buches wissen, daß fast alle Dichter der Biedermeierzeit durch die kritischen Schläge der jungen programmatischen Realisten ausgeschaltet wurden und daß die Prosaerzähler am härtesten von diesem Schicksal betroffen wurden, weil sie den neuen Maßstäben einer nicht nur handwerklichen (rhetorischen), sondern »künstlerischen« (Tendenz, Reflexion, Detailrealismus vermeidenden) Erzählweise nicht entsprachen. Das in der zweiten Hälfte des 19. Jahrhunderts herrschende Sealsfield-Bild erscheint noch in R. M. Meyers weitverbreiteter Literaturgeschichte des 19. Jahrhunderts: »Der entflohene Mönch Postl war wirklich zum amerikanischen Pflanzer Sealsfield geworden. Hatte er doch auch seine Vatersprache fast verlernt und sich durch Anpassung an die Redeweise der Yankees, der spanischen und französischen Ansiedler ein ›transatlantisches Kauderwelsch‹ zusammengebraut. Gleich sorglos ist er in der Komposition; er läßt wohl ganz einfach, wie im 17. [sic] Jahrhundert die altväterische ›Insel Felsenburg‹, eine Anzahl Reisende zusammenkommen und nun jeden seine Geschichte erzählen. Versucht er seine Genrebilder zu strengerer Einheit zusammenzufügen, so verunglückt er. Darin kann man ihn jenen Meistern des Lokalstücks vergleichen, mit denen er auch die ungemeine Sicherheit der Beobachtung teilt und die Kunst, jede Person mit individuellem Sprachton reden zu lassen« [1]. Wahrscheinlich wirkt sich in dieser Beurteilung schon der Naturalismus aus. Wenig später wird der Erzähler von R. M. Meyer wegen seines Sinns für das Elementare mit Hamsun verglichen. Aber der klassizistisch-realistische Gesichtspunkt der »Komposition« verhindert noch eine unbefangene Annäherung an den »leidenschaftlichen«, »atemlos erzählenden« Dichter. Das strenge, immer ein wenig akademische Kunstprinzip des Realismus war der Grund für das Absinken Sealsfields zur Bubenlektüre und für die respektlose Behandlung seiner Texte, durch die der Eindruck eines bloßen Abenteuererzählers verstärkt wurde. Noch im Jahre 1965 findet man in der Zeitschrift *Sudetenland,* für die der Mähre Postl eine Art Hausschriftsteller ist, einen Aufsatz mit dem Titel *Probleme einer Sealsfield-Edition,* der nicht die Frage stellt, *ob* man Sealsfields Texte verändern darf, sondern *wie* man sie am besten in einer Auswahlausgabe behandelt[2]. Überlegungen dieser Art werden hier zu Ehren des Dichters angestellt. Voller Unmut über den anhaltenden Mißerfolg des Erzählers fragt der Verfasser: »Warum greift der Leser nicht zu ›unkritischen‹ Ausgaben, die noch – zum Teil wenigstens – auf dem Markt oder im Antiquariat zu haben sind? Warum geht er an ihnen vorbei? Macht er das bewußt, oder hindert ihn irgend etwas daran? Warum greift er (manchmal heimlich und immer noch etwas verschämt zwar) zu seinem Karl May, der immer noch in Riesenauflagen gehandelt wird, während der eminent substanzreichere, spannungsgeladene Postl-Sealsfield links liegen gelassen wird« [3]. Die von dem Verfasser gemeinten Teilausgaben sind im Großdeutschen Reich erschienen*. Auch die grundlegende Sammlung der Dokumente, die reiches Material für die Sealsfield-Rezeption bietet, erschien, gefördert von den Wiener Bibliophilen, im Reiche Hitlers (*Das Geheimnis des großen Unbekannten,* Die Quellenschriften mit Einleitung, Bildnis, Handschriftproben und ausführlichem Register, hg. v. Eduard Castle, Wien 1943). Sogar die Biographie Eduard Castles, die heute da und dort noch als maßgebend angesehen wird, war schon vor Kriegsende (1944) vollendet[4]. Sie verdankt ihre Veröffentlichung im Jahre 1952 gemeinsamen österreichisch-amerikanischen Bemühungen, an denen der Herausgeber der jetzt erscheinenden *Sämtlichen Werke* Sealsfields, Karl J. R. Arndt (USA), führend beteiligt war; aber Castles Biographie gehört, trotz der wahrscheinlichen Änderungen in der Nachkriegszeit, zur Geistesgeschichte des Dritten Reiches. Ich denke nicht nur an die geradezu manische Freimaurerfeindschaft des Verfassers, sondern auch an das schiefe Bild des alten Österreich, das aus *Austria as it is,* statt aus der modernen historischen Forschung, entwickelt ist, und an die sehr summarische USA-Vorstellung des Biographen, die vor allem in der Überbetonung von Sealsfields enttäuschten Nachmärz-Äußerungen über Nordamerika (Plutokratie, Mobokratie) erscheint. Eduard Castle hat sich als Sammler von Material unvergängliche Verdienste in der Sealsfield-Forschung erworben. Zu den »Quellenschriften« kam, wenige Jahre nach der Biographie, die noch wichtigere Ausgabe der Briefe, Verlagsverträge usw. (*Der große Unbekannte*... Briefe und Aktenstücke, hg. v. Eduard Castle, Wien 1955). Aber die Eigenschaften des guten Biographen, die sich in der Anordnung, in der gedanklichen und stilistischen Verarbeitung des Materials, möglichst auch in einem Funken Kongenialität zu erkennen geben, besaß er nicht. Man muß dies aussprechen, weil Castles Biographie, nach der Äußerung eines Verehrers, den »Anspruch haben [soll], in die Weltliteratur aufgenommen zu werden« [5] und weil die jüngeren Forscher dazu ermuntert werden müssen, Ersatz für Castles Biographie zu schaffen. Das umfassende neue Sealsfield-Buch ist auch deshalb nötig, weil die literarischen und literarhistorischen Interpretationen Castles entschieden hinter den Möglichkeiten von 1952 zurückblieben. Das Buch, das den jun-

---

* »Einen Hinweis verdienen ferner die neueren (zum Teil leider längst wieder vergriffenen) Ausgaben der Werke Postls. Bei F. W. Hendel, Meersburg am Bodensee, erschien 1937 eine ›Gesamtausgabe der amerikanischen Romane‹ (allerdings ohne die ›Deutschamerikanischen Wahlverwandtschaften‹ und ›Süden und Norden‹) in fünf Bänden. Eine vierbändige Ausgabe brachte 1940–42 F. Schöningh, Paderborn, heraus. Im Berliner Verlag Willem Jaspert war in den Jahren 1941–43 eine fünfzehnbändige Ausgabe (mit starken Kürzungen) herausgekommen« (Eduard *Frank,* Vom Stand der Postl-Sealsfield-Forschung, in: Sudetenland Bd. 5, 1963, S. 285).

gen Germanisten in die Sealsfieldforschung einführen und dem Erzähler neue Leser gewinnen soll, könnte in der Biographie, die, wegen Postls konsequenter Tarnung seiner Lebensumstände, weithin von Hypothesen lebt, viel knapper sein, müßte aber das bedeutende Erzählwerk im Horizonte des Vormärz interpretieren und werten, wozu es bereits mehrere gute Anstöße gibt. Ideologiefreier und in literarhistorischer Hinsicht gerechter als Castles Buch ist die erste Sealsfield-Biographie, die der Deutschamerikaner Albert B. Faust um 1890 an der John Hopkins Universität in Baltimore begann und 1897 in Weimar herausgab *(Charles Sealsfied, Der Dichter beider Hemisphären, Sein Leben und seine Werke)*. In der Einleitung (»Charles Sealsfields Stellung in der Literatur«) wird der Ausgangspunkt des Erzählers in der angloamerikanischen Literatur (Irving, Cooper, Scott) klar erfaßt, ohne die fortgesetzte Rede von einer »höheren« Bedeutung des österreichischen Erzählers. So heißt es z. B. in Fausts Buch, nach einem Lob für den »wahrheitsgetreuen und kräftigen« Nathan Strong, den großen Squatter-Anführer, der vielleicht die gelungenste und imposanteste Vorbildfigur in Sealsfields Romanen ist, zurückhaltend: »Jedoch dürfen wir nicht übersehen, daß in der Anlage und Ausarbeitung eines Planes und in der Abrundung einer Erzählung Cooper grössere Kunst entfaltet als Sealsfield«[6]. Faust weiß auch noch, daß Sealsfields Neigung zur offenen Form, zum Fragmentarismus und zum Sentimentalismus auf eine Nachwirkung Jean Pauls zurückzuführen ist, den der Österreicher ebenso wie den liberalen Börne und vielleicht nach Börnes Vorbild verehrte[7].

Die Postl-Sealsfield-Begeisterung im Großdeutschen Reich ist nicht schwer zu verstehen. Ob es irgendwelche Anweisungen der Reichsschrifttumskammer gab, weiß ich nicht. Sicher ist jedoch, daß sich die deutsche Diplomatie noch lange Zeit in der Hoffnung wiegte, die USA könnten sich aus dem Kriege heraushalten, und in dieser Situation war die Betonung der *Deutschamerikanischen Wahlverwandtschaften* (Romantitel Sealsfields) wie auch der Hinweis auf die Stammverwandtschaft der Deutschen und der Yankees (Widmung der *Lebensbilder*), überhaupt der ausgeprägte *Germanismus* des Erzählers gerade recht. Denn wenn auch der begeisterte Wahlamerikaner im Nachmärz zum »ethnographischen« Spezialisten degradiert worden war, so konnte man bei einer genaueren Prüfung seiner ethnischen Normen nicht übersehen, daß seiner Schilderung der Nichtgermanen immer eine gewisse Verachtung beigemischt war. Selbst die charmanten, gutmütig karikierten Kreolen in Sealsfields Louisiana können letzten Endes vor den Yankees in der Moral und Leistung nicht bestehen. Die »Normannenphilosophie« des Alkalden im *Kajütenbuch* schlug, vor allem wenn man sie aus dem Zusammenhang riß (s. u.), eine Brücke zu dem Amoralismus Nietzsches und aller Neobarbaren. In Josef Nadlers *Literaturgeschichte der deutschen Stämme und Landschaften* konnte man schon 1928 lesen, Postl habe »die vorbildliche staatsbürgerliche Seelenlage des Angelsachsentums« im Gegensatz zu der »unfruchtbaren Staatsschwäche« der Romanen, die die »rotweiße Kulturmischung« begünstige, anschaulich gemacht[8]: »Ein Sohn des baierischen Siedelraumes hat den Siedelvorgang, die kulturaufbauende Schöpfung der neuen Welt, Volkwerdung und Staatwerdung Amerikas zu Kunstwerken eines neuen prosaischen Stiles gesteigert«[9]. Das Bild eines Herrenvolks, das sich über das Gewimmel der Rassen und Nationen – von den eigentlich noch ganz tierähnlichen Negern bis zu den stolzen, aber nicht gemeinschaftsfähigen Spaniern – erhob und in großen Führergestalten gipfelte, wie es Copeland, Nathan, Morse, Murky, der Alkalde usw. waren, erschien plötzlich zeitgemäß, und es war für den Ethnographen Josef Nadler ganz klar, daß ein so großer ethnographischer Dichter auch ein großer epischer Künstler war und die realistische Kritik auf einem glatten Mißverständnis beruht hatte: »Unbegreiflich, wie man diese Kunst, die mit den strengsten Gesetzen dramatischer Linienführung, mit einer fast ausgeklügelten Weise, Binnenerzählung und Rahmenerzählung zu verschmelzen, arbeitet, wie man diese nur scheinbar absichtslose, in Wirklichkeit raffiniert überlegsame Kunst [!] im Aufbau willkürlich, in der Anlage zerfahren, in den Mitteln wahllos nennen konnte« [10]. Ich will nicht behaupten, daß die völkische Stilisierung Sealsfields zum großen Epiker der Grund für das verhältnismäßig geringe Gewicht des Dichters in unserm heutigen literarischen Leben ist. Dafür gibt es auch literaturimmanente Gründe (s. u.). Aber die im Hitlerreich hervorgehobenen Züge, die sich nicht leugnen lassen, erschweren, ähnlich wie bei Grabbe, den unbefangenen Zugang zu den Werken Postl-Sealsfields. Die Haltung des neuerstandenen Österreich war gegenüber dem geflohenen geistlichen Sohne nicht so freundlich wie gegenüber andern Dichtern Österreich-Ungarns. Die Ausnahme, nämlich der energische Vorstoß von Walter Weiß zugunsten des Dichters, bestätigt die bisherige Regel, und diese »Rettung« steht noch ein wenig unter dem Nadlerschen Zwange, den rauhen Kleriker aus Mähren zu einem Künstler wie Grillparzer oder Stifter zu machen [11]. Die historisch-kritische Edition, die in den Weltkriegen zweimal scheiterte, steht nach wie vor unter einem unglücklichen Stern. Die unbedingt nötige Zusammenarbeit eines amerikanischen und eines österreichischen Hauptherausgebers kam nicht zustande. Erst diese hätte der Edition den Rückhalt an den mitteleuropäischen Forschungsinstitutionen, zumal an der österreichischen Akademie der Wissenschaften, gegeben, und solche Stützen sind heute schon aus finanziellen Gründen unerläßlich, wenn mehr als vorläufige Lösungen zustande kommen sollen*. Trotz philologischer Bedenken kann man mit Manfred Durzak hoffen, daß die Neuausgabe von Sealsfields Werken eine »Wende« in unse-

---

* Die persönliche Lebensleistung von Karl J. R. *Arndt* wird durch diese Gesamtentwicklung, deren Einzelheiten mir unbekannt sind, nicht geschmälert. Arndt hat in jahrzehntelanger Arbeit sehr viel neues Material erschlossen, besonders zu den Quellen des Erzählers und zu Sealsfields Journalistik in Amerika. Bd. 24 der von Arndt im Georg Olms Verlag (Hildesheim, New York) herausgegebenen »Sämtlichen Schriften« wird den Titel »Journalistik und vermischte Schriften« tragen. Die Quellenschriften und Briefe, die Castle zuerst herausgab, werden in dieser Ausgabe erweitert neugedruckt. Mit Horst Denkler warne ich davor, wie im dritten Band, ältere Studien neu zu drucken. Das ist eine unnötige, wenn auch in Amerika verständliche Belastung der Ausgabe. Lieber von ihr getrennte Neudrucke! Den photomechanischen Nachdruck der Ausgabe letzter Hand und der unabhängig von ihr erschienenen Veröffentlichungen, d. h. den Verzicht auf einen historisch-kritischen Apparat, rechtfertigt Denkler durch den Hinweis auf die Handschriftensituation und die Druckgeschichte. Ich glaube nicht, daß sich die künftige Forschung mit dieser Lösung zufriedengeben wird. Um so sicherer wird heute jeder Sealsfieldforscher und -leser zustimmen, wenn Denkler am Ende seiner Rezension meint: »Allein schon die Tat, endlich eine Ausgabe *Sämtlicher* Werke Sealsfields auf den Markt zu bringen, kann nicht genug gerühmt und gepriesen werden« (Horst *Denkler*, in: GQ Bd. 47, 1974, S. 494). Ähnlich Alexander *Ritter*: Sealsfieldforschung auf unzulänglicher Textgrundlage, in: Sudetenland, Bd. 13, 1971, S. 293–297.

rer Beziehung zu dem »vernachlässigten Autor« darstellt (FAZ 11. 3. 1975). Man sollte wirklich meinen, die derzeitige deutsch-amerikanische Zusammenarbeit könne auch der Sealsfieldforschung und -geltung eine festere Grundlage geben. Die Charles Sealsfield-Gesellschaft in Stuttgart ist zuversichtlich*. Der gesamte Aufwand der Sealsfield-Philologie würde sich freilich nicht lohnen, wenn es nur die Botschaft der amerikanischen Freiheit wäre, die er dem Vormärz brachte, die das Deutschland vor 1848 begierig ergriff und die sich immer neu aktualisieren läßt. Es gibt kürzere Wege nach den USA. Wir müssen bei einem literarisch so umstrittenen Erzähler auch nach der literarischen Gültigkeit seines Werkes fragen, und dabei wird uns unter Umständen die schlichte Tatsache, daß Hofmannsthal einen Sealsfield-Text in seine strenge Auswahl *Deutsche Erzähler* aufgenommen hat, stärker beeindrucken als seine Aktualität auf der Basis des atlantischen Bündnisses. Auch die »kaum weniger scharf als bei Heine und Lenau diagnostizierten Symptome kapitalistischer ›Yankee‹-Prosa«[12], die von diesem Erzähler bloßgestellt werden und die ihn der DDR-Germanistik interessant machen, können unmöglich die Rechtfertigung für die Sealsfield-Philologie bilden. Denn es gibt kürzere Wege zum Sozialismus. Man muß den Dichter im Auge behalten. Nicht in der apodiktischen Weise Nadlers, der aus dem großen Inhalt der Romane einfach die Größe der Erzählkunst ableitet, sondern in der geduldigen Bemühung um ein Romanwerk, das, trotz seiner offenen Form, wie das Drama Grabbes und Büchners, den Leser immer wieder fasziniert und manchmal überzeugt hat. Eine solche Interpreation, die die Inhalte nicht für gleichgültig hält, aber die Form, die besondere Erzählart und den Sprachstil einschließt, kann nur auf dem Boden der vorrealistischen Romangeschichte gelingen, die in der jüngsten Zeit erschlossen wurde[13]. Aber – das wird heute vor allem von Alexander Ritter gefragt –: Verbietet nicht schon die Biographie des Dichters diese Einbeziehung in die mitteleuropäische Biedermeierzeit**?

---

* »Die Gesellschaft zählt heute Mitglieder in zehn Staaten und gewinnt, vor allem durch die Zusammenarbeit mit amerikanischen Stellen, immer mehr Bedeutung als ein Kristallisationspunkt der Sealsfield-Forschung. Durch die im Sealsfield-Archiv Kresse vorhandenen Unterlagen können vielfach eingehende Anfragen von Studierenden und Instituten meist positiv beantwortet werden« (Photokopierter Bericht der Gesellschaft über die 13. Jahreshauptversammlung am 11. 10. 1976). Die jüngste Sealsfield-Bibliographie (1966–1975) verdanken wir Alexander *Ritter,* Stuttgart 1976. Frühere Sealsfield-Bibliographien verfaßten Felix *Bornemann* (1964–1965), Stuttgart 1966, und Otto *Heller,* St. Louis 1939.

** Alexander *Ritter* gehört zu den produktivsten Sealsfieldforschern des deutschen Sprachraums und hat in verschiedenen Beiträgen »darauf hingewiesen..., daß sowohl die europäische als auch die amerikanische germanistische bzw. amerikanistische Forschung die Zugehörigkeit Sealsfields zu zwei geistigen Räumen nicht in der gebotenen Gründlichkeit berücksichtigt hat« (Alexander *Ritter,* Charles Sealsfields gesellschaftspolitische Vorstellungen und ihre dichterische Gestaltung als Romanzyklus, in: Jb. d. dt. Schillerges. Bd. 17, 1973, S. 395, Anm. 1). Vorläufig sei zu diesem nicht ganz einfachen Thema nur gesagt, daß Claudio *Magris,* der bekannte Kritiker des Habsburgmythos, zu weit geht, wenn er auch in dem mährischen Österreicher, auf Grund seiner bekannten konservativen Züge (Sympathie für den Agraradel, Warnung vor einer sofortigen Sklavenbefreiung, Mißtrauen gegenüber Kapitalismus und Industrie) die Mittelaltertradition und damit »das Archaische« und die »Barbarei« erkennen will: »In Sealsfield war noch das alte organische und historische Prinzip lebendig, welches das heilig-römisch-kaiserliche gemeine Recht charakterisiert hatte und das be-

Entwurf eines Schicksals- und Charakterbildes

Auf den ersten Blick hat »der große Unbekannte«, der »Dichter beider Hemisphären«, mit den Schriftstellern der Biedermeierzeit wenig gemeinsam. Während sie alle dem Metternichschen Europa verhaftet blieben, auch dann, wenn sie es bekämpften, scheint der mährische Weinbauernsohn durch seine kühne Flucht aus dem Prager Kreuzherrenorden und aus dem restaurativen Habsburgerreich die ganze Freiheit und Weltfülle des amerikanischen Staatsbürgers gewonnen zu haben. Der Name Charles Sealsfield stand im Paß des ehemaligen Carl Postl. Bis zu seinem Lebensende gab er seinen ursprünglichen Namen nicht preis; noch auf dem Grabstein steht Charles Sealsfield. Sein Grundbesitz im Süden der Union, seine Negersklaven, seine Börsenkenntnisse, seine Wertpapiere, seine nicht nur vorgetäuschten Beziehungen zu führenden amerikanischen Persönlichkeiten der Partei Jacksons und zur Familie Bonaparte, seine geheimnisvollen Reisen und nicht zuletzt sein reserviertes weltmännisches Gehabe verliehen der Rolle, die er spielte, Nachdruck und einen Schein von Wahrheit. Uns freilich mutet eben diese *Maskenhaftigkeit* und die in ihr zum Ausdruck kommende Zwiespältigkeit, so objektiviert sie in diesem Fall erscheinen mag, merkwürdig vertraut an. Spielen nicht auch andere Dichter der Zeit, z. B. Platen, Heine, Mörike, die Droste, Nestroy irgendeine Rolle, die von ihrer eigentlichen Existenz zu unterscheiden ist? Das Leben des »Unbekannten« ist an vielen Stellen undurchsichtig, und es wird wohl nie gelingen, volle Klarheit zu schaffen; denn die Verpflichtungen gegenüber den böhmischen Adeligen und vielleicht gegenüber den Freimaurern, die ihm die Flucht ermöglicht zu haben scheinen, die Agententätigkeit für die Bonapartisten, überhaupt die Rolle, die er einmal übernommen hatte, zwangen Postl, viele Spuren zu verwischen. Auch der begreifliche Wunsch, in der Vorstellung seiner einfachen Verwandten die Schande des entlaufenen und verdächtigten Mönches durch den Glanz eines berühmten Schriftstellers und eines wohlhabenden Amerikaners zu tilgen, scheint die Rückkehr zum Namen Karl Postl und den Besuch in der Heimat streng verboten zu haben*. Begnügt man sich jedoch mit einer strukturellen Interpretation der Tatsachen,

---

sonders von Möser... bestätigt worden war« (Der Abenteurer und der Eigentümer. Charles Sealsfields Prärie am Jacinto, in: Austriaca, Festschrift für Heinz Politzer, Tübingen 1975, S. 158 f.). Wenn Magris, in Übereinstimmung mit Angloamerikanern wie Norman Willey, den vielgerühmten Realismus Sealsfields nicht ganz ernstnehmen kann und in ihm vor allem den Hyperboliker und Phantasten sieht (ebd. S. 165 f.), so ist er gewiß nicht ganz im Unrecht. Aus dem gleichen Grunde jedoch ist es auch unmöglich, dem Dichter die »utopische Kraft« der Robinsonade abzusprechen (ebd. S. 168). Walter *Weiss* ist im Recht, wenn er in Sealsfields »Volksroman« das demokratische Prinzip anerkennt und auf dieser Grundlage die Vernachlässigung des Erzählers in der Literatur und im »Gesamtbild« Österreichs bedauert: Sealsfield »nimmt... – neben Lenau – einen wichtigen Platz in der Literatur des ›anderen‹ Österreich ein, die sich gegen den ›habsburgischen Mythos‹ stellt oder sich ihm entzieht« (Walter *Weiss,* Charles Sealsfield, in: Tausend Jahre Österreich, Bd. 2, hg. v. Walter *Pollack,* Wien und München 1973, S. 62).

* Eine grundlegende (mir symptomatisch erscheinende) Korrektur von Castles Biographie gibt Max Brod (Der Prager Kreis, Stuttgart 1966, S. 24) mit der folgenden Feststellung: »Indem Postl das Testament als ›Charles Sealsfield Bürger der U.S. von Amerika‹ unterschrieb, gleichlautend mit der Inschrift auf seinem Grabstein, und jede Andeutung über seine Zugehörigkeit zur Familie Postl und seine Vergangenheit vermied, machte er eine Anfechtung von seiten des österreichischen Staates

die in dieser Biographie gesichert erscheinen, so ergibt sich ein Persönlichkeits- und Schicksalsbild, das in die Grundlinien der Biedermeierzeit ohne Zwang eingefügt werden kann.

Wichtig und zeittypisch ist zunächst der theologisch-kirchliche Ausgangspunkt Karl Postls. Zu beachten ist dabei, daß er – im Unterschied zu einigen Jungdeutschen – kein »philosophischer«, ideologisch protestierender, zum liberalen Literatentum abgefallener Theologiestudent, sondern ein vollausgebildeter und sogar *avancierter katholischer Theologe* war. Als Ordenssekretär hatte er bereits eine beträchtliche Verantwortung in geschäftlichen Angelegenheiten, wie die Briefe an Josef Anton Köhler, den General-Großmeister des Kreuzherrenordens erkennen lassen. Er hätte, ähnlich wie der Vikar Bitzius-Gotthelf, vollkommen in der vita activa aufgehen können, wenn er, statt mit der Versetzung auf eine schlichte Pfarre bedroht zu werden, als Ordenssekretär anerkannt worden wäre und die übliche Anwartschaft auf weiteren Aufstieg nicht durch das Verhalten seines Vorgesetzten bedroht gewesen wäre. Die oft angenommene unüberwindliche Abneigung gegen das Österreich Metternichs wird schon durch sein Antichambrieren in Wien widerlegt. Er hoffte, durch die Protektion seiner adeligen Gönner ein mehr oder weniger einflußreiches Staatsamt bekommen zu können. Dieser bei den Dichtern der Donaumonarchie beliebte Weg wäre wohl die willkommenste Lösung für den bereits Dreißigjährigen gewesen. Die Grenzen der böhmischen Adels- oder Freimaurermacht, der Bauernstolz, auch die gar nicht »epische« Ungeduld des nervös-künstlerischen Menschen – er teilt sie mit Grabbe, Gotthelf u. a. – erzwangen die Entscheidung gegen das erst später, und auch da mit Schmerzen, gehaßte Vaterland*. Noch wichtiger ist die Tatsache, daß Postls Flucht (1823) nicht nur individualpsychologisch zu erklären ist – als Folge seines brennenden Ehrgeizes, zum Teil auch als Auflehnung gegen Zölibat und Ordenszucht –, *vielmehr mit der Restauration von 1819/20 in einem direkten, objektiven Zu-*

---

oder des Prager Kreuzherrenklosters so gut wie unmöglich. Es lag in seiner Erben Interesse, daß der Nachweis der Identität des amerikanischen Bürgers Charles Sealsfield mit dem Prager Kreuzherrn Carl Postl gerichtlich nie zu erbringen war. – Nach österreichischem Zivilrecht war nämlich damals ein Ordensgeistlicher, der das Gelübde der Armut abgelegt hatte, nicht fähig, über sein Vermögen zu testieren. Und der Satz des Kirchenrechts, daß dieses Gelübde unaufhebbar sei, einen ›Charakter indelebilis‹ habe, war nach mancher Ansicht ins Zivilrecht rezipiert worden. (Die einzige juristische Abhandlung, die ich je geschrieben habe, handelt von diesem komplizierten und strittigen Problem.) Es scheint mir, daß dieser eine Grund, die Nicht-Anfechtbarkeit des Testaments betreffend, den Castle selbst anführt [!], durchaus genügt, um Postls lebenslange Geheimhaltungsmanöver zu erklären, daß es also der Legende von dem Versprechen an die Freimaurer zur Erklärung nicht bedarf.« In ähnlicher Weise widerspricht sich Castle oft. So zitiert er Briefe, die den schlechten Absatz von Sealsfields Sämtlichen Schriften von neutraler fachmännischer Seite bezeugen (s. u.), und hält gleichwohl am Mythos von der Einwirkung der Freimaurer fest, – als ob diese allmächtig wären.

* Als es freilich ernst wurde und Österreich 1859 von Franzosen und Piemontesen geschlagen war, verteidigte er die k. k. Armee »mit solcher Beredsamkeit…, daß der durch seinen Sarkasmus bekannte Dr. Ziegler ihm das kecke Wort entgegenwarf: ›Sie sind Österreicher!‹« (Eduard *Castle*, Der große Unbekannte, Das Leben von Charles Sealsfield (Karl Postl), Wien und München 1952, S. 580). Die Deutsch-Schweizer hatten natürlich schon vor dieser tiefenpsychologischen Enthüllung seiner Vaterlandsliebe den unverfälschten süddeutschen Dialekt des angeblichen Amerikaners erkannt.

sammenhang steht. Die Zwangspensionierung seines liberaltheologischen Lehrers Bolzano, dem er gerade als relativ unphilosophischer Theologe viel verdankte[14], die Verhaftung oder Flucht anderer Priester, die Möglichkeit als Schüler Bolzanos gegenüber den orthodoxen Anhängern des Kaisers und des Papstes benachteiligt, womöglich verfolgt zu werden – diese ganz konkreten politischen und kulturpolitischen Vorgänge haben den Ordensbruder nach Amerika getrieben. Postl ist kein unbegrenzt freier, prinzipiell revolutionärer Geist. Das unterscheidet ihn von den entschiedener Prinzipien reitenden Jungdeutschen und Junghegelianern. Er ist, trotz seiner Neigung zur Idealisierung der USA und der hervorragenden Yankees, mehr Pragmatiker als Ideologe, daher auch *Praktiker des Romanschreibens,* nicht bloß Programmatiker, Kritiker, Publizist. Ohne den erfolgreichen Generalangriff, den nach 1819 Kaiser und Papst gegen den böhmischen Josephinismus führten, wäre er höchstwahrscheinlich im Lande geblieben. Schon das materielle Sicherheitsbedürfnis und der naive Ehrgeiz des katholischen Bauernsohnes verhinderten eine völlig ungebundene Existenz. Bedenkt man diese elementaren Voraussetzungen seines Lebenslaufes, so bildet die begrenzte, aber nicht zu leugnende Abhängigkeit von den Freimaurern, seine Agententätigkeit für die Bonapartisten, seine Propagandatätigkeit für die Partei Andrew Jacksons, schließlich der allen auffallende Geiz des später vermöglichen Mannes, d. h. sein Ehrgeiz, nach dem Tode als Erbonkel und amerikanischer Pionier der Familie Postl dazustehen*, einen einzigen Sinnzusammenhang. Der Verfasser der »Volksromane« – oder »Gesellschaftsromane« – bejahte, trotz seiner Alterseinsamkeit, im Grunde die zwischenmenschlichen Bindungen entschieden. Er war kein prinzipieller Idylliker. Selbst die Tatsache, daß der angebliche Amerikaner schon drei Jahre nach der Flucht in einem persönlichen Briefe an Metternich gegenrevolutionäre Agentendienste anbot (Brief vom 18. 8. 1826), paßt zum Bilde eines tätigen, aber an Abhängigkeit gewöhnten Mannes, – völlig abgesehen von der Frage, was das tatsächliche Ziel dieser außergewöhnlichen Initiative war.

Nicht zu bestreiten ist selbstverständlich, daß er in den Romanen das Wort Freiheit sehr häufig in den Mund nimmt. »Wir leben in einem freien Lande«, sagen seine Amerikaner bei jeder Gelegenheit, auch wenn sie Unfug treiben. Dem sklavischen Europa wird das freie Amerika als »Spiegel« vorgehalten (vgl. die Widmung der *Lebensbilder*). *Ausdrücklich bekennt er sich zu diesem Erziehungsauftrag.* Es ist also nicht ganz unverständlich, daß man ihn in die liberalen Gruppen des Vormärz einzuordnen versuchte und daß er seinen Ruhm als Romancier im wesentlichen den Jungdeutschen und Junghegelianern zu verdanken hatte (s. u.). Allein der Unterschied beginnt schon innerhalb der gesellschaftlichen Ideologie. Der ehemalige Ordenspriester hält das übliche abstrakte Frei-

---

* Die Haupterben waren nach seinem Testament zwei Neffen, unter der Bedingung, daß sie auswanderten und noch jung wären. Er erkannte wohl, daß eine Auswanderung mit dreißig – sein eigener Fall – stets eine halbe Auswanderung bleibt und daß Auswanderer ohne starken materiellen Rückhalt sich nicht so leicht in einem reichen Lande einbürgern. Sein utopisches Projekt mißglückte, weil zwar zwei Neffen im verlangten Alter auswanderten, um das Erbe zu erhalten, jedoch beim nächsten Vorwand, der sich bot, in die Heimat zurückkehrten. Dieser Entwicklung liegt freilich nicht nur Postls Donquichotterie, sondern auch die wirtschaftliche Erstarkung Mitteleuropas im Zeitalter des Realismus zugrunde.

heitsgerede der Franzosen und Deutschen für unpraktisch, schwächlich und unwirksam. Das pseudorevolutionäre und damit folgenlose Getue der jungdeutschen Intelligenz erkennt er fast so klar wie Büchner (vgl. o. S. 296 f.): »Gutzkow ist einer der hohlsten Schriftsteller die ich kenne – an dem nichts als die Hohlheit wahr ist – dabei was echt deutsch ist, ein Glänzen mit Wissenschaft, das diese das Steckenpferd der Wissenschaft reitenden Deutschen vollkommen bezaubert. Ja es ist wenig Hoffnung für das arme Deutschland vorhanden« (an Elise Meyer 16. 2. 1860). Als Postl dies schrieb, war er selbst als Erzähler schon ausgeschaltet, während Gutzkow, mit publizistischer List und Tücke, inmitten der realistischen Strömung, immer noch die idealistisch-liberale Fahne hochhielt. Dem Österreicher schwebt ein vielfach modifizierter, verhältnismäßig unsystematischer, aber effizienter Freiheitsbegriff vor, und er findet ihn in Amerika überall bestätigt. Daß dort für die Dollargewaltigen andere Gesetze bestehen als für die gewöhnlichen Sterblichen, erkennt der Erzähler klar (s. u.), wenn auch ohne sozialistische Empörung. Daß es aber Leute gibt, die für eine sofortige und kompromißlose Befreiung der Negersklaven eintreten, ohne die man unter der südlichen Sonne die Plantagen nicht bewirtschaften kann, erscheint ihm als barer Unsinn. Er vertritt in dieser Hinsicht so ziemlich den wirtschaftlich begründeten Standpunkt der Südstaaten, mit denen ihn materielle und parteipolitische Interessen verbinden. Er kann es mit Eifer, offenbar sogar mit einem guten Gewissen tun, und zwar deshalb, weil ihn das *patriarchalische Denken* der Biedermeierzeit noch beherrscht, das drüben in Amerika ferne zu liegen scheint, das aber durch französische, vor der Revolution geflohene Adelige im Süden des Landes vertreten wird. Wo in seinen Romanen von Negern die Rede ist, wird entweder ein paradiesisch-idyllisches Bild von der Liebe der Sklaven zu ihren Herren entfaltet oder aber mit pädagogischer Ironie bewiesen, wie unfähig diese »Kinder« zur Selbstregierung sind. Sie müssen gut versorgt, aber auch in strenger Ordnung gehalten werden, wenn sie ihre natürliche Bestimmung erfüllen sollen; und letzten Endes ist es auch bei den Franzosen und Kreolen mit ihrer Flatterhaftigkeit, mit ihrem Luxusbedürfnis und ihren ewigen Tanzveranstaltungen, so verlockend und süß und verführerisch dieses gesellige Leben erscheint, nicht viel anders. Sie müssen froh sein, wenn sie sich in die sittenstrenge und fleißige Schule eines echten Amerikaners, wie es etwa Nathan Strong (in den *Lebensbildern*) ist, begeben dürfen. Dieser großartigen, nüchtern-heroischen Schule unterwirft sich sogar der französische Graf Vignerolles, und erst dadurch gewinnt er den patriarchalischen Adel amerikanischer Art.

Der tiefere Grund für diese Haltung ist die innere Beziehung, die Postl – vielleicht auf Grund seiner mönchischen Herkunft – zum Puritanismus gewann. Der puritanisch-moralischen Kritik Börnes, Menzels u. a. an Goethe, der sonst zu seinen *dichterischen* Vorbildern gehört (s. u.), stimmt er ausdrücklich zu. Die überkonfessionelle Haltung, zu der Postl durch den Josephinismus erzogen war und die im Biedermeierchristentum überhaupt herrschte (vgl. Bd. I, S. 52 ff.), begünstigte diese Wahlverwandtschaft, so überraschend sie zunächst erscheinen könnte. Postl hat sich, wie Priester tun, gerne einmal einen guten Wein, ein gutes Essen oder sonst ein kleines Vergnügen geleistet; auch eine gewisse Vorliebe für nicht allzu steile Damen – die Negerinnen nicht ausgeschlossen – verrät sich in den Briefen und vor allem in den Phantasiebildern der nicht umsonst oft im Süden spielenden Romane. Aber sein Leben blieb im ganzen, gemessen an seinen Vermögensverhältnissen, jederzeit auffallend bescheiden und streng. Die Schweiz war nicht umsonst eines seiner Ersatz-Vaterländer, und sogar dort fiel seine Sparsamkeit auf. Auch den Umstand, daß er unvermählt blieb, dürfen wir, trotz einiger eigensinniger und entsprechend erfolgloser Heiratsversuche, ohne Zwang mit seinen mönchischen Ursprüngen in Verbindung bringen. Irgendwelche Vorstellungen von Kunstpriestertum (Platen, Lenau, Grillparzer) waren jedenfalls *nicht* der Grund dafür, daß er sein Zölibat in der Freiheit aufrechterhielt. Es ist wohl übertrieben, wenn Max Brod meint, er sei »fast ein ›Dichter wider Willen‹« gewesen[15]; denn *der frühe Rückzug in die demokratische, aber europäische und durch ihr ruhiges Leben verlockende Schweiz ist mit der Wendung zum Roman zusammenzusehen und eine ebenso bewußte wie dauerhafte Lebensentscheidung.*

Richtig ist jedoch, daß ein Theologe, der den Rhetorik- und Poetikunterricht genossen hatte, die Erzählprosa nicht ohne weiteres für Dichtung hielt, sie vielmehr didaktischen Zwecken unterwarf, statt sich, mit Hilfe seiner enthusiastischen Verehrer, auf den Thron Homers und Shakespeares zu setzen. Die Zweckbindung seiner Schriftstellerei ergibt sich nicht nur aus ihrem publizistischen Anfang, sondern auch aus ihrem Ende in dem Augenblick, als der Absatz seiner Bücher dem Lorbeer, den die Kritiker spendeten, nicht entsprach. Postl bemüht sich sogar, genau wie die Dichter des Biedermeiers, in seinen Romanen um große Sittenreinheit. Die exotischen Ausschweifungen, die bei seinen Stoffen besonders nahelagen, werden zwar angedeutet, ja angespielt, z. B. in einem Kapitel der *Farbigen (Lebensbilder),* aber immer rigoros verworfen. Dieser Moralismus, den es ja auch auf aufklärerisch-humanistischer Basis gibt, ist bei ihm offenbar christlich begründet; denn stets hat er die Religion gegen Revolutionäre von der Art der Jungdeutschen und Junghegelianer verteidigt, er sah, hier auch in Übereinstimmung mit den Angloamerikanern, im Christentum die Basis jeden Gemeinwesens. Starke Persönlichkeiten wie Nathan – das zeigt er klar – sind in Gott gegründet, und dadurch eben sind sie auch unüberwindliche »frontiers«, der Schrecken ihrer Feinde und die Träger neuer Siedlungen und Staaten. Durch seinen Austritt aus dem Orden war Postl zwar zwischen die Konfessionen geraten. Er ist, wie so viele Zeitgenossen, überhaupt kein Freund der organisierten Religion. Die Kapuziner in Solothurn (Schweiz) ärgerten ihn Tag für Tag. Aber er ist ein Bibelleser, und dem Glauben an den persönlichen Gott, an Unsterblichkeit und Vorsehung bleibt er, wie viele Äußerungen zeigen, unverbrüchlich treu. Die Freiheit, zu der er sich bekannte, war also auch in religiöser Hinsicht eine bedingte.

Daß seine unbewußten Bindungen in dieser Hinsicht noch weitergingen, als seine ideologischen Äußerungen erkennen lassen, verrät der denkwürdige Umstand, daß er vor seinem Tode von dem reformierten Pfarrer Hemmann in Solothurn die Sterbesakramente verlangte und auf seiner Bitte auch bestand, als ihm der Seelsorger mitteilte, diese Einrichtung gebe es in der reformierten Kirche nicht. Der geistliche Freund mußte bei der vorgesetzten Behörde vorstellig werden und eine eigene Liturgie verfassen, um dem Heilsbegierigen seinen Herzenswunsch erfüllen zu können. Auch merkwürdige bäurisch-abergläubische Vorstellungen, etwa das Mißtrauen gegen mißgestaltete Menschen, sind für Postl bezeichnend. Vielen seiner Mitmenschen war er nicht nur als »Sklavenhalter« unheimlich; sie witterten nicht ohne Grund etwas Dämonisches in ihm. Andere verehrten in ihm etwas Prophetisches, und noch die Biographie von Castle durchzieht wie ein roter Faden die nicht ganz unberechtigte Vorstellung, daß Postl weiter und tiefer als die meisten seiner Zeitgenossen blickte. Er darf in dieser Beziehung neben die Saint-Simonisten und Tocqueville, in Mitteleuropa neben Immermann, Grillparzer und Gotthelf gestellt werden. Dagegen ist er, wie wir auch bei der Betrachtung seiner Romane sehen werden, vom Typus eines unbefangenen, gelassenen und aus diesem Abstand die Dinge nüchtern beobachtenden »Realisten« weiter entfernt, als man bisher anzunehmen pflegte.

Seine Darstellung Amerikas ist, trotz der Neigung zu Bildern eines patriarchalischen Pflanzerlebens, nicht immer idyllisch. Er hat zugleich ein Auge für das Ungeheure der neuen Welt und er stellt es mit einer Mischung aus Grauen und Bewunderung dar. Der ferne Kontinent verliert für ihn nie den Charakter des Fremden, Abenteuerlichen, Exotischen. Daher eben das Grauen, das Staunen. Man darf nicht vergessen, daß die Überfahrt nach den Südstaaten, durch den mexikanischen Golf und dann den Mississippi aufwärts, oft sechs bis acht Wochen erforderte [16]. Postl ist, wie wir schon gesehen haben, nicht im eigentlichen Sinne ausgewandert [17]. Er machte wiederholte Besuche in Amerika. Sie können sich, auch in der Spätzeit seines Lebens, auf ganze Jahre ausdehnen. Aber man darf darüber streiten, ob die neue Heimat, die sich der in Österreich polizeilich gesuchte Ausreißer wählt, das südliche Nordamerika ist oder die Schweiz. Man kann ihn höchstens als Wanderer zwischen »beiden Hemisphären« sehen. Die Schweiz gewann, was man leicht vergißt, durch das Vorbild Zschokkes, der Wahlschweizer und einer der erfolgreichsten Schriftsteller war (*Pflanzer auf Cuba* 1832 u. a.), auch literarische Bedeutung für ihn. Dort hat er den größten Teil seiner zweiten Lebenshälfte (1832 ff.) in der behaglichen Rolle eines privatisierenden Amerikaners und *meist an kleinen Orten* verbracht. Er schimpfte über das philiströse Solothurn, wo er ein Haus besaß; aber er blieb. In der Schweiz hat er die meisten seiner Bücher geschrieben, dort lebten seine vertrautesten Freunde, und dort ist sein Grab*.

---

* Wegen des übermächtigen USA-Einflusses, der heute in der BRD herrscht, besteht in der Sealsfield-Philologie eine spürbare Neigung, die Bedeutung, welche die Schweiz für Leben und Werk des Erzählers zukommt, herunterzuspielen. So halte ich es z. B. nicht für korrekt, wenn das »Schweizer Exil« in der biographischen Phaseneinteilung Alexander Ritters (Charles Sealsfield, in: Deutsche Dichter des 19. Jahrhunderts, hg. von Benno von Wiese, 2. Aufl. Berlin 1979, S. 101) erst in der dritten Phase (1858–1864) erscheint. Die »Schriftstellertätigkeit« in der zweiten Phase (1823–1858) fand zum größten Teil in der Schweiz statt. Die Meinung, der Österreicher habe die Schweiz verachtet, geht auf Kertbenys Erinnerungen zurück und wurde schon 1865 von Alfred Hartmann, einem vertrauteren Freund, in der *Gartenlaube* korrigiert, durch den Hinweis, Postl habe »wenigstens 25 Jahre seines Lebens in der Schweiz« verbracht, sie sei seine »dritte Heimat«, sein »Asyl« gewesen (Neudruck in: Thomas Ostwald, Charles Sealsfield, Braunschweig 1976, S. 48–55, Zitate S. 54 f.). Sagen wir ruhig: Die Schweiz war für den zur Auswanderung nach Louisiana auf die Dauer *wenig* geeigneten österreichischen Raunzer und Poeten das kleinere Übel. Die schlichten Jahreszahlen machen diese Feststellung notwendig. Wenn die Autoren des »amerikanischen Südwestens« für den übertriebenen Erzählstil Sealsfields ebenso wichtig sein sollen, wie seine österreichische Herkunft und rhetorische Ausbildung (Alexander Ritter, ebd. S. 120), so ist dies vor exakten Textvergleichen eine Vermutung, während jeder Kenner des österreichischen Reiseschrifttums sich an Autoren wie Friedrich Fürst von Schwarzenberg und Jakob Philipp Fallmerayer (Bd. II, S. 254–257) lebhaft erinnert fühlt. Der unvergleichlich zuchtvollere Erzählstil Scotts, dem Sealsfield die Anregung zum

Seine erste buchhändlerische Beziehung ist wie bei so vielen Zeitgenossen der Cotta-Verlag. Er wirbt beharrlich um Cotta, aber mit wenig Glück. Ich vermute, daß der »unkorrekte«, bajuwarisch-kraftvolle, »theatralische« Stil Postls dem klassizistisch orientierten Verleger oder seinen Redakteuren nicht gefiel. Auch den durch Börne und Heine gesetzten publizistischen Maßstäben (Witz, polemische Schärfe, Kleinkunst, Prägnanz) entsprach der geräumige, welthungrige, zur Überfülle, Utopie und Monumentalität neigende Ostdeutsche von der slavischen Sprachgrenze schlecht. Man vergleiche, um diesen literaturgeographischen Unterschied klarer zu sehen, unter den Erzählern Postl mit Hebel oder auch Hauff. Lenau paßte weit besser in das Württemberg des Barons von Cotta.

Als Postl vom Verleger der Klassiker (und vieler Nachklassiker!) abgehängt wird, begnügt er sich zunächst mit Schweizer Verlagen (Orell, Füssli u. Cie und Friedrich Schulthess, beide Zürich), doch benützt er bald darauf gern die Rückkehr in ein Stuttgarter Verlag (Metzlersche Verlagsbuchhandlung), um stärker nach Deutschland hineinwirken zu können. Erhard, der Inhaber des Verlags, bevorzugte Enzyklopädien, Sammelwerke von Übersetzungen usw. Sein Vorbild war wohl Brockhaus, um den Postl wie um Cotta vergeblich geworben hat. Die englischen Übersetzungen seiner Werke begrüßte der »große Unbekannte«, wie die Briefe beweisen, vor allem deshalb, weil er sich davon günstige Rückwirkungen beim auslandshörigen deutschen Publikum versprach. Schon die Wahl der amerikanischen Stoffe entspricht, wie eine ganze Reihe von Beispielen zeigt, einem lebhaften Bedürfnis des Vormärz, d. h. des Zeitalters der *Europamüden* (Titel eines Romans von Ernst Willkomm, Leipzig 1838, vgl. Bd. II, S. 862), und das schnelle Verblassen seines Ruhmes nach 1848 ist *auch* daraus zu erklären, daß man sich seit der ersten deutschen Gründerzeit (vgl. Bd. I, S. 13 ff.) nicht mehr so stark für Amerika interessierte, sondern, auch darin »realistisch«, eine eigene deutsche Wirtschafts- und Staatsmacht aufzubauen versuchte. Am Eingang der Krupp- und Bismarck-Zeit steht Ferdinand Kürnbergers Roman der *Amerika-Müde* (Frankfurt 1855).

Die amerikanischen Sealsfieldforscher wären gut beraten, wenn sie dem frühen, längst überholten Schlagwort »The greatest american author« die wohlverdiente Grabesruhe gönnten. Ich glaube auch nicht, daß der Dichter einen schweren Fehler machte, als er auf eine amerikanische Ausgabe seiner Romane verzichtete. Scott, Cooper, Hauff, Keller, Storm, Flaubert kann man übersetzen. Wie soll man aber das selbstgebastelte Germanisch (s. u.) des Dichters beider Hemisphären adäquat wiedergeben? Für Nestroy kann man – es ist schwer genug – einen nichtdeutschen Dialekt wählen. Ein entsprechendes

---

»Volksroman« – in einem *sozialgeschichtlichen* Sinne! – verdankt, und mein Vergleich mit der englischen Vorlage zum »*Fluch Kishogues*« (s. u. S. 790 f.) machen mich hinsichtlich englischsprachlicher Einflüsse, über die inhaltliche Benützung von Vorlagen hinaus, skeptisch. Auch Thomas Ostwald (Charles Sealsfield, Leben und Werk, Braunschweig 1976, S. 30) betont Sealsfields enormen *stilistischen* Abstand von Scott. Den ganzen Umfang der *Vorlagen* Sealsfields kennen wir, wie beim Wiener Volkstheater, wahrscheinlich noch lange nicht. Dagegen traue ich dem Österreicher zu, daß er, ähnlich wie Nestroy (vgl. o. S. 240 f.), seine Vorlagen souverän umformt. Daß seine stilistische Sorglosigkeit – zum Teil ist dafür Zeilenschinden zu setzen – durch kolonialenglische, frontieramerikanische Literatur und durch Vorlagen aus diesem Bereich mitverursacht wurde, kann ich nicht ausschließen. Ich vermisse aber Studien zu diesem Problem, die wirklich philologisch-historisch und nicht auf das Leitbild des »größten amerikanischen Autors« verpflichtet sind.

Verfahren gibt es bei der Nachbildung von Postls Kunstsprache kaum. Heine konnte auch Französisch schreiben. Arndts Nachweis von Postls Beherrschung des Englischen hat mich nicht überzeugt, da stets davon ausgegangen wird, daß der Autor seine englischen Schriften ohne Nachhilfe geschrieben hat[18]. In seinem Bericht an Metternich über den seltsamen Mann, der sich als Agent anbot, bemerkte der Diplomat Philipp von Neumann am 31. 8. 1826 unter anderm: »Je m'appercus qu'il parlait cette langue [anglaise] avec difficulté & un accent très allemand«[19]. Das ist nach drei Jahren Amerikaaufenthalt ein kaum genügendes Zeugnis für seine Beherrschung des Englischen. Postl war kein Philologe, sondern ein Dichter. *Seine Entscheidung für die deutsche Sprache wie auch sein individuelles Sprachexperiment im Rahmen der deutschen Sprache muß ernstgenommen werden.*

Alles in allem kein Weg ins Freie, sondern nur das Öffnen eines Fensters. Postl bleibt persönlich, trotz der amerikanischen Rolle, die er schlecht und recht spielen will oder muß, ein Bürger der alten Welt, ein interessanter, aber nicht so sehr verblüffender Bestandteil der vielgestaltigen mitteleuropäischen Biedermeierkultur. Die Entsagung und das innige Genügen im kleinen Kreise beherrschen auch diesen Mann, so abenteuerlich er sich zu Zeiten gebärdet; ja, diese Haltung führt, wie bei Mörike und Grillparzer, schließlich sogar zur Aufgabe seines Schriftstellertums. Am 9. Juli 1846, das heißt in dem Jahr, da seine »Gesammelten Werke« ausgedruckt wurden, schrieb der Dreiundfünfzigjährige dem Inhaber der Metzlerschen Verlagsbuchhandlung, Heinrich Erhard, zum Zeichen, daß ihm die zuvor gemachten buchhändlerischen Bemerkungen doch nicht so wichtig seien, das folgende gut biedermeierliche Bekenntnis: »Ich habe keine Familie, stehe einzig und so – wozu Ehren und Einfluß. Ich befinde mich am wohlsten, wenn Ich unbekannt und unbeachtet meinen Grillen und Wegen nachgehen kann. Ein paar Freunde – das ist mein höchster Wunsch – gleichviel, ob weibliche oder männliche – das nöthige zur Bestreitung meiner mäßigen Bedürfnisse – und für das weitere gebe ich nichts.«

Vielleicht muß man, trotz dieser Bescheidenheitsbeteuerung, um die Persönlichkeitsstruktur des ehemaligen Weinbauernsohnes noch deutlicher zu machen, auch von den Prahlereien Postls sprechen, die dem Sealsfield-Forscher schwierige Spezialaufgaben stellen: War er Herausgeber des wichtigen französischen Courrier Des Etats Unis, wie er behauptet? Reiste er wirklich im Auftrage der Bonapartisten? Spielte er in der Jacksonpartei eine große Rolle oder war es eine einseitige Liebe? War er in Mexiko, wie er angibt? Reiste er viel oder bevorzugte er die Poetisierung der zahlreichen Reiseschilderungen? Postl-Sealsfield war rationaler als Grabbe, härter und zäher. Aber die *Großmannssucht verrät bei beiden Dichtern den psychischen Zwang zur Kompensation der bescheidenen Herkunft,* und diese wirkt sich auch in der Dichtung aus. Man mag Postls Ideal »Volksroman« mit »Gesellschaftsroman« übersetzen, wie es die DDR-»Geschichte der deutschen Literatur« tut[20]. Der neutralere Begriff ist nicht falsch; denn Postl schreibt für die Gebildeten*. Er hat sogar, wie Immermann im *Münchhausen,* einen *unverkennbaren*

---

* »Bloß Gebildeten sind diese Bücher verständlich, den Ungebildeten oder Halbgebildeten werden sie schwerlich befriedigen« (Charles *Sealsfield,* Das Cajütenbuch, T. 2, = Sämtl. Werke, hg. v. Karl J. R. *Arndt,* Bd. 17, Hildesheim 1977, S. 382). Das gleiche Problem des »Volksromans« gibt es

Anteil am Salonroman (vgl. Bd. II, S. 875–885), obwohl dieser bezeichnende Vormärz-Zug von der nationalsozialistischen, bürgerlichen und marxistischen Sealsfield-Forschung geradezu systematisch verschwiegen worden ist; denn er paßt nicht zum Leitbild eines ethnographischen, sozialrealistischen oder kunstvoll-epischen Erzählers. Gesellschaftsroman, ja; aber nicht ohne *Heldenverehrung:* »›Was sind die heutigen Kriege, die Kriege Napoleons, gegen diesen heiligen Krieg, gegen diesen Krieg, der gleich der Krippe von Bethlehem eine schönere Zukunft über die Menschheit für tausendjährige Leiden bringen wird!‹ Und bei diesen Worten wandte der Oberst seinen Blick wieder zum Himmel. ›Und die Männer, die diesen Krieg führten! Ah, lieber junger Mann, diese Männer, was sind die Helden des Altertums gegen diese so großartigen und wieder so einfachen Charaktere? Es waren göttlichen Stunden! Ja, göttliche Stunden, junger Mann!‹ fuhr der Oberst fort. ›Washington‹ –, er nahm den Hut ab, und während er ihn in der Hand hielt, schien sein Blick in die [!] Himmel dringen zu wollen. Der Jüngling war seinem Beispiele gefolgt und selbst die Ruderer hielten mit gebückten Leibern inne... ›Eine Scheuer mit ein paar Fuder Heu, Brettern statt des Tisches, Stallaternen statt der Kandelaber, Heubündeln statt der Sitze – und auf einem dieser Sitze der große, der göttliche Washington.‹« (*Morton oder die große Tour,* 2. Kap.) Die Vorbilder sind ausgewechselt. Washington statt Napoleon. Aber es ist eine Heldenverehrung, die an Grabbe erinnert, die durch die entschiedene *Sakralisierung* noch dicker aufträgt (Washington für Christus, behelfsmäßiger Gefechtsstand für den Stall von Bethlehem). Der penetrante Blick zum Himmel erinnert an die barocken Gemälde, die dem jungen Postl die ersten Kunsteindrücke vermittelten. Sakralisierte Heldenverehrung zum Ruhme der USA, in die das empirische Detail (»Stallaternen« usw.) *vollkommen* integriert ist. Ein realistischer Gesellschaftsroman? Die DDR-Literaturgeschichte versucht eine Strecke weit, so zu interpretieren, aber zum Schluß kommt die Wahrheit doch noch zum Vorschein: Die Vereinigten Staaten sind vor 1848 »Träger vorrevolutionärer Illusionen gewesen« [21]. Sagen wir freundlicher: *es ist eine detailrealistisch ausgefüllte Utopie.* Der Oberst, der vom »göttlichen Washington« schwärmt, ist – sonst ginge es wohl doch nicht! – ein Deutscher, ein Mitkämpfer des preußischen Generals Steuben. Es sei nicht verkannt, daß der deutsche Idealismus in dieser Zeit mächtig in den angloamerikanischen Kulturkreis hineinwirkte. Das nächstliegende Beispiel in unserem Zusammenhang ist das bekannte Werk des Fichte-Schülers [22] Thomas Carlyle (*Heroes and Hero-Worship,* 1841). Carlyle ist zwei Jahre nach Sealsfield geboren; die gemeinsamen Generationszüge sind deutlich, während man den in der früheren Forschung beliebten »Vorklang von Nietzsche« aus Sealsfields »göttlichem

---

bei Gotthelf (vgl. u. S. 899 ff.). Aber es ist doch der *Weg* zum Volk. In der *Literarischen Zeitung,* Berlin 4. 4. 1846 (Reinhard *Spiess,* Hg.: Charles Sealsfields Werke im Spiegel der literarischen Kritik, Jahresgabe der Sealsfield-Gesellschaft, Stuttgart 1977, S. 150) werden *Immermann, Auerbach, Gotthelf und Boz* [*Dickens*] unter dem Gesichtspunkt der wirklich zeitgemäßen Erzähldichtung, die »politisch nationale und soziale Individualitäten« darstellt, mit *Sealsfield* zusammengesehen. Die Geschichte der deutschen Literatur (Bd. 8,1 Berlin-Ost, S. 111) versteht Sealsfields Entwicklung zu den *Lebensbildern* als »Umorientierung vom Scottschen Typ des historischen Romans... zum zeitgenössischen Gesellschaftsroman bei Balzac«. Alle diese Erzähler verbindet die Tendenz der Kollektivierung, – was die *Gegenstände* betrifft.

Washington« kaum heraushören kann. Trotzdem ist es vor allem die Enge Mitteleuropas, die solche anthropologischen Wunschbilder erzeugt, um die Welt wenigstens als Idee in Besitz zu nehmen. Zuerst die ideale Antike – daher müssen jetzt die Amerikaner gegen »die Helden des Altertums« ausgespielt werden (s. o.) –, dann das Mittelalter, dessen Erbe die Romantiker in einem verklärten deutschen Adel zu besitzen glauben, dann Napoleon, als die französische Revolution in personifizierter Gestalt, und endlich die leibhaftige Demokratie im verklärten Bilde Washingtons. Ein ständiger Vorbildwechsel, aber alle diese Vorbilder ergreift kein Volk mit so viel Fanatismus wie das arme Deutschland. *Es ist die Renommiersprache des Weltfremden,* und sie vernehmen wir fortgesetzt, selbst wenn wir den Erzähler, den ehemaligen Mönch Postl, über sein, wie er meint, ganz undeutsches, nämlich der *Tat gewidmetes Leben* sprechen hören. Auch er ist, was er haßt: der deutsche Dichter und Träumer*.

Sollen wir, um Sealsfields Charakter noch schärfer zu zeichnen, von dem Kleinbürger sprechen, der ziemlich unbiedermeierlich, jedenfalls ganz unbäuerlich, die Tauben des Nachbars nicht dulden will, weil ihr Kot den Eisenbekleidungen seines Hauses schadet, und der »das löbliche Friedens Richter Amt« in Solothurn bemüht, um einen angemessenen Schadenersatz vom Nachbarn zu erzwingen? Die »wilden Rothleute«, schreibt er, waren ihm gewiß unbequem, aber sie sind »bloße Kinderspiele gegen die systematische Bosheit« des Nachbarn[23]. Man kann nicht sagen, der alte Sealsfield habe mit solchen Übertreibungen das Augenmaß verloren. Er übertreibt von Anfang an mit Passion: die Hyperbolik ist das auffallendste Stilmerkmal seiner Erzählkunst. Er ist immer erregt, er ist exzentrisch, und so hat er auch immer für das Außergewöhnliche besonderes Verständnis, gleichgültig, ob es die großen Heiligen der USA wie Washington, blutige Mörder und Krieger wie Bob, exotische Landschaften, engelhafte Frauen mit Schwanenarmen, märchenhafte Ströme wie der Mississippi oder wenigstens Alligatoren sind – die liebsten poetischen Tiere des Erzählers. Auch seine bekannten »Prophetien« beruhen auf

---

* Ein Beispiel aus den Erinnerungen des Solothurner Pfarrers Hemmann, die als zuverlässig gelten können (*Nord und Süd* 1879, in: Eduard *Castle,* Hg., Das Geheimnis des großen Unbekannten, Charles Sealsfield – Carl Postl. Die Quellenschriften, Wien 1943, S. 346 f.): »Sealsfield benutzte... die Gelegenheit, sofort zum Angriff überzugehen und er richtete denselben gegen die Bedenken des Professors, die angebotene Stelle [in Südcarolina] anzunehmen. Er nannte den Grund der Ablehnung [Todesstrafe für Unterrichtung von Sklaven nach Staatsgesetz] eine unpraktische, dem europäischen Dogmatismus nachgestammte Humanität, welche, auf den Neger angewendet, denselben unglücklich machen, ja zu Grunde richten würde. ›Ich selbst‹, fuhr er dann fort, ohne auf die Einwendungen zu hören, ›besitze in den Südstaaten Güter, die ich mit Sclaven bewirthschafte. Leider sind sie gegenwärtig unverkäuflich, bieten aber gleichwohl reichliche Mittel, *meine zwei Söhne auf der Offiziersschule in West-Point ausbilden zu lassen.*‹ Nachdem er diesen Trumpf ausgespielt hatte, ging er noch schärfer in's Zeug und sagte mit Beziehung auf die beiden Söhne des Hauses, die begeisterten Schüler des Professors: ›Ich habe Gelegenheit gehabt, von den vielerlei Arbeitsheften Einsicht zu nehmen, welche die hiesigen Gymnasiasten zu schreiben gehalten gewesen sind. Diesen ganzen Unterricht halte ich für Mittelalter und Mönchsthum.‹ Diese direkte Herausforderung mußte dem Hause zu lieb, in welchem sie stattfand, unerwidert bleiben, indem der Angegriffene sich beschränkte, die geschichtlichen Erfolge der deutschen Schulung hervorzuheben und die Ausfälle unbeachtet ließ. Daß Sealsfield um Honorar schriftstellere, warf er bei der gleichen Gelegenheit weit von sich; seine Rolle, sagte er, liege überhaupt nicht in der Literatur, sondern im weißen Hause.«

diesem exzentrischen Geist, der nichts ruhig betrachten, abwägen, sondern immer nur ahnen, staunen, bewundern oder hassen kann. Renommisterei ist auch in diesen Prognosen. Es bleibt aber beispielsweise eine Tatsache, daß er den Krieg zwischen den Nord- und den Südstaaten vorausgespürt hat: »Von Hause erhalte ich böse Nachrichten – die ich zwar vor 4 Jahren bereits prophezeyt in mehreren Artikeln die in einer N Yorker Zeitung erschienen sind, die mir aber nichts desto weniger wie Alpe auf dem Herzen liegen, da sie zugleich mein *Haben* sehr affizieren« (2. 3. 1861) [24]. Im gleichen Brief erscheint das gut österreichische *Erschrecken vor der Realität der Nationen,* das uns durch Grillparzers, Stifters, Nestroys Reaktionen bekannt ist. Der geschmähte »Dogmatismus« Europas, das Humanitätsprinzip, das sich kurz darauf auch in Amerika durch die Sklavenbefreiung durchsetzen wird, beherrscht Sealsfield, sobald nicht von den Interessen der Sklavenhalter, sondern von seinem alten Vaterland Österreich die Rede ist; denn im Grunde war es ja auch der Universalismus des Habsburgerstaates, der ihm den Vielvölkerstaat Nordamerikas und das Prinzip der *einen* Menschheit verständlicher machte: »Es herrscht jetzt eine so absolute Verwirung aller Begriffe, dasz man eigentlich gar nicht mehr weisz, welches prinzip [!] die ober herrschaft hat – Dieses italianische und ungarische polnische nazionaliteten Fieber wird uns in der Civilisazion [!] wieder fünfzig Jahre zurückdrengen – die Humanität die diese letzten 100 Jahre trotz aller Kriege ausgezeichnet in gehäszige nazionalitäten häscherey umwandeln« [25]. Postl *hat* das »Prinzip«, er wurzelt in der Aufklärung. Aber diese Humanität schwebt über der Welt wie der von ihm geglaubte jenseitige Gott; sie ist säkularisierte Religion. Man erinnert sich an das überaus bemühte Buch seines Lehrers Bolzano, in dem dieser, allen Ernstes, die Unsterblichkeit beweisen wollte (Athanasia oder Gründe für die Unsterblichkeit, Sulzbach 1827). Postl ist nicht realistisch genug, um zu sehen, daß die Italiener, Ungarn und Polen erst einmal Herr in ihrem eigenen Hause und sie selbst sein müssen, ehe sie sich einer internationalen Norm der Menschlichkeit beugen können. Die Deutschen im Habsburgerstaat sind, so scheint es, für Postl nicht irgendein Volk, sondern die berufenen Träger eines heiligen Reiches. Aus dem gleichen, im zeitgenössischen Germanismus befestigten Grunde kann auch kein Volk in Amerika letzten Endes vor den frommen, ins Übermenschliche sich erhebenden Yankees bestehen. Der Ethnograph sieht viele Details, aber die Völker und Rassen sind nicht der vielgestaltige dynamische Kosmos, der sie in den USA wohl von Anfang an waren, sondern sie sind im »Prinzip« wohlgeordnet, nach einem neoaristokratischen Phantasiebild, das der österreichischen und katholischen Hierarchie viel verdankt, das freilich durch die Fülle der Details überwältigend wirkte, die durchgehende Idee oft hinter den Materialmassen verschwinden ließ und so schließlich von einer Literaturgeschichte, die die Bedeutung von 1848 vergessen hatte, in seinem naiv-realistischen Anspruch ernstgenommen wurde. Nüchtern betrachtet sollte die Behauptung des Dichters, er liefere »faktische Poesie«, so skeptisch betrachtet werden wie die angeblichen Taten des Herrn Sealsfield im Weißen Haus. Er war auch in seiner Programmatik ein Renommist und täuschte die Rezensenten, bis dann Julian Schmidt, der realistische Wortführer, bemerkte: »Fieberträume wie jene Rede Mortons würden heute nur noch Gelächter erregen... Die Macht des Verstandes... hat... die Ausgeburten einer erhitzten Phantasie zurückgedrängt.« Gemeint ist Mortons phantastische Vorstellung von der Macht des Geldes, von der man nach Julian Schmidt neuerdings (1864) einen »solideren Begriff« hat[26]. Das ist die *realistische* Sprache – womit wir keineswegs sagen wollen, daß der nüchterne Schmidt dem exzentrischen Dichter und seiner gigantischen Vision vom Weltkapitalismus ganz gerecht wurde. Wichtig ist in unserem Zusammenhang nur der Utopist Postl, sein *weiter Abstand vom Nachmärz.*

Publizistische Tätigkeit, Erzählversuche in englischer Sprache

Von der *literarischen Betätigung* Postls gilt das gleiche wie von seiner Flucht: sie ergibt sich aus besonderen Umständen, nicht aus einem unbedingten Müssen. Damit soll kein Werturteil ausgesprochen werden, denn der protestantisch-romantische Geniebegriff wäre bei diesem Österreicher, so gut wie bei Grillparzer, Stifter und Nestroy, fehl am Platze. Das starke Selbstbewußtsein, das sich bei Postl zu jeder Zeit seines Lebens äußert, bezieht sich in erster Linie auf seine Geschicklichkeit im Handeln und Verhandeln, auf seinen Scharfblick in der Beurteilung aller Dinge, später auf seine umfassende Weltkenntnis und intuitive Fähigkeit, den Gang der Weltgeschichte zu erkennen. Die Publikationen sind ihm nur *ein* Ausdruck seiner universalen Weltsicht. Sie sind nicht zuletzt politische Erziehung der Deutschen, insofern ein Unternehmen unter anderen. Es ist undenkbar, daß ihn die Arbeit an einem Roman von einer Reise nach Amerika abhält, wenn seine hohen Gönner oder seine wirtschaftlichen Interessen diese verlangen. Er schreibt nicht nur, um zu verdienen, obwohl dieser Punkt in seinen Briefen eine große Rolle spielt. Er will, wie gesagt, auch belehren, warnen, erziehen. Er verachtet die deutschen Professoren (Philosophen), die alles besser wissen wollen – ähnlich wie sein Landsmann Grillparzer und sein geistlicher Kollege Gotthelf; aber er selbst spielt, in der Maske des Amerikaners, mit einem gewaltigen Anspruch den magister Germaniae. Eine geistige Tätigkeit ohne sofortige unmittelbare Wirkung erschiene ihm vollkommen sinnlos. »Nützlich« ist auch in solchen Zusammenhängen sein Lieblingswort. Auf Dichtung als solche kommt es ihm, wie fast allen Zeitgenossen, weniger an.

Postl hat wie Gotthelf (vgl. u. S. 892) und Stifter (vgl. u. S. 955) den traditionellen praktischen Unterricht in Rhetorik und Poetik genossen. Er schreibt schon als Ordenssekretär, wie der Vikar Gotthelf, geläufig und mit spürbarem Behagen; aber die Kirche absorbiert zunächst seinen Ehrgeiz, wie den des Schweizers. Erst die Enttäuschung in diesem institutionellen Bereich führt die zwei Geistlichen zur Literatur, natürlich nicht zur »Poesie« in einem humanistischen Sinne, sondern zu lebensnahen Prosaarbeiten, die nur als eine andere Art von Aktivität gedacht sind. Bei Postl, der im Unterschied zu dem »Volksschriftsteller« Gotthelf seine Aktualität und seinen Ruhm überlebt hat († 1864), bewirken die schon vor 1848 einsetzenden Stockungen beim Absatz seiner Werke und die Zurückhaltung seines Verlegers, der den Unterschied zwischen guten Rezensionen und einem guten Absatz der Bücher unter Opfern kennengelernt hat, im Laufe der Zeit ein völliges Erlahmen seiner Produktion – ganz im Sinne des Gesetzes, nach dem ein angetreten. Die Literatur ist für diesen Dichter nicht A und O seines Lebens, sondern eine Episode. Für die Nachwelt zu schreiben, wäre ihm so unsinnig erschienen wie seinem nächsten Landsmann Nestroy, der das alte humanistische Spiel mit der »irdischen Unsterblichkeit« ausdrücklich ablehnte*.

---

* Nächster Landsmann: Ich denke an Nestroys tschechischen Vater und an Postls mährischen Geburtsort an der deutsch-slowakischen Sprachgrenze (Poppitz – Popice bei Znaim). Eine gewisse Sorglosigkeit in der künstlerischen Gestaltung, bei größter Offenheit und entsprechendem Substanzreichtum, ein gewisser Abstand vom klassizistischen und modernen Perfektionsprinzip ist bei solchen Grenzdeutschen öfters festzustellen. Man denke an Hamann und Herder, im Gegensatz zu Wieland, Goethe, Schiller. In Österreich kann man als Gegentyp Grillparzer, den Wiener Humanisten, den Burgtheaterdichter, sehen, und Stifter, der trotz seiner Herkunft aus dem Böhmerwalde und seiner der offenen Form zuneigenden Früherzählungen sich in Wien und vor allem in Linz mehr und mehr zu einem humanistischen (»homerischen«) Dichter entwickelte.

Der Ursache seiner Flucht entsprechend beginnt er nicht als Belletrist, sondern als politischer Schriftsteller, wobei allerdings das Wort politisch in dem umfassenden Sinn der vorspezialistischen Zeit zu verstehen ist. Das erste Werk erschien unter dem später nicht mehr benutzten Pseudonym C. Sidons im Cotta-Verlag: *Die Vereinigten Staaten von Nordamerika, nach ihren politischen, religiösen und gesellschaftlichen Verhältnissen betrachtet* (Stuttgart und Tübingen 1827). Die englische Ausgabe erschien 1828 in London. Den Anfang und das Ende des Buches bildet die Propaganda für Andrew Jackson; das heißt: die politischen Verhältnisse werden von einem parteipolitischen Gesichtspunkte aus dargelegt. Der General, der die Engländer glorreich besiegte, der Volksheld, der Präsidentschaftskandidat der Südstaaten, soll, im Gegensatz zu dem feinen, europäisch orientierten Präsidenten Adams, der wahre Amerikaner sein. Der eher praktische als wissenschaftliche Unterricht in den Vereinigten Staaten wird ausdrücklich gebilligt. Es ist gut, daß Philosophie und Poesie nicht gelehrt werden, sondern nützlichere Fächer. Wir kennen schon Sealsfields Abneigung gegen das, was er das Mittelalter nennt. Der Akzent liegt auf der Volksschule und auf der politischen Erziehung. Mit der besseren Besoldung der Lehrer in den USA berührt er einen damals äußerst empfindlichen Mangel in der Volksbildung Mitteleuropas, ähnlich wie Gotthelf in *Leiden und Freuden eines Schulmeisters* (Bern 1838/39). Postls Erstling belegt, daß man in der Biedermeierzeit keinen scharfen Unterschied zwischen Publizistik und Erzählprosa machen kann, am wenigsten bei den Theologen, von denen man eine nützliche Belehrung des Volkes erwartete. Entsprechend hat die Sealsfield-Forschung die vielen Parallelen zwischen dem Amerika-Buch und den Amerika-Romanen, besonders den *Lebensbildern* und dem *Kajütenbuch*, hervorgehoben[27]. Das Amerika, das wir kennenlernen, ist, wie später in den Romanen, der damalige Südwesten, die Länder, die durch das Flußsystem des Mississippi und die schon sehr zahlreichen, auf allen Flüssen fahrenden Dampfer verbunden sind. Das Buch enthält Informationen für den Auswanderer, die das Streben nach direkter Nützlichkeit belegen. So füllt der »Zolltarif der Vereinigten Staaten vom Jahre 1824« die fünf letzten Seiten des ersten Bandes. Auch der Text ist häufig katalogartig. Wir erfahren, daß der »Storekeeper... in den Land- oder Countrystädten« tausend Dollar zum Aufbau eines Geschäftes braucht: »Er muß alles Mögliche in seinem Laden haben, wenn er gedeihen soll. Weißer und brauner Zucker, Kaffee, Thee, Gewürze, Teller, Schüsseln, Töpfe...« (T. I, 12. Kap.). Die Aufzählung geht noch eine halbe Seite weiter. Auch in den Romanen erscheint eine Fülle von Einzelheiten (Detailrealismus). Dort ist die übergreifende, oft begeisterte und ideologisch überhöhende Erzählung als »dialektische« Ergänzung der Detailinformation selbstverständlich. Doch fehlt sie auch im Amerika-Buch nicht.

Der zweite Teil besteht, wie ein weiter Bereich in den Romanen, aus Reisebeschreibungen, die nicht subjektiv »geistreich« im Sinne des Heineschen »Reisebildes« und der Laubeschen »Reisenovelle« (vgl. Bd. II, S. 249 ff.) sind – die Reaktionen des reisenden Erzählers fehlen –; aber der spätere Dichter übt sich in verschiedenen »Tönen«, besonders wohl im satirischen. So gibt es z. B. schon die Kentuckier-Satire (*Die Vereinigten Staaten*, T. 2, 7. Kap.: »Skizzen von Kentucky«), die später in der Ralph Doughby-Gestalt künstlerisch kulminiert und zugleich politisch wird (*Lebensbilder*, s. u.). Der Stil dieser satirischen Bilder verrät insofern den späteren »Epiker«, als der Erzähler weniger zur Pointierung in der Art der jungdeutschen Witzkultur als zur Rückführung der Erzählung in die Alltäglichkeit neigt: »Der baumstarke Kentuckier faßte mich um die Mitte des Leibes und war im Begriff, durch die Thür zu gehen [um eine Axt zu holen], als mehrere von der Gesellschaft mir zu Hülfe kamen, und ihm den Weg versperrten.« Es ist anzunehmen, daß der Erzähler, wie alle Verfasser von Reisebeschreibungen, solche Anekdoten nicht immer erlebt hat, sondern öfters fingiert. *Schon durch die Wahl der Reiseform ist der Fiktion Tür und Tor geöffnet und der Übergang zum Roman eingeleitet.* Die Heldenverehrung der Romane bahnt sich im Amerika-Buch gelegentlich schon an, nicht nur im Schlußkapitel, das über Jacksons Schlacht von New-Orleans berichtet, sondern auch in schlichter, karitativ-christlicher Gestalt. So hört man etwa den Preis eines Paters Antoine in New-Orleans: »Er ist ein wahrer Vater der Kranken, Hülflosen und Verlassenen. Der Tod scheint über diesen in Wahrheit ehrwürdigen Greis keine Gewalt zu haben, so sehr und häufig er sich ihm bei den fürchterlichsten Verheerungen des gelben Fiebers auch aussetzte. Ich sah ihn das erstemal bei einem öffentlichen Gastmahl, wozu er gleichfalls geladen war. Er hatte seinen Sitz dem Governor gegenüber, an der Seite des Maire von New Orleans, und das Betragen der Gesellschaft gegen diesen Greis, der auch hier in seiner Kutte erschien, zeugte von so hoher Achtung, daß man sich über ihn und die Gesellschaft selbst, die sich so benehmen konnte, gleich freuen mußte.« In einem Stil, der sehr viel schmuckloser ist als der spätere, wird also da und dort schon Amerika gefeiert, hier durch die Beschreibung einer Gesellschaft, in der nicht der Stand oder das Amt, sondern die außerordentliche, tapfere, zur Aufopferung bereite Persönlichkeit zählt.

Mit der gleichen Jahresangabe (1828) und am gleichen Ort (London) wie die englische Fassung des Amerika-Buches erschien das Gegen-, ja fast Schreckbild *Austria as it is: or Sketches of Continental Courts. By an Eye-Witness*, ohne Nennung eines Verfassers. Es ist bezeichnend, daß der Kampf zwischen Preußen und Österreich, den Bismarck mit staatsmännischer Mäßigung führte, zu keiner Veröffentlichung dieser Anklage in deutscher Sprache führte. Die realistische Mäßigung hätte nach 1848 die Kampfschrift als lächerlich übertrieben und unnötig provozierend erscheinen lassen. Erst nach dem Untergang des Habsburgerreiches (1919) erschien die vollständige deutsche Übersetzung, und zwar in einem Wiener Verlag (Anton Schroll) [28]. Französische Übersetzungen des Werkes kamen dagegen schon 1828 in Paris und 1830 in Brüssel heraus; sie fanden den Weg in das deutsche Bundesgebiet, was aus einer Notiz der k. k. obersten Polizei- und Zensur-Hofstelle hervorgeht[29]. Daß Wiener Buchhandlungen die angriffslustige Schrift an sichere Kunden vertrieben, ist in den Augen der Polizeigewaltigen natürlich »eine höchst unpatriotische Haltung«. Es ist jedoch ziemlich deutlich, daß Postl nicht so sehr sein Vaterland Österreich, als das Metternichsche System und besonders Metternich selbst treffen will. Er widmet ihm ein besonderes Kapitel, das sechste. Die Stelle über dessen »unnachahmliche Liebenswürdigkeit in der Lüge« ist berühmt geworden. Metternich ist »als Diplomat und politischer Intrigant« »einzig«, als »Staatsmann« [!] aber ist er »sehr unbedeutend«. Die österreichische Feudalschicht als solche, die ja eine Stütze des Josephinismus war und der Postl viel Weltkenntnis, wohl auch direkte Unterstützung bei der Flucht verdankte, wird mit Hochachtung behandelt. Postl stellt sie neben die Aristokratie von England, womit im Zeitalter des Germanismus und der Anglomanie ein beträchtliches Lob ausgesprochen war. Der Verfasser trennte sich mit dieser Schrift nicht vollständig von seiner österreichischen Vergangenheit; er rächte sich nur an den Trägern der Restauration, die ihm seine Laufbahn in der Heimat verdorben hatten, und er half, genau wie in dem Amerika-Buch, seinen Parteifreunden, indem er Einfluß auf die Weltmeinung zu gewinnen versuchte. Heine und Börne hatten ja eben in diesen Jahren bewiesen, was eine gewaltige Feder vermag.

Sealsfield zeigt sich auch in diesem Buch nicht als Meister des witzigen Stils; aber der hyperbolischen Neigung, die in ihm liegt und die ihn mit dem von ihm geschätzten Börne verbindet, gibt er in dem zweiten politischen Buch spürbar nach, etwa in dem Porträt des Kaisers Franz, das auch insofern der deutschen Tradition zuwiderläuft, als man sonst alle Schuld auf die bösen Ratgeber zu häufen pflegte und im besten Fall die Fürsten als leichtsinnig schilderte, wie Lessing in *Emilia Galotti*. Bei Sealsfield ist der sich offenherzig, volkstümlich, »patriarchalisch« gebende Kaiser Österreichs ein zugleich brutaler und verschlagener Tyrann. Nach der Schilderung seiner Leutseligkeit mimenden Fahrt durch die Hauptstadt in einer altmodischen Kalesche fährt der Pamphletist so fort: »When you see sovereigns and princes approaching him with that awe and shyness which mark a decided distrust, and he himself just as plain, even as gross, as if he spoke to the least of his subjects, you feel convinced that there is occasion for being on your guard, against an openness which might send you in the plainest way into the dungeons of Kunkatsch, Komom, or Spielberg. He is certainly not a hypocrite, but there is a wiliness and a innate deceit in him, which baffles the keenest eye, and really deceived Napoleon. Even his own family trust him little; and though his intercourse with them is plain, and they mix on familiar terms, yet they always keep their distance« (5. Kap.). Die Umdeutung des patriarchalischen Kaiserbildes stützt sich selbstverständlich nicht auf die beanspruchte Autopsie; denn Postl verkehrte weder am Hofe noch in der kaiserlichen Familie. Aber die Satire überlagert sehr geschickt das offizielle Bild. Die vielgerühmte Offenheit des Kaisers verwandelt sich in offene Brutalität. Der Dichter dachte dabei z. B. daran, daß abtrünnigen Mönchen kein Bürgerrecht gewährt wurde, sondern daß sie auf persönlichen Befehl des Kaisers und mit Hilfe der Polizei wieder in bestimmte Klöster gesteckt und dort wie Gefangene gehalten wurden. Es ist ein Zeichen von Sealsfields seelischer Gesundheit, daß er sich die Angst, die er auf der Flucht ausgestanden hatte, so schlicht zurückschlagend von der Seele schreiben konnte. In dieser Subjektivität, aber auch in dem Verzicht auf den Charakter eines halbwissenschaftlichen, orientierenden Sachbuches, in der Wahl der Reiseform für die *gesamte* Schrift liegt eine weitere Annäherung an den vorkünstlerischen (rhetorischen) Roman der Biedermeierzeit.

Ein interessanter Aspekt des Österreich-Buches liegt noch darin, daß Postl in dem ersten Kapitel seine Reiseerfahrungen in Südwestdeutschland aus dem Jahr 1826 benützt. Er hat bei dieser Gelegenheit auch die Landschaft erlebt, in der Büchner wenige Jahre später kämpfen und leiden wird, und er betont, wie der Verfasser des *Hessischen Landboten,* das Mißverhältnis zwischen der vorindustriellen Kultur Deutschlands und dem Aufwand der Fürsten. Die ohnehin armen Bauern müssen alle Lasten der 36 Fürstenhöfe tragen, weil es noch keine wohlhabende Bürgerschicht gibt*. Es wäre nun allerdings eine Täuschung, wenn man glauben wollte, Postl sei ein prinzipieller Gegner der Monarchie. Im Vorwort des Österreich-Buches bekennt er sich ausdrücklich zu einer Monarchie mit Gewaltenteilung. Was er bekämpft sind die *vielen* Fürsten und der Despotismus in gebildeten Ländern, die schon eine liberalere und rationalere Regierungsweise ermöglichen. Für diese bewußte Knebelung der natürlichen Entwicklung macht er Österreich und Rußland verantwortlich. Die Ansätze zur konstitutionellen Monarchie in verschiedenen deutschen Kleinstaaten nimmt er nicht ernst. Der Österreicher weiß, daß das Schicksal Europas von Machtfragen und damit von den Großstaaten abhängt. Freundlich gesehen wird noch, im Gegensatz zu den oft britenfeindlichen Romanen, *England,* in dem das Österreich-Buch erschien und dessen Politik gegen die Heilige Allianz unterstützt werden soll: »Europe's hope rests on the proud rock of Albion. But the tide runs towards America, and, perhaps, before two centuries shall have elapsed, the Genius of Europe, to avoid Scythian fetters, will have alighted on the banks of the mighty Mississippi. May the Genius of Europe never fly from this noble, proud, and happy Island! may it for ever be what it has shown itself – the Bulwark of Liberty!« Diese Huldigung wird am Ende des I. Kapitels eingeschoben, ehe die Reise von dem wohlhabenden und aufgeklärten Sachsen nach Österreich selber führt.

Es ist selbstverständlich, daß ein Buch, das nicht nur deutschen Einwanderern Ratschläge gab, sondern zugleich energisch in die Innenpolitik der USA eingriff, auch für den englischen Markt geeignet war. Noch selbstverständlicher ist, daß ein Buch gegen Österreich aus Zensurgründen nicht in deutscher Sprache erscheinen konnte, sondern auf die Verbreitung in englischer und französischer Sprache angewiesen war. Eine ganz andere Frage ist, ob Postl auch mit der nun einsetzenden *Erzählprosa* aus dem deutschsprachlichen Mitteleuropa auswandern wollte. In belletristischer Hinsicht gab es nämlich den heute so gern vorausgesetzten Gegensatz zwischen einem unterentwickelten Deutschland und einem industriell-demokratischen Westeuropa nur bedingt. Die Biedermeierzeit, d.h. die Epoche der westeuropäischen Romantik, ist durch einen regen literarischen Austausch innerhalb ganz Europas gekennzeichnet. Westeuropa rezipierte die klassisch-romantische Literatur, z.B. Goethe, Hoffmann, Heine, und Deutschland stand, wie alle europäischen Länder, in der Erzählprosa unter dem übermächtigen Einfluß des Tory Scott, der nicht nur den »romantischen« historischen Inhalt zur allgemeinen Mode machte, sondern vor allem auch eine *neue Romanform, die dem kollektivistischen Bedürfnis der nachnapoleonischen Zeit gerechter wurde,* durchsetzte. Dilettanten wie der jungdeutsche Wienbarg beschimpften den Meister; alle dagegen, die selbst Meister

---

* »What an influence such a system must necessarily produce on the brave and generous Germans, I need not observe. Poverty, smuggling, with all the train of vices incident to such a policy, are the evils resulting from it. In Germany it is not the mechanic nor the manufacturer, as in Great Britain or France, who is subject to periodical distress; it is the farmer, the proprietor of his estate; it is the very heartblood of the country, which is exhausted beyond any idea. There is, generally speaking, an absolute poverty – none are wealthy but the thirtysix sovereigns of this country.« Manchmal verführt den Autor, wie in den Romanen, seine hyperbolische Neigung schon zu unfreiwillig komischen Äußerungen, z.B.: The »Swabians, are certainly the poorest creatures in the world, and, except one wealthy bookseller, there is not a rich man in the kingdom« (beide Zitate Kapitel 1). Es sollte wohl eine Schmeichelei sein; aber ich glaube nicht, daß solche seltsamen Behauptungen Postls publizistischen Kredit im Cotta-Verlag verbesserten.

oder zur künftigen Meisterschaft berufen waren – an ihrer Spitze Goethe – erfaßten Scotts romangeschichtliche Bedeutung oder lernten praktisch von ihm (vgl. Bd. II, S. 806 f., 844 ff.).

Aus Postls nicht eben diplomatischem, sondern im selbstbewußten Geiste des künftigen Meisters
gehaltenen Briefe an Cotta vom 3. 1. 1828 geht eindeutig hervor, daß er seine Erzähllaufbahn in
deutscher Sprache, und zwar sogleich nach den politischen Büchern, antreten wollte. Cotta weiß
seine Dienste als Amerika-Korrespondent nicht zu schätzen. Er hat ihn finanziell im Stich gelassen.
»Durch die 7 Wochen, durch welche ich die Einsendungen machte, mußte ich jede Woche 5 Dollars
Kostgeld und für 7 politische und 3 beletristische Zeitungen für 2 Monate 20 Dollars bezahlen.«
Deshalb hat er Philadelphia – eine Art kultureller Metropole für die deutschen Auswanderer – verlassen müssen. Er ist, um billiger leben zu können, »nach Hause«, d. h. in die Südstaaten (nach Kit-
taning) gereist, und dort hat er »das Werk *Canondah* beinahe geendigt«. Nach weiteren Hinweisen
auf seine Geldnot – »Ich bin verglichen mit E. H. nur ein armer Wicht« – gibt er eine Beschreibung
des Buches, an dem er arbeitet: »Es ist ein Werk, das die häuslichen, politischen, religiösen Verhältniße der westlichen Bewohner der V. St. so wie ihre Verbindung und Verhältniße mit den *Indianern*
charakteristisch darstellt, mit den Charakterzügen der Indianer – das ganze ist in einem *Roman* auf
die Art wie *Corinna* eingekleidet. Es ist bei weitem das beste Werk, das ich geschrieben, und ich bin
gewiß, es wird Ihren Beifall erhalten, und in Deutschland aufsehen erregen.« Das aus der Rhetorik
stammende Wort »eingekleidet« ist vollkommen ernst zu nehmen. *Es besagt, daß der Autor seinen
publizistischen Auftrag nicht aufgeben, sondern,* völlig in Übereinstimmung mit dem zeitgenössischen Begriff der Erzählprosa (vgl. Bd. II, S. 820 ff.), *in Romanform weiterführen will.* Daß Sealsfields Übergang zur Erzählprosa kein Abschied von der Publizistik sein sollte, bezeugt auch das Angebot eines neuen Amerika-Buches, das er dem zweitberühmtesten deutschen Verleger der Zeit,
Brockhaus in Leipzig, am 28. 3. 1829 unterbreitete (»Hülfsbuch für Auswanderer in die Ver. Staaten oder Uibersicht derselben in ihrem gegenwärtigen Agricultural usw., Zustande«). Sein erster
nichtösterreichischer Aufenthaltsort nach der Flucht war Stuttgart gewesen, und es erscheint als ein
verständliches Bedürfnis, von dem mißtrauischen Cotta, der seine Vergangenheit wahrscheinlich
kannte, loszukommen. Wenn er dem Leipziger Verleger ein Buch anbot, dessen Absatz man für
bombensicher halten konnte, so bedeutet dies nur, daß er mit ihm ins Geschäft kommen wollte, nach
der förmlichen Aufkündigung seiner Dienste für Cotta am 18. 9. 1828. Brockhaus erschien ihm vielleicht als der modernere Verleger. So waren z. B. *Die Blätter für literarische Unterhaltung,* die der
Leipziger Verlag herausgab, für das Ansehen eines Autors, und gerade auch eines Erzählers, wichtiger als das schon etwas angestaubte *Literaturblatt des Morgenblatts,* das der christlich-teutsche
Menzel redigierte (vgl. Bd. II, S. 70 f.). Postls Vorstoß war ein guter Schachzug. *Aber beide Verleger
versagten gegenüber der Chance, die sich ihnen bot,* und dies ist wohl der einzige Grund für die Tatsache, daß Sealsfield seine Laufbahn als Erzähler in englischer Sprache, und das heißt doch für einen
Deutschen *mit halber Kraft* begann.

Man mag auf diese Interpretation erwidern, daß seine Erzählung *Joseph und William,* die am 18.
4. 1828 im *Morgenblatt* mit einem Motto von Scott, erschien, auch noch nicht den ganzen Sealsfield
zeigt. Es ist die typische Mord- und Schauergeschichte der Almanache, in exotischer Verbrämung.
»Eine nordamerikanische Geschichte« nennt sie der Erzähler; wir können sie als Vorstudie zur Geschichte des Mörders Bob im *Kajütenbuch* ansprechen [30]. Sealsfield hat die Nachbarschaft mit der
Trivialliteratur nie ganz aufgegeben, was eben auch das berühmte *Kajütenbuch* belegt. Aber einmal
ist daran zu erinnern, daß die Kriminalgeschichte in der Biedermeierzeit noch keine spezielle und
dadurch trivialisierte Gattung war, sondern, wie z. B. *Die Judenbuche* und *Lucie Gelmeroth* bezeugen, die ernstesten Probleme berührte und damit auch die Meister zu Experimenten verlockte (vgl.
Bd. II, S. 939). Zum andern ist festzustellen, daß Sealsfield, ähnlich wie Gotthelf, sich erst in der breiten, »welthaften« Form des Romans aussprechen konnte. Eben die *Universalform* des späteren
Sealsfieldschen Romans findet man in seinem schon erwähnten Bericht über *Canondah* skizziert
(»die häuslichen, politischen, religiösen Verhältniße« s. o.). Wichtig ist diese Beschreibung seines
Romanplans auch deshalb, weil sie an den Titel des Amerika-Buches anklingt und damit die publizistische Absicht des Sealsfieldschen Romans verrät. Das angegebene Vorbild *Corinne ou l'Italie*
(1807) paßt genau in diesen Zusammenhang. Madame de Staël hatte, in der Einkleidung eines ro-

mantisch-emanzipatorischen Briefromans, der Motive der *Lucinde,* des *Godwi,* des *William Lovell* französisch aufbereitete, das italienische Leben, die italienische Landschaft, die italienischen Kunstschätze in zahllosen Details erschlossen und so der europäischen Italienromantik zum Durchbruch verholfen. Daß die Madame de Staël bewußt publizistische und poetische Absichten miteinander verband, ergibt sich schon daraus, daß sie ja (in publizistischer Form) auch das verachtete Deutschland ihren Landsleuten vorstellte und damit unserer klassisch-romantischen Literatur den Weg nach Frankreich und England öffnete. *De l'Allemagne* (1810 in Druck gegeben, von Napoleon verboten, 1813 in London gedruckt) ist eine der Voraussetzungen der französischen Romantik. Heine konkurrierte bei seiner Vermittlung zwischen Frankreich und Deutschland mit dem publizistischen Vorbild der Staël[31]. Postl dagegen schloß sich an das rhetorisch-*epische* Vorbild der Französin an; er nahm sich vor, die Vereinigten Staaten in Romanform seinen Landsleuten zu erschließen, und er hielt über harte Jahre der Emigration hinweg an diesem Vorsatz fest*.

Die ersten Romane

Die Spezialisten sind sich wohl darin einig, daß nicht der Roman *Tokeah, or the White Rose* (1829), sondern die deutsche Bearbeitung *Der Legitime und die Republikaner* (1833) Sealsfields spätere Meisterwerke ahnen ließ. Ein Legitimer, das heißt ein auf überholten Rechten bestehender Aristokrat, ist der Indianerhäuptling Tokeah. Er hätte die Möglichkeit, sich der Aufklärung, der Zivilisation, die ihren Siegeszug in Amerika hält, anzuschließen und, wie so viele aus andern Völkern, ein gleichberechtigter Bürger der Vereinigten Staaten zu werden. Aber er bleibt ein unbelehrbarer Wilder; ja, er stellt sich, durch den Versuch, seine weiße Pflegetochter Rosa, die ihren reichen Vater wiederfand, zu töten, außerhalb jeder menschlichen Ordnung. Die stolze Vereinsamung und der Untergang des Wilden wird mit rührenden Zügen ausgestattet, aber trotz gelegentlicher weltgeschichtlicher (hegelianischer) Perspektiven nicht eigentlich tragisch dargestellt. Gerade hinsichtlich der sentimentalen Tönung steht der Erzähler noch im Banne Coo-

---

* Selbstverständlich sind die englischen Versuche auch eine Schule des Erzählers Sealsfield gewesen. Für den Sealsfield-Spezialisten sind sie von höchstem Interesse, ob nun, wie schon in den politischen Büchern, der Landschafter sich regt, z.B. in der Donaulandschaft »Early Impressions«, ob eine Vorform des Indianer-Romans, d.h. die Cooper-Schule, greifbar wird (»A tale of wilderness«), ob die Liebesszenen, die die »ethnographischen« Romane beliebter machen sollen, eingeübt werden (»Flirtation«, »A sketch from life«), ob eine im »Morton« wiederverwendete Nachahmung von Balzacs »Gobseck« auftaucht (»The little grey landlord«) oder ob Sealsfield dem von dem späteren Erzähler konsequent verdrängten zeitgenössischen Byronismus (Pessimismus) nachgibt, wie in der erwähnten Balzac-Nachahmung selbst und in drei anderen Erzählungen, die ebenfalls in dem angesehenen »Englishman's Magazine« 1831 erschienen. Für unsern Zweck mögen diese Andeutungen genügen; denn noch streiten die Spezialisten um die Autorschaft Sealsfields im einzelnen und noch sind die Erzählungen in keiner seiner Ausgaben zugänglich. Da in der Arndtschen Ausgabe, vielleicht mangels Masse, kein Band »Frühe Erzählungen« angekündigt ist, wird man sie dort wohl bei der Journalistik im Band 24 finden, soweit Sealsfields Autorschaft einigermaßen gesichert erscheint. Der Indianerroman »Tokeah or the White Rose« (1829) ist ein typisches Produkt der Cooper-Schule und insofern nicht so interessant wie einige der frühen Erzählungen. Literarhistorisch wäre nicht nur ein Vergleich mit englischen Vorlagen, sondern auch ein solcher mit Häring-Alexis empfehlenswert; denn auch dieser Erzähler begann mit Novellen, und auch er ging in die Erzählschule Englands.

pers, den er trotz seines Weltruhms frühzeitig kritisierte. Eigener und wertvoller ist schon in diesem Roman die Schilderung der freiheitsliebenden Amerikaner und ihrer Bewährung während der britischen Intervention von 1814. Der Führer in diesem Kampf, General Jackson, 1828 amerikanischer Präsidentschaftskandidat, wird im Roman ebenso gefeiert wie im Amerika-Buch; und Castle möchte den Roman auf Grund dieses aktuellen Bezugs »geradezu als eine Agitations- und Propagandaschrift eines eifrigen Parteigängers der Demokraten bezeichnen« [32]. Wir wissen schon, daß die Frage Publizistik und Roman doch etwas komplizierter liegt. Postl versucht, seine Propaganda in die modische Form des Romans, vorläufig eines rührenden Indianerromans, einzukleiden, und es ist schon jetzt nicht nur eine Propaganda für seine Partei, sondern für Amerika überhaupt[33]. Im Gegensatz zur englischen Fassung hat die deutsche ein provozierendes Wort von Jefferson zum Motto: »Ich zittere für mein Volk, wenn ich der Ungerechtigkeiten gedenke, deren es sich gegen die Ureinwohner schuldig gemacht hat.« Der Erzähler gibt also zu verstehen, daß hinter der Indianerromantik die Gewissenserforschung steht, daß nicht nur von Abenteuern, sondern von einem Zentralproblem der nach Westen ausgreifenden Vereinigten Staaten die Rede ist. Aber dieser seiner gesamten Erzähldichtung zugrunde liegende Versuch, die Publizistik im Unterhaltungsroman zu integrieren, ist noch nicht ganz überzeugend gelungen. Das abenteuerliche Indianermotiv und die geschichtlichen Vorgänge von 1812 sind trotz der biedermeierlich-familiären Zwischenwelt um Rosa und trotz der mächtig hervortretenden Figur des Majors Copeland, der die USA Jacksons, entsprechend der Scottschen Romantechnik, im Vordergrund vertritt, wohl kaum genügend verbunden.

Es lag nicht im Wesen des naiven Dichters Postl, die abenteuerlichen Motive zu vermeiden und einen reinen Geschichts- oder Gesellschaftsroman zu schreiben. Seine *Tendenz zur Mischung der Elemente* müßte von der Sealsfieldforschung noch stärker beachtet und ehrlicher diskutiert werden; denn sie ist für diesen Erzähler grundlegend. Aber gerade die amerikanische Welt bot ihm genügend Lebensräume, in denen das Gesellschaftliche und Politische selbst abenteuerlich, d. h. farbig, bunt und bis zur Unwahrscheinlichkeit hart, grausam und gefährlich war. Schon aus diesem Grunde hatte Sealsfield stets ein großes Interesse für den nordamerikanischen Süden. Sein zweiter Roman *Der Virey und die Aristokraten* (1834) führt nach Mexiko und versucht auf diesem ganz exotisch gesehenen Hintergrund die politischen Kämpfe zwischen Spaniern und Kreolen, Absolutismus und Adel während des besonders bewegten Krisenjahres 1812 darzustellen. Der Dichter geht von dem Standpunkt aus, daß die abergläubisch-katholischen und in ihrer Masse verwahrlosten Mexikaner *nicht* zur Selbstregierung fähig sind. Was den Deutschen zu Unrecht vorenthalten wird, ist hier unmöglich. Die national-aristokratischen Tendenzen Postls, sein heimliches Deutsch-Österreichertum, lassen sich an diesem Roman besonders klar erkennen. Mexiko, dessen grandiose und fruchtbare Landschaft in feurigen Farben dargestellt wird, könnte ein Paradies sein; es ist aber von Lastern, Krankheiten und Exzessen der Grausamkeit heimgesucht, ein wahrer Hexenkessel, und muß es wohl bleiben. Daher liegt die Sympathie des Erzählers bei dem klugen Conde de San Jago, der sich zwischen dem selbstherrlichen spanischen Virey und den unfähigen Demokraten die stärkste Machtstellung schafft und schließlich die Mitregierung des

Adels, der reichen Landbesitzer erreicht. Jago, der vollkommene Weltmann und Diplomat, der auch die Macht des Geldes genau abzuschätzen und im richtigen Augenblick zur Geltung zu bringen weiß, ist ein typisches Wunschbild des Dichters. Dazu paßt, daß er ihn frei erfunden hat[34], was die Feststellung, »das Geschichtsbild« in diesem Roman sei »im großen und ganzen richtig«[35], doch etwas schematisch erscheinen läßt; denn an dieser Stelle müßte die Diskussion über Sealsfields »Realismus« erst beginnen. Wie Mexikos Volk ins Finstere stilisiert wird, so dieser Held ins Lichte*. In einer Gesellschaft, die sonst von Leidenschaften aller Art aufgewühlt und ganz chaotisch erscheint, ordnet der Conde kühl besonnen die Fäden. Auch was an Frauen und exotischer Liebe erscheint, ist diesmal ganz in den Zusammenhang einbezogen; es dient nur der Vergegenwärtigung der berauschten und doch unerbittlichen Atmosphäre Mexikos. Das Ineinander von Trunkenheit und Intrige ist das eigentliche Prinzip des Romans, auch in kompositorischer Hinsicht. Es liegt im Wesen, auch in der Absicht dieses Dichters, daß er sich nicht an jeder einzelnen Stelle um Klarheit der Darstellung bemüht. Der Leser glaubt oft, inmitten so überschwenglicher Szenen den roten Faden verlieren zu müssen; am Ende aber erkennt er, daß der Erzähler wie ein Ballettmeister im rauschenden Tanz die Bewegungen nie aus den Augen verlor und in einer ganz bestimmten Richtung dirigierte. Postls oft beobachtetes barockes Erbe, die Mischung von Glut und Rationalität, die Neigung zu *gelenkter,* («rhetorischer«, »theatralischer«) Exzentrizität kommt in diesem Werk besonders rein zur Geltung. Auch sein direktes Vorbild Walter Scott – er hält den Aufstieg der Romangattung für sein Verdienst (s. u.) und verehrt ihn neben Goethe und Shakespeare als »klassischen« Dichter[36] – begünstigt seinen Willen zur konstruktiven Bewältigung der chaotisch drängenden Wirklichkeits- und Seelenfülle. Nach den Maßstäben der realistischen Kritik war *Der Virey* seine beste Erzähldichtung[37].

Dieser Roman macht die Vorstellung von einem Kompositionskünstler Sealsfield verständlich. Aber man sollte sie nicht überschätzen und verallgemeinern. Denn einmal bestehen bei einem so rasch arbeitenden Romancier immer Unterschiede zwischen dem Wollen und dem Vollbringen; manche kompositorische Absicht wird nicht voll und gültig realisiert. Zum anderen ist gerade in der mittleren und besten Zeit von Postls literarischer Tätigkeit ein bewußtes Abrücken vom Ideal des dramatischen Romans nicht zu übersehen. Schon in den jetzt gewählten Titeln *(Transatlantische Reiseskizzen, Neue Land- und Seebilder, Lebensbilder aus beiden Hemisphären)* kommt zum Ausdruck, daß der Erzähler das *Nebeneinander der Teile* bewußt verstärkt, einfach deshalb, weil er näher an die Wirklichkeit herankommen möchte und die von Jean Paul empfohlene Form des dramatischen Romans als beengend empfindet. Das »Genrebild« war für Postl und

---

* Man weiß, wie gesagt, nicht einmal sicher, ob Postl in Mexiko war, was er im Vorwort behauptet, oder ob er Reisebeschreibungen benützt hat, wie in andern Fällen auch. Autopsie ist bei diesem Erzähler immer ein sehr schwieriges Problem, weil er mit großer Selbstverständlichkeit alles benützt, was die damals kulminierende Reisebeschreibung (vgl. Bd. II, S. 238–277) bietet. Die merkwürdige Mischung von Publizistik und »Poesie« – der Begriff verbindet sich gerade auch mit dem Phänomen des Südens – erscheint in dieser zeitgemäßen Arbeitsweise erneut. Es ist eine aus der Aufklärung stammende, aber mit Hilfe der romantischen Vorstellung von (Universal-)Poesie theoretisch und praktisch modernisierte Synthese.

seine Zeit ein gängiger literarischer Begriff (vgl. Bd. II, S. 794–802). Genrebilder sind in den vierziger Jahren die große Mode, auch auf dem Volkstheater (Einfluß auf Nestroy, vgl. o. S. 234 ff.). Besonders in der Erzählprosa bereiten die zum Genrebild stilisierten Beobachtungen den Nachmärz-Realismus vor.

Morton oder die große Tour, zuerst (1835) in den *Lebensbildern aus beiden Hemisphären* erschienen, wurde später als selbständiger Roman aufgelegt, vermutlich deshalb, weil er in Amerika *und* Europa spielt, die *internationale* politische Macht der verbündeten Großkapitalisten zum eigentlichen Thema hat und so zu dem neugewählten Titel des Cyklus *(Lebensbilder aus der westlichen Hemisphäre)* nicht mehr paßte. Postl berührt sich bei dieser Gelegenheit mit Balzacs Gesellschaftsanalyse, ja, er hat unmittelbar Motive aus dessen *Scènes de la Vie privée* benützt[38]. In dem unscheinbar lebenden, aber unerhört mächtigen Londoner Bankier Lomond, zu dem selbst der große amerikanische Geldmann Stephy bewundernd aufblickt, zeichnet Postl eine der einprägsamsten Kapitalistenfiguren der deutschen Literatur. Die psychologische Analyse des alten Machthabers, in die auch erotische Motive einbezogen werden, verrät die raffinierte Schule Balzacs. Doch der theologische Ausgangspunkt des deutschen Erzählers führt bezeichnenderweise, wie bei Gotthelf, zu einer nicht so sehr realistischen als romantisch-dämonisierenden Darstellungsart. Gerade dies Buch war den programmatischen Realisten ärgerlich, ein Relikt der Romantik (s. o.). Lomond verwandelt sich unversehens zum Teufel, das Londoner high life zur Hölle; die »Poesie« des Geldes, von der Lomond spricht, ist nichts anderes als diese Dämonisierung der »Geldmacht«. Wir sollen vor diesen verborgenen Giganten der Weltpolitik staunen und erschauern. Trotzdem wird man kaum von einer »Entlarvung der Weltplutokratie«[39] im Sinne einer sittlichen oder sozialistischen Tendenz sprechen dürfen; denn *der Erzähler zeigt sich selbst von der neuen Weltmacht des Geldes berauscht,* und Morton, der junge Mann aus guter Familie, der sein Vermögen verlor und es sich im Geheimdienst der Kapitalisten rasch zurückgewinnen kann, wird keineswegs bedauert. *Aus der frühromantischen Poesie der Religion, Liebe, Wissenschaft und Kunst ist, ähnlich wie bei Grabbe, eine Poesie der materiellen Macht geworden.* Wie dort der Krieg, so entscheidet hier die kapitalistische Strategie das Schicksal der Völker. Postl feiert Lomond und seine Verbündeten in Paris oder in den USA nicht so uneingeschränkt wie die Napoleonverehrer ihren Helden; aber es gibt in fast allen seinen Romanen Reflexionen, die an Grabbes Amoralismus erinnern und Ausdruck einer auf den Kopf gestellten Romantik, einer negativen Metaphysik sind*. Mor-

---

* Schon die Junghegelianer, die das realistische Programm ideologisch vorbereiteten, wurden der in »Morton« erkennbaren Spätromantik nicht gerecht: »Die Substanz, die sich hinter diesen Charakteren verbirgt, hat keine Schönheit, sie ist die schlechthin negirende Gemeinheit, eben weil sie das Zerfallen der ächten Elemente, die Entartung, begreift. Die Idee der Schönheit könnte also bloß nach der andern Seite hin sich manifestiren, in der Bedeutung, die jenem Grundgedanken gegeben ist für das reine Interesse des Geistes. Eine solche aber vermissen wir in dem, was von dem Buche vorliegt, durchgängig; wir haben bis jetzt nichts als unvermittelte Gegensätze, und dafern nicht ein neues Moment hinzutritt, müssen wir bei unserm obigen Urtheile stehen bleiben. Denn der Charakter der Geldaristokratie ist auch in dem edelsten Lichte, unter den vortheilhaftesten Beziehungen, an sich stets ein negirender« (Hallische Jahrbücher Leipzig 20. 9. 1836, Nr. 226, nach Reinhard F. *Spiess, Charles Sealsfields Werke im Spiegel der literarischen Kritik,* Verlag der Sealsfield-Gesellschaft

ton paßt sehr gut in das kühne, nicht nur in politischem Sinne revolutionäre Jahr 1835, in dem Heines programmatisches Buch *Zur Geschichte der Religion und Philosophie in Deutschland,* Straußens *Leben Jesu,* Grabbes *Hannibal, Dantons Tod* von Büchner, Gutzkows *Wally* erschienen und das mit dem Verbot der jungdeutschen Schriftsteller endete.

Das reife Erzählwerk

In den folgenden Jahren wird Postl, wie schon Castle festgestellt hat[40], etwas konservativer, und man braucht dazu weder seine »Altersreife« noch die Freimaurer zu bemühen; denn diese Beruhigungstendenz entspricht der allgemeinen Entwicklung in Deutschland wie auch in der Schweiz, wo sich Postl zu dieser Zeit, stetig fortschreitend, eingesponnen hatte*. 1835–37 erschien das Werk, das nach 1848 für einen buchhändlerischen Erfolg nicht mehr geeignet war und doch wohl als sein bedeutendstes anzusprechen ist. Sein endgültiger Titel (in den Gesammelten Werken Bd. 9–13, Stuttgart 1846) ist: *Lebensbilder aus der westlichen Hemisphäre.* Das riesige Erzählwerk hat alle Schwächen, aber auch alle Tugenden eines großen zeitechten Romans zwischen Romantik und Realismus. Der Titel ist sehr ernst gemeint: der Dichter bemüht sich um eine vielseitige und möglichst unmittelbare Vergegenwärtigung des amerikanischen Lebens. Daß Louisiana, am westlichen Unterlauf des Mississippi gelegen, im Vordergrund steht, und die eigentlichen Yankee-Staaten nur den mächtigen Hintergrund bilden, beweist die Bedeutung, welche, trotz aller literarischen Anleihen, Postls persönliche Beobachtungen für den Roman haben; denn den Süden Nordamerikas, in dem sein Landbesitz lag, kannte er

---

Stuttgart 1977, S. 76). Auch die Vollendung des Romans (Fragment s. u.) hätte dem »reinen Interesse des Geistes« (s. o.) kaum Rechnung getragen, da es dem Erzähler nicht darauf ankommen konnte, die von den USA aktiv mitgetragene kapitalistische Entwicklung eindeutig als geschichtliche Sackgasse zu verurteilen. Die Geldherrschaft bewies dem ehemaligen Theologen nur, daß das Böse in immer neuer Gestalt die Menschen verlockt. – Schließlich ist zu bedenken, daß der anspruchsvolle Erzähler auch die *Deutsch-amerikanischen Wahlverwandtschaften* nicht vollendete und vielleicht mit Hilfe des romantischen Fragmentarismus schlau sein geniales Image pflegen wollte. Die prinzipielle Anerkennung des Fragmentarismus durch Victor Hugo in seiner programmatischen Vorrede zu *Hernani* (März 1830) ist beste Pariser Schule und auch in Grillparzers Wien denkbar, aber bei halben Genies vom Typus Grabbe und Sealsfield völlig unangemessen: »Il [l'auteur] n'est pas de ces poètes privilégiés qui peuvent mourir ou s'interrompre avant d'avoir fini, sans péril pour leur mémoire; il n'est pas de ceux qui restent grands, même sans avoir complété leur ouvrage.«
  * Wie schon angedeutet, erschien vom »Morton« nur der 1. und 2. Teil. Nach einer Nachschrift zum 6. und letzten Band »Lebensbilder« ist die »Fortsetzung zwar fertig, bleibt jedoch, gewichtiger Gründe wegen, noch im Pulte« (nach Castle, Biographie S. 385). Was waren das für Gründe? Castle weiß es ganz genau: die Loge. »Zum erstenmal mußte er erkennen, daß er... mit dem Gehorsamsgelübde gegenüber der Loge eine neue, vielleicht noch härtere Knechtschaft [als im Kloster] auf sich geladen hatte« (Biographie S. 386). Wahrscheinlicher ist, wenn wir den bewußten Fragmentarismus (s. o.) ausschließen, daß der Verleger aus kapitalistischen Kreisen Druck erhielt und den Schluß nicht mehr veröffentlichen wollte. Möglich ist es schließlich auch, daß es dem Dichter wie seinem Landsmann Grillparzer ging, als der Kaiser den ihm unangenehmen »Treuen Diener« kaufen wollte. Ein solches Geschäft ist dem Wahlamerikaner zuzutrauen. Ich stelle diese Vermutungen an, um zu verdeutlichen, wie wenig wir noch immer hinter die Masken des »Unbekannten« blicken.

am besten. Er versucht den Lesern ein Bild vom Leben der Kolonisten zu geben, von ihrem Familienleben, ihren Negern, ihren Arbeiten, und von der großartigen Landschaft, in welche die Pflanzungen eingebettet sind. *Postl bevorzugt, wie die gleichzeitigen Vertreter der »Dorfgeschichte«, das Land* und hat es oft gepriesen, während er den größeren und älteren Städten an der Ostküste mit einem gewissen Mißtrauen gegenübersteht. Der *Pionier* ist der wahre Demokrat, Grundeigentum ist die Voraussetzung der Demokratie. Deshalb ist es ganz natürlich, daß den Franzosen die Bourbonen zurückgebracht worden sind. Wo die Massen nichts besitzen, ist ein König nötig: »Einen Herrn muß es haben, das belle France, da hilft nichts, und zwar einen starken Herrn« (*Ralph Doughbys, Esq. Brautfahrt*, 4. Kap.). Es ist die aus dem 18. Jahrhundert stammende Theorie, wonach die Demokratie nur in der Idylle möglich ist, während jede Zivilisation sie bedroht: »Der Senatorssohn baut seine Hütte [!] auf einem Stück Waldlande, das an die Besitzung des Sprößlings eines schottischen Viehtreibers anstößt; das Weib dieses war vielleicht die Magd der Senatorstochter, die sie nun als Nachbarin begrüßt und ihre kleinen Dienstleistungen mit dankbar-frohem Entgegenkommen annimmt. So befördert bei uns gewissermaßen die Notwendigkeit jenes republikanische Gleichheitssystem, das im Westen seine Wurzel ausbreitet, tiefer schlägt, während es im Osten, im Gewühle unserer Seestädte, bereits starke Stöße erleidet« (*Ralph Doughbys, Esq. Brautfahrt*, 9. Kap.). Der Dichter ist alles andre als ein Systematiker. Auch der Kapitalismus, wie wir schon wissen, ja sogar die Technik fasziniert ihn; sonst würden nicht so viele Szenen seiner Romane auf den Mississippi-Dampfschiffen spielen[41]. Aber *das Traumbild des Bauernsohnes ist eine aus Grundbesitzern bestehende Demokratie:* »Es ist diese Besitzung schlicht und bauerngutartig, wie sie im Vergleiche mit älteren aussieht, eine gedeihliche Besitzung, weit gedeihlicher als die alten; – es ist noch mehr, es ist unsere eigene Besitzung, unsere eigene Pflanzung, auf die wir mit dem Stolze, mit der Vorliebe eines Hausvaters, der seinen Haushalt gedeihen sieht, der seine Bäume selbst gepflanzt, seine Saaten selbst ausgestreut – schauen; in der wir zu Hause sind, auf der keine Schulden, keine Abgaben, keine Fronen lasten; ein Freigut in jeder Hinsicht, das nicht großen Herren, Kaisern, Königen, Herzogen, Grafen... gehört; wo wir nicht bloße Taglöhner, Mietsleute sind« (*Ralph Doughbys, Esq. Brautfahrt*, 3. Kap.). Es wird, wie man sieht, eine erhebliche Rhetorik zum Lob des neuadligen Landlebens aufgewandt. Ganz in diesem Geiste sind auch die ersten Teile der *Lebensbilder* gehalten. Sealsfield ist, trotz seines ausgeprägten Sinns für das Große in der Geographie und im Staatenleben, idyllischen Bildern ganz und gar nicht abgeneigt. Dies gilt nicht nur für die bereits erwähnten tendenziösen Negeridyllen, sondern auch für das gesellschaftliche Leben der Weißen. Freilich wirkt sich das große Land auch im Leben der Pflanzer aus. Man fährt nicht mit der Kutsche zum nächsten Marktdorf wie bei Gotthelf, sondern mit Kähnen oder Dampfschiffen zum großen Handelsplatz New Orleans. Der Red River, der Fluß Louisianas, und der gewaltige Mississippi sind die gewöhnlichen, nicht selten gefährlichen Verkehrswege. Normen des sittlichen Lebens sind nicht so leicht festzuhalten wie in Europa, denn die verschiedenen Völker haben ihre individuellen Gewohnheiten mitgebracht. Postl bekennt sich, wie wir bereits wissen, auf Grund seines Wahlpuritanertums und seines Germanismus offiziell zu den Grundsätzen der tugendhaften, lebenstüchtigen und mächtigen Yankees. Aber gerade dieser Roman beweist, daß der österreichische Dichter, mehr oder weniger offen, auch die lebenslustigen, nicht allzu fortschrittseifrigen, an Tanz und Kleidern hängenden Kreolen und Franzosen, besonders ihre Damen, liebt. Er stellt sie manchmal mit liebenswürdigem Humor, wenn auch selten ohne moralisierende Beleuchtung dar. Die eigentlichen Herren des Kontinents, die großen Kolonisatoren sind die Yankees. Um ihre homerische Urkraft darstellen zu können, greift der Dichter am Ende des Romans auf Vorgänge zurück, die er nicht aus eigener Anschauung kennen konnte. Der Squatter Nathan Strong, der den letzten Band des Romans beherrscht, ist eine der mächtigen, überlebensgroßen »mythischen« Gestalten der Vormärzliteratur. Er, der mit ein paar Nachbarn einer ganzen Heeresabteilung der Spanier standhält – Realismus und Heldenkult sind stets Gegensätze –, der Bäume fällt, als ob es Strohhalme wären, und mit ihnen im Nu Häuser und Straßen baut, der schließlich, als die geordnete amerikanische Verwaltung der Nordstaaten nach Louisiana übergreift, weiter in das noch nicht eroberte Texas zieht, um dort von neuem anzufangen, ist ein Urbild des Pioniers, des »frontier«. Bei einem Vergleich mit den dämonischen Kapitalistengestalten des *Morton* zeigt sich ein gewisser Zug zur Versittlichung. Mit Recht wird Nathan von einem begeisterten Zeitgenossen neben Immermanns Hofschulzen gestellt[42]. Auch Gotthelfs gewaltigem Hagelhans (vgl. u. S. 912) ist er ähnlich, insofern dieser, wie Nathan Strong, bei all seiner dämonischen Kraft und Isolierung, letzten Endes im Dienste der andern und der sittlichen Ordnung steht. Ich meine, daß die Zeitgenossen, die den *Nathan* für Sealsfields beste Dichtung hielten, im Recht waren (s. u.)*.

---

* Ich denke, im Unterschied zu Alexander Ritter, daß der Schluß des *Nathan* und damit der *Lebensbilder* ausgezeichnet ist und daß wir daher das *Kajütenbuch* nicht zum »Abschluß« der *Lebensbilder* machen sollten (Charles Sealsfield, in: Deutsche Dichter des 19. Jahrhunderts, S. 116). Wer eine offene Erzählstruktur bei Sealsfield anerkennt, sollte auch Verständnis für einen offenen Schluß haben (vgl. o. S. 170 das parallele Problem in Grabbes *Napoleon*). Sealsfields Erzählstruktur wird von Ritter treffend beschrieben und begründet (ebd. S. 110): »Die immer wieder variierte Gestaltung des historisch-politischen Entstehungsprozesses einer neuen Gesellschaft in den USA bedingt mit den ihr eigenen, einem Europäer nicht vertrauten Dimensionen die erzählerische Konsequenz der panoramatischen Mitteilung: Staatliche wie zivilisatorische Expansion und regionaldifferenzierte Entwicklung fordern Schauplatzketten, als Personen den Reisenden und die siedelnde Gruppe; bedingen in der Zeitgestaltung Parallelhandlungen, retrospektiv historische Austiefung und perspektive Prognose, damit verbunden die subtile Erzählerhierarchie; fordern in der Sprachgestaltung Sprachenvielfalt, individualisierendes Umgangsidiom, grammatische Großzügigkeit und haben generell für die Handlung zur Folge plot-Raster von berichtenden, reflektierenden, anekdotischen Teilen, d. h. die Episode als erzählerisches Mosaikteil eines in den Einzelpersonen und im Volk sich vollziehenden Werdens.« Ritters Stilbeschreibung paßt vor allem für die *Lebensbilder,* weniger für die frühen Romane und für den letzten, *Süden und Norden;* denn Sealsfields Werk zeigt doch einen gewissen Spielraum zwischen halbwegs geschlossenen und ganz offenen Romanen. Scharf davon zu trennen ist die Frage nach dem Gelingen der offenen Form *im einzelnen Fall.* Sealsfield rechtfertigt sein Abweichen vom normalen Roman – es ist zu jener Zeit vor allem an Scotts Muster zu denken – durch die Feststellung, daß »die Natur des Gegenstandes, den wir behandeln, auch die Form und Weise der Behandlung bedingen«. Ritter (ebd. S. 120) zitiert diese Äußerung und weist dadurch den Vorwurf der »Zuchtlosigkeit« zurück: »Sealsfields gerügte ›Zuchtlosigkeit‹ ist also nach seinen eigenen Worten Erzählprinzip...« Der erwähnte Vorwurf meint aber keineswegs die offene Form als solche, sondern z. B. die endlosen, oft funktionslosen Wiederholungen, besonders in den *Deutsch-amerikanischen Wahlverwandtschaften* und besonders in der direkten Rede. Vielleicht

Karl Postl. Charles Sealsfield

In dem Bande, der Nathan gewidmet ist, aber auch an anderen Stellen des Romans geht es oft abenteuerlich zu. Immer wieder hören wir von den elementaren Gefahren des amerikanischen Lebens, von den Überschwemmungen und natürlich von den Alligatoren des Mississippi, von den Orkanen, Steppenbränden, Sümpfen, Urwäldern, von der mörderischen Hitze, von den ansteckenden Fiebern, von Verbrechern aller Art; auch die sexuellen Gefahren, die von Farbigen und Mischlingen drohen, werden nicht ganz ausgespart. Der Dichter bemüht sich wirklich, ein Bild vom Ganzen, auch da wo es wild und unerhört ist, zu vermitteln. Und doch ist das verbindende Element aller dieser Vorgänge ein sorgfältig ausgestalteter *Gesellschafts- und Familienrahmen*. Man besucht sich gegenseitig auf den Pflanzungen, redet von Sklaven, Wirtschaftsgeschäften, Baumwollpreisen, Politik und ganz besonders von Heiraten. Sogar der wilde Kentuckier Ralph Doughby, der die Zentralfigur in einem Teil der *Lebensbilder* ist, wird verheiratet und erweist sich mit der Zeit als vortrefflicher Familienvater und Staatsbürger. Auch die Geschichte Nathan Strongs wird in einer familiären Gesellschaft erzählt. Am Ende erscheint der heroische Kolonist der Erzählung in ganz bürgerlicher Gestalt, und der Erzähler, der französische Graf Vignerolles, wird mit einer zweiten nachsommerlichen Ehe beglückt. Vielleicht versteht es der Dichter nicht vollkommen, die große Spannung zwischen der heroischen Binnenhandlung und dem Familienrahmen technisch zu bewältigen. Die Brücken, die der Rahmen schlägt, erscheinen uns, sobald wir realistisch-epische Ruhe und Stetigkeit erwarten, zu kühn, die Übergänge zu grell. Aber es hat wenig Sinn, den Rahmen überhaupt zu bedauern; denn wir erkennen in ihm das zeittypische (biedermeierliche) Bedürfnis nach Abdämpfung und Integration des Elementaren, das durch *Die schwarze Spinne* jedem besonnenen Leser vertraut ist. Die Rezensenten der Biedermeierzeit nehmen, so viel ich sehe, an diesem oft empfindsamen Familienrahmen keinen Anstoß, sondern rühmen Postls Vielseitigkeit, die Verbindung von Kraft und Zartheit. *Heldentum und Bürgertum widersprechen sich im Vormärz noch keineswegs*. Der Wille zur Einbeziehung und Versittlichung des Dämonischen erfaßt nicht nur einzelne Gestalten des Romans, sondern die ganze amerikanische Gesellschaft und das ganze Werk, das sie in einem symbolischen Ausschnitt vergegenwärtigt. Die *Lebensbilder* sind, wie Gotthelfs Romane und der

---

hielt sie der extrem mimische Österreicher für populär. Hier könnte eine Ursache für den Abbruch des voluminösen Experiments liegen – das auch in inhaltlicher Hinsicht gewagt war (s. u.). Der von Ritter zitierte Grundsatz, daß der Gegenstand die »Weise der Behandlung« bedingt, ist ein traditionelles rhetorisches Prinzip, das der »Deutlichkeit« dient und keineswegs zu der »Verworrenheit« führen muß, die man diesem Erzähler auch vorwirft. Die Verwirrung, die Dunkelheit, scheint sich, ähnlich wie bei der Droste (vgl. o. S. 607), aus dem irrationalen, barockmystischen Gemüt des Erzählers ergeben zu haben, ist also wohl kaum ein »Erzählprinzip«. Alfred Hartmann, dessen Berichte über Sealsfield m. E. zu den besten Quellen gehören, erzählt mit Bezug auf *Süden und Norden:* »Es gehörte zu den frommen Wünschen Sealsfields in einer neuen Ausgabe eine bessere Ordnung und einen größeren Zusammenhang in die üppigen farbenreichen Bilder der Natur und des Lebens des wunderherrlichen Gebirgslandes Oaxaca zu bringen, die dieser Roman enthält« (Gartenlaube 1864, nach Thomas Ostwald, Charles Sealsfield, S. 44). *Es scheint also eine ähnliche Spaltung in dem Dichter gewesen zu sein, wie in dem Denker.* Hartmann erzählt, daß er die »ritterlichen noblen Naturen« des amerikanischen Südens »trotz ihrer Wildheit« viel höher zu stellen pflegte als die »Geldseelen des Nordens«, fügt aber sogleich hinzu: »Sein Verstand hielt es dennoch mit dem Norden« (nach Ostwald, ebd., S. 59).

Oberhofteil von Immermanns *Münchhausen,* trotz ihres starken Wirklichkeitsgehaltes, eine Art Vorbilddichtung. Daher auch ihre Widmung: »Der zum Bewußtseyn ihrer Kraft und Würde erwachenden deutschen Nation sind diese Bilder des häuslichen und öffentlichen Lebens freier Bürger eines stammverwandten [!], weltgeschichtlich groß werdenden Staates als Spiegel zur Selbstbeschauung hochachtungsvoll gewidmet.«

Die verschiedenen Stilebenen: Texte

Wir halten hier inne, um am Beispiel des zweiten Teil der *Lebensbilder, Ralph Doughbys, Esq. Brautfahrt,* der bereits wiederholt zitiert wurde, die nur aus der Unruhe und dem Mannigfaltigkeitsideal der Biedermeierzeit zu erklärende Stilspannung, die Mischung der anthropologischen Elemente und die daraus folgende Verschiedenheit der »Schreibarten« oder »Töne« zu vergegenwärtigen. Ralph Doughby aus dem Lande Kentucky, das etwa auf halbem Wege zwischen Louisiana und Philadelphia liegt, ist dazu als amerikanische Integrationsfigur besonders geeignet. Zunächst denkt der Leser, er sei der Shakespearsche Narr im amerikanischen Drama, und er ist auch zweifellos zu einem guten Teil die lustige Figur, der Elefant im Porzellanladen, der Bär im Salon der Kreolinnen. Wenn er von seinen Liebesrasereien und seinen immer vergeblichen Heiratsanträgen erzählt, amüsiert sich die Gesellschaft köstlich. Die Sache mit Polly ereignet sich während einer Bärenjagd: »Ich springe darauf zu, lege an – aber Bären und Mäuse! Wer war es? Wen schauen meine Augen? Polly war es, die liebliche Polly. ›Polly!‹ schreie ich, ›Polly! seid Ihr es?‹ Und ihr mögt mir's glauben, hatte auf Bären und Hunger und Durst, nicht zwar Hunger, denn hatte Schinken eingelegt – aber Durst – rein vergessen. Oh, sie sah euch doch so süß aus!›Polly‹, sag' ich und setze meinen Stutzen ab, ›Polly‹, sag' ich und rücke ihr näher; sie war just fünfzehn Jahre alt, wie Milch und Blut, ich sechzehn. ›Polly‹, sagte ich, ›wie kommt denn Ihr da her?‹ Und sie sah so schelmisch darein und zupfte am Mieder herum, und ich spielte an meiner Rifle, und ihre Wangen waren so rot.« Ben, Pollys Bruder, kommt störend dazwischen. Er wird »geledert, daß er das Aufstehen acht Tage vergaß, und Polly so böse« ist, daß sie einen andern heiratet (5. Kap.). So geht es allemal. Bei Miss Warren, der reichen und klugen Yankeetochter, scheitert die Ehe an Doughbys Tollkühnheit. Er springt, trotz ihrer und ihres Vaters Bitte, über eine Felsenkluft. Das gibt gleich Gelegenheit zur Schilderung einer abenteuerlichen, ganz unwahrscheinlichen, aber für gebildete deutsche Töchter gerade richtigen Rettungstat. Doughby hängt am Felsen, hält sich für verloren. Aber Emilie ist geistesgegenwärtig: »Es war ein Tuch, ein Schal, den ich erfaßt. Jetzt hing mein Leben an einem Schal. Ich hielt wie mit Tigerklauen am Schal, dann fasse ich ihn mit der Linken; ich probiere instinktartig, ob er halten wird: er hält. Ich setze die beiden Knie an die Felsenwand und hebe mich. Er hält noch immer. Ich hebe mich höher. Ich rutsche weiter hinauf. Mein rechter Ellenbogen hat bereits die Felsenplatte erreicht – ich sehe wirr und stier herum, nicht sechs Zoll von mir steht eine verkrüppelte Eiche, die kaum drei Zoll im Diameter hält, um diese ist der Schal geschlungen. Ich bringe meinen linken Arm auf die Felsenplatte, fasse die Eiche, sie biegt sich, krümmt sich – ich schnappe mit der Rechten darnach, sie krümmt sich stärker, aber ich schwinge, zerre, rutsche, schiebe mich mit auf den Felsen, mein rechtes Knie hat ihn erreicht – ein letzter Ruck, und mein linkes gleichfalls – ich sinke wie ein zu Tod gehetzter Büffel auf den Felsen hin und kann, so wahr ich lebe, nicht aufstehen. Wie lange ich so gelegen bin, weiß ich nicht.« »Nach den vielfachen Beweisen von Nichtachtung ihrer Weiblichkeit und der grausamen Verletzung ihres Gefühls« gibt Emilie dem Kentuckier »sein gegebenes Wort zurück« (7. Kap.).

Doughby setzt nicht nur sein eigenes Leben, sondern auch das seiner Mitmenschen aufs Spiel, z. B. durch Arrangierung einer Wettfahrt zwischen einem modernen Dampfer und einem alten, dessen Kessel dabei explodieren kann. Kommentar des Erzählers: »So gleichmütig-kalt sinnig-gelassen Uncle Sam sonst Dinge zu nehmen pflegt, bei solchen Veranlassungen verliert er in der Regel seine amphibische Natur, und im Drange, sein Schiff das erste am Ziele zu sehen, vergißt er, was er sonst nicht leicht zu tun pflegt, Weib und Kind, Hab und Gut; sein eigenes Leben kommt gar nicht in Anschlag. Er ist ein Rasender, der alles auf einen Wurf setzt. Und die fünfhundert bis tausend Bürgerleben, die ihm das verzweifelte Wettlaufen alljährlich kostet, scheinen seine Fieberhitze nur mehr zu steigern« (6. Kap.)*. Der Major Doughby scheint also ein guter Amerikaner zu sein. Der ehemalige Mönch bewundert den »Instinkt«, nach dem Doughby handelt und auf den er sich bei der Entführung einer vornehmen Kreolentochter, Julie Menou, wiederholt beruft (11. Kap.). Als amerikanischer Major ist Doughby selbstverständlich die Unschuld selbst (ebd.). Es handelt sich nur um die heimliche Heirat der Biedermeierkomödie, mit deren Hilfe man sich volljährige Töchter von tyrannischen Vätern ertrotzt (vgl. Bd. II, S. 434). Und der alte Herr Menou benimmt sich tatsächlich »wie ein Souverän«, nicht wie ein Amerikaner. Julie stimmt, nach vielen Bedenken wegen des Vaters, der Heirat zu, damit endlich auch das empfindsame Register gezogen werden kann: »Und ich warf mich nochmals vor ihr nieder und dankte ihr, daß sie Vertrauen und Mut hatte, und sie werde finden, daß ich ein Ehemann sei, der sie auf den Händen tragen werde, und sie solle sich nicht fürchten, ich würde den Papa versöhnen; und sie neigt sich abermals mit tränenden Augen und fällt mir in die Arme, und ich presse einen langen Kuß auf ihre Lippen; da klopft der Kapitän an die Türe und meldet, daß er abgehen müsse; und aus der Ecke des Parlour kommt ihr schwarzes Mädchen hervorgekrochen, die wir ganz übersehen hatten; und ich hebe sie in meine Arme auf und küsse sie nochmals und bitte sie sich zu beruhigen und mit Gott nach Hause zu gehen, und morgen, längstens übermorgen wolle ich bei ihr, und wir beide glücklich sein« (11. Kap.).

Trivialliteratur? Das auch. Postl hat Clauren so genau wie Cooper studiert. Es ist aber zugleich eine hochpolitische Heirat. Indem der Kentuckier nicht die kluge Yankee-Tochter, sondern die naive Kreolin heiratet, bindet er den Süden der Vereinigten Staaten enger an den Norden und gibt für die Entstehung der *einen* Nation ein Beispiel. Man hat Doughby mit der Yankee-Tochter verheiraten wollen, weil er volkstümlich ist und weil man mit seiner Hilfe General Jackson zu schlagen hoffte: »Sollte mich gar nicht wundern, wenn er nächstes Jahr im Kongresse und zwei darauf im Senate zu Washington säße... Er trinkt, poltert, lärmt, rauft, raucht, kaut und unterhält sich mit Pflanzern, Jägern, Squatters, Krämern, weiß sich bei allen beliebt zu machen und doch wieder allen einen gewissen Respekt einzuflößen.« Diese Spekulation ist gescheitert. Major Doughby trägt zum Siege Jacksons bei, wir erleben ihn als einen überaus erfolgreichen, die konservativen Yankees überspielenden Wahlkämpfer. Aus dem vermeintlichen Narren entwickelt der Erzähler mit großem Geschick einen Mann, der, wenn auch auf andere Art als Nathan, ein Heros ist, ein politischer. In diesem närrisch-abenteuerlich-sentimental-politischen Buch, dem vieltönigsten wohl, das der Erzähler geschrieben hat, findet sich auch die berühmte Prophezeiung von den zwei Weltmächten und dem

---

* An dieser Stelle wird Sealsfields beinahe kritiklose Identifikation mit dem Amerikanismus besonders spürbar. Er behauptet sogar, die Amerikaner seien technisch den Europäern bereits überlegen, während sie in Wirklichkeit noch lange von England, später von Frankreich und Deutschland abhängig waren (Wendelin Schmidt-Dengler: Die Ehre des Dampfschiffs. Zur Funktion der Technik im deutschen Amerikaroman des 19. Jahrhunderts, in: Jb. der Grillparzergesellschaft, 3. Folge, 12. Band, 1976, S. 279). Schon bei Friedrich Gerstäcker wird das Verhältnis zu den Vereinigten Staaten kühler, womit freilich auch die vorbildliche Funktion der freien Welt verloren geht. In seinem Roman »Die Flußpiraten des Mississippi« (1848) fliehen die Piraten auf Doughbys Weise vor einem Schiff mit Soldaten. Der Mißbrauch der Technik führt hier zum Explodieren der Kessel, zum Sinken des Schiffs und damit zum Gericht über die Piraten (ebd. S. 284). An »auffallende Übereinstimmungen« zwischen Hegel und Postl-Sealsfield (ebd. S. 281) glaube ich trotz Sealsfields Begeisterung für die nordamerikanische Republik nicht. Seine Naivität erlaubt keinen Vergleich. Das wachsende Verständnis für alle kollektiven Größen ist ein *generelles* Kennzeichen der nachrevolutionären und nachnapoleonischen Epoche (vgl. Bd. I, S. 20–25). Die von Schmidt-Dengler nicht beachtete Bindung Sealsfields an das puritanisch-christliche Nordamerika wird deutlich, wenn man bedenkt, daß Gerstäcker (geb. 1816), auf der Grundlage einer antichristlichen Völkerkunde, die europäischen Missionen bereits heftig angegriffen hat (Die Missionare, 3 Bde., 1868). Zur Abgrenzung des Sealsfieldschen Amerika-Romans vom »völkerkundlichen Roman« des Realismus vgl. auch Hans Plischke: Von Cooper bis Karl May, Düsseldorf 1951.

Untergang Westeuropas: »Noch sechzig Jahre, und dieses Reich steht vielleicht weltbeherrschend und als jener heilsame Gegendruck, den die Weltordnung in ihrer physischen und moralischen Einrichtung zum Prinzip angenommen hat, gegenüber dem großen nordischen Kolosse, der ebenso dunkel, nur ungleich rauher und wilder hervorgegangen aus den eisigen Steppen des Nordens, durch Niederlagen und Siege, über Trümmer und Leichen vorwärts geschritten ist und seine Riesenarme nun drohend, nun kosend, aber mit fester Zuversicht über das in seinen Freiheitswehen zuckende Europa ausspannt. Ei, sie ringt, die arme Jungfrau Europa, sie ringt nach Kräften, nach der neuen Geburt; sie glaubt, sie wird sie erringen, die herrliche Tochter, glänzender, strahlender als wir; aber sie vergißt darüber des furchtbaren Riesen, und die Sonne geht ihr unter im Westen, und die schwächende Dämmerung überfällt sie, und die Nacht bricht ihr herein, während bei uns die helle Morgenröte auftaucht!« Die Sonne, die in Europa unter-, in Nordamerika aufgeht, ist die Aufklärung, zu der sich Postl-Sealsfield, trotz seiner aristokratischen Neigungen und seiner Zugeständnisse an die »Macht des Geldes« stets bekennt. Was er uns mitteilt, sind nicht nur Realitäten, sondern zugleich Ahnungen, Visionen, Mythen. Bemerkenswert, daß diese prophetische Rhetorik sogar die antike Mythologie benötigt. Mythisch ist auch der Rückblick auf die Geschichte Louisianas, die der Doughby-Teil enthält, bemerkenswert das Lob der Franzosen, das sich der Wahlpuritaner abringt, das aber auch symbolisch in der Verheiratung englischer Amerikaner (Howard, Doughby) mit den Töchtern des französischen Amerikaners Menou zum Ausdruck kommt: »Ah! es mußte vor hundert Jahren furchtbar in dieser Stromregion ausgesehen haben! Wir am Red River und unsere Nachbarn am Mittel-Mississippi können uns noch eine schwache Vorstellung von dem Chaos bilden, in dem das ganze Nieder-Louisiana damals wie begraben lag; aber es ist immer nur eine schwache Vorstellung, da der Strom weiter oben bei aller seiner Gewalt doch wieder in der höhern Landschaft seinen Meister findet, den er nur bei sehr hoher Flut auf einige Zeit niederhält. Das untere Louisiana jedoch war ihm beinahe ganz botmäßig; dieselben Ufer, die uns nun so bezaubernd anlachen, eine Wassermasse von Schlamm und Sumpf, darüber hingeschichtet Millionen kolossaler Baumstämme, die häufig den Lauf des ungeheuern Stromes selbst hemmten und seine Gewässer mit furchtbarem Getöse über das ganze Land hinrollen machten. – Nur das schrille Geschrei der Millionen Wasservögel, das Gebrülle der Bullfrösche und Alligatoren unterbrach das schauerliche Tosen der Fluten. – Ja, auf diesen entsetzlichen Ufern seine Hütte zuerst hingebaut zu haben, das will etwas bedeuten; dazu gehörte eine eiserne Seele. Das ist ein Denkmal von Manneskraft, auf welches der Franzose stolz sein kann. Schlachten zu gewinnen, Reiche über den Haufen zu werfen unter einem allgewaltigen Führer, Länder zu verheeren, Völker in das Joch zu schmieden: wahrlich, dazu braucht es keinen starken Nationalgeist, keine außerordentliche Kraft. Das treffen die Hunnen und Tataren und Turkomanen ebensowohl, noch besser. Unter einem Attila, Timur, Soleiman trafen sie es auch. Aber als schaffender Geist sich in die furchtbare Einöde einer Wasserwüste hinsetzen, mit der Natur ringen, mit der Wildnis, Hitze, Kälte, den Fluten streiten und ausharren im Kampfe, den kein Zeitungslob auf die Nachwelt bringt, das ist ein Funke Prometheusschen Feuers – das ist wahre Manneskraft« (2. Kap.)*.

---

* Die USA-Amerikanerin Molly Affleck, M.A., machte mich darauf aufmerksam, daß es eine Gattung des Plantagenromans im amerikanischen 19. Jahrhundert gibt, in die Sealsfield schon vor längerer Zeit einbezogen wurde (Francis Pendleton Gaines: The Southern Plantation, A Study in the Developement and the Accuracy of a Tradition, New York 1925, S. 27 f.). Als der die Gattung konstituierende Roman wird hier John Pendleton Kennedy's *Swallow Barn* gesehen (1832). Das Datum paßt zu den *Lebensbildern* (1835–1837), sehr viel weniger der ruhige, epische Stil, in dem der amerikanische Roman geschrieben ist; der USA-Verfasser kennt die rhetorische amplificatio, *aber er praktiziert sie kaum*. Nach Gaines hat Sealsfield unter den Chronisten der *niederen* Mississippi-Region besondere Bedeutung (S. 27); nimmt man dazu die Feststellung des Plantagenhistorikers, daß im allgemeinen die *gegen* die Sklaverei angehenden Schriftsteller sich des Plantagenromans bedienten (S. 31), so wird die Sonderstellung Sealsfields, der ausdrücklich als »foreigner« erwähnt wird, noch deutlicher. Schrieb er in einem parteilichen Auftrag? Trotzdem dürfte es sich lohnen, Sealsfields *Lebensbilder* literarhistorisch (Sprachstil, Erzählstruktur, Motive und Behandlung der Moti-

Die ausführlichen Zitate sollten die sprachliche Spannweite von Sealsfields zu wenig bekanntem Meisterwerk vergegenwärtigen. Die verschiedenen Stilebenen, die wir kennenlernten, stimmen darin überein, daß sie auf die eine oder andere Weise den gegenwärtigen oder zukünftigen oder vergangenen Vorgang ins Extreme stilisieren und eine ausgeglichene, stetige Erzählweise, wie sie der Realismus erreicht, nicht anstreben. Im Gegenteil: *Es kommt auf einen ständigen Wechsel der Motive und des Tones an, um die verschiedensten Teile des gebildeten Publikums zu erreichen.* Die Ideologie, die Spekulation, die Vision wird nicht gemieden, bildet vielmehr die Kernschicht des Romans, während die erzählten, komischen, naiven, abenteuerlichen, sentimentalen Szenen stets Zugeständnisse an den jugendlichen oder »trivialen« Leser machen und tatsächlich eher eine »Einkleidung«, eine stellenweise willkürlich skizzierte Peripherie, nicht das Zentrum des Romans bilden. In dieser Oberflächen-Schicht wird vom Erzähler auch am meisten inszeniert und dramatisiert. *Ralph Doughbys, Esq. Brautfahrt* ist eine Lustspielgeschichte mit dem Geist und der Kraft der Vereinigten Staaten als der eigentlichen Sinn-Mitte. Daß die theatralische Einkleidung des Ideengehalts bewußt erstrebt wird, beweist der letzte Satz: »So schließt das Drama Ralph Doughbys, Esq. Brautfahrt recht regelrecht mit Exeunt omnes«.

Der Roman *Neue Land- und Seebilder, oder die deutsch-amerikanischen Wahlverwandtschaften* (1839/40) versucht das in der Widmung der *Lebensbilder* gestellte Verwandtschaftsthema in der Form eines eigentlichen Gesellschaftsromans weiterzuspinnen. Gutzkow beneidete den Verfasser wegen der in diesem Buche bewiesenen Welterfahrung[43]. Postl selbst war wohl kaum zufrieden, denn er vollendete den Roman nicht. Nach der Hypothese von Castle sollte in dem nicht ausgeführten Schluß der junge deutsche Bankier Baron Schochstein das Bankhaus Ramble und Rambleton vor den Ränken eines Intriganten (Erwin) retten und dafür die große New Yorker Dame Dougaldine bekommen[44]. Wie im *Morton* wird also das amerikanische Gesellschaftsleben – der Erzähler wagt sich an New York – im Rahmen einer Liebesgeschichte geschildert. Den Landschaftshintergrund bildet das Hochland am Hudson, wo die reichen Geschäftsleute der großen Handelsstadt ihre idyllischen Landgüter haben. Hier bietet sich auch reiche Gelegenheit für Familien- oder Liebesszenen und die Heiratspolitik der oft verwegenen Geldleute. Den amerikanischen Geschmack scheint Sealsfield mit diesem Roman getrof-

ve) mit den *frühen* amerikanischen Plantagenromanen zu vergleichen. Dabei müßte auch die amerikanische Übersetzung der *Lebensbilder* (*Life in the new world*, 1844) berücksichtigt werden; denn die *adaptierenden* Übersetzungen der Zeit lassen die stilistische Eigenart der Originale im Vergleich besonders leicht erkennen. Gaines sieht übrigens Sealsfields Roman, besonders *The Planter's Life*, als »a work of uncommon realism« (S. 28). (Eine Fußnote erwähnt die Nachbildung der Negersprache.) Gaines macht selbst auf die literarische Gemeinsamkeit der politisch entgegengesetzten Plantagenromane aufmerksam: »Thus the curious result happened: the two opposing sides of the fiercest controversy that ever shook national thought agreed concerning certain picturesque elements of plantation life and joined hands to set the conception unforgettably in public consciousness« (S. 30). *Swallow Barn* gehörte zu den erfolgreichen Büchern der jungen amerikanischen Literatur. Der Roman ist immer wieder herausgegeben worden. Der neueste Herausgeber William S. Osborne (New York 1962) betont vor allem das Lob des ländlicheren Südens, der konservativen aristokratischen Großlandbesitzer und die sachliche Beurteilung der Sklavenhalterei, die Kennedy gewagt hat, um den Norden vor forcierter Industrialisierung und Demokratisierung zu warnen. Das Lob des Landlebens konnte Sealsfield von Goldsmith und Irving lernen. Die ruhige Darstellung der politischen Meinungsverschiedenheiten, im nationalen Interesse, und die realistischere Darstellung des Landlebens war neu. – *Swallow Barn* scheint eher der Dorfgeschichte in Deutschland als Sealsfields begeisterten Berichten aus dem *fremden,* zum Vorbild erhöhten Amerika zu entsprechen; aber der Roman bot Anknüpfungspunkte.

fen zu haben; denn die englische Übersetzung erschien dreimal (1844, 1846, 1852: »Rambleton; a romance of fashionable life in New York during the great speculation of 1836. By Charles Sealsfield. Translated from the German«) [45]. Alexander Jung, der treueste Verehrer des Erzählers, war begeistert über diesen »Weltroman«, dem es gelang, »die neueste Welt... in treuester Wirklichkeit poetisch verklärt wiederzugeben«. Er rühmte – bezeichnend für den Vormärz – gerade auch Sealsfields Stil: »Seine Sprache hat etwas Stählernes, Massives, Sprödes und doch auch wieder Gefügiges, für alles Nachgiebiges, etwas aus den gebildetsten Sprachen künstlerisch [!] Zusammengeschweißtes« [46]. Das Werk bildet, wie die Mexiko-Romane (*Der Virey, Süden und Norden* s. u.) auf der einen, die Südstaaten-Romane *(Lebensbilder, Kajütenbuch)* auf der anderen Seite, mit *Morton* eine besondere Gruppe (New York, bzw. Europa, Kapitalismus-Problem). *Diese beiden Romane sind der exotischen und agrarischen Romantik am ehesten entrückt und sollten wohl stärker beachtet werden;* denn ihr fragmentarischer Charakter bedeutet, ähnlich wie bei andern Meistern der offenen Form (Büchner!), nicht allzuviel. Obwohl sie eher *Versuche zu einem Gesellschaftsroman* in der Art von Dickens und Balzac als bleibende Meisterwerke sind, dürften sie bei einer Gesamtinterpretation Sealsfields unentbehrlich sein. Vor dem an der Goethe-Philologie orientierten Begriff eines Hauptwerks ist bei Sealsfield, trotz der selbstverständlichen Unterschiedlichkeit des Gelingens und trotz der Stimmigkeit der *Lebensbilder,* ähnlich wie bei Gotthelf, Grabbe, Nestroy usw., zu warnen.

Im Literaturgespräch zu Beginn der *Deutschamerikanischen Wahlverwandtschaften* (2. Kap.) werden die zeitgemäßen fashionable novels erwähnt und es wird behauptet, in Frankreich und England lese sie keiner mehr, sie seien jetzt eine Exportware. Der Erzähler gewann den Eindruck wohl aus den Leipziger Katalogen, die erwähnt werden. Es scheint also, daß er im Anschluß an den anglo-amerikanischen Roman einen *Salonroman speziell für Deutschland* schreiben wollte. Benützte er dazu eine Vorlage in englischer Sprache? Mir fällt auf, daß der mittlere Teil vom Badeleben in Saratoga ruhiger und weltmännischer erzählt wird, als dies der sonstigen Erzählweise Sealsfields entspricht. Möglicherweise begnügte er sich in diesen Kapiteln mit einer karikierenden Umformung eines englischen Romans. Jedenfalls müßte Sealsfields Fragment auf den Hintergrund der von ihm selbst erwähnten Gattung der fashionable novel interpretiert werden. Ganz in Sealsfields Stil sind die Szenen am Züricher See erzählt, wo der preußische Baron von Schochstein und Harry, der Vertreter der imposanten neuen Welt, sich treffen. Noch wertvoller sind die Seebilder von der Überfahrt auf einem Paketboot. Großartige Landschaftsschilderungen gibt es auch von der bergigen Umgebung der Kapitalistenvillen oberhalb New Yorks. Schließlich erkennen wir Sealsfields Hand sehr deutlich am Schluß des umfänglichen Fragments: in den possenhaften Genrebildern vom New Yorker mob und in der Prügelszene, die den preußischen Baron als schneidigen Helfer der New Yorker Oberschicht gegen die in Wirklichkeit herrschende Unterschicht vorstellt. So sieht angeblich ein »meeting« aus, eine Parteiversammlung der Whigs! Ich kenne keine derbere Karikatur der Demokratie in der Literatur des Vormärz. Auch wenn wir Sealsfields »Agrarromantik« und seine Abneigung gegen die großen Küstenstädte berücksichtigen, kommt hier etwas zum Vorschein, was seinem von der Sealsfield-Forschung so stark betonten »politischen Auftrag«, seiner demokratischen Belehrung Deutschlands vollkommen widerspricht. Der Erzähler liebäugelt sogar mit Metternich, wenn er dessen standesmäßige Ähnlichkeit mit dem durch und durch sympathischen jungen Baron aus Preußen andeutet. So unrealistisch, volkstheaterhaft, grotesk-komisch der amerikanische Pöbel hier geschildert sein mag, so enthüllen diese Szenen doch den Zwiespalt zwischen dem gebildeten, durch die böhmische Adelswelt geprägten Beobachter und dem republikanischen Ideologen Postl-Sealsfield. Und dann die allegorische Grundidee: eine Amerikanerin heiratet, im krassen Widerspruch zu ihrer prinzipiell bejahten biedermeierlichen Pflicht, den Vetter Harry zu nehmen, einen preußischen Baron, und Harry nimmt die Schwester des Preußen. War dieser geplante politische plot für den Verfasser von *Lebensbildern* nicht doch zu künstlich? Der naive Dichter dürfte nach der Niederschrift von 1400 Seiten endlich erkannt haben, daß ein Lustspielschluß für eine so breit angelegte Epik kaum das richtige ist. Ich glaube daher nicht, daß der Verleger die Schuld am Abbruch des Werkes trägt [47]. Um so gründlicher sollten wir das Werk studieren. Der hier zu beobachtende Abfall von der Rolle des amerikanischen Erzählers mit dem erhobenen Zeigefinger, der Hinweis auf Sealsfields Ambivalenz und buchhändlerische Taktik, sollte uns dabei nicht stören.

Während die hervorragenden *Lebensbilder* nicht die »dauernde Aufnahme« fanden, die der Dichter mit vollem Recht erhoffte (an Erhard 16. 5. 1842), hat *Das Kajütenbuch* (1841) viel dazu beigetragen, daß Sealsfield nach dem Verblassen seines ersten Ruhmes nicht ganz vergessen wurde. Die realistisch orientierten Literarhistoriker rühmten den Abschnitt von der Prärie am Jacinto als vortreffliche Landschaftsschilderung, die Jugend wurde durch die kriegerischen und kriminellen Motive des Buches gefesselt. Als Ganzes freilich entsprach das Werk dem Romanbegriff, der sich nach 1848 durchsetzte, so wenig wie die *Lebensbilder*. Abenteuerliche, kriegerische, z. T. äußerst blutige Vorgänge, die verschiedenen Quellen entstammen und wenig miteinander zu tun haben, werden wieder durch die bloße, darüber schwebende Idee amerikanischer Vorbildlichkeit und mit Hilfe eines biedermeierlichen Gesellschafts- und Heiratsrahmens zu einer lockeren Einheit zusammengefaßt. Die Spannung zwischen dem familiären Rahmen und der heroischen Welt amerikanischer Männer hat sich noch verschärft; denn der Dichter bekennt sich in diesem Roman ganz offen – fast so radikal wie Grabbe – zu einem ungestümen Krafteldentum. Hier erscheint die uns bereits bekannte »Normannenphilosophie« zur Rechtfertigung der Eroberungen, d. h. des gegenwärtigen oder jüngst vergangenen »Jenseits von Gut und Böse« in der amerikanischen Geschichte. Eine zentrale Stellung bekommt daher in diesem Roman der Mörder Bob, der von einem weisen Alkalden – es ist wieder eine der überlebensgroßen Pionierfiguren – nur formal zum Tod verurteilt wird und in dem mythisch überhöhten amerikanischen Heldenkampf um Texas seine Schuld sühnt*. Ich

---

* Das Ineinander von christlichen und amoralischen Elementen in Postls Weltanschauung macht freilich eine nähere Untersuchung der Normannenphilosophie notwendig, obwohl, wie schon gesagt, unversöhnliche Widersprüche bei diesem unphilosophischen Pragmatiker nicht auszuschließen sind. Daß ihn das in den Anfängen der USA (und noch immer!) unausweichliche Problem der *Kriminalität* schon vor dem »Kajütenbuch« zur Stellungnahme zwang, belegt die folgende Stelle aus den »Lebensbildern«: »Wohl mögen Fremde, die unser Land betreten, ob solchen Erscheinungen

habe allerdings den Verdacht, daß nicht nur amerikanische Vorstellungen, sondern auch Traditionen des deutschen Räuber- und Ritterstücks, die in Österreich besonders lebendig waren, in dieser Verbrecherromantik nachwirken. Die dick aufgetragene Liebesleidenschaft des Generals Morse und die zwielichtige Gestalt des Kapitäns Murky, der ausdrücklich als zerrissen bezeichnet wird, weist in die gleiche historische Schicht (Sturm und Drang). In einer der großen Sealsfield-Stellen, die ich zitierte, berief sich der Dichter nicht umsonst auf das »Prometheussche Feuer«, um die Leistungen der Kolonisten in einem übermenschlichen Glanze erscheinen zu lassen.

Meinungsverschiedenheiten bei der Interpretation des Kajütenbuchs: ein Grundproblem seiner Romane

Da das *Kajütenbuch* – ich denke aus Traditionsgründen – in der Germanistik noch eine erstaunliche Wertschätzung genießt, sei in diesem Zusammenhang auf einige Probleme der jüngsten Sealsfield-Forschung hingewiesen*. Der einzige Sealsfield-Text, der in Reclams Universalbibliothek er-

starren. Bei uns bewirken sie nicht einmal mehr ein Lächeln [!]... könnt ihr lauter Washingtons, Jays und Franklins haben? Ist es nicht vielmehr notwendige, unerläßliche Bedingung unserer Freiheit, daß die bürgerlichen Tugenden sowohl als Laster üppiger aufschießen, eben weil ihnen frei zu wachsen und zu wuchern gestattet ist?... Es sieht freilich oft furchtbar aus in diesen Grenzstationen, ein wahrer Auswurf treibt sich da herum, Spieler, Mörder, Diebe, unter denen ein ordentlicher Mann oft seines Lebens nicht sicher ist; aber das dauert immer nur eine kurze Zeit; bessere kommen nach, und das Gesindel zieht weiter vor der hereinbrechenden Kultur und Gesittung, dem für sie zu stark werdenden Gesetze. Aber nicht nutzlos ist ihr Wirken und Treiben gewesen. Wider ihren Willen, durch Mangel und Not gezwungen, haben sie ein Plätzchen im tiefen Wald gelichtet, Pfade durch die steg- und weglose Wildnis gebahnt, den Boden für bessere Nachfolger gebaut. Großenteils durch solche wilde, desperate Charaktere wurden die paradiesischen Hügel und Täler von Kentukky, die prachtvollen Niederungen vom Ohio, die herrlichen Fluren von Tenesse exploitiert. Sie sind weitergezogen, viele Tausende von Meilen, ihr Wirken ist zurückgeblieben, ist Grundlage geworden des Glückes von Millionen freier, aufgeklärter und religiöser Bürger, die den Gott ihrer Väter [!] in tausend und abermals tausend Tempeln, an Stätten preisen, wo zuvor der wilde Indianer gehaust. Wir lieben es, die Kultur unseres Landes bis zu den Gestaden des zweiten Weltmeeres vordringen zu sehen« (»Ralph Doughbys Brautfahrt«, 9. Kap.). Die liberalistische Argumentation steht im Vordergrund, trotz der gut angelsächsischen Betonung der Gesetze. Der Imperialismus erscheint zum Schluß in recht naiver Gestalt. Aber auch das puritanische Berufungsbewußtsein (»in... abermals tausend Tempeln«) klingt an. Noch deutlicher erscheint der theologische Hintergrund, wenn man Sealsfields Vorsehungsbegriff mit der Normannenphilosophie verbindet. Gott steht über dem Guten und dem Bösen und kann sich auch des Bösen zu seinen Zwecken bedienen. Der Wiederaufnahme alter, gnostischer Gedankengänge in Goethes *Faust* und Immermanns *Merlin* (vgl. u. S. 849) steht der Dichter wohl nicht ganz fern; aber der amerikanisch geprägte Fortschrittsoptimismus ist stärker als die Einsicht in den immer auch tragischen Geschichtsprozeß.

* Hier geht es nur um die Verdeutlichung von Grundproblemen. Umfassende Forschungsberichte gab es wiederholt. Eduard *Castle,* Einleitung zu Das Geheimnis des großen Unbekannten. Die Quellenschriften, Wien 1943, S. XVII–XXXVII. Adolf E. *Schröder,* A century of Sealsfield Scholarship, in: Society for the History of the Germans in Maryland, Thirty-second Report, Baltimore 1966, S. 13–23. Franz *Schüppen:* Charles Sealsfield, in der Abt. Forschungsreferate von: Zur Literatur der Restaurationsepoche 1815–1848, Forschungsreferate und Aufsätze, hg. v. Jost *Hermand* und Manfred *Windfuhr,* Stuttgart 1970, S. 285–346. Alexander *Ritter:* Charles Sealsfield (Karl Postl) – Die Deutung seines Werkes zwischen Positivismus und Funktionalität, europäischer Gei-

schienen ist – zum Vergleich: Grabbe 5, Gotthelf 3 Texte – ist *Die Prärie am Jacinto,* d. h. der erste Teil des *Kajütenbuchs.* Der Herausgeber, Karl Konrad Polheim, rechtfertigt diese (zudem gekürzte) Herauslösung eines Teils damit, daß ihm der Dichter selbst einen besonderen Titel gegeben hat und daß die »Erzählung nicht mit Unrecht einen eigenen festen Platz in der deutschen Literatur erobern« konnte. Ich finde diese Argumentation diskutabel und bedaure nur die Verkürzung der »langen historischen Reflexionen in der Erzählung selbst« (beide Zitate aus dem Nachwort), weil durch dieses während des Realismus gängige und verständliche Verfahren nicht nur der Stil und die Gattung, sondern auch die Substanz jedes vorrealistischen Erzählers angetastet wird (vgl. Bd. II, S. 1020 ff.), was bei dem heutigen historischen Abstand nicht mehr zu rechtfertigen ist, es sei denn aus ökonomischen und jugendpädagogischen Gründen (Begrenzung auf eine Nummer, Hervorhebung der »spannenden« Partien). Die Kritik von Walter Weiß an Polheims Verfahren geht weiter. Er will das traditionelle ästhetische Sealsfield-Bild, auf dem es beruht, grundlegend ändern und charakterisiert es, ehe er zur Korrektur ansetzt, recht treffend: »Ein meist nur dürftiger und gewaltsam geschlossener Handlungsrahmen legt sich um die überquellende Fülle farbiger Schilderungen, Episoden und Dialoge und um eine Masse erzählerisch mangelhaft begründeter und eingebauter Informationen und weitschweifiger Reflexionen. Der Drang zur Belehrung, die politische Tendenz komme der Natur- und Menschenschilderung in die Quere. Charaktere werden als Mittel zum Zweck behandelt und verbogen. So wandelt sich der Oberst Morse im *Kajütenbuch* ganz unglaubwürdig, weil es die von außen herangetragene Handlungskonstruktion so will. Ein Hang zur Typisierung behindere die Gestaltung fest ausgeprägter, abgerundeter Individuen. Das gilt ganz besonders von den beliebig gegeneinander austauschbaren, immer gleich sentimentalen, blassen, kitschig-unwahren Frauengestalten. Als wichtigste Erklärung für all diese Schwächen bietet sich der Journalismus an. So beweise Sealsfields Brief vom 20. 9. 1824 an Cotta und die Liste der Arbeiten, die er ihm drei Jahre später offeriert, daß seine Schriftstellerei im Journalismus wurzle, daß es ihm in erster Linie um literarischen Broterwerb gegangen sei« [48]. Im Widerspruch zu dieser naiv aus dem Programm der realistischen Erzählkunst abgeleiteten, weder historisch noch gattungstheoretisch fundierten Sealfield-Wertung fragt Weiß mit Recht: »Hat die Forschung bisher bei Sealsfield nicht zu selbstverständlich ein unverbundenes Nebeneinander von Politiker, Ethnograph und Dichter angenommen, hat sie nicht sein Amerika zu sehr als bloßen Stoff aufgefaßt, hat sie sich nicht zu wenig darum bemüht, seine Amerika-Thematik und seine Erzählkunst zusammenzusehen?« Im Gegensatz zu dieser Tradition will Weiß »Strukturentsprechungen zwischen seiner politischen Denkform und der künstlerischen Gestaltung seines Werkes« aufweisen[49]. Das bedeutet im *Kajütenbuch,* daß durch die Herauslösung der *Prärie am Jacinto,* der »Eindruck« entsteht, »als handelte es sich vornehmlich um Bobs Privatgeschichte bzw. um eine mehr oder weniger selbstgenügsame Schilderung der texanischen Prärie und seltsamer Charaktere in dieser Welt«. Nicht nur der Befreiungskampf, in dem Bob seine Schuld büßt, sondern auch die Interpretation des Gesamtgeschehens durch Reflexion und Gespräch gehört zur Geschichte Bobs: »Im Diskussionsrahmen betont Morse abschließend den Zusammenhang zwischen der Geschichte Bobs und der Revolution in Texas und stellt damit ausdrücklich den Zusammenhang zwischen dem ersten und dem zweiten Teil seiner Erzählung her« [50]. Weiß betont auch ausdrücklich, daß die religiöse Rechtfertigung der Justiz, die der Alkalde gibt, zur Geschichte Bobs gehört. Oberst Morse verweist am Ende seiner Erzählung auf die »Endzwecke«, die »der große

---

stesgeschichte und amerikanischer Literaturgeschichte, in: Literatur in Wissenschaft und Unterricht 1971, H. 4, Abt. Forschungsbericht (Bd. 4, S. 270–288). Ritter ist mit Schüppen der Meinung, daß die Sealsfield-Forschung viel zu wünschen übrig läßt. Wer, wie der Verfasser dieses Buchs, mit anderen Philologien der Biedermeierzeit vergleicht, kann diese Meinung nur bestätigen, wobei allerdings wieder an die unzureichende Grundlegung der modernen Sealsfieldforschung durch Castles Biographie nach dem zweiten Weltkrieg zu erinnern ist. Alexander Ritter beklagt vor allem die jeweilige kontinentale Beengung der Sealsfieldforschung. Richtig ist, daß in der Sealsfield-Philologie eine engere Zusammenarbeit von amerikanischer und deutscher (bzw. österreichischer) Forschung besonders notwendig erscheint. Auch die Amerikanistik, in Deutschland und in Amerika selbst, scheint die Bedeutung des Gegenstands noch nicht hinreichend erfaßt zu haben.

Staatsmann droben« mit Hilfe solcher Bobs erreicht[51]. Weiß erkennt, daß es einen »selbstgenüg-samen« Realismus bei diesem Erzähler nicht gibt, daß es auch in andern Romanen mythische Figuren vom Format des Alkalden gibt, und daß der Patriarch, zunächst ein Baum in der Prärie, zugleich ein Symbol, ein »Sinnzentrum« ist, in dem sich die drei Bereiche Natur, Mensch und Gott vereinigen[52]. Wir wollen die Ausführungen von Weiß nicht weiterverfolgen. Sie sind auch da interessant, wo die »Vielstimmigkeit« des Sealsfieldschen Romans mit der Amerika-Thematik in einen Zusammenhang gebracht wird und zwei Romantypen des Erzählers aufgestellt werden. Nur ein Einwand ist zu erheben. Wenn schon die politischen und religiösen Tendenzen und infolgedessen die Reflexionen, die Reden, die Diskussionen so wichtig sind, ist dann der einer autonomeren Ästhetik entstammende Begriff der »Erzählkunst«, der schlicht vorausgesetzt wird, noch angemessen und sind damit die erwähnten Einwände, z. B. die Verwandlung des tapferen Generals Morse in einen verliebten Primaner, widerlegt? Das Zugeständnis an die höheren Töchter, an trivialbiedermeierliche Erzählsitten überhaupt, besonders im Romanschluß, werden, auch nach der verständnisvollen Interpretation von Weiß, es dem Kenner schwer machen, im *Kajütenbuch* Sealsfields »Hauptwerk« zu sehen. Jeder Sealsfield-Leser weiß, wenn er ehrlich ist, was gemeint ist; ja, Weiß selbst spricht von »den eigentlich schwachen Partien des Buches« an seinem Schluß[53]. Dem Außenstehenden sei diese punktuelle Schwäche des Erzählers durch ein Zitat verdeutlicht: »›Hoffnung!‹ murmelte wieder Ned, den Blick auf den Mond gerichtet, der jetzt die Spitzen der westlichen Wälder die jenseitigen Louisianas berührte, ›Hoffnung! Vielleicht keine – aber – die Empfindung! Die sollen sie mir nicht rauben, ich will zehren daran, schwelgen – alle Tage meines Lebens – ich will, ich will! Ah, diese Empfindung! Trieb sie mich ihr nicht sechstausend Meilen nach, über Land und See nach? Fühlte ich, hörte ich, sah ich etwas anderes als sie? Wie harmlos war ich, ehe ich sie sah – wie ganz anders alles, seit ich sie sah! Frankreich, Paris, Texas selbst ist mir verhaßt, zum Ekel geworden! Wäre Texas – der Thron Frankreichs der Preis meines längeren Bleibens gewesen, ich hätte nicht bleiben können – ihr nach, nach Havre müssen!‹ ›Ned! Ned!‹ rief ängstlich der Onkel, ›was soll das alles? Du sprichst wie ein Geistesabwesender – mit wem sprichst du! Was sagst du vom Throne Frankreichs? Havre?‹ Ned fuhr wild auf. ›Was ich sagte? Was ich sagte? Wer seid Ihr? – Bah, Uncle Dan, es läßt sich mit ihm nicht reden, er hat nie geliebt!‹« (*Kajütenbuch,* Kap. *Sehr seltsam!*) Politischer Roman? Sonst pflegt dieser Erzähler die Männlichkeit seiner Helden zu betonen, auch die von Morse, oder zu sagen, Amerika sei die Braut der Amerikaner. Hier wird die bürgerliche Braut, ja eigentlich der subjektive »Empfindung« *über Texas gestellt.* Die Empfindsamkeitstradition ist noch ein legitimer Teil der Biedermeierzeit (vgl. Bd. I, S. 238–243); aber hier gerät der Erzähler mit der eigenen, gerade auch von Weiß betonten, Erzählsubstanz in vollkommen Widerspruch. Das ist keine Erzählkunst, kaum Erzählhandwerk, und der Grund liegt darin, daß das Handwerk in der Kunst, im Gegensatz wohl zu allen vergleichbaren österreichischen Meistern, von Postl in dem, was er für die Peripherie seiner Romane hält, nicht ernstgenommen wird. Hier wird mit flüchtiger Hand improvisiert. Die Kunst, die der alte Stifter zu streng übt, behandelt der späte Postl manchmal fahrlässig. Ausdrücklich polemisiert er in einem der letzten Kapitel des *Kajütenbuches* selbst *(Ein Morgen im Paradiese)* gegen die »mühsam erzwungene Kunst«. Solche Äußerungen darf der Interpret, wie mir scheint, nie aus den Augen verlieren.

Auch Alexander Ritter hat große Verdienste um die Sealsfield-Forschung. Er betont in seiner Interpretation des *Kajütenbuchs* mit Recht, daß die Zeit neben dem Raum große Bedeutung bei Sealsfield gewinnt, daß also der Anschluß an Scott, bei der Umsetzung des geschichtlichen Romans in den zeitgeschichtlichen, durchaus gegeben ist und daß zugleich der »pädagogisch-aufklärend zu verfolgende Auftrag des Dichters« bestimmte Konsequenzen für die Erzählstruktur hat. Auch er neigt dazu, die Erzählkunst Sealsfields vorauszusetzen und dessen wiederholte Hinweise auf die offene Form seines Erzählens (»Abwechslung und Zwangslosigkeit«, »Laune und Caprice«) nicht ernst zu nehmen, sondern als »Verschleierung seines sonst schriftstellerisch planmäßigen Vorgehens« zu interpretieren. In einem interessanten Schema verdeutlicht er die klare Erzählstruktur des Romans und kommt dann zu zusammenfassenden Ergebnissen: »Die im Verhältnis zum Erzählereinsatz symmetrisch angelegte Erzählerhierarchie und Thematik der Rollenerzählungen ist für Sealsfield das abgestufte Figurensystem, mit dessen aufeinander abgestimmtem Einsatz er aus scheinbar individueller Perspektive Weltbeschreibung und Weltbeurteilung vortragen läßt. Autobiographisch ge-sicherte Berichte der fiktiven Personen und deren Einbindung in einen nachprüfbaren historischen, räumlichen und auch personalen Zusammenhang lassen, als wesentliches erzählerisches Ziel, die Grenzen zwischen berichteter fiktiver und realer Wirklichkeit verschwimmen. Mit diesem gestaffel-ten Zeugensystem der zueinander komponierten Vorzeithandlungen läßt der Dichter Männer als teilnehmende, also erfahrene Akteure von historisch-politisch folgenreichen Vorgängen berichten, nicht darüber diskutieren, wie Weiß angenommen hat. Hier gibt es nur den belehrenden Monolog nicht antastbaren Inhalts, weil erfahrungsgemäß verbürgt, dessen Verbindlichkeit durch die Autori-tät einer maskulinen, streng patriarchalisch regierten Welt besimmt wird« [54]. Daß es ein zentrales Ziel von Sealsfields komplizierten Erzählformen ist, Wirklichkeit zu fingieren, und daß er genaue Überlegungen über seine pädagogische Erzählstrategie angestellt hat, leuchtet ein. Die Frage ist nur, ob er immer die Geduld zur Ausführung seiner Disposition hatte. Der Verfasser macht selbst auf den ungeklärten Namenwechsel von Ready zu Murky aufmerksam [55]. Solche Pannen fordern im Ge-samtwerk eine weitere Untersuchung, wenn man die Frage Perfektion oder Improvisation differen-zierter beantworten will. Gegenüber dem didaktischen Inhalt des *Kajütenbuches* ist Ritter keines-wegs unkritisch. So wird z. B. die »idyllische Ausgestaltung des Romanschlusses« mit der Frage ver-bunden, ob sich in diesen familiären Liebesszenen nicht, ähnlich wie in Sealsfields Agrarromantik, eine »antiquierte Utopie« zu erkennen gibt [56]. Trotzdem bleibt Ritter der Auffassung treu, daß wir im *Kajütenbuch* Sealfields »literarisches Hauptbuch« besitzen.

Zusammenfassend läßt sich über die Interpretationen der beiden führenden Sealsfieldforscher in der BRD sagen, daß sie möglicherweise noch zu viel Antithese gegen die ältere Forschung, die von Sealsfields Formlosigkeit ausging, in sich enthalten, daß sie aber das dauernde Verdienst haben, *eine bloß geschmäcklerische, das politisch-didaktische Ziel und die ihr entsprechende Erzählstruktur außer acht lassende Wertung zu erschweren.* Damit haben sie zugleich begonnen, den Erzähler im Rahmen des Vormärz verständlicher zu machen. Nur die Frage, welche Art von »Kunst« bei einem Schriftsteller erwartet werden kann, der anerkanntermaßen Publizist und Erzähler im gleichen Buch ist, muß noch gründlicher erörtert werden.

Der Landsmann Nestroys: Übernahme und Umformung von Vorlagen, ein Beispiel

In den *Lebensbildern* hatte der Dichter eine relativ breite, gemächliche, daher auch ge-sellschaftliche und öfters humoristische Erzählhaltung erreicht. Im *Kajütenbuch,* und zwar sowohl in den Abenteuererzählungen wie im Heiratsrahmen, drängt sich das »deut-sche«, jedenfalls zeittypische Bedürfnis nach irrationaler Romanhaftigkeit wieder stär-ker in den Vordergrund. Die unvergleichliche, ins *Kajütenbuch* eingelegte Groteske *Der Fluch Kishogues* ist einer englisch-irischen Quelle nacherzählt und wurde wohl aus die-sem Grunde bisher wenig beachtet. Sie ist ein guter Beweis dafür, daß Postl die plots an-derer ungeniert übernimmt. Kein Geniebewußtsein zwingt ihn dazu, grundlegend zu än-dern, wenn die Vorlage gut gemacht ist. Er hält es in diesem Punkt genau wie Nestroy. Volle Übereinstimmung mit dem Landsmann besteht aber auch darin, daß er sich durch die österreichische Neigung zum extremeren, »barocken« Stil stellenweise zu beträchtli-chen Veränderungen des Textes verlocken läßt. Kishogue wird auf einem Karren zum Galgen gefahren und soll vor dem Wirtshaus der Witwe Houlaghan den üblichen Ab-schiedstrunk genießen; aber dies ist ihm unmöglich, weil der Fiedler Tim Riley nach der Beichte, beglückt über die Absolution, zu viel getrunken hat, stockbetrunken im Graben liegt und ihm daher das geliebte Lied »The Rakes of Mallow« nicht spielen und singen kann. Der Ire Samuel Lover erzählt die Szene vor dem Wirtshaus verhältnismäßig ruhig. Es geht ihm um eine typische, sympathische Szene aus dem irischen Volksleben, die er eher schmunzelnd, humoristisch als extrem stilisierend und karikierend vorträgt*. Sealsfield erweitert den Spaß beträchtlich. Er macht die Szene durch Übertreibung grotesk-komisch und die Witwe aus einer episodischen Gestalt, lustvoll verzerrend, zur einprägsamen Karikatur: »›O Herzensbübchen! Kishoguechen! Perlchen! Schätzchen!‹ schreit wieder die Wittib Hullagan, ›o Schätzchen, Täubchen!‹ kreischt sie, ›nimm das Nasse gleichwohl, o nimm es und trink und letze dich und laß dir Zeit, Püppchen, Schätzchen! O Perlchen, Kishoguechen! Trink um der gloriosen Jungfrau Ursula und aller ihrer drei-unddreißigtausend Jungfrauen willen!‹

Wär euch nämlich eine ganz fromme und gottesfürchtige Frau, die alte Wittib Hullag-an, und in der katholischen Kirchengeschichte schier so gut wie der Pfaffe bewandert, auch mächtig empfindsam, so daß sie richtig immer mit dem armen Sünder zum Galgen ging und das Trinken umsonst hergab, und wäre er wildfremd gewesen. War es aber ein besonderer Freund, dann mußte sie immer zunächst dem Galgen sein und seine Abfahrt mit ansehen. Ach, war euch eine köstliche Frau, die alte Hullagan, und hättet sie hören sollen, wie sie jetzt schrie: Kishogue, mein Schätzchen, mein Perlchen! o nimm doch das Nasse! – und wie sie ihm den vollen Krug zum Karren hinaufhielt.

Und war euch ein so rundbauchig gewaltiger Krug, voll des köstlichst gewürzten Weines und Branntweines, ein Lord hätte ihn trinken mögen!

Wollt' ihn aber nicht anrühren, der arme Kishogue. ›Fort aus meinen Augen‹, schreit er, ›fort! Mein Herz ist betrübt bis in den Tod, denn Tom Riley hat mich betrogen, hat mir versprochen aufzufiedeln, auf daß ich fröhlich und tapfer stürbe wie ein wahrer Mallow-bube, – und kann nicht wie ein Mallowbube sterben!‹ heult er gar kläglich, ›und ist mein Herz betrübt schier zum Brechen und will sterben! Und sei verflucht der Tropfen, der über meine Zunge kommt, will keinen Johannistrunk, will sterben!‹

Und war's sicher und gewiß zum ersten Male in seinem Leben, daß Kishogue das Nasse zurückstieß und verfluchte, worüber sich alle Leute schier entsetzten, schüttelten auch die Köpfe darüber und sagten, daß es nun mit ihm gewiß Matthäi am letzten; soll so im-mer der Fall sein.« Aus den zwei Anreden des Iren werden durch Wiederholung und Ab-wandlung zehn schmeichelnde Kosenamen, alle im biedermeierlichen Diminutiv, und auch der Name des Delinquenten wird zweimal durch Diminutiv verniedlicht. Die Witwe sagt nicht nur, Kishogue solle trinken, sondern sie schreit und kreischt es. Auch Kishogue

---

* »›Oh take the dhrink any how, aroon‹, says the Widdy Houlaghan, who was mighty tindher-hearted, and always attinded the man that was goin' to be hanged with the dhrink herself, if he was ever so grate a sthranger; but if he was a frind of her own, she'd go every fut to the gallows wid him and see him suffer: Oh she was a darlint! Well, – ›Take the dhrink, Kishogue my jewel‹, says she, handin' him up a brave big mug o' mulled wine, fit for a lord, – but he wouldn't touch it; – ›Take it out o' my sight‹, says he, ›for my heart is low bekase Tim Riley desaived me, whin I expected to die game, like one of the Rakes o' Mallow! Take it out o' my sight‹, says he, puttin' it away wid his hand, and sure ›twas the first time Kishogue was ever known to refuse the dhrop o' dhrink, and many re-marked that it was *the change before death* was comin‹ over him« (Samuel *Lover*, Legends and Sto-ries of Ireland, Bd. 2, Dublin ³1834, S. 213 f.).

schreit, wo im Original einfach »says he« steht. Aus dem schlichten »my heart is low« wird: »Mein Herz ist betrübt bis in den Tod«, und ohne jeden Anhalt in der Vorlage »heult er gar kläglich, ›und ist mein Herz betrübt schier zum Brechen und will sterben‹«. Die Intensität der Vergegenwärtigung wird noch gesteigert durch das Hervortreten des Erzählers, durch die Anrede der Zuhörer: »hättet sie hören sollen, wie sie jetzt schrie...« Soviel naives Possenspiel wäre schon in der damaligen englischen Erzählprosa kaum mehr möglich gewesen, und man versteht, daß auch in der kultivierteren Erzählwelt des deutschen Nachmärzrealismus eine so übertriebene Diktion unerträglich erschien und nur noch von Jugendlichen angenommen wurde. Ein aus dem Biedermeiersalon heraustretendes, tätig werdendes, bürgerlich kraftvolles Lesepublikum verlangte einen nüchterneren Stil und selbst im Spaß mehr Mäßigung, feinen Humor statt verzerrender Groteske. Unsere Aufgabe wäre es dagegen, gerade dem Vormärzerzähler Postl, so elementar er sein mag, gerecht zu werden.

Noch weiterer Abstand vom Realismus

In Postls letztem Roman *Süden und Norden* (1842) gelangen die romantische Stimmungshaftigkeit, Leidenschaft, Erotik und Exotik zur Herrschaft. Postl schreibt seinem Verleger: dies »Buch ist ohne Zweifel das poetischste meiner Werke« (an Erhard 7. 9. 1850). Das Wort »poetisch« bezeichnet zu dieser Zeit fast immer eine Distanzierung vom Empirischen. Diese Entwicklung fällt jedem unbefangenen Leser in die Augen und beweist wieder einmal, wie wenig das historische Schema von einer allmählichen Entromantisierung der Literatur zutrifft[57]. Der österreichisch-katholische Theologe, der bei der Publizistik angesetzt und sich zunächst wenig um deutsche »Poesie« gekümmert hatte, versucht jetzt diesem romantischen Zentralbegriff so gut wie möglich zu entsprechen. Daß dabei eine neue Form von Romantik entstehen muß, ist selbstverständlich. Eben dieser Roman gab immer wieder den Anlaß, von Postls »Impressionismus« zu sprechen. Im Vorwort stellt der Dichter selbst ausdrücklich fest, der Roman sei »skizziert, fragmentarisch, wie es eine Darstellung erster Eindrücke bedingt« [58].

Schon der Schauplatz von *Süden und Norden* entspricht dem damit bezeichneten Stilwillen. Der Dichter kehrt nach Mexiko zurück, das heißt in ein Land, das er kaum aus eigener Anschauung kennt, das er jedenfalls gar nicht realistisch darstellen kann und will[59]. Während er sonst mit Hartnäckigkeit die Wirklichkeit darzustellen behauptet, liest man hier im Nachwort: »Sind diese wilden, zerrissenen Bilder Wahrheit – sind sie Dichtung – Träume einer krankhaften Phantasie...?« Die Abenteuer amerikanischer Touristen, die das subtropisch-exotische, zudem von der Revolution wild aufgewühlte Mexiko beobachten sollen, werden aus der Perspektive eben dieser Amerikaner, die wie Marionetten durch die Verführungen des üppigen Landes und durch die Intrigen der verschiedenen kleinen und großen Machthaber herumgeschleudert werden, erzählt. Die südliche Landschaft wird nicht so sehr in genauen, nuancierten als in brennenden, ja ekstatischen Farben vergegenwärtigt. Deutlicher als die *Realität* der Naturbilder ist ihre berauschende und betäubende *Wirkung*. In der gleichen Richtung beeinflußt Gournays'

Liebe zu der eingeborenen Mariquita und das politische Chaos die Abenteurer. Ein unbeschreiblicher Taumel bemächtigt sich dieser Männer. Dem Ideal des common sense macht der Dichter in diesem Buch nur noch magere Zugeständnisse. Obwohl der ahnungslose Deutsche (Bohne), der unter den Touristen ist, in der üblichen Weise karikiert wird – auch der Romancier Sealsfield spielt stets den Amerikaner –, so hat hier im Grunde doch das um 1840 nicht mehr ganz zeitgemäße deutsche Ideal einer »wunderbaren«, bis zum Wahnsinn exaltierten und phantasieschwelgenden Dichtung gesiegt. Damit soll nicht behauptet werden, daß eine Wirkung der auch verspäteten französischen Romantik, etwa Mérimées – man sollte ihn nicht zu den Realisten rechnen –, auszuschließen ist. Man kann verstehen, daß vermutet wurde, Sealsfield habe *Süden und Norden* unter dem Einfluß von Rauschgiften geschrieben. Zwar entwirren sich wie im *Virey* allmählich die Fäden. Hinter dem Wunderbaren taucht das Rationale in der Gestalt der Intrigen und Machtkämpfe auf. Auch den abenteuerlichen plot bringt der Erzähler in herkömmlicher Weise zu einem klaren Abschluß, dadurch, daß die Abenteurer von amerikanischen Marinesoldaten herausgehauen und auf die Schiffe gebracht werden. Der Schluß des Buches ist ganz und gar nicht »fragmentarisch«. Trotzdem bleibt der überwiegende Eindruck »wilder zerrissener Bilder«. Der alternde Dichter hat die Bewunderung für die Intriganten und für die Form der Intrige aufgegeben. Oder versucht er sich nur an die spätromantische Gefühlskultur anzupassen? Dafür spricht die merkwürdige Tatsache, daß ein posthum erschienenes Werk des »Realisten«, die kleine Erzählung *Grabesschuld,* eine Geistergeschichte ist, unter ausdrücklicher Berufung auf »die neuesten Werke über Dämonologie« [60]. Diese lagen für einen Dichter, dessen Romane im Heimatland Justinus Kerners erschienen, verständlicherweise nahe. Für diesen Arzt gab es ja – wie für Bolzano – die kantianische Kritik an einer Metaphysik mit wissenschaftlichem Anspruch noch nicht.

Sicheres über die letzten Entwicklungstendenzen des Erzählers können wir nicht sagen, da die Manuskripte von zwei Romanen, die, nach den Briefen zu urteilen, schon ziemlich weit gediehen waren, sich nicht im Nachlaß vorfanden. Der Streit um die Frage, ob der Dichter seinen Nachlaß selbst verbrannt hat, ist auf positivistischem Wege kaum zu entscheiden. Zuzutrauen ist dem Dichter, der stets ins Große strebte und die Philologen verachtete, eine so radikale Entscheidung*. Dagegen wird der Umstand, daß Postl-Sealsfield in der Zeit nach 1848 zunächst in der Versenkung verschwand, niemand in Erstaunen versetzen, der die Wandlung des Romanbegriffs und des gesamten literarischen Klimas in

---

* Schwerer als die Aussagen der Magd und Pfarrer Hemmanns scheint mir bei einem so leidenschaftlich auf Heimlichkeit bedachten Menschen der Brief an seinen Testamentsverwalter Peyer »um Neujahr 1864« (Castle, Briefe und Aktenstücke S. 344 f.) zu wiegen (Peyer vermißte eine Verfügung über den schriftstellerischen Nachlaß im Testament): »Ich habe mich noch nicht entschließen können [!], von meinen Schriften die leider nur halb fertig sind, etwas der Nachwelt zu überlassen. Ich will mir die Sache überlegen.« Das heißt doch, daß er sie normalerweise verbrennt, was freilich gewisse Philologen unmöglich ernst nehmen können. – Auch Alfred *Hartmann* berichtet, er habe »seine sämtlichen Schriften und Manuskripte« verbrannt. »Drei ganze oder beinahe vollendete Werke gingen in Flammen auf« (Morgenblatt, Jg. 58, Nr. 38, 16. 9. 1864 nach Thomas *Ostwald,* Charles Sealsfield, Braunschweig 1976, S. 61).

der Mitte des 19. Jahrhunderts kennt. Wenn andere Dichter in einem Zeitalter der seelischen Abkühlung, der entschiedeneren Verbürgerlichung und Industrialisierung, auch der beginnenden *dichterischen* »Technik« (G. Freytag) verstummten oder gar starben, – warum soll Postl, der als säkularisierter Theologe, als Utopist ein typischer Sohn der »Übergangsepoche« war, nicht auf seinen Manuskripten sitzengeblieben sein? Die Hypothese, daß die Freimaurer die Publikation seiner letzten Werke verhinderten (Castle), ist nicht nur nicht bewiesen, sondern wäre durch genauere historische Untersuchung wahrscheinlich zu widerlegen. Im Sommer 1850, also *nach* der Beendigung der Revolutionsunruhen, erhielt der Dichter von seinem Verleger die Nachricht, »der Absatz von Süden und Norden habe beinahe aufgehört« (Sealsfield an Erhard 7. 9. 1850). Es ist selbstverständlich, daß unter diesen Umständen Erhard am Druck weiterer Sealsfieldscher Romane nicht interessiert war*.

---

* *Castle* (Der große Unbekannte. Das Leben von Charles Sealsfield (Karl Postl) Wien/München 1952) zitiert, unlogisch wie immer, selbst eine Analyse von Sealsfields früherem Verleger Schulthess, die seine Hypothese widerlegt (S. 564 f.). Die Äußerung im Ganzen ist zwar unzulänglich, weil Schulthess den Kahlschlag, den die bürgerlich-realistischen Programmatiker in Deutschland verübten, noch nicht beobachtet hat; aber die Bemerkung über die Auflagenhöhe ist gültig. Die Zahl der Exemplare bei den einzelnen Romanen hatte sich um 1000 bewegt, was zu dieser Zeit schon ziemlich anspruchsvoll war. Die höhere Auflage der Sämtlichen Schriften, die Erhard gewagt hatte, widersprach der von Sealsfield selbst im *Kajütenbuch* geäußerten Einsicht, er schreibe nur für Gebildete. Schulthess an Postl (23. 7. 1857): »Ihre Schriften sind für das gebildete, nachdenkende Publikum geschrieben und immer für dieses genießbar. Diejenigen Buchhändler, wie Metzler [Inhaber Erhard], welche meinten, große Auflagen davon absetzen zu können [800 vornehme, 8000 billige Ausgabe, Vertrag vom 10./14. 7. 1844], haben die Sache nicht überlegt und mit Volksschriftstellern verwechselt. Mehr als achthundert bis zwölfhundertfünfzig Exemplare höchstens sind von solchen Schriften nicht abzusetzen, denn wie gesagt, nur Gebildete lesen sie und viele von diesen in Lesezirkeln, Leihbibliotheken usw. Metzler hat, soviel ich weiß, an der Gesamtausgabe eine große Summe verloren: teils durch eigene Schuld, weil er den Unterschied nicht ins Auge faßte, der zwischen Ihren Werken und den Schriften eines Walter Scott, W. Irving usw. liegt, teils infolge der Revolutionszeit von 1848 usw., die den Absatz aller belletristischen Literatur zu Boden warf. Jetzt scheinen die Werke fast vergessen, so daß von den Land- und Seebildern seit 1850 nur noch fünfzehn Exemplare abgesetzt werden [!]. Es scheint mir aber an der Zeit, nicht mehr länger mit Ihren neuen Arbeiten zurückzuhalten. Will Ihr Metzler die Werke nicht übernehmen, so würde ich Ihnen raten, sie für eine erste Auflage von achthundert bis zwölfhundertfünfzig Exemplaren irgendeinem andern soliden Buchhändler zum Honorar von zweieinhalb bis drei Louisdor zu übertragen.« Dies war ein vorsichtiges Angebot. Wenn Castle meint, Freytags »Soll und Haben«, Kürnbergers »Amerikamüder« usw. widerlegten die Analyse von Schulthess (S. 565), so verrät dies Unkenntnis der Situation nach 1848, die vom Vorstoß der jungen *national*liberalen Realistengeneration beherrscht wird. Freytag (geb. 1816) ist 23 Jahre jünger als Postl, Kürnberger (geb. 1823) 30, Viktor Scheffel (geb. 1826), ein dritter Erfolgsautor, sogar 33 Jahre. Postl erkannte wohl, daß er als Universalist, Deutschlandverächter und Amerika-Utopist mit dieser hochgemuten nationalbürgerlichen Generation auf dem Markt nicht mehr konkurrieren könnte und nur eine neue Niederlage erleben würde. So warf er, mit der ihm eigenen Radikalität, die Feder beiseite. Er bemerkt öfters in den Briefen, das Schreiben sei ihm verleidet. Auch die Augen machten ihm mehr und mehr Kummer, und diktierend, wie Goethe, kann man sich ihn kaum vorstellen; denn ein solches Verfahren erfordert in der Dichtung eine vorhergehende, geduldige Einstellung auf die Produktion, einen »organischeren« Entstehungsprozeß, als er bei Sealsfield wahrscheinlich ist. Der Hauptgrund für den Entschluß, Abschied von der Öffentlichkeit zu nehmen, dürfte aber der widerspenstige Buchmarkt und *die für Sealsfield nachteilige Veränderung der literarischen Wertungsnormen* gewesen sein.

Die allgemeine Struktur von Sealsfields Romanen. Sprachexperimente

Die Betrachtung der einzelnen Werke, so verschieden sie nach Umfang und Wirkungs-absicht ausgefallen sind, ist bei Postl, ähnlich wie bei seinem Landsmann Nestroy und dem Schweizer Gotthelf vielleicht nicht der Weg, auf dem man am nächsten an den Dich-ter herankommt. Erst die Interpretation der *gesamten literarischen Welt,* die großartig und verhältnismäßig einheitlich ist, wird uns ein angemessenes Bild von seiner Bedeutung geben. Postl erschloß seinen Zeitgenossen wie Gotthelf mit Hilfe der Romanform einen bestimmten Wirklichkeitsbereich unter sittlichen, überhaupt ideologischen Gesichts-punkten. Diese doppelte Wirkung war ihm weit wichtiger als das alt- und neuhumanisti-sche Streben nach einer vollkommenen »Einheit« des Einzelwerks, und eine sachgerechte Würdigung des Erzählens hängt davon ab, daß man nicht nur die negativen, sondern auch die positiven Folgen dieser Grundeinstellung erkennt. Da der schematische Zwang »dramatischer Einheit«, wie er etwa an G. Freytags Romanen zu beobachten ist, Postls Werken fehlt, können sich die einzelnen Figuren, Lebenskreise und Szenen, ja selbst die Gestik und die Sprache viel breiter und kraftvoller entfalten. Man wird zwar in diesem Fall zögern, von »epischer Welt« zu sprechen. Postl ist bei allem weltmännischen und welthaften Gehaben zu unsicher, zu zwiespältig, zu erregt, zu sehr der Dichter *zwischen* den Hemisphären, als daß er auch nur die relative Ruhe der Gotthelfschen Romanwelt erreichen könnte. Damit ist nicht erst die Tendenz seiner Romane, sondern schon die Form des Erzählens selber gemeint. Zwar ist diese von der Reisebildertechnik Heines, Laubes usw. zu unterscheiden. Schon seine Neigung zur Rahmenform beweist, daß es ihm nicht darauf ankommt, sich selbst als empirische oder halbfiktive Person in den Vor-dergrund zu spielen und die Gegenstände oder Menschen, von denen er erzählt, zum Mit-tel seiner Launen und Einfälle zu machen. Es gibt nicht so leicht einen Erzähler, der seine persönlichen Ideen und Erlebnisse so entschieden objektiviert. Er predigt selten selbst, wie dies der Erzähler Gotthelf mit Passion zu tun pflegt, sondern er schlüpft in die ver-schiedensten Figuren und versucht diese nach ihrem besonderen Wesen in voller Unmit-telbarkeit zu entfalten. Freilich ist auch in einer so sorgfältigen Maskierung das Tempe-rament des Erzählers Postl durchzufühlen. Man weiß sogleich, *welche* Ideen und Perso-nen dem Dichter selbst lieb oder leid sind. Auch die gesellschaftlichen Verhältnisse, die Handlungszusammenhänge und selbst die dingliche Umwelt werden so behandelt, daß sie seinem Bedürfnis nach Lebhaftigkeit, Erregung, Übertreibung, ja Ekstase entgegen-kommen. Postl ist ein motorisches, dionysisches Temperament, und Nadler ist wohl im Recht, wenn er diesen Wesenszug mit der österreichischen Theaterkultur in einen Zu-sammenhang bringt; sie durchdrang während der Jugendzeit Postls das gesamte gesell-schaftliche Leben. Postl scheint in Prag am adeligen Liebhabertheater – die Erlöse dienten karitativen Zwecken – aktiv oder wenigstens als Zuschauer Anteil genommen zu ha-ben[61]. Nadler vergißt nur, zwischen dem allgemeinen Phänomen des Theaters, des »Mimus« und der bestimmten »einheitlichen« Form des Dramas zu unterscheiden. Bei Postl hat die theatralische Seh- und Empfindungsweise herzlich wenig mit der humanisti-schen Form des Dramas zu tun, und eben deshalb setzt sie sich so selbstverständlich in die originelle Form seines *Lebensbilder*-Romans um. Postls theatralischer Roman darf wie

der idyllische Gotthelfs oder der homerisierende Stifters als legitim, als zeitecht angesprochen werden, so wenig er unserem gegenwärtigen Romanbegriff entsprechen mag.

Postl ist insofern Epiker, als die Welt, die er darstellt, nicht *nur* Anlaß zur intellektuellen oder ideologischen Belehrung, sondern bis zu einem gewissen Grade eigenständig ist.
Aber er stellt sich, im Unterschied zu den Realisten, dieser Welt nicht gegenüber, so daß
sie (aus dem Abstand des Subjekts) objektiv erscheint; er identifiziert sich mit ihr – wie
der Theaterdichter mit seinen Figuren –, so daß mehr Bewegung als Bild, mehr Affekt als
ruhende Zuständlichkeit zur Darstellung kommt. Die Landschaften Postls, deren Genauigkeit man lange gerühmt hat, behalten immer etwas von Panorama und Kulisse. Der
Dichter beschränkt sich zwar nicht auf den engeren, menschlichen Lebensraum wie
Gotthelf. Er hat wie Stifter Empfindung für das Kosmische; aber er schildert es nicht in
seiner »kalten«, vom Menschen unabhängigen Gesetzlichkeit (vgl. u. S. 960). Daher erwecken die mächtigsten Naturerscheinungen wie der Mississippi oder die mexikanischen
Gebirge auch nicht eigentlich Grauen, sondern nur Staunen und Entzücken, unter Umständen sogar fromme Anbetung wie das Kreuz des Südens in Postls letztem Roman: »Da
stand es, das Kreuz des Südens, hoch und hehr und colossal, und göttlich flammend im
endlos schwarzen Himmelsraume, in weiter Ferne das Sternbild des Schiffes Argo und
weiter drüben der Centaur, aber weit und weit – wie in schauervoller Ferne sich von dem
göttlichen Christuszeichen haltend, das im endlos schwarzen goldenen Raume siegend
aus tiefster Nacht und Finsternis heraufblitzte gegen Norden, wo die Jupiter und die Sa-
turne, die Marse und Venusse verschwunden, und nur der kleine und große Ursus noch
zu schauen, vor dem göttlichen Gestirn gleichsam auf den Knien liegend, die Erde berüh-
rend in Anbetung, vergehend – vor dem hohen überwindenden Kreuze, das sich so göttlich mild, versöhnend herauf- und herüberneigte!« (*Süden und Norden*, 6. Kap.) Der
schwellende Satzrhythmus, die syndetische Fügung, die Vorliebe für Wiederholungen
und starke Worte, die intensivierenden Pluralbildungen, die Motorik der Verben (göttlich flammend, heraufblitzte), das Prunken mit kosmischen Requisiten, die szenische
Anordnung des Gesamtbildes – alles dies macht unser Zitat zum Musterbeispiel einer
theatralischen Landschaftsschilderung. Die alten rhetorischen Mittel sind zwar in neuer
suggestiver Weise verknüpft; aber es überwiegt, auch ganz abgesehen von dem christlichen Emblem, der Eindruck eines barock empfundenen, monumental-kulissenhaften
Naturraumes. Der folgende Satz stellt die Beziehung zu dem Erzähler, der zugleich einer
der Akteure ist, ausdrücklich her: »Die Erde und ihre Schicksale – meine eigenen
schwanden, die Ewigkeit trat vor mich – riß mich hin – zu dem blitzenden Gestirne« usw.
Zugegeben, daß der letzte Roman eine besonders enge Verknüpfung zwischen der Landschaft und dem Gefühlsrausch seiner Helden herstellt. Aber von Anfang an überwiegt die
quantitativ-rhetorische Naturbeschreibung die in Ansätzen vorhandene qualitativ-reali-
stische entschieden. So finden sich z. B. im ersten Roman auf 19 Zeilen einer Prärieschil-
derung die folgenden superlativischen Adjektiva: endlos (zweimal), prachtvoll (zweimal), ungeheuer (zweimal), schönst, üppigst, unübersehbar, ätherisch, grenzenlos, unbeschreiblich, großartig. Die damit bezeichnete Stiltendenz prägt Postls Wortschatz wesentlich; später müssen sogar Begriffe der neuesten Bildung wie »transzendental« herhalten, um die Synonymik des Kolossalen zu bereichern*.   (Fußnote s. nächste Seite).

Bei der Betrachtung der einzelnen Romane haben wir bereits eine damit übereinstimmende Vorliebe für überlebensgroße, »mythische« Menschendarstellung kennengelernt. Im Falle nicht ernster Stilhaltung setzt sich diese Tendenz wie bei Gotthelf in eine Neigung zur Groteskkomik um (z. B. Doughby in den *Lebensbildern*). Da nun der Dichter, seinem theatralischen Ausgangspunkt entsprechend, die direkte Rede bei jeder Gelegenheit verwendet, so bestimmen kraftstrotzende, komisch oder pathetisch »übertreibende« und damit wenig individualisierte Dialoge Sealsfields Erzählstil auf weiten Strecken. Daß von da der Schritt zum auftrumpfenden Räsonnieren, etwa zu politischen Freiheitstiraden und Prophezeiungen nicht weit ist, versteht sich bei einem derart überhöhenden und damit abstrahierenden Stilcharakter von selbst. Dagegen scheint ihm eine der auffallendsten Erscheinungen von Postls Sprache zu widersprechen: die große, ja zunächst erschreckende Passion für eine »charakteristische« Redeweise der Figuren, für ein Kau-

---

* Vgl. Alexander *Ritter* (Darstellung und Funktion der Landschaft in den Amerika-Romanen von Charles Sealsfield, Diss. Kiel 1969, S. 250): »Das religiöse Naturgefühl des Dichters bewirkt somit eine vollkommen subjektive Gestaltung der Landschaft, in dem z. B. entgegen allen Gesetzen der Realität ganze Landschaftsteile unter dem Einfluß des siegreich-göttlichen Lichts in eine alles erfassende Bewegung geraten. Diese phantastische Gestaltung der Landschaft und das ursächliche mystisch-schwärmerische Naturgefühl, die Geist und Natur zu einer dynamisch verstandenen Einheit werden lassen, sind ohne das empfindsame und pantheistische Naturfühlen in der Dichtung von Aufklärung und Klassik und besonders ohne das mystische Naturfühlen der Romantiker wie Jean Paul nicht denkbar. Es ist außerdem zu berücksichtigen, daß Sealsfield als ausgebildeter Theologe trotz seiner Flucht aus dem Priesterberuf ein religiöser Mensch war. Für den religiösen Menschen aber ist die Natur niemals nur ›natürlich‹. So ist die von ihm erlebte Natur nicht chaotisch, sondern geordnet als großartiger Kosmos der Schöpfung.« Wir zitieren aus den *Deutsch-amerikanischen Wahlverwandtschaften* (I. Teil, Kap. Die Seewelt), um zu zeigen, wie naiv die romantische Konzeption der Ur- oder Universalpoesie von diesem Erzähler mit seinen ethnologischen Interessen in Verbindung gebracht wird: »Es ist eine poetische Welt, eine hochpoetische Welt, diese Seewelt, in die ihr getreten. Der Erde habt ihr den Rücken gewendet, ihr seid bloß noch durch einen Haufen zusammengefügter Balken und Bretter an sie geknüpft; ein losgehender Nagel mag diese Tausende von Meilen auseinander- und euch Tausende von Klaftern – in den Abgrund hinabreißen. ... Erst zur See vermögt ihr in diese Riesenseele einzudringen, in ihre wunderbaren Höhen und Tiefen, ihr poetisches und alltägliches Leben. Mit jedem Blicke, den ihr auf den sinnbewildernden Ocean hinauswerft, und während ein unwillkürlich kalter Schauder euch im Gefühle eurer Ohnmacht und Verlassenheit überkriecht, entfesselt sich zugleich euer Geist, und den Leib ganz vergessend, verliert er sich in unendlichen Räumen; das Bild der Gottheit erscheint euch mit dunstigem Schleier überzogen, aber greifbar gleichsam, materiell eigenthümlich. – Eine gewisse Stoa legt sich über dieses Bild hin, shakespearische Stoa, ein shakespearischer Gott wird euch mit shakespearischer Objektivität klar, wie sie euch auf eurer Stube auf dem Lande nimmermehr geworden. Es ist die Stoa, die Objektivität, der Gedankenflug eines Mannes, der einer seefahrenden Nation angehört – zur See gelebt, das nordische Seeleben, die Wasserwüste, durch und durch kennen gelernt, vom Seegeiste angehaucht, durchdrungen ist, dem der Seegeist seine Könige und Bettler, seine Prinzessinnen und lockeren Dirnen, seinen Gott und seinen häuslichen Heerd sehr zeichnen geholfen. Wenn über die Schiffswand hinausstarrt, in den wirren Ocean, und schaudernd in der Wasserwüste draußen weilt, und wieder zurückkehrt zu euern Brettern, und Schiffsgefährten, werden euch diese aus aller Welt zusammengetriebenen Gefährten zu ganz anderen Erscheinungen, als sie auf dem Lande waren; sie verbinden sich zu einem Ganzen, diese heterogensten aller Theile, zu einem wahren shakespearischen Ganzen.« Diese mystische Art des »Ganzen« erträumte der Wahlamerikaner, der mehrmals den atlantischen Ozean überquert hatte, wohl auch für seine Romane.

derwelsch in allen Sprachen und Sprachmischungen, soweit Amerika dazu Anlaß gab. Es kann nämlich als gesichert gelten, daß diese seltsame Sprache nicht auf einen Verlust des deutschen Sprachgefühls zurückzuführen ist – dafür war der Dicher nicht lange genug außerhalb des deutschen Sprachgebiets –, sondern daß er sie ganz bewußt in bestimmter Absicht übernommen oder sich auch selbst geschaffen hat[62]; es ist eine »Kunstsprache« [63].

Die fremdwortartige Spracherweiterung, wie sie etwa vorliegt, wenn Postl von amerikanischen »matter of fact Leuten« oder »would be Caesars« spricht, ist noch der einfachste Fall. Die englischen Begriffe sind kaum zu übersetzen, und so werden sie um der Deutlichkeit willen einfach übernommen. Wenn der Londoner Kapitalist Lomond den unerfahrenen Morton belehrt, so haben die fremden Worte schon einen mehr als begrifflichen Sinn: »Ah, Sie sind ein guter Christ, wie Amerikaner von guten Häusern es gewöhnlich sind – auch Britten sind es – das heißt, pro forma, des guten Beispiels wegen für den Pöbel, auf daß dieser sehe, daß man nicht above that very useful thing, religion, seye« (Morton II, Kap. 2). Nicht nur das Wort »thing«, sondern der ganze englische Satzteil erzeugt, in der richtigen Intonation gesprochen, einen oberflächlichen Gesellschaftston, und indem er mit dem biblischen »auf daß« kontrastiert, einen ironischen Effekt. Postls Tendenz zur Mischsprache geht so weit, daß sein Deutsch von der englischen Idiomatik beeinflußt und daher geradezu »fehlerhaft« wird. Ein Liebespaar unterhält sich etwa in folgendem Jargon: »Ich fühle wie im Traume. Und so ich« *(Kajütenbuch)*. Wer Postl kennt, weiß, daß auch solche Passagen Ausdrucksqualität haben. Nicht nur eine charakteristische, sondern eine internationale, urmenschliche Atmosphäre soll erzeugt werden. Das »Exotische« ist für Postl im Unterschied zum Impressionismus noch kein bloßer Stimmungsreiz, sondern, ganz ähnlich wie im 18. Jahrhundert, Robinsonade, Utopie, »neue Welt«. Dem entspricht ein derartiges gewissermaßen ursprachliches Stammeln. Wenn Dichter wie Gotthelf mit Hilfe des Dialekts die allzu glatte und gebildete Sprache der Biedermeierzeit zu überwinden versuchen (vgl. Bd. I, S. 391–397), so versucht es der Dichter der beiden Hemisphären auf dem noch gewagteren Wege der englisch-deutschen Sprachmischung. Die Vorstellung der germanischen Verwandtschaft, die ihn wie seine ganze Zeit beherrschte (vgl. Bd. I, S. 380 f.) und die wir in der Widmung der *Lebensbilder* in einer prägnanten Form kennenlernten (s. o.), war sicherlich die Basis dieses *verwegenen Sprachexperiments*. Auch dieses trennt ihn scharf vom bürgerlichen Realismus (Bd. I, S. 385).

Wie vielschichtig und kompliziert die auf den ersten Blick primitiv anmutende sprachliche Produktivität dieses Dichters sein kann, lehrt die Redeweise seiner größten Figur. Nathan Strongs Sprache fällt vor allem dadurch auf, daß in ihr bei jeder Gelgenheit das Wort »notion« vorkommt. Der stilistische Sinn dieses Allerweltswortes ist zunächst der, daß das ganz auf Tat und Kampf, nicht auf schöne Redensarten gestellte Wesen dieses Hinterwäldlers, seine Einsilbigkeit »charakterisiert« werden soll. Das Wort ist ein bloßer Hinweis, eine Geste, die eigentlich unverständlich und nur aus der Situation heraus zu deuten ist. Nathan ist nun freilich nicht nur ein »Charakter«, sondern zugleich eine mythische Figur der amerikanischen Heldenzeit, und das Wort notion wird zu einer Art Zauberwort dieses Urzustandes. Es taucht auch bei andern einfachen Amerikanern auf.

Doch ist damit nicht gesagt, daß der ungeschlachte heroische Hinterwäldler ganz ernst genommen werden kann und soll. Schließlich schreibt der Dichter in Europa und für ein kultiviertes Publikum; die Erzähler, denen der Bericht über Nathan in den Mund gelegt wird, kommen auch aus Europa. Es sind französische Aristokraten, Emigranten, die Nathan besuchen. Das Tun und Reden des seltsamen Mannes wird ihnen zwar im Laufe der Zeit verständlich, ja, sie versuchen mit ihm in seiner eigenen Sprache zu reden; aber es ist natürlich nur eine Art mimischer Reaktion. Sie spielen, halb fasziniert, halb belustigt, in der grandiosen Komödie mit. Wir erinnern uns bei dieser Gelegenheit, daß die ständige Wiederholung der gleichen Redensarten zu den elementarsten Mitteln der Komödie gehört.

Von welcher Seite wir uns auch diesem Dichter nähern mögen, auf seine mimische und theatralische Grundstruktur stoßen wir immer. Die Sprachmischung wurde ihm schon dadurch zur Stilhaltung, zur zweiten Natur, daß er im deutschen Sprachgebiet mit größter Konsequenz den geborenen Amerikaner zu spielen versuchte. Doch hätte er diese Rolle unmöglich durchgehalten, wenn er nicht überhaupt am Mimischen und Theatralischen eine dämonische Freude gehabt hätte – fast wie Nestroy. Daß dieser Trieb tiefer saß als das »germanische« Verwandtschaftsgefühl mit dem amerikanischen Englisch, beweist die Verwendung der verschiedensten Sprachen: ihnen allen war nicht nur physiognomische Wahrheit, sondern vor allem auch ein *mimischer Effekt* abzugewinnen. So ist es z.B. – für Leute, die die Sprachen kennen! – sehr ergötzlich, wenn Doughby, um den Kreolen entgegenzukommen, sich in seinem barbarischen Französisch versucht und die Kreolen in englischer Sprache radebrechen. Wie genau Postl selbst in dieser speziellen Frage an die Tradition seiner Heimat anknüpfte, erkennt man, wenn man daran denkt, daß sich das altösterreichische Volkstheater nicht nur des Dialekts, sondern schon aller möglichen Sprachen zum gleichen komischen und mimischen Zwecke bediente (vgl. Bd. II, S. 458 f.).

Man wird im einzelnen darüber streiten können, wo Postls gewagte sprachliche Experimente gelungen sind und wo nicht, aber die hinter ihnen stehende Sprachkraft ist kaum zu leugnen; denn sie verrät sich in der rein deutschen Sprachschicht deutlich genug. Seine besondere Stärke liegt auch im Deutschen in der Drastik des Ausdrucks und in der mimischen Anschaulichkeit der Figuren, die die Sprache bewirkt; so wenn es etwa von einem freien amerikanischen Manne heißt, er stehe »breitschulterig und vierschrötig, in seinen eigenen Schuhen« (Der Legitime und der Republikaner, Kap. 1). Kein Zweifel, daß hinter der amerikanischen Freiheitsmaske das Renommistentum ihres Trägers, eines aufgestiegenen österreichischen Bauernsohnes, fühlbar bleibt. Trotzdem wird sich, ähnlich wie bei Grabbe, kaum leugnen lassen, daß diese »Großsprecherei« nicht nur psychologisch und ideologisch interessant ist, sondern zugleich in einer zwar keineswegs immer reinen, aber intensiven dichterischen Gestalt erscheint. Große Landschaften, monumentale Gestalten, weit ausgreifende Gedanken sind die Stärke des Dichters und Publizisten. Nach einer »epischen Integration« der drängenden mimischen Sprach-, Szenen- und Gestaltenfülle, nach der »Komposition« wird man erst in zweiter Linie fragen dürfen, wie bei allen Meistern der offenen Form. Postl will weder Epiker wie Stifter, im Sinne einer Prosa-Umsetzung erzählender Versdichtung, noch klassischer Baumeister sein, und so wird sich der Literarhistoriker hier, wie bei so manchem Dichter dieser Zeit, damit begnügen müssen, unter der manchmal brüchigen Oberfläche des Improvisierten nach dichterischem Urgestein zu graben und, wo dieses ihm entgegentritt, seine Freude zu haben*.

Der literarhistorische Ort. Die Realismusdiskussion

Es bleibt uns noch die Aufgabe, die bisher zerstreuten Bemerkungen zu Postls historischem Ort zusammenzufassen und seine literarhistorische Stellung aus zeitgenössischen Urteilen zu rekonstruieren. Ohne einen historisch fundierten Realismusbegriff (realistisches Programm) ist der Streit um Sealsfields Realismus selbstverständlich uferlos. Trotzdem ist die Realismus-Auseinandersetzung, die amerikanische Germanisten in stellenweise prozeßförmiger Art hatten, bemerkenswert. Bezeichnenderweise zweifelte der Angloamerikaner Norman L. Willey[64] an Sealsfields Realismus. Sein Ausgangspunkt ist eine von Kertbeny überlieferte Äußerung des Dichters, die gleich auf eine falsche Fährte führt: »Damals [!] waren sie [meine Werke]... so realistisch wahr in jedem Worte, wie nur eine der seither erfundenen Photographien.« Selbstverständlich ist es nicht schwer, diese Be-

---

* Wenn Postl ein verkannter Meister der Komposition und sogar sein Gesamtwerk ein »symmetrisch« aufgebauter Zyklus wäre (A. *Ritter:* Charles Sealsfields gesellschaftspolitische Vorstellungen und ihre dichterische Gestaltung als Romanzyklus, in: Jb. d. dt. Schiller-Ges. Bd. 17, 1973, S. 410 ff.), so hätten es seine Zeitgenossen bemerkt, die alle im Gymnasium gelernt hatten, wie wichtig solche formale Fragen sind. Es ist jedoch schon vor 1848 ein *Gemeinplatz der Sealsfield-Rezensionen, daß dieser Erzähler außerordentlich sorglos komponiert, und nur das Verständnis für diese offene Erzählweise wechselt von Rezensent zu Rezensent.* Die guten Rezensenten erkennen, ähnlich wie bei Grabbe, daß die offene Form eine Funktion seines – wir werden sagen naiven – Wirklichkeitsstrebens ist. Auch die Junghegelianer erkennen das Problematische solcher Naivität, aber sie bemerken wenigstens die elementare geschichtliche Entwicklung, die in Postls Roman vor sich ging: »Niemand unter uns ist aber der realistischen Disposition der Zeit so sehr entgegengekommen, als der Verf. der transatlantischen Reiseskizzen, des Cajütenbuchs u. s. w.; er ist freiwillig weiter gegangen, als Walter Scott, er hat der Schilderung und Charakteristik die Composition fast ganz geopfert und scheint uns zuzurufen: ›Nun, da habt ihr die wirkliche Welt ohne den Dichter, ein Labyrinth, räthselhaft anziehend, aber sinnverwirrend....‹« Im Vergleich zum *Virey* ist *Norden und Süden* »eine noch ärgre Verwilderung der losgebundenen Wirklichkeit. Ja, ja der losgebundenen, der anarchischen Wirklichkeit, die erst durch Menschen-Geist und -Kunst in Harmonie tritt« (Arnold Ruge, in: Deutsche Jahrbücher, Leipzig 11. 10. 1842, nach: Spiess, Charles Sealsfields Werke im Spiegel der literarischen Kritik, Stuttgart 1977, S. 131). Im letzten Satz erscheint schon der Unterschied zwischen dem elementaren »Frührealismus« und dem sich anbahnenden programmatischen, *kunstbewußten* Realismus, der die Realismusdiskussion bisher so sehr erschwert hat. Da sich mancher Sealsfieldforscher durch den Bildungsaufwand des ehemaligen Klerikers täuschen läßt, zitiere ich auch die m. E. richtigere Meinung Ruges, die sich gegen Ende der Rezension findet. Er spricht mit Bezug auf den Dichter von »der Naivität einer ziemlich oberflächlichen Bildung, welche des Menschen Geist und Empfindung nicht befreit und die Tiefen der Poesie nicht erreicht« (ebd. S. 134). Ruge sieht in Sealsfields »Naivetäten« »Flecken«, die »aus seinen Schriften entfernt« werden sollten, weil er durchaus bereit ist, »unsre ganze politische Verkommenheit in dem Spiegel des amerikanischen Jungbrunnens... recht grell zu erblicken« (ebd. S. 135) und die Beeinträchtigung der Sealsfield-Rezeption durch seine literarischen Mängel voraussieht. Die *schlichte* Bildung Sealsfields – man kann sie auch positiv bewerten! – wird durch eine Bemerkung Alfred Hartmanns noch verdeutlicht: »Unter seinem Nachlaß fanden sich sehr wenige Bücher« (Morgenblatt 58. Jg., 16. 9. 1864, nach Thomas Ostwald, Hg., Charles Sealsfield, S. 61).

hauptung zu widerlegen. Nach Willey war Sealsfield nie in Mexiko-City; denn er hat eine ganz falsche geographische Vorstellung von der Stadt. Das Kreuz des Südens (s. o. Zitat) ist unscheinbar. Sealsfield beschreibt es großartig. Also hat er es nie gesehen. Farmer kann er auch nicht gewesen sein; denn er verrät eine kindische Unkenntnis des Berufs. Willey meint sogar, »der Mönch« habe sich über New York und Philadelphia nie hinausgetraut. Über die Neger erzählt er nach den Märchen des Nordens, z.B.: »Vitell ist der Sohn eines alten Afrikaners, mit Pflugscharen statt der Füße, und einer Gattung Waden, die wie dreipfundige Kanonenkugeln statt hinten vorne ansitzen [!]; Lippen, die wie mäßig dicke Blutwürste sich von einem Ohr zum anderen ziehen.« Ich würde sagen: Ein grotesker Neger des Volkstheaters. Aber Willey ist gründlich und belegt durch ein zweites Zitat, daß Sealsfield die Neger tatsächlich für ganz abnorme Menschen hielt: »Wo ihr hinschaut, Gurkenbeine, an welchen die Waden statt hinten, vorne wie angeklext sitzen.« Der angebliche Beobachter Sealsfield verwechselt die Neger auch mit Tieren: »Beide [Neger] rennen, wie Böcke oder Stiere, mit den Hirnschädeln aneinander an, ein Mal, zwei Mal, drei Mal.« Willey vermeidet die Frage, ob der »Sklavenhalter« die Neger nicht absichtlich zu Tieren erniedrigte. Nach der Ideologie fragt er so wenig wie nach den Stillagen. Von der Haut der Trapper behauptet der Erzähler: »Nur Stahl und Blei vermochten durchzudringen.« Indem er das Fleisch des Bisons genießt wird er »gewissermaßen zum Raubtier«. Man wird nicht leugnen, daß dies gute Belege für Sealsfields Übertreibungen, vielleicht auch für seinen bäuerlichen Aberglauben, jedenfalls für seinen sehr begrenzten Realismus sind. Wie vor einem Gericht führt Willey auch den Beweis, daß Nathan bewußt mythisiert wird. Heute (1942) brauchen zwei tüchtige Holzfäller in Michigan zum Fällen eines Riesenbaumes $1-1^{1}/_{2}$ Stunden. Bei Nathan und seinen Gehilfen geht dies eins, zwei, drei: »Ehe fünf Minuten vorüber, krachte der vier bis fünf Fuß im Diameter haltende Stamm zusammen, und sank einwärts in den Sumpf.« Und dann natürlich: von Alligatoren, so oft Sealsfield sie erwähnt, hat er keine Ahnung: »Tausende, zehntausende von Alligatoren, Bullfröschen, Nachteulen, Ahingas, Reihern, die im Schlamme und den Laubdächern der Cypressen hausten, erhoben nun ihre Stimmen, ihr Gebrüll und Gestöhne, und wurden rebellisch, und kreischend brachen sie aus ihren Schlupfwinkeln hervor, und umkreisten uns, flogen uns um die Köpfe.« Zwei Schüsse von Nathan und es wird still. Das Märchen von den Schüssen, das Willey beanstandet, wäre nicht nötig. Man erkennt dies Naturbild sofort als Exotik, d.h. als ein phantastisch gesteigertes Naturbild. Überhaupt zeigt dieser Amerikaner in gesteigerter Form nur das Bild von Sealsfields Dichtung, das jeder Leser schon kennt, der daran gewöhnt ist, auf Stillagen zu achten. Der österreichische Erzähler liebt die pathetische Überhöhung und die ironische oder groteske Verzerrung, beides Stillagen, die der programmatische Realismus ablehnte, z.B. Julian Schmidt in seinem Sealsfield-Nachruf (Grenzboten, Leipzig 1864) [65]: »Was uns Deutsche betrifft, so ist eine neue Generation [!] an die Stelle der jungdeutschen getreten. Wir haben nicht mehr das Bedürfniß, uns durch Pathos oder Ironie aufregen [!] zu lassen, nicht mehr das Bedürfniß, das Unbegreifliche metaphysisch [!] zu construiren...: – sondern wir haben das Bedürfniß, die Welt und ihre Kräfte kennen zu lernen, daran die Grenze unserer Wünsche abzumessen und innerhalb dieser Grenzen Schritt vor Schritt vorwärts zu gehn.« Man erkennt klar die nüchterne Bismarck-Generation, für die Sealsfield und alle Dichter vor 1848 zu aufgeregt und zu metaphysisch waren, – trotz ihrer Schwärmerei für die Umsetzung der Ideen in *Taten*.

Der Deutschamerikaner Karl Arndt [66], der jetzige Herausgeber von Sealsfields Sämtlichen Werken, verteidigte mit imposanter Gelehrsamkeit den Realismus des Wahl- und Pseudoamerikaners, wobei er sich aber hütete, die von uns ausgewählten Beispiele zu widerlegen. Trotzdem: es war ein gewaltiger Sieg, wie schon die im September tatsächlich wiederblühenden Magnolien bewiesen. Willey hatte die Sache insofern falsch angefaßt, als die Dichter der Biedermeierzeit *im Detail* realistisch zu sein pflegen. Ein Hauptvorwurf der realistischen Programmatiker besteht darin, daß sie den Wald vor lauter Bäumen nicht sehen, daß sie bloß »Dichter des Detail« sind (vgl. Bd. I, S. 287 f.). Man kann z.B. Gift darauf nehmen, daß es die in dem zitierten Naturbild genannten Ahingas tatsächlich gibt; auch wenn sie aus einer literarischen Quelle stammen. Sealsfield verleiht dem Landschaftsbild durch solche Details einen wissenschaftlichen Anstrich, der an Alexander von Humboldts Reisebeschreibungen erinnern soll. Arndt wies an vielen Beispielen nach, daß der Erzähler doch ein guter Beobachter ist. Man darf dies genauso wie bei Gotthelf glauben. Das Detail verträgt sich nämlich ausgezeichnet mit der Utopie, was sich schon an den Robinsonaden studieren läßt. Arndt machte dem Kollegen Willey den zusätzlichen Vorwurf, er verwechsle den Realismus mit dem Naturalismus, worauf man erwidern könnte, Sealsfield erhebe, durch den Hinweis auf die Photographie (s. o) naturalistischen Anspruch – nicht ganz zu Unrecht, da die Naturalisten erneut Dichter des Details sein werden. Interessant und besser amerikanisch als Sealsfields Romandichtung ist Arndts Motivierung. Er meint, mit Sealsfields Realismus sei seine ganze künftige Geltung als Dichter bedroht. Wenn er ein Betrüger sei, müsse man aufhören, ihn zu lesen und zu studieren. Demgegenüber muß mit aller Entschiedenheit festgestellt werden, daß die realistischen Maßstäbe, in Westdeutschland jedenfalls, durch den Expressionismuskult längst ausgeschaltet sind und daß *auch* darauf die Renaissance der vorrealistischen Biedermeierzeit beruht. Bei der Frage nach Sealsfields Realismus handelt es sich um eine *historische* Lokalisierung, nicht um eine Wertfrage.

Richtig und wichtig ist Arndts Hinweis auf Sealsfields Bekenntnis zum alten (»asianischen«, d. h. ungriechischen) obscuritas-Prinzip*. Wesentlich sind auch Arndts Belege für die Tatsache, daß die Zeitgenossen den Informationswert von Sealsfields Romanen anerkannten; sogar ein amerikanisches Zeugnis wird zitiert. In den *Österreichischen Blättern für Litteratur und Kunst, Geschichte, Geografie, Statistik und Naturkunde* liest man 1846 [67]: »Der Schöpfer [Sealsfield] manifestiert sich hier in Geschöpfen mit Blut und Leben, er gibt nicht allein [!] luftige Begriffe… Ich habe die Antipodenwelt nicht aus den vielen topografischen und ethnografischen Werken, die von Jahr zu Jahr erscheinen, erkannt; in den Romanen *Sealsfield's* hat sich mir ein Gesammtbild des amerikanischen Lebens, seines politischen Strebens und seines sozialen Webens klar und wahr entrollt, und die einzelnen Romangestalten sind die scharfausgeprägten Typen der Kulturgeschichte einer freien Nation.« Solche Äußerungen ließen sich in großer Zahl zitieren; Sealsfields Romane brachten, verglichen mit exotischen Romanen und Indianergeschichten, *trotz ihrer utopischen Grundstruktur,* der Lesewelt *bessere Unterrichtung über die USA,* und vor allem las man die Romane eher als die wissenschaftlichen Werke. Diese Wirkung entspricht der generellen Funktion des vorrealistischen, d. h. didaktisch-epischen Romans.

Wenn Arndt sich in seiner Erwiderung darauf beruft, es gäbe heute noch Amerikaner, die den Neger für ein Tier halten, so ist dies kein Beweis für Sealsfields Realismus, sondern höchstens für seinen Aberglauben. Dieser ist (s. o.) bei dem Bauernsohn auch in anderer Hinsicht klar bezeugt; er ist *eine* Gestalt der mythischen Wirklichkeitsveränderung, die ihn unter die typischen Dichter dieser Zeit stellt. Interessanter ist, daß Arndt im Zuge seiner Beweisführung eine Stelle aus Fausts Sealsfield-Biographie zitiert, in der den Naturszenen von *Süden und Norden* »Effekthascherei« vorgeworfen wird. Dies ist ein typisches Argument des Realismus, in dem Faust verwurzelt war und der ihm noch ein unbefangeneres literarisches Urteil gibt als Sealsfield-*Apologeten* wie Castle oder Arndt. Willey [68] tadelt in seiner Erwiderung mit Recht Arndts Verteidigung von Sealsfields wenig humanistischer Haltung in der Negerfrage und erinnert noch einmal an die falsch beschriebenen Negerwaden. Sonst steht aber weithin Behauptung gegen Behauptung, z. B. in der Frage, ob Alligatoren gefährlich

---

* »Was weiter in dem Buche wahr, was Dichtung sey, darüber läßt er uns im Dunkeln, und ich glaube, mit Recht. Zu viel Licht schadet [!], und ein solches gleichsam Auseinanderlegen der inneren Machinerie eines Werkes mag wohl den Künstler, aber schwerlich das Publikum ansprechen; es ist im Gegentheile peinlich, ein Kunstwerk anatomisch zergliedert zu sehen, ehe man noch einen rechten Blick darauf geworfen hat« (Kajütenbuch, Vorrede zur 1. Auflage). Dieses Zitat macht wahrscheinlich, daß die Romantik, vielleicht nicht die Frühromantik, z. B. Novalis, aber der späte Goethe (Faust II) ein Orientierungspunkt des Dichters war. Im Rhetorikunterricht hatte man ihn die »Deutlichkeit« gelehrt, nicht die Dunkelheit, und viele Rezensenten vermissen entsprechend die Klarheit und »Korrektheit« bei Sealsfield. In der New York Mirror-Huldigung zum 80. Geburtstag Goethes nennt er den Faust »his noblest production« – damals gar nicht selbstverständlich! – und seinen Dichter einen »universal genius«. Auch im zweiten Punkt war Goethe wohl ein Vorbild für Postl (New York Mirror Vol. VII Nr. 19, S. 150, in: Chronik des Wiener Goethe-Vereins Bd. 52 und 53, 1949, S. 9. Titel: Eine Stimme aus Amerika. Zu Goethes 80. Geburtstag, 1829). Zum Thema Sealsfield und die *Wanderjahre* s. u.

sind oder nicht. Stilistische Argumente fehlen erstaunlicherweise beiden Kombattanten, obwohl sie doch dem Philologen näherliegen sollten als die schlichte Faktizität und obwohl der Realismus, wie schon Julian Schmidts Ablehnung von Pathos und Ironie belegte (s. o.), präzise *stilistische* Forderungen erhebt. Nicht einmal weltanschauliche Argumente erscheinen, obwohl doch Postls mythisches Weltverständnis auch in seinem Glauben an den persönlichen Gott und an die Vorsehung greifbar wird. Walter Weiß betont mit Recht den religiösen Hintergrund von Postls Politik und Philosophie[69]. Alles in allem muß gesagt werden, daß die amerikanische Diskussion über das Thema Sealsfield und der Realismus nur ein interessanter Anfang war. Bei größerer Fülle der Perspektiven wäre man sich nähergekommen. Aus dem Prozeß wäre ein Gespräch geworden.

Die schärfste und zugleich klügste Kritikerin von Sealsfields Erzählkunst war die auf dieses Problem spezialisierte Günther Müller-Schülerin Eva Arns[70]. Eine Auseinandersetzung mit ihr ist ergiebig und notwendig, da sie ein 100jähriges ästhetisches Mißbehagen an dem Erzähler klar akzentuiert und da ihre Analyse sicherlich auch die Basis künftiger Sealsfield-Verächter bilden wird. Als Walter Weiß zur Sealsfield-Verteidigung ansetzte, hatte er ihre Kritik im Auge[71]. Viele Argumente kennen wir also bereits: Sealsfields Romane zerfallen in Bilder, Skizzen, Reflexionen. Diese Kleinteiligkeit stört die Romaneinheit. Der Erzähler verliert den Faden; unmotivierte Schlüsse sind üblich. Die Sprache ist ebenso willkürlich wie die Komposition: Gelegentliche steile Erhebungen, aber auch völliges Absinken. Naturbeschreibungen sind der Kern der Leistung, aber das ist noch kein Roman. Diese künstlerischen Mängel, meint Eva Arns, ergeben sich auch aus seinem Charakter und seinem Leben. Schon die Zweck- und Zeitgebundenheit des Wahlamerikaners verhinderte die angestrebte Begründung einer neuen Romangattung. Das Scheitern dieses Ziels erklärt sein Verstummen. Zusammenfassend läßt sich sagen, daß die Schülerin des Goetheforschers Günther Müller zunächst die klassische Persönlichkeit und den klassischen Dichtungsbegriff bei Sealsfield vermißt, wie so viele Forscher bei Grabbe, Büchner, Heine, Droste-Hülshoff, Nestroy usw. Sie wertet ohne jede Kenntnis der Zeit, in der Sealsfield als Publizist und Dichter tätig war. Um zu zeigen, daß Sealsfields Ausgangspunkt eher die Romantik als die Klassik ist, zitieren wir aus Theodor Mundts *Geschichte der Literatur der Gegenwart* (2. Aufl., Leipzig 1842)[72]: »Dieser große nationale Charakteristiker seines Vaterlandes hat es mehr, als die vorgenannten Autoren [Cooper, Irving] verstanden, die Poesie [!] der amerikanischen Verhältnisse zu entwickeln... In der Schilderung der amerikanischen Landschaft, der ungeheuren Vegetation, in der Poesie der Wildniß [!]... hat er das Erhabenste... geleistet.« Mundt glaubt noch an die »Universalpoesie«. Also kommt es auf die *Erschließung der im Universum waltenden Poesie* an, nicht auf die Kunst, im Sinn eines formbewußten Dichtens: »Die Kunstlosigkeit und das nachlässige Gefüge seiner Darstellungen läßt sie nur noch mehr als unmittelbaren Abdruck des Erlebten erscheinen.« Nach diesen Worten wendet sich der jungdeutsche Literarhistoriker – sehr viel kritischer! – einem andern Volks- und Naturdichter zu, nämlich Gotthelf*.

---

* Leider fehlen viele derartige Dokumente in Castles Quellenschriften, 1943. Er erkennt nicht, *daß die gleichzeitigen Beurteilungen die wichtigsten sind,* wenn man Dichter historisch verstehen will. Von den 72 Nummern der Quellenschriften betreffen nur drei die Zeit vor 1848, wenn man die Zitate in der Einleitung dazurechnet, neun. Dagegen findet man 24 Nekrologe (1864). Eine sorgfäl-

Näher heran an die geschichtliche Wirklichkeit Sealsfields kommt Eva Arns, wenn sie kunst- und gattungstheoretisch argumentiert. Sie erkennt richtig, daß theoretische Überlegungen den Publizisten Sealsfield zum Roman führten und daß es ihm wirklich um die Bewältigung der amerikanischen Wirklichkeit ging, auch der trivialsten, daß er faktische und fiktive Elemente bewußt verband, daß die Rolle des Erzählers bei ihm sehr wichtig, fast eine Voraussetzung des Gelingens ist und daß er konsequent den traditionellen selbstgenügsamen Einzelhelden durch Repräsentanten von Völkern, Ständen, geschichtlichen Situationen ersetzt. Falsch wird die Kritik von Eva Arns nur, wenn sie diese doch eigentlich recht kongruenten Beobachtungen nicht in einen Strukturzusammenhang bringt, sondern aus der Mischung von Publizist und Erzähler einen Journalisten, aus der neuen Romanform ein gescheitertes Experiment macht und dem stoffhungrigen Dichter Objektivismus vorwirft, statt die bestimmte Sealsfieldsche Mischung von Detailrealismus und Subjektivismus (bzw. Utopie, Metaphysik) näher zu beschreiben. Kurz, Eva Arns ist nicht gewillt, den Dichter als Ganzes und in seiner Zeit zu verstehen, sondern sie geht von einem rein ästhetischen Romanbegriff und von der klassizistischen bzw. realistischen wie auch modernen Vorstellung einer einheitlichen Komposition, einer »epischen Integration« (Herman Meyer) aus. Sie macht das gleiche wie Nadler und seine Nachfolger. Sie setzt den Begriff eines Erzählkunstwerks *voraus,* nur daß sie eben die künstlerische Einheit und dichterische Gültigkeit vermißt, während die Sealsfield-Apologeten sie nachzuweisen versuchen. Da man die epische Integration in der Biedermeierzeit zwar bei Scott-Epigonen und Trivialromanciers, aber kaum einmal bei den Meistern findet, sind beide Interpretationen historisch ungerecht: *sie verfehlen die romangeschichtliche Situation.* Die Günther Müller- und Goetheschülerin hätte sich nur einmal die *Wanderjahre* ansehen müssen, um zu erkennen, daß den bedeutenden Romanciers in dieser Zeit die Bilder, Reflexionen, Novellen, Utopien wichtiger waren als die »künstlerische Einheit«, d. h. das formale Prinzip. Vielleicht darf man Sealsfield sogar als den Fortsetzer der *Wanderjahre* im Geist einer jüngeren Generation betrachten, insofern er sich nicht mit der Vorbereitung auf die Auswanderung, mit abstrakten Plänen und Modellen begnügte, sondern *die Utopie einer neuen besseren Welt am Beispiel der USA als erfüllt und wirklich darstellen wollte.* Eva Arns geht so weit, daß sie die von mir früher erwähnte Beachtung einzelner Romanteile, zu der die Nachwelt bei diesem Erzähler neigte, zum »gerech-

---

tige Sammlung aller Äußerungen vor 1848 wäre eine größere Hilfe, da sie 1. kein nekrologisches Geschwätz enthalten, 2. nicht zur Auseinandersetzung mit der (mächtigen!) realistischen Programmatik gezwungen sind. Da Sealsfield vor 1848 verstummte, sind realistische Beurteilungen nur für den Realismus selbst und für die Sealsfield-Rezeption in feindlicher Zeit, nicht für die eigentliche Sealsfieldinterpretation ergiebig. – Ich lasse die 1976 erhobene Forderung stehen, da sie die *Wichtigkeit* der inzwischen erschienenen, bereits mehrfach von mir benutzten Dokumentation von Reinhard F. *Spiess* (Charles Sealsfields Werke im Spiegel der literarischen Kritik, Verlag der Charles Sealsfield-Gesellschaft, Stuttgart 1977) bezeugt. Die Vormärz-Rezensionen sind in diesem kleinen Buch fast vollständig abgedruckt, allerdings ohne die Sealsfield-Zitate der Rezensenten, die durch Nachweise ersetzt sind. Dieses an sich verständliche (fachmännische) Verfahren sollte in der zweiten Auflage nicht mehr so konsequent geübt werden, mit Rücksicht auf den Liebhaber, den gerade die Sealsfield-Gesellschaft nicht außer acht lassen darf und der durch diese *zeitgerechten* Deutungen und Bewertungen sich in seiner Vorliebe für den Erzähler bestätigt finden wird.

804

:esten und zutreffendsten Urteil über Sealsfields Schaffen« macht und dieses Verhalten ür endgültig hält[73]. Das Drucken von gelungenen Roman-Partien, wie es *Die Prärie m Jacinto* ist, wäre demnach nicht nur ein Notbehelf, sondern die legitime Rezeption. Die Dissertation von Eva Arns erschien drei Jahre nach Castles Biographie und belegt besonders deutlich, wie unnütz die üblichen Lobreden sind. Auf diese folgt nach dem absolut sicher funktionierenden dialektischen Gesetz der Verriß. Es war selbst bei Goethe so: auf Rahels Kult reagierten Börne und Menzel mit einer Verteufelung. Man sollte sich daher, auch als Sealsfield-Spezialist, um ein ausgewogenes Urteil bemühen.

Zeitgenössische Rezensionen erleichtern die legitime Bewertung

Wir greifen wieder zu einer zeitgenössischen Beurteilung, diesmal um zu zeigen, wie man sich gattungsgeschichtlich einstellen muß, um einem Romancier vor 1848 gerecht zu werden. Wir wählen einen renommierten französischen Rezensenten. Vielleicht können wir damit zugleich dem romanistischen Hochmut entgegentreten, der Vorstellung nämlich, es gäbe nur »provinzielle Romane« in Deutschland. Dazu eine Vorbemerkung. Sealsfield ist von den Zeitgenossen oft mit Balzac verglichen worden. Ich will nicht behaupten, daß eine Ranggleichheit besteht; aber das Beispiel liegt näher als Scott, weil auch Balzac kein Fanatiker der »Komposition« ist, sondern die Wirklichkeit unmittelbar, mit Intensität ergreifen will, darüber leidenschaftlich wird und *vor der Dämonisierung der Figuren keineswegs zurückschreckt.* Diese Magie ist es bezeichnenderweise, die Julian Schmidt, der realistische Wortführer, dem Österreicher vorwirft: »Phantasmagorien wiederholen sich alle Augenblicke, z.B. bei dem dämonischen Geldmenschen in ›Morton‹... Nun halte man dagegen ein beliebiges Capriccio von *Hoffmann,* z.B. den ›goldenen Topf‹, und man hat genau dieselbe Operation der Physiognomie. Freilich spukt bei Hoffmann der Teufel und seine Großmutter, bei ihm erfolgen die Verwandlungen wirklich, der Archivarius Lindhorst wird wirklich ein Drache, sein Thürklöpfel wirklich eine Hexe u.s.w., während bei Sealsfield die Individuen bleiben und der magisch bewegende Hauch nur über die Gesichter läuft, aber dieser Unterschied betrifft nur die Außenseite, der innerste Kern des Schaffens ist in beiden Fällen der künstlerische Materialismus, der sich bemüht, für jede geistige Bewegung den gleich starken körperlichen Ausdruck zu finden. Bei Balzac findet man ganz ähnliche Erscheinungen«[74]. An einer andern Stelle des gleichen Aufsatzes ordnet Julian Schmidt Sealsfields *Morton* und Steffens *Familie Walseth* – Dämonie des Spiels – noch bestimmter der Romantik zu: »In den menschlichen Leidenschaften etwas Magisches, Dämonisches, ja Teuflisches zu suchen, sie als eine über das menschliche Vermögen hinausreichende, fremde Macht zu entwikkeln, lag tief im Wesen der Romantik«[75]. Es ist die an einer früheren Stelle zitierte Ablehnung der Metaphysik, die den realistischen Stil fundiert und das geschlossene, in sich selbst ruhende Kunstwerk wieder zur Norm erhebt. Übrigens ist Julian Schmidt, trotz seines Kunstprinzips, noch fähig, ohne schlechte Zensur festzustellen, daß Sealsfield zwischen den »Reisebeschreibern und Romandichtern seiner Zeit... in der Mitte« steht[76]. Dieselbe (romantische!) Unbefangenheit gegenüber den Gattungen nun hat der Franzose Saint-René Taillandier, der als Vermittler zwischen Frankreich und Deutschland bekannt ist und dessen überlegenes Urteil man auch sonst, z. B. hinsichtlich der ehrgeizigen Vertiefungssucht Hebbels, bewundern kann (vgl. o. S. 398). Das Sealsfield-Essay des Franzosen erschien unter dem Titel *Le romancier de la Démocratie Américaine* in der *Revue des deux Mondes,* Brüssel 1848 [77]. Taillandier erkennt, wie fast alle Rezensenten der Zeit, daß Sealsfield ein Deutschamerikaner ist und an der Heimat seiner Eltern hängt: »C'est pour l'Allemagne qu'il avait écrit.« Ironisch distanziert er sich zunächst von den Übertreibungen Alexander Jungs, der aus Sealsfield einen Homer und Shakespeare gemacht hat, – wofür er von Castle noch hundert Jahre später belobt wurde. Der Franzose sieht in dem Erzähler Sealsfield den freimütigen Beobachter und den Bannerträger seiner großen Republik, aber auch den sicheren Meister, den man neben Mérimée stellen darf. Er hat die Kraft und die Sicherheit der *Phantasie.* Deshalb geht er auch im *Morton* zu nahe an die Wirklichkeit heran – es ist ein erwägenswerter Grund für die Tatsache, daß Sealsfield hier nicht das Beste leisten konnte: »Quelle que soit la hardiesse de la pensée, il y a trop de réalité pour un poème fantastique [!]; pour un roman, les situations sont fausses et les personnages impossibles.« Es zeigt sich bald, warum der Franzose so hart urteilt. Er hat in der Märzrevolution mit Grauen das Proletariat erlebt und nun wittert er im Romancier Sealsfield den Volkstribunen, in seinem Roman eine Verleumdung der Bourgeoisie. Der *Morton* ist eine ehrgeizige »Phantasmagorie« – auch hier erscheint der Vorwurf Julian Schmidts –; aber der Grund des Romans ist trostlose Trockenheit. Sehr viel höher schätzt der Franzose *Die Lebensbilder. Gerade auch die heute oft anstößige Verbindung von Familienrahmen und Porträtierung der transatlantischen Pionier-Gesellschaft findet er kunstvoll.* Besonders *Nathan* begeistert den Franzosen; hier ist das zuvor zurückgewiesene Wort episch nicht übertrieben: »C'est le souffle épique dont il anime son récit.« *Nathan* ist, nach Taillandiers Urteil, das poetischste Werk dieses Romanciers. *Das Kajütenbuch* ist rührend, meint der Franzose, und hinter der Empfindsamkeit der Helden spürt man die religiöse Inspiration Sealsfields. Aber die Komposition läßt, nach Taillandiers Einsicht, zu wünschen übrig, es bleibt bei bewundernswürdigen Fragmenten. Das Gegenstück zum *Nathan,* das man erwarten konnte, ist das *Kajütenbuch* nicht. Aber ist man überhaupt im Recht, in Sealsfield nur einen Romancier zu sehen? »Il y a chez lui un grand publiciste en même temps qu'un grand romancier. La prédication qui résulte de ses livres ne gêne jamais sa fantasie inspirée: l'auteur de *Nathan* est avant tout un artiste; mais, comme c'est un artiste dévoué à la démocratie il semble qu'on ne saurait séparer, dans ses ouvrages, les libres élans de la Muse et les graves enseignements de la politique. N'est ce pas là un privilège rare et qui atteste un maître?« Der springende Punkt an dieser Äußerung ist, daß *gerade in der Kombination von politischer Lehre und Erzählkunst, von Publizistik und Romanschreiberei* die Meisterschaft gesehen wird. Das traf völlig die Intention Sealsfields und war im Vormärz, zum mindesten im deutschen, auch keine so große Ausnahme, wie Taillandier anzunehmen scheint. Noch erschien der Roman, weil in Prosa geschrieben, prinzipiell als eine Mischung von Rhetorik (Zweckliteratur) und Epik (vgl. Bd. II, S. 830–823). Auch Sealsfield selbst, der wenig von deutscher Literatur wußte, überschätzte seine Originalität, weil er nur die unzulängliche Erzählprosa der Jungdeutschen mit der eigenen Leistung verglich. Gotthelf dagegen hatte in Pestalozzi die Tradition des didaktischen Romans unmittelbar vor Augen. Um Postls Leistung innerhalb der deutschen Romantradition zu würdigen, wäre etwa mit dem imposanten Sozialroman des Pädagogen Salzmann (*Carl von Carlsberg oder Das menschliche Elend,* Leipzig 1783–88) zu vergleichen. Er preßt, wie Postl, ein umfangreiches, personen- und situationenreiches Bild der Gesellschaft in den Rahmen von Liebes- und Ehegeschichten, um alle Bedürfnisse der Zielgruppe gebildete bürgerliche Familie zu befriedigen. Dieser pädagogisch-politische Roman lebte, mit der Spätaufklärung, im Vormärz weiter, mußte aber wenig später, im Zeitalter Flauberts und des deutschen realistischen Programms, veraltet erscheinen – nicht etwa nur Sealsfields Amerikabild, wie der Dichter selber meint –; man kann sich aber angesichts moderner Romanciers wie Thomas Mann, Musil, Aldous Huxley usw. fragen, ob die von vielen Literaturwissenschaftlern noch immer akzeptierte Schrumpfung des Romans zur »Erzählkunst« nicht doch, trotz aller ästhetischen Fortschritte, die problematische Verengung einer sozial höchst wirksamen Gattung der Neuzeit gewesen ist. Es war völlig im Geiste Postls und des Vormärz gedacht, wenn die *Österreichischen Blätter* 1847 von dem »Genius« dieses Schriftstellers erwarteten, daß er »auch unter dem Leihbibliotheks-Publikum Epoche machen und durch Verdrängung von saft- und geistlosen Erzeugnissen heilsam und ersprießlich wirken könnte«[78].

Sealsfields Romanprogramm

Sealsfields *eigene,* sehr selbstbewußte Roman-Programmatik wird in der Germanistik seit einiger Zeit stark beachtet. Es kommt dem Utopisten in erster Linie auf die Wirkung seiner Schriften an, er erklärt den »Moderomanen« in der vielzitierten Einleitung des *Morton* den Krieg und setzt damit bewußt oder unbewußt die Tendenzen des 18. Jahrhunderts fort. Aufklärung ist ihm kein geschichtlicher Begriff, sondern, ganz im Sinne des Josephinismus eine überzeitliche Aufgabe des Schriftstellers, ein »Prinzip«[*]. Goethe

---

[*] »Die Tendenz dieses Buches ist eine höhere, als die des eigentlichen Romanes; sie nähert sich der geschichtlichen. Ich wünsche das Meinige beizutragen, dem geschichtlichen Roman jene höhere Betonung zu geben, durch welche derselbe wohlthätiger auf die Bildung des Zeitalters einwirken könne; mitzuhelfen, daß die tausend albernen, schädlichen, dummen Bücher, Moderomane genannt, und geschrieben, um die bereits unnatürlich genug gespannten, gesellschaftlichen Verhältnisse noch unnatürlicher straffer zu spannen [!], durch eine kräftigere Geistesnahrung ersetzt, durch ein Gegengift weniger schädlich werden... Dieses Prinzip der Aufklärung des geistigen Fortschrittes habe ich zum Gesichtspunkte genommen und werde ihm treu bleiben... Welches das Ende seyn wird des großen Prinzipien- oder vielmehr Interessen-Kampfes [!], der nun vor unsern Augen mit so vieler Hartnäckigkeit gekämpft wird, ist eine Frage, deren Beantwortung nicht in das Bereich der Literatur der schönen Wissenschaften gehört; aber insofern diese das gesellschaftliche Leben in allen seinen Nuancen darstellt, und so zum großen Hebel ihrer Gestaltung wird [!], ist es allerdings ihr Geschäft, das eigenthümliche Wesen der neuen Macht [Geldmacht], die in der neuen gesellschaftlichen Umgestaltung eine so große Rolle zu spielen berufen scheint, näher zu betrachten« (Sämtliche Werke, hg. v. Karl J. R. *Arndt,* Bd. 10, S. 18 ff.).

wird in diesem Programm ausführlich besprochen, als Repräsentant der deutschen Nation. Wieder erkennt man, daß die offene Form des *Faust* Sealsfields Stilvorbild ist, nicht etwa die geschlossene des Scottschen Romans*. Aber er meint und tadelt Goethe, wenn er sagt, bisher hätten die größeren Geister das Schreiben von Romanen »mehr als Nebensache, als eine Art Zeitvertreib... in einer Weise, die *einer Herablassung* nicht unähnlich sah«, betrieben. Er erkennt demnach sehr genau die untergeordnete Stellung, die der Roman infolge des Klassizismus in Weimar einnahm. Bezeichnend ist auch, daß er unter amerikanisch-puritanischem Einfluß zu einer scharfen moralischen Verurteilung aller weiblichen Gestalten in *Wilhelm Meisters Lehrjahren* gelangt. »Von der Dienerin bis zu den höchsten Ständen der bürgerlichen Gesellschaft hinauf« erscheinen hier Goethes Frauen »so verworfen, so leichtfertig, so grundsatzlos«. Die vielgetadelten Frauengestalten Sealsfields sind demnach im Rahmen von Postls pädagogischem Auftrag und nicht einfach als dichterisches Unvermögen zu interpretieren. In dieser sittlichen, politischen, patriotischen Hinsicht nun ist Scott das große Vorbild: »Erst dieser wahrhaft große Mann erhob ihn [den »als frivol betrachteten Zweig der Literatur«] dadurch, daß er ihm einen geschichtlichen Anklang gab, zu dem, was er gegenwärtig ist, einem Bildungshebel, der sich mit den mächtigsten der Gesammtliteratur messen darf.« Er will die von Scott bewirkte »wohltätige geistige Revolution« in England, durch den Vergleich bei zwei Besuchen dort (1816/1817) und später persönlich beobachtet haben. Wichtiger ist wieder *die Erkenntnis, daß Sealsfield das 18. Jahrhundert, den frühen Aufstieg des Romans in der englischen Aufklärung nicht kennt.* Auf dieser Grundlage steht seine hyperbolische Verehrung Scotts. Von großer Wichtigkeit für die *deutsche* Romanentwicklung ist es aber, daß sich Sealsfield so entschlossen am englischen Roman orientiert und in dem Streit zwischen den Anhängern des Romans und des Versepos (vgl. Bd. II, S. 13–26) mit großer Entschiedenheit den klassizistischen Versprimat verurteilt und, ungefähr gleichzeitig mit Stifter und Gotthelf, die Erzählprosa zu seiner *Lebensaufgabe* macht. In *diesem* Punkt ist Sealsfields Programm ganz eindeutig eine Vorstufe des realistischen.

Interessant erscheint, daß er auf diesem Wege auch die von ihm beklagten »gespannten gesellschaftlichen Verhältnisse« auflockern will. Sir Walter Scott hat die »konstitutionelle Erziehung seines Landes« befördert, »und zwar gerade dadurch, daß er Tory war. Man hat ihm dieß zum Vorwurfe gemacht. Das mindert nicht seine Verdienste. Shakespeare schmeichelte in seinen *Midsummer night's dreams* der unliebenswürdigsten aller Königinnen«. *Sealsfield deutet damit, ähnlich wie der Heine des Atta Troll, seine eigene*

---

* »Mir kömmt dieser Torso [Faust] vor wie jener Wein, der durch die eigene Last der Trauben von der Kelter abfließt, ohne Presse, ohne Bemühung [!]. Die klarste, ruhigste Weltanschauung, mit einem Geiste auf das Papier hingeworfen [!], so zart und wieder so kräftig, so wild und so fein, einem Geiste, der, möchte ich sagen, so spielend [!] ins Göttliche und wieder Teuflische eingedrungen ist... Man sieht, daß die Bruchstücke, aus denen dieser genialste aller Torsos [!] besteht, zu verschiedenen Zeiten entstanden, daß der Autor sich mit dem eigentlichen Plan nur wenig Mühe gegeben [!], daß der Faden, der im Ganzen Einheit verleiht, zart durch dasselbe sich hinzieht; aber gerade das ist das Schöne des Werkes, denn nichts ist dem Leser peinlicher, als die zu Tage liegende Mühseligkeit [!] des Autors« (S.W., Bd. 10, S. 7 f.). In den *Übertreibungen* von Goethes offener Form erscheint der antiklassizistische Geniebegriff und die eigene sorglose Arbeitsweise Sealsfields unmißverständlich

auf Genie begründete Rolle zwischen der konservativen und der liberalistischen Front an. Er will sagen, daß der Meister Scott, genauso wie in anderer Hinsicht Goethe, ein besseres Vorbild ist als die liberalistischen Literaten. Er verkennt nicht, daß die Jungdeutschen eine Bahn gebrochen haben; Sealsfields Äußerungen über sie sind, wie die Büchners, nicht immer verächtlich, aber die beiden ausgewanderten und steckbrieflich gesuchten Dichter bemerken mit vollkommener Deutlichkeit den *akademischen* Charakter der jungdeutschen Revolte: »Das sogenannte Junge Deutschland« hat »diese Entwicklungsperiode gewissermaßen begonnen, oder vielmehr, sie sind ihre Vorläufer. Im Gefühl, daß die alten Wege nicht mehr fahrbar, haben sie neue eingeschlagen; – freilich sind sie auf Abwege geraten [Moral?], aber für das Erwachen des geistigen Instinktes – wenn ich so sagen darf, und dessen Manifestation, sind sie weit zu strenge behandelt worden... Daran war wohl jenes Revolutionskolorit, das sich diese jungen Männer gegeben, Ursache. Es ist bloßes Kolorit; von Republikanismus, Revolution, ist gar keine Rede von [sic] ihnen; aber kein Zweifel, daß sie die neue Entwicklungsperiode ahnen, in ihrem Geiste wirken« [79]. Sealsfield sollte m. E. nicht immer nur neben Gutzkow gesehen werden [80], dessen »Roman des Nebeneinander« nach Sealsfields Verstummen konzipiert wurde. Viel näher liegt Alexis, der auch ein liberalkonservativer Scott-Schüler war und auch so weitschichtige Romane geschrieben hat, ferner natürlich Immermann, mit dem ihn die Agrarromantik verbindet. Alle drei Erzähler repräsentieren ideologisch und gestaltungsmäßig ein sehr fruchtbares Mittelfeld *zwischen* den Jungdeutschen und den Biedermeierdichtern, das am ehesten, wenn man sich mit einer Zwischenstellung nicht begnügen kann, die oft mißbrauchte Bezeichnung Frührealismus verdient. Die idealistischen oder romantischen Reste sind bei allen drei in der von Julian Schmidt getadelten Dämonisierung der Gestalten, auch in ihrer Idealisierung zu mythischen Vorbildern, im Festhalten an der christlich-patriarchalischen Tradition und nicht zuletzt in dem immer mehr oder weniger zum Extremen neigenden Sprachstil zu erkennen.

Bezeichnungen des Sealsfieldschen Romantyps. Neues Verständnis für den Erzähler

Über die Frage, welchen Namen man der von Sealsfield geschaffenen Romanform geben soll, hat man sich in der letzten Zeit manchen Gedanken gemacht, und die Aufmerksamkeit ist wohl vor allem deshalb auf Gutzkow gefallen, weil er in seinem programmatisch begründeten »Roman des Nebeneinander« einen eingängigen Begriff gebildet hat. Sealsfield selbst stellt in einer vielzitierten Äußerung dem Einhelden- oder wenigstens Zentralheldenroman den Roman entgegen, in dem »der Held... das ganze Volk« ist und gelangt auf diesem Weg zur »Benennung des nationalen oder höheren VolksRomans«*;

---

* »Er [Sealsfield] hatte den Gedanken gefaßt, dieses öffentliche Leben nicht nur in Skizzen und Bildern darzustellen, sondern so darzustellen, daß sie obwohl lose verbunden ein Ganzes bildeten, welches die Republik der V. St. dem deutschen Publicum im Romangewande [!] wie sie leibte und lebte vorführen sollte... Statt daß wie früher im Familien – Geschichtlichen Schelmen oder wie er sonst heißen möge Romane der Held des Romanes die Hauptperson war, um den sich die andern Persönlichkeiten im Rahmen herumreihten, ist hier der Held – wenn wir so sagen dürfen – das ganze

aber dieser Begriff hat sich nicht durchgesetzt, weil er mißverständlich ist. Von der internationalen Mischung der Völker, die Sealsfields Amerikaromane kennzeichnet, verrät die Benennung nichts. Auch könnte man unter einem Volksroman einen Roman für das Volk verstehen, und davon ist Sealsfield noch viel weiter entfernt als Volksschriftsteller in der Art Gotthelfs. Im Gegenteil, wenn man ein sprachliches Vorbild für Sealsfields Romane sucht, so findet man es am ehesten in den Reisebeschreibungen des Fürsten Pückler-Muskau, die, im Anschluß an den feudalen »Konversationston«, rücksichtslos die Sprachen mischen und auf die bürgerliche oder wenigstens kleinbürgerlich-bäuerliche Klasse nicht die geringste Rücksicht nehmen. Dieser etwas snobistische Widerstand gegen die damals vor sich gehende stetige Entwicklung zu einer deutschen Literatur mit immer weniger Fremdwörtern (vgl. Bd. I, S. 379 ff.) kann im Zusammenhang mit der österreichischen Herkunft Sealsfields wie auch als Einfluß seiner amerikanischen Ambitionen, ja selbst als Niederschlag seiner Schweizer Wahlheimat gesehen werden, trennt ihn jedoch ganz entschieden von der stilgeschichtlichen Entwicklung Kerndeutschlands und war gewiß auch ein wichtiger Grund dafür, daß seine Romane rasch veralten wirkten. Die realistischen Romane bemühten sich, im Widerspruch zu Sealsfields Verhalten, um eine Sprachgestalt, die eine Rezeption bis hinunter zur kleinbürgerlichen Klasse ermöglichte. Julian Schmidt vermutet entsprechend nicht ganz unrichtig, daß Sealsfields Anglizismen »vielleicht Coquetterie sind«[81].

»Volksroman« oder nationaler Roman sind in sozialer und nationaler Hinsicht mißverständliche Begriffe. Gerhard Friesen schlug den deutlicheren Begriff Panorama-Roman (»panoramic Novel«) vor, in der Hoffnung, unter diesem Begriff so verschiedene, aber vom Einheldenschema entschieden abweichende Romane wie die von Sealsfield, Gutzkow und dem neuentdeckten Heinrich Albert Oppermann (1812–70) subsumieren zu können. Dieser Versuch ist zum Teil mißverstanden worden, in dem alle theoretische und geschichtliche Arbeit zunichte machenden Wahn, ein literarischer Gattungsbegriff widerspreche der Verschiedenheit der subsumierten Individuen. So wurde z. B. naiv geltend gemacht, die Verschiedenheit von Gutzkow und Sealsfield ergebe sich doch aus Sealsfields Gutzkow-Kritik[82]. Mit solchen Argumenten kann man jede wissenschaftli-

---

Volk [!] seine sozialen [Verhältnisse?], sein öffentliches sein Privatleben, seine materiellen politischen religiösen Beziehungen, treten an die Stelle der Abentheuer, seine Vergangenheit seine Zukunft werden als historische Gewänder benutzt – Liebesscenen und Abentheuer nur gelegentlich als Folie um zu beleben [!] hervorzuheben angewandt. Es ist in diesem Romangenre, dem er die Benennung des nationalen oder höheren VolksRomans (wohl zu unterscheiden vom bisherigen sogenannten Volksromane) geben zu sollen glaubt dem Roman die bunteste Unterlage gegeben, durch die derselbe zunächst der Geschichte sich anzunehmen, eine wichtige Seitenquelle derselben zu werden, beruffen seyn dürfte. Noch ist begreiflicher Weise vieles da zu thun, und er ist weit entfernt zu glauben, daß er bereits das Vollkommene geliefert, allein er hält sich berechtigt sich für den Gründer dieses neuen und wie er nicht bezweifelt ton[an]gebend werdenden Gliedes der Romanenfamilie erklären zu dürfen, da er seines Wissens der erste war, der diese breite nationale und sociale Basis zu Grunde legte« (Sealsfield an Brockhaus 21. 6. 54). Der Brief soll Material zum »Brockhaus« liefern, hat also einen *besonders großen dokumentarischen Wert*. Sealsfield sieht sich auch über Scott hinausgewachsen, macht aber den Roman zu einer »wichtigen Seitenquelle« der Geschichtsschreibung, stellt ihn also, rhetorischer Tradition entsprechend, unter sie.

che Reihen- oder Gruppenbildung widerlegen. Friesen weist ausdrücklich darauf hin, daß durch die Dramatisierung von Sealsfields Romanen ein beträchtlicher Unterschied zu Gutzkows *Ritter vom Geiste* (1850/51) besteht: »The time structure of the *Virey*, then, shows little concern for the chronological *Nebeneinander* found in later panoramic novels, but employs, for the most part, a rapid *Nacheinander* of many dramatic scenes recorded in a speedy impressionistic narrative technique. Four days of the Mexican Revolution are fragmentized into a multitude of moments, each of which is pregnant with deeds and consequences« [83]. Mit dem Wort impressionistisch beabsichtigt der Verfasser keine Modernisierung; es soll nur die Weiterentwicklung der im Sturm und Drang entstandenen offenen Form angedeutet werden. Friesen betont ausdrücklich schon, daß sich der Erzähler in kompositorischer Hinsicht an Goethes *Faust* und *Wanderjahre* anschließt [84]. Obwohl also der Typenbildung Friesens jede pedantische Enge fehlt, glaube ich nicht, daß sie sich durchsetzt, weil zum mindesten im Deutschen das Wort panoramisch ungewöhnlich ist und keine Stütze in der Tradition findet. Dagegen ist der von mir benutzte Begriff offene Form in der Dramengeschichte und Dramaturgie üblich geworden und kann leicht auf den Roman übertragen werden*. Er liegt bei einem Erzähler, der sich am Drama, am Volkstheater und am *Faust* orientiert, besonders nahe. Auch ist er geeignet, Brücken zum gleichzeitigen Drama zu schlagen, besonders zu Grabbes Geschichtstragödie, die von einem ähnlichen Pathos für die »Geschichte«, im Sinne eines überpersönlichen Vorgangs, getragen ist, aus einem ähnlichen Bestreben, die Details der geschichtlichen Prozesse zu erfassen, *notwendig* in offener Form sich ausdrückt und auch hinsichtlich der Schlüsse öfters ins Offene ausläuft wie Sealsfields Romane, z. B. im *Napoleon*. Shakespeare, der ja dem deutschen Drama den Vorwand zur offenen Form gegeben hat, ist nicht nur dem Dramatiker Grabbe, der vergeblich die Shakespearo-Manie in sich bekämpfte (vgl. o. S. 159f.), sondern auch dem die anglo-amerikanische Literatur bewundernden Sealsfield stets gegenwärtig, was bereits die Verbindung der Seewelt mit dem englischen Genie Shakespeare belegte (vgl. o. S. 797).

Sealsfield betont immer wieder die freundliche Aufnahme, die er in Deutschland gefunden habe. Natürlich behauptet er auch, er sei in den USA noch viel erfolgreicher, ein Massenautor gewesen. Doch dies erscheint wegen der bereits erwähnten Übersetzungsschwierigkeiten und aus politischen Gründen unwahrscheinlich. Selbst in Deutschland zerstörte die Märzrevolution mit ihrem begrenzten Erfolg die politische Spannung, die

---

* Nachträglich sehe ich, daß auch die weitverbreitete Geschichte der deutschen Literatur Bd. 8, 1 Berlin-Ost, 1975, S. 111, den schlichten Begriff »offen« bevorzugt: »Mit den *Lebensbildern* und ihrer Konzentration auf Schauplätze der ›westlichen Hemisphäre‹ hatte Sealsfield seinen spezifischen Gegenstand und die ihm gemäße Darstellung gefunden: eine offene Form der Reihung mündlicher, meist in einem geselligen Kreise debattierfreudiger Zuhörer dargebotener Erzählungen, zusammengehalten durch den lockeren Rahmen der Liebes-, Heirats- und Ehegeschichte des Erzählers.« Die von Sealsfield in den *Lebensbildern* gefundene Erzählstruktur wird hier so stark betont, daß der Fragmentcharakter des *Morton* und der *Deutsch-amerikanischen Wahlverwandtschaften* durch diesen formalen Gesichtspunkt verständlich gemacht wird: Diese beiden Darstellungen des Kapitalismus bedienen sich der »konventionellen« Romanform (S. 112), die dem eigentlichen Wollen des Erzählers widersprach. Diese Argumentation ist interessant, dürfte aber doch zu »formalistisch« sein (s. o.).

Sealsfield produktiv und erfolgreich gemacht hatte. Doch zunächst – das ist richtig – hatte der temperamentvolle österreichische Erzähler großen Erfolg. Man findet vor 1848 wenig Stimmen, die ihn nicht wenigstens mit Respekt behandeln. Die Kritik des führenden und oft sehr scharfen Junghegelianers Arnold Ruge (*Zur Charakteristik von Sealsfield* 1841)[85] ist erstaunlich verständnisvoll, obwohl doch die Junghegelianer es waren, die das klassizistische Kompositionsprinzip zuerst restaurierten und den ökonomischen Realismus des Erzählers bekämpften (s. o. S. 776). Auch der strenge Ruge findet Sealsfields idyllische Rahmen für heroische Erzählungen nicht unangemessen: »Man sieht, der Roman nimmt den kleinsten Teil des Werkchens [*Kajütenbuch*] ein, das dem Anschein nach zuerst völlig frei ist von allen sentimentalen Interessen, vielmehr nur auf Kampf und Krieg, Politik und Freiheit auszugehen scheint, dann aber auf diesem Hintergrund desto reizender [!] die friedlichen Spiele der Liebe hervortreten läßt.« Ruge spricht der von Sealsfield begründeten Romangattung Zukunft zu und nimmt dafür seine Mängel in Kauf: »Unser Autor... ist eine solche Entwicklungsphase der Poesie, und selbst da, wo er das Chaos nicht an dem einen Feuerfaden der Composition zu erleuchten gewußt, ist er ein sehr deutlicher Fortschritt« [86]. Sogar Julian Schmidt, der, wie wir schon wissen, die weiterlebende Romantik in ihm tadelt – er vermißt nicht nur die klare Komposition, sondern auch die »Correctheit seiner Gestalten« – spricht dem Erzähler eine »glückliche poetische Gabe« zu[87] und rechnet ihn zu den »geistvollsten und gehaltreichsten... Vorgängern« der realistischen Generation[88]. Seit die Germanistik den Eigenwert der Biedermeierzeit zu schätzen weiß und auch die früher wenig bekannte Situation des Romans in dieser Zeit erkennt, wächst das Verständnis für Sealsfield in unserm Fach. Die frühere Neigung, den Bildungsroman als das Zentrum der deutschen Romangeschichte oder gar als Nationalmerkmal zu betrachten, verschwindet allmählich, – selbst im Ausland. So macht z. B. Edward McInnes mit ausgezeichneter Kenntnis des Vormärz und seiner Strömungen, sowie des programmatischen Realismus, auf die generelle Entwicklung zum Sozialroman aufmerksam[89]. In Hartmut Steineckes grundlegendem Werk *(Romantheorie und Romankritik in Deutschland)* gewinnt Postl-Sealsfield, auf der Grundlage zeitgenössischer Rezensionen, sogar eine Art Ehrenplatz: »Nur einen deutschen Romancier wagt die liberale Kritik neben die ausländischen Vorbilder zu stellen... Sealsfield wird von der angeblich notwendigen Unterlegenheit des deutschen Romanciers nicht getroffen, weil er lange Jahre im ›demokratischen‹ Ausland, vor allem in den Vereinigten Staaten von Nordamerika lebte. So genoß er den Vorteil des englischen, französischen und amerikanischen Romanciers, in einer demokratischen Gesellschaft zu leben, zum Praktischen und Realistischen hingeführt zu werden, und er war doch Deutscher, leistete also einen Beitrag zum deutschen Roman... Da Sealsfield zudem selbst den Zusammenhang von demokratischer Gesellschaft und Rang des Romans – die Prämisse, auf der diese ganzen Diskussionen basieren – sehr präzise formuliert hat, bot er sich als das ersehnte Beispiel für den deutschen sozialen Roman noch mehr an. Die fortschrittliche Kritik pries Sealsfield als den bedeutendsten deutschen Romancier der Gegenwart, ja ernannte ihn nicht selten gleich zum größten Romancier überhaupt« [90]. Steinecke referiert nicht nur, sondern er nimmt auch selbst Stellung, z. B. in dem umstrittensten Punkt der Sealsfield-Kritik, den von jeher die Komposition bildete: »Vielfach tritt sogar das

Volk selbst in Aktion. Es geht Sealsfield in jedem Fall um ›nationale Charakteristiken‹ – wie der programmatische Titel eines seiner späteren Romane lautet –, nicht um individuelle Charakterisierungen. Es ist verständlich, daß Sealsfield bei diesem ersten konsequenten Versuch im deutschen Roman, die an Scott orientierte Forderung vom Volk als Helden auf den Gegenwartsroman zu übertragen, oft genug in darstellungstechnische, vor allem in kompositorische Schwierigkeiten gerät. Wer Sealsfield wegen der kompositorischen Mängel seiner Romane tadelt, sollte sich zuerst nach dem Grund der bei ihm gewählten Darstellungsweise fragen«[91]. Man darf demnach behaupten, daß der Bannfluch der Epoche, die im Zeichen des programmatischen Realismus nach 1848 stand, durch die moderne historische Forschung wieder von ihm genommen wurde*.

Auch eine rein ästhetische, historisch nicht filtrierte Zustimmung zur Dichtung Sealsfields gab es da und dort, so in Hofmannsthals Einleitung zu der Sammlung »Deutsche Erzähler« 1912: »Er erzählt in einer Weise, daß keiner ihn vergißt, der ihm einmal zugehört hat«[92]. Aber wird hier der Erzähler nicht ein wenig ins Impressionistische oder wenigstens Stifterische stilisiert? Postl erinnert noch zu häufig an die theatralisch-rhetorische Tradition und damit an die *Auseinandersetzung mit der Trivialliteratur,* die alle europäischen Erzähler des Vormärz zu bestehen hatten[93], die aber von den bedeutenden Begabungen mit sehr verschiedenem Ethos geführt wurde.

Wenn wir heute den anspruchsvollen Künstler vom Typus Klopstock, Platen, George mit Mißtrauen betrachten, weil der Dichter nicht den Priester oder gar den »Führer« (Max Kommerell) spielen, sondern, wie alle, als Mensch unter Menschen eine spezielle Aufgabe erfüllen soll, so sollte doch auch die alte Wahrheit nicht in Vergessenheit geraten, daß zu einer reinen, geläuterten, dauernden Leistung mehr Strenge und Opferbereitschaft gehört, als der immer nach der nächsten Wirkung und nach dem konkreten Ergebnis fragende Schriftsteller Postl-Sealsfield aufbringen konnte. Er macht sich (im Vorwort zu *Morton*) ein falsches Bild von Goethe als *Dichter,* wenn er, Leben und Werk allzu naiv aufeinander beziehend, meint: »Er schreibt ganz wie der Premierminister, der blos Umrisse zeichnet, die sein untergeordnetes Personal auszuführen hat.« Aber so souverän

---

*   Auch im englischen Sprachbereich, der stärkeren Widerstand gegen das phantastische Element in Sealsfield leistete (s. o.), findet man heute sehr ausgewogene Beurteilungen des rhetorisch-hyperbolischen Erzählers (Norbert Fuerst: The Victorian Age of German Literature, London 1966, S. 44 f.): »There was the greatest freedom of organization. There was no convention of the novel, everything was sketch, experiment, impression. There was no line of development, everything was blotches of color. There were no proportions of the parts, no coordination of effects, everything was distorted and exaggerated [!] at the whim of the bungling author. If this was realism – as the amazed contemporaries called it – it was a fantastic realism, consisting of fantastic descriptions, fantastic dialogues and fantastic grimaces... Everything works by reiteration and cumulation [!]. But the strange thing is that, in spite of such primitive quantitative [!] means, he achieves – in every volume – areas [!] of sheer intensity, where his theme and his technique, his obsessions and his very shortcomings coalesce into a crude and boisterous fulfilment.« – Nicht verschwiegen sei andrerseits, daß in dem aus Kindlers Lexikon hervorgegangenen, pädagogisch wichtigen Buch »Hauptwerke der deutschen Literatur« (hg. von Manfred Kluge und Rudolf Radler, Darmstadt 1974) Sealsfield allein unter den in diesem Bande behandelten Autoren ganz fehlt. Von Grabbe werden wenigstens drei Dramen, von Raimund zwei und von Lenau sein *Faust* besprochen. Ausführliche Würdigung erhalten: Grillparzer, Hebbel, Büchner, Heine und nicht zuletzt Stifter.

möchte vielleicht der Bauernbursche schreiben, der, im Gegensatz zu Stifter, der österreichischen Zucht und Tradition entlief, der ein Leben lang den mächtigen und tatkräftigen amerikanischen Weltmann imitierte und, so geteilt, weder ein ganzer Dichter noch ein ganzer Mann der Tat werden konnte. In der äußerst »unkorrekten« Unterlage zum Brockhaus-Artikel, die er am 19. 5. 1854 für das große Verlagshaus schrieb und aus der ich zitierte, findet man eine bezeichnende Nachschrift: »Ich brauche kaum zu bemerken, daß obenstehender Aufsatz für Ihr großes Nazional Werk noch einige stylistische u[nd] sonstige Nachhülfe bedarf, was Sie durch eine der Ihnen zu Gebothe stehenden zahlreichen wissenschaftl[ichen] und literarisch[en] Federn gütig zu veranlassen achtungsvoll ersucht sind.«

KARL IMMERMANN (1796–1840)

Gründe für das Mißbehagen an Immermann

Immermann ist zu interessant, ja, in einem noch näher zu bestimmenden Sinne zu gewichtig, als daß ihn die Literaturgeschichte übergehen könnte. Trotzdem gibt es keine Immermann-Gemeinde. Es gibt keinen Immermann-Kult, – wenn man nicht die etwas mühsamen kommunistischen Annäherungsversuche als solche ansprechen will. Zur Rechtfertigung dieser Minderbewertung könnte man ein Riesenaufgebot verläßlicher Zeugen aufbieten. Von Grillparzer und F. Th. Vischer bis zu Erich Schmidt und Friedrich Gundolf kommen fast alle berufenen Kritiker, wieviel sie auch immer im einzelnen an Immermann rühmen mögen, zu dem Gesamturteil, daß Immermann kein wirklicher Dichter gewesen ist. Das Alter und die Häufigkeit dieser Wertung machen es sicher, daß nicht nur eine einseitige, zum Beispiel klassizistische, naturalistische oder ästhetizistische Auffassung des Sprachkunstwerks zu dieser Beurteilung des Dichters führte. Hätten wir es nur mit solcher Einseitigkeit zu tun, so gäbe es wie bei Heine, Platen, Stifter und Gotthelf einen Streit, eine Parteien- und Gemeindebildung um ihn. Sein Fall liegt aber grundsätzlich anders. Bei den verschiedensten Geistern und Temperamenten überwog am Ende ein unüberwindliches, tiefbegründetes Mißbehagen jede partielle Bewunderung*.

---

* Auch in Benno von *Wieses* Immermann-Buch (Karl Immermann, Sein Werk und sein Leben, Bad Homburg v. d. H. u. a. 1969), das zur Zeit die beste Einführung in den Dichter ist und, trotz einer gegenteiligen Versicherung des Verfassers, als (maßvolle) »Rettung« Immermanns anzusprechen ist, spürt man gegen Ende, anläßlich des so wenig zum realistischen Bild des Schriftstellers passenden Tristan-Epos, dies Mißbehagen (S. 285). Es wird ganz zum Schluß (S. 287) durch eine lange Reihe von Immermann-Bewunderern kompensiert. Bei genauerer Untersuchung würde sich zeigen, daß auch das Urteil dieser Kritiker nicht so eindeutig ist. Von Wieses Buch ist gut dokumentiert. Noch weiter geht in dieser Hinsicht Fritz *Böttger* (Karl Immermann, Im Schatten des schwarzen Adlers, Ein Dichter- und Zeitbild in Selbstzeugnissen, Werkproben, Briefen und Berichten, Berlin-Ost 1967). Beide Bücher ersetzen nicht Manfred *Windfuhrs* entstehungsgeschichtlich orientierte und ungedrucktes Material erschließende Abhandlung (Immermanns erzählerisches Werk, Zur Situation des Romans in der Restaurationszeit, Gießen 1957). Auch die Biographie von Harry *Maync* (Immermann, Der Mann und sein Werk im Rahmen der Zeit- und Literaturgeschichte, München 1921) bleibt, obwohl in mancher Beziehung veraltet, ein unentbehrliches Werkzeug der Immermann-Forschung. Als Biograph darf ich vielleicht hinzufügen, daß mir die Immermann-Biographie eine besonders reiz- und sinnvolle Aufgabe zu sein scheint. Zeitgenossen, die mit größerer Wertgewißheit und festerem Selbstbewußtsein ihre Bahn zogen (unter den Erzählern z. B. Alexis, Gotthelf, Stifter) sind, trotz aller Erfolge, selbständiger gegenüber ihrer Zeit und müssen zuerst in der dichterischen Welt, die sie schufen, erfaßt werden. Eine gute Immermann-Biographie dagegen könnte einen fast vollkommenen Spiegel der Zeit und der Landschaft, in der dieser Schriftsteller lebte, abgeben. Am schwersten litt die Immermann-Philologie unter dem Fehlen einer Briefausgabe. Windfuhr hat diesen fundamentalen Mangel frühzeitig erkannt und mit Vorarbeiten begonnen, inzwischen aber

Karl Immermann

Wenn man Immermanns unbestreitbares, auch von seinen Kritikern mitgefühltes Verdienst, den Kern seiner geschichtlichen Leistung erkennen will, muß man zunächst die Gründe seines Versagens unbefangen ins Auge fassen. Sie liegen nicht nur in *einer* Schicht seines intensiven schriftstellerischen Bemühens.

Am auffallendsten und eindeutigsten ist seine Unzulänglichkeit auf dem Gebiete der Verskunst. Immermann hat sich während seiner ganzen dichterischen Laufbahn des Verses bedient, aber meistens, ohne das technische Existenzminimum zu erreichen, das schon dem mittelmäßigen Talente zugänglich ist. Noch das epische Fragment *Tristan und Isolde,* an dem er während seiner letzten Lebenszeit schrieb, zeigt fast in jeder Strophe seine rhythmische Unbeholfenheit. Er ließ sich von seiner Frau gerne auf solche Mängel aufmerksam machen, er hätte an dem Epos noch gefeilt; trotzdem ist dies Versagen ein echtes Symptom. Die Metrik war in seinen Augen immer »philologische«, »äußere« Form, und von der eigentlichen, »empfundenen« oder »organischen« Form durch einen Abgrund getrennt. Die Auseinandersetzung mit Platen, die wir in einem andern Zusammenhang näher ins Auge fassen müssen, lebt von solcher Erkenntnis. Sie ist also nicht nur ein Streit, in den er zufälligerweise durch seinen Freund Heine gezogen wurde, sondern von grundsätzlicher Bedeutung. Immermann hält mit Heine und der Mehrzahl seiner Zeitgenossen an dem weiten Form- und Dichtungsbegriff des 18. Jahrhunderts fest. Beide polemisieren gegen die schon in der Klassik sich anbahnende Verengung der Form. Gleichwohl sind Immermanns Verse mit denen Heines nicht zu vergleichen. Bezeichnend ist es, daß der Freund, bei all seiner Freude an Immermanns *Tulifäntchen,* doch ein Bedürfnis empfand, an vielen Stellen die Verse dieser Dichtung zu verbessern. Er ließ sich zu diesem Zweck das Manuskript von Campe, der auch sein Verleger war, geben. Immermanns vollkommenste Versdichtung steht demnach direkt und indirekt in der Ausstrahlung von Heines Verskunst.

Die Lyrik des Dichters pflegen auch seine Verteidiger als verfehlt, als einen grundsätzlichen Irrweg des »grobkörnigen« Mannes zu betrachten. Man darf sogar behaupten, daß aus diesem formalen Grund die inhaltliche, z.B. zeitkritische Bedeutung der Gedichte (s. u.) nicht ausreichend gewürdigt worden ist. Hans Georg Gadamer sagt zwar in seinem Aufsatz über Immermanns *Chiliastische Sonette,* diese Gedichte seien »bis an die äußersten Grenzen ihrer Form voll echten Lebens« [1]. Aber die vortrefflichen Ausführungen des Philosophen beweisen nur die ideen- und religionsgeschichtliche Bedeutung Immermanns; außerdem sieht sich auch Gadamer zu einer parenthetischen Einschränkung seines ästhetischen Urteils genötigt. Selbst er stößt auf das »Haar in der Suppe« (F. Th. Vischer), – das in Fragen der Verskunst entscheidend ist. Die Kultur des Verses besaß seit dem Rokoko eine gewaltige Ausbreitung und ein beträchtliches Niveau. Zumal die Forderung des »Schmelzes«, die wir heute so stark betonen (Emil Staiger), dürfte seit Wieland und Goethe voll entwickelt gewesen sein. Um so leichter empfand man Immer-

---

sein Material an Peter *Hasubek* weitergereicht. Dieser gab die ersten beiden Bände der auf drei Bände berechneten »textkritischen und kommentierten Ausgabe« der Briefe 1978 und 1979 heraus (Carl Hanser-Verlag München). Unter den Werkausgaben ist die ältere von Robert *Boxberger,* 20 Teile in 8 Bänden, Berlin o. J. [1883] noch immer unentbehrlich. Die neueste Auswahlausgabe gab Benno von *Wiese* heraus: 5 Bände 1971–77, Athenaion-Verlag, Wiesbaden.

manns derbe, ungefüge Verse als undiskutabel. Es ist zwar kein Zufall, daß er das Sonett besser handhabt als die freieren Formen der Lyrik. Auch seine besondere, nach 1850 nicht mehr verständliche Vorliebe für die »leidigen Alexandriner«[2] (als Lustspielvers) dürfte nicht bloß durch die Tradition begründet gewesen sein (vgl. Bd. II, S. 426). Immermanns vielberufene »Verstandesnatur« war, wie es scheint, den älteren konstruktiven Formen der Verskunst am ehesten gewachsen. Aber man brauchte nur sein Tristan-Epos neben den *Oberon,* mit dem es offensichtlich konkurrierte, zu stellen, um zu sehen, daß dieser Dichter in seiner Rhythmik weit hinter Wieland zurückfiel, daß er noch in der konservativsten Sicht kein Verskünstler war.

D. F. Strauß, der überscharfe Kritiker, der freilich (wie später Gundolf) bessere Verse schrieb als sein Opfer, zog aus diesem allgemein anerkannten Mangel Immermanns die entschiedensten Folgerungen. Man könnte, behauptete er, als bloßer Lyriker ein Dichter im höchsten Sinne sein, nicht aber als bloßer Dramatiker oder Epiker. Immermann sei, wieviel er auch immer geleistet habe, kein eigentlicher Dichter; denn die »lyrische Erregbarkeit bleibt, wie wir an niemand deutlicher als an Goethes normaler Dichterorganisation sehen, die poetische Grundstimmung auch für den Epiker und Dramatiker«[3]. Diese Kritik, die Immermanns Dichtertum schon in seiner Wurzel bloßlegen und einschränken soll, stammt aus dem Jahre 1849 und macht verständlich, warum sich der hartnäckige norddeutsche Schriftsteller bis zuletzt um den Ruhm eines Versdichters bemühte und sich, zum Verdruß der Literarhistoriker, nicht mit der Rolle eines »realistischen Romanciers« begnügen wollte. Der Wille zur Spezialisierung, der für den Realismus charakteristisch sein wird, fehlte dem ehrgeizigen, vom Universalismus der Goethezeit nie ablassenden Literaten völlig. Für uns jedoch scheint diese an die Donquichotterie seiner Romanhelden erinnernde Dickköpfigkeit die Möglichkeit einer »Rettung« zu eröffnen, denn wir wissen, daß schon die Aufklärung und die Romantik die Tatsache einer Prosa*dichtung* erkannt und anerkannt hatten und daß der Verlust dieser Erkenntnis zu den herrschenden restaurativen Zügen der Biedermeierzeit gehörte (vgl. Bd. II, S. 16 ff.). Auch die Auffassung der Lyrik als Ausdruck der »poetischen Grundstimmung« kann für uns nicht mehr verbindlich sein, obwohl sie in der impressionistischen Zeit erneuert wurde; denn wir sehen einseitige Prosaschriftsteller als Dichter, und zwar schon in diesem Zeitraum (Stifter, Gotthelf). Die Unterscheidung zwischen dem Romancier, überhaupt dem *Prosaisten* Immermann und dem *Epigonen,* der sich um Verskunst, um Lyrik und um die humanistischen Gattungen des Dramas und des Epos bemüht, – diese Scheidung scheint an den produktiven Immermann heranzuführen.

Ein solches Verfahren liegt um so näher, als es ja eben Immermann war, der den modernen Wesens- und Wertbegriff des Epigonentums mit großem Scharfsinn entwickelt und damit immer noch halbwegs gültige Einsichten in den kulturgeschichtlichen Prozeß eröffnet hat*. Schon die Jahre, in welche diese Entdeckung fällt (1829 und 1830)[4], er-

---

* Dem Leser ist bekannt, daß sich diese Epochendarstellung nicht zuletzt gegen den Mißbrauch des Epigonenbegriffs in der deutschen Literaturgeschichte wendet. Ohne ein Verständnis für den in England, Österreich und andern Ländern lebendig gebliebenen Begriff der Tradition, bzw. der Innovation von Traditionen, ist keine angemessene Interpretation der Biedermeierzeit möglich. Trotzdem behält der Epigonenbegriff eine begrenzte Gültigkeit. Als Selbstdeutung Immermanns ist

wecken die Hoffnung, daß es nicht bei einer bloßen Leistung des Bewußtseins geblieben ist. Ungefähr gleichzeitig mit der Julirevolution, eher ihr vorgreifend als – wie beim »jungdeutschen Sturm und Drang« – in kausaler Abhängigkeit von ihr, scheint sich eine Krise seines ganzen Dichtens und Trachtens zu vollziehen. Immermann, der gebildete, zum Konservativismus neigende Honoratiorensohn, der königstreue preußische Landgerichtsrat, der Verehrer Shakespeares, Goethes, Schillers und, mit einem gewissen Abstand, auch der Bewunderer A. W. Schlegels, E. T. A. Hoffmanns, Ludwig Tiecks, der Freund der historisierenden Düsseldorfer Maler, muß nach einem Jahrzehnt des intensivsten schriftstellerischen Bemühens immer deutlicher die erschreckende Fragwürdigkeit seiner bisherigen Dichtung erkennen, und er findet dafür die berühmte Begründung: »Wir sind, um in *einem* Worte das ganze Elend zu sagen, Epigonen.« Eine Erkenntnis, die zunächst als polemisches Mittel gegen Platen Verwendung gefunden hatte, wurde mit diesem Wort kühn und nicht ungefährlich verallgemeinert, zugleich aber auch – bei einer so sittlichen Persönlichkeit, wie es dieser Dichter war – als Selbsterkenntnis wirksam, mit bestimmten praktischen Konsequenzen für das dichterische Schaffen.

Manfred Windfuhr untersucht sie in seinem entwicklungsgeschichtlich angelegten Buche über Immermanns erzählerisches Werk. Er unterscheidet die »epigonalen Anfänge« in den zwanziger Jahren von der »Krise des Epigonentums«, die durch das Epigonenbewußtsein entsteht und in dem Roman *Die Epigonen* seinen stärksten, wenn auch keineswegs nur die Literatur betreffenden Ausdruck findet. Die Erneuerung ist unverkennbar, sie läßt sich, schon ganz abgesehen von den neuen Inhalten, an dem verstärkten Gewicht, das die Prosa, zumal der Roman, innerhalb von Immermanns Dichtung gewinnt, ablesen. Aber, dies muß der Verfasser fast wider Willen zugeben, *die 1830 eingeleitete Krise führt nicht zu dem Ergebnis, das man erwarten könnte.* Der Titel des 3. Teils *Originalität und Epigonentum* besagt, daß Immermanns Vorstellungen und Produktionen bis zu seinem Tode (1840) zweisträngig, zwiespältig bleiben und keineswegs zu einer klaren, durch und durch stimmigen Gestalt geläutert werden. Immermann gelangt niemals zu der gediegenen Meisterschaft eines Stifter, Gotthelf oder Alexis. Er bleibt bis zuletzt der geistreiche, allzubewegliche Experimentator*.

---

er selbstverständlich von allergrößter Bedeutung. Hermann *Boeschenstein* meint sogar, Immermanns Epigonenidee sei in der Hauptsache (»mostly«) seine eigene, persönliche Idiosyncrasie gewesen (German Literature of the Nineteenth Century, London 1969, S. 10). Richtig ist, daß man sie bei den heute anerkannten Meistern von Heine und Nestroy bis Stifter und Gotthelf *nicht* findet. Aber die matte Belletristik, aus der sich Immermann allmählich, kraft seines kritischen Bewußtseins, erhebt, ist eine allgemeine Erscheinung (»Almanach-Poesie«). Berthold Auerbach freilich, auf seine Weise auch ein Meister und ein Pionier der realistischen Erzählprosa, hat den Begriff Epigonentum »das aberwitzigste aller Worte« genannt: »Alle Menschen sind Epigonen« (nach Manfred *Windfuhr,* Artikel »Epigone«, in: Historisches Wörterbuch der Philosophie, hg. v. Joachim *Ritter,* Bd. 2, S. 581). Auch sonst gab es sogleich Widerspruch.

* Dazu nur zwei völlig unverdächtige, ausländische Urteile, die typisch sind: »Jeder indessen, der sich mit Immermann beschäftigt, gerät zwangsläufig in eine Gefühls- und Urteilsambivalenz hinsichtlich seiner Person[!] und der Qualitäten seines Werks« (Herman *Meyer,* Das Zitat in der Erzählkunst, Zur Geschichte und Poetik des europäischen Romans, Stuttgart 1961, S. 153). »His death, according to Windfuhr, ›beendet ein begonnenes Lebenswerk, das die ihm zugewiesene Richtung gerade erst einzuschlagen angefangen hatte‹. But one cannot, after all, be sure… Although Im-

Berufene Zeitgenossen haben auch diese (tiefere) Schicht seines Versagens schon erkannt. Ich zitiere nur Grillparzer: »Man darf [...] dem geistreichen und talentvollen Immermann Glück wünschen – so sehr man seinen frühzeitigen Tod bedauern muß –, daß er vor Vollendung dieses epischen Gedichtes [*Tristan und Isolde*] gestorben ist. Es würde sich sonst gezeigt haben, was sich bei seinen Dramen, ja selbst bei seinen Romanen gezeigt hat, daß er allerdings im Stande war, ausgezeichnete Szenen und Einzelheiten zu schaffen, aber kein Ganzes, gleich den übrigen, die er so treffend als Epigonen bezeichnet« [5]. Grillparzer erwähnt mit Recht Immermanns *Talent*. Wenn man unter Hinweis auf sein metrisches Versagen eine allgemeine sprachkünstlerische Talentlosigkeit feststellen wollte, würde man Immermann verzeichnen. Zu seinen wesentlichen Eigenschaften gehört nicht nur eine große Virtuosität im Entwerfen dichterischer Werke, sondern auch eine ungewöhnliche Leichtigkeit in der Handhabung der Sprache. In diesem Punkte besteht eine Wahlverwandtschaft mit Tieck, dem er, nach anfänglichem Schwanken, bis zuletzt verbunden und verbündet war. Daher hat er auch in einem verhältnismäßig kurzen Leben so viel geschrieben. Wenn nun aus keinem seiner Werke etwas »Ganzes« wurde – und das ist immer wieder der Vorwurf –, so dürfte dafür ein Übermaß an Bildung, intellektueller Ansprechbarkeit, Sensibilität, Rezeptivität, Vielsinnigkeit, kurz eine *existentielle Schwäche* verantwortlich zu machen sein.

Zwar hat man, um das Imponierende von Immermanns persönlicher und geistiger Erscheinung verständlich zu machen, schon frühzeitig das Wort »Charakter« in die Debatte geworfen; ja, er selbst hat im *Münchhausen,* lange vor Heine *(Atta Troll),* die im Biedermeier ursprünglich ganz ehrenvolle Formel »mehr Charakter als Talent« geprägt und auf sich angewandt (s. u.). Daß Immermanns persönliche Kraft seine poetische überwog, verriet nach D. F. Strauß schon seine erste schriftstellerische Arbeit, die gegen die Mißhandlung eines Kommilitonen durch fromm-frisch-fröhliche Burschenschaftler gerichtet war (*Ein Wort zur Beherzigung,* 1817) und deshalb auf dem Wartburgfest verbrannt wurde. Immermann bewies bei dieser Gelegenheit persönlichen Mut, wenn sich auch nicht leugnen läßt, daß seine »Tat« in einem tieferen Sinn den offiziellen Bestrebungen der beginnenden Restauration entsprach. Auch seine Einordnung in das Berufsleben und sein Festhalten am wenig geliebten juristischen Amt verrät, im Vergleich mit Künstlern von der Art Platens, Grabbes, Lenaus, Hebbels, eine gewisse Charakterkraft und Lebensmeisterschaft. Er hat sogar, unter persönlichen Opfern, versucht, den im Alkohol versinkenden Dichter des *Hannibal* zu halten und zu retten. Freilich ist es bezeichnend, daß er wiederholt und ernstlich versuchte, seinem Berufsjoche zu entrinnen. Seiner Nähe zur Publizistik entspricht es, daß er sich schon nach wenigen Amtsjahren um die Redakteurstelle am Morgenblatt bewarb (an Friedrich Johann von Cotta 25. 11. 1827). Seine Bemühungen um die Errichtung einer Musterbühne in Düsseldorf sind erst recht in die-

---

mermann was clearly growing artistically and intellectually when he was so regrettably taken away, there is something in the very foundation [!] of the man that suggests his later career might have continued to be uneasy, inconsistent, and plagued with doubt and uncertainty« (Jeffrey L. *Sammons,* Six Essays on the Young German Novel, Chapel Hill, USA, 1972, S. 125). Dies ist das alte Mißbehagen, von dem ich sprach, bei einem extrem modernen Gelehrten (vgl. u. seine Münchhausen-Interpretation und meine Kritik: S. 879).

sem biographischen Zusammenhang zu sehen*. Für sich betrachtet ist das theatralische Unternehmen ein Hinweis auf seine Tatkraft und persönliche Festigkeit. Selbst Eduard Devrient, der an dieser »literarischen« Bühne manches zu kritisieren findet, gibt nicht Immermanns Direktionsführung, sondern den öffentlichen Verhältnissen die Schuld am Scheitern des Experiments[6]. Nicht so sehr komödiantisches Talent, aber Hartnäckigkeit und Fähigkeit zur Menschenführung bewies der Regisseur und Intendant der Aufsehen erregenden Musterbühne. Imponierend ist alles, was Immermann versucht; aber es bleibt der Eindruck einer unstetigen, zersplitterten, mehr geistreich tastenden als gesammelten und gebundenen Persönlichkeit.

Auch die Konversionsabsichten, die der Dichter nicht nur unter dem Einfluß der Düsseldorfer Maler hegte, sein enthusiastischer Rückgriff auf die von Lessing mit realistischer Begründung abgelehnte Märtyrertragödie (Calderon, *Der standhafte Prinz*), überhaupt seine Kritik am Empirismus und »Subjektivismus« des 18. Jahrhunderts (mit Einschluß Goethes), sein politisches Schaukelspiel, das schon die Jungdeutschen enttäuschte, sein unentschiedenes Verhalten gegenüber den literarischen Gruppen, seine langjährige, von bürgerlichen Bindungen freimachende, aber auch überaus komplizierte Liaison mit der Gräfin Elisa von Lützow, vielleicht ein vergröbernder Fall *biographischen* Epigonentums (Frau von Stein), schließlich die enthusiastische Liebesehe mit einem 23 Jahre jüngeren Arzttöchterchen – alles dies sind Hinweise auf einen Charakter, der seiner Unsicherheit und Zerrissenheit nie ganz Herr wird. Anläßlich der zweiten Auflage des *Münchhausen* – der erste Epigonendruck war damals noch lange nicht verkauft – schreibt die junge Witwe Immermanns an Tieck (27. 4. 1841): »Es wäre ein wahres Glück gewesen, wenn es I. erlebt hätte, denn es würde ihm Mut und Zutrauen zu sich und der Welt gegeben haben, was ihm noch bis zuletzt oft fehlte« [7]. Man kann auch an der Richtigkeit dieser Prognose zweifeln; denn das für den Realismus so wichtige Vertrauen zur Welt, die Weltfrömmigkeit Goethes ist das, was ihm, wie den meisten seiner Zeitgenossen, fehlte und seine *Epigonen* sogar für diese enttäuschte nachidealistische Generation zu einem erschreckenden Buch machte.

Die Kulturkritik ist Immermanns stärkste Seite

Wenn man sich fragt, worin bei all diesen Schwächen die geschichtliche Bedeutung, die schwer zu fassende Größe Immermanns bestand, so sieht man sich auf die Sphäre seines Bewußtseins zurückverwiesen. Bei der Interpretation der Biedermeierkultur habe ich mich nicht zuletzt von Immermanns Analysen führen lassen, und zwar deshalb, weil es in

---

* Vgl. z.B. den Brief vom 11. 9. 1834 an seinen Bruder Ferdinand. Er machte sich Hoffnungen auf eine Stellung an einem Hoftheater, womöglich auf eine Berufung an das Berliner Hoftheater (s.u.). Nach dem Scheitern seines Düsseldorfer Experiments (Aktientheater) schreibt er an seinen »theuren Freund und Gönner« Tieck (22. 1. 1837): »Was hätte noch Alles hier möglich werden können, wenn sich ein großgesinnter Fürst der Sache angenommen hätte.« Die Thronbesteigung Friedrich Wilhelms IV., die er um nur wenige Wochen überlebte, erregte ihn noch tief (Brief vom 15. 7. 1840 an Tieck). Tieck wurde ja dann, mit andern Romantikern, nach Berlin berufen.

der ganzen Zeit wohl niemand gibt, der einen größeren Tiefblick besitzt. Scharfsinn wäre nicht das richtige Wort. Immermann ist keine theoretische Natur im strengen Sinne des Worts, und er mißtraut auch prinzipiell der reinen Theorie. Er stellt gern die Behauptung auf, die akademischen Philosophen seiner Gegenwart seien zur Erfassung der Wirklichkeit unfähig. Auch das eigentümliche Gesicht der übrigen Gelehrten, die zwischen gegenstandsloser Spekulation und bloßem Empirismus in eine hilflose Lage geraten sind, hat er deutlich und keineswegs freundlich charakterisiert[8]. Immermann will kein bloßer Denker sein. Er gehört zu den »divinatorischen« Geistern, an denen diese »Übergangsepoche«, diese vielleicht tiefste Krisenzeit der neueren europäischen Kultur so reich war. Daher ist es verständlich, daß sich Hellingrath, dem Immermanns dichterische Schwäche vollkommen klar war, mit ihm, nicht nur mit Hölderlin beschäftigte. Er spricht treffend von Immermanns »gewaltigem Bewußtsein« [9]. Daher auch das Interesse von Anthroposophen und ontologisch orientierten Geisteswissenschaftlern wie Gadamer und Benno von Wiese. Immermann hat sich zu Zeiten geradezu prophetisch verhalten, besonders in den heute so genannten Chiliastischen Sonetten, die eine Vorahnung von Stefan Georges Maximin-Kult eröffnen. Hier spricht er von dem Kommenden, der weder Machthaber noch Wundertäter, sondern nichts als ein Mensch ist und eben damit das neue Weltalter eröffnet.

Man darf freilich diese utopische Seite seiner Äußerungen nicht überbetonen, – nicht einmal bei der Interpretation seines Münchhausen (s. u.). Die Luft war voll von frommen Sirenen, von Zukunftsmusik, von revolutionären Erwartungen der überschwänglichsten Art. Im allgemeinen begnügte sich Immermann mit der schlichten Rolle des Kulturkritikers, doch als solcher ist er groß. In dieser Rolle wird seine seismographische Sensibilität, seine unerhörte Beweglichkeit und Rezeptivität, ja seine strukturelle Schwäche zur Tugend; denn was soll ein Seismograph, der Charakter hat? Fragt man sich, in welchen Werken diese geniale Kraft seines Geistes den lebendigsten Niederschlag findet, so wird man, auch wenn dies den üblichen Vorstellungen der Literaturwissenschaft widerspricht, wahrscheinlich antworten müssen: in seinen autobiographischen und publizistischen Schriften. Das Reisejournal (1833), zum Teil auch die anderen Reiseberichte und die kritischen Beiträge zur Literatur, zum Theater, zur Malerei, die Memorabilien (1839/40) und die Briefe sind wohl die wertvollste Hinterlassenschaft dieses Schriftstellers. Auch der Wert der dichterisch eingekleideten Werke ist nicht zuletzt danach zu bemessen, ob sie zum Instrument des Kulturkritikers geworden sind. Die Übergänge verwischen sich schon deshalb, weil es sich bei den Memorabilien usw. gar nicht um autobiographische Werke im Sinne Goethes und der Goethezeit handelt. Obwohl Immermann der zeitgenössischen Philosophie widerstrebt, und die Hegelianer schon vor dem Aufkommen des Linkshegelianismus scharf kritisiert*, ist er, wider Willen und tief erschrocken, in einem

---

* Ein Beispiel von vielen: »Von Rosenkranz las ich vor einigen Wochen seine Abhandlung über den wunderthätigen Magus – zur Hälfte, mehr zu genießen, war mir nicht möglich... Ein Dichterwerk wie ein symbolisches Buch oder eine philosophische Deduction zu behandeln / wie er gethan / führt von aller Aesthetik ab. Und dann die traurige Sucht der jungen Leute, ihre oft sehr trivialen Sachen mit einem tiefsinnigen Qualm zu umhüllen, daß einem der Athem von dem Staube vergeht« (an Ferdinand Immermann 6. bis 8. 12. 1829). Rosenkranz ist bekanntlich Rechtshegelianer. Un-

ungefähren Sinne von vornherein »hegelianisch« orientiert, insofern er vor allem die *allgemeinen,* geschichtlichen Mächte, die durch das Individuum hindurchgehen, ergründen und beschreiben will. Die Neigung zu einer auf einem festen, ja allzu festen Begriff der »Jetztzeit« fundierten Kulturkritik, die in diesem von Grund auf sittlichen Zeitalter zugleich Moral im höchsten Sinne des Wortes war, ist bis in die persönlichsten Briefe hinein zu spüren. Das bloß Individuelle interessiert Immermann wie die meisten seiner Zeitgenossen kaum, so nahe er praktisch schon am Abgrund des modernen Individualismus steht. Egoismus ist auch für ihn ein Schimpfwort. Für den »gesunden Egoismus« Goethes hat er erst im *Münchhausen* ein gewisses Verständnis. Seine Einsamkeit – er betont sie in vielen Briefen und in den *Epigonen* selber –, *sein Abstand von allen Bindungen und Gruppenideologien, selbst seine Unsicherheit wird produktiv, indem er ein vollkommen unbefangenes, schonungslos-wahres Bild von der zeitgenössischen Kultur zu entwerfen unternimmt.* Seine Betätigung als Erzähler steht dazu nicht im Widerspruch, da der Roman zu jener Zeit noch in erster Linie als »Prosa«, als eine wirklichkeitsnahe Darstellung mit fiktiver Einkleidung verstanden wurde (vgl. Bd. II, S. 828 f.). Die fiktive Einkleidung ist der gesamten »Kunst der Prosa« gestattet, was man etwa an den »Düsseldorfer Anfängen«, einem ausgezeichneten Dialog Immermanns, studieren kann (s. u.). Dies leidenschaftlich prosaische, wenn auch in zweiter Linie künstlerisch aufgemachte Wahrheitsstreben ist Immermanns eigentliche Kraft und Leistung. So erklärt es sich auch, daß er in einem viel früheren Alter als Goethe zur autobiographischen Darstellung gegriffen hat. Sie war die Form, die er seinem Wesen am leichtesten anverwandeln, in der er seinen historischen Auftrag am unmittelbarsten erfüllen konnte.

Immermanns Stellung zwischen den Richtungen
Taktische Anlehnung an Tieck

Wir müssen versuchen, Immermanns *Stellung innerhalb der Religions-, Staats- und Literaturgeschichte,* unabhängig von den bisher dominierenden Bewertungsfragen, schärfer zu bestimmen*. An anderer Stelle wurde bereits darauf hingewiesen, daß der Dichter jedenfalls in die Vorgeschichte des Realismus gehört und auch programmatische Vorarbeit für ihn geleistet hat (Bd. I, S. 260 ff.). Der zeitübliche Spott auf die Ideen findet sich bei ihm in verschärfter Form, so etwa in den *Düsseldorfer Briefen* (1834): »Bekanntlich dauert heutzutage die Wirkung einer Idee [...] eine Woche, oder höchstens zwei, sie wird dann von einer neuen abgelöst« [10]. Der Überfluß an *unverbindlichen* Ideen alter und

---

abhängig von der vergleichsweise peripheren Alternative Revolution und Restauration bedauert Immermann, wie auch andere Briefe beweisen, den Verlust an Unmittelbarkeit und konkreter Individualität, die in Deutschlands »großer Zeit« noch möglich war.

* Der ungenaue Realismusbegriff, der bisher herrschte, hatte, wenn ich recht sehe, zur Folge, daß diese ungemein schwierige Frage noch nicht gründlich beantwortet wurde, obwohl es dazu mehr Material gibt als bei fast allen andern Dichtern der Zeit. Die bei Immermann besonders dringende Aufgabe, widersprüchliche Äußerungen gegeneinander abzuwägen, kann hier schon aus Raumgründen nur ansatzweise erfüllt werden.

neuer Herkunft ist ein Grunderlebnis Immermanns, ein Fundament seiner Kulturkritik. Den Kult der »Dinge« gibt es bei ihm wie bei Stifter und Gotthelf. Er sieht in dem, was wir Detailrealismus nennen (vgl. Bd. I, 287 ff.), eine *Leistung* seiner Zeit, ein Gegengewicht gegen die »Abstraktion«, die im Gefolge der deutschen Philosophie zu einer Hauptgefahr der Kultur geworden ist. Das Wort »abstrakt« erscheint in allen möglichen Verbindungen und ist meist ein Schimpfwort, wie umgekehrt »wirklich« und »Wirklichkeit« zum positiven Wortschatz Immermanns gehören. Nicht ebenso feindselig wie der idealistischen Abstraktion steht der Dichter der idealistischen Phantasie gegenüber. Im Gegenteil, wir stoßen immer erneut auf eine Verteidigung der Einbildungskraft, noch in den späten *Düsseldorfer Anfängen* (1840), die in mancher Beziehung als eine Programmschrift Immermanns gelesen werden können. Er spricht da von den »Überschüssen der Schöpfungskraft«, die jedem Gesetz und jeder Rationalität spotten und findet dafür, als Symbol, das Moos: »Da kriecht's wuchert's, nistet's am Boden, trägt seine Krönlein, Kelchlein, Kölblein ohne Nutzen, Zweck, Bestimmung [...] Und in das Hirn des Menschen, in diesen höchsten und feinsten Organismus, wäre kein Tropfen jenes uranfänglichen Überschusses gefallen? [...] Nein. Jeder spürt's, wenn er sich an den Kopf faßt. Da ist was drin, was nicht Verstand, nicht Vernunft, nicht Urteil ist, und wovon kein Kompendium der Logik handelt. Es ist das Moos im Kopf, das Gedankenmoos [...] Es sind die zarten Spiele der Einbildung, die lieblichen Grillen, die holden Torheiten« [11]. Die Stelle ist schon im Stil eher rokokohaft als biedermeierlich oder romantisch. Offenbar ist nicht von der *weltschaffenden* Phantasie des Sturm und Drang und der Romantik die Rede, sondern von einem »zwecklosen« Spielraum innerhalb des Weltgesetzes. Tatsächlich findet man an derselben Stelle Sätze, die an den Okkasionalismus des Rokoko erinnern, ja diesen zu einer Art okkasionalistischer Theologie zu steigern scheinen: »Daraus ist auch der Zufall entsprungen, der Kobold der Kobolde. Gott selbst kann nichts wider den Zufall, denn auch er ist aus ihm, und Gott vermag nichts wider sich.« Es ist das Prinzip, das Immermann auch in der Geschichte walten sieht – wenigstens in seiner Lebenszeit –, das in seinen Romanen die Narren überall so fröhlich gedeihen läßt. Ist es wirklich ein religiöses Prinzip (»Gott«) oder bloß ein ästhetisches und intellektuelles im Sinne eines unverbindlichen Freiraums für Phantasie- und Gedankenspiele? Wahrscheinlich ist auch hier nur der bekannte »Widerspruch« in Immermanns Weltbild im Spiel, sein Dualismus. *Neben* der vernünftigen und gesetzmäßigen Welt steht die Welt der Einbildungskraft. Von der Vorstellung einer weltschaffenden Poesie hat er sich schon in seinem wichtigen »Brief an einen Freund über die falschen Wanderjahre Wilhelm Meisters...« (1822) abgewandt: »Die zarte Pflanze der Poesie wächst nur auf dem dunkeln Boden der Wirklichkeit [...] An ein Gegebnes, Vorhandnes muß man sich anschließen, sonst gerät man in die bodenlosesten Phantastereien. Wie könnte es denn auch anders sein? Der Dichter ist doch auch Glied in der großen Kette, er darf ja nicht die lächerliche Anmaßung hegen, sich von dieser mit seiner Betrachtungsweise loszureißen. Gott war der einzige Urpoet, die andern sind Nachdichter des Weltgedichts« [12]. Man sieht: das Zitat von 1822 ist »realistischer« als das von 1840; denn in der späten Äußerung werden »Phantastereien« ausdrücklich verteidigt, was Immermanns dichterischer »Entwicklung« keineswegs widerspricht: die Lügengeschichten Münchhausens sind nicht nur, wie man es heute so gerne

sieht, Satire, sondern auch Selbstzweck, »Gedankenmoos«. Dies paßt in unsern historischen Zusammenhang; denn Münchhausen stammt ja aus dem Rokoko. Er war besonders in der sehr leicht gearbeiteten Bürgerschen Fassung seiner Erzählungen bekannt.
Münchhausen lügt mit Grazie.

Was dem Dichter an seinem Freund Heine mißfällt, sind die *groben* Späße. Die jugendliche Kritik Heines an dem »abgestorbenen Wissen« der Göttinger Professoren in der
»Harzreise« ist ihm inhaltlich sympathisch. Aber die übertriebene Ausdrucksweise mißfällt ihm: »Hier war Maß und Grazie[!] vor allem notwendig, und man vermißt sie ungern in den Scherzen. Reiner gehalten würde das Mittel vortrefflich gewirkt haben«[13].
Wie dieser Gegensatz zwischen Heine und Immermann in der Dichtung sich auswirkt,
bemerkt jeder, der *Tulifäntchen* und Heines Versepen nacheinander liest. Auch Grabbes
Meisterwerk *Scherz, Satire, Ironie und tiefere Bedeutung* entspricht Immermanns Begriff
von komischer Dichtung nicht. Wieder gefällt ihm die Satire inhaltlich, der Spaß über
»schwächliche Literaturerzeugnisse«; aber »es fehlte seiner [Grabbes] Seele die freie
Lieblichkeit, wodurch das Komische erst durchsichtig wird, und die Grazie des Gemüts[!], welche es in die Sphäre der Poesie rückt«[14]. Die Wärme des Gemüts, die ein
ständiger Begriff bei Immermann ist und wohl auch hier gemeint sein dürfte, kann man
wieder am *Tulifäntchen*, z.T. an Immermanns Lustspielen studieren. *Sie entspricht der
biedermeierlichen Umbildung des aus dem Rokoko stammenden Scherzbegriffs.* Grazie,
Anmut, Durchsichtigkeit sind außerordentlich wichtige Begriffe in Immermanns Poetik.
In einem Brief an Tieck (8. 10. 1832) wagt er sogar, bei den französischen Romantikern,
die man grundsätzlich abzulehnen hatte, das Rokokoerbe gut zu finden: »Da ich von dort
nie Poesie erwarte, so amüsieren mich die artigen Sachen doch, weil immer ein gewißes
Geschick, eine Art von hasenfüßiger Zierlichkeit darin sichtbar ist. Louis XI. von de la
Vigne z. B. ist allerliebst gemacht.« Dieser *Sinn für Virtuosität* macht Immermanns hart-
näckiges Festhalten am Vers, aber auch seine Verehrung für Tieck verständlich; denn dieser ist kein Romantiker in der Art des Novalis oder auch Eichendorffs, sondern ein artistischer Hexenmeister, zu dem, wie bei Wieland, auch das kühne Spiel mit dem »Wunderbaren« gehört[15]. Mit dem Realismus hat diese Vorliebe für Narrentum, Phantastik,
Durchsichtigkeit und Spiel nur am Rande zu tun. Immerhin mag diese *rationale* Phantastik auch auf Kellers Legenden und Storms Märchen vorausdeuten.

Die frühen Bekenntnisse zum Realismus hängen mit der Goetheverehrung des jungen
Immermann zusammen. In der »ästhetischen Abhandlung« *Über den rasenden Ajax des
Sophokles* (1826)[16] nennt er die Kunst eine »historische Erscheinung«, und deshalb
die Vorstellung, man könne die Antike nachahmen, einen »Wahn«. »Die Braut von Messina« ist »das Produkt falscher Theorie«. Tieck dagegen hätte, ohne »eine zu ausschwei-
fende Opposition« gegen den Klassizismus »der Vater unsers Lustspiels« werden können. Trotz dieser klaren Entscheidung gegen den Antikekult verehrt der junge Immermann Goethe. Er hält sich an »Götz« und »Faust«. Ist dies eine Entscheidung für die Romantik oder für den Realismus? Immermann bekennt sich jedenfalls zum »Modernen«,
wie er dies auch in seiner Sympathie für das Rokoko tut. Entsprechend lobt er Goethe,
weil er »ein Kind seiner Zeit« war. »Ja, eben weil er eins ihrer besten und größten Kinder
gewesen, nie sich vom festen Boden losgerissen, und immer treu an seiner Mutter gehan-

gen hat, verdient er ganz die Liebe der Gegenwärtigen, welche ihm zuteil wird«[17]. Die
größte Bedeutung für den jungen Dichter gewinnt Goethe, wenn ich richtig sehe, dadurch, daß er »in einer Periode, welche wohl Menschenhaß hervorbringen konnte, doch
nie zu diesem hinabsank«[18]. Er meint die Überwindung des weltschmerzlichen Geistes, der in Werther, Faust, Tasso und noch in Eduard wirkt. Den anonymen Verfasser
der *Falschen Wanderjahre* dagegen erklärt er sich aus der Negativität der eigenen Epoche. Der Anonymus hoffte, bei seinem Goethe-Verriß »freundlichst beklatscht« zu werden: »Wir dürfen uns den bitterbösen Schaden des Zeitalters nicht verhehlen, dem Krit-
teln und Heruntermachen lieber ist, als Anerkennen und Schaffen.« Gegenüber dieser
kritischen Zeittendenz bekennt er sich zu dem »Häuflein der in tapfrer Liebe und Verehrung alles Großen und Schönen Verbundnen«, das »fest zusammensteht, gegen den Geist
der Verneinung und Opposition«[19]. Das schrieb Immermann im Jahre 1822, mit 26
Jahren. Auch in diesen Worten liegt ein klarer Unterschied zu Heine; sie erinnern fast an
Bekenntnisse Grillparzers und Mörikes. Er versucht in dieser Zeit sogar, bei Heine, auf
Kosten Byrons, diese fundamentale Positivität zu finden: »Dagegen ist der Deutsche
[Heine] viel frischer und lebensmutiger. Es ist ihm noch möglich, seinen Haß an einer ein-
zelnen Erscheinung auszulassen, während der Lord alles Menschliche und Göttliche,
Zeitliches und Ewiges gleichmäßig verhöhnt«[20]. Immermann ist später gerade wegen
seiner »universellen Satire« öfters gelobt worden. Es ist kein Zweifel, daß auch er die
Zeitkrankheit des »Heruntermachens« tief in sich trug. Sicher aber ist auch, daß er das
Goethesche Ideal der »Weltfrömmigkeit«, das den Realisten wieder zum Vorbild wurde,
nie ganz vergessen hat. Ohne diesen »Positivismus« hätte er die Oberhof-Welt nicht gestalten können.

»Haß an einer einzelnen Erscheinung«, deshalb nicht so gefährlich, sondern eher ein
munterer Sport, war Immermanns Platenkritik. Sie war auch insofern ganz vergnüglich,
als ihn die scharfe Feder Heines im Streit begleitete. Man darf es Immermann glauben,
wenn er versichert, daß er und Heine »die Sache... leicht und heiter« betrachteten[21].
Denn der polternde Klassizist war im Grunde kein ernst zu nehmender Gegner, wenn
auch die Gymnasialprofessoren auf seiner Seite standen. Fast ebenso lahm wie Platens
Witz ist allerdings Immermanns Satire *Der im Irrgarten der Metrik umhertaumelnde Kavalier* (1829). Es ist merkwürdig, wenn man ausgerechnet in einer polemischen Schrift
geltend macht, die Polemik sei keine Poesie, »das Positive« sei »das Element der Kunst«.
Immerhin war damit der unberechtigte Kunstanspruch in Platens aristophanischen Komödien und die literarische Bescheidenheit der eigenen satirischen Bemühungen angedeutet. Platens künstlerisches Versagen ergibt sich nach Immermann schon daraus, daß
wir den antiken Komödiendichter nicht mehr nachahmen *können;* Platen kommt bei uns
nicht an. »Popularität im höchsten und edelsten Sinne des Worts, muß ein jedes Kunstwerk haben; wer an gelehrte Spielereien seine Kraft setzt, wird im glücklichsten Falle
doch nur interessante Zwittergeburten erzeugen«[22]. Das ist kein Realismus, sondern
zunächst nichts weiter als die romantische Klassizismuskritik: Platen hatte versucht, die antike Komödie in Aufbau und Metrik nachzubilden! Entsprechend werden Tiecks parodistische Jugendlustspiele herangezogen und ihre »festen Körper«, wahrscheinlich richtig,
gegen die »Platenschen Gespenster« ausgespielt. Falsch war es sicher nicht, wenn Im-

mermann seinem Gegner »Hochmut«, »kleinliche Eitelkeit«, »Gift und Galle« vorwarf und seine Polemik als Kompensation für den ausgebliebenen Ruhm interpretierte. Aber es fehlte ihm selbst, zum mindesten in dieser Satire, der anmutige Witz, der sein Ideal war. Da die Sonette in der Biedermeierzeit eine Allerweltsform gewesen sind und oft die Funktion von Epigrammen hatten (vgl. Bd. II, S. 114, 555), darf man annehmen, daß Immermann auch mit den Platen-Sonetten keinen sonderlichen Kunstanspruch erhob. Doch gelingen ihm hier eher treffende satirische Formulierungen. Auf Platens Stand, dem Grafen, wird, im Stil des bürgerlichen Klassenkampfes, selbstverständlich viel herumgeritten. Darin entspricht Immermanns Satire der schärferen Heines (vgl. o. S. 498). Auch die Förderung durch die Alten (Professoren) wird dem Klassizisten angekreidet; denn sie beweist seine eigene Senilität. Statt der Seele hat er die Metrik, und originell kann er schon als Nachahmer der Antike nicht sein. Die Kälte Platens, die ihn für moderne Dichter zum Vorbild gemacht hat, schätzt Immermann noch nicht; denn das Gemüt und die Begeisterung sind ihm, ähnlich wie den Österreichern Grillparzer (vgl. o. S. 64 ff.) und Stifter (vgl. u. S. 956 f.), trotz seiner satirischen Ader verbindliche Werte geblieben (s. u.). Aus diesem Gegensatz entwickelt der Dichter ein, wie mir scheint, treffendes Sonett:

XVI. Wahrheit und Dichtung

Ich glaub' Dir nicht, wenn Du von Schirasweine
Dich trunken stellst, wenn Du nach schönen Knaben
Verlangst, und Aphroditens goldnen Gaben,
Und tust, als wärst Du warm im Sonnenscheine.

Ich glaub' Dir nicht, wenn Du durch das Gemeine
Voll Lust zu wühlen scheinst; ein Mahl der Raben
Dem Volke gibst in dicken derben Waben,
Mit der Begeisterung, so scheint's, der***

Kot, Wein, Schimpf, Liebe, brauchst Du nur als Sauce,
Die Prosodie zu feuchten. Lügenzunge,
Du bist ein nüchterner, modester Junge!

Doch wenn Du singst: Ich bin der große Große,
Der sein Jahrhundert noch nicht hat gefunden,
Dann glaub' ich Dir! Du sangst, was Du *empfunden!*

Sicher ist es ungerecht, wenn Immermann in dem abschließenden Platen-Rückblick der *Düsseldorfer Anfänge* den klassizistischen Dichter an Heine, der die lyrische »Jetztzeit« eröffnete, mißt. Es ist stets Immermanns Fehler, daß er ganz genau zu wissen glaubt, was modern ist, und *die Fülle der Traditionen, auch wenn sie noch tragen, unterschätzt.* Es ist auch zu viel, wenn er Platens Talent geradewegs philologisch nennt. Aber ich glaube, er ist im Recht, wenn er dessen Ästhetizismus mit seinem Weltschmerz zusammenbringt und in dieser Verbindung eine geschichtlich sich öfters wiederholende Verfallserscheinung sieht: »Ein stiller Unmut, ein geheimes Mißbehagen ergriff ihn. Denn nur die Seele, erfüllt von fremder Größe und demütig[!] hingegeben an sie, oder voll von eigenem, übergewaltigem Stoffe ist in sich gesättigt und ruhig. Da begann nun das halbzornige Liebäugeln mit der Form, jenes Preisen der abstrakten[!] Schönheit, der Schönheit schlechthin, welches immer das Ende und die Auflösung des Produktiven ist [...] Wer sich nur liebt als Vortrefflichen, nicht in seinen Sünden und Torheiten[!], der liebt sich selbst nicht einmal«[23].

Man kann diese letzte Platen-Kritik christlich nennen. Die Briefe belegen eine tiefe Verwurzelung im Christentum. Immermann meint sogar, etwas naiv, die Aufklärung sei endgültig überwunden. Wenn man mit Grabbe vergleicht, empfindet man seine Abneigung gegen jede Art von Selbstvergötterung und seine früh entwickelte Selbstkritik als soziale Leistung. Die ständige Erfahrung der eigenen und fremden Unzulänglichkeit und die daraus abgeleitete Bescheidenheit war es wohl vor allem, was Immermann von den progressiven Gruppen seiner Zeit fernhielt und ihn zum überparteilichen, »universellen« Satiriker machte. Es liegt gewiß viel Wahrheit darin, wenn Jeffrey L. Sammons sein Buch über den jungdeutschen Roman in einem Immermann-Kapitel auslaufen läßt, mit der Begründung, der Dichter der *Epigonen* und des *Münchhausen* habe vieles erreicht, was die Jungdeutschen nur erstrebten. Diese Sicht ist sicher richtiger als die Einordnung eines so kritischen Dichters in den die Satire verachtenden bürgerlichen Realismus; aber der Abstand zwischen Immermann und den Jungdeutschen ist, ohne Verzerrung des *Münchhausen*-Dichters, doch nicht so leicht auszufüllen*. Am ehesten kann man Laube in die Nähe von Immermann rücken. Die nationale Einstellung, die Lebensnähe, die Abneigung gegen die abstrakte Tendenz der Zeit verbindet die beiden Schriftsteller gewiß; doch das typische, ambivalente Verhältnis zu Immermann kennzeichnet auch diesen Jungdeutschen. Der Immermann-Aufsatz, den Laube in der angesehenen *Zeitung für die elegante Welt* 1833 veröffentlichte[24], ist überwiegend polemisch. Die »versöhnende, ausgleichende Humanität« Goethes gegenüber den Jüngeren wird Immermann abgesprochen. Daher seine »verlassene Position zu Düsseldorf am Rheine«. Er ist »ein Malkontenter«,

---

* Denkwürdig ist Immermanns ausführlicher Bericht über seine Begegnung mit Gutzkow in Hamburg (an Ferd. Immermann 15. 10. 1838). Die beiden Schriftsteller waren durch ihre öffentlichen Äußerungen schon ziemlich weit auseinandergerückt, nahmen aber bei dieser Gelegenheit »die vornehme Haltung einer Tractatschließung kriegführender Mächte« ein. Immermann interessiert sich für Gutzkow. Durch seine »Aufrichtigkeit« fühlt er sich mit ihm verbunden. Aber der Rationalist Gutzkow stößt ihn ab: »Seine Äußerungen waren glasscharf und schneidend, wenn man will ohne Liebe und Gemüth[!], zeugten aber von Wahrhaftigkeit, Verstand und Penetration.« Die Röte seiner Wangen hält er für »hektisch«. Immermann tut sich etwas darauf zugute, daß er mit den verfolgten Schriftstellern verkehrt. Dies tritt vor allem an der Stelle über Wienbarg, dem er auch begegnete, zutage: »Er wollte meine Hand nicht aus der seinigen loslassen, als wir schieden.« Er rechnet das Verbot der jungdeutschen Schriftsteller, sehr genau und richtig formulierend, »zu den häßlichsten Ausgeburten eines matten Despotismus«. Aber sein zusammenfassendes Urteil über die Jungdeutschen wird dadurch nicht milder und ist m. E. noch immer gültig: »Was wie ein Fluch über diesen jungen Männern lastet, ist ihre Überraschtheit. Sie verzetteln sich in kurzen Bewegungen und Alles, was Leben, Studien Schicksale erst im Menschen zur Reife kommen lassen soll, wird herb und grün von ihnen aus den Zweigen geschüttelt« (Fortsetzung Bd. I, S. 155). Die Äußerung ist geeignet, Immermanns Lebensleistung, soweit sie im Schreiben *weniger, ausgereifter Romane* bestand, zu verdeutlichen; denn seine Leichtigkeit im Schreiben von Prosa ist mit der Gutzkows zu vergleichen. Allerdings ist diese Leistung von der Beharrlichkeit, mit der er an seinem Amte, *trotz stärkster Abneigung,* festhielt, und das bedeutet von seinem Charakter, nicht zu trennen. Dies Amt gab ihm die Ruhe, die er bei den Jungdeutschen vermißte und zu der damalige Berufsschriftsteller, auch wenn sie erfolgreich waren, nicht gelangen konnten (vgl. Bd. I, S. 162–165).

»er keift fortwährend«. »Er ist nicht im Komfort mit der Welt«. »Er gemahnt mich an eine alte Jungfer, die kein Glück gehabt... hat«. Auch die Allianz mit Heine war »nur ein Äußerliches«. »Karl Immermann ist ein kräftiger Charakter«, aber »alles was er tat, war apart.« Ein »böser Eigensinn« verstellte ihm den Weg zum Publikum, zum »Herzen Deutschlands«. Sein *Merlin* z. B., »ein Produkt für unsre ärgste romantische Epoche mit Allegorie und Mystik und dem Blute des Kreuzes und Grals, erschien, als die allegorische Romantik bereits verstorben war«. Der Grund für seinen »Esoterismus« ist, so scheint es, *die Schule Tiecks.* Aber »solche Absonderung« ist dem kräftigen und mutigen Genius Immermann gar nicht angemessen. Nur »vornehmer Eigensinn« hält ihn davon ab, ein »lebendiger Dichter zu werden«. Der »neue große Poet ist der, welcher... all die Verbindungslinien entdeckt, wo die wirbelnden Teile unserer jetzigen Tage zusammengehn«. Schon in diesem abstoßenden Immermann-Porträt findet man neben der Peitsche das Zuckerbrot. Noch deutlicher ist der Respekt vor dem *starken* Autor in dem Aufsatz Laubes über *Gans und Immermann* (Deutsche Pandora, 4. Bd., 1841). Laube hatte erkannt, daß Immermann inzwischen ziemlich genau der »neue große Poet« geworden war, von dem er 1833 träumte. Er hatte die *Epigonen* freundlich begrüßt und war im Frühjahr 1839 mit ihrem Verfasser zusammengetroffen. Laube, der stets ein großer Organisator gewesen ist, wollte nämlich »eine große, die Parteien unter bestimmten Grundzügen vereinigende Zeitschrift« begründen[25]. Nach dem Verbot der Jungdeutschen steuerte er bereits die vermittelnde liberal-konservative Schlüsselstellung an, die er als Burgtheaterdirektor nach 1848 schließlich erreicht hat. Laube bemerkt ausdrücklich, daß die Zurückdrängung des Revolutionären im französischen Sinn, die das Schreibverbot für die jungen Liberalen bezweckte, dem Dichter der *Epigonen* und des *Münchhausen,* »der auf nationaler Art beruhte«, zugute kam, und so sucht er seine Verehrer zu gewinnen. Daß Immermanns »starke Persönlichkeit« zu dieser Zeit nicht mehr einsam war, sondern eher ein »Zentrum... für die rheinischen Dichter« zu werden schien, bezeugt Engels[26]. Es waren also Verhandlungen zwischen zwei literarischen Parteien. Auch in diesem freundlicheren Porträt betrachtet Laube den Immermann vor 1830 völlig als Epigonen. Seine ambivalente Gesamtstruktur kennzeichnet er gleich anfangs treffend: »Gegen die Nachahmung alter Sitte äußert er sich rücksichtslos als Student, und bei einer Nachbildung des alten Gedichts Tristan und Isolde überrascht ihn der Tod«[27]. Auch Immermanns Abneigung gegen die »impotente Abstraktionsbande«, d. h. gegen die Gelehrten einschließlich D. F. Strauß, und die daraus folgende Abwehr der modernen Religionskritik hält der Jungdeutsche für verkehrt. Selbst Laubes soziale Bedenken sind nicht ausgeräumt. Noch immer ist ihm Immermann ein »herrisches Naturell«. Aber er bewundert jetzt die gewaltige produktive Kraft des Romanciers, die durch Berufstätigkeit, Theaterleitung usw. nicht zu brechen war. Er parallelisiert ihn mit Goethe, als einem Dichter, der ohne die philosophische Analyse durchblickte. Wahrscheinlich ahnt er auch schon, daß die revolutionäre Tendenz und die tiefere dichterische Leistung nicht so leicht zusammengehen können, wie sich dies die jungen Liberalen nach 1830 eingebildet hatten, daß also Immermanns begrenzter Konservativismus, ähnlich wie der Goethes, wohlbegründet war. Auch Gutzkow hatte unter dem Eindruck des Rückschlags von 1835 sich gegen den Goethehaß Börnes und Menzels gewandt und damit die Entwicklung eingeleitet, die über die

Jungdeutschen hinweg zum Junghegelianismus und zum programmatischen Realismus führte (*Über Goethe im Wendepunkt zweier Jahrhunderte* 1835/36). Es ist wohl eine Idealisierung Immermanns, wenn man sagt, das Festhalten an den Grundwerten unterscheide ihn von den Jungdeutschen[28]. Das Schwanken zwischen alten und neuen Werten führte, ähnlich wie bei Heine, zu einem Charakter, der wohl labiler war als der Gutzkows und Laubes. Daß solche Labilität Fluch und Segen des größeren Dichters zu sein pflegt, braucht heute wohl kaum mehr nachgewiesen zu werden.

Die *Junghegelianer* wußten mehr als die Jungdeutschen über die schwierige Vermittlung von Tat und Kunst, was dem Literarhistoriker vor allem durch Hebbels Dramaturgie bewußt zu werden pflegt (vgl. o. S. 355 ff.). Das wenig freundliche, wahrscheinlich letzten Endes religiös bestimmte Immermann-Bild von D. F. Strauß wurde bereits berührt. Seine Münchhausen-Kritik in einem Brief an F. Th. Vischer (4. 1. 1842) ist eine schulmäßige Anwendung des klassizistischen, genauer des Hegelschen Tendenzverbots für die Kunst und präludiert entsprechend die realistische Münchhausen-Beurteilung und -Behandlung: »Die humoristischen Bestandteile meistens satirisch und daher schlecht, oder trocken barock, daher nicht gut. Dagegen die idyllisch sentimentalen ganz plastisch, vortrefflich. Immerhin indeß ein unglückliches Talent: Durch ein Zuviel von Geist zum bloßen angenehmen Schriftsteller verdorben, wie durch ein Zuwenig von Genie zum Klassiker«[29]. In Straußens Immermann-Aufsatz fällt das harte Urteil über *Merlin* auf[30]: »unverdauliches Gebäck aus abgestandenen Sagen und gnostischen Träumereien«. Bei *Alexis*, den er als historisches Drama schätzt, empört ihn der »haarsträubende Frevel«, die Tötung des Sohnes; er wendet also, wie im *Münchhausen*, das klassizistische Harmonieprinzip an. Treffend ist die Beobachtung, daß Immermann in *Tristan und Isolde* dem parodierenden Stil Wielands näher steht, »als er es wohl selbst wußte«, erhellend auch der Hinweis auf die strukturelle Bedeutung von Immermanns »Personalismus«: »Den Schlüssel zu den innersten Partien von Immermanns religiöser wie politischer Überzeugung bildet seine Idee von der Persönlichkeit«. Aus der Tatsache, daß Immermann nur wenige Dramen in seine *Gesammelten Schriften* (1834–43) aufnahm, folgert er unerbittlich: »mit einer Productivität, die sich veranlaßt sieht, drei Viertel ihrer Producte wieder zurückzunehmen, kann es unmöglich richtig bestellt sein«.

Überraschend verständnisvoll, ungefähr schon auf der Linie des heutigen Immermannbildes, urteilt der als Dramaturg berühmte Hegelianer Adolf Stahr in seiner kleinen Immermann-Biographie[31]. Er versucht, gerade die frühen Werke bekannter zu machen als sie sind. *Die Papierfenster* erkennt er als wichtigen Ausgangspunkt des Dichters, die Lustspiele werden, m. E. mit Recht, eingehend behandelt, *Alexis* erscheint als das »Vollendetste und zugleich Bühnenmäßigste«, was Immermann im historischen Drama geleistet hat. Die *Epigonen* sind die größte Bereicherung des Romans seit Goethe. Im *Münchhausen* erhält auch der satirische Teil höchste Anerkennung. In der Beschreibung der persönlichen Erscheinung Immermanns findet sich schon eine Monumentalisierung, die an den Goethekult erinnert, und mehr die Stiltendenz bei der Gestaltung des Hofschulzen als Immermanns individuelle, immer ein wenig fragmentarische Person widerspiegelt: seine »gedrungene, antike, römische Gestalt« erinnert den hingebenden Publizisten Stahr an die Imperatoren Roms!

Die Begeisterung von Friedrich Engels, der 24 Jahre jünger als Immermann ist (geb. 1820), geht in eine andere Richtung. Die unphilosophische Art des Dichters ist dem neugebackenen Ideologen in seiner Rezension der *Memorabilien* (1841) schon ganz unbegreiflich: »Wie werden unsere strikten Hegelianer schaudern, wenn sie lesen….« So will er gegen Ende der Auseinandersetzung den alten Skeptiker sozusagen auf seinem eigenen Flug zur Sonne mitnehmen: »Denn nur die Begeisterung ist echt, die wie der Adler die trüben Wolken der Spekulation, die dünne, verfeinerte Luft in den oberen Regionen der Abstraktion nicht scheut, wenn es gilt, der Wahrheitssonne entgegenzufliegen. Und in diesem Sinne hat denn auch die Jugend von heute die Schule Hegels durchgemacht, und manches Samenkorn aus den dürren Fruchtkapseln des Systems ist herrlich aufgegangen in der jugendlichen Brust« [32]. Leider hat der Dichter diese Worte nicht mehr gelesen, sie hätten ihn gewiß, wie so manches aus dem Reiche der »Abstraktion«, zur Parodie gereizt. Am meisten ärgert den angehenden Mitverfasser der *Heiligen Familie* (1845) natürlich Immermanns Klage über den Verfall der alten Familiensitten. Es ist ganz klar, daß in der »neuern Familie« der »Übergangsprozeß«, der vor sich geht, manches Mißbehagen erregt. Aber das Ziel ist ja die »Regeneration der Familie; der leidige Prozeß muß nun einmal durchgemacht werden, und mir deucht, die alte Familie hätte ihn wohl nötig«. Engels sieht den Dichter als einen Preußen, den die Nüchternheit »vor der Träumerei der romantischen Schule bewahrte«; aber die gleiche Nüchternheit war es »auch, die ihn gegen die Zeitentwicklung einigermaßen verstockte«. Trotzdem ist in den *Memorabilien* der »Einfluß der modernen Ideen auf ihn gar nicht zu verkennen…, wer weiß, ob der Strom der Geschichte nicht allmählich den konservativ-preußischen Damm unterwühlt hätte, hinter dem Immermann sich verschanzt hielt«. Engels wirft ihm vor, er sei in politischer Hinsicht ein »gar zu eifriger Anhänger der Regierung« gewesen.

Wenn man sich fragt, warum dies tatsächlich so war, denkt man nicht nur an den Beamten Immermann, sondern auch an den von Strauß festgestellten »Personalismus«, der Immermann und die gesamte Biedermeierzeit kennzeichnet (vgl. Bd. I, S. 49 f.). Nur eine kleine intellektuelle Minorität überwindet ihn damals, so daß sich ihr die Sicht auf eine Welt ohne mächtige Landesväter und Hausväter, auch ohne Gottvater eröffnet. Für Immermann ist eine so »kalte«, »unpersönliche« Welt undenkbar. In den *Papierfenstern eines Eremiten* lesen wir: »Wodurch dem Jahrhundert geholfen werden kann? – Nicht durch Constitutionen, Organisationspläne, Schulverbesserungen, sondern durch einen *großen Mann*. Ein solcher würde das ungeduldige Verlangen der Bessern stillen und allen Hydern den Kopf abhauen« (Vermischte Gedanken, Erste Fensterscheibe). Das sagt zunächst der Mann, der in einem friederizianisch gesinnten Vaterhaus aufgewachsen ist, für den die Niederlage von 1806 ein einschneidendes Erlebnis war (vgl. den Bericht in der *Jugend vor 25 Jahren*). Stärker als dies Erlebnis war wohl der neue große Mann, Napoleon, und der romantische Geniebegriff, der eine Rechtfertigung des außergewöhnlichen Kaisers ermöglichte. Später hat Immermann den Despoten oft verurteilt; aber um so mehr erschien ihm der angestammte preußische König als Zuflucht. Man denke an den Hofschulzen. Dieser Großbauer verachtet den gesamten abstrakten Staat, besonders den in Preußen schon verhältnismäßig weit entwickelten *Rechtsstaat*. Er selbst ist in seinem Kreise die Macht und das Recht. Dem König dagegen bringt er große Verehrung entgegen, der Herr dem höheren Herrn. Die bereits entwickelte Hypothese, daß Immermann mit dem Blick auf die Fürsten und auf den Berliner Hof das für die Jüngeren erstaunliche Bündnis mit dem alten Tieck geschlossen hat, wird auf dem Boden dieser politischen Romantik verständlicher. Erich Schmidt sagt sogar, wahrscheinlich mit Recht, daß Immermanns Musterbühne in Düsseldorf »eine Verkörperung von Wünschen Tiecks« [33] war. Daß er immer in der Hoffnung auf eine Berufung nach Berlin sich für eine Verbesserung des Theaters einsetzt, verrät auch das *erstaunliche Angebot, dramaturgische Arbeiten für das Berliner Hoftheater zu übernehmen,* statt es mit eigenen Dramen zu beliefern*. Die Allianz mit Tieck wird nicht lockerer, wie es das Schema »von der Romantik zum Realismus« nahelegt. Sie wird nach ziemlich respektlosen jugendlichen Äußerungen immer fester, je näher der Thronantritt Friedrich Wilhelms IV. rückt. Im *Münchhausen* (zur Eröffnung des 7. Buchs) hat Immermann eine Ehrung Tiecks angebracht. Er feiert ihn als Meister des Lustspiels, mit dem Blick auf mögliche Aufführungen. Von sich selbst aber sagt der mehr als Vierzigjährige: »So möchte ich denn eher den Namen eines Schülers für mich in Anspruch nehmen. Und in einer Zeit, worin so viele Meister, wie sie behaupten, vom Himmel fallen, dürfte ein guter Schüler der Abwechslung halber kein ganz verächtlicher Gast am Parnaß sein« (4. Teil; an Ludwig Tieck). Literarisches Epigonentum? Eher die Vorstellung von einem *großen* Mann, dem zu folgen eine Ehre ist.

Man muß sich diesen literaturpolitischen Zusammenhang, um ihn nicht falsch zu sehen, im Selbstverständnis der Betroffenen als eine Art Liebesbezug vorstellen, etwa im

---

* »Ew. Hochgeboren wünschen von mir dramatische Arbeiten für die dortige Bühne. Darauf kann ich zuvörderst erwidern, daß manche Stoffe seit Jahren in mir durchgedacht sind, und daß es vielleicht nur des letzten Anstoßes bedürfte, um sie nach und nach auszuführen. Noch größere und sichere Thätigkeit glaubte ich aber wohl in Bearbeitung, Ergänzung, Accomodation bereits vorhandener, fremder Werke, welche entweder gar nicht auf das Repertoir gekommen, oder von demselben verschwunden sind, versprechen zu können.« (an Wilhelm Friedrich Graf von Redern, Generalintendant des Berliner Hoftheaters, 21. 5. 1833). Es folgt eine Klage über die Behandlung seines *Alexis* in Berlin und der berechtigte Vorwurf, daß die Berliner Bretter »nur das geschickte Mittelmäßige, die Fabrikarbeit zu tragen wissen«. Er denkt an Raupach, Birch-Pfeiffer usw. »Wie hat der Wallenstein gezündet, weil man ihn mit Haut und Haare [sic!] gab, so bald er fertig war«. Immermann weiß, daß man »zur Ausfüllung der Tage« auch »ephemere Erzeugnisse« braucht. Aber das Theater, das »einst National-Angelegenheit« war, darf nicht *bloßer* »Zeitvertreib« bleiben. Man müßte »eine Scheidung zwischen den gewöhnlichen Abenden und den Darstellungen großer genialer Werke... machen.« Zur »stylhaften Darstellung« der großen Werke müßten junge Schauspieler in einer »Art von Schauspielerschule« angeleitet werden. Daß alles dies keine theoretische Spekulation, sondern ein konkretes Angebot ist, daß Immermann *selbst* unter der Oberleitung des Grafen für Berlin das leisten will, was im Wiener Burgtheater Joseph Schreyvogel († 1832) als einfacher Theatersekretär mit so großem Erfolg vollbracht hat, beweist der ultimative Schluß des Briefes: »Ich bitte Ew. Hochgeboren es nicht für Eigensinn zu halten, wenn ich auf die Weise, wie sie zu wünschen scheinen, der dortigen Bühne mich nicht zuneigen kann. Ich würde aber wirklich nur die Möglichkeit vor mir sehen, ihr nützlich zu werden, wenn ich in Berlin selbst wäre[!], und dort eine mir zusagende, meinem innern und äußern Beruf nicht schadende Existenz gewönne, welche eine wahrhafte produktive Wechselwirkung zwischen Ew. Hochgeboren, der Bühne und mir hervorbringen müßte.« »Äußerer Beruf«: Eine Teilentlastung von juristischen Amtspflichten hätte wohl genügt, um den bereits bewährten Leiter einer künstlerischen Bühne für die von ihm ins Auge gefaßte Spezialaufgabe in der preußischen Hauptstadt zu gewinnen. Aber die *große Chance* wurde in dem pietistisch orientierten Berlin Friedrich Wilhelms III. nicht wahrgenommen.

Sinne des Novalis – er ist im Tieckkreis stets gegenwärtig –, der fordert, man müsse dem König sogar die Steuer mit Liebe darbringen. Mit der »Nüchternheit« Immermanns – nicht nur Engels erwähnt sie – hat es eine seltsame Bewandtnis, etwa im Sinne des Wortes von der harten Schale, die den weichen Kern ermöglicht. Im Kern ist Immermann ähnlich wie Grillparzer ein Dichter, der auf das Gefühl – »Herz« sagt er meistens – schwört[34]. Dieser Irrationalismus ist die Grundlage seiner Philosophiefeindschaft, seines Familienkultes, seiner Heimatliebe, seines Personalismus in literarischer, politischer und religiöser Hinsicht. Über allen andern Orientierungspunkten steht die Seele: »In das Schiff der Zeit muß die Bussole [Magnetkompaß] getan werden, das Herz«, heißt es im Münchhausen-Roman. Höllerer zitiert diesen Satz kurz nach dem meistens allein erwähnten Bekenntnis Immermanns zum »realistisch-pragmatischen Element«* und sieht darin eine Art Ergänzung zur »Zeitnähe der Dichtung«[35]. Man kann aber auch sagen, daß aus dem Irrationalismus die Zeitnähe folgt, die schlichte Beobachtung des Gegebenen, des Gegenwärtigen, des jeweils zu Tuenden, des *Pragmatischen,* während sich die Abstraktion auf die Restauration der Vergangenheit oder die Konstruktion der Zukunft, oder auf beides, jedenfalls auf das Utopische zu beziehen pflegt. Wir wissen schon, wie sehr der Dichter der »kalten Abgötterei mit dem Begriff« *(Papierfenster)* zu jeder Zeit seines Lebens mißtraut. Historisch gesehen begründet dies Immermanns Abstand vom 18. Jahrhundert, nicht vom Spiel des Rokoko oder von der »Begeisterung« Schillers, aber von der eigentlichen Aufklärung. Die Aufführung der *Emilia Galotti* in Düsseldorf ist ihm ein ernstes Problem: »Ich muß gestehen, daß ich die Zweifel vieler teilte, überdies mag ich das Stück nicht«: Die Handlung ist »ohne alle Würde und Poesie«. Er löst das Problem mit Hilfe einer asketischen Historie. Er zwingt die Schauspieler, sich zu »verleugnen, und *Lessing* in seiner kalten[!] klaren haarscharfen Originalität[zu] reproduzieren«[36]. Bei solcher Einstellung zum »strengen Verstand« mußte ihn der Rationalismus der progres-

---

* »Wir müssen, ... durch das Romantische, welches der Ausdruck eines objektiv Gültigen sein sollte, aber nicht ward, weil seine Muster und Themen ganz anderen Zeitanlagen angehörten, hindurch in das realistisch-pragmatische Element« (S. W., hg. v. Robert *Boxberger,* Bd. 18, 1883, S. 167). Für Immermanns Entwicklung zum »frührealistischen« Romancier dürften die Rezensionen und Briefe des in ähnlicher Richtung strebenden *Alexis* – ich rechne ihn zu den bedeutendsten Literaturkritikern der Epoche – von erheblicher Bedeutung gewesen sein. Nach der *Alexis*-Rezension des Berliners, die Immermann verletzte, versöhnte man sich 1833 in Düsseldorf (Lionel *Thomas,* Willibald Alexis, Tagebuch-Auszug und Briefwechsel der Jahre 1829–1835, in: ZfDPh Bd. 95, 1976, S. 222). »Ich gehöre einmal zu den Realen«, bekennt Alexis (ebd., S. 225), wozu inmitten tendenziöser Utopisten in den 1830er Jahren Mut gehörte. Es war gewiß im Sinne Immermanns, wenn ihm vor allem der *Hochmut* der »Hegel-Mundt-Kühneschen Deutschjungen« mißfiel (Alexis an Immermann 12. 9. 1835, ebd., S. 232). Alexis versucht, mit Hilfe des Münchner Ministers Schenk (vgl. Bd. I, S. 301 und S. 336), der auch Schriftsteller war, eine Verbesserung des Autorenschutzes beim Bundestag zu erreichen (Alexis an Schenk 23. 12. 1835, ebd., S. 234). Er hebt dabei deutlich Michael Beer (vgl. Bd. II, S. 367f. und S. 373), Schenks und Immermanns Freund, von respektlosen Autoren wie Menzel, Heine, Gutzkow, Laube ab (ebd.). Eine *liberalkonservative Gruppe mit höfischer Orientierung und realistischerer Einstellung* unterscheidet sich demnach ziemlich klar von den stärker utopistischen Liberalen mit nationaler oder internationaler Orientierung. Sie ist von mir in Band I noch nicht erkannt worden und verdient eine eigene Untersuchung, auch auf der ergiebigen, von *Hasubek* neu erschlossenen Grundlage des Immermann-Briefwechsels.

siven Gruppen in peinlicher Weise an die Aufklärung, die er für überwunden hielt, erinnern (vgl. o. S. 827: Gutzkow-Kritik).

Vor der Veröffentlichung seiner *Epigonen* schreibt er an Tieck (13. 4. 1836), er erhoffe sich wenigstens von ihm, dem »hochverehrten Freund«, eine Resonanz: »Blicke ich in das Publikum, so kann ich nur zweifeln u. zagen. Die Rahels u. Bettinen und absterbenden Stieglitze sind nebst einigem Jungensdeutschland, Atheismus und aufgewärmtem Baron Holbach wohl die einzige mundende Kost der Gegenwart« (an Tieck 13. 4. 1836). *Immermanns Widerstand gegen den erneuerten Atheismus und Materialismus des 18. Jahrhunderts, ist ganz eindeutig.* Er hält das Christentum mit Entschiedenheit fest. Der Lebenskraft der Kirche mißtraut er zwar, wie der des Adels. Das bezeugen viele Äußerungen. Er hat, wie wir immer wieder sehen, ein überscharfes, die Möglichkeit alter Institutionen unterschätzendes Zeitbewußtsein. Aber im Herzen bleibt er Christ, er hofft auf ein »neues Christentum«, jenseits der Konfessionen, und hält die Religionskritik der neuen Aufklärung für eine vorübergehende Erscheinung. Die Grundlage dieser Christlichkeit ist wohl Immermanns unüberwindlicher Pessimismus, der Zwang, immer nur das Schiefe und Häßliche aller Erscheinungen zu sehen. Durch den von ihm zu naiv praktizierten Historismus wird aus der altchristlichen und pietistischen Verachtung der Welt eine Entlarvung der Zeit. Diese Zeitkritik wurde von vielen Zeitgenossen als stolz und sektiererisch empfunden und brachte ihm, wie es in solchen Fällen meistens geschieht, den Beifall *der* Gruppen, die er weniger schätzte als die Konservativen. *Er geriet zwischen die Fronten, war aber eben deshalb, wie Alexander Jung 1842 feststellte, der einzige bedeutende Schriftsteller, der über der Feindschaft der alten und neuen Literatur stand und so eine Art Vermittlungs- und Treffpunkt bilden konnte* [37]. Daß er zuletzt auch in sozialgeschichtlicher Hinsicht dem Publikum eine Art Mittelpunkt bot: durch die nur begrenzt adelsfeindliche Verklärung eines selbständigen »Mittelstandes«, wird noch im Abschnitt über den *Münchhausen* näher zu begründen sein. Dabei muß auch die heute oft angezweifelte »Positivität« der dargestellten Bauernwelt diskutiert werden.

Wer an die *Düsseldorfer Anfänge* denkt, könnte gegen meine historische Interpretation einwenden, daß ich Immermanns Abstand von der christlichen Restauration nicht deutlich genug bezeichnet habe. Gemeint wäre dabei die recht offene Kritik an der von Wilhelm Schadow geleiteten Kunstakademie in Düsseldorf. Diese Auseinandersetzung ist in formengeschichtlicher Hinsicht so interessant wie in religiöser. Immermann wirft den Nazarenern und besonders Schadow vor, daß man sich immer entschiedener, ja unter Verletzung der Toleranz, auf *geistliche* Gegenstände, besonders auf die Heiligen konzentrierte, und dadurch die normale Entwicklung, die auf die »Dinge« [38] zielt, störte: »Tragen denn diese abgedämpften Farben des Lieblingsschülers, diese zärtelnden Engel, diese kindlich frommen, oder mit dem hektisch schmachtenden Zuge um das Auge versehenen Madonnen die Bürgschaft langen Lebens in sich? Sieht man sie sich nicht schon jetzt müde, je länger man sie ansieht? Spricht sich denn in dieser frauenhaften Milde und Unschuld der christliche Geist der jüngsten Vergangenheit oder der Gegenwart aus?«. Der letzte Satz läßt erkennen, daß es sich, religiös gesehen, um einen *innerchristlichen Streit* handelt. Die katholisierende Romantik, die, wie Immermann sagt, Schadow, im Bund mit den »Vornehmen«, zur Mode gemacht hat, der *Salonkatholizismus* also, soll getroffen werden. Was ihm an Calderons *Standhaftem Prinzen* vorbildlich erscheint, ist nicht zuletzt seine Popularität. Die »Empfindsamkeit«, die »sentimental-romantische« Stimmung in Schadows Schule, »das Weiche, Ferne, Musikalische, Kontemplative«, soll als unzeitgemäß entlarvt werden. Der Dichter wünscht das »Starke, Nahe, Plastische, Handelnde«, das er im *Oberhof* dargestellt hat, auch in der bildenden Kunst, und er findet es eher bei jüngeren Malern als bei Schadow: »Die Schüler wurden berühmter, als er, und wodurch wurden sie berühmt? Nicht durch Himmelfahrten und Heilige Familien, sondern durch die Landschaft, durch das Genre, das romantische sowohl, als das reale.« (In erster Linie dürfte der in den Briefen öfters erscheinende Landschafter Karl Friedrich Lessing gemeint sein.) Der Wortlaut des Zitats verrät wiederum, daß Immermann nicht für eine unchristliche Kunst eintritt, sondern für bestimmte Gattungen. Was er ablehnt, ist nichts anderes als die alte Gattung der äußerlich »geistlichen« Kunst, die auch der andere literarische Meister des Bauerngenre, nämlich Gotthelf, ablehnte, obwohl er wahrhaftig für eine Kunst aus christlichem Geiste eintrat und sogar selbst ein passionierter Geistlicher war (vgl. u. S. 897). Auch die Droste geriet in ihrem Kreise (Schlüter) in Schwierigkeiten, weil sie nicht bereit war, auf der Linie des »Geistlichen Jahrs« fortzudichten[39]. *Es geht um spezielle Kunstfragen, nicht um fundamentale Religionsfragen,* und auch der Realismus wird nicht propagiert; denn neben dem »realen« Genre läßt Immermann das (mythische oder historische Gegenstände darstellende) »romantische« Genre gelten. Wie lieb ihm allerdings das ganze niederländische Wesen, der von uns so genannte Genrerealismus ist, das bezeugt die ständige Erwähnung seines Düsseldorfer Freundes Schnaase, aus dessen *Niederländischen Briefen* wir schon im Abschnitt über das Genrebild zitiert haben, um eine allzu mimetische Vorstellung von dieser Gattung zu korrigieren (vgl. Bd. II, S. 795)*.

---

* Daß nicht nur im Kreise Schadows, sondern auch in dem Immermanns die christliche Romantik verbindlich war, lassen noch die Briefe von Immermanns junger Witwe, Marianne geb. Niemeyer, an Tieck, das Oberhaupt des Kreises, erkennen, z.B. der vom 27. 4. 1841 (Briefe an Ludwig Tieck, hg. v. Karl v. *Holtei,* Bd. 2, Breslau 1864, S. 111): »Ich habe den ganzen Winter sehr häufig Novalis Schriften, durch Sie uns zugänglich, gelesen; und mich zu keinem Anderen immer aufs Neue so innig hingezogen gefühlt.« Wenn die bildungsbeflissene junge Frau dann doch zu freigeistiger Lektüre greift, wird sie von dem Freiherrn von Uechtritz, den Immermann zu seinen Freunden, Tieck zu seinen Schülern rechnete, scharf zurechtgewiesen (2. 9. 1845, ebd., S. 121 f.): »Mein Hauptverbrechen war, Strauß Leben Jesu gelesen zu haben, von dem ich nicht durch die wiederholte Versicherung freigesprochen wurde, daß ich des Verfassers Consequenzen durchaus nicht durchgehend teile, im Gegenteil sehr häufig gegen ihn sei. Er verlangte, ich müsse jetzt Feuerbach und Gott weiß was lesen, ohne zu hören, daß ich darnach keinerlei Verlangen habe, sondern eben jetzt nach Dingen verlange, in denen etwas für mich Positives liege.« Im Begriff des Positiven erkennt man Immermanns neues oder drittes Christentum, das von allen Formen des Pantheismus und Atheismus scharf getrennt blieb. Die Aufforderung zur Feuerbach-Lektüre ist unter dieser Voraussetzung eine Beleidigung. Heinz Moenkemeyer (Das Problem des selbsternannten Erlösers bei Immermann, in: Monatshefte Bd. 52, 1960, S. 121–129) diskutiert Immermanns Christentum, scheint mir aber seine Entscheidung *für* die christliche Tradition zu wenig betonen. Freilich ist eine gewisse Diplomatie dabei nicht auszuschließen (Berlin s. o.).

Das literarische Werk

Bei unserem Überblick über das dichterische Werk Immermanns wird es sich empfehlen, die bisherigen Erkenntnisse festzuhalten. Dazu gehört, daß wir die umfangreichen Donquichoterien, die poetischen Seiltänze des ehrgeizigen Literaten nicht allzu gründlich betrachten. In diesem Punkt kann man dem Hinweis von Strauß auf Immermanns eigene Auslese für seine »Schriften« folgen. Zunächst fällt wie bei so vielen anspruchsvollen Autoren der Zeit auf, daß er sich überaus hartnäckig um das Drama bemühte. Immermann, der sich mit so großer Ehrfurcht an Goethe und Tieck orientierte, dürfte dazu kaum durch die zeitübliche Verachtung des Romans (vgl. Bd. II, S. 820–823) veranlaßt worden sein. Schon in dem *Brief an einen Freund über die falschen Wanderjahre Wilhelm Meisters und ihre Beilagen* (1822) – er richtete sich gegen das anmaßende, typisch restaurative Machwerk des Pastors Joh. Fr. W. Pustkuchen – prägt er die damals kühne Formel »Roman d. h. Kunstwerk« [40].

Die Papierfenster eines Eremiten

Zu dieser Auffassung paßt, daß der hochstrebende junge Autor gleich zu Anfang seiner Laufbahn einen Roman verfaßt: *Die Papierfenster eines Eremiten* (1822). Dies Jugendwerk steht deutlich in der Nachfolge Goethes, und zwar seines immer noch berühmtesten Romans, *Werthers Leiden*. Die Geschichte des am Ende verhungernden, also auf sublime Weise selbstmörderischen Friedrich, die wir vor allem aus seinen Briefen erfahren, sind Abstraktionen des Gedankens und des Gefühls (Empfindsamkeit). Auch die wenig gerundete Form des Romans widerspricht, unbefangen betrachtet, nicht unbedingt der Autorität Goethes, diesmal des Dichters der *Wanderjahre* (1821), obwohl natürlich auch die romantische Tradition (Arnim, Brentano) nachwirkt. Nicht kunstvoll mit dem Roman verbunden, sondern schlicht als Anhang findet man »Vermischte Gedanken«, also Aphorismen, »Satiren« in verschiedenen Formen; »zwei Seiten weißes Papier zur beliebigen Ausfüllung«, also Mätzchen wie heutzutage, dann wieder »Vermischte Gedanken«, ein ganzes Drama »Die Verschollene«, endlich »Hymnen« in poetischer Prosa: 1. »An die Entsagung«, 2. »Nachtgesang eines Verhungernden«. Die Unform spiegelt nicht mehr Unendlichkeit. Benno von Wieses Versuch, in der Komposition dieses Romans »künstlerischen Reiz« zu finden und sie gegen den Vorwurf der Desintegration zu verteidigen [41], hat mich nicht überzeugt. Der Dichter läßt sich, im Widerspruch zur Kunstwerk-Formel, ganz einfach gehen; er benutzt die noch immer unfeste Romanform wohl als Ablageplatz für Jugendarbeiten.
Viel interessanter ist die inhaltliche Fortbildung empfindsamer und romantischer Weltschmerzdichtung. Man wird den Roman nicht als unmittelbare Bekenntnisdichtung auffassen dürfen. Der Dichter gibt zu, daß das Ganze »eine wunderliche unbeschreibliche Composition« (an Charlotte Bertog 27. 3. 1822) und »aus einer geistigen Anarchie entstanden« ist (an Ferdinand Immermann 26. 4. 1822); aber er will den Kern der Dichtung nicht als »schlichte Selbstbiographie« aufgefaßt wissen (an Ferdinand Immermann 19. 7. 1822). Die Geschichte des Selbstmörders ist durch den im Titel angedeuteten Rahmen stärker distanziert als in *Werthers Leiden*. Schon hier sieht man den Kulturkritiker am Werk, und seine spätere Tiefe kündigt sich darin an, daß er metaphysisch ansetzt. Während in Goethes Jugenderzählung die Illusion, daß Werther an enttäuschter Liebe stirbt, immerhin möglich ist, wird hier jeglicher Zauber des Erotischen, im Zuge der ernstlich miterlebten sittlich-religiösen Restauration, entlarvt, und es zeigt sich mit vollkommener Deutlichkeit, daß Friedrich an sich selbst, an einer nicht nur äußeren, sondern inneren Armut, an seinem Nihilismus zugrundegeht. Der unglücklichen Liebe Friedrichs, die ungefähr nach dem Wertherschen Schema ver-

läuft, stellt der Dichter, schon hier sein »gewaltiges Bewußtsein« beweisend, eine glückliche gegenüber, *in der der Held ebenso versagt.* Die ländliche Idylle mit der treulich liebenden Christiane ist eine Vorbereitung des *Oberhofs,* ein Kontrastbild zum Leben in der Zivilisation: man könnte, heißt es, »mit ihr ohne Mythologie ein dichterisches Naturleben leben« (Friedrich an Ludwig, 28. Junius). Das ist es, was auch die Dorfgeschichte erstrebt, eine Idylle ohne antike Mythologie. Aber *der zerrissene Friedrich ist diesem schlichten, ländlichen Biedermeierglück nicht gewachsen.* Er macht vor der Hochzeit einen Selbstmordversuch, und lebt fortan, um für den Untergang der im Stich gelassenen Braut zu büßen, als »Eremit«; aber auch dieser Versuch ist keine Lösung.

Den scharfen Angriffen auf die friederizianische Generation – Friedrich wurde von einem aufgeklärten Oheim erzogen – entspricht zunächst das Lob Calderons und seiner »Andacht am Kreuz«: »Da ist wahrlich keine Spielerei mit dem Heiligen.« Diese Parteinahme *für* die sog. alte Romantik (Mittelalter, Barock) und *gegen* die Aufklärung ist kein jugendliches Epigonentum, sondern eine dauerhafte Position des Dichters, allerdings auf Kosten des modernen Katholisierens (vgl. o. Nazarener). Den Helden rettet der christliche Glaube nicht, und die Position des Erzählers bleibt in der Schwebe. Er will eigentlich schon hier nur aufweisen, was in seiner Generation möglich ist und warum es möglich ist. Den abstrakten Formen des Staates, der Kirche, der Gesellschaft mißtraut schon der junge Immermann [42]; von ihnen ist keine Hilfe für den einzelnen Menschen zu erwarten, er braucht etwas Konkretes, an das er sich halten kann, einen Menschen, der ihn liebt, einen großen Menschen, den er verehrt. Schon in seinem ersten Roman hat der Dichter mit geringer, manchmal noch trivialer Erzählkunst, aber mit tiefer Einsicht ein zeittypisches Bild geschaffen und keineswegs nur das alte weltschmerzliche Thema wiederholt. In der Hochschätzung dieses *Ansatzes* stimme ich mit von Wiese überein. Es ist schade, daß Immermann den Weg der Romandichtung nicht energisch weiterverfolgte. Sogar tragisches Narrentum kann man darin erblicken*.

Die Erzählungen

Die Erzählung *Der neue Pygmalion,* die 1823 entstand und in dem angesehenen Leipziger *Taschenbuch zum geselligen Vergnügen für das Jahr 1825* erschienen ist, wird, wie der erste Roman, zu wenig beachtet. Richtig ist, daß auch der Erzählstil dieser Dichtung triviale Wendungen enthält. Man sollte vielleicht die Fassung von 1829, in der der zeitübliche rhetorische Taschenbuchstil abgedämpft ist [43], bevorzugen. Richtig erscheint auch, daß Immermann hier tatsächlich der Schüler Tiecks ist, den er später wohl nur noch aus politischen und religiösen Gründen spielt. Der Schauplatz auf einem Schloß, die Verfremdung alltäglicher Vorgänge mit Hilfe der christlichen und antiken Mythologie (Maria und Joseph, Pygmalion), d. h. die der Spätromantik und dem Biedermeier gemeinsame Transparenz des Irdischen gegenüber der Welt des Wunderbaren und Heiligen, der possenhafte Maler Sterzing, der alles durcheinanderzubringen scheint, so wie er auch die Gattungen der Malerei vermischt und doch zum Werkzeug der Vorsehung wird (denn er veranlaßt, sowohl den Beginn wie die Vollendung der hindernisreichen Liebe zwischen dem Baron Werner und der Försterstochter Emilie) – das alles erinnert an die späte Ro-

---

* Bereits Adolf *Stahr* (Kleine Schriften zur Literatur und Kunst, Berlin 1872, Bd. 2, S. 22 f., wohl 1844 geschrieben) hebt den kleinen Roman hervor, »weil in demselben schon fast der ganze Umfang von Immermanns Talent und dessen späteren Leistungen vorgedeutet liegt. Hier haben wir die ›Epigonen‹ und ›Münchhausen‹, und zwar beide Richtungen des letzteren im Keime«. »Es ist die Zeit nach dem großen Weltkriege, in der sich der Einzelne... bis zur Tollheit in sein subjectives isolirtes Leben versenkt.«

mantik, besonders an Tieck. Trotz dieser gekonnten Tieck-Schule ist der spätere Immermann schon erkennbar: im Vermeiden langatmiger Gespräche, die nicht zum Erzählvorgang nötig sind, in dem Ideal der Kürze und Prägnanz, das er später in Heines *Reisebildern* vollkommen verwirklicht sieht und in der Neigung zur verkürzenden Groteske. Von einem »nachgemachten Altersstil« finde ich keine Spur [44]. Eher könnte man sagen, der Erzähler zeige sich schon als ein »energisches Talent«, wie es Immermann bei Heine findet: »Wir haben hier kein Mosaik sich widersprechender und gegenseitig aufhebender Gefühle und Anschauungen, sondern es herrscht innre Einheit, die Steigrungen sind richtig, die Töne und Farben übereinstimmend« [45]. Auch Tieck hat Lustspielnovellen geschrieben; aber so knapp kann er komische Nebenpersonen nicht schematisieren, wie es Immermann etwa bei dem Förster, dem Vater der weiblichen Heldin, fertigbringt: »›Ich will sie auf das Schloß nehmen, sie soll alles lernen, was ihr nützlich ist. Schlägt sie ein, so bleibt sie bei der Tante, oder wenn ich noch heiraten sollte, bei meiner künftigen Frau, als Wirtschafterin, und ist für ihre Lebenszeit versorgt. Was sagt Ihr dazu?‹ Der Alte versetzte trocken: ›Ich will mir's abzählen.‹ Er ging in eine Ecke und murmelte, an seinen Knöpfen zählend: ›Mitgeben – Behalten – Mitgeben – Behalten‹ usw. Der letzte Knopf sprach für das Mitgeben, er wandte sich zu dem Baron und sagte: ›Sie können die Dirne bekommen‹«. Er erklärt im folgenden, warum er der Vernunft mißtraut, wobei Immermanns Zufallstheologie (Irrationalismus) zum Audruck kommt. Aber auch diese Szene ist ganz kurz, wodurch der Erzähler Raum bekommt, um das Zusammenfinden des Paares um so ausführlicher, mit höchster psychologischer Kunst zu erzählen; denn nicht der soziale Abstand ist das Haupthindernis, die Ausschaltung des dem Baron von seiner Tante zugedachten adeligen Blaustrumpfs Luciane – dies Problem löst der Tod der Tante –, sondern die seelische Verwirrung, die der Baron durch ungestüme Werbung, noch ehe die Tante beerdigt ist, bei Emilie verschuldet. Diese »Leidenschaft« – immer wieder wird die (nach biedermeierlichen Begriffen) Hauptsünde des Mannes beim Namen genannt – muß durch eine Josephsehe abgebüßt werden, ehe das Paar Hochzeit feiern kann. Die Zurückhaltung Emilies hat bereits einen sozialgeschichtlichen Sinn. Sie verrät den seelischen Adel des Mädchens aus dem Volk, der später bei Lisbeth *(Münchhausen)* noch großartiger dargestellt wird. Eine völlig Immermannsche Erzählung wird diese Verlobungsgeschichte dadurch, daß ihr ein politischer und sozialer Vorgang parallel geführt wird. Sie spielt am Rhein in der Zeit des Revolutionskriegs und der Mainzer Republik. Die revolutionäre Entwicklung erscheint nicht als ein Werk Satans, wie in Eichendorffs *Schloß Dürande,* sondern als eine berechtigte historische Tendenz, die nur ins rechte Gleis geleitet werden muß. Die Wahl der Försterstochter statt des Fräuleins vom Schloß entspricht dem notwendigen sozialen Ausgleich. Auch die Bauernbefreiung wird vom Baron freiwillig in die Wege geleitet. Nur da, wo die Revolution, in der Gestalt eines gewaltsamen Pöbelhaufens, auf dem Schlosse erscheint, hört sein Verständnis auf. Diesen Burschen begegnet der Baron mit der Waffe in der Hand. Er verwundet und wird verwundet, was freilich – durch die nötige Krankenpflege – die Verlobungsgeschichte, gleichzeitig mit dem politischen Frieden, zum glücklichen Abschluß bringt. Der Angriff, den der Baron allein, ohne seine Bauern, gegen den revolutionären Haufen führt, wird nicht heroisiert, sondern vom Maler komisch kommentiert: »Wer Teufel heißt Euch Euern hochfreiherrlichen Leib ins Gefecht mit den Plebejern tragen?«. Der *junge* Erzähler sieht den Adel unbefangener als der erfahrene Dichter der *Epigonen*. Der ganze Vorgang ist leicht erzählt, wie es sich für eine Lustspielgeschichte gehört. Offen bleibt, ob die Vorsehung oder nur des Försters Zufallsgott den glücklichen Ausgang herbeiführte. Sogar die Liedeinlage, die äußerlich gesehen, altmodisch (romantisch) erscheinen könnte, fügt sich in den scherzhaften Ton der Erzählung:

> Will ein Paar von zarten Pinseln
> Nicht mehr einsam für sich winseln,
> Sondern sich getrost entdecken,
> Bleibt das Wort im Munde stecken.
> Doch der Maler hilft den Leuten,
> Bild und Zeichnung sollen deuten
> Tiefe Flammen, wunde Herzen,
> Verschen drunter spricht von Schmerzen.
> Solches müsset ihr uns lassen:
> Kunst ist Hans in allen Gassen.

Windfuhr macht darauf aufmerksam, daß Tieck zwei Jahre später im *Gelehrten* ein verwandtes Thema behandelt hat[46]. Eine Wirkung des Schülers auf den Meister ist nicht auszuschließen. *Der neue Pygmalion* darf durchaus andern Erzeugnissen der Tieckschule von mittlerer Qualität, z.B. Mörikes *Lucie Gelmeroth,* gleichgestellt werden.

Noch bemerkenswerter als die flotte Taschenbuchgeschichte ist die Großerzählung *Der Karnaval und die Somnambüle,* die 1829 verfaßt, 1830 in den *Miscellen* (zusammen mit dem umgearbeiteten *Neuen Pygmalion* und dem Lustspiel *Die schelmische Gräfin*) bei Cotta erschienen ist. Heyse hat sie in den Novellenschatz aufgenommen, von Wiese nennt sie ein »Kabinettstück deutscher Erzählkunst«[47]. Man muß allerdings, um zu einem so günstigen Urteil zu gelangen, von dem dogmatischen Novellenbegriff der zweiten Jahrhunderthälfte absehen und dem Dichter die gemächliche Form der Tieckschen Großnovelle (vgl. Bd. II, S. 835 ff.) zugestehen. Der Grund der Ausdehnung über den engeren Erzählvorgang, eine Scheidungsgeschichte, hinaus liegt allerdings nicht, wie so oft bei Tieck, in der Entfaltung breiter abstrakter Gespräche, sondern in der Einbeziehung konkreter, sehr verschiedener Narren der Zeit. Der Kölner Karneval wird zum Symbol der Gegenwart, die nach der Meinung des nicht nur zeitkritischen, sondern prinzipiell skeptischen Dichters eine Narrenwelt darstellt. Das Vorbild der *Wahlverwandtschaften,* das der Dichter, mit der Sicherheit, die der Erzähler Immermann besitzt, selber nennt und an das man bei oberflächlicher Anwendung des Epigonenschemas zu erinnern pflegt, darf schon deshalb nicht überbetont werden, weil hier die Ehetragik – man darf das Wort kaum benutzen –, sagen wir schlichter die Ehekrise in eine förmliche und im Sinne des Erzählers höchst vernünftige Ehescheidung ausläuft. Nicht so sehr der Goethejünger als der erfahrene Jurist Immermann – auch das ist eine der Voraussetzungen des Kulturkritikers – ist in dieser Erzählung am Werk. Wir befinden uns näher bei E. T. A. Hoffmann, der ja auch Jurist gewesen ist, der ebenso dankbar aus seiner juristischen Praxis geschöpft hat und dessen Erzählung *Der Magnetiseur* gewiß mitbenützt wurde[48]. *Nicht um Gedankensünden und die geheimnisvolle, zum Naturgesetz überhöhte Macht der erotischen Leidenschaft, sondern um handfeste Verfehlungen und um die mit der Oberschicht eng*

verbundene Welt des raffinierten Verbrechertums geht es. Der enge Kreis der goethezeitlichen Seelengeschichte wird nach verschiedenen Richtungen aufgesprengt, weshalb der
Vergleich mit Goethes Roman, wie später bei den *Epigonen,* nur geeignet ist, den selbständigen Ansatz Immermanns und der Zeit nach 1815 konkret nachzuweisen. In den
zeitgeschichtlichen Partien fällt schon hier die überparteiliche Haltung des Erzählers,
»die universelle Satire« auf. Ob das Ziel der Satire der Liberale ist, der nur »durch Ideen,
mit Ideen, in Ideen« der »Freiheit«, »des Rechts«, »der Vernunft«, »der Wahrheit« wirkt
und lebt, der für die gute Sache »rast«, oder der Konservative, auf dessen Tabaksdose der
Herr Christus abgebildet ist und der im Monarchen ein »Sinnbild des Himmels« erblickt,
ob es der »Altkölner« ist, der zwischen den Herren Franzosen und den Herren Preußen
kaum unterscheiden kann, weil sie die alte Idylle Kölns zerstört haben oder der Stock-
preuße, der unter dem Untergang des »preußischen Wesens« leidet, oder der Bonapartist,
der noch immer von dem Tage lebt, da der Kaiser seinen Namen notieren ließ, – sie alle
sind Narren. Der allerbeste Narr ist jedoch der Hegelianer: »›Der Held, die Tat, die Institution, das Kunstwerk – werden zu allem diesem erst, wenn wir angegeben haben, auf
welche Weise ihr sich Verunmittelbaren, ihr Sich-in-der-Idee und Durch-die-Idee-Dar-
stellen geschehen sei. Vorher waren sie Schatten, nun erst erhalten sie wahres Leben. Sie
zum Beispiel‹ (mit diesen Worten wandte er sich an den Altkölner) ›sind die Darstellung
des in sich Abgeschlossenseins kalt-monoton-verdrossen-gemeinheitlicher Zustände. –
Sie‹ (er meinte den Stockpreußen) ›bedeuten den Niederschlag aus dem schlechthin ins
Leere gerichteten Sich-selbst-Isolieren Friedrichs, den wir den Großen nennen. Sie‹ (nämlich der Bonapartist) ›erscheinen als Typus des Hingegebenseins der durch Wort und
Schall abgeklärten und in ihrer Klarheit unseligen Zeit, an die dunkle Prägnanz der Tat,
und an das Imponieren eines bedeutenden Charakters, aus insularisch-mystischer
Schroffheit, und primitive heroenalterliche Energie mit neuster, jedoch nur oberflächlicher Kultur vereinigender Sinnesart, sich gebildet habend. Sehen Sie, meine Herren, nun
sind Sie konstruiert, jetzt darf man Ihnen sagen, daß Sie seien‹«.

Die Parodie ist nicht besonders witzig – Heine könnte das besser –; aber die hegelianische Arroganz, der begriffsrealistische Anspruch, das Kauderwelsch, in dem er vorgetragen wird, die Exklusivität der Sprache, die dem einfachsten Gedanken den Anschein der
Tiefe gibt, wird gut getroffen, – eher in humoristisch-epischer Breite als im prägnanten
Zugriff eines vernichtenden Hohns. Im *Münchhausen* wird es nicht anders sein.

Auch die komplizierte Erzählstruktur der Ehescheidungsgeschichte trennt Immermanns Erzählung völlig von Goethes Seelenromanen und seinen eigenen Anfängen. Eine
starke Abkühlung erfährt die Erzählweise vor allem durch die Tatsache, daß der Erzähler
mit Hilfe der analytischen Technik die Vergangenheit, welche die Ehe Gustavs und Adol-
fines zerstören wird oder eigentlich schon zerstört hat, hervorholt. Ein internationaler
Don Juan und Betrüger, der sich des Glaubens an den Somnambulismus zu kriminellen
Zwecken bedient, taucht auf. Gustav liebte und heiratete einen seiner Lockvögel, eines
seiner Opfer in jünglingshafter Unerfahrenheit. Adolfine stand mit dem Betrüger in enger
Verbindung. Gustav muß erkennen, daß er eine Frau mit dunkler Vergangenheit geheiratet hat. Sie war nicht schlechter als andere Mädchen, aber ein leichtsinniger Onkel hat sie
in zweifelhafte Kreise geführt. Das moralische Thema der *Epigonen,* nämlich die Her-

kunft aus einer verkommenen Zeit, wird schon berührt; aber der Leser wird eher in die Lage eines zeugenverhörenden Richters versetzt, als mit affektvollen Urteilen im Stil der alten moralischen Erzählung beeinflußt. »Zuerst erfahren wir von den Emser Geschehnissen durch das Tagebuch Gustavs, das er seiner Frau vorlesen muß. Die Darstellung der Ereignisse entspricht seiner Gutgläubigkeit. Daß er betrogen worden ist, hat er nicht gemerkt. Dann hören wir davon durch die Erzählung seiner Frau, die sich auf Prozeßakten stützt. Es folgt ein Ausschnitt aus den Akten selbst, in dem sich Sidonie [die Wahlverwandte Gustavs] zu den Vorfällen in Ems erklärt und ihre Unschuld beteuert. Schließlich erfahren wir in einer ›Nachschrift des Herausgebers‹ auch noch von der Stellungnahme des Magnetiseurs, so daß dasselbe Ereignis am Ende von den vier direkt oder indirekt beteiligten Personen dargestellt worden ist und die Wahrheit aus den vier Berichten ermittelt werden kann« [49]. Die sozusagen juristische Technik der Erzählung verrät, daß der Dichter mit großer Nüchternheit erzählt. Nichts mehr von Goethescher Dämonie oder Hoffmannscher Magie, auch nichts vom christlichen Rittertum Eichendorffs. Doch die besondere Leidenschaft Immermanns ist schon hier am Werke: Er blickt – vorläufig noch mit kriminalpsychologischer Neugier – hinter die Fassaden des gesellschaftlichen Lebens. Neben den metaphysischen Ansatz in den *Papierfenstern* und neben das lustspielhafte Auflösen gesellschaftlicher Spannungen im *Neuen Pygmalion* ist eine sehr ernste moralische und soziologische Analyse einer vielleicht nicht gerade normalen, aber auch nicht ganz außergewöhnlichen Ehe getreten. Ebenso bilden sich die schon 1823 bis 1825 in der Gestalt eines komischen Einzelhelden-Romans begonnenen *Epigonen,* von denen sich das Fragment *Leben und Schicksale eines lustigen Deutschen* erhalten hat, seit 1830 »in den beinahe tragischen Roman eines Epochenschicksals« um [50].

Im Banne des Dramas

Immermanns erzählerische Anfänge stehen, wie schon erwähnt, zunächst, d. h. ziemlich genau bis 1832, im Schatten der dramatischen Arbeiten. Worin liegen die Gründe, die den begabten Erzähler mit solcher Macht im Bereich der führenden deutsch-klassischen Dichtungsgattung festhielten? Einmal ist es das konservative, noch nicht durch den Epigonenschreck beeinträchtigte Bedürfnis, große Traditionen zu nutzen und fortzubilden, dann der Sinn für die metaphysischen Möglichkeiten der Tragödie, für die weltanschauliche Interpretation des Widersprüchlichen, das er von Anfang an in sich und außer sich intensiv erlebte, vor allem aber das Interesse für *die* literarische Form, die am unmittelbarsten gesellschaftlich und gesellschaftswirksam erscheint. Gegen die Auseinanderentwicklung von Bühne und Drama im empfindsamen und romantischen Deutschland ist er *vor* den Jungdeutschen mit Entschiedenheit aufgetreten. Die letzten Sätze seiner Vorrede zum *Trauerspiel in Tirol,* im Sommer 1827 geschrieben, lauten: »Der Dichter muß nachgeben, die Bühne muß aber auch für Poesie sich wieder empfänglich stimmen. Auf Gegenseitigkeit beruhen alle wahrhaft fruchtbringende Verhältnisse, mithin auch das des Theaters und des dramatischen Dichters zueinander« [51]. Wir müssen, um diesen Ehrgeiz ganz zu verstehen, an die gewaltige Bedeutung des *Theaters* während der Biedermeierzeit zurückdenken (vgl. Bd. II, S. 335 ff.). Immermann setzt ganz praktisch und vernünftig an: nichts von Universalpoesie, nichts von vollkommener Sprachkunst, sondern Stücke auf einem gewissen literarischen Niveau und mit einer gewissen Bildung, die gespielt werden können. In dieser speziellen Hinsicht kann man von einem Rückgriff auf die Aufklärung, die verständliche und wirksame Stücke wollte, sprechen. Er lag nach Goethes zwiespältigem und Tiecks unpraktischem Verhältnis zu Drama und Theater für die junge ernüchterte Generation nahe: Sogar Platen, Immermanns Konkurrent, näherte sich in so anspruchsloser Weise der Bühne (vgl. o. S. 429 ff.). Auffallend ist vor allem Immermanns ständige Warnung vor dem historischen Drama, das zu dieser Zeit die große Mode war. In der Geschichte liegt für die Poesie »ein erkältender Zauber« [52]; denn sie bringt den Dichter in die Gefahr, sich der Wissenschaft unterzuordnen. »Selbst die größten Geister«, meint Immermann, konnten der künstlerischen Gefahr der Geschichtsdichtung nicht ganz entgehen. So ist Shakespeares Heinrich VI. »eine anarchische Darstellung der Anarchie ohne eigentlichen Mittelpunkt und ohne Katastrophe« [53]. Dem Aufsatz Grabbes gegen Shakespearomanie (vgl. o. S. 159) stimmt er zu. Betrachtet man den Grabbe-Abschnitt in den *Memorabilien* unter dramaturgischen Gesichtspunkten, so ergibt sich, daß Immermann kein Verständnis für die offene Form hatte. Der *Napoleon* interessiert ihn als zeitgeschichtliches Drama; aber den *Hannibal* scheint er so wenig wie Grabbes Hohenstaufenstücke als *Drama* ernst zu nehmen. In der Rezension von Michael Beers *Struensee* erkennt man besonders klar den *anti*realistischen Ansatz von Immermanns Dramaturgie: »Die Tragödie bewegt sich nicht im Wirklichen, sondern im Möglichen; sie soll nicht die Wahrheit, sondern die Schönheit anstreben. Von dem Tragiker nichts als den Abdruck des einmal zufälligerweise so und so Geschehenen verlangen, heißt ihn zum Porträtisten herabwürdigen« [54]. Wir wissen bereits, daß der Dichter die naive Nachahmung der Antike ablehnt; aber die Übernahme des Formbegriffs aus dem Klassizismus *in einer freieren, moderneren Weise* ist unverkennbar: »Die dramatische Form will einmal eine gewisse Konsequenz und feste Verknüpfung« [55]. Der Satz könnte auch von Laube oder Gutzkow oder Gustav Freytag stammen (vgl. Bd. I, S. 184 f. und 275 f.). Immermann schreibt nun also Jahr für Jahr mindestens ein Drama. Bezeichnend für den *gesellschaftlichen* Einschlag dieses Tuns ist es, daß sich der Dichter nicht nur um die Tragödie, sondern auch um das Lustpiel mit Fleiß bemüht.

Immermanns Lustspiele verdienen mehr Beachtung

Immermanns Lustspiele sind kaum bekannt, sei es wegen der »leidigen Alexandriner«, die er bevorzugt, oder wegen anderer Schwächen. Man wird aber behaupten dürfen, daß sie innerhalb seines Jugendwerkes besondere Beachtung verdienen. Sie haben – wie bei solcher Überproduktion nicht anders zu erwarten – wenig Gewicht, auch wenig ausgeprägte Physiognomie. Aber rein ästhetisch, als Gebilde, als Spiele betrachtet, gehören sie zum Reinsten, was dieser Dichter geschaffen hat. Seine komödiantische Existenzschwäche kam der Mimik, seine geistreiche Art der Komik, sein nüchterner Fleiß dem Aufbau der Stücke entgegen. Das »Ganze« läßt sich bei Lustspielen mit Talent und Bewußtsein eher verwirklichen als bei Tragödien – besonders dann, wenn das Lustspiel nicht zu kühnen Experimenten greift, sondern ganz im »Spiele« bleibt. Und das hat Immermann bei seinen Lustspielen jederzeit getan, während ihn der Ehrgeiz des Tragikers in seiner späteren Zeit zu Experimenten verführte, denen er als Dichter nicht voll gewachsen war. Die ersten beiden Versuche versteht man am besten als eine *frühbiedermeierliche Fortbildung des Schäferspiels:* ein schlichter Konflikt wird unter Zuhilfenahme weniger Figuren und in kleinem Format scherzhaft entlarvend oder empfindsam-idyllisch aufgelöst. *Die Nachbarn,* »dramatische Idylle« (ursprünglich *Die Brüder,* um 1817) gehen, oberflächlich historisierend (Schwaben im 30jährigen Krieg), von der Verfeindung zweier Kriegskameraden aus. Durch die Liebe von Sohn und Tochter wird der alte Haß überwunden, und es stellt sich am Ende sogar heraus, daß die alten Feinde Brüder, die Liebenden Vetter und Base sind. Über den dämonischen Eros, der den Zank stiftete, triumphiert die familiäre Liebe, das sittliche Zentrum der neuen Friedenszeit. Das Lustspielchen *Ein Morgenscherz* (ebenfalls um 1817 geschrieben) richtet sich gegen Ästhetizismus und Übergeistigkeit. Philidor – man beachte den Namen! – wirbt allzu geistreich um Rosa und wird durch ein Intrigenspiel der neckischen Lucinde zu der Erkenntnis geführt, daß die Liebe eine einfache Sache, eine Sache des Herzens ist und klare Entscheidung fordert. Die gelegentliche (seltene) Durchbrechung der ästhetischen Illusion durch literarische Anspielungen bedeutet hier wenig. Der junge Dichter geht in dieser Hinsicht über die Technik des späten Rokoko kaum hinaus.

Doch stellte sich für den Verehrer Tiecks, obwohl er nie ganz unkritisch gegenüber dem Meister war, in den folgenden Jahren die Aufgabe, den Einfluß des romantischen Lustspiels mit der Rokokotradition auszugleichen. Oder, um das Positive dieser Leistung schärfer zu bezeichnen: Immermann bemüht sich, das romantisch Poetische, den Zauber der Phantasie und Stimmung in einem handfesten theatralischen Schema aufzufangen. *Die Prinzen von Syrakus* (1821) tragen die ausdrückliche Bezeichnung »romantisches Lustspiel«. Es gibt Liedeinlagen, kühne Wortspiele und eine übermütige Komik. Die lustige Figur (Arminio) tritt als Landstreicher auf. Um vernünftige Motivierungen kümmert sich der Dichter nicht, vollkommene Schwerelosigkeit wird erstrebt. Trotzdem ist das Lustspiel formklar und auffallend knapp. Schon das uralte Schema der getrennten Geschwister und seine allegorische Ausdeutung erinnert an die ältere Dichtung. Fernando, der Herrscher von Syrakus, seiner persönlichen Artung nach ein allzu einseitiger Weiser, sucht seine beiden verschollenen Brüder. Mit wenig Energie und Geschick. Aber die wunderbare Vorsehung, die prästabilierte Harmonie führt sie beide in seine Arme, Carlo, den Dichter, und Arminio, den immer Lustigen; und damit der Weisheit, dem Gesang und der Heiterkeit die Liebe nicht fehle, gewinnt er auch noch Angelica, die Tochter des Fürsten von Salern. Noch wird die Frische des Lustspiels durch literarische Spielereien (kindische Reimspiele, shakespearisierende Metaphern), die Immermann nicht ganz angemessen sind, beeinträchtigt.

Dagegen ist *Das Auge der Liebe* (1823) ein gut gelungener Wurf, der schon früh den Beifall zuständiger Beurteiler fand. Nach Laube ist das Lustspiel »voll Geist und Poesie und auch faßlicher, darstellbarer, als die unpraktischen Lustspiele, wie sie die Romantiker im Gegensatz zur sogenannt unromantischen Welt gaben« [56]. Schon durch seinen

Feenrahmen (Streit zwischen Oberon und Titania) stellt sich das Stück ebenso in die Wielandische und österreichische Barocktradition wie in die idealistisch-romantische. Einer nur von Sinnlichkeit, Dummheit und Machtgier getriebenen, mechanisch funktionierenden, daher komisch wirkenden Unterwelt steht ein Held gegenüber, der sich in jeder Lage bewährt. Der Prinz von Neapel hat das Auge der Liebe, das ein größeres Wunder ist als Oberons Magie. Er erkennt die Geliebte in der häßlichen Verkleidung, bleibt ihr unerschütterlich treu und gewinnt für sich wie für sein Reich den Segen der höheren Geister. Der Aufbau der Handlung ist nicht weniger übersichtlich geordnet als dies Bild der Welt. Wie aber inhaltlich erst durch die Liebe die Ordnung sich herstellt, so ist hier auch stilistisch die etwas plane Mechanik des Lustspiels durch einen bei Immermann seltenen Schwung der Sprache, durch einen gewissen lyrischen Schmelz beseelt; und insofern wird hier gewiß ein Stück Romantik in einem durchaus »praktischen« Lustspiel integriert. *Man darf das Auge der Liebe gerade in dieser Rokoko-Romantik-Mischung ein typisches, ja repräsentatives Werk des frühen Biedermeier nennen.*

Da der Erfolg auf der Bühne so ziemlich ausblieb, versuchte sich Immermann noch stärker an die gewöhnlichen Ansprüche des Publikums anzupassen. *Die schelmische Gräfin* (1825) stellt die komische Bestrafung und Heilung eines seitensprunglüsternen Ehemanns dar. Die Liebelei des Grafen gilt einem Bauernmädchen. Durch diese Konfrontierung der Stände ergibt sich die Möglichkeit, die Fassaden des Junkerstandes (Pseudohumanität) zu vergegenwärtigen. Doch geschieht es mit feiner, schonender Ironie. Auf Spiel, nicht auf Satire ist das pikante Salonlustspielchen abgestellt. Man fühlt sich an Kotzebue, der ein begabter Lustspieldichter war (vgl. Bd. II, S. 415 f.), erinnert. Der gesellschaftliche Ehrgeiz, der Immermann an das Drama band, verhinderte vorläufig eine volle Entfaltung seiner gesellschafts*kritischen* Kräfte. Von dem Lustspiel *Die Verkleidungen* (1827) wissen wir, daß es der Dichter am Hofe des Prinzen Friedrich von Hohenzollern vorgelesen hat[57]. Das uralte Mittel der Verwechslungskomödie erzeugt ein buntes, übermütiges Spiel auf dem Schlosse eines Theater- und Literaturnarren. Der Prinz als Komödiant, der Komödiant als Prinz und Walter Scott, die Knechte als Fürsten, Prinzessin und Hofdame als unfreiwillige Schauspielerinnen. Aus der Verwirrung geht die prästabilierte Harmonie der Welt und Gesellschaft nur um so strahlender hervor. Der Prinz, der von der ihm zugedachten Braut nichts wissen will und verkleidet auf Abenteuer geht, verliebt sich in eine Unbekannte und will sie um jeden Preis heiraten. Es ist niemand anderes als die Prinzessin selbst. Die äußere Ordnung wird (gut biedermerlich) durch die Stimme des Herzens bestätigt und verklärt. Man sieht: das Motiv von *Leonce und Lena!* Chronologisch liegt eine Anregung Büchners durch Immermann nahe. Schon *Die Prinzen von Syrakus* erinnern an Büchners Lustspiel, nicht nur durch die Gestalt des Landstreichers Arminio, sondern durch den ganzen Ton. Auch im Format, als Kleindrama, tritt Büchners *Leonce und Lena* neben Immermanns Lustspiele. Tiecks Komödienexperimente und Brentanos *Ponce de Leon* sind schwerfälliger und daher schon entferntere Verwandte.

Wie wichtig die vorromantische Lustspieltradition für Immermann blieb, verrät schon im Titel seine *Schule der Frommen* (1828). Das Lustspiel gehört in die lange Reihe der *Tartuffe*-Nachahmungen. Dennoch aktualisiert es die Tradition in einer Weise, die Immermanns Zeitbewußtsein verrät und endlich auch den Gesellschaftskritiker stärker hervortreten läßt. Die Aufführung des Stücks wurde in Hamburg mit der Begründung abgelehnt, der Spott über die Frömmigkeit gehöre nicht auf die Bühne. Damit mißverstand man das Stück, oder man wollte es, aus verschiedenen Gründen, mißverstehen. Der Dichter verspottet nicht die Frommen, nicht einmal die Pietisten, sondern die feinen Leute, die jetzt (im Zuge der Restauration) fromm geworden sind. Herr von Kamäleon heißt die komische Hauptfigur. Er ist im Grunde Aufklärer und Hedonist geblieben, auch wenn er sich plötzlich als Betbruder gebärdet, um seinen Einfluß in der veränderten Welt aufrechtzuerhalten und um sich die ergiebige Hand Cephises zu sichern. Der Schlußeffekt besteht darin, daß sich am Hofe der religiöse Kurs ändert und damit auch Herr von Kamäleon zum zweitenmal anders werden muß. Die geringe Wirkung dieses geistreichen, auch als Theaterstück gut gemachten Stücks ist ein deutlicher Hinweis darauf, daß die deutschen Autoren dem Lustspiel eher gewachsen waren als die deutsche Kritik und die deutsche Literaturgeschichte*.

Die ernsten Dramen der Frühzeit

Sicher standen einer Anerkennung des Lustspieldichters Immermann auch die ernsten Dramen seiner Frühzeit im Wege (*Das Tal von Ronceval, Edwin, Petrarca, Periander und sein Haus, Cardenio und Celinde* u. a.). Sie sind literarhistorisch nicht uninteressant, weil sie Vergleiche mit bekannten Dramen der Goethezeit nahelegen (*Genoveva, Tasso, Halle und Jerusalem*). Immermann ist auch in diesen Werken kein bloßer Epigone: er prägt das Vorgefundene in jedem Falle um. Den Weltschmerz z. B., der uns die *Papierfenster* zu einem aufschlußreichen geistesgeschichtlichen Zeugnisse machte, finden wir auch hier. Benno von Wiese ist in seinem Kapitel »Die frühen Dramen« diesen inhaltlich interessanten Elementen verständnisvoll nachgegangen. Als dramatische Gebilde betrachtet, fehlt diesen ernsten Dramen das nicht eben tiefe, aber doch feste und konsequente Gepräge der Lustspiele. Die weltschmerzliche Stimmung, die die Grundlage von Immermanns Frühwerk bildet, konnte im Lustspiel durch Übermut und bloßes Spiel verdrängt werden. Im Trauerspiel dagegen waren, sobald der Dichter der deutschen Tradition gerecht werden wollte, die

---

* Benno von *Wiese* läßt wenigstens »Das Auge der Liebe« und »Die Schule der Frommen« gelten (Karl Immermann, Sein Werk und sein Leben, Bad Homburg 1969, S. 28). Die Lustspiele entsprechen Immermanns Sinn für »Grazie«, »Leichtigkeit«, »Geschick«, der von mir bereits hervorgehoben wurde und der Vorstellung von einem »schwerfälligen Niedersachsen« widerspricht. Durch die Hervorhebung der Lustspiele wird das überall anerkannte »Tulifäntchen« strukturell verständlicher. Übrigens darf man sich Immermanns Lustspiele, wie das »Tulifäntchen« und die gesamte komische Biedermeierdichtung, »Leonce und Lena« eingeschlossen, nicht ganz abgetrennt vom Zentralwert der »Empfindung«, des »Herzens« denken. Bei meiner Akzentuierung der Lustspiele kann ich mich auf Immermann selbst berufen. In der geplanten Ausgabe seiner Schriften, für die Cotta durch Freund Beer gewonnen werden soll, will der Dichter auf alle Tragödien *vor* dem *Trauerspiel in Tyrol* und *Kaiser Friedrich II.* verzichten. Dagegen soll zwischen der frühen Erzählprosa (Bd. 2) und den erwähnten Tragödien (Bd. 4) ein Bd. 3 mit Lustspielen stehen: *Prinz von Syrakus, Auge der Liebe, Schule der Frommen, Schelmische Gräfin.* Immermann greift hier bis auf das Jahr 1821 zurück, während die Tragödien bis zu seinem 30. Lebensjahr (1826) ausgeschieden werden. Der erwähnte Brief an Beer wurde *nach* der Julirevolution geschrieben (28. 10. 1830), die, wie es scheint, eine Distanzierung von seinen jugendlichen Tragödien erleichterte.

Widersprüche und Abgründe des Daseins nicht zu überspielen. Hier hätte es zur Erfüllung und Erneuerung der Gattung einer klaren tragischen Haltung bedurft, nicht nur eines elegischen Stimmungsungefährs. Die konstruktive Lösung eines Problems, die Konsequenz war nie die starke Seite des Dichters. Immermann hat sich später über »die Enge« der dramatischen Form manche Gedanken gemacht. War sie noch geeignet, das moderne Leben in sich zu schließen*? Er war von vornherein zu vielseitig, zu sehr an der »Mannigfaltigkeit« der Dinge interessiert, zu perspektivenreich, existentiell zu zerfahren, um sich in einer so beschränkten Form ungezwungen bewegen zu können. Daher das Verbogene, Zerdrückte, Verschwommene seiner frühen und eigentlich auch noch seiner späteren Tragödien – trotz der nicht zu leugnenden technischen Fortschritte**.

Bezeichnend für Immermanns praktischen Sinn ist die Tatsache, daß er es lange vermied, mit einer Ausweitung der dramatischen Form zu experimentieren, obwohl ihm diese Möglichkeit nicht nur bei den Romantikern, sondern auch im ersten Teil von Goethes *Faust* vor Augen lag. In einer Heine-Rezension tadelt er die »Unverständlichkeit unsrer großen Schriftsteller«: »Selbst Goethe, der sonst der älteren Art dichterischer Betrachtung, wie sie bei den Griechen und hernachmals von Boccaccio, Cervantes und Shakespeare geübt wurde, am nächsten steht, leidet zuweilen an dieser Krankheit, denn so müssen wir sie doch nennen« [58]. An erster Stelle wird hier unter den Werken Goethes der *Faust* genannt. Wie intensiv er die engere, humanistische Form der Tragödie zu meistern versuchte, das läßt sich an seinem aktuellsten Drama, der Bearbeitung des Andreas-Hofer-Stoffes, studieren. Das *Trauerspiel in Tirol* (1827) wird zu einem stark veränderten *Andreas Hofer, der Sandwirt von Passeyer* (1833) umgearbeitet. Wie ich in meinem Buch über das deutsche Geschichtsdrama zu beweisen versuchte, ist diese Neufassung ein Ereignis in der Geschichte der damaligen, von der Romantik sich abwendenden Theaterdichtung. Immermann wird der historischen Realität so ziemlich gerecht, ohne sich durch Tiecks undramatischen Vollständigkeitsbegriff verwirren zu lassen: »Gegenüber der ersten Fassung ist ›Andreas Hofer‹ *zugleich dramatischer und historischer*. Das Ganze wird verkürzt, die einzelnen Szenen aber werden vergrössert, um den häufigen Szenenwechsel zu vermeiden. Die Monologe werden eingeschränkt, überhaupt die Redseligkeit der Personen. Andreas Hofer wird stärker in den Vordergrund gerückt. Die schon damals kritisierte Engelserscheinung und die romanhaften Episoden, besonders die Elsi-Handlung, werden beseitigt. Dafür wird der historische Gehalt vertieft, so besonders durch Prosaszenen, die das kräftige Milieu des Tiroler Aufstands vergegenwärtigen, und durch das ganz neue Auftreten des ›Kanzlers‹, in dem man Metternich erkannte. Durch Vermeidung von Nebenmotiven, so der Uneinigkeit im Tiroler Lager, und von übertriebenen Motivierungen ist das Drama erheblich straffer geworden. ›Andreas Hofer‹ erlebte in dieser Gestalt manche Aufführung…« [59]. Den Gewinn an Wahrheit wie an dramatischer Prägnanz hat schon Ludolf Wienbarg in seiner Schrift *Zur neuesten Literatur* (1835) mit Hilfe

---

* Zum Beispiel: »Die dramatische Form verlangt eine gewisse Borniertheit und arbeitet auf diese hin. Aus der Totalität der Beziehungen reißt der Dramatiker eine heraus, beleuchtet diese mit dem stärksten künstlichen Lichte und fordert von den Zuschauern, daß sie nur diese und in diesem Lichte sehen sollen« (Zettel im Goethe/Schiller-Archiv, Weimar, Ende 1832, nach Manfred *Windfuhr*, Immermanns erzählerisches Werk, Zur Situation des Romans in der Restaurationszeit, Gießen 1957, S. 79). *Auch diese Äußerung belegt, daß Immermann von einer Erweiterung der dramatischen Form selbst wenig hält,* deshalb wohl, weil das *Theater* durch Raum und Zeit (Bühnenform, Theaterabend) dem Drama doch Schranken setzt.
** Die deutsche Tragödienwut war damals unbeschreiblich. In den veröffentlichten ernsten, meist weltschmerzlich fundierten Dramen erscheint nur die Spitze des Eisberges: »Gäbe es darüber statistische Nachweise, es würde die Nachbarn in Erstaunen setzen, wie viel Tragödien in Deutschland jährlich nicht zu Markte kamen, aber in den Pulten sich anhäuften« (*Alexis,* Erinnerungen, hg. v. Max *Ernst,* Berlin 1905, S. 322; Erstveröffentlichung 1841 in einem Taschenbuch unter dem Titel »Theatererinnerungen«). Alexis macht sich übrigens auch über die Sucht lustig, »das Häßliche hervorzuheben« statt des Schönen. Er spricht von »ironischem Fieber« (S. 350). Darin liegt eine berechtigte Warnung, das von Heine postulierte »Ende der Kunstperiode« allzu ernst zu nehmen.

ausführlicher Vergleiche festgestellt: »Ausstafirte und wattirte Gedanken werden nackt ausgezogen und unmittelbar zur Anschauung gebracht. Unter das Geflattre und Geschnattre der Redensarten fliegt der Pfeil der Unmittelbarkeit« [60]. Immermann selbst – das verrieten uns mehrere Äußerungen – war sich der Grenzen dramatischer Unmittelbarkeit bewußt. Ihm ging es im Drama nicht nur um die Wahrheit und Wirklichkeit, sondern auch um die Form. Trotzdem wird man die akademische Frage nach der *Tragödie* beim *Andreas Hofer* am besten gar nicht stellen – schon Wienbarg nennt den Stoff »mehr jammervoll als tragisch« [61] –, sondern das Stück einfach als ein Zeitdrama der Restaurationsepoche betrachten. Die Tiroler Tragödie ist eine resignierte *Hermannsschlacht*, ein elegischer *Wilhelm Tell*. Was Immermann an dem Stoffe anzieht, ist der Widerspruch zwischen der offiziellen Politik, dem »abstrakten Staat«, dem Apparat einer modernen Regierung und der offenbar immer gleichen Frische des Volks. Hinter dem aktuellen Drama steht schon die Frage, die den Kulturkritiker künftig immer beschäftigen wird, ob es nämlich eine »reine«, von der Gottnatur durchdrungene Kultur oder Menschenwelt geben kann.

So gesehen tritt das Trauerspiel *Kaiser Friedrich der Zweite* (1828) trotz seines modischen Hohenstaufengewandes unmittelbar neben den *Andreas Hofer*. Immermann richtet hier seine Frage an die Kirche, und zwar an die katholische, die ihn während seiner frühen Düsseldorfer Zeit besonders nahe anging. Von dem Ausgleich zwischen den beiden Konfessionen, von der übergreifenden Idee eines allgemeinen »Christentums«, die in der Biedermeierzeit herrscht und zu der sich Immermann unbeirrbar bekennt, war schon an anderer Stelle die Rede (vgl. o. S. 833 f.). Zweifelhaft war dagegen die Frage, in welcher Form und Organisation das Christentum als rein und richtig gelten könne. Der Diskussion dieser vielschichtigen Religions- und Kirchenproblematik dient das Trauerspiel. Friedrich II. muß, nach den Voraussetzungen des Dichters, als Freigeist scheitern. Aber das bedeutet nicht, daß der »Kardinal«, der Vertreter einer intriganten Kirchendiplomatie, wahre Autorität besitzt. Im Recht ist nur der »Erzbischof«, der ohne alle Berechnung dem reinen Geiste Christi und damit auch, im Gegensatz zu dem politischen Kardinal, dem Frieden unter den Menschen dient. In einem andern Zusammenhang habe ich Immermanns Freund Michael Beer, später in München, als einen interessanten Dramatiker der zwanziger Jahre vorgestellt (vgl. Bd. II, S. 373). Durch den Briefwechsel Immermanns mit diesem Freund – er gehört zu den wertvollsten »autobiographischen« Dokumenten Immermanns und der Biedermeierzeit – wissen wir, wie groß für den Dichter die Enttäuschung war, daß dieses christliche Schauspiel infolge des Einflusses katholischer Persönlichkeiten auf dem Theater in München nicht gegeben werden konnte. Er jammerte mit Goethe über die Torheit der Deutschen, während er in Wirklichkeit die Macht des Dichterkönigs Ludwigs I. überschätzt hatte. Aber seine Enttäuschung verrät auch, daß er die gesellschaftliche Funktion des Theaters in einem Zeitalter, das von der Zensur regiert wurde, nicht richtig sah (Heine schrieb zur gleichen Zeit schon seine erfolgreichen *Reisebilder!*). Die Voraussetzung zu derartigen Stücken war immer noch die alte Meinung, man könne mit Hilfe des »Nationaltheaters« Deutschlands Gesicht entscheidend verändern*.

Seit 1829 beginnt Immermann zu ahnen, daß ihm durchschlagende Erfolge als Theaterdichter niemals vergönnt sein werden, und er führt dies, wohl nicht ganz unrichtig, auf

---

* Offenbar erhob er einen so hohen Anspruch; denn einem schlichteren Dienst, den man ihm anbot, unterzog er sich nicht. Hormayr dankte dem Dichter für die Übersendung von »Kaiser Friedrich II.« im Namen König Ludwigs I. von Bayern (22. 1. 1829, in: Werner *Deetjen*, Immermanns ›Kaiser Friedrich der Zweite‹. Ein Beitrag zur Geschichte der Hohenstaufendramen. Diss. Leipzig 1901, S. 147): »Auch S. M. der König Ludwig gehören zu den entschiedenen Bewunderern dieser Tragödie [Kaiser Friedrich II.] und wie sehr wünschte Allerhöchstderselbe, Ihr herrliches Talent möchte sich einmal einen Stoff aus den Jahrbüchern des Hauses Wittelsbachs oder Bayerns befreunden! – und wie sehr wäre dieses auch mein innigster Wunsch. – Zschokke's Geschichte von Bayern liefert grandioser Gegenstände zu einer National-Tragödie mehrere! – Vielleicht schreibt der treffliche Minister von Schenk, auch ein Düsseldorfer Ihnen ehestens selbst über diesen Gegenstand? – es war sein alter Vorsatz und ein rechter Herzenswunsch.«

den deutschen Partikularismus zurück. Während in Paris die kleinen Bühnen mit ihren Vaudevilles das Théâtre français in seiner Würde nicht beeinträchtigen können, erobert die Vergnügungsindustrie in Deutschland die Hoftheater: »Der melodramatische Dreck steigt nach oben in die Haupt- und Staatsbühnen« (an Michael Beer 20. 10. 1829). Die Wiener Theaterwelt, die sich mit der Pariser allein vergleichen ließ, liegt außerhalb von Immermanns Gesichtskreis und hätte ihm wohl auch kaum eine Chance gegeben – noch weniger als München. Die Folge dieser Resignation ist, daß für Immermann die sehr deutsche Lösung Goethes und der Romantik doch noch verlockend wird: auf der einen Seite Theater, auf der anderen dramatische Dichtung. Die Lustspielproduktion erstirbt, obwohl es an Plänen nicht fehlt. Die Trauerspieldichtung durchbricht nun die Grenzen eines planen, abendfüllenden Stücks. Das *Leitbild eines »mythischen« Großdramas* taucht auf. Diese Entwicklung weist ebenso rückwärts (*Faust* und die Romantik) wie vorwärts. Immermann beschäftigt sich nicht nur mit Stoffen, die Wagner interessieren werden (Schwanenritter, Merlin, Tristan und Isolde). Er beginnt auch, wie wir gesehen haben, eine Art prophetischen Anspruchs zu erheben, und es ist denkbar, daß sich die Neigung dazu noch verstärkt hätte, wenn er nach dem Scheitern seiner theatralischen Pläne nicht den Roman als eine andere, modernere Form gesellschaftsunmittelbarer Wirkung erkannt und kultiviert hätte. Der Höhepunkt dieser mythischen, pseudomythischen Anwandlung liegt in den Jahren nach der Julirevolution, die auch Immermann zutiefst erregte. So kommt es, daß den Romanen Dichtungen vorangehen, die sich von ihnen durch Tiefsinn, Spekulation und »abstruse Mystik« viel stärker unterscheiden als das Frühwerk. Es war *die* Erscheinungsform Immermanns, welche den Jungdeutschen und allen übrigen Jüngern der Aufklärung erschreckend anachronistisch erschien (vgl. o. S. 828).

Alexis

In der Trilogie *Alexis* (1831) ist der Anschluß an die früheren Geschichtsdramen äußerlich noch gegeben. Zwar wird der Anspruch der Tragödie für das *ganze* Werk, wie billig, nicht mehr erhoben. Nur noch das mittlere Stück *(Das Gericht von Petersburg)*, in dem Peter der Große seinen Sohn Alexis opfert, wird »Tragödie« betitelt. Das vergrößerte Format begünstigt das Bestreben nach detaillierter, »farbiger« Abbildung empirischer Wirklichkeit. Besonders das erste Stück *Die Bojaren* ist, solange man realistische Wertmaßstäbe hatte, in dieser Hinsicht stets gerühmt worden. Man darf die breite Entfaltung eines kulturgeschichtlichen Milieus in gewisser Weise als Vorübung zu den Romanen betrachten. Aber das Werk im ganzen steht doch unter einem transhistorischen, »mythischen« Gesichtspunkt, und insofern kann das esoterische, metrisch und geistig so anspruchsvolle dritte Stück *(Eudoxia, ein Epilog)* nicht ohne weiteres als bloßes Anhängsel, »Stilbruch« oder dgl. bezeichnet werden [62]. Der innere Sinn des dramatischen Vorgangs soll nach Immermann sein, »daß der Dämon des Verstandes und der Aufklärung[!], wie er Peter'n so mächtig trieb, am Ende besiegt wird, wenn er die Natur[!] in ihre letzten Schlupfwinkel verfolgt, weil sich dort die auf's Aeusserste Gebrachte in mythischer Riesengestalt aufrichtet und den verwegenen Feind niederschlägt« [63]. Der eigentliche Gegenspieler des gewaltigen, alles reformierenden Zaren ist nicht der Adel, noch weniger der schwächliche Thronfolger, den er vernichten kann, sondern wie für die Staatsmänner, die Andreas Hofer preisgaben oder erschießen ließen, das Volk. »Das Volk lebt ewig!«, heißt es im beliebten Lapidarstil der Zeit. Aber eigentlich ist es auch nicht das Volk, sondern jene »mythische Riesengestalt«, welche Immermann noch immer »Natur« nennt.

Wenn der Hegelianer Adolf Stahr meinte, der in diesem Großdrama angestrebte Übergang ins Mythische vertrage »sich mit der Darstellungsform des modernen Geschichtsdramas in Wahrheit nicht mehr« [64], so beachtete er zu wenig Immermanns ausdrückliche Kritik des gleichzeitigen Geschichtsdramas. In dem Brief vom 18. Juli 1831, der die Übersendung seines *Alexis* an Tieck begleitete, erneuerte er ausdrücklich sein altes Mißtrauen gegenüber dieser Modegattung, unter seinem uns bereits bekannten Zentralbegriff der Phantasie: »Der Stoff, welchen der Historiker darzureichen meint, möchte auch wohl für den Dichter erst dann zu existiren [!] beginnen, wenn ihn die Phantasie nach ihren ganz eigenthümlichen Gesetzen [!] bereits ergriffen, verknüpft und umgestaltet hat. In diesem neuen vornehmen Kleide [d.h. im Geschichtsdrama] zeigt sich denn nur wieder der alte antikünstlerische Geist der gemeinen Naturbetrachtung, der im 18. Jahrhundert sich als psychologische Anfordrung [!], Verlangen nach Wahrscheinlichkeit [!] u.s.w. gebärdete« (an Ludwig Tieck 18. 7. 1831). Der Brief war ein mutiger Schritt; denn Tieck, von dem er Hilfe bei der Durchsetzung der Trilogie erwartete, hatte eine große Mitschuld, wenn nicht die Hauptschuld an der von Immermann getadelten Mode des historischen Dramas. Immermann betont die Freiheit, die er sich im *Alexis* gegenüber der Geschichte nahm. Der Stoff interessierte ihn nur »als Schauspiel eines großen und ungeheuren Irrthums«, und die Art dieses Irrtums verweist uns erneut auf den uns schon bekannten Irrationalismus des Dichters, auf sein Mißtrauen gegenüber dem äußeren, objektiven, »seelenlosen« Staat, ohne den eine realistische Geschichtsauffassung doch wohl kaum möglich sein dürfte. Eben der Staat, den Peter der Große geschaffen hat, ist der Grund seiner Tragik: »So schafft das gewaltigste Wirken ein äußres [!] Gehäuse von Macht und Größe, dem die Seele [!] fehlt, und welches den Schöpfer selbst am Abend seines Lebens mit Widerwillen und Grausen erfüllt.« Peters Staat ist ein »Machwerk«, sein Staatsbewußtsein ein »armseliger dürrer Begriff«. Schon als »Slave« kann er kein produktiver Staatsmann sein [ebd.]. Es soll selbstverständlich nicht behauptet werden, daß *Alexis* kein historisches Drama ist – für dieses gibt es einen weiten Spielraum –, sondern daß es in einem solchen Maße von der Natur-, Volks- und Seelenideologie des Dichters geprägt ist, daß sein Übergang zum Mythischen im dritten Teil ganz natürlich und seine zeitliche Nachbarschaft zum *Merlin* kein Zufall ist. Die Briefe verraten, daß der dritte Teil *Eudoxia* ein bewußter Widerruf des sich zunächst kräftig geltend machenden historischen Realismus ist, in Anlehnung an das Versöhnungsprinzip der idealistischen Tragödientheorie: »Die Sache des letzten [Teils war es], diese Anomalien unter die allgemeinen Gesetze des Daseyns [!] auch sichtlich zu ordnen, und das früherhin vorherrschende Charakteristische [!] in die Schönheit aufzulösen [!]. Die innere Oeconomie sowohl als die äußre

Gestaltung mußte sich daher in gewißem Sinne der Antike annähern« (an Tieck 18. 7. 1831).

Merlin

Im *Merlin* (1832), dem er nun ausdrücklich den Untertitel »eine Mythe« gibt, geht er den in der Welt wirkenden Widerspruch mit Hilfe einer allegorisch ausgedeuteten mittelalterlichen Sage an, übrigens gleichzeitig mit den *Chiliastischen Sonetten.* Die Verwendung der allegorischen Form ist in dieser Zeit nicht so ungewöhnlich und überraschend, wie man früher gemeint hat, weil man überall nichts als Realismus finden wollte (vgl. Bd. I, S. 323 ff.). Für diesen zu intuitiver Symbolik wenig begabten Dichter lag sie, ähnlich wie für Heine, besonders nahe. Er deutet denn auch mit auffallender Bereitwilligkeit den Sinn seiner »Mythe« aus, um sich verständlich zu machen und gegen den Vorwurf des Goetheepigonentums zu verteidigen. »Ich war gar nicht in das Gebiet des Faust eingetreten. Nicht die Sünde schwebte mir als das Unglück der Welt vor, sondern der Widerspruch. Merlin sollte die Tragödie des Widerspruchs werden. Die göttlichen Dinge, wenn sie in die Erscheinung treten, zerbrechen, decomponiren sich an der Erscheinung. Selbst das religiöse Gefühl unterliegt diesem Gesetze. Nur binnen gewisser Schranken wird es nicht zur Karikatur... Ich zweifle, daß irgend ein Heiliger sich vom Lächerlichen ganz frei gehalten hat. Diese Betrachtungen faßte ich im Merlin sublimirt, vergeistigt. Der Sohn Satan's und der Jungfrau, andachttrunken, fällt auf dem Wege zu Gott in den jämmerlichsten Wahnwitz« [65]. Gadamer interpretiert: »Merlin, der sich vermißt, die Identität Gottes und des Demiurgen zu enthüllen, und sich selbst als den Parakleten, den Bringer des dritten Wunders bezeichnet, stürzt ins Nichts. Die unbegreifliche Majestät Gottes wendet ihre Gnade von ihm – nicht weil er falsch dachte, Schuld auf sich lud und nun büßen muß, sondern weil seine unmittelbare Vereinigung mit Gott an seiner menschlichen Beschränktheit zuschanden wird. Nur im Gebet ist dem Menschen die Vereinigung mit Gott beschieden – an ihr festhaltend, das Vaterunser auf den Lippen, stirbt Merlin und läßt damit den widergöttlichen Versuch Satans, durch die vollkommene Weltlichkeit die Menschheit von der christlichen Weltverneinung zu ›erlösen‹, scheitern« [66]. Wenn Gadamer im folgenden Immermanns widerchristlich-gnostische Gedankengänge stark betont, und, auf Grund einer vereinzelten Äußerung, das *Scheitern* Merlins als eine bloß ästhetische Entscheidung Immermanns erfassen möchte, so modernisiert er damit den Dichter doch wohl zu stark. Wir haben schon gesehen, daß Immermann vom unlösbaren Widerspruch zwischen der »mythischen Riesengestalt« der Natur und allem nur menschlich Vollkommenen zutiefst überzeugt war. *Die christliche Resignation hinsichtlich jeder Weltvollkommenheit war, in Übereinstimmung mit den meisten konservativen Geistern seiner Zeit, seine Grundhaltung;* eben darum, nicht um bestimmter irdischer Leitbilder willen, war er in erster Linie Kulturkritiker. Das »Gnostische« war nur eine gelegentliche, obwohl natürlich für sein schwankendes Wesen symptomatische Anwandlung.

Betrachtet man das Werk sozial- und literarhistorisch, nicht theologisch, so erscheint es ganz selbstverständlich, daß die Verwendung des Dramas zu wenig populären, spekulativ-religiösen Zwecken, eine Parallele zu Goethes *Faust* darstellt. Die Zeitgenossen haben das Drama fast immer so gesehen, auch dann wenn sie Immermanns tiefsinniges Werk schätzten. Die *inhaltliche* Abgrenzung, die der Dichter vornimmt, ist oft recht stolz, aber ernst zu nehmen. Er betont vor allem, daß sein Satan vornehmer, größer, kosmischer ist als Mephistopheles, der als Kammerdiener fungiert und seinem Herrn zum Mädchen verhilft. »Der Teufel war mir der in der Mannigfaltigkeit geoffenbarte Gott, der durch diesen Act sich selbst in seiner Einheit verloren hatte« (an Tieck 27. 1. 1832). Immermanns religiöser Trennungsstrich zwischen *Merlin* und *Faust* ist richtig, und doch ist es bezeichnend für ihn, daß er, ähnlich wie Grabbe in *Don Juan und Faust,* den alten Meister übertrumpfen wollte. Die Gestalt des Spielers und Egoisten Klingsor in *Merlin* ist ein Stück Goethekritik, – ein höchst zeitgemäßes. Psychologisch kann dieses Auftrumpfen gegen Goethe als Epigonentum gesehen werden; denn die wirklichen Meister der Zeit gingen ohne solche Demonstrationen ihren neuen Weg. Ästhetisch gesehen war das Experiment in der Gattung des »Mystifikationsstücks« (Grabbe) *ein Abfall von dem Ideal des einfachen verständlichen Dramas, zu dem sich der Dichter ausdrücklich und wiederholt bekannt hatte.* Immermann verriet die so hoch gepriesene, ja zum Maßstab großer Kunst gemachte »Popularität«, was dem späteren realistischen Programm und zum großen Teil auch der realistischen Praxis völlig widersprach. Er verlor sich an dieser Stelle ganz eindeutig in einer anspruchsvollen Art von Spätromantik, während die biedermeierliche Popularität ein Vorspiel und z. T. auch ein Vorbild der realistischen gewesen ist. Schon die bloße Rückkehr zum Buchdrama war aristokratisch motiviert: »Alles Pöbelhafte widert mich an, und das Theatralische hat mit seinen Succeßen oder Revers denn doch einen sehr starken Angeschmack von der Ochlokratie« (an Ferdinand Immermann 6. bis 8. 12. 1829). Später fürchtete er selbst, nicht ganz zu Unrecht, daß seine exklusive Ernsthaftigkeit und Abstraktion seine »Arbeit zu einer ganz undichterischen gemacht hat« (an Tieck 27. 1. 1832).

Zu dieser skeptischen Beurteilung von Immermanns Trilogien paßt, daß das mythische Drama aus seinem Schaffen so schnell verschwand, wie es aufgetaucht war. Immermanns letztes »dramatisches Gedicht«, *Ghismonda* (1837, ursprünglich *Opfer des Schweigens*) ist eine Liebestragödie auf höfischem Hintergrund, wie es deren viele in der Biedermeierzeit, selbst bei den Jungdeutschen (vgl. Bd. I, S. 187 f.) gab. Die handfeste Quelle (Boccaccio) wird freilich verseelt und spiritualisiert, das Politische mit äußerster Vorsicht behandelt. Tristan-und-Isolde-, Romeo-und-Julia-Stimmung eines Resignierten! Auf der Bühne errang er auch jetzt nur einen Achtungserfolg.

Der größte theatralische Erfolg Immermanns war seine praktische Bühnentätigkeit in Düsseldorf, obwohl sie in finanzieller Hinsicht scheiterte. Kein Einsichtiger bestritt die vorbildliche Bedeutung dieses Experiments. Man muß es im Zusammenhang mit dem mythischen Drama als die andere Seite seiner Resignation sehen. In diesem Auseinandertreten von tiefer Dichtung und handfester Praxis konkretisierte sich die gefährliche Lehre vom Widerspruch als einem Prinzip der *Welt.* Die illusionäre Erneuerung des alten Theaters, will sagen seine jugendliche Hoffnung auf eine vollkommene Einheit von Drama und Theater ist 1830 gescheitert. Zwar hält er auch in seiner praktischen Theatertätigkeit von der alten Einheit so viel wie möglich fest. So hat er vor allem die Autonomie des Komödiantentums, jenen Aberglauben, der in der zweiten Hälfte des 19. Jahrhunderts zur Herrschaft kam, in Theorie und Praxis noch entschieden bekämpft. Eben das ist es, was ihm der Schauspieler Eduard Devrient, bei aller Anerkennung, übelgenommen hat[67]. Sonst aber wissen wir heute, daß der Bühnenleiter Immermann gelernt hatte, herabzusteigen, Zugeständnisse zu machen, das Gute mit einer Masse von Mittelmäßigem zu stützen – um der Wirkung willen*. Man darf nicht erwarten, daß er sich bei seinem späten Romanschaffen, das etwa gleichzeitig einsetzte, anders verhalten hat.

Tulifäntchen

Das einzige unumstrittene Meisterwerk Immermanns, vom Dichter selbst wegen der »Albernheit« der Erfindung in seiner Bedeutung zunächst kaum erfaßt, von Heine sogleich treffend als »epischer Kolibri« getauft, heute höher geschätzt als der tiefsinnige *Merlin* ist das anmutige *Tulifäntchen* (verf. 1829, hg. 1830). Ob man allerdings von einem »einmaligen Glücksfall«[68] sprechen soll? Ich sehe darin *die Krönung einer ausgeprägten, wenn auch der realistischen Immermann-Deutung widersprechenden Entwicklungstendenz des jungen Dichters,* ein Hinweis darauf, daß die vielgeschmähte Zeit vor 1830 mit ihrer Rokokotradition ihre eigenen künstlerischen Möglichkeiten hatte. Daß diese liebenswürdige Dichtung »dem Zeitgenossen Grabbe weit mehr verwandt« sein

---

* Da man öfters die gelungene Düsseldorfer Bühne gegen das nur halb gelungene dramatische Werk Immermanns ausspielt, sei auch an dieser Stelle Immermanns Grenze mit der gebührenden Deutlichkeit gezogen. Man kann nicht sagen, daß er den katholischen Spielgeist der Rheinlande, der eine Annäherung an das Wiener Theater erlaubt hätte, zum Leben erweckt hätte. Er spielt Friedrich Halms *Griseldis,* obwohl er den Überfluß an Worten und die Neigung, alles aussprechen zu wollen, als einen Mangel des Stücks erkennt. Er hält den Konkurrenten Grillparzers für einen »Dichter im vollen Sinne des Worts« (an Friedrich Halm 7. 4. 1837), weil er der Düsseldorfer Bühne, die nach dem Vorbild Weimars ein ausgesprochenes *Literaturtheater* ist, einen brauchbaren Text liefert. Umgekehrt hat er die komischen Partien in Calderons *Richter von Zalamea* gestrichen (an Tieck 13. 4. 1836). Das ist eine dem spanischen Theater der großen Zeit wenig angemessene *klassizistische* Regie. Immermanns Verhältnis zum rheinischen Publikum ergibt sich aus seinen ständigen Klagen über den Pöbel und z. B. aus der folgenden Äußerung: »Die Düsseldorfer Bühne war, ich darf dieß wohl aussprechen, eine poetische; leider sah sie sich auf Poesielosen Boden gepflanzt und mußte unter dem öden, marklosen Rheinvolke verschmachten« (an Friedrich Halm 7. 4. 1837). Er schwärmt im gleichen Brief von Wien, wo »ein Heerd der Wärme, der Theilnahme, des Bedürfnißes für diese Erscheinung der Poesie [!] glüht.« Grillparzer, der um die gleiche Zeit seinen Abschied vom Theater nahm, sah die dortige Lage anders, – richtiger. Immermann bemerkt in seinem Brief an Ferdinand Deycks (29. 6. 1836), daß sein *Merlin* »in einer Sphäre des Reinen Geistigen Absoluten« schwebt, »die etwas Anderes ist, als die Studirstube Faustens, Auerbachs Keller u. Gretchens Garten«. Etwas von dieser Abstraktion muß auch in seiner Regie gewesen sein. Das Mimische wird in zahlreichen Briefäußerungen schlicht und entschieden der »Rede« untergeordnet, obwohl doch darin ein ernstes Problem liegt (z. B. an Eduard Devrient 1. 2. 1837). Familienbriefe verraten, daß er über das Hoftheater nicht hinausdenkt: »Man hat in Berlin gesagt, daß der König, in schicklicher Weise angetreten, wahrscheinlich uns einen jährlichen Zuschuß geben werde« (an Hermann Immermann 28. 9. 1834). Was der mit seinem Beruf verfallene poetische Landgerichtsrat erstrebt, läßt sich höchstens als künstlerische Spezialaufgabe im Rahmen des Berliner Hoftheaters realisieren (vgl. o. S. 831).

soll »als den Idyllikern der biedermeierlichen Dichtung«, wegen der Nachbarschaft des Grotesken und Absurden[69], scheint mir eine selbst groteske Idee im Stile der traditionellen, absurden Biedermeierfeindschaft zu sein. Man braucht nur an den grotesken Riesen in Mörikes *Märchen vom sicheren Mann* zu denken, um zu wissen, daß die Groteskkomik ein fester Bestandteil des Biedermeiers wie schon des Rokoko war. Diese ergibt sich auch bei Gotthelf, Nestroy u. a. gerade aus dem *Abstand von der realistisch-humoristischen Stilentspannung.* Neu ist, von der Rokokotradition aus gesehen, nicht »die universelle Satyre« (Michael Beer an Immermann 8. 12. 1829)[70], sondern die direkte Zeitsatire. Das kleine Epos ist, innerhalb von Immermanns Werkgeschichte, die genaue Übergangsstelle zwischen Immermanns Lustspielen, die wir kulturkritisch enden sahen, und den *Epigonen.* Noch einmal ein Hinweis auf die Bedeutung seiner Lustspiele! Mit den Lustspielen ist *Tulifäntchen* durch seine Zierlichkeit und Heiterkeit und durch den verkünstlerischen Anspruch verbunden, mit den *Epigonen* durch die Zugehörigkeit zur erzählenden Dichtung und durch das zentrale Thema. *Tulifäntchen* ist ja, als Satire gesehen, eine geistreiche Parodie des Epigonen, des Menschen, der etwas Gewaltiges sein möchte, auch viel erreicht, und doch nur ein Zwerg ist. Die gewählte Gattung des »komischen Epos« ist alt, aber sie besitzt noch eine hervorragende Stimmigkeit, denn »episch« ist das Werk nur als ein auf den Kopf gestelltes »Heldengedicht«. Man darf annehmen, daß Heine durch dies gelungene Beispiel eines parodistischen Epos zur Fortführung der alten Gattung ermutigt wurde, sogar in der uralten Form eines komischen *Tier*epos *(Atta Troll),* das ja, wie Tulifäntchen, märchenhafte Elemente enthält und so eine künstlerische Steigerung der Satire ins Humoristische gestattet. Die ausgezeichnete Gattungsbestimmung, die Heine für das *Tulifäntchen* gegeben hat, die das Satirische zugunsten des Märchenhaften herunterspielt und daher heute, in einem auf die Satire versessenen Zeitalter, besonders beachtenswert ist, wurde schon in einem gattungsgeschichtlichen Zusammenhang zitiert (Bd. II, S. 736). Man darf nicht vergessen, daß Grimms Märchen *Der Däumling* den Ausgangspunkt der Handlung bildet[71] und daß Immermann auch in der Gesamtgestaltung darauf bedacht war, die satirischen Elemente in einem märchenhaften Ganzen zu integrieren. Die Fee Libelle, die für einen glücklichen Ausgang sorgt und den Helden in einer zum Palast verwandelten Wolke nach Ginnistan entführt, erinnert nicht nur an Wieland und die lichteren Märchen der Romantik (Hoffmann), sondern auch an die Feenrahmen des Wiener Volkstheaters.

Die Figur des Tulifant als solche taucht, ehe sie zum Mittelpunkt eines eigenen Werkes wird, zuerst in dem Entwurf zu der bereits erwähnten Karneval-Erzählung auf und sollte dort wohl einen Bestandteil der satirischen Episoden bilden[72], woraus wiederum hervorgeht, daß sich die produktiven Ansätze der Frühdichtung in diesem Achsenwerk konzentrieren, um von dort im gesellschaftskritischen Roman ihre stärkste Expansion zu erfahren. Der betont poetische Charakter des kleinen Epos verbietet, im Unterschied zu den *Epigonen* und zum *Münchhausen,* die persönliche Invektive völlig – nach der konservativen Poetik Immermanns. Wenn man früher im *Tulifäntchen* ein Ebenbild Platens sehen wollte, so war dies gewiß nicht ganz falsch. Man könnte sogar behaupten, der Gedanke, als *poetischer* Satiriker aufzutreten, gehe auf den falschen Aristophanes zurück und *Tulifäntchen* sei ein Wettstreit mit Platens anspruchsvollen Komödien. Dieser Ehrgeiz ist dem

Dichter zuzutrauen, desgleichen der Vorsatz, durch Vermeidung persönlicher Angriffe den Herren Poetikern noch besser zu gefallen als Platen, ihr Liebling. Bezeichnend ist jedenfalls, daß Gutzkow, der Immermanns Dichtung an Hoffmanns *Klein-Zaches* maß, *Tulifäntchen* nicht so komisch und satirisch fand, wie er es wünschte*.

Indes bleibt es gewiß, daß auch in diesem wielandähnlichen Werk das »gewaltige Bewußtsein« des kommenden Romandichters und Publizisten nicht zu übersehen ist. Allerlei wesentliche Zeiterscheinungen werden scharf erfaßt und lustig verspottet: der Bildungskoller, wie er sich etwa im Erlernen zahlloser Sprachen äußert, das Taschenbuchwissen der vornehmen Damen, die Popularisierung der Gelehrsamkeit, das modische Geniebewußtsein, die philosophische Superklugheit, das empfindsam-christliche Tugendsystem, die Frauenemanzipation u. a. Trotz dieser aktuellen Seitenhiebe war *Tulifäntchen* nicht so verletzend wie Heines *Deutschland* (vgl. o. S. 577), was – schon aus Gattungsgründen – weniger auf die Romantik als auf das Nachwirken des Rokoko zurückzuführen ist. Der versöhnliche Hauch eines anmutigen Spiel- und Märchengeistes dämpft die Satire, ähnlich wie im Theater der »Barocktradition«. Immermann vermeidet den Untergang des jämmerlichen Zwergleins. Aber auf »das Tragische und Rührende« an seiner grotesken Erscheinung legte er großen Wert[73]. Immermanns Irrationalismus ist auch in diesem Werk spürbar; dies unterscheidet es von Heines härteren Verssatiren. Heine selbst, der den Freund kannte, schrieb ihm u. a. das folgende, im Grunde recht gemischte Lob: »Ja, das Gedicht ist vorzüglich, voll echten Humors, bestimmte, überraschend[!] bestimmte Gestaltungen enthaltend, und, wie ich jetzt[!] glaube, auch metrisch gut genug. Wenigstens neben den metrischen Mängeln[!] enthält es auch *metrische Vortrefflichkeiten*, die aus der Seele, dem Ursitz der Metrik, hervorgegangen sind, die kein Graf Platen mit all seinem Sitzfleisch (dem Aftersitz der Metrik) hervordrechseln könnte [...] Sie, lieber Immermann, sündigen oft genug gegen die äußeren Regeln der Metrik...; selten aber gegen die innere Metrik, deren Norm der Schlag des Herzens«[74]. Im folgenden werden Immermanns Cäsuren gerühmt; das Lob ist also ernstgemeint. Aber ein wahrheitsliebender Dichter wie Immermann konnte aus dem Brief auch die Folgerung ziehen, der Weg vom »Herzen« zur Prosa sei doch weniger gewagt als der zur Metrik. Immermann geht zu weit, wenn er sagt, das *Tulifäntchen* sei »nur ein harmloser phantastischer Scherz«[75]. Der Zwiespalt des Dichters geht auch durch diese Produktion. Das Leitmotiv des Ganzen erinnert an *Merlin:* »Widerspruch, du Herr der Welt!«. Die Dichtung ist auch insofern ein Immermannsches Kernwerk, als sich hier sein metaphysisches Streben innerhalb der Gesellschaftskritik auswirkt. *Tulifäntchen* ist weder verstiegen noch populär, sondern entspricht bis ins Letzte den inneren Möglichkeiten des Dichters. In sachlicher Hinsicht kann man schon hier an Immermanns Gesellschaftskritik Anstoß nehmen, nicht erst in den *Epigonen*. Denn zu den verspotteten Scheinhelden der Zeit gehören auch die Techniker. Die Vorstellung eines technischen Helden, eines technischen Genies vertrug sich nicht mit dem »Herzen« des Dichters. Die Epoche ist nicht immer

---

* Den Wortlaut findet man am bequemsten in dem von Peter *Hasubek* herausgegebenen, ausgezeichneten Reclambändchen »Tulifäntchen, ein Heldengedicht in drei Gesängen, mit den Änderungsvorschlägen von Heinrich Heine und einem Dokumentenanhang«, Stuttgart 1968, S. 154f.

verantwortlich für den Mißmut Immermanns. Auch von daher gesehen ist er doch mehr ein satirischer Poet und Analytiker als ein Satiriker prophetischen Ranges gewesen.

Lyrische Versuche

Immermann fragte seinen Freund Michael Beer nach dem Abschluß des *Tulifäntchen,* vielleicht in Erinnerung an Wielands Schicksal in Deutschland, besorgt: »Was sollen doch die guten, schweren Deutschen damit anfangen?« [76]. Die Sorge war für die eigene Lebenszeit nicht begründet. Fast alle Leser, sogar Grabbe, fanden *Tulifäntchen* »allerliebst«; immer wieder stellte sich in den Urteilen dies Biedermeierwort für die graziöse Dichtung ein. Später freilich geriet sie in den Hintergrund von Immermanns Werk. In den Vordergrund trat u. a. ein Teil von Immermanns sonst vergessener *Lyrik,* nämlich die nicht satirische, aber – damit verwandt! – die *utopische Sonettdichtung. Die Neue Rundschau* brachte im Jahrgang 1949 einen Aufsatz Hans-Georg Gadamers über *Karl Immermanns Chiliastische Sonette,* der Aufsehen erregte, weil er die Verbindung zwischen Immermann und *Nietzsche* herstellte, also dem Philosophen, dessen politische Erbschaft man soeben hinter sich hatte. Auch auf die Beziehungen zwischen Immermann und George, der in Maximin einen ähnlichen Gott aus der Taufe heben wollte, wies Gadamer hin, ohne freilich die Grenze zwischen der Epoche Georges und der Biedermeierzeit mit hinreichender Schärfe ziehen zu können. Wesentlich ist nicht nur der Ausgang des Sonettenzyklus, der mit den Emblemen der Dornenkrone und des Speers, der den Gekreuzigten traf, arbeitet und damit den *christlichen* Charakter des erhofften »Königs« oder »Fürsten« andeutet, auch nicht nur der vielleicht vorausgesetzte monarchische Rang des Ersehnten, sondern vor allem die mit der Utopie verbundene *Entlarvung des Schein-Propheten. Eine Religionsstiftung durch bewußt falsche Mythen und bewußten künstlerischen Schein liegt noch jenseits von Immermanns Gedankenwelt:* Das verrät, meine ich, die Absage an den von so vielen Zeitgenossen vergötterten Saint-Simon; denn diese darf nicht nur als nationale Entscheidung verstanden werden, wie es der unmittelbare Wortlaut nahelegt, sondern muß im weiteren Kontext auch als christlich-religiöses Bekenntnis angesprochen werden. Sogar hier, in ganz zukunftsorientierten Gedichten, zieht Immermann eine scharfe Grenze zwischen sich und den progressiven, nachchristlichen Schriftstellern. Er war und blieb der Satiriker; und der erhoffte König blieb für Immermann eine Idee, die, wie wir bereits wissen (s. o. S. 822 f.), in seinen Augen höchst kurzlebig ist.

Sonett XX

Wenn auf des Königs Einzug harrt die Menge,
Und er zu lang ausbleibt der Neubegier,
So treibet in den Gruppen da und hier
Zu manchem Possenspiel der Stunden Länge.

Dann springt ein Knabe wohl durch das Gedränge,
Und ruft: »Ich bin's!« in nachgemachter Zier,
Die Krone auf dem Haupt von Goldpapier,
Und ihn begrüßen lachende Gesänge.

Dies Gleichnis setz' ich euch, daß niemand wähne,
Als ob mein Sehnen auf dem Flügelrosse
In niedre Dienste sich begeben habe.

Denn wo der Tand zu Hause, an der Seine,
Wird jetzt gespielet meines Königs Posse,
Und Saint-Simon heißt der gezierte Knabe.

Betrachtet man dies Gedicht mit den metrischen Maßstäben Heines, so fällt zum mindesten die ungeschickte, rein metrisch begründete Wortverlängerung in »Neubegier« auf, obwohl sie eine zeitübliche Notlösung darstellt (vgl. Bd. I, S. 470). Ganz im Stile Immermanns ist aber auch inhaltlich das Gedicht gehalten. Wer die Saint-Simon-Verehrung als »Posse« sieht und, wie wir aus früheren Sonetten wissen, Platen als bloßen Metriker, ist kein Vorläufer Nietzsches und Georges. Das ist die beachtenswerte Kehrseite von Immermanns Negativität.

Unter den anderen Gedichten hebe ich zunächst die Abteilung »Grotesken, Idyllen« hervor, weil die Zusammenstellung seltsam erscheinen mag und das im *Tulifäntchen* berührte Stilproblem weiterzuverfolgen geeignet ist. Man braucht nur an die beiden gegensätzlichen Stilsphären des *Münchhausen* zu denken, um den dialektischen Bezug zwischen den beiden Gattungen wahrzunehmen. In der *Rezensenten-Idylle* ist der Titel ironisch zu verstehen. Der Dichter erklärt seinem Rezensenten, der bei ihm zu Gast ist, das heilige Gastrecht schütze Mörder, Räuber – und selbst Rezensenten. Auch Gedichte wie *Sankt Antonius, Drei Hexen* oder *Der Bänkelsänger* sind eher grotesk als idyllisch. Aber am Anfang der Abteilung »Grotesken, Idyllen« finden sich zarte Gebilde, die als Idyllen angesprochen werden können. In dem Gedicht *Die Nymphe* streiten Jäger, Ackersmann und Fischer darum, wer den schönsten Beruf hat. Der Faun jedoch gibt den Nymphen den Vorzug; denn erst sie machen Wald und Flur so recht beglückend. Ein idyllisches Märchengedicht, ganz im Geiste des Biedermeiers ist *Das Glückskind.* Meister und Lehrjunge bringen es nicht fertig, die Weiden für die Wiege eines neugeborenen Kindes zu schneiden, weil die jungen Vögel in den Nestern, die Schmetterlingspuppen, die Ameisen und Mäuse über diesen Eingriff in die Harmonie der Natur klagen. Das Kind bekommt keine Wiege, aber die Naturgeister erweisen sich dankbar für dies Opfer der Menschen. In *Rose und Schmetterling* findet sich die für das Biedermeier bezeichnende Todesidyllik (vgl. Bd. II, S. 783 ff.) symbolisiert. Rose und Schmetterling träumen von einem langen gemeinsamen Leben, aber bald stirbt der Schmetterling, und die Blumenblätter der Rose begraben ihn. Die Idyllendichter verstehen die Idylle, wie man hier sehen kann, als »Bildchen«, wir müssen daher von der inzwischen erkannten Problematik der Übersetzung[77] absehen. Der Schmetterling unter den Rosenblättern – dies Bild mit Vanitasstimmung widerspricht dem damaligen Begriff der Idylle nicht.

Es ist in diesen Gedichten nicht immer leicht, hinter dem Zeitüblichen das Gesicht des Dichters zu erkennen. So kommt z. B. Immermanns Gedicht *Spruch des Dichters* Mörikes *Besuch in Urach* nahe. In beiden Gedichten erinnern sich die Verfasser an ihre Jugend, die durch die Unschuld einen dauernden idealen Wert behält. Der elegische Ton herrscht und erhebt sich, weil er Vergangenheit verewigt, zu beträchtlicher Stilhöhe. Worte aus dem religiösen Bereich (ewig, Engel usw.) stützen in beiden Gedichten die Mythisierung der Vergangenheit. Auch die Lokalität wird durch die Erinnerung in beiden Gedichten geheiligt, wie dies dem biedermeierlichen Raumkult entspricht. Einen Unterschied mag man darin sehen, daß sich der pessimistische Immermann nur mühsam *schmerzlicher* Jugenderinnerungen erwehrt, während der idealistische Mörike eine völlige Übereinstimmung mit der Vergangenheit fingiert und sie zum Schluß noch mit Gewitterdonner feiert. Die Überschwänglichkeit Klopstocks allerdings wird in beiden Elegien, wie dies zur Zeit gehört, streng vermieden. Immermanns Gedicht ist geselliger, es richtet sich an ein Publikum, Mörikes Gedicht ist stärker in sich abgeschlossen und erzeugt aus dieser Einsamkeit einen unvergleichlich höheren Wohlklang. Ähnlich könnte man mit Heine vergleichen, z. B. das lange schwerfällige Gedicht *Die Ideale,* das den illusionären Lebenslauf der Normaldeutschen parodistisch darstellt. Bei diesem Vergleich würde sich mit großer Klarheit die stärkere Pointierung, der prägnantere Witz der Heineschen Gedichte zeigen. Wenn man den satirischen Gedichten des Norddeutschen trotzdem noch etwas gerechter werden will als Benno von Wiese in seinem kurzen Kapitel über den Lyriker Immermann, so muß man vor allem bereit sein, die dem Erzähler des *Münchhausen* eigene *milde* Satire auch im Gedicht zu akzeptieren; denn nur diese entsprach seinen stilistischen Möglichkeiten und den Forderungen seines »Herzens«. Im inhaltlichen Sinne mutig – heute wie damals – können auch Immermanns Verse sein, so die folgenden formal etwas mühsamen Distichen aus dem Gedicht *Mein Held,* das als eine Art biedermeierlichen Programms angesprochen werden kann und erneut den entschiedenen, zum Oberhof weiterführenden Widerspruch des Dichters gegen Salonmenschen und Salonschriftsteller im Stile der Jungdeutschen zum Ausdruck bringt:

Aber ihr lächelt und ruft: »Was für ein dürftiges Lied!
Das verlohnte sich auch, Kalliopen herzubemühen,
Wenn dein ärmlicher Geist einzig den Alltag begreift!
Oder treibest du Spott? Was ist's, daß einer mit Weibe
Und mit Kindern den Kohl in den vier Pfählen verspeist?«
Nun denn, ihr Freunde, wohlan! So gehet und tuet desgleichen,
Keiner wird sich darob freuen im Lande, gleich mir.
Menschen hab' ich gesehn, und durch Städte bin ich gewandert,
Klubs da fand ich genug, aber Familien nicht.
Wohl, so werde denn jeder ein deutscher Vater und Hauswirt,
Und ich preise vergnügt alle, wie diesen ich pries.
Glaubt ihr, ich scherze? Nein! Nein! Der Philister gilt mir am höchsten,
Wenn in dem Tanze des Veit Männer und Weiber sich drehn.
Wahrlich, das Leichteste ist, das Natürlichste, jetzo das Schwerste,
Während dem Mangel der Kraft leicht das Absondre gelingt.

Diese Verse erschienen in *Der Gesellschafter oder Blätter für Geist und Herz*, Berlin 1823. In ihnen liegt schon Grabbes kläglicher Untergang und Stifters kraftvoller Weg bis hin zum siegreichen *Witiko*. Der Philister, den die Bohemiens seit der Frühromantik zur Spottfigur gemacht hatten, wird *aufgewertet*, weil den Salongenies von Friedrich Schlegel bis Gutzkow auch die in der Stille arbeitenden *Meister* lächerlich erscheinen müssen.

Ehe wir zu Immermanns zwei großen Romanen kommen, in denen er selbst niemals die Krönung seiner Dichtung sehen konnte, die uns aber heute als der bedeutendste Teil seiner Lebensarbeit erscheinen, schwenken wir zum Gegenpol der Versdichtung, zum *publizistischen Teil seines Werks* hinüber, um wenigstens an einzelnen Schriften unsere Behauptung zu beweisen, daß die »Kunst der Prosa« für Immermann wie für seine ganze Zeit noch eine Einheit bildet, daß also auch die Publizistik an der kunstvollen Gestaltung Anteil nimmt und umgekehrt die Romane nicht mit den nachmärzlichen Maßstäben des alten Stifter, Kellers oder gar Flauberts betrachtet werden sollten. Max Kommerell hat, ohne die geschichtlichen Zusammenhänge zu überblicken, instinktiv die Verwandtschaft zwischen Immermanns Romanen und seinen übrigen Prosaschriften erkannt: »Die Aufzeichnungen Immermanns, von denen ich als schlechthin klassisch die poetisch eingekleideten... Maskengespräche, die den Titel ›Düsseldorfer Anfänge‹ tragen, und die ›Memorabilien‹ hervorhebe, sind also der Sache nach kaum etwas anderes als die... Romane und machen der Form nach die Skala vollständig... Gerade der Vergleich mit Goethe müßte zeigen, wie wenig Immermann selbst Epigone ist, wie das Interesse an eigener und fremder Individualität zurücktritt und die Züge der Epoche als ein allen auferlegtes Schicksal am eigenen Beispiel gewiesen werden. ›Ich werde vielmehr nur erzählen, wo die Geschichte ihren Durchzug durch mich hielt‹« [78]. Das Zitat ist besonders deshalb bemerkenswert, weil Kommerells Aufsatz an manchen Stellen die Selbstverleugnung des ursprünglichen Georgianers verrät und so geeignet ist, das Immermann-Essay des anderen Georgianers, Friedrich Gundolfs, zu korrigieren. Benno von Wiese gibt in zwei Kapiteln (*Reiseberichte* und *Memorabilien*) schon einen Überblick. Etwa ein Siebtel seines Buches ist dieser Seite von Immermanns Lebenswerk gewidmet. Für die künftige Kritik kann es sich also nur darum handeln, zu untersuchen, ob die Proportionen nicht noch weiter zugunsten der Prosa zu verändern sind. Solange jedenfalls die Romane so stark inhaltlich interessieren wie heute, ist die mangelhafte Einbeziehung der publizistischen Schriften nur eine Gedankenlosigkeit.

Meisterhafte Gebrauchsprosa in verschiedenen Formen

Briefe sind normalerweise keine publizistischen Schriften. Immermanns Briefwechsel jedoch ist ein hervorragendes geschichtliches Dokument; denn was ihn am meisten interessiert, sind doch eigentlich immer die Tendenzen, die sich im literarischen und politischen, überhaupt im öffentlichen Leben bemerkbar machen. Selbst in den Familienbriefen, in denen sich Immermann gern als Philister bezeichnet und die ein ungeschminktes Bild seiner Individualität vermitteln, bricht sein leidenschaftliches Interesse für alle Bereiche der Öffentlichkeit häufig durch. Es wird eine reizvolle Aufgabe sein, die Funktion von Immermanns Briefen biographisch und literarisch näher zu bestimmen, sobald die dreibändige kommentierte Ausgabe von Peter Hasubek vollständig vorliegt. Weniger bedeutend erscheinen mir Immermanns *Rezensionen*. Abgesehen davon, daß er mit Vorliebe Freunde (Heine, Tieck, Beer) wohlwollend bespricht, sich also diplomatisch verhält, fehlt ihm das sichere kritische Urteil in Literaturfragen und damit die Gabe der Unterscheidung, die auch weniger bedeutende Schriftsteller, z. B. Gutzkow, auszeichnet. Übergeordnete Kulturfragen beschäftigen ihn stärker als literarische Spezialitäten. Wenn man an Heines präzisen Brief über Immermanns zweideutige metrische Fähigkeiten (s. o.) und an Immermanns vage Urteile über Grabbes Dramen zurückdenkt, wird man sich die vergleichsweise bescheidene Bedeutung von Immermanns Literaturkritik leicht vorstellen können. Seine Abneigung gegen den kalten Verstand Lessings und Gutzkows begreift man unter diesem Aspekt besser.

Von sehr viel höherem Rang sind Immermanns *Reisebeschreibungen*. Windfuhr hat einwandfrei nachgewiesen, daß die Reisen (seit 1831) und die daraus sich ergebenden Tagebuchnotizen, die zu kunstvollen Reisebildern gesteigert werden können, eine *wichtige Voraussetzung für Immermanns Wirklichkeitsbeobachtung* und damit für die großen Zeit- und Raumromane sind. Man muß bedenken, daß Düsseldorf noch ein kleines Städtchen war und daß er das Ziel sehnsüchtiger Wünsche und mehrfacher Bewerbungen, ein Leben in der preußischen Hauptstadt, niemals erreichte. In diesem *Leiden an der Provinz* – man vergleiche Immermanns Briefe mit denen Mörikes! – war er ganz und gar nicht biedermeierlich. Noch 1830 klagt der Dichter über sein »eingeschränktes Leben«, das ihn dazu zwingt, sich auf seine »Divinationsgabe« zu verlassen*. Die Wirkung des

---

* Manfred *Windfuhr*, Immermanns erzählerisches Werk, S. 131: »Ein Jahr später beginnen die fast jährlichen Reisen in den Gerichtsferien und führen Immermann aus seinem eingeschränkten Lebenskreis in den Raum größerer Zeit- und Welterfahrung. Die Divinationsgabe kann durch eigene Anschauung ersetzt werden. Die Reiseberichte unterstützen auch die stilistische Differenzierung. Immermann ist gezwungen, den wechselnden Erlebnisbildern sprachlich gerecht zu werden. Bezeichnenderweise beobachten wir die neuen Mittel in den Skizzenbüchern eher als in den mit poetischem Anspruch geschriebenen Hauptwerken. So finden sich hier bereits Farbdifferenzierungen wie ›hellblaugrünlich‹, ›grauroter Dunst‹, ›schwärzlichgrau‹, ›nebelgrau‹, ›weißgrau‹, ›silbergrünlich‹, ›braunrot‹, ›dunkelschwärzlich‹. Die Naturschilderungen der ›Fränkischen Reise‹ wirken deutlich auf den ›Münchhausen‹ ein.«

Jahres 1830 ist bei Immermann mit *der* Klarheit zu erkennen, die man sonst in der Literaturgeschichte nur voraussetzt. Diese energische Hinwendung zu Raum und Zeit, obwohl sie eher unter politisch-konservativen Vorzeichen vor sich geht, ist auch der Grund für die Aufmerksamkeit der Jungdeutschen, die durch Immermann schon vor den *Epigonen* erregt wird. *Das Reisejournal* (verf. seit 1831, hg. Düsseldorf 1833) gehört zu den bedeutendsten deutschen Reiseschriften der Biedermeierzeit; es wurde sowohl von Windfuhr wie von B. v. Wiese ausführlich gewürdigt und ist doch ein »bis heute viel zuwenig beachtetes Dokument dieser für Immermann entscheidenden Übergangsepoche« geblieben[79]. Der Zusammenhang mit der Romandichtung ist in diesem Fall völlig klar: »Das ›Reisejournal‹ ist das wichtigste Verbindungsglied zwischen den beiden ersten Büchern der ›Epigonen‹ und der Schluß- und Hauptarbeit« [80]. Immermann hat die Tagebücher einer Reise (Heidelberg, Dresden, Leipzig, Magdeburg) und die an die Lebensfreundin Elisa gesandten Briefe bewußt zu einem »kleinen halbpoetischen Ganzen« umgearbeitet[81]. Das bedeutet nicht nur, daß fingierte Dichtungen (Anekdotisches, Novellistisches, Märchenhaftes), z.B. das humoristische *Heidelberger Schloßmärchen,* ungefähr nach den Aufbauprinzipien der *Wanderjahre* eingelegt werden. Der Erzähler erfindet darüber hinaus, um den einzelnen Teilen Zusammenhang zu geben, eine geheimnisvolle kurländische Baronesse, die immer wieder erscheint. Die Sprache wird, um sie der Poesie anzunähern, gehoben, worin aber kein Schritt zum Realismus, zu »unmittelbarer sinnlicher Schilderung«, sondern eher das Gegenteil liegt[82]. Die rhetorische »Kunst der Prosa«, wird mit vollem Bewußtsein festgehalten, was freilich ihrer zeitgemäßen Fortentwicklung nicht widerspricht; denn die Rücksicht auf den Leser ist die zentrale Forderung der Rhetorik. Windfuhr hat das halbpoetische Reisebuch sorgfältig mit den zugrundeliegenden Notizen verglichen und die Veränderung durch Stilproben veranschaulicht. Auch die Rücksichten des juristischen Beamten auf die Zensur werden nachgewiesen. Immermann mußte den Gutzkow, Laube, Mundt usw. konservativer erscheinen, als er war.

Am Beispiel der nicht ebenso bekannten und inhaltsreichen, aber auch durchgeformten *Fränkischen Reise* (Umarbeitung von Reisebriefen an Elisa von Ahlefeldt, 1837, hg. in den Schriften Bd. 14, Hamburg 1843) soll Immermanns Art als Reiseschriftsteller noch verdeutlicht werden. Nach dem Schema der Literaturgeschichte – die Reise findet *nach* den *Epigonen* statt – *muß* er sich hier wegen des Zurücktretens der Erzähleinlagen und der Reflexionen »zu einem wahrheitsgetreuen, realistischen Bericht«, zu »anschaulich sachlicher Schilderung« entschlossen haben[83]. Richtig ist, daß er von Frankfurt/Main, dem Ausgangspunkt der Reisebeschreibung, ein verhältnismäßig sachliches Bild gibt, – wenn auch, gut Immermannisch, die Reflexion über die Großstadt und seine Beziehung zu ihr als Dichter sogleich hereinspielt. Frankfurt war ja die Hauptstadt des Deutschen Bundes und seit langem eine gewaltige Handelsstadt, während Immermann und seine Zeitgenossen stets betonen, wie klein doch Düsseldorf ist: »Wenn mich die Wellen der Menschenwelt umtosen, fühle ich mein Stückchen Beruf, und bin in mir fest und gesichert. Dann die Pracht und Opulenz neben dem Engen, Altfränkischen, die schöne Natur, das ganze Bild eines Mittelpunktes deutschen Treibens – es ist gar hübsch. Die zierlichen Säulen, die schönen buntbemalten Säle, die Marmorfußböden!... Es ist ein wahres Glück, in einer solchen vielfach beschäftigenden Stadt zu leben, wo die Seele sich immer von ihren Schäden durch den Anblick schöner Formen ausheilt, ich habe recht innig wieder den Wunsch nach diesem Glücke hier gehabt« [84]. Immermanns »Herz« ist auch in diesem Bild Frankfurts; aber da es zum Realismus gehört, die Dinge aus einer persönlichen Perspektive darzustellen, mag man hier noch von einem wahrheitsgetreuen Bericht sprechen. Sobald der Dichter aber ostwärts durch den Spessart reist, beginnt der *Biedermeierwald,* anthropomorph und märchenhaft stilisiert; es ist, wie im *Reisejournal,* die poetisch überhöhende Einlage, wenn auch in anderer Form: Ein Specht sieht wie ein Revierförster aus, das Eichhorn verwandelt sich in einen Lausbuben, der ihn ärgert, das Wildschwein wird zum zynischen Philosophen. »Aber, es sollte noch besser kommen. Ich sah kleine grüne Lauben, durch deren Dächer die Spitzen der Farrenkräuter hervorstachen, rechts und links vom Wege. Wie ich sie näher besah, waren es wirkliche Läubchen, mit kleinen Öffnungen vorn, zwerghafte Hainbuchen nämlich, deren Zweige sich wieder zur Erde gesenkt hatten, und so eine grüne Wölbung bildeten. In einer dieser Lauben lag auf einem breiten, weichen Lattichblatt, wie auf einer Ottomane ausgestreckt, ein grünes Schlängelchen mit goldnem Krönchen, und hätte ich nur das rechte Wort gewußt, so hätte ich sie wohl zur allerschönsten Prinzessin umsprechen können, und ich wäre vielleicht ihr Herr Gemahl geworden und ein König des Schlangenreiches, und hätte selbst wieder eine Taille gekriegt, schlank wie eine Schlange! [Er selbst ist dick s. u.] Das Allerhübscheste aber war ein déjeuner dinatoire zweier Eidechschen. Sie gehörten gewiß auch den höchsten Ständen an, denn sie saßen unter einem großen Pilze, der wie ein großes prachtvolles russisches Zelt sein goldgelbes Schirmdach über ihnen ausspannte. Dort saßen sie und schlürften mit den braunen Züngelchen den Tau vom Grase, dann standen sie auf und gingen im angrenzenden Park von Farrenkräutern spazieren, der vermutlich der einen gehörte, die die andere zum Besuch bei sich hatte« [85]. Das Märchen hindert den Dichter nicht, auf der nächsten Seite ganz prosaisch über die Armut und die kärgliche Nahrung der Spessartbevölkerung zu berichten. Aber sobald man im schönen Würzburg ist, reflektiert der Erzähler nicht nur über die Fehler der bayerischen Verwaltung im ehemaligen geistlichen Staat, sondern der Klabautermann macht sich in der Nacht bemerkbar, und die Tollen im Juliusspital werden zu einer teils skurrilen, teils schauerromantischen Einlage verwendet. So geht es hin und her. Die Stilspannungen zwischen Empfindsamkeit und Ironie sind nicht mehr so stark wie in Heines *Harzreise.* Aber von einem gleichmäßigen Stil – er kennzeichnet den Realismus – kann unmöglich die Rede sein. In Bamberg gibt es nicht nur die trivialen Sammler von Antiquitäten und Kunstsachen, sondern auch den Main, der »sich alles Hübsche in Franken anschauen« will und daher »nicht grade gehen« kann, dazu Legenden von der Kaiserin Kunigunde und Hoffmann-Anekdoten. Auch bei Schmeicheleien wird nicht so genau gefragt, ob sie wahrheitsgetreu sind: »Dieser fränkische hohe Adel kann sich wohl mit der englischen Aristokratie messen« [86]. Es herrscht überhaupt, wie bei Heine, ein gesellschaftlicher, mit französischen Fremdwörtern durchsetzter Ton, der den Reisebericht personalistisch umprägt, so daß nur stellenweise von einer »sachlichen Schilderung« (s. o.) gesprochen werden kann. In Forchheim interessieren ihn die Arbeiten am Ludwigskanal, der heute einen Teil des Schiffahrtsweges vom Rhein zur Donau bildet, *sehr wenig* – »Die Leute sagen, wenn er fertig ist, werde er kein Wasser haben« –, um so mehr »die Wiesent, ein allerliebstes, spiegelklares, blaugrünes Bergflüßchen…, lustig wie ein Bräutlein am Sonntage, wo sie zum ersten Male von der Kanzel gefallen ist.« Wie immer im Biedermeier steht die Differenzierung (»blaugrün«) und die Poetisierung (»Bräutlein«) in keinem Widerspruch. Auch die genauen Ortsangaben stören die traditionelle Personifikation in keiner Weise. Auf dem Wege nach Mistelgau kommt er in ein wahrhaft »himmlisches« Tal, in dem sich die Wiesent mit dem Aufseß vereinigt: »und dann stürzen beide, wie Knabe und Mägdlein, die in ihrer Wonne des Weges und des Falles nicht achten, ein paar Felsen hinunter« [87]. In der Rosenmüllerhöhle stehen die Hochzeit und der Palast des Berggeistes ganz selbstverständlich neben einer naturwissenschaftlichen Erklärung (die Bildung des Stalaktits); denn die Geologie ist selbst noch »Universalpoesie«. Außerdem vermittelt der obligat gesellschaftliche und damit heitere Ton des Reiseberichts die sachlichen und poetischen Elemente zwanglos miteinander. In der Gailenreuther Höhle ersetzt der Erzähler die Besichtigung der dort lagernden fossilen Knochen durch eine humoristische Einlage. Den Durchmesser eines engen Ganges mißt er mit einem Bindfaden aus und das Ergebnis ist, daß er, der dicke Immermann, im Gegensatz zu seinen jugendlichen Führern nicht weiter kann. »Sein Sie ruhig; es kommt nun keine Höhle mehr.«

In Bayreuth denkt er ohne Sentimentalität an Jean Paul: »wie habe ich mit Siebenkäs gebangt und gelitten. Und nun?« Die Rosen, die der Totengräber »für andächtige Verehrer« auf dem Grab des Dichters »erzieht«, finden nur ironische Erwähnung. Jean Paul muß sogar durch ein klassizistisches Urteil völlig in den Schatten gestellt werden, damit der Weg nach dem Ziel der Reise, Weimar, freigemacht wird: »Geschmacklos aber eigenartig ist alles, was ihn umgibt.« Die ganze Gegend um Bay-reuth und das Fichtelgebirge macht der Erzähler dem bizarren Jean Paul ähnlich, um ein recht kräf-tiges Symbol für den Antipoden Goethes zu erreichen. Der gefeierte Humorist konnte es in der Stadt mit »den Porzellan-, Schnecken- und bunten Kieselwundern, der Eremitage und Fantaisie«, d. h. also in einer Rokoko-Umwelt, »mit allem Genie, Gefühl, Witz, Scharfsinn... doch eigentlich zu nichts Schönem« bringen [88]. Die nicht antikisierende, aber in einem weiteren Sinne klassizistische, strenge und etwas flache Kunstauffassung Immermanns, die wir bereits kennen, kommt auch in die-sem Urteil über Jean Paul zum Ausdruck. Und dann also nach Thüringen, in Goethes Machtbereich, wo nichts Unangenehmes passieren kann, weil der früher nicht immer geschätzte Klassiker bereits gestorben ist. Schon die Universität Jena erinnert an seine Verdienste; denn dort hat er »wie ein Na-poleon im kleinen«, trotz der »Protestation des akademischen Senats« nach dem Rechten gese-hen [89]. Nach der Ankunft in Weimar beschäftigen ihn, zu unserm Erstaunen, zunächst vor allem die Zeichnungen von Carstens. Der Sinn dieses Abschnitts ist wohl der Versuch, zu einer begrenzten Anerkennung der Antike-Nachahmung zu gelangen; denn diese wurde, wie er inzwischen erkannt hat, mannigfach »gefärbt« und »verhüllt, ohne gleichwohl je aufgegeben worden zu sein, und ohne daß es bisher der Kunst unserer Tage gelungen wäre, einen andern, als einen abgeleiteten Charakter zu erringen« [90]. In den letzten Abschnitten, die Goethe selbst gewidmet sind, wird das Thema des Klassizismus nicht mehr berührt. Er weicht ihm sogar bewußt aus; denn er bekennt, »daß sehr viele seiner [Goethes] Schriften bei mir ihre Periode gemacht haben, und daß ich kein Verlangen mehr spüre, zu ihnen zurückzukehren« [91]. Er distanziert sich streng von »den brillentragenden jungen Privatdozenten und Literatur-Vorlesunghaltern, welche mit Goethe die deutsche Literatur abschlie-ßen, und deshalb es unter ihrer Würde erachten, von uns andern noch etwas zu lesen« [92]. In der Tat, der Erzähler der *Epigonen* hätte manchen Grund, den Goethe-Kult genau so entschieden zu verwerfen, wie den Platen-Kult der klassischen Philologen. Aber er wäre nicht Immermann, wenn er konsequent wäre. Deshalb rühmt er Goethes *Persönlichkeit*, »sein gewaltiges, alles versammelndes Dasein« [93] und er beschließt die *Fränkische Reise* mit den vielzitierten Worten: »Hier soll man sie [die jungen Leute] drei Gelübde ablegen lassen, das des Fleißes, der Wahrhaftigkeit, der Konse-quenz.« Die Fürstengruft, in der Goethe und Schiller ruhen, ist »eine heilige Stätte«; hier erkennt man die Bedeutung des »höhern Lebens«, die darin besteht, »aus uns herauszugelangen und in an-dern eine verklärte Persönlichkeit zu gewinnen«. Dieser völlig ungoethischen Lehre folgt ein Hin-weis auf die Unsterblichkeit, die für selbstlose Menschen nicht unbedingt notwendig sei, die er aber persönlich für »wahrscheinlich« hält [94]. Nach einer sehr genauen, extrem detailrealistischen Schilderung von Goethes Haus, dessen Einfachheit er, im Widerspruch zu früheren Reisebeschrei-bern, mit Recht betont, ist es ihm, ganz im Stile des bereits aufgewiesenen Hin und Hers zwischen Wirklichkeit und Poetisierung ein Bedürfnis, zum religiösen Ton zurückzukehren, der ihn diesmal jedoch, wie ihm bewußt wird, in Widerspruch zu seinem biedermeierlichen Publikum bringt. Oder flirtet er diesmal mit den progressiven Rezensenten? »Ich verließ dieses geweihte Haus in *der* from-men Stimmung, die mir von der Natur beschieden ist. Mich weht nun einmal der Atem Gottes nur in der Natur und in der Menschheit an. Es steckt allerdings etwas Pantheistisches dahinter, ich kann aber nicht dafür« [95]. Alles in allem ist auch die *Fränkische Reise* ein »halbpoetisches Ganzes«. Was beschrieben wird, ist nicht die erlebte Reise von Düsseldorf über Frankfurt und Weimar nach Düsseldorf, sondern die Reise erstreckt sich von Goethes Geburtsort bis zu Goethes Haus in Wei-mar. Dazwischen liegt das »gesegnete Land« Franken (Goethe), das naturkundlich und historisch dargestellt, aber immer wieder auch überhöht und ganz bewußt mythisiert wird. Am Ausgange Frankens, in Jean Pauls Heimat, senkt sich der Stil zu einer ironischen Darstellung des bizarren Dich-ters und seiner angeblich ebenso bizarren Umwelt. Künstlerisch gesehen ist dies aber nur eine Vorbe-reitung für den Höhepunkt, für den gelegentlich etwas widersprüchlichen, aber schließlich doch er-folgreich Goethe-frommen Schluß in Weimar.

Unter den *autobiographischen Schriften* ist *Die Jugend vor fünfundzwanzig Jahren* (Teildruck im *Telegraphen* Gutzkows 1839 und 1840, Erstdruck: Schriften, Bd. 12, Hamburg 1840) in inhaltlicher Hinsicht hervorzuheben. Hier findet man, wie in *Münch-*

hausen, das Lob des Mittelstandes, der »zur Hervorbringung des Volkes im besseren Sinne, und seiner geistigen Anführer«[96] am geeignetsten ist. Hier findet man den Begriff der *germanischen* Freiheit, der eine Grundlage des gesamten Liberalkonservatismus oder Nationalliberalismus im 19. Jahrhundert ist, der nach Immermann »nur in England bis jetzt zum Vorschein gekommen« ist, aber leider dort »durch den erwachten Merkantilismus« beeinträchtigt wird. Den »materiellen Tendenzen« der Zeit[97] steht der Dichter überhaupt kritisch gegenüber. Dagegen gibt er in dieser überwiegend zeitgeschichtlichen Schrift, anders als im *Tulifäntchen* und auch klarer als im Schluß der *Epigonen* zu, daß die Technik (»Eisenbahnen«, »Dampf«, »Maschinen«), obwohl sie dem »tieferen Gemüt« nicht zusagt und sogar »eine Trocknis der Seelenkräfte« bewirken kann, keine bloße Narretei ist, sondern »außer dem Geleite phantastischer Einbildung im strengsten Gefolge der Wissenschaft« einherschreitet und somit »eine der großen und notwendigen Evolutionen des menschlichen Geistes« ist. Er erinnert richtig an Gutenbergs technische Erfindung, die Voraussetzung dafür, daß die Presse den Thron der Bourbonen umstürzte, und schließt den Passus mit durchaus vernünftigen Worten: »Gut aber ist es, daß auch Deutschland sich in die Strömung, da sie nun einmal in die Zeit sich ergießen sollte, mit seinen Kräften warf«[98]. Die gleiche Schrift ist allerdings auch eines der wichtigsten Dokumente für den biedermeierlichen Familienkult. Dieser wird, wie die Freiheit, national begründet, auf Kosten der Franzosen. Hier findet man, im gleichen Zusammenhang, auch starke Bedenken gegen Grundphänomene des 19. Jahrhunderts (Journale, Reisen, Vereine). Der Familienkult veranlaßt ihn zu der damals oft zu findenden Verehrung für Iffland, der der deutschen Familie ihr Theater gab. Da *Die Jugend vor fünfundzwanzig Jahren* eine wichtige Quelle für das erste Kapitel des ersten Bandes dieser Epochendarstellung war, möge diese Erinnerung genügen. Die Schrift ist für das Verständnis der gesamten, um 1800 geborenen Generation von hervorragender Bedeutung, vielleicht die beste Selbstinterpretation der ersten Nachkriegsgeneration von damals.

Die Jugend vor fünfundzwanzig Jahren ist ein Teil der *Memorabilien,* die der Dichter nicht mehr selbst herausgeben konnte und die durch die Eigenmächtigkeit des Verlegers ein recht unklarer Begriff wurden[99]. Aus einem frühen Entwurf geht hervor, daß u. a. auch die *Düsseldorfer Anfänge* für das autobiographische Sammelwerk vorgesehen waren. Die *Grabbe-Charakteristik* gibt, wie wir bereits gesehen haben, keine Hilfe bei der Interpretation von Grabbes Dramen; aber sie ist, ähnlich wie der Schluß der *Fränkischen Reise,* ein interessantes Dichter-Porträt. Man ersieht aus diesem Werk erneut, daß Immermann kein Literaturkritiker von Rang gewesen ist, sich aber, trotz seiner Verachtung des psychologischen 18. Jahrhunderts, hervorragend auf *Menschen* verstand. Als Grabbes Hilferuf aus Frankfurt kam, überwand er seine Scheu vor »einer so exzentrischen Natur«, da er den verwilderten Dichter für ein »wahrhaftes« Talent hielt. Grabbe kam »in unser elegantes, aristokratisches, gradliniges Düsseldorf« als Schmuggelware und mit der phantastischen Absicht, gemeinsam mit Uechtritz und Immermann ein »Triumvirat« zu bilden[100]. Der arme Dichter träumte ja stets von der Macht. Immermann ist der Ansicht, daß es ihm »Ernst mit dem Hasse des Daseins« war, daß er also nicht zu den Gecken gehörte, die mit der Zerrissenheit posierten. Eine Beeinflussung durch die »neuste französische Schule« (Romantik), die ja auch grausame Motive liebte, hält er für ausgeschlossen[101]. Der Hinweis ist für die Einordnung der »Weltschmerzpoeten« (vgl. Bd. I, S. 236f.) unter europäischen Gesichtspunkten trotzdem nicht uninteressant. Die Heirat Grabbes hält Immermann, der selbst so lange unvermählt blieb, für einen »Mißgriff«. Er schlägt also das Kunstmönch-Thema, das uns in diesem Bande so häufig beschäftigt, insgeheim an: »Die Dinge, anstatt ihm näher zu treten, zogen sich vor seiner leidenschaftlichen Hast scheu in die Ferne zurück; dort schwebten sie der geängstigten Seele als kalter, blasser Traum vor« [102]. Immermann versuchte, ihn aus seiner Einsamkeit herauszuholen; aber er hatte nur einen fragwürdigen Erfolg damit: »Ich konnte sicher darauf rechnen, daß in jeder Gesellschaft, die ich um ihn versammelte, er der Mittelpunkt des Interesses wurde. Aber merkwürdig war es: er regte keine Liebe und keine Sehnsucht auf« [103]. So versank er allmählich im Wirtshausleben, und er sehnte sich nach dem Tode, der ihn auch frühzeitig erlöste. Der Porträtist beschönigt nichts an Grabbes häßlichem Untergang, obwohl er weiß, daß »Männlein und Weiblein«, also die Durchschnittsmenschen der Biedermeiergesellschaft, den exzentrischen Dichter moralisch verurteilen. Er bewährt sich, auch in diesem Prosa-Essay, als tragischer Gestalter: »Ich aber sage: Er konnte gar nicht anders sein, als er war, und dafür, daß er so war, hat er genug gelitten. Die Pflicht der Lebenden aber ist es, die Toten über der alles nivellierenden Flut des mittelmäßigen Redens und Meinens emporzuhalten« [104]. Es ist wohl, wie bei Goethe, die Geschlossenheit der Person, *die Größe im Sinne einer substantiellen Konsequenz,* die der ambivalente Schriftsteller bewundert.

In den *Düsseldorfer Anfängen* (Erstdruck *Deutsche Pandora* 1840) kehrt der Dichter zu einer schon veraltenden publizistischen Form zurück, zum Dialog. Der Untertitel heißt »Maskengespräche«. Man ist sich aber einig darüber, daß er die Form vollkommen ausfüllt. Das erinnert wieder an Wieland, der als Relativist für diese »Textsorte« prädestiniert und deshalb auch ein Meister in der literarischen Gattung des Gesprächs war. Dieser Gattungsbegriff ist m. E. wichtiger als der Hinweis auf den »realistischen« Anlaß des Gesprächs, den Düsseldorfer Karneval, oder die Frage, welche konkreten Personen man sich unter den verschiedenfarbigen »Dominos« vorstellen muß; denn diese Vielstimmigkeit hat nur den Zweck, die Erinnerungen, die erzählt, und die Probleme, die erörtert werden, möglichst vielseitig zu halten und es ja nicht zu Geschichtsverfälschungen – es geht um die Jahre 1827–30 – oder zu apodiktischen Feststellungen kommen zu lassen. Es sind, wie bei Wieland, gesellige Gespräche. Der Konversationston herrscht, nicht der akademische Stil. Sehr viele französische Wörter der damaligen Salonsprache werden benützt. Entsprechend werden die Gespräche der drei Hauptgesprächspartner immer wieder unterbrochen und gehen schließlich völlig im Karneval unter. Der blaue Domino, der nach der Tradition der biographischen Immermann-Forschung, den Kunsthistoriker Schnaase vorstellen soll[105], grenzt das Gespräch ausdrücklich vom philosophischen Dialog, den Immermann durch Solger kannte, ab: »Wir haben kein Platonisches Gespräch geführt, in dem einer die Weisheit hat und mit verstellter Unwissenheit die andern belehrt, sondern es war eine deutsche Unterhaltung. Jeder gab seinen Scherf [vgl. Scherflein], im Sinne und Gemüt waren wir einig, und nur die Auffassungen waren hin und wieder verschieden« [106]. Man könnte von einem Freundschaftsgespräch reden; seine einzelnen Partien werden sehr geschickt, ja sogar mit einer gewissen Eleganz ineinandergefügt. Die Übung des Dramatikers ist in der Dialogführung nicht zu verkennen; aber diese Kunst wird jetzt ganz in den Dienst der historischen Erinnerung und der gedanklichen Auseinandersetzung gestellt. So stammt z. B. die Kritik an Schadow und seinen Schülern, die wir wiedergaben, aus diesen Maskengesprächen, desgleichen der späte, abschwächende Rückblick auf den Streit mit Platen. Doch werden nicht nur so aktuelle Fragen behandelt, sondern auch die Ergebnisse historischer Studien formuliert, z. B. in der Aristophanes-Charakteristik, die beweisen soll, daß ein echter Dichter ganz anders aussieht als Platen. Unverkennbar entwickelt Immermann an Aristophanes ein Symbol des unabhängigen Dichtertums, das er selbst erstrebt: der griechische Meister ist nicht der »ungezogene Grazienliebling«, er ist auch nicht der »Tugendprediger in der Schellenkappe« oder der »gesinnungslose Demokrat«. »Ein so großes poetisches Genie« kann unmöglich »ochlokratisch gemein« sein. »Keiner Partei gehörte er in seinem freien Geiste an, Demos, Exklusive, Hetärien, Oligarchen, Aristokraten stehen ihm gleich nahe. In dieser Freiheit, woraus Inkonsequenzen entspringen[!], liegt ein Teil seiner Größe« [107]. Es sind Gespräche, die reiche Anregungen für die Immermann-Biographie und für die gesamte Immermann-Interpretation geben und zugleich mit Genuß zu lesen sind. Es ist, als ob er seine abfälligen Urteile über die Rheinländer doch wieder gutmachen und selbst im besten rheinischen Stil schreiben wollte, ganz im Sinne des musischen Lobes, das der Preuße hier seiner Gastheimat zollt: »Die Rheinlande sind das heitere Blut, die Phantasie[!], der fröhliche Sinn Preussens.« Sie werden sogar, wie Grabbe und der westfälische Hofschulze, national überhöht: »Das germanische ›Auf seine eigene Hand sein‹ ist höchst rege in diesem Volke« [108]. Höher geht es bei Immermann nicht!

Die Epigonen als kompliziertes Zeitdokument

Die Romane der Spätzeit stehen, wie die praktische Tätigkeit für das Düsseldorfer Theater und die Reisebeschreibungen oder autobiographischen Schriften, unter dem Gesetz der ästhetischen Resignation, der bewußten gesellschaftlichen Anpassung. Damit kommt ihnen freilich innerhalb der *deutschen* Literatur zu dieser Zeit eine besondere geschichtliche Bedeutung zu. Es war doch ein Unterschied, ob man mit politischen und kirchlichen Absichten (wie Laube, Gutzkow, Sealsfield und Gotthelf), als Berufsschriftsteller (wie Alexis, Hauff, Tieck und viele kleine Schreiber) oder aber, wie Immermann, von einer immer höher geschraubten Erkenntnis und Poesie her zum Romane, – wieder zum Romane kam. Die 15jährige Entstehungs- oder vielmehr Verhinderungsgeschichte des Romans, der später *Die Epigonen* hieß und 1836 herauskam, ist, so viel ich sehe, während dieser Periode *einzigartig* und könnte noch einmal zur Durchleuchtung von Immermanns bisheriger Entwicklung dienen[109]. Doch kann hier aus Raumgründen nur noch von dem fertigen Werke die Rede sein*. Um ihm gerecht zu werden, muß man es

---

* Ich zitiere wenigstens die kurze Entstehungsgeschichte, die sich in Immermanns Brief an Tieck vom 13. 4. 1836 findet: »Hiebei lege ich Ihnen denn eine Arbeit vieler Jahre, die Epigonen, vor. Sie entsprang aus einem kleinen Keime, wuchs aber mir selbst zum Erstaunen unter den Händen und lebte gewißermaßen mein Leben mit. Früh fühlte ich mich mit der Zeit u. Welt in einem gewißen Wi-

in erster Linie ganz schlicht als ein Zeitdokument verstehen: nicht als Kampfruf (Jungdeutsche, Gotthelf) oder als Gesellschaftsutopie *(Wanderjahre)*, sondern als *zeitgeschichtliche Analyse*. Windfuhr vertritt wohl mit Recht die Ansicht, daß *Die Epigonen* nur dort geschrieben werden konnten, wo Immermann den letzten und produktivsten Teil seines Lebens verbrachte, in der Rheinprovinz, die 1815 Preußen zugefallen war und in der sich während der Restaurationsepoche, den sonstigen deutschen Verhältnissen weit vorgreifend, ein ungeheurer Gärungsprozeß abspielte. Mit dem scharfen Blick für das Empirische, den wir gerade bei den konservativen Geistern der Zeit immer wieder bemerken, beobachtete Immermann diese Verhältnisse. Dabei fällt ihm ein doppelter widersprüchlicher Vorgang auf. Auf der einen Seite, in Düsseldorf selbst (Provinzhauptstadt), kann er die Wiederaufrichtung der vorrevolutionären Feudalwelt beobachten. In den *Epigonen* steht dafür der mediatisierte Herzog, der mit Hilfe von Attrappen noch immer den Souverän zu spielen versucht. Er macht sich dabei so lächerlich wie Tulifäntchen; das ritterliche Turnier z. B., das er durchführen will, entpuppt sich als groteske Farce. Doch diesmal wird der vollen Gefahr eines so übersteigerten Anspruchs Rechnung getragen: der Herzog endet als Selbstmörder. Seine Tragödie ist symbolisch gemeint. Der ganze Adel ist in Gefahr, diesem tödlichen Schicksal entgegenzugehen, gerade dann, wenn er seine alte Rolle durch »allerhand Scheinmittel« aufrechterhalten will.

In der Nachbarschaft des feudalen Düsseldorf konnte Immermann die Entstehung der modernen Industrie beobachten. Mit seinem Theater kam er z. B. nach Elberfeld hinüber; aber auch andere Städte, so Barmen, kannte er gut. Er erlebt die Anfänge des Großkapitalismus in dem Augenblick, da dieser wie eine Lawine in die noch vorwiegend agrarische Wirtschaft Deutschlands einbricht. Er personifiziert ihn in der Gestalt des »Oheims«, der als neuer, wahrhaft mächtiger Fürst über eine Reihe weitverzweigter Industriebetriebe gebietet*. Es gelingt dem Dichter, unbefangen das Imponierende einer solchen Erschei-

---

derspruche, oft überkam mich eine große Angst über die Doppelnatur unsrer Zustände, die Zweideutigkeit aller gegenwärtigen Verhältniße, in diesem Werke legte ich denn Alles nieder, was ich mir selbst[!] zur Lösung des Räthsels vorsagte. Dieß ist die Genesis desselben, die freilich Viele den leichten Geschichten nicht ansehn werden. Ein Urtheil habe ich nicht darüber.« Die Entstehung hat nach diesem Bericht den autobiographischen Hintergrund mit dem Entwicklungsroman Wielands und Goethes gemeinsam. Die Vorstellung von »leichten Geschichten« ist aus dem ursprünglichen, nicht zu verwirklichenden Plan eines komischen Romans zu erklären. Dieser war nicht möglich, weil der Erzähler die Überlegenheit eines Wieland *(Geschichte der Abderiten)* gegenüber den [unaufgeklärten] Narren nicht mehr besaß, sondern sich, schon als Konservativer, tief in das Narrentheater der Restaurationsepoche verstrickt fühlte. Die Äußerung läßt nicht erkennen, daß der Dichter erst zum Roman, seiner eigentlichen Berufung, reif wurde, nachdem er als Theaterdichter und Tragiker gescheitert war. Die letzte intensive Arbeitsphase wird von Immermann zu wenig betont. Richtig ist jedoch, daß sich das einmalige Gebilde der Epigonen erst allmählich, in enger Anlehnung an die Erfahrungen und Enttäuschungen des Dichters, also organisch entwickelte, daß dieser Erzähler im Unterschied z. B. zu den theologischen (rhetorischen) Romandidaktikern (Gotthelf, Sealsfield) nicht einfach drauflosschrieb, um die Leser in eine ihnen unbekannte *Teilwelt* einzuführen. Immermann gestaltete die *ganze* Welt, *soweit* er sie erlebt und reflektierend in sich aufgenommen hatte. Er bediente sich der Goetheschen Methode, womit nicht gesagt sein soll, daß er Gotthelf, Sealsfield, Alexis *als Erzähler in einem artistischen* Sinne übertraf.

* Durch einen Hinweis von Gustav zu *Putlitz* (Karl Immermann, Sein Leben und seine Werke, aus Tagebüchern und Briefen an seine Familie zusammengest. Bd. 2, Berlin 1870, S. 139 ff.) weiß

nung festzuhalten. Aber auch diese Existenz betrachtet er als »hohl und trügerisch«. Durch den Mechanismus des Maschinenwesens geht die Schönheit, die Gesundheit, das persönliche Glück der Menschen zugrunde. Der mächtige Fabrikbesitzer erringt den äußeren Sieg über den Herzog; persönlich endet er ebenso unglücklich wie der Herzog. In dieser Parallelität der Schicksale verbirgt sich der nicht nur sozialgeschichtliche Kern des Romans (s. u.).

Abseits von diesen gegensätzlichen Gesellschaftsverhältnissen, aber als politische Hauptstadt mit ihnen indirekt verbunden, steht Berlin, gleich erkennbar, obwohl nicht mit Namen genannt. Auch hier schöpft der Dichter aus eigenen Beobachtungen (Reise). Dort diskutiert man über die neuen rheinischen Provinzen in den Salons; Berlin ist eine »Freistätte aller Gedanken und Meinungen«. Aber es besteht keine geistig prägende Einheit. Auch diese Stadt ist zutiefst vom Scheinwesen der Zeit infiziert, besonders vom ästhetischen und religiösen (Madame Meyer). Die Theater sind mittelmäßig, die Kunstsammlungen willkürlich zusammengesetzt, der Musikbetrieb verfälscht. Selbst Schleiermachers Lehre erscheint dem unbefangenen Kritiker nur als Ausdruck des Berliner »Teepietismus«. Der schwankende politische Untergrund erscheint in dem ebenso interessanten wie unheimlichen Medon.

Wenn derartige Beobachtungen und Urteile über die Zeit – ihr Reichtum konnte nur von ferne angedeutet werden – in einem Roman untergebracht und damit popularisiert werden sollten – und um solche *Wirkung* ging es jetzt dem so vielfach erfolglosen Dichter –, so bedurfte es dazu eines handfesten, womöglich »spannenden« Handlungsschemas. Wie unwichtig dieses aber dem Kulturkritiker im Grunde war, das ergibt sich daraus, daß er es in der Hauptsache einfach der sonst völlig anders (komisch) gearteten Frühstufe des Romans entnahm[110]. Man darf vermuten, daß es ihm leicht möglich

---

man, daß Immermann schon in der Nähe von Magdeburg den Aufstieg eines Kapitalisten vom Schlage des Oheims erlebt und bestimmte Züge dieser Persönlichkeit (Gottlob Nathusius 1760–1835, vgl. Werke, hg. v. Benno v. *Wiese, Bd. 2, S. 699)* übernommen hat. Daß die neuen Beobachtungen des Erzählers im Bergischen Land ebenso wichtig waren, darf man mit Sicherheit annehmen. Schon in dem Brief an Ferdinand Immermann vom 12. 6. 1827 berichtet er über die Vorgänge in den »Fabrikstädten«. Das Treiben der Sekten scheint ihn zunächst mehr interessiert zu haben als die wirtschaftliche und soziale Frage. Doch ergibt sich aus dem gleichen Brief, daß das Landgericht Düsseldorf mit einer Klage gegen die Grafen Recke in Düsselthal befaßt war: wegen »grausamer Behandlung der ihnen untergebnen Kinder«. Es geht dem kritischen Schriftsteller ganz allgemein um das Phänomen des Kapitalismus und Industrialismus, das überall in ähnlicher Gestalt erschien und zur Auseinandersetzung herausforderte. Weniger interessiert ihn das soziale Schicksal der Fabrikarbeiter. In dieser Hinsicht tut der Sozialroman der 1840er Jahre (z. B. Ernst *Willkomm,* vgl. Bd. II, S. 892 f.) schon einen großen Schritt über Immermann hinaus, – *wobei sich die dichterische Qualität weiter verschlechtert* (Ilsedore *Rarisch,* Das Unternehmerbild in der deutschen Erzählliteratur der ersten Hälfte des 19. Jahrhunderts. Ein Beitrag zur Rezeption der frühen Industrialisierung in der belletristischen Literatur, Berlin 1977). Aus der erweiterten sozialgeschichtlichen Perspektive Rarischs wird »Immermanns Rückzug ins biedermeierliche Idyll« (S. 64) noch deutlicher. Freilich ist »die innere Wirklichkeit« auch später die Instanz der deutschen Romandichter (S. 65). »Das Gros der Autoren bleibt gedanklich hinter den praktischen Sozialreformern der vierziger Jahre, zu denen auch Industrielle wie etwa Friedrich Harkort gehörten, zurück« (S. 155). Sehr überzeugend! Nur daß man daraus auch den Schluß ziehen kann, daß ein Dichter, der mit den Praktikern konkurrieren will, sich überall, nicht nur in Deutschland, auf dem Holzweg befindet.

gewesen wäre, eine neue Fabel zu erfinden. Offenbar bediente er sich hinsichtlich des plots ganz bewußt des juvenilen, rohen, aber wenigstens »sinnlichen«, populären Romanansatzes; denn um große Dichtung ging es, in seiner Vorstellung, bei dem aktuellen oder jedenfalls zeitgeschichtlichen Roman von vornherein kaum mehr. Gundolfs Vorwurf (»Gruselschablone«) ist objektiv nicht unberechtigt, doch dient er dem Verständnis wenig; denn dazu ist das Eingehen auf die Absicht des Erzählers notwendig. Literarhistorisch gesehen bildet die Erzählhandlung der *Epigonen* eine Kombination des Individualheldenschemas, wie es z. B. im Entwicklungsroman vorgebildet war, und des Familienschemas, das besonders in der Romantik (*Elixiere des Teufels, Romanzen vom Rosenkranz* u. a.) beliebt war. Der vermittelnde Charakter Immermanns zwischen den verschiedenen Klassen und Weltanschauungsfronten der Restaurationsepoche wirkte sich schon in der frühen Fabel aus; auch insofern war sie für einen so weit ausgreifenden Roman nicht ganz ungeeignet. Durch den Zentralhelden (Hermann) können die verschiedenen Schichten der Gesellschaft in einer subjektiven, d. h. menschlich ansprechenden und einigermaßen einheitlichen Perspektive dargestellt werden. Auch das Familienschema dient der Verbindung der verschiedenen Gesellschaftskreise, noch mehr allerdings – wie in der Romantik – der Enthüllung der Vergangenheit, der früheren Sünden. Mit den Fortschritten der Handlung verbinden sich, wie schon in der Karneval-Erzählung, Rückgriffe in eine immer unerbittlicher in die Gegenwart hinüberwirkende Vergangenheit. Nicht nur an einer einzelnen Stelle, wie in der *Gräfin Dolores*, sondern allenthalben erheben die alten Sünden das Haupt, so daß *der Eindruck einer völlig korrumpierten Familie entsteht. Und indem diese Familie zugleich symbolisch für die ganze Gesellschaft steht, gewinnt die Verderbnis einen allgemeinen historischen Charakter.* Wohl wirkt, wie wir schon sahen, überall bei Immermann die christliche Gedankenwelt, hier der Erbsündebegriff nach; insofern ist die Fortführung des romantischen Schemas nicht zufällig. Doch der Sündenerkenntnis antwortet nicht mehr die christliche Heilsbotschaft: die christliche Buße ist zur gesellschaftsethischen Entlarvung und zur Analyse der jüngsten Vergangenheit geworden. *Mit bloßer »Tendenz« darf diese umfassende Satire freilich nicht verwechselt werden.* Schon die Tatsache, daß neben die Kritik des absterbenden Feudalismus die Kritik des erst entstehenden Kapitalismus und der aufsteigenden preußischen Hauptstadt tritt, beweist, daß Immermanns »Zeit« nicht nur seine eigene Lebensperiode, die sogenannte Epigonenzeit umfaßt. *Er analysiert langfristige Probleme, und auch die Vorzeichen, unter denen es geschieht, stammen nicht einfach aus den 1830er Jahren.* Wie sich die christliche Zukunftshoffnung im Marxismus zum Traum eines irdischen Paradieses verwandelt, so beginnt sich bei Immermann die Erbsündenlehre in die nachchristliche Untergangsmusik, die in Nietzsche, im Expressionismus, in Spengler weitertönt, zu verwandeln.

Immermann war sich, ähnlich wie Gotthelf – besonders die Kapitalismuskritik verbindet die beiden Erzähler, – der »divinatorischen« Leistung, die er im Bettlergewande des Trivialromanciers vollbracht hatte, wohl kaum bewußt. Sonst hätte er sich nicht über die Kritik des idyllischen Schlusses, den er den *Epigonen* gab, gewundert[111]. Zwar darf man die Schlüsse in der mehr konstruierenden als organisch bildenden Romanliteratur dieser Zeit insgesamt nicht so blutig ernst nehmen, – auch darin besteht eine Parallele zu

Gotthelf –; aber der Schluß der *Epigonen* ist doch besonders überraschend. Er verrät, daß Immermann, bei all seinen Ahnungen und Durchblicken, doch auch in *tiefen* Bewußtseinsschichten seiner Zeit verpflichtet war. Er greift hier nämlich, wie längst bekannt ist, zu einer vollkommen biedermeierlichen Auflösung der Widersprüche. *Der Fabel nach könnte Hermann,* der am Ende als steinreicher Märchenheld, als Erbe des herzoglichen Grundbesitzes *und* der Fabriken dasteht, *jede beliebige Utopie entwickeln.* Doch er begnügt sich damit, die Fabriken stillzulegen, sich und den Seinen eine agrarische »Insel« zu sichern und im übrigen, was den Weltlauf betrifft, schwarzzusehen. Noch ist es fast, als schäme sich der Dichter dieser Lösung, denn er beschreibt sie mit wenigen Worten. Dies entspricht genau dem erst beginnenden Hochbiedermeier um 1835. In den folgenden Jahren jedoch festigt sich, wie wir wissen, die Stille in Mitteleuropa. *Noch einmal sieht es so aus, als ob man den »industriellen Wogen«, dem »trockenen Mechanismus« entgehen könne.* Die fortschrittlichen Schriftsteller dürfen nicht mehr publizieren (vgl. Bd. I, S. 177ff.). So kommt es, daß die grüne Idylle, die nicht nur im *Epigonen*schluß, sondern schon mitten im Roman als »kleine Meierei« Cornelies »unweit der Fabrikbesitzungen« des Oheims auftaucht, im *Münchhausen* eine gewaltige Ausweitung und eine noch stärkere Abstützung durch die gesellschaftliche Wirklichkeit gewinnt. Beide Romane gehören in das relativ windstille Lustrum nach 1835 und bilden in mancher Beziehung ein Ganzes.

Es war sicher ein großes Verdienst, als Hans Mayer 1959 darauf aufmerksam machte, daß die Epigonen dieses Romans mit den literarischen Epigonen der deutschen Germanistik herzlich wenig zu tun haben, weil sie nicht bewundernd, sondern anklagend auf die früheren Generationen zurückblicken. Interessant war auch der Nachweis, daß es bei Balzac genau so wie in Deutschland die bei uns so viel verschriene Resignation gibt[112]. Gleichwohl kommt es uns heute beim Wiederlesen dieses Aufsatzes so vor, als ob der größte Teil des Romans unberücksichtigt durch die groben Maschen von Mayers marxistischem Netz gleite. Der Grund dafür liegt wohl einfach darin, daß Mayer die Macht der Tradition in dieser Zeit und in Immermann selbst nicht ernst nehmen konnte und einen im Grunde konservativen Zeitroman, auch wenn er kapitalismusfeindlich war, als einen Widerspruch in sich selbst betrachtete. Mit dem Worte konservativ soll nicht gesagt sein, daß der Erzähler der *Epigonen* die Möglichkeiten des Adels oder der Kirche überschätzte. Eher das Gegenteil ist der Fall. In einer Antwort auf eine private religiöse Epigonenkritik sagt Immermann nur noch ein wenig deutlicher als an vielen Stellen des Romans, daß er *keine* objektive Autorität anführen kann: »Das Individuum hat sich mit seinen Ansprüchen bis zur eigensinnigsten, ja krankhaftesten Spitze heraufgetrieben, aber eben darum ist es auch über den Punkt der Befriedigung in sich selbst schon hinweg. Alle Menschen empfinden jetzt ein Bedürfniß nach allgemein gültigen Unterlagen des Daseins[!], nach organischen, objectiven Lebensformen, ohne gleichwohl zur Ergreifung derselben schon geschickt zu sein, weil es dabei immer auf eine starke Entäußerung des Egoistischen, Individuellen ankommt. Eine Kirche giebt es kaum noch[!], der Feudalismus hat ganz aufgehört[!] und etwas Analoges, wie der Staat des Alterthums, erblicken wir nur erst in der Zukunft in dämmernden Umrissen«[113]. Eine solche Äußerung wird nur richtig interpretiert, wenn man das empfindliche, ontisch orientierte Wahrheitsbedürfnis in ihr erkennt. Wenn also z.B. Wilhelmi im Stile der Hegelianer, die ja die Väter des Marxismus waren, den Staat anpreist, so darf man ihm, nach der Meinung Immermanns, nicht glauben, obwohl er den neuen Staatsglauben mit dem mittelalterlichen Drang zum »Heiligen Grab« vergleicht. Hermann hat in den Augen des Erzählers recht, wenn er ihm antwortet: »Aber alle diese erhabnen Tröstungen zeigen sich bei näherer Betrachtung denn doch meistens als Schein« (*Die Epigonen* 6. Buch, 8. Kap.). Immermanns konservative Narrenvorstellung, die in letzter Zeit mit Recht als zentraler Punkt seines Weltbilds erkannt worden ist, bezieht sich nicht einfach auf einen Abstand von der Wirklichkeit, sondern auf das *Verfehlen der wahren, gültigen Wirklichkeit.* Der preußische Staat, an den Wilhelmi wohl dachte, war sehr wirklich; aber offenbar fehlte ihm etwas, um, in den Augen des Dichters, eine »allgemein gültige Unterlage des Daseins« (s. o.) zu bilden. Die katholische Kirche hatte durch die Romantik ebenfalls an Macht gewonnen, und doch gehört die Berliner Madame Meyer, die byzantinisch oder nazarenisch katholisiert, wie Schadow und seine Jünger in Düsseldorf, zu den Narren. Im 4. Kapitel des 7. Buches wird ausführlich erzählt, wie der Oheim unter der Kirche eines säkularisierten Klosters leidet, weil sie »hart an den Geschäftszimmern des Besitzers« liegt und wie er sich zum Bau einer neuen Kirche bereit erklärt, aber zurückgewiesen wird: »Allein die Geistlichkeit, wohl wissend, wie ersprießlich ihrer Sache ein traditionelles Altertum sei, war dagegen stets auf das Bestimmteste eingekommen, und die Behörden konnten wohlerhaltne Rechte nicht aufheben. Mit allem Gelde vermochte er daher nicht, sich vor den Reminiszenzen des Adels und der Kirche zu schützen...« (ebd., 7. Buch, 4. Kap.). »Traditionelles Altertum!« »Reminiszenzen!« Offenbar auch keine »allgemein gültigen Unterlagen des Daseins«. *Aber eine Macht.* Und auch die »stille Gemeine« der Wuppertaler Pietisten ist stärker als der Kapitalist, obwohl sie respektlos »Herde« genannt wird. Nirgends ein »allgemein gültiges Fundament«: »Schein« sind die einen wie die andern.

Benno von Wiese, der wohl als erster der Narrenvorstellung Immermanns systematisch nachgegangen ist, sagt: »Diese Freude am Närrischen wurzelt in der Romantik« [114]; er zitiert auch, um dies zu beweisen, aus Friedrich Schlegels *Gespräch über die Poesie.* Zugleich aber spricht er vom »Welttheater der Narrheit« [115], womit doch zum Ausdruck gebracht wird, daß bei Immermann nicht nur »das eigentliche letzte Prinzip alles Amüsanten« (Friedrich Schlegel), sondern eine sehr viel ernstere sittlich-religiöse Vorstellung zum Ausdruck kommt, die seit dem *Narrenschiff* und länger in der Christenheit wirkte, im Rokoko ein Hauptträger der gegen die Aufklärung gerichteten Skepsis war, ganzen Dichtungen Wielands, wie der *Geschichte der Abderiten* und dem *Neuen Amadis,* ihren Mittelpunkt gab, sicher auch in romantisch überformter Gestalt bei Arnim *(Der tolle Invalide),* bei Hoffmann *(Prinzessin Brambilla)* sich amüsant gab, dann aber während der Biedermeierzeit im vollen Ernste restauriert wurde, z. B. von dem entschieden sittlichen, aber wenig amüsanten Stifter und bei dem ebensowenig verspielten Gotthelf *(Anne Bäbi Jowäger* u. a.). Schon der gesellschaftskritische Einschlag der Narrenvorstellung – die Kirchenkritik gehört dazu – ist ein Hinweis auf ihre nicht nur poetische, sondern sittlich-religiöse Bedeutung. Benno von Wiese: »Die Skala des Närrischen reicht von der bloßen Schrulle (der Schneider) über die komischen Originale (der alte Komödiant, der Johanniterritter), die bizarr grotesken Einfälle des Intellektuellen (der Arzt), die Prinzipienreiterei ohne Realitätsbewußtsein (die jungen Demagogen, aber auch die beiden Schulmänner), über die ironisch charakterisierte Madame Meyer..., die adligen Standesnarren (der Herzog, das Fräulein Theophilie) bis zu den verwickelten problematischen Naturen. Hier freilich beginnt das Närrische die Züge des Krankhaften anzunehmen, so schon bei dem sehr weltlichen Domherrn, der dennoch so ängstlich auf seine persönliche Unsterblichkeit bedacht ist, noch mehr bei dem konvertierten Hausgeistlichen, der in seiner Unduldsamkeit die Sünde geradezu provoziert, um den Reuigen bekehren zu können, oder beim Grafen Heinrich, der aus übersteigerter Empfindsamkeit (Freundschaftskultus) und adeliger Libertinage noch den Freund und die Geliebte ruiniert« [116]. Ich frage mich, ob man die Libertinage noch unter dem goethischen und *realistischen* Begriff des »Krankhaften« unterbringen kann; denn die Stoßrichtung gegen die Rokokoempfindsamkeit, die in der Kritik des Grafen Heinrich erkennbar wird, ist die zentrale sittlich-religiöse Achse des Romans. *Der Erzähler urteilt, entsprechend den Normen der moralischen Biedermeiergeneration, streng über den frivolen Vater des Herzogs, Hermanns und Johannas.* Es ist die historische Sicht der Epigonen, d. h. des betroffenen jüngeren Geschlechts, keine biologische, – wobei allerdings zugegeben werden soll, daß auch der Wahnsinn im Gefolge *sündiger* Narrheit auftauchen kann. Der Held selbst ist ja eine Zeitlang von ihm bedroht. Doch ist gerade dies Motiv ein Hinweis auf den Ernst und die Tiefe von Immermanns Narrenvorstellung.

Benno von Wiese erkennt selbst den Zusammenhang, der zwischen dem Narrenwesen und dem ebenfalls zunächst aus dem Rokoko überkommenen Okkasionalismus besteht. Der »rätselhafte Gott Zufall« (ebd., 1. Buch, 11. Kap.) wird gleich zu Beginn des Romans vom Helden angesprochen und vom Erzähler in ständiger Aktion gehalten. Diese von Wieland und auch von Goethe verehrte Gottheit (»Göttin Gelegenheit«) verbindet Immermann mit der älteren Generation und trennt ihn ganz offensichtlich vom biedermeierlichen Vorsehungsglauben, der öfters verspottet[117], manchmal auch von dem stets lavierenden Erzähler wieder ins Spiel gebracht wird, aber sich dann doch sehr konventionell anhört*. Ich neige daher dazu, Benno von Wieses Frage, ob der Zufall in den *Epigonen* nur ein Bauprinzip des Erzählens sei oder metaphysische Bedeutung habe, religionsgeschichtlich zu beantworten (z.B. ebd., 2. Buch, 2. Kap.). In einer Welt, die der »Gott Zufall« lenkt, kann der Mensch nicht anders als närrisch handeln. Hinter der Zeit- und Gesellschaftskritik taucht, ähnlich wie bei Heine und Nestroy, *ein Zweifel an der Welt im ganzen auf, der den Weltschmerz der Papierfenster im Gewande der komischen Darstellung weiterführt und im völligen Widerspruch zum zupackenden Optimismus der realistischen Epoche steht.* Auf diesem Hintergrund ist auch die starke Schematisierung der Figuren, besonders der Nebenfiguren zu sehen. Gewiß, es gibt genug komische »Originale«. Aber dieser Begriff meint, wie überhaupt im Biedermeier, doch mehr die Absonderlichkeit als die Individualität. Schon die übermäßig große Zahl der Nebenfiguren ist ein Hinweis darauf, daß hier mehr das Narrentheater bevölkert als Individualitäten im Sinne Goethes oder des Realismus ernstgenommen und verständlich gemacht werden sollen. Der Erzähler verfährt etwa im Sinne des Hirten, der gleich nach der zitierten Cornelienstelle mit Bezug auf den Heimkehrer eine Volksweisheit von sich gibt: »Ich sage es ja immer, das Vieh ist vernünftiger als die Menschen, da schreit doch jedes Zicklein, wenn es sich verloren hat, nach seiner Alten, und läuft zu ihr, wenn es sie wieder erblickt« (ebd., 3. Buch, 10. Kap.). Es gibt immer wieder um die »allgemein gültigen Unterlagen des Daseins«, die *sich im Volke noch unversehrt erhalten zu haben scheinen*, in der Gesellschaft dagegen von dem skeptischen Erzähler nicht mehr erkannt werden können. Cornelie ist die einzige »unversehrte Lichtfigur« des Romans und diese nur, »weil sie so sehr ›Natur‹ ist, daß die gefährlichen Einflüsse der Zeit ihr nichts anhaben können« [118].

Sie ist dies offenbar gemeinsam mit ihrem Gegenteil, dem Flämmchen; denn dieses wird mit geradezu allegorischer Deutlichkeit als Elementarwesen aufgefaßt. Von Flämmchen heißt es anläßlich von Geständnissen, die sie gegenüber Hermann, besonders über ihre »unbesiegliche Lust zum Tanze« macht: »Der Naturgeist zuckte hier gleichsam in seiner ganzen neckischen Ungebundenheit unter seiner menschlichen Hülle, All und Individuum lagen miteinander im Streite[!], und aus ihrem Ringen entsprangen die Zuckungen, welche äußerlich wie Possen aussahn« (ebd., 7. Buch, 9. Kap.). Das wilde Mädchen wird später ohne Sarg beerdigt, um ihre Naturnähe zu symbolisieren: »Den Elementen hatte sie im Leben näher angehört, als der menschlich-gesellige Ordnung, den Elementen wurde sie nun im Tode zu unmittelbarer Gemeinschaft zurückgegeben« (ebd., 9. Buch, 12. Kap.). Flämmchen wird mit Hilfe der hexenhaften »Alten« romantisch aufgemacht. Wenn man jedoch die Biedermeierzeit kennt, denkt man nicht an die ursprüngliche Romantik, sondern an die »phantastische Gattung«, an das »Nachtstück«, das fast in jedem Roman, besonders im trivialen, die Funktion hat, durch interessante Einlagen die »Mannigfaltigkeit« zu erhöhen und eine »Ahnung des Wunderbaren« in den sonst oft recht prosaischen Erzählvorgang zu bringen. Von dem dämonischen Hauch der Eichendorffschen Venus hat Flämmchen nicht viel mitbekommen. Insofern sie den Untergrund des Romans mit sexuellen Reizen versorgt, ist sie in einem trivialen Sinne Natur, mehr Rokokonymphe als Lucinde. Wie aber für sie gleichwohl das anspruchsvolle Wort »Naturgeist« gewählt wird, so ist sie auch sonst für den noch nicht überwundenen romantischen Geschmack zurechtgemacht. Wir wissen zwar bereits, daß der Erzähler für den Philister etwas übrig hat (vgl. o. S. 856); aber im Roman sorgt er beinahe ängstlich dafür, daß er ja nicht im »Sande der Gewöhnlich-

---

* Hermann sagt z.B. »Nur ein sonderbarer Zufall hat dieses Zusammentreffen mit Cornelien herbeigeführt. Doch warum nenne ich Zufall, was vielleicht die höchste, die heiligste Schickung meines Lebens ist?« (Werke, hg. v. Benno von *Wiese*, Bd. 2, S. 203). Es ist eine Vorausdeutung auf die Ehe (Familie), die einen der wenigen intakten Werte in Immermanns Weltbild darstellt. Der heiligste menschliche Bereich erhält eine Erhöhung durch das Wort Schickung. Schon zwei Seiten weiter heißt es jedoch: »Ein geringfügiger Umstand entschied endlich seine Empfindung.« Er erkennt: »Sie ist noch ein Kind.«

keit« (ebd., 7. Buch, 9. Kap.) steckenbleibt. Ein gewisser Snobismus hindert ihn daran, so alltägliche Vorgänge wie Raabe oder auch nur Stifter und Gotthelf wiederzugeben.

Er erzählt von diesen aufregenden Vorgängen auch nicht realistisch, d. h. gleichmäßig (vgl. Bd. I, S. 276–279), sondern er gehorcht noch dem *Gesetz der Rhetorik, das für jeden Vorgang den ihm »angemessenen« Ton fordert.* Der Stil der *Epigonen* ist daher außerordentlich reich an verschiedenen Stillagen und entsprechend an *Stilspannungen.* Während der gesalbten Grabrede für die Frau des Oheims – zwei Seiten parodierter Predigt – hört man plötzlich ein »verworrenes Durcheinanderreden vieler Menschen«. »›Es muß etwas an der Maschine zerbrochen sein, man hört sie nicht mehr‹, sagte der Oheim. ›Gehe einer hin und sehe zu. Welche widrige Unterbrechung!‹ Einige Arbeiter schwangen sich den steilen Pfad hinauf, der nach dem obern Teile des Berges und nach dem Weiher führte. Doch nur wenige Augenblicke vergingen, so kamen sie wieder herabgestürzt, totenbleich, mit entsetzten Gesichtern. Der Maschinenmeister folgte ihnen, und fiel mit einem Jammergeschrei am Wägelchen seines Herrn nieder. ›Was ist geschehen?‹ fragte der Oheim erschreckt. ›Hat das Werk Schaden genommen?‹ ›Ihr Sohn liegt zerschmettert oben auf dem Berge!‹ rief der Mann, seiner nicht mächtig. Entsetzt drang die Menge herzu. Man bestürmte ihn mit Fragen, wie dieses furchtbare Ereignis sich begeben habe; er war unfähig, zu antworten. Sprachlos starrte ihn der Oheim an, seine Augen standen ohne Bewegung in ihren Höhlen, seine Lippen verloren die Farbe, sein Haupt ruhte an Corneliens Brust« (ebd., 9. Buch, 7. Kap.). Das ist nicht die Sprache des realistischen Romans, sondern die des rhetorischen, eine durchaus typische Sprache, die an allen Höhepunkten der damaligen Erzählprosa so oder ähnlich anzutreffen ist, *mit absoluter Regelmäßigkeit.* Das Kapitel, in dem Hermann, trotz seiner Bedenken, eine verfrühte Werbung bei Cornelie vorbringt und abgewiesen wird, endet im gleichen Extremstil: »Er riß eine Blume vom Stengel und warf sie wild weg. Die Sonne schickte ihre letzten glühenden Lichter über die Hügel; er blickte starr hinein, bis er es vor Schmerz nicht mehr ertragen konnte. Geblendet, taumelnd machte er sich auf den Weg, der zu den Hügeln führte. ›So muß dieser Tag enden, so!‹ rief er laut vor sich hin, und lachte und schluchzte, daß die Begegnenden ihm scheu auswichen« (ebd., 7. Buch, 5. Kap.). Es ist die obligate rhetorische Darstellung von »Affekten«.

Der reine komische Roman in der Tradition des Rokoko ist nicht mehr möglich; denn das Narrentum hat in den *Epigonen* tragische Ausmaße angenommen. Dem Erzähler fehlt die Überlegenheit des alten Satirikers, die der völlig publikumsbezogene Nestroy noch besitzt, weil er die Ordnung, auf die sie zu beziehen wäre, nicht kennt und er selbst in die als tragisch oder tragikomisch erlebte Zeitgeschichte einbezogen ist. Da heute der Gesellschaftsroman die große Mode ist, sind die meisten derzeitigen Immermann-Forscher der Meinung, die Epigonen hätten nichts mit dem Bildungsroman der Goethezeit zu tun [119]. Dazu ist zunächst zu sagen, daß alle Bildungsromane Zeitfragen enthalten und am Beispiel des Helden reflektieren. Auch die öffentlichen Probleme widersprechen dem Bildungsroman nicht. So wird z. B. in der *Geschichte Agathons* die durch die Aufklärung aktuell gewordene Alternative Absolutismus oder Demokratie am Leben des Helden entfaltet. Auch der *Wilhelm Meister,* schon der erste Teil, ist auf seine Weise ein Sozialroman und in der letzten Zeit als solcher interpretiert worden [120], von den *Wanderjahren* gar nicht zu reden. Zum deutschen Bildungsroman gehört, daß eigene gesellschaftliche Beobachtungen und Erlebnisse verwertet werden und die Gesellschaft nicht aus einem solchen Abstand gesehen wird, wie später bei Fontane und bei Flaubert. Putlitz sagt zu diesem Thema: »In den Epigonen ist die poetische Produktion durch die Aufgabe des Werkes noch in besonderer Weise mit der menschlichen Persönlichkeit des Dichters durchdrungen. Er konnte seiner Natur nach das Bild seiner Zeit nur zeichnen, wenn er ihm das Gepräge seines eigenen Geistes gab. Alles was in den Epigonen steht, war von ihm innerlich durchlebt, wenn auch vieles nur im innersten Geist, Gemüth und beobachtenden Sinne, darum mußten die Kraft, Strenge und Herbheit seiner Natur ihre Züge in dem Gemälde kund thun, und schwachen Gemüthern, oder dem nur noch leichter Unterhaltung begehrenden großen Publikum, war diese Speise zu ernst und zu schwer« [121]. Es ist wohl vor allem der in einem innerlichen, »neuen« Christentum wurzelnde Pessimismus des Dichters gemeint, der die Menschendarstellung durchweg ins Komische oder Tragikomische schematisiert, wie auch der tragische Untergang der beiden Repräsentanten von Adel und Kapital. Diese Seite des Romans, die ihn zu einer Art von »politischem

Werther« (Immermann) macht, wurde kaum verstanden, obwohl gerade sie *Die Epigonen* zu einem typischen Produkt der »Weltschmerzperiode« (Berthold Auerbach, vgl. Bd. I, S. 3) macht. Eine völlig unpersönliche Analyse der gleichzeitigen Kultur ohne Klage, Sentiment und sympathische Identifikationsfigur war zu dieser Zeit noch nicht möglich. Zum mindesten für die Erzählstruktur ist es von großer Bedeutung, daß die Familiengeschichte und die sozialgeschichtlich interessierenden Kreise des Romans durch den reisenden Haupthelden verbunden und interpretiert, wie auch gewertet werden. Man braucht nur auf den *Münchhausen* zu blicken, um zu erkennen, welche Gefahr für den Aufbau durch die Absonderung der sozialen Lebenskreise voneinander entstehen konnte.

Es ist nur ein Urteil aus der Perspektive der »Goethezeit«, wenn man in den *Epigonen* »zum ersten Male eine neue Gattung, den gesellschaftlichen Zeitroman« erkennen will [122] oder wenn man von einer neuen »Verwissenschaftlichung des Romans« in dieser Dichtung spricht [123]. *Die Spätaufklärung kennt schon Romane, die noch umfassendere gesellschaftliche Zeitromane sind* und den Mängeln der Zeit angriffslustig zu Leibe rücken, sie nicht nur beklagen: z.B. Christian Gotthilf Salzmanns erfolgreicher, wenn auch durch Klassik und Romantik verdrängter Roman »Carl von Carlsberg oder über das menschliche Elend«, 6 Bände, Leipzig 1783–88. (*Neudruck hg. v. Günter Häntzschel, Bern u.a 1977) Auch hier werden die zeitgeschichtlichen Massen durch einen Helden zusammengehalten.* Ob Immermann den Roman gekannt hat oder nicht, – in diesem Punkt geschieht jedenfalls ein Rückgriff auf die in Deutschland heillos verratene und verlästerte Aufklärung.

Die Wissenschaftlichkeit der Romane – man kann auch bei dem Pädagogen Salzmann davon sprechen – ergibt sich einfach daraus, daß der Roman noch immer keine Dichtung, sondern eine rhetorische Form ist, die von jeher wissenschaftliche Inhalte in sich aufgenommen hat, z.B. im Barock. Neu sind schlanke, straffe Romane wie *Werthers Leiden* oder die *Wahlverwandtschaften,* nicht diese allesumfassenden »enzyklopädischen« Romane (Jean Paul) [124]. Man wird also, wie immer in der Biedermeierzeit, nach vorwärts und rückwärts blicken müssen, wenn man *Die Epigonen* geschichtlich richtig plazieren will. Bei einem Vergleich mit Salzmann fällt vor allem die (richtige oder falsche) *historische* Argumentation Immermanns auf, *der im Grunde restaurative Versuch, die aufgeklärte und empfindsame Generation für das Unglück der Nachgekommenen verantwortlich zu machen,* – man erinnere sich an die Ablehnung von Lessing und Jean Paul! Neu ist auch die kräftige Gestaltung einzelner tragischer Schicksale, die die angeblich so unglückliche alte Generation der Metternichschen Gegenwart repräsentieren. Der Grund für den Unterschied zwischen Salzmann und Immermann liegt also darin, daß von einer ganzen Generation verpfuschter Menschen erzählt werden soll. Er liegt aber auch in den Zugeständnissen an den Trivialroman, der größere *Effekte* braucht als ein Gesellschaftsroman. Salzmanns Thema ist das menschliche Elend, das er mit unerbittlicher Konsequenz in *allen* Teilen der gleichzeitigen Gesellschaft aufspürt und das er gemildert sehen will. Diese Episoden aus sämtlichen Lebenssphären sind ihm allein wichtig. Das Schicksal des Helden hat höchstens den Sinn, daß man den »wissenschaftlichen« Bericht auch Frauenzimmern vorlesen kann; es ist ganz offen eine Einkleidung. Salzmann schreibt in erster Linie für Gebildete, während Immermann, der beginnenden Demokratisierung entsprechend, mit einem größeren Publikum gerechnet hat. Das ergibt sich wohl auch aus einem Brief von 1839: »Hin und wieder war mir so, als könne mir die Nation wohl dankbar sein. Ich habe mich darin getäuscht, das Werk hat sich zwar viele Freunde erworben, es im Ganzen aber doch nicht über einen succès d'estime hinausgebracht« [125]. Er meint, daß der Roman von einzelnen Rezensenten gut besprochen und von den Bekannten gelobt, aber nicht gekauft wurde.

Worin liegen die Gründe? Die Erzählstruktur ist nicht so schlicht, wie man bei Zugeständnissen an den Trivialroman erwarten sollte. Wieder einmal wußte Immermann
nicht so genau, was er eigentlich wollte. Daß die subjektive Erzählhaltung, die in den
Epigonen herrscht, realistischer ist als die objektive[126], kann man im Blick auf Sterne
und Jean Paul und andrerseits mit Rücksicht auf die realistischen Programmatiker von
Julian Schmidt bis Spielhagen unmöglich behaupten. Die subjektive Erzählhaltung hatte
etwas vom *Salonstil* (vgl. Bd. I, S. 622–625) an sich, der dem kleinbürgerlichen Publikum
zuwider war und entsprechend von den realistischen Programmatikern, die ins Kleinbürgertum vorzudringen versuchten, abgelehnt wurde. Die Reflexionen des Erzählers sind in
den *Epigonen* nicht so unbeherrscht ausladend wie oft bei Gotthelf – er predigt normalerweise nicht –; aber sie erschwerten doch das Verständnis bei einem einfachen Publikum. Vor allem widersprach das komplizierte 8. Buch (»Korrespondenz mit dem Arzte
1835«) allen Prinzipien des objektiven volkstümlichen Erzählens. Die Immermann-Forschung hat in der letzten Zeit gelernt, diesen, die Chronologie des Erzählablaufs störenden, Teil der *Epigonen* zu verstehen und nicht wie früher unter realistischen oder
volkstümlichen Stilprinzipien als Stilbruch zu tadeln; er ist eine »konsequente Weiterführung der subjektiven, vom Mittelsmann Hermann abhängigen Erzählhaltung Immermanns... Wenn der Augenzeuge fehlt, muß sich der Erzähler selbst informieren« [127].
Auch die Tatsache, daß Hermann doch nicht immer das Auge des Erzählers ist, sondern
dieser manchmal allwissend über Hermann berichtet[128], überrascht den Kenner der
eher handwerklich als technisch arbeitenden Biedermeierzeit nicht. Trotzdem bleibt der
erwähnte *Widerspruch zwischen einem trivialen und hochkultivierten Roman.* Sozialgeschichtlich gesehen ist es nicht anders. Obwohl man so viel vom Aufstieg des Bürgertums
spricht, der sich in diesem Roman widerspiegle, ergibt sich bei näherer Überlegung wieder die typische Immermannsche Ambivalenz. Der Erzähler erkennt mit Klarheit den
Verfall des Adels, klarer als Fontane, ist man versucht zu sagen; aber wie er, trotz der Ablehnung der Kirchen, ein tiefinnerlicher Christ blieb, so ist er auch kein Klassenkämpfer,
sondern ein stiller Verehrer des Adels – und zwar deshalb, weil er ein Geistesaristokrat
ist*. Das Bürgertum konnte sich bei diesem fortwährenden Hin und Her in der Beurteilung des Herzogs und der Herzogin unmöglich so angesprochen fühlen wie von Freytags
Soll und Haben. Der Oheim ist ein bürgerlicher Klassenkämpfer: »Auch ist es endlich
einmal Zeit, daß eine beßre Ordnung[!] in der Welt gestiftet wird. Das Herz blutet einem,
wenn man sieht, wie sie mit dem Ihrigen wirtschaften. So erfuhr ich im Vorüberfahren,
daß der Herzog einen herrlichen Kalkbruch, der ihm jährlich die sicherste Rente abwer-
fen würde, aus bloßem Eigensinne nicht aufbrechen läßt... Du weißt es nicht, denn du
bist noch zu jung, wie uns andre dieses bevorzugte Geschlecht drückte, peinigte, ver-

---

* Ich denke an seine heftige Reaktion auf die durchaus *bürgerliche* Julirevolution. Zunächst ist er
begeistert, weil er meint, »die Elite des Geistes« habe die Pariser Revolution zustande gebracht:
»Diese ist nach dem göttlichen Rechte der Natur[!] in solchen Krisen allein befugt zu sehen, ne quid
detrimenti res publica capiat« (an Michael Beer 15. 8. 1830). Neun Monate später schreibt er: »Ich
theile ganz Deinen Ekel und die Langeweile an den quatschen Franzosen... Ich habe einen theuren
Schwur gethan, nun auch nie wieder mich betrügen zu lassen, und je etwas Vernünftiges von Massen
zu erhoffen« (an Ferdinand und Hermann Immermann 18. 4. 1831).

drängte, wie es sein Gift in das Innerste unsrer Häuser spritzte!« (*Die Epigonen,* 4. Buch, 9. Kap.). Die utilitaristische, moralische, ja sogar die soziale Aufklärung ist in dem Oheim lebendig; denn er sorgt für seine Arbeiter und läßt seinen leitenden Angestellten einen großen, schöpferischen Spielraum. *Aber auch dieser Oheim gehört für Immermann zu den Narren.* Als tragischer Narr wird er mit dem Herzog parallelisiert; denn *der Erzähler ist kein Materialist und kein Moralist, sondern er mißtraut der neuen kapitalistischen »Ordnung« genauso, wie er die alte, feudale kritisiert.* Beide Ordnungen widersprechen als ein hierarchisches und zivilisatorisches System dem Ideal der Natürlichkeit und der »Seele«, dem Immermann vor allem huldigt: »Wenn er mit diesem Zustande [Industrielandschaft] das Leben auf dem Schlosse des Herzogs verglich, so fühlte er sich nur noch unbehaglicher erregt. Es ist wahr, hier gehörte alles tätig der Gegenwart an, und dort zehrte man von Erinnerungen, bestrebte sich umsonst, der Vergangenheit neues Leben einzuhauchen, aber jene Örtlichkeiten und ihre Bewohner erzeugten doch in der Seele eine Stimmung[!], während er hier vergeblich danach rang, den Knäuel der dumpfen und niederdrückenden Wirklichkeit[!] sich zum Gespinste[!] zu entfalten. Entschieden war es ihm: wenn diese Bestrebungen weiter um sich griffen, so war es in ihrem Umkreise um alles getan, weswegen ein Mensch, der nicht rechnet, leben mag« (ebd., 7. Buch, 3. Kap.). So sieht der bürgerliche Realismus aus, den Immermann angeblich vertritt. Wenn Hermann am Ende des Romans das Werk des Oheims, wenigstens zu einem Teil, zerstört, und sich nur für das »grüne Plätzchen«, wo er mit seiner Familie leben kann, interessiert, wenn im Schlußbild gar noch ein General auftritt, als Gemahl seiner Schwester, so entspricht dies nur dem Konservatismus, zu dem er sich immer bekannte, *weil das »Herz« sein Maßstab war und er vor den rationalen historischen Entscheidungen, die das Jahrhundert auch in Deutschland forderte, in ein Niemandsland der Natur auszuweichen versuchte.* Man kann von einem Freunde Tiecks auch unmöglich etwas anderes verlangen. Der General gibt erneut einen Hinweis auf *Preußen und Berlin.* Das von Immermann ersehnte Berlin war schon durch des Generals spätere Frau, Johanna, im Roman stets gegenwärtig. Ein anderes Handlungsmotiv, das ebenfalls nur als eine Verbeugung vor Berlin, diesmal vor dem durch Friedrich Wilhelm III. geprägten, christlichen, verständlich wird, *als ein Abschwören des Rationalismus,* ist die Bekehrung des Arztes. Die *literarische Macht* der christlichen Kreise Berlins ist uns durch Hengstenberg (vgl. Bd. I, S. 151 ff.) und aus der Gotthelf-Philologie wohl vertraut (vgl. u. S. 888 f.). Der Arzt ist auch bei Gotthelf *(Anne Bäbi Jowäger)* und nicht anders bei Tieck (vgl. z. B. »Der Schutzgeist«) der eigentliche Gegner der Religion, sozialgeschichtlich gesehen: der Konkurrent der noch immer mächtigen Pastoren. Noch deutlicher erinnert der unbestimmte, theologisch nicht eigentlich verbindliche Wortlaut der Bekehrungsgeschichte an Tieck, der wußte, wie man die Herzen der Salonmenschen höher schlagen läßt: »Da, auf einmal, fühlte ich in mir die Existenz Gottes, und seine unmittelbarste Gegenwart in mir, so daß ich nun ganz bestimmt wußte: Er ist. Und zwar nicht als Begriff, Idee, sondern sein Dasein ist ein reelles. Der Sitz dieser Empfindung war der ganze Mensch zwar, jedoch hauptsächlich und vorzugsweise das Herz, in welchem sich dieselbe wie ein sanftes Wirbeln gestaltete, welches das Herz zugleich in den Mittelpunkt des Weltalls rückte, und es auf einen Zug begreifen lehrte, in welchen Gesetzen der Unschuld, Schönheit und Güte dieses ungeheure Ganze erbaut worden sei. Damals wußte ich auch sofort, daß wir nie Gott anschauen werden, daß vielmehr die Seligkeit darin bestehen soll einen solchen Moment für immer zu haben, und daß dann Gott, wie ein ewiges Pulsieren der Heiligkeit, in uns die Stelle des fleischlichen Herzens einnehmen wird. Alles dieses war keine Phantasie, keine Spekulation, sondern eine fast sinnliche Gewißheit. Es dauerte nur wenige Sekunden, auch kann ich den Moment nicht näher beschreiben, denn es würde doch nur auf schmückende Armseligkeiten hinauslaufen« (8. Buch, XII). Wenn wir Immermann nicht ganz zum Konjunkturritter machen wollen, und das verbietet, wie mir scheint, sein Wahrheitsethos, so bleibt nur eine längst in unser Blickfeld gekommene, immer wieder beiseite geschobene, jetzt aber doch wohl unvermeidliche Brücke zwischen Immermann, Tieck und Berlin: das allerfeinste Christentum, der Salonpietismus*.

Gutzkow hat in *Götter, Helden, Don-Quixote* (Hamburg 1838) Immermann zu den Helden, nicht zu den Don Quixotes gerechnet, – was auch möglich gewesen wäre. Er lobt die Diktion der *Epigonen* fast überschwänglich – dies ist im Vergleich mit Gutzkows Stil verständlich –; aber der gute Kritiker, der Gutzkow ist, verschweigt auch die Schwächen des Romans in seinem freundlich werbenden Essay nicht ganz: einmal die »etwas zu starken Romaningredienzien« [129], also *die Anleihen bei der Trivialliteratur* und dann die *überwiegende Negativität:* »Der durchgreifende Ton aller der geistreichen, dem Romane einverleibten Betrachtungen ist Unbehaglichkeit, eine Mißstimmung, ohne Hypochondrie zu seyn, ein Gefühl, daß es anders seyn solle in zahllosen Dingen, als es ist, kurz ein malkontentes stilles Brüten« [130].

Münchhausen

Beide Vorwürfe kann man dem dritten Roman Immermanns nicht machen. Sein Problem liegt an einer anderen Stelle. Wir hörten schon, daß im *Münchhausen* (1838/39) die Idylle, aus kleinen Ansätzen in den *Epigonen,* zu einem konstituierenden Element des Romans gesteigert wird. Man wird an dem Begriff »Idylle« Anstoß nehmen. Haben wir nicht gelernt, daß im Oberhof-Teil des *Münchhausen* einer der Anfänge des »realistischen« Romans liegt? Schildert hier Immermann nicht westfälische Verhältnisse? Darauf ist zunächst zu erwidern, daß der Kreis eines Heimatromans schon dadurch bewußt durchbrochen wird, daß der schwäbische Graf Oswald die Westfälin Lisbeth liebgewinnt

---

* Immermann wandte sich in seinen Briefen immer wieder gegen den Pietismus. So hat er sich z. B. in der Zeit seiner Theatertätigkeit heftig gegen die massiven Bekehrungsversuche seines Bruders Ferdinand gewehrt. Er erkennt die »Symptome des modernen Puritanismus« so scharf wie alle andern Zeitkrankheiten: »Hüte dich vor dieser furchtbaren Krankheit des Geistes« (an Ferdinand Immermann 11. 9. 1834). Trotzdem ist es eine unausweichliche Notwendigkeit, daß ein Schriftsteller, der mit der Kirche so wenig anfängt wie Immermann und trotzdem Christ bleiben will, in die Nähe des Pietismus gerät – des allerfeinsten. Der Salonpietismus war alles andere als naiv und daher ein höchst wirksames Instrument der preußischen Restauration. Die populären und geistig primitiven Formen des Pietismus lehnte Immermann selbstverständlich mit aller Entschiedenheit ab, ähnlich wie das Konvertitenwesen, das ja auch auf recht naiven Grundlagen beruhte, – wenn man von sich anpassenden superklugen Snobs wie Friedrich Schlegel usw. absieht.

und heiratet. Schwaben besitzt noch keine Industrie. Es ist der Inbegriff einer idyllischen Landschaft und so besonders geeignet, neben Westfalen zu treten. In Immermanns Reiseberichten verrät sich sein Interesse für die Bauern aller Landschaften, z. B. des Schwarzwalds[131]. Es geht ihm, wie allen Liberalkonservativen[132], um das Bauerntum überhaupt. *Daß diese Idee mit Hilfe des in der Nachbarschaft vorhandenen empirischen Materials gestützt und veranschaulicht wird, entspricht dem allgemeinen Verfahren der Biedermeierkultur und widerlegt die fundamentale Bedeutung des idealen Schemas nicht.* Er selbst umschreibt dies Verfahren erstaunlich genau: »In der Idylle[!] sehen Sie auch die Poesie an der Wirklichkeit entwickelt und zwar an einer Wirklichkeit der bescheidensten Art, an einem Westphälischen Bauernhofe« (an Eduard Devrient 11. 3. 1840). Selbstverständlich handelt es sich um eine episierte Idylle (vgl. Bd. II, S. 865 ff.), aber um Idylle im Sinne von »Vollglück in der Beschränkung« (Jean Paul). »Idylle« heißt bewußt poetisierte, idealisierte Wirklichkeit. Wie sollte sie bei dem pessimistischen Dichter der *Epigonen* anders möglich gewesen sein? Ich habe an anderer Stelle (vgl. Bd. II, S. 720 ff.) die Hypothese vertreten, daß Melchior Meyrs idyllisches Epos *Wilhelm und Rosina* (1835) einen wesentlichen Ausgangspunkt des Bauernromans bildete. Für den Oberhof ist sie besonders naheliegend. Auch bei Meyr handelt es sich nämlich um eine ungleiche Heirat, allerdings ganz im bäuerlichen Umkreis, und der Vater Rosinas, eine würdig-herbe Bauernpersönlichkeit, erinnert lebhaft an den Hofschulzen Immermanns. Melchior Meyr stammt aus (bayerisch) Schwaben, womit wieder eine Beziehung zur *schwäbischen* Idyllik gegeben ist. Da Immermann ungewöhnlich belesen und rezeptiv war, ist es unwahrscheinlich, daß er ohne direkte und zwar zeitlich nahe Vorbilder zur Bauernidyllik gelangte. Er nimmt sie mit dem gesamten Geiste des Biedermeiers in seine zwiespältige Welt auf. Typisch biedermeierlich, nicht nur bei Melchior Meyr vorgebildet, ist das Achten auf volkskundliche Details und das Verbinden des Räumlichen mit dem *Historischen*. Es kommt ja bei Immermann, ähnlich wie bei Gotthelf, darauf an, die *aristokratischen* Züge des Bauerntums, des Großbauerntums aufzuweisen, und so werden bäuerliche Rechte und Traditionen, wenn auch z. T. nur mit Hilfe der Einbildung, bis in die Zeit Karls des Großen zurückverfolgt. Man hat diesen »historischen Kram« öfters kritisiert, weil er dem späteren Schema einer bloß räumlichen, bloß »natürlichen« (naturalistischen) Heimatkunst nicht mehr entsprach. Für das Biedermeier ist diese zeitliche Tiefe konstituierend. Nachdem Immermann in den *Epigonen* die feudalen Gepflogenheiten einer scharfen Kritik unterzogen hatte, entwickelte er beim Bauernstand das *Bild gediegener Sitte und vermeintlich unbedrohter Tradition*. In diesem urtümlichen Bereiche stehen, anders als beim Adel, Vergangenheit und Gegenwart nicht im Widerspruch zueinander. Dort auf dem Land ist alles wahr, auch die ständische Ordnung (der tieferstehende Patriotenkaspar!) hat dort, in Immermanns Augen, ihren guten Sinn. Die Liebesbeziehungen sind im Bauernstande noch nicht so problematisch wie beim Adel und beim Bürgertum, vielmehr lauter und eindeutig. Die Ordnung der Ehe ist noch nicht bedroht, obwohl vorehelicher Verkehr erlaubt ist. Auch das Verhältnis von Natur und Mensch ist harmonisch. Im gleichmäßigen Rhythmus von Arbeit und Fest lebt man ein natürliches und doch wahrhaft menschliches Leben. Immermann wird hier zum Bahnbrecher des Mythos vom Bauern, vom Volke, noch deutlicher als im *Andreas Hofer* und im *Alexis;* denn während in jenen Werken das geschichtliche Schicksal und Leiden des »ewigen« Volkes jederzeit gegenwärtig bleibt und idyllische Harmonie unmöglich macht, erscheint hier der bäuerliche Kreis in fast idealer Abgeschlossenheit, so daß die Vorstellung entstehen konnte, er sei eine Welt für sich, womöglich die eigentliche Welt. Immermann wurde durch dies Mißverständnis – es ist zum Teil in seiner eigenen Zivilisationsfeindschaft (s. o.) begründet – zum Ahnherrn der realistischen Dorfgeschichte, der Heimatkunst, schließlich der Blut und Boden-Literatur. So kam es, daß der Oberhofteil des *Münchhausen* in gesonderten Auflagen neu erschien, während der Münchhausen-Teil und damit der Roman als Ganzes fast vergessen wurde.

Schon Raabe, der mehr als ein Idylliker war, hat gegen diese Verkennung protestiert: »Wir haben uns ein Unterhaltungsstücklein aus seinem weisen, bitterernsten Buche zurecht gemacht« *(Alte Nester)*. Hugo von Hofmannsthal, R. A. Schröder schließen sich an, und neuerdings ist der Ruf nach einer verständnisvollen Aufnahme des Gesamtwerks nicht mehr zu überhören[133]. Man könnte dagegen einwenden, daß der Dichter erst während der Arbeit am *Münchhausen* auf die Oberhof-Einlage verfallen ist, daß sich die Einlage mit Elementargewalt zum Roman dehnte und dem Dichter schließlich selber lieber war als der Münchhausenteil. Besonders als Spiegelung seiner verspäteten Ehe, mit der die Entstehung des Oberhofs eng zusammenhängt, scheint die Dorfgeschichte den Vorzug existentieller Wahrheit zu besitzen. Ich habe meine Auffassung von dieser verspäteten Ehe schon an anderer Stelle angedeutet (s. o. S. 820). Es läßt sich gar nicht denken, daß sich der Dichter mit dem »gewaltigen Bewußtsein« in der Idylle erfüllte und vollkommen aussprach, weder in der gelebten noch in der gedichteten. Zwar hat Immermann, widersprüchlich wie er immer ist, manches geäußert, was dem späteren Mythos vom Bauern und vom Volke zugute kam; er blickt aber viel zu tief, und er bleibt auch viel zu sehr an den universalistischen Geist seiner Epoche gebunden, als daß er den Teil mit dem Ganzen verwechseln könnte. Auch bei Gotthelf ist dies, wie wir sehen werden (s. u. S. 902 f.), nicht der Fall. Immerhin war für den geistlichen Kämpfer der *alten* Ordnung das Bauerntum von dominierender Bedeutung. Bei Immermann findet sich kein Plan einer zweiten Dorfgeschichte[134]. Nur im ganzen des *Münchhausen* hat seine Bauernidyllik ihren richtigen Sinn. *Der Oberhof ist als Gegenbild, als Gegenwelt zur Münchhauseniade entwickelt worden, und er behält bis zuletzt diese Funktion.* Daß der Roman bei Immermann, wie in seiner ganzen Zeit, wegen des rhetorischen Stilprinzips der Angemessenheit und wegen des Strebens nach Mannigfaltigkeit, nicht unbedingt ein stilistisches Ganzes sein muß, wissen wir bereits. Aus diesem literarhistorischen Grunde eben war die relativ starke Verselbständigung des Oberhofs innerhalb des *einen* Romans möglich. Aber die *dialektische* Einheit der beiden Teile ist unübersehbar. Dem satirischen, negativen Teil wird, wie Immermann sich höchst bezeichnend ausdrückt[135], der Oberhofteil als »das positive Element« gegenübergestellt, als gesundes, tüchtiges, natürliches, vielleicht heilendes Element, aber eben doch nur als *Element,* das vom Ganzen zu unterscheiden ist.

Gehen wir von Immermanns kulturkritischem Auftrag aus, so ist der Oberhofteil wie schon die rousseauistische Idylle als *indirekte Gesellschaftskritik* anzusprechen. Die »negative« Tendenz der *Epigonen* wurde dem Dichter nicht nur von Gutzkow (s. o.) vorgehalten. Der »Positivismus« – noch in dem zunächstliegenden Sinne des Worts – war schon in den progressiven dreißiger Jahren eine weit verbreitete Forderung. Immermann selbst bezieht sich auf dies »neue Wort« (vgl. Bd. I, S. 262) und versucht dem Programm durch den Oberhof zu entsprechen. Der Münchhausenteil ist *direkte Gesellschaftskritik.* In der Gestalt des »Erzwindbeutels« findet er ein treffliches Symbol für den Lügengeist der Zeit. Das Schloß Schnick-Schnack-Schnurr, in dem sich der Hochstapler einnistet, ist brüchig, dem Verfall geweiht. Schattenhafte Scheinwesen bevölkern es: der Baron, der noch im Heiligen Römischen Reiche zu leben glaubt, das empfindsam lüsterne Fräulein Emerentia, der Schulmeister Agesel mit dem historischen und philologischen Spleen, der Bediente Münchhausens, Buttervogel, der sich sein Essen mit höchst zweifelhaften Mitteln beschaffen muß und doch den schwindelhaften Versprechungen seines Herrn Glauben schenkt. Auf diesem Schlosse erscheinen die »Höhererweltehereinragunsmänner«. Die Größen, die der Dichter mit seinem Spotte treffen will, werden oft ziemlich deutlich bezeichnet (z. B. Semilasso für Pückler-Muskau). Trotzdem benötigt auch der Kenner der Epoche einen Kommentar. Dies widersprach und widerspricht dem Ideal einer idealistischen (»allgemeinmenschlichen«) Dichtung und wurde selbst von dem Junghegelianer D. F. Strauß hart getadelt. Wie aber sollte der Dichter anders die deutsche Kultur der Zeit in ihrer bunten, auch persönlichen Vielfalt treffen*? Immermann ging hier noch stärker als in den *Epigonen* den Weg Heines, der aus Aristophanes das Recht zur Personalsatire ableitete. So wird zum Beispiel das ganze IV. Buch, das eine hervorragende, in sich gerundete Satire ist, der Verspottung Kernbeißers (Justinus Kerners) und besonders Eschenmichels (K. A. Eschenmayers) gewidmet. Eine erwähnenswerte Fabel kann bei solcher Methode der Münchhausen-Teil, im Gegensatz zum Oberhofroman, nicht haben. Immermann bedient sich hier des »Sterneschen Stils« – wobei er gleichzeitig zeitgenössische Nachläufer dieses Stils, indem er sie parodistisch nachahmt, zum besten hält. Man muß diese äußerst komplizierte Darstellungsform, die einerseits alt, andererseits auch wieder sehr modern war (Heines *Reisebilder*), im Auge behalten, wenn man den esoterischen Charakter des Münchhausen-Teils und seine geringe Wirkung verstehen will.

Münchhausen ist vor allem eine Satire auf die soziale und metaphysische Bindungslosigkeit der Zeit. Immermann spricht selbst von dem »Luftschloß des Münchhausenschen Nihilismus« [136]. Die Unverbindlichkeit des Spätidealismus und der Spätromantik wird ebenso scharf erfaßt wie das Problematische der progressiven Ideologien. Es ist wichtig,

---

* Gegenüber Tieck, der an der satirischen Behandlung des Hindu (A. W. Schlegel) in den *Epigonen* Anstoß nahm, verteidigt er seine Satire so: »Wegen Schlegels glaube ich doch ein ganz reines Gewißen zu haben. Solche Scherze sind ja von jeher in der Literatur erlaubt gewesen, blickt aus ihnen keine traurige und feindselige Absicht, schwirren sie, wie hier, rasch ohne lastendes Gewicht vorüber, so kann man dem Urheber wohl nicht den Willen beimeßen, das Große u. Gute einer Persönlichkeit zu verunglimpfen von welchem Willen wenigstens meine Seele, wie ich versichern kann, sehr fern war. ... Wäre das angefochtne Capitel ohne rechten Grun(d) willkührlich geschrieben worden, so stände die Sache wieder anders. Allei(n) in einem Buche von universeller Tendenz[!] wie die Ep. mußten nothwendig an einem Punkte die Figuren der deutschen Gelehrtenwelt repräsentirt werden, und es hätte ohne jene Gestalt eine bedeutende Nuance in dem Tableau gefehlt... Die Schlegels haben zu ihrer Zeit Niemand geschont... warum es einem Späteren verargen, wenn eine scherzhafte Nemesis durch ihn redet?« (an Tieck 8. 8. 1836).

daß die Münchhausenianer immer von der Zukunft träumen, sei es nun von der Wiederkehr des ehemaligen Geliebten oder von der Karriere oder von den Profiten einer »Luftverdichtungsaktienkompanie«. Sie wollen etwas *werden*, weil sie nichts *sind*. *Während die Menschen des Oberhofs wenigstens ein Stück der Welt ganz besitzen, wollen Münchhausen und Konsorten alles; aber sie greifen immer in die Luft.* Man mag im Vergleich zu den *Epigonen* feststellen, daß die Angriffsobjekte im *Münchhausen* häufiger der literarischen und gelehrten Welt entstammen – auch darin deutet sich ein spätbiedermeierlicher Rückzug an –; doch in der Hauptsache geht es immer noch um die Kultur in allen ihren Bereichen. Der Dichter bemüht sich um eine humoristische Einkleidung der Satire und zeigt ein ästhetisches Wohlgefallen an dem Spielgeist des Lügenerzählers. Von dem Immermann, der im *Münchhausen* jeanpaulisch selbst auftritt, heißt es: »Er besaß eine grosse Nase, eine markirte Stirn, deren Protuberanzen jedoch mehr Charakter als Talent[!] anzeigten, und einen fein gespaltenen Mund, um den sich ironische Falten wie junge, spielende Schlangen gelagert hatten, die jedoch nicht zu den giftigen gehörten.« Immermann geht im Münchhausenteil auf Heines Bahnen; aber er möchte mit dem vielgeschmähten Emigranten nicht verwechselt werden: *er schreibt nicht so gut, aber er ist gutmütiger.* Die Folge davon – und erst darin liegt das wesentliche Wertungsproblem des *Münchhausen* – ist ein gewisser *Mangel an Dichte und Prägnanz.* Der Ton soll gutmütig sein, »humoristisch«, »scherzhaft«, wirkt jedoch manchmal langweilig. Es mag sein, daß sich Immermann überhaupt mit der Idee eines satirisch-humoristischen Romans übernommen hatte. Das Vermeiden eines durchgehend komischen Romans in den *Epigonen,* der offenbar zunächst geplant war, verrät sein eigenes Schwanken. Andrerseits konnten wir immer wieder beobachten, wie gern und wie erfolgreich er sich um die komische und humoristische Darstellung bemühte. Wir verstehen, daß er den großen Wurf wagen mußte, und einzelnes im *Münchhausen* entzückt uns. Aber es bleibt wie immer bei Immermann ein Zweifel, eine Frage*.

Die neuere *Münchhausen*-Forschung ist ein Beispiel dafür, wie schwer es Geisteswissenschaftlern, jedenfalls Germanisten fällt, schlichte, fundamentale, auch durch den Dichter selbst bezeugte Tatsachen und die auf sie gestützten Forschungsergebnisse anzuerkennen. An sich müßte es doch leicht sein, am Beispiel Shakespeares, Calderons, Jean Pauls und ganz besonders Hoffmanns *(Kater Murr)* zu erkennen, *daß es vor 1848 in ein und demselben Werk starke Stilspannungen, ja sogar eine Art Zweiteilung geben kann.* Dann müßte man allerdings auch wissen, daß wir es mit einem noch in der Rhetoriktradition steckenden, vorrealistischen Werk zu tun haben, etwa im Sinne von Gustav Konrad, der sagt: »Es ist kaum zu bezweifeln, daß, von der Form her gesehen, im ›Münchhausen‹ die

---

* Dies bleibt, trotz wiederholter Lektüre und immer besserem Verständnis der Anspielungen satirischer Art, mein persönlicher Eindruck. Ich stelle aber fest, daß die Jüngeren den Münchhausenteil noch besser verstehen, vermutlich deshalb, weil auch die Gegenwartsliteratur oft ironisch und satirisch gehalten ist und nicht gerade von Heineschem Witze strotzt. Dieser Entwicklung entsprechen ganz offensichtlich derzeitige Schwierigkeiten bei der Rezeption des für das »Herz« geschriebenen Oberhofteils. Er kann offenbar erst in einer verfälschenden Uminterpretation Anerkennung finden (s. u.). Peter Hasubek (Hg. Karl Immermann, *Münchhausen,* München 1977, S. 908) erkennt bereits, daß auch die Aufwertung des Münchhausenteils »ideologisch« – sagen wir freundlicher historisch, durch die Kritiklust der Jüngeren – begründet ist: »Der heutige Leser indes wird mutmaßlich eine – auch wiederum ideologisch bedingte – andere Wertung vornehmen: er wird den kritischen und satirischen Teilen des Romans den Vorzug geben.«

dualistische Barocktradition nachwirkt.« Auf dieser Grundlage erkennt man dann auch die durch den Roman gehende Spannung in ihrer ganzen Stärke: Die Bauernwelt im *Münchhausen* kann »nur aus ihrer spezifischen Stellung gegenüber der Narrensatire begriffen werden. Unter diesem Blickwinkel gesehen, hat das Bauerntum in der Oberhof-Welt etwas fast Statisches und Monumentales« [137]. Tatsächlich ist Überhöhung, ja Mythisierung dieser Bauernwelt, von heute aus gesehen, eine naheliegende Kennzeichnung. Sobald man jedoch realistisch interpretieren will – und man will es traditionellerweise –, ergibt sich auch *eine mehr oder weniger übertriebene Leugnung der Zweiteilung;* denn die Realisten legen den größten Wert auf die »Komposition« (vgl. Bd. I, S. 275 f.) und pflegen *sehr* einheitliche, womöglich sogar dramatisch konstruierte Erzähldichtungen zu verfassen. In diesem Punkt unterscheiden sich Biedermeierzeit und Realismus schroff (vgl. Bd. II, S. 1043–1047). Solange man von einer dialektischen Struktur oder von einer dialektischen Einheit des Aufbaus sprach, ergaben sich noch wertvolle Erkenntnisse. Besonders Statkov ist es gelungen, deutliche Entsprechungen zwischen den beiden Teilen nachzuweisen. Ob wirklich »jeder Erscheinung« im einen Teil eine solche im andern Teil entspricht [138], lassen wir dahingestellt. Romane der Biedermeierzeit sind noch nicht am Reißbrett vorbereitet. Aber es ist selbstverständlich, daß die dialektische Einheit dazu verlockt, Lisbeth und Emerentia, den alten Baron und den alten Hofschulzen, den schwäbischen Grafen und den Spieler Münchhausen usw. miteinander zu vergleichen. Man kann auch anders kombinieren; aber es sind immer sinnvolle Kombinationsspiele, weil die dialektische Grundstruktur nicht übersehen wird. Bei Benno von Wiese besteht schon eine gewisse Gefahr, die Spannung zwischen den beiden Erzählwelten herunterzuspielen, dadurch vor allem, daß er die Narrenelemente im Oberhof und, zu Ehren des Realismus, den Patriotenkaspar und dergleichen Motive überbetont [139]. Doch wird der Gegensatz zwischen Utopie und Satire nicht aufgehoben, und so bleibt immer mancher dauernde Gewinn für die Forschung in seinen Einzelbeobachtungen. Inzwischen ist aber der Drang zur Gesellschaftskritik in der jüngeren Generation so stark geworden, daß sich der Oberhofteil so ziemlich vollständig in Satire verwandelt hat. Gestützt auf eine erstaunlich große Zahl von Zitaten aus der Fachliteratur gelangt Jeffrey L. Sammons in einem imposanten Plädoyer zu dem Ergebnis, daß der Oberhof regressiv und ganz und gar keine Utopie ist. Ehrlich fügt er hinzu, daß er damit wahrscheinlich nicht Immermanns Meinung wiedergibt, womit die Diskussion im Grund auf eine geschichtsphilosophische Linie verschoben wird, die wir hier nicht weiterverfolgen wollen*. Auch sonst droht heute die Immermannkritik die Immermann-Interpretation zu überwuchern, so daß man sich fragt, warum junge Forscher, die alles schon ganz genau wissen, sich überhaupt noch mit der Vergangenheit befassen. Wenn man *voraussetzt,* Immermann müsse, weil er satirisch ist, zugleich sehr kämpferisch sein, so kann man natürlich zu enttäuschenden Schlußfolgerungen kommen: »Die Satire kehrt endlich ihre restaurativ-affirmative Seite hervor, indem sie als – immer schon konservative – Kulturkritik gegen den Fortschritt sich kehrt, dem sie doch zu dienen vorgibt. Immermanns Satire im *Münchhausen,* der alles zum Objekt ihrer Kritik wird – Liberalismus und Despotismus, Hegel und Justinus Kerner, Aufklärung und Obskurantismus, Goethe und Raupach, Industrialismus und Feudalismus, Fortschritt und Reaktion – schlägt um in Unverbindlichkeit und Affirmation« [140].

Selbstverständlich ist, daß die Entwicklung von der Idylle des 18. Jahrhunderts zum Idyll im Sinne der Bauern-Utopie eine Annäherung an den Realismus bedeutet. »Einen Bettschirm mit Schäfern aus Geßners Idyllen« (*Münchhausen,* 3. Buch, 7. Kap.) finden wir in der Rumpelkammer des Schlosses, also in der untergehenden Welt. Der Hof-

---

* »That such was probably not Immermann's intention matters little [!], the result shows only that his sensitivity to the torment of his age was greater than his resources for imposing a positive, forward-looking order on them« (Jeffrey L. Sammons, Six Essays on the Young German Novel, Chapel Hill 1972, S. 149). Ich fürchte, daß unter dem Absehen von der Intention eines alten Dichters auch die Interpretation selbst leidet. So ist schon die hier gestellte Frage nach der Ordnung bei einem Irrationalisten vielleicht nicht ganz angemessen. Aber auch abgesehen davon: War die Mittelstandsutopie *im 19. Jahrhundert* nicht vorwärtsweisend? (s. u.).

schulze ist kein sentimentaler Schäfer, sondern ein tüchtiger Bauer; aber im Widerspruch zur Zivilisation steht auch er, und er lebt in einem verhältnismäßig abgeschlossenen Raum*. Der Graf sieht sich auf dem Oberhof in Tacitus' Zeiten zurückversetzt. Die ständigen Anspielungen auf das Germanentum entrücken den Hof zeitlich der Gegenwart, und dies hat ideologische Folgen: »Darum ist denn auch so ein einzelner Hof ein kleiner Staat für sich, rund abgeschlossen, und der Herr darin König, so gut als der König auf dem Throne.« »Er [der Hofschulze] gemahnt mich, wie ein Erzvater, der dem Gotte seiner Väter von unbehauenen Steinen ein Mal aufrichtet und Trankopfer darauf gießt und Öl, und seine Füllen erzieht, sein Korn schneidet, und dabei über die Seinigen unumschränkt herrscht und richtet« (ebd., 2. Buch, 6. Kap.). Es folgt ein Ansatz zur realistischeren Charakterisierung (»Mischung von Ehrwürdigem und Verschmitztem«); aber schon der nächste Satz heißt wieder: »Er ist ein rechter uralter freier Bauer im ganzen Sinne des Worts« (ebd.). Wenn nun dieser imposante »Erzvater« inmitten »niederländischer« Genrebilder als komischer Bauer mit neun Jacken gezeigt wird, wenn er als Beherrscher des Femegerichts fungiert und, nach der Störung seines Geheimnisses durch den Grafen, in einer grotesken Szene sich mit der Axt duellieren will, so ist dies die gleiche Freude am Unzeitgemäßen, Germanischen oder vielmehr *Primitiven*. Gegenüber dem Hofschulzen gibt es immer nur den das äußere Gebaren relativierenden Humor, keine Satire, die die Substanz dieser »Natur« angreift. Trotz der folkloristisch studierten ländlichen oder auch kirchlichen »Sitten«, die die Oberhofwelt mit Hilfe eines sehr ausgeprägten »Beschreibungsempirismus« (vgl. Bd. II, S. 1009) aufbauen, nähert sich der Hofschulze, im Gegensatz zu den Großbauern Gotthelfs, schon den Gestalten jenseits von Gut und Böse, die dann seit Anzengruber ein bezeichnender »naturalistischer« Bestandteil der Dorfgeschichte werden. Deshalb ist es auch nicht im Sinne des Erzählers, wenn der Patriotenkaspar von heutigen, sozial orientierten Immermann-Forschern so stark hervorgehoben wird. Dieser klassenkämpferische Kleinbauer, der den Hofschulzen um seinen Reichtum beneidet, seine Tochter verführt, nachdem er als Schwiegersohn abge-

---

* Ich muß zur Idyllendiskussion auf meine verschiedenen Aufsätze seit den frühen sechziger Jahren verweisen. Wenn ich die *Kontinuität des Idyllischen in der Dorfgeschichte* stärker betone als die Weiterentwicklung der idyllischen Formen von Geßner bis zum Hochbiedermeier, so liegt dies einmal daran, daß ich die allzu weite Ausdehnung des Realismusbegriffs auch an dieser Stelle nachweisen muß, dann aber auch an der Tatsache, daß das Phänomen des Idyllischen von Hegel, Junghegelianern und Jungdeutschen zugunsten des »Historischen« und Heroischen *abgewertet* wurde. An diesem Punkt ist bereits eine Wendung in der Literaturwissenschaft eingetreten (vgl. u. S. 1037 ff.). Um nichts zu unterschlagen, zitiere ich noch die Stelle, die, auf Kosten anderer Zitate (s. o.), Immermanns Abstand vom Idyllischen nachweisen soll und von einer Immermann-Dissertation zur nächsten weiterwandert: »Die Idyllenschreiber haben uns die Bauernwelt arg verzeichnet! Sowohl die schäferlichzarten als die knolligen Kartoffelpoeten. Sie ist eine Sphäre, so mit derber Natur wie mit Sitte und Zeremonien ausgefüllt und gar nicht ohne Anmut und Zierlichkeit [ist], nur liegt letztere wo anders, als wo sie in der Regel gesucht wird« (nach Jürgen *Hein*, Dorfgeschichte, Stuttgart 1976, S. 31). Die Äußerung zeigt *Kenntnis der Idyllentradition* und schließt nicht aus, daß der Dichter eine *bessere* Bauernidylle nach dem fortgeschrittenen Verständnis seiner Zeit begründen wollte. Die Begriffe Sitte, Zeremonie, Anmut und die besonders hervorgehobene *Zierlichkeit* sind Lieblingswörter des Biedermeiers und in den realistischen Programmen kaum anzutreffen. Daß Immermann bei diesem durchaus zeitgemäßen Bemühen mächtige Anregungen für die spätere Gestaltung der »Georgik« gab, ist selbstverständlich unbestreitbar.

wiesen ist, und entsprechend in Gewalttaten verwickelt wird, der schließlich den Hofschulzen hinterlistig fast zur Strecke bringt, indem er ihm sein Idol, das Schwert Karls des Großen, versteckt, ist von dem aristokratischen Erzähler *nicht sympathisch dargestellt;* er ist vielmehr der psychologisch vertiefte Schurke des Trivialromans, der für spannende Momente zu sorgen hat. Auch der schwäbische Oberamtmann, der den Fall des Patrotenkaspars auf dessen Bitte vor das Gericht bringt, ist kein Vertreter des sittlichen und das heißt bei Immermann fast schon des natürlichen Rechts, sondern ein juristischer Pedant, dessen liebste Lektüre das württembergische Gesetzbuch ist. Er erscheint, wie der Bediente Jochen, im *komischen* Gefolge des jugendlichen Liebhabers, des Grafen Oswald. Die juristische Maschinerie des preußischen Staates, die auf diese Weise in Gang gesetzt wird, kann dem mythischen Helden Immermanns nicht das Geringste anhaben. Der Erzähler benützt die Vernehmung des Hofschulzen nicht nur zu einer » Apotheose des Königtums« [141], zur Demonstration der offiziell gewünschten *Verbrüderung von königlichem Bauerntum und königlichem Absolutismus* (Berlin s. o.); die Vernehmung hat auch den Zweck, dem Erzvater einen grandiosen Abgang zu bereiten. Gegen alle Wahrscheinlichkeit ist der Diakonus, das ideologische Sprachrohr des Erzählers, anwesend, um den Hofschulzen noch einmal aller Kritik zu entrücken. Spätestens an dieser Stelle müßte doch jedem Kenner Preußens – ich meine auch seiner guten, rechtsstaatlichen Aspekte – völlig klar sein, daß ein Märchen erzählt wird. Im Rückblick ergibt sich, daß auch das unter rechtsstaatlichen Gesichtspunkten in der Immermann-Forschung so hart beurteilte Femegericht*, abgesehen von den immer noch nicht völlig überwundenen trivialromantischen Effekten, den Zweck hat, *eine in sich abgeschlossene, gegen die Zivilisation gerichtete, naturhafte und daher idyllische Teilwelt* erzählerisch aufzubauen. Diese ist, sozialgeschichtlich gesehen, ein Symbol für das von Immermann vertretene »korporative« Prinzip, das auf die preußischen Reformen zurückgeht und beispielsweise, durch das Prinzip der akademischen Selbstverwaltung, die deutschen Universitäten an die Spitze der wissenschaftlichen Entwicklung im 19. Jahrhundert führte. Freilich ist, soviel ich sehe, eine differenzierte Untersuchung von Immermanns Prinzip der »Selbständigkeit« (»germanische Freiheit« s. o.) von der heutigen massiv zupackenden Sozialforschung germanistischen Typs noch nicht geleistet worden [142].

Es bleibe im übrigen jedem unbenommen, die grandiose, zur Utopie gesteigerte westfälische Idylle zu verurteilen, unter der Voraussetzung, daß die Möglichkeiten der Interpretation nicht durch ideologischen Kurzschluß verschüttet, sondern zuvor in historischer Hinsicht redlich ausgeschöpft werden; denn sonst hat der wissenschaftliche Umgang mit unserm literarischen Erbe nicht den geringsten Sinn. Daß Immermanns Fundamentalkritik an der Gesellschaft seiner Zeit mit dem bürgerlichen Klassenkampf nicht völlig identisch ist, braucht man nach der Interpretation der *Epigonen* kaum zu erwähnen. Die Satire in der Schloßwelt betrifft den von dem Dichter auch sonst kritisierten Adel, *der nicht auf der Höhe der Zeit steht,* wozu nicht nur die vom alten Baron völlig vernachlässigte

---

* » What Immermann presents is a kind of rural Mafia, governed anachronistically by the rituals of the medieval *Vehmgericht,* rigidly stratified, egocentric, obsessed with ritual, and incapable of humane justice« (Jeffrey L. *Sammons,* Six Essays on the Young German Novel, Chapel Hill 1972, S. 144).

ökonomische Anpassung, sondern auch ein neuer korporativer Zusammenschluß, unter Berücksichtigung der inzwischen vom Volk errungenen Freiheiten, gehören würde (vgl. *Düsseldorfer Anfänge*). Es ist wichtig, daß Münchhausen in demselben 6. Buch, in dem er von dem persönlich auftretenden Immermann, seinem Erzählschöpfer, verteidigt wird, nicht nur sich selbst, den Erzähler, zur höchsten Höhe des Phantasiespielers steigert – »Geist! Geist! Geist! Wenn ich sterbe, stirbt ein ganzes Göttergeschlecht von Einfällen...« (ebd., 6. Buch, 15. Kap.) –, sondern auch merkwürdige mystische Reden über den Adel führt. Interessant ist die Autorität, auf die er sich dabei beruft: »Ein Edelmann zu sein, unermeßlicher Vorteil, unschätzbares Glück, selbst wenn man, wie ich, nicht die Ehre hat der Freiherr von Münchhausen zu sein, sondern nur der – doch still!... Ja, der Adel ist eine Magie, Bourgeoisie und Philosophie mögen sagen, was sie wollen... Wohl hatte Heine recht, wenn er sagte, Mirabeau würde den Thron zu erschüttern nicht den Mut gehabt haben, wäre er nicht Graf gewesen...« (ebd., 6. Buch, 16. Kap.). Der Ton der Münchhausen-Rede ist im Kontext komisch, er hat Angst vor dem »mörderischen Schwaben«, er möchte ausreißen. *Aber da dieser Schwabe selbst wieder ein Graf ist, und zwar ein solcher mit den höchsten Attributen wahren Adels, haben wir eine der typischen Immermannschen Ambivalenzen vor uns. Ja, Adelige wie der alte Baron sind lächerlich; aber es gibt auch in Deutschland tapfere Grafen wie Mirabeau.* Der Leser dachte dabei z. B. an den österreichischen Grafen Auersperg, der als Anastasius Grün zu den führenden liberalen Tendenzschriftstellern gehörte (vgl. Bd. II, S. 540 f.).

Als *Dichter* wird ja auch Graf Oswald eingeführt, er ist der Verfasser des am Ende des fünften Buches mitgeteilten »Waldmärchens« (»Die Wunder im Spessart«). Dieses beginnt mit einem Gespräch zwischen Oswald und Lisbeth, womit auch das Liebespaar in eine märchenhafte Atmosphäre aufgenommen wird. Lisbeth ist wie Cornelie in den *Epigonen* die Lichtgestalt des Romans, die Königin der Idylle. Wenn sie im Land herumläuft »Zinsen und Gülten« eintreibt, um die ökonomische Lage des alten Barons zu verbessern, so bleibt sie doch in einer höheren Welt: »Der Rasen ist der Mantel Gottes, man ist von tausend Englein beschirmt, man stehe oder sitze darauf. Jetzt ein Hügel und dann eine Ecke; ich lief und lief, weil ich immer dachte, dahinter schwebe der Wundervogel mit blauen und roten Schwingen und dem Goldkrönchen auf dem Haupte. Ich lief mich heiß und rot, und nicht müd; man wird nicht müde im Walde!« (ebd., 5. Buch, 9. Kap.). Der Erzähler hat von seinem Lehrer, dem alten Virtuosen Tieck, gelernt, wie man die Wirklichkeit transparent für die »höhere Welt« macht. Die Verlobungsszene ist dafür nur eines von vielen Beispielen: »Aber schon hatten seine starken Arme sie umstrickt und aufgehoben und vor den Altar getragen. Dort ließ er sie nieder, die halb ohnmächtig an seiner Brust lag, und stammelte schluchzend vor Liebesweh und Liebeszorn: ›Lisbeth! Liebe! Einzige! Entsetzliche! Feindin! Räuberin! Vergib mir! Willst du mein Du sein? Mein ewiges, süßes Du?‹ Sie antwortete nicht. Ihr Herz schlug an seinem, sie schmiegte sich ihm an, als wollte sie mit ihm verwachsen. Ihre Tränen flossen auf seine Brust. Nun hob er ihr Haupt empor, und die Lippen fanden sich. In diesem Kusse standen sie lange, lange. Dann zog er sie sanft neben sich auf die Kniee nieder, und beide erhoben vor dem Altare betend die Hände. Sie konnten aber nichts vorbringen als: ›Vater! lieber Vater im Himmel!‹ Und das wurden sie nicht müde, mit wonnezitternder Stimme zu rufen. Sie riefen es so zutraulich, als ob der Vater, den sie meinten, ihnen die Hand reiche« (ebd., 5. Buch, 5. Kap.). Biedermeier oder Realismus?

Die Szene wirkte auf den Leser von 1838 keineswegs so empfindsam wie auf den heutigen. »Starke Arme« gibt es in den traditionellen empfindsamen Romanen nicht, und auch die Scheu vor vielen Worten, die den Erzähler hier besonders bei der Darstellung der Braut kennzeichnet, d. h. die *Auseinandersetzung mit der Rhetoriktradition,* verrät wohl doch den Meister. Immermann spottet öfters über Klopstock und die Empfindsamkeit. Die Unterredung Lisbeths mit der Gräfin Clelia, in der »die Jungfrau« zur Entsagung überredet werden soll und umgekehrt die »Weltdame« von ihrem Adel überzeugt – diese nennt am Ende Lisbeth »ihr kaiserlich Kind und eine geborene Prinzessin der Ehre« (ebd., 8. Buch, letztes Kapitel) – ist eine ausdrückliche Kontrafaktur der entsprechenden Szenen in empfindsamen Romanen. Und doch würde die Liebesszene bei Keller ganz anders aussehen (ein Beispiel auf S. 993). *In dieser Biedermeiergestalt war sie nur möglich, solange das »Herz« noch das Zentrum des Menschen und das Sakrament der Ehe* (»mein ewiges süßes Du«) *kaum angetastet war.* Es gibt viele Hindernisse für diese Ehe; aber das arme Mädchen, die uneheliche Tochter Münchhausens und Emerentias, ein Opfer der sittenlosen älteren Generation – Münchhausen und Emerentia, als Gestalten wenig »plastisch«, verkörpern geradezu Rokoko und Empfindsamkeit –, dieses nach den Begriffen der *Epigonen* zum Untergang oder wenigstens zur Entsagung bestimmte Mädchen gewinnt in völlig überzeugender Weise die gesellschaftliche Stellung einer Gräfin Waldburg-Bergheim. Die ungleiche Heirat ist ein beliebtes, auch realgeschichtlich abgestütztes Motiv der auf »Klassensynthese« eingestellten Biedermeiererzählung. Aber *die Nobilitierung, die Verherrlichung des Volkes war noch kaum in einer so überzeugenden Weise gelungen wie in dieser Mädchengestalt.* Ein geschickter Kunstgriff des Erzählers ist die Tatsache, daß Lisbeth im Grunde keiner Klasse angehört; aber sie ist schließlich im Schlosse aufgewachsen, wenn auch in niedriger Stellung. Sie darf, soweit man dies damals bei Mädchen verlangen kann, gebildet genannt werden. Dadurch entfällt das schwierige Problem der Umerziehung, das Auerbach in seiner *Frau Professorin* und noch Keller in seiner *Regine* beschäftigt. Es ist nicht so unwahrscheinlich, daß sie, von der Zofe Fancy (!) assistiert, die launische Gräfin in einer Redeschlacht von ihrem höheren Recht überzeugt. Ein Stückchen Rhetorik haftet freilich auch noch diesem Dialog an. Wo wäre dies in der Biedermeierzeit *nicht* der Fall?

Man kann mit Sicherheit annehmen, daß die Idealisierung des derben Hofschulzen und der triumphale Sieg der schlichten Lisbeth ein Hauptgrund für den sofortigen Erfolg des *Münchhausen* (2. Aufl. Düsseldorf 1841) und für die gesonderte Publikation der Dorfgeschichte (unter dem Titel *Oberhof*) im Zeitalter des bürgerlichen Realismus war. Julian Schmidt, der stärkste Programmatiker des Realismus, und andere hielten den Schloßteil für überflüssig. Der Grund dafür war bestimmt nicht ideologischer Art; denn Julian Schmidt war durchaus bürgerlich gesinnt, stärker jedenfalls als Immermann, und hatte inhaltlich gegen die Adelskritik nichts einzuwenden. (Man betrachte die frühen Romane seines Kampfgenossen Freytag.) Dagegen war der realistische Programmatiker grundsätzlich gegen Ironie, Polemik, Tendenz, gegen alles »geistreichelnde Wesen«. Nur der »objektive Humor« war erlaubt (So hatte er es bei Hegel gelernt). Der Oberhof entsprach diesem Ideal eines *gleichmäßigen* objektiven oder objektiv-humoristischen Stils. Mit einigen Abstrichen (Genreszenen, Reflektionen, Sentimentales) war er ungefähr das, wovon die realistischen Programmatiker träumten. Der *Münchhausen* im ganzen war für sie aus *literarischen* Gründen, wegen seiner stilistischen Doppelnatur, unmöglich.

Vielleicht verstärkte ein »ideologisches Motiv« [143] den Erfolg des Romans. Fragt man sich, was dieser Roman, präziser noch als die Herrlichkeit der Großbauern und die Möglichkeit ungleicher Ehen lehrte, so stößt man auf die Reden des Diakonus, den der Erzähler hier, ganz im Sinne des biedermeierlichen Dreibundes von König, Bauer und Pfarrer, zum vermittelnden magister Germaniae bestellt hat. Den Kern seiner Weisheit enthält wohl das 10. Kapitel des II. Buchs, das die Überschrift »Von dem Volke und von den höheren Ständen« trägt und energisch mit der uns schon aus dem *Alexis* bekannten Immermannschen Mythologisierung des Volkes beginnt: »Das unsterbliche Volk!« Zugegeben, das »Wunderkind« deutsches Volk wird hier genauso mythisiert wie der Hofschulze und Lisbeth im einzelnen. Aber das Vorbild des französischen Volkes, das in der Diskussion auftaucht und das wegen seines Klassikerkults, überhaupt wegen des »beständigen Kontakts der Großen mit den Geistern und mit dem Geiste der Nation« *gerühmt* wird, schränkt den Nationalismus ein und läßt die eigentliche Stoßrichtung des Kapitels erkennen, nämlich die soziale. »›Leider‹, erwiderte der Diakonus, ›sind unsre höheren Stände hinter dem Volke zurückgeblieben, um es kurz und deutlich auszusprechen‹« (ebd., 2. Buch, 10. Kap.). Der Graf hat zuvor den Gedanken etwas weniger deutlich geäußert. Dieser ist also nicht, nur als Bräutigam von Lisbeth, sondern auch als Gesprächspartner des Diakonus eine Brücke zwischen dem Volk und den »höheren Ständen«, worunter im Biedermeier selbstverständlich die Stände vom Baron an aufwärts gemeint sind. Der Diakonus definiert genau, was er unter Volk versteht: »Rede ich aber von dem Volke in dieser Beziehung [»Erinnerungskraft«, »Gutmütigkeit«, »geburtenreiches Vermögen«], so meine ich damit die besten unter den freien Bürgern und den ehrwürdigen, tätigen, wissenden, arbeitsamen Mittelstand. Diese also meine ich, und niemand anders vorderhand[!]« (ebd.). Die »wissenden« Bürger (Akademiker) gehören dazu, wahrscheinlich auch die »arbeitsamen« Handwerker, – die Angehörigen der Unterschicht »vorderhand« nicht; dagegen sind die »ehrwürdigen, tätigen« Großbauern der Kern des Mittelstandes. *Der Mittelstand ist ein viel weiterer Begriff als das marxistische »Bürgertum«.* Es war genau der *umfassende* Mittelstand, der nach 1848 neben den Adel trat, mit diesem sich versöhnte und für 70 Jahre die Macht mit ihm teilte, – mit einigem Erfolg in Wirtschaft, Wissenschaft, Politik und vielleicht doch auch in der Dichtung. Der erstrebte Bund zwischen den Großen und dem Volk, vielmehr dem »Geist der Nation« und die Symbolisierung dieses Bundes durch ein liebendes Paar entsprach so ziemlich dem nationalliberalen Programm des Realismus. Der *Kulturkritiker* Immermann, sein bester Teil, bewährte sich als Realist. Aber der *Dichter* blieb auf halbem Wege stehen; denn der Münchhausen-Teil weist eindeutig auf den jungdeutschen Witzstil zurück (vgl. Bd. I, S. 190 f.). Nur der Oberhofteil kann als eine mit empirischen Elementen versetzte Idealwelt zu *den* Biedermeierleistungen gezählt werden, die an die Schwelle des Realismus vorstießen und – wie alle Dorfgeschichten – diesen präludierten. Die *Aufsprengung der Dorfgeschichte* durch den kommentierenden Diakonus und durch andere

Gestalten der benachbarten Stadt, wie auch durch den, die Versöhnung des Volkes symbolisierenden, schwäbischen Grafen bezeichnet das zeitgemäße Ideal der Klassensynthese besonders einprägsam. Volksversöhnung demonstriert die Hochzeit der norddeutschen Jungfrau und des süddeutschen Adeligen auch in geographischer Hinsicht. Dieser Kreis von Menschen ist bereits ein Vorspiel der geeinten Nation. Literaturpolitisch war der württembergische Graf vielleicht eine Verbeugung vor den buchhändlerisch und publizistisch starken Stuttgartern. Immermann zitiert seinen Freund Heine, aber, im Gegensatz zu ihm, hütet sich der preußische Landgerichtsrat davor, es mit den südwestdeutschen Liberalen zu verderben, obwohl er sie, – wieder nicht ganz unrealistisch –, politisch gründlich verachtete.

Das sozialpolitische Kapitel, aus dem wir zitierten, enthält übrigens noch einen Beweis, daß Immermann, obwohl ein Gegner der Philosophen, den Idealismus keineswegs gründlich überwunden hatte: »Nie und zu keiner Zeit hat ein Stand anders als durch Ideen existiert. Auch den ersten haben Ideen geschaffen und erhalten, anfänglich die der Kampfestapferkeit und Lehnstreue, demnächst die der besondern Ehre. Gegenwärtig ist durch die Errettung des Vaterlandes, welche von allen Ständen ausging, die höchste Ehre ein Gemeingut geworden; weshalb denn die oberen Stände das Protektorat des Geistes hätten übernehmen müssen, wenn sie wieder etwas Besonderes sein und vorstellen wollten« (ebd.). Die kommunistische Forschung interpretiert, trotz eindeutiger Reflexionen dieser Art, den *Münchhausen* pflichtgemäß als ein realistisches Produkt; aber sie erfaßt die sozialgeschichtliche Bedeutung des Romans zu meiner Beschämung besser als die meisten politisch engagierten westlichen Immermann-Forscher, die vor lauter Germanophobie, Sentimentalitätsangst und Rechtsstaatlichkeit den Stellenwert des Romans *innerhalb seines Jahrhunderts* nicht mehr richtig erfassen können*. Man hört heute sogar die Meinung, die eher regressiven und ganz gewiß larmoyanteren *Epigonen* seien »sicher als das bedeutendere Werk Immermanns anzusehen« [144]. Demgegenüber betrachte ich es als die große Leistung des *Münchhausen*-Dichters, daß er, wie der Diakonus, durch das Eingehen auf und in das arbeitende Volk seinen Weltschmerz überwunden hat und vorwärts blickt. Der Münchhausenteil – das wird man zugeben – ist keine gründliche Abrechnung mit der Restauration, sondern eher eine spielerische, komische und groteskkomische Ausstellung ihrer Narren, von Justinus Kerner, dessen Geister Münchhausen gläubig erforscht, und Görres, dessen Wundererzählungen er wie andere Lügengeschichten genießerisch erzählt, über Strauß, dessen Bücher sich mit denen von Görres eine Schlacht liefern, und Gutzkow, dessen Wally als Lucinde Schlegel erscheint, bis hin zu Hegel, der wegen seiner damals aufgehenden Saat (Junghegelianer) wohl am häufigsten auftaucht,

---

* Begünstigt wird die kommunistische Interpretation konservativer Erzähler, durch die Ablehnung der liberalistischen Ideologie, die von westlichen Forschern oft erstaunlich unkritisch zugrunde gelegt wird: »Seine [Immermanns] politisch-ästhetische Haltung war eher konservativ als liberal. Aber gerade aufgrund seiner zwiespältigen, von starker Bindung an die Tradition und zugleich von einer neuen, empirisch-pragmatischen Wirklichkeitssicht bestimmten Poesieauffassung vermochte Immermann die gesellschaftlichen Widersprüche in Deutschland tiefer und vielseitiger zu erfassen als etwa Gutzkow und Laube« (Geschichte der deutschen Literatur, Bd. 8,1, Berlin-Ost 1975, S. 101). Der »geschlossene Roman« wird freilich, trotz der Kenntnis von *Kater Murr* (S. 105), vermißt (S. 106).

vor allem in der Form von Parodien der hegelianischen Begriffssprache. *Die Satire richtet sich, wie man sieht, nicht nur gegen die Romantik, sie ist auch in diesem Buch durch und durch universell.* Nur Goethe – das ergab sich schon aus der Klage über die fehlende deutsche Klassikerverehrung – wird ausgenommen, im Gegensatz zu der Zeit, da der Alte noch lebte und der Junge ein großer Dramatiker werden wollte. Der Graf erzählt in dem erwähnten Kapitel, daß er in einer »hohen und vornehmen Familie… die zwanzigjährigen Töchter auf gut schwäbisch mit der ›Iphigenie‹ bekannt machen« mußte, »weil die Eltern Goethe für einen jugendverführerischen Schriftsteller hielten« (ebd.). Auch diese Überwindung der moralistischen und politischen Goethekritik zeigt den Erzähler – so scheint es – in der Annäherung an den Realismus.

Bis zuletzt: unentschieden

Aber am Ende dieses langen Weges durch die dreißiger Jahre, die er reisend, inszenierend, beobachtend und immer das Beobachtete im Roman verwertend zubrachte, am 21. 9. 1839 schreibt er an seinen Lehrer Tieck, der den *Münchhausen* gelobt hatte: »Als ich das Buch zu schreiben anfing, hatte ich noch keinen Begriff davon, daß ich so etwas auch[!] machen könnte« (an Tieck 21. 9. 1839). Diese Äußerung bedeutet, daß er an seinem snobistischen Universalismus festhalten und das zeitgemäße, nach älteren Maßstäben bescheidene Geschäft des Romanciers nicht weiterführen will – im Gegensatz zu Alexis, Gotthelf, Sealsfield, Stifter, die sich auf die Erzählprosa entschieden spezialisieren. Wenn ihn Max Kommerell »den Klassiker des Zeitbildes« nennt[145], so ist dies nach unseren heutigen Erkenntnissen vielleicht richtig; *aber er selbst konnte sich für diesen Beruf wegen des noch immer herrschenden Versprimats nicht entscheiden.* Von *Tristan und Isolde* (1839/40) soll nicht mehr viel die Rede sein; denn wir berührten das Epos schon in einem gattungsgeschichtlichen Zusammenhang (Bd. II, S. 707 f.). Der Dichtung fehlt nicht nur der Abschluß, sondern vor allem auch die Feile. Immermann knüpft insofern an *Tulifäntchen* an, als er sich bemüht, die Form des Epos durch humoristisch-satirische Färbung für die moderne Literatur möglich zu machen. Aber dies Verfahren ist bei einem so ernsten und verpflichtenden Stoff wohl nur in einzelnen Episoden, nicht in der Grundstruktur möglich. Der Dichter übersetzt freilich nicht, er verändert stark. Er trägt vor allem den Gedanken der Entsagung (gut biedermeierlich) in die unmoralische Liebe Tristan und Isoldes hinein. Aber war damit nicht der ganze Stoff auf den Kopf gestellt? *Was soll ein Tristan, der, wie Immermann, nicht weiß, was er will?* Schon die Tatsache, daß der Dichter wieder nach dem Lorbeer des Epikers hascht – er schreibt hastig wie in seiner ersten Zeit –, läßt den Ausgang von Immermanns dichterischer Laufbahn in einem ironischen Lichte und fast als Farce erscheinen. Sie gibt eine Vorstellung davon, wieviel von Tulifäntchen und Münchhausen in dem Dichter selber steckte. Das Bild seines Feindes Platen, des verunglückten Verfassers der »klassischen« Oden, taucht empor, wenn wir die holperigen Verse von Immermanns *Tristan und Isolde* zu lesen versuchen. Jeder war auf seine eigene Weise Don Quichote.

Das poetische Narrenkostüm, in dem Immermann abtritt, darf uns nicht daran hindern, intensiver und sachgemäßer dieses großen, kritischen Publizisten zu gedenken und den zu immer größerer Bedeutung sich erhebenden Erzähler zu lesen und zu erforschen. Die Literaturwissenschaft ist dafür nicht allein zuständig. Der Fortgang der Immermann-Forschung hängt m. E. nicht zuletzt davon ab, ob andere, für die ästhetische Kritik weniger zuständige Wissenschaften Untersuchungen über den Kulturkritiker anstellen; denn – seien wir ehrlich! – Friedrich Theodor Vischers *Haar in der Suppe* stört den Literaturwissenschaftler in allen seinen Dichtungen. Diese dichterische Grenze würde bei andern Wissenschaften weniger stören. So ist es z. B. offensichtlich, daß Gadamers Immermann-Interpretation ergiebiger war als die Gundolfs. Doch gibt es Disziplinen, die für die Immermann-Forschung noch zuständiger erscheinen als die Philosophie.

ALBERT BITZIUS, PSEUD. JEREMIAS GOTTHELF
(1797–1854)

Nachholbedarf der Gotthelfrezeption und -forschung?

Niemand bestreitet heute, daß Gotthelf zur dichterischen Spitzengruppe der Biedermeierzeit gehört. Aber er ist im Gegensatz zu Stifter und Mörike noch kein Besitz der literarischen Welt geworden, nicht einmal in Deutschland. Man kennt einzelne Werke wie den Roman *Uli der Knecht* oder die Erzählung *Die schwarze Spinne,* und die unermeßliche Weite seiner epischen Welt, ohne die keine zutreffende Vorstellung von Gotthelf möglich ist, bleibt nach wie vor unerschlossen. Die sprachlichen Gründe, die meist zur Erklärung angeführt werden, können kaum ausschlaggebend sein; denn die Feststellung gilt auch für die Philologen. Jedenfalls müßte der Literaturwissenschaftler bei Gotthelf, genauso wie bei Mörike, Raimund, Nestroy usw., mehr als bisher versuchen, im Gebrauch des Dialekts die für jede Dichtungsinterpretation so wichtige *Stilabsicht* zu erkennen, nicht nur ein patriotisches oder provinzielles Bekenntnis. Allzusehr hat man Gotthelf der Schweizer Forschung überlassen. Man traut sich kaum an den aparten und in höhere Sphären entführten »ewigen Gotthelf« (Werner Günther, Jeremias Gotthelf, Erlenbach, Zürich u. a. 1934) der Eidgenossen – zum Nachteil der deutschen Bildung und der gesamten literarischen Welt. Es ist daher an der Zeit, mit aller Deutlichkeit zu sagen, daß für den großen Schweizer wie für alle Dichter des Biedermeiers kein Gegensatz zwischen der heimatlichen Bindung und der allgemeinen, sittlich-religiösen Ordnung besteht, daß für ihn die Grenzen der Schweiz offenstehen und daß ihn besonders mit den Ländern, die wie er selbst die deutsche Sprache sprechen, die Luther-Bibel lesen, die innigsten weltanschaulichen und literarischen Beziehungen verbinden. Betrachtet man den Dichter aus der Perspektive, die nach 1870 oder gar nach 1933 entstanden ist, so ergibt sich, ähnlich wie bei den österreichischen Dichtern, ein vollkommen schiefes Bild*.

---

* Das von Gabriel *Muret* (Jeremias Gotthelf in seinen Beziehungen zu Deutschland, München 1913) zusammengetragene Material ist vor kurzem erweitert und neu interpretiert worden: Winfried *Bauer,* Jeremias Gotthelf, Ein Vertreter der geistlichen Restauration der Biedermeierzeit, Stuttgart u. a. 1975. Der Arbeitstitel hieß: Gotthelf und die Metternichsche Restaurationszeit. Es sollte, im Gegensatz zu gewissen Schweizer Behauptungen, nur der Nachweis erbracht werden, daß der Dichter *mit dem von Metternich geführten Deutschland in Verbindung steht und von ihm kräftig gefördert wird.* Dieser Nachweis ist m. E. gelungen. Dagegen kann der vom Verfasser gewählte Untertitel Widerspruch erregen. Er verdeckt das liberalkonservative und vor allem das liberaltheologische Element in Gotthelf, obwohl es der Verfasser, selbst Theologe, kennt, und ist auch dem literarischen Werk Gotthelfs nicht ganz angemessen, da der reife Gotthelf die traditionelle geistliche Versdichtung strenger vermeidet als beispielsweise die Droste und selbst Mörike. Schon die *entschiedene* Vorliebe für die Erzählprosa rückt Gotthelf in die Nähe Stifters und des Biedermeiers. Die erste, gerade in historischer Hinsicht noch nicht entfernt ausgeschöpfte Gotthelf-Biographie Carl *Manuels* (Jeremias Gotthelf, sein Leben und seine Schriften, Erstausgabe: Berlin 1861 im Rahmen der Sprin-

Überkommene und bejahte Landpfarrerexistenz

Daß die biologisch-naturalistische, die artistische, die psychoanalytische und die barthianisch-theologische Betrachtungsweise nicht an den Kern des Dichters heranführen, ist der Forschung schon vor längerer Zeit zum Bewußtsein gekommen [1]. Ob man den Biedermeierdichter modernisiert oder archaisiert, – man erfaßt immer nur einzelne Züge, nicht seine geschichtliche Makrostruktur. Man wird sich schon entschließen müssen, Gotthelf da zu sehen, wo er *unauswechselbar* steht, in der Epoche der Metternichschen Restauration. Das zweite Gotthelfbuch Walter Muschgs [2], der einst so viel zur Mythisierung des Dichters beigetragen hat, ist ein deutlicher Schritt auf diesem Wege, und der englische Literarhistoriker H. M. Waidson, der zum erstenmal seinen Landsleuten ein vollständiges Bild von dem Dichter zu vermitteln versucht, sagt vollends ganz unbefangen: »Gotthelf is in and of his time« [3]. Waidson gibt dementsprechend Ansätze zu einer geschichtlichen Einordnung Gotthelfs. Daß dies Bestreben schon als solches die Majestät des Genies beeinträchtigen muß, ist ein Aberglaube Nietzscheanischer und neuromantischer Provenienz. Allenthalben fühlt man sich bei Gotthelf an das im I. Band (S. 118–144) beschriebene Biedermeier erinnert: Volkstümlichkeit, Sinn für Feste, Heimat, Detailrealismus und die Transparenz der gesamten so erschlossenen Erfahrungswirklichkeit für die christlichen Normen*. Vieles läßt sich zur Erforschung dieser dichten nachromantischen Zusammenhänge und *eben dadurch* auch zur differenzierteren Kenntnis Gotthelfs tun. Aber die besondere Kraft, die den Schweizer auszeichnet, und der einzigartige Rang, den er innerhalb seiner Gruppe einnimmt, werden dadurch kaum in Zweifel gezogen werden. Ein Vorbild für das von der künftigen Forschung zu erwartende Gleichgewicht von Verehrung und begründeter Kritik, gibt die Gotthelf-Einführung Karl

gerschen Gesamtausgabe; Zweitausgabe: leicht gekürzt, selbständig, München u. Leipzig 1922) *betont* sogar den Zusammenhang zwischen Gotthelf und Deutschland, obwohl der Verfasser ein Schweizer ist. Zur weiteren Abklärung der Gotthelfforschung wird die englische und amerikanische Germanistik beitragen, die andere Philologien der Biedermeierzeit (Heine, Mörike, Grillparzer, Stifter, Büchner) stark beeinflußt, aber das historisch und kritisch überaus reizvolle Feld der Gotthelf-Philologie erst vor kurzem entdeckt hat. Die wichtigsten Pioniere sind wohl: Herbert Morgan *Waidson* (Jeremias Gotthelf, An Introduction to the Swiss Novelist, Oxford 1953), Roy *Pascal* (The German Novel, Manchester 1956, S. 101–142), Roger *Paulin* (Jeremias Gotthelf, Forschungsbericht, in: Zur Literatur der Restaurationsepoche 1815–1848, Forschungsreferate und Aufsätze, hg. v. Jost *Hermand* und Manfred *Windfuhr,* Stuttgart 1970, S. 263–284) und J. R. *Foster* (Jeremias Gotthelf, in: German Men of Letters, Bd. 5, hg. v. Alex *Natan,* London 1969, S. 229–248).

* Die Romantik und in ihrem Gefolge das Biedermeier sind der Versuch, die Erkenntnisse der Aufklärung und aller Wissenschaften in einem moderneren christlichen Weltbild, in einer »höheren« Wissenschaft zu integrieren und damit *als* Aufklärungsprodukte »aufzuheben«. *Wie* dem Schweizer diese Position vermittelt wurde, ist eine Frage für Spezialisten. Ich belege sie jedoch mit einem Gotthelf-Zitat: »Immer lebendiger drängt sich als Ergebnis aller Forschung [!] das Bewußtsein auf, daß durch das Sichtbare ein geheimes Unsichtbares sich ziehe, ein wunderbares Band die Menschen unter sich verknüpfe, sie nicht nur mit der Natur nicht nur sie in Verbindung bringe, sondern auch mit einer höheren Welt [!], daß zwischen den Gestaltungen der Materie und den Äußerungen aller Kräfte gegenseitige Einflüsse und Wirkungen stattfinden, von denen die Sinne nichts wahrnehmen, die man weder unter das [sic] anatomische Messer noch in den Schmelztiegeln der Chemie zersetzen kann« (HKA, Bd. 6., S. 261). Liebig, den wohl auch Büchner noch ablehnte (vgl. o. S. 277), war die Antwort auf diese mystische Position.

Fehrs [4]. Fehr kennzeichnet im letzten Abschnitt seiner Schrift »die Gefahr eines Gotthelf-Mythos« und er gibt doch nichts von dem Ruhme preis, der dem gewaltigen Erzähler gebührt.

Der äußere Lebenslauf ist womöglich noch enger umgrenzt als der der anderen Biedermeierdichter. Schon der Schüler Albert Bitzius, der Pfarrersohn, flieht aus allzugroßer Bodenverbundenheit in die weiten Räume der Literatur: »Mit der Pfarrei war eine bedeutende Oekonomie verbunden, an welcher ich tätigen Anteil nahm, besaß zugleich eine unersättliche Lesesucht, die ganze damalige Romanenwelt wurde mir nach und nach bekannt, doch waren Reisebeschreibungen, Biographien und Geschichte eben so willkommen« (an Ludwig Eckardt 26. 2. 1851). Das ist keine Naturexistenz, sondern schon der gut biedermeierliche Weg in die Fiktion und zum »Geist«, der sich beim Pfarrherrn von Lützelflüh wiederholen wird. »Die ganze damalige Romanenwelt« bedeutet, daß er eine Masse »Trivialliteratur« in sich aufnahm. Manuel nennt August Lafontaine und »viel... Räubergeschichten«, betont auch, daß Phantasie und Wirklichkeit beim jungen Gotthelf ineinander übergingen [5]. Er lebte auch später in einer Welt, in der die häßlichste Gegenständlichkeit und die erhabenste »Sage« sich miteinander verbanden. Abgesehen von dem Studienjahr an der deutschen Traditionsuniversität der Berner (Göttingen) [6] und der von dort aus unternommenen norddeutschen Reise verläßt Gotthelf kaum das Gebiet seiner engeren Heimat, des Kantons Bern. Schon Reisen nach Basel und Straßburg, in die Kantone Luzern, Schwyz, Unterwalden, nach Neuenburg oder Graubünden [7] sind Ereignisse, die in seinem seßhaften Leben auffallen. Es gibt »keine periodischen Erholungen und Zeitabschnitte gänzlicher Abspannung« [8], ja, es gibt nicht einmal die Art der Auflockerung, die in der Biographie der Droste und Mörikes die Reisen an den Bodensee bedeuten. Sogar die Aussicht auf die nahen Gipfel der Hochalpen eröffnet sich selten in seinem Werk, da es ganz auf den Menschen konzentriert ist. Über die Alpen ins Land des klassischen Altertums zieht den Dichter gelegentlich die zeitgemäße Sehnsucht; sie ist aber viel zu schwach, als daß sie den Dichter seinem geistlichen und literarischen Berufe entziehen könnte. Das Wort von Gotthelfs »Klassik« [9] ist schon deshalb irreführend, weil wir damit das Streben nach formaler Vollendung und doch auch nach der »Autonomie« des Menschen verbinden, die der Dichter immer wilder bekämpft hat. Ob wir den Begriff Klassik im Sinne des älteren oder neueren Humanismus, philologisch-ästhetisch oder weltanschaulich verstehen, immer zeigt sich nur, daß er falsche Vorstellungen erweckt. Der Titel »Shakespeare des Dorfes« (Riehl) ist besser, weil er mehr Fülle als Perfektion beinhaltet und auch einen Hinweis auf Gotthelfs antiklassizistische Stilmischungen (s. u.) geben kann.

Man hat oft gesagt, in Gotthelfs Bodenverbundenheit liege etwas Bäuerliches. Richtiger ist die einfache biographische Feststellung *der* heimatlichen, sozialen und religiösen Bindung, die sich aus dem noch sehr angesehenen kirchlichen Amte und speziell aus der *Landpfarrerexistenz* ergibt [10]. *Er bejahte sie ausdrücklich,* was man von dem kultivierteren, aber auch schmächtigeren Cleversulzbacher Mörike nicht ohne weiteres behaupten kann. Etwa 50jährig, in einem Alter, da Mörike längst in Stuttgart residierte, schrieb Gotthelf an Josef Rank, der ihm als Dorfgeschichtenschreiber nacheiferte: »Es macht mir recht ordentlich Angst vor einer großen Stadt, und Bern ist nur relativ für uns bedeutend, aber mich dünkt, wenn ich von dorther zurückkehre, ich hätte wieder ein tüchtig Stück Leben eingebüßt« (an Josef Rank, um 1848). Allerdings wird ein derartiges Bekenntnis erst dann richtig verstanden, wenn man nicht nur an den in der Idylle ungestört arbeitenden Schriftsteller, sondern auch an den für seine ländliche Welt voll verantwortlichen Pfarrherrn denkt. Beide Funktionen bewirkten einen beträchtlichen Abstand von der bodengebundenen Dorfbevölkerung und damit eine erhebliche Einschränkung von Gotthelfs vielgerühmter Naturhaftigkeit (Naivität). Welcher Bauer könnte seinen eigenen Lebenskreis so übersehen, kritisieren und idealisieren, wie es Gotthelf tut? Gotthelfs Großvater und Vater waren Pfarrer[11], er selbst ist Pfarrer und alle seine Kinder sind wieder Pfarrer oder Pfarrfrauen. In einer so fest geschlossenen Generationskette erscheint das geistliche Amt, die Bestimmung zum geistlichen Amt von Anfang an wichtiger als die individuelle Entfaltung der Person. Von den erotischen Sehnsüchten und Konflikten, die wir selbst in den stillen Lebensläufen Mörikes, Stifters und der Droste wahrnehmen, ist in Gotthelfs Biographie wenig Bestimmtes festzustellen. Das Einweihungsfest für die Armenanstalt des Amtsbezirks Trachselwald (Juni 1835), gut zwei Jahre nach der Hochzeit mit einer Berner Honoratiorentochter, nennt er »einen eigentlichen Hochzeitstag«; denn es entstand so »ein zweites Familienleben«[12]. Kein Wunder, daß man in Gotthelf immer wieder den völlig »ungebrochenen«, vorindividualistischen und vorrevolutionären Christenmenschen zu erkennen glaubte*.

Gotthelfs literarischer Ausgangspunkt: die frühen Schriften

Wie problematisch diese Vorstellung ist, möge zunächst ein Blick auf Gotthelfs frühe Schriften[13] verdeutlichen. Diese sind für die Interpretation des späteren Gotthelf noch nicht genügend ausgewertet worden, wie Karl Fehr zu Recht bemerkt[14]. Die Preisarbeit, die der Achtzehnjährige für seine Hochschule, die Berner Akademie, schrieb, hat den Titel »Ist sich das Wesen der Poesie der Alten und Neuern gleich? Zeichnet sich die neuere durch besondere Eigenschaften aus, und welches sind die Ursachen dieser Verschiedenheit?« (1815) Unter seinen Quellen nennt der Student an erster Stelle Schillers »Aufsatz über sentimentale und naive (Poesie) Dichtkunst«[15]. Das bedeutet, daß ihm *die* Programmschrift, die das literarische Bewußtsein in Deutschland mehr als jede andere präg-

---

* Die Erforschung der Dorfgeschichte war bis vor kurzem unterentwickelt, weil man dazu neigte, die lange Geschichte dieser Erzählart einfach in den großen Kessel »Dichtung aus Blut und Boden« zu werfen. Seit einiger Zeit interessiert sie aus sozialgeschichtlichen Gründen. Einen guten Überblick über diese noch ziemlich verworrene Forschung gibt Jürgen Hein, Dorfgeschichte, Stuttgart 1976, Sammlung Metzler Bd. 145. Wichtig, besonders für die Rezeptionsgeschichte, ist auch Uwe Baur: Dorfgeschichte, Zur Entstehung und gesellschaftlichen Funktion einer literarischen Gattung im Vormärz, München 1978 (Kritik s. u. S. 910). Etwas mehr Einigkeit und Klarheit ließe sich wohl gewinnen, wenn man den eigentlichen Sinn der Dichtart nicht in ihren konservativen oder revolutionären Möglichkeiten, sondern in der unausweichlichen psychophysischen Bindung des Menschen an die Natur und in dem Versuch erblicken wollte, dieser, inmitten der selbstgeschaffenen Zivilisation, trotz allem einigermaßen zu entsprechen. Vielleicht gäbe die Beachtung dieser unaufhebbaren Spannung auch einen, wenigstens inhaltlichen, Beurteilungsmaßstab. Zur Frage eines verallgemeinerten, europäischen, am Elementaren orientierten Romantikbegriffs vgl. u. S. 1031 ff. Ich selbst betone *die* Aspekte an Gotthelf, die uns zeigen, daß er nicht nur als Spezialist der Dorfgeschichte anzusprechen ist. Doch gehört er zu den ersten Meistern dieser Erzählart, zu ihren Begründern.

te, von Anfang an wohlvertraut war. Er weiß, daß es ein *Vorzug* der modernen Dichtung ist, sentimentalisch zu sein. Er sagt sogar »sentimental«, weil dieser Begriff erst durch das realistische Programm (nach 1848) eine eindeutig pejorative Bedeutung gewann. Es fällt ihm auf, daß Naturschauspiele wie der »Auf- und Niedergang der Sonne« von den Neuern großartig beschrieben werden: »Wie dürftig aber und empfindungslos zeigt sich hier der alte Dichter« [16]. Unmittelbar anwendbar auf den späteren Gotthelf (s. u.) ist die Beobachtung, daß die Antike ein völlig unsentimentales (objektives) Verhältnis zu den Frauen hat, daß die homerischen Helden nur die »eigennützige Sinnlichkeit« kennen und »von ihren Geliebten wie von einer Sklavin, wie von einer Ware« reden. Erst die neueren Dichter entdeckten »die feinere, edlere, geistigere Liebe«. »Man vergleiche noch die Helena, Penelope, Dido mit der Eva des Milton, der Maria des Klopstock, mit der Miranda des Shakespeare oder die Iphigenie auf Tauris der Griechen mit der Goethischen Bearbeitung dieses Stücks, und man wird finden, daß den Modernen eine weit edlere Weiblichkeit eigen ist« [17]. Zusammenfassend darf man sagen, daß Gotthelfs entschiedener Abstand vom Klassizismus nicht nur theologisch bedingt war, sondern auch aus seiner Rezeption der modernen deutschen Kulturprogrammatik resultierte. Unter seinen Quellen nennt er an dritter Stelle Herders *Kritische Wälder,* an vierter Stelle »mehrere Schriften von Schlegel« [18], Bücher also, die wesentliche Beiträge zur Überwindung des deutschen Antikekultes leisteten und das Selbstbewußtsein der »modernen«, »romantischen«, d. h. christlichen Kultur wiederherstellten (vgl. Bd. I, S. 243 f.).

Von großer Bedeutung sind auch die Urteile, die die Professoren der Akademie über diese Preisarbeit und über die Persönlichkeit Gotthelfs abgeben. Schon aus ihnen entsteht das Bild eines begabten, »spekulativen« (systematischen), aber auch sehr selbstbewußten und unruhigen Menschen [19]. Wichtig ist ferner Gotthelfs Aktivität in der Berner »Literarischen Gesellschaft«, die als eine Art Ersatz für die verbotene burschenschaftliche Verbindung eingerichtet worden war. Die Referate, die er in dieser Gesellschaft hielt, verraten Kenntnis des Kantischen Systems, überhaupt eine gewisse philosophische Bildung. Das Schwanken zwischen der christlichen Vanitas-Idee [20] und dem Perfektibilitätsprinzip der Aufklärung [21], das Gotthelf zu einem überaus widersprüchlichen Theologen machen wird, läßt sich schon in diesen jugendlichen Reflexionen beobachten. Interessanter für den Literarhistoriker und kaum erforscht ist die *poetologische und rhetorische Bildung,* die sich der künftige Dichter in dieser Gesellschaft erworben zu haben scheint. Ist es ein Zufall, wenn unter dem Präsidium des Studenten Bitzius eine oratorische Klasse, die sich neu gebildet hatte, anerkannt wird [22]? Die *Leichtigkeit* des literarischen Produzierens, deren sich der Dichter rühmt (an Joseph Burkhalter 13. 2. 1849), die von Manuel ausdrücklich bestätigt wird [23] und die sich auch einfach aus dem gewaltigen Umfang seiner Werke ergibt, wird sich schon in dieser Zeit ausgebildet haben und weist dem Dichter eher einen Platz neben Heine als neben den »unliterarischen« Poeten vom Typus der Droste an. Zwar erkennt der junge Theologe nach der Überfahrt über die Elbe bei Hamburg – sie war ein großes Erlebnis für ihn – mit einem gewissen Schrecken, daß keine »dichterische Ader« in ihm ist [24]. Aber unter Dichtung versteht er an dieser Stelle gewiß die Versdichtung; denn in Hamburg besucht er das schlichte Grab des verehrten Klopstock, mit Reflexionen über den Ruhm des Dichters. Betrachtet man den Reisebericht als ein Stück Literatur, so findet man schon hier die angedeutete Leichtigkeit des literarischen Arbeitens. Man denke etwa an die Stelle, da er in Hamburg den Michaelisturm besteigen will, den Glöckner sucht und in ein elegantes Haus mit feinen Töchtern gewiesen wird: »Die Schotten, die hinter mir hineingguckt, stimmten in mein Erstaunen ein, daß ein Sigrist so schöne Wohnung und elegante Töchter habe. Wenn ich vielen Reisebeschreibern der Schweiz nachahmen wollte, so würde ich hier die Bemerkung hinzufügen oder hätte sie vielmehr vorangehen lassen: ›In Hamburg ist der Luxus ungeheuer, die Sigriste wohnen besser als unsere Pfarrherren, trinken ihren Kaffee aus Porzellan und ihrer Töchter Néglige ist eleganter als der Ballanzug unserer Damen‹« [25]. Der Stil dieser Reisebeschreibung hat wenig mit Heines *Reisebildern* gemeinsam; aber die Klischees der üblichen Reisebeschreibung parodiert er so gut wie Heine in der *Harzreise.* Daß der Theologiekandidat sich über das von Clauren (*Mimili* vgl. Bd. II, S. 899 ff.) entworfene Bild der Schweiz ärgert und Claurens Schweizerinnen »Mondscheindamen« nennt [26], ist bei solcher Wahrheitsliebe selbstverständlich, – wenn es auch noch lange dauern wird, bis er selbst ein treffenderes Bild der Schweiz geben kann. In der Schweiz findet er vorläufig noch alles herrlich, während ihm in Norddeutschland das meiste miserabel zu sein scheint. Aber der ihm angeborene »Oppositionsgeist« (Carl Manuel)[27], der ihn zum gefürchteten Kritiker des Vaterlands machen wird, findet sich schon in diesen fortgesetzten Klagen über Norddeutschland. Das Mißvergnügen an der Lüneburger Heide, das ihm Kurt Guggisberg, der Herausgeber der *Frühschriften*, übelnimmt[28], ist dabei das wenigste; denn 1821 gab es die poetischen Heidebilder Annettes, Lenaus, Stifters noch nicht. Die Entdeckung einer so wenig großartigen Landschaft ist eine typische Leistung des Hochbiedermeier, das auf die matte jungdeutsche Literatur nach 1830 reagiert. Richtig erkennt der Herausgeber dagegen Gotthelfs »unbewußtes Künstlertum« in dieser Erzählung seiner einzigen Reise fern der Heimat: »Wie breit sein epischer Strom schon fließt, beweist seine erstaunte Bemerkung, er wisse mehr zu schreiben, als er anfänglich für möglich gehalten habe«[29].

Als ein besonderes Zeichen der Schreibgewandtheit galt in der gesamten, noch von der Rhetorik geprägten Biedermeierzeit, die Fähigkeit, sich der verschiedensten »Töne« zu bedienen. Auch diese Art von »Leichtigkeit« bestätigen Gotthelfs *Frühschriften*. Seine *Ernsthafte Erzählung eines lustigen Tages oder der bestiegene und wieder verlassene Gurten* (1820) ist eine sehr ironische Schilderung einer kleinen Bergtour mit Berner Damen. Hier wird, im Gegensatz zum Reisebericht, die respektlose Stilhaltung, von der man meint, Heine habe sie erfunden, die aber viel älter ist, *durchgehalten*. Unser guter Herausgeber vergleicht mit Haller und wundert sich darüber, daß den jungen Theologen die herrliche Rundsicht nicht interessierte[30]. Es heißt nämlich: »Mit Betrachtung der Aussicht verloren wir keine Zeit, sondern eilten gleich in die Küche; denn meine Gefährtin und ich haben unsere Freude besonders an der gekochten und eßbaren Natur«[31]. Nun, es ist eine Frage des Tons, der in dieser Humoreske herrschen soll. Heine gebraucht den gleichen ironischen Topos von der gebratenen Natur, als er sich im *Schwabenspiegel* über die Naturlyrik Mörikes lustig macht, woraus man vielleicht, mit allem Respekt vor dem Kanton Bern, die Folgerung ziehen darf, daß die Schweizer Gotthelfforscher vielleicht doch besser die Zeitgenossen ihres Helden studieren sollten, statt Albrecht von Haller, der zwar, wie Gotthelfs Geschlecht, aus der schönen Stadt Bern stammt, aber fast 90 Jahr älter als der große Erzähler der Biedermeierzeit war. Worauf es in unserm Zusammenhang ankommt, ist immer nur der Nachweis von Gotthelfs *früher literarischer Gewandtheit*[32]. Auch die *Heiratssorgen des Landpfarrers* (nicht genau zu datieren, 1824–29), die unser Herausgeber biographisch sehen will, sind eine von der Person des Verfassers völlig abgelöste Dichtung, eine Junggesellen-Humoreske, jetzt allerdings mit empfindsamem Einschlag. Die Skizze verrät die Schule Jean Pauls, ist aber doch schon konkreter und stetiger erzählt und wäre bestimmt von jedem Almanachherausgeber als der hoffnungerweckende Versuch eines jungen Dichters angesprochen worden. Bekannt ist Gotthelfs *Gespräch der Reformatoren im Himmel,* weil es die Luthernähe des Dichters, seinen reformatorischen, womöglich prophetischen Eifer belegt, und seine Verachtung der gelehrten Humanisten von Melanchthon und Erasmus bis zu den modernen Theologieprofessoren, die einen neuen babylonischen Turm gebaut und »das arme Volk« im Stich gelassen haben. In unserm Zusammenhang interessiert der derbe, an den Sturm und Drang erinnernde Stil, wobei Luther den Ton angibt, und die Wahl der dialogischen Form, die sich in der Biedermeierzeit noch öfters findet (vgl. Bd. II, S. 282 ff.), die jedoch durch Tieck u. a. mehr und mehr in der Erzählprosa integriert wurde (vgl. Bd. II, S. 1024 ff.). Von einer Allegorie, die wieder in einem völlig anderen Stil, nämlich ungefähr im hohen empfindsamen Ton der tiefsinnigen Märchen des Novalis gehalten ist, wird in einem anderen Zusammenhang zu sprechen sein. Erwähnenswert an dieser Stelle ist noch die *Chronik von Lützelflüh* (1835), die Gotthelfs erstem Roman unmittelbar vorangeht; denn hier erscheint der Schritt von den universalsten Fragen, die die Welt bewegen, zu den lokalsten, die Gleichzeitigkeit von Detailrealismus und Weltordnung, die für den späteren Erzähler so tief bezeichnende *Engführung des Weitesten und Ausweitung des Engsten* schon in ein und demselben Schriftwerk. Schon hier bekennt sich der Dichter, im Widerspruch zur theologischen Spezialisierung und Einigelung, zum utopischen »Christentum in seinem großen, herrlichen Umfang, das alle Regungen des Menschenlebens in Haus und Staat umfaßt, das Himmel und Erde verbinden will«[33]. Den letzten nicht ganz realitätsfernen Traum einer christlichen *Welt*, den der österreichische Staatskanzler gerade auch in diesem Entscheidungsjahr 1835 noch einmal träumte, träumte der Pfarrer und angehende Dichter auf seine eigene Weise mit.

Albert Bitzius / Jeremias Gotthelf

vita activa mit wenig Erfolg

Der Raum der Kirche, eines christlichen Volkstums, einer christlichen Gesamtkultur, in dem Gotthelf tief, noch tiefer als die meisten Pfarrerdichter der Zeit verwurzelt war, hinderte den jungen und ehrgeizigen Vikar Bitzius daran, im Strom des klassisch-romantischen Epigonentums oder auch des »Almanach-Biedermeiers«, das Dichter wie Immermann, Alexis, Mörike und selbst Stifter beeinflußte, mitzuschwimmen. *Daher besteht Gotthelfs Leistung zunächst in einem Verzicht auf die ehrgeizige öffentliche Betätigung als Dichter,* obwohl deren Möglichkeit für ihn zweifellos seit etwa 1820 gegeben war. Er wendet sich mit Ehrgeiz und heiligem Eifer der vita activa zu. Die publizistische Tätigkeit für den *Berner Volksfreund* (ab 1831) war, im Bewußtsein des Vikars, wohl ein Teil des *tätigen* Lebens, obwohl er, objektiv gesehen, sich damit schon seinem literarischen Schaffen näherte; denn dieses behielt ja stets ein *publizistisches Element.* Der Vikar Gotthelf fühlt sich, sehr im Unterschied zum Vikar Mörike, als eine Art Luther. Die Geistlichen sind selbst daran schuld, wenn die Offenbarung außerhalb der Kirche ihren Weg weitergeht und so viele Gebildete den Glauben an das Christentum verlieren. Es sind Gedanken Herders und Schleiermachers, die im Kanton Bern in die Tat umgesetzt werden sollen, und das heimische Vorbild Pestalozzis gibt diesem Bestreben ein betont volkspädagogisches Gesicht. Man muß diesen reformatorischen Anspruch des jungen Gotthelf kennen, wenn man den späteren Dichter verstehen will. Er ist schon zu dieser Zeit ein »Besessener« [34].

Der Eigenwille des schöpferischen Menschen, der bei den anderen christlichen Dichtern der Zeit zu einer mehr oder weniger getarnten Flucht aus der Gesellschaft führte, wirft diesen vitalen Geistlichen mitten in die gesellschaftlichen Kämpfe hinein. Aber das Ergebnis ist fast das gleiche. Gotthelf sieht sich von allen als enfant terrible behandelt. So viel selbstherrliche Individualität ist verdächtig bei einem jungen Biedermeiergeistlichen. Er wird wie Mörike ein überalterter Vikar, dem man keine Pfarrei anvertrauen will*. Er

---

* Die Gründe scheinen entgegengesetzt zu sein: Mörike ist zu passiv, hypochondrisch, vielleicht auch wirklich vitalschwach; Gotthelf ist aktiver, selbständiger, als die Bürokratie wünscht. Doch ist für beide die Dichtung Kompensation in einem nicht ganz gemeisterten Leben. Gotthelfs verdienter Biograph Karl Fehr versucht seine gleichmäßige Bewährung im Leben und im Werk nachzuweisen, und er hat natürlich recht, wenn man mit dem Typus »lebensfremder Künstler« wie Platen und Lenau vergleicht. Aber die Bruchstelle, die jedem Dichter die notwendige Distanz zum Leben gibt, findet man auch bei dem tüchtigen Schweizer. Ein zur vita activa bestimmter Geistlicher ist nicht so, wie ihn sein Biograph an der folgenden Stelle selbst beschreibt: »Für einen tüchtigen Lehrer, dem zufolge einer Schulteilung der ohnehin magere Lohn noch gekürzt werden sollte, verlangte er Beibehaltung des bisherigen Lohnstandes und ließ es ob dieser Forderung und ob anderer amtlicher Späne auf einen heftigen Kampf mit dem Oberamtmann des Bezirkes Wangen, Rudolf Emanuel von Effinger, ankommen. Ohne Rücksicht auf die eigene Stellung führte er diese Fehde zu Ende, auch als ihn seine Amtskollegen und ein Teil der Gemeindevorgesetzten im Stiche ließen, wie er denn, wo er sich im Recht glaubte, weder sich noch andere schonte. Aber seine unversöhnliche und souveräne Haltung der hohen Magistratsperson gegenüber hatte zur Folge, daß er zur Pfarrwahl in Herzogenbuchsee, wie dies nach landläufigem Brauch zu erwarten gewesen wäre, nicht vorgeschlagen und daß ihm so seine Wanderjahre über Gebühr verlängert wurden« (Karl *Fehr,* Jeremias Gotthelf, Mensch, Erzieher, Dichter, 3. Aufl. o. O., o. J., S. 19). Kohlhaas-Naturen scheitern im Leben immer. Die *Unge-*

muß auf seine großen Reformpläne gründlich Verzicht leisten und ist froh, als er es mit 35 Jahren (1832) zum Landpfarrer in Lützelflüh bringt. Er hat auch dort noch einen erstaunlich großen Anteil an der praktischen Verwirklichung seiner Pläne geleistet (Tätigkeit als Schulkommissär, Armenanstalt in Trachselwald u. a.). Doch sein eigentliches Betätigungsfeld neben dem Pfarramt wird nun die Erzählkunst.

Dieser Entwicklungsgang beweist, daß die Literatur auch für Gotthelf eine Zufluchtstätte ist. Schon der nüchterne Muret nennt die literarische Tätigkeit des Reformers ein »dérivatif« und präzisiert diesen Ausweg richtig: »Au lieu de dire: Bitzius est devenu auteur parcequ'il n'a pas réussi dans le domaine de l'action, disons plus exactement: il n'a pas réussi dans l'action parce qu'il ne pouvait agir que comme auteur« [35]. Von einer Geborgenheit in der alten Gesellschaft, von einer Gesellschaftsdichtung in der Art der barocken Erbauungsliteratur kann zunächst nicht die Rede sein*. Was später an sie erinnert, ist das Ergebnis eines ganz bewußten Restaurationsversuches. Der Dichter hat sich durch seine Bücher viele Feinde gemacht, aber auch sehr viele Freunde, zumal im restaurativen Preußen, wo seine Detailkritik weniger interessierte als sein *System*. Der Berliner Verleger Springer warb anhaltend und erfolgreich um den »Volksschriftsteller« aus der Schweiz. In seinen unmittelbaren Lebensverhältnissen jedoch wurde die Einsamkeit des Dichters um so größer, je mehr er am Schreibtisch Ersatz für die reformatorische Tätigkeit suchte. Der Dichter Gotthelf schreibt und schreibt und ist ziemlich isoliert [36]. Die Bauern fürchten, von ihm porträtiert zu werden, die Kollegen neiden ihm die reichlich fließenden Sondereinnahmen; denn die Dorfgeschichtschreiber Auerbach und Gotthelf erreichten die Spitze der damals möglichen Verkaufsziffern. Der Regierung ist seine literarische Angriffslust so unbequem, daß sie alle dienstlichen Funktionen Gotthelfs außerhalb seiner Pfarre, z. B. als Schulkommissionär, unterbindet, ja eine Zeitlang sogar an seine Entlassung aus dem Pfarramt denkt (1844). »Eine fast kindische, aber jedenfalls gutmütige Rücksichtslosigkeit war mir angeboren«, gesteht Gotthelf selbst in einem seiner Briefe [37]. Wir dürfen Bekenntnisse solcher Art vielleicht dahin deuten, daß der Dichter, von seinen individuellen Möglichkeiten her gesehen, der heimliche Zeitgenosse einsamer oder wilder Genies wie Platen und Grabbe war. Wenn er auch, ähnlich wie Annette von Droste-Hülshoff und Stifter, seine dämonische Natur immer erneut der christlichen Zucht unterwarf und sich in der Demut übte, – der zeittypische Zwiespalt ging durch sein ganzes Leben.

---

duld, die sich als Quelle von Gotthelfs Verhalten erkennen läßt, ist auch für den Dichter ein Problem (s. u.); der Stellung eines Menschen in der *Gesellschaft* ist ein so nervöses Auftreten immer abträglich. Die Kunst des Handelns besteht ja nicht im Geltendmachen von Werten, sondern in ihrer psychologisch geschickten, überhaupt besonnenen Realisierung. Davon findet sich auch im späteren gesellschaftlichen Verhalten des Dichters kaum eine Spur (vgl. z. B. u. S. 901).

* Aus der Vorstellung einer christlichen *Welt,* aus der Angst, der Pfarrer könnte aus seiner alten kulturbeherrschenden Funktion verdrängt und zum kirchlichen Spezialisten degradiert werden, ergibt sich bei Gotthelf sogar etwas wie ein antikirchliches Literaturprogramm: »Ich möchte in dem Kalender Predigten bringen, das heißt hohe Wahrheiten, aber entkleidet von allem Kirchlichen, gefaßt in Lebenssprache, wie man sie auf der Kanzel nicht duldet« (Neuer Berner Kalender für das Jahr 1845, Werke, hg. v. Walter *Muschg*, Bd. 19, Basel 1953, S. VII).

Hypothese zu Gotthelfs Individualität

Den »Weltschmerz, die allerneuste Krankheit« (*Anne Bäbi Jowäger*, II, 14. Kap.) macht er immer erneut lächerlich. Dieser ist, wie er am Beispiel Dr. Rudis in *Anne Bäbi Jowäger* zeigt, die Seuche der Autonomen, der Idealisten, die nicht mehr weiter wissen. Den »Werther« verspottet er pflichtgemäß: »Das war nämlich ein Mensch, der sich von wegen Liebe und allerlei sonst erschossen« (*Geld und Geist*, 3. Teil). Die Zerrissenheit, die Melancholie ist ganz nach alter Lehre des Teufels. Daher preist er nicht nur die gläubige Zuversicht, sondern auch die »Freundlichkeit« und die menschliche Heiterkeit. Er erträumt sich Frauen, die vor allem andern die schwere Aufgabe haben, ihre Umwelt zu erheitern, zu »erwärmen«, zu Gott zu führen. Das Lob der christlichen Fröhlichkeit ist so stark, daß wir unverkennbar seine kompensatorische Funktion spüren. Wir können sicher sagen, daß Gotthelf die Melancholie aus eigener Erfahrung kannte. Die erste seiner Arbeiten für die Literarische Gesellschaft in Bern klagt *Über das Jammerwürdige des menschlichen Lebens*. Die alte Vanitas-Idee – das ist das Interessante – wird dabei im ausdrücklichen Widerspruch zum Entwicklungsdenken der Aufklärung erneuert: »Kein Mensch erreicht das, was er seinen Anlagen, seinem Stande nach erlangen sollte. Keiner gelangt an das Ziel, das er sich vorgesteckt hatte, er stößt ewig vom Ufer, um ewig wieder daran zu landen, ewig landend, um wieder davon zu stoßen. Er tummelt sich in dem Vorhofe seiner Bestimmung« [38]. Die rastlose Tätigkeit, die den Schweizer in allen Epochen seines Lebens kennzeichnet, die Abneigung gegen die damals auch im Bürgertum üblich werdende Sommerfrische ist nicht nur Folge seiner gewaltigen Vitalität, sondern wohl auch Ausdruck eines gewissen horror vacui. Den »Hang zur behaglichen Beschaulichkeit«, den er in einem seiner Briefe (an Joseph Burkhalter 22. 1. 1837) betont, glaubt man ihm nicht so ganz.

Dagegen hat die Gotthelf-Forschung in allen Tonarten sein militantes Wesen hervorgehoben. Es ist ein heftiges, leidenschaftliches Kämpfertum, das sich mit dem der Jungdeutschen durchaus vergleichen läßt, wenn es auch, aufs Ganze gesehen, mehr Reaktion auf die Radikalliberalen und Freidenker als Aktion gewesen ist. Schon die militärische Metaphorik, die der Dichter fortwährend gebraucht, beweist, wie tief Gotthelfs unbewußte Schichten im Zeitalter der französischen Revolution und der napoleonischen Kriege wurzeln. Wenn der Erzähler von einem recht tüchtigen Hausvater spricht, so vergleicht er ihn mit Napoleon, in der Überzeugung, »daß nicht bloß jeder Christ ein Kriegsmann sein soll, sondern daß jeder Hausvater einer sein muß, er mag wollen oder nicht« (*Uli der Pächter*, 21. Kap.). Die Lehre vom harten Kampf um das Dasein, die er in manchen Romanen versinnlicht, verbindet sich mit der alten Idee des miles christianus, was in Gotthelfs persönlicher und dichterischer Welt zu den stärksten Spannungen führen muß. Sein Blick ist immer auf das Allgemeingültige, Praktische und Eindeutige gerichtet. Er mißtraut den »Stimmungen« (ebd., 14. Kap.). Gleichwohl zeigt sich dem Beobachter, der sich von den Normen seines Amtes und seiner Erzählwelt nicht täuschen läßt, allenthalben der unruhige Gemütsmensch einer gespannten, zwischen Himmel und Erde schwankenden Epoche. Auch seine dichterische Produktion ist »fast fieberhaft«, nach seinem eigenen Zeugnis (an Karl Rudolf Hagenbach 7. 12. 1843) [39]. Andere Stellen verraten, daß er sich inspiriert fühlte (Brief an Christian Friedrich Manuel 15. 10. 1842) und aus diesem Grunde, ähnlich wie Grabbe, nur selten zur Ausfeilung seiner großartigen Konzepte fähig war. Er ist alles andere als abgeklärt, planvoll, sachlich und – in diesem Sinn – realistisch. Gottfried Kellers Gotthelf-Kritik zeichnet sich, damit verglichen, durch einen überlegenen, stellenweise sogar humoristischen Ton aus. Der Dichter Keller gelangt durch solche Gelassenheit zu einer sehr viel größeren *künstlerischen Ruhe**.

Gotthelfs Kalender als »Versuchsfeld«

Auch Gotthelfs Bemühung um die literarische Volkserziehung ist nicht sehr realistisch. *Der neue Berner Kalender,* den er 1840–45 herausgab, hatte wenig Erfolg und konnte mit dem berühmten, wirklich volkstümlichen *Hinkenden Boten* nicht konkurrieren[40]. Woran liegt es? Die Frage wäre nur durch eingehende Vergleiche mit dem *Hinkenden Boten* und anderen erfolgreichen Kalendern des Vormärz, z. B. mit dem von Gubitz (vgl. Bd. II, S. 45), zu beantworten; denn der Vergleich mit den »genialen« Kalenderschreibern Grimmelshausen, Claudius, Hebel entspricht zwar dem Rang Gotthelfs[41], ist aber bei einer sozialgeschichtlichen Frage problematisch: es müßte ja die jeweilige historische Bildungssituation mitberücksichtigt werden, was die Aufgabe ungemein kompliziert. Richtig ist es wohl, den *Neuen Berner Kalender* als »Versuchsfeld«[42] des Dichters zu sehen. Dies verbindet ihn mit den *Frühschriften.* Gotthelf will den Kalender »auf nicht gemeine Weise« schreiben (an Carl Bitzius 4./8. 12. 1838). Dies bedeutet zunächst, daß der Autor vom reinen Unterhaltungsprinzip Abstand nimmt und dem Kalender durch eine Art sittlich-religiöser Leitartikel eine predigtartige Funktion zu geben versucht. So ist z. B. der Predigtartikel »Die Liebe« *(Neuer Berner Kalender für das Jahr 1842)* eine der besten und schönsten Verlautbarungen über die uns bekannte biedermeierliche Zentraltugend; in einer Anthologie zum »biedermeierlichen Tugendsystem« fände er einen hervorragenden Platz, während er in einem Kalender etwas abwegig wirken mußte**. Dem Dichter ist dies von Anfang an bewußt; denn in dem Predigtartikel »Der Glaube« *(Neuer Berner Kalender 1840)* erwartet er schon den Vorwurf, er mache aus dem Kalender ein »Betbuch« (s. u.). Diese religiöse Vertiefung des Kalenders ergibt sich zwingend aus Gotthelfs Abneigung gegen die traditionelle geistliche Poesie (s. o. S. 895). Er will das Geistliche, wie in den Romanen, einschmuggeln; aber das Volk ging, um sich zu erbauen, in die Kirche.

---

* Es handelt sich hier zugleich um einen historischen Unterschied zwischen der improvisierten Erzählprosa des Vormärz und der »komponierten« des Nachmärz. Hunziker, einer der Herausgeber der historisch-kritischen Ausgabe, stellt im Zusammenhang mit *Herrn Esau* fest, daß »es überhaupt [!] – man denke zum Beispiel an die nachträglich notwendig gewordene Ausdehnung des ›Anne Bäbi Jowäger‹ auf zwei Bände – seine [Gotthelfs] Art war, sich in medias res zu stürzen und das *respice finem* nach und nach an sich herankommen zu lassen« (HKA, Erg. Bd. 2, S. 286). Die Abneigung gegen eine feste Disposition wirkte sich bei der Großform selbstverständlich (s. u.) am stärksten aus.

** Eine gewisse Unsicherheit in dieser Sache verrät die Bitte um eine Beurteilung, die er an den ihm befreundeten Basler Theologieprofessor Karl Rudolf Hagenbach (5. 10. 1841) richtet: »Der Kalender liegt bei. Nicht daß ich meine, Du solltest ihn ganz lesen, sondern nur dem Aufsatz ›die Liebe‹ einen Blick schenken. Ich habe mit diesem und schon 2 frühern Aufsätzen einen neuen Ton im Kalender angestimmt, und möchte gerne wißen, ob es der rechte ist und am rechten Orte.« Die Antwort fehlt; aber in seiner Aufforderung zur Mitarbeit an dem von ihm herausgegebenen *Kirchenblatt* bittet der Professor den Landpfarrer ausdrücklich um nichthumoristische Beiträge: »Ich weiß, Du kannst auch ernst und im Kirchenstile schreiben« (an Gotthelf 20. 11. 1844, in: Gotthelf/Hagenbach Briefwechsel, hg. v. Ferd. *Vetter,* Basel 1910, S. 44. Das 1. Zitat S. 2). Er scheint also Gotthelfs Versuch gebilligt zu haben.

Den *Neuen Berner Kalender* kennzeichnet auch eine politische Tendenz, was im Vormärz überall naheliegt. Vielleicht hat der Dichter dadurch die Romane der frühen vierziger Jahre in politischer Hinsicht entlastet und zu ihrer größeren künstlerischen Abrundung beigetragen [43]. Gotthelfs sozialpolitische Kritik scheint jedoch im Kalender meistens zurückhaltender zu sein als in den frühen und späten Romanen; denn er kann das Volk, wenn er es wirklich belehren will, unmöglich so von oben herab behandeln, wie er Jakob den Wandergesellen behandeln wird. Er bedient sich daher gerne der beliebten Form des Genrebilds (vgl. Bd. II, S. 974 ff.), die wenigstens die Möglichkeit zur objektiven Darstellung hat. In dem »Bruchstück aus der Berner Welt« *(Neuer Berner Kalender 1840)* gibt er Gespräche von Dienstmädchen, die vor allem belegen sollen, wie streng die Hierarchie der Unterschicht ist. Mädchen vom Lande werden von städtischen Mägden, die bei Kleinbürgern dienen, verachtet, und diese wiederum stehen tief unter den Bedienten von Großbürgern. Der Dichter färbt den Ton ein wenig satirisch, läßt aber sonst die Gespräche und das Benehmen der Dienstmädchen durch sich selbst wirken. Nur in einer kräftigen Schlußpointe gibt er seine Absicht deutlicher zu verstehen: »Ein andermal vielleicht mehr über dieses merkwürdige Affenleben.« Im *Neuen Berner Kalender für das Jahr 1842* findet man ein ähnliches, aber breiteres und auch mit größerer Sorgfalt ausgeführtes Bedienten-Genrebild: »Der große Kongreß auf dem Kasinoplatz in Bern.« Es geht, sozialgeschichtlich gesehen, um eine Frühform des gewerkschaftlichen Auftretens. Köchinnen aus verschiedenen Teilen der Schweiz wollen sich gemeinsam gegen ihre Herrschaft zur Wehr setzen, weil sie der Meinung sind, daß die Damen des Hauses nicht kochen können und daher völlig von ihnen abhängig sind. Sie wählen unter allerlei Schwierigkeiten eine Präsidentin und ein Komitee. Gotthelf inszeniert die parlamentarische Ungewandtheit der Köchinnen mit sichtlichem Vergnügen, aber läßt ihre demokratischen Rechte gelten. Dagegen versucht er sie durch übermäßige Ansprüche, etwa durch einen märchenhaften, aus England kommenden Gasherd und durch ein in Paris schon übliches Köchinnen-Appartement lächerlich zu machen. Trotzdem kann die Stilhaltung im ganzen noch als humoristisch gelten. Nur gegen das Ende der Volksszene fühlt er das Bedürfnis, auf die Unbildung der Köchinnen hinzuweisen. Einige verstehen den Ruf »Es lebe unsere Emanzipation« als einen Hochruf auf die Mannspersonen und meinen, so deutlich solle man es nicht sagen. Wen erfreut dieses Überlegenheitsgefühl des gebildeten Kalenderschreibers? Gewiß nicht das Volk. Es bleibt aber bei satirischem Sticheln, das donnernde Predigen vermeidet er hier. Der Ausgang der Szene ist, an Gotthelfs Erzählgewohnheiten gemessen, ziemlich leise.

Doppelbödigkeit herrscht auch in den berühmten Kalendergeschichten, so in der Sage »Der bekehrte Mordiofuhrmann«. Ein Tierschinder wird von einem Mann, der sich als Teufel ausgibt, gezwungen, am eigenen Wagen Hand anzulegen, bis zur völligen physischen und psychischen Erschöpfung. Ein junger Mann erzählt darauf im Wirtshaus, das der Fuhrmann aufgesucht hat, eine Teufelssage, die zu dem zuvor erzählten Vorfall paßt. Er befestigt dadurch den Teufelsglauben des primitiven Fuhrmanns und vollendet dessen Bekehrung. Zwinkernd gibt der Erzähler zu verstehen, daß der junge Mann aus volkspädagogischen Gründen den Teufel spielte. Der Glaube im Dienste der Humanität? Man kann auch sagen, daß durch solche Scherze der Glaube wie der dickste Aberglaube behandelt wird. Jedenfalls ist dies *raffinierte Spiel mit dem Teufel* mehr eine Lehre für Landpfarrer als für die Fuhrleute selbst. Man sollte sich an diese Kalendergeschichte bei der Interpretation der *Schwarzen Spinne* erinnern. Die überaus vielseitige Verwendbarkeit des Teufels läßt vermuten, daß er bei Gotthelf eher ein *didaktischer Mythos* als eine »naive« (objektive) überirdische Realität ist. »Die schönen Käsereien und die wüsten Männer« *(Neuer Berner Kalender auf das Jahr 1840)* verraten besonders klar Gotthelfs systematischen und daher auch wirtschaftlichen Durchblick bei der Beurteilung der Kulturentwicklung, wie später in der *Käserei in der Vehfreude* und in andern Romanen. Er beschreibt in dieser Kalendergeschichte, wie das einfache Faktum, daß zwecks Rationalisierung Molkereien gegründet werden, zur Verringerung des Wirtschaftsgeldes der Bäuerinnen und damit zur Schrumpfung der Wohltätigkeit führt. Die Analyse ist sehr klar und geradezu ein Beleg für die Auswirkung des materiellen »Unterbaus« auf den sittlichen »Überbau«; aber die Schlußpointe lautet: »Dr Kästüfel isch so gut e Tüfel als der Branntweintüfel.«

Die Kalendergeschichten sind auch insofern ein »Versuchsfeld«, als Gotthelf hier gelegentlich seine Phantasie viel freier schweifen läßt als in den Erzählungen und Romanen. Die »Reisebilder aus den Weltfahrten eines Schneiders«, die wiederholt zu finden sind, dürfen wohl als eine abenteuerliche Kompensation der Predigtartikel aufgefaßt werden. Sie erfüllen die didaktische Mindestleistung, ohne die nach Gotthelfs damaligem Programm ein Buch keine Existenzberechtigung hat*; die Hauptsache bei den Schneidererzählungen ist jedoch das Fabulieren. Der Gebildete fühlte sich bei diesem Kalenderteil gewiß an das Rokoko, etwa an Wielands *Geschichte vom Prinzen Biribinker* oder an Bürgers Münchhausen-Bearbeitung erinnert, nur daß eben, entsprechend dem biedermeierlichen Tugendsystem, die erotischen Pikanterien fehlen. Einsichten in die Bedeutung des Mythos bei Gotthelf kann man auch hier gewinnen. So findet man etwa mitten in den Lügengeschichten, nicht übel »integriert«, eine Szene, in der die Schutzengel armer Kinder von bösen Geistern angegriffen werden: »Da regte es sich dunkel in den Winkeln, und finstere, grauenvolle Gestalten flatterten herauf und schlugen mit den Flügeln nach den Engelein, hackten mit den Schnäbeln nach den Kinderseelen. Aber die Engelein wichen nicht...« [44]. In einer Geschichte, in der, ganz wie in der Aufklärung, *die Fiktion offenkundig kultiviert wird*, stimmt eine christliche Einlage dieser Art nachdenklich. *Wo es auf Volkstümlichkeit ankommt, gibt es bei Gotthelf offenbar keine Grenze zwischen Lügengeschichten und christlichen Mythen.* Wie aber sollte das Volk diese verwegenen Phantasieexperimente lesen, ohne verwirrt zu werden? Es würde sich wohl auch bei der (notwendigen) eingehenderen Interpretation von Gotthelfs Kalendergeschichten zeigen, daß der Pfarrer zwar für Volkserzieher aller Arten hochinteressante Anregungen lieferte, daß er jedoch kein Autor für die eigentliche, »naive« Unterschicht war, für Handwerker und Bauern oder gar für Dienstmägde und Bauernknechte. In den *Kuriositäten vom Jahre 1843* läßt sich der Erzähler noch mehr gehen als in den erwähnten Geschichten, insofern er den typischen literarischen Klatsch der damaligen konservativen Salons, nämlich die schmähliche Behandlung des stolz auftretenden Herwegh durch den König von Preußen, im Kalender verwertet. Er war kein Volksschriftsteller im strengen Sinne, kein Mann wie sein geistlicher Kollege Christoph von Schmid (vgl. Bd. II, S. 160 f.) oder auch nur wie der Wahlschweizer Zschokke, der älter war (geb. 1771) und dem er manches abgesehen haben mag. Daß es auf dem Gebiet der Volksliteratur schon lange enorme Erfolge gab, belegt vor allem Rudolph Zacharias Beckers *Noth- und Hilfsbüchlein* (1788), dessen Auflage 1811 die Million überschritten hatte[45]. Solche Zahlen waren auf Gotthelfs dichterischem Wege unerreichbar.

Was bedeutet »Volksschriftsteller« im Falle Gotthelfs?

Trotzdem ist es wichtig, daß er ein »Volksschriftsteller« *sein wollte.* Er glaubte, wie die Jungdeutschen und alle Gruppen der Zeit, an die Macht des Wortes (vgl. Bd. I, S. 104 ff.). Jedenfalls war dieser Glaube seine Zuflucht nach dem Scheitern der direkten, praktischen Betätigungsversuche. Er will nicht nur die schwerhörigen Vorgesetzten und die Gebildeten, sondern auch die Bauern und die Dienstboten seiner Heimat belehren. Diese Aufgabe gibt dem Pfarrer in seinem strengen, verantwortungsvollen Lebenskreise und in einem dem Puritanismus zuneigenden Vaterland überhaupt erst die volle Berechtigung zur literarischen Tätigkeit. Auf diesem öfters bekundeten Programm beruht die Vorstellung von Gotthelfs »naivem« Schriftstellertum. Um so mehr wundern wir uns, wenn wir in einem Briefe seines Verwandten Carl Bitzius folgende Mahnung lesen: »Ich meine, dir auch

---

* »Der Kalender ist kein Betbuch, aber er ist ein Buch, das zur Besserung des Menschen beitragen soll wie jedes andere Buch; und wenn ein Buch das nicht will, so verdient es, verboten zu werden« (HKA, Bd. 23, Erlenbach-Zürich 1931, S. 13). 1840 dachte dabei jedermann an das sittlich-religiös begründete Verbot der jungdeutschen Literatur durch den deutschen Bundestag 1835. Er billigt dieses also, während andere, relativ konservative Autoren wie Menzel und Immermann *gegen* diese Religionspolitik waren und eine geistige Auseinandersetzung mit den Radikalliberalen empfahlen.

schon bei Anlaß von Käthi oder dem Geldstag den Wunsch ausgesprochen zu haben, daß du dich nicht dem niederländischen Genre [!] zuwenden möchtest, bloß ein Volksleben an die Wand zu malen, von dem die Gebildeten sagen, es sei unübertrefflich natürlich, das aber das Volk selbst kalt läßt; sondern daß du lieber nach Art der alten Volksbücher… schreiben möchtest, d. h. Taten, Tugenden und Verbrechen mit ihrem Lohn und Strafe, Abenteuerliches mit drein, und dann deine unübertrefflichen Volksschilderungen als *Zugabe,* als Färbung, nicht aber diese als einziges Bild zugleich. Unter Volksschrift verstehe ich eine Schrift für das Volk, nicht über das Volk« (30. 9. 1849). Gotthelfs literarischer Berater weiß genau, wie die tatsächliche Literatur der Unterschicht auszusehen pflegt. Zugleich bezeichnet er den Ausgangspunkt von Gotthelfs Romandichtung richtig, wenn er an die beliebte literarische Genremalerei [46], vielleicht auch direkt an Jean Pauls *Vorschule der Ästhetik* erinnern will. Dort nämlich erscheint das »Niederländische« als *eine der stilistischen Möglichkeiten des Romans.* Schon Jean Paul selbst hatte für die Episierung der Idylle und des literarischen Genrebilds berühmte Vorbilder gegeben (vgl. Bd. II, S. 747). An diesen gattungsgeschichtlichen Einfluß Jean Pauls muß man zuerst denken, wenn man Gotthelfs Verehrung für dies große Vorbild des Biedermeiers verstehen und richtig einschätzen will, – nicht so sehr an die Empfindsamkeit und an den Humor des fränkischen Dichters. Jean Pauls Tonkombinationen sind anderer Art. Allenthalben fand Jean Paul eifrige Nachfolge, und es lag nahe, nach den Landpfarrern und Schulmeistern auch die Bauern zum Gegenstand des »niederländischen« Erzählens zu machen; denn sie gewannen eben damals ein neues Interesse. Obgleich nämlich bis tief in die Biedermeierzeit hinein die agrarische Wirtschaftsform Mitteleuropa beherrschte (vgl. Bd. I, S. 13 ff.), wurde sie doch durch die Bauernbefreiung, durch die Abschaffung der Zünfte und durch die *Mobilität,* die der Aufbau einer neuen Arbeitswelt bewirkte, mehr und mehr bedroht. Die Bauernwelt wurde nicht nur poetisch gemacht – das war sie schon in der Schäfer- und Fischerdichtung des 18. Jahrhunderts gewesen –, sondern sie wurde zum ernsthaften Antipoden der Stadt erhoben; denn diese versuchte, *im Gegensatz zu den damaligen Mehrheitsverhältnissen,* ihre Macht zu behaupten, ja das christlich-konservative Land zu überspielen und die Führung in allen Kulturgebieten an sich zu reißen.

In diesem Zusammenhang ist die Entstehung der Dorfgeschichte (vgl. Bd. II, S. 864 ff.) und die Dichtung des Landpfarrers Gotthelf zu sehen. Er schreibt wie alle Schriftsteller für das Publikum, das ihn lesen will. *Daß dies das städtische Publikum war, dürfte ihm auf die Dauer kaum entgangen sein.* Die fortwährenden Anspielungen auf Hegel, D. F. Strauß, Schiller, Goethe, Balzac, Sue usw., die höhnische Anrede der »Damen«, der Professoren, überhaupt der Städter, hätte gar keinen Sinn, wenn der Erzähler nicht in erster Linie auf die Städter wirken wollte. Er will, aus seiner genauen Kenntnis der Verhältnisse, das Land mit kritischer Absicht in seinen Nöten zeigen. Der Ansatz – darin hat die traditionelle Gotthelfforschung recht – ist durchaus antiidyllisch. Aber mehr und mehr verwandelt sich diese konkrete Aufgabe zu dem utopischen Wunsch, die idealen, christlichen Möglichkeiten der Bauernkultur, die die liberalen Städter und die kapitalistischen Unternehmer zu zerstören im Begriff sind, in beispielhaften Bildern darzustellen und so zu *allgemeiner* Wirksamkeit zu bringen. Damit aber lenkt der Dichter zur idyllischen Stilisierung des Bauerntums zurück, wenn auch, im Gegensatz zur Aufklärung, mit konservativer Absicht. Der Kampf, den Gotthelf zugunsten des Großbauerntums – er bezeichnet es gerne als »aristokratisch« – gegen die neue demokratische Stadtkultur und gegen ihre liberalen oder »radikalen« (linksliberalen) Repräsentanten führt, entspricht immer eindeutiger der patriarchalischen Gesellschaftsidee der biedermeierlichen Restauration. Je mehr er in der Heimat vereinsamt, je mehr er in die literarische Welt Deutschlands hineinwächst, um so mehr werden ihm die Realitäten der Schweiz zum Demonstrationsobjekt seiner christlich-konservativen Ideale*.

Wie seine ganze Zeit hat er neben dem scharfen Blick für das Konkrete (Detail- oder Genrerealismus, vgl. Bd. I, S. 287 f.) von vornherein – das sahen wir bereits – den leidenschaftlichen Drang zur Verallgemeinerung, zum Systematischen gehabt. Gotthelf spottet zwar bei jeder Gelegenheit über »die Ideen«, die »Systeme« der Philosophen und Wissenschaftler, aber er ist auf seine Art selbst ein Denker, ein Weiser, ja wie die Gotthelfforschung mit einem gewissen Recht zu betonen pflegt, ein Prophet. Er erkennt die tatsächlichen und möglichen Folgen der liberalen Politik mit einem verblüffenden Scharfblick. Daher ist es ganz selbstverständlich, daß ihm in Deutschland, wo der Kampf der Weltanschauungen besonders heftig tobte und wo, nach der Meinung der deutschen Liberalen, die philosophische Spitze der »Bewegung« sich befand, sein erster Ruhm zuteil wurde. Er wurde nicht nur, wie Gottfried Keller bewußt verharmlosend andeutet, eine gern gesehene Zierde der nordischen Teetasse, d. h. der Salongesellschaft, sondern ein *zuverlässiger Bundesgenosse im Kampf um die Erhaltung und Verbesserung der alten patriarchali-*

---

* Daß ihm die Parteilichkeit wichtiger war als die Nationalität, verbindet ihn mit den revolutionären Gruppen und hat ihm in seinem Vaterland ebenso geschadet wie dem jungdeutschen Heine seine Orientierung am französischen Liberalismus und Frühsozialismus. Man denke an den rücksichtslosen Gebrauch seiner publizistischen Möglichkeiten in Deutschland, die sicher auch konservative Patrioten in der Schweiz bedenklich fanden. Gotthelfs Absetzung als Schulkommissär sieht der Gotthelfbiograph Karl Fehr so (Jeremias Gotthelf, 3. Aufl. o. O., o. J., S. 54 f.): »Die Radikalen fanden zum Teil Unterstützung in Gotthelfs eigenem Lager bei Persönlichkeiten, die er mit seinen heftigen Angriffen beleidigt hatte, besonders etwa beim Kreise um [den Pädagogen] Fellenberg. Den eigentlichen Anlaß zum Vorgehen der Oberbehörde bot freilich Gotthelf selbst mit seinem Verhalten, das er später bereut haben mag [?]. Er hatte nämlich in einem anonym in einer deutschen Erziehungszeitschrift erschienenen Artikel der [»radikalen«] Regierung vorgeworfen, sie verhindere selber die Durchführung der Gesetze, die sie beschlossen und es fehle ihr überhaupt an der nötigen Klarheit und Kraft. Die Schrift war, so viel Wahres sie auch enthielt, entschieden zu scharf im Ton und rief einem [sic] allgemeinen [!] Sturm der Entrüstung [sic], der, sobald der Verfasser erkannt wurde, sich gegen diesen richtete, und niemand hatte so recht den Mut, für einen Mann, der seinen Namen nicht dazu hatte hergeben wollen, Partei zu ergreifen. Die Folge davon war, daß man sich in Bern ernstlich überlegte, wie man den aufsäßigen Pfarrherrn seines Amtes entheben könnte. Dazu schienen die rechtlichen Mittel zu fehlen; dagegen wurde ihm auf Ende des Jahres 1844 mitgeteilt, daß sein Amt als Schulkommissär erledigt sei. Dies kam einer eigentlichen Absetzung gleich.« Gotthelf konnte in seinem Antwortschreiben darauf hinweisen, daß »während seiner Amtstätigkeit in seinem Kreise« »zehn neue Schulhäuser... gebaut worden waren«. Man weiß aus dem Schulmeister-Roman, wie schwer ein Schulbau, gerade auch in wohlhabenden Dörfern, bei den Bauern durchzusetzen war. Gotthelf hatte mit seinem Angriff insofern recht, als die fortschrittliche *Praxis* durch die Ideologien der Utopisten oft mehr behindert als gefördert wird. Dies sehen wir heute weit deutlicher als Gotthelfs Zeitgenossen. Die »Erziehungszeitschrift«, deren sich Gotthelf bediente (s. o.), war übrigens die »Pädagogische Revue« in *Wolfgang Menzels Stuttgart* (HKA, Erg. Bd. 18, S. 195).

schen Ordnung. Eben das schlichte soziale Mitgefühl, das in jedem Buche des Dichters spürbar ist, die aufrichtige, persönliche Verantwortung für den Armen, machte ihn im Zeitalter eines höchst bedrohlichen »Pauperismus« zu diesem Dienst geeignet. *Die Armennot* (1840) ist eine der bedeutendsten christlichen Sozialschriften der Zeit, ein Beweis für das klare Krisenbewußtsein des Dichters. Hier konnten die zur Vogelstraußpolitik neigenden Honoratioren der Zeit lesen: »Nie noch [!] waren die Armen so zahlreich im Verhältnis zu den Besitzenden wie jetzt, nie war in christlichen Staaten durch viele Länder [!] ihre Haltung gegen die Besitzenden so drohend, ihre Stimmung so feindselig, und nie noch erzeugte sich Armut so fast aus sich selbst [!], war so erblich, so ansteckend, so aussatz-, krebsartig wie jetzt« [47]. Bemerkenswert ist, daß Gotthelf den Pauperismus und den auf ihn antwortenden Sozialismus als eine universale (europäische) Erscheinung erkennt und daß er dem Armen hier noch keine persönliche Schuld an seinem Elend gibt, sondern den Pauperismus als kollektives Phänomen wie die großen Seuchen, die alten Geißeln der Menschheit erkennt. Kein Wunder, daß der Schweizer in der gesamten deutsch-christlichen Welt Ansehen gewann. Es bedeutet doch sehr viel – um nur *ein* Beispiel zu nennen –, daß der Kirchenrat Döhner, der Vorstand des reichen Vereins für Volksschriften in Zwickau (Sachsen), den Schweizer Dichter um ein Buch über die deutschen Handwerksgesellen, die oft dem Kommunismus zuneigen, bittet und daß Gotthelf diesem Wunsche entspricht. Der Roman *Jakobs des Handwerksgesellen Wanderungen durch die Schweiz* (1846/47) ist auf diese Weise entstanden, Gotthelfs ingrimmige Auseinandersetzung mit dem jungen, atheistischen Sozialismus. Für die Schweizer Gotthelf-Forschung steht das Buch nicht im Vordergrund des Interesses, weil es weder von den Bauern noch – in seinem Kerne – von den Schweizern handelt. Aber die satirische Dichtung ist nicht schlechter als die bekannten Romane Gotthelfs und besonders beweiskräftig, wenn man ihn lieber neben Dickens als neben Mörike sehen will. In dem gewaltigen Weltdrama, das sich vor Gotthelfs erschreckten Augen abspielt, sind die Handwerker und die Bauern, die Schweizer und die Deutschen in gleicher Weise bedroht. Wenn der Engländer Waidson, in seinem sonst so besonnenen Gotthelf-Buche, über die undemokratischen Befürchtungen des Schweizers peinlich berührt berichtet und sie durch den Hinweis auf den Schweizer Frieden und Wohlstand in der zweiten Hälfte des 19. Jahrhunderts entkräften möchte, so wird sich heute kein klarsehender, gereifter Mitteleuropäer dieser politischen und wirtschaftlichen Gotthelf-Kritik anschließen. Die unkritische Anwendung des Liberalismus führt unweigerlich zum Kommunismus oder Faschismus. Die Anarchie, auch schon eine halbe Anarchie, führt zur Diktatur, wenn nicht außergewöhnliche sittliche Kräfte die freie Ordnung stützen. Muschg ist im Recht, wenn er betont, daß Gotthelf über sein eigenes Jahrhundert hinaussah. Und man wird das Radikale seines restaurativen Ordnungsdenkens nicht dadurch abmildern dürfen, daß man in die Metapher flüchtet und sagt, in ihm scheine »die Seele der Demokratie« aufzustehen [48]. Denn Muschg weiß, wie die gleiche Stelle verrät, daß Gotthelf »vor allem der Auflösung der christlichen Ordnung« entgegentrat. Die Freiheit bedeutete ihm ohne die christliche Ordnung nichts, ja, die Hölle. An die weltliche Sittlichkeit glaubte er so wenig wie an den rein weltlichen Staat. Im Laufe der Zeit wurden dem protestantischen Pfarrer sogar die Jesuiten fast lieber als die Liberalen. Von dieser gegenseitigen Annäherung der Konfessionen als einem typischen Kennzeichen der Restaurationszeit wurde schon gesprochen (Bd. I, S. 53 ff.). Selbst die Tatsache, daß sich Gotthelfs Haltung *erst allmählich versteift,* entspricht dem allgemeinen Entwicklungsrhythmus der Epoche (vgl. Bd. I, S. 152 ff.). Auch im Westen sollte man heute wirklich undogmatisch verfahren und zugeben, daß seine Liberalismuskritik Weitsicht und Menschenkenntnis verriet. Das soll nicht heißen, daß nur der Christ dem Dichter gerecht werden kann. Gewiß, *er gehört in erster Linie der christlichen Welt.* Darin liegt heute ein Hindernis für die Gotthelf-Rezeption, das viel stärker ist als der von allen Germanisten geliebte Schweizer Dialekt. Doch ist diese Abneigung gegen das »Pfäffische« in Gotthelf – bei Keller, überhaupt unmittelbar nach Metternich verständlich – heute kaum mehr aktuell und jedenfalls des Historikers nicht würdig. Auch wenn man Gotthelfs christlichen Inhalt nicht bejahen kann, so bleibt sein Inhaltsdenken überhaupt, seine Kritik an einer bloß *formalen* Freiheit, sein brennendes Interesse für soziale Fragen unwiderleglich, und auch seine Dichtung interessiert gerade deshalb den modernen Betrachter, weil sie ihm das Gegenteil einer bloß formalen Erzählkunst kräftig vor Augen stellt*.

---

* In der DDR-Geschichte der deutschen Literatur Bd. 8,1, Berlin 1975, werden »die konservativ-humanistischen Autoren« gegen die liberalen ausgespielt, nicht zuletzt Gotthelf, da die Kritik an den heraufkommenden Kapitalismus ein Leitmotiv seiner Romane ist (S. 279, 287 u. a.). In den Vordergrund treten dabei *Die Käserei in der Vehfreude* (»ein hervorragendes Werk« S. 285) und *Erlebnisse eines Schuldenbauers,* weil hier der liberale Rechtsstaat für die Not eines fleißigen, aber wenig intelligenten Bauern verantwortlich gemacht wird (S. 284). Gotthelfs antikommunistischen Roman (s. u.) ignorieren die Kommunisten. Wenn wir Gotthelfs antikapitalistische Tendenz nicht zur Kenntnis nehmen, sind wir auf dem gleichen »parteilichen« Wege. Daß Gotthelfs Liberalismuskritik auch schon etwas von der nachliberalistischen Härte in manchen Staaten des 20. Jahrhunderts in sich enthält, sollte nicht geleugnet werden. Die utilitaristische Komponente in seinem Denken führt, in Verbindung mit seinem übertriebenen Glauben an die Erziehbarkeit des Menschen, z. B. zum Widerspruch gegen die Liberalisierung des immer noch übertrieben strengen (*vor*psychologischen) Strafvollzugs. Sein Freund Fröhlich, der sonst den »idyllischen«, menschenfreundlichen und wirklichkeitsnahen Pfarrer Gotthelf feiert, berichtet über diese Seite seines Denkens deutlich genug. Die Gefangenen, denen die von ihm betreute »Erziehungsanstalt für verwahrloste Knaben« (Trachselwald) die Suppen liefert, beschweren sich über die Qualität dieser Suppe und finden, zu Gotthelfs Empörung, Gehör: »Es hätte wenig gefehlt«, klagt er, »so hätte die Behörde den Gefangenen, es sind meist Diebe und Betrüger, eher geglaubt als uns und wäre der Anstalt diese Gelegenheit, etwas von ihren Landeserzeugnissen zu verkaufen, entzogen worden. Das ist eben die Humanitäts-Sucht, die selber den Verbrecher hätschelt, ihm weich bettet, ihm als Gefangenschaft ein heiteres, geräumiges, sonniges, luftiges und frohmüthiges Gemach anweist, es ihm auch sorgfältig erwärmt, ihn reichlich nährt, während so mancher redliche Arbeiter im Land elend wohnt, friert und hungert. In Thorberg drüben ist es freilich besser, das ist ein wirkliches Zuchthaus und man ist auf die Besserung der Sträflinge bedacht. Aber es gibt auch andere Strafanstalten, in welchen die Züchtlinge oft schon längere Zeit ohne Arbeit waren ... Unsere überfüllten Strafanstalten, die jährlich wachsenden Summen, welche von denselben verschlungen werden, sie sind unwidersprechliche Beweise von dem Verfall der Sitten. Und da meinen selber noch gutmüthige Freunde der sogenannten Humanität, man könne mit bloßen Vorstellungen und mit liebreicher Behandlung den frechsten Burschen bändigen. Die ernste, strenge Zucht ist fast überall gewichen« (A. E. *Fröhlich, Aus Jeremias Gotthelfs Leben,* in: *Erzählungen und Bilder aus dem Volksleben der Schweiz, Bd. 5,* Berlin 1855, S. XXIII f.).

Albert Bitzius / Jeremias Gotthelf

Die Auftragsdichtung über den deutschen Handwerksgesellen

Man sieht heute auch in der Schweiz ein, daß in der einseitigen Betonung der Bauerndichtung eine Gefahr für die Gotthelfinterpretation und -wertung liegt[49]. Es sollen daher *Jakobs des Handwerksgesellen Wanderungen durch die Schweiz* etwas näher betrachtet werden. Die bisherige Bevorzugung des Bauernromans erklärt sich nicht nur aus dem Nachwirken der Heimatkunst, auch nicht nur aus dem patriotischen Interesse der Schweizer; sie ist zugleich historisch zu rechtfertigen. Gotthelf gehört mit Auerbach und Immermann zu den gefeierten Begründern der Dorfgeschichte. Den Handwerkerroman dagegen gibt es schon in der Aufklärung (Engel) und in der Romantik (Hoffmann, Tieck). Innovationen von Gattungen können aber, wie wir heute wissen, genauso schöpferisch sein wie Neubegründungen, und sie ermöglichen, im Vergleich, die Leistung des Jüngeren genauer zu bestimmen. Gotthelf nennt in seinem antikommunistischen Roman einen Handwerkerroman als Lektüre Jakobs, nämlich den *Meister Jordan oder Handwerk hat goldenen Boden* (1845)[50] des erwähnten erfolgreichen Volksschriftstellers Zschokke. Es ist wohl die ungenierte Nennung eines Buches, das die oft sehr tiefstehenden Rezensenten der Zeit als sein Vorbild ansprechen konnten, das aber schon im Ansatz ganz anders ist.

Gemeinsam ist die Betonung des Handwerkerstandes als einer alten ehrwürdigen Einrichtung, die von der Feudalschicht ebenso abgegrenzt ist wie von der besitzlosen Klasse. Gemeinsam ist die aus den biedermeierlichen Wirtschaftsverhältnissen sich ergebende Einsicht, daß sich ein Handwerker beim Aufbau seiner Existenz keinen Genuß leisten kann, daß er um der Zukunft willen in der Gegenwart auch auf harmlose Freuden verzichten muß. Gemeinsam ist auch die Betonung der handwerklichen Familientradition; denn erst ein bescheidenes Anfangskapital legt den Grund zum Aufstieg in die neu sich bildende Klasse der Kapitalisten. Hier allerdings beginnen auch schon die Unterschiede. Jordan erbt ein kleines Kapital, das der Vater, ohne Rücksicht auf Bürgerstolz, z. T. als Verkäufer seiner Ware (Hausierer), erworben hat. Gotthelfs Jakob erbt nur den guten Geist seiner Ahnen, verkörpert in der Großmutter. Auf den Vater und sein Erbgut wird verzichtet. Der Erzähler wäre zufrieden, wenn Jakob während seiner Wanderungen durch die Schweiz sich durchbrächte und einen Notpfennig zurücklegte. Daß dazu viel Entsagung, z. B. der Verzicht auf das Ausgehen mit den lebenslustigen Berner Meitschi gehören würde, verschweigt er, wahrheitsliebend wie er ist, nicht. Ein Geselle verdient sehr wenig, er kann sich nichts leisten, und das in einem reichen Lande. Nur auf der Grundlage eines sehr strengen Ethos kann man erwarten, daß Jakob nicht unzufrieden ist. Die Unzufriedenheit, der Pessimismus, der daraus resultierende Lebensgenuß und Anteil am Revoluzzertum führt ihn vom schmalen Wege ab und bringt ihn in die bitterste Not.

Die Notwendigkeit der Sparsamkeit demonstriert Zschokke an einer Kontrasthandlung. Der reiche Goldschmied Gideon Kürbis geht auf der breiten Straße, heiratet reich und lebt wie ein Fürst. Aber das Ende vom Liede ist, daß er sein schönes Haus am Schloßplatz an Meister Jordan abgeben muß und seine Tochter, zur Schauspielerin und Halbprostituierten herabgesunken, von ihrem einstigen Geliebten Veit, Meister Jordans Sohn, verachtet und verschmäht wird. Die Liebesgeschichten spielen in beiden Romanen eine untergeordnete Rolle, weil es bei Zschokke in erster Linie auf den wirtschaftlichen Aufstieg, bei Gotthelf auf das richtige Leben in Gottes Ordnung ankommt. Trotzdem war es, vom biedermeierlichen Tugendsystem aus gesehen, ein kühnes Wagnis, den Gesellen Jakob erst als Verführten und Ausgenutzten eines Flittchens, dann als Verführer eines naiven Mädchens in der kantonalen Hauptstadt darzustellen, ehe er im Berner Oberland an ein Mädchen gerät, das er innig liebt, das aber zu einem Freigeist kein Vertrauen hat und so ein Werkzeug des Himmels bei der Bekehrung des »dummen Jakob« wird.

Zschokkes kleiner Roman enthält unvergleichlich mehr Stoff als Gotthelfs umständliches Erziehungsbuch. In einem äußerst knappen Stil erzählt das Romänchen, wie der reiche Meister Jordan schließlich sogar noch zum Berater des Fürsten aufrückt, wie er zwar die Auflösung der Zünfte gutheißt, aber für eine neue Handwerkerordnung mir Prüfungen und Schulen sorgt, wie Veit, der Sohn, sich in einem großen französischen Betrieb umtut und ihn schließlich selbständig führt, wie er nach seiner Heimkehr ein Freund des Prinzen und Thronnachfolgers wird, wie dieser, von Veit inspiriert, ein Polytechnikum gründet und ihm schließlich noch die Wohnung fürstlich einrichtet, obwohl er

904

die reiche Witwe seines französischen Chefs verschmäht und seine bescheidene Stiefschwester heiratet. Zschokkes Roman beweist, *daß das Bündnis von Großbürgertum und Monarchie schon in der Restaurationszeit sich anbahnte* und nicht erst, wie oft behauptet wird, eine Folge der sozialistisch unterwanderten Revolution von 1848 und ihres Scheiterns war. Der kleine Roman bietet überhaupt hervorragendes Anschauungsmaterial für die Wirtschaftsmoral, Wirtschaftsorganisation und politische Wirtschaftsgeschichte des mittleren 19. Jahrhunderts; aber er enthält sehr wenig von dem, was in den Menschen vorgeht. Der Dichter hat, biedermeierlich ausgedrückt, »kein Herz«. Deshalb ist Zschokke – das würden die Gotthelfverehrer vielleicht mit Recht sagen – kein Dichter.

Auch Gotthelf schrieb seinen Roman aus einer sehr großen Distanz zum Gegenstand. Er machte Studien zu den kommunistischen Handwerksgesellen und betrachtete sie selbstverständlich als ein Objekt der Pastoralseelsorge und -pädagogik. Übrigens ist auch der Überblick über die Schweiz, der im Zusammenhang mit Jakobs Wanderungen geboten wird, nicht zu verachten. Der Erzähler nimmt die Beschreibung mit ihren geographischen und historischen Details sehr ernst; denn das gehört sich im Biedermeier. Er hat zwar schon in der Gurten-Humoreske über die Beschreibung gespottet. Gotthelf ist viel zu unruhig, um so hingebend »schildern« zu können wie Stifter. Aber er erfüllt seine Pflicht. Er tut es, obwohl er weiß, daß der verstockte Jakob kein Auge für etwas anderes hat als für die Ziele seiner Begierden und für seine »Ideen«. Wenn sich ihm im Berner Oberland die Augen für die Schöpfung öffnen, ist dies schon ein Symptom seiner Umkehr. Das Buch ist auch insofern schweizerisch, als das Verhalten Jakobs zu den Schweizern und das der Schweizer zu Jakob ständig erwähnt und reflektiert wird, ja sogar für das damalige deutsch-schweizerische Kulturverhältnis symbolisch gemacht wird; denn nicht so sehr die Handwerksburschen als die intellektuellen Emigranten schwärmten von den Ideen und hielten die praktischen Schweizer für dumm, worauf diese, wie nicht nur Gotthelfs Verhalten beweist, die intellektuelle, politische, polizeiliche Antwort nicht schuldig geblieben sind. Freilich ist die Frage nach dem Schweizerischen, wenn sie mehr als vordergründig gestellt wird, selbst ein Mißverständnis Gotthelfs, der den Menschen in allen Ständen und Nationen für ähnlich hielt und den Grund des Menschen nicht in seiner nationalen oder sozialen Eigenart, sondern in seinem Verhältnis zu »Gottes Ordnung« sah. Gerade in Jakob ist sie der ständige Maßstab. Aber der strenge Ordnungsbegriff verhindert nicht, daß Jakobs allmähliche Entfernung von der Ordnung und seine allmähliche Rückkehr zur Ordnung mit Hilfe der feinsten psychologischen Details, mit einer sehr lebendigen intuitiven Vorstellung von einem sozial und intellektuell beschränkten Kopf und da, wo Jakob ernstlich in Not gerät, auch mit großer Wärme dargestellt wird. Den Höhepunkt in dieser Hinsicht bildet das 17. Kapitel, die Aufnahme des halberfrorenen und halbverhungerten Jakob durch ein altes frommes Paar im Waadtland. Auch die folgenden Kapitel stellen einen Triumph von Gotthelfs Humanität dar, insofern er seine Vorurteile gegen »die Welschen« überwindet – »der Welsche ist nicht freigebig« heißt es sogar hier – und einem welschschweizerischen Paar das erste Verdienst an Jakobs physischer und metaphysischer Rettung überläßt. Diese Kapitel und manche andere sind *bester Gotthelf*. Ich kann nicht finden, daß das entsprechende alte Retterpaar im »Geldstag« besser gestaltet ist, weil es im Kanton Bern lebt und damit dem Dichter »näher« steht. Der große Schweizer selbst pflegt die Lokalmythologie etwa so zu annullieren: »Die Weiber oder Frauen in diesem Kanton [Bern] werden nicht viel anders sein als die Weiber in andern Kantonen, c'est partout la même chose, es werden darin sein leibhaftige Ebenbilder der Eva, ... und werden solche sein, welchen Sankt Maria ihr Spiegel ist...« (Erlebnisse eines Schuldenbauers 2. Kap.). Bei einem Dichter, der in erster Linie Christ ist, kann man keine Maßstäbe der naturalistischen oder auch neuromantischen Heimatkunst anlegen. Schon Jakobs Seelengeschichte, sein sittlich-religiöser Ab- und Aufstieg, die Verbindung von Abschreck- und Vorbilddichtung, die Vergegenwärtigung der Schweiz als einer Ganzheit, die Ausblicke auf Deutschlands und auch auf Frankreichs Lage machen *Jakobs des Handwerksgesellen Wanderungen durch die Schweiz* in psychologischer und soziologischer Hinsicht zu einer besonders interessanten Dichtung. Wenn der Roman kein Herzstück der Schweizerdichtung ist, so könnte er doch unter europäischen Gesichtspunkten, zum mindesten als Einführung in Gotthelf und seine Zeit, größere Bedeutung als bisher gewinnen*.

---

* Das Verhältnis zwischen Gotthelf und dem Burschenschaftler Wolfgang Menzel, seinem ein-

Ist es sinnvoll, eine Art Kanon der besten Dichtungen innerhalb von Gotthelfs geräumigem Erzählwerk zu bilden? Bei den Erzählungen sicher, obwohl es da große Meinungsverschiedenheiten gibt und auch bei besserer historischer Interpretation (s. u.) gewiß noch geben kann. Dagegen hängt die Bewertung von Gotthelfs Romanen oft von Argumenten ab, die man kaum aus Gotthelf selbst ableiten kann. Keiner der Romane ist vollkommen – im Sinne des klassischen oder des die klassischen Normen erneuernden realistischen Programms; aber auch keiner von Gotthelfs Romanen ist – immer von der Biedermeierzeit aus gesehen – schlecht, nicht ein einziger, scheint mir. Man hat immer wieder betont, daß Gotthelfs Dichtung in ihrer ästhetischen Gestalt verhältnismäßig einheitlich ist. Der Grund dafür dürfte in dem Umstand liegen, daß sich Gotthelf im Gegensatz zum goethezeitlichen Dichtertypus nicht so sehr »entwickelt« – dazu gehört der Glaube an die Autonomie der Persönlichkeit –, sondern daß er, der Christ und Pfarrer, nur *immer vorsichtiger gegenüber vermeintlichen Fortschritten wird und immer entschiedener auf eine unchristlich werdende Zeit reagiert.* Dementsprechend soll die »Entwicklung« des Erzählers in einem Überblick über die Themen seiner Hauptwerke beschrieben und erst anschließend die typische, einigermaßen gleichbleibende Form des Gotthelfschen Romans interpretiert werden*.

---

flußreichsten publizistischen Fürsprecher in Deutschland, wird verständlicher, wenn man beobachtet, wie er sogar einen deutschen Burschenschaftler, der »die fixe Idee hat, die Schweiz müsse mit Deutschland eins werden«, den Turnlehrer Spieß, aus *sittlich-religiösen* Gründen nach Basel empfiehlt. Ein alter Burschenschaftler ist ihm lieber als die jungen Leute (Jungdeutsche, Junghegelianer, Liberale überhaupt), die »zum neuen Faselthum« gehören (an Hagenbach 14. 12. 1843). *Die Ideologie revolutionärer Art ist ihm das entscheidende negative Wertkriterium; denn sie bedroht,* vor allem in der Gestalt junghegelianisch infizierter Theologen, *auch die Kirche* (an Hagenbach 29. 9. 1843). Der leidenschaftliche Publizist Gotthelf sieht die Deutschen als Vorbild, insofern sie im Zeitungswesen schon viel weiter sind: »Wir Schweizer sind arme Tröpfe und zu träge und absonderlich um ein eigen Blatt zu haben, wo wir uns breit machen und vertheidigen können« (ebd.). Auch die Konkurrenz der deutschen Emigranten bei der Besetzung der Schweizer Professorenstellen erscheint in Gotthelfs Briefen als ein ernstes nationales Problem (an Hagenbach 4. 4. 1844). Aber wenn er im gleichen Brief gesteht, er »hasse« das »verfluchte Wort Kultur«, so wird sogleich wieder deutlich, *daß er die Emanzipation der Wissenschaft, der Bildung aus der Autorität der Kirche meint.* Die Loslösung aus der *christlichen* Kultur ist für Gotthelf das Grundübel der Zeit. Wenn der erwähnte Burschenschaftler Spieß sich zur Märzrevolution bekennt und nach Deutschland zurückkehrt, dann hört Gotthelfs Sympathie für ihn auf, und er erkennt bei dieser Gelegenheit auch schon *recht treffend die Diskontinuität als eine deutsche Gefahr:* »Spieß ist weich wie Wachs, vielleicht daß noch die Zeit kommt, wo er für Pabst und Rußland schwärmt. Sind merkwürdige Leute, die Deutschen nämlich!« (an Hagenbach 19. 5. 1848)

* Selbstverständlich will ich damit nicht sagen, daß die Einzelinterpretation sinnlos ist. Es soll nur nachgewiesen werden, daß die Gesamtinterpretation, die z. B. bei Goethes (nicht bei Schillers) Dramen wenig Sinn hätte, bei Gotthelfs rhetorischer Epik *möglich* ist. Wie ich nachträglich sehe, kann sich eine Gesamtinterpretation von Gotthelfs Romandichtung auf keinen Geringeren als Gottfried Keller berufen. Eben weil er selbst eher zur Goethe-Schule gehört, erkennt er die ältere Struktur von Gotthelfs Epik mit Erstaunen. Die Rezension von Gotthelfs spätem Roman »Erlebnisse eines Schuldenbauers« (»Blätter für literarische Unterhaltung« 1855, Nr. 3) beginnt mit den folgenden treffenden Sätzen: »Die ›Erlebnisse eines Schuldenbauers‹ zeigen die alten Tugenden und alten Fehler des unerschöpflichen Bitzius im alten vollen Maße. Er bleibt sich immer gleich, und wenn man seine neuesten Werke liest, so hat man nicht mehr noch weniger [!] als bei dem frühesten seiner Bücher. Es ist aber ein mächtiger Beweis von der Echtheit und Dauerbarkeit der Gotthelfschen Muse,

DIE ROMANE IN IHRER STOFFLICHEN UND IDEOLOGISCHEN ENTWICKLUNG

Gotthelf erlebt die Julirevolution und ihre Auswirkungen in der Schweiz mit Genugtuung, was nicht nur in seinem jugendlichen Ressentiment gegen die ihm vorgesetzten konservativen Behörden, sondern auch in seiner geistes- und theologiegeschichtlichen Herkunft (Pestalozzi, Herder, Schleiermacher) begründet ist. Er fühlt sich zunächst als Liberaler, er begrüßt den Geist des Fortschritts, der sozialen Reform und der Bildung. Dementsprechend sind seine ersten beiden Romane, obwohl sie bereits zum großen Teil in dörflicher Umwelt spielen, noch keine eigentlichen *Dorfgeschichten,* sondern *gesellschaftskritische Romane.* Die gesamte ihm vor Augen liegende Umwelt wird in kritischer Beleuchtung dargestellt. Bezeichnend ist schon die Tatsache, daß die Helden der ersten Romane keine Bauern, keine seßhaften und begüterten Glieder des Volkes, sondern zunächst *Opfer der Gesellschaft* und zum Teil gerade auch des »aristokratischen« Bauernstandes sind. Wenn die Sozialisten der 1840er Jahre auf den Dichter aufmerksam wurden, so ist das von seinen Anfängen her verständlich. Gotthelf ist auch in seinen frühen Romanen kein Liberaler in dem Sinne, daß er sich in erster Linie für die politischen Formen der Gesellschaft, für die abstrakte Idee der Freiheit interessieren könnte. Wie der Besitz eine große Rolle in seinem Leben und in seinen Werken spielt, so fragt er von vorneherein nicht so sehr nach den formalen Rechten wie nach den wirtschaftlichen Lebensbedingungen, nach den *konkreten Entfaltungsmöglichkeiten der Menschen.* Und zunächst sind es die Armen, aus deren Sicht er die Gesellschaft darstellt.

Der Bauernspiegel

Jeremias Gotthelf, der Held und Erzähler seines ersten Romans *Bauernspiegel* (1837), erleidet in seiner Jugend das Schicksal eines armen Verdingkindes, das von Haus zu Haus wandern muß und entweder ausgenützt oder vernachlässigt wird. Die Gewissenlosigkeit seiner unmittelbaren Betreuer wird ebenso deutlich wie die Seelenlosigkeit der Verwaltungsorgane. Der Übergang in den Soldatenstand bedeutet unter diesen Umständen keine Verschlechterung seiner Verhältnisse. Dort findet Jeremias in dem Hauptmann Bonjour einen Erzieher. Geläutert kehrt er in die Heimat zurück, und obwohl der verachtete Sol-

---

daß trotz aller Wiederholung, aller Einseitigkeit und Eintönigkeit man seine Werke, seien sie noch so breit und geschwätzig, immer mit der alten Lust fortliest. Sie werden... nie langweilig.« (Zitiert nach: Meisterwerke deutscher Literaturkritik, hrsg. v. Hans *Mayer,* Berlin ¹1956, Bd. 2, S. 567f.) Auch in einem Briefe Gotthelfs an Carl Bitzius (20. 11. 1840), der sich auf eine geplante, nicht ausgeführte Vorrede zu *Uli der Knecht* bezieht, wird die relativ geringe Abgeschlossenheit des einzelnen Romans angedeutet: »Diesmal muß ich sagen, was eigentlich Uli sein soll und daß er eigentlich nur das erste Bild einer ganzen Reihe ist.« (Das Gotthelfzitat verdanke ich Werner Hahl.) Man kann die Ähnlichkeit von Gotthelfs Romanen auf den mimetischen Anspruch des Erzählers beziehen. Unter Volksschriftsteller versteht er in der Vorrede von *Der Herr Esau* einen Dichter, der eine Region so treffend vergegenwärtigt, daß jeder Leser sich in einer Gestalt dieser Erzählwelt abgebildet findet und über die vermeintliche Indiskretion klagt. Forschungen zu diesem Problem wären m. E. nützlich.

dat zunächst kein Amt bekommt, beschließt er doch, seinen bescheidenen Beitrag zur Volksbildung ohne Anspruch auf Lohn und Ehre zu leisten. Zum Ort seiner Tätigkeit wählt er das Wirtshaus, das Agitationszentrum der revolutionären Kreise, das der Dichter später so ingrimmig bekämpfte. Jeremias denkt sich seine Aufgabe freilich noch recht literarisch. So gelangt er zur Beschreibung seines eigenen exemplarischen Lebens. Diese vita soll den Bauern einen kritischen Spiegel der bäuerlichen Gesellschaft vor Augen halten. Wenn Jeremias schließlich doch noch ein Pöstchen und sogar eine Erbschaft bekommt, so bedeutet dieser Romanausgang freilich schon ein erstes Ausweichen vor der möglichen Härte eines so ausgesetzten Lebens, eine Harmonisierung im Stil der üblichen Biedermeierdichtung. Einen Menschen, der so gut geworden ist, kann die Vorsehung nicht im Stich lassen! Diese vielleicht pädagogisch gedachte optimistische Vorstellung steht schon hinter dem Erstling des Schweizers.

Leiden und Freuden eines Schulmeisters

Gotthelf ist, wie dieser Schluß andeuten kann, von vornherein nicht abgeneigt, zum mindesten partielle Zugeständnisse an die Traumfabrik des populären Romans zu machen. Das ergibt sich aus den volkspädagogischen Absichten. Indes, auch sein zweiter Roman setzt mit der vollen Schärfe einer höchst kritischen und aus eigener Beobachtung gewonnenen Gesellschaftsdarstellung an. Da er die Volksbildung noch nicht aus einem patriarchalischen Gesichtspunkt, sondern im aktiven, fortschrittlichen Sinne *Pestalozzis und der weiterwirkenden Aufklärung* betreibt, muß, sobald er an die speziellen Probleme denkt, die schlechte Ausbildung und die unwürdige wirtschaftliche Stellung der Volksschullehrer seinen Reformwillen herausfordern. In dem sehr breiten Roman *Leiden und Freuden eines Schulmeisters* (1838/39) erzählt der Betroffene zum zweitenmal selbst die Geschichte seines Lebens bis zu dem Augenblick, da erträglichere Verhältnisse eintreten. Wieder eine ganz und gar nicht idyllische Kindheit in dörflicher Umwelt. Und dann ein mühseliger Kampf um die intellektuellen und wirtschaftlichen Vorbedingungen des verantwortungsvollen Schulamtes. Nicht nur den vorgesetzten Behörden, sondern auch den Bauern, die die Lage des Schulmeisters vor Augen haben, seine Hungerleiderei, seine unmöglichen Wohnverhältnisse, fehlt es am Willen zur Hilfe, zur sozialen Reform. Es wäre verständlich, wenn der Schulmeister Käser unter so traurigen Lebensbedingungen seine Pflichten versäumte und moralisch verkäme. Eine Zeitlang sieht es so aus. Aber er bessert sich. Eine vorbildliche Gattin und ein vorbildlicher Pfarrer bestärken ihn auf diesem Wege. Und nun kann auch die Gnade nicht ausbleiben: die Bauern bauen ein neues Schulhaus, und die Behörde bewilligt eine Gehaltserhöhung.

Mit dem Wort Gnade berühren wir den innersten Grund von Gotthelfs Vorliebe für das happy end, den religiösen. Die Gnade hat Reue und Besserung zur Vorbedingung. Wo diese fehlen, steht am Ende das Gericht. Daß Gotthelf vor seiner Darstellung nicht zurückschreckt, das zeigt in seiner Frühzeit vor allem die drastische Erzählung *Wie fünf Mädchen im Branntwein jämmerlich umkommen* (1838). Man rühmt den Realismus der Erzählung. Daß es sich ganz eindeutig um einen »christlichen Naturalismus« (vgl. Bd. I,

S. 35) in der Art der alten Narrensatire oder des *Simplizissimus* handelt, könnte ein Vergleich mit Gottfried Kellers Novelle *Die drei gerechten Kammacher* dartun*. Gotthelf hat viel Verständnis für das menschliche Narrentum, sofern sich der Narr um Einsicht und Besserung bemüht. Der Schulmeister Käser ist ein Narr dieser Art. Wo aber die Narren verstockt sind, da müssen sie »jämmerlich umkommen«. Sie müssen, denn Gottes Ordnung besteht nicht erst im Himmel, sondern schon auf Erden. Eben daraus folgt aber auch, daß es den Guten und Frommen wohlgeht. Man pflegt von Gotthelfs alttestamentlicher Frömmigkeit zu sprechen, nicht zu Unrecht. Allein noch näher liegt die Weltanschauung seiner Zeit. Die Idee einer irdischen Vorsehung Gottes ist eine Grundvorstellung Herders, die bei Hegel und in der ganzen Restaurationsepoche weiterwirkt (vgl. Bd. I, S. 77 f.). Es hätte ja gar keinen Sinn, sich um eine Restauration des christlichen Staates, der christlichen Kultur zu bemühen, wenn der entscheidende Ort von Gottes Gericht und Gnade erst im Jenseits läge. Die letzte Konsequenz des christlichen Gedankens, das Martyrium, liegt dem Biedermeier fern. Bildet Gotthelf in diesem Punkte eine Ausnahme? Er unterscheidet grundsätzlich zwischen dem Diesseits und Jenseits, zwischen Gott und Welt und pflegt daher die idealistische Philosophie zu bekämpfen. Man kann auf Mädeli im *Schulmeister,* auf Dr. Rudi und vor allem auf *das wiederholte Martyrium in der Schwarzen Spinne* hinweisen. Trotzdem hat der Dichter einen beträchtlichen Anteil am pädagogischen Optimismus der Restaurationskultur. Keller spielt in seiner letzten Rezension, die eine Art Nekrolog für den Vorgänger geworden ist, das Buch Hiob gegen das Biedermeier aus, und viele Christen werden heute dem Atheisten recht geben, wenn er feststellt, im Buch Hiob sei der »althebräische Glaubenssatz, daß Gott ausschließlich... die Rechtschaffenen, Frommen auf Erden glücklich mache«[51], widerlegt worden. Gotthelf selbst hätte den Vorwurf, seine Werke seien »ein umgekehrtes Buch Hiob« sicher durch einen Hinweis auf seine seelsorgerliche Erfahrung zu entkräften versucht: Der Mensch ist schwach, er bedarf noch anderer Stützen als der Himmelshoffnung. Man muß ihm also zeigen, daß das irdische Leben, wenn es christlich geführt wird, einen Vorgeschmack des Himmels zu vermitteln vermag. Um zu einem solchen Bilde des menschlichen Lebens zu gelangen, muß man freilich die Augen vor der Welt, vor der Gesellschaft

---

* Ein Gotthelf-Rezensent, Johannes *Wirth,* der den Dichter 1858 »den Gründer einer *neuen Richtung*« nennt und damit vielleicht seine Pionierarbeit für den Realismus hervorheben will, tadelt gleichwohl, ganz im Stile der realistischen Programmatiker, das Naturalistische in seiner Dichtung: »Wahr ist..., daß er den Leser hie und da mit zu grobem Witz und zu pöbelhafter Sprache quält« (»Album des literarischen Vereins Bern«, Bern 1858, S. 184). Der gleiche Vorwurf wird übrigens ständig gegen Heine erhoben. Auch Gottfried Keller spielt, mit gelassenem Humor, auf die vom »bürgerlichen Realismus« erneut zurückgedrängte Derbheit des Älteren an: Gotthelf ist »äußerlich ein solider, gesetzter geistlicher Herr; sobald er aber die Feder in die Hand nimmt, führt er sich so ungebärdig und leidenschaftlich, ja unanständig auf, daß uns Hören und Sehen vergeht«. (Rezension von »Käserei in der Vehfreude« und »Erzählungen und Bilder« 1851, nach Hans Mayer, Meisterwerke deutscher Literaturkritik, Bd. 2, Berlin ¹1956, S. 549). Sogar das von Gotthelfs Freund, dem Basler Theologieprofessor Hagenbach, herausgegebene *Kirchenblatt* lobt zwar die Volkstümlichkeit des *Neuen Berner Kalenders,* »tadelt aber die ›Gemeinheit‹ der Sprache und empfiehlt dem Verfasser das Vorbild des ›unvergesslichen Hebels‹« (1845 Nr. 10, vgl. Jeremias Gotthelf und Karl Rudolf Hagenbach, Ihr Briefwechsel aus den Jahren 1841–53, hg. von Ferdinand Vetter, Basel 1910, S. 105). Hebel stand dem Klassizismus näher!

im Ganzen verschließen; denn, wie die ersten Romane verraten, ist Gotthelfs Blick zu scharf und, trotz des Liebäugelns mit dem Fortschritt, zu christlich, als daß er, wie es das achristliche realistische Programm (vgl. Bd. I, S. 277) fordert, die irdische Welt im Ganzen humoristisch verklären könnte. Wenn er ein glückliches Leben darstellen will, und das möchte er, wie schon die Schlüsse der ersten Romane verraten, dann muß er sich in einen verhältnismäßig abseitigen, ruhigen und sicheren Teil der Welt flüchten, in einen Bereich der Gesellschaft, in dem Fleiß, Ordnungswille und Güte noch zum Aufbau eines harmonischen Lebens ausreichen, in dem das Unheimliche, Unberechenbare der modernen Gesellschaftsentwicklung ausgeschaltet ist*.

Die Uli-Romane

Diesen Bereich findet Gotthelf in der Bauernwelt seiner Heimat. Sie kann er verklären, ohne den Boden unter den Füßen zu verlieren, ohne in verblasene idealistische Utopien zu verfallen. An die Stelle des Ich-Erzählers tritt ein überlegener, sich zum Volk herablassender Erzähler, bei dem man streiten kann, ob er eine fiktive Person oder der Pfarrherr

---

* An dieser Stelle ist eine Auseinandersetzung mit der Habilitationsschrift Uwe *Baurs* (Dorfgeschichte, Zur Entstehung und gesellschaftlichen Funktion einer literarischen Gattung im Vormärz, München 1978) vielleicht angebracht. Ich bin mit Uwe Baur der Meinung, daß eine enge Beziehung zwischen der Dorfgeschichte und der sozialen Novelle oder dem sozialen Roman besteht. Gerade Gotthelf ist nicht nur ein Dorfgeschichtenschreiber, sondern zugleich ein Verfasser sozialer Romane, wie uns bereits mehrere Beispiele bewiesen. Um so erstaunlicher ist es, daß Baur den Schweizer Gotthelf aus der Dorfgeschichte *ausschließt* (S. 37). Er tut dies mit regionaler Begründung, durch eine modernisierende Absonderung Österreichs und der Schweiz von »Deutschland«. Eine Prüfung der Immermann-Stellen bei Baur belegt aber, daß auch dieser Autor die Begründung von Baurs These, die Dorfgeschichte sei als »soziale Novellistik« aufzufassen, stören muß. Zusammen mit der *Judenbuche* verweist Baur den *Münchhausen* aus dem Bereich der Dorfgeschichte (S. 39), obwohl es ihm sonst gerade auf gesellschaftliche »Totalbilder« ankommt. Immermann, sagt Baur mit Recht, verherrlicht den Bauernadel, er nimmt, mit einigen Einschränkungen, schon den Hofroman der späteren Zeit voraus, in dem der Hof zu einer Art Schloß erhöht und das Dorf vernachlässigt wird (S. 152). Der *Großbauer* ist auch schon eine Art »Äquivalent zum bürgerlichen Unternehmer« (S. 142). Auerbach und Willkomm werden von Baur ausdrücklich gegen den Oberhofdichter ausgespielt (S. 172 ff., 164 ff.). Daraus ergibt sich, daß der Verfasser sich unter einer »sozialen Novellistik« nur eine progressive vorstellen kann. Deutlich zeigt sich dies in der Disqualifizierung der *christlichen* Dorfgeschichte, die später auf die von Baur geschätzte liberalistische oder sozialistische Dorfgeschichte reagiert, als bloßer »Erbauungsliteratur« (S. 228 f.). Das Verdienst der Arbeit liegt m. E. in dem Nachweis, daß liberalistische und sozialistische Autoren seit etwa 1845, also in den letzten Vormärzjahren, versuchten, die Dorfgeschichte zu einem progressiven Instrument umzufunktionieren. Besonderes Gewicht erhalten dabei Dronke, Weill und Willkomm, während der liberale Auerbach eher als Brücke zu dieser, von Baur meint, wirklich sozialen Dorfgeschichte betrachtet wird. Der historische Sinn des Verfassers zeigt sich darin, daß diese progressive Stufe als »zweite Phase« der Dorfgeschichte im Vormärz bezeichnet wird (S. 224). Daraus ergibt sich doch, daß *eine erste, nicht ebenso progressive Phase zu erkennen* ist, und zu dieser gehörten eben Immermann und Gotthelf. In den Zitaten des fleißigen Österreichers (Rezensionen, Publizistik der Zeitgenossen) erscheinen, neben Auerbach, fortwährend diese beiden Erfinder der Dorfgeschichte, mit einem, wie sogleich erkannt wurde, *gesteigerten gesellschaftlichen Interesse. Es gibt kein progressives Privileg für das soziale Denken* und entsprechend auch nicht für die Sozialgeschichte der Literatur.

Bitzius selber ist (s. u.). Auf diese Weise tritt an die Stelle der prinzipiellen und vorwiegend negativen Gesellschaftskritik die positive, »homerische«, d. h. epische Weiterentwicklung der Bauernidylle, des Bauerngenre. Voraussetzung dazu ist das Abrücken vom generellen, *kollektiven* (geschichtlichen) Fortschrittsoptimismus der ersten Romane. Fortschritt ist jetzt nur unter bestimmten, vor allem sittlich-religiösen Bedingungen denkbar, am einzelnen Ort, im einzelnen Hof, bei einer einzelnen Persönlichkeit und Familie. Indem der Dichter von der progressiven Ideologie Abstand gewinnt, verfällt er noch nicht ins Gegenteil, in die reaktionäre Tendenz. *Es entsteht ohne ausdrückliches künstlerisches Programm, und daher auch nur vorübergehend, der ästhetische Spielraum, der die Entstehung der sogenannten klassischen Werke Gotthelfs ermöglicht hat.* An ihrer Spitze stehen die beiden Romane: *Wie Uli der Knecht glücklich wird* (1841) und *Uli der Pächter* (1848). Zwischen den beiden genannten Erscheinungsdaten liegt die in ein reineres Schriftdeutsch umgesetzte *Berliner* Ausgabe des ersten Romans (1846). Es ist mit Recht festgestellt worden, daß »Uli« einen vollständigen, einheitlichen Roman bildet [52]. Der Doppelroman umschließt und repräsentiert, nach der überwiegenden Meinung der Gotthelf-Forscher, die bedeutendste Periode des Dichters; sie liegt – das ist kein Zufall – *vor* der Märzrevolution, ähnlich wie bei Stifter. Gottfried Keller nennt die beiden Uli-Romane 1849 »Gotthelfs Hauptwerk« [53].

Auch im »Uli« wird eine bestimmte Seite der Gesellschaft, allerdings nur der bäuerlichen, angeschnitten, der Knecht, später der Pächter. Der Dichter will von diesem Stand nicht nur erzählen, sondern ihn angeblich belehren. Pädagogisch ist die Haltung des Dichters zweifellos. Aber auch darin liegt ein Abrücken von der Gesellschaftskritik, für die es in erster Linie auf die Analyse überpersönlicher, geschichtlicher Strukturen, auf die *Demonstration unmöglicher Zustände* ankommt. Die Zustände, in denen Uli lebt, sind nicht nur normal, sondern überaus günstig, dadurch vor allem, daß sein Chef, der Bodenbauer, ein wahrer »Meister« ist, ein Idealbild aller Tugenden. Nur der Knecht Uli ist zunächst ein »Hudler«. Er gönnt sich die üblichen proletarischen Freuden, statt zu sparen und ein höheres Ziel ins Auge zu fassen. Mit Hilfe des Meisters steigt er aber von Stufe zu Stufe, innerlich und äußerlich. Er wird fleißig, ordentlich, fromm, ein Meisterknecht, und seine Ersparnisse gestatten ihm schließlich, den großen Glunggenhof zu pachten. Der Versuchung, die reiche aber ganz unzuverlässige Tochter des Bauern zu heiraten, erliegt er nicht; denn damit wäre auf die Dauer nicht einmal seinem äußeren Fortkommen gedient. In dem armen Vreneli findet er die tapfere, verständige und fromme Gattin, die fortan, mit der Glunggenbäuerin zusammen, sein Engel sein wird. Der Glunggenbauer Joggeli, sein Pachtherr, ist schwach und selbstsüchtig, er übt einen ungünstigen Einfluß auf Uli aus. Auch der Wirt und der Müller, die ihn unter der Maske der Freundschaft ausnützen, sind böse Geister auf seinem Weg. Die übertriebene irdische Sorge um den Hof tut ein Übriges, um ihn von Gott zu entfernen und ihm den Verstand zu verwirren.

Verstand und Frömmigkeit sind für Gotthelf ebensowenig Gegensätze wie Himmel und Erde. Wir kennen diese Haltung bereits aus der Rolle, die die empirische Wissenschaft in der Biedermeierkultur spielt (vgl. Bd. I, S. 34 ff.). Und man wird sagen dürfen, daß in der Art, in der Verstand und Frömmigkeit, irdisches Streben und himmlische Zuversicht ineinandergreifen, das Bezwingende und wenn man so will, das Magische des

Uli-Romans liegt. Der Dichter erzählt nicht in dem magischen *Ton* des späten Stifter (Julian Schmidt); aber wie dieser versteht er es, eine Welt hervorzuzaubern, die zwar mit der ständigen Abwehr der bösen Geister und des Unglücks beschäftigt ist, in der sich aber eine Katastrophe nicht ereignen kann. Dabei denke ich noch nicht einmal an den alten reichen Hagelhans, Vrenelis unbekannten Vater, jenen in der früheren Gotthelfforschung so beliebten »mythischen« Bauern, der in Wirklichkeit nur eine Übersetzung des Erbonkels aus dem bürgerlichen Roman und Lustspiel ist und der als deus ex machina fungiert*. Auch abgesehen von diesem volkstümlichen (»trivialen«) Schluß, den übrigens der Dichter nicht voll ausspielt – Vreneli wird, um Ulis Sinn nicht erneut zu verwirren, den reichen Vater vorläufig geheimhalten –, bewegen wir uns in einer Welt, in der Gott dem Guten und Verständigen völlige Geborgenheit garantiert. *Eben dadurch, daß die Realität scheinbar sehr genau in die Idylle hineingezogen wird, daß die Übergänge zwischen Ideal und Wirklichkeit fließend gehalten werden, entsteht ähnlich wie im »Nachsommer« der bannende Zirkel, in dem sich jede Sorge und Angst auflöst**.*

Die Kunst des Erzählers Gotthelf ist dynamischer, dramatischer und in diesem Sinne volkstümlicher als die des späten Stifter. Er läßt Gott unmittelbar durch ein Hagelwetter und ein Nervenfieber, die Uli an den Rand des Abgrunds bringen, eingreifen. Es ist, wie so oft bei Gotthelf, eine Choc-Pädagogik und keineswegs ein sanftes Gesetz, nach dem Uli erzogen wird. Doch das Schicksal des in die Ordnung Zurückgerufenen und Belehrten ruht sicher in väterlicher Hand. Der gute Mensch ist zum Glück bestimmt, zur Heiterkeit, zur Gesundheit, und meistens auch zur Wohlhabenheit. Wo das Unglück ist, muß die Sünde und das Gericht Gottes die Hand im Spiele haben. Wenn man z.B. Bankrott macht, so hat das innere, nicht etwa nur wirtschaftliche Gründe; Gotthelf zeigt es klipp und klar in seinem Wirtshausroman *Der Geldstag* (1845). An die Stelle idyllischer Verklärung tritt die unerbittliche Karikatur und Groteske.

---

* Gotthelf weist selbst auf diese Herkunft des Motivs hin, wenn er (im 25. Kapitel von »Uli der Pächter«) Uli auf einen »reichen Herrn«, einen »englischen Narren«, der den Hof kaufen wird, warten läßt. Die unbekannten Väter oder Oheims, die man plötzlich beerbt, waren in der Biedermeierdichtung oft englischer Herkunft, denn in England entstanden ja die Industrie und der Kapitalismus zuerst.

** Werner *Hahl*, ein hervorragender Gotthelfkenner, interpretiert *Uli der Knecht* stärker aus der Tradition der protestantischen Wirtschaftslehren, aus der Hausväterliteratur (Jeremias *Gotthelf*, Uli der Knecht. Die christliche Ökonomik als Roman, in: Romane und Novellen des bürgerlichen Realismus, Neue Interpretationen, hg. v. Horst *Denkler*, Stuttgart 1980). Es ist richtig, daß Uli seinen Aufstieg weniger der eigenen Tüchtigkeit als den oft emblematisch abstrahierten guten Menschen in seiner Umgebung verdankt und daß überhaupt in der Gestalt der Nebenfiguren Himmel und Hölle um den mittleren Charakter Uli streiten. Aus den von Hahl erwähnten Lehren Luthers geht aber hervor, daß dieser doch noch an eine *strengere* Hausordnung für das Gesinde dachte und von körperlichen Züchtigungen keineswegs absah. Diese Art von Erwachsenenerziehung widersprach bereits dem biedermeierlichen Liebesprinzip und konnte von Gotthelf nicht übernommen werden. Auch das Nebeneinander von psychologischer und emblematischer Erzählung entsprach der Zeit. Trotzdem erhellt die Traditionsforschung in dieser Frage, wie immer beim Biedermeier, manche Aspekte und ist geeignet, das Bild der Epoche weiter zu differenzieren.

Der Geldstag oder die Wirtschaft nach der neuen Mode

Da es sich hier, wie im »Jakob«, um einen der weniger angesehenen Romane handelt, wollen wir erneut innehalten und das Bild *des* Dichters verdeutlichen, der nicht nur ein Erzähler von Bauernromanen ist. Schon Carl Bitzius erkennt, daß im *Geldstag* (1845) das »bloße niederländische Ausmalen auf den höchsten Grad getrieben« wird (Brief vom 30. 1. 1848). Hier und in *Anne Bäbi Jowäger* kann man es am besten studieren. Der Roman beginnt schon mit einem gewaltigen Hochzeitsgenrebild. Das bedeutet, daß der Leser, dem es auf Spannung ankommt, sogleich ausscheidet und daß der Erzähler vielleicht mit diesem Roman einen höheren Anspruch verbindet. Noch ausführlicher ist gegen Ende das Kontrastbild zur Hochzeit gestaltet, nämlich die Versteigerung des Wirtshauses, das mit so stolzen Gefühlen in Betrieb genommen wurde. Die ökonomischen und rechtlichen Verhältnisse eines Dorfwirtshauses im Rahmen der Gemeinde werden anläßlich des Konkurses vom Erzähler eingehend vergegenwärtigt. Auch in früheren Zusammenhängen des Romans wird eine Art *Wirtsspiegel* gegeben; wir hören etwa von den Schwierigkeiten, die mit dem Weinkauf verbunden sind. Das Wirtshaus als solches ist, im Gegensatz zum allzu häufigen Wirtshausbesuch junger liberaler Männer, mit einer gewissen Sachlichkeit gesehen. Es wird nur deutlich, daß in dieser Grenzzone zwischen geordnet-alltäglichem und ungeordnet-leidenschaftlichem Leben eine besonders gesunde Vernunft und Moral nötig wären. Diese besitzen der Wirt und die Wirtin dieses Hauses nicht, und so kommt es zum Bankrott.

Was dem Dichter noch mehr am Herzen liegt als die Vergegenwärtigung eines Wirtshausbetriebs vom stolzen Anfang bis zum schmählichen Ende ist die Vergegenwärtigung des Bösen in einer fast alltäglichen Gestalt. Nicht das dämonische Böse wie etwa beim Harzer Hans (s. u.), sondern die triviale Gemeinheit der normalen Menschen, besonders der Evastöchter, ist hier das Phänomen, das er darstellend umkreist. Um sich ganz auf eine solche Eva konzentrieren zu können, läßt der Erzähler den Wirt sterben. Die lebenslustige und gefallsüchtige Eisi fasziniert ihren Schöpfer. Sie gehört wohl zu den Gestalten, von denen er während der Arbeit an *Anne Bäbi Jowäger* bekannte: »Die Personen machten sich geltend und überwuchsen die eigentliche Tendenz, drängten sie in den Hintergrund, so daß der Abschnitt, den du erhältst, dir überall gefallen wird« (an Eduard Fueter 30. 10. 1842). *Der Dichter und der Didaktiker Gotthelf stehen miteinander manchmal im Streit;* das beweist die Stelle. Diese Spannung darf nicht irrationalistisch gegen den geistlichen Erzähler ausgespielt werden; denn der im pädagogischen Auftrag wirkende Logos (s. u.) ist ihm wichtiger. *Aber das unwillkürliche Wachsen und Wuchern ist ein Element von Gotthelfs Dichtung.* Es wirkt sich nicht nur in den Charakteren, sondern auch in den Genrebildern aus. In beiden Bereichen will er das Empirische möglichst genau zur Anschauung bringen. So zeigt er im *Geldstag* etwa, mit welcher Gier die Weiber in Eisis Nachbarschaft die Versteigerung des Wirtshauses miterleben, wie sie auf den Verkauf jedes Haushaltsgerätes lauern. Und die Nachbarwirtin, Eisis erfolgreiche Konkurrentin, betritt ihr Haus wie ein Feldherr die eroberte Stadt. Die Närrin Eisi befindet sich schon im Vorhof der Hölle; aber die Versteigerung geht unerbittlich ihren Gang. Hunger und Kälte werden der ehemaligen Wirtin und ihren Kindern, wie dem Handwerksgesellen Jakob, durch das bekannte biedermeierliche Philemon und Baucis-Paar abgenommen. Aber bei Eisi gibt es kein frommes happy end. In diesem Roman scheint der Erzähler beinahe zuzugeben, daß sich eine Frau wie Eisi nicht ändern kann. Die Trostlosigkeit dieses Ausgangs wird noch dadurch unterstrichen, daß auch ein Teil der Kinder den Weg des Verderbens gehen wird. Von einer naturalistischen, d. h. absoluten Determination durch Milieu und Charakter kann man noch nicht reden; denn die Verantwortung Eisis wird nicht aufgehoben. Aber vom harmonisierenden Biedermeier hat sich hier der Dichter erheblich weiter entfernt als in den Uliromanen. Dazu paßt auch der unbestimmte Schluß, der Verzicht auf die Alternative von Bekehrung oder Vernichtung. Der *Geldstag* war gewiß kein Erfolgsroman wie *Uli der Knecht**.

Geld und Geist

Uli der Knecht war lange Zeit Gotthelfs berühmtester Roman, hat aber sogleich von pietistisch-christlicher Seite scharfe Kritik erfahren, was verständlich ist. Der Dichter versucht daher in anderen Romanen die allzu dichte, »alttestamentarische« Synthese von Gott und Welt, Frömmigkeit und Reichtum aufzulockern. Dies besagt schon der Titel des Romans *Geld und Geist oder die Versöhnung* (1843/44); denn unter »Geist« pflegt Gotthelf immer zugleich den christlichen, heiligen Geist zu verstehen, und dieser wird hier der Sorge um das Geld ausdrücklich entgegengesetzt. Der Roman ist nicht so üppig, heiter und kraftstrotzend wie andere Bücher des Dichters, aber nach der vorherrschenden und vielleicht begründeten Meinung der Gotthelfforschung seine vollkommenste Dichtung. Die Idylle der Bauernwelt wird in diesem Fall ernstlich gefährdet, zunächst dadurch, daß der Bauer aus Unvorsichtigkeit einen größeren Geldbetrag einbüßt und daß seine Frau Änneli anfangs diesem Schicksalsschlag »geistig« nicht gewachsen ist. Der Hof von Liebiwyl wird – im Widerspruch zu seinem allegorischen Namen – vorübergehend zu einem Ort des Unfriedens, der Gehässigkeit. Mit Hilfe der Kirche, die in der Gestalt der Predigt immer wieder an entscheidenden Punkten das Geschehen beeinflußt und auch im formalen Sinne »aufbaut«, wird der Friede, die Liebesordnung wiederhergestellt, zuerst in Mutter Ännelis Seele, dann in der ganzen Familie. Die zweite Krise des Romans entsteht dadurch, daß Resli, der Hoferbe, bei seiner Werbung um Anne Mareili auf den Widerstand eines geldgierigen Brautvaters stößt. Der Dorngrütbauer, meint Gotthelf, ist ein Mensch wie Goethe, will sagen ein Mann, dem sein eigenes Ich der Gott ist. Auch dieser Konflikt löst sich glücklich auf, doch wird das happy end dadurch kunstvoll abgedämpft, daß Änneli, die eigentliche Heldin des Buches, das Glück des jungen Paars nur noch sterbend befördern und erleben darf. Selbst dem Professor Hagenbach schien es, »als ob das Ende doch zu überraschend sei« (an Gotthelf 1. 2. 1843)[54], wor-

---

* Die Tatsache, daß dieser mit *unauffälligeren* Mitteln arbeitende, wenig spannende, wenig theatralische, wenig rhetorische, aber meisterhaft ausgeführte Genreroman in der Gotthelf-Forschung kaum beachtet wird, läßt fast vermuten, daß in ihr selbst noch der Biedermeiergeist lebendig ist und deshalb auch nicht so leicht bei Gotthelf erkannt werden kann.

aus man entnehmen kann, wie wenig der Erzähler zum Abweichen von den erwähnten schematischen Romanausgängen ermuntert wurde.

Käthi die Großmutter

Der priesterliche Dichter Gotthelf feiert in seinen Romanen immer erneut die Frauen. Wie der Bauer den ewigen Mächten näher ist als der Städter, so sind innerhalb der Bauernwelt wiederum die Frauen die bevorzugten Werkzeuge der Heiligung. Wo bliebe die Demut, die Sitte, die Kirche ohne die Frauen? In *Käthi die Großmutter* (1847) wird eine Frau, diesmal sogar eine etwas beschränkte, zur alles beherrschenden Heldin des Romans. Schon Jean Paul hat in einer seiner Idyllerzählungen den geistig Armen so zu erhöhen gewagt *(Das Leben Fibels)*. In Stifters *Haidedorf* ist eine alte, nach bürgerlichen Maßstäben unnütze Frau *die* Stelle, da in einen sehr dicht gezeichneten (realistischen) Vordergrund die höhere Welt hineinwirkt. Gotthelf wagt durch die Einbeziehung unausweichlicher ökonomischer Details mehr. In der Nebenhandlung wird die Entartungs- und Besserungsgeschichte von Käthis Sohn erzählt und damit eine enge Verbindung mit dem gleichzeitigen Handwerksgesellen-Roman hergestellt. Für die Schweizer Jugend besteht die gleiche Gefahr wie für die deutsche, und der Dichter unternimmt das kühne Experiment, ihr in einer Angehörigen der alten Generation das Beispiel einer totalen und dabei vorbildlichen Armut vor Augen zu stellen. Käthi ist so mittellos, daß sie nur mit der äußersten Genügsamkeit leben kann. Erntekatastrophen (durch Wassernot und Erdäpfelkrankheit) müssen, so könnte man meinen, sie vollends zur Verzweiflung treiben und zur Kommunistin machen. Aber sie bleibt immer fromm, immer heiter. Das kleinste Almosen der reichen Bauern macht sie unendlich froh und dankbar gegenüber Gott und den Menschen. Die äußerste Not wird also in das verklärende Licht einer frommen Idylle getaucht, um zu beweisen, daß die Forderung eines Sozialstaates nur eine Frucht des modernen gottlosen Egoismus ist. Gotthelf bietet alle dichterischen Mittel auf, um Käthis frommes Glück glaubhaft zu machen. Aber mit diesem Versuch hat er den Bogen überspannt. Der Roman des Schweizer Pfarrherrn liest sich, *nicht zuletzt wegen der Wahrhaftigkeit des Erzählers,* wegen der ungeschminkten Darstellung von Käthis materiellen Sorgen, wie eine Illustrierung der sozialistischen These, daß die Geistlichkeit die Armen auf den Himmel vertröstet und mit Almosen abspeist, statt ihnen sogleich und von Grund auf zu helfen. Die fromme Idylle wird für den Leser zur unfreiwilligen Parodie. Dazu trägt auch der Schluß des Buches bei, der, wie so oft bei Gotthelf, ins Trivialbiedermeierliche absinkt. Johannes, Käthis ordentlich und fromm gewordener Sohn, bekommt eine begüterte Gattin. Die Frömmigkeit und Unterordnung rentieren sich, wenn nicht sofort, so doch in der zweiten Generation.

Ungefähr auf diese Weise kann oder muß man den Roman *heute* erleben; denn heroische Armutsidyllen sind nicht mehr unser soziales Ideal. Es sei jedoch hinzugefügt, daß Gotthelfs erster Biograph Manuel, der ein sicheres ästhetisches Urteil hatte, den Großmutterroman hochstellte und unter die besten Werke Gotthelfs rechnete. Er macht auf die außerordentliche Schwierigkeit des Stoffes aufmerksam: »Die Erzählung hat eigent-

lich keinen Knoten«; denn der Sohn und seine Heirat sind »Nebensache«[55]. Wer außer
Gotthelf wäre »diesem Stoff, den man fast armselig nennen möchte«, gewachsen? Ma-
nuel sieht den Roman als einen einzigartigen »Beleg der Kunst, aus möglichst einfachem
Stoff möglichst viel zu schaffen«[56]. Er interpretiert Käthi mit Hilfe von Versen aus
Chamissos *Alter Waschfrau*[57] (vgl. Bd. II, S. 531f.). *Man sieht: die heroische Idylle
war zeitgemäß, sie entsprach der Armut eines »Entwicklungslandes«.* Deshalb ist
»Käthi«, nach Manuels Zeugnis, »außerordentlich beliebt und weit und breit bekannt
geworden«[58]. Richtig erscheint, daß die Gestalt der Käthi mit der gleichen Charakterisierungskunst, die wir bei Jakob und Eisi hervorgehoben haben, dargestellt ist. Sie gehört
zu den besten Großmutterporträts des literarischen Biedermeiers. Ob freilich das Glück
des Sohnes »Nebensache« ist, ob für den *Biedermeier*-Leser der herrliche Schluß Nebensache war? So können wir heute nicht mehr interpretieren.

Anne Bäbi Jowäger

Schon durch seinen eigenartigen Schluß nimmt der große Roman *Wie Anne Bäbi Jowäger haushaltet und wie es ihm mit dem Doktern geht* (1843/44) eine Sonderstellung
unter Gotthelfs Werken ein. Die vorbildliche Bäuerin dieses Buches, das zarte, engelhafte
und immer heitere Meyeli ist am Ende des Romans so tief betrübt über den Tod des Doktors Rudi, daß sie von der Beerdigung zunächst nicht in das Haus ihres Mannes zurückkehren kann, daß es sie vielmehr zu der ebenso betrübten Braut des Doktors, einer Pfarrerstochter, treibt. Es geht zunächst darum, daß in den Herzen der Frauen ein Menschen-
freund, der schon in der Jugend ein Opfer seines Berufes wurde, verklärt und verewigt
werden soll. Aber der erotische Unterton, so stark er auch abgedämpft wird, ist unüberhörbar. Der bäuerliche Roman spielt am Ende in einen Roman der Oberschicht, einen
Pfarrer- und Arztroman hinüber, und sogleich wird er komplizierter, – *ein Beweis dafür,
daß Gotthelf vieles verdrängen mußte, um zur einfachen Welt seiner meisten Bauern-
Romane zu gelangen.*

Ursprünglich handelte es sich um eine Broschüre gegen die Kurpfuscherei, zu der
Gotthelf von amtlicher Seite offiziell aufgefordert worden war. Aber bei dem elementaren Erzähler wird ein großer Roman daraus. Die Titelheldin ist die unentwegte, schließlich sogar in die Gefahr der Geisteskrankheit geratende Närrin des Romans, das Gegenteil der Vreneli, Änneli, Meyeli usw. Durch falsche pädagogische und medizinische Behandlung, durch dämonische Unvernunft und Gewaltsamkeit gefährdet sie erst ihren
Sohn, dann ihre Enkelkinder. Der Zusammenhang zwischen Volksaberglaube und Kurpfuscherei wird mit scharfer Polemik gegen die ungläubigen Ärzte dargetan. Die Rivalität
zwischen dem sinkenden Pfarrerstande und den immer angeseheneren weltlichen Ärzten
tritt offen zutage[59]. Ohne die Hilfe der Religion und der Kirche, meint der geistliche
Erzähler, bleibt der selbsloseste Arzt, wie das Beispiel Dr. Rudis lehrt, unter den Bauern
letzten Endes machtlos. Um die Gewichte besser zu verteilen, wird ein pietistischer Vikar,
der nach der entgegengesetzten, geistlichen Richtung ebenso einseitig ist, eingeführt. Für
beide jungen Menschen wird der alte Pfarrer vom Gutmütigen zum Erzieher und Seelsor-

ger. Er repräsentiert *die nach Gotthelfs Überzeugung unentbehrliche Einheit von Religion und Wissenschaft, Kirche und Welt*. In der Narrensphäre der Anne Bäbi Jowäger bedient sich der Dichter einer übermütig-grotesken oder doch genrehaften Darstellungsform. Der »Humorist« Gotthelf – über diesen Begriff ist noch zu sprechen – entfaltet sich in grandioser Weise. Auch der pietistische Vikar wird mit überlegener (pädagogischer) Ironie behandelt. Dagegen steigert sich die Darstellung des Dr. Rudi, seiner selbstlosen Berufstätigkeit, seines Glaubens an die Wissenschaft, seiner Gespräche mit dem Pfarrer und schließlich seiner Bekehrung, zu Gotthelfs ernsthaftester Auseinandersetzung mit dem säkularisierten Weltbild und Menschentum der modernen Welt. *Anne Bäbi Jowäger* ist sicher nicht der vollkommenste Roman Gotthelfs, aber wohl der in sozialer, psychologischer und stilistischer Hinsicht vielschichtigste oder reichste.

Die späten Romane

Gotthelf hat die Märzrevolution, im Gegensatz zu dem schwächeren, aber auch zäheren und kunstvolleren Stifter, nur um wenige Jahre überlebt. Schon das Herannahen der Kulturwende beunruhigte den geistlichen Dichter zutiefst, und ihr endlicher Durchbruch, so bedingt und bedroht er war, raubte ihm, wie allen großen Dichtern des Biedermeiers, viel von seiner Herzenswärme und seinem Lebensmut. Wo er die liberale Politik und Weltanschauung der »radikalen« Partei im Hintergrund läßt, findet man noch immer seine Aufgeschlossenheit gegenüber dem einfachen Leben und selbst gegenüber dem Fortschritt. *Die Käserei in der Vehfreude* (1849) ist die Darstellung eines Dorfes in dem Augenblick, da es zu der *kollektiven* Milchbewirtschaftung, zum Molkereibetrieb übergeht[60]. Gotthelf zeigt, meistens mit Hilfe der Komik, die Schwierigkeiten, die in der Dorfgemeinschaft und in den einzelnen Familien wegen dieser Umstellung entstehen; aber er ist kein Feind der Neuerung, überhaupt des heraufkommenden technischen Realismus, wie immer, – solange das Neue *Detail* bleibt und nicht die gesamte alte *Ordnung* bedroht. Nach einem Jahr hat sich die neue Wirtschaftsform eingespielt, und die Ruhe im Dorf ist wiederhergestellt. Im Hintergrund des Bauernromans, da wo er in die große Welt übergeht, blitzt es freilich schon. Und in *Zeitgeist und Bernergeist* (1849) bricht, etwa gleichzeitig mit einem konservativen Wahlsieg, das Gewitter los. Hier steht auch das Dorf unter der alles durchdringenden furchtbaren Macht des Zeitgeistes. Der Dichter erzählt die Geschichte des Bauern Hunghans, den sein alter, fromm gebliebener Freund und seine Frau vor dem aktiven Anschluß an die radikale Partei nicht bewahren können. Es ist der Weg zum Abgrund; aber der Bauer geht ihn mit Besessenheit. Und erst die schwersten Verluste, auf seinem Hof und in seiner Familie, das strenge Gericht Gottes, bringen ihn wieder zur Besinnung. Der Roman widersprach dem toleranten Geist der zweiten Jahrhunderthälfte so sehr, daß er bei Freund und Feind Ablehnung fand und das Ansehen des gewaltigen Erzählers ernstlich gefährdete. Gotthelfs Abrechnung mit dem Liberalismus hat neuerdings auch in dieser Form Interesse gefunden. Im Zusammenhang seines Jahrhunderts und seiner Lebenszeit erscheint *Zeitgeist und Bernergeist* als das Dokument einer wilden und verzweifelten Vereinsamung. Schon der überlegene Humor, mit dem

Gottfried Keller in seiner Rezension des Romans (1852) Gotthelfs Parteilichkeit behandelt, verrät, auf wessen Seite die literarische Öffentlichkeit stand: » Wenn man das Buch zuschlägt, so hat [man] den Eindruck, als sähe man einen Kapuziner, nach gehaltener Predigt den Schweiß abwischend, sich hinter die kühle Flasche setzen mit den Worten: ›Denen habe ich es wieder einmal gesagt! Eine Wurst her, Frau Wirtin!‹« [61]

Wenn man sich daran erinnert, daß alle Dichter der Biedermeierzeit – Stifter noch gründlicher als Gotthelf – dem Machtspruch der realistischen Programmatik und der von ihr ins Leben gerufenen realistischen Literaturrichtung erlagen (Bd. I, S. 257–291), verliert der schlechte Ruf, in dem *Zeitgeist und Bernergeist* traditionellerweise steht, seine Kraft. Ich kann nicht finden, daß dieser oder Gotthelfs letzter Roman (s. u.) *dichterisch* schlechter ist als die früheren Romane. Mängel haben sie alle, aber jeder erschließt einen neuen Aspekt seiner Welt. Es mag sein, daß die Erfolge der liberalen Bewegung in Frankreich, Deutschland und in der Schweiz Gotthelfs Reaktion noch grimmiger werden ließen; aber im Grunde haben nicht seine Gesinnungen oder Erzählformen sich geändert, sondern die *Maßstäbe der Literaturkritik und des Publikumsgeschmacks.* Man war des Kampfes müde, man begann, ihn, wie das Keller-Zitat verrät, humoristisch zu relativieren. *Man fand sich damit ab, in einer grundsätzlich ungeordneten, pluralistischen Welt zu leben. Realismus bedeutet Kompromiß.* Nur infolge dieser geschichtlichen Veränderung erschreckte Gotthelfs unversöhnliches Buch seinen Verleger und sein Publikum. Für uns beweist es lediglich, daß der Dichter der vorrealistischen Epoche angehörte und unter ihren Vorzeichen gewürdigt werden muß. Seine Ungeduld treibt ihn sogar dazu, die rasche Reaktion in Frankreich (Louis Napoleon) gutzuheißen und sich über seinen »*radicalen* Verleger in Berlin«, der den künftigen Napoleon III. für eine sittliche Schmach und ein politisches Unglück hält, lustig zu machen (an Hagenbach 11. 1. 1852)! Wie Grillparzer während der Revolution von dem Feldmarschall Radetzky geehrt wird und ihn ehrt, so huldigt die Prinzessin Augusta von Preußen dem wackern Schweizer und empfängt seine Huldigung. Die letzten Worte seines Briefes an sie (April 1850) erhellen besonders klar seinen Abstand vom »bürgerlichen Realismus«: »Königliche Hoheit zürnen wohl meinen kecken Worten nicht. Es kömmt mir aber immer vor, als sei mein Schaffen kein Schreiben sondern ein Fechten, und wenn meine Worte etwas zu rittermäßig zu klingen scheinen, so verzeihen Hochdieselben es wohl dem alten regimentsfähigen Berner Burger, der in tiefer Verehrung ehrerbietigst verharrt. Eurer Königlichen Hoheit treu ergebenster Albert Bitzius.« Die Idee der *Ritter vom Geiste* verbindet Gotthelf mit seinem jungdeutschen Antipoden; ja, der Schweizer wird von Gutzkow sogar ausdrücklich gelobt, weil er der »Idee« treugeblieben und dem absoluten Realismus nicht verfallen ist (vgl. Bd. I, S. 291). Gotthelf war, wie Gutzkow oder Heine, vom Anfang bis zum Ende ein engagierter Schriftsteller, er hielt am Gedanken der *einen* Ordnung fest, er blieb Gesellschaftskritiker, wie er es schon in seinem ersten Romane gewesen war. Die großartige Einheit von Gotthelfs Romandichtung ergibt sich auch unter diesem Gesichtspunkt. Der Interpret der Spätwerke muß sich von der realistischen Kritik unabhängig machen und sie zunächst aus dem Gesichtspunkt der biedermeierlich-christlichen Ideologie, der Gotthelf bis zuletzt treu blieb, zu verstehen suchen*.

---

* Zu ergänzen ist noch, daß sich die Schärfe von *Zeitgeist* und *Bernergeist* auch daraus erklärt,

Besonderes Interesse scheint mir unter den Spätwerken Gotthelfs letzter Roman *Erlebnisse eines Schuldenbauers* (1852) zu verdienen. Bemerkenswert ist zunächst, daß ein Wirtshaus eine segensreiche Rolle im Schicksal des Schuldenbauers Hans Joggi spielt. Besonders die Wirtin zum Goldenen Krebs ist eine Prachtfrau, eine Menschenkennerin ganz nach dem Herzen des Erzählers, aber sie gebraucht ihre Macht über die Männer der verschiedensten Stände zum Guten. Wie bewußt diese Wiedergutmachung an dem von Gotthelf so oft verlästerten Wirtshaus geleistet wird, erkennt man auch daran, daß ihm eine Art Rahmenfunktion zur kunstvollen Abrundung des Romans zukommt. Dort im Wirtshaus prophezeit der welterfahrene Wirt dem »Reisenden« den Ruin des Bauern Hans Joggi, der in die Hand der volksfreundlich sich gebärdenden aber verbrecherischen Makler, Spekulanten und »Rechtsgelehrten« geraten ist. Dort erscheint der Reisende wieder, um nach dem Bankrott des tüchtigen Bauern eine Wendung zum Guten einzuleiten. Man erkennt bald, daß Hans Joggi wählen kann, ob er bei einem reichen Patrizier im Basler Gebiet oder bei dem barschen Berner Oberherrn vom Stierengrind Gutsverwalter werden will. Die Wirtin zum Goldenen Krebs lenkt die Dinge so, daß der rauhe, aber tüchtige Bauer zu dem rauhen, aber großzügigen und gerechten, weil konservativen Oberherrn vom Stierengrind kommt. Dies gilt auch als Sieg des Kantons Bern, der Heimat, deren Verlassen dem bankrotten Bauern doch nicht zuzumuten ist. *Literarisch*

daß der Roman als *Wahlpropaganda* gedacht war, wenn er auch erst nach den Wahlen erschien (HKA, Erg. Bd. 18, S. 224). Gotthelf sah die 1849 in Europa allenthalben einsetzende Reaktion auf den liberalen Radikalismus voraus. Er kannte das Volk in seiner wetterwendischen Art. Dazu paßt, daß er bei der Annahme der neuen Berner Verfassung am 31. 7. 1846 zu dem kleinen Häuflein gehörte, das gegen sie stimmte (1257 dagegen, 30079 dafür, vgl. ebd., S. 222). Die Freiheit als solche, ohne den richtigen »Geist«, hielt er für »despotisch« (ebd.). Auch den Vorwurf der »Barbarei« erhebt er gegen den Liberalismus (an Hagenbach 21. 12. 1845). Besonders einprägsam erscheint der Konservativismus des Christen Gotthelf, wenn man ihn mit der Entwicklung des nur vier Jahre jüngeren theologischen Freundes Hagenbach vergleicht. Auch dieser spricht von »Cannibalen-Humanität« (an Gotthelf 18. 10. 1848). Doch im gleichen Brief erkennt er schon die Chance, die der neue Realismus (Pragmatismus) jenseits der ideologischen Vormärzfronten bietet: »Es muß eigentl[ich] doch dahin kommen, daß man sich nicht mehr wie in den Friedenszeiten nach Ansichten, nach Theorien, nach Systemen trennt...; sondern die Trennung, die jetzt immer mehr hervortritt ist die der Gesinnung – der Lebensrichtung [!]... Wenn doch diejenigen die das einsehen wollten, die immer noch ihre dummen Gegensätze v[on] Rationalismus u[nd] Supranaturalismus, v[on] Conservatismus u[nd] Liberalismus im Kopf haben« (Briefwechsel Hagenbach/Gotthelf, Basel 1910, S. 66). Für solche Versöhnung, im Vertrauen auf alle, die guten Willens sind, war Gotthelfs Denken zu schlicht. Der nächste Brief an Hagenbach (27. 12. 1848) setzt, wie immer, auf die Reaktion, auf die restlose Überwindung der Revolutionsseuche, »wie sich auch der Fieberstoff bei ansteckender Krankheit endlich oft plötzlich zersetzt und verschwindet«. – Es war ein Verdienst von Marianne *Thaler* (Die Zwischenrede des auktorialen Erzählers im Romanwerk Jeremias Gotthelfs, Diss. Wien 1968), die schärfere Tendenz des Nachmärz-Gotthelf auch in der veränderten Erzählstruktur (Verselbständigung der Zwischenreden) nachzuweisen und dabei »nicht mehr allein nach dem Abbild des klassischen Romans« (S. 181) zu werten. Noch richtiger wäre es, sich völlig von dieser Norm, ja sogar vom Maßstab der didaktischen Uli-Romane freizumachen; denn der *publizistische* Kampf gegen den Liberalismus im Nachmärz verlangte seine eigene literarische Form. Statt zu behaupten, »das eigentliche Romangeschehen [erscheine] nur mehr als täuschendes, im Grunde unwesentliches Gerüst« (S. 178) wäre *das Ineinander von Publizistik* (Rhetorik) *und Erzählung* – diese bleibt wichtig! – vorurteilslos zu beschreiben und zu interpretieren, ähnlich wie bei Gotthelfs katholischem, aber liberalerem Kollegen Postl-Sealsfield (vgl. o. S. 806).

stammt dieser derbe, komische und gutherzige »Oberherr« freilich eher vom Landjunker des preußischen Adelsromans (vgl. Bd. II, S. 813) als von Albrecht von Haller ab. Daß Hans Joggi, dessen Familienmitglieder bis zum kleinsten Kind hinunter die reinsten Arbeitstiere sind, unter so günstigen Umständen bald wieder zu einem Bauernhof gelangen wird, darf man ahnen; aber von einer Erbschaft findet man keine Spur. Es kommt noch einmal vor, daß ausgerechnet ein »Roter«, d. h. also ein Aufgeklärter, einen Kaminfeger mit dem Teufel verwechselt. Sonst aber fallen kaum »Geschmacklosigkeiten« auf. Die Schule des kultivierten bürgerlichen Realismus scheint doch ein wenig auf den alten Erzähler gewirkt zu haben. Auch Surreales wie die immer wieder auftauchende hexenhafte Nachbarin, die erfolglose Versucherin der sinkenden Bauernfamilie, erscheint in anthropomorpher Gestalt, wenn auch ein wenig stärker »mythisiert« als die liberalen Teufel, die er zu ganz gewöhnlichen Lumpen trivialisiert. Schon die Rückkehr zu einem menschenfreundlichen Wirtshaus (vgl. *Bauernspiegel*), dann das positive Bild eines gewissenhaften, obwohl die Pfarrerin religiös nicht ganz befriedigenden Arztes darf als Zeichen der Entspannung gesehen werden. Der Arzt und die Wirtin besorgen das Wohl des Helden, während das Pfarrhaus am Rande bleibt und die Pfarrerin sogar ein wenig zur komischen Figur verzerrt wird.

Oder sind diese Zeichen größerer Toleranz nur ein Mittel, um das Volk möglichst vollständig zum Sturm gegen den Rechtsstaat und gegen die Rechtsgelehrten, die ihn beherrschen, zu führen? Sogar die Regierung wird ja in Schutz genommen: es liege im Wesen eines Rechtsstaats, daß ihre Macht im Grunde gar nicht existiert. Die Hauptabsicht des Erzählers ist es demnach, zu zeigen, wie ein tüchtiger und sogar übertrieben arbeitsamer Bauer, den jede Abwesenheit von seinem Hofe reut, sich in den Schlingen des Rechtsstaates und des ihn repräsentierenden juristischen oder halbjuristischen Personenkreises verfängt, wie die Gutgesinnten vom konservativen Wirt bis zu dem redlichen Pfarrer den Mut verloren haben, den »Schelmen« das Handwerk zu legen, *weil diese die Gerichte und auch die Presse beherrschen,* also jeden, der ihnen in die Quere kommt, beschimpfen oder sogar schädigen lassen können. Hans Joggi selbst wird durchaus auch in seinen Schwächen gezeigt, er ist mißtrauisch und fällt daher denen anheim, die besser als vertrauenswürdige Menschen schauspielern können, er ist auch nicht der Klügste, zu sehr auf die Landwirtschaft spezialisiert; aber – dies wird hundertmal gesagt – den Bankrott hat er nicht verdient. Das ist »himmelschreiend«. Das wäre im älteren »christlichen Staat«, der gewiß nicht ideal war, doch nicht möglich gewesen. Das ist erst jetzt die Regel, da man an die Stelle der Liebe, die so viele Schäden des alten Systems heilte, das *Recht* und den ebenso versagenden *Staat* gesetzt hat. Die Reflexionen sind in diesem kurzen Roman (366 Seiten in den Sämtlichen Werken) nicht so unbeherrscht schweifend wie sonst, sondern, wie die Erzählung selbst, knapp, aber um so prägnanter: »Es ist nicht recht so, aber mit Gesetzen kann man nicht helfen, der Staat hat gegen solche Übel kein Mittel, der Staat ist überhaupt viel ärmer, viel hülfloser, als man zu sagen wagt, das Einwirken des Staates ins Volksleben ist weit öfters ein schädliches, hemmendes als ein gutes, förderndes. Hier kann nur der christliche, brüderliche Sinn, die Liebe helfen, die sprudelt nicht aus Staatsquellen, sondern aus ganz andern, der Staat wirkt gerade hier zumeist nur verstopfend« (*Erlebnisse eines Schuldenbauers,* 18. Kap.). Man mag diese *antihegeliani-*

schen Worte prophetisch nennen, nicht nur im Hinblick auf den kommunistischen, sondern auch auf den kapitalistischen Staat; denn auf den Menschen kommt es immer zuerst an, nicht auf die Institutionen. Aber Gotthelfs Zurücklenken auf den patriarchalischen Obrigkeitsstaat, der auch im Erzählvorgang, in der Retterrolle des Oberherrn vom Stierengrind, triumphiert, verrät allzusehr den Horizont des Landpfarrers, der den Niedergang der Kirche unmöglich vom Schicksal des Staates trennen kann und die sittlichen Kräfte *ausschließlich* bei dem in Verfall geratenen Christentum findet. Das ist der Punkt, der Gottfried Keller mit Recht empört hat.

Zukunftweisende Lösungen darf man bei diesem geistlichen Dichter nicht suchen*. Die Biedermeierutopie vom guten und *deshalb* gesegneten Menschen ist abgebaut. Geblieben ist der alte christliche Zweifel an der »Welt« und an der Vernunft des Menschen: »Es kömmt einem gegenwärtig oft vor, man sei in einem Narrenhaus.« Aber eben der angeborene, in dieser Weise wieder zur Herrschaft kommende »Pessimismus« des Dichters (Manuel) gibt ihm auch einen bewundernswerten, besonders in ökonomischer Hinsicht sich bewährenden Scharfblick. Das *Unrecht,* auf das die zuvor zitierte Stelle hindeutet und das der Staat angeblich nicht ändern kann, formuliert er, im Blick auf die gleichzeitige Wirtschaftssituation und auf die Lage des soeben vom Hof vertriebenen Hans Joggi so: »Arbeit ist gesuchter als Arbeiter, diese sind scheinbar im Überfluß (wir sagen scheinbar, denn gute Arbeiter sind rarer als je) jene fehlt oft, die, welche Arbeit zu geben haben, sind daher Meister über die, welche Arbeit haben müssen, machen ihnen die Regel und sehr oft eine harte, und der Arbeiter muß sich alles gefallen lassen, wenn er nicht alles verlieren will. Das ist eine Tyrannei und oft eine viel grausamere, als je ein Ritter an seinen eigenen Leibeigenen sie übte« (ebd.). Das Problem des Wirtschaftsliberalismus ist ohne Beschönigung dargestellt, aber die Rückwendung zum Feudalismus kann beim Verfasser der *Schwarzen Spinne* nicht ganz ehrlich gewesen sein. Man hat darauf aufmerksam gemacht, daß spätere Schweizer Juristen, vielleicht unter dem Einfluß von Gotthelf, den Schutz des einfachen Mannes durch Reformen der Gesetzgebung erheblich verbessert haben[62]. Darin liegt eine Bestätigung seines Scharfblicks und vielleicht auch eine Rechtfertigung seiner Detailkritik. Aber der Widerspruch zwischen dem biedermeierchristlichen System des Geistlichen und dem wie immer reformierten modernen Rechts-

---

* Wenn Werner *Kohlschmidt* meint, es habe für Gotthelf »keine aristokratische Zeitlosigkeit« gegeben – im Unterschied zum späten Stifter –, er sei von »jeder Form romantischer Überwertung von Vergangenheit und Zukunft gleich weit entfernt« (Gotthelfs Gegenwärtigkeit, in: Dichter, Tradition und Zeitgeist, Gesammelte Studien zur Literaturgeschichte, Bern und München 1965, S. 321), so ist dies, genau besehen, schon wegen seines geistlichen Standes, *mit dem er sich immer mehr identifizierte,* ein geschöntes Bild des Dichters. Darüber hinaus lassen die »Erlebnisse eines Schuldenbauers« erkennen, daß der normale soziologische Mechanismus, nämlich das Bündnis der geistlichen Aristokratie mit der weltlichen am Ende auch bei diesem Schweizer funktionierte. Preußischer Einfluß (Verlag, Lesepublikum, höfische Beziehungen) ist dabei, wie schon angedeutet, nicht auszuschließen. Übrigens erträgt auch der Satz, der späte Stifter kenne wie Gotthelf keine fortschreitende Zeit, keine nähere Überprüfung. »Der Nachsommer« enthält, an einer bekannten Stelle, intensive optimistische Zukunftserwartungen. Der auf den »alten Ständen« aufgebaute Aristokratismus war im 19. Jahrhundert noch sehr gefährlich, während der damalige Bildungsaristokratismus der verbesserten Volksbildung nicht so feindlich begegnen mußte wie der späte Gotthelf im »Schuldenbauer«. Dies lehrt Stifters Beispiel und Gotthelfs früher Schulmeisterroman.

staat wird damit nicht aufgehoben. Darf man annehmen, daß er an Herders Gedanken von Gottes »Plan« in der Geschichte nicht mehr glaubte und die Bundesgenossen der Kirche einfach nahm, wo er sie fand? Die ständigen Angriffe, die in diesem Roman gegen die Volksbildung (Sekundarschule), das beste Fundament der Schweizer Demokratie, geführt werden, verraten in ähnlicher Weise den Abfall von den humanen Idealen seiner Jugend. Auch das war, von der Biedermeierutopie und –epik aus gesehen, ein Schritt zum Realismus, im Sinne des von Gutzkow gegeißelten Abfalls von *jeder* »Idee«. Was in diesem Roman übrigbleibt und was man, im Widerspruch zu dem Klischee vom alten und kranken Gotthelf, bewundern kann, das ist der ungebrochene, ja in gewisser Weise weitergereifte Hexenmeister der Erzählkunst, der uns auch in den späten Erzählungen begegnen wird.

Voraussetzungen einer gerechten Gotthelfwertung

Gotthelfs Themen und Tendenzen wechseln im Laufe der Zeit. Aber eine organische Entwicklung seiner *Dichtung,* eine stetige Steigerung seiner Kunstfertigkeit, eine Folge immer neu ansetzender und völlig in sich abgeschlossener Werke gibt es im Bereiche der Romane bei ihm nicht. Darin unterscheidet er sich scharf von Stifter, dessen *weltanschauliche* Entwicklung nach 1848 mit der Gotthelfs vergleichbar ist. Die gesellschaftliche Unmittelbarkeit seiner Dichtung, die er, im Unterschied zu Stifter, stets festhält und die ihn vor dem »epischen« Perfektionismus der *Nachsommer-* und Witiko-Dichtungen bewahrt hat, führt, ganz ähnlich wie bei Nestroy, dazu, daß seine dichterische *Welt* wichtiger ist als das einzelne *Werk*. Die hervorragende Bewährung in *einer* literarischen Gattung, die Spezialisierung ist das Ergebnis dieser gesellschaftlichen Orientierung. Dabei ist zu beachten, daß die Erzählprosa noch genauso als Zweckform betrachtet werden konnte wie die »Posse mit Gesang«. Man wird sich ernsthaft Gedanken darüber machen müssen, wie die Einzelinterpretation unter diesen Voraussetzungen gehandhabt werden soll. Die traditionelle ästhetische Werkinterpretation ist einer derartigen sozialhistorischen Struktur kaum angemessen, birgt jedenfalls eine bestimmte Gefahr in sich. Sie verrät immer zuerst die Schwäche des Werks, nicht seine Stärke, da sie vom Begriff der ästhetischen Qualität oder gar vom Organismus-Begriff ausgeht. Sie zeigt, gerade auch bei so gewaltigen Erzählwerken wie *Anne Bäbi Jowäger,* daß Gotthelf drauflosschreibt, daß sich die ursprüngliche Intention des Werkes im Laufe der Arbeit verschiebt, daß die Schlüsse oft willkürlich, womöglich trivial sind, daß in sprachlicher Hinsicht die Feile fehlt usw. Die alte romantisierende Ausrede mit dem Schweizer »Naturdichter« hilft nicht recht weiter; denn gerade das *Literarische* mancher Partien, die Neigung zu allzu derber Handwerklichkeit, ja zum *Wortemachen* ist das Kernproblem der Gotthelfwertung. *Man wird dem Dichter grundsätzlich den handfesten Gebrauch rhetorischer und didaktischer Mittel, der im vorrealistischen Roman üblich war, zugestehen müssen, wenn man ihm historisch gerecht werden will**. Damit steht die Entfaltung einer über-

---

* Eine gründliche Untersuchung des Themas »Gotthelf und die Rhetorik« ist ein besonders dringendes Desiderat der Gotthelf-Forschung. Die erste Aufgabe wäre dabei, sich ein Bild von seinen

wältigend reichen epischen Welt nicht unbedingt im Widerspruch; denn diese ergibt sich nicht einfach aus seinem vielberufenen Sinn für die Wirklichkeit, sondern vor allem aus der kühnen Lehre, daß das Christentum dazu berufen ist, auf alle Lebensfragen Antwort zu geben und auf der ganzen Erde Ordnung zu schaffen. Gotthelfs Christentum ist nicht »naiv«, »ungebrochen«, sondern dialektisch, im Widerspruch zur modernen Entwicklung restauriert, ja gelegentlich – um die Wahrheit zu sagen – demagogisch forciert, »pfäffisch«, aber immer noch merkwürdig kraftvoll und fruchtbar.

Eine sorgfältige Untersuchung von Karl Fehr kommt zu dem Ergebnis, daß in Gotthelfs Menschenbild »mancher Zug aus der thomistischen Philosophie« neu erwacht[63]. Theologisch-philosophisch bedeutet diese Position bestimmt nichts Überraschendes; denn schon seit der Aufklärung ist dieser *protestantische Neuthomismus* zu beobachten[64], die idealistische Philosophie setzt ihn fort. In der von Österreich inspirierten, d.h. katholisch fundierten Biedermeierkultur dürfte der Neuthomismus sogar beherrschend gewesen sein. Das Erstaunliche ist seine dichterische Auswirkung bei Gotthelf. In dem Werk des geistlichen Schweizers scheint der epische Geist des alten, christlichen Europa einen geheimnisvollen Nach- und Ausklang zu erleben. Das Epische ist in Gotthelfs Romane m. E. noch mächtiger als im *Nachsommer* und im *Witiko,* obwohl zwischen Stifter und Gotthelf gewiß eine geistesgeschichtliche Verwandtschaft besteht. Das Werk von Gotthelfs großem, viel kunstverständigerem Landsmann Gottfried Keller verrät dagegen schon auf den ersten Blick eine beträchtliche Schrumpfung der epischen Substanz. Im überwältigenden Reichtum seiner *epischen Welt,* nicht in irgendeinem Werk oder in einer Gruppe von Werken liegt das Rätsel, das sich jedem kundigen Leser aufdrängt, das »Wunder« Gotthelf.

Gotthelfs Erzählwelt

Der von der modernen Kritik immer wieder gemachte Versuch, zwischen dem Dichter und dem Theologen, dem »Künstler« und dem »Didaktiker« zu unterscheiden, ist zum Scheitern verurteilt; denn *die Lehre durchdringt das gesamte Werk des Berners.* Auf den ersten Blick könnte es zwar so scheinen, als ob die Didaktik eine ablösbare Randschicht sei, denn sie erscheint, ähnlich wie Stifters Beschreibungen, in bestimmten Partien: als Predigt, Betrachtung, Diskussion usw. Es sieht zunächst so aus, als könne man die Werke von solchen Stellen »reinigen«, und es soll auch nicht bestritten werden, daß manches entbehrlich ist; denn Gotthelfs Werke sind keine Einheit im Sinn der modernen, technischen Ästhetik. Aber als eine Schicht des Gesamtwerks, d.h. also im strukturellen Sinn sind die *didaktischen Partien* Gotthelfs nicht wegzudenken. Sie sind nicht nur Anhängsel, sondern in vielen Fällen die Achsen der Romane*. Gerade der vielleicht vollkommenste

Rhetoriklehrern an der Berner Akademie zu verschaffen, wie dies Moriz *Enzinger* für Stifter geleistet hat. Zu der Frage »Rhetorik und Epik bei Gotthelf« vgl. Hubert *Fritz:* Die Erzählweise in den Romanen Charles Sealsfields und Jeremias Gotthelfs. Zur Rhetoriktradition im Biedermeier, Bern u. a. 1976.

* Er dürfte dabei das allerbeste Gewissen gehabt haben; denn in der schon erwähnten Preisarbeit für die Berner Akademie (»Ist sich das Wesen der Poesie der Alten und Neuern gleich? Zeichnet sich

Roman Gotthelfs, *Geld und Geist,* beweist dies Strukturgesetz; denn was wäre er ohne die Predigten? Vom epischen Vorgang aus gesehen erfüllen die didaktischen Partien nicht selten die technische Funktion der Retardation oder der Vorausdeutung. An einer bedeutenden Stelle des Vorgangs, besonders wenn eine Wendung bevorsteht, hält der Dichter inne, um eine seiner Figuren oder den Leser daran zu erinnern, daß das menschliche Leben kein immanenter und auch kein rationaler Vorgang ist und sein soll, sondern des »Geistes«, der Heiligung und der Besinnung, bedarf. Auf den Menschen, der meist in sehr dichten Alltagsverhältnissen gesehen und dargestellt wird, muß von außen etwas zukommen. Er muß sich aus seinen Verhältnissen erheben, gerade um sie genau erkennen und in ihnen richtig leben zu können. *Die formale Mehrschichtigkeit der Romane entspricht also Gotthelfs spannungsreichem Weltbild, seinem Abstand von einer autonomen Anthropologie und Ästhetik.*

Der »fiktive Erzähler« der modernen Poetologie ist im Falle Gotthelfs von einem Berner Doktoranden glatt geleugnet worden[65]. Ich selbst habe darauf aufmerksam gemacht, daß »der kalte Begriff des fiktiven Erzählers« dem biedermeierlichen Erzählhandwerk wenig angemessen ist (vgl. Bd. II, S. 982), finde jedoch, daß gerade bei Gotthelf diese Frage weitere Untersuchungen verdient; denn wenn Grillparzer im Eingang zum *Armen Spielmann* auf seine Eigenschaft als Dramatiker hinweist, so verhält er sich damit viel empirischer als der fortgesetzt und konsequent den geistlichen Didaktiker markierende Gotthelf. Schon das fromme Pseudonym Gotthelf, das sich der Erzähler zulegt, ist ein Hinweis auf die *Rolle, die er spielen will und von Anfang bis Ende gespielt hat.* Der Theatergeist des Biedermeiers ist in diesem Schweizer wie in dem Österreicher Postl (Sealsfield) spürbar zu Hause; ja, es ist mir auch hier wieder unmöglich, den Vergleich mit dem Komödianten Nestroy zu unterdrücken, der sich eine bestimmte Rolle zugelegt und immer wieder Possen für diese Rolle geschrieben hat. Gewiß, es ist bei Gotthelf letzten Endes eine ernste Rolle, die er spielt, die des miles christianus. Aber auch diese Art von Rollen war beliebt. So spielte Heine bis zuletzt die Rolle des Soldaten im Befreiungskampfe (»Enfant perdu«). Eine Wiener Dissertation über die Zwischenreden Gotthelfs

---

die neuere durch besondere Eigenschaften aus...?« 1815) *sieht er in der Didaktik die höchste Leistung der »modernen« (nachantiken) Poesie:* »Die Tendenz der meisten, trefflichsten und berühmtesten modernen Gedichte ist philosophisch. Ja die moderne Poesie scheint hier eine gewisse Vollendung, ein Höchstes in ihrer Art erreicht zu haben. Die didaktische Klasse ist ihr Stolz und ihre Zierde, sie ist ihr originellstes Produkt...« (HKA, Erg. Bd. 12, Erlenbach-Zürich 1922, S. 51). Der Herausgeber des Bandes, Kurt *Guggisberg,* nennt die Frage der Preisarbeit, *die damals die brennendste in allen Ländern ohne siegreiche Romantik war,* »seltsam«, beurteilt aber die Arbeit selbst freundlich: »Die Gesamtkonzeption scheint doch zum größten Teil eine originale Leistung zu sein« (ebd., S. 249). Noch wichtiger ist, historisch gesehen, die Beurteilung der Preisrichter: »Ziemlich selbständig schöpft er aus den Quellen« (ebd., S. 248). Der Student Bitzius selbst gibt seine Quellen an, betont aber auch seine eigene Leistung: »Sehr oft ward ich genötigt, mir den Weg zu meinem Ziele selbst zu bahnen, meine eigenen Ansichten aufzustellen« (ebd., S. 54). Trotz dieser übereinstimmenden Feststellungen scheint mir die Preisarbeit noch nicht hinreichend zur Bestimmung von Gotthelfs literarhistorischem Ort ausgewertet worden zu sein. Ob der Preis der Didaktik aus den Quellen, von Bitzius selbst oder aus der Schweizer Umwelt stammt, ist übrigens nicht der wichtigste Gesichtspunkt. Wesentlich für den Literar*historiker* ist nur der in der Preisarbeit erkennbare literarkritische Horizont des Dichters.

arbeitet nicht ohne Erfolg mit dem Instrumentarium der modernen Erzähltheorie [66]. So ist es z. B. interessant zu erfahren, daß sich schon die frühen Ich-Romane des Schweizers der »auktorialen«, auf »Distanz, Überblick, Allgemeingültigkeit« der Aussagen bedachten Erzählweise nähern oder daß sich »das Ausschwingen vom *Einzelfall* zum *Allgemeinen*« in *Geld und Geist* oft so regelmäßig vollzieht, daß »ein gleichmäßiges Auf und Ab von Handlung und Reflexion entsteht«, daß wir also in den vielgetadelten Reflexionen Gotthelfs ein »Fundament der Romanstruktur« vor uns haben [67].

Auch in diesem literarästhetischen Zusammenhang ist Gotthelfs »Thomismus« zu beachten, die grundlegende Tatsache, daß sein christlicher Dualismus durch die Vorstellung einer christlichen *Welt* ständig überkreuzt und korrigiert wird. *Dementsprechend ist seine christliche Didaktik schon beim Aufbau des epischen Vorgangs wirksam.* Ein Roman Gotthelfs ist in seinem Kern weder ein Milieu- noch ein Entwicklungs-, noch ein Schicksalsroman, sondern wie Werner Günther sagt, ein »Drama der Heiligung« [68]. Wenn wir uns nüchterner und genauer ausdrücken wollen, so werden wir wieder an die Parallele im Wiener Volkstheater (»Besserungsstück«) erinnern und von einem Besserungsroman sprechen. Der Begriff Bekehrungsroman wäre wegen der religiösen Begründung der Wandlung in manchen Fällen noch zutreffender. Wie tief dieses alte parabolische Schema der Umkehr in Gotthelfs dichterischer Welt verwurzelt ist, beweist vor allem die Tatsache, daß schon die ersten, gesellschaftskritischen Werke gleichzeitig Besserungsromane sind. Neben die »Entwicklungen« vorbildlicher Art tritt als komplementäres Schema der Entartungsroman (z. B. *Geldstag*), selten, denn die Hauptgestalt soll im allgemeinen eine beispielhafte, zur Nachahmung verlockende Richtung einschlagen. Auch ein Typus, den man Wiederherstellungsroman nennen könnte, ist nur die Variation des *einen* parabolischen Schemas: Die Ordnung eines frommen, friedlichen Lebens wird durch äußere Veränderung und inneres Versagen gestört und muß durch das Eingreifen höherer Mächte wiederhergestellt werden (*Geld und Geist, Uli der Pächter, Dursli, der Branntweinsäufer*). Zusammenfassend wäre am besten von einem sittlich-religiösen Ordnungsroman zu sprechen, denn wesentlich ist immer, daß der Mensch nicht unter einem rein weltlich aufgefaßten Schicksal oder in einer immanenten Entwicklung steht, sondern daß sein jeweiliger Zustand am Ideal einer christlichen geordneten Welt gemessen wird und daß seine »Entwicklung« nur die Richtigkeit dieser Ordnung bestätigt. *Die plots sind von vornherein so konstruiert, daß sie auf diese Ordnung zulaufen,* und sie können, auch nach Erreichung des Ziels, fortgesetzt werden, einfach dadurch, daß der Teufel einen neuen Angriff auf die zur christlichen Ordnung gelangte Persönlichkeit oder Familie unternimmt. Daraus ergibt sich die bekannte Zweiteiligkeit mancher Gotthelfhandlungen (z. B. *Geld und Geist,* die beiden *Uli*romane, *Anne Bäbi Jowäger, Schwarze Spinne*).

Die *psychologische Charakterzeichnung* Gotthelfs ist frühzeitig aufgefallen und gerühmt worden. Ihr Lob findet sich fast in jeder Rezension. Gottfried Keller, zweifellos ein Schüler Gotthelfs in seiner Eigenschaft als Erzähler, sagt in seiner Besprechung der beiden *Uli*-Romane (1849) zu diesem Thema: »Er hat gar keine charakterlosen, schwankenden Figuren. Jeder ist bei ihm an seinem Platz und gut durchgeführt, und er hat sich einer großen Mannigfaltigkeit zu rühmen, und ganz feine Nuancen kommen vor. Er weiß einen

Unterschied zu machen zwischen zwei schlauen, verschmitzten Bauern, und durch die zartesten Linien getrennt, neigt sich der eine auf liebenswürdige Weise zum Guten, der andere zum Bösen. Hauptsächlich auch auf die Frauen versteht er sich sehr gut«[69]. Wenn man sich fragt, wer *Gotthelfs* Lehrer im psychologischen Erzählen gewesen sein könnte, so kommt man auf Scott, in dessen Schule fast alle Erzähler der Biedermeierzeit gegangen sind. Manuel erzählt, daß dem jungen Bitzius der englische Erzähler im Göttinger Leseverein imponierte, und zwar besonders durch »die Feinheit der Charakteristik, die psychologische Wahrheit«[70]. Man lernt freilich das am leichtesten, was man ohnehin kann. Scotts vielbewunderte Kompositionskunst hat Gotthelf nicht gelernt, weil der Engländer für einen *didaktischen* Epiker keine formale Lösung anzubieten hatte. Zu denken ist vielleicht auch an Zschokke, den die *Blätter für literarische Unterhaltung* nicht umsonst den »Scott der Schweiz« nannten[71], obwohl er die Figuren knapper zu zeichnen pflegt. Bedeutung hatte für den Schweizer Pestalozzi; denn der Roman ist für ihn, wie für die gesamte Spätaufklärung, unbeschadet der in ihm erscheinenden anthropologischen Erkenntnisse, vor allem ein Erziehungsmittel (*Lienhard und Gertrud*, Zürich 1781 ff.). Scotts und Pestalozzis psychologische Lehren fielen bei dem Berner Dichter gewiß auf den allerbesten Boden; denn die *Frühschriften* beweisen schon, daß er sich auf Menschendarstellung verstand, und Manuel stellt wiederholt fest, daß er die Menschen *studierte*. Das war seit dem 18. Jahrhundert, wenn man von der engsten Romantik absieht, eine Selbstverständlichkeit und ist auch für andere Dichter der Biedermeierzeit nachzuweisen. Nur der Begabte freilich wird durch Studien Meister. Die intuitive Menschenschöpfung Gotthelfs ist ausdrücklich in seinem schon erwähnten Brief an Fueter (30. 10. 1842) bezeugt: »Dieser Geist ist mächtiger als ich, und in jede Figur kommt ein Leben, und dieses Leben fordert seine Rechte, will auswachsen und nach allen Richtungen sich geltend machen.«

Trotzdem liegt an diesem Punkt ein Problem der Gotthelfforschung: Wie verträgt sich die psychologische Relativierung mit der Didaktik, die ja bei ihm stets normativ ist? Man darf wohl feststellen, daß sich Gotthelfs psychologische Kunst auf die Hauptfiguren konzentriert. Damit soll nicht gesagt sein, daß nicht auch einzelne Nebenfiguren treffend gezeichnet sind, aber sobald sie dem Guten oder Bösen zuneigen (s. o. Keller), beginnen sie ihre Individualität zu verlieren, zum Exempel zu werden, abgesehen davon, daß in jeder Dichtung *alle* Nebenfiguren flächenhafter sind, daß nur Hauptfiguren *volle* »Plastik« gewinnen können. Die Hauptfiguren Gotthelfs sind meistens »gemischte Charaktere«, sie können fallen und steigen. Dagegen sind die Nebenfiguren manchmal Teufel oder Engel, die um die Seele des Helden kämpfen, und sie werden in der Dichtung selbst öfter als solche bezeichnet. So sagt z. B. Vreneli im 4. Kapitel von *Uli der Pächter*: »Ist's nicht seltsam, daß der liebe Gott mir und Uli so gleichsam zwei Engel zum Geleit gegeben, einen guten und einen bösen.« Der böse Geist ist der egoistische Besitzer des Hofes, Joggeli, der gute seine immer hilfsbereite Frau. Beide Figuren sind keine »Typen« im klassizistischen Sinn. Gotthelf bemüht sich im allgemeinen nicht um die Monumentalität der Gestalten, sondern um ihre Verlebendigung. Er stattet die Figuren trotz ihrer transzendenten Basis mit einzelnen, charakteristischen Zügen aus, um sie zu glaubhaften Menschen zu machen. Er versinnlicht mit Bewußtsein und Geschick. Aber von Anfang an, schon im ersten

Ansatz, sind sie positiv oder negativ auf die Ordnung bezogen. Ihr Verhältnis zur Ordnung kann sich allmählich, ja sogar plötzlich verändern, durch die menschliche Erziehung und das Eingreifen Gottes. Neutrale und in diesem Sinne »realistische« Charaktere interessieren ihn weniger. Wenn die Hauptfigur ausnahmsweise unverbesserlich ordnungswidrig ist, wie etwa Anne Bäbi Jowäger, so muß das Gleichgewicht durch starke Ordnungsfiguren, in diesem Fall durch den Pfarrer von Gutmütigen, auch durch Meyeli, wiederhergestellt werden. Ins Zwischenfeld drängen sich hier (im zweiten Teile des Romans) bezeichnenderweise solche Figuren, die das in der Hauptgestalt – wegen des Kurpfuscherthemas – nicht gut mögliche Besserungsschema aufnehmen: Der Doktor, der Vikar, auch Jakobli. Es gibt in diesem besonders reichen Roman auch halbwegs neutrale Figuren, solche also, die nicht ernsthaft auf die Ordnung bezogen werden: der Knecht Sami, die Magd Mädi und die Frau Pfarrer. Immerhin haben sie harmlose normwidrige Züge, die eine komische Behandlung gestatten. Besonders bei der immer zankenden Mädi ist das der Fall. Durch diese nicht ganz eindeutige Figurenschicht wird der Eindruck einer krassen Schwarz-Weiß-Zeichnung verhindert, der konstruierte Ansatz »realistisch« unterbaut, die Verbindung zur Fülle der Erscheinungswelt hergestellt. *Aber dieser überall hervortretende Wille zur Veranschaulichung ändert nichts an der Tatsache, daß das Wirklichste in Gotthelfs epischer Welt die Normen, die Begriffe von weise und närrisch, selbstlos und ichsüchtig, heilig und unheilig sind.* Die Psychologie bleibt im Dienste der Didaktik. Sie darf sich niemals so verselbständigen wie später bei Fontane u. a.

Für die These, daß die Didaktik in die Mitte von Gotthelfs epischer Welt hineinreicht, spricht auch der Umstand, daß für die Romane meistens *ganz bestimmte Themen* gewählt werden: der entlassene Soldat, der Schulmeister, der Knecht, der Pächter, Geld und Geist, die fromme Armut, der volkstümliche Aberglaube (Kurpfuschertum), das Wirtshaus, die Käserei, der Sozialismus, der demokratische Parteibetrieb, das Rechtswesen etc. In jedem Roman soll ein bestimmter Stand beurteilt und womöglich belehrt, ein bestimmtes Problem gelöst, ein bestimmter Wirklichkeitsbereich durch beispielhafte (vorbildliche oder abschreckende) Darstellung in die christliche Ordnung einbezogen werden. Wenn Gotthelf tatsächlich, wie es einzelne Forscher immer wieder glauben machen wollen, die Wirklichkeit in ihrer bunten und eigenständigen Fülle darstellen wollte, so wäre ihm eine derartige Thematik hinderlich gewesen. Er hätte, wie die Erzähler der Entwicklungsromane seit Fielding und Wieland oder gleichzeitig Dickens in den *Pickwick Papers,* eine neutrale Figur zur Widerspiegelung der *verschiedenen* Wirklichkeitsbereiche gewählt. Im *Bauernspiegel* hatte er etwas Ähnliches versucht, aber offenbar befriedigte ihn diese Technik nicht. Es kommt ihm nicht auf das Ganze der Wirklichkeit an, auf die gewissermaßen kosmische Fülle der Menschenwelt, die verwirren könnte, sondern auf einen leicht überschaubaren, leicht zu demonstrierenden Bereich und auf die konstruktive Lösung begrenzter Probleme. Die alte Satire, die sich auf bestimmte Arten von Narren und Ständen spezialisiert, wirkt unverkennbar in diesen Romanen nach [72]. *Es geht, im Unterschied zum Entwicklungsroman nicht um den gebildeten Menschen der Zeit* (mit autobiographischem Hintergrund), *sondern um sittlich-religiöse Gattungen von Menschen, unter Bevorzugung der Mittel- und Unterschicht auf dem Lande.* Unwillkürlich bezeichnet Muschg in seinem zweiten Gotthelfbuch immer wieder den

927

oder jenen Zug in Gotthelfs Werk als »allegorisch«. Wir kennen bereits das Fort- und Wiederaufleben der *Allegorie,* das in den verschiedensten Mischungen für die Biedermeierzeit bezeichnend ist (vgl. Bd. I, S. 323 ff.). Gotthelfs gesamtes Werk ist eines der interessantesten Beispiele für die immer noch wirksame Fruchtbarkeit der allegorischen Methode; denn es darf doch wohl allegorisch oder emblematisch genannt werden, wenn hinter den konkreten Gestalten und Vorgängen die Begriffe und Normen derart deutlich durchscheinen. Unter diesem Gesichtspunkt gewinnt Gotthelfs erste in der Handschrift erhaltene Dichtung, auf die Werner Kohlschmidt aufmerksam gemacht hat[73], auch eine grundlegende *formengeschichtliche* Bedeutung. Noch handelt es sich um eine Allegorie herkömmlicher Art, in der die Kirche als Garten, der Prediger als Gärtner, die verkannte Offenbarung als fortlaufende Henne usw. versinnlicht und der uns schon bekannte Vorwurf (vgl. o. S. 894) gegen die in der Weltgestaltung versagende Geistlichkeit erhoben wird. Daß Gotthelf, im Gegensatz zu andern Dichtern der Zeit, diese altmodische Art von geistlicher Dichtung *nicht* fortsetzt, bestätigt seinen Sinn für die aktuellen Themen und Gattungen der Literatur.

Der Übergang zum Roman stellt den Dichter freilich vor neue Gestaltungsaufgaben. Noch stärker als im Wiener Volkstheater (vgl. o. S. 11 f.) muß die Allegorie erneuert, mit konkreten Anschauungsinhalten erfüllt und »atmosphärisch«, »suggestiv« gemacht werden; denn die »dürre« Flächigkeit der alten Allegorie entspricht dem irrationalen nachromantischen Geschmack nicht mehr. Trotzdem wirkt die allegorische Darstellungsform allenthalben nach. Was von der früheren Gotthelfforschung in reichlich unbestimmter, neuromantischer oder psychoanalytischer Weise als »mythisch« angesprochen und gepriesen wurde, muß bei nüchterner, dichtungswissenschaftlicher Betrachtung in vielen Fällen als die *Fortentwicklung einer allegorischen Denk- und Dichtungsweise angesprochen werden.* Nicht bestritten sei, daß eben in dieser *Intensivierung der Allegorie* die geniale Leistung des Biedermeierdichters liegt; aber man wird dem handwerklichen, bescheidenen und nur in der Tiefenschicht »irrationalen« Dichten Gotthelfs nicht gerecht, wenn man die alte nüchterne Grundlage übersieht. In irgendeiner Weise verbanden sich ja Mythologie und Allegorie schon immer, wie wiederum das Volkstheater zeigen kann. Gotthelfs »mythischen« Dichtungen fehlt, wie den Wiener Zauberstücken, das Unbestimmte, »Ahnungsreiche«, d. h. Verblasene der romantischen Mythologie. So hat z. B. die schwarze Spinne in der bekannten gleichnamigen Erzählung von jeher zur allegorischen Ausdeutung herausgefordert. Nicht nur auf das »wunderbare« Bild, auf die grandiose, erschreckende Erscheinung, auf die stimmungsmäßige Vergegenwärtigung des »Grünen« und des Schwarzen kommt es an, sondern auf seinen geistlichen Sinn und auf seine eindeutige Überwindung durch das Heilige. Die ganze Erzählung ist transparent für das Biblische*. Der lehrhafte häusliche Rahmen ist dabei die biedermeierliche Haupt-

---

* Albrecht *Schöne* (Didaktische Verweisung. Jeremias Gotthelf: Kapitel in: A. Sch.: Säkularisation als sprachbildende Kraft, Studien zur Dichtung deutscher Pfarrersöhne, Göttingen 1958, S. 149): »Sorgfältig eingebaute Zitate und Halbzitate, Wortschatzgleichungen, Redeweisen, Satzbauentsprechungen in der Sprache seiner Figuren, ihre vielfältig verweisungskräftigen Verhaltensformen, Gestaltung der Geschehnisse in Analogie zu biblischen Modellsituationen, strukturelle Entsprechungen usf. werden immer so behutsam verwendet, daß sie die Erzählung nirgends überfrem-

leistung. Er ist absolut unentbehrlich, und zwar deshalb, weil der Mythos nur ein Mittel zum didaktischen Zweck ist[74].

Ein anderes Beispiel. Die große Erzählung *Dursli der Branntweinsäufer oder Der heilige Weihnachtsabend* (1839) spielt zunächst (und auch am Ende wieder) in einem Alltag ohne mythische Erscheinungen und Wunder. Die sagenhaften Bürglenherren, von denen sich der Betrunkene an seinem kritischen Tag verfolgt glaubt, haben nur den allegorisch-lehrhaften Sinn eines volkstümlichen Bekehrungsmittels. Durch einen Vorgeschmack der Hölle wird der Säufer auf den rechten Weg gebracht. Der weise Großvater, der nach Durslis Bekehrung die Sage erzählt, relativiert am Ende ihre Bedeutung selbst wieder, indem er erklärt: »Eine Sage habe ich erzählt, ... aber alles, was auf Erden ist, ist Diener des Allerhöchsten, jeder Baum, jeder Stein und jedes Blatt, das am Baume sich bewegt, und jedes Sandkorn, das vom Steine der Wind weht. So wird jedes Wort aus Menschenmund zu Gottes Wort, wenn er will, und muß dienen zu Bekehrung und Erweckung der Menschen. So macht er auch die Sagen, solange er sie noch [!] duldet, zu seinen Dienern und sprengt mit ihnen auch verschlossene Herzen. Des Herren Wege sind wunderbar, unerforschlich sind seine Ratschläge. Wie er die einen sucht in der Sonne hellem Licht oder mit seines klaren Wortes Kraft, kann er andere suchen in wilder Sturmesnacht mit dunkler Sage ahnungsvollem Grauen...« Der geistliche Dichter glaubt, sich einer von Gott selbst geübten oder wenigstens geduldeten Methode zu bedienen, wenn er das Mythische, das im Volke entstand und das die Romantik erschlossen hat, *bewußt* benützt. Das Wörtchen »noch« belegt deutlich, daß er dem Logos (»seines klaren Wortes Kraft«) größere Dauer zuspricht als dem Mythos (»dunkle Sage«) und ihn daher in der Seinsordnung höher stellt. *Beachtet man diese gelenkte Irrationalität, die übrigens auch dem rhetorischen Stil entspricht, in Gotthelfs epischer Welt nicht, so verfälscht man sie*.*

---

den. Denn das Geschehen in der Dichtung wird nicht von dem der Bibel überdeckt und verstellt, sondern durch seine sprachliche Behandlung wird es transparent für jenes.«

* Hierin liegt eine echte Beziehung zur Aufklärungstradition, in der auch der spätere (programmatische) Realismus steht. Bezeichnenderweise hebt Manuel, in seiner Gotthelfbiographie (1861) diese Stelle hervor: »Er [Gotthelf] deutet damit an, daß diese Sagen, geistig und rein aufgefaßt, einem edleren [!] Kern zur Schale dienen können und unter den Erziehungsmitteln [!] der Menschheit ihre wichtige Bedeutung haben« (Jeremias Gotthelf. Sein Leben und seine Schriften, München und Leipzig ²1922, S. 79). Manuel parallelisiert »Dursli« ausdrücklich mit der *naiver gearbeiteten* und infolgedessen (seit der Neuromantik!) viel berühmteren »Schwarzen Spinne« (ebd., S. 78). Er vermerkt ferner, daß »Dursli« (vor 1861) »mehrere Auflagen erlebte« und zitiert eine begeisterte Beurteilung der Erzählung durch Riehl in der »Naturgeschichte des deutschen Volkes«. In der realistischen Zeit schätzte man demnach die aufgeklärtere Dursli-Erzählung höher. Daß mein Begriff (für die *Schwarze Spinne*) »naiv gearbeitet« keine Unterstellung ist, ergibt sich aus der Literaturästhetik der Zeit (»naiver Ton«, »Volkston«, vgl. Bd. I, S. 621 f.), aber auch aus Äußerungen Gotthelfs, die man wenig beachtet hat. Über die Idylle »Der Sonntag des Großvaters« schreibt er z. B. an Fröhlich (5. 9. 51): »Der Gegenstand hätte kunstreicher ausgeführt werden können, aber nur auf Kosten der Naivität.« Je weiter Gotthelf von der Aufklärung abrückte oder abzurücken vorgab – genau besehen kann man es nämlich nicht – um so objektiver (naiver) versuchte er den Mythos, von der Volkssage bis zu den höchsten christlichen Wesenheiten, darzustellen; aber der Mythos blieb ihm stets *symbolisch,* wie die Natur, die er öfters so nennt. Dies alles ist ein Hinweis auf die nahe religiöse Verwandtschaft zwischen Biedermeier und Romantik (vgl. u. S. 1035).

Damit soll nicht gesagt sein, daß der allegorisch-mythische Stil nur in bestimmten Erzählungen oder gar nur an bestimmten Stellen der Werke erscheint. Er durchdringt und trägt Gotthelfs epische Welt allenthalben. Er bildet ein wichtiges Bindeglied zwischen der didaktischen und der erzählenden Schicht seiner Dichtung. So ist etwa in der gleichen Erzählung davon die Rede, daß nach Durslis Bekehrung und liebevoller Versöhnung mit seiner Frau »das dunkle Ehegespenst, das sich zwischen beide gelagert hatte, in schneidender Kälte keinen Sonnenblick der Liebe von einem zum andern lassend, von unsichtbarer Gewalt erfaßt« plötzlich in die Lüfte zerstäubt. An *der* Stelle der Erzählung, da das unheimliche mythische Wesen zum erstenmal zwischen Mann und Frau tritt, wird sein allegorischer Charakter ausdrücklich bezeichnet: es ist das »Ehegespenst des Mißverständnisses«, eine Umkehrung der ehelichen Liebe, letzten Endes ein »Teufelsspiel«. Derartige Allegorien begegnen in Gotthelfs Werk auf Schritt und Tritt, und der jeweils zur Rede stehende Begriff braucht keineswegs immer mythisch veranschaulicht zu werden. Auch der einfache Naturvergleich genügt, doch versucht Gotthelf dann meistens durch *dynamische Rhetorik* eine ähnliche Intensität zu erreichen. So fühlt er z. B. im 13. Kapitel von *Uli der Pächter* das Bedürfnis, Begriff und Macht des »Zeitgeistes« zu versinnlichen: »Wer hat schon einen großen Wirbel in einem Flusse gesehen oder, wenn man will, einen Wasserfall, den Rheinfall zum Beispiel?« Es folgt eine kunstvoll gearbeitete Beschreibung der Naturphänomene, die dem Zeitgeist entsprechen. An anderer Stelle werden die Schrecken vergegenwärtigt, die ein Mensch empfinden müßte, der immer in einer finsteren Kluft lebt. Und gemeint ist der Mensch, dessen Gemüt nie Sonntag hat. Die ständige Doppelsträngigkeit von Lehre und Anschauung führt auch, wie überall in der Barocktradition, zu ausgeprägter und oft kühner Metaphorik. Das fromme Gemüt ist für den Dichter die »wahre Familiengruft« (20. Kap.), das gute Bauernhaus »eine Art heiliger Wallfahrtsort, wohin wandert, wer bedrängten Herzens ist« (3. Kap.). Von einem eigennützigen Wirt in *Uli der Pächter* hören wir: »Jeder Zoll an ihm [war] ein Zentner Holdseligkeit [!], mit welcher man eine große Stadt voll saurer Engländer hätte süß machen können« [75]. In den *Frühschriften* spürt man dieser gesteigerten Bildlichkeit noch die Herkunft von Jean Paul an: »Jeder Tropfen Zeit ist eine Sterbeminute der Freuden, jeder wehende Staub der Leichenstein einer begrabenen Wonne« [76]. Da so viel von Gotthelfs Anschaulichkeit die Rede ist, sei vermerkt, daß die Bildlichkeit, wie in der ganzen Biedermeierzeit, völlig bedeutungsorientiert ist und nicht in sich selbst zusammenhängende Anschauungen aufbauen muß: »Es wälzt sich langsam und abgemessenen Ganges des Schicksals verhängnisvolles Rad um seine Achse, behängt sind seine Arme [!] mit Freude und Leid, Glück und Unglück in furchtbar komischem Gemisch« [77]. Die derbe Kraft von Gotthelfs Metaphern erinnert an Grabbes Sprache, selbst in den Briefen: »Sie wissen, daß ich zumeist mit der Keule lause« (an Eduard Blösch 7. 5. 1845). Über die »Metaphorik der Schimpfreden« findet man bei Reber einen amüsanten Abschnitt [78]. Schon diese ausgeprägte Metaphorik widerspricht dem Realismus, der nach klassischem Vorbild und nach den Vorschriften der Schulpoetik (Hegel u. a.) die Jean Paul-Tradition der Biedermeierzeit, d.h. ihre kühne Metaphorik, ausdrücklich *ablehnte* (vgl. Bd. I, S. 520 ff.).

Wenn man sich fragt, was einen so rücksichtslos zupackenden und alles nach dem »Geiste« formenden Dichter in den landläufigen Ruf des Realismus gebracht hat, so wird man in erster Linie auf den soziologisch und ästhetisch begründeten *Willen zur Veranschaulichung der Begriffe oder Normen* hinweisen müssen. Das Schöne ist für Gotthelf, wie für Stifter, älterer Lehre gemäß, das Wahre im Gewande des sinnlichen Reizes; und das Ideal des Volksschriftstellers führt vollends zu dem Bestreben, die Lehre in einer greifbaren, ergreifenden, womöglich überwältigenden Darstellung zu vermitteln. Nicht ohne weiteres zur didaktischen Struktur passen *die »Genrebilder«, die oft recht ausführlich erzählten Genreszenen,* auf die wir bereits gestoßen sind. Sie können auch lehrhaft verwendet werden, etwa als Gericht über den Sünder wie die Versteigerungsszene im *Geldstag,* besitzen aber selbst dann eine dichte und relativ selbständige Gegenständlichkeit. Carl Bitzius unterscheidet in der ehrlichen Sprache der Zeit die »sehr belebten Handlungen«, die der Dichter auch »vorzuführen« versteht, von seinen »Ausmalungen«, von seiner gelegentlich vorherrschenden Neigung zum »bloße[n] niederländische[n] Ausmalen« (30. 1. 1848). Für die der Spekulation und Empfindsamkeit schon etwas müde werdende nachromantische Zeit müssen diese Genreeinlagen, wie die Landschafts- und Dingbeschreibungen (Stifter u. a.), *attraktiv* gewesen sein. Auf den heutigen Leser können sie ebenso ermüdend wirken wie die didaktischen Partien; denn sie treten oft als eine besondere Schicht, als »Abschweifung«, in die Erscheinung. Genau besehen sind sie mit dem Ganzen der Romane durchaus verbunden: als seelischer Ruhepunkt vor oder nach dem Sturm, als äußere Bestätigung innerer Geborgenheit, *vor allem aber auch als komischer Kontrast. Denn das Wirkliche, das einfach da ist, das keine geistliche Deutung herausfordert, ist für Gotthelf im Grunde noch kein Wert,* kein Gegenstand ernsthafter Darstellung und Betrachtung, vielmehr immer ein wenig verdächtig, überflüssig zu sein. *Man lacht am besten darüber.*

Man denke etwa an die endlosen, immer wieder das gleiche variierenden Reden, die Mädi in *Anne Bäbi Jowäger* führt. Man könnte davon vieles streichen, ohne die »Handlung« irgendwie zu beeinträchtigen, aber man würde dem Roman damit die humoristische Aufhellung rauben oder, um Gotthelfs Erzählweise schärfer von dem entspannten Ton eines Raabe oder Fontane abzugrenzen, man würde dem »Drama der Heiligung« (s. o.) die komischen Zwischenszenen, die es vor spiritueller Verflüchtigung schützen, wegnehmen. Das Narrentum Anne Bäbis läßt sich nicht immer so »naiv-komisch« behandeln; hier muß von Zeit zu Zeit zum mindesten das Mittel der Groteske aufgewendet werden, um die gefährlichere Ordnungswidrigkeit der Bäurin zu kennzeichnen. Bei Mädi dagegen herrscht ein stereotypes, »mechanisches« Schimpfen, die ewige Leier der alten Dienstmagd, *die nichts als wirklich und daher eben komisch ist.* Auch das Pfarrhaus im gleichen Roman wird nicht nur als Ort der geistigen Kämpfe und als Mittler des Heils, sondern zugleich genrehaft vergegenwärtigt, indem z. B. die Abreise des pfarrherrlichen Paars mit allen Einzelheiten humoristisch »ausgemalt« wird. Die Pfarreridylle der Biedermeierzeit (vgl. Bd. II, S. 769 ff.) erscheint an solchen Stellen in epischer Integrierung.

Das Kindergenrebild, eine Lieblingsgattung des Biedermeiers, gibt es in Gotthelfs Werken so häufig, daß man keine Beispiele zu nennen braucht. Zwar ist es manchmal mit der Lehre verbunden, indem etwa die schlechte Erziehung einer Mutter in sarkastischen Kinderszenen verdeutlicht oder ein sündiger Mensch durch den »Engel« in seinen Kindern gerührt und gebessert wird. Aber auch in neutraler Form findet man es öfters. Der Bauernhof und die Bauernstube erscheinen ebenso häufig als Genrebild, oft in Verbindung mit Kindergenreszenen und, mit Vorliebe, in einem festlichen Augenblick. Die oft erwähnte Sonntagsdichtung Gotthelfs entspricht genau der idyllischen Tradition (Hebel, J. H. Voß), ebenso seine Vorliebe für die Vergegenwärtigung von Großvätern und Großmüttern. Auch der Gang durch die Felder oder ins Pfarrhaus, das Gespräch mit einem Mitglied der Pfarrfamilie, das Markttreiben im nahen Städtchen, Wirtshausbesuche, Reisen im Wagen oder zu Fuß, die Werbung um ein Bauernmädchen, Erntefeiern, alltägliche Hausbesuche u. dgl. geben oft den Anlaß zu genrehafter Ausmalung. Das Genrebild hat es stets mit (typischen) Menschen, nicht mit Sachen zu tun, und oft ist es Inszenierung der Nebenfiguren. Gotthelf konzentriert sich also selbst in dieser eher peripheren Stilschicht auf die Darstellung des *Menschen.*

Die *Landschaft* pflegt nicht eigentlich gegenständlich, sondern nur kulissenhaft und symbolisch dargestellt zu werden. *Darin unterscheidet sich der volksnahe Pfarrerdichter scharf von dem natur-*

kundigen und naturliebenden Stifter. Selbst die Reise, die Jakob der Handwerksgeselle ins Berner Oberland unternimmt, wird ohne gegenständliche Dichte beschrieben. Die Alpen mit ihren mächtigen Wassern sind in der Hauptsache, wie später der stark strömende Rhein bei Basel, ein Emblem für Gottes Allmacht und die »mythische« Figur von Jakobs Angst. Sie *dürfen* gar nicht mit objektiver Treue vergegenwärtigt werden, wenn sie ihr Werk in Jakobs Seele tun sollen. Gotthelf »malt« überhaupt großzügiger, kecker und sorgloser als Stifter. Aber auch er liebt biedermeierlich das Kleine, auch er hat es grundsätzlich gepriesen, sogar mit seiner Aufgabe als Volksschriftsteller programmatisch in Verbindung gebracht: »Die kleinsten Dinge sind für den, welcher nicht größere erlebt, groß genug, um mit den größten Worten sie auszudrücken, und die Zahl derer, welche nur sogenannte kleine Dinge erleben, ist unendlich größer als die Zahl der Herkulesse, Alexander und Napoleon. Daher wird dem Volksschriftsteller, welcher nicht für große Helden, nicht einmal für eidgenössische, schreibt, erlaubt sein, das sogenannte Kleine, aber den Weisen das Wichtigste, auch mit den gewichtigsten Worten darzustellen, welche ihm zu Gebote stehen« (*Uli der Pächter*, 21. Kap.). Das Wort »wichtig« erscheint stets in den traditionellen Lehrbüchern der Poetik, um den Gegenstand des »Heldengedichts«, des heroischen Epos zu kennzeichnen (vgl. Bd. II, S. 629). Die Erwähnung »der Herkulesse, Alexander und Napoleon« ist in diesem Zusammenhang zu verstehen. Dem wichtigsten Gegenstand entsprechen, nach den Regeln der Rhetorik, die gewichtigsten Worte. Wenn Gotthelf an dieser Stelle die »gewichtigsten Worte« dem »sogenannten Kleinen«, das »aber den Weisen das Wichtigste« ist, zuordnet, so verstößt er damit *prinzipiell* gegen die literarästhetische Tradition. Diese Auseinandersetzung mit der Rhetorik ist freilich in seiner Praxis des Erzählens nicht so konsequent wie bei Stifter, der von den wichtigsten Dingen oft am wenigsten deutlich spricht. Im allgemeinen ist Gotthelfs Erzählsprache bei wichtigen Vorgängen pathetisch, bei unwichtigen eher komisch; sie entspricht also so weit der Vorschrift der Rhetorik. Trotzdem müßten auch bei ihm, wie bei jedem bedeutenden Dichter der Biedermeierzeit, Rhetorik und Antirhetorik sorgfältig gegeneinander abgewogen werden. Vielleicht würde sich dabei ergeben, daß gerade in den zunächst peripher erscheinenden Stilschichten das literarisch Neue, die Vorbereitung des Realismus sich ereignet. Die zitierte Äußerung bezieht sich nicht direkt auf die erzählten Genrebilder des Dichters, aber auf den Grund, der sie trägt und der im idyllischen Ansatz der Bauernromane, in der hingebenden Deutung des scheinbar Unwichtigen und Abseitigen liegt. Später, im Vorwort zu *Zeitgeist und Bernergeist*, schreibt Gotthelf aufgeregt: »Wenn der Feind an den Mauern klettert, begießt man nicht Nägeli, pflanzt nicht Kabis.« Aber da war auch die Biedermeierepoche und mit ihr, wie bei Stifter, das Vertrauen in die alte Weltordnung, die konservative Siegessicherheit vorüber*.

In der genrehaften Stilschicht entfaltet sich am ehesten das, was man Humor, »liebevollen Humor« zu nennen pflegt. *Sonst aber gestaltet Gotthelf zu normativ, als daß er das Empirische, das Endliche und Begrenzte verklären und belächeln könnte.* Der grimmige Humor, will sagen die groteske und ironische Stilhaltung liegt ihm näher als das relativierende Schmunzeln und Geltenlassen der Realisten. Er lächelt auch – und dies feine Lachen wird betont, um ihn an den bürgerlichen Rea-

---

* Es war wohl oft nur die fehlende Vorstellung von der Veränderung nach 1848, was die Gotthelfforschung dazu veranlaßte, dem Dichter einen Platz innerhalb des Realismus anzuweisen. Die folgende Äußerung von Werner *Günther* in seinem Aufsatz über »Gotthelfs Realismus« (Neue Gotthelf-Studien, Bern 1959, S. 65–73) nähert sich meiner Definition des Biedermeiers (vgl. Bd. I, S. 128): »Was ist also von Gotthelfs ›Realismus‹ zu halten? Wenn das Wort nicht mit äußerster Vorsicht und mit sehr genauen Vorbehalten verwendet wird, so kann es kritisch nur Schaden stiften. Nie genug kann der Hauptakzent von Gotthelfs Schaffen auf *Wahrheit* gelegt werden, und da er Menschenwahrheit im Bauernvolke darstellte..., das er durch und durch kannte, wie hätte er da nicht ganz von selber die Wahrheit auch in den äußeren Gebärde und Lebensweise suchen sollen! Nicht um der materiellen Äußerlichkeiten willen stellte er diese dar, mochten sich seine Sinne auch an ihnen immer neu erlaben, sondern weil er ihre Sinnbezogenheit [!] und deshalb auch ihre Schönheit und Bedeutsamkeit erfühlte. So verstandener ›Realismus‹ schaut wohl auch nach außen, viel mehr aber nach innen, jenen Lebens- und Seelengründen [!] zu, in denen eines Volkes Sein atmet und west.« (S. 73). Ich spreche von einer »Präsenz des Ewigen im Irdischen« (Bd. I, S. 130).

lismus heranzurücken – aber er lächelt nicht nur, sondern er lacht, oft aus vollem Halse, und dies Lachen, dies Spotten steht, wie bei Heine und Nestroy, im Dienst der Satire. Die Reaktion des Publikums und der Rezensenten war von Anfang an ähnlich wie bei den erwähnten weltlichen »Spöttern«, besonders in der zur »Heiterkeit« neigenden Schweiz. Manuel erinnert sich an die Aufnahme des ersten Romans: »Man fand, das ganze Buch sei ein eigentliches Nachtstück; eine zu grell ins Schwarze malende Farbe herrsche darin vor. Man warf ihm vor, daß es nur Wunden und Schäden bloßlege, ohne die Heilmittel zu zeigen; daß es wegen dieses einseitigen Hanges zum Pessimismus der bezweckten Belehrung verlustig gehen würde...« [79]. Nachtstück ist die damalige Bezeichnung für den Schauerroman, z. B. für den *Maler Nolten*. Daß die Ironie, die Satire nicht nur gesellschaftlich, sondern letzten Endes metaphysisch gemeint ist, bedarf bei dem geistlichen Dichter, anders als bei Heine oder Nestroy, keiner besonderen Begründung. Dabei ist Gotthelfs dichterische Welt zu reich und weitgespannt, als daß die unernste Stilhaltung in ihr überhand nehmen könnte. Während sonst in der Barocktradition Empfindsamkeit (Weltschmerz) und Ironie (Satire) oft nebeneinanderstehen oder in gegensätzlichen Personen auseinandertreten (z. B. Klopstock/Wieland, Lenau/Nestroy), integriert sie Gotthelf mit großer epischer Kraft. Auch darin konnte er allerdings auf dem von Jean Paul eingeschlagenen Wege weitergehen*.

Die *Stilmischung* ist ein zentrales, in den verschiedensten Formen schöpferisch gehandhabtes Kunstphänomen der Biedermeierzeit. Man braucht nur an den Antipoden, Heine, zu denken, um zu wissen, wie verschieden die Sterne- und Jean Paul-Schüler mit dem überlieferten Instrument umgingen und wieviel neue Töne sie ihm entlockten. In der Frage der Stilmischungen wissen wir, daß Gotthelf ganz bewußt in die vorklassizistische Zeit zurückgegriffen hat: »Das Volk will lachen und weinen. Da sind die mittelalterlichen Schriftsteller Vorbilder, darum lebten sie auch so lange unterm Volke. Jean Paul trug dieses Element in hohem Grade in sich, leider verschraubte er sich und ward zum Volksschriftsteller zu vornehm« (an Irenäus Gersdorf 28. 9. 1843). *Tatsächlich übertrifft Gotthelf in der epischen Integration der beiden Stilhaltungen Jean Paul entschieden,* die Spannung zwischen den hohen und niederen Stilschichten wird etwas vermindert und durch neutrale Partien eher vermittelt; aber Gotthelf bleibt insofern mit Jean Paul vergleichbar, als auch bei ihm die ironische und die enthusiastische Schicht bis zu einem gewissen Grade *auseinandertreten*. Im Pfarrverein Trachselwald fiel den Kollegen Gotthelfs nach einer Lesung die »Eigentümlichkeit« auf, daß in »den Schriften des Herrn Verfassers... neben den erhebendsten schönsten Stellen oft in überraschendem Wechsel etwas triviale Ausdrücke vorkommen« [80]. Es war die gleiche klassizistische Kritik, mit der z. B. Gustav Pfizer Heine schwer zu treffen versuchte. Es gab Kollegen Gotthelfs, welche diese Mischung von »Schatten und Licht in seinen Gemälden« verteidigten [81]; das waren die moderneren Literaturliebhaber, deren Geschmack schon durch Shakespeare, Sturm und Drang und Romantik gebildet war. Doch ergibt sich auch aus dieser Diskussion die spannungsreiche Vielschichtigkeit Gotthelfs, die nicht jedermanns Geschmack entsprach. Der Dichter ist seiner Vieltönigkeit, im Gegensatz zu Stifter, nach 1848 treugeblieben, obwohl das realistische Programm auch in stilistischer Hinsicht die »Einheit« verlangte. Jeder aufmerksame Leser kennt die innigen, rührenden oder gar ergreifenden Partien in Gotthelfs Werken, denn sie kehren, meist an Höhepunkten der Handlung, in

---

* Sehr merkwürdig ist die Behauptung von Werner *Kohlschmidt:* »Neben Grimmelshausen und Jean Paul ist Gotthelf wohl der größte Humorist deutscher Zunge.« Gerade das Fehlen des »resignativen Moments«, der »Schwermut und Resignation«, das den *realistischen* Humor kennzeichnet, soll Gotthelf als *Humorist* (nicht etwa als Epiker!) über Jean Paul, Raabe und Keller stellen (Dichter. Tradition und Zeitgeist. Gesammelte Studien zur Literaturgeschichte, Bern und München 1965, S. 254, nach Alfred *Reber,* Stil und Bedeutung des Gesprächs im Werke Jeremias Gotthelfs, Berlin 1967, S. 155). Abgesehen von der Frage, ob es sich nicht auch bei Gotthelf um einen »schwer errungenen Humor« handelt (Kohlschmidt über Keller, ebd.) – *Manuel* kannte ihn besser: »Pessimismus« s. o. –, stellt *Kohlschmidts* christliche Einstufung eine an den Bildersturm erinnernde Abwertung der säkularisierten deutschsprachigen Humoristen von Busch bis Fontane dar und kann nur eine anachronistische Erneuerung des Streits zwischen Säkularismus (Realismus) und Restauration (Biedermeier) provozieren. Das ist m. E. nicht die Aufgabe der heutigen Literaturgeschichte.

regelmäßiger Folge wieder. Der Erzähler öffnet absichtlich die Schleusen des Gefühls. Man spürt die Umschaltung an einer deutlichen und oft plötzlichen Veränderung des Tons und der Sprache. Während Gotthelfs Sprache sonst oft kernig und herb ist, wird sie an solchen Stellen selbst bei Dialektbeimischung melodisch, weich und nicht selten wortreich. Manche Gotthelfforscher reden nicht gerne davon, denn diese Stilschicht entspricht dem kühleren modernen Geschmacksempfinden, wie es sich seit der realistischen Programmatik entwickelte, wenig. Sie gehört zu *dem* Teil von Gotthelfs Werk, der der Romantik, ja der Empfindsamkeit zugewandt ist. Man fühlt sich manchmal an die Taschenbücher, an das Trivialbiedermeier erinnert. *Allein auch diese Seite gehört zum Volksschriftsteller Gotthelf, und wer die große Bedeutung, die das »Gemüt«, die »Empfindung« im Biedermeier hat, nicht verkennt, der wird ihr auch historische Gerechtigkeit widerfahren lassen müssen* (vgl. Bd. I, S. 129 f.). Diese Partien stehen ja, trotz ihrer relativen Selbständigkeit, letzten Endes nicht für sich; sie kompensieren, selbst mit Bewußtsein hervorgetrieben und oft kunstvoll ausgebaut, die rationale, didaktische, normative Struktur des Ganzen in seelischer Hinsicht. Auch sie gehören zur Versinnlichung, zur Popularisierung der strengen Lehre, obwohl sie nicht anschaulich oder komisch sind. Der Geistliche versucht sich dem Leser ins Herz zu schmeicheln, ihn von der Süßigkeit des wahren Christenlebens zu überzeugen, ganz so wie es schon die geistlichen Dichter des Barock, etwa Spee und Angelus Silesius, versuchten und wie es gleichzeitig Spitta (vgl. Bd. I, S. 139 ff.) mit überwältigendem Erfolge tat. Die Zeit nach 1848, das Zeitalter des »bürgerlichen Realismus«, empfand der Schweizer, wie alle Biedermeierdichter, als erschreckend abgekühlt. Im *Besenbinder von Rychiswyl* (Deutscher Volkskalender, Leipzig 1852), blickt er resigniert auf die Zeit zurück, da die Seele noch etwas galt: »Es war da ein gegenseitig Band von Anhänglichkeit und Vertrauen, welches leider in unserer kalten Zeit, wo alle Familienwärme sich immer mehr verflüchtigt, immer lockerer und loser wird*.«

---

* Daß die mangelnde Kenntnis des Biedermeiers und der in ihm wirkenden empfindsamen Tradition, der falsche Versuch, Gotthelf auf Realismus und Objektivität festzulegen, daß, kurz gesagt, die verfehlte *historische* Interpretation und nicht bloß das moderne Geschmacksurteil eine angemessene Bewertung des Pfarrerdichters erschwert, sei durch Zitate aus zwei schweizer Dissertationen belegt:

1. Theodor *Salfinger,* Gotthelf und die Romantik, Basel 1945: »Gotthelfs Pathos ist hohl, wo es nicht sittliches, sondern dichterisches Pathos ist, und seine Sentimentalität ist süßlich« (S. 93). »Die Klang-Prosa Gotthelfs ist, allgemein gesprochen, schlecht, hohl, oft nahezu unerträglich« (S. 98). »Gotthelf schreibt... neben [!] seinem echten Stil einen künstlichen, der, vor allem in seinen subjektiveren Formen [!], nicht überzeugt, mag er sich nun mehr pathetisch oder sentimental, rhetorisch oder musikalisch gebärden« (S. 103). »Gotthelfs Stil ist so uneinheitlich, daß man behaupten könnte, er habe gar keinen Stil... Aber sein Irrtum besteht ja nur in der Verkennung der Tatsache [!], daß er zur objektiven Dichtung geschaffen ist und darum ihre subjektiveren Formen bei ihm von vornherein [!] nicht wesentlich werden können« (S. 106). Der Verfasser weiß, daß nach dem Zeugnis *Manuels* Jean Paul ein Lieblingsschriftsteller des Dichters war. Aber dies Wissen kann die traditionelle Vorstellung vom Realisten Gotthelf nicht erschüttern. Sicherlich gibt es bei einem Erzähler, der so viel geschrieben hat, schwache Stellen. *Ich fordre nur, daß bei der Bewertung die stilgeschichtliche Situation der vorrealistischen Zeit berücksichtigt wird. Jedes Werturteil auf anderer Grundlage bleibt privat und damit dilettantisch.*

2. Die Arbeit von Oskar *Müller* (»Das Problem der Sentimentalität in Gotthelfs historischen Novellen«, Bern 1969) bringt leider keinen Fortschritt. Auch dieser Doktorand bricht den Dichter in zwei Hälften auseinander. Es gibt den ewigen, realistischen Gotthelf und den zeitgemäßen Epigonen: »Schonungslos deckt eine Untersuchung der sentimentalen Elemente in den historischen Novellen die Grenzen von Gotthelfs Dichtertum auf: Er ist durch die Zeitliteratur [!] gefährdet; sein ästhetisches Urteilsvermögen ist ungenügend, da er die Seichtheit der Pseudoromantik nicht zu entlarven vermag« (S. 189). »Die Frage, ob er die Pseudoromantik im Laufe der Zeit kritischer beurteilt habe, ist... zu verneinen« (ebd.). Auch diese Arbeit verurteilt naiv die *stilgeschichtliche Struktur* Gotthelfs und seiner Zeit. Sogar »Der Druide«, eine Priestererzählung, die zu Gotthelfs Kerndichtungen gehört, findet keine Gnade (S. 74). Schon zwei Jahre vor dieser Dissertation hatte der be-

Auch bei dieser empfindsamen Stilschicht ist festzustellen, daß sie in Gotthelfs bedeutendsten Romanen keineswegs fehlt. Man denke etwa an die rührenden Familienszenen in *Käthi* und, nach der Bekehrung des Gefährdeten, in *Uli der Pächter* oder an Ännelis Tod in *Geld und Geist*. Ich zitiere die letzten Sätze dieses von allen Gotthelfforschern gerühmten Romans: »Da kamen die Gerufenen, weinend, in voller Hast. Anna Mareili erschrak, wollte Platz machen am Bette, es war ihm, als hätten die andern näheres Recht; es ward ihm auf einmal wieder so fremd und leid ums Herz. Aber Änneli hielt seine Hand und sagte leise: ›Üses Ching! Heits lieb! Es ist jetz die neui Muetter. – Zürnet mir nüt, u sinnet albe einist a mi! – U du, bhäb mi lieb!‹ sagte Änneli zu Christen, ›ih will dr o nes Plätzli sueche im Himmel.‹ Dann nahm es seine Hände zusammen, die blaßen Lippen bebten, in eigenem Glanze schlug es seine Augen empor. So betete es leise, leise neigte sein Haupt sich auf die Seite – um eine gute Frau, um eine gute Mutter war die Erde ärmer.« Die rührende Stelle ist eng mit dem epischen Vorgang verbunden, enger als in anderen Fällen. Man muß, um die tröstliche Seite des ernsten Augenblicks zu verstehen, wissen, daß die »neui Muetter«, die Schwiegertochter Ännelis, eben erst das Haus betreten und sich für den Hoferben entschieden hat. Der Dichter »konstruiert«, dramatisiert die Umstände, wie er es gerne tut. Trotzdem ist der empfindsame Ton, der über der Szene liegt, unverkennbar. Er kommt durch Wiederholungen stimmungstragender Worte (lieb, leise, gut), durch die Vergegenwärtigung inniger oder frommer Gesten und vor allem durch den »kurzen Stil«, den betonten Rhythmus der Sätze zustande (vgl. Bd. I, S. 619 ff.). Die Empfindsamkeit ist in manchen Fällen noch reiner und dichter, meistens ist sie wortreicher. Aber man wird vorsichtig sein müssen, ehe man sagt, diese Rhetorik sei unwahr, denn die empfindsame Stilhaltung findet sich fast bei allen Dichtern der Zeit, in bestimmter Dosierung auch bei den bedeutendsten, z. B. Stifter. Sie entspricht einer Ausdrucksform, die noch nicht völlig individualisiert ist*. Dem bewußt erstrebten nai-

---

währte Gotthelfkenner Karl *Fehr* Zweifel an der traditionellen realistischen Gotthelf-Interpretation geäußert (Jeremias Gotthelf, Stuttgart 1967, S. 59). Noch schwerer wiegt, daß Gottfried Keller, dessen stellenweise sehr scharfe Gotthelf-Rezensionen zu den gültigsten Dokumenten der realistischen Kritik am Biedermeier gehören, an Gotthelfs empfindsamer Seite keinen Anstoß nimmt. Er spottet über empfindsame Romane im allgemeinen und seine Zitate beweisen, daß er Gotthelfs schlichte Genrebilder (s. o.) besonders bewundert. Aber er schätzt in seiner ersten Gotthelf-Rezension (Blätter für literarische Unterhaltung 1849, Nr. 302–05) auch die »allegorische Stimmung«, die durch eine Szene seines Vorgängers »weht«, und er zitiert daraus eine lange Stelle, die von den erwähnten Doktoranden bestimmt als pseudoromantische Klangprosa abgekanzelt worden wäre. Ihr Schluß lautet: »Da klang es wirklich durch die Lüfte, leise, wie Geisteswehen; lauter schwebten dann einzelne Glockentöne heran, Geisterstimmen, welche die Kunde brachten, jetzt nahe der selige Kirchmeier seinem Grabe, jetzt werde der müde Leib in die Erde gesenkt, um wieder zur Erde zu werden, aus welcher er genommen worden.« Fragt man, wie Keller dazu kommt, solche altmodischen Stellen wenigstens zu tolerieren, so erkennt man als Grund seinen *Respekt vor dem Dichter*, – obwohl er konservativ war. Wenige Sätze weiter unten lesen wir: »Das Leben auf den alten großen bernischen Bauerngehöften hatte etwas ungemein Ehrwürdiges, und Gotthelf schildert mit schöner Wehmut [!] die alte Art und Weise« (zit. nach Hans *Mayer,* Meisterwerke deutscher Literaturkritik, Berlin 1956, S. 545). Die *historische* Toleranz bewahrte im 19. Jahrhundert selbst schöpferische, d. h. zur Einseitigkeit berechtigte Pioniere des Realismus vor einer respektlosen Behandlung des großen Biedermeiermeisters, während heute junge Fachgermanisten, die nur durch ihre historische Gerechtigkeit etwas nützen könnten, ihn wie einen Sekundaner schulmeistern.

* An den engen Zusammenhang zwischen Individualismus und säkularisiertem Realismus ist auch in diesem Zusammenhang zu erinnern. Anläßlich von Gotthelfs *Sylvesternacht* bestärkte der Theologieprofessor *Hagenbach* den Freund in seinem guten Gewissen bei der Verwendung des sentimentalen Tons, – nicht rhetorisch, sondern religiös argumentierend (an Gotthelf 19. 12. 1842, Briefwechsel Gotthelf/Hagenbach, hg. v. Ferdinand Vetter, Basel 1910, S. 17): »Ich weiß wohl, daß in diesen Phantasie- u[nd] Gemüthsspielen nicht der *Grund* unserer Hoffnung ruht; aber wo der Anker den Grund gefunden, da mag auch wohl das thränende Auge [!] an dem Wellenspiel der auf u[nd] niedertauchenden Bilder sich erfreuen. Die heutige Philosophenwelt der starken Geister lacht

ven Ton widerspricht sie, wie die angeführte Stelle beweist, keineswegs völlig; denn die einfachen Menschen des Volks enthalten sich ja der ganz persönlichen Gefühlssprache und pflegen sich auch in Extremsituationen einer vorgeformten Sprache zu bedienen.

Es wäre eine Aufgabe für sich, das Ineinander der verschiedenen Stilschichten, die hier um der Deutlichkeit willen, allzusehr auseinandergelegt wurden, in seiner ganzen, oft unbewußten Feinheit und Variationsbreite zu untersuchen. Besonders Einzelinterpretationen könnten und sollten den »Übergängen« zwischen den Stillagen und ihrem Zusammenwirken nachgehen. *Die Tatsache der Vielschichtigkeit selbst könnte dadurch nicht widerlegt werden.* Die »Eintönigkeit«, vor der der Dichter in sittlich-religiöser Hinsicht einmal warnt (»Uli«), vermeidet er auch im Bereich des Stiles mit vollem Bewußtsein, und darin gleicht er erneut andern bedeutenden Dichtern der Zeit (vgl. Bd. I, S. 645 f.). Zweifellos widerspricht solche Vieltönigkeit dem Begriff »homerisch«, der seit einer Äußerung Gottfried Kellers immer wieder auf Gotthelf angewandt wird; denn zum homerischen Stil gehört die schon von Wilhelm von Humboldt erkannte, vom *Witiko*-Dichter allzu gewissenhaft praktizierte »Stetigkeit« des Erzählens. *Die stilistische Vielschichtigkeit zerstört die geschlossene Form der Erzählung und öffnet sie den verschiedenen außerliterarischen Zwecken, die der Schweizer im Auge hat.* Ob man aber in dieser rhetorischen Abwandlung des Romans eine Einschränkung von Gotthelfs epischem Rang erblicken darf, ist eine andere Frage. Ich neige zu der entgegengesetzten Auffassung; denn woher sollte in einer so gespannten und zersplitterten Kultur, wie es das Biedermeier war, der einheitliche, »öffentliche«, womöglich monumentale Stil des Epos herkommen? Eine einheitliche Stilisierung bedeutet im 19. Jahrhundert und schon im 18. Jahrhundert (*Messias,* komisches Epos, *Oberon, Hermann und Dorothea*) stets eine *Verengung* der epischen Welt, eine Spezialisierung, sehr im Unterschied zu Sinn und Anspruch wahrhaft epischer Gestaltung. *Indem Gotthelf die verschiedenen Stilhaltungen der Zeit aufnimmt und bis zu einem gewissen Grad integriert, tut er das Mögliche.* Der antiklassizistische Ansatz, der schon in der Wahl der Prosa lag, wurde von Gotthelf *festgehalten,* während ihm Stifter, unter dem Einfluß des seit etwa 1840 sich wieder verstärkenden Klassizismus untreu wurde. Wenn es Gotthelfs erste Leistung war, nicht als Dichter hervorzutreten, so ist es seine letzte, *nicht* homerisch zu erzählen, sondern so vielseitig, wie es in dieser Zeit ein auf Wirkung bedachter Autor mußte. Er bleibt, wie es dem Epiker geziemt, auch darin offen gegenüber der ihn umgebenden dinglichen, seelischen, geistigen und metaphysischen Welt.

---

uns Alle aus, nicht uns allein, sondern die Lucius, die Swedenborge, die Lavater, die Stilling, die Jean Paul, die Jenseitsgläubigen sammt und sonders [!], welchen Schnitts u[nd] welcher Farbe sie seien. Ich kann auch wohl auch lächeln über die *Ein*fälle der guten Leute, aber grimmig lachen möchte ich über die *Aus*fälle der Arroganz, die sich in ihrem Begriffsdespotismus für untrügl[ich] hält; doch laß' ich das Lachen u[nd] möchte lieber bittre Thränen weinen, wenn ich frage, wo es hinaus soll damit?« Man weiß bereits, daß die empfindsame Dichtung das Christentum nicht retten kann, wie dies zu Klopstocks Zeiten die Pastoren noch gehofft hatten (vgl. den ersten Satz des Zitats). Aber der *irrationalistische Zusammenhang zwischen Empfindsamkeit und Jenseitsglauben (Christentum)* ist in dieser Äußerung klar zu erkennen und ein typisches Biedermeier-Phänomen, – wahrscheinlich auch für Gotthelf verbindlich (vgl. die äußerst verschwommene Stellungnahme zu dem zeitgenössischen Zentralproblem »Geist und Buchstabe« der Bibel in dem Brief an Hagenbach vom 16. 7. 1842, also wenig früher). Für den säkularisierten Realismus eines Gottfried Keller ist die Empfindsamkeit kein unentbehrliches Vehikel, weil der jüngere Dichter die von den Theologen übernommene Pflicht zum Glauben nicht mehr anerkennen muß. *Zum Biedermeier gehört die Polemik gegen die »heutige Philosophenwelt« (s. o.), zum Realismus der direkte oder indirekte Anschluß an sie und eine durch den neuen Rationalismus mitgeprägte Dichtersprache.*

Der Sprachstil

Die Vielschichtigkeit von Gotthelfs Romanen gibt auch die Erklärung für ihre eigentümliche und zunächst befremdende *Sprachgestalt,* d. h. für die den späteren realistischen Lösungen (Gottfried Keller) ziemlich deutlich widersprechende *Mischung* von Dialekt und Schriftsprache. In der Schweiz hat man früher manchmal bedauert, daß Gotthelf seine Romane nicht ganz im Berndeutsch geschrieben hat, und noch immer machen schweizerische Gotthelfforscher den Dialekt zu einem Werkkriterium, in dem Sinn, daß sie sagen, *nur im Dialekt bewähre sich Gotthelf als Dichter, im Schriftdeutschen werde er »literarisch«.* Gegen diese Hypothese spricht schon die einfache Tatsache, daß der Dichter so bedeutende Werke wie *Die schwarze Spinne* und *Uli der Pächter* ganz oder doch zu einem überwiegenden Teil in der Hochsprache verfassen konnte. Der Hinweis auf den Wunsch des Verlegers verfängt nicht, da niemand den hohen dichterischen Rang, gerade auch der *Schwarzen Spinne,* leugnen kann. Wenn man die schweizerisch-patriotische durch eine literarische Argumentierung ersetzen darf, so ergibt sich eine andere Lösung des Problems. Der Dialekt eignet sich, nach den Lehren der alten Vorbilder und der Rhetorik, nur für bestimmte Stilschichten*. Sogar das Wiener Volksstück, das durch das Drama des klassizistisch-hochdeutschen Burgtheaters ständig ergänzt wird, kommt ohne das Hochdeutsche nicht aus. (Man denke etwa an Raimund!) Es bewahrt die sprachliche Zweischichtigkeit des barocken Dramas, weil es eben doch nicht *nur* komisch oder volkstümlich sein, sondern den Zugang zu der »höheren«, allgemeingültigen und ernsten Sphäre offenhalten will (Welttheater). Ähnlich ist es bei Gotthelf. Hätte er den Weg Fritz Reuters, d. h. also den der konsequenten Dialektdichtung beschritten, so hätte er das Bestmögliche an epischer Weltgestaltung nicht leisten können. Er wäre ein *humoristischer Spezialist,* vielleicht Artist geworden. Gotthelfs Berliner Verleger bedauert zwar das Schweizerdeutsch wegen der *»unteren* Schichten des deutschen Volkes«. Gleichzeitig stellt er aber – es ist eine sehr wichtige Äußerung – fest, daß der Dialekt den *»höheren* Schichten … als etwas Pikantes sehr zusagt« (Springer an Gotthelf 10. 4. 1849). Das ist schon die Geschmackssituation, aus welcher der Siegeszug von Reuters Werken, der das gesamte deutsche Sprachgebiet erreichte, zu verstehen ist. Auch Gotthelf wäre als reiner Dialektdichter und Humorist vielleicht ein Ereignis in der literarischen Welt geworden, und zwar nicht nur in seinem Vaterland; denn gerade das Alemannische liebte man – wegen seiner »Naivität« und altdeutschen Färbung – im damaligen germanistisch geprägten Deutschland innig. Der Erfolg von Hebels *Alemannischen Gedichten* gibt eine Vorstellung davon (vgl. Bd. I, S. 391 f.). Doch auch in diesem Punkt steht Gotthelfs Werk auf tieferen Fundamenten. Er hat keinen Zweifel darüber gelassen, daß er sich um das Schriftdeutsche bemühen muß und will. Mit dem Gedanken einer reinen Dialektdichtung liebäugelt er, soviel ich sehe, in keinem Augenblick. *Er konnte es nicht, denn, was er zu sagen hatte, war nur zum Teil im Dialekt auszudrücken. Unentbehrlich war vor allem die Bibelsprache,* welche die lehrhaften Partien seines Werkes, und nicht nur diese, durchdringt[82]. Es hätte der gesamten kirchlichen Tradition des Schweizer Protestantismus widersprochen, wenn er sie in Dialekt hätte umsetzen wollen, ja, es wäre rein unmöglich gewesen, denn es hätten einfach viele Worte gefehlt. Dasselbe gilt aber auch für die historischen Epochen des Barock, der Aufklärung, der Empfindsamkeit und der Goethezeit, die Gotthelf in seiner epischen Welt integriert. Das geistige Schicksal der deutschen Schweiz ist, auch wenn sie es nicht will, so eng mit der deutschen Bildung verbunden, daß sich ein Schweizer Dichter unmöglich ganz vom deutschen Sprachraum ausschließen kann, ohne zu einer Spezialität herabzusinken. Gotthelf war – trotz aller Einschränkung – welthaft genug, um die mit der deutschen Hochsprache gegebenen universaleren Möglichkeiten entschlossen fest-

---

* Dieser Satz dürfte für alle Zeiten gelten, während die Dialektdichtung wohl nicht nur in räumlicher, sondern auch in zeitlicher Hinsicht eine Spezialität ist. Der moderne Stilexperimentator Andreas *Okopenko* (Österreicher russischer Herkunft) stellt einen Grundsatz für seinen Stil auf, der an Gotthelfs sicher überwiegend unbewußtes Verfahren erinnert: »Nur wo durch Übertragung in Hoch- oder Umgangssprache die Rede atmosphärisch oder akustisch verzerrt würde, deute ich Mundart an.« (Artikel Mundart in: A. *Okopenko,* Lexikon einer sentimentalen Reise zum Exporteurtreffen in Druden, Roman, Salzburg 1970, S. 179.)

zuhalten, und nicht zuletzt deshalb beginnt er heute allmählich ein internationaler Besitz zu werden*.

Mit dieser Betonung der Schriftsprache im Werk des Schweizers soll nicht behauptet werden, daß der Dialekt für Gotthelf entbehrlich war. Nicht nur nationale, auch stilistische Gründe bedingten seine Verwendung. Daß die stilistischen Gründe ausschlaggebend waren, macht die damals in *allen* deutschen Stämmen auftretende »Dialektfärbung« wahrscheinlich (vgl. Bd. I, S. 394 ff.). Der bäuerliche Gegenstand, die Neigung zu Genrebild und Humor, die sorgfältigen Abstufungen der Satire, die Liebe zum Alltäglichen, der Sinn für das »Kleine«, das bewußte Streben nach Naivität, Anschaulichkeit, Volkstümlichkeit, die Abneigung gegen idealistische Verblasenheit, Erhabenheit und Hochmütigkeit – alles das ließ den Dialekt *in wechselnder Dosierung* als ein wünschenswertes, ja sogar als ein konstituierendes Darstellungsmittel erscheinen. Gotthelf konnte gerade in der breiten und tiefen Welt seiner Romane den Dialekt nicht aufgeben, eher in den Erzählungen, die von vornherein in einen schmaleren und flacheren Rahmen hineingebaut sind. Ein Gotthelf ohne Dialekt wäre ärmer in seiner *epischen* Welt. Auch das kann ein Blick auf Gottfried Keller lehren. Aber an den meisten Stellen, da der Dichter ernst, tief, »groß«, und allgemeingültig wird, stellt sich die Hochsprache mit innerer Notwendigkeit ein. Das gilt nicht nur für die direkt didaktischen Partien, sondern überhaupt für die Stellen, in denen sich Gotthelfs Ton *hebt*, sei es nun, daß er die tieferen Schichten des Gemüts entbindet oder daß er mit dem letzten Ernst, der ihm an gewissen Kernstellen eigen ist, von einem Unglück, einem Gericht Gottes, einer Bekehrung oder einem heiligen Glück berichtet. Ein Beispiel: »Oft stand Sophie still das Feld ab, drückte die Hand auf die Brust, die auf einmal so enge ward, zog den Atem mühsam hinauf, wehrte den hervorquellenden Tränen, dem andringenden Schluchzen, und in der Gedanken wirbelndem Gewirre stand groß und schwarz: also damals dachte er nicht an dich, sondern an eine andere. Wer es weiß, was es ist, wenn man sieht, daß der letzte Blick eines Sterbenden einen sucht, der letzte Händedruck einem wird, das letzte Wort einem giltet, der letzte Gedanken einen mitnimmt in die andere Welt hinüber, und wie dem Geliebtesten das Letzte giltet, der letzte Gedanke es hinübernimmt, ja, wie die Sage sagt, der scheidenden Seele das Recht gibt, dem abwesenden Geliebten den letzten Gruß selbst zu bringen und das Zeugnis, daß sie ihn im Tode nicht vergessen, der mag Sophiens Weh ermessen, als es vernahm, wo Rudis Gedanken weilten, als er an des Grabes Pforten sich wähnte« (*Anne Bäbi Jowäger*, 2. Teil, 21. Kap.). Derartige Stellen kehren im rhythmischen Wechsel der Stilschichten immer wieder. Sie lassen sich trotz der *Dialektspuren* nur in der Hochsprache denken. Sowohl die Wortwahl wie die Syntax liegt außerhalb der Möglichkeiten, die der Dialekt bietet. Man mag vom realistischen oder modernen Gesichtspunkt aus die rhetorische amplificatio und den »ciceronianischen« Spannungsbogen des letzten Satzes beanstanden, aber man wird damit einem Erzähler, der immer auch Prediger ist, unmöglich gerecht**.

---

* Gotthelf hätte, trotz seiner ganz andern Behandlung des Dialektproblems, seinem weniger bodengebundenen jüngeren Rivalen Keller gewiß zustimmen können, wenn dieser erklärt: »Man schreibt in seinem Lande und aus demselben heraus; aber wenn etwas dran sein soll, so muß es immer auch noch für andere Leute geschrieben sein« (Gottfried Keller an J. V. Widmann 25. 8. 1886).
** Obwohl Alfred *Reber* (Stil und Bedeutung des Gesprächs im Werke Jeremias Gotthelfs, Berlin 1967) schon im Vorwort recht munter gegen nichtschweizerische Germanisten (Martini, Seidler, Sengle) polemisiert, sei ausdrücklich auf diese kluge Dissertation hingewiesen. Sie ist nicht, wie der Titel erwarten läßt, für die Erzählstruktur, aber *für die Sprache Gotthelfs sehr ergiebig*. Beobachtungen und Gedanken vor allem wohl Günthers, aber auch Kohlschmidts, Muschgs, ja sogar nichtschweizerischer Germanisten, werden zu einem Bild von Gotthelfs Stil zusammengefügt, das stilgeschichtlich ergänzt und modifiziert werden muß, aber eine gute Diskussionsgrundlage für weitere Forschungen bildet. Zu wenig beachtet wird von Reber, wie mir scheint, die sprachliche Auswirkung von Gotthelfs publizistischer Leidenschaft. Liest man Werner Jukers ganz auf die überpersönlichen Vorgänge gerichtete Biographie »Gotthelf in seiner Zeit« – HKA Erg. Bd. 18, Zürich 1977, S. 135–228: *leider nicht separat erschienen –*, so findet man ein ähnliches *Vergnügen an hyperbolischen Formulierungen* wie bei den jungen Heineforschern. Was die Großväter, zur Schonung ihres

Die Erzählungen

Gotthelf hat nicht nur eine lange Reihe von Romanen, sondern auch viele Erzählungen geschrieben. Ihr Umfang reicht von der knappen Kalendergeschichte bis zu romanähnlichen Gebilden (z. B. *Dursli* und *Kurt von Koppigen*). Manche von ihnen sind so wertvoll, daß die deutsche Literaturgeschichte, trotz ihres Reichtums an guten Novellen, gut daran tun wird, auch diesen Erzählschatz stärker zu beachten und zu sichern. Sozialgeschichtlich gesehen ergab sich in den Erzählungen ein gewisses Abrücken von der Bauernepik, selbst da, wo Großbauern im Mittelpunkt der Erzählung stehen; denn die Almanache, die Gotthelfs Geschichten anforderten und sich oft um sie rissen, hatten ein bürgerliches und adeliges Lesepublikum, das den didaktischen Eifer des Landpfarrers nicht im gleichen Maße herausforderte wie die ihm nah verbundene ländliche Bevölkerung. Die Spannungen zwischen dem Volksschriftsteller und dem bürgerlichen Erfolgsschriftsteller, die wir in der Kalendergeschichte beobachteten und die sich auch in den von der Unterschicht handelnden Romanen bemerkbar machen, sind hier kaum zu finden. Wenn auch in Wirklichkeit diese sog. Volksromane wohl mehr von Volkserziehern aller Gattungen als vom Volke selbst gelesen wurden – exakte Untersuchungen fehlen noch –, so hat der Dichter doch wahrscheinlich nie aufgehört, Romane für das Volk zu schreiben und sich in der Hoffnung zu wiegen, sein »Uli«, sein »Jakob« oder seine »Käthi« werde zum mindesten über die bücherverteilenden Volksschriftenvereine und die Leihbibliotheken die Bauernknechte, die Handwerksgesellen, die Dorfarmen tatsächlich erreichen und beeinflussen. *Ohne diesen pastoralen Traum läßt sich die eifernde Didaktik in diesen Romanen Gotthelfs kaum verstehen.* Die verhältnismäßig ruhige Lehrhaftigkeit in *Anne*

Helden, schamhaft verhüllten, das wird jetzt mit Vorliebe zitiert. Es ist nicht schlimm gemeint. Man bringt nur ungenierter den historischen Abstand vom Vormärz zum Ausdruck, hat auch seinen Spaß an der Formulierung als solcher, weil man nicht mehr weiß, wieviel radikale Formulierungen bewirken können. Zu einem englischen Woyzeck, den man durch Wahnsinnigerklärung entlastet hat, meint Gotthelf schlicht: »Sauberer Wahnsinn das! Kopf ab! Das heilt diesen Wahnsinn gründlich und hemmt ebenso gründlich die Ansteckung« (zitiert HKA, Erg. Bd. 18, S. 220). Der Hintergrund solcher Formulierungen ist nicht der Salonwitz wie bei Heine, sondern die Volkssprache. Der Publizist Gotthelf schaut dem Volk nicht nur aufs Maul, sondern es ist auch seine Instanz innerhalb der Gesellschaft, weil der einfache Mann das Christentum und seine Diener noch immer anerkennt: »Es ist ein schön Ding mit der Freiheit von allen Sorten, mit der Gewerbsfreiheit, der Glaubensfreiheit, der persönlichen Freiheit, den freien Wissenschaften und wie die Freiheiten alle heissen mögen; aber an all diesen *Wissenschaften* geht das Volk zu Schanden« (ebd. S. 219). Das Ziel solcher Publizistik ist, wie bei Heine, nicht der oder jener Mißstand, der sich reformieren ließe, sondern das feindliche System: *Alle* Freiheiten taugen nichts ohne das christliche Fundament. *Aus der Systematik des Ziels vor allem ergiebt sich die Radikalität der Formulierung.* Umständliche Begründung hört das Volk nicht gern, um so lieber Schimpfnamen für die Herrenleut': »In Spanien dankte Christina ab, die dort Königin war und ein Luder dazu; was aus ihr werden soll, ist Gott bekannt, wahrscheinlich wird sie das letztere bleiben« (ebd. S. 212). Sogar die hohen Herrschaften Englands, das sich als Schutzmacht der Schweiz gegen Metternichs Interventionen bewährte, bekommen ihren Teil: Minister Palmerston ist »ein halber Böff und ein halber Jude… eine Sorte von einem Geschöpf, die in der Naturgeschichte ihren Platz noch nicht gefunden« (ebd. S. 211), und die beliebte Queen Victoria ist das »Schatzeli von England« (ebd.). Das Stichwort Homer verhinderte wohl gründliche literarische Untersuchungen von Gotthelfs Publizistik (s. u.).

Bäbi Jowäger, Geld und Geist, Käserei in der Vehfreude könnte ein Hinweis darauf sein, daß der Dichter im besitzenden Bauerntum eine sichere Stütze der Kirche und damit der alten Ordnung erblickte, einen Mittelstand, den man humoristisch und sogar ein wenig empfindsam ansprechen darf. Diese schöne Biedermeierillusion zerrann 1848, weshalb nun auch den Großbauern gepredigt werden mußte *(Zeitgeist und Bernergeist)*. In den Almanacherzählungen gab es solche Überlegungen des Volksschriftstellers kaum. Hier wandte er sich an ein bürgerliches Publikum. Das bedeutet gewiß nicht, daß er seine Vorliebe fürs Land aufgab und schließlich womöglich in den »bürgerlichen Realismus« einmündete. Dieser ist nämlich gleichbedeutend mit einem mehr oder weniger freigeistig gesinnten liberalen Bürgertum und daher der Hauptfeind des Erzählers. Der einzige Roman, den der Dichter, von seinem kultivierten Vetter Carl Bitzius beraten, *nicht* herauszugeben wagte, ist eine Abrechnung mit dem Geist der Stadt *(Der Herr Esau,* hg. 1922)*. Die Bürger, besonders die liberalen Intellektuellen, verfolgt Gotthelf auch in den Erzählungen mit den schärfsten Waffen der Satire und des Hohnes *(Doktor Dorbach der Wühler und die Bürglenherren, Ein deutscher Flüchtling)*. Interesse hat er dagegen für die Unterschicht in ihren verschiedensten Gestalten und für den Landadel, der den Bauern nahegeblieben, der, wie der Bauer, für die Dorfarmen verantwortlich ist. Das Publikum, das er in den Almanachen erreicht, ist die *konservative* Mittel- und Oberschicht, der Mann,

---

* Rudolf Hunziker, der Herausgeber des Romans in der HKA, macht in seinem Nachwort (Erg. Bd. 2, 1922, S. 291) Gotthelfs Berater Carl Bitzius Vorwürfe, die ich in keiner Weise bestätigen kann. Bitzius findet, daß Gotthelf die Stadt nicht kennt und daß seine Karikaturen der Städter Unbehagen erzeugen, daß seine beißende Satire schwersten Anstoß erregen müßte, daß Gotthelf also lieber von einer Veröffentlichung absehen soll. Er ermahnt ihn auch, seiner *unparteiischen* Verantwortung als Volksschriftsteller und Pfarrer treu zu bleiben und gegen die herrschende Regierung aus der radikalen Partei nicht so rigoros vorzugehen. Es sind *die* Grundsätze, die der programmatische und bürgerliche Realismus wenige Jahre später zur Herrschaft gebracht hat und die auch Gottfried Keller in seiner Gotthelfkritik vertritt. Hunziker behauptet, durch diesen falschen Rat sei die Vollendung von einem der bedeutendsten Werke Gotthelfs verhindert worden, mit dem »Epiker«, mit dem »Genie« Gotthelf hätte der Pfarrer Gotthelf »im letzten Grunde nichts zu schaffen« (S. 292). Um dies zu beweisen, muß Hunziker das Politische und Religiöse herunter – und das »Allgemeinmenschliche« hinaufspielen. Gegenüber dem politisch-satirischen Roman *Herr Esau* wird nicht nur der in ihn eingefügte Besserungsroman von Esaus Sohn Jakob und seiner ländlichen Braut – pfarrherrliches Wunschbild einer jüngeren besseren Generation – überbetont, sondern es wird noch aus dem Besserungsroman ein humoristischer Entwicklungsroman gemacht, in dem »der Olympier« sich spiegelt, »der den fürstlichen Gestus seiner reichen Spenden und den Grimm über die Torheiten der Welt mit befreiendem Lachen zu begleiten versteht« (S. 294). Nun ist das Bild des Dichterfürsten und des schweizerischen Goethe vollendet. Schade nur, daß der dichtende Pfarrherr aus dem Kanton Bern, wie sein kräftigster publizistischer Protektor, Wolfgang Menzel in Stuttgart, zu den zahlreichen Vormärzkritikern des »egoistischen« und »unchristlichen« Goethe gehört und *mit vollem Bewußtsein in die ältere Bahn des christlich-didaktischen Romans tritt.* Hunziker scheint mir auch die ungeheure Erregung der vierziger Jahre, die in der Schweiz zum Sonderbundskrieg und zur neuen Verfassung, in Deutschland zur Revolution führte, nicht genügend zu beachten. Gotthelf wollte jetzt und hier wirken, keine unsterblichen Werke als »Olympier« schreiben, und wenn ihm ein so weltkundiger Berater wie Carl Bitzius riet, den um ihn entstandenen religiösen und politischen Tumult *nicht noch zu vermehren,* so zeigt die Annahme dieses guten Rates, daß der Ungeduldige sich letzten Endes doch zum alten humanistischen *und schweizerischen* Ideal des Maßhaltens bekannte. Im übrigen empfinden wir auch heute bei der Lektüre des *Herrn Esau,* trotz meisterhafter Stellen, ein merkwürdiges Unbehagen. Es ist nur überaus schwer, zu sagen, woran dies liegt.

vom Landjunker bis zum Handwerker, der nur an Weihnachten ein Buch kauft für Frau oder Töchter. Die Bücher waren noch immer sehr teuer, weshalb sich auch die Oberschicht normalerweise der Leihbibliotheken bediente[83]. Möglicherweise gewinnt am Ende tatsächlich sogar Kellers »nordische Teetasse« Einfluß auf den Schweizer. Es fällt nämlich auf, daß der Erzähler, der in der *Schwarzen Spinne* den Teufel gemeinsam mit dem Adel sein Werk betreiben läßt, nicht nur im *Schuldenbauer* eine gewisse Neigung zum Aristokratischen verrät. Eine Veredelungstendenz zeigt auch das gesteigerte Interesse für den Pfarrerstand *(Segen und Unsegen, Die Frau Pfarrerin)* und für die adelige Innerlichkeit der Frauen und der Alten im Großbauerntum *(Der Besuch, Der Sonntag des Großvaters)*. Soviel nur zur Andeutung der Fragen, die sich erheben, wenn man den Schweizer endlich als Gesellschaftsdichter, als deutschsprachigen Dickens und nicht nur als Homer der Berner Bauern interpretiert*. Im Rahmen meines Buches müssen im übrigen wenige spezielle Hinweise auf Gotthelfs Erzählungen genügen.

Dieser Verzicht ist insofern berechtigt, als Gotthelfs wesentliche Bedeutung eben doch wohl auf der mächtigen und nie abreißenden Kette seiner großen Romane beruht. Die rein artistische Betrachtung hat gelegentlich schon zu einer Betonung der Erzählungen geführt; denn sie haben weniger didaktisches Beiwerk und sind manchmal auch im Kern weniger didaktisch. Oft sind sie mit leichter Hand, ja gelegentlich mit einer Virtuosität geschrieben, die das Wort von Gotthelfs »unliterarischer« Art in den Bereich der Legende verweist. So ist z.B. *Das Erdbeeri Mareili* (1850), das als Reclambändchen zu haben ist und sogar im fremdsprachigen Ausland eine gewisse Berühmtheit erlangt hat, eine vollkommen abgerundete und überhaupt famos gemachte Rahmenerzählung, die fast mit jeder »Kunstnovelle« Riehls oder Heyses wetteifern kann.

---

* Der Vergleich mit Dickens taucht frühzeitig auf: »Du bist unser Boz« (von Eduard Fueter 16. 11. 1842). Am bekanntesten ist Kellers Vergleich mit Dickens in der Schuldenbauer-Rezension (1855). Das Lob ist allerdings unter dem unmittelbaren Eindruck von Gotthelfs Tod entstanden, als eine Art Wiedergutmachung für manche herbe Kritik und entsprechend zu modifizieren: »Man nennt ihn bald einen derben niederländischen Maler, bald einen Dorfgeschichtenschreiber, bald einen ausführlichen guten Kopisten der Natur, bald dies, bald das, immer in einem günstigen beschränkten Sinne; aber die Wahrheit ist, daß er ein großes episches Genie ist. Wohl mögen Dickens und andere glänzender an Formbegabung, schlagender, gewandter im Schreiben, bewußter und zweckmäßiger im ganzen Tun sein: die tiefe und großartige Einfachheit Gotthelfs ... erreicht keiner« (zit. nach: Hans Mayer, Meisterwerke deutscher Literaturkritik, Bd. 2, Berlin 1956, S. 571). Keller erinnert an das klassische Altertum und im nächsten Satz an »Hermann und Dorothea«. Das ist Übermalung im Stile des (vom programmatischen Realismus integrierten) Neoklassizismus, dem Gotthelf nie verfiel. Daß Gotthelf *einfacher* als Dickens ist, mag im Hinblick auf die Dorfgeschichten richtig sein; aber schon in diesen besteht ein beträchtlicher Unterschied zum idyllischen Epos, besonders in stilistischer Hinsicht (Mehrschichtigkeit s. o.). Vor allem jedoch läßt sich Gotthelf, wie Keller selbst bemerkt, auf die Dorfgeschichte nicht festlegen. »Formbegabung«: Keller hat wohl recht, wenn er sie bei Dickens »glänzender« findet. Gemeinsam ist dem großen Engländer und dem großen Schweizer freilich die prinzipielle Sorglosigkeit hinsichtlich der literarischen Form und *der Anspruch, das Leben selbst abzubilden* (John *Romano,* Dickens and Reality, 1977). Der Vergleich zwischen dem »early Victorian«- und dem Biedermeiererzähler könnte an die ältere Biedermeierforschung anknüpfen und diese in stilgeschichtlicher Hinsicht ergänzen. Die Gemeinsamkeit beruht auf der bis 1848 ungebrochenen europäischen Satire- und Rhetoriktradition (vgl. Bd. II, S. 820 ff.).

Es handelt sich um eine der vielen Biedermeiergeschichten, die von Fouqués *Undine,* Goethes *Neuer Melusine,* Tiecks *Elfen* usw. abstammen, die also den Traum von der naiven Urkraft, die im Weibe, absonderlich im jungen Mädchen steckt, in einer mehr oder weniger märchenhaften Erzählung ausgestalten. Bis in die Spätzeit Stifters läßt sich diese Traditionslinie erkennen (*Der Waldbrunnen,* s. u. S. 1018 f.). Im Falle Gotthelfs haben wir ein »Erdbeerihexli«, eine »Erdbeerikönigin«, die im innigsten Kontakt mit den Geheimnissen des Waldes steht, überall die schönsten Erdbeeren' zu finden weiß und sie so liebevoll wie lebendige Wesen behandelt. Dies Hexli hat vielleicht durch das Erdbeermädchen in Stifters beliebtem »Waldsteig« seine besondere Gestalt erhalten, vielleicht auch nicht; denn die bescheidene, versteckte, aber süße Beere war überall ein beliebtes Biedermeier-Symbol und hatte wohl auch, wie diese Geschichte veranschaulicht, eine gewisse wirtschaftliche Bedeutung für die Dorfarmen. Sie ermöglichte eine »anmutige« Form der noch überall üblichen Kinderarbeit und gab den Wohlhabenden einen »organischen« (nicht allzu selbstlosen) Anlaß zum Wohltun. Auf diese Weise findet Anne Mareili den »Engel«, der ihr zunächst im Walde erscheint, als vornehmes Fräulein im Schlosse wieder. Der Engelsglaube des Mädchens wird auf Kosten der Gelehrten ausdrücklich gerechtfertigt, als Blick in die »unsichtbare Welt«. Aber die Mythologie ist, wie man sieht, wieder rational gelenkt, als symbolisches und pädagogisches Mittel: »Jetzt war es glücklich, seinen Engel auf Erden zu haben in Menschengestalt.« Auf Grund der Liebesenttäuschungen des Fräuleins wird aus dem Wohltätigkeitsverhältnis eine persönliche Freundschaft. Die Ehe zwischen Arm und Reich, die sonst im Biedermeier das Ideal der christlichen Gesellschaft verkörpert, wird hier durch einen frommen Bund zwischen dem armen Mädchen und dem Schloßfräulein ersetzt. Beide streben nun danach, immer mehr Engel zu sein, sie werden etwas wie protestantische Nonnen, allerdings, gut schweizerisch, ohne das Gelübde der Armut; denn zur Wohltätigkeit muß man wohlhabend sein. Erdbeeri Mareili wird nach dem Tod des Fräuleins Besitzerin eines kleinen Hauses und eine Art Pfarrhelferin, wovon in der historischen Wirklichkeit freilich das »Kirchenkonzilium« noch nichts wissen will. Die übliche biedermeierliche Sozialutopie erscheint hier in einer sehr vergeistigten und vergeistlichten Form. Dazu dient letzten Endes die Mythologie. Aus dem Hexli, das, weil es arm war, den Engel im Schloß an Heiligkeit stets übertraf, wird am Ende ein Engel der Armen.

Es ist zu verstehen, daß Fröhlich, der Herausgeber der *Alpenrosen,* von der rührenden und zugleich gepflegten Erzählung sehr angetan war. Aber Gotthelf sagt so ziemlich die Wahrheit, wenn er ihm antwortet: »Sie [die Erzählung] ist ganz unbedeutend, die besten Teile konnten wegen zu kleinem Rahmen nicht ausgeführt werden« (an Abraham Emanuel Fröhlich 3. 9. 1850). In einem anderen Briefe des gleichen Jahres (1850) verallgemeinert der Dichter den hier ausgesprochenen Gedanken: »Solche kleinen Sachen brauchen am meisten Zeit und Anstrengung, und am Ende ist es doch nichts« (an Burkhalter 3. 10. 1850). Diese kurzen Bemerkungen haben, wie mir scheint, erhebliches Gewicht: *Gotthelf bedarf eines großen Formats, um seine epische Welt zu entfalten,* während ihn die »kleinen Sachen« auf den Weg einer speziellen Kunstfertigkeit oder einer anderen Substanzverdünnung, z. B. in die Nähe des herzigen »Almanach-Biedermeiers« führen können.

Indes gibt es auch Erzählarten, denen eine gewisse Leichtigkeit angemessen ist. Unter diesem Gesichtspunkt gewinnen Gotthelfs zahlreiche heitere Erzählungen eine besondere Bedeutung. Muschg spricht von »lustigen Geschichten« [84], man könnte auch, wie so oft im Biedermeier (vgl. Bd. II, S. 929 f.) von *Lustspielgeschichten* sprechen. Dies trifft insofern ihr Wesen, als sie meistens mehr komisch oder drastisch als humoristisch (im Sinne der Realisten) sind. Die Figurenzeichnung ist kräftig, der plot dicht, der Ton ein wenig ausgelassen, schwankhaft, und auch der Schluß pflegt verhältnismäßig dick aufzutragen. Oft geht es wie im Lustspiel um die Heirat, was aber nicht zu bedeuten braucht, daß eine individuelle Liebe im Spiele ist. Die merkwürdigen Umstände der Werbung, Vermummungen oder groteske Charakterzüge sind wichtiger als die innere Entscheidung für eine Braut. Auch die finanziellen Verhältnisse werden meist gegenwärtig gehalten. Gotthelf hat drei Werbungsgeschichten dieses Typus geschrieben *(Wie Joggeli eine Frau sucht, Wie Christen eine Frau gewinnt, Michels Brautschau).* Hier handelt es sich nicht so sehr um die Lehre als um die Belustigung. In den Erzählungen kann das amoralische Verhalten des Dichters soweit gehen, daß höchst bedenkliche Vorgänge mit ungetrübter Heiterkeit dargestellt werden. So ist z. B. *Der Notar in der Falle,* moralisch und juristisch gesehen, die Geschichte eines weiblichen Heiratsschwindels. Ein vor Verliebheit sterbenskrank gewordenes Mädchen aus der Kleinstadt läßt den Mann, den sie liebt, nämlich den Notar, kommen und diktiert in der Verlegenheit ein Testament, in dem von den schönsten (nicht vorhandenen) Vermögenswerten die Rede ist. Dies Testament verwandelt den Notar, der, nach Gotthelfs Wertordnung, schon als juristisch denkender Städter windig ist, in einen feurigen Bräutigam, der aber immer versichert, daß er auf das Geld nicht den geringsten Wert legt. Nach der Hochzeit sieht er die Bescherung und spricht zum Erstaunen der unschuldigen Braut von sofortiger Scheidung. Aber die Tante überzeugt ihn davon, daß er auf diesem Wege seine Karriere zerstören würde. Er sitzt endgültig in der Falle. Mit der gleichen Groteskkomik wird in zwei Erzählungen *(Der Besuch auf dem Lande, Der Ball)* trefflich erzählt, wie ein Städter vergeblich um eine reiche Bauerntochter wirbt. Der Dichter verwertet hier Episoden des bereits erwähnten, nicht veröffentlichten Städterromans *(Der Herr Esau).* Der Erzähler hat den Roman auch sonst ausgeschlachtet, wieder ein Hinweis darauf, daß bei ihm die »wuchernde« epische Substanz das eigentlich Wichtige ist, nicht das ausgefeilte Meisterwerk.

Es gibt Lustspielgeschichten, die kein so klares Ziel wie die Heirat haben, sondern dem Genrebild nahestehen, das sich gemächlicher entfaltet und in der Biedermeierzeit als eigene Gattung anzusprechen ist (vgl. Bd. II, S. 794 ff.). Manuel weiß dies noch, und so rechnet er z. B. die humoristische Erzählung *Der Oberamtmann und der Amtsrichter* zu den »politischen Genrebildern« [85]. Da dies Prosastück erneut ein Beispiel für die Überschreitung der bäuerlichen Welt durch Gotthelf ist und von Karl Fehr schon gebührend wegen seiner erzählkünstlerischen Abrundung hervorgehoben worden ist, betrachten wir es ein wenig genauer. Der Oberamtmann gehört dem Adel an, der Amtsrichter dem Großbauerntum. Das bedeutet z. B., daß der Oberamtmann Rehe schießen darf, der Amtsrichter nicht. »Der Berner hat einen Zug zur Landwirtschaft«, er ist auch Soldat, aber kein Kaufmann, behauptet der Erzähler in seiner Bürgerfeindschaft. So hat der Oberamtmann einen Bruder in fremden Diensten, den Oberst. Er ist mit seiner Frau, der feinen Oberstin und mit seinem Sohn, dem genialen Leutnant, zu Besuch auf dem Schloß. Diese fremde Offiziersfamilie gibt Anlaß zu allerlei Spaß. So wird der geniale Leutnant vom Jagdaufseher dem Oberamtmann vorgeführt, weil er kein Jagdpatent besitzt, was der Oberamtmann gutheißt, die vornehme Mutter des Leutnants dagegen empörend findet. Es ist zunächst fast eine Salonerzählung mit einer Einladung beim reichen Amtsrichter mit gutem Essen und schönen Töchtern. Das wird anders, als die Leute des Amtsrichters direkt vor dem Schlosse jagen, die Geister sich erhitzen – trotz der überlegenen Frau, die es auch im Schlosse gibt, der Oberamtmännin. Als der Amtsrichter gar noch ein Reh, das seine Äcker schädigt, zur Strecke bringt und der Oberamtmann die Verhaftung des Amtsrichters betreibt, erscheint ein großer Zusammenstoß unvermeidlich; aber man trifft sich bei einem Ratsherrn in Bern, der als »Spitze« des Lustspiels fungiert und bei Speise und Wein die Ordnung in der ländlichen Honoratiorenwelt wiederherstellt. »Politisch« ist das Genrebild nur deshalb, weil mit der Offiziersfamilie, sehr vorsichtig angedeutet, ein Stück Preußen in die Schweiz hineinragt und weil in dem kecken Auftrumpfen des Großbauern gegen den Junker das Schweizer Recht, die Schweizer Demokratie im allerschönsten Lichte erscheint. Abgesehen davon ist es vor allem eine humoristische Erzählung im Geiste des heraufkommenden konzilianten Realismus Th. Fontanes. Nur gelegentlich noch, in der Karikatur des Leutnants und seiner Mutter, blitzt die Schärfe des Gesellschaftskritikers. Die Lustigkeit, das ergötzliche Erzählen harmloser Konflikte überwiegt in mehr Geschichten, als man dem gewichtigen Romandichter zunächst zutrauen möchte.

Manche Erzählungen erlangen höhere Heiterkeit und tiefere menschliche Bedeutung. An diesem Punkte nähert sich Gotthelf am ehesten den *Seldwyler Geschichten* Gottfried Kellers. Hier wären etwa *Hans Joggeli der Erbvetter* und *Barthli der Korber* zu nennen. Über beide Erzählungen könnte man Nestroys Wort schreiben: »Sie gehen aufs Geld, es sind Menschen« *(Einen Jux will er sich machen).* Der närrische Tanz um Geld und Gut, ein Zentralthema Gotthelfs, wird komisch dargestellt. Es gelangt jedoch in die rechten Hände, sei es nun wie im ersten Fall, durch die überlegene Regie des Besitzers oder, wie im zweiten Fall, durch den Tod eines Geizkragens. Der Glaube an eine höhere Ordnung und Harmonie ist auch in den Erzählungen fühlbar. Eben deshalb bevorzugt Gotthelf *heitere* Geschichten. Aber die Sphäre des epischen und ästhetischen Spiels bleibt verhältnismäßig autonom und in sich geschlossen. Hier könnte man mit Stifters späten Novellen vergleichen, während die Romane der beiden Erzähler unvergleichlich sind.

Elsi die seltsame Magd ist besonders durch Gottfried Kellers Lob bekannt geworden; aber als tragische Novelle bildet sie im Werk des christlichen Biedermeierdichters einen Sonderfall. Die vorbildlichen Christen, die im Kampf gegen die schwarze Spinne ihr Leben opfern, lassen sich mit dem auf dem Schlachtfeld sterbenden Liebespaar nicht vergleichen; denn sie fallen aus Liebe zu ihren Nächsten, in der Abwehr des Teufels. Auch Dr. Rudis humaner Opfergang im ärztlichen Dienst hat mit dem romantischen Liebestod, der in Gotthelfs Erzählung einen Nachhall findet, nichts zu tun. Zu beachten ist, daß nicht das Liebespaar wie in Kellers Liebestod-Novelle, sondern Elsi allein die Titelfigur ist. Sie ist eines der »studierten«, nach der ländlichen Wirklichkeit gearbeiteten großen Charakterbilder des Erzählers. Die herbe, aristokratische, aber verarmte Bauerntochter, leistungsstark, zur Führung geboren, ist eine Gestalt nach dem Herzen des Dichters, aber er überschreitet doch wohl die christliche Novelle, um Elsis Schicksal aus ihrem Charakter zu begründen. Mühsam ist der Satz: »Indessen wachte über dem armen Kinde eine höhere Hand und ließ aus dessen Stolze [!] eine Kraft emporwachsen, welche demselben zu einem höheren Entschlusse half; denn so tut es Gott oft, eben aus dem Kerne, den die Menschen verworfen, läßt er emporwachsen die edelste Frucht.« Solche Dialektik widersprach jedenfalls dem überkommenen christlichen Tugendsystem, in dem die superbia, wie auch bei Gotthelf selbst so oft, als schwere Sünde galt. Demut ist bei dem Pfarrerdichter sonst die stark betonte Norm [86]. Zu beachten ist auch die patriotische, wiederum an die Romantik (Zacharias Werner, *Das Kreuz an der Ostsee*) erinnernde Überhöhung des Liebestodes, die nach dem rhetorischen Gesetz zu einem pathetischen Ausgang der Novelle führt. Der tragische Untergang des stolzen Mädchens wird dadurch in seiner individuellen Bedeutung abgeschwächt, daß ihn der Erzähler in die geschichtliche Welt der napoleonischen Kriege hineinstellt und so in einen Teil des Schweizer Kollektivschicksals verwandelt. Nur die politisch-militärische Rahmung macht für Gotthelf wohl den Liebestod des Paares möglich. Die Verwandtschaft mit *Romeo und Julia auf dem Dorfe* sollte man nur mit Vorsicht erwähnen; denn diesen Stoff (wilde Ehe, Selbstmord) hätte der Geistliche gewiß als *abschreckendes* Exempel behandelt. Kellers Novelle ist eine Art nachmärzlicher (realistischer) Kontrafaktur zu Gotthelfs Erzählung.

Die *historischen Erzählungen* Gotthelfs erfreuen sich keines guten Rufes in der Gotthelfforschung, weil sie verraten, daß dieser Erzähler keineswegs so unzeitgemäß war, wie man ihn gerne sehen will. Die in einem anderen Zusammenhang erwähnte Schule von Scott erscheint auch bei dieser Erzählart. Es mag richtig sein, daß die Masse der Geschichtserzählungen wenig wertvoll ist (*Der letzte Thorberger, Die drei Brüder, Die Sage vom Meyer auf der Mutte, Die Gründung Burgdorfs oder Sintram und Bertram* u. a.). Gotthelfs Abneigung gegen die Gelehrsamkeit wie auch sein unaufhaltsames Erzählbedürfnis (s. u.) verhinderten historische Studien im Stile eines Scott oder Alexis, und die temperamentvolle handfeste Technik des Dichters war der virtuosen Umsetzung, der *indirekten Aktualisierung,* deren die große Geschichtsdichtung bedarf, im allgemeinen nicht gewachsen. Das ließe sich etwa an der umfangreichen, nicht unbedeutenden aber etwas brüchigen Erzählung *Kurt von Koppigen* leicht aufweisen. Dennoch gibt es zu denken, daß so tiefe Erzählungen wie *Die schwarze Spinne* (s. u.) und *Der Druide* (s. u.) in geschichtlicher Umwelt spielen. In beiden Erzählungen wird die Rolle verherrlicht, die für den Dichter in der ganzen Welt die wichtigste war, die des Priesters. *Gotthelf sehnt sich, wie andere Biedermeierdichter, in die alte Zeit zurück, in der die Welt, nach der herrschenden Meinung, wahrer und einfacher war.* Insofern berührt sich die Geschichtsdichtung mit den Erzählungen vom alten urtümlichen Bauernstand. Auch in der historischen Sphäre war, wie manche Dramen Grillparzers, Stifters *Witiko* und die beiden zuletzt genannten Gotthelfschen Erzählungen selbst beweisen, die biedermeierliche Ordnungsdichtung möglich. Es ist verständlich, daß der Dichter schließlich davor zurückschreckte, diese schwierige Stoffwelt geistig zu durchdringen und dichterisch zu erobern. Trotzdem sind auch die historischen Erzählungen ein Symptom für den Reichtum und die Offenheit seiner epischen Welt. Sie sollten nicht nur entschuldigt werden. Auf die religiöse Bedeutung der Erzählung *Der Knabe des Tell,* die in Deutschland wohl ganz unbekannt ist, hat Karl Fehr hingewiesen[87]*.

Unmittelbar zugänglich ist dem Dichter der Ordnung natürlich das, was Muschg einfach, aber treffend »Geschichten von bösen Menschen« und »Geschichten von guten Menschen« nennt[88]. *Vorbildliche und warnende Exempel* werden aufgestellt. Die sitt-

---

* Gotthelfs eigene Meinungen zu den historischen Erzählungen sind widersprüchlich. Einerseits meint er bei der Übersendung von *Die Gründung Burgdorfs:* »Ich weiß wohl daß derlei Versuche meine schwache Seite sind« (an Hagenbach 29. 6. 1846). Andererseits bestätigt er im gleichen Brief meine Interpretation: »Solche Arbeiten sind eine Art Zufluchtsort in dieser Zeit, eine Art von harmlosem Asyl, in welchem die Dornen waren aber jetzt abgedorrt sind und nicht mehr stechen.« Einmal behauptet er sogar, er wäre lieber ein »historischer Chemiker«, den die Zeit, die er darstellt, nichts angeht und der daher »an den verschiedenen Mischungen und daherigen Proceßen sich erlustigt und belehrt« (an Hagenbach 13. 1. 1850). Doch dürfte dies eher eine Anspielung auf den Kirchenhistoriker Hagenbach sein, der viel abgeklärter war und, wie wir schon wissen, sogar dem ideologischen Pluralismus der Schweizer Nachmärzdemokratie zuneigte. Gotthelf kritisiert insgeheim wohl die akademische Ruhe des Theologieprofessors.

lich-religiöse Lehre ist also, obwohl von der Einfügung direkter didaktischer Partien seltener Gebrauch gemacht wird, auch für einen Teil der Kleinepik konstituierend. Das kleine Format führt dazu, daß nicht das gewaltige Gegeneinander der guten und bösen Mächte – wie in den Romanen –, sondern im allgemeinen nur eine persönliche Ausprägung der sittlich-religiösen Urprinzipien dargestellt werden kann. So gibt z. B. *Der Harzer Hans* das Bild eines bäuerlichen Kapitalisten, eines seine Umwelt dämonisch tyrannisierenden Sonderlings – eines Asozialen würden wir heute sagen – in fast porträthafter Isolierung. Man könnte mit Stifters Hagestolz vergleichen und würde dabei bemerken, daß der Schweizer Theologe der Existenz des Bösen entschiedener gerecht wird. Trotzdem wäre es falsch, von einem realistischen Charakterbild zu sprechen. Auch den Begriff »Tragödie« [89] sollte man nicht benutzen, ohne hinzuzufügen, daß er höchstens im Sinne der barocken Bösewichter- und Tyrannentragödie verstanden werden darf. Denn das Dämonische ist hier, im Gegensatz zu Goethe, kein Wert in sich, auch kein relativer, sondern vollkommen identisch mit dem Teuflischen. Wenn in diesem Fall alle Warnungen Gottes (eine Feuersbrunst u. a.) vergeblich sind, wenn erst der Tod den Achtzigjährigen bricht, so ist das kein Ausdruck faustischer Vitalität und Größe, sondern nichts als der Ausdruck der äußersten superbia, der gefährlichsten Art menschlichen Narrentums. Der Harzer Hans wird keineswegs menschlich nahegebracht, psychologisiert, sondern mit allen Mitteln der Übertreibung ins Unmenschliche stilisiert und wirkt daher nicht tragisch, sondern eher grotesk. Außerdem sagt es der Dichter direkt, daß der juristisch korrekte »Tyrann«, der seiner Frau die Seele zerstörte, ärger als ein Mörder war und die Kirche »ärger als der Teufel« floh. Die Erzählung endet mit einem Gedankenstrich, der »Teufel« bedeutet. Die ganze in ihrer Art großartig gestaltete Figur ist nichts anderes als eine irdische Manifestation des Teufels.

Auch andere Geschichten vom Geizteufel gibt es (*Die Wege Gottes und der Menschen Gedanken, Ich strafe die Bosheit der Väter an den Kindern bis ins dritte und vierte Geschlecht*). Die Geschichte vom Saufteufel wurde schon oben erwähnt. Die Erzählung *Wie fünf Mädchen im Branntwein jämmerlich umkommen* verbindet mit dem Titelthema eine Darstellung des Wollustteufels. Es ist jedoch bezeichnend, daß Gotthelf in seiner *späteren* Zeit das Sexuelle zu umgehen und nur in Andeutungen anzuschneiden pflegt. Der in der Gotthelfforschung so beliebte Vergleich mit Grimmelshausen, der sogar einen didaktischen Dirnenroman geschrieben hat, ist *irreführend,* wenn er nicht sorgfältiger durchgeführt wird und wenn dadurch von der überaus mächtigen *Biedermeier*-Didaktik in Gotthelf abgelenkt werden soll, um die geniale Isolierung des Schweizers nachzuweisen. Das biedermeierliche Tabu, das im sexuellen Bereich herrscht, tastet Gotthelf trotz seiner volkstümlichen Derbheit nicht ernstlich an, – sehr im Unterschied zur spätmittelalterlichen und barocken Lehrdichtung. Auf diesem Gebiet hat Stifter in seiner Wiener Zeit (Novellen) verständlicherweise mehr gewagt als der Landpfarrer aus dem Kanton Bern.

Das kleine Format, das eine volle Entfaltung des sittlichen und metaphysischen Prinzipienkampfes erschwert, führt bei den Geschichten von *guten* Menschen öfters dazu, daß sie, vielleicht mehr als dem epischen Dichter lieb ist, ins Idyllische gehen. Die frühe Erzählung *Hans Berner und seine Söhne* stellt eine pädagogische Idealgestalt bürgerlichen Standes, eine Allegorie des guten Bernergeistes dar [90]. Diese Erzählung kann man mit

Kellers *Seldwyler Novellen* vergleichen. Bezeichnend ist auch, daß der Stoff den Dichter später zu einem Romanansatz verlockte[91]. *Der Besenbinder von Rychiswyl* nimmt das alte Thema der fröhlichen Armut in der zeittypischen Form eines munter harmonisierenden Volksgenrebildes wieder auf. Auch diese in ihrer Art ausgezeichnete und daher mit Recht als Reclambändchen verbreitete Erzählung läßt sich als Roman denken. Sie besitzt den »ersten Reiz aller Robinsonaden«, den Gottfried Keller, unter Berufung auf Hermann Hettner bei Gotthelf findet, nämlich den allmählichen Aufbau einer »irdischen Welt«, einer glücklichen Welt. Zunächst ist der Held ein ganz armer Hausierer: »Sein Karren war ihm sein Bauernhof.« Aber durch unverdrossenen Fleiß und durch die Wahl einer ebenso tüchtigen Frau bringt er es allmählich zu einem Häuschen und zu ein paar Stück Vieh. Die Erbschaft, die Trivialliteratur, die auch hier zu finden ist, stört nicht allzusehr, da die Besenbinder-Familie bereits ganz sichtbar und durch eigene Kraft auf dem Wege zur Wohlhabenheit sich befindet. In einem Roman gäbe es moralische und ökonomische Rückschläge wie bei Uli. In der Erzählung ist es ein langer, aber eben deshalb unwahrscheinlich gerader Weg zum Glück, so daß sich die Erzählung, wie im *Erdbeeri Mareili* und in andern Geschichten, zu einer ans Märchenhafte grenzenden *Idyllnovelle* verengt. Die Meinung freilich, ausgerechnet Gotthelf, der so geräumig erzählen kann, habe diese Gattung in die Literatur eingeführt[92], erscheint angesichts der Kenntnis von Jean Paul, die für Gotthelf zu belegen ist (vgl. o. S. 933), erstaunlich und verrät auch, wie unbekannt das Biedermeier selbst hervorragenden Gotthelfforschern zu sein pflegt (vgl. Bd. II, S. 762 ff.)[93]. Je mehr der Dichter erkennt, daß die harmonische Ordnung der Welt, die ihm in der Uli-Zeit vorschwebte, *nicht* zu leisten ist, um so eher ist er bereit, völlig abseitige Figuren und den kleinsten Weltausschnitt idealisierend darzustellen. Hier verkörpert er das Biedermeier nicht immer in originaler Weise, sondern er gerät mehr oder weniger ins Fahrwasser der allgemeinen, 1850 wiederauflebenden Biedermeier*tradition*. Die Idealität der späten Idyllnovellen ist nur die andere Seite des im *Schuldenbauer* erscheinenden Pessimismus. Auch diese Erzählungen markieren die Auflösung von Gotthelfs epischer Welt, die sich nach 1848 vollzieht. Gotthelfs Verhalten erscheint mir freilich offener und in diesem Sinne wahrer als die Lösung Stifters, der im *Nachsommer* nur die eine Seite der Wirklichkeit zeigt und die Rosenhaus-Idylle durch hartnäckige Episierung zur *Welt* zu machen versucht. Oder soll man von einem Nachlassen Gotthelfs sprechen und die hartnäckige Biedermeiertradition bei Stifter bewundern?

Die Verbindung zwischen der Kleinepik und den an Spannungen reicheren Ordnungsromanen stellen Erzählungen wie *Der Druide* oder *Segen und Unsegen* dar. Der fromme Friede wird gestört, im ersten Fall durch den kriegerischen Auszug der alten Helvetier aus ihrer Schweizer Heimat, im zweiten durch die superbia eines reichen Bauern, ähnlich wie im *Harzer Hans*. Doch diesmal verfehlt das Gericht Gottes nicht seine Wirkung, und der Umkehr folgt die Gnade. Bei den Helvetiern ist damit die Rückkehr in die alte Heimat, zu dem Priester, der als einziger der Versuchung widerstand, verbunden. Zu diesem Typus der Wiederherstellungsnovelle gehört auch *Die schwarze Spinne*. Die Erzählung verdankt ihren gegenwärtigen Ruhm in erster Linie der Mythisierungs- und Dämonisierungswut des frühen 20. Jahrhunderts, die, wie die gesamte Neuromantik, heute in Deutschland erledigt sein dürfte. Hagenbach hat die Teufelsnovelle, wahrscheinlich wegen der Schauermotive, abgelehnt, und Gotthelf gibt ihm recht; aber er fügt schon hinzu: »Es giebt… andere Leute, welche mich mit aller Gewalt in diese Bahn jagen wollen« (an Hagenbach 8. 12. 1842). Manuel deutet, historisch wohl richtig, einen Zusammenhang zwischen der *Schwarzen Spinne* und der französischen Romantik an, die die »Beschreibung von Gräßlichem« kultivierte, während ihn der Rahmen an Hebels Technik erinnert und er diese Milderung des »sonst Allzuschaurigen« begrüßt[94]. Richtig verstanden kann die berühmte Novelle als repräsentativ für Gotthelfs Gesamtwerk, wie auch für seine Zeit, angesprochen werden; denn nicht nur der verführerische Glanz des »Grünen« und die verheerenden Folgen der Sünde, die Macht der Spinne, sondern auch die erlösende Kraft selbstloser Liebe und der bewahrende Schutz eines frommen Hauses werden mit sicherer Linienführung vergegenwärtigt. Auch die stilistische Folge der gewaltigen Spannung, die Gotthelf durchzuhalten vermag, das aus der Barocktradition stammende theatralisch-rhetorische Element in seiner epischen Welt tritt hier in überzeugender Weise in Erscheinung. Man braucht sich nur zu fragen, ob eine so christliche und so stark ins Allegorische gehende Erzählung in Kellers Novellistik möglich wäre, um den tiefen Unterschied zwischen dem religiös gebundenen Biedermeier und dem verweltlichten Realismus vor Augen zu haben. *Keine Schweizer Gemeinsamkeit kann über diese religions- und stilgeschichtliche Grenzscheide hinwegtäuschen.* Ja, es ist durchaus möglich, in den zwei großen Erzählern die einprägsamsten Repräsentanten der beiden Literaturperioden zu erblicken.

Warum schrieb Gotthelf so viel?

Es wäre noch manches Prosastück zu besprechen, das, ähnlich wie die Genrebilder, an die Grenze der Erzählung führt, z.B. der als Idylle außerordentlich interessante *Sonntag des Großvaters* (vgl. Bd. II, S. 784 f.), den Manuel noch, mit wertender Absicht, an erster Stelle unter den Erzählungen hervorhebt[95], der aber heute, aus unnötiger Angst vor einem Biedermeier-Gotthelf, in den Hintergrund getreten ist, oder *Ein Silvestertraum,* den wir schon als Beispiel für Gotthelfs *auch* sentimentalen Ton erwähnten und den man nach den Gattungsbegriffen der Zeit als »Phantasiestück« einordnen könnte (vgl. Bd. II, S. 943 ff.). Die Schule Jean Pauls ist hier besonders klar zu erkennen. Durch ein heute ungewöhnliches Motiv (Verkehr mit den Toten) erinnert die Skizze an andere Biedermeierdichter, besonders an die Droste. Statt den Unerschöpflichen erschöpfen zu wollen, stellen wir zum Schluß nur noch die schlichte Frage, warum er so ungewöhnlich viel geschrieben hat; denn *schon allein aus der Tatsache, daß den Erzähler seine gewaltige Produktion in die Nähe eines Vielschreibers gebracht hat, folgt die Unvollkommenheit von Gotthelfs Dichtung* (Gottfried Keller: »Unebenheit des Stils«, »überflüssige Seiten«, »wilde Produkte« usw.).

Der riesige Umfang des Gotthelfschen Werks ist im sozialgeschichtlichen Sinne atypisch. Normalerweise schreiben nur Berufsschriftsteller, z.B. Tieck, Heine, Raabe, so viel. Der Schriftsteller mit einem praktischen Beruf ist nicht gezwungen, so unablässig zu produzieren. Diese Unabhängigkeit ist die ökonomische Grundlage von dem, was wir die

Meisterschaft von Dichtern wie Grillparzer, Stifter, Mörike, Keller nennen. Keller selbst berührt diese Frage schon in einer seiner Rezensionen, und in der heutigen Gotthelfforschung taucht sie gelegentlich auf, ohne daß man sich traut, sie aufrichtig zu beantworten. Auch ich fürchte, mich in der heiklen Frage unschweizerisch zu äußern. Ich zitiere deshalb vorsichtshalber eine Antwort von Manuel, der den Landsmann verehrt, aber *vor* der Mythisierung Gotthelfs geschrieben hat und daher bei der nötigen Zurückgewinnung der historischen Unbefangenheit unschätzbare Dienste leisen kann: »Es ist in mancher Beziehung als eine Kalamität zu betrachten, daß Bitzius, als er einmal in die Mode gekommen war und jedermann einen Artikel von ihm in seiner Bude haben wollte, durch dies allseitige Drängen, dem er nicht widerstand [!], sich oft in einen wahren Notzustand versetzen ließ, in welchem von ruhigem Schaffen und sorgfältiger Behandlung des Stoffes nicht mehr die Rede sein konnte. Da wurde er für Almanache, Zeitschriften, Kalender aller Art in Requisition gesetzt. So lieferte er Aufsätze in die ›Elsässischen Neujahrsblätter‹, in das ›Deutsche Leben‹ von Pröhle, in die Volkskalender von Nieritz, Steffens, Hofmann, ferner in die ›Schweizerischen Alpenrosen‹, in die ›Illustrierte Zeitschrift für die Schweiz‹, in Reithards Kalender, in den Berner Kalender, solange dieser erschien, und in das ›Berner Taschenbuch‹. Da mußte es wohl oft etwas fabrikmäßig zugehen. Er hätte wohl besser getan, solche Zudringlichkeit zuweilen zurückzuweisen... Der Vorwurf eines schweizerischen Kritikers in einem Tagblatt, daß Bitzius, der immer von der soliden guten alten Zeit spreche, so mit beiden Füßen in diese leichtfertige, moderne Buchmacherei hineinspringe, wäre dann auch in bezug auf diese kleineren literarischen Produkte unverdient gewesen, wie er es, was die größeren Werke anbetrifft, jedenfalls ist. Die Gewöhnung des Arbeitens auf Bestellung und Termine ist für Produkte, die etwas mehr als Handwerksarbeit sein sollen, sehr nachteilig, was schon große Genies durch Minderung ihres schriftstellerischen Ruhmes erfahren haben. Auf der anderen Seite wollen wir aber auch nicht verkennen, daß wir solchem äußeren Sporn vielleicht manche anmutige oder ernste Erzählung verdanken, welche sonst ungeschrieben geblieben wäre« [96]. Wenn man diese erfreulich aufrichtige Aufnahme des Tatbestands noch etwas interpretieren darf, so ist zunächst psychologisch an Gotthelfs Unruhe zu erinnern, die seinen großen Kunstverstand nicht genügend zur Wirkung kommen ließ; denn daß er »keine schriftstellerische Bildung« hatte, wie er in einem Brief (20. 3. 1839) feststellt, ist, bei Berücksichtigung seiner Akademie-Zeit und seiner Frühschriften, übertrieben. Im gleichen Brief gibt er bereits einen Hinweis auf seine *Ungeduld:* Ich »werde fortgerissen und so in einen Zug hineingerissen, daß ich wenig mehr ändern kann. Ich kann daher zu wenig planieren und ökonomisieren mit Stoff und Worten« (an Carl Bitzius 20. 3. 1839). »Es ist eine gewisse Hast in mir, welche immer glaubt, morgen sei kein Tag mehr...« (an Abraham Emanuel Fröhlich 29. 12. 1845). Er schreibt unablässig. Er ist daher auch ein schlechter Leser*.

---

* »Geschriebenes lese ich ohnehin in die Länge nicht gerne« (an Joseph Burkhalter 27. 10. 1839). »Es ist freilich eine strenge Zumutung, etwas Geschriebenes zu lesen, es schaudert mir vor Geschriebenem, selbst vor dem meinen« (an Eduard Fueter 10. 4. 1841). Produktion und Rezeption sind, im Unterschied zu Goethe, Grillparzer, Stifter, Th. Mann usw., nicht im Gleichgewicht. Es herrscht *Hyperproduktivität*, wie vor der literarischen Laufbahn ein gewisser »Aktionismus«. Die *Unwiderstehlichkeit des Dranges zur Vielschreiberei* wird dadurch noch deutlicher, daß der Erzähler genau

Nur in diesem Sinn könnte man sagen, daß er seine schriftstellerische Ausbildung vernachlässigte. Es ist eine Unruhe, die uns auch sonst bei seiner Generation auffällt, am deutlichsten wohl bei Grabbe. Besonders kenntlich wird die Ungeduld in dem assoziativen Verfahren seiner Erzählkommentare, die oft in ärgerlicher Weise immer weiter wuchern. Die Unfähigkeit, Aufträge abzulehnen, hängt vielleicht mit der Freude am Besitz, sicher mit dem Ehrgeiz, mit der *gesellschaftlichen Expansionslust* zusammen, die schon vor seiner schriftstellerischen Laufbahn beobachtet werden kann. Gotthelf ist, anders ausgedrückt, *nicht nur ein dichterisches, sondern zugleich ein überaus aktives publizistisches Talent,* womit keineswegs nur die Predigten, die Reden und die direkte journalistische Tätigkeit gemeint sind. Auch diese Eigenschaft teilt er mit vielen Generationsgenossen, nicht nur mit den Jungdeutschen zweiten Ranges, sondern z. B. auch mit Heine, Alexis und seinem theologischen Kollegen Postl (Sealsfield). »In der Beschränkung zeigt sich erst der Meister« war keine Mahnung, die Gotthelf befolgen konnte, schon deshalb, weil man diese klassische Regel auf die Versdichtung, nicht auf die Prosa zu beziehen pflegte. *Diese war noch frei vom Kunstzwang, was man auch am Werk von Dickens und Balzac ablesen kann.* Tiefer gesehen war es die religiöse Heteronomie des volkstümlichen Erzählers, die zu der von Manuel geschilderten schlechthinigen Abhängigkeit auch in gesellschaftlicher Hinsicht führte und ein autonomes Kunstwerk nur zufällig entstehen ließ.

Daß es sich bei all dem um eine sinnvolle, persönliche, literarische und historische *Struktur* handelt, zeigte meine Kritik der Versuche, Gotthelfs Dichtung in eine epigonenhafte spätromantische und in eine schöpferische realistische Hälfte aufzuteilen (S. 934). Man könnte auch versuchen, ihn in Publizistik und Dichtung aufzuspalten; aber das ist alles, angesichts einer so stetigen und einheitlichen Erzählweise, Unsinn. Man muß ihn, ohne Maßstäbe aus anderen Zeiten oder aus irgendeiner Ästhetik anzulegen, sehen, wie er ist, und ihn nur immer besser zu interpretieren versuchen. Man sollte bei diesem Erzähler vielleicht nicht so hartnäckig nach Meisterwerken forschen, um ihn neben Goethe oder Stifter stellen zu können, sondern man sollte sich eher einmal an einem Beispiel der »flaubertschen Periode«, etwa am »*Witiko*«, klarmachen, wohin der leidenschaftliche Wille zur perfekten Epik führen kann. Dann wird man das sehen, was Gotthelf zu bieten hat: *die publizistische Offenheit, den substantiellen Reichtum seiner Erzählprosa.* Auch

---

weiß, wie leicht diese Überproduktion seinem Ansehen schaden kann. Als ihm Freund Hagenbach, eher bewundernd als kritisch, schreibt, daß er und seine Frau kaum mit dem Lesen von Gotthelfs neuen Büchern nachkommen (an Gotthelf 24. 11. 1843, Hagenbach/Gotthelf-Briefwechsel, hg. v. Ferdinand *Vetter,* Basel 1910, S. 28), fühlt er sich zu einer Rechtfertigung verpflichtet (an Hagenbach 7. 12. 1843): »Ich schäme mich fast zu bemerken, daß ein neu Ding von mir wahrscheinlich Dir in Händen sein werde, sie kommen allerdings so Puff auf Puff auf einander, daß man mißtrauisch dagegen werden oder denken muß, ich thue nichts anders als schmieren so darauf los wie Ketzer. muß ich mich recht eigentlich rechtfertigen und zwar will ich es an Deinem Exempel.« Er macht im folgenden die stärkere berufliche Beanspruchung eines Universitätsprofessors, im Vergleich zum Landpfarrer, und, besonders interessant, die Tatsache geltend, daß ein Erzähler, im Unterschied zum Geschichtsschreiber, »zum größten Teil keiner aparten Studien«, also spezialistischer Vorarbeiten bedarf. Diese schlichte Parallelisierung von Geschichtsschreibung und Prosaerzählung entspricht der rhetorischen Tradition (vgl. Bd. II, S. 820 f.). Bei einem streng *dichterischen* Begriff der Erzählkunst (Keller, Flaubert usw.) wäre Gotthelfs rein quantitative Argumentation nicht mehr sinnvoll.

der in Gotthelf waltende epische Geist ist nur ein anderes Wort für die sein Erzählwerk prägende Gebundenheit an die Gesellschaft und an die Religion. Max Weber hat die in dem Unterschied von Balzac und Flaubert oder Gotthelf und Keller anschaulich erscheinende Alternative abstrakt so ausgedrückt: »Alle unbefangen rezeptive Stellung zur Kunst geht zunächst von der Bedeutsamkeit des Inhalts aus, und dieser kann Gemeinschaft stiften. Das spezifisch Künstlerische überhaupt *bewußt* zu entdecken, ist intellektualistischer Zivilisation vorbehalten. Eben damit aber verschwindet das Gemeinschaftstiftende der Kunst ebenso wie ihre Verträglichkeit mit dem religiösen Erlösungswillen« [97]. Die nach dem Tod des Dichters, d. h. zu Beginn der »flaubertschen Periode«, in der stärksten Ausstrahlungszeit des bürgerlich-realistischen Programms erscheinenden Gesammelten Schriften Gotthelfs (24 Bände, Springer Verlag, Berlin 1856–58) waren nicht zu verkaufen und mußten verramscht werden. Schon war es aus mit der ersten Gotthelf-Mode! Es ging ihm in dieser Beziehung wie Stifter, Sealsfield, Alexis und fast allen Dichtern der Biedermeierzeit. Erst mit dem *Naturalismus* begann Gotthelfs zweiter Aufstieg. Dies widerspricht nicht Max Webers Gesetz (»Bedeutsamkeit des Inhalts«!), könnte uns aber dazu veranlassen, die christliche Seite seiner Feststellung kritisch zu überdenken: Gotthelf kann auch einer inhaltlich moderneren Gesellschaftsdichtung zum Vorbild dienen. Das Fortwirken epischer Lösungen ist (vgl. Homer) vom jeweiligen religiösen Hintergrund unabhängig. Das Gotthelf-Bild selbst sollte ohne die Überbetonung des Säkularismus und der »Einheit« von Aufbau und Stil, die im Zeitalter des bürgerlichen Realismus herrschte, und ohne jede Art von neuromantischer oder neobiedermeierlicher Mythisierung auf der eigentlich doch selbstverständlichen Grundlage der Biedermeierzeit, der Gotthelf wie Stifter über 1848 hinaus treu blieb, weiterentwickelt und weiterdifferenziert werden; denn – dies sage ich wieder im Widerspruch zu gewissen Vorstellungen der Schweizer – die Gotthelfforschung steht noch in ihren Anfängen. Bei meinen eigenen Thesen oder Hypothesen fühlte ich mich – ähnlich wie etwa in der Postl-Sealsfield- oder Nestroy-Forschung und anders als bei der Mehrzahl der hier berücksichtigten 15 Philologien – noch *auf einem wenig sicheren Boden;* denn die religiöse oder patriotische Verehrung Gotthelfs hat mit der literarhistorischen Einordnung in das deutschsprachige Mitteleuropa und mit der die geschichtliche Struktur berücksichtigenden Wertung nicht allzuviel zu tun. Ich bitte die Schweizer Gotthelf-Verehrer auch zu beachten, daß gerade die *historische* Forschung, *und nur diese,* es gestattet, die bekannten Peinlichkeiten politisch-religiöser und literarischer Art, die in der Gotthelf-Kritik bisher stets zu unhistorischen Vorurteilen oder zu einem unwahrhaftigen Verschweigen der Probleme führten, aus der Zeit heraus besser zu verstehen und damit auch leichter zu verzeihen.

ADALBERT STIFTER (1805–1868)

Die historische Deutung entschärft den Streit um Stifter

Gotthelf wird verehrt oder ignoriert, aber er ist nicht eigentlich umstritten. Die Snobs zeigen in den meisten Teilen des deutschen Sprachgebiets nicht das geringste Interesse für ihn, was sicher nicht nur auf die sprachlichen Schwierigkeiten der Lektüre zurückzuführen ist. Der Schweizer ist doch zu gesund, zu wenig brüchig, als daß er für eine modernisierende Interpretation besonders geeignet erschiene. Mit Stifter dagegen fühlte man sich verwandt, es entstand ein förmlicher Stifter-Kult. Die *Lebenshilfe*, die er den Mitteleuropäern in einer Zeit der geschichtlichen Auflösung, Gefährdung und Umstrukturierung gab, sollte nicht hämisch als Religions- oder Revolutionsersatz, als Seelenmassage für schöne Seelen und Schwachgeister abgewertet, sondern mit dem angemessenen Ernst interpretiert werden. Auch eine Reihe produktiver Geister wie Nietzsche, Hofmannsthal, Rilke, Hesse, Thomas Mann verfielen der schon von Julian Schmidt erkannten und verkannten Magie dieses Erzählers. Die so sich ausbreitende Überschätzung reizte nun ihrerseits wieder dazu, Stifter und seine Verehrer zu widerlegen, zu entlarven, und man konnte gegen ihn bedeutende Namen wie Hebbel (»Diminutivtalent«), Lukács (»Klassiker der deutschen Reaktion«), Gundolf (»reizendes und rührendes Abseits«) ins Feld führen. Manches von diesem Streit mag blinder Lärm sein. Die eigentliche Stifterforschung bemüht sich jedenfalls schon seit langer Zeit um einen Ausgleich, um eine differenziertere Charakterisierung und Wertung. Wenn man von einigen Lobreden österreichischer Patrioten zum 100. Todestag Stifters (1968) absieht, kann man feststellen, daß er seinen ihm zukommenden Platz unter dem Dutzend großer deutschsprachiger Erzähler zwischen Wieland und Thomas Mann mit dem ihn kennzeichnenden »Maß« eingenommen hat. Vielleicht darf man auch bereits behaupten, daß sich ein Literarhistoriker vom Rang Gundolfs heute kaum mehr so heftig gegen den Dichter äußern könnte; denn seine Meisterschaft als solche ist nach den Erkenntnissen der modernen Stifterforschung allzu deutlich. Vielleicht darf man sogar die kühnere Hoffnung nähren, daß Marxisten hohen Ranges das von »Trivialmarxisten« brav tradierte Lukácssche Stifterbild neu überdenken und korrigieren werden; denn »ein humanistisches Erbe« ist ja auch das Werk dieses Goethenachfolgers*. Es gibt, neben deprimierenden Wiederholungen, deutliche Fort-

---

* Das Stifterbild der offiziellen »Geschichte der deutschen Literatur« Bd. 8,1, Berlin-Ost 1975 zeigt schon eine verbale Annäherung an meine Forderung. Man hat jedoch den Eindruck, daß die Kollektivarbeit eine entschiedene Korrektur der revolutionär-marxistischen Stifterwertung verhinderte. Ausgerechnet der umstrittene *Witiko* findet eine recht vernünftige Interpretation, wenn er als »Gegenentwurf zur Realpolitik Bismarcks und Napoleons III.« gerechtfertigt wird (S. 598 f.). Ob sich die Böhmen, als *Witiko* erschien, besonders die Prager, denen er gewidmet ist, wirklich schon

schritte in der Stifterforschung. Trotzdem bleibt der Streit um Stifter, wie der um Heine und Platen, ein Hinweis auf die Widersprüche in dem Dichter selbst.

Sie beginnen schon im *Leben* Stifters und müssen um so mehr auffallen, als es eine dem heutigen Erkenntnisstand ganz entsprechende, interpretierende Biographie des Dichters nicht gibt. Man konnte in Stifter den urkräftigen, bäuerlichen *und* den psychopathischen Menschen sehen, den geradezu prophetischen Ordnungsstifter *und* den idyllischen Schwächling, den Mann des Volkes, den tätigen Erzieher *und* den epigonenhaften Ästheten. Für alle diese Meinungen gibt es Indizien. Stifter ist nicht nur kleinbürgerlich-bäuerlicher Herkunft, sondern er hat auch persönlich die körperliche Gesundheit und die unerhörte Arbeitskraft des Menschen, der frisch in die kulturtragende Schicht aufsteigt. Er gehört unter den Dichtern, denen dieser Band gewidmet ist, zu den wenigen, die den Einschnitt von 1848 für längere Zeit und ohne Verlust ihrer Schaffenskraft überlebten; ja, Stifters Alterswerk ist, bis in die letzte Krankheitszeit hinein, ganz einzigartig. Andrerseits ist er während seiner jungen Mannesjahre ausgesprochen berufsscheu. Er versäumt die Konkursprüfungen, die ihm eine naturwissenschaftliche Professur verschaffen sollten. Er gerät in die Nähe des Literatentums, das er später so scharf verurteilte. Und als er, nach der Enttäuschung von 1848, endlich das Schulamt, das seiner Grundrichtung so sehr zu entsprechen scheint, übernimmt, leidet er unter dem Beruf; dieser wird ihm sogar zur »Zwangsarbeit«. Die Möglichkeit, daß der Prediger des sanften Gesetzes willentlich, um seine Leiden abzukürzen, oder in einer Geistesverwirrung, ohne eigentliche Verantwortung für sein Tun, aus dem Leben schied, wage ich kaum zu erwähnen, da schon solche Anspielungen manchen treuen Stifterverehrer tief bekümmern.

Den modernen Literaturwissenschaftler, der nur allzu schroff zwischen Leben und Werk zu unterscheiden pflegt, berühren solche Tatsachen und Möglichkeiten wenig. Aber die Widersprüche setzen sich in Stifters *geistiger* Welt fort. Der Dichter betont die Heteronomie der Kunst, er gibt als echter Biedermeierdichter in vielen Äußerungen der Religion und dem »Sittengesetz« den Vorrang. Als Dichter vorbildlichen Lebens tritt er im Alter, ganz anachronistisch, neben den Gotthelf der vierziger Jahre. Auch die Wissenschaft gewinnt eine Bedeutung wie nicht so leicht in einem anderen Werk. Schon die endlosen »Schilderungen« verraten ein geradezu leidenschaftliches Bemühen um unentstellte, ungeschönte Wirklichkeit. Es ist naiv, zu meinen, diese Schilderungen von Landschaften, Gütern, landwirtschaftlichen Praktiken und schließlich auch von historischen Ländern und Gestalten hätten immer die symbolische Bedeutung, die der orthodoxe Literaturwissenschaftler zu erkennen glaubt. Andererseits gibt es Äußerungen von Stifter, die die Bedeutung des »Stoffes« leugnen, und je älter er wird, um so peinlicher und gewissenhafter wird die Arbeit am Wort, um so mehr entsteht der Eindruck gewaltsamer Stilisierung, extremer »Künstlichkeit«. Es wäre, von daher gesehen, nicht ganz falsch, wenn

---

als »tschechische Patrioten verstanden« (S. 599), ist eine andere Frage. Undiskutabel ist dagegen die Anwendung des marxistischen Schimpfwortes *klein*bürgerlich auf den Dichter der *Brigitta,* des *Nachsommers,* der *Nachkommenschaften* usw.: »kleinbürgerliche Sehnsucht« nach dem Vormärz (S. 592), »kleinbürgerlicher Moralismus« (ebd.). Richtig ist jedoch, *daß Stifter sich durch das* »*sanfte Gesetz« von der bürgerlichen Revolution und vom bürgerlichen Realismus entfernte* (S. 594 f.).

man behaupten wollte, Stifter sei der Platen der damaligen Erzählkunst. Aber die Wahl der Prosa, die, wie das Beispiel seines Landsmannes Grillparzer demonstriert (vgl. o. S. 128), in Österreich alles andere als selbstverständlich war, überhaupt die kräftige, nach allen Seiten universal ausgreifende Persönlichkeit Stifters macht das tadelnd oder rühmend ausgesprochene Wort vom »artistischen« Stifter wiederum zweifelhaft. Er ist, alles in allem, einer der rätselhaftesten Dichter dieser an seltsamen und tiefen Gestalten so reichen Literaturperiode.

Stifter entzieht sich jeder einseitigen Interpretation, ganz gleichgültig, ob diese katholisch oder humanistisch, stammestümelnd oder psychoanalytisch, naturalistisch oder formalistisch ist. Damit soll nicht gesagt sein, daß er sich jeder überpersönlichen Deutung und Einordnung entziehe und strukturlos sei. Eine Annäherung an die Moderne im Sinne einer impressionistischen oder gar »abstrakten« Traditionslosigkeit gibt es selbstverständlich auch bei der Deutung des zweiten »österreichischen Klassikers«; aber diese Modernisierung ist bei einer Persönlichkeit von solcher Gebundenheit und Stetigkeit noch viel unsinniger als bei Heine und Mörike oder bei der Droste*. Bezeichnenderweise stand gerade Stifter für die um eine handfeste Epochenstruktur sich bemühende ältere Biedermeierforschung im Mittelpunkt der Betrachtung. Die Idee und der Stil des *späten* Stifter, den man damals neu entdeckt hatte, schienen das Modell eines »höheren Biedermeier« abzugeben. Daß dies ein Irrtum war, ergibt sich schlicht aus chronologischen Gründen; denn die Romane *Nachsommer* und *Witiko* liegen eindeutig jenseits der Märzrevolution; ja, sie sind bei allen Fäden, die sie mit der Metternichschen Ära verbinden, in dieser selbst nicht einmal denkbar; denn der stilistische Perfektionismus, der sie prägt, zwischen der Romantik und dem realistischen Erzählprogramm in der Novelle gelegentlich zu finden, besonders bei Stifter selbst. Dagegen gibt es in der nachromantischen Epoche keinen bedeutenden Roman, der stilistisch so ausgearbeitet wäre wie *Der Nachsommer*. Nicht einmal Goethe kann sich der damals herrschenden großzügigen Auffassung der Romanform entziehen *(Wanderjahre)*. Stifters Spätzeit ist der Versuch, den neuen künstlerischen Roman des Realismus mit klassizistischer, vielleicht auch »flaubertscher« Formstrenge zu erreichen, ja zu übertreffen und ihn gleichzeitig im didaktisch-moralischen Geiste des Biedermeiers zu unterlaufen. Daß die beim späten Stifter nachweisbare Protesthaltung gegen das neue realistische Zeitalter (s. u.) mit dem Stil des Spätwerks nichts zu tun habe, kann niemand annehmen, der um die Geschichtlichkeit jeder, auch der größten Leistung weiß. Allzurasch schweifen heutzutage die Blicke von Stifter zur

---

* Da Dichter es heute mit der Wahrheit fast ernster nehmen als die Dichtungswissenschaftler, wenigstens innerhalb der publizistischen Einflüssen übermäßig ausgesetzten *nationalen* Philologien, sei hier an den sehr gewissenhaften Versuch Peter Roseis erinnert, eine Beziehung zwischen Stifter und modernen Dichtern wie Handke, Bernhard, Jonke und Rosei selbst herzustellen. Die Texte sind z. T. so verschieden, daß sich jede vergleichende Interpretation erübrigte. Rosei nimmt daher zur »existentiellen Situation« Stifters Zuflucht, besonders zu seiner Einsamkeit in Ehe, Amt und Zeit (Versuch über Stifter und einige Schriftsteller der Gegenwart, in: Literatur und Kritik, H. 103, April 1976, S. 165). Durch ein Zitat wird bewiesen, daß Stifter in seiner Dichtung Trost suchte. Welcher Dichter sucht im Dichten keinen Trost? Der Unterschied ist nur der, daß man heute davon nichts merken darf: *daher* sind weite Bereiche der Dichtung – die stille lesende Mehrheit der literarischen Welt weiß es längst – trostlos!

deutschen Klassik, zum »benediktinischen Geist«, zu Thomas von Aquin, zu Plato oder zu Homer. Eben dadurch verschwimmt die ohne die geschichtliche Nuance *nicht* zu erfassende Struktur Stifters, eben dadurch wird er zum Streitobjekt. Wer einen Dichter in der Mitte des 19. Jahrhunderts mit einem früheren »Epiker« vergleichen will, darf dies nicht zu seiner Rangerhöhung mißbrauchen, sondern er wird vor allem auf die Unterschiede achten müssen. Die Kritik an der Vorstellung eines österreichischen Goethe oder Homer war doch wohl berechtigt. Die geschichtliche Betrachtung relativiert auf der einen Seite, aber sie gibt, indem sie die höchst bedrohliche Situation des späteren Dichters wirklich ernst nimmt, überhaupt erst den rechten Einblick in eine persönliche Leistung, die in diesem Fall ohne Phrase als unerhört bezeichnet werden kann.

Ein Beitrag zur Wiederherstellung der Ordnung nach 1835 (Parallele zu Gotthelf)

Schon die Tatsache, daß aus Stifter ein Prosaerzähler wurde, ist, geschichtlich betrachtet, keineswegs selbstverständlich. Wichtiger als alle Einzelheiten des Jean-Paul-Einflusses ist die elementare Tatsache, daß dieser *poetische* Prosaerzähler den Dichter von der in Österreich blühenden, aber überall problematisch gewordenen Versepik (vgl. Bd. II, S. 648 ff.) abgehalten hat. Auch eine untergründige Reaktion auf den jungdeutschen Prosaanspruch ist, wie bei Gotthelf, wahrscheinlich. Abgesehen von dem Julius-Fragment (nicht vor 1829) setzt Stifters Erzählprosa erst nach dem Jahre 1835 ein – wir haben es verschiedentlich als ein Achsenjahr des Vormärz kennengelernt –, dann allerdings in großer Fülle. Man pflegt von Stifters Spätreife zu sprechen. Aber es fällt auf, daß der acht Jahre ältere Gotthelf – Stifter ist 1805, Gotthelf 1797 geboren – etwa gleichzeitig, d. h. mit noch größerer Verspätung und mit gleicher Produktivität auf dem Wege der Erzählliteratur in Prosa seinen *Beitrag zur Wiederherstellung der Sitte und Ordnung* zu leisten versucht. Beide Dichter kamen aus der theologisch-humanistischen Bildungswelt, in der das Ideal einer Prosa-Erzählkunst gewiß nicht selbstverständlich, aber doch *eher möglich als innerhalb des säkularistischen Klassizismus* war; denn die Belehrung und Erbauung in der Form des Romans gab es ja spätestens seit dem Barock (Picaro- und Staatsroman). Durch Moriz Enzinger sind wir über Stifters Bildungsgrundlage genau belehrt worden*. Was immer wieder festzustellen war, daß nämlich die Klassik und Romantik von einer fast ungebrochenen Tradition des 18. Jahrhunderts überlebt werden, hat dieser hochverdiente Stifter-Forscher auf eine besonders gründliche, für die gesamte Geschichtsschreibung der Epoche bedeutsame Weise belegt.

Auf literarischem Gebiet bedeutet dies, daß der Schüler der Benediktinerabtei Kremsmünster Hagedorn, Gellert, Wieland usw. als stilistische Muster zu achten lernt, daß er ferner Unterricht in der Poetik erhält, und zwar auf dem alten Wege, wonach auch prak-

---

* Vgl. Adalbert Stifters Studienjahre (1818–1830), Innsbruck 1950. Das bahnbrechende Buch bestärkte mich in der Absicht, die nachromantische Rhetoriktradition zu erforschen. Die weitergehende sozialgeschichtliche Frage nach der Beziehung von Literaturunterricht und deutscher Literaturgeschichte wird zur Zeit von dem Münchner Habilitanden Georg *Jäger* untersucht. Er muß sich dabei allerdings auf einige deutsche Staaten beschränken, so daß auf diesem Gebiet noch viel zu tun bleibt.

tische Übungen in den verschiedenen Versmaßen und Gattungen betrieben werden müssen. Noch in der autobiographischen Skizze vom 16. November 1846 erwähnt der Dichter mit Stolz seinen Schulerfolg: »Meine Studien gingen gut vonstatten, indem ich in den Grammatikalklassen der erste Premiant war, in der Poesie aber der zweite«[1]. Aus schulmethodischen Gründen stehen natürlich die kleinen Formen im Vordergrund (Elegie, Epigramm, Verserzählung, Idylle usw.); es ist auch nicht zu leugnen, daß in einer solchen Bildungswelt die Formen der Erzählprosa viel weiter abliegen als das Versdrama und das Versepos. Um so wichtiger ist die rhetorische (stilistische) Erziehung in Kremsmünster. Stifter bewahrte sich aus diesen humanistischen Anfängen den Sinn für ästhetische Zucht, *für eine ganz und gar bewußte, keineswegs naive Produktionsweise*. Die Briefe lassen erkennen, daß später, ganz im Geiste der älteren Literarästhetik, selbst »Sinnlichkeit«, »Reiz«, »Einfachheit«, »Naivität« für Stifter eine bewußte *Gestaltungsaufgabe* bildeten.

Erbschaften aus dem 18. Jahrhundert: Empfindsamkeit, Weltschmerz

Nach dem Verlassen der Schule war Stifter vor allem Versdichter, lyrischer Dichter, und zwar, wie die anderen Lyriker der Zeit, im Gefolge der empfindsamen Dichter des 18. Jahrhunderts, Klopstocks, Höltys, Salis', Matthissons und nicht zuletzt auch des österreichischen Barden Denis. Wenn das Julius-Fragment mit einem lyrischen Bruchstück »An Fanni« endet, so ist darin die nach dem Gedächtnis unvollkommen wiedergegebene Ode Klopstocks »An Fanny« zu sehen, und nicht der *Entwurf einer Ode* von Stifter[2]. Man dichtete nicht nur, sondern man lebte noch im Gefolge von Klopstock (s. u.). Wie es aber bei Grillparzer eine biedermeierliche Erneuerung der *Frühlingsfeier* gibt (vgl. o. S. 120), so findet man bei Stifter auch eine sehr bezeichnende Anverwandlung der Klopstockschen Ode *An Fanny*.

Im Felde

Wir wandeln durch die Felder und freuen uns.
Du, Emma, bist so glücklich an meiner Hand
Zu gehn, ich bin es auch an deiner,
Halte gefüget die treuen Hände.

Es wird ein Tag sein: freundlicher Sonnenschein
Wird sein wie heute, wieder im Felde da
Die Ähren stehn, so reif, so schweigend,
Drinnen der Mohn auch so einsam glühen.

Ich werde ruhn im Grabe. Dies Haus von Bein
Und Fleisch ist eingesunken in weißen Staub.
Das Aug, dein süßer Zeuge, Emma –
Aus ist sein Leuchten und aus die Tränen.

Und dieses Herz – es strebte so weit hinaus,
Es schloß dem Himmel, schloß sich der Erde auf,
Es schlug in Liebe, schlug in Wehmut,
Hoffte – verzagte – verwarf und suchte –

Nun ist es ruhig. – Modernde Erde sinkt
Durch diese Brust. Verwehet ist jedes Lied
Und längst vergessen ist mein Name.
Über die grünende Kirchhofdecke

Gehn fremde Menschen. – Freundlicher Sonnenschein
Wird sein wie heute, wieder im Felde da
Die Ähren stehn, so reif, so schweigend,
Drinnen der Mohn auch so einsam glühen.

Zwischen dem idyllischen Gang durch die Felder, der am Anfang und Ende des Gedichts erscheint und die jedem Stifterleser bekannte Ewigkeit des Natürlichen und Gewöhnlichen rahmenartig vergegenwärtigt, liegt der Tod, ja, der Leichnam des Dichters. Dieser wird mit stärkerem »christlichem Naturalismus« (vgl. Bd. I, S. 35) der angedichteten Geliebten vor Augen gehalten, als dies beim seraphischen Klopstock geschieht oder auch nur denkbar ist. Die Spannung zwischen empfindsamem Überschwang und Vanitas-Erkenntnis hat sich gesteigert; aber auch hinter diesem Gedicht steht noch der Glaube an die unsterbliche, Diesseits und Jenseits verbindende Kraft der Seele. Hinweise darauf geben die nicht rhetorische, sondern magische Wirkung erstrebenden Wiederholungen. Man erkennt schon den Ansatz zur Kunst des späteren Erzählers, der das Schreckliche in der immer gleichen Natur und in der Gleichförmigkeit der Seelensprache abfängt und bannt.

Der lyrische Ausgangspunkt des Dichters ist verständlich; er verfaßte auch in seiner Spätzeit noch Gedichte (an Heckenast 23. 2. 1857)[3]. Aber man ersieht aus den rhythmischen Schwächen des zitierten Gedichts, weshalb ihn erst das Vorbild Jean Pauls auf den rechten Weg führen konnte. Nicht der Humor des Siebenkäs-Verfassers, wie bei andern Schriftstellern der Zeit, sondern die universalen Interessen und andererseits das idyllische Genügen des Dichters *(Quintus Fixlein, Wuz* usw.), vor allem aber die »Empfindung« waren die Brücken, die Stifter zu Jean Paul führten. Neben die alten empfindsamen Lyriker tritt bereits der drei Jahre ältere Lenau als eine Bildungsmacht, und es scheint, daß auch bei Goethe und Schiller, die früh in Stifters Gesichtskreis auftauchen, die empfindsame Seite ihres Werks zunächst stärker gewirkt hat als die klassische. Goethes Werther-Roman war wohl einer der stärksten Lektüreeindrücke, – wie bei Immermann und vielen andern Zeitgenossen. Jedenfalls hat der junge Stifter starken Anteil am empfindsamen Weltschmerz, am zerrissenen Seelentum der Zeit. Hervorragende Stifterkenner der Entdecker-Zeit wie z. B. Ernst Bertram haben seine verhaltene Schwermut, auch im reifen Werk, sogleich erkannt und auf die innere Beziehung zu Schopenhauer hingewiesen[4]. Wichtig zu wissen ist jedoch, daß es sich zunächst um eine *offene* Schwermut handelt, daß der junge Stifter an dem von uns oft beschriebenen Wertherismus der Zeit entschiedenen Anteil nimmt. Auch die vieldiskutierte, nicht so sehr unglückliche als zerrissene Liebe zu Fanny Greipl, das Zentralerlebnis des jungen Stifter, ist unter diesem Gesichtspunkt zu sehen. Klopstocks unglückliche Dichter-Liebe zu Fanny wird wiederholt und verbindet sich mit den abgründigen Leiden des jungen Werthers. Das ist die erste geistige Erbschaft, die Stifter antritt.

Adalbert Stifter

Weder die gute Partie noch die Jurisprudenz

Moriz Enzinger hat diese Liebe zu Fanny ohne falsche Pietät beschrieben [5]. Er spricht von dem »Schwanken«, von dem »fahrigen, unsicheren« Wesen, von der »Gefühlslabilität« des jungen Dichters. Es soll eine »verspätete Pubertät« gewesen sein, aber offenbar war diese Spätpubertät ein kulturgeschichtliches Phänomen; denn wir begegnen solcher Unsicherheit allenthalben (vgl. Bd. I, S. 2 ff.). Geschichtlich noch weniger überzeugend erscheint die Diagnose von Kurt Gerhard Fischer: »Die von manchen Stifter-Forschern für 1835/36 angenommene ›Haltlosigkeit‹ gilt nicht nur für dieses eine Jahr. Sie überschattet Stifters Leben seit dem Weggange von Kremsmünster, seit dem Verlassen der bergenden Ordnung, in der ihm die Entscheidungen des Lebens abgenommen wurden« [6]. Ist es nicht doch eine Krise in jener bestimmten Lebens- und Zeitsituation gewesen? Es gehört zur Paradoxie Stifters, daß er in seiner »subjektiv« genannten Frühzeit ziemlich typisch ist, während die Art seiner Altersobjektivität einen Sonderfall darstellt. Er liebt Fanny Greipl, aber er fürchtet zugleich den Beruf, die soziale Einordnung, die die Voraussetzung zu der Ehe mit der Tochter eines wohlhabenden Bürgers ist; vielleicht fürchtet er auch die Ehe selbst. Jedenfalls ist ihm vorläufig die vollkommen freie Tätigkeit in Kunst und Wissenschaft lieber als der Besitz des geliebten Mädchens. Die Möglichkeit der Ehelosigkeit zugunsten von Kunst und Wissenschaft bestand durchaus, lag sogar ziemlich nahe in einer auf »Selbstlosigkeit« schwörenden Zeit. Man denke an das Leben von Grillparzer, Lenau, Platen. Freilich verrät schon die Formel Kunst *und* Wissenschaft, die beim jungen Stifter unumgänglich ist, die größere Spannweite seines Ansatzes. Wissenschaft, aber nicht die Jurisprudenz, die er zunächst studiert; denn diese praktische Berufsausbildung würde ja gerade dorthin führen, wo der Zwiespältig-Empfindsame am wenigsten stehen möchte, in die festgefügte, klare Ordnung der Gesellschaft. In der Erzählung *Waldgänger* (1847), die überhaupt viel Autobiographisches enthält, interpretiert der Dichter diese Berufsentscheidung selbst unter psychologischen und soziologischen Gesichtspunkten: der Held sei von Jugend an fast ganz einsam gewesen und nach dem Tod der Eltern sei es ihm vorgekommen, »als sei er der einzige Mensch auf der Welt, und sonst gäbe es keinen. Darum mochte es auch gekommen sein, daß er sich von der Rechtswissenschaft und den Staatslehren abgewandt hatte, welche überall eine Geselligkeit und einen Zusammenstoß von Menschen voraussetzen, die in lebendiger Leidenschaft, in Gunst und Abgunst auf einander wirken, die es für ihn nicht gab. Darum zog sich sein Herz zur Natur, gleichsam zu Dingen, die schon an und für sich da sind, die ihm nichts wollen, und deren Ähnlichkeiten schon gesellig mit seinen Eltern lebten, da er bei ihnen heranwuchs« (2. Am Waldhange). Diese Worte sind nicht nur ein persönliches Bekenntnis. Sie bezeichnen zugleich deutlich genug die eigentümliche Dialektik der Entwicklung, die das menschliche Leben seit dem 18. Jahrhundert bestimmt. *Der gesteigerte Subjektivismus führt zum Objektivsten, zur Natur.* Die Landschaft soll den in der Gesellschaft vermißten Frieden gewähren. Schon Hallers *Alpen* verdanken diesem Bedürfnis ihre Entstehung. Rein geschichtlich gesehen ist Hebbel nicht im Unrecht, wenn er Stifters Naturdichtung auf die Frühaufklärung bezieht; sie ist Physikotheologie oder, wie Brokkes programmatisch formuliert, *Irdisches Vergnügen in Gott,* Leibnizianische Weltenharmonie. Diese bleibt für Stifter immer eine leitende Idee. Ist sie in der Mitte des 19. Jahrhunderts nicht doch ein anachronistischer Rettungsanker?

Je objektiver, je wissenschaftlicher die Annäherung an die Natur geschieht, um so zweifelhafter wird sie, im Sinne eines Weges zum Heil und zu einer Befriedung des »Herzens«. Wer heute Stifters naturwissenschaftliche Belehrung, etwa seine *Winterbriefe aus Kirchschlag,* zur Kenntnis nimmt, wird beeindruckt durch seinen Sinn für Umweltfragen. Die Gesundheit des *Menschen* in der von der Zivilisation bedrohten Natur ist hier das Thema. Aber eben die humane Frage scheint der modernen spezialistischen Naturwissenschaft im Weg zu stehen. Trotz dieser durch Stifters *vielseitige* Interessen (Mathematik, Staatswissenschaft, Geschichte, Geologie, Geographie usw.) bestätigten Einschränkung seines Spezialistentums muß man, wie es scheint, davon ausgehen, daß sein Weg zur Natur im Sinne seiner Zeit wirklich wissenschaftlich gewesen ist und daß er ohne seine wie immer zu begründende Berufsscheu ziemlich sicher zu einem naturwissenschaftlichen Lehramt gelangt wäre[7]. Er tritt als Naturwissenschaftler neben Büchner, und die Wirkung, die die objektive Betrachtung der Natur zeitigte, scheint, auf der Grundlage des Wertherismus, zunächst von ähnlicher Art gewesen zu sein; denn in den frühen Erzählungen Stifters ist das Grauen vor einer sinnlos waltenden Natur noch ein konstantes Element. So können wir z. B. im *Waldgänger,* aus dem wir eben zitierten, auch die folgenden Sätze lesen: »Georg ist wieder allein... der rückgelassene, verdorrte Ast, wenn die neuen voll Kraft und Jugend zu neuen Lüften emporwachsen, in ihr Blau, in ihre Wolken, in ihre Sonne emporschauen, und nie zurück auf den, woraus sie entsprossen. Diese Söhne werden geradeso einst Briefe bekommen, daß ihr Vater gestorben sei, wie dieser Vater, als er in seinen Studien begriffen war, erfahren hatte, daß er keine Eltern mehr habe... – Und so wird es fort gehen, wie es von seinen Eltern her fort gegangen ist, wie es bei seinen Söhnen fort geht, und wie es bei dem Hegerbuben fort gehen wird, ... bis er auch wieder von seinem Sohne verlassen ist, und allein auf dem Schiffe steht, da es sinkt« (3. Am Waldrande). Die Stelle hat im Erzählganzen keine nihilistische Bedeutung, sie soll vielmehr zeigen, daß eine Ehescheidung mit biologischer Begründung (Kinderlosigkeit) zu verwerfen ist. Bei dieser Gelegenheit unterläuft dem Moralisten freilich eine Betrachtung des Generationsproblems, die noch typisch weltschmerzliche Züge hat und dem Familien- und Kinderkult des Biedermeiers krass widerspricht. Man mußte damals keineswegs eine weibliche Natur sein – so Gundolf über Stifter –, um Kinder für ein unersetzliches Gut zu halten. Zur Relativierung des zeitgemäßen Kinderkults hätte er als Katholik auch einfach auf die Unauflöslichkeit der Ehe hinweisen und sie human begründen können. Statt dessen gibt er ein trostloses Bild von der Generationsfolge; er zeigt sie so, wie sie sich rein naturgesetzlich, ohne menschliche Sinngebung, darstellt. Der Dichter muß, wie so viele seiner Zeitgenossen, das unmenschliche, grauenvolle Antlitz der Natur sehr genau betrachtet haben, und da er, ebenfalls wie seine Zeitgenossen, von der Vorstellung einer universalen Ordnung ausgeht, ist mit dem Sinn der Natur zugleich der Sinn des Menschen bedroht. Wiederum im deutlichen Widerspruch zum herrschenden Menschenbild der Zeit heißt es an einer berühmten Stelle der Erzählung *Zuversicht:* »Wir *alle* haben eine tigerartige Anlage, so wie wir eine himmlische haben«; der erste Teil des Satzes ist von jeher mehr aufgefallen, denn dergleichen Erkenntnisse finden sich sonst bei

Stifter nicht häufig. Sie sind Nachklänge der Zeit, da Stifter Gelegenheit hatte, seine eigene tigerartige Anlage kennenzulernen.

Amalie Mohaupt und die Natur: Stifters »kosmisches Erschrecken«

In Amalie Mohaupt trat ihm die Frau entgegen, die, schön und sinnlich wie eine Elementarmacht, den Dichter in ihren Bann zog und damit die Oberhand über des Dichters »himmlische« Liebe zu Fanny gewann. Stifter verzichtete keineswegs freiwillig auf die großbürgerliche Braut, so wenig wie Mörike auf seine Braut Luise Rau verzichtete. In beiden Fällen waren es wohl *Familienentscheidungen gegen den Künstler, der zwischen seiner Berufung und der normalen Berufskarriere schwankte.* Stifters Heirat mit Amalie Mohaupt, der Braut ohne Erbschaft, gab den Zerrissenen endlich für seine Berufung frei und sollte daher nicht sentimental beklagt werden. Johann Aprent, Stifters Eckermann, kommentiert die Ehe mit Amalie deutlich in dem genannten Sinn: »An dieser Stelle scheint es notwendig, die Frage nach den Subsistenzmitteln des Ehepaars zu beantworten. Damit nun verhielt es sich so: Stifter hatte die juridischen Studien absolviert und wäre, wenn er Hoffnung gehabt hätte, Fanny zur Gattin zu erhalten, wie die meisten seiner Kollegen in ein Amt getreten, um so bald als möglich zu Brot zu kommen. So aber schien es ihm keine Eile zu haben« [8]. Dem Dichter selbst erschien die Entscheidung, die sich objektiv als der Durchbruch zur poetischen Laufbahn erwies, eher wie eine Katastrophe. Er ist durch seine Unbeständigkeit, durch seine Leidenschaft für Amalie ähnlich erschreckt worden wie die junge Annette von Droste-Hülshoff durch ihre Doppelliebe (vgl. o. S. 596) und wie Mörike durch das Peregrina-Erlebnis (vgl. o. S. 696). »Was ist es nun mit dem Menschen, wenn er heute dieser ist und morgen jener?«. In solchen und ähnlichen Worten kommt die große Desillusion in den für Stifters Ausgangspunkt höchst bezeichnenden *Feldblumen* zum Ausdruck. Man muß diese biographischen Dinge, so ungewöhnlich das sein mag, mit der Entwicklung des Weltbildes zusammensehen; denn auch die Lebensläufe vollziehen sich im Rahmen *einer umgreifenden geschichtlichen Struktur.* Im geistigen und im äußeren Leben, in der Geschichte und in der Natur, überall stößt Stifter auf jene entsetzliche und scheinbar sinnlose Macht, für die er den Tiger, Lenau den Geier (vgl. o. S. 649) zum Symbol gewählt hat. Was hier vorgeht, nennt W. H. Rey mit einem sehr glücklichen Begriffe das »kosmische Erschrecken« Stifters[9]. Im *Condor* erscheint das Phänomen besonders handgreiflich, sogar im Zusammenhang mit dem höchst modernen technischen Problem des Weltraumschiffes. In anderen Erzählungen verbirgt es sich, wie wir schon angedeutet haben, in einem bestimmten Element und Untertone des Ganzen. Wenn z. B. in der Erzählung *Prokopus* der Sternenhimmel, der sich über der Fichtau spannt, »kalt« genannt wird und später nach der Beschreibung eines Hochzeitfestes noch einmal »kühl«, so weiß der aufmerksame Stifterleser schon, was er zu erwarten hat, obwohl die Erzählung bisher nur aus höchst episodischen »Beschreibungen« bestand. Es ist eine ähnliche kosmische Stimmung, wie die, welche in Grillparzers Tragödie *Des Meeres und der Liebe Wellen* weht (vgl. o. S. 101 f.). In der Natur und im Menschen selbst waltet etwas, das – so scheint es fast – kein Tempel, kein Weiser, keine »Sammlung« bezwingen kann.

Gesellschaftliche Einordnung und dichterische Produktivität

Stifter verehrte Grillparzer wie nur wenige andere (an Gustav Heckenast 22. 1. 1866)[10]. Das Drama lag in Wien, wo Stifter die entscheidende Epoche der frühen Mannesjahre verbrachte, nahe. Die Freunde drängten ihn zu dieser ganz österreichischen Dichtungsart (an Heckenast 9. 1. 1845), und scheinen dabei eine gewisse Resonanz gefunden zu haben. Daß das Drama keineswegs außerhalb seines Gesichtskreises lag, beweisen noch seine späteren Pläne (Kepler, Nausikaa, Lustspiele). Vorläufig ging er, im Leben und im Werk, nicht den Weg der Tragödie und der tragischen Vereinsamung. Indem er seiner moralischen Verpflichtung gegenüber Amalie Mohaupt durch Legalisierung des Verhältnisses genügte (1837), begann eine gesellschaftliche Einordnung, die von der erträumten sehr verschieden, genau besehen jedoch die bessere war. An dieser Stelle von Stifters Leben liegt die Wurzel für die Humanisierung und Heiligung des Elementaren, die fortan für ihn bestimmend wurde. In ähnlicher Situation entschied er sich ganz anders als der junge Hebbel (Elise Lensing!). *Fast gleichzeitig begann mit einer Fruchtbarkeit, von der der spätere Stifter nichts mehr wußte, die literarische Produktion.* Man darf sogar die Feststellung wagen, daß es in der Biedermeierzeit nur wenige Punkte gibt, an denen das oft rhetorisch verwendete Wort von der dichterischen Begnadung einen so guten Sinn hat. *Wenn Stifter keine Tragödien, keine Elegien, keine Epen, sondern Erzählungen für die üblichen, anständig honorierenden Zeitschriften und Almanache schrieb, so ist, bei der damaligen Bewertung der Novelle, auch dies als ein Akt der Einordnung und Demut zu verstehen.* Mit Staunen verfolgte die literarische Welt in ganz Deutschland, wie ausgerechnet in Österreich, im Land des Klassizismus, der Barocktradition und der Zensur, das bedeutendste Novellenwerk der Metternichschen Ära in rascher Folge erschien.

Der literarische Erfolg machte Stifter bis zum Jahre 1850 zu einer Art Berufsschriftsteller mit wachsenden Einnahmen. Dazu paßt, daß in dieser Zeit auch ein publizistisches Werk von ihm herausgegeben und zum Teil von ihm selbst geschrieben wurde: *Wien und die Wiener in Bildern aus dem Leben* (Pest 1844). Wien war schon oft von Fremden als Sehenswürdigkeit, als Hauptstadt beschrieben worden, jetzt versuchten Wiener Schriftsteller selbst, sich ein Bild von Wien zu machen (Enzinger). Da die Entdeckung der *nächsten* Umwelt zu den wesentlichen Leistungen, ja zu den Hauptkennzeichen des Biedermeiers gehört (vgl. Bd. I, S. 124), darf man behaupten, daß sich der junge Schriftsteller auch mit diesem Unternehmen in den unmittelbaren Dienst seiner Zeit und seiner Gesellschaft stellte. Trotz der engen Beziehung zum Buchmarkt, die Stifter auf diese Weise besaß, ist sein Abstand von den Jungdeutschen, selbst in sozialgeschichtlicher Hinsicht, unverkennbar. Er gab den Privatunterricht, von dem er seit seiner Schülerzeit gelebt hatte, nicht auf; er wurde nur immer anspruchsvoller in der Wahl seiner Schüler. Den gesellschaftlichen Prestigeverlust, den er durch die Absage einer großbürgerlichen Braut erlitten hatte, kompensierte er nicht nur durch seinen jungen Dichterruhm, sondern auch, gut österreichisch, durch die Beziehungen zu hohen und höchsten Adelskreisen. Der hauptstädtische Hintergrund des *Nachsommers,* der oft übersehen wird, hat autobiographischen Charakter und gibt der »Idylle« des Rosenhofes erst die richtige gesellschaftliche

Bedeutung. Stifter selbst erinnert in seinem autobiographischen Bericht für die »Katholische Welt« (26. Dezember 1867) mit Stolz an seine hohen Beziehungen in dieser Zeit: »Stifter hatte nach und nach Zutritt zu bedeutenden Menschen erlangt, insbesonders zu Andreas Baumgartner, Professor der Physik und nachmaligen Minister, ... dann in das Haus der Baronin von Münk, einer eifrigen Beförderin der Dichtkunst, die eben Stifter veranlaßte, daß er etwas drucken ließ, dann zu Anna, Fürstin von Schwarzenberg, der Witwe des Feldmarschalls Karl von Schwarzenberg, einer ungewöhnlich hochbegabten Frau, zu dem für alles Gute glühenden Grafen Ferdinand Colloredo von Mannsfeld, dessen Sohn Joseph er unterrichtete, der wie sein Vater alles Edle anstrebte, später Fürst wurde und Stifters inniger Freund blieb, endlich zum Fürsten von Metternich, dessen Sohn Richard er in den Jahren 1844, 1845 und 1846 in Mathematik und Physik unterrichtete, der nun österreichischer Botschafter in Paris ist« [11]. Er vergißt, wie man sieht, nie, zu bemerken, wie hoch seine Schüler in der gesellschaftlichen Hierarchie aufgestiegen sind. Er stattet die Aristokratie mit günstigen intellektuellen oder ethischen Fähigkeiten aus. Die Klimax seiner Beziehungen bildet der Unterricht im Hause des allmächtigen österreichischen Staatskanzlers. Besser als alle ideengeschichtlichen Begründungen läßt dieser schlichte, im abstrakten Witiko-Stil gehaltene Bericht seine tiefe Verwurzelung im österreichischen Vormärz erkennen. Gerade der Bub aus dem Walde, der Sohn des Volkes, der von dem Großbürger Greipl nicht als Schwiegersohn akzeptiert wird, findet durch seine vielseitigen Talente Anschluß an die höchsten Adelskreise der Kaiserstadt. Es ist eine geradezu ideale biedermeierliche Karriere, auf die der Wiener Adel gewiß stolz war. In der Stunde der Not wird er diese großzügige Anerkennung und Förderung durch Treue zu den Großen des Staats, durch eindringliche, öffentliche Belehrung und Warnung des Volks vergelten. Bis zum Ende seines Lebens wird er verkünden, daß die Freiheit, die dem Volk zu gewähren ist, von seiner Sittlichkeit abhängig gemacht werden muß. Diese Haltung setzt dem Liberalismus Grenzen, kann aber, durch den klaren Bezug zum Kern Österreich-Ungarns, nicht eigentlich provinziell genannt werden. *Witiko*, der Staatsroman, mit dem der Dichter seine Laufbahn krönt, ist *nicht verwunderlich, wenn man Stifters gesellschaftliche Stellung im letzten Jahrzehnt des Vormärz als Ausgangspunkt festhält.*

Die frühen Erzählungen

Lesen wir die von Max Stefl herausgegebenen *Urfassungen* von Stifters Erzählungen und nehmen wir dazu die andern, in den *Studien* und *Bunten Steinen* nicht neu bearbeiteten Früherzählungen, so wundern wir uns über ihre relative Reife und Selbständigkeit, – unter der Voraussetzung, daß wir uns von Stifters späterem Perfektionsprinzip nicht beeinflussen lassen, sondern die Werke im Zusammenhang der damaligen Novellistik, auch ihrer Meisterleistungen, betrachten. Man sollte von Früherzählungen, nicht von Urfassungen sprechen und unter diesem Titel alle vor 1848 erschienenen unbearbeiteten Erzählwerke herausgeben*. *Nirgends wird in Stifters Vormärznovellistik das Niveau der*

---

* Meine Bemerkung richtet sich gegen die Ausgabe von Max *Stefl*, weit verbreitet durch die

Droste, Gotthelfs, Mörikes unterschritten, und der eigentümliche Ton des Dichters herrscht bereits unverkennbar. Stifter selbst hat später, etwas mißverständlich, geäußert, er sei damals im Dienste der »Zeit« gestanden. Man kann für Zeit verdeutlichend Gesellschaft setzen; denn dem liberalen Zeitgeist der Jungdeutschen verfällt er nicht. *Vorläufig steht Stifter im Dienste des großen, bürgerlichen Lesepublikums.* Nirgends zerschneidet er das Band, das ihn mit seinen Raum- und Zeitgenossen verbindet. Er ist in dieser Periode ganz Wiener, ein ebenso selbstbewußter wie anpassungsfähiger Bürger der Kaiserstadt; auch den virtuosen Zug eines Grillparzer, Halm und Lenau erkennt man im Dichtertum seiner Frühzeit deutlich. Wenn man die langen »Beschreibungen« in diesen Erzählungen liest, so denke man ja nicht, der Dichter habe auf die Wirkung keinen Wert gelegt. Derlei liebte man im stoffhungrigen Vormärz, es gehörte zur »Novelle« (vgl. Bd. II, S. 976 ff., 1008 ff.). Man wußte die *Kunst* der Beschreibung, die Stifter mit Sorgfalt weiterentwickelte, zu schätzen, zumal er ausdrücklich auf diese seine Eigenart hinzuweisen und am Ende der Erzählung die Geduld des Lesers durch eine besondere Dichte des Geschehens zu belohnen pflegte.

Man hat von der »Verschleppungstechnik« des Novellisten Stifter gesprochen: Einem mehr als behaglichen Hauptteil folge ein Schluß mit einer »fast dramatischen Schnelligkeit« [12]. Die Beobachtung gilt für eine ganze Reihe von Erzählungen. Der junge Stifter ist zu sehr Gesellschaftsdichter, als daß er auf die Kunst, eine äußere Spannung zu erwecken, verzichten könnte, doch handhabt er sie schon in besonders anspruchsvoller Weise, insofern er den Leser so lange hinhält. Freilich gibt es auch Schlüsse ohne ein besonderes Ereignis, ohne Enthüllung u. dgl. So enthält z. B. die Erzählung *Prokopus* (1848), über der sich der kühle Sternenhimmel der Fichtau ausbreitet, auch in ihrem zweiten Teil nichts als die Beschreibung einer Ehe, die zeitlebens kühl bleibt, weil die Ehepartner allzu verschieden sind. Der Mann lebt mit seinem alten Lehrer zusammen, er beobachtet von einem Turme aus die Sterne, während sich die Frau nach einem schöngeordneten häuslichen Leben sehnt. Auch bei den *Zwei Schwestern* ist zu beobachten, daß den Erzähler die Beschreibung einer Berglandschaft am Gardasee und eines idyllischen Gartengutes so in Anspruch nimmt, daß der plot darüber zu kurz kommt und ausgesprochen skizzenhaft wirkt. Hier darf vielleicht von einer »Urfassung« gesprochen werden. Das Verhältnis des Gastes zu den zwei Schwestern bleibt offen. Wir fühlen uns an ähnliche Begegnungen in Laubes *Reisenovellen* (1834–37) erinnert. Selbst mit Heines italienischen *Reisebildern* könnte man vergleichen. Wer nur den Gegensatz von Romantik und Realismus kennt, wird die Frühfassung romantisch nennen, und wer gerne modernisiert, wird die erste Fassung wegen der fragmentarischen Handlung höher bewerten. In der Studienfassung hat der Erzähler nämlich alles schön aufgeräumt. Maria, die schon ihr Name als edel aus-

---

Buchgesellschaft in Darmstadt. Hier erscheinen die nicht bearbeiteten Früherzählungen *Die drei Schmiede ihres Schicksals, Zuversicht, Der Waldgänger, Prokopus* zusammen mit den tatsächlich späten Erzählungen unter dem irreführenden Titel *Späte Erzählungen.* In der von Alfred *Doppler* und Wolfgang *Frühwald* herausgegebenen historisch-kritischen Ausgabe (Stifter, Werke und Briefe) werden, abgesehen von den Studien 1 (4–6) und den zugehörigen Journalfassungen 2 (1), Frühe Erzählungen (3,1) und Späte Erzählungen (3,2) erscheinen [Angaben nach dem Prospekt des Kohlhammer-Verlags Stuttgart]. Wer *alle* Früherzählungen kennenlernen will, muß in dieser Ausgabe also die »Journalfassungen« mitberücksichtigen.

weist, verzichtet zugunsten ihrer musikalischen, daher gefährdeten Schwester auf den geliebten Mann und wird am Ende den Freund ihres Vaters, der die Geschichte erzählt, heiraten. Von beiden Paaren wird immer nur der Liebeswunsch des *einen* Partners erfüllt, womit der Dichter gut biedermeierlich die sittliche Überlegenheit der Ehe über die Leidenschaft betont. Realistisch ist die zweite Fassung insofern, als sie dem Kompositionsprinzip der zweiten Jahrhunderthälfte besser entspricht. Falsch ist dagegen die Behauptung, die Behandlung der Musik in der ersten Fassung sei noch romantisch [13]. Die praktische und vernünftige Gärtnerin Maria steht schon hier über ihrer gefährdeten Schwester. Falsch ist auch die Meinung, eine Musikerin wie Camilla wäre im *Nachsommer* nicht mehr möglich [14]. Der elementare Zitherspieler Joseph, von dem man nie weiß, wo er sich aufhält, der mit den Alpen in eins gesetzt wird [15] ist im *Nachsommer* sympathischer dargestellt als die morbide Camilla in der Erstfassung der *Zwei Schwestern*. Schließlich ist auch der offene Schluß nicht ohne weiteres romantisch, da man in der Biedermeierzeit die offenen Formen ebenso liebt wie in der Romantik und gerade bei italienischen Stoffen die Form des Reisebilds überaus nahe lag. Soviel nur als paradigmatischer Hinweis auf die durch das Romantik/Realismus-Klischee erzeugten Interpretationsfehler (s. u.).

Zum Eigenwert der Beschreibungen

Eine weitere Erzählung, die das starke Eigengewicht der Beschreibung belegen kann, ist der aus Gründen der epischen Integration oft getadelte *Waldgänger* (1847). Besonders der erste Teil (»Am Waldwasser«) enthält Erinnerungen an Stifters Waldbubenherkunft. Man kann direkt mit Aprents Biographie vergleichen, wobei allerdings offen bleiben muß, ob Stifters erster Biograph die Erzählung nicht naiv als Quelle benutzte. Beim *Waldgänger* darf man behaupten, daß hier der Dichter nur in besonders deutlicher Weise das Prinzip der Verschleppung anwendet; denn der Schluß ist geradezu effektvoll. Ein offenbar ganz glücklich zusammenlebendes Ehepaar trennt sich wegen seiner Kinderlosigkeit und bleibt auch beim späteren Zusammentreffen ohne Nachsommer, obwohl die Frau, von der der Trennungsvorschlag ausging, eine zweite Heirat nicht übers Herz brachte und der Mann die zweite Frau bald wieder verlor. Gerade an dieser Erzählung läßt sich nachweisen, daß die Vorstellung von Stifters »Modernität«, im Sinne einer *grundsätzlich* langweiligen, stoff- und erzählfeindlichen Stilhaltung, für die in der Biedermeierzeit wurzelnde Novellistik des Dichters völlig falsch ist [16]. *Er hat nur eine neue, der Landschaftsbeschreibung größeren Raum lassende Spannungstechnik entwickelt,* was, vom Biedermeier her gesehen, als geniale Erfindung erschien und der Hauptgrund seines raschen Erfolges gewesen sein dürfte. Man hat, im Vergleich mit Hölderlin und Jean Paul, wohl mit Recht festgestellt, daß sich bei Stifter »der Aufstieg der Landschaft... vollendet« [17]. Dies gilt ja wohl auch für die bildkünstlerische Landschaft des Biedermeiers.

Möglich erscheint, daß *Prokopus* und *Der Waldgänger* deshalb nicht umgearbeitet wurden, weil sie nicht so leicht zu einer wohlabgerundeten Gestalt weiterentwickelt wer-

den konnten. Wahrscheinlicher ist, daß nicht erzähltechnische, sondern inhaltliche Anstöße den Ausschlag gaben, der allzu dichte Bezug zu eignen Eheproblemen (ungeistige
Frau, Kinderlosigkeit) und, wie in den *Drei Schmieden ihres Schicksals* (1844) und in
Zuversicht (1846), die sittliche Anstößigkeit der Stoffe, ihr Abstand vom bürgerlichen,
Moral und Verklärung verlangenden Publikum. Jedenfalls läßt sich nicht behaupten, daß
lange Beschreibungen Umarbeitungen verhinderten oder daß die Beschreibungen rigoros
getilgt wurden. Während Stifter hinsichtlich der Komposition der neu heraufkommenden »künstlerisch« (klassizistisch) argumentierenden Kritik des Realismus Rechnung
trug, blieb er, wie *Der Nachsommer* zur Genüge belegt, beschreibungsfreudig, ein Hinweis auf die *tiefe Verwurzelung dieses statischen Erzählelements in seiner Dichtung.*
Auch die gleichzeitige Kritik war in der Regel dankbar für die Beschreibungen, besonders
wenn diese in fremde Länder einführten wie *Abdias* und *Brigitta.* Sogar im damaligen
England, dem man am wenigsten unepischen Geist vorwerfen kann, wird *Brigitta* vor allem als eine Einführung in das gegenwärtige Ungarn gerühmt[18]. Derselbe Rezensent
vermutet richtig, daß der Dichter im Böhmerwald zu Hause ist; er hat volles Verständnis
für die Einbeziehung dieser Landschaft in Stifters Novellistik: »Here, then, may still be
found in undisturbed power the awfulness as well as the beauty of forest and mountain
scenery; the deep impressiveness of which is to the German what the ocean influences are
to the English poet« [19]. Den Anlaß zu dieser Rezension gab die englische Übersetzung
der *Studien,* die zum Zeitpunkt der Rezension (26. August 1848) allerdings noch nicht
vollständig erschienen waren. Der Rezensent, der den Namen des Autors zum erstenmal
hört, erkennt sogleich seine Bedeutung und erwartet viel von ihm. Sogar Levin Schük-
king, der richtig die historische Verwandtschaft von Stifters *Haidedorf* und Annettes
Heidebildern sieht, sonst aber beckmesserisch behauptet, man könne »in den Rahmen
der Erzählung wohl das Historienbild, das Genrebild, ja sogar das Tierstück, aber nicht
die bloße Landschaft spannen«, der also gerade die Erfindung Stifters angreift, rühmt
wenige Zeilen später Stifters »vortreffliche Darstellung ungarischer Szenerien«. Ein anderer Rezensent begeistert sich für den »Steppensonnenuntergang« in *Brigitta,* für »die
Schilderung des unter der Last des Eises brechenden Hochwaldes« und für »die Beschreibung des Meeres von hohem, zur Küste jäh abfallendem Gebirge aus... in *Abdias*«. Die
Beschreibung, meint er, ist »nur der Schmuck, nur die schöne[!] Form«, nicht »die Seele
der *Stifter*schen Muse« [20]; aber ein gewissenhafter Rezensent – das erkennt er – darf
diese Seite der Novellen nicht übergehen. Erzählungen mit ausgedehnten Beschreibungs-
teilen müssen formengeschichtlich als Übergänge zur Beschreibung gesehen werden, die
eine eigene Gattung bildet (vgl. Bd. II, S. 1008) und die der Dichter bezeichnenderweise
auch kultiviert hat (*Wien und die Wiener,* s.o.). Vor dem Herunterspielen der Beschrei-
bungsteile, zu dem fast alle Interpreten neigen, ist zu warnen. *Es handelt sich um eine
Mischform, wie so oft in der Biedermeierzeit.* Doch darf eine solche, nach unserm heutigen Verständnis und eigentlich schon seit der Romantik, nicht mehr als ästhetisch
schlechte Form gesehen werden*.

---

* Das große Interesse, das der besonders beschreibungsreiche *Waldgänger* seit den fünfziger Jahren findet (z.B. Walter *Rehm,* Der Waldgänger als Dichtung der Reue, in: Symposion Bd. IV, 1955,

Die »Beschreibung« und das Genrebild, also die typische Darstellung *menschlicher* Szenen (vgl. Bd. II, S. 1029 ff.), behalten auch innerhalb der Erzählungen Stifters einen gewissen Eigenwert. Beschreibung und Erzählkörper sind meistens klar voneinander getrennt. Die Grenze wird manchmal sogar ausdrücklich bezeichnet. Von der schlichten Tatsache dieser *Zweischichtigkeit* muß man von vornherein ausgehen. Wer nicht mit ihr rechnet und Stifters Erzählungen so behandelt, als ob es Novellen von Heyse, Storm, Keller oder C. F. Meyer wären, wird in den Fehler der Überinterpretation verfallen. Es muß leider gesagt werden, daß die falsche (symbolistische) Interpretation der Beschreibung in der Stifter-Forschung fast die Regel bildet. Wenn man sich fragt, was Stifter persönlich zu diesem Typ der Erzählung geführt haben mag, so denkt man gewöhnlich zuerst an seine Neigung zur Malerei. Manche Stellen der Erzählungen fordern zur Übersetzung ins Optische heraus. Hinter dieser Vorliebe für die Raumkunst steht jedoch seine Neigung zum Räumlichen überhaupt. Stifter beschreibt ja nicht nur die Landschaft und die einzelnen Gegenstände der Natur; er verräumlicht auch die menschliche Welt, indem er mit Vorliebe Häuser, Zimmer, Kleider, Feste, Gärten, Felder und das Leben des Landvolkes beschreibt. Eine ganze Reihe von Erzählungen läßt schon den *Nachsommer* ahnen. Man erkennt eine »Flucht zu Themen, die seine Personen in einen abgeschlossenen Raum stellen«, weil nur so das Seelische im »äußerlich Wahrnehmbaren« angedeutet werden kann [21]. Die Erzählung selbst hat es notwendigerweise mit einem Nacheinander in der Zeit zu tun, aber ihr mißtraut der Erzähler schon jetzt. Die Zeit bringt die Unruhe, die Bedrohung des Friedens, manchmal das Verhängnis, immer aber erinnert sie an die Vergänglichkeit des menschlichen Lebens. Stifter empfindet, wie wir am Beispiel des *Waldgängers* sahen, ein Grauen vor dem sinnlosen Wechsel von Jugend und Alter, Geburt und Tod. In der Jugend weicht er der Zeit noch nicht so entschieden aus; aber das Zeitgemäße ist ihm stets verdächtig. Den »Robespierre« schrieb er nicht; doch haben wir vielleicht eine Episode aus dem Roman [22]. An der Französischen Revolution interessiert ihn hier nur, wie ein Mann, der seinen Vater liebt, in einem Entscheidungsmoment sich so vergißt, daß er den Vater erschießt (*Zuversicht,* 1846). In der Erzählung von einem Befreiungskrieger verdeutlicht er das Ensemble von Krieg, Ehebruch und überspanntem Ehrbegriff *(Das alte Siegel).* Barockes Erbe und modernes naturwissenschaftliches Denken erzeugen bei Stifter das gleiche Mißtrauen gegen »große Zeiten«, die gleiche Vanitas-Stimmung. Der Raum oder, wie Stifter selbst zu sagen pflegt, die Welt der »Dinge« ist verläßlicher als die Zeit, fester, klarer, dauerhafter.

Er will von diesen Dingen in allem Ernst eine Vorstellung vermitteln. Die Leser sollen seine oberösterreichische Heimat kennenlernen, er nennt die Orts- und Flurnamen ausdrücklich, so daß man auf seinen Spuren wandern kann. Auch die allgemeineren naturwissenschaftlichen und volkskundlichen Beschreibungen haben, nach dem Sinne dieses

---

S. 351–366; Walter *Weiss,* Adalbert Stifter Der *Waldgänger,* in: Germanistik in Forschung und Lehre, Vorträge und Diskussionen des Germanistentages in Essen 1964, hg. v. Rudolf *Henß* und Hugo *Moser,* S. 169–177; Rosemarie *Hunter,* Kingston, Wald, Haus und Wasser... Zu den Zentralsymbolen in Stifters Erzählung »Der Waldgänger«, in: Vasilo Jg. 24, 1975, S. 23–36) wird damit gattungsgeschichtlich bestätigt. Doch enthält der Charakter der »Mischform« auch eine Warnung vor einer ästhetizistischen Überinterpretation der *frühen* Erzählung!

Dichters, ihren Eigenwert. Neben der Malerei taucht also die Wissenschaft als ein tragendes Element der Beschreibungen und damit der Erzählungen empor. Man muß, um die ursprüngliche Intention Stifters zu treffen, geradezu von einer wissenschaftlich-poetischen Mischgattung sprechen, so sehr dies dem betont künstlerischen Programm der deutschen Realisten widersprechen mag. Um die geschichtlichen Voraussetzungen dieser Kombination zu verstehen, ist nicht nur an Brockes, Haller und an die gesamte, dem englischen Empirismus entstammende »beschreibende Poesie« zu denken, sondern auch an das romantische Programm der Universalpoesie und an den Roman der Spätaufklärung, aus dem es abgeleitet ist, an die gelehrten, Bildung vermittelnden Romane Wielands und vor allem an *Jean Pauls Romane, die enzyklopädisch gedacht sind* [23]. Schon aus diesem Ansatz ergibt sich Stifters Weiterentwicklung zum Roman.

Der Grund für die Nachbarschaft von Dichtung und Wissenschaft (Didaktik)

Freilich ist die Wissenschaft, auch die Naturwissenschaft, in Stifters Denken ebensowenig autonom wie die Dichtung. Über beiden Formen des menschlichen Weltverständnisses steht das Gesetz *göttlicher* Wirklichkeit und Wahrheit. Die Wissenschaft, wie er sie versteht, bedient sich noch nicht der Formel, sondern der Sprache; schon dadurch wird das wissenschaftliche Denken in der Dichtung möglich. Die *Winterbriefe aus Kirchschlag* (1866) lassen erkennen, daß Stifter bereits die chemische Zusammensetzung von Luft und Wasser kennt. Trotzdem denkt er in den *alten* Elementen, wie die Einteilung der Abschnitte verrät (Licht, Wärme, Elektrizität[!], Luft, Wasser, »Gefühle« [!]). Die unter dem Titel *Zur Psychologie der Tiere* veröffentlichte Studie enthält in der Hauptsache Tierbeobachtungen, ja -geschichten, z. B. vom Bock in der Kirche. Dabei ist nicht nur an einen horizontalen Übergang zwischen den Bereichen des Erkennens und des Dichtens zu denken. Nach Stifters Überzeugung bestehen höhere Beziehungen zwischen Wissenschaft und Dichtung, Beschreibung und Erzählung, unbeschadet ihrer relativen Selbständigkeit. Nur in diesem ontologischen Sinn lassen sich Stifters Erzählungen als Einheit deuten. Leider wurde die Warnung vor einer übermäßigen Verwendung der symbolischen Interpretation, die Lunding schon 1955 aussprach [24], nicht genügend beachtet – aus Abneigung gegen die »deutsche Metaphysik«, wie ich vermute. Georg Schirges, der in Gutzkows *Telegraphen für Deutschland* die beiden ersten Bände der *Studien* (1844) rezensierte, kam dem Dichter näher, weil er Stifter weder realistisch noch ästhetizistisch interpretieren mußte. Er erkennt zunächst, daß die *Studien* »das Ergebnis einer *poetisch wissenschaftlichen Anschauung des kosmischen Ganzen*« sind. Dann aber fährt er fort: »Der *Mensch,* wie ihn A. *Stifter* schildert, steht da, ein großes, schönes *Wunder,* mitten in der *wunderschönen Welt;* er ist nicht allmächtig, er ist nicht allweise, aber er ist stark und klug... Und diese Muttererde, auf der er wandelt, liegt nicht tot, nicht gefühllos zu seinen Füßen; sie ist ein großer, beseelter Leib, an dem jede Fiber vom Hauche des Schöpfers lebendig zittert. Es ist *eben soviel Metaphysik* in diesen Studien, als *Poesie* in ihnen« [25]. Der Zeitgenosse trifft die Intention des Dichters recht genau. Die äußeren Dinge sind in Stifters Erzählungen nicht nur Symbole der menschlichen Stimmungen und Schicksale.

Sie haben Eigenwert, und verbinden sich meist nur mittelbar, auf dem Umwege über ein kosmisches oder göttliches Gesetz mit dem menschlichen Bereich. Ein Beispiel so »abstrakter« Verknüpfung war der Begriff der Kälte in *Prokopus;* er kennzeichnet sowohl den Weltenraum, den der Titelheld erforscht, wie seine Ehe, die nur Natur ist. Die verhältnismäßig lockere Kompositionsform der frühen Stifterschen Erzählungen entspricht also der Tatsache, daß der humane Bereich und die ästhetische Form nicht in sich selbst geschlossen, sondern gegenüber der umgreifenden, physischen und metaphyischen Wirlichkeit offen sind.

Das »Vermeiden der Seelenkunde«, auf das Emil Staiger aufmerksam gemacht hat[26], ist im gleichen Zusammenhange zu sehen. Beim Stifter der Früherzählungen könnte die Feststellung zunächst verblüffen, denn es ist nicht zu bestreiten, daß er seine Beschreibungskunst ausdrücklich und häufig auch den »Charakteren« zugute kommen läßt. Sie scheinen sehr individuell zu sein, denn der Dichter vergegenwärtigt sie mit suggestiver Anschauungskraft. Ein Musterbeispiel dafür ist die Titelfigur des *Hagestolz.* Trotzdem beziehen sich auch die Charaktere fast immer auf das kosmische und göttliche Ordnungsprinzip, das über jeder einzelnen Erscheinung waltet. Wenn der Bezug nicht klar ist, wie im *Abdias,* gibt es darüber heftige Kontroversen in der Stifterliteratur (s. u.). Die Figuren spielen eine bestimmte Rolle, die repräsentativ ist, – oft eine närrische Rolle. Das Narrentum kann bei Stifter, mittelalterlicher und barocker Tradition gemäß, in *komischer* Form erscheinen, so in den *Drei Schmieden ihres Schicksals* und im *Waldsteig.* In der ersten Erzählung wird ein Heldenjüngling auf die pikante Art des Rokoko von seinem Stoizismus geheilt: ein mondsüchtiges Mädchen legt sich zu ihm ins Bett. Die zweite zeigt mit sanfterer Ironie, doch gleichfalls durch die Bekehrung zu Liebe und Ehe, die Heilung eines Junggesellen von seiner Hypochondrie. Mit Recht ist festgestellt worden, daß der Humor bei Stifter »nie Dichtungsprinzip, sondern nur ein peripheres Element« ist und daß damit der Österreicher stets Abstand von dem auf das Humor-Prinzip eingeschworenen, relativierenden und »metaphysikfeindlichen Realismus« hält[27]. Was hier als österreichisch angesprochen wird, gilt für die gesamte Biedermeierzeit. Den absoluten, alles verzeihenden Humor gibt es bei Heine so wenig wie bei Stifter (vgl. Bd. I, S. 635 ff.). Aus diesem Grund findet man bei Stifter häufiger eine Art *tragischen* Narrentums. Auch dabei kann die Ehe die hinter dem Menschlichen stehende höchste Ordnungsmacht repräsentieren: *Der Hagestolz, Der Pförtner im Herrenhause* (später *Turmalin*), die Geschichte von Julius und Chelion in der *Narrenburg, Brigitta.* Völlig ausgeschlossen ist die Aufwertung ordnungswidriger Personen mit Hilfe des Geniebegriffs[28]. Die tragische Ordnung hat selten das *letzte* Wort; aber sie erscheint als eine Möglichkeit und Gefahr. Es gibt auch schon das Narrentum der Ansteckungsangst in einer sehr ernsten Gestalt (*Die Pechbrenner,* später *Granit*). Ein Beispiel der närrischen Sucht, um jeden Preis Kinder haben zu wollen, lernten wir bereits kennen *(Waldgänger).* Abdias ist ein Geld- und Kindernarr zugleich; schon die ins Groteske gesteigerte Charakterisierung verrät, daß Stifter ein Ordnungsprinzip jenseits des Tragischen verehrt. Eben darum ist es überhaupt möglich, auch bei ernster Darstellung von einem Narrentum in Stifters dichterischer Welt zu sprechen[29]. Gelegentlich, im *Armen Wohltäter* (später *Kalkstein*), erscheint schon, wie in Grillparzers *Armem Spielmann* und dann bei Raabe, der tugendhafte Held in der äußeren Gestalt eines Narren und Kauzes. Hier mag man mit Vorsicht von Gesellschaftskritik sprechen[30]. Doch ist die gesellschaftliche Einordnung des frühen Stifter zu entschieden, als daß normalerweise Sein und Schein in so schroffer Weise auseinanderfallen könnten. Der didaktische und parabolische Charakter seiner Früherzählungen ist nicht so leicht zu erkennen wie der von Gotthelfs gleichzeitigen Uli-Romanen und von Stifters späteren Romanen. Eben die Gesellschaftsunmittelbarkeit des Frühwerks bringt es mit sich, daß die Parabolik eher verdeckt als aufdringlich betont wird. Das fabula docet am Ende des *Waldgängers* ist die Ausnahme. Das vielumrätselte Offenlassen des Zusammenhangs von Schuld und Schicksal im *Abdias* erscheint, trotz der klareren Eingangsreflexion, eher als die Regel. Selbst Stifters Parabel *Der späte Pfennig* ist eher »geheimnisvoll«, d.h. die Salondiskussion fördernd, als gezielt didaktisch. Doch verrät schon die bloße Existenz der Parabel, daß Stifter, im Gegensatz zu den Realisten, die direkte Lehrhaftigkeit nicht prinzipiell befehdete.

Noch keineswegs »sanfte« Hauptmotive

Die Bedrohung der Ordnung und des mit der Ordnung gegebenen Glücks ist dem jungen Stifter stets gegenwärtig. Deshalb braucht er *kräftige, ja grelle Motive*. Das Elementare verkörpert sich in allen möglichen Gestalten des Natur- und Menschenlebens. So sehr es im einzelnen »versinnlicht« wird, – es ist immer wieder die *eine* scheinbar blinde Macht, die einst das Grauen des jungen Stifter erregte und mit der er sich noch immer auseinandersetzen muß. Es erscheint als Selbstmord und Mordgedanke, als Ehebruch und Scheidung, als Hagelschlag, als Krieg und Seuche, winterliches Gebirge, Wüste und Feuersbrunst, als Geldgier, als sozialer Stolz, als dämonische Vereinsamung. *Stifter dramatisiert die inner- und außermenschlichen Elementargewalten nicht so stark, wie das sonst in dieser Zeit üblich ist.* Er läßt die Höhepunkte des Geschehens gern in die Pause fallen[31] und schreit die Leidenschaften nicht hinaus; aber eben damit verleiht er ihnen den Charakter des Unheimlichen und Überwältigenden. Wahrscheinlich ohne es direkt zu beabsichtigen; denn Stil und Sprache zeigen trotz des vielbesprochenen Jean-Paul-Einflusses schon jetzt in den Früherzählungen die Richtung, die zu Maß und Harmonie, zum »sanften Gesetz« führen wird. Kein allzu jähes Auf und Ab, keine zu scharfen Kurven, sondern milde Überganglichkeit und eine fast elegante Flüssigkeit bestimmen den Charakter seiner jugendlichen Diktion.

Nach den Gesetzen der Rhetorik, die der Dichter in Kremsmünster gelernt hatte, müssen große Ereignisse mit großen Worten wiedergegeben werden. Stifter weiß von vornherein, daß sich schwer sagen läßt, was klein und was groß ist, weil kleine Ereignisse die größten Folgen haben können. Schon im *Julius* (frühestens 1829) heißt es: »Verachtend schaut der Mensch oft auf das Sandkorn nieder, über dem er später sich den Hals bricht.« Es ist eine freie Übersetzung der Ovid-Stelle, die kurz zuvor zitiert wird: »Omnia sunt hominum tenui pendentia filo.« In der Erzählung bezieht sich dieser Kommentar auf den Umstand, daß der arme Maler Julius auf Maria, die Tochter eines adligen Gutsbesitzers, verzichten will, aber dem Vorsatz nicht treu bleibt, als ihn der handfeste Vater und Major kurzerhand mit dem Wagen ins Schloß holt. Der Dichter erzählt, daß Julius »in heißer Liebe gegen sie entbrannte, u[nd] sich schwor, er wolle nimmer von dem Mädchen lassen, u[nd] sollte er mit allen Freyherren in der Welt, u[nd] mit der Hölle u[nd] mit dem Hi[m]mel darob in Streit fallen«. Es ist die typische hyperbolische Sprache (große Worte für große Liebe), wie sie bei Tieck, Hoffmann und auch bei den kleinen Erzählern sich findet. Wenn dagegen der Maler auf die Einladung zum Wiederkommen, die der Freiherr und seine Tochter nach dem Besuch aussprechen, gar nichts erwidert, dann glaubt man schon, Stifter selbst durchzufühlen: »Er erwiederte nichts sondern erhob sich in dem Sattel, u[nd] das Mondlicht fiel in das schöne Gesicht, von dem die Ruhe glänzte«[32]. Die Beleuchtung erinnert an den jungen Schöngeist Stifter, der Künstler als Helden bevorzugte; aber in dem Schweigen und in der »Ruhe« des Reiters ist schon ein Stück Witiko[33]. Es soll damit nichts gegen den von der Stifter-Forschung und schon von der zeitgenössischen Kritik festgestellten Jean-Paul-Einfluß gesagt werden; ja, ich stimme Hofmannsthal zu, wenn er bemerkt: »Stifter: die Leidenschaft und verzückte Schwärmerei wie bei Jean Paul der Urgrund«; denn er fügt hinzu: »Angst vor der Leidenschaft, damit sie den Weltenspiegel des eigenen Ichs nicht trübe und dieses als epische und höchstens hymnische Idylle die reinste Objectivität gewinne«[34]. Die Schwärmerei äußert sich nicht mehr offen, sondern sie verbirgt sich hinter den Dingen. Gerade da, wo sich Stifter durch Brief und Tagebuch der immer noch modischen Empfindsamkeit zu nähern sucht, bemerkt man seine Reserve gegenüber der Rhetorik, die »Ruhe«, ja die Anmut von Stifters Stil. Man darf die *Feldblumen* mit ihrer naiven Freude am Reichtum und mit der geradezu märchenhaften Handlung eine biedermeierliche Kontrafaktur von *Werthers Leiden* nennen. Es ist neben der Schule des Salonerzählers Tieck – *Die drei Schmiede ihres Schicksals* bezeugen am deutlichsten sein Vorbild – wohl vor allem der Ton der Hauptstadt, der ihn von *Werthers Leiden* wie auch von Jean Paul entfernt. Wohl wird in den *Feldblumen* die »freie gewaltige Residenzstadt der Natur« (3. Kleinwinziger Zentunkel) gegen die menschliche Hauptstadt ausgespielt; aber es gibt auch den Kommentar: »gehoben, lirisch, schwärmend und genugsam komisch« (5. Nachtviole). Oder: »Sentimentalität macht ihn zuweilen unleidlich und derselbe hat auch verschrobene Begriffe« (6. Wiesenbocksbart). Oder: »In Weidling am Bache will ich zu Mittag essen und dort im Kastanienschatten male ich für Sandi Hirsche und Reiter, um einmal ein Kind zu sein und einen rechten Idyllentag herumzubringen« (9. Schwarzrote Königskerze). Bei so viel bewußter Naivität und bei einem so wachen Sinn für die Komik schwärmerischer Zustände hat man sich, genau besehen, schon weit von Geßner, Werther und Jean Paul entfernt.

Die Originalität und der Eigenwert von Stifters frühen Erzählungen

Die *rasche* Entwicklung zum eignen Stil, über die sich die Stifter-Forscher oft gewundert haben, kündigt sich für den Leser, der die Sprache der Zeitgenossen kennt, schon in den frühesten Werken an, selbst an der berühmten *Feldblumen*-Stelle, die ein Wunschbild des Lebens gibt und die die Jean-Paul-Lektüre des Erzählers direkt belegt: »Sommerabends, wenn ich für die Blumen die Fenster öffnete, daß ein Luftbad hereinströme, säße ich im zweiten Zimmer, das das gemeine Wohngehäuse mit Tisch und Bett und Schrank und Schreibtisch ist, nähme auf ein Stündchen Vater Hans Paul zu Handen oder schriebe, oder ginge hin und wider, oder säße weit weg von der Abendlampe und schaute durch die geöffneten Türflügel nach Paphos hinaus, in dem bereits die Dämmerung anfinge, oder gar schon Mondenschein wäre, der im Gegensatz zu dem trübgelben Erze meiner Lampe schöne weiße Lilientafeln draußen auf die Wände legte, durch das Gezweig spielte, über die Steinbilder glitte und Silbermosaik auf den Fußboden setzte. Dann stellte ich wohl den guten Refractor von Fraunhofer, den ich auch hätte, auf, um in den Licht- und Nebelauen des Mondes eine halbe Stunde zu wandeln, dann suchte ich den Jupiter, die Vesta und andere, dann unersättlich den Sirius, die Milchstraße, die Nebelflecken, dann neue, nur mit dem Rohre sichtbare Nebelflecken gleichsam durch tausend Himmel zurückgeworfene Milchstraßen. In der erhabenen Stimmung, die ich hätte, ginge ich dann gar nicht mehr in das Gasthaus, sondern...« (2. Veilchen). Es gibt die bekannten Metaphern des Frühstils (Lilientafeln, Silbermosaik) und die großen Worte (»unersättlich«, »tausend Himmel«, »erhabene Stimmung«); aber sie können *die Ruhe und Stetigkeit des Erzähltons* nicht stören. Kein kleinteiliges Auf und Ab, je nach dem Gegenstand, von dem gesprochen wird, sondern die zusammenhängende Vision eines Wunschlebens. Die zahlreichen Details, z. B. die vier Möbel des »zweiten Zimmers« und die Gestirne Jupiter, Vesta, Sirius, Milchstraßen neutralisieren den rhetorischen Aufwand schon bis zu einem gewissen Grade. Andrerseits stört der Refraktor des Physikers Fraunhofer nicht die poetische Stimmung, denn auch sein Besitz ist nur ein Wunschbild, und er verstärkt die magische Verbindung mit dem kosmischen Raum. Man darf daher behaupten, daß sich schon im Stil der ersten Fassung die Ersetzung Jean Pauls durch Goethe an der entsprechenden Stelle der Studienfassung ankündigt[35].

Sicherlich gibt es in Stifters Früherzählungen Stellen, die das magische Ich noch nicht hinter die Dinge zurücknehmen, sondern es im Gegenteil rhetorisch aufdonnern. In der ersten Fassung der *Narrenburg* liest man z. B.: »Ich war der Mittelpunkt des All, der Schlußstein des millionenjährig bisher Geschehenen, so wie du es auch sein wirst, mein einstiger tausendjährig später Sohn, und dein Sohn nach wieder tausend Jahren wird es ebenfalls sein« (3. Der rote Stein). So hybride Redensarten konnte der Dichter bald nicht mehr hören; er strich sie vollständig. Andre milderte er. Soviel ich sehe, ist der sprachstilistische Abstand der Urfassungen von den *Studien* nicht so groß wie der erzähltechnische. Doch sind in diesem entstehungsgeschichtlich höchst komplizierten Werkbereich verallgemeinernde Aussagen immer etwas problematisch. Schon aus chronologischen Gründen gibt es große Unterschiede der Bearbeitungsintensität; denn in den Jahren 1844–50 veränderte sich Stifters stilistischer Geschmack rasch. Aus diesem Grund darf man sich nicht wundern, wenn es auch in den *Studien* noch vieles gibt, was an die metaphorische und allegorische Sprache des Vormärz erinnert, z. B. eben in der *Narrenburg:* »Der Geier, der an seinem Gehirne fraß, das Mißtrauen an sich selbst, stand auf, und schlug ihm die düstern Flügel um das Haupt« (2. Das graue Schloß). Es ist nicht so, daß die Begriffe für den Dichter ihre Realität gänzlich verlieren; auf dieser Macht der Begriffe beruhte ja die Allegorie. *Nur die Vergegenwärtigung ihrer Macht wird leiser, unmerklicher und insofern moderner.* So ist z. B. die schöne, wilde Gabriele, die den Gatten der unschönen Brigitta zur Untreue verlockt an keiner Stelle als Individuum und damit »realistisch« vergegenwärtigt. Sie ist nur der Inbegriff der sinnlichen Schönheit. Aber diese Venus erscheint weder als Marmorbild noch als Nixe (Undine, Melusine), – sondern in der gesellschaftlichen Vermummung einer Gräfin. Nur der höhere Stand erinnert leise an den Abstand und an die Unmenschlichkeit der Frau Venus. Ja, Gabriele muß gar noch sterben, damit ja kein Strahl der kosmischen Kälte, die im Eros wirkt, den Nachsommer des wiedervereinigten Paars bedrohe.

Das Gesetz der Ruhe und Verhaltenheit, das die Sprache immer unrhetorischer, immer spröder macht, bestimmt also auch die Behandlung der Motive, so wild sie sein mögen. Man denke z. B. an den familiären Rahmen, in den die an sich grauenvolle Erzählung aus der Pestzeit (in den *Pechbrennern*) eingelegt wird. Das ist nicht nur ein ästhetisch distanzierender Rahmen, wie z. B. in Meyers *Hochzeit des Mönchs,* sondern die durch *Die schwarze Spinne* jedermann gegenwärtige biedermeierlich-familiäre und biedermeier-religiöse Einkapselungstechnik. Der Großvater, die Mutter, ein Kind, historische Bemerkungen über die Pestzeit, der Anblick des jetzt harmlosen Schauplatzes, die Nachtlampe in der Wohnstube und schließlich sogar Abendgebet und Bekreuzigung – alles das wird aufgeboten, um dem erschreckten Leser das Gefühl der Geborgenheit wiederzugeben*. Oder man denke an die Erzählung *Katzensilber,* in der das Elementare zum eigentlichen Gegenstand wird. Es erscheint nicht nur als lebensgefährlicher Hagelschlag und Brand, sondern auch in der mythischen Gestalt des »braunen Mädchens«, das sich in diesen Nöten als hilfreich erweist. Der Dichter taucht, ohne eines Rahmens zu bedürfen, die ganze Erzählung in eine Flut von Mütterlichkeit, Großmütterlichkeit und Idylle. Sogar das Elementarwesen wird, wie Mörikes schöne Lau, ins Haus gezogen und einigermaßen humanisiert. Dann freilich erinnert wieder, wie bei Mörike, das Verschwinden des Mädchens an die Grenze, die zwischen Natur und Mensch gesetzt ist. Vielleicht darf man eine Analogie zwischen dem immer gleichmäßigeren Sprach- oder Erzählstil und der immer stärkeren sittlichen Kraft von Stifters frühen Erzählungen herstellen; denn auch diese soll ja in erster Linie *Kontinuität,* Zusammenhang in unserm von den Leidenschaften und Gelegenheiten bedrohten Leben schaffen. Nicht die Romantik, im Sinne einer Orientierung an den höheren Mächten, sondern der in der Biedermeierzeit wieder so stark wirkende, aus dem Rokoko herkommende Okkasionalismus (vgl. Bd. I, S. 602 f.), die Göttin Gelegenheit Goethes, ist der Feind, den Stifters Moral bekämpft. Hätte Hugo in der Erzählung *Das alte Siegel* der Frau, die er besaß und von der er nicht wußte, daß sie verheiratet war, nach dem Tode ihres Mannes die Treue gehalten, statt sie als Ehebrecherin zu ver-

---

* Rudolf *Wildbolz,* der in Stifter einen latenten Nietzsche sieht und daher das früh in dem Dichter wirksame »sanfte Gesetz« gar nicht mag, findet den biedermeierlichen Rahmen der *Pechbrenner* nicht so gut: »Was hätte, um ein Beispiel zu nennen, aus der Pestgeschichte *(Granit)* werden können, wenn sie einen ebenbürtigen Rahmen erhalten hätte?« (Adalbert Stifter, Stuttgart u. a. 1976, S. 144). In der Tat: der arme Stifter hatte eben noch keinen so guten germanistischen Berater, wie es sie heutzutage massenweise gibt. Ich meine nicht die individuelle Entgleisung, sondern die Besserwisserei einer Generation, die in dieser Richtung der Stifterkritik zum Ausdruck kommt. Ähnlich interessiert sich John *Reddick* vor allem für den Sex beim Pfarrer des *Kalkstein* und für die »Zwangsmaßnahmen« gegen den »Tiger« (Tiger und Tugend in Stifters *Kalkstein,* eine Polemik, in: ZfDPh Bd. 95, 1976, S. 254).

achten, so hätte er recht gehandelt, weil das Natürliche nur durch die Kontinuität menschlich wird. Die Verzeihung hätte die Ordnung, wie in *Brigitta,* wiederhergestellt. Man sieht an diesem Beispiel – die Kritik fand es gewagt[36] –, daß das Metternichsche Stabilitätsprinzip von diesem Dichter in einem *nicht*legitimistischen Sinne widergespiegelt und weiterentwickelt wurde. Die *Narrenburg* ist eine förmliche Novelle der »Wiederherstellung« im sittlichen und sozialen Sinn. Den Fluch des alten Geschlechts der Scharnast, für den in einer Zwischenerzählung ein Beispiel gegeben wird, überwindet sein jüngster, unschuldiger, bürgerlich erzogener Sproß, indem er ein Bürgermädchen aus der grünen Fichtau heiratet und fortan in jener Gegend patriarchalisch waltet. Hier mag man von einer biedermeierlichen Kontrafaktur der *Ahnfrau* sprechen.

Vielleicht ist wegen der hartnäckigen Diffamierung des »Biedermeierischen«, das in der Stifter-Forschung herrscht, an dieser Stelle noch ein Hinweis darauf nötig, daß sich der junge Dichter nicht nur von allen Richtungen der Vergangenheit entfernt, sondern auch in einer deutlichen Entfernung vom Realismus verharrt und daß *die Erkenntnis dieser historischen Situation eine Voraussetzung stimmiger Interpretationen bildet.* Eine Erzählung, die von dem im letzten Abschnitt beschriebenen Stifter aus gesehen, ein wenig zu abenteuerlich, zu theatralisch erscheint, aber eben deshalb ein typischer Ausdruck des Spätbiedermeiers und daher wohl das erfolgreichste Frühwerk Stifters war, ist der *Abdias.* Bezeichnenderweise ist die hintergründige Novelle, in freier Übersetzung, auch in Frankreich rezipiert worden[37]. Die Zeit interessierte sich seit Börne und Heine brennend für das Judentum. Seit Spindler (vgl. Bd. II, S. 850 f.) gab es viele Erzählungen von Juden. Der Ahasverusstoff war sehr beliebt (vgl. Bd. II, S. 673 ff.), Abdias ist ja auch ein Jude, der das Wandern und seinen Handel nicht lassen kann. Typisch für das Biedermeier ist das Werk insofern, als das Phänomen der Elektrizität und der »magnetischen« Menschen, eine physikalisch-medizinische Naturerscheinung also, nicht realistisch behandelt, sondern für die geheimnisvollen, numinosen Mächte des Schicksals, der Vorsehung, der Vergeltung durchsichtig gemacht wird. Wenn man mit Tieck verglich, der bis zuletzt ein ähnliches Spiel mit dem Wunderbaren trieb[38], so erschien Stifters Erzählung wuchtiger, ernsthafter in physischer und metaphysischer Hinsicht. Die Wüste, der düstere Wüstensohn und die Tochter, die mehr ein Emblem für die Seele und das Schicksal des Abdias als ein individuelles Wesen ist, machte die Novelle zu einer faszinierenden Erneuerung der »Schicksalsnovelle«, des »Nachtstücks«. Die Stifters Dingfrömmigkeit mißachtende, übertrieben symbolische Interpretation, die sich in der Forschung eingenistet hat, war die Voraussetzung für eine Abdiasdeutung, die, wie man meinen sollte, die Willkürlichkeit der symbolischen Interpretation abschreckend klargestellt hat. Wir erfuhren endlich, daß die so sorgfältig studierte Wüste das Ausgestoßensein bedeutet, daß der Vater des Abdias die »Erwerbsgesinnung des Bürgertums in der ersten Hälfte des 19. Jahrhunderts« darstellt, daß sich unter der afrikanischen Hülle überhaupt europäische Verhältnisse abzeichnen. Die Stadt in der Wüste meint Wien. Hat der Dichter nicht auch die Katakomben der Kaiserstadt beschrieben? Vor Marx und Engels erkennt Stifter schon »die Deformierung der menschlichen Natur in einer nach den Prinzipien der industriellen Produktion sich formierenden Gesellschaft«. Wenn der Dichter die Bedeutung seiner Novelle so gründlich verschlüsselt hat, daß man diese mehr als hundert Jahre lang *nicht* erkannte, so ist dies eben der vom Metternichschen System erzwungene »Zensur-stil«[39]. Gerhard Kaiser hat diese Überbetonung der peripheren gesellschaftskritischen Motive im *Abdias* kritisiert und das numinose, ja figurale Zentrum der Novelle (Berufung, Hiob, Theodizeeproblem) treffend hervorgehoben. Nur in *einem* Punkt scheint mir auch dieser geistvolle Interpret noch durch die symbolische Methode verwirrt worden zu sein. Die Berufung des Abdias kann ich nicht als Symbol für das Dichtertum sehen. Abdias hat nichts mit den autobiographischen Früherzählungen zu tun. Es sei denn, man faßt die »Poesie«, die Abdias repräsentieren und doch verfehlen soll[40], in dem vagen romantischen Sinne, der die Religion miteinschließt, und dies scheint mir bei Stifter nicht mehr möglich zu sein. Abdias meint doch wohl das Judentum selbst in seiner undurch-sichtigen Lage zwischen Gott und Geld, in seiner Größe, seiner Berufung und in seinem unaufhörlichen Leiden*.

Es paßt zu Stifters frühem Sinn für das Unscheinbare und Kleine, wenn er seit 1843 einen Band Kindergeschichten plante. Auch damit lag er völlig auf der Linie des Biedermeiers (vgl. Bd. I, S. 118). Die Erzählung *Der Heilige Abend* (später *Bergkristall*) hat, soviel ich sehe, keine so gründliche Sozialisierung erlitten wie der *Abdias*. Doch zeigt sich die Tendenz, der Dorfgemeinschaft einen übertriebenen Akzent zu verleihen und damit die Kindererzählung zur Dorfgeschichte zu stilisieren: Wie kann ein so großer Dichter wie Stifter die Kinder gemeint haben? Auch die Betonung der religiösen Züge in manchen Bergkristall-Interpretationen wird gerügt, so als ob man damit den realistischen Dichter verkenne. Demgegenüber läßt sich nachweisen, daß auch hier die religiöse Transzendie-

---

* Inzwischen erschien eine musterhafte geistesgeschichtliche Interpretation, die, unter Berufung auf *Herders Physiko-Theologie,* die realistische Interpretation ebenso zurückweist wie die romanti-sche. Es sei bemerkt, daß Herder und Jean Paul, eben in ihrem Vermeiden der Extreme Idealismus (Romantik) und Empirismus (Realismus), besonders wichtige Autoritäten der Biedermeierkultur waren. Ich zitiere einige Abschnitte aus Peter Schäublins Deutung. Im Widerspruch zu Benjamin, der es peinlich findet, daß Stifter die Grenze zwischen Natur und Schicksal nur unsicher kennt, sagt Schäublin treffend: »In Wirklichkeit gibt es für den Dichter des ›Abdias‹, in der Nachfolge Herders, gar keine Scheidelinie zwischen Natur und Schicksal, zwischen Natur und Geschichte. Geschicht-lichkeit eignet der Natur genauso wie der Menschengeschichte ›Natürlichkeit‹. Damit würde auch die Dichotomie zwischen dem elektrischen Schein als Merkmal religiöser Berufung und als physio-logische Absonderlichkeit hinfällig, zumal Stifter an keiner Stelle der Erzählung eine naturwissen-schaftliche ›Erklärung‹ des Phänomens gibt, wie Gerhard Kaiser behauptet.« Herder, sagt Schäu-blin, habe auch die Romantiker beeinflußt hinsichtlich des Problems Natur und Geschichte. »In Wahrheit steht Stifter Herder näher als die Romantiker. Diese bemächtigten sich spekulativ der durch Namen hypostasierten Ahnungen, und es mochte ihnen ganz recht sein, daß das Unbekannte noch kaum durch naturwissenschaftliche Empirie gedeckt war; denn gerade so ließ es sich zu meta-physischem Spiel gebrauchen. Gerhard Kaiser hat von der Würde des Faktischen gesprochen, die bei Stifter an die Stelle der zerstörten Würde des Mythischen trete. Was den Blitz und das elektrische Wesen des Abdias und Dithas betrifft, so ist es ein seinem Ursprung nach Mythisches, das in der Er-zählung die Dignität des Faktischen und zugleich Unerklärlichen bekommt« (Peter *Schäublin,* Stif-ters Abdias, von Herder aus gelesen, in: Vasilo Jg. 24, 1975, S. 102). Die Argumentation Peter Schäublins zeigt, über den besonderen Fall hinaus, beispielhaft, *wie das durch Schule und Universi-tät überlieferte, überaus mächtige Realismus-Schema verhindert, Dichtungen des Biedermeiers an-gemessen zu interpretieren.* Zur Frage der Wirklichkeitstransparenz im Biedermeier, vgl. Bd. I, S. 125 ff.

rung des Physischen, des sehr konkret gesehenen, das Leben der Kinder bedrohenden Gletscherberges die Spitze der Erzählung bildet. Ja, man mag sagen, daß die Dorfgemeinschaft vor allem die Funktion hat, die Religion zwanglos ins Spiel zu bringen, unauffälliger, organischer als im *Abdias*[41]. Richtig ist gewiß, daß die Gefährdung der Kinder nicht beschönigt wird. Ob die Erzählung freilich so von Todessymbolen wimmelt, wie ein Interpret findet[42], weiß ich nicht. *Sicher ist, daß das Wunder der Rettung in der Studienfassung nicht realistisch abgeschwächt, sondern verstärkt wird, daß also die Kindergeschichte gut biedermeierlich der Legende angenähert wird.* Sicher ist auch, daß dem Dichter der manchem Interpreten so ärgerliche heilige Christ, den Sanna sieht, *wichtig* gewesen ist. Denn in seiner Kritik an Richters Illustrationen spielt Stifter ausgerechnet auf diese Stelle an: »Muß das Mädchen diesen Ausdruck einer Lappin haben? Ist dies das zutrauliche hingebende Ding, das im Nordlichte den heiligen Christ zu sehen glaubte? Dieses Kind sieht nie einen heiligen Christ« (Brief vom 30. 11. 1852 an Heckenast) [43]. Wir wollen das schwierige Problem der biedermeierlichen Naivität an dieser Stelle nicht aufrollen. Selbstverständlich gestattet es die unter den »Kindern des Volks« spielende Kindergeschichte besonders leicht, den in der gesamten europäischen Kultur des 19. Jahrhunderts sich öffnenden Abgrund zwischen dem christlichen Vorsehungs- oder Schutzengelglauben und *der* Welterfahrung, die die Naturwissenschaft vermittelt, zu überbrücken. Entscheidend für den Interpreten ist es aber, zu sehen, *daß dem Dichter diese Überbrückung am Herzen liegt, daß er sich mit allen Mitteln der dichterischen Magie gegen die Entzauberung der Wirklichkeit, gegen die heraufkommende Ernüchterung wehrt.* Die Erzählung ist trotz des biedermeierlichen Motivs eine ganz eigentümliche Dichtung Stifters, gerade an dieser Novelle kann man gut sehen, »daß die ›Monotonie‹ der Stifterschen Erzählweise geeignet ist, Spannung zu erzeugen, so daß es im Leser zu einem dialektischen Umschlag vom Zustand der Langeweile in den der Spannung kommt« [44].

Stifterrezeption vor 1848

Die rasche Anerkennung von Stifters bahnbrechenden Früherzählungen ist eine der überzeugendsten Leistungen der Literaturkritik im Vormärz. Wenn selbst liberale Kritiker, die Österreich mit größtem Mißtrauen gegenüberstanden, ihrer Bewunderung Ausdruck gaben, so zeigt dies, daß die so hochgeschätzte Selbstlosigkeit und Tugendhaftigkeit der Zeit doch nicht nur ein leeres Wort war. Die sehr parteiisch wertende realistische Kritik und Programmatik zerstörte diese verhältnismäßig ausgeglichene kritische Atmosphäre, so daß Stifter 1848 aus allen Wolken fiel und sich sein Liberalkonservatismus in Abscheu gegen die Moderne verwandelte. Wir wollen daher, der Aufgabe dieses Buches entsprechend, den großen Biedermeier-Dichter noch kurz mit Hilfe der treffenden Kritik vor 1848 verdeutlichen.

Was am meisten auffällt, ist: Stifter wird stets als *Dichter* gefeiert. *Daß Erzählkunst mehr als Rhetorik sein kann, scheint das überwiegende Lesererlebnis gewesen zu sein.* Ungeniert wird von den Rezensenten das Wort »Romantik« benützt, um Stifters Poesie zu kennzeichnen: »Die letzte der bisher erschienenen Erzählungen, ›die Narrenburg‹, mag an hoher Romantik und Mannigfaltigkeit der Erfindung vielleicht über allen stehen. Unbeschreiblich zart und lieblich ist das Gemälde einer ganz unschuldigen Liebe, eines weiblichen Wesens in höchster Natur und Einfachheit« (Dr. Sober in den »Österreichischen Blättern für Literatur und Kunst«, 1845). Derselbe Rezensent erkennt Stifters Sinn für das Kleine: »Die meisten verstehen bloß die Frakturschrift im Buche der Schöpfung, die Staubbäche und Eismeere zu fassen und übersehen die kleine Perlenschrift auf Wiesenblumen und Schmetterlingsflügeln« [45]. Sigmund Engländer erfaßt die besonders in Österreich überraschende Antirhetorik Stifters und damit seine wichtigste dichtungsgeschichtliche Leistung schon erstaunlich scharf: »In der Tat werden in Österreich mehr Superlative in der schönen Literatur verbraucht als im ganzen übrigen Deutschland. Allein die Mehrzahl der jüngeren [!] deutschen Schriftsteller überhaupt spielt zu sehr mit Granitblöcken und Donnerkeilen in der Diktion und pfeffert und würzt ihre Schriften mit pointierten, gesuchten, ungewöhnlichen aufreizenden Wendungen, Ausdrücken und Bildern.« Engländers Kritik erinnert an Stifters Kennzeichnung von Heine (»prunkendes Talent«) und kann jedem Realismus-Fanatiker vergegenwärtigen, *daß die Jungdeutschen und die späteren Vormärzliberalen die Restauration der Rhetorik nicht beendeten, sondern weiterführten.* Der *stilistische Revolutionär ist Stifter:* »Leser, der du in der Bühnenwelt Salvator *Rosas* und *Höllen-Breughels* gewohnt bist, mache dich auf einen Claude *Lorrain* gefaßt. ... Bist du aus der französisch-romantischen Schule an Folterkammern gewohnt [Victor Hugo], so betrete hier mit aufmerksamer Scheu ein sonniges, freundlich ordentliches, stilles Gemach ... Besonders frische Naturlaute voll anregender Wahrheit enthalten seine Liebesszenen; hier ist kein oratorisch-pathetisches Geschwätz [!], sondern die schmucklose, aber reizvolle, unverkümmerte Natur« (Österreichisches Morgenblatt, 1845) [46]. Einige Rezensenten scheinen bereits zu erfassen, daß Stifters Naivität ein Ergebnis der Kunst und damit kein absoluter Gegensatz zu Jean Pauls sentimentalischer Dichtung ist. Über die Erstfassung des *Hochwalds* (Iris für 1842) schreibt J. Straube in der *Wiener Zeitschrift für Kunst, Literatur, Theater und Mode* (1841): »Sehr, sehr wenig Begebenheit, aber eine herrliche Szenerieschilderung und ausgezeichnete Sprache. Das Naive, Gemütliche derselben jeanpaulisiert etwas stark und scheint mitunter nicht ohne Erkünstelung zu sein« [47]. Kritische Einsichten dieser Art konnten die frühe Anerkennung von Stifters hohem Rang nicht verhindern. Die *Sonntagsblätter* (1843) stellen Stifter schon anläßlich der ersten *Brigitta* (Gedenke mein! Taschenbuch für 1844) in die Reihe der großen deutschen Erzähler: »Stifter ist in seinen Novellen, was wir nur von Tieck, Hoffmann, Fouqué, Brentano und Kleist sagen können – ein Dichter.«

Auch die *Allgemeine Theaterzeitung* erfaßt 1843, unter Hinweis auf *Abdias,* sehr klar Stifters Wert und Eigenart: »Will man sich mit dem edlen Aufschwunge Jean *Paul*'scher Gesinnung *Goethes* Ruhe vereinbar denken, so gewinnt man ungefähr ein Bild *Stifter*'scher Darstellungsweise« [48]. Ein Jahr später stellt der angesehene österreichische Dichter Seidl (vgl. Bd. II, S. 778 ff.) fest, Stifters Novellen seien seit dem *Abdias* im Österreichischen Novellenalmanach und seit einer ihm gewidmeten auswärtigen Besprechung (Allgemeine Zeitung 1843?) [49] »*Mode-Artikel* geworden, um welche sich die Redaktionen gegenseitig beneiden« und es sei »der lieben Mode ... Glück zu wünschen, daß sie endlich wieder einmal [!] zu einem Artikel kam, welcher im Grunde keiner Mode unterliegt, weil er unmittelbar der Kunst selbst angehört, welche über alle Mode erhaben ist« (Wiener Zeitung 1844) [50]. Besonders interessant ist die Besprechung, die Friedrich Voigts für die sehr angesehenen *Blätter für literarische Unterhaltung* (vgl. Bd. II, S. 70 f.) 1845 geschrieben hat [51]. Er stellt schon fest, daß die beliebten Vergleiche Stifters mit Jean Paul und Leopold Schefer (vgl. Bd. II, S. 916 u. a.), obwohl beide ihre Berechtigung haben, nicht genügen. Um Stifters Eigenart zu ergründen, geht er richtig von seinem Detailrealismus aus, der ihn von der Romantik trennt (vgl. die Walddarstellung im *Hochwald*): »Die Natur und die Werke der Menschenhand zeichnet und koloriert Stifter mit einer Sicherheit, mit so sorgfältigem Fleiße selbst in den kleinsten Details, daß wir jedes einzelne Blatt des Baums, den winzigsten Schmetterling und Käfer, den leisesten Lichtpunkt zu sehen glauben, und wirklich erläßt er uns auch nichts von den tausend Dingen, die so leicht und so oft unser flüchtiges Auge gar nicht berühren. Darin aber zeigt er sich eben als echten Künstler, daß Fleiß und Sorgfalt nirgends als ängstliche Kleinigkeit [sic] des Kopisten erscheinen; er gibt mit drei Worten schon ein ganzes Bild voll dramatischen Lebens, fest in Zeichnung, klar in Farbe.« Den neuesten Stand der Stifter-Forschung erreicht der frühe Rezensent auch insofern, als er erkennt, daß Stifters Menschendarstellung auf der gleichen Höhe wie sein Landschaftsbild steht: »Meistens sind es nur wenige Züge, nur Umrisse, nur drei Worte, immer aber haben wir damit einen ganzen Menschen gewonnen.« Schließlich bemerkt dieser Kritiker, trotz des Detailrealismus in Stifters *Studien*, »jenen märchenhaften Charakter, der uns scheinbar aus der ganzen gewohnten Wirklichkeit hinweghebt, so daß wir in einer feenhaften Welt selbst da zu atmen glauben, wo uns der Dichter in ein gar enges Stübchen des vierten Stockes führt... Kunstkenner werden ihn daher wohl in die Klasse der Idealisten versetzen und es kann ihnen nicht an Gründen für diese Maßregel fehlen«. Stoffhungrige Leser werden ihn sogar »einen Phantasten nennen, dem, trotz aller Plastik, die eigentliche, die wirkliche Wirklichkeit so fremd sei wie die Wolken von gestern. Beide mögen recht behalten«. Der Rezensent weiß glücklicherweise nicht so genau, wie die realistischen Programmatiker wenig später, was die Dichtung der Gegenwart verlangt. Er weiß auch nicht, ob Stifters Dichtungen Novellen sind. Er weiß nur, daß der Dichter eine große Hoffnung ist und daß ihm »ein Ehrenplatz mit vollem Rechte gebührt«. Diese zuletzt zitierte Rezension erschien in Leipzig, wo kurz darauf das realistische Programm verkündet wurde. Die Nähe der realistischen Ideologie spürt der Rezensent, wie manche Äußerung verrät. Aber *er verurteilt Stifter wegen seines Abstandes vom Realismus noch nicht,* sondern er behält mit dem Pragmatismus, der dem Biedermeier, überhaupt konservativen Richtungen eigen ist, den hohen Rang des Erzählers fest im Auge. Stifter bekam natürlich auch allerlei Ermahnungen zu lesen. Besonders die des liberalen Levin Schücking in der repräsentativen *Allgemeinen Zeitung* (1845) dürfte ihn beeinflußt haben; denn in seiner späteren Produktion hat er die schulmäßige Belehrung nur allzu gewissenhaft befolgt: »Gewiß ist es ein reiches Talent, das so in Schätzen schwelgen kann, welche seine Phantasie ihm unermüdlich zuträgt; aber ein solches Schwelgen ist nicht poetisch[!]. Es fehlt die Klarheit, das künstlerische Bewußtsein[!] und die Idee[!] in dieser wirren Traumwelt«[52]. Besser erkannten liberale Österreicher, daß Stifter schon in seiner traumhaften, wenig geordneten Frühzeit zu den Großen der Literatur gehörte. Hieronymus *Lorm* (Pseud. für Heinrich Landesmann) mußte wegen seines kritischen Buches *Wiens poetische Schwingen und Federn* (Leipzig[!] 1847) nach Deutschland (u. a. Berlin) flüchten. Aber eben in diesem Buche findet man den Satz: »Wir haben Stifter unter die Poeten gereiht, obgleich seine Dichtungen in Prosa geschrieben sind; allein sie werden deshalb nicht weniger ein Stern österreichischer Poesie bleiben«[53]. Gar so verwunderlich ist die heute merkwürdig klingende Formulierung des Liberalen nicht; denn wir wissen ja, daß noch Grillparzer die Erzählprosa nicht zur Poesie zählte (vgl. o. S. 128) und daß Stifter ein *poetischer* Revolutionär war. Möglicherweise hatte der Österreicher in Leipzig Theodor Mundts *Kunst der deutschen Prosa* (vgl. Bd. II, S. 13 ff.) gelesen. So verschränken sich die tatsächlichen Fronten.

Die zweiten Fassungen (Studien, Bunte Steine)

Die Romane, in denen Stifter Schückings Wunsch, auch hinsichtlich der »Idee«, erfüllen wird, liegen noch in weiter Ferne. Aber mit der Korrektur der Früherzählungen hat er längst begonnen. Der ihm durch Herder vermittelte Glaube an die Perfektibilität des Menschen, das Vorbild von Goethes Entwicklung zur Klassik, seine eigene unerhörte stilistische Sensibilität und Kunstfertigkeit wirken zusammen, um ihn mit seinen bisherigen Leistungen unzufrieden zu machen. Die Form der *Novellensammlung* wählt er jetzt wohl, um aus der relativen Anonymität des Almanach- und Zeitschriftenerzählers herauszutreten. Sie eben gibt die Gelegenheit zu einer gewissenhaften Umarbeitung der Früherzählungen. Der Erfolg, den schon die beiden ersten Bände der *Studien* (1844) haben, überrascht den Dichter und veranlaßt ihn nur zu noch genauerer Arbeit. 1847 erscheinen die Bände III und IV, 1850 die letzten Bände (V und VI). 1853 kommen die *Bunten Steine* hinzu. Da Stifter während der Revolutionsjahre und nach seiner Ernennung zum Schulrat (1850) wenig zur dichterischen Produktion kam, kann man die beiden Sammlungen mit geringen Einschränkungen als die *Zusammenfassung seiner vormärzli-*

chen Arbeit ansprechen. Er hatte zu dieser Zeit – ein erster Hinweis auf die starke Wirkung der Revolutionszeit – das Bedürfnis nach einem Abschluß, um neu ansetzen zu können. Die Umarbeitungen der Urfassungen sind dementsprechend vor allem solche stilistischer, technischer Art, werkimmanente Korrekturen, die die Klarheit der Motive, den Zusammenhang der Sätze und des Erzählganzen fördern*. Was für die Deutlichkeit und Einprägsamkeit wesentlich ist, wird erweitert, was unwesentlich ist oder den gleichmäßig abgedämpften Ton der Erzählung stört, wird gestrichen. Viele Metaphern, auch wenn sie treffend erscheinen, werden geopfert, um den stolzen »Prunk« (ornatus) der Rhetorik zu vermeiden und dem klassizistischen Ideal der Einfachheit und Klarheit besser zu genügen. Vergleiche erfreuen sich einer größeren Beliebtheit, weil sie einen deutlicheren Bezug herstellen. Aus dem gleichen Grund wird das virtuose Spiel mit der ciceronianischen Syntax (vgl. Bd. I, S. 571 ff.) zugunsten kürzerer Sätze abgebaut[54]. Die Hypotaxe erlaubt reichere Nuancen der Beschreibung und eine größere Differenziertheit der Gedanken; aber sie erinnert zu sehr an Wieland und Tieck, sie widerspricht dem Programm der Naivität und Volkstümlichkeit. Stifter hat in der späteren Zeit wohl kaum erkannt, daß man mit kurzen Sätzen genau so abstrakt und exklusiv erzählen kann wie mit langen. Die Gefahr der Monotonie deutet sich schon in den Neufassungen der *Studien* und *Bunten Steine* an; die stilistische Vereinheitlichung schwächt beispielsweise die reizvolle Spannung zwischen Rahmen und Pesterzählung im *Granit* ab. Trotzdem dürfte der stilistische Gewinn, nämlich die jetzt deutlicher erscheinende »gleichsam magisch-faszinierende Sprachgewalt« des Dichters den Verlust an Mannigfaltigkeit doch überwiegen[55]. Bei den Novellensammlungen hat die Vereinfachung der Bildlichkeit und der Syntax wohl tatsächlich zur Verbreitung von Stifters Werken beigetragen, deshalb vor allem, *weil die Vereinfachung hier auf der starken Erzählsubstanz der ersten Fassungen beruhte,* während im *Nachsommer,* abgesehen von der Rückblickserzählung, die Einfachheit und das sanfte Gesetz die Konstruktion des Erzählvorgangs *von Anfang an* bestimmten.

Neuere Versuche, aus chronologischen Gründen wenigstens in den *Bunten Steinen* eine Reaktion auf die Revolution von 1848 zu erkennen, sind mit guten Gründen zurückgewiesen worden. Die zweite Novellensammlung enthält, wie die erste, merkwürdige, unerhörte oder sogar wunderbare Geschichten[56]. Die Vorrede, die wohl nicht nur als Widerspruch gegen Hebbels Kritik, sondern als Stifters Verteidigung gegen die gesamte junghegelianische und realistische Kritik im Geiste des weimaranisch und österreichisch verstandenen Kant[57] zu interpretieren ist, verkündet das sanfte Gesetz; aber sie paßt besser zum *Nachsommer* als zu den *Bunten Steinen,* wie Thurnher treffend festgestellt

---

* Dies kann *ausnahmsweise* dazu führen, daß Stifters Erzählungen erst in der Zweitfassung vollwertige Kunstwerke sind. So versucht Eve Mason mit vollem Recht, den wenig angesehenen *Pförtner im Herrenhause* durch eine Interpretation der zweiten Fassung *(Turmalin)* höher zu heben (Stifters Turmalin, a Reconsideration in: MLR Bd. 72, 1977, S. 348–358). Wichtig erscheint mir dabei, daß die Novelle nicht nur stilistisch und psychologisch verbessert wird, sondern auch das moralische Urteil des Dichters sich verschärft: Der Rentherr z. B. ist jetzt mitverantwortlich für den Ehebruch seiner Frau. Stifters Verbesserungen bedeuten also keine Annäherung an die Perfektion des l'art pour l'art. Auch J. L. Bandet (Liebe und Erziehung in Stifters *Studien,* Vortrag in München am 13. 7. 1978), vertritt die These, daß im Verlauf der Novellen die Erziehung immer sichtbarer wird, als Gegengewicht zur Angst vor dem Elementaren.

hat[58]. Man mag zwar sagen, daß die *Kindergeschichten* wenig von der großen, den Realisten, wie auch Hebbel, so teuern »Leidenschaft« enthalten: Konrad und Sanna statt Romeo und Julia auf dem Dorfe! Auch der Sprach- und Erzählstil der Umarbeitungen gehorcht schon einigermaßen dem sanften Gesetz der epischen Stetigkeit, das die Romane, nach der nicht ganz unbegründeten Meinung vieler Kenner, zu übertriebenen »homerischen« Experimenten macht. Trotz dieser Annäherung an den Spätstil sind beide Novellensammlungen fest im Vormärz verwurzelt. Man hat mit Recht festgestellt, daß »die konstante Form der Almanacherzählung eine poetische Realisation« des sanften Gesetzes »nur eingeschränkt ermöglicht« hat, daß also »erst mit der Hinwendung zur Großform des Romans... die formale Konsequenz aus der gewandelten Darstellungsintention gezogen«[59] werden konnte. Thomas Mann hatte nicht nur den *Abdias* und den *Hagestolz,* sondern auch den *Kalkstein* gelesen, als er auf Stifters »Neigung zum Exzessiven, Elementar-Katastrophalen, Pathologischen« aufmerksam machte[60]. Tiefenpsychologisch kann man gewiß auch in den Romanen die Neigung zum »Pathologischen« erkennen; im *Kalkstein* jedoch ist sie offensichtlich. Das »Unerhörte« wird noch nicht konsequent verdeckt.

Von der ersten zur zweiten Fassung: ein Textbeispiel

Wir versuchen das in den Umarbeitungen Geleistete durch einige Beispiele aus dem *Beschriebenen Tännling* wenigstens anzudeuten. »Die tigerartige Anlage« des Menschen erscheint hier in der Form einer Mordabsicht. Der Holzhauer Hanns, dem seine Geliebte untreu geworden ist, will den vornehmen Nebenbuhler, der beim beschriebenen Tännling jagen wird, mit der Axt erschlagen. Stifters Stil ist schon in den Früherzählungen zu mittelbar, als daß er direkt heraussagen könnte, daß Hanns den feinen Herrn zu töten beschloß. Nur die Vorbereitung zum Mord wird beschrieben: »Nachmittags war er in der Schwarzmühle. Ungefähr um zwei Uhr schleifte er auf dem Steine, der hinten an dem Gebäude der Brettersäge angebracht ist, sein Beil, und ging dann in den Garten hinaus. Als ihn nach einer Stunde Magdalena, das Töchterlein der alten Sittibwitwe, die mit ihrer Mutter vor der Schwelle ihres Häuschens saß, durch die obern Krautäcker von Püchlern gehen sah, sagte sie zu ihrer Mutter: ›Der arme Hanns.‹ ›Kind, laß ihn gehen‹, antwortete diese, ›der führt es aus, was er im Schilde hat, und wenn Laub und Gras dagegen bitten sollten.‹« Es ist wohl nicht nur die hyperbolische Ausdrucksweise der Mutter, die zur Veränderung dieser Stelle geführt hat, sondern auch die Unwahrscheinlichkeit und das im technischen Sinn Verwirrende dieses plötzlichen Verdachts. Was in Wirklichkeit epische Vorausdeutung ist, könnte der Leser als direktes Handlungsmotiv auffassen. Er könnte vom Sittiweib die Aktion erwarten, die der Mutter Gottes zugedacht ist. Dementsprechend gibt der Dichter dem Gespräch von Mutter und Tochter in den *Studien* eine Fassung, die eine eindeutig episodische und nur stimmungsmäßig untermalende Funktion hat: »Das Töchterlein eines armen Weibes, das man die Sittibwitwe nannte, sah ihn dort gehen und sagte: ›Mutter, da geht Hanns.‹ ›Laß ihn gehen‹, sagte diese, ›das ist eine sehr unglückselige Geschichte.‹« Was hier weggenommen wird, das wird an der Stelle, da das Motiv der Axt erscheint, hinzugefügt, und zwar so klar, daß kein Zweifel über die Mordabsicht mehr bestehen kann: »Er öffnete die Tür des Schreins, und sah auf die Dinge, die da in angebrachten Querhölzern in Einschnitten steckten. Er nahm zuerst einen Bohrer heraus und steckte ihn wieder hin, dann nahm er ein Sägeblatt, besah es und steckte es wieder in die Rinne. Dann nahm er eine Axt, wie er sie gerne anwendete, wenn er keilförmige Einschnitte in die Bäume auszuschrotten hatte. Diese Äxte haben gerne einen langen Stiel, sie selber sind schmal und von scharfer Schneide. Diese Axt nahm er heraus und tat die Tür des Schreines wieder zu. Dann ging er in die Schwarzmühle, wo sie hinter dem Gebäude der Brettersäge unter einem

Überdache einen Schleifstein haben, den man mittelst eines Wässerleins, das man auf sein Rad leitete, in Bewegung setzen konnte. Hanns rückte das Brett, das das Wasser dämmte, setzte den Stein in Bewegung und schliff seine Axt.« In der ersten Fassung ist das Beil einfach da, den Dichter interessiert nur das Schleifen des Mordinstruments, wahrscheinlich auch wegen des damit verbundenen grausigen Effekts. Wenn er in den *Studien* ausführlich, noch ausführlicher als aus der zitierten Stelle zu entnehmen ist, erzählt, wie Hanns zu der Axt gekommen ist, so geschieht es nicht um der Wahrscheinlichkeit willen. Zwar wird auch erzählt, daß und wo er die Axt holt. Wichtiger aber ist, daß er sie wählt. In diesem Wählen liegt hier der Sinn der genrehaften Elemente. Auch die technische Genauigkeit der Beschreibung hat ihren Sinn, denn sie paßt zu dem Bilde eines präzis arbeitenden Mörders.

Nach der Rettung durch die Erscheinung der Mutter Gottes ist Hanns ein guter Mensch, während die treulose Hanna, die der sozialen Verführung erlag, natürlich ein kränkliches und sinnloses Leben führen wird. In der ersten Fassung lesen wir: »Mehrere Jahre darnach, als sein Bruder und kurz darauf dessen Weib gestorben waren, nahm er alle vier zurückgebliebenen unmündigen Kinder derselben zu sich und heiratete die unterste Viehmagd des Schwarzmüllers, daß sie ihm dieselben erziehen helfe. Aber da ihm diese nach drei Jahren auch noch zwei Kinder geboren hatte, und dann ebenfalls gestorben war, nahm er alle Sechse [!] zu sich und sagte, daß er jetzt selber und allein für sie sorgen und sie erziehen werde.« Der Dichter baut in diesen Schlußbericht von dem tugendhaften Hanns ein realistisches Motiv ein: seine Heirat. Er kompensiert es durch die soziale Bescheidenheit seiner Wahl (»unterste Viehmagd«) und seine schließliche Fürsorge für sechs Kinder; aber die Dosierung ist zu stark. Sie könnte in einer Zeit, da die Empfindsamkeit der Biedermeierzeit mehr und mehr abgebaut wird, einen ganz ungewollten grotesken Eindruck hinterlassen. In der Studienfassung ist die Stelle etwas kahl, aber in keiner Weise gewagt: »Jahre nach Jahre waren vergangen. Hanns blieb immer im Holzschlage. Als seine Schwester, die geheiratet hatte, kurz nach ihrem Manne gestorben war, nahm er die drei [!] hinterlassenen Kinder zu sich, und ernährte sie.« Diesem Schlußbericht fehlt alles Verwirrende. Schon die kurzen Sätze verraten den Willen zu Klarheit. Hier ist das Bild von Hanns nicht nur rührend, sondern eindeutig gut, oder sogar ein wenig heiligenmäßig. Wir erinnern uns an seine Begnadung durch die Mutter Gottes. Infolgedessen kann er auch den Taler, den ihm die »bleiche«, im Wagen vorüberfahrende ehemalige Geliebte als einem unbekannten armen Vater schenkt, nicht mehr zornig »in die Speichen der davon rollenden Räder« werfen wie in der ersten Fassung. Das wäre zu grell und selbst im sozialen Sinne zu revolutionär. In der Studienfassung gibt Hanns dem Taler eine »Fassung«, um ihn im Kirchlein zum guten Wasser, das der heiligen Jungfrau gehört, aufzuhängen. Nun ist die Erzählung »hold«, »duftig«, »rein«, »klar«, »durchsichtig« [!], »innig« und »sehr fließend edel« geworden. Mit solchen und ähnlichen Worten umschreibt der Dichter sein neues Stilideal in den Briefen.

DIE HISTORISCHE WENDE VON 1848 WIRKT STARK AUF STIFTER

Die Revolution von 1848 war ein tiefer Einschnitt in Stifters Leben. Die Möglichkeit des Verstummens in einer abgekühlten, die »Sentimentalität« und alle »abstrakte Idealität« verachtenden Epoche bestand bei ihm durchaus, wie bei Grillparzer und Mörike. In der Biographie, die Stifters Freund Johann Aprent veröffentlichte (1869) [61] lesen wir: »›Was ich geschrieben habe‹, sagte er damals, wenn die Rede darauf kam, ›konnte ich schreiben, weil ich die Menschen liebte und ehrte. Aber ich habe mich getäuscht. Jetzt ist mein Herz leer. Ich weiß nichts zu sagen und habe niemand, dem ich etwas sagen möchte.‹« Diese Verstimmung machte später einer ruhigeren Auffassung Platz, aber vollständig ist die Freiheit und Heiterkeit seiner Seele, der frische, keine Gefahr kennende Lebensmut nie wieder zurückgekehrt. Er selbst erkannte diese Wandlung und sprach sich auch später nicht selten ganz bestimmt darüber aus: »Ich liebte die Menschen«, schreibt er am 23. 3. 1852 an die Baronesse von Eichendorff »und war bis 1848 heiter wie die antiken Völker.« Immer wieder ist in den Briefen davon die Rede, daß ihm zu jener Zeit das »Herz« gebrochen wurde und daß ihm jetzt in der Einöde, in der Vereinsamung nur das Arbeiten Trost gewähren kann. Stifter weiß immer sehr viel von dem, was heilsam ist. Daher ist er auch andern in schweren Zeiten ein Trost. Vor allem: er bleibt tätig. Er arbeitet in seiner späteren Krankheitszeit selbst gegen den ausdrücklichen Rat des Arztes. Da sich das literarische Klima nach 1848 völlig verändert und die Möglichkeit eines Berufsschriftstellertums wegen der heftig einsetzenden Stifterkritik (s. u.), z. T. auch aus allgemeinen buchhandelsgeschichtlichen Gründen nicht mehr besteht, versucht er im Leben neuen Boden unter die Füße zu bekommen. Diese durch einen bürgerlichen Beruf ermöglichte Unabhängigkeit vom Buchmarkt ist, ähnlich wie bei Keller, die Voraussetzung für die gleichmäßig anspruchsvolle Haltung als Erzählkünstler. (Man vergleiche damit den ungleichen Wert von Raabes Erzählungen und Romanen!) Indem Stifter die oberösterreichische Heimat aus einer dichterischen Erinnerung zu seinem endgültigen Wohnsitz macht und die schwere Last eines Amtes als »Schulrat und Volksschulinspector von Oberösterreich« 1850–1865 auf sich nimmt (an Josef Kehrein 18. 9. 1867), scheint er sich überhaupt erst vollständig in den ihm zugehörigen gesellschaftlichen Raum einzufügen. Er hätte in Wien ein noch angeseheneres Amt als Inspektor der Gymnasien, ja wohl eine Stellung im Ministerium erhalten können[62]. Aber er erbat und bekam das Amt in Linz, in der Nähe seines »Waldes«. Er hatte die am 8. 3. 1849 oktroyierte Verfassung publizistisch verteidigt, er kritisierte überhaupt den die »Vernunftentwicklung« nicht berücksichtigenden, absoluten Liberalismus[63]. Doch war es wohl nicht nur der liberalkonservative Schriftsteller, sondern auch der Dichter, den man berücksichtigte. Die Ehrung wiederholte sich bei seiner vorzeitigen Pensionierung mit vollem Gehalt als k. k. Hofrat. Auch hier, wie bei Grillparzer, erwies sich Österreich als dichterfreundlich. Aber die alte Unbefangenheit kehrte nicht wieder, da die geschichtliche Welt, in der Stifter wurzelte, seine geistige Heimat, mit Metternichs Sturz zu Grabe getragen war. Man mag sagen, daß, stilistisch gesehen, das Spätwerk auf der in den Novellensammlungen erreichten Basis weiterbaut. Das Perfektionsprinzip herrscht auch in den späten Romanen und Novellen. Aber *die persönliche Substanz verändert sich mit der politischen und literarhistorischen Wende.* Die Entwicklung kommt von außen auf ihn zu, sie zerstört zuerst sein bisheriges Verhältnis zur Umwelt; man erfaßt den späten Dichter nicht, wenn man glaubt, der historische Umbruch habe ihn selbst, *in seinem Kern,* nicht berührt, sondern er habe sich mit fünfzig Jahren still und planmäßig ins »Überzeitliche« abgesetzt*.

---

* Er war, wie wohl jeder Dichter, des Zuspruchs bedürftig, und man kann sich fragen, ob der fehlende äußere Erfolg nicht zu der so oft bedauerten »Erstarrung« des Spätwerks beitrug. Dazu sollten sich Psychologen und Psychiater ausführlich äußern, da in der literarhistorischen Stifter-Forschung Wertung gegen Wertung steht. Wie sehr er Zuspruch braucht, verrät z. B. der überschwengliche Brief an Ludwig Mittermaier vom 17. 6. 1850 (Jörg *Mager,* Ein Stifterbrief – ein Stifterfreund, in: Vasilo Jg. 21, 1972, S. 33–39). Auch das Verhältnis zu seinem Verehrer Andreas Obsieger, das Helmut Bergner so lebendig vergegenwärtigt (Vasilo Jg. 24, 1975, S. 47–56), ist in meinen Augen ein Hinweis darauf, daß Stifter, und zwar der im Biedermeier verwöhnte *Dichter,* später schwer leidet (»starvation of love«).

Stifter war wie Mörike und Grillparzer ein aufmerksamer Leser des Goethe-Schiller-schen Briefwechsels und die beim Blick auf seine Novellistik überraschende Äußerung, er sei »bis 1848 heiter wie die antiken Völker« gewesen, bedeutet wohl, *daß er sich jetzt der relativen Naivität und Unmittelbarkeit seiner früheren Jahre bewußt wurde.* Bis 1848 war er, wie schon die Wahl der wenig geachteten Novellengattung zeigt, in einem unbefangenen, warmen Verhältnis zum literarischen Publikum und zur Wiener Gesellschaft gestanden, die sich ihm vor allem in der Gestalt mehr oder weniger liberaler Adeliger repräsentierte. Die lange zur Schau getragene Abneigung gegen das Publizieren und noch der Titel *Studien,* der der schulmeisterlichen Kritik den Boden entziehen soll, mutet *kavaliersmäßig* an und darf nicht als Geständnis seiner Unreife mißbraucht werden. Stifters Anfänge unterscheiden sich durch diese Sicherheit und Ruhe deutlich von denen Grillparzers. Ein Anlaß zu einer priesterlichen, richterlichen oder auch nur betont pädagogischen Haltung bestand vor 1848 noch nicht, da sein sittlich-religiöser Ernst mit der Zeit übereinstimmte. *Nach 1848 dagegen muß er, wenn er die alte Bindung bewahren will – und das will er mit bäuerlicher Zähigkeit – sich distanzieren.* Er ist, wie die Briefe verraten, keineswegs gleichgültig gegenüber der Zeit. Er hört nicht nur die kritischen Urteile über seine Werke, sondern beobachtet überhaupt die neue Umwelt scharf, wenn auch mit dem abstrahierenden Blick des Einsamen und Fremdgewordenen. Der sich abzeichnende Sieg des Individualismus, die Entfesselung aller »Leidenschaften«, aller »Laster« und die daraus dialektisch sich ergebende Versachlichung des Staates (Realpolitik), der Arbeitswelt (Kapitalismus), der Wissenschaft (Positivismus) sind seinem an den umfassenden Denkbildern des alten Europa (»Herz«, »das Göttliche«, »Vernunft«, »Sitte«) und am »Zusammenhang aller Dinge« festhaltenden Sinn zuwider, ja widerlich. »Ekel« ist ein häufiges Wort, wenn er von der neuen »Herrschaft der Begierde« spricht. Shakespeare ist ihm nicht der Dichter der Leidenschaften wie einem Otto Ludwig und andern Realisten, sondern ein Träger des »Sittenbewußtseins« [64]. Typisch die folgende Warnung in dem Aufsatz »Die Poesie und ihre Wirkungen«: »Wer lasterhaft wird, von dem entfernt sich die Muse, wenn ganze Völker in solche Zustände versinken, so flieht jedes Mal nach dem Zeugnisse der Geschichte die Kunst von ihnen... Wenn Stämme und Zeiträume zu verfallen beginnen, so zeigen sich fast eher die Spuren in der Kunst als in der Sitte selber« [65].

Die Sachen des Realisten sind etwas wesentlich anderes als die Dinge Stifters [66]. Über Gustav Freytags *Soll und Haben,* den erfolgreichsten Roman der 1850er Jahre (vgl. Bd. I, S. 258 f.), gibt der Dichter ein unfreundliches Urteil ab: »Trotzdem, daß mir ein paarmal bei Einzelheiten die Augen feucht werden wollten, halte ich doch das Buch für eiskalt, und zum Schlusse ekelte es mich an« (7. 2. 1856 an Gustav Heckenast). Die Norm dieses Urteils (Wärme) mag beim späten Stifter erstaunlich erscheinen, aber sie ist es nicht; denn bis zuletzt trägt die biedermeierliche »Empfindung« (vgl. Bd. I, S. 239 ff.) sein Werk; eben die kurzen Sätze, die er liebt, bringen sie verhalten zum Ausdruck, das Gefühl ist nur hinter die Dinge, die mehr als Sachen sind, zurückgetreten. Auf dieser diskreten, latenten Empfindsamkeit beruht das »Hölderlinische«, vielleicht auch das »Moderne« dieser Werke. Sie sind so unhomerisch, so unshakespearisch wie nur möglich. Ja, selbst mit Goethe haben sie weniger zu tun, als Stifter und seine Verehrer annehmen; denn der

Weimaraner konnte sich auch im Alter noch als Pionier sehen *(Wahlverwandtschaften)*. Das Utopische, das Abstrakte, z. B. in den *Wanderjahren,* verbindet die beiden Dichter. Aber es ist doch wohl mehr die gemeinsame Altersabstraktion als eine inhaltliche Ähnlichkeit. Stifter beschäftigt sich, wie die bekannten Prognosen im *Nachsommer* bezeugen, lebhaft mit der Zukunft; aber seine Romane gestalten, im Unterschied zu den *Wanderjahren* keine Utopie der Zukunft. Vielleicht sollte der *Witiko* vorwärts gewandte Historie sein (s. u.); objektiv war er nichts als ein Traum von der Ewigkeit des Habsburgerreiches, – wie *Ottokars Glück und Ende.* Unter diesem Gesichtspunkt des Traumdichtertums wird auch die vor einiger Zeit vermutete Beziehung zwischen *Nachsommer* und *Heinrich von Ofterdingen* interessant[67], so verblüffend sie zunächst dem Stifterleser erscheinen mag. Stifter glaubt zwar, er könne Goethes Entwicklung vom *Werther,* der, wie die Darstellungsform der *Feldblumen* zeigt, auch sein *dichterischer* Ausgangspunkt war, zur *Iphigenie,* zu *Hermann und Dorothea* nachvollziehen, ja, er steigert ähnlich wie Platen den Begriff des Klassischen. Doch durch diese Konzeption einer völlig »typischen«, »objektiven« Dichtung isolierte er sich im Zeitalter des Realismus noch mehr als Goethe in seiner höfisch-spätbarocken Umwelt. Dadurch wurde er freilich auch, wieder wie Platen, zugleich zum Progonen der Moderne*.

---

* Ähnlich sieht Herbert Seidler, die erste Autorität der heutigen Stifter-Forschung, die Entwicklung des österreichischen Meisters nach 1848: »Von der Biedermeier-Novellistik, die wirklich vielfach den Tiefen auswich, und von Jean Paul ging Stifter aus, der Weg durch Goethe führte ihn zu seiner eigenen Vollendung. Und diese mündet nun [!] nicht in den bürgerlichen Realismus der zweiten Jahrhunderthälfte, sondern übspringt ihn gleichsam und gelangt in die Nähe der Kunstbemühungen unserer Tage. Lehrreich ist der Vergleich mit dem andern großen deutschen Erzähler des neunzehnten Jahrhunderts, mit Gottfried Keller. Gemeinsam ist beiden der Ausgangspunkt: das plaudernde, publikumsbezogene Erzählen der Biedermeierzeit. Aber Gottfried Keller geht dann den Weg zum großen Realismus, der uns in der Kunst den Menschen als gesellschaftliches Wesen in seiner vielfachen Alltagsverflochtenheit nahebringt. Stifter geht den Weg zum in sich seienden, abgehobenen Kunstgebilde, das an sich ein Bild wird vom Dasein des Menschen in der Welt. Erst in diesem, hier bloß angedeuteten Vergleich von Keller und Stifter erschließt sich uns die Weite der erzählerischen Möglichkeiten im deutschen neunzehnten Jahrhundert« (Herbert *Seidler,* Adalbert Stifter in unserer Zeit, in: Vasilo Jg. 24, 1975, S. 118). Kellers *Seldwyler Geschichten,* das meine auch ich, sind stärker »publikumsbezogen« als das *Sinngedicht,* und teilen insofern gewisse volkstümliche Reize mit Stifters Früherzählungen. Aber sie sind schon alle durch den höheren künstlerischen Anspruch geprägt, den das bürgerlich-realistische Programm auch für die Erzählprosa erhebt. So genau ist hier die Wirkung des *literar*historischen Einschnitts von 1848 zu beobachten. Stifters Spätzeit läßt sich trotz des hohen dichterischen und ontologischen Anspruchs, den der Leipzig-ferne Österreicher erhebt, mit Hilfe der dialektischen Methode auch historisch deuten, besonders »Witiko« (s. u.). Realgeschichtlich ist zu fragen, ob ein Verleger außerhalb Österreich-Ungarns das monumentale böhmische Epos überhaupt gedruckt hätte. Heckenast, der in Budapest die Erbschaft des überaus tüchtigen und politisch liberalen Buchhändlers Otto Wiegand aus Leipzig übernahm, war zwar Deutscher und ebenfalls ein Meister der Leipziger Vertriebsmethoden, aber zugleich der große liberale Vermittler zwischen deutscher und ungarischer Literatur (vgl. »Gustav Heckenasts Biographie vom kgl. ung. Ministerialrath Ludwig Andre«, 1904, hg. v. der Vasilo Jg. 24, 1975, S. 62–76). *Ein Mann mit diesem Erfolg konnte sich den Witiko auch als habsburgisches Prestige-Objekt leisten.* Was schließlich die realistischen Meister deutscher Sprache im ganzen betrifft, so ist daran zu erinnern, daß in diesem Punkt *Norddeutschland,* aus leicht einsehbaren Gründen, die Führung hatte. Ich erwähne nur Storm, Raabe und Fontane. Auch Keller erlebte ja entscheidende Jugendjahre in *Berlin.* Stifters Sonderstellung ist demnach auch literaturgeographisch begründet, bzw. konfessionell.

Adalbert Stifter

Die Romane: die stil- und gattungsgeschichtliche Einzigartigkeit. Ihre Problematik

Es ist höchst bezeichnend, daß die Entdeckung von Stifters Romanen in der Hauptsache dem 20. Jahrhundert, dessen Dichter in eine ähnliche Isolierung gerieten, vorbehalten blieb. »Von dem roh stofflichen Treiben und Genießen unseres Zeitalters im höchsten Maße angewidert, dichtete ich mir Zustände, die vollkommen anders waren« (Brief vom 15. 10. 1861 an Edmund Hoefer). »Seit meiner Vereinsamung und seit ich gegen Europas Mächte... eine so tiefe Verachtung fühle, sind mir meine Arbeiten Rettung und Trost geworden. Ich flüchte zu ihnen wie zu einer Erhebung« (Brief vom 29. 11. 1859 an Gustav Heckenast). Mit solchen und ähnlichen Äußerungen, die keine Interpretation der Werke auslöscht, bestätigt der Dichter immer wieder die hier vorgetragene Auffassung. Der bürgerliche Beruf ist sonst ein Schutz gegen die Vereinsamung des Dichters und gegen die daraus erwachsende Überspannung des Formprinzips oder der Abstraktion. Man denke an Gotthelf, der auf dieser Grundlage »homerischer« als Stifter erzählt hat. Bei dem Linzer Schulrat wirkt sich das Amt nicht so günstig aus; denn einmal erlaubt das Berufseinkommen dem trotz aller Vorsätze leidenschaftlich dichtenden Künstler sich von seinem »höllischen Handwerk« (an Gustav Heckenast 8. 6. 1861) zu immer höheren Ansprüchen verführen zu lassen, zum anderen bestätigt ihm auch seine Berufserfahrung im Laufe der Zeit nur, daß ihm nichts als der Traum von »Zuständen, die vollkommen anders waren«, übriggeblieben ist.

Die einsame, schwer zu enträtselnde Gestalt des späten Stifter war eine Herausforderung für religiös und philosophisch orientierte Interpreten, so daß wir seinen philosophiegeschichtlichen Ort fast besser kennen als seinen literarhistorischen. Einig ist man sich wohl darin, daß er in dem alteuropäischen, Wissen und Glauben verbindenden Denksystem wurzelt, das von der Scholastik über Keplers *Harmonia Mundi* und Leibniz bis zu Herder, Jean Paul und Bolzano reicht, daß er also die Trennung von reiner und praktischer Vernunft (Kant), die den Idealismus und, im dialektischen Gegenschlag, den Realismus begründete, nicht mitvollzogen hat. Um den Dichter dem Realismus annähern zu können, hat man vor allem seine naturkundlichen Studien betont. Diese haben aber nichts mit der gleichzeitig z. B. von Liebig repräsentierten exakten Naturwissenschaft zu tun – diese scheint ja selbst von Büchner abgelehnt worden zu sein (vgl. o. S. 277) –, sondern sie stehen, wie schon angedeutet, immer noch mit einem Fuß in der alten Physikotheologie. Auch ist daran zu erinnern, daß in dem für Heinrich Drendorf entworfenen Bildungsplan des *Nachsommer* die Naturkunde eher eine propädeutische Funktion hat. Entsprechend betont der Dichter in seinen Lebensskizzen stets auch die »juridischen«, historischen und staatswissenschaftlichen Studien, denen er sich widmete, und er betreibt auch diese natürlich unter sittlich-religiösen Aspekten. Auf den *Nachsommer* mit seinem naturkundlichen Fundament folgt der *Witiko* mit seiner Rechts-, Staats- und Reichstheologie. Es gehört bereits zu den Topoi der modernen Stifter-Forschung, die »Objektivität« des Dichters von der »Faktizität« des Positivismus abzugrenzen. Ob von Ontologie oder von Phänomenologie die Rede ist, – stets kommt das Normative und Wesenhafte ins Spiel, damit aber auch, im alten, vorindividualistischen Sinn, die Person, das Subjekt. Verständnislos erscheint mir eine moderne Kritik, die Stifters Objektivität »zum inhumanen Gesetz, das die Individualität des Menschen mißachtet«, zu übersteigern versucht[68]. Es geht nicht um die Unterdrückung des schöpferischen Subjekts, sondern im Gegenteil um seine Humanisierung, um seine Läuterung von allem Krankhaften, Wilden und Ordnungswidrigen. Man denke an Stifters Genietheorie, die gewiß eine katholische Steigerung von Goethes klassischem Schöpferbegriff darstellt, aber mit antihumaner Versachlichung nicht das Geringste zu tun hat: »Das, was wir Genie heißen, ist also bei vorwiegender Schöpfungskraft das Blühen aller geistigen Kräfte, es ist das geistig Gesündeste, was wir haben, und wenn an großen Geistern geistige oder körperliche Krankheit vorhanden war und sie trotz derselben [!] Großes schufen, so sieht man diesem Großen doch in irgend etwas den Zug der Kränklichkeit an, es wäre ohne denselben noch größer und entzückte uns noch mehr, wenn es gleichsam aus dem einzigen festen, kernhaften Felsen der Kraft gehauen wäre. Es ist daher ganz falsch, sich das Genie als etwas Wildes, Phantastisches, Ungeduldiges (das Genie hat in Erschaffung seiner Gebilde unter allen Mächten der Welt die meiste Geduld), als etwas von der gewöhnlichen Ordnung Abweichendes, körperlich Zerrüttetes und mit seinem Verstande nicht ganz im Kreise des Gesetzmäßigen Verweilendes zu denken. Heutzutage ist es freilich so, daß mancher in solche Zeichen und Absonderlichkeiten hohe Gaben und Außerordentliches setzt, aber es hilft auch heute nichts« [69]. Stifter denkt vielleicht an Dichter vom Typus Heinse, F. Schlegel, Grabbe – *Ardinghello* und *Lucinde* werden im gleichen Aufsatz erwähnt –; sicher hat er Hebbel im Auge. In Stifters epischer Welt braucht man nur an den milden Witiko zu denken, um den Vorwurf inhumaner Gesetzlichkeit absurd zu finden. Interessant erscheint mir der von Martin Selge vorgeschlagene Begriff einer »kategorialen Objektivität«, und zwar besonders deshalb, weil er gelegentlich durch die Bezeichnung »kategoriale Subjektivität« [70] verdeutlicht wird. In Stifters Objektivität ist die an festen Kategorien orientierte Subjektivität des Dichters wirksam, oder um Selge selbst zu zitieren: »Die generelle Stilisierungstendenz, die, von Anfang an vorhanden, zum Spätwerk hin immer stärker hervortritt, drängt auf kategoriale Stellvertretung der Subjektivität in der dargestellten Objektivität.« Glücklich erscheint mir auch die Formulierung »kategoriale Organisation und Transparenz« [71]; denn wir sind ja schon im Frühwerk darauf gestoßen, daß Stifter die Erscheinungen »durchsichtig« für die höhere Welt zu machen versucht und sich niemals in einen kompakten Realismus verliert. Er verurteilt diesen übrigens auch ausdrücklich durch das Schimpfwort »poetischer Materialismus«. Soviel nur zur Andeutung der verzwickten Probleme, die durch die gleichzeitige Gegenständlichkeit und Abstraktion in der Stifter-Interpretation auftauchen und ganz unmöglich mit dem in der Realismus-Forschung öfters herrschenden common sense bewältigt werden können.

Konkreter läßt sich der literarhistorische Ort Stifters beschreiben. Man denkt gewöhnlich zuerst an das Verhältnis zu Hebbel; besonders an Stifters Brief vom 21. 8. 1847 an Aurelius Buddeus, in dem er eine Hebbel-Rezension in der Augsburger Allgemeinen ablehnt und das sanfte Gesetz vorformuliert: »Buben *lärmen* und wähnen dadurch Kraft auszudrücken, Männer *handeln* und drücken durch die Handlung die Kraft aus, und je größere Kraft vorhanden ist, desto sanfter und unscheinbarer, aber desto nachhaltender wächst die Handlung daraus hervor. Hebbel neigt zum Tragischen, erwischt aber, da ihm die sittliche Tiefe (Majestät der sittlichen Menschheit) als Widerlage fehlt, statt des *Tra-*

gischen immer das *Widerwärtige.* Daher das trostlos unaufgelöste am Ende seiner Dramen, und die Pein, die der sittlich einfache Mensch nach Lesung derselben empfindet, weil er unter so larvenhafte Gestalten geraten.« Er könnte, meint Stifter, Hebbel nicht rezensieren, ohne ihm wehzutun; denn er müßte ihn »*völlig verwerfen, und geradezu häßlich nennen*«. Abgesehen davon, daß er sich in diesem Brief auf die Meinung Grillparzers und anderer Freunde beruft und selbständige Hebbel-Lektüre kaum zu bemerken ist, erscheint hier ziemlich schlicht der Gegensatz zwischen dem pädagogischen Erzähler und dem spätidealistischen Tragiker, der zum Psychologismus, damit letzten Endes auch schon zum »poetischen Materialismus« (s. o.) neigt. Das gleiche gilt für Hebbels Äußerungen über Stifters Detailrealismus. Auch er hat den Konkurrenten (in der Gunst des Wiener Publikums!) wohl kaum mit der nötigen Geduld gelesen. *Sonst hätte er den Menschendarsteller unmöglich verkannt.* Zu beachten ist schließlich, daß Stifters Urteil für den späteren Hebbel nicht zutrifft. Auch Hebbel geriet unter den Einfluß des österreichischen Klassizismus. »Trostlos unaufgelöste Schlüsse« *(Maria Magdalene!)* gibt es bei Hebbel im Nachmärz nicht mehr. Die Tragödien erhalten die obligate *»Versöhnung«.* Wenig gefährlich war der Junghegelianer auch deshalb, weil er, *genauso wie Stifter,* unter der Kritik der realistischen Programmatiker, die die publizistische Macht an sich rissen, zu leiden hatte (vgl. o. S. 347 ff.). Julian Schmidt in Leipzig war der gefährliche Kritiker. Ich habe ihn mit Gottsched, der die Barockliteratur zu zerschmettern versuchte, verglichen (Bd. I, S. 265). Emil Kuh, der ja ein guter Kenner Hebbels und Stifters war, nennt ihn den »Nicolai unserer Tage« [72]. Beide Vergleiche besagen, daß in dieser realistischen Kritik eine gewaltige, aber rohe Kraft am Werke war. Der uns schon bekannte Lorm (Pseud. für Heinrich Landesmann) war wohl nicht der einzige, als er schimpfte, Julian Schmidt habe »dieses lasterhafte Schlagwort realistisch« in die Kritik eingeführt (an Emil Kuh 20. 9. 1863) [73].

Es war nicht nur ein Wort, sondern auch eine Norm, der Stifter nicht genügte. Wichtig ist zunächst, daß der Dichter an der Abkühlung der seelischen und stilistischen Atmosphäre, die den Realismus kennzeichnet, keinen Anteil hat. Mit Bezug auf *Granit* spottet Julian Schmidt: »Diese Wagenschmiere wird mit einer Andacht behandelt, wie etwa das Verhältnis Romeos und Julias in Shakespeare.« Was hier Andacht genannt wird, ist das, was wir Stifters verhaltene Empfindsamkeit nennen. Der Kritiker vermißt die Senkung der Stilhöhe, die er für realistisch hält und vor allem bei der Erzählung unwichtiger Vorgänge fordert. Auch für die bewußte Einfachheit des Stils hat er kein Verständnis. Tüchtige Jungen, meint er, schlafen bei Stifter ein, »für Erwachsene aber... paßt wieder der kindliche Ton nicht«. »Die Naivität, die Adalbert Stifter in seinen Studien anwendet, hat etwas Reflektiertes und ist außerdem unkünstlerisch. Aus seiner Einsicht nämlich, daß alle Erscheinungen im Gebiet der Natur und Geschichte wichtig sind, geht die Neigung hervor, auch in dem Kunstwerk alles mit gleicher Wichtigkeit und einem gewissen magischen Ton [!] zu behandeln. Er erzählt mit derselben Würde und Feierlichkeit [!], wie ein Großvater seinem Enkel die beschmutzten Höschen auszieht, wie er große Naturerscheinungen darstellt. Das ist aber ein logischer wie ein ästhetischer Mißgriff.« Schmidt verkennt auch die überkünstlerische Absicht Stifters; er fordert schon eher das reine, spezialistische Kunstwerk und tadelt daher die Andeutung einer offenen Form durch den Titel

Studien scharf. Die »Einheit« ist das Steckenpferd dieser substanzlosen realistischen Programmatiker: »Nun hat gerade die Kunst die Aufgabe, diesen Eindruck des Großen und Bedeutenden, den der gewöhnliche Mensch durch Einzelstudien sich mühsam erwerben muß, in einem Bilde zu konzentrieren... Die Kunst kann also nicht darauf ausgehen, uns Studien zu geben, wie sie der denkende und fein fühlende Mensch selber macht«. Daß es dem Leipziger Kritiker nur darauf ankommt, seine Kunstideologie durchzusetzen verrät der Schlußsatz: »Es ist sehr schade, daß ein so feiner Kopf, der mit so viel Empfindung für alles Schöne ausgestattet ist, durch ein falsches ästhetisches Prinzip[!] sich in eine verkehrte Richtung hat treiben lassen.« Diese Rezension erschien in den Grenzboten 1853[74]. Schon 1848 war im Organ Julian Schmidts und Gustav Freytags eine kurze gehässige Notiz erschienen, so als ob es sich gar nicht mehr lohne, über Stifter zu reden, da »die poetische Fähigkeit dieses Autors in einer bedauerlichen Abnahme begriffen« sei[75]. Es ist nicht falsch, wenn Enzinger vermutet, die »politische Tendenz« der Zeit habe 1848 zur Abwertung Stifters geführt[76]; denn letzten Endes ging es um die Ausschaltung des Biedermeierkatholiken und Österreichers, *der auf dem Markt so erfolgreich war.* Gefährlich jedoch war Julian Schmidts Angriff durch die mit publizistischer Anmaßung geführte ästhetische Argumentation. Die realistische Dichtungsideologie verbreitete sich mit Macht und wirkte überall ansteckend.

Stifter versuchte als Pädagoge zwischen der Realschulbildung und der Bildung durch das humanistische Gymnasium zu vermitteln[77]. Er warf dem Vormärzstaat vor, die Volksbildung vernachlässigt zu haben. So ist sein Amt als Volksschulrat kein Zufall; er war auch maßgeblich an der Gründung einer Realschule in Linz beteiligt. Aber seine Verehrung für Goethe, sein Perfektionsprinzip und wahrscheinlich auch die *mächtige Tradition des österreichischen Gymnasialhumanismus* ließen ihn doch bis zu einem gewissen Grade in der klassizistischen Tradition verharren. Das Prinzip des sanften Gesetzes ist gewiß zunächst naturwissenschaftlich begründet. Es erinnert an Goethes Kampf gegen den Vulkanismus und wird von Stifter wohl vor allem durch eine mystische Auffassung der Elektrizität begründet. In den *Winterbriefen aus Kirchschlag* sieht er in dieser Erscheinung eine Art Universalprinzip, »das Ganze«, wovon Licht, Wärme, Magnetismus nur »einzelne Wirkungen« sind. Er interessiert sich für die Verwendung der Elektrizität in der Medizin und stellt sogar »eine umfassendere Schrift über diesen Gegenstand« in Aussicht[78]. Fragt man sich aber ganz schlicht, wo Stifter den von ihm so leidenschaftlich vertretenen und praktizierten Begriff der Stetigkeit in der *Literatur* gefunden haben könnte, so sieht man sich wieder auf die Klassik verwiesen. Wilhelm von Humboldt erkennt in seiner Schrift über *Hermann und Dorothea* die Stetigkeit als ein Hauptmerkmal des Epischen, und diese Dichtung Goethes hat ja auch als idyllisches Epos besondere Bedeutung für den Dichter des *Nachsommer*[79]*. Ich sage nicht, Stifter habe Goethe »aus

---

* Aus dem Prinzip der Stetigkeit ergibt sich im *Witiko* die besondere Zuspitzung zu einem *chronologischen Nacheinander.* Dieses entsprach dem naturwissenschaftlichen Geist der Zeit, dürfte aber auch in der Poetologie eine Stütze gefunden haben. In einem Brief an Dahn, zu einer Zeit, die für die Herausbildung von Stifters Prosaepik wichtig war ([27. 5.] 1855), schreibt Rückert: »Nicht zugegeben aber wird von mir das Rückwertschlagen[sic] der Erzählung, das Zurückspringen von einer Scene zu einer der Zeit nach früher zu denken. Das Epos, nach meinen Begriffen, muß eben so stetig[!] nur vorwerts[sic] schreiten, von Scene zu Scene, wie das Drama, in welchem ein Rück-

seinem eigenen Wesen nachvollzogen«[80]; denn es klafft ein weiter Abgrund zwischen dem sittlich-religiösen Weltbild Stifters und der Existenz Goethes, die bis zuletzt dem Tragischen geöffnet bleibt und die »harmonia mundi« sehr viel vorsichtiger vergegenwärtigt. Aber Stifter lehrt im *Nachsommer,* daß selbständige Nachahmung erlaubt ist, daß es eine originale Erneuerung großer Vorbilder gibt. Die Marmorstatue ist ein Zentrum des Romans. Wenn dem Dichter ein Professor für klassische Philologie aus Prag sagt, die *Bunten Steine* seien »antik«, »mit Xenophontischer Klarheit und Einfachheit geschrieben«, so ist er nicht weniger erfreut, als Wieland oder Goethe, wenn sie ein solches Urteil hörten; denn: es ist »in der That so..., daß meine Kunstbildung auf der griechischen Kunst hauptsächlich ruht« (an Gustav Heckenast 12. 6. 1856)[81]. Vor allem der empfindsame Winckelmannsche Klassizismus wirkt in ihm nach. Daher ist die *Iphigenie* immer eine so wichtige Dichtung für ihn gewesen. *Nur daß er merkwürdigerweise eine ähnliche Stilhöhe in der Prosa durchhält!* Hofmannsthal denkt wohl an den Unterschied zwischen Goethes und Stifters *Romanen,* wenn er sagt: »Nirgends, wie bei Goethe, die unendliche Abstufung; schlägt man eine Seite Stifter auf, so ist man immer in der gleichen zarten, bezaubernden Sprachatmosphäre.« Er spricht vom »Warten auf den *richtigen* (sacralen) Moment selbst für ein Gespräch, eine Frage«[82]. Dies sind dieselben Phänomene, die Julian Schmidt beobachtet, jetzt aber werden sie mit Verständnis gewertet. Hofmannsthal interpretiert Stifter sogar mit Hilfe eines Zitats aus dem Hölderlin-Brief an Boehlendorff vom 4. 12. 1801[83], womit wir wieder bei der Tradition des Winckelmannschen Klassizismus stehen. Es erscheint mir zu pointiert, wenn Staiger bemerkt, Stifter habe sich nach 1848 bewußt zum Märchen entschlossen; man könnte ihn mit seinen eigenen Worten widerlegen, denn Staiger sagt auch, Stifter fände »Realismus« so eigenmächtig wie romantische Phantasie[84]. Es muß sich also doch wohl um eine mittlere Lösung handeln! Sicher erscheint mir aber, daß die Stifterforschung in immer größerer Einheitlichkeit erkennt, *daß die Einordnung des Dichters in den Realismus gerade auch in der Spätzeit auf größte Schwierigkeiten stößt.* Richtiger ist es, ihn in der klassizistisch überformten Biedermeiertradition zu sehen oder überhaupt auf eine Einordnung zu verzichten*.

---

wertsgehn schon physisch unmöglich ist auf der wirklichen bretternen Bühne. Aber das Epos baut eine ebensolche Bühne vor der geistigen Anschauung auf, auf der es auch nicht rückwerts gehen darf.« Rückert beruft sich auf Goethes »göttlichen Instinkt«, der in *Hermann und Dorothea* nach dieser Regel verfuhr (Friedrich *Rückert* Briefe, hg. v. Rüdiger *Rückert,* Bd. II, Schweinfurt 1977, S. 1224); doch ist bei dem Gelehrten Rückert keineswegs auszuschließen, daß die schulmeisterliche Fixierung von Goethes Verfahren aus einer Poetik stammte, aus der auch Stifter schöpfte. – Der kunstvolle Aufbau der Romane, der von einer Reihe von Stifter-Forschern nachgewiesen worden ist und diese in der Form entschieden von der Biedermeierzeit trennt, hat in der gleichen klassizistischen Poetik seinen Grund, kann aber auch im Zusammenhang mit dem geradezu monomanen Einheitsprinzip der programmatischen Realisten gesehen werden; denn die Erhebung der Erzähl*prosa* zur Erzähl*kunst* durch das realistische Programm läßt sich an der Einbeziehung, ja Forcierung des klassizistischen Kompositionsprinzips besonders leicht erkennen. Die Möglichkeit, daß die starke Betonung des Einheits- und Kompositionsprinzips in Mitteleuropa die idealistische Reaktion begünstigte, sei hier nur angedeutet.

* Stifters inhaltliche Ziele unterscheiden sich schroff von den Intentionen des bürgerlichen Realismus. Doch bestehen nach 1848 *formale* Übereinstimmungen, die eine Einordnung in den Realis-

Wenn man die Briefe Stifters durchsieht, fällt auf, daß ihn die literarischen Gattungen wenig interessieren. Darüber können die vielzitierten, meist aus der *Witiko*-Zeit stammenden Bemerkungen über das Epos und das Epische nicht hinwegtäuschen; denn ihnen steht eine überwältigende Fülle von generellen Betrachtungen zur Dichtung und Kunst gegenüber. Daß der Roman ein »Gedicht« sei, das ist auch beim *Witiko* die Hauptsache. Solange Stifter gut verbunden in der literarischen Umwelt seiner Zeit stand, schadete die Unschärfe seiner Theorie nicht viel. Sobald er aber seinen einsamen Weg einschlug, mußte das Versagen auf dem Gebiet des Gattungsdenkens, das ihn, ganz im Gegensatz zu den Klassikern, kennzeichnet, bestimmte Folgen haben. Die sich hier zeigende Gleichgültigkeit gegenüber den Gattungen reicht übrigens über Biedermeier und Romantik bis in die Zeit Klopstocks zurück, was wiederum die nie ganz überwundene empfindsame Tradition demonstriert, in der der Dichter seit seinen Anfängen steht. In seinem Sprachstil bekämpft er, wie wir schon bei den Änderungen für die *Studien* bemerkten, das empfindsam rührende oder pathetische Wesen traditioneller Art ausdrücklich, und dieser Stilwille wird immer entschiedener. Verbesserungen am *Witiko* nimmt er z. B. mit folgender Begründung vor: »Mein bewegtes nur in seinem eigenen Zustande berechtigtes Gefühl, kam in das Gedicht, und machte dort ein falsches Pathos, was im Epischen das Allergefährlichste ist, und höchstens in der Lirik etwas entschuldigt werden könnte« (an Gustav Heckenast 2. 11. 1861). Das warnende Beispiel Klopstocks scheint ihm bei den Bemühungen um das »Epos« vor Augen zu stehen; ja, man wird fragen müssen, ob der Sprachstil hartnäckiger Untertreibung, der den späteren Stifter kennzeichnet, nicht aus der Angst vor einer rhetorischen Empfindsamkeit zu verstehen ist. *Dieser ständige Kampf gegen die Gefühlskultur, in der er wurzelte, führte zu einem neuen Sprachstil.* Aber die Gattungsfrage, und das heißt jetzt die Gesamtgestaltung des Romans, wird von dem Dichter nicht so ernstgenommen.

---

mus bei einer undifferenzierten Art der Literaturgeschichtsschreibung verständlich machen: 1. Stifter lehnt wie die realistischen Programmatiker die Vormärzrhetorik entschieden ab, 2. Er unterscheidet Rhetorik und Dichtung wie diese scharf voneinander und erwartet eine Wiedergeburt der Dichtung. Von besonders großem dokumentarischem Werte ist in dieser Hinsicht der Rückblick und die Prognose in dem Brief an Gustav Heckenast vom 13. 10. 1849 (SW. Bd. 18, Reichenberg ²1941, S. 14 f.): »Meinten doch auch viele, die Kunst sei dem Ernste und der Größe der Zeit gegenüber unbedeutend und auf viele Jahre hin würden sich die Menschen mit dieser Spielerei nicht mehr abgeben. Ich sagte darauf, die Kunst sei nicht nur höher, als alle Welthändel, sondern sie sei nebst der Religion das Höchste, und ihrer Würde und ihrer Größe gegenüber seien die eben laufenden Dinge nur thörichte Raufhändel; wenn die Menschen nicht alles Selbstgefühles baar geworden sind, werden sie sich bald von dem trüben und unreinen Strudel abwenden, und wieder die stille einfache aber heilige und sittliche Göttin anbeten. Und siehe, so ist es. Ja des holen und öden Frasenthumes müde und ekel werden sie daselbe jetzt auch in der Kunst erkennen, wenn es auftritt, werden es verschmähen, und es steht daher diesem schönsten irdischen Dinge der Menschen eine Reinigung bevor. Die Revolution ist sogar aus dem Frasenthume der Afterlitteratur hervorgegangen.« Stifter erkennt nach der Revolution richtig die Zeichen der bevorstehenden Wiederherstellung ästhetischer Normen. Was aber für die Realisten nur ein *spezieller* Kulturbereich ist, der aus der vormärzlichen Vermischung mit Rhetorik, Moral, Religion und Politik *befreit* werden muß, wird von Stifter traditionsgemäß moralisiert und sakralisiert. So erklärt es sich, daß, trotz des gemeinsamen Bekenntnisses zur »Kunst«, die Erzählprosa der Realisten und Stifters späte Dichtung vollkommen verschieden sind (vgl. u. S. 990 u.993).

Daß Stifter überhaupt auf den Gedanken kam, große »classische Werke« in *Prosa* zu schreiben, unterscheidet ihn deutlich von den Klassizisten. Die *Studien* liegen nun als »kleine harmlose Dinge« weit hinter ihm (an Gustav Heckenast 22. 4. 1850). Der elenden »Romanwirthschaft« der Zeit (an Gustav Adolf Ungar 15. 12. 1865) stellt er hohe Prosadichtungen, womöglich das »Epos« entgegen. Aus dem Goethe-Schiller-Briefwechsel konnte er dies Programm unmöglich lernen. Hierin war er viel eher der Schüler Jean Pauls. Auch die realistischen Programmatiker könnten ihn auf seinem Weg zum Roman bestärkt haben; denn sie vertraten das Programm einer neuen, über die rhetorische Erzählprosa der Biedermeierzeit hinausführenden Roman*dichtung,* gerade in den fünfziger Jahren, in denen Stifters erster Roman erschien. Während aber der künstlerische Anspruch sonst zu einer Dramatisierung oder Tragisierung des Romans führte (*Soll und Haben, Der grüne Heinrich* 1. Fassung, *Zwischen Himmel und Erde*), beharrte Stifter auf der älteren Vorstellung, wonach der Roman (nach Jean Pauls Worten) eben durch »die Weite seiner Form« gekennzeichnet ist, »in welcher fast alle Formen liegen und klappern können« (Vorschule zur Ästhetik). *Lange Beschreibungen, Reflexionen, Gespräche, die sich vom Erzählgang loslösten, widersprachen ganz offensichtlich nicht seiner Vorstellung vom Roman, auch wenn er ihn als epische Form verstand und die starken Stilschwankungen, die den Roman der Biedermeierzeit zu kennzeichnen pflegen (vgl. z. B. Gotthelf), konsequent vermied.* Stifters »konservative« Haltung also, sein Festhalten an einem, hinsichtlich der Erzählelemente, die Einheitsforderung der Realisten *nicht* befriedigenden Romantyp führte zur Verkennung seiner Romane und – schließlich mit der Zustimmung des Dichters [85] – zu einer verkürzten Ausgabe des *Nachsommer.* Die Romane von Gotthelf, Alexis, Meinhold usw. erlitten ein gleiches oder doch ähnliches Schicksal, denn man schwor auf den formalen Begriff der »Einheit« und wollte nichts Partikulares, »Episodisches« gelten lassen. Beim *Nachsommer* – schon das Wort hat ja der Dichter von Jean Paul – scheint eine noch direktere Anknüpfung an das Vorbild seiner Jugend vorzuliegen. Jean Paul unterscheidet nicht nur epische und dramatische Romane, sondern auch solche der italienischen, deutschen und niederländischen Schule. Zur letzten Klasse gehören Jean Pauls kleine idyllische Romane *Wutz, Quintus Fixlein, Das Leben Fibels* usw. Stifter konnte also der Meinung sein, in seiner eigenen Roman-Idylle eine legitime Form, den Roman »niederländischer Schule«, zu wählen.

Bei näherem Nachdenken hätte er sich sagen müssen, daß ein großer Unterschied zwischen einer humoristischen und einer ernsthaften Romanidylle besteht, denn das Humoristische neigt stets zum Stationären. Sterne vor allem hatte bewiesen, daß man im humoristischen Roman auf der Stelle treten kann. Überdies hatte Jean Paul ganz grundsätzlich die formale Problematik der Universalgattung Roman betont. Sein Augenmerk lag so wenig wie das der Romantiker auf der einheitlichen Durchstilisierung seiner Werke. *Er erhob nicht den Anspruch des Epikers;* ja, er empfahl die Orientierung am Drama. Auch die Romane von Gotthelf, Alexis usw. wollen ja keine große Dichtung sein. *Stifter allein erhebt klassischen Anspruch* und legt jedes Wort auf die Milligrammwaage, *ohne sich zu fragen, ob die Episierung eines im Grunde noch universalpoetisch gedachten Romans sinnvoll ist.* Aus diesem Widerspruch entstand das, was man an Stifters Romanen »Manier« zu nennen pflegt. Max Rychner, dem es gewiß nicht an Verständnis fehlt, benützt sogar das Wort »Starre« [86]. Stifters Romankunst bildet, eben in der *Verbissenheit ihres überzeitlichen Anspruchs,* keine klassische, sondern eine sehr individuelle Lösung, *ein Unikum zwischen den Epochen.* Mir scheint: Stifters Romane spiegeln genau die seit 1848 entstandene menschliche Vereinsamung des Dichters wider. Ich persönlich kenne jedenfalls keine andern Romane der Biedermeiertradition, die mit solcher Konsequenz von ihrem Autor zum Epos erhoben und klassizistisch überformt worden sind*.

Der Nachsommer

Trotz dieser *gattungstheoretischen* Problematik muß man Stifters Romane in ihrer Besonderheit zu verstehen suchen. Und ich vermute, daß dabei auf die Dauer doch *Der Nachsommer* (1857) wieder in den Vordergrund treten wird. Denn hier wird noch nicht so deutlich homerischer Anspruch erhoben. Vielmehr erscheint das Idyllische unmaskiert und mit dem persönlichen Zauber, der Stifters Dichtung eigen ist. Es ist der bleibende Vorzug von Walter Rehms *Nachsommer*-Deutung [87], daß sie aus innerer Nähe zu der Dichtung diesen Zauber nacherleben läßt und sich dem Problem des Idyllischen ganz offen stellt. Stifters Idylle ist, wie Rehm betont, nicht nur bukolisch, sie nimmt das ganze abendländische Erbe in sich auf: Platonisches, Horazisches, Benediktinisches, die Vorstellung vom Goldenen Zeitalter, Österreichisch-Josephinisches und dann natürlich die verschiedenen Spielarten des Idyllischen in der Goethezeit. Nicht zuletzt erkennt der Winckelmann-Forscher Rehm auch die Winckelmann-Nachfolge Risachs. Diese reichen Hinweise widersprechen nicht dem biedermeierlichen Inhalt des Buches, denn wir wissen längst, daß in dieser Zeit die verschiedenen alteuropäischen Traditionen auslaufen (vgl. Bd. I, S. 118 ff.). Die Verbindung der klassisch-antiken und der mittelalterlich-romantischen Tradition wird im *Nachsommer* ja ausdrücklich und fast programmatisch vollzogen. Was in der Biedermeierzeit selbst vieltönig, zwiespältig, ja oft verworren auseinandertritt, das vereinigt sich in dem utopischen Raum des Rosenhauses zu einer Art Summa. Während die empfindsamen Idyllen Salomon Geßners und zum Teil noch die biedermeierlichen Idyllen aus der entschiedenen Abgrenzung von der Gesamtwirklichkeit ihr Wesen ableiteten und daher anspruchslos, im Umfang klein und im Ton öfters lyrisch waren, repräsentiert nun der enge Kreis des Hauses, des Gartens, der Kunst- und Natursamm-

---

* Interessant wäre eine Abgrenzung Stifters von Flaubert. Das gemeinsame naturwissenschaftliche Interesse und die Abneigung gegen jede direkte, militante Parteilichkeit machen die beiden Erzähler zu vergleichbaren Zeitgenossen. Auch die moderne Flaubert-Forschung hat erkannt, daß Begriffe wie impersonnalité, impartialité, impassibilité *nicht* im Sinne eines inhumanen Objektivismus, sondern nur als *künstlerische* Methode zu deuten sind (Gerhard Walter *Frey,* Die ästhetische Begriffswelt Flauberts, Studien zu der ästhetischen Terminologie der Briefe Flauberts, München 1972). Ein für die Bewertung wichtiger Unterschied ergäbe sich wohl daraus, daß Flaubert am unbestimmten Charakter des Romans festgehalten hat und der Gefahr einer *monotonen Episierung* – mitten im 19. Jahrhundert! – entgangen ist. Norbert Fuerst sagt, mit andern Worten, dasselbe: »The hypnotic spell which the best of the stories cast over us could not well be prolonged for 1,000 pages« (The Victorian Age of German Literature, London 1966, S. 60).

lung die ganze Welt. Eine ausgebreitete Gegenwelt zur städtischen Zivilisation entsteht, weshalb der romanhafte Umfang natürlich und notwendig erscheint.

Auch Gotthelfs Romane stellen der Welt im ganzen oft genug idyllische Bilder seiner frommen bäuerlichen Heimat entgegen. Indem dies aber öfters in kämpferischer Form geschieht, bleibt die *Grenze* zwischen dem Teil und dem Ganzen stets fühlbar (vgl. besonders den Roman *Zeitgeist und Berner Geist,* 1852). Stifter überspielt den Zwiespalt zwischen Außenwelt und Innenwelt mit magischer Kraft, und eben darauf beruht die eigentümliche Faszination des Buches. Gotthelf bekämpft die Zeit und wahrt Abstand, Stifter dichtet einen Raum ohne Zeit. Von der einen Seite gesehen ist es natürlich richtig, daß das Nachsommer- und Altersmotiv, die Todesnähe von Risach und Mathilde eine Einschränkung des Idyllischen bedeutet[88]. Hier berührt sich Stifter mit Gotthelf (*Der Sonntag des Großvaters,* vgl. Bd. II, S. 784 f.). Auf der anderen Seite bewirkt die Dichtung einen doppelten Triumph der »Heiterkeit«, da sie das Alter so verklärt, daß es scheint, als seien Tod und Vergänglichkeit aus der Welt verschwunden.

Wenn Tieck in der Novelle *Der Pokal* die Geschichte eines versäumten Lebens erzählt, so entsteht dabei ein überwältigender Eindruck von der Macht der Zeit. Indem einem alten Manne beim späten Wiedersehn mit der früheren Geliebten ihre Tochter mehr in die Augen fällt als diese selbst, entsteht ein fast barocker Vergänglichkeitsschauer. Der frühe Stifter hätte die unglückliche Liebesgeschichte Risachs und Mathildes wahrscheinlich schon durch einen Landschaftsrahmen, durch ein bittersüßes Wiedersehen im Alter oder dgl. abgedämpft (vgl. *Brigitta*); aber sie wäre noch das zentrale Motiv gewesen. Hier im *Nachsommer* wird die verfehlte Vergangenheit nicht nur gemildert und eingekapselt, sondern gleichsam ungeschehen gemacht, einmal dadurch, daß Mathilde und Risach sich im Alter wiederfinden, vor allem aber dadurch, daß das junge Paar, Heinrich und Natalie, in Übereinstimmung mit dem Familienkult der Zeit (vgl. Bd. I, S. 57 ff.), das Versäumte nachholt. Wenn die gewissenhafte, ja geradezu mit wissenschaftlicher Exaktheit durchgeführte Erziehung Heinrichs genau und ausführlich beschrieben wird, dann soll damit nicht nur ein pädagogisches Programm aufgestellt, sondern die erwähnte Schicksalslosigkeit des Lebens darstellend bewiesen werden.

Fragt man sich, wie es dem Dichter möglich war, die zahllosen Beschreibungen, Reflexionen und Vorgänge auf eine durchgehende Stilebene zu bringen und überhaupt den magischen Zirkel dieses Werks zu schaffen, so erinnert man sich wieder an die latente, filtrierte Empfindsamkeit, die für ihn bezeichnend ist. Die Ernüchterung der Spätaufklärung, die am idyllischen Epos (*Luise, Hermann und Dorothea* etc., vgl. Bd. II, S. 710 ff.) abgelesen werden kann, wirkt in der Ding- und Gedankenwelt des *Nachsommers* in einem gewissen Sinne weiter. Der in Stifters Roman erreichte empirische und intellektuelle Zuwachs ist ungeheuer; aber die seelische Grundform, die wir Empfindsamkeit nennen, ist, wie man auch sonst im Biedermeier sehen kann, deutlicher als bei Voss und Goethe. Diese spätidealistische Empfindung kann sich, weil sie ihrem Wesen nach ein ganz allgemeines Gefühl und vom individuellen »Erleben« scharf zu unterscheiden ist, mit der von Stifter geforderten Dinghaftigkeit und Objektivität verbinden. Und eben darauf beruht jene Welt und Seele »magisch« verbindende, den sensiblen Leser überwältigende Suggestion, die vom *Nachsommer* ausgeht.

Wir vergleichen, um das Gemeinte wenigstens in der Sprachschicht zu demonstrieren, zwei motivähnliche Stellen im *Nachsommer* und im *Grünen Heinrich*. »Schon als ich die süßen Lippen an meinen fühlte, war mir, als sei ein Zittern in ihr, und es fließen ihre Tränen wieder.
Da ich mein Haupt wegwendete, und in ihr Angesicht schaute, sah ich die Tränen in ihren Augen. Ich fühlte die Tropfen auch in den meinen hervorquellen, die ich nicht mehr zurückhalten konnte. Ich zog Natalien wieder näher an mich, legte ihr Angesicht an meine Brust, neigte meine Wange auf ihre schönen Haare, legte die eine Hand auf ihr Haupt, und hielt sie so sanft umfaßt, und an mein Herz gedrückt. Sie regte sich nicht, und ich fühlte ihr Weinen. Da diese Stellung sich wieder löste, da sie mir in das Angesicht schaute, drückte ich noch einmal einen heißen Kuß auf ihre Lippen, zum Zeichen der ewigen Vereinigung und der unbegrenzten Liebe. Sie schlang auch ihre Arme um meinen Hals, und erwiderte den Kuß zu gleichem Zeichen der Einheit und der Liebe. Mir war in diesem Augenblicke, daß Natalie nun meiner Treue und Güte hingegeben, daß sie ein Leben eins mit meinem Leben sei. Ich schwor mir, mit allem, was groß gut schön und stark in mir ist, zu streben, ihre Zukunft zu schmücken, und sie so glücklich zu machen, als es nur in meiner Macht ist, und erreicht werden kann« (Der Nachsommer, 2. Band, 5. Kap. Der Bund). »Die Mädchen wanden sich aus den Armen der Tänzer, und alles eilte, sich ehrbar begrüßend, die Treppe hinunter, setzte sich noch einmal hin, um Kaffee mit Kuchen zu genießen, und dann ruhig nach Hause zu gehen. Anna stand, mit glühendem Gesichte, noch immer in meinem Arme und ich schaute verblüfft umher. Sie lächelte und zog mich fort; wir fanden ihren Vater nicht mehr im Hause und gingen weg, ihn beim Oheim aufzusuchen. Es war Dämmerung draußen und die allerschönste Nacht brach an. Als wir auf den Kirchhof kamen, lag das frische Grab einsam und schweigend, vom aufgehenden goldenen Monde bestreift. Wir standen vor dem braunen, nach feuchter Erde duftenden Hügel und hielten uns umfangen; zwei Nachtfalter flatterten durch die Büsche und Anna atmete erst jetzt schnell und stark. Wir gingen zwischen den Gräbern umher, für das ewige der Großmutter einen Strauß zu sammeln, und gerieten dabei, im tiefen Grase wandelnd, in die verworrenen Schatten der üppigen Grabgesträuche. Da und dort blinkte eine matte goldene Schrift aus dem Dunkel oder leuchtete ein Stein. Wie wir so in der Nacht standen, flüsterte Anna, sie möchte mir jetzt etwas sagen, aber ich müßte sie nicht auslachen und es verschweigen. Ich fragte: Was? und sie sagte, sie wolle mir jetzt den Kuß geben, den sie mir von jenem Abend her schuldig sei. Ich hatte mich schon zu ihr geneigt und wir küßten uns ebenso feierlich als ungeschickt« (Der grüne Heinrich, II. Band, 4. Kap.: Totentanz!) Ich habe aus dem *Grünen Heinrich* absichtlich eine Liebesszene mit der zarten Anna gewählt, nicht etwa mit Judith. Beide Liebespaare sind jung und gefühlvoll. Im *Grünen Heinrich* verbindet sich damit sogar die alte Kirchhofromantik. *Während aber Stifter mit Hilfe des erzählenden jungen Heinrich selbst empfindsam schildert, wird die Empfindsamkeit bei Keller trotz der Icherzählung zum Gegenstand. Der Realist sieht das Seelenleben der beiden Liebenden als eine individuelle Erscheinung, als etwas nur bedingt Gültiges, weshalb es auch humoristisch relativiert werden kann.* Bei Stifter haben wir nicht nur die stereotypen Tränen der Empfindsamkeit, sondern auch die eigentümliche Idealität (oder Abstraktion), die sich in ihrer Sprache bemerkbar zu machen pflegt: »Vereinigung«, »Liebe«, »Einheit« und wieder »Liebe«, »Treue« und »Güte«. Bei Keller erscheinen so allgemeine Begriffe überhaupt nicht. Es ist alles einmalig und konkret: »Sie lächelte und zog mich fort«, »Anna atmete erst jetzt schnell und stark«. Anna »flüstert«. Stifters Menschen flüstern nicht, sondern sie »sagen« bei solchen Gelegenheiten ihr Ja, fast schon so deutlich wie nachher in der Kirche.

Diese oft beobachtete Neigung zum Zeremoniell, zum Kultischen hat darin ihren Grund, daß in der *magischen Utopie* der späten Stifterschen Dichtung in jedem bedeutenden Augenblick etwas Ewiges geschieht. Hier wird es ausdrücklich festgestellt: »Zum Zeichen der ewigen Vereinigung und der unbegrenzten Liebe.« Die Sprache hat bei Keller viele Wendungen und Biegungen, je nach den Gegenständen und Situationen, von denen die Rede ist. Sie hebt sich einmal zu einer gewissen Feierlichkeit (»lag das frische Grab einsam und schweigend«), an anderen Stellen ist sie alltäglich (»aber ich müßte sie nicht auslachen«). *Bei Stifter hält sie stets die gleiche Höhe.* Zwar ist sie nicht so pathetisch wie die Sprache Klopstocks, aber sie neigt stets zum Enthusiasmus, z. B.: »was groß gut schön und stark in mir ist«. Die Adjektive könnten, wie bei jeder empfindsamen Sprache, ausgewechselt werden, weil es nicht auf das einzelne, sondern auf den seelischen Gesamtausdruck ankommt. Die

Sätze Stifters haben wie die in Geßners Idyllen oder in Hölderlins *Hyperion* einen betonten, fast metrischen Rhythmus; sie sind nicht in dem gleichen Sinne Prosa wie die Kellers. Keller ist alles in allem das was man im Realismus natürlich, organisch, anschaulich, lebendig und individuell charakterisierend nennt. Aber Stifter hätte dafür wahrscheinlich »oberflächlich«, »kalt« und »stofflich« gesagt. Denn nicht auf das bunte Spiel der Launen, Vorgänge und Leidenschaften, sondern auf die heilige, alles umfassende Ordnung kam es ihm an, und sie offenbart sich dem Biedermeierdichter, bei aller Achtung vor Vernunft und Erfahrung, immer noch zutiefst im »Herzen«, in der »Empfindung«*.

---

* Wir sollten uns völlig klar darüber sein, daß es sich im *Nachsommer* nicht nur um ein gattungsgeschichtliches, sondern auch um ein deutsches Unikum handelt. Vergleicht man etwa die Interpretation Rehms mit der des Engländers Walter H. Bruford, der der gleichen Generation angehört und nicht nur ein hervorragender Gelehrter, sondern auch ein trefflicher Spezialist für die deutsche Bildungsgeschichte ist, so erkennt man, daß es dem englischen Germanisten ganz unmöglich ist, auf das Werk »einzugehen« und mehr als einen distanzierten Blick von der englischen Gesellschaftskultur aus auf den kuriosen Roman zu werfen. Zum Beispiel: »The pronounced paternalism which is evident in all the chapters about Heinrich and his family, the entire neglect of the political element in life, the unquestioning acceptance by all alike of the existing social order and the absence of any expression of concern about the lot of the peasantry [?] and the working class, all these features make on us now the impression not, as so many German critics have said, of a timeless utopia, but rather of an idealized recollection of an earlier, simpler stage in Germany's own history, a vision to which Stifter turns with relief after his experiences in Vienna 1848. It is interesting to note how many of the central features of Stifter's ideal society correspond to those singled out by Ralf Dahrendorf as charakteristic of the solidly based opposition to a modern parliamentary democracy which persisted, according to him, well into the twentieth century.« Es folgt ein Zitat aus R. D.: Gesellschaft und Demokratie in Deutschland, München 1965 (W. H. *Bruford,* The German Tradition of Self-Cultivation, Bildung from Humboldt to Thomas Mann, Cambridge 1975, S. 137 f.). Ist es also die fehlende Demokratie in Deutschland, die dem Roman ein so hohes Ansehen verschaffte, daß der Engländer ihm, trotz seiner Kritik, ein ganzes Kapitel widmete? Fast könnte es so scheinen, wenn man Horst Albert Glasers Buch über den Nachsommer (s. u.) oder die in unsern Zusammenhang genau passende Schrift von Gundel *Mattenklott* (Sprache der Empfindsamkeit, zum Werk Ad. Stifters, Frankfurt/M. 1973) liest. Allein auch hier bleibt ein deutlicher Abstand zwischen der deutschen und der englisch sprachlichen Kritik. Jeffrey L. *Sammons,* Yale-University, ein guter Kenner der Epoche, ist politisch nicht ganz einverstanden, und der Vorwurf der Sentimentalität erscheint ihm schwer verständlich (Germanistik Bd. 16, 1975, S. 931); wahrscheinlich ist der seelische Abkühlungsprozeß in der BRD noch weiter fortgeschritten als in den USA. Neben der meist marxistischen Nachsommer-Kritik gibt es in Deutschland auch ein erneutes Interesse für alles Idyllische, keineswegs nur im konservativen Lager, vgl. z. B. Hermann *Glasers* Schrift: Kleinstadt-Ideologie, zwischen Furchenglück und Sphärenflug, Freiburg i. B. 1969. Der Verfasser ist, nach der Verlagswerbung Schul- und Kulturreferent in Nürnberg (Zur generellen Neuentdeckung des Idyllischen vgl. u. S. 1037 ff.). Ich bin davon überzeugt, daß jede Art von politischer Wertung den *Nachsommer* in seinem Kern nicht trifft. Schwieriger ist die Rechtfertigung der im Roman nachwirkenden Empfindsamkeitstradition. Joachim Müller hat für seine Generation selbstverständlich recht, wenn er Marie-Ursula Lindaus Schrift (Stifters *Nachsommer,* Ein Roman der verhaltenen Rührung, Bern 1974) etwas ungehalten bespricht, weil die Verfasserin den Roman als »abstraktes vages Ganzes« erlebt und nicht anerkannt hat. Aber einmal bleibt die pädagogische Tatsache, daß jede neue Jugend mit dem *Nachsommer* Schwierigkeiten hat und erst allmählich für ihn reif werden kann. Und dann erhebt sich die seelengeschichtliche Frage, ob die immer technischer und damit kühler werdenden Generationen sich überhaupt noch, »Bildung« vorausgesetzt, zum Verständnis eines derartigen Buches *entwickeln* können. Der deutsche Realismus von Keller bis Fontane scheint, trotz der Biedermeierreste, weniger von der Entwicklung bedroht zu sein, weil sein Humorprinzip der modernen Neigung zum understatement eher entspricht. Doch sind gerade Prognosen für die seelen- und stilgeschichtliche Zukunft immer

Die traditionelle Vorstellung, *Der Nachsommer* gehöre in die Reihe der großen Bildungsromane, die von der *Geschichte Agathons* bis zum *Zauberberg* führt, tritt in der modernen Stifter-Forschung zurück. Man sagt, höchstens die Jugendgeschichte Risachs könne an die *Lehrjahre* erinnern. Dem jungen Heinrich fehle die Individualität so stark, daß man den *Wanderjahren* näherstehe als den *Lehrjahren* [89]. *Der Nachsommer* wäre demnach eher eine pädagogische Provinz als ein Entwicklungsroman. Man kann behaupten, der eigentliche Gegenstand der »Erzählung« – so nennt der Dichter sein Werk – sei nicht die Bildung Heinrichs, sondern »die alles umgreifende Geschichte Risachs und Mathildes« [90]. Es konnte auch nicht fehlen, daß man im Zeitalter überwiegend formalistischer Interpretationen Heinrich, der ja der Erzähler ist, in erster Linie als ein Mittel des Erzählens sah [91]. Im Widerspruch zu Übertreibungen solcher Art muß doch an den leidenschaftlichen Pädagogen Stifter erinnert werden. Es gibt ja nicht nur Heinrich, sondern auch den Knaben Gustav. Außerdem wird wiederholt die Erziehung Natalies berührt, und schließlich fehlt es nicht an Rückblicken auf den Bildungsweg des Freiherrn von Risach und des Wiener Kaufmanns Drendorf. Richtig erscheint, daß die Erziehung Heinrichs überaus abstrakt bleibt, daß alles wie am Schnürchen läuft, eher wie in einer Pflanzschule als in Elternhäusern mit lebendigen Kindern. Der *Nachsommer* ist vielleicht kein Bildungsroman; aber als *pädagogische Vorbilderzählung* steht er neben Gotthelfs *Uli*-Romanen. Wenn nicht einmal ein so didaktisches Buch in seinem Geist biedermeierlich sein darf [92], fehlt dem Interpreten jeder Begriff von Biedermeierdichtung. Bei der Lektüre der *Nachsommer*-Interpretationen fällt auf, daß immer nur ein kleiner Sektor der Dinge, Ereignisse und Phänomene erfaßt wird. Dies ist bei einem so unerhört großen Reichtum an Sach-, Gedanken-, Ereignis- und auch Personendetails vielleicht unvermeidlich. Aber die Interpreten, besonders die ungeduldigen jungen Interpreten, müßten sich doch zunächst einmal klarmachen, daß sie eine mit unendlicher Sorgfalt, mit zahllosen kleinen Gewichten ausbalancierte Erzählwelt vor sich haben. Risach ist nicht nur Jugenderzieher, er ist auch *Volkserzieher* durch Einrichtung eines Musterguts und anderer Volksbildungsmaßnahmen. Sehr wichtig, im Sinne des für die Volksbildung von Oberösterreich zuständigen Schulrats sind Stellen, über die der moderne Interpret leicht hinwegliest, z. B. (1. Bd., 5. Kap.: Der Abschied): »Freilich ist der Nutzen desto größer, je edler das Obst ist, welches in dem Garten gezogen wird, und dazu, daß sie edles Obst in dieser Gegend ziehen, sind sie schwer zu bewegen, weil sie meinen, es gehe nicht. Wir müssen ihnen aber zeigen, daß es geht, indem wir ihnen die Früchte weisen und zu kosten geben, und wir müssen ihnen zeigen, daß es nützt, indem wir ihnen Briefe unserer Handelsfreunde weisen, die uns das Obst abgekauft haben. Von den Stämmchen, die in unserer

---

gewagt. Generationsunterschiede in der *Nachsommer*-Rezeption bezeugen auch die letzten mir bekannten Arbeiten: Wolfgang *Wittkowski*, Daß er als Kleinod gehütet werde, Stifters *Nachsommer*, eine Revision, in: Litwiss. Jb., N. F. Bd. 16 (1975), S. 73–132; Herbert *Kaiser, Der Nachsommer*, Dialektik der ästhetischen Bildung, in: H. K., Studien zum deutschen Roman nach 1848, Duisburg 1977, S. 107–164; Klaus *Amann*, Adalbert Stifters *Nachsommer*, Studie zur didaktischen Struktur des Romans, Wien 1977; Marianne *Schuller*, Das Gewitter findet nicht statt oder die Abdankung der Kunst, zu Adalbert Stifters Roman *Der Nachsommer*, in: Poetica, Bd. 10 (1978), S. 25–52. Dieter *Borchmeyer*, Stifters Nachsommer, – eine restaurative Utopie? (im Druck). *Nachsommer* und kein Ende! Warum wohl?

Obstschule wachsen, geben wir ihnen ab, und unterrichten sie, wie und auf welchen Platz sie gesetzt werden sollen.« Wenn man weiß, wie mühsam die deutsche Obstkultur seit dem 18. Jahrhundert aufgebaut wurde, kann man die *Gemeinschaftsleistung* des Freiherrn schon an dieser Stelle würdigen. Sie paßt nicht ganz zu dem marxistischen Bild einer »Pensionopolis« [93]. Auch bei dem Aspekt des biedermeierlichen Antiquitätenromans, der manchen Interpreten so lästig ist, muß man bedenken, daß sich darin die junge *Denkmalpflege* äußert, an deren Aufbau der Dichter ehrenamtlich, aber recht aktiv beteiligt war [94]. Es galt, die bedrohten Reste der mittelalterlichen Vergangenheit, die die Romantik entdeckt hatte, zu retten. Das war nicht nur Liebhaberei, oder gar Spekulation wie heutzutage, sondern eine der *Voraussetzungen der Mediävistik.* Ausdrücklich erfahren wir ja, »daß in der gegenwärtigen Zeit der Standpunkt der Wissenschaft... der des Sammelns ist. Entfernte Zeiten werden aus dem Stoffe etwas bauen, das wir noch nicht kennen. Das Sammeln geht der Wissenschaft immer voraus« (1. Bd., 4. Kap.: Die Beherbergung). Dies Zitat meint die Geologie; aber das Sammeln leicht zerstörbarer Kunstdenkmäler war noch wichtiger. Nur Jean Pauls Vorstellung von der enzyklopädischen Aufgabe des Romans [95], keine Forminterpretation und kein vereinzelter Gesichtspunkt gibt den Blick auf den *ganzen Nachsommer* frei.

Auch der heute so beliebte Begriff eines utopischen Romans kann Teile des *Nachsommers* verdecken, z. B. den Detailrealismus, der für die Dichtung konstituierende Bedeutung hat. Damit soll nicht gesagt sein, daß sich Detailrealismus und Utopie widersprechen; denn Details lassen sich leichter konstruktiv behandeln als z. B. große Landschaften und symbolische Gestalten. Die Alpen, die Heinrich immer wieder als Forscher und Tourist besucht, auch die Älpler, wie der Zitherspieler Joseph und Eustachs Bruder Roland im Lautertale, »ein sehr feuriger Mann« (2. Bd., 1. Kap.: Die Erweiterung), fügen sich nicht so leicht in die Utopie vom Rosenhaus wie Bilder, Gemälde, Knechte und selbst Heinrich. Sicher ist es richtig, wenn man gesagt hat, Stifter gelange zu einem immer aktiveren Aufbau des Raums, aus dem Detail baue sich in diesem Roman etwas Ganzes wie das Rosenhaus auf [96]. Auf dem größeren Abstand von der Zeit, in der sich Schicksal ereignet, beruht die größere Ruhe (oder »Langweiligkeit«) des *Nachsommers* im Vergleich zu den frühen Novellen. Das Rosenhaus ist Erziehungsutopie, Familienutopie, Altersutopie, landwirtschaftliche Utopie, Kunstsammlerutopie, Sozialutopie (Adel, Reichtum), Liebes- und Eheutopie; aber das Gut des Freiherrn von Risach und das Gut seiner Jugendgeliebten Mathilde, ein ehemaliges Schloß – beide bilden mehr und mehr eine Einheit – sind *kein völlig abgedichteter Raum.* Dieser Raum wird immer wieder, ich möchte sogar sagen systematisch, *überschritten,* teils durch gemeinsame Reisen, z. B. ins »Hochland«, nach Kefermarkt, teils durch Fahrten auf die Nachbargüter und durch »größere Spaziergänge«, vor allem aber durch die Wanderungen und Reisen Heinrichs. Gerade vom Raum her gesehen wird deutlich, daß Heinrich nicht nur eine Erzählerfunktion hat, sondern den *alle* Räume umfassenden und daher eben doch wichtigen jungen Helden darstellt. Besonders die ständigen Reisen in die Hauptstadt, in der der Vater wohnt und als Kaufmann das Geld für die Universalausbildung des Sohnes verdient, in der Heinrich Adelige, Künstler, Gelehrte und nicht zu vergessen »die Fürstin« besucht und vor allem etwas für seine Bildung oder Ausbildung hinzulernt, diese Hauptstadtreisen sind, wie mir scheint, so wichtig, daß geradezu von einer *Zentralachse Hauptstadt / Rosenhaus* gesprochen werden kann. Dies bedeutet nicht unbedingt eine Abschwächung des idyllischen Romancharakters; denn die Idylle war immer ein *Gegenwelt zur Zivilisation,* gleichgültig, ob sie als kleines Jagdschloß in der höfischen Kultur, als Landgut beim Adel, als »Eremitage« in der patrizischen Oberschicht oder als bürgerliches Gartenhäuschen erschien. Auch der oft erwähnte Aufsatz von Stifter über die *Gartenlaube* betrachtet die Laube nicht als autonomen Raum, sondern als »das Flüchten von dem Weiten in das Enge und Begrenzte« [97], das es in allen Lebensaltern und in allen Ständen gibt, als die *Innerlichkeit, ohne die der Mensch auf die Dauer gar nicht leben und schöpferisch sein kann.*

Es hat wenig Sinn, darüber zu streiten, ob der *Nachsommer* mehr Utopie oder Idylle ist, denn die Idylle enthält immer ein utopisches Element in sich. Aber ich möchte doch auch meinen, daß ein ausdrücklich als Teil- und Nebenwelt aufgebauter Raum von der reinen, eine *ganze* ideale Welt darstellenden Utopie vielleicht zu unterscheiden ist [98]. In die gleiche Richtung weist die Tatsache, daß es sich bei den Gütern von Risach, Mathilde und schließlich auch Drendorf um *Altersruhesitze* handelt [99]. Dieser Punkt hat im Augenblick besondere Bedeutung, weil er summarische marxistische Jünglingsurteile zu korrigieren geeignet ist. Welchen Sinn hat es, einem alten Mann vorzuwerfen, daß er in »Pensionopolis« lebt? Alte Leute sind schon bei Voss besonders beliebte Idyllenhelden, weil man von ihnen nicht erwarten kann, daß sie noch die volle Last des Lebens tragen. Von Risach erfahren wir, daß er in der Hauptstadt viel geleistet hat: »Ich wurde abwechselnd zu verschiedenen Stellen versetzt, große umfassende Arbeiten Reisen Berichte Vorschläge wurden erfordert, ich wurde zu Sendungen verwendet, kam mit den verschiedensten Menschen in Berührung, und der Kaiser wurde, ich kann es wohl sagen, beinahe mein Freund.« Für diese politischen Leistungen wurde er »in den Freiherrnrang« erhoben (3. Bd., 4. Kap.: Der Rückblick). Risach ist, wie Stifter, einfacher Herkunft. Die Verbesserung seiner finanziellen Lage verdankt er der eigenen Leistung und, nicht zu vergessen, seiner »Einfachheit«, d. h. Sparsamkeit. Der Kaufmann Drendorf, der die geschichtlichen Vorgänge in Wien miterlebt hat (Krieg), nennt Risach sogar einen »Staatsmann« (3. Bd., 5. Kap.: Der Abschluß). Dieser aber betont, um biedermeierlich den Standesunterschied zu überbrücken, daß er zum bürgerlichen Stande zurückkehrt: »Vergängliche Handlungen, die man Verdienst nannte, haben mich auf die Zeit aus ihm gerückt« (ebd.). Man sollte trotz solcher Höflichkeitsbezeugungen nicht behaupten, daß Risachs Adel nebensächlich ist, daß für den Dichter adelig nur ein sittliches Prädikat ist [100]. Eine solche Auffassung wird dem sozialgeschichtlichen Charakter des *Nachsommer* nicht gerecht. Selbstverständlich gibt es für den Dichter große Grundbesitzer, die im Winter in der Stadt wohnen und »im schwarzen Fracke« den Freiherrn besuchen, also Antiidylliker, wahrscheinlich geborene Adelige sind und doch »der großen Menge« angehören (1. Band, 7. Kap.: Die Begegnung). *Aber das soziale Leitbild ist doch eine aus Geburts- und Verdienstadel entstandene hochkultivierte und einflußreiche Oberschicht.* Die Erwähnung des Krieges, in dem sich der Freiherr als Diplomat bewährte – das Beamtentum lag ihm nicht – und verschiedene Erzählhinweise (»damals«) lassen erkennen, daß wir im *Nachsommer* eine Vormärzidylle oder -utopie vor uns haben*. Der Roman ist nicht nur das Idealbild von einem erfüllten persönlichen Al-

---

* Erstaunlich und vieldiskutiert ist die folgende Äußerung von Stifter: »Der Roman hat eine wissenschaftliche Seite, die von vornherein in keines Menschen Seele liegt, sondern die er sich erwerben muß, das Geschichtliche. Dieses muß so treu angeeignet werden, daß Dichter und Leser in der Luft jener vergangenen Zeiten atmen und die Gegenwart für sie nicht ist, dies allein gibt Wahrheit. Aber zudem ist nicht das historische Wissen allein genug, dies gäbe nur ein hölzernes Gerippe, sondern das historische Mitleben, dies gibt den Gestalten Fleisch und Blut« (Sämtliche Werke, Bd. 18, S. 152 f., zitiert nach Gustav *Konrad,* Adalbert Stifter, in: Deutsche Dichter des 19. Jahrhunderts, hg. v. Benno von *Wiese,* Berlin 1969, S. 377). Der Brief stammt vom 9. Juni 1853 und ist wohl ein Hinweis darauf, daß der Roman, ähnlich wie »Der Kuß von Sentze« (vgl. u. S. 1018) *historischer wer-*

ter, sondern auch der Traum vom alten Europa, in dem man noch adelig leben konnte [101]. Die höfliche Gleichstellung des Freiherrn mit dem Kaufmann verhindert kurz darauf keineswegs den großen Auftritt Risachs bei der Hochzeit: Die Fürstin hat eine »sehr schöne Perle« geschickt, Natalie ist »mit Edelsteinen gleichsam übersät«. »Risach war im Staatskleide und mit allen seinen Ehren geschmückt« (3. Bd., 5. Kap.: Der Abschluß).

Der *Nachsommer* erscheint gewiß bürgerlich, wenn man die betonte Einfachheit der Lebensweise, die gewaltige Arbeitsleistung von Heinrich Drendorfs Vater und doch auch noch die des Pensionärs Risach bedenkt; aber dies durch Leistung reich gewordene Großbürgertum zeigt durchaus die Tendenz, im Adel aufzugehen und hat nicht die geringste Lust zu einem Klassenkampf nach oben oder nach unten. Man erweist dem Kaiser die nötige Ehrerbietung, aber er thront nicht in absoluter Ferne; ebenso erwartet man von den zahlreichen Dienstboten Gehorsam und versucht, sie durch Güte zu belohnen. Es herrscht ganz und gar das patriarchalische Ideal, sogar im nachweisbaren Widerspruch zur kapitalistischen Entwicklung. Risach bedauert, daß die Knechte und Mägde nicht mehr in der Familie, d. h. in einem »gemeinschaftlichen«, gegenseitig verpflichtenden Verbande leben. Seit die Dienstleute »für die Arbeit bezahlt werden, und abgesondert ihre Nahrung erhalten, gehören sie nicht zu ihm [ihrem Herrn]…, haben andere Zwecke, widerstreben ihm, verlassen ihn leicht, und fallen, da sie familienlos und ohne Bildung sind, leicht dem Laster anheim. Die Kluft zwischen den sogenannten Gebildeten und Ungebildeten wird immer größer«. Risach hat versucht, das alte Zusammenleben in seinem Hause wiedereinzuführen. Es ist ihm nicht gelungen. Er hofft aber, daß »jüngere Nachfolger… den Versuch wieder erneuern« (1. Bd., 5. Kap.: Der Abschied). Es ist das Klagelied, das auch Gotthelf zu singen pflegt. Beide Erzähler bedauern die *Proletarisierung*, die dem Gesinde durch das Ausscheiden aus dem Familienverbande droht und würden es gerne sehen, wenn die Herrschaft, wie früher, mehr persönliche Verantwortung für die Dienstleute besäße. Der junge Heinrich, der die Zukunft repräsentiert, hat viel Erfahrung in hohen und niederen Ständen gehabt und schätzt sie beide, während er die bürgerlichen Gesellschaften, denen er in seinem Vaterhause begegnet, nicht liebt: Sie waren mir »eher widerwärtig und dünkten mir Zeitverlust« (2. Bd., 3. Kap.: Der Einblick). Man kann nicht behaupten, daß in dem Auszug ehemaliger Wiener auf die neuerworbenen Landgüter eine förmliche Verurteilung der Stadt und des Bürgertums liege; aber dem Landadel und dem einfachen Landmann gehört die besondere Sympathie des Dichters. Von einem Leben dort draußen dichtet er ein Traumbild*.

---

den sollte, als er dann bezeichnenderweise tatsächlich geworden ist. »Der Nachsommer« bringt zweifellos auch Ereignisse, die in die Zeit nach 1848 gehören, z. B. die Rettung des Kefermarkter Altars. Aber die Vergangenheitsperspektive läßt sich aus dem Text belegen. Der Roman soll wohl im vormärzlichen Österreich spielen (vgl. G. *Konrad*, ebd.). Dagegen kann ich von Sonnenfels und Maria Theresia (ebd.) im *Text* keine Spur erkennen. Ans Rokoko erinnern erst die späten Erzählungen. Meine Ausführungen scheinen Brufords Meinung zu bestätigen (vgl. Sternanmerkung S. 994 f.). Ein Idealbild jedoch ist etwas anderes als ein bloßes Vergangenheitsbild und kann auch in einer politisch und sozial völlig veränderten Gesellschaft noch Bedeutung gewinnen, z. B. für einen alten russischen Gelehrten in seiner Datscha oder für einen amerikanischen Professor mit bedeutender politischer Vergangenheit.

* Auf die bereits erwähnte soziologische »Nachsommer«-Interpretation von H. A. *Glaser* (Die

Warum historische Romane?

Der *Nachsommer* war zunächst nur als »mitlaufende Arbeit« gedacht. Denn der eigentliche Ehrgeiz des alternden Dichters gehörte dem *historischen* Roman. Es ist nach dem Gesagten verständlich, daß diese Romanart dem Dichter schwerer zugänglich war; denn die Idylle ist normalerweise genau das Gegenteil der in der großen Geschichte erscheinenden Welt. Selbst wenn man bedenkt, daß in der Restaurationsepoche die Geschichte fast immer als Wirkungsfeld der Vorsehung betrachtet wurde (vgl. Bd. I, S. 77 f.), so mußte man sich hier jedenfalls einem Weltgesetz stellen, das alles andere als »sanft« ist. Revolution und Krieg waren *die* historische Erinnerung der Biedermeiergeneration. Daß Stifter das harte Gesetz der Geschichte sehr genau kannte, dafür spricht nicht nur der gesamte Charakter der frühen Novellistik, sondern noch direkter der frühe Plan eines Robespierre-Romans. Robespierre läßt sich nicht ins Rosenhaus setzen. Rein vom Biedermeier her gesehen, ist es erstaunlich, daß Stifter, von wenigen Erzählungen abgesehen, erst so spät zur historischen Dichtung gekommen ist; denn die Voraussetzung der Geschichtspoesie zwischen Klassik und Realismus ist, strenggenommen, die Vorstellung, daß die ganze Geschichte der Gegenwart als Vermächtnis der Väter, als »Erbe« oder »Tradition« gehört, *daß die Gegenwart organisch aus der Vergangenheit herausgewachsen ist.* Problematischer wurde die Geschichtsdichtung, sobald man die Vergangenheit ohne solchen Traditionsglauben als etwas Gegenüberstehendes, objektiv zu Erforschendes betrachtete. Die realistischen Programmatiker verweisen daher auf den *Gegenwartsroman* von Dickens und betrachten Scotts Roman nur als Kunstschule, als Muster einer vorbildlichen »Komposition« (vgl. Bd. I, S. 260). Der aus dieser Konzeption stammende Erfolgsroman des »bürgerlichen Realismus«, *Soll und Haben* (1855), ist ein Gegenwartsroman. Aber gleichzeitig erscheint schon der womöglich noch erfolgreichere *Ekkehard* Scheffels. Er leitet eine wachsende Popularität des historischen Romans ein [102], der

---

Restauration des Schönen, Stifters *Nachsommer,* Stuttgart 1965) will ich nicht ausführlich eingehen, obwohl sie inzwischen, im Zuge der marxistischen Bilderstürme, reichliche Nachfolge gehabt hat. Durch die Hervorhebung des Altersaspekts habe ich schon angedeutet, daß *Der Nachsommer* nicht ohne weiteres als *allgemeine* Lebensnorm verstanden werden kann. Warum soll ein vielgeplagter Schulrat nicht von einem schönen und sogar nützlichen Lebensabend auf dem Lande träumen? Auch die kommunistische Gesellschaft beschäftigt sich außerordentlich sorgfältig mit der Frage, wie Alte sinnvoll und womöglich nützlich leben können. Landschaftsgenuß als Ersatzbefriedigung? Warum nicht auch die Kunst und die Wissenschaft? Risach lehrt, daß man selbst etwas sein muß, ehe man der Gesellschaft dienen kann. *Das bleibt ein richtiger Satz. Die soziologische Manie, für die nichts mehr gilt als die Gesellschaft, ruiniert auch diese.* Glaser mag schon von dem anders fundierten Nachsommer-Verriß Arno Schmidts zu seiner scharfen Kritik ermutigt worden sein. (Der sanfte Unmensch. Einhundert Jahre Nachsommer, zuerst 1958, in: Arno *Schmidt,* Nachrichten von Büchern und Menschen, Bd. 2: Zur Literatur des 19. Jahrhunderts, Frankfurt 1971, S. 114–136). Schmidts Kritik enthält richtige Elemente, z. B. den Hinweis auf Nietzsches unzulängliche Kenntnis der deutschen Literatur und auf den psychologischen (kompensatorischen) Grund seiner Begeisterung für den *Nachsommer.* Schmidt ist auch im Recht, sobald man ihm gestattet, Stifter vom Standpunkt des Realismus aus zu beurteilen. Er spielt wiederholt Keller gegen Stifter aus. Die von uns zitierte Liebesszene Stifters nennt er »einzig-ledern« (S. 131). Stifters Menschen sind »Marionetten« (S. 130), »Homunculi« (S. 133). Die umständlichen und empfindsamen Stellen findet er »herzbrechend lustig« (S. 131). Alles richtig, nur die realistische Norm ist Unsinn.

sich schließlich auch Freytag in den *Ahnen* beugt. Es wäre vielleicht nicht unmöglich, diesen verspäteten Geschichtsroman als Biedermeiertradition zu interpretieren; denn auch die patriotische Verwendung der Geschichte findet man schon im romantischen und biedermeierlichen Ansatz der historischen Dichtung: sie ist eine Form des von Hebbel kritisierten »Ahnenkults«.

Im Habsburgerreich mit seiner ungebrochenen dynastischen Tradition lag die Geschichtsdichtung im Sinne eines patriotischen Ahnenkults näher als in anderen Ländern, so daß sich auch Grillparzer, trotz schwerster klassizistischer Bedenken, der historischen Richtung anschloß (vgl. o. S. 90 ff.). Matthäus von Collin († 1824) hatte in sehr naiver Weise Geschichte und Dichtung geradezu gleichgesetzt [103]. Im Hause derer von Collin verkehrte Stifter. Dort lernte er Anton Ritter von Spaun kennen, der für ihn eine wichtige historische Autorität wurde [104]. Stifter ließ später in seinem Nachruf Spauns Schrift über *Heinrich von Ofterdingen und das Nibelungenlied* (Linz 1840) gelten, obwohl die besten deutschen Germanisten sie ablehnten. Er tat es mit der Begründung, Spauns Forschungen zeigten »alle das Bemühen, Liebe zu unserer Vorzeit und Nationalgefühl zu wecken« [105]. Zunächst wollte der Dichter einen Zyklus über die Babenberger schreiben, die schon Matthäus von Collin in einigen Dramen gefeiert hatte und die wohl, wie die Hohenstaufen durch Raumer, zur großen patriotischen Erinnerung aufgebaut werden sollten [106]. Es spricht für Stifter, daß er vor dieser halb offiziellen Aufgabe zurückschreckte und sich auf den Rosenbergerplan konzentrierte. Dies geschah vor 1848 [107], ein Hinweis darauf, daß der historische Roman-Zyklus, wie der *Nachsommer,* im Biedermeier wurzelt. Bei der Behandlung der heimatlichen, südböhmischen Geschichte – Witiko, Wok, Zawisch –, d. h. auf fester landschaftlicher Grundlage, ließ sich vielleicht die Welt aus Blut und Tränen in einen paradiesischen Raum verwandeln. Die Vorrede zu den *Bunten Steinen* mag ursprünglich als Einleitung zum historischen Roman-Zyklus gedacht gewesen sein [108]! Doch auch bei einem so menschlichen, die Heimat und die kleinen Dinge einschließenden Geschichtsroman scheinen die Widerstände für ein leidenschaftliches, zur magischen Anverwandlung der »Dinge« verpflichtetes Herz groß gewesen zu sein: »Das Buch, welches ich gerne *Nachsommer* heißen möchte, ist fast schon ganz fertig, die Zustände darin sind mir geläufig, und liegen mir als Materiale in großem Vorrathe im Herzen [!], was auch der Grund sein mag, daß ich ... leichter arbeite als im historischen Romane« (an Gustav Heckenast 9. 6. 1853). Der *Nachsommer* drängte sich also vor den *Witiko,* und wenn man fragt, warum Stifter überhaupt an der für ihn mühseligen Form des historischen Romans festhielt, statt die *Mappe* zu vollenden, so muß die Antwort, wenn ich richtig sehe, lauten: *infolge der Kritik der Realisten.* Schon vor dem Erscheinen des *Nachsommer* bekam er nämlich Vorwürfe wegen seiner Idyllik zu hören, und wie alle Einsamen hört er auf diese Stimmen sehr genau: »Die Gegner haben doch darin Recht, daß nicht immer solche idillische Sachen kommen sollen« (20. 3. 1850 an Heckenast). »Etwas Handlungsreiches und mit etwas erschütternden Lagen Erfülltes muß jetzt von meiner Feder kommen, daß des Idillischen nicht zu viel wird« (29. 2. 1856 an Heckenast). »So warf ich mich *ganz* auf den historischen Roman der Ottokarszeit, die gewaltthätig und groß war, wie die heutige« [!] (8. 9. 1848 an Heckenast). *Stifter versucht, sich an die gängige und beliebte Gattung des Geschichtsromans anzupassen.* So erklärt sich auch die von dem Stifter-Forscher Stefl als »seltsam« bezeichnete Tatsache, daß er den Rosenberger-Zyklus in 1–1½ Jahren zu vollenden gedachte. Er spricht ja ausdrücklich von seiner »Fabrik« (an Gustav Heckenast 28. 1. 1850). Am geeignetsten wäre für diesen neuen Ansatz, wie Stifter wohl sieht, die zwielichtige, durch Grillparzers *Ottokar*-Drama schon bekanntgewordene Gestalt des Zawisch gewesen. Aber, so meint Stifter, die chronologischen Verhältnisse gestatten es nicht (an G. Heckenast 29. 2. 1856). In Wahrheit ist es wohl die kühne, gar nicht idyllische Figur des Verräters, die ihn wenig verlockte. Wenn man allerdings – wofür manches spricht (vgl. u.) – mit Enzinger annimmt, daß dem Dichter bei seinem »Epos« das Nibelungenlied vorschwebte [109], so ergibt sich eine andere Möglichkeit. Der Rosenberger-Zyklus hätte dann die Kurve Aufstieg *(Witiko)*, Höhe (»Wok«), Niedergang (»Zawisch«) beschrieben und wäre wie das Nibelungenlied ein tragisches Epos geworden. Die Dichtung hätte, genauer gesagt, wie der nicht ausgeführte Robespierre-Roman, den Sieg des »Weltgeistes« (Stifter), auch über übermenschliche Verbrecher, dargetan [110]. Sicher ist, daß der historische Zawisch nach großer Machtfülle hingerichtet wurde und daß ihn der Dichter selbst mit Ottokar parallelisierte: »Ottokar und Zawis fallen durch ihre Größe und ihre Leidenschaften« (31. 5. 1860 an Heckenast). Gotthelfs Beispiel belegt, daß der Biedermeierdidaktik die Abschreckdichtung so lieb wie die Vorbilddichtung war. Trotzdem kann man sich, Stifters späte *Novellistik* (s. u.) im Auge, kaum vorstellen, daß der Dichter bei längerem Leben dieses Monumentalepos in drei Romanen vollendet hätte.

Witiko

Auch den *Witiko* (1865–67) konnte der alternde, im inhaltlichen und ästhetischen Sinne immer mehr harmoniebedürftige Dichter nur unter heroischem Einsatz aller Kräfte vollenden. Die Entstehungsgeschichte dieses Werks verrät kein »sanftes Gesetz«, sondern die Besessenheit des magischen Künstlers und Priesters, in den sich Stifter immer eindeutiger verwandelte. Das Poltern des späten Gotthelf erscheint uns harmlos gegenüber der verbissenen Stille, mit der der *Witiko*-Dichter der Zeit, die sich schon in die Welt Bismarcks zu verwandeln beginnt, seine Utopie vom Heiligen Römischen Reich entgegensetzt. Wenn irgendwo, dann gilt hier Stifters Wort: Das Genie »hat in Erschaffung seiner Gebilde unter allen Mächten der Welt [!] die meiste Geduld« [111]. Wenn man die Vormärzorientierung Stifters und seine hohe Bewertung der Dichtung kennt, wird man vielleicht sogar von einem geistigen Wettkampf des österreichischen Dichters mit der preußischen Realpolitik sprechen dürfen (s. u.). Allenthalben nennt man das Werk »abendländisch« [112]; aber von der stoischen und christlichen Einsicht in die wesensmäßige Unvollkommenheit der Welt ist jede Spur verschwunden. Die prästabilierte Harmonie des 18. Jahrhunderts, die Säkularisation des Himmelreichs und der darauf aufgebaute Legitimismus und Moralismus der Restauration ist hier zu einem Weltbild verdichtet, das eben wegen der historischen Dichte, der darstellenden Beweisführung, wegen der stellenweise exakten Einbeziehung zeitlicher und räumlicher Verhältnisse, wegen der scheinbaren Nüchternheit des Stils auf schwärmerische Menschen eine überwältigende Wirkung ausübt. Wenn Witiko »Gut Nacht« sagt und die Umstehenden ebenfalls nacheinander »Gut Nacht« sagen, so ist das für naive Leser langweilig, für erregte dagegen unendlich beruhigend; denn es geschieht hier noch mehr als im *Nachsommer* in einer Form, die litaneiartig oder mit der Monotonie des Meeresrauschens den Leser in eine bessere Welt versetzt. Man hat, um den *Witiko*-Stil verständlich zu machen, bezeichnenderweise wie bei Platen (vgl. o. S. 456), zu musikalischen Deutungen greifen müssen: »Diese Dialoge [Bertha / Witiko] bei ihm sind nach musikalischen Formprinzipien geschrieben oder besser: *komponiert*«. Auch dieser Interpret erinnert an das Nibelungenlied und Homer [113]. Der weite Raum der europäischen Geschichte wird hier zur grandiosen Idylle; denn Witiko bekommt nicht nur seine Schäferin, er wird je edler um so *mächtiger*. Was der Ideenpolitik Metternichs nicht gelingen konnte, das holt Witiko nach. Der Dichter stiftet ein Bild, das bewußt unrealistisch ist und sagt, in hundert Jahren werde man seinen *Witiko* verstehen [114]. Tatsächlich haben sich die Utopisten von 1918, 1933 und 1945, trotz ihrer sehr verschiedenen Ziele, einmütig in den magischen Zirkel dieses Buches begeben und halten jeden, der sich ihm entzieht, für einen Banausen*.

Trotzdem wird der Streit um den *Witiko* nie verstummen; denn der in ihm zum Ausdruck kommende Anspruch, sein sittlich-politischer wie sein ästhetischer Perfektionismus fordert den Leser, wie so vieles in der von uns dargestellten Epoche zur Besinnung auf die letzten Fragen der Kunst und Wirklichkeit heraus. Wie weit die Meinungen aus-

---

* Eine bemerkenswerte Rechtfertigung hat die Dichtung auch von politisch-historischer Seite erfahren: »It is the only modern epic in the German language which evokes the life of Middle Ages in a manner that makes the period come alive« (Gerhard P. *Ladner*, The middle ages in Austrian tradition, in: Viator Bd. 3, 1972, S. 453). Die Behauptung, daß es sich beim Habsburgerreich um einen imperialen, nicht imperialistischen Staat handelte, möchte ich für die nachnapoleonische oder mindestens für die Nachmärz-Epoche bezweifeln; aber für die im *Witiko* dargestellte Gesinnung trifft sie zu, insofern die freiwillige Gefolgschaft der Untertanen und der unterworfenen Völker, wo es irgend geht, stark betont wird. Eine zur Nachprüfung anregende These Ladners liegt auch in dem Hinweis, daß die von Stifter benützten Chroniken den Witiko-Stil beeinflußt haben. Wichtiger als die Behauptung, die Reden des Epos seien ganz in Sprache und Stil des 12. Jahrhunderts gehalten (S. 455), wäre freilich die Feststellung, in welcher Weise sich der Dichter das mittelalterliche Element *angeeignet* hat. Überhaupt wird die naheliegende Frage nach der ästhetisch notwendigen anachronistischen Stilisierung niemals ernstlich gestellt. – Interessant ist es auch, daß die Politisierung des Deutschunterrichts nicht nur den Werken Büchners und Heines usw., sondern auch dem konservativen *Witiko* zugute kommt: »In dieser Situation, die einerseits durch das berechtigte Desinteresse am ›Brigitta‹-Stifter, andererseits durch das Bedürfnis einer einseitigen literarischen Orientierung entgegenzuwirken, gekennzeichnet ist, könnte eben der ›Witiko‹ didaktisch relevant werden. Denn er zeigt einen gänzlich anderen Stifter, einen durch und durch politisch engagierten, oder besser: bewegten Schriftsteller, dem die revolutionären Ereignisse von 1848 spät, aber endlich doch die Zunge gelöst haben...« (Martin *Selge*, Die Utopie im Geschichtsroman. Wie man Adalbert Stifters ›Witiko‹ lesen kann, in: Der Deutschunterricht Bd. 27, 1975, S. 71). Stifters Spätwerk soll eben durch seine »antirealistische Sprache« pädagogisch geeigneter sein als »viele realistische Erzählungen, die... vorspiegeln, die Welt sei für den Erzähler noch in Ordnung, darin liegt seine Progressivität...« (ebd. S. 73). *Witiko* als Einstimmung auf Kafka? Es ist doch sehr deutlich, daß hinter der »antirealistischen Sprache« auch ein antirealistisches Weltbild steht. Auch im Lesebuch Stifters fiel die abstrakt-humane und damit antirealistische Tendenz des späten Dichters auf (Sepp *Domandl*, Adalbert Stifters Lesebuch und die geistigen Strömungen zur Jahrhundertmitte, Linz 1976).

einandergehen, zeigen folgende Äußerungen[115]: »Der ›Witiko‹ ist ein Historienbild in den Quadratmeter-Ausmaßen eines Piloty, aber in der Millimeter-Technik eines Stahlstiches: unzählige saubere, aber kraftlose, fleißige, aber schematische Striche. Stifter läßt das Gleichgültige nicht weg. Oder vielmehr: alles wird unter seiner Hand gleichgültig. Genau das Gegenteil des Epikers, dem alles interessant ist, der alles interessant *macht*« (Josef Hofmiller). »Witiko ist das einzige, mit totaler und unerbittlicher Folgerichtigkeit durchgeführte Prosaepos hohen Stiles in deutscher Sprache« (Ernst Alker). Zu der Äußerung Hofmillers wäre zu sagen, daß die symbolische »Vertiefung« des einzelnen, die hier offenbar gefordert wird, für Stifter, wie schon in den *Studien,* nicht das wesentliche Darstellungsprinzip sein kann, da es ihm darauf ankommt, die einzelnen Dinge und Menschen in ihrer Mannigfaltigkeit zu zeigen und sie erst mittelbar auf letzte Ordnungszusammenhänge zu beziehen. Stifter kann sich z.B. trotz seiner Vorliebe für den heimatlichen »Wald«, nicht auf einen einzelnen symbolischen Schauplatz beschränken, da sich die Ordnung Böhmens und des Heiligen Römischen Reiches in ihrer räumlichen Allgegenwart darstellen soll. Er will, unbeschadet seiner patriarchalischen Gesellschaftsauffassung, nicht nur wie Goethe im *Egmont* Repräsentanten des Volkes, sondern die Volksmenge selbst in ihrer mannigfaltigen aber geordneten Erscheinung darstellen. Die Zeit wird nicht zum symbolischen Augenblick konzentriert, wie etwa in Fontanes Romanen, sie ist, wie schon im *Nachsommer,* mehrdimensional[116]. Sie wird mit quasi naturwissenschaftlicher Vollständigkeit als ein stetig fließendes Element dargestellt (»dann … dann … dann«), und doch hat sie gegenüber der alles ordnenden und alles beherrschenden Vorsehung keine entscheidende Bedeutung. Witiko beschäftigt sich nicht nur mit *einer* Sache, die ihm die Welt bedeutet. Er versteht tausend Dinge, aber alle Dinge fügen sich durch prästabilierte Harmonie dem Ordnungswillen des immer Guten, immer Gerechten, immer Erfolgreichen.

Zu dem auf *Witiko* angewandten Begriff »Epos«, der Stifters eigenem dichterischen Anspruch entstammt, wäre einfach zu sagen, daß es fraglich ist, ob es in der mannigfach zersplitterten modernen Welt überhaupt ein Epos geben kann, – auch wenn dies nicht in Versen, sondern in stilisierter Prosa gedichtet wird. Das Ausweichen auf das lyrische, komische und idyllische Epos, das schon das 18. Jahrhundert kennzeichnet, ist doch wohl als eine geschichtliche Notwendigkeit anzuerkennen (vgl. Bd. II, S. 626). Daß der grandiose Versuch im alten Österreich-Ungarn, am Rande des durch Tradition nicht so stark gebundenen Deutschland, wenige Jahre vor der Niederlage von Königgrätz und der preußischen Reichsgründung, unternommen wurde, ist zwar kein Zufall. Man kann den *Witiko* an die Epen des Bischofs Pyrker anschließen (vgl. Bd. II, S. 662 ff.). Mit seiner immer stärker parabolischen oder emblematischen Gestaltung tritt Stifter auch in gewisser Weise neben den von ihm so hoch verehrten Dichter von *Ottokars Glück und Ende.* Aber eben im Vergleich mit diesem hochgemuten, naiv-habsburgischen Drama tritt der verquälte, *spät-* oder vielmehr nachbiedermeierliche Charakter des »Epos« eindeutig hervor. In *einem* Punkte waren sich die von uns zitierten Beurteiler des Romans einig, und eben dies bestätigt unsere Auffassung des späten Stifter: der *Witiko* ist ein Unikum.

Es ist wohl diese Einmaligkeit, die einen Stifterverehrer veranlaßt hat, Witiko neben Parsifal[sic!] und Faust zu stellen[117]. Wir wollen gleichwohl die überaus schwierige

Frage der *Witiko*-Wertung nicht weiterverfolgen, sondern nur noch versuchen, die Interpretation des Romans auf konkretere historische Füße zu stellen; denn was bisher am meisten interessierte, scheint die im *Witiko* vorliegende Rechts- und Geschichtsutopie gewesen zu sein, auch die Frage, ob Stifters Lehre noch immer für uns verbindlich ist[118]. Sogar die »Befremdlichkeit seines Schauplatzes« (Böhmen) wurde nicht interpretiert, sondern zum Symbol für »die Unveränderlichkeit des Seins« verfälscht[119]. Zunächst ist Stifters Widmung zu betonen: »Seinen Landsleuten insbesondere [sic] der alten ehrwürdigen Stadt Prag widmet diesen Dichtungsversuch aus der Geschichte seines Heimatlandes mit treuer Liebe der Verfasser.« Das Abgangszeugnis von Kremsmünster nennt den späteren Dichter einen »Bohemum«[120]. Er betrachtet sich als Böhme wie sich Lenau als Ungarn zu bezeichnen pflegt (vgl. o. S. 643 f.), und der Inhalt der Witiko-Utopie ist in erster Linie ein *Bild vom idealen Zusammenleben der Tschechen und Deutschen in Böhmen, der historische Nachweis der heilsamen Eingliederung Böhmens ins deutsche Kaiserreich.* Im Gegensatz zu seiner Hauptquelle, Palackýs »Geschichte von Böhmen«, kennt er, ganz im Sinne des Metternichsystems, keinen Nationalitätengegensatz[121]. *Dies war nach 1848 bewußt unrealistisch* und ging weit über das Verfahren Grillparzers hinaus, der in der Ottokartragödie immerhin gewagt hatte, einen Kampf zwischen Tschechen und Deutschen darzustellen. Vielleicht war der *Witiko* sogar eine bewußte Korrektur von *Ottokars Glück und Ende;* denn dies Drama hatte die Tschechen beleidigt (vgl. o. S. 90). Jedenfalls wollte sich Stifter an der Sanierung des durch die Nationalitätengegensätze, besonders seit 1848, bedrohten Habsburgerreiches mit seiner ganzen Kraft beteiligen. Dies lag in den sechziger Jahren besonders nahe, weil in der österreichischen Führungsschicht Pläne bestanden, das Heilige Römische Reich deutscher Nation zu restaurieren[122]. Durch seinen guten Draht zu den Adelskreisen kann Stifter von diesen Plänen gehört haben und sogar zur ideellen Beihilfe aufgefordert worden sein. Daß die Mittelalterromantik und die Neugotik auch in Österreich eingezogen waren, bezeugt der von Vinzenz Statz in Linz gebaute neugotische Dom. Der Baumeister war Werkmeister am Kölner Dom gewesen. Der Bauherr war der Bischof Franz Joseph Rudigier von Linz[123]. Die außerordentlich sorgfältige Behandlung der Bischöfe, überhaupt der katholischen Hierarchie im *Witiko* paßt in diesen österreichischen Zusammenhang. In Linz ist sogar ein bildkünstlerisches Werk entstanden, das als Parallele zum *Witiko* gesehen werden kann: der Kaiserpokal von Stifters Schützling Josef Rint. Der Bildschnitzer orientiert sich am Stilideal seines Gönners: »Einfachheit des Gesamteindrucks und Reichtum der Einzelheiten«[124]. Ein Journalist rühmte das überaus fleißige und kunstsinnige Werk mit Worten, die an *Witiko* erinnern: »Die ganze Arbeit darf als ein Unikum der Holzschneidekunst, als ein Werk betrachtet werden, in dem sich das Höchste geleistet zeigt, was Griffel und Meißel in Holz zu gestalten vermögen«[125]. Unter anderm sah man auf dem kunstvollen Bildwerk ein Relief von der Zerstörung Mailands durch Barbarossa; diese wird auch im *Witiko* dargestellt. Der Kaiserpokal wurde in Wien, Prag und Dresden ausgestellt; aber es ging ihm wie dem *Witiko:* der Käufer blieb aus.

Die Zerstörung Mailands ist, wie mir scheint, besonders geeignet, die Schwierigkeiten, die der utopische Erzähler mit der Geschichte hatte, aufzuzeigen. Im mittelalterlichen Böhmen herrscht, wie

Witiko es darstellt, die konstitutionelle Monarchie. Ein Rezensent spottete treffend, offenbar hätten die Tschechen und nicht die Engländer den Parlamentarismus erfunden [126]. Die Krieger gehen immer freiwillig in den Krieg, im Gefolge ihrer unübertrefflichen »Führer«, ganz wie im Hitlerreich, in dem man den Roman hochschätzte [127]. Wer vom Recht des Herzogs oder Königs oder Kaisers nicht überzeugt ist, kann unbehelligt nach Hause gehen. Die Mailänder – sie leben ja in einer der ältesten Bürgerstädte mit Machtanspruch – wollen auch mitsprechen; aber da kommen sie schlecht an: »Die Krämer, die Händler, die Handwerker der Stadt sind tapfer, sie spotten aber jedes Rittertumes, jedes Kriegertumes [!], und möchten die Herren aller Dinge sein. Und sie werden nach und nach die Herren der Dinge werden, wenn ihnen nicht Einhalt getan wird, und sie werden wachsen, und nach uns allen greifen. Es ist daher ein Bund gegen sie entstanden« (3. Bd., 4. Kap.: Schwellende Fluten). Die Kaiserromantik nötigt den Erzähler, einen Bund gegen die Bürger, der im 12. Jahrhundert natürlich war, in der zweiten, hochbürgerlichen Hälfte des 19. Jahrhunderts zu rechtfertigen. Die Grausamkeit, mit der Mailand zerstört wird, mildert er, so gut er kann; aber er fühlt sich doch der geschichtlichen Wahrheit zu sehr verpflichtet, als daß er sie ganz vertuschen könnte. Es ist vom »Abhauen der Hände« und andern mittelalterlichen Strafen die Rede. Auch von der reichen italienischen Beute wird viel gesprochen. Doch kann hier die den ganzen Roman begleitende komisch-volkstümliche Figur des »Schmieds von Plan« als fabulierender Erzähler eingesetzt werden; er macht den Feldzug des Reiches gegen Mailand zum Märchen: »In dem Lande sind ungeheure Schätze; weil es heiß ist, wächst dort das Gold. Und es sind Früchte da, die niemand gesehen hat, und die sich niemand vorstellen kann« (ebd.). Unvermeidlich ist auch, daß der archaische Geist des Mittelalters in Gestalt der Kriegsromantik (vgl. Novalis) in das Epos eindringt. Im Anfang des Romans wird die Kampfbegeisterung Berthas, der ehrgeizigen Geliebten Witikos, noch korrigiert: »Wenn er nicht Raub und Gewalt ist, ehret der Kampf« (1. Bd., 1. Kap.: Es klang fast wie Gesang von Lerchen). Aber mit dem Ritter vom Kürenberge, dem vorbildlichen Dichterhelden der Stauferzeit, gelangt der Krieg auf einem ästhetischen Umweg erneut ins Epos, er läßt das »sanfte Gesetz« und »das Rechte« in den Hintergrund treten: »›Der Krieg ist auch herrlich‹, sprach der Ritter vom Kürenberge, ›er ist nach dem Sange das Herrlichste, und gibt den Ruhm‹. ›Uns hat er Zerstörung und Jammer gegeben‹, sagte Witiko. ›Und der Ritter Gertrud und ihr Knappe Dimut sind jetzt in dem Munde aller Sänger an dem Hofe ihres Bruders Heinrich‹, entgegnete der Ritter vom Kürenberge. ›Das geschieht mit Recht‹, antwortete Witiko, ›wer ein Großes tut, dessen Name soll in Ewigkeit genannt werden.‹ ›In Ewigkeit‹, rief der Ritter ›und sein Sänger dazu‹« (2. Bd., 2. Kap.: In einfachen Gewändern). Die große Tat, der Ruhm des Helden und das Heldenlied erscheinen ganz archaisch als »das Herrlichste« (s. o.) auf Erden. Das kleine Gespräch gibt Einblick in die Motivation des Dichters, der das Nibelungenlied des 19. Jahrhunderts singen wollte, das »Volksepos«, wie die Ästhetiker des 19. Jahrhunderts sagten (vgl. Bd. II, S. 654 f.).

Der Dichter selbst rühmt sich bekanntlich der »Volkserzählweise«, der er sich bediente. Er scheint allen Ernstes gemeint zu haben, sein einfacher Satz und seine Dingfreudigkeit machten den Roman volkstümlich. Als ob, in einer entwickelten Zivilisation, nicht auch die Primitivität verfremdet werden könne! Die Stifterforschung folgte längere Zeit dieser Selbstinterpretation, ohne den hohen Grad der Abstraktion, die in der Dichtung waltet, gebührend zur Kenntnis zu nehmen und als Folge des utopischen Grundansatzes verständlich zu machen. Heute sagt man, der Dichter habe die Sprechweise des Volkes »auf die Ebene monumentaler Kunst erhoben« [128]. Man bringt die Formelhaftigkeit der Sprache, das Zurücktreten des Erzählers, die hartnäckige Außensicht, d. h. die Vermeidung der psychologischen Analyse, wohl richtig mit Stifters epischer Intention zusammen. Durch die kunstvolle Beschränkung entstehe eine besondere »Wucht« des Erzählens [129]. Richtig ist es wohl auch, von einem »Gegenbild zu jeglichem neuzeitlichen Individualismus, zu jeglicher Ich-Überhöhung und Ich-Vergottung« zu sprechen [130].

Trotzdem verstummt der Zweifel, ob auf diesem artistischen Wege der historische Roman zum »Epos in ungebundener Rede« (8. 6. 1861 an Heckenast) zu machen war, nicht: »Richtet man den Blick nur auf die epischen Vorbilder, so wird man die zeitbedingten und zukunftsweisenden Aspekte der Formgebung im ›Witiko‹ nicht erkennen« [131]. Da man mit den zeitbedingten Aspekten von 1865 nicht weiterkommt, da nach den Forschungen Brinkmanns ein so objektivistischer Roman unmöglich realistisch sein kann, bleiben schließlich nur noch Henry James und Kafka, um Stifters historischen Ort anzudeuten [132]. Jeder wird zugeben: *Witiko* ist ein schwieriges historisches Problem; aber vielleicht sollte man sich in Zukunft doch mehr in dem beschriebenen konservativen Umkreise, bei den neugotischen und klassizistischen Experimentatoren umsehen, um geeignete Vergleichsobjekte für Stifters Dichtung zu finden.

Die *Rezeption* des *Witiko* ist nicht so einheitlich, wie manche Stifter-Forscher behaupten und wie auch damalige Rezensenten behauptet haben, um ihrer Stimme Gewicht zu geben*. Im quantitativen Sinn überwiegt die Kritik nach den Normen des realistischen Programms (vgl. Bd. I, S. 257); ja, man kann diese *stereotypen* Verrisse sogar als Beweis für die bis nach Österreich reichende Wirkung der realistischen Programmatik anführen. Danach ist der Dichter ein »Mikroskopiker«, der die »Weitschweifigkeit der Darstellung«, die »Kleinmalerei«, das »Zeichnen ins Detail« immer unbeherrschter betreibt [133]. Gewiß, er ist ein hervorragendes »Talent des Detail«. Was er gibt, sind nicht nur »Landschaftsbilder mit bedeutungsloser Staffage«, wie behauptet wurde; aber seine Menschen sind allzu »leidenschaftslos, sauber-maßvoll, in sich fest und zufrieden«. Gerade wer Stifters künstlerische Sorgfalt hochschätzt, »der vermag doch den Wunsch nach größerer Wärme, vollerem, bewegterem Leben mitten in der Darstellung bewegter Zeit nicht zu unterdrücken« [134]. »Man wird dabei an die öden Strecken unseres großen religiösen Epos gemahnt, dessen Unlesbarkeit ins Sprichwort übergegangen ist« [135]. Der Maßstab Klopstock ist durchaus typisch für den Respekt, mit dem Stifter, auf Grund seines früheren Ruhmes, beurteilt wird. Rudolf Gottschall, dessen Poetik zwischen Klassizismus und Realismus angesiedelt ist, rühmt die zarten Liebesszenen im *Witiko* trotz ihrer Stilisierung, überhaupt »das feine Schnitzwerk, die altertümliche Ziselierarbeit, mit der einzelne geschichtliche Ereignisse und Gruppen ausgeführt sind«. Er stellt Stifter über den angesehenen Sealsfield, weil dessen Prosa »fast trödelbunt und mehr Improvisation als künstlerisch erwogen und gegliedert« ist [136]. Trotz dieser Achtung vor Stifters Kunst gebraucht Gottschall immer wieder Worte wie »akademische Künstelei«, »steifleinene Chronikform«, »Formspielereien«, um sein Mißtrauen gegen die übertriebene Stilisierung, z. B. die endlosen Wiederholungen im *Witiko*, auszudrücken [137]. Einig ist man sich, innerhalb der realistischen Kritik, hinsichtlich Stifters Menschendarstellung. Der Persönlichkeitsbegriff der Bismarck- oder Gründerzeit, der zu bedeutenden Porträts in der bildenden Kunst und zu farbigen Biographien geführt hat, tritt unverkennbar hervor.

---

* Die Auseinandersetzung, die hier folgt, bezieht sich nur auf die Zeit bis etwa 1870. Es ist eine Auseinandersetzung innerhalb des deutschen Sprachgebiets. Auch der Stifter-Streit im 20. Jahrhundert bleibt im wesentlichen innerdeutsch. Wie es mit der weltliterarischen Wirkung des späten Stifter steht, läßt der folgende Schlußteil des Witikokapitels in dem äußerst behutsamen, der deutschsprachlichen Heimat noch verbundenen und – was im englischen Sprachgebiet selten ist – das realistische Argument *nicht* naiv einsetzenden Stifterbuches von Margaret *Gump* (Adalbert Stifter, New York 1974, S. 131) erkennen: »All that has been said in this short analysis of *Witiko* is intended to show..., that only patient rereading will open up the work to the reader. If I were to speculate on future critical evaluations of *Witiko*, I should be inclined to agree with Lunding that categorical value judgments are out of place and that the evaluation will fluctuate with the tastes of individuals and epochs. The number of people able to enjoy *Witiko* will be even smaller than in the case of *Der Nachsommer*. Like *Der Nachsommer,* the work has not yet found an English translator«. Man erinnert sich bei der letzten Angabe an die frühe Übersetzung der »Studien« ins Englische (s. o. S. 965).

Man fühlt sich an Sybels Verurteilung der »leblosen« Biographien des Biedermeiers (vgl. Bd. II, S. 307) auf Schritt und Tritt erinnert.

Der *repräsentative* Personalismus Alteuropas, der die gesamte Hierarchie der Witiko-Welt von den kleineren »Führern«, den Lechen und Wladiken, über die Herzöge und Könige bis zum Kaiser von Gottes Gnaden führt, wird um 1870 nicht mehr verstanden, weil diesen Figuren die *einmalige* Individualität fehlt. Man sollte meinen, das politische Zeitalter der Reichsgründung habe wieder Verständnis für die Einschränkung der individuellen Handlung im *historischen* Roman*. Aber dies ist nicht der Fall. Zum bürgerlichen Realismus gehört der Individualitätskult und die psychologische Analyse, die bei Stifter fehlen. Verständnislos sind auch die Äußerungen über den Witiko-Stoff. Gottschall interessiert sich für Scotts Schottland mehr als für Stifters Böhmen [138]! Noch weniger versteht man etwas von der habsburgischen Mittelaltertradition und dem ihr zugeordneten katholisch-österreichischen Reichsmythos. Antipathie gegen den »frömmelnden pfäffischen Zug in den jüngsten Büchern unseres Autors« gibt es auch in Österreich, bei Emil Kuh; er sieht darin wohl richtig hyperprotestantische (pietistische) Beeinflussung [139]. Auf diese kann man ja Stifters »Gefühlskultur« von Anfang an zurückführen (Klopstock, Winckelmann, Herder usw.). Zu den schwersten Fehlurteilen führte die schroffe, manchmal humanistisch begründete Trennung von Geschichte und Natur bei den Rezensenten. Der Waldgänger Witiko als Mittelgebirgstourist ist eine konstante Witzfigur, während ja in der Wirklichkeit des Romans der heimatliche Wald Witikos nicht nur als Landschaft, sondern als politisch-militärische Basis des Helden zu sehen ist. Für den Dichter selbst bildete die heimatliche Landschaft wohl die Brücke zum Geschichtsroman**. Der realistischen Kritik ist der Wald nur ein Beweis dafür, daß Stifter von der Idylle nicht loskommt und besser bei der Landschaftsnovelle vom Typ *Hochwald* oder *Bergkristall* hätte bleiben sollen. Wie tyrannisch die realistische Abneigung gegen alles »Episodische« war, verrät eine Bemerkung Storms, der sonst das Biedermeier (Mörike!) nicht zu verurteilen pflegte. Er hat *Bergkristall* zwei jungen Mädchen vorgelesen – mit Erfolg. »Ich selbst aber fühlte, daß das ermüdend sei, und hatte den unwillkürlichen Drang hier und dort Seiten zu überspringen.« Den *Nachsommer* hat er daher von vornherein geduldig, mit wenig Erwartung gelesen: »Nun sei bescheiden, verlange nichts... Dagegen blieb ich stekken im ›Witiko‹« [140].

Neben der großen, überwiegend negativ wertenden Majorität realistischer Kritiker, zu denen bekanntlich auch Gottfried Keller gehört (der »Philister« Stifter!), gibt es zwei Minoritäten. Die erste mäßigt die überwiegend negative Kritik wenigstens durch historische Relativierung: »Die realistische Zeit, welche heute unerbittlich Lebenswahrheit fordert und demgemäß behauptet, das Leben sei poetisch in all seiner Prosa, man müßte es nur zu fassen wissen – diese Zeit hat allmählich mit Stifter zu rechten begonnen« [141]. Die immer gehaltvollen *Blätter für literarische Unterhaltung* be-

---

* Stifter will ausdrücklich den Dualismus von individuellem Vordergrund und historischem Hintergrund im historischen Roman Scottscher Prägung überwinden, ähnlich wie dies Grabbe, im Gegensatz zu Grillparzer, für sein Geschichtsdrama erstrebt hat: »Es erscheint mir daher in historischen Romanen die Geschichte die Hauptsache und die einzelnen Menschen die Nebensache, sie werden von dem großen Strome getragen, und helfen den Strom bilden. Darum steht mir das Epos viel höher als das Drama« (8. 6. 1861 an Heckenast). Der letzte Satz richtet sich gegen Hegelianer wie Hebbel, die mit ihrem Meister im Drama die Spitze aller Kunst sahen und daraus ihre Superioritätsansprüche ableiteten. Stifter sieht, wie die Zeit bis Klopstock (vor Lessing), im Epos die höchste Gattung.

** Hierin liegt eine Verbindung mit dem *Nachsommer:* »Political and military actions alternate with domestic scenes, where Witiko, especially during his first stay in The Valley of Plana, takes an active part in the life of the community and shares its frugal way of life. Among other things, this novel is a nostalgic return to the scenes of Stifter's childhood and youth, a hymn to his native woods, to the strength, simplicity, loyalty, and goodness of their inhabitants« (Margaret *Gump,* Adalbert Stifter, S. 121). Die starke Vergegenwärtigung der *loyalen* Landbevölkerung, der der Dichter selbst entstammt, hat also auch einen sozialgeschichtlichen Sinn. Sie richtet sich gegen das nationale *und* liberale Bürgertum.

scheinigen dem Dichter anläßlich seines Todes »Würde und Anmut«, »Wärme, Innigkeit und Zartheit« des Erzählens; aber es wird zugleich ohne Gehässigkeit sein historischer Ort festgestellt: »Dem geistigen Inhalt nach war Stifter allerdings ein Vertreter des Quietismus, wie er unter dem Metternichschen System in Österreich herrschte[!], und wenn er in jüngster Zeit, durch politische Bewegungen und das geschichtliche Leben in Österreich sich veranlaßt sah, aus dem Zauberkreise seines Stillebens herauszutreten und sich an historischen Stoffen zu versuchen, so hat das seiner Muse kaum zum Heil gereicht« [142]. Diese historische Einordnung ist Wort für Wort richtig! Einen Rezensenten erinnert der altertümliche und religiöse Ton des späten Stifter an die Ritter-Romane und – diese Feststellung wäre, durch »wechselseitige Erhellung« von Bild- und Wortkunst zu prüfen – an die *Nazarener*[143]. Derselbe Rezensent (K. v. Thaler) verurteilt, ob mit Recht oder nicht, im *Witiko* die ganze falsche Richtung einer archaisierenden oder, wie wir sagen würden, neugotischen Kunst, die »konstruierte Geschöpfe«, »Kunstmenschen ohne Leidenschaft, ohne natürliche Triebe« hervorbringt. »Weil das nicht leichtfällt, ist er [der Verfasser] stolz darauf und denkt in seinen Werken den wohltuendsten Gegensatz gegen französische Unsittlichkeit aufzustellen« [144]. Das nationale Argument – ich meine das Deutschtum – spielt tatsächlich von Anfang an eine besonders große Rolle bei freundlichen Stifterrezensenten; der Dichter wird z. B. der gar nicht sanften französischen Romantik entgegengesetzt. K. v. Thaler gibt einen weiteren historischen Hinweis, dem nachzugehen wäre: »In Belgien hat sich eine Schule zusammengetan, welche ihr höchstes Ziel darin erblickt, so steif und hölzern zu malen, wie van Eyck, Memling oder Quintin Metsys gemalt. Sie zeichnet und koloriert das alte Flandern mit der Ungeschicklichkeit der alten Zeit, das heißt, sie ignoriert den Fortschritt von Jahrhunderten, schraubt die Kunst zu ihren Anfängen zurück und nennt das Altertümlichkeit, historische Treue. Sollen wir in der Literatur Ähnliches erleben…?« [145]. Es ist kein Zweifel, daß es die heute so beliebten »Naiven« in andrer Weise schon im 19. Jahrhundert gab. Die Kunsthistoriker haben Stifters Malerei genau erforscht; aber die fruchtbare wechselseitige Erhellung der Künste läßt in der Stifter-Forschung noch zu wünschen übrig. Eine progressive Stiltendenz (s. o.) findet, so viel ich sehe, kein Zeitgenosse bei dem Dichter des *Witiko*. Der Eindruck von einem modernen Stifter beruht auch, genau besehen, nur auf dem Kreislauf der Stilgeschichte, darauf nämlich, daß die vorrealistische Epoche und die nachrealistische Epoche *durch eine gemeinsame Neigung zum Abstrakten und Parabolischen verbunden* sind. Die jüngste Generation, die der Abstraktion mehr und mehr müde wird, hat erneut Schwierigkeiten bei der *Witiko*-Lektüre. Diese beruhen wohl nicht nur auf der Abneigung gegen die Schlachtenschilderungen; denn sie dürften für Stifter wohl weniger Passion als eine zum »Epos« gehörige Pflichtleistung gewesen sein. Sozialgeschichtlich als Ritter-, d. h. als Adels- und Offiziersehrung sind sie freilich sehr ernst zu nehmen (s. o. Zitat über Bürger von Mailand).

Die zweite Gruppe der Rezensentenminorität beurteilt den *Witiko* positiv. In der führenden *Allgemeinen Zeitung* des Klassiker-Verlags Cotta erschien zunächst eine sehr günstige Rezension mit idealistischer Beweisführung. Auf weiten Strecken ist diese Rezension eine Verteidigung des Idealismus im allgemeinen, etwa in folgendem Ton: »Man hat mehrfach behaupten wollen, daß es dem Dichter, namentlich im Roman und im Drama, nicht gestattet sei, Ideale zu schaffen. Das Leben habe keine Ideale und er verstoße also damit gegen die erste Forderung, die man an jedes Kunstwrk stellen müsse: daß es wahr sei… Das Leben hat keine Ideale, das ist richtig… Daß aber das Ideal darum unwahr sei, ist falsch.« Auf diese Idealismusverteidigung wird dann Witiko bezogen: »Ein solches Ideal ist unserm Werk Silvester« usw. [146]. Nach wenigen Wochen korrigiert die *Allgemeine Zeitung* das beflissene Lob durch die schon erwähnten spöttischen Hinweise auf den tschechischen Parlamentarismus und andere unhistorische Bestandteile des *Witiko*. Der letzte Satz dagegen demonstriert die gleiche Einstellung zum Realismus wie die erste Rezension. Das gebietet das Interesse des Klassiker-Verlags: »Die reine edle Sittlichkeit, durch die sich Stifters Idealmenschen auszeichnen, ist jedenfalls ein wohltätiges Gegengewicht für die verneinenden zersetzenden Tendenzen der heutigen realistischen (!) Literatur« [147]. Auch *Die Katholische Welt* – Titel eines Organs in Aachen – hat selbstverständlich keine Sympathie für den überwiegend unchristlichen Realismus: »Ein Hauptvorzug der Stifterschen Muse ist die schneeige Reinheit ihres innersten Wesens«, die Ruhe und Frieden spendet. Der *Nachsommer* wird hier ausdrücklich gegen den üblichen realisti-

schen Vorwurf der »kleinlichen Detailmalerei« verteidigt. »Die leichtgeschürzte Muse«, das Ha-
schen nach »Effekt« ist der Grund für die Ablehnung der »sittsamen, ernsten Göttin«, die in Stifters
Roman waltet. »Unser Jahrhundert [ist] ein viel zu flüchtiges und aufgeregtes, ein viel zu gedanken-
loses und versinnlichtes..., als daß es sich mit dieser ruhigen, ernsten, ja fast gelehrten [!] Weise, einen sogenannten Roman abzufassen, befreunden könnte« [148]. *Richtig wird also die romangeschichtliche Entwicklung zum spezialistischen Erzählkunstwerk als ein Grund für die Rezeptions-
schwierigkeiten beim späten Stifter erfaßt.* Vorsichtiger ist die Beurteilung des *Witiko,* aber auch
dort wird, nach dem Urteil des Rezensenten, »in wahrhaft gewaltiger Weise... ein Bild aus der alten
böhmischen Geschichte vor uns entrollt«. Vor allem als Hort gegen eine allzu *weltliche* Literatur
gewinnt Stifter schon mitten im Realismus an Gewicht. Diese geschichtliche Funktion wird durch
den parteiischen Schluß der erwähnten katholischen Rezension klar erhellt: »Wir schließen mit dem
Wunsche, daß Stifter bald in keiner christlichen Familienbibliothek mehr fehlen möge. Er ist ein
wahrhaft edler Geist, und ist ihm auch noch nicht der tönende Name eines ›Klassikers der deutschen
Nation‹ beigelegt, so möchte ich doch die meisten Schriften Wielands, Börnes, Heines und so vieler
anderen gern für eine seiner ›Studien‹ dahingeben« [149]. Die moderne Stifter-Aufwertung, die, gerade in ihrer populären Seite, zum Teil ein christlicher Kult war, wird in dieser Rezension von 1868
und in ähnlichen Besprechungen kirchlicher Art bereits vorbereitet.

Die Mappe meines Urgroßvaters

Mit Recht hat man *Die Mappe meines Urgroßvaters* nach dem zweiten Weltkriege
nachdrücklich hervorgehoben. Diese Arbeit hat Stifter durch sein ganzes Leben hindurch
begleitet, und ihre drei Fassungen bezeichnen beispielhaft den Gang seiner geistigen und
stilistischen Entwicklung [150]. In der ersten Fassung (1841) findet man nicht nur den
später abgedämpften »Subjektivismus«, sondern zugleich, wie im *Abdias,* ein sozialkriti-
sches Element (Gespräch über Bettlertum und bürgerlichen Beruf) [151] als Widerspiegelung der Lage, in der sich der Vormärz-Stifter befand. Auch die zweite Fassung gehört
noch in die vierziger Jahre (1847 = Studien Bd. 3), und das bedeutet, daß der Dichtung,
ähnlich wie Goethes *Wilhelm Meister* und Kellers *Grünem Heinrich,* ein unverlierbarer
Fond von Frische mitgegeben war. Schon in dieser Studienfassung hat das Werk einen
romanhaften Umfang. Die Vergegenwärtigung der Umwelt, der landschaftlichen sowohl
wie der gesellschaftlichen, ist noch breiter als im sonstigen Frühwerk. Der Beruf des Helden, der ein junger Landarzt ist und daher viel herumkommt, gibt die Möglichkeit zu reicher Landschafts- und Gesellschaftsentfaltung. Als Arzt ist der Held ein Vorbild. Er steht
trotz der räumlichen Entfernungen in seinem Bezirk den Kranken jederzeit zur Verfügung, so daß sein Ansehen bei der Bevölkerung immer größer wird. Aber diese scheinbar
so wohlgegründete soziale Existenz ist vom »Tiger« bedroht. Er erscheint sogar in der
Form des Wertherismus. Liebesenttäuschung führt zu Selbstmordgedanken; doch sorgt
schon hier, wie im *Nachsommer,* der ideale Greis, ein alter Obrist, Vater der Geliebten,
für den Sieg des sanften Gesetzes, und ein Rahmen (Lebenserinnerungen eines Urgroßvaters) ermöglicht die stilistische Abdämpfung des Werthermotivs. Auch der Ausgang ist
als ein glücklicher wenigstens angedeutet. Insofern ist das Werk vollendet. Doch heißt es
schon im Nachwort der Studienfassung: »Ich habe noch recht viel zu erzählen.«

1863/64 – zu diesem Zeitpunkt wäre dem Dichter die Vollendung des Romans wohl
noch möglich gewesen – und 1867 wird die Arbeit wieder aufgenommen, der Arzt-Ro-

man sehr breit entfaltet, während die Liebesgeschichte an Bedeutung verliert. Ein Textbeispiel vergegenwärtigt weiter unten die Dämpfung der »Leidenschaft«, die hier infolge
des Kontextes glücklicherweise nicht ganz beseitigt werden kann. Das Arztmotiv erinnert, wie so vieles beim späten Stifter, an Goethes *Wanderjahre.* Während aber dort der
Entschluß zum schlichten Arztberuf das Ergebnis einer langen Entwicklung war, ist der
Arzt dem betont altruistischen Biedermeier Stifters von Anfang an als Leitbild mitgegeben. Sogar Gotthelf, der keineswegs zu Goethes Erben gehört, zeigt, in der Zeit des beginnenden mitteleuropäischen Sozialismus, die selbstlose Gestalt eines humanistischen
Arztes auf Kosten eines pfäffischen Vikars, wenn auch selbstverständlich der christlich-
weise Pfarrherr selbst noch hoch über dem wohlmeinenden Humanisten thront (*Anne
Bäbi Jowäger,* 1843/44). Man darf die *Mappe* eher als den *Witiko* (s. o.) für Stifters
»Faust« halten, d. h. für ein besonders tief bezeichnendes Werk des Dichters, der nicht
nur seiner Dichtung, sondern auch seiner Heilkraft viel von seinem gegenwärtigen
Ruhme verdankt und der sich ja in seiner Spätzeit selber als Arzt und Priester verstand.
Fragt man sich, warum statt dieses ursprungsnahen, persönlicheren Romans der *Witiko*
vollendet wurde, so ergibt sich ein neuer Beweis für die von uns behauptete Zeitbezogen-
heit auch des späten Stifter. An den Verleger Heckenast, der im Alter seine wichtigste
Brücke zur Umwelt war, schrieb er am 28. 8. 1864, also dreieinhalb Jahre vor seinem
Tode: »Da die Mappe so große Ähnlichkeit mit meinen bisherigen Arbeiten hat, so wäre
es mir weit lieber, wenn vor der ›Mappe‹ der ›Witiko‹ erschiene, mit dem wir vor der Lesewelt in einem neuen Gewande aufträten. Ich glaube, es dürfte Ihnen auch so lieber
sein.« *Die vermeintliche Anpassung an den Lesergeschmack hat die Vollendung des vielleicht zentralsten Romans von Stifter verhindert.* Auch diese Vorstellung, dem Gesetz der
»variatio« mehr als der individuellen Neigung gehorchen zu müssen, ist freilich biedermeierlich und läßt sich ähnlich bei Mörike und der Droste beobachten. Eine Vollendung
im Sinne von Goethes Entelechieideal war dem selbstlosen Österreicher auch als Dichter
nicht vergönnt*.

In der *Mappe meines Urgroßvaters,* in deren letzter Fassung sich selbstverständlich
auch die Episierungstendenz des alten Stifter niederschlägt, läßt sich besonders klar
nachweisen, daß der Romandichter des 19. Jahrhunderts an den schon im 18. Jahrhundert formulierten Begriff der »subjektiven Epopöe« (Blanckenburg) gebunden bleibt,
wenn er sich nicht dem Objektivitätsbegriff der exakten Naturwissenschaften (Spielhagen, Naturalismus) ausliefern will, und dies liegt dem österreichischen Erzähler völlig
fern. Paul Böckmann formuliert dies geschichtliche Gesetz am Beispiel der *Mappe*
so[152]: »Die Objektivität des alten Epos wird... im Horizont der Subjektivität des Romans..., zurückzugewinnen gesucht. Diese epische Objektivität wetteifert wohl mit der

---

* In der DDR-Geschichte der deutschen Literatur (Bd. 8,1, S. 600) erscheint die letzte *Mappe* als
Krönung von Stifters Werk. Dies widerspricht unserm Hinweis auf die Existenz-Nähe der Dichtung
nicht. Das Beispiel lehrt freilich zugleich, daß man an der falschen Stelle Opfer für die Gesellschaft
bringen kann: Die Individualität gibt Hinweise auf die richtige Stelle. Wenn Stifter dem persönlichen
dichterischen Drange nachgegeben hätte, wäre das für die Allgemeinheit wichtigere Werk vollendet
worden. Von dieser optimalen Lösung lenkte ihn das biedermeierliche Ethos absoluter Selbstlosigkeit und der ebenso problematische Kampf für Habsburg ab.

Erzählform Homers, kann und will[!] aber nicht ihre Modernität und das heißt ihre durchgängige Reflektiertheit verleugnen, schon weil sie sich auf die Prosa einläßt und sich nicht mehr einer heroischen Sagen- und Götterwelt überläßt.« Zu verbessern ist diese Feststellung wohl insofern, als Stifter die moderne »Reflektiertheit« verleugnen *will*, weil ihm die geschichtsphilosophische Einsicht und das heißt hier die gattungstheoretische Klarheit, die hinter Böckmanns Aussage steht, im Gegensatz zu andern Erzählern der Zeit, z.B. Alexis (vgl. Bd. II, S. 649f.), *fehlte; –* ein Hinweis darauf, daß die in der deutschen Germanistik immer noch oft dogmatisch vertretene Trennung von Theorie und Praxis erneut zu überprüfen ist. Zu ergänzen ist auch, daß der Witiko-Erzähler mit Hilfe des mittelalterlichen Stoffes doch wieder etwas wie eine »heroische Sagen- und Götterwelt« (Böckmann s. o.) restaurieren wollte. Die konservative Ideologie (Neugotik) hatte gattungs- und stilgeschichtliche Konsequenzen, die von dem Sohn des »Waldes« mit großartiger Dickköpfigkeit durchgeführt wurden, deren *dichterischer* Problematik jedoch sich m. E. selbst überzeugte katholische Literarhistoriker stellen müssen.

Auch stilgeschichtlich gesehen ist die *Mappe* Stifters Zentralwerk. Da wir den Schritt von den Frühfassungen zu den Studienfassungen schon an einer anderen Erzählung belegt haben (vgl. o. S. 979f.), vergegenwärtigen wir hier nur die (oft unterschätzte!) Entwicklung vom Studienstil zum Altersstil an einem Textbeispiel aus der *Mappe* [153]. Um nach der Selbstmordabsicht des jungen Arztes dessen Beschämung zu mildern, erzählt der Obrist eine Parallelhandlung aus dem eigenen Leben; er möchte gewissermaßen auf den gesetzmäßigen Wertherismus der Jugend und die Verantwortung der Alten in solchen Momenten hinweisen. Unsere Texte enthalten nur die Motivierung der Selbstmordabsicht des Obristen. *Studienfassung:* »Aus Ehrsucht, weil mir schon nichts anders gelassen war, tat ich auch das Jetzige gut, daß ich den andern zuvorkomme, und die übermeistere, die neben mir waren. – So wurde ich nach und nach sechs und zwanzig Jahre alt und bekannter unter den Vorstehern des Heeres. Da geschah es, daß ein Oheim starb, der letzte unserer Verwandten, und mir ein beträchtliches Vermögen hinterließ. Zu gleicher Zeit verliebte ich mich auch. Ach Gott, lieber Doctor, es sind jetzt viel, viele Jahre vergangen – und verzeiht mir die Worte, die ich sagen werde – ich war gerade so schwärmend wie Ihr, ich war ausschweifend in Haß und Freundesliebe, ich war eben so strebend und vom Grunde aus gutherzig wie Ihr. Seht nur, oft habe ich gemeint, ich müsse alle Sterne an mich herunter ziehen, und alle Weltteile auf dem Finger tragen. Daher tat ich mein Herz weit auf, ließ das Gefühl eingehen, und hatte meine Ergötzung daran. Ehe ich aber zur Besinnung gelangte, war ich betrogen. Ein Freund und Vertrauter, den ich auf Freiwerbung sandte, führte sie selber zum Altare. Ich wollte ihm auf das Gut, wohin er sie geführt hatte, nachreisen, um ihn zu erstechen, aber ich tat es dann nicht, und nahm mir vor, mich selber zu töten.« (3. Der sanftmütige Obrist) *Letzte Mappe:* »Weil ich sah, daß es kein anderes Mittel gebe, so tat ich im Dienste, was ich konnte, um die, welche neben mir waren, zu übermeistern. Es gelang auch, und ich rückte doch schneller vor als andere. Endlich verliebte ich mich in ein Mädchen, und dachte es zu ehlichen. Wir setzten Alles in Bewegung, ihre Angehörigen zur Einwilligung zu bewegen. Aber diese sagten, es fehlen uns jetzt noch die Mittel zu standesmäßigem Leben, und wir müßten warten. Ich wurde maßlos zornig, und das Mädchen wollte sich zu Tode weinen. Aber wir mußten warten. Während des Wartens vergaß mich das Mädchen, und heiratete einen andern. Ich wollte mich nun töten, und begann, eine Pistole zu laden« (I. Bd., 6. Kap. Der sanftmütige Obrist). Die Studienfassung steht dem Realismus, der klassizistische Ideale in sich integriert (Abständigkeit, Anschaulichkeit, Ausgeglichenheit), verhältnismäßig nahe. Man kann sicher sein, daß die hyperbolische kosmische Metaphorik (Sterne, Weltteile) beseitigt wäre, wenn sie nicht mit der pädagogischen Ironie des Obristen gegenüber der eigenen Jugend verwendet würde. Wo er ohne diese Ironie erzählt, bezeichnet er die Laster und Tugenden der Jugend konventioneller oder sogar begrifflich: »Ehrsucht«, »ausschweifend in Haß und Freundesliebe«, »strebend und vom Grunde aus gutmütig«. Die subjektive, ebenfalls päd-

1011

agogisch begründete Anrede des Zuhörers wird nicht vermieden, leitet sogar die erwähnte, vorübergehende Anhebung des Stils ein. Das »Gefühl« wird entwertet, darf aber wenigstens noch beim Namen (Begriff) genannt und stilistisch vergegenwärtigt werden. Die Sprache kehrt jedoch rasch wieder zu der im Anfang des Zitats verwendeten knappen und relativ sachlichen Erzählweise zurück. Auch hinsichtlich der Motive ist der Studien-Erzähler nicht allzu wählerisch. Die Karriere im Heer wird, ganz im Stil der Zeit, durch ein ererbtes »beträchtliches Vermögen« ergänzt, damit der Heiratswunsch des Offiziers verständlicher erscheine, und der schlimme Vertraute, der die Braut für sich selbst, statt für den Freund gewinnt, ist eine Romanfigur, die der bürgerliche Leser kennt und mit Genuß verachten kann, besonders wenn der Treulose ein »Gut« hat, also vermutlich adelig ist. Der Obrist selbst wird erst in der letzten Mappe adelig[154], – entsprechend der gesamten antibürgerlichen Entwicklungstendenz des Witiko-Stifter. Die letzte Mappe tilgt die Zugeständnisse an den bürgerlichen Realismus (Vermögen, adeliger Freund), so diskret sie waren, schon deshalb, weil sie dem normalen Romanstil, nicht einem lapidaren epischen Stil entsprechen. Ebenso muß die den fiktiven Erzähler und Zuhörer verbindende Parallelisierung des jungen Obristen mit dem jungen Arzt gestrichen werden; denn sie bringt ein subjektives Element in die Erzählung und beeinträchtigt die Stetigkeit des epischen Tons. Durch die ökonomische Motivierung des Eheaufschubs (noch keine »Mittel zum standesmäßigen Leben«) gewinnt die Erzählung größere Einfachheit, der Erzählton größere Knappheit, und der intrigante Romanfreund erübrigt sich. Nicht verändert wird die moralische Tendenz gegenüber dem Helden selbst. Zwar entfällt das laute Wort »Ehrsucht«; aber das Karrierestreben des jungen Offiziers bleibt deutlich. Die Mordabsicht (»erstechen«) entfällt mit dem Freund. Dagegen wird in der »letzten Mappe« der Gemütszustand des von den »Angehörigen« abgewiesenen Liebespaares deutlicher bezeichnet: »Ich wurde maßlos zornig und das Mädchen wollte sich zu Tode weinen.« Die jungen Leute sind dem sanften Gesetz der Geduld nicht gewachsen. Dieser Punkt wird durch die Wiederholung des Wortes »warten« in schmuckloser (abstrakter) Weise intensiviert. Ein drittesmal erscheint dies Wort, aber jetzt mit zynischem Hintersinn: »Während des Wartens vergaß mich das Mädchen«... Der Stil hat jede Anmut, Fülle und Atmosphäre verloren. Einen Satz könnten modernistische Interpreten wegen der rücksichtslosen Verachtung des variatio-Prinzips (Bewegung/bewegen) sogar fast schon auf die konkrete Poesie beziehen: »Wir setzten Alles in Bewegung, ihre Angehörigen zur Einwilligung zu bewegen«[!]. Der Dichter selbst glaubte nach dieser durchgreifenden Änderung gewiß dem Gesetz des Epischen näher gekommen zu sein. Vom bürgerlich-realistischen Roman – nur das ist sicher – hatte er sich noch entschiedener entfernt.

Ein direktes Biedermeier-Symptom: Zwei Witwen

Eine in der Forschung wenig beachtete Warnung vor einer modernisierenden Interpretation von Stifters Altersabstraktion ist die Tatsache, daß er zwischen *Nachsommer* und *Witiko* eine *Kalendergeschichte* geschrieben und zum Druck gegeben hat. Diese ist inhaltlich und stilistisch so hart geprägt, entspricht so wenig dem sanften Gesetz, daß man sich erneut an Gotthelf erinnert fühlt: *Zwei Witwen* [155]. Otto wird von der Großmutter verzogen, lernt nicht, bleibt bei keinem Meister, wird Verbrecher und erschießt sich schließlich. Clara wird von der Großmutter schon als schreiender Säugling streng erzogen. Sie wird fromm, tüchtig und eine angesehene verheiratete Frau. Wir haben hier also die Vorbild- und Abschreckdidaktik in derselben knappen Geschichte. Der Erzähler mildert im letzten Satz seine rigorose Schwarz-Weiß-Zeichnung. »Möchten doch nicht oft ähnliche Geschichten erzählt werden können; ist das Ende nicht fürchterlich, so ist es doch nie erfreulich.« Trotzdem ist die Erzählung, ähnlich wie *Der späte Pfennig*, eine Hilfe bei der Bestimmung von Stifters historischer Struktur und auch ein Hinweis auf seine nicht ausgeschöpften Möglichkeiten als ein Erzähler, der nicht nur einfach und volkstümlich sein will, sondern es tatsächlich ist.

Die späten Erzählungen

Gleichzeitig mit dem *Witiko* [156] taucht bei Stifter die Gattung der Novelle erneut empor, und es erscheint mir wahrscheinlich, daß wir bei einem längeren Leben des Dichters in dieser Rückwendung den Beginn einer deutlich neuen Stufe erkennen würden. Jedenfalls ist Stifters späte Novellistik von den Erzählungen der Frühzeit und von den Novellensammlungen klar zu trennen. Damit soll nicht gesagt sein, daß die frühe und späte Novellistik gar nichts miteinander zu tun haben. Vielmehr scheinen die Dinge so zu liegen, daß im Alter endlich eine Seite Stifters hervortritt, die sich in der Jugend gelegentlich hervorwagte (besonders in der Erzählung *Die drei Schmiede ihres Schicksals*), dann aber im Namen der empfindsam-klassizistischen, bzw. »homerischen« Stilisierung unterdrückt und auch in Briefen ausdrücklich abgelehnt wurde, ein Element, das wir historisch als den stetigen Begleiter und Korrektor der Empfindsamkeit kennen (Wieland, Jean Paul, Heine): der Humor oder, vielleicht noch richtiger, die Ironie und Parodie. Stifter durchbricht, schon in der Witikozeit, den magischen Zirkel einer für sterbliche Menschen allzu vollkommenen Welt spielend und parodierend. Für sein eigenes Bewußtsein hieß das wohl Erholung, Entspannung. Als er nach dem *Witiko,* immer noch am Rosenberger-Zyklus festhaltend, den *Zawisch* wieder aufnimmt, plant er, verständlicherweise, »als Nebenerholung ein Lustspiel« (27. 10. 1866 an Heckenast). Für uns ist diese zu wenig beachtete Annäherung an das Komische eine neue Bestätigung für seine Verwurzelung in der aufs äußerste gespannten, zwiegesichtigen und keineswegs »einfachen« oder homerischen Biedermeierzeit. Zwar herrscht auch in der Welt, die in der Altersnovellistik dargestellt wird, vollkommene Harmonie. Die Vorgänge spielen in der Schicht des Adels und des reichen Bürgertums. Das Elementare erscheint nur in einer dieser Novellen *(Waldbrunnen),* aber auch hier nicht in »tigerartiger«, sondern in anmutig-»poetischer« Gestalt. Alle diese Erzählungen bedienen sich eines traditionellen Lustspielmotivs, nämlich der Heirat mit einigen Hindernissen, und erreichen auf diese Weise, meist ohne Rahmen, einen sehr geschlossenen Aufbau, mit starker Betonung des Schlusses [157], können also der Gattung der Lustspielgeschichte (vgl. Bd. II, S. 929, 1039) zugerechnet werden; aber eben diese offen zutage tretende *Konstruktion* läßt auch keinen Zweifel darüber aufkommen, daß hier keine dichte Wirklichkeit, keine Welt im ganzen, kein Epos, vielmehr ein Ausnahme- und Wunschleben, abseits vom gewöhnlichen, vielleicht sehr wenig schönen Alltag aufgebaut werden soll.

Die Geschichten sind, wiederum vielleicht mit Ausnahme des *Waldbrunnen,* wenig »existentiell«, daher, je nach dem Standpunkt des Stifter-Forschers, als »artistisches Spiel« gepriesen [158] oder als Altersabstraktion kritisiert worden. Eine geistesgeschichtlich orientierte Interpretin behauptet sogar: »Seine letzten Erzählungen *Der Waldbrunnen, Der Kuß von Sentze, Der fromme Spruch*, sind auf weite Strecken nur noch Routinearbeit im Stile des ›Witiko‹. Der Ritus ist Manier geworden« [159]. Die Novellenkunst des Münchner Dichterkreises nach 1848 mag diese Gestaltungsart beeinflußt haben wie die Mörikes in *Mozart auf der Reise nach Prag;* denn Heyse, Riehl usw. neigten zur artistischen Schwerelosigkeit und standen dem »bürgerlichen Realismus« relativ fern. Stifter kann eben deshalb, weil er hier eine Spiel- und keine Gegenwelt schaffen will, vereinzelte Wirklichkeitselemente aus der zeitgenössischen Umwelt zwanglos hereinnehmen. So erscheint z. B. in der Gestalt des alten Roderer *(Nachkommenschaften)* der neue Typus des kapitalistischen Unternehmers, und in einer anderen Erzählung *(Der fromme Spruch)* ist episodisch von einer jungen Frau die Rede, die sich in den Dienst einer adeligen Herrschaft begeben hat, weil ihr Mann infolge »der neuen Erfindungen« seinen Handwerksbetrieb aufgeben mußte. Auch ein polemischer Zeitbezug erscheint gelegentlich, ohne allerdings in dieser Welt der Heiterkeit zentrale Bedeutung erlangen zu können. So bekennt sich der Dichter z. B. an einer Stelle des *Waldbrunnen* zum biedermeierlichen Modeideal seiner Jugend: »Damals waren Frauengestalten noch Gestalten, nicht wie jetzt häßliche Kleiderhaufen.« Rupert im *Kuß von Sentze* bekämpft die Revolution und die falsche Freiheit sogar im Dienste der k. k. Armee. Motive solcher Art werden freilich ganz bewußt *überspielt.* Der Dichter gibt keine »lebendigen« Menschen im Sinne des Realismus, sondern er schiebt souverän und vergnüglich seine Figuren hin und her. Der Grund, auf dem die Figuren stehen, ist eine von Sorgen unbelastete, meist auf Schlössern paradiesisch lebende Gesellschaft, die aber, wie im Biedermeier, durchweg in der Gestalt der patriarchalischen Familie erscheint.

Die Heirat, um die es sich handelt, ist fast immer die diesem Familienkult entsprechende Verwandtenheirat *(Nachkommenschaften* 1864, *Der Kuß von Sentze* 1866, *Der fromme Spruch* verf. 1866/67). Die einzige in Frage kommende Verlobung wird von der älteren Generation, ehe die jungen Leute etwas davon wissen wollen, ins Auge gefaßt oder wenigstens in ihren Vorbereitungsstufen genau beobachtet. Es geht nicht ohne Hindernisse, aber immer ohne Zwang. Denn die Vorsehung waltet über dem Leben der Menschen. »Die Ehen werden im Himmel geschlossen« (Leitmotiv des *Frommen Spruches),* aber immer so, daß das Erdenglück dabei nicht zu kurz kommt. Die Menschen sind alle »gut« und »hold«. Ihr Umgang geht in den zeremoniellen Formen vor sich, die wir aus dem *Nachsommer* und aus dem *Witiko* kennen. Aber – und das ist der entscheidende Neuansatz – Stifter beginnt, das patriarchalische Zeremoniell, ja selbst die Formelhaftigkeit seiner Sprache zu parodieren. Damit ist nicht gesagt, daß die im Zeremoniell kultivierten Werte (Familie, Autorität, »Sitte«) völlig entwertet sind. Vielmehr muß Parodie immer noch im barocken Sinne als Relativierung eines allzustark hervortretenden menschlichen Wertes verstanden werden. Hinter den Werten und Traditionen der Menschen, so viel sie bedeuten mögen, erscheint etwas noch Höheres, und die Grenze zwischen menschlicher Tradition und ewigen Gegebenheiten wird nun wieder mit relativer Klarheit gezogen. Darauf beruht die *Leichtigkeit* von Stifters späten Novellen, und darum ist diese, wie schon die Rokoko-Leichtigkeit, eben doch etwas anderes als artistisches Spiel. Das Göttliche offenbart sich immer noch in der Empfindung der Menschen, besonders der jungen. Auch in diesen Lustspielnovellen werden Tränen vergossen. Aber der empfindsame Bereich setzt sich jetzt wieder, wie in Lessings *Minna von Barnhelm,* wie in Nestroys Possen oder wie in Stifters Jugenderzählung *Drei Schmiede ihres Schicksals* von den komischen und parodistischen Elementen sauber ab*.

Im *Frommen Spruch* wollen ein Oheim und eine Tante die ihnen anvertrauten jungen Leute miteinander verheiraten. Sie stellen »Forschungen« an und glauben schließlich entdeckt zu haben, daß Jüngling und Mädchen deshalb nicht anbeißen, weil sie eine unglückliche Liebe zu Oheim und Tante im Herzen tragen. Doch bemerken sie bald, daß sie nicht genug geforscht haben, denn die plötzliche Verlobung des Paares belehrt sie eines Besseren. Sie gehen mit einem »nun, nun« über ihren etwas peinlichen Verdacht hinweg und verbergen ihn sorgfältig vor dem verliebten jungen Paar. Wenn sich Oheim und Tante zu ihren Beratungen treffen, dann geht es wie an einem Hofe zu und sie sprechen die bekannte »kultische Sprache«. Aber das sieht hier etwa so aus: »›Lieber Bruder‹, sagte die Tante, ›es muß doch einmal von dem geredet werden, wovon geredet werden muß‹«. Der Oheim steht überhaupt über dem Formelkram und hält immerzu »Frevelreden«, für die ihn die Tante bald zurechtzuweisen müde wird. Sie nimmt es hin, wenn er sagt: »Nun, du hast dein Ansehen und deine Würde ja immer im Stande gehalten, und ich werde bestrebt sein, das gleiche zu tun.« Der pädagogische Anspruch wird auf ein vernünftiges Maß zurückgeführt, wie überhaupt der Versuch zur Stiftung einer vollkommenen Welt. *Das besorgt nun wieder Gott, nicht so sehr die Tradition, Familie und Bildung.* Das Rosenzüchten ist, als Wettstreit der jungen Leute, nur eine Etappe auf dem Weg zur Heirat, und hat keine tiefere Bedeutung mehr wie im *Nachsommer.* Der ironische Oheim befürchtet, daß vor lauter Rosen kein Platz für nützlichere Dinge bleibt, und begrüßt auch unter diesem Gesichtspunkt die Heirat.

* Joachim *Müllers* Versuch (Stifters spätere Erzählungen, in: Vasilo Jg. 9, 1960, S. 79–93), diesen späten Erzählbereich zusammenfassend zu interpretieren, scheint mir in der Hauptsache nicht gelungen zu sein, weil Stifters Erzählexperimente zu sehr auf Goethe bezogen werden und die österreichische (katholische) Sonderstellung des Dichters in seiner Zeit zu wenig beachtet wird. Berührungspunkte zwischen Goethe und Stifter gibt es zweifellos immer noch, solche stofflicher Art (s. u.) und solche, die sich aus der Altersabstraktion ergeben. Dazu mag man die Vorliebe für die, *starke Typisierung* ermöglichende, Lustspielnovelle rechnen, für die auch der alte Tieck manches Muster gegeben hatte. Richtiger als die Goethetradition allzuweit auszudehnen, ist es wohl, wenn man gerade den späten Stifter vom bürgerlichen Individualismus, dem Goethe auch im Alter nahe blieb, abhebt; denn diese geistige Tradition wurde von Realisten wie Gottfried Keller, Storm, Raabe u. a. weitergeführt. Man denke an die beiden Liebesszenen aus dem *Nachsommer* und dem *Grünen Heinrich,* die ich zitierte und die Stifter schon auf seinem Sonderwege zeigten. Friedbert *Aspetsberger* (Stifters Erzählung Nachkommenschaften, in: Sprachkunst Jg. VI, 1975, 2. Halbbd., S. 238–260) geht sicherlich zu weit, wenn er Stifter mit Hilfe von Rilke interpretiert; aber den Abstand vom bürgerlichen Realismus erkennt er inhaltlich und im Sprachstil richtig. »Im Gegensatz zu dieser [realistischen] Entwicklung hebt Stifter das biographische Modell und damit das Individuelle als welterfassenden Mittelpunkt auf – und sei es in der restaurativen Idylle –, indem er stark stilisierende Sprachformen entwickelt und so eine überindividuell verpflichtende und gültige Sprache zu schaffen sucht« (ebd., S. 259). Wenn Stifter die komische Stilisierung aus den Romanen (»Epen«) ausschließt und jetzt in abstrakterer Form wieder auf sie zurückgreift, so bedeutet dies, trotz allen Abstandes, vielleicht doch auch den vorsichtigen Versuch, durch eine Senkung der Stilebene zur Gesellschaft zurückzukehren, – ganz abgesehen von der Frage, ob und mit welchen Erzählungen ihm dies beim tatsächlichen, von ihm wohl niemals voll realisierten *bürgerlichen* Publikum gelungen ist. Vielleicht sollte, ähnlich wie beim *Witiko,* vor weiteren Einzelinterpretationen, der gesamte persönliche und überpersönliche *Umkreis* der späten Erzählungen genauer erforscht werden.

Man hat den *Frommen Spruch* wohl mit Recht als eine echt Stiftersche Nachbildung von Goethes Novelle *Der Mann von fünfzig Jahren (Wanderjahre)* gesehen[160]. Bei Goethe steht der Irrtum des Titelhelden gleich am Anfang der Novelle, damit daraus eine *humoristische Skizze des verliebten Oheims* und seines kosmetischen Beraters, des Schauspielers, herausgeholt werden kann. Der Irrtum ist auch nicht so illusionär, wie bei Stifters Geschwistern, sondern hat eine Grundlage in der subjektiven Haltung des jungen Mädchens. Die Einbildung der alten Geschwister stellt sich erst im Laufe der Novelle ein, sie ist nicht so verwegen wie bei Goethe; denn die Alten haben keine Absicht, auf die Verirrung der Jungen einzugehen. Es herrscht ein pädagogisches Verantwortungsbewußtsein. Komisch ist nur ihre eitle Einbildung. »Rokokoartig«[161] würde ich nicht nur Stifters Erzählung, sondern beide Geschichten nennen; denn die normenwidrige Verliebtheit wird auch in Goethes Novelle nicht entfernt mehr so ernstgenommen wie in den *Wahlverwandtschaften*. Man könnte freilich behaupten, daß das besonders in Stifters Erzählung hervortretende Motiv der Familienverpflichtung, überhaupt das für den Erzählkörper so wichtige Familienmilieu zu einer ganz biedermeierlichen Überformung der Rokokotradition führt. So oder so ist *Der fromme Spruch,* allenfalls Gottfried Kellers Legenden vergleichbar, ein Fremdkörper inmitten des bürgerlichen Realismus. Interessant ist, daß selbst der Herausgeber der *Katholischen Welt,* der damit begann, Stifter zum katholischen Klassiker aufzubauen (s. o. S. 1008 f.), die Novelle nicht verstand und die Veröffentlichung ablehnte: »Ich will Ihren literarischen Ruhm nicht verdunkeln helfen«[162], schreibt er gönnerhaft. Stifter macht ihn darauf aufmerksam, daß er den »Geist, der in meiner Arbeit weht, nicht gefaßt« hat, wir würden sagen: die Stillage der Novelle; denn er fährt fort: »Es sollte allerdings die Lächerlichkeit nicht des hohen Adels, dessen Benehmen bei uns durchgängig leicht und fein ist, sondern gewisser Leute auf dem Lande mit veralteten Formen nicht gerade satirisch sondern scherzend dargestellt werden, diese Leute sollten aber doch gut und ehrenwert sein« (31. 10. 1867 an Leo Tepe). Stifters Ausdrucksweise bestätigt die Rokoko- und Biedermeiertradition; denn »Scherz« ist ein wichtiger ästhetischer Begriff des 18. Jahrhunderts, der dem Dichter durch seine Lehrbücher in Kremsmünster vertraut gewesen sein muß. Stifter versucht, in dem geselligeren Geiste seiner vorhomerischen Dichtung wieder Anschluß an die Gesellschaft zu finden. Aber der nächstliegende literarische Vermittler versagt, wahrscheinlich deshalb, weil er die Tradition in der verfremdenden abstrakten Gestalt der Altersironie nicht mehr erkannte.

Das Sammeln von Moosen im *Kuß von Sentze* hat eine ähnliche Funktion wie das Rosenzüchten im *Frommen Spruch* und wird sanft parodiert. Und, was besonders wichtig ist, nicht nur das biedermeierliche »Sammeln und Hegen«, sondern auch die allzu leidenschaftliche Ausübung der Kunst, der Stifter selbst verfallen war, gerät in eine komische Beleuchtung. Der junge Roderer *(Nachkommenschaften)* will das Moor malen, ehe es sein Verwandter, der alte Roderer, ausgetrocknet hat und zwar genau so, wie es ist. Er baut sich zu diesem Zweck eine Blockhütte in der Einsamkeit. Doch der »Narr« wird durch die Tochter des Roderer von seinem Bestreben geheilt und in die Gesellschaft zurückgeführt, will sagen, in die Sippe der Roderer. Auch diese Familie freilich erscheint in dem hochzeitlichen Trubel des Schlusses mehr als Kulisse denn als Schauplatz des menschlichen Glücks. Gehört sie wie das »Sammeln und Hegen« und der Kunstfanatismus zu den »veralteten Formen« (Stifter s. o.), die auf komischem Wege relativiert werden sollen? Die Sprache des späten Stifter, die ja durch sog. Farblosigkeit, durch immer gleiche Beiworte, überhaupt durch stereotype Wendungen gekennzeichnet ist, wurde und wird in den Romanen oft, ohne daß es der Dichter beabsichtigt, parodistisch empfunden. Hier dagegen, in diesem komischen oder doch heiteren Bereich, paßt sie vollkommen zum *Spiel der flächenhaften Figurenwelt und Handlung.* Wenn man bedenkt, daß die späten Erzählungen in unmittelbarer zeitlicher Nähe des *Witiko* entstanden, so wird man sich auch in diesem Zusammenhang fragen, ob in Stifters zweitem Roman wirklich alles »stimmt«.

Karl Konrad Polheim hat überzeugend nachgewiesen, daß Friedrich Roderer nicht als schlechter Maler aufzufassen ist, sondern als ein solcher, der mehr verlangt, als die Kunst erreichen kann[163]. Die *Nachkommenschaften* sind also kein abgekürzter Bildungsroman, in dem ein junger Mensch das verfehlte künstlerische Streben aufgibt und sich einer ihm gemäßeren Tätigkeit zuwendet. Nur der Perfektionismus künstlerischer Art soll heiter aufgelöst werden. Darauf weist der autobiographische Charakter der Novelle hin[164]. Der alte Peter Roderer ist ja auch ein so besessener Künstler gewesen, der am Ende die Grenzen des Vollendungsstrebens erkannte: »Ich beschloß, alle Heldendichter zu übertreffen…, und da ich mit Anwendung aller meiner Zeit und Kraft Neues dichtete, und dasselbe nicht größer war als die bestehenden Lieder, und die wirkliche Wahrheit nicht brachte, dichtete ich nicht mehr und vertilgte alles, was ich gemacht hatte«[165]. Bei diesem Peter Roderer wird man so wenig an einen Epigonen denken wie bei Friedrich Roderer; denn er bedauert ja nur, daß sein Werk »nicht größer[!] war als die bestehenden Lieder«. Dagegen denkt man an den Witikodichter, der mit dem Nibelungenlied wetteifert. Stifter versucht hier, auf komischem Wege, sich und alle »Plateniden« (Heine) an die Grenzen der Kunst zu erinnern, von dem Elfenbeinturm, in den er sich immer besessener eingeschlossen hatte, Abstand zu gewinnen und dem Leben wieder etwas näher zu kommen.

Wenn man die komische Stilhaltung so ernst nimmt, wie dies der moderne Literarhistoriker muß, wird man auch für die schwerer zugängliche Erzählung *Der Kuß von Sentze* das erforderliche Verständnis aufbringen. Schon Enzinger hat festgestellt, daß diese Novelle, trotz ihres Abstands von den Studien, »stärker in Stifters ganzem Wesen und Schaffen verankert [ist], als man bisher gesehen hat«[166]. Die spröde, mit Gold und Edelsteinen sich schmückende Wiener Schönheit Hiltiburg, um die der letzte männliche Sproß des gleichen Geschlechtes nach dem Willen der beiden Väter wirbt, scheint keine Stiftersche Figur zu sein. Der Vetter predigt ihr umsonst die Einfachheit. Trotzdem küßt sie ihn zuerst, wie dies Biedermeiermädchen im Lustspiel dürfen, wenn es unbedingt sein muß (vgl. Bd. II, S. 437). Sie küßt ihn vor dem Abschied heimlich im finsteren Gang, ohne erkannt zu werden; aber als nach seiner Bewährung im Revolutionskrieg, unter »dem Feldherrn, der jetzt das Reich vertritt« (Radetzky), der traditionelle Friedenskuß derer von Sentze gewechselt werden soll, erkennt er den Kuß und die Küsserin wieder, und sie wählt nun mit Freuden die ländliche Einfachheit. Braut und Bräutigam sagen beim zweiten Kuß nur »Hiltiburg«, »Rupert« und schluchzen im Duett. Ohne das empfindsame

Pedal geht es bei dem alten Biedermeierdichter immer noch nicht. Aber die Schürzung des Knotens ist so keck und die Auflösung so pointiert (Wiedererkennen des Kusses), daß wir auch hier die Rokokotradition, das Biedermeier in seiner innigen Anmut durchspüren. Das politisch-militärische Motiv ist sekundär; aber es gehört zu der Novelle, die durch und durch adelig wie der *Witiko* sein soll. Enzinger hat nachgewiesen, daß die altdeutschen Namen der Erzählung aus Stifters Witikomaterial stammen und vermutet, daß ursprünglich an eine geschichtliche Erzählung gedacht war[167]. Es ist in der Tat merkwürdig, daß der Dichter seine historischen Studien nicht so intensiv verwertet hat, wie dies im 19. Jahrhundert üblich war und wie dies selbst Gotthelf tat (vgl. o. S. 945). *Er hatte, so scheint es, am Witiko schon mehr Geschichte als er verkraften konnte.* Stifter schrieb den *Kuß von Sentze* nach dem Abschluß des zweiten *Witiko*-Bandes[168]. Er brauchte die Lustspielgeschichte – das versteht man sehr gut – als Intermezzo, *um unter der drückenden Last seiner homerischen Aufgabe als Mensch überhaupt noch bestehen zu können.* Diese psychologische Begründung besagt nichts gegen den Wert der Novelle; denn die Notwendigkeit einer Dichtung gilt ja mit Recht als Qualitätskriterium. Der Dichter wollte vielleicht auch beweisen, daß er ohne Beschreibungen auskommen kann, wenn er will. Abgesehen von dem epischen Eingang, der die Lage der drei Sentze-Häuser beschreibt und über den traditionellen Friedenskuß der Sentze-Erben, das Kern-Motiv der Dichtung, referiert, wird diese Geschichte zügig, ja sogar flott erzählt. Da spröde und zugleich leidenschaftliche Mädchen nichts Außergewöhnliches sind, da in dieser Geschichte sozusagen nur ein gesetzmäßiger Vorgang erzählt wird, kann nicht nur, wie bei Stifter üblich, die psychologische Analyse, sondern sogar die symbolische Andeutung des Seelenlebens knapp gehalten werden. Aber eben dies scheinen seelenvolle Leser dieser durch und durch Stifterschen Novelle nicht verziehen zu haben.

Im *Waldbrunnen* taucht wieder etwas von der »Tiefe«, von der persönlichen untergründigen Lebensmelodie des Dichters, die keineswegs heiter und sanft war, auf. Noch einmal schaut der blaue »Wald« auf das Leben der Menschen, und noch einmal sieht man das Volk des Waldes, auch hier in patriarchalischer Ordnung; ja, ein braunes Mädchen, ein halbes Elementarwesen, die wilde Juliane, erscheint plötzlich und unvermutet wieder in der schicksalslosen dichterischen Welt des alten Stifter. Ein alter reicher Mann, den seine Ehe und sein Amt nicht befriedigt haben, sieht sich von diesem Waldmädchen zum erstenmal geliebt. Und hier gelingt im Unterschied zum *Katzensilber* die Humanisierung des Elementarwesens. Juliane, die zunächst wie die Urpoesie des Waldes erschien, lernt Goethes Verse sprechen, zieht städtische Kleider an und heiratet den Enkel des alten Mannes. Die glückliche ungleiche Heirat ist genauso wie die Verwandtenheirat ein beliebtes Motiv der biedermeierlichen Novellistik. Aber hier liegt der Akzent der Erzählung nicht auf der Humanisierung des wilden Mädchens, sondern auf der heimlichen erotischen Verzauberung des alten Mannes. Das beweist der Rahmen, der in diesem Fall die Geschichte nicht distanziert, vielmehr das Erleben des alten Mannes in einem häuslichen, ehelichen Milieu widerspiegelt und es so zu einer Art Gesetz erhöht. Ein würdiger Beamter sieht auf dem Weg zu einer dienstlichen Besprechung plötzlich eine Zigeunerin, die schöner ist als Raphaels Madonna und auch unter den griechischen Gestalten nicht ihresgleichen findet. Sie erinnert ihn an eine ebenfalls »braune« unvergleichlich schöne

Frau, die er in der Jugend sah und die, wie wir zum Schluß erfahren, Juliane war. Seine eigene Frau hat viel »Seele« und die »feinste Farbe« Wiens. Es ist eine gute Ehe; aber es bleibt ein Rest, der nicht zu zähmen ist. In diesem Alterstraum eines nur schönen, nur sinnlichen Eros taucht noch einmal, aus weiter Ferne, der »Tiger« der frühen Novellen auf. Ob in dieser Novelle zugleich, wie in den *Nachkommenschaften,* poetologische Probleme des alten Dichters symbolisiert werden, sei dahingestellt. Stifter hat seit dem *Nachsommer* alles getan, um die Poesie zu domestizieren und der »sittlichen Schönheit«, wie auch dem Dienst am Staate zu unterwerfen. Aber ein Rest bleibt auch in diesem Bereich. Der alte Mann liebt gerade die *elementare* Schönheit und wird von ihr geliebt. Ehe »das wilde Mädchen« sich in Goethes Mignon-Versen auszudrücken lernt, dichtet es, ohne die Zuhörer zu bemerken, auf dem hohen Steine des Waldbrunnens stehend, Verse, bei denen man streiten kann, ob sie noch ossianisch-empfindsam oder schon dadaistisch sind: »Schöne Frau, alte Frau, schöne Frau, weißes Haar, Augenpaar, Sonnenschein, Hütte dein, Märchenfrau, Flachs so grau, Worte dein, Herz hinein, Mädchen, Mädchen, Mädchen, bleib bei ihr, schmücke sie, nähre sie, schlafe da, immer nah, alle fort, himmelhoch, Sonne noch, Jana, Jana, Jana!«[169].

Es mehren sich die Stimmen, die die Blicke der literarischen Welt zum frühen Stifter zurücklenken. Trotz des unerhörten Versuchs, dem realistischen Roman völlig anders stilisierte Prosadichtungen entgegenzustellen und trotz der Stimmigkeit der späten Novellistik, hat Stifters Alterswerk schon im Ansatz etwas Problematisches, und die schönste immanente Interpretation kann auf die Dauer nicht darüber hinwegtäuschen. Der Dichter gehört nach Schicksal und Wahl zum Biedermeier. In den Rezensionen der Altersromane wird ständig an den unvergleichlichen Stifter der vierziger Jahre erinnert. Eben das Spätwerk, das Stifters Abstand vom Realismus in gewollter Opposition und damit in *dialektischer Überspitzung* hervortreten läßt, ist ein Beweis für seine tiefe Verwurzelung im Zeitalter der Restauration, und es fragt sich, ob ein Mensch außerhalb der ihn tragenden Welt sein Bestes geben kann. Die Opposition führt gewiß zur interessanten Dichtung, aber kaum zur großen. Solange Stifter vom Biedermeier umfangen und getragen wird, ist er kein Magier und Artist, den moderne Snobs bewundern; aber er ist ein Dichter, ja, trotz Gotthelf, der größte Erzählkünstler in Prosa, den das Biedermeier besitzt. Sein Prinzip des sanften Gesetzes, aber auch die unheimlichen Tiefen seines Wesens, wurzeln in der Epoche, deren Größe und Grenze hier immter erneut gezeigt wurden. Noch in dem gewaltsamen Ende, wenn er ihm wirklich, trotz allem, was man dagegen sagte, anheimgefallen sein sollte, wäre er ein Sohn der Zeit (vgl. Bd. I, S. 5 f.): dieser in der Christenheit verbotene stoische Tod wäre die biographische Parodie eines schier übermenschlichen Vollkommenheitsstrebens und bestätigte noch einmal das dem aufmerksamen Betrachter stetig und eindringlich entgegentretende Bild eines gar nicht so sanften Dichters in einer gar nicht so harmlosen Epoche[170].

»Goethezeit« ist ein historisch ungeeigneter Begriff

Eine Epochendarstellung, die bewußt empirisch verfährt und die verschiedenen Richtungen, Stillagen, Gattungen und Dichterpersönlichkeiten, wie auch ihre Hauptwerke berücksichtigt, kann man ohne verfälschende Abstraktionen nicht zusammenfassen. Was der Verfasser widerlegen will, das ist ja gerade die ältere vereinfachende Vorstellung von einer Zeit, die, seit Goethes und Hegels Tod, die »Goethezeit« allmählich hinter sich zurückläßt und sich dem Realismus zuwendet. Nicht einmal in Frankreich, wo die Julirevolution politisch und sozial wirklich eine neue Epoche eröffnete, nicht einmal in England, wo durch die Reformen der 30er Jahre die ernstliche Gefahr der Revolution abgewehrt wurde, pflegen die *Literar*historiker dem Einschnitt von 1830 eine so entscheidende Bedeutung zuzumessen. *In Deutschland sind die Zeiten vor und nach 1830 durch die Herrschaft der Präsidialmacht Österreich und durch den starken persönlichen Einfluß des entschieden christlich-konservativen Ideenpolitikers Metternich fest verbunden;* ja, man darf feststellen, daß die größten konservativen Dichter (Gotthelf, Annette von Droste-Hülshoff, Stifter) erst *nach* 1830 auftraten und mehr oder weniger kräftig zur Fortdauer des restaurativen Systems beitrugen. Die Durchsetzung des Begriffs Goethezeit war ein anachronistischer Versuch im Geiste des alten deutschen Geniekults und des deutschen Neuidealismus im frühen 20. Jahrhundert. Die Zweiteilung der Metternichschen Restaurationsperiode, die durch die willkürliche Akzentuierung von Goethes und Hegels Tod bewirkt wurde, sollte von der Germanistik wieder aufgegeben werden, weil das Jahr 1830 in Deutschland nur einen flachen, episodischen Einschnitt darstellt und *die bewußte Hinwendung zum Realismus, der vor kurzem neuentdeckte »programmatische Realismus«, wie auch das damit zusammenhängende Übergewicht der bürgerlichen Literatur erst 1848 beginnt.* Hinzugefügt sei, daß auch für die benachbarten Wissenschaften, selbst in Deutschland, das Wort Goethezeit eine Zumutung darstellt. Ein führender deutscher Kunsthistoriker, Herbert von Einem, wendet sich in seinem neuen Buch über *Deutsche Malerei des Klassizismus und der Romantik, 1760–1840* (München 1978) gegen diesen Begriff mit guten Gründen: »Man hat seit den Büchern von Hermann Korff und Franz Landsberger diese Zeit gern als Goethezeit bezeichnet. Das ist für die Geschichte der bildenden Kunst nicht glücklich. Goethe hat seine bestimmte Stelle in ihr, hat von seinem Standpunkt aus an ihr teilgenommen, für ihn gekämpft, tiefe und fruchtbare Einsichten auch in das ihm Fremde und Widerstrebende gehabt, aber weder die Einheit der Zeit noch die innere Logik ihrer Entwicklung ist durch ihn bestimmt worden. ›Der Gang, den er nahm‹ – so hat der Klassiker Goethe über den Romantiker Runge geschrieben – ›war nicht der seine, sondern des Jahrhunderts, von dessen Strom die Zeitgenossen willig oder unwillig mit fortgerissen werden.‹ Diese Worte zeigen, daß Goethe selbst die Eigengesetzlichkeit des Zeitgeistes eingesehen und anerkannt hat«[1]. Tatsächlich ist die Ersetzung der Begriffe Klassik (oder Klassizismus) und Romantik durch den vagen Globalbegriff der Goethezeit ein wissenschaftlicher Rückschritt in unserer Kulturgeschichte gewesen. Die beiden alten Begriffe haben hinsichtlich der Weltanschauung, der historischen Vorbilder, der Ästhetik bzw. der Poetik und vor allem in stilgeschichtlicher Hinsicht *einen eindeutigen Sinn;* – er läßt sich den Auseinandersetzungen zwischen Klassikern und Romantikern mit großer Klarheit entnehmen. Man betone, zur Begründung des Begriffs Goethezeit, gerne die theoretischen Einsichten, die Klassik und Romantik gemeinsam haben, z.B. Friedrich Schlegels Anschluß an Schillers Unterscheidung von naiver und sentimentalischer Dichtung; aber solche gedanklichen Gemeinsamkeiten, die selbst schon bei genauerer Interpretation auseinanderfallen, rechtfertigen den allumfassenden Begriff einer Goethezeit nicht. Der geniegläubig-individualistische Begriff war eine *Spekulation,* die den Fortschritt der historischen Erkenntnis behinderte, ein Beispiel für die Tatsache, daß die Fachwissenschaften, auch inmitten von Fortschrittstaumel – damals vor allem in der geistesgeschichtlichen Verachtung des »Positivismus« sich äußernd –, gefährliche Rückschritte machen können.

Welche Gruppe repräsentiert literarisch die Epoche?

Als Rückschritt betrachte ich auch die seit meinem ersten Band (3. Kap. »Die literarischen Richtungen«) in der BRD mächtig vorstoßende Epochenbezeichnung »Vormärz«. Die Marxisten streiten darüber, ob die Bezeichnung auch die Zeit von 1815–1830 einschließen soll[2]. Durch diese Erweiterung würde der Begriff, der mit gutem Sinn höchstens die unmittelbare vorrevolutionäre Phase seit 1840 bezeichnen kann (vgl. Bd. I, S. 199), noch törichter. Oder vielmehr: sein eigentlicher, *unhistorischer Sinn* würde noch klarer hervortreten, nämlich *die Absicht, im Nachmärz die liberale oder sozialistische Ablösung einer »anachronistischen« und damit wertlosen Epoche zu erblicken.* Da es sich bei dem Begriff Vormärz um eine marxistische Sprachregelung handelt, erscheint mir der Ausgang des speziellen Streits nicht so wichtig wie die durch das progressive Wort beabsichtigte *Diffamierung der konservativen Hauptrichtung.* Das laute Signal zu dieser Verdächtigung des Biedermeiers, ja der Biedermeierforschung, gab schon Georg Lukács (vgl. Bd. I, S. 120). Entsprechend wird das Wort Biedermeier in der *DDR-Geschichte der deutschen Literatur* Bd. 8,1 (Berlin 1975) nur für triviale Erscheinungen verwendet. Da der bürgerliche Liberalismus der Hauptfeind des Kommunismus ist, erhalten die bedeutenden Biedermeier-Autoren, die die Problematik des Liberalismus sogleich erkannten oder wenigstens in ihrer Dichtung ahnten, trotzdem den nicht sehr präzisen, aber erstaunlich freundlichen Titel: »konservativ-humanistische Autoren«. Der damit zum Ausdruck gebrachte Respekt vor der *Dichtung, die Bestand hat,* ergibt sich aus der offiziellen Erbpflege des »Arbeiter- und Bauernstaates«, – nicht immer zur Freude der westdeutschen Marxisten, die dem überlieferten Kanon zutiefst mißtrauen und oft am liebsten zunächst tabula rasa machen würden. (Die »akademische Revolution« beginnt sich jetzt erst vollständig auszuwirken.) Diese Nachwuchsgermanisten können ihr Mißtrauen durch die Rezeptionsgeschichte der Biedermeier-Dichter begründen. Die bedeutenden konservativen Autoren – ich werte ja mit ihrer Hilfe den Biedermeierbegriff auf – verdanken ihren Ruhm zunächst ihrer Heimat; denn so wenig der naturalistische Begriff Heimatkunst sie erschöpft, so sehr liebten sie doch alle, gut biedermeierlich, ihre Heimat. Sie wurden alle eine neue Art Lokalheiliger, und sie sind es da und dort, trotz des vorsichtigen Widerstandes der jungen Generation, noch heute. Den gesamtdeutschen Ruhm und ihre internationale Geltung – diese ist immer noch im raschen Wachsen begriffen! – verdanken die Biedermeierdichter erst der Heimatkunst und der Neuromantik um 1900. Sie wurden, nach der Ausschaltung durch die *realistische* Programmatik und Ästhetik (vgl. Bd. I, S. 287–290), von der erneuerten Romantik wiederentdeckt, und zwar jetzt meist für die gesamte literarische Welt Deutschlands. Dieser Ruhm aus der Zeit um 1900 ist in den Augen unserer jungen Generation nicht unbedingt eine gute Herkunft. Man braucht nur an den die gesamte Hitlergeneration stark beeinflussenden und ihre Taten moralisch erst ermöglichenden Verkünder des »Jenseits von Gut und Böse«, Nietzsche, zu denken, um die Zeit, in der solche Propheten verehrt wurden, mit Mißtrauen zu sehen. Neuromantik heißt in mancher Hinsicht pervertierte Romantik. So spielte z. B. der völkische und antisemitische Literarhistoriker Adolf Bartels die Biedermeierdichter, besonders Gotthelf, gegen den in der Gunst des deutschen Publikums bereits vorrückenden Heinrich Heine in höchst bedenklicher Weise aus.

Wer meine *Biedermeierzeit* kennt, weiß, daß meine Position weder konservativ noch marxistisch ist. Ich halte es aber für meine Pflicht als Historiker, den guten konservativen Dichtern genauso gerecht zu werden wie den wenigen bedeutenden Dichtern der Epoche, die dem Frühsozialismus zuneigen. Ich habe auch mit hinreichender Deutlichkeit gesagt, wie wenig ich von den Jungdeutschen als Dichtern im strengen Sinne halte, mit der einzigen Ausnahme Heines, und ich konnte mich dabei auf einen prominenten liberalen Literarhistoriker um 1900, Georg Brandes, berufen (Bd. I, S. 179 f.). Ich vervollständige seine dort zitierte Äußerung, weil sie vielleicht den Schlüssel zur fehlenden Größe der Jungdeutschen gibt: »Sie [die jungdeutsche Literaturgruppe] wirkt zumeist verneinend, befreiend, ausreutend, auslüftend. Sie ist stark durch ihren Skepticismus und ihren Knechtschaftshass, durch ihre Individualität« [3]. Ich bin nicht so sicher, daß Dichter wie Mörike, Stifter und die Droste weniger individuell als Heine und seine Schüler waren. Zum großen Publizisten gehört immer auch ein Stück Rhetorik, das heißt eine *überpersönlich effektive Art der Sprache,* und Publizisten sind alle Jungdeutschen: in Heines und Börnes Gefolge! Sicher ist jedoch, daß die Biedermeier-Dichter nicht so stark »verneinend« und erst recht nicht so stark im »Knechtschaftshass« wie Heine gewesen sind. Sie haben dies mit dem »Vater Goethe« gemein, an dem sich Mörike und Stifter *ohne Epigonenbewußtsein,* als legitime Erben, mit großer *dichterischer* Stärke orientierten. Derselbe Goethe wurde von Börne, einem Anreger der Jungdeutschen, und von Menzel, dem christlichen Patrioten, schon zu Beginn der Biedermeierzeit erbittert bekämpft und feierlich im Namen des Volkes angeklagt. *Diese Anklagen kann man als Ende der klassisch-romantischen Epoche ansprechen;* denn das Goethebild nach 1830 ist schon sehr viel differenzierter und in diesem Sinne historischer. Goethes Wirkung überlebte die Publizisten, *im*

Widerspruch zu ihrer Voraussage, und so überlebten, meine ich, auch die um 50 Jahre jüngeren großen Konservativen der Biedermeierzeit die Liberalen, – fast ohne Ausnahme. Merkwürdig, und beinahe eine Bestätigung der marxistischen Wertung, ist dabei die Tatsache, daß die grimmigen Gegner der Restauration, die zugleich *große* Dichter waren, der bloßen Verneinung und dem bloßen Haß (s. o.) insofern auswichen, als sie nicht nur an die formale Freiheit, die besonders Autoren benötigen, sondern auch an die materielle Freiheit, *die jedermann braucht,* dachten und deshalb, zum mindesten zeitenweise, ernstlich frühsozialistische Tendenzen vertraten (Büchner und Heine). Daß sie in der Minderheit sind, erklärt sich nicht nur aus den Machtverhältnissen und aus der Sorge der berufenen Dichter, im kämpferischen Haß den dichterischen Auftrag zu versäumen (vgl. o. S. 577), sondern auch aus der schlichten Tatsache, daß das von Österreich geführte und in Österreich zu besonders großen dichterischen Leistungen gelangende Mitteleuropa noch tief in vorrevolutionären und vorindustriellen Traditionen steckte. Die überwältigende Mehrheit des Volkes wollte von der liberalen oder liberalsozialen Ideologie nichts wissen; denn diese kam aus dem ideologisch und *praktisch,* in Wirtschaft und Politik fortgeschrittenen Westeuropa, genauer: sie kam von dem Erbfeind Frankreich, dessen imperialen Anspruch man soeben mit Rußlands und Englands Hilfe zunichte gemacht hatte. Die normale Taktik der Konservativen war noch im 20. Jahrhundert, den Liberalismus wegen seiner westlichen Herkunft im Widerspruch zum »deutschen Wesen« zu sehen.

Heine und Büchner sind in der Literaturgeschichte der DDR aus leicht einsehbaren Gründen die großen Helden; aber *sie sind für Biedermeier-Deutschland in keiner Weise repräsentativ,* gerade auch als liberal*soziale* Dichter. Heine lernte den Frühsozialismus in Paris, Büchner etwa gleichzeitig in Straßburg kennen. Es ist ganz unwahrscheinlich, daß sie ohne diese *konkrete Erfahrung in Frankreich* über den vagen Liberalismus und Anarchismus jungdeutscher Prägung hinausgelangt wären. Ein inhaltserfüllter »bürgerlicher«, mehr als akademischer Liberalismus, wie er sich nach 1848 in den Landtagen, auch Preußens und Österreichs, auszuwirken begann, war ebenso *Zukunftsmusik* wie der Sozialismus in allen seinen Formen. Ist es die Aufgabe des Historikers, die damalige Zukunftsmusik mit Hilfe des Megaphons zu verstärken, wie es heute ein beträchtlicher Teil der deutschen Junggermanistik tut? *Oder ist es seine Aufgabe, die literarisch wertvollen und historisch bedeutenden Schriftsteller in ihrer Gesamtheit im Auge zu behalten?* Die Antwort kann für *den* Germanisten nicht schwerfallen, der das wie immer begrenzte Eigenrecht der Literatur und Dichtung anerkennt. Wer als Germanist die Literaturgeschichte an die Politik und »Sozialkunde« ausliefert, pflegt in politisch- und sozialgeschichtlicher Hinsicht zu dilettieren und damit in die bloße Publizistik abzuleiten. Weite Teile der Büchner- und Heineforschung, die über alles vernünftige Maß hinaus angeschwollen ist, belegen meine Behauptung. Man muß den Jüngeren, als Gruppe genommen, vorwerfen, daß sie wie Primaner, um der beiden Lieblingsdichter willen, weite Teile der literarischen Biedermeierzeit vernachlässigen, selbst demokratische Schriftsteller wie Postl-Sealsfield, der den Deutschen als erster Autor ein Bild des freien, die Zukunft in sich tragenden US-Amerika vermittelte. Die Jüngeren rechtfertigen die Überbetonung Heines und Büchners selbstverständlich mit großem geschichtsphilosophischem Tiefsinn. Und sie sagen, auch die »bürgerliche Wissenschaft« kultiviere ihre Helden. Das mag für die ältere Stifter-, Mörike-, Gotthelf-, Droste-Forschung zutreffen. Der Vorwurf gilt aber kaum für die jüngere Generation, soweit sie dichtungsnah und sachlich genug ist, um in diesen *weniger* politischen Philologien zu arbeiten. Selbstverständlich kann ein freigeistiger deutscher Gotthelfforscher nie den Anspruch eines religiösen und schweizerischen Gotthelfverehrers befriedigen. Er kann aber, ohne bewußte (parteiliche) Fixierung, über den Dichtergeistlichen im Kanton Bern und über seinen geschichtlichen Ort referieren, und ich meine doch, das sei die Aufgabe jedes *modernen* Literarhistorikers; er darf sich nicht auf seine Lieblinge beschränken.

Es mag sein, daß man bei zeitgeschichtlichen Themen die Parteilichkeit nicht ganz vermeiden kann, selbst wenn man sich darum bemüht. Man spürt jedem Buche über unsere jüngste Vergangenheit an, ob der Verfasser emigrierte oder zu Hause blieb, ob er alt oder jung ist. Aber die Geschichte der Biedermeierzeit ist keine Zeitgeschichte. Es erscheint mir als reinste Schizophrenie, wenn sich Teile der deutschen Nachkriegsgeneration von 1945 mit der Nachkriegsgeneration von 1815 identifizieren und sich in die Vorstellung hineinsteigern, mit den geistigen Waffen Büchners und Heines die Bonner Republik bekämpfen zu können. Wenn die gefährdete neuere Germanistik in Deutschland als Fachwissenschaft weiterbestehen soll, müssen diese parteiischen Wucherungen östlich und westlich der Mauer klar als das erkannt werden, was sie sind: getarnter Journalismus*.

---

 * Da die Gewissenserforschung einem Angehörigen der nationalsozialistischen Generation wohl ansteht, habe ich den Aufsatz von Wulf *Ahlbrecht* (»von mass und milde« zu »völkischen zielen«, ansätze zu einem wissenschaftsgeschichtlichen verständnis der biedermeierdiskussion der frühen dreissiger jahre, in: WW, Jg. 28, 1978, S. 117–133) aufmerksam gelesen. Ich freue mich darüber, daß der Verfasser, entsprechend meiner Warnung (vgl. Bd. I, S. 120), ein verständnisvolles Bild von der Zentralfigur der literarhistorischen Biedermeierforschung, Paul Kluckhohn, entwirft. Er weiß auch, wie schwierig es für einen Angehörigen der jüngeren Generation ist, das *Gewicht* der Anpassungsversuche an die Ideale des Hitlerreiches sprachlich festzustellen, und dies ist bereits ein wissenschaftsgeschichtlicher Fortschritt. Allerdings ist noch nicht einmal das Niveau der Entnazifizierungskommissionen erreicht, die zwischen jungen und älteren »Mitläufern« einen scharfen Unterschied machten. Die vorsichtige Haltung Kluckhohns (geb. 1886) ist 1935 von dem Jahrgang 1906 nur ausnahmsweise zu erwarten. Geschichtliche und gar noch *moralisch*-geschichtliche Forschung ohne das *Generationsprinzip* wird unfair. Ahlbrecht überschätzt, auf Grund einiger verärgerter (und eifersüchtiger) Äußerungen, den publizistischen Erfolg der Biedermeierforschung in den ersten Jahren des Hitlerreichs. Immerhin gibt er ein einprägsames Bild von der *publizistischen Anfälligkeit unserer Wissenschaft,* und das ist es eigentlich, was die junge germanistische Generation erkennen könnte, während der Anspruch auf »wissenschaftsgeschichtliches verständnis« noch sehr gewagt ist. Ist es nach so vielen schlechten Erfahrungen (schon im 19. Jahrhundert und während des *ersten* Weltkriegs) dem Germanisten immer noch nicht möglich, vor dem 40. oder 50. Lebensjahre, eine klare Grenze zwischen Publizistik und Wissenschaft zu ziehen? Muß es immer so weitergehen wie bisher, auch 1967 ff.? Das ist die Frage, die Angehörige von Nationalphilologien, in Deutschland also die deutschen Germanisten, vor allem beschäftigen müßte. Dazu wäre nicht nur eine Distanzierung von direkter Parteilichkeit, sondern auch eine gründliche Kritik des jeweiligen erkenntnistheoretischen Zustandes unseres Faches nötig. Die Hauptaufgabe wäre, wenn ich recht sehe, im Augenblick die Auseinandersetzung mit dem jeden geschichtlichen Sinn abtötenden *Modernismus überhaupt,* die entschiedene Abkehr von jeder gegenwartsbezogenen, auch innerliterarischen »Verwer-

Zu dem Begriff »Jungdeutsche Zeit«

Erwägenswert erscheint mir noch die Periodisierung, zu der sich Oskar Walzel, der (im engeren literarischen Sinn) führende Dichtungswissenschaftler der Weimarer Republik, entschloß, als er die »Deutsche Dichtung von Gottsched bis zur Gegenwart« verfaßte (Wildpark-Potsdam 1930, im *Handbuch der Literaturwissenschaft,* ebenfalls hg. von Oskar Walzel). Das Kapitel »Romantik« umfaßt die Zeit bis 1830, im Abschnitt Drama sogar bis zu Grabbe, der seine besten Werke nach 1830 veröffentlichte, ja bis Büchner, der sein erstes Drama 1834/35 verfaßte. Diese Einteilung kann heute Anstoß erregen, weil wir den Romantikbegriff in Deutschland seither *noch mehr verengt* haben. Sie ist jedoch schon durch den Hinweis auf die offene Form von Grabbes und Büchners Drama zu rechtfertigen; die beiden Dichter stehen dramaturgisch und zum Teil auch in ihrer Gedankenwelt (Geniebegriff, Sozialkritik) in der Tradition der Vorromantik, des Sturm und Drang. Der nächste Abschnitt in Walzels Literaturgeschichte trägt die Überschrift »Zwischen Juli- und Märzrevolution«. Im Text selbst wird meistens der Begriff »Jungdeutsche Zeit« verwendet, was der liberalen Tradition des 19. Jahrhunderts und dem mächtigen Einfluß von Georg Brandes entsprechen dürfte, auch der Tatsache, daß der literarische Biedermeierbegriff, den zwei bis drei Jahrzehnte jüngere Forscher (Paul Kluckhohn, Günther Weydt, Wilhelm Bietak u. a.) aufbrachten, *1930 noch nicht voll entwickelt* war. Die Jungdeutschen sind bei Walzel die Repräsentanten des Zeitabschnitts von 1830–48; sie erscheinen an erster Stelle des Kapitels, mit dem Schwerpunkt Heine, was zur Folge hat, daß die *Reisebilder* und *Das Buch der Lieder,* die typische Produkte der *frühen,* ironischen und empfindsamen Biedermeierzeit sind, in die Zeit nach 1830 verlegt werden. Schwerer als diese personal zu begründende Entscheidung wiegt die Tatsache, daß nicht nur Postl-Sealsfield, Alexis, Auerbach, d. h. liberale Erzähler, sondern auch Stifter, Gotthelf und die Droste in dem Abschnitt »Erzählung in jungdeutscher Zeit« erscheinen und daß Grillparzer, der energische Kritiker der Jungdeutschen, samt Raimund, Nestroy und anderen Bühnendichtern Österreichs in dem von Gutzkow und Laube eröffneten Abschnitt »Das Drama in jungdeutscher Zeit« ihre Rolle spielen müssen, – die ihnen gewiß komisch erschienen wäre, zumal da Grillparzer (geb. 1791) schon Triumphe auf dem Theater feierte, als Gutzkow (geb. 1811) noch ein ABC-Schütz war. Ich will dem vielgelobten Geheimrat und akademischen Repräsentanten der Weimarer Republik keine Fehler anstreichen, sondern denen, die sich darüber aufregen, daß Büchner in der Biedermeier*zeit* gelebt haben soll, die aber noch nie eine Epochendarstellung geschrieben haben, an einem guten Beispiel zu verstehen geben, welche Schwierigkeiten *jede* Art von literarhistorischer Benennung und Periodisierung mit sich bringt. *Auch die Erkenntnisförderung durch den Biedermeierbegriff macht Walzels Verfahren deutlicher.*

Die rebellierenden Jungdeutschen sind keine Repräsentanten der Epoche, die von Metternich beherrscht wird. Eher der Hofrat Grillparzer in Wien, der Hauslehrer in der Familie Metternichs, Adalbert Stifter, der Pfarrer a. D. Mörike in Stuttgart, der Pfarrer Bit-

---

tung« unserer Dichter. Denn nur als freie, nicht mißbrauchte Ahnen haben sie uns noch etwas zu sagen (zu diesem Thema vgl. auch S. 469).

zius (Gotthelf) im Kanton Bern und die katholische Adelige in Westfalen, Annette von Droste-Hülshoff. *An dieses repräsentative Biedermeier-Deutschland hat jeder Schriftsteller Zugeständnisse gemacht, auch Heine, in einer ganzen Menge von Gedichten* – sie werden in Deutschland nur nicht mehr zitiert! – und in vielen Teilen der *Reisebilder*. Sogar Büchners Weg vom *Hessischen Landboten* zu *Leonce und Lena* und das christliche Element im *Woyzeck*, im *Lenz* ist ohne die Präsenz des Biedermeiergeistes in seiner Erziehung und selbst im Straßburger Vaterhaus seiner Braut, einem Pfarrhause wie eh und je, *nicht* zu denken. Der »Zeitgeist« ist von den Konservativen nicht erfunden worden; aber als der Begriff von den Liberalen mißbraucht wurde, gaben die Dichter dieser repräsentativen Gruppe mit großer, *noch* überlegener Kraft zu verstehen, *daß sie auch ein Teil der Zeit sind,* und vielleicht nicht einmal der schlechteste. Der großartige Aufschwung der konservativen (biedermeierlichen) Dichtung in der *späten* Biedermeierzeit, z. T. bei Dichtern, die noch in ihren mittleren Lebensjahren zur Erzählung mit populärer Wirkungsabsicht griffen (Gotthelf, Stifter), ist nur »dialektisch«, d. h. als *gelungene Antwort auf die Jungdeutschen und Junghegelianer* zu verstehen, und dieser konservative Widerspruch darf nicht mit der realistischen Dichtung (Keller, Storm usw.) verwechselt werden; denn das realistische Programm und zum Teil auch die realistischen Dichter nahmen bei den Junghegelianern (Ruge, Vischer, Strauß, Feuerbach usw.) ihren Ausgang. Dem tiefen Einschnitt von 1848 trug übrigens auch Oskar Walzel Rechnung. Das auf die »jungdeutsche Zeit« folgende Kapitel läßt er mit der Märzrevolution beginnen, und er überschreibt es, in Übereinstimmung mit Martinis wie auch meiner Konzeption: »Blütezeit des Realismus«.

Die deutsche Biedermeierzeit ist eine Spätphase der westeuropäischen Romantik

Ehe wir die Abgrenzung von Biedermeier und Realismus, die bereits verhältnismäßig präzis durchgeführt wurde [4], ergänzen, ist noch eine Frage zu erörtern, die in Bd. I zu kurz kam und die angesichts der *Rückkehr* zu einer (wieder begrenzten) Einheit, um die sich Europa zur Zeit bemüht, auch als wissenschaftliche Frage an Gewicht gewinnt: Ist das, was in Deutschland als »Jungdeutsche Zeit« oder »Biedermeierzeit« angesprochen wurde, *ein Teil der europäischen Romantik gewesen?* Ist es, trotz des Nationalismus, der sich – von der Polizei verfolgt! – schon in der Biedermeierzeit ankündigt, möglich, sie ohne Zwang in die europäische Romantik einzuordnen? Ich meine heute, auf Grund neuer Erkenntnisse, daß dies nicht nur möglich ist, sondern daß aus der europäischen Perspektive, die immer umstrittene Abgrenzung der (programmatischen!) Großepochen Romantik und Realismus leichter durchzuführen ist, als wenn man das Problem innerhalb der deutschen Literatur allein lösen will. Ich versuche dies zu begründen, obwohl man mir, im Falle der Zustimmung zu meinen Gründen, vorwerfen kann, daß ich nur den zweiten und dritten oder – wenn man die Heidelberger Romantik als zweiten Schritt sieht –, daß ich nur den dritten und vierten Teil einer Epoche dargestellt habe. Ich muß dies zugeben und kann nur erwidern, daß mir die »transzendentale«, d. h. die im engeren Sinne idealistische Romantik – ein hybrides und völlig deutsches Produkt! – theoretisch und menschlich von jeher so ferne lag wie meinem ehemaligen »Vater Wieland«, daß ich dagegen die bescheidenen Biedermeier-Meister, die besser erzählen als Friedrich Schlegel und Novalis, hochschätze und daß ich auch die Rebellen, *wenn* sie Meister sind, verehre. Vielleicht darf ich generalisieren und behaupten, daß die meisten Süddeutschen meine Aversion gegen die transzendentale Romantik teilen und, negativ ausgedrückt, ihre poetologische und philosophische Spekulation keineswegs zu interpretieren versuchen. Aus diesem Grunde stehe ich auch zu meiner *Biedermeierzeit,* wie sie ist; *sie führt die früher übliche Abwertung der spätromantischen Phasen der deutschen Literatur* konsequent ad absurdum. Die Überbewertung der Hochromantik, auf Kosten der Restaurationszeit (Epigonenklischee), war im Deutschen Reich eine (sicher nicht immer bewußte) Strategie der Mittel- und Norddeutschen, die auch in der *Germanistik* herrschen wollten. Meine *Biedermeierzeit* dagegen befriedigt einen süddeutschen, besonders österreichischen, in zweiter Linie südwestdeutschen Nachholbedarf. Nur ein Drittel der Dichter, die für diesen Band nach bestem Wissen und Gewissen ausgewählt wurden, sind *Norddeutsche,* wobei dieser Begriff, wie in Süddeutschland üblich, auch die Rheinlande und Westfalen umfaßt (Heine, Immermann, Droste-Hülshoff, Grabbe, Hebbel). Der deutsche Nordosten, der so viel zur Romantik vor 1815 beitrug (Arnim, Zacharias Werner, E. T. A. Hoffmann, Eichendorff), fehlt ganz, – wenn auch die rein gattungsgeschichtlich begründete Ausschließung von Alexis und dem alten Tieck (vgl. Bd. II, S. VI) zu beachten ist. Soviel zum innerdeutschen Aspekt des Problems!

Für die Eingliederung der Biedermeierzeit in die europäische Romantik spricht zunächst die Tatsache, daß der zeitliche Endpunkt beider Größen nach allgemeiner Übereinkunft ungefähr mit der Märzrevolution zusammenfällt: auch in England, dessen Romantik gleichzeitig mit der deutschen begonnen hatte –, was immer wieder zur Feststellung einer germanischen Führung oder wenigstens Initiative auf diesem Gebiet führte. Allerdings sind die meisten Kenner darin einig, daß die englische und die deutsche Romantik, wenn man von Coleridge absieht, wenig Berührung miteinander hatten und sehr verschieden waren. Nach René Wellek sind der englischen Romantik das Kunstmärchen und die Novelle »nahezu unbekannt«. Romantische Ironie gibt es bei Wordsworth, Coleridge, Shelley und Keats nicht; auch die absichtliche Zerstörung der Illusion (Tieck) ist unbekannt. Es gibt kein einsames Erlebnislied, dafür gesellige und recht verstandesmäßige Volkslieder (Burns, Thomas Moore). *Wilhelm Meisters Lehrjahre* sind kein Anknüpfungspunkt, sondern werden als unmoralisch, vulgär und absurd verspottet (Jeffrey, Quincey). Das Mittelalter wird erst von Carlyle verherrlicht. Scott lehnt E. T. A. Hoffmann wegen seiner übernatürlichen Motive fast völlig ab. Bei Einbeziehung der Biedermeierzeit in die europäische Romantik erinnert man sich sogleich an die deutsche Scott-Schule (Hauff, Alexis usw.), auch an die Tatsache, daß der alte Tieck vom Märchen entschieden abrückte. Das »Wunderbare«, über dessen artistische Behandlung Tieck in der Frühromantik einen verräterischen Aufsatz geschrieben hatte, gab er nicht völlig auf, aber er versteckte es in Alltags-plots, und so bleibt es im ganzen Biedermeier, z. B. bei Gotthelf und Stifter. Schon Novalis lehrt ja die Romantisierung des Gewöhnlichen, die Poetisierung der Prosa. Trotz dieses größeren biedermeierlichen Verständnisses für die Alltagswelt findet man ein kräftiges Weiterleben des Märchens in allerlei deutschen Erzählexperimenten bis an die Grenze des Realismus: bei Hauff, Mörike, Bechstein, Ungern-Sternberg usw. (vgl. Bd. II, S. 952–976). Wellek erwähnt Mörike, Uhland, Lenau, Grillparzer, Grabbe, Büchner (*Leonce und Lena:* »urromantisch«) und den jungen Heine als mögliche Romantiker. Er fügt hinzu: »Ich erwähne diese Namen, um die Vielzahl interessanter Schriftsteller im Deutschland jener Zeit anzudeuten«. *Er erkennt also die Bedeutung der Epoche,* obwohl in seiner Reihe viele Namen fehlen, die uns Germanisten wichtig erscheinen. Trotz dieses Interesses für die Zeit nach 1815 respektiert Wellek »die engen Grenzen…, die in der deutschen Literaturgeschichte für die Bezeichnung Romantik gezogen werden« [5]. Noch ängstlicher ist ein anderer Kenner der deutschen und englischen Romantik, Eudo C. Mason: »Es ist jedoch den deutschen und auch den nichtdeutschen[!] Germanisten nicht zuzumuten [!], daß sie hier, um mit den anderen Schritt zu halten, ihre bisherige keineswegs bloß konstruierte, sondern durch den geschichtlichen Tatbestand bedingte Terminologie über Bord werfen und nur noch von ›Romantik‹ im allumfassenden, alle Unterschiede verwischenden Sinne sprechen sollten« [6]. Dazu darf ich vielleicht bemerken, daß wir deutschen Germanisten bei vielen ausländischen Germanisten die so naheliegende komparatistische Interpretation, aus der Perspektive ihrer eigenen nationalen Literatur, schmerzlich vermissen und daß in der *Wissenschaft* die Wahrheit vielleicht doch höher stehen sollte als die höfliche Rücksicht auf nationale Traditionen.

Ein wichtiges Argument für die Einbeziehung der Biedermeierzeit in die Gesamtbewegung der europäischen Romantik ist die *Verspätung der italienischen und der französischen Romantik.* Auch hier allerdings sind die Unterschiede beträchtlich. Victor Hugo hält in seiner programmatischen Vorrede zum Cromwell (1827) am Vers entschieden fest, während die deutschen Vor- und Frühromantiker den Unterschied von Vers und Prosa relativieren. Man darf vermuten, daß die französische Romantik nur durch die Respektierung des klassizistischen Versprimats das Theâtre français erobern konnte (Victor Hugo: *Hernani* 1830). Mit dieser Entscheidung hängt zusammen, daß sie Shakespeare und Werke deutscher *Klassiker* (z.B. *Faust* I oder *Wallenstein*) ohne weiteres zum Vorbild für das »romantische Drama« wählen konnte. Bezieht man die Biedermeierzeit ein, so ergibt sich ungezwungen eine Parallele zu Grillparzer, der mit großer Konsequenz am dramatischen Vers, überhaupt an dem von der deutschen Empfindsamkeit und Romantik verwischten Unterschied zwischen Poesie und Prosa (in einem rein formalen Sinn) *festhielt.* Dem deutschen Germanisten pflegt dieses Festhalten an der äußeren Form im extremen Sinne französisch zu erscheinen, und umgekehrt gab es wütende Angriffe auf die unfranzösische Romantik in Frankreich, nachdem sich, im Laufe des 19. Jahrhunderts, das deutsch-romantische Prinzip der freien Form, einigermaßen durchgesetzt hatte (z.B. P. Lasserve, *Le Romantisme Français,* 1907). Es ist gewiß kein Zufall, daß Frankreich im Klassizismus, England in der Romantik voranging. Aber die Möglichkeit der gegenseitigen Befruchtung ist eben bei beiden Stilrichtungen nicht zu leugnen und auch in Victor Hugos Vorrede zum *Cromwell* klar zu erkennen. *Was er von den Deutschen und Engländern lernen will, ist die Beseitigung der klassizistischen Stiltrennung:* Das Komische hat auch in der Tragödie seine bestimmte Stelle und Funktion. Man wird möglicherweise zugeben, daß diese *stilgeschichtliche* Revolution das Drama stärker veränderte als die Abschaffung des Verses. Jedenfalls muß man, bei der Konzeption einer europäischen Romantik, *neue Dominanten* setzen. Wie wichtig die Stilmischung im Drama der Biedermeierzeit war, zeigten uns in diesem Bande Grabbe und Büchner, die Erben des Sturm und Drang, vor allem aber Raimund (vgl. o. S. 18 ff.); denn das Volkstheater war *vor* diesem eigenwilligen Dichter, stilgeschichtlich gesehen, ein Theater des niederen Stils gewesen – und dieser Aspekt war der entscheidende, weshalb Nestroy im Widerspruch zu Raimunds »tiefen« (gemütvollen) Experimenten, zum niederen Stil zurückkehrte. Wenn nun Raimunds Theater traditionsgemäß als biedermeierlich angesprochen wird (vgl. o. S. 3 ff.), so ergibt sich ein deutlicher Bezug zwischen Wiener Biedermeier und französischer Romantik. Auch bei Grillparzer erkennt man das Bemühen, von der strengen klassizistischen Stiltrennung loszukommen, nämlich das Lustspiel zu heben *(Weh dem, der lügt!)*, dem historischen Trauerspiel dagegen durch Volksszenen wie auch durch komische Pointen etwas von seiner Erhabenheit zu nehmen *(Ottokars Glück und Ende, Bruderzwist in Habsburg)*.

Der wichtigste Grund für die Abspaltung der »jungdeutschen Zeit« von der Romantik in der deutschen Germanistik war ihre Parteilichkeit. Man hätte sogleich die Gegenfrage stellen können, ob denn die Romantik, die in Deutschland nicht umsonst zentral von Adligen getragen war, *mit ihrer Rückwendung zum Mittelalter und zur katholischen Kirche* nicht auch parteilich war. Protestantische Romantiker wie Novalis legten den ideologischen Grund zu Metternichs Restauration. Diese wäre ohne die romantische Vorbereitung kaum durchführbar gewesen. Zu erwähnen wären auch die romantischen Satiren gegen die Aufklärung. Diese war und ist freilich nicht umzubringen. Sie erstand im Jungen Deutschland neu, aber doch mit Zügen, die den Durchgang der Jungen durch die Romantik deutlich erkennen ließ, vgl. z. B. Heines *Reisebilder*. Es ist schon fast ein Gemeinplatz der Forschung, daß die Romantik nicht nur die Aufklärung kritisierte, sondern diese zugleich auf allen Gebieten *fortführte,* wenn auch mit veränderten Akzenten. Die romantische Prosabegeisterung ist etwas anderes als die »prosaische« Betonung der Prosa durch die Aufklärung; aber in der Geschichte des Romans sind beide Epochen von größter Bedeutung. Die Rokokoironie pflegt sich mit der Satire zu verbinden; aber auch die romantische Ironie ist nicht immer »transzendental«. Man denke an die ironische Vernichtung der Philister, d. h. der aufgeklärten Bürger, bei Tieck, Eichendorff usw., und an die Kritik des bürgerlichen Theaters (Iffland, Kotzebue). *Den Patriotismus ohne Aufgabe des Universalismus, die Shakespeare-Begeisterung, das Kunstrichtertum und nicht zuletzt den Historismus haben die Romantiker von der Aufklärung übernommen.* Das Wiederaufleben eines wie immer begrenzten Empirismus und energisch didaktischer, auch volksliterarischer Bestrebungen im Biedermeier bezeugen noch deutlicher, daß man die Aufklärungstradition unmöglich ausschalten konnte, ja daß eine *neue Aufklärung* die Romantik allmählich wieder zu verdrängen begann. Die Naturwissenschaft war von der Romantik beinahe zugrunde gerichtet worden. Noch der Student Büchner wollte in der Figur des Arztes *(Woyzeck)* höchst wahrscheinlich auch Professor Liebig, den chemischen Pionier Deutschlands, treffen (vgl. o. S. 277). Alexander von Humboldt, dem es gewiß nicht an Weitblick fehlte, sah in der romantischen Naturforschung eine schwere Gefahr für die Nation (vgl. Bd. II, S. 290) und hielt Verbindung mit Paris. Liebig schrieb aus der gleichen Stadt: »Es ist wahrlich traurig, wie sehr in der neueren Zeit der Ruhm der Deutschen in der Physik, Chemie und den anderen Naturwissenschaften geschwunden ist; kaum ist noch ein Schatten übriggeblieben«[7]. Walther Gerlach, ein geistvoller und führender Historiker der Naturwissenschaft, spricht von einer »nachhaltigen Fehlentwicklung in Deutschland«[8], und er bezeichnet auch, am Beispiel des begabtesten romantischen Naturforschers, Johann Wilhelm Ritters, klar den Grund für das Scheitern der Romantik auf diesem Gebiet, nämlich die Jagd nach »letzten Geheimnissen«[9]. In der romantischen Geschichtsforschung war die spekulative Volksgeist-Lehre eines der »letzten Geheimnisse«, denen man nachjagte. Die empirische Geschichtswissenschaft wurde erst dadurch weitergeführt, daß sich der Rechtshistoriker Karl Friedrich Eichhorn und der politische Geschichtsschreiber Leopold von Ranke von der Ideologie Jacob Grimms (vgl. Bd. I, S. 459 ff.) klar distanzierten. Die romantische Historie hat wie die romantische Naturforschung »einen Seitenweg eingeschlagen..., der keine eigentliche Fortsetzung gehabt hat«[10]. Dies *Scheitern an der Empirie* war das Schicksal der in Deutschland so überaus anspruchsvoll eröffneten Bewegung, und es war nur die letzte Konsequenz der romantischen Großepoche, daß die »höhere«, nämlich die deutsche Revolution 1848 genauso scheiterte wie die höhere Physik Ritters.

Der Spezialist wird fragen, was hat das Scheitern an der Empirie mit der Dichtung zu tun? Nun, die romantische »Universalpoesie« war keine bloß ästhetische Größe, der romantische Roman nicht fiction im Sinne der Engländer; und die Lyrik, die in unsern Augen die Romantik auszeichnet, war nicht das, was sie eigentlich wollte. Die Universalpoesie schloß die Wissenschaft ein, auch diese sollte die »letzten Geheimnisse« erschließen, während sich der Empiriker mit den vorletzten Ergebnissen begnügt. *Das Scheitern der Romantik in der Empirie besagt doch wohl, daß der transzendentale Ansatz falsch war.* Wenn diese These richtig ist, gewinnen die Korrekturen an der Romantik, die alle Richtungen der Biedermeierzeit versuchten, große Bedeutung, obwohl man von einer gründlichen Überwindung der Romantik und des Idealismus vor einzelnen Denkern der 1840er Jahre kaum sprechen kann. Man wird von der oft vorkommenden Romantikkritik nach 1815 sprechen, z. B. in Heines *Romantischer Schule.* Aber *Kritik innerhalb der einzelnen Großbewegungen ist ein historisches Gesetz.* Lessing tadelt mit großer Schärfe den Repräsentanten der Frühaufklärung (Gottsched), Eichendorff nicht weniger entschieden die Frühromantik usw. Außerdem ist die Romantikkritik nicht Heines letztes Wort. In *Atta Troll* erkennt er selbst, daß er doch ein Romantiker ist und vielleicht das »letzte Waldlied« der Romantik gesungen hat. *Alles was die programmatischen Realisten bekämpften* (aufdringliche Satire, Didaktik und Tendenz, mangelhafte Komposition, Detailmalerei, ungesundes Mißvergnügen an der modernen Welt, Weltschmerz, Freude am »Leichenduft« der Vergangenheit, Verachtung des arbeitenden bürgerlichen Philisters, Aufwertung des Taugenichtses usw.) *nannten sie Romantik.* Da sie noch in einem europäischen Horizont lebten, fiel es ihnen nicht schwer, Heine (in Paris!) und die andern jungdeutschen Tendenzdichter mit den französischen, italienischen, englischen, spanischen Romantikern, die auch eine liberale oder nationale oder nationalliberale Tendenz vertraten, zusammenzusehen*.

---

* Die liberalistische Tendenz der französischen Romantik kann man vor allem der Vorrede zu

Ein nüchternes Bild der europäischen Romantik als Vergleichspunkt

Wenn man die romantischen Bewegungen der westeuropäischen Nationen auf einen Generalnenner bringen will, ergibt sich *ein Bild der Romantik, das dem in traditionellen Vorstellungen befangenen deutschen Germanisten nüchtern und deshalb vielleicht sogar trivial und banal erscheinen muß* [11]. Den besten Versuch dieser Art hat m. E. der Amerikaner Henry H. H. Remak gemacht. Er rechtfertigt seine Verallgemeinerung (bis zu dem Punkt, da die »konstituierenden, ›unreduzierbaren‹ Grundelemente der westeuropäischen Romantik übrigbleiben«) gegen den im Westen immer noch weitverbreiteten Rückzug auf die Einzelinterpretation mit dem nicht leicht zu widerlegenden Argument, »daß wir sowohl Analyse wie Synthese brauchen, Analyse des einmaligen Kunstwerkes und Integrierung dieses Kunstwerkes mit anderen und mit dem Milieu, aus dem es entstand« [12]. Ich referiere über seine Thesen und versuche, sie, vor allem aus der Perspektive der deutschen Biedermeierzeit, zu ergänzen und gelegentlich auch zu korrigieren. Die von Remak überzeugend durchgeführte Abgrenzung der romantischen Bewegung in den einzelnen Ländern interessiert uns dabei weniger. Doch sei wenigstens erwähnt, daß, nach seiner Meinung, die »romantische[n] Tendenzen in Deutschland... extremer [sind] als diejenigen anderer Länder« und daß »die englische Literatur... in der europäischen Romantik am ausgeglichensten« erscheint, weil sie auf den »vorromantischen (oder sentimentalen) Tendenzen im 18. Jahrhundert« beruhte und weil die »politische Beständigkeit Englands stabilisierend« auf sie gewirkt hat [13]. Die erste Phase der deutschen Ro-

---

Victor Hugos *Hernani* entnehmen. Dabei ist allerdings zu beachten, daß es sich auch in Frankreich um eine *späte* Phase der Romantik handelt, sobald man Royalisten wie Chateaubriand und Lamartine der romantischen Bewegung zurechnet, was meines Erachtens wegen ihres Katholizismus, überhaupt wegen ihrer Orientierung an der Mittelaltertradition notwendig erscheint. In der Biedermeierzeit war dies wegen der spürbaren Wirkung der konservativen Franzosen auf die deutsche Dichtung selbstverständlich. Doch wird bezeichnenderweise die gesamte französische Romantik bereits von der nichtfranzösischen *getrennt*. Der Artikel »Romanticismus« im Brockhaus von 1833 meint nur die französische Romantik, und im Eingang des Artikels wird ausdrücklich davor gewarnt, »dieses Wort... mit dem allgemeinen Begriff der Romantik... zu verwechseln« (Bd. 2, S. 783). Die Hinwendung der Romantik zum Liberalismus bei Victor Hugo wird hier als »Wendeperiode des französischen Romanticismus« (ebd., S. 785) verstanden. Dies ist bei den folgenden Zitat zu beachten, wenn man nicht, in der leider noch üblichen Weise, den Zusammenhang zwischen der französischen und deutschen Literaturgeschichte *unterschätzen* will: »Jeunes gens, ayons bon courage! Si rude qu'on nous veuille faire le présent, l'avenir sera beau. Le romantisme, tant de fois mal défini, n'est, à tout prendre, et c'est à sa définition réelle, si l'on ne l'envisage que sous son côté militant, que le *libéralisme* en littérature. Cette vérité est déjà comprise à peu près de tous les bons esprits, et le nombre en est grand; et bientôt, car l'oeuvre est déjà bien avancée, le libéralisme littéraire ne sera pas moins populaire que le libéralisme politique. La liberté dans l'art, la liberté dans la société, voilà le double but auquel doivent tendre d'un même pas tous les esprits conséquents et logiques« (Victor *Hugo,* Théâtre complet, Bibliothèque de la Pléiade Paris 1963, S. 1147). Als Feinde werden die klassischen *und* monarchischen Ultras angesprochen. Der Stil der Hernani-Vorrede ist fast noch rhetorischer als der jungdeutscher Proklamationen. Ihr Datum (9. 3. 1830) läßt sie als Teil der Propaganda für die Juli-Revolution erkennen. »Kritische Details«, »sekundäre Fragen« verschiebt der Verfasser ausdrücklich auf einen späteren Zeitpunkt. Zunächst ist nur *eines* wichtig: Die Romantik im Sinne einer *freien* Kunst in einer *freien* Gesellschaft.

mantik mit ihrer weltfremden (transzendentalen) Konzeption unterscheidet sich scharf von der englischen Romantik. Dagegen greift Deutschland in der Biedermeierzeit, d. h. nach dem *unvermeidlichen Zusammenbruch des extremen Idealismus,* wie England, auf die Vorrommantik (Grabbe, Büchner) und auf die Empfindsamkeit bzw. auf den Weltschmerz zurück. Dichter wie Lenau und der junge Heine orientieren sich nicht nur an Sterne und Byron, sondern auch am Göttinger Hain und an *Werthers Leiden.* Die Empfindsamkeitstradition (vgl. Bd. I, S. 238–243), die in Deutschland erst durch das realistische Programm entschieden bedroht wird, scheint auch in England mindestens bis zur Mitte des 19. Jahrhunderts sehr stark gewesen zu sein. Ich denke dabei z. B. an die bekannten, die Sentimentalität nicht verschmähenden Romane von Dickens. Die Kombination von Sentimentalität (oder Rhetorik!) und Detailrealismus ist auch in deutschen Romanen und Erzählungen besonders beliebt (selbst bei Gotthelf, Postl-Sealsfield, dem frühen Stifter). Shelley erinnert den Deutschen, trotz verschiedener religiöser Haltung, in seinem pathetischen Ton an Klopstock, die Grafen Stolberg usw. Keats ist für uns ein zwischen Hölderlin und Platen stehender Gipfelpunkt europäischer Lyrik. Fast noch näher scheint die junge angloamerikanische Literatur der deutschen Dichtung der Biedermeierzeit zu stehen. Von Washington Irving (geb. 1783) erschienen deutsche Übersetzungen, die beträchtlichen Einfluß hatten (*Skizzenbuch,* Wien 1826, *Die Alhambra,* Berlin 1832). Auch poetologische Übereinstimmungen findet man, die alles andere als selbstverständlich sind. Ein Beispiel. In Edgar Allan Poes Vortrag »The poetic Principle« – er hielt ihn in den letzten Jahren seines Lebens († 1849) – findet man mit Erstaunen Sätze, die an Stifters Ablehnung der leidenschaftlichen Liebe, an den *Nachsommer,* auch an die priesterliche Kunstauffassung des im Leben vollkommen verschiedenen Linzer Schulrates erinnern: »I have endeavoured to convey to you my conception of the Poetic Principle. It has been my purpose to suggest that, while this Principle itself is, strictly and simply, the Human Aspiration of Supernal Beauty, the manifestation of the Principle is always [!] found in an *elevating excitement of the Soul* – quite independent of that passion which is the intoxication [!] of the Soul – or of that Truth which is the satisfaction of Reason. For, in regard to Passion, alas! its tendency is to degrade, rather than to elevate the Soul. Love, on the contrary – Love – the true, the divine Eros – the Uranian, as distinguished from the Dionaean [nixenhaften] Venus – is unquestionably the purest and truest of all poetical themes« [14]. Wir wissen, daß auch für Grillparzer und Stifter »die Empfindung« die ängstlich beobachtete Quelle der dichterischen Begnadung war (vgl. o. S. 64 ff., S. 982 f.), während sie im realistischen Programm kaum mehr erwähnt wird. Die von Poe scheinbar vorgenommene Trennung von Wahrheit und Schönheit liegt den erwähnten österreichischen Dichtern fern. Doch ist sie auch bei Poe nicht so ernst gemeint. Denn im nächsten Satz sagt er, die Wahrheit sei in der Kunst willkommen, wenn sie eine vorher nicht sichtbare Harmonie offenbare. Man denkt dabei an Keplers »Harmonia mundi«, an Leibniz, an Shaftesbury, an den gesamten deutschen Idealismus und nicht zuletzt an das harmonistische Biedermeier (vgl. Bd. I., S. 78 ff.).

Italien und Spanien bilden nach Remak »einen romantischen Block für sich... Ihre Romantik ist patriotisch, politisch, praktisch«. Man erinnert sich an die Hypothese, daß das »Junge Deutschland« von Metternich verboten wurde, weil er an die Harmlosigkeit dieser Salonschriftsteller, trotz entsprechender Berichte, nicht glaubte und sie mit dem »Jungen Italien« zusammensah, das auch in den von Österreich beherrschten norditalienischen Provinzen agitierte. Man darf zugleich an die Tatsache denken, daß die lyrische Tendenzdichtung der 1840er Jahre ihre Wurzel in der Lyrik der Freiheitskriege hatte (vgl. Bd. II, S. 538 ff.) und daß sie mit Hilfe dieser Tradition volkstümlicher wurde als die Dichtung der Jungdeutschen, selbst Heine eingeschlossen. Herwegh und Freiligrath (vgl. Bd. II, S. 542–548) können sich vielleicht mit den spanischen und italienischen Poeten messen, sie präludieren jedenfalls unmittelbar die Märzrevolution. Auch an Platens Unterstützung des polnischen Befreiungskampfes (vgl. o. S. 458) und an Postl-Sealsfields vernichtenden publizistischen Kampf gegen das österreichische Zwangssystem, ja gegen den patriarchalisch getarnten Kaiser Franz persönlich, ist zu erinnern (*Austria as it is,* vgl. o. S. 770 f.). Der unter Einsatz seines Lebens geflohene österreichische Ordensbruder entwarf für die Deutschen erstmals farbig verlockende Bilder des freien und, wie er schon erkannte, künftig weltbestimmenden Nordamerika. Sealsfields geographische und ethnologische Beschreibungen steckten stilistisch noch tief in der pathetischen Barocktradition seines engeren Vaterlandes, aber gerade durch die großartige und enthusiastische Vermittlung der neuen Welt bezauberten sie das vorrevolutionäre Deutschland. Auch romantisch im deutschen Sinne war an diesen eigenartigen *Lebensbildern* (Titel) manches: der exotische Effekt, den Freiligrath u. a. gleichzeitig zu erreichen versuchten – die USA waren noch ein ganz *fernes* Land! –, die Verherrlichung der wilden Natur als Gottes überzeugendster Botschaft, die an die alten Germanen und »Normannen« erinnernden Pioniere, die squatters, die frontiers, die die Grenzen der USA unerschrocken immer weiter nach Westen vorschoben (vgl. o. S. 779). Auch die erste großartige Schilderung einer Seefahrt nach New York – noch auf einem Segelschiff – verdankt das vorrealistische (und das heißt auch das vor-maritime) Deutschland, dem ausgerissenen österreichischen Mönch (*Deutsch-amerikanische Wahlverwandtschaften,* Teil 1 und 2, Zürich 1839).

»Die Romantik«, fährt Remak fort, »förderte zweifellos ein neuartiges Interesse an nicht-klassischer, besonders nordischer Mythologie, sie reagierte gegen den Neoklassizismus in Deutschland, Frankreich und England. Diese Tendenzen zeichnen sich am bestimmendsten in Deutschland ab... Der Hellenismus dagegen: Ehrfurcht vor dem klassischen Griechenland und Liebe für Hellas, für griechisches Leben, griechische Literatur, die romantische ›Couleur locale‹ Griechenlands und, obgleich weniger intensiv, für die Kultur Roms – *dieser* Klassizismus schwächte sich in der Romantik keineswegs ab; im Gegenteil.« Für die Hellenen- und Italienbegeisterung findet Remak verschiedene Gründe: den Freiheitskampf Griechenlands und Italiens, den heraufkommenden dionysischen Antikekult und den »romantische[n] Schmerz über die verlorene klassisch-apollinische Harmonie und Glückseligkeit der Griechen« [15]. Bei diesem Zug der Romantik treten wieder Hölderlin und Platen, die antikisierenden Odensänger und Elegiker, zu einer Einheit zusammen, aber auch an Wilhelm Müllers Griechenlieder (vgl. Bd. II, S. 540) und an die vortreffliche Beschreibung seiner italienischen Reise (vgl. Bd. II, S. 272 f.) ist zu denken. Sogar Heine tritt, für manche vielleicht überraschend, in diesen Zusammenhang, obwohl ihm antikisierende Dichtungen völlig fernliegen. Er glaubt eine Zeitlang den »Hellenen« spielen zu können, im Protest gegen die »Nazarener«, d. h. gegen die christlichen deutschen Künstler – zunächst in Rom –, die in allem Ernst von einer Wiedergeburt der spätmittelalterlichen Kunst träumten, wie nach ihnen noch die englischen Präraffaeliten. Heine eiferte damit dem Goethe der italienischen Zeit nach, in noch gröberer Verkennung der historischen Lage und seiner persönlichen, völlig »sentimentalischen« Natur. Das Experiment endete, gestört auch durch Exil und Krankheit, inmitten des aufsteigenden schon beinahe populären Atheismus um 1850 in einer typisch romantischen Rückwendung zum Gott der Väter. Man weiß heute auch, daß Heine zeitenweise ein Vorläufer des dionysischen Nachromantikers Nietzsche, des geistigen Vaters der im ganzen *verhängnisvollen* deutschen Neuromantik, war. Durch seine Napoleon-Schwärmerei weist Heine auf die kriegerische Romantik der Franzosen zurück und voraus auf die moderne Rebellion der Faschisten und Kommunisten gegen die »bürgerliche« Moral und Vernunft in der unglücklichen ersten Hälfte des 20. Jahrhunderts. Benno von Wiese beschreibt die, wie immer ambivalente, Haltung Heines in dieser *Gegen-Aufklärung* so: »So sehr der Pazifist Heine den Krieg ablehnt, ästhetisch hat ihn dieser immer wieder angezogen. Auch die Napoleonischen Kriege bezeugen noch eine geistige Größe, weil hier der Mensch seinen Trotz selbst gegen den Tod zu setzen wagt. Solche ›Kraft der Kraft‹ reißt Heine zur Bewunderung hin; ein ›verschüttetes Götterbild‹ ist für ihn dieser Große der Vergangenheit, der wie die großen Männer aller Zeiten, ›in einer mystischen Gemeinschaft‹ weiterlebt, so daß die Betrachtung seiner Person und seines Lebens ›unsre Seele zu erweitern‹ vermag. Der ›eiserne Mann... fußend auf seinem Kanonenruhm, und schauerlich isoliert emporragend in den Wolken‹ kann als mythische Figur noch in einen ›Gewitterableiter des Heldentums‹ umgedeutet werden, der eben damit den ›friedlichen Nutzen‹ in Europa stiften soll. Solche Napoleon-Deutung weist auf Nietzsche voraus, der in einem Aphorismus Napoleon als ›Leidenschaft neuer Möglichkeiten der Seele‹, als ›Raumerweiterung der Seele‹ charakterisierte« [16]. Schon der mystische Novalis hatte (trotz oder wegen seiner transzendentalen Aspirationen?) dem Krieg, in dem sich das »Urgewässer« regt, seine Bewunderung nicht versagt *(Heinrich von Ofterdingen)*. Der eigentliche Kriegsromantiker vor 1848 war Grabbe mit seinem *Napoleon* und den andern Schlachtendramen. Neben ihnen stehen die kriegerischen österreichischen Epen Pyrkers, die preußischen Schlachtenepen Scherenbergs und die zahllosen »Schlachtstükke« der bildenden Kunst, – wohl in allen europäischen Ländern. Die Kreuzzüge des heilbringenden revolutionären Frankreichs, die christlich-patriotischen Kreuzzüge gegen Napoleon, mit dem Ergebnis der »Heiligen Allianz«, und die laute Begleitmusik aller Künste demonstrieren die Schwäche der Aufklärung, trotz allen liberalen Geredes, und *die unerhörte Kraft der durch die Romantik erneuerten Mittelalter- und Barocktradition in Europa.*

Den romantischen Irrationalismus faßt Remak in einer Reihe von Zügen zusammen, die manchem deutschen Germanisten disparat erscheinen mögen, aber wahrscheinlich doch eine Einheit bilden: durch den Versuch, zum Primitiven, zur Kindheit, zur unmittelbaren Einheit von Natur und Mensch zurückzukehren: »In, nach allgemeiner Ansicht, grundsätzlichen ›romantischen‹ Trieben wie dem Leidenschafts- und Sinnlichkeitskult, dem Egozentrismus, der Religiosität und Mythenwiederbelebung sind Deutschland und Frankreich am aktivsten..., jedoch ist England in dieser Hinsicht weit gespaltener und zurückhaltender, und Italien und Spanien noch gebändigter.« Die »Mythenwiederbele-bung« – das weiß Remak – ist etwas ganz anderes als die alte absolute Herrschaft des My-thos. Obwohl Friedrich Schlegel den Gedanken einer neuen Mythologie später zurück-nahm, zum Katholizismus konvertierte und seine Dienste, in Wien selbst, der Restaura-tion zur Verfügung stellte, blieb stets eine Spannung zwischen ihm und dem österrei-chisch-katholischen Staate. Das ist zugleich die Spannung zwischen »romantischer Sub-jektivität« und »biedermeierlichem Ordnungsdenken«. Wenn man aber bedenkt, daß der Effekt der romantischen Subjektivität, Genialität und Religiosität letzten Endes die *Rechtfertigung der alten Ordnung durch eine geistreiche Neuinterpretation und sophi-stische Dialektik* war, so wird die Substantialität des Unterschieds zwischen Romantik und Biedermeier wieder zweifelhaft. Der Vikar und Pfarrer Bitzius (Gotthelf) im Kanton Bern ist ein leidenschaftlicher Publizist und Schriftsteller, ganz das was man einen unru-higen Geist nennt. Er führt Fehden mit den Autoritäten. Er benutzt die deutsche Publizi-stik zu Angriffen auf die Berner Regierung. Man hat auch Hinweise darauf, daß sein christlicher Glaube stark erschüttert war (vgl. o. S. 929). Aber letzten Endes siegt die Kir-che über seinen Egozentrismus. Aus dem liberalen Schriftsteller wird ein besonders hefti-ger Verteidiger der alten Ordnung, ein erbitterter Feind des Rechtsstaates *(Der Schul-denbauer, Zeitgeist und Berner Geist)*. Das Hauptargument in seinem Kampf gegen die heraufsteigende rational-bürgerliche Zivilisation ist die irrationalistische Interpretation der bäuerlichen Bedürfnisse: Ohne die Religion, von der der volkstümliche Aberglaube nicht säuberlich zu trennen ist, verliert das Volk seinen Halt und seine durch Jahrhun-derte bewährte Urkraft. Obwohl Gotthelfs wehrhafte Persönlichkeit nicht nur durch das Vorbild der Reformatoren, sondern nachweisbar auch durch die napoleonische Zeit ge-prägt wurde, hat sein kämpferisches Spätwerk nicht das geringste mit der schon erwähn-ten Kriegsromantik zu tun; aber als eine Erscheinungsform des romantischen Primitivis-mus wird man auch seinen Verzicht auf die Autonomie des aufgeklärten Bürgers und seine *wertesetzende* Orientierung an den sittlich-religiösen Bedürfnissen des Dorfes an-sprechen müssen.

Bei der Suche nach einer letzten Verallgemeinerung der europäischen Romantik kommt Remak zu dem folgenden Ergebnis: Es ist »wahrscheinlich, daß *ein* Generalnen-ner, *Primitivismus,* mehreren Komponenten gemeinsam ist, welche ich als richtunge-bend für die Romantik bezeichnet hatte, und dazu noch einigen anderen, die ich jetzt hin-zufügen würde: Interesse für nichtklassische, besonders nordische Mythologie, für Folklore, Mediävalismus, Naturversenkung, Exotik, Pflege des Historischen in verschie-denen Gattungen, Nationalismus, Kult der Kindheit, des Halb- und Unbewußten. Ferner ist es wahrscheinlich, daß *Introversion* einen gemeinsamen Nenner für Einbildungskraft, Leidenschaftlichkeit, Ruhelosigkeit, Weltschmerz und Vorliebe für das Lyrische dar-stellt« [17]. Vielleicht bezeichnet der in Deutschland übliche Begriff Irrationalismus noch besser als der psychologische Begriff Introversion die in der romantischen Bewegung sich ereignende *Gegenaufklärung.* Nachdem Europa im 18. Jahrhundert versucht hatte, sich auf sich selbst zu stellen und mit Hilfe der Vernunft die alte Unmündigkeit fortschreitend abzuschütteln, wurde es plötzlich wieder irre an diesem Weg. Die Sehnsucht, sich von der Last der rationalen Experimente, von der *ungeteilten Verantwortung für den Fortgang der*

Geschichte zu befreien, und zu dem Alten, Einfachen, mit der Tradition Gegebenen zurückzukehren, wurde nicht zuletzt bei wachen, »subjektiven«, »leidenschaftlichen« Geistern wie Friedrich Schlegel, Novalis, Brentano, Zacharias Werner übermächtig, und daraus ergab sich eine Stärkung der alten Ordnung, die man in der Aufklärung nicht vorausgesehen hatte. *Diese Rückwendung, diese Pause in der geschichtlichen Bewegung hat das alte Europa nicht am Leben erhalten.* Wenn man, diese *Tatsache* betonend, sich fragt, welchen Sinn dann die Romantik hatte, so wird man ihn nicht bei den transzendentalen und restaurativen Systemen oder in den überschwänglichen Programmen für die katholische Kirche *(Die Christenheit oder Europa)* und für das alte tonangebende Österreich-Ungarn (*Witiko* vgl. o. S. 1004) suchen, sondern *in den kleinen, eher biedermeierlichen als idealistischen Änderungen und Ergänzungen des vernunftgeleiteten modernen Lebens* erblicken: Mehr Respekt vor den Nationen, vor den unteren Schichten, vor den Frauen und Kindern; mehr Sinn für die *in* der Zivilisation mögliche Naturnähe: Garten, Alpinistik, Sommerfrische, ferne Länder; mehr Ehrfurcht vor der Vergangenheit, die, wie die Gegenwart, ihr eigenes Recht vor Gott hat, die für manche Schichten und Personen mehr Bedeutung behält als für die Aufgeklärten und auch, abgesehen davon, als Prüfstein für Liberale, für Tolerante der Erinnerung wert ist. Die ausgeglichene Form der englischen Romantik hat wohl größere Dauerwirkung als die extreme deutsche, und *innerhalb der deutschen Gesamtbewegung der Romantik verdient die bescheidenere, praktischere, weniger weltfremde Biedermeierzeit mehr Beachtung und Nachwirkung als die transzendentale, »subjektiv-idealistische« und damit in Sackgassen führende erste Phase der Romantik.*

Zwischen Natur und Zivilisation: Die Lebensfunktion der neuen Idyllik

Romantik bedeutet, daß die Spannungen zwischen der Natur, der wir *psychophysisch unausweichlich verbunden* bleiben, und der rational entwickelten Zivilisation als quälend empfunden werden. In solchen Lagen – sie wiederholen sich in der Geschichte ständig in neuer Form – kommt es immer darauf an, ob wir den Rückmarsch in die Natur, in die Religion, in ein fernes unziviliertes Land, kurz in die Primitivität und Irrationalität antreten oder ob wir uns um einen erneuten *Ausgleich zwischen Natur und Zivilisation* bemühen. *In der Dichtung und Kunst erschien diese Vermittlung vor allem in der Gestalt des Idyllischen.* Der gewaltige europäische Erfolg des Schweizer Idyllikers Salomon Geßner gibt einen Hinweis auf die *Lebenswichtigkeit* der von ihm empfindsam erneuerten antiken Gattung. Der weitere Aufstieg der Idyllik im Sturm und Drang führt, auf der Grundlage von Herders Geßner-Kritik, zur sogenannten »realistischen Idylle« [18]. Dieser Begriff ist insofern unglücklich, als auch in dieser modernisierten Idylle *Idealbilder* eines einfachen, bedürfnislosen, redlichen Lebens entworfen werden. Nur tritt jetzt an die Stelle der Schäferwelt das idealisierte Milieu des »*Mittelstandes*« [19], die idealisierte bürgerliche und bäuerliche Familie. Diese wird selbstbewußt der angeblich verkommenen »großen Welt« des Adels und der Höfe, aber auch der heraufkommenden kapitalistisch-technischen Welt entgegengesetzt und gewinnt dadurch höchste sozialgeschichtliche Bedeutung. Die vom Adel und von einer superklugen Geistesaristokratie initiierte erste Phase der Romantik ist der Idylle in allen ihren Formen (Kleinidylle, idyllisches Epos, idyllisches Lied, idyllische Erzählung) *wenig* günstig. Die neue Idyllik läßt sich aber weder von der adeligen Philisterkritik noch vom »transzendentalen Idealismus« noch von Hegels Polemik (zu wenig Geist, zu wenig Arbeit) in ihrem Aufstieg beirren. *Durch die Dichtungen bedeutender Spätaufklärer (Voss, Hebel, Jean Paul) weiter erhöht, hatte die Gattung das dichterische und theoretische Interesse der Klassiker gewonnen (Hermann und Dorothea, »Naive und sentimentalische Dichtung«).* So überlebte sie leicht die erste, extreme Phase der Romantik. Nach einer starken quantitativen Ausdehnung in den Musenalmanachen und Taschenbüchern der frühen Biedermeierzeit trat sie nach 1830 in der Gestalt bedeutender »Dorfgeschichten« und ebenso wertvoller ländlicher Genrebilder der bildenden Kunst auch qualitativ in die *Mitte der deutschen Kultur.* Diese idyllische Dichtung und Malerei vermittelte wirkungsvoll zwischen dem unerläßlichen Ideal einer gewissen Naturnähe (Primitivität) und dem tatsächlichen, noch tief im Rokoko steckenden Zustand der nachromantischen Stände-Gesellschaft. Das Ideal des einfachen Lebens beeinflußte auch den Adel tief, besonders den Landadel und die kleinen Höfe (Vorbild: Weimar), und trug beträchtlich zum *Abbau der sozialen Spannungen* bei, nicht nur im Vormärz, sondern auch in der zweiten Hälfte des 19. Jahrhunderts. Man darf behaupten, daß diese *Lebensmacht der idyllischen Ideale* ohne die Aufwertung des Primitiven und Irrationalen, die die Gegenaufklärung in den Phasen der Empfindsamkeit, des Sturm und Drangs (Göttinger Hains) und der Heidelberger Romantik leistete, nicht möglich gewesen wäre. Die germanistische Forschung wurde nicht nur durch die veränderten (radikalen) Ideale des expressionistischen Zeitalters, sondern auch durch die in Hegels Deutschland festbegründete *Bevorzugung des Heroischen und Tragischen* von der Erforschung der starken idyllischen Tradition in Deutschland abgehalten. Seit einiger Zeit zeigt sich jedoch eine *Mentalitätsänderung,* die, wie ich meine, nicht nur der historischen Forschung, sondern auch der Lösung aktueller Probleme zwischen fanatischem Rationalismus und weltfremdem Status-quo-Denken zugute kommen kann*. Man denke ja

---

* Meine Vorstöße zugunsten der Idyllenforschung begannen im Jahre 1963. Diese Titel und weitere Fachliteratur findet man im Literaturverzeichnis von Klaus *Bernhard,* Idylle, Theorie, Geschichte, Darstellung in der Malerei, 1750–1850, Köln, Wien 1977. Bernhards Schrift ist eine wichtige Ergänzung von Renate *Böschenstein-Schäfer,* Idylle, Sammlung Metzler, Stuttgart 1967, ²1978. Im Literaturverzeichnis von Bernhards Schrift fehlen jedoch zwei wichtige Idyllenforscher: 1. Ernst Theodor *Voss,* Kritische Ausgabe von Salomon Geßners »Idyllen«, Stuttgart 1973; Faksimile-Ausgabe von Johann Heinrich Vossens »Idyllen«, Heidelberg 1968. Beide Ausgaben mit einem weiterführenden Nachwort. 2. John L. *Hibberd,* Salomon Geßner, Cambridge 1976, und einige Aufsätze zur Geschichte der Idylle z.B. zu Hebel (s.u.). Gleichzeitig mit Bernhards Buch erschienen: Virgil *Nemoianu* (USA), Micro-Harmony, The Growth and the Uses of the Idyllic Model in Literature, Bern 1977, und Gerhard *Kaiser,* Wandrer und Idylle, Goethe und die Phänomenologie der Natur in der deutschen Dichtung von Geßner bis Gottfried Keller, Göttingen 1977. Ders., Von Arkadien nach Elysium. Schiller-Studien Göttingen 1978. Aufsätze aus der Sicht der vergleichenden Literaturgeschichte gab Klaus *Garber,* auf dem Wege zu einem eigenen Buch, heraus: Europäische Bukolik und Georgik, Darmstadt 1976, = Wege der Forschung Bd. CCCLV. Auch eine Idyllen-Anthologie ist erschienen, Hg. Helmut J. *Schneider,* Idyllen der Deutschen, Texte und Illustrationen, Frankfurt/M. 1979. Als allgemeine Einführung in die Gattung ist ferner nützlich: Bernd *Effe/*Reinhold *Grimm/*Konrad *Krautter,* Bukolik, Genese und Funktionswandel einer Gattung, München 1977. Die Romanistik beteiligt sich kräftig an der Idyllenforschung. Ich empfehle: Rüdiger *Stephan,* Gol-

nicht, die Dampfmaschinen aller Art hätten die Gemüter weniger erregt als heute die Ausnutzung der Atomenergie!

---

denes Zeitalter und Arkadien, Studien zur französischen Lyrik des ausgehenden 18. und 19. Jahrhunderts, Heidelberg 1971, Erich *Köhler*, Esprit und arkadische Freiheit,... ²1972. Bei der Idyllik handelt es sich wie bei den »Schlachtstücken« um eine *europäische* Gattung, – die aber von Anfang an den Krieg verwirft. Auch die DDR beteiligt sich: z.B. Leo *Nagel*, Zum Problem der Idyllendichtung, in: WB Bd. 16 (1970), H. 7, S. 87–111. Richtig heißt es da: »Der Spannung in der gesellschaftlichen Realität wird die Spannungslosigkeit in der Idylle entgegengesetzt« (S. 102). In der kommunistischen Gesellschaft freilich sei die »Idylle als Ort der Isoliertheit«, als »Hütte«, im Gegensatz zum Palast, ein »Anachronismus« (S. 107). Nun, wir wissen bereits, daß die Spannungen zwischen der rationalen, z.B. technischen Zivilisation und der an die Natur gebundenen Existenz des Menschen die Idylle genauso notwendig machen wie die »Klassengesellschaft«, die, nach der Meinung dieses Autors, »objektiv den Nährboden für das Gedeihen der Idylle« bildet (S. 101). *Der Mißbrauch der politischen Macht verstärkt, wie der Mißbrauch des Kapitals, das Bedürfnis nach privaten Freiräumen.* Ob Schloß oder Parteizentrale, Hütte oder Datscha, die Idylle bleibt in allen Systemen der zivilisierten Welt Bedürfnis und psychische Hilfe.

Gerhart *Hoffmeister* (Deutsche und europäische Romantik, Stuttgart 1978, Sammlung Metzler) arbeitet mit dem Begriff »*romantischer Realismus*«, schon weil er die Engländer einbeziehen will. Der Begriff ist, von der transzendentalen Romantik der Deutschen aus gesehen, verwirrend, man braucht aber nur daran zu denken, daß gleichzeitig in Südwestdeutschland Hebel eine Art *idyllischer Romantik* initiierte (Allemannische Gedichte, Carlsruhe 1803), um auch dieses Oxymoron diskutabel zu finden. Hebel ist neben Pestalozzi die wichtigste Vermittlung zwischen aufklärerischer (empiristischer) und biedermeierlicher Volksliteratur (vgl. Bd. II, S. 811 f.). Schon bei Hebel wird halb und halb der »realistische« Schritt von der antikisierenden Mythologie Geßners zu der christlichen Volksreligion getan (John L. *Hibberd*, J. P. Hebels Allemannische Gedichte and the Idyllic Tradition, in: Forum for modern language studies, Bd. VIII, 1972, S. 255). Nach der in meinem Buch verwendeten Begrifflichkeit ist dies ein Schritt auf das noch immer dezidiert christliche Biedermeier zu, für das die *Volksreligion* eine *Verpflichtung* darstellt (vgl. o. Gotthelf). Für Hoffmeister steht Scott »auf dem Übergang zu einem romantischen Realismus« (S. 40). In Frankreich rechnet er Stendhal, Balzac, Mérimée, ja selbst Flaubert[?], zur »realistischen Romantik« (S. 48). Man darf deshalb annehmen, daß er auch Dickens ihr zurechnet. Von der Biedermeierzeit her gesehen, ist dies unbedingt zu bejahen (Satire, Empfindsamkeit s. o.). Über Deutschland spricht Hoffmeister nur ganz allgemein: »Die europäische Tendenz zum romantischen Realismus als vierter Phase nach 1830 kommt in Deutschland abgeschwächt im parallel zum Jungdeutschland verlaufenden Biedermeier zum Ausdruck« (S. 32). Ich würde sagen, daß die Biedermeier-Romantik schon 1815 einsetzt, z.B. beim jungen Mörike (Lyrik) und in Wilhelm Hauffs Erzählprosa, nach 1830 jedoch sich so entschieden durchsetzt, daß viele das Hochbiedermeier mit dem Vollrealismus verwechselt haben (die Droste, Stifter, Gotthelf). Für Italien benutzt Hoffmeister den Begriff »neuklassische Romantik« (S. 50: Foscolo, Leopardi, Manzoni). Dieser Begriff kommt, wegen des »Biedermeier-Klassizismus« (vgl. Bd. I, S. 254 f.), stilgeschichtlich nahe an süddeutsche und besonders österreichische Lösungen heran (Mörike, Platen, Grillparzer, Stifter). – Eine Trennung von Biedermeier (bzw. 3. und 4. Phase der deutschen Romantik) und Realismus empfiehlt sich auch deshalb, weil man sonst in zumindest didaktisch verwirrender Weise zwei *entgegengesetzte* Arten des Realismus voneinander unterscheiden muß, nämlich eine, »der das Wirkliche der allein gültige Maßstab der künstlerischen Darstellung ist« und eine andere, der »das Wirkliche in der Tiefe unwirklich, vorläufig ist und erst in der dichterischen Umformung ins Gültige erhoben wird« (Hermann *Kunisch*, Dichtung und Gesellschaft im 19. Jahrhundert, in: Zeit- und Gesellschaftskritik in der österreichischen Literatur des 19. und 20. Jahrhunderts, Wien 1973, S. 34). Die zweite Definition trifft in ihrem ersten Teil das Biedermeier fundamental, in ihrem zweiten Teil mag sie für betont *poetische* Biedermeierdichter (Mörike, Stifter) zutreffend sein.

So viel zur Einordnung der Biedermeierzeit in die westeuropäische Romantik*. Wie ich die Gedanken amerikanischer Komparatisten weitergeführt habe, so sollen auch meine Thesen – *nach* dem Abschluß dieses Bandes niedergeschrieben! – nur Denkanstöße für die künftige Forschung sein. Ein wissenschaftlicher Rückschritt wäre es, wenn über dieser *notwendigerweise etwas abstrakten Bemühung um eine Erweiterung des Romantikbegriffs* die konkreten Phänomene vergessen würden, welche die deutsche Germanistik der letzten Jahrzehnte und noch mich selbst zur Betonung und differenzierten Erfassung des Einschnitts von 1815 geführt haben. Es sei versucht, die wichtigsten Beobachtungen zu wiederholen.

Der Einschnitt von 1815 bleibt wichtig

Meinem Bemühen, die früher so verachtete »Epigonenzeit« zu einem vollwertigen, ja *historisch* besonders wichtigen Zeitraum zu erheben, wurde vor allem dadurch ein Erfolg zuteil, daß sich in der BRD, seit dem Ende der 60er Jahre, etwas Ähnliches ereignete wie im Metternichschen Deutschland nach 1830, nämlich ein *Abrücken der Jungakademiker, auch der Philologen, vom Kult der Dichtung.* Ein neues politisches Verantwortungsgefühl entstand, jetzt gesteigert durch das moralische und politische Versagen der älteren Generation in der Hitlerzeit, und ein leidenschaftliches Bestreben, alles besser zu machen

---

* Nach der Niederschrift dieses »Schlusses« erhielt ich von dem Komparatisten Virgil *Nemoianu* einen Sonderdruck mit dem Titel »Is There an English Biedermeier?« (Canadian Review of Comparative Literature, Winter 1979, S. 27–45). Obwohl ich diese Frage nicht bejahen kann – ich sehe das Biedermeier als typisch deutsche, vor allem süddeutsche Form der späten Romantik – besteht in der Sache eine überraschende Konvergenz zwischen der historischen Interpretation Nemoianus und der meinigen. Worauf es ihm eigentlich ankommt ist nicht das Wort – er spricht auch von »the second phase« und »a long phase of Late Romanticism« (S. 32) –, sondern die Beobachtung, daß sich die Romantik *überall in Europa allmählich abschwächt und empirischer, bürgerlicher, häuslicher wird und daß dieser Verlust an Metaphysik und Enthusiasmus zugleich ein Gewinn ist:* »From total revolution we step down to national renewal or mere social radicalism, or perhaps historical restoration. From cosmic history we turn to the recapturing of the historical facts. Prophetic visionariness is replaced by psychological speculation, animated nature by beautiful nature, absolute love by domestic peace, transfigured reality by the variety of the concrete« (S. 33). Richtig wird auch *das zähe Festhalten am romantischen Ansatz, trotz starker partieller Verunsicherung,* in einem komplizierten Gleichgewichtssystem erkannt: »Inevitably, the function of imagination finds itself under a cloud. The total fusion of imagination with nature, which had been for Blake, Wordsworth, and Coleridge a supreme aim, seems now to fade into the distance. The separation into a level of natural (and/or social) reality opposed to a level of imagination becomes more and more obvious. While efforts are made to secure a function for the imagination *inside* reality and somehow auxiliary to reality, it is obvious that the supreme synthesis has lost its chances of success[!]. The emergence of a purely sensationalist and melodramatic literature, based on horror and exoticism, is a symptom of the breakdown of this synthesis. What had been part of a comprehensive formula becomes autonomous. In all areas, a reappraisal of 18th century attitudes and tastes[!] is discernible, most obviously in aesthetic doctrines and forms. The real achievement of Later Romanticism lies perhaps here: in its accord between a still coherent, if impaired, High-Romantic formula and a tradition that it did not want to discard. The unity still holds, even when the balance is uneasy...« (S. 45).

als diese, machte sich geltend. Heines Ruf, die »Kunstperiode« sei zu Ende – an sich schon ein revolutionärer Kurzschluß – wurde wiederholt und führte zu noch naiveren Folgerungen. Man bekam zeitenweise kaum mehr ein Gedicht vor die Augen, das nicht die »deutsche Misere« in Vergangenheit und Gegenwart beklagte oder in anderer Weise die Funktion der Zeitung übernahm. Über dieser Identifizierung mit der ebenso welt-schmerzlichen, d. h. religiös unbefriedigten, wie politisch unzufriedenen Metternich-Zeit wurde vergessen, daß an der Epigonenvorstellung, wie sie vor allem Immermann vorge-tragen hatte, doch etwas Wahres war. Die Zuversicht, die Selbstsicherheit, die die deut-sche Geisteswelt im gesamten 18. Jahrhundert getragen und dichterisch wie philoso-phisch in eine europäische Spitzenlage geführt hatte, war einem Zweifel an sich selbst, ja einem weitverbreiteten Katzenjammer gewichen. Statt der freiheitlichen Verfassung, von der man in den Freiheitskriegen träumte, hatte man einen Polizeistaat. Man darf ihn sich in keiner Weise totalitär vorstellen; aber er behinderte die Entwicklung zu einem freien und einheitlichen Nationalstaat erfolgreich und störte das geistige Leben durch eine kleinliche, wenn auch sehr verschieden gehandhabte Zensur empfindlich. Immermann erkannte schon, daß die aufkommende Reisewut mehr eine Droge als ein Heilmittel ge-gen die öffentliche Beengung war, daß entsprechend die Erweiterung der Dichtung, z. B. der gleichzeitige Gebrauch von antiken, mittelalterlichen, orientalischen und Renaissan-ceformen eher ein Zeichen der Unsicherheit als der Vervollkommnung war. Nicht zu ver-gessen ist die Trostlosigkeit, die sich aus dem Zusammenbruch der »höheren« Philoso-phie, der »höheren« Religion, der »höheren« Staatslehre, der »höheren« Naturwissen-schaft, kurz aus dem *Versagen des Idealismus in der Empirie* ergab. Auf den gesteigerten Subjektivismus der transzendentalen Philosophie folgte, wie immer in solchen Fällen, ein gesteigerter *Kollektivismus,* so daß Immermann sogar den gesellschaftlichen Kern der Biedermeierkultur, die Großfamilie, bedroht sah (vgl. Bd. I, S. 22 f.). Der Überwucherung der Dichtung durch politische Ideen und publizistische Formen, die schon ein Kennzei-chen der Spätaufklärung, besonders nach 1789, gewesen war, konnte niemand mehr so entgegentreten wie Goethe und Schiller in den *Xenien*. Die Geistesaristokratie wurde nicht mehr anerkannt, worunter z. B. Heine ein Leben lang litt, weil er nie aufhörte, sich an Goethe zu orientieren. Grillparzer wirkt, verglichen mit Schiller, unsicher und ge-hemmt. Schillers theatralischer Einfluß wurde immer größer, je mehr er schrieb, während sich Grillparzer nach *Weh dem, der lügt!* beleidigt vom Theater zurückzog. Je schwächer das idealistische Drama wurde, um so stärker wurde die Posse. Raimund und Nestroy feierten, an der Stelle Grillparzers, Triumphe, deren tieferen Sinn die deutsche Literatur-geschichte bis vor kurzem nicht verstand, – besonders im Falle Nestroys. Man konnte auch noch nicht erkennen, daß Büchner besser dichtete als berühmte Stürmer und Drän-ger wie Lenz oder Klinger, daß Gotthelf angesehene Pädagogen des 18. Jahrhunderts wie Pestalozzi und Salzmann dichterisch übertraf. Man war schon zu nationalistisch, als daß man Heine als deutschen Voltaire, d. h. in seinem umfassenden poetischen und publizisti-schen Gewichte hätte erfassen können. Die klassischen Philologen erhoben seinen Feind, den Grafen Platen, auf den Schild; aber wie beschränkt ist der Wert dieses immer nur nach neuen Versmaßen suchenden Poeten, wenn man mit einem nicht selbsternannten, sondern berufenen Poeten wie Hölderlin vergleicht. Immermann macht mit seiner zwiespältigen, zwischen den Gattungen ziellos hin und her schwankenden Dichtung einen ziemlich kläglichen Eindruck, wenn man mit einem ebenso sicheren wie urbanen Meister vom Range Wielands vergleicht; und man muß schon zu der aufsteigenden katholischen Dichtung seine Zuflucht nehmen, wenn man eine vergleichbare *Sicherheit der Leistung* finden will: Nestroy, die Droste und vor allem Adalbert Stifter. Auch ein Vergleich zwischen Lessing und dem als Kritiker hochbegabten Gutzkow könnte, was die gleichzeitige Zuständigkeit für Dichtung und Literaturkritik betrifft, nur zugunsten des 18. Jahrhunderts ausfallen.

Das Mißtrauen gegen die »Äußerlichkeit« der Kunst übernimmt die Biedermeierzeit von der Romantik. Ein trivialisierter Geniebegriff führt vor allem bei sozial aufsteigenden Dichtern zu der Vorstellung, sie, als geborene Genies, brauchten nur zu improvisieren, um Shakespeare und Goethe ähnlich zu sein. Als »Sudler« (Goethe), wenn ich mich so deutlich ausdrücken darf, treten Grabbe und Postl-Sealsfield zusammen, weil sie ihre kräftige Begabung nicht zur Meisterschaft zu läutern verstanden. Aus dieser Verachtung des »Äußerlichen« vor allem erklärt es sich, daß in Deutschland geringere, aber technisch sorgfältigere Autoren wie Raupach, Gutzkow und Laube einen so gewaltigen Einfluß als Theaterschriftsteller und Romanciers erlangten. Durch die Schule Walter Scotts wurde diese bedauerliche, gut deutsche Aufspaltung in geniale Dilettanten und genielose Könner wenigstens auf dem Gebiet der aufsteigenden Erzählprosa gemildert.

Die in Westeuropa so starke und heilsame Tradition des *literarischen Handwerks* war auch in Mitteleuropa noch nicht ausgestorben. Im deutschen Gymnasium hatte sich die überkommene althumanistische Bildung mit den praktischen Übungen rhetorischer und poetischer Art über die romantische Epoche hinweg erhalten, und je deutlicher die Sackgasse der transzendentalen Romantik ins Bewußtsein trat, um so größer wurde das Selbstbewußtsein der oft als Rezensenten tätigen klassischen Philologen und der im Gymnasium erzogenen Autoren und Rezensenten. Der kirchlichen und staatlichen Restauration entsprach auf literarischem Gebiet eine *Restauration der Rhetorik,* d. h. eine neue Betonung der Unterscheidung von hohem, mittlerem und niederem Stil, je nach Gegenstand und Wirkungsabsicht, überhaupt eine *Aufwertung der bewußten Stilkunst.* Wir sollten nicht vergessen, daß die deutsche Literatur auf dieser Grundlage Dichter hervorgebracht hat, die ohne unsichere Experimente sogleich Meisterhaftes leisteten: Mörike, Büchner, auch Gotthelf, und vor allem die Österreicher Grillparzer, Lenau, Stifter, Nestroy. Aber diese Leistung in der Praxis des literarischen Lebens wurde durch einen poetologischen Rückschritt erkauft, der sich im Rezensionswesen und damit in der Rezeption der großen Dichter schädlich auswirkte. So wurden z. B. die großen österreichischen Dramatiker in der gutmütigen, aber auch schwächlichen Wiener *Theaterzeitung* Bäuerles nicht so hervorgehoben, wie sie es verdienten und wie es das Theaterleben der Kaiserstadt gebraucht hätte. Auch die Berliner Publizistik war nicht stark genug, um dem durch und durch akademischen und rhetorischen Raupach den Weg zu verlegen oder um wenigstens seine Herrschaft über die Berliner Bühne durch die Annahme originellerer Stücke, z. B. von Immermann, Grabbe, Hebbel, abzuschwächen. Betrachtet man das Berliner Hoftheater aus der Perspektive von Hebbels Briefen, so macht es einen flachen, von der Routine beherrschten Eindruck. Die Aufführung von *Maria Magdalene* und *Agnes Ber-*

nauer wäre gewiß riskanter gewesen als die theatralische Produzierung von Melchior Meyrs tüchtigem Agnes-Bernauer-Stück (*Herzog Albrecht,* verspäteter Druck Stuttgart 1862, vgl. o. S. 396). Aber zu Ifflands und Devrients Zeiten hätte man es wohl gewagt. Hebbels Meinung, daß die Aufführungschancen für gute Stücke sich ständig verschlechterten, kann man durch den Hinweis auf die bühnenbeherrschende extrem rhetorische Dramatik bestätigen. Die Feststellung gilt auch für Wien: Friedrich Halm, d. h. Reichsfreiherr von Münch-Bellinghausen, ersetzt Grillparzer im Burgtheater. Noch der große Theatererfolg Gutzkows und Laubes (nach 1840, vgl. Bd. I, S. 184–190) erklärt sich aus dem reduzierten *dichterischen* Anspruch der Bühnen, nicht allein aus politischen Gründen.

Rhetorik heißt Gebrauchsliteratur. Die große Ausdehnung eines neuartigen Prosaschrifttums in vielen Formen (Reiseliteratur, Geschichtsschreibung, Geschichtsroman mit mehr oder weniger Tendenz, Gesundheits- oder Anstandsbücher, politische Publizistik mit oder ohne belletristische Tarnung, religiöse, soziale, politische Pamphlete oder Flugschriften), aber auch das Wiederaufleben traditioneller Formen (Fabeln, überhaupt Vers-Didaktik, versifizierte Erbauungsbücher, panegyrische Epen kirchlicher und politischer Art, Predigtsammlungen, didaktische Romane, Kinderbücher in verschiedenen Gattungen) hat den Verfasser dieser Epochendarstellung zunächst in die größte Verlegenheit gesetzt, weil er noch im Banne des vom deutschen Idealismus ersonnenen literarischen Trinitätsdogmas (Epos, Lyrik, Drama) stand, *bis er dies deutsche Dogma widerrief* und, ohne nennenswerten Widerspruch, auch in der deutschen Germanistik, seines von Emil Staiger noch bestätigten Ansehens beraubte (*Vorschläge zur Reform der literarischen Formenlehre,* Stuttgart ¹1967, ²1969). *In gattungstheoretischer Hinsicht ist demnach die postromantische Abspaltung der deutschen Literatur von der europäischen bereits beseitigt worden.* Die Voraussetzung für diesen Erfolg war freilich die schon erwähnte Politisierung der akademischen Jugend in der gleichen Zeit. Sie überbot, wie dies Jugendbewegungen zu tun pflegen, die Vorschläge des Alten, insofern sie zur Beseitigung *aller* Wertunterschiede zwischen den Gattungen tendierte und das der besten europäischen Tradition entstammende Wort Gattung durch das absolut hintergrundlose (unphilosophische) Wort Textsorte ersetzte. Diese Nivellierung der Gattungen ist kein Grund zur Aufregung; denn die Dichtung bleibt auf die Dauer am längeren Hebel und wird die respektlose Behandlung durch die Jungen genauso überleben wie zu Mörikes und Grillparzers Zeiten.

Das Hauptergebnis der Rhetorikrestauration war die Fortsetzung des Aufstiegs der Prosa, die in der Aufklärung begonnen hatte, vor allem des Romans. Die Erzählprosa gewann immer größeren Raum, nicht mehr als Hauptzweig der romantischen Universalpoesie, sondern wieder als halb poetische Gattung zu teils unterhaltenden, teils informativen Zwecken*. Mehr bedeutete »Kunst der deutschen Prosa« (Theodor Mundt, vgl.

---

* Da die »Universalpoesie« die Wissenschaft, besonders im Sinne von Philosophie, mit einschließt, ist die hier von mir vertretene Unterscheidung zwischen Romantik und Biedermeierzeit vielleicht noch zu scharf. Will nicht auch die Universalpoesie »informativen Zwecken« dienen? Der Unterschied besteht vor allem darin, daß die Information wieder den Anschluß an das 18. Jahrhundert gewinnt und empiristischer, detaillierter, »nüchterner«, »philisterhafter« wird. Sobald man

Bd. II, S. 14 ff.) nicht. »Kunst« meinte noch das *literarische Handwerk*. Alexis belehrte die Brandenburger mit Hilfe des Romans über ihre auf Preußen zielende Geschichte. Postl-Sealsfield hielt den Deutschen das Vorbild US-Amerikas vor Augen. Gotthelf belehrte das Publikum in vielen deutschen Städten über die Würde des Bauerntums und über die Gefahren, die die Loslösung von der Religion und Sitte des Volkes mit sich führt. Es ist sicher kein Zufall, daß der kräftig Partei nehmende Gotthelf der Schweizer Republik entstammte, daß umgekehrt der hochkultivierte und höchst begabte Stifter, der seine besten Jahre in Wien verbracht hatte, in den Bann des Klassizismus geriet (vgl. o. S. 987 ff.) und damit vom Weg des europäischen Romans (Balzac, Stendhal, Dickens) völlig abkam. Aber vielleicht kann sich diese deutschsprachliche Erzählprosa im ganzen doch neben der westeuropäischen sehen lassen. Sie teilte ihre Schwäche (Improvisation), ihre Stärke (gesellschaftliche Unmittelbarkeit) und erreichte in Stifters Novellen eine sogleich auch in England anerkannte Vollendung (vgl. o. S. 965). Dagegen erregt der transzendentale *Heinrich von Ofterdingen* außerhalb Deutschlands bis zum heutigen Tage vor allem verlegenes Erstaunen über so viel Tiefsinn. Erst E. T. A. Hoffmann, der wieder mit wirksamen plots und handfester Rhetorik arbeitete, führte auf der Grenze zwischen den ersten Phasen der Romantik (vor 1815) und der Biedermeierzeit die deutsche Erzählprosa zum internationalen Erfolg.

Die bekannteste Erscheinung der Rhetorikrestauration ist die dröhnende politische Lyrik eines Grün, Herwegh, Freiligrath und vieler anderer. Die von Goethe und auch von der Romantik hervorgebrachte individuellere Lyrik ging in dieser Rhetorik wieder beinahe völlig unter. Den Gegenpol, die legitime Goethenachfolge, bildet in deutschen Augen die unvergleichliche, aber offenbar *im Ausland* schwer nacherlebbare und kaum übersetzbare Lyrik Mörikes; sie beeinträchtigt heute den rascher einsetzenden Ruhm Lenaus, der stärker in der empfindsam-rhetorischen Tradition verharrte, beträchtlich, und zwar vermutlich auf die Dauer. Lenau versuchte in einer Reihe von Gedichten, sich von der sentimentalen Tradition zu befreien. Besser gelang dies Heine, der ähnlich empfindsam begann. Es geschah meistens mit Hilfe der Ironie, der Parodie, der Groteske und seines einzigartigen Witzes. Man wird, meine ich, generell zu einem *besseren Verständnis der rhetorischen Lyrik in Mitteleuropa* gelangen, wenn die Germanistik die entsprechenden Erscheinungen West- und Südeuropas sorgfältiger studiert als sie dies bisher getan hat, und wenn sie mehr auf die Verschiedenwertigkeit *innerhalb* der Rhetoriktradition achtet als auf den fast allen gemeinsamen Abstand von Goethe, der bisher am meisten interessierte. In der jüngsten Heinephilologie ist schon manches zu einer differenzierteren Bewertung der politischen Lyrik getan worden (vgl. o. S. 563 ff.). In der Mitte zwischen Mörike und den rhetorischen Lyrikern steht Annette von Droste-Hülshoff. Im *Geistlichen Jahr*, einem versifizierten, aber originellen Erbauungsbuch, herrscht die Rhetorik traditionsgemäß stärker als in den ganz neue Bereiche detaillierter Wirklichkeitsdarstel-

---

solche Fragen – auch die Gattungsmischung der Biedermeierzeit gehört in den Komplex der Universalpoesie – zum Gegenstand von besonderen Untersuchungen macht, verringert sich vermutlich der hier gemachte Unterschied noch. Andrerseits wird der Einschnitt zwischen dem Realismus, der die *Spezialisierung auf feste Kultur- und Kunstformen* vertritt (s. u.), und der Biedermeier-Romantik noch tiefer.

lung erobernden *Heidebildern.* Man hat in der Droste-Philologie, besser als z. B. in der Gotthelf-Philologie, gelernt, unter Verzicht auf die Maßstäbe des programmatischen Realismus beiden Seiten gerecht zu werden, der Innovation und der Tradition. *Man beginnt überhaupt, der tiefen Verbindung zwischen Altem und Neuem bei genialen konservativen Dichtern gerecht zu werden.* Dies gilt auch für die Interpretation der Bildlichkeit. Es ist verständlich, daß mit der Rhetorik auch die längst umstrittene Allegorie wieder zur Geltung kommt. Wenn dies selbst für den alten Goethe, der ganz anders ansetzte, gilt *(Westöstlicher Divan, Faust II),* so ist bei der Beurteilung der um 1800 geborenen Generation, für die der Wiederaufstieg der Rhetorik normalerweise prägend war, äußerste Vorsicht geboten. *Die krassen Fehlurteile eines Friedrich Gundolf beweisen, daß ästhetisches Feingefühl ohne historisches Verständnis zur Kritik romantischer und biedermeierlicher Dichter unmöglich ausreicht.*

Am Beispiel Goethes läßt sich auch verdeutlichen, daß der stärkere Sinn für »Autopsie«, für die Beobachtung der Erscheinungen und ihre detaillierte Wiedergabe, der Fortsetzung des systematischen Denkens *nicht* widerspricht, nur daß jetzt eben die Systeme selbst konkreter und didaktischer werden. Der Unterschied zwischen den *Lehrjahren* und den *Wanderjahren* ist durchaus typisch für den Unterschied zwischen ausgehendem 18. Jahrhundert und früher Biedermeierzeit. An die Stelle bedeutender, aber auch abenteuerlicher, teilweise erotischer Erlebnisse, hinter denen Goethes persönliche Biographie zu erkennen ist, tritt eine Utopie der Zukunft, die von mehreren kollektivistischen Richtungen des 20. Jahrhunderts für sich in Anspruch genommen wurde, weil sie so abstrakt ist, daß man sie auf verschiedene Weise interpretierend ausfüllen kann. An die Stelle eines »interessanten« Entwicklungsromans – die Frühromantik knüpfte an die *Lehrjahre* an und erhob das »Interessante« zum Prinzip – tritt ein Roman mit repräsentativen und pflichtbewußten Gestalten, der fast schon ein Lehrbuch ist. Sogar die einst so leichtsinnige Philine macht sich nützlich. Daß hier ein innerer Zusammenhang mit Postl-Sealsfields »Volksromanen« besteht, die Amerika zum Vorbild für Deutschland erheben, liegt auf der Hand, obwohl der Jüngere viel farbiger und temperamentvoller (»barocker«) erzählt. Stetiger, epischer, »magischer« (Julian Schmidt) erzählt Stifter in seinen späten Romanen. Ist der *Nachsommer* ein Entwicklungsroman? Doch wohl eher eine pädagogische Provinz und das Bild eines Alters, das sich über die Mühsale des gewöhnlichen Lebens erhoben hat und in die ebenso musische wie praktische Idylle des Rosenhauses geflüchtet ist. Volkstümlicher und stellenweise auch viel zeitbezogener sind Gotthelfs Romane; aber auch sie haben einen parabolischen und didaktischen Charakter, aus dem man beinahe ein pädagogisches System abstrahieren könnte. Dies ist gerade bei den *bedeutenden* Romanen der Epoche stets der Fall. Ob konservativ oder fortschrittlich – der Romancier der Biedermeierzeit verzichtet nicht darauf, sein Erzählen auf bestimmte sittliche Grundsätze, auf allgemeine politische Ziele, auf eine Religion oder Weltanschauung, kurz auf eine Ordnung auszurichten. Aus diesem Grund fiel dieser ganze riesige Bereich tendenziöser oder didaktischer Erzählprosa in Vergessenheit, *als man auf die Alternative Restauration oder Revolution verzichtete und sich mit »realistischen« Kompromissen zwischen der alten und einer möglichen neuen Ordnung begnügte* (vgl. Bd. I, S. 269 f.).

Gründe für die realistische Verzeichnung der Biedermeierzeit

Und wie ist es zu erklären, daß man in der Germanistik, vor der Konstituierung einer besonderen Epoche Biedermeierzeit, dazu neigte, die Zeit nach 1815 oder wenigstens nach 1830 eher dem Realismus als der Romantik zuzuweisen? Wenn Scott als typischer Romantiker gilt, wird man auch Hauff, Alexis, Postl-Sealsfield, die sich bewußt an ihm orientieren, romantisch nennen können. Wenn dagegen Novalis der Prototyp des Romantikers ist, erscheint eine tiefe Kluft zwischen der »eigentlichen Romantik« und den erwähnten geschichtlichen oder zeitgeschichtlichen Erzählern. Den Mythos Novalis-Romantik scheint vor allem die Zeit der »Geistesgeschichte« in der deutschen Germanistik durchgesetzt zu haben; denn auf der Suche nach dem spekulativen Desiderat einer Wissenschaft und Dichtung verbindenden »Universalpoesie« war kein besseres Beispiel zu finden. So wurde ein absolut einmaliges, *extremes* Produkt zu einer *historischen Norm* erhoben, an der gemessen *alle* späteren Erzähler als Halbrealisten erscheinen mußten. Während jeder vom Biedermeier herkommende Interpret bei Arnims *Kronenwächtern* (Teilveröffentlichung 1817) zuerst den Abstand vom eigentlichen historischen Roman empfinden wird, meint Korff: »Nicht auf seinen phantastischen, sondern auf seinen *realistischen* Elementen beruht die Bedeutung dieses Romans, der in der Tat nur durch letztere überhaupt den Charakter eines historischen Romanes hat« [20]. Im Folgenden schwächt Korff dieses Urteil wieder ab; aber mir scheint, daß schon die Bezeichnung historischer Roman abwegig ist, weil diese Dichtart erst in der frühen Biedermeierzeit, bzw. in der dritten Phase der Romantik, nach englischem Vorbild entstanden ist. Dem philosophischen, universalpoetischen Romantikbegriff entspricht es auch, wenn Korff den auf andere Weise extremromantischen E. T. A. Hoffmann zum bloßen Artisten, zum »Erzählvirtuosen« macht [21], während in meinen Augen seine Wundertechnik nur handfester, naiver als bei den Frühromantikern ist, – populärer. Daß dabei die nihilistische Kehrseite der Romantik zutage trat – »ein ganz besonders exquisiter Fall dieses romantischen Nihilismus« [22] –, meine ich auch; ich würde nur stärker als Korff betonen, daß dieser seit dem »klassischen« Empirismus des 18. Jahrhunderts in jeder anti-empiristischen Tendenz zu erkennen ist, *weil der Ausbruch aus der erkennbar gewordenen und zum Teil auch schon technisch beherrschten einen Welt aussichtslos und daher auch meist unaufrichtig geworden ist*, – nichts weiter als eine Arbeit für »Erzählvirtuosen«.

Diese klägliche, um 1848 offen eingestandene Situation aller transempirischen Systeme gab dem Realismus in ganz Europa eine *erstaunliche Autorität*. Er eroberte, im Gegensatz zur Klassik und Romantik, in Deutschland frühzeitig das Gymnasium, er zerstörte, gründlicher als in andern Ländern, die Rhetoriktradition. Man darf behaupten, daß der Realismus, von der Bildungsseite her gesehen, noch dem Kampf gegen die »entartete Kunst« zugrunde lag. Erst nach dem Untergang des im realistischen Zeitalter entstandenen Reichs (nach 1945) wurde der Expressionismus von der bundesdeutschen Publizistik mit ähnlicher Entschiedenheit inthronisiert wie früher der Realismus und auch vom Gymnasium zum Gegenstand der Bildung, leider oft zu ihrem Hauptgegenstand, erhoben. Dagegen behauptete sich in der DDR die realistische Norm, jetzt in der Gestalt des »sozialistischen Realismus«. *Es ist selbstverständlich, daß man im ganzen bildungsmä-*

ßig vom Realismus beherrschten Zeitalter versuchte, einen möglichst großen Teil des deutschen Erbes mit einem realistischen Nenner zu versehen. Es interessierte nicht die historische Struktur als Ganzes oder Einmaliges, sondern der jeweilige Schritt, den ein Dichter in Richtung auf den Realismus tat. Ein Abschnitt in der offiziellen DDR-Geschichte der deutschen Literatur (Bd. 8,1, 1975) trägt noch heute die Überschrift »Realistische Tendenzen in der Erzählkunst Eduard Mörikes«. Die damit gestellte Aufgabe ist schwer zu lösen; denn Mörike war, zur Verzweiflung seiner hegelianischen Freunde, ein ganz verspielter, zu einem humanistischen Realismus unfähiger Mensch. Der Aufweis »realistischer Tendenzen« kann nur zu verquälten und schiefen Interpretationen führen. Ein Beispiel. Den Hintergrund von Mörikes Märchen *Der Schatz* bildet das romantische und biedermeierliche Vertrauen in Gottes weise Vorsehung (vgl. o. S. 712 f.). Der Dichter rechtfertigt in dieser Dichtung sein unbemühtes, passives Leben und Dichten, seinen Glauben an die Begnadung. Schon eine halb realistische Deutung muß dies Fundament des Märchens zerstören: »Daß Mörike mit der... Märchennovelle ›Der Schatz‹ (1836), in der zwar, wie er dem Freund Hartlaub mitteilte, ›das Wunderbare nur scheinbar und bloßes Spiel‹ ist, doch den eben erst ergründeten Boden der analytisch-psychologischen Darstellung [*Lucie Gelmeroth*] wieder verließ, bezeugt sein stetes Schwanken zwischen der Neigung zum Märchenhaft-Phantastischen und dem Versuch, Lebensprobleme in realistischer Manier erzählerisch zu erfassen. Der Ich-Erzähler berichtet, wie ›rätselhafte Umstände‹ seinen Aufstieg begünstigten. Dieses Wunderbare aber wird ironisiert und bezieht seine Deutung ganz unromantisch[?] aus der Realität des Alltags. So ist der Held weder Schicksalsmächten ausgeliefert[?] noch Opfer wechselnder Stimmungen; er tritt mit dem Anspruch auf, sein Leben selbst in glückliche Bahnen zu lenken« [23]. In Wirklichkeit erzählt der Dichter von einem verträumten Glückspilz, der fast gar nichts tut und dem doch alles gelingt, wie Mörike – dem Dichter! Er betont völlig romantisch gerade das, was sich der rationalen Lebensgestaltung entzieht, die »schlechthinnige Abhängigkeit« des Goldschmiedgesellen Franz in *dem*, auf das es eigentlich ankommt. Auch die Mozart-Novelle, die das äußere Wunder vermeidet, ist in einem durchaus heteronomen Geist geschrieben: Was zählt, ist die musikalische Begnadung, die Liebe der Mitmenschen, der geschenkte Reisewagen, der Tod, den man nur hinnehmen kann. Mörikes Freunde hätten das tapfere und unbedingte Leben Mozarts für die Kunst gewiß aus der hegelianisch-heroischen Perspektive erzählt; aber dieser überlegen kämpfende Künstler wäre kein Symbol für Mörike gewesen. Mit größerem Recht betont die DDR-Germanistik den Realisten Goethe. Aber auch hier muß der normative Begriff des Realisten letzten Endes zur Verzeichnung führen; denn Goethe ist vor allem durch seine konsequente Vermittlung zwischen Aufklärung und Gegenaufklärung im Laufe des 19. Jahrhunderts zum allseitig geachteten Repräsentanten der deutschen Dichtung geworden. Auch diese große Erscheinung, rein antiromantisch gedeutet und zum Inbegriff der Dichtung erhoben, legte es dem Germanisten nahe, allenthalben zuerst die »realistischen Tendenzen« herauszuholen.

Ein noch wichtigerer Grund für die weite Ausdehnung des Realismusbegriffs in der deutschen Literaturgeschichte, ist *die mangelhafte Unterscheidung des Realismus, den es immer gibt, von dem an einer bestimmten Stelle der Geschichte publizistisch durch-*

gesetzten programmatischen Realismus. Die Kunstgeschichte spricht schon lange von einem Detailrealismus; es gibt ihn z. B. in der sakralen Kunst der Frührenaissance, ohne daß das Sakrale selbst beeinträchtigt wird. Eben diese Frührenaissance, die Künstler vor Raffael, wurden den romantischen Malern in Rom, den Nazarenern, zum Vorbild (von Einem s. o.). So malt z. B. Peter Cornelius in der Mitte seines berühmten Bildes »Die heilige Familie« (Städelsches Kunstinstitut, Frankfurt/M.) ein Kind (Johannes der Täufer), das eine sorgfältig ausgemalte Weintraube, mit Stiel und Laub dem auf dem Schoß der Mutter stehenden Jesuskind anbietet. Die Mitte des Bildes ist also ein detailrealistisch gemaltes Kinder-Genrebild, in Fortbildung des einfachen Motives Mutter und Kind, ohne daß deshalb die Heiligkeit Marias oder auch nur die romantische Göttlichkeit der Kunst beeinträchtigt würde; denn hinter dem Knaben steht ein Engel mit Harfe, der nicht die heilige Familie, sondern den Betrachter anblickt, um ihm den höheren Sinn des Familiengenrebildes zu eröffnen. Die Natur hilft ihm, gut romantisch, dabei; denn neben dem Kopf des Engels erblickt man im Fenster eine Landschaft mit Bäumen, Buschwerk und Berg. Das kräftig gezeichnete Familienbild ist im optischen und im religiösen Sinn transparent. ich meine, daß die meisten Gestaltungen des Biedermeiers, z. B. eben die Mörikes, die gleiche *Durchsicht auf das Übermenschliche* eröffnen; denn die Epoche ist noch dezidiert christlich. Der von mir aus der Kunstgeschichte übernommene Begriff *Detail*realismus hilft uns jedenfalls dabei, die in der Romantik und im Biedermeier erscheinenden realistischen *Elemente* nicht mit dem *ganzen,* nachfeuerbachschen Realismus zu verwechseln. Ich meine, es ist richtig, wenn man an dieser überaus wichtigen geschichtlichen Stelle religionsgeschichtlich argumentiert; denn der meist geringschätzig gemeinte Begriff »positivistischer Realismus« trifft wenigstens *eine klar umgrenzte und ein neues »positives« Fundament legende historische Erscheinung* jenseits des Weltschmerzes, – der jede Art von Idealismus abzulösen pflegt.

Biedermeier und Realismus

Man wird dieser Konstituierung eines dezidierten Realismus wahrscheinlich entgegenhalten, daß der deutsche Realismus doch nur ein halber Realismus ist und daß erst der am Ausland orientierte Naturalismus den Titel eines »konsequenten Realismus« in Deutschland für sich in Anspruch genommen hat. Richtig ist, daß der Positivismus eine langanhaltende, mehrere Phasen (Realismus, Naturalismus, neue Sachlichkeit usw.) *übergreifende* Bewegung ist, daß also der programmatische und bürgerliche Realismus, um den es hier geht, nur die erste Phase einer größeren Epoche oder (besser) einer dauerhaften Zeittendenz ist; denn antiempirische, aristokratische Geister (Richard Wagner, Nietzsche usw.) reagierten sogleich *feindselig* auf die rationale, liberale und bürgerliche Ausrichtung der Literatur nach 1848, ohne zunächst die deutsch-realistische Tradition zerstören zu können. Die späteren Vorwürfe gegen den programmatischen und bürgerlichen Realismus in Deutschland stammten ursprünglich von völlig areligiös interpretierenden Romanisten oder von materialistischen Sozialisten. Beide Richtungen können der in einem neuen Sinne *religiös* orientierten deutschen Dichtung nach 1848 unmöglich gerecht werden. Das vielgetadelte *Verklärungsprinzip des programmatischen deutschen*

Realismus – die Ideologie ist tatsächlich einwandfrei nachzuweisen (vgl. Bd. I, S. 261)[24] – ergibt sich nicht nur aus der, in Westdeutschland immer noch bestehenden, keineswegs unvernünftigen Bereitschaft zu sozialen und politischen *Kompromissen,* sondern auch aus der damals viele produktive Geister beherrschenden atheistischen oder wenigstens pantheistischen Systematik. Diese mag den Engländern und Amerikanern, die die christliche Religion zu einem primär gesellschaftlichen (moralischen) Phänomen gemacht haben, so radikal wie die erste Phase der Romantik erscheinen, nur eben in umgekehrter Richtung. Die Deutschen des 19. Jahrhunderts waren aber ebenso stolz auf ihre religiöse Pionierleistung wie die Engländer und Franzosen auf ihre wirtschaftliche und politische, – ob nun zu Recht oder Unrecht. *Das Verklärungsprinzip ergab sich aus der Tatsache, daß die Welt die einzige Instanz für Realisten ist.* Je weiter man sich vom Christentum entfernte, um so unsinniger erschien es, mit Gott zu hadern, weil er die Welt nicht väterlich regierte, – wie dies die verzärtelte, »negativ-romantische« Nachkriegsjugend in der »Weltschmerzperiode« (vgl. Bd. I, S. 3) verlangt hatte. Der Verzicht auf Gott gab die Möglichkeit zu einem neuen *Positivismus* im wörtlichen Sinn, und das Leitbild für dieses Verhalten war die »Weltfrömmigkeit« Goethes, der selbst schon den Weg vom weltschmerzlichen Trübsinn *(Werthers Leiden)* zu heiterer Weltoffenheit zurückgelegt hatte. Ganz im Geiste Goethes dichtete Theodor Storm in dem programmatischen *Oktoberlied* (1. Fassung 28./29. Oktober 1848) [25]:

> Und geht es draußen noch so toll
> Unchristlich oder christlich,
> Ist doch die Welt, die schöne Welt,
> So gänzlich unverwüstlich.
>
> Und wimmert auch einmal das Herz, –
> Stoß an und laß es klingen!
> Wir wissen's doch, ein rechtes Herz
> Ist gar nicht umzubringen.

Solche Worte waren der realistischen Generation – wir wissen es z. B. von Fontane – aus dem Herzen gesprochen und befähigten sie zu den bekannten Leistungen in Wissenschaft, Wirtschaft und Politik, durch die Deutschland *das Niveau der westeuropäischen Nationalstaaten* – vielleicht etwas zu ungestüm – erreichte. Es wird sich beim Verschwinden gewisser fixer Ideen – ich sehe in ihnen Katzenjammer-Ideologien in Reaktion auf den selbstverschuldeten Untergang des Reiches! – gewiß herausstellen, daß auch die *Dichtung* der realistischen Generation in Deutschland dem Maßstab der Weltliteratur entspricht und *gerade in ihrer vielgelästerten deutschen »Innerlichkeit« (Religiosität)* diese auf neue Weise bereichert.

Den Unterschied von biedermeierlicher (detailrealistischer) und vollrealistischer Dichtung vergegenwärtige ich am Beispiel von zwei Texten der Schweizer Erzähler Gotthelf (Bitzius) und Keller. Beide Dichter dürfen als hervorragende Repräsentanten ihrer Generation angesprochen werden und gelten entsprechend bei ihrer Nation als »Klassiker«. Ich mache mir die Aufgabe schwer, indem ich für Gotthelf einen *späten* Text wähle; denn es kommt mir vor allem darauf an, die Ablösung der Biedermeier*generation* durch die Realisten zu dokumentieren. Das erste Zitat stammt aus Gotthelfs Erzählung *Barthli der*

Korber (1852). Barthli, der vom Körbeflechten lebt und noch keine Produktionskosten hat, weil ihm die diesmal vorbildlichen Bauern erlauben, seine Weiden, gegen gelegentliche Warenlieferung, auf ihren Grundstücken zu schneiden, leidet unter der Narrheit des Geizes. Als ihn Gott durch ein Unwetter dazu zwingt, sein beschädigtes Häuschen durch ein neues zu ersetzen, zeigt er sich der Gnade nicht gewachsen, obwohl seine Tochter Züseli endlich den armen aber anständigen Benz heiraten, ins Haus nehmen will, und Barthlis alter, verständiger Freund Hans Uli, ein wohlhabender Bauer, ihm mit Rat und Tat beisteht: »Barthli hatte keinen Begriff vom Bauen, Benz nicht viel, dagegen begriff er leicht, was Verständigere rieten, Barthli gar nichts, er fragte immer nur nach den Kosten, und wenn dieselben drei Kreuzer überstiegen, jammerte er, als ob es um seinen letzten Heller ginge. Der alte Hans Uli mußte sich der Sache annehmen, angeben, wie das Hüsli sein müsse, mit den Meistern akkordieren usw. Holz wurde ihm verheißen mehr als zur Genüge, unentgeltlich [!] zugeführt, auch Steine führten benachbarte Bauern gerne ohne Lohn [!]. Bräuchlich ists, daß, wenn man auch nicht eigentliche Fuhrmähler anstellt, man doch den Fuhrleuten nach dem Abladen etwas von Wein oder Schnaps und Käs und Brot gibt [!]. Da hatte man mit Barthli seine liebe Not. Wenn er mit einem Kreuzer ausrücken sollte, tat er, als ob er sich hängen wolle. Züseli hatte seine schwere Not. Die Donners Bauern vermöchten es besser als er, Wein und Schnaps zu zahlen, die täten ihre Knechte daheim füttern, die Knechte hätten nichts nötig in der Zwischenzeit. Sie hielten ihm nichts darauf, täten es ihm auslegen als Hochmut und Vertunlichkeit. Nun achtete sich Züseli besser dessen, was die Leute sprachen, und Benz wußte aus eigener Erfahrung, wie es die Knechte hatten, und was sie erwarteten, beide kannten die öffentliche Meinung, also das Urteil des Publikums, welches ihrer wartete. Sie besserten nach Vermögen nach, Benz gab dabei seine ganze Barschaft hin [!]. Barthli schien das nicht zu sehen, sah es aber doch, und es lächerte ihn gar herzlich, daß er den Tochtermann schwitzen lassen und ihm das Zeug abpressen konnte, statt daß es sonst umgekehrt der Fall ist.

Da wärs wohl gegangen, aber es kam Barthli noch was ganz anderes, wo weder Benz noch Züseli ihm helfen konnten. Maurer und Zimmermann hatten die Arbeit in die Hände genommen, keiner von ihnen hatte überflüssiges Geld, die Gesellen noch weniger, wollten, wenn nicht Vorschuß, so doch alle acht Tage den Lohn, zudem war es ihnen nicht zu verargen, wenn sie wissen wollten, ob die Arbeit ihnen wirklich auch bezahlt werden würde. Sie klopften bei Barthli ganz unverdächtig an. Am Freitag kam der Maurer und sagte: er möchte gerne wissen, wie es mit dem Zahlen sei, damit er sich rangieren könne. Morgen müsse er seine Gesellen auszahlen, und wenn er das Geld gleich hier haben könnte, so brauchte er nicht welches mitzunehmen. ›He, bring nur Geld!‹ antwortete Barthli, ›es dücht mih, du solltest erst anfangen, ehe du schon wolltest zahlt sein. Ich muß meine Körbe auch erst verkaufen, wenn sie fertig sind, und nicht, wenn ich dran hingegangen.‹ Der Maurer zog ein flämsch Gesicht, sagte: ›Es ist in allem ein Unterschied; du mit den Körben kannst es machen, wie du willst, kannst sie behalten, wenn sie dir niemand bezahlt, aber was soll ich mit der Arbeit machen, wenn sie einmal gemacht ist an deinem Hüsli, die kann ich nicht mehr brauchen. Daneben ists nicht, daß ich so use bin mit Geld und sövli hungerig; wenn man nur immer wüßte, daß es einmal käme, so könnte man schon zuweilen Geduld haben.‹ ›He, wenn du meinst, du werdest nicht bezahlt, so kannst ja machen, was du willst, du wirst nicht der einzige Maurer sein auf Gottes Erdboden‹, sagte Barthli. Barthli hätte es wahrscheinlich nicht ungern gesehen, wenn alle Arbeiter davongelaufen wären, denn das Bauen war ihm alle Tage widerlicher. Das Donnerwerk werde am Ende zahlt sein müssen, und er möchte doch wissen, was er davon hätte. In der alten Hütte wäre es ihm lange wohl gewesen, aber üse Herrgott habe dies ihm nicht gönnen mögen, räsonnierte er.« Der erzählende Pfarrherr erweist sich als Kenner des Volks in allen Einzelheiten. Er weiß genau, was man den Fuhrleuten gewöhnlich gibt: er nennt Wein, Schnaps, Käse und Brot. Er hat auch ein gewisses Verständnis für die finanziellen Vorsichtsmaßnahmen der Handwerker bei einem Kleinbürger. Schon an dieser Stelle jedoch folgt, zwei Seiten später, eine Korrektur durch die erste Autorität der Erzählung. Hans Uli sagt zu dem Maurer: »es sei unanständig, gleich die erste Woche Geld zu wollen von einem armen Mannli, einem reichen hätten sie es kaum gemacht«; er verbürgt sich für Barthlis Zahlungsfähigkeit. »Diese Worte kehrten den Maurer wie einen Handschuh, er ließ sich nieder wie ein Strohfeuer, sagte, es sei nicht böse gemeint.« Gotthelf erzählt nicht von sozialen *Konflikten,* sondern er entwirft die Utopie einer *idealen christlichen Volksgemeinschaft:* Die Bauern bringen dem armen Kleinbürger Holz und Steine, verrichten auch Fuhrdienste »gerne ohne Lohn«, – ausgerechnet die Bauern, deren Geiz der Erzähler bei anderer Absicht der Erzählung, z.B. im Schulmeister-Roman, in drastischer Weise bloßstellt. In dieser Erzählung kommt es darauf an, eine vorbildliche Dorfgemeinschaft zu *konstruieren.* Einzig Barthli, das didaktische Beispiel der Erzählung, ist der »Narr«, d.h. nach alter Tradition der Sünder. Er ist kein diabolischer Dorfkapitalist – Gotthelf kennt den Typ (s.o. S. 946) –, sondern das Gegenteil eines Unternehmers. Er taugt nicht einmal zum Bauherrn, weil er in so primitiver Weise am Geld hängt, daß er nicht weiß, was er von dem neuen Haus haben soll (zweitletzter Satz). Er verletzt elementare Pflichten gegenüber einer idealen Tochter und dem ebenso idealen Schwiegersohn. Ohne die ideale (idyllische) Dorfgemeinschaft käme der Hausbau, so sinnvoll er ist, nicht zustande. Der eigentliche Grund für Barthlis Haltung erscheint im letzten Satz unseres ersten Zitats. Der Querkopf bedroht nicht nur die menschliche Ordnung, sondern verkennt auch Gottes weise Ratschlüsse und »räsonniert« über ihn ungehorsam. Nicht der Teufel holt ihn am Ende wie den systematisch-geizigen Harzer Hans in der Erzählung gleichen Titels. Aber der Tod befreit genau im rechten Augenblick das junge Paar von dem geizigen Narren und macht so den Fluch zu einem Segen: die Jungen erben. Es ist das im Biedermeier, besonders in seinen Roman- und Dramenschlüssen, so beliebte Wunderbare im Alltag. Der Text ist, vom vollen Realismus aus gesehen, eine durchaus künstliche Konstruktion. *Die zahlreichen Details vermitteln eine Wirklichkeitsfiktion zu religiösen und volkspädagogischen Zwecken.* Auch die zunächst sehr realistisch anmutende Sprache (Berner Dialekt) ist nicht durch und durch so wirklichkeitsnah wie z.B. später die plattdeutschen Erzählungen von Fritz Reuter (1855 ff.). Wenn nämlich der Pfarrer Gotthelf seine Erzählungen und Romane ganz im Bern-Dütsch halten wollte, so wäre dies unterhaltend, ja etwas für *germanistische* Feinschmecker in ganz Deutschland, wie dann bei Reuter. Doch dies genügt einem Biedermeier-Erzähler mit christlichem, ja prophetischem Berufungsbewußtsein nicht. Die doppelte Aufgabe von Unterhaltung und Predigt erfüllt er nur durch eine *Sprachkombination,* die durchaus künstlich (»Kunst der Prosa«) ist. Die vielen, manchmal verständnislos getadelten indirekten Reden Gotthelfs sind zur Vermittlung von Bern-Dütsch und *Hochdeutsch,* ohne das der Schweizer seine gewaltige Wirkung auf dem deutschen Buchmarkt verlieren müßte, unbedingt notwendig; auch sagt m. W. kein Maurer in Süddeutschland: «so brauchte er nicht welches [Geld] mitzunehmen«. Dialekt im *Detail* ist aber ebenso nötig: zur drastischen Wirkung, wie das Hochdeutsche zum allgemeinen Verständnis. Groteskes, teils belustigendes, teils abschreckendes Narrentum braucht zu seiner Vergegenwärtigung Sätze wie »Die Donners Bauern vermöchten es besser als er, Wein und Schnaps zu zahlen«. Auch hyperbolische Wendungen (»tat er, als ob er sich hängen wolle«) machen ihn zur Karikatur.

Der Realist im eigentlichen Sinn ist gelassener, überlegener, kühler. Er hat mehr Distanz und schreibt kultivierter; denn er will nicht so direkt belehren oder gar bekehren. Er hat auch nicht die Aufgabe, seine Heimat detailrealistisch zu vergegenwärtigen; es geht ihm wieder, wie der Aufklärung und der Klassik, um das Allgemeinmenschliche. Er läßt sich nicht pfarrherrlich zum Volk herab, um es wieder in die göttliche und göttlich fundierte weltliche Ordnung einzubinden; sondern er bejaht die Emanzipation der Mittelschicht und möchte sie unaufdringlich auf das Niveau der eigenen Erkenntnis und Bildung bringen. Auch er kennt, zumal in der Schweiz, die Satire. Diese beruht aber nicht auf festen christlich-konservativen Normen, sondern auf humanistischen, d. h. auf rein sittlichen Bewertungen der Persönlichkeit, wobei nicht zuletzt die Frage interessiert, *was der aus der alten Ordnung entlassene Einzelmensch mit der neugewonnenen Freiheit anfängt;* denn davon hängt die Zukunft der liberalen Gesellschaft unbestreitbar ab. In der Erzählung *Die drei gerechten Kammacher* (in: *Die Leute von Seldwyla,* Braunschweig 1856) erzählt der zweiundzwanzig Jahre jüngere, voll- und liberalrealistische Gottfried Keller von einem Gesellen aus Deutschland, dessen künstlich-ordentliches Leben ihm *verdächtig* erscheint: »Einstmals kam aber ein ordentlicher und sanfter Geselle angereist aus irgendeinem der sächsischen Lande, der fügte sich in alles [!], arbeitete wie ein Tierlein und war nicht zu vertreiben, so daß er zuletzt ein bleibender Hausrat wurde in dem Geschäft und mehrmals den Meister wechseln sah, da es die Jahre her gerade etwas stürmischer herging als sonst. Jobst streckte sich in dem Bette, so steif er konnte, und behauptete seinen Platz zunächst der Wand Winter und Sommer; er nahm das Sauerkraut willig für Fische und im Frühjahr mit bescheidenem Dank [!] ein Stückchen von dem Schinken. Den kleinern Lohn legte er so gut zur Seite wie den größern; denn er gab nichts aus, sondern sparte sich alles auf. Er lebte nicht wie andere Handwerksgesellen, trank nie einen Schoppen, verkehrte mit keinem Landsmann noch mit anderen jungen Gesellen, sondern stellte sich des Abends unter die Haustüre und schäkerte mit den alten Weibern, hob ihnen die Wassereimer auf den Kopf, wenn er besonders freigebiger Laune war, und ging mit den Hühnern zu Bett, wenn nicht reichliche Arbeit da war, daß er für besondere Rechnung die Nacht durcharbeiten konnte [!]. Am Sonntag arbeitete er ebenfalls bis in den Nachmittag hinein, und wenn es das herrlichste Wetter war.« In dieser Weise geht es weiter in einer humoristisch-satirischen Beschreibung. Der Erzähler bedient sich generell des Hochdeutschen, benützt aber einmal zu Zwecken der Karikatur den sächsischen Dialekt: »›Aber nein!‹ ruft der Geselle beim Anblick einer neugebauten Aktienbrauerei der

Seldwyler, ›des is ein fameses Wergg! des gibt eine großartigte Anstalt! Aber Geld kosten duht's, na das Geld!‹« Der *fremde* Dialekt tritt, ganz traditionell, in den Dienst der Komik, während der *eigene* Dialekt auch zum Ausdruck ernster Gefühle verwendet werden kann (Hebel, Raimund, Gotthelf). Im nächsten Abschnitt geht der Erzähler, als methodisch arbeitender Künstler, von der satirischen Beschreibung des äußeren Verhaltens des Gesellen zu einer Analyse seiner Motive über. Er vermeidet dabei die bei Gotthelf übliche lehrhafte Verallgemeinerung des Falls. Er abstrahiert das Individuum nicht naiv zum Exempel für den Leser, sondern er fährt fort, *von einem einzelnen Menschen ruhig zu erzählen:* »Bei all diesem anspruchslosen, sanften und ehrbaren[!] Wesen ging ihm aber nicht ein leiser Zug von innerlicher Ironie ab, wie wenn er sich heimlich über die Leichtsinnigkeit und Eitelkeit der Welt lustig machte[!], und er schien die Größe und Erheblichkeit der Dinge nicht undeutlich zu bezweifeln und sich eines viel tieferen Gedankenplanes bewußt zu sein. In der Tat machte er auch zuweilen ein so kluges Gesicht, besonders wenn er die sachverständigen sonntäglichen Reden führte, daß man ihm wohl ansah, wie er heimlich viel wichtigere Dinge im Sinne trage, wogegen alles, was andere unternahmen, bauten und aufrichteten, nur ein Kinderspiel wäre. Der große Plan, welchen er Tag und Nacht mit sich herumtrug und welcher sein stiller Leitstern war die ganzen Jahre lang, während er in Seldwyl Geselle war, bestand darin, sich so lange seinen Arbeitslohn aufzusparen, bis er hinreiche, eines schönen Morgens das Geschäft, wenn es gerade vakant würde, anzukaufen und ihn selbst zum Inhaber und Meister zu machen. Dies lag all seinem Tun und Trachten zugrunde, da er wohl bemerkt hatte, wie ein fleißiger und sparsamer Mann allhier wohl gedeihen müßte, ein Mann, welcher seinen eigenen stillen Weg ginge und von der Sorglosigkeit der andern nur den Nutzen, aber nicht die Nachteile zu ziehen wüßte. Wenn er aber erst Meister wäre, dann wollte er bald so viel erworben haben, um sich auch einzubürgern, und dann erst gedachte er so klug und zweckmäßig zu leben wie noch nie ein Bürger in Seldwyl, sich um gar nichts zu kümmern, was nicht seinen Wohlstand mehre[!], nicht einen Deut auszugeben, aber deren so viele als möglich an sich zu ziehen in dem leichtsinnigen Strudel dieser Stadt. Dieser Plan war ebenso einfach als richtig[!] und begreiflich[!], besonders da er ihn auch ganz gut und ausdauernd durchführte; denn er hatte schon ein hübsches Sümmchen zurückgelegt, welches er sorgfältig verwahrte und sicherer Berechnung nach mit der Zeit groß genug werden mußte zur Erreichung dieses Zieles. Aber das Unmenschliche an diesem so stillen und friedfertigen[!] Plane war nur, daß Jobst ihn überhaupt gefaßt hatte; denn nichts in seinem Herzen zwang ihn, gerade in Seldwyla zu bleiben, weder eine Vorliebe für die Gegend noch für die Leute, weder für die politische Verfassung dieses Landes noch für seine Sitten.« Das realistische Programm lehnt, im Anschluß an Hegel, die mit den Gegenständen spielende romantische Ironie ab. Keller stattet in der Mitte dieses Textes den Gesellen mit dieser überlegenen Ironie aus, ja er gibt dieser noch bestimmte christliche Züge, insofern sich der Geselle über die »Eitelkeit der Welt« lustig zu machen scheint. Wir denken sogleich an die Rolle der Puritaner bei der Entstehung des Kapitalismus. Auch in Mitteleuropa, und nicht zuletzt in Sachsen, waren die »selbstlosen«, genußfeindlichen Pietisten stark an der früher als in anderen Landschaften Deutschlands sich entwickelnden Industrialisierung beteiligt. *Die drei gerechten Kammacher* erscheinen mir als eine Art Parodie des vorrealistischen Erziehungsromans. Der biedermeierliche Wortschatz wird pejorativ verwendet (sanft, ehrbar, bescheiden, still, friedfertig). Von Gotthelf werden so sparsame und asketische Menschen aus dem Volk immer als Vorbilder herausgestellt, weil sie den Beweis liefern, daß auch ohne Liberalisierung der Gesellschaft der Tüchtige aufsteigen und neben die durch Geburt und Reichtum Bevorzugten treten kann, besonders dann, wenn die Nebenmenschen im alten christlichen Geiste den Hilfsbedürftigen, soweit sie es moralisch verdienen, helfen. Barthlis Unzulänglichkeit ist nicht in seiner Sparsamkeit, sondern in seiner unvernünftigen und egoistischen Verwendung des ersparten Geldes begründet. Im Gegensatz zu Barthli verfährt der sächsische Geselle absolut rational: »Dieser Plan war ebenso einfach als richtig und begreiflich.« Der Erzähler hält sein Urteil, sehr im Gegensatz zu Gotthelf, lange zurück, um dem Leser Gelegenheit zum ruhigen Nachdenken zu geben. Die Sätze sind, trotz ihrer schmucklosen Klarheit, oft sehr kompliziert, differenziert und in diesem Sinn objektiv gehalten, – ähnlich wie bei Fontane (vgl. Bd. I, S. 573). Erst nach diesem langen und ruhigen Anlauf erhebt er seinen Vorwurf, den schwersten Vorwurf, den ein Humanist erheben kánn: »Der stille und friedfertige Plan« ist unmenschlich. Die Begründung dafür liegt im völligen Fehlen des Patriotismus im »Herzen« des Gesellen, womit nicht nur seine Gleichgültigkeit gegenüber der Schweiz, sondern auch sein vollständiges Versagen als Staatsbürger gemeint ist; denn er wird ja nach der Erreichung seines ersten Ziels (Kauf des Geschäfts, Einbürgerung), »sich um gar nichts kümmern, was nicht seinen Wohlstand mehrt«. Auch Gotthelf verurteilt den Egoismus. Doch geht es bei ihm in erster Linie um die Aufrechterhaltung der alten Ordnung mit Hilfe der Nächstenliebe. Keller tut den Schritt zu dem von Gotthelf abgelehnten liberalen Rechtsstaat; aber er erkennt schon mitten in der ersten Gründerzeit Zentraleuropas (zu einem Zeitpunkt, da es »die Jahre her gerade etwas stürmischer herging als sonst«), was geschehen wird, wenn die ökonomische Rationalisierung einseitig, ohne humane Grenzen, vorangetrieben wird. Erobern so bindungslose Rechner wie der Geselle aus Sachsen die wirtschaftliche Macht, dann wird der Liberalismus scheitern.

Während Gotthelfs pädagogische Volksszenen »Genrebilder« bleiben, d. h. immer auch eine deskriptive folkloristische Funktion haben, und sich, wie die Lehre gegenüber der reinen Erzählung, mehr oder weniger *verselbständigen* – von »Dichtern des Detail« spricht die realistische Kritik (vgl. Bd. I, S. 287 f.) –, sind in Kellers Text alle Details streng symbolisch auf einen Charakter bezogen und hinter diesem erscheint immer deutlicher die bei dessen Bewertung maßgebende Idee. Das Wort »unmenschlich« ist freilich fast schon mehr als das realistische Programm erlaubt; denn *Unaufdringlichkeit* der Tendenz oder Idee ist nach dieser Lehre eine Voraussetzung der Dichtung, zu der nun auch die Erzählprosa erhoben werden soll. Kellers Gotthelfkritik darf, eben weil sie den Landsmann mit Respekt behandelt, als ein besonders wichtiger Teil des realistischen Programms angesprochen werden; aber seine Bemerkungen zu den Punkten Tendenz und Kunst sind ziemlich scharf, ganz ein Produkt der jungen realistischen Generation, und sie bezeichnen deshalb auch die *Grenze zwischen biedermeierlicher Didaktik und realistischer Erzählkunst* mit der in unserm Zusammenhang erwünschten Deutlichkeit: »Wenn Gotthelf ein satirisches Buch schreiben würde, in welchem er alle seine Parteiansichten niederlegt, so würde man Nichts dawider haben; daß er aber seine Malice durch alle seine Schriften gleichmäßig zerstreut, auf der einen Seite das Pathos von Treu und Glauben hervorkehrt, und hinten herum den negativen Hohn und die parteiliche Verdrehung hervorschiebt, das ist keine Art und schadet ihm selbst am meisten. ... Durch diese Tendenzen Gotthelf's haben nun seine Schriften das schöne Ebenmaß[!] verloren; die ruhige, klare Diction[!] wird unterbrochen durch verbittertes, versauertes Wesen, er überschriftstellert sich oft, und gefällt sich darin überflüssige Seiten zu schreiben[!] ... Man erhält nicht ein gereinigtes Kunstwerk, durch die Weisheit und Oekonomie des geschulten Genies zusammengefügt[!], man erhält auch nicht das frische naive Gewächs eines Naturdichters, denn Gotthelf ist ein studirter und belesener Mann; sondern man erhält ein gemischtes[!] literarisches Product, das sich nur durch das vortreffliche Talent Bahn bricht welches sich darin zeigt«[26]. Wichtige Normen des realistischen Programms lassen sich aus diesem kurzen Zitat abstrahieren: an die Stelle der die Biedermeierzeit noch beherrschenden Gattungsmischung (»gemischtes literarisches Product«) soll wieder die Trennung der Gattungen (z.B. von Satire und Erzählung) treten. An der Stelle eines zwischen Pathos und Satire schwankenden Stils wird eine »ruhige klare Diction« verlangt. »Überflüssige Seiten« – gemeint sind Reflexionen, predigthafte Mahnungen, rein episodische Genrebilder usw. – sind zu streichen. Auf die einheitliche Komposition (»gereinigtes Kunstwerk«) wird der größte Wert gelegt. »Talent« oder sogar »Genie« hat Gotthelf – Keller vergleicht ihn in einer anderen, mehr zitierten Äußerung sogar mit Homer –; *aber das genügt nicht.* Zum Kunstwerk gehört die »Weisheit und Oekonomie des geschulten[!] Genies«. Mit Recht wird die Vorstellung eines Naturdichters für Gotthelf abgelehnt. Die Naivität des Erzählens als solche ist seine Stärke, aber er ist viel zu »studirt«, um sich daran genügen zu lassen. Und so kommt es eben zu »überflüssigen« Einlagen mit »negativem Hohn« – statt mit dem bei den Realisten beliebten gutmütigen Humor! – und mit der »parteilichen Verdrehung« konservativer Art.

Der wichtigste Grund für die Vorverlegung des Realismus in die Zeit vor 1848 oder gar vor 1830 war *die in der Germanistik bestehende Ignoranz hinsichtlich des realistischen Programms.* In der repräsentativen, von Richard Brinkmann herausgegebenen Aufsatzsammlung *Begriffsbestimmung des literarischen Realismus,* Darmstadt 1969 (= Wege der Forschung Bd. CCXII) gibt es nur spärliche Hinweise auf die Theorie; ja es wird sogar behauptet, »daß die Realisten keine großen Theoretiker sind wie die Romantiker, daß sie der Theorie überhaupt abhold sind«[27]. Diese Vorstellung konnte nur entstehen, weil man das einflußreiche Programm der Leipziger Grenzbotenherausgeber, Julian Schmidt und Gustav Freytag, nicht kannte. Diese entsprechen gruppenpsychologisch ungefähr den Brüdern Schlegel, den Programmatikern der Romantik; denn literarische Bewegungen pflegen nicht von den großen Dichtern, sondern von mehr oder weniger produktiven Kritikern gemacht zu werden. Das ist von der Frühaufklärung bis zur Gruppe 47 so. Doch schließt dies nicht aus, *daß das publizistische Programm auch die besten Dichter prägt.* Fontane hat den großen Eindruck, den Gustav Freytag auf seine Generation machte, ausdrücklich bezeugt (vgl. Bd. I, S. 258). Selbstverständlich bleibt es die Aufgabe des Literarhistorikers, die Eigenart jedes Dichters aus seinen Texten zu bestimmen. *Es ist jedoch wissenschaftlich nicht zu verantworten, wenn man die Interpretationshilfen, die die Programme bieten, verschmäht.* So kann man z.B. mit Sicherheit sagen, daß ein Forscher vom Rang René Welleks nicht behauptet hätte, die realistische Theorie sei »schlechte Ästhetik«[28], wenn er das aus Hegels Ästhetik herausentwickelte realistische Programm Julian Schmidts gekannt hätte; denn dieses wendet sich gerade gegen den naiven Realitätsanspruch mancher Biedermeierdichter und tadelt nicht nur die im Vormärz herrschende Tendenz, sondern auch die von der Romantik überkommene Formverwilderung, ganz so wie wir dies der Gotthelf-Kritik Kellers entnehmen konnten. Realismus bedeutet in Theorie und Praxis eine modifizierte Wiederaufnahme klassizistischer Prinzipien[29]. In Frankreich, wo der programmatische Realismus entstand und wo er eine betont ästhetische Ausrichtung erhielt (Flaubert), kann man die Bewegung sogar als Vorstufe zum Symbolismus sehen. In der Schweiz ist bei C. F. Meyer die Nachbarschaft von Realismus und Symbolismus klar zu erkennen.

Wir verweilen noch ein wenig beim realistischen Programm, weil die Germanistik, ihrer *irrationalistischen* Tradition gemäß, seine Bedeutung nach wie vor noch nicht richtig erkannt zu haben scheint. Wir stützen uns dabei – vorsichtig systematisierend – auf die von Münchner Nachwuchsgermanisten zusammengestellte Sammlung *Realismus und Gründerzeit. Manifeste und Dokumente zur deutschen Literatur 1848–1880**. Man

---

* Bd. 1: Einführung in den Problemkreis, Quellenbibliographie, Stuttgart 1976, Bd. 2: Manifeste und Dokumente, Stuttgart 1975. Man sollte meinen, eine derartige Quellensammlung errege Aufsehen; denn sie erschließt fast durchweg völlig unbekanntes Material. *Aber die derzeitige quantitativ angeschwollene Germanistik scheint vor lauter Bäumen den Wald nicht mehr zu sehen.* Vielleicht dachte man auch, meine notwendigerweise fragmentarischen Hinweise auf den programmatischen Realismus (Bd. I, S. 257–291) seien ausreichend. Demgegenüber möchte ich betonen, daß ich zwar eine einbändige Dokumentation mit dem Verlag verabredet, dann aber die Arbeit selber *ganz* den jungen Herausgebern und Autoren überlassen habe, die ja auch allein verantwortlich zeichnen. Dadurch wurden 1. die politischen Akzente der Bewegung stärker herausgearbeitet, besonders die Zusammenhänge zwischen Liberalismus und Realismus, 2. wurden mittlere Positionen wie der »Realidealismus« ehrlich, wenn auch die Hauptsache verunklärend, berücksichtigt, 3. wurde das Buch durch Dokumente zur Gründerzeit erweitert und damit zugleich die *begrenzte* Wirkung des deutschen Realismus, mit kritischer Tendenz, nachgewiesen. Die wichtigsten Fachzeitschriften in Deutschland, Frankreich und England haben die besonders im zweiten Teil *unentbehrliche* Dokumentation *nicht* rezensiert, was mir unverständlich ist. Die wenigen Rezensenten erkannten die Bedeutung der Textsammlung durchweg. Sogar Jost Hermand erlitt einen spürbaren Rückfall in sein ursprüngliches Historikertum. Er frönte zwar auch in dieser Rezension seiner marxistischen Liebhaberei: »Von ›dialektischer Aneigung des Erbes‹ oder Blochscher ›Verwertungswissenschaft‹ spürt man... kaum einen Hauch.« Aber seine einleitenden Bemerkungen sagen das, was gesagt werden mußte, mit besonderer Deutlichkeit: »Vorliegende Bände übertreffen an Reichtum und Sorgfalt alles, was es bisher auf diesem Sektor gab. Hier kann man ruhig einen viel strapazierten Topos noch einmal strapazieren: Sie sind eine verlegerische Tat. Und zwar verdient dieses Lob vor allem der zuerst erschienene Band, der Band 2, der die ›Manifeste und Dokumente‹ bringt. Die in ihm versammelten Texte dürften sich nicht nur für Anfänger, sondern auch für Experten als eine wahre Fundgrube erweisen. Was man auf diesen 683 Seiten vorgesetzt bekommt, sind 214 programmatische Äußerungen, die bisher nur wenigen vertraut waren, da bei vielen Germanisten der ›Realismus‹ als eine rein pragmatische, das heißt theorielose Ära galt. Daß dem nicht so ist, belegt dieser Band auf geradezu erdrückende Weise.« Nach der schon erwähnten obligaten Kritik an der freien, nicht verwerteten Wissenschaft meldet sich in dem Rezensenten noch einmal das historische Gewissen: »Für strikte Historiker ist dieses Buch... eine unschätzbare Fundgrube. Es liefert alle[?] Materialien, die man braucht, um der hier repräsentierten Epoche endlich auf die Spur zu kommen« (Monatshefte Bd. 69, Nr. 1/1977, S. 78–89). Ich würde bescheidener sagen: es ist der *Anfang* einer exakten Ab-

wird zunächst annehmen, daß Julian Schmidt in seinem Aufsatz über *Die Reaction in der deutschen Poesie (Die Grenzboten* 10/1, 1851)[30] das im Auge hat, was wir Biedermeier nennen. Aber sein Anspruch ist viel größer. Er erkennt richtig, daß die »Reaction zugleich mit der Revolution geboren« wurde, *daß also die gesamte idealistische Bewegung, soweit sie ins Extreme geriet, schon ein Ausweichen vor der im 18. Jahrhundert zutage getretenen Wirklichkeit* war: »In der literarischen Entwickelung nun, in deren Mitte wir stehen, scheint sich, obgleich erst in kleinen Zügen angedeutet, eine Revolution vorzubereiten, die mit dem Princip der absterbenden Periode vollkommen bricht: der Periode, welche sich in Deutschland an Göthe, Schiller, Fichte, Schelling lehnt, in Frankreich an Rousseau, die Staël, in England an Byron, Shelley u.s.w.; einer Periode, die man im Gegensatz zu dem vorhergehenden Zeitalter der ›Aufklärung‹ als die romantische zu bezeichnen pflegt, deren Inhalt man aber genauer andeutet, wenn man sie das Zeitalter des *subjectiven Idealismus* nennt.« Wichtig ist in diesem Zitat die Einschränkung: *subjectiver* Idealismus. Den objektiven Idealismus kann ein von Hegel herkommender Programmatiker nicht ohne weiteres ablehnen. Deshalb fragt man sich, warum Goethe und Schelling unter den kritisierten Autoritäten erscheinen. Der deutsche Realismus ist eine juste milieu-Theorie, die den »Supranaturalismus« streng ablehnt, aber den »Materialismus« fast noch mehr fürchtet, so daß ein *weiter* Abstand zwischen bürgerlichem und sozialistischem (materialistischem) Realismus besteht. Die Neigung, zu resignieren und alles Gott zu überlassen, führt Schmidt mit einem gewissen Recht auf das »knabenhaft ungeduldige[!] Gemüth« der früheren Dichter und Philosophen zurück, auf die deutsche Unreife vor 1848. Anstatt die »Dissonanzen in der Individualität« hinzunehmen, versuchte man sie »nach einer allgemein gültigen Norm in Harmonie aufzulösen«. Statt zum Beispiel den Weltschmerz als »individuelles Krankheitsmoment« zu erkennen, leitete man ein Weltbild daraus ab. Statt zu fragen: »Was ist der Mensch, was seine Natur, seine Anlage, seine Kraft?« fragte man nach der Bestimmung des Menschen: »Kant und Fichte erklären als Bestimmung des Menschen, recht zu thun und recht zu leiden; da sich nun aus einer unbefangenen[!] Betrachtung der Wirklichkeit ergibt, daß das hienieden nicht stattfindet, so schließt Kant auf die Existenz einer überirdischen Welt, wo diesem tiefgefühlten Bedürfniß abgeholfen werden müsse, Fichte auf ein zukünftiges Zeitalter auf Erden, wo alle Menschen tugendhaft und weise sein würden. Diese sonderbare Art zu schließen ist das Wesen der geistigen Richtung, die ich als subjectiven Idealismus bezeichnet habe.« *Die christlich-eschatologische und die säkularistisch-utopische Zukunftserwartung wird hier bereits zusammengesehen und zusammen verworfen!* Man spürt an diesen Sätzen den Einfluß der Naturwissenschaft, besonders der medizinischen Anthropologie. Aber wie die Tendenz oder Didaktik nach dem realistischen Programm nur indirekt wirksam werden darf, so lehnt Schmidt auch die direkte Kombination von Wissenschaft und Poesie, die die Romantik unter dem Begriff der Universalpoesie und in der Schellingschen Naturphilosophie, bzw. »Naturforschung« anstrebte, entschieden ab: »Es hat sich... gezeigt, daß diese Vermischung eine unheilvolle war. Die Wissen-

---

grenzung des Realismus von früheren und von (ihm widerstrebenden) späteren Richtungen. Eine längst fällige durch Quellen *fundierte* Diskussion hat endlich begonnen.

schaft, soweit sie sich ihrerseits frei davon gehalten [s. o. Liebig usw.], ist mit Riesenschritten weiter gedrungen; die Poesie ist aus einer Krankheit in die andere gefallen.« Die säuberliche Trennung der *Gattungen* wird also nicht nur im Bereich der *literarischen* Formen wiederhergestellt (s. o. Satire/Roman), sondern ebenso in den verschiedenen Kulturgebieten (Wissenschaft/Poesie usw.). Schmidt lehnt die »Existenz einer überirdischen Welt« ab; aber er hütet sich, der traditionellen kirchlichen Kultur allzu nahezutreten. Er sagt öfters »Gott«, wo er nach seinen Voraussetzungen nur »Welt« sagen müßte. So wirft er z. B. den »Sentimentalen« (Weltschmerzlern) vor, daß sie ein unbegründetes »Recht gegen Gott oder gegen die Natur geltend zu machen« versuchen. An die Stelle eines Streites um eine allumfassende Ordnung ist eine *Selbstbestimmung der Kulturgebiete* getreten. Eben aus diesem Grund gewinnt die spezialistische Frage nach der »Kunst«, nach dem Roman, nach dem Drama usw. wieder neue Bedeutung. »In der Beschränkung zeigt sich erst der Meister.« Auch die Betonung des Nationalen ist zunächst als ein Akt legitimer Beschränkung zu verstehen. Noch in der Fähigkeit zu einer *klein*deutschen Lösung der nationalen Einheitsfrage ist dieser gut realistische Geist zu erkennen. Bismarck entspricht nach Königgrätz nicht dem Wunsch der Generäle, die österreichische Hauptstadt zu besetzen und damit Österreich-Ungarn brutal zu demütigen. Das literarisch-realistische Programm betreibt nationale Einheitspolitik mit nicht ganz so viel Augenmaß: »Eine Poesie, die Himmel und Erde umspannen will, und darum Keinem von Beiden gerecht wird, [ist] von sehr fraglichem Werth. Diese falsche Unendlichkeit[!]... Was hat den Deutschen das Pantheon genutzt, das ihm seine Künstler aus aller Herren Länder erobert haben! Aus dem Tempel ist ein Raritätenladen geworden, das Uebermaß an griechischen, christlichen[!], nordischen, indischen Heiligenbildern hat den wahren Gott erdrückt... Wir sind in den [sic] *Edda,* im Homer, in den *Veda's,* in der Bibel[!] zu Hause, aber nicht bei uns... Unsere Universalität ist dilettantischer Natur.« In jeder Beziehung also betont Schmidt *das Endliche* gegenüber dem Unendlichkeitsrausch des Idealismus, die spezielle Meisterschaft auf allen Gebieten der Kultur. Nur auf diesem Wege, in gemeinsamer Bemühung um jeweils Begrenztes, gelangt man zur richtigen Unendlichkeit, zur richtigen Universalität. Prinzipiell bricht der deutsche Realismus mit der universalistischen Tradition *nicht.* Was abgelehnt wird, bezeichnet Schmidt als »forcirten Idealismus«. Dies sichert gerade dem *deutschen* dichterischen Realismus die in Tragik, Humor und indirekter Zivilisationskritik erscheinende Offenheit für die letzten Probleme des Menschen. Das im Empirismus des 18. Jahrhunderts und dann wieder mit dem Realismus sich durchsetzende *Spezialisierungsprinzip* wird richtig bezeichnet, wenn Remak sagt: »Die Aufklärung... nahm nicht genug Anteil an Gott, um sich über die Verfremdung zwischen Gott und Mensch große Sorgen zu machen. Sie hatte einen zu komfortablen Begriff der Natur [gemeint ist wohl die Idylle], um in ihr so bewußt wie die Romantik eine Brücke zwischen Mensch und Gott, eine mögliche Erlösung der Menschheit zu sehen... Die auf die Romantik folgende Periode, der Realismus, hatte wiederum nicht genug für Gott oder die Natur übrig, um sich viel um metaphysische Fragen zu kümmern. Der wissenschaftliche Geist des 19. Jahrhunderts scheint sich in zunehmendem Maße von der Unheilbarkeit des gespaltenen Universums überzeugt zu haben« [31]. Das hier gezeichnete Realismusbild ist scharf, aber von der *deutschen* Dichtung her gesehen, in metaphysischer Hinsicht allzu negativ. Trotz des Anteils, den die deutsche Kultur an der realistischen Zivilisation Europas nach der Märzrevolution nahm und trotz des Abbaus an universaler Weltbetrachtung, der damit verbunden war, hielt die realistische Dichtung in Deutschland so viel von der Gemütskultur (vgl. Bd. I, S. 270) und vom Idealismus fest, als ihr »natürlich« und »gesund« erschien. Dieser begrenzte Humanismus wurde durch die Goetheverehrung bestätigt und erlaubte Dichtern wie Thomas Mann, im Widerspruch zum radikalen Positivismus, eine Fortführung der realistischen Tradition (vgl. seine Essays über Fontane und Storm); er bewahrte sie auf weiten Strecken auch vor dem Irrweg in kafkaide Wüsten. Alles in allem halte ich die deutsch-realistische Position in ästhetischer und philosophischer Hinsicht für *schwer widerlegbar* und nicht nur für eine »bürgerliche« Episode. Das Nationalprinzip, das man heute dem deutschen Realismus oft vorwirft, hielt sich genauso in Grenzen wie die Politik Bismarcks (»Realpolitik«). Bei Julian Schmidt führt es am deutlichsten zur Ablehnung einer sklavischen Nachahmung der *Antike,* d. h. eines forcierten Klassizismus. Dagegen weiß er sehr genau, daß gerade der Realist von Westeuropa lernen kann (vgl. Bd. I, S. 259 f.). Richtig ist an der heutigen Kritik der Jüngeren, daß der Realist dem Sozialismus und damit dem Ideal einer proletarischen Kultur ferne stand; man kann ihm jedoch nicht vorwerfen, daß er an der Auflösung der alten Ständegesellschaft keinerlei Anteil nahm.

Zum Streit um die biedermeierliche Erfindung »Dorfgeschichte«

Bekannt ist, daß Gottfried Keller mit großer Erwartung eine volkstümliche Literatur anstrebte, die sich entschieden von den Produkten der sogenannten Volksschriftsteller Pestalozzi, Zschokke, Gotthelf, Auerbach usw. *unterschied.* Das Volk sollte aus einer herablassend belehrten Unterschicht ein aufrichtig anerkannter Partner des Schriftstellers werden. Dieser neue Begriff einer Volksliteratur ist nicht auf die Schweiz beschränkt. Auch Julian Schmidt distanziert sich ausdrücklich von der im 18. Jahrhundert begründeten Tradition der Volksliteratur: »Die Poesie, die vorher exklusiv war, und um so mehr Poesie zu sein glaubte, je weniger ihr das Profane nahe zu kommen wagte, strebt jetzt nach *Volksthümlichkeit;* nicht mehr in dem Sinn der ›Aufklärung‹, wo man sich herablassen zu müssen glaubte, um dem dummen Volk allmälig die Weisheit der studirten Leute beizubringen, sondern umgekehrt, mit dem Trieb, zu lernen, aus einer nicht eingebildeten, sondern in bestimmten, geschichtlichen[!] Formen erscheinenden Natur[!] neuen Lebenssaft für das allzumatt pulsirende Blut der Kunst zu saugen« [32]. Diesen Satz liest man in dem schon erwähnten Aufsatz über *Die Reaction in der deutschen Poesie.* (1851). Zu diesem Zeitpunkt denkt Schmidt beim Wort »Natur« gewiß noch an die biedermeierliche Dorfgeschichte; er spielt im Folgenden Auerbach und Gotthelf gegen Rousseaus *Emile, Werthers Leiden,* den Hainbund und Schillers Lyrik aus, entsprechend seinem Hauptangriffsziel, das er die »Sentimentalität« nennt (vgl. den Abschnitt Empfindsamkeitstradition, Bd. I, S. 238 ff.). Auf die Dauer jedoch mußte die Dorfgeschichte, wegen der zahlreichen Nachahmungen und das heißt wegen der in ihr erscheinenden *Nachwirkung* des Biedermeiers, zu einem Problem für die realistischen Programmatiker werden. War der Bauer wirklich so, wie ihn die Dorfgeschichte beschrieb? Schon im Januar 1848 führt Ferdinand Kürnberger, der durch seine Widerlegung der Amerika-Romantik Sealsfields u. a. Aufsehen erregen wird (*Der Amerika-Müde* 1855), einen scharfen Angriff auf die spätbiedermeierliche Bauernromantik. Wenn es die Aufgabe der Kunst ist, eine »erschöpfende Repräsentation der Welt-Idee in einer gewissen Summe sinnlicher Erscheinungen« zu sein, dann ist die Dorfgeschichte nicht nur »*Local*-Poesie«, wie man gesagt hat, sondern etwas viel Schlimmeres: »*Stände*-Poesie«. »Unser geliebter Berthold Auerbach« verfällt, genau gesehen, in den gleichen Fehler wie die umstrittene Gräfin Hahn-Hahn: »Jener repräsentirt die Bauern, diese die Aristokratie, beide aber sind sich darin gleich, daß sie, statt der gesammten Menschheit[!], einen einzelnen besondern Stand derselben vertreten – und die Poesie particularisiren« [33]. Zur Abwehr eines derartigen Angriffs auf die Dorfgeschichte genügte die Tradition: »Sie [die Dorfpoesie] dürfte uns gerade das seyn, was den Alten die Idylle war.« Nicht durch Wissenschaft und Bildung allein – das haben wir doch erlebt –, sondern durch »Religion und Gesellschaft«, wie sie sich im Dorf erhalten haben, »wird der Mensch zur Moralität erzogen« [34]. Diese Antwort eines gewissen Carl Dolde war biedermeierlich. Was ließ sich vom realistischen Programm her zur Rechtfertigung der Dorfgeschichte sagen? Julian Schmidt[35] kennt den Zusammenhang zwischen Absolutismus und Idylle: »In den Zeiten der alexandrinischen Tyrannen traten stets die Theokrite hervor.« Deshalb betont er zunächst den Unterschied zwischen der »geßnerschen Schäferpoesie« und der Dorfgeschichte: »Wenn das Idyll der frühern Tage die Freiheit und Natur aufsuchte, die in der gesellschaftlichen Convenienz verloren gegangen war, so geht dagegen das moderne Idyll auf die Convenienz[!] aus, die der guten Gesellschaft fehlt«. Das »Streben nach einem harmonischen Dasein«, das in der höheren Gesellschaft nicht mehr vorhanden ist, führt uns zum Bauerntum zurück. Ist das nicht doch wieder der biedermeierliche Lösungsversuch? (»Religion und Gesellschaft« s. o.). Ganz wohl wird es dem Realisten Julian Schmidt bei der Vorstellung eines vorbildlichen Bauern nicht; er *glaubt* doch an Bildung und Wissenschaft als Normen des modernen Lebens: »Am bedenklichsten wird das Mißverhältniß, wenn man die Unfertigkeit der Bildung als tragisches Motiv benutzt.« Also ist »die einzige poetische Form«, durch die sich die Dorfgeschichten-»Realismus« »Berechtigung in der Kunst erwirbt,... der Humor«. Mit dieser Idee Schmidts sind wir wieder so weit, daß der Bauer als eine etwas edlere komische Figur in der Dichtung auftreten darf. Dies war keine Lösung nach dem damals immer wieder betonten Aufstieg des Bauern zum gleichberechtigten Stand, ja zum Inbegriff des deutschen Volkstums. Konsequenterweise konnten die Realisten auf die Dauer die Dorfgeschichte nur als vorübergehendes Gegengewicht gegen den von der »Reflexion« beherrschten Salonroman und als Vorübung bei der Darstellung »einfacher und plastischer Gestalten« brauchen (vgl. das Julian Schmidt-Zitat Bd. II, S. 871).

Auf einem Wege, der den Historiker bezeichnet, kam Gustav Freytag zu einer starken Skepsis gegenüber der in der Dorfgeschichte sich fixierenden Biedermeiertradition. In einer Besprechung von Otto Ludwigs *Thüringer Naturen* (Bd. 1) hatte schon 1859 Treitschke den wissenschaftlichen Anspruch der Volkskunde gegen die biedermeierlich-heimatliche Funktion der Dorfgeschichte geltend gemacht: »gerade heraus – ein

Dichter von Gottes Gnaden hat Besseres zu thun, als dem Ethnographen in's Handwerk zu pfuschen« [36]. Diesen Gedanken führte Freytag [37] 1862 mit zeitgeschichtlicher Argumentation weiter. Die Dorfgeschichten, meint er, seien solange recht gewesen, als der »deutsche Leser«, durch die »sogenannte Salonnovelle und durch die verdorbene französische Küche« angewidert, »eine Rückkehr zur Natur und Wahrheit« in ihr begrüßt habe; aber diese Zeit sei vorüber. Das Interesse für »die Physiognomie der verschiedenen Gegenden« sei zunächst durch die »Freude an den Dorfgeschichten wesentlich gefördert« worden. Inzwischen hätten aber die »Landeskunden« diese Aufgabe »in ernstem wissenschaftlichem Sinn« übernommen. Wenn einer heute noch eine Dorfgeschichte schreiben wolle, so brauche er dazu »nicht nur eine genaue Kenntniß einer Landschaft und ihres Volkslebens«: »Er muß verstehen, mühelos das allgemeine Menschliche, ewig Fesselnde in den Besonderheiten der Erscheinung darzustellen.« Nach dem Durchgang durch detaillierte Landschaftsschilderungen wäre man demnach wieder auf das »allgemeine Menschliche« der Klassik zurückgekommen? Das ist selbstverständlich eine falsche Interpretation der bekämpften Vergangenheit; denn die biedermeierliche Dorfgeschichte war in erster Linie eine Erscheinungsform *des* romantischen Zuges, den wir unter dem Begriff des »Primitivismus« kennengelernt haben. »Rückkehr zur Natur« sagt ja Freytag selbst. In diesem Sinne hatte sie auch allgemeinmenschliche Bedeutung. Erst in zweiter Linie war sie eine Vorstufe der wissenschaftlichen Landes- und Volkskunde. Trotz dieser Verkennung des Biedermeiers dokumentieren die Zitate, daß die Wissenschaft und die Dichtung, deren Zusammenwirken man in der Romantik und im Biedermeier herzlich begrüßt hatte, nach 1848 wieder *auseinanderstrebten.*

Eine falsche Vermischung von Wissenschaft und Dichtung, nämlich von Geschichtswissenschaft und Roman, warf Freytag auch dem in der Biedermeierzeit sehr beliebten Alexis, dem Verfasser brandenburgischer Geschichtsromane, vor. Wieder wird dem Autor unterstellt, er habe über der »detaillirten Darstellung« wirklicher, hier politisch-historischer Verhältnisse, in »poetischer Verkleidung« – das Wort ist bereits verächtlich gemeint –, die künstlerische Aufgabe des Dichters vernachlässigt. Der Schluß von *Isegrimm* reiche »durchaus nicht aus, den Leser zufrieden zu stellen. Dagegen wird der Leser große Theile [!] der Erzählung ohne Verlust entbehren«. So sei es z. B. ganz falsch, dem Freiherrn vom Stein unverbürgte Äußerungen in den Mund zu legen [38]. Man erkennt an diesem Beispiel die rhetorische Fundierung des historischen Romans in der Biedermeierzeit [39]: Da die antike Geschichtsschreibung Gespräche u. dgl. *erfand,* glaubte man sich im Falle einer »poetischen Verkleidung« erst recht dazu befugt, fingierte Elemente in die Geschichtserzählung einzufügen. Alexis habe, meint Freytag, auch zu Unrecht die Aufgabe übernommen »preußischen Sinn darzustellen, wie sich dieser in den Einzelnen seit Friedrich dem Großen entwickelt hat«: »Die Form des Romans oder einer andern freien künstlerischen [!] Composition ist für einen solchen Stoff nicht geeignet, denn die erste Voraussetzung für eine gedeihliche Behandlung desselben ist nicht künstlerische Wahrheit, sondern historische Wahrhaftigkeit.« Gustav Freytag ist zu dieser Zeit (1854) auf dem Weg zu *Soll und Haben* (1855). Will er dem historischen Roman als einer Mischgattung zwischen Poesie und Wissenschaft den Krieg erklären? Es ist doch wohl so, daß er, wie in seiner »Technik des Dramas«, nur *die Regel für eine vollkommen geschlos-*

sene, in jeder Hinsicht »einheitliche« Form des »Kunstwerks«, hier des Romans, lehren wollte. Schon zu Beginn der Isegrimm-Rezension formuliert dieser Schulmeister des Realismus ganz klar sein Romanideal: »Wir fordern vom Roman, daß er eine Begebenheit erzähle, welche, in allen ihren Theilen verständlich[!], durch den innern Zusammenhang ihrer Theile als eine geschlossene Einheit[!] erscheint, und deshalb eine bestimmte einheitliche Färbung in Stil[!], Schilderung und in Charakteristik der darin auftretenden Personen möglich macht. Diese innere Einheit[!], der Zusammenhang der Begebenheit in dem Roman muß sich entwickeln aus den dargestellten Persönlichkeiten und dem logischen Zwange[!] der ihm zu Grunde liegenden Verhältnisse. – Dadurch entsteht dem Leser das behagliche Gefühl der Sicherheit und Freiheit, er wird in eine kleine freie Welt[!] versetzt, in welcher er den vernünftigen Zusammenhang der Ereignisse[!] vollständig[!] übersieht, in welchem sein Gefühl für Recht und Unrecht nicht verletzt, er zum Vertrauten starker, idealer[!] Empfindungen gemacht wird«[40].

Lücken der Realismusforschung

Die erfolgreiche Erhöhung der Erzählprosa, die vor 1848 noch tief in der Rhetorik steckte, zur dichterisch vollwertigen *Erzählkunst* ist die Hauptleistung des programmatischen Realismus. *Diese reiche und tiefe Erzählprosa hat m. E. eine große Zukunft.* Was aber wissen und halten wir sonst von der realistischen Dichtung in Deutschland? Die *Versepik,* die in der Biedermeierzeit noch eine beträchtliche Lebenskraft hatte (lyrische, idyllische, parodistische Epik, vgl. Bd. II, S. 630 f.), scheint durch die Aufwärtsentwicklung von Roman und Novelle zu einer eher dekorativen oder, in der Gründerzeit, zu einer bloß repräsentativen, pseudoidealistischen Gattung abgesunken zu sein. Das *Drama,* das spürbar in den Schatten der jetzt fast unumstrittenen »Klassiker« Goethe und Schiller tritt, steht nach der herrschenden Lehrmeinung in einem ähnlichen Verdacht. Hugo Aust, der in seinem Metzlerband *Literatur des Realismus* (Stuttgart 1977) auch die jüngste Realismusforschung und -dokumentation sorgfältig berücksichtigt, sagt jedoch in seinem Abschnitt über das realistische Drama mit Recht: »Der gesamte Bereich des gattungsgeschichtlichen [dramatischen] Versagens und seines Zusammenhangs mit dem Realismus bedarf noch einer gründlichen Untersuchung; die Schwierigkeit ist um so größer, als damit zugleich Wertungsprobleme angesprochen sind. Die üblichen Erklärungsformeln der ästhetischen Fehlentwicklung: klassizistischer Schematismus, epigonaler Formenzerfall, Apologetik des Klassenkompromisses, helfen noch wenig«[41]. In unserem Zusammenhang wäre zu fragen, ob der *antirhetorische Impuls des programmatischen Realismus, der die Erzählprosa grundlegend veränderte, sich, trotz des Schillerepigonentums, auch im Drama fruchtbar auswirkte oder nicht.* Die Äußerungen der repräsentativen Sprecher geben wenig Hoffnung. Rudolf Gottschall: »Innerhalb des poetischen Ganzen ist daher das Rhetorische ein nothwendiges Element der dramatischen Bewegung... Die historische Tragödie ist die idealste Form der Poesie«[42]. Heinrich von Treitschke: »Die Tragödie schreitet auf geweihtem Boden, sie verlangt den Kothurn, sie fordert eine reine von der Misère alltäglichen Lebens gesäuberte Luft«[43]. Allenthalben

beklagt man die Tatsache, daß mit der Durchsetzung der klassizistischen oder sonst geschlossenen Form im Drama »die französierende Richtung« wieder neuen Auftrieb gewinnt, daß man wieder hinter Lessing zurückfällt. Richtig ist, daß Julian Schmidt, ähnlich wie Hermann Hettner[44], einen Strich unter das von Shakespeare beeinflußte Drama, das stets realistische Tendenzen begünstigt hatte, ziehen zu können glaubt: »Man
fühlt... das Bedürfniß eines einheitlichen[!] edlen Stils, der uns der Sphäre des gemeinen
Lebens entrücken soll. Auch hier ist durch eine mißverstandene Auffassung Shakespeares
das Theater mehr und mehr dem Naturalismus[!] verfallen, die Grenzen des Lustspiels
und der Tragödie haben sich verschoben«[45]. Er denkt z. B. an Büchner, dem er in einer
andern Rezension die Darstellung des Wahnsinns vorwirft. Wir wissen schon warum.
Kunst und Wissenschaft müssen säuberlich getrennt werden: »Der Wahnsinn als solcher
gehört in das Gebiet der Pathologie, und hat ebenso wenig das Recht, poetisch behandelt
zu werden, als das Lazareth und die Folter«[46]. Julian Schmidt denkt gewiß auch ab-
wertend an die offene dramatische Form von Grabbes und Büchners Dramen. Diese
Dichter – das sollte man nie übersehen – waren allenfalls Vorläufer des Naturalismus,
der sie wiederentdeckte. Mit dem verklärenden, humoristischen, klassizistisch »kompo-
nierenden« Realismus nach 1848 haben sie nichts zu tun. Trotzdem klagt Julian Schmidt
1857: »Die Grenzen des Lustspiels und der Tragödie haben sich verschoben« (s. o.). Wen
meint er? Und wie steht es überhaupt mit dem bürgerlichen Schauspiel, mit dem Lustspiel, mit der Posse? In der Neuprägung dieser Formen könnte sich ein legitimer, wenn
auch vom Programm unabhängiger Realismus finden. Die Klage über die »Misere der
Possenfabrication« beeindruckt uns wenig, wenn wir an die völlig verfehlte Nestroy-Kritik in Deutschland denken. Das Publikum opfert »falschen Götzen«, hören wir, nämlich
»Birchpfeiffereien« und »französischen Conversationsstücken«; »mit wenigen Ausnahmen [ist] das Lustspielfeld Beute der dramatischen Handwerker geworden«. Wir fragen: Wer sind die Ausnahmen? Gibt es nicht auch bei den »Birchpfeiffereien« Ausnahmen? Ist der hier zu den Handwerkern gerechnete Lustspieldichter Roderich Benedix
(vgl. Bd. II, S. 424 f.) wirklich so schlecht, oder hat ihn nur die auf Tragödien versessene
Nation dazu gemacht? Die zuletzt zitierten Äußerungen entstammen einem Aufsatz des
obskuren Emil Müller-Samswegen über *Das bürgerliche Drama* [47]. Der Autor interessiert heute, weil er nicht immer konventionell urteilt, sondern auch heiße Eisen anzufas-
sen sich getraut. Er tritt für die Nachahmung des Sturm und Drang *(Räuber, Götz)* und
für »die Ebenbürtigkeit des bürgerlichen Dramas mit dem historischen« ein. Er wirbt
auch für das Lustspiel in Lessings Sinn: »Ein Hauptgrund [für die Zurücksetzung des
Lustspiels] liegt in dem, man möchte sagen, irrigen Wahne der allermeisten jungen Dramatiker, welche den Humor und die Satyre nur kleinen Geistern eigen halten und deshalb
fort und fort die große Trommel des Pathos rühren.« Wir kennen *Die Journalisten* (Leipzig 1854) Gustav Freytags, weil dieser auf dem Theater wie im Roman des Realismus
tonangebend war. Aber hat die Literaturgeschichte des 19. Jahrhunderts jemals *systematisch* nach dichterisch gelungenen Manifestationen des realistischen Humors und der realistischen Bürgerlichkeit in *den* dramatischen Gattungen gesucht, die damals im Schatten
der Epigonentragödie standen?

Auch die *Lyrik* im Zeitalter des Realismus hat einen schlechten Ruf. Hugo Aust faßt im

Anschluß an Fritz Martinis Epochendarstellung die gängige Lehrmeinung zusammen: »Verlust der Teilhabe am Metayphysischen und Universalen, mangelnde religiös-kosmische Ergriffenheit, Verdünnung der lyrischen Tradition zum poetischen Schmuck, Psychologisierung der Erlebnissubstanz und epigonales Verhaftetsein an eine unbewältigte Formentradition. – Nur wenige Untersuchungen gelten dem Verhältnis von Lyrik und Realismus« [48]. Ja, man nahm in naiver Weise an, daß der Realismus und die Lyrik, die doch eine subjektive Gattung ist, nichts miteinander zu tun haben können. Ich ging daher selbst dem Problem am Beispiel Theodor Storms nach und kam zu dem Ergebnis, daß auch hier eine Abgrenzung von der Biedermeierzeit auf der Grundlage des realistischen Programms mit klaren Ergebnissen möglich ist [49]. »Verdünnung der lyrischen Tradition zum poetischen Schmuck?« Das Gegenteil ist bei Storm der Fall. An die Stelle der gewagten Metaphorik und Allegorie, die in der Biedermeierzeit auch bei bedeutenden Lyrikern üblich ist, tritt, ganz im Sinne des realistischen Programms, ein möglichst einfacher Stil unter Bevorzugung der »Exmetapher«, z.B. im Anfang des Gedichts *Abseits:*

> Es ist so still; die Haide liegt
> Im warmen Mittagssonnenstrahle
> Ein rosenroter [!] Schimmer fliegt
> Um ihre alten Gräbermale.

So einfach wagt ein Biedermeierdichter nicht zu dichten. Er drückt sich kostbarer aus, z.B. (Annette von Droste-Hülshoff: *Der Weiher*):

> Er liegt so still im Morgenlicht
> So friedlich, wie ein fromm Gewissen [!];
> Wenn Weste seine Spiegel küssen [!],
> Des Ufers Blume fühlt es nicht.

Oder Mörike *(Die schöne Buche):*

> Welch Entzücken! [!] Es war um die hohe Stunde des Mittags,
> Lautlos alles, es schwieg selber der Vogel im Laub.
> Und ich zauderte noch, auf den zierlichen Teppich zu treten [!],
> Festlich empfing er den Fuß [!], leise beschritt ich ihn nur.

Wir können Storms Abneigung gegen die »Bildermacherei« und die »Phrase«, d.h. also gegen die überlieferte Rhetorik, sogar seinen eigenen programmatischen Äußerungen entnehmen, z.B. der Vorrede zu dem von ihm herausgegebenen *Hausbuch deutscher Lyrik*. So sehr er seinen Freund Mörike bewundert, – viele seiner besten Gedichte nimmt er in die Anthologie *nicht* auf, aus Abneigung gegen die Bildermacherei, z.B. die von der Neuromantik so geschätzten »Mythen« *Er ist's, Um Mitternacht* usw., d.h. kunstvoll erneuerte allegorische Gedichte. Trotz dieser Nüchternheit wird niemand die Meisterhaftigkeit von Storms Lyrik leugnen. Wenig Metaphysik? Warum nicht an ihrer Stelle die Leidenschaft, die Biedermeierdichter wie Mörike und die Droste nicht so deutlich aussprechen durften:

> Die Lippen, die sich so berührt,
> Sind rettungslos gefangen.

Ist es unlyrisch, die Liebe so einfach auszudrücken? Muß man wirklich unbedingt so bildhaft, so hochpoetisch auf sie anspielen wie im Biedermeier, z. B. Mörike in *Peregrina* I?

> In diese Nacht des Blickes mich zu tauchen,
> Unwissend Kind, du selber lädst mich ein –

Psychologisierung der Erlebnissubstanz. Warum nicht? In dem frommen Gedicht *Neue Liebe* fragt Mörike:

> Kann auch ein Mensch des andern auf der Erde,
> Ganz, wie er möchte, sein?

Die theoretisch formulierte Frage – das ist im Biedermeier auch in der Lyrik erlaubt – wird verneint, woraus sich ein enthusiastischer Hinweis auf Gott, der auch beim Einsamen ist, ergibt. Ist es unlyrisch, auf Gottes Hilfe zu verzichten, und der Einsamkeit in einer bestimmten Situation leidenschaftlich Ausdruck zu geben? »Ich möchte schlafen, aber du mußt tanzen.« Thomas Mann hat dieses Gedicht *(Hyazinthen)* in seinem Essay über Theodor Storm bewundernd hervorgehoben, ein Hinweis darauf, daß der *vielleicht* metaphysiklose, aber sicher nicht seelenlose Lyriker Storm seinen Versen moderne Akzente gegeben hat, wie sie im Biedermeier noch unmöglich waren. Man verweist ständig auf die zahllosen Auflagen von Geibels Lyrik, um den schlechten Geschmack der realistischen Epoche zu dokumentieren. Richtiger wäre es, diese keineswegs uninteressante Tatsache sozialgeschichtlich zu interpretieren und daran zu erinnern, daß Lyriker wie Hebbel, C. F. Meyer, Storm, Fontane, Liliencron möglicherweise keine ins Kleinbürgertum hinabreichende Wirkung hatten, aber trotzdem recht erfolgreich waren. Außerdem ergibt sich auch hier die Frage nach heute noch unbekannten *guten* Lieder- und Balladendichtern, die durch Humor, Bürgerlichkeit, Besinnlichkeit, »gesunde Moral« im engeren Sinne den Realismus repräsentierten. *Wenn die heutige Mentalität in der BRD solche Entdeckungen verhindert, so ist dies nicht der geringste Beweis dafür, daß sie unmöglich sind.* Die DDR-Literaturgeschichte vermißt natürlich in der realistischen Lyrik den vormärzlichen »Mut zur Größe«, desgleichen die »sozial sensibilisierte Großstadtlyrik«, wie man sie bei Heine findet; aber sie kennzeichnet mit einem gewissen historischen Verständnis den bürgerlichen Charakter der Nachmärz-Lyrik: »So wird im Gedicht das Erleben meist zum Stillen und Verhaltenen gedämpft, mitunter skeptisch betrachtet oder gar ironisiert; das Intime, Vertraute, ja das Verborgene werden gesucht und bevorzugt, Pathos und rhetorischer Schwung sind kaum vorhanden und fast ausschließlich bei den trivial-apologetischen Autoren[!] zu finden… Die Neigung zum Zergliedern von Stimmungen, zur reflektierenden Erörterung geht damit einher und verdeutlicht die Tendenz zur Selbstbesinnung, am deutlichsten bei Fontane, der die Neigung zum Prosaischen geradezu zum Stilprinzip seiner späten Lyrik werden ließ«[50]. »Neigung zum Prosaischen?« Das Wort »prosaisch« wäre durch einen präziseren (stilgeschichtlichen) Begriff zu ersetzen; denn Fontane bleibt ja beim Versgedicht. Im ganzen jedoch belegt diese Charakterisierung der realistisch-bürgerlichen Lyrik die gleiche Abneigung gegen die »Phrase«, die wir bei Storm fanden. »Am wenigstens aber wollte man Rhetorik«, sagt Fontane in seiner treffenden Kennzeichnung des Realismus (das ganze Zitat Bd. I, S. 258).

Bewertung der Biedermeierzeit und ihrer einzelnen Richtungen

Diese Epochendarstellung geht über die rein historische Interpretation hinaus, insofern der Verfasser von Anfang an eine Aufwertung der so lange verachteten nachklassischen und nachromantischen Zeit im Auge hatte, – *auf der historisch erarbeiteten Grundlage.* Dies bedeutet, daß er sich dabei völlig unabhängig fühlt von der »konservativen Revolution«, die großen Anteil an der Wiederentdeckung des Biedermeiers hatte, *und* von der derzeitigen Vormärzmode, die ohne den direkten oder indirekten Einfluß der kommunistischen Kultur in Ostdeutschland historisch kaum denkbar ist, – auch wenn dieser meist geleugnet wird. Der Eifer der Marxisten kam der Erforschung Büchners und Heines, aber auch kleinerer kommunistischer Schriftsteller wie Weerth, zugute. Zwischen der konservativen und der marxistischen Front läßt sich noch eine sozialliberale Forschungsrichtung erkennen, die sich für eigentliche Vormärzdichter wie Herwegh und Freiligrath interessiert, zum Teil aber auch für die Jungdeutschen eintritt, weil diese angeblich aus politischen, nicht aus literarischen Gründen ihren zunächst sehr großen Einfluß in Deutschland verloren haben. Ich bin, meist im Widerspruch zur Generation meiner Lehrer, stets der Überzeugung gewesen, daß Literaturgeschichte und Literaturkritik unlöslich miteinander verbunden sind und habe mich daher in diesem Werk an vielen Punkten zu Wertungen verpflichtet gefühlt, möchte mich jedoch zum Abschluß auch zusammenfassend, und hie und da meine frühere Kritik korrigierend, über die Bewertung der Epoche äußern.

Jüngere Rezensenten haben mir enttäuscht meine unfreundliche Behandlung der Jungdeutschen vorgeworfen. Einer meiner Kritiker meint gar, mit einer sehr zeitgemäßen Metapher, »den politisch erogenen Mittelpunkt« des Vormärz bilde die von mir unterschätzte jungdeutsche Bewegung[51]. Tatsächlich verrät mein Abschnitt über die Jungdeutschen (Bd. I, S. 155–200), der in seinen rein literarischen Teilen zu den ältesten Schichten dieser Epochendarstellung gehört, noch die Qualen, die ich beim Lesen von viel jungdeutscher Erzählprosa erlitt. Ich hätte mich pädagogischer verhalten können wie Georg Brandes, der z.B. über Gutzkows *Wally* schreibt: »Ein kindisches Buch ist diese *Wally,* doch ein unschuldiges, rechtschaffenes und naives... Gutzkow hatte dem Verlangen nicht widerstehen können, die ehrwürdigen Kirchenlichter und Kirchenvorsteher, die Inhaber der verschiedenen Klassen des roten Adlerordens daran zu erinnern, daß da einmal ein gewisser Voltaire, ein Hume, ein Lessing usw. gelebt hatte. Es lag ja für einen Jüngling etwas Kitzelndes darin, solche feinen Leute an solche vergessenen Existenzen zu erinnern. In jedem Falle hätte er es aber mit Talent thun sollen. Statt dessen schrieb er einen Roman, in dem die Handlung nur einen Vorwand für Theorien, eine schwache Nachahmung von George Sands kürzlich erschienener *Lelia* abgab«[52]. Ich benutzte das Wort »pueril« (Bd. I, S. 176) und kann mich immer noch nicht dazu verstehen, eine nach Biedermeierbegriffen *lüsterne* Nudität naiv zu nennen. Und: darf man von einem Autor fordern, er hätte in seinem Roman »mit Talent« provozieren sollen, wenn er so wenig *epische* Sprachkraft wie Gutzkow hat? Man kann nur sagen, daß Brandes und ich den Roman von vornherein als rhetorisch-(publizistisch)-episches *Mischprodukt* hätten ansehen sollen, und dies gilt für die gesamte jungdeutsche Prosa, Heines *Reisebilder* eingeschlossen. Gutzkow ist ein bedeutender Publizist und Kritiker – man denke nur an seine Bewunderung von *Dantons Tod,* der *Judenbuche* usw. –, der es nicht lassen kann, nach dichterischem Ruhm zu streben oder genauer: nach dem Ruhm eines Künstlers in Prosa, auch in der Erzählprosa, die noch nicht als vollwertige Dichtung gilt. *Es ist, wie ich jetzt erkenne, unhistorisch, den Maßstab der (spezialistischen!) realistischen Erzählkunst anzulegen,* weil hinter diesen jungdeutschen *Mischprodukten* noch die romantische Vorstellung einer Theorie und Dichtung verbindenden Universalpoesie steht. Man darf auch nicht vergessen, daß die durch Tieck beliebt gewordene »Novelle« (= Erzählprosa) bewußt zur Einkleidung und Tarnung liberaler Ideen benutzt, also »umfunktioniert« wurde (vgl. Bd. II, S. 819). Die künftige Literaturgeschichtsschreibung wird bei genauerer Berücksichtigung der spätromantischen, höchst komplizierten gattungsgeschichtlichen und politisch-historischen Situation wahrscheinlich zu einer freundlicheren Beurteilung der jungdeutschen Mischprodukte gelangen*.

Brandes nennt Voltaire und Lessing. Die ironisch-polemische Tradition des 18. Jahrhunderts ist wichtig zum Verständnis des jungdeutschen Stils und wurde von mir, in meiner Eigenschaft als Wielandbiograph, frühzeitig erkannt. Die Jungdeutschen sind ein neuer Stoß der niemals ganz zu verdrängenden Aufklärung und greifen bewußt auf die Witzkultur des 18. Jahrhunderts zurück (vgl. Bd. I, S. 191 f., Bd. III, S. 522). Der nächste Stoß der Aufklärung, die junghegelianische Publizistik und Kritik ist theoretisch bedeutender, »wissenschaftlicher«, aber auch akademischer im üblen Sinn, abstrakter, schulmäßiger. Ich halte es daher für einen Rückschritt der Forschung, wenn man unter marxi-

---

* Einen interessanten, m. W. noch nicht benützten Kommentar zum Thema Romantik und Junges Deutschland gibt der etwas reifere, durch Schaden klug gewordene Karl *Gutzkow* in seinem Essay über Henrik Steffens (in: Götter, Helden und Don Quixote, Hamburg 1838, S. 395–451). »Professor Steffens« hatte in seinem dreibändigen Roman »Die Revolution« (Breslau 1837), nach der Meinung von Gutzkow, die schlimmste »Ketzermacherei der neuesten Zeit« betrieben und alles denunziert, was dem »Interesse der unbeschränkten Monarchie und des Pietismus« widersprach (S. 396 f.). Während sonst die Jungdeutschen allzu gern sich selbst auf Kosten der Genossen reinwaschen, zeigt sich Gutzkow hier als charaktervoller Repräsentant: *er verteidigt insgesamt das Junge Deutschland.* Er legt dabei die Betonung auf den Begriff jung, um mit dem gut biedermeierlichen und sicher nicht ganz falschen Argument operieren zu können, *daß die Jüngsten nie ganz originell, sondern stets die Opfer älterer Ideologen sind.* Wer ist also, genauer besehen, verantwortlich für die Entgleisungen des Jungen Deutschland? Niemand anders als die Romantiker, und zwar gerade die heute so reaktionären Freunde Tieck und Steffens. Sie sind die Feinde des speziellen Könnertums, sie haben den Mystizismus, den Universalismus, den »Enzyklopädismus« (S. 449) aufgebracht. Professor Steffens spricht von Geologie und landet bei der Politik. Kein Wunder, daß auch die junge Generation alles benützt, um über Politik zu sprechen. Ohne die Romantik hätte sie dies nie getan. Die Jungdeutschen – das deutet Gutzkow an – sind eine von der Romantik, und gerade auch von Steffens, *verführte Generation.* Inzwischen beginnen die Jungen aber – Steffens hat es noch nicht bemerkt – durch die Orientierung an Goethe und Hegel eine »positivere« Richtung zu gewinnen. Sie fordern nach wie vor größere *literarische* Freiheit, weil sie Schriftsteller sind. Im Übrigen jedoch lassen sie die »Maschine« der Politik laufen, wie sie will. Sie geben alle abstrakten Weltverbesserungsgedanken auf und wenden sich konkreten Aufgaben zu. Zum Schluß hängt sich der schlaue Anwalt der Jungdeutschen noch ein pantheistisch-frommes Mäntelchen um, und er entsagt fast feierlich der »Emanzipation des Fleisches«. *Geschichtlich richtig ist aber der Vorwurf, daß der Universalismus und die inhaltliche wie auch formale Zuchtlosigkeit der »Novelle« von Tieck und Steffens den Ausgangspunkt der alles mischenden jungdeutschen Halbpoesie bildet.*

stischem Einfluß, den hegelianischen Einfluß auf die Jungdeutschen überbetont und die klare Grenze verwischt, die Stil und Denken der beiden Gruppen voneinander trennt (vgl. Bd. I, S. 212 f., Bd. II, S. 77 ff.). Man vergleiche nur die schwerfälligen dramaturgischen Aufsätze Hebbels mit den eleganten Vorreden von Laubes und Gutzkows Theaterstükken oder Heines *Romantische Schule* mit der gründlicheren Romantikkritik der Junghegelianer in den *Halleschen Jahrbüchern*. Ohne den voltairianischen und sterneschen Hintergrund wären Heines *Reisebilder* (zwanziger Jahre) und seine großen publizistischen Auseinandersetzungen mit dem geistigen Deutschland (dreißiger Jahre) niemals zu einem Teil der Weltliteratur geworden. Diese Schriften Heines reagieren auf die Propaganda der Madame de Staël für das »geistige Kaiserreich der Deutschen«; sie zeigen mit Ironie und Witz die Kehrseite des deutsch-idealistischen Imperiums, angefangen von dem Versuch, dem Heiligen Römischen Reich mit Hilfe der Mittelalterromantik ein neues Ansehen zu geben bis zur Allgegenwart der k.k.-Armee im österreichisch besetzten Oberitalien. Auch die Publizistik der Jungdeutschen zweiten Ranges hatte größere *literarische* Verdienste als die abstrakten und in diesem Sinn allzu deutschen Aufsätze und Bücher der Junghegelianer. Bei Rezeptionsforschungen zu den beiden Gruppen würde sich höchst wahrscheinlich ergeben, daß die Wirkung der Jungdeutschen gerade auch durch die zielbewußte Benutzung der Novellistik, zunächst viel stärker war. Die ideenpolitische *Langzeit*wirkung der Junghegelianer war freilich größer (realistisches Literaturprogramm, marxistische Sozialtheorie, faschistische Staatslehre). Wenn beide Gruppen (Jungdeutsche und Junghegelianer) nur zwei von den in diesem Bande beschriebenen fünfzehn Dichtern hervorgebracht haben (Heine, Hebbel), so ergibt sich dies aus ihrer politischen und sozialen Ausrichtung. *Bei einer Aufnahme großer Publizisten ergäbe sich ein anderes Bild.* Ich sah davon ab, weil ich gleich der Meinung war, daß alle Publizisten besser in den beiden ersten, rein *geschichtlichen* Bänden am Platze sind. Dort erfährt man manchmal mehr von ihnen als von den eigentlichen Dichtern, was mir schöngeistige Rezensenten übelgenommen haben. Hinter meiner Entscheidung steht die alte, kaum zu widerlegende Erkenntnis, daß die Dichter eine größere Chance haben, ihre Zeit zu überleben, als die Publizisten; denn ihre Zeitgebundenheit ist nicht so direkt. Dichter wie Heine waren sich dieser Spannung zwischen dem »Journalismus« und einer weiter in die Zukunft reichenden Art von Wortkunst (»Klassizität«) ebenso bewußt wie Hebbel oder Stifter; sie litten darunter.

Man wird, auch wenn man poetisch-publizistische Misch-Schriftsteller wie Heine ernst nimmt, kaum leugnen können, daß der *publizistische Impuls berufener Dichter schwächer ist als der leicht und flüssig schreibender Autoren*. Büchner, dem freilich eine außergewöhnliche Klarsicht eigen war, ließ sich, trotz seiner Geldnot, von Gutzkows großzügigen publizistischen Angeboten nicht verführen (vgl. o. S. 296 f.). Das äußerste, wozu er sich herbeiließ, war die auf historischen Studien beruhende Erzählung *Lenz*. Mörike war naiver; er glaubte ernsthaft, dem Vikariat durch eine novellistische Massenfabrikation entrinnen zu können und mußte erst durch bittere Erfahrung die quantitativen Grenzen eines Genies – oder sagen wir besser eines großen Lyrikers? –, auch im Vergleich zu zweitrangigen Dichtern wie Tieck, erkennen. Mit diesem wollte er wohl konkurrieren (vgl. o. S. 711 ff.), nicht mit den Jungdeutschen. Nestroy gab vor, den Drang nach Unsterblichkeit zu verachten; er dachte wahrscheinlich an Raimund, der viel weniger schrieb (vgl. o. S. 196 f.). Aber er ist ein zu leidenschaftlicher Komödiant und ein zu sprachbesessener Rollenschreiber, als daß seine Kritik der auf Unsterblichkeit bedachten Theaterdichter vollkommen glaubhaft erscheint. Auch der junge Stifter gibt vor, ein kavaliersmäßiges Verhältnis zu seinen literarischen Beschäftigungen zu haben. Tatsächlich verfährt er zunächst verhältnismäßig sorglos, gesellschaftsunmittelbar (Taschenbucherzählungen). Aber der Ruhm, der sich einstellt und, nach 1848, der Verlust dieses Ruhms, wie auch wohl seines Publikums, veranlaßt ihn zu dem Experiment, klassische »Epen« für die Nachwelt zu schreiben. Er verfaßt diese in Prosa; aber die Hartnäckigkeit und der Perfektionismus, mit denen er dies Ziel verfolgt, läßt sich wohl nur mit Klopstocks Ringen um den *Messias* vergleichen. Man bewundert den *Witiko* wie den *Messias;* aber der Streit um den Wert der beiden Epen wird wohl niemals verstummen. Dagegen nehmen Stifters Novellen und zwei Novellen der Lyriker Annette von Droste-Hülshoff und Mörike *(Judenbuche, Mozart auf der Reise nach Prag)* einen immer gesicherteren Platz in der deutschen Nationalliteratur und wohl auch bald in der Weltliteratur ein. Im Vergleich zu den noch stark rhetorischen (d. h. hier von nicht integrierten Gesprächen und Reflexionen durchsetzten) Novellen Tiecks markieren die Novellen Stifters, Gotthelfs, Mörikes und der Droste bereits den *Aufstieg der deutschen Erzählprosa zur vollwertigen Erzählkunst.* Stärker der Rhetorik und der Tendenz verhaftet bleibt der Roman der Biedermeierzeit, und zwar nicht zuletzt bei den guten Erzählbegabungen (Alexis, Postl-Sealsfield, Immermann, Gotthelf); denn jeder von diesen Erzählern will mehr als einem ästhetischen Anspruch oder der Unterhaltungsfunktion entsprechen. Auch die so entstandene, *für Beschreibungen, Genrebilder, Reflexionen, Gespräche weit offene Form des Romans ist eine Mischgattung,* die nur aus der Tradition der Aufklärung und Romantik zu verstehen ist und nicht am Maßstab der durch das realistische Programm entstandenen spezialistischen Erzählkunst nach 1848 bewertet werden darf. Trotzdem ist der Abstand von der publizistisch verwendeten Erzählprosa der Jungdeutschen beträchtlich, dadurch vor allem, daß von den Biedermeier-Erzählern nicht nur ideologisch beeinflußt, sondern *ein Stück Welt,* auf Grund sorgfältiger Studien, ausführlich dargestellt wird (die Welt der Bauern, die junge Industrie, die preußische Geschichte, das nordamerikanische »Pflanzerleben« und die jüngste Vergangenheit der USA). Auch aus dieser stark *empirischen Auffüllung der Ideologie* (Bauernkult, Partikularismus, preußischer Patriotismus, Begeisterung für das freie Amerika) erklärt sich die früher übliche, ästhetisch und stilistisch jedoch nicht zu rechtfertigende Einordnung in die realistische Dichtung und die geflissentliche *Verwischung des beträchtlichen Abstands Kellers von Gotthelf, Fontanes von Alexis, Storms von Stifter, Freytags von Postl-Sealsfield* usw.

Ein gewisser Konservativismus ist bei allen großen Erzählern der Biedermeierzeit wie auch bei den großen Meistern des Wiener Theaters festzustellen. Bedeutet dies, daß das Dichtertum prinzipiell etwas mit dem Konservativismus zu tun hat, daß die Erregung des Journalisten sich mit der notwendigen Ruhe des Dichters, vor allem des Erzählers (»epische Ruhe«), *nicht* verträgt? Erwägungen dieser Art finden sich in der Biedermeierzeit öfters, vor allem wegen des Beispiels, das die Klassiker und Romantiker gegeben hatten. Dies Wertungsproblem ist sicherlich schwieriger, als man heute zugibt; denn die gegenwärtige Ersetzung des Wortes »Tendenzdichtung« – abgewertet nach 1848 – durch das aus Frankreich kommende neue Wort »engagierte Literatur« – etwas besonders Apartes und Modernes! – hat *nur verbale Bedeutung.* Der Bezug zwischen Stille und Produktivität müßte ohne Genie- und Überzeitlichkeitsmystik neu durchdacht werden, – im Interesse unseres eigenen, allzu hektisch gewordenen Kulturlebens. Die Stille, in der die meisten großen Dichter der Biedermeierzeit leben, ist offensichtlich, und sie ist vielleicht doch eine Voraussetzung ihrer – meist ohne lauten Genieanspruch – durch und durch originalen und dauerhaften Leistung. Noch wichtiger erscheint mir die bisher kaum diskutierte These, daß zwar kritische (publizistische) Köpfe, aber doch wohl kaum ausgesprochen *produktive* Geister ein Leben lang in der bloßen Verneinung leben können. *Die dichterische Weltschöpfung scheint von einem, wie immer begrenzten, Ja zur Welt, die der Autor kennt und darstellt, abzuhängen.* Man kann sich nicht vorstellen, daß Postl-Sealsfield in dem kritischen und stellenweise gehässigen Tone von *Austria as it is* hätte weiterschreiben können. Er *mußte* sich einen Gegenstand suchen, den er liebte, – um zum Erzähler zu reifen. Ähnlich stellten Immermann und Gotthelf die von ihnen geliebte Welt des Bauern der herrschenden Zivilisation entgegen. Indirekte Kritik verträgt sich eher mit dem dichterischen Auftrag als die direkte. Wenn der negative Schloß-Teil in *Münchhausen* nicht so gelungen erscheint wie der positive *Oberhof*-Teil, so könnte dies etwas über die Affinität von Liebe und künstlerischem Schöpfertum verraten. Die Kritik der Universität Göttingen in Heines *Harzreise* ist hervorragend prägnant, dicht und unübertrefflich witzig; aber wir erhalten kein »Bild« der *bedeutenden* Lehr- und Forschungsstätte, wie es große Erzähler mit Hilfe ihrer Phantasie nachschaffen könnten. Heine will und kann nur eine derb gezeichnete Karikatur geben.

Den jüngeren Germanisten mag mein Hinweis auf die schöpferische Zustimmung und Liebe poetischer Weltbildner »metaphysisch«, »ontologisch« oder – noch schlimmer – »moralisch« klingen. Das Wort »Affirmation« ist von Marxisten (für den Westen!) erfunden worden, um derartige positive Haltungen zu diffamieren. Es gibt aber gute literarhistorische Belege für die Tatsache, daß die konstante Verneinung eher zweitrangigen als erstrangigen Dichtern bekömmlich ist. Man kann sich den Tendenzlyriker Gottfried Keller (geb. 1819) mit 25 Jahren noch nicht als den Erzähler von *Romeo und Julia auf dem Dorfe* vorstellen; denn im Biedermeier wurden auch in der Schweiz ganz andere Dorfgeschichten geschrieben. Das heute so beliebte Argument der Zensur entfällt wohl in diesem Schweizer Fall. Es war wahrscheinlich so, daß der liberale Keller der *Ermutigung durch ein liberaleres Zeitalter* bedurfte, um zum großen Erzähler zu reifen. Umgekehrt schrieb Pfarrer Gotthelf im eigentlichen Vormärz seine besten Romane (*Uli der Knecht, Uli der Pächter, Geld und Geist* usw.). Die fast fanatische Verneinung, die in seinen Nachmärzromanen hervortritt *(Der Schuldenbauer, Zeitgeist und Bernergeist)* hat nicht nur Gotthelfs politische Glaubwürdigkeit als liberalkonservativer Schweizer, sondern auch sein Ansehen als großer Erzähler, als »Homer« erschüttert. Wir können seinen zukunftweisenden Kampf gegen die »radikale« Partei des Schweizer Nachmärz historisch genauso rechtfertigen wie die jungdeutsche Erzählprosa; aber der *Niedergang seines Erzählens in einem strengen Sinn,* doppelt spürbar in der Wirkungszeit des realistischen Programms, war nicht zu leugnen. Und ist dies nach 1848 nicht auch bei dem konservativen Stifter der Fall? Wir kennen die Elegien auf das Biedermeier, die der ehemalige Hauslehrer Metternichs angestimmt hat (vgl. o. S. 980 f.). Seine Reaktion war nicht so direkt und derb wie die Gotthelfs; aber um so verbissener versuchte er, sich auf dem alten klassizistischen (»homerischen«) Wege in eine private Idylle mit Ewigkeitsanspruch *(Nachsommer)* und in die historische Idylle vom ewigen Habsburgerstaat *(Witiko)* abzusetzen. Auch Grillparzer, der wiederholt unter der politischen und religiösen Zensur des Metternichschen Systems gelitten hatte, entdeckte allmählich seine Liebe für den Habsburgerstaat in einem mehr oder weniger biedermeierlichen Sinne. Aber es erhebt sich die Frage, ob diese Bejahung im Nachmärz, nach den höchst realistischen Schlägen der k.k. Armee in Italien und Ungarn, ja selbst in Wien bei einem Dichter mit so viel kulturkritischem Sinn noch möglich war. Statt eines *Witiko* schrieb er in den letzten Jahrzehnten seines Lebens bissige Epigramme, ein besonders deutliches Zeichen für seine generelle Verneinung der nun heraufkommenden realistischen Welt. Stiller war Mörikes Verstummen. Seine letzte Novelle (*Mozart auf der Reise nach Prag* 1856) vergegenwärtigt besonders klar das alte vorrealistische Europa, dem seine Liebe gehörte. In den letzten zwanzig Jahren seines Lebens schrieb er nur wenige, natürlich unpolemische Verse. Der kräftige Landsmann und Achtundvierziger Hermann Kurz dagegen, nur acht Jahre jünger als Mörike, paßte vorzüglich in die realistische Welt. *Der Sonnenwirt* (1855) ist viel besser erzählt als die um »Gemüt« und biedermeierlichen Idealismus bemühte schwäbische Auftragsdichtung *Schillers Heimatjahre* (1843). Als Herausgeber des *Deutschen Novellenschatzes* (mit Heyse) gehörte Kurz noch im Alter zu den Repräsentanten des literarischen Nachmärz. Dagegen kam Mörikes große historische Stunde erst in der Neuromantik.

Übrigens fanden auch die Jungdeutschen, als Liberale, viel leichter den Anschluß an das vor allem *literarisch* liberalisierte realistische Zeitalter als die konservativen Dichter. Laube wurde Direktor des Wiener Burgtheaters, Gutzkow schrieb große Romane, gründete eine erfolgreiche Zeitschrift und schimpfte mit erheblicher Resonanz auf die Realisten (vgl. Bd. I, S. 290 f.). Doch erfaßt Julian Schmidt die Anpassung Gutzkows wahrscheinlich richtig, wenn er schreibt: »Die *Ritter vom Geist* [1850/51] sind noch so jungdeutsch als möglich, d.h. sie schilderten eine Reihe von ›Idealisten‹, von Referendarien usw., die zwar den Mund sehr voll nehmen über das, was alles anders werden müßte, die aber im Besonderen nicht die entfernteste Idee von dem hatten, was sie eigentlich wollten. – Der neue Roman dagegen bemüht sich, auf Grundlage ziemlich umfassender Studien [!] die katholische Kirche zu schildern, wie sie im 19. Jahrhundert geworden ist, und welchen Einfluß sie auf verschiedene Stände und Charaktere ausübt. Wir sind nicht gemeint, den Vergleich weiter auszudehnen, aber in dieser einen Beziehung [!], ist der *Zauberer von Rom* [1858–61] mit Auerbachs Dorfgeschichten verwandt: er ist überwiegend [!] realistisch, er schildert Zustände, die Gutzkow sich nicht erträumt, sondern die er durch unmittelbare Anschauung und durch Studien zu erforschen bemüht gewesen ist« [53]. Julian Schmidt stellt, in unsere Begriffssprache übersetzt, fest, daß Gutzkow im Laufe der Zeit wenigstens die erzählkünstlerische Stufe des Spätbiedermeiers erreicht und, mit Hilfe von empirischen Studien, ein Stück Welt dargestellt hat, während die hastig fabrizierte jungdeutsche Prosa sich in unverbindliche Phrasen verloren hatte. Wir ergänzen diese Beobachtung durch den Hinweis, daß diese Entwicklung zu einem (noch immer ideologisch begrenzten!) Realismus möglich war, weil Gutzkow nicht nur als Erzähler reifte, *sondern auch in einer fundamentalen Übereinstimmung* mit *der im Kern von norddeutschen Liberalprotestanten geprägten realistischen Kultur stand.* Die Meinungsverschiedenheiten zwischen ihm und Julian Schmidt betrafen vor allem ästhetische und gattungstheoretische Fragen (Abschaffung der direkten Tendenz, epische Integration u. a.).

Mit Erstaunen haben mehrere Rezensenten meine unzeitgemäße Verehrung des heute vielgescholtenen deutschen Realismus nach 1848 zur Kenntnis genommen. Trotz dieser Vorliebe schrieb ich kein Buch über den Realismus, sondern über die *Biedermeierzeit,* – deshalb weil die bis in die realistische Zeit zurückgehende Mißachtung der »Epigonenepoche« oder »Übergangszeit« sehr tief im deutschen Bildungsleben verankert *war* und mich zu einem nicht nur verbalen, sondern durch Forschung und Darstellung fundierten Versuch einer »Rettung« reizte. Die Realismuskritik nahm ich nicht so ernst, weil sie mir ästhetisch unbegründet erschien und ich sie noch nicht als Ausdruck einer politischen und sozialen Katzenjammer-Stimmung in den *jüngeren Generationen* (»deutsche Misere«) erkannt hatte. Ich frage mich heute, ob mein Ja zum Realismus wirklich noch so unzeitgemäß ist wie 1971 und 1972. Auch gibt es möglicherweise die Aversion gegen den »bürgerlichen Realismus« nur im akademischen Bereich, der für mich nie die letzte Instanz war. Selbstverständlich verehre ich nicht die realistischen Programmatiker als Individualitäten. Auf diesen Vorwurf habe ich bereits geantwortet (Bd. II, S. 1046f.). Man kann die Grenzboten-Gewaltigen im gleichen kläglichen Lichte erblicken, in dem mir Friedrich Schlegel erscheint. Wie der romantische und neukatholische Programmatiker es später mit Metternich hielt, so landete der nationalliberale und realistische Gustav Freytag in einem wenig würdigen Sinn bei Bismarck und den keineswegs realistischen Mythologen seines Reiches. Weder da noch dort finde ich Grund zur Bewunderung. *Man ist aber kein Historiker, wenn man diese mächtigen, zwischen Staatsgewalt und reiner Dichtung stehenden Publizisten nicht ernst nimmt; denn sie machen Geschichte, nicht nur Literaturgeschichte.* Meine Liebe und Verehrung freilich gehört den großen realistischen *Dichtern.* Dagegen stand mein Verhältnis zu den Dichtern der Biedermeierzeit, trotz aller Verschiedenheit im einzelnen, letztlich in erster Linie auf einer historischen Grundlage. Das bedeutet, daß meine Wertungen die eigentlichen Verehrer nicht immer befriedigen werden. Ich meine damit nicht die Empfindlichkeit, die durch »Betriebsblindheit« in fast allen fünfzehn Philologien entstanden ist. Wenn mir z.B. bestimmte Zweifel an der *Ahnfrau* oder am *Witiko* oder an Platens später Verskunst nicht erlaubt werden oder wenn Spezialisten den Wertunterschied zwischen Büchners und Grabbes Dramen, den Abstand der Sealsfieldschen Erzählprosa von Stifters Erzählkunst leugnen, so fühle ich mich im Recht. Etwas anderes ist es, wenn man mir zu verstehen gibt, daß ich mich zu wenig mit den Dichtern der Biedermeierzeit identifiziere und stets die historische Distanz von ihnen betone, ganz gleichgültig, ob sie eher konservativ oder eher revolutionär gewesen sind. Solchen Dichterverehrern kann ich nur versichern, daß ich, mit einem weiteren Überblick als die Spezialisten oder Liebhaber, nach bestem Wissen und Gewissen die Dichter oder ihre einzelnen Werke gedeutet und bewertet habe. Schon der Verzicht auf einen engen Kanon von vier oder fünf Dichtern, die Einfühlung in fünfzehn ganz *verschiedene* und verschieden*wertige* Dichter verlangte eine Kühle, die sich von der Verehrung für Lieblingsdichter notwendig unterscheidet. Ich bin mir aber in diesem *dritten* Bande, als eine Art Lehrbuchverfasser, der Verantwortung, auch gegenüber der weiteren literarischen Leserschaft, bewußt und höre gerne private oder öffentliche Kritik an meinen Wertungen.

VERZEICHNIS

der im Zusammenhang mit dieser Epochendarstellung entstandenen Dissertationen in chronologischer Reihenfolge

Reinhard Wagner: Wesen und Geltung der erzählenden Prosa im Urteil der Biedermeierzeit. Diss. [Masch.] Tübingen 1952.

Hans Oelschläger: Theodor Fontane. Sein Weg zum Berliner Gesellschaftsroman. Diss. [Masch.] Marburg 1954.

Hans Gunther Prescher: Das Problem der literarischen Gattungen bei Ferdinand von Saar. Diss. [Masch.] Marburg 1954.

Karl Heim: Wilhelm Raabe und das Publikum. Diss. [Masch.] Tübingen 1954.

Fritz Heyn: Die Sprache Büchners. Diss. [Masch.] Marburg 1955.

Wilhelm Kurz: Formen der Versepik in der Biedermeierzeit. Diss. [Masch.] Tübingen 1955.

Erika Schmohl-Windfuhr: Der Streit um Heinrich Heine. Darstellung und Kritik der bisherigen Heinewertung. Diss. [Masch.] Marburg 1956.

Kurt Waselowsky: Der Übergang vom Vers zur Prosa in den Dramen Christian Dietrich Grabbes. Diss. [Masch.] Marburg 1956.

Karl Heinz Wocker: Kritik und Produktion bei Franz Grillparzer, Diss. [Masch.] Marburg 1956.

Kurt Partl: Friedrich Schillers *Wallenstein* und *König Ottokars Glück und Ende*. Eine vergleichende Interpretation auf geschichtlicher Grundlage. Diss. Köln 1957.

Manfred Windfuhr: Immermanns erzählerisches Werk. Zur Situation des Romans in der Restaurationszeit. Gießen 1957.

Jost Hermand: Die literarische Formenwelt des Biedermeiers. Gießen 1958.

Theo Zindler: Die Entwicklung im lyrischen Stil Lenaus. Diss. [Masch.] Marburg 1959.

Anne Ruth Strauß: Mörikes Gelegenheitslyrik. Diss. [Masch.] Marburg 1960.

Günter Adam: Die vaterländische Lyrik der Befreiungskriege. Studie zur Tendenzdichtung. Diss. [Masch.] Marburg 1962.

Jürgen Heinichen: Das späte Novellenwerk Ludwig Tiecks. Diss. Heidelberg 1963.

Eva Becker: Der deutsche Roman um 1780. Stuttgart 1964.

Marie Luise Gansberg: Der Prosa-Wortschatz des deutschen Realismus. Unter besonderer Berücksichtigung des vorausgehenden Sprachwandels 1835–1855. Bonn 1964.

Otto-Reinhard Dithmar: Deutsche Dramaturgie zwischen Hegel und Hettner um die Wende von 1840. Diss. Heidelberg 1965.

Ludwig Fertig: Der Adel im deutschen Roman des 18. und 19. Jahrhunderts. Diss. Heidelberg 1965.

Michael Kaiser: Literatursoziologische Studien zu Gottfried Kellers Dichtung. Bonn 1965.

Thomas Cramer: Das Groteske bei E. T. A. Hoffmann. München 1966.

Eberhard Seybold: Das Genrebild in der deutschen Literatur. Vom Sturm und Drang bis zum Realismus. Stuttgart u. a. 1967.

Günter Häntzschel: Tradition und Originalität. Allegorische Darstellung im Werk Annette von Droste-Hülshoffs. Stuttgart u. a. 1968.

Roger Paulin: Gryphius' »Cardenio und Celinde« und Arnims »Halle und Jerusalem«. Eine vergleichende Untersuchung. Tübingen 1968.

Werner Weiland: Der junge Friedrich Schlegel oder Die Revolution in der Frühromantik. Stuttgart u. a. 1968.

Georg Jäger: Empfindsamkeit und Roman. Wortgeschichte, Theorie und Kritik im 18. und frühen 19. Jahrhundert. Stuttgart u. a. 1969.

Wolfgang Hegele: Grabbes Dramenform. München 1970.

Rolf Schröder: Novelle und Novellentheorie in der frühen Biedermeierzeit. Tübingen 1970.

Werner Hahl: Reflexion und Erzählung. Ein Problem der Romantheorie von der Spätaufklärung bis zum programmatischen Realismus. Stuttgart u. a. 1971.

Michael Meyer: Die Entstehung des historischen Romans in Deutschland und seine Stellung zwischen Geschichtsschreibung und Dichtung. Die Polemik um eine »Zwittergattung« (1785-1845). Diss. München 1972.

Herbert Neumaier: Der Konversationston in der frühen Biedermeierzeit 1815-1830. Diss. München 1972.

Hans Helfried Schmidt: Untersuchungen zum Stilideal des Lakonismus in der Biedermeierzeit 1830-1848. Thesis [Masch.] McGill Univ. Montreal, P. Q. 1972.

Helmuth Widhammer: Realismus und klassizistische Tradition. Zur Theorie der Literatur in Deutschland 1848-1860. Tübingen 1972.

Ulrich Eisenbeiß: Das Idyllische in der Novelle der Biedermeierzeit. Stuttgart u. a. 1973.

Rainer Klassen: Logik und Rhetorik der frühen deutschen Aufklärung. Diss. München 1973.

Ralf Stamm: Ludwig Tiecks späte Novellen. Grundlage und Technik des Wunderbaren. Stuttgart u. a. 1973.

Heidemarie Bade: Jean Pauls politische Schriften. Tübingen 1974.

Winfried Bauer: Jeremias Gotthelf. Ein Vertreter der geistlichen Restauration der Biedermeierzeit. Stuttgart u. a. 1975.

Hella Jäger: Naivität. Eine kritisch-utopische Kategorie in der bürgerlichen Literatur und Ästhetik des 18. Jahrhunderts. Kronberg/Ts. 1975.

Wolfgang Pross: Jean Pauls geschichtliche Stellung. Tübingen 1975.

Hubert Fritz: Die Erzählweise in den Romanen Charles Sealsfields und Jeremias Gotthelfs. Zur Rhetoriktradition im Biedermeier. Bern u. a. 1976.

Hans Göttler: Der Pfarrer im Werk Jeremias Gotthelfs. Ein Beitrag zur Stellung des Geistlichen in der Literatur der Biedermeierzeit. Diss. München 1978.

Günther Hirschmann: Kulturkampf im historischen Roman der Gründerzeit 1859–1878, München 1978.

Inge Graichen: Der frühe Gottfried Keller. Menschenbild und poetische Konzeption. Frankfurt/M. 1979.

Franz Schüppen: Studien zum literarhistorischen Ort des Autors Sealsfield-Postl (demnächst).

Hans-Joachim Simm: Abstraktion und Dichtung. Zur erkenntnistheoretischen und geschichtsphilosophischen Deutung der Poesie von der Aufklärung bis zum bürgerlichen Realismus (demnächst).

Gerhard Hämmerling: Die idyllische Dichtung zwischen Geßner und Voß. Studien zu einer Theorie, Kritik und allgemeinen historischen Bedeutung (demnächst).

DHA	Düsseldorfer Heine-Ausgabe
DVjs	Deutsche Vierteljahrsschrift für Literaturwissenschaft und Geistesgeschichte
EG	Études Germaniques
EM	English Miscellanies
Euph	Euphorion
GLL	German Life and Letters
GQ	German Quarterly
GR	The Germanic Review
GRM	Germanisch-Romanische Monatszeitschrift
HKA	Historisch-kritische Ausgabe
IASL	Internationales Archiv für Sozialgeschichte der deutschen Literatur
MLN	Modern Language Notes
MLR	Modern Language Review
MLQ	Modern Language Quarterly
MPh	Modern Philology
NGS	New German Studies
NR	Die Neue Rundschau
PMLA	Publications of the Modern Language Association
VASILO	Vierteljahrschrift des Adalbert-Stifter-Vereins des Landes Oberösterreich
WB	Weimarer Beiträge
WW	Wirkendes Wort
ZfDPh	Zeitschrift für deutsche Philologie

ANMERKUNGEN

Kurztitel sind nur innerhalb der einzelnen Kapitel verwendet. Beim ersten Erscheinen im Kapitel wird der Titel vollständig angeführt. Zitate aus den hier behandelten 15 Dichtern werden, ohne besonderen Grund zu einem Beleg in den Anmerkungen, nur im Text belegt (Titel des Gedichts, Akt und Szene im Drama, Teil und Kapitel im Roman, Datum und Empfänger beim Brief).

Ferdinand Raimund

1 Hugo von *Hofmannsthal*, Gesammelte Werke in Einzelausgaben, Prosa III, Frankfurt/M. 1953, S. 471–78.
2 Otto *Rommel*, Die Alt-Wiener Volkskomödie. Ihre Geschichte vom barocken Welttheater bis zum Tode Nestroys, Wien 1952, S. 911 f.
3 Paul *Reimann*, Hauptströmungen der deutschen Literatur 1750–1848. Beiträge zu ihrer Geschichte und Kritik, Berlin 1963, S. 528.
4 Jürgen *Hein*, Ferdinand Raimund, Stuttgart 1970, S. 84.
5 Heinrich *Heine*, Buch der Lieder, DHA, hg. v. Manfred *Windfuhr*, Bd. I, 1, Hamburg 1975, S. 566.
6 Erich *Schmidt*, Ferdinand Raimund, in: Charakteristiken, 1. Reihe, Berlin ²1902, S. 374.
7 Laurence V. *Harding*, The Dramatic Art of Ferdinand Raimund and Johann Nestroy, A Critical Study, The Hague, Paris 1974, S. 230.
8 Ferdinand *Raimund*, Lebensdokumente, nach Aufzeichnungen usw. ges., hg. v. Richard *Smekal*, eingel. v. Hugo v. *Hofmannsthal*, Wien und Berlin 1920, S. 57.
9 Ebd., S. 58.
10 *Rommel*, Die Alt-Wiener Volkskomödie, S. 905.
11 Ferdinand *Raimund*, HKA in 6 Bdn., hg. v. Fritz *Brukner* und Eduard *Castle*, Bd. 5, 2, Wien 1925, S. 783.
12 Ebd., Bd. 4, S. 87 f.
13 Ebd., Bd. 3, S. 362.
14 Ebd., Bd. 4, S. 99.
15 Ebd., S. 93.
16 *Raimund*, Lebensdokumente, S. 49.
17 Nach Roger *Bauer*, La Réalité, Royaume de Dieu, München 1965, S. 137.
18 Costenoble, Tagebuch 9. 9. 1836, nach *Raimund*, Lebensdokumente, S. 54; (auch HKA Bd. 5, 2, S. 716).
19 Ferdinand *Raimund*, in: Deutsche Dichter des 19. Jahrhunderts, hg. v. Benno v. *Wiese*, Berlin 1969, S. 309.
20 Nach *Raimund*, Lebensdokumente, S. 31.
21 »Unversöhnlich... wegen den Grundereignissen unseres Unglücks«, nach *Rommel*, Die Alt-Wiener Volkskomödie, S. 900.
22 HKA, Bd. 4, S. 364.
23 *Rommel*, Die Alt-Wiener Volkskomödie, S. 902.

24 Robert *Mülher,* Ferdinand Raimund, in: R. M., Österreichische Dichter seit Grillparzer, Wien, Stuttgart 1973, S. 117.
25 Reinhard *Urbach,* Zufriedenheit bei Ferdinand Raimund, in: Austriaca, Festschrift für Heinz *Politzer,* hg. v. Winfried *Kudszus* und Hinrich C. *Seeba,* Tübingen 1975, S. 126.
26 HKA, Bd. 1, S. 289.
27 Einige Zitate bei *Rommel,* Die Alt-Wiener Volkskomödie, S. 902 f.
28 Gunther *Wiltschko,* Raimunds Dramaturgie, München 1973, S. 110.
29 *Raimund,* Lebensdokumente, S. XI.
30 Rezension von Helmut *Feldmann,* Die Fiabe Carlo Gozzis, in: Romanische Forschungen, Bd. 85 (1973), S. 615 f.
31 Das Wiener Volkstheater zu Beginn des 19. Jahrhunderts, in: Theater und Gesellschaft, Das Volksstück im 19. und 20. Jahrhundert, hg. v. Jürgen *Hein,* Düsseldorf 1973, S. 36 f.
32 Raimund and Vienna, a Critical Study of Raimund's Plays in their Viennese Setting, Cambridge 1970, S. 176 f.
33 HKA, Bd. 5/2, S. 762.
34 Die Alt-Wiener Volkskomödie, S. 903.
35 HKA, Bd. I, S. XXII.
36 *Wiltschko,* Raimunds Dramaturgie, S. 71.
37 *Harding,* The Dramatic Art of Ferdinand Raimund and Johann Nestroy, S. 83.
38 Ebd.
39 HKA, Bd. 5/1, S. 516.
40 Ebd., S. 3.
41 Eugen *Thurnher,* Raimund und Wieland, in: Sprachkunst als Weltgestaltung, Festschrift für Herbert *Seidler,* hg. v. Adolf *Haslinger,* Salzburg, München 1966, S. 317–33.
42 Thomas *Cramer,* Das Groteske bei E. T. A. Hoffmann, München 1966, S. 141-178.
43 *Mühlher,* Ferdinand Raimund, in: Das Wiener Volksstück, hg. v. Institut für Österreichkunde, Wien 1971, S. 25.
44 HKA, Bd. 5/2, S. 657 ff.
45 Die Alt-Wiener Volkskomödie, S. 913.
46 HKA, Bd. 4, S. 70.
47 Vgl. die Erzählung seiner Liebesgeschichte, Zitat bei *Rommel,* Die Alt-Wiener Volkskomödie, S. 905.
48 HKA, Bd. 5/2, S. 688.
49 *Wiltschko,* Raimunds Dramaturgie, S. 109.
50 Ferdinand Raimund, in: Deutsche Dichter des 19. Jahrhunderts, hg. von Benno v. *Wiese,* Berlin 1969, S. 314.
51 HKA, Bd. 5/2, S. 644.
52 Ebd., S. 841.
53 Nach Kurt *Vancsa,* Ferdinand Raimund, Ein Dichter des Biedermeier, Wien 1936, S. 52.
54 Ebd., S. 27.
55 HKA, Bd. 3, S. 242.
56 Die Alt-Wiener Volkskomödie, S. 908.
57 HKA, Bd. 5/1, S. 226.
58 Ebd., S. 223.
59 Ebd., S. 228.
60 Ebd., S. 229.
61 Ebd., S. 224 ff.
62 *Thurnher,* Raimund und Wieland, S. 321.
63 Nach *Hein,* Ferdinand Raimund, S. 30.
64 John *Michalski,* Ferdinand Raimund, New York 1968, S. 64 ff.
65 HKA, Bd. 5/1, S. 227.
66 Ebd., S. 223.

67 *Hein*, Ferdinand Raimund, S. 31.
68 Ferdinand Raimund, in: Charakteristiken, S. 371 f.
69 Ferdinand Raimund, Lebensdokumente, S. 56.
70 Ebd., S. 2 f.
71 HKA, Bd. 5/1, S. 303–315.
72 Ebd., S. 332.
73 Ebd., S. 318.
74 Ebd., S. 321.
75 Ebd., S. 342 f.
76 Ebd., S. 340 f.
77 *Hein*, Ferdinand Raimund, S. 35.
78 HKA, Bd. 5/1, S. 323.
79 Ebd., S. 327.
80 Ebd., S. 329.
81 Ebd., S. 321 f.
82 Urs *Helmensdorfer* (Hg.), Ferdinand Raimund, Das Mädchen aus der Feenwelt [...] Text und Materialien zur Interpretation, Berlin 1966, S. 84 f.
83 Ferdinand Raimund, S. 35.
84 HKA, Bd. 5/1, S. 516. In der von August *Sauer* herausgegebenen HKA von Franz *Grillparzer:* Werke, Tagebücher und literarische Skizzenhefte, Bd. 2, Wien 1916, S. 286 erscheint die Datierung »wahrscheinlich erste dreißiger Jahre«.
85 Die Alt-Wiener Volkskomödie, S. 916.
86 *Hein,* Ferdinand Raimund, S. 40.
87 Z.B. von Kurt *Kahl* und Günther *Erken,* zitiert bei J. *Hein,* Ferdinand Raimund, S. 41.
88 HKA, Bd. 5/2, S. 379.
89 *Hein,* Ferdinand Raimund, S. 44.
90 Ferdinand Raimund: Moisasurs Zauberfluch, in: Das deutsche Lustspiel I, hg. v. Hans *Steffen,* Göttingen 1968, S. 120–143.
91 HKA, Bd. 5/1, S. 371.
92 Ebd., S. 377 f.
93 Ebd., S. 373.
94 Ebd., S. 382.
95 La Réalité, Royaume de Dieu, S. 153.
96 Die Alt-Wiener Volkskomödie, S. 912.
97 HKA, Bd. 5/1, S. 5.
98 Ebd., S. 412.
99 Ebd., S. 455.
100 Ebd., S. 472.
101 Ferdinand Raimund, S. 90.
102 Ferdinand Raimund: Moisasurs Zauberfluch, in: Das deutsche Lustspiel I, S. 120.
103 HKA, Bd. 5/1, S. 471.
104 Ebd., S. 475.
105 Ebd., S. 470.
106 Ebd., S. 467, vgl. auch ebd., S. 464.
107 Ebd., S. 481.
108 Ebd., S. 467.
109 Ebd., S. 485.
110 Ferdinand Raimund, in: Charakteristiken, 1. Reihe, S. 379.
111 *Bauer,* La Réalité, Royaume de Dieu, S. 163.
112 Die Alt-Wiener Volkskomödie, S. 922.
113 Ferdinand Raimund, S. 104.
114 The Dramatic Art of Raimund and Nestroy, S. 38 f.

115 Hein, Ferdinand Raimund, S. 49.
116 HKA, Bd. 5/1, S. 463.
117 Ebd., S. 459.
118 *Mühlher,* Ferdinand Raimund, in: Das Wiener Volksstück, S. 31 f.
119 HKA, Bd. 1, S. XXIX.
120 Ebd., S. XXXII.
121 Ebd., Bd. 3, S. 322.
122 Am konsequentesten legt diesen Gedanken wohl Günther *Erken* seiner durchweg überzeugenden Raimund-Interpretation zugrunde (Ferdinand Raimund, in: Deutsche Dichter des neunzehnten Jahrhunderts, hg. v. Benno von *Wiese,* S. 303–325).
123 Die deutsche Literatur des neunzehnten Jahrhunderts, Berlin 1900, S. 60; S. 170.
124 Friedrich *Sengle,* Das historische Drama in Deutschland, Geschichte eines literarischen Mythos, Stuttgart ²1969. Ich sehe heute eher die Vorteile der Papierverschwendung, nämlich solche für den Historiker.
125 *Urbach,* Raimund und sein Publikum, in: Theater und Gesellschaft, hg. v. *Hein,* Düsseldorf 1973, S. 109.
126 Ders., Zufriedenheit bei Ferdinand Raimund, in: Austriaca, Festschrift für Heinz *Politzer,* S. 118, 124, 102.
127 HKA, Bd. 5/1, S. 299.
128 Ferdinand Raimund, Sämtliche Werke, hg. u. mit einem Nachwort vers. von Friedrich *Schreyvogl,* München (1966), S. 714.
129 Rosalinde *Gothe* (Hg.), Einleitung zur Raimund-Ausgabe des Aufbau-Verlags Ost-Berlin, Weimar 1969, S. XXV f.
130 Das Wiener Volkstheater zu Beginn des 19. Jahrhunderts, in: Theater und Gesellschaft, hg. v. *Hein,* S. 32.
131 Nach *Prohaska,* Raimund and Vienna, S. 137 f.
132 HKA, Bd. 5/2, S. 647.
133 Ebd., S. 634.
134 Ebd., Bd. 5/1, S. 186.
135 *Wiltschko,* Raimunds Dramaturgie, S. 110 f.
136 Ich denke an das bekannte Bild von *Lanzedelly,* das man fast in jedem illustrierten Buch über Raimund, Nestroy und das Wiener Volkstheater findet: Fast nur Männer drängen sich vor dem Leopoldstädter Theater, eine Frau wird dabei wenig respektvoll behandelt.
137 HKA, Bd. 5/1, S. 50.
138 Ebd., S. 679 f.
139 Ebd., S. 653.
140 La Réalité, Royaume de Dieu, S. 140.
141 HKA, Bd. 5/2, S. 679 f., vgl. auch Bd. 5/1, S. 105.
142 Ebd., Bd. 5/2, S. 685.
143 Ebd., S. 681.
144 Ebd., S. 547.
145 Ebd., S. 816 f.
146 Ebd., Bd. 5/1, S. 488.
147 Ebd., Bd. 5/2, S. 639.
148 Die Alt-Wiener Volkskomödie, S. 903.
149 Frank *Schaumann,* Das Theater Ferdinand Raimunds zwischen Originalitätsanspruch und Tradition, in: Theater und Gesellschaft, hg. v. *Hein,* S. 90.
150 Hauptströmungen der deutschen Literatur, S. 527.
151 Immerhin vgl. HKA, Bd. 5/1, S. 105; ebd., S. 159 f.
152 *Prohaska,* Raimund and Vienna, S. 159.
153 Friedrich *Schwarzenberg,* Wanderbuch eines verabschiedeten Lanzenknechtes, Bd. I, S. 121, nach *Harding,* The Dramatic Art of Ferdinand Raimund and Johann Nestroy, S. 23.

154 HKA, Bd. 3, S. 251.
155 Ebd., Bd. 4, S. 124.
156 Ebd., S. 169.
157 *Wiltschko,* Raimunds Dramaturgie, S. 111.
158 Costenoble, Tagebuch vom 9. 9. 1836, HKA, Bd. 5/2, S. 715.

Franz Grillparzer

1 Ich führe damit einen Ansatz von Leo *Tönz* etwas weiter: Grillparzers ›Blanka von Kastilien‹ und Schillers ›Don Karlos‹, in: Grillparzer-Forum Forchtenstein 1969, Wien u. a. 1970, S. 65-84.

2 Das ist eine communis opinio aller Grillparzerforscher, auf die es ankommt, vgl. z. B. Walter *Weiss,* Die Entwicklung des Grillparzer-Bildes von August Sauer bis zur Gegenwart, in: Neue Beiträge zum Grillparzer- und Stifter-Bild (Schriftenreihe des Ad.-Stifter-Institutes des Landes Oberösterreich, Folge 23), Graz u. a. 1965, S. 64.

3 Gemeint sind hier vor allem Interpreten zu Beginn unserer Nachkriegszeit, z. B. Gerhart *Baumann* (Franz Grillparzer, sein Werk und das österreichische Wesen, Freiburg/Wien 1954) und Gerhard *Fricke* (Wesen und Wandel des Tragischen bei Grillparzer, in: G. F.: Studien und Interpretationen, Frankfurt 1956, S. 264–284). Neuerdings etwa Zdenko *Škreb* (Grillparzer. Eine Einführung in das dramatische Werk, Kronberg/Ts. 1976), auch Ulrich *Fülleborn* in manchen Formulierungen (Das dramatische Geschehen im Werk Franz Grillparzers, München 1966).

4 Josef *Nadler,* Literaturgeschichte der deutschen Stämme und Landschaften, Bd. 4, Regensburg ³1932, S. 438.

5 Vgl. die Forschungsberichte von W. Edgar *Yates* (England), John *Whiton* (Kanada) und Konrad *Schaum* (USA), in: Das Grillparzer-Bild des 20. Jahrhunderts, Festschrift der österreichischen Akademie der Wissenschaften zum 100. Todestag von Franz Grillparzer, hg. v. Heinz *Kindermann,* Wien 1972. Noch 1977 quält sich ein Engländer, der wohlunterrichtet ist, zum Begriff eines Frührealisten Grillparzer durch, und dieser soll ausgerechnet mit »Ottokars Glück und Ende« sein erstes »unmißverständlich« realistisches Werk geliefert haben (W. N. B. *Mullan,* Grillparzer and the realist tradition, in: Forum for modern language studies Bd. 13, 1977, S. 124).

6 Ich denke hier nicht nur an Wielands Romane, sondern auch an die französischen Psychologen, die er las und über die er im »Teutschen Merkur« referierte. Daß Grillparzers Anthropologie in seinem Streben nach Selbsterkenntnis begründet war und nicht so sehr in einer objektivistischen Psychologie, vertritt überzeugend Elke *Frederiksen,* Grillparzers Tagebücher als Suche nach Selbstverständnis, Frankfurt/Main und Bern 1977, s. u. Anm. 9.

7 Eugen *Thurnher,* Grillparzer und Voltaire, in: Anzeiger der phil.-hist. Kl. der österreichischen Akademie der Wissenschaften, Jg. 1961, Nr. 7, S. 44–62.

8 Walter *Weiss* (Enttäuschter Pantheismus. Zur Weltgestaltung der Dichtung in der Restaurationszeit, Dornbirn 1962) stellt Lenau, Platen, Heine, Grabbe, Büchner in den Vordergrund, erschließt aber diese Entwicklung zugleich für die ganze Epoche.

9 In der neuerdings von Karl S. *Guthke* betonten Ambivalenz von Grillparzers Lessingwertung (Lessing in der Unterwelt. Grillparzers Totengespräch und seine Vorgeschichte, in: Austriaca, Fs. für Heinz *Politzer,* hg. v. Hinrich C. *Seeba,* Tübingen 1975, S. 171–187) sehe ich vor allem *Selbstkritik* unter den normativen Gesichtspunkten der »Empfindsamkeit« (s. u.). Als Gegenfigur zu Lessing beschwört Grillparzer ja Klopstock: Er ist »Vater unserer Literatur« (S. 172).

10 Franz Grillparzers Lebensgeschichte, Stuttgart 1884, S. 91.

11 *Fülleborn,* Rezension von: Das Grillparzerbild des 20. Jahrhunderts, Festschrift der Österr. Akad. d. Wiss., in: Arcadia Bd. 9 (1974), S. 208.

12 Nach Margret *Dietrich,* Grillparzer und Hegel, in: Grillparzer-Forum Forchtenstein 1971, Wien u. a. 1972, S. 72.
13 Herbert *Seidler,* Versuch über Grillparzers Sprachkunst, in: Sprachkunst, Jg. 3 (1972), S. 246–267.
14 Gesammelte Werke, hg. v. Herbert *Steiner,* Prosa II, Frankfurt/M. 1951, S. 92.
15 Franz Grillparzers Ästhetik, Berlin 1905.
16 *Thurnher,* Franz Grillparzer und die französische Tragödie, in: Un dialogue des Nations, Albert *Fuchs* zum 70. Geburtstag, München, Paris 1967, S. 150 ff.
17 S. W. (= Hanser-Ausg.), hg. v. Peter *Frank,* Karl *Pörnbacher,* Bd. 4, München 1965, S. 163.
18 Grillparzers dramatische Fragmente, Affoltern 1945, S. 180.
19 F. Grillparzers Lebensgeschichte, S. 7 f.
20 Dorothy *Lasher-Schlitt,* Josef Schreyvogel, Grillparzer's ›väterlicher Freund‹, in: GR, Bd. 21 (1946), S. 268–305.
21 Wesen und Wandel des Tragischen bei Grillparzer, in: G. F., Studien und Interpretationen, S. 276 ff.
22 Ich denke an Franz *Forsters* Aufsatz: Grillparzers Staatslehre (in: Grillparzer-Forum Forchtenstein 1969, Wien 1970, S. 85–99), der im Ansatz nicht uninteressant ist.
23 La Réalité, Royaume de Dieu, Études sur l'originalité du théâtre viennois dans la première moitié du XIXe siècle, München 1965; auch in deutscher Übersetzung. Zuletzt: R. *Bauer,* Laß sie koaxen, die kritischen Frösch' in Preußen und Sachsen, Zwei Jahrhunderte Literatur in Österreich, Wien 1977.
24 Claus *Träger,* Geschichte, »Geist« und Grillparzer, in: WB, Bd. VII/II (1961), S. 451.
25 Zitiert von *Staiger,* Grillparzers Tagebücher, in: E. St., Spätzeit, Studien zur deutschen Literatur, Zürich, München 1973, S. 170.
26 *Träger,* Geschichte, »Geist« und Grillparzer, S. 500.
27 Ebd., S. 453.
28 Ich denke an Robert *Mühlher,* Grillparzer und der deutsche Idealismus, in: Wissenschaft und Weltbild, Bd. 1/1 (1948), S. 62–75.
29 Ges. Werke, hg. v. *Steiner,* Prosa II, S. 88.
30 Grillparzers »Ahnfrau«: ihre Kritiker und ihr Publikum, in: Grillparzer-Forum Forchtenstein 1973, Eisenstadt 1974, S. 151.
31 *Škreb,* die deutsche sogenannte Schicksalstragödie, in: Jb. d. Grillp.-Ges. 3. F., Bd. 9, Wien 1972, S. 193–237.
32 Ruth K. *Angress,* Das Gespenst in Grillparzers Ahnfrau, in: GQ, Bd. 45 (1972), S. 606–619.
33 C. Bernd *Sucher,* Franz Grillparzers »Ahnfrau«, in: Jb. d. Grillp.-Ges. 3. F., Bd. 10, 1973, S. 105.
34 Die Ahnfrau et la querelle de la tragédie fataliste, in: EG, Jg. 27 (1972), S. 179.
35 HKA, hg. v. August *Sauer* und Reinhold *Backmann,* 1. Abt., Bd. 16, Wien 1925, S. 118.
36 Zitiert bei O. Paul *Straubinger,* Grillparzer in der Parodie des Alt-Wiener Volkstheaters, in: Jb. d. Grillp.-Ges., 3. F., Bd. 3 (1960), S. 120.
37 Dichter über ihre Dichtungen: Grillparzer, hg. v. *Pörnbacher,* München 1970, S. 114.
38 Roy C. *Cowen,* Zur Struktur von Grillparzers »Sappho«, in: Grillparzer-Forum Forchtenstein 1968, Heidelberg 1969, S. 71.
39 Spätzeit, S. 200.
40 Nach *Seidler,* Franz Grillparzer, ein Forschungsbericht, in: ZfdPh, Bd. 83 (1964), S. 238.
41 Norbert *Griesmayer,* Das Bild des Partners in Grillparzers Dramen, Studien zum Verständnis ihrer sprachkünstlerischen Gestaltung, Wien–Stuttgart 1972, S. 133, vgl. auch S. 132.
42 Nach Joachim *Müller,* Figur und Aktion in Grillparzers ›Sappho‹-Drama, in: Grillparzer-Forum Forchtenstein 1970, Wien u. a. 1971, S. 12, S. 9.
43 Ebd., S. 39.
44 Heinrich *Walther,* Franz Grillparzers Altersstil. Dargestellt an einem Vergleich zwischen ›Sappho‹ und ›Jüdin von Toledo‹, Diss. Hamburg 1951 [Masch.].

45 Franz Grillparzer oder Das abgründige Biedermeier, Wien u. a. 1972, S. 99.
46 Dichter über ihre Dichtungen: Grillparzer, S. 137.
47 Horst *Steinmetz*, Die Trilogie, Entstehung und Struktur einer Großform des deutschen Dramas nach 1800. Heidelberg 1968, S. 133: »Es ist ein Zyklus aus zwei Dramen«.
48 *Schaum*, Gesetz und Verwandlung in Grillparzers »Goldenem Vließ«, in: DVjs, Bd. 38 (1964), S. 388.
49 Dichter über ihre Dichtungen: Grillparzer, S. 125.
50 *Griesmayer*, Das Bild des Partners in Grillparzers Dramen, S. 156.
51 *Schaum*, Gesetz und Verwandlung in Grillparzers »Goldenem Vließ«, S. 418.
52 Dichter über ihre Dichtungen: Grillparzer, S. 119, 123, 125.
53 *Politzer*, Grillparzer, S. 144.
54 Dichter über ihre Dichtungen: Grillparzer, S. 128, 118, 121.
55 Ebd., S. 123.
56 W. Edgar *Yates*, Grillparzer, A Critical Introduction, Cambridge 1972, S. 94 ff.
57 Dichter über ihre Dichtungen: Grillparzer, S. 143.
58 Grillparzer, S. 180 ff.
59 Alfred *Doppler*, in: EG, Jg. 27 (1972), S. 207–223. Ähnlich glaubt Edward *Mc Innes* (*König Ottokar* and Grillparzer's conception of Historical Drama, in: Essay on Grillparzer, hg. v. Bruce *Thompson* and Mark *Ward*, Hull 1978, S. 33), der Dichter habe in *König Ottokar* unbewußt schon die skeptische Geschichtsauffassung des *Bruderzwist* vorweggenommen.
60 *Politzer*, Grillparzer, S. 184.
61 *Mühlher*, Lebenstraum und Geist der Musik in Grillparzers dramatischem Märchen »Der Traum ein Leben«, in: Österreich in Geschichte und Literatur, Bd. 7, 1963, S. 320–332, nach dem Forschungsreferat von *Seidler*, Grillparzer-Forschung 1964–68, in: ZfDPh, Bd. 88 (1969), S. 314.
62 Raymond *Immerwahr*, Das Traum-Leben-Motiv bei Grillparzer und seinen Vorläufern in Europa und Asien, in: Arcadia, Bd. 2 (1967), S. 277–287.
63 Dichter über ihre Dichtungen: Grillparzer, S. 146, 144.
64 *Yates*, Grillparzer, S. 74.
65 Viktor *Suchy*, Franz Grillparzers »Melusina«, in: Jb. d. Grillp.-Ges., 3. F., Bd. 7, Wien 1967, S. 88.
66 *Yates*, Grillparzer, S. 74.
67 Franz Grillparzers »Melusina«, S. 121 f.
68 Dichter über ihre Dichtungen: Grillparzer, S. 146.
69 Am besten belegt diesen Aspekt wohl: Ulf *Birbaumer*, ›Weh dem, der lügt‹. Von Hanswurst zu Leon, in: Grillparzer-Forum Forchtenstein 1971, Wien u. a. 1972, S. 45–61.
70 Vgl. Grillparzer-Forum Forchtenstein 1971, Wien u. a. 1972, mit einer Interpretation von *Fülleborn* (S. 7–28): Er setzt sich mit den früheren Interpretationen auseinander.
71 Ich denke an den Versuch von Egbert *Kryspyn*, The Fiasco of Weh dem, der lügt, in: GLL, Bd. 25 (1971/72), S. 201–09. Die Verlachkomödie war schon seit der Empfindsamkeit fragwürdig, nicht erst seit 1848. Vgl. u. *Seidlers* Hinweis auf *Minna von Barnhelm*.
72 Franz Grillparzer – Weh dem, der lügt!, Erl. und Dokumente, hg. v. *Pörnbacher*, Stuttgart 1970, S. 64.
73 Ebd., S. 65.
74 Ebd., S. 67.
75 Ebd., S. 70 f.
76 Ebd., S. 73.
77 Dichter über ihre Dichtungen: Grillparzer, S. 75.
78 »Seine [Bancbans] Gesinnungen können übrigens nicht für die des Verfassers gelten« (HKA, Bd. I, 16, S. 204).
79 Dichter über ihre Dichtungen: Grillparzer, S. 71.
80 Ebd., S. 73/74.

81 »Willst du dein Weib nicht strafen und nicht hüten?«, fragt Erny vorwurfsvoll ihren Gatten. Er will aber, auch hier das *Prinzip* überschätzend, als alter Mann die Freiheit seiner jungen Frau nicht einschränken (Adolf D. *Karmann,* Bancban und die Hirtenflöte, in: Austriaca, Fs. f. *Politzer,* Tübingen 1975, S. 195 f.). Noch die Tatsache, daß Erny durch Selbstmord ihre Unschuld beweist, beseligt den Prinzipienreiter (ebd., S. 198).

82 Ich denke an *Griesmayer,* Das Bild des Partners, S. 191–194 und S. 202–204.

83 Hellmuth *Himmel,* Tragoedia christianissima, Zu Grillparzers Trauerspiel »Ein treuer Diener seines Herrn«, in: Österreich in Geschichte und Literatur, Jg. 16 (1972), S. 43.

84 Hier denke ich auch an *Politzers* Hinweise, die *Himmel* benutzt.

85 Dichter über ihre Dichtungen: Grillparzer, S. 60.

86 Ebd., S. 73.

87 Ebd., S. 200, 202.

88 Kurt *Adel,* Grillparzers Hero-Drama (und Kleists ›Penthesilea‹), in: Jb. d. Grillp.-Ges. 3. F., Bd. 7 (1967), S. 143–201.

89 Dichter über ihre Dichtungen: Grillparzer, S. 203.

90 Einen Überblick gibt Edward Edmund *Papst,* Grillparzer: Des Meeres und der Liebe Wellen, London 1967, S. 52 ff.

91 *Yates,* Grillparzer, S. 174.

92 Dichter über ihre Dichtungen: Grillparzer, S. 194.

93 *Straubinger,* »Des Meeres und der Liebe Wellen« im Urteil der Zeit, in: Grillparzer-Forum Forchtenstein 1968, Heidelberg 1969, S. 12–23.

94 *Seidler,* Franz Grillparzer, ein Forschungsbericht, 1964, S. 236.

95 Dichter über ihre Dichtungen: Grillparzer, S. 99.

96 Nach der hier besonders zuständigen Interpretation von *Baumann,* »Die Jüdin von Toledo«. Zum Spätwerk Franz Grillparzers, in: Grillparzer-Forum Forchtenstein 1967, Wien 1967, S. 10.

97 Ebd., S. 17.

98 *Thurnher,* Staat und Liebe. Racines ›Bérénice‹ und Grillparzers ›Jüdin von Toledo‹, in: Litwiss. Jb. d. Görresges., NF, Bd. 2 (1961), S. 117–133.

99 B. *Thompson,* An Ironic Tragedy. An Examination of Grillparzers Die Jüdin von Toledo, in: GLL, Bd. 25 (1971/72), S. 215.

100 Friedrich *Sengle,* Das historische Drama in Deutschland, Stuttgart ²1974, S. 216.

101 *Thompson,* An Ironic Tragedy, S. 216. Karl *Eibl* (Ordnung und Ideologie im Spätwerk Grillparzers, Am Beispiel des *argumentum emblematicum* und der *Jüdin von Toledo,* in: DVjs, Jg. 1979, S. 74–95) nimmt sogar an, daß der Dichter »in der *Jüdin* in aller Konsequenz die Mechanismen ideologischen Handelns darstellte« (S. 95). Weniger grimmig, österreichischer ist die Interpretation von R. *Bauer* (Grillparzers *Jüdin von Toledo* oder der verbotene Garten Eden, in: Litwiss. Jb., N. F., Bd. 19, 1978, S. 277–287), die, mit entstehungsgeschichtlicher Begründung, *Die Jüdin* an die Hero-Tragödie heranrückt: Sie verrät vor allem den Reiz, den die unschuldig-sinnliche Liebe auf den Dichter ausübte. Das Politische stammt meist von Lope und ist nicht so bedeutend wie in den beiden anderen Spätdramen. Diese indirekte Abschwächung der Staatstragödie leuchtet ein.

102 Eric A. *Blackall,* »Die Jüdin von Toledo«, in: German Studies, Presented to Walter H. *Bruford...,* London u. a. 1962, S. 205.

103 *Yates,* Grillparzer, S. 186 ff.

104 Dichter über ihre Dichtungen: Grillparzer, S. 220.

105 Ebd., S. 222.

106 Ebd., S. 224.

107 Ebd., S. 225 f.

108 T. C. *Dunham,* The Circle Image in Grillparzer's Libussa, in: GR, Bd. 36 (1961), S. 125–136.

109 Z. B. Dichter über ihre Dichtungen: Grillparzer, S. 222.

110 *Seidler,* Grillparzer, Ein Forschungsbericht 1964, S. 502.

111 Erich *Hock,* Grillparzer, Libussa, in: Das deutsche Drama vom Barock bis zur Gegenwart, hg. v. Benno von *Wiese,* Bd. 1, Düsseldorf 1958, S. 461.

112 Luciano *Zagari,* La Libussa e la crisi della poetica dramatica di Grillparzer, in: Studi germanici, Jg. 1 (1963), S. 190, 176, 213.

113 Felix M. *Wassermann,* Grillparzers ›Libussa‹, Selbstbekenntnis und Kulturkritik, in: Monatshefte, Bd. 45 (1953), S. 91; S. 95.

114 Mark Konstantinovič *Azadovskij,* F. Grillparzer, Nationaldramatiker Österreichs. Diss. Leningrad 1971.

115 *Škreb,* Franz Grillparzers »Libussa«, in: Jb. d. Grillp.-Ges. 3. F., Bd. 6 (1967), S. 90.

116 Ebd., S. 87.

117 Zu Franz Grillparzer, Versuche einer Erkenntnis, Heidelberg 1969, S. 45–78.

118 *Fricke,* Wesen und Wandel des Tragischen bei Grillparzer, S. 283.

119 Eve *Mason,* A New Look at Grillparzers ›Bruderzwist‹, in: GLL, Bd. 25 (1971/72), S. 102–115.

120 Dichter über ihre Dichtungen: Grillparzer, S. 235, S. 236.

121 Alois *Hofman,* Franz Grillparzers Rudolf II. und die Geschichtsforschung, in: Grillparzer-Forum Forchtenstein 1969, Wien u. a. 1970, S. 53.

122 Dichter über ihre Dichtungen: Grillparzer, S. 237.

123 Ebd., S. 236.

124 *Škreb,* Das Märchenspiel bei Grillparzer, in: Jb. d. Grillp.-Ges., 3. F., Bd. 7 (1967), S. 37–53.

125 Grillparzers dramatischer Stil, München 1961, S. 99.

126 Der Gestus des Zeigens, Wirklichkeitsauffassung und Darstellungsmittel in den Dramen Franz Grillparzers, Bonn 1972, S. 18, 103, 121, 85.

127 Vgl. Ferdinand *Junghans,* Das Problem der Zeit im dramatischen Werk, Diss. Berlin 1931 und *Pütz,* Die Zeit im Drama. Zur Technik der dramatischen Spannung, Göttingen 1970.

128 Versuch über Grillparzers Sprachkunst, in: Sprachkunst Jg. 3 (1972), S. 259 f.

129 *Fülleborn* wird zitiert und kritisiert von *Griesmayer,* Das Bild des Partners in Grillparzers Dramen, S. 32 f.

130 Walter *Naumann,* Franz Grillparzer, Das dichterische Werk, Stuttgart u. a. (1956). Er war einer meiner Anreger. 2. Aufl. 1967.

131 *Seidler,* Versuch über Grillparzers Sprachkunst, in: Sprachkunst Jg. 3 (1972), S. 249. Zitat: Hanser-Ausg. Bd. 3, S. 403.

132 Prunkreden in Grillparzers Dramen, in: H. S., Studien zu Grillparzer und Stifter, Wien u. a. 1970, S. 85–117.

133 Das Bild des Partners, S. 321.

134 Studien zu Grillparzer und Stifter, S. 99.

135 *Hoesch,* Der Gestus des Zeigens, S. 5.

136 Das Bild des Partners, S. 326.

137 Herbert *Neumaier,* Der Konversationston in der frühen Biedermeierzeit 1815–1830, Diss. München 1972. Bauernfeld, S. 120–149. Grillparzer fehlt leider.

138 Versuch über Grillparzers Sprachkunst, S. 261.

139 *Baumann,* Unauflöslicher Beginn und unschlüssiges Ende. Der dramatische Vorwurf und das Drama Franz Grillparzers, in: G. B., Zu Franz Grillparzer, 1969, S. 11–29.

140 Grillparzer und das Drama seiner Zeit, in: H. S., Studien zu Grillparzer und Stifter, Wien u. a. 1970, S. 17.

141 Die Kunst der Rahmung in Grillparzers Dramen, in: H. S., Studien zu Grillparzer und Stifter, S. 125.

142 Ebd., S. 153, vgl. auch Frank D. *Horvay,* Spannung und andere Strukturelemente in Grillparzers Dramen, in: Jb. d. Grillparz.-Ges. 3. F., Bd. 10 (1973), S. 65–80.

143 Robert *Pichl,* Dualismus und Ambivalenz, Die Dramenschlüsse Schillers und Grillparzers als Indizien individueller Vorgangsgestaltung, Wien, Stuttgart 1972, S. 80 ff.

144 Reinhold *Backmann,* Grillparzers Tristia ex Ponto, in: Jb. d. Grillparz.-Ges. NF., Bd. 31

(1932), S. 7–47; ders. Grillparzers Jugenderinnerungen im Grünen, ebd. Bd. 32 (1933), S. 10–42. Otto *Zausmer,* Grillparzers Lyrik als Ausdruck seines Wesens, Wien 1933. *Hock,* Grillparzers Eigenart als Lyriker und der Gedichtszyklus »Tristia ex Ponto«, in: Archiv f. d. Studium d. neueren Sprachen, Bd. 176 (1939), S. 1–11. *Seidler,* Grillparzer als Lyriker, Epigrammatiker und Erzähler, in: Grillparzer-Feier der Akademie 1972, Sitzungsberichte der Österreich. Akad. d. Wiss., Phil.-hist. Kl., Bd. 280, Wien 1972, S. 113–125.

145 Franz Grillparzer und Ladislaus Pyrker, in: Jb. d. Grillparz.-Ges. 3. F., Bd. 12, 1976, S. 392.
146 Dichter über ihre Dichtungen: Grillparzer, S. 310,
147 Ges. Werke, hg. v. E. *Rollett* und A. *Sauer,* Bd. 1, Wien 1925, Einleitung S. CXCI.
148 Bernhard *Böschenstein,* Drostische Landschaft in Paul Celans Gedichten, in: Kleine Beiträge zur Droste-Forschung 1972/73, hg. v. Winfried *Woesler,* S. 7–24.
149 *Škreb,* Grillparzer und Hebbel in: Österreich in Geschichte und Gegenwart, Bd. 16 (1972), S. 265.
150 Grillparzer als Lyriker, Epigrammatiker und Erzähler, S. 116.
151 S. W., Hanser-Ausg., Bd. 4, S. 159.
152 Dichter über ihre Dichtungen: Grillparzer, S. 255.
153 *Schaum,* Die Grillparzerforschung in Amerika im 20. Jahrhundert, hier Zusammenfassung einer einzelnen Interpretation, in: Das Grillparzer-Bild des 20. Jahrhunderts, S. 283.
154 Dichter über ihre Dichtungen: Grillparzer, S. 258.
155 Ähnlich *Straubinger,* Der Arme Spielmann, in: Grillparzer-Forum Forchtenstein 1966, Wien 1967, S. 101.
156 Dichter über ihre Dichtungen: Grillparzer, S. 259 f.
157 Ebd., S. 258.
158 Joseph Peter *Stern,* Beyond the Common Indication: Grillparzer, in: Re-interpretations, Seven Studies in Nineteenth-Century German Literature, London 1964, S. 66, Anm. 1.
159 Ich denke noch an Roland *Heine,* Ästhetische und existentielle Integration. Ein hermeneutisches Problem des 19. Jahrhunderts in Grillparzers Erzählung »Der Arme Spielmann«, in: DVjs, Bd. 46 (1972), S. 650–83 und Peter *Schäublin,* Das Musizieren des Armen Spielmanns, in: Sprachkunst, Jg. 3 (1972), S. 31–55.
160 Dichter über ihre Dichtungen: Grillparzer, S. 259.
161 *Stern,* Beyond the Common Indication: Grillparzer, in: Re-interpretations, S. 67.
162 Ebd., S. 61 f.
163 Dichter über ihre Dichtungen: Grillparzer, S. 259.
164 Ebd., S. 258 f.
165 S. W., hg. v. *Rollett, Sauer,* Bd. 2, S. 159.
166 Dichter über ihre Dichtungen: Grillparzer, S. 310.
167 *Seidler,* Grillparzers Selbstbiographie als literarisches Kunstwerk, in: Österreich in Geschichte und Literatur, Jg. 16 (1972), S. 30; S. 33 f.; S. 29; S. 25 ff.
168 Peter von *Matt,* Der Epigrammatiker Grillparzer, in: Grillparzer-Forum Forchtenstein 1971, S. 78, S. 88, S. 95. Auch *Škreb* (Grillparzers Epigramme, in: Das Epigramm, Zur Geschichte einer inschriftlichen und literarischen Gattung, hg. v. Gerhard *Pfohl,* Darmstadt 1969, S. 421) rechnet das Epigramm zur Lyrik. In beiden Fällen liegt wohl *Staiger*-Einfluß zugrunde, der am spekulativen (idealistischen) Trinitätsdogma in der Poetik festhielt.
169 v. *Matt,* ebd., S. 81.
170 Klaus-Dieter *Krabiel,* Das Problem des falschen Intellekts, in: Litwiss. Jb. d. Görresges., NF., Bd. 7 (1966), S. 195–207.

Christian Dietrich Grabbe

1 Karl *Ziegler,* Grabbes Leben und Charakter, Hamburg 1855, S. 22 f.
2 A. W. *Hornsey,* Idea and Reality in the Dramas of Christian Dietrich Grabbe, Oxford 1966.

3 S. 254 f.

4 S. 164.

5 Alberto *Martino*, Christian Dietrich Grabbe, in: Zur Literatur der Restaurationsepoche 1815–1848, hg. v. Jost *Hermand* und Manfred *Windfuhr*, Stuttgart 1970, Teil I: Forschungsreferate und Aufsätze. S. 202–246. Die folgenden Zitate: S. 236; und S. 236, Anm. 2.

6 Ebd., S. 229.

7 Vgl. Grabbe in Berichten seiner Zeitgenossen, hg. v. Alfred *Bergmann*, Stuttgart 1968.

8 Edmund *Bergler*, Grabbe. Ein Beitrag zur Psychologie des oralen Pessimisten, in: E. B., Talleyrand, Napoleon, Stendhal, Grabbe. Psychoanalytisch-biographische Essays, Wien 1935.

9 Titel: Die Hermannsschlacht, Drama von Grabbe. Grabbes Leben von Eduard *Duller*, Düsseldorf 1838.

10 *Ziegler*, Grabbes Leben und Charakter, S. 9.

11 Ebd., S. 7.

12 Die Hinweise der Gattin erscheinen mir an diesem Punkte nicht unglaubwürdig zu sein (Ferdinand *Freiligraths* Briefwechsel mit der Familie Clostermeier in Detmold, insbesondere mit Louise Christiane, der späteren Gattin Grabbes, hg. v. *Bergmann*, Detmold 1953, vgl. bes. Brief vom 29. 4. 1838).

13 Heinrich *Heine*, S. W., hg. v. Ernst *Elster*, Bd. 7, Leipzig und Wien o. J., S. 467 f. Die Anmerkung Elsters ist mißverständlich. Heine wendet sich gegen Duller, auch wenn ihm dessen Biographie nur durch die Zieglersche bekannt war.

14 Vgl. Einleitung zu Christian Dietrich Grabbe. Ein Brevier, hg. v. *Bergmann*, Wien, München 1955, S. 5–46.

15 Helga-Maleen *Gerresheim*, Christian Dietrich Grabbe, in: Deutsche Dichter des 19. Jahrhunderts, hg. v. Benno von *Wiese*, Berlin 1969, S. 174.

16 Ich denke an Manfred *Schneider*, Destruktion und utopische Gemeinschaft, Zur Thematik und Dramaturgie des Heroischen im Werk Christian Dietrich Grabbes, Frankfurt/M. 1973.

17 Werke und Briefe, HKA in sechs Bänden, hg. v. der Akademie d. Wiss. in Göttingen, bearb. v. *Bergmann*, Emsdetten 1960–1973, Bd. 4, 1966, S. 97.

18 Ebd., S. 101.

19 Diese psychologische Beobachtung stimmt mit der medizinischen Forschung überein, nach der die ältere Hypothese einer luetischen Erkrankung Grabbes durch die tatsächlich feststellbaren Krankheitssymptome nicht bestätigt wird (Edeltraud *Dimpfl*, Christian Dietrich Grabbe, eine Pathographie, Med. Diss. München 1947).

20 Grabbes Leben und Charakter, S. 9 ff., S. 25 f.

21 Die Glaubwürdigkeit der Zeugnisse für den Lebensgang und Charakter Christian Dietrich Grabbes, Berlin 1933, S. 315.

22 Ebd., S. 389.

23 Ferdinand *Freiligraths* Briefwechsel mit der Familie Clostermeier in Detmold, besonders Brief vom 29. 4. 1838, vgl. Fritz *Böttger*, Grabbe, Glanz und Elend eines Dichters, Berlin [1963], S. 292.

24 S. W., hg. v. *Elster*, Bd. 7, S. 469.

25 Ernst *Diekmann*, Christian Dietrich Grabbe: Der Wesensgehalt seiner Dichtung, Detmold 1936; Walter *Weiss*, Enttäuschter Pantheismus, Zur Weltanschauung der Dichtung in der Restaurationszeit, Dornbirn 1962, S. 201–246 (= Grabbe-Kapitel).

26 Eberhard *Moes*, Chr. D. Grabbes Dramen im Wandel der Urteile von Ludwig Tieck bis zur Gegenwart, Diss. Kiel 1929, S. 18.

27 Walter *Höllerer*, Zwischen Klassik und Moderne, Stuttgart 1958, S. 18.

28 Nach Thomas *Höhle*, Chr. D. Grabbes Auseinandersetzung mit Goethe, in: Wiss. Zs. der Martin-Luther-Univ. Halle–Wittenberg, Bd. 19 (1970), H. 5, S. 87.

29 Christian Dietrich Grabbe, in: F. M., Aufsätze zur deutschen Literatur von Klopstock bis Weerth, Berlin 1961, S. 337.

30 Das deutsche Drama der Neuzeit, in: Deutsche Philologie im Aufriß, hg. v. Wolfgang *Stammler*, Bd. II, Berlin ²1960, Sp. 2264.
31 Ferdinand Joseph *Schneider*, Grabbe und der jungdeutsche Liberalismus, in: Euph. Bd. 32 (1931), S. 165–175.
32 Aufsätze zur deutschen Literatur, S. 341.
33 *Höhle*, Chr. D. Grabbes Auseinandersetzung mit Goethe, in: Wiss. Zs. der Univ. Halle-Wittenberg, S. 88.
34 Karl *Gutzkow*, Götter, Helden, Don Quixote, Hamburg 1838, S. 53.
35 Hans van *Els*, Grabbe als Kritiker, Diss. Marburg 1914, S. 48.
36 Grabbes Leben und Charakter, S. 74.
37 *Cowen*, Christian Dietrich Grabbe, S. 158; S. 154 f.
38 Satan and the Satanic in Grabbe's Dramas, in: GR, Bd. 39 (1964), S. 120–136.
39 Grabbe und der Teufel, in: W. M., Pamphlet und Bekenntnis, Olten 1968, S. 339–343.
40 Destruktion und utopische Gemeinschaft, S. 240. Eine Fußnote richtet sich gegen die realistische Interpretation des Marxisten Hans-Dieter *Schäfer*, Christian Dietrich Grabbe (Diss. Berlin 1965).
41 Grabbe und die tiefere Bedeutung, in: Akzente, Jg. 12 (1965), S. 94.
42 *Diekmann*, Christian Dietrich Grabbe, S. 248.
43 Vgl. den Abschnitt über »Die dramatische Historie der Restaurationszeit« in meinem Buch »Das historische Drama in Deutschland«, Stuttgart ²1974, S. 145–157.
44 Grabbes ›Scherz, Satire, Ironie und tiefere Bedeutung‹ als Komödie der Verzweiflung, in: Der Deutschunterricht, Jg. II, H. 5 (1959), S. 5–14.
45 Otto *Nieten*, Christian Dietrich Grabbe, Sein Leben und seine Werke, Dortmund 1908, S. 78.
46 Grabbes Werke in der zeitgenössischen Kritik, hg. v. *Bergmann*, Bd. 1, Detmold 1958, S. 54–68.
47 Ebd., Bd. 2, Detmold, 1960, S. 27.
48 Ebd., Bd. 1, S. 24.
49 Ebd., S. 47.
50 Ebd., S. 50.
51 Ebd., Bd. 2, S. 18 f.
52 Ich denke an das 2. Kapitel von *Nicholls*, The Dramas of Christian Dietrich Grabbe, S. 44 ff. Cowen nennt im Nachwort seiner Ausgabe *Gothland*, im Anschluß an F. J. Schneider, »einen der größten Erstlinge der deutschen Literaturgeschichte« und stellt ihn (übertrieben!) neben *Die Räuber, Dantons Tod, Judith* (Christian Dietrich Grabbe, Werke, 3. Bd., München 1977, S. 420 f.).
53 Nicholls, S. 83.
54 Benno von *Wiese*, Grabbes Lustspiel Scherz, Satire, Ironie und tiefere Bedeutung als Vorform des absurden Theaters (in: B. v. W., Von Lessing bis Grabbe, Studien zur deutschen Klassik und Romantik, Düsseldorf 1968, S. 289–308): »Nicht realistischer, sondern phantastischer Stil« (S. 293).
55 B. v. *Wiese*, Grabbes Lustspiel Scherz Satire… in: Das dt. Lustspiel 1, hg. v. H. *Steffen*, Göttingen 1968, S. 208.
56 Grabbes Werke in der zeitgenössischen Kritik, Bd. 1, S. 59.
57 Marianne *Thalmann*, Grabbe: Scherz, Satire, Ironie und tiefere Bedeutung, in: M. T., Provokation und Demonstration in der Komödie der Romantik, Berlin 1974, S. 90.
58 Wilhelm *Steffens*, Christian Dietrich Grabbe, Hildesheim 1972, S. 238.
59 Grabbes Werke in der zeitgenössischen Kritik, Bd. 1, S. 61.
60 Ebd., S. 99.
61 Grabbes Scherz, Satire… als Komödie der Verzweiflung, S. 13. Verfehlt erscheint mir daher der Versuch von Diethelm *Brüggemann* (Scherz, Satire, Ironie und tiefere Bedeutung, in: Die deutsche Komödie, hg. v. Walter *Hinck*, Düsseldorf 1977, S. 126–144), Grabbes übermütiges Lustspiel mit dem *Münchhausen* zu parallelisieren und wie in Immermanns Oberhof in der

Posse eine »gesellschaftsgründende Wertsubstanz« (S. 143) zu entdecken. Ich sage dies, obwohl auch ich dazu neige, die Vorstellung von einem absoluten Nihilisten Grabbe einzuschränken (s. u.).

62 *Nicholls,* The Drama of Chr. D. Grabbe, S. 89.
63 Grabbes Werke in der zeitgenössischen Kritik, Bd. 1, S. 93.
64 Ebd., Bd. 2, S. 27.
65 Ebd., Bd. 1, S. 24.
66 HKA, Bd. 1, S. 409.
67 Ebd.
68 Ebd.
69 Grabbes Werke in der zeitgenössischen Kritik, Bd. 1, S. 93.
70 Ebd., S. 69.
71 Ebd., S. 40 ff.
72 Ebd., S. 55.
73 Ebd., Bd. 2, S. 89.
74 Don Juans Höllenfahrt, Don Juan und Faust, in: Untersuchungen zur Literatur als Geschichte, Festschrift für Benno von *Wiese,* Berlin 1973, S. 191. Man denke nur an Sozialdramen wie *Emilia Galotti, Die Soldaten* usw.
75 Karl S. *Guthke,* Geschichte und Poetik der deutschen Tragikomödie, Göttingen 1961, S. 198–207.
76 Grabbes Werke in der zeitgenössischen Kritik, Bd. 2, S. 88 f.
77 Grabbe's Don Juan und Faust and Büchner's Dantons Tod: Epicureanism and Weltschmerz, in: PMLA, Bd. 82 (1967), S. 342–351.
78 Fritz *Böttger,* Grabbe, Berlin o. J., S. 209.
79 Grabbes Werke in der zeitgenössischen Kritik, Bd. 2, S. 41 f.; S. 45.
80 Ebd., S. 59 f., 73, 76, 78.
81 Ebd., S. 101.
82 Ebd., Bd. 3, 1961, S. 67 f.
83 Giovanni *Puteolano,* Vermischte Epigramme, in: Lies mich! usw. Neue Ausg. Bd. 1, Leipzig 1834. Beispiel in: Grabbes Werke in der zeitgenöss. Kritik, Bd. 2, S. 101.
84 Karl Ferdinand *Gutzkow,* Beiträge zur Geschichte der neuesten Literatur, Bd. 1, Stuttgart 1836, S. 191.
85 Harry *Maync,* Immermann. Der Mann und sein Werk im Rahmen der Zeit- und Literaturgeschichte, München 1921, S. 209 f.
86 Wolfgang *Hegele,* Grabbes Dramenform, München 1970, S. 192–204. Zitat s. u. S. 166.
87 Grabbe, S. 234.
88 Grabbes Leben und Charakter, S. 68.
89 Grabbes Werke in der zeitgenöss. Kritik, Bd. 3, S. 56–65.
90 Ebd., S. 18.
91 Ebd., S. 48.
92 Ebd., S. 51–55.
93 Grabbes Leben und Charakter, S. 67.
94 Grabbes Werke in der zeitgenöss. Kritik, Bd. 3, S. 97, 101.
95 Ebd., S. 86–96.
96 *Hegele,* Grabbes Dramenform, S. 250.
97 Quellen des Grabbeschen ›Napoleon‹, Detmold 1969, S. 9, 97.
98 Grabbe, S. 245, 269, 270.
99 Fritz *Martini,* Grabbe. Napoleon oder die hundert Tage, in: Das deutsche Drama…, hg. v. Benno von *Wiese,* Berlin 1973, S. 60, 56, 43.
100 *Böttger,* Grabbe, S. 273.
101 Ebd., S. 257.

102 Grabbe's Napoleon, Büchner's Danton, and the Masses, in: Symposium, Bd. 21 (1967), S. 316–23.
103 Grabbes Werke in der zeitgenöss. Kritik, Bd. 3, S. 104.
104 Ebd., S. 105–111.
105 Ebd., S. 124.
106 Ebd., S. 147.
107 Ebd., S. 151 f.
108 Gerard *Kozielek,* Chr. D. Grabbes Plan eines Kosciuszko-Dramas, in: WB, Bd. 16 (1970), H. 2, S. 216.
109 Beiträge zur Geschichte der neuesten Literatur, Bd. 1, S. 191.
110 Werke, hg. v. Benno von *Wiese,* Bd. 4, Frankfurt/M. 1973, S. 678, 677.
111 Grabbes Werke in der zeitgenöss. Kritik, Bd. 4, S. 8 f.
112 Ebd., S. 15.
113 Ebd., S. 25–30.
114 Ebd., S. 30.
115 Vgl. z. B. F. J. *Schneider,* Christian Dietrich Grabbe, Persönlichkeit und Werk, München 1934, S. 314 ff. Noch Cowen (Hg.), Grabbe, Werke Bd. III, S. 453, glaubt das Fragment II »als eine etwas aufgebauschte ›Schnappsidee‹... bezeichnen« zu können.
116 Grabbes Werke in der zeitgenöss. Kritik, Bd. 4, 1963, S. 139.
117 Ebd., S. 161.
118 Ebd., S. 157.
119 Ebd., S. 124 f.
120 Ebd., S. 120–123.
121 Ebd., S. 164.
122 Ich denke an das Grabbe-Essay von *Gerresheim,* das kenntnisreich, aber ohne jede Spur von Kongenialität ist (in: Deutsche Dichter des 19. Jahrhunderts, S. 174–199).
123 Werner *Nieschmidt,* Deutung und Dokumentation. Studien zum Geschichtsdrama Christian Dietrich Grabbes, Detmold 1973, S. 17.
124 Das Genrebild in der deutschen Literatur. Vom Sturm und Drang bis zum Realismus, Stuttgart u. a., 1967, Grabbe: S. 107–117.
125 Ein Grundgedanke der erwähnten Untersuchung von Wolfgang *Hegele.*
126 *Hegele,* Grabbes Dramenform, S. 261.
127 So bezeichnet *Hegele* die Kleinszenen.
128 Manfred *Schneider,* Destruktion und utopische Gemeinschaft, hat diesen Gegensatz zwischen der »bestialischen Gesellschaft« und der »utopischen Gemeinschaft« von Heros und Volk in der Schlacht scharf herausgearbeitet.
129 Genaue Untersuchungen zum Vers-Prosa-Problem, besonders bei Grabbe, finden sich bei Kurt *Waselowsky,* Der Übergang vom Vers zur Prosa in den Dramen Christian Dietrich Grabbes, Diss. [Masch.] Marburg 1956.
130 Zu dieser Widersprüchlichkeit vgl. bes. Hans-Henrik *Krummacher,* Bemerkungen zur dramatischen Sprache in Grabbes Don Juan und Faust, in: Festgabe für Eduard *Berend,* Weimar 1959, S. 235–256.
131 In: Deutsche Philologie im Aufriß, hg. v. Wolfgang *Stammler,* Bd. I, Berlin ²1960, Sp. 1300 ff.
132 Christian Dietrich Grabbe: sein Leben und seine Werke, Dortmund 1908, S. 405 ff.
133 Destruktion und utopische Gemeinschaft, S. 110.
134 Beiträge zur Geschichte der neuesten Literatur, Bd. 1, S. 192.
135 Christian Dietrich Grabbe und das Verhältnis unserer Theater zum klassischen Erbe, in: WB, Jg. XX, H. 7 (1974), S. 149–160.
136 Grabbes Werke in der zeitgenöss. Kritik, Bd. 5, S. 110 f.
137 John *Schikowski,* Stürmer gegen das Philistertum, Berlin 1925, S. 15.
138 Grabbes Werke in der zeitgenöss. Kritik, Bd. 2, S. 33 f.
139 Werke und Briefe, hg. v. *Bergmann,* Bd. 4, S. 101.

140 Grabbes Werke in der zeitgenöss. Kritik, Bd. 5, 1964, S. 128, 134 f.
141 Ebd., Bd. 3, S. 153, 159, 160.
142 Ebd., S. 95.
143 Ebd., S. 153.
144 Ebd., Bd. 5, S. 67.
145 Grabbe-Abschnitt der »Memorabilien«, in: Werke, hg. v. Benno von *Wiese,* Bd. 4, S. 683 f.

Johann Nepomuk Nestroy

 1 Franz H. *Mautner,* Nestroy, Heidelberg 1974, S. 270.
 2 Otto *Rommel,* Johann Nestroy, Ein Beitrag zur Geschichte der Wiener Volkskomik, in: Sämtliche Werke, hg. v. Fritz *Brukner* und Otto *Rommel,* Bd. 15, Wien 1930, S. 330 f. = HKA, 15 Bde. Wien 1924–1930. Schon 1828 wird er als »Proteus unserer Bühne« gefeiert (Moritz Nekker, Johann Nestroy, in: Ges. Werke, hg. v. Vincenz Chinvacci und Ludwig Ganghofer, Bd. 12, Stuttgart 1891, S. 110).
 3 Ebd., S. 378, 382, 395.
 4 Nestroy, 1974, S. 270.
 5 Kritische Gänge, hg. v. Robert *Vischer,* Bd. 1, München ²1922, S. 350.
 6 HKA, Bd. 15, S. 353.
 7 Ebd., S. 355 f.
 8 Ebd., S. 356.
 9 Ebd.
10 Jürgen *Hein,* Nestroyforschung (1901–1966), in: WW, Jg. 18 (1968), S. 234 Anm. 18.
11 Ebd., S. 241.
12 Karl *Kraus,* Nestroy und die Nachwelt, Frankfurt 1975, S. 14 f.; 27 f., 25 f., 19, 13, 18.
13 Rio *Preisner,* Johann Nepomuk Nestroy. Der Schöpfer der tragischen Posse, München 1968.
14 Die Sprache der Freiheit in Krähwinkel, in: Austriaca, Festschrift für Heinz *Politzer,* hg. v. Winfried *Kudszus* und Hinrich C. *Seeba,* Tübingen 1975, S. 127–147.
15 Forschungsbericht. Neuere Nestroyforschung (1967–1973), in: WW, Jg. 25 (1975), S. 148.
16 *Rommel,* Johann Nestroy, in: HKA, Bd. 15, S. 316 ff., vgl. besonders Tabelle S. 317.
17 Ebd., S. 322.
18 Ebd., S. 310.
19 Johann Nestroy, in: E. F., Von Grillparzer zu Kafka, Wien 1962, S. 129, 174, 183, 140.
20 Otto *Basil,* Johann Nestroy in Selbstzeugnissen und Bilddokumenten, Reinbek bei Hamburg ²1975, S. 39.
21 *Rommel,* Johann Nestroy, in: HKA, Bd. 15, S. 392 f.
22 Franz *Koch,* Idee und Wirklichkeit, Deutsche Dichtung zwischen Romantik und Naturalismus, Bd. 2, Düsseldorf 1956, S. 181.
23 Nach *Basil,* Nestroy, S. 169.
24 Hinweis auf den Stich Lanzedellis, Rücksicht auf Freudenmädchen, s. o. S. 52
25 Johann Nestroy und seine Kunst, Wien 1937, S. 8.
26 Walter *Jens,* Johann Nestroy, in: Austriaca, Festschr. f. *Politzer,* S. 150.
27 Alle Beispiele aus »Liebesgeschichten« (1843) entnehme ich *Mautners* Buch (Nestroy 1974, S. 254 f.). Er sieht in diesem Drama eine Steigerung der »Passion für sprachwidrige Wortneubildungen« (ebd.).
28 *Kraus,* Nestroy und die Nachwelt, S. 20.
29 Ebd., S. 9 f.
30 Christoph *Kuhn,* Witz und Weltanschauung in Nestroys Auftrittsmonologen, Diss. Zürich 1966, S. 26 f. Eine vernünftige Zusammenarbeit mit der Linguistik scheint in der Nestroyforschung noch nicht erreicht zu sein. Ich denke an die für den Literarhistoriker kaum verwendbare Dissertation von Olga *Stieglitz,* Syntaktische Untersuchung der Sprache Johann Nestroys

am Beispiel seiner Zauberposse *Der böse Geist Lumpazivagabundus,* Wien 1974. Linguistische Meister müßten die ersten Schritte tun!

31 Photokopie: *Basil,* Nestroy, S. 125.
32 *Kuhn,* Witz und Weltanschauung, S. 44 f.
33 Ebd., S. 89.
34 Ebd., S. 75 f.
35 Ebd., S. 60.
36 Untersuchungen zu den Elementen des Komischen im Werk Nestroys. Ein Beitrag zur Phänomenologie der literarischen Komik und zur Poetik der Komödie, Diss. Hamburg 1970, S. 307.
37 *Basil,* Nestroy, S. 110.
38 Kurt *Kahl,* Johann Nestroy oder der wienerische Shakespeare, Wien, München, Zürich 1970, S. 59.
39 Die Komödie der Sprache. Untersuchungen zum Werke Johann Nestroys, Nürnberg 1967, S. 38 und 116.
40 Ebd., S. 100, vgl. auch Laurence V. *Harding,* The Dramatic Art of Ferdinand Raimund and Johann Nestroy. A Critical Study, The Hague, Paris 1974, S. 128 f.
41 Untersuchungen zu den Elementen des Komischen im Werk Nestroys, S. 255.
42 Johann Nestroy im Lichte der Kritik, in: R. M., Österreichische Dichter seit Grillparzer, Ges. Aufsätze, Wien 1973, S. 139.
43 Die Fackel, hg. v. Karl *Kraus,* 676–813, nach William Edgar *Yates,* Nestroy, Satire and Parody in Viennese Popular Comedy, Cambridge 1972, S. 53.
44 *Kahl,* Johann Nestroy, S. 16.
45 Nestroy, S. 31 f.
46 Ebd., S. 120.
47 Von Grillparzer zu Kafka, S. 155.
48 Zauberei und Satire im Frühwerk Nestroys, Bad Homburg u. a. 1969, S. 182 f.
49 *Yates,* Nestroy, S. 39.
50 Literarische Parodie und Wiener Vorstadtpublikum vor Nestroy, in: Maske und Kothurn, Jg. 18 (1972), S. 131 ff., S. 115.
51 Nach *Yates,* Nestroy, S. 46.
52 *Hein,* Das Volksstück im 19. und 20. Jahrhundert, in: Theater und Gesellschaft, hg. v. *Hein,* Düsseldorf 1973, S. 16.
53 Johann Nestroy, HKA, Bd. 15, S. 310, S. 321.
54 Eckehard *Catholy,* Art. »Posse«, in: Reallexikon der deutschen Literaturgeschichte, hg. v. Werner *Kohlschmidt* und Wolfgang *Mohr,* Bd. 3, Berlin ²1977, S. 223.
55 Die Fackel, hg. v. Karl *Kraus,* Bd. 30, 26. Jahr, Nr. 657–667, 1924 (Nachdruck München 1972, S. 114).
56 Nestroy, S. 120–148.
57 Ebd., S. 126 f.
58 Ebd., S. 147.
59 Leo *Tönz,* Die künstlerische Eigenständigkeit und Eigenart Nestroys, Diss. Wien 1969, S. 195.
60 Ebd., S. 196.
61 Fiktion and Fiktionsbruch in the comedies of Nestroy, in: GLL, Bd. 26 (1972/73), S. 13–20.
62 Spiel und Satire in der Komödie Johann Nestroys, Bad Homburg u. a. 1970, S. 131.
63 Von der Einbildungskraft, Leipzig 1936, S. 193.
64 Ges. Werke, hg. v. Otto *Rommel,* Bd. 6, Wien 1949, S. 586–729.
65 Ebd., S. 627.
66 HKA, Bd. 5, S. 445 f. (aus: *Der alte Mann*).
67 HKA, Bd. 15, S. 383.
68 *Hein,* Nestroyforschung, in: WW, Jg. 18 (1968), S. 235.
69 Zwischen Biedermeier und Bourgeoisie. Ein Kapitel deutscher Literaturgeschichte, Göttingen 1953, S. 48.

70 Hauptströmungen der deutschen Literatur 1750–1848, Beiträge zu ihrer Geschichte und Kritik, Berlin 1963, S. 757.

71 HKA, Bd. 5, S. 701 ff.

72 Johann Nepomuk Nestroy, in: Deutsche Dichter des neunzehnten Jahrhunderts. Ihr Leben und Werk, hg. v. Benno von *Wiese,* Berlin 1969, S. 327, 339.

73 Zauberei und Satire im Frühwerk Nestroys, S. 178.

74 Ebd., S. 181.

75 Nestroys komisches Theater, in: Das deutsche Lustspiel, hg. v. Hans *Steffen,* T. 2, Göttingen 1969, S. 22 f.

76 *Mühlher,* Johann Nestroy im Lichte der Kritik, S. 155.

77 Von der Einbildungskraft, S. 192.

78 Von Grillparzer zu Kafka, S. 148.

79 Der konservative Nestroy: Aspekte der zukünftigen Forschung, in: Maske und Kothurn, Jg. 18 (1972), S. 34.

80 Nestroy, 1974, S. 100.

81 Ebd., S. 110.

82 *Diehl,* Zauberei und Satire im Frühwerk Nestroys, S. 34.

83 Ebd., S. 40.

84 HKA, Bd. 1, S. 649.

85 Ebd., S. 650.

86 Ebd., S. 680 f., 678.

87 Ebd., Bd. 2, S. 672.

88 Ebd., S. 689 f.

89 Ebd., S. 665 f.

90 Ebd., S. 690 f.

91 Zitiert von *Diehl,* Zauberei und Satire im Frühwerk Nestroys, S. 181.

92 Ebd., S. 179, 183.

93 HKA, Bd. 9, S. 528.

94 Ebd., S. 556.

95 Ebd., S. 560 f.

96 Einführung in den Neudruck von Bernhard Gutts Nestroy- Rezensionen, in: Die Fackel, hg. v. Karl *Kraus,* Bd. 30, 26. Jahr (1924), Nr. 657–667, (Nachdruck 1972, folgende Zitate: S. 100, 113 f., 112, 114, 116, 117).

97 P. M. *Potter,* Nestroys Zu ebener Erde und erster Stock, a reappraisal, in: Forum for modern language studies, Bd. 13 (1977), S. 142.

98 *Mautner,* Nestroy, 1974, S. 224.

99 Ebd., S. 227.

100 HKA, Bd. 10, S. 638 f.

101 Ebd., S. 636 f.

102 Die Fackel, hg. v. *Kraus,* Bd. 30, 26. Jahr (1924), S. 109.

103 Ebd., S. 104.

104 Johann Nepomuk Nestroy, in: Deutsche Dichter des 19. Jahrhunderts, S. 334.

105 Horst *Denkler,* Restauration und Revolution, Politische Tendenzen im Deutschen Drama zwischen Wiener Kongreß und Märzrevolution, München 1973, S. 190. In dem bereits erwähnten Buch von Erich Joachim *May* (Wiener Volkskomödie und Vormärz, Berlin 1975), das eine Brücke zwischen dem Volkstheater und dem politischen Vormärz schlagen will, konnte das Buch noch nicht berücksichtigt werden (*Mays* Buch wurde 1972 abgeschlossen). Es ist aber ein für die *heutige* Germanistik typischer *Spezialisierungsfehler,* daß der gründliche Joachim May, trotz der erwähnten gesamtdeutschen Interpretationsabsicht, an methodische Vergleiche zwischen deutschen und österreichischen Stücken nicht einmal dachte.

106 Nestroy, 1974, S. 260.

107 Ebd., S. 274.

108 HKA, Bd. 13, S. 643.
109 Ebd., S. 641.
110 Zur Sprache der Freiheit in Krähwinkel, in: Austriaca, Festschr. für *Politzer,* S. 144 f.
111 Zwei Krähwinkliaden 1802/1848..., in: Die deutsche Komödie, hg. v. Walter *Hinck,* Düsseldorf 1977, S. 192.
112 *Hein,* Spiel und Satire, S. 145.
113 Helmut *Arntzen,* Dementi einer Tragödie. Zu Hebbels und Nestroys Judith, in: studi germanici, Neue Serie Jg. X, 2 (1972), S. 421.
114 *Mautner,* Nestroy, 1974, S. 307.
115 Aktualisierungen des Judith-Stoffes von Hebbel bis Brecht, in: Hebbel-Jahrbuch 1971/72, Heide 1971, S. 71.
116 Ebd., S. 73.
117 Ebd., S. 70.
118 Nestroy, 1974, S. 333.
119 Ebd., S. 301.
120 Ebd., S. 303.
121 Nach *Mautner,* Nestroy, 1974, S. 310.
122 Die Alt-Wiener Volkskomödie. Ihre Geschichte vom barocken Welt-Theater bis zum Tode Nestroys, Wien 1952, S. 971.
123 *Mautner,* Nestroy, 1974, S. 320.
124 Ders., Nestroy, 1937, S. 61, 59.
125 Ders., Nestroy, Heidelberg 1974, S. 306.
126 HKA, Bd. 14, S. 741.
127 Ebd., S. 743, 737 ff.
128 Nestroy, 1974, S. 344.
129 HKA, Bd. 14, S. 736, 744.
130 Ebd., S. 742.
131 Nestroy, 1974, S. 343.
132 So *Mautner* anläßlich des Stücks, Nestroy, 1974, S. 342.
133 Jahreszahlen nach Max *Bührmann,* Johann Nepomuk Nestroys Parodien, Diss. Kiel 1933.
134 Flucht vor der Größe. Beiträge zur Erkenntnis und Selbsterkenntnis Österreichs, Wien 1960, mit dem Essay, Johann Nestroy oder Die Flucht in die Vorstadt, S. 73–100.
135 Ansätze gibt es, vgl. z.B. *Diehl,* Zauberei und Satire im Frühwerk Nestroys, S. 174, und den Abschnitt über »Freiheit in Krähwinkel« (Hinrich C. *Seeba*), in: Austriaca, Festschr. für *Politzer,* S. 127–147.
136 Vgl. *Yates,* Nestroy, S. 30.

Georg Büchner

1 Realismus und Gründerzeit, Manifeste und Dokumente, hg. v. Max *Bucher* u. a. Bd. 2, Stuttgart 1975, S. 87 f.
2 Dietmar *Goltschnigg,* Rezeptions- und Wirkungsgeschichte Georg Büchners, Kronberg/Ts. 1975, S. 36.
3 Realismus und Gründerzeit, Bd. 2, S. 88.
4 *Goltschnigg,* Rezeptions- und Wirkungsgeschichte Georg Büchners, S. 38 f.
5 Ebd., S. 37.
6 *Schaub,* Georg Büchner und die Schulrhetorik, Untersuchungen und Quellen zu seinen Schülerarbeiten, Frankfurt/M. 1975, S. 16; S. 19; S. 25; S. 53.
7 Briefe an Friedrich *Hebbel,* hg. v. Moriz *Enzinger,* T. I (1840–1860), Wien 1973, S. 118 (2. 7. 1847).
8 *Schaub,* Georg Büchner, Friedrich Ludwig Weidig, Der Hessische Landbote, Texte, Materialien, Kommentar, München 1976, S. 136 ff.

9 *Gutzkow* an Büchners Braut 30. 8. 1837, Euph. Erg. H. 3 (1897), S. 191.

10 [Louis *Büchner*], Nachgelassene Schriften, Frankfurt/M. 1850, S. 4; S. 5; S. 33.

11 Michael *Hamburger,* Vernunft und Rebellion, Aufsätze zur Gesellschaftskritik in der deutschen Literatur, München 1969, S. 85.

12 [Louis *Büchner*], Nachgelassene Schriften, S. 18.

13 Schulerinnerungen Friedr. Zimmermanns, in: Georg *Büchner,* Werke und Briefe, hg. v. Fritz *Bergemann,* Wiesbaden 1953, S. 273. Vgl. auch: Paul *Requadt,* Bildlichkeit der Dichtung, Aufsätze zur deutschen Literatur vom 18. bis 20. Jahrh., München 1974, S. 114 ff.; Bernhard *Böschenstein,* Büchners Jean Paul-Konzeption, in: Akten des V. Internationalen Germanisten-Kongresses, Cambridge 1975, S. 67–73: beide gegen »anthropozentrische Weltsicht der Weimarer Klassik« (S. 68).

14 Heinrich *Heine,* S. W., hg. v. Ernst *Elster,* Bd. 4, Leipzig und Wien o. J., S. 145.

15 *Hamburger,* Vernunft und Rebellion, S. 58.

16 *Goltschnigg,* Rezeptions- und Wirkungsgeschichte Büchners, S. 60.

17 Nach Werner R. *Lehmann* und Thomas Michael *Mayer* (Ein unbekannter Brief Georg Büchners, in: Euph. 70, 1976, S. 175–186) handelt es sich dabei um einen Jugendfreund F. H. Küntzel, der mit Hilfe der Straßburger den Deutschen Musenalmanach auf 1833 füllen wollte und sich als »Priester der Kunst« fühlte. Büchner distanziert sich also zunächst vom Trivialbiedermeier!

18 Georg Büchners ästhetische Anschauungen, in: ZfdPh, Bd. 73 (1954), S. 144.

19 Gerhart *Baumann,* Georg Büchner, »Lenz«, in: Euph. Bd. 52 (1958), S. 153–173.

20 Ebd.

21 Dazu vgl. auch Walter *Müller-Seidel,* Natur und Naturwissenschaft im Werk Georg Büchners, in: Festschrift für Klaus *Ziegler,* hg. v. Eckehard *Catholy* und Winfried *Hellmann,* Tübingen 1968, S. 205–232, und Wolfgang *Pross,* Naturgeschichtliches Gesetz und gesellschaftliche Anomie: Georg Büchner, Johann Lucas Schönlein und Auguste Comte, in: Literatur in der sozialen Bewegung, hg. v. Alberto Martino, Tübingen 1977, S. 228–259.

22 Im Nachwort zu der Lizenzausgabe des Hanser-Verlags für mehrere Buchgesellschaften, München o. J., S. 767.

23 Gerhard P. *Knapp,* Georg Büchner, Stuttgart 1977, S. 34.

24 Wird immer häufiger auch von andern betont, vgl. z. B. *Knapp,* Georg Büchner, S. 25 und Hermann *Bräuning-Oktavio,* Georg Büchner, Gedanken über Leben, Werk und Tod, Bonn 1976, Kap. 5.

25 [Louis *Büchner*], Nachgelassene Schriften, S. 37.

26 Ebd., S. 38.

27 Franz Carl *Müller,* Geschichte der organischen Naturwissenschaften im neunzehnten Jahrhundert, Berlin 1902, S. 373; 375.

28 Noch nicht in der HKA, sondern neu gefundener Zusatz zu einem Brief Eugen Boeckels an Adolf Stoeber, vgl. *Lehmann* und Thomas Michael *Mayer,* Ein unbekannter Brief Georg Büchners, S. 180.

29 Ähnlich Raimar Stefan *Zons,* Georg Büchner, Dialektik der Grenze, Bonn 1976, S. 88.

30 *Knapp,* Georg Büchner, S. 11.

31 *Baumann,* Georg Büchner, »Lenz«, S. 170.

32 Auch *Knapp* (Georg Büchner, S. 69) nennt die These, Büchner habe sich mit Lenz identifiziert, »verstiegen«.

33 [Louis *Büchner*], Nachgelassene Schriften, S. 31.

34 Maurice B. *Benn* erinnert daran, daß auch Shakespeare ganze Sätze seinen Quellen entnahm (The drama of revolt, a critical study of Georg Büchner, Cambridge u. a. 1976, S. 122). Das Verfahren ist eher Barocktradition als Naturalismus, es erinnert an Nestroys Praxis (vgl. o. S. 212 f.). Auch Grabbe gehört in diesen Zusammenhang.

35 Richard *Thieberger,* Georg Büchner, La Mort de Danton, publiée avec le texte des sources et des corrections manuscrites de l'auteur, Paris 1953, S. 45.

36 Ebd., S. 55.
37 Darüber und über die folgenden Fragen vgl. eine noch immer lesenswerte Diss. aus meiner Marburger Zeit: Fritz *Heyn,* Die Sprache Georg Büchners, Diss. Marburg 1955 [Masch.].
38 Die Stelle hat in der neugefundenen Urschrift von Oberlins Bericht den gleichen Wortlaut (Hartmut *Dodert,* Hubert *Gersch,* Stephan *Oswald,* Reinhard F. *Spiess,* J.-F. Oberlin Herr L…, in: Revue des langues vivantes 42$^{4-6}$, 1976, S. 369). Die Morgenblatt-Veröffentlichung von Oberlins Bericht fällt in die gleiche Zeit wie Büchners frühes Straßburger Studium (1831), so daß die Lektüre des Berichts *in der Zeitschrift* wahrscheinlich ist (s. u.).
39 An Salzmann, 3. 6. 1772, Morgenblatt Jg. 25/2, 21. 10. 1831, S. 1007.
40 Georg Büchners ästhetische Anschauungen, S. 150.
41 Vgl. Büchners Probevorlesung »Ueber Schädelnerven« (L II, S. 291 ff.).
42 John William *Smeed,* Jean Paul und Georg Büchner, in: Hesperus 22 (1961), S. 36. Arthur H. J. *Knight* fühlte sich sogar an Gryphius und Heinrich Julius von Braunschweig erinnert, Georg Büchner, Oxford 1951, S. 103.
43 Siehe *Thieberger,* La Mort de Danton, S. 121.
44 [Louis *Büchner*], Nachgelassene Schriften, S. 1.
45 *Thieberger,* La Mort de Danton, S. 29: »scènes populaires entièrement originales«.
46 Werke und Briefe, hg. v. Fritz *Bergemann,* Wiesbaden 1958, S. 156 f.
47 Nach einem Faksimile bei *Thieberger,* La Mort de Danton, nach S. 80.
48 Ebd.
49 [Louis *Büchner*], Nachgelassene Schriften, S. 1.
50 Interpretationen James Joyce – Georg Büchner, Zwei Frankfurter Vorlesungen, Frankfurt 1969, S. 36.
51 Eine wohl mündliche Mitteilung Georg *Jägers.*
52 [Louis *Büchner*], Nachgelassene Schriften, S. 1.
53 John S. *White,* Georg Büchner or the Suffering through the Father, in: The American Imago, Bd. 9 (1952), S. 365–427.
54 Rudolf *Jancke,* Grabbe und Büchner, in: GRM, Bd. 15 (1927), S. 274–286.
55 Ludwig Wilhelm *Luck,* Aus der Schul- und Universitätszeit, in: Georg Büchner, Werke und Briefe, hg. v. Fritz *Bergemann,* S. 276.
56 Vgl. dazu: Die Brüder Stöber und Gustav Schwab, Briefe einer elsässisch-schwäbischen Dichterfreundschaft, hg. v. Karl *Walter,* Frankfurt/M. 1930.
57 Gerhard *Jancke,* Georg Büchner, Genese und Aktualität seines Werkes, Einführung in das Gesamtwerk, Kronberg/Ts. 1975, S. 32.
58 Karl *Viëtor,* Georg Büchner, Politik, Dichtung, Wissenschaft, Bern 1949, S. 23–26.
59 [Louis *Büchner*], Nachgelassene Schriften, S. 19 f.
60 Ich meine nicht nur Archiv-Forschungen, wie sie von Werner *Lehmann* und Thomas Michael *Mayer* mit einigem Erfolg betrieben wurden, sondern allgemeinere stadtgeschichtliche Studien (Zeitungen, Parteien, Theater, Clubs, ökonomische Lage), die es erlauben, das Milieu, in dem der politische Büchner geprägt wurde, zu rekonstruieren.
61 Golo *Mann,* in: Büchner-Preis-Reden 1951–1971, Stuttgart 1972, S. 192.
62 *Schaub,* Georg Büchner, Friedrich Ludwig Weidig, Der Hessische Landbote, S. 96. Das Taschenbuch enthält mehr als der Titel erwarten läßt: 71 Seiten sozialgeschichtliche »Darstellung«.
63 Hans-Joachim *Ruckhäberle,* Flugschriftenliteratur im historischen Umkreis Büchners, Kronberg/Ts. 1975. Vgl. auch die Rezension von G. *Schaub,* in: IASL Bd. 2, 1977, S. 227–235. Ferner: *Ruckhäberle* [Hg.]: Frühproletarische Literatur, Die Flugschriften der deutschen Handwerksgesellenvereine in Paris 1832–1839, Kronberg/Ts. 1977.
64 Vgl. das ausführliche Literaturverzeichnis bei G. *Schaub,* Georg Büchner, F. L. Weidig, Der Hessische Landbote. Die Forschung beginnt im Grunde schon mit den Aktenpublikationen von Wilhelm *Schulz,* 1843, und besonders von Friedrich *Noellner,* 1844.
65 [Louis *Büchner*], Nachgelassene Schriften, S. 6.

66 Ebd., S. 9 f.
67 Ebd., S. 48.
68 Ebd.
69 Richard *Gunkel,* Georg Büchner und der Dandysmus, in: Studia Litteraria Rheno-Traiectina, T. 2, Utrecht 1953.
70 [Louis *Büchner*], Nachgelassene Schriften, S. 10. Man bedenke: Ludwig Büchner ist auf dem Wege zu einem entschiedenen (und populären!) Materialismus (*Kraft und Stoff* 1855)!
71 Renate *Zuchardt,* ›Wagt!‹ lehrt uns Danton, Vorschläge zur szenischen Realisierung des Büchner-Dramas, in: Theater der Zeit, Bd. 14 (1959, 9), S. 13–19, nach G. *Jancke,* Georg Büchner, S. 153.
72 Über den Umgang mit dem Erbe, in: WB, Bd. 20 (1974), H. 7, S. 163.
73 In der Büchners Weltschmerz wieder stark betonenden, d. h. aus der Geschichte herausführenden Interpretation Peter *Michelsens* (Die Präsenz des Endes, Georg Büchners *Dantons Tod* (in: DVjs Bd. 52, 1978, S. 476–495) bilden der Witz und das Lyrische eine Art Gegengewicht gegen die im Drama – oder wie der Verfasser meint im Nichtdrama – herrschende Hoffnungslosigkeit.
74 Ulrike *Paul,* Vom Geschichtsdrama zur politischen Diskussion, über die Desintegration von Individuum und Geschichte bei Georg Büchner und Peter Weiß, München 1974, S. 49.
75 *Baumann,* Georg Büchner: Das endlose Drama, in: Beispiele, Festschrift für Eugen *Fink,* hg. v. Ludwig *Landgrebe,* Den Haag 1965, S. 30–45.
76 *Lehmann,* Beiträge zu einem Streitgespräch über den Woyzeck, in: Euph. Bd. 65 (1971), S. 79.
77 Prosa, Dramen, späte Briefe, hg. v. Adolf *Frisé,* Bd. 3, Hamburg 1957, S. 604.
78 Thomas *Mayer,* Zur Revision der Quellen für Dantons Tod von Georg Büchner, in: Studi Germanici Bd. 7 (1969), S. 295 f.
79 Jürgen *Petersen,* Die Aufhebung der Moral im Werk Georg Büchners, in: DVjs Bd. 47 (1973), S. 245–266.
80 Auch *Lehmann* meint, der Einfluß Schillers auf Büchners Geschichtsbild stehe »völlig außer Frage« (Lizenzausgabe des Hanser-Verlags, S. 786).
81 Roland *Galle* (Tragödie und Aufklärung, Zum Funktionswandel des Tragischen zwischen Racine und Büchner, Stuttgart 1976) ordnet »Dantons Tod« richtig wieder in die Geschichte der Tragödie ein und sieht in Dantons Haltung eine Problematisierung des von Robespierre verkörperten »Autonomieanspruchs der Aufklärung« (S. 92).
82 *Benn,* The drama of revolt, S. 134.
83 Ideologie und Verzweiflung, in: Euph. Bd. 54 (1960), S. 107 f.
84 Werke und Briefe, S. 277.
85 Georg Büchner, Das dichterische Werk, Berlin, New York 1974, S. 17.
86 Ebd., S. 41.
87 Auch David G. *Richards* (Georg Büchner and the Birth of the Modern Drama, Albany 1977) erkennt die Beziehung zu Schiller (S. 41) und findet, daß der Dichter sowohl mit Danton und seinen Freunden wie mit dem vereinsamten Robespierre »sympathisieren« kann (S. 51 f.).
88 Georg Büchner, S. 14.
89 Georg Büchner, S. 169.
90 Ronald *Hauser,* Georg Büchner, New York 1974, S. 38.
91 Ebd., S. 75; *Baumann,* Georg Büchner, Göttingen ²1976 (¹1961), S. 115 f. usw. (fast allgemeine Lehrmeinung).
92 Nach *Thieberger,* Situation de la Buechner-Forschung (II), in: EG Bd. 23 (1968), S. 409.
93 Henri *Plard,* Gedanken zu »Leonce und Lena«, in: Georg Büchner, hg. v. Wolfgang *Martens,* Darmstadt 1965, S. 303 f. u. a. Franzosen.
94 *Hugo* gehe nur auf spannende Situationen aus, *Musset* dagegen habe »Charaktere wenn auch ausgeschnitzte« (nach *Gutzkow,* Götter, Helden und Don Quichote, Hamburg 1938, S. 40).
95 Hubert *Gersch,* Rezension von Peter *Mosler,* Georg Büchners ›Leonce und Lena‹, Langeweile als gesellschaftliche Bewußtseinsform, Bonn 1974, in: Germanistik 1975, S. 500.

96 *Mosler,* Leonce und Lena, S. 66.
97 So auf Grund der Indizien von Erwin *Kobel,* Georg Büchner, Das dichterische Werk, Berlin, New York 1974, S. 211 ff., aber nicht in seinem Sinn.
98 Georg Büchner, S. 122.
99 *Kobel,* Georg Büchner, S. 269.
100 Leslie Mac *Even,* The Narren-motifs in the works of Georg Büchner, Bern 1968, S. 15.
101 Georg Büchner, in: Deutsche Dichter des 19. Jahrhunderts. Ihr Leben und Werk, hg. v. Benno von *Wiese,* Berlin 1969, S. 213 f.
102 Die »mimische Manier« in Büchners *Leonce und Lena,* in: Das deutsche Lustspiel I, hg. v. Hans *Steffen,* Göttingen 1968, S. 228; S. 235 ff.; S. 240. Auch *Richards* (Georg Büchner and the Birth of the Modern Drama, S. 81 f.) sieht »Leonce und Lena« trotz der ernsthaften Bestandteile des Stücks als Komödie.
103 Karl *Krolow,* in: Büchner-Preisreden 1951–1971, S. 36.
104 Amerikanische Publikationen wie die von Janet K. *King* (Lenz viewed sane, in: GR Bd. 49, 1974, S. 146–153) verraten schon durch ihr Datum, daß sie ein Echo der deutsch-marxistischen Geschichtsklitterungen sind.
105 Jean *Strohl,* Lorenz Oken und Georg Büchner als Naturforscher, in: Corona, hg. v. Martin *Bodmer* und Herbert *Steiner,* Jg. 5 (1935), S. 643.
106 Erna *Kritsch-Neuse,* Büchners Lenz, Zur Struktur der Novelle, in: GQ Bd. 43 (1970), S. 199.
107 Ebd., S. 207.
108 Ähnlich sieht Jan *Thorn-Prikker* (Revolutionär ohne Revolution, Interpretationen der Werke Georg Büchners, Stuttgart 1978, S. 65) in Büchners Erzählung »eine Art anschaulicher Religionskritik«.
109 Georg Büchner, Untersuchungen und Marginalien, Berlin 1972, S. 29 f.
110 [Louis *Büchner*], Nachgelassene Schriften, S. 32.
111 Georg Büchner, Rede zur Verleihung des Büchnerpreises, in: E. C., Das Gewissen der Worte, Essays, München 1975, S. 220 f.
112 *Thorn-Prikker,* Revolutionär ohne Revolution, S. 114.
113 Wolfgang *Martens,* Zur Karikatur in der Dichtung Büchners (Woyzecks Hauptmann), in: GRM NF Bd. 8 (1958), S. 70.
114 Wolfgang *Wittkowski,* Georg Büchners Ärgernis, in: Jb. d. dt. Schillerges., Jg. 17 (1973), S. 380.
115 Ebd., S. 373 f. Eine richtigere Deutung der religiösen Elemente im *Woyzeck* finde ich bei John M. *Grandin:* Woyzeck and the last judgement, in: GLL N. S. 31 (1977/78), S. 175–182.
116 Georg Büchner, in: W. W., Enttäuschter Pantheismus, Zur Weltgestaltung der Dichtung in der Restaurationszeit, Dornbirn 1962, S. 301.
117 Gerda E. *Bell,* Georg Büchner's Last Words, in: GLL Bd. 27 (1973/74), S. 17–22.
118 *Lehmann,* im Nachwort zur Lizenzausgabe des Hanser-Verlags, S. 778.
119 Gottfried *Benn,* in: Büchner-Preisreden 1951–1971, S. 11 f.
120 Paul *Celan,* in: ebd., S. 93.
121 Günter *Eich,* in: ebd., S. 76.
122 Golo *Mann,* in: ebd., S. 197.
123 Georg Büchner, S. 35.
124 [Louis *Büchner*], Nachgelassene Schriften, S. 17, Anm.
125 Georg Büchner, Preisrede, in: E. C., Das Gewissen der Worte, S. 216.

Friedrich Hebbel

1 1. Aufl. 1969, S. 388.
2 Felix *Bamberg,* Ueber den Einfluß der Weltzustände auf die Richtungen der Kunst, und über die Werke Friedrich Hebbel's, Hamburg 1846, S. 19.

3 Ebd., S. 15.

4 S. 323.

5 Eckermanns Gespräche mit Goethe, 12. 5. 1825, nach Mary *Garland,* Hebbel's prose trage-dies, S. 323.

6 Geschichte der deutschen Literatur von den Anfängen bis zur Gegenwart, Bd. 4: Vom Jungen Deutschland bis zum Naturalismus, Stuttgart 1975, S. 299–336.

7 Sämmtliche Werke, hist. krit. Ausg. (Säkularausg.), hg. v. Richard Maria *Werner,* (= HKA), Bd. 10, Berlin 1913, S. 179. »Reiseeindrücke« III. Berlin 23. April 1851.

8 Ebd., S. 185 (9. Juli 1851).

9 Heinz *Stolte,* Hebbel und Dänemark, in: Hebbel-Jahrbuch 1975, hg. v. Ludwig *Koopmann* und Heinz *Stolte,* Heide 1974, S. 112–129. Vgl. auch Heinz *Stolte,* Adam Oehlenschläger, – der Förderer Friedrich Hebbels, in: Hebbel-Jb. 1964, S. 74–104.

10 Unter andern korrigiert Detlef *Cölln* (Friedrich Hebbel und seine Heimat, Hebbel-Jahrbuch 1949/50, S. 82–111) diese Meinung, hält aber wohl noch zu stark am Dithmarschen-Mythos fest.

11 Hebbel zwischen G. H. Schubert und L. Feuerbach, in: DVjs, Bd. 26 (1952), S. 452.

12 Unbekannte und unerkannte Frühprosen Hebbels, in: Hebbel-Jahrbuch 1953, S. 28–70.

13 Darüber vgl. Friedrich *Sengle,* Das historische Drama in Deutschland, Stuttgart ²1974, S. 145 ff.

14 Zu den Einzelheiten von Hebbels Italien-Erlebnis vgl. Alois *Lun,* Friedrich Hebbels »römische Freuden und römische Leiden«, in: Le lingue straniere Jg. XVI, H. 2, 1967, S. 1–15.

15 HKA, Bd. 10, S. 179. »Reiseeindrücke« III, Berlin 1851, 4.

16 Ebd., S. 175.

17 Helmut *Kreuzer,* Friedrich Hebbel, in: Deutsche Dichter des 19. Jahrhunderts. Ihr Leben und Werk, hg. v. Benno von *Wiese,* Berlin 1969, S. 404, 402.

18 Gerhard *Ranft,* Friedrich Hebbel und die Justiz, in: Hebbel-Jahrbuch 1973, S. 119–126.

19 Martin *Neufelder,* Die Rechtsauffassung Friedrich Hebbels. Ein Beitrag zu den Grundlagen ei-ner Rechtsordnung, Würzburg 1969, S. 53, 64 ff.

20 Nach Wolfgang *Ritter,* Hebbels Psychologie und dramatische Charaktergestaltung, Marburg 1973, S. 120.

21 Das Problem der Schuld bei Hebbel, in: Hebbel in neuer Sicht, hg. v. Helmut *Kreuzer,* Stuttgart 1963, S. 42–58. Heute wird, mit halbem Recht, bereits die Frage Hebbel und Freud gestellt: Birgit *Fenner,* Friedrich Hebbel zwischen Hegel und Freud, Stuttgart 1979. Die junge Autorin weiß freilich besser, was Hebbel denken sollte, als was er tatsächlich gedacht hat.

22 Unbekannte und unerkannte Frühprosen Hebbels, in: Hebbel-Jahrbuch 1953, S. 65.

23 Julian *Schmidt,* Geschichte der deutschen Literatur im 19. Jahrhundert, Bd. 3, Leipzig 1855, S. 174 f.

24 HKA, Bd. 10, S. 176. »Reiseeindrücke« III, Berlin 21. April 1851. 3.

25 Friedrich Hebbel und die Krise des deutschen Geistes, in: Hebbel-Jahrbuch 1949/50, S. 1–46.

26 Jürgen *Hein,* Die »absurde Bauernverhimmlung unserer Tage«, in: Hebbel-Jahrbuch 1974, S. 102–125.

27 Nach Joachim *Müller,* Zu Struktur und Funktion von Hebbels Tagebüchern, in: Hebbel in neuer Sicht, S. 121.

28 Hegel in der Sicht der neueren Forschung, hg. v. Iring *Fetscher,* Darmstadt 1973, Vorwort S. VII.

29 HKA, Briefe Bd. IV, S. 529; Bd. V, S. 271, nach David *Heald,* Hebbel's Conception of Realism, in: NGS, Jg. 1 (1973), S. 21.

30 HKA, Bd. 10, S. 185 f., »Reiseeindrücke« III, Berlin 9. 7. 1851. 6.

31 Ingrid *Kreuzer,* Hebbel als Novellist, in: Hebbel in neuer Sicht, S. 160.

32 HKA, Briefe Bd. VIII, S. 40, nach Hebbel in neuer Sicht, S. 161.

33 Vom Jungen Deutschland bis zum Naturalismus, S. 336.

34 *Stolte,* Mutter und Kind, – Hebbels soziales Manifest –, in: Hebbel-Jahrbuch 1971/72, S. 9–35.

35 Der Lyriker Hebbel, Theorie und Gedicht, in: Hebbel in neuer Sicht, S. 124, 142 f., 147.

36 Ebd., S. 145.

37 Ferdinand *Kürnberger,* Friedrich Hebbel als Lyriker (1848), in: Meisterwerke deutscher Literaturkritik, hg. v. Hans *Mayer,* Bd. 2, Berlin 1956, S. 711.

38 Fritz *Martini,* Der Lyriker Hebbel, in: Hebbel in neuer Sicht, S. 139.

39 Nach Anni *Meetz,* Friedrich Hebbel, Stuttgart ³1973, S. 82.

40 Dies belegt ausführlich Otto-Reinhard *Dithmar,* Deutsche Dramaturgie zwischen Hegel und Hettner und die Wende von 1840. Diss. Heidelberg 1965.

41 *Sengle,* Das historische Drama in Deutschland, S. 225.

42 *Kreuzer,* Gyges und sein Ring, in: Hebbel in neuer Sicht, S. 309.

43 Nach einem persönlichen Hinweis von *Kreuzer,* vgl. Tagebuch 2635, 2404 u. a.

44 Die Interpretationen von Agnes Bernauer und Gyges verglichen mit anderen Dramen, in: Hebbel in neuer Sicht, S. 267–293 und S. 294–314.

45 Der junge Hebbel. Zur Entstehung und zum Wesen der Tragödie Hebbels, Berlin 1969, S. 292.

46 Ebd., S. 297.

47 *Garland,* Hebbel's prose tragedies, S. 134.

48 *Bamberg,* Ueber den Einfluß der Weltzustände... S. 23, 43 f.

49 *Kreuzer,* Die Jungfrau in Waffen, Hebbels Judith und ihre Geschwister von Schiller bis Sartre, in: Untersuchungen zur Literatur als Geschichte, Festschrift für Benno von *Wiese,* hg. v. Vincent J. *Günther* u.a., Berlin 1973, S. 363–84.

50 *Bamberg,* Ueber den Einfluß der Weltzustände..., S. 44.

51 Ebd., S. 64.

52 Ebd., S. 57, 66, 59.

53 Das zentrale Symbol in Hebbels ›Maria Magdalene‹, in: Hebbel in neuer Sicht, S. 244.

54 *Bamberg,* Ueber den Einfluß der Weltzustände..., S. 84 f.

55 *Stern,* Das zentrale Symbol in Hebbels ›Maria Magdalene‹, S. 242.

56 Ueber den Einfluß der Weltzustände..., S. 84.

57 *Garland,* Hebbel's prose tragedies, S. 197.

58 Ebd., S. 200.

59 Ueber den Einfluß der Weltzustände..., S. 90.

60 *Kreuzer,* Friedrich Hebbel, in: Deutsche Dichter des 19. Jahrhunderts, ²1978, S. 468.

61 Ludger *Lütkehaus,* Über Prioritäten – a posteriori. Zu einigen Symptomen idealitistischer Germanistik, in: Hebbel-Jahrbuch 1974, S. 201.

62 Hebbels »Trauerspiel in Sicilien« als Tragikomödie, Hebbel-Jahrbuch 1974, S. 176, 174. Tgb. II, Nr. 2777, S. 211 f.

63 Hebbel. Gegenwartsdarstellung. Verdinglichungsproblematik. Gesellschaftskritik, Heidelberg 1976, S. 131.

64 *Kaiser,* Hebbels »Trauerspiel in Sicilien« als Tragikomödie, S. 189.

65 Hebbel und die Tragikomödie, in: Meisterwerke deutscher Literaturkritik, hg. v. Hans *Mayer,* Bd. 2, S. 687.

66 Belege bei *Sengle,* Der Antiidylliker von Paris bis München, in: Jb. d. Grillp.-Ges., 3. F., Bd. 12, Wien 1976, S. 291–315.

67 Quellenzitat bei *Sengle,* Das historische Drama in Deutschland, S. 214 f.

68 Agnes Bernauer als Hebbels »moderne Antigone«, in: Hebbel-Jahrbuch 1961, S. 36–70, 53, 60.

69 *Wittkowski:* nach dem Referat von *Kreuzer,* ebd., S. 37 f.

70 Hermann *Glaser,* Friedrich Hebbel: Agnes Bernauer. Vollständiger Text des Trauerspiels »Agnes Bernauer« von Friedrich Hebbel. Dokumentation, Berlin 1964.

71 Wolfgang *Hecht,* Hebbels »Diamant«, in: Hebbel in neuer Sicht, S. 222.

72 Hebbel. Gegenwartsdarstellung. Verdinglichungsproblematik. Gesellschaftskritik, Heidelberg 1976, S. 50, 58.
73 Hebbel und die Tragikomödie, in: Meisterwerke deutscher Literaturkritik, Bd. 2, S. 691.
74 Theaterrezension zur Aufführung vom 26. 9. 1874. Theodor *Fontane,* Sämtliche Werke, hg. v. Edgar *Gross,* Bd. 22/1, München 1964, S. 376.
75 Ähnlich von der Sprache und vom Vers her: Jean Pierre *Simmen,* Theorie und Praxis Friedrich Hebbels. Studien zu ›Gyges und sein Ring‹ und ›Herodes und Mariamne‹, Bern/München 1969, S. 67 ff.
76 Lawrence *Ryan,* Hebbels »Herodes und Mariamne«: Tragödie und Geschichte, in: Hebbel in neuer Sicht, S. 247–266. Das umfangreiche marxistische Hebbelbuch von Manfred *Michael* (Friedrich Hebbels *Herodes und Mariamne,* literarhistorische Studien zur gesellschaftlichen Funktion und Klassenbedingtheit von Werk und Wirkung, Stuttgart 1976) ist höchstens im zweiten rezeptionsgeschichtlichen Teil zu brauchen.
77 Belege bei *Meetz,* Hebbel, S. 76.
78 Hebbels »Gyges und sein Ring« (im Rahmen der Stoffgeschichte), in: Hebbel in neuer Sicht, S. 310.
79 Ebd.
80 Ebd.
81 Friedrich *Hebbel,* Briefe... ges. und erl. von *Gerlach,* Heidelberg 1975, S. 150.
82 Jost *Hermand,* Hebbels »Nibelungen« – Ein deutsches Trauerspiel, in: Hebbel in neuer Sicht, S. 326, 322.
83 Ebd., S. 325.
84 Marie Luise *Gansberg,* Zur Sprache in Hebbels Dramen, in:Hebbel in neuer Sicht, S. 75 ff.
85 Treasure and the Quest for the Self in Wagner, Grillparzer and Hebbel, in: Myth and Reason, a Symposium, hg. v. Walter D. *Wetzels,* Austin und London 1973, S. 95.
86 Ebd., S. 99.
87 Ebd., S. 100.
88 *Hermand,* Hebbels »Nibelungen«, in: Hebbel in neuer Sicht, S. 331.
89 *Meetz,* Hebbel, S. 88.
90 *Sengle,* Das historische Drama in Deutschland, S. 222 f.
91 *Meetz,* Hebbel, S. 90.
92 *Wittkowski* spricht sogar von »einer Art moralischen Kraftmeiertums«: Demetrius – Schiller und Hebbel, in: Jb. d. dt. Schillerges. Bd. 3 (1959), S. 178.
93 Ich denke an Essays wie das von Bernt von *Heiseler,* Versuch über Hebbel, in: *Heiseler,* Ahnung und Aussage, München 1939, S. 81–92.
94 *Reimann,* Hauptströmungen 1963, S. 499, 755; Franz *Mehring,* Aufsätze zur deutschen Literaturgeschichte, Frankfurt/M. 1972, S. 262–268; Hebbel-Essay (1913): trotz *Agnes Bernauer* »ein Großer im Reiche der Kunst« (S. 268). Wenig freundlich sieht die *DDR*-Geschichte der deutschen Literatur Bd. 8,1, S. 690–697 den Dichter, weil ihn das »Gespenst des Kommunismus« ängstigte (S. 690), auch wegen seiner »Rückorientierung« auf das klassische Drama (S. 695).
95 Warren R. *Maurer,* The Naturalistic Image of German Literature. A Study of the German Naturalists' Appraisal of their Literary Heritage, München 1972, S. 241 f.
96 Hebbel, S. 100.

August von Platen

1 August Graf von *Platen,* Dichtungen, hg. v. Günther *Voigt,* Berlin 1957, Einleitung, vgl. dagegen Paul *Reimann,* Hauptströmungen der deutschen Literatur 1750–1848, Beiträge zu ihrer Geschichte und Kritik, Berlin 1956, S. 652–656.
2 Die Tagebücher des Grafen August von *Platen,* hg. v. Georg v. *Laubmann* und Ludwig v. *Scheffler,* Bd. 1, Stuttgart 1896 und Bd. 2, Stuttgart 1900.

3 William David *Williams*, August von Platen, in: German men of letters Bd. V, hg. v. Alex *Natan*, London 1969, S. 133. Vgl. auch Roger *Paulin*, Six Sapphic Odes 1753–1934, in: Seminar, X, 3 (Sept. 1974), S. 187.

4 Vgl. Romantik. Mit Beiträgen von Joh. *Bekh*, H. *Graßl* u. a., München 1973 (Reihe Bayern für Liebhaber). Das Buch enthält einen Abschnitt über Platen. Dgl. Michael *Dirrigl*, Residenz der Musen: München Magnet für Musiker, Dichter und Denker, München 1968, Kapitel über Platen: S. 333–358.

5 Tagebuch, 24. 12. 1817, nach: Einleitung des Herausgebers zu August Graf von *Platen*, Sämtliche Werke in zwölf Bänden, hist.-krit. Ausg., hg. v. Max *Koch* und Erich *Petzet*, Bd. 9, Leipzig [1910], S. 7 (= HKA).

6 Wie *Williams* in dem erwähnten Platen-Essay, in: German men of letters, Bd. V, S. 145 ff.

7 Tagebuch, 28. 12. 1817, nach Einleitung zur HKA, Bd. 9, S. 8.

8 Einleitung zur HKA, Bd. 6, S. 16.

9 Rezension zu: Unger, Platen in seinem Verhältnis zu Goethe, Ein Beitrag zur inneren Entwicklungsgeschichte des Dichters, Berlin 1903, in: Euph. Bd. 13 (1906), S. 204–221.

10 Thomas *Mann*, Adel des Geistes, Sechzehn Versuche zum Problem der Humanität, Frankfurt 1955, S. 446 f.

11 Vgl. dagegen K. *Wölfel*, Platens poetische Existenz, Diss. Würzburg 1951, S. 130.

12 Gespräche mit Heine, hg. v. Heinrich Hubert *Houben*, Potsdam [2]1948, S. 300.

13 HKA, Bd. 12, S. 19.

14 Platen. Gedächtnisschrift der Universitätsbibliothek Erlangen zum hundertsten Jahrestag des Todes August von Platens, hg. v. Eugen *Stollreither*, Erlangen 1936, S. 1–28.

15 Gespräche mit Heine, hg. v. *Houben*, S. 300.

16 HKA, Bd. 12, S. 19.

17 Olivio José *Caeiro*, O Diário de Platen-Hallermünde, Expressão duma crise espiritual. Diss. Lisboa 1968.

18 Max *Koch*, August Graf von Platens Leben und Schaffen, in: HKA, Bd. 1, S. 450.

19 Rudolf *Schlösser*, August Graf von Platen, Ein Bild seines geistigen Entwicklungsganges und seines dichterischen Schaffens, Bd. 2, München 1913, S. 63 ff.

20 Ähnlich O. *Greulich*, Platens Litteraturkomödien, Diss. Luzern 1901.

21 Einleitung zur HKA, Bd. 9, S. 48.

22 Einleitung zur HKA, Bd. 8, S. 38.

23 Ebd., S. 35.

24 *Koch*, Platens Leben und Schaffen, in: HKA, Bd. 1, S. 434.

25 August *Langen*, Dialogisches Spiel. Formen und Wandlungen des Wechselgesangs in der deutschen Dichtung (1600–1900), Heidelberg 1966, S. 243.

26 Vermischte Schriften, hg. v. Gustav *Schwab*, Bd. 5, Leipzig 1830, S. 277.

27 Josef *Nadler*, Literaturgeschichte der deutschen Stämme und Landschaften, Bd. 4, Regensburg [3]1932, S. 253.

28 Vermischte Schriften, Bd. 5, S. 289.

29 Ebd., S. 287.

30 August Graf von Platen, Bd. 1, München 1910, S. 283.

31 Ebd., S. 247 ff., 258, 283.

32 Das Gasel in der deutschen Dichtung und das Gasel bei Platen, Leipzig 1907, S. 165.

33 Ebd., S. 166.

34 Sperrung von mir. Die Beurteilung findet sich in der Rezension von Rückerts »Östlichen Rosen«, *Goethe*, Werke Bd. 12, Hamburg 1953, S. 310.

35 Heinrich *Welti*, Geschichte des Sonetts in der deutschen Dichtung, Leipzig 1884, S. 226. – Zurückhaltender äußert sich Walter *Mönch*, Das Sonett, Gestalt und Geschichte, Heidelberg 1955, insofern er S. 186 den gehaltvolleren Immermann neben Platen stellt. Dgl. C. *Wittlinger* (Die Satzführung im deutschen Sonett vom Barock bis zu Rilke, Diss. Tübingen 1956) unter Hinweis auf die späteren Veränderungen des Sonetts (S. 280).

36 Paul *Requadt,* Platens Venedig, in: P. R., Bildlichkeit in der Dichtung. Aufsätze zur deutschen Literatur vom 18. bis 20. Jahrhundert, München 1974, S. 91.

37 Hans *Kuhn,* Sind Klassiker unsterblich? Platens Fortleben in den Anthologien, in: Orbis Litterarum, Bd. 22. (1967), S. 115.

38 HKA, Bd. 2, S. 94 f. Berühmt: *Thomas Mann* z. B. glaubte, »mit ihm [dem Gedicht *Tristan*] und seinem Titel könne man den Dichter identifizieren« (Adel des Geistes, Frankfurt 1955, S. 440).

39 Deutscher und antiker Vers. Der falsche Spondeus und angrenzende Fragen, Straßburg 1917, S. 137 ff.

40 Ebd., S. 134.

41 Ebd., S. 74, 80.

42 Ebd., S. 146.

43 Karlhans *Kluncker* (Der Dichter und die Dichtung im Werk des Grafen August von Platen, in: Castrum Peregrini H. 90, 1969, S. 62 f.) macht darauf aufmerksam, daß der Platenbiograph *Schlösser* in seinem negativen Urteil über Platens Oden-Metrik durch Georges Vortragskunst verunsichert wurde.

44 Artistische Form und ästhetischer Sinn in Platens Lyrik, München 1971.

45 Die Ode bei Voss und Platen, Paderborn 1960, S. 18.

46 Platens Lyrik, S. 44, 45, 46, 47.

47 Ebd., S. 206 Anm. 26, 209 ff., 213.

48 Vojtěch *Jirát,* Platens Stil. Ein Beitrag zum Stilproblem der nachromantischen Lyrik, V Praze 1933.

49 Ebd., S. 108.

50 Vincent J. *Günther,* August Graf von Platen, in: Deutsche Dichter des 19. Jahrhunderts. Ihr Leben und Werk, hg. v. Benno von *Wiese,* (1969), S. 93.

51 Gesammelte Werke, Bd. 1, Leipzig ²1909, S. 219.

52 Der Dichter und die Dichtung im Werk des Grafen August von Platen, S. 78 f.

53 Hauptströmungen der deutschen Literatur, S. 652.

54 *Kuhn,* Sind Klassiker unsterblich?, S. 110.

Heinrich Heine

1 Schon Helene *Herrmann,* Studien zu Heines Romanzero, Berlin 1906, S. 9.

2 Die Ausnahme Heinrich Heine, in: H. M., Von Lessing bis Thomas Mann, Wandlungen der bürgerlichen Literatur in Deutschland, Pfullingen (1959), S. 275, wiederholt S. 276. S. 283 heißt es, im Widerspruch dazu: »Als Aufklärer wird Heine zum Gegenspieler der romantischen Schule in Deutschland«. Lessing, Luther werden genannt (ebd.), womit freilich nur ein kleiner Teil der Heine prägenden Traditionen erfaßt wird.

3 Heine in Deutschland, hg. v. Karl Theodor *Kleinknecht,* Tübingen 1976, S. 1 f.

4 Beiträge zur Geschichte der neuesten Literatur I, 88 nach Lucien *Calvié,* Heine und die Junghegelianer, in: Internationaler Heinekongreß Düsseldorf 1972, Referate und Diskussionen, Hamburg 1973, S. 307–317, Zitat S. 311.

5 Heinrich Heine, Sämtliche Schriften, hg. v. Klaus *Briegleb,* Bd. 12, München 1976, S. 43 (Hanser-Taschenbuchausg.).

6 Siegbert S. *Prawer,* Heine, The Tragic Satirist. A Study of the Later Poetry 1827–1856, Cambridge 1961, S. 201.

7 Nach Siegfried *Streller,* Das Verhältnis von Nationalem und Internationalem in Heines Auffassung des Patriotismus, in: Heinrich Heine. Streitbarer Humanist und volksverbundener Dichter. Internationale wissenschaftliche Konferenz aus Anlaß des 175. Geburtstages von Heinrich Heine vom 6. bis 9. Dezember 1972 in Weimar, Weimar 1972, S. 362.

8 Ebd., S. 367.

9 Ebd., S. 365.
10 Eberhard *Galley,* Heine und die Burschenschaft, in: Heine-Jb. Jg. 11 (1972), S. 66–95.
11 Z. B. Gisela *Benda,* »Dem Dichter war so wohl daheime…«. Heines verhaltene Deutschland-liebe, in: Heine-Jb. Jg. 11 (1972), S. 117–125.
12 Ebd., S. 118.
13 *Galley,* Heine und die Burschenschaft, S. 71 ff.
14 Nach Maurice *Colleville,* Heinrich Heine in Paris: seine Mittlerrolle zwischen Deutschland und Frankreich, in: Beiträge zur vergleichenden Literaturgeschichte, Festschrift für Kurt *Wais,* hg. v. Johannes *Hösle,* Tübingen 1972, S. 153.
15 Gerhard *Weiß,* Heines Amerikabild, in: Heine-Jb., Jg. 8 (1969), S. 24 f.
16 Die Matratzengruft, Meißners Besuche bei Heine im Wortlaut, Baden-Baden 1947, S. 86.
17 Heine and the Saint-Simonians, a re-examination, in: Comparative Literature, Bd. 10 (1958), S. 289–308, Heine-Kritik, S. 303 ff.
18 The Cult of Authority, the Political Philosophy of the Saint-Simonians. A Chapter in the Intellectual History of Totalitarianism, The Hague 1958.
19 Zu dem historischen Zusammenhang, in dem Heines veröffentlichte Rußlandaussagen stehen, vgl. Clara *Hollosi,* The Image of Russia in Heine's Reisebilder, in: Heine-Jb. Jg. 15 (1976), S. 23–37.
20 Leo *Kreutzer,* Heine und der Kommunismus, Göttingen 1970, S. 38.
21 Fritz *Mende,* Heinrich Heine: Kommunist?, in: Philologica Pragensia, Bd. 14, Praha 1971, S. 188 f.
22 *Prawer,* Karl Marx and World Literature, Oxford 1976, S. 155.
23 Sehr gut dokumentiert ist der Aufsatz von Jean Pierre *Lefebvre,* Marx und Heine, in: Internationale Heine-Konferenz Weimar 1972, S. 41–61.
24 Ebd., S. 60.
25 Idee und Ideologieverdacht. Revolutionäre Implikationen des deutschen Idealismus im Kontext der zeitkritischen Prosa Heinrich Heines, München 1973, S. 144.
26 Dieter *Arendt,* Heinrich Heine: »…Ein Märchen aus alten Zeiten…« in: Heine-Jb., Jg. 8 (1969), S. 1–20. Heinz *Wetzel,* Heinrich Heines Lorelei, in: GRM N. F., Bd. 20 (1970), S. 42–54.
27 Heinrich Heine. An Interpretation, Oxford 1954, S. 165. Vgl. schon Artur *Weckmüller,* Heines Stil, Breslau 1934, S. 73: »die Natur wird vergesellschaftet«.
28 Deutsche Realisten des 19. Jahrhunderts, Berlin 1952, S. 146.
29 Die DDR-Geschichte der deutschen Literatur von den Anfängen bis zur Gegenwart, Bd. 8, 1, Berlin 1975, S. 144–151, weist dem Lyriker und Versepiker Mörike, zusammen mit der Droste, einen geachteten Platz in der Epoche an, unter der Überschrift: »Gesteigerte Gestaltungsintensität in eingegrenzten Bereichen«. Mörike habe »der Lyrik des 19. Jahrhunderts neue Wege gewiesen« (S. 151).
30 *Meißner,* Die Matratzengruft, S. 82.
31 Heine, in: Gesammelte Schriften in einer Auswahl, Teil 6, Leipzig 1844, S. 41 f. Vgl. auch die häufige Erwähnung des Kopfwehs in *Mendes* unerschöpflicher dokumentarischer Heinebiographie (Heinrich Heine. Chronik seines Lebens und Werkes, Berlin 1970), besonders in den Abschnitten zur Jugend des Dichters.
32 Die Matratzengruft, S. 11.
33 Manfred *Windfuhr,* Heinrich Heine, Revolution und Reflexion, Stuttgart 1969, S. 216.
34 Friedrich *Sengle,* Wieland, Stuttgart 1949, S. 382 ff.
35 Heinz *Becker,* Der Fall Heine–Meyerbeer, Neue Dokumente revidieren ein Geschichtsurteil, Berlin 1958.
36 Edda *Ziegler,* Julius Campe, Der Verleger Heinrich Heines, Hamburg 1976, S. 325 f.
37 Vgl. z. B. L. J. *Reinhard,* Große Sowjet-Enzyklopädie, Reihe Kunst und Literatur, Berlin 1954, S. 13. Ähnlich Wolfgang *Harich,* Heinrich Heine und das Schulgeheimnis der deutschen Philosophie, in: Sinn und Form, Bd. 8 (1956), S. 27–59 und spätere.

38 Nach Walter *Wadepuhl,* Heine- Studien, Weimar 1956, S. 70.

39 Ebd.

40 Werner *Rahmelow,* Zu den Anfängen des feuilletonistischen Stils (Untersuchungen an Heine), Diss. Freiburg 1936, S. 21.

41 Heinrich Heine, in: M. H., Vernunft und Rebellion, Aufsätze zur Gesellschaftskritik in der deutschen Literatur, München 1969, S. 42.

42 Nach *Galley,* Heinrich Heine im Widerstreit der Meinungen 1825–1965, Düsseldorf 1967, S. 13.

43 Götter, Helden, Don Quixote, Hamburg 1838, S. 205.

44 Heinrich Heine und die Abschaffung der Sünde, Hamburg und Düsseldorf 1972, S. 226.

45 Michael *Hamburger,* Heinrich Heine, S. 45 f.

46 *Weckmüller,* Heines Stil, S. 42.

47 Fritz *Strich,* Goethe und Heine, in: F. S., Der Dichter und die Zeit, Eine Sammlung von Reden und Vorträgen, Bern 1947, S. 185–225.

48 Heinrich *Heine,* Hist.-krit. Gesamtausgabe der Werke, hg. v. *Windfuhr,* Bd. I, 1 Buch der Lieder, Text. Hamburg, 1975, S. 519 [= DHA].

49 Franz *Grillparzer,* Sämtliche Werke, hist.-krit. Gesamtausgabe, hg. v. August *Sauer,* Abt. II, Bd. 11, Wien 1924, S. 269.

50 Nach Laura *Hofrichter,* Heinrich Heine, Biographie seiner Dichtung, Göttingen 1966, S. 97 f.

51 Nach Benno *von Wiese,* Signaturen. Zu Heinrich Heine und seinem Werk, Berlin 1976, S. 54 f.

52 Theodor *Storm,* Sämtliche Werke in acht Bänden, hg. v. Albert *Köster,* Bd. 8, Leipzig 1923, S. 13 f. nach Hans Georg *Werner,* Zur Wirkung von Heines literarischem Werk, in: WB, Bd. 19 (1973), H. 9, S. 35–73, S. 46.

53 The shameful crucible, in quest of Heine's psychohistorical image matrices, nach dem Ms. des Vortrags im Dezember 1972 auf dem MLA-Kongreß.

54 Sämtliche Werke, Bd. 3, Über die gegenwärtige Poesie, Kunst und Literatur, Mannheim 1847 (= 2. Auflage), S. 27.

55 Ebd., S. 15 und 19.

56 Ebd., S. 34.

57 Poesie und Nichtpoesie. Bemerkungen über die europäische Literatur des neunzehnten Jahrhunderts. Übers. Julius *Schlosser,* Zürich u. a. 1925, S. 278.

58 Karl Julius *Weber,* Democritos oder hinterlassene Papiere eines lachenden Philosophen, Bd. 1, Stuttgart 1838, S. 292.

59 Vgl. auch Walter *Hinck,* Ironie im Zeitgedicht Heines, in: Internationaler Heine-Kongreß, Düsseldorf 1972, Referate und Diskussionen, Hamburg 1973, S. 81–104, hier S. 87.

60 Fanny *Lewald* über ein Gespräch mit Heine am 14. 3. 1848 (Gespräche mit Heine, hg. v. Heinrich Hubert *Houben,* Potsdam ²1948, S. 654).

61 Literaturgeschichte der deutschen Stämme und Landschaften, Bd. 4, Regensburg 1928, S. 56.

62 La Poésie de Heine, Lyon, Paris [1948].

63 Marie *Lahy-Hollebecque,* L'humour lyrique, in: Europe, Jg. 34, Nr. 125/126, Paris 1956, S. 92–114.

64 Lyceum-Fragment 42. Friedrich Schlegel. Kritische Ausgabe hg. v. Hans *Eichner,* Bd. 2, 1. Abt., Paderborn u. a. 1967, S. 152.

65 Diese These ist in der Verkürzung vielleicht mißverständlich. Etwas ausführlicher in meinem Beitrag zu Geist und Zeichen, Festschrift für Arthur *Henkel,* hg. v. Herbert *Anton* u. a., Heidelberg 1977, S. 389.

66 Nach *Galley,* Heine im Widerstreit der Meinungen, S. 11.

67 Vgl. z. B. Fritz *Rexrodt,* Heine und Voltaire. Eine Studie zur vergleichenden Literaturgeschichte, Diss. Marburg 1925.

68 *Kreutzer,* Heine und der Kommunismus, S. 23 f.

69 Johannes *Prölß,* Das Junge Deutschland, Stuttgart 1892, S. 262 ff.

70 Werner *Vordtriede,* Drei Heine-Miszellen, in: DVjs Bd. 50 (1976), S. 537–544.

71 Literatur-Blatt auf das Jahr 1834. Stuttgart und Tübingen 1834, 11. 7. 1834, Nr. 71, S. 281–283, Zitat S. 283.
72 Wolfgang *Menzel,* Die deutsche Literatur, Bd. 4, Stuttgart ²1836, S. 335.
73 Heine, wem gehört er? in: Internationaler Heine-Kongreß Düsseldorf 1972, S. 13–22, Zitat S. 20.
74 Blätter für literarische Unterhaltung (10. März 1824), Nr. 59, 1824, S. 235.
75 *Heine: Elster* VI, S. 451; IV, S. 499. Hoffmann: Vgl. Thomas *Cramer,* Das Groteske bei E. T. A. Hoffmann, München 1966, (2. Aufl. 1970), S. 158–178.
76 Heine und die Folgen, München 1910, S. 23 ff., 26, 11, 7 u. ö., 20.
77 Heinrich Heine, An Interpretation, S. 161.
78 Hier und im folgenden Satz stütze ich mich auf den wichtigen, zu wenig bekannten Aufsatz des Romanisten Franz-Walter *Müller,* Deutsche und französische Romantik, in: Die deutsche Romantik im französischen Deutschlandbild, Fragen und Fragwürdigkeiten, Braunschweig 1957, S. 91–111.
79 Wolfgang *Preisendanz,* Heinrich Heine. Werkstrukturen und Epochenbezüge, München 1973, S. 120, 125.
80 Felix *Melchior,* Heinrich Heines Verhältnis zu Lord Byron (Berlin 1903). Neudruck 1976, S. 18, 23.
81 Wolfgang *Kuttenkeuler,* Heinrich Heine. Theorie und Kritik der Literatur, Stuttgart u. a. 1972, S. 46, 101.
82 Wolfgang *Hegele,* Der romantische Aufklärer Heine, in: Der Deutschunterricht, Bd. 19 (1967), H. 4, S. 39–63. Vgl. auch Jürgen *Brummack,* Heines Entwicklung zum satirischen Dichter, DVjs Bd. 41 (1967), S. 116: er bejaht seine Abgrenzung von der Tendenzdichtung unter romantischem Vorzeichen.
83 Lutezia 30. 4. 1840 nach Jacques *Voisine,* Heine als Porträtist in der »Lutezia«, in: Internationaler Heinekongreß, Düsseldorf 1972, S. 222.
84 Ich hebe hervor: Karl Robert *Mandelkow,* Heinrich Heine und die deutsche Klassik, in: K. R. M., Orpheus und Maschine, Heidelberg 1976, S. 63–85. *Mende,* Zu Heinrich Heines Goethebild, in: Études Germaniques, Bd. 23 (1968), S. 212–231. Hanna *Spencer,* Heines Spiel mit Goethes Erbmantel, in: Seminar, A Journal of Germanic Studies, Bd. 9 (1973), S. 109–126.
85 Heinrich Heines literaturgeschichtliche Stellung, in: Internationale Heinekonferenz Weimar 1972, S. 27.
86 Jost *Hermand,* Heines frühe Kritiker, in: Der Dichter und seine Zeit – Politik im Spiegel der Literatur, hg. v. Wolfgang *Paulsen,* Heidelberg 1970, S. 131.
87 Adalbert *Stifter,* Sämtliche Werke, hg. v. Gustav *Wilhelm,* Bd. 18, Prag 1918, S. 171.
88 Ebd., S. 279.
89 Heine in Deutschland, S. 14.
90 Ebd., S. 16 f.
91 Ebd., S. 27.
92 Ebd., S. 25.
93 Heine zwischen den progressiven Gruppen seiner Zeit, in: ZfDPh, Bd. 91 (1972), Sonderheft Heine und seine Zeit, S. 1–23.
94 Friedrich *von Gentz:* Brief vom 22. 9. 1830 (an Rahel Levin), in: Das Biedermeier im Spiegel seiner Zeit, hg. v. Georg *Hermann,* Oldenburg und Hamburg 1965, S. 143 f. – *Metternich:* Heinrich Heine. Briefe, hg. v. Friedrich *Hirth,* Mainz und Berlin 1949/1950, Bd. 1, T. 3, S. 613.
95 Alexander *Jung,* Vorlesungen über die moderne Literatur der Deutschen, Danzig 1842, S. 144 f.
96 Ebd., S. 149.
97 *Windfuhr,* Heine zwischen den progressiven Gruppen seiner Zeit, S. 16.
98 Heine und Ruge, in: WB, Bd. 14 (1968), S. 797–827.
99 Ebd., S. 817.

100 Ebd., S. 819.
101 Ebd., S. 800.
102 Ebd., S. 800 f.
103 Vernunft und Geschichte, Heinrich Heines Studium als Grundlegung seiner Welt- und Kunstanschauung, Bonn 1975, S. 203.
104 *Calvié,* Heine und die Junghegelianer, S. 307–317.
105 Ich hebe hervor: Helmut *Koopmann,* Heines Geschichtsauffassung, in: Jb. d. dt. Schillerges. Bd. XVI (1972), S. 453–476; *Windfuhr,* Heine und Hegel, in: Internationaler Heine-Kongreß Düsseldorf 1972, S. 261–280; Manfred *Frank,* Heine und Schelling, ebd. S. 281–306; Albrecht *Betz,* Ästhetik und Politik. Heinrich Heines Prosa, München 1971; *Kuttenkeuler,* Heinrich Heine. Theorie und Kritik der Literatur, Stuttgart u. a. 1972, Karl-Heinz *Schäfer,* Versöhnt ohne Opfer, Zum geschichtstheologischen Rahmen der Schriften Heinrich Heines 1824–1844, Meisenheim am Glan 1978.
106 Heinrich Heine und die Philosophie, in: DVjs Bd. 37 (1963), S. 248.
107 Ebd.
108 Vgl. meinen Vortrag: Atta Troll, Heines schwierige Lage zwischen Revolution und Tradition, in: Internationaler Heine-Kongreß Düsseldorf 1972 (Heine-Studien, hg. v. Manfred *Windfuhr*), Hamburg 1973, S. 23–49, bes. S. 49: »Heine ist weder ein liberalistischer noch ein sozialistischer Ideologe, sondern ein Skeptiker, der weiß, daß jede Utopie, jede ohne Ausnahme, *weltfremd,* eine neue Art von Theologie ist«. Es folgt der Vorschlag, durch Abbau der erwähnten gegensätzlichen Ideologien dem Dichter und dem Frieden in der ganzen Welt näherzukommen.
109 Deutsche Realisten des 19. Jahrhunderts, S. 146.
110 Herbert *Neumaier,* Der Konversationston in der frühen Biedermeierzeit 1815–1830, Diss. München 1972, Bergatreute 1974, S. 312 ff.
111 *Wadepuhl,* Heine-Studien, Weimar 1956, S. 66; *Ziegler,* Julius Campe, S. 102.
112 Ernst *Brauweiler,* Heines Prosa, Beiträge zu ihrer Wesensbestimmung, Berlin 1915, S. 28.
113 *Andler,* La Poésie de Heine, S. 126.
114 *Weckmüller,* Heines Stil, S. 30 f.
115 Ebd., S. 31, S. 34 f.
116 Ebd., S. 34.
117 Friedrich *Hirth,* Heinrich Heine und seine französischen Freunde, Mainz 1949, S. 216 f.
118 Winfried *Bauer,* Jeremias Gotthelf. Ein Vertreter der geistlichen Restauration der Biedermeierzeit, Stuttgart u. a. 1975, S. 175–179.
119 Die Matratzengruft, Meißners Besuche bei Heine, S. 68.
120 Deutsche Realisten des 19. Jahrhunderts, S. 123, 116, 121.
121 Nach *Windfuhr,* Heinrich Heine, S. 45.
122 Ebd., S. 43.
123 Helge *Hultberg,* Heine und Oehlenschläger, in: Nerthus, Nordisch-deutsche Beiträge, Bd. 2 (1969), S. 186–189, Zitat S. 189.
124 Heinrich Heines Fragment: Der Rabbi von Bacharach, eine kritische Studie, Diss. München 1907, S. 112.
125 Heinrich Heines Vermächtnis, in: Deutschunterricht Bd. 9 (1956), S. 200.
126 Ich denke an die unwirsche Rezension *Kuttenkeulers* von *Wadepuhls* Heinrich Heine, Sein Leben und seine Werke, Köln und Wien 1974, in: Germanistik Bd. 16 (1975), S. 504. Dieser Heineforscher war nie mein Freund, aber er hat auf diesem Gebiet Verdienste, die eine etwas weniger jugendbewegte, nämlich *historische* Einstellung der neuen Heinejünger zu einem alten Kollegen erwarten ließen.
127 DHA I, 2, S. 760, 761, 763.
128 Vermischte Schriften, hg. v. Gustav *Schwab,* Bd. 5, Leipzig 1830, S. 430.
129 Heine: Buch der Lieder, London 1960, S. 16, Zitat S. 18.
130 Heines lyrische Anfänge im Schatten der Karlsbader Beschlüsse, in: Wissen aus Erfahrungen,

Werkbegriff und Interpretation heute, Festschrift für Herman *Meyer,* Tübingen 1976, S. 453–473.

131 Philipp F. *Veit,* Fichtenbaum und Palme, in: GR, Bd. 51 (1976), S. 13–27.

132 Ich muß auf eine Auseinandersetzung mit *Brieglebs* Chifferndeutung an dieser Stelle verzichten, vgl. auch sein Chiffernregister (Hanserausg. Bd. 1, S. 666–671 und Bd. 6, 2, S. 828–847).

133 *Veit,* Fichtenbaum und Palme, S. 15.

134 Gertrud *Waseem,* Das kontrollierte Herz. Die Darstellung der Liebe in Heinrich Heines Buch der Lieder, Bonn 1976, S. 203: »Nie wird die Natur nur um ihrer selbst willen geschildert«.

135 La Poésie de Heine, S. 52.

136 Ebd., S. 77.

137 Sergej Pawlowitsch *Gishdeu,* Das Private, Empirische und Zufällige in der Lyrik von Heinrich Heine, in: Internationale Heine-Konferenz Weimar 1972, S. 334.

138 *Windfuhr,* Heinrich Heine, S. 204.

139 Ebd., S. 206, 208.

140 Inzwischen versuchte Hans-Peter *Bayerdörfer* den Nachweis zu führen, daß »die Bedeutung des jungen Dingelstedt... vorwiegend in dem [liegt], was er für Heines dichterische Entwicklung zu Beginn der vierziger Jahre bedeutet«. Er habe durch die Einführung der »Reisebild-Stilistik« in das politische Versgedicht Heines spätere Lyrik *und* Versepik entschieden beeinflußt: Laudatio für einen Nachtwächter, Marginalien zum Verhältnis von Heine und Dingelstedt, in: Heine-Jb., Jg. 15 (1976), S. 89 f.

141 Michael *Werner,* Genius und Geldsack. Zum Problem des Schriftstellerberufs bei Heinrich Heine, Hamburg 1978, S. 100–111.

142 Das »Zeitgedicht«. Seine Herkunft und frühe Ausbildung, Meisenheim am Glan 1974, S. 309.

143 Heines satirische Zeitdichtung, in: Der Berliner Germanistentag – 1968. Vorträge und Berichte, hg. v. Karl Heinz *Borck* und Rudolf *Henß,* Heidelberg 1970, S. 182.

144 Winfried *Freund,* Heinrich Heine: Die Wanderratten – Zeitgeschichtlicher aspekt und dichterische autonomie, in: WW, Bd. 26, H. 2, 1976, S. 129.

145 Heinrich Heine, in: Vernunft und Rebellion, S. 43.

146 *Sengle,* Zum Problem der Heinewertung, in: Geist und Zeichen, Festschrift für Arthur *Henkel,* hg. v. Herbert *Anton* u. a., Heidelberg 1977, S. 371–391.

147 Zur Tradition der Moderne, Aufsätze und Anmerkungen, 1964–1971, Neuwied und Berlin 1972, S. 67.

148 *Windfuhr,* Heinrich Heine, S. 211.

149 Jeffrey L. *Sammons,* Special Report. Phases of Heine Scholarship, 1957–1971, in: GQ, Bd. 46, H. 1 (1973), S. 67.

150 Joachim *Müller,* Heines Prosakunst, Akademie-Verlag Berlin 1975, S. 174.

151 *Werner,* Heines »Reise von München nach Genua« im Licht ihrer Quellen, in: Heine-Jb., Jg. 14 (1975), S. 24–46, Zitat S. 40. Wichtig sind auch noch Erich *Loewenthals* Studien zu Heines *Reisebildern,* Berlin und Leipzig 1922, sowie *Hermands* psychologisch interessante, aber völlig unkritische Versuche: Der frühe Heine. Ein Kommentar zu den *Reisebildern,* München 1976.

152 Jürgen *Jacobs,* Zu Heines »Ideen. Das Buch Le Grand«, in: Heine-Jb. Jg. 7 (1968), S. 3–11.

153 *Windfuhr,* Heinrich Heine, S. 63 f.

154 Slobodan *Grubačić,* Heines Erzählprosa, Versuch einer Analyse, Stuttgart u. a. 1975, S. 148.

155 Ebd., S. 91.

156 Nigel *Reeves,* Heinrich Heine, Poetry and Politics, Oxford 1974, S. 124.

157 Heines Prosakunst, S. 62.

158 Heinrich Heine, S. 95.

159 Ebd., S. 103.

160 Ebd., S. 191 f. Vgl. auch Hartmut *Kircher,* »Wie schlecht geschützt ist Israel«, in: Heine-Jb., Jg. 11 (1972), S. 38–55.

161 Nach *Müller,* Heines Prosakunst, S. 34.

162 *Windfuhr*, Heinrich Heine, S. 193.

163 Ebd., S. 194.

164 Käte *Hamburgers* Kritik überzeugt mich nicht: Er »scheiterte… wie überall, wo er gegen sein Talent zum Romancier werden wollte« (Zur Struktur der belletristischen Prosa Heines, in: Untersuchungen zur Literatur als Geschichte, Festschrift für Benno *von Wiese*, Berlin 1973, S. 299). Es käme darauf an, nicht von einem bestimmten Gattungsbegriff oder von einem bestimmten, auf Heine bezogenen Begriff der »Struktur der belletristischen Prosa« aus zu interpretieren, sondern das Werk in seiner *einmaligen* Struktur und Stimmung, im Vergleich mit Heines erkennbaren Vorbildern, zu *verstehen.*

165 *Windfuhr*, Heinrich Heine, S. 198.

166 Ebd., S. 202.

167 »Atta Troll«. Heines schwierige Lage zwischen Revolution und Tradition, S. 23–49. Vgl. auch *Wadepuhl*, Atta Troll, Heines Sommernachtstraum, in: duitse kroniek, Jg. 25 (1973), S. 1–26.

168 Ebd., S. 49.

169 *Windfuhr*, Heinrich Heine, S. 237.

170 Einleitung zu den Sämtlichen Werken, hg. v. Ernst *Elster*, Bd. I, S. 119.

171 *Sammons*, Heinrich Heine. The Elusive Poet, New Haven and London 1969, S. 123.

172 *Weckmüller*, Heines Stil, S. 71.

173 *von Wiese*, Signaturen, S. 117.

174 Ebd., S. 126.

175 Robert E. *Stiefel*, Heine's Ballet Scenarios, in: GR, Bd. 44 (1969), S. 187–198.

176 Wolfdietrich *Rasch*, Tanz als Lebenssymbol im Drama um 1900, in: W. R., Zur deutschen Literatur seit der Jahrhundertwende, Gesammelte Aufsätze, Stuttgart 1967, S. 58–77.

177 Signaturen, S. 130.

178 Ebd., S. 131.

179 *Rahmelow*, Zu den Anfängen des feuilletonistischen Stiles, S. 11 f.

180 *Voisine*, Heine als Porträtist in der »Lutezia«, S. 226.

181 Beiträge zur Geschichte der neuesten Literatur, Bd. 1, 1836, S. 81 ff.

182 Erhard *Weidl*, Heinrich Heines Arbeitsweise, Kreativität der Veränderung, Hamburg 1974, S. 95.

183 Heinrich Heine, Biographie seiner Dichtung, S. 99, 129.

184 Ebd., S. 105.

185 Heinrich Heine, Werke, Bd. 3 (Schriften über Frankreich), hg. v. *Galley*, Frankfurt/M. 1968, S. 613 (Nachwort: Heine als politischer Journalist, S. 513–521).

186 Die Matratzengruft, S. 85 f. Es ist wohl an Blätter, nicht an den heutigen Begriff des »Bogens« zu denken.

Annette von Droste-Hülshoff

1 Rudolf *Hagelstange*, Das Moderne bei der Droste, in: Jb. d. Droste-Ges., Bd. 3 (1959), S. 40.

2 Bernhard *Böschenstein*, Drostische Landschaft in Paul Celans Dichtung, in: Kleine Beiträge zur Droste-Forschung 1972/73, hg. v. Winfried *Woesler*, Dülmen 1973, S. 8, 18.

3 Dominique *Iehl*, Annette von Droste Huelshoff à la lumière de Kafka, in: Hommage à Maurice Marache 1916–1970, Nizza 1972, S. 265–271.

4 Die späten Gedichte der Droste, in: ZfDPh, Bd. 70 (1948/49), S. 83–96.

5 Belege für ihr ausgeprägtes Zeitbewußtsein und für ihr nicht immer positives Verhältnis zur westfälischen Heimat findet man in meinem Festvortrag für die Drostegesellschaft, so daß ich sie nicht zu wiederholen brauche: Annette von Droste-Hülshoff und Mörike, Zeitgenossenschaft und Individualität der Dichter, in: Kleine Beiträge zur Drosteforschung Nr. 3, 1974/75, S. 9–24. Meine Argumente holte ich aus den Briefen, die bei der Droste vom Werk nicht streng

zu trennen sind, vgl. Renate *Böschenstein-Schäfer,* Die Struktur des Idyllischen im Werk der Annette von Droste-Hülshoff, ebd., S. 28.

6 Die ironische Schreibung »Schanie« findet man in ihren Briefen öfters. Wahrscheinlich aus der Sprache des Adels. Sie kannte, nach der Untersuchung von Bernd *Kortländer* (Annette von Droste-Hülshoff und die deutsche Literatur. Kenntnis, Beurteilung, Beeinflussung, Münster 1979, S. 122) sogar die satirische Reaktion auf den Geniebegriff des Sturm und Drang, z. B. J. G. *Müller von Itzehoe,* Siegfried von Lindenberg, Hamburg 1779. Die Vorstellung, der Droste habe die intellektuelle Disziplin gefehlt, gibt ein falsches Bild (Brigitte E. *Schatzky:* Annette von Droste-Hülshoff, in: German men of letters, hg. v. Alex Natan, Philadelphia 1962, S. 94).

7 Die Struktur des Idyllischen im Werk der Annette von Droste Hülshoff, in: Kleine Beiträge zur Drosteforschung Nr. 3, 1974/75, S. 25–49. Die Zitate S. 39, 41, 43 f., 47, 48.

8 Joachim *Müller,* Natur und Wirklichkeit in der Dichtung der Annette von Droste-Hülshoff, Münster 1941. Ders., Die religiöse Grundhaltung im Geistlichen Jahr der Annette von Droste, in: Dichtung und Volkstum, Bd. 37 (1936), S. 459–465.

9 Hermann *Kunisch,* Annette von Droste-Hülshoff: Der Knabe im Moor, in: H. K., Kleine Schriften, Berlin 1968, S. 303–337.

10 Vgl. die Literaturberichte im Jahrbuch der Drostegesellschaft 1947 ff., die in diesem Punkt schon ganze Arbeit leisten.

11 Klemens *Möllenbrock,* Die religiöse Lyrik der Droste und die Theologie der Zeit, Versuch einer theologischen Gesamtinterpretation und theologiegeschichtlichen Einordnung des »Geistlichen Jahres«, Berlin 1935, S. 106 f.

12 Text und Datum nach Axel *Marquardt,* »Das Wort« und der Brief der Droste an Melchior von Diepenbrock, in: Kleine Beiträge zur Drosteforschung, Nr. 4 (1976/77), S. 57 f.

13 Friedrich *Gundolf,* Romantiker, N. F., Berlin Wilmersdorf 1931, S. 212.

14 Brief an Wilhelm Tangermann vom 22. 12. 1840, in: Kleine Beiträge zur Droste-Forschung 1971, Münster 1970, S. 65.

15 Annette von Droste-Hülshoff, in: R. A. S., Gesammelte Werke in 5 Bdn., Bd. 2, Frankfurt/M. 1952, S. 736–755.

16 Clemens *Heselhaus,* Das Geistliche Jahr der Droste, in: Jb. d. Droste-Ges. Bd. 2 (1948/50), S. 99.

17 Ebd., S. 110.

18 Edgar *Eilers,* Probleme religiöser Existenz im »Geistlichen Jahr«, Die Droste und Sören Kierkegaard, Werl 1953.

19 Nach: R. A. Schröder, Gesammelte Werke, Bd. 2, S. 740.

20 21. 12. 1844, zitiert bei Hermann *Hüffer,* Annette von Droste-Hülshoff und ihre Werke, Gotha ³1911, S. 326.

21 O. *Brinkmann,* Annette und die Verleger, in: Velhagen und Klasings Monatshefte, 57 (1942/43), S. 371 f. Der Verfasser mißversteht den zitierten Brief, da ihm die damalige Bedeutung von »vaterländisch« unbekannt ist.

22 Romantiker, N. F., S. 211 f.

23 Emil *Staiger,* Annette von Droste-Hülshoff, in: Jb. d. Droste-Ges., Bd. 2 (1948/50), S. 51–62 (hier S. 61).

24 Ebd., S. 60 f.

25 Margaret *Mare,* Annette von Droste-Hülshoff, London 1965, S. 277.

26 Vgl. Annette von Droste-Hülshoff, Sämtliche Werke, hg. v. Karl *Schulte-Kemminghausen,* Bd. 1/2, München 1925, S. 490.

27 Annette von Droste-Hülshoff, Stuttgart 1977, S. 100.

28 *Heselhaus,* Annette von Droste-Hülshoff, Werk und Leben, Düsseldorf 1971, S. 255.

29 Ebd., S. 235.

30 Erworbenes Erbe, München 1948, S. 10 f.

31 Wolfgang *Kayser,* Geschichte der deutschen Ballade, Berlin 1936, S. 249.

32 Ronald *Schneider,* Annette von Droste-Hülshoff, S. 108.

33 Annette von Droste-Hülshoff, S. 172 ff.
34 S. W., hg. v. *Schulte-Kemminghausen,* Bd. 3, S. XXVIII.
35 Ich schließe dies aus Schückings Brief an Freiligrath (November 1840, vgl. ebd., S. XXVI).
36 Annette von Droste-Hülshoff, S. 93.
37 Der Freiin Annette Elisabeth von Droste-Hülshoff Ges. Werke, nach dem handschriftl. Nachlaß verglichen und ergänzt von Wilhelm *Kreiten,* Bd. 2, Paderborn 1906, S. 91.
38 Bertha *Badt,* Annette von Droste-Hülshoff. Ihre dichterische Entwicklung und ihr Verhältnis zur englischen Literatur, Leipzig 1909, S. 42.
39 *Schneider,* Annette von Droste-Hülshoff, S. 49.
40 S. W., hg. v. *Heselhaus,* München 1952, S. 1056.
41 Die Balladen der Annette von Droste-Hülshoff, in: Jb. d. Droste-Ges., Bd. 1 (1947), S. 49. Den Hinweis auf die Erstausgabe verdanke ich Winfried *Woesler.*
42 Ges. Werke, hg. v. *Kreiten,* Bd. 2, S. 359; Schlüters Tagebuch, Ende Mai 1842.
43 Romantiker, N.F. S. 203.
44 Nach: R. A. Schröder, Ges. Werke, Bd. 2, S. 745 f.
45 Die Droste selbst benützte, in dem Brief an Junkmann vom 4. 8. 1837, den Begriff Roman (Hinweis von *Woesler*).
46 Vgl. *Woesler,* Theodor Fontane über Annette von Droste-Hülshoff, in: Westfalen, Bd. 47, 1969, S. 208: Fontane an Richard Schöne 30. 10. 1890: »Ledwina (wundervolle Charakterzeichnung)«.
47 Annette von Droste-Hülshoff, HKA, Bd. 5, 1, S. 174.
48 *Badt,* Annette, S. 28 ff.
49 Sämtl. Werke, hg. v. Günther *Weydt* und Winfried Woesler, Bd. 1, S. 275.
50 Annette von Droste-Hülshoff, HKA, Bd. 5, 1, S. 29.
51 Karl *Raab,* Annette von Droste-Hülshoff im Spiegel der zeitgenössischen Kritik, Münster 1933, S. 47 ff.
52 Heinz *Rölleke,* Annette von Droste-Hülshoff. Die Judenbuche, Bad Homburg u. a. 1970, S. 87.
53 Winfried *Woesler* schreibt mir, die Teufelsallegorie, die von *Häntzschel* und *Rölleke* angenommen wurde und mir einleuchtete, sei »am Text (und im Entwurf-Text) nicht nachweisbar«. Er verweist u. a. auf Walter *Huge,* Die Judenbuche, Diss. 1977. Da ich kein Kenner des Volksaberglaubens bin und mir nur die Präsenz des Satanischen in irgendeiner Form wichtig für die Deutung der Erzählung erscheint, übernehme ich diese Interpretation und überlasse die Diskussion im einzelnen den Spezialisten.
54 Winfried *Freund,* Der Mörder des Juden Aaron, in: WW, Bd. 19 (1969), S. 244–253.
55 Clifford Albrecht *Bernd,* Enthüllen und Verhüllen in Annette von Drostes ›Judenbuche‹, in: Untersuchungen zur Literatur als Geschichte, Festschrift für Benno von *Wiese,* hg. v. Vincent J. *Günther* u. a., Berlin 1973, S. 358 ff.
56 Ges. Werke, hg. v. *Kreiten,* Bd. 4, S. 19, Anm. 2.
57 Annette von Droste-Hülshoff. Die Judenbuche, S. 108–112.
58 *Heselhaus,* Annette v. Droste-Hülshoff 1971, S. 157.
59 S. W., hg. v. *Schulte-Kemminghausen,* Bd. 3, S. XIII.
60 Benno von *Wiese,* Die deutsche Novelle von Goethe bis Kafka, Bd. 1, Düsseldorf ¹1956, S. 175.
61 Vgl. auch den außerordentlich episodenreichen Plan »der ersten Abteilung« des Romans (HKA Bd. V, 1, S. 181–188) und *Huges* Kommentierung dieses »dichten Motivmosaiks«: *Bei uns zu Lande auf dem Lande,* in: Kleine Beiträge zur Drosteforschung 1972/73, S. 131 ff.
62 Annette von Droste-Hülshoff, HKA, Bd. V, 1, S. 137.
63 Ebd., S. 145.
64 Die Erwiderung ist wiedergegeben in den S. W., hg. v. *Schulte-Kemminghausen,* Bd. 3, S. 329 ff.
65 Das Datum nach den S. W., hg. v. *Heselhaus,* S. 1015.

66 Ich mißtraue daher der Vermutung, daß das Fragment »aus Sorge über eine zu große Entfernung von der Realität abgebrochen worden« ist (Annette von Droste-Hülshoff, S. W., hg. v. *Weydt* und *Woesler*, Winklerausgabe, Bd. II, München 1978, S. 816).
67 Brief an Luise von Bornstedt, 3. 5. 1839, in: Kleine Beiträge zur Droste-Forschung 1971, S. 17.
68 Ebd., S. 21, Bernd *Kortländer* im Kommentar zu diesem Brief.
69 Ebd., S. 18.

Nikolaus Lenau

1 Nikolaus Lenau, in: Deutsche Dichter des 19. Jahrhunderts, hg. v. Benno von *Wiese,* Berlin 1969, S. 364.
2 Nikolaus Lenau, in: German Men of Letters, Bd. V, hg. v. Alex *Natan,* London 1969, S. 155–180, Zitat S. 177.
3 Nikolaus Lenau. New York 1971.
4 Nikolaus Lenaus poetische Welt, Diss. Bonn 1971, S. 169.
5 Nikolaus Lenau, Gedichte, Frankfurt/M. 1969, S. 11 ff.
6 Niembsch oder Der Stillstand, Eine Suite, Stuttgart ²1964.
7 Margit *Pflagner* in ihrer Rezension, in: Lenau-Almanach 1965/66, S. 133 f.
8 Den Schluß des Nachworts findet man im Lenau-Almanach 1965/66, S. 5–30.
9 Lenau und Württembergs Poeten. Ein Vortrag gehalten in Esslingen am 20. 9. 1977 zur Eröffnung der Ausstellung »Lenau in Schwaben«, S. 18.
10 Walter *Dietze,* Nachwort, in: Lenau-Almanach 1965/66, S. 7, 10, 11, 20.
11 Lenau, Budapest 1955, deutsch Berlin 1961, S. 190.
12 Ebd., S. 32.
13 Mein Wort zum »Lenau-Forum«, in: Lenau-Forum, Bd. 1, F. 2 (1969), S. 1.
14 Heinz *Stănescu,* Beiträge zu einer Lenau-Bibliographie Rumäniens, in: Lenau-Forum, Bd. 1, F. 2 (1969), S. 150.
15 Ernst Joseph *Görlich,* Sozialliterarische Aspekte der Lenau-Zeit, in: Lenau-Forum, Bd. 1, F. 3–4 (1969), S. 15.
16 Ernst *Fischer,* Von Grillparzer zu Kafka, Frankfurt 1975, S. 83.
17 Friedrich *Sengle,* Annette von Droste-Hülshoff und Mörike, in: Kleine Beiträge zur Droste-Forschung, Bd. 3 (1974/75), hg. v. Winfried *Woesler,* Dülmen 1974, S. 18.
18 Otto *Borst,* Lenau und der Seracher Dichterkreis, in: Lenau-Forum, Bd. 1, F. 3–4 (1969), S. 3–11.
19 Hugo *Schmidt,* Lenau, S. 19, vgl. auch S. 17 ff.
20 Karl J. R. *Arndt,* The Effect of America in Lenau's Life and Work, in: GR, Bd. 33 (1958), S. 141.
21 Nach Manfred *Durzak,* Nach Amerika. Gerstäckers Widerlegung der Lenau-Legende, in: Amerika in der deutschen Literatur, hg. v. S. *Bauschinger,* H. *Denkler,* Wilfried *Malsch,* Stuttgart 1975, S. 136.
22 Z.B. Briefe vom 29. 11. 1834 und 30. 8. 1840 (an Max Löwenthal).
23 Politische Dichtung in Österreich (1830–1848), Budapest 1969, S. 57.
24 In diesem Punkte hat *Arndt* (The Effect of America in Lenau's Life and Work, in: Deutschlands literarisches Amerikabild, hg. v. Alexander *Ritter,* Hildesheim, New York 1977, Hauptbeleg S. 266) recht, wenn er es auch versäumt, den Einfluß der europäischen und der amerikanischen Schwaben (Protestanten) gegeneinander abzuwägen.
25 Politische Dichtung in Österreich, S. 57.
26 Ebd., S. 74.
27 Schlußwort zu den Vorträgen anläßlich der Tagung der internationalen Lenaugesellschaft in Mosonmagyaróvar, in: Lenau-Almanach 1965/66, S. 125.

28 Gespräch vom 19. 2. 1842, Lenau und die Familie Löwenthal, hg. v. Eduard *Castle*, Leipzig 1906, Bd. 1, S. 213.

29 Äußerung gegenüber Schurz, zitiert nach: Lenaus Werke, hg. v. Carl *Schaeffer*, Leipzig und Wien 1910, Einl. S. 40.

30 Nach: Lenau in Schwaben, Eine Dokumentation in Bildern, bearb. von Walter *Scheffler* (= Marbacher Magazin, Sonderheft 5/1977), S. 23. Das Heft vermittelt ein gutes Bild vom biedermeierlichen Württemberg.

31 Fritz *Felzmann* – Josef *Grafenauer*, Nikolaus Lenaus Leben und Sterben in ärztlicher Sicht, in: Lenau-Forum Bd. 2, F. 1–2 (1970), S. 19–39.

32 Ebd., S. 22, 29, 37.

33 Siegfried *Korninger*, Lord Byron und Nikolaus Lenau, eine vergleichende Studie, in: English Miscellany Bd. 3 (1952), S. 84.

34 Der Katarakt, Lenaus geistiges Schicksal, in: R. S., Über Dichter und Dichtung, Köln/Olten 1953, S. 24.

35 Robert *Mühlher*, Zum Hintergrund von Lenaus Bildersprache, in: Lenau-Almanach 1965/66, S. 47.

36 Ebd., S. 45.

37 Nach Paul K. *Richter,* Alexis als Literatur- und Theaterkritiker, Berlin 1931, S. 111.

38 S. W., hg. v. Anastasius *Grün*, Bd. 1, Stuttgart 1874, S. XCVI.

39 Wie Ludwig *Völker* (Muse Melancholie–Therapeutikum Poesie, Studien zum Melancholie-Problem in der deutschen Lyrik von Hölty bis Benn, München 1978, S. 64). Der Verfasser versucht selbst eine Abgrenzung der Lenauschen Melancholie von der Höltys (S. 50).

40 Das Lenaubild und Lenaus Sprache. Voruntersuchung zu einem Wörterbuch, in: Lenau-Forum Bd. 1, F. 2 (1969), S. 4–23.

41 *Schmidt*, Nikolaus Lenau, S. 35 ff.

42 Ebd., S. 20.

43 Johanna *Wehner*, Lenaus literarisches Verhältnis zu Friedrich von Matthisson, Diss. Münster 1914.

44 Vgl. *Korninger*, Nikolaus Lenau und Lord Byron, in: Festschrift für Moriz *Enzinger*, hg. v. Herbert *Seidler*, Innsbruck 1953, S. 115–129.

45 Nikolaus *Lenau*, Sämtliche Werke und Briefe auf der Grundlage der hist.-krit. Ausgabe von *Castle,* hg. v. *Dietze,* Bd. 2, Frankfurt/M. 1971, S. 1093 ff.

46 Heinrich *Bischoff*, Nikolaus Lenaus Lyrik. Ihre Geschichte, Chronologie und Textkritik, Bd. 1, Berlin 1920, S. 357.

47 Gerhard *Neumann*, Lenau und das Epigramm, in: Lenau-Forum Bd. 2, F. 1–2 (1970), S. 1–18.

48 *Korninger,* Lord Byron und Nikolaus Lenau, S. 114 ff.

49 Phoenix Nr. 144 (1835), nach: Nikolaus Lenau, Faust, hg. v. *Steinecke,* Stuttgart 1971, S. 152 (Reclam).

50 Vor allem Max *Scharffenberg*, Nikolaus Lenaus Dichterwerk als Spiegel der Zeit. Ein Beitrag zur religiösen Geistesgeschichte des dritten bis fünften Jahrzehnts des neunzehnten Jahrhunderts, Erlangen 1935, und Carl *Siegel*, Lenaus Faust und sein Verhältnis zur Philosophie, in: Kant-Studien Bd. XXI (1917), S. 66–97.

51 *Scharffenberg*, ebd., S. 102.

52 Sp. 1726 f. nach *Lenau*, Faust, hg. v. *Steinecke,* S. 182.

53 Denkwürdigkeiten, hg. v. Konrad *Menzel*, Bielefeld und Leipzig 1877, S. 311 f., nach *Lenau*, Faust, hg. v. *Steinecke,* S. 158.

54 Einen besonders tiefen, psychoanalytisch orientierten Einblick in das Verhältnis von Kerner und Lenau – auch der Schwabe war vom »Dämon« bedroht – gewährt der Essay von Lee B. *Jennings,* Kerner, Lenau und der amerikanische Dämon (Manuskript).

55 Erfahrungen in der eigenen entschieden christlichen Familie. Es mag sich um eine württembergische oder schweizerische Tradition handeln. Zeit: Weimarer Republik mit dem »Christlichen Volksdienst« (politische Partei).

56 Liselotte *Wege,* Hegel und Lenau, Diss. München 1929, S. 35, 51f.

57 Lenau, S. 216.

58 Bemerkungen zu einer neuen Lenau-Ausgabe, in: Lenau-Almanach 1965/66, S. 22, 20.

59 »Die Variationsvielfalt der leiseren Töne« erinnert *Steinecke* (Nikolaus Lenau, in: Deutsche Dichter des 19. Jahrhunderts, hg. v. Benno von *Wiese,* Berlin 1969, S. 361) schon an Trakl und andere moderne Dichter.

60 Dies Problem ist wohl am besten von *Neumann* erfaßt worden, Das ›vergänglich Bild‹ Lenaus, in: ZfDPh, Bd. 86 (1967), S. 485–509, bes. S. 498, 508. Dgl. von *Statkov,* Nikolaus Lenaus poetische Welt, Bonn 1971.

61 S. W., hg. v. *Grün,* Bd. 1, S. LXXXI.

Eduard Mörike

1 Wilhelm *Waiblinger,* Die Tagebücher 1821–1826, hg. v. Herbert *Meyer,* Stuttgart 1956, S. 310, 31. 12. 1824.

2 Ludwig *Bauer*'s Schriften, hg. v. seinen Freunden, Stuttgart 1847, S. XII.

3 Walter *Hagen,* Berthold Auerbach über Eduard Mörike, in: Jb. d. dt. Schillerges. Jg. 6 (1962), S. 13.

4 Emil *Kuh,* Kritische und literarhistorische Aufsätze (1863–1876), hg. v. Alfred *Schaer,* Wien 1910, S. 416 und 433.

5 De la Poésie lyrique en Allemagne, Eduard Moerike, in: Revue des Deux Mondes, Bd. 3, Brüssel 1845, S. 118–128.

6 Mörikes Nähe, in: Jb. d. dt. Schillerges. Jg. 19 (1975), S. 492–500.

7 Hans Peter *Köpf,* Zwei theologische Aufsätze Eduard Mörikes, in: Jb. d. dt. Schillerges. Jg. 10 (1966), S. 103–129.

8 Wahrscheinlich auch »Märchen vom sicheren Mann«, vgl. Franz *Germann,* Mörikes »Besuch in Urach«. Eine Interpretation, Bern 1966, S. 7, 32.

9 Armin *Kansteiner,* »wenn ich auch nichts herausdrechseln könnte, als einen Opernstoff«, zu den Libretti der Annette von Droste-Hülshoff, in: Kleine Beiträge zur Drosteforschung, Nr. 4 (1976/77), S. 67–78.

10 Schellings Schwermut, in: Studia philosophica, Jb. d. Schweizer Philos. Ges., Bd. XIV (1954), S. 112–133.

11 Harvey W. *Hewett-Thayer,* Traditional Technique in Mörike's Maler Nolten, in: GR, Bd. XXXII (1957), S. 259–66.

12 Wolfgang *Taraba,* Die Rolle der »Zeit« und des »Schicksals« in E. Mörikes Maler Nolten, in: Euph. Bd. 50 (1956), S. 405–427.

13 Rudolf *Völk,* Die Kunstform des ›Maler Nolten‹ von Eduard Mörike, Berlin 1930.

14 Gustav *Schwab,* Kleine prosaische Schriften, hg. v. Carl *Klüpfel* und *Schwab,* Freiburg und Tübingen 1882, S. 213–236.

15 Eduard Mörike, in: F. Th. V., Kritische Gänge, hg. v. Robert *Vischer,* Bd. 2, München ²o. J., S. 8, 18–20.

16 August *Emmersleben,* Das Schicksal in Mörikes Leben und Dichten, Diss. Würzburg 1931, S. 65.

17 Bernhard *Seuffert,* Mörikes Nolten und Mozart, Graz–Wien–Leipzig 1925, S. 8.

18 Hervorhebung von mir.

19 *Hagen,* Friedrich Notter und Eduard Mörike, in: Ludwigsburger Geschichtsblätter, Bd. 18 (1966), S. 180–191.

20 Eduard *Mörike,* Werke und Briefe, HKA, hg. v. Hans-Henrik *Krummacher* u. a., Bd. 5, Stuttgart 1971, S. 59.

21 Benno von *Wiese,* Eduard Mörike, Tübingen und Stuttgart 1950, S. 187.

22 Ebd., S. 191.

23 Sämtliche Werke, Briefe, hg. v. Gerhart *Baumann*, Bd. 3, Stuttgart 1959, S. 925.

24 Jeffrey L. *Sammons*, Fate and Psychology, in: Lebendige Form, Festschrift f. Heinrich E. K. *Henel*, München 1970, S. 211–227.

25 Siegbert S. *Prawer*, Mignons Genugtuung. Eine Studie über Mörikes »Maler Nolten«, in: Interpretationen Bd. 3, hg. v. Jost *Schillemeit*, Frankfurt/M. 1966, S. 164–181.

26 Martin *Lindsay*, Eduard Moerike, in: German men of letters, hg. v. Alex *Natan*, Bd. V (1969), S. 222.

27 Werner *Zemp*, Gespräch über Mörike, in: W. Z., Das lyrische Werk, Aufsätze, Briefe, Zürich 1967, S. 151 f.

28 Näheres bei *Prawer*, Mörike und seine Leser. Versuch einer Wirkungsgeschichte, Stuttgart 1960, S. 60 ff.

29 Martin *Greiner*, Zwischen Biedermeier und Bourgeoisie. Ein Kapitel deutscher Literaturgeschichte, Göttingen 1953, S. 158.

30 Leo *Löwenthal*, Eduard Mörike – die gestörte Bürgerlichkeit, in: L. L., Erzählkunst und Gesellschaft. Die Gesellschaftsproblematik in der deutschen Literatur des 19. Jahrhunderts, Neuwied und Berlin 1971, S. 113.

31 Mörikes Nähe, S. 496. Hervorhebung von mir.

32 Eduard Mörike, Stuttgart 1967, S. 264.

33 HKA, Bd. 5, S. 56.

34 Das verlassene Mägdlein, in: Trivium Bd. V (1947), S. 53.

35 Vgl. Renate von *Heydebrand*, Eduard Mörikes Gedichtwerk. Beschreibung und Deutung der Formenvielfalt und ihrer Entwicklung, Stuttgart 1972, S. 250.

36 Daniel Friedrich *Heilmann*, Mörikes Lyrik und das Volkslied, Diss. Marburg 1913.

37 *Kuh*, Krit. u. literarhist. Aufsätze, S. 451 f.

38 Eduard Moerike, S. 213.

39 Eduard Mörike, The Man and the Poet, London 1957, S. 127 ff.

40 Eduard Mörikes Gedichtwerk, S. 198.

41 Zu Mörikes Schiffer- und Nixenmärchen, in: Neue Rundschau, Bd. 79 (1968), S. 410–420.

42 HKA, Bd. 5, S. 59.

43 »beinahe diabolisch naiv« (an H. Kurz 26. 6. 1838).

44 Vgl. *Mörike*, S. W., hg. v. *Baumann*, Bd. 1, Stuttgart 1954, S. 915 ff.

45 Eduard Mörike, S. 246.

46 Horst *Steinmetz*, Eduard Mörikes Erzählungen, Stuttgart 1969, S. 61.

47 Ausgewählte Briefe von David Friedrich *Strauß*, hg. v. Eduard *Zeller*, Bonn 1895, S. 318.

48 Eduard Mörike, »Die Hand der Jezerte«. Versuch einer Deutung, in: Monatsschrift für deutschen Unterricht, deutsche Sprache und Literatur, 47 (1955), S. 105–111.

49 *Wiese*, Eduard Mörike, S. 117.

50 Helga *Slessarev*, Eduard Mörike, New York 1970, S. 142. Zum allegorischen Märchen überhaupt vgl. »Biedermeierzeit« Bd. II, S. 956–60. »verspielt«: ich denke an Goethes Genugtuung über das Rätselraten des Publikums.

51 *Storz*, Eduard Mörike, S. 268.

52 Photokopie bei Hans Egon *Holthusen*, Eduard Mörike in Selbstzeugnissen und Bilddokumenten, Hamburg 1971, S. 134.

53 Mörikes Gedichtwerk, S. 207.

54 Ebd., S. 271 f. Sperrung von mir.

55 Victor Gerard *Doerksen*, Mörikes Elegien und Epigramme. Eine Interpretation, Zürich 1964, S. 11.

56 Egert *Pöhlmann*, Lyrische Variationen, Anakreontische Motive bei Eduard Mörike, in: Antike und Abendland, Bd. 14 (1968), S. 57.

57 Gegen Heinrich *Henel*, Mörikes »Denk es, o Seele«: ein Volkslied?, in: Festschrift für Richard *Alewyn*, hg. v. Herbert *Singer* und von *Wiese*, Köln, Graz 1967, S. 379–383.

58 Gerhard *Rückert*, Mörike und Horaz, Nürnberg 1970, S. 114 f.

59 Mörikes Gedichtwerk, S. 241.

60 Ebd., S. 189.

61 Kritische und literarhistorische Aufsätze, S. 430, 432.

62 Die Mythologie bei Mörike, Marburg 1921, S. 73.

63 Ebd., S. 99.

64 Das Groteske bei Mörike, in: Eduard Mörike, Wege der Forschung, Darmstadt 1975, S. 161 und 184.

65 Thomas Cramer, Das Groteske bei E. T. A. Hoffmann, München 1966.

66 In der ausführlichen, nicht genügend beachteten Einleitung zu seiner Mörike-Ausgabe im Ritter-Verlag Recklinghausen 1949.

67 Tg. IV, 6038 (Juni 1862) nach Detlef Cölln, Friedrich Hebbel und Eduard Mörike, in: Hebbel-jahrbuch 1956, S. 62.

68 Ralph B. Farrell, Mörike und Hölty, in: Affinities, Essays in German and English Literature, Festschrift für Oswald Wolff (1897–1968), hg. v. Rex William Last, London 1971, S. 246–255.

69 Leo Tönz, Von Eduard Mörikes »Der Gärtner« zu Eichendorffs »Taugenichts«, in: Jb. d. Wiener Goethe-Vereins, Bd. 73, Wien 1969, S. 82–93.

70 Eugen Flad, Eduard Mörike und die Antike. Eine literarische Studie, Diss. Münster 1916, S. 23.

71 Ebd., S. 52 ff.

72 Vgl. z. B. Eduard Stemplinger, Mörikes Verhältnis zur Antike, in: E. St., Die Ewigkeit der Antike. Gesammelte Aufsätze, Leipzig 1924, S. 87.

73 Erinnerung, Sehnsucht in Mörikes Gedicht, in: WW, Bd. 1 (1950/51), S. 237.

74 Zu Höllerers Auseinandersetzung mit Staiger vgl. bes. W. H., Zwischen Klassik und Moderne. Lachen und Weinen in der Dichtung einer Übergangszeit, Stuttgart 1958, S. 472 (Anm. 21).

75 Eduard Mörike, sein Verhältnis zum Biedermeier. Ein Versuch, Diss. Erlangen 1935.

76 Romantik und Realismus bei Eduard Mörike, Diss. [Masch.] Göttingen 1948. Ähnlich noch, wenn auch anspruchsvoller in der Diktion, Heinz Schlaffer, Lyrik im Realismus, Studien über Raum und Zeit in den Gedichten Mörikes, der Droste und Liliencrons, Bonn 1966.

77 Gerda Neumann, Romantik und Realismus, S. 66.

78 Mörike und die Romantik, in: DVjs, Bd. 3 (1925), S. 215.

79 Ernst Trümpler, Mörike und die vier Elemente, St. Gallen 1954, S. 104.

80 Eduard Mörike 1804–1875, in: Die großen Deutschen. Deutsche Biographie in vier Bänden, hg. v. Hermann Heimpel u. a., Bd. 3, Berlin 1956 (2. Ausg.), S. 287.

81 Kuh, Kritische und literarhistor. Aufsätze, S. 442, Äußerung im Gespräch.

82 Abbildung bei Helmut Hölder, Schwäbische Juraforschung zu Quenstedts Zeit, in: Jahreshefte des Vereins für vaterländische Naturkunde in Württemberg, Jg. 106 (5 Abb., Stuttgart 1950), S. 1–17.

83 Heinrich Lützeler, Über die kunstphilosophische Bedeutung des Briefwechsels Storm–Keller–Mörike, in: Philosophisches Jb. d. Görres-Ges., hg. v. Martin Grabmann und Eduard Hartmann, Bd. 49 (1936), S. 63–71.

84 Peter Lahnstein, Eduard Mörike, in: Bürger und Poet, Dichter aus Schwaben als Menschen ihrer Zeit, Stuttgart 1966, S. 185. Ähnlich Ernst Gerhard Rüsch, Christliche Motive in der Dichtung E. M.'s, in: Theologische Zs. Bd. 11 (1955), S. 206–223. Wichtig auch: Sergio Lupi, L'iter di Mörike, in: Annali Istituto Universitario Orientale, Napoli 1958, Sezione Germanica I, S. 27–74.

85 Heinrich Ilgenstein, Mörike und Goethe, Eine literarische Studie, Berlin ²1905, S. 126.

86 Hans Georg Werner, der von Bechers relativ verständnisvoller Mörikekritik ausgeht und ein ausgezeichneter Kenner des Vormärz ist: Zu frühen Gedichten Mörikes, in: WB, Bd. 10 (1964), S. 577–598.

87 Sehr tief bohrend bemüht sich Kurt Partl um den Nachweis dieser Gleichzeitigkeit: Die Spiegelung romantischer Poetik in der biedermeierlichen Dichtungsstruktur Mörikes und Platens, in:

Zur Literatur der Restaurationsepoche 1815–1848, hg. v. Jost *Hermand* und Manfred *Windfuhr,* Stuttgart 1970, S. 490–560.

88 Zwischen Klassik und Moderne, S. 340.

89 Rede über Lyrik und Gesellschaft, in: Akzente, Bd. 4 (1957), S. 21.

90 Zwischen Klassik und Moderne, S. 345.

91 Neben von *Heydebrand,* Mörikes Gedichtwerk, sollte zu dieser Frage noch die wertvolle ungedruckte Dissertation von Anne Ruth *Strauß* herangezogen werden (Mörikes Gelegenheitslyrik, Diss. [Masch.] Marburg 1960).

92 Nach Hans-Heinrich *Reuter,* Eduard Mörike in seinem Leben und Dichten, in: Eduard Mörike, Wege der Forschung, Darmstadt 1975, S. 89.

93 Zwischen Klassik und Moderne, S. 351.

94 Vgl. auch *Reuter,* Eduard Mörike in seinem Leben und Dichten, S. 411.

95 Mörike beim Spiel, in: A. G., Die guten Gefährten, Stuttgart 1957, S. 68.

96 Max *Reuschle,* Die Gestalt der Gedichtsammlung Mörikes, Diss. [Masch.] Tübingen 1922. Vgl. auch von *Heydebrand,* Zur Anordnung der Gedichtsammlung Mörikes. Welchen Anteil daran hatte Hermann Kurz wirklich? in: Jb. d. dt. Schillerges., Bd. 17 (1973), S. 384–394: »Kurz' Mitwirkung an der Anordnung ist also auf ein Fast-nichts zusammengeschrumpft« (S. 391).

97 Zwischen Klassik und Moderne, S. 329.

98 Nach den Jahreszahlen in der Ausgabe Eduard *Mörike,* S. W. in 2 Bdn., hg. v. *Baumann,* Stuttgart 1954.

99 *Prawer,* Mörike und seine Leser, S. 36 f.

100 Zum Verhältnis von Dichtung und Musik in Hugo Wolfs Mörikeliedern, in: WW, Bd. 19 (1969), S. 186.

101 Eduard Mörike, S. 83, 88.

102 Nach *Prawer,* Mörike und seine Leser, S. 52.

103 *Holthusen,* Mörike, S. 37.

104 Mörike's second thoughts, in: MPh, Bd. 57 (1959/60), S. 24–36.

105 Karl *Fischer,* Eduard Mörikes künstlerisches Schaffen und dichterische Schöpfungen, Berlin 1903, S. 132.

106 Karl Konrad *Polheim,* Der künstlerische Aufbau von Mörikes Mozartnovelle, in: Euph., Bd. 48 (1954), S. 68.

107 K. K. *Bennett* und H. M. *Waidson,* A History of the German Novelle, Cambridge 1961, S. 157 f.

108 Romantiker, N.F., Bd. 2, Berlin-Wilmersdorf 1931, S. 243.

109 Joseph *Müller-Blattau,* Das Mozartbild Mörikes und seines Freundeskreises, in: J. M.-B., Von der Vielfalt der Musik. Musikgeschichte – Musikerziehung – Musikpflege, Freiburg 1966, S. 521–31.

110 Hartmut *Kaiser,* Betrachtungen zu den neapolitanischen Wasserspielen in Mörikes Mozartnovelle, in: Jb. d. freien dt. Hochstifts, Bd. XXI (1977), S. 400.

111 Mörikes Mozart auf der Reise nach Prag, in: F. H. M., Wort und Wesen, Kleinere Schriften zur Literatur und Sprache, Frankfurt/M. 1974, S. 135–160.

112 M. B. *Benn,* Comments of an advocatus diaboli on Mörike's Mozart auf der Reise nach Prag, in: GLL, Bd. 25 (1971/72), S. 371.

113 *Holthusen,* Eduard Mörike, S. 148.

114 Die deutsche Novelle von Goethe bis Kafka, Düsseldorf 1956, S. 232.

115 Volkmar *Sander,* Zur Rolle des Erzählers in Mörikes Mozart-Novelle, in: GQ, Bd. 36 (1963), S. 120–29.

116 Zwischen Klassik und Moderne, S. 334.

117 Theodor *Storm,* Meine Erinnerungen an Eduard Mörike, in: Westermanns illustrierte deutsche Monatshefte, 41 (1876/77), Januarheft 1877, S. 388.

118 Ebd., S. 385.

119 Nach *Kuh,* Kritische und literarhistor. Aufsätze, S. 433. Hervorhebung von mir.

120 Zwischen Klassik und Moderne, S. 327.

121 Romantiker, N.F., Bd. 2, S. 252.

122 Paul *Braden,* Beiträge zu Mörikes Sprache, Diss. [Masch.] Heidelberg 1926.

123 Hans *Kappenberg,* Der bildliche Ausdruck in der Prosa Eduard Mörikes, Diss. Greifswald 1914, S. 12, 105, 103.

124 Gerade beim Ausgehen vom Gegenständlichen wird dies unübersehbar. Vgl. Marcella *Burger,* Die Gegenständlichkeit in Mörikes lyrischem Verhalten, Diss. [Masch.] Heidelberg 1945. Dort auch über Stimmung im Mythos, Dinggedicht usw.

125 Ahnung und Aussage. Essays, Gütersloh 1952, S. 104.

126 Johannes *Brömmel,* Rhythmus als Stilelement in Mörikes Prosa. Vorstudien einer kritischen Ausgabe seiner Briefe und Werke, Dresden 1941.

127 Eduard Mörikes Erzählungen, mit einer grundsätzlichen Einleitung.

128 Udo *Pillokat,* Verskunstprobleme bei Mörike, Hamburg 1969, S. 8.

129 Rudolf M. *Tscherpel,* Die rhythmisch-melodische Ausdrucksdynamik in der Sprache Eduard Mörikes, Diss. Tübingen 1964.

130 Bettina *Dolif,* Einfache Strophenformen, besonders die Volksliedstrophe in der neueren Lyrik seit Goethe, Diss. Hamburg 1968, S. 190 ff., vor allem 199.

131 Fritz *Scholmeyer,* Untersuchungen einiger Gedichte Eduard Mörikes auf Grund ihrer verschiedenen Fassungen, Diss. [Masch.] Münster 1954, S. 169.

132 *Storm,* Meine Erinnerungen an Eduard Mörike, S. 389.

133 Eduard *Mörike,* Briefe an seine Braut Luise Rau, hg. v. Friedhelm *Kemp,* München 1965. Im Sommer 1830, S. 107 ff. Hervorhebungen von mir.

134 Eduard Mörike, in: W. M., Pamphlet und Bekenntnis, Olten und Freiburg i. Br. 1968, S. 88.

Karl Postl/Charles Sealsfield

1 Richard M. *Meyer,* Die deutsche Literatur des neunzehnten Jahrhunderts, Berlin 1900, S. 98.

2 Eduard *Frank,* Probleme einer Sealsfield-Edition, in: Sudetenland, Bd. 7 (1965), S. 310–316.

3 Ebd., S. 310.

4 Adolf E. *Schroeder,* A Century of Sealsfield Scholarship, in: Society for the History of the Germans in Maryland, Thirty-Second Report, Baltimore 1966, S. 14.

5 Felix *Bornemann,* Katalog der Charles-Sealsfield-Gedächtnisausstellung anläßlich des 100. Todestages des Dichters, Stuttgart 1964, S. 35.

6 Charles Sealsfield, Weimar 1897, S. 8.

7 Ebd., S. 12 f.

8 Bd. 4, Regensburg 1928, S. 486 f.

9 Ebd., S. 489.

10 Ebd.

11 Walter *Weiss,* Der Zusammenhang zwischen Amerika-Thematik und Erzählkunst bei Charles Sealsfield, in: Litwiss. Jb. d. Görresges., N. F., Bd. 8 (1967), S. 95–117. Vorsichtigere Formulierung bei *Weiss,* Charles Sealsfield, in: Tausend Jahre Österreich, hg. v. Walter *Pollak,* Bd. 2, Wien und München 1973, S. 62.

12 Geschichte der deutschen Literatur von den Anfängen bis zur Gegenwart, hg. v. Hans-Günther *Thalheim* u. a., Bd. 8,1: Von 1830 bis zum Ausgang des 19. Jahrhunderts, Berlin 1975, S. 115.

13 Neben dem Kapitel »Erzählprosa« in Band II meiner »Biedermeierzeit« (1972) ist vor allem Hartmut *Steinecke* zu erwähnen: Romantheorie und Romankritik in Deutschland. Die Entwicklung des Gattungsverständnisses von der Scott-Rezeption bis zum programmatischen Realismus, Stuttgart 1975. Das Buch berücksichtigt Sealsfield sorgfältig. Unter den stärker immanenten Interpreten des Romanciers ragen Walter *Weiss* (s. o.) und Alexander *Ritter* (s. u.)

hervor. Ferner sei die von mir betreute Dissertation von Hubert *Fritz* erwähnt (Die Erzählweise in den Romanen Sealsfields und Gotthelfs. Zur Rhetoriktradition im Biedermeier, Bern 1976) und schließlich das einer jahrzehntelangen Beschäftigung mit dem Erzähler entstammende Buch von Franz *Schüppen:* Charles Sealsfield-Postl. Studien zum literarhistorischen Ort seines Romanwerks (demnächst).

14 *Ritter,* Charles Sealsfields gesellschaftspolitische Vorstellungen und ihre dichterische Gestaltung als Romanzyklus, in: Jb. d. dt. Schillerges. Jg. 17 (1973), S. 395–414, bes. 399 ff.

15 Der Prager Kreis, Stuttgart 1966, S. 23.

16 Eduard *Castle,* Der große Unbekannte. Das Leben von Charles Sealsfield (Karl Postl), Wien und München 1952, S. 154.

17 Auch *Ritter,* der sonst die amerikanische Komponente stark betont, äußert sich gelegentlich in diesem Sinn (Bemerkungen zur Exilsituation Charles Sealsfields anläßlich wiedergefundener Brieftexte, in: Lit.wiss. Jb. d. Görresges., N.F., Bd. 14 (1975), S. 416.

18 Karl J. R. *Arndt,* Sealsfield's Command of the English Language, in: MLN, Bd. 67 (1952), S. 310–313.

19 *Castle,* Der große Unbekannte, S. 110.

20 Geschichte der deutschen Literatur, hg. v. *Thalheim,* Bd. 8, 1, S. 107.

21 Ebd., S. 115.

22 Bernhard *Fehr,* Die englische Literatur des 19. und 20. Jahrhunderts, Potsdam 1931, S. 153.

23 *Arndt,* The Litigious Mr. Sealsfield, in: MLN, Bd. 78 (1963), S. 527–532.

24 Ders., Newly discovered Sealsfield relationships documented, in: MLN, Bd. 87 (1972), S. 464.

25 Ebd., S. 463.

26 Sealsfield, in: Die Grenzboten, Zs. für Politik und Literatur, Jg. 23, I. Semester, Bd. 2, Leipzig 1864, S. 436 f.

27 *Schüppen,* Charles Sealsfield-Postl, Ms. s. o.

28 Neudruck in den S. W., hg. v. *Arndt,* Bd. 3. »Die erste unzureichende [deutsche] Übersetzung... von 1834« fand »wenig Verbreitung« (*Ritter,* Charles Sealsfield, in: Deutsche Dichter des 19. Jahrhunderts, hg. v. Benno v. *Wiese,* Berlin ²1979, S. 110).

29 A. B. *Faust,* Charles Sealsfield, S. 62.

30 *Schüppen,* Charles Sealsfield-Postl, Ms. s. o.

31 Manfred *Windfuhr,* Heinrich Heine. Revolution und Reflexion, Stuttgart ²1976, S. 144.

32 Der große Unbekannte, S. 249.

33 Hildegard *Emmel,* Recht oder Unrecht in der Neuen Welt. Zu Charles Sealsfields Roman »Der Legitime und die Republikaner«, in: Amerika in der deutschen Literatur, hg. v. S. *Bauschinger,* H. *Denkler* und W. *Malsch,* Stuttgart 1975, S. 75–80.

34 *Castle,* Der große Unbekannte, S. 373.

35 S. W., hg. v. *Arndt,* Einleitung zu Bd. 8, S. XXXIX.

36 Einleitung zu »Morton oder die große Tour«, S. W., hg. v. *Arndt,* Bd. 10, S. 14.

37 Alfred *Hartmann,* Der deutsch-amerikanische Romantiker, Gartenlaube 1864, in: Thomas *Ostwald,* Charles Sealsfield, Braunschweig 1976, S. 41 f.: »die meiste künstlerische Abrundung«.

38 *Castle,* Der große Unbekannte, S. 299 ff.

39 Ebd., S. 386. Das Wort Plutokratie stammt aus dem Wortschatz der NS-Propaganda.

40 Ebd.

41 Dies gegen die zu starke Systematisierung durch *Ritter,* der in seinen Schriften nicht nur eine »Reaktion auf die etablierte europäische Staats- und Gesellschaftsordnung«, sondern auch eine solche »auf die Inhumanität der technisch-industriellen Entwicklung« erblickt. Diese Verschärfung von Sealsfields Konturen durch *Ritter* hängt mit der Überbetonung der »konservativen Agrarromantik« des Erzählers zusammen (Charles Sealsfield, ²1979, S. 118 und 108).

42 Johannes *Scherr,* nach *Castle,* Der große Unbekannte, S. 429.

43 Jahrbuch der Literatur 1839, nach ebd., S. 445.

44 Ebd.

45 Titel (in New York, *Castle:* on New York) nach *Goedeke,* Bd. 15, S. 647.

46 *Castle,* Der große Unbekannte, S. 445.

47 Ebd., S. 443.

48 Der Zusammenhang zwischen Amerika-Thematik und Erzählkunst bei Charles Sealsfield (Karl Postl), in: Litwiss.Jb., N.F., Bd. 8 (1967), S. 98 f.

49 Ebd., S. 99.

50 Ebd., S. 101.

51 Ebd., S. 102.

52 Ebd., S. 106.

53 Ebd., S. 114.

54 Sealsfields Erzählformel seiner Amerika-Romane: Raum und Zeit als Welt und Geschichte, in: The German Contribution to the Building of the Americas, Studies in Honor of Karl J. R. *Arndt,* hg. v. W. *Schatzberg* und G. K. *Friesen,* Hannover (USA) 1977, S. 194 f., 213.

55 Ebd., S. 197.

56 Ebd., S. 210.

57 Nach der übereinstimmenden Meinung von Oskar *Hackel* (Die Technik der Naturschilderung in den Romanen von Charles Sealsfield, Prag 1911, S. 47 f., 68 f.) und Gerhard *Muschwitz* (Charles Sealsfield und der exotische Roman, Diss. Hannover 1969, S. 149) nehmen die metaphorische Hyperbolik und der Exotismus im Laufe von Sealsfields Entwicklung zu. Nach *Muschwitz* (S. 193) ist »Süden und Norden« Sealsfields »exotischstes« Werk.

58 Ges. Werke, Bd. 16, Stuttgart 1846, S. XII.

59 Norman L. *Willey,* Sealsfield's Unrealistic Mexico, in: Monatshefte, Bd. 48 (1956), S. 127–136.

60 Die Grabesschuld, nachgel. Erzählung von Charles *Sealsfield,* hg. v. Alfred *Meißner,* Leipzig 1873, S. 103.

61 *Castle,* Der große Unbekannte, S. 70.

62 Max L. *Schmidt,* Amerikanismen bei Charles Sealsfield, Würzburg 1937.

63 Gunter G. *Sehm,* Charles Sealsfields Sprache im ›Kajütenbuch‹, eine linguistische Studie, Jahresgabe der Charles Sealsfield-Ges., Stuttgart 1975, S. 3.

64 Charles Sealsfield as a Realist, in: Monatshefte für deutschen Unterricht, Bd. 34 (1942), S. 295–306.

65 Charles Sealsfield, in: Die Grenzboten, Jg. 23, I. Sem., Bd. 2, 1846, S. 436.

66 Sealsfield's Claim to Realism, in: Monatshefte für deutschen Unterricht, Bd. 35 (1943), S. 271–285.

67 Jg. 3 (1846), Nr. 125, S. 976.

68 Sealsfield – a Replication, in: Monatshefte für deutschen Unterricht, Bd. 35 (1943), S. 365–377.

69 Der Zusammenhang zwischen Amerika-Thematik und Erzählkunst bei Charles Sealsfield, S. 104 ff.

70 Charles Sealsfield. Besonderheit und Grenzen eines Schriftstellers, Diss. Bonn 1955.

71 Der Zusammenhang zwischen Amerika-Thematik und Erzählkunst, S. 99.

72 S. 425.

73 Charles Sealsfield, S. 83.

74 Sealsfield, in: Die Grenzboten, Jg. 23, I. Sem., Bd. 2, 1846, S. 434.

75 Ebd., S. 435.

76 Ebd., S. 432.

77 Bd. 3, Brüssel 1848, S. 359–388.

78 Österreichische Blätter für Literatur und Kunst... Jg. 4, Nr. 70, S. 277 und 280.

79 Aus einer Auseinandersetzung in den »Deutsch-amerikanischen Wahlverwandtschaften« (1839/40) nach Bernhard *Uhlendorf,* Sealsfield und seine Zeitgenossen, in: Der Wächter, Bd. 7 (1924), S. 549.

80 *Weiss,* Der Zusammenhang zwischen Amerika-Thematik und Erzählkunst, S. 116 f.; Gerhard *Friesen,* The German Panoramic Novel of the 19th Century, Bern und Frankfurt 1972.
81 Die Geschichte der deutschen Literatur im neunzehnten Jahrhundert, Bd. 3, Leipzig ²1855, S. 265.
82 Jutta *Faber,* Friesen-Rezension, in: Aurora Bd. 34 (1974), S. 107.
83 The German Panoramic Novel of the 19th Century, S. 55.
84 Ebd., S. 57 und 61 f.
85 In: A. R., Sämmtliche Werke, Bd. 3, Mannheim ²1847, S. 302.
86 Ebd., S. 309.
87 Sealsfield, in: Die Grenzboten, Jg. 23, I. Se., Bd. 2, 1846, S. 432.
88 Ebd., S. 437.
89 Zwischen ›Wilhelm Meister‹ und ›Die Ritter vom Geist‹: Zur Auseinandersetzung zwischen Bildungsroman und Sozialroman im 19. Jahrhundert, in: DVjs Bd. 43 (1969), S. 487–514.
90 Bd. 1, Stuttgart 1975, S. 164.
91 Ebd., S. 107 f.
92 Hugo von *Hofmannsthal,* Ges. Werke, hg. v. Herbert *Steiner,* Prosa III, Frankfurt/M. 1952, S. 108.
93 Fritz Peter *Kirsch,* Probleme der Romanstruktur bei Victor Hugo, Wien 1973, S. 21 f., 273.

Karl Immermann

1 Hans-Georg *Gadamer,* Karl Immermanns »Chiliastische Sonette«, in: NR, Jg. 60 (1949), S. 491.
2 Immermanns Werke, mit Einleitungen von Robert *Boxberger,* Bd. 14/15, Berlin o. J. Einleitung zu ›Die Schule der Frommen‹, S. 289.
3 David Friedrich *Strauß,* Kleine Schriften, Leipzig 1862, S. 198.
4 Vgl. Manfred *Windfuhr,* Immermanns erzählerisches Werk, Zur Situation des Romans in der Restaurationszeit, Gießen 1957, S. 73 f.
5 Franz *Grillparzer,* Sämtliche Werke, hg. v. August *Sauer* und Reinhold *Backmann,* 1. Abt., Bd. 14/15, Wien 1925, S. 109.
6 Eduard *Devrient,* Geschichte der deutschen Schauspielkunst, in zwei Bänden neu hg. v. Rolf *Kabel* und Christoph *Trilse,* Bd. 2, München/Wien 1967, S. 231 ff.
7 Briefe an Ludwig Tieck, hg. v. Karl von *Holtei,* Bd. 2, Breslau 1864, S. 112.
8 Karl *Immermann,* Werke in fünf Bänden, hg. v. Benno von *Wiese,* Bd. 4, Frankfurt/M. 1973, S. 47 f.
9 Norbert von *Hellingrath,* Hölderlin-Vermächtnis, Forschungen und Vorträge, eingel. v. Ludwig v. *Pigenot,* München ²1944, S. 276. Hervorhebung von mir.
10 Werke, hg. v. *Wiese,* Bd. 1, S. 684.
11 Ebd., Bd. 4, S. 584 f.
12 Ebd., Bd. 1, S. 519.
13 Ebd., S. 619.
14 Ebd., Bd. 4, S. 667.
15 Ralf *Stamm,* Ludwig Tiecks späte Novellen, Grundlage und Technik des Wunderbaren, Stuttgart u. a. 1973.
16 Werke, hg. v. *Wiese,* Bd. 1, S. 554 ff.
17 Ebd., S. 537 f.
18 Ebd., S. 537.
19 Ebd., S. 539 f.
20 Ebd., S. 517.
21 Ebd., Bd. 4, S. 604.

22 Ebd., Bd. 1, S. 634.
23 Ebd., Bd. 4, S. 606.
24 Heinrich *Laube,* Gesammelte Werke, hg. v. Heinrich Hubert *Houben,* Bd. 49, Leipzig 1909, S. 268–284, die folgenden Zitate S. 270, 276 und 277.
25 Ebd., Bd. 50, S. 145.
26 Friedrich *Engels,* Immermanns »Memorabilien« (1841), in: Meisterwerke deutscher Literaturkritik, hg. v. Hans *Mayer,* Bd. 2, Berlin 1956, S. 255.
27 Ges. Werke, Bd. 50, S. 131.
28 Bruno *Hillebrand,* Immermann und die Geschichte, in: Sprache und Bekenntnis, Fs. f. Hermann *Kunisch,* Berlin 1971, S. 231.
29 Briefwechsel zwischen Strauß und Vischer, hg. v. Adolf *Rapp,* Bd. 1, Stuttgart 1952, S. 107.
30 Kleine Schriften, S. 210, 213.
31 Kleine Schriften zur Litteratur und Kunst, Bd. 2, Berlin 1872, S. 3–120.
32 Meisterwerke deutscher Literaturkritik, hg. v. *Mayer,* Bd. 2, S. 260, 264, folgende Zitate S. 259, 262 f.
33 Zu Immermanns Säkularfeier, in: E. S., Charakteristiken, 2. Reihe, Berlin ²1912, S. 341.
34 Hier bin ich ganz *Hillebrands* Meinung: Immermann und die Geschichte, S. 232 u. a.
35 Walter *Höllerer,* Zwischen Klassik und Moderne, Lachen und Weinen in der Dichtung einer Übergangszeit, Stuttgart 1958, S. 229.
36 Werke, hg. v. *Wiese,* Bd. 1, S. 676 f.
37 Alexander *Jung,* Vorlesung über die moderne Literatur der Deutschen, Danzig 1842, S. 102 f.
38 Werke, hg. v. *Wiese,* Bd. 4, S. 648. Es geht hier nur um das (wiederholte) Wort »Dinge«, folgende Zitate S. 644 ff.
39 Bernd *Kortländer* und Axel *Marquardt,* Poetische Kontaktstellen, Die Anregungen Ch. B. Schlüters zu Gedichten der Droste, in: Kleine Beiträge zur Drosteforschung, Nr. 4 (1976/77), S. 22–52.
40 Werke, hg. v. *Wiese,* Bd. 1, S. 520.
41 Karl Immermann, Sein Werk und sein Leben, Bad Homburg u. a. 1969, S. 42.
42 Werke, hg. v. *Boxberger,* Bd. 9, S. 21.
43 *Windfuhr,* Immermanns erzählerisches Werk, S. 47 f., gibt kurze Texte aus den beiden Fassungen wieder und vergleicht sie.
44 von *Wiese,* Immermann, S. 52.
45 Werke, hg. v. *Wiese,* Bd. 1, S. 614.
46 Immermanns erzählerisches Werk, S. 45.
47 Immermann, S. 58.
48 *Windfuhr,* Immermanns erzählerisches Werk, S. 99 f.
49 Ebd., S. 97.
50 Ebd., S. 55.
51 Werke, hg. v. *Wiese,* Bd. 1, S. 631.
52 Ebd., S. 551.
53 Ebd.
54 Ebd., S. 671.
55 Ebd., S. 550.
56 *Laube,* Ges. Werke, Bd. 50, S. 131; in dem früher erwähnten Aufsatz »Gans und Immermann«.
57 Werke, hg. v. *Boxberger,* Bd. 14, S. 179.
58 Werke, hg. v. *Wiese,* Bd. 1, S. 541.
59 Friedrich *Sengle,* Das historische Drama in Deutschland, Geschichte eines literarischen Mythos, Stuttgart ²1969, S. 154.
60 Mannheim 1835, (fotomechanischer Nachdruck, Frankfurt/M. 1973), S. 104/105.
61 Ebd., S. 89.
62 von *Wiese,* Immermann, S. 96.

63 Adolf *Stahr*, Karl Immermann (1844), in: A. St., Kleine Schriften zur Litteratur und Kunst, Bd. 2, Berlin 1872, S. 75.
64 Zitiert ebd.
65 Werke, hg. v. *Boxberger*, Bd. 15, S. 43.
66 Immermanns »Chiliastische Sonette«, S. 497 f.
67 Geschichte der deutschen Schauspielkunst, Neudruck, Bd. 2, S. 228.
68 von *Wiese*, Immermann, S. 87.
69 Ebd., S. 82.
70 Michael *Beer*, Briefwechsel, hg. v. Eduard von *Schenk*, Leipzig 1837, S. 121.
71 *Windfuhr*, Immermanns erzählerisches Werk, S. 103.
72 Ebd., S. 102.
73 Tagebuch Mitte Oktober 1833 (Goethe-Schiller-Archiv, Weimar), vgl. ebd., S. 104.
74 *Immermann*, Tulifäntchen, ein Heldengedicht in drei Gesängen, mit den Änderungsvorschlägen von Heinrich Heine und einem Dokumentenanhang, hg. v. Peter *Hasubek*, Stuttgart 1968, S. 142.
75 Ebd., S. 137.
76 Ebd.
77 Renate *Böschenstein-Schäfer*, Idylle, Stuttgart 1967, S. 2 ff.
78 Max *Kommerell*, Immermann und das 19. Jahrhundert, in: M. K., Essays, Notizen, Poetische Fragmente, hg. v. Inge *Jens*, Olten und Freiburg i. B. 1969, S. 216 f.
79 von *Wiese*, Immermann, S. 162.
80 *Windfuhr*, Immermanns erzählerisches Werk, S. 122.
81 Ebd., S. 122 f.
82 von *Wiese*, Immermann, S. 163.
83 Ebd., S. 170.
84 Werke, hg. v. *Wiese*, Bd. 4, S. 274.
85 Ebd., S. 279.
86 Ebd., S. 289, 302.
87 Ebd., S. 304, 310.
88 Ebd., S. 325.
89 Ebd., S. 329.
90 Ebd., S. 341.
91 Ebd., S. 343.
92 Ebd., S. 342.
93 Ebd., S. 343.
94 Ebd., S. 354, 344.
95 Ebd., S. 353.
96 Ebd., S. 407.
97 Ebd., S. 373.
98 Ebd., S. 372.
99 *Windfuhr*, Immermanns erzählerisches Werk, S. 203 ff.
100 Werke, hg. v. *Wiese*, Bd. 4, S. 657 f.
101 Ebd., S. 664 f.
102 Ebd., S. 674.
103 Ebd., S. 682.
104 Ebd., S. 684.
105 von *Wiese*, Immermann, S. 268.
106 Werke, hg. v. *Wiese*, Bd. 4, S. 649 f.
107 Ebd., S. 611.
108 Ebd., S. 574.
109 Vgl. *Windfuhr*, Immermanns erzählerisches Werk, S. 133 ff.
110 Ebd., S. 138.

111 Ebd., S. 156.

112 Karl Immermanns »Epigonen«, in: H. M., Von Lessing bis Thomas Mann, Pfullingen 1959, S. 247–272, hier S. 265 f., 272.

113 Gustav zu *Putlitz*, Karl Immermann, Sein Leben und seine Werke aus Tagebüchern und Briefen an seine Familie zusammengestellt, Bd. 2, Berlin 1870, S. 153.

114 Immermann, S. 183 f. Neuerdings vergleiche auch: Heinz Josef *Halm*, Formen der Narrheit in Immermanns Prosa, Marburg 1972.

115 Ebd., S. 186.

116 Ebd., S. 182 f.

117 Ebd., S. 187.

118 Ebd., S. 182.

119 Z. B. Fritz *Rumler*, Realistische Elemente in Immermanns »Epigonen«, Diss. München 1964, S. 76.

120 Ich denke an die Arbeiten und an die Anthologie von Gonthier-Louis *Fink*, bes.: Die Bildung des Bürgers zum »Bürger«, Individuum und Gesellschaft in »Wilhelm Meisters Lehrjahren«, in: Recherches germaniques Bd. 2, hg. v. *Fink*, Strasbourg 1972, S. 3–37.

121 Immermann, Bd. 2, S. 137.

122 von *Wiese*, Immermann, S. 203.

123 *Rumler*, Realistische Elemente in Immermanns »Epigonen«, S. 126.

124 Wolfgang *Pross*, Jean Pauls geschichtliche Stellung, Tübingen 1975, S. 170 ff.

125 zu *Putlitz*, Immermann, Bd. 2, S. 136 f.

126 *Rumler*, Realistische Elemente in Immermanns »Epigonen«, S. 43.

127 Ebd., S. 51.

128 Ebd., S. 46 f.

129 *Gutzkow*, Götter, Helden, Don-Quixote, Abstimmungen zur Beurtheilung der literarischen Epoche, Hamburg 1838, S. 158 (Erstdruck). Deutlicher heute bei Joachim Worthmann (Probleme des Zeitromans, Heidelberg 1974, S. 52): »Zeitreflexion und Abenteuerhandlung klaffen in der Gestaltung auseinander.«

130 Ebd., *Gutzkow*, S. 163 f.

131 *Windfuhr*, Immermanns erzählerisches Werk, S. 199.

132 Werner *Hahl*, Gesellschaftlicher Konservativismus und literarischer Realismus, in: Realismus und Gründerzeit, Manifeste und Dokumente zur deutschen Literatur 1848–1880, hg. v. Max *Bucher* u. a., Bd. 1, Stuttgart 1975, S. 50, 71–93.

133 Auch hierzu *Windfuhr*, Immermanns erzählerisches Werk, S. 183 ff.

134 Ebd., S. 200.

135 Erinnerungsblätter, S. 135 f., 25. 4. 1839, vgl. ebd., S. 181. Ich wiederhole: das »positive Element«, und die Mehrheit, die dies heute nicht wahrhaben will, interpretiert nur *sich selbst.*

136 Düsseldorfer Jahrbuch, S. 131, Mai 1838, vgl. ebd., S. 193.

137 Gustav *Konrad*, Immermanns ›Münchhausen‹, in: Acta Germanica, Bd. 3, 1968, S. 170, 183.

138 Dimiter *Statkov*, Über die dialektische Struktur des Immermann-Romans »Münchhausen«. Zum Problem des Übergangs von der Romantik zum Realismus, in: WB, Bd. 11 (1965), S. 203.

139 Ich habe allerdings nur die Interpretation, in: Der deutsche Roman. Vom Barock bis zur Gegenwart, Struktur und Geschichte, hg. v. *Wiese*, Bd. 1, Düsseldorf 1963, S. 353–406 gelesen und eine mögliche Weiterentwicklung im Immermann-Buch nicht untersucht.

140 Siegfried *Kohlhammer*, Resignation und Revolte, Immermanns »Münchhausen«: Satire und Zeitroman der Restaurationsepoche, Stuttgart 1973, S. 108.

141 Ebd., S. 65.

142 Ansätze dazu bei William *Mc Clain* (K. L. Immermann's Portrait of a Folk-Hero in *Münchhausen*, Studies in German Literature of the 19th and 20th Centuries, hg. v. S. *Mews*, Chapel Hill 1970, S. 55–63). Er betont die heroische Tragik des Hofschulzen wohl zu stark, sieht aber richtig, daß der Erzähler die (groteske!) heroische Selbständigkeit des Bauern durch das weniger

traditionelle Selbständigkeitsideal des Diakonus korrigiert. Die Naivität des Bauern wird noch nicht zu einer absoluten Norm!

143 Jeffrey L. *Sammons,* Six Essays on the Young German Novel, Chapel Hill 1972, S. 141.
144 Kohlhammer, Resignation und Revolte, S. 140.
145 Essays, Notizen, S. 218.

Albert Bitzius / Jeremias Gotthelf

1 Vgl. Friedrich *Sengle,* Zum Wandel des Gotthelfbildes, in: GRM Bd. 38 (N. F. Bd. 7), (1957), S. 244–253.
2 Walter *Muschg,* Jeremias Gotthelf, Eine Einführung in seine Werke, Bern und München 1954.
3 Herbert M. *Waidson,* Jeremias Gotthelf, An Introduction to the Swiss Novelist, Oxford 1953, S. 209.
4 Karl *Fehr,* Jeremias Gotthelf (Albert Bitzius), Stuttgart 1967.
5 Carl *Manuel,* Jeremias Gotthelf, München und Leipzig ²1922, S. 13.
6 Ebd., S. 26.
7 Ebd., S. 165.
8 Ebd.
9 Werner *Günther,* Jeremias Gotthelf, Wesen und Werk, Berlin u. a. ²1954, (¹1934). Günthers Aufsatz über »Gotthelfs Größe« verrät, daß durch den (jetzt abgewandelten) Klassikbegriff vor allem eine Gleichordnung mit Goethe erreicht werden soll (*Günther,* Form und Sinn, Beiträge zur Literatur- und Geistesgeschichte, hg. v. Robert *Blaser* und Rudolf *Zellweger,* Bern und München 1968, vor allem S. 135).
10 Vgl. die Skizzen des Augenzeugen Fröhlich, der nicht nur ein guter Bekannter Gotthelfs war, sondern uns auch den Durchschnitt der damaligen konservativen Literatur in der Schweiz vergegenwärtigen kann (vgl. Bd. II, S. 134 ff., 180 ff., 697 f.): A. E. *Fröhlich,* Die Pfarre in Lützelflüh (in: Magazin f. d. Lit. des Auslandes 4. 5. 1850 und 7. 5. 1850). Ferner in: Jeremias Gotthelf, Erzählungen und Bilder aus dem Volksleben der Schweiz, Bd. 5, Berlin 1855 (S. I–XXXVI. *Fröhlich,* Aus Jeremias Gotthelfs Leben). Wenn Fröhlich immer wieder von Gotthelfs »Idylle« spricht, so widerspricht dies im Biedermeier keineswegs einer von Arbeit voll ausgefüllten Existenz im kleinen Kreise.
11 *Manuel,* Jeremias Gotthelf ²1922, S. 9.
12 Ebd., S. 44.
13 Jeremias *Gotthelf,* Sämtliche Werke (= HKA) in 24 Bdn., hg. v. Rudolf *Hunziker* und Hans *Bloesch,* Erg.-Bd. 12, Erlenbach-Zürich 1954.
14 Jeremias Gotthelf, 1967, S. 95.
15 HKA, Erg.-Bd. 12, S. 53.
16 Ebd., S. 26.
17 Ebd., S. 22 ff.
18 Ebd., S. 53 f.
19 Ebd., S. 247 ff.
20 Ebd., S. 57 ff.
21 Ebd., S. 60.
22 Ebd., S. 267.
23 Jeremias Gotthelf, ²1922, S. 157.
24 HKA, Erg.-Bd. 12, S. 139.
25 Ebd., S. 150.
26 Ebd., S. 120.
27 Jeremias Gotthelf, wiederholt z. B. ²1922, S. 14.
28 HKA, Erg.-Bd. 12, S. 284.
29 Ebd., S. 282.

30 Ebd., S. 275.
31 Ebd., S. 78.
32 Sie verkennt auch Werner *Günther,* wenn er die Gurtenwanderung »unecht« nennt (Neue Gotthelf-Studien, Bern 1958, S. 161 f.).
33 HKA, Erg.-Bd. 12, S. 233.
34 *Muschg,* Gotthelf, die Geheimnisse des Erzählers, München 1931, S. 507.
35 Gabriel *Muret,* Jérémie Gotthelf, Sa vie et ses oeuvres, Paris 1913, S. 70, 74.
36 *Waidson,* Jeremias Gotthelf, S. 21.
37 HKA, Erg.-Bd. 6, S. 149.
38 Ebd., Erg.-Bd. 12, S. 58.
39 Vgl. auch Brief an Johann Rudolf Schneider 18. 10. 1840: »Lawinen«.
40 *Waidson,* Jeremias Gotthelf, S. 123.
41 Sympathisch, aber in der historischen Methode unzulänglich ist die Kohlschmidt-Dissertation von Hans *Itten,* Jeremias Gotthelf als Kalenderschreiber, Zürich 1959. Der »Hinkende Bote« wird beim Vergleich durch die »Alpenrosen« ersetzt, die ein bürgerliches Organ sind. Die Vergleiche mit früheren berühmten Kalenderschreibern sind z. T. nicht falsch, bleiben aber aus historischen Gründen zu vage. Die Fragestellung bleibt, wie alle sozialgeschichtlichen Fragen der Gotthelf-Forschung, ein lohnendes Thema.
42 Ebd., S. 23.
43 *Itten* kritisiert diese Meinung S. 24, überzeugt mich aber nicht.
44 HKA, Erg.-Bd. 23, Erlenbach-Zürich 1931, S. 284.
45 Olga von *Hippel,* Die pädagogische Dorf-Utopie der Aufklärung, Langensalza u. a. 1939, S. 79 ff. (eine in der Germanistik zu wenig ausgewertete pädagogische Dissertation aus der Schule Hermann Nohls).
46 Eberhard *Seybold,* Das Genrebild in der deutschen Literatur. Vom Sturm und Drang bis zum Realismus, Stuttgart u. a. 1967, Abschnitt über Gotthelf, S. 170–184.
47 HKA, Bd. 15, Erlenbach-Zürich 1925, S. 88.
48 *Muschg,* Jeremias Gotthelf, 1954, S. 32 f.
49 *Fehr,* Jeremias Gotthelf, 1967, S. 53.
50 Jahreszahl nach *Waidson,* Jeremias Gotthelf, S. 135.
51 Rezension von »Erlebnissen eines Schuldenbauers« 1855, zit. nach Hans *Mayer,* Meisterwerke deutscher Literaturkritik, Berlin ¹1956, Bd. 2, S. 569.
52 *Waidson,* Jeremias Gotthelf, S. 71.
53 Rezension von »Uli der Knecht« und »Uli der Pächter«, zit. nach *Mayer,* Meisterwerke deutscher Literaturkritik, S. 531.
54 Briefwechsel Hagenbach/Gotthelf, hg. v. Ferdinand *Vetter,* Basel 1910, S. 18.
55 *Manuel,* Jeremias Gotthelf, ²1922, S. 123.
56 Ebd.
57 Ebd., S. 125.
58 Ebd., S. 126.
59 Der sozialgeschichtliche Hintergrund von Gotthelfs Polemik gegen die verhaßte säkularisierte Kultur ist wenig erforscht; vgl. jetzt aber die eingehende, wenn auch vielleicht noch zu vorsichtige Analyse von Hans *Göttler:* Der Pfarrer im Werk Jeremias Gotthelfs, Ein Beitrag zur Stellung des Geistlichen in der Biedermeierzeit (demnächst).
60 Vgl. jetzt die ausfürliche Analyse von Katherine M. *Littel* (Jeremias Gotthelf's *Die Käserei in der Vehfreude,* Bern u. a. 1977), die im einzelnen gute Beobachtungen bringt, in der Struktur aber darunter leidet, daß das Werk und sein Dichter allzu einseitig als schweizerisch aus der Zeit herausgelöst und nach dem *Unterschied* zur alten Schweizer Satire zu wenig gefragt wird. Interessanter als die westliche Interpretation ist diesmal die kurze Analyse in der DDR-Geschichte der deutschen Literatur, Bd. 8, 1, S. 285, auch die Wertung: »hervorragendes Werk«, »bedeutsamer realistischer Zeitroman«.
61 Zit. nach *Mayer,* Meisterwerke deutscher Literaturkritik, S. 566.

62 Werner *Hahl*, Jeremias Gotthelf und der Rechtsstaat. Dichtung im Kontext der Rechts- und Verfassungsgeschichte am Beispiel der *Erlebnisse eines Schuldenbauers*, IASL, Bd. 4 (1979), S. 76 f.

63 Das Bild des Menschen bei Jeremias Gotthelf, Frauenfeld 1953, S. 304.

64 Hans M. *Wolff*, Die Weltanschauung der deutschen Aufklärung in geschichtlicher Entwicklung, München 1949.

65 Alfred *Reber*, Stil und Bedeutung des Gesprächs im Werke Jeremias Gotthelfs, Berlin 1967, S. 16: »barer Unsinn«.

66 Christiane *Thaler*, Die Zwischenrede des auktorialen Erzählers im Romanwerk Jeremias Gotthelfs, Diss. [Masch.] Wien 1968.

67 Ebd., S. 6, 42 f. und 78. Trotzdem leider zu viel Kritik.

68 Jeremias Gotthelf, ²1954, S. 113.

69 Zit. nach *Mayer*, Meisterwerke deutscher Literaturkritik, S. 543.

70 *Manuel*, Jeremias Gotthelf, S. 29, vgl. dazu auch Theodor *Salfinger*, Gotthelf und die Romantik, Basel 1945.

71 1828, 51, S. 201.

72 Walter Heinrich *Strasser*, Jeremias Gotthelf als Satiriker, Diss. Basel 1960.

73 »O Muse, die du mir nie geboren worden...« Über eine unbekannte dichterische Allegorie aus Gotthelfs Frühzeit, Sammlung 8 (1953), S. 226–238.

74 So Sven-Aage *Jørgensen* (Dichtung und Verkündigung. Zu Jeremias Gotthelfs Novelle »Die schwarze Spinne«, in: Fides quaerens Intellectum, Festschrift für Heinrich *Roos*, S. J., Kopenhagen 1964, S. 91–102), – wenn ich diese tiefe, aber religiös sehr vorsichtige Interpretation richtig verstehe: »Offenbarwerden des *innerseelischen Bösen*« (S. 101).

75 Nach *Manuel*, Jeremias Gotthelf, ²1922, S. 132.

76 HKA, Erg.-Bd. 12, S. 57.

77 Ebd., S. 73.

78 Stil und Bedeutung des Gesprächs im Werke Jeremias Gotthelfs, S. 134–139, vgl. auch Hildegund *Kunz*, Bildersprache als Daseinserschließung, Metaphorik in Gotthelfs ›Geld und Geist‹ und in ›Anne Bäbi Jowäger‹, Bern 1969. Mit Begriffen wie »Schöpfer-Orgien« (S. 123) und »Sprachbesessenheit« (S. 36) versucht die Verfasserin den rhetorischen Charakter von Gotthelfs Dichtung abzuschwächen und an traditionelle ästhetische Normen im Sinne Günthers (Jeremias Gotthelf, Berlin u. a. 1954) anzunähern. Richtig an dieser Argumentation ist nur der Hinweis auf Gotthelfs starke (wenn auch ungezügelte) Sprachkraft. Diese verbindet ihn mit Dichtern wie Grabbe und Sealsfield. Im Brief an Karl Rudolf Hagenbach vom 14. 11. 1841 gibt Gotthelf selbst seine Neigung zum »Überschwänglichen« zur »Unmäßigkeit«, seinen Abstand vom »claßisch Ebenen« bedauernd zu.

79 Jeremias Gotthelf, ²1922, S. 56.

80 Walther *Hopf*, Jeremias Gotthelf im Kreise seiner Amtsbrüder und als Pfarrer, Bern 1927, S. 14.

81 Ebd.

82 Albrecht *Schöne*, Didaktische Verweisung. Jeremias Gotthelf, in: A. S., Säkularisation als sprachbildende Kraft, Göttingen 1958, S. 149 (Zitat s. o. S. 928 * Anmerkung).

83 Alberto *Martino*, Die deutsche Leihbibliothek und ihr Publikum, in: Literatur in der sozialen Bewegung. Aufsätze und Forschungsberichte zum 19. Jahrhundert, hg. v. Alberto *Martino* in Verbindung mit Günter *Häntzschel* und Georg *Jäger*, Tübingen 1977, S. 16 f.

84 Jeremias Gotthelf, 1954, S. 185 ff.

85 Jeremias Gotthelf, ²1922, S. 150.

86 Hermann F. *Weiß*, Vorspiel zur Revolution. Die Bewertung der Demut in den vierziger Jahren des 19. Jahrhunderts, in: ZfDPh, Bd. 97 (1978), S. 204–225.

87 Jeremias Gotthelf, 1967, S. 71.

88 Jeremias Gotthelf, 1954, S. 152 ff., 164 ff.

89 Ebd., S. 160.

90 Ebd., S. 165.
91 *Fehr,* Jeremias Gotthelf, 1967, S. 58. Das Fragment: HKA, Erg.-Bd. 10, Erlenbach-Zürich 1958, S. 167–206.
92 *Hunziker,* Jeremias Gotthelf, Frauenfeld und Leipzig 1927, S. 201.
93 *Hunzikers* Irrtum hat aber den Anlaß zur Erforschung dieses gattungsgeschichtlichen Phänomens gegeben: Ulrich *Eisenbeiß,* Das Idyllische in der Novelle der Biedermeierzeit, Stuttgart u. a. 1973.
94 Jeremias Gotthelf, ²1922, S. 96 f.
95 Ebd., S. 148.
96 Ebd., S. 151 f.
97 Wirtschaft und Gesellschaft, Tübingen ⁵1972, S. 365. Ich verdanke das Zitat Wolfgang *Pross.*

Adalbert Stifter

1 Adalbert *Stifter,* Gesammelte Werke, hg. v. Konrad *Steffen,* Bd. 14, Basel und Stuttgart 1972, S. 122.
2 Urban *Roedl* [Pseud. für Bruno *Adler*], Adalbert Stifter in Selbstzeugnissen und Bilddokumenten, Hamburg 1965, S. 33. Auch andere Stifterforscher scheinen schlechte Klopstockkenner zu sein.
3 Josef *Buchowieck,* Adalbert Stifter, Zur Geschichte der Gedichte, Wien 1976, S. 7.
4 Ernst *Bertram,* Studien zu Adalbert Stifters Novellentechnik, Dortmund ²1966, S. 9–49, bes. S. 23; 1. Ausg. 1907.
5 Gustav *Wilhelm,* Adalbert Stifters Jugendbriefe (1822–39), hg. u. eingel. von Moriz *Enzinger,* Graz, Wien, München 1954.
6 Adalbert Stifter. Psychologische Beiträge zur Biographie, in: VASILO Jg. 10 (1961), S. 32.
7 Vgl. Johann *Aprent,* Adalbert Stifter, 1869, hg. v. Moriz *Enzinger,* Nürnberg 1955, S. 55; *Enzinger,* Ein Gesuch A. Stifters um Verleihung einer Adjunktenstelle an der Universität Wien, in: M. E., Gesammelte Aufsätze zu Adalbert Stifter, Wien 1967, S. 9–14; Harro *Heim,* Die Naturwissenschaft im Werk Adalbert Stifters, Diss. [Masch.] Köln 1952; Rosemarie *Weidinger,* Adalbert Stifter und die Naturwissenschaften, Diss. [Masch.] Frankfurt 1952, Teildruck in VASILO, Jg. 3 und 4 (1954 und 1955), S. 129–138 und S. 1–13). Martin *Selge,* Adalbert Stifter, Poesie aus dem Geist der Naturwissenschaft, Stuttgart u. a. 1976.
8 *Aprent,* Adalbert Stifter, hg. v. *Enzinger,* S. 47.
9 Das kosmische Erschrecken in Stifters Frühwerk, in: Die Sammlung, Jg. 8 (1953), S. 6–13. Vgl. auch Otto *Jungmair,* Zwischen Romantik und Nihilismus, VASILO, Jg. 3 (1953), S. 12–14. Ferner: Hans *Unterreitmeier:* Der Riß durch die Wirklichkeit, Versuch einer philosophischen Deutung von Adalbert Stifters Erzählung »Der Kondor«, in: Literaturwissenschaftliches Jb. NF 15 (1974), S. 145–156.
10 *Aprent,* Adalbert Stifter, hg. v. *Enzinger,* S. 84.
11 Gesammelte Werke, hg. v. *Steffen,* Bd. 14, S. 127 f.
12 Bertram, Studien zu Adalbert Stifters Novellentechnik, S. 33.
13 Werner *Hoffmann,* Adalbert Stifters Erzählung ›Zwei Schwestern‹, Ein Vergleich der beiden Fassungen, Marburg 1966, S. 129 ff.
14 Ebd., S. 135.
15 Christine *Sjogren,* Stifter's Affirmation of Formlessness in Nachsommer, in: MLQ, Bd. 29 (1968), S. 407–14. Jetzt auch in: *Sjogren,* The Marble Statue as Idea, Collected Essays on Adalbert Stifter's *Der Nachsommer,* Chapel Hill 1972, S. 44–51.
16 Ich denke an Karlheinz *Rossbachers* »Alles wird gleich wichtig« (Erzählstandpunkt und Personendarstellung bei Adalbert Stifter, in: VASILO Jg. 17, 1968, S. 54), ferner an die Gesamttendenz von Keith *Spaldings* Stifter-Essay, in: German Men of Letters, Bd. 5, hg. v. Alex *Natan,* London 1969, S. 183–206. Er betont das sanfte Gesetz zu stark – wie so viele.

17 Hans *Rempel,* Aufstieg der deutschen Landschaft. Das Heimaterlebnis von Jean Paul bis Stifter, Gießen 1964, S. 21.
18 Moriz *Enzinger* (Hg.): Stifter im Urteil seiner Zeit, Wien 1968, S. 132 f.
19 Ebd., S. 129.
20 Ebd., S. 106 f., 105.
21 *Rossbacher,* Erzählstandpunkt und Personendarstellung bei A. Stifter, in: VASILO, Jg. 17 (1968), S. 55 f., vgl. auch Gerald *Gillespie,* Space and Time seen through Stifter's telescope, in: GQ, Bd. 37 (1964), S. 120–130.
22 *Enzinger,* Stifters Erzählung »Zuversicht«, in: VASILO, Jg. 17 (1968), S. 21–32.
23 Vgl. Wolfgang *Pross,* Jean Pauls geschichtliche Stellung, Tübingen 1975.
24 Erik *Lunding,* Probleme und Ergebnisse der Stifterforschung 1945–54, Euph. 49 (1955), S. 203–244. Vgl. neuerdings *Spalding,* Adalbert Stifter, in: German Men of Letters, Bd. V, hg. v. *Natan,* S. 191: »This is what distinguishes him from the later Realists who tended to see things as symbols«.
25 *Enzinger,* Stifter im Urteil seiner Zeit, S. 43.
26 Adalbert Stifter als Dichter der Ehrfurcht, Olten 1943, S. 11.
27 Hermann *Frodl,* Humoristische Elemente in Adalbert Stifters Werk, in: VASILO, Jg. 17 (1968), S. 73 f.
28 Hans Dietrich *Irmscher,* Adalbert Stifter, Wirklichkeitserfahrung und gegenständliche Darstellung, München 1971, S. 46.
29 Hedwig *Straumann-Windler,* Stifters Narren. Zum Problem der Spätromantik, Zürich 1952. Noch keine gründliche Bearbeitung des Themas.
30 Hans *Geulen,* Stiftersche Sonderlinge. »Kalkstein« und »Turmalin«, in: Jb. d. dt. Schillerges. Bd. 17 (1973), S. 429 f.
31 *Bertram,* Studien zu Adalbert Stifters Novellentechnik, S. 34.
32 Adalbert *Stifter,* Julius, hg. v. Kurt Gerhard *Fischer,* Linz 1965, S. 38 ff.
33 Zu diesem Problem vgl. besonders Marion *Müller-Potschien,* Das Schweigen in der Dichtung Adalbert Stifters, Diss. Erlangen–Nürnberg 1968.
34 Richard *Exner,* Hugo von Hofmannsthal zu Adalbert Stifter, in: Adalbert Stifter, Studien und Interpretationen, Gedenkschr. zum 100. Todestag, hg. v. Lothar *Stiehm,* Heidelberg 1968, S. 307.
35 Zu ähnlichen Ergebnissen kommt auf einem anderen Wege Helga *Bleckwenn,* Stifter und Goethe, Frankfurt und Bern 1977, S. 27.
36 *Enzinger,* Ad. Stifter im Urteil seiner Zeit, S. 40.
37 Konrad *Kienesberger,* Zu Stifters *Abdias* in französischer Übertragung, in: VASILO Jg. 20–22 (1971–73).
38 Ralf *Stamm,* Ludwig Tiecks späte Novellen, Grundlage und Technik des Wunderbaren, Stuttgart u. a. 1973.
39 Kurt *Mautz,* Das antagonistische Naturbild in Stifters »Studien«, in: A. S., Studien und Interpretationen, S. 40 f., 51, 47.
40 Stifter – dechiffriert? Die Vorstellung vom Dichter in »Das Haidedorf« und »Abdias«, in: Sprachkunst Bd. 1 (1970), S. 293. Jetzt auch in: G. K., Antithesen, Frankfurt/M. 1973, S. 113–184.
41 Daß auf dem Lande spielende Novellen Stifters wie *Haidedorf* und *Der Weihnachtsabend* sich nur am Rande mit dem relativ fest geprägten Typ der »Dorfgeschichte« (vgl. Bd. II, S. 865 ff.) berühren, beweist auch Jürgen *Hein* (Adalbert Stifter und die Dorfgeschichte des 19. Jahrhunderts, in: VASILO Jg. 21, 1972, S. 23–31).
42 John *Whiton,* Symbols of social renewal in Stifter's »Bergkristall«, in: GR, Bd. 47 (1972), S. 259–280.
43 Nach Herbert *Lange,* »Ich mußte mein Herz erleichtern«. Ad. Stifter über Ludwig Richter und dessen Titelzeichnungen zu den »Bunten Steinen«, in: VASILO, Jg. 17 (1968), S. 95.

44 Peter *Küpper,* Literatur und Langeweile. Zur Lektüre Stifters, in: A. S., Studien und Interpretationen, S. 186.

45 *Enzinger,* Stifter im Urteil seiner Zeit, S. 58, 56.

46 Ebd., S. 62 f.

47 Ebd., S. 33.

48 Ebd., S. 37 f.

49 Ebd., S. 36 f.

50 Ebd., S. 53.

51 Ebd., S. 70 ff.

52 Ebd., S. 70 ff., 62.

53 Ebd., S. 213.

54 Zu diesem Thema gibt es mehrere Untersuchungen z. B. aus der Schweizer Schule. Ich erwähne Elisabeth *Kläui,* Gestaltung und Formen der Zeit im Werk Adalbert Stifters, Bern 1969.

55 Walter L. *Hahn*/Eugene *Oregon,* Zeit und Zeitgerüst bei Stifter: Granit, in: VASILO Jg. 20–22 (1971–73), S. 14.

56 Donald *LoCicero,* Stifter and the Novelle, Some New Perspectives, in: Modern Austrian Literature, Bd. 1, Nr. 3 (1968), S. 18–30.

57 Sepp *Domandl,* Die philosophische Tradition in Ad. Stifters »sanftem Gesetz«, in: VASILO Jg. 21, 1972, S. 79–103.

58 Eugen *Thurnher,* Stifters »Sanftes Gesetz«, in: Unterscheidung und Bewahrung. Festschrift für Hermann *Kunisch,* Berlin 1961, S. 381–397.

59 *Bleckwenn,* Ad. Stifters »Bunte Steine«, in: VASILO Jg. 21 (1972), S. 107.

60 Thomas *Mann,* Gesammelte Werke, Bd. 11, 1960, S. 237 f., nach: Erläuterungen und Dokumente zu Stifters Abdias, hg. v. Ulrich *Dittmann,* S. 71.

61 Adalbert Stifter, hg. v. *Enzinger,* S. 58 f.

62 Ebd., S. 60.

63 Ges. Werke, hg. v. *Steffen,* Bd. 14, S. 186.

64 Ebd., S. 359.

65 Ebd., S. 361.

66 Zum Dingbegriff Stifters vgl. Karl Josef *Hahn,* Ad. Stifter, Religiöses Bewußtsein und dichterisches Werk, Halle 1938, S. 68 ff.; Hermann *Kunisch,* Adalbert Stifter, Mensch und Wirklichkeit, Studien zu seinem klassischen Stil, Berlin 1950, S. 90 ff.; Wilhelm *Dehn,* Ding und Vernunft. Zur Interpretation von Stifters Dichtung, Bonn 1969.

67 Günther *Weydt,* Die entscheidende Quelle des ›Nachsommer‹ bei Novalis?, in: VASILO Jg. 4 (1955), S. 194–202, Philip Heinz *Zoldester,* Stifter und Novalis, in: VASILO Jg. 22 (1973), S. 105–114.

68 Michael *Böhler,* Die Individualität in Stifters Spätwerk, in: DVjs, Bd. 43 (1969), S. 669.

69 Ges. Werke, hg. v. *Steffen,* Bd. 14, S. 368.

70 *Selge,* Kategoriale Objektivität bei Stifter, in: VASILO Jg. 22 (1973), S. 21. Jetzt auch in: M. S., Ad. Stifter, Poesie aus dem Geist der Naturwissenschaft.

71 Ebd.

72 Stimmen der Zeit, Jg. 1, Bd. 2 (1859), S. 312.

73 *Enzinger,* Ad. Stifter im Urteil seiner Zeit, Einleitung S. 20.

74 Ebd., S. 173–175.

75 Ebd., S. 126.

76 Ebd., Einleitung S. 14.

77 Ulrich *Schöndörfer,* Stifters Synthese humanistischer und realistischer Bildung, in: VASILO Jg. 17 (1968), S. 13–18, vgl. auch K. G. *Fischer,* Die Pädagogik des Menschenmöglichen. Adalbert Stifter, Linz 1962.

78 Ges. Werke, hg. v. *Steffen,* Bd. 14, S. 27 f.

79 Kurt *Adel,* Adalbert Stifter als Erbe Goethes, in: Neue Beiträge zum Grillparzer- und Stifterbild, Graz u. a. 1965, S. 117.

80 Ebd., S. 119.
81 Hugo *Rokyta,* Georg Bippart und die Anfänge des Stifterkultes in Böhmen, in: VASILO Jg. 21 (1972), S. 41–44.
82 *Exner,* Hugo von Hofmannsthal zu Adalbert Stifter, in: A. S., Studien und Interpretationen, zitiert S. 322 f., 310.
83 Ebd., S. 308.
84 Reiz und Maß. Das Beispiel Stifters, in: Emil *Staiger,* Spätzeit, Studien zur deutschen Literatur, Zürich u. München 1973, S. 243 f., 231.
85 Franz *Haslinger,* Peter Rosegger als Herold Adalbert Stifters, Graz und Wien 1955, S. 34 (vgl. Heckenasts Vorwort zur 3. Aufl. des *Nachsommer*).
86 Stifters ›Nachsommer‹, in: Deutsche Romane von Grimmelshausen bis Musil, Frankfurt/M. 1966, S. 193.
87 Nachsommer. Zur Deutung von Stifters Dichtung, München 1951.
88 Ebd.
89 Emil *Staiger,* Adalbert Stifter »Der Nachsommer«, in: Meisterwerke deutscher Sprache aus dem neunzehnten Jahrhundert, [4]1961, S. 188.
90 Victor *Lange,* Adalbert Stifter, Der Nachsommer, in: Der deutsche Roman, hg. v. Benno von *Wiese,* Bd. 2, Düsseldorf 1963, S. 46.
91 Ebd., S. 48 f.
92 Ebd., S. 59.
93 Horst Albert *Glaser,* Die Restauration des Schönen, Stifters »Nachsommer«, Stuttgart 1965, S. 57.
94 Otto *Jungmair,* Adalbert Stifter als Denkmalpfleger, Linz 1973.
95 *Pross,* Jean Pauls geschichtliche Stellung, S. 170 ff.
96 Christine *Wolbrandt,* Der Raum in der Dichtung Adalbert Stifters, Zürich und Freiburg 1967, S. 60.
97 Ges. Werke, hg. v. *Steffen,* Bd. 14, S. 44.
98 Klaus-Detlev *Müller,* Utopie und Bildungsroman, Strukturuntersuchungen zu Stifters Nachsommer, in: ZfDPh, Bd. 90 (1971), S. 203.
99 Ebd., S. 202.
100 Werner *Oberle,* Der adelige Mensch in der Dichtung. Eichendorff, Gotthelf, Stifter, Fontane, Basel 1950, S. 78.
101 *Staiger,* Ad. Stifter »Der Nachsommer«, in: E. S., Meisterwerke deutscher Sprache aus dem 19. Jahrhundert, [4]1961, S. 200.
102 Hartmut *Eggert,* Studien zur Wirkungsgeschichte des deutschen historischen Romans 1850–1875, Frankfurt/M. 1971, S. 164 ff.
103 Friedrich *Sengle,* Das historische Drama in Deutschland, Stuttgart [3]1974, S. 119 f.
104 *Enzinger,* Stifters Weg zum Geschichtsroman und der Plan zum ›Zawisch‹, in: M. E., Ges. Aufsätze zu Adalbert Stifter, Wien (1967), S. 219.
105 Ges. Werke, hg. v. *Steffen,* Bd. 14, S. 142.
106 *Enzinger,* Ges. Aufsätze, S. 223.
107 Ebd., S. 224: seit 1847.
108 Ebd., S. 234.
109 *Enzinger,* Stifter und die altdeutsche Literatur, in: M. E., Ges. Aufsätze, S. 362.
110 Ders., Stifters Weg vom Geschichtsroman, in: M. E., Ges. Aufsätze, S. 231 f.
111 Ges. Werke, hg. v. *Steffen,* Bd. 14, S. 368.
112 Z. B. Theodor *Pütz,* »Witiko«, das Urbild des politischen Menschen, Eine Einführung in Adalbert Stifters ›Witiko‹, Wien 1950.
113 Hans Jürgen *Fröhlich,* Einige notwendige Bemerkungen zu Stifters »Witiko«, in: VASILO Jg. 23 (1974), S. 33 f.
114 Herr Dr. Helmut *Bergner,* der Betreuer der Stifterhandschriften in der Bayerischen Staatsbibliothek, macht mich darauf aufmerksam, daß diese von mir wie ein Topos verwendete Äuße-

rung Stifters nicht gesichert ist. Josef *Bindtner* (Adalbert Stifter, sein Leben und sein Werk, Wien u. a. 1928, S. 8, 291) belegte dies angebliche Zitat Stifters nicht. Auch die Droste hofft auf eine Wirkung in hundert Jahren (vgl. o. S. 594 * Anm.). Ich beseitige die Äußerung nicht, weil sie Stifters noch zäheres Ringen um dauerhafte Wirkung gut trifft.

115 Zitiert im Nachwort zu »Witiko« in der Stifterausgabe *Stefls,* S. 1014 f.

116 Vgl. Günther *Müller,* Aufbauformen des Romans, dargelegt an den Entwicklungsromanen G. Kellers und Ad. Stifters, in: Neophilologus, Jg. 37 (1953), S. 1–14.

117 Georg *Weippert,* Stifters Witiko. Vom Wesen des Politischen, München 1967, S. 287.

118 Neben *Weippert* nenne ich Erik *Wolf,* Der Rechtsgedanke Ad. Stifters, Frankfurt/M. 1941; Erich *Fechner,* Recht und Politik in Stifters Witiko. Stifters Beitrag zur Wesensbetrachtung des Rechts und zur Charakterologie und Ethik des politischen Menschen, Tübingen 1952; Adalbert *Langer,* Zu den Quellen des Rechtsdenkens bei Ad. Stifter, Linz 1968; *Kunisch,* Witiko und die Geschichte, in: Ad. Stifter, hg. v. L. *Stiehm,* Heidelberg 1968, S. 227–244; Ferdinand *Seibt,* Stifters ›Witiko‹ als konservative Utopie, in: Stifter-Jahrbuch, N. F. Bd. 9 (1971), S. 23–39.

119 Walter *Muschg,* Die Landschaft Stifters, in: W. M., Pamphlet und Bekenntnis, Olten–Freiburg 1968, S. 188.

120 Photokopie bei *Roedl,* Ad. Stifter, S. 22.

121 *Seibt,* Stifters ›Witiko‹ als konservative Utopie, S. 28.

122 Benno *Ulm,* Johann und Josef Rint, die Bildschnitzer Ad. Stifters, in: VASILO Jg. 17 (1968), S. 165.

123 Ebd., S. 130.

124 Ebd., S. 179.

125 Ebd., S. 169.

126 *Enzinger,* Adalbert Stifter im Urteil seiner Zeit, S. 261 f.

127 Vielleicht zu pointiert, da auch Thomas Mann den Roman empfahl, vgl. J. *Müller,* Thomas Mann über Stifter, in: VASILO Jg. 12 (1963), S. 62.

128 *Weippert,* Stifters Witiko, S. 253.

129 Ebd., S. 264 f., 266 f.

130 Ebd., S. 268.

131 Eduard *Rückle,* Die Gestaltung der dichterischen Wirklichkeit in Stifters *Witiko.* Eine Untersuchung der strukturbildenden Formprinzipien, Diss. Tübingen 1968, S. 156.

132 Ebd., S. 159, 161.

133 *Enzinger,* Stifter im Urteil seiner Zeit, S. 266.

134 Ebd., S. 268 f.

135 Ebd., S. 305.

136 Ebd., S. 342, 329.

137 Ebd., S. 315, 317.

138 Ebd., S. 320.

139 Ebd., S. 310.

140 Ebd., S. 348.

141 Ebd., S. 290.

142 Ebd., S. 286.

143 Ebd., S. 284.

144 Ebd., S. 275.

145 Ebd.

146 Ebd., S. 257 f.

147 Ebd., S. 262.

148 Ebd., S. 322 f.

149 Ebd., S. 323 f.

150 *Kunisch,* Adalbert Stifter, Mensch und Wirklichkeit, Studien zu seinem klassischen Stil, Berlin 1950.

151 Joachim *Müller,* Einige Gestaltzüge in Stifters »Letzter Mappe«, in: Adalbert Stifter, hg. v. *Stiehm,* S. 245–270.

152 Die epische Objektivität in Stifters Erzählung »Die Mappe meines Urgroßvaters«, in: Stoffe, Formen, Strukturen, Studien zur deutschen Literatur, Festschr. für Hans Heinrich *Borcherdt,* hg. v. Albert *Fuchs* und Helmut *Motekat,* München 1962, S. 401 f.

153 1. Studien, hg. v. *Stefl,* Augsburg 1955, S. 454; 2. Die Mappe meines Urgroßvaters (Letzte Fassung). Sonnenfinsternis. Aus dem alten Wien (Wien und die Wiener), hg. v. *Stefl,* Augsburg 1957, S. 184.

154 Studien, hg. v. *Stefl,* S. 449: Casimir Uhldom. Mappe, hg. v. *Stefl,* S. 179: Casimir von Ulheim.

155 Für den »Österreichischen illustrierten katholischen Volkskalender« für das Jahr 1862 (Datum nach brieflicher Angabe des Stifter-Experten Dr. Helmut Bergner).

156 Eva *Arts,* Studien zur Erzählkunst Ad. Stifters, Der Aufbau der vier späten Erzählungen, Diss. Wien 1976, S. 1.

157 Ebd., S. 325.

158 *Steffen,* Ad. Stifter, Deutungen, Basel und Stuttgart 1955, S. 204 über den »Frommen Spruch«.

159 Susi *Gröble,* Schuld und Sühne im Werk Adalbert Stifters, Diss. Basel 1965, S. 22.

160 *Frodl,* Humoristische Elemente in Adalbert Stifters Werk. Eine Studie über das Verhältnis der österreichischen Dichtung zur deutschen Poesie im 19. Jahrhundert, in: VASILO Jg. 17 (1968), S. 67 ff.

161 Ebd., S. 70.

162 Zitiert im Nachwort zu: Bunte Steine, Späte Erzählungen, hg. v. *Stefl,* Augsburg 1960, S. 766.

163 Karl Konrad *Polheim,* Die wirkliche Wirklichkeit, A. Stifters ›Nachkommenschaften‹ und das Problem seiner Kunstanschauung, in: Untersuchungen zur Literatur als Geschichte, Fs. für von *Wiese,* Berlin 1973, S. 389.

164 Ebd.

165 Zitiert ebd. S. 389 f.

166 Zu Stifters Erzählung »Der Kuß von Sentze«, in: *Enzinger,* Ges. Aufsätze zu Ad. Stifter, S. 255.

167 Ebd., S. 264 f.

168 Ebd., S. 259.

169 Bunte Steine, Späte Erzählungen, hg. v. *Stefl,* S. 630.

170 Die gelehrte Neugier wird wohl zur weiteren Diskussion über Stifters Todesart führen. Es ist aber zu begrüßen, daß nun auch in Österreich die prinzipielle Unabhängigkeit der historischen Leistung vom moralischen Wohlverhalten erkannt wird; – auch abgesehen davon, daß der Freitod bei qualvoller unheilbarer Krankheit ein besonders umstrittenes sittliches Problem darstellt. Alois *Großschopf* meint in dem Stifter-Abschnitt des offiziellen Werkes Tausend Jahre Österreich, Bd. 2, Wien und München 1973, S. 58: »Angesichts von Stifters Leistung als Dichter, Maler, Pädagoge und Denkmalpfleger erscheint die Debatte [über seinen Tod] müßig.«

Schluß: Zur Abgrenzung, zum Gesamtbild und zur Bewertung der Biedermeierzeit und ihrer Richtungen

1 S. 17.

2 Peter *Stein,* Epochenproblem »Vormärz«, Stuttgart 1974, S. 53 ff.

3 Georg *Brandes,* Das junge Deutschland, Leipzig ³1897, S. 38.

4 Vgl. Bd. I, S. 287 ff., sowie den Schluß von mehreren Stil- und Gattungskapiteln oder -abschnitten in Bd. I und II.

5 René *Wellek,* Konfrontationen, Vergleichende Studien zur Romantik, Frankfurt/M. 1964, S. 14 ff. Die folgenden Zitate S. 11 und 12. Die Vorstellung eines französischen Klassizismus und einer germanischen Romantik findet man auch außerhalb Deutschlands, z. B. bei dem Polen Wladyslaw *Folkierski:* Entre le classicisme et le romantisme, Paris 1925, S. 18, 19 f.

6 Eudo C. *Mason,* Deutsche und englische Romantik, Eine Gegenüberstellung, Göttingen ³1970, S. 29.
7 Propyläen Weltgeschichte, Bd. 8, Das 19. Jahrhundert, hg. v. Golo *Mann,* Berlin u. a. 1960, S. 238.
8 Ebd.
9 Ebd., S. 248.
10 Rudolf *Stadelmann* (unter Berufung auf Moritz *Ritter*), Die Romantik und die Geschichte, in: Romantik, ein Zyklus Tübinger Vorlesungen, hg. v. Theodor *Steinbüchel,* Tübingen u. Stuttgart 1948, S. 167.
11 Ich denke zuerst an Richard *Brinkmann* und seine theologisch-idealistischen Versuche, die deutsche Romantiktradition am Leben zu erhalten.
12 Henry H. H. *Remak,* A Key to West European Romanticism?, in: Colloquia Germanica Jg. 2 (1968), H. 1/2. Zitiert wird nach der vom Verfasser selbst hergestellten Übersetzung: Ein Schlüssel zur westeuropäischen Romantik, in: Begriffsbestimmung der Romantik, hg. v. Helmut *Prang,* Darmstadt 1968 (Wege der Forschung Bd. CL), S. 434.
13 Ebd., S. 430 ff.
14 Romantic Criticism, hg. v. R. A. *Foakes,* London 1968, S. 207 f.
15 Begriffsbestimmung der Romantik, S. 432.
16 Benno v. *Wiese,* Signaturen, Zu Heinrich Heine und seinem Werk, Berlin 1976, S. 215.
17 Begriffsbestimmung der Romantik, S. 433; S. 435.
18 Renate *Böschenstein-Schäfer,* Idylle, Stuttgart 1967, S. 68.
19 In Immermanns Münchhausen wird der »Mittelstand« gefeiert (vgl. o. S. 884 f.), in Gotthelfs Dorfgeschichten der Großbauer des Kantons Bern. Auch die Theorie empfiehlt die »sogenannten mittleren Stände« für die Idylle, weil sie »Wahrheit des Gefühls, Biedersinn, Treuherzigkeit« besitzen, im Gegensatz zur »Blasiertheit des gewöhnlichen Weltlebens« (Klaus *Bernhard,* Idylle, Köln, Wien 1977, S. 134.
20 Hermann August *Korff,* Geist der Goethezeit, Bd. 4, Leipzig ²1955, S. 363.
21 Ebd., S. 543.
22 Ebd., S. 562.
23 Bd. 8, 1, S. 605.
24 Vgl. jetzt auch Hugo *Aust,* Literatur des Realismus, Stuttgart 1977, S. 34 (mit Literaturangaben).
25 Datum nach Hartmut *Vinçon,* Theodor Storm, Stuttgart 1973, S. 37.
26 Realismus und Gründerzeit, Manifeste und Dokumente zur deutschen Literatur 1848–1880, hg. v. M. *Bucher,* W. *Hahl,* G. *Jäger,* R. *Wittmann,* Bd. 2, Stuttgart 1975, S. 172 f.
27 Clemens *Heselhaus,* Das Realismusproblem, in: Begriffsbestimmung des literarischen Realismus, hg. v. Richard *Brinkmann,* Darmstadt 1969, S. 352.
28 Erwiderung auf E. B. *Greenwoods* Überlegungen, in: Begriffsbestimmung des literarischen Realismus, S. 448.
29 Helmuth *Widhammer,* Realismus und klassizistische Tradition, Zur Theorie der Literatur in Deutschland 1848–1860, Tübingen 1972. Der Klassizismus wird allerdings, mit kritischer Absicht, überbetont. Zu wenig Kenntnis der realistischen Leistung in der Erzählprosa selbst.
30 Realismus und Gründerzeit, Bd. 2, S. 83–87.
31 Begriffsbestimmung der Romantik, S. 439 f.
32 Realismus und Gründerzeit, Bd. 2, S. 83 f.
33 Ebd., S. 163 f.
34 Ebd., S. 166.
35 Ebd., S. 190–195.
36 Ebd., S. 193 ff.
37 Ebd., S. 196 f.
38 Ebd., S. 285–287.
39 Michael *Meyer,* Die Entstehung des historischen Romans in Deutschland und seine Stellung

zwischen Geschichtsschreibung und Dichtung. Die Polemik um eine »Zwittergattung« 1785–1845, Diss. München 1973.

40 Realismus und Gründerzeit, Bd. 2, S. 285 f.

41 S. 80 f.

42 Realismus und Gründerzeit, Bd. 2, S. 474.

43 Ebd., S. 468.

44 Näheres bei F. *Sengle,* Das historische Drama in Deutschland, Stuttgart ²1969, S. 227 f.

45 Realismus und Gründerzeit, Bd. 2, S. 458.

46 Ebd., S. 87.

47 Ebd., S. 460–465.

48 Literatur des Realismus, S. 84.

49 Storms lyrische Eigenleistung, Abgrenzung von andern großen Lyrikern des 19. Jahrhunderts, in: Schriften der Theodor-Storm-Gesellschaft, Bd. 28, Heide in Holstein 1979, S. 9–33.

50 Geschichte der deutschen Literatur, Bd. 8, 2, Berlin 1975, S. 902.

51 Erhard *Weidl,* in seiner Rezension von Rainer Rosenberg (Literaturverhältnisse im deutschen Vormärz, München 1975), in: Heine-Jb. Jg. 17 (1978), S. 286.

52 Das junge Deutschland, Leipzig ³1897, S. 242.

53 Realismus und Gründerzeit, Bd. 2, S. 98.

REGISTER

von Karl-Heinz Fallbacher

Das Register verzeichnet die wichtigsten Personen- und Ortsnamen, Sachbegriffe, Zeitschriften und Werke. Berücksichtigt wurde der Textteil einschließlich der Fußnoten; der Anmerkungsapparat blieb außer acht. Dem Charakter dieses 3. Bandes entsprechend ist das Register auf die 15 monographisch vorgestellten Dichter konzentriert. Wo es sinnvoll erschien, sind PERSONENNAMEN nochmals nach Namen differenziert. Bsp.: Gutzkow 532, – über Heine 474. Es findet sich dann auf S. 532 eine Information zu Gutzkow, auf S. 474 ein Urteil Gutzkows über Heine. Personale Untergliederungen vom Typ »Heine, – und Platen« verweisen auf Stellen, die das Verhältnis beider Dichter thematisieren. Die im Register erscheinenden SACHBEGRIFFE repräsentieren immer auch deren Synonyme, Derivative, Komposita und Umschreibungen im Text. Ist bei einem Sachbegriff der Verweis »s. a. einzelne Dichter« angebracht, so wurden unter dem Sachstichwort Stellen vermerkt, die entweder den Begriff in seiner allgemeinen Bedeutung erläutern (Bsp.: »Realismus«) oder solche, an denen er in bedeutenden Differenzierungen erscheint (Bsp.: » – realistische Kritik, – programmatischer Realismus, – vorrealistisch«). Auf Stellen, die das Verhältnis eines Autors zum Begriffsfeld darlegen, wird bei den einzelnen DICHTERN verwiesen. Die wichtigsten der besprochenen Werke sind (vielfach mit Kurztiteln) den Dichtern zugewiesen. Dabei wurden Gattungen, Buch-, bzw. Sammeltitel, Unterabteilungen und Einzeltexte einander nebengeordnet. Bsp.: Heine, – Lyrik: allgemeine Aussagen zu Heines Lyrik; Heine, – *Neue Gedichte:* allgemeine Informationen zu dieser Sammlung (auch an Beispielen); Heine, – *Zeitgedichte:* Ausführungen, diese Abteilung betreffend; Heine, – *Entartung:* Interpretation(shinweise) zu diesem Einzelgedicht. Einzelne Kaiser, Könige, Verlage und Verleger, Zeitschriften und Revolutionen sind unter den Stichworten »Kaisertum«, »Königtum«, »Verlag, Verleger«, »Zeitschriften, Zeitungen« und »Revolution« aufgeführt. Umlaute wurden wie die zugehörigen Vokale behandelt.

Absolutismus 288, 486, 881, 1059
– A.kritik 465
Abstraktion 67, 69f., 73, 106f., 109, 121,128, 132, 208f. 256, 339, 341, 349, 357f., 368, 400, 403, 405, 656, 743, 823, 832, 901, 993, 1008
Adel, Aristokratie (s. a. Feudalismus) 50, 54, 94f., 106, 160, 416, 423, 474, 489, 491, 826, 833, 864, 867, 872, 881f., 940, 961f., 997f., 1037
– Aristokratismus 282, 417, 491, 540f., 543, 872, 921, 941
Adorno, Theodor W. 732
Affleck, Molly 783
Ahlbrecht, Wulf 1024
Alexander von Württemberg 643, 645
Alexis, Willibald (d. i. Häring, Georg Wilhelm Heinrich) 22, 509, 773, 809, 832, 845, 945, 1060
Alker, Ernst 1003
Allegorie (s. a. Personifikation – Lyrik) 7, 10ff., 14, 28, 30ff., 38, 46, 106f., 109, 118, 151, 185, 208, 230, 283, 286, 366, 368, 463, 500, 604f., 609, 629, 687, 715, 746f., 786, 849, 928, 930, 1044, 1063
Almanach 939

Amerika 484f., 646, 674, 759f., 762f., 769f., 804
– Amerikanismus 782
Anakreontik 443, 445, 461, 725
Anarchie 483
ancien régime 416, 485, 503
Andler, Charles 512, 560
Angely, Louis 22, 229
Anmut, Grazie 4, 138, 158, 207, 461, 701, 709, 723, 824
Anschaulichkeit, Anschauung 70, 74, 96, 101, 111, 113, 208, 364, 368, 546, 748, 799, 930f.
Antike (s. a. Drama, Lyrik, Metrik, Mythologie, Stil, Ton) 88, 130, 688, 725, 766, 892
– A.nachahmung 824, 860
Antisemitismus (s. Judentum)
Anton, Herbert 268, 316
Anz, Heinrich 299
Anzengruber, Ludwig 14, 880
Aphoristik (s. a. Epigrammatik) 149, 182, 216
Aprent, Johann 960, 980
Aristokratie (s. Adel)
Aristophanes (s. a. Komödie) 220, 260, 399, 499, 517, 576, 863, 877
Armut (s. Pauperismus)

1135

Friedrich Sengle
veröffentlichte im Verlag J. B. Metzler

Biedermeierzeit. Band 1: Allgemeine Voraussetzungen, Richtungen, Darstellungsmittel. 1971. XX, 725 Seiten. Gebunden

Biedermeierzeit. Band 2: Formenwelt. 1972. XVI, 1176 Seiten. Gebunden

Arbeiten zur deutschen Literatur 1750 bis 1850. 1965. VII, 240 Seiten. Gebunden

Das historische Drama in Deutschland. Geschichte eines literarischen Mythos. 3. Auflage 1974. VIII, 279 Seiten. Gebunden

Wieland. 1949. 614 Seiten mit 23 Abbildungen und Beilagen. Gebunden (zur Zeit vergriffen)

Vorschläge zur Reform der literarischen Formenlehre. 2., verbesserte Auflage 1969. 56 Seiten. Kartoniert

Zu seinem 60. Geburtstag erschien:

Jost Hermand / Manfred Windfuhr (Hrsg.): Zur Literatur der Restaurationsepoche 1815–1848. Forschungsreferate und Aufsätze. 1970. VIII, 599 Seiten. Gebunden